中華人民共和國國務院批准的重大文化出版工程

國家文化發展規劃綱要的重點出版工程項目

新聞出版總署列爲「十一五」國家重大工程出版規劃之首

國家出版基金重點支持項目

ISBN 978-7-5495-5983-1

中華大典

文獻目録典

廣西師範大學出版社集團有限公司

《中華大典》工作委員會

《中華大典》編纂委員會

《中華大典》前言

《中華大典》是運用我國歷代漢文古籍編纂的一部大型工具書。其目的是爲學術界及願意瞭解中國古代珍貴文化典籍的人士提供準確詳實、便於檢索的漢文古籍分類資料。

中國是世界文明古國之一，幾千年來纂寫和聚集的文化典籍浩如烟海。我國歷代都有編纂類書的優良傳統，具有代表性的《永樂大典》等大多已佚失，現存《古今圖書集成》編就距今也已數百年。爲了適應今天和以後研究和檢索的需要，一九八八年海内外三百多位專家學者和各古籍出版社同仁倡議，在已有類書的基礎上，用現代科學方法編纂一部新的類書《中華大典》。

國務院在關於編纂《中華大典》問題的批覆中指出，編纂《中華大典》「是我國建國以來最大的一項文化出版工程」。本書所收漢文古籍上起先秦，下迄清末，約三萬種，達七億多字，分爲二十四個典，近百個分典，内容廣博，規模宏大，前所未有。

《中華大典》的編纂工作堅持科學態度和百花齊放、百家争鳴方針。儘量採用古精校精刻本，優先採用我國建國後文獻學和考古學的優秀成果。對傳統文化中重要的不同學派的資料，兼收並蓄。運用現代圖書分類的方法，對收集到的資料，精選、精編，力求便於檢索、準確可信。

這項工作從開始起就受到中共中央、國務院和有關部門的重視和支持。國家主席江澤民、國務院總理李鵬分别爲《中華大典》題詞。江澤民的題詞是：「同心同德群策群力認真編好中華大典爲建設有中國特色的社會主義服務」。李鵬的題詞是：「繼承和弘揚民族優秀傳統文化」。全國政協主席李瑞環、國務委員李鐵映也作了重要指示，要求抓緊辦理。一九九零年五月，國務院批准《中華大典》

爲國家重點古籍整理項目。一九九二年九月，正式成立了《中華大典》工作委員會和《中華大典》編纂委員會，召開了《中華大典》工作、編纂會議。自此，《中華大典》的編纂工作由試點轉入正式啓動，逐步鋪開。

編纂《中華大典》，學術性很强，工作量很大，工程十分艱巨，全賴廣大專家學者和全國各有關高等院校、科研院所、圖書館、出版單位的鼎力支持與積極參與。大家本着弘揚中華民族優秀文化的心願，發揚奉獻精神，克服各種困難，團結協作，給這部巨大類書的出版提供了根本保證。在此謹表示誠摯的謝意。

對本書的批評與建議，我們將十分歡迎。

《中華大典》編纂委員會

一九九七年四月

二〇〇六年十一月修訂

《中華大典》編纂通則

一、性質：《中華大典》（以下簡稱《大典》）是對漢文古籍（含已翻譯成漢文的少數民族古籍）進行全面的、系統的、科學的分類整理和匯編總結的新型類書，是在繼承歷代類書優良傳統、考慮漢文古籍固有特點的基礎上，借鑒和參照近代編纂百科全書的經驗和方法編纂而成。編纂《大典》的目的，是爲學術界及願意瞭解中國古代珍貴文化典籍的人士提供各種分門別類的、準確詳細的古代漢文專題資料。

二、規模和體例：《大典》所收古籍的時限，上自先秦，下迄辛亥革命。全書共收各類漢文古籍三萬餘種，七億多字。全書體例，着重汲取清代《古今圖書集成》所採用的經目和緯目相交織這一統一框架結構的模式，同時參照現代科學的學科、目錄分類方法，並根據各類學科內容的實際情況，一般將每一大類學科輯爲一典，也有將幾個相關學科共輯爲一典的。對各典名稱，均以現代學科命名，對於所收入的各種古籍資料，亦儘可能納入現代科學分類體系之中。

三、經目：大典共分二十四個典，即哲學典、宗教典、政治典、軍事典、經濟典、法律典、教育典、語言文字典、文學典、藝術典、歷史典、歷史地理典、民俗典、數學典、物理化學典、天文典、地學典、生物學典、醫藥衛生典、農業典、林業典、工業典、交通運輸典、文獻目錄典。典以下以分典、總部、部、分部分級，分部之下的標目根據各學科特點由各典自行擬定。

四、緯目：共設置九項緯目，用以包容各級經目的具體內容：

①題解：對有關學科的名稱、概念、涵義、特點等作總體介紹的資料。

②論說：有關理論部份的資料。

③綜述：有關學科或事物的系統性資料，凡有關學科或事物的性狀、制度、範疇、特點及學科地位、發展情況等具體內容均編入此緯目中。

④傳記：有關人物的傳記資料。

⑤紀事：有關學科或事物的具體活動或事例的資料。

⑥著録：重要人物或文獻的有關著作資料，如專集介紹、序跋、藏書題記，以及有關著作的成書經過、版本源流等。

⑦藝文：有關屬於文學欣賞性的散文或韵文。

⑧雜録：凡未收入以上各緯目，而又有較高參考價值的資料，均入雜録。

⑨圖表：根據有關經目的内容需要，圖與表附於相關專題之下，或集中匯總於某級經目之後。

《大典》以内容分類安排各級緯目，各級緯目的正文，一般以原書爲單位，按時代順序排列。每一條資料前標明出處，包括書名或作者名、篇名或卷次，以利讀者核對原書。

五、書目：每分典後附有該分典所收書之書目，書目包括書名、作者、時（年）代、版本等内容。時代以成書時代爲準，成書時代不詳者，以作者主要活動時代爲準，並遵從歷史習慣。

六、版本：《大典》在選用版本時儘量採用古人的精校精刻本，亦採用學術界通用的近現代整理圈點本及現代學者校點整理本。

七、校點：爲儘可能保存古籍原貌，《大典》衹對底本中明顯的脱、訛、衍、倒進行勘正。古本中的避諱字一般不作改動，衹對缺筆字補足筆畫。後人刻書時避當朝人諱而改動的字，據古本改回。《大典》採用新式標點法。

一九九六年八月

二〇〇六年十一月修訂

《中華大典·文獻目録典》編纂委員會

#《中華大典·文獻目録典》序

中國古籍素以浩如烟海、汗牛充棟而著稱。浩瀚的中華典籍哺育了世世代代的炎黄子孫，既是中華文明綿延五千年從不中斷的歷史標志，又是當今弘揚民族精神和時代精神，建設社會主義文化强國的重要資源。

整理研究古代文化典籍，在我國有悠久的歷史。從孔子整理「六經」開始，歷代學者爲了更好地認識和利用典籍，嬗遞文化傳統，非常重視對傳世典籍的考辨整理。他們或校勘異同，訂正訛誤，或訓釋箋注，闡幽發微，或編目著録，考鏡源流，或審定版本，辨别真僞。在整理典籍的長期實踐中，積累了豐富的經驗和資料，編纂出數逾千計的書目著作，逐漸形成了涵蓋目録、版本、校勘、注釋、辨僞、輯佚等專學的文獻校讎之學，並於二十世紀，最終確立了具有民族特色和現代科學體系的中國文獻學。

二十世紀八十年代以來，爲了推進社會主義文化的建設，黨中央多次號召加强古籍整理工作，指出「整理古籍是一件大事，得搞上百年」。古籍整理和文獻學研究的工作任重而道遠。在《中華大典》這項古籍整理的重大文化工程中，工委會和編委會於二十四典中特别設立了《文獻目録典》。其任務是分類彙集古代書目資料和文獻學資料，全面反映中國古代典籍編纂和典籍整理的豐富成果，以促進古籍整理和文獻學的持久發展。因此，《中華大典·文獻目録典》既是古籍整理實踐的産物，又肩負著爲今後古籍整理與文獻學研究的深入開展建設信息庫的歷史使命。

《文獻目録典》的編纂工作自二〇〇六年啓動，歷時六年而完成。全書約三千五百萬字，下設《文獻學分典》和《古籍目録分典》。本典的内容具有以下學術價值和特點：

一、《文獻目録典》推陳出新，規模宏大，是迄今爲止，首創類編文獻學與書目資料的大型工具書。在中國類書編纂史上，也曾有彙編前代評述典籍資料的類書，如南宋王應麟的《玉海·藝文》和清代官修類書《古今圖書集成》中的《理學彙編·經籍典》，然二者皆忽略對典籍整理資料的收集和類編。本典從繼承傳統又超越前賢的目標出發，彙編先秦至清末古籍中有關文獻校讎的重要資料，以及歷代古籍目録著録典籍的重要資料，彌補了古代類書編纂的不足；在規模和體制上，也大大超過了

以往相同領域的文獻類編。

二、《文獻目録典》兼具資料類編與書目兩大功能，既是中國文獻學的資料大全，又是中國存佚古籍的解題全目。本典的《文獻學分典》彙集古代學者對目録、版本、校勘、注釋、辨僞、輯佚等各專學相關概念、術語、涵義、地位及淵源流别的論述，收録古代學者運用各專學考辨文獻的方法與實例，以及對他們考校典籍的具體事蹟和成果的記載，爲專業人員和其他學科的研究者提供古代文獻學豐富的史料，也可作爲高等院校文獻學教學的參考素材，從而適應了我國文獻學學科建設和古籍整理發展的需要。

本典的《古籍目録分典》則汲取南宋文獻學家鄭樵「紀百代之有無，廣古今而無遺」的目録學思想，廣採古今公私古籍目録，對産生於一九一一年以前的中國古籍，不論存佚，皆予著録。從一定意義上講，它是第一部反映我國古代文化典籍全貌的中國古籍解題全目，其中有關亡佚古籍的豐富材料，必將在全面發掘我國古代文化遺産，深入開展中國文化史研究的進程中顯示其重要的價值。

三、《文獻目録典》的框架體例體現了高度的科學性、系統的完整性和清晰的條理性。本典採用現代科學分類的方法，並吸收當今文獻學研究和古籍分類的最新成果，對我國古籍的傳統分類加以改造，形成了由典、分典、總部、部、分部、專題等六級經目及若干緯目相互交織的框架結構，用以容納豐富的資料。同時也展現了我國文獻學完整、清晰的學科體系和對古籍的科學分類。這種按學術内容分類統轄、依時間順序排列資料的邏輯體系，不僅有利於揭示典籍文獻的本質屬性和内容上的相互關係，而且有助於反映我國古代各門學術形成發展的淵源脉絡，發揮「辨章學術，考鏡源流」的作用。本典所設計的文獻學框架和對古籍分類體系的改造，也將有益於進一步規範我國文獻學的學科體系和完善古籍目録的分類方法。

四、《文獻目録典》的編纂確保了資料的廣泛性、文獻選編的實用性和校勘標點的準確性。本典的資料採編、整理堅持網羅宏富和質量第一的原則。收録資料的範圍包括傳世典籍、出土文獻和域外漢籍，普查典籍文獻達一萬四千餘種，其中查閲的書目文獻則遍及古今各種古籍目録；採録資料選用典籍較好的版本，並充分利用二十世紀以來古籍整理的優秀成果。文獻採選則注意去粗取精，既選用有代表性和稀見的資料，又兼收不同流派、不同觀點的材料，以求客觀地反映古代學術的面貌。類編文獻務求歸類恰當，並標明出處，配以詳細的《引用書目》，以利使用。由於本典編纂人員是來自國内文獻學界的專家和中青年學者，富有古籍整理的經驗，因而校點工作力求準確規範，在整理資料過程中還改正了以往古籍點校中的一些錯誤。

《中華大典・文獻目録典》在長達六年的編纂工作中，來自北京師範大學、内蒙古師範大學、河北師範大學、安徽大學、河南師範大學、内蒙古大學、南開大學、天津師範大學、雲南大學的近百名專家學者，以嚴謹認真的科學態度，團結協作，甘於奉獻，付出了大量辛勤的勞動。本典的編纂工作自始至終得到《中華大典》工委會、編委會和大典辦公室的悉心指導，得到廣西師範大學出版社的大力支持和密切配合，得到上述高校各級領導的關心支持，以及國家圖書館、有關省級圖書館和高校圖書館的熱情幫助。謹此表示衷心的感謝。並懇望海内外學術界和讀者諸君對本典存在的失誤不吝賜教。

《中華大典・文獻目録典》編纂委員會

二〇一二年一月三十日

《中華大典·文獻目録典》凡例

《文獻目録典》是《中華大典》二十四個典之一。本典以《中華大典》工作總則等條例爲依據，並結合本典内容的實際情況作個别變通，形成以下編纂體例。

一、本典由《文獻學分典》和《古籍目録分典》組成。分典下設總部，《文獻學分典》包括《文獻總論總部》、《目録總部》、《版本總部》、《校勘總部》、《注釋總部》、《辨僞總部》、《輯佚總部》、《典藏總部》、《流通總部》；《古籍目録分典》包括《經總部》、《史總部》、《子總部》、《集總部》、《叢書總部》、《譯著總部》。總部下設部，部之下按需要再立分部、專題，由此構成典、分典、總部、部、分部、專題等六級經目。

二、各總部及其所轄經目之下設緯目，用以羅織相關材料。緯目設置視所據資料的情況而定，有則設之，無則不設。本典所設緯目有七項。論述：收録有關論述所屬經目的概念、涵義、特點、分類依據、發展源流的資料。綜述：全面、系統地收録對相關學術、事物或典籍作記述、評介或例證的資料。傳記：收録有關人物的具有代表性的傳記資料。紀事：收録對相關活動的具體記載和史實。藝文：收録吟誦相關事物或人物的韻文或散文。雜録：收録未採用於上述緯目，而又具有較高參考價值的資料。圖表：收録對相關事物作形象描述或簡明表述的圖表。

三、本典的《文獻學分典》彙編先秦至清末有關文獻産生發展、收藏流通及文獻學各門專學的重要資料。《古籍目録分典》彙編古今各種古籍目録的重要資料，用以著録一九一一年以前産生的所有中國古籍的狀況。收録典籍資料的範圍包括傳世典籍、出土文獻和域外漢籍。

所收資料分類編排於相應的緯目之下，並按資料成書的時代先後排列，時代難以考實者就近排列，或遵從歷史習慣。

四、在所引資料前標明出處，常用而熟知的古籍如先秦典籍、《十三經》、《二十四史》可不標作者姓名，其他引書標注則均標明作者、書名、卷次或篇名。

五、爲避免不必要的文字重複，一些書名和篇名在引書標示時採用通行的簡稱，如《資治通鑑》簡稱《通鑑》，《漢書·藝文

志》簡稱《漢志》，《四庫全書總目提要》簡稱《四庫提要》，書名簡稱所對應的全稱在《引用書目》中說明。在同一部典籍的不同部分引用兩段以上材料而又排列相連時，可用「又」字代替與前文重複的引書標示。

六、所引資料如在一段之中有省略之處，用【略】標明。

七、所引資料的正文中如有注疏文字，則按古籍原貌隨文夾注，並以大小字型區分正文與注疏文字。有的資料中注疏文字較多，形式繁雜，容易混淆，爲方便利用，則以方括號標注注疏者姓名及注疏方式，如［鄭玄注］。

八、校勘只對引書底本明顯的訛、脱、衍、倒進行勘正，不出校記。採用圓括號標署訛字、衍字和倒文，方括號標署正字、順文和增補的脱字。

九、引書底本的古今字、通假字，一般不作改動。不用簡化字。避諱字多一仍其舊，但因避諱而缺筆者，則補足筆畫，空字者補字。

十、採用新式標點符號標點資料原文。

十一、採用中文數字，不用阿拉伯數字。引書標示中對古籍卷次的標示，僅用一、二、三、四、五、六、七、八、九、〇，不用十、百、千、萬。

十二、各分典附《引用書目》，書目包括書名、作者、時代、版本等項内容。本典從實用出發，對一部典籍的引用不限於一種版本，擇善而從。

《中華大典·文獻目録典》編纂委員會

二〇一二年一月三十一日

中華大典·文獻目録典

總目

古籍目録分典

經總部
史總部
子總部
集總部
叢書總部
譯著總部

文獻學分典

文獻總論總部
目録總部
版本總部
校勘總部
注釋總部
辨僞總部
輯佚總部
典藏總部
流通總部

主編：閻崇東

中華大典·文獻目録典

文獻學分典

《文獻學分典》編纂委員會

《文獻學分典》編纂説明

一、本分典爲《中華大典・文獻目録典》兩個分典之一。

二、本分典的編纂，希望通過各級經目的科學設計，覆蓋文獻學各門專學的各個領域，提供一個代表當前文獻學研究最新水平的學科體系； 通過各類緯目廣輯資料，以反映文獻學各門專學的概念、術語和方法，文獻考辨的實例，以及古代文獻學家的重要事蹟和主要成果。

三、全面系統地彙編古代文獻學資料是本分典之首創，它集文獻學各門專學之大成，力圖爲本專業工作者和相關研究人員提供豐富、系統的資料和便利檢索條件，爲傳統學術研究和發展古籍整理事業奠定堅實的基礎。

四、本分典所轄九個總部，分別爲文獻總論、目録、版本、校勘、注釋、辨僞、輯佚、典藏、流通等。 文獻總論總部下設文獻概念、文獻載體材料、文獻生産技術、文獻功用等四部； 目録總部下設總論、國家目録、史志目録、私藏目録、知見目録、地方目録、專科目録、特種目録等八部； 版本總部下設總論、書册制度、歷代圖書刊行、版本類型與特徵、版本鑒别實例等五部； 校勘總部下設總論、校勘内容、校勘方法、校勘原則、校勘名著等五部； 注釋總部下設總論、注釋體例、注釋内容、注釋名著等四部； 辨僞總部下設總論、僞書成因、僞書類型、考辨僞書、辨僞名篇名著等五部； 輯佚總部下設總論、佚書類型、輯佚方法、輯佚名著等四部； 典藏總部下設總論、收藏、典藏制度方法、藏書樓、藏書家等五部； 流通總部下設總論、文獻流散、流通方式、中外文獻流通等四部。 有的部之下還列有分部。 在每個部或分部之下，設有論述、綜述、雜録、傳記、紀事、藝文、圖表等不同的緯目。

五、本分典輯録資料範圍總的原則是上起先秦，下迄一九一一年。 輯録時在儘量利用善本的前提下，盡可能地選用版本價值較高的通行本古籍，也充分利用今人整理點校的新版古籍。

六、本分典附《引用書目》，按著作撰成年代先後順序排列，年代不詳者，排列於相關朝代之後。

《中華大典・文獻目録典・文獻學分典》編委會

二〇一二年二月十二日

文獻總論總部

主　編：汪高鑫
副主編：馬小能　程仁桃

《文獻總論總部》编委

主　編：汪高鑫

副主編：馬小能　程仁桃

編纂者：（按姓氏筆畫排序）

杨玉芬　汪高鑫　汪　逸　汪增相　周　倩

馬小能　郭蔚然　董　密　程仁桃　趙偉敏

《文獻總論總部》提要

一、《文獻總論總部》是《中華大典·文獻目録典·文獻學分典》九個總部之一，主要輯録民國以前文獻中有關文獻理論和文獻傳承等方面的材料。本總部下分文獻概念、文獻載體材料、文獻生産技術和文獻功用共四部。

二、「文獻概念部」下分文、獻、文獻三分部，各分部分别包括三個緯目，即論述、雜録、藝文。「論述」收録有關總體論述文、獻、文獻等文獻概念的理論性資料。「雜録」收録其他有關討論文獻概念的材料。「藝文」收録有關文、獻、文獻的吟誦、鑒賞性詩文。

三、「文獻載體材料部」下分甲骨、金石、簡帛、紙四分部，各分部分别包括五個緯目，即綜述、傳記、紀事、藝文、圖表。「綜述」收録有關記載甲骨、金石、簡帛、紙等文獻載體材料的材質、形狀、名稱、製作工藝、分類等方面的資料。「傳記」收録有關發現、發明這些載體材料的人物之傳記。「紀事」收録有關發現、發明這些載體材料的具體事件的史料。「藝文」收録有關吟誦、唱和的詩文。「圖表」收録有關載體材料的拓片、圖片等。

四、「文獻生産技術部」下分筆、墨、硯、書寫、鐫刻、摹拓、活字印刷、雕版印刷八個分部，各分部分别包括五個緯目，即綜述、傳記、紀事、藝文、圖表。「綜述」收録有關記述書寫、鐫刻、摹拓、雕版印刷、活字印刷等文獻生産技術，以及有關記述製作筆、墨、硯等工具的資料。「傳記」收録有關筆、墨、硯發明者以及雕版印刷、活字印刷發明者的傳記，收録有關書工、刻工、拓工的事蹟。「紀事」收録記載使用文獻生産技術，記載抄書相傳典型事例的史料。「藝文」收録吟誦筆、墨、硯、雕版印刷、活字印刷等的詩文。「圖表」收録有關筆、墨、硯、雕版印刷、活字印刷的圖形。

五、「文獻功用部」下分明道、教化、娱情、經世四個分部。

六、正文的引書標注，一般標明作者、書名、卷次、篇名。引書版本情況可參本分典的《引用書目》。

七、由於種種原因，史料中關於文獻概念、發現或發明文獻載體材料的具體事件以及文獻考辨功用的材料並不是很多，儘管如此，本總部仍然不失為一次大規模的文獻材料彙編，相信對今後文獻學的研究和發展大有裨益。

八、由於編纂時間和編纂者能力的不足，文獻總論總部材料的搜集難免會挂一漏萬，一些材料的歸類也未必妥當，敬請讀者批評指正。

汪高鑫

二〇一四年五月六日

目次

文獻概念部

文分部

論述

《周禮・冬官考工記第六》 畫繢之事，雜五色。東方謂之青，南方謂之赤，西方謂之白，北方謂之黑，天謂之玄，地謂之黄。青與白相次也，赤與黑相次也，玄與黄相次也。青與赤謂之文，赤與白謂之章，白與黑謂之黼，黑與青謂之黻，五采備謂之繡。土以黄，其象方，天時變，火以圜，山以章，水以龍，鳥獸蛇，雜四時五色之位以章之，謂之巧。凡畫繢之事，後素功。

《春秋左傳正義・昭公元年》 於文，皿蟲爲蠱。杜預注：文，字也。

又《僖公二十三年》 子犯曰：「吾不如衰之文也，請使衰從。」杜預注：文，有文辭也。

《論語・公冶長》 子貢問曰：「孔文子何以謂之文也？」子曰：「敏而好學，不恥下問，是以謂之文也。」

又《顔淵》 棘子成曰：「君子質而已矣，何以文爲？」子貢曰：「惜乎！夫子之説君子也。駟不及舌。文猶質也，質猶文也。虎豹之鞟猶犬羊之鞟。」

《韓非子・解老》 禮爲情貌者也，文爲質飾者也。夫君子取情而去貌，好質而惡飾。夫恃貌而論情者，其情惡也；須飾而論質者，其質衰也。何以論之？和氏之璧不飾以五采，隨侯之珠不飾以銀黄，其質至美，物不足以飾之。夫物之待飾而後行者，其質不美也。

《國語・周語上》 以文修之。韋昭注：文，禮法也。

又 先王之訓也，有不祭則修意，有不祀則修言，有不享則修文。韋昭注：文，典法也。

又《周語下》 夫事大不從象，小不從文。韋昭注：象，天象也。文，詩書也。

又《楚語上》 若是而不從，動而不悛，則文詠物以行之。韋昭注：文，文辭也。

《史記・高祖本紀》 太史公曰：夏之政忠。忠之敝，小人以野，故殷人承之以敬。敬之敝，小人以鬼，故周人承之以文。文之敝，小人以僿，故救僿莫若以忠。裴駰《集解》引徐廣曰：「一作『薄』。」駰案：《史記音隱》曰「僿音西志反」。鄭玄曰「文，尊卑之差也。薄，苟習文法，無悃誠也」。

又《樂書》 樂者，心之動也；聲者，樂之象也；文采節奏，聲之飾也。君子動其本，樂其象，然后治其飾。是故先鼓以警戒，三步以見方，再始以著往，復亂以飭歸，奮疾而不拔，極幽而不隱。張守節正義：復者，伏也。飭音勑。復亂者，紂凶亂而安復之。飭歸者，武王伐紂勝，鳴金鐃整武而歸也。以去奏皮鼓，歸奏金鐃者，皮，文也，金，武也。

又 樂也者，動於内者也；禮也者，動於外者也。故禮主其謙，樂主其盈。禮謙而進，以進爲文；樂盈而反，以反爲文。禮謙而不進，則銷；樂盈而不反，則放。裴駰《集解》引鄭玄曰：「進者謂自勉强也。文猶美也，善也。」

又 夫樂者，樂也，人情之所不能免也。樂必發諸聲音，形於動靜，人道也。聲音動靜，性術之變，盡於此矣。故人不能無樂，樂不能無形。形而不爲道，不能無亂。先王惡其亂，故制《雅》《頌》之聲以道之，使其聲足以樂而不流，使其文足以綸而不息，使其曲直繁省廉肉節奏，足以感動人之善心而已矣，不使放心邪氣得接焉，是先王立樂之方也。裴駰《集解》引鄭玄曰：「文，篇辭也。息，銷也。」

又 子夏答曰：「今夫古樂，進旅而退旅，和正以廣，弦匏笙簧合守拊鼓，始奏以文，止亂以武，治亂以相，訊疾以雅。」裴駰《集解》引鄭玄曰：「文謂鼓，武謂金也。」

又《孔子世家》 子貢曰：「夫子之文章，可得聞也。夫子言天道與性命，弗可得聞也已。」裴駰《集解》引何晏曰：「章，明。文，彩。形質著見，可以耳目循也。」

《漢書・孫寶傳》 前日君男欲學文。顔師古注：「文謂書也。」

又《王莽傳》 崔發、張邯説莽曰：「德盛者文縟，宜崇其制度，宣視海内，且令萬世之後無以復加也。」顔師古注：「文，禮文也。縟，繁也，音辱。」

又 初，京師聞青、徐賊衆數十萬人，訖無文號旌旗表識，咸怪異之。顔師古注：「文謂文章；號謂大位號也。一曰，號謂號令也。識讀與幟同，音式志反。」

《説文解字·文部》 文，錯畫也。象交文。凡文之屬皆从文。

荀悦《申鑒·雜言下》 或曰：辭達而已矣，聖人以文其隩也有五：曰玄、曰妙、曰包、曰要、曰文。幽深謂之玄，理微謂之妙，數博謂之包，辭約謂之要，章成謂之文。聖人之文，成此五者，故曰不得已。

劉熙《釋名》卷四《釋言語》 文，文也，會集衆綵，以成錦繡，會集衆字以成辭義，如文繡然也。

《後漢書·第五訪傳》 第五訪字仲謀，京兆長陵人，司空倫之族孫也。少孤貧，常傭耕以養兄嫂。有閑暇則以學文。仕郡爲功曹，察孝廉，補新都令。政平化行，三年之閒，鄰縣歸之，户口十倍。李賢注：文謂道蓺者也。

劉勰《文心雕龍·總術》 今之常言，有文有筆，以爲無韻者筆也，有韻者文也。夫文以足言，理兼詩書；别目兩名，自近代耳。顔延年以爲筆之爲體，言之文也；經典則言而非筆，傳記則筆而非言。請奪彼矛，還攻其楯矣。何者？易之文言，豈非言文？若筆不言文，不得云經典非筆矣。將以立論，未見其論立也。予以爲發口爲言，屬筆曰翰，常道曰經，述經曰傳。經傳之體，出言入筆，筆爲言使，可强可弱。分經以典奥爲不刊，非以言筆爲優劣也。昔陸氏《文賦》，號爲曲盡，然汎論纖悉，而實體未該。故知九變之貫匪窮，知言之選難備矣。

蕭繹《金樓子》卷四《立言》 古之學者爲己，今之學者爲人。學而優則仕，仕而優則學，古人之風也。修天爵以取人爵，獲人爵而棄天爵，末俗之風也。古人之風，夫子所以昌言；末俗之風，孟子所以扼腕。然而古人之學者有二，今人之學者有四。夫子門徒，轉相師受，通聖人之經者謂之儒，屈原、宋玉、枚乘、長卿之徒，止於辭賦則謂之文。今之儒博窮子史，但能識其事，不能通其理者，謂之學。至如不便爲詩如閻纂，善爲章奏如伯松，若此之流，汎謂之筆，吟詠風謡，流連哀思者，謂之文。而學者率多不便屬辭，守其章句，遲於通變，質於心用。學者不能定禮樂之是非，辯經教之宗旨，徒能揚榷前言，抵掌多識。然而挹源知流，亦足可貴。筆退則非謂成篇，進則不云取義，神其巧惠筆端而已。至如文者，維須綺縠紛披，宫徵靡曼，脣吻遒會，情靈摇蕩，而古之文筆，今之文筆，其源又異。至如彖、繫、風、雅、名、墨、農、刑，虎炳豹鬱，彬彬君子，卜談四始，李言七略，源流已詳。今亦置而弗辨。潘安仁清綺若是，而評者止稱情切，故知爲文之難也。曹子建、陸士衡，皆文士也，觀其辭致側密，事語堅明，意匠有序，遺言無失。雖不以儒者命家，此亦悉通其義也。偏觀文士，略盡知之。至於謝元暉，始見貧小，然而天才命世，過足以補尢。任彦升甲部闕如，才長筆翰，善緝流略，遂有龍門之名，斯亦一時之盛。夫今之俗，搢紳稚齒，閭巷小生，學以浮動爲貴，用百家則多尚輕側，涉經記則不通大旨。苟取成章，貴在悦目，龍首豕足，隨時之義；牛頭馬髀，彊相附會。事等張君之弧，徒觀外澤；亦如南陽之里，難就窮檢矣。射魚指天，事徒勤而靡獲；適郢首燕，馬雖良而不到。夫挹酌道德，憲章前言者，君子所以行也。是故言顧行，行顧言。原憲云：「無財謂之貧，學道不行謂之病。」末俗學徒，頗或異此。或假兹以爲伎術，或狎之以爲戲笑。若謂爲伎術者，犂軒眩人，皆伎術也。若以爲戲笑者，少府鬭獲，皆戲笑也。未聞彊學自立，和樂慎禮，若此者也。口談忠孝，色方在於過鴻；形服儒衣，心不則於德義。既彌乖於本行，實有長於澆風。一失其源，則其流已遠，與其不隕穫於貧賤，不充詘於富貴，不畏君王，不累長上，不聞有司者，何其相反之甚。

《梁書·文學傳後論》 陳吏部尚書姚察曰：「魏文帝稱：『古之文人，鮮能以名節自全。』何哉？夫文者妙發性靈，獨拔懷抱，易邈等夷，必興矜露。大則凌慢侯王，小則傲蔑朋黨，速忌離訧，啓自此作。若夫屈、賈之流斥，桓、馮之擯放，豈獨一世哉，蓋恃才之禍也。」

李華《李遐叔文集》卷一《贈禮部尚書孝公崔沔集序》 文章本乎作者，而哀樂繫乎時。本乎作者，六經之志也；繫乎時者，樂文、武而哀幽、厲也。立身揚名，有國有家，化人成俗，安危存亡，於是乎觀之。宣於志者曰言，飾而成之曰文。有德之文信，無德之文詐。皋陶之歌，史克之頌，信也；子朝之告，宰嚭之詞，詐也，而士君子恥之。夫子之文章，偃、商傳焉，偃、商殁而孔伋、孟軻作，蓋六經之遺也。屈平、宋玉哀而傷，靡而不返，六經之道遯矣。論及後世，力足者不能知之，知之者力或不足，則文義寖以微矣。文顧行，行顧文，此其與於古歟！

顧况《華陽集》卷下《文論》 《周語》之略曰：孝敬忠信仁義智勇教惠讓，皆文也。天有六氣，地有五行，此十一者，經緯天地，叶和神人，名之爲文，其實行也。文顧行，行顧文，文行相顧，謂之君子之文，爲龍爲光。上古云：「言之無文，行之不遠。」堯之爲君，聰明文思。文王既没，文不在兹乎！文王之代，草木鳥獸皆樂。文王之沼曰靈沼，文王之臺曰靈臺。虞、芮不識文王，入文王里，所見耕者讓畔，行者讓路，班白不提挈，自相謂曰：「吾黨之小子，不可治於君子之庭。」詩人美之云：「文王斷虞、芮之訟。」晉文與楚子戰而霸，謚曰文公。

柳冕《答荆南裴尚書論文書》 前所寄拙文，不爲文以言之，蓋有謂而爲之。

昔堯、舜殁，《雅》、《頌》作；《雅》、《頌》寢，夫子作。未有不因於教化爲文章以成國風。是以君子之儒，學而爲道，言而爲經，行而爲教，聲而爲律，和而爲音。如日月麗乎天，無不照也；如草木麗乎地，無不章也；如聖人麗乎文，無不明也。故在心爲志，發言爲詩謂之文，兼三才而名之曰儒，儒之用，文之謂也。言而不能文，君子恥之，及王澤竭而詩不作，騷人起而淫麗興，文與教分而爲二，以揚、馬之才則不知教化，以荀、陳之道則不知文章。以孔門之教評之，非君子之儒也。夫君子之儒，必有其道；有其道，必有其文。道不及文，則德勝；文不知道，則氣衰；文多道寡，斯爲藝矣。《語》曰：「文質彬彬，然後君子。」兼之者斯爲美矣。昔游、夏之文章與夫子之道通流，列於四科之末，此藝成而下也；苟言無文，斯不足徵。小子志雖復古，力不足也；言雖近道，辭則不文，雖欲拯其將墜，末由也已。丈人儒之君子，曲垂見褒，反以自愧。冕再拜。

裴度《寄李翺書》 前者唐生至自滑，猥辱致書札，兼獲所貺新作二十篇。度俗流也，不盡窺見。若《愍女碑》、《烈婦傳》，可以激清教義，焕於史氏。《鐘銘》謂以功伐名於器爲銘；《與弟正辭書》謂文非一藝。斯皆可謂救文之失、廣文之用之文也。甚善甚善。然僕之知弟也，未知其他，直以弟敏於學而好於文也，就六經而正焉。故每遇名輩，稱弟不容於口，自謂彌久，益無愧詞。竊料弟亦以直諒見待，不以悦媚相容，故不惟嗟悒，亦欲商度其萬一耳。若弟擯落今古，脱遺經籍，斯則如獻白豕，何足採取。若猶有祖述，則願陳其梗槩，以相參會耳。

皇甫湜《皇甫持正文集》卷四《答李生第二書》 夫文者非他，言之華者也，其用在通理而已，固不務奇，然亦無傷於奇也。使文奇而理正，是尤難也。生意便其易者乎？夫言亦可以通理矣，而以文爲貴者非他，文則遠，無文即不遠也。以非常之文，通至正之理，是所以不朽也，生何嫉之深耶？夫繪事後素，既謂之文，豈苟簡而已哉？聖人之文，其難及也，作《春秋》，游夏之徒不能措一辭，吾何敢擬議之哉？秦漢以來至今，文學之盛，莫如屈原、宋玉、李斯、司馬遷、相如、揚雄之徒，其文皆奇，其傳皆遠。生書文亦善矣，比之數子，似猶未勝，何必心之高乎？《傳》曰：「言之不出，恥躬之不逮也。」生自視何如哉？《書》之文不奇，《易》之文可謂奇矣，豈礙理傷聖乎？

劉禹錫《劉禹錫集》卷一〇《答柳子厚書》 禹錫曰：零陵守以函置足下書爰來，屑末三幅，小章書僅千言，申申亹亹，茂勉甚悉。相思之苦懷，膠結贅聚，至是泮然以銷。所不如晤言者無幾。書竟獲新文二篇。且戲余曰：「將子爲巨衡，以揣其鈞石銖黍。」余吟而繹之，顧其詞甚約，而味奫然以長。氣爲幹，文爲支。跨躒古今，鼓行乘空。附離不以鑿枘，咀嚼不有文字。端而曼，苦而腴。佶然以生，癯然以清。余之衡誠懸于心，其揣也如是。子之戲余，果何如哉！夫矢發乎羿彀，而中微存乎它人。子無曰必我之師而能我衡，苟然則譽羿者皆羿也，可乎？索居三歲，理言蕪而不治，臨書軋軋，不具。

陸希聲《唐太子校書李觀文集序》 文以理爲本，而辭質在所尚。元賓尚於辭，故辭勝其理；退之尚於質，故理勝其辭。退之雖窮老不休，終不能爲元賓之辭，假使元賓後退之之死，亦不能及退之之質。此所以不相見也。

王溥《唐會要》卷七九《謚法上》 文。按《謚法》：經緯天地曰文，道德博原曰文，勤學好問曰文，慈惠愛民曰文，愍民惠禮曰文，錫民爵位曰文。

又卷八〇《謚法下》 文簡，贈司徒楊綰。初，太常謚楊綰爲文貞，比部郎中蘇端駁曰：「古者美惡無私，褒貶必當，將以嘉善而退惡，爲列辟之明典也，可不慎歟！今謹詳前謚文貞者，稽法考事，恐非光允時論，發揚來訓矣。夫道德博聞曰文，清白守節曰貞。」

蘇轍《欒城集》卷二二《上樞密韓太尉書》 太尉執事：轍生好爲文，思之至深，以爲文者，氣之所形，然文不可以學而能，氣可以養而致。孟子曰：「我善養吾浩然之氣。」今觀其文章，寬厚宏博，充乎天地之間，稱其氣之小大。太史公行天下，周覽四海名山大川，與燕、趙間豪俊交遊，故其文疏蕩，頗有奇氣。此二子者，豈嘗執筆學爲如此之文哉？其氣充乎其中而溢乎其貌，動乎其言而見乎其文，而不自知也。

秦觀《淮海集》卷二二《韓愈論》 夫所謂文者，有論理之文，有論事之文，有叙事之文，有託詞之文，有成體之文。探道德之理，述性命之情，發天人之奥，明死生之變，此論理之文，如列禦寇、莊周之所作是也。别白黑陰陽，要其歸宿，決其嫌疑，此論事之文，如蘇秦、張儀之所作是也。考同異，次舊聞，不虚美，不隱惡，人以爲實録，此叙事之文，如司馬遷、班固之作是也。原本山川，極命草木，比物屬事，駭耳目，變心意，此託詞之文，如屈原、宋玉之作是也。鈎列、莊之微，挾蘇、張之辯，摭班、馬之實，獵屈、宋之英，本之以《詩》、《書》，折之以孔氏，此成體之文，韓愈之所作是也。蓋前之作者多矣，而莫有備於愈；後之作者亦多矣，而無以加於愈。故曰：「總而論之，未有如韓愈者也。」然則列、莊、蘇、張、班、馬、屈、宋之流，其學術才氣，皆出於愈之文，猶杜子美之於詩，實積衆家之長，適當其時而已。昔蘇武、

李陵之詩長於高妙，曹植、劉公幹之詩長於豪逸，陶潛、阮籍之詩長於沖澹，謝靈運、鮑照之詩長於峻潔，徐陵、庾信之詩長於藻麗。於是杜子美者，窮高妙之格，極豪逸之氣，包沖澹之趣，兼峻潔之姿，備藻麗之態，而諸家之作所不及焉。然不集諸家之長，杜氏亦不能獨至於斯也。豈非適當其時故耶？

朱熹《孟子集注・萬章上》 故説詩者，不以文害辭，不以辭害志。朱熹注：文，字也。

葉適《水心先生文集》卷一二《周南仲文集後序》 夫文者，言之衍也。古人約義理以言，言所未究，稍曲而伸之爾。其後俗益下，用益淺，凡隨事逐物，小爲科舉，大爲典册，雖刻穠損華，然往往在義理之外矣，豈所謂文也！君子於此寄焉，則不足以訓德；學者於此習焉，則足以害正；力且盡而言不立，去古人不愈遠乎！

趙秉文《閑閑老人滏水文集》卷一五《竹溪先生文集引》 文以意爲主，辭以達意而已。古之文不尚虚飾，因事遣辭，形吾心之所欲言者，間有心之所不能言者而能形之于文，斯亦文之至乎？譬之水不動則平，及其石激淵洄，紛然而龍翔，宛然而鳳蹙，千變萬化不可殫窮，此天下之至文也。

魏了翁《鶴山先生大全集》卷五六《攻媿樓宣獻公文集序》 今之文，古所謂辭也。古者即辭以知心，故即其或詖、或慙、或枝、或游、或屈，而知其疑叛，知其誣善與失守也。即其或詖、或淫、或邪、或遁，而知其蔽陷，知其離且窮也。蓋辭根於氣，氣命於志，志立於學。氣之薄厚，志之小大，學之粹駁，則辭之險易、正邪從之。如聲音之通政，如蓍蔡之受命。積中而形外，斷斷乎不可揜也。

羅大經《鶴林玉露》卷一《文章》 文章一小技，於道未爲尊，此論後世之文也。文者，貫道之器，此論古人之文也。天以雲漢星斗爲文，地以山川草木爲文，要皆一元之氣所發露，古人之文似之。巧女之刺繡，雖精妙絢爛，纔可人目，初無補於實用，後世之文似之。

郝經《陵川集》卷二三《答友人論文法書》 夫理，文之本也；法，文之末也。有理則有法矣，未有無理而有法者也。《六經》，理之極，文之至，法之備也。故《易》有陰陽奇耦之理，然後有卦畫爻象之法；《書》有道德仁義之理，而後有典謨訓誥之法；《詩》有性情教化之理，而後有風賦比興之法；《春秋》有是非邪正之理，而後有褒貶筆削之法；《禮》有卑高上下之理，然後有隆殺度數之法；《樂》有清濁盛衰之理，而後有律吕舒綴之法。始皆法在文中，文在理中，聖人制作裁成，然後爲大法，使天下萬世知理之所在而用之也。

李國鳳《貢禮部玩齋文集序》 夫人之生則有聲，聲通乎心。其宣諸口者，謂之言，言中於理。倫比之而有章者，謂之文。則文乃言之尤，其可傳而不泯者，又文之尤也。蓋言以宣意，文以立言，可傳而不泯者，以其中理而載夫道也。道也者，貫古今而不可易，則文之用可得而泯乎？三代而上，文與理具，六經之文是也。三代而下，文自文，理自理，言之不能措諸文者有之矣，文之而戾乎理者亦有之矣。道何自而明乎？間有作者，刮其浮習，欲舉一世而甄陶之，雖鼓舞奮迅於一時，終亦轇轕於故常，而不克大有所振者，可勝歎哉。至於我朝元貞、延祐之間，天下久安，人材輩出，其見於文者，雖一言之微，亦本於理，累辭之繁，必明夫道。有温醇忠厚之懿，無脆薄蹇淺之失，其流風遺韻，漸涵洙濡，蓋將澤百世而未艾。烏乎，文章之盛其斯時歟！自世故日變而士氣不揚，故老凋謝而師承無法，辭之儷乎古者不多見也，況其可傳而不泯者哉！及來閩中，始得今户部尚書宣城貢先生之文而讀之，其言簡而明，曲而當，法度嚴整而意態舂容，所謂不多見者，非虚言也。其先翰林，在延祐時以文名，則先生之得於家學者有素矣。人徒知其文之古，而不知其本於理也；人徒善其詞之工，而不知欲以明夫道也。可傳而不泯者，其可誣乎。雖然，是猶論其文也，若夫立朝之節，臨民之政，與夫理財之方，一皆見之行事之實，而非空言之無證者，可傳而不泯者，不獨文而已。先生之門人劉中、鄭桓以其平日所著，曰《友迂》，曰《玩齋》，曰《旲蓂》，曰《東軒》，曰《閩南》等集，類而成編，來求余序，因併及之。先生名師泰，字泰父，與余篤世契。

王世貞《弇州山人續稿》卷四〇《劉侍御集序》 夫言，人心之聲，而詩文乃其精者。韻而詩，匪韻而文。其用本不相遠，而其究乃不能相通。以故，攻之者不能蕪造其奥而發其樞，自西京以還至于今千餘載，體日益廣而格則日以卑，前者毋以盡其變而後者毋以返其始。嗚呼！古之不得盡變，寧古罪哉！今之不能返其始，其又何辭也已。明興，操觚而樹門户者非一家，而稱其返古者北地之後，毋如歷下生。歷下之於變，小有所未盡，而北地之所謂盡，則大有所未滿者。

尤侗《尤西堂全集・西堂雜組》一集卷四《己丑真風序》 文者與世變者也，天地以大文造世。合觀前史，三皇爲破，五帝爲承，三王爲講，漢爲起，晉爲虚，唐爲中，宋爲後，明爲束，而其間七雄、三國、六朝、五季，皆其起伏呼應、斷續波瀾之妙。且即一代爲一篇，而章法、股法、句法、字法無不具焉。故文莫變于天地。人以天地之文造文，文與天地始、與天地中、與天地終。天地變而世變，世變而文變。使世而不變，則揖讓之後無征誅，征誅之後無封建，封建之後無郡縣，郡縣之後無

割據矣；使文而不變則典謨之後無誓誥，誓誥之後無論策，論策之後無詩賦，詩賦之後無詞曲，詞曲之後無制義矣。吾所憂者，天地無窮不變之時，亦無變不窮之理，多藏者厚亡，喜新者易故，題目既完，好文難續耳。

魏禧《魏叔子文集》卷一〇《文瀫敘》 水生於天而流於地，風發於地而行於天。生於天而流于地者，陽下濟而陰受之也；發于地而行于天者，陰上升而陽畜之也。陰陽互乘，有交錯之義，故其遭也而文生焉。故曰：「風水相遭而成文。」然其勢有彊弱，故其遭有輕重而文有大小。洪波巨浪山立而汹湧者，遭之重者也；淪漣漪瀫皺蹙而密理者，遭之輕者也。重者人驚而快之，發豪士之氣，有鞭笞四海之心；輕者人樂而玩之，有遺世自得之慕，要爲陰陽自然之動。天地之至文，不可以偏廢也。無錫錢子礎日博學好古，既自以其文章名天下，復取天下文甲乙而選輯之，命曰「文瀫」。夫瀫，文之小者也，礎日其何以是名？吾覽其書有忠臣、孝子、義士、節婦之文足以震動天地，摇撼山嶽，若黑風白浪之起于晝日，而蛇龍鯤鱷，怒跳嬉擲于其間，顧退托于瀫，以自名其謙謙之志，固有然與？然吾嘗泛大江，往返十餘適，當其解維鼓枻，輕風揚波，細瀫微瀾，如抽如織，樂而玩之，幾忘其有身。及夫天風怒號，帆不得輒下，檝不得暫止，水仄舟立，舟中皆無人色，而吾方倚舷而望，且怖且快，攬其奇險雄莽之狀，以自壯其志氣。然且登舟之初，風水所遭遽若是，則必不敢解維鼓檝蹈危險以自快。夫世之樂小言而畏大文也久矣，故錢子以瀫導之與？錢子之選，有忠孝、道德、經濟之文以爲洪波，蕭閒之文以爲漪瀫，静深之文以爲寒潭，縟藻之文以爲麗水，鼹鼠夸父各滿其腹，若是則已矣。予姑妄言之以塞弁首之責。錢礎日曰：風水成文，天然妙義，于文中見大小，即于文之小中見大。後泛大江一段，就身歷處指點出來，目炫情移，意境萬狀，而爲文之義已躍如矣。

屈大均《廣東新語》卷一一《文語・廣東文集》 文者，道之顯者也。

邵長蘅《青門簏稾》卷一一《與魏叔子論文書》 某頓首叔子先生足下：向辱示論文數書，學者作文之法綦備，獨疑于文章之源，尚蓄而未發，意善易者不譚易邪？抑有所秘也？僕于文，亦學之而未至者，顧衷所自志，敢一質之左右。聞之先輩曰：夫文者，非僅辭章之謂也。聖賢之文以載道，學者之文蘄弗畔道，故學文者必先濬文之源，而後究文之法；濬文之源者何？在讀書，在養氣。夫六經，道之淵藪也，故讀書先于治經。愚意欲晝以歲月，《易象》、《詩》、《書》、《春秋》、《三禮》諸書，以漸而及，不必屑屑拘牽注疏，務融液其大指所在，然後綜貫諸史以驗其廢興治忽之由，旁及于集以參其邪正得失之故，又恐力不能兼營，史自左氏司馬班范三國南北五代而外，子自莊列荀楊韓非吕氏賈董而外，集自韓柳歐蘇曾王而外，或略加節抄，可備采擇，此讀書之漸也。韓愈氏有言：氣，水也。言，浮物也。水大，而物之浮者大小畢浮。是故其氣盛者，其文暢以醇；其氣舒者，其文疏以達；其氣矜者，其文礪以紕；其氣恧者，其文詖以刓；其氣撓者，其文剽以瑕。是故涵泳道德之塗，菑畲六藝之圃，以充吾氣也；泊乎寡營，浩乎自得，以舒吾氣也。植聲氣，急標榜，矜吾氣者也；投贄干謁，蠅附蚳營，恧吾氣者也；應酬轇轕，諛墓攫金，撓吾氣者也，此養氣之説也。二者所以濬文之源也。有于文之法有不變者，有至變者。文體有二：曰敍事，曰議論，是謂定體。辭斷意續，筋絡相束，奔放者忌肆，雕刻者忌促，深賾者忌詭，敷演者忌俗，是謂定格。言道者必宗經，言治者必宗史；導情欲婉而暢，述事欲法而明，是謂定理。此法之不變者也。若夫川横馳騖，變化百出，各視工力之所及，巧拙不相師，後先不相襲，此法之至變者也。吾得其所爲不變者，不左史，不班范，不韓柳歐蘇，而不可駭其拗也；吾得其所爲至變者，即左史，即班范，即韓柳歐蘇，而不可訾其襲也。二者所以究文之法也。是故不濬其源而言文，譬之揚蹏涔之波者，不識渤澥之廣；炫螢尾之照者，不覩日月之明，幾文之成不能也；不究其法而言文，譬之騄新羈之駟，而弛其銜轡；操匠郢之斤，而輟其規矩，幾文之成不能也。僕持此説，藏胸中久，與流俗人言，未免疑駭譁笑，惟先生爲當今文匠，而又疑向者之論，尚有所秘也，輒敢竭其愚陋，冀相叩質。雖然，僕僅能言之耳，僕才氣蹇劣，又苦人事，雖心蘄其至是，力不能赴，歲月荏苒，恐遂無成，亦何敢望與先生抗衡哉？養由基射楊葉于百步之外，不失一焉；張七屬之甲一發而洞胸貫札，此其于藝，至精也；而支離疏攘臂其旁，談縱送之法，刺刺不休，試令之操弓挾矢，則捫指退矣。僕論文大類是，惟先生進而教之。

王晦《王石和文集》卷一《文氣》 山水草木之生，皆可通諸文。尤愛松之挺然、鬱然，動而爲韵，則笙簧交作，鼗鼓鏜磬之喧於空中，而聽者不測其聲之所際也。神乎，韵乎，挺然之質老於雪霜，鬱然之色沃於雨露。韵獨動於風，風無形而有聲。而文之韵又動於氣，氣並無聲而有力，雖極天下之重無不舉，極天下之堅無不透，故能發於文之先，充於文之中，溢於文之外。或振之而高，或幽之奥以曲，或縱之而放乎不可遏抑，或節制之則詘然以止。其爲氣也不同，而養之者必有道矣。孟子之氣養於理，《戰國策》之氣養於世故，莊列之氣養於虚，史遷之氣養於憂患及名山大川，唐宋以來氣多養於讀書。入之深則心有定，心有定則氣盛，氣盛則能直

達其意之所欲言，油然沛然隨其言之所至，曲折赴之而靡不宜也。孟子曰：「至大至剛，塞于天地之間。」今誠不敢望是，然獨不曰志壹則動氣乎？今之學者志不足以帥氣，嗜欲昏於中，取舍亂於外，其觀古人之書，是非喜怒泊然一無所動，則其心渺不與古人相浹，吾未見古人之氣可猝然借之爲我有也。昔庖丁解牛，心怵然爲戒，慎乎其養氣也。推之百家衆技，造其精莫不由於養氣，而沉於文乎？文者，心之聲也。五色辨諸目，五味悦諸口，而五聲之動起於人心，入人最深，彼其所以感人亦有運乎聲之中者矣。運乎聲者氣也，以無聲聲聲，則人莫窮其聲之所自來，而莫定其聲之所自往，往來之所以入於環中環轉者無窮，故文章之氣通諸松而極於樂。

李紱《穆堂別集》卷四四《秋山論文四十則》 文所以載道，而能文者常不充于道，知道者多不健于文，柳子厚、蘇老泉父子，能文而論多駁雜。王荆公晚年居鍾山，僧人贋作往往混入本集，亦屬瑕玷。南宋諸儒多知道者，而文多冗盉，惟朱子宗仰南豐，筆力頗健，亦未能不冗也。能文而衷于道，惟韓退之、李習之、歐陽永叔、曾子固四人耳。余嘗別擇韓、李、歐、曾四家之作，彙爲一書。學者以此四家文爲主，庶不惑于權謀，小數佛老異端。文之能事無他，孔子所謂「達而已矣」。六朝文，浮辭掩意，不達，故不佳。文章之弊，則曾子所謂「鄙倍而已」。嘉靖以後，爲古文者，非鄙則倍，故文事中絶，震川譏鳳洲爲妄庸，庸即鄙也，妄即倍也。爲文須有學問，學不博不可輕爲文。如治經者，欲立一解，必盡見古人之説，而後可以折其中。治史者欲論一事，必洞徹其事之本末，而後可定其得失。余二十歲以前，嘗作《經史外論》一書，當時所見經史未備，經自註疏及明人大全而外，寥寥無幾，後得《通志堂經解》，自經解外又購得數十種，試覆觀少作，則所論者，多者人所已發，或前人言之而後人又已駁正之者。然後知閲書不備，不可以爲文也。

劉大櫆《論文偶記》 神氣者，文之最精處也；音節者，文之稍粗處也；字句者，文之最粗處也；然論文而至於字句，則文之能事盡矣。蓋音節者，神氣之迹也；字句者，音節之矩也。神氣不可見，於音節見之；音節無可準，以字句準之。

趙翼《陔餘叢考》卷二二《詩筆》 《陸游筆記》六朝人謂文爲筆，顧寧人亦引其説，不知六朝人之稱文與筆，又自有别。《文心雕龍》曰：「今俗常言無韻者筆也，有韻者文也」，是六朝人以韻語爲文，散行爲筆耳。按《南史・沈約傳》，謝元暉善爲詩，任彦昇工於筆，約兼而有之。《庾肩吾傳》《梁簡文與湘東王書》曰：「詩既若此，筆又如之。」又曰：「謝朓、沈約之詩，任昉、陸倕之筆。」《任昉傳》：「昉以文才見知，時人謂任筆沈詩，昉聞甚以爲病，晚節轉好著詩，欲以傾沈，用事過多，屬辭不得，流傳都下，士子慕之，轉爲穿鑿。」又劉孝綽稱弟儀與威云：「三筆六詩。」三，孝儀。六，孝威也。是皆以詩筆對言，放翁因其以詩對筆，遂疑筆即文耳。然《北史・邢昕傳》「雜筆三十餘篇」，此專言筆也。而《邢臧傳》「文筆九百餘篇」，《劉逖傳》「文筆三十餘篇」，則又文與筆並言，可見文與筆自是二種，若筆即是文，何以有專言筆者，又有兼言文筆者，則六朝所謂文筆，當以劉勰言爲據也。至老杜《寄賈至、嚴武詩》云：「賈筆論孤憤，嚴詩賦幾篇。」元好問詩亦云：「杜詩韓筆愁來讀，似倩麻姑癢處抓。」亦襲六朝語也。

錢大昕《潛研堂文集》卷一七《文箴》 文以貫道，言以匡時。雕蟲繡帨，雖多奚爲！博而孱守，默而湛思。非法不服，先哲是師。竊人之言，以爲己詞。欺世噉名，爲職者嗤。文依于行，若木有枝。本實先撥，枝其萎而。

姚鼐《惜抱軒全集》卷四《敦拙堂詩集序》 言而成節，合乎天地自然之節，則言貴矣。其貴也，有全乎天者焉，有因人而造乎天者焉，今夫六經之文，聖賢述作之文也。獨至於詩則成於田野閨闥無足稱述之人，而語言微妙，後世能文之士，有莫能逮，非天爲之乎？然是言詩之一端也，文王周公之聖，大小雅之賢，揚乎朝廷，達乎神鬼，反覆乎訓誡，光昭乎政事，道德修明而學術該備，非如列國風詩，采於里巷者可竝論也。天文者，藝也。道與藝合，天與人一，則爲文之至。世之文士，固不敢與文王周公比，然所求以幾乎文之至者，則有道矣。苟且率意以覬天之或與之無是理也，自秦漢以降。文士得三百之義者，莫如杜子美。子美之詩，其才天縱，而致學精思，與之竝至。故爲古今詩人之冠。今九江陳東浦先生，爲文章皆得古人用意之深，而作詩一以子美爲法，其才識沈毅，而發也騫以閎。其功力刻深，而出也慎以肆。世之學子美者蔑有及焉。且古詩人，有兼雅頌備正變，一人之作，屢出而愈美者，必儒者之盛也。野人女子，偶然而言中，雖見録於聖人，然使更益爲之，則無可觀已。後世小才嵬士，天機間發，片言一章之工亦有之，而裒然成集，連牘殊體，累見詭出，閎麗譎變，則非鉅才而深於其法者不能，何也？藝與道合，天與人一故也。如先生，殆其是歟？先生爲國大臣，有希周召吉甫之烈，鼐不具論。論其與三百篇相通之理，以明其詩所由盛，且與海内言詩者，共商榷焉。

又《古文辭類纂》卷首《古文辭類纂序》 凡文之體類十三，而所以爲文者八，

曰神、理、氣、味、格、律、聲、色。神、理、氣、味者，文之精也。格、律、聲、色者，文之粗也。然苟舍其粗，則精者亦胡以寓焉。學者之於古人，必始而遇其粗，中而遇其精，終則御其精者而遺其粗者。文士之效法古人，莫善於退之。盡變古人之形貌，雖有摹擬，不可得而尋其跡也。其他雖工於學古，而跡不能忘。揚子雲、柳子厚於斯，蓋尤甚焉。以其形貌之過於似古人也，而遽擯之謂不足與於文章之事，則過矣。然遂謂非學者之一病，則不可也。

唐晏《兩漢三國學案》卷一〇《爾雅》 《爾雅》，古小學也。考《大學》曰「物格而后知致」，自漢逮宋，解者紛如亂絲，無從是正。然古人爲學未聞格物之説。《論語》二十篇，亦未以格物訓學者。則此格物者果何氏之説也耶？愚考孔門之所以教學者，曰「行有餘力，則以學文」。文者，文字也。又「必也正名乎」，古注亦指爲文字之名。古人學文，果從何書入手乎？然則《爾雅》蓋有取焉爾。學者，幼學固必先通小學；通小學，必先識字；識字則先讀《爾雅》，是不易之宗旨也。然則《大學》之格物，亦謂正於一名一物，以開其知識之先聲焉耳。然則格物者，格此也；正名者，正此也；學文者，學此也。所從言之有異，而其旨一也。故《爾雅》者，六藝之關揵也。

章炳麟《國故論衡》卷中《文學總略》 文學者，以有文字著於竹帛，故謂之文，論其法式，謂之文學。凡文理、文字、文辭皆言文。言以作樂有闋，其采色發揚，謂之彣。施之筆札，謂之章。《説文》云：「文，錯畫也。象交文。」「章，樂竟爲一章。」「彣，戫也。」「彰，文彰也。」或謂文章當作彣彰，則異議自此起。《傳》曰「博學於文」，不可作彣。《雅》曰「出言有章」，不可作彰。古之言文章者，不專在竹帛諷誦之間。孔子稱堯舜「焕乎其有文章」，蓋君臣朝廷尊卑貴賤之序，車輿衣服宮室飲食嫁娶喪祭之分，謂之文。八風從律，百度得數，謂之章。文章者，禮樂之殊稱矣。其後轉移施於篇什。太史公記博士平等議曰：「謹案詔書律令下者，文章爾雅，訓辭深厚。」此寧可書作彣彰邪？獨以五采彰施五色，有言黻、言黼、言文、言章者，宜作彣彰，然古者或無其字，本以文章引伸。今欲改文章爲彣彰者，惡夫沖淡之辭，而好華葉之語，違書契記事之本矣。孔子曰：「言之無文，行而不遠。」蓋謂不能舉典禮，非苟欲潤色也。易所以有文言者，梁武帝以爲文王作易，孔子遵而修之，故曰「文言」，非矜其采飾也。夫命其形質曰文，狀其華美曰彣，指其起止曰章，道其素絢曰彰。凡彣者必皆成文，凡成文者不皆彣。是故權論文學，以文字爲準，不以彣彰爲準。今舉諸家之法，商訂如左方。

雜録

《論語・八佾》 子曰：「周監於二代，郁郁乎文哉！吾從周。」

又《子罕》 子畏於匡。曰：「文王既没，文不在兹乎？天之將喪斯文也，後死者不得與於斯文也；天之未喪斯文也，匡人其如予何？」

《春秋左傳・昭公二十五年》 淫則昏亂，民失其性。是故爲禮以奉之：爲六畜、五牲、三犧以奉五味，爲九文、六采、五章以奉五色，爲九歌、八風、七音、六律以奉五聲。

《國語・晉語五・寧嬴氏論貌與言》 夫貌，情之華也；言，貌之機也。身爲情，成於中。言，身之文也。言文而發之，合而後行，離則有釁。

《韓非子・解老》 道者，萬物之所然也，萬理之所稽也。理者，成物之文也；道者，萬物之所以成也。故曰：「道，理之者也。」物有理，不可以相薄，物有理不可以相薄，故理之爲物之制。萬物各異理，萬物各異理而道盡。稽萬物之理，故不得不化，不得不化，故無常操，無常操，是以死生氣稟焉，萬智斟酌焉，萬事廢興焉。天得之以高，地得之以藏，維斗得之以成其威，日月得之以恒其光，五常得之以常其位，列星得之以端其行，四時得之以御其變氣，軒轅得之以擅四方，赤松得之與天地統，聖人得之以成文章。道，與堯舜俱智，與接輿俱狂，與桀紂俱滅，與湯武俱昌。以爲近乎，遊於四極；以爲遠乎，常在吾側；以爲暗乎，其光昭昭；以爲明乎，其物冥冥；而功成天地，和化雷霆，宇内之物，恃之以成。凡道之情，不制不形，柔弱隨時，與理相應。萬物得之以死，得之以生；萬事得之以敗，得之以成。道譬諸若水：溺者多飲之即死，渴者適飲之即生；譬之若劍戟：愚人以行忿則禍生，聖人以誅暴則福成。故得之以死，得之以生，得之以敗，得之以成。

《中庸・第三十三章》 《詩》曰「衣錦尚絅」，惡其文之著也。故君子之道，闇然而日章；小人之道，的然而日亡。君子之道：淡而不厭，簡而文，温而理，知遠之近，知風之自，知微之顯，可與入德矣。

董仲舒《春秋繁露・玉杯第二》 志爲質，物爲文。文著於質，質不居文，文質兩備，然後其禮成。文質偏行，不得有我爾之名。俱不能備而偏行之，寧有質而無文。

又《天道施》　名者，所以別物也。親者重，疏者輕，尊者文，卑者質，近者詳，遠者略，文辭不隱情，明情不遺文，人心從之而不逆，古今通貫而不亂，名之義也。

劉安《淮南子》卷一四《詮言》　金石有聲，弗叩弗鳴；管簫有音，弗吹無聲。聖人内藏，不爲物先倡，事來而制，物至而應。飾其外者傷其内，扶其情者害其神，見其文者蔽其質。無須臾忘爲質者，必困於性；百步之中不忘其容者，必累其形。

揚雄《法言·先知》　聖人，文質者也。車服以彰之，藻色以明之，聲音以揚之，《詩》、《書》以光之。籩豆不陳，玉帛不分，琴瑟不鏗，鍾鼓不抎，則吾無以見聖人矣。

又《君子》　或問：「君子言則成文，動則成德，何以也？」曰：「以其弸中而彪外也。般之揮斤，羿之激矢，君子不言，言必有中也；不行，行必有稱也。」

桓譚《新論·求輔》　賢有五品：謹敕于家事，順悌于倫黨，鄉里之士也；作健曉惠，文史無害，縣廷之士也；信誠篤行，廉平公，理下務上者，州郡之士也；通經術，名行高，能達于從政，寬和有固守者，公輔之士也；才高卓絶，竦峙于衆，多籌大略，能圖世建功者，天下之士也。

又《本造》　賈誼不左遷失志，則文彩不發；淮南不貴盛富饒，則不能廣聘駿士，使著文作書；太史公不典掌書記，則不能條悉古今；楊雄不貧，則不能作《玄》言。

桓寬《鹽鐵論·殊路》　大夫曰：「至美素璞，物莫能飾也。至賢保真，僞文莫能增也。故金玉不琢，美珠不畫。今仲由、冉求無檀柘之材，隨、和之璞，而彊文之，譬若雕朽木而礪鈆刀，飾嫫母畫土人也。被以五色，斐然成章，及遭行潦流波，則沮矣。夫重懷古道，枕籍《詩》《書》，危不能安，亂不能治，郵里逐雞，雞亦無黨也？」

王充《論衡》卷九《問孔》　案賢聖之言，上下多相違；其文，前後多相伐者，世之學者，不能知也。

又卷三〇《自紀》　飾貌以彊類者失形，調辭以務似者失情。百夫之子，不同父母，殊類而生，不必相似，各以所稟，自爲佳好。文必有與合然后稱善，是則代匠斲不傷手，然后稱工巧也。文士之務，各有所從，或調辭以巧文，或辯僞以實事。必謀慮有合，文辭相襲，是則五帝不異事，三王不殊業也。美色不同面，皆佳於目；悲音不共聲，皆快於耳。酒醴異氣，飲之皆醉；百穀殊味，食之皆飽。謂文當與前合，是謂舜眉當復八采，禹目當復重瞳。

《漢書·劉歆傳》　孝成皇帝閔學殘文缺，稍離其真，乃陳發祕臧，校理舊文，得此三事，以考學官所傳，經或脱簡，傳或間編。

葛洪《抱朴子·外篇》卷四五《文行》　或曰：「德行者，本也；文章者，末也。故四科之序，文不居上。然則著紙者，糟粕之餘事；可傳者，祭畢之芻狗。卑高之格，是可識矣。」

劉勰《文心雕龍·宗經》　三極彝訓，其書言經。經也者，恒久之至道，不刊之鴻教也。故象天地，效鬼神，參物序，制人紀，洞性靈之奥區，極文章之骨髓者也。皇世三墳，帝代五典，重以八索，申以九邱，歲歷緜曖，條流紛糅。自夫子刪述，而大寶咸耀。於是易張十翼，書標七觀，詩列四始，禮正五經，春秋五例，義既極乎性情，辭亦匠於文理，故能開學養正，昭明有融。然而道心惟微，聖謨卓絶，墻宇重峻，而吐納自深。譬萬鈞之洪鍾，無錚錚之細響矣。夫易惟談天，入神致用。故繫稱旨遠辭文，言中事隱，韋編三絶，固哲人之驪淵也。《書》實記言，而訓詁茫昧，通乎《爾雅》，則文意曉然。故子夏歎書，昭昭若日月之明，離離如星辰之行，言昭灼也。《詩》主言志，詁訓同書，摛風裁興，藻辭譎喻，温柔在誦，故最附深衷矣。《禮》以立體，據事剬範，章條纖曲，執而後顯，採掇生言，莫非寶也。《春秋》辨理，一字見義，五石六鷁，以詳略成文；雉門兩觀，以先後顯旨；其婉章志晦，諒以邃矣。《尚書》則覽文如詭，而尋理即暢；《春秋》則觀辭立曉，而訪義方隱。此聖人之殊致，表裏之異體者也。至根柢槃深，枝葉峻茂，辭約而旨豐，事近而喻遠，是以往者雖舊，餘味日新，後進追取而非晚，前修文用而未先，可謂太山徧雨，河潤千里者也。故論説辭序，則《易》統其首；詔策章奏，則《書》發其源；賦頌謌讚，則《詩》立其本；銘誄箴祝，則《禮》總其端；紀傳銘檄，則《春秋》爲根：並窮高以樹表，極遠以啓疆，所以百家騰躍，終入環内者也。若稟經以製式，酌雅以富言，是仰山而鑄銅，煑海而爲鹽也。故文能宗經，體有六義：一則情深而不詭，二則風清而不雜，三則事信而不誕，四則義直而不回，五則體約而不蕪，六則文麗而不淫；揚子比雕玉以作器，謂五經之含文也。夫文以行立，行以文傳，四教所先，符采相濟，勵德樹聲，莫不師聖；而建言修辭，鮮克宗經。是以楚豔漢侈，流弊不還，正末歸本，不其懿歟！贊曰：三極彝道，訓深稽古。致化歸一，分教斯五。性靈鎔匠，文章奥府。淵哉鑠乎！群言之祖。

蕭統《文選》卷五二《典論論文》　其體文以氣爲主，氣之清濁有體，不可力彊而致。譬諸音樂，曲度雖均，節奏同檢，至於引氣不齊，巧拙有素，雖在父兄，不能

以移子弟。

蕭繹《内典碑銘集林序》 夫世代亟改，論文之理非一；時事推移，屬詞之體或異。但繁則傷弱，率則恨省，存華則失體，從實則無味。或引事雖博，其意猶同；或新意雖奇，無所倚約；或首尾倫帖，事似牽課；或復博涉，體製不工。能使豔而不華，質而不野，博而不繁，省而不率，文而有質，約而能潤，事隨意轉，理逐言深。所謂菁華，無以間也。

《梁書・文學傳序》 昔司馬遷、班固書，並爲《司馬相如傳》，相如不預漢廷大事，蓋取其文章尤著也。固又爲《賈鄒枚路傳》，亦取其能文傳焉。范氏《後漢書》有《文苑傳》，所載之人，其詳已甚。然經禮樂而緯國家，通古今而述美惡，非文莫可也。是以君臨天下者，莫不敦悦其義，縉紳之學，咸貴尚其道，古往今來，未之能易。

《陳書・文學傳序》 《易》曰「觀乎人文以化成天下」，孔子曰「焕乎其有文章」也。自楚、漢以降，辭人世出，洛汭、江左，其流彌暢。莫不思侔造化，明竝日月，大則憲章典謨，裨贊王道；小則文理清正，申紓性靈。至於經禮樂、綜人倫、通古今、述美惡，莫尚乎此。

《北齊書・文苑傳序》 夫玄象著明，以察時變，天文也；聖達立言，化成天下，人文也。達幽顯之情，明天人之際，其在文乎。逖聽三古，彌綸百代，制禮作樂，騰實飛聲，若或言之不文，豈能行之遠也？子曰：「文王既没，文不在兹？」大聖踵武，邈將千載，其間英賢卓犖，不可勝紀，咸宜韜筆寢牘，未可言文，斯固才難，不其然也。至夫游、夏以文詞擅美，顔回則庶幾將聖，屈、宋所以後塵，卿、雲未能輟簡。於是辭人才子，波駭雲屬，振鵷鷺之羽儀，縱雕龍之符采，人謂得玄珠於赤水，策奔電於崑丘，開四照於春華，成萬寶於秋實。

《隋書・上隋文帝論文書》 降及後代，風教漸落。魏之三祖，更尚文詞，忽君人之大道，好雕蟲之小藝。下之從上，有同影響，競騁文華，遂成風俗。江左齊梁，其弊彌甚，貴賤賢愚，唯務吟詠。遂復遺理存異，尋虛逐微，競一韻之奇，争一字之巧。連篇累牘，不出月露之形；積案盈箱，唯是風雲之狀。世俗以此相高，朝廷據兹擢士。禄利之路既開，愛尚之情愈篤。於是閭里童昏，貴遊總丱，未窺六甲，先製五言。至如羲皇、舜、禹之典，伊、傅、周、孔之説，不復關心，何嘗入耳。以傲誕爲清虛，以緣情爲勳績，指儒素爲古拙，用詞賦爲君子。故文筆日繁，其政日亂，良由棄大聖之軌模，構無用以爲用也。損本逐末，流徧華壤，遞相師祖，久而愈扇。

王通《中説》卷三《事君篇》 子謂荀悦史乎史乎！謂陸機文乎文乎！皆思過半矣。子謂文士之行可見。謝靈運小人哉！其文傲，君子則謹；沈休文小人哉！其文冶，君子則典。鮑照、江淹，古之狷者也，其文急以怨；吴筠、孔稚珪，古之狂者也，其文怪以怒；謝莊、王融，古之纖人也，其文碎；徐陵、庾信，古之夸人也，其文誕。

王勃《王子安集》卷一〇《上吏部裴侍郎啓》 大文章之道，自古稱難。聖人以開物成務，君子以立言見志。遺雅背訓，孟子不爲；勸百諷一，揚雄所恥。苟非可以甄明大義，矯正末流，俗化資以興衰，家國繇其輕重，古人未嘗留心也。自微言既絶，斯文不振，屈、宋導澆源於前，枚、馬張淫風於後，談人主者，以宫室苑囿爲雄；敍名流者，以沉酗驕奢爲達。故魏文用之而中國衰，宋武貴之而江東亂。雖沈、謝争騖，適先兆齊、梁之危；徐、庾竝馳，不能免周、陳之禍。於是識其道者卷舌而不言，明其弊者拂衣而徑逝。《潛夫》、《昌言》之論，作之而有逆於時；周公、孔氏之教，存之而不行於代。天下之文，靡不壞矣。國家應千載之期，恢百王之業，天地静默，陰陽順序，方欲激揚正道，大庇生人，黜非聖之書，除不稽之論。牧童頓顙，思進皇謀；樵夫拭目，願談王道。崇大厦者非一木之材，匡弊俗者非一日之衛，衆持則力盡，真長則僞銷，自然之數也。君侯受朝廷之寄，掌鎔範之權，至於舞詠澆淳，好尚邪正，宜深以爲念也。

《南史・文學傳序》 自中原沸騰，五馬南度，綴文之士，無乏於時。降及梁朝，其流彌盛。蓋由時主儒雅，篤好文章，故才秀之士，焕乎俱集。于是武帝每所臨幸，輒命羣臣賦詩，其文之善者賜以金帛。是以縉紳之士，咸知自勵。至有陳受命，運接亂離，雖加獎勵，而向時之風流息矣。《詩》云：「人之云亡，邦國殄悴。」豈金陵之數將終三百年乎？不然，何至是也。《宋史》不立《文學傳》，齊、梁皆有其目。今綴而序之，以備此篇云爾。

崔元翰《與常州獨孤使君書》 月日，崔元翰再拜上書郎中使君閣下：天之文以日月星辰，地之文以百穀草木，生於天地而肖天地，聖賢又得其靈和粹美，故能含章垂文，用能裁成庶物，化成天下。而治平之主，必以文德致時雍；其承輔之臣，亦以文事助王政。而唐堯、虞舜、禹、湯、文、武之代，則憲章法度，禮樂存焉。臯陶、伯益、伊、傅、周、召之倫，則誥命、謨訓、歌頌傳焉。其後衛武、召穆、吉甫、仍叔咸作之詩，並列於雅。孔聖無大位，由修《春秋》，述《詩》、《易》，反諸正而寄之

治。而素臣邱明、游、夏之徒，又述而贊之。推是而言，爲天子大臣，明王道，斷國論，不通乎文學者則陋矣；士君子立於世，升於朝，而不繇乎文行者則僻矣。然患後世之文，放蕩於浮虚，舛馳於怪迂，其道遂隱。謂宜得明哲之師長，表正其根源，然後教化淳矣。

柳冕《答楊中丞論文書》 古者陳詩以觀人風，君子之風，仁義是也；小人之風，邪佞是也。風生於文，文生於質，天地之性也。止於經，聖人之道也；感於心，哀樂之音也。故觀乎志而知國風。逮德下衰，風雅不作，形似豔麗之文興，而雅頌比興之義廢。豔麗而工，君子恥之，此文之病也。

皇甫湜《皇甫持正集》卷一《諭業》 書不千軸，不可以語化；文不百代，不可以語變。體無常軌，言無常宗，物無常用，景無常取。在殫其理，覈其微，賦物而窮其致。歌詠者，極情性之本；載述者，遵良直之旨。觸類而長，不失其要，此大略也。夫比文之流，其來尚矣。自六經子史，至於近代之作，無不備詳。當朝之作，則燕公悉以評之。

又卷四《答李生第一書》 來書所謂今之工文，或先於奇怪者，顧其文工與否耳。夫意新則異於常，異於常則怪矣。詞高則出于衆，出於衆則奇矣。虎豹之文，不得不炳於犬羊；鸞鳳之音，不得不鏘于烏鵲；金玉之光，不得不炫于瓦石；非有意先之也，乃自然也。必崔嵬然後爲岳，必滔天然後爲海。明堂之棟，必撓雲霓，驪龍之珠，必錮深泉。足下以少年氣盛，故當以出拔爲意。學文之初，且未自盡其才，何遽稱力不能哉？圖王不成，其弊猶可以霸；其僅自見也，將不勝弊矣！孔子譏其身不能者，幸勉而思進之也。

李德裕《李文饒外集》卷三《文章論》 魏文《典論》稱：「文以氣爲主，氣之清濁有體。」斯言盡之矣。然氣不可以不貫，不貫則雖有英辭麗藻，如編珠綴玉，不得爲全璞之寶矣。鼓氣以勢壯爲美，勢不可以不息，不息則流宕而忘返。亦猶絲竹繁奏，必有希聲窈眇，聽之者悅聞；如川流迅激，必有洄洑逶迤，觀之者不厭。從兄翰常言：「文章如千兵萬馬，風恬雨霽，寂無人聲。」蓋謂是矣。近世誥命，唯蘇庭碩叙事之外自爲文章，才實有餘，用之不竭。沈休文獨以音韻爲切，重輕爲難，語雖甚工，旨則未遠。夫荆璧不能無瑕，隋珠不能無纇，文旨既妙，豈以音韻爲病哉！此可以言規矩之内，不可以言文章外意也。較其師友，則魏文與王、陳、應、劉討論之矣。江南唯於五言爲妙，故休文長於音韻，而謂：「靈均以來，此秘未覩。」不亦誣人甚矣！古人辭高者蓋以言妙而適情，不取於音韻；意盡而止，或篇不拘於隻耦。故篇無定曲，辭寡累句。譬諸音樂，古詞如金石琴瑟，尚於至音；今文如絲竹鞞鼓，追於促節。則知聲律之爲弊也甚矣。世有非文章者曰：「辭不出於《風》、《雅》，思不越於《離騷》，摸寫古人，何足貴也？」余曰：「譬諸日月，雖終古常見，而光景常新，此所以爲靈物也。」余嘗爲文箴，今載於此。曰：「文之爲物，自然靈氣。惚恍而來，不思而至。杼軸得之，淡而無味。琢刻藻繪，珍不足貴。如彼璞玉，磨礱成器。奢者爲之，錯以金翠。美質既雕，良寶所棄。」此爲文之大旨也。

司馬貞《史記索隱序》 逮至晉末，有中散大夫東莞徐廣始考異同，作《音義》十三卷。宋外兵參軍裴駰又取經傳訓釋作《集解》，合爲八十卷。雖麤見微意，而未窮討論。南齊輕車録事鄒誕生亦作《音義》三卷，音則微殊，義乃更略。爾後其學中廢。貞觀中，諫議大夫崇賢館學士劉伯莊達學宏才，鉤深探賾，又作《音義》二十卷，比於徐鄒，音則具矣。殘文錯節，異音微義，雖知獨善，不見旁通，欲使後人從何準的。

又《史記索隱後序》 夫太史公紀事，上始軒轅，下訖天漢，雖博采古文及傳記諸子，其間殘闕蓋多，或旁搜異聞以成其説，然其人好奇而詞省，故事覈而文微，是以後之學者多所未究。其班氏之書，成於後漢。彪既後遷而述，所以條流更明，是兼采衆賢，羣理畢備，故其旨富，其詞文，是以近代諸儒共行鑽仰。其訓詁蓋亦多門，蔡謨集解之時已有二十四家之説，所以於文無所滯，於理無所遺。而太史公之書，既上序軒黄，中述戰國，或得之於名山壞壁，或取之以舊俗風謡，故其殘文斷句難究詳矣。

張守節《史記正義序》 《史記》者，漢太史公司馬遷作。遷生龍門，耕牧河山之陽，南遊江淮，講學齊魯之郡，紹太史，繼《春秋》，括文魯史而包《左氏》、《國語》，采《世本》、《戰國策》而摭《楚漢春秋》，貫紬經傳，旁搜史子，上起軒轅，下既天漢。作十二本紀，帝王興廢悉詳；三十世家，君國存亡畢著；八書，贊陰陽禮樂；十表，定代系年封；七十列傳，忠臣孝子之誠備矣。筆削冠於史籍，題目足以經邦。裴駰服其善序事理，辯而不華，質而不俚，其文直，其事核，不虚美，不隱惡，故謂之實録。自劉向、楊雄皆稱良史之才。況墳典湮滅，簡册闕遺，比之《春秋》，言辭古質，方之《兩漢》，文省理幽。

尚衡《文道元龜》 天寶初，適於平陽。平陽太守稷山公，則衡之從考舅，雅好古道，門尚詞客，當今文人，相與多矣。嘗歎曰：「取士之道，才其難乎！或精文而薄於行，或敦行而淺於文，斯乃有失其道，一至於此。」顧衡曰：「吾嘗謂爾知言，

爾其言之。」衡私門以文場而進五世，鄙雖不嗣，忝藉餘訓，敢著《元龜》，以敍其事。

《舊唐書・職官二》 弘文館：後漢有東觀，魏有崇文館，宋有玄、史二館，南齊有總明館，梁有士林館，北齊有文林館，後周有崇文館，皆著撰文史，鳩聚學徒之所也。武德初置修文館，後改爲弘文館。後避太子諱，改曰昭文館。

又《職官三》 親王府：傅一人，從三品。漢官有王傅、太傅，魏、晉後唯置師，國家因之，開元改爲傅。諮議參軍一人，正五品上。友一人，從五品下。文學二人，從六品上。東閣、西閣祭酒各一人。從七品上。傅掌傅相贊導，而匡其過失。諮議訏謀左右。友陪侍規諷。文學讎校典籍，侍從文章。祭酒接對賓客。

周敦頤《周子通書・文辭》 文所以載道也。輪轅飾而人弗庸，徒飾也，況虛車乎？文辭，藝也；道德，實也。篤其實而藝者書之，美則愛，愛則傳焉。賢者得以學而至之，是爲教。故曰：「言之無文，行之不遠。」然不賢者，雖父兄臨之，師保勉之，不學也；强之，不從也。不知務道德而第以文辭爲能者，藝焉而已。噫！弊也久矣！

蘇軾《蘇軾文集》卷一〇《鳧繹先生詩集敍》 孔子曰：「吾猶及史之闕文也。有馬者借人乘之，今亡矣夫。」史之不闕文，與馬之不借人也，豈有損益於世也哉？然且識之，以爲世之君子長者，日以遠矣，後生不復見其流風遺俗，是以日趨於智巧便佞而莫之止。是二者雖不足以損益，而君子長者之澤在焉，則孔子識之，而況其足以損益於世者乎。

又《南行前集敍》 夫昔之爲文者，非能爲之爲工，乃不能不爲之爲工也。山川之有雲霧，草木之有華實，充滿勃鬱，而見於外，夫雖欲無有，其可得耶！自少聞家君之論文，以爲古之聖人有所不能自已而作者。故軾與弟轍爲文至多，而未嘗敢有作文之意。己亥之歲，侍行適楚，舟中無事，博弈飲酒，非所以爲閨門之歡，而山川之秀美，風俗之朴陋，賢人君子之遺跡，與凡耳目之所接者，雜然有觸於中，而發於咏歎。蓋家君之作與弟轍之文皆在，凡一百篇，謂之《南行集》。將以識一時之事，爲他日之所尋繹，且以爲得於談笑之間，而非勉强所爲之文也。

王十朋《王十朋全集》卷一四《讀蘇文》 韓、歐之文，粹然一出於正；柳與蘇好奇，而失之駁。至論其文之工，才之美，是宜韓公欲推遜子厚，歐陽子欲避路，放子瞻出一頭地也。

陸游《渭南文集》卷一三《上辛給事書》 某官閣下：君子之有文也，如日月之明，金石之聲，江海之濤瀾，虎豹之炳蔚，必有是實，乃有是文。夫心之所養，發而爲言，言之所發，比而成文；人之邪正，至觀其文則盡矣決矣，不可復隱矣。爝火不能爲日月之明，瓦釜不能爲金石之聲，潢汙不能爲江海之濤瀾，犬羊不能爲虎豹之炳蔚；而或謂庸人能以浮文眩世，烏有此理也哉？使誠有之，則所可眩者，亦庸人耳。某聞前輩以文知人，非必鉅篇大筆，苦心致力之詞也。殘章斷藁，憤譏戲笑，所以娱憂而舒悲者，皆足知之。甚至於郵傳之題詠，親戚之書牘，軍旅官府倉卒之間，符檄書判，類皆可以洞見其人之心術才能，與夫平生窮達壽夭，前知逆決，毫芒不失。如對棊枰而指白黑，如觀人面而見其目衡鼻縱，不待思慮搜索而後得也。何其妙哉！故善觀晁錯者，不必待東市之誅然後知其刻深之殺身；善觀平津侯者，不必待淮南之謀然後知其阿諛之易與；方發策決科時，其平生事業已可望而知之矣。賢者之所養，動天地，開金石，其胸中之妙，充實洋溢，而後發見於外，氣全力餘，中正閎博，是豈可容一毫之僞於其間哉？某束髮好文，才短識近，不足以望作者之藩籬，然知文之不容僞也，故務重其身而養其氣。貧賤流落，何所不有，而自信愈篤，自守愈堅，每以其全自養，以其餘見之於文。

陳騤《文則・甲》 事以簡爲上，言以簡爲當。言以載事，文以著言，則文貴其簡也。文簡而理周，斯得其簡也。讀之疑有闕焉，非簡也，疎也。《春秋》書曰：「隕石於宋五。」《公羊傳》曰：「聞其磌然，視之則石，察之則五。」《公羊》之義，經以五字盡之，是簡之難者也。劉向載泄冶之言曰：「夫上之化下，猶風靡草，東風則草靡而西，西風則草靡而東，在風所由，而草爲之靡。」此用三十有二言而意方顯；及觀《論語》曰：「君子之德風，小人之德草，草上之風必偃。」此減泄冶之言半，而意亦顯。又觀《書》曰：「爾惟風，下民惟草。」此復減《論語》九言而意愈顯。吾故曰是簡之難者也。《書》曰：「能自得師者王，謂人莫己若者亡。」劉向載楚莊王之言曰：「其君賢者也，而又有師者王，其君下君也，而羣臣又莫若君者亡。」語意煩簡殊迥，不如是何以別經傳之文。

朱熹《朱文公集》卷七四《滄洲精舍諭學者》 老蘇自言其初學爲文時，取《論語》、《孟子》、韓子及其他聖賢之文，而兀然端坐，終日以讀之者七八年。方其始也，入其中而惶然以博，觀於其外而駭然以驚。及其久也，讀之益精，而其胸中豁然以明，若人之言固當然者，然猶未敢自出其言也。歷時既久，胸中之言日益多，不能自制，試出而書之。已而再三讀之，渾渾乎覺其來之易矣。予謂老蘇但爲欲學古人，說話聲響，極爲細事，乃肯用功如此，故其所就亦非常人所及。如韓退之、柳子厚輩亦是如此，其答李翊、韋中立之書，可見其用力處矣。然皆只是要作好文

章，今人稱賞而已，究竟何預己事，却用了許多歲月，費了許多精神，甚可惜也。今人説要學道，乃是天下第一至大至難之事，却全然不曾著力，蓋未有能用旬月功夫，熟讀一卷書者。及至見人泛然發問，臨時湊合，不曾舉得一兩行經傳成文，不曾照得一兩處首尾相貫，其能言者，不過以己私意，敷演立説，與聖賢本意義理實處，了無干涉，何況望其更能反求諸己，真實見得，真實行得耶？

葉適《水心先生文集》卷一二《播芳集序》 昔人謂「蘇明允不工於詩，歐陽永叔不工於賦，曾子固短於韻語，黄魯直短於散句，蘇子瞻詞如詩，秦少游詩如詞。」此數公者，皆以文字顯名於世，而人猶得以非之，信矣作文之難也。夫作文之難，固本於人才之不能純美，然亦在夫纂集者之不能去取決擇，兼收備載，所以致議者之紛紛也。向使略所短而取所長，則數公之文當不容議矣。近世文學視古爲最盛，而議論於今猶未平，良金美玉，自有定價，豈曰懼天下之議而使之無傳哉！若曰聚天下之文，必備載而無遺，則泛然而無統；若曰各因其人而爲之去取，則尺有所短，寸有所長，尤不可以列論。於是取近世名公之文，擇其意趣之高遠，詞藻之佳麗者而集之，名之曰《播芳》，命工刊墨以廣其傳，蓋將使天下後世，皆得以翫賞而不容瑕疵云。

魏了翁《鶴山先生大全文集》卷五一《坐忘居士房公文集序》 古之學者，自孝第謹信，汎愛親仁，先立乎其本，迨其有餘力也，從事於斈文。文云者，亦非若後世譁然後衆取寵之文也。遊於藝，以博其趣；多識前言往行，以蓄其得，本末兼該，内外交養，故言根於有德，而辭所以立誠。先儒所謂篤其實而藝者書之，蓋非有意於爲文也。後之人稍涉文藝，則沾沾自喜，玩心於華藻，以爲天下之美盡在於是，而本之則無，終於小技而已矣。然則雖充厨盈几，君子奚貴焉？

包恢《敝帚稿略》卷八《自識》 文忠歐公有曰：「文欲開廣，勿用造語，及毋模擬前人。孟、韓雖高，不必似之，取其自然爾。」至哉言乎！真文法也。然此爲能文者設，若予拙訥不文，有時近文而出，不得已而應，則亦輕率不知所以裁。徒見其迂闊而非開廣，强勉而非自然；既不能造，又不能擬，其爲不成語而有愧前人多矣。故疇昔雖或有斐然妄發，未嘗留稿。中間有親友見之不忍棄，爲之收拾類聚，因而成編，遂有誤傳録以去者，於是不能掩其惡而匿其醜。予每病之，乃就其間，選其彼善於此者，姑別存之，名曰《敝帚稿略》。第又竊有感焉。文忠嘗稱黄夢升之文，謂其辯博雄偉，其意奔放尤不可禦，獨恨求其全稿竟不肯出，雖僅得其數語，亦爲諷誦歎息而不已。則予稿恨無一可如文忠之所稱者，是稿之出雖不全也，視黄夢升不其愧甚矣乎！

王惲《秋澗先生大全文集》卷四四 文之作，其來不一；有意先而就辭者，有辭先而就意者。意先而就辭者易，辭先而就意者難。意先辭後，辭順而理足；辭先意後，語離而理乖，此必然理也。學者最當知之。

魏仲舉《韓文類譜》卷八《文衡》 蓋情乘性而萬變生，聖人知變之無齊必亂，乃順上下以紀物，爲君爲臣，爲父爲子，俾皆有經，辯道行仁義禮智信以管其情，以復其性，此文所由作也。故文之大者，統三才，理萬物；其次，敍損益，助教化；其次，陳善惡，備勸戒。始伏羲，盡孔門，從斯道矣。

《宋史・職官志二・諸閣學士》 總閣學士、直學士：宋朝庶官之外，別加職名，所以厲行義、文學之士。高以備顧問，其次與論議，典校讎。得之爲榮，選擇尤精。

王鏊《震澤長語》卷下《文章》 聖賢未嘗有意爲文也，理極天下之精，文極天下之妙。後人殫一生之力以爲文，無一字到古人處，胸中所養未至耳。故爲文莫先養氣，莫要窮理。

李夢陽《李空同全集》卷六二《駁何氏論文書》 故予嘗曰：作文如作字，歐、虞、顔、柳，字不同而同筆。筆不同，非字矣。不同者何也？肥也、瘦也、長也、短也、疏也、密也。故六者勢也，字之體也，非筆之精也。精者何也？應諸心而本諸法者也。不窺其精，不足以爲字，而矧文之能爲？文猶不能爲，而矧能道之爲？仲默曰：夫爲文有不可易之法，辭斷而意屬，聯物而比類。以玆爲法，宜其惑之難解，而訣之者易摇也。假令僕即今爲文一通，能使辭不屬、意不斷，物聯而類比矣，然於中情思澁促，語嶮而硬，音生節拗，質直而麤，淺謭露骨，爰癡爰枯；則子取之乎？故辭斷而意屬者，其體也，文之勢也。聯而比之者，事也。柔澹者思，含蓄者意也，典厚者義也。高古者格，宛亮者調，沉著雄麗，清峻閒雅者才之類也，而發於辭。辭之暢者，其氣也。中和者，氣之最也。夫然又華之以色，永之以味，溢之以香。是以古之文者，一揮而衆善具也。然其翕闢頓挫，尺尺而寸寸之，未始無法也，所謂圓規而方矩者也。且士之文也，猶醫之脉，脉之濡弱緊數遲緩，相似而實不同。前予以柔澹、沉着、含蓄、典厚諸義，進規於子，而救俊亮之偏。而子則曰：必閒寂以爲柔澹，濁切以爲沉着，艱窒以爲含蓄，俚輭以爲典厚，豈惟謬於詩義，并俊語亮節，悉失之矣。吾子於是乎失言矣！子以爲濡可爲弱，緊可爲數，遲可爲緩邪？濡弱緊數遲緩，不可相爲，則閒寂獨可爲柔澹，濁切可爲沉着，艱窒可爲含蓄，

俚轃可爲典厚邪！吁！吾子於是乎失言矣！

顧璘《顧華玉集・息園存稿文集》卷一《會心編序》 客有雜坐談古今文者，其一曰：邃古之道，脩于仲尼，六經垂焉。六經者，禮義之統紀，文章之準繩也。以談道者探其精，以摛辭者軌其度，又奚取諸子之紛紛乎。其一曰：風隨世遷，簡繁成變，文由變生，古今成體，故才哲疊蹟而承學有由然矣。兹欲紀宴遊之迹，而上擬冠昏之義，不亦遠乎哉！文章異體，存乎世變，莫可廢也。新昌令洪都涂子者，從而平之曰：旨哉！二客之言，幾偹已乎。文章之難，患之久矣。不根六經無以成學，不參諸子無以成體。諸子者，文之變也。上世之事簡而大，後世之事詳而纖，故文體由之。譬之衣服宫室，適今之制衆矣，何必强同古原而令乖戾不諧也乎？反其敝，存其實，由今之辭，道古之道，雖聖哲不易也。或曰：諸子太繁奈何？涂子曰：才有近似，道有獨得，觀古人之書，苟有會於心焉，則鏤精而内注，神變而時發，雖守一氏裕如矣，何必多乎哉？語曰：鼴鼠飲河，不過滿腹，此之謂也。抑諸子之文今體也，若猶未免爲今人也，安可廢乎！二客遂去。余適過新昌，游南明之山，涂子因間以告余曰得之。涂子遂以所讀韓柳氏以下文若干首，請刻爲編，以著學文者之例。余因題曰《會心編》。謂存其所會，非選録也。併次第其語叙之。涂子名相，字夢卜，以起家爲賢令，蓋稽古之力也。

又《贈呂涇野先生序》 今天下之師三：曰文辭，曰經義，曰道學。文辭者，選辭鍊文，擬量作者。挾國家之章采誠不可缺，然其務華失實，不底於大義，使人蕩而忘本，君子所懼也。經義者，抱六藝之遺，尋繹衍説，涉獵支膚，不爲無助。然破裂聖真，假筌蹄以干利禄，一切不求之身，徒美口耳而已。道學者，談性命之微，别天人之分，雖未必實有諸已，然指示門户，剖析幽眇，庶幾究大道之實際。及其敝也，立異尚新，不遵先聖之途軌。槩持玄論，瀆諸孱孺，失區别之教，悖善誘之法，使人躐意高遠，廢下學而希上達，視前二端取利差大，其害亦隨以甚。

唐順之《荆川先生文集》卷一〇《董中峯侍郎文集序》 漢以前之文未嘗無法，而未嘗有法。法寓於無法之中，故其爲法也，密而不可窺。唐與近代之文不能無法，而能毫釐不失乎法，以有法爲法，故其爲法也嚴而不可犯。密則疑於無，所謂法嚴則疑於有。法而可窺，然而文之必有法，出乎自然而不可易者，則不容異也。且夫不能有法，而何以議於無法。有人焉，見夫漢以前之文，疑於無法，而以爲果無法也，於是率然而出之，决裂以爲體，餖飣以爲詞，盡去自古以來開闔首尾經緯錯綜之法，而别爲一種臃腫佃澁浮蕩之文。其氣離而不屬，其聲離而不節，其意卑，其語澁，以爲秦與漢之文如是也，豈不猶腐木濕鼓之音，而且詫曰「吾之樂合乎神」。嗚呼！今之言秦與漢者紛紛是矣，知其果秦乎、漢乎否也？中峯先生之文，未嘗言秦與漢，而能盡其才之所近，其守繩墨謹而不肆，時出新意於繩墨之餘。蓋其所自得而未嘗離乎法，其記與序，文章家所謂法之甚嚴者。

徐師曾《文體明辯序説・文體明辯序》 上古之世，樸茂未漓，結繩而治，無所謂文也。自書契易，人文著，三墳、五典，昭雲漢而炳日星，先王所以經世垂則化成天下者，其道尚已。秦棄詩書，至漢惠五禩，始除挾書律，遺書往往出孔壁間。於時天下文學材智之士，雅嚮儒術，浸登博洽。及後世醇駁紛紜，不能粹然壹禀於正。國朝洗羶風，尚經術，郁郁乎文，稱大備矣。然文盛而體不及格者往往有之。

王世貞《藝苑巵言》卷三 西京之文實，東京之文弱，猶未離實也。六朝之文浮，離實矣。唐之文庸，猶未離浮也。宋之文陋，離浮矣，愈下矣，元無文。

李贄《焚書》卷三《時文後序》 時文者，今時取士之文也，非古也。然以今視古，古固非今；由後觀今，今復爲古。故曰文章與時高下。高下者，權衡之謂也。權衡定乎一時，精光流于後世，曷可苟也！夫千古同倫，則千古同文，所不同者一時之制耳。故五言興，則四言爲古；唐律興，則五言又爲古。今之近體既以唐爲古，則知萬世而下當復以我爲唐無疑也，而况取士之文乎？彼謂時文可以取士，不可以行遠，非但不知文，亦且不知時矣。夫文不可以行遠而可以取士，未之有也。國家名臣輩出，道德功業，文章氣節，于今爛然，非時文之選歟？故棘闈三日之言，即爲其人終身定論。苟行之不遠，必言之無文，不可選也。然則大中丞李公所選時文，要以期於行遠耳矣。吾願諸士留意觀之。

又《續焚書》卷一《與友人論文》 凡人作文皆從外邊攻進裏去，我爲文章只就裏面攻打出來，就他城池，食他糧草，統率他兵馬，直衝横撞，攪得他粉碎，故不費一毫氣力而自然有餘也。凡事皆然，寧獨爲文章哉！只自各人自有各人之事，各人題目不同，各人只就題目裏滚出去，無不妙者。如該終養者只宜就終養作題目，便是切題，便就是得意好文字。若捨却正經題目不做，却去别尋題目做，人便理會不得，有識者却反生厭矣。此數語比易説是何如？

屠隆《由拳集》卷二三《文論》 夫文不程古，則不登於上品；見非超玅，則傍古人之藩籬而已。壯夫者禀靈異之氣，挺秀拔之姿，竭生平才智以從事文章家，乃不能高足遠覽，洞幽極玄，以特立千百載之下，與古人並驅而前，分道而抗旌，而徒傍人藩籬，拾人咳唾以爲生活。彼古人且奴晾之曰：是爲我負擔而割裂我者。傳

之後世，以爲何如？又非所以令韓歐諸君子見也，令韓歐見如是之文，彼且得而藉口曰：始二三君子姍笑我，將謂二三君子之文心標異而出之，立於太古之上也。奈何影响古人，而以詫古爲如是，不於我可少寬乎？吾文即非古，然何者非自得？而徒呫呫倣古自喜也！若然，則二三君子苟非得之超玅，無輕議古；苟非深於古，無輕訾韓歐也。夫挾天子以令諸侯，諸侯將奔走焉；麋而虎皮，人得而寢處之矣。深於古以訾韓歐，是挾天子以令諸侯者也；影响古人而求勝之，則麋而虎皮矣。諸君子其無爲韓歐寢處哉！

袁宗道《白蘇齋類集》卷二〇《論文上》 口舌代心者也，文章又代口舌者也。展轉隔礙，雖寫得暢顯，已恐不如口舌矣，況能如心之所存乎？故孔子論文曰：「辭達而已。」達不達，文不文之辨也。唐、虞、三代之文，無不達者。今人讀古書，不即通曉，輒謂古文奇奥，今人下筆不宜平易。夫時有古今，語言亦有古今。今人所詫謂奇字奥句，安知非古之街談巷語耶？《方言》謂楚人稱知曰黨，稱慧曰譎，稱跳曰蹶，稱取曰挺。余生長楚國，未聞此言。今語異古，此亦一證。故《史記》五帝、三王《紀》，改古語從今字者甚多：疇改爲誰，俾爲使，格姦爲至姦，厥田厥賦爲其田其賦，不可勝記。左氏去古不遠，然傳中字句，未嘗肖《書》也。司馬去左亦不遠，然《史記》句字，亦未嘗肖《左》也。至於今日，逆數前漢，不知幾千年遠矣，自司馬不能同於左氏，而今日乃欲兼同左、馬，不亦謬乎！中間歷晉、唐，經宋、元，文士非乏，未有公然撏撦古文，奄爲己有者。昌黎好奇，偶一爲之，如《毛穎》等傳，一時戲劇，他文不然也。空同不知，篇篇模擬，亦謂反正。後之文人，遂視爲定例，尊若令甲，凡有一語不肖古者，即大怒，罵爲野路惡道。不知空同模擬，自一人創之，猶不甚可厭。迨其後以一傳百，以訛益訛，愈趨愈下，不足觀矣。且空同諸文，尚多己意，紀事述情，往往逼真。其尤可取者，地名官銜，俱用時制。今却嫌時制不文，取秦、漢名銜以文之。觀者若不檢《一統志》，幾不識爲何鄉貫矣。且文之佳惡，不在地名官銜也。司馬遷之文，其佳處在敘事如畫，議論超越。而近説乃云西京以還，封建宫殿，官師郡邑，其名不馴雅，雖子長復出，不能成史。則子長佳處，彼尚未夢見也，而況能肖子長也乎？或曰：「信如子言，古不必學耶？」余曰：「古文貴達，學達即所謂學古也，學其意不必泥其字句也。」今之圓領方袍，所以學古人之綴葉蔽皮也；今之五味煎熬，所以學古人之茹毛飲血也。何也？古人之意期於飽口腹，蔽形體。今人之意亦期於飽口腹，蔽形體，未嘗異也。彼摘古字句入己著作者，是無異綴皮葉於衣袂之中，投毛血於殽核之内也。大抵古人之文，專期於達；而今人之文，專期於不達。以不達學達，是可謂學古者乎！

袁宏道《袁宏道集》卷一八《雪濤閣集序》 文之不能不古而今也，時使之也。妍媸之質，不逐目而逐時。是故草木之無情也，而鞓紅鶴翎，不能不改觀于左紫溪緋。唯識時之士，爲能隄其隤而通其所必變。夫古有古之時，今有今之時，襲古人語言之迹，而冒以爲古，是處嚴冬而襲夏之葛者也。

侯方域《壯悔堂文集》卷一《倪涵谷文序》 余少遊倪文正公之門，得聞制藝緒論。公教余爲文，必先馳騁縱横，務盡其才，而後軌於法。然所謂馳騁縱横者，如海水天風，涣然相遭，濆薄吹盪，渺無涯際。日麗空而忽黯，龍近夜以一吟。耳悽兮目駴，性寂乎情移。文至此，非獨無才不盡，且欲舍吾才而無從者，此所以卒與法合，而非僅雕鏤組練，極衆人之炫燿爲也。今夫雕鏤以章金玉之觀，組練以侈錦繡之華而已。若欲運刀尺於虚無之表，施機杼於穀紋之上，未有不力窮而巧盡者也。故蘇子曰：「風行水上者，天下之至文也。」風之所以廣微無間者，氣也；水之所以澹宕自足者，質也。風之氣蕭然而疎，然有能禦風者否耶？水之質泊然而柔，然有能劃水者否耶？故曰：「氣莫舒於風，質莫堅於水。」然則至文者，雕鏤之所不受，組練之所不及也。自文正公殁，而天下失其宗。十年以來，後起之俊秀乃務求之繁淫怪誕，以示吾之才高而且博，而先民之規矩，蕩然無復存者矣。

吴見思《史記論文》卷首《史記論文序》 文自六經以外，其是非鮮不謬于聖人者，班固以此譏史遷，而所撰《漢書》，則漢初之文，實仍遷舊，是固能彈遷是非之失，終不能訾毁其文之不工可知也。顧遷之爲此史也，亦不必文盡由己，乃雜采古史舊聞，以及《詩》、《書》、《左傳》、《國語》、《國策》諸書，而裁以己之法度，即能使讀者忘其舊，而祇見爲遷文之美，斯又非固之所能事也。惟是唐虞以前，在孔子亦患其荒昧，未敢述作，已棄置于刪定之餘，遷則儼然成史，又隱然有孔子而後五百年在斯之負，後世守經之士，不能不以此疑之。然遷史即非古今之信史，其文實爲古今之至文，試歷觀漢後，自晉唐宋以迄有明，能文之家，莫不各抒己見，以爲牋騭論斷，其尊而信之，幾與六經相埒，如凌氏所彙《評林》一編可徵也。竊嘗歎之，固知譏遷之失，不知後之譏固，乃更甚于遷，苟因文誅意，必以聖人爲準，因而是非其人，以是非其文，彼三代而下，無完人，斯無完書矣。故知以是非論是非，不若以文論文之爲得也。夫時閲數千年，讀其書而好之其人，又號稱能文者，不知幾十百輩，而要歸于一辭莫贊，若《評林》所載，自《史記》以還，誠罕有其比，謂非古今之至

文而能然與。此毘陵吴齊賢之讀史有得，而論文之所由名也。齊賢老生好學，至暮年不倦，余令梁溪時，特親造其廬，觀所著述，最後出此書，見屬曰：「是一生苦心所寄，願鏤版行之。」余悲其意而諾之，既受而歸，患鞅掌簿書，未遑卒讀，又竊意誦習家業有凌氏之刻，以集大成，齊賢即精心鑽鑿，當無能别出手眼于昔人之外者，及退食之暇，時手一卷，紬繹其趣，見其條晰脈絡，剔劃指歸，一篇之中，闡發精藴，殆無片言隻字之不研索盡致，信有得乎史公文心之微詣，而能抉掐其手筆經營之妙者，不禁歎絶齊賢攻苦一生之言，良爲不誣，乃自江左攜而入閩移粤，十載間皇皇幾務，得以文籍娱悦之時絶少，不獲校讐其抄本字畫之訛，與鈎勒句讀之舛，及今丙寅之春，始訂正終卷，微參己私，付之剞劂，而論文之書出焉。惜乎！齊賢之不及見之也。噫，若余者，其奚足與于論文哉。持此以報齊賢，或不謬于史公然諾之義云爾。

徐枋《居易堂集》卷一《與楊明遠書》 夫作文貴有筋節，筋節者，段落也。于文則爲段落，于人則爲骨格。夫人之骨，有長者，有短者，有巨者，有細者，有横者，有竪者，有圜者，有鋭者，有合用者，有獨用者，有接續以爲用者，體類不同，各適其款，然後貫之以筋脉而運之以氣血，則爲人矣。文猶是也，其段落者骨格也，其意與氣者筋脉也，而詞藻則血肉也。故段落既定而少意氣以貫之，則脉不屬；有段落意氣而少詞藻，則色不榮。今且置意氣詞藻不論，先論段落。苟逐事爲叙，逐段衍説，一事數語，靡有重輕，如人之髖髀而與指節同其長短，頭顱而與蹠掌同其瑣碎，豈能成人哉？子瞻云「節節而爲之，葉葉而纍之」，畫竹猶不可，況於作文乎？故文有疊聚法，有鋪張法，或一言而包舉數事，或數語而該括生平，此疊聚也；或一事之微，一日之近，而連篇累牘以言之，又重複言之，又流連而嗟歎之，此鋪張也。惟能疊聚，然後能鋪張；能鋪張，然後能疊聚，二者固相須爲用也。所謂疊聚者，非率略也，貴簡而明，核而不窘。所謂鋪張者，非敷衍也，貴關係，貴精采，動色而陳，鑿鑿娓娓，使讀者惟恐其文之竟也。斯得之矣。其一言包舉數語該括者，猶指節也，猶蹠掌也。其一日一事而連篇累牘者，猶髖髀也，猶頭顱也。能大能小，能長能短，能大者小之，能小者大之，能長者短之，能短者長之，斯善作文者矣。此所謂筋節也。試看馬班諸篇，無不然也。夫段落得而後意氣行，意氣行而後精采出，三者亦相須爲用，莫分先後，無有主賓者也。如逐事爲叙，逐段衍説，一事數語，靡有重輕，則段落不分而意不立，意不立則氣不行，氣不行而精采索然矣。所謂精采者，乃精神丰采也，非詞藻之謂也。詞藻止可以點綴裝飾而不可以爲實用，故史漢中多用詞藻語，然皆在閒事瑣事，借以爲一篇之助，若其大綱領大關鍵處，則必用淡用真，惟淡故有味，惟真故能動人。若于所謂大綱領大關鍵處而亦以詞藻出之，則去之遠矣，生氣索然矣，況所謂詞藻者又未必詞藻乎？如《史記》屈原、賈生、荆軻、貫高、李廣諸傳，《漢書》李陵、蘇武、龔勝諸傳，其于死生頓仆、降囚憂辱、忼慷激發處，不過常語數四，流連抑揚，宛轉重複，而哭者爲哭，笑者爲笑矣。夫文之爲人作傳紀，猶畫之爲人傳神寫炤也。冠裳衣履，樹石器物，非不朱紫雜陳，粉黛竝用，而至於點睛，則惟墨而已。所謂冠裳衣履，裝飾也；所謂樹石器物，點綴也；若點睛則一身之生氣在焉，此大綱領大關鍵也。苟于文之綱領關鍵處而用詞藻，是以朱紫粉黛爲人點睛也，其可乎？

魏禧《魏叔子文集》卷六《答施愚山侍讀書》 執事論人必先器識，文必先根柢，此古人所以可傳者，舉世好文之士不察也。執事書中論議，往往先得我心，而立身爲文，本末具見於此。執事爲人廉静仁厚，徵于服官。家食之日，禧又得讀執事文，簡潔而雅醇，意思深長，與古法會，望而知爲有道者之言。嘗同兄弟省覽他刻，卷首敘論，累牘連篇，覆其姓名，忽得爽心之作，摇頭吟哦，驚喜不定，視之則必執事也。故禧平日最稱道執事之文。比云今之名家，清真自放，而波瀾不闊，光焰不長，則固見垣之視矣。夫才士稍涉韓、蘇，未有不能是者，顧强出議論以爲波瀾，掇拾文藻爲光焰。且夫大海之瀾，無風自生，火之炎上，虚明而無物。蓋水足于精則波瀾不窮，火足于神故光燭物，有不知其然而然者。然不可强而有者，則未始不可學而至。愚嘗以謂爲文之道，欲卓然自立于天下，在于積理而練識。積理之説，見禧敘宗子發文。所謂練識者，博學于文，而知理之要；練于物務，識時之所宜。理得其要，則言不煩，而躬行可踐；識時宜則不爲高論，見諸行事而有功。是故好奇異以爲文，非真奇也。至平至實之中，狂生小儒皆有所不能道，是則天下之至奇已。故練識如練金，金百練則雜氣盡而精光發。善爲文者，有所不必命之題，有不屑言之理。譬猶治水者，沮洳去則波流大；爇火者，穢雜除而光明盛也。是故至醇而不流于弱，至清而不流于薄也。

屈大均《翁山文外》卷二《無悶堂文集序》 吾嘗謂文人之文多虚，儒者之文多實，其虚以氣，其實以理故也。天下至實者理而已耳，至虚者氣而已耳。爲文者能以理而主其氣，則氣實，否則氣虚，故有謂文以氣爲主者，非也。儒者之道，舍窮理之外無餘事，窮理所以盡其性，盡其性所以至其命，命至矣，性盡矣，如是而發爲文，廣大爲外，精微爲内，高明爲始，中庸爲終，其造詣有非文人之所敢望者。噫

嘻！豈非文之至乎其極者哉！

賀貽孫《水田居文集》卷五《答友人論文二》 不佞竊謂文章一途，德業事功，悉從此出。足下獨標假字以爲真，自欺欺人，是豈可與讀孔孟之書，事堯舜之主乎？雖然，足下所謂假者，或亦有説。世有至真之文疑於假者：《國策》設辨，有同繫影；漆園著論，譬諸畫風；龍見鳥瀾，初無定質；波詭雲譎，難以形求；然此幻筆空腸，皆依實相真體。又其次者，織綵爲花，鋪錦成霞；鮫人泣珠，無非明月；蜃氣出海，皆成樓臺；亦須學問蹠實，乃能富有日新。凡此二者，假即似假，真則至真。故曰：大文必朴；又曰：修詞立誠。朴誠者，真之至也。爲文必本於朴誠而後隨境所觸，隨筆所之，旁見側出，主客變换，恍惚離奇，鬼神莫測，譬如鏡中西施，身影皆麗；雪夜梅花，香色難分。以是爲文，則假乃即真之謂，而非反真之謂。不佞不必去假以存真，足下亦何必崇假而滅真耶？

廖燕《二十七松堂集》卷四《選古文小品序》 大塊鑄人，縮七尺精神於寸眸之内。嗚呼！盡之矣。文非以小爲尚、以短爲尚。顧小者大之樞，短者長之藏也。若言猶遠而不及，與理已至而思加，皆非文之至也。故言及者無繁詞，理至者多短調。巍巍泰岱，碎而爲嶙礪沙礫，則瘦漏透皺見矣。滔滔黄河，促而爲川瀆溪澗，則清漣瀲灩生矣。蓋物之散者多漫，而聚者常斂。照乘粒珠耳，而燭物更遠，予取其遠而已。七首寸鐵耳，而刺人尤透，予取其透而已。大獅搏象用全力，搏兔亦用全力，小不可忽也。粤西有修蛇，蜈蚣能制之，短不可輕也。

方苞《方苞集》卷六《與程若韓書》 夫文未有繁而能工者，如煎金錫，麤礦去，然後黑濁之氣竭而光潤生。《史記》、《漢書》長篇，乃事之體本大，非按節而分寸之不遺也。前文曾更削減，所謂參用介甫法者，以通體近北宋人，不能更進於古。今并附覽，幸以解其蔽。必欲增之，則置此而别求能者可也。

章學誠《章氏遺書》補遺 序論辭命之文，其數易盡；敍事之文，其變無窮。故今古文人，其才不盡於諸體，而盡於敍事也。蓋其爲法，則有以順敍者，以逆敍者，以類敍者，以次敍者，以牽連而敍者，斷續敍者，錯綜敍者，假議論以敍者，夾議論以敍者，先敍後斷，先斷後敍，且敍且斷，以敍作斷，預提於前，補綴於後，兩事合一，一事兩分，對敍插敍，明敍暗敍，顛倒敍，迴環敍，離合變化，奇正相生，如孫、吴用兵，扁、食用藥，神妙不測，幾於化工。其法莫備於《左氏》，而參考同異之文，亦莫多於《春秋》時事，是固學文章者宜盡心也。

袁守定《佔畢叢談》卷五《談文》 太史公《屈原傳》序屈原，而忽入「天者，人之始；父母者，人之本」一段，此文章咏嘆法也。序屈原而忽入「張儀請獻商於之地」一段，此文章穿插法也。序屈原而忽入「人君無智愚賢不肖，莫不欲求忠以自爲，舉賢以自佐」一段，此文章寄託法也。序屈原而忽入漁父之詞一段，此文章波瀾法也。序屈原而忽入「楚有宋玉、唐勒、景差之徒」一段，此文章帶見法也。序屈原既畢，而曰「後百有餘年，漢有賈生過湘水投書以弔屈原」遂以賈傅合傳，此文章飛渡法也。即一篇而文章變化之道具矣。

吴汝綸《吴汝綸尺牘》 説道説經，不易成佳文。道貴正，而文者必以奇勝。經則義疏之流暢，訓詁之繁瑣，考證之該博，皆於文體有妨。故善爲文者，尤慎於此。退之自言執聖之權，其言道止《原性》、《原道》等三篇而已。歐陽《辨易》、《論詩》諸篇，不爲絶盛之作。其他可知。至於常理凡語，涉筆即至者，用功深則不距自遠，無足議也。

藝文

曹植《曹植集》卷一《贈徐幹》 驚風飄白日，忽然歸西山。圓景光未滿，衆星燦以繁。志士營世業，小人亦不閒。聊且夜行游，游彼雙闕間。文昌鬱雲興，迎風高中天。春鳩鳴飛棟，流猋激櫺軒。顧念蓬室士，貧賤誠足憐。薇藿弗充虚，皮褐猶不全。慷慨有悲心，興文自成篇。寶棄怨何人？和氏有其愆。彈冠俟知己，知己誰不然。良田無晚歲，膏澤多豐年。亮懷璵璠美，積久德愈宣。親交義在敦，申章復何言！

陸機《陸機集》卷一《文賦》 詩緣情而綺靡，賦體物而瀏亮。碑披文以相質，誄纏緜而悽愴。銘博約而温潤，箴頓挫而清壯。頌優遊以彬蔚，論精微而朗暢。奏平徹以閑雅，説煒曄而譎誑。

何遜《何遜集》卷二《贈族人秣陵兄弟》 吾宗昔多士，文雅高縉紳。小子無學術，丁寧困負薪。傍枝實紛亂，領袖寄親姻。名價齊兩許，閨門比三陳。風力咸通邁，藝業並紛綸。元方振高羽，洛令初解巾。

又《答丘長史》 宿昔敦遠游，名分乃異路。千里溯波潮，一朝披雲霧。從容捨密勿，繾綣論襟趣。披文極詆訶，析理窮章句。明鐘信有待，巨海誰能喻？奔景驟西傾，還途忽東騖。黄花發岸草，赤葉翻高樹。漁舟乍回歸，沙禽時獨赴。宴年

時未幾，離歌倏成賦。伊我念幽關，夫君思贊務。短翮方息飛，長轡日先驅。曝鰓事奔走，逸翮康時務。握手異沈浮，佳期安可屢。

徐陵《玉臺新詠》卷三《代古》 客從遠方來，贈我鵠文綾。貯以相思篋，緘以同心繩。裁爲親身服，著以俱寢興。別來經年歲，歡心不可凌。瀉酒置井中，誰能辨斗升。合如栢中水，誰能判淄澠。

又卷九《解珮去朝市》 遊西園兮登銅雀，攀青瑮兮眺重陽。講金華兮議宣室，晝武帷兮夕文昌。

又《擬四愁詩四首》 我所思兮在崑山，願爲鹿麐窺虞淵。日月迴曜照景天，參辰曠隔會無緣。愍余不遘罹百艱，佳人貽我蘇合香。何以要之翠鴛鴦，懸度弱水川無梁。申以錦衣文繡裳，三光騁邁景不留。鮮矣民生忽如浮，何爲多念衹自愁。

孟浩然《孟浩然詩集》卷上《陪盧明府泛舟迴作》 百里行春返，清流逸興多。鷁舟隨鳥泊，江火共星羅。已救田家旱，仍醫里化訛。文章推後輩，風雅激頹波。

又卷中《南歸阻雪》 我行滯宛許，日夕望京豫。曠野莽茫茫，鄉山在何處。孤烟村際起，歸雁天邊去。積雪覆平皋，飢鷹捉寒兔。少年弄文墨，屬意在章句。十上耻還家，徘徊守歸路。

又卷下《宴張記室宅》 甲第金張館，門庭車騎多。家封漢陽郡，文會楚材過。曲島浮觴酌，前山入咏歌。妓堂花映發，書閣柳逶迤。玉指調箏柱，金泥飾舞羅。寧知書劍者，歲月獨蹉跎。

王建《王司馬集》卷一《寄李益少監兼送張實遊幽州》 大雅廢已久，人倫失其常。天若不生君，誰復爲文綱。迷者得道路，溺者遇舟航。國風人已變，山澤增輝光。里辰有其位，豈合離帝傍。賢人既遐征，鳳鳥安來翔。少小慕高名，所念隔山岡。集卷新紙封，每讀常焚香。古來難自達，取鑑在賢良。未爲知音故，徒恨名不彰。諒無金石堅，性命豈能長。常恐一世中，不上君子堂。偉哉清河子，少年志堅强。篋中有素文，千里求發揚。自顧音韻乖，無因合宮商。幸君達精誠，爲我求回章。

韓愈《韓昌黎全集》卷一《謝自然詩》 自從二主來，此禍竟連連。木石生怪變，狐狸騁妖患。莫能盡性命，安得更長延。人生處萬類，知識最爲賢。奈何不自信，反欲從物遷。往者不可悔，孤魂抱深冤。來者猶可誡，余言豈空文。人生有常理，男女各有倫。寒衣及飢食，在紡績耕耘。下以保子孫，上不奉君親。苟異於此道，皆爲棄其身。噫乎彼寒女，永託異物羣。感傷遂成詩，昧者宜書紳。

又卷二《歸彭城》 天下兵又動，太平竟何時。訏謨者誰子，無乃失所宜，前年關中旱，閭井多死飢。去歲東郡水，生民爲流屍。上天不虛應，禍福各有隨。我欲進短策，無由至彤墀。刳肝以爲紙，瀝血以書辭。上言陳堯舜，下言引龍夔。言詞多感激，文字少葳蕤。

又《長安交遊者贈孟郊》 長安交遊者，貧富各有徒。親朋相過時，亦各有以娱。陋室有文史，高門有笙竽。何能辨榮悴，且欲分賢愚。

賈島《長江集》卷二《寄友人》 同人半年別，一別寂來音。賴有別時文，相思時一吟。我常倦投跡，君亦如此衿。筆硯且勿棄，蘇張曾陸沈。但存舌在口，當冀身遂心。君看明月夜，松桂寒森森。

又卷八《送僧》 此生披衲過，在世得身閒。日午遊都市，天寒往華山。言歸文字外，意出有無間。仙掌雲邊樹，巢禽時出關。

又卷一〇《經蘇秦墓》 沙埋古篆折碑文，六國興亡事繫君。今日淒涼無處說，亂山秋盡有寒雲。

杜枚《樊川文集》卷一《感懷詩一首》 高文會隋季，提劍徇天意。扶持萬代人，步驟三皇地。聖云繼之神，神仍用文治。德澤酌生靈，沈酣熏骨髓。旄頭騎箕尾，風塵薊門起。胡兵殺漢兵，屍滿咸陽市。宣皇走豪杰，談笑開中否。肅宗也。蟠聯兩河間，燼萌終不彌。號爲精兵處，齊蔡燕趙魏。合環千里疆，争爲一家事。逆子嫁虜孫，西鄰聘東里。急熱同手足，唱和如宮徵。法制自作爲，禮文争僭擬。壓階螭鬭角，畫屋龍交尾。署紙日替名，分財賞稱賜。

又《皇風》 仁聖天子神且武，内興文教外披攘。以德化人漢文帝，側身脩道周宣王。迒蹊巢穴盡窒塞，禮樂刑政皆弛張。何當提筆侍巡狩，前驅白旆弔河湟。

又《冬至日寄小姪阿宜詩》 勤勤不自已，二十能文章。仕宦至公相，致君作堯湯。我家公相家，劍佩嘗丁當。

李商隱《玉谿生詩集》卷一《昭肅皇帝挽歌辭三首》 九縣懷雄武，三靈仰睿文。周王傳叔父，漢后重神君。玉律朝驚露，金莖夜切雲。笳簫凄欲斷，無復詠横汾。玉塞驚宵柝，金橋罷舉烽。始巢阿閣鳳，旋駕鼎湖龍。門咽通神鼓，樓凝警夜鐘。小臣觀吉從，猶誤欲東封。

又卷二《槿花二首》 燕體傷風力，雞香積露文。殷鮮一相雜，啼笑兩難分。月裏寧無姊？雲中亦有君。三清與仙島，何事亦離羣！

皮日休《松陵集》卷六《江南道中懷茅山廣文南陽博士三首》　五色香煙惹内文，石飴初熟酒初醺。將開丹竈那防鶴，欲算棋圖郤望雲。海氣平生當洞見，瀑冰初坼隔山聞。如何世外無交者，一臥金壇只有君。

歐陽修《歐陽修全集·居士外集》卷二《答謝景山遺古瓦硯歌》　苔文半滅荒土蝕，戰血曾經野火燒。

周伯琦《近光集》卷一《八月六日丁亥釋奠孔子廟三十韻》　右文昭代盛，報德聖恩殊。

顧瑛《玉山璞稿》卷上《和復翟文中知事》　潯陽三世昔曾聞，況汝才如五色雲。去歲緘詩承問訊，何時尊酒對論文。京畿玉帛連綱入，江嶼旌旗小隊分。筆硯書生供冗役，每搔華髮倍思君。

黄庭堅《山谷詩集》卷六《和答子瞻和子由常父憶館中故事》　二蘇上連璧，三孔立分鼎。少小看飛騰，中年嗟遠屏。風撼鶺鴒枝，波寒鴻鴈影。天不椓斯文，俱來集臺省。日月黄道明，桃李春晝永。時平少犴獄，地禁絶鼃黽。頗懷修故事，文會陳果茗。

又卷七《題畫孔雀》　桄榔暗天蕉葉長，終露文章嬰世網。故山桂子落秋風，無因雌雄青雲上。

袁宗道《白蘇齋類集》卷之三今體《立春惟長舅、無學弟暨王、吴兩生同游野寺看梅三首其三》　莫惜傾三雅，春來第一游。舅甥多雅謔，文酒是名流。客有王摩詰，人逢顧虎頭。東山初吐月，酣極轉清幽。

又卷之四今體《桂閣黎收余二十年前題壁詩》　是否燈前字，將無醉後書。蒼茫廿載外，潦倒數行餘。色古蒸鑪氣，文殘蛀壁魚。深慚支遁賞，珍重意難虛。

魏裔介《兼濟堂文集》卷一八《讀李太白詩》　三謝與鮑庾，江左稱獨步。太白更絶塵，汗血如飛兔。擲筆振金石，有文懸瀑布。萬象羅胸中，百代生指顧。是氣曰浩然，不秖爲章句。沈香亭畔詞，諷諫有微趣。奴視高將軍，才人詎能慕。羽翮落九天，掛席逐煙霧。留滯東魯雲，蹭蹬采石路。我思汾陽王，再衍晉陽祚。云誰識此人，青蓮慧眼故。無如功未酬，夜郎竟遠戍。璘也實惷愚，偶而被籠篏。龍章與鳳姿，豈若争食鶩。古今稱謫仙，斯言良不誤。黄金如可成，須並子美鑄。

徐枋《居易堂集》卷一七《壽宗子瞻明六十初度得五百字》　余家全盛日，人文重山斗。聲華被海内，天下率奔走。争侍虎皮坐，共歎龍門陡。華堂開文社，盛事誠希有。宗黨及英賢，楩楠與瓊玖。等第甲乙嚴，月旦豈云苟。追溯菈初盟，歲紀當癸酉。時余年十二，君年始十九。角藝意氣雄，文壇壓儕偶。社中吾二人，高第時稱首。傳誦遍羣彦，余文纔出手。

汪琬《鈍翁前後類稟》卷六《古今詩六》　花奴才了山香曲，玉奴又撥檀槽續。後宫競習清平詞，未必細紬三賦讀。曾來此地停征輪，蒲荒菱熟波粼粼。藏卻平生掣鯨手，偶然點筆還驚人。漫道文章特小技，沈宋見之應奪氣。

厲鶚《樊榭山房集》卷四《曉發烏戍大風過平望》　落月瞰低篷，睡思紛以積。隔樹雞亂號，已辭休文宅。披衣起盥頮，到眼盡前跡。誰令數往還？自詭非物役。正賴吴壤佳，關心太湖白。水黯雲兼風，聊闊不爲窄。輭浪大於鵝，艓子坐受拍。銀魚漸上市，櫺酒香可坼。春初人行少，芳意佇遥客。夢尋銅井梅，簪花去腰笛。

邊連寶《隨園詩集》卷二《憶昔行寄景州戈傳齋、劉綺文、李西崖象雷、吴橋方儕鶴夔典、滄州王希陶庭素、獻縣張晴嵐》　憶昔策蹇瀛臺道，盍簪共踏瀛臺草。瀛臺草，無灑掃，把盃坐臥恣傾倒。舊來好事猶在目，秖今念之縈懷抱。儕鶴方子温如玉，卷舌默默四氣足。令弟夔典乃獨不，華岳峰尖恣瞻矚。晴嵐談辯一何雄，氣概翻與夔典同。劉子綺文紫髯翁，欣髯一嘯座生風。就中傳齋年差大，潔清直是不容唾。因以清事名厥軒，倩我爲銘銘右座。

又卷五《病起詠懷八首》　側聞桃李欲争妍，明媚春光二月天。造化小兒特有力，文章大塊又無緣。行來拄杖纔移步，坐去支頤但欲眠。何事馬卿常病肺，良時辜負竟年年。

又卷二三《文章》　荒年萬貨都騰貴，惟有文章價日低。事業六州鐵鑄錯，料錢三百甕量虀。初心原不緣糊口，晚節何當更噬臍。君看半天雲雨散，直從屋角對虹霓。

姚鼐《惜抱軒詩文集》卷一六《祭朱竹君學士文》　君之屬文，如江河匯。不擇所流，蕩無外内；猋怒濤驚，復於恬靡。小沚澄潭，亦可以喜。世皆知君，文士之碩。莫見君心，堅如金石。不爲勢趨，不爲利眯。吃口澁辭，遇義大啓。嗚呼今日，士氣之衰。天留一人，庶卒振之！七年江濱，日思君面。已矣及今，終不可見。嗚呼尚饗！

献分部

論述

《尚書正義・大誥》 今蠢今翼日，民獻有十夫予翼，以于敉寧武圖功。孔安國傳：今天下蠢動，今之明日，四國人賢者有十夫來翼佐我周，用撫安武事，謀立其功。言人事先應。孔穎達疏：今之明日，武庚既叛，聞者皆驚，故「今天下蠢動」，謂聞叛之日也。「今之明日」，聞叛之明日。以「獻」爲賢，四國民内，賢者十夫，「來翼佐我周」。十人史無姓名，直是在彼逆地，有先見之明，知彼必敗，棄而歸周。周公喜其來降，舉以告衆，謂之爲賢，未必是大賢也。「用撫安武事，謀立其功」，用此十夫爲之。將欲伐叛而賢者即來，「言人事先應」也。傳「大事」至「爲美」。

《禮記正義・玉藻》 唯出婦命於奠繭，其他則皆從男子。鄭玄注：奠，猶獻也。凡出婦已下蠶事畢獻，繭乃命之以其服天子。之后夫人九嬪及諸侯之夫人，夫在其位，則妻得服其服矣。自君命屈狄至此，亦亂脱在是，宜承夫人揄狄。

《論語注疏・八佾》 子曰：「夏禮吾能言之，杞不足徵也。殷禮吾能言之，宋不足徵也。文獻不足故也，足則吾能徵之矣。」何晏注：鄭曰：「獻，猶賢也。」我不以禮成之者，以此二國之君文章賢才不足故也。邢昺疏：子曰「至徵之矣」。《正義》曰：此章言夏、商之後不能行先王之禮也。夏禮吾能言之，杞不足徵也。殷禮言之，宋不足徵也者。徵，成也。杞、宋二國，言夏殷之後也。孔子言夏、殷之禮吾能説之，但以杞、宋之君闇弱不足以成之也，文獻不足故也，足則吾能徵之矣者，此又言不足徵之意。獻，賢也。孔子言我不以禮成之者，以此二國之君文章賢才不足故也。注：「包曰：至，成也」。《正義》曰：徵，成。《釋詁》文云：杞、宋二國名夏殷之後者。《樂記》云：「武王克殷下車而封夏后氏之後於杞，封殷之後於宋是也。」

《爾雅注疏・釋詁下》 珍、享，獻也。郭璞注：珍物宜獻。《穀梁傳》曰：「諸侯不享覲。」邢昺疏：珍、享，獻也。釋曰：致物於尊者曰獻。珍者，珍物宜獻也。享者，《周禮・大行人》云：「廟中將幣三享。」鄭司農云：「三享，三獻也。」郭云：「《穀梁傳》曰：『諸侯不享覲者。』隱五年文。」

又《釋言》 獻，聖也。郭璞《注》引《謚法》曰：「聰明睿智曰獻。」邢昺《疏》：囂閑至聖也。釋曰：「郭云：『《謚法》曰：聰明睿智曰獻』。《謚法》者，《周書》篇名也。」

《國語・周語上》 賓服者享。韋昭《注》：供時享也。享，獻也。《周禮》：甸圻二歲而見，男圻三歲而見，采圻四歲而見，衛圻五歲而見。其見也，必以所貢助祭於廟。《孝經》所謂「四海之内，各以其職來祭」者也。

《大戴禮記・夏小正》 獺獻魚。獺祭魚，其必與之獻何也？曰：非其類也。祭也者，得多也。善其祭而後食之。十月豺祭獸謂之祭，獺祭魚謂之獻何也？豺祭其類，獺祭非其類，故謂之獻，大之也。

又《朝事》 奉國地所出重物而獻之，明臣職也。

《説文・犬部》 獻，宗廟犬名羹獻，犬肥者以獻。

應劭《風俗通義・皇霸》 戲者，獻也，法也。

《尚書正義・益稷》 禹曰：「俞哉！帝光天之下，至于海隅蒼生，光天之下至于海隅，蒼蒼然生草木，言所及廣遠。萬邦黎獻，共惟帝臣。惟帝時舉，敷納以言，明庶以功，車服以庸。獻，賢也。萬國衆賢，共爲帝臣，帝舉是而用之，使陳布其言，明之皆以功大小爲差，以車服旌其能用之。誰敢不讓，敢不敬應？上惟賢是用，則下皆敬應上命而讓善。應，應對之應。

顧野王《玉篇・犬部》 獻，賢也。

杜佑《通典》卷一九《職官典》 五官致貢曰享。貢，功也。享，獻也。致其歲終之功於王，謂之獻也。太宰歲終則令百官府各正其治，受其會，聽其致事，而詔王廢置也。

又卷七三《禮典》 主人與賓三揖，至於階，三讓，主人升，賓升。主人阼階上，當楣，北面再拜。賓西階上，當楣，北面答拜。三揖者，將進揖，當塗揖，當階揖也。楣，前梁也，復拜，拜賓至此堂，尊之也。主人坐取爵，實之賓席前西北面獻賓。獻，進也。進酒於賓也。

王溥《唐會要》卷七九《謚法上》 獻：聰明睿哲曰獻。惠無内德曰獻。智質有聖曰獻。

洪興祖《楚辭補注》卷九 亂曰：獻歲發春兮，汨吾南征。洪興祖補注：

獻，進。

朱熹《朱子語類》卷二五《夏禮吾能言之章》 問「文、獻」。曰：「只是典籍、賢人。若以獻作法度，却要用這『憲』字。」問：「『徵』字訓『成』字如何？」曰：「也有二義。如此，只是證成之，故魏徵字『玄成』。」又曰：「這一段，《中庸》説得好，説道『有宋存焉』，便見得杞又都無了。如今《春秋傳》中，宋猶有些商禮在。」

蔡沈《書經集傳》卷五 孺子來，相宅，其大惇典殷獻民，亂爲四方新辟，作周恭先。曰：其自時中，又萬邦咸休，惟王有成績。典，典章也。殷獻民，殷之賢者也。言當大厚其典章。及殷之獻民。蓋文獻者，爲治之大要也。亂，治也。言成王於新邑致治，爲四方新主也。作周恭先者。人君恭以接下，以恭而倡後王也。公又言其自是宅中圖治，萬邦咸底休美，則王其有成績矣。此周公以治洛之效望之成王也。

馬端臨《文獻通考・自序》 凡論事，則先取當時臣僚之奏疏，次及近代諸儒之評論，以至名流之燕談，稗官之紀録，凡一話一言，可以訂典故之得失，證史傳之是非者，則採而録之，所謂獻也。

戴侗《六書故》卷一七 獻，獻，許建切，進也。羊曰修，犬曰獻，記曰犬、曰鬻。獻引之則凡進物於所尊敬者，皆曰獻。《周官》「大比獻賢能之書于王。」《記》曰：「諸侯歲獻貢士於天子，故賢能謂之獻。」《書》云：「萬邦黎獻。」又曰：「民獻有十夫子翼。」孔子曰：「文獻不足故也。」載諸典册者，文也；傳諸其人者，獻也。

王念孫《讀書雜誌》第一五册《漢隸拾遺・泰山都尉孔宙碑》 引之云：「弟十二行「乃綏二縣黎儀以康。」黎儀，即《皋陶謨》之「萬邦黎獻」也。某氏《傳》云：「獻，賢也。」獻與儀古同聲而通用。《周官》司尊彝。鬱齊獻酌，先鄭司農讀獻爲儀，餘見下。《大誥》之「民獻有十夫」，《傳》亦訓爲賢，而《大傳》作「民儀有十夫」。王莽仿《大誥》，亦云：「民儀九萬夫」，見《漢書・翟方進傳》，今本儀上有獻字，後人依《古文尚書》加之也。孟康釋民儀云「民之表儀，謂賢者」，則正文本無獻字。辯見《漢書》。凡古人作獻者，今文多作儀。此碑云：「黎儀以康。」《斥彰長田君碑》云：「安惠黎儀。」《堂邑令費鳳碑》云：「黎儀瘁傷。」漢碑多用今文《尚書》，此三碑皆言黎儀，則《皋陶謨》之「黎獻」，今文必作「黎儀」矣。《廣雅》云：「儀，賢也。」蓋用今文説也。《隸釋跋》、《費鳳碑》，以黎儀之儀爲反其旄倪之倪，失之矣。

劉寶楠《論語正義》卷三《八佾》 子曰：「夏禮，吾能言之，杞不足徵也；殷禮，吾能言之，宋不足徵也。文獻不足故也。足，則吾能徵之矣。」劉寶楠《正義》曰：「文謂典策，獻謂秉禮之賢士大夫。子貢所謂賢者識大，不賢者識小，皆謂獻也。」《禮・中庸》云：「子曰：『吾學夏禮，杞不足徵也；吾學殷禮，有宋存焉。』」言祇有宋存，而文獻皆不足徵也。又《禮運》云：「孔子曰：『我欲觀夏道，是故之杞，而不足徵也，吾得《夏時》焉；我欲觀殷道，是故之宋，而不足徵也，吾得《坤乾》焉。』」《夏時》、《坤乾》，皆文之僅存者。夫子學二代禮樂，欲斟酌損益以爲世制，而文獻不足，雖能言之，究無徵驗。故不得以其説著之於篇，而祇就周禮之用於今者，爲之考定而存之。《中庸》云：「考諸三王而不繆。」以周監二代，周禮存，則夏、殷之禮可推而知，故通言考也。

徐鼒《讀書雜釋》卷一〇《論語・文獻不足故也》 友人上元楊疋侖大堉嘗與鼒言：《大誥》「民獻有十夫」，《書大傳》作「民儀有十夫」，獻乃儀之叚借字也。《論語》「文獻不足故也」，當是「文儀不足故也」。鼒按：獻字古有莎音，儀字古有俄音，音近叚借，誠然。然《論語集解》引鄭《注》云：「獻，猶賢也。」皇侃《義疏》亦云：「獻，賢也。」《書・益稷》「萬邦黎獻」。《傳》云：「賢也。」又《逸周書・作雒解》：「俘殷獻民于九畢。」注云：「獻民，士大夫也。」則讀如字甚確，不得改字也。

劉師培《文獻解》 儀、獻古通。書之所載謂之文，即古人所謂典章制度也；身之所習謂之儀，即古人所謂動作威儀之則也。

雜録

《禮記・曲禮上》 獻鳥者佛其首。畜鳥者，則勿佛也。獻車馬者執策綏，獻甲者執胄，獻杖者執末，獻民虜者操右袂，獻粟者執右契，獻米者操量鼓，獻孰食者操醬齊，獻田宅者操書致。

又《内則》 宰告閭史；閭史書爲二：其一藏諸閭府，其一獻諸州史，州史獻諸州伯，州伯命藏諸州府。

賈誼《新書・先醒》 莊王圍宋伐鄭，鄭伯肉袒牽羊，奉簪而獻國。

又《輔佐》 大輔聞善則以獻，知善則以獻，明號令，正法則，頒度量，論賢良，次官職，以時巡循，使百吏敬率其業。故經義不衷，賢不肖失序，大輔之任也。下執事職。

劉安《淮南子・覽冥訓》 當今之時，天子在上位，持以道德，輔以仁義，近者

獻其智，遠者懷其德，拱揖指麾而四海賓服，春秋冬夏皆獻其貢職，天下混而爲一，子孫相代，此五帝之所以迎天德也。

《史記・殷本紀》 西伯之臣閎夭之徒，求美女奇物善馬以獻紂，紂乃赦西伯。西伯出而獻洛西之地，以請除砲格之刑。

又《秦始皇本紀》 趙高欲爲亂，恐羣臣不聽，乃先設驗，持鹿獻於二世，曰：「馬也。」

劉向《説苑・君道》 湯曰：「藥食先嘗於卑，然後至於貴；藥言先獻於貴，然後聞於卑。」故藥食嘗乎卑，然後至乎貴，教也；藥言獻於貴，然後聞於卑，道也。故使人味食，然後食者，其得味也多；使人味言，然後聞言者，其得言也少。是以明主之於言也，必自也聽之，必自也擇之，必自也聚之，必自也藏之，必自也行之。

又《貴德》 孔子之楚，有漁者獻魚甚强，孔子不受。獻魚者曰：「天暑市遠，賣之不售，思欲棄之，不若獻之君子。」孔子再拜受，使弟子掃除將祭之。弟子曰：「夫人將棄之，今夫子將祭之，何也？」孔子曰：「吾聞之，務施而不腐餘財者，聖人也。今受聖人之賜，可無祭乎？」

劉向《新序・事二》 楚人有獻魚楚王者，曰：「今日魚獲，食之不盡，賣之不售，棄之又惜，故來獻也。」

又《節士》 延陵季子將西聘晉，帶寶劍以過徐君。徐君觀劍，不言而色欲之。延陵季子爲有上國之使，未獻也，然其心已許之矣。致使於晉，顧反，則徐君死於楚，於是脱劍致之嗣君。從者止之曰：「此吴國之寶，非所以贈也。」延陵季子曰：「吾非贈之也，先日吾來，徐君觀吾劍，不言而其色欲之，吾爲有上國之使，未獻也，雖然，吾心許之矣。今死而不進，是欺心也，愛劍僞心，廉者不爲也。」遂脱劍致之嗣君。

韓嬰《韓詩外傳》卷三 公儀休相魯而嗜魚。一國人獻魚而不受。

又卷一〇 卞莊子好勇，母無恙時，三戰而三北，交遊非之，國君辱之。卞莊子受命，顔色不變。及母死三年，魯興師，卞莊子請從。至見於將軍曰：「前猶與母處，是以戰而北也，辱吾身。今母没矣，請塞責。」遂走敵而鬭，獲甲首而獻之，曰：「請以此塞一北。」又獲甲首而獻之，曰：「請以此塞再北。」將軍止之，曰：「足！」不止，又獲甲首而獻之，曰：「請以此塞三北。」將軍止之，曰：「足！請爲兄弟。」

桓寬《鹽鐵論・未通》 文學曰：「禹平水土，定九州，四方各以土地所生貢獻，足以充宫室，供人主之欲。膏壤萬里，山川之利，足以富百姓，不待蠻、貊之地，遠方之物而用足。聞往者未伐胡、越之時，繇賦省而民富足，温衣飽食，藏新食陳，布帛充用，牛馬成羣。農夫以馬耕載，而民莫不騎乘，當此之時，卻走馬以糞。其後，師旅數發，戎馬不足，牸牝入陣故駒犢生於戰地。六畜不育於家，五穀不殖於野，民不足於糟糠，何橘柚之所厭？《傳》曰：『大軍之後，累世不復。』方今郡國，田野有隴而不墾，城郭有宇而不實，邊郡何饒之有乎？」

又《伐功》 昔周室之盛也，越裳氏來獻，百蠻致貢。

《漢書・高帝紀》 秦民大喜，爭持牛羊酒食獻享軍士。

又 詔曰：「欲省賦甚。今獻未有程，吏或多賦以爲獻，而諸侯王尤多，民疾之。今諸侯王、通侯常以十月朝獻，及郡各以其口數率，人歲六十三錢，以給獻費。」

又《翟方進傳》 東郡太守翟義擅興師動衆，曰：「有大難于西土，西土人亦不靖。」於是動嚴鄉侯信，誣敢犯祖亂宗之序。天降威遺我寶龜，固知我國有呰災，使民不安，是天反復右我漢國也。粵其聞日，宗室之儁有四百人，民獻儀九萬夫，予敬以終於此謀繼嗣圖功。

劉勰《文心雕龍・封禪第二十一》 夫正位北辰，嚮明南面，所以運天樞，毓黎獻者，何嘗不經道緯德，以勒皇蹟者哉？《録圖》曰：「潬潬噅噅，棼棼雉雉，萬物盡化。」言至德所被也。《丹書》曰：「義勝欲則從，欲勝義則兇。」戒慎之至也，則戒慎以崇其德，至德以凝其化，七十有二君，所以封禪矣。

又《序志第五十》 夫文心者，言爲文之用心也。昔涓子琴心，王孫巧心，心哉美矣，故用之焉。古來文章，以雕縟成體，豈取騶奭之羣言雕龍也。夫宇宙綿邈，黎獻紛雜，拔萃出類，智術而已。歲月飄忽，性靈不居，騰聲飛實，製作而已。夫有肖貌天地，稟性五才，擬耳目於日月，方聲氣乎風雷，其超出萬物，亦已靈矣。形同草木之脆，名踰金石之堅，是以君子處世，樹德建言，豈好辯哉？不得已也！

《魏書・高允傳》 允表曰：「臣聞經綸大業，必以教養爲先；咸秩九疇，亦由文德成務。故辟雍光於周詩，泮宫顯於《魯頌》。自永嘉以來，舊章殄滅。鄉閭蕪没《雅》、《頌》之聲，京邑杜絶釋、奠之禮。道業陵夷，百五十載。仰惟先朝每欲憲章昔典，經闡素風，方事尚殷，弗遑克復。陛下欽明文思，纂成洪烈，萬國咸寧，百揆時敍。申祖宗之遺志，興周禮之絶業，爰發德音，惟新文教。搢紳黎獻，莫不幸甚。

《陳書·廢帝紀》 光大元年春正月癸酉，尚書左僕射袁樞卒。乙亥，詔曰：「昔昊天成命，降集寶圖，二后重光，九區咸乂。閔余沖薄，王道未昭，荷茲神器，如涉靈海，庶親賢竝建，牧伯惟良，天下雍熙，緬同刑措。今三元改曆，萬國充庭，清廟無追，具僚斯在，言瞻寧位，觸感崩心。思播遺恩，俾覃黎獻。可大赦天下。改天康二年爲光大元年。孝悌力田賜爵一級。」

又《始興王叔陵傳》 史臣曰：孔子稱「富與貴，是人之所欲，非其道得之，不處也」。上自帝王，至于黎獻，莫不嫡庶有差，長幼攸序。叔陵險躁奔競，遂行悖逆，轘磔形骸，未臻其罪，汙瀦居處，不足彰過，悲哉。

《隋書·煬帝紀上》 昔者哲王之治天下也，其在愛民乎？既富而教，家給人足，故能風淳俗厚，遠至邇安。治定功成，率由斯道。朕嗣膺寶曆，撫育黎獻，夙夜戰兢，若臨川谷。雖則聿遵先緒，弗敢失墜，永言政術，多有缺然。況以四海之遠，兆民之衆，未獲親臨，問其疾苦。每慮幽仄莫舉，冤屈不申，一物失所，乃傷和氣，萬方有罪，責在朕躬，所以寤寐增歎，而夕惕載懷者也。

又《李德林傳》 昔歲木行將季，諒闇在辰，火運肇興，羣官總己。有周典八柄之所，大隋納百揆之日，兩朝文翰，臣兼掌之。時溥天之下，三方構亂，軍國多務，朝夕填委。簿領紛紜，羽書交錯，或速均發弩，或事大滔天，或日有萬歲，或幾有萬事。皇帝内明外順，經營區宇，吐無窮之術，運不測之神，幽贊兩儀，財成萬類。咨謀臺閣，曉喻公卿，訓率土之濱，責反常之賊。三軍奉律，戰勝攻取之方，萬國承風，安上治民之道。讓受終之禮，報羣臣之令，有憲章古昔者矣，有隨事作故者矣。千變萬化，譬彼懸河，寸陰尺日，不棄光景。大則天壤不遺，小則毫毛無失。遠尋三古，未聞者盡聞，遜聽百王，未見者皆見。發言吐論，即成文章，臣染翰操牘，書記而已。昔放勛之化，老人覩而未知，孔丘之言，弟子聞而不達。愚情稟聖，多必乖舛。加以奏閤趨墀，盈懷滿袖，手披目閲，堆案積几。心無別慮，筆不暫停，或畢景忘餐，或連宵不寐，以勤補拙，不遑自處。其有詞理疎謬，遺漏闕疑，皆天旨訓誘，神筆改定。運籌建策，通幽達冥，從命者獲安，違命者悉禍。懸測萬里，指期來事，常如目見，固乃神知。變大亂而致太平，易可誅而爲淳粹，化成道洽，其在人文，盡出聖懷，用成典誥，並非臣意所能至此。伯禹矢謨，成湯陳誓，漢光數行之札，魏武《接要》之書，濟時拯物，無以加也。屬神器大寶，將遷明德，天道人心，同謨歸往。周靜南面，每詔褒揚，在位諸公，各陳本志，璽書表奏，羣情賜委。臣寰海之内，忝曰一民，樂推之心，切於黎獻，欣然從命，輒不敢辭。比夫潘勗之册魏王，阮籍之勸晉后，道高前世，才謝往人，内手捫心，夙宵慚惕。檄書露板，及以諸文，有臣所作之，有臣潤色之。唯是愚思，非奏定者，雖詞乖黼藻，而理歸霸德，文有可忽，事不可遺。前奉勑旨，集納麓已還，至於受命文筆，當時制述，條目甚多，今日收撰，略爲五卷云爾。

又《柳昂傳》 臣聞帝王受命，建學制禮，故能移既往之風，成惟新之俗。自魏道將謝，分割九區，關右、山東，久爲戰國，各逞權詐，俱殉干戈，賦役繁重，刑政嚴急。蓋救焚拯溺，無暇從容，非朝野之願，以至於此。晚世因循，遂成希慕，俗化澆敝，流宕忘反。自非天然上哲，挺生於時，則儒雅之道，經禮之制，衣冠民庶，莫肯用心。世事所以未清，軌物由茲而壞。伏惟陛下稟靈上帝，受命昊天，合三陽之期，膺千祀之運。往者周室頹毁，區宇沸騰，聖策風行，神謀電發，端坐廊廟，蕩滌萬方，俯順幽明，君臨四海。擇萬古之典，無善不爲，改百王之弊，無惡不盡。至若因情緣義，爲其節文，故以三百三千，事高前代。然下土黎獻，尚未盡行。臣謬蒙獎策，從政藩部，人庶軌儀，實見多闕，儒風以墜，禮教猶微，是知百姓之心，未能頓變。仰惟深思遠慮，情念下民，漸被以儉，使至於道。臣恐業淹事緩，動延年世。若行禮勸學，道教相催，必當靡然向風，不遠而就。家知禮節，人識義方，比屋可封，輒謂非遠。

陸贄《陸宣公文集》卷一《謝密旨因論所宣事狀》 陛下嗣位之初，躬行節儉，郡國無來獻，朝廷無私求，行李無黷貨之人，邇臣無受賂之事，四方風動，幾致清平。旋以刑峻賦繁，兵連禍結，理功中否，至化未凝。洎大憝殲夷，皇運興復。征伐之役，頗息於前時。清約之風，亦虧於往日。此則雖革一弊，亦喪一美焉。曩興師徒，人困暴賦，今罷征伐，人困私求。是乃殘瘁之餘，永無蘇息之望。使萬方黎獻，當陛下休明之代，不登富壽，不洽雍熙，追懷前修，實用心熱。而議者反以納賂通情之理，以惑陛下，斯不亦誣上行私之甚者乎。

柳宗元《柳宗元集》卷三四《與太學諸生喜詣闕留陽城司業書》 二十六日，集賢殿正字柳宗元敬致尺牘，太學諸生足下：始朝廷用諫議大夫陽公爲司業，諸生陶煦醇懿，熙然大洽，于茲四祀而已，詔書出爲道州。僕時通籍光範門，就職書府，聞之悒然不喜。非特爲諸生戚戚也，乃僕亦失其師表，而莫有所矜式焉。而署吏有傳致詔草者，僕得觀之。蓋主上知陽公甚熟，嘉美顯寵，勤至備厚，乃知欲煩陽公宣風裔土，覃布美化于黎獻也。

又卷三八《代柳公綽謝上任表》 臣聞古之制爵禄者，爵以居有德，禄以養有

功。臣本書生，宦不期達，值某皇帝，文明撫運，大闡玄猷，搜采衆材，幸忝甄録。歷踐中外，星霜屢移，曾無涓塵，上答鴻造。忘其薄陋，委以雄藩。顧無綏馭之能，謬忝澄清之寄，將何以敷宣皇澤，普諭天慈？唯當察慝以爲防，視俗而爲教，蠲除細故，務安黎獻，庶幾清静無擾，以慰遠人。臣不勝忝冒荷恩之至。

《舊唐書・越王係傳》 握兵之要，古先爲重；命帥之道，心膂攸憑。是知靖難夷兇，必資於金革；總戎授律，實仗於親賢。蓋將底寧邦家，保息黎獻者矣。朕以薄德，纘承鴻緒，往屬元兇暴亂，中夏不寧。上憑宗社之靈，下藉熊羆之力，由是廓清咸、洛，拯此生人。頃以河朔殘妖，尚稽天討，蛇豕竊依於城堡，塗炭久被於齊甿，朕爲人父母，寧忘閔念。雖好生息戰，每冀其歸降；而餘孽昧恩，靡聞于悔禍。所以軒后親征於獯鬻，周文致役於昆夷，古之用兵，蓋非獲已。

徐鉉《徐騎省集》卷六《泉州節度使劉從效檢校太師制》 門下：望高於朝，則享師保之任。惠加於物，則進土田之封。所以啓佑沖人，藩屏王室者也。我有寵數，屬於元侯。某山岳儲精，星芒稟異。挺全才而應用，激大義以致身。而自際會先朝，奮揚奇策，静一方之多難，越萬里以來庭，故得倚作藩宣，誓之帶礪，而能恩威洽著，紀律修明，戎政有經，理聲日遠。黎獻有不欺之頌，朝廷無南顧之憂。茂績忠規，古難其比。粤予眇質，嗣德弗明。賴我友邦，越乃賢帥。推誠翼戴，克荷景靈。涣汗之恩，惟恐不至。是用增以井賦，崇爲太師。美號峻階，併伸殊渥。噫！乞言之禮，可以觀德殿邦之寄，可以樹勳，勉揚令圖，永錫繁祉。

《資治通鑑》卷二二九《唐紀四五・德宗建中四年》 上眩明必臆度而虞人以詐，如是則下之顧望者自便而切磨之辭不盡矣。上厲威必不能降情以接物，上恣愎必不能引咎以受規，如是則下之畏愞者避辜而情理之説不申矣。夫以區域之廣大，生靈之衆多，宫闕之重深，高卑之限隔，自黎獻而上，獲覿至尊之光景者，踰億兆而無一焉；就獲覿之中得接言議者，又千萬不一；幸而得接者，猶有九弊居其間，則上下之情所通鮮矣。上情不通於下則人惑，下情不通於上則君疑；疑則不納其誠，惑則不從其令；誠而不見納則應之以悖，令而不見從則加之以刑；下悖上刑，不敗何待！是使亂多理少，從古以然。

王安石《臨川先生文集》卷四八《宣答樞密使以下賀南郊禮畢》 有制：朕親稱幣玉，祇見郊宫。能底熙成，實繇顯相。羣靈率籲，黎獻交欣。朕賴天之休，與卿等内外同慶。

又《撫問河北西路臣寮兼賜夏藥口宣》 有勑：卿等時方鬱烝，氣或疵癘。永惟黎獻，方寄外憂。當有分類，以助調養。

蘇軾《東坡文鈔》卷一《制策》 朕德不類，托於士民之上，所與待天下之治者，惟萬方黎獻之求，詳延於廷，諏以世務，豈特考子大夫之所學，且以博朕之所聞。

李燾《續資治通鑒長編》卷四八《真宗咸平四年》 祕書丞、知金州陳彭年上疏曰：夫事有雖小而可以建大功，理有雖近而可以爲遠計者，臣請言之，其事有五：一曰置諫官，二曰擇法吏，三曰簡格令，四曰省官員，五曰行公舉，此五者實經世之要道，致治之坦塗也。夫置諫静之官，開獻替之路，堯、舜、湯、武所共然也，何者？以正直之臣，忠信之士，參立左右，專奉箴規，有事必言，有闕必諫，足以達四方之壅蔽，資聖主之聰明。今雖有諫官，且無言責，或出居外任，或兼領餘司，常箝口以自安，少危言而替否，是同虚器，何補聖猷？臣請依《六典》員數，置諫議大夫、司諫、正言，並選孤立無黨、忠直不欺、言行相符、名實相稱者爲之，俱以才授，不以敍遷。使其常立朝廷，專居諫署，入觀朝政，出聽輿詞。或作事失中，或出令未當，或遷舉無狀，或獄訟有冤，小則上章，大則廷諍。然後陛下察其所言，可者從之，否者罷之。歲終，以言事之多少，爲課最之高卑，忠讜盡規者甄升，依阿固位者懲責。自然人皆竭節，政必無邪，臣下不敢偷安，朝廷得以震肅矣。

又卷一七九《仁宗至和二年》 詔封孔子後爲衍聖公。初，太常博士案《宋史》祖無擇本傳，作入直集賢院，《闕里文獻考》同，此云太常博士，疑誤。祖無擇言：「文宣王四十七代孫孔宗愿襲封文宣公。按前史，孔子之後襲封者，在漢、魏曰褒成、褒宗、案《闕里文獻考》無褒宗之名，惟載東漢永元四年封褒亭侯，魏黄初二年封宗聖侯，原本疑有脱字。尊聖，在晉、宋曰奉聖，後魏曰崇聖，北齊曰恭聖，後周及隋，並封以鄒國。唐初曰褒聖，開元中，始追謚孔子爲文宣王，又以其後爲文宣公。然祖謚不可加後嗣，乞詔有司更定美號。」乃下兩制定更封宗愿，而令世襲焉。

馬端臨《文獻通考・郊社二十二》 高宗建炎元年五月一日登極，告於昊天上帝，册文曰：「維靖康二年，歲次丁未五月庚寅朔，嗣天子臣御名敢昭告於昊天上帝：金戎亂華，二帝北狩，天支戚屬，混於穹居，宗社罔所憑依，夷夏罔知攸主。臣御名以道君皇帝之子，奉宸旨以總六師，握大元帥之權，倡義旅而先諸將。冀清京邑，迎復兩宫。而百辟卿士，萬邦黎獻，謂人思宋德，天眷趙宗，宜以神器屬臣御名。」

《元史・成宗紀》 封的立普哇拿阿迪提牙爲緬國王，且詔之曰：「我國家自

祖宗肇造以來，萬邦黎獻，莫不畏威懷德。嚮先朝臨御之日，爾國使人稟命入覲，詔允其請。爾乃遽食前言，是以我帥閫之臣加兵於彼。比者，爾遣子信合八的奉表來朝，宜示含弘，特加恩渥。今封的立普哇拿阿迪提牙爲緬國王，賜之銀印；子信合八的爲緬國世子，錫以虎符。仍戒飭雲南等處邊將，毋擅興兵甲。爾國官民，各宜安業。」

《遼史・進遼史表》 中書遴選儒臣宗文太監今兵部尚書臣廉惠山海牙、翰林直學士臣王沂、祕書著作佐郎臣徐昺、國史院編修官臣陳繹曾分撰《遼史》。起至正三年四月，迄四年三月。發故府之櫝藏，集遐方之匭獻，蒐羅剔抉，删潤研劘。紀志表傳，備成一代之書；臧否是非，不迷千載之實。臣脱脱叨承隆寄，幸覩成功。載宣日月之光華，願效涓埃之補報。我朝之論議歸正，氣之直則辭之昌；遼國之君臣有知，善者喜而惡者懼。

《明史・上明史表》 經筵日講官太保兼太子太保保和殿大學士兼管吏部尚書翰林院掌院學士事世襲三等伯臣張廷玉等上言：臣等奉敕纂修《明史》告竣，恭呈睿鑒，臣等謹奉表恭進者。伏以瑶圖應運，丹綸繙竹素之遺；雒鼎凝庥，玉局理汗青之業。集百年之定論，裒一代之舊聞，歷纂輯於興朝，畢校紬於兹日。垂光册府，焕采書林。竊惟論道首在尊經，紀事必歸攬史。興衰有自，七十二君之蹟何稱；法戒攸關，二十一史之編具在。繼咸五登三之治，心源不隔於邃初；開萬方一統之模，典制必參諸近世。況乎歲時綿歷，載籍叢殘。執簡相先，合衆長而始定；含毫能斷，昭公道以無私。考獻徵文，用備酉山之秘；屬辭比事，上塵乙夜之觀。欽惟皇帝陛下，乘六御天，奉三出治。紹庭建極，綏蕩平正直之猷；典學傳心，綜忠敬質文之統。觀人文以化天下，鑑物惟公；考禮樂以等百王，折衷必當。

藝　文

王粲《王粲集》卷二《酒賦》 帝女儀狄，旨酒是獻。苾芬享祀，人神式宴。

陸機《陸機集》卷五《贈馮文羆遷斥丘令》 於皇聖世，時文惟晉。受命自天，奄有黎獻。閶闔既闢，承華再建。明明在上，有集惟彦。

徐陵《玉臺新詠》卷八《劉孝綽〈贈美人〉》 巫山薦枕日，洛浦獻珠時。一遇便如此，寧關先有期。幸非使君問，莫作秦羅辭。夜長眠復坐，誰知闇斂眉。欲寄同花燭，爲照遥相思。

唐玄宗《賜諸州刺史以題座右》 眷言思共理，鑑夢想維良。猗歟此推擇，聲績著周行。賢能既俟進，黎獻實佇康。視人當如子，愛人亦如傷。講學試誦論，阡陌勸耕桑。虚譽不可飾，清知不可忘。求名迹易見，安貞德自彰。訟獄必以情，教民貴有常。恤惸且存老，撫弱復綏强。勉哉各祗命，知予眷萬方。

姚合《姚少監詩集》卷一《送王龜處士》 送客客爲誰，朱門處士稀。唯修曾子行，不着老萊衣。古寺隨僧飰，空林共鳥歸。壺中駐年藥，燒得獻庭闈。

又卷二《送朱慶餘及第後歸越》 勸君緩上車，鄉里有吾廬。未得同歸去，空令相見疎。山晴棲鶴起，天曉落潮初。此處將誰比，獻親冬集書。

又卷八《過張邯鄲莊》 客行長似病，煩熱束四肢。到君讀書堂，忽若逢良醫。堂前水交流，堂下樹交枝。兩門延風凉，洗我昏濁肌。與子還往熟，坐卧恣所宜。時時相獻酬，文字當酒卮。野飯具藜藿，永日亦不饑。苟飡非其所，鱠炙爲蒺藜。時清士人間，耕作唯文詞。豈獨鄉里薦，當取四海知。

孟浩然《孟浩然詩集》卷下《題長安主人壁》 久廢南山田，叨陪東閣賢。欲隨平子去，猶未獻《甘泉》。枕藉琴書滿，褰帷遠岫連。我來如昨日，庭樹忽鳴蟬。促織驚寒女，秋風思長年。授衣當九日，無褐竟誰憐。

又《盧明府九日宴袁使君張郎中崔員外》 宇宙誰開闢，江山此鬱盤。登臨今古用，風俗歲時觀。地理荆州分，天涯楚塞寬。百城今刺史，華省舊郎官。共美重陽節，俱懷落帽歡。酒邀彭澤載，琴輟武城彈。獻壽先浮菊，尋幽或坐蘭。烟虹鋪藻麗，松竹挂衣冠。叔子神如在。山公興欲闌。傳聞騎馬醉，還向習池看。

又《陪獨孤使君同與蕭員外登萬山亭》 萬山青嶂曲，千騎使君游。神女鳴環珮，仙郎接獻酬。遍觀雲夢野，自愛江城樓。何必東南守，空傳沈隱侯。

白居易《白香山詩集》卷三〇《初罷中書舍人》 自慚拙宦叨清貫，還有癡心怕素餐。或望君臣相獻替，可圖妻子免飢寒。性疎豈合承恩久，命薄元知濟事難。分寸寵光酬未得，不休更擬覓何官。

韓愈《韓昌黎全集》卷一《秋懷詩》 彼時何卒卒，我志何曼曼。犀首空好飲，廉頗尚能飯。學堂日無事，驅馬適所願。茫茫出門路，欲去聊自勸。歸還閲書史，文字浩千萬。陳跡竟誰尋，賤嗜非貴獻。丈夫意有在，女子乃多怨。

賈島《長江集》卷一《古意》 碌碌復碌碌，百年雙轉轂。志士終夜心，良馬白日足。俱爲不等閒，誰是知音目。眼中兩行淚，曾弔三獻玉。

又卷五《寄滄州李尚書》 滄溟深絶闊，西岸郭東門。弋者羅夷鳥，桴人思嶠猿。威稜高臘冽，煦育極春温。陂淀封疆内，蒹葭壁壘根。摇鞞邊地脈，愁箭虎狼魂。水縣賣紗市，鹽田煮海村。枝條分御葉，家世食唐恩。武可縱横講，功從戰伐論。天涯生月片，嶼頂湧泉源。非是泥池物，方因一作應雷雨尊。沈謀藏未露，鄰境帖無喧。青塚驕回鶻，蕭關陷吐蕃。何時霖歲旱，早晚雪邦冤。迢遞瞻旌纛，浮陽寄詠言。

又卷九《投元郎中》 心在瀟湘歸未期，卷中多是得名詩。高臺聊望清秋色，片水堪留白鷺鷥。省宿有時聞急雨，朝迴盡日伴禪師。舊文去歲曾將獻，蒙與人來説始知。

杜牧《樊川文集》卷一《洛中送冀處士東遊》 處士有儒術，走可挾車輈。壇宇寬帖帖，符彩高酋酋。不愛事耕稼，不樂干王侯。四十餘年中，超超爲浪遊。元和五六歲，客於幽魏州。幽魏多壯士，意氣相淹留。劉濟願跪履，田興請建籌。處士拱兩手，笑之但掉頭。自此南走越，尋山入羅浮。願學不死藥，粗知其來由。却於童頂上，蕭蕭玄髮抽。我作八品吏，洛中如繫囚。忽遭冀處士，豁若登高樓。拂榻與之坐，十日語不休。論今星燦燦，考古寒颼颼。治亂掘根本，蔓延相牽鉤。武事何駿壯，文理何優柔。顔回捧俎豆，項羽横戈矛。祥雲繞毛髮，高浪開咽喉。但可感鬼神，安能爲獻酬。好入天子夢，刻像來爾求。胡爲去吴會，欲浮滄海舟。贈以蜀馬箠，副之胡罽裘。餞酒載三斗，東郊黄葉稠。我感有淚下，君唱高歌酬。嵩山高萬尺，洛水流千秋。往事不可問，天地空悠悠。

又卷二《念昔遊》 十載飄然繩檢外，樽前自獻自爲酬。秋山春雨閒吟處，倚遍江南寺寺樓。雲門寺外逢猛雨，林黑山高雨脚長。曾奉郊宫爲近侍，分明擭擭羽林周。二三里遺堵，八九所高邱。人生一世内，何必多悲愁。歌闋解攜去，信非吾輩流。

李商隱《玉谿生詩集》卷一《韓碑》 元和天子神武姿，彼何人哉軒與羲。誓將上雪列聖恥，坐法宫中朝四夷。淮西有賊五十載，封狼生貙貙生羆。不據山河據平地，長戈利矛日可麾。帝得聖相相曰度，賊斫不死神扶持。腰懸相印作都統，陰風慘澹天王旗。愬武古通作牙爪，儀曹外郎載筆隨。行軍司馬智且勇，十四萬衆猶虎貔。入蔡縛賊獻太廟，功無與讓恩不訾。帝曰：「汝度功第一，汝從事愈宜爲辭。」愈拜稽首蹈且舞，金石刻畫臣能爲。古者世稱大手筆，此事不繫於職司。當仁自古有不讓，言訖屢頷天子頤。公退齋戒坐小閤，濡染大筆何淋漓。點竄《堯典》、《舜典》字，塗改《清廟》、《生民》詩。文成破體書在紙，清晨再拜鋪丹墀。表曰：「臣愈昧死上」，詠神聖功書之碑。碑高三丈字如手，負以靈鼇蟠以螭。句奇語重喻者少，讒之天子言其私。長繩百尺拽碑倒，麤砂大石相磨治。公之斯文若元氣，先時已入人肝脾。湯盤孔鼎有述作，今無其器存其詞。嗚呼聖皇及聖相，相與烜赫流淳熙。公之斯文不示後，曷與三五相攀追？願書萬本誦萬過，口角流沫右手胝。傳之七十有二代，以爲封禪玉檢明堂基。

又《陳後宫》 玄武開新苑，龍舟讌幸頻。渚蓮參法駕，沙鳥犯勾陳。壽獻金莖露，歌翻《玉樹》塵。夜來江令醉，别詔宿臨春。

黄庭堅《山谷詩集》卷三《顯聖寺庭枸杞》 仙苗壽日月，佛界承露雨。誰爲萬年計，乞此一抔土？扶疏上翠蓋，磊落綴丹乳。去家尚不食，出家何用許？政恐落人間，采剥四時苦。養成九節杖，持獻西王母。

又卷八《再答景叔》 女三爲粲當獻王，三珍同盤乃得嘗。甘泉下澆藜莧腸，令我詩句挾風霜。小人食珍敢取足？都城一飯炊白玉。賜錢千萬民猶飢，雪後排簷凍銀竹。

又《山谷外集詩》卷一二《再次孔四韻寄懷元翁兄弟并致問毅甫》 書帙蠹魚乾，爐香眠鴨困。佳人來無期，詩句且排悶。遥知烏衣游，棋局具肴醖。爭道嘲不恭，鏖兵勞得俊。頗尋文獻盟，不落市井吝。四月明朱夏，南風解人愠。風前懷二陸，家法窺抗遜。身有三尺桐，爨下得餘燼。端可張洞庭，寥闊世未信。爲我謝孔君，舉酒取快盡。世故安足存，青天飛鳥印。

葉顒《樵雲獨唱》卷六《送李本存歸江西新喻州本存儒學教授歷省掾爲御史所論改温州海隅巡尉賦三律贈之》 獻賦論兵計已疎，扁舟歸去意何如。豈無醫國三年艾，空讀傳家萬卷書。處世固當同鳳鳥，還鄉端不爲鱸魚。故園泉石應無恙，依舊青山帶月鉏。

顧瑛《玉山璞稿》卷上《和斡克莊題壽安寺詩》 别島壓東溟，沙黄草樹青。金仙開紺闕，玉女降珠庭。龍鉢波心獻，蛟機雨外聽。乘槎從此去，爲結候潮亭。

又卷下《和郯九成從軍詩時二月予以守關婁上》 洗甲東海水，飲馬西江潮。大風吹旗脚，軍容愈飄姚。戈船踏櫓回，月中横短簫。青袍富家兒，髀裏肌肉消。囚俘獻六府，以用抱明朝。

陳子龍《陳子龍詩集》卷二《石流》 石流，下有玉，一何寒。左生丹砂涼可餐，右有香草蕙與蘭。水流風吹，泠泠者沙。但燕坐，雲來斯，何用爲家。蘭何揚

心涼香雨，持以獻明主。

魏裔介《兼濟堂文集》卷一八《邯鄲少年行》 邯鄲少年良家子，輕裘肥馬平千里。拒守朱仙曾突陣，大戰淩河身未死。時移事去何紛紛，易水燕山大纛屯。負米何曾逢李白，有策不得獻吾君。君不見今日交情薄，五侯七貴自相索。以兹抱犢西山遊，欲將仙人大藥求。夢回明月寒燈夜，猶憶射雉三十頭。

又卷一九《賀白仲調補中行》 奇士丰標迥絶塵，蹇驢遠道漫勞辛。彤庭曾獻《天人策》，白下已闢憂樂身。易水登臺思郭隗，東垣作賦壓于鱗。提戈草檄尋常事，待爾民風使再淳。

又《贈南和沈頤仙父母》 仙令自中州，休文風度優。雪霑麥隴足，雲映錦堂稠。冬日新添線，陽和羣獻謳。南山徵福禄，惠澤藹春流。

邊連寶《隨園詩集》卷三《瑞柏行》 君不見，渤海學宫柏最古，年代大老莫能數。銅根盤踞侵泮池，鐵幹槎枒拂矍圃。蟻穴窈窕飽秋霜，蘚皴斑剥漏春雨。盛衰倚伏誰能度，蓊鬱勢極還雕落。枯幹孤撐三十年，虎龍骨立不僵撲。邇來突禿盡甫倈山，剪伐幾被工人斵。天子龍飛歲在酉，風雲會合古希有。特簡名都付重臣，竹馬歡迎賢太守。魏峨氣色動宫牆，麟炳丹青輝户牖。功成立碣表宏猷，遡厥淵源歸我后。聖主頻施教化功，大鈞特幻囬生手。天帝太乙駕嚴肅，雨師風伯紛追逐。灑以沆瀣與霡霂，氤氲饙餾受氣足。大枝小枝次第生，香葉葳蕤沉碧緑。枯楊生稊碩果存，陰陽旋轉剥而復。督學使者乘傳來，入廟見之重徘徊。爲延韋偃繪其狀，斜拂鵝絹爽且皚。霜皮黛骨須臾就，椽筆更抒掞天材。詩詞字畫成三絶，稽首並獻五雲隈。寶道重光貞元合，大瑞應同檜與楷。

又卷一〇《曝背》 北陸日在斗，朔風歲將匝。兀兀者誰子，簷前學老衲。氛祲蝸鬪角，颼陡殼縮蛤。輝輝感陽辟，慘慘耐陰闔。乍摧氣猛支，潛入膚徐納。垂簾睫自交，倚楹頭誤磕。驅魔體漸舒，逐暑座屢拉。駛烏不暫停，崦嵫去已溘。奇慮欻荒唐，往事坌雜遝。妙術駐螭虯，神戈回駁踏。一曝無已時，獻君應見答。

陳康祺《郎潛紀聞初筆》卷七 攷獻徵文重石渠，蒲輪遠賁竟何如。班彪自昔能編史，范粲終知不下車。北部姓名鉤黨後，東京人物夢華餘。惟應獨拜江邊榻，公論憑開井底書。

顧震濤《吴門表隱詩》 揣摩典獻暢平生，好向花前月下行。采遍中吴將廿載，一編《表隱》足傳名。

又 吴下傳良史，心欽顧虎頭。幽光能闡發，軼事盡旁搜。補闕千秋仰，收殘一卷留。無徵文與獻，須向此編求。

又 遺迹窮追討，多君爲闡幽。獻文徵百代，梨棗壽千秋。風雨搜殘碣，湖山志勝游。采風傳類記，著述媲前修。

又 名賢五百圖曾繪，考獻徵文手輯忙。惟識搜羅君更富，争教潛德發幽光。

又 夙欽博物富丹鉛，考獻徵文已卅年。桑梓舊聞誰捨取，仲瑛佳處紀名編。

又 考獻徵文卅載餘，顯微識往書名共揚噓。羡君辛苦窮邱索，綜貫吴中未見書。

又 潛德幽光賴表揚，情殷采訪爲傳芳。會將載入輶軒史，玉屑珠塵字字香。

文獻分部

論　述

陳子昂《陳子昂集》卷七《大周受命頌》 臣聞大人升階，神物紹至，必有非人力所能存者，上招飛鳥，下動泉魚。古之元皇，祇承上帝，所以協人社，匹天休。卓哉神明，昭格上下，莫不以之矣。是故物有可則，而道有可宗，謂之文獻，其原上也。緬哉有唐，欽崇天命，三祖繼統，品物咸章。玄曆改元，黄瑞告神皇，出地軸，陟天階，歷軒轅，登太昊，集乎初始之極，以授我皇。符鳥之肇，開辟元台，女希氏姓，神功大哉，莫不盛於兹日矣。乃察璿璣，稽寶命，發玄讖，升紫圖，則天粲然，皇文炳也。非夫昇光之曜，魄寶之精，其孰能威神皇赫赫若斯者哉！

徐復《駁李巽擬相國贈尚書右僕射鄭珣瑜謚議》 鄭珣瑜令德清規，坐鎮風俗，理民而善政浹洽，作相而謀猷密勿。其終始事跡，當時罕儔。所以表賢易名，實曰「文獻」。夫文者，焕乎大行，獻者軒然高名。今而褒之，厥有經義，亦猶貞惠文子累數其功至於再三，以勸事君者。

朱熹《論語集注・八佾》 子曰：「夏禮吾能言之，杞不足徵也；殷禮吾能言之，宋不足徵也。文獻不足故也，足，則吾能徵之矣。」朱熹注：杞，夏之後。宋，殷之後。徵，證也。文，典籍也。獻，賢也。言二代之禮，我能言之，而二國不足取以爲證，以其文獻不足故也。文獻若足，則我能取之，以證君言矣。

張栻《癸巳論語解》卷二《八佾篇》 子曰：「夏禮吾能言之，杞不足徵也；殷禮吾能言之，宋不足徵也。文獻不足故也。足，則吾能徵之矣。」文，謂典章；獻，謂故老之賢者。杞宋在當時，是二者皆有所不足，故於稽考咨詢有闕焉。則夫二代之禮，聖人雖能言其意，而度數節文之實，蓋有不得而徵者矣。無徵不信，是以聖人或闕焉。夫以聖人之生知而學，至於前代製作之原，固已默識而無餘矣。然至於事爲之著，必考文獻於故國，有所不足，又從而闕之。其問禮於老聃，問官名於郯子，及史之闕文，皆是意也。非惟至誠無息，不自有其聖智，而於製作之實，文理密察又如此。

馬端臨《文獻通考自序》 愚自蚤歲，蓋嘗有志於綴緝，顧百憂薰心，三餘少暇，吹竽已濫，汲綆不修，豈復敢以斯文自詭。昔夫子言夏殷之禮，而深慨文獻之不足徵，釋之者曰：文，典籍也；獻，賢者也。生乎千百載之後，而欲尚論千百載之前，非史傳之實録具存，何以稽考。儒先之緒言未遠，足資討論，雖聖人亦不能臆爲之説也。竊伏自念，業紹箕裘，家藏墳索，插架之收儲，趨庭之問答，其於文獻，蓋庶幾焉。嘗恐一旦散軼失墜，無以屬來哲，是以忘其固陋，輒加考評，旁搜遠紹，門分彙別：曰田賦、曰錢幣、曰户口、曰職役、曰征榷、曰市糴、曰土貢、曰國用、曰選舉、曰學校、曰職官、曰郊社、曰宗廟、曰王禮、曰樂、曰兵、曰刑、曰輿地、曰四裔，俱倣《通典》之成規。自天寶以前，則增益其事迹之所未備，離析其門類之所未詳；自天寶以後，至宋嘉定之末，則續而成之，曰經籍、曰帝系、曰封建、曰象緯、曰物異，則《通典》元未有論述，而採摭諸書以成之者也。凡敘事則本之經史，而參之以歷代《會要》以及百家傳記之書，信而有證者從之，乖異傳疑者不録，所謂文也。凡論事則先取當時臣僚之奏疏，次及近代諸儒之評論，以至名流之燕談，稗官之紀録，凡一話一言，可以訂典故之得失，證史傳之是非者，則採而録之，所謂獻也。其載諸史傳之紀録而可疑，稽諸先儒之論辨而未當者，研精覃思，悠然有得，則竊著已意，附其後焉，命其書曰《文獻通考》。爲門二十有四，卷三百四十有八，而其每門著述之成規，考訂之新意，各以小序詳之。

屈大均《廣東新語》卷一一《文語・廣東文集》 予嘗撰《廣東文集》。其序云：廣東居天下之南，故曰南中，亦曰南裔。火之所房，祝融之墟在焉。天下之文明至斯而極，極故其發之也遲，始然於漢，熾於唐於宋，至有明乃照於四方焉。故今天下言文者必稱廣東。蓋其地當日月之所交會，故陶唐曰南交，言乎日月之相交也。日在南則月在北，月在南則日在北，上下相望以爲交。生其地者，其人類足智而多文，固日月之精華所吐噏而成者。漢曰日南，舉日而月在其中矣。天之陽在南，故曰日南。又其時爲夏，辰爲午，位爲丙午，於卦爲火在天上之象。火麗爲日，日在天上而天大有。其文明，君子當之。而以文章爲富有之業，以大車載而享於天子。此文獻金鑑之録、文莊衍義之補、文簡格物之通、文襄皇極之疇之所以與《皋謨》、《伊訓》相彪炳也。自洪武迄今，爲年三百，文之盛極矣。極而無以會之。使與漢唐以來諸書，其遠而爲王範、黄恭之所紀述，近而爲泰泉、夢菊之所編摩者，悉淪於草莽。文獻無稽，斯非後死者之所大懼乎。嗟夫，廣東雖一國乎。求文於人，人或不足於文。求人於文，文則有餘於人矣。博取而約之，撰爲一書，名之曰「廣東文集」。使天下人得見嶺海之盛於其文。文存而其人因以存，以與《廣東通志》相表裏。豈非一國人文之大觀乎哉。嗟夫，一國之人文，天下之人文也。知天下於一國，知一國於一人。此一人者，其出則必如文獻，處則必如文恭者也。典型既往，後學無師。吾安得不爲斯文之緒有深慮乎。又云：先是時吾粵有《嶺南文獻》一書。吾嘗病其文不足，獻亦因之。蓋因文而求其獻耳，非因獻而求其文也。斯乃文選之體乎。以言乎文獻，則非矣。且嶺南之稱亦未當。考唐分天下爲十道，其曰嶺南道者，合廣東西、漳浦及安南國境而言也。宋則分廣東曰廣南東路，廣西曰廣南西路矣。今而徒曰嶺南，則未知其爲東乎，爲西乎。且昭代亦分廣東爲嶺南東西三道矣。專言嶺而不及海焉。廉、雷二州則爲海北道，瓊州爲海南道矣。專言海而不及嶺焉。今而徒曰嶺南，則一分巡使者所轄已耳。且廣東之地，天下嘗以嶺海兼稱之。今言嶺則遺海矣，言海則遺嶺矣。或舍嶺與海而不言，將稱陶唐之南交乎，周之揚粤乎，漢之南越乎，吴晉之交廣乎。是皆非今日四封之所至，與本朝命名之實，其亦何以爲徵。凡爲書必明乎書法。生乎唐，則書嶺南。生乎宋，則書廣南東路。生乎昭代，則必書曰廣東。此著述之體也。以尊祖宗之制，以正一代之名，而合乎國史。其道端在乎是。且廣東之文始尉佗，然佗真定人。亦或中國人相輔者爲之，未必南武人之所作。既高固爲相，嘗以鐸氏微進楚王。武事知未聞有文可稱。吾嘗謂廣東以文事知名自高固始，謂其能以春秋事君也。武事知名則始梅鋗。鋗亦無文。然則文其以漢之陳元爲始乎。其請立左氏一疏，大有功

聖經。次則楊孚有請均行三年通喪一疏，即其《南裔異物志》。辭言古奥，散見他書。搜輯之亦可以爲廣東文之權輿。今徒以曲江冠簡端，抑疏矣。嗟夫，廣東自漢至明千有餘年，名卿鉅公之輩出，醇儒逸士之蟬連，操觚染翰，多有存書。其或入告之嘉謨，或談道之粹論，或高文典册，紀載功勳。或短章數行，昭彰懿行，其義皆繫于人倫，其事多裨乎國史。作者深衷，鬼神可質。豈可掛一漏十，令其泯没無傳。將一邦人物之盛，著作之宏多，反不如瑇珠翠羽，犀象珊瑚。水沉伽楠諸珍怪，猶能盡見於世。是豈有志好古敏求者之所忍乎。大均嘗臆度之。大約大家數十，名家數百，近而穗城，遠而瓊甸，及此兵火之餘，蒐羅殘缺，出於壁中，求之枕上，猶可十而得五。一以慰孝子慈孫之心，一以開後生晚學之聞見。苟以卷軼浩繁爲憚，務存簡略，使先哲精神所注，耳目所存，雖有至文，不能溢乎數篇之外。如此即欲天下人盡徵其文，已不可得，況於獻乎。然欲多載乎文以資觀者之厭飫，而其文分體而不分人，人存其名而不存其事實。又以文選之實而冒夫文獻之名，名文獻實則文選。斯則大均之所不敢出也。若專以識夫獻焉。將如吾學編、列卿記、名臣言行録、獻徵獻實二録、人物考之類，以獻爲主，文爲客。斯則史記之流。

雜録

陳子昂《陳子昂集》卷一《修竹篇》　東方公足下：文章道弊五百年矣。漢、魏風骨，晉、宋莫傳，然而文獻有可徵者。僕嘗暇時觀齊、梁間詩，彩麗競繁，而興寄都絶，每以永歎，思古人常恐逶迤頽靡，風雅不作，以耿耿也。一昨於解三處見明公詠孤桐篇，骨氣端翔，音情頓挫，光英朗練，有金石聲，遂用洗心飾視，發揮幽鬱，不圖正始之音，復覩於兹，可使建安作者相視而笑。解君云：「張茂先、何敬祖，東方生與其比肩。」僕亦以爲知言也。故感嘆雅製，作修竹詩一篇，當有知音。以傳示之。

蘇軾《蘇軾文集》卷二四《潁州謝到任表二首》　臣軾言：伏蒙聖恩，除臣龍圖閣學士知潁州，臣已於今月二十二日到任訖者。支郡責輕，未即滿盈於小器；豐年事簡，非徒飽煖於一家。覽几席之溪湖，雜簿書於魚鳥。平生所樂，臨老獲從。臣某誠惶誠恐，頓首頓首。伏以汝、潁爲州，邦畿稱首。土風備於南北，人物推於古今。賓主俱賢，蓋宗資、范孟博之舊治；文獻相續，有晏殊、歐陽修之遺風。顧臣何人，亦與兹選。此蓋伏遇皇帝陛下，丕承六聖，總攬羣英。生知仁孝之全，學識文武之大。謂臣簪履之舊物，嘗忝帷幄之近臣。奉事七年，崎嶇一節。意其忠義許國，故暫召還；察其老病畏人，復許補外。置之安地，養此散材。更少勉於桑榆，誓不忘於畎畝。

周必大《文忠集》卷一六《跋趙德麟書》　詞翰雖君子餘事，必淵源有自乃可貴焉。德麟既著録于老坡之門，子禮復順風于德麟之室，而誠父又子禮過庭之佳子弟也。文獻相承，夫豈偶然。推而上之，傳道安可以無宗哉。

朱熹《朱子語類》卷二五《夏禮吾能言之章》　問：「『夏禮吾能言之』章，以《中庸》參看，殷猶可考，夏之文獻不足尤甚。」曰：「杞國最小，所以文獻不足。觀《春秋》所書，初稱侯，已而稱伯，已而稱子，蓋其朝覲貢賦之屬，率以子、男之禮從事。聖人因其實而書之，非貶之也。如滕國亦小，隱十一年來朝書侯，桓二年來朝書子。解者以爲桓公弑君之賊，滕不合朝之，故貶稱子。某嘗疑之，以爲自此以後一向書子，使聖人實惡其黨惡來朝之罪，則當止貶其一身。其子孫何罪，一例貶之，豈所謂『惡惡止其身』耶！後來因沙隨云：『滕國至小，其朝覲貢賦，不足以附諸侯之大國，故甘心自降爲子。子孫一向微弱，故終春秋之世，常稱子，聖人因其實而書之耳。』故鄭子産嘗争貢賦之次，曰：『昔天子班貢，輕重以列。鄭伯，男也，而使從公、侯之貢，懼弗給也，敢以爲請。』即其事也。春秋之世，朝覲往來，其禮極繁。大國務吞并，猶可以辦。小國侵削之餘，何從而辦之。其自降爲子，而一切從省者，亦何足怪！若謂聖人貶人，則當時大國滅典禮，叛君父，務吞并者，常書公、書侯。不貶此，而獨責備於不能自存之小國，何聖人畏强陵弱，尊大抑小，其心不公之甚！故今解《春秋》者，某不敢信，正以此耳。」

又卷五五《滕文公爲世子章》　或問：「孟子初教滕文公如此，似好。後來只恁休了，是如何？」曰：「滕，國小，絶長補短，止五十里，不過如今一鄉。然孟子與他説時，也只説『猶可以爲善國』而已。終不成以所告齊梁之君者告之。兼又不多時，便爲宋所滅。」因言：「程先生説：『孔子爲乘田則爲乘田，爲委吏則爲委吏，爲司寇則爲司寇，無不可者。至孟子，則必得賓師之位，方能行道，此便是他能大而不能小處。惟聖人則無不遍，大小方圓，無所不可。』」又曰：「如孟子説：『諸侯之禮，吾未之學也。』此亦是講學之有闕。蓋他心量不及聖人之大，故於天下事有包括不盡處。天下道理儘無窮，人要去做，又做不辦；極力做得一兩件，又困了。唯是聖人，便事事窮到徹底，包括淨盡，無有或遺。」正淳曰：「如夏商之禮，孔子皆能

言之，却是當時杞宋之國文獻不足，不足取以證聖人之言耳。至孟子，則曰『吾未之學也』而已，『嘗聞其略也』而已。」

又《四書或問》卷八《論語・八佾》 范氏專以無人爲言，則似並以文獻皆爲指賢人者，恐亦未安。

呂祖謙《呂東萊先生文集》卷九《祭林宗丞文》 嗚呼！昔我伯祖西垣公躬受中原文獻之傳，載而之南。

時瀾《增修東萊書説》卷三三《君牙》 舜命契，穆王命君牙，皆司徒也。契所受者纔一語，而君牙之贊書至一篇，甚矣！世降而文勝也，然周家之典刑文獻多在焉，學者所宜盡心也。

程公説《春秋分記》卷七《晉卿年表》 宋之文獻或不足徵，齊之内政務從簡易，君子謂其非古矣。

又卷三八《禮樂書》 惟用馬於四墉，祀盤庚於西門之外，或殷祭未可知，特遠而難考，文獻不足證，殆此類歟。

彭應龍《滹南遺老集序》 古之君子學博矣，猶以爲有弗辨，辨之弗明弗措也。惟然，故博而非雜，乃其善學。經若史，群書論議記釋具存，而世有博雅之士，潛心焉者又詳説，將考覈而求其是，是殆前乎諸老先生，所望乎來者之盛心，而余于《滹南遺老集》，讀而知之者以此。所尊者經，而于傳記百氏弗盡信，見到處擺脱窠臼，而不依隨以爲是非。以是談經與史，則詩文以下可知也。非其學之博，而蘄乎辨之明，疇克爾。嗚呼！中原文獻之邦，諸老而後百餘年，未知隔宇宙有可慨者。滹南生乎其間，必有遺風餘澤之沾丐者未泯，故所學論説源委則然。方將抄其會余意者，隨可讀書，附記同異，切磋究之，值風雪凍指欲墜，握筆復已。里興賢書院行且鏤梓，喜而爲之識於帙之初。

陳埴《木鍾集》卷一《論語》 「夏禮吾能言之」一段，孔子以爲文獻不足徵，若以殷因於夏禮論之，雖不必待文獻以爲徵亦可也。

洪咨夔《春秋説》卷三〇《哀公下》 夫子抱帝王之學，四代禮樂，百聖文獻，使獲推行於天下。

真德秀《四書集編・孟子集編》卷五《滕文公章句上》 其所以三年而止者，特聖人立爲中制，使不可過焉耳。而世降教失，雖以東魯文獻之邦，猶不能行，何怪於滕之父兄乎。

魏了翁《鶴山先生大全文集》卷四五《寶謨閣直學士知潼川府贈大師劉清惠公祠堂記》 惟清惠公，以文獻故家發身科第，清心約已，一介不妄取。

劉克莊《後村集》卷七一《游文徐樞密院編修官》 其以膝下所聞，手澤所記，歷歷爲吾大臣言之，於以見世家文獻之存，亦可爲省闥彌綸之助可。

劉祁《歸潛志》卷一四 按金自崔立之亂，中原板蕩，文獻放失。賴一二三君子有志史事者私相撰述。元開史局，蒐羅掌故，京叔、裕之之書皆上，史館攟摭爲多焉。予嘗歎遼以制科取士，其間躋政府、登膴仕者甚衆。而攷之列傳，自横帳、諸院、國舅别部三族之外，其行事不少概見，豈制科之所得盡無人與？抑史臣紀載之疎也？遼、金立國，規模不甚相遠，而金源人物、文章之盛獨能頡頏宋元之間，非數君子紀述之功何以至是歟！幸編簡尚存，護惜而流通之，固吾黨之責也。李翱有言，前漢事跡所以灼然傳在人口者，以司馬遷、班固敘述之工，故學者悦而習焉，其讀之詳也。一代之典章文物得其所託則傳，不得其所託則淪於烟莽，而後世徒有文獻無徵之歎。文士之關於國家詎細故哉！是《志》也可以觀矣。

歐陽守道《巽齋文集》卷八《清溪劉武忠公詩集序》 百年來，中原故家，家長沙者頗多，予雅好四方之文獻，比雖幽居南嶽之麓，而美人勝士不鄙諺予者，亦相踵至。

謝枋得《謝叠山全集》卷三《代乾杜按察追索書板啓》 布衣命薄，忘繡梓之羣書；絲轡威行，還青氊之舊物。誰詰季孫之賞盜，親逢魯國之真儒。吾有二天，公如十日。竊以萬形有敝，長存道義之名；千古在前，難泯詩書之澤。微若書生之議論，上關天運之文明。秦火無遺，不焚御府之六籍；蜀寇已慘，尚留石室之九經。未聞孔孟之徒，不勝跖蹻之焰。造化必能爲之主，神明亦自有其人。伏念某才愧雕龍，學幾刻鵠。諸老文章之印，頗有傳成；三代金石之碑，亦嘗編集。奈五窮之難送，慨萬卷之空翻。忍尋活計於錐刀，寧問生涯於梓匠。簡無編竹，似有益於國人；書既同文，願廣傳之天下。豈期狗鼠，尤甚豺狼。衆憐三篋之盡亡，彼得五車而自喜，贖以金而不許，毁於櫝則可憂。凡爲攘竊之民，恃有逋逃之主。仲塗印昌黎之集，自知不免於貧；唐僧失蘭亭之文，恐抱無涯之戚。不逢大造，何有餘生。南山之判一傳，苻澤之奸大窘。漢除廉吏，盜牛即日而來歸；魯有素王，竊玉踰時而書得。兩載懷亡弓之恨，一朝喜去珠之還。緬想西蜀之先賢，起敬哲遺之有道。物皆吐氣，恨無數十輩之使君；士盡歡顔，顧見千里間之廣廈。當日未酬於素志，老天必啓其後人。此蓋伏遇某官，草堂嫡孫，闕里先覺。襟懷灑落，光風霽月之無邊；志慮清明，秋水長天之相映。自攬轡登車之後，有遡川獨航之心。

貞觀豈無謀謨，孰若如晦之善斷；慶曆固多按察，獨稱杜記之長才。不惟山嶽之動搖，自覺乾坤之軒豁。蠻夷不變，吳當受罰於春秋；文獻足徵，宋或可言於殷禮。凡一予一奪之際，皆衆好衆惡之公。治鑑可垂之無窮，儒家各傳之不朽。幸斯文之未喪，知我其天；喜吾道之將行，以公爲命。感激辭短，皈依心長。

文天祥《文山先生全集》卷五《回吳直閣》 尚有典刑，仰惟某官，揚休山立之韻，日光玉潔之襟，文獻堂堂，代有英妙，未既見只，神爽一方。

又卷七《賀前人除福建倉》 常平典在，武夷之文獻可尋，宰相時來，文穆之聲猷孔邇。

羅璧《羅氏識遺》卷七《治貴審時》 論秦政、王莽曰：「秦焚《詩》、《書》以立私議，莽誦六藝以文姦言，殊塗同歸，俱用滅亡。」蓋謂書不適用，讀書與不讀書一也。魏鶴山嘗嘆孔孟著書未及行，盡其轍轘歷聘，熟諳世故，又洞識前古，使其獲用，弛張必當。至秦大肆暴，經皆出于漢儒，掇拾先王制度，雜以秦漢，漢舛繆甚則胡制，即王賈馬箋註多是以後王儀文臆説三代令典。故經著義理綱常萬古不易，其建置纖悉，隨時之宜可也。夏禮而杞不足徵，殷禮而宋不足徵，孔子時二王之後猶存而皆云然，後乎孔子者，文獻又可知矣。

危素《危學士全集》卷二《臨川王氏世譜序》 《臨川王氏世譜》一卷，宋累贈太師、中書令兼尚書令英國公十三世孫允升所藏也。昔荆國公昆弟以政業文學克大其家，歷世滋久，而子孫多散居他郡。素，郡人也，嘗求其譜於祠堂，蓋詳於前而略於後。至金陵訪之，亦不可得，以屬諸名垕字載之者。垕杜門鍾山，讀書養親，數有書問，而不及此。允升自其七世祖德慶史君卜居諸暨，而未遑一歸臨川。來游京師，出示此本，猶其先世手澤。素留之數年，謹録而藏諸。孔子謂夏、殷之禮皆能言之，而歎文獻之不足徵。然則斯譜之存繫於吾邦文獻，豈可忽哉！

吳覽《清源續志序》 古有《九丘》之書，誌九州之土地，所有風氣之宜，與《三墳》、《五典》並傳。周列國皆有史，晉有《乘》，楚有《檮杌》，魯之《春秋》是也。孔子定《書》，以黜《三墳》，衍述《職方》，以代《九丘》，筆削《春秋》，以寓一王法，而《乘輿》、《檮杌》，遂廢不傳。及秦罷侯置守，廢列國史。漢馬遷作《史記》，闕牧守年月不表，郡國記載浸無可考，學者病之。厥後江表華陽有誌，汝潁之名士，襄陽之耆舊有傳。隋大業，首命學士十八人，著《十郡誌》，凡以補史氏之闕遺也。閩文學始唐，至宋大盛。故家文獻彬彬可考，時號海濱洙泗，蓋不誣矣。國朝混一區域，至元丙子，郡既内附。繼遭兵寇，郡域之外，莽爲戰區，雖值承平，未能盡復舊觀。觀《清源前誌》，放夫《後誌》，上於淳祐庚戌，逮今百有餘年。前政牧守多文吏武夫，急簿書期會，而不遑於典章文物。比年脩宋、遼、金三史，詔郡各國上所録，而泉獨不能具，無以稱德意，有識愧焉。至正九年，朝以閩海憲使高昌偰侯來守泉。臨政之暇，考求圖誌，領是邦古今政治沿革，風土習尚變遷不同。太平百年，譜牒猶有遺逸矣。今不紀，後將無徵。遂分命儒生搜訪舊聞，隨邑編輯成書。覽時寓泉，辱命與學士君子裁定刪削，爲《清源續誌》二十卷，以補清源故事。然故老澌没，新學淺於聞見，前朝遺事，蓋十具一二以傳言。

《宋史・戚綸傳》 真宗即位，轉著作佐郎、通判泰州。將行，祕書監楊徽之薦其文學純謹，宜在館閣，命爲祕閣校理。受詔考校司天臺職官，定州縣職田條制。詔館閣官以舊文獻，上嘉綸所著，特改太常丞，俄判鼓司、登聞院。出内府緡帛市邊糧，詔綸乘傳往均市之。

又《綦崇禮傳》 時有旨重修神宗、哲宗正史。兵火之後，典籍散亡，崇禮奏：「《神宗實録》墨本，元祐所修已是成書，朱本出蔡卞手，多所附會，乞將朱墨本參照修定。《哲宗實録》，崇寧間蔡京提舉編修，增飾語言，變亂是非，難以便據舊録修定，欲乞訪求故臣之家文獻事迹參照。」又奏：「知湖州汪藻編類元符庚辰至建炎己酉三十年事迹，乞下藻以已成文字赴本所。」並從之。先是，藻奉詔訪求甚備，未及修纂，崇禮取而專之。

戴良《九靈山房集》卷二一《四明袁氏譜圖序》 異時文獻之盛稱東州，東州文獻鄞爲盛，而袁氏又鄞之最盛者也。袁氏之居鄞者三族，曰西門袁氏、曰南袁氏、曰覽橋袁氏。覽橋袁氏有蒙齋、潔齋二先生者，以風節行誼，爲時所敬仰。南袁氏有清容先生謚文清者，以奧學雄文爲世所宗師。而西門袁氏則有名鏞字天與者，其以忠貞節義著聞于時，鄉人士至今口之不置。

趙汸《東山存稿》卷五《題三史目録紀年後》 作史之難尚矣。司馬遷、班固纂其家學，范曄、歐、宋潤色成書，皆歷年之久而後克就，其攬取該備固宜。又漢唐惟吏治武功最盛，是非易明。然而王勃、劉子玄輩搜討摭拾其間，猶未已也。陳壽而降，蓋無幾焉。宋有天下三百年，人材學術上媲成周，論政議禮，明道正學，皆未易一言蔽其得失。中間二三大賢，欲以脩於身者措諸當世，稽古考文之士星羅林立，抱遺經以求致用之方，而故家世德衣冠文物，與其國祚相終始，表世系，志藝文，傳儒林者，亦或未之見也。況理、度世相近，而典籍散亡；遼、金傳代久，而紀載殘闕；欲措諸辭而不失者，亦難矣哉。參政趙郡蘇公早歲入胄監，登禁林，接諸

老儒先生緒言，最爲有意斯事。嘗取三國志史文集，總其編目於前，而合其編年於後，事之關於治亂存亡者則疏而間之，題曰《宋遼金三史目録》，所以寓公正之準的，肇纂修之權輿也。後雖入出中外，不克他有撰録，而所至訪求遺文，考論逸事，未嘗少忘。近歲朝廷遣使行天下，羅網放失，大興删述之事，則宋、遼、金史皆成矣。若夫合三書於一致，以求治亂之原而不相矛盾；極其賢人君子之心志，以徵文獻之盛而無所逸遺；則由目録紀年而廣之，豈無當論著者？公其尚有意乎？

楊一清《楊一清集》卷一〇《後總制類・爲旌死節以勵人臣事》 照得寧夏大鎮，素稱文獻之邦，不幸爲反賊污辱。闔城官軍士庶，除逆黨外，其餘盡被逼脅，心雖不從，外則順服，禮義廉恥爲之蕩然，獨都指揮楊忠、李睿以駡賊而死，百户張欽以逃難而亡。使人人皆然，何錦等數輩安能孑然稱亂？是其忠憤激烈，誠可嘉尚！

文徵明《甫田集》卷一七《宜興善權寺古今文録敍》 宜興，古荆溪之地，帶江襟湖，在東南爲山水之邑。谷巖幽窅，流瀨清激，昔人有樂死之願，其勝有可想者。又壤僻而迂，更兵燹爲少，故又多古刹名蹟，善權寺其一也。寺據離墨山之南麓，有三洞之勝。榱甍桓桓，猶唐故物。豐碑巨刻，亦往往而在。然其事具郡乘甚略，而寺未有特志也。寺僧方策，取金石之存者，合近時名賢篇詠，輯爲《古今文録》。於是山之文獻始備，而其勝乃益顯。夫山水之在天下，大率以文勝。彼固有奇瑰麗絶無待於品題者，而文章之士，又每每假是以發其中之所有，卒亦莫能廢焉。柳子厚記永、柳諸山，本以攄其抑鬱不平之氣，而千載之下，知有黄溪、鈷鉧者，徒以柳子諸記耳。然則山水之勝，果不有待於文哉？若夫佛氏之學，務以悉空諸有；而言語文字，又其所幻而惡焉者。然而古之名僧勝士，又不皆離乎言語文字之間，而其名迄以是傳。豈無上之業，未易登援，而言語文字，即其次耶？此策之所以惓惓於《文録》之輯也。策又發山水之奇，釐爲二十四詠，而吾鄉沈啓南先生悉爲賦之，是又不特能輯其成而已。

王守仁《王文成公全書》卷四《寄希淵》 聞教下士甚有興起者，莆故文獻之區，其士人素多根器。今得希淵爲之師，真如時雨化之而已，吾道幸甚！近有責委，不得已，不久且入閩。苟求了事，或能乘便至莆一間語，不盡不盡。

何孟春《餘冬序録摘抄内外篇》卷五 福建地開八府，其半負山，半瀕于海。倭夷之走集，士卒之屯戍，所在困庾，苦於空耗。田里之所供給，陸運水載，雖弗及於京師，而地方坐食之費，仰諸有司，歲恒急。布政司作長民牧，所以帥諸郡縣，承流而宣化者，其佐出則任分守責焉，蓋不獨區區財賦督而已也。使者行部，以宣德意，躬教化爲務。閩粤之域，自宋南渡後，真儒繼出，文獻可徵，皐今不衰。論者比之鄒魯，然則其地帥臣，殆又不可以俗吏而爲之者也。謝君爲之，其勝任哉。

吕柟《涇野子内篇》卷二二《太常南所語》 梁宇問：「《冠禮》有賓拜，冠者受之節文，似不可行，如何？」先生曰：「還有見於母，母拜之文，此皆不可行者也。看來禮壞於周，忒繁文了。所以夫子説夏殷禮吾能言之，使文獻足，則夫子將舉行之矣。當在解時，亦令民間行冠禮，設一飯，請冠者宗親，或比鄰三五輩會食；冠者跪，令識字者曉説與他爲成人的話；令冠者謁神主，拜父母，只如此而已。又嘗過某處，有劉參政、謝僉憲師徒，俱已年七十，處深山窮谷之中，曾設飯相留，見他略去禮文，其稱道師傅如小秀才時，言論朴直，再無虚文縟禮，宛然古人風度，可愛可嘉。且如今行禮，須先體古人之意，其文可略也。若必泥古製，皮弁三加，反增褻玩耳。故曰：『禮，時爲大，順次之，體次之，宜次之，稱次之。』《易》『窮則變，變則通，通則久』。夫子嘗語子夏曰：『女爲君子儒！無爲小人儒！』蓋小人儒專於器數儀文上習了，故曰『德成而上，藝成而下』也。」

黄佐《泰泉鄉禮》卷三《鄉校・諭俗文》 某府州縣某處社學爲諭俗事：遵奉欽差巡撫、巡按、分守分巡提學道各上司明文，除遵依外，竊以人才之賢否繫於風俗，風俗之美惡在於漸摩。近見得本省係古南越，地稱鄒魯，民雜華夷，文獻固有源流，淫邪尚當洗滌。與其治於爲惡之後，不若化於未惡之先。

顧起元《客座贅語》卷五《古碑刻》 金陵六代文獻之淵藪，自唐歷五季、宋、元，名人魁士，代不乏賢。金石之章，固當不可勝記。乃今余所目見，僅吴《天璽碑》、《重刻嶧山碑》，攝山《江總持碑》、唐《高正臣書碑》，祈澤寺宋《紹興碑》耳。改革之際，爲人焚煅。橋基柱礎，何但魏經。礪角磨刀，寧唯漢寢。以不刊之遐貫，與寒烟野草共銷滅於三山二水之間。固有識者之深悲，而無名公所竊笑也。

謝肇淛《五雜俎》卷一四《事部二》 三代以前，因生賜姓，胙土命氏，故姓氏分而爲二，男子稱氏，婦人稱姓，氏所以别貴賤，姓所以别婚姻也，然亦有一氏而分爲數姓者。三代而下，姓氏合矣，其同出而分支漸繁，愈不可考矣。春秋之時，善論姓氏者，魯有衆仲，晉有胥臣，鄭有子羽，而其他諸子無稱焉。溯流窮源，若斯之難也。世遠人亡，文獻無徵，兵革變遷，家國更易，故名世君子，至有不能舉其宗者，勢使然也。然與其遠攀華冑，牽合附會，孰若闕所不知，以俟後之人？故家譜之法，宜載其知者而闕其疑者。漢高祖爲天子，而其祖弟呼豐公母爲昭靈后而已，

名字不傳也，蓋尚有古之遺意焉。

錢謙益《牧齋初學集》卷九〇《浙江鄉試録序》 天啓元年秋八月，天下當鄉試之期，上俞禮臣請，命編修臣謙益偕刑科左給事中臣謙貞往典浙試。臣等受命惟謹。比至則巡按監察御史臣某，申厲功令，劼毖有加；提調監試則臣某某，蒧事庀物，不愆於素；同考試官則臣某某，相與焫蕭誓戒，而後莅事。乃進提學僉事臣洪承疇所取士，鎖院而三試之。浙貢士凡九十有七人，先按臣某，以上嗣服改元，疏請廣解額，上可其奏，命以今年貢士一百人，它省皆以次及焉。既撤棘，第其姓名及文之可録者，鏤版以獻，而臣以職事爲其序。臣嘗讀宋陳亮所上書，以謂吴、蜀天地之偏氣，錢塘又吴之一隅也。而極論當世之人主，據已耗之氣，用日衰之士，難以北向而爭中原。未嘗不三歎於其言。既而思之，我高皇帝既定金陵，即聘四先生於浙。帷幄祕近之臣，皆浙産也。自時厥後，名卿偉人，銘書於大常者，氏名相望，又何耗且衰之云乎？間嘗原本而論之，自中原之文獻獨傳於婺，又參以東嘉之經制，永康之事功，于是黄溍、柳貫、吴萊之徒，衍其遺學，涵肆演迤，而後彙粹爲金華之道德文章。

徐霞客《徐霞客遊記》卷八上《滇游日記八》 十三日。與何君同赴齋别房，因遍探諸院。時山鵑花盛開，各院無不燦然。中庭院外，喬松修竹，間以茶樹。樹皆高三四丈，絶與桂相似，時方採摘，無不架梯升樹者。茶味頗佳，炒而復曝，不免黝黑。已入正殿，山門亦宏敞。殿前有石亭，中立我太祖高皇帝賜僧無極歸雲南詩十八章，前後有御跋。此僧自雲南入朝，以白馬茶樹獻，高皇帝臨軒見之，而馬嘶花開，遂蒙厚眷。後從大江還故土，帝親灑天葩，以江行所過，各賦一詩送之，又令諸翰林大臣皆作詩送歸。今宸翰已不存，而詩碑猶當時所鐫者。李中谿《大理郡志》，以奎章不可與文獻同輯，竟不之録。然其文獻門中亦有御製文，何獨詩而不可同輯耶？

郎瑛《七修類稿》卷一〇《國事類·建文忠臣》 建文間死節之士，予得諸文廟榜示奸惡官員姓名二紙及傳於文獻者，共百廿四人，隨名考事，舊有私抄一帙，後爲兵火所失。

黄宗羲《明儒學案發凡》 從來理學之書，前有周海門《聖學宗傳》，近有孫鍾元《理學宗傳》，諸儒之説頗備。然陶石簣《與焦弱侯書》云：「海門意謂身居山澤，見聞狹陋，常願博求文獻，廣所未備，非敢便稱定本也。」且各家自有宗旨，而海門主張禪學，擾金銀銅鐵爲一器，是海門一人之宗旨，非各家之宗旨也。鍾元雜收，不復甄别，其批註所及，未必得其要領，而其聞見亦猶之海門也。學者觀羲是書，而後知兩家之疎略。

又《宋學案》卷首《宋元儒學案序録》 伊洛既出，諸儒各有所承。范香溪生婺中，獨爲崛起，其言無不與伊洛合，晦翁取之。又有襄陵許吏部，得中原之文獻，别爲一家。蕭三顧則嘗學于伊洛，而不肯卒業，自以其所學孤行，亦狷者邪？述《范許諸儒學案》。

朱彝尊《經義考》卷三九《三易備遺序》 自昔聖智開物，必有爲之先者。聖人有作，天不愛其道，發祥闡靈，無復隱祕。聖人則而象之，天地陰陽之情，始爲天下洩。此《河圖》、《洛書》，天所以開聖人，而聖人所爲畫卦，以開天下後世也。《大傳》曰：「河出圖，洛出書，聖人則之。」是圖書並出於伏羲之世矣。其言《河圖》示羲，《洛書》賜禹者，非也。周官掌三《易》之法，一曰《連山》，二曰《歸藏》，三曰《周易》。其經卦皆八，其别皆六十有四，是八卦已重於伏羲之世矣。其言文王重之者，非也。秦燔六籍，《易》以卜筮之名得全，然坤乾之義，夏時之等，吾夫子已嘆杞宋文獻之不足證，則二書不待至漢而亡久矣。

屈大均《廣東新語》卷一一《文語·廣東文集》 自洪武迄今，爲年三百，文之盛極矣。極而無以會之，使與漢唐以來諸書，其遠而爲王範、黄恭之所紀述，近而爲泰泉、夢菊之所編摩者，悉淪於草莽，文獻無稽，斯非後死者之所大懼乎。

顧祖禹《讀史方輿紀要·總敘一》 明成化中，徵仕郎允敬，始官於朝。曾孫光禄丞大棟，當嘉靖間，好談邊徼利病，躍馬遊塞上，與大司馬靈寶許公論善，撰次《九邊圖説》，梓行於世。子奉訓大夫文耀，萬曆中以光禄大官正奉使九邊，還對，條奏甚悉，天子稱善。文耀生郡諸生龍章，早卒。龍章生柔謙，九歲而孤，好讀書，補邑弟子員，深慨科舉之學，不足裨益當世，慨然欲舉一朝之典故，討論成書。年及强仕，而遘流寇之變，遂遯入山，焚筆瘞硯，率子祖禹，躬耕於虞山之野。久之益窮困，憤懣無聊，得奇疾，將卒，呼小子命之曰：「吾家自兩漢以來，稱爲吴中文獻，先代所著述，小子可考而知也。士君子遭時不幸，無可表見於世，亦惟有掇拾遺言，網羅舊典，發舒志意，昭示來兹耳。嘗怪我《明一統志》，先達推爲善本，然於古今戰守攻取之要，類皆不詳，於山川條列，又復割裂失倫，源流不備。夫以一代之全力，聚諸名臣爲之討論，而所存僅僅若此，何怪今之學者，語以封疆形勢，惘惘莫知，一旦出而從政，舉關河天險委而去之，曾不若藩籬之限，門庭之阻哉！先光禄在世廟時傍徨京邑，岌岌乎有肩背之慮，圖論九邊，以風示謀國者。先奉訓當神廟

中，四方無虞，以邊備漸弛，伏戎可慮，先事而憂，卒中忌諱，仕不獲振。先文學請纓有志，攬轡無年。及余之身，而四海陸沉，九州騰沸，僅獲保首領，具衣冠，以從祖父於地下耳。嗟乎！園陵宫闕，城郭山河，儼然在望，而十五國之幅員，三百年之圖籍，泯焉淪没，文獻莫徵，能無悼歎乎？余死，汝其志之矣！」

徐乾學《資治通覽後編》卷一七五《元紀二十三・順帝》　天爵爲學，博而知要，長於紀載，著《國朝名臣事畧》十五卷。時中原前輩凋謝殆盡，天爵獨身任一代文獻之寄，學者稱爲滋溪先生。

王士禛《香祖筆記》卷九　余邑先輩文獻無徵，每以爲恨，故于羣書中遇邑人逸事遺文，輒掌録之。乙酉再至安德，覩《永平府志》，得邑方伯徐公準詩一首《盧龍塞》，云：「燕呼黑水作盧龍，塞北風沙泣斷蓬。漢將已隨羌笛老，秦人莫恨久從戎。」公即詩人夜字東癡之曾祖也，萬曆中嘗爲永平太守。

又《池北偶談》卷八《秦襄毅公年譜》　康熙癸亥冬十月，偶從同年汶上岳給事鎮九峰秀得單縣秦襄毅公紘自撰年譜一卷，乃公八十歲以户部尚書家居時自述，時嘉靖十七年也。吾東新纂《通志》，出庸妄之手。前代名臣如公，及曹縣李襄毅公秉，沂州王恭靖公璟，皆削其名氏不載。目今奉旨修《一統志》，將何所據爲文獻之徵耶？因寓書高侍郎念東，俾與巡撫徐中丞敬菴旭齡言之；而録公言行數則於左方，以補《言行録》之闕云。

李光地《榕村續語録》卷一《上論》　「夏禮吾能言之」節，看來「文獻不足故也」，比上文覺另是一層意思。杞、宋不足徵，是言其子孫不能統承先王，修其禮物，使有所存而不廢。固是如此，亦是文獻故也。若使其子孫不能振興，而其國之典籍尚存，遺老尚多，吾亦取之以爲證矣。到底杞、宋「不足徵」，是内症；「文獻不足」，是外症。

劉獻廷《廣陽雜記》卷三　獻字舊解云賢也，錢慎庵曰：「若以賢釋獻，則文獻不足云者。豈有夏商遺老至春秋時猶有存者邪？」

方苞《方苞集》卷二《書禮書序後》　是篇之義，蓋痛古禮遭秦而廢，歷漢五世而終不能興也。蓋秦有天下，雖采六國禮儀，而盡棄三代之舊，本以自便其淫侈，而漢諸帝半挾私意，而安秦儀，故首揭其恉。以謂先王制禮，所以宰制萬物，役使羣衆者，皆出於天理之自然，而非人力所强設也。其曰「至大行禮官，觀三代損益」，蓋歎古儀法之具存也。武帝時，河間獻王尚得《邦國禮》五十六篇，況漢之初，秦、周間老師宿儒猶在，使高帝有志復古，文獻非無徵者，而叔孫通希世度務，雖有損益，大抵皆襲秦故。厥後以文帝之躬化，而惑於道家之言。武帝雖好儒術，實不能用。太初所定，不過改正朔，易服色，以文封禪。其宗廟百官之儀，襲秦之故，不合聖制者，遂著爲典常，而垂之於後。過此以往，則去古愈遠，復之愈難矣。

又卷三《漢高帝論》　二帝、三王之治，盪滅而無遺，雖秦首惡，亦漢高帝之過也。方是時，古法雖廢而易興也，俗變猶近而易返也，文獻雖微而未盡亡也，天下若熬若焦，同心以苦秦法，則教易行、政易革也，而高帝乃一仍秦故，漢氏之子孫，循而習之，垂四百年，不獨君狃其政，民亦安其俗矣，而後此復何望哉！

趙翼《廿二史劄記》卷一六《唐實録國史凡兩次散失》　《新唐書》韋述等傳贊云：「唐三百年，業鉅事叢，其間巨盜再興，國典焚逸，大中以後，史録不存。故聖主賢臣，叛人佞子，善惡汩汩，有所未盡。」然則不惟《舊唐書》多所闕漏，即《新唐書》搜採極博，亦尚歉然於文獻之無徵也。

章學誠《文史通義》卷五《答客問下》　客曰：孔子自謂「述而不作，信而好古」，又曰「好古敏以求之」，夏殷之禮，夫子能言，然而無徵不信，慨於文獻之不足也。今先生謂作者有義旨，而籩豆器數，不爲瑣瑣焉。毋乃悖於夫子之教歟？馬氏《通考》之詳備，鄭氏《通志》之疎舛，三尺童子所知也。先生獨取其義旨，而不責其實用，遂欲申鄭而屈馬，其説不近於偏耶？

又卷六《方志立三書議》　或曰：封建罷爲郡縣，今之方志，不得擬於古國史也。曰：今之天下，民彝物則，未嘗稍異於古也。方志不得擬於國史，以言乎守令之官，皆自吏部遷除，既已不世其家，即不得如侯封之自紀其元於書耳。其文獻之上備朝廷徵取者，豈有異乎？人見春秋列國之自擅，以謂諸侯各自爲制度，略如後世割據之國史，不可推行於方志耳。不知《周官》之法，乃是同文共軌之盛治，侯封之禀王章，不異後世之郡縣也。

《四庫全書總目提要》卷一四〇《子部五十・小説家類一》　《中朝故事》二卷，浙江鮑士恭家藏本，南唐尉遲偓撰。偓履貫未詳。書首舊題「朝議郎守給事中修國史驍騎賜紫金魚袋臣尉遲偓奉旨纂進」，蓋李氏有國時偓爲史官，承命所作。李昪自以爲出太宗之後，承唐統緒，故稱長安爲中朝也。其書皆記唐宣、懿、昭、哀四朝舊聞。上卷多君臣事迹及朝廷制度，下卷則雜録神異怪幻之事。中閒不可盡據者，如宣宗爲武宗所忌，請爲僧遊行江表一事，司馬光《通鑑考異》已斥其鄙妄無稽，又路巖欲害劉瞻，賴幽州節度使張公素上疏申理一事，考是時鎮幽州者乃張允伸，非張公素，所記殊誤。又鄭畋鬼胎一事，與唐人所作《齊推女傳》首尾全同，而

變其姓名，尤顯出蹈襲。然其時去唐未遠，故家文獻，所記亦往往足徵。如崔彦昭、王凝相仇一事，司馬光《考異》雖摘其以彦昭代凝領鹽鐵之誤，而其事則全取之，與正史分别參觀，去譌存是，固未嘗不足以資參證也。

繆荃孫、吴昌綬《嘉業堂藏書志》卷二 申准本學周教授關，嘗謂郡有志書，所以考古今之沿革；政具方策，所以驗風俗之盛衰。此季劄過魯，得以考歷代之禮樂爲喜；夫子言夏殷之禮，亦以文獻不足爲恨。

徐珂《清稗類鈔·鑒賞類·金星軺藏於文瑞樓》 金星軺明經錫鬯，自幼嗜古，好蓄異書，遇善本，雖重價不恡，或假歸手鈔，築文瑞樓以貯之，有書目十二卷，皆其所藏者也。星軺籍隸桐鄉，徙宅於太倉，其於桑梓之文獻，罔弗留意。康熙己亥，校刊《貝清江集》四十卷、《程巽隱集》四卷，後又訪購鮑徵士《西溪集》而不得，每以爲憾。世所傳明《高青邱詩集註》，亦出自明經。以其藏書之富如是，宜注釋之甚易，然亦四易寒暑而後成也。

又《盧青厓藏書於抱經樓》 鄞縣文獻世家，宋、元之世，如攻媿樓氏、清容袁氏，藏書之富，冠絶一朝。明代儲藏家，則天一閣范氏甲於天下，而四香居陳氏、南軒陸氏次之。至本朝，繼范氏而起者，首推盧青厓。詩禮舊門，自少博雅嗜古，尤善聚書，遇善本，不惜重價購之。聞朋舊得異書，宛轉借鈔，晨夕讎校。搜羅三十年，得書十萬卷，仿天一閣，爲樓以貯之，名之曰抱經。青厓，名址。

朱彭壽《安樂康平室隨筆》卷五 編纂前人書籍目録或人物列傳，以及選輯詩文總集，其排比之先後，除科目中人，例以科分爲序外，餘若生監布衣之屬，操觚家每不屑詳加研究，往往任意位置，亂雜無章，雖略以時代相分，而依稀恍惚，殊無確定標準，致先後間顛倒者多矣。余於此事深用斷斷，至爲注意，凡所排纂，必考其人所生之歲，而以年在三旬時，爲編次之標準。蓋出身科甲者，雖早達晚遇，各有不同，然大致以三旬左右最居多數，且亦最爲適中；故餘人亦當以此時年度，與科目中人較量排列。準是以定，則行輩之後先，必不致大相出入，而於各人生平之經歷，凡知交酬答，時事見聞，更有可以互相印證者。古稱尚友，要以知人論世爲先，爰本夙昔所主張者，聊誌於此，用貢一得之愚。世之究心文獻、實事求是者，或亦不遽傖我也。

又《舊典備征》卷五《附録》 此書成於宣統辛亥，凡所紀録，皆止於是歲之終，迄今已三十年。其中有應增載者，同人謂宜及時補入，庶一代文獻始末兼賅，因仍原書例，附録各條如左。

黄世仲《廿年繁華夢序》 吾粤溯殷富者，道、咸間，曰盧，曰潘，曰葉。其豪奢暄赫勿具論，但論潘氏有《海山仙館叢書》及所摹刻古帖，識者寶之。葉氏《風滿樓帖》，亦爲士林所珍貴。盧氏於搜羅文獻，寂無所聞，顧嘗刻《鑒史提綱》，便於初學，文錦親爲作序，則盧氏殆亦知尊儒重學者。雖皆不免於獵名乎，其文采風流，亦足尚矣。越近時有所謂南海周氏者，以海關庫書起其家。初寓粤城東横街，門户乍恢宏，意氣驕侈。而周實不通翰墨，通人亦不樂與之相接近。彼所居團去萬壽宫弗遠也，周以此意示某，囑爲撰門聯。某乃愚弄之，其詞曰：「宫闕近螭頭。」是以周之室比請王宫也，且句法實不可解，而周遽爛然雕刻，懸諸門首。越數日，某友曉之曰：「此聯豈惟欠通，且欲控君僭擬宫闕，而勒索多金也。」周乃怵然懼，命家人立斲之以爲薪，然人多寓目矣。以周比潘、盧、葉，則潘、盧、葉近文，而周鄙野也。

崔鳴玉《上虞縣志》卷首《上虞縣志序》 古者郡有志書，縣道附見焉，無専書。今縣各有書，好事者居是邦，恥一不知，稽考之多，纂記之勤，自成篇帙，亦其宜也。必其言文，其事核，足以傳遠，以俟爲郡志者擇焉，上之國史，乃無愧。余備員翰苑時，獲覩《大一統志》，不能徧觀而盡識也。出尹上虞，見前志略而未備，後志紊而無序，於是爲之筆削，咨之文獻，采之民間，正其訛缺，文其俚俗，不踰年而書成，詳而不失之繁，簡而不遺其要。雖然，郡志以星分爲主，邑志以山川爲主，區域既明，則凡風俗土田户口皆可類稽而臚分矣。故爲書非難，然必其言文，其事核，去取增損，有史氏纂記之風，斯爲難耳。書既成，諗於衆曰：「此可傳遠而無愧乎？」衆皆曰：「可。」余爲叙其首簡。

丁紹儀《聽秋聲館詞話》卷五《張亨甫詞》 本朝人詩，自蒲州吴蓮洋、吾鄉黄仲則後，讀之飄然有仙氣者，推建寧張亨甫，世應無異辭。所著《松寥山人詩集》外，有《金臺殘淚記》、《南浦秋波録》，藉以發其扼塞無聊之慨。中附《百字令》云：「料伊妝閣，對菱花蕭瑟，慵開笑口。顧影徘徊頻自照，一日腸應迴九。翠被香殘，寶箏塵滿，宛轉惟搔首。夕陽一抹，照人啼笑俱有。惆悵連夜清歌，月明醉倒，扶倩纖纖手。别後依然還見月，也似雙蛾消瘦。破鏡難圓，短篷獨泊，何處沽尊酒。憑誰寄訊，昨宵燈畔孤否。」亨甫初名際亮，負俊才，屢困南北試，更名亨輔，始獲雋。雖恒不家食，而留心鄉邦文獻，輯有建寧耆舊詩，蒐羅極備。

吴廣成《西夏書事·凡例》 古來撰述，班固衍司馬氏之文，延壽節南、北史之要，已足自名一家。其有専事網羅，不資藍本，則亦文獻具在，任吾取擕。西夏

去今，歲餘五百，舊籍流傳，率皆零繭棼絲，不入機杼，焉成經緯。書中所録，根尋散佚，參合異同，雖然菅蒯並收，竊幸條流粗貫。後有作者，請以爲盤盂之助。

李清馥《閩中理學淵源考》卷一一《浦城章氏家世學派》 按志乘稱浦城甲族盛矣。蓋楊起於文莊，章肇自郇公，蓋練夫人、孫夫人陰德世多傳焉。約約録楊、章二家，爲宋代閩中文獻所始，餘未得槩及云。

藝文

謝靈運《謝康樂集》卷二《撰征賦》 視治城而北屬，懷文獻之悠揚。

歐陽修《歐陽修全集·居士集》卷三一《墓志三首·少府監分司西京裴公墓志銘》 裴始絳人，於唐顯聞。偉歟文獻，八世有孫。守節蹈義，厥聲以振。忍生而耻，亦終以死。死義之榮，令名不已。豈惟令名，報德之隆。延延裴氏，其賴無窮。少府之賢，寬恭信厚。保身承家，多其録壽。壽豐于躬，禄及其嗣。爰告後人，俾知所自。

王珪《華陽集》卷二《輓吴大社》 文獻家聲遠，簪纓世德唱。幾篇青玉案，三佩白銀章。北苑新阡好，平原舊業荒。百年喬木在，留得耐風霜。

黄庭堅《山谷外集詩》卷一二《再次孔四韻寄懷元翁兄弟并致問毅甫》 書帙蠹魚乾，爐香眠鴨困。佳人來無期，詩句且排悶。遥知烏衣游，棋局具肴醖。爭道嘲不恭，鏖兵勞得俊。頗尋文獻盟，不落市井吝。四月明朱夏，南風解人愠。風前懷二陸，家法窺抗遜。身有三尺桐，爨下得餘燼。端可張洞庭，寥闊世未信。爲我謝孔君，舉酒取快盡。世故安足存，青天飛鳥印。

賀鑄《慶湖遺老詩集》卷一《送王安節赴武康尉》 江左風華推第一，王氏堂堂文獻出。烏衣諸郎能少屈，尚執中司三尺律。君方色養白頭親，吴興水陸饒甘新。卞山之下苕谿濱，一洗長安肥馬塵。君不見昔人負米長勤捧檄喜，敢論州縣徒勞耳。

李廌《濟南集》卷三《元祐六年夏自陽翟之睢陽迓翰林蘇公自杞放舟至宋》 發軔嵩麓背煙巖，觧維水程仍二三。杞邦想見舊風烈，許邑自知誠子男。天地憂懷真過計，文獻不足良可慚。放舟適未覯君子，白頭終期老江潭。

韓駒《陵陽集》卷四《送范叔器次路公弼韻》 晚塗淹泊向誰論，白髮名卿肯見存。雒邑風流餘此老，故家文獻有諸孫。寺連狹徑曾傾蓋，船擁清溪尚一樽。小駐鄱陽未宜遠，欲憑書尺問寒温。

陸游《劍南詩稿》卷三〇《謝徐居厚汪叔潛攜酒見訪》 我雖生亂離，猶及見前輩。衣冠方南奔，文獻往往在。幸供掃灑役，迹忝諸生内。話言猶在耳，造次敢不佩？殘年趨死近，孤學與時背。妄出更何求，終老事耕耒。史君稽古學，力大障横潰。廣文亦偉士，名字震當代。同舟肯過我，凛與前脩配。憂時抱忠鯁，論事極慷慨。嗟予雖益衰，耳目幸未廢。何當卜鄰墻，早暮聆謦欬。

又卷六五《簡蘇邵叟》 君家文獻歷十朝，魏公峩冕加金貂。孫支得君愈儁發，貴名突兀凌煙霄。居吴入蜀三十載，諸公孰能折簡招。澗松意氣極磊砢，天馬毛骨何超遥。鼎來行卷十九首，緱山明月聞吹簫。沉香亭畔未須説，想見風雪上灞橋。老夫誦之羣玉府，學士如堵不敢驕。爾來一編愈妙絶，粲若新霽瞻斗杓。出爲龍首子何有，老穿豹尾我亦聊。湖邊酒樓無十步，胸次滚滚思同澆。

范成大《石湖居士詩集》卷一四《送郭季勇同年歸衡山》 天壤郭有道，文獻今在兹。啄喙家雞羣，見子野鶴姿。塵籠萬里心，擇食中夜飢。拙宦避捷徑，瘴風吹鬢絲。平生杏園友，把酒天南陲。何敢吏朱浮，但喜見紫芝。問君今何適？舊圃餘荒畦。提攜漢陰甕，歲晚俱忘機。勿開衡山雲，恐驚隱淪棲。定肯從君遊，歲晚攀桂枝。我亦理吴榜，春湘緑蘋齊。風蒲爲誰落，之子同襟期。丁寧祝融峯，將迎兩枯藜。一望五千里，共洗蠻煙悲。

吕祖謙《東萊集》卷一《向運使挽章》 戟衣飄户映庭槐，使節州符未展才。文獻定知丞相似，淵源還自洛陽來。異端惑世濃於酒，古學違時冷若灰。從此湖人識喪禮，凛然治命手親裁。

劉過《龍洲集》卷七《挽蘇吏部》 奕世徵文獻，逢時仕學優。受遺邊郡在，官止外郎休。月黑新塋夜，溪横舊隱秋。從遊老賓客，欲替二孤愁。

魏了翁《鶴山先生大全文集》卷一〇《高不疑與客登梁昭明釣臺李肩吾和前詩見遺用韻謝之》 籃輿軋軋度齊山，文獻風流數百年。遥想牧之歌晚月，間彝白也詠平天。只餘釣水梁臺在，未辦登山謝屐穿。多謝秋風吹好語，姑陪杖屨俯魚淵。

周文璞《方泉詩集》卷二《夜坐讀書》 此生無耽嗜，獨具愛書癖。旁搜固未暇，乍見亦略識。塵土苦見汙，更苦官事逼。紙燈既自剪，竹牖仍僕織。山邑少文獻，有亦何自覓。隨行五升瓴，一歲無滴瀝。向來長安市，閲之嘗竟夕。悵然夢裏

去，莽莽雲雨側。哦此謂寒蛩，夜漏三十刻。

吴泳《鶴林集》卷三《挽李寺丞》　文獻中原舊，箕裘户部清。官終一麾守，事歴五廷評。掛壁琴無譜，傳家硯有名。東風吹晝翣，溪上若爲情。

鄧文原《送鮮于伯機之官浙東》　衣冠文獻參諸老，臺閣功名負此公。十載黄塵看去馬，萬山青眼送飛鴻。揮毫對客風生座，載酒論詩月滿篷。昭代需材公論定，起分春雨浙江東。

洪希文《續軒渠集》卷一《送林景惠和興化教諭三首》　朝遊夾漈山，漈水何漣漪。暮登石門山，山石亦差差。水石太古色，山人去何之。君今遊此山，爲予訪頹基。多謝吹藜翁，七畧今有歸。矧兹十室邑，文獻猶庶幾。君子樂育才，薪槱理不遺。白袍久延佇，雪立風披披。煦之以惠風，暢若春陽熙。前程雖云邁，來者猶可期。

岑安卿《栲栳山人詩集》卷上《送鄭學可赴平江學道書院長》　姑蘇古伯國，繁華有遺蹤。櫛比十萬家，樓臺出鴻濛。歌舞徹清夜，錦繡圍春風。苟無禮義化，流蕩將何從。子游千載士，文學洙泗宗。邦人致仰慕，築室闤闠中。犧牲與籩豆，祀事潔且豐。育材闡王化，道義相磨礱。有如砥柱石，屹然障河洪。吾邦舊文獻，近亦多章逢。揚子昔長此，講貫懋厥功。吾子亦云往，辭色温其恭。薰風揭絳帳，臯比座蒙茸。願精學道旨，再使民俗忠。我當踵季札，觀風一來同。

許有壬《至正集》卷二三《題韓國儀圖譜》　宋朝文獻跨隆吉，美盛更推韓世家。斷簡一編三百載，東湖桐樹又能華。

又卷二五《題臨江陳道翁所藏乃翁司理宋公差考試文移時方罷科》　六十年來墨尚新，古今良法貴相因。汗顔不敢徵文獻，我是登科執政人。

又《圭塘小藁》卷一三《木蘭花慢》　渺西風天地，拂吟袖，出重城。正秋滿名園，松枯石潤，竹瘦霜清。扁舟采菱歌斷，但一泓碧畫橋平。放眼奇觀臺上，太行飛入簾楹。　主人聲利一毫輕，愛客見高情。便芡剥驪珠，蓮分水繭，酒注金瓶。風流故家文獻，況登高能賦有諸甥。清露堂前好月，多應喜我留名。

楊維楨《送僧歸日本》　車輪日出扶桑樹，笠蓋天傾北極星。我欲東夷訪文獻，歸來中土校全經。

張昱《張光弼詩集》卷七《環隱》　大化循環不可窮，至哉樞始得環中。漆園化蝶有今日，柱火猶龍非此翁。齋館前朝存舊制，丹青遺像仰高風。百年文獻凋零盡，川上空嗟逝水東。

王恭《白雲樵唱集》卷一《哭滄洲陳景明處士》　盥櫛中夜起，悲歌淚盈襟。銜哀思明哲，徒有不死心。昔來論久要，落落襟期妙。當以古人求，今人少同調。君家足文獻，勝事令人羨。脱略遠膏腴，追隨狎貧賤。出入戀同聲，去留無吝情。争聞柳下風，兢播栗里名。平生愛精獵，著作多盈篋。晨抄不輟手，夕誦未交睫。客來即命觴，謔浪如疎狂。醉後又分詠，敏捷皆成章。有時忽得句，夜半扣予户。開門見月明，相邀到天曙。心跡兩悠悠，功名無所求。共吟蕭寺雨，同醉鏡湖秋。長懷武夷趣，欲往嗟遲暮。終羨子長遊，空憐向平去。我本東西人，移家託芳鄰。綈袍意所戀，尊酒情益親。銘鐫向心骨，倏爾驚存殁。開篋見遺書，迸然涕俱出。憶昨登洪山，徘徊蒼翠間。俯仰遽云殁，玄廬意掩關。吞聲不能道，感激滄洲皓。悵然無還期，滄洲長春草。

又卷二《西昌鄧奉使安泰堂》　楚國多秀士，鄧君如鳳凰。刷毛霄漢上，覽德岐山陽。君家文獻猶存古，安泰堂中如樂土。開簾時聽九江潮，酌酒晴看五峯雨。散帙斷弦絶世情，坐來心地自然平。夫人堂上無愁色，稚子階前同笑聲。東城南陌何凄斷，緑野平泉也凋换。三湘竄逐怨江蘺，萬里羈危對秋鴈。此際問君誰似君？日高猶卧半床雲。只言永結煙霞想，何意今隨鵷鷺羣。使車到處争迎送，乳酒青絲白銀瓮。西上金門自此升，山中茅屋空多夢。

李東陽《懷麓堂集》卷五《齊山書舍詩》　浙東文獻裔，吾見忠文孫。讀書金華郡，結屋齊山村。舉頭瞰青嵓，儼若先公存。文章與節義，實並兹嵓尊。齊山乃支派，拱立如諸昆。景行在瞻仰，極力窮攀援。藏修三十載，獻策承明門。上書乞鄉校，奉祀修蘋蘩。銓曹不爲覆，告諭複且温。幽懷耿中夜，夢與山靈言。松楸我廬墓，桑梓我田園。烟雲護我扉，風月主我軒。吾方效王事，再拜酬深恩。終焉丘壑心，不愧鶴與猿。山靈輾然去，夢覺日已暾。竭來登我堂，感我思欲騫。卓哉先賢後，典刑我所敦。斯文孰砥柱，浩蕩狂流奔。老成不可作，此意更誰論。

王鏊《震澤集》卷一《葉文莊公夫人壽詞》　文莊老去吾猶及，夢想依稀記尚真。挾策未能爲弟子，升堂還得拜夫人。中吴文獻家聲遠，少宰丹青貌像親。一曲南飛憑去鶴，西風江上采蘩蘋。

方孝孺《遜志齋集》卷二三《四月一日蒙賜宴浣花新建草堂感恩懷古偶作》　靈雨過瑶階，朝陽麗金殿。吾王講藝餘，特賜羣儒宴。兹惟杜子宅，遺址當郊甸。盛代仰前修，高堂欻重建。葺茅昭舊迹，拓地增新觀。棟宇極崇華，簷甍儼雕焕。兩楹陳綺席，僊醴兼珍膳。列坐無俗賓，銜恩共酬勸。花溪浮砌淨，雪嶺當窗

見。覽物獨興懷，古人如對面。追思天寶後，宇内疲征戰。徒抱稷契心，莫覩唐虞禪。薄游經險阻，放意娛篇翰。使獲遭聖明，寧令老貧賤。人生鮮遇合，自昔共嗟惋。並世或棄捐，千秋有相羨。吾曹獨何幸，淺技蒙深眷。難報國士知，空爲昔賢歎。江山鍾粹美，天地存幽贊。佇俟英俊興，重看盛文獻。

王紱《王舍人詩集》卷三《題臨清書屋》 君家舊文獻，世業喜聯芳。書積數千卷，門開半畝塘。天光朝鑑滿，燈影夜窗涼。未許終嘉遯，還應入帝鄉。

程敏政《篁墩文集》卷七一《贈泰塘畫魚程翁希明》 疊嶂如城水滿川，門前喬木翠參天。路人來往能相指，文獻傳家幾百年。

薛蕙《考功集》卷四《張南園畫雲南圖》 嘗聞司徒作者流，暮年畫思生滄洲。丹青點拂隨興到，雲霧幻眇令人愁。君不見益州形勝佳且殊，可惜僻在西南隅。中原斷絶罕人跡，遂使吴越矜區區。司徒平生此都，文學才氣海内無。獨憐山水久寂寞，因之貌作雲南圖。大山小山相盤拏，龍鱗攢羅插虎牙。洪波萬折走其下，石根奔蹙如蛟蛇。行人含顰色咨嗟，鳥道上被青天遮。巉抜谷坼有平地，孤城百雉千人家。生綃淡墨勢頗窄，萬里滇池氣相敵。山川空闊神爲開，不覺沉吟悲古跡。古來此地號邊鄙，邪指牂柯連越嶲。秦代新開五尺道，漢家更代昆明水。嶺陬海落通中夏，翡翠明珠半天下。始聞大將泛樓船，復遣詞臣祝金馬。只今郡縣窮南土，風俗相傳勝前古。世封刺史上計書，附塞蠻夷占編户，何况司徒此間出，文獻從今更難匹。山中已報解銀魚，世上仍看留綵筆。我言此卷真奇最，不獨毫端工粉繪。應同蜀相畫夷圖，想見成周作王會。

劉嵩《槎翁詩集》卷三《錦裏石行》 錦裏石，何蒼蒼？我行入封川，問之，江上郎。云昔有辯士，往説南越王。道傍見山石，指天誓不忘。謂苟得意歸，不獨衣錦還故鄉，要使兹山之石同輝光。一朝綏頼下南荒，車馬千駟金滿裝。便令製錦百萬匹，盡裹山石榮鋪張。至今岩阿草木昭煌煌，獸不得憩，鳥不敢翔，爛然雲霞彩，下照江中央。我欲登其巔，窺海略扶桑。掇此五色文，獻之紫虚皇。有志願莫遂，却立增慨慷。吾聞陸賈去漢室，乃有賈生流涕論帝傍。惜此文繡被屋墻。丈夫未遇焉可量。衣或帶索食粃糠，偶然會遇亦其常。奈何暴殄恣所償。胡不衣被沾四方？不曰爰居，徒勞鏗鏘。匪悼爾石兮，惟狂之傷。

袁華《耕學齋詩集》卷五《完顔巾歌》 完顔巾，金粟道人所製，寄鋏崖先生。先生賦長歌以謝，率予同作。混同江流長白東，完顔虎踞金源雄。身如長松馬如阜，蹴蹋黄龍城闕空。鴐鵞濼上駕鵝雪，春水秋山事遊獵。黄河清後聖人生，一代衣冠烟霧滅。瑞玉龍環四帝巾，柘袍吐鶻裝麒麟。錦房芍藥大於斗，騂騮坐擁真天人。傳自中原文獻家，全勝白氎小烏紗。金粟道人髩已禿，挾以雙環歸鋏崖。鋏崖先生面如玉，繡縷盤花簇朱襮。鷓鴣小管沸箏琶，春流銀甕蒲萄緑。日日倒載高陽池，落花漂摇風滿衣。九峰女兒拍手笑，月中蹋歌歌大隄。先生醉筆蛟龍走，報以長歌意殊厚。脱巾花底一掀髯，笑倩柳枝來漉酒。

李克正《送吕君采史北平》 八月烏啼海子橋，南來使客下青霄。雲埋石室丹書在，日落延秋翠輦遥。麟史未全歸聖代，龜文猶得認前朝。詞臣載筆需文獻，莫遣回車久寂寥。

錢穀《吴都文粹續集》卷二五《題孟用賓崑麓小隱圖》 瑶華省識君王面，國破家全欲斷魂。每見英雄扶社稷，未聞帷簿正乾坤。梁園文獻誰能整，崑麓詩書子獨存。致政歸來成小隱，旋栽蔬果洽清尊。

李廷機《鑒略妥注·明紀》 特命胡廣輩，表章唯六經。又命姚廣孝，纂集文獻成。定謁先師禮，皮弁四拜行。蠲租與賑貸，萬姓沐皇仁。

趙琦美《趙氏鐵網珊瑚》卷三《曾兄惠然見臨篤敍世契示以先哲遺墨稽首敬觀因題其後》 家傳文獻《六經》香，袖有驪珠日月光。喬木陰陰人已遠，祇應故笏是甘棠。

申佳允《申忠愍詩集》卷一《贈建德徐君顒》 有客清源來，蕭寺傾談吐。翩翩文獻家，季叔徐工部。工部涖荆州，司李遷廣武。手不持一錢，兒卒詫清苦。布素屏綺羅，脱粟絶羞脯。志不在飽温，面目存酸腐。性復好施予，不但無所取。入嗇出偏奢，蕭然一貧窶。典輿佐饔餐，賣襦賑鰥姥。任滿陞冷曹，廠署清源滸。清源何繁華，工部視如土。亦如廣武時，閉眼却阿堵。貌癯弱不勝，那復見華膴。貪世獲兹人，是謂今而古。北斗仰高風，忽于猶子覩。了無膏粱容，落落一叔父。不敢歆酒肴，况乎給資斧。猶子豈爲奇，孤高世德譜。飄然上平陽，傾蓋情如縷。贈以玉壺冰，工部應無怒。

魏裔介《兼濟堂文集》卷一九《奉贈青壇成閣老》 中原文獻掌絲綸，夢卜特膺異數頻。帝授玉鉉調鼎鼐，天開東閣繪麒麟。藻衡一代龍門重，調燮千年大業新。揖客自慚非汲黯，幾回翹首望清塵。

又《又挽二如孫中丞》 箕尾光分傅説儔，徘徊不見夕陽愁。一身大雅徵文獻，廿載中原係去留。冰鑑人倫存啓事，鐵肝烏府著嘉謀。山阿泣盡羊曇淚，水冷滹沱白日秋。

施閏章《學餘堂詩集》卷一四《寄贈曹秋岳司農是年七十》　史籍苦零散，勝國無全書。秘本或傳寫，檢校多魯魚。誰能諳往事，睹記未荒蕪。捃集賴遺老，一身文獻俱。不忍藏名山，爲功在石渠。莫言齒髪暮，文酒懽有餘。惠風盪湖水，爛漫春花敷。幾時陪杖屨，林壑同遊娱。

又卷四一《寄冒巢民是年七十》　肯信離居白髪新，邗江畫舫憶良辰。坐論文獻空時輩，笑看漁樵逐野人。客到水園堪累日，烏啼庭樹不勝春。能詩子弟風流甚，相勸開尊定幾巡。

徐枋《居易堂集》卷一七《故文學葉先生襄》　顧盻氣莫奪。忽然經喪亂，杜門被短褐。圖書劇縱横，菁華供採掇。冥搜閲百代，貫穿文辭窟。三皇汲典墳，六朝繪雲月。騷人侈雕蟲，詞翰有健鶻。正如大蒐狩，漁罟山澤竭。又如淩滄洲，處處結津筏。發揮成大文，汪洋肆閎達。雲漢秋天高，波瀾溟漲闊。憶昔執經初，枋年未束髪。周旋函丈間，撫時思奮發。揮忽十餘年，乾坤正蕩潏。汨羅與土室，先生痛存殁。

李業嗣《甬上耆舊詩》卷八《西山汪氏積慶菴》　衝雨入西嶼，松堂迥隔塵。烹泉汲岩骨，斸笋抉沙唇。細柳千溪暝，新禽萬壑春。故家文獻在，散帙見前人。

潘耒《遂初堂詩集》卷一〇《江行雜詠十首》　一鈎涼月餞殘秋，欸乃聲中宿雨收。佳醖乍來中户喜，名灘欲過長年愁。圖經疎謬誰當補，文獻凋殘未易求。寶婺括蒼名勝地，迴帆須作判年遊。

又卷一四《大梁詠古四首》　中州才俊舊如雲，雄筆空同迥絶羣。嵩渚文章潮海富，蘇門詩句蕙蘭芬。史編損仲成新藁，經籍西亭纂墜聞。文獻凋零傷此日，石田蒿徑與誰耘。

查慎行《敬業堂詩集》卷一九《古詩五章呈吉水大司空李公》　盛治際中天，六卿盡文獻。發揮爲事業，器量隨所建。公雖長冬官，其氣實涵萬。放之彌宇宙，舒卷視膚寸。道在本非夸，逢時獲初願。

鄂爾泰《國朝宫史》卷一四《宫殿四》　《御製題瀛臺木變石六韻》：香扆前墀嶼，稜稜勝國留。莫稽來所自，難悟是何由。風雨長林裏，荆凡大海陬。精華有獨得，氣味本相投。寧介榮枯意，還辭斤斧修。春明如讀録，文獻此堪求。

陸以湉《冷廬雜識》卷一《兩浙校官集》　上虞許齏生教授正綬，司鐸湖州，選國朝兩浙校官之詩、古文辭，編集付梓，作徵刻啓，分貽同志。有云：「二百年之文獻，不薄冷官；十一郡之典型，無輕前輩。」

符曾《南宋襍事詩》卷四　文獻金源洛水塵，建炎留得趙家春。一篇帝統遵王命，猶有龍南著集人。

汪由敦《松家集》卷二《雙溪絶句七十首》　述祖長哦謝監詩，通都百番播烏絲。祇憐白髪徵文獻，暝寫晨鈔付阿誰。明經鷹山公有述祖德長律，刻於臨安，眉生叔祖撰《世徵録》，網羅先世遺文，凡七册，册寸許，今已散佚。

袁枚《小倉山房詩集》卷二七《送史婿偕鵬姑還溧陽》　從此許升堂，執經相追從。三朝問文獻，六部談兵農。至今心胸間，昭然如發蒙。其時少司馬，恩蔭官郎中。

又卷三六《元旦》　爆竹鄰家響未終，開門賀客已匆匆。天晴好著黄綿襖，奴老都成白髪翁。千樹梅花迎我笑，三朝文獻有誰同？

和珅《熱河志》卷四三《駐蹕喀喇河屯行宫作》　暑氣入秋澄，嵐光依塞凝。巖宫騎馬到，松牖望山憑。地迥市聲遠，歲和農務登。興州沿革蹟，文獻有誰徵。

梁章鉅《楹聯叢話》卷五《廨宇》　京師吴江會館，陸朗夫燿所建。題聯云：「來看上苑鶯花，今日幸同良會；記省松陵文獻，他年得似何人。」

文獻載體材料部

甲骨分部

綜述

孫詒讓《契文舉例敘》 文字之興，原始於書契，契之正字爲栔，許君訓爲刻，蓋鍥刻竹木以箸法數斯謂之栔。契者，其同聲假借字也。《詩·大雅·緜》云：「爰始爰謀，爰契我龜。」毛公詁契爲開，開、刻義同，是之栔刻又有施之龜甲者。《周禮》：「垂氏掌共燋契，以待卜事。」又云：「遂龡其焌刻，以授卜師。」杜子春云：「契謂契龜之鑿也。」亦舉《緜》詩以證義。鄭君則謂契即《士喪禮》之楚焞所用灼龜也。綜覈杜鄭之義，知開龜有金契、有木契，杜據金契用以鑽、鑿，鄭據木契用以燃、灼，二者蓋同名異物。【略】然則栔刻文字有漢時已罕覯，迄今數千年，人間殆絶矣。邇年河南湯陰古羑里城掊土得古龜甲甚夥，率有文字，丹徒劉君鐵雲集得五千版，甄其略明晰者千版，依西法拓印，始傳於世，劉君定爲殷人刀筆書。【略】大致與金文相近，篆畫尤簡省，形聲多不具，又象形字頗多，不能盡釋。所稱人名號未有謚法，而多以甲乙爲紀，皆在周以前之證。羑里於殷屬王畿，於周爲衛地，據《周書·世俘篇》：殷時已有衛國，故甲文亦有商、周、衛諸文，以相推證，知必出於商周之閒，劉君所定爲不誣。至其以「□」爲「子」，以「□」爲「係」，閒涉籀文，或疑其出周宣以後，斯則不然。夫《史籀》十五篇，不必皆其自作，猶之許書九千字，雖爲秦篆而承用倉、沮舊文者十幾七八，斯固不足以獻疑爾。甲文多紀卜事，一甲或數段，從横、反正、交錯、糾互無定例。蓋卜官子弟，應時記識，以備官成，本無雅辭奥義，要遠古栔刻遺文，耤存辜較，朽骼畸零更三、四千年竟未漫滅，爲足寶耳。

又《名原·序》 余少耆讀金文，近又獲見龜甲文，咸有譔録。每惜倉沮舊文不可復覩，竊思以商周文字展轉變易之迹，上推書契之初軌，沈思博覽，時獲確證。

又《覆章炳麟書贈〈周禮正義〉一袟》 近惟以研翫古文大篆自遣，頗憤外人著文明史者，謂中國象形文已滅絶。頃從金文、龜甲文獲十餘名，皆確實可信者，附以金文奇的，爲《名原》七篇，竢寫定，當寄質大雅。

劉鶚《鐵雲藏龜序》 毛錐之前爲漆書，漆書之前爲刀筆小篆。□字，漆書筆也。从手持丨，象注漆形。蓋漢人猶得見古漆書，若刀筆無有見者矣。是以許叔重於古籀文必資山川所出之彝鼎。不意二千餘年後轉得目睹殷人刀筆文字，非大幸與？以六書之指推求鐘鼎多不合，再以鐘鼎體勢推求龜板之文，又多不合。蓋去上古愈遠，文字愈難推求耳。【略】昔之稱古文字者，彝鼎之外，泉幣鉨印而已。至如濰縣陳編修之陶器，海豐吴閣學之泥封，皆出自近五十年，其數並累至千百，所謂今人眼福突過前賢也。迺玆龜甲古文，又别闢一蹊徑，薶藴既久，地不愛寶，一旦披豁呈露，以供好古耆奇者之探索，文敏導其前馬，先生備其大觀。

羅振玉《殷商貞卜文字考序》 光緒己亥，予聞河南之湯陰發見古龜甲獸骨，其上皆有刻辭，爲福山王文敏公所得，恨不得遽見也。翌年，拳匪起京師，文敏殉國難，所藏悉歸丹徒劉氏。又翌年，始傳至江南，予一見詫爲奇寶，慫恿劉君亟拓墨，爲選千紙，付影印并爲製序。顧行篋無藏書，第就《周禮》、《史記》所載畧加考證而已。亡友孫仲容徵君詒讓，亦考究其文字，以手稾見寄，惜亦未能洞析奥隱。嗣南朔奔走五六年，來都不復寓目。去歲，東友林學士泰輔始爲詳考，揭之《史學雜志》，且遠道郵示，援據賅博，足補正予曩序之疏畧。顧尚有裹疑不能决者，予乃以退食餘晷，盡發所藏拓墨。又從估人之來自中州者，博觀龜甲獸骨數千枚，選其尤殊者七百，并詢知發見之地，乃在安陽縣西五里之小屯，而非湯陰，其地爲武乙之墟。又於刻辭中得殷帝王名謚十餘，乃恍然悟此卜辭者實爲殷室王朝之遺物。其文字雖簡畧，然可正史家之違失，考小學之源流，求古代之卜法。爰本是三者，以三閱月之力，爲考一卷。凡林君之所未達，至是乃一一剖析明白，乃亟寫寄林君且以詒當世考古之士。惜仲容墓已宿草，不及相與討論，爲憾事也。

紀事

劉鶚《鐵雲藏龜序》 既出土後，爲山左賈人所得，咸寶藏之，冀獲善價，庚子歲，有范姓客，挾百餘片走京師，福山王文敏公懿榮見之狂喜，以厚值留之。後有

濰縣趙君執齋得數百片，亦售歸文敏。未幾，義和拳亂起，文敏遂殉難。壬寅年，其喆嗣翰甫觀察售所藏清公夙責，龜版最後出，計千餘片，予悉得之。

金石分部

綜述

《史記・秦始皇本紀》 維秦王兼有天下，立名爲皇帝，乃撫東土，至于琅邪。列侯武城侯王離、列侯通武侯王賁、倫侯建成侯趙亥、倫侯昌武侯成、倫侯武信侯馮毋擇、丞相隗林、丞相王綰、卿李斯、卿王戊、五大夫趙嬰、五大夫楊樛從，與議於海上。曰：「古之帝者，地不過千里，諸侯各守其封域，或朝或否，相侵暴亂，殘伐不止，猶刻金石，以自爲紀。古之五帝三王，知教不同，法度不明，假威鬼神，以欺遠方，實不稱名，故不久長。其身未殁，諸侯倍叛，法令不行。今皇帝并一海内，以爲郡縣，天下和平。昭明宗廟，體道行德，尊號大成。羣臣相與誦皇帝功德，刻于金石，以爲表經。」

又《樂書》 德者，性之端也；樂者，德之華也。金石絲竹，樂之器也。

又《龜策列傳》 蠻夷氐羌雖無君臣之序，亦有決疑之卜。或以金石，或以草木，國不同俗。然皆可以戰伐攻擊，推兵求勝，各信其神，以知來事。

陸雲《陸士龍集》卷六《盛德頌》 臣聞歌詠所以宣成功之烈，詩頌所以美盛德之容。是以聞其聲則重華之道彌新，存其操則文王之容可睹。永惟陛下聖德豐化，比隆前代，元勳茂功，超蹤在昔，故詩歌之所依詠，金石之所揄揚者也。臣謹上《盛德頌》一篇，雖不足以仰度天高，伏測地厚，貴獻狂夫區區之情。

劉禹錫《劉賓客文集》卷四《袁州萍鄉縣楊岐山故廣禪師碑》 初，廣公始生之辰，歲在丁巳，當玄宗之中元。生三十而受具，更臘五十二而終。終之夕，歲直戊寅，當德宗之後元三月既望之又十日也。後九年，其門人還源以爲崇塔以存神，與建銘以垂休，皆憑像寄懷，不可以闕一。謬謂余爲習於文者，故躡足千里，以誠相攻。大懼其先師德音與時寖遠，且曰：「白月中黑，東川無還，颺于金石，傳信百劫。彼墮淚之感，豈儒家者流專之？」敬酬斯言，銘示真俗。

又卷一九《唐故相國李公集紀》 後三年，嗣子前京兆府户曹掾璆，次子前監察御史里行項等，泣持遺草請編之。肇自從試有司，至于宰天下，詞賦、詔誥、封章、啓事、歌詩、贈餞、金石、颺功，凡四百餘篇，勒成二十卷。上所以知君臣啓沃之際，下所以備風雅詩聲之義。洪鐘駭聽，瑶瑟清骨。其在翰苑，及登台庭，亟言大事，誠貫理直，感通神祇。龍鱗收怒，天日回照，古所謂一言興邦者，信哉！始愚與公爲布衣游，及仕畿服，幸公同邑。其後雖翔泳勢異，而不以名數革初心。今考其文，至論事疏，感人肺肝，毛髮皆聳。嗚呼，其盛唐之遺直歟！

馮贄《雲仙雜記》卷五《碑石》 李輔國葬父，碑石用豆屑一千團磨，瑩如紫玉，碑字四面，鐫葵花三百朵。

梅堯臣《梅堯臣集編年・拾遺・擊甌賦》 余觀今樂，愛乎清越出金石之間，所謂擊甌者，本埏埴，異琳球，入伶倫兮間齊優。其可尚者，鳴非瓦釜律度合，鼓非土缶音韻周，和非塤篪上下應，作非鍾磬節奏侔，而又冰質瑩然，水聲脩然，度曲泠然，入耳瀏然。猶有非之者曰：善則善矣，未若豔女之歌喉。何則，是謂絲不如竹，竹不如肉，以其近自然之氣，况此曾何參於樂録之目乎！余辨之曰：融結合於造化，堅白播於陶鈞，發和於器，導和於人，可以樂嘉賓，可以暢百神，安得絲竹謳吟之匪倫也哉。

李誡《營造法式》卷三《石作制度》 造作次序：造石作次序之制有六：一曰打剥，二曰麤搏，三曰細漉，四曰褊棱，五曰斫砟，六曰磨礲。其彫鐫制度有四等：一曰剔地起突，二曰壓地隱起華，三曰減地平鈒，四曰素平。如減地平鈒，磨礲畢，先用墨蠟，後描華文鈒造，若壓地隱起，及剔地起突，造畢，並用翎羽刷細砂刷之，令華文之内石色青潤。其所造華文制度有十一品：一曰海石榴華，二曰寶相華，三曰牡丹華；四曰蕙草，五曰雲文，六曰水浪，七曰寶山，八曰寶階，九曰鋪地蓮華，十曰仰覆蓮華，十一曰寶裝蓮華。或於華文之内間以龍鳳師獸及化生之類者，隨其所宜，分布用之。

又《柱礎》 造柱礎之制：其方倍柱之徑，方一尺四寸以下者，每方一尺，厚八寸；方三尺以上者，厚減方之半；方四尺以上者以厚三尺爲率。若造覆盆，每方一尺，覆盆高一寸；每覆盆高一寸，盆脣厚一分。如仰覆蓮華，其高加覆盆一倍。如素平及覆盆用減地平鈒、壓地隱起華、剔地起突，亦有施減地平鈒及壓地隱起於蓮華瓣上者，謂之寶裝蓮華。

又《贔屓鼇坐碑》 造贔屓鼇坐碑之制：其首爲贔屓盤龍，下施鼇坐。於土襯之外，自坐至首，共高一丈八尺。其名件廣厚，皆以碑身每尺之長積而爲法。碑身：每長一尺，則廣四寸，厚一寸五分。鼇坐：長倍碑身之廣，其高四寸五分，駝峯廣三分。

又《笏頭碣》 造笏頭碣之制：上爲笏首，下爲方坐，共高九尺六寸。碑身廣厚並準石碑制度。其坐，每碑身高一尺，則長五寸，高二寸。坐身之内，或作方直，或作疊澁，宜彫鐫華文。

又卷一五《瓦》 造瓦坯用細膠土不夾砂者，前一日和泥造坯。先於輪上安定札圈，次套布筒，以水搭泥撥圈，打搭收光，取札並布筒曒曝，其等第依下項：

甋瓦：

長一尺四寸，口徑六寸，厚八分。

長一尺二寸，口徑五寸，厚五分。

長一尺，口徑四寸，厚四分。

長八寸，口徑三寸五分，厚三分五厘。

長六寸，口徑三寸，厚三分。

長四寸，口徑二寸五分，厚二分五厘。

瓪瓦：

長一尺六寸，大頭廣九寸五分，厚一寸。小頭廣八寸五分，厚八分。

長一尺四寸，大頭廣七寸，厚七分。小頭廣六寸，厚六分。

長一尺三寸，大頭廣六寸五分，厚六分。小頭廣五寸五分，厚五分五厘。

長一尺二寸，大頭廣六寸，厚六分。小頭廣五寸，厚五分。

長一尺，大頭廣五寸，厚五分。小頭廣四寸，厚四分。

長八寸，大頭廣四寸五分，厚四分。小頭廣四寸，厚三分五厘。

長六寸，大頭廣四寸。小頭廣三寸五分，厚三分。凡造瓦坯之制，候曝微乾，用刀剺畫，每桶作四片。線道條子瓦，仍以水飾露明處一邊。

又《塼》 造塼坯前一日和泥打造。其等第依下項：

方塼：

二尺，厚三寸。

一尺七寸，厚二寸八分。

一尺五寸，厚二寸七分。

一尺三寸，厚二寸五分。

一尺二寸，厚二寸。

條塼：

長一尺三寸，廣六寸五分，厚二寸五分。

長一尺二寸，廣六寸，厚二寸。

壓闌塼長二尺一寸，廣一尺一寸，厚二寸五分。

塼碇方一尺一寸五分，厚四寸三分。

牛頭塼長一尺三寸，廣六寸五分，一壁厚二寸五分，一壁厚二寸二分。

走趄塼長一尺二寸，面廣五寸五分，底廣六寸，厚二寸。

趄條塼面長一尺一寸五分，底長一尺二寸，廣六寸，厚二寸。

鎮子塼方六寸五分，厚二寸。

凡造塼坯之制皆先用灰襯隔模匣，次入泥以杖剖脱曝令乾。

又《瑠璃瓦等》 凡造瑠璃瓦等之制，藥以黄丹、洛河石和銅末，用水調勻。甋瓦於背面鴟獸之類，於安卓露明處，並徧澆刷。瓪瓦於仰面内中心。凡合瑠璃，藥所用黄丹闕炒造之制，以黑錫盆硝等入鑊，煎一日爲粗扇，出候冷擣羅作末，次日再炒塼，蓋罨第三日炒成。

又《青掍瓦》 青掍瓦等之制，以乾坯用瓦，石磨擦，次用水濕布揩拭，候乾，次以洛河石掍砑，次摻滑石末令勻。

蘇軾《蘇軾文集》卷一一《李氏山房藏書記》 象犀珠玉怪珍之物，有悦於人之耳目，而不適於用。金石草木絲麻五穀六材，有適於用，而用之則弊，取之則竭。悦於人之耳目而適於用，用之而不弊，取之而不竭，賢不肖之所得，各因其才，仁智之所見，各隨其分，才分不同，而求無不獲者，惟書乎！

又卷二三《謝賜御書詩表》 臣軾言：今月十五日，賜宴東宫，伏蒙聖恩，差中使就賜臣御書詩一首者。玉斝金尊，霈若雲天之澤；寶章宸翰，焕乎奎壁之文。喜溢心顔，光生懷袖。臣軾誠感誠懼，頓首頓首。伏念臣猥緣末技，獲玷清流。早歲數奇，已老江湖之上；餘生何幸，得依日月之光。入侍燕閒，與聞講學。卒桓榮之業，因人而成；登劉洎之床，則臣豈敢。夫何珍賜，亦及微軀。此蓋伏遇皇帝陛下，道本生知，才惟天縱。文不數於游、夏，書已逼於鍾、王。心慕手追，陋文皇之曲學；筆縱字大，笑宋武之未工。知臣遭遇之難，欲以顯榮其老。鏤之金石，庶傳玩於人人；付與子孫，俾輸忠於世世。

孔文仲《清江三孔集》卷二二《書驛舍壁》　金石雖堅有時滅，君不聞，海波成田淮水絶。

董逌《廣川書跋》卷一《父乙尊彝》　李丕緒得古彝，銘曰「作父乙尊彝」，其下爲蜼形，或疑其制。余曰此古尊彝也。其在有虞氏之世不則自商以前，其制得於此未可知也。《書》曰：「日月星辰，山龍華蟲，作會宗彝，藻火粉米，黼黻絺繡。」孔安國以會爲繪，謂：「彝尊，亦以山龍華蟲飾之。」鄭康成曰：「宗廟之器，鬱尊虞氏以上虎蜼而已。聖人以飾尊則於服，以宗彝所飾而爲絺繡。」自漢至今，學者嘗疑之，以父乙尊彝考者可以信也。方虞氏尊，用虎蜼，則非一器矣。丹陽蔡氏得祖丁彝爲虎形。《考古圖》不能推見虞氏宗彝之制，迺謂兕形。古人飾器各以其意，虎爲義蜼，爲智，觀其飾可以知其意。蜼寓屬其尾岐出，今於彝，可考而見也。或曰：乙丁商人尚質，其稱蓋云考之於禮，幼名冠字，死謚。自周以然，其在商夏則以丁壬癸甲爲别，知虞氏之世亦若是也。記者猶曰辛壬，則於名可知矣。

又《蜼敦》　祕閣有敦，其實鼎也。政和三年，内降宣和殿古器圖凡百卷，考論形制甚備於是。館下以藏古器别爲書譜，上校書郎黄伯思以圖示余。曰：商素敦者，其高五寸五分，深四寸一分，口徑六寸七分，其受八升，重六斤有七兩，皆今之權最挍也。其制兩蜼首耳下有珥，蓋其尾岐出且曰古敦之存於今者。若周宰辟父敦、散季敦、郳牧敦、戠敦、虢姜敦，皆有欵識。此器特異，疑爲商人製也。余考之蜼，寓屬，其尾岐出，古之宗彝也。自虞舜已然，豈特商邪，於是定以爲蜼鼎。

又《罍尊》　王得君藏山罍，且世寶之。嘗曰：「昔梁孝王有罍尊戒後世，善寶，即此器也。」或曰：「尊罍異制，不得同名。」余考之漢謂罍尊，蓋彝卣罍器也。卣中尊也，然則罍大尊可知也。古之酌酒皆取之罍，故廟堂之上罍尊在阼，犧尊在西，則罍謂之尊可也。應劭曰：「罍，畫雲，靁之象，以其爲罍，故飾以雷者」，此其文也。鄭康成謂：「上蓋刻爲山，雲靁之象，如此則孝王之罍，蓋夏后氏之寶矣。《禮》曰：「山罍，夏后氏之尊也。」

趙明誠《金石録序》　余自少小，喜從當世學士大夫訪問前代金石刻詞，以廣異聞。後得歐陽文忠公《集古録》，讀而賢之，以爲是正譌謬，有功於後學甚大。惜其尚有漏落，又無歲月先後之次，思欲廣而成書，以傳學者。於是益訪求藏蓄，凡二十年而後贏備。上自三代，下訖隋、唐、五季；内自京師，達於四方遐邦絶域夷狄，所傳倉史以來古文奇字、大小二篆、分隸行草之書，鐘鼎、簠簋、尊敦、甗鬲、盤杅之銘，詞人墨客詩歌、賦頌、碑志、敍記之文章，名卿賢士之功烈行治，至於浮屠、老子之説，凡古物奇器、豐碑巨刻所載，與夫殘章斷畫，摩滅而僅存者，畧無遺矣。因次其先後爲二千卷。余之致力於斯，可謂勤且久矣，非特區區爲玩好之具而已也。蓋竊嘗以謂《詩》、《書》以後，君臣行事之蹟悉載於史，雖是非褒貶出於秉筆者私意，或失其實，然至其善惡大節有不可誣，而又傳之既久，理當依據。若夫歲月、地理、官爵、世次，以金石考之，其牴牾十常三四。蓋史牒出於後人之手，不能無失，而刻詞當時所立，可信不疑。則又考其異同，參以他書，爲《金石録》三十卷。至於文詞之媺惡，字畫之工拙，覽者當自得之，皆不復論。嗚呼，自三代以來，聖賢遺跡著於金石者多矣。蓋其風雨侵蝕，與夫樵夫、牧童毁傷淪棄之餘，幸而存者止此耳。是金石之固猶不足恃，然則所謂二千卷者，終歸於摩滅，而余之是書有時而或傳也。孔子曰：「飽食終日，無所用心，難矣哉！不有博弈者乎？爲之，猶賢乎已。」是書之成，其賢於無所用心，豈特博弈之比乎！輒録而傳諸後世好古博雅之士，其必有補焉。

又《金石録後序》　昔文籍既繁，竹素紙札轉相謄寫，彌久不能無誤。近世用墨版摹印，便於流布，而一有所失，更無别本是正，然則謄寫摹印，其爲利害之數畧等。又前世載筆之士，所見所聞與其所傳，不能無同異，亦或意有軒輊，情流事遷，則遁離失實，後學欲窺其罅，搜抉證驗，用力多，見功寡，此讐校之士抱槧懷鉛，所以汲汲也。昔人欲刊定經典及醫方，或謂經典同異，未有所傷，非若醫方能致壽夭。陶弘景亟稱之，以爲知言。彼哉卑陋，一至於此！或譏邢邵不善讐書，邵曰：「誤書思之，更是一適。」且别本是正，猶未敢曰可，而欲以思得之，其佻有如此者！惟金石刻出於當時所作，身與事接，不容僞妄，皎皎可信。前人勤渠鄭重以遺來世，惟恐不遠，固非所以爲夸；而好古之士忘寢廢食而求，常恨不廣，亦豈專以爲玩哉！余登泰山，覩秦相斯所刻，退而案史遷所記，大凡百四十有六字，而差失者九字。以此積之，諸書浩博，其失胡可勝言！而信書之人，守目所見，知其違戾，猶弗能深考，猥曰是碑之誤，其殆未之思乎！若乃庸夫野人之所述，其言不雅馴，則望而知之，直差易耳。今德父之藏既甚富，又選擇多善，而探討去取，雅有思致，其書誠有補於學者。亟索余文爲序，竊獲附姓名於篇末，有可喜者，於是乎書。

洪适《隸釋序》　秦燔書，廢古訓，而官獄多事，乃令下杜人程邈作小篆，而邈復獻隸書，所以施之徒隸，趨簡易也，亦曰佐書。漢魏之際，蔡邕、鍾繇、梁鵠、邯鄲淳俱有書名，後魏酈道元注《水經》漢碑之竝川者，始見其書，盖數十百餘陵遷谷變，火林風剥，至宣政和間，已亡其什八。本朝歐陽公、趙明誠好藏金石刻，漢隸之

著録者，歐陽氏七十五卷，趙氏多歐陽九十三卷，而闕其六。自中原厄於兵，南北壞斷，遺刻耗矣。予三十年訪求，尚闕趙録四之一，而近歲新出者，亦三十餘，趙蓋未見也。既法其字爲之韻，復辨其字爲之釋，使學隸者藉書以讀碑，則歷歷在目，而咀味菁華，亦翰墨之一助。唯老子、張公神、費鳳三數碑有撰人名氏，若華山亭爲衛覬之文，見于它説者，財一二爾。其文或險而難鮮，澀而太鑿者，譬之紀甗、郜鼎皆三代勵存之器，其剥缺不成章，與魏初之文數篇附于後，如斷圭殘璧，亦可寶。自劉熹、賈逵已下字畫不足取者，皆不著。

又卷八　石刻以其可以考正史傳之失。

又卷一九　漢二女豊碑至今不磨，所以播其惡於無窮也。當時内外前後勸進之辭不一，此盖刻其最後一章，《魏志》注中亦載此文，有數字不同，非史臣筆削之辭也，皆當以碑爲正。

又卷二〇《侯苞碑》　犨縣滍水南有漢中常侍長樂太僕吉侯苞冢，冢前有碑，墓西枕岡城，開四門，門有兩石獸，墳傾墓毁，碑獸淪移，人有掘出一獸，猶全不破，甚高壯，頭去地幾一丈許，作制甚工，左膊上刻作辟邪字。門表壍上起石橋，即時不毁。其碑云「六帝四后是諮是諏」，盖仕自安帝没于柏后，于時閹閹擅權，五侯暴世，割剥公私，以事生死。夫封者表有德，碑者頌有功，自非此徒何用許爲石，至千春不若速朽，苞墓萬古秖彰誚辱。嗚呼，愚亦甚矣。

范成大《吴郡志》卷二九　太湖石，出洞庭西山，以生水中者爲貴。石在水中，歲久爲波濤所衝撞，皆成嵌空。石面鱗鱗作靨，名彈窩，亦水痕也。没人縋下鑿取，極不易得。石性温潤奇巧，扣之鏗然如鐘磬，自唐以來貴之。其在山上者名旱石，亦奇巧。枯而不潤，不甚貴重。白居易品牛僧孺家諸石，以太湖石爲甲。宣和五年，郡人朱勔造巨艦，載太湖石一塊入京師，以千人舁進。是日，役夫各賜銀椀，并官其四僕皆承節郎及金帶。勔遂爲威遠軍節度使，而封石爲盤固侯。勔誅，餘小石未獻者留郡。西河兩傍，悉歸張循王家。比年，士大夫好石者多，山中人始以旱石加斧鑿，作玲瓏意。又剜石面贋作彈窩紋，衒不識者，或得善價。其非巧石，但青白玉質，可作碑碣及甃砌堦戺者，則出湖中之黿山。瑩潔可鑑，堅潤如金玉，亦爲天下之冠。程俱所賦者是也。

孫宗鑑《東皋雜録》　予喜蓄三代秦漢金石刻，自魏晉以下不録也。西漢以前，金石刻皆完，但石刻極少，惟石鼓文與吉日癸巳。及秦李斯篆漢文，翁學士題名爾。自後漢始作墓碑，故今人所見漢碑，皆東京文字也。

陳櫄《負暄野録》卷上《總論古今石刻》　古者金銅等器物，其款識文字，皆以坯冶之後鐫刻，非若今人就範模中徑鑄成者。余於武陵郡開元寺鐵塔上，見鐫刻經咒之屬，皆是冶鑄後爲之。至於石刻，率多用麄頑石。又字畫入石處甚深，至於及寸，其鐫鑿直下，往往至底，乃反大於面，所謂如蠹蟲鑽鏤之形。非若後世刻削，豊上鋭下，似茶藥碾槽狀。故古碑之乏也，其畫愈肥，近世之碑之乏也，其畫愈細。愈肥而難漫，愈細而易滅。余在漢上及襄峴間，親見魏晉碑刻如此。兼石既麄頑，自然難壞，後世石雖精好，然卻易剥缺。以是知古人作事不苟，皆非今人所能及也。

又《古碑毁壞》　趙德甫謂所著《金石録》，壽於二千卷所載之碑。由今觀之，信然。石刻固非易朽之物，其如隨時廢興，摧毁非一。前輩所載，元祐中丞相韓玉汝帥長安，修石橋，督責甚峻，村民急以應期，悉皆磨石刻以代之，前人之碑盡矣。余又聞蕭千巖云，蔡拱之訪求石碑，或蹊田害稼，村民深以爲苦，悉鑱鑿其文字，或爲柱礎帛碪，略不容存留。又自亂離而來，所在城堡攻戰之處，軍兵率取碑鑿爲砲石，摧毁無餘。凡此，皆是時所遭其仆壞之門，殆非一端，蓋亦碑刻之一厄會也。

黄震《黄氏日抄》卷六一　碑者，石柱耳。古者刻石爲碑，謂之碑銘。後世伐石刻文，既非同柱石，不宜謂之碑文。元稹稱修桐柏宫，碑甚無謂也。

張世南《游宦紀聞》卷九　階州産石，品第不一。白者明潔，初琢時可愛，久則受垢色暗，今朝廷取爲册寶等用。有黄、青、黑、緑數色，取之不窮，而性軟易攻，故價亦廉。巴州、嘉定府，皆産玉石，曰「巴璞」、「嘉璞」。堅而難琢，與玉質無異，故價數倍於階石，其温潤畧與玉等。叙州宣化縣，亦有玉石，曰「宣化璞」。谿源出黎雅大渡河，其品最高，有胭脂標、瓜蔞標。琢爲器物，白若凝脂，非精鑒者不能辨。峽州之上百里間，有黄牛神祠。祠中多玉石，皆往來賈客或牽江人得於沙磧間者以獻。有一石，質黑紋白，隱然龍形，作蜿蜒狀，鱗、角、鬣，纖悉備具。又有如孔雀尾者，是爲石中之異。忠州樂碛市出玉石，舟至岸，人競持來求售。有指甲紋，亦有磨見白質者。雖光瑩可觀，然皆碔砆也。

周密《癸辛雜識》卷上《華夷圖石》　汴京天津橋上有奇石大片，有自然《華夷圖》，山青水緑，河黄路白，粲然如畫，真異物也。今聞移置汴京文廟中，作拜石。

又卷下《觀堂二石》　徐子方云：「向到故内觀堂，有黑漆厨内龕二石，高數尺。其一有南斗六星，隱起石上，刻金書『南極呈祥』。其陰有北斗七星，亦隱起而色白，刻曰『北斗降瑞』。及再至杭，則觀堂已化爲佛寺，此石莫知所在矣。」

趙希鵠《洞天清録集・古鍾鼎彝器辨》 夏尚忠，商尚質，周尚文，其制器亦然。商器質素無文，周器雕篆細密。此固一定不易之論，而夏器獨不然。余嘗見夏琱戈於銅上，相嵌以金，其細如髮，夏器大抵皆然。歲久金脱，則成陰竅，以其刻畫處成凹也。相嵌，今俗譌爲商嵌，詩云「追琢其章，金玉其相」。

銅器入土千年，純青如鋪翠。其色午前稍淡，午後乘陰氣，翠潤欲滴。閒有土蝕處，或穿或剥，竝如蝸篆自然。或有斧鑿痕，則僞也。銅器墜水千年，則純緑色而瑩如玉。未及千年，緑而不瑩，其蝕處如前。今人皆以此二品體輕者爲古，殊不知器大而厚者，銅性未盡，其重止能減三分之一，或減半。器小而薄者，銅性爲水土蒸陶易盡，至有鋤擊破處，竝不見銅色，惟翠緑徹骨，或其中有一綫紅色如丹，然尚有銅聲，傳世古。則不曾入水土，惟流傳人閒，色紫褐而有朱砂斑，甚者其斑凸起，如上等辰砂，入釜以沸湯煮之，斑愈見，僞者以漆調硃爲之，易辨也。

三代古銅，竝無腥氣。惟新出土，尚帶土氣，久則否。若僞作者，熱摩手心以擦之，銅腥觸鼻可畏。

識文，夏用鳥跡篆，商則蟲魚篆，周以蟲魚大篆，秦用大小篆，漢以小篆隸書，三國用隸書，晉宋以來皆用楷書，唐秦用楷隸。三代用陰識，謂之偃囊，其字凹入也。漢以來或用陽識，其字凸，閒有凹者，或用刀刻如鐫碑。蓋陰識難鑄，陽識易成，陽識決非三代物也。

款識篆字以紀功，所謂銘書鐘鼎款。乃花紋以陽飾，古器款居外而凸，識居内而凹，夏周器有款有識，商器多無款有識。

古人作事必精緻，工人預四民之列。非若後世賤丈夫之事，故古器款必細如髮而勻整分曉，無纖毫模糊。識文筆畫，宛如仰瓦而不深峻，大小深淺如一，亦明浄分曉，絶無纖毫模糊，此蓋用銅之精者，竝無砂顆，一也。良工精妙，二也。不吝工夫，非一朝夕所爲，三也。今設有古器款識，稍或模糊，必是僞作。質色臭味，亦自不同。

古者鑄器，必先用蠟爲模如此器樣，又加款識刻畫，然後以小桶加大而略寬，入模於桶中。其桶底之縫，微令有絲綫漏處，以澄泥和水如薄糜，日一澆之，候乾再澆，必令周足遮護訖。解桶縛，去桶板，急以細黄土。多用鹽并紙筋固濟於元澄泥之外，更加黄土二寸留竅中，以銅汁瀉入。然一鑄未必成，此所以爲貴也。

句容器非古物，蓋自唐天寶閒至南唐後主時，於昇州句容縣置官場以鑄之，故其上多有監官花押，甚輕薄漆黑，款細雖可愛，要非古器，歲久亦有微青色者，世所見天寶時大鳳環瓶，此極品也。

僞古銅器，其法以水銀雜錫末，即今磨鏡藥是也，先上在新銅器上令勻，然後以釅醋調細硇砂末，筆蘸勻上，候如臘茶面色，急入新汲水滿浸，即成臘茶色。候如漆色，急入新水浸，即成漆色。浸稍緩，即變色矣。若不入水，即成純翠色，三者竝以新布擦令光瑩，其銅腥爲水銀所匱，并不發露。然古銅聲微而清，新銅聲濁而鬨，不能逃識者之鑒。

古銅器入土年久，受土氣深，以之養花，花色鮮明如枝頭，開速而謝遲。或謝則就瓶結實，若水秀、傳世古則否。陶器入土千年亦然。

古銅器多能辟異祟，人家宜畜之。蓋山精水魅之能爲祟，以歷年多耳。三代鍾鼎彝器，歷年又過之，所以能辟祟。范文正公家有古鏡，背具十二時，如博棊子。每至此時，則博棊中明如月，循環不休。又有士人家藏十二時鐘，能應時自鳴，非古器之靈異乎。

古之居官者，必佩印，以帶穿之，故印鼻上有穴，或以銅環相綰。漢印多用五字，不用擘窠，篆止宜小篆。筆畫停勻，故左有三字者，右有二字，或左二字右三字者。其四字印，則畫多者占地多，畫少者占地少，五代以前尚如此。今則否。

古人惟鍾鼎祭器稱功頌德則有識，盤盂寓戒則有識。他器亦有無識者，不可遽以爲非古。但辨其體質款紋顔色臭味足矣。

字書曰，刁斗以行軍，晝炊夕擊。今世所見古刁斗，柄長尺四五寸，其斗僅可容勺合。如此則恐非炊具，擊之則可。此物乃王莽時鑄威斗，厭勝家所用耳。或於上刻貳師將軍字，及其他官號，尤表其僞。大抵刁斗如世所用有柄銚子，宜可炊一人食，即古之刁。譌刁字爲銚字耳，字書以銚爲田器，不言可知也。鐎斗亦如今有柄銚子，而加三足。余曾見之，辨其質與色，真三代物。蓋刁鐎皆有柄，故皆謂之斗。刁無足而鐎有足耳。又字書以鐎爲温器，蓋古以鼎烹。大鼎則卒難至熱，故温已烹之冷物。一二人食，則用鐎，余所見者正然。

余獨及見漢館陶侯鼎，可容今三斗，則三代可知矣。然近世所存古鼎，或有容一升半升者，考其款識，則真古物也，亦謂之鼎。鼎乃大烹之器，豈爾耶。此蓋古之祭器，名曰從彝。曰從，則其品不一，蓋以貯已熟之物以祭宗廟。象鼎之器形，而實非鼎也。猶今之食器，亦有象銼釜者。凡曰鬲，曰匜，曰甗，曰尊，其形有甚小者皆然。故小尊或識曰寶尊彝。

古以蕭艾達神明而不焚香，故無香爐。今所謂香爐，皆以古人宗廟祭器爲之。

爵爐則古之爵，狻猊爐則古之踽足豆，香毬則古之鬵，其等不一。或有新鑄而象古爲之者，惟博山爐乃漢太子宮所用，香爐之制始於此亦有僞爲者，當以物色辨之。

餘姚一達官家，有古銅盆。大如火爐，而周圍有十二環。婺州馬鋪嶺人家，掘得古銅盆。兩環乃在腹之下，足之上。此二器文字所不載，或以環低者爲古欹器。

禹之聲尚文王之聲，以追蠡。趙岐注以追爲鍾鈕。於義未安。追者，琢也。詩云「追琢其章」。今畫家滴粉令凸起，猶謂之追粉，所謂追蠡。蓋古銅器款紋追起處漫滅也。趙氏釋蠡爲絶，亦非。蓋剥蝕也。今人亦以器物用久而剥蝕者爲蠡。

道州民於春陵塚得古鏡。背上作菱花四朵，極精巧。其鏡面背皆用水銀，即今所謂磨鏡藥也。鏡色略昏而不黑，竝無青緑色及剥蝕處，此乃西漢時物。入土千年，其質竝未變。信知古銅器有青緑剥蝕者，非三代時物無此也。

或傳嵊縣僧舍，治地得磚，有永和字。及得銅器，如今香爐而有蓋。蓋上仰三足如小竹筒，空而透上，筒端各有一飛鶴。爐下亦三足，别有銅盤承之。

又《怪石辯》 怪石小而起峯，多有巖岫聳秀嶔嵌之狀。可登几案觀玩，亦奇物也。其等有靈璧石、英石、道石、融石、川石、桂川石、邵石、太湖石，與其他雜出亦多等。今列於後。

靈璧石，出絳州靈璧縣。其石不在山谷，深土中掘之乃見。色如漆，間有細白紋如玉，然不起峯，亦無巖岫。佳者如菡萏，或如卧牛、如蟠螭，扣之聲清越如金玉，以利刀刮之，略不動。此石能收香，齋閣中有之，則香雲終日盤旋不散。不取其有峯也。僞者多以太湖石染色爲之。蓋太湖石亦微有聲，亦有白脈，然以利刀刮之，則成屑。

英州出石如銅鑛。聲亦如銅。倒懸生巖下，以鋸取之，故底有鋸痕。大者或長七八尺，起峯至二三寸。亦几案奇玩，然色潤者可愛，枯燥者不足貴也。

道州石，亦起峯可愛。但石粗，又枯燥之甚，且體脆不任衝撞。

融州有老君洞，所出石亦起峯，粗燥體脆，又甚於道州石。

川石，奇聳高大可愛。然多人力雕刻後，置急水中舂撞之，其色枯燥。

桂川石，静江府所出。雖出自然，而石粗色不佳。間有玲瓏者，雅宜置之花檻中，他無用也。

邵石，寶慶府所出。色黑，多以作博棊子。或刻作筆架，竝無自然峯巒。

王楙《野客叢書》卷一八《碑陰》 今碑陰列人姓名著出錢下項，蓋漢碑之體，漢人碑刻，率多門生故吏所出錢建立，故悉著其人名。韓敕碑陰條六十二人，曲成侯王暠二百，不爲多矣，表而出之，可見漢世錢重如此。又今州郡間有祥瑞之證，用其物而刻之石者，亦漢碑之體。

又卷二五《夏商鑄錢》 世言錢起於周太公九府圜法，《前漢志》云：「凡貨金錢布帛爲用，夏殷以來，其詳靡記。」漢《鹽鐵論》亦曰：「夏后以貝，殷以紫石，後世或金錢刀布。」是周以前未用錢。僕觀《太公六韜》曰：「武王入殷，散鹿臺之金錢，以與殷民。」《史記》曰：「紂厚賦斂，以實鹿臺之錢。」又曰：「散鹿臺之錢，以賑濟貧民。」高謙之亦曰：「昔禹遭大水，以歷山金鑄錢，救人之困。湯遭大旱，以莊山之金鑄錢，贖人之賣子。」是三代皆已鑄錢。不但周也。

陶宗儀《南村輟耕録》卷七 回回石頭，種類不一，其價亦不一。大德間，本土巨商中賣紅剌一塊於官，重一兩三錢，估直中統鈔一十四萬錠，用嵌帽頂上。自後累朝皇帝相承寶重，凡正旦及天壽節大朝賀時則服用之。呼曰剌，亦方言也。今問得其種類之名，具記于後。紅石頭。四種，同出一坑，俱無白水。

剌。淡紅色，嬌。避者達。深紅色，石薄方嬌。昔剌泥。黑紅色。苦木蘭。紅黑黄不正之色，塊雖大，石至低者。

緑石頭。三種，同出一坑。

助把避。上等暗深緑色。助木剌。中等明緑色。撒卜泥。下等帶石，淺緑色。

鴉鶻。

紅亞姑。上有白水。馬思艮底。帶石，無光，二種，同坑。青亞姑。上等深青色。你藍。中等淺青色。

屋撲你藍。下等如冰樣，帶石，渾青色。黄亞姑。白亞姑。

猫睛。

猫睛。中含活光一縷。走水石。新坑出者，似猫睛而無光。

甸子。

你捨卜的。即回回甸子，文理細。乞里馬泥。即河西甸子，文理粗。荆州石。即襄陽甸子，色變。

又卷一七 宋番陽張世南《游宦紀聞》云：「辨博書畫古器，前輩蓋嘗著書矣。其間有論議而未詳明者，如臨、摹、硬黄、響榻，是四者各有其說。今人皆謂臨、摹爲一體，殊不知臨之與摹，迥然不同。臨，謂置紙在傍，觀其大小、濃淡、形勢而學之，若臨淵之臨。摹，謂以薄紙覆上，隨其曲折，婉轉用筆曰摹。硬黄，謂置紙

熱熨斗上，以黄蠟塗匀，儼如枕角，毫釐必見。響榻，謂以紙覆其上，就明窗牖間，映光摹之。辨古器，則有所謂款識，臘茶色、朱砂斑、真青、緑井口之類，方爲真古。其製作，有雲紋、雷紋、山紋、輕重雷紋、垂花雷紋、鱗紋、細紋、粟紋、蟬紋、黄目、飛廉、饕餮、蛟螭、虬龍、麟鳳、熊虎、龜蛇、鹿馬、象鸞、夔犧、蜼皃、雙魚、蟠虺、如意、圜絡、盤雲、百孔、鸚耳、貫耳、偃耳、直耳、附耳、挾耳、獸耳、虎耳、獸足、夔足、百獸、三螭、穟草、瑞草、篆帶、若蚪結之勢。星帶、四旁飾以星象。輔乳、鍾名，用以節樂者。碎乳、鍾名，大乳三十六，外復有小乳周之。立夔、雙夔之類。凡古器制度，一有合此，則以名之。如雲雷鍾、鹿馬洗、鸚耳壺之類是也。如有款識，則以款識名，如周叔液鼎、齊侯鍾之類是也。古器之名，則有鍾、大曰特，中曰鎛，小曰編。鼎、尊、罍、彝、舟、類洗而有耳。卣、音酉，又音由，中尊器也。有攀蓋，足類壺。瓶、爵、斗、有耳，有流，有足，流即嘴也。巵、觶、之豉切，酒觴也。角、類彝而無柱。梧、敦、簠、其形方。簋、類鼎而矮蓋，有四足。豆、甗、牛偃切，無底甑也。錠、徒徑切，又都定切。斝、觚、鬲、形製同鼎，《漢志》謂「空足曰鬲」。鍑、方宥切，《玉篇云》「似釜而大」，其實類小瓮而有環。盉、户戈切，又胡臥切，盛五味之器也。似鼎而有蓋，有嘴，有執攀。壺、其類有四，曰圓，曰匾，曰方，曰温。盦、於含切，覆蓋也。似洗樣而腰大，有足，有提攀。瓿、蒲後切，類壺而矮。鋪、類豆，鋪陳薦獻之義。罌、類釜。鑑、盛冰器，上方如斗，鏤底如風窗，下設盤以盛之。匜、弋支切，沃盥器。盤、洗、盆、鋗、呼玄切，類洗。《玉篇》云「小盆也」。杅、磬、錞、鐸、鉦、類鍾而矮。鐃、戚、鐓、飾物柄者。奩、鑑、即鏡。節、鉞、戈、矛、盾、弩、機、表坐、旂鈴、刀筆、杖頭、蹲龍、宮廟乘輿之飾，或云闌楯間物。鳩車、兒戲之具。提梁、龜蛇硯滴、車輅、托轅之屬。此其大槩難於盡備。然知此者，亦思過半矣。所謂款識，乃分二義，款，謂陰字，是凹入者，刻畫成之。識，謂陽字，是挺出者。正如臨之與摹，各自不同也。臘茶色，亦有差別，三代及秦漢間器，流傳世間，歲月寖久，其色微黄而潤澤。今士大夫間論古器，以極薄爲真，此蓋一偏之見也。亦有極薄者，有極厚者，但觀製作色澤，自可見也。亦有數百年前句容所鑄，其藝亦精，今鑄不及。必竟黑而燥，須自然古色，方爲真古也。」趙希鵠《洞天清禄集·古鍾鼎彝器辨》云：「夏尚忠，商尚質，周尚文，其制器亦然。商器質素無文，周器雕篆細密。此固一定不易之論。而夏器獨不然。余嘗見夏琱戈，於銅上相嵌以金，其細如髮。夏器大抵皆然。歲久金脱，則成陰竅，以其刻畫者成凹也。銅器入土千年，純青如鋪翠，其色子後稍淡，午後乘陰氣，翠潤欲滴。間有土蝕處，或穿或剥，並如蝸篆自然，或有斧鑿痕，則是僞也。銅器墜水千年，則純緑色，而瑩如玉。未及千年，緑而不瑩，其蝕處如前。今人皆以此二品體輕者爲古，不知器大而厚者，銅性未盡，其重止能減三分之一，或減半。器小而薄者，銅性爲水土蒸淘易盡，至有鉏擊破處，並不見銅色，惟翠緑徹骨，或其中有一線紅色如丹，然尚有銅聲。傳世古，則不曾入水土，惟流傳人間，色紫褐而有朱砂斑。甚者其斑凸起，如上等辰砂。入釜，以沸湯煮之，良久，斑愈見。僞者，以漆調朱爲之，易辨也。三代古銅，並無腥氣，惟土古。新出土，尚帶土氣，久則否。若僞作者，熱摩手心以擦之，銅腥觸鼻可畏。識文、款紋，亦不同。識，乃篆字，以紀功，所謂銘書鍾鼎。夏用鳥跡篆，商則蟲魚篆，周以蟲魚大篆，秦用大小篆，漢以小篆隸書，三國隸書，晉、宋以來皆用楷書，唐用楷隸。三代用陰識，謂之偃蹇字，其字凹入也。漢以來，或用陽識，其字凸，間有凹者，或用刀刻，如鐫碑。蓋陰識難鑄，陽識易爲，决非三代物也。款乃花紋以爲飾。古器款居外而凸，識居內而凹。夏周器有款有識，商器多無款有識。古人作事精緻，工人預四民之列，非若後世賤丈夫之事，故古器款必細如髮，而匀整分曉，無纖毫模糊。識文筆畫，宛如仰瓦，而不深峻，大小深淺如一，亦明净分曉，絶無纖毫模糊。此蓋用銅之精者，並無砂顆，一也。良工精妙，二也。不吝工夫，非一朝夕所爲，三也。今設有古器，款識稍或模糊，必是僞作。質色臭味，亦自不同。句容器非古物，蓋自唐天寶間，至南唐後主時，於昇州句容縣置官場以鑄之，故其上多有監官花押。甚輕薄漆黑款細雖可愛，要非古器，歲久亦有微青色者。世所見天寶時大鳳環瓶，此極品也。僞古銅器，其法以水銀雜錫末，即今磨鏡藥是也。先上在新銅器上，令匀，然後以釅醋調細硇砂末，筆醮匀上，候如臘茶面色，急入新汲水滿浸，即成臘茶色。候如漆，急入新水浸，即成漆色。浸稍緩，即變色矣。若不入水，則成純翠色。三者並以新布擦，令光瑩。其銅腥爲水銀所匱，並不發露。然古銅聲微而清，新銅聲濃而闃，不能逃識者之鑒。古人惟鍾鼎祭器，稱功頌德，則有識。盤盂寓戒，則有識。它器亦有無識者，不可遽以爲非，但辨其體質、款紋、顔色、臭味足矣。」夫二書之論銅器，固已粲然具備。然清修好古之士，又不可不讀經傳紀録以求其源委。如薛尚功《款識法帖》，及《重廣鍾鼎韻》七卷者，《宣和博古圖》，吕大臨《考古圖》，王俅《嘯堂集古録》，黄睿《東觀餘論》，董逌《廣川書跋》等書，皆當熟味徧參而斷之以經，庶可言精鑒也。

葉盛《水東日記》卷一六《銅鼓》 南海神廟中銅鼓二，黄寇毁其一，今存者一，徑□尺□寸，圍□尺□寸，高□尺□寸，面圓不甚厚，邊突起狀蟾蜍者六，邊地仍出口外寸許，以次層細如腰束，然下復大與面等，面與四圍皆細波紋，中心高起

寸許，圓圍□寸，徑□寸□分，蓋控擊處也。或曰二廣銅鼓皆馬伏波時作，南海天妃廟舊亦有之，廣西蠻夷土官最多，若雲南、貴州，則武侯作，今夷酋寶蓄之以集衆云。

劉昌《中州名賢表》卷二七《大元國大都創慶寺碑銘》 宜其行業成就如此，固可以著金石而垂不朽矣。

都穆《句容金石記》卷一《晉潘公墓甓》 甎長九寸五分，寬四寸六分，厚一寸六分，陽文八分，書「元康五年番公辟」七字，兩頭一有「番公」二字，一有「周買」二字，旁又有「丙丁」二字。成化辛丑二月，芙蓉山下樵者掘得甎槨完整者僅數十枚，悉爲人取去。或謂元康年號，漢宣帝、晉惠帝均有番公，既莫可攷焉，知此甎非漢物，惟文雖古樸而質不甚堅，爲不類耳。

又附録《北齊造象》 右造象，高四寸三分，厚一寸四分，寬三寸四分。佛象背文五行，前四行九字，末一行十二字，兩側一兩行一一，行俱六字，其字以楷書而參用隸法，亦頗古拙。天保爲北齊文宣年號，十一年盖庚辰也，石藏胞兄世盛處。

楊慎《丹鉛總録》卷一五《刻石難精》 字書于碑碣比之簡牘已難得，刻手精尤爲難。

茅坤《唐宋八大家文鈔》卷二二《嶺南節度使饗軍堂記》 華元，名大夫也，殺羊而御者不及；霍去病，良將軍也，餘肉而士有飢色。猶克稱能，以垂到今。矧兹具美，其道不廢，願訪于金石，以永示後祀。遂相與來告，且乞辭。某讓不獲，乃刻于兹石。

又卷五八《太常博士周君墓表》 君有子七人：曰諭，鼎州司理參軍；曰誂，湖州歸安主簿；曰謐、曰諷、曰諲、曰説、曰誼，皆未仕。嗚呼！孝非一家之行也，所以移於事君而忠，仁於宗族而睦，交於朋友而信，始於一鄉推之四海，表于金石示之後世而勸。考君之所施者，無不可以書也，豈獨俾其子孫之不隕也哉！

馮夢禎《快雪堂漫録·鑄鏡法》 凡鑄鏡，煉銅最難。先將銅燒紅，打碎成屑，鹽醋搗荸薺拌銅，埋地中一七日。取出入爐中化清，每一兩投磁石末一錢，次下火硝一錢，次投羊骨髓一錢，將銅傾太湖沙上，别沙不用。如前法六七次，愈多愈妙，待銅極清，加椀錫，每紅銅一片，加錫五兩，白銅一斤，加六兩五錢，所用水，梅水及揚子江心水爲佳。白銅煉净，一斤止得六兩，紅銅得十兩。白銅爲精，鑄成後，開鏡藥，好錫一錢六分，好水銀一錢。先鎔錫，次投水銀，取起，入上好明礬一錢六分，研細聽用。若欲水銀，古用膽礬水銀等，分入新鐵鍋，燒成豆腐查様少許，塗鏡上，火燒之。若欲黑漆，古開面後上水銀完，入皂礬水中，浸一日取起。諸顔色須梅天製造。上色後，置濕地一月外，方可移動，則諸顔色與秦漢物無二，百計不能落矣。二法樂子晉得黄桂峰先生者。

梅鼎祚《皇霸文紀》卷一一《刻始皇刻辭詔》 皇帝曰：金石刻，盡始皇帝所爲也。今襲號而金石刻辭不稱始皇帝，其於久遠也。如後嗣爲之者，不稱成功盛德，丞相臣斯、臣去疾、御史大夫臣德昧死言，臣請具刻。

陳繼儒《妮古録》卷一 余見銅虎符僅二寸許，虎各半，合而爲一。色如碧羽，微帶黄金。

又 檇李項氏靈璧石，一座，長二尺許，色青潤，聲亦泠然。背有黄沙文，一帶峰巒皆雋。下金填刻字云「宣和元年三月朔日御製」，御書其下押一字。

又 歐陽公、劉原父、趙明誠皆收墟墓碑，間有事迹與史不同者，以證史之訛缺。

又卷三 金大定中，汾東岸崩，得古墓。有鼎十餘，鐘磬各數十，鼎有蓋，大者幾三尺，其中寶物獨存，鐘磬小者僅五寸許，大至三尺，凡十有二，蓋音律之次。後世之制以厚薄，而此以大小，其制度皆周器，非秦漢以後所作。今器不存，而墓址猶在。

又 孫漢陽以宋復古殿瓦爲研，瓦色黄而帶白，製頗古。

又 王敬美藏一玉觶，有把長三寸，皆臥蠶紋，純是青緑侵蝕，真奇寶也。敬美自題其齋曰寶觶，而余嘗一再飲酒。

又 莫廷韓有米海岳石，遠望之其色玄，近視之其色澄碧。高約七八寸，長徑尺，多峯巒洞壑，叩之聲清越，雖天燥蒼潤欲滴。下刻「雲卿」二字。

張溥《漢魏六朝百三家集》卷九《舂石言於晉》 金石同類。是爲金不從革，失其性也。

又卷一〇《奏記鄧禹》 明君不惡切慤之言，以測幽冥之論。忠臣不顧争引之患，以達萬機之變。是故君臣兩興，功名兼立，銘勒金石，令聞不忘。

陸世儀《思辨録輯要》卷一九 凡治郊野，須先分鄉爲幾都，都爲幾啚，啚又分爲幾號或幾圩。每都立大石碑一個，上書幾都，面刻本都四至地形河道，背刻本都田畝細數。每啚立小石碑，背面鎸刻都啚。每圩每號亦如之。使經界號段較如列眉，暴官汚吏自不能作弊。

顧炎武《金石文字記》卷一《鼎銘》 今在丹徒縣焦山寺中。鼎高一尺三寸二

分，腹徑一尺五寸八分，口徑一尺四寸五分，耳高三寸濶四寸二分，足六寸一分，深八寸二分。銘九十三字，皆古文，蝕一字。外爲雲雷之形。

又《龍藏寺碑》　今在真定府龍興寺大殿内。其後爲天寧閣，九間五層，高一百三十尺。中有銅觀世音像，高七十二尺，四十二臂各有所執之物，俗謂之大佛寺也。碑爲隋開皇六年恒州刺史鄒同公金城王孝僊立，而其末乃云：「齊開府長兼行參軍九門張公禮撰。」

又卷三《岱嶽觀造像記》　泰山之東南麓王母池有唐岱嶽觀，今存小殿三楹，土人稱爲老君堂。其前有碑二，高八尺許，上施石蓋，合而束之，其字每面作四五層，每層文一首或二首，皆唐時建醮造像之記。周環讀之，得顯慶六年一首，儀鳳三年一首，天授二年一首，萬歲通天二年一首，聖曆元年一首，久視二年一首，長安元年一首，四年二首，神龜元年一首，景龍二年一首，三年一首，景雲二年三首，開元八年一首，大曆七年一首，建中元年一首。其空處又有唐代人題名，書法不一，東側面有詩一首，其下題名，西側面題名亦有詩一首，中二側面皆無字。唐碑存於泰山者，唯此及元宗《泰山銘》、蘇頲《東封朝覲頌》二文，皆磨厓刻於山上，而此碑在山下，以小而雙束，故不仆。書非名筆，故摹拓者少，而獨完至今。因歎唐時六帝一后，修齋建醮凡二十許，共此二碑，亦異乎近代之每歲一碑，以勞人而災石者矣。但不知趙德甫《金石録》何以不收。恐古人碑記失傳者正多耳。碑下爲積土所壅，予來遊數四，最後墓人發地二尺，下面觀之，乃得其全文云。

又卷六《補遺》　古金石刻不獨文詞之典雅、字畫之工妙爲可愛玩，而先賢事跡，前代制度，不詳於史者，往往著見焉，其有資於博聞多識不細矣。

林侗《來齋金石刻考略》卷上《泰山都尉孔君碑并陰》　碑額篆有「漢泰山都尉孔君之碑」，秦漢魏不刻書石人姓氏，此碑隸書，高八尺餘，廣三尺餘，計十六行，每行二十九字。按宙字季將，孔子十九世孫，融之父也。此碑宜豎於墓，不知何時移立曲阜孔廟戟門東。方碣方座，式甚樸古，題額三尺許，中鑿圓孔，如月透背，即記所稱麗牲者是也。

又卷中《孝經》　玄宗御製孝經頌并注，皇太子亨篆額。今在西安府學墨洞内，作大亭以覆之。下作石臺，高五尺餘，硺鬼工猙獰擎扶狀，上硺石蓋爲龍螭拏攫狀，皆極精緻。中石四面皆廣五尺，高九尺餘，束以巨鐵，上下通計高二丈。四面遍書，每面二十一行，每行五十一字，小注分寫兩行。石瑩潤如玉，照人鬚眉，朗若明鏡，鑿刻精工爲最殊。觀書法與泰山銘同，老勁豐妍，如泉吐鳳，如海呑鯨，非虚語也。後有李齊古所進石臺表，行書亦佳。同勒諸臣名字皆秀勁可愛，至如行押數行，尤豪爽飛動。

王士禎《分甘餘話》卷二《先人古鏡端研》　或貽古鏡一，視之乃先太師公故物也，背有公自製贊云：「《爾雅》曰：『鑿，謂之鏡。』《釋名》曰：『鏡，景也，言有光景也。』古之人目短於自見，取諸鏡以觀其面，夫鏡不設形而能有形，故人舉其醜則怨，鏡見其醜則善。《南華經》云：『至人之用心若鏡，不將、不逆，應而不藏，故能勝物而無傷。』吁，可以鏡矣。」讚曰：「榮兮玉，光兮珠，其用常明，其中常虚。」左有文曰「萬曆甲申年造」。上爲乾卦，有小印爲象形，公名也；右一小印，曰「桓臺王子廓」，公字也。公故物惟此鏡與端溪小研一，光潔如白玉，亦有刻字，曰「王子廓家珍藏」。端研無銘。

又卷三《奇石》　廣州府城西長壽菴離六堂側池上有石一株，云産七星岩。其色黄如蒸栗，瑩潤如蜜蠟琥珀，稍有皺紋，高可三四尺，真奇物也。從來太湖石以供園林假山之用；靈璧石、英德石可作研山懸磬；端溪石作研材；青田石作印章。邇來福州壽山石五色具備，而堅細瑩潤不減凍石，以開採太酷，石脉遂竭。土人以芙蓉山石亦福州山名。代之，以誑鬻者，然色與質皆劣，價亦頓減矣。吾鄉章丘南山岩洞忽出石，色正緑，如翠羽之可愛，長有徑二三尺許者，峯巒聳峭，坡陀迤邐，水道分明，置之盆盎，信是奇觀。惜不數年，以開採過當，石脉亦竭，今亦不易得矣。

潘之淙《書法離鉤》卷九　歙溪石出歙縣龍尾溪。舊坑卵石。色淡青黑，有細紋，潤如玉，水濕微紫，或隱隱有白紋，成山水星月異象。燥則否。大者不過四五寸，多作月研，就其材也。或有純黑者，此石最貴，不減端溪下岩。南唐時方開，至宋時盡矣。龍尾溪新坑石，色亦有青者，質麤燥。有極大者，盈二三尺。

于奕正《天下金石志序》　倉頡昔始作字，臨雒汭，靈龜負書以出，遂提二十八字於陽虚之石室。繇是觀之，自始文字即已記，金石永其年矣。陽虚片石今不可尋，而李斯識其字八，叔孫通識其字十二，至今傳之。若是乎，金石之壽，不壽於楮墨也。今天下堙壘沉鼎頹跌仆碣，或呵護於蒼莽之濱者，一古人精魂所寄。自歐陽永叔、趙德甫搜而輯之，後來鮮有。將使奇文秘字剥蝕之以風雨，摧殘之以樵牧，捶擊之以俗吏腐儒，已乎於戲。後死者得與於斯文也，何以稱焉。閒居寡營，偶編周秦暨宋元金石之屬某地者以貽同志，編已載護之傳之，即未載尚求之其土之人，則以佳楮妙墨發古人之幽光，韻今人之眉睫。敢曰：古人是功抑後死者之

有責焉爾。嗟夫，趾不及垣，目無周覽，紀志不詳，徵引未的，則以俟讀万卷、行萬里者。

查慎行《敬業堂詩集》卷二五《壽山石歌》 《周禮》重璽節，後來印章毋乃同。自從秦人刻玉稱國寶，此外雜用金銀銅。鑄成往往上戴紐，屓贔作力碑趺雄。橐駝羔鹿虎豹龍，細者龜兔巨者貔與熊。肖形寓像隨所好，繆篆法與蟲魚通。漢時斗檢封，下沿唐宋仍相蒙。神龍貞觀宣和中，六印旁及金章宗。當時御府收藏及書畫，首尾鈐識丹砂紅。民間私記不知幾千萬，楊克一。有《集古印格》。王厚之。有《復齋印譜》。姜夔。有《集古印譜》。趙子昂。有《印史》。集古誰能窮。車磲瑪瑙犀角及象齒，苟適於用俱牢籠。後來摹刻忽以石，其法創自王山農。元末諸暨人王冕自稱煮石山農，始用花乳石刻私印。自元歷明三百載，巧匠到處搜碚礱。吾鄉青田舊坑凍，價重蒼璧兼黄琮。福州壽山晚始著，强藩力取如輸攻。初聞城北門，日役萬指傭千工。掘田田盡廢，壽山石産田中者最佳。鑿山山爲空。崑岡火連三月烽，玉石俱碎汙其宫。況加官長日檢括，土産率以包苴充。今之存者大洞蓋已少，大洞所産亞於田石。別穿巖穴開芙容。今所用者皆出芙容巖。居人業此成石户，斑白老叟攜兒童。采來製紐尚倣古，一一彫琢加磨礱。我聞金石古稱壽，兹山取義奚所從。如何出寶還自賊，地脈將斷天無功。山靈有知便合變頑礦，庶與鴻濛混沌相始終。

鈕琇《觚賸》卷六《曹全碑》 漢曹全碑，出於郃陽之莘里村，明萬曆中得之。其石完好，止缺一因字。無書撰人姓名，俗謂蔡中郎者，以其文格似漢，又爲八分體也。碑陰有市掾、曹史、督郵、嗇夫、三老、將軍、令史、門下、祭酒諸人，醵錢豎石。蓋亦去思遺製。

牛運震《金石圖説序》 竊見中古以來，書契攸興，聖人才子轉相作述，爰有金石刻文字以紀功德，載官儀，表里氏，序代年，蓋將光華輿地，翼佐墳籍，斯誠六藝之別軌，於以徵文考獻，明微振幽，依放作者之意，推著無窮，爲後世垂摽矩具彰美。傳曰：君子之觀於銘也，既美其所稱，又美其所爲，金石之刻與竹册異用而同功，實以補史傳志乘之不及，印幡既設，其道漸廣，繆蟲是營，厥體大備，降秦迄漢洎乎晉唐，廟表墓碣之文，神龕社瓦之章，駸駸乎曼衍區寰矣，帝王名臣循吏處士之軼行，古迹靡不畢集舊刻，文學者於是道古而折衷於圖書，夫豈小助也？

又甲上 古鼎銘之作，豈虚也哉，記曰：銘者，論譔其先祖之德善功烈，勳勞慶賞聲名列於天下，而酌之祭器，自成其名焉，以祀其先祖者也。

又 魯孝王石刻高一尺一寸，濶一尺九寸，厚一尺，字刻右方，周方七寸，字徑一寸五分，在曲阜縣孔子廟同文門西側，北向，一十三字，字畫甚古，篆而兼隸。安邱張在辛卯君云：筆勢奥動，莫可測，倪於戲此其所以爲西漢太子池石刻舊古文也。考其本末，開州刺史高曼卿載之殆詳。

又 祝其卿及上谷府卿石龕，龕椁四圍，而鑿其中，刻之於内，祝其卿龕崇一尺，廣二尺，厚一尺五分，其龕崇二以爲鑿，崇以其三爲兩椁之，崇十分，其龕廣三而殺之，以爲鑿廣，鑿廣五寸五分餘，以爲椁廣三分，其椁廣一在左，二在右，以置其鑿弦，鑿於龕上下中也，以其厚之弱爲之鑿深。其文曰祝其卿按墳壇居三字。攝二年二月造，字徑一寸一分，上谷府卿龕崇與廣厚如祝其之數，惟鑿廣十分，其龕廣而三之六寸也，他形制從同，同其文曰上谷府卿按是墳字壇居攝二年二月造。字徑一寸一分二，龕在曲阜縣孔子墓前雍，正十年廟官陳百户移置孔子廟西齋宿所。

又 郃陽褚峻千峰爲余道太室少室諸石闕刻文畫像之蹟甚詳至。太室石闕者，去中嶽廟前百步，在登封縣東八里，中嶽太室之神道闕也。闕有二，其一東闕，無文字，此其西闕也。闕高八尺，濶六尺，厚一尺，有六寸刻銘。闕端刻石高八寸，濶三尺三寸，字徑一寸，闕陽銘而陰額銘，南向，額北向，額刻九字。其文曰：「中嶽太室陽城」疑「之西闕」三字。刻石高七寸五分，濶八寸，字徑二寸六分。闕以元初五年陽城潁川諸守長造，今其銘後題名可覩也。由太室石闕而西過登封縣十里又西南三里許，有兩崇闕峩峩東西峙田間，西闕三面皆有刻文，北面刻曰「少室神道之闕」，知是少室石闕也。少室廟今不可見，存此闕云。刻額高七寸，濶七寸五分，字徑二寸三分，刻額下畫兩人走馬而舞，爲角抵戲，又畫兩螭龍，一龍入於窗中，一龍逐而銜其尾，亦不知其所謂也。銘與題名刻於闕之南面及西側，凡十九行，横濶三尺八寸，并側爲四尺四寸，縱高一尺，字徑一寸四分，銘文可識不可讀，疑有斷文也。西側畫一環月，爲蟾兔杵臼搗藥之形，南面畫索毬而蹋蹴者二人，坐而睨視者一人，跪者一人。東闕去西闕五六步，東闕畫一獵犬逐兔，兔趯趯然可及也。又畫一獨角獸，一人左手引之而右持鉤象者。畫像下有一石刻，高一尺，濶六寸，刻二十四字，可見者十九字，字徑一寸二分，所謂少室東闕題名者也。刻文寖下前人皆未及見，見而表之者雒陽董金甌，相函金甌好古士，善篆隸。東闕刻文畫像之蹟皆北向，凡少室東西兩闕高厚濶之數皆相等，高八尺五寸，濶五尺五寸，厚一尺八寸。凡兩闕畫像七人、二馬、一犬、一兔、一象、一獨角獸、二螭龍及月中玉兔蟾蜍之屬。諸像極古拙，崇福觀者在登封縣北十里，觀東二十步相傳爲開母廟舊址，開母石闕者，延光五年造題名而銘禹績。銘文四言，重曰以下六言儷如賦

語，別又有四言銘，爲季度作所謂季度銘是也。闕高八尺五寸，濶六尺，厚一尺六寸，開母銘刻於其陰及東側高二尺三寸，字徑一寸八分，季度銘刻於開母銘下，高七寸五分，濶二尺三寸，字徑一寸五分，開母銘及季度銘刻文皆北向。褚峻千峰云開母石闕亦有東闕，如太室少室雙闕者，東闕無刻文，非金石事所重，故弗著。峻又云，太室少室開母三神道相望也，迤北則中嶽嵩高，巖洞迴複，雲木杳冥，秘文奥刻往往而有，境幽人稀風雨阻絶，探古之士自此返矣。

王昶《金石萃編序》 宋歐趙以來，爲金石之學者衆矣，非獨字畫之工使人臨摹把翫而不厭也，跡其囊括包舉靡所不備，凡經史小學暨於山經地志叢書別集，皆當參稽會萃，覈其異同而審其詳略，自非輇材末學能與於此。且其文亦多瑰偉怪麗，人世所罕見，前代選家所未備，是以博學君子咸貴重之。

又卷四 自秦至今，閲數千年，之罘、碣石之刻久已無傳，嶧山、會稽皆出後人重摹，泰山石又毁于火，而此石巋然猶存，且一石中備存始皇二世之跡，金石不朽信有徵矣。然安知非造物者厪留此刻以爲萬世好大喜功之主戒也。

趙翼《甌北集》卷四〇《梁製觀世音像歌》 王仲瞿孝廉得古銅佛像一軀，長身玉立，首有金冠如翠翹，衣褫多繡紋，極精緻。與世所塑釋迦像螺髻袒胸跏趺坐者不同。其底有篆書「天監二祀十有一月，中天竺王屈多使竺盧達多獻西域土物：優闐賢王造釋迦真像一，摩訶觀世音像一，摩訶至像一。三夫人丁氏進位貴嬪。皇子六通誕彌月，皇太子統三周。皇帝命顯陽宫監臣陳舍利、臣王寶、臣東方迦葉奉造一佛二菩薩像。臣舍利奉皇大統于永福省，授太子統《孝經》一卷，觀世音像一軀。臣太子統，臣舍利稽首頓首」云云。

錢大昕《金石文跋尾序》 然則金石之學自周、漢以至南北朝，咸重之矣。而專著爲一書者，則自歐陽永叔始。自永叔以下，著録者甚多。有專取一體書者，如洪氏适《隸釋》、婁氏機《漢隸字原》是也。有取金不取石者，若《宣和博古圖》及薛氏尚功《鍾鼎款識》、王氏俅《嘯堂集古録》是也。有專取一地者，若黄氏叔璥《中州金石考》、畢氏沅《關中金石記》是也。而王氏象之雖稱《輿地碑目》，實限於偏安州郡。至葉氏封《嵩陽石刻記》限於一山，黄氏華蕃《恒山石墨考》限於一廟，而潘氏迪《石鼓音訓》、桑氏世昌、俞氏松《蘭亭考》、周氏在浚《天發神讖考》、鄭氏元慶《石柱記釋》、陳氏鵬年《瘞鶴銘考》，則并專考一碑，更爲狹矣。

又卷三《龍藏寺碑》 古人搜討金石之文，其於表微闡幽，不爲無助也。

又卷一八《利州精嚴寺蓋公和尚行狀銘》 蓋金石文字往往有功於地理。而塞外荒僻，文獻無徵，可與言者，唯石丈人，恨土人不知珍惜耳。

錢大昕《潛研堂文集》卷二五《郭允伯金石史序》 古文多用竹簡，後世易以楮紙，二者適於用而不能久，故金石刻尚焉。周秦漢唐之刻傳於今者，皆工妙可愛，世人震於所見，因歎古人事事不可及。予謂字畫有好醜，鐫手有巧拙，古人詎必大異於今。顧其醜且拙者，雖託之金石，終與草木同腐。神物所護持，必其精神自能壽世，故非古迹之皆工，殆非工者不能久而傳爾。自宋以來，談金石刻者有兩家：或攷稽史傳，證事迹之異同；或研討書法，辨源流之升降。嘗鼎一臠，各厭所欲；挹水鑽燧，取之無盡。今讀華州郭允伯《金石史》，鑒別精審，而援引經史亦亹亹可聽，庶乎兼兩家之長者。

又《關中金石記序》 竹帛之文，久而易壞，手鈔板刻，展轉失真；獨金石銘勒，出于千百載以前，猶見古人真面目，其文其事，信而有徵，故可寶也。

又《山左金石志序》 嘗論書契以還，風移俗易，後人恒有不及見古人之嘆。文籍傳寫，久而踳訛，唯吉金樂石，流轉人間，雖千百年之後，猶能辨其點畫而審其異同，金石之壽，實大有助于經史焉。而且神物護持，往往晦于古而顯于今。

又《金陵石刻記序》 夫古人姓名著之金石，將爲不朽之計，而金石之壽，亦似有數存乎其間，此永叔、德甫諸公集古之勤大有造於古人也。

張燕昌《金石契》 右漢銅洗篆文「富貴昌宜矦王」六言，旁有雙魚紋，口徑漢尺尺有五寸，高七寸，底廣九寸，外有兩獸面爲提，洪适《隸續》所謂「若駝非駝，若麟非麟」者與。

趙紹祖《涇川金石記》《田学文彝》 彝高三寸四分，口徑四寸三分，重二觔十二兩，容一升有半。腹有三文，曰「田学文」，或即鑄彝者之姓名也。腹下銘四行，凡二十字，其十六全用鄦子鐘銘，而首四字不可復辨，但知其爲重文耳。銘用陽識，固非三代之器，而結秀瑩澈，殆千年以上之物。

又《倪雲林小像》 雲林小像，上方鐫王仲光所撰墓志，正書小楷。上缺一角，磨泐數字。下方小像，趺坐木榻，手執幅巾，几上陳鐘鼎卷册數事，奚童侍女左右夾侍，刻工精妙。向在嘉定王氏，今與金粟道人像竝歸周氏祠中。

又《唐右鷹揚衛温陽府印》 唐官印，銅鑄，方今營造尺一寸八分，厚四分，橋紐高七分，重今平七兩七錢。文曰：「右鷹揚衛温陽府之印。」三行，行三字，背刻正書，如印文，分左右兩行，大半爲青緑所食。可辨者「右鷹温陽府印」六字而已。篆文屈曲，與唐雞林道經略使印同。

又《崇勝寺丁思禮造像》 丁思禮造像，在沛縣之夏鎮，與山左滕邑接壤，爲江左石刻之最遠者。碑分四截，上截佛像五區，《心經》十八行，行十七字。次截記文，十六行，行十九字。三截五行，皆僧尼題名。下截十六行，行八字至十一字不等。碑側三行，貞元十五年夏侯贊題名。紀年一行，大唐天寶八載十月廿一日暨。字畫清朗，不審萃編何以誤作大歷。

又《金石文鈔》卷七 當時宦官倚權勢以陵軍帥，而碑易惡爲美，可謂有愧于辭。故觀金石者，實事則當證之于碑，虚譽則當攷之於史也。

嚴可均《平津館金石萃編》卷九 天寶中，玄宗方崇尚道家之説以祈長年，故當時諂諛矯妄之徒，皆稱述奇怪以阿其所好，而居貞遂刻之金石以重欺來世，可謂愚矣。

又卷一三 厥後代有修崇上士名人，時時解蜕，雲軿羽盖。往往降靈，皆著之金石，播於謡頌。

又卷一四 今徐法既精，可傳於濟人，俾聞者取信，畧刻以定吉凶時而行婚姻喪葬事，是亦有功於長民者乎，宜刻石以志。

陸耀遹《金石續編》卷一《萊子侯石刻》 高一尺五寸，廣二尺二寸，七行，行五字，隸書，在山東鄒縣孟廟。嶧山西南廿里曰臥虎山，山陽皆土，一石直南北臥山足，地勢高平，儼然堂基，此其西南隅附土者也。形方長，上微弓，中斷爲二，色純青而堅。西側近南處瑩如碧玉之璞，而正平，不加追琢，刻字其上。以周尺度之，斷以南餘三尺許，方二尺八寸。隸七行，行五字，字徑二寸五分。界以豎格，四線圍之。外刻粗斜紋二寸作邊，則石盡矣。

黄本驥《古誌石華敍》 墓之有誌，未審所起，劉彦和與梁昭明同時，《雕龍》所載飾終之作曰「誄」、曰「碑」。勒於石者，惟碑而已。昭明選文則以墓誌摽目，是其時已有墓誌，而彦和遺之何也？李善注選引王儉語曰：「石誌不出典禮。元嘉間顔延之爲王琳作石誌。」是謂墓誌始於劉宋時矣！而謝惠連亦元嘉間人，其祭古冢文云：「銘誌堙滅。」則劉宋以前已有銘誌，不始於顔作矣。汝帖載比干墓銅槃銘，頗似銘墓之辭，然以爲三代故物，則未敢信。《述異記》有闔閭墓中石銘，亦未足爲誌墓之據。惟《博物志》載西都時南宫寢殿内有醇儒王史威長葬銘，詞意簡質，確是漢文。又《西京雜記》載前漢杜子春臨終作文刻石埋於墓前，東漢崔子玉嘗爲張衡書墓誌。《金石録》載有漢永建元年窆室銘。《隸釋》載武陽石穴間有漢建初二年刻字，洪氏以爲埋銘之椎輪。《三國・吴志》孫權使張承爲淩統作銘誄，《水經注》臨沅縣有晉龔元之墓銘。《續博物志》有晉王戎及荀晞子婦墓銘。《夢溪筆談》有齊謝朓海陵王墓銘。《昭明文選》有梁任昉劉瓛妻王氏墓誌，皆誌銘之最古者。然則墓誌實濫觴於兩漢，浸淫於六朝，而波靡於唐宋，不自劉宋始也。漢魏遠矣，石刻斷泐，文集無徵，晉代禁用碑誌，故所傳亦尠，南北二朝，始見於集。唐宋以來，則無集不登矣。其誌石之在土者，亦日出而不窮，凡所稱述不無諛詞，然其事實往往與國史相參。史之所有，可拾其遺，史之所無，可補其闕。故誌墓之文爲讀史者所不廢，爲人子孫必以是作，屬之能文之士、善書之筆，冀其文入集中可備史家採擇，即其集失傳千百年後，陵谷變遷，誌石出土，尚可託文字之工爲後人所寶，而其姓名得以復顯。故陽有碑碣，幽有誌銘，即杜征南峴首沉碑之意，亦仁人孝子無窮之思也。然石有時而泐，文字之工者不必皆傳，其傳者不必皆工，工且傳矣，或爲土人所毁，則有甃爲牆基，琢爲柱礎者矣。否則爲好事者移徙而去，以至顯而復湮，是蓋有幸有不幸焉。余於金石文字收藏頗富，偶檢誌石拓本，自晉至元得百餘紙，其中已有石毁而此紙僅存者，恐其散佚，益以友朋所藏及金石家著録之確而可徵者，彙録成帙，分爲三十卷，取劉彦和「石墨鐫華」之義，題曰《古誌石華》，所以别於文集選本也。古墓爲田，誌石出土，好古君子倘能踵而録之以傳其人，其功德當與瘞骴相等。

又卷三〇 金石文字自歐陽公始有專好，其後踵而好之者不下數十家。然亦搜集搨本著爲成書，以物聚必散，惟目録可以久傳。金石之壽不及紙本，故不憚竭心力耗時日而爲之，未有多聚石刻以爲篤好者也。關中爲秦漢隋唐故都，殘碑斷碣日出不窮，既非一人之力所能盡得。豐碑巨刻，雖强有力者無如何。惟誌石出土，其制差小，遇好古而客其地者，往往以重金購之，攜歸故里，且慮馱負之難勝也，大者斲之，使小厚者礲之使薄。自以爲好古成癖，亦何不達之甚也。夫古物流傳，端賴通人護惜，惟有公諸同好以永其傳。

龔自珍《龔自珍全集》第四輯《説宗彝》 史佚之裔官曰：彝者，常也，宗者，宗廟也。彝者，百器之總名也，宗彝也者，宗廟之器。然而暨於百器，皆以宗名，何也？事莫始於宗廟，地莫嚴於宗廟。然則宗彝者何？古之祭器也。君公有國，大夫有家，造祭器爲先。祭器具則爲孝，祭器不具爲不孝。宗彝者何？古之養器也。所以羞耇老，受禄祉，養器具則爲敬，養器不具爲不敬。宗彝者何？古之享器也。古者賓師亞祭祀，君公大夫享器具則爲富，享器不具爲不富。宗彝者何？古之藏器也。國而既世矣，家而既世矣，富貴而既久長矣，於是乎有府庫以置重器，所以

鳴世守，侈祖禰，矜閥閲也。宗彝者何？古之陳器也。出之府庫，登之房序，無事則藏之，有事則陳之，其義一也。宗彝者何？古之好器也。享之日，於是有賓，於是有好貨。宗彝者何？古之征器也。征器也者，亦謂之從器；從器也者，以別於居器。宗彝者何？古之旌器也。君公大夫有功烈，則刻之吉金以矜子孫。宗彝者何？古之約劑器也。有大訟，則書其辭，與其曲直而刻之，一本「之」下有「器」字。以傳信子孫。宗彝者何？古之分器也。三王之盛，封支庶以土田，必以大器從。宗彝者何？古之賂器也。三王之衰，割土田以予敵國，必以大器從。宗彝者何？古之服器也。小事大，卑事尊，則有之。宗彝者何？古之媵器也。君公以嫁子，以鎮撫異姓。宗彝者何？古之服器也。大者以御，次者以服，小者以佩。宗彝者何？古之抱器也。國亡則抱之以奔人之國；身喪則抱之以奔人之國。宗彝者何？古之殉器也。襚之外，棺之中；棺之外，椁之中；椁之外，冢之中。於是乎有之，起於中古。宗彝者何？古之樂器也。八音金爲尊，故銘之，衎神人也。宗彝者何？古之儆器也。或取之象，或刻之銘，以自教戒，以教戒子孫。宗彝者何？古之瑞命也。有天下者，得古之重器，以爲有天下之祥；有土者，得古之重器，以爲有土之祥；有爵邑者，得古之重器，以爲有爵邑之祥。凡有徵於先史之籍，有此十九説者，皆不可以不識也，不可以不類識也。古者之於器，又有二大端焉，又不可以不辨也。一曰自造器；一曰以古人之器。蓋於祭、於養、於享、於約劑、於旌，古者必自造器；於分、於藏、於陳、於好、於獻、於賂，則以其古人之器。自夏后氏以降，莫不尊器者，莫不關一本「關」作「官」。器者，其吉凶常變、興滅存亡之際，未有不關器者。是以君子樂論之焉。

又《説刻石》 羽琌山民曰：古者刻石之事有九：帝王有巡狩則紀，因頌功德，一也。有畋獵游幸則紀，因頌功德，二也。有大討伐則紀，主於言勞，三也。有大憲令則紀，主於言禁，四也。有大約劑大詛則紀，主於言信，五也。所戰，所守，所輸糧，所瞭敵則紀，主於言要害，六也。決大川，濬大澤，築大防則紀，主於形方，七也。大治城郭宮室則紀，主於考工，八也。遭經籍潰喪，學術岐出則刻石，主於攷文，九也。九者國之大也，史之大支也。或紀於金，或紀於石。石在天地之間，壽非金匹也，其材巨形豐，其徙也難，則壽侔於金者有之，古人所以舍金而刻石也歟？若夫文臣學士書體之美，魏、晉以後，始以爲名矣；唐以後，始以爲學矣；南唐、北宋，始刻於石，以爲天子右文，儒生好古，頗在於是矣。名爲帖，治帖有專門，其事則非刻石倫也；祠墓之碑，一家之事，又非刻石倫也。此二者，宜更耑以言者也。

又《説碑》 廟有碑，繫牲牷也，刻文字非古也。墓有碑，穿厥中而以爲窆也，刻文字非古也。刻文字矣，必著族位；著族位矣，必述功德。夫以文字著族位，述功德，此亦史之別子也。仁人孝子，於幽宮則刻石而埋之，是又碑之別也。自漢氏始，訖宋之南，録此三類，義雖弗古，抑其事與其言富觀覽矣，豈可以不論哉？乃疏原流，譎學者，以竟刻石之説。

又《説印》 瘁哉！自著録家儲吉金文字，以古印爲專門，攻之者有二。或曰：是小物也，不勝録；或曰：即録，録附鐘彝之末簡。昔者劉向、班固皆曰：繆篆，所以摹印章也。漢書有八，而摹印特居一。古官私印之零落人手也，小學之士，以古自華之徒，別爲一門，固有説乎？夫莙、泖之士愛古甓，關隴之士愛古瓦，善者十四，至于魚形獸面之製，吉陽富貴之文，或出于古陶師，多致之不足樂也；且別爲一門，儲印豈不愈於是？若夫第其鈕，別其金三品，則亦攷制度之一隅也。官名不見于史，是亦補古史也。人名大暴白乎史，是則思古人之深情也。夫官印欲其不史，私印欲其史，此羽琌之山求古印之大旨也，體或繆篆，或省不爲繆篆。

又《商周彝器文録序》 羽琌山民曰：商器文，但象形指事而已，周器文，乃備六書，乃有屬辭。周公訖孔氏之間，佚與籀之間，其有通六書，屬文辭，載鐘鼎者，皆雅材也，又皆貴而有禄者也。制器能銘，居九能之一，其人皆中一本無「中」字。大夫之材者一本無「者」字。也。凡古文，可以補今許慎書之闕；其韻可以補《雅》、《頌》之隙；其事可以補《春秋》之隙；其禮可以補《逸禮》；其官位氏族可以補《世》本之隙；其言可以補七十子大義之隙。三代以上，無文章之士，而有羣史之官。羣史之官之職，以文字刻之宗彝，大抵爲有土之孝孫，使祝嘏告孝慈之言，文章亦莫大乎是，是又宜爲文章家祖。其及五百名者，有曶鼎；六百名者，有西宮襄父盤，則與《周書》七十一篇相出入矣。摹其篆文，以今字録之，如孔安國治《尚書》，以今文讀讀古文也。

又《秦漢石刻文録序》 文體五百歲一變，善體五百歲一變，金石義例五百歲一變。

又《自晉迄隋石刻文録序》 自晉迄隋之亡，垂五百歲，龔自珍所録十有四篇，録又褊矣。何所據？據史。又何所據？總集、別集。又何所據？據地理志。又何所據？據金石家。又何所據？據墨本如《上清真人館壇碑》是也。有所闕陷引爲恨者乎？有之，北魏、北齊、北周，存者十倍於宋、齊、粱間，江左土薄，近水石

易爛，恨者一；南北書體同時大壞，無一事足儲以俟考文之聖，恨者二；作佛事功德，造象繁興，十居八九，無關故實，非有當於吾九者之例也，恨者三；又不如祠墓之碑之近於史也，恨者四。

又《鏡録序》 鏡別爲專門，何也？其四言在《易繇》與《詩》之間；三言至七言，在謡諺之間。體裁尤芳異，文章家喜之，録之以睨夫言詩者也。其用韻，則不可以周之諧聲求之矣；其文字，大小篆與隸書相雜爲體。起於秦，迄于齊、梁間。自藏五，諸家墨本三十有九，總四十有四。

又《瓦録序》 漢氏宮殿之名，不可得而簿録也。其瓦黝以温，其文字多哀麗傷心者，觀其體，皆深習八體六技者之所爲，非盡陶師之爲也。夫後漢祠墓之刻碑，皆石工書；而前漢瓦文，乃兼大小篆。嘻！可以識炎運之西隆，窺劉祚之東替也矣。

又《兩齊侯壺釋文》 齊侯中罍不見《年表》、《世家》，古器物之人名，不必盡在經史，況《年表》書十二諸侯侯名闕弗具。

劉喜海《金石苑》 右漢馮焕闕，在渠縣東九十里，題云：「故尚書侍郎河南京令豫州幽州刺史馮使君神道。」按《後漢書・馮緄傳》：緄，巴郡宕渠人。父焕，安帝時爲幽州刺史。不言其爲豫州刺史也。《隸釋》有安帝元初六年賜豫州刺史馮焕詔，是焕嘗爲豫州刺史矣。以焕殘碑考之，有「郎中尚書侍」五字，其碑陰諸曹史及帳下司馬武剛司馬十餘人，有貫潁川、汝南、陳國者，皆豫州舊部也。是焕先爲豫州刺史，後移幽州矣。史傳失載，畧也，可以補《後漢書》之缺，惟京令無所見，神道下刻獸首，《隸圖》亦未載。

又 子謂石刻當時所書其名字官爵不應差誤，可信無疑，閲此碑可以訂正史之訛。

又《金石札記》卷一 古人事蹟史不悉載，賴金石以傳之。金有時燬，石有時泐，賴墨本以傳之。墨本聚散何常，存亡何定，賴箸録以傳之箸録之家。

又 或者曰：造象之刻，佞佛者所爲，其人其事均無足取，雖古刻也不傳亦何傷？是則有大不然者。錢潛研跋《父母恩重經》云唐人好刻《尊勝經》，名山古刹所在多有，不若此經足動人慈孝之心。吾於此亦云然焉。統觀諸刻上而爲國爲帝，下而爲父母兄弟妻子，皆不失爲倫常中人。愚夫邨婦焉得盡以大聖賢繩之，大聖賢代有幾人，愚夫婦所爲足以風世厲俗者，有功於聖教甚多，何獨於造象而鄙之？彼鄙棄造象者，其行事亦豈合於聖賢乎？抑更有説者，金石之學匪以供愛翫也，將以訂史傳之譌闕，徵文字之異同，習焉弗察，造象誠不足爲有無，好學者潛心研求一名一字，皆足以資攷證而廣見聞，試撮其大端而略陳之。

又卷二 宋御亥鼎，鼎存蓋佚，舊藏劉燕庭處，木座有丙申年題字。今爲夏芝岑所得，通高漢尺六寸二分，飾以蟠螭鱗紋，口徑九寸二分，腹深四寸二分三，足似鬲而不空，高三寸四分，兩耳在表，《爾雅附》「耳外謂之釴」，此即是也。耳高於口一寸六分，長三寸六分，中空，上寬九分，旁寬七分，色似澤桼青緑，鏽蝕斕然可觀。銘五行在内牆。

又 夔彝，通高漢尺六寸六分弱，口徑七寸三分，腹深四寸六分。兩鋬作牛首，下垂有舌，舌長一寸八分，兩面亦均作牛首，口際四圍有六柱，亦作牛首，内向。通身直線紋，餘皆以蟠虯爲飾，銘在腹内。

吴蘭修《南漢金石志》卷二《□弟子劉軍□》 右龔澄樞《造鐵塔記》。塔在廣州光孝寺，文凡七行，世所傳者，惟西一面文。乾隆甲午夏益都李文藻素伯，諦觀東南北三面，鐵繡中隱現有字，募人錐出搨之。文皆與西面同，而每行字數有多寡，蓋非一范也。素伯又爲文記塔之形製云。塔自石趺以上，高丈有九尺六寸，石趺四重，刻獅獸。鐵趺四重，一作瓦檐形，二作龍戲三珠。縮其地廉外爲四人首戴，第三重如贔屭狀，三重亦刻花紋。四重周作蓮花，四面各闊四尺六寸，爲瓣九，中瓣刻紋於上。自蓮花瓣以上凡七層，以次而狹，皆鑄佛像。最上闊不過二尺，又上爲蓮花頂，每層大佛一，衆小佛環之。每面七層，計二百五十佛，四之則千佛矣。下二層佛旁有字，梯而視之，第一層：東曰釋迦佛，西曰彌勒佛，南曰彌陀佛，北曰藥師佛。藥師佛者，釋家謂之功德佛，其造塔者自況乎。第二層，東盧遮那佛，南盧舍那佛，西牟尼佛，北毗舍浮佛。它佛名皆刻佛左，而此獨刻佛右，塔頂似有字，勢甚危，不可梯也。

葉昌熾《語石》卷六《碑版有資考訂》 撰、書、題額、結銜，可以考官爵，碑陰姓氏，亦往往書官於上，斗筲之禄，史或不言，則更可以之補闕。郡邑省并、陵谷遷改，參互考求，瞭於目驗。關中碑誌，凡書生卒，必云終於某縣某坊某里之私第，或云葬於某縣某村某里之原，以證《雍録》、《長安志》，無不脗合。推之他處，其有資於邑乘者多矣。至於訂史，唐碑之族望及子孫名位，可補宗室、宰相世系表；建碑之年月，可補朔閏表；生卒之年月，可補疑年録。北朝造象、寺記，可補《魏書・釋老志》。天璽紀功、天發神讖之類，可補《符瑞志》。「投龍」、「齋醮」、五嶽登封，可補《郊祀志》。漢之孔廟諸碑，魏之《受禪》、《尊號》，宋之道君《五禮》，可補《禮志》。

唐之《令長新誡》，宋之《慎刑箴》、《戒石銘》，可補《刑法志》。古人詩集，凡有登覽紀游之作，注家皆可以題名考之，郡邑流寓，亦可據爲實録。

又《碑版有資風教》 碑版有資考證，非獨補史闕也，蓋於風教亦有裨焉。

倪濤《六藝之一録》卷一〇六《廣陽島石刻》 碧雲巖在富川縣一里，岩洞邃深，石壁絶高處有石眼，成三字，曰「廣陽島」。遠望分明，近視如絮狀。

又卷一一七《隆州碑記》 漢黄龍甘露之碑，在籍縣江口，上鋭下方，其狀如鐘。大書「漢黄龍甘露之碑」七字，餘不可讀，其可識者，郡臣將軍位號，蓋爲龍紀也。

又卷一二四《五鳳二年殘字》 昔歐陽公著《集古録》不得西漢字，劉原父出守秦中得故銅器數件，以欵識寄之，得償其願。盖碑文起於東漢而西漢無之也。金明昌中，詔修孔廟於靈光殿基，西南三十步有太子釣魚池，取池石充用，得一石刻曰「五鳳二年魯卅四年六月四日成」十三字。按五鳳乃宣帝時號，字形樸厚，此西漢之物，絶無僅有者也，使歐陽公當日見之，不更爲欣慰耶！

張德容《二銘艸堂金石聚自叙》 歐陽子有言，物常聚於所好，而常得於有力之彊，顧聚之非一日，好者亦非一途。如墨妙萃於一亭，蘭亭至八千匣卒歸湮没，無補遺文，是爲好事家。又如品評優劣講求筆法，名蹟有書估之目，寶章有待訪之編，是爲賞鑒家。皆於金石無與焉。金石之書，自歐《集古》始而趙《録》繼之，至洪氏《隸釋》、《隸續》備録原文並撫碑式則愈精矣。宋人好者多，如王厚之象之、薛尚功、鄭樵、陳思之倫，皆有遺編以餉後學。元則《學古編》、《古刻叢鈔》而外寥寥焉。明人此道幾絶，惟都氏《金薤琳瑯》、趙氏《石墨鐫華》略見大意，若王元美、楊用修輩，皆無與金石之數者也。我朝自顧炎武南原、朱竹垞諸老以金石佐經術，於是金石之學日盛。如葉九來之《石金録補》、錢竹汀之《潛研堂金石跋》皆其卓卓繼美歐趙者也。其他一時一地，若嵩陽、雍州之屬，蓋不可勝數。乾嘉以來諸君子搜羅剔抉，各自成書，若中州、關中、山左、兩浙、湖南、粵東、粵西、越中、括蒼、安陽、匽師、益都、常山以及武氏之《授堂金石跋》、洪氏之《平津讀碑記》，莫不兼收博攷，較之郭氏《金石史》、吴氏《金石存》等，又有加焉，幾於家握隨侯之珠，人抱荆山之玉矣。其號稱精審者，莫如翁氏之《兩漢》，至王氏《萃編》，欲合衆好而聚之，惜其晚年不能偏覽，假手旁參，漏略舛誤多所不免。則聚之固難，而考訂爲尤難也。由王氏而後數十年來，前所有而今佚，今所出而昔無者又不知若干種矣。海内爲金石學者不乏人，以容所及見，莫如劉燕庭方伯最爲精博，然其已刻之書惟《三巴舂古志》。此外尚有《長安獲古編》、《洛陽存古録》，六朝唐宋以來墓誌題名造像不下數千餘種，皆録有原文，惟《海東金石志》爲已成之書。此外，題跋稿多散佚，不知能否存什一於千百也。容非有力而竊好之，前後所聚亦至千餘種，十餘年間服官之暇，所與賞奇析疑者，若沈文忠及潘伯寅侍郎、陸星農觀察皆有同好焉，文忠未及成編，身後亦多散失。伯寅收藏多厄於庚申之刼，今星翁孜孜不倦，所聚有加，而容之所聚尚獲存焉，豈非厚幸歟？不及今編次，將所謂聚而必散者亦恐及焉，比年爲境所累，艸堂養疴，時或以鉤橅自遣，戢戢遂如束筍，乃分而次之，以周秦至南朝爲一編，北魏至隨爲一編，唐至五代爲一編，南詔、大理、西夏、朝鮮別爲一編。自宋及元雖略有所聚，能否成編則視後日力之所至而已。嘗爲之説曰：金石之學有益於史者最多，輿地、方志之考證，尤爲不少，此其大端也。漢碑則更有進者，其文辭多古義，可以助經學；其字體多古雅，可以訂小學；其所敘述皆聖賢之典要，忠孝、廉節、名教、循良之事行，而無浮圖不經之説雜出於其間，實非六朝以降所可同日語也。至於篆隸筆蹟爲書家寶貴，特其顯焉者爾。容於秦漢皆鉤橅之，三國至南朝碑版無多，因而附焉，北魏以下則録其全文，記其行款，亦仿《萃編》之例，刊而存之，豈曰附於箸述庶可質諸同好云爾。

又卷一八 張仲醫，其器如盤，四周有脣，以營造尺度之，徑一尺三寸二分，受物處徑尺有八分，深二寸二分，底徑九寸二分，中爲銘，六行，行八字，銘旁爲小魚十頭環繞之。

王言《金石萃編補略》卷一 元公，西魏宗室，入北周爲左給事中士，故碑云「魏昭成皇帝之後」。又云「保定四年詔擢爲左給事」，保定，西魏武帝年號也。至天和四年遷爲給事上士，建德元年入爲主寢上士，則西魏已亡而仕於北周矣。由是宣政二年封建寧男，大象二年進爵爲子，不二年而北周又亡，乃仕於隋。之開皇元年爲益州武康郡太守，身歷三姓，仕北周二十四年，仕隋二十九年，至隋之大業九年乃卒於懷遠。其人遭亂而無特立之節，正是五代陋習，無可稱述，周隋二史俱不爲之立傳，惟曾祖諱忠者見於《周書・元偉傳》。傳亦河南洛陽人，與碑云「洛陽」正合。又云「魏昭成之後」，與碑又合。忠爲尚書左僕射城陽王，與碑又合。惟《傳》云「城陽王」，而碑則云「城陽宣王」耳。偉《傳》云「祖盛父順」，而碑則云「祖昺父最」。想彼此但共曾祖，而自忠以下，祖父則又支分派別也。據偉《傳》按之：元公當是偉同曾祖之從昆弟。然元氏多達人，偉《傳》附載有所謂元欣者，有名子孝者，名季海者，名育者，名儉者，名贊者，名則者，名羅者，名正者，名顔子者，名壽

者，名審者，不下十數人。而咼與最俱爲將軍，並同曾祖，何獨不見采入？良可疑也。或據碑以補史之缺畧，亦無不可。此碑元公名號已泐不可攷，賴有曾祖忠之名與爵里可與史證，又賴有此石，使咼與最之名並垂不朽於千載後，未始非金石文家之力也。

又　民間造像以祈福壽，或言自爲已身，或保及妻子上推父母止矣。此獨追尊皇帝下及衆生，是爲創例。字亦方正，得北派正傳。此本得自都城廠肆，不知石存何處，遍撿金石遺文概不著録，殊令人望古翹思不寘也。

吴玉搢《金石存》卷一《槍銘》　右槍銘，凡十餘字，惟「邦上軍司野㦸」數字可識，餘者刻畫雖全，竟莫能辨，亦莫詳其爲何時之物，但字畫端好，與秦斤、秦權上字相類，殆亦非漢以後器也。槍字從木，《六書故》曰「剡木爲刃」。蓋古之槍，初但以木爲之，後乃易之以金。古之以金爲兵者，類用銅，而後乃降而用鐵爾。此槍以銅爲質，兩刃而鋭，上中空有穿，長不及咫，其制與今不殊，特以其有篆籀文字乃獲與鼎彝同列，不則長槍大劍且不得與毛錐子竝利矣，文字顧不重哉。

又卷九《王貞婦碑》　夫一念之烈，貫徹金石，久而不泯，亦異矣。噫，殺身成仁，聖人惟許之志士仁人，今以一婦人而能奮不顧身視死如歸，豈不難哉？余懼事愈久而跡愈泯，與同寮謀而語之邑人，即其旁築小室，刻其事於樂石，以傳諸遠，以俟採録焉。蓋亦厚風俗之一端也。

又卷一〇《銅漏銘》　銅漏在縣庫，一天池壺，一受水壺。天池壺四方上廣下狹，高今工部營造尺一尺六寸强，上口徑方八尺，底徑方六尺六寸，一面近底，正中有小口，口去底一寸，長七分，徑圓一寸六分，肉厚一分强，壺身四面肉厚二三四分不等，底厚約三分，去上口寸許，正中雙鉤篆「天池壺」三字，直書徑二寸四分，與近底小口同一面。受水壺壺身長而圓，高工部尺二尺四寸，徑圓三尺一寸强，近底亦有小口，口去底一寸强，横長一寸三分，徑圓五寸，肉厚一分强，壺身肉厚三分，底厚約三分，去上口寸許，正中亦雙鉤篆「受水壺」三字，直書徑與天池壺同，稍下，篆文序銘題名，俱與近底小口同一面。

鄒柏森《嚴州金石録自序》　金石之學，本於考據小學也，方今朝廷詔行新法，改試經義史論中外時務，凡爲士者均宜潛心研究，各抒論議，詳言政事異同，疆土險要，樹藝畜牧，聲光化電之學，以充才識，以擴見聞，以收利益，以開民智，日臻自强豈不偉哉！遑問乎考據？更遑問乎金石？然而金石雖小學，可以補史傳之闕，可以證志乘之誤，有裨於文獻者，亦非淺鮮。

傳記

《晉書・郭璞傳》　郭璞字景純，河東聞喜人也。父瑗，尚書都令史。時尚書杜預有所增損，瑗多駁正之，以公方著稱。終於建平太守。璞好經術，博學有高才，而訥於言論，詞賦爲中興之冠。好古文奇字，妙於陰陽算曆。有郭公者，客居河東，精於卜筮，璞從之受業。公以《青囊中書》九卷與之，由是遂洞五行、天文、卜筮之術，攘災轉禍，通致無方，雖京房、管輅不能過也。璞門人趙載嘗竊《青囊書》，未及讀而爲火所焚。惠懷之際，河東先擾。璞筮之，投策而嘆曰：「嗟乎！黔黎將湮於異類，桑梓其翦爲龍荒乎！」於是潛結姻昵及交遊數十家，欲避地東南。抵將軍趙固，會固所乘良馬死，固惜之，不接賓客。璞至，門吏不爲通。璞曰：「吾能活馬。」吏驚入白固。固趨出，曰：「君能活吾馬乎？」璞曰：「得健夫二三十人，皆持長竿，東行三十里，有丘林社廟者，便以竿打拍，當得一物，宜急持歸。得此，馬活矣。」固如其言，果得一物似猴，持歸。此物見死馬，便噓吸其鼻。頃之馬起，奮迅嘶鳴，食如常，不復見向物。固奇之，厚加資給。行至廬江，太守胡孟康被丞相召爲軍諮祭酒。時江淮清宴，孟康安之，無心南渡。璞爲占曰「敗」，康不之信。璞將促裝去之，愛主人婢，無由而得，乃取小豆三斗，繞主人宅散之。主人晨見赤衣人數千圍其家，就視則滅，甚惡之，請璞爲卦。璞曰：「君家不宜畜此婢，可於東南二十里賣之，慎勿爭價，則此妖可除也。」主人從之。璞陰令人賤買此婢。復爲符投於井中，數千赤衣人皆反縛，一一自投於井，主人大悦。璞攜婢去。後數旬而廬江陷。璞既過江，宣城太守殷祐引爲參軍。時有物大如水牛，灰色卑腳，腳類象，胸前尾上皆白，大力而遲鈍，來到城下，衆咸異焉。祐使人伏而取之，令璞作卦，遇《遯》之《蠱》，其卦曰：「《艮》體連《乾》，其物壯巨。山潛之畜，匪兕匪武。身無鬼并，精見二午。法當爲禽，兩靈不許。遂被一創，還其本墅。按卦名之，是爲驢鼠。」卜適了，伏者以戟刺之，深尺餘，遂去不復見。郡綱紀上祠，請殺之。巫云：「廟神不悦，曰：『此是邦亭驢山君鼠，使詣荆山，暫來過我，不須觸之。』」其精妙如此。祐遷石頭督護，璞復隨之。時有鼯鼠出延陵，璞占之曰：「此郡東當有妖人欲稱制者，尋亦自死矣。後當有妖樹生，然若瑞而非瑞，辛螫之木也。儻有此者，東南數百里必有作逆者，期明年矣。」無錫縣欻有茱萸四株，交枝而生若連理者，其年

盜殺吳興太守袁琇。或以問璞，璞曰：「卯爻發而沴金，此木不曲直而成災也。」王導深重之，引參己軍事。嘗令作卦，璞言：「公有震厄，可命駕西出數十里，得一柏樹，截斷如身長，置常寢處，災當可消矣。」導從其言。數日果震，柏樹粉碎。時元帝初鎮建鄴，導令璞筮之，遇《咸》之《井》，璞曰：「東北郡縣有『武』名者，當出鐸，以著受命之符。西南郡縣有『陽』名者，井當沸。」其後晉陵武進縣人於田中得銅鐸五枚，歷陽縣中井沸，經日乃止。及帝爲晉王，又使璞筮，遇《豫》之《睽》，璞曰：「會稽當出鍾，以告成功，上有勒銘，應在人家井泥中得之。繇辭所謂『先王以作樂崇德，殷薦之上帝』者也。」及帝即位，太興初，會稽剡縣人果於井中得一鍾，長七寸二分，口徑四寸半，上有古文奇書十八字，云「會稽嶽命」，餘字時人莫識之。璞曰：「蓋王者之作，必有靈符，塞天人之心，與神物合契，然後可以言受命矣。觀五鐸啓號於晉陵，棧鍾告成於會稽，瑞不失類，出皆以方，豈不偉哉！若夫鐸發其響，鍾徵其象，器以數臻，事以實應，天人之際不可不察。」帝甚重之。

歐陽脩《歐陽脩全集》卷四四《六一居士傳》 六一居士初謫滁山，自號醉翁。既老而衰且病，將退休於潁水之上，則又更號六一居士。客有問曰：「六一，何謂也？」居士曰：「吾家藏書一萬卷，集録三代以來金石遺文一千卷，有琴一張，有棋一局，而常置酒一壺。」客曰：「是爲五一爾，奈何？」居士曰：「以吾一翁，老於此五物之間，是豈不爲六一乎？」客笑曰：「子欲逃名者乎，而屢易其號，此莊生所誚畏影而走乎日中者也。余將見子疾走大喘渴死，而名不得逃也。」居士曰：「吾固知名之不可逃，然亦知夫不必逃也。吾爲此名，聊以志吾之樂爾。」客曰：「其樂如何？」居士曰：「吾之樂可勝道哉！方其得意於五物也，太山在前而不見，疾雷破柱而不驚。雖響九奏於洞庭之野，閱大戰於涿鹿之原，未足喻其樂且適也。然常患不得極吾樂於其間者，世事之爲吾累者衆也。其大者有二焉，軒裳珪組勞吾形于外，憂患思慮勞吾心於內，使吾形不病而已悴，心未老而先衰，尚何暇於五物哉？雖然，吾自乞其身於朝者三年矣。一日，天子惻然哀之，賜其骸骨，使得與此五物皆返於田廬，庶幾償其夙願焉。此吾之所以志也。」客復笑曰：「子知軒裳珪組之累其形，而不知五物之累其心乎？」居士曰：「不然。累於彼者已勞矣，又多憂；累於此者既佚矣，幸無患。吾其何擇哉。」於是與客俱起，握手大笑曰：「置之，區區不足較也。」已而歎曰：「夫士少而仕，老而休，蓋有不待七十者矣。吾素慕之，宜去一也。吾嘗用於時矣，而訖無稱焉，宜去二也。壯猶如此，今既老且病矣，乃以難彊之筋骸貪過分之榮禄，是將違其素志而自食其言，宜去三也。吾負三宜去，雖無五物，其去宜矣，復何道哉！」

趙明誠《金石録・唐榮陽王妣朱氏墓誌》 《唐朱氏墓誌》，韓擇木書。擇木以八分名家，石刻存者尚多，而此《誌》獨爲正書，筆法清勁可愛。擇木正書見於世者，惟此爾。

又《唐慧義寺彌勒像碑》 《唐慧義寺彌勒像碑》，李潮八分書。潮書初不見重於當時，獨杜甫詩盛稱之，以比蔡有鄰、韓擇木。今石刻在者絶少，惟此碑與《彭元曜墓誌》耳。余皆得之，其筆法亦不絶工，非韓、蔡比也。

又《焦山浮玉二大字》 右刻「浮玉」二字，汴趙孟奎書，在焦山崖上，字徑二尺，正書。孟奎，字文耀，號香谷，寄貫蘇州，太祖十一世孫。寶祐四年文天祥榜進士忠惠公與籌子也。官至祕閣修撰，平生集《分類唐歌詩》一百卷。自序言凡一千三百五十三家，四萬七百九十一首，可謂廣矣。惜乎世無全本，葉文莊僅得二十七卷，毛子晉汲古舊藏，亦不過十册，今之藏書家，并名目亦不知矣。

王明清《揮麈後録》卷一一 孫仲益每爲人作墓碑，得潤筆甚富，所以家益豐。有爲晉陵主簿者，父死，欲仲益作誌銘，先遣人達意於孫云：「文成，縑帛良粟，各當以千濡毫也。」仲益忻然落筆，且溢美之。既刻就，遂寒前盟，以紙筆、龍涎、建茗代其數，且作啓以謝之。仲益極不堪，即以駢驪之詞報之，略云：「米五斗而作傳，絹千匹以成碑，古或有之，今未見也。立道旁碣，雖無愧詞；諛墓中人，遂成虛語。」

又《揮麈第三録》卷二 九江有碑工李仲寧，刻字甚工，黄太史題其居曰「琢玉坊」。崇寧初，詔郡國刊元祐黨籍姓名，太守呼仲寧使劖之，仲寧曰：「小人家舊貧窶，止因開蘇内翰、黄學士詞翰，遂至飽暖。今日以姦人爲名，誠不忍下手。」守義之曰：「賢哉！士大夫之所不及也。」饋以酒而從其請。

朱熹《宋名臣言行録・外集》卷六 吕大臨字與叔，大鈞之弟，學於横渠。横渠卒，乃東見二程而卒業焉。元祐中，除太博正字，范内翰薦可爲講官，未用而卒。君以門蔭入仕，不應舉。或問其故，曰：「不敢揜祖宗之德。」伊川云：「與叔守横渠説甚固。每横渠無説處皆相從，有説了更不肯回。」又云：「與叔六月中來緱氏，間居中，厶常窺之，必見其儼然危坐，可謂敦篤矣。學者須恭敬，但不可令拘迫。拘迫則難久也。」和叔任道，其風力甚勁，然深潛縝密有所不逮於與叔。元豐庚申歲，予行雍華間，關西學者相從者六七人。予以千錢掛馬鞍，比就舍，則亡矣。僕夫曰：「非晨裝而亡之，則涉水而墜之矣。」予不覺歎曰：「千錢可惜。」坐中二人應

聲曰：「千錢亡去甚可惜也。」次一人曰：「千錢微物，何足爲意。」後一人曰：「水中囊中可以一視，人亡人得又何歎乎。」予曰：「使人得之則非亡也，而歎夫有用之物，若沉水中則不復爲用矣。」至雍以語公曰：「人之器識固不同，自上聖至於下愚，不知有幾等。同行者數人耳，其不同也如此。」公曰：「夫數子之言何如？」予曰：「最後者善。」公曰：「誠善矣，然觀先生之言，則見其有體而無用也。」范祖禹嘗薦其脩身好學，行如古人，可爲講官，不及用而終。汲公祭文曰：「子之學，博及羣書，妙達義理，如不出諸口。子之行，以聖賢爲法，其臨政事，愛民利物若無能者。子之文章幾及古人，薄而不爲。四者皆有以過人，而其命乃不偶於世。登科者二十年而始改一官，居文學之職者七年而逝。」子之婦翁張天祺嘗謂人曰：「吾得顏回爲壻矣。」其爲人所重如此。

張洪《會稽續志》卷五　王厚之，字順伯，世本臨川人，左丞安禮四世孫也，祖榕始徙居于諸暨。紹興二十六年，厚之以越鄉薦爲舉首。尋入太學，登乾道二年進士第，由祕書郎出爲淮南轉運判官，召爲度支郎兩浙轉運判官，知臨安府，提點坑冶鑄錢，提點江東刑獄，上章乞致仕，詔進直寶文閣，從所請。厚之好古博雅，富藏先代彝器及金石刻。與尤袤俱以博古知名于時。嘗取古今碑刻參訂而詳著之，號《復齋金石録》。嘉泰四年卒，年七十四。

《宋史·歐陽脩傳》　歐陽脩字永叔，廬陵人。四歲而孤，母鄭，守節自誓，親誨之學，家貧，至以荻畫地學書。幼敏悟過人，讀書輒成誦。及冠，嶷然有聲。宋興且百年，而文章體裁，猶仍五季餘習。鎪刻駢偶，淟涊弗振，士因陋守舊，論卑氣弱。蘇舜元舜欽、柳開、穆脩輩，咸有意作而張之，而力不足。脩遊隨，得唐韓愈遺稿於廢書簏中，讀而心慕焉。苦志探賾，至忘寢食，必欲并轡絶馳而追與之並。舉進士，試南宫第一，擢甲科，調西京推官。始從尹洙游，爲古文，議論當世事，迭相師友，與梅堯臣游，爲歌詩相倡和，遂以文章名冠天下。入朝，爲館閣校勘。

范仲淹以言事貶，在廷多論救，司諫高若訥獨以爲當黜。脩貽書責之，謂其不復知人間有羞恥事。若訥上其書，坐貶夷陵令，稍徙乾德令、武成節度判官。仲淹使陝西，辟掌書記。脩笑而辭曰：「昔者之舉，豈以爲己利哉？同其退不同其進可也。」久之，復校勘，進集賢校理。慶曆三年，知諫院。

時仁宗更用大臣，杜衍、富弼、韓琦、范仲淹皆在位，增諫官員，用天下名士，脩首在選中。每進見，帝延問執政，咨所宜行。既多所張弛，小人翕翕不便。脩慮善人必不勝，數爲帝分别言之。

初，范仲淹之貶饒州也，脩與尹洙、余靖皆以直仲淹見逐，目之曰「黨人」，自是朋黨之論起，脩乃爲《朋黨論》以進。其略曰：「君子以同道爲朋，小人以同利爲朋，此自然之理也。臣謂小人無朋，惟君子則有之。小人所好者利禄，所貪者財貨，當其同利之時，暫相黨引以爲朋者，僞也。及其見利而争先，或利盡而反相賊害，雖兄弟親戚，不能相保，故曰小人無朋。君子則不然，所守者道義，所行者忠信，所惜者名節。以之修身，則同道而相益，以之事國，則同心而共濟，終始如一，故曰：惟君子則有朋。紂有臣億萬，惟億萬心，可謂無朋矣，而紂用以亡。武王有臣三千，惟一心，可謂大朋矣，而周用以興。蓋君子之朋，雖多而不厭故也。故爲君但當退小人之僞朋，用君子之真朋，則天下治矣。」

脩論事切直，人視之如仇，帝獨獎其敢言，面賜五品服。顧侍臣曰：「如歐陽脩者，何處得來？」同修起居注，遂知制誥。故事，必試而後命，帝知脩，詔特除之。

奉使河東。自西方用兵，議者欲廢麟州以省餽餉。脩曰：「麟州天險不可廢，廢之，則河内郡縣民皆不安居矣。不若分其兵，駐並河内諸堡，緩急得以應援，而平時可省轉輸，於策爲便。」由是州得存。又言：「忻、代、岢嵐多禁地廢田，願令民得耕之，不然，將爲敵有。」朝廷下其議，久乃行，歲得粟數百萬斛。凡河東賦斂過重民所不堪者，奏罷十數事。使還，會保州兵亂，以爲龍圖閣直學士、河北都轉運使。陛辭，帝曰：「勿爲久留計，有所欲言，言之。」對曰：「臣在諫職得論事，今越職而言，罪也。」帝曰：「第言之，毋以中外爲間。」賊平，大將李昭亮、通判馮博文私納婦女，脩捕博文繫獄，昭亮懼，立出所納婦。兵之始亂也，招以不死，既而皆殺之，脅從二千人，分隸諸郡。富弼爲宣撫使，恐後生變，將使同日誅之，與脩遇於内黄，夜半，屏人告之故。脩曰：「禍莫大於殺已降，况脅從乎？既非朝命，脱一郡不從，爲變不細。」弼悟而止。

方是時，杜衍等相繼以黨議罷去，脩慨然上疏曰：「杜衍、韓琦、范仲淹、富弼，天下皆知其有可用之賢，而不聞其有可罷之罪。自古小人讒害忠賢，其説不遠。欲廣陷良善，不過指爲朋黨，欲動摇大臣，必須誣以顓權，其故何也？去一善人，而衆善人尚在，則未爲小人之利；欲盡去之，則善人少過，難爲一一求瑕，唯指以爲黨，則可一時盡逐。至如自古大臣，已被主知而蒙信任，則難以他事動摇，唯有顓權是上之所惡，必須此説，方可傾之。正士在朝，羣邪所忌，謀臣不用，敵國之福也。今此四人一旦罷去，而使羣邪相賀於内，四夷相賀於外，臣爲朝廷惜之。」於是邪黨益忌脩，因其孤甥張氏獄傅致以罪，左遷知制誥、知滁州。居二年，徙揚州、潁

州。復學士，留守南京，以母憂去。服除，召判流内銓，時在外十一年矣。帝見其髮白，問勞甚至。小人畏脩復用，有詐爲脩奏，乞澄汰内侍爲姦利者。其羣皆怨怒，譖之，出知同州，帝納吴充言而止。遷翰林學士，俾修《唐書》。奉使契丹，其主命貴臣四人押宴，曰：「此非常制，以卿名重故爾。」

知嘉祐二年貢舉。時士子尚爲險怪奇澀之文，號「太學體」，脩痛排抑之，凡如是者輒黜。畢事，向之囂薄者伺脩出，聚譟於馬首，街邏不能制，然場屋之習，從是遂變。

加龍圖閣學士、知開封府，承包拯威嚴之後，簡易循理，不求赫赫名，京師亦治。旬月，改羣牧使。《唐書》成，拜禮部侍郎兼翰林侍讀學士。脩在翰林八年，知無不言。河決商胡，北京留守賈昌朝欲開横壠故道，回河使東流。有李仲昌者，欲導入六塔河，議者莫知所從。脩以爲：「河水重濁，理無不淤，下流既淤，上流必決。以近事驗之，決河非不能力塞，故道非不能力復，但勢不能久耳。横壠功大難成，雖成將復決。六塔狹小，而以全河注之，濱、棣、德、博必被其害。不若因水所趨，增隄峻防，疏其下流，縱使入海，此數十年之利也。」宰相陳執中主昌朝，文彦博主仲昌，竟爲河北患。

臺諫論執中過惡，而執中猶遷延固位。脩上疏，以爲「陛下拒忠言，庇愚相，爲聖德之累」。未幾，執中罷。狄青爲樞密使，有威名，帝不豫，訛言籍籍，脩請出之於外，以保其終，遂罷知陳州。脩嘗因水災上疏曰：「陛下臨御三紀，而儲宮未建。昔漢文帝初即位，以羣臣之言，即立太子，而享國長久，爲漢太宗。唐明宗惡人言儲嗣事，不肯早定，致秦王之亂，宗社遂覆。陛下何疑而久不定乎？」其後建立英宗，蓋原於此。

五年，拜樞密副使。六年，參知政事。脩在兵府，與曾公亮考天下兵數及三路屯戍多少、地理遠近，更爲圖籍。凡邊防久缺屯戍者，必加蒐補。其在政府，與韓琦同心輔政。凡兵民、官吏、財利之要，中書所當知者，集爲總目，遇事不復求之有司。時東宫猶未定，與韓琦等協定大議，語在《琦傳》。英宗以疾未親政，皇太后垂簾，左右交構，幾成嫌隙。韓琦奏事，太后泣語之故。琦以帝疾爲解，太后意不釋，脩進曰：「太后事仁宗數十年，仁德著於天下。昔温成之寵，太后處之裕如；今母子之間，反不能容邪？」太后意稍和，脩復曰：「仁宗在位久，德澤在人。故一日晏駕，天下奉戴嗣君，無一人敢異同者。今太后一婦人，臣等五六書生耳，非仁宗遺意，天下誰肯聽從。」太后默然，久之而罷。

脩平生與人盡言無所隱。及執政，士大夫有所干請，輒面諭可否，雖臺諫官論事，亦必以是非詰之，以是怨誹益衆。帝將追崇濮王，命有司議，皆謂當稱皇伯，改封大國。脩引《喪服記》以爲：「『爲人後者，爲其父母報。』降三年爲期，而不没父母之名，以見服可降而名不可没也。若本生之親，改稱皇伯，歷考前世，皆無典據。進封大國，則又禮無加爵之道。故中書之議，不與衆同。」太后出手書，許帝稱親，尊王爲皇，三夫人爲后。帝不敢當。於是御史吕誨等詆脩主此議，争論不已，皆被逐。惟蔣之奇之説合脩意，脩薦爲御史，衆目爲姦邪。之奇患之，則思所以自解。脩婦弟薛宗孺有憾於脩，造帷薄不根之謗摧辱之，展轉達於中丞彭思永，思永以告之奇，之奇即上章劾脩。神宗初即位，欲深譴脩。訪故宫臣孫思恭，思恭爲辨釋，脩杜門請推治。帝使詰思永、之奇，問所從來，辭窮，皆坐黜。脩亦力求退，罷爲觀文殿學士、刑部尚書、知亳州。明年，遷兵部尚書、知青州，改宣徽南院使、判太原府。辭不拜，徙蔡州。

脩以風節自持，既數被汙蔑，年六十，即連乞謝事，帝輒優詔弗許。及守青州，又以請止散青苗錢，爲安石所詆，故求歸愈切。熙寧四年，以太子少師致仕。五年，卒，贈太子太師，謚曰文忠。

脩始在滁州，號醉翁，晚更號六一居士。天資剛勁，見義勇爲，雖機穽在前，觸發之不顧。放逐流離，至于再三，志氣自若也。方貶夷陵時，無以自遣，因取舊案反覆觀之，見其枉直乖錯不可勝數，於是仰天歎曰：「以荒遠小邑，且如此，天下固可知。」自爾，遇事不敢忽也。學者求見，所與言，未嘗及文章，惟談吏事，謂文章止於潤身，政事可以及物。凡歷數郡，不見治迹，不求聲譽，寬簡而不擾，故所至民便之。或問：「爲政寬簡，而事不弛廢，何也？」曰：「以縱爲寬，以略爲簡，則政事弛廢，而民受其弊。吾所謂寬者，不爲苛急；簡者，不爲繁碎耳。」脩幼失父，母嘗謂曰：「汝父爲吏，常夜燭治官書，屢廢而歎。吾問之，則曰：『死獄也，我求其生，不得爾。』吾曰：『生可求乎？』曰：『求其生而不得，則死者與我皆無恨。夫常求其生，猶失之死，而世常求其死也。』其平居教他子弟，常用此語，吾耳熟焉。」脩聞而服之終身。

爲文天才自然，豐約中度。其言簡而明，信而通，引物連類，折之於至理，以服人心。超然獨騖，衆莫能及，故天下翕然師尊之。奬引後進，如恐不及，賞識之下，率爲聞人。曾鞏、王安石、蘇洵、洵子軾、轍，布衣屏處，未爲人知，脩即游其聲譽，謂必顯於世。篤於朋友，生則振掖之，死則調護其家。

好古嗜學，凡周、漢以降金石遺文、斷編殘簡，一切掇拾，研稽異同，立説於左，的的可表證，謂之《集古録》。奉詔修《唐書》紀、志、表，自撰《五代史記》，法嚴詞約，多取《春秋》遺旨。蘇軾敍其文曰：「論大道似韓愈，論事似陸贄，記事似司馬遷，詩賦似李白。」識者以爲知言。

又《劉敞傳》 劉敞字原父，臨江新喻人。舉慶曆進士，廷試第一。編排官王堯臣，其内兄也，以親嫌自列，乃以爲第二。通判蔡州，直集賢院，判尚書考功。夏竦薨，賜謚文正。敞言：「謚者，有司之事，竦行不應法。今百司各得守其職，而陛下侵臣官。」疏三上，改謚文莊。方議定大樂，使中貴人參其間。敞諫曰：「王事莫重於樂。今儒學滿朝，辨論有餘，而使若趙談者參之，臣懼爲袁盎笑也。」權度支判官，徙三司使。

秦州與羌人争古渭地。仁宗問敞：「棄、守孰便？」敞曰：「若新城可以蔽秦州，長無羌人之虞，傾國守焉可也。或地形險利，賊乘之以擾我邊鄙，傾國争焉可也。今何所重輕，而殫財困民，捐士卒之命以規小利，使曲在中國，非計也。」議者多不同，秦州自是多事矣。

温成后追册，有佞人獻議，求立忌。敞曰：「豈可以私昵之故，變古越禮乎？」乃止。吴充以典禮得罪，馮京救之，亦罷近職。敞因對極論之。帝曰：「充能官，京亦亡它，中書惡其太直，不相容耳。」敞曰：「陛下寬仁好諫，而中書乃排逐言者，是蔽君之明，止君之善也。臣恐感動陰陽，有日食、地震、風霾之異。」已而果然。因勸帝收攬威權，無使聰明蔽塞，以消災咎。帝深納之，以同修起居注。未一月，擢知制誥。宰相陳執中惡其斥己，沮止之，帝不聽。宦者石全彬領觀察使，意不愜，有愠言，居三日爲真，敞封還除書，不草制。

奉使契丹，素習知山川道徑，契丹導之行，自古北口至柳河，回屈殆千里，欲夸示險遠。敞質譯人曰：「自松亭趨柳河，甚徑且易，不數日可抵中京，何爲故道此？」譯相顧駭愧曰：「實然。但通好以來，置驛如是，不敢變也。」順州山中有異獸，如馬而食虎豹，契丹不能識，問敞。敞曰：「此所謂駮也。」爲説其音聲形狀，且誦《山海經》、《管子》書曉之，契丹益歎服。使還，求知揚州。

狄青起行伍爲樞密使，每出入，小民輒聚觀，至相與推誦其拳勇，至壅馬足不得行。帝不豫，人心動摇，青益不自安。敞辭赴郡，爲帝言曰：「陛下幸愛青，不如出之，以全其終。」帝領之，使出諭中書，青迺去位。

揚之雷塘，漢雷陂也，舊爲民田。其後官取瀦水而不償以它田，主皆失業。然塘亦破決不可漕，州復用爲田。敞據唐舊券，悉用還民，發運使争之，敞卒以予民。天長縣鞫王甲殺人，既具獄，敞見而察其冤，甲畏吏，不敢自直。敞以委户曹杜誘，誘不能有所平反，而傅致益牢。將論囚，敞曰：「冤也。」親按問之。甲知能爲己直，乃敢告，蓋殺人者，富人陳氏也。相傳以爲神明。

徙鄆州，鄆比易守，政不治，市邑攘敓公行。敞決獄訟，明賞罰，境内肅然。客行壽張道中，遺一囊錢，人莫敢取，以告里長，里長爲守視，客還，取得之。又有暮遺物市中者，旦往訪之，故在。先是，久旱，地多蝗。敞至而雨，蝗出境。

召糾察在京刑獄。營卒桑達等醉鬥，指斥乘輿。皇城使捕送開封，棄達市。敞移府，問何以不經審訊。府報曰：「近例，凡聖旨及中書、樞密所鞫獄，皆不慮問。」敞奏請一準近格，樞密院不肯行，敞力争之，詔以其章下府，著爲令。

嘉祐祫享，羣臣上尊號，宰相請撰表。敞説止不得，乃上疏曰：「陛下不受徽號且二十年。今復加數字，不足盡聖德，而前美並棄，誠可惜也。今歲以來，頗有災異，正當寅畏天命，深自挹損，豈可於此時迺以虚名爲累。」帝覽奏，顧侍臣曰：「我意本謂當爾。」遂不受。【略】蜀人龍昌期著書傳經，以詭僻惑衆。文彦博薦諸朝，賜五品服。敞與歐陽脩俱曰：「昌期違古畔道，學非而博，王制之所必誅，未使即少正卯之刑，已幸矣，又何賞焉。」乞追還詔書，毋使有識之士，窺朝廷深淺。」昌期聞之，懼不敢受賜。

敞以議論與衆忤，求知永興軍，拜翰林侍讀學士。大姓范偉爲姦利，冒同姓户籍五十年，持府縣短長，數犯法。敞窮治其事，偉伏罪，長安中讙喜。未及受刑，敞召還，判三班院，偉即變前獄，至于四五，卒之付御史決。

敞侍英宗講讀，每指事據經，因以諷諫。時兩宫方有小人間言，諫者或訐而過直。敞進讀《史記》，至堯授舜以天下，拱而言曰：「舜至側微也，堯禪之以位，天地享之，百姓戴之，非有他道，惟孝友之德，光于上下耳。」帝竦體改容，知其以義理諷也。皇太后聞之，亦大喜。

積苦眩瞀，屢予告。帝固重其才，每燕見他學士，必問敞安否，帝食新橙，命賜之。疾少間，復求外，以爲汝州，旋改集賢院學士、判南京御史臺。熙寧元年，卒，年五十。

敞學問淵博，自佛老、卜筮、天文、方藥、山經、地志，皆究知大略。嘗夜視鎮星，謂人曰：「此於法當得土，不然，則生女。」後數月，兩公主生。又曰：「歲星往來虚、危間，色甚明盛，當有興於齊者。」歲餘而英宗以齊州防禦使入承大統。嘗得

先秦彝鼎數十，銘識奇奥，皆案而讀之，因以考知三代制度，尤珍惜之。每曰：「我死，子孫以此蒸嘗我。」朝廷每有禮樂之事，必就其家以取決焉。爲文尤贍敏。掌外制時，將下直，會追封王、主九人，立馬却坐，頃之，九制成。歐陽脩每於書有疑，折簡來問，對其使揮筆，答之不停手，脩服其博。長於《春秋》，爲書四十卷，行於時。

又《曾鞏傳》 曾鞏字子固，建昌南豐人。生而警敏，讀書數百言，脱口輒誦。年十二，試作《六論》，援筆而成，辭甚偉。甫冠，名聞四方。歐陽脩見其文，奇之。

中嘉祐二年進士第。調太平州司法參軍，召編校史館書籍，遷館閣校勘、集賢校理，爲實録檢討官。出通判越州，州舊取酒場錢給募牙前，錢不足，賦諸鄉户，期七年止；期盡，募者志於多入，猶責賦如初。鞏訪得其狀，立罷之。歲飢，度常平不足贍，而田野之民不能皆至城邑。諭告屬縣，諷富人自實粟，總十五萬石，視常平價稍增以予民。民得從便受粟，不出田里，而食有餘。又貸之種糧，使隨秋賦以償，農事不乏。

知齊州，其治以疾姦急盜爲本。曲堤周氏擁貲雄里中，子高横縱，賊良民，汙婦女，服器上僭，力能動權豪，州縣吏莫敢詰，鞏取寘於法。章丘民聚黨村落間，號「霸王社」，椎剽奪囚，無不如志。鞏配三十一人，又屬民爲保伍，使幾察其出入，有盜則鳴鼓相援，每發輒得盜。有葛友者，名在捕中，一日，自出首。鞏飲食冠裳之，假以騎從，輦所購金帛隨之，夸徇四境。盜聞，多出自首。鞏外視章顯，實欲攜貳其徒，使之不能復合也。自是外户不閉。

河北發民濬河，調及它路，齊當給夫二萬。縣初按籍三丁出夫一，鞏括其隱漏，至於九而取一，省費數倍。又弛無名渡錢，爲橋以濟往來。徙傳舍，自長清抵博州，以達于魏，凡省六驛，人皆以爲利。

徙襄州、洪州。會江西歲大疫，鞏命縣鎮亭傳，悉儲藥待求。軍民不能自養者，來食息官舍，資其食飲衣衾之具，分醫視診，書其全失、多寡爲殿最。師征安南，所過州爲萬人備。他吏暴誅亟斂，民不堪。鞏先期區處猝集，師去，市里不知。加直龍圖閣、知福州。

南劍將樂盜廖恩既赦罪出降，餘衆潰復合，陰相結附，旁連數州，尤桀者呼之不至，居人慴恐。鞏以計羅致之，繼自歸者二百輩。福多佛寺，僧利其富饒，争欲爲主守，賕請公行。鞏俾其徒相推擇，識諸籍，以次補之。授帖於府庭，却其私謝，以絶左右徼求之弊。福州無職田，歲鬻園蔬收其直，自入常三四十萬。鞏曰：「太守與民争利，可乎？」罷之。後至者亦不復取也。

徙明、亳、滄三州。鞏負才名，久外徙，世頗謂偃蹇不偶。一時後生輩鋒出，鞏視之泊如也。過闕，神宗召見，勞問甚寵，遂留判三班院。上疏議經費，帝曰：「鞏以節用爲理財之要，世之言理財者，未有及此。」帝以三朝、兩朝國史各自爲書，將合而爲一，加鞏史館修撰專典之，不以大臣監總，既而不克成。會官制行，拜中書舍人。時自三省百職事，選授一新，除書日至十數人，人舉其職，於訓辭典約而盡。尋掌延安郡王牋奏。故事命翰林學士，至是特屬之。甫數月，丁母艱去。又數月而卒，年六十五。

鞏性孝友，父亡，奉繼母益至，撫四弟、九妹於委廢單弱之中，宦學昏嫁，一出其力。爲文章，上下馳騁，愈出而愈工，本原《六經》，斟酌於司馬遷、韓愈，一時工作文詞者，鮮能過也。少與王安石游，安石聲譽未振，鞏導之於歐陽脩，及安石得志，遂與之異。神宗嘗問：「安石何如人？」對曰：「安石文學行義，不減揚雄，以吝故不及。」帝曰：「安石輕富貴，何吝也？」曰：「臣所謂吝者，謂其勇於有爲，吝於改過耳。」帝然之。吕公著嘗告神宗，以鞏爲人行義不如政事，政事不如文章，以是不大用云。弟布，自有傳。幼弟肇。

又《洪适傳》 适字景伯，皓長子也。幼敏悟，日誦三千言。皓使朔方，适年十三，能任家事。以皓出使，恩補修職郎。紹興十二年，與弟遵同中博學宏詞科。高宗曰：「父在遠方，子能自立，此忠義報也，宜升擢。」遂除敕令所删定官。後三年，弟邁亦中是選，由是三洪文名滿天下。改祕書省正字。

甫數月，皓歸，忤秦檜，出知饒州，适亦出爲台州通判。垂滿，皓謫英州，适復論罷，往來嶺南省侍者九載。檜死皓還，道卒，服闋，起知荆門軍。應詔上寬恤四事：輕茶額錢，它州代貢禮物，蠲試闈以復舊額，蠲官田令不種者輸租。改知徽州，尋提舉江東路常平茶鹽，首言役法不均之弊。

會完顔亮來侵，上親征，适覲金陵，言：「本路旱，百姓逐食于淮，復遭金兵，今各懷歸而田産爲官鬻，請聽其估贖之。」及亮斃，适上疏曰：「大定僭號，諸國未必服從，宜多遣密詔傳諭中原義士，各取州縣，因以畀之。王師但留屯淮、泗，募兵積粟，以爲聲援。俟蜀、漢、山東之兵數道皆集，見可而進，庶幾兵力不頓，可以萬全。」升尚書户部郎中，總領淮東軍馬錢糧。孝宗即位，海州解圍，符離用兵，饋餉繁夥，适究心調度，供億無闕。遷司農少卿。

隆興二年二月，召貳太常兼權直學士院。上欲除諸將環衛官，詔討論其制。

适具唐及本朝沿革十一條上之，且言：「太祖、太宗朝，常以處諸將及降王之君臣，自後多以皇族爲之，故國史以爲官存而事廢。陛下修飭戎備，不必遠取唐制，祖宗故事蓋可法則。今徑行換授，恐有減奉之患，乞如閤職兼帶節度，至刺史帶上將軍，横行遥郡帶大將軍，正使帶將軍，副使帶中郎將，又以下則帶左右郎將，其官府人吏，令有司相度以聞。」除中書舍人。時金人再犯淮，羽檄沓至，書詔填委，咨訪疇答率稱上旨，自此有大用意。金既尋盟，首爲賀生辰使。金遣同簽書樞密院事高嗣先接伴，自言其父司空有德於皓，相與甚驩，得其要領以歸。

乾道元年五月，遷翰林學士，仍兼中書舍人。秦塤久廢，忽予祠，适奏曰：「李林甫死後，諸子皆流配嶺南。秦檜稔惡自斃，不肖之孫官職仍舊，可謂幸矣。宫觀雖小，塤得之，則人以除用之漸，恐檜黨牽連而進。」其命遂寢。時巫伋復召，莫汲擢樞密院編修官，余堯弼復龍圖閣學士，适謂其皆檜黨也，隨命繳之。

六月，除端明殿學士、簽書樞密院事。上諭參政錢端禮、虞允文曰：「三省事與洪适商量。」東西府始同班奏事。八月，拜參知政事。諫議大夫林安宅以銅錢多入北境，請禁之，即蜀中取鐵錢行之淮上。事既行，适言其不可。上問之，适曰：「今每州不得千緡，一州以萬户計之，每家才得數百，恐民間無以貿易。且客旅無回貨，鹽場有大利害。」上以爲然，乃寢前命，但於蜀中取十五萬緡，行之廬、和二州而已。

十二月，拜尚書右僕射、同中書門下平章事兼樞密使。未幾，春霖，适引咎乞退，林安宅抗疏論适，既而臺臣復合奏。三月，除觀文殿學士、提舉江州太平興國宫。尋起知紹興府、浙東安撫使，再奉祠。淳熙十一年薨，年六十八，謚文惠。

适以文學聞望，遭時遇主，自兩制一月入政府，又四閱月居相位，又三月罷政，然無大建明以究其學。家居十有六年，兄弟鼎立，子孫森然，以著述吟詠自樂，近世備福鮮有及之。或謂适黨湯思退，又謂适來自淮東，言張浚妄費，浚以此罷相。子九人：槻、柲、棡、槅、樌、桴、檻、槺、梠。

又《黄伯思傳》 黄伯思字長睿，其遠祖自光州固始徙閩，爲邵武人。祖履，資政殿大學士。父應求，饒州司録。伯思體弱，如不勝衣，風韻灑落，飄飄有淩雲意。自幼警敏，不好弄，日誦書千餘言。每聽履講經史，退與他兒言，無遺誤者。嘗夢孔雀集于庭，覺而賦之，詞采甚麗。以履任爲假承務郎。甫冠，入太學，校藝屢占上游。履將以恩例奏增秩，伯思固辭，履益奇之。元符三年，進士高等，調磁州司法參軍，久不任，改通州司户。丁内艱，服除，除河南府户曹參軍，治劇不勞而辦。秩滿，留守鄧洵武辟知右軍巡院。

伯思好古文奇字，洛下公卿家商、周、秦、漢彝器款識，研究字畫體製，悉能辨正是非，道其本末，遂以古文名家，凡字書討論備盡。初，淳化中博求古法書，命待詔王著續正法帖，伯思病其乖僞龐雜，考引載籍，咸有依據，作《刊誤》二卷。由是篆、隸、正、行、草、章草、飛白皆至妙絶，得其尺牘者，多藏弆。

又二年，除詳定《九域圖志》所編修官，兼《六典》檢閲文字，改京秩。尋監護崇恩太后園陵使司，掌管牋奏。以修書恩，升朝列，擢祕書省校書郎。未幾，遷祕書郎。縱觀册府藏書，至忘寢食，自《六經》及歷代史書、諸子百家、天官地理、律曆卜筮之説無不精詣。凡詔講明前世典章文物、集古器考定真贋，以素學與聞，議論發明居多，館閣諸公自以爲不及也。踰再考，丁外艱，宿抱羸瘵，因喪尤甚。服除，復舊職。

伯思頗好道家，自號雲林子，别字霄賓。及至京，夢人告曰：「子非久人間，上帝有命典司文翰。」覺而書之。不踰月，以政和八年卒，年四十。伯思學問慕揚雄，詩慕李白，文慕柳宗元。有文集五十卷、《翼騷》一卷。

又《李公麟傳》 李公麟字伯時，舒州人。第進士，歷南康、長垣尉，泗州録事參軍，用陸佃薦爲中書門下後省删定官、御史檢法。好古博學，長於詩，多識奇字，自夏、商以來鍾、鼎、尊、彝，皆能考定世次，辨測款識，聞一妙品，雖捐千金不惜。紹聖末，朝廷得玉璽，下禮官諸儒議，言人人殊。公麟曰：「秦璽用藍田玉，今玉色正青，以龍蚓鳥魚爲文，著『帝王受命之符』，玉質堅甚，非昆吾刀、蟾肪不可治，琱法中絶，此真秦李斯所爲不疑。」議由是定。

元符三年，病痹，遂致仕。既歸老，肆意於龍眠山巖壑間。雅善畫，自作《山莊圖》，爲世寶。傳寫人物尤精，識者以爲顧愷之、張僧繇之亞。襟度超軼，名士交譽之，黄庭堅謂其風流不減古人，然因畫爲累，故世但以藝傳云。

又《陶宗儀傳》 陶宗儀，字九成，黄巖人。父煜，元福建、江西行樞密院都事。宗儀少試有司，一不中即棄去，務古學，無所不窺。出游浙東、西，師事張翥、李孝光、杜本。爲詩文，咸有程度，尤刻志字學，習舅氏趙雍篆法。浙帥泰不華、南臺御史丑驢舉爲行人，又辟爲教官，皆不就。張士誠據吴，署爲軍諮，亦不赴。洪武四年詔徵天下儒士，六年命有司舉人才，皆及宗儀，引疾不赴。晚歲，有司聘爲教官，非其志也。二十九年率諸生赴禮部試，讀《大誥》，賜鈔歸，久之卒。所著有《輟耕録》三十卷，又葺《説郛》、《書史會要》、《四書備遺》，並傳於世。

陸心源《宋史翼》卷二八 翟耆年，字伯壽，父汝文，《宋史》有傳，以父任入

官。自少知友名士，劉器之甚愛之，而以著騷見稱于張耒。好古博雅，偏介不苟。自謂爲吏必以戇罷，放浪山水間著書自娱。范宗尹欲召之，蘇庠曰：「翟子清濁太明，善惡太分，此張惠恕所以不容於當世也。」既老自號礬溪老隱，善篆隸八分，著有《籀史》二卷。

《清史稿・王昶傳》 王昶，字德甫，江蘇青浦人。乾隆十九年進士。南巡，召試，授内閣中書，充軍機章京。三遷刑部郎中。三十二年，察治兩淮運鹽提引，前鹽運使盧見曾坐得罪，昶嘗客授見曾所，至是坐漏言奪職。雲貴總督阿桂帥師討緬甸，疏請發軍前自効。上命大學士傅恆出視師，嗣以理藩院尚書温福代阿桂，皆以昶佐幕府。温福移師討金川，昶實從，疏請敍昶勞，授吏部主事。既，復從阿桂定兩金川，再遷郎中。刑部侍郎袁守侗按事四川，上命察軍中事，還奏言昶治軍書有勞。四十一年，師凱還，擢昶鴻臚寺卿，仍充軍機章京。三遷左副都御史，外授江西按察使。數月，以憂歸。起直隸按察使，未上，移陝西按察使。

在陝西凡十年，值回田五爲亂，軍興，昶繕守具，佐治軍需，疏請清釐保甲，禁民間蓄軍器。遷雲南布政使。河南伊陽民戕知縣，竄匿陝西境未獲，昶如商州督捕，上命俟得賊詣京師覲見。昶既得賊，入謁上，自陳疲憊，乞改京職，上温旨慰遣，乃上官。以雲南銅政事重，撰《銅政全書》，求調劑補救之法。旋調江西布政使。五十四年，内遷刑部侍郎。屢命如江南、湖北讞獄。五十八年，以老乞罷，上許之，方歲暮，諭俟來歲春融歸里。昶歸，遂以「春融」名其堂。嘉慶元年，詣京師賀内禪，與千叟宴。四年，復詣京師謁高宗梓宫。十一年，卒。

昶工詩古文辭，通經。讀朱子書，兼及薛瑄、王守仁諸家之學。蒐采金石，平選詩文詞，著述傳於世。

又《阮元傳》 阮元，字伯元，江蘇儀徵人。祖玉堂，官湖南參將，從征苗，活降苗數千人，有陰德。

元乾隆五十四年進士，選庶吉士，散館第一，授編修。逾年大考，高宗親擢第一，超擢少詹事。召對，上喜曰：「不喜朕八旬外復得一人！」直南書房、懋勤殿，遷詹事。五十八年，督山東學政，任滿，調浙江。歷兵部、禮部、户部侍郎。

嘉慶四年，署浙江巡撫，尋實授。海寇擾浙歷數年，安南夷艇最强，鳳尾、水澳、箬黄諸幫附之，沿海土匪勾結爲患。元徵集羣議爲弭盗之策，造船礮，練陸師，杜接濟。五年春，令黄巖鎮總兵岳璽擊箬黄幫，滅之。夏，寇大至，元赴台州督剿，請以定海鎮總兵李長庚總統三鎮水師，並調粤、閩兵會剿。六月，夷艇糾鳳尾、水澳等賊共百餘艘，屯松門山下。遣士，管理刑部，調兵部。十八年，以老病請致仕，許之，給半俸，瀕行，加太子太保。二十六年，鄉舉重逢，晉太傅，與鹿鳴宴。二十九年，卒，年八十有六，優詔賜卹，謚文達。入祀鄉賢祠、浙江名宦祠。

元博學淹通，早被知遇。敕編《石渠寶笈》，校勘《石經》。再入翰林，創編國史《儒林》、《文苑傳》，至爲浙江巡撫，始手成之。集《四庫》未收書一百七十二種，撰提要進御，補中秘之闕。嘉慶四年，偕大學士朱珪典會試，一時僕學高才搜羅殆盡。道光十三年，由雲南入覲，特命典試，時稱異數。與大學士曹振鏞共事，意不合，元歉然。以前次得人之盛不可復繼，歷官所至，振興文教。在浙江立詁經精舍，祀許慎、鄭康成，選高才肄業；在粤立學海堂亦如之，並延攬通儒，造士有家法，人才蔚起。撰《十三經校勘記》、《經籍籑詁》、《皇清經解》百八十餘種，專宗漢學，治經者奉爲科律。集清代天文、律算諸家作《疇人傳》，以章絶學。重修《浙江通志》、《廣東通志》，編輯《山左金石志》、《兩浙金石志》、《積古齋鐘鼎欵識》、《兩浙輶軒録》、《淮海英靈集》，刊當代名宿著述數十家爲《文選樓叢書》。自著曰《揅經室集》。他紀事、談藝諸編，並爲世重。身歷乾嘉文物鼎盛之時，主持風會數十年，海内學者奉爲山斗焉。

又《吴大澂傳》 吴大澂，字清卿，江蘇吴縣人。同治元年秋，彗星見西北，詔求直言。大澂方爲諸生，入都應京兆試。上書言：「致治之本，在興儉舉廉，不言理財而財自裕。若專務掊克，罔恤民艱，其國必敝。」後六年成進士，授編修。穆宗大婚典禮隆縟，疏請裁減繁費，直聲震朝右。出爲陝甘學政，奏以倉頡列祀典，允之。又薦諸生賀瑞麟、楊樹椿篤志正學，給瑞麟國子監學正銜，樹椿翰林院待詔銜，士風爲之一變。時詔修頤和園，大澂復言時事艱難，請停止工作。疏入，留中。

光緒三年，山、陝大饑，奉命襄辦賑務。躬履災區查勘，全活甚衆。左宗棠、曾國荃、李鴻章等交章論薦。四年，授河北道。時比歲荐饑，貧民減價鬻田，十不得一。巡撫涂宗瀛飭荒歲賤價之田准取贖，然往往爲勢家所持，以故失業者衆。惟大澂能判決如巡撫指。

六年，詔給三品卿銜，隨吉林將軍銘安辦理西北邊防。大澂周歷要隘，始知琿春黑頂子地久爲俄人侵占，因請頒舊界圖，將定期與俄官抗議，未得旨。時有韓效忠者，登州人，傭於復州侯氏。負博進，遁往吉林夾皮溝。地産金，在寧古塔、三姓東，萬山環繞，廣袤七八百里。流亢嘯聚其中，亡慮四五萬，咸受效忠約束。效忠嚴而不擾，衆服其公允，屢抗大軍不出。大澂單騎抵其巢，留宿三日，勸效忠出，效

忠猶豫，意難之。大澂曰：「我不疑若，若乃疑我耶？」對曰：「非敢疑公。某負罪久，萬一主兵者執前事爲罪。某死不恨，辜公意奈何？」大澂挺以自任，遂與效忠出，奏給五品頂戴，子七品，孫登舉有平寇功，授參將。七年，授太僕寺卿。法越事起，會辦北洋軍務，駐防樂亭、昌黎。

十年，遷左副都御史。俄命使朝鮮，定其内亂，鹽運使續昌副之。至則日本使臣井上馨避不肯見，而挾朝鮮左議政金宏集於議政院，索償兵費三十萬。大澂謂續昌曰：「是蔑我也！」立率兵至議政院，排闥入，責數宏集：「柄國敗壞國事。今定約稍不慎，便滋異日紛，非所以靖國也。」宏集唯唯，井上馨亦氣懾，減索兵費十一萬而去。

十一年，詔赴吉林，會同副都統伊克唐阿與俄使勘侵界，即所侵琿春黑頂子地也。遂援咸豐十一年舊界圖立碑五座，建銅柱，自篆銘曰：「疆域有表國有維，此柱可立不可移。」於是侵界復歸中國，而船之出入圖們江者亦卒以通航無阻。十二年，擢廣東巡撫。葡萄牙侵界至澳門香山。總署與立約通商，畫澳門歸葡轄。大澂持不可，條上駁議，不報。

十四年，鄭州河再決，上震怒，褫河督李鶴年職，以大澂代之。是年冬，河工合龍，大澂力居多。大澂盛負時譽，會海軍議起，以醇親王奕譞爲總理。大澂素與王善，治河功成，實授河道總督，加頭品頂戴。大澂遂疏請尊崇醇親王稱號禮節。疏入，孝欽顯皇后震怒，出醇親王元年所上《顧杜妄論疏》頒示天下。大澂幾得嚴譴，以母喪歸，乃已。

十八年，授湖南巡撫。朝鮮東學黨之亂也，日本與中國開釁，朝議皆主戰。大澂因自請率湘軍赴前敵，優詔允之。二十一年，出關會諸軍規復海城，而日本由間道取牛莊。魏光燾往禦，戰不利。李光久馳救之，亦敗，僅以數騎免。大澂憤湘軍盡覆，拔劍欲自裁，王同愈在側，格阻之，同愈以編修參大澂軍事也。光燾請申軍法，大澂歎曰：「余實不能軍，當自請嚴議。」退入關，奉革職留任之旨。乃還湖南，尋命開缺。二十四年，復降旨革職永不敘用。二十八年，卒，年六十八。

大澂善篆籀，罷官後，貧甚，售書畫、古銅器自給。著有《古籀補》、《古玉圖考》、《權衡度量考》、《恆軒古金録》、《愙齋詩文集》。

又《端方傳》 端方，字午橋，托忒克氏，滿洲正白旗人。由廕生中舉人，入貲爲員外郎，遷郎中。光緒二十四年，出爲直隸霸昌道。京師創設農工商局，徵還，筦局務，賞三品卿銜。上《勸善歌》，稱旨。除陝西按察使，晉布政使，護巡撫。兩宮西幸，迎駕設行在。調河南布政使，擢湖北巡撫。二十八年，攝湖廣總督。三十年，調江蘇，攝兩江總督。尋調湖南。顓志興學，資遣出洋學生甚衆。逾歲，召入覲。擢閩浙總督，未之官，詔赴東西各國考政治。既還，成《歐美政治要義》，獻上，議改立憲自此始。三十二年，移督兩江，設學堂，辦警察，造兵艦，練陸軍，定《長江巡緝章程》，聲聞益著。

宣統改元，調直隸。孝欽皇后梓宮奉安，端方輿從橫衝神路，農工商部左丞李國杰劾之，坐違制免。既而御史胡思敬又彈其貪横凡十罪，事下張人駿，覆奏入，以不治崖檢被訶斥，因已罷官，貸勿問。

三年，命以侍郎督辦川漢、粵漢鐵路。時部議路歸國有，而收路章條湘、川不一致，川人大譁。川、鄂爲黨人所萃，乘機竊發。端方行次漢口，亟入川，並劾川督趙爾豐操切。命率師往按，尋詔代攝其事。所過州縣，輒召父老宣喻威德。至資州，所部鄂軍皆變，軍官劉怡鳳率衆入室，語不遜，端方以不屈遇害。

端方性通悦，不拘小節。篤嗜金石書畫，尤好客，建節江、鄂，燕集無虚日，一時文采幾上希畢、阮云。

又《顧炎武傳》 顧炎武，字寧人，原名絳，崑山人。明諸生。生而雙瞳，中白邊黑。讀書目十行下。見明季多故，講求經世之學。明南都亡，奉嗣母王氏避兵常熟。崑山令楊永言起義師，炎武及歸莊從之。魯王授爲兵部司務，事不克，幸而得脱，母遂不食卒，誡炎武弗事二姓。唐王以兵部職方郎召，母喪未赴，遂去家不返。炎武自負用世之略，不得一遂，所至輒小試之。墾田於山東長白山下，畜牧於山西雁門之北、五台之東，累致千金。徧歷關塞，四謁孝陵，六謁思陵，始卜居陝之華陰。謂「秦人慕經學，重處士，持清議，實他邦所少；而華陰綰轂關河之口，雖足不出户，亦能見天下之人、聞天下之事。一旦有警，入山守險，不過十里之遥；若有志四方，則一出關門，亦有建瓴之便」。乃定居焉。

生平精力絶人，自少至老，無一刻離書。所至之地，以二贏二馬載書，過邊塞亭障，呼老兵卒詢曲折，有與平日所聞不合，即發書對勘；或平原大野，則於鞍上默誦諸經注疏。嘗與友人論學云：「百餘年來之爲學者，往往言心言性，而茫然不得其解也。命與仁，夫子所罕言；性與天道，子貢所未得聞。性命之理，著之《易傳》，未嘗數以語人。其答問士，則曰『行己有恥』；其爲學，則曰『好古敏求』。其告哀公明善之功，先之以博學。顏子幾於聖人，猶曰『博我以文』。自曾子而下，篤實無如子夏，言仁，則曰『博學而篤志，切問而近思』。今之君子則不然，聚賓客門人

數十百人，與之言心言性；舍多學而識以求一貫之方，置四海之困窮不言，而講危微精一，是必其道高於夫子，而其弟子之賢於子貢也。《孟子》一書，言心言性亦諄諄矣，乃至萬章、公孫丑、陳代、陳臻、周霄、彭更之所問，與孟子之所答，常在乎出處去就辭受取與之間。是故性也、命也、天也，夫子之所罕言，而今之君子之所恆言也。出處去就辭受取與之辨，孔子、孟子之所恆言，而今之君子之所罕言也。愚所謂聖人之道者如之何？曰『博學於文，行己有恥』。自一身以至於天下國家，皆學之書也。自子臣弟友以至出入往來辭受取與之間，皆有恥之事也。士而不先言恥，則爲無本之人；非好古多聞，則爲空虚之學。以無本之人，而講空虚之學，吾見其日從事於聖人，而去之彌遠也。」

炎武之學，大抵主於斂華就實。凡國家典制、郡邑掌故、天文儀象、河漕兵農之屬，莫不窮原究委，考正得失，撰《天下郡國利病書》百二十卷。別有《肇域志》一編，則考索之餘，合圖經而成者。精韻學，撰《音論》三卷。言古韻者，自明陳第，雖創闢榛蕪，猶未邃密。炎武乃推尋經傳，探討本原。又《詩本音》十卷，其書主陳第詩無協韻之説，不與吴棫本音争，亦不用棫之例，但即本經之韻互考，且證以他書，明古音原作是讀，非由遷就，故曰本音。又易音三卷，即《周易》以求古音，考證精確。又《唐韻正》二十卷，《古音表》二卷，《韻補正》一卷，皆能追復三代以來之音，分部正帙而知其變。又撰《金石文字記》、《求古録》，與經史相證。而《日知録》三十卷，尤爲精詣之書，蓋積三十餘年而後成。其論治綜覈名實，於禮教尤兢兢。謂風俗衰，廉恥之防潰，由無禮以權之，常欲以古制率天下。炎武又以杜預《左傳集解》時有闕失，作《杜解補正》三卷。其他著作，有《二十一史年表》、《歷代帝王宅京記》、《營平二州地名記》、《昌平山水記》、《山東考古録》、《京東考古録》、《譎觚》、《菰中隨筆》、《亭林文集》、《詩集》等書，並有補於學術世道。清初稱學有根柢者，以炎武爲最，學者稱爲亭林先生。

又廣交賢豪長者，虚懷商榷，不自滿假。作《廣師篇》云：「學究天人，確乎不拔，吾不如王寅旭；讀書爲己，探賾洞微，吾不如楊雪臣；獨精《三禮》，卓然經師，吾不如張稷若；蕭然物外，自得天機，吾不如傅青主；堅苦力學，無師而成，吾不如李中孚；險阻備嘗，與時屈伸，吾不如路安卿；博聞强記，羣書之府，吾不如吴志伊；文章爾雅，宅心和厚，吾不如朱錫鬯；好學不倦，篤於朋友，吾不如王山史；精心六書，信而好古，吾不如張力臣。至於達而在位，其可稱述者，亦多有之，然非布衣之所得議也。」

康熙十七年，詔舉博學鴻儒科，又修《明史》，大臣争薦之，以死自誓。二十一年，卒，年七十。無子，吴江潘耒敍其遺書行世。宣統元年，從祀文廟。

又《錢大昕傳》 錢大昕，字曉徵，嘉定人。乾隆十六年召試舉人，授内閣中書。十九年進士，選翰林院庶吉士，散館授編修。大考二等一名，擢右春坊右贊善。累充山東鄉試、湖南鄉試正考官，浙江鄉試副考官。大考一等三名，擢翰林院侍講學士。三十二年，乞假歸。三十四年，補原官。入直上書房，遷詹事府少詹事，充河南鄉試正考官。尋提督廣東學政。四十年，丁父艱，服闋，又丁母艱，病不復出。嘉慶九年，卒，年七十七。

大昕幼慧，善讀書。時元和惠棟、吴江沈彤以經術稱，其學求之《十三經注疏》，又求之唐以前子、史、小學。大昕推而廣之，錯綜貫串，發古人所未發。任中書時，與吴烺、褚寅亮同習梅氏算術。及入翰林，禮部尚書何國宗世業天文，年已老，聞其善算，先往見之，曰：「今同館諸公談此道者鮮矣。」

大昕於中、西兩法，剖析無遺。用以觀史，自《太初》、《三統》、《四分》，中至《大衍》，下迄《授時》，朔望薄蝕，淩犯進退，抉摘無遺。漢《三統術》爲七十餘家之權輿，訛文奥義，無能正之者。大昕衍之，據班《志》以闡劉歆之説，裁《志》文之訛，二千年已絶之學，昭然若發蒙。大昕又謂：「古法歲陰與太歲不同，《淮南·天文訓》攝提以下十二名，皆謂歲陰所在。《史記》太初元年年名焉逢，攝提格者，歲陰，非太歲也。東漢後不用歲陰紀年，又不知太歲超辰之法，乃以太初元年爲丁丑歲，則與《史》、《漢》之文皆悖矣。」又謂：「《尚書緯》四遊升降之説，即西法日躔最高、卑之説，宋楊忠輔《統天術》以距差乘躔差，減氣汎積爲定積，梅文鼎謂郭守敬加減歲餘法出於此。但《統天》求汎積，必先減氣差十九日有奇，與郭又異，文鼎不能言。」大昕推之同，凡步氣朔，必以甲子日起算，今《統天》上元冬至乃戊子日，不值甲子，依《授時》法當加氣應二十四日有奇，乃得從甲子起。今減去氣差，是以上元冬至後甲子日起算也。既如此，當減氣應三十五日有奇，今減十九日有奇者，去躔差之數不算也。求天正經朔又減閏差者，經朔當從合朔起算。今推得《統天》上元冬至後第一朔乃乙丑戌初二刻弱，故必減閏差而後以朔實除之，即《授時》之朔應也。

大昕始以辭章名，沈德潛《吴中七子詩選》，大昕居一。既乃研精經、史，於經義之聚訟難決者，皆能剖析源流。文字、音韻、訓詁、天算、地理、氏族、金石以及古人爵里、事實、年齒，瞭如指掌。古人賢姦是非疑似難明者，典章制度昔人不能明斷者，皆有確見。惟不喜二氏書，嘗曰：「立德立功立言，吾儒之不朽也。先儒言釋氏近於

墨，予以爲釋氏亦終於楊氏爲己而已。彼棄父母而學道，是視己重於父母也。」

大昕在館時，常與修《音韻述微》、《續文獻通考》、《續通志》、《一統志》、《天球圖》諸書。所著有《唐石經考異》一卷，《經典文字考異》一卷，《聲類》四卷，《廿二史考異》一百卷，《唐書史臣表》一卷，《唐五代學士年表》二卷，《宋學士年表》一卷，《元史氏族表》三卷，《元史藝文志》四卷，《三史拾遺》五卷，《諸史拾遺》五卷，《通鑑注辨證》三卷，《四史朔閏考》四卷，《吴興舊德録》四卷，《先德録》四卷，洪文惠、洪文敏、王伯厚、王弇州四家《年譜》各一卷，《疑年録》三卷，《潛揅堂文集》五十卷，《詩集》二十卷，《潛揅堂金石文跋尾》二十五卷，《養新録》二十三卷，《恆言録》六卷，《竹汀日記鈔》三卷。

又《黄易傳》 黄易，字小松，錢塘人。父樹穀，以孝聞，工隸書，博通金石。易承先業，於吉金樂石，寢食依之，遂以名家。官山東運河同知，勤於職事。嘗得《武班碑》及武梁祠堂石室畫像於嘉祥，乃即其地起武氏祠堂，砌石祠内。又出家藏精拓雙鉤鋟木。凡四方好古之士得奇文古刻，皆就易是正，以是所蓄甲於一時。自乾、嘉以來，漢學盛行，羣經古訓無可蒐輯，則旁及金石，嗜之成癖，亦一時風尚然也。

瞿中溶，字木夫，嘉定人。爲錢大昕女夫。尤邃金石之學。官湖南布政司理問，搜奇訪僻於人跡罕至之境，所獲益多。著有《孔廟從祀弟子辨證》、《漢魏蜀石經考異辨正》、《説文地名考異》、《古泉山館彝器圖録》、《錢志補正集》、《古官印考證》、《古鏡圖録》、《續漢金石文編》，凡二十餘種。

又《張廷濟傳》 張廷濟，字叔未，嘉興人。嘉興三年，舉鄉試第一。應禮部試輒躓，遂歸隱，以圖書金石自娱。建清儀閣，藏庋古器，名被大江南北。

又《沈濤傳》 沈濤，字西雝。與廷濟同邑。嘉慶十五年舉人。咸豐初，署江西鹽法道。粤賊攻南昌，隨巡撫張芾城守。圍解，授興泉永道，未到官，卒。濤尚考訂之學，喜金石，著《常山貞石志》、《説文古本考》。

又《陸增祥傳》 陸增祥，字星農，太倉人。道光三十年一甲一名進士，授修撰，至辰永沅靖道。踵王昶《金石萃編》成《金石補正》百二十卷，凡三千五百餘通。又著《甎録》一卷。其訂正金石欵識名物，何紹基服其精。

又《葉昌熾傳》 葉昌熾，字鞠裳，元和人。光緒十六年進士，選庶吉士，授編修。累至侍講，督甘肅學政，邊地樸陋，昌熾校閲盡職。以裁缺歸，著書終老。國變後五年卒。著有《藏書紀事詩》六卷，《語石》十卷，《邠州大佛寺題刻考》二卷，均考訂精確。

紀事

張九齡《曲江集》卷一八《故太僕卿上柱國華容縣男王府君墓志銘》 府君【略】春秋六十有一，開元六年秋八月乙亥，寢疾薨于洛陽之陶化里第。嗚呼哀哉！朝廷傷焉，賻贈以禮。夫人范陽盧氏，不享偕老，先時在殯。其年冬十月乙酉，合葬於偃師之某原。却倚首陽，前瞻洛汭，豈伊瑕丘之樂？蓋取邢山之兆。有子曰昊，次曰旻，泣血苦壞，哀纏於遠日；勒銘金石，儀叶於吉時。假以斯文，爲之實録。

劉禹錫《劉賓客文集》卷二《高陵令劉君遺愛碑》 縣内之大夫鮮有遺愛在其去者。蓋邑居多豪，政出權道，非有卓然異績結于人心，浹于骨髓，安能久而愈思？大和四年，高陵人李士清等六十三人思前令劉君之德，詣縣請金石刻。縣令以狀申府，府以狀考于明法吏，吏上言：謹按寶應詔書，凡以政績將立碑者，其具所紀之文上尚書考功。有司考其詞宜有紀者，乃奏。明年八月庚午，詔曰可。今書其章，明有以結人心者，揭于道周云。

又卷八《汴州鄭門新亭記》 亭于西門，尊闕路也。實相公以心規，羣僚以辭叶，而百工以樂成。斧斤無聲，丹素有嚴。主人肅客，落以金石。走鄭之門，嶔爲右垣。黄河一支，滉漾北軒。前瞻東顧，甍動軌直。含景生姿，遡空欲翔。汴城具八方之人，殊形詭言，而耳目一説。初公來臨，擁節及門，馭吏曰：「此鄭州門。」公心非之，若曰：野哉！居無何，即舊號而更之曰鄭門。故事，王人大僚之去來，元侯前驅，翊門而旋，率立馬塵坌中，挹策爲禮。公心不然之，乃下亭令于執事。

段成式《酉陽雜俎・續集》卷二 于季友爲和州刺史時，臨江有一寺，寺前漁釣所聚。有漁子下網，舉之重，壞網，視之，乃一石如拳，因乞寺僧寘於佛殿中，石遂長不已，經年重四十斤。張周封員外入蜀，親覩其事。

趙明誠《金石録》卷一三《安州所獻六器銘》 右六器銘，重和戊戌歲，安州孝感縣民耕地得之，自言於州，州以獻諸朝。凡方鼎三，圜鼎二，甗一，皆形製精妙，款識奇古。案此銘文多者至百餘字，其義頗難通；又稱作父乙、父已寶彝，若非商末，即周初器也。

又《玉璽文》　右《玉璽文》，元符中咸陽所獲傳國璽也。初至京師，執政以示故將作監李誡，誡手自摹印之，凡二本，以其一見遺焉。

又《秦泰山刻石》　右《秦泰山刻石》。大中祥符歲，真宗皇帝東封此山，兖州太守模本以獻，凡四十餘字。其後宋莒公模刻于石，歐陽公載于《集古録》者皆同。蓋碑石爲四面，其三面稍摩滅，故不傳；世所見者，特二世詔書數十字而已。大觀間，汶陽劉跂斯立親至泰山絶頂，見碑四面有字，乃模以歸。文雖殘缺，然首尾完具，不可識者無幾，於是秦篆完本復傳世間矣。

又卷一五《漢任伯嗣碑陰》　右《漢任伯嗣碑陰》。大觀初獲此碑，寘於汜水，輦運司廨舍壁間。余聞其陰有字，因託人諷邑官破壁出之，遂得此本。蓋漢碑有陰者十七八，世多棄而不録爾。

又卷一八《漢朱龜碑陰》　右《漢朱龜碑陰》。文字殘缺。初，余讀酈道元注《水經》云：「《朱龜碑陰》，故吏姓名多上谷、代郡人。」知此碑有陰，因託人就亳社模得之，附於《碑》後。

又卷二〇《晉樂毅論》　右《晉樂毅論》。石本舊藏高紳學士家。《集古録》云「紳死，其子弟以石質錢於富人，而富人家失火，遂焚其石」者，非也。元祐間，余侍親官徐州時，故郎官趙竦被旨開吕梁洪，挈此石隨行。已斷裂，用木爲匣貯之，竦尤珍惜，親舊有求墨本者，必手模以遺之。竦歿，今遂不知所在。

又卷二一《後魏鄭羲上碑》　右《鄭羲上碑》。初，予爲萊州，得羲碑於州之南山，其末有云：「上碑在直南二十里天柱山之陽，此下碑也。」因遣人訪求，在膠水縣界中，遂摹得之。羲之卒，葬滎陽，其子道昭永平中爲光州刺史，爲其父磨厓石刻二碑焉。

又卷二二《北齊天柱山銘》　右《北齊天柱山銘》。在今萊州膠水縣。初，後魏永平中，鄭道昭爲郡守，名此山爲天柱，刻銘其上。至北齊天統元年，其子述祖繼守此邦，復刻銘焉。

又《北齊隴東王感孝頌》　右《北齊隴東王感孝頌》。隴東王者，胡長仁也。武平中，爲齊州刺史，道經平陰，有古冢，詢訪耆舊，以爲郭巨之墓，遂命僚佐刻此《頌》焉。墓在今平陰縣東北官道側小山頂上，隧道尚存，惟塞其後而空其前，與杜預所見邢山上鄭大夫冢無異。冢上有石室，制作工巧，其内鎸刻人物車馬，似是後漢時人所爲。余自青社如京師，往還過之，屢登其上。

又卷二三《唐昭陵刻石文》　右《唐昭陵刻石文》。太宗爲文德皇后立，歐陽詢書。其文具載於《太宗實録》。今石刻已摩滅，故世頗罕傳，其略可見者，有云：「無金玉之寶，玩用之物，木馬寓人，有形而已。欲使盗賊息心，存亡無異。」又云：「俯視漢家諸陵，猶如蟻垤，皆被穿窬。今營此陵，制度卑狹，用功省少，望與天地相畢，永無後患。」

又《唐昭陵六馬贊》　右《唐昭陵六馬贊》。初，太宗以文德皇后之葬，自爲文，刻石於昭陵；又琢石象平生征伐所乘六馬，爲贊刻之。皆歐陽詢八分書。世或以爲殷仲容書，非是。至諸降將名氏，乃仲容書爾，今附於卷末云。

又《唐弘濟寺碑》　右《唐弘濟寺碑》。在今汾州。據《唐會要》，此《碑》李百藥撰。唐太宗初即位，下詔於建義以來交兵之處爲義士、凶徒隕身戎陳者各建寺刹，分命儒臣爲銘，凡七碑。余所得者，汜水《等慈》、吕州《普濟》、豳州《昭仁》，與此碑凡四，而虞世南、褚遂良所撰，今皆亡矣。

又卷二四《唐登封紀號文》　右《唐登封紀號文》。凡兩碑，皆高宗自撰并書。其一大字，磨厓刻於山頂；其一字差小，立於山下，然世頗罕傳。政和初，予親至泰山，得此二碑入録焉。

又《唐明徵君碑》　右《唐明徵君碑》。徵君者，梁明山賓也。高宗朝，其裔孫崇儼以方伎進，故立此碑。《舊唐史》言高宗自製文而書之，非也。蓋高宗撰文，高正臣書耳。

又卷二五《唐中興聖教序》　右《唐中興聖教序》。中宗爲三藏法師義淨所作，唐奉一書。刻石在濟南長清縣界四禪寺。寺在深山中，義淨真身塔尚存，余屢往遊焉，得此文入録。

又卷二七《唐淄州開元寺碑》　右《唐淄州開元寺碑》。李邕撰并書。碑初建于本寺，後人移寘郡廨敗屋下。余爲是州，遷於便坐，用木爲闌楯以護之云。

又《唐雲門山投龍詩》　右《唐雲門山投龍詩》。北海太守趙居貞撰序，言天寶玄默歲下元日，居貞投金龍環璧於此山，有瑞雲出於洞中，有聲云：「皇帝壽一萬一千一百歲。」蓋天寶中玄宗方崇尚道家之説，以祈長年，故當時諂諛矯妄之徒皆稱述奇怪，以阿其所好，而居貞遂刻之金石，以重欺來世，可謂愚矣。

又卷二八《唐潘孝子頌》　右《唐潘孝子頌》。崔稱撰。孝子字季通，與其父良瑗相繼有至行。親喪，皆廬墓。大曆中，宣慰使李季卿以聞，有詔褒美。墳隴在今中牟縣。祥符中，章聖皇帝西祀汾陰，過之，詔有司封其墓，且禁樵采云。

又《唐富平尉顔喬卿碣》　右《唐顔喬卿碣》。在長安，世頗罕傳，或云其石今

亡矣。有朝士劉繹如者，汶陽人，家藏漢石刻四百卷，以予集録闕此《碣》也，輒以見贈。宣和癸卯中秋，在東萊重易裝褾，因爲識之。

又卷三〇《唐起居郎劉君碑》 右《唐劉君碑》。劉氏世墓在彭城叢亭里。紹聖間，故陳無己學士居彭城，以書抵余曰：「近得柳公權所書《劉君碑》，文字摩滅，獨公權姓名三字焕然明白。」予因求得之。《碑》殘闕，然可識者猶十三四，不忍棄，故録之。

又《漢重脩高祖廟碑》 右《漢重脩高祖廟碑》。郭忠恕八分書。余年十七八時，已喜收畜前代石刻，故正字陳無己爲余言豐縣有此碑，託人訪求，後數年乃得之，然字畫頗軟弱。余家有忠恕八分書《懷嵩樓記》墨跡，乃其暮年所書，筆力老勁，非此《碑》之比，亦嘗刻石，今録於次。

王欽臣《王氏談録》 石舍人楊休典宿州，蘄澤岸傍得古碑。刻云「有周渤海君玄孫伯著之碑」，問公所謂公者非宇文氏乎，公曰然。

又《古器》 景祐中，内出古銅鐘鼎尊三器。詔公辨其款識，公驗其文，稱有周立玉字法，參以篆隸，形制不與經典相合，非遠古時物。疑宇文氏時器，具上其事。詔藏于龍圖閣，語在公集中。皇祐中，又出玉器二，一爲四龍行走上騰之形，其端廿餘可置物，壹爲梳形，旁上連窣綷縩可插羽，下有柄，彫以蜻蜓蝘蜓，絶工巧，公以爲皆物柄也。梳形者，疑古人羽扇之柄，其他莫可知。

王明清《揮麈録餘話》卷二 政和建艮嶽，異花奇石，來自東南，不可名狀。忽靈壁縣貢一巨石，高二十餘丈，周圍稱是。舟載至京師，毁水門樓以入，千夫舁之不動。或啓於上云：「此神物也，宜表異之。」祐陵親洒宸翰云：「慶雲萬態奇峯。」仍以金帶一條掛其上，石即遂可移。省夫之半，頃刻至苑中。紹興甲子歲，衢、婺大水，今首台余處恭未十歲，與里人共處一閣，凡數十輩在焉。閣被漂幾沈，空中有聲云：「余端禮在内，當爲宰相，可令愛護之。」少選，一物如黿鼉，其長十數丈，來負其閣，達於平地，一閣之人皆得無它。又，三衢境内地名張步，溪中有石，里人號曰「團石」。有識語云：「團石圓，出狀元；團石仰，出宰相。」乙丑歲，水涸，石忽如圓鏡。明年，劉文孺章魁天下。前歲大水，石乃側仰，而去年余拜相。此與閩中「沙合南臺」蓋相似也。

陳繼儒《妮古録》卷二 蔡珪得三代以來鼎鐘彝器，無慮千數，有《續六一居士集録金石遺文》、《燕王墓辨》等書行于世。陸友仁舊得古銅印一紐，以示元鎮辨之，文曰「陸定之印」，以名其子，而字之曰仲安，友仁没，仲安謁元鎮賦焉，有古詩載《雲林集》中。

劉宗周《人譜類記》卷下 朱文公知崇安，日有小民貪大姓吉地，預埋石碑於墳前，數年之後突以强佔爲詞，訟之官。兩造爭於庭，不決。文公親至其地觀之，見山明水秀，鳳舞龍飛，意大姓侵奪之情真也。及去其浮泥，驗其故土，則有碑記，所書皆小民之祖先名字，文公遂斷還之。後公隱居武夷山，偶經過其地，閒步往閲，問其居民，則備言埋石誑告罔上事。文公惱悔無及，乃題壁曰：「此地不發，是無地理。此地若發，是無天理。」是夜，大雨如傾，雷電交作，霹靂一聲，瓦屋皆響。次日視之，其墳已毁，成一潭，連石槨都不見矣。

顧炎武《金石文字記》卷一《比干銅盤銘》 今在汲縣北十五里比干墓上。《衛輝府志》曰：「周武王封比干墓銅盤銘。」碑石殘斷，字畫失真。萬曆十五年，知府周思宸重摹汝帖，立石於墓前。薛尚功《鐘鼎款識》言：「唐開元中，偃師縣土人耕地，得此盤。篆文甚奇古。」其釋文云：「左林右泉，後岡前道，萬世之藏，茲焉是寶。」一作「前岡後道」。「藏」，一作「靈」，一作「寧」。「茲」，一作「於」。「寶」，一作「保」。今考之張邦基《墨莊漫録》曰：「政和間，朝廷求三代鼎彝器，程唐爲陝西提點茶馬，李朝孺爲陝西轉運，遣人於鳳翔府破商比干墓，得銅盤，徑二尺餘，中有款識一十六字。又得玉片四十三枚，其長三寸許，上圓而鋭，下潤而方，厚半指，玉色明瑩。以盤獻之於朝，玉留秦州軍資庫。道君皇帝曰：『前代忠賢之墓安得發掘。』乃罷朝孺，退出其盤。其玉久在秦庫，近年王庶知秦州日，取之而去。祁寬居之，嘗見之，爲余言之。」然則此碑之得自鳳翔，不自偃師，即其爲何代之物不可知，而比干殷人，必無葬鳳翔之理也。疑以傳疑，姑存之編首云爾。

又《吴季子墓碑》 唐大歷十四年，潤州刺史蕭定重刻，在丹陽縣延陵鎮吴季子廟。《越絶書》曰：「毘陵上湖中冢者，延陵季子冢也。」古名延陵墟，即其地也。後人又摹刻於縣南門外驛前。

又《嶧山石刻》 秦刻久亡。宋淳化四年，太常博士鄭文寶以徐鉉摹本刻之于石，在陝西西安府儒學中。元至元二十九年重刻者在鄒縣治。

又《魯孝王刻石》 金高德裔記曰，魯靈光殿基西南三十步有池，明昌二年詔修孔子廟，匠者於池中得此石，其文曰：「五鳳二年，魯卅四年六月四日成。」今在孔子廟中。

又《西嶽華山廟碑》 此爲漢延熹八年四月甲子，前弘農太守汝南袁逢所立，會遷京兆尹，後太守安平孫璆遵而成之者。碑舊在華陰縣西嶽廟中，嘉靖三十四

年地震，碑毁。華州郭胤伯有此拓本，文字完好，今藏華陰王無異家。其末曰：「京兆尹勅監都水椽霸陵杜遷市石遺書佐新豐郭香察書。」

又《龍門山造像記》 雒陽西南二十五里伊闕山，亦謂之龍門，《左傳》謂之闕塞。昭二十六年。兩山相對，伊水出其中。泉出石竇，下注于伊，固昔日神都名勝之地。後魏胡太后崇信浮屠，鑿崖爲窟，中刻佛像，大者丈餘，凡十餘處。後人踵而爲之，尺寸可磨，悉鐫佛像，至於今未已。蚩蚩之氓，謂鐫佛之功可得福報，而其出於女子者尤多。余嘗過而覽之，既不可偏，惟此武平六年者，書法差可。畫方格如棊局，而其半亦已磨滅。唐人則多總章以後，及武后年號，乃知魏齊唐三代之時，無非女主爲之崇飾耳。按《魏書》宣武帝景明元年，詔大長秋卿白整準大京靈巖寺石窟，於雒南伊闕山爲高祖文昭皇太后營石窟二所。初建之始，窟頂去地三百一十尺，至正始二年終，如斬山二十三丈。大長秋卿王質謂斬山太高，費功難就，奏求下移，就平地去一百尺，南北一百四十尺。又言：永平中，中尹劉勝奏爲帝復造石窟一。凡爲三所，其所謂大京靈巖寺者，在魏舊都平城，今大同府城西三十里雲岡堡，巖上刻佛像無數，是其作俑也。

林侗《來齋金石刻考略》卷上 是時和議成，南北息兵，章宗好文學，高德裔以才名顯，故充修廟之選。開州距魯四百里，家君守開州。丁未歲，侗自開至魯，挈西安良搨工以往，欲盡搨廟中碑，廟中諸工人持不肯。因請於闕里主人，乃得極印搨之樂，即廟中諸搨手環視，皆嘆服以爲精好，莫及闕里四氏，稱爲近來盛事。

又卷中《東方朔畫像贊》 在山東陵縣，夏侯湛撰贊，顔真卿正書，天寶十三載。予少時鄉人有爲陵令者，以此碑一紙餉旅館主人。予見悦之，及長問其家，無有也。後自秦抵開州，去陵邑四五百里。其令秦人以世好，求之，得四紙。歸閩。偶置别舟，下建溪，觸石，舟破，碑紙損裂。愧趙子固之護蘭亭，猶補綴得一本，裝潢頗精，護以佳木，又爲人竊去。悵惘久之，後於故家得舊搨本，後又得畫贊，而缺碑陰，亦可無憾。記此以見守藏之不易，子孫其識之。右軍作畫贊，小楷風流藴藉，爲百代模式。魯公乃大書深刻，巖巖氣象，有垂紳搢笏之容，皆東方生之所顧盼而深喜也。

倪濤《六藝之一録》卷一〇八《涪州碑記》 涪陵太守碑闕。其上書云「漢涪陵太守龐肱闕」。龐公者，即龐士元之子也，劉後主時嘗爲涪陵太守。淳熙中賢良任子宣過涪陵，于小民家見，漢隸隱然，遂載以歸。碑在左綿任賢良家，至今猶存。

于奕正《天下金石志》 岣嶁峰神禹碑。科斗文字，或云在密雲峰，或曰在夔門，宋嘉定初，蜀士因樵者引見，搨得七十二字，尋失所在，今摹本存。

徐𤊹《徐氏筆精》卷七《虎渡橋碑》 漳州江東驛虎渡橋左有碑巍然，是宋淳祐中狀元黄朴撰文併書，字法全類柳誠懸。石材完好，惟篆首缺墜耳。余以癸卯冬與曹能始觀賞，各搨一通，第鄉人不知重，兼有覆瓦爲亭者，惜哉！

郭宗昌《金石史》卷上《唐孔子廟堂碑》 今止存一廟堂碑，已經五代翻刻，丰神尚爾暎發，初刻更不知何如耶！貞觀四年，碑成進御，賜以右將軍會稽内史印，逸少所佩，當時已爲文皇所重如此，況今日乎！

又卷下《唐涼國公主碑》 涼國碑爲元宗分書，蘇頲撰。書法遒逸匀適，少遜《孝經》，總脱盡六朝之習者。公主，睿宗第六女，名𡖖，字華莊。元美謂碑爲華莊，史作花莊而不言名，子函《石墨鐫華》直以字爲名，二公似俱未見其碑也。余嘗從叔兄至奉先，遊唐諸陵，犯暑造極，羣山北峙，萬峯連亙，一目無際，竟不辨何者爲陵也。歸而得數碑，此石臥草間，字跡完好如新，于時恨楮墨不具，後遣工搨得，已爲士人擊朴損半，恐一經採訪，官使或搨，不勝誅求故也。

錢大昕《潛研堂文集》卷一八《記建炎官印》 乾隆癸卯春，瓜洲有浚河之役，掘地數尺，得破船一，中有古銅印六枚：一曰「御營使司參贊軍事印」，一曰「建炎諫官之印」，一曰「建炎宿州糧料院記」，一曰「建炎宿州軍資庫記」，一曰「建炎宿州院朱記」，一曰「建炎考城縣大馮村指使記」。又有一刀，刀鞘口有「馬到成功」之四字，周遭刻之。蓋宋南渡初物。

又《記琉璃廠李公墓誌》 乾隆庚寅三月，琉璃廠窰户掘土得古墓，棺槨不具而骨節異常人，旁有一石，視其文則「遼故銀青崇禄大夫、檢校司空、行太子左衛率府率兼御史大夫、上柱國隴西李公墓誌銘」也。提督兩窰廠、工部郎中孟君澔募人改葬于故兆東二十步，别買石書李公官位表于道，而誌石則仍瘞之。越十數日，予始得聞，亟往，欲椎拓其文，不可得，世竟無拓本，惜哉！聞孟君曾令吏寫一通，索而讀之，文駢麗，頗可誦。李公仕契丹，子姓皆通顯，而姓氏不載正史，恐後之人過此地者，終不知爲何許人也，故記其略云。

又《清涼寺題名》 乾隆乙酉四月，予與錢萚石學士、曹慕堂、積粹齋兩侍御赴涿州恭迎大駕，還宿良鄉之豆店，薄暮入清涼寺，有石幢八面，各鐫佛像，製殊古朴，讀其題識，云：「清寧三年，歲次丁酉，二月丁未朔，二十七日癸酉日，提點成辦人馮絢、燕京作頭王文善成造，長男辰兒鐫。」

趙紹祖《金石文鈔》卷一 丙午之春，余留焦山數日。時寺僧住持練江知客

巨超並好客，能詩，相與往還，因得觀所謂周鼎，而索其拓本數紙，以遺同好。蓋寺中別刻一石以應求者，其真本不易得故也。

趙紹祖《涇川金石記・漢銅量唐銅鐘》 《舊府志》云：宋涇樵人於古井中得銅量，識者謂漢時所鑄，納之府庫，夜有光如火，移置宣城元妙觀，光乃息。又有銅鐘泝流而上，道流得之。鐘上有銘，乃唐天寶溧水香林觀物也，其音特異，後雷擊壞。

馬邦玉《漢碑録文》卷一 永元七年九月辛卯朔昌德闕元以君作立是堂八年二月十日戊戌工成□十九闕 直錢十萬君本治闕 令建初九年下闕

仲闕

官□闕

□敬

□君□ □衛□弟□□弟兄竝立

嘉慶丙子九月，余因假東旋道，經梟山前之寨里，於井邊見仆石。側刻永元年號。移置家塾，以今營造尺度之，石長三尺，寬一尺四寸，厚七寸，下厚六寸四五分，刻左偏，作豎坎，微凹，周圍有界道，界内刻字三行，文之連屬可識者四十餘字。次年弟邦舉訪得石後半，并北人家鑿以飼豕，刻字在石側右偏。己卯九月，余命兒輩購至，合爲一石，宛然全璧。

陸增祥《金石札記》卷二 號季子白盤，橢方而長約六七尺，可以沐浴，形製未詳，毘陵徐氏舊物，今在合肥劉氏。壬申冬，介韓賡揚協戎索得墨本。徐氏燮鈞宦於秦，因事至郷，見民間以之飼馬，易以重直，長官索之，弗應。乃引疾捆載而歸。又嘗得一鼎，歸田後築室置之，分列左右。終日居息其間，怡然自得也。兵燹後，横尸其中，匝月不腐。省三軍門聞而異之，輦運以去。徐氏後裔乞留之，弗應。有貴人欲之，亦弗應，珍重與燮鈞等。夫省三有大功勛，位亦顯赫，貴人無如之何。燮鈞一縣令耳，乃能抗拒長官棄組而去，嗜古甚於嗜名，不負斯盤矣。

陸增祥《金石補正》卷九 韓壽墓碣。道光廿餘年間，馬恕宰洛陽，搜集古刻，得石六十八種，就東門外千祥寺隙地建屋三楹置之，名曰存古閣，并爲文以記其事。閣中所列，此爲最古焉。

杜春生《越中金石記》卷一 癸未仲夏，余偕兄尺莊覓先世葬地，偶憩兹山，其石高不及二，尋迤邐圍十餘丈，色黝然而黑。土人云有字在石趾。剔除苔蘚，諦視乃東漢人題記。成李特、後秦姚萇、西凉李暠皆以建初紀年與越中無涉。爲自來金石家著録所未及者。喜踰望外，蓋在其前者，惟秦泰山殘石十字、琅邪臺八十七字、漢五鳳刻石十三字、居攝墳壇二十二字、永平開褒斜道一百二十字，總五種二百五十四字而已。石鼓傳爲周刻但無年代可據。詢知其地，屬村氓以萬錢購得之。

倪濤《六藝之一録》卷一〇七《邵武軍碑記》 王氏石銘。《夷堅志》云：邵武人危氏者，大觀二年葬其親于郡西塔院下路傍，踰月雨過墳側，隱然有痕，掘之得銀酒盃二，銅汞缶及鏡銘一，又得埋銘石。其文曰：「琅琊王氏女，江南熙載妻，丙申閏七月葬在石城西。」諸器皆依古而制度，精巧非世工可及。

又卷一一三《婁壽碑》 《集古録》云：光化軍乾德縣圖經載此碑。景祐中，余自夷陵貶所再遷乾德令，按圖求碑，而壽有墓在穀城界中，余率縣學生親拜其墓，見此碑在墓側，遂據圖經遷碑還縣，立於勅書樓下。

又卷一二四《李邕雲麾將軍李思訓碑》 李思訓碑，爲北海最妙之蹟，今殘剥已甚。余所收止缺一二字，宋以前搨本，舊藏京師李貢士家，爲趙文敏故物，其題簽乃手書也。崇禎辛未李貢士攜以相贈，帖之四隅久已浥爛，裱背紙乃宋户口册，乃重裝之，攜至任所，相隨三十年。兵火後已失復得，盖異緣也。李北海有兩雲麾碑，一李思訓，一李秀，官同姓又同。思訓碑在陝西，秀碑在良郷，秦人著《石墨鐫華》者誤以爲一碑，且以此碑爲趙文敏所臨，誤矣。良郷碑不知何時入都城，宛平令掘地得六礎，洗視乃雲麾碑，建石墨齋以貯之，不知又何時移至少京兆署中。

藝　文

《漢書・異姓諸侯王表》 鐫金石者難爲功，摧枯朽者易爲力。

又《公孫弘傳》 揉曲木者不累日，銷金石者不累月。

陸雲《陸士龍集》卷三《兄年原贈》 於穆予宗，稟精東嶽。誕育祖考，造我南國。南國克靖，實繇洪績。惟帝念功，載繁其錫。其錫惟何？玄冕衮衣。金石假樂，旄鉞授威。匪威是信，稱乎遠德。奕世台衡，扶帝紫極。

又卷四《爲顧彦先贈婦往返四首之三》 翩翩飛蓬征，郁郁寒水縈。遊止固殊性，浮沉豈一情。隆愛結在昔，信誓貫三靈。秉心金石固，豈從時俗傾。美目逝不顧，纖腰徒盈盈。何用結中欵，仰指北辰星。

《後漢書・馮衍傳》 信庸庸之論，破金石之策，襲當世之操，失高明之德。

又《班彪傳》 靈草冬榮，神木叢生，巖峻崔崒，金石峥嶸。

又《劉荆傳》 精誠所加，金石爲開。

鮑照《鮑參軍集》卷五《與伍侍郎别》 民生如野鹿，知愛不知命，飲齕具攢聚，翘陸欻驚迸，傷我慕類情，感爾食苹性。漫漫鄢郢途，渺渺淮海逕。子無金石質，吾有犬馬病，憂樂安可言，離會孰能定？欽哉慎所宜，砥德乃爲盛。貧游不可忘，久交念敦敬。

又卷六《和王義興七夕》 宵月向掩扉，夜霧方當白。寒機思孀婦，秋堂泣征客。匹命無單年，偶影有雙夕。暫交金石心，須臾雲雨隔。

《宋書・樂志四》 精微爛金石，至心動神明。杞妻哭死夫，梁山爲之傾。子丹西質秦，烏白馬角生。鄒羨囚燕市，繁霜爲夏零。關東有賢女，自字蘇來卿。壯年報父仇，身没垂功名。女休逢赦書，白刃幾在頸。俱上列仙籍，去死獨就生。太倉令有罪，遠徵當就拘。自悲居無男，禍至無與俱。緹縈痛父言，荷擔西上書。槃桓北闕下，泣淚何漣如。乞得并姊弟，没身贖父軀。漢文感其義，肉刑法用除。其父得以免，辨義在列圖。多男亦何爲，一女足成居。簡子南渡河，津吏廢舟船。執法將加刑，女娟擁櫂前。「妾父聞君來，將涉不測淵。畏懼風波起，禱祝祭名川。備禮饗神祇，爲君求福先。不勝醑祀誠，至令犯罰艱。君必欲加誅，乞使知罪諐。妾願以身代」，至誠感蒼天。國君高其義，其父用赦原。河激奏中流，簡子知其賢。歸娉爲夫人，榮寵超後先。辯女解父命，何况健少年。黄初發和氣，明堂德教施。治道致太平，禮樂風俗移。刑錯民無枉，怨女復何爲。聖皇長壽考，景福常來儀。

何遜《何遜集・别沈助教》 可憐玉匣劍，復此飛鳧舄。未覺愛生憎，忽見雙成隻。一朝别笑語，萬事成疇昔。道遒若波瀾，人生異金石。願君深自愛，共念悲無益。

徐陵《玉臺新詠》卷三《陸雲爲顧彦先贈婦往反四首》 翩翩飛蓬征，郁郁寒木榮。遊止固殊性，浮沈豈一情。隆愛結在昔，信誓貫三靈。秉心金石固，豈從時俗傾。美目逝不顧，纖胥徒盈盈。何用結中款，仰指北辰星。

《魏書・衛操傳》 忠於晋室，駿奔長衢。隆冬凄凄，四出行誅。蒙犯霜雪，疹入脉膚。用致薨殞，不永桑榆。以死勤事，經勳同模。垂名金石，載美晋書。平北哀悼，祭以豐厨。考行論勳，謚曰義烈。功施於人，祀典所説。

《晋書・何曾傳》 命無常期，人非金石，遠慮詳備，誠宜有副。

又《摯虞傳》 施之金石，則音韵和諧；措之規矩，則器用合宜。

又《齊王冏傳》 金石不足以銘高，八音不足以贊美，姬文不得專聖於前，太伯不得獨賢於後。

又《陶回傳》 愉既公才，潭唯公望。領軍儒雅，平越忠亮。君平料敵，彭祖弘益。茂以象焚，羣由匡厄。陶回規過，言同金石。

又《虞溥傳》 鍥而舍之，朽木不知；鍥而不舍，金石可虧。

《隋書・音樂志中》 我后降德，肇峻皇基。摇鈴大號，振鐸命期。雲行雨洽，天臨地持。茫茫區宇，萬代一時。文來武肅，成定於兹。象容則舞，歌德言詩。鏘鏘金石，列列匏絲。鳳儀龍至，樂我雍熙。

張九齡《曲江集》卷一七《惠莊太子哀册文》 潛清暉於幽穸，昭鴻名於美迹，將在皇儲之史，豈伊諸侯之策。播遺芳於蘭桂，傳不朽於金石。諒紀言之在兹，嘉德音之無斁。

李白《李太白全集》卷五《東海有勇婦》 梁山感杞妻，慟哭爲之傾。金石忽暫開，都由激深情。東海有勇婦，何慚蘇子卿。學劍越處子，超騰若流星。捐軀報夫讎，萬死不顧生。白刃耀素雪，蒼天感精誠。十步兩躩躍，三呼一交兵。斬首掉國門，蹴踏五藏行。豁此伉儷憤，粲然大義明。北海李使君，飛章奏天庭。捨罪警風俗，流芳播滄瀛。名在列女籍，竹帛已光榮。淳于免詔獄，漢主爲緹縈。津妾一棹歌，脱父於嚴刑。十子若不肖，不如一女英。豫讓斬空衣，有心竟無成。要離殺慶忌，壯夫所素輕。妻子亦何辜，焚之買虚聲。豈如東海婦，事立獨揚名。

又卷六《長歌行》 桃李得日開，榮華照當年。東風動百物，草木盡欲言。枯枝無醜葉，涸水吐清泉。大力運天地，羲和無停鞭。功名不早著，竹帛將何宣。桃李務青春，誰能貫白日。富貴與神仙，蹉跎成兩失。金石猶銷鑠，風霜無久質。畏落日月後，强歡歌與酒。秋霜不惜人，倏忽侵蒲柳。

杜甫《杜工部集》卷六《雷》 大旱山嶽燋，密雲復無雨。南方瘴癘地，罹此農事苦。封内必舞雩，峽中喧擊鼓。真龍竟寂寞，土梗空俯僂。吁嗟公私病，税斂缺不補。故老仰面啼，瘡痍向誰數。暴尫或前聞，鞭巫非稽古。請先偃甲兵，處分聽人主。萬邦但各業，一物休盡取。水旱其數然，堯湯免親覩。上天鑠金石，羣盜亂豺虎。二者存一端，愆陽不猶愈。昨宵殷其雷，風過齊萬弩。復吹霾翳散，虚覺神靈聚。氣暍腸胃融，汗滋衣裳汙。吾衰尤拙計，失望築場圃。

孟郊《孟東野詩集》卷二《審交》 種樹須擇地，惡土變木根。結交若失人，中道生謗言。君子芳桂性，春榮冬更繁。小人槿花心，朝在夕不存。莫躡冬冰堅，中

有潛浪翻。唯當金石交，可以賢達論。

又卷五《同年春讌》 少年三十士，嘉會良在兹。高歌摇春風，醉舞摧花枝。意蕩晼晚景，喜凝芳菲時。馬跡攢驂裊，樂聲韻参差。視聽改舊趣，物象含新姿。紅雨花上滴，緑煙柳際垂。淹中講精義，南皮獻清詞。前賢與今人，千載爲一期。明鑒有皎潔，澄玉無磷緇。永爲沙泥别，各整雲漢儀。盛氣自中積，英名日西馳。塞鴻絶儔匹，海月難等夷。鬱抑忽已盡，親朋樂無涯。幽蘅發空曲，芳杜綿所思。浮跡自聚散，壯心誰别離？願保金石志，無令有奪移。

權德輿《權載之文集》卷六《朔旦冬至攝職南郊因書即事》 大明南至慶天正，朔旦圜丘樂六成。文軌盡同堯曆象，齋祠忝備漢公卿。星辰列位祥光滿，金石交音曉奏清。更有觀臺稱賀處，黄雲捧日瑞昇平。

又卷八《故太尉兼中書令贈太師西平王挽歌詞》 翊戴推元老，謀猷合大君。河山封故地，金石表新墳。劍履悲長夜，笳簫咽暮雲。還經誓師處，《薤露》不堪聞。

劉禹錫《劉賓客文集》卷二三《有僧言羅浮事因爲詩以寫之》 君言羅浮上，容易見九垠。漸高元氣壯，洶湧來翼身。夜宿最高峯，瞻空浩無鄰。海黑天宇曠，星辰來逼人。是時當朏魄，陰物恣騰振。日光吐鯨背，劒影開龍鱗。倏若萬馬馳，旌旗聳奫淪。又如廣樂奏，金石含悲辛。疑其有巨靈，怪物盡來賓。陰陽迭用事，乃俾夜作晨。咿喔天雞鳴，扶桑色昕昕。赤波千萬里，湧出黄金輪。下視生物息，霏如隙中塵。醯雞仰甕口，亦謂雲漢津。世人信耳目，方寸度大鈞。安知視聽外，怪愕不可陳！悠然想大方，此乃栢水濱。知小天地大，安能識其真！

又卷二八《送工部張侍郎入蕃吊祭》 月窟賓諸夏，雲官降九天。飾終隣好重，錫命禮容全。水咽猶登隴，沙鳴稍極邊。路因乘馹近，志爲飲冰堅。毳帳差池見，烏旗摇曳前。歸來賜金石，榮耀自編年。

白居易《白居易詩集》卷一《夏旱》 太陰不離畢，太歲仍在午。旱日與炎風，枯燋我田畝。金石欲銷鑠，况兹禾與黍。嗷嗷萬族中，唯農最辛苦。憫然望歲者，出門何所覩？但見棘與茨，羅生偏場圃。惡苗承沴氣，欣然得其所。感此因問天，可能長不雨？

賈島《長江集》卷三《洛陽道中寄弟》 趨走迫流年，慚經此路偏。密雲埋二室，積雪度三川。生類梗萍泛，悲無金石堅。翻鴻有歸翼，極目仰聯翩。

又卷九《方鏡》 背如刀截機頭錦，面似升量澗底泉。銅雀臺南秋日後，照來照去已三年。

田錫《咸平集》卷二《請修藉田書》 以金石絲竹，感和悦之懷；以賞慶錫賚，助禮容之盛。

梅堯臣《梅堯臣集》卷一六《寄送謝師厚餘姚宰》 我從淮上歸，君向海澨去，安知無幾舍，邂逅不相遇。頗知飛空雲，到月不得附，月行既不留，雲亦值風故。誠知會合難，豈是忘所赴。我雖躡新屩，心不捨舊屨，誰謂若世人，食瓜思棄瓠。君南我赴北，日見陽雁度，兹欲遠寄音，雁行高且鶩，但誦金石言，於時儻無忤。

又卷二八《依韻和宋中道見寄》 歲在涒灘初别子，子適廣平裨郡理，廉頗臺傾有遺址，今逢四方弓久弛。時不用兵皆樂鄉，念我貧居天子庠，抱經臨案空循行，貌垢不洗顔蒼蒼。得時少壯相揄揚，獨行無侶心泙浪，腸如轆轤轉井床，内飢外寒膚粟芒，若此煎炒何心腸。王都浩浩多球琅，懷珉安可争焜煌，舊朋升騰皆俊良，殁不發語生括囊。巍巍堯舜開明堂，大調金石來鳳皇，鴛鴦戢翼方在梁，福禄其宜無不臧。已甘老死填溝隍，殭尸闔棺猶目張，仲尼生世尚徨徨，豈能强聒争蹌蹌。未由見子舉以觴，北望大河衣袂攘，牽牛横漢不服箱，欲往乘車無可當。天駟有星名曰房，又欲乘馬行幽荒，牛雖蹄瑩馬眼光，既不我駕路阻長。我懷炳炳何日忘，半夜攬琴彈《履霜》，寫意緘辭無雁將，低雲作雪正蒼茫。

歐陽脩《歐陽脩全集》卷三《秋懷二首寄聖俞》 羣木落空原，南山高巃嵸。巉巖想詩老，瘦骨寒愈聳。詩老類秋蟲，吟秋聲百種。披霜掇孤英，泣古弔荒冢。琅玕叩金石，清響聽生悚。何由幸見之，使我滌煩冗。飛鳥下東南，音書無日捧。

又卷五一《别聖俞》 車馬古城隅，喧喧分曉色。行人念歸塗，居者徒慘惻。薄宦共羈旅，論交喜金石。薦以朋酒歡，寧知歲月適。人事坐云變，出處俄乖隔。關山自兹始，揮袂舉輕策。歲暮寒雲多，野曠陰風積。征蹄踐嚴霜，别酒臨長陌。應念同時人，獨爲未歸客。

又卷五三《答蘇子美離京見寄》 衆奇子美貌，堂堂千人英。我獨疑其胸，浩浩包滄溟。滄溟産龍蜃，百怪不可名。是以子美辭，吐出人輒驚。其於詩最豪，奔放何縱横！衆絃排律吕，金石次第鳴。間以險絶句，非時震雷霆。兩耳不及掩，百痾爲之醒。語言既可駭，筆墨尤其精。少雖嘗力學，老乃若天成。濡毫弄點畫，信手不自停。端莊雜醜怪，羣星見欃槍。爛然溢紙幅，視久無定形。使我終老學，得一已足矜。而君兼衆美，磊落猶自輕。高冠出人上，誰敢揖其膺？羣臣列丹陛，幾位缺公卿。使之束帶立，可以重朝廷。况令參國議，高論吐峥嶸。惜哉三十五，白

髮今已生。近者去江淮，作詩寄離情。口誦不及寫，一日傳都城。退之序百物，其鳴由不平。天方苦君心，欲使發其聲。嗟我非鸑鷟，徒思和嚶嚶。因風幸數寄，警我聾與盲。

蘇軾《蘇東坡全集·前集》卷二〇《石鼎銘一首》 張安道以遺子由。子由以爲軾生日之餽。銘曰：石在洛書，蓋隸從革。矢砮醫砭，皆金之職，有堅而忍，爲釜爲鬲，居焚不炎，允有三德。

又卷四〇《邵伯埭鐘銘一首》 邵伯隸之東，寺僧子康，募千人爲千斤銅鐘，蜀人蘇軾爲之銘曰：無量智慧火，燒此無明銅。戒定以爲模，鑄成無漏鍾。以汝平等手，執彼慈悲撞。聲從無有出，遍滿無邊空。

蘇轍《欒城集》卷三《送張公安道南都留臺》 識公歲已深，從公非一日。仰公如重雲，庇我貧賤迹。公歸無留意，我處念平昔。少年喜文字，東行始觀國。成都多遊士，投謁密如櫛。紛然衆人中，顧我好顏色。猖狂感一遇，邂逅登仕籍。爾來十六年，鬢髮就衰白。謀身日已謬，處世復何益？從來學俎豆，漸老信典册。自知百不堪，偶未三見黜。譬如溝中斷，誰復强收拾？高懷絶塵土，舊好等金石。庠齋幸無事，樽俎奉清適。居然遠憂患，況復取矜式。汪洋際海深，淡泊朱弦直。徇時非所安，歸去亦何失？道存尚可卷，功成古難必。還尋赤松子，獨就丹砂術。恨無二頃田，伴公老蓬蓽。

張耒《張耒集》卷二《得友賦》 予趨世之僻迂，獨孑孑而無朋。信所樂以直前，嘗媒仇而賈憎。惟物態之多艱，撫危心而自驚。甘默默以退藏，包薄技而無成。何吾迹之不常，旅成周之故京。眷吾遊之悠遠，耿誰語兮吾情？惟夫子之好修，昔固聞乎德聲。獨顧我而忘勤，握未暖而心傾。發鍵鑰而不疑，奏金石之鏗鍠。內端肅而粹温，外炳焕而清明。嗟我鄙而子奇，謂欲合而莫能。援古義而見交，愧此意之何勝。既兩盡而莫疑，亦交規而共評。驅昔懣之無餘，撫新樂而生矜。豈目前之歡愉，實未得乎平生。惟清洛之名都，窺園沼之清澄。語寒堂之夜燭，醉春圃之朝英。徵逸士于古初，亦窮微而造精。投明珠之的歷，報美璧之煌熒。惟此樂之無窮，使我愛日而兢兢。雖所歷之萬殊，願勿疾兮兹誠。

又卷六《離陽翟》 驅車發潁川，回望失嵩少。霜氣塞層空，黯澹寒日曉。原田際天平，百里見飛鳥。累累道傍丘，石獸卧衰草。不知誰氏碑，剥裂偶未倒。支離見隸字，書帶漢筆妙。遺墳不可問，文彩竟何效。永年恃金石，此計久可知。昔遊已三歲，存殁傷懷抱。飽諳人世憂，安得身不老！

又卷七《昨夜月中一睡殊有秋色覺書所見戲呈道孚》 幽人息遥夜，四聽市聲寂。月華清可掬，天色紺欲滴。候蟲先知秋，微響出陰壁。精瑩高露濕，斷續殘河白。興懷我自出，抱器方待擇。感時當有作，陋巷奏金石。予方問農圃，朝市嗟掃迹。先寒戒裘褐，歲暮養老客。

陸游《劍南詩稿》卷一五《張功甫許見訪以詩堅其約》 零落汀蘋露氣清，北窗昨夜已秋聲。書來屢有入東約，坐上極思虚左迎。激烈哦詩殷金石，縱横落筆走蛟鯨。吾曹此事期千載，老眼相逢剩要驚。

又卷二五《夜觀嚴光祠碑有感》 我昔過釣臺，峭石插江涘；登堂拜嚴子，挹水薦秋菊。君看此眉宇，何地著榮辱？雒陽逢故人，醉脚加其腹。書生常事爾，乃復駭世俗。正令爲少留，要非昔文叔。平生陋范曄，瑣瑣何足録！安得太史公，妙語寫高躅。

又卷八二《山行見三十年前題名悵然有賦》 百年村落半丘墟，垂老經過一柅車。金石闕訛秦漢舊，謂秦始皇刻石及禹窆上漢隸。山川勝絶晉唐餘。醉題墨淡塵昏壁，詩社人亡淚濺裾。名宦半生成底事？早時恨不學犂鉏。

范成大《范石湖集·詩集》卷二八《古鼎作香爐》 雲雷縈帶古文章，子子孫孫永奉常。辛苦勒銘成底事？如今流落管燒香。

范梈《范德機詩集》卷一《上巳日文宣王廟陪祀畢歸西館作奉貽儒宮諸同志》 禮殿肅春薦，齋居清曙鐘。斜街星斗轉，阿閣霧煙重。久去金華直，暫依赤社封。非才需教育，希世念遭逢。文風洩洙泗，治日舒黄農。深恩曷效報，彝典幸追蹤。粲粲金石列，鏘鏘珂珮從。飲福嬰多疾，高卧對千峯。

傅若金《傅與礪詩集》卷一《滋之水奉題藴氏滋溪書堂》 滋之水，濬且長，流安極，沛洋洋。滋之涘，德所履，繽芬芳，萃厥美。滋之水，澹而文，豐迺積，淑後昆。騰聲詩，播金石，逾千祀，永昭德。

賴良《大雅集》卷四《題華亭朱孟辨篆冢詩卷》 古初無毫楮，羲畫何由傳。孰知文字理，已具河圖前。神農洎蒼頡，信仰極人天。穗書與鳥書，創制分後先。龜疇錫禹時，盤銘著湯年。岐陽紀石鼓，史籀稱獨賢。矯若蛟龍蟠，鬱若鎖鈕聯。科斗聿行漆，形體因自然。一從孔壁廢，重爲經籍憐。秦相約籀古，撰次蒼頡篇。小篆遂名家，勁健含姿妍。登封及詛神，金石紛雕鐫。下逮隸八分，變化如雲烟。漢經煨燼餘，文教仍敷宣。保氏存六書，學僮纔九千。揚雄纂奇字，杜林解探研。繼踵非無人，意氣莫不全。

程敏政《新安文獻志》卷四七《古銅小鼎硯滴銘》 泗水没寶鼎，此豈其雲仍。煆頑煉鈍凝赤精，小瓠斷壼枵以盛。篆細麻霞疑古銘，如蟲嚙餘滲枯青，石液迸雲吸紺清，溉我毛穎波陶泓。豕腹仰呀外膨亨，斟而不注聞戛羹。量函合龠三趾獰，入屨出繼常如盈。

曹學佺《石倉歷代詩選》《寄梁汝實》 梁鴻志高尚，不受鶴書徵。金石文能辨，雲霄路懶登。有身清似鶴，無欲静於僧。想得詩成處，雙花結夜燈。

顧炎武《顧亭林詩集》卷一《浯溪碑歌》 萬曆元年，先曾祖官廣西按察副使，道浯溪，得唐元次山《中興頌》石本以歸。爲顔魯公筆，字大徑六七寸。歷世三四，此碑獨傳之不肖。歲旃蒙作噩，命工裝潢爲册，工人不知碑自左方起，而以年月先之，遂倒盭不可讀。方謀重裝，而兵亂工死，不復問者三年。碑固在舊識楊生所，一旦爲余重裝以來，則文從字順，焕然一新。有感于先公之舊物不在他人，而特屬之嗣人之稍知大義者；又經兵火而不失，且待時而乃成，夫物固有不偶然者也。爲之作歌。昔在唐天寶，禄山反范陽。天子狩蜀都，賊兵入西京。肅宗起靈武，國勢重恢張。二載收長安，鑾輿迎上皇。小臣有元結，作詩頌大唐。欲令一代典，風烈追宣光。真卿作大字，筆法名天下。磨厓勒斯文，神理遺來者。書過泗亭碑，文匹淮夷雅。留此繫人心，枝撑正中夏。先公循良吏，海内推名德。驅馬復悠悠，分符指南極。遐眺道州祠，流覽浯溪側。如見古忠臣，精靈感行色。匪煩兼兩載，不用金玉裝。攜此一紙書，存之貯青箱。以示後世人，高山與景行。天運有平陂，名蹟更存亡。寶弓得隄下，大貝歸西房。舊物猶生憐，何况土與疆。却念蒸湘間，牧騎已如林。西南天地窄，零桂山水深。峋嶁大禹迹，萬木生秋陰。一峯號回雁，朔氣焉得侵。恐此浯厓文，苔蘚不可尋。藏之篋笥中，寶之過南金。此物何足貴，貴在臣子心。援筆爲長歌，以續中唐音。

魏耕《雪翁詩集》卷一三《白雀寺觀宋旭畫壁》 洞門畫壁看雲烟，宛若騰身跨紫鸞。萬丈峨嵋如可接，倩誰拂石洗青天。

施閏章《學餘堂詩集》卷四《松筠圖篇美家孝廉元引母徐太君》 吾家有偉元，久廢蓼莪詩。手持篋中卷，嗚咽前致辭。念母實劬勞，腸斷淚交頤。賢齊伯鸞婦，貧窶黔婁妻。刲股充藥餌，屑榆療渴飢。柏舟既早汎，熊丸心苦悲。書從口中授，淚濕機上絲。寒燈曖四壁，霜月照單帷。有女亦早孀，盛年處中閨。齊心共孤影，雙節流芳徽。生無翟茀榮，没無簪餌遺。徒深烏鳥痛，哀哀中夜啼。實兹松筠篇，永與金石期。

又卷一七《程穆倩印藪歌》 黄山山人真好奇，性癖膏肓不可治。雕鏤文字壽琬琰，蟲魚錯落蟠蛟螭。苦心愛者有數子，摩挲隻字等禹碑。亦如昌黎推作者，險奥不廢樊宗師。九月邗關木葉下，山人邂逅同僧舍。自言好古非雕蟲，篆籀周秦足方駕。詰曲迷離多不辨，相逢十人九人詫。可憐古籍秦火焚，存者如縷金石文。峋嶁鐘鼎盡奇字，恍惚夭矯凌浮雲。今人能手類刻木，仰唇俯足徒紛紛。豈若山人眼空六書與八分，驚魂駭目天下聞。噫嘻，山人好古不能長得食，何如歸老黄山三十六峰之南北。赤文緑字藏其間，風雨千年無剥蝕。

又卷二一《韓祠歌》 河北孟縣城東陲，有巋獨存昌黎祠。知公故里下馬拜，庭宇卑隘魏門基。簪冕白皙皎玉樹，不老不少疎髯髭。詎果留侯竝姣好，流傳刻畫恐差池。隤垣蠹几作鄉塾，六七童丱聲唔咿。問公閭巷盡恍惚，奉祠者二衣冠衰。仲宣有井宋玉宅，唐賢蹟豈無人知。兵火摧殘一碑在，略紀歲月闕文詞。寸筳難尋巨鐘擊，庸工縮手羞般倕。鼠跡蝸涎滿蕪穢，迎神侑饗無歌詩。天生巨手掃落葉，百家八代供鞭笞。口吸天漿紉霞珮，生拉羆虎捶蛟犀。乾坤簸蕩萬類困，竄逐飢愁逢百罹。狂瀾獨砥塞群喙，羽翼魯鄒功不隳。開雲徙鱷在反掌，帝遣鴻文驚海湄。便當上書置博士，飛甍改築命有司。發揚盛美琢金石，陳牲薦醴繁鼓吹。公遊八荒當來歸，嶺海嵩洛不移時。君看月黑風雨夜，公乘赤豹擁雲旗。

又卷二二《酒間贈鄭谷口》 八分健手天下知，片紙尺璧傳京師。諸王列第遍題楔，五嶽名藍半寫碑。收藏富有羅百代，上窮峋嶁下李斯。篆籀銅盤及石鼓，銘刻重搜太子池。中年慘澹工漢隸，借問苦心摹阿誰。溧陽校官郃陽令，石門禮器皆神奇。以上皆古碑名。摩挲軟勁非筆墨，剥落金石光迷離。錦帙牙籤盡書畫，旁通不合兼軒岐。公侯延佇争倒屣，車騎剌促無閒時。勞人作達轉清暇，解衣揮翰明燈下。匹絹殘牋氣槃礴，態遲勢速人驚詫。義急窮交不顧身，與耽古物寧論價。高齋别墅夏猶花，留我過從每涼夜。飲君巵酒顔欲酡，火雲滿眼鼓鼙多。单車見説燕山去，谷口閒園奈若何。

王士禛《漁洋山人精華録》卷一二《題張力臣小照二首之二》 金石遺文太放紛，摩挲千卷對爐薰。白頭更訪鴻都學，手拓陳倉《石鼓文》。

天然和尚《瞎堂詩集》卷一二《紫玉臺》 左控重關拱上臺，擎空仙掌向陽開。影分白日臨深壑，玉斷丹丘作露臺。絶巘流雲當北障，亂風吹雨度南來。石籀古篆何年事，暮轉寒飆楓葉哀。

查慎行《敬業堂詩集》卷一一《將出都門感懷述事上澤州冢宰陳公一百韻》

當代中天治，千秋一德期。大賢多間出，鴻業並昭垂。夫子金閨彦，名家玉樹枝。傅天飛鷟鸑，拔水出蛟螭。理學源流泝，文章談笑麾。巍科仍早掇，雅望迥標持。館閣迴翔地，風雲獻納資。居高懸藻鑑，集益藉論思。博物時無亞，多聞議必諮。六曹兼掌故，九列讓委蛇。共指文星焕，寧鬬好爵縻。綱維張有自，津涘挹無涯。溯厥流風遠，恭惟樹德滋。晉陽丁末季，濩澤徧瘡痍。團結因鄉社，招摇視義旗。千村同保障，一姓獨登陴。布置隨方略，分明受撫綏。險憑雙堠設，烟合萬家炊。寇至呼咸集，歸窮戒勿追。宗人全鐵軸，隣叟穩耕犂。歲事重憂旱，并民又阻飢。九重加軫念，百族尚尪羸。焚券情相卹，嗟來事可嗤。甫田憐士女，世禄散京坻。積貯崇朝盡，陰功里老知。當官嗟覆餗，扣户仰由頤。及見家餘慶，方知善可爲。潤沾千里遠，力賑一方疲。地近瞻恆嶽，川長入晉祠。午園留獨樂，甲第拓前規。好古兼金石，搜奇及鼎彝。異香黎峒結，秘色汝州磁。畫幨多裝軸，書囊或借瓻。筆馳中壘陣，墨洗右軍池。弟子河汾盛，宫牆魯國推。名争歸夾袋，坐愛傍紗帷。手引烟霞上，情均雨露施。《賢良》承漢策，《雅》、《頌》叶周詩。至化行如此，斯文儼在兹。升庸朝有道，羅致野靡遺。竊喜逢時泰，翻成歎數奇。異材胥奮發，蹇足獨顛危。詎敢誇華冑，聊因述鄙私。婺源分末派，海表發南支。大理貤封啓，中丞晝戟移。澤流京兆厚，禍發黨人奇。世廟當中葉，分宜位鼎司。彈章辭激烈，伏闕涕漣洏。嚴譴孤蹤逮，流官絶域覊。左垣言幸中，東市魄終褫。門子承堂構，文孫接履綦。謝宗經鼎盛，裴眷有中衰。五葉傳清白，全家際亂離。兵戈屯井閈，榛棘變堂基。春誤尋巢燕，秋荒插菊籬。先人旋遯跡，壯志局茅茨。比杜經天寶，如陶閲義熙。流光傷易邁，風木感先萎。小子真無似，孤懷忝自惟。塤箎偕伯仲，弓冶學裘箕。早被儒冠誤，長遭俗目欺。升沈渾莫定，矩矱恐長隳。蕭瑟囚山計，荒唐揵户貲。不成終泯没，那得避嶮崎。會有從軍役，寧甘伏櫪悲。黔山峯矗矗，楚水浪差差。鉦鼓淵闐發，簫笳斷續吹。征夫攀塞柳，野客咏江蘺。戎事從人問，行間借馬騎。瘴林棲鬮鸒，箐谷竄狐狸。耳聽鵑啼血，心驚觀築屍。書紅烽乍舉，月黑路偏欹。短褐星埃入，遐陬露布馳。圖披新聚米，局按着殘棋。横草名空挂，封侯望本癡。飄然辭幕府，遂矣走京師。古有矜懷刺，時方薄處錐。姓名埋失路，出處謝端蓍。徒步親頑僕，低顔向細兒。幾逢收駿骨，深畏妬蛾眉。久抱違時性，兼無媚俗姿。泥深蹄躄躠，風逆羽襹褷。逐伴聽歌曲，無聊託酒巵。波瀾人海闊，竿木戲場隨。照壁寧防蠍，吹毛竟得疵。任安書未答，朱穆論何疑。夢或驚沙蜮，歸將友澤麇。棄繻知昨失，鑄鐵悔今遲。不謂逢韓愈，猶煩説項斯。感公寬禮數，容我揖階墀。未有《阿房賦》，徒懷北郭絲。迂疎疑寸管，許與到單詞。峭置千尋壁，弘開八達逵。春陽蒙煦噢，霽月睹光儀。欿欿憐才意，依依戀别時。爨薪餘樸樕，鍛竈仗鑪錘。霎靆雲敷土，微茫海測蠡。義高攀莫及，身賤語終卑。此去鞭重把，何年閣再窺。鷗波殊浩蕩，泛泛問何之。

又卷一五《循貫道溪南北觀朱文公題志諸石刻》 我留鹿洞訪古蹟，夜以繼日勤搜羅。穹碑無數作林立，大半剷刻時人多。蛇蟠蚓結互相雜，頭目眩瞀猶摩挲。先生姓字如日月，照耀宇宙開山河。生平衣履皆可敬，矧乃手澤存巖阿。溪邊巨石見題字，小者徑尺大擘窠。自然運用合古法，小技不算隸與科。水淘土蝕殺節角，元氣尚自盤蛟鼉。誰能模取置殿壁，細辨點畫無差訛。嗚呼所見毋乃小，金石非壽道不磨。

又卷一九《宣德素鼎歌爲山左李繩其作》 西方金苗變黄白，躍冶辰砂燄成赤。神工笵出形製奇，不用雷紋鑿饕餮。腹圓口直中央斂，一綫縈腰起凹凸。其高四寸下半之，其厚三分旁稍溢。以稀測重斤踰二，宣德小爐重者不過二斤四兩。以指量圍弓滿的。寶光蒸出耳雙環，濃乳垂爲足三隻。膏流似覺層波涌，肌潤何愁熾炭炙。瓊瑰碾紫柔作團，靺鞨凝紅嫩將滴。照來妖鬽敢逃影，吹過雲烟不留跡。神光離合乍陰陽，氣候盈虚異晨夕。世人好古搜彝敦，耳目遺亡闕金石。此鼎傳從宣德年，居然上與商周匹。國家元氣在宇宙，百鍊千鎔聚精液。後宫侍女罷添香，講殿中宵尚前席。曾從天上拂袍袖，一落人間似淪謫。忽經吾眼真可憐，尤物無多增戀惜。君不見城南片雨朝來急，雹掣金蛇飛霹靂。玉川破屋那許留，萬丈光芒穿四壁。

又卷二五《甘泉漢瓦歌爲候官林同人賦》 林生老立專門學，金石遺文卷盈握。曾經從宦走長安，斷碣殘碑蘚親剥。昭陵蹟廢補亡闕，磨石山高穿硌确。冰霜裂面虎豹嗥，沙礫堆中拾完璞。摩挲銅狄自何年，萬棟灰飛片瓦全。爲按黄圖考宫殿，始知地是漢甘泉。底平面正規而圜，肖形似鏡還如錢。其高半寸徑三寸，旁具輪郭中不穿。土花蝕後文留識，音志。上有長生未央字。龍拏鳳攫結撰奇，肉厚肌疎形體異。與人作硯不中用，抱質如初無變置。吁嗟乎楊劉不作識者希，時俗誰能辨真僞。巧多滋僞樸者真，此瓦人間蓋無二。豈同冰井香姜閣，埏埴紛紛託疑似。勸生勿更加礱磨，本色須教存古意。生領此語索我詩，我詩質直無姱辭。請煩拓致數十本，徧乞羊何共和之。或恐流傳落人口，陶甄又復成

今手。

厲鶚《樊榭山房集》卷一《金壽門見示所藏唐景龍觀鐘銘拓本》 嗜古金夫子，貪若籠百貨。墨本爛古色，不受寒具涴。便續《金石録》，明誠不是過。鐘銘最後得，斑駮豈敢唾。照眼三百字，字字蟠螭大。撫迹思景雲，往事去無那。初翦《桑條韋》，柘袍受朝賀。笵鐘崇玉清，搆炭飛廉佐。九乳器未亡，雄詞壓寒餓。裝比李仙丹，徵句迭倡和。虛無奚足稱，懋績於此墮。吾思《景鐘銘》，天筆濫傳播。

又卷六《過蘇耕餘教授齋賦僧》 東南大藩地，郡學首古杭。層城閟禮殿，喬木森宫牆。石經有遺刻，奎畫宋上皇。七十二子像，搨自龍眠莊。悦若過魯墟，聞金石絲簧。偏安蹟未泯，文治今光昌。侁侁九邑秀，横經願知方。掌教匪得人，徒令糜官倉。姚江蘇夫子，來繼徐大章。射策驚漢廷，不得貢玉堂。翻然愛冷職，苜蓿春風香。健兒不敢窺，廟壖非牧場。元戎爲申誡，卓哉君子强。齋規胡安定，内行陳履常。經師與人師，一身兼所當。奉檄攝山長，臯比擁松岡。説士甘於肉，拔萃皆才良。易書校秋賦，暗中搜乘黄。十年冀北空，俊髦未易量。昨列五三人，堪充童子郎。他時活國手，合在青衿行。居然老博士，豐頤垂鬢霜。竭來肯訪我，衝凍輿臺僵。勸我隨使車，登華覽咸陽。況聞主人賢，冰操出繡腸。足以發幽憂，懷古多慨慷。鄙性慕棲逸，未獲辨鴻裝。開年饗舍静，報謁因摳裳。清言忍遽别，竹影移繩牀。芼蔬趣留飲，牽迫辭舉觴。厚意使心醉，何必同渴羌？斯文準崔蔡，詎可窮公藏？想見尋道味，陳編誦琅琅。三間屋打頭，信仰寬八荒。從公樂乎此，莫嘆餅無糧。

又《後集》卷二《谷林和予菽乳詩令子誠夫亦繼作兩篇並示詞義兼妙用前韻爲答二首》 通腸僅脱粟，醒酒需佳鯖。美惡舌三寸，過此奚煩評？儒生例説食，金石侑鳴鏗。屑豆與熬豆，經術俱研精。誰令爲此乳，淋漉原泉并。截脂白未喻，挹漿甘而澄。持餉衛霍室，幾逢薄怒頳。彭亨盜囊腹，詎肯半菽盛？天水賢父子，句法妙煎烹。朋儕遣伻遞，澹泊如自名。野夫久習嬾，著論師《養生》。榆暝豆則重，復恐妨游行。愛兹玉液錬，毛骨資輕清。經年抱愁疾，寒影依江城。調羹憶葱指，零落傷閨娸。塵滿舊屏障，《悼亡》詩最羸。往尋鍛磨齋，夢覺香梵聲。一洗綺語債，浄饌先經營。

又《續集》卷六《方君任見示後周西嶽華山碑且索賦詩》 方君好古人共知，探討金石忘飢疲。炎暉堪畏早過我，手示宇文《西嶽碑》。非狐非狢本篡竊，明月墜後魏祚移。天和之際主英毅，關中形勝邦家基。素祇首重豫州鎮，嚴恭祀事無敢嬉。文先歸美亦有體，諂晉公護殊可嗤。禮樂應自天子出，奈何冢宰侈其詞！使非含仁平内難，神器不待楊氏窺。題云万紐于瑾撰，系出唐裔賜姓爲。當年代族九十九，此其一耳居山陲。典午推寅世遞嬗，因生胙土紛難追。文淵隸書兼籀篆，奉敕稱字固大癡。裹回更憶達奚武，請雨華嶽剛同時。攀藤直上玉女頂，白衣見夢甘霖施。於今江介方苦旱，安得長吏虔如斯？爲君賦此已夏杪，客窗悵望涼颸吹。

趙翼《甌北集》卷五《斷碑》 貞珉原易泐，名蹟此偏真。缺陷誠留憾，摩挲尚有神。銀鈎安可續？玉枕轉嫌新。世已稀唐刻，何論漢與秦。

又卷三五《岳祠銅爵》 桐鄉金德輿得一銅爵，口内鐫「精忠報國」字，旁鐫「岳珂建造」。蓋宋阜陵賜卹岳忠武後，珂所製祠中祭器也。咏者甚多，爲賦四律。

鄂國祠堂禮器存，土花碧不蝕精魂。壯懷未飲黄龍酒，故物如傳白獸尊。金已鑄身當日痛，字仍湼背舊時痕。金陀坊裏文孫製，始信忠勳有後昆。

款識摩挲重感傷，英雄豈愛一杯漿。豐功不畫凌烟閣，奇禍翻遭偃月堂。把此定應浮大白，至今空與注流黄。稍欣一樣爐錘力，鐵像摹成跪墓旁。

賜卹曾盛湛露波，知公遺恨尚難磨。獄冤雖已昭三字，家祭終非告兩河。聊抵鼎銘傳世古，何須圭瓚報功多。滄桑劫後金甌碎，剩此殘樽作象犧。

量容不及二升觚，偏有興亡繫故都。服匿兩宫終飲酪，背嵬千騎忍提壺。背嵬本隨身酒器，公以名其親軍。珍逾武肅傳家券，氣壓《宣和博古圖》。完璧倘歸祠廟祭，椒馨應更滿西湖。

又卷三八《石刻諸葛忠武侯像歌》 像爲閻立本畫。後有王齊賢摹本，張南軒贊，朱考亭書。印君鴻緯於郿城俞氏見之，借摹上石，以廣其傳，爰爲作歌。諸葛大名垂宇宙，豈須絲把平原繡。誰摹遺像入貞珉？墨本新翻唐畫舊。卧龍當日出山遲，三顧情深始展奇。倉猝扶危敗軍際，畢生盡瘁受遺時。天心已定三分局，臣力猶勤六出師。巾幗姦雄甘不戰，髡鉗僚吏泣無私。八百株桑傳素節，二千尺柏颯英姿。圖形未續雲臺位，墮淚還先峴首碑。右相丹青追髣髴，妙手重橅稿頻易。南軒作贊考亭書，愛其人者寶其蹟。清高既肅宗臣容，題拂兼增大儒筆。印君遇之倍珍惜，更倣殘縑壽諸石。遂使綸巾羽扇人，一身化作千百億。我昔南遊緬節麾，七星關上拜公祠。宰相威儀儒者氣，至今迴憶儼鬚眉。老來訪古倦行脚，得此莊嚴供去聲。齋閣。風貌寧煩粉本臨，典型幸獲瓣香托。愧無長策效馳驅，惟有清襟師澹泊。

董誥《全唐文》卷九《觀石鼓歌》 七雄紛紛赴秦火，三代法物皆流離。商戈夏鼎僅摹畫，軒皇蒼頡空爾爲。此石千載字不滅，黯澹錯落星文垂。左拏右攫盤龍螭，鵷雛交啄琅玕枝。塵黄蘚碧雷雨破，形奇句仄精靈知。雖遭剥蝕見大雅，霜枯石割蛟蜃皮。周王神聖起中葉，北逐玁狁南平夷。諸侯大會岐山下，申甫方召相追隨。旌旗如雲暗山谷，搏熊殪兕東西馳。執珪載弁受朝賀，從官拜上銘功辭。臣籀稽首勒此鼓，刻琢金石何淋漓！變幻參差駕蟲鳥，豈徒兒子觀邕斯。赤烏已灰黑帝起，陳倉豐草交嶔㠘。元和文人善歌咏，大觀帝者能好奇。幾罹兵厄神所護，留此聖代彰威儀。成均峩峩廟奕奕，誰其坐者我孔師。上列典謨映奎壁，下陳磊落輝尾箕。諸生捃摭示詭博，腐儒淺陋徒驚疑。天球赤刀不可見，《周官》禮樂恒在兹。我行釋菜謁宣聖，徙倚松柏窺簷榱。摩挲十鼓三歎息，摹搨數紙當宗彝。我皇今日中興主，歌鴻仰漢常嗟咨。前歲臨雍訪治道，親見此碣同穹碑。延招奇俊整天紐，當令海内無瘡痍。已觀《王會》畫白鹿，復聞嵩華生神芝。小臣載拜頌明德，敢繼《常武》登聲詩。

舒位《瓶水齋詩集》卷一《太學石鼓歌用韓石鼓歌韻》 周秦以來數法物，燕趙之客能悲歌。橋門左右庠上下，石鼓石鼓夫如何。惟嘉《車攻》采吉日，遂興禮樂消干戈。獵碣有十毋乃是，如碑無字鏡不磨。三百五篇《詩》彷彿，一十八體書爬羅。比諸盤鼎功則偉，出自杵臼形猶峨。吉甫作頌蒐岐下，召公矢音媚《卷阿》。蒼姬忽聚金石訟，黄犬卻遣神鬼訶。儒生好古恨不見，既見又復疑其訛。包氈裹席汗牛馬，畫腹箝口訝斗蝌。桐魚大叩天地響，乃配辟雍逢逢鼉。尋原不同水濟水，考異何殊柯伐柯。已披雲霧看破鏡，況閲人代驚飛梭。朱門四扇開詄蕩，碧落三日行委蛇。飒飒大風紀太史，娟娟缺月愁姮娥。憶周東遷宋南渡，此鼓來往經滹沱。黌宫三徙逮皇慶，艮嶽一劫悲宣和。天心人事豈異任，武功文德應同科。石補五色良足貴，金填三品奚爲多。幸陪俎豆傍金馬，不隨荆棘埋銅駝。昌黎昔願留太學，諸生習禮時相過。八代文衰慷而慨，《三都》紙貴切以磋。鳳翔從政始寓目，又後百年嗟逝波。飛鳳當年自鬱律，續貂後士殊偏頗。後之視今今視昔，安復屑屑論其他。誰辨《琅邪》氣辟易，欲尋《岣嶁》心婞婜。粤若稽古重太息，而後乃今三摩挲。興亡不聞史筆載，真僞却探詩囊哦。或則言馬或言鹿，或願爲鸛或爲鵝。石鼓石鼓夫如何，非鼓非石愁無那。古法未遠自忠厚，碩果不食非轗軻。經天皇皇照日月，行地浩浩流江河。石不能言鼓乃壽，千秋萬歲毋蹉跎。

又卷三《磨厓碑》 南船昔作浯谿遊，《磨厓碑》照浯谿流。蓬州書法道州頌，一時二妙工雕鎪。我當厓前拂蒼蘚，徘徊不去消煩憂。别來七載最蕭索，夢中猶掉祁陽舟。傳觀此本大如席，恍遇故物神夷猶。漁陽鼓聲破新曲，閣鈴風雨趨金牛。馬嵬不發出天意，已有父老相遮留。後軍二千護太子，營門雙鯉來修修。河西司馬首勸進，五牋靈武承天庥。靖康之變那可道，汴州錯認疑杭州。始知唐祚二百祀，兵馬一洗西京收。付託得人良有以，遂上尊號古罕儔。《中興》巍巍發高頌，乾旋坤轉銷戈矛。奈何治定未思亂，先後氣味如薰蕕。天寶車轍覆不戒，長安棋局紛堪愁。喪君有君聊足慰，以暴易暴誰能瘳？飛龍小兒作宰相，豔妻煽之勢未休。摘瓜已聞寢榻諷，升屋幾侜齋宫謀。宦官宫妾彼何識，要使骨肉成仇讎。寢門王季望眼絶，高將軍去蠻荒州。不如隴山一鸚鵡，能對使者言安不？深文疑史兩難辨，玉棺猶絡鋼絲頭。此書此頌亘終古，谿聲山色清而幽。句奇語重竄謨曲，字青石赤盤螭虬。但勒豐功紀年月，乃有微旨參《春秋》。君臣父子處非易，摩挲拓紙心悠悠。

又卷七《銅鼓詩》 望之鐵色質則銅，被以鼓名聲乃鐘。面如塵鏡冷不鎔，底如覆釜其音跫。中央一束黄腰蜂，土花戰血相淡濃。上有文字如雲龍，手三摩挲不可蹤。我隨車騎來南籠，此鼓獻自耕田傭。問渠鑄鼓何所宗？云是諸葛征蠻兇。渡瀘五月濟火從，功成畀錫羅甸封。歲時伏臘事吉凶，椎牛釃酒宴萬峰。乃以此鼓代蕢鏞，青山白雨雙杖笻。小叩小鳴初鼕鼕，大叩大鳴既逢逢。天空谷應聲隆隆，諸苗拜舞衣無縫。罷宴藏鼓無敢縱，千載風俗兹益恭。憶昨巨虚負蛩蛩，鼓鼙將帥思三冬。今者戍鼓罷不舂，催花羯鼓聲玲瓏。請留此鼓鎮邊墉，筍業丹臒懸維樅。雖殊石鼓賦《車攻》，頗倣土鼓追黄農。金人十二銷鏑鋒，并勒我詩當紀庸。而我再衰三則慵，雷門之布綦難容。

又《别集》卷一《郜大鼎》 濟陰大鼎高巍巍，長繩百尺魯取來。出師本欲平瓺亂，受賂乃復昭姦回。詰朝齋戒納太廟，臧孫流涕周公笑。昔聞九鼎遷至洛，今見大鼎來自郜。鼎如有耳豈不聞，鼎亦安足示子孫。何不鑄鼎作王斧，斬取當年宋華父。

又《九州鼎》 水土既平山海作，復遣貢金來九牧。鑄鼎象物知神姦，自夏及周無不若。世三十，年七百，德雖衰，命未革，告爾大小輕重問不得。君不見後世有男子，自稱秦始皇，萬夫沉水尚難取，何況區區一楚莊。

陳經《求古精舍金石圖題詞》 三代金石非易得，鑑古誰人有真識。

杜春生《越中金石記》卷三　名勒金石，質之乾坤。歲數歷祀，立廟起墳。光于后土，顯昭夫人。生賤死貴，利之義門。何悵花落，飄零早分。葩艷窈窕，永世配神。若堯二女，爲湘夫人。時効髣髴，以昭後昆。

圖表

牛運震《金石圖說》甲上

又

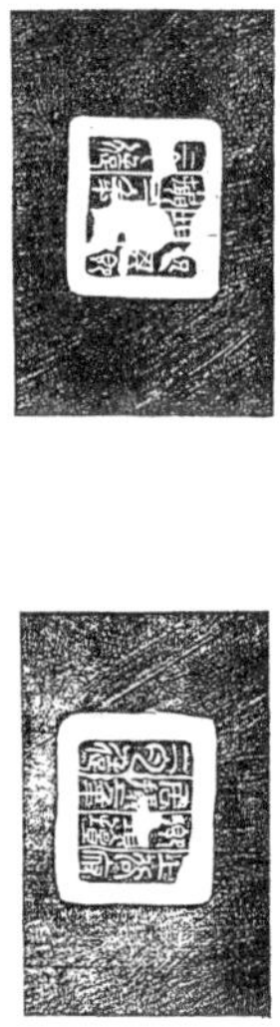

又

又

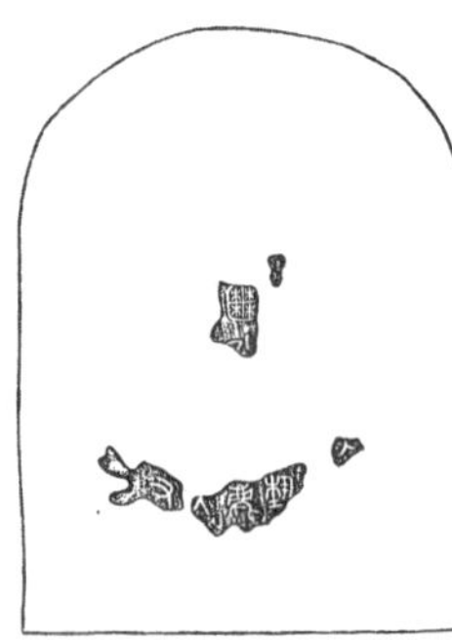

又

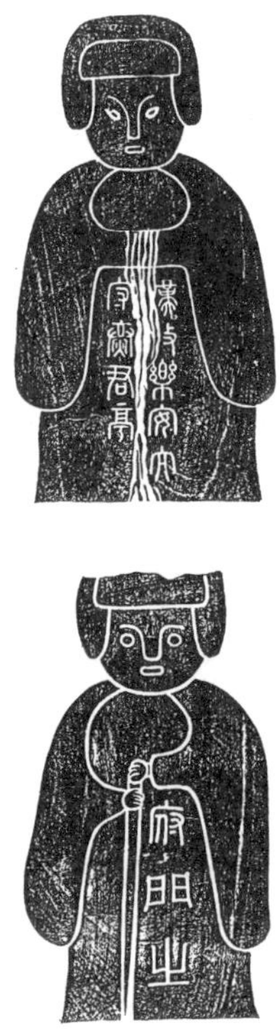

又

張燕昌《金石契》　右洗底有文曰：「大吉羊宜用」五言。吾友李一徵聘從粵東購得，土巷錯繡，翠色斕斒，与所藏五鳳甎及漢唐碑刻舊拓本共貯一室。一徵奉母課子外，無它嗜好，日樂味此數者，其吉祥孰大焉。

大吉羊

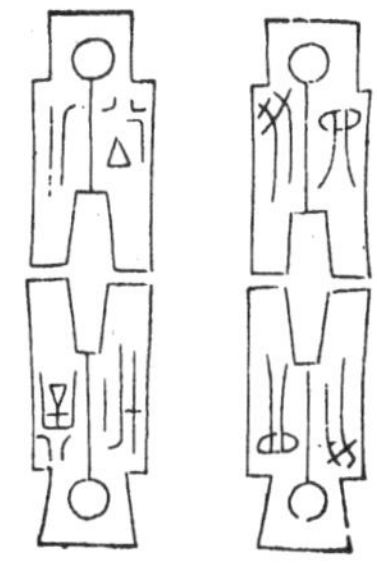

泉十六　連幣

貨布

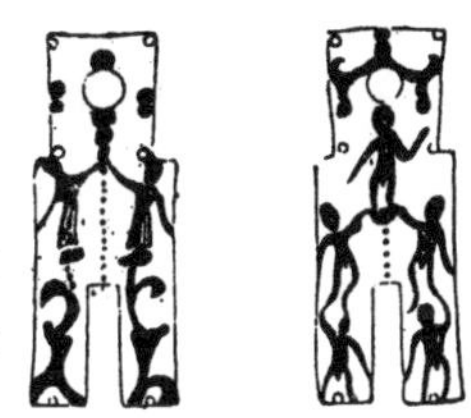

五男二女

又

漢鑑一　家子孙

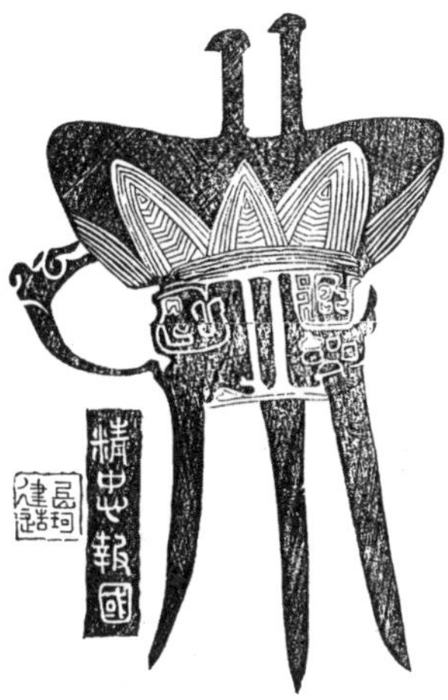

爵一　岳氏　徽五二

又

亭長　羽十三

又

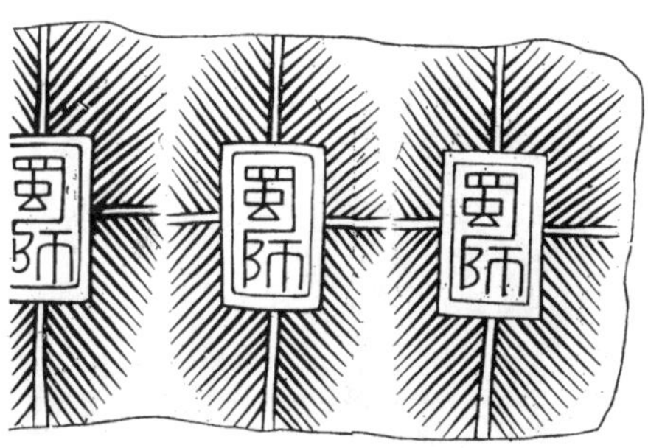

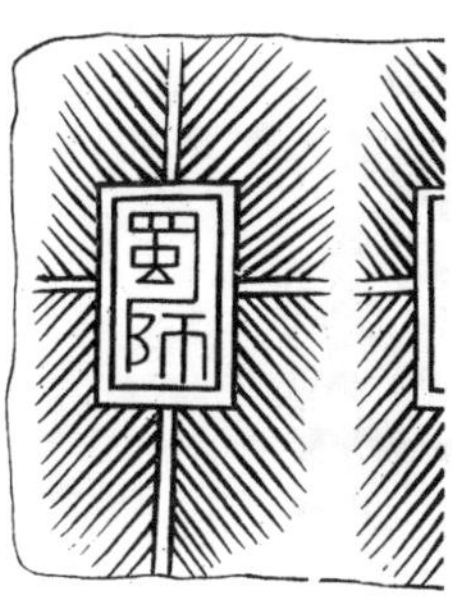

蜀師　羽十五

又

咸和甎　羽七七

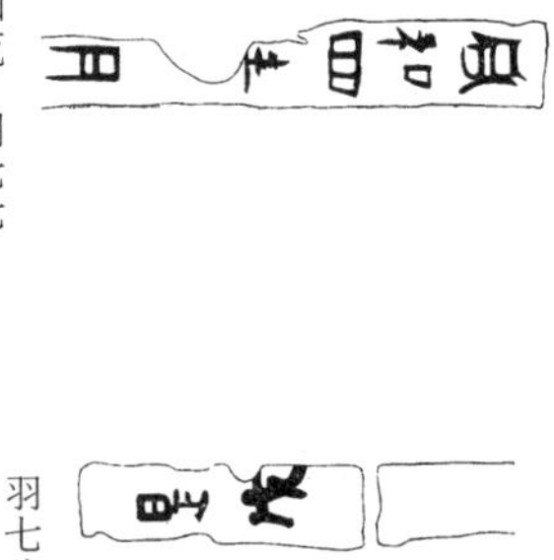

羽七八

趙紹祖《金石文鈔》卷一　鳳圖。

又

漢沈君左闕。

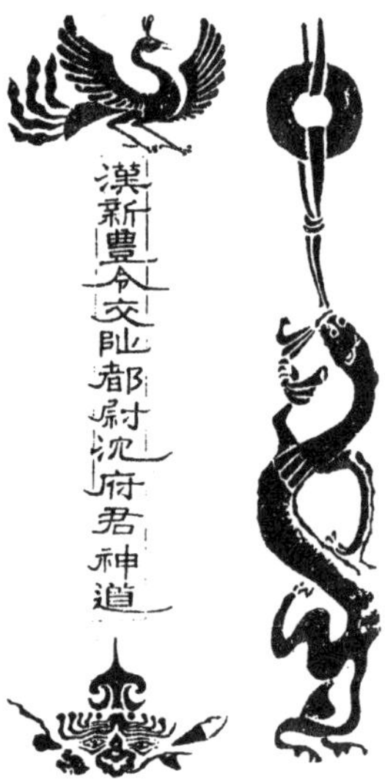

又

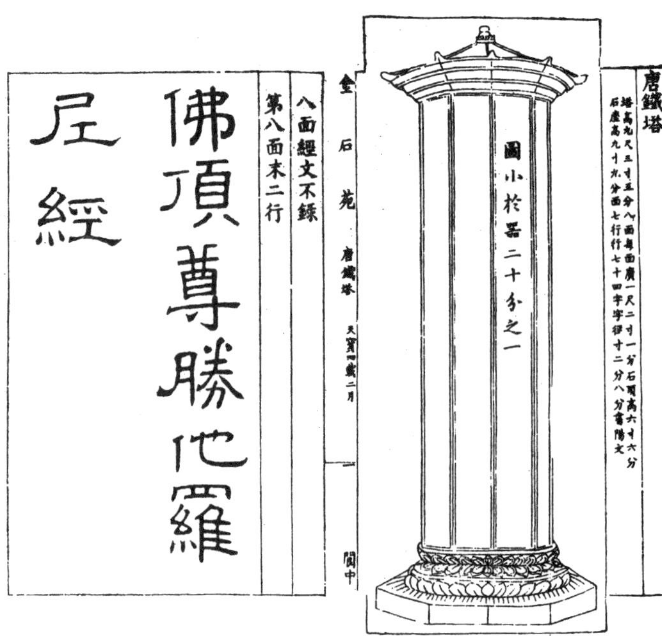

又

《曹史超碑銘》。碑連額高二尺七寸八分，廣一尺三寸。十二行，行二十一字。字徑六七八分不等，正書。額二行，四字，字徑寸三分，正書。石中裂，左缺。

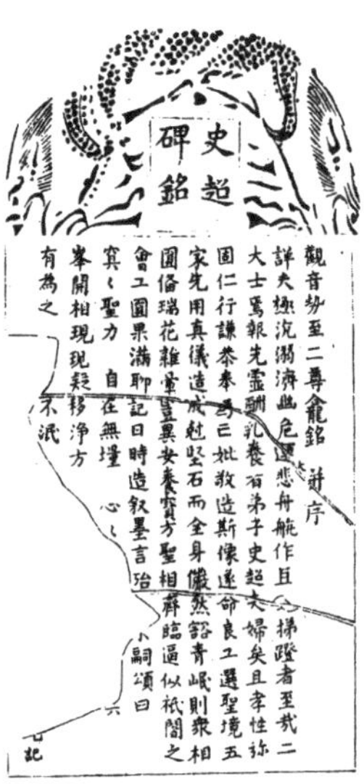

又　唐造像記。石連額高尺九寸三分，廣八寸。十行，行約十七字，字徑七分，行書，上方及額磨泐無文字。

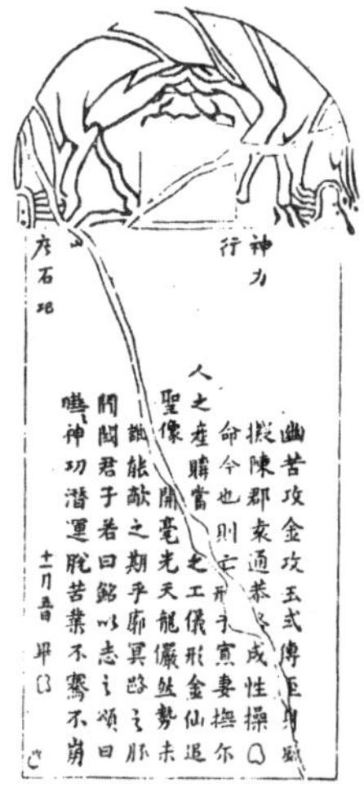

又　唐寶禪院造象。高存二尺二寸，廣二尺。十一行，首行八字，字徑三寸。十行，行存十二三字不等，字徑寸五分，正書。

又　宋刻唐越王樓詩並序。石連額高約六尺六寸，廣二尺九寸。十四行，行三十一字，字徑寸六分，正書。額六字，字徑四寸，篆書。下方泐三字。

又　宋福昌院牒。高一尺七寸，廣四尺一寸。勑及結銜九行，字徑寸至二三寸不等。狀五行，行十八字，字徑六分，正書。

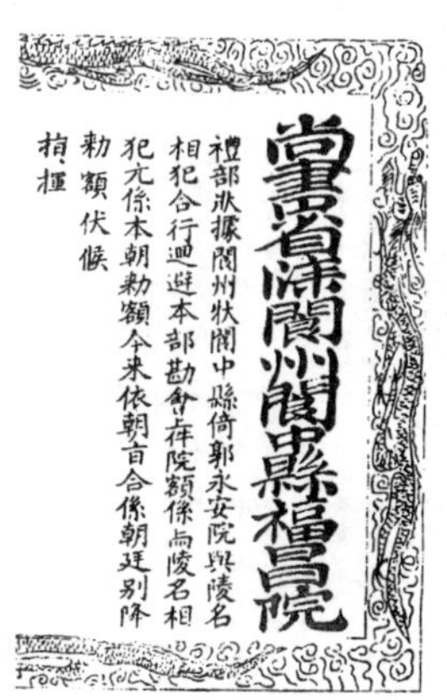

又

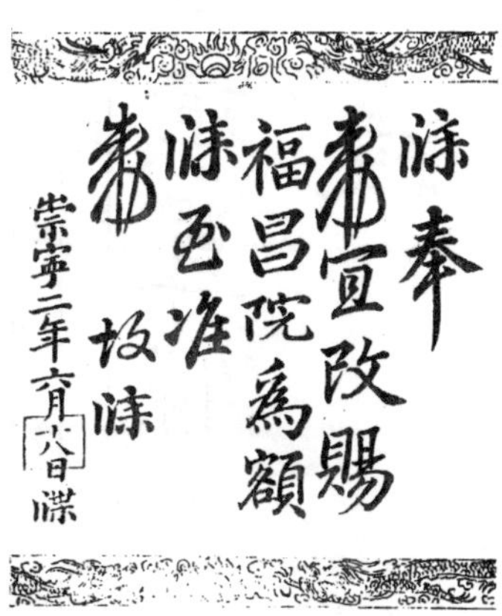

又

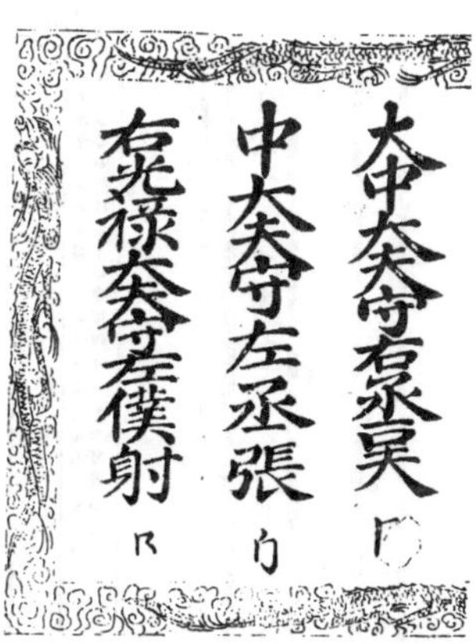

又

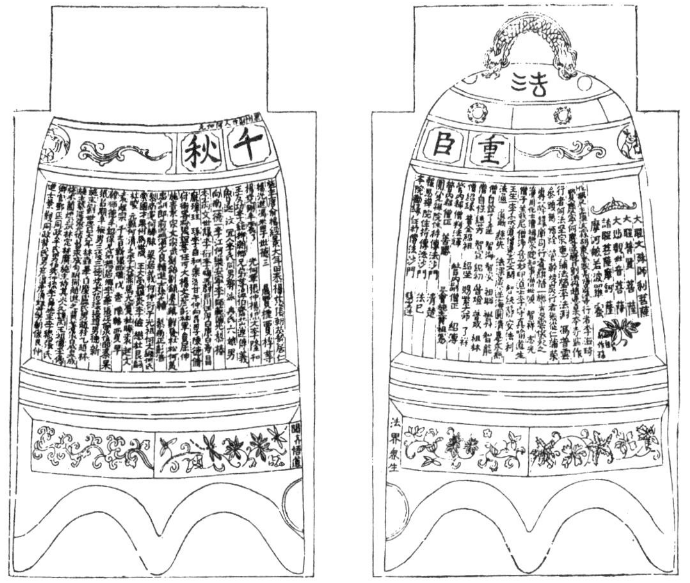

又　宋大雄真聖象。石高七尺二寸，廣三尺。象高四尺五寸。象左右題字各一行，行六字，字徑寸四分。下方跋二十一行，行存七八字不等，字徑八分，正書。額五字，字徑四寸，篆書。

又　澧源鎮諸團寨巡檢記。

又　新浦縣印牌。太平興國五年十月鑄。

牌入印出　印入牌出

右牌長七寸六分，廣二寸三分，厚二分弱，首廣一寸一分，重一十九兩九錢三分。

劉懋琦、劉瀚《荊南萃古編》　商虎錞。

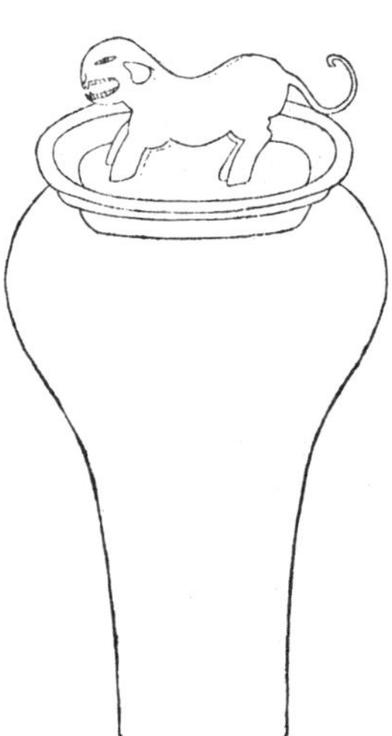

又 商鹿鐘。

又 商辛祖鼎。

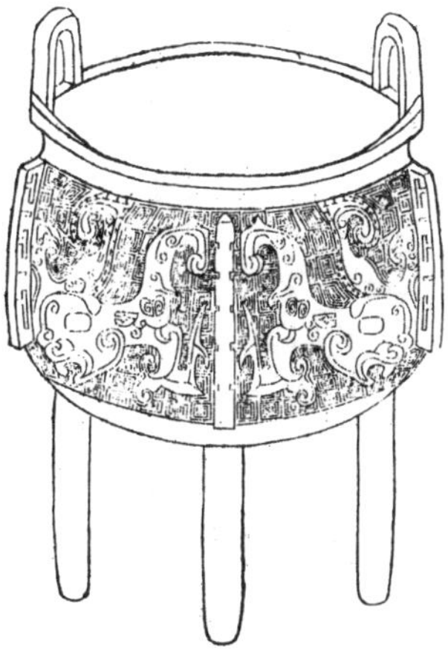

又 周史敦盖。

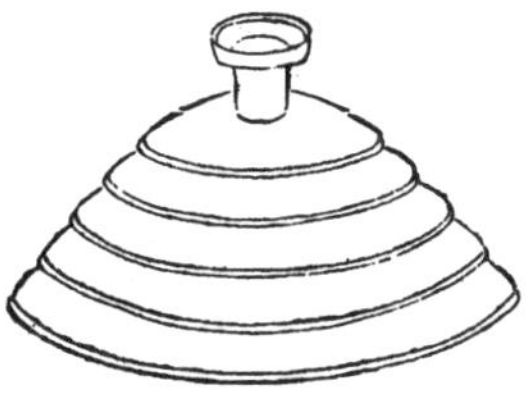

又 周父己盂。

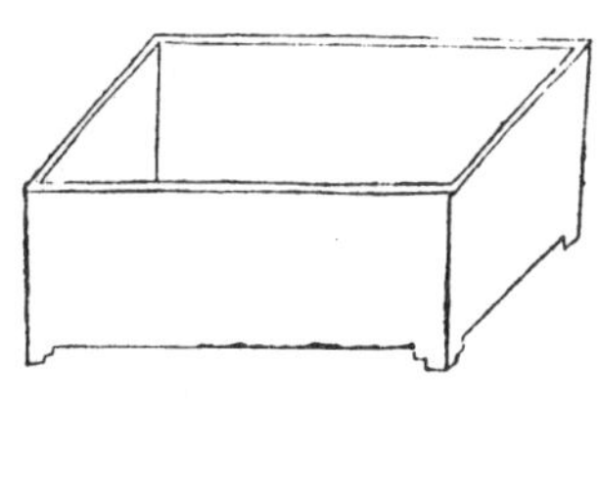

又 漢熹平鏡。

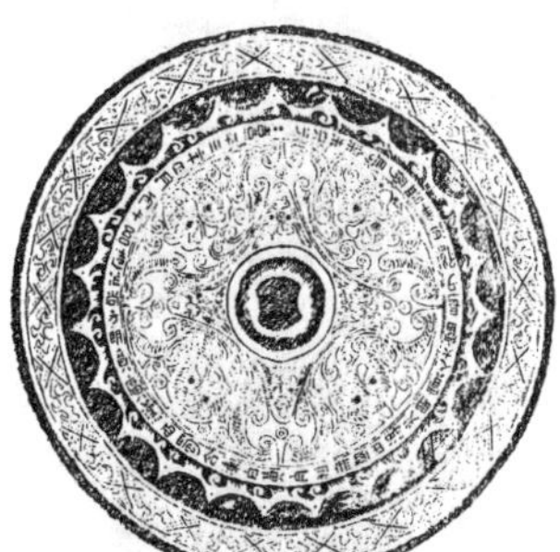

嘉平三年正月丙午，吾造作尚方明竟，廣漢西蜀合湅白黄自利無極世得光明買人大富長子孫延年益壽長樂未央子。

又 漢青羊鏡。

青羊作竟四夷服多賀國家民息胡虜殄滅天下復風雨時五穀孰得天力。

又 漢建安洗。

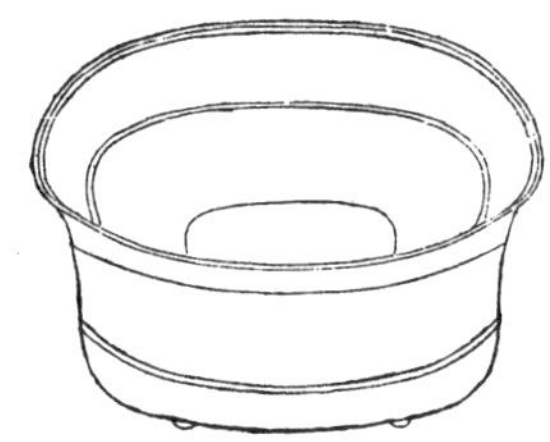

又

張德容《金石聚》卷一

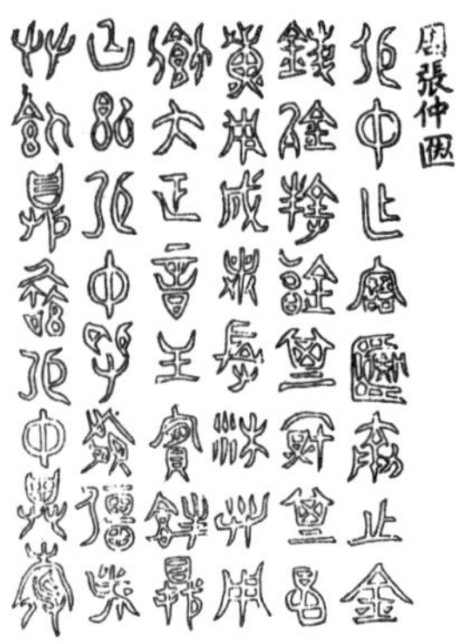

又

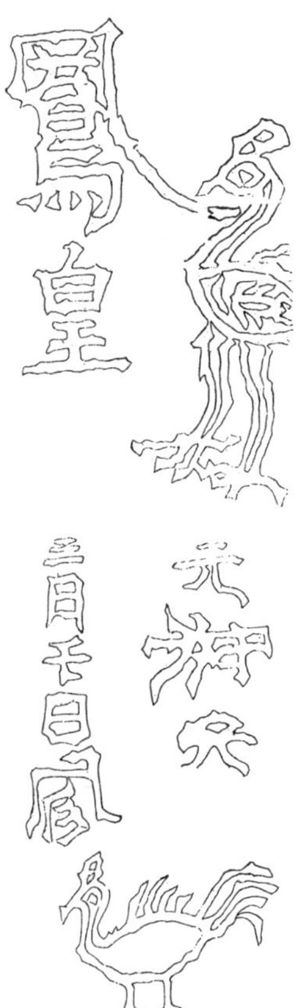

又卷六

又卷一三

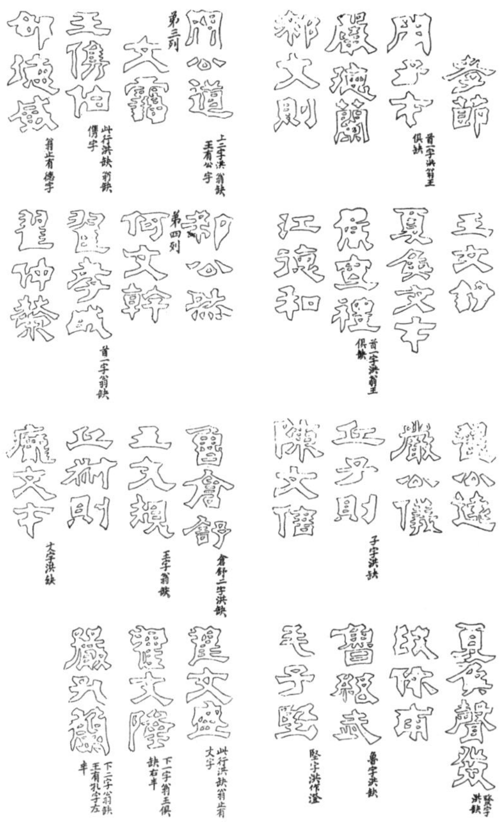

鮑昌熙《金石屑》

又

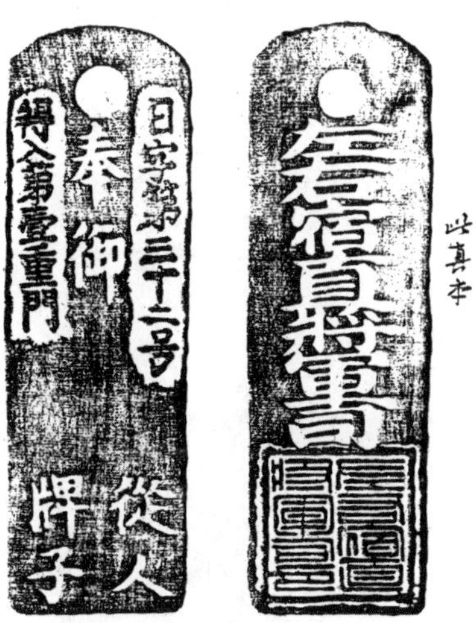

漢雙魚洗。圖小于器十分之五有七。

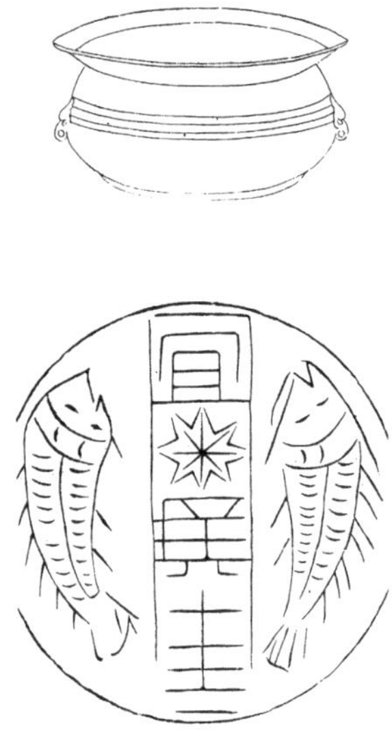

又 商琱戈。

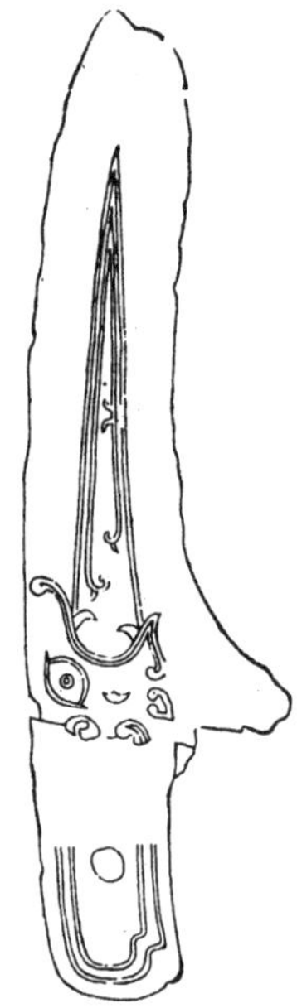

又 周上制銅劍。圖小于器十分之六有半。

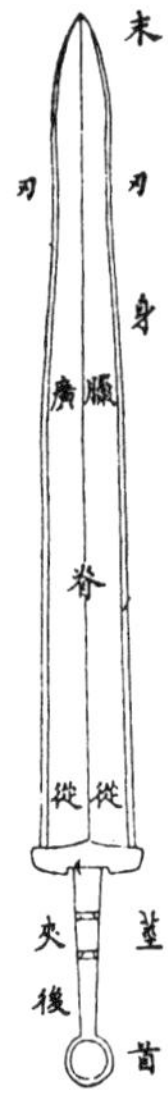

又 古带鉤。

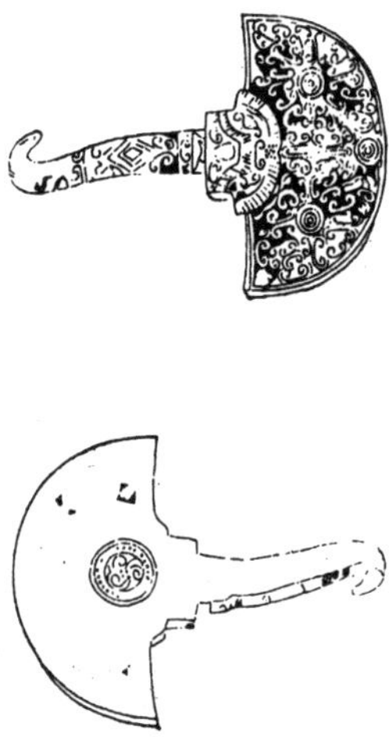

又 商父巳卣。圖小于器十分之三。

又 尊尊。圖小于器十分之二。

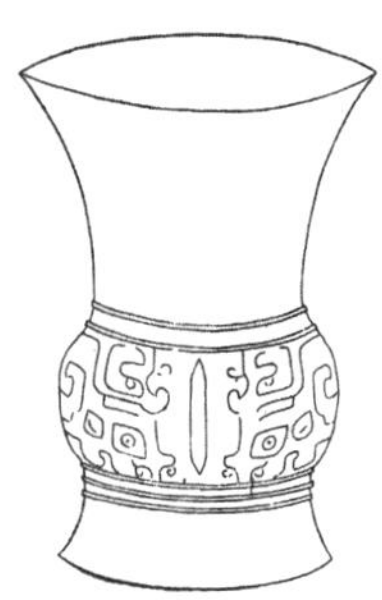

又 商舉丁角。圖小于器十分之二。

又 商析孫宗觚。圖小于器十分之一有半。

又 商父癸鬲。圖小于器十分之二有半。

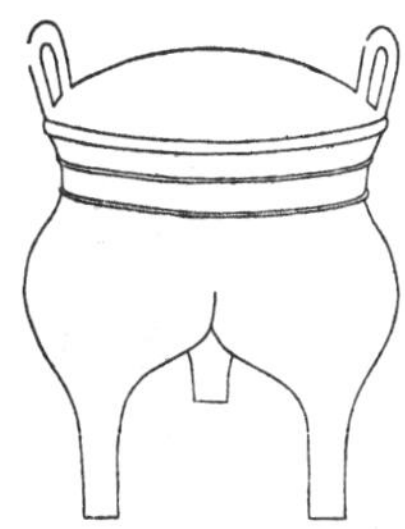

簡帛分部

綜　述

《尚書・洛誥》 戊辰，王在新邑，烝祭歲，文王騂牛一，武王騂牛一，王命作册，逸祝册，惟告周公其後。

又《多士》 惟爾知惟殷先人，有册有典。

《毛詩正義・小雅・出車》 畏此簡書。鄭玄《箋》：「簡書，戒命也。鄰國有急，以簡書相告，則奔命救之。」孔穎達《疏》：「《正義》曰：『古者無紙，有事書之於簡，謂之簡書。』」

《周禮・天官冢宰・小宰》 以官府之八成，經邦治：一曰聽政役以比居；二曰聽師田以簡稽；三曰聽閭里以版圖；四曰聽稱責以傅別；五曰聽禄位以禮命；六曰聽取予以書契；七曰聽賣買以質劑；八曰聽出入以要會。

《周禮注疏・天官冢宰・司書》 司書，上士二人，中士四人。府二人，史四人，徒八人。鄭玄《注》：「司書，主計會之簿書。簿，步古反，後簿書皆同。」賈公彦《疏》：「泩言簿書者，古有簡策以記事，若在君前以笏記事，後代用簿。簿，今手版。故云：吏當持簿。簿則簿書也。」

又《春官宗伯・内史》 凡命諸侯及孤卿大夫，則策命之。鄭玄《注》：「策，謂以簡策書王命。」

又 王制禄，則賛爲之，以方出之。鄭玄《注》：「以方出之，以方版書而出之。」賈公彦《疏》：「方，直謂今時牘也者。古時名爲方，漢時名爲牘。」

《儀禮注疏・聘禮》 若有故則卒聘，束帛加書將命，百名以上書於策，不及百名書於方。鄭玄《注》：「策，簡也；方，板也。」賈公彦《疏》：「云『策簡，方板』也者，簡謂據一片而言，策是編連之稱。是以《左傳》云『南史氏執簡以往』是簡者未編之稱。此經云百名以上書之於策，是其衆簡相連之名。鄭作《論語序》云《易》、《詩》、《書》、《禮》、《樂》、《春秋》，策皆尺二寸，《孝經》謙，半之，《論語》八寸策者，三分居一，又謙焉，是其策之長短。鄭注《尚書》『三十字，一簡之文』。服虔注《左氏》云『古文篆書，一簡八分字』。是一簡容字多少者。云方板者，以其百名以下書之於方。若今之祝板，不假連編之策，一板書盡，故言方板也。」

《禮記正義・曲禮上》 先生書策琴瑟在前，坐而遷之，戒勿越。鄭玄《注》：「筴，本又作策，初革反，編簡也。」孔穎達《疏》：「策，篇簡也。」

又《中庸》 哀公問政。子曰：「文武之政，布在方策。其人存，則其政舉。其人亡，則其政息。」鄭玄《注》：「方，版也。策，簡也。」孔穎達《疏》：「文武之政，布在方策者，言文王、武王爲政之道，皆布列在於方牘簡策。」

《左傳・襄公二十年》 衛甯惠子疾，召悼子曰：「吾得罪於君，悔而無及也，名藏在諸侯之策。」

《春秋左傳正義・隱公十一年》 冬，十月，鄭伯以虢師伐宋。壬戌，大敗宋師，以報其入鄭也。宋不告命，故不書。凡諸侯有命告則書，不然則否。杜預《注》：「命者，國之大事政令也。承其告辭，史乃書之於策。若所傳聞行言非將君命，則記在簡牘而已，不得記於典策，此蓋周禮之舊制。」

《爾雅注疏・釋器》 簡，謂之畢。郭璞《注》：「今簡扎也。」邢昺《疏》：「簡，竹簡也。古未有紙，載文於簡，謂之簡扎，一名畢。」

《管子・宙合》 是以古之人，阻其路，塞其遂，守而物修，故著之簡筴，傳以告後世人曰：「其爲怨也深，是以威盡焉。」

《晏子春秋・外篇・景公稱桓公之封管仲益晏子邑辭不受第二十四》 景公謂晏子曰：「昔吾先君桓公，予管仲狐與穀，其縣十七，著之于帛，申之以策，通之諸侯，以爲其子孫賞邑。寡人不足以辱而先君，今爲夫子賞邑，通之子孫。」

《墨子・明鬼》 古者聖王必以鬼神爲其務，其務鬼神厚矣。又恐後世子孫不能知也，故書之竹帛，傳遺後世子孫。咸恐其腐蠹絶滅，後世子孫不得而記，故

琢之盤盂鏤之金石以重之。有恐後世子孫不能敬莙以取羊，故先王之書，聖人一尺之帛，一篇之書，語數鬼神之有也重有重之。

尸佼《尸子》卷上《分》 明王之道易行也。勞不進一步，聽獄不後臯陶；食不損一味，富民不後虞舜；樂不損一日，用兵不後湯武；書之不盈尺簡，南面而立，一言而國治，堯舜復生，弗能更也。

《莊子・列御寇》 小夫之知，不離苞苴竿牘。成玄英《疏》：「竿牘，竹簡也。」

《國語・魯語上》 是歲也，海多大風，冬煖。文仲聞柳下季之言，曰：「信吾過矣，季子之言，不可不法也。使書以爲三筴。」韋昭《注》：「筴，簡書也。」

劉安《淮南子・齊俗訓》 夫竹之性浮，殘以爲牒，束而投之水則沉，失其體也。

孔安國《尚書序》 科斗書廢已久，時人無能知者，以所聞伏生之書，考論文義，定其可知者，爲隸古定，更以竹簡寫之。孔穎達《疏》：「更以竹簡寫之，明留其壁内之本也。」顧氏云：「策長二尺四寸，簡長一尺二寸。」

《史記・孝武本紀》 乙卯，令侍中儒者皮弁薦紳，射牛行事。封泰山下東方，如郊祠泰一之禮。封廣丈二尺，高九尺，其下則有玉牒書，書祕。

又《絳侯周勃世家》 勃以千金與獄吏，獄吏乃書牘背示之。裴駰《集解》引李奇曰：「吏所執簿。」韋昭曰：「牘版。」司馬貞《索隱》：「簿即牘也。故《魏志》『秦宓以簿擊頰』，則亦簡牘之類也。」

又《三王世家》 至其次序分絶，文字之上下，簡之參差長短，皆有意，人莫之能知。謹論次其真草詔書，編于左方，令覽者自通其意而解説之。

又《匈奴列傳》 漢遺單于書，牘以尺一寸，辭曰「皇帝敬問匈奴大單于無恙」，所遺物及言語云云。中行説令單于遺漢書以尺二寸牘，及印封皆令廣大長，倨傲其辭曰「天地所生日月所置匈奴大單于敬問漢皇帝無恙」，所以遺物言語亦云云。

又《杜周列傳》 客有讓周曰：「君爲天子決平，不循三尺法，專以人主意指爲獄。獄者固如是乎？」周曰：「三尺安出哉？前主所是著爲律，後主所是疏爲令，當時爲是，何古之法乎！」裴駰《集解》引《漢書音義》曰：「以三尺竹簡書法律也。」

又《東方朔傳》 武帝時，齊人有東方生名朔，以好古傳書，愛經術，多所博觀外家之語。朔初入長安，至公車上書，凡用三千奏牘。公車令兩人共持舉其書，僅然能勝之。人主從上方讀之，止，輒乙其處，讀之二月乃盡。

桓寬《鹽鐵論》卷一〇《詔聖》 二尺四寸之律，古今一也，或以治，或以亂。《春秋》原罪，《甫刑》制獄。

史游《急就篇》卷一 急就奇觚與衆異。顔師古《注》：「觚者，學書之牘，或以記事，削木爲之，蓋簡屬也。孔子歎觚，即此之謂。其形或六面，或八面，皆可書。」

又卷三 簡札檢署槧牘家。顔師古《注》：「竹簡以爲書牒也。札者木牒，亦所以書之也。檢之言禁也，削木施於物上，所以禁閉之，使不得輒開露也。署謂題書其檢上也。槧，板之長三尺者也，亦可以書，謂之槧者，言其修長漸漸然也。」

韓嬰《韓詩外傳》卷七 趙簡子有臣曰周舍，立於門下三日三夜，簡子使問之曰：「子欲見寡人何事？」周舍對曰：「願爲諤諤之臣，墨筆操牘，從君之過，而日有記也，月有成也，歲有效也。」

王充《論衡》卷一二《量知》 截竹爲筒，破以爲牒，加筆墨之跡，乃成文字，大者爲經，小者爲傳記；斷木爲槧，析之爲板，力加刮削，乃成奏牘。

又卷一九《宣漢》 唐、虞、夏、殷，同載在二尺四寸；儒者推讀，朝夕講習。

又卷二八《正説》 説《論語》者，皆知説文解語而已。不知《論語》本幾何篇，但周以八寸爲尺，不知《論語》所獨一尺之意。夫《論語》者，弟子共紀孔子之言行、勑記之時甚多，數十百篇；以八寸爲尺紀之，約省懷持之便也。以其遺非經傳文，紀識恐忘，故但以八寸尺，不二尺四寸也。

《漢書・高祖紀下》 上令周昌選趙壯士可令將者，白見四人。上嫚駡曰：「豎子能爲將乎！」四人慙，皆伏地。上封各千户，以爲將。左右諫曰：「從入蜀漢，伐楚，賞未徧行，今封此，何功？」上曰：「非汝所知。陳豨反，趙代地皆豨有。吾以羽檄徵天下兵，未有至者，今計唯獨邯鄲中兵耳。吾何愛四千户，不以慰趙子弟！」皆曰：「善。」顔師古《注》：「檄者，以木簡爲書，長尺二寸，用徵召也。其有急事，則加以鳥羽插之，示速疾也。《魏武奏事》云今邊有警，輒露檄插羽。檄音胡歷反。」

又《文帝紀》 三月，除關無用傳。顔師古《注》引張晏曰：「傳，信也，若今過所也。」如淳曰：「兩行書繒帛，分持其一，出入關，合之乃得過，謂之傳也。」李奇曰：「傳，棨也。」師古曰：「張説是也。古者或用棨，或用繒帛。棨者，刻木爲合符也。傳音張戀反。棨音啓。」

又《武帝紀》 賢良明於古今王事之體，受策察問，咸以書對，著之於篇，朕親

覽焉。顔師古《注》：「篇謂竹簡也。」

又 夏四月癸卯，上還，登封泰山，降坐明堂。顔師古《注》引孟康曰：「王者功成治定，告成功於天。封，崇也，助天之高也。刻石紀號，有金策石函金泥玉檢之封焉。」應劭曰：「封者，壇廣十二丈，高二丈，階三等，封於其上，示增高也。刻石，紀績也。立石三丈一尺，其辭曰：『事天以禮，立身以義。事親以孝，育民以仁。四守之内莫不爲郡縣，四夷八蠻咸來貢職，與天無極。人民蕃息，天禄永得。』尚玄酒而俎生魚。下禪梁父，祀地主，示增廣。此古制也。武帝封廣丈二尺，高九尺，其下則有滕書祕。語在《郊祀志》。」

又《平帝紀》 徵天下通知逸經、古記、天文、曆算、鍾律、小學、史篇、方術、《本草》及以《五經》、《論語》、《孝經》、《爾雅》教授者，在所爲駕一封軺傳，遣詣京師。至者數千人。顔師古《注》引如淳曰：「律，諸當乘傳及發駕置傳者，皆持尺五寸木傳信，封以御史大夫印章。其乘傳參封之。」

又《禮樂志》 削則削，筆則筆。顔師古《注》：「削者，謂有所删去，以刀削簡牘也。筆者，謂有所增益，以筆就而書也。」

又《郊祀志上》 （齊人公孫）卿有札書。顔師古《注》：「札，木簡之薄小者也。」

又《藝文志》 武帝末，魯共王壞孔子宅，欲以廣其宫，而得《古文尚書》及《禮記》、《論語》、《孝經》凡數十篇，皆古字也。共王往入其宅，聞鼓琴瑟鐘磬之音，於是懼，乃止不壞。孔安國者，孔子後也，悉得其書，以考二十九篇，得多十六篇。安國獻之。遭巫蠱事，未列于學官。劉向以中古文校歐陽、大小夏侯三家經文，《酒誥》脱簡一，《召誥》脱簡二。率簡二十五字者，脱亦二十五字，簡二十二字者，脱亦二十二字，文字異者七百有餘，脱字數十。

又《韓信傳》 奉咫尺之書。顔師古《注》：「八寸曰咫。咫尺者，言其簡牘或長咫，或長尺，喻輕率也。今俗言尺書，或言尺牘，蓋其遺語耳。」

又《曹參傳》 贊曰：蕭何、曹參皆起秦刀筆吏，當時録録未有奇節。顔師古《注》：「刀所以削書也，古者用簡牒，故吏皆以刀筆自隨也。」

又《鼂錯傳》 上以薦先帝之宗廟，下以興愚民之休利，著之于篇。顔師古《注》：「休，美也。篇謂簡也。」

又《路温舒傳》 路温舒字長君，鉅鹿東里人也。父爲里監門。使温舒牧羊，温舒取澤中蒲，截以爲牒，編用寫書。

又《司馬相如傳》 上令尚書給筆札。顔師古《注》：「札，木簡之薄小者也。時未多用紙，故給札以書。」

又《原涉傳》 涉乃側席而坐，削牘爲疏。顔師古《注》：「牘，木簡也。疏音所慮反。」

《説文解字》卷二下《册部》 冊，符命也。諸侯進受於王者也。象其札一長一短，中有二編之形。凡册之屬，皆从册。𠕋，古文册。从竹。

又卷五上《竹部》 符，信也。漢制吕竹，長六寸，分而相合。簡，牒也。从竹。閒聲。段玉裁《注》：「簡，竹爲之，牘木爲之。牒、札其通語也。」

又卷六上《木部》 槧，牘樸也。從木，斬聲。札，牒也。從木，乙聲。檢，書署也。從木，僉聲。檄，尺二書。從木，敫聲。

又卷七上《片部》 牘，書版也。从片，賣聲。段玉裁《注》：「牘專謂用於書者。」然則《周禮》之版，《禮經》之方，皆牘也。《小宰》注曰：「版，户籍也。」宫正注曰：「版，其人之名籍也。」《聘禮注》曰：「策，簡也。方，版也。」李賢《蔡邕傳》注引《説文》而曰：「長一尺。」按漢人多云尺牘，《史記》「緹縈通尺牘」，此臣得用於君也。《漢書》陳遵與人尺牘，主皆藏去。此施於儕輩者也。木部云：「槧，牘樸也。」然則粗者爲槧，精者爲牘。牒，札也。从片，枼聲。段玉裁《注》：「司馬貞曰：『牒，小木札也。』按厚者爲牘，薄者爲牒。」

又卷七下《巾部》 帖，帛書署也。从巾，占聲。

又卷七下《帛部》 帛，繒也。凡帛之屬皆从帛。从巾，白聲。

又卷一三上《糸部》 編，次簡也。从糸，扁聲。

蔡邕《獨斷》卷上 策書，策者，簡也。《禮》曰：「不滿百文，不書於策。」其制，長二尺，短者半之。其次一長一短，兩編下附篆書起年月日，稱「皇帝曰以命諸侯王三公」。其諸侯王三公之薨于位者，亦以策書誄，謚其行而賜之，如諸侯之策。三公以罪免，亦賜策，文體如上策而隸書，以尺一木兩行。唯此爲異者也。

應劭《風俗通義・佚文》 殺青書可繕寫。謹案：劉向《别録》曰：「殺青者，直治青竹作簡書之耳。」新竹有汗，善朽蠹，凡作簡者，皆於火上炙乾之，陳、楚之間謂之汗，汗者，去其汗也。吴、越曰殺，殺亦治也。劉向爲孝成皇帝典校書籍，二十餘年，皆先書竹，爲易刊定，可繕寫者，以上素也。由是言之：殺青者竹，斯爲明矣。今東觀書，竹素也。

劉熙《釋名》卷六《釋書契》 札，櫛也。編之如櫛齒相比也。

又　簡，簡也。編之篇篇有間也。

又　牘，睦也。手執之以進見，所以爲恭睦也。

又　檄，激也。下官所以激迎其上之書文也。

又　策，書教令於上，所以驅策諸下也。

又　槧，版之長三尺者也。槧，漸也。言其漸漸然長也。

又卷七《釋兵》　書刀給，書簡札有所刊削之刀也。

荀勗《穆天子傳序》　古文《穆天子傳》者，太康二年，汲縣民不准盜發古冢所得書也，皆竹簡素絲編，以臣勗前所考定古尺度其簡，長二尺四寸，以墨書，一簡四十字。

葛洪《西京雜記》卷三　揚子雲好事，常懷鉛提槧，從諸計吏，訪殊方絶域四方之語，以爲裨補《輶軒》所載，亦洪意也。

葛洪《神仙傳》卷五《陰長生》　陰君裂黄素寫丹經，一通封以文石之函，著嵩山；一通黄櫨簡漆書之，封以青玉之函，置大華山；一通黄金之簡，刻而書之，封以白銀之函，著蜀經山；一通白縑書之，合爲一卷，付弟子傳世。

崔豹《古今注》卷下《問答釋義》　程雅問曰：「凡傳者何也？」答曰：「凡傳，皆以木爲之。長五寸，書符信於上，又以一板封之，皆封以御史印章，所以爲信也，如今之過所也。」

《後漢書・孝安帝紀》　戊子，勑司隸校尉、冀并二州刺史：「民訛言相驚，棄捐舊居，老弱相攜，窮困道路。其各勑所部長吏，躬親曉喻。若欲歸本郡，在所爲封長檄；不欲，勿强。」李賢《注》：「封謂印封之也。長檄猶今長牒也。欲歸者，皆給以長牒爲驗。」

又《劉盆子傳》　崇等議曰：「聞古天子將兵稱上將軍。」乃書札爲符曰「上將軍」，又以兩空札置笥中，遂於鄭北設壇場，祠城陽景王。李賢《注》：「札，簡也。」

又　酒未行，其中一人出刀筆書謁欲賀，其餘不知書者起請之，各各屯聚，更相背向。李賢《注》：「古者記事書於簡册，謬誤者以刀削而除之，故曰刀筆。」

又《襄楷傳》　初，順帝時，琅邪宫崇詣闕，上其師干吉於曲陽泉水上所得神書百七十卷，皆縹白素朱介青首朱目，號《太平清領書》。其言以陰陽五行爲家，而多巫覡雜語。有司奏崇所上妖妄不經，乃收臧之。後張角頗有其書焉。

又《曹褒傳》　褒既受命，乃次序禮事，依準舊典，雜以《五經》讖記之文，撰次天子至於庶人冠婚吉凶終始制度。以爲百五十篇，寫以二尺四寸簡。

又《周磐傳》　建光元年，年七十三，歲朝會集諸生，講論終日，因令其二子曰：「吾日者夢見先師東里先生，與我講於陰堂之奥。」既而長歎：「豈吾齒之盡乎！若命終之日，桐棺足以周身，外椁足以周棺，斂形懸封，濯衣幅巾。編二尺四寸簡，寫《堯典》一篇，并刀筆各一，以置棺前，示不忘聖道。」

又《李雲傳》　今官位錯亂，小人諂進，財貨公行，政化日損，尺一拜用不經御省。李賢《注》：「尺一之板謂詔策也，見《漢官儀》也。」

又《循吏傳》　其以手迹賜方國者，皆一札十行，細書成文。

又《蔡倫傳》　自古書契多編以竹簡，其用縑帛者謂之爲紙。縑貴而簡重，並不便於人。

又《儒林傳序》　初，光武遷還洛陽，其經牒祕書載之二千餘兩，自此以後，參倍於前。及董卓移都之際，吏民擾亂，自辟雍、東觀、蘭臺、石室、宣明、鴻都諸藏典策文章，競共剖散，其縑帛圖書，大則連爲帷蓋，小乃制爲縢囊。及王允所收而西者，裁七十餘乘，道路艱遠，復棄其半矣。後長安之亂，一時焚蕩，莫不泯盡焉。

又《祭祀志上》　上許梁松等奏，乃求元封時封禪故事，議封禪所施用。有司奏當用方石再累置壇中，皆方五尺，厚一尺，用玉牒書藏方石。牒厚五寸，長尺三寸，廣五寸，有玉檢。

劉勰《文心雕龍・詔策》　漢初定儀則，則命有四品：一曰策書，二曰制書，三曰詔書，四曰戒敕。敕戒州部，詔誥百官，制施赦命，策封王侯。策者，簡也。制者，裁也。詔者，告也。敕者，正故書者，舒也。舒布其言，陳之簡牘，取象於夬，貴在明決而已。

《隋書・禮儀志四》　諸王、三公、儀同、尚書令、五等開國、太妃、妃、公主恭拜册，軸一枚，長二尺，以白練衣之。用竹簡十二枚，六枚與軸等，六枚長尺二寸。文出集書，書皆篆字。哀册、贈册亦同。

又　後齊正日，侍中宣詔慰勞州郡國使。詔牘長一尺三寸，廣一尺，雌黄塗飾，上寫詔書三。計會日，侍中依儀勞郡國計吏，問刺史太守安不，及穀價麥苗善惡，人間疾苦。又班五條詔書於諸州郡國使人，寫以詔牘一枚，長二尺五寸，廣一尺三寸，亦以雌黄塗飾，上寫詔書。

徐堅《初學記》卷二一上　古者以縑帛，依書長短，隨事截之，名曰幡紙。

杜佑《通典》卷五五《禮十五・沿革十五・吉禮十四・告禮・東晉》　太常問：「今封建諸王，爲告廟不？若告，廟册與告諸王同異？祝文同不？當以竹册白簡？隸書篆書也？」博士孫毓議：「按《尚書・洛誥》『王命作册，逸祝册，唯告周公

其後』。」謂成王已冠，命立周公後，作爲册書《逸誥》以告伯禽也。又周公請命於三王，乃納册於金縢匱中。今封建諸王，裂土樹藩，爲册告廟，篆書竹册，執册以祝，訖，藏於廟。及封王之日，又以册告所封之王。册文不同。前以言告廟祝文，當竹册篆書，以爲告廟册，册之文即祝詞也。舊告封王、告改年號，故事，事訖皆當藏於廟，以皆爲册書。四時享祀祝文，事訖不藏，故但禮稱祝文尺一，白簡隸書而已。

陶穀《清異録》卷下《還元竹》 自紙行予世，簡牘之制遂絶，子曾與所親計，當取江湖大竹，火上出汗，候色變白，磨瑩破之，濶半寸，長七寸，厚三分，兩兩膠固，面目抂卜，細線爲繩，三道編聯，使卷舒快利。每片書字一行，密則倍，不欲人見者，加囊封，宜號還元竹，終以身未至南但成漫語。

《南史・齊高帝紀》 井中得一木簡，長一尺，廣二分，上有隱起字，曰：「廬山道人張陵再拜，詣闕起居。」簡木堅白，字色乃黄。

《北史・蕭寶夤傳》 既定其優劣，善惡交分，經奏之後，考功曹別書於黄紙、油帛。一通則本曹尚書與令僕印署，留於門下；一通則以侍中黄門印署，掌在尚書。嚴加緘密，不得開視。考績之日，然後對共裁量。

陳彭年《大宋重修廣韻・帖韻》 牒。書版曰牒。

張君房《雲笈七籤》卷七《三洞經教部・玉牒金書》 《三元布經》「皆刻金丹之書，盛以自然雲錦之囊，封以三元寶神之章，藏於九天之上，大有之宫」，謂之《玉牒金書》。又云：「以紫玉爲簡，生金爲文，編以金縷，纏以青絲。」《太上太真科》云：「《玉牒金書》，七寶爲簡，又名《紫簡》。」

又《丹書墨籙》 《太真科》云：「丹簡者，乃朱漆之簡，明火主陽也。墨籙者，以墨書文，明水主陰也。人學長生，遵之不死。故名丹簡墨籙，祕不妄傳。」

又《兒體六書六文》 漢和帝時，蔡倫始造紙，爾前唯書簡牒。牒者，詮牒語事也；簡者，在簡而不繁也。但知本是天書金簡，餘地書已下八體六文，皆從真出外，學者自更詳之。又未知何時，書於此經在紙作卷。

又《白銀之編》 《金房度命經》云：「太帝靈都宫中，有《金房度命迴年之訣》。皆鑄金爲簡，刻白銀之編，紫筆書編也。」

邵博《邵氏聞見後録》卷二七 崇寧初，經略天都，開地得瓦器，實以木簡，札上廣下狹，長尺許，書爲章草，或參以朱字。表物數曰縑幾匹，綿幾屯，錢米若干，皆章和年號。松爲之，如新成者，字遒古若飛動，非今所畜書帖中比也。其出于書吏之手尚如此。正古謂之札書，見《漢武紀》、《郊祀志》，乃簡書之小者耳。

王觀國《學林》卷一《故什箋》 觀國按諸家字書，箋，子堅切，表識書也，亦作牋、槧。蓋古人牋牘以竹或木爲之，故箋字從竹，牋字、槧字皆從木。

趙彦衛《雲麓漫鈔》卷七 上古結繩而治，二帝以來，始有簡册，以竹爲之，而書以漆，或用版以鉛書之，故有刀筆鉛槧之説。秦漢末，用縑帛，如勝廣書帛内魚腹，高祖書帛射城上。至中世漸用紙，《趙后傳》所謂「赫蹏」者，注云「薄小紙」，然其實亦縑帛。《蔡倫傳》：「用縑帛者謂之紙。縑貴，簡重，不便於人，倫乃用木膚麻皮等。」則古之紙，即縑帛，字蓋從糸云。故今人呼書曰册子，取簡册之義；又曰第幾卷，言用縑素也。江南竹簡，處州作槧版，尚髣髴古制。

《宋史・燕肅傳》 燕肅字穆之，青州益都人。父峻，慷慨任俠，楊光遠反時，率其屬迎符彦卿，遂家曹州。肅少孤貧，遊學。舉進士，補鳳翔府觀察推官。寇準知府事，薦改秘書省著作佐郎、知臨邛縣。縣民嘗苦吏追擾，肅削木爲牘，民訟有連逮者，書其姓名，使自召之，皆如期至。知考城縣，通判河南府。召爲監察御史，準方知河南，奏留之。

又《吐蕃傳》 厮囉地既分，董氈最彊，獨有河北之地，其國大抵吐蕃遺俗也。懷恩惠，重財貨，無正朔。市易用五穀、乳香、硇砂、罽毯、馬牛以代錢帛。貴虎豹皮，用緣飾衣裘。婦人衣錦，服緋紫青緑。尊釋氏。不知醫藥，疾病召巫覡視之，焚柴聲鼓，謂之「逐鬼」。信呪詛，或以决事，訟有疑，使詛之。訟者上辭牘，藉之以帛，事重則以錦。

《遼史・孩裏傳》 孩里素信浮圖。清寧初，從上獵，墮馬，憒而復蘇。言始見二人引至一城，宫室宏敞，有衣絳袍人坐殿上，左右列侍，導孩里升階。持牘者示之曰：「本取大腹骨欲，誤執汝。」牘上書「官至使相，壽七十七」。須臾還，擠之大壑而寤。道宗聞之，命書其事。後皆驗。

張自烈《正字通・方部》 方、策，版也。大曰策，小曰方。

傳記

《史記・儒林列傳》 伏生者，濟南人也。故爲秦博士。孝文帝時，欲求能治《尚書》者，天下無有，乃聞伏生能治，欲召之。是時伏生年九十餘，老，不能行，於是乃詔太常使掌故朝錯往受之。秦時焚書，伏生壁藏之。其後兵大起，流亡，漢

定，伏生求其書，亡數十篇，獨得二十九篇，即以教于齊魯之閒。

《漢書・劉歆傳》 歆字子駿，少以通《詩》、《書》能屬文，召見成帝，待詔宦者署，爲黄門郎。河平中，受詔與父向領校祕書，講六藝傳記，諸子、詩賦、數術、方技，無所不究。向死後，歆復爲中壘校尉。

哀帝初即位，大司馬王莽舉歆宗室有材行，爲侍中太中大夫，遷騎都尉、奉車光禄大夫，貴幸。復領《五經》，卒父前業。歆乃集六藝羣書，種別爲《七略》。語在《藝文志》。

歆及向始皆治《易》，宣帝時，詔向受《穀梁春秋》，十餘年，大明習。及歆校祕書，見古文《春秋左氏傳》，歆大好之。時丞相史尹咸以能治《左氏》，與歆共校經傳。歆略從咸及丞相翟方進受，質問大義。初《左氏傳》多古字古言，學者傳訓故而已，及歆治《左氏》，引傳文以解經，轉相發明，由是章句義理備焉。歆亦湛靖有謀，父子俱好古，博見彊志，過絶於人。歆以爲左丘明好惡與聖人同，親見夫子，而公羊、穀梁在七十子後，傳聞之與親見之，其詳略不同。歆數以難向，向不能非間也，然猶自持其《穀梁》義。及歆親近，欲建立《左氏春秋》及《毛詩》、《逸禮》、《古文尚書》皆列於學官。哀帝令歆與《五經》博士講論其義，諸博士或不肯置對，歆因移書太常博士，責讓之曰：昔唐虞既衰，而三代迭興，聖帝明王，累起相襲，其道甚著，周室既微而禮樂不正，道之難全也如此。是故孔子憂道之不行，歷國應聘。自衛反魯，然後樂正，《雅》《頌》乃得其所；修《易》，序《書》，製作《春秋》，以紀帝王之道。及夫子没而微言絶，七十子終而大義乖。重遭戰國，棄籩豆之禮，理軍旅之陳，孔氏之道抑，而孫吴之術興。陵夷至于暴秦，燔經書，殺儒士，設挾書之法，行是古之罪，道術由是遂滅。漢興，去聖帝明王遐遠，仲尼之道又絶，法度無所因襲，時獨有一叔孫通略定禮儀，天下唯有《易》卜，未有它書。至孝惠之世，乃除挾書之律，然公卿大臣絳、灌之屬咸介冑武夫，莫以爲意。至孝文皇帝，始使掌故朝錯從伏生受《尚書》。《尚書》初出于屋壁，朽折散絶，今其書見在，時師傳讀而已。《詩》始萌牙。天下衆書往往頗出，皆諸子傳説，猶廣立於學官，爲置博士。在漢朝之儒，唯賈生而已。至孝武皇帝，然後鄒、魯、梁、趙頗有《詩》、《禮》、《春秋》先師，皆起於建元之間。當此之時，一人不能獨盡其經，或爲《雅》，或爲《頌》，相合而成。《泰誓》後得，博士集而讀之。故詔書稱曰：「禮壞樂崩，書缺簡脱，朕甚閔焉。」時漢興已七八十年，離於全經，固已遠矣。及魯恭王壞孔子宅，欲以爲宫，而得古文於壞壁之中，《逸禮》有三十九，《書》十六篇。天漢之後，孔安國獻之，遭巫蠱倉卒之難，未及施行。及《春秋》左氏丘明所修，皆古文舊書，多者二十餘通，臧於祕府，伏而未發。孝成皇帝閔學殘文缺，稍離其真，乃陳發祕臧，校理舊文，得此三事，以考學官所傳，經或脱簡，傳或間編。傳問民間，則有魯國公、趙國貫公、膠東庸生之遺學與此同，抑而未施。此乃有識者之所惜閔，士君子之所嗟痛也。往者綴學之士不思廢絶之闕，苟因陋就寡，分文析字，煩言碎辭，學者罷老且不能究其一藝。信口説而背傳記，是末師而非往古，至於國家將有大事，若立辟雍、封禪、巡狩之儀，則幽冥而莫知其原。猶欲保殘守缺，挾恐見破之私意，而無從善服義之公心，或懷妒嫉，不考情實，雷同相從，隨聲是非，抑此三學，以《尚書》爲備，謂左氏爲不傳《春秋》，豈不哀哉！

《晉書・束晳傳》 束晳字廣微，陽平元城人，漢太子太傅疎廣之後也。【略】初，太康二年，汲郡人不準盜發魏襄王墓，或言安釐王冢，得竹書數十車。其《紀年》十三篇，記夏以來至周幽王爲犬戎所滅，以事接之，三家分，仍述魏事至安釐王之二十年。蓋魏國之史書，大略與《春秋》皆多相應。其中經傳大異，則云夏年多殷；益干啓位，啓殺之；太甲殺伊尹；文丁殺季歷；自周受命，至穆王百年，非穆王壽百歲也；幽王既亡，有共伯和者攝行天子事，非二相共和也。其《易經》二篇，與《周易》上下經同。《易繇陰陽卦》二篇，與《周易》略同，《繇辭》則異。《卦下易經》一篇，似《説卦》而異。《公孫段》二篇，公孫段與邵陟論《易》。《國語》三篇，言楚晉事。《名》三篇，似《禮記》，又似《爾雅》、《論語》。《師春》一篇，書《左傳》諸卜筮，「師春」似是造書者姓名也。《瑣語》十一篇，諸國卜夢妖怪相書也。《梁丘藏》一篇，先敍魏之世數，次言丘藏金玉事。《繳書》二篇，論弋射法。《生封》一篇，帝王所封。《大曆》二篇，鄒子談天類也。《穆天子傳》五篇，言周穆王游行四海，見帝臺、西王母。《圖詩》一篇，畫贊之屬也。又雜書十九篇：《周食田法》、《周書》、《論楚事》、《周穆王美人盛姬死事》。大凡七十五篇，七篇簡書折壞，不識名題。冢中又得銅劍一枚，長二尺五寸。漆書皆科斗字。初發冢者燒策照取寶物，及官收之，多燼簡斷札，文既殘缺，不復詮次。武帝以其書付祕書校綴次第，尋考指歸，而以今文寫之。晳在著作，得觀竹書，隨疑分釋，皆有義證。遷尚書郎。

武帝嘗問摯虞三日曲水之義，虞對曰：「漢章帝時，平原徐肇以三月初生三女，至三日俱亡，邨人以爲怪，乃招攜之水濱洗祓，遂因水以汎觴，其義起此。」帝曰：「必如所談，便非好事。」晳進曰：「虞小生，不足以知，臣請言之。昔周公成洛邑，因流水以汎酒，故逸詩云『羽觴隨波』。又秦昭王以三日置酒河曲，見金人奉水

心之劍，曰：『令君制有西夏。』乃霸諸侯，因此立爲曲水。二漢相緣，皆爲盛集。」帝大悦，賜晳金五十斤。

時有人於嵩高山下得竹簡一枚，上兩行科斗書，傳以相示，莫有知者。司空張華以問晳，晳曰：「此漢明帝顯節陵中策文也。」檢驗果然，時人伏其博識。

趙王倫爲相國，請爲記室。晳辭疾罷歸，教授門徒。年四十卒，元城市里爲之廢業，門生故人立碑墓側。

晳才學博通，所著《三魏人士傳》、《七代通記》、《晉書》《紀》、《志》，遇亂亡失。其《五經通論》、《發蒙記》、《補亡詩》、文集數十篇，行于世云。

紀事

《南齊書·祥瑞志》 ［齊高帝］建元元年四月，有司奏：延陵令戴景度稱所領季子廟，舊有涌井二所，廟祝列云舊井北忽聞金石聲，即掘，深三尺，得沸泉。其東忽有聲解錚錚，又掘得泉，沸湧若浪。泉中得一銀木簡，長一尺，廣二寸，隱起文曰「廬山道人張陵再拜謁詣起居」，簡木堅白而字色黃。

又《文惠太子傳》 襄陽有盜發古塚者，相傳云是楚王塚，大獲寶物玉屐、玉屏風、竹簡書、青絲編。簡廣數分，長二尺，皮節如新。盜以把火自照，後人有得十餘簡，以示撫軍王僧虔，僧虔云是科斗書《考工記》，《周官》所闕文也。是時州遣按驗，頗得遺物，故有同異之論。

《南史·齊高帝紀》 昇明二年冬，延陵縣季子廟沸井之北，忽聞金石聲，疑其異，鑿深三尺，得沸井，奔涌若浪。其地又響，即復鑿之，復得一井，涌沸亦然。井中得一木簡，長一尺，廣二分，上有隱起字曰「廬山道人張陵再拜詣闕起居」，簡木堅白，字色乃黃。

又《王僧虔傳》 文惠太子鎮雍州，有盜發古冢者，相傳云是楚王冢，大獲寶物：玉履、玉屏風、竹簡書、青絲綸。簡廣數分，長二尺，皮節如新。有得十餘簡以示僧虔，云是科斗書《考工記》，《周官》所闕文也。

李昉《太平御覽》卷三九《地部四·霍山》 《吴越春秋》曰：禹傷父功不成，登衡山，血白馬以祭之。忽然臥，夢赤繡文男子，稱玄夷蒼水使者，謂禹曰：欲得我山神書者，齋于黄帝之宫。禹乃退齋三日，登宛委，發石，得金簡玉字之書，得治水之要也。

又卷四七《地部十二·會稽東越諸山·石簣山》 《賀循記》曰：石簣山，其形似簣，在宛委山。《吴越春秋》云：九山東南曰天柱山，號宛委，承以文玉，覆以盤石，其書金簡青玉字，編以白銀。禹乃東巡登衡山，殺四馬以祭之，見赤繡文衣男子，自稱元夷倉水使者，謂禹曰：「欲得我簡書，知導水之方者，齋於黄帝之岳。」禹乃齋，登石簣山，果得其文，乃知四瀆之眼，百川之理。鑿龍門，通伊闕，遂周行天下。命伯益記之，名爲「山海經」。

又卷五一《地部十六·石上》 《吴越春秋》曰：禹案黄帝中經，見聖人所記曰：「在乎九疑山東南，號曰宛委，承以文玉，覆以盤石，其書金簡玉字。」禹乃退齋三日，發石取書。

又卷七四九《工藝部六·書下·古文》 王隱《晉書》曰：荀勗領秘書監，始書，師鍾朗法。太康二年得汲郡冢中古文竹書，勗自撰次，注寫以爲《中經》，別在秘書，以較經傳闕文，多所證明。

張君房《雲笈七籤》卷七《三洞經教部·玉劄》 《金根經》云：「太上大道君以《大洞真經》付上相青童君掌録於東華青宫，使傳後聖應爲真人者。此金簡玉札，出自太上靈都之宫，刻玉爲之。」

又《石碽》 《三洞珠囊》云：「西王母以上皇元年七月，於南浮洞室下教，以授清虚真人王君，傳於夏禹。禹封文於南浮洞室石礩之中。」礩亦有作此碽者。故《五符》云《九天靈書》猶封於石碽是也。今檢諸字類，無此碽字也。《玉訣》下云「《五老真文》封題玉礩」，亦其例也。孔靈符《會稽記》云：「會稽山南有宛委山，其上有石，俗呼爲石簣。壁立干雲，累梯然後至焉。昔禹治洪水，厥功未就，齋於此山。發石簣得金簡字，以知山河體勢。於是疏導百川，各盡其宜也。」

又卷一一八《道教靈驗記·尊像見·姚鵠修老君殿驗》 台州刺史姚鵠，因遊天台山天台觀，命於講堂後鑿崖伐木，創老君殿焉。將平基址，於巨石下得石函，方可三尺。發之，中有小石函，得丹砂三兩，玉簡一枚，長九寸，闊二寸，厚五六分，上有文曰：「海水竭，台山缺，皇家寶祚無休歇。」具以上聞，勑曰：「上天降祉，厚地呈祥。爰有白簡之靈書，出於玄元之寶殿。告國祚延洪之兆，示坤珍啓迪之符。惟此休徵，實爲上瑞。宣付史館，頒示萬方。」乃咸通十三年壬辰之歲也。

《資治通鑑》卷三六《漢紀二十八·王莽始初元年》 是歲，廣饒侯劉京言齊郡新井，車騎將軍千人扈雲言巴郡石牛，太保屬臧鴻言扶風雍石，莽皆迎受。十一

月甲子，莽奏太后曰：「陛下遇漢十二世三七之阸，承天威命，詔臣莽居攝。」廣饒侯劉京上書言七月中，齊郡臨淄縣昌興亭長辛當一暮數夢，曰：「吾，天公使也。天公使我告亭長：『攝皇帝當爲真。即不信我，此亭中當有新井。』亭長晨起視亭中，誠有新井，入地且百尺。十一月，壬子，直建冬至，巴郡石牛，戊午，雍石文，皆到于未央宫之前殿。臣與太保安陽侯舜等視，天風起，塵冥，風止，得銅符帛圖於石前，文曰：『天告帝符，獻者封侯』，騎都尉崔發等視説。孔子曰：『畏天命，畏大人，畏聖人之言。』臣莽敢不承用！臣請共事神祇、宗廟，奏言太皇太后、孝平皇后，皆稱『假皇帝』；其號令天下，天下奏言事，毋言『攝』；以居攝三年爲始初元年；漏刻以百二十爲度；用應天命。」

黄伯思《東觀餘論》卷上《記與劉無言論書》 劉憲御史燾無言來予與論書，劉因言政和初，人於陜西發地得木竹簡一瓮，皆漢世討羌戎馳檄文書，若今吏案行遣，皆章草書，然斷續不綴屬，惟鄧騭永初二年六月一篇成文爾。

又《漢簡辨》 近歲關右人發地得古瓮，中有東漢時竹簡甚多，往往散亂不可攷。獨永初二年討羌符文字尚完，皆章草書，書蹟古雅可喜。

趙彦衛《雲麓漫鈔》卷七 宣和中，陜右人發地，得木簡於瓮，字皆章草，朽敗不可詮次。得此檄云：「永初二年六月丁未朔廿日丙寅，得車騎將軍莫府文書，上郡屬國都尉、二千石守丞、廷義縣令三水，十月丁未到府受印綬，發夫討畔羌，急急如律令。馬四十匹，驢二百頭，日給。」内侍梁師成得之，以入石。未幾，梁卒，石簡俱亡，故見者殊鮮。

邵博《邵氏聞見後録》卷二七 崇寧初，經略天都，開地得瓦器，實以木簡札，上廣下狹，長尺許，書爲章草，或參以朱字，表物數曰：縑幾匹，綿幾屯，錢米若干，皆章和年號。松爲之，如新成者，字遒古若飛動，非今所畜書帖中比也。其出於書吏之手尚如此，正古謂之札書。

郭忠恕《汗簡》卷七《略叙目録引》 李士訓《記異》曰：大曆初，予帶經鉏瓜於灞水之上，得石函，中有絹素《古文孝經》一部，二十二章，壹阡捌伯桼拾式言。初傳與李太白，白授當塗令李陽冰，陽冰盡通其法，上皇太子焉。

《元史・郝經傳》 經爲人尚氣節，爲學務有用。及被留，思託言垂後，撰《續後漢書》、《易》、《春秋外傳》、《太極演》、《原古録》、《通鑑書法》、《玉衡貞觀》等書及文集，凡數百卷。其文豐蔚豪宕，善議論。詩多奇崛。拘宋十六年，從者皆通於學。書佐苟宗道，後官至國子祭酒。經還之歲，汴中民射雁金明池，得繫帛，書詩云：「霜落風高恣所如，歸期回首是春初。上林天子援弓繳，窮海纍臣有帛書。」後題曰：「至元五年九月一日放雁，獲者勿殺，國信大使郝經書于真州忠勇軍營新舘。」其忠誠如此。

藝　文

《詩經・小雅・出車》 昔我往矣，黍稷方華。今我來思，雨雪載塗。王事多難，不遑啓居。豈不懷歸，畏此簡書。

王充《論衡》卷一三《超奇》 實誠在胸臆，文墨著竹帛。

又卷二九《對作》 不絶，則文載竹帛之上；不舍，則誤入賢者之耳。

王粲《王粲集》卷二《酒賦》 遺大恥於載籍，滿簡帛而見書。孰不飲而罹兹，罔非酒而惟事。

《三國志・蜀志・吕凱傳》 上以報國家，下不負先人，書功竹帛，遺名千載。

謝靈運《謝靈運集・答中書》 懸圃樹瑶，崑山挺玉。流采神皋，列秀華岳。休哉美寶，擢穎昌族。灼灼風徽，采采文牘。

又《三月三日侍宴西池》 詳觀記牒，鴻荒莫傳。降及雲鳥，曰聖則天。虞承唐命，周襲商艱。江之永矣，皇心惟眷。矧乃暮春，時物芳衍。濫觴逶迤，周流蘭殿。禮備朝春，樂周夕宴。

又《山居賦》 曁其窈窕幽深，寂漠虚遠。事與情乖，理與形反。既耳目之靡端，豈足跡之所踐。藴終古於三季，俟通明於五眼。權近慮以停筆，抑淺知而絶簡。

《宋書・武二王傳》 責躬謝過，誅除險佞，追保前勳，傳美竹帛。

又《氐胡傳》 臣聞功以濟物爲高，非竹帛無以述德；名以當實爲美，非謚號無以休終。

劉勰《文心雕龍・書記》 舒布其言，陳之簡牘。

《南齊書・豫章文獻王嶷傳》 道宣餘烈，竹帛有時先朽。德孚遺事，金石更非後亡。

又《何昌宇傳》 竹帛傳芳烈，鐘石紀清英。

庾信《庾開府集》卷四《奉報寄洛州》 繁詞勞簡牘，雜俗弊風塵。

《北齊書・文襄紀》 迴歸長社，希自陳狀，簡書未遣，斧鉞已臨。

又《祖鴻勳傳》 繫名聲之韁鎖，就良工之剞劂。振佩紫臺之上，鼓袖丹墀之下。采金匱之漏簡，訪玉山之遺文。敝精神於丘墳，盡心力於河漢。摛藻期之鞶繡，發議必在芬香。茲自美耳，吾無取焉。

王勃《王子安集》卷八《上吏部裴侍郎啟》 器人於翰墨之間，求材於簡牘之際。

楊炯《盈川集》卷四《遂州長江縣先聖孔子廟堂碑》 榮辱定於樞機，褒貶存乎簡牘。

張説《張燕公集》卷一三《讓右丞相表二首》 其二朝遊簡牘，暮對圖書。

又卷二二《鄭國夫人神道碑奉勑撰》 披簡牘而歎息，臨山源而茫昧。

白居易《白香山詩集》卷八《初領郡政衙退登東樓作》 鰥惸心所念，簡牘手自操。何言符竹貴，未免州縣勞。

《舊唐書・鄭畋傳》 不期天柱朝摧，將星夜隕，竹帛徒書於茂烈，松楸未焕於易名。

蘇軾《蘇軾詩集》卷二二《寄周安孺茶》 有興即揮毫，粲然存簡牘。

周必大《文忠集》卷四《己丑二月七日雨中讀漢元帝紀效樂天體》 向令老後宮，安得載簡牘。

葉適《水心集》卷七《哀鞏仲至》 簡牘尤妙美，一字不可加。

姚勉《雪坡集》卷二一《問雁》 鷗鴰亦傳商婦簡，帛書自古倩世傳。

圖表

上海博物館藏戰國楚簡《子羔》第11簡

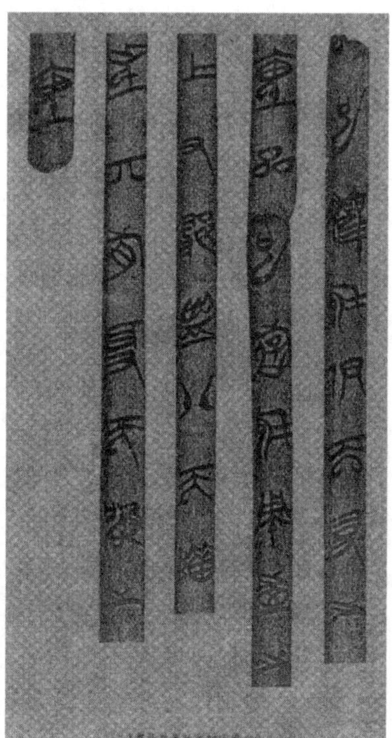

《郭店楚墓竹簡》之《吴命》

又《凡物流行》

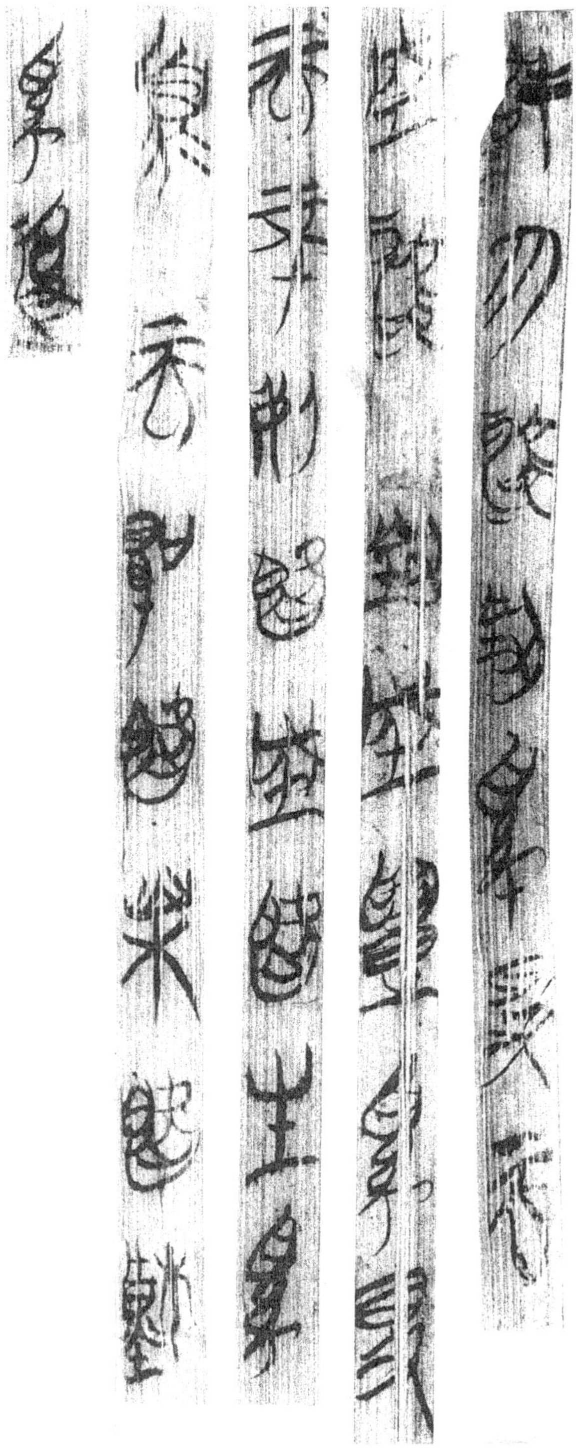

《張家山漢簡・二年律令》

《額濟納漢簡》

紙分部

綜　述

《史記・貨殖列傳》 夫山西饒材、竹、穀、纑、旄、玉石；山東多魚、鹽、漆、絲、聲色。裴駰《集解》引徐廣曰：「紵屬，可以爲布。」司馬貞《索隱》：「上音谷，又音雒。穀，木名，皮可爲紙。」

《漢書・孝成趙皇后傳》 武發篋中有裹藥二枚，赫蹏書，曰：「告偉能：努力飲此藥，不可復入。女自知之！」顔師古《注》引孟康曰：「蹏猶地也，染紙素令赤而書之，若今黄紙也。」鄧展曰：「赫音兄弟鬩牆之鬩。」應劭曰：「赫蹏，薄小紙也。」晉灼曰：「今謂薄小物爲鬩蹏。鄧音應説是也。」

《説文解字》卷一三上《系部》 紙，絮一苫也。从糸氏聲。諸氏切。

劉熙《釋名》卷六《釋書契》 紙，砥也，謂平滑如砥石也。

劉珍《東觀漢記》卷一八《蔡倫傳》 黄門蔡倫，字敬仲，典作上方，造意用樹皮及敝布、魚網作紙，奏上，帝善其能，自是莫不用，天下咸稱蔡侯紙也。倫典上方，作紙，用故麻造者謂之麻紙，用木皮名穀紙，用故魚網名網紙。

嵇含《南方草木狀》卷中《木類》 蜜香紙，以蜜香樹皮葉作之。微褐色，有紋如魚子，極香而堅韌。水漬之，不潰爛。泰康五年，大秦獻三萬幅，常以萬幅賜鎮南大將軍當陽侯杜預，令寫所撰《春秋釋例》及《經傳集解》以進。未至而預卒，詔賜其家，令上之。

陸翽《鄴中記》 石季龍與皇后在觀上，爲詔書，五色紙，著鳳口中。鳳既銜詔，侍人放數百丈緋繩。轆轤回轉，鳳凰飛下，謂之鳳詔。鳳凰以木作之，五色漆畫，腳皆用金。

王嘉《拾遺記》卷九《晉時事》 張華字茂先，挺生聰慧之德，好觀秘異圖緯之部，捃採天下遺逸，自書契之始，考驗神怪，及世間閭里所説，造《博物志》四百卷，奏於武帝。帝詔詰問：「卿才綜萬代，博識無倫，遠冠羲皇，近次夫子，然記事採言，亦多浮妄，宜更删翦，無以冗長成文！昔仲尼删《詩》《書》，不及鬼神幽昧之事，以言怪力亂神；今卿《博物志》，驚所未聞，異所未見，將恐惑亂於後生，繁蕪於耳目，可更芟截浮疑，分爲十卷！」即於御前賜青鐵硯，此鐵是于闐國所出，獻而鑄爲硯也；賜麟角筆，以麟角爲筆管，此遼西國所獻；側理紙萬番，此南越所獻。後人言「陟里」，與「側理」相亂，南人以海苔爲紙，其理縱横邪側，因以爲名。帝常以《博物志》十卷置於函中，暇日覽焉。

《後漢書・延篤傳》 延篤字叔堅，南陽犨人也。少從潁川唐溪典受《左氏傳》，旬日能諷之，典深敬焉。又從馬融受業，博通經傳及百家之言，能著文章，有名京師。李賢注引《先賢行狀》曰：「篤欲寫《左氏傳》，無紙，唐溪典以廢牋記與之。篤以牋記紙不可寫《傳》，乃借本諷之，糧盡辭歸。」

又《蔡倫傳》 自古書契多編以竹簡，其用縑帛者謂之爲紙。縑貴而簡重，並不便於人。倫乃造意，用樹膚、麻頭及敝布、魚網以爲紙。元興元年奏上之，帝善其能，自是莫不從用焉，故天下咸稱「蔡倫紙」。李賢《注》引《湘州記》曰：「耒陽縣北有漢黄門蔡倫宅，宅西有一石臼，云是倫舂紙臼也。」

顔之推《顔氏家訓》卷三《勉學》 義陽朱詹，世居江陵，後出揚都，好學，家貧無資，累日不爨，乃時吞紙以實腹。

《梁書・林邑國傳》 其國俗：居處爲閣，名曰于闌，門户皆北向；書樹葉爲紙；男女皆以横幅吉貝繞腰以下，謂之干漫，亦曰都縵；穿耳貫小鐶；貴者著革屣，賤者跣行。自林邑、扶南以南諸國皆然也。

陽松玠《談藪・司馬消難》 周司馬消難以安陸附陳，宜帝遇之甚厚，以爲司空。見朝士皆重學術，積經史，消難切慕之。乃多卷黄紙，加之朱軸，詐爲典籍，以矜僚友。尚書令濟陽江總戲之曰：「黄紙五經，赤軸三史。」消難，齊司空子如之子。

《晉書・恭帝紀》 [元熙]二年夏六月壬戌，劉裕至于京師。傅亮承裕密旨，諷帝禪位，草詔，請帝書之。帝欣然謂左右曰：「晉氏久已失之，今復何恨。」乃書赤紙爲詔。

徐堅《初學記》卷二一《紙筆》 梁劉孝威《謝賚官紙啓》：臣與謝嘏，俱慙基聖。臣之衝梯，實愧魯般之巧。嘏之城壘，時無禽子之守。攻弱侮亡，其勞甚薄。策勳行賞，爲渥過深。雖復鄴殿鳳銜，漢朝魚網，平准桃花，中宮穀樹，固以慙茲靡滑，謝此鮮光。

李吉甫《元和郡縣圖志》卷二五《江南道一》　由拳山，晉隱士郭文舉所居。傍有由拳村，出好藤紙。

段成式《與温庭筠雲藍紙絶句》　一日辱飛卿九寸小紙，兩行親書，云要采箋十番，録少詩稿。予有雜箋數角，多抽揀與人，既玩之輕明，復用殊麻滑。尚愧大庾所得，猶至四百枚，豈及右軍不節，盡付九萬幅。因知碧雲棋上，重翻懊惱之辭，紅葉溝中，更擬相思之曲。固應桑根作本，藤角爲封，古拙不重蔡侯，新樣偏饒桓氏。何啻奔墨馳騁，有貴長簾，下筆縱横，偏求側理。所恨無色如鴨卵，狀如馬肝，稱寫《璇璣》，且題裂帛者。予在九江，出意造雲藍紙。既乏左伯之法，全無張永之功。輒分五十枚，並絶句一首，或得閑中暫當藥餌也。

李肇《唐國史補》卷下　紙則有越之剡藤苔牋，蜀之麻面、屑末、滑石、金花、長麻、魚子、十色牋，揚之六合牋，韶之竹牋，蒲之白薄、重抄，臨川之滑薄。又宋、亳間有織成界道絹素，謂之烏絲欄、朱絲欄，又有繭紙。

張彦遠《歷代名畫記》卷二《論畫體工用搨寫》　好事家宜置宣紙。百幅，用法蠟之，以備摹寫。

又卷三《論裝背褾軸》　（汧國公家）背書畫入少蠟，要在密潤，此法得宜。候陰陽之氣以調適，秋爲上時，春爲中時，夏爲下時，暑濕之時不可用。勿以熟紙背，必皺起，宜用白滑漫薄大幅生紙，紙縫先避人面及要節處。若縫縫相當，則强急，卷舒有損，要令參差其縫，則氣力均平，太硬則强急，太薄則失力。絹素彩色，不可擣理，紙上白畫，可以砧石，妥帖之。宜造一太平案，漆板朱界，制其曲直。

《舊唐書・經籍志下》　由四部庫書，兩京各一本，共一十二萬五千九百六十卷，皆以益州麻紙寫。

又《李藩傳》　藩尋改吏部員外郎。元和初，遷吏部郎中，掌曹事，爲吏所蔽，濫用官闕，黜爲著作郎。轉國子司業，遷給事中。制敕有不可，遂於黄敕後批之，吏曰：「宜别連白紙。」藩曰：「别以白紙，是文狀，豈曰批敕耶！」裴垍言於帝，以爲有宰相器，屬鄭絪罷免，遂拜藩門下侍郎。

又《迴紇傳》　初，迴紇至東京，以賊平，恣行殘忍，士女懼之，皆登聖善寺及白馬寺二閣以避之。迴紇縱火焚二閣，傷死者萬計，累旬火焰不止。及是朝賀，又縱横大辱官吏。以陝州節度使郭英乂權知東都留守。時東都再經賊亂，朔方軍及郭英乂、魚朝恩等軍不能禁暴，與迴紇縱掠坊市及汝、鄭等州，比屋蕩盡，人悉以紙爲衣，或有衣經者。

陶穀《清異録》卷下《金迷紙醉》　雍癰醫孟斧，昭宗時常以方藥入侍。唐末竄居蜀中，以其熟於宫，故治居宅，法度奇雅，有一小窓，室牖煥明，器皆金紙，光瑩四射，金采奪目。所親見之，歸語人曰：「此室暫憩，令人金迷紙醉。」

又《剡溪小等月面松紋紙》　先君畜白樂天墨跡兩幅，背之右角，有方長小黄印，文曰：「剡溪小等月面松紋紙臣彦古等上。」彦古，得非守臣之名乎？

又《卵品》　建中元年，日本使真人興能來朝，善書札，有譯者乞得章草兩幅，皆《文選》中詩。沙苑楊履，顯德中爲翰林編排官，言譯者乃遠祖，出兩幅示余，筆法有晉人標韻。紙兩幅：一云女兒青，微紺；一云卵品，晃白，滑如鏡面，筆至上多褪，非善書者不敢用，意惟雞林紙似可比肩。

又《鄱陽白》　先君子蓄紙百幅，長如一匹絹，光緊厚白，謂之「鄱陽白」。

又《砑光小本》　姚顗子姪善造五色牋，光緊精華。砑紙版乃沉香，刻山水林木、折枝花果、獅鳳蟲魚、壽星八仙、鍾鼎文，幅幅不同，文縷奇細，號「砑光小本」。余嘗詢其訣，顗姪云：「妙處與作墨同，用膠有工拙耳。」

又《夢裁錦》　蕭顥士少夢有人授紙百番，開之皆是繡花。又夢裁錦，因此文思大進。

又卷二《桃花紙》　楊炎在中書，後閣糊窻，用桃花紙，塗以冰油，取其明甚。

又卷三《洪兒紙》　姜澄十歲時，父苦無紙，澄乃燒糠協竹爲之，以供父。澄，小字洪兒，鄉人號洪兒紙。

又卷九《黄紙寫勑》　貞觀中，太宗詔用麻紙寫勑詔，高宗以白紙多蟲蛀，尚書省頒下州縣，並用黄紙。

《南史・扶桑傳》　扶桑國者，齊永元元年，其國有沙門慧深來至荆州，説云：「扶桑在大漢國東二萬餘里，地在中國之東。其土多扶桑木，故以爲名。扶桑葉似桐，初生如笋，國人食之。實如梨而赤，績其皮爲布，以爲衣，亦以爲錦。作板屋，無城郭。有文字，以扶桑皮爲紙。」

《新五代史・何澤傳》　五代之際，民苦於兵，往往因親疾以割股，或既喪而割乳廬墓，以規免州縣賦役。户部歲給蠲符，不可勝數，而課州縣出紙，號爲「蠲紙」。澤上書言其敝，明宗下詔悉廢户部蠲紙。

蘇易簡《文房四譜》卷四《紙譜》　幡紙：古者以縑帛，依書長短隨事截之，以代竹簡也。【略】桓玄令曰：「古無紙，故用簡，非主于恭，今諸用簡者，宜以黄紙代之。」【略】古謂紙爲幡，亦謂之幅，蓋取繒帛之義也。自隋唐已降，乃謂之枚。【略】

晉令諸作紙，大紙一尺三分，長一尺八分，聽參作廣一尺四寸。小紙廣九寸五分，長一尺四寸。【略】漢初已有幡紙代簡，成帝時有赫蹏書詔。應劭曰：「赫蹏，薄小紙也。」至後漢和帝元興中，常侍蔡倫剉故布及魚網、樹皮而作之彌工，如蒙恬已前已有筆之謂也。【略】黟歙間多良紙，有凝霜澄心之號。復有長者，可五十尺爲一幅。蓋歙民數日理其楮，然后于長船中以浸之，數十夫舉抄以抄之，傍一夫以鼓而節之，于是以大薰籠周而焙之，不上于牆壁也，由是自首至尾匀薄如一。【略】蜀中多以麻爲紙，有玉屑屑骨之號。江浙間多以嫩竹爲紙；北土以桑皮爲紙；剡溪以藤爲紙；海人以苔爲紙；浙人以麥莖稻稈爲之者肥薄焉，以麥槀油藤爲之者尤佳。【略】蜀人造十色牋。凡十幅爲一榻，每幅之尾，必以竹夾夾之，和十色水逐榻以染。當染之際，棄置捶埋，堆盈左右，不勝其委頓。逮乾，則光彩相宣，不可名也。然逐幅于方版之上砑之，則隱起花木麟鸞，千狀萬態。又以細布，先以麪漿膠令勁挺，隱出其文者，謂之魚子牋，又謂之羅牋。今剡溪亦有焉。亦有作敗麪糊，和以五色，以紙曳過令沾濡，流離可愛，謂之流沙牋。亦有煑皁莢子膏，并巴豆油，傅于水面，能點墨或丹青于上。以薑搵之則散，以狸鬚拂頭垢引之則聚，然後畫之爲人物，砑之爲雲霞，及鷙鳥翎羽之狀，繁縟可愛，以紙布其上而受采焉。必須虛窗幽室，明槃凈水，澄神慮而製之，則臻其妙也。

又　亦嘗聞造紙衣法，每一百幅用胡桃乳香各一兩煑之，不爾，蒸之亦妙。如蒸之，即恒洒乳香等水，令熱熟陰乾，用箭幹横卷而順蹙之。然患其補綴繁碎，今黟歙中有人造紙衣，段可如大門闔許。近士大夫征行亦有衣之，蓋利其拒風于凝沍之際焉。陶隱居亦云：「武陵人作穀皮衣，甚堅好也。」

又　搨紙法：用江東花葉紙，以柿油好酒浸一幅，乃下鋪不浸者五幅，上亦鋪五幅，乃細卷而硾之，候浸漬染著如一，搨書畫若俯止水窺，朗鑑之明徹也。

又　《本草拾遺》云：「印紙剪取印處燒灰水服，令人絶産。」撫州有茶衫子紙，蓋裹茶爲名也。其紙長連，自有唐已來，禮部每年給明經帖書。藥品中有閃刀紙，蓋裁紙之際，一角疊在紙中，匠人不知漏裁者，醫人入藥用。

宋祁《宋景文公筆記》卷上　古人寫書，盡用黄紙，故謂之黄卷。顏之推曰：「讀天下書未徧，不得妄下雌黄。」雌黄與紙色類，故用之以滅誤。今人用白紙，而好事者多用雌黄滅誤，殊不相類。道佛二家寫書，猶用黄紙。《齊民要術》有治雌黄法，或曰：「古人何須用黄紙。」曰：「蘗染之，可用辟蟫。」今臺家詔敕用黄，故私家避不敢用。

《新唐書・蕭瑀傳》　〔蕭倣〕子廪，字富侯。第進士，遷尚書郎。倣領南海，解官往侍。爲人退約少合。南海多穀紙，倣敕諸子繕補殘書。廪諫曰：「州距京師且萬里，書成不可露齎，必貯以囊笥，貪者伺望，得無惹苡嫌乎？」

蔡襄《端明集》卷二五　紙，澄心堂有存者，殊絶品也。【略】紙，李王澄心堂爲第一。其物出江南池、歙二郡，今世不復作精品。蜀牋不堪久，自餘皆非佳物也。【略】歙州績溪紙，乃澄心堂遺物，唯有新色鮮明過之。今世紙多出南方，如烏田、古田、由拳、温州、惠州，皆知名。擬之績溪，曾不得及其門牆耳。【略】循州藤紙，微精細而差黄，他處以竹筋，不足道。

又卷二六　蜀牋惟白色而厚者爲佳，今上方有故時貢者，實可愛也。近歲，利在薄而易售。以是絶不佳，此物乃可惜耳。常州强武賢造粉牋殊精，雖未爲奇物，然於當今好事，亦難得耳。雲母粉不利人目，用者宜審之。吾嘗禁所部不得輒用竹紙，至於獄訟未決而案牘已零落，沉可存之遠久哉？

蘇軾《東坡志林》卷九　昔人以海苔爲紙，今無復有。今人以竹爲紙，亦古所無有也。王逸少竹葉帖，長安水丘氏傳寶之，今不知所在，三十年前見其摹本於雷壽。

又卷一〇　世言竹紙可試墨，誤矣。當於不宜墨紙上，竹紙蓋宜墨。若池、歙精白玉版，乃真可試墨。若於此紙黑，無所不黑矣，褪墨硯上研，精白玉版上書，凡墨皆敗矣。

又卷一一　川紙：取布頭機餘經不受緯者治作之，故名布頭牋。此紙冠天下，六合人亦作，終不及爾。

朱長文《墨池編》卷一《晉王羲之書論四篇》　紙取東陽魚卵，虛柔滑凈者，然後静神攄思，揮襟作之。【略】若書虛紙，用强筆；若書强紙，用弱筆。【略】夫紙者，城也；筆者，主也。【略】夫用筆，似安營，似用槊；調墨，似調弓端箭；點水，似觀象察色；看毫，似砥刃合鋒；畜硯，似甲循舟航；用紙，似突騎屯聚。

米芾《書史》　唐人背右軍帖，皆硾熟軟紙如綿，乃不損古紙，又入水蕩滌而曒古紙，加有性不糜。蓋紙是水化之物，如重抄一過也。余每得古書，輒以好紙二張，一置書上，一置書下，自傍濾細皂角汁和水，霈然澆水入紙底，於蓋紙上用活手軟按拂，垢膩皆隨水出，内外如是。續以清水澆五七遍，紙墨不動，塵垢皆去。復去蓋紙，以乾好紙滲之兩三張，背紙已脱，乃合于半潤好紙上，揭去背紙，加糊背焉，不用絹壓四邊，只用紙，免摺背重硼損古紙。勿倒襯帖，背古紙，隨隱便破，只

用薄紙與帖齊頭，相拄見其古損斷尤佳。不用貼補，古人勒成行道，使字在筒瓦中，乃所以惜字。今俗人見古厚紙必揭令薄，方背。若古紙去其半，損字精神，一如摹書，又以絹帖勒成行道，一時平直，良久舒展爲堅，所隱字上却破，京師背匠壞物不少，王詵家書畫屢被揭損。余諭之，今不復揭，又好用絹背，雖熟猶新硬，古紙墨一時蘇磨，落在背絹上，王所藏書譜，桓謝帖，俱爲絹磨損。近好事家例多絹背磨損，面上皆成絹文。余又以右軍與王述書易得唐文皇手詔，以棗花黄綾背詔面上，一齊隱起花紋。余尋重背以台州黄巖藤紙硾熟揭一半背，滑净軟熟，卷舒更不生毛，余家書帖多用此紙，一一手背手裝。方入笈，古背佳者，先過自揭不開，乾紙印了，面向上，以一重新紙四邊著糊黏卓上。帖上更不用糊，令新紙虚琱壓之。紙乾下自乾，慎不可以帖面金漆卓，揭起必印墨。余背李邕光八郎帖，光王琚也。揭起黏一分墨在金漆卓上，一月餘惜不洗卓。此帖今易與王詵，上有唐氏雜迹陳氏圖書印，得于石夷，庚昌言故物也。後石攜第三厲少府到京帖，王因與以五十星，洗鑼不肯易。今居陳州，有右軍古鳳池紫石硯，蘇子瞻以四十千置往矣。古硯心凹，所謂硯瓦如銅瓦，筆至水即圓，古書筆圓有助于器也。今世傳古畫晉賢圖，猶存其製。余收晉硯一，智永硯一，心如臼，天章寺僧所獻也。右軍唐摹四帖，一帖有裹鲊字，薛道祖所收，命爲裹鲊帖。兩幅是冷金硬黄，一幅是楮薄紙，摹右軍暮年更妙帖也。其一幅云欲與彦仁集界上平自可，且何所諮人，乃王道平平。其平字音便，又見晉人語氣，上有弘文印，印在帖心，面上不印，縫四邊亦有小開元字印，御府帖也。【略】余嘗硾越行，光滑如金版，在油拳上短截作軸。入笈，番覆，一日數十張學書作詩。寄薛紹彭劉涇云：越筠萬杵如金板，安用杭油與池璽，高壓巴郡烏絲欄，平欺澤國清華練，老無他物適心目，天使殘年同筆硯，圖書滿室翰墨香。劉薛何時眼中見。薛和云：書便瑩滑如碑版，古來精紙惟聞璽，杵成剡竹光凌亂，何用區區書素練。細分濃淡可評墨，副以谿嵓難乏硯。世間此語誰復知，千里同風未相見。其論筆硯間物云：研滴須琉璃，鎮紙須金虎，格筆須白玉，研磨須墨古，越竹滑如苔，更須加萬杵。自對翰墨卿，一書當千户。無錫唐氏有雙鈎右軍十七帖，有精彩錢塘僧了性收一卷。楮紙，一同唐坰家，有一卷是錢氏物，紙白，唐氏又收碧綾黄庭經，云是褚遂良書，非也。上有江南李重光清輝二字小印，云是丁晉公家族人所質。

陳師道《後山談叢》卷二　南唐於饒置墨務，歙置硯務，揚置紙務，各有官，歲貢有數。求墨工於海東，紙工於蜀。中主好蜀紙，既得蜀工，使行境内，而六合之水與蜀同。

又　余於丹徒高氏見楊行密節度淮南補將校牒紙，光潔如玉，膚如卵膜，今士大夫所有澄心堂紙不迨也。

高晦叟《珍席放談》卷上　凡詔書德音，立後建儲，行大誅討，拜免三公宰相樞密使，命將日，制並用白麻紙，不使印，百官立班宣讀，故謂之白麻，亦曰宣麻。杜子美有詩云：「紫誥追三代，黄麻似六經。」黄麻不睹所出，蓋唐貞觀以詔敕多蠹，始用黄麻紙書寫爾，名與白麻相類，而事則殊矣。

又卷下　江南李後主善詞章，能書畫，盡皆臻妙絶。是時紙筆之類亦極精緻，世傳尤好玉屑箋。於蜀主求箋匠造之，唯六合水最宜於用，即其地製作，今本土所出麻紙無異玉屑，蓋所造遺範也。

葉夢得《石林燕語》卷三　唐中書制詔有四：封拜册書用簡，以竹爲之；畫旨而施行者曰「發日敕」，用黄麻紙；承旨而行者曰「敕牒」，用黄藤紙；赦書皆用絹黄紙，始貞觀間。或云取其不蠹也。紙以麻爲上，藤次之，用此爲重輕之辨。學士制不自中書出，故獨用白麻紙而已，因謂之「白麻」。今制不復以紙辨，號爲白麻者，亦池州楮紙耳。曰「發日敕」，蓋今手詔之類；而敕牒乃尚書省牒，其紙皆一等也。

李石《續博物志》卷一〇　元和中，元稹使蜀，營妓薛濤造十色彩箋以寄。元稹於松華紙上寄詩贈濤。蜀中松花紙、雜色流沙紙、彩霞金粉龍鳳紙，近年皆廢，唯餘十色綾紋紙尚在。

董逌《廣川書跋》卷一《爲邵仲參書寶章集》　古人論書，要識書家主人，則妄誤者故常奴爾，亦何至亂真耶？後世於書，既失眼目，而摹搨轉僞，則雖欲如古人懸斷真僞，不復得也。故常求辨其縑紙所因，以識其世先後。其間甚僞者可以辨，至工於臨搨而得舊縑紙者，則不能盡知。服虔謂「方絮曰絮」，蓋漢紙如此。古人治紙，要自有法，故以縑帛依舊書，長短隨事截之，則爲幡紙；以生布作紙，絲□縺，故名麻紙；以樹木皮作紙，名穀紙；至糵汁涅染，點治槌裝，則爲經紙。自漢、魏遺字多作幡紙，晉、宋多作麻紙，而隋、唐用經紙。今世所見宋晉帖，多作經紙，硬黄，此於真僞可以不論也。余見祕閣《寶章集》悉爲經紙摹書，然武后既復以賜方慶，則留于御府者，當時所臨搨者也。不然，公家何處得此？然有法度，陵驤迅快，故知爲能書也。

又《李國主集賢院書》　江左書兩等紙，用澄心堂所作穀皮細鈔。其上本入

中隱堂備親覽者，爲御府書，其下入交館以廣圖籍。書有楷法，而字頗挍讐。今散落人間，往往收藏爲嘉玩。其書有楷□等，亦與供進者絶異。晉有中祕書而又有外庫，悉異紙札，故虞預言「祕府中有布紙三萬餘，不任寫御書而無所給，請四百枚付著作書史，寫《起居注》」。然則，書紙有等，自昔然也。

邵博《邵氏聞見後録》卷二八 近世薄書學，在筆墨事類草創，於紙尤不擇。唐人有熟紙、有生紙。熟紙，所謂妍妙輝光者，其法不一，生紙，非有喪故不用。退之《與陳京書》云：「《送孟郊序》用生紙寫。」言急於自解，不暇擇耳。今人少有知者。

又 司馬文正平生隨用所居之邑紙，王荆公平生只用小竹紙一種。

程大昌《演繁露》卷九《澄心堂紙》 江南李後主造澄心堂紙，前輩甚貴重之。江南平後六十年，其紙猶有存者，歐公嘗得之，以二軸贈梅聖俞。梅詩鋪叙其由而謝之曰：「江南李氏有國日，百金不許市一枚。當時國破何所有，帑藏空竭生莓苔。但存圖書及此紙，棄置大屋墻角堆。幅狹不堪作詔命，聊備麤使供鸞臺。」用梅詩以想其制，必是紙製大佳，而幅度低狹，不能與麻紙相及。故曰「幅狹不堪作詔命也」。然一紙已直百錢，亦已珍矣。

又 辨博書畫古器，前輩蓋嘗著書矣。其間有論議而未詳明者，如臨、摹、硬黄、響榻是。四者各有其説。今人皆謂臨、摹爲一體，殊不知臨之與摹，迥然不同。臨謂置紙在傍，觀其大小、濃淡、形勢而學之，若臨淵之臨。摹謂以薄紙覆上，隨其曲折宛轉用筆曰「摹」。硬黄謂置紙熱熨斗上，以黄蠟塗匀，儼如枕角，毫釐必見。響榻謂以紙覆其上，就明窗牖間，映光摹之。

周煇《清波别志》卷上 唐户部有蠲符，開元四年，敕諸郡取緊厚紙，背皆書某州某年及紙次第，長官管幹同署印記，竝送朝集，使上户部。本部官掌納，依次第用之，其貴重如此。一云：在唐，凡造此紙户，與免本身力役，故以蠲名。今出於永嘉，士大夫喜其有發越翰墨之功，争捐善價取之。一幅紙能爲古今好尚，殆與江南澄心堂紙等。

范成大《吴郡志》卷二九 綵箋，吴中所造，名聞四方。以諸色粉和膠刷紙，隱以羅紋，然後砑花。唐皮、陸有倡和魚箋詩云「向日乍驚新繭色，臨風時辨白萍文。」注：「魚子曰白萍」，此豈用魚子耶？今法不傳，或者紙紋細如魚子耳。今蜀中作粉箋，正用吴法，名吴箋。

羅願《新安志》卷二《上供紙》 上供七色紙，歲百四十四萬八千六百三十二張。七色者：常樣、降樣、大抄、京運、三抄、京運、小抄。自三抄以下，折買奏紙，是爲七。外有年額折錢紙，用以折買大抄。皆以上下限起發赴左藏庫。又有學士院紙、右漕紙、鹽鈔、茶引紙之屬，不在其數中，始大中祥符四年六月，上以歙州歲供大紙數多，頗勞民，思有以寬之。知樞密院王欽若奏，本院諸房所請，歙州表紙自元年後置歴拘管，今支使外剩十一萬八千三百張，望下三司住支一年，及於本州減造。從之。又遣中使就院宣諭，副都承旨張質已下於太平興國寺賜御宴，今供數不知何年所定。

又 紙亦有麥光、白滑、冰翼、凝霜之目。今歙縣、績溪界中有地名龍鬚者，紙出其間，故世號「龍鬚紙」。大抵新安之水清徹見底，利以漚楮，故紙之成，振之似玉雪者，水色所爲也。

王楙《野客叢書》卷八 敕，舊用白紙，唐高宗上元間，以施行之制既爲永式，白紙多蠹，遂改用黄。除拜將相制書用黄麻紙，其或學士制不自中書出，故獨用白麻紙，所以有黄麻、白麻之異也。詔，晉時多用青紙，見楚王倫、太子遹等傳。故劉禹錫詩曰：「優詔發青紙，表亦用黄紙。」觀《前燕録》載岷山公黄紙上表；《北史》：「刑部爲人作表，自買黄紙寫送之。」因知古者上下所書之紙不拘如此。李肇《翰林志》曰：「凡賜予、徵召、宣索、處分曰詔，用白藤紙；撫軍旅曰書，用黄麻紙；道觀薦告詞文，用青藤紙，謂之青詞；凡諸陵薦告上表用白麻紙。」《石林燕語》曰：「唐中書制詔有四，畫紙而施行者曰發、曰敕，用黄麻紙；承旨而行者曰敕牒，用黄藤紙；赦書用渭黄紙。或云取其不蠹也。」《東齋雜記》：「治平間，以館中書多蠹，更以黄紙寫。」又知易白以黄者，往往以避蠹之故，非專爲君命而然。

趙彦衛《雲麓漫鈔》卷七 上古結繩而治，二帝以來，始有簡册，以竹爲之，而書以漆，或用版以鉛畫之，故有刀筆鉛槧之説。秦漢末，用縑帛，如勝廣書帛内魚腹，高祖書帛射城上。至中世漸用紙，《趙后傳》所謂「赫蹏」者，注云「薄小紙」，然其實亦縑帛。《蔡倫傳》：「用縑帛者謂之紙。縑貴，簡重，不便於人，倫乃用木膚麻皮等。」則古之紙，即縑帛，字蓋從糸云。故今人呼書曰册子，取簡册之義；又曰第幾卷，言用縑素也。江南竹簡，處州作槧版，尚髣髴古制。盧仝詩云：「首云諫議送書至，白絹斜封三道印。」豈唐人又曾用絹封書耶？

陳槱《負暄野録》卷下《論紙品》 《蘭亭序》，用鼠鬚筆書，烏絲欄璽紙。所謂璽紙，蓋實絹帛也。烏絲闌，即是以黑間白織其界行耳，布縷爲紙，今蜀箋猶多用之。其紙遇水滴則深作窠臼，然厚者乃爾，故薄而清瑩者乃可貴，古稱剡藤。本以

越溪爲勝，今越之竹紙，甲於他處，而藤乃獨推撫之清江。清江佳處，在於堅滑而不留墨，新安玉板，色理極膩白，然質性頗易軟弱。今士大夫多糊而後用，既光且堅，用得其法，藏久亦不蒸蠹，又吴人取越竹，以梅天水淋晾令稍乾，反覆硾之，使浮茸去盡，筋骨瑩澈，是謂春膏。其色如蠟，若以佳墨作字，其光可鑑，故吴箋近出，而遂與蜀産抗衡，江南舊稱澄心堂紙。劉貢父詩所謂「百金售一幅」，其貴如此。今亦有造者，然爲吴蜀箋所揜，遂不盛行於時，外國如高麗闍婆亦皆出紙。高麗紙類蜀中冷金，縝實而瑩，闍婆者厚而且堅，而長者至三四丈，高麗人云，抄時使幅端連引，故得爾長。胡人用作帷幄，修齋供，則張之滿室，若有嘉會乃更設花布及闌綺所爲者。

又《紙分陰陽面》 凡紙，皆以澆處向上爲陽，著簾處向下爲陰。今人多爲面陽而背陰，蓋以陽面雖麄，而光滑不凝滯，陰背雖細，而艱澀能沁墨故也。然太滑又易失用筆之意，太澀又推筆不行，惟今之清江及越竹紙，其陰面細而不澀，用以作字，筆法具存，其陽面則光滑太甚，筆鋒未到而墨已先馳，似過於駿快也。

張世南《游宦紀聞》卷五 硬黄紙，唐人用以書經，染以黄蘗，取其辟蠹。以其紙加漿澤瑩而滑，故善書者多取以作字，今世所有二王真蹟或用硬黄紙，皆唐人倣書，非真蹟。

又《古今石刻辯》 北紙用横簾，其質鬆而厚，不甚滲墨，以墨拂之，如薄雲之過青天，猶隱隱見紙白處也。凡北碑皆然，且不用油蠟，可辨。

趙希鵠《洞天清禄集·古翰墨真跡辨》 北紙用横簾造，紙紋必横，又其質鬆而厚，謂之側理紙，桓温問王右軍求側理紙是也。南紙用竪簾，紋必竪，若二王真蹟多是會稽竪紋竹紙。蓋東晉南渡後，難得北紙，又右軍父子多在會稽故也。其紙止高一尺許，而長尺有半。蓋晉人所用，大率如此，驗之蘭亭押縫可見。

周密《癸辛雜識》前集《筆墨》 先君子善書，體兼虞、柳。余所書似學柳不成，學歐又不成，不自知其拙，往往歸過筆墨。諺所謂不善操舟而惡河之曲也。雖然工欲善其事，必先利其器，汎觀前輩善書者，亦莫不於此留意焉。王右軍少年多用紫紙，中年用麻紙，又用張永義製紙，取其流麗便於行筆。蔡中郎非流紈豐素不妄下筆。韋誕云：「用張芝筆，左伯紙，任及墨，兼此三具，又得巨手，然後可以建經丈之字，方寸千言。」

又《續集》下《撩紙》 凡撩紙，必用黄蜀葵梗葉新擣，方可以撩，無則占粘不可以揭。如無黄葵，則用楊桃藤、槿葉、野蒲萄皆可，但取其不粘也。

姚寬《西溪叢話》卷下 唐秘書省有熟紙匠十人，裝潢匠六人。潢，《集韻》：「音胡曠切。」《釋名》：「染紙也。」《齊民要術》有《裝潢紙法》，云：「浸蘗汁入潢，凡潢紙滅白便是，染則年久色暗，蓋染黄也。」後有《雌黄治書法》云：「潢訖治者佳，先治，入潢則動。」《要術》，後魏賈思勰撰。則古用黄紙寫書久矣。寫訖入潢，辟蠹也。今惟釋藏經如此，先寫後潢。《要術》又云：「凡打紙欲生，生則堅厚。」則打紙工蓋熟紙匠也。予有舊佛經一卷，乃唐永泰元年奉詔於大明宫譯，後有魚朝恩衔，又有經生并裝潢人姓名。

徐度《卻掃編》卷下 予所見藏書之富者，莫如南都王仲至侍郎家。其目至四萬三千卷，而類書之卷帙浩博，如《太平廣記》之類，皆不在其間，雖祕府之盛，無以踰之。聞之其子彦朝云，其先人每得一書，必以廢紙草傳之，又求別本參較，至無差誤，乃繕寫之，必以鄂州蒲圻縣紙爲册，以其緊慢厚薄得中也。

陶宗儀《南村輟耕録》卷二九《黏接紙縫法》 王古心先生《筆録》内一則云，方外交青龍鎮隆平寺主藏僧永光，字絶照，訪予觀物齋，時年已八十有四。話次因問光：「前代藏經，接縫如一線，日久不脱，何也？」光云：「古法用楮樹汁、飛麪、白芨末三物，調和如糊，以之黏接紙縫，永不脱解，過如膠漆之堅。」先生，上海人。

曹昭《格古要論》卷上《古紙》 五代有澄心堂紙，宋有觀音紙，匹紙長三丈，有彩色粉箋，其質光滑蘇黄，多用是作字。元亦有彩色粉箋，有蠟箋，彩色花箋，羅紋箋，皆出紹興。有白籙紙、清江紙、觀音紙出江西。趙松雪、庫、庫子山、張伯雨、鮮于樞多用此紙。有倭紙出倭國，以蠶繭爲之，細白光滑之甚。余嘗見宋徽廟御筆書千文一軸，其紙首尾長五丈奇，信乎，匹紙三丈也。

費著《牋紙譜》 古者書契，多編以竹簡，其次用縑帛，至以木膚、麻頭、敝布、魚網爲紙，自東漢蔡倫始，簡太重，縑稍貴，人遂以紙爲便。倫，宦者也。傳多稱其能，然受宫掖風旨，諂親貴，猶宦者態也。智足以創物，而亦足以殺身，第於文字有功，人至今稱蔡倫紙。今天下皆以木膚爲紙，而蜀中乃盡用蔡倫法，牋紙有玉板、有貢餘，有經屑，有表光。玉板貢餘，雜以舊布破履亂麻爲之，惟經屑表光，非亂麻不用，於是造紙者，廟以祀蔡倫矣。廟在大東門雪峯院，雖不甚壯麗，然每遇歲時祭祀，香火纍纍不絶，示不忘本也。恩足以及數十百家，雖千載猶不忘如此。《易》以西南爲坤位，而吾蜀西南重厚不浮，此坤之性也。故物生於蜀者，視他方爲重厚，凡紙亦然。此地之宜也。府城之南五里，有百花潭，支流爲一，皆有橋焉。其一玉溪，其一薛濤，以紙爲業者家其旁。錦江水濯錦益鮮明，故謂之錦江。以浣花

潭水造紙故佳，其亦水之宜矣。江旁鑿臼爲碓，上下相接，凡造紙之物，必杵之使爛，滌之使潔，然後隨其廣狹長短之制以造。研則爲布紋，爲綾綺，爲人物花木，爲蟲鳥，爲鼎彝，雖多變，亦因時之宜。【略】廣都紙有四色，一曰假山南，二曰假榮，三曰冉村，四曰竹絲，皆以楮皮爲之。其視浣花牋紙，最清潔。凡公私簿書契券圖籍文牒，皆取始于是。廣幅無粉者，謂之假山南。狹幅有粉者，謂之假榮。造於冉村，曰清水。造於龍溪鄉，曰竹紙。蜀中經史子籍，皆以此紙傳印。而竹絲之輕細似池紙，視上三色價稍貴，近年又倣徽池法作勝池紙，亦可用，但未甚精緻爾。雙流紙，出於廣都，每幅方尺許，品最下，用最廣，而價亦最賤，雙流實無有也，而以爲名。蓋隋煬帝始改廣都曰雙流，疑紙名自隋始也，亦名小灰紙。【略】紙固多品，皆玉板表光之苗裔也。近年有百韻牋，則合以兩色材爲之，其横視常紙長三之二，可以寫詩百韻，故云。人便其縱闊，可以放筆快書。凡紙，皆有連二、連三、連四，售者連四，一名曰船。牋又有青白牋，背青面白，有學士牋，長不滿尺，小學士牋，又半之，倣姑蘇作雜色粉紙，曰假蘇牋皆印金銀花於上。承平前輩，蓋常用之，中廢不作，比始復爲之，然姑蘇紙多布紋，而假蘇牋皆羅紋，惟紙骨柔薄耳，若加厚壯，則可勝蘇牋也。蜀牋體重，一夫之力，僅能荷五百番。四方例貴川牋，蓋以其遠號難致，然徽紙、池紙、竹紙在蜀，蜀人愛其輕細，客販至成都，每番視川牋價幾三倍。

陸友《墨史》卷下 世言蜀中冷金牋最難爲筆，非也，惟此紙難爲墨。蘇子瞻嘗以此紙試墨，惟李廷珪乃黑。

陸容《菽園雜記》卷一二 浙之衢州，民以抄紙爲業，每歲官紙之供，公私糜費無算，而内府貴臣視之，初不以爲意也。聞天順間，有老内官自江西回，見内府以官紙糊壁，面之飲泣，蓋知其成之不易，而惜其暴殄之甚也。又聞之故老云：洪武年間，國子監生課簿倣書，按月送禮部。倣書發光禄寺包麵，課簿送法司背面起稿，惜費如此。永樂、宣德間，鰲山烟火之費，亦兼用故紙，後來則不復然矣。成化間，流星爆杖等作，一切取榜紙爲之，其費可勝計哉。世無内官如此人者，難與言此矣。

又卷一三 衢之常山、開化等縣，人以造紙爲業。其造法，採楮皮蒸過，擘去粗質，糁石灰浸漬三宿，蹂之使熟。去灰，又浸水七日，復蒸之。濯去泥沙，曝曬經旬，舂爛，水漂，入胡桃藤等藥，以竹絲簾承之。俟其凝結，掀置白上，以火乾之。白者，以磚板制爲案卓狀，圬以石灰而厝火其下也。

倪岳《青谿漫稿》卷一五《紙銘》 維紙之作，剡溪之藤，雪瑩粉膩，雲薄砥平，搠製之初，竹簡是代，載道垂訓，萬世永賴，効勞文房，厥功懋哉。勿妄夭閼，用枉其才。

顧璘《憑几集》卷五《紙銘》 幽而顯者，子之功也，近而遠者，子之窮也，一以貫之，與天齊終，蓋存乎聆，躬吁其念哉！

王宗沐《江西省大志》卷八 造紙名二十八色，曰白榜紙、中夾紙、勘合紙、結實榜紙、小開化紙、呈文紙、結連三紙、綿連三紙、白連七紙、結連四紙、綿連四紙、毛邊中夾紙、玉版紙、大白鹿紙、藤皮紙、大楮皮紙、大開化紙、大户油紙、大綿紙、小綿紙、廣信青紙、青連七紙、鉛山奏本紙、竹連七紙、小白鹿紙、小楮皮紙、小户油紙、方榜紙。

又 楮之所用，爲構皮，爲竹絲，爲簾，爲百結皮。其構皮出自湖廣，竹絲産於福建，簾産於徽州、浙江。自昔皆屬吉安、徽州二府商販。裝運本府地方貨賣，其百結皮玉山土産。槽户雇請人工，將前物料浸放清流急水，經數晝夜，足踹去殼，打把撈起。甑火蒸爛，剥去其骨，扯碎成絲，用刀剉斷，攪以石灰，存性月餘，仍入甑蒸，盛以布囊，放於急水浸數晝夜，踹去灰水，見清，攤放洲上日曬水淋毋論月日，以白爲度。木杵舂細，成片擒開，復用桐子殼灰及柴灰和匀，滚水淋泡，陰乾半月，澗水洒透，仍用甑蒸、水漂，暴曬不計遍數，多手擇去小疵，絶無瑕玷。刀斫如炙，揉碎爲末，布袱包裹，又放急流，洗去濁水。然後安放青石板合槽内，決長流水入槽，任其自來自去，藥和溶化，澄清如水。照依紙式大小、高闊，置買絶細竹絲，以黄絲線織成簾牀，四面用筐綳緊。大紙六人，小紙二人，扛簾入槽。水中攪轉，浪動撈起，簾上成紙一張，揭下，叠榨去水，逐張掀上，磚造火焙兩面粉飾，光匀内中，陰陽火燒，熏乾收下，方始成紙。工難細論，雖隆冬炎夏，手足不離水火。諺云：「片紙非容易，措手七十二。」

項元汴《蕉窗九録・紙録・造葵箋法》 五六月戎葵葉和露摘下，搗爛取汁，用孩兒石鹿堅厚者裁段，葵汁内稍投雲母細粉，明礬些少，和匀，盛大盆中，用紙拖染，挂乾，或用以砑花、或就素用，其色緑可人，且抱野人傾葵微意。

又《染宋箋色法》 黄伯一片，搥碎，用水四升，浸一伏時，煎熬至二升止聽用。橡斗子一升，如上法煎水聽用。胭脂五錢，深者方妙，用湯四盌，浸榨出紅。三味各成濃汁，用大盆盛汁。每用觀音簾堅厚紙，先用黄柏汁拖過一次，復以橡斗汁拖一次，再以胭脂汁拖一次，更看深淺加減，逐張晾乾，可用。

又《染紙作畫不用膠法》 紙用膠礬，作畫殊無士氣，否則不可著色。開染

法：以皁角搥碎，浸清水中一日，用砂罐重湯，煑一炷香，濾净調匀，刷紙一次，挂乾。復以明礬泡湯，加刷一次，挂乾。用以作畫，儼若生紙。若安藏三二月用，更妙。折舊裱畫卷緜紙，作畫甚佳，有則宜寶藏可也。

又《造搥白紙法》 法取黄葵花根搗汁，每水一大盌，入汁一二匙，攪匀，用此，令紙不粘而滑也。如根汁用多，則反粘，不妙。用紙十幅，將上一幅刷濕，又加乾紙十幅，累至百幅無礙。紙厚以七八張相隔，薄則多用不妨，用厚板石壓紙，過一宿揭起，俱潤透矣，濕則晾乾，否則平鋪石上，用打紙槌敲千餘下，揭開，晾十分乾，再疊壓一宿，又槌千餘槌，令發光與蠟箋相似方妙，余嘗製之甚佳，但跋涉耳。

又《造金銀印花箋法》 用雲母粉，同蒼朮、生薑、甘草煑一日，布包揉洗，又用絹包揉洗，愈揉愈細，以絶細爲佳。收時，以緜紙數層，置灰缸上，傾粉汁在上，湮乾，用五色箋，將各色花板平放。次用白芨調粉，刷上花板，覆紙印花板上，不可重搨，欲其花起故耳。印成花如銷銀，若用薑黄煎汁，同白芨水調粉，刷板印之，花如銷金，二法亦多雅趣。

又《造松花箋法》 槐花半升，炒煎赤，冷水三盌煎汁，用銀母粉一兩，礬五錢，研細，先入盆内。將黄汁煎起，絹用濾過，方入盆中，攪匀拖紙，以淺爲佳。文房用箋，外此數色，皆不足備。

胡應麟《少室山房筆叢》卷四 凡印書，永豐綿紙上，常山柬紙次之，順昌書紙又次之，福建竹紙爲下。綿貴其白且堅，柬貴其潤且厚，順昌堅不如綿、厚不如柬，直以價廉取稱。閩中紙短窄黧脆，刻又舛譌，品最下而直最廉，余筐篋所收什九此物，即稍有力者弗屑也。近閩中則不然，以素所造法演而精之，其厚不異於常而其堅數倍於昔，其邊幅寬廣亦遠勝之，價直既廉而卷帙輕省，海内利之，順昌廢不售矣。餘他省各有産紙，余弗能備知。大率閩、越、燕、吴所用刷書不出此數者，燕中自有一種紙，理粗龐，質擁腫而最弱，久則魚爛，尤在順昌下，惟燕中刷書則用之。惟滇中紙最堅，家君宦滇得張愈光、楊用修等集，其堅乃與絹素敵，而色理疏慢蒼雜，遠不如越中。高麗蠒絶佳，純白滑膩，如舒雪、如匀粉、如鋪玉，惟印記用之。

宋應星《天工開物》卷下《殺青・紙料》 凡紙質，用楮樹皮與桑穰、芙蓉膜等諸物者爲皮紙，用竹麻者爲竹紙。精者極其潔白，供書文印文柬、啓用；麤者爲火紙、包裹紙。所謂「殺青」，以斬竹得名，「汗青」以煑瀝得名。簡印已成紙名。乃煑竹成簡，後人遂疑削竹片以紀事，而又誤疑韋編爲皮條穿竹札也。秦火未經時，書籍繁甚，削竹能藏幾何！如西番用貝樹造成紙葉，中華又疑以貝葉書經典，不知樹葉離根即焦，與削竹同一可哂也。

又《造竹紙》 凡造竹紙事出南方，而閩省獨專其盛。當笋生之後，看視山窩深淺，其竹以將生枝葉者爲上料。節界芒種，則登山砍伐。截斷五七尺長，就于本山開塘一口，注水其中漂浸。恐塘水有涸時，則用竹梘通引，不斷瀑流注入。浸至百日之外，加功槌洗，洗去粗殼與青皮，其中竹穰形同苧麻樣。用上好石灰化汁塗漿，入楻桶下煑，火以八日八夜爲率。凡煑竹，下鍋用徑二尺者，鍋上泥與石灰捏弦，高闊如廣，中煑鹽盆樣，中可載水十餘石。上盖楻桶，其圍丈五尺，其徑四尺餘。盖定受煑，八日已足。歇火一日，揭楻取出竹麻，入清水漂塘之内洗净。其塘底面、四維皆用木板合縫砌完，以妨泥污。洗净，用柴灰漿過，再入釜中，其上按平，平鋪稻草灰寸許。桶内水滚沸，即取出别桶之中，仍以灰汁淋下。倘水冷，燒滚再淋。如是十餘日，自然臭爛。取出入臼受舂，舂至形同泥麪，傾入槽内。凡抄紙槽，上合方斗，尺寸闊狹，槽視簾，簾視紙。竹麻已成，槽内清水浸浮其面三寸許，入紙藥水汁于其中，則水乾自成潔白。凡抄紙簾，用刮磨絶細竹絲編成。展卷張開時，下有縱横架匡。兩手持簾入水，蕩起竹麻入于簾内。厚薄由人手法，輕蕩則薄，重蕩則厚。竹料浮簾之頃，水從四際淋下槽内，然後覆簾，落紙于板上，疊積千萬張。數滿則上以板壓，俏繩入棍，如榨酒法，使水氣净盡流乾。然後以輕細銅鑷逐張揭起焙乾。凡焙紙，先以土磚砌成夾巷，下水磚盖。巷地面數塊以往，即空一磚。火薪從頭穴燒發，火氣從磚隙透巷外。磚盡熱，濕紙逐張貼上焙乾，揭起成帙。近世闊幅者，名大四連。一時書文貴重，其廢紙洗去朱墨污穢，浸爛入槽再造，全省從前煑浸之力，依然成紙，耗亦不多。南方竹賤之國不以爲然，比方即寸條片角在地，隨手拾取再造，名曰「還魂紙」。竹與皮，精與粗，皆同之也。若火紙糙紙，斬竹煑麻，灰漿水淋，皆同前法，唯脱簾之後，不用烘焙，壓水去濕，日曬成乾而已。盛唐時，鬼神事繁，以紙錢代焚帛，故造此者，名曰「火紙」。荆楚近俗，有一焚侈至千斤者。此紙十七供冥燒，十三供日用，其最粗而厚者名曰「包果紙」，則竹麻和宿田晚稻藁所爲也。若鉛山諸邑所造柬紙，則全用細竹料厚質蕩成以射重價，最上者曰官柬，富貴之家通剌用之。其紙敦厚而無筋膜，染紅爲吉柬，則先以白礬水染過後上紅花汁云。

又《造皮紙》 凡楮樹取皮，于春末夏初剥取。樹已老者，就根伐去，以土蓋之。來年再長新條，其皮更美。凡皮紙，楮皮六十斤，仍入絶嫩竹麻四十斤，同塘

漂浸，同用石灰漿塗，入釜煮糜。近法省嗇者，皮竹十七而外或入宿田稻藁十三，用藥得方，仍成潔白。凡皮料堅固紙，其縱文扯斷如綿絲，故曰綿紙。衡斷且費力。其最上一等，供用大内糊窗格者，曰欞紗紙。此紙自廣信郡造，長過七尺，闊過四尺。五色顔料，先滴色汁槽内和成，不由後染。其次曰連四紙，連四中最白者曰紅上紙。皮名而竹與稻藁參和而成料者曰揭帖呈文紙。芙蓉等皮造者統曰小皮紙，在江西則曰中夾紙。河南所造，未詳何草木爲質，北供帝京，産亦甚廣。又桑皮造者曰桑穰紙，極其敦厚，東浙所産，三吴收蠶種者必用之。凡糊雨傘與油扇，皆用小皮紙。凡造皮紙長闊者，其盛水槽甚寬，巨簾非一人手力所勝，兩人對舉蕩成。若欞紗則數人方勝其任。凡皮紙供用畫幅，先用礬水蕩過，則毛茨不起。紙以逼簾者爲正面，蓋料即成泥浮其上者，麤意猶存也。朝鮮白硾紙，不知用何質料。倭國有造紙不用簾抄者，煮料成糜時，以巨闊青石覆于炕面，其下爇火，使石發燒。然後用糊刷蘸糜，薄刷石面，居然頃刻成紙一張，一揭而起。其朝鮮用此法與否，不可得知。中國有用此法者，亦不可得知也。永嘉蠲糨紙，亦桑穰造。四川薛濤牋，亦芙蓉皮爲料煮糜，入芙蓉花末汁。或當時薛濤所指，遂留名至今，其美在色，不在質料也。

張岱《夜航船》卷八 紙，古帛書，漢幡紙。蔡倫爲麻紙，又搗故魚網爲網紙，木皮爲穀紙。王羲之爲穀藤皮帋。王瑱始以竹草爲紙。晉桓玄始造青赤嫖姚箋紙。石季龍造五色紙，薛濤始爲短箋。箋紙，蔡倫玉版、貢餘俱襍零布、破履亂麻爲之。經屑表光紙，晉密香紙，大秦國出唐硬黄紙，黄柏染。殷成式雲藍紙，南唐后主澄心堂紙，齊高帝凝光紙，蕭誠班文紙，蜀王衍霞光紙，宋黄白經箋，碧雲春樹箋，龍鳳箋，團花箋，金花箋，烏孫欄。顔方叔宋人杏紅箋，露桃紅箋，天水碧，俱砑花竹翎鱗及山水人物。元春膏箋，水玉箋，兩面光蠟色繭紙，趙剡藤苔箋，即漢時側理紙，南越海苔爲之。蜀麻面、薛骨、金花、玉屑、魚子十色牋即薛濤深紅、粉紅、杏紅、銅緑、明黄、深青、淺緑雲牋。密香紙，以密香樹皮爲之，微褐色，有紋如魚子，極香而堅韌，水漬之不潰。玉版，成都浣花溪造紙，光滑，以玉版爲名。東坡詩：「溪石作馬肝，剡藤開玉版。」剡藤剡溪古藤極多，造紙極美。唐舒元輿作《弔剡溪藤》文，言今之錯爲文者，皆大污剡藤也。蠶繭紙，王右軍書《蘭亭記》，用蠶繭紙，紙似繭而澤也。赫蹏，赫蹏薄小紙也，《西京雜記》稱薄蹏。蔡倫紙，漢和帝時，中常侍蔡倫典作上方，乃造意用樹膚麻頭及敝布、魚網搗以爲帋。奏上之，故天下咸稱蔡侯紙。側理紙，張華著《博物志》成，晉武賜于闐青鐵研，遼西麟角筆，南越側理紙。一名水苔紙，南人以海苔爲之，其理縱横邪側故以爲名。澄心堂紙，李后主造澄心堂紙，細薄光潤，爲一時之甲。相傳淳化帖皆此紙所搨，宋諸名公寫字及李龍眠畫，多用此紙。薛濤箋，元和初，元稹使蜀，營妓薛濤以十色彩箋遺稹，稹于松花紙上寫詩贈濤。蜀中有松花紙、金沙紙、襍色流沙紙、彩霞金粉龍鳳帋，近年皆廢，唯綾紋紙尚存。左伯紙，左伯與蔡倫時，亦能爲紙，比蔡更精。上召韋誕草詔，對曰：「若用張芝筆，左伯紙及臣墨，兼此三具，又得臣手，然後可以成徑丈之勢。」

陳宏緒《寒夜録》卷下 國初，貢紙歲造于吾郡西山，董以中貴，即翠巖寺遺址以爲楮廠。其應聖宫西皮庫，蓋以貯楮皮也，今改其署于信州，而廠與寺俱廢。

汪舜民《徽州府志》卷二 造紙之法，荒黑楮皮率十分割練得六分，浄溪漚灰奮暴之沃之，以白爲度。瀹灰大鑊中，煮至糜爛。復入淺水漚一日，揀去烏丁黄眼，又从而奮之，擣極細熟，盛以布囊，又於深溪用轆轤推蕩浄入槽。乃取羊桃藤擣細，別用水桶浸挼，名曰滑水，傾槽間與白皮相和，攪打匀細。用簾抄成張榨經宿，乾於焙壁，張張攤刷，然後截沓解官。其爲之不易蓋如此。而當時有同和買，數多惟務之辦。

張應文《清秘藏》卷上《論紙》 法書名畫必資紙而久傳，紙之不可無考審矣。粵稽造紙始於蔡倫，有網紙、穀紙、麻紙，徒存其名而已。晉有子邑紙、側理紙、一名水苔紙，以苔爲之。繭紙。日本有松皮紙。大秦有蜜香紙。一云香皮紙，微褐色，紋如魚子，極香而堅韌。高麗有鑾紙。扶桑國有芨皮紙。江南有竹紙、楮皮紙，黟歙凝霜紙。浙中有麥麵稻稈紙。吴有由拳紙。剡溪小等月面松紋紙。唐有短白簾硬黄紙、粉蠟紙、布紙、藤角紙、麻紙、有黄白二色。桑皮紙、桑根紙、雞林紙、苔紙。建中女兒青紙、卵紙。一名卵品晃，滑如鏡面，筆至上多退，非善書者不敢用。李後主有會府紙。長二丈，闊一丈，厚如繒帛數重。陶穀家鄱陽白。長如匹練。南唐有澄心堂紙。膚如卵膜，堅潔如玉，細薄光潤，爲一時之甲。宋有張永自造紙。爲天下最，尚方不及。藤白紙、研光小本紙、蠟黄藏經箋、有金粟山、轉輪藏二種。白經箋、鵠白紙、白玉版匹紙、蠶繭紙。元有黄麻紙、鉛山紙、常山紙、英山紙、上虞紙，皆可傳之百世。近時大内白牋、堅厚如板，兩面研光，潔白如玉。磁青紙、高麗繭紙、皮紙、新安土箋、乃絶細堅韌白綿紙裁爲小幅。譚牋、不用粉造，以堅白荊川連褙厚研光，用蠟打各様細花，古雅可愛。觀音簾匹紙。後世必見珍者也。

又《論古紙絹素》 真古紙色淡而匀净，無雜漬斜紋皴裂在前。若一軸前破後加新，甚衆薰紙烟色，或上深下淺，或前深後淺，真古紙其表故色，其裏必新塵，

水浸紙表裏俱透，真古紙。試以一角揭起，薄者受糊既多，堅而不裂；厚者糊重紙脆反破碎。莫舉僞古紙，薄者即裂，厚者性堅韌而不斷。其不同皆可辨。

又《論石刻》　凡欲觀古帖，先觀字法、刻手，次觀揭法紙墨，色澤末也。若不能識字法、刻手，審其墨氣可矣，色堅如漆，手揩不汙者，真古也。微抹之而滿指染黑者，僞揭耳。凡帖以北紙、北墨爲佳，北紙用竪簾，其質鬆而厚，不甚滲墨，以手拂之，如薄雲之過青天，猶隱隱見紙白處。又北用松烟，墨色清淡，不和油蠟，故色淡而紋縐，非夾紗作蟬翅揭也。凡北碑皆然。南紙堅薄極易揭，墨用烟和蠟爲之，故色純黑而面有浮光，此南北紙墨之辨也。

李月華《六研齋二筆》卷二　唐薛能詩曰：「趙毫逐厚俸，剡紙得佳名。」注云：「近相傳以搗熟紙名硾。」《雞林志》云：「高麗紙，治之緊滑不礙筆，光白可愛，名白硾紙，一名玉葉紙。」古剡藤紙，得名最舊，其次苔箋。今獨竹紙名天下，他方效之不及，遂掩藤紙矣。竹紙上品有三：曰姚黄，曰學士，曰邵公。王荆公好用小竹紙，士大夫書簡往來多用焉。東坡海外歸，買剡紙二千幅。米元章著《書史》云：「予嘗硾越州竹紙，光透如金版。」前輩貴竹紙，於此可見。

潘之淙《書法離鉤》卷九《原紙》　劉氏云：紙者，砥也，平滑如砥。上古竹簡韋編。漢蔡倫字敬仲，用樹膚敝布魚網爲之，故從巾，一從糸，氏聲。坡翁云：「成都浣花溪，水清勝常，以漚麻楮作牋紙，堅白可愛，數十里外便不堪造，信水之力也。」揚州有蜀岡，岡上有大明寺井，知味者謂與蜀水相似。西至六合，岡盡而水發，合爲大溪。溪左右居人亦造紙，與蜀産不甚相遠。自十年以來，所造益多，工亦益精。更數十年，當與蜀紙相亂也。紙取無灰者爲妙，然愈舊愈佳。堅滑則勝，鬆澀則惡。

陸樹聲《清暑筆談》　捶紛箋雜色者僅華美，然粉疎則澀筆，滑則不能燥墨，藏久則粉渝而墨脱，不便收摺。摺久衡裂。近稍用緊白純净者，夫物古質而今媚，近來俗好多媚，惟所用縑素稍還古質。故余詩云：「餘情寄縑素，反樸還其淳。」

高濂《遵生八牋》卷十五《論紙》　高子曰：「上古無紙，用汗青者，以火炙竹，令汗出取青，易于作書。至漢蔡倫始製紙，真萬世利也。初搗漁網爲紙，曰網紙；以布作者，曰麻紙；以穀皮作者，曰穀紙。蜀有凝光紙，雲藍牋，花葉紙，十色薛濤箋，名曰蜀牋。有側理紙，松花紙，流沙紙，彩霞金粉龍鳳紙，綾紋紙，短簾白紙，硬黄紙，布紙，縹紅紙，青赤緑桃花箋，藤角紙，縹紅麻紙，桑根紙，六合箋，魚子箋，苔紙。建中年有女兒青紙，卯紙。宋有澄心堂紙，蠟黄藏經牋，白經牋，碧雲春樹箋，有龍鳳印邊三色内紙。有印金團花并各色金花牋紙，有藤白紙，研光小本紙。李僞主造會府紙，長二丈，闊一丈，厚如繒帛數重。陶穀家藏有鄱陽白數幅，長如匹練。西山觀音簾紙，鵠白紙，蠶繭紙，竹紙，大牋紙。元有黄麻紙，鉛山紙，常山紙，英山紙，臨川小牋紙，上虞紙。又若子邑之紙，妍妙輝光，皆世稱也。今之楚中粉箋，松江粉箋，爲紙至下品也，一黴即脱，陶穀所謂化化箋，此爾。止可用供溷材，一化也；貨之店中，包麵藥果之類，二化也。甚言紙之不堪用者類此，若今之大内細細密，灑金五色粉箋，五色大簾紙，灑金箋。有等白牋，堅厚如板而面研光，如玉潔白。有印金花五色牋紙。又若磁青紙，如段素，堅韌可寶，多用寫泥金字經。有等藍色者，薄而不佳。高昌國金花牋亦有五色，有描金山水圖者。高麗有綿繭紙，色白如綾，堅韌如帛，用以書寫，發黑可愛。有等皮紙，用以爲簾，爲雨帽，爲書夾，堅厚若油爲之，中國所無，亦奇品也。近日可用作書者，吳中無紋灑金箋紙爲佳。松江近日譚牋，不用粉造，以荆川簾紙褙厚，砑光，用蠟打各色花鳥，堅滑可類宋紙。又新安新造倣宋藏經箋紙亦佳。吳中近亦爲之，但不如宋箋抄成堅韌，如段帛有性，數百載流傳，尚方揭開受用。若今倣效者，紙性終脆，久黴糊懈必鬆。時尚花邊格子白鹿牋，用以作柬寫詩甚便，其式馀家有數十種。但白鹿紙以緑子水併槐黄水微煎印者雅甚。以青以紅，俱不佳也。又如蠟砑五色箋，亦以白色、松花色、月下白色、羅文箋爲佳，餘色不入清賞。兩人砑者精美，又不壞板。若用水濕一紙以閩十紙，砑者不佳。然以白蠋砑者受墨，密蠋者，遇墨成珠，描寫不上，深可恨也，并録以共鑒賞。

周嘉胄《香乘》卷一　永徽中，定州僧欲寫《華嚴經》。先以沈香種楮樹，取以造紙。

又卷二　凡將相告身，用金花五色綾紙，上散白檀香木。

又卷四　蜜香即木香，一名没香，一名木蜜，一名阿嗟，一名多香，木皮可爲紙。

嚴如熤《三省邊防備覽》卷九《山貨》　西鄉紙廠二十餘座，定遠紙廠踰百，近日洋縣華陽亦有小紙廠二十餘座。廠大者匠作傭工，必得百數十人，小者亦得四五十人。山内居民當佃山内有竹林者，夏至前後，男婦摘笋砍竹作捆，赴廠售賣，處處有之。藉以圖生者常數萬計矣。

又　於近廠處開一池，引水灌入。池深二三尺，不拘大小，將竹儘數堆放池内，十日後方可用。其料須供一年之用。倘池小竹多，不能堆放，則於林深陰濕處

堆放，有水則不壞，無水則間有壞者。從水内取出，剁作一尺四五寸長，用木棍砸至扁碎，篾條捆縛成把，每捆圍圓二尺六七寸至三尺不等。另開灰池，用石灰攪成灰漿，將笋捆置灰漿内蘸透，隨蘸隨剁，逐層堆砌如墻。候十餘日，灰水喫透，去篾條，上大木甑。其甑用木攢成，竹篾箍緊。底徑九尺，口徑七尺，高丈許。每甑可裝竹料六七百捆，烝四五日晝夜不斷火，甑旁開一水塘引活水，可灌可放。竹料烝過後入水塘，放水冲浸兩三日。俟灰氣泡浄，竹料如麻皮，復入甑内，用鹼水煑三日夜，以鐵鈎撈起。仍入水塘淘一兩日，鹼水淘浄。每甑用黄荳五升，白米五升，磨成水漿。將竹料加米漿拌匀，又入甑内再烝七八日，即成紙料。取出紙料，先下踏槽。其槽就地開成，數人赤脚細踏後，撈起下紙槽。槽亦開於地下，以二人持大竹棍攪極匀，然後用竹簾揭紙。簾之大小，就所做紙之大小爲定。竹簾一扇，揭紙一層，逐層夾疊，疊至尺許厚，即緊壓。候壓至三寸許，則水壓浄，逐張揭起，上焙墻焙乾。其焙墻用竹片編成，大如墻壁，灰泥搪平，兩扇對靠，中燒木柴，烤熱焙紙。如細白紙，每甑紙料入槽後，再以白米二升磨成汁攪入，揭紙即細緊。如做黄表紙，加薑黄末，即黄色。其紙大者名二則紙，其次名圓邊、毛邊紙、黄表紙。二則、圓邊、毛邊論梱，每梱五六合，每合二百張。每甑之料，二則紙可做三十梱，圓邊毛邊紙可做三十五六梱。黄表紙論箱，每甑可做一百五六十箱。染色之紙須背運出山，於紙房内將整合之紙大小裁齊，上烝籠乾烝後，以膠礬水拖濕，晾乾刷色，此造紙之法也。

梁章鉅《浪跡叢談》卷九《記紙四則》 昔蘇文忠公嘗書赫蹏云：「吾此紙可以劖錢祭鬼，後五百年當受百金之享。」當時人或嗤之，然至今日，又豈止百金之享已哉！納蘭成德《緑水亭雜識》云：「文衡山曾見一紙廣二丈，趙文敏不敢作字，題記而已。不知紙工以何器成之。」王東溆《柳南續筆》云：「太倉王文肅家有宋箋可長十丈，米元章細楷題其首，謂此紙世不經見，留以待善書者。後公屬董思翁書之，思翁亦欣然曰：『米老所謂善書者，非我而誰？』遂書滿幅。」南唐澄心堂紙，陳後山以謂膚如卵膜，堅潔如玉，此必親見其紙之言，然在宋時，已稱罕覯，故劉功父詩云：「當時百金售一幅，澄心堂中千萬軸。後人聞此那復得，就使得之亦不識。」是也。余家藏李龍眠《白描羅漢卷》，文二水跋以爲是澄心堂紙，其堅白異於他紙，又藏李後主行書册，則紙質稍厚，色又微黄，疑當時紙色不必一律，必謂澄心堂紙白色者，無據也。

吴振棫《養吉齋叢録》卷二六 紙之屬，如宫廷貼用金雲龍硃紅福字絹牋、雲龍硃紅大小對牋，皆遵内頒式樣尺度，製辦呈進。其他則有五綵盈丈大韻牋、各色花絹牋、蠟牋、金花牋、梅花玉版牋新宣紙。舊紙則有側理、金粟、明仁殿、宣德詔勅。仿古則有澄心堂、明仁殿、側理紙、藏經紙、宣德描金牋。外國所貢，高麗則有灑金牋、金龍牋、鏡光牋、苔牋、咨文牋、竹青紙、各色大小紙，琉球則有雪紙、頭號奉書紙、二號奉書紙、舊紙。西洋則有金邊紙、雲母紙、漏花牋、各色牋紙。又回部各色紙，大理各色紙，此皆懋勤殿庋藏中之别爲一類者。

龍文彬《明會典》卷一九五《紙劄》 洪武二十六年定，凡每歲印造茶鹽引由契本鹽糧勘合等項，合用紙劄，著令有司抄解，其合用之數，如庫缺少，定奪奏聞，行移各司府州照依上年紙數抄造解納，如遇起解到部，隨即辨驗堪中如法，差人進赴乙字庫收貯聽用。産紙地方分派造解額數：陝西十五萬張，湖廣十七萬張，山西十萬張，山東五萬五千張，福建四萬張，北平十萬張，浙江二十五萬張，江西二十萬張，河南五萬五千張，直隸三十八萬張。凡各處進到紙劄，宣德七年，令不依原式及水濕不堪者，本部行移本處抄來陪補原數。九年，以福建進到紙劄不合原式及麤薄不堪，令按察司治提調官罪。凡合用鹽引勘合等項紙劄，宣德九年，俱令商人納價收買，各省免派。凡乙字庫各色供應紙張缺乏，工部召買多寡不等，或量派出産地方抄解，不拘年例。凡白榜紙高四尺四寸闊四尺，十年一次題派各省辦送一百二十萬張，貯乙字庫，或遇缺乏，召買隨行龍瀝紙代納，以尺寸不如式，每白榜紙百張價銀一兩，隨行紙嘉靖十六年估定，百張價銀四錢。凡本部公用各色紙劄，每年三十一萬四千九百五張，行都察院見收囚人紙内，四季關領應用，年終題知，其歲用白榜紙。永樂間題准，坐派安慶府額辦一萬六千八百張，遇閏加派一千四百張解部。凡寶鈔司年例抄造供用草紙七十二萬張，御用監成造香事草紙一萬五千張，共七十三萬五千張，合用石灰、木炭、鐵器、木植等料，俱工部派辦。

楊鐘羲《雪橋詩話續集》卷五 造紙之法，取稚竹未枿者，摇折其梢，逾月斵之，漬以石灰，皮骨盡脱而筋獨存，蓬蓬若麻，此紙材也。乃斷之爲二，束之爲包，而又漬之。漬已，納之釜中，蒸令極熱，然後浣之。浣畢，暴之。凡暴必平地數頃如砥，砌以卵石，洒以緑礬，恐其萊也。故暴紙之地不可田。暴已復漬，漬已復蒸，如是者三，則黄者轉而白矣。其漬也必以桐子，若黄荆、木灰，非是則不白。故二者之價，高於菽粟。伺其極白，乃赴水碓舂之。計可三石，則絲者轉而粉矣。猶懼其雜也，盛以細布囊，墜之大溪，懸版於囊中而時上下之。則灰汁盡去，粲然如雪。此紙材之成也。其制鑿石爲槽，視紙幅之大小而稍寬焉。織竹爲簾，簾又視槽之大小，尺寸皆有度，製極精。惟山中唐氏爲之，不授二姓。槽簾既備，乃取紙材授

之，漬水其間，和之以膠及木槿汁，取其粘也。然後兩人舉簾對漉，一左一右，而紙以成。即舉而覆之傍石上，積百番，並醉之以去其水，然後舉而炙之墻。炙墻之制，壘石堊土，令极光潤，虚其中而内火焉。舉紙者以次櫛比，於墻之背，後者畢則前者乾，乃去之而又炙。凡漉與炙，高下疾徐，得之於心而應之於手。終日不破不裂不偏枯，謂之國工，非是莫能成一紙。水必取於七都之球谿，非是則黯而易敗，故遷其地弗良也。至於選材之良楛，辨色之純駁，鳩工集事，惟老於斯者悉之，不能以言盡也。自折梢至炙畢，凡更七十二手，而始成一紙。

傳記

《後漢書·蔡倫傳》 蔡倫字敬仲，桂陽人也。以永平末始給事宫掖，建初中，爲小黄門。及和帝即位，轉中常侍，豫參帷幄。倫有才學，盡心敦慎，數犯嚴顔，匡弼得失。每至休沐，輒閉門絶賓，暴體田野。後加位尚方令。永元九年，監作祕劍及諸器械，莫不精工堅密，爲後世法。自古書契多編以竹簡，其用縑帛者謂之爲紙。縑貴而簡重，並不便於人。倫乃造意用樹膚、麻頭及敝布、魚網以爲紙。元興元年奏上之，帝善其能，自是莫不從用焉，故天下咸稱「蔡侯紙」。【略】元初元年，鄧太后以倫久宿衛，封爲龍亭侯，邑三百户，後爲長樂太僕。四年，帝以經傳之文多不正定，乃選通儒謁者劉珍及博士良史詣東觀，各讎校漢家法，令倫監典其事。【略】倫初受竇后諷旨，誣陷安帝祖母宋貴人。及太后崩，安帝始親萬機，勑使自致廷尉。倫恥受辱，乃沐浴整衣冠，飲藥而死。國除。

紀事

史繩祖《學齋占畢》卷二《紙筆不始於蔡倫蒙恬》 傳記小説多失實。衹如《事始》謂蒙恬造筆、蔡倫造紙，皆未必然。蒙恬乃奏時人，而詩中已有彤管，謂女史所載之筆。又《傳》謂史載筆。又孔子作《春秋》，筆則筆，削則削，絶筆於獲麟。又《尚書·中候》云：「玄龜負圖出，周公援筆以時文寫之。」又《爾雅》及《説文》云：「秦謂之筆，楚謂之聿，吴謂之不聿，燕謂之弗，其來尚矣。」馬大年乃附會以爲簡牘之筆，乃今竹筆，非毫也，至蒙恬而始用兔毫耳。殊不知《莊子》書中有舐筆和墨之句，則以毫染墨明矣，竹筆豈可舐耶？《莊子》在秦之前，筆非造於蒙恬明矣。況崔豹《古今注》：「蒙恬之爲筆也，以柘木爲管，鹿毛爲柱，羊毛爲被。」亦非謂兔毛竹管也，則又豈可謂兔毫起於蒙恬耶？此端由《説文》秦謂之筆一句以誤後世。又如蔡倫，乃後漢時人。而《前漢·外戚傳》云「赫蹏書」，注謂赫蹏乃小紙也。則紙字已見於前漢，恐亦非始於蔡倫。但蒙、蔡所造，精工於前世則有之，謂紙筆始此二人，則不可也。

陶宗儀《説郛三種》卷一九 元和中，成都樂籍薛濤者，善篇章，足辭辨，雖兼風諷教化之旨，亦有題花咏月之才。當時乃營妓之中尤物也。元稹微之，知有薛濤，未嘗識面，初授監察御史出使西蜀，得與薛濤相見。自後，元公赴京，薛濤歸浣花。浣花之人多造十色彩牋，于是，濤别模新樣小幅松花紙，多用題詩。因寄獻元公百餘幅，元于松花紙上寄贈一篇曰：「錦江滑膩峨眉秀，化作文君及薛濤。言語巧偷鸚鵡舌，文章分得鳳凰毛。紛紛辭客皆停筆，箇箇郎君欲夢刀。别後相思隔烟水，菖蒲花發五雲高。」薛嘗好種菖蒲，故有是句。蜀中松花紙、金紗紙、雜色流沙紙，彩霞金粉龍鳳紙，近年皆廢，惟十餘年綾紋紙尚在。

藝文

傅咸《紙賦》 蓋世有質文，則治有損益。故禮隨時變，而器與事易。既作契㠯代繩兮，又造紙㠯當策。猶純儉之從宜，亦惟變而是適。夫其爲物，厥美可珍。廉方有則，體絜性貞。含章藴藻，實好斯文。取彼之弊，㠯爲此新。攬之則舒，舍之則卷。可屈可伸，能幽能顯。若乃六親乖方，離羣索居。鱗鴻附便，援筆飛書。寫情于萬里，精思于一隅。

李昉《太平廣記》卷四九一《楊娼傳》 珍重佳人贈好音，綵牋芳翰兩情深。薄於蟬翼難供恨，密似蠅頭未寫心。疑是落花迷碧洞，只思輕雨灑幽襟。百回消息千回夢，裁作長謡寄緑琴。

晏幾道《小山詞·虞美人》 濕紅箋紙回紋字，多少柔腸事。去年雙燕欲歸時，還是碧雲千里錦書遲。

又《愁倚闌令》 枕上懷遠，詩成紅箋紙，小研吴綾，寄與征人教念遠，莫

無情。

又《兩同心》　曾同明月愁滋味，最是黄昏相思處，一紙紅箋，無限啼痕。

蘇軾《東坡詞》卷下《減字木蘭花·得書》　香牋一紙，寫盡回紋機上意。

又《送春》　一紙鄉書來萬里，問我何年，真箇成歸計。

黄庭堅《山谷詩集》卷八《次韻王炳之惠玉版紙》　王侯鬚若緑坡竹，哦詩清風起空谷。古田小紙惠我百，信知溪翁能解玉。嗚碪千杵動秋山，裹糧萬里來輦轂。儒林丈人有蘇公，相如子雲再生蜀。往時翰墨頗横流，此公歸來有邊幅。小楷多傳《樂毅篇》，高詞欲奏《雲門曲》。不持去掃蘇公門，乃令不人今拜辱。去騷甚遠文氣卑，畫虎不成書勢俗。董狐南史一筆無，誤掌殺青司記録。雖然此中有公議，或辱五鼎榮半菽。願公進德使見書，不敢求君米千斛。

又卷九《再次韻奉答子由》　蠆尾銀鉤寫珠玉，剡藤蜀繭照松煙。似逢海若談秋水，始覺醯雞守甕天。何日清揚能覿面？只今黄落又凋年。萬錢買酒從公醉，一鉢行歌聽我顛。

又卷一九《求范子默染鴉青紙二首》　學似貧家老破除，古今迷忘失三餘。極知鵠白非新得，謾染鴉青襲舊書。　深如女髮蘭膏罷，明似山光夜月餘。爲染溪藤三百箇，待渠湔拂一床書。

周邦彦《片玉集》卷五《四園竹》　柰向燈前墮淚，腸斷蕭娘，舊日書辭，猶在紙。鴈信絶，清宵夢又稀。

王十朋《梅溪後集》卷九《剡紙贈嘉叟以詩爲謝次韻》　仁義知君學子輿，豈惟詞賦似相如。剡溪百幅敲冰紙，换得臨池小草書。

謝諤《兩宋名賢小集》卷一九〇《剡溪竹紙三首》　會稽竹箭東南美，來伴陶泓住管城。可惜不逢韓吏部，相從但説楮先生。　會稽竹箭東南美，化作經黄紙叠層。舊日土毛無用處，剡中老却一溪藤。　會稽竹箭東南美，研席之間見此君。爲問溪工底方法，殺青書字有前聞。

程垓《書舟詞·紅娘子》　幾點清觴淚，數曲烏絲紙，見少離多，心長分短，如何得是？到如今留下許多愁，枉教人樵悴。

陶宗儀《説郛三種》卷一九《白紙詩》　士人郭暉因寄妻問，誤封一白紙去。細君得之，乃寄一絶云：「碧紗窻下啓緘封，尺紙從頭徹尾空。應是仙郎懷別恨，憶人全在不言中。」

楊慎《升庵集》卷三一《周五津寄錦箋并柬楊雙泉》　誰製鸞牋迥出羣，雲英膩白粲霜氛。薛濤井上凝清露，江令筵前擘綵雲。窈窕翠藤盤側理，連環香玉剪回文。老來無復生花夢，錦字泥緘付墨君。

曹學佺《石倉歷代詩選》卷三六二《薛濤綵牋》　小様鸞牋製造殊，寄來多附錦江魚。枇杷花下門扉掩，贏得人稱女校書。

李日華《六研齋二筆》卷二　米元章《竹紙詩》云：「越筠萬杵如金版，安用溪藤與池繭。高壓巴郡烏絲闌，平欺澤國清華練。老無他物適心目，天使殘年同筆研。圖書滿室翰墨香，劉向何時眼中見。」薛紹彭和之云：「書便瑩滑如碑版，古來精紙唯聞繭。杵成剡竹光零亂，何用區區書素練。細分濃淡可評墨，副以溪藤難乏研。世聞此語誰復知，千里同風不相見。」

又　唐顧逋《翁剡紙歌》云：「雲門路上山陰雪，中有玉人持玉節。宛委山上禹餘糧，石中黄子黄金屑。剡溪剡紙生剡藤，噴水搗爲蕉葉稜。欲寫金人金口偈，寄與山陰山裏僧。手把山中紫羅筆，思量點畫龍蛇出。正是垂頭蹋翼時，不免向君求此物。」

僧皎然《從軍行》　黄紙君王詔，青泥校尉書。

劉禹錫《竹枝》　凴寄狂夫書一紙，住在成都萬里橋。

崔日用《奉和人日重宴大明宫恩賜綵縷人勝應荆》　金屋瑶筐開寶勝，花箋綵筆頌春椒。

楊炯《和鄭讎校内省眺矚思鄉懷友》　遊霧千金字，飛雲五色牋。

宋之問《范陽王挽詞》　洛陽今紙貴，猶寫太沖詞。

李嶠《紙》　妙跡蔡侯施，芳名左伯馳。雲飛錦綺落，花發縹紅披。舒卷隨幽顯，廉方合軌儀。莫驚反掌一作覆字，當取葛洪規。

張旭《春草》　情知海上三年别，不寄雲間一紙書。

儲光羲《舟中别武金壇》　紙筆亦何爲，寫我心中冤。

李白《寄遠十一首》　本作一行書，殷勤道相憶。一行復一行，滿紙情何極。

岑參《逢入京使》　故園東望路漫漫，雙袖龍鍾淚不乾。馬上相逢無紙筆，憑君傳語報平安。

李嘉祐《登溢城浦望廬山初晴直省齋敕催赴江陰》　白頭悲作吏，黄紙苦催人。

又《送竇拾遺赴朝因寄中書十七弟》　自歎未霑黄紙詔，那堪遠送赤墀人。

又《暮春宜陽郡齋愁坐忽在劉七侍御新詩因以酬答》　唯羡君爲周柱史，手

持黄紙到滄洲。

杜甫《飲中八仙歌》 張旭三杯草聖傳，脱損露頂王公前，揮毫落紙如雲煙。

又《贈方僕射鄭國公嚴公武》 閲書百紙盡，落筆四座驚。

又《同元使君春陵行》 呼兒具紙筆，隱几臨軒楹。

又《江村》 老妻畫紙爲碁局，稚子敲鍼作釣鉤。

又《客夜》 老妻書數紙，應悉未歸情。

又《立春》 此身未知歸定處，呼兒覓紙一題詩。

又《秋日夔府詠懷奉寄鄭監審李賓客之芳一百韻》 遠遊凌絶境，佳句染華牋。

皇甫冉《送謝十二判官》 不辭終日離家遠，應爲劉公一紙書。

任華《寄李白》 或醉中操紙，或興來走筆。

又《懷素上人草書歌》 或逢花箋與絹素，凝神執筆守恒度。

郭受《寄杜員外》 春興不知凡幾首，衡陽紙價頓能高。

顧況《剡紙歌》 雲門路上山陰雪，中有玉人持玉節。宛委山裏禹餘糧，石中黄子黄金屑。剡溪剡紙生剡藤，噴水擣後爲蕉葉。欲寫金人金口經，寄與山陰山裏僧。手把山中紫羅筆，思量一畫龍蛇出。政是垂頭蹋翼時，不免向君求此物。

竇鞏《送元稹西歸》 南州風土滯龍媒，黄紙初飛勅字來。

盧綸《夜中得循州趙司馬侍郎書因寄回使》 瘴海寄雙魚，中宵達我居。兩行燈下淚，一紙嶺南書。

崔峒《喜逢妻弟鄭損因送入京》 遥知盈卷軸，紙貴在江城。

何兆《贈兄》 洛陽紙價因兄貴，蜀地紅牋爲弟貧。南北東西九千里，除兄與弟更無人。

王建《宫詞》 内人對御疊花牋，繡坐移來玉案邊。紅蠟燭前呈草本，平明昇出閤門宣。千牛仗下放朝初，玉案傍邊立起居。每日進一作請來金鳳紙，殿頭無事不多書。

羊士諤《都城從事蕭員外寄海梨花詩盡綺麗至惠然遠及》 擲地好詞凌綵筆，浣花春水膩魚箋。

又《寄江陵韓少尹》 别來玄鬢共成霜，雲起無心出帝鄉。蜀國魚箋數行字，憶君秋夢過南塘。

楊巨源《酬崔駙馬惠箋百張兼貽四韻》 百張雲樣亂花開，七字文頭艷錦回。浮碧空一作定從天上得，殷紅應自日邊來。捧持價重凌雲葉，封裹香深笑海苔。滿篋清光應照眼，欲題凡韻輒裵回。一作風韻媿凡才。

又《崔娘詩》 清潤潘郎玉不如，中庭蕙草雪消初。風流才子多春思，腸斷蕭娘一紙書。

韓愈《石鼓歌》 雨淋日炙野火燎，鬼物守護煩撝呵。公從何處得紙本，毫髮盡備無差訛。詞嚴義密讀難曉，字體不類隸與科。羲之俗書趁姿媚，數紙尚可博白鵝。

又《盧郎中雲友寄示送盤谷子詩兩章歌以和之》 開緘忽覩送歸作，字向紙上皆軒昂。

又《李員外寄紙筆》 題是臨池後，分從起草餘。兔尖針莫並，繭淨雪難如。莫怪殷勤謝，虞卿正著書。

王涯《宫詞》 宜春院裏駐仙輿，夜宴笙歌總不如。傳索金箋題寵號，鐙前御筆與親書。

劉禹錫《和留守令狐相公答白賓客》 君來不用飛書報，萬户先從紙貴和。

又《寄朗州温右史曹長》 史筆枉將書紙尾，朝纓不稱濯滄浪。

又《和汴州令狐相公到鎮改日偶書所懷》 緑油貔虎擁，青紙鳳皇銜。

又《奉和中書崔舍人八月十五日夜翫月二十韻》 静對揮宸翰，閒臨襞彩牋。境同牛渚上，宿在鳳池邊。興掩尋安道，詞勝命仲宣。從今紙貴後，不復詠陳篇。

又《酬鄭州權舍人見寄十二韻》 佇聞黄紙詔，促召紫微郎。

孟郊《寄陝府鄧給事》 候謁隨芳語，鏗詞芬蜀牋。

又《聞夜啼贈劉正元》 愁人獨有夜燈見，一紙鄉書淚滴穿。

李賀《湖中曲》 蜀紙封巾報雲鬢，晚漏壺中水淋盡。

又《昌谷詩》 溪灣轉水帶，芭蕉傾蜀紙。

又《許公子鄭姬歌》 長翻蜀紙卷明君，轉角含商破碧雲。

元稹《六年春遣懷八首》 檢得舊書三四紙，高低闊狹粗成行。

又《送王協律游杭越十韻》 紙亂紅藍壓，甌凝碧玉泥。

又《酬樂天江樓夜吟稹詩因成三十韻，次用本韻》 手尋韋欲絶，淚滴紙渾穿。

又《書樂天紙》 金鑾殿裏書殘紙，乞與荆州元判司。不忍拈將等閒用，半封京信半題詩。

又《寄舊詩與薛濤因成長句》 長教碧玉藏深處，總向紅牋寫自隨。

白居易《效陶潛體詩十六首並序》 先生去已久，紙墨有遺文。篇篇勸我飲，此外無所云。

又《禁中夜作書與元九》 心緒萬端書兩紙，欲封重讀意遲遲。

又《開元九詩書卷》 紅牋白紙兩三束，半是君詩半是書。經年不展緣身病，今日開看生蠹魚。

又《謝李六郎中寄新蜀茶》 故情周匝向交親，新茗分張及病身。紅紙一封書後信，綠芽十片火前春。

又《元十八從事南海欲出廬山臨別舊居有戀泉聲之什因以投和兼伸別情》 雨露初承黃紙詔，烟霞欲別紫霄峯。

又《劉十九同宿時淮寇初破》 紅旗破賊非吾事，黃紙除書無我名。唯共嵩陽劉處士，圍棊賭酒到天明。

又《題詩屏風絶句並序》 相憶采君詩作障，自書自勘不辭勞。障成定被人争寫，從此南中紙價高。

又《送蕭鍊師步虚詞十首卷後以二絶繼之》 花紙瑶緘松墨字，把將天上共誰開。試呈王母如堪唱，發遣雙成更取來。

又《別草堂三絶句》 正聽山鳥向陽眠，黃紙除書落枕前。爲感君恩須暫起，爐峯不擬住多年。

又《酬元郎中同制加朝散大夫書懷見贈》 命服雖同黃紙上，官班不共紫垣前。青衫脱早差三日，白髮生遲校九年。

又《行簡初授拾遺同早朝入閣因示十二韻》 綸言難下筆，諫紙易盈箱。

又《新昌新居書事四十韻因寄元郎中張博士》 緩步携笻杖，徐吟展蜀箋。

又《醉中見微之舊卷有感》 今朝何事一霑襟，檢得君詩醉後吟。老淚交流風病眼，春箋摇動酒杯心。銀鉤塵覆年年暗，玉樹泥埋日日深。聞道墓松高一丈，更無消息到如今。

李涉《廬山得元侍御書》 慙君知我命龍鍾，一紙書來意萬重。正著白衣尋古寺，忽然郵遞到雲峰。

又《長安悶作》 宵分獨坐到天明，又策羸驂信脚行。每日除書空滿紙，不曾聞有介推名。

鮑溶《寄王璠侍御求蜀箋》 蜀川牋紙綵雲初，聞説王家最有餘。野客思將池上學，石楠紅葉不堪書。

施肩吾《中山得劉秀才京書》 自笑家貧客到踈，滿庭煙草不能鋤。今朝誰料三千里，忽得劉京一紙書。

又《酬周秀才》 三展蜀牋皆郢曲，我心珍重甚瓊瑶。應緣水府龍神睡，偷得鮫人五色綃。

姚合《寄主客劉郎中》 清景早朝吟麗思，題詩應費益州箋。

又《寄靈一律師》 梵書鈔律千餘紙，净院焚香獨受持。童子病來煙火絶，清泉漱口過齋時。

李商隱《韓碑》 文成破體書在紙，清晨再拜鋪丹墀。

又《寄令狐郎中》 嵩雲秦樹久離居，雙鯉迢迢一紙書。休問梁園舊賓客，茂陵秋雨病相如。

又《碧城三首》 檢與神方教駐景，收將鳳紙寫相思。

又《鄭州獻从叔舍人褎》 蓬島煙霞閬苑鐘，三官箋奏附金龍。茅君奕世仙曹貴，許掾全家道氣濃。絳簡尚參黃紙案，丹爐猶用紫泥封。不知他日華陽洞，許上經樓第幾重。

又《行至金牛驛寄興元渤海尚書》 樓上春雲水底天，五雲章色破巴牋。

又《宫中曲》 巴牋兩三幅，滿寫承恩字。

又《河陽詩》 楚絲微覺竹枝高，半曲新辭寫綿紙。

段成式《寄温飛卿牋紙》 三十六鱗充使時，數番猶得裹相思。待將袍襖重抄了，盡寫襄陽播掿詞。

皮日休《二遊詩並序徐詩》 宣毫利若風，剡紙光於月。

又《宏詞下第感恩獻兵部侍郎》 空慙季布千金諾，但負劉弘一紙書。

又《奉酬魯望見答魚牋之什》 輕如隱起膩如飴，除却鮫工解製稀。欲寫恐成河伯詔，試裁疑是水仙衣。毫端白獺脂猶濕，指下冰蠶子欲飛。若用莫將閒處去，好題春思贈江妃。

陸龜蒙《襲美以魚牋見寄因謝成篇》 擣成霜粒細鱗鱗，知作愁吟喜見分。向日乍驚新繭色，臨風時辨白萍文。好將花下承金粉，堪送天邊詠碧雲。見倚小窻親襞染，盡圖春色寄夫君。

司空圖《力疾山下吴邨看杏花十九首》 更恨新詩無紙寫，蜀牋堆積是誰家。

顧雲《池陽醉歌贈匡廬處士姚巖傑》 戲操狂翰涴蠻牋，傍人莫笑我率然。

鄭谷《郊野》 題詩滿紅葉，何必浣花牋。

又《省中偶作》 捧制名題黄紙尾，約僧心在白雲邊。

又《南宫寓直》 制承黄紙重，詞見紫垣清。

韓偓《横塘》 蜀紙麝煤沾筆興，越甌犀液發茶香。

又《寄恨》 秦釵枉斷長條玉，蜀紙虚留小字紅。

又《春悶偶成十二韻》 粉字題花筆，香牋詠柳詩。

韋莊《乞彩牋歌》 浣花溪上如花客，緑闇紅藏人不識。留得溪頭瑟瑟波，潑成紙上猩猩色。手把金刀裁綵雲，有時翦破秋天碧。不使紅霓段段飛，一時驅上丹霞壁。蜀客才多染不供，卓文醉後開無力。孔雀銜來向日飛，翩翩壓折黄金翼。我有歌詩一千首，磨礱山岳羅星斗。開卷長疑雷電驚，揮毫只怕龍蛇走。班班布在時人口，滿軸松花都未有。人間無處買煙霞，須知得自神僊手。也知價重連城璧，一紙萬金猶不惜。薛濤昨夜夢中來，殷勤勸向君邊覓。

張蠙《南康夜宴東溪留别郡守陸郎中》 竹葉樽前教駐樂，桃花紙上待君詩。

徐夤《尚書新造花箋》 濃染紅桃二月花，只宜神筆縱龍蛇。淺澄秋水看雲母，碎擘輕苔間粉霞。寫賦好追陳后寵，題詩堪送寶滔家。使君即入金鑾殿，夜直無非草白麻。

崔道融《謝朱常侍寄貺蜀茶剡紙二首》 百幅輕明雪未融，薛家凡紙漫深紅。不應點染閑言語，留記將軍蓋世功。

裴説《聞砧》 時時舉袖勻紅淚，紅牋謾有千行字。書中不盡心中事，一片殷勤寄邊使。

李洞《龍州送裴秀才》 人求新蜀賦，應貴浣花牋。

徐鉉《亞元舍人不替深知猥貽佳作三篇清絶不敢輕酬因爲長歌卿以爲報未竟復得子喬校書示問故兼寄陳君庶資一笑耳》 報章欲託還京信，筆拙紙窮情未盡。

又《奉和宫傅相公懷舊見寄四十韻》 棊枰寂静陳虚閣，詩筆沉吟劈彩牋。

劉兼《中春遊宴》 楚王雲雨迷巫峽，江令文章媚蜀箋。

又《江樓望鄉寄内》 蜀箋都有三千幅，總寫離情寄孟光。

裴度《春池泛舟聯句》 杯停新令舉，詩動綵牋忙。

花蕊夫人徐氏《宫詞》 能向彩箋書大字，忽防御製寫新詩。擘開五色銷金紙，碧鎖窗前學草書。

竇梁賓《喜盧郎及第》 曉妝初罷眼初瞤，小玉驚人踏破帬。手把紅箋書一紙，上頭名字有郎君。

任氏《書桐葉》 拐管下庭除，書成相思字。此字不書石，此字不書紙。書在桐葉上，願逐秋風起。

薛濤《筆離手》 越管宣毫始稱情，紅箋紙上撒花瓊。都緣用久鋒頭盡，不得羲之手裏擎。

又《寄舊詩與元微之》 長教碧玉藏深處，總向紅牋寫自隨。

元孚《送李四校書》 朱絲寫别鶴泠泠，詩滿紅箋月滿庭。

齊己《謝人惠十色花牋並棋子》 陵州棋子浣花牋，深愧攜來自錦川。海蚌琢成星落落，吴綾隱出雁翩翩。留防桂苑題詩客，惜寄桃源敵手仙。捧受不堪思出處，七千餘里劍門前。

又《送王處士遊蜀》 來年的有荆南信，迴札應緘十色箋。

又《謝人自鍾陵寄紙筆》 故人猶憶若吟勞，所惠何殊金錯刀。霜雪剪裁新剡硾，鋒鋩管束本宣毫。知君倒篋情何厚，借我臨池價斗高。詞客分張看欲盡，不堪來處隔秋濤。

又《謝人惠紙箋》 烘焙幾工成曉雪，輕明百幅疊春冰。何消才子題詩外，分與能書貝葉僧。

梁材《題碧花牋》 珠露素中書繾綣，青蘿帳裏寄鴛鴦。自憐孤影清秋夕，灑淚裏回滴冷光。

文獻生産技術部

筆分部

綜　述

許慎《説文解字》卷三下　筆，秦謂之筆，从聿从竹。

劉熙《釋名》　筆，述也，述而書之。

張華《博物志》　蒙恬造筆。

崔豹《古今註》卷下《問答釋義第八》　牛亨問曰：自古有書契已來，便應有筆，世稱蒙恬造筆何也？答曰：蒙恬始造，即秦筆耳。以枯木爲管，鹿毛爲柱，羊毛爲被，所謂蒼毫；非兔毫竹管也。

《新唐書・柳公權傳》　穆宗政僻，嘗問公權筆何盡善？對曰：「用筆在心，心正則筆正。」

白居易《白居易集》卷四《諷論四・紫毫筆》　紫毫筆，尖如錐兮利如刀。

蘇易簡《文房四譜》卷一《筆譜・二之造》　王羲之《筆經》曰：廣志會獻云，諸郡獻兔毫，出鴻都門，惟有趙國毫中用。世人咸云兔毫無優劣，筆手有巧拙，意謂趙國平原廣澤無雜草木，惟有細草，是以兔肥，肥則毫長而鋭，此則良筆也。凡作筆須用秋兔。秋兔者，仲秋取毫也。所以然者，孟秋去夏近，則其毫焦而嫩，季秋去冬近，則其毫脆而秃。惟八月寒暑調和，毫乃中用。其夾脊上有兩行毛，此毫尤佳。脅際扶疏，乃其次耳。採毫竟，以紙裹石灰汁，微火上煮令薄沸，所以去其膩也。先用人髮抄數十莖，雜青羊毛并兔毳，凡兔毛長而勁者曰毫，短而弱者曰毳。惟令齊平，以麻紙裹柱根令治。用以麻紙者，欲其體實，得水不脹。次取上毫薄薄布柱上，令柱不見，然後安之。惟須精擇去其倒毛，毛杪合鋒令長九分，管修二握，須圓正方可。後世人或爲削管，或筆輕重不同，所以筆多偏握者，以一邊偏重故也。自不留心加意，無以詳其至，此筆成合。蒸之令熟三斗米飯，須以繩穿管懸之水器上一宿，然後可用。世傳鍾繇、張芝，皆用鼠須筆，鋒端勁强有鋒鋩，余未之信。夫秋兔爲用，從心任手，鼠鬚甚難得，且爲用未必能佳，蓋好事者之説耳。昔人或以琉璃象牙爲筆管，麗飾則有之，然筆須輕便，重則躓矣。近有人以緑沈漆管及鏤管見遺，録之多年，斯亦可愛玩，詎必金寶雕琢，然後爲貴也。余嘗自爲筆甚可用，謝安石、庾稚恭，每就我求之，靳而不與。《博物志》云：有獸緣木，文似豹，名虎僕，毛可以取爲筆。嶺外尤少兔，人多以雜雉毛作筆亦妙，故嶺外人書札多體弱然其筆亦利。其云至水乾墨緊之後，鬈然如蔓焉。所以《嶺表記》云：「嶺外既無兔，有郡牧得兔毫，令匠人作之。匠者醉，因失之，惶懼，乃以己鬚製上，甚善，詰之，工以實對郡牧，乃令一户必輸人鬚，或不能逮，輒責其直。」宣城之筆，雖管答至妙，而佳者亦少。大約供進或達寮爲之則稍工，又或以鹿之細毛爲之者，故晉王隱《筆銘》云：「豈其作筆，必兔之毫。調利雖秃，亦有鹿毛。」蓋江表亦少兔也。往往商賈齎其皮南渡以取利，今江南民間使者，則皆以山羊毛焉。蜀中亦有用羊毛爲筆者，往往亦不下兔毫也。今之飛白書者，多以竹筆，尤不佳。宜用相思樹皮，棼其末而漆其柄，可隨字大小，作五七枚妙，往往一筆書一字，滿一八尺屏風者。《墨藪》云：王逸少《筆勢圖》，先取崇山絶仞中兔毫，八九月收之，取其筆頭長一寸，管長五寸，鋒齊腰强者妙。今之小學者，言筆有四句訣也：「心柱硬，覆毛薄，尖似錐，齊似鑿。」歐陽通自重其書，必以象牙犀角爲管，貍毛爲心覆以秋毫。蜀中出石鼠，毛可以爲筆，其名鼶。秦蒙恬爲筆，以狐狸毛爲心，兔毫爲副。李陽冰《筆法訣》云：「夫筆大小硬輭長短，或紙絹心散卓等，即各從人所好。用作之法，匠須良哲，物料精詳。入墨之時，則毫副諸毛，勿令斜曲。每因用了，則洗濯收藏，惟己自持，勿傳他手。至于時展其書，興來不過百字，更有執捉之勢，用筆緊慢即出于當人至理確定矣。今有以金銀爲泥書佛道書者，其筆毫纔可數百莖。濡金泥之後，則鋒重澀而有力也。《淮南王畢萬術》曰：「取桐燭與柏木及蠟俱内篇中，百日以爲筆，書洒白分矣。」

又《三之筆勢》　《老子》曰：「鑿户牖以爲室，當其無有室之用。」夫四譜之作，其用者在于書而已矣。故《筆勢》一篇附之。《真誥》曰：「三皇之世演八會之文，爲龍鳳之章，飛篆之跡以爲頌形，梵書分破二道壞真從易，配别分支，乃爲六十四種之書。」又《真誥》曰：「三君手跡，□君書最工，不今不古能大能細大較雖郊郄愔筆法，力兼二王而名不顯者，當以地微，兼爲二王所抑。」又云：「八會書，文章之祖也。夫書通用墨者何？蓋文章屬陰，自陰顯于陽也。」又云：「神仙之書，乃靈筆

真手也。」時人咸云：「兔毫無優劣，筆手有巧拙。」王羲之《筆勢論》云：「凡欲書時，先乾研墨，安著水中。研墨須調，不得生用，生用則浸漬慢澀。點筆之法，只可豆許，大滏不宜大點。橫畫之法不得緩，緩即不緊。竪牽之法不得急，宜卓把筆立筆頭先行筆管須卓立，竪傍則曲也。輕健妙真，書之法也。草行之法，即任意也。」又云：「初學書時，不得盡其形勢，先想成字，意在筆前。一偏正其手脚，二偏須得形勢，三偏須少似本，四偏加其遒潤，五偏加其洩拔，須俟筆滑，不得計其偏數。」又云：「手穩爲本，分間布白，上下齊平，得其體勢，大者促之令小，小者放之令大，自然寬狹得所，不失其宜。」又《書法》云：「點之法，如大石當衢，或如蹲鴟，或如瓜子，或如科斗。落手之法，峩峩若長松之倚溪。立人之法，如鳥在柱首。」又云：「一點失，如美人之無一目；一畫失，如壯士之無一肱。」吴沈友少好學，時人以友有三妙：「一舌妙，二力妙，三筆妙。」趙壹非《草書》曰：「十日一筆，月數九墨，領袖如皁，脣齒皆黑也。」王羲之與謝安書曰：「復與君，此真草所得極爲不少，而筆至惡，殊不稱意。」

郭若虚《圖畫見聞誌》卷一《論用筆得失》　凡畫，氣韻本乎游心，神彩生於用筆。用筆之難，斷可識矣。故愛賓稱惟王獻之能爲一筆書，陸探微能爲一筆畫。無適一篇之文、一物之像，而能一筆可就也。乃是自始及終，筆有朝揖，連緜相屬，氣脈不斷。所以意存筆先，筆周意内，畫盡意在，像應神全。夫内自足，然後神閒意定；神閒意定，則思不竭而筆不困也。昔宋元君將畫圖，衆史皆至，受揖而立，紙筆和墨，在外者半。有一史後至者，儃儃然不趨，受揖不立。因之舍，公使人視之，則解衣槃礴，贏君曰：「可以，是真畫者也。」又畫有三病，皆繫用筆。所謂三者，一曰版，二曰刻，三曰結。版者，腕弱筆癡，全虧取與，物狀平褊，不能圜混也；刻者，運筆中疑，心手相戾，勾畫之際，妄生圭角也；結者，欲行不行，當散不散，似物凝礙，不能流暢也。未窮三病，徒舉一隅，畫者鮮克留心，觀者當煩拭眥。大底氣韻高，筆畫壯，則愈玩愈妍；其或格凡毫懦，初觀縱似可採，久之還復意怠矣。

朱彧《萍洲可談》卷二　造筆用兔毫最佳，好事者用栗鼠鬚或猩猩毛以爲奇，然不若兔毫便於書也。廣南無兔，用雞毛，然毛匾不可書，代匱而已。近世筆工，宣州諸葛氏，常州許氏，皆世其家。安陸成安道、弋陽李展之徒，尚多馳名於時。宣人善治竹管，瑩潔可愛，亦有以葦爲管者，貴其輕。高麗使過常州市筆，諸許待其解舟，即急售之，半無毛頭，以爲得計。

朱熹《晦庵先生朱文公文集》卷八四《跋蔡藻筆》　蔡藻造筆，能書者識之，此故沅州吕使君語也。因試其所製棗心樣，喜其老而益精，並深山陽鄰笛之感。

袁文《甕牖閒評》卷六　余觀《嬾真子録》載古筆多用竹，如今所用木斗竹筆，故其字從竹。又考《楊文公談苑》云：「西域僧覺以竹筆作梵書，横行數十字。」信知竹筆亦可以書字矣，豈自古如此，而西域之人至今不變歟？

陳槱《負暄野録》卷下《論筆墨硯》　硯貴細而潤，然細則多不發墨，惟細而微有銼鍔，方其受墨時，所謂如熱熨斗上煬蠟，不聞其聲，而密相粘滯者，斯爲上矣。墨貴黑光，筆貴易熟而耐久，然二者每交相爲病，惟墨能用膠得宜，筆能擇毫不苟，斯可兼盡其善。又硯忌枯燥，則易吸水。墨忌濡溼，則易昏滯。筆忌乾捺，則毫隨膠折。故愛硯之法，當以鬆匣相之，不惟養潤，亦可護塵。研墨當旋，滴水勿使停積。昔人多用硯板，不鑿墨池，政恐膠久而凝滯也。用筆時，當先以清水濡毫，令稍軟，然後循毫理點染，仍别置洗具。用畢，隨即滌濯，勿使留墨，則難秃也。藏墨當以茶蒻包之，又以綿裹而入於櫝，則蒸滃不能入。藏筆宜皂角子水調鉛粉蘸上，則不生蠹，如上諸法，留意文翰者皆能知之，今謾書示兒輩耳。如藏筆墨，則高挂，用木匣懸於梁棟間。

又《俗論筆墨》　俗論云「善書不擇筆」，蓋有所本。褚河南嘗問虞永興曰：「吾書孰與歐陽詢？」虞曰：「詢不擇紙筆，皆得如志，君豈得此。」裴行儉亦曰：「褚遂良非精墨佳筆，未嘗輒書，不擇筆墨而妍捷者，余與虞世南耳。」余謂工不利器而能善事者，理所不然，不擇而佳，要非通論。又世俗評墨訣云：「拈著輕，嗅著馨，磨著清。」此亦非真知墨者，蓋墨質貴重實，輕則不堅。色貴光黑，清則不濃。又墨之香者多使腦麝，好惡初不在此，具生蒸腐，今其所論，皆非佳墨所宜，俗輩之見不明，其説不可據如此。

又《論筆料》　韓昌黎爲《毛穎傳》，是知筆以兔穎爲正。然兔有南北之殊，南兔毫短而輭，北兔毫長而勁。生背領者其白如雲，霜毫作筆絶有力，然純用北毫，雖健且耐久，其失也不婉。用南毫，雖入手易熟，其失也弱而易乏。善爲筆者，但以北毫束心，而以南毫爲副，外則又用霜白覆之，斯能兼盡其美矣。古人或用貍毛、鼠須，今都下亦有製此筆者，大抵只是於兔毫中入數莖同束，聞之工者云：「但可以助力，且作美觀。然不可多用，多用則大麄澀。」閩廣閒有用雞羽、鴈翎等爲筆，余嘗用之，究其輭弱無取，殆亦求奇之過。《酉陽雜俎》載：「南朝有姥，善束筆，心用胎髮。」蕭子雲嘗用之，似是取其輭熟，此法今不復見於用。吴俗近日卻有用竹絲者，往往以法揉製，使就揮染，或謂是苕枝，而冒稱曰竹絲。江西亦有緝竹

爲輕絺者，疑未必不可爲此也。

又《二毫筆》　歐陽通以狸毛爲筆，以兔毫覆之，此二毫筆之所由始也。以羊合兔，盛於今時，蓋不但剛柔得中，差宜作字，而且價廉工省，故人所競趨。番陽張彦實待制名杞敦，嘗爲賦詩云：「包羞不借虎皮蒙，筆陣仍推兔作鋒。未免吹毛强分別，即今同受管城封。」

又《毫錐名筆》　世稱筆之鋒短而鋭者爲毫錐，蓋本白太傅詩云有「毫鋒鋭若錐」之語。白自注云：「時與元微之各有鋒纖細管筆，攜以就試，相顧輒笑，自曰毫錐。」

又《近世用筆》　今所在筆生作筆，例是尖鋒，蓋士子輩編節時文，只是用筆端點啄於紙上，成字具體而已，更不顧法度如何，故率作此，以便求售。余乃用筆心作字，全使此等筆不得，每染一管，至於搶禿，終不可意。嗟乎！文既趨時，筆亦徇俗，苟利成風，勢不可挽，欲求爲印泥畫沙之妙，正如策蹇驢而追驥騄，豈不難哉！但鋒齊之筆，乃有易禿之患，惟良工專務擇毫，飽而有力，自然難之。

吕宗傑《書經》卷三《筆記》　古者書事必以筆。筆者，述也，謂述事而言之也。故《曲禮》云：「史載筆，士載言。」此秦之前已有筆矣。蓋諸國或未之名，而秦獨得其名，恬更爲之損益耳。漢興，令諸郡獻兔毫。兔毫出鴻都，惟趙地毫可爲筆。時人咸爲言「兔毫無優劣，管手有巧拙」，則知造筆者之尤難也。歷代以降，各有所製。宋歐陽文忠以鼠須栗尾筆遺君謨，君謨以爲太清而不俗，則不獨貴於兔毫矣。士大夫作書，以不擇筆爲奇，擇筆者必有所偏也，故筆以鋒齊圓健爲首。造筆者之精，必以擇毫爲先。毫之純，則工易施。今之有落墨散卓棗心之類不一，而《筆經》以鼠須散卓長心者爲上，則鋒芒少鈍，而能轉折隨意。管不欲肥，肥則令人手滯；不欲長，長則上重下輕。故執筆者當思以敬，敬則字體隨以正，而法度自森密矣。昔唐穆宗問筆法於柳公權，公權對曰：「心正則筆正，筆正則可法。」帝遂改容，人以爲筆諫。夫豈以此爲諫哉？凡人之書，苟舍此而不務，欲求工拙於筆墨几硯之間，亦愚之甚矣！凡收筆者，以妙墨蘸筆端則不蠹，久亦不燥。試之，則濃研墨三上而後書之。不可急，急則按損筆鋒；不可離冒，離冒則塵垢污筆，能令筆滯，滯則沐之令潔。筆退，當置之篋中，或埋而瘞之可也。

趙希鵠《洞天清禄集・怪石辯》　邵石，寶慶府所出，色黑，多以作博棊子，或刻作筆架，並無自然峯巒。

又《筆格辯》　筆格惟黑、白、琅玕三種玉可用，須鐫刻象山峯聳秀而不俗方可，或碾作蛟螭尤佳。嘗見一士人家用玉作二小兒交臂作劇，面白頭黑而衣紅，脚復白，以之格筆，奇絶。或以小株珊瑚爲之，以其有枝可以爲格也。銅筆格須奇古者爲上，然古人少曾用筆格。今所見銅鑄盤螭，形圓而中空者，乃古人鎮紙，非筆格也。靈璧、英石，自然成山形者可用，於石下作小漆木座，高寸半許，奇雅可愛。象牙烏木作小案，面上穴四竅，下如座子，洗筆訖，倒插案上，水流向下，不損爛筆心。

周密《癸辛雜識》前集《筆墨》　先君子善書，體兼虞柳。余所書似學柳不成，學歐又不成，不自知其拙，往往歸過筆墨。諺所謂「不善操舟而惡河之曲」也。雖然工欲善其事，必先利其器，汎觀前輩善書者，亦莫不於此留意焉。王右軍少年多用紫紙，中年用麻紙，又用張永義製紙，取其流麗便於行筆。蔡中郎非流紈豐素不妄下筆。韋誕云：「用張芝筆，左伯紙，任及墨，兼此三具，又得巨手，然後可以建經丈之字，方寸千言。」韋昶善書而妙於筆，故子敬稱爲奇絶。漢世郡國貢兔，惟趙爲勝，歐陽通用狸毛筆。皇象云：「真措毫筆，委曲宛轉，不叛散，嘗滑密沾污，墨須多膠紺黝者，如此逸豫，余日手調適而歡娱，正可小展試。」世惟米家父子及薛紹彭留意筆札，元章謂筆不可意者，如朽竹篙舟，曲筋哺物，此最善喻。然則古人未嘗不留意於此，獨率更令臨書不擇筆，要是古今能事耳。

李翊《戒庵老人漫筆》卷三《御用筆》　朝廷用筆，每月十四、三十日兩次進御，各二十管。冬用綾裹管，裏襯以緜，春用紫羅，至夏秋用象牙水晶玳瑁等，皆内府臨時發出製造。弘治時，吴興筆工造筆進御，有細刻小標記云：「筆匠施阿牛。」孝宗見而鄙其名，内傳以小名對，敕易名曰施文用，至今猶然。右二事，吴興筆工張永賢説。

又卷五《毫管産》　兔用肩毫，取其勁也，有全用者，有參半者，故筆有全肩半肩之號。今筆標多作堅字者非。筆簳竹，冬管不蛀，交春斫者則蛀。造筆羊毛，天下獨出嘉興，峽石爲第一，秀水等縣次之，嘉善、崇德、海鹽俱不甚佳。

又卷七《筆墨》　筆墨二事，士人日與周旋，不可茫然莫識其梗概也。曩時買墨於金閶，吴山泉餉余以文衡山帖一，中乃記墨法也。余邑孫大雅《滄螺集》有《贈筆生張蒙序》，二文論筆墨大略具矣，並存之。《序》曰：「昌黎韓子傳毛穎爲中山人，中山非晉，乃唐宣州中山也。宣州自唐來多擅名筆，而諸葛氏尤精。諸葛嘗遣其子授筆柳誠懸，且語其子曰：『柳學士善書，當留此筆，不爾即以常筆與之。』既而柳果以不入用，別求他筆。其子不能知，諸葛語之曰：『前所進者，非二王不能

用也。』柳爲一代法書，而不知諸葛之用意，諸葛之藝，乃能過誠懸之書，信乎千里馬常有，而伯樂不常有也。國初，此法流吴興，自馮應科、陸穎輩首被趙文敏賞識，而宣州之筆殆無聞焉。余嘗以筆何勝於宣、湖，筆工有不能言，此蓋未見韋續論筆之過。其法取崇山絶仞中兔毛，八九月收之，毫長一寸，管長五寸，鋒齊腰强爲善。大抵巖石陟絶，其兔下上奔突，舉身之力皆聚於毫；至八九月霜降竹枯，聳身曲脊以耐寒栗，則其力愈勁。宣、湖又山郡，兔材易集，故家有其業，業有其人。至於用意之妙，齊鋒不難，而腰强爲難，鋒齊者類不能强，腰强者有不能齊，雖趙文敏用馮陸筆，亦僅得其齊，而罕得其强。余雖不善書，然私識其故，而有以知韋説之不謬。吴興陸用之精於爲筆，不在馮穎之下。徙居婁江，授其甥顧秀巖，秀巖又授其甥張蒙，世傳筆法，如出一手。自漳泉廣海賈舶來吴，艤舟岸下，百金易之，殆無虚歲。雖淞之士大夫求筆，有不待遠走百里而取之几席之下矣。生論筆之利病，辯析至到，始余識之吴郡學宫，數求余言，時造次欲書未暇也。後余還淞，其請益堅，故序以廣士君子之知，而歎識者之稀也。」

陸深《春雨堂隨筆》 製筆之法：桀者居前，毳者居後，强者爲刃，要者爲輔，參之以檾，束之以管，固以漆液，澤以海藻，濡墨而試。直中繩，勾中鉤，方圓中規矩，終日握而不敗，故曰筆妙。此數言簡約，未知誰所爲，可題爲筆經。

屠隆《考槃餘事》卷二《筆箋・筆法》 製筆之法，以尖、齊、圓、健爲四德，毫堅則尖，毫多則色紫而齊，用檾貼襯得法，則毫束而圓，用以純毫，附以香狸角水得法，則用久而健。柳帖云：「副齊則波掣有憑，管小則運動有力，毛細則點畫無失，鋒長則洪潤自由。」筆之元樞，當盡於是。今人毫少而狸檾倍之，筆不耐寫，豈筆之咎哉！爲不用料耳。

又《毫》 筆之所貴者在毫，廣東番禺諸郡，多以青羊毛爲之，以雉尾或雞鴨毛爲蓋，五色可觀。或用豐狐毛、鼠鬚、虎毛、羊毛、麝毛、鹿毛、羊鬚、胎髮、猪鬃、狸毛造者，然皆不若兔毫爲佳。兔以崇山絶壑中者，兔肥毫長而鋭，秋毫取健，冬毫取堅，春夏之毫，則不堪矣。若中秋無月，則兔不孕，毫少而貴，朝鮮有狼尾筆亦佳，近日所製者，尤絶妙。

又《管》 古有金管、銀管、斑管、象管、玳瑁管、玻瓈管、鏤金管、録沉漆管、棕竹管、紫檀管、花梨管，然皆不若白竹之薄標者爲管，最便持用，筆之妙盡矣，他又何尚焉。冬月以紙帛衣管以避寒者，似亦難用，悉不取也。

又《式》 舊製筆頭，式如筍尖最佳。後變爲細腰葫蘆樣，初寫似細，宜作小書，用後腰散，便成水筆，即爲舊物矣，當從舊製可也。

又《工》 古者蒙恬創筆，南朝有姥善作筆。開元中筆匠名鐵頭，能瑩管如玉。宣州有諸葛高，常州許顗。國朝有陸繼翁，王古用，皆湖人住金陵。吉水有鄭伯清，吴興有張天錫，惜乎近俱失傳其妙。大抵海内筆工，皆不若湖之得法，畫筆以杭之張文貴爲首稱，而張亦不妄傳人，今則善惡無准，世業不修，似亦可惜，揚州之中管鼠心畫筆，用以落墨，白描佳絶，水筆亦妙。

又《藏》 筆以十月、正二月收者爲佳。《文房寶飾》云：養筆以硫黄酒舒其毫。蘇東坡以黄連煎湯，調輕粉蘸筆頭候乾，收之則不蛀。黄山谷以川椒黄蘗煎湯，磨松烟染筆，藏之尤佳。

又《滌》 妙筆書後，即入筆洗中滌去滯墨，則毫堅不脱，可耐久用。寫完即加筆帽，免挫筆鋒，若有油膩，以皂角湯洗之。

又《瘞》 古人重筆，用敗則瘞。今人委之糞土，似非雅厚。昔趙光逢薄遊襄漢，濯足溪上，見一方磚類碑，上題云：「髡友退鋒郎，功成鬢髮霜。塚頭封馬鬣，不敢負恩光。」後題「獨孤貞節立磚」，上積有苔痕，此蓋好事者瘞筆之所。

又《筆經》 劉向《説苑》：王滿生説周公籍筆牘書之，則周公時已有筆矣。韋誕《筆經》曰：「製筆之法，桀者居前，毳者居後，强者爲刃，愞者爲輔，參之以檾，束之以管，固以漆液，澤以海藻，濡墨而試，直中繩，曲中勾，方圓中規矩，終日握而不敗，故曰筆妙。」又柳公權一帖云：「近蒙寄筆，深慰遠情，但出鋒太短，傷於勁硬，所要優柔，出鋒須長，擇毫須細。取管不在大，副切須齊，副齊則波製有憑，管小則運動省力，毛細則點畫無失，鋒長則洪潤自由。」此帖論筆之妙頗盡，故粹書之。

又卷四《文房器具箋・筆格》 玉筆格有山形者，有卧仙者，有舊玉子母猫，長六七寸白玉作，母横卧爲坐身，負六子起伏爲格。有純黄純黑者，有黑白雜者，有黄黑爲玳瑁者，因玉玷污，取爲形體扳附，眠抱諸態絶佳，真奇物也。銅者，有鎏金雙螭，挽格精甚。有古銅十二峯頭爲格者，有單螭起伏爲格者。窑器，有哥窑三山五山者，製古色潤，有白定卧花哇，瑩白精巧。木者，有老樹根枝，蟠曲萬狀，長止五六七寸，宛若行龍，鱗角爪牙悉備，摩弄如玉，誠天生筆格。有棋楠沉速，不俟人力者，尤爲難得。石者，有峯嵐起伏者，有蟠屈如龍者，以不假斧鑿爲妙。

又《筆牀》 筆牀之製，行世甚少，有古鎏金者，長六七寸，高寸二分，闊二寸餘，如一架然。上可卧筆四矢，以此爲式，用紫檀烏木爲之亦佳。

又《筆屏》　有宋内製方圓玉花板，用以鑲屏，插筆最宜。有大理舊石，方不盈尺，儼狀山高月小者，東山月上者，萬山春靄者，皆是天生，初非紐揑，以此爲毛中書屏翰，似亦得所。蜀中有石，解開有小松形，松止高二寸，或三五十株，行列成徑，描畫所不及者，亦堪作屏，取極小名畫，或古人墨跡鑲之，亦奇絶。

又《筆筒》　湘竹爲之，以紫檀烏木稜口鑲坐爲雅，餘不入品。

又《筆船》　有紫檀烏木，細鑲竹篾者，精甚。有以牙玉爲之者，亦佳。此與直方並用，不可缺者。

又《筆洗》　玉者有鉢盂洗、長方洗、玉環洗，或素或花，工巧擬古。銅者，有古鎏金小洗，有青緑小盂，有小釜、小巵匜，此五物原非筆洗，今用作洗最佳。陶者，有官哥元洗、葵花洗、磬口元肚洗、四捲荷葉洗、捲口簾段洗、縧環洗、長方洗，但以粉青紋片朗者爲貴。有龍泉雙魚洗、菊花瓣洗、鉢盂洗、百折洗，有定窑三箍元桶洗、梅花洗、縧環洗、方池洗、柳斗元洗、元口儀稜洗。有中盞作洗，邊盤作筆覘者，有宣窑魚藻洗、葵瓣洗、磬口洗、鼓樣青剔白螭洗，近日新作甚多，製亦可觀，似未入格。

又《筆覘》　有以玉碾片葉爲之者，古有水晶淺碟，有定窑匾坦小碟，最多。俱可作筆覘，更有奇者。

謝肇淛《五雜俎》卷一二《物部四》　《太公筆銘》云：「毫毛茂茂，陷水可脱，陷文不活。」則周初已有筆矣。衛詩稱「彤管有煒」，《援神契》「孔子作《孝經》，簪縹筆」，又「絶筆於獲麟」，《莊子》「畫者吮筆和墨」。則謂筆始蒙恬，非也。崔豹《古今注》謂：「恬始作秦筆，以枯木爲管，鹿毛爲柱，羊毛爲被。所謂蒼毫，非兔毫竹管也。」果爾，則退之《毛穎傳》謂中山人蒙恬賜以湯沐者，亦誤矣。古人書鳥文小篆，似不用筆亦可，自真草八分興而筆之權逾重矣。鍾繇、張芝、王右軍皆用鼠鬚，歐陽通用狸毛爲心，蕭祭酒用胎髮爲柱，張華用鹿毛，嶺南郡牧用人鬚，陶景行用羊鬚。鄭虔謂：「麝毛一管可書四十張，狸毛八十張。」又有用豐狐、蚼蛉、龍筋、虎僕及狸狸毛、狼毫、鴨毛、雀雉毛者，恐皆好奇之過。要其純正得宜，剛柔相濟，終不及中山之兔，下此則羊毫耳，然羊毫柔而無鋒，終非上乘。王右軍嘗嘆江東下濕，兔毛不及中山，然唐、宋推宣城，自元以來造筆之工即屬吴興，北地作者不敢望也。吴興自兔毫外，有鼠毫、羊毫二種，近乃以兔毫爲柱，羊毫輔之，剛柔適宜，名曰「巨細」，其價直百錢。然行書可用，楷非所宜。草書筆須柔，然過柔無鋒，近墨猪矣。皇象謂草書「欲得精毫茺筆，委曲宛轉不叛散」者，非神手不能道此筆中事也。巨細筆直柔耳，若要楷書正鋒，須是純毫。大約鋒欲其長，管欲其小，頭欲其牢，柱欲其細。吴興作家多不辨此也。南北異宜，兔毫入北地，一經霜風即脆，故長安多用水筆，然不過宜於傭胥輩耳。今書家賣字爲活者，大率羊毫，不但柔便耐書，亦賤而易置耳。古人退筆成塚，倘有百錢之直，貧士安所辦此？漢揚子雲把三寸弱翰，賫白素三尺，問異語。弱翰，柔毛筆也。故今人相沿動稱柔翰，然則筆之尚柔，其來久矣。相傳宣州陳氏世能作筆，有右軍與其祖《求筆帖》藏於家。至唐柳公權求筆，老工先與二管，語其子曰：「柳學士如能書，當留此筆。」若退還，可以常筆與之。」既進，柳果以爲不堪用，遂與常筆，乃大稱佳，睞退嘆曰：「古今人不相及，信遠矣！」余謂柳書與王所以異者，剛柔之分耳。右軍用鼠鬚筆，想當苦勁，非神手不能用也。歐、虞尚用剛筆，蘭臺漸失故步，至魯公、誠懸，雖有筋肉之别，其取態一也，宜其不能用右軍之筆耳。公權又有《謝筆帖》云：「蒙寄筆，出鋒太短，傷於勁硬。所要優柔，出鋒須長，擇毫須細。管不在大，副切須齊。副齊則波撇有憑，管小則運動省力，毛細則點畫無失，鋒長則洪闊圓潤。」即此數語，公權之用筆可知矣。筆之所貴者，毫中用耳，然古今談咏多及鏤飾。劉婕好折琉璃筆管，晉武賜張茂先麟角爲管，袁彖贈庾廙象牙筆管，南朝筆工鐵頭者能瑩管如玉，湘州守贈李德裕斑竹管，段成式寄温飛卿葫蘆筆管。《西京雜記》：「天子筆管，以錯寶爲跗，雜寶爲匣，廁以玉璧翠羽。」漢末一筆之匣，雕以黄金，飾以和璧，綴以隋珠，文以翡翠。湘東王筆有三等，金玉爲上，銀竹次之。至於王使君，以鼠牙刻筆管作從軍行，人馬毛髮、屋宇山川無不畢具。噫！精則極矣，於筆何與？譬之擇妹者，不觀其貌而惟衣飾之是尚也，惑亦甚矣。歐陽通，能書者也，猶以象牙、犀角爲筆管，況庸人乎？右軍謂：「人有以琉璃、象牙爲筆管者，麗飾則有之，然筆須輕便，重則躓矣，惟有緑沉、漆竹及鏤管可愛。」余謂筆苟中書，則緑沉、漆鏤亦不必可也。蔡君謨云：「宣州諸葛高造鼠鬚及長心筆絶佳，常州許頔所造二品亦不減之。」則君謨尚用鼠鬚筆也。今吴興作者，間用鼠、狼毫。臧晉叔以貂鼠令工製之，曾寄余數枝，圓勁殊甚，然稍覺肥笨，用之亦苦不能自由，政不知右軍、端明所用法度若何耳。鼠鬚苦勁，何以中書？陸佃《埤雅》云：「栗鼠蒼黑而小，取其毫於尾可以製筆，世所謂『鼠鬚栗尾』者也，其鋒乃健於兔。」然則實尾而名以鬚耳。栗鼠若今竹鼦之類，亦非家鼠也。僞唐宜王從謙喜用宣城諸葛氏筆，名爲翹軒寶帚。君謨所謂諸葛高者，想其子孫也。吴興元時馮應科筆，至與子昂、舜舉擅名三絶，可謂幸矣。今之工者，急於射利而不顧敗名，上之取者，虧其價值而不擇好醜，故湖筆雖

滿天下，而真足當臨池之用者，千百中一二也。

方以智《通雅》卷三二《器用》　聿即筆，後人加竹。周公綏管，夫子絶筆。蒙恬始爲筆，兔毫筆也。有柱有被有心有副。右軍《筆經》曰：「中山兔肥毫長，故可用。」世傳張芝、鍾繇用鼠鬚筆。嘗謂東晉已失中原，右軍安能必得中山毫？《蘭亭》用繭紙鼠鬚筆書，繭紙或泛溟來乎？《博物志》有虎璞毛筆。山嶺外少兔，以鷄雉毛亦妙。子瞻所云「三錢鷄毛筆」也。又云：「蜀石鼠，曰鼪毛，可爲筆。」眉公《妮古録》：「宋時有鷄毛筆、檀心筆、小兒胎髮筆、猩猩毛筆、鼠尾筆、狼毫筆。筆有四德：鋭、齊、徤、圓。」今人毫少而狸鍒，倚之安見德乎！古有以金、以銀、斑象、玳瑁、玻瓈鏤金爲管，或緑沉漆管、棕竹、紫檀、花梨管，肰皆不若白竹之薄標者，最堪持用。南朝有姥善作筆，開元中筆匠名鐵頭。宣州有諸葛高，常州許穎謂柳學士不如右軍父子者，諸葛也。近時陸繼翁、王古用皆湖人，住南京。吉水有鄭伯清，吴興有張天錫，今俱失傳其妙。

梁同書《筆史・筆之始》　《法苑珠林》二十五卷：「昔過去久遠阿僧衹劫，有仙人名最勝，不惜身命，剥皮爲紙，刺血爲墨，析骨爲筆，爲衆生故。」成公綏《棄故筆賦》：「有倉頡之奇生，列四目而並明，乃發慮於書契，采秋豪之類芒，加膠漆之綢繆，結三束而五重，建犀角之元管，屬象齒於纖鋒。是筆始於皇頡也。」《物原》：「虞舜造筆，以漆書於方簡。」《困學紀聞》引《御覽》太公《筆銘》曰：「豪毛茂茂，陷水可脱，陷文不活。」《尚書中侯》云：「元龜負圖出，周公援筆以寫之。」《援神契》云：「孔子作《孝經》，簪縹筆。」又：「絶筆於獲麟。」《曲禮》：「史載筆。」《詩》：「彤管有煒。」《爾雅》：「不律謂之筆。」《説文》：「筆，所以書也。楚謂之聿，吴謂之不律，燕謂之弗，秦謂之筆。」《莊子》：「畫者吮筆和墨。」《博物志》：「蒙恬造筆。」《初學記》：「秦之前已有筆矣，恬更爲之損益耳。」《韓詩外傳》：「周舍爲趙簡子臣，墨筆操牘，從君之後，伺君過而書之。」《淮南・本經訓》：「蒼頡作書，鬼夜哭。」高誘《注》以爲鬼或作兔，兔恐見取豪作筆，害及其軀，故夜哭。崔豹《古今注》云：「白筆，古珥之遺象也。腰帶劍，首珥筆，示君子文武之備焉。」

錢泳《履園叢話》卷一二《藝能・選毫》　筆以吴興人製者爲佳，其所謂狼毫、兔毫、羊毫、兼毫者，各極其妙。然毫之中有剛柔利鈍之不同，南北中山之互異。每一枝筆，只要選其最健者二三根入其中，則用之經年不敗，謂之選毫。相傳趙松雪能自製筆，取千百枝筆試之，其中必有健者數十枝，則取數十枝拆開，選最健之毫进爲一枝，如此則得心應手，一枝筆可用五六年，此其所以妙也。諺云「能書不擇筆」，一實妄言耳。大凡書家以小筆書大字必薄，以大筆書小字必厚，其勢然也。功夫淺則薄，功夫深則厚，其理然也。余幼時聞老輩作書，有取香火燒其筆尖，然後用之者，故其書秃，無有鋒穎，以此爲厚，不亦謬乎！

陸鳳藻《小知録》卷七《文學・夢筆》　江淹夢五色筆，王絢夢人與大椽筆，紀少瑜夢陸倕以一束青鏤管授之，唐李嶠夢人遺之雙筆，李白夢筆生花。

徐康《前塵夢影録》卷上　梁山舟晚年專用羊豪，《頻羅庵集》中有《筆史》一卷，中有弔潘岳南詩云：「可惜岳南亡已久，一番抽管一悲涼。」同時後輩有蔣山堂仁亦專用羊豪，即小楷亦用之轉健，遂薦於山舟。潘生亡後，其法亦絶。至道光時，有李馥齋能作卷心，大可作擘窠，小可作楷，即朝考廷試，皆可揮灑，須一金一枝，名噪京師。吴門則陸榮昌爲最佳，善作紫狼豪，顧耕石侍讀元熙極賞之，字之曰蓉仙。陸之後有池玉書嘗云：馥齋深得古法，以紫豪而兼羊穎，尖齊圓健，四德俱備，此法今失傳矣。石庵相國專用純紫豪，墨瀋稠膩，真一點如漆。人笑王惕甫用濃墨，王曰：「汝未見相國作書耳。」蓋王官國子先生時，曾入相國幕府，司箋奏也。柳公權一帖云：「近蒙寄筆，深慰遠情，但出鋒太短，傷於勁硬，所要優柔，出鋒須長，擇豪須細管，不在大副，切須齊。齊則波掣，有凴管則運動省力，毛細則點畫無混，鋒長則滋潤自由。」余按誠懸所説，洵製筆者之金鍼，然非法書名家，亦未易解此。

紀　事

《南史・江淹傳》　淹少以文章顯，晚節才思微退。【略】嘗宿於冶亭，夢一大夫自稱郭璞，謂淹曰：「吾有筆在卿處多年，可以見還。」淹乃探懷中，得五色筆一，以授之。爾後爲詩，絶無美句。時人謂之才盡。

陶谷《清異録》卷下《文用門・藏鋒都尉》　蜀多文婦，亦風土所致。元微之素聞薛濤名，因奉使使見焉。微之矜持筆硯，濤走筆作《四友贊》，其畧曰：「磨潤色先生之腹，濡藏鋒都尉之頭。引書媒而黯黯，入文畝以休休。」微之驚服。傳記止載「菖蒲花發五雲高」之句而遺此，故録之。

又《定名筆》　唐世舉子將入場，嗜利者争賣健豪圓鋒筆，其價十倍，號「定名筆」。筆工每賣一枝，則録姓名，俟其榮捷，則詣門求阿堵，俗呼「謝筆」。

又《卯品》 建中元年，日本使真人興能來朝，善書札，有譯者乞得章草兩幅，皆《文選》中詩。沙苑楊履，顯德中爲翰林編排官，言譯者乃遠祖，出兩幅示余，筆法有晉人標韻。紙兩幅：一云「女兒青」，微紺；一云「卯品」，晃白滑如鏡面，筆至上多褪，非善書者不敢用，意惟雞林紙似可比肩。

又《寶相枝》 開平二年，賜宰相張文蔚、楊涉、薛貽寶相枝各二十，龍麟月硯各一。寶相枝，斑竹筆管也，花點勻密，紋如兔毫。龍鱗，石紋似之；月硯，形象之，歙産也。

蘇易簡《文房四譜》卷一《筆譜・一之叙事》 上古結繩而理，後世聖人易之以書契，蓋依類象形，始謂之文。形聲相益，故謂之字。孔子曰：「誰能出不由户。」楊雄曰：「孰有書不由筆。」苟非書，則天地之心，形聲之發，又何由而出哉！是故知筆有大功于世也。

又《三之筆勢》 蔡伯喈入嵩山學書，于石室内得素書，八角垂芒，頗欲似篆，伯喈得之，不食三日，惟只大叫歡喜。鍾繇見蔡邕筆法于韋誕，自搥三日，胸盡青，因嘔血。魏太祖以五靈丹救之得活，繇求之不與；及誕死，繇令人盗掘其墓而得之。故知多力豐筋者聖，無力無筋者病。其後消息而用之，由是更妙，臨死啓囊授其子，會繇能三色書，然後最妙者八分。《陳圖》云：「夫紙者，陣也。筆者，刀矟也。墨者，盔甲也。水硯者，城池也。心意者，將軍也。本領者，副將也。結搆者，謀略也。颺筆之次，吉凶之兆也。出入者，號令也。屈折者，殺戮也。」

又《四之雜説》 在昔受爵者必置賫于草詔者，謂之潤筆。鄭譯隋文時自隆州刺史復國公爵，令李德林作詔，高宗戲之曰：「筆頭乾。」譯對曰：「出爲方牧杖策而歸不得一錢，何以潤筆？」帝大笑。梁簡文爲《筆語》十卷。《幽明録》：賈弼夢人求易其頭，明朝不覺，人見悉驚走，弼自陳乃信。後能半面笑半面啼，兩手兩足并口齊奮，兩筆書成，文辭各異。齊高洋夢人以筆點其額，王曇哲賀曰：「王當作主。」吴孫權夢亦同，熊循解之。

吴處厚《青箱雜記》卷一〇 公布衣時素善陳摶，嘗因夜話謂摶曰：「某欲分先生華山一半住得無？」摶曰：「餘人則不可，先輩則可。」及旦取别，摶以宣毫十枝、白雲臺墨一劑、蜀牋一角爲贈。

邵博《邵氏聞見録》卷一八 挺之去爲河陽司户曹，康節亦從之，寓州學，貧甚，以飲食易油貯燈讀書。一日有將校自京師出代者，見康節曰：「誰苦學如秀才者。」以紙百幅、筆十枝爲獻。唐節辭而後受。

羅璧《羅氏識遺》卷三《終命椽筆》 晉王珣夢人以大筆如椽與之，覺而語人曰：「此當有大手筆事。」俄而晉武帝崩，哀册謚議，皆屬珣草，而筆如椽事，後人不辨爲不祥之筆。

傳記

蔡絛《鐵圍山叢談》卷五 宣州諸葛氏，素工管城子，自右軍以來世其業，其筆制散卓也。吾頃見尚方所藏右軍《筆陣圖》，自畫捉筆手於圖，亦散卓也。又幼歲當元符、崇寧時，與米元章輩士大夫之好事者争寶愛，每遺吾諸葛氏筆，又皆散卓也。及大觀間偶得諸葛筆，則已有黄魯直樣作棗心者。魯公不獨喜毛穎，亦多用長鬚主簿，故諸葛氏遂有魯公羊毫樣，俄爲叔父文正公又出觀文樣。既數數更其調度，繇是奔走時好，至與挈竹器，巡閭閻，貨錐子，入奴臺，手妙主撮者，争先步武矣。政和後，諸葛氏之名於是頓息焉。吾聞諸唐季時有名士，就宣帥求諸葛氏筆，而諸葛氏知其有書名，乃持右軍筆二枝乞與，其人不樂。宣帥再索，則以十枝去，復報不入用。諸葛氏懼，因請宣帥一觀其書札，乃曰：「似此特常筆與之爾。前兩枝，非右軍不能用也。」是諸葛氏非但藝之工，其鑒識固不弱，所以流傳將七百年。向使能世其業如唐季時，則諸葛氏門户豈遽滅息哉！此言雖小，可以喻大。

邵博《邵氏聞見後録》卷二八 宣城陳氏家傳右軍求筆帖，後世益以作筆名家。柳公權求筆，但遺以二枝，曰：「公權能書，當繼來索，不必卻之。」果卻之，遂多易以常筆，曰：「前者右軍筆，公權固不能用也。」予從王正夫父子，得張義祖所用無心毫，錐鋒長二寸許，他人不能用，亦曰右軍遺法也。義祖名友正，退傳之子，居昭德坊，不下閣二十年，學書盡窺右軍之妙，尚以蔡君謨爲淺近，米元章爲狂誕，非合作，然世無知者。如其所用筆，可嘆也。獨王正夫父子好之云。

朱熹《晦庵先生朱文公文集》卷七六《贈筆工蔡藻》 予性不善書，尤不能用兔毫弱筆。建安蔡藻以筆名家，其用羊毫者尤勁健，予是以悦之。藻若去此而游於都市，蓋將與曹忠輩争先云。

梁同書《筆史・筆之匠》 李仲甫。《列仙傳》：仲甫，潁川人。漢桓帝時，賣筆遼東市上，一筆三錢，有錢亦與筆，無錢亦與筆。韋昶。《書斷》：晉韋昶好作筆，王子敬得其筆，歎爲絶世。昶字文休，誕兄，官至散騎常侍。南朝姥。《酉陽雜

俎》：南朝有姥善作筆，蕭子雲嘗書用，筆心用胎髮。鐵頭。開元中筆匠能瑩管如玉，莫傳其法。亦見《酉陽雜俎》。管子文。《開元遺事》：有書生謁李林甫，稱管子文，後化爲筆。《大唐奇事》：管子文去後，有故舊大筆一，其人攜以白李林甫，林甫以筆置書閣，焚香拜祝。其夕，筆忽化爲一五色禽飛去，不知所之。黄暉。齊己《寄黄暉處士詩》：「蒙氏藝傳黄氏子，獨聞相繼得名高。鋒鋩妙奪金雞距，纖利精分玉兔豪。」萇鳳。《龍鬚志》：羅隱喜筆工萇鳳，語之曰：「筆，文章貨也，吾當助子取高價。」汝州士。石晉末，汝州有一士，不知姓名，每夜作筆十管，付其家。至曉闔户而出，面街鑿壁，實以竹筒，如引水者。有人置三十錢，一筆自躍出，以勢力取之，莫得也，筆盡則取錢，攜一壺買酒，吟嘯自若，率常如此。凡三十載，忽去不知所在。又數十年，復有見之者，顔貌如故，人謂之筆仙。顧筆仙。《續文獻通考》：宋顧筆仙鬻筆遇仙，年九十七，一日積葦庭中，自舉火焚之，乘火雲而去。諸葛高。歐陽公《聖俞惠宣州筆詩》：「聖俞宣城人，能使紫豪筆。宣人諸葛，高世業守不失。」

藝　文

《詩經・柏舟・静女》　静女其孌，貽我彤管。彤管有煒，悦懌女美。

曹植《陳思王集》卷二《樂府》　墨出青松烟，筆出狡兔翰。古人感鳥跡，文字有改判。

李嶠《李嶠詩》卷三《筆》　握管門庭側，含毫山水隈。霜輝簡上發，錦色夢中開。鸚鵡摛文至，麒麟絶句來。何當遇良史，左右振奇才。

李白《李太白全集》卷八《草書歌行》　少年上人號懷素，草書天下稱獨步。墨池飛出北溟魚，筆鋒殺盡中山兔。八月九月天氣涼，酒徒詞客滿高堂。牋麻素絹排數箱，宣州石硯墨色光。

薛濤《筆離手》　越管宣毫始稱情，紅箋紙上撒花瓊。都緣用久鋒頭盡，不得羲之手裏擎。

白居易《白居易集》卷四《諷論四・紫毫筆》　紫毫筆，尖如錐兮利如刀。江南石上有老兔，喫竹飲泉生紫毫。宣城之人采爲筆，千萬毛中揀一毫。毫雖輕，功甚重；管勒工名充歲貢，君兮臣兮勿輕用。勿輕用，將何如？願賜東西府御史，願頒左右臺起居。搦管趨入黄金闕，抽毫立在白玉除；臣有奸邪正衙奏，君有動言直筆書。起居郎，侍御史，爾知紫毫不易致；每歲宣城進筆時，紫毫之價如金貴。慎勿空將彈失儀，慎勿空將録制詞！

又卷三八《詩賦・雞距筆賦》　足之健兮有雞足，毛之勁兮有兔毛。就足之中，奮發者利距；在毛之内，秀出者長毫。合爲手筆，正得其要；象彼足距，曲盡其妙。圓而直，始造意於蒙恬；利而銛，終聘能於逸少。斯則創因智士，傳在良工；拔毫爲鋒，截竹爲筒。視其端，若武安君之頭鋭；窺其管，如玄元氏之心空。豈不以中山之明，視勁而迅；汝陰之翰，音勇而雄。一毛不成，採衆毫於三穴之内；四者可棄，取鋭武於五德之中。雙美是合，兩揆而同。故不得兔毫，無以成起草之用；不名雞距，無以表入木之功。及夫親手澤，隨指顧；秉以律，動有度。染松煙之墨，灑鵝毛之素。莫不畫爲屈鐵，點成垂露。若用之交戰，則摧敵而先鳴；若用之草聖，則擅場而獨步。察所以，稽其故：雖云任物以用長，亦在假名而善喻。向使但隨物棄，不與人遇：則距畜縮於晨雞，毫摧殘於寒兔。又安得取名於彼，移用在兹？映赤箐，狀紺趾乍舉；對紅牋，疑錦臆初披。輟翰停毫，既象乎翹足就棲之夕；揮芒拂鋭，又似乎奮拳引鬭之時。苟名實之相副者，信動静而似之。其用不困，其美無儔。因草爲號者質陋，折蒲而書者體柔。彼皆瑣細，此實殊尤。是以搦之而變成金距，書之而化作銀鉤。夫然，則董狐操可以勃爲良史，宣尼握可以删定《春秋》。其不象雞之羽者，鄙其輕薄；不取雞之冠者，惡其軟弱。斯距也，如劍如戟，可擊可搏。將壯我之毫芒，必假爾之鋒鍔。遂使見之者書狂發，秉之者筆力作。挫萬物而人文成，草八行而鳥迹落。縹囊盛處，類藏錐之沈潛；團扇或書，同舞鏡之揮霍。儒有學書臨水，負笈辭山；含毫既至，握管迴還。過兔園而易感，望雞樹以難攀。願争雄於爪趾之下，冀得攜於筆硯之間。

蘇易簡《文房四譜》卷二《筆譜下・五之辭賦》　蔡邕《筆賦》序曰：「昔蒼頡創業，翰墨作用，書契興焉。夫制作上書，則憲者莫先乎筆。詳原其所由，究察其成功，鑠乎焕乎，弗可尚矣！」賦曰：「惟其翰之所生，生于季冬之狡兔。性精亟而慓悍，體遄迅而騁步。削文竹以爲管，加漆絲之纏束。形調摶以直端，染元墨以定色。畫乾坤之陰陽，讚宓羲之洪勳。盡五帝之休德，揚蕩蕩之典文。紀三王之功伐兮，表八百之肆覲。傳六經而綴百氏兮，建皇極而序彝倫。綜人事于晻昧兮，贊幽冥于明神。象類多喻，靡施不協；上剛下柔，乾坤位也；新故代謝，四時次也；圓和正直，規矩極也；元首黄管，天地色也。」云云。晉傅玄《筆賦》：「簡修毫之奇

兔，選珍皮之上翰。濯之以清水，芬之以幽蘭。嘉竹挺翠，彤管含丹。于是班匠竭巧，良工逞術。纏以素枲，納以元漆。豐約得中，不文不質爾。乃染芳松之淳烟兮，寫文象于紈素。動應手以從心，涣光流兮星布。柔不絲屈，剛不玉折。鋒鍔淋漓，芒跱鍼列。」傅玄《筆銘》曰：「韡韡彤管，冉冉輕翰。正色元墨，銘心寫言。光讚天人，深厲未然。君子世之，無攻異端。」

蘇軾《蘇東坡全集》續集卷一《試筆》 子石如琢玉，遠煙真削黳。入我病風手，玄雲溽凄凄。是中有何好，而我喜欲迷。既似蠟屐阮，又如鍛柳嵇。醉筆得天全，宛宛天投蜺。多謝中書君，伴我此幽棲。

黄庭堅《黄庭堅詩集》卷三《和答錢穆父詠猩猩毛筆》 愛酒醉魂在，能言機事疏。平生幾兩屐，身後五車書。物色看王會，勳勞在石渠。拔毛能濟世，端爲謝楊朱。

又《戲詠猩猩毛筆》 桄榔葉暗賓郎紅，朋友相呼墮酒中。政以多知巧言語，失身來作管城公。

又 明窗脱帽見蒙茸，醉着青鞋在眼中。束縛歸來儻無辱，逢時猶作黑頭公。

又卷七《林爲之送筆戲贈》 閻生作三副，規摹宣城葛。外貌雖銑澤，毫心或麄糲。功將希栗尾，拙乃成棗核。李慶縛散卓，含墨能不洩。病在惜白毫，往往半巧拙。小字亦周旋，大字難曲折。時時一毛亂，乃似逆梳髮。張鼎徒有表，徐偃元無骨。模畫記姓名，亦可應倉卒。爲之街南居，時通鈐下謁。晴軒坐風凉，怪我把枯筆。開囊撲蠹魚，遣奴送一束。洗硯磨松煤，揮灑至日没。蚤年學屠龍，適用固疏闊。廣文因虀鹽，烹茶對秋月。略無人問字，況有客投轄。文章寄呻吟，講授費頰舌。閑無用心處，雌黄到筆墨。時不與人遊，孔子尚愛日。作詩當鳴鼓，聊自攻短闕。

又卷一六《謝送宣城筆》 宣城變樣蹲雞距，諸葛名家捋鼠鬚。一束喜從公處得，千金求買市中無。漫投墨客摹科斗，勝與朱門飽蠹魚。愧我初非草玄手，不將閑寫吏文書。

元好問《元好問詩詞集・劉遠筆》 老毚力能舉玉杵，文陣挽强猶百鈞。惜哉變化太狡獪，向也褐衣今虎文。宣城諸葛寂無聞，前後兩劉新册勛。謝郎神鋒恨太雋，雖然豈不超人羣。三錢鷄毛吐皇墳，尖奴定能張吾軍。何時酌我百壺酒，爲汝醉草垂天云。

陳槱《負暄野録》卷下《詠筆詩》 太倉失陳紅，狡穴得餘腐。既興丞相歎，又發廷尉怒。磔肉飼飢貓，分毫雜霜兔。插架刀槊便，落紙雲煙騖。穿墉一何微，託此馳佳譽。

郝經《陵川集・鼠毫筆行贈劉遠詩》 輕風吹衣研滴乾，胸中有思如涌泉。此詩正賴毛錐子，束縛贈我森戈鋋。遼東黄貂健且圓，得法自遠源也傳。巫閭山色來幽燕，鴨緑巨浸涵中邊。貯雲停霧遒且堅，鷄距一束雄於椽。宣城必須試誠懸，山谷枉道能三錢。雖云好手必利器，心手器要三者全。近聞清秋十萬騎，長槍闊劍凌霜天，何如明窗净幾執此對聖賢。撼摇風雨一萬字，瑰劘日月三千篇，元氣萬象歸斡旋。

周密《癸辛雜識》别集上《大仙筆詩》 免出山中骨欲仙，何人拔穎纏尖圓。拙夫堪笑堆成冢，豪客曾同掃似椽。窗下玉蜍涵夜月，几間雪繭湧春泉。當時定遠成何事，輕擲毛錐恐未然。

墨分部

綜述

許慎《説文解字》卷一三下 墨，書墨也。从土从黑，黑亦聲。

劉熙《釋名》 墨，晦也，言似物晦黑也。

賈思勰《齊民要術》卷九《筆墨第九一・合墨法》 好醇煙擣訖，以細絹篩於堈内，篩去草莽，若細沙塵埃。此物至輕微，不宜露篩，喜失飛去，不可不慎。墨麴一斤，以好膠五兩浸梣皮汁中。梣，江南樊雞木皮也，其皮入水緑色，解膠，又益墨色。可以下雞子白，去黄，五顆。更以真硃砂一兩，麝香一兩，别治細篩，都合調。下鐵臼中，寧剛不宜澤，擣三萬杵，杵多益善。合墨不得過二月、九月，温時敗臭，寒則難乾，潼溶見風日解碎。重不得過二三兩，墨之大訣如此。寧小不大。

蘇易簡《文房四譜》卷五《墨譜・一之敍事》 《真誥》云：「今書通用墨者何？蓋文章屬陰，墨，陰象也，自陰顯于陽也。」《續漢書》云：「中宮令主御墨。」《漢

書》云：「尚書令僕丞郎，月賜隃麋大墨一枚，小墨一枚。」《東宫故事》：「皇太子初拜，給香墨四丸。」《釋名》曰：「墨者，晦也。言似物晦墨也。」陸士龍與兄曰：「一日上三臺，得曹公藏石墨數十萬斤，然不知兄頗見之否？今送二螺。」古有九子之墨祝婚者多子，善禱之像也。詞曰：「九子之墨，藏于松烟。本性長生，子孫無邊。」顧微《廣州記》曰：「懷化郡掘塹，得石墨甚多，精好可寫書。今山中多出朱石，亦可以入朱硯中使。」戴延之《西征記》曰：「石墨山北五十里，山多墨可書，故號焉。」盛宏之《荆州記》曰：「筑陽縣亦出。」楊雄詔令：「尚書賜筆墨，觀書石室。」《墨藪》云：「凡書先取墨，必廬山之松烟，岱郡之鹿角膠，十年之上强如石者妙。」《周書》有涅墨之刑。《莊子》云：「舐筆和墨，晉公墨衰，邑宰墨綬。」是知墨其來久矣。陶侃獻晉帝牋紙三十枚，墨二十丸，皆極精妙。王充《論衡》云：「以塗傅泥，以墨點繒，孰有知之。清受塵，白取垢，青蠅之污，常在絹素。」歐陽通每書，其墨必古松之烟，末以麝香，方可下筆。許氏《説文》云：「墨者，墨也。字從黑土。」墨者煤烟所成，土之類也。古人灼龜，先以墨畫龜，然後灼之，兆順食墨乃吉。《尚書・洛誥》云：「惟洛食，漢文大横入兆。」即其事也。北齊朝會儀，諸郡守勞訖，遣陳土宜，字有謬誤，及書跡濫劣者，必令飲墨水一升。見《開寶通禮》。酈元注《水經》云：「鄴都銅雀臺北曰冰井臺，高八丈，有屋一百四十間。上有冰室數井，井深十五丈，藏冰及石墨焉。石墨可書。」《括地志》云：「東都壽安縣洛水之側，有石墨山，山石盡黑，可以書疏，故以石墨名山。」《新安郡記》云：「黟縣南一十六里有石嶺，上有石墨，土人多採以書。有石墨井。」是昔人採墨之所，今懸水所淙激，其井轉益深矣。《陳留耆舊傳》云：「王邯剛猛，能解槃牙破節目。考驗楚王英謀反，連及千餘人，事竟，引入詰問無謬一見，賜御筆墨。再見，賜佩帶。三見，除司徒西曹屬。」王充《論衡》云：「河出圖，洛出書。此皆自然也，天安得筆墨圖畫乎！」晉令治書令史掌威儀禁令，領受寫書縑帛筆墨。《筆陣圖》以筆爲刀稍，墨爲鍪甲。

又《二之造》 韋仲將《墨法》曰：「今之墨法，以好醇松烟乾擣，以細絹篵于缸中，篵去草芥。此物至輕，不宜露篵，慮飛散也。烟一斤已上，好膠五兩，浸梣皮汁中。梣皮即江南石檀木皮也，其皮入水緑色，又解膠，并益墨色。可下去黄雞子白五枚，亦以真珠一兩，麝香一兩，皆别治細篵，都合調。下鐵臼中，甯剛不宜澤，擣三萬杵，多益善。不得過二月、九月，温時臭敗，寒則難乾。每挺重不過二兩。故蕭子良答王僧虔書云：「仲將之墨，一點如漆。」冀公《墨法》：「松烟二兩，丁香、麝香、乾漆各少許，以膠水漫作挺，火烟上薰之，一月可使。入紫草末色紫，入秦皮末色碧，其色俱可愛。」昔祖氏本易定人，唐氏之時墨官也。今墨之上必假其姓而號之，大約易水者爲上。其妙者必以鹿角膠煎爲膏而和之，故祖氏之名聞于天下。又今太行濟源王屋亦多好墨，有圓如規，亦墨之古製也，有以栝木烟爲之者尤粗。又云：「上黨松心爲之尤佳，突之末者爲上。」江南黟歙之地，有李廷珪墨尤佳。廷珪本易水人，其父超，唐末流離渡江，覩歙中可居，造墨故有名焉。今有人得而藏于家者，亦不下五六十年，蓋膠敗而墨調也。其堅如玉，其紋如犀，寫逾數十幅，不耗一二分也。墨或堅裂者至佳，凡收貯宜以紗囊盛，懸于透風處佳。造朱墨，上好朱砂細研飛過，好朱紅亦可。以梣皮水煮膠，清浸一七日，傾去膠清，于日色中漸漸曬之，乾溼得所，和如墨挺。于朱硯中研之，以書碑石，亦須二月、九月造之。宋張永涉獵經史，能爲文章，善隸書。又有巧思，紙墨皆自造。上每得永表，輒執玩咨嗟久之，供御者不及也。造麻子墨法，以大麻子油沃糯米半盌强碎，剪燈心堆于上。然爲燈，置一地坑中，用一瓦鉢微穿透其底，覆其焰上，取烟煤重研過，以石器中煎煑皁莢膏，并研過者糯米膏，入龍腦、麝香、秦皮末和之，擣三千杵，溲爲挺，置蔭室中俟乾，書于紙上，向日若金字也。秦皮，陶隱居云：「俗謂之樊槻皮，以水漬和墨，書色不脱，故造墨方多用之。」近黟歙閒有人造白墨，色如銀，迨研訖，即與常墨無異，卻未知所製之法。

何薳《春渚紀聞》卷八《記墨烟香自有龍麝氣》 西洛王迪，隱君子也。其墨法止用遠烟鹿膠二物，銑澤出陳贍之右。文潞公嘗從迪求墨，久之，持烟一奩見公，且請以指按烟，指起烟亦隨起，曰：「此烟之最輕遠者。」乃抄烟以湯瀹起揖公對啜，云當自有龍麝氣，真烟香也。凡墨入龍麝，皆奪烟香，而引蒸濕，反爲墨病，俗子不知也。

又《南海松煤》 近世士人遊戲翰墨，因其資地高韻，創意出奇，如晉韋仲將宋張永所製者，故自不少。然不皆手製，加減指授善工而爲之耳。如東坡先生在儋耳，令潘衡所造，銘曰「海南松煤東坡法墨」者是也。其法或云每笏用金花烟脂數餅，故墨色豔發，勝用丹砂也。

又《陳贍傳異人膠法》 陳贍，真定人。初造墨遇異人傳和膠法，因就山中古松取煤，其用膠雖不及常和、沈珪而置之濕潤，初不蒸，則此其妙處也。又受異人之教，每斤止售半千，價雖廉而利常贏餘。余嘗以萬錢就贍取墨，適非造墨時，因返金，而以斷裂不完者二十笏爲寄。曰：「此因膠緊所致，非深於墨，不敢爲獻也。」試之，果出常製之右。余寶而用之。并就真定公庫，轉置得百笏，自謂終身享

之不盡。胡馬南渡，一掃無餘。繼訪好事所藏，蓋一二見也。緣贍在宣和間，已自貴重，斤直五萬，比其身在，蓋百倍矣。贍死，婿董仲淵因其法而加膠，墨尤堅緻。恨其即死，流傳不多也。董後有張順，亦贍婿，而所製不及淵，亦失贍法云。

又《漆烟對膠》　沈珪，嘉禾人。初因販繒往來黄山，有教之爲墨者，以意用膠，一出便有聲稱。後又出意取古松煤，雜用脂漆滓，燒之得烟極精黑，名爲漆烟。每云韋仲將法，止用五兩之膠，至李氏渡江，始用對膠，而祕不傳，爲可恨。一日與張處厚於居彦實家造墨，而出灰池失早，墨皆斷裂。彦實以所用墨料精佳，惜不忍棄，遂蒸浸以出故膠，再以新膠和之，墨成，其堅如玉石。因悟對膠法，每視烟料而煎膠，膠成和煤，無一滴多寡也。故其墨銘云：沈珪對膠，十年如石，一點如漆者，此最佳者也。余識之蓋二十年矣。其爲人有信義，前後爲余製墨計數百笏。庚子寇亂，余避地嘉禾，復與珪連牆而居，日爲余言膠法，并觀其手製，雖得其大概，至微妙處，雖其子宴亦不能傳也。珪年七十餘終，宴先珪卒，其法遂絶。有持張孜墨較珪漆烟而勝者，珪曰：「此非敵也。」乃取中光減膠一丸，與孜墨並，而孜墨反出其下遠甚。余叩之，曰：廷珪對膠，於百年外方見勝妙。蓋雖精烟，膠多則色爲膠所蔽，逮年遠膠力漸退，而墨色始見耳。若孜墨急於目前之售，故用膠不多，而烟墨不昧，若歲久膠盡，則脱然無光，如土炭耳。孜墨用宜西北，若入二浙，一過梅潤則敗矣。滕令嘏監嘉禾酒時，延致珪甚厚，令盡其藝。既成即小丸磨試，而忽失所在。後二年浚池得之，其堅緻如故。令嘏莊敏公之子，所蓄古墨至多，而有鑒裁。因謂珪曰：「幸多自愛，雖二李復生，亦不能遠過也。」

又《洙泗之珍》　東魯陳相作方圭樣，銘之曰：「洙泗之珍。」佳墨也。

又《買烟印號》　黄山張處厚高景修皆起竈作煤，製墨爲世業。其用遠烟魚膠所製，佳者不減沈珪、常和，沈珪、汪通輩，或不自入山，亦多即就二人買烟，令渠用膠，止各用印號耳。

又《蘇浩然斷金碎玉》　支離居士蘇澥浩然所製，皆作松紋皴皮，而堅緻如玉石。余與其孫之南字仲容遊，其家所藏，不過數笏。而余於李漢臣丈得半笏，持視仲容，云：「真家寶也。」神廟朝，高麗人入貢，奏乞浩然墨，詔取其家。浩然止以十笏進呈，其自珍秘蓋如此。世人有獲其寸許者，如斷金碎玉，争相誇玩云。大觀間，劉無言取其製銘，令沈珪作數百丸，以遺好事及當朝貴人，故今人所藏，未必皆出浩然手製。珪作此墨，亦非近世之墨工可及，實可亂真也。

又《精烟義墨》　余嘗於章序臣家，見一墨背列李承宴、李惟益、張谷、潘谷四人名氏。序臣云是王量提學所製，患無佳墨，取四家斷碎者，再和膠成之。自謂勝絶，此其見遺者。因謂序臣曰：「此亦好奇之過也。余聞之製墨之妙，正在和膠。今之造佳墨者，非不擇精烟，而不能佳絶者，膠法謬也。如不善爲文，而取五經之語，以己意合而成章，望其高古，終不能佳也。」序臣又曰：「東坡先生亦嘗欲爲雪堂義墨，何也？」余曰：「東坡蓋欲與衆共之，而患其高下不一耳。非所謂集衆美以爲善也。」

又《唐高宗鎮庫墨》　近於内省任道源家，見數種古墨，皆生平未見，多出御府所賜。其家高者有唐高宗時鎮庫墨一笏，重二斤許，質堅如玉石，銘曰「永徽二年鎮庫墨」，而不著墨工名氏。

又《十三家墨》　余爲兒時，於彭門寇鈞國家見其先世所藏李廷珪下至潘谷十三家墨。斷珪殘璧，粲然滿目。其廷珪小挺，歲久不見膠彩，而書於紙間視之，其黑皆非餘墨所及。東坡先生臨郡日，取試之，爲書杜詩十三篇，各於篇下書墨工姓名，因第其品次云。

又《雜取樺烟》　三衢蔡瑫，雖家世造墨而取烟和膠，皆出衆工之下。其煤或雜取樺烟爲之，止取利目前也。

又《油松烟相半則經久》　近世所用蒲大韶墨，蓋油烟墨也。後見續仲永言，紹興初同中貴鄭幾仁撫諭少師吴玠於仙人關回舟自涪陵來，大韶儒服手刺，就船來謁。因問油烟墨何得如是之堅久也。大韶云：「亦半以松烟和之，不爾則不得經久也。」

又《桐華烟如點漆》　潭州胡景純專取桐油燒烟，名桐華烟。其製甚堅薄，不爲外飾，以眩俗眼。大者不過數寸，小者圓如錢大。每磨研間，其光可鑒。畫工寶之，以點目瞳子，如點漆云。

又《廷珪四和墨》　余偶與曾純父論李氏對膠法，因語及嘉禾沈珪與居彦實造墨再和之妙。純父曰，頃於相州韓家見廷珪一墨，曰「臣廷珪四和墨」，則知對膠之法寓於此。

袁文《甕牖閒評》卷六　研墨所貴無聲，不可不知也。蔡君謨詩云「玉質純全理緻精，鋒鋩都盡墨無聲」，黄太史詩云「但見受墨無聲松花發」是矣。

陳師道《後山談叢》卷二　秦少游有李廷珪墨半丸，不爲文理，質如金石，潘谷見之而拜曰：「真李氏故物也，我生再見矣！王四學士有之，與此爲二也。」墨乃平甫之所寶，谷所見者，其子斿以遺少游也。又有張遇墨一團，面爲盤龍，鱗鬣悉

具，其妙如畫，其背皆有「張遇麝香」四字。潘墨之龍，略有大都耳，亦妍妙，有紋如盤絲，二物世未有也。語曰：「良玉不瑑。」謂其不借美於外也。張其後乎。供備使李唐卿，嘉祐中以書待詔者也，喜墨，嘗謂余曰：「和墨用麝欲其香，有損於墨，而竟亦不能香也。不若並藏以熏之。」潘谷之墨，香徹肌骨，磨研至盡而香不衰。陳惟進之墨，一篋十年，而麝氣不入，但自作松香耳。蓋陳墨膚理堅密，不受外熏，潘墨外雖美而中疏爾。

晁説《墨經・松》 古用松煙、石墨二種，石墨自晉、魏以後無聞，松煙之製尚矣。漢貴扶風隃麋終南山之松，蔡質《漢官儀》曰：「尚書令、僕、丞、郎，月賜隃麋大墨一枚，小墨一枚。」晉貴九江廬山之松。衛夫人《筆陣圖》曰：「墨取廬山松煙。」唐則易州、潞州之松，上黨松心尤先見貴。後唐則宣州黄山、歙州黟山松、羅山之松。李氏以宣、歙之松類易水之松。今兗州泰山、徂徠山、嶧山、嶧山，沂州龜山、蒙山，密州九仙山，登州牢山，鎮府五臺，刑州、潞州太行山，遼州遼陽山，汝州鼀君山，隨州桐柏山，衛州共山，衢州柯山，池州九華山，及宣、歙諸山，皆産松之所。兗、沂、登、密之間山，總謂之東山；鎮府之山，則曰西山。自昔東山之松，色澤肥膩，性質沉重，品惟上上，然今不復有。今其所有者，纔十餘歲之松，不可比西山之大松。蓋西山之松與易水之松相近，乃古松之地，與黄山、黟山、羅山之松，品惟上上。遼陽山、鼀君山、桐柏山可甲乙。九華山品中。共山、柯山品下。大槩松根生茯苓，穿山石而出者，透脂松，歲所得不過二三株，品惟上上；根幹肥大、脂出若珠者，曰脂松，品惟上中；可揭而起，視之而明者，曰揭明松，品惟上下；明不足而紫者，曰紫松，品惟中上；礦而挺直者，曰籖松，品惟中中；明不足而黄者，曰黄明松，品惟中下；無膏油而漫若糖苴然者，曰糖松，品惟下上；無膏油而類杏者，曰杏松，品惟下中；其出歷青之餘者，曰脂片松，品惟下下。其降此外，不足品第。

又《煤》 古用立窑，高丈餘，其鼀寬腹小口，不出突。於鼀面覆以五斗甕，又益以五甕，大小爲差。穴底相乘，亦視大小爲差。每層泥塗惟密，約甕中煤厚，住火，以鷄羽掃取之，或爲五品，或爲二品。二品不取最先一器。今用卧窑，疊石累礦，取岡嶺高下，形勢向背，而或長百尺，深五尺，脊高三尺，口大一尺，小項八尺，大項四十尺，胡口二尺，身五十尺。胡口亦曰咽口，口身之末曰頭。每以松三枝或五枝徐爨之，五枝以上，烟暴煤麄；以下則煙緩煤細，枝數益少益良。有白灰去之。凡七晝夜而成，名曰一會。候窑冷採煤，以項煤爲二器，以頭煤爲一器。頭煤如珠、如纓絡，身煤成塊成片。頭煤深者曰遠火，外者曰近火，煤不堪用。凡煤貴輕，舊東山煤輕，西山煤重，今則西山煤輕，東山煤重。凡器大而輕者良，器小而重者否。凡振之而應手者良，擊之而有聲者良，凡以手試之，而入人紋理難洗者良，以物試之，自然有光成片者良，凡墨有穿眼者謂之滲眼。煤雜，窑病也。舊窑有蟲、鼠等糞，及窑衣露蟲雜在煤中，莫能揀辨，唯唾多可弭之，然終不能無。

又《膠》 凡墨，膠爲大。有上等煤而膠不如法，墨亦不佳。如得膠法，雖次煤能成善墨。且潘谷之煤，人多有之，而人製墨，莫有及谷者，正在煎膠之妙。凡膠，鹿膠爲上。《考工記》曰：「鹿膠青白，馬膠赤白，牛膠火赤，鼠膠餌，犀膠黄，莫先於鹿膠。」故魏夫人曰：「墨取廬山松煙，代郡鹿膠。」凡鹿膠，一名白膠，一名黄明膠。《墨法》所稱黄明膠，正謂鹿膠，世人多誤以爲牛膠。但鹿膠難得，煎法用蠟及胡麻者，皆不入墨家之用。案隱居白膠法：先以米瀋汁漬七日，令軟，然後煑煎之，如作阿膠淘。又一法：細剉鹿角，與一片乾牛皮同煎，即銷爛。唐《本草》注曰：「麋角、鹿角煑濃汁，重煎成膠。」今法取蜕角，斷如寸，去皮，及赤觧，以河水漬七晝夜，又一晝夜煎之，將成，以少牛膠投之，加以龍麝，鹿膠之下，當用牛膠。牛用水牛皮，作家所謂卿掘皮，最良。剔除去毛，以水浸去塵汙，浸不可太軟，當須有性，謂之夾生。煎火不可暴，常以篦攪之，不停手，貴氣出不昏。時時揚起視之，以候厚薄，直至一條如帶爲度。其脈膠不可單用，或以牛膠、魚膠、阿膠參和之。兗人舊以十月煎膠，十一月造墨。今旋煎旋用，殊失之，故潘谷一見陳相墨，曰：「惜哉！其用一生膠耳。」當以重煎者爲良。

又《羅》 凡煤須用羅，後魏賈思勰曰：「醇煙擣訖，當以細絹篩堈内。」此物至輕微，不宜露篩，喜飛去，不可不謹。

又《和》 凡和煤，當在净密小室内，不可通風。傾膠於煤中央，良久使自流，然後衆力急和之。貴潤澤而光明。初和如麥飯許，搜之有聲，乃良。膠初取之，和下等煤；再取之，和中等煤；最後取之，和上等煤。凡煤一片，古法用膠一斤，今用膠水一斤，水居十二两，膠居四两。所以不善。然賈思勰《墨法》：「煤一斤，用膠五两。」蓋亦未盡善也。况膠多利久，膠少利新，匠者以其速售，故喜用膠少。觀易水奚氏、歙州李氏，皆用大膠。所以養墨時，大膠墨紙黄，小膠墨紙微黄，其力以是爲差。凡大膠必厚，厚難於和，和之柔則善，剛則裂。若以漆和之，凡煤一斤，以生漆三錢、熟漆二錢，取清汁投膠中，打之匀，和之如法。

又《擣》 凡擣不厭多，魏韋仲將《墨法》：「鐵臼中擣三萬杵，杵多益愈。」後賈思勰法曰：「亦擣三萬杵，杵多益善。」唐王君德則用石臼擣三二千杵，蓋其擣無

數。其擣過粘後，光不可搗。自從臼中捉出爲度。出臼，納静器内，用紙封羃，熳火養之。紙上作數穴以通氣。火不可間斷，爲其畏寒。然不可暴，暴則潼溶，謂之熱粘，不堪製作。凡鹿膠搗成便丸捍，不可遲延，稍遲乃皴裂不堪。若牛膠，擣之一日後，膠行力均，再入臼搗千餘下乃可。凡捍丸時，用五人相次，人有錢砧，椎三五百下。舊語曰：「一椎一折鬪手捷。」此其法也。初椎成，爲光劑，爲硬劑，又過硬劑，爲熱劑。每一劑傳畢五人，成熟劑，乃入匠手丸捍。

又《丸》 凡丸劑，不可不熟，又病於熱。熱不堪用，雖成，必不光澤，易碎裂。凡急手爲光劑，緩手爲皴劑。一丸即成，不利於再。

又《藥》 凡墨藥尚矣。魏韋仲將用真珠、麝香二物。後魏賈思勰用梣木、鷄白、真珠、麝香四物。唐王君德用醋、石榴皮、水犀角屑、膽礬三物。王又法：用梣木皮、皂角、膽礬、馬鞭草四物。李廷珪用藤黄、犀角、真珠、巴豆等十二物。今兖人不用藥爲貴，其説曰：「正如白麵、清麵，又如茶之不可雜以外料。」亦自有理，然不及用藥者良。舊有别集《藥法》一卷。

又《印》 凡底版貴乎直，寧大不小；平版上俯下平，寧重不輕。凡底版銀爲上，面印牙爲上，尋常底版用棠，手版用杞。蓋底版、面印皆以松爲良，與煤爲宜。凡印大墨，以水拭之，以紙按之，然後用印。凡印，方直最難用，用多裂。易水張遇印，多方直者，其劑熟可知。

又《樣》 凡墨樣，當取則於古，無大小厚薄之限，而賈思勰曰：「墨䵢不得過二三兩，寧小不大。」世人遂以薄小爲貴，謂從前奚庭珪。然宣府奚庭珪之類小墨，在古品中爲佳，不知雙脊龍之類大墨，亦不可置在劣等。要之，無大小厚薄，醇煙法膠爲本耳。蓋厚大利久，薄小利新；厚大難工，薄小易善。故匠人不喜於厚大者，然太大則不便於用，太薄則艱於包，當以厚而大者爲佳。

又《蔭》 凡墨蔭用炭灰、石灰、麥糠三種。炭灰爲上，石灰酷多裂，麥糠慢多曲，惟炭灰爲上。凡用炭灰，精篩，弗雜弗濕，其下惟厚，上之厚薄，視墨之大小，時之晴晦。中以薄紙裹之，然置之不平亦曲，見風亦裂。若用石灰蔭，當於新瓦器中置灰，灰上用紙，紙上復加以灰，不可厚。若用麥糖蔭，以椽架葦縣室中，其上糠、底糠惟平惟均，不可有逆糠。凡蔭室，以静密温小爲貴，晝夜不去火。然火大則病，火暴亦病，其晝夜候火，隨風日晴晦，最爲難。又有不用蔭者，墨成曝於静密室中，聽自乾。又有以衣被覆之使乾者。

又《事治》 凡事治墨，以水、以免皮、以滑石、以萊州石、以錢、以鏟頭、以漆、以墨。以墨最不佳，餘錯用之，皆良。惟此數物，不及弄成，如弄鞭、弄茶瓢。

又《研》 凡研墨，不欲遲，古語云：「研墨如病。」凡研，直研爲上，有研乃見直色，不損墨。若圓磨，則假借重勢，往來有風，以助顔色，乃非墨之真色，惟售墨者圓研。若邪研，則水常揖其半，而其半不及先所用者，惟俗人邪研。凡墨户不工於製作，而工於研磨，其所售墨，則使自研之，常優一暈。凡煤細，研之乾遲；煤麄，研之乾疾。凡惡墨，研之如研泥。

又《色》 凡墨色，紫光爲上，墨光次之，青光又次之，白光爲下。凡光與色，不可廢一，以久而不渝者爲貴，然忌膠光。古墨多有色無光者，以蒸濕敗之，非古墨之善者。其有善者，黯而不浮，明而有艷，澤而無漬，是謂紫光。凡以墨比墨，不若以紙比墨，或以研試之，或以指甲試，皆不佳。

又《聲》 凡墨，擊之以辨其聲。醇煙之墨，其聲清響；雜煙之墨，其聲重滯。若研之以辨其聲，細墨之聲膩，麄墨之聲麄。麄謂之打研，膩謂之入研。

又《輕重》 凡墨不貴輕，舊語曰：「煤貴輕，墨貴重。」今世人擇墨貴輕，甚非。煤麄則輕，煤雜則輕，春膠則輕，膠傷水則輕，膠爲濕所敗則輕。惟醇煙、法膠，善藥、良時，乃重而有體，有體乃能久遠，愈久益堅，濕則弗能敗。自然成質，非輕非重。

又《新故》 凡新墨不及故墨。衛夫人曰：「墨取十年以上，强之如石者。」蓋其愈久益堅，且白物久斯變墨，況其本黑之物，煤久而黑，黑而紫；膠久而固，固而乃發光彩，此古墨所以重於世。凡新墨不過三夏，殆不堪用。凡故墨膠敗者，末之新煤再和，殊善。入膠久之，乃可和，然非大膠久蔭弗可。

又《養蓄》 大凡養新墨，納輕器中，縣風處，每丸以紙封之，惡濕氣相博。不可卧放，卧放多曲。凡蓄故墨，亦利頻風日，時以手潤澤之，時置於衣袖中，彌善。

又《時》 凡墨最貴及時。韋仲將《墨法》：「不得過二月、九月。」賈思勰曰：「温時敗臭，寒時潼溶。」當以十一月、十二月、正月爲上時，十月、二月爲下時，餘月無益有害。既得時，須擇晴明無風之日，或當静夜。若燒煤之時，當以二月、三月、四月爲上時，八月、九月、五月、十月、六月、七月水潦土濕；十一月、十二月，風高水寒，皆不利。

陳櫝《負暄野録》卷下《論墨法》 近世言墨法者，蓋推吾鄉雪齋趙彦先子覺。彦先，乃故安定郡王超然居士令襟表之子也。其墨法本無宗承，但自少時篤好製造，集諸家名方，且招延良工，無方不試，無時不作，參合衆技，舍短取長，積日累

月，遂造其妙。中興三廟，咸見貴重，名播遐邇，目無潘李。彦先所造墨至多，今物故已數十年，墨之在人間者亦漸稀少，間有藏得數笏者，與玉寶同貴。彦先亦已嗣王封，有子十四人，持麾把節，亦已太半，皆能紹其法，然各務從仕，鮮復留意。餘人得其傳者，有郡士黄元功、朱知常、諸葛武仲、詹從之、周達先、葉茂實，及天台陳伯叔琴隱、薛道士之徒，雖皆頗異常品，然較之真雪齋所造，要之不及也。余與雪齋諸子姪，皆宛轉有婣好，嘗爲余言：世俗相傳，咸以對膠爲奇，先公嘗云：「此大不然，若用是法，非特堅頑難磨，且終不能黑，大抵當以十分爲率，而煤六而膠四，乃爲中度，但取煙貴輕，而杵貴多，自熟耳，膠次者泛論大概如此，至其要妙，非言之所述也。」

羅璧《羅氏識遺》卷八　國初人寶李廷珪墨。石昌言至不許人磨，或戲之曰：「子不磨墨，墨將磨子。」有人詠李廷珪墨云：「一墨足支三十年，但恐風霜侵髮齒。非人磨墨墨磨人，瓶應未罄罍先恥。」文谷製墨，必用高麗煤，前輩謂世無二子，墨終不乏用，人固愚爾。

吕宗傑《書經》卷三《墨記》　魯共王壞孔子宅，壁中得竹簡漆書，乃知上古時書用漆，以竹爲筆而書之。漆著於竹，則堅久而不落。秦時，倫始以紙代竹，恬以墨代漆，日趍簡易。漢末曹植詩曰「墨青松煙」，又以松煙爲墨矣。墨之初有二：有油烟者，有松烟者。油烟者細而輕，松烟者粗而重。膠薄則墨清，膠厚則墨濁。凡書字，浄拭硯，量字多少，注水如之。研墨必用緩，手輕而實，以墨花濃豔爲止。書畢，則以墨水蘸筆而收之。墨之可貴者，惟南唐李廷珪父子墨爲絶品。蔡君謨言李廷珪墨能削木，墜溝中，經月不壞。墨以清堅純粹者爲上，清堅之法又在膠烟之合何如也。今之墨以湖南、江西、宣城、柯山、湖州者可用，而其名品不一，稱號各殊。余謂墨之精者不擇遠近，而工之製作有巧拙，牟利與不牟利之謂也。昔黄山谷几間取小囊，有墨，以示潘谷。谷隔囊手之，即置几上，曰：「天下之寶也。」出之，乃李廷珪墨。又别取一囊，有墨一丸，手而嘆曰：「今老矣，不能爲之。」出之，乃谷少所作墨。其藝之精如此。墨之精固如是，而用墨者爲尤難。俗語曰：「磨墨如磨人。」斯言得之矣。

陸友《墨史》卷下《高麗》　高麗貢墨，猛州爲上，順州次之。舊作大挺，不善合膠，脃軟不光。後稍得膠法，作小挺，差勝。然其煙極輕細，往時潘谷嘗取高麗墨，再杵入膠，遂爲絶等。其墨有曰「平虜城進貢」者，有曰「順州貢墨」，或曰「猛州貢墨」。率長挺而堅薄如革版，其色澤，則順不逮猛也。李公擇曾惠蘇子瞻墨半枚，其印文曰「張力剛」，豈墨匠姓名耶？云得之高麗使者。魏道輔云：「新羅墨，有蠅飲其汁，蠅立死。」不知何毒之如是也，後常戒人合藥勿用新羅墨。日本亦有墨，偏肌印文，如柿蒂形。

又《契丹》　陸子履奉使契丹日得墨，銘曰「陽岩鎮造」者，其國精品也。滕子濟亦有墨一大笏，爲龍鳳之文，面曰「鎮庫萬年不毁」。

又《西域》　西域僧爲蘇太簡言彼國無硯筆，但有好墨，中國不及。云是雞足山古松爲之。太簡常獲貝葉，上有梵字數百，墨倍光澤。會秋霖，爲窗雨濕，因而揩之，字終不滅。

李翊《戒庵老人漫筆》卷二《宋潘衡墨》　金陵姚氏所藏宋潘衡圓墨，重二兩五錢，規徑二寸，一面海水戲珠龍紋，一面極光，細紋簇簇，邊上側處有四字，云「臣潘衡造。」衡與東坡善，葉石林《避暑録》載其造墨事。

又卷七《筆墨》　記曰：「昔人雅重文房之選，余學書五十年，頗留意兹事。近時陶穎之外，惟楮墨最爲敝濫，古紙不復可見矣。墨出歙州者差强人意，蓋其地去李氏雖遠，而製法猶存。其取煙、入膠、和材、擣鍊、收貯之類，極爲煩瑣，故其成甚難，而其直亦甚昂。數十年來不勝售者之衆，其直之下曾不及所費百分之一，若是而求其不濫，何可得哉！余往歲喜用水晶宫墨，蓋歙人汪廷器所製，廷器自號水晶宫客，家富而好文雅，與中朝士大夫遊，歲製善墨遺之，然所製僅僅數十挺，特供士大夫之能書者，而不以售人，故其製特精。嘗爲余言製法之妙，謂所燃燈心必染茜用之，嘗一歲失染，墨成，精光頓減，其不可忽如此。近有吴山泉者，廷器之甥，實得其法。居吴中，製墨亦精，余亦喜用之。恐其欲易售而忽其法也，故爲説廷器之用心不苟如此。按古法，用好純松煙，乾擣細篩，每煙一斤用膠五兩，浸梣皮汁中，梣皮即江南石檀木皮也。其皮入水緑色，又解膠，并益墨色。雞子白五枚，真珠麝香各一兩，皆别治合調，鐵臼中擣三萬杵，可過不可少。一法，松煙二兩，丁麝香乾漆各少許，入紫草色紫，入梣皮色碧，皆助墨光。大凡墨以堅爲上，古墨以上黨松心爲煙，以代郡鹿角膠煎爲膏而和之，其堅如石。惟易水人祖氏得其法，祖蓋唐之墨官也。其後有奚超者，亦易水人，唐末與其子廷珪來歙，而唐時賜姓李氏。父子皆善製墨，而超尤精。論者言超墨其堅如玉，其紋如犀，徐常侍鉉嘗得李超墨，長不過尺，細如箸，用十年乃盡，其磨處邊際似刀，可以截紙。又言其墨書版牘，歲久牘朽而字不動；皆言其堅也。當時但知廷珪善墨，而不知超之尤精如此。陶雅爲歙州刺史，謂超曰：『爾近製墨，甚不及吾初至郡時。』超曰：『公初臨郡，歲

取墨不過十挺，今數百挺未已，何能精好？』夫超之能，猶以多不得精爲患，今之製者，動以數千，嗚呼，是尚得爲墨乎嘉靖乙未仲冬衡山文徵明書。」

陶宗儀《南村輟耕録》卷二九《墨》 上古無墨，竹挺點漆而書，中古方以石磨汁，或云是延安石液。至魏晉時，始有墨丸，乃漆煙松煤夾和爲之，所以晉人多用凹心硯者，欲磨墨貯瀋耳。自後有螺子墨，亦墨丸之遺製。唐高麗歲貢松煙墨，用多年老松煙和麋鹿膠造成。至唐末，墨工奚超，與其子廷珪，自易水渡江，遷居歙州，南唐賜姓李氏。廷珪父子之墨，始集大成，然亦尚用松煙。廷珪初名廷邽，故世有奚廷珪墨，又有李廷珪墨，或有作庭珪字者，僞也，墨亦不精。宋熙豐間，張遇供御墨，用油煙入腦麝金箔，謂之龍香劑。元祐間，潘谷墨見稱於時。自後蜀中蒲大韶、梁杲、徐伯常及雪齋、齊峰、葉茂實、翁彦卿等出，世不乏墨。惟茂實得法，清黑不凝滯，彦卿莫能及。中統至元以來，各有所傳，可以倣古。

沈繼孫《墨法集要序》 余録《墨法》既成，客有見者曰：「舊傳《墨譜》、《墨苑》、《墨經》之類者多矣，又何用録耶！」余曰：「《墨譜》諸家，皆雜取墨工之言，非身歷手試，文具而已，不足憑也。聊舉其一以明之：李廷珪之墨，至宣和間，黄金可得，而李墨不可得矣。爲世所貴如此。其方祕密，世無知者，譜乃妄撰之『用數藥煮汁，鎔魚膠，和松煤爲之』，大可笑也！果可信而可從乎？余初製墨時，諸方並試之。用藥愈多，而墨愈下，其後受教于三衢之墨師，乃並去藥，惟膠煙細和熟杵之。墨成，色黑而光，真所謂如小兒目睛也。具體報之，師拒不肯受，惟戒不揚其姓名，恐鄉里同業者知之或怨。時洪武之初也，至今不得再見之。余家自此從其法以爲墨，識者謂墨有古意。余思念師之德，追憶師之言，繼又得一僧墨訣，遂并録之。余非敢求多于《墨譜》諸家也，身所歷，手所試，知其實之不戾于古墨工也。」客聞而善之曰：「可謂墨之實録矣，請以實録名之。使人知墨之法，實在此，不在彼。其言實可信可從，而于《墨譜》諸家，實有補其所未究也。」

又《浸油》 古法惟用松燒煙。近代始用桐油、麻子油燒煙。衢人用皂青油燒煙；蘇人用菜子油、豆油燒煙；以上諸油，俱可燒煙製墨。但桐油得煙最多，爲墨，色黑而光，久則日黑一日。餘油得煙皆少，爲墨色淡而昬，久則日淡一日。每桐油十五斤、芝麻油五斤，先將蘇木二兩，黄連一兩半，海桐皮、香仁、紫草、檀香各一兩，梔子、白芷各半兩，木鼈子仁六枚，右剉碎，入麻油内浸半月餘。日常以杖攪動。臨燒煙時，下鍋煎，令藥焦，停冷，漉去租，傾入桐油，攪匀燒之。今時少有用此浸油法者，姑存其古云。

又《水盆》 用圓厚瓦盆，内闊二尺一寸，緣闊一寸，深三寸半，底平緣直。近緣開指大一竅，用緜塞住，以備放水。用長木架，高三尺，閣起水盆。以薄甎七塊，遶盆緣排轉。盆中央置闊緣瓦煙筒一箇，内闊六寸，連緣共闊八寸，高與盆口相齊。筒内亦置薄甎一塊，油盞置各甎塊上。低盆口三分，浸水離盞口三分，中央一盞，用鐵鴨脚穿定燈草。每盞納燈草訖。然後傾油。將長柄煙椀蓋定燒之。如盆中水熱，則頻浸冷水，不可全换冷水。冷則煙不昇上，得煙絶少。但浸水爲妙，若水耗乾，要浸滿時，去了近緣煙椀油盞各一隻，拔去竅緜，放乾，再塞住漏斗。傾水换之。仍以油盞煙椀補滿。若水積久，生膩浮起，以搭籮去之。盆有油膩乾硬，黏定邊緣，刀鏟去之，清水洗净，方可再用。一法：用杉爲槽貯水，底板最厚，四向牆板次之，内長七尺，闊一尺四寸，深三寸半，平，中用長木梁一條，界爲兩路，麻筋油灰黏固縫道，莫令滲漏，槽尾近底處開一圓竅，以備放水。高三尺橙兩條閣之，甎襯油盞于水内，煙椀兩路蓋之，每槽用盞椀各二十隻，燒法與水盆同。亦有石爲槽者。

又《油盞》 用壯厚缸沙油盞，闊四寸半。平穩闊足，窑水通滿者，以薄甎襯高。頓放水盆内，低盆口三分，不宜太低。低則煙飛散，拘收不住，得煙少。或置水槽中亦然。若用過油盞，内外不净，以竹篦子刮之，次以稻稈灰揩擦。若更不净，用刀鏟净，再以水洗拭乾。一法：不用灰擦，置米飲中煮數沸，刷洗去其油膩。

又《煙椀》 用淘鍊細土燒長柄瓦椀，圓闊五寸三分，深二寸五分，柄長三寸，連柄高五寸五分，内深潭似釜，必磨砑十分光滑。以椀唇外置瓦盆緣上，内置瓦筒緣上，須椀心正對燄頭罩之，椀口緣塗些薑汁，急手掃煙，若煙椀油汙，内外皆便拭净。倘汙煙煤，不堪用矣。

又《燈草》 揀肥大黄色堅實燈草，截作九寸爲段，理去短瘦，取首尾相停者，每用十二莖，以少緜纏定頭于粗板上，以手搓捲，成一條。令實復以少緜纏定尾。夏極熱時，減去草兩莖，只用十莖搓捲。仍舊用十二莖，則得煙雖多而不良。候捲得四五百條，方用蘇木濃汁煎燈草，數沸，候紫色，漉出，曬令極乾，紙裹藏之，毋令塵汙，用則旋取。

又《燒煙》 宜秋深冬初。于明亮密室，上置仰塵，四向周密，背處開一小門，高限掛紙簾，水盆置木架上，盆竅向架外，塞住竅。侵水滿，甎襯油盞于水内。每盞傾油八分，納燈草訖，煙椀蓋之，勿見風。致煙落，約四五刻掃煙一度，則一度剔去燈草，逐盞以筯，剪去燈煤，棄于水盆内，否則燈花罩了火燄，煙不能起。以鵝翎

掃煙入瓦盆中，經宿，始可併聚一器。蓋之，須以空煙椀一隻，替下有煙椀，掃之。敲碎巴豆三四粒，納油醆中，發煙燄，得煙多，每日約掃二十餘度。掃遲則煙老，雖多而色黄，造墨無光不黑。室中可置水盆十枚，自早至暮燒之，須揀無風之日，若有風，或煙房不密，得煙皆少。夏煙亦老，必頻換冷水及減燈草爲良。每桐油一百兩，得煙八兩，此爲至能。忌油滴煙中，及紅燄燈花落煙内，則不堪用矣。

又《篩煙》 于密室中，以手按定細生絹篩子，徐徐麾下小口，光浮缸内，去其毛翎紙屑，貯于紙糊籠中，繩懸梁間。毋近牆壁，以傷濕氣。用則旋取。或皮紙糊袋藏之亦佳。煙乃至輕之物，切忌露篩，露篩則飛揚滿室矣。

又《鎔膠》 魚鰾膠用清白如縧者。冷水浸一宿令輭。快斧剁碎。每膠一兩，入巴豆仁五粒，搥碎，與膠和匀。箬葉裹定，緊繫之，煮十數沸。去箬葉，乘熱入闊口瓶中，急杵極爛無核，和藥汁内，重湯煮化。若用牛皮膠，當揀黄明煎造得法者，有等煎生者煑不化。剉如指面大片子，臨用，先以些水灑潤，候輭，方下藥汁中，重湯煮化。已上二膠，臨鎔之際，用慢火煎，長竹箄不住手攪，候之沫消清徹爲度。煮化得膠清，墨乃不膩，此最緊要。大法：每桐油煙一十兩，正月、二月、十月、十一月、十二月，用牛膠四兩半，藥水一十兩。四月、五月、八月，用牛膠五兩半，藥水九兩半。六月、七月，用牛膠六兩，藥水九兩。每松煤一斤，用牛膠四兩或五兩，藥水四時俱用半斤。春冬宜減膠增水。仲夏、季夏、孟秋，宜增膠減水。濾膠用細絹縧濾最佳，若布濾，柤腳並下，製墨有病，藥水亦重，絹濾之。魚鰾膠不可純用。止可用九分，牛膠一分。魚膠若二分，便纏筆難寫。世俗見坡詩有「魚膠熟萬杵」之句，便謂墨須用魚膠。癡漢面前，難以説夢。又，貨墨者無一人肯辯其非。詐言魚膠良是，由是人信爲然。堪一笑也。凡使牛膠，必以好牛皮，或做鼓處裁下剩牛皮煎成者方好。若熟皮家刮下皮屑煎成者，則力淺不堪用。膠好方始有力。可以減斤兩用，墨因膠少煙多，故倍加黑，名爲輕膠。墨色黑且清，利于速售，但年遠久藏，慮恐色退。若造久藏墨，須用桐油燒煙十兩，陳年牛膠四兩半，陳年魚膠半兩，秦皮、蘇木各半兩，煎濃汁，搜和蒸杵製之，歲久愈黑愈堅矣。予舊時荆溪吴國良所造牛膠墨，至今五六十年，儼如古墨，何言牛膠之墨不善耶。世有造熱膠墨者，非膠帶熱下也。于鎔膠之時，傾藥水在内，候膠煮得清熟。若藥水耗少，更添得法，方可搜煙，必上甑蒸透，硬劑杵成熟劑，取出，用力揉輭，才堪丸擀上印，如此造者，謂之熱膠墨也。有造冷膠墨者，非膠待冷下也。但以膠投藥水中煮化，不問清濁生熟，傾入煙中，團得成劑，便上印脱，不蒸不杵，以此膠力不匀，姿質頓劣，如此造者，謂之冷膠墨也。凡造膠製墨，宜在正月、二月、十月、十一月，餘月造者。大熱則造膠不凝，製墨多碎；大寒則造膠凍瘃，製墨斷裂。小墨尚可，大墨決不可爲也。

又《用藥》 用藥之法，非惟增光、助色、取香而已，意在經久，使膠力不敗，墨色不退，堅如犀石，瑩澤豐腴，膩理可愛。此古人用藥之妙也。藥有損有益，須知其由。且如緑礬、青黛作敗，麝香、雞子青引濕，榴皮、藤黄減黑，秦皮書色不脱，烏頭膠力不隳，紫草、蘇木、紫礦、銀硃、金箔助色發豔，俗呼豔爲雲頭，魚膠增黑，多則膠筆鋒，牛膠多亦然。又無雲頭，色少黑，魚膠牛膠皆陳久者好。有用羣隊香藥以解膠煤氣者，但欲其香，不知爲病損色，且上甑一蒸之後，香氣全無，用之何益。惟入薔薇露者，其香經久不歇。其次，則丸擀之時，旋入腦麝。天氣冷時，隔宿浸藥，暖時當日，五更浸藥，皆浸至辰巳間，帶藥入鍋，煎至濃稠，絹濾去柤，矴清，逼去濃腳用之，先以膠烊開，次下研細杏仁攪匀，細絹技去柤腳，入前浄藥汁，内重湯煮化，搜煙造黑，曝乾試之，無泛沫，不膩，藥有當研爲細末旋和入劑中者，腦麝、硃砂、藤黄、螺青、金箔之類也。然欲墨之黑，一須煙清，二須膠好而減用，三須萬杵不厭。此不易之法，不可全藉乎藥也。

又《搜煙》 秤浄煙一斤于白瓷盆。盆置櫈上，取煮化膠藥汁，乘熱以縧濾下煙之中央，急手搜匀便入，搜如細砂狀，寧乾勿濕，捻作毬子，如盆底有煙膠粘定，隨即鏟下捻聚，與毬子以布其裹，上甑蒸之，大墨最難搜和，只宜于輭，硬則燥裂，手劑及有紋墨劑宜半輭。脱子墨劑宜極輭。硬則難脱不美滿。洗光墨劑亦宜輭。貴在揉搙多，則墨無病，當於正月、二月、三月、九月、十月、十一月爲之，餘月非宜也。

又《蒸劑》 用瓦甑或木甑，嵌在鍋中，底下水莫近甑，甑底以篾襯滿，取前布裹毬子入甑，箬籭蓋之，四圍毋得走氣，猛火蒸之，約十數沸，候甑内氣合，籭上汗下如雨，方可取出，乘熱入臼杵擣。蒸時不可間斷，火氣生熟不匀，一劑必作三次，替換蒸之，若杵後仍復乾硬，灑些藥汁再蒸，或秤下塊子，停久凝硬，鎚打不輭。揉搙不開者，亦再蒸之，始可用度。

又《杵擣》 用青石臼一枚，外不拘方圓，内深圓光滑如釜，檀木爲杵，長六尺餘。取蒸透毬子傾臼中，乘熱以手按平，徐徐杵打，俱實，乃使二人互杵擣之，擣得成餅，均匀，分一半蒸，留一半擣，候擣得熟，卻換出甑中者擣之，如此互換蒸擣，得十分成熟，方可住擣。貴在擣得四向捲起如椀楪，乃摺轉四角再擣，假如辰時下臼

擣起，擣到午時，方爲成熟，塊劑常要擣温，休得遲慢，凝併定了。若塊劑輥出難擣，再用一人以木鍬捺住擣之。倘乾燥黏杵，灑藥水少許于劑上，不可多。約杵七八百杵，或千杵，柔輭成熟爲度。古語云「擣不厭多，愈擣愈堅」，此其法也。出臼後，乘熱搓爲條子，任意大小作劑，秤之，遲慢則凝硬難搓矣。

又《秤劑》 取出臼成熟塊子置桌上，搓揉作長條，濕布密裹，納温暖釜中，旋取出切爲小塊，秤架上每段秤準，凡濕劑重一兩四錢者，乾之則得一兩。餘皆倣此。秤之放瓷瓶中濕布窨蓋，或頓湯內，逐塊取出鎚錬。

又《鎚錬》 用五人相次各備鐵碪鐵鎚。每人取劑一丸，鐵鉗夾定，置于碪上，鎚二百餘下，麤劑方成光劑。再鎚二百餘下，光劑始成硬劑。再鎚二百餘下，硬劑方成。熟劑與麪劑相似，方可丸擀，鎚時，若乾燥黏杵，略蘸些藥汁潤之。古語云：一鎚一折鬬手捷，是此法也。

又《丸擀》 又鎚錬成熟劑子，于光滑硬木桌上搏揉輭，逐塊旋入腦麝，再加搏揉匀，方可丸擀。所貴一氣搓得成就爲善。若搓不熟，則生硬核，或開裂縫，猶如炭紋。劑不可冷，冷則乾硬難搓，不能霑黏成就，劑大難搓，假如四兩重者，須分作兩塊，各人搓一塊，候搓得熟，卻併作一塊再搓，方可丸擀。急手爲光劑，緩手爲皺劑，一丸即成，不利于再，必搓得如彈子圓滑，無絲毫摺縫，方以搏板擀成形製，端正捺平，乃上印脱，更入後項香料，久遠研磨，香韻不退，薔薇露、麝香、片腦，右爲細末，再乳如粉，無聲爲度。每入少許丸擀。

又《樣製》 墨之式樣，當取則于古人。無大小厚薄之限，蓋厚大利久，薄小利新，厚大難工，薄小易善。故墨工不喜爲厚大。然太大則不便于用，太小則難以得色。要之，厚大雖可貴，不若三四兩者，得其中也。古墨形製，多有紋理可尚。其法祕而不傳，鮮有知者，兹恐久後湮没，筆于此編，庶傳不朽也。

又《斜皮紋法》 搓搙塊子十分成熟，搏爲彈丸，置當風處少頃，卻輕輕左揉轉成紋，擀長捺平，便上印板，印訖，取起停眼，性定，乃入灰池。

又《古松皮法》 如製八寸長之墨，只擀六寸長條子，用紙簾輥動烘之，若欲麤紋，緊火烘；細紋，慢火烘。待皮面稍乾，以搏板鬆讀上聲。長八寸，用力壓平，即成紋也。候冷，入灰窨乾，刷净，隨意刻字填金。

又《金星紋法》 以輭劑搏爲彈丸，濃膠水略潤皮面，金箔裹滿，置當風處少頃，候稍乾，向左揉轉成紋，擀長捺平，不用板印，紙襯入灰，候乾，不用蠟刷，以玉研光，隨意雕字填青。

又《銀星紋法》 與前金星紋法同，但改用銀箔裹。

又《羅紋法》 脱子不拘方圓，以稀眼硬生羅，依脱子大小剪下，膠水黏在脱內，上下兩面皆用，或只用一面亦得。取輭光劑子擀長捺平，依脱內大小一體嵌下，用力壓實取出，紙襯入灰窨乾刷光，任意刻字，或就刻字脱內。

又《嵌金字法》 先鎔化牛膠，以少許薑汁和匀，筆蘸塗刻字內，候乾，以金箔量大小吹上紙覆半時，新散毫筆拂净，則金字粲然，此法最妙。

又《印脱》 搏板長一尺一寸，闊三寸，厚一寸，字板長廣不一，隨墨大小，中凸起二分許，刻如墨之製，雕字畫成文，四周各餘二寸許，以置模。捺板亦如其凸起者而外無餘木以入牆內。墨之厚薄，視劑子多寡焉。板並要平正光滑，以棗木爲之。以搏板推擀成形製，置字板上，以捺板平平下印之。若造脱子大墨，最難得劑子滿，脱內又難得實，須用壓麪牀坐木擔壓之，方得四圍都到，稜角美滿。墨脱之製。七木湊成，四木爲牆，底面兩板，刻銘文畫式于上，分陰陽文合而捺之，外以堅木穴其中爲箍嵌住，使牆不可開，以一大小，出墨則去箍。

又《入灰》 窨墨須用稻稈灰淋過者，名曰敗灰。其灰作池，無性不猛。日中曬乾，羅細用之，以木方盤爲灰池。不問四時天氣，底灰皆用一寸以上，面灰用一寸以下，灰要攤平，不要捺實，實則不能滲濕。窨小墨不必紙襯，大墨必須紙襯爲佳。一免損色，二免灰入墨紋。每日一度换灰，順以一半乾灰一半舊灰和匀用之。不可見風，見風墨斷。出灰太輭亦斷。出灰太乾則裂。不輭不硬，始可出灰。出灰之後，以刷刷净，便以腦麝錫合灌之，紙裹藏之，若風中吹晾，則墨曲裂。須記下窨出窨日期。凡二月、三月、八月、九月，灰池可窨二層。四月、五月、六月、七月，可窨一層。十月、十一月、十二月、正月，可窨三層。且如窨三層者，先鋪底灰一寸，排墨一層，又鋪灰一寸，排墨一層，又鋪灰一寸，排墨一層，却鋪灰一寸蓋之，此爲三層也。春冬窨一錢二錢重者，一日兩夜出灰。秋夏窨則一日一夜出灰。春冬窨一兩二兩重者，二日三夜出灰，大略如此，亦難太拘日數。但以墨相擊，其聲乾響，即可出灰。此是窨松煙墨法。若窨油煙墨，當稍遲同灰。蓋油煙墨元用藥水，倍多于松煙墨，故乾遲也。夏宜高屋陰涼處窨之，冬宜密室向陽處窨之。冬灰宜厚，夏灰宜薄，夏秋蒸濕之時，膠怕蒸敗，最難製墨，可停造也。深冬極寒之時，膠怕凍敗，亦難造也。冬月濕劑莫久停几案，急急入窨，久窨出灰，遲者則粗白如松煤色，終刷不光。灰濕則曬，天陰即炒，冬寒窨室中晝夜不去火，然火大火暴，皆爲墨病，須審用之也。窨大墨法，先用稍乾灰鋪平，底下以紙上下襯墨，以灰蓋之。

經一日取出，別换潤灰。如前紙襯灰蓋，一日一度换灰换紙，約五六日，候墨乾時，不用紙襯，只以墨入乾灰。假如辰時一换，午時一换，戌時一换，一日三度乾灰换之。約五六日，候墨十分乾訖，取出刷浄，且未可上蠟，厚紙裹起無風處，半月之後，方可見風。凡治造半斤重墨，宜用此法。

又《出灰》　取墨出灰，刷浄，排細篩中陰晾一兩日。再刷浄，置當風處吹晾一兩日，候表裏徹乾，以粗布擦去浮煙。硬刷蘸蠟刷光爲度。墨乾硬，刷則光澤有色；未乾而刷，則皮面灰色，永刷不黑。惟水洗研光者，明亮如漆。

又《水池》　石池貯水，其上置板，板上置墨，以舊細草鞋底蘸些水摩擦。令墨平整，絹帛拭浄，停晾候乾，刷過，粗布擦光，馬腦石打研訖，囊貯懸于高處，候徹乾，紙裹藏之。每俟晴明時取出，乾帛拭過，風中晾片時收之。若蒸濕時，略用火焙，但如人體之温，不可熱也。經三兩夏過，膠性乾透，漸自不蒸。初出灰墨，亦可以焙，焙法：于焙籠下置一枚紙灰缸，深埋熟炭團一箇，徐徐焙去濕氣，杉匣藏之，外用黑光漆内不漆，置牀上近人氣處，以熟漆略刷墨上，免濕蒸侵也。若製下新墨，便經一蒸，精華盡去，不堪用矣。

又《研試》　墨徐徐上下直研，自然無沫清徹，若急急縱横亂研，自然生沫漬膩，善墨研之如研犀，惡墨研之如研泥。李陽冰云：用則旋研，毋令停久，停久則塵埃相雜，膠力隳亡如泥，不任下筆矣。墨色以紫光爲上，黑元次之，青光又次之，白光爲下矣。光之與色，不可偏廢，以久而不渝者爲貴。惟忌膠，光不取也。古墨多有色而無光者。蓋因蒸濕敗之使然。非善者也。其善者，黯而不浮，明而有艷，澤而無漬，是謂紫光，墨之絶品也。以墨試墨，不若以紙試墨。或以硯試，或以指甲試者，皆未善。東坡云：世人論墨，多貴其黑，而不取其光，光而不黑，固爲棄物。若黑而不光，索然無神彩，亦復無用。要使其光清而不浮，湛湛如小兒目睛，乃爲佳也。霉天用墨，研過便拭乾，免得蒸敗。凡用墨須滴水研之，不可以墨入硯池擁水研也。

郎瑛《七修類稿》卷三四《事物類・廷珪墨》　李廷珪之墨形製不一，有圓餅龍蟠而劍脊者，有四渾厚長、劍脊而兩頭尖者，又有如彈丸而龍蟠者，皆用金泥，但傳久糢糊，或貫而無者矣。原墨一料，用珍珠三兩、玉屑一兩，搗萬杵而成，故久而剛堅不壞，用必先以水浸磨處，否則必損硯也。

又卷四七《事物類・墨》　後漢李尤《墨硯銘》云：「書契既造，硯墨乃陳。」則是有書契即有墨矣，予恐特有其名，或煤炭之類耳，不然，何不見之於書史？至漢尚書令僕丞郎月給隃麋墨二枚，似方有墨也。至於五代則專工而精緻矣，蓋後梁、南唐、前後二蜀其主俱好文事，各地置筆墨紙務之官，故梁有張遇、唐有李廷珪父子、蜀有李仲宣，皆著名當時，傳流後世，形製多圓而面則或龍或盤絲者，迨宋之潘谷、陳惟達所造亦不減諸人也。世止知有李廷珪者，由秦少游有「廷珪之墨，潘谷拜之」而顯耳，今徽州出墨亦由廷珪家歙，既已顯著，地遂同業焉。

屠隆《考槃餘事》卷二《墨箋・論墨》　古人用墨，必擇精品，蓋不特藉美於今，更藉傳美於後。昔晉唐之書，宋元之畫，皆傳數百年，墨色如漆，神氣賴以全。若墨之下者，用濃見水則沁散湮污；用澹重褙則神氣索然。未及數年墨跡已脱，此用墨之不可不精也。高深甫云：「墨之妙用，質取其輕，烟取其清，嗅之無香，磨之無聲。新研新水，磨若不勝，忌急則熱，熱則生沫。用則旋研，研則久停。塵埃污墨，膠力泥凝。用過則濯，墨積勿盈。藏久膠宿，墨用乃精。」誠鑒墨三昧語。其古今名家造法，備詳《墨經》、《墨書》。

又《古製墨法》　古墨法云：「烟細膠新，杵熟烝匀。色不染手，光可射人。」又曰：「虬松取烟，鹿膠相揉。九烝回澤，萬杵力扣。光可照人，色不染手。」造墨惟膠爲難，古之妙工，皆自製膠。法取新解牛革及觔全用之，牛革取其厚處，連膚及毛，皆剷不用，入冶成膠，即以和烟。若冷定重化，則已非新矣。今之膠材，皆牛革之棄餘，故雖號廣膠，去古膠法猶遠，無怪乎墨品之下也。徽墨今古第一者，上比潘谷、蔡滔，中間猶容十許人，況李廷珪乎。

又《朱萬初墨》　元有朱萬初善製墨。純用松烟，蓋取三百年摧朽之餘，精英之不可冺者，用之非常松也。大曆乙巳開奎章閣，揀儒臣親侍翰墨，榮公存初、康里公子山皆侍閣下，以朱萬初所製墨進，大稱旨，得禄食藝文館。虞文靖公贈之詩曰：「霜雪摧殘澗壑非，根深千歲斧斤違。寸心不逐飛烟化，還作玄雲繞紫微。」蓋紀兹事也。又曰：萬初之墨，沉着而無留跡，輕清而有餘潤。其品在郭圮父子間。又跋其後曰：「近世墨以油烟易松烟，姿媚而不深重。萬初既以墨顯，又得真定劉法造墨法於石刻中，以爲劉之精藝深心，盡在於此，必無誤後世，因覃思而得之。」余嘗謂松烟墨深重而不姿媚，油烟墨姿媚而不深重，若以松脂爲炬取烟，二者兼之矣。宋徽宗嘗以蘇合油搜烟爲墨，至金章宗購之，一兩墨價黄金一斤，欲倣爲之不能，此謂之墨妖可也。

又卷四《墨匣》　以紫檀、烏木豆瓣楠爲匣，多用古人玉帶花板鑲之，亦有舊做長玉螭虎人物嵌者爲最，有雕紅黑退光漆亦佳。

謝肇淛《五雜俎》卷一二《物部四》 古人書之用墨，不過欲其黑而已，故凡烟煤皆可爲也。後世欲其發光，欲其香，又欲其堅，故造作百端，淫巧遝出，價侔金玉，所謂趍其末而忘其本者也。三代之墨，其法似不可知，然《周書》有涅墨之刑，晉襄有墨縗之制，又古人灼龜先以墨畫龜，則謂古人皆以漆書者，亦不然也。又云古有黑石，可磨汁而書。然黑石僅出延安，晉陸雲與兄書謂三臺上有藏者，則亦稀奇之物，安得人人而用之？况墨之爲字，從黑從土，其爲煤土所製無疑，但世遠不可考耳。至漢始有隃麋之名，至唐始有松烟之制。然三國時皇象論墨，已有多膠黝黑之説，則謂魏、晉以前皆用漆而不用膠者亦誤也。至於用珠則自李廷珪始，用腦麝、金箔則自宋張遇始，自此而競爲淫巧矣。按：太白詩有「蘭麝疑珍墨」之語，則唐墨已用麝。李廷珪，唐僖宗時人，其墨在宋時如王平甫、石昌言、秦少游、蔡君謨輩皆有藏者。國朝馬愈《日抄》言：「在英國府中曾一見之。」今又百五十年矣，大内不可知，人間恐不可復得，即張遇、陳朗、潘谷皆無存者。以今之墨，不下往昔故也。廷珪自易徙歙，遂爲歙人，則歙墨源流其來久矣。廷珪弟廷寬，寬子承宴，宴子文用，皆世其業而漸不逮。又有柴珣、朱君德小墨，皆唐末三代知名者。張遇、王迪、葉茂實、潘谷、陳朗、陳惟達、李仲宣，宋墨之良者也。元有朱萬初，純用松烟。國朝方正、羅小華、邵格之皆擅名一時。近代方于魯始臻其妙，其二十前所作九玄三極前無古人，最後程君房與爲仇敵，製玄元靈氣以壓之，二家各争其價，紛拏不定。然君房大駔，亡命不齒倫輩，故士論迄歸方焉。李廷珪墨，每料用真珠三兩，擣十萬杵，故堅如金石。羅小華墨亦用黄金、珍珠雜搗之，水浸數宿不能壞也。羅墨今尚有存者，亦將與金同價矣。宋徽宗以蘇合油搜烟爲墨，雜以百寶，至金章宗購之，每兩直黄金一斤。夫墨苟適用，藉金珠何爲？淫巧侈靡，此爲甚矣。今方、程二家墨，上者亦須白金一斤易墨三斤，聞亦有珍珠、麝香云。余同年方承郁爲歙令，自造青麟髓，價又倍之。近日潘方凱造開天容墨，又倍之，蓋復用黄金矣。然以爲觀美則外視未必佳，以爲適用則亦無以甚异也，此又余之所不解也。墨太陳則膠氣盡而字不發光，太新則膠氣重而筆多纏滯，惟三五十年後最宜合用。方正墨，今用之已作煤土色矣，不知仲將何以一點如漆？或曰古墨用漆，故堅而亮；今祇用膠，故數經黴濕則敗矣。余家藏歙墨之極佳者，携至京師，冬月皆碎裂如礫，而廷珪當時政在易水得名，恐用漆之説不誣耳。徐常侍得李超墨一挺，長近尺餘，兄弟日書五千字，凡用十年乃盡。宋元嘉墨，每丸作二十萬字。乃知昔墨不獨堅而耐磨，亦挺質長大。羅小華墨雖貴重，每挺皆二兩餘，規者五兩餘。近來方、程墨苦於太小，大僅如指，用之易盡，而青麟髓、開天容尤小，家居無事，每遇乞書狼藉時，不一月輒盡，且亦不便於磨也。方于魯有《墨譜》，其紋式精巧，細入毫髮，一時傳玩，紙爲涌貴。程君房作《墨苑》以勝之，其末繪《中山狼傳》以詆方之負義。蓋方微時曾受造墨法於程，迨其後也有出藍之譽，而君房坐殺人擬大辟，疑方所爲，故恨之入骨。二家各求海内詞林縉紳爲之游揚，軒輊不一。然論墨品、人品，恐程終不勝方耳。于魯近來所造墨亦不逮前。萬曆戊戌秋，余親至于魯家，令製長大挺，每一挺四兩者，然求昔年九玄三極料已不可得。又十年，于魯死，子孫急於取售，其所製益復不逮矣。大率上人之求取無厭，而市者之賞鑒難得，自非巨富而護名，何苦而居難售之貨？此亦天下之通弊也。唐陶雅爲歙州刺史，責李超云：「爾近所造墨殊不及吾初至郡時，何也？」對曰：「公初臨郡，歲取墨不過十挺，今數百挺未已，何暇精好爲？」噫！今之守令取墨，豈直數百挺而已耶？古人養墨，以豹皮囊，欲遠其濕。又云宜以漆匣密藏之，欲滋其潤。

沈德符《萬曆野獲編》卷二六《新安製墨》 宋徽宗以蘇合油溲烟爲墨，後金章宗購之，黄金一斤纔得一兩，可謂好事極矣。近代惟新安羅龍文所作，價踰拱璧，即一兩博爲躔一斤，亦未必得真者，蓋墨之能事畢矣。新安人例工製墨，方于魯名最著，汪太函司馬與之連姻，奬飾稍過，名振宇内。所刻《墨譜》，窮極工巧，而同里程君房幾超而上之，兩人貿首深仇，程墨曾介内臣進之今上，方愈妬恨，程以不良死，則方力也。程亦刻《墨苑》，鬬奇角異，似又勝方，真墨妖亦墨兵矣。孫司禮隆在江南所造清謹堂頗精，以出内臣手，不爲銀泓所貴，然入用自佳。今徽人家傳户習，凡程鄭素封，競造墨餽遺，爲朱提紫磨伴侣，諸貴人輕之，滕置高閣，間以給佐掾輿儓急需，文房雅道，掃地盡矣。

方于魯《方氏墨譜・王世貞墨評》 新都潘景昇甫貽余制墨四餅，黝於漆，圓於月，其光可以鑒，其潤可以挹，其芬可以奪，沈麝而不可名。友人汪仲淹氏謂余：「子試評之，評而核，請得歲效賦焉。」余不甚别墨而頗能臆墨事，以爲古之墨者毋過韋仲將，所謂一點如漆者；六季毋過張永；唐毋過祖敏、奚鼐、陳朗；五季毋過奚超與超之子庭珪；宋毋過柴珣、潘谷、常和、沈珪、陳瞻、張遇、王迪、蘇澥；元毋過朱萬初，而其最著者曰庭珪谷。是數子手澤，今當無一存，而僅於遺斷楮一窺山陰父子、永興、渤海之迹，而仿佛若究其入木之妙而已。邇來得宣朝數挺，又得景昇之鄉人羅生十餅，是皆臨池家所賞購，第宣朝雖極堅致，久之業已澹白；而羅生不能窮其搜烟和膠之三昧，而徒以雜寶蠙珠之糜爲豪勝，且物用人重，彼何能

當吾景昇？夫景昇者，豈潘谷氏之苗裔也耶？昔人好墨，則毋過蘇子瞻，至悉鳩數十百家之墨而襲之錦囊，曰：某某螺也，某某凡也，某某餅也。懸而不忍試，久之則又笑曰：「人固磨墨，墨今在而吾已老，墨且磨我。」夫子瞻，工於書者也，故墨是好；余不工於書而墨之好，而覬於景昇賦墨，豈直磨我且笑我。仲淹亦笑，書余語而去。

又《汪道會墨賦》

夫巴蜀兔穎，漢室隃糜，展素臨池，資爲良疋。故揚雄氏主翰林而客子墨，侈以嘉名。何所貴之，貴其精也。新都自奚氏父子，來自易水，代良於墨，歷世既遐，古法鮮襲。吾友方建元氏師事余兄，博學雋才，高視玄覽，間以杖屨之暇，擣桐烟、和麋角爲劑，光澤可鑒，點漆而黟。於是傳九土，達兩都，列東壁，陳尚方，天下咸謂建元及其子子封，甲乙廷珪父子，千載絶藝，復還舊觀。善哉！技蓋至此矣。追惟簫琴笙笛，無關典雅，古之名士并爲賦頌，叙其材則危苦少儷，稱其美則旨趣難窮。揆之典文，功用非急，豈若茲墨，裨典籍，輔文章，所益弘多而賦者獨闕，聊復掇拾舊載，爲客卿賦之。其辭曰：客有逸民者，與子墨子俱學於太函氏。子墨守玄，逸民見素，其所就業異也。於時徒維紀歲，背夏涉秋；賓射方興，多士旅進。國藉十世之基，人擅萬夫之勝。子墨子澤烏玦，煉玄霜，襲螺子，劑龍香；馳騁於文藝之圃，翱翔於竹素之場。逸民惑之，往見子墨子而問焉：「僕聞上古結繩，書契未出；道無紛華，治尚淵嘿。文告弛而不用，皇風湯而鮮忒。於斯時也，烏睹所謂璿牒之與石記，篆素之與烏策者哉？挽近世塗民耳目，末技競趨，折簡傅漆，剡木鍥觚。玉涅則垢，絲染則污。於是乎王猷始缺，大道寖渝矣。先生乃猶盛藻繢以爲觀，陳規矩以爲式，繽五象之紛糾，横六藝之皇惑，將使文勝而漓，辭蕪而飭，意者其亡常德歟？不然，何樹士民以繁縟之標，而驅衆庶於淫巧之僻也？僕有疑焉，願因先生決之。」子墨子端緌而進，盱衡而視，輾然而笑曰：「異哉子之所見，信曲士之不可語於時，凡民之不可適於治也。果若子言，是裂黼冕而毀裳服，舍耒耜而廢菑畬矣。夫簀桴土鼓，音之始也，而非所以傍八音；太羹玄酒，味之始也，而非所以劑五味。蓋世有夷有隆，治有經有變，惟聖人因天時以運化，黎庶承上教以成俗，政化之本，與時推移，謂之紀也。夫墨於象爲陰，於義爲晦，其取類也小，其稱名也大，雖皇王之迭興，實記載之咸賴。且子獨不聞乎上世之事歟？請爲子更僕而悉之。昔者天錫文字，肇闡河洛，庖羲畫焉，皇史籀作，唐虞繼世，罹於絳水；二儀倒錯，帝用授禹以宛委之書，乃執玄圭，以營以度。迨乎聲教流訖，功叙載歌，斯固人文之所繇以闓廓也。爾其上當星記，則奎壁耀躔；下葉方輿，則玄丘示異。夏敷命而王，殷布誥而治；周文得之以昌祚，嬴秦失之以絶世。咸用鏡古於千百，斯獲僅存於一二。若乃箴銘謡誄，歌頌繇嘏，臺觀闕庭，車杖牖户，盤匜符璽，觴豆簠簋，《凡將》、《急就》、《爰歷》旁午，鐫鏤貞珉，點畫斷楮，其迹猶存，其義可舉，兹皆其小，小者未易以縷數。至若岐陽石鼓，郟郛鼎文，史傳所載，謨訓所敦，罔不準涽河海，炯晃日星。信匪册而莫布，匪玄而莫陳。故論其地則築陽、懷化、延安、上黨、宣、歙、西蜀，代興競爽；其人則韋、張噶矢，奚、祖嗣音；若超若珪，厥有朗珣。雖瞻谷之殊代，咸往軌之可循。其制則九子二螺，松節孔嘉，犀紋玉質，膠調麝和，廬烟代角，璀璨鮮華。其珍異則子建松肪，士龍石液，潘谷辨鑒，常侍賞識，魚腹郃藏，豹囊什襲。雄殊賜而校理秘文，肅詭遇而開悟明《易》。詔僕丞之月賜，試省郎之坐給。或僭劣啜沈，或日月污襟，或集龍賓之十二，或吐奇文於九錫。亦有曹衛顧陸，吴史張陳，山陰長史，渤海永興，書練染素，誤駁點蠅，非惟貴紙，抑高令名。斯足以造乎墨妙然，而其極未臻也。惟今天子在宥，而理及於萬方，文治四洽，纘述重光；有作必奇，有文必蔚，是以鑿首鋸耳之夫，雕題鑿齒之輩，解辮稱臣，樹頷欵塞，無不懷琛獻璧，以隆上都；固其竭愛戴之忱，亦以昭王者於無外。然猶雖逸勿逸，雖休勿休，日與三事大夫摯摯求治，執政優游，睿藻時宣，翰墨間作，蓋已潤色鴻業，炳然與三代同猷。翳我微臣，越在草莽，思以呈土物，贊玄賞，搜冥濛，睠象罔，挹清華之仙露，摽輕煤於佛幌；物不貴異，制無宣淫；遠昭雲漢，近沛綍綸；傳以珽瑴，妃以狡娩，緗縑既附，以流以申。爾其爲炧也，陵陽孤桐，比於鄒嶧；布葉葱蒼，挺枝翕瑟；清露晨流，玄雲夜集。永誕擷其華，敏鼎攬其液。於是掞以茜草，揚以蘭膏；若有若無，飄飄搖搖。遠而望之，藐若蝣蛴縈碧漢；迫而察之，恍如纖雲翳青霄。其爲膠也，肪鯉之胞，麋鹿之角。南海余且之所網，中山賁育之所縛。爾乃解以靈草，煎以金鑊；潔必研精，擇匪嗜博。考寒暑之適均，調燥濕而斟酌。詎麟髓之可逾，寧鳳膏之可托。其爲飭也，玉乳珠胎，龍腦麝臍，芬馨郁烈，光耀陸離。羅縠綺組，競襲重施，豈曰示靡，國華所宜。其爲劑也，琳碧之杵，藍田之臼；烟細膠澄，千百其擣；玫瑰耀光，齊漆争黟；光可晰人，色不染手。其爲贊也，瑯琊新都，三楚吴越；王孫公子，布衣岩穴；投篇義舉，含毫逸發；興千言而靡足，羌累櫝而未竭，然皆辭不虚譽，語無溢美，非左非倚，疇能效此。其爲楷也，規萬珽珪，雜以群佩；上則河漢列宿，卿雲沆瀣，下則流峙岳瀆露盤，裔裔以建標雲臺，峨峨以開泰其中。林林乎，總總乎，神聖之所珍，仙釋之所貴，則已博綜今古，旁羅中外，蓋不特琮璧之與璜瓚，圭瑁之與

同介。以至山澤之靈，草木之怪，觩角鞶鑒，蛾綠螺黛，殊形詭制，千狀萬態，固伯益、工倕之所不能名，虞初、册府之所不能載。別有非烟而烟，無色而色；清有餘潤，研無留迹；比技則郢斤，方巧則羿射。至矣，美矣，無以極矣！信其重爲國寶，燁爲國華，列之東序則珍陪琬琰，陳之簡策則蔭蔚雲霞。又有太玄太漠，緇玄異名；玄窺衆妙，緇擅上乘；理入解而妙僻，義無頗而拂經。故書絶於入木，弓不作於噴繒，陋佛馱之翻繹，青衣出於池表；豈浮提之汁竭，爰瀝血以刳心。若此之屬，皆文人才士之所頌嘆，大雅宏達之所咀漱，足以啓發儒林，弘收藝轂。然而峒毛作貢者，壤土之賦也；芹曝用獻者，野人之私也。則乃緘縢鐍鑰，特達兩都；匪賦匪獻，廛肆是居；希一眄於落落，冀取重於璠璵。於是天子乘秋布令，省我穡事；發倉廩以賑貧窮，薄税歛以恤煢匱。四海之内，寥廓突奥，幽遐獨邃，莫不樂更生，蒙厚賜以馴，致乎嘉美休泰，迄乎天高氣鮮，露滋霜肅；斜漢左界，旋璣南陸。菊敷紛以散芳，月澄暉以照屋。天子方御便殿，陳《豳風》，侍從帷幄之臣，屢抽豪以進櫝，於時海宇黎獻，式應弓旌。士籍於澤宫者千二百人，書奏，天子覽而嘆曰：『嗟乎！人文若斯之盛也。我明興二百餘載，哲聖相承，體天立制，崇作述之弘道，則德義以長，世固已治定功成，垂於勿替。然於禮樂制度，謙讓未遑，非所以昭景鑠，詔來裔也。』爾乃辟四門，廣賢路，考文章，稽典故，協頌雅，歌《湛露》，庀五材，興百度，修文德，斥武庫，去泰甚，損服御；賤后宫之靡麗，遵上世之樸素；進伯夷以司秩宗，相后夔使典韶濩。美哉！洋洋乎！包括帝王，步驟馳騖；盛德大業，非聖人其孰能與也！由是名儒霧赴，惇史雲蒸；石渠、天禄之府，金馬、著作之庭，翼翼濟濟，殫見竭聞；敦典由禮，蹈德咏仁。下及於群黎百姓，亦且蕩瑕滌滓，無欲無營，優游自得，守神情以鏡至清。斯固三王復起而五帝可生也，何時君世主之足雲。由此觀之，墨之爲用，章於國君，與於斯文，洽於教化，漸於兆民。故夫一文一質者，道之經也；一張一弛者，治之神也。非張弛文質，惡能興理道而致太平？且冀都朔方，其色爲黑；當代應運，實主水德。是宜其執樞建極，旋共萬國，以垂有道於千億，若子之論，將燔詩書，棄儒術，其何以爲天下式？」子墨之語未終，逸民逡巡而起，避席再拜曰：「夫葛不耐不裘，寒不耐不燠，時之所在，天地弗違。微先生言，僕幾盭足而却步。拜命之辱，尚守吾師之玄，庶其與於斯旨矣！」

又《墨表》 太函氏曰：方于魯遞以墨質成，品有五。其始爲「瑶草」，以工特聞。于魯則曰：「吾求之法象而始得也，寧詎衆雌而無雄？」既而爲「大國香」，庶幾乎國工矣。則又曰：「吾求之色澤而始得也。守吾宗而未始出吾宗。」於是爲「大紫重玄」，美矣！善矣！盡矣！則又曰：「吾業已得其精神，玄之玄矣，吾將求之材美工巧之外，吾將游水德之初，吾其爲『非烟』，吾其爲『九玄三極』，吾伎單矣。」夫工非儒者事也。不儒不工，儒而不工，儒無當也。儒術爲政，人官爲能，純粹精良，故無遺憾。于魯以此世其業，卒以名家，其子嘉樹殖之，林林乎滋茂矣。象有五：一曰規，二曰萬，三曰珽，四曰圭，五曰雜珮。圓爲規，方爲萬，正直爲珽，修者、鋭者、荼者、葵者爲圭。凡諸取數不齊，皆爲雜珮。義有六：一曰國寶，二曰國華，三曰博古，四曰博物，五曰太莫，六曰太玄。昔人饗芹，曝而獻之君，不忘君也。聖主日御東觀，親子墨；客卿草莽之臣，何繇特達？唯是休徵瑞應，竊以摹至治而咏太平。國寶尚矣。論思獻納，决策摛辭，經緯章相，潤色帝業，故次國華。古人與稽，後世爲楷，多文爲富，物亦宜然，故博古次之，博物又次之。九流百家，道術裂矣。二氏游方之外，業擅緇玄，要以無相無名，斯其參兩。緇則太莫，玄則太玄，即不相謀，何可廢也。或曰法寶，或曰鴻寶，其在斯乎？表者，以六義衡之，五象縮之，類族區分，可縷指矣。

又《墨按十則》 始余祠岳就歙，令徵先後熕視伯玉、元美、本寧、長卿及邑子廷韓，品藻墨妙，于大激方君所謁而取觀，初付雕氏總圖色象，命裒列譜成一家藝軌，播諸路考，胝將令登，聞主藏宣付渠觀，昭聖后英賢，中興右文之雅，因暢芸窗，爲撮《墨按》數則，尾續記室，略資披莞云爾。谷水峻陽袁福徵書。奚氏子父精品，蔡公稱：可削木數季，墜溝若舊，致令石氏蓄寶，千秋爲珍，不許人磨其雙脊龍劍背。頒賞群玉殿者，猶在易水，匠心自得，已寓婺、歙萬松間。加精墨寵始隋唐，如御案聚戲如蠅，旋呼萬歲，曰：「文士俱龍賓十二，種種異相；帝稱龍香上劑，薛稷褒予九錫。」是旦，吐氣紋烟亭，聳如起樓台，里巷聚詫，卑稱「玄香守」、「平章總」、「松滋侯」、「黑松使」者勿舉。《相墨經》不傳名。代云：「染楮不昏，文房寶稀。」傳：「養墨遠濕，須囊揀豹皮。」《韋誕方略》乃云：「珠麝非鐵臼，非杵三萬，非二月、九月前候，易變。」乃知造字設墨，召感帝鬼，禁方詭術，非輕眇矣。魚胞熟，萬杵犀角，《盤雙龍詩》有之：「萬竈松烟，輕煤翠餅。」支久耐藏，材士比玉。萬鎰難售，三千足濡。」以覓《來禽》、《青李》，尚未得當；兼以獺髓、璣屑，天香澤蘭，馬肝琢而佐圖，玉版開以光櫝。噓猶雲靄，奕若龍蛇；遥憐醉常侍，微笑開天容者矣。《龍髓記》：「段成式對徐峰奕，得墨『狻猊太子妻』，寄致十螺，乃上《書品》。永寧第中，精搗龍片如琅玕，質潤發澤，雲藍墨勝如玉；况於梧臺，真物難蓄，燕石市炫，惜哉！評騭之艱也。」異物駐世，一如魅爽，况於廣圖府宣綸告蘭錡絳氏乎？封

人陶正，五色蔚興；員嶠星池，百里塞著；士龍祝婚，班孟嚼噴；魚騰丹檢，雷躍錦囊；非理所著，幻怪有然。九子三臺，雲書瑞表；青烟蛾緑，畫局宮儲；螺子黛斛，給賜降仙；鳳舸傳寫，變化點漆；瓦湘日嚙，爛石開烟；葦管籧書，柹葉遍錦；足令金箋紫霧，飛白拖虹；蠹簡生光，赫蹏倍價。玉稱六瑞，佩列百觿；和璧夜光，車輝澤媚；三棘六異，手捧篋陳；襲以緹巾，陳之革櫝；藏猶大寶，色類錯刀。宮女好事而争妍，客卿踴價而騰售。家纓琲璪，笏拄躬蒲；老仙推轂，名籍蛾嵋；尚書握瑜，品高令僕矣。海産星池，燒紅如肺；香延百里，昇焰如雲。築陽怪石，片片成墨；懷化一塹，在在寫書。天宣地泄，温洛軒河；作文造古，蒼頡靈盤；代有神姦，永貽册府。墨潘垂迹，照耀簡編。山谷隔囊封，遂知其品；蘇大閲烏玦，即以延名。安有析法象，揣色澤，詣玄品，通極味，上參蒼顥，中差柏谷，下佐文史，遠遺蠻粵，貴擅清朝，大潡氏者，昔有玄光，今有建元，神至矣！美矣。

汪道貫《墨書》 夫墨者，黝而已矣。堅，其德也；色澤，其華也，次也；芬芳，其襲也；刮摩，其飾也，又其次也。投以蠙珠，飾以藻繢，又次之次也。是故察墨之道，自黝始，望而眡之，其光可鑒也，其廉可割也；進而眡之，欲其暐曄而有文也。何所取之？取其純黑不雜也，墨之上也。世之鑒者，藻繢刮摩而已耳，無惑乎其趨之日下也。故塵垢宿墨，非研也；經宿渾濁，非水也；燥濕失中，非摩也；卑隘下濕，非藏也；聞香悦飾，非鑒也。凡墨之黝者，必先之烟，然今之烟與古异。古取之松烟與敗漆器，今則以桐液矣。欲墨之堅者，必先之和，然今之和亦與古异。古之和以漆，今則以膠矣。取烟之方，和膠之道，市人莫不用之，而知其道者鮮矣。善乎太函氏之授建元，曰：明德非馨，太冲惟莫。夫非馨，故襲有所不事也；惟莫，則黝而已矣。建元氏用其言，故以技甲天下。嗟乎！「明德非馨，太冲惟莫」，盡之矣！夫烟者，墨之質也。取烟以桐液，桐液以藏久而焰小者爲上。凡取烟之道，刳木爲梘，仰置之，實以沙及水，納鐙其中；鐙之多少視梘短長。鐙酌桐液，以燈草爲柱而燃之；别覆琖燈烟之上，毋太高，太高則烟散；毋太卑，太卑則烟濁。高不過拳，卑不累掌，乃爲得之。桐液入紫草而煉之，燈草以蘇木染茜。何所取之？取其焰小而光彩也。凡取烟，冬則氣凝，其烟聚，故多而濁；夏則氣昇，其烟散，故少而清。當暑雨之候，取桐子久奩者爲液，置鐙欲深覆，欲高煉油而茜草，獨草爲柱而然之。始然則火力大，掃而别置之；既燃無去其燼，久而火力微，烟緩而細，乃取以爲上劑。火力稍微，烟緩而清者爲中劑。故烟有三劑：上劑是爲九玄三極之劑；中劑中爲非烟之劑；掃而别置之者，是爲太紫重玄之劑，下此各以草之多寡爲差，無論矣。世之狶膏爲烟者，獨狶膏則焰大而無烟，且滯筆鋒，雖有光而色白，不如桐液之黝也。入桐液則與桐烟無異矣。故曰：狶膏而麋角，好奇者之過也。墨之和也以膠，用膠有道，不可過也，過則水滯；不可不及也，不及則多散。不滯不散而膠著水欲浥者，制之不善也。善用膠者，因乎時，因乎地。夏少冬多，春秋酌冬夏之中，此因乎時者也。南方氣蒸，膠欲少；北方風烈，膠欲多，此因乎地者也。故用膠之道如不得已，堅而不滯也，潤而不散也，此善用膠者也。古法用代郡鹿角膠，善墨者或自製膠，欲其潔也。古今異宜，今用麋角則色稍白，自製則當溽暑而蒸，惟用廣膠，擇最精而潔者，斯無二者之患矣。古法用梣皮解膠而益黑色，建元得禁方，用靈草取汁解膠，勝梣皮遠甚。其後用以制膠，故墨色黝潤如漆，靈草之助也。友人莫廷韓評曰：「治墨莫先治膠，膠之質精而墨妙；膠之力久而墨堅；膠之性盡而墨純。質精故烟膠之相得也，和力久故烟膠之相入也，深性盡故烟膠之相劑也。墨未百餘年不能全也。于魯用法，于膠精矣，其堅而純，信可必至；第墨妙方來，難睹其所謂化耳。」知言哉！余嘗謂建元氏曰：「奚氏墨入水經月不壞，何也？」建元氏曰：「此用漆，故墨堅。」然斷而視之，則如毁瓦，又能穴研。又聞用奚氏墨者，先一日清水中，乃能摩，非今日所宜耳。伯氏之謂建元曰：墨者良于爐，進之則良于膠。近世兩者無良，獨以芳澤相媚，末矣。自墨法之失也，有入蠙珠雜寶者矣，有投以腦麝者矣，是皆無益於黝，乃不能窮搜烟和膠之三昧，徒示其麋以爲豪勝耳。然膠氣新則臭，故腦麝所必用也。用腦麝之法，擇其精者而研之，而澄之，而濾之，墨各爲劑而後入，則香氣不失而墨色不損。古法合墨，入鐵臼中搗三萬杵，可過不可少，亦甚言之耳。今則搗以木臼，隱以金椎，過數百杵則凝；復蒸之，數蒸則膠性解；過五千杵，墨凝而堅，不復能杵矣！故杵用强有力者，袖數斤鐵椎乃佳耳。古之爲墨者，九螺，爲丸，爲餅，皆象也。自羅秘書飾象以炫觀者，而墨象興矣。建元氏之墨爲象五：規者，萬者，珽者，圭者，雜珮者；象所取義六：曰國寶，曰國華，曰博古，曰博物，曰太莫，曰太玄。求之象與義之初，其品有五：爲瑶草，爲大國香，爲大紫重玄，爲非烟，爲九玄三極。其義其象，則表與譜詳之。建元之爲象也，其制則請之余伯氏伯玉，李太史本寧，而不佞道貫時佐之；書則請之文博士休承，周山人公瑕，莫太學廷韓，朱王孫貞吉，潘秘書象安，劉文學季然，而不佞亦佐之；畫則丁山人南羽，俞山人康仲，吴山人左千，即付剞劂，必盡毫髮，務極國能，故李太史之序有曰：「其品式有經，

則王府之闕石、和鈞，公輸之準繩也；其追琢美好，則偃師之倡，輪扁之斲，宋之玉楮而郢之斤成風也；其詞章則典謨訓誥，渾噩爾雅，即秦漢而下，無論也；其族類浩穰，肖像詭特，則九鼎之百物神姦，册府之群玉，不可形狀也；其芬香郁烈，光彩煜耀，則虞廷之卿云，太乙之青藜，楚之畹蘭畝蕙也；其文字則河之圖，洛之書，倉頡之篆，孔甲之盤盂，闕里之科斗也。」莫廷韓曰：「方氏墨品止於非烟，奇於九玄三極，蓋人巧盡物理，窮過此則爲妖，吾不敢信。自是可以超潘駕李，褎然代興。」又曰：「于魯舉室而治墨，又旦暮精思，故於藝無憾。」非多得方氏之墨者，不知斯言之非譽也。刮摩自建元氏始也。初，建元薄畫繢，始爲刮摩，磋以銼，摩以木賊，繼以蠟帚，潤以漆，襲以香藥。其潤欲滴，其光可鑒。自刮摩興而畫繢廢，自墨工盗其法而善墨者競爲刮摩矣。奚氏之墨，墜溝經月而不渝，何論收藏？然古人養墨以豹皮囊，貴乎遠濕，何以故？豈非以膠漆異用，新舊異宜，燥濕異調故耶？余友程子虛氏曰：「藏墨藏書，俱貴遠濕。藏墨者宜置之高閣，蘊以熟艾，納之灰中，能去膠氣而益墨色。」建元氏曰：「墨成而未干者，遇陰雨則置灰中，易干而不潰。夏用爐灰，冬雜以石灰，欲其温也。」則藏墨之用灰，善矣！夫膠之力不久，其性不盡；棄置而不收，濡漬而不檢，而委於制之不工，不亦難乎？古稱善賞識者，徐常侍之下，世不多有。潘谷隔囊而辨天下之寶，固一藝之精，以神用也。若石昌言懸墨滿室，不許人磨；滕達、蘇浩然、吕行甫弄筆之餘，啜其殘，沈可語極嗜，非直賞鑒矣。建元氏曰：「試墨如試金，當略其色澤，求其神氣。其法用紫石研注水涓滴，同磨多少，同磨之一縷如綫而鑒其光，紫光爲上，黑光次之，青又次之，白爲下，黯污無光或有雲霞氣，又下之下也。蘇長公有言：「光而不黑，索然無神氣，亦復安用？」賞識精矣。蔡君謨言：「奚氏墨能削木，故墨口以有鋒刃者爲上；垢積研間者，膠不和也；滯筆鋒者，膠氣濁也；研之有聲者，膠煤不調而制不善也。」元美先生曰：「黝而澤，致而黑，光可晰，堅於璧。」太函氏曰：「以耳視者昏，以目視者哲，以心視者神。聞聲而雷同，耳視也；按圖而索驥，目視也；觀其象以求其真，心視也。好玄者苟得其真，隋、和具在。」袁履善氏曰：「真物難蓄，燕石市炫。」惜哉評騭之艱也，信夫！《釋名》曰：「墨者，晦也。」《真誥》曰：「墨，陰象也。」然體晦而用章，象陰而理陽，所謂筆陣之鍪甲，文苑之攸先也。《古墨法》云：「烟細膠新，杵熟蒸匀，色不染手，光可射人。」四語已盡制墨三昧。明德非馨，太冲惟漠，先後一揆也。《仇池筆記》云：「三衢蔡瑫，自烟煤膠外，一物不用，特以和劑有法，甚黑而光。彼取光於蠙珠，求芬於腦麝。風斯下矣！」羅秘書墨，以珠英玉屑取重，人文之巧耳！其搜烟和膠之三昧，實不逮後人。頃以東觀，咨訪及之，幾與珊瑚木難同價，物故有所遭哉！世之重奚氏墨，古今同也；然不遇則車載以漆相國寺門，遇則黄金可得，而奚氏墨不可得。物之係於所遭如此。元虞文靖稱朱萬初墨：「沈着而無留迹，輕清而有餘潤。」二語亦得制墨之妙。太函氏言：「今之足以卑古者，惟陶氏墨。」莫廷韓言：「建元墨可以超潘駕李，褎然代興。」夫卑古超駕，難矣！使建元而遇潘、李，庶幾在雁行之間。李有廷珪，方有嘉樹，并稱濟美，亦足方駕。宋晁氏有《墨經》，不著其名。其言制墨，與今亦小異，今其書具在。方氏《譜》出，當令族賈攞指，藝林讓博，可稱墨家董狐。

宋應星《天工開物》卷下《丹青》 凡墨燒烟凝質而爲之，取桐油、清油、猪油烟爲者，居十之一；取松烟爲者，居十之九。凡造貴重墨者，國朝推重徽郡人，或以載油之艱，遣人僦居荆、襄、辰、沅，就其賤值桐油點烟而歸。其墨他日登于紙上，日影横射，有紅光者，則以紫草汁浸染燈心而燃炷者也。凡爇油取烟，每油一斤，得上烟一兩餘。手力捷疾者，一人供事燈盞二百付。若刮取怠緩則烟老，火燃質料併喪也。其餘尋常用墨，則先將松樹流去膠者，然後伐木。凡松香有一毛未净盡，其烟造墨終有滓結不解之病。凡松樹流去香，木根鑿一小孔，炷燈緩炙，則通身膏液就煖傾流而出也。凡燒松烟，伐松斬成尺寸。鞠篾爲圓屋，如舟中雨篷式，接連十餘丈，内外與接口皆以紙及席糊固完成，隔位數節，小孔出烟。其下掩土砌磚，先爲通烟道路。燃薪數日，歇冷入中掃刮。凡燒松烟，放火通烟，自頭徹尾。靠尾一、二節者爲清烟，取入佳墨爲料。中節者爲混烟，取爲時墨料。若近頭一、二節，只刮取爲烟子，貨賣刷印，書文家仍取研細用之。其餘則供漆工、堊工之塗玄者。凡松烟造墨，入水久浸，以浮沉分精慤。其和膠之後，以搥搗多寡分脆堅。其增入珍料與漱金銜麝，則松烟、油烟增減聽人。

方以智《通雅》卷三二《器用》 墨以九蒸萬杵爲貴，松煙鹿膠今失久矣。《輟耕録》曰：「上古竹挺點漆，中古以石磨汁，魏晉時始有墨丸，乃漆煙松煤爲之。晉人用凹心硯者，欲貯瀋耳。自後有螺子墨。」《卮言》曰：「韋誕之墨，一點如漆。」六朝無過張永，五季無過奚超及其子廷珪。廷珪在南唐賜姓李。宋有常和沈珪、陳贍，皆妙品也。張遇以龍香劑進御，有隱君子王迪者，止用遠煙鹿膠，而自有龍麝氣，當勝之。至潘谷而妙，駸駸乎廷珪流亞矣。元朱萬初，又谷流亞也。蘇浩肰瀣自製墨，皆作松紋皴皮，堅緻如玉石，王迪流也。宋徽宗蘇合煙墨法，至金章宗，乃以蘇合油搜煙爲之，價同黄金。宣廟有龍鳳大定，外有查文通、龍忠迪、方正蘇、

眉陽、羅小華、汪中山、邵青丘及子格之，方于魯、程君房、汪仲嘉、吳左于、丁南羽，今則潘嘉客、方凱、吳名望。去塵《墨法》曰：「虬松取烟，鹿膠相揉，九蒸回澤，萬杵力扣。」古用松煙，今用油煙。古自製鹿膠，今用廣膠矣。桐油乃黑，菜油則白。秳油秳煙者輕，五秳油一秳煙者重。以漆與紫草入油，六石得一石，烟則望之碧而日中紫矣。自謂敵程君房其法不用氷麝，而止用豬膽萬杵之，以氷麝能奪墨之色也。試法磨各墨于研，俟其乾，置水中，則上者乃黑，次則迥白，惟李廷珪作藍色。

宋犖《漫堂墨品》 余性嗜墨，向於黄州得三十六丸，詳張長人所撰《雪堂墨品》，今十四年矣。暇日檢笥中，所續得又三十四丸，辨而紀之，名曰《漫堂墨品》云，康熙甲子人日。止雲館寫經墨，一面「方氏珍藏」，兩旁「彦成專製」，「萬曆丁未明一元造」，上漱金字，嵌珠，重四錢一分。寥天一，下畫一主人方印。一面汪伯玉銘，建元墨，旁「辛丑」字，重二錢一分。草玄亭墨，旁「庚戌吳汝修製」，楷書。一面雙螭嵌珠，上倒「香」字小圓印，漱金，重二錢三分。龍香劑，「説虎齋藏」，上「庚戌」字，灑金嵌珠，重三錢二分。龍香劑，一面「十笏齋」，篆書，兩旁「萬曆甲辰年」、「歙吳康虞造」，行楷，重四錢五分。墨皇，一面「汪儒仲藏於快雪樓上，己未字」，楷書，重一錢七分。方于魯瑞元極品，漆成斷文，重七錢五分。玄蟬露，一面「精一齋藏」，上「辛亥」，楷書，漱金，重二錢四分。來喜閣製墨，下「覺我」方印，「萬曆己未」，楷書，墨首兩面盤螭如古碑，重一錢三分。九玄三極，一面「建元」二字楷書，式甚奇古，重一錢八分。羲蒼篆墨，「紱麟齋藏」，篆書，「歙方于魯倣易水法造」，楷書，一面「龍文子封氏督製」，小字漱金，嵌珠，重四錢二分。玄元靈氣，下「程幼博」方印，一面「程大約銘」，上「庚戌」字，旁「君房氏」三半字，薄甚，重二錢一分。觀妙齋墨，一面「吳肇一製」，旁「萬曆壬子」楷書，漱金，嵌珠，重二錢四分。玄玉，一面「吳雲卿珍藏」，八分書，重三錢六分。青藜光，一面「蘊真閣藏」，「歙方林宗製」，上爲「朱太史先生珍賞」，上下雲頭，方印「林宗」二字，重四錢六分。「空賞齋墨」，楷書，漱金，上嵌珠，重二錢三分。「祝彦輔九玄三極」，楷書，邊微高，重二錢一分。函一墨，下「尚友齋印」，一面「曹和初製」，重一錢七分。玄精，一面「閒道人」三字，八分書，下「東岡」印，落花流水式，塗金，重二錢。寥天一，一面「吳玄象鑒製」，楷書，上下作雲頭，重二錢二分。雙渟化光，一面「朱一涵銘」，八分書，漱金，漆邊，重九錢二分。爽閣墨，一面「壬戌大年氏藏」，灑金，圓而扁，闊一寸，長倍之，重三錢六分。虚白齋墨，一面「壬戌年製」，行書，灑金，線邊上圓，重四錢二分。吳大年倣李法，一面「水華居珍藏」，上「壬戌」二字，漱金，線邊，重二錢八分。野弦堂藏墨，一面「崇禎元年」，楷書，圓印「有家」字，方印「浚明」字，重二錢一分。「延陵吳元養墨」，篆書，旁「崇禎年造」，楷書，鎮紙式，重一錢四分。右墨二十六笏，得之遼左張秀升氏，秀升會爲新安太守，大圓墨，「一池初緑」四行書字，一面盤螭戲水，上旁「小華逸史」，又「水雲居製」，楷書，重一兩五錢五分，以粵紗易之米編修紫來。極品墨半笏，下隸書不全，一面「海陽」草書字，當是邵格之製，重五錢二分。當朝一品墨半笏，花邊，一面仙人吹簫立鼇首，重五錢二分。以上二墨，從子静姪得之，莊敏公舊物也。文嵩友墨，隸書「下葉向榮珍藏」，向榮小印，一面牡丹雙鳳，旁「萬曆丙辰年造」，上「大千氏」楷書，宣城袁士旦贈，重三錢八分，赤水珠，兩面雙螭盤遶，旁「柔翰齋」三篆字，上有小銅環，係新安程山尊扇頭物解贈，重二錢。玄芝墨，壽星文，一面楷書銘，舊爲漢陽熊次侯太史贈存，實兄奪去，今只存一段，復從子静得之，重四錢二分。玄璧，下「程氏君房」印，一面盤螭上「妙品」字，漆色如新，麻城劉子貞贈，重九錢。吳去塵墨，一面太極圖，一面百子文，上盤螭紐，旁「去塵監製」小字，亦山尊贈，重一錢二分。

張仁熙《雪堂墨品》 方正牛舌墨，有「極品清煙」四字，論墨家多推方氏，幾與小華道人等，殆世廟前人也。宋牧仲使君，一日謂余曰：「吾藏墨有方正者。」余急呼曰：「得非牛舌墨乎？」發視果然。蓋諸家推方氏以牛舌爲最耳。邵青邱瓜墨，有「青門遺」三字，亦世廟前人，此絶無僅有者矣。倍價購於舒氏，舒氏以予爲知墨人也，而復售之。程君房、寥天一，萬曆庚戌，余家世藏經兵火僅存者。所謂有墨氣無香氣，與于魯反者也。君房墨最玄元靈氣，而有時寥天一反踞其上，蓋所值工料偶勝耳，識者别之。程孟陽古松煤墨，陰有銘，陽有孟陽像。昔沈珪嘉禾人，往來黄山，取古松煤，雜脂漆淬燒之，云按韋仲將法，孟陽本此。唐宋以來多松煙墨，少油煙墨，故蘇子瞻得油煙墨而寶之。今油煙勝，而松煙遂少，即有之，質輕善頽昏糨耳，此獨佳絶。孟陽者，松圓詩老程嘉燧也。錢牧齋列朝詩集中，極推爲嘉定高士，其墨固足傳也。又松圓閣墨一截，上大書「程孟陽」字。程君房陳玄墨製極大，今存其碎餘，堅光射人，如小兒目睛，可愛。君房玄元靈氣阿膠墨，萬曆庚戌，薄甚，重不滿錢餘，其製一而厚者，余往往見之，包以綾文，畫牡丹其上，始入匣中，匣亦異今時也。余端蒙墨精，不知何年製，有墨精緣起，載明皇所見甚悉，極香，亦非近時物。汪仲嘉公孫合造李法墨，有「百年如石，一點如漆」二語，李法二字，近墨家多用之。汪仲嘉，山竈輕煙復古墨，萬曆丙午。方于魯青麟髓小墨，有

「世寶」字，近程鳳池，遂以「世寶」名第一墨。于魯寥天一墨一截，青麟髓爲于魯第一墨，余見其數十種，製各不一，有方者，正畫一麟，多用熊膽，舐之甚苦；舌形者，橫作龍形者，龍纏身而銜珠於其口者；有云于魯超世之墨者，余有于魯九玄三極墨，亦與君房墨並藏。兵火中，先人手澤也，已贈使君矣。再索視之，云爲好事者奪去，惜哉。按：于魯初執事君房家，已自爲墨，遂狎主齊盟，不相下。至訟於官，嘗以贋者應郡守古公重購，古公怒，請驗於汪左司馬，逮而笞之。邢子愿號知墨，每云于魯規模色澤勝耳，左司馬差愧太玄董狐，或別有祕合，爲司馬出一瓣香，未可知也。要之幼博君房俠于墨，意奪在名，于魯多爲利，利則真贋雜出無疑矣。君房墨有次第，而煙皆佳，至最下爲妙品，亦足當上乘，此兩氏之別乎。潘方凱開天容墨，萬曆庚戌，如韋軒寶藏，余舊有數種，方圓不同，皆漱金，亦檢以贈使君，使君所自藏，金退矣，殆藏之未得其道也。汪季常一莖草墨，萬曆庚戌。葉環源玉髓墨，形小圓，陰書「環源」，陽書「玉髓」四字耳。又一種，形方，上畫奎像，亦精絶。董玄宰先生生平好用環源墨，「環源」遂大知名。吴幹古秋葉墨，吴玄象紫雪墨亦數種，有玄枵之精，原始之液，九轉百煉。神明紫雪銘，兹所列，乃櫟社居士家藏者。紫雪形模皆質古，當熹廟時，百昌以富巨萬賈禍，宜不惜物力爲墨，其真者，不在程方下，近所擬乃俗甚。吴去塵墨一截，不知何製。去塵，在啓禎時，始爲博古。新樣品目至六十餘種，炫耀光景，較之君房土羹而象箸，大抵倣法世廟時邵格之所爲者，然形式既殊，物料絶勝，其牀頭捉刀，遂復寥寥，不可多遘，久索乃得此，以奉使君。去塵，先孝廉執友也，向所藏頗侈，今乃若海上三山，世變使然耶！黄賓王龍文雙脊墨，萬曆辛亥，有銘，自書放言居士東林所稱黄正賓者是也。亦與先君子遊，猶見其扇上詩字云龍文雙脊，廷珪舊墨名也，放言倣之。紫雲閣藏墨，上書「壬寅春製」，不知姓名，亦精甚。吴君章太紫重玄墨，守玄居監製，世傳其天峰神物佳，余見之，亦松煙之頹焉者。方澹玄非煙墨，萬曆癸丑，舊見其墨説，公安珂雪先生筆也。歙太常吴先生防兵於蘄，曾出以贈先孝廉，佳甚，今亡矣，此蓋舒氏贈予者。吴喬年知止堂柔翰齋墨，萬曆戊午，圭形。詹雲鵬金盤露墨，作落花流水製，漱金，舒小康以壽予，今贈使君。德藻堂水蒼玉上書季園墨，吴蓋卿寫經墨，小不盈寸，上書《心經》一卷，此等殊不異，近見葉柏叟輩亦倣此，所刻《心經》更楷。羣玉册府大圓墨，不知何人製。朱一涵雙渟化光墨，鳳文漱金，銘曰：「日中黑帝澄玄渟，月中墨帝渟屬金，是曰『雙渟』。雙渟之精，澹漠無形，宰萬物而天下文明。」此一涵第一墨，向余多藏之，頃亦難索。一涵，時人耳，遂珍如此哉！汪美中一莖草墨，天啓甲子。吴叔大天琛倣古箸小墨。軟劑天琛倣承晏墨。新安上色墨，亦天琛，此玄粟齋第一墨，其所倣雪堂義墨，皆以天琛行。涂伯經龍賓墨。吴鴻漸漱金青麟髓墨。吴鴻漸玄虬脂，桑林里第一墨。自朱一涵至此，八墨皆時製，所謂檜以下無譏者也。然時墨中，亦有絶佳者，如鳳池世寶，葉玄卿太乙玄靈，柏叟最上乘，不可勝數。亦當旁搜以資著書之用，若小華道人，中山翰史諸公，余間見之，然未易得也。昔蘇子瞻在黄，於雪堂試墨三十六丸，揄其佳者合爲一品，名曰「雪堂義墨」。歙人吴叔大，遂倣其意，作義墨三十六丸，雖不免時製，而肖形取象，物料精工，余昔珍藏之。今墨皆散去，而雪堂墨匣猶存，暇日搜使君所藏，及余家所藏舊墨，贈使君者，亦得三十六丸，因以其匣並遺使君貯之，亦雪堂遺意也。又按王朗守會稽，子肅隨之東齋，忽夜有女子從地出，稱玉女，曉别，贈墨一丸。肅方欲註《周易》，因此才思開悟，使君守黄五年，構東齋於雪堂之左，著書吟諷其中，今將母樓詩，往往稱東齋者是也，亦與古人偶合，因附識之。

錢泳《履園叢話》卷一二《藝能・製墨》 昔人有云，筆陳如草，墨陳如寶。所謂陳者，欲其多隔幾年，稍脱火性耳，未必指唐、宋之墨始爲陳也。今人言古墨者，輒曰李廷珪、潘谷，否則程君房、方于魯，甚至有每一笏直數十百金者，其實皆無所用。余嘗見詒晉齋主人及劉文清公書，凡用古墨者，不論卷册大小，幅皆糢糊，滿紙如滲如污。蓋墨古則膠脱，膠脱則不可用，任其煙之細，製之精，實無所取，不過置案頭飾觀而已。《説文》：「墨者，黑也。」松煙所成，只要煙細。東坡所謂要使其光清而不浮，湛湛如小兒目睛，乃爲佳也。近時曹素功、詹子雲、方密菴、汪節菴輩所製者，俱可用。如取煙不細，終成棄物。

徐康《前塵夢影録》卷上 明宣德御墨，形如雞卵而扁，正面「御墨」二字，隸書，背「宣德四年」，下曾礴過，通體黝黑，隱隱有漱金細點。握於手，久之嗅有香而微帶腥，中和龍涎也。核之歲月，閲二三百年矣，而無一毫坼裂紋。明初查文通墨一挺，約長一寸二分，重二錢許。又邵格之墨，長方形，重五錢，余辟兵申江時得之，爲沈均初孝廉樹鏞易去。不是墨，海陽汪氏船，無年代，署員式。白墨長方形，約重四五錢，老友朱月椒云：「是外國所製。余未試磨，亦不知命名之義。」邢子愿墨，方建侯製。陽文贊，即邢自題。漆邊，重八錢，長方式，古香可愛。程夢陽小象墨，方巾深衣半截身，單邊。重三錢，餘質輕如葉。正面象，背有贊。破漆匣，計十二挺，皆有白綾囊，囊面有「頂煙」二字，一時朋好，分購而盡。周櫟園大牛舌墨，面書「櫟園先生珍賞」，背「賴古堂製」，皆陰文，四圍黑漆，光潤而有細裂。文隱隱，約

重三兩餘。虞山錢牧齋，有蒙叟墨。正面「牧翁老師珍賞」，背爲天下式，旁注「門人吴聞禮製」。長方式，五錢重。又秋水閣墨，重約八九錢，牛舌形，面同上，背「秋水閣」三字，有闌，旁注「門人吴聞詩製」。滿身綫雲環繞，陰文，字皆居中。後讀《紅豆集》，知吴氏昆仲皆歙産，集中有《秋水閣記》。蘇齋詩境墨，面縮橅放翁石刻「詩境」二字。長方形，約重六七錢，字陰文，下署「覃溪」款。漁洋山人墨，面「蠶尾山房製」。長方式，蘇齋所撰。《復初集》中有題詠。商邱宋牧仲犖墨一挺，面「清德堂」，旁雙龍文。撫吴時，多惠政，仁廟南巡，御題「清德堂」以賜。背「牧翁先生清賞」，長方式，重八錢。又自製黄海山花墨，扁方形，約有二十餘種。余曾得四五挺，面畫折枝山花，背題所咏。《漫堂詩集》中有《咏山花詩》五絶二十首，皆載山中土俗之名，不見於《羣芳譜》。徐司寇墨，正面紫玉光，二龍銜珠，背「東海徐健庵製」，長方式，重五錢，有「曹素功」小方印。阮相國墨，碑形，面碑頭横列，曰「積古齋打碑墨」，兩字一行。下半截，光素，背下截「江秋史、錢梅溪同造」。皆作古篆。重二兩，扁闊而薄。按：江名德量，歙人。秋史自製墨，泉刀形，面「即墨之吉貨」，稻芒文。背「秋史」款，漆邊極黝澤，重二兩。又一種與梅溪同製，亦泉刀式，煙質稍遜。又一種，四面綫雲，牛舌形，約重兩許，正面「蟫藻閣再和墨」，楷書陰文，背面横列曰「邵格之、方正、程君房、方于魯」，分四行，亦楷書。老友顧湘翁云：「蟫藻閣，即秋史讀書室名。」黄小松墨，署員式，正「小蓬萊閣」隸書四字。背「嘉慶□□秋日小松氏製」，約重五錢。屠琴隝墨，長方，員首足，面「琴塢書畫墨」。背「嘉慶十七年九月□」，重五錢。汪心農居士瞉得明季阿膠一巨匧，嗅之有菊花香，遂自製墨。最上乘者曰「白鳳膏」，重三錢，背「心農氏製」。其次曰「菊香膏」大字，背「乾隆辛亥心農製」字稍小。又有兩種：曰「知其白」，曰「知其黑」，背「心農氏製」，字皆王夢樓太史書，各重五錢半。隨園每託心農以菊香膏料造墨，分貽名公巨卿。余所及見者，如「秋帆尚書吟詩之墨」，署員扁形，綫雲環繞，陰面「隨園叟袁枚製」。一曰「思元主人吟詩之墨」，長方式，背「隨園叟袁枚恭製」，主人爲豫邸世子；一曰「敬齋相公吟詩之墨」，背「倉山叟袁枚製」，長方式員首。一曰「雨窗先生吟詩之墨」，阿林保。一曰「麗川中丞吟詩之墨」，奇豐額。背皆書「隨園叟袁枚製」，形色同前，皆重六錢。其分遺女弟子者，式如白鳳膏，重三錢。而「閨秀吟詩之墨」，背「隨園手製」。老友黄心齋國珍云：「隨園廣交游，內自王侯，外至封圻，尚風雅者，無不造墨贈遺。」如禮邸世子《小倉山房集》中，見其投贈詩文，必有贈墨。然余生平所見，祇此數種，劫後更爲希覯。若近時肆中所售隨園先生著書之墨，真同泥由，最爲贋品下乘，明眼人咸能辨之。余家舊藏大墨一挺，曰「欲其黑」，兩面同上，重一兩。道光八九年，先君司鐸陽湖，得見居士次子桐生别駕於試硯齋，承其惠《快雨堂題跋》二册，菊香膏四笏，歙硯一方。云白鳳膏已罄，菊花香膠料亦無，不能再製矣。少穆先生拜疏判牘之墨，背「道光某年月」，約重一兩，四圍細金回龍文，長方式。冬心先生墨，贋者最多。真者余厪見大半段，長方厚闊邊，兩面皆作漆書體，面「五百斤油」，背「冬心先生造」，字背陽、面陰，極肥，約重七錢。明人仿李易水墨，亦祇見過半截。員首有邊，上一孔，洞穿可佩。面曰「龍文」，下倣廷珪等字。背有「嘉靖四」三字，惜僅餘半寸有奇，不能計其分兩。吴去麈墨，拭得之海寧查氏。尚有源貯漆匣，長方罩蓋，如東倭器式，木胎中枯白絹，有「吴氏選裂」小方朱印，文墨俱作博古樣，僅四種，大小厚薄輕重不等，中惟一蟬形，最小不及二錢重。餘皆完好無裂紋，惜不能全記其形狀矣。辛酉冬，游鶴沙與邵格之墨，同歸鄭齋主人。

魏崧《壹是紀始》卷一一《器具類・墨始於黄帝》 黄帝硯號「墨海」，則軒轅時已有墨。《廣博物志》：「墨始造於黄帝之時。」一云田真造墨。《物原》：「邢夷作墨。」周舍對趙簡子曰：「願爲諤諤之臣，墨筆摻牘，隨君之後，司君之過而書之。」《大戴禮》「石墨相著則墨」，則古者漆書之後，皆用石墨。漢以後松烟桐煤既盛，故石墨遂湮。古石墨即墨丹。《孝經援神契》曰：「王者德至於山陵，則出黑丹。」陸士龍《與兄書》云：「三台上有曹公石墨數十斤。」曹子建詩：「墨出青松烟。」今時墨也，唐以後世尚徽墨。《聞見録》：「唐李超，易水人，與子廷珪亡至歙州。其地多松，因留居，以墨名家。」《仇池筆記》：「真松煤遠烟，自有龍麝氣。古製墨法：烟細膠新，杵熟蒸匀，色不染手，光可射人。」

又《朱墨程式始於北魏》 《北史》：「魏蘇綽爲行臺左丞，始制文案，程式朱出墨，入及計賬户籍之法，後人多遵用之。」

紀事

陶谷《清異録》卷下《文用門・月團》 徐鉉兄弟工翰染，崇飾書具。嘗出一月團墨，曰：「此價值三萬。」

又《五劍堂》 范丞相質一墨，表曰「五劍堂造」，裏曰「天關第一煤」，下有

「臣」字而磨滅其名。究其所來，實遼東物也。

又《副墨子》 蜀人景焕，博雅士也，志尚静隱，卜築玉壘山，茅堂花榭，足以自娱。嘗得墨材甚精，止造五十團，曰：「以此終身。」墨印文曰「香璧」，陰篆曰「副墨子」。

又《麝香月》 韓熙載留心翰墨，四方膠煤，多不合意。延歙匠朱逢，於書館傍燒墨供用，命其所曰「化松堂」，墨又曰「玄中子」，又自名「麝香月」，匣而寶之。熙載死，妓妾攜去，了無存者。

又《研光小本》 姚顗子侄善造五色牋，光緊精華。砑紙版乃沉香，刻山水林木、折枝花果、獅鳳蟲魚、壽星八仙、鐘鼎文，幅幅不同，文縷奇細，號「研光小本」。余嘗詢其訣，顗侄云：「妙處與作墨同，用膠有工拙耳。」

蘇易簡《文房四譜》卷五《墨譜·三之雜説》 張芝臨池書，水盡墨。《神仙傳》云：「班孟能嚼墨，一噴皆成字，盡紙有意義。」王子年《拾遺》云：「張儀、蘇秦同志寫書，遇聖人之文，則以墨畫掌及股裏以記之。」葛洪好學，自伐薪買紙墨。《災祥集》曰：「天雨墨，君臣無道，讒人進。」《神仙傳》：「漢桓帝徵仙人王遠，遠乃題宫門四百餘字，帝惡而削之，外字去，内字復見，墨皆入木裏。」楊雄《答劉歆書》云：「雄爲郎，自奏心好沈博絶麗之文，願不受三歲俸，息休直事，得肆心廣意。成帝詔不奪俸，令尚書賜筆墨，得觀書于石室，故天下上計孝廉，及内郡衛卒會者。雄常把三寸弱翰，齎油素四尺以問其異，歸則以鉛擿松槧，二十七年于兹矣。」僞蜀有童子某者能誦書，孟氏召入，甚嘉其穎悟，遂錫之衣服及墨一丸。后家童誤墜于庭下盆池中。后數年，重植盆中荷芰，復獲之，堅硬光膩仍舊，或云僖宗朝所用之墨餘者。唐王勃爲文章，先研墨數升，以被覆面，謂之腹藁，起即下筆不休。幼常夢人遺之墨丸盈袖。西域僧書，言彼國無硯筆紙，但有好墨，中國者不及也，云是雞足山古松心爲之。僕嘗獲貝葉上有梵字數百，墨倍光澤，會秋霖，爲窗雨溼，因而揩之，字終不滅。後周宣帝令外婦人以墨畫眉，蓋禁中方得施粉黛。《漢書》：「光武起，王莽以墨污渭陵、延陵周垣。」僕將起赴舉年，夢令上臨軒親賜墨一挺，僕因蹈舞拜受。旦日言于座客，有郭靖者，江表人也，前賀曰：「必狀元及第。」僕詰之。郭曰：「僕有徵方言也。」前春御試，果冠羣彦。而郭公已有他事遁歸江表，後言之于禮部郎中張洎，洎曰：「大墨者，筆硯之前，用時必須出手矣，手與首同音也。」僕亦自解之曰：「天子手與文墨也。」

何薳《春渚紀聞》卷八《記墨·墨磨人》 一日謁章季子於富春之法門寺，出廷珪墨半笏爲示，初不見膠彩。云是其大父申公所藏者。其墨匣亦作半笏樣，規製古朴，是百餘年物。東坡先生所謂非人磨墨墨磨人者，不虚語也。

又《唐水部李慥製墨》 王景源使君所寶古墨一笏，蓋其先待制公所藏者。背銘曰「唐水部員外郎李慥製」，云諸李之祖也。黎介然一見，求以所用端石研易之。景源久之方與。後攜研至行朝，有貴人欲以五萬錢易研，景源竟惜不與也。

陳師道《後山談叢》卷二 寇昌齡嗜硯墨得名，晚居徐，守問之，曰：「墨貴黑，硯貴發墨。」守不解，以爲輕己。嗟乎，世士可與語邪？

邵博《邵氏聞見後録》卷二八 黄魯直就几閣間，取小錦囊，中有墨半丸，以示潘谷。谷隔錦囊手之，即置几上，頓首曰：「天下之寶也。」出之，乃李廷珪作耳。又别取小錦囊，中有墨一丸，谷手之如前，則嘆曰：「今老矣，不能爲也。」出之，乃谷少作耳。其藝之精如此。【略】太祖下南唐，所得李廷珪父子墨，同他俘獲物，付主藏籍收，不以爲貴也。後有司更作相國寺門樓，詔用黑漆，取墨於主藏，車載以給，皆廷珪父子之墨。至宣和年，黄金可得，李氏之墨不可得也。

陸友《墨史》卷下 唐玄宗御案墨曰「龍香劑」。一日見墨上有小道士如蠅而行，上叱之，即呼「萬歲」，曰：「臣乃墨精黑松使者也，凡世人有文者，其墨上皆有龍賓十二。」上神之，乃以墨分賜掌文之官。盧杞與馮盛相遇於道，各攜一囊。杞發盛囊，有墨一枚，杞大笑。盛曰：「天峯煤和鹹魚腦入金溪子，手中録《離騷》古本，比公日提綾紋刺三百，爲名利奴，顧當孰勝？」已而搜杞囊，果是三百刺。許芝有妙墨八廚。巢賊亂，瘞於善和里第。事平取之，墨已不見，惟石蓮匣存。

潘之恒《水母泉記》 方建元居業佳日樓。樓背市喧，面南山，潁水周其下，故瀦宫多納污焉。汲者趨清泠，遠莫能致，乃慨然思曰：「吾凝神守玄於技單矣。夫水，玄德也；膠弗得弗糜，烟弗得弗融，色澤弗得弗潤。吾將求玄珠於象罔，終以水德王矣！詧潁水時涸，石稜隆然，是當有泉脉乎？」遂卜日禱諸中庭，闕土幾仞，扣石泠泠有聲。其始也若礎，潤之欲滴，渙若冰將釋；少則洋洋然若崑岺之既溢，若瓠子之未塞；忽若鯤之怒起於天池之北，舉室揖揖，挹以注諸潁，彌日而水弗加淺也。建元雀躍再拜於庭曰：「天命我矣！」於是試以投膠則性調，試以和烟則情適，試以受色則光發於庭。建元技成而進於是，殆所謂天授，非人力與？泰茅氏聞之曰：「異矣！建元之爲墨逾神，而族賈之相失逾遠也。」初建元以法鳴，則竊法者猶得其似；繼以名高，則竊名者已賓於法；終於譜成，則竊譜者又賓於名。

乃今得天得泉，其品無上，其澤無方，其聲施無窮；施賈莫測其朕，無敢竊者，退而反走矣。嗟乎！玄德既衰，漢以水德王，則甘泉知名，昭休征也。上方進御于魯墨，數顧問草莽臣：「有如薦雄文似相如，則當以賦獻者，宜莫如《甘泉》，無庸以《玄》、《解嘲》矣。且也象帝之先，觀道之牝，探治之源，水德具備。有名爲母，誰曰不宜？方氏其世世守之矣。」建元曰：「魯主臣不敢貪天功，寧忘司馬肇錫？爰屬潘生紀諸珉石。」

又《語林第九》 彭淵材游京師，十年不歸。一日跨驢南還，以一卒挾布橐，皆斜絆其腋，一邑聚觀，以爲必金珠也，或問之。淵材喜見鬚眉曰：「吾富可敵國矣。」遂命開橐，則李廷珪墨一丸，文與可竹一枝，歐公五代史草槀一部，他無所有。邢子願《墨談》云：「僕十年前，于都下得墨一挺，署記辛亥，與我生之辰相同。手彈之，鏗鏗作金石聲，色理闇然，即煩博浪一擊，不能驟碎。再三十年，擬作河間壙中殉，不復令從世代閒磨人。吾鄉孟中丞，一旦朝露，所寶墨便爲里兒攘取殆盡。今不爲邨舍女兒畫眉，則爲塾師小童塗鴉，尤物類至失職，何但中郎爨下焦桐。」又云：「向見江南奉使大璫製進御墨，多龍紋采翠，塗金屑珠，色奪朝曦，芬溢九竅，正如内法醞，濃郁饒甜，然乏清遠，朝堂高貴，不比寒松居士，墨亦宜然。松江製墨作薄片，磨之起重嵐，不甚深黑，比之士品，則逸民之儔焉。」崇禎十年冬，予偶製筆，爲詩贈梅朗三。朗三報以藏墨，且答詩曰：「鼠鬚須寄右將軍，爲爾閑書九錫文，聞説遠山眉黛淺，葛囊聊取緑煙分。」更數日，忽作畫見始，後綴之以跋曰：「孟璿惠筆，余報之以墨數螺，時孟璿納姬，因體前詩，作送墨圖贈之，令想見子京風流如昨日耳，屬是日方與外兄顔庭生飲酒賦詩，因共浮白，爲盡一巵，庭生省畫久之，曰：『正恐右軍亦復不易兼舉，頃日撰《墨志》既成，發囊見墨，爲之欷歔，墨則猶是墨也，朗三化爲異物矣。』此物殆真能磨人者，蘇子所稱通人一蔽，吾其無方袪也。」論曰：自書契後，綴文之士衆矣。先秦無言墨者，故勿論，惟葛洪、曹植、陸雲、庾肩吾、司馬光、蘇軾，此數公者，皆博物洽聞，其言有補于世，顧獨于藝成，衡量進退，不遺餘力。傳曰：「雖小道，必有可觀。」豈近是乎！宣德間，綜核名實，至于技巧工匠器械，咸精其能。嘉隆之際，歙州墨工襲易水之蹟而起者，肩背相望，亦足以知吏稱其職，民安其業矣。而探元論著自婁東，濟南、新安、東海以外，何寥寥邪！先民有言，「萬稗爲美，博奕爲賢」，良有以也。且以温公之名德，于世無所好，獨蓄墨數百斤，嘗語人曰：「吾欲子孫知吾所用此物何爲也？」可謂深遠矣。予故自漢、魏以來至于今，掇其議論切于墨事者著于篇，以作《語林》云。

張仁熙《墨論》 宋牧仲使君問於張子曰：「墨有説乎？」張子曰：「然，有之。」古稱絳人陳玄，文房藝一耳，然其道可大焉。由其道者，可以隱，可以癖，可以博物，可以文，可以悟爲文之理，可以教孝，可以佐禮，可以垂訓於後裔，而戒天下之侈也。《釋名》曰：「墨，晦也。」言似物晦黑也。宋潘谷製墨精妙，而價不二，士或不持錢求墨，不計多少與之。蘇子瞻贈以詩曰：「布衫漆黑手如龜，未害冰壺貯秋月。」谷殆韓伯休之流乎！陳惟達之墨，與麝並藏一匣，十年而麝氣不入，自作松香耳。蓋膚理堅密，不受外薰，人如此者，何患世俗之靡耶！故曰：「可以隱。」呂行甫好藏墨而不能書，時磨而小啜之。石昌言藏墨，不許人磨，李公擇見人墨輒奪。蘇子瞻蓄墨，至七千挺，遇天氣晴霽，輒出品玩。而潘谷見秦少游所藏廷珪墨，即下拜曰：「真李氏物，我生再見矣。」王四學士有之，與此爲二也。此與杜左嵇鍛嗜石而拜，好書而發塚以求，嘔血以思者，無異也。故曰：「可以癖。」墨有經，有書，有史，有苑，有辯，有臨帖之墨，有畫墨，有楷書墨，有寫經墨。而程氏《墨苑》，自玄工輿圖，人官物華，儒藏緇黄，建緯授詞，種種臚列，故曰：「可以博物。」吴元中起草，令婢遠山磨隃麋墨，文即佳，故曰：「可以文。」奚超入新都，語刺史陶雅曰：「始公歲取墨，不過十挺，今數百挺未已也，何精焉。」以超之能，多則不精，故曰：「可以悟爲文之理。」初虞世，名士也。善醫，好奪人藏墨，人至以男旱魃名之。然每得佳墨，必以遺黄山谷，曰：「山谷孝於其親，吾最厚愛。」故曰：「可以教孝。」九子之墨，藏於松煙，本姓長生孫子圖邊，鄭氏昏禮謁文贊也。故曰：「可以佐禮。」洪覺範禪師云：「司馬温公無所嗜好，獨蓄墨數百觔，或以爲言。公曰：『吾欲子孫知吾用此物何爲者也。』」嗚呼！司馬公豈玩物喪志者耶！獨垂訓於後世如此。金章宗用蘇合油煙墨，後人以黄金倍易無覓處。唐明皇好墨，墨精化爲人，如蠅大，行硯閒，酬對言語，人主以好墨名，墨卒不可得，明皇墨精，不過與梨園妖姬等，君如此又何稱焉。故曰：「可以戒侈。」若夫地有墨山，天有墨泉，韋仲將製，必以時搗三萬杵，乃發堅光。王迪用遠煙鹿角膠，而自生龍麝，窮神盡思，妙不可追，此殆未易一二爲俗人言也。牧仲使君好墨，與予有同嗜者，因舉其大者以告之，作《墨論》。

汪道貫《方氏墨譜跋》 建元初制墨時，景昇囑建元：「制墨介予獻長公。」建元私謂予曰：「即得當長公，願乞一言評之。」長公得墨喜甚，予乞評如建元指，長公一夕評成，緘報景昇，書中予不及見也。及發緘，乃誤以爲景昇自製。後日予復

爲建元請，乃得他評。然此評博核精當，雖誤無傷也。後數年，建元輯《墨譜》，囑予跋而刻之。夫長公之評者墨也，人不同而墨同，長公之評非誤也；墨不同而人同，斯無以傳長公之言矣。

傳記

蘇易簡《文房四譜》卷五《墨譜》 文嵩《松滋侯易元光傳》：易元光，字處晦，燕人也。其先號青松子，頗有材幹，雅淡清貞，深隱山谷不仕，以吟嘯烟月自娱。常謂門生邴炎曰：「余青山白雲之士，去榮華，絶嗜欲，修真得道，久不爲寒暑所侵，壽且千歲。然猶未離五行之數，終拘有限。予漸覺形神枯槁，是知老之將至矣。余他日必爲風雨所蹟。後因子熾盛，余當神化爲雲氣之狀升霄漢矣。其留者號元麈生，徙居黔突之上，必遇膠水之契，隃糜處士鹿角煎，和丹砂麝香數味，遺而餌之。」其後果然，門生皆以青松子前知定數矣。元麈生餌藥得道，自黄帝時蒼頡比鳥跡爲文，以代結繩之政，元麈便與有功焉。其後子孫皆傳其術以成道，易水之上，遂爲易氏焉。元光即元麈曾孫也。家世通元處素，其壽皆永。嘗與南越石虚中爲研究雲水之交，與宣城毛元鋭、華陰楮知白爲文章濡染之友。明天子重儒，元慕其有道，世爲文史之官。特詔常侍御案之右，拜中書監儒林待制，封松滋侯。其宗族蕃盛，布在海内，少長皆親硯席，以文顯用也。史臣曰：「古者得姓，非官族世功，則多以地名爲氏，或爵邑焉，或所居焉。松滋侯易氏，蓋前山林得道人也。」青松子富有春秋，不顯氏名，其族或隱天下名山，皆避爲棟梁之用也。有居太山者，秦始皇巡狩至東岳，因經其隱所，拜其兄弟五人爲大夫焉。其參元得道能神仙者，則自易水之上，後代故用爲姓云。

何薳《春渚紀聞》卷八《記墨・潘谷墨仙揣囊知墨》 潘谷賣墨都下。元祐初，余爲童子，侍先君居武學直舍中。谷嘗至負墨篋而酣詠自若，每笏止取百錢，或就而乞，探篋取斷碎者，與之不吝也。其用膠不過五兩之制，亦遇濕不敗。後傳谷醉飲郊外，經日不歸，家人求之，坐於枯井而死。體皆柔軟，疑其解化也。東坡先生嘗贈之詩，有「一朝入海尋李白，空看人間畫墨仙」之句，蓋言其爲墨隱也。山谷道人云：「潘生一日過余，取所藏墨示之，谷隔錦囊揣之曰：『此李承宴軟劑，今不易得。』又揣一曰：『此谷二十年造者，今精力不及，無此墨也。』取視，果然。」其小握子墨，醫者云可入藥用，亦藉其真氣之力也。

又《二李膠法》 柴珣，國初時人。得二李膠法，出潘張之上。其作玉梭樣，銘曰：「柴珣東瑤者。」士大夫得之，蓋金玉比也。

又《都下墨工》 崇寧已來，都下墨工，如張孜、陳昱、關珪、弟瑱、郭遇明，皆有聲稱，而精於樣製。

又《軟劑出光墨》 九華朱觀，亦善用膠作軟劑出光墨。莊敏滕公作郡日，令其子製銘曰：「愛山堂造者最佳，子聰不逮其父。」

又《紫霄峯墨》 大室常和，其墨精緻，與其人已見東坡先生所書，極善用膠。余嘗就和得數餅，銘曰：「紫霄峯，造者歲久，磨處真可截紙。」子遇不爲五百年後名，而減膠售俗。如江南徐熙作落墨花，而子崇嗣取悦俗眼，而作没骨花，敗其家法也。」

又《寄寂堂墨如犀璧》 晁季一生無它嗜，獨見墨丸，喜動眉宇。其所製銘曰：「晁季一寄寂軒造者。」不減潘陳、賀方回、張秉道、康爲章，皆能精究和膠之法，其製皆如犀璧也。

又《墨工製名多蹈襲》 墨工製名，多相蹈襲。其偶然耶，亦好事者冀其精藝，追配前人，故以重名之也。南唐李廷珪，子承宴；今有沈珪，珪子宴；又有關珪。國初張遇後有常遇，和之子；又有潘遇，谷之子。黟川布衣張谷，所製得李氏法，而世不多有；同時有潘谷；又永嘉葉谷作油烟，與潭州胡景純相上下，而膠法不及。陳贍之後又有梅贍，云耿德真，江南人，所製精者不減沈珪，惜其早死，藏墨之家不多見也。

王辟之《澠水燕談録》卷八《事誌》 莆陽蔡君謨嘗評李廷珪墨能削木，墜溝中，經月不壞。李超，易水人，唐末與其子廷珪亡至歙州，以其地多美松，因留居，以墨名家。本姓奚，江南賜姓李氏。珪或爲邽，珪弟廷寬，男承宴、承安，男乂用，皆有聞易水。江南又有朱君德、柴詢、柴成務、李文遠、張遇、陳贇，著名當時。其制有劍脊圓餅、拙墨、進貢墨、供堂墨，其面多作龍紋，其幕有「宣府」字，或止云「宣」，或著姓氏，或別州府，今人間已少傳者。仁宗嘉祐中，宴近臣于羣玉殿，嘗以墨賜之，其文曰「新安香墨」。其後翰林諸君承賜者，皆雙脊龍樣，尤爲佳品。

陳師道《後山談叢》卷二 南唐於饒置墨務，歙置硯務，揚置紙務，各有官，歲貢有數。求墨工於海東，紙工於蜀，中主好蜀紙，既得蜀工，使行境内，而六合之水與蜀同。李本奚氏，以幸賜國姓，世爲墨官云。唐之問，質肅公之子，有墨曰「饒州

供進墨務官李仲宣造」，世莫知其何。子頗有家法，以遺黄魯直，魯直以謂不逌孫氏所有。而予謂過之。陳留孫待制家有墨半鋌，號稱廷珪，但色重爾，非古制也。

晁説之《墨經·工》 凡古人用墨，多自製造，故匠氏不顯。唐之匠氏惟聞祖敏。其後有易水奚鼐、奚鼎，鼐之子超，鼎之子起。易水又有張遇、陳贇。江南則歙州李超，超之子庭珪，庭寬，庭珪之子承浩，庭寬之子承晏，承晏之子文用，文用之子惟處、惟一、惟益、仲宣，皆其世家也。歙州又有耿仁、耿遂，遂之子文政、文壽，而耿德、耿盛，皆其世家也。宣州則盛匡道、盛通、盛真、盛舟、盛信、盛浩。又有業珣、柴承務、朱君德。兖州則陳朗，朗弟遠，遠之子惟進、惟迨。近世則京師潘谷、歙州張谷。

蔡絛《鐵圍山叢談》卷五 昔有張滋者，真定人。善和墨，色光黳，膠法精絶，舉勝江南李廷珪。大觀初，時内相彦博許八座光凝，其薦之於朝廷，命造墨入官庫。是後，歲加賜錢至三十二萬。政和末，魯公辭政而後止。滋亦能自重。方其得聲價時，皇弟燕、越二王呼滋至邸，命出墨，謂「雖百金不吝也」。滋不肯，曰：「滋非爲利者。今墨乃朝廷之命，不敢私遺人。」二王乃丐於上，詔各賜三十斤。然滋所造，實超今古。其墨積大觀庫，無慮數萬斤。世謂道君用度廣空帑藏，是悉繆説。不知元豐、大觀二藏雖研墨，蓋何事不具？仍豐盛異常爾。且以敵犯順時，元豐與内帑，自出河北、山東精絹一千萬匹，他絹則勿取。以是證焉，斯可知已。

陸友《墨史》卷上《魏》 韋誕，字仲將，京兆人，太僕端之子，善隸楷。魏太和中爲武都太守，以能書留補侍中，洛陽、許、鄴三都宫觀，始就詔令誕題署，以爲永制。給御筆墨，皆不任用，因奏：「蔡邕自矜能書，兼斯、喜之法，非紈素不妄下筆。夫欲善其事，必利其器。若用張芝筆，左伯紙，及臣墨，兼此三具，又得臣手，然後可以逞徑丈之勢，方寸千言。」誕仕至光禄大夫，嘉平三年卒，年七十五。蕭子良《答王僧虔書》曰：「仲將之墨，一點如漆。」後魏賈思勰《齊民要術》有韋仲將「筆方合墨法」。晁説之《墨經》竝舉韋仲將墨法、後魏賈思勰法，二法本無大異，而晁氏兩書之。又蘇易簡《文房四譜》載冀公墨法，其人未詳。

又《晉》 張金者，晉人。石崇《奴券》云：「張金好墨，過市數蠡并市豪筆，備郎寫書。」又吴淑《墨賦》云：「或名重張金，或妙稱祖氏。」

又《宋》 張永，字景雲，吴郡吴人，裕之子，仕宋至征西將軍。涉獵書史，能爲文章，善隸書，又有巧思，益爲文帝所知。紙墨皆自營造，帝每得永表啓，輒執玩，咨嗟自嘆，供御者了不及也。又詔永更製御紙，緊潔光麗，耀日奪目。又合祕墨，美殊前後，色如點漆，一點竟紙。何薳《記墨》云：「近世士人游戲翰墨，因其資地高韻，抝意出奇，如韋仲將、張永所製者，故自不少。然不皆手製，亦以意加減指授善工而爲之耳。如東坡先生在儋耳，令潘衡所造，銘曰：『海南松煤東坡法墨』者是也。」又云：「賀方回、張秉道，爲章皆能精究和膠之妙法，其製皆如出犀璧也。又如李元伯、李公照、王仲達、武繼隆、滕元發、邵興宗之徒，往往作墨，然多成於匠手而假名耳。」因附著之，不復别見云。

又《唐》 李陽冰，趙郡人，官至將作大匠，善小篆。父雍門湖城令。冰兄弟五人皆負詞學。初師李斯《嶧山碑》，後見仲尼《吴季札墓誌》，便變化開闔，如虎如龍，勁利豪爽，風行雨集，文字之本，悉在心胷。自言斯篆之後直至小生，曹喜、蔡邕不足數。識者謂之「倉頡」後身。尤精小學，豪駿墨勁，時謂之「筆虎」。勢如古釵倚物，力有萬夫無與爲比，周越云：「陽冰篆勢全法崔子玉張平子碑，不因見夫子書便變化開闔。」蓋竇臮之臆斷也。宋元符間，襄陽米芾遊京師，於相國寺羅漢院僧壽許見陽冰供御墨一巨鋌，其制如碑，高逾尺而厚二寸，面蹙犀文，堅澤如玉，有篆款曰「文華閣」，中穴一竅，下畫泰卦於麒麟之上，幕篆六字，曰「翠霞」，曰「臣李陽冰」，左行書「大曆二年二月造，得旨降入翻經院」，右行書「董作内府丞臣車輔、都監臣趙忠孚」。芾後數載經南徐，過鶴林，僧惟清乞書寶藏額，因難之。清忽開笥取古錦囊出，巨墨如曩時所見者。且言先師昔在京師，貴人家以古琴玉環貿得之，乃奉墨授芾。芾受而書畢，亟歸净名齋，報之以吴道子畫《熾盛光佛》一幀，古銅水龜，玉界尺二，芾後書儒釋老書及忠孝賢明事，則用之。祖敏，本易定人，唐時之墨官也。今墨之上，必假其姓而號之。大約易水者爲上，其妙者必以鹿角膠煎爲膏而和之，故祖氏之名，聞於天下。晁氏云：「古人用墨，多自製造，故匠氏不顯。唐之匠氏，惟聞祖敏。」黄秉云：「祖氏，易水人，故以濟上爲號。年載已遠，罕有存者。」友按《唐書·地理志》：「易州土貢墨。」意當時治墨者，不特祖氏。其後奚、李、張、陳皆出易水，製作之盛，有由來矣。王君德者，唐末人。蔡君謨云：「世有王君德墨，人間少得之，皆出上方；或有得者，是爲家寶也。」《墨經》有唐王君德擣膠用石臼，擣三二千杵，其藥用酢、石榴皮、水牛角屑、膽礬三物，又法用梣木皮、皁角、膽礬、馬鞭草四物。奚鼐、奚鼎，已上二人，唐末匠氏。鼐墨面曰「光慶」，又印曰「奚鼐墨」，又印曰「庚申」。而鼎墨大槩與鼐同，惟「庚申」字異。見《墨經》及趙寅《墨譜》。奚庭珪，易水人，或曰李庭珪，本姓奚，江南賜姓李氏，非也。今之人但見有奚庭珪墨二品。庭珪父即超，何獨有奚庭珪而無奚超也？趙寅達夫嘗收得

一種，上印文曰「宣府奚庭珪」，乃知居歙者李氏，籍宣者奚氏，各是一族而名偶同耳。《新安志》云，自蔡君謨以來，皆言李庭珪即奚庭珪，唯黄秉、李孝美云：「奚墨不及李。」友按《墨經》云：「觀易水奚氏、歙州李氏，皆用大膠，所以養墨。」又云：「奚鼐之子超，鼐之子起。」而別敘歙州李超，超子庭珪以下世家。是族有奚、李之異，居有易、歙之分矣。況《墨説》復指宣府之記爲證，用衆説，從姓氏書之，惟超起，未嘗以奚稱，則仍李氏，不敢重出云。李慥者，易水諸李之祖也。葉少藴云：「王景源使君所寶古墨二笏。蓋其先待制所藏者。背銘曰『唐水部員外郎李慥製』」，云諸李之祖也。黎介然一見，求以所用端石硯易之，景源久之方與。後攜硯至行朝，有貴人欲以五萬錢輟硯，景源竟惜不與也。」江南黟、歙之地有李廷珪墨，尤佳。廷珪本易水人，其父超，唐末流離渡江，覩歙中可居造墨，故有名焉。今有得而藏於家者，亦不下五六十年，蓋膠敗而墨調也。其堅如玉，其紋如犀，寫踰數十幅不耗一二分也。常侍徐公鉉爲太簡，言幼年嘗得李超墨一挺，長不過尺，細裁如筯，與其弟鍇共用之，日書不下五千字，凡十年乃盡。磨處邊際有刃，可以裁紙。自後用李氏墨，無及此者。超即廷珪之父也。超墨有二品，其面或爲特龍者，或曰「新安香墨」者，其幕曰「歙州李超造」，一上曰「李超」，其號雖異，亦互有精觕。王仲蕤云其父岐公在仁宗朝被賜超墨，題云「檢校水部員外郎臣超」，後以遺蔡君謨。君謨云：「超與其子廷珪，唐末自易水渡江至歙州，地多美松，因而留居，遂以墨名家。本姓奚，江南賜姓李氏。」超之墨世不復傳，襄嘗侍羣玉宴，輒賜得之。其從子條云：「昭陵晚歲開内宴，數與大臣侍從從容談笑，嘗親御飛白書以分賜，更以香藥、名墨偏賚焉。一大臣得超墨，而君謨伯父所得乃廷珪。君謨時覺大臣意歉，有不足色，因密語能易之乎？大臣者但知廷珪爲貴，而不知有超也。既得易，輒欣然。及宴罷，騎從出内門去，將分道，君謨於馬上始乃長揖曰：『還知廷珪是李超兒否？』」超有弟起，其墨不傳，子廷珪、廷寬。廷珪，超之子，世爲南唐墨官。蔡君謨云廷珪墨爲「天下第一品」。祥符治昭，應用爲染飾，今人間所有，皆其時餘物也。其墨能削木，誤墜溝中，數月不壞。昔年洛下爲留守推官，事王公，見遺廷珪墨，自是書笥中稍或益之，漸至知墨之説尤爲精微。唐彦猷殊達此理，超與廷珪始至新安，各出姓名，尚用「邽」字。超死而珪業益精，面有龍文而其名亦有用「邽」字者，乃知名字不同形製有異者，作之有先後也。或曰：「何以知之？」曰：「類其父超也。」世之好奇者多借廷珪姓名，模倣形製以造之。有至好者，苟非素蓄之家不能辨其墨，雖曆數百年研磨，尚有龍腦氣，此其驗也。王原叔性愛墨，持玩不厭，几案、牀、枕閒往往置之，嘗以柔物磨拭之，發其光色，至用衣袖，略無所惜。慶曆中，有人持廷珪墨十丸求售，從子參預託言草文字，恐混其思，遽令麾去。既而聞之，極爲嘆息，其後尤難得，而屢以萬錢市一丸。其品乃有邽字，作「下邽」之「邽」者爲上作，「圭潔」之「圭」者次之，作「珪璧」之「珪」者又次之，其云「奚廷珪」者最下。蓋廷珪本燕人，奚初姓，後徙江南，其初未奇，久而益佳，故李主寵其能，賜之姓也。雖名號有高下，其閒又自有精麁，亦時有僞作者，人多惑。原叔言辨之當視其背印，背印云「歙州李廷珪墨」，歙傍欠字之左足與州字之中，或其李字之中畫與子字之足貫，又與廷字壬之竪畫，墨字之右角貫，視之上下相通者爲真。又自能造墨，在濠梁彭門嘗走人取兗州善煤，手自和揉，妙爲形體，其光色與廷珪相上下，既成，均遺好事，悉服其精。嘗以廷珪墨遺蔡君謨，隴西李之洵謁之曰：「聞以墨遺君謨，橐中必缺，今請以一丸補之。」蘇魏公云：高祖以來，所用廷珪墨一挺，於祖父寶之。長四寸，闊一寸，厚一寸，其色之黑，世無物及者，研之無聲，面有「李廷珪墨」四字。蘇子瞻爲顔鳧繹作集引，其子復以廷珪墨遺之，金塗龍及銘云「李憲臣所屬賜墨也」。又嘗以蜀中冷金牋試墨，惟廷珪乃黑。陳無已云：晁無斁有李墨半丸，云是裕陵故物也。徃於秦少游家見李墨，不爲文理，質如金石，亦裕陵所賜。王平甫所藏者，其子斿以遺少游。潘谷見之，載拜云：「真廷珪所作也，世惟王四學士有之，與此爲二矣。」吴开喜蓄墨，收古今名品甚具，諸李所製皆有之，云皆無出廷珪之右者，其堅利可以削木，書《華嚴經》一部半，用廷珪才研一寸，其下帙用承晏墨，遂至二寸，則膠法可知矣。王彦若云：「趙韓王從太祖至洛，行故宫，見架閒一篋，取視之，皆李氏父子所製墨也。」因盡以賜王。後王之子婦蓐中血運危甚，醫求古墨爲藥，因取一枚投烈火中，研末酒服，即愈。諸子欲各備産乳之用，乃盡取墨，煅而分之。自是李氏墨世益少得。邵公濟云：「太祖下南唐，所得廷珪父子墨，同他俘獲物付主藏籍收，不以爲貴也。後有司更作相國寺門樓，詔用黑漆，取墨於藏主，軍載以給，皆廷珪父子之墨。」至宣和年，黄金可得，李氏之墨不可得。熙寧閒，李舜舉御藥，爲林子中言禁中墨無廷珪成挺者，但有承晏文用等墨，爲古墨之尤者。握子有「香」字乃廷珪，禁中尤珍之。吾家太史云：「國初平江南時，廷珪墨連載數艘，輸入内庫，太宗賜近臣、祕閣帖皆用此墨。其後建玉清昭應宫，至用以供漆飾。」而太史所記，與蔡、邵二説互有異同，故並載之。廷珪子承浩，蚤世，墨不多有，其後遂絶。友平生凡五見廷珪墨：其一見之於京師楊好謙家，面作柳枝瘦龍，上印一小「香」字，幕曰「歙州李廷珪墨」，黄羅囊襲之，表以牙籤曰「仁宗皇

帝寶字墨」；其一見之於黃可玉清權齋，云是其外家宣和進士陳篆所藏；其一唐子真得於趙氏姑脂澤奩中，銘曰「保大元年歙州進墨務官臣李廷珪造」，後截留「保大」二字，易帖於莊肅幼恭；其一半挺，見之於鑒書博士柯敬仲家，銘曰「保大元年正月七日奉旨造」，幕曰「宏文館供奉庫」，左行書云「墨務官臣廷珪」，右行書云「墨務官臣廷寬」；其一見之於洛陽趙顔子之孫許，面作特龍，幕曰「保大九年奉敕造長春殿供御龍印香煤」，左行書云「墨務官臣廷邽、監官臣亮」，右行書云「臣夷中、臣子和、臣卞等進」。試之，皆光澤如新，獨「寶」字墨質雖具，而膠法已敗，疑爲蘇家贋物也。廷寬，超之次子。蔡君謨云：「李超并男廷寬墨，今少見。廷珪爲第一，廷寬、承宴次之。」又云：「欲求廷珪墨，終難得。」或廷寬、承晏文用皆其家法。子承晏，承晏子文用，文用子仲宣，仲宣子惟益、惟慶。承晏，廷寬之子。蔡君謨云：「李氏墨承晏而下，不能用家法，無足取者。」熙寧九年，蘇魏公頌同修國史，開局日賜承晏笏挺雙脊龍墨、張遇丸墨、澄心堂紙。及對，神宗曰：「禁中自此少矣，宜寶之。」蘇子瞻云：黃魯直學吾書，輒以書名於時，好事者争以精紙妙墨求字，嘗攜古錦囊，滿其中皆是物者。一日見過，探之得承晏墨半挺，遂奪之。潘谷驗墨，摸索便知精麁。一日過，魯直取所藏墨示之，谷隔錦囊揣之曰：「此李承晏軟劑，今不易得。」又揣其一曰：「此谷廿年造者，今精力不及，無此墨也。」取視，果然。文用，承晏之子，能世其業，然墨差不逮，絶無有也。仲宣，文用之子，亦如其父。陳無已云：「南唐于饒置墨務」，李本奚氏，以幸賜國姓，世爲墨官云。唐之問質肅公之子有墨曰「饒州供進墨務官李仲宣造」，世莫知其何人子，頗有家法。以遺黃魯直，魯直謂不迨孫氏所有而無已，謂過之陳留孫待制家，有墨半挺，號稱廷珪，但色重爾，非古製也。惟益，仲宣之子。葉少蘊云元祐初，京師雜買務貨舊墨，猶有惟益所作千餘挺，當時士大夫争取之，背印作「歙州務墨官李惟益造」者是也，弟惟慶。惟慶，仲宣次子，其墨小挺子優於大墨，可亞廷珪。一種有兩頭圜，面有雙龍捧一牌子曰「供灑龍麝香墨」，幕文曰「歙州李惟慶墨」者，上品也。江南畏中國之威，其供御字並刻爲「供灑」一種，面印皆同幕文曰「歙州供進墨務官李惟慶造」者，其次也。此後李氏遂無聞。宋仁宗時，其子孫尚有爲務官者，歲貢上方，絶不佳。每移文本州責之，殊不入用也。

陶宗儀《南村輟耕録》卷二九《墨》　上古無墨，竹挺點漆而書。中古方以石磨汁，或云是延安石液。至魏晉時，始有墨丸，乃漆煙松煤夾和爲之。所以晉人多用凹心硯者，欲磨墨貯瀋耳。自後有螺子墨，亦墨丸之遺制。唐高麗歲貢松煙墨，用多年老松煙和麋鹿膠造成。至唐末，墨工奚超，與其子廷珪，自易水渡江，遷居歙州，南唐賜姓李氏，廷珪父子之墨，始集大成，然亦尚用松煙。廷珪初名廷邽，故世有奚廷珪墨，又有李廷珪墨，或有作庭珪字者，僞也，墨亦不精。宋熙豐間，張遇供御墨，用油煙入腦麝金箔，謂之龍香劑。元祐間，潘谷墨見稱於時。自後蜀中蒲大韶、梁杲、徐伯常，及雪齋、齊峰、葉茂實、翁彦卿等出，世不乏墨。惟茂實得法，清黑不凝滯，彦卿莫能及。中統至元以來，各有所傳，可以倣古。唐：祖敏、奚鼐、易水。奚鼎、鼐之弟。奚起、鼎之子。陳朗、兖州。王君得、柴珣。並唐末五代。南唐：李超、鼐之子，始居歙州。南唐賜姓李氏。李廷珪、李廷寬、李承宴、皆超之子。李文用、承宴之子。李惟慶、李惟一、李仲宣、皆文用子。耿遂仁、歙州。耿文政、耿文壽、皆遂仁子。耿德、耿盛、盛匡道、宣州。盛通、盛真、盛舟、盛信、盛浩。宋：張遇、潘衡、蒲大韶、款曰「書窗輕煤」、「佛帳餘韻」。葉世英、嘗造德壽宫墨。朱知常、款曰「朱知當香齊」。梁杲、徐知常、葉邦憲、嘗造復古殿墨。雪齋、款曰「雪齋墨寶」。李世英、款曰「叢桂堂李世英」。胡友直、潘衡孫秉彝、周朝式、李世英男克恭、樂温、蒲彦輝、劉文通、郭忠厚、鏡湖方氏、黃表之、齊峯、劉士先、嘗造緝熙殿墨。寓菴、得李潘心法。俞林、丘攽、謝東、徐禧、葉茂實、三衢。翁彦卿。元：潘雲谷、清江。胡文中、長沙。林松泉、錢唐。於材仲、宜興。杜清碧、武夷。衛學古、松江。黃修之、天台。朱萬初、豫章。丘可行、金溪。丘世英、丘南傑。皆可行子。

汪道昆《方于魯墨譜引》　方于魯舍儒而攻墨，故以墨擅場；不爲厚利而爲名高，故舉室務專攻而不貳價。頃年頃九牧，特兩都，褎然以此名家，不啻隨侯、和氏。族賈魚目而鼠臘，亦將稱照桑而冒連城，試之不必其中程，售之不必其中譽，一朝什倍，疇能討其不然。於是平杓之良史而示之真譜所由作也。嘻，抑末也。吾黨爲之制矣，并其制而盗之；爲之銘矣，并其銘而盗之；亦既繫之姓名矣，則又并盗其姓名。乃令以譜益之，又將并盗其譜，借曰：示之真也。得無以真亂真乎？方生唯然。譜也者，有不譜也。是故以耳視者昏，以目視者哲，以心視者神。聞聲而雷同，耳視也；按圖而索驥，目視也；觀其象以求其真，心視也。好玄者苟得其真，隨、和具在，彼其魚也鼠也，其玄尚白也，焉能爲有亡？太函氏曰：善。

莫雲卿《題方氏墨雜言八則》　余往歲游京師，天子方在冲齡，向意儒術，游情宸藻，偶訪及新安羅氏舊墨，争購重貲，幾若珊瑚木難矣。而余私出所藏中書君爲豪人制最精者以試之，尚未及國香而下也；其謂珠英玉屑，於古法無取焉。方氏墨品止於非烟，奇於九玄三極，蓋人巧盡物理，窮過此則爲妖，吾不敢信。自是

可以超潘駕李，裒然代興，行將登御尚方，宜賜群玉以彰奇遇，不但爲儒席之珍而已。坡公詩云：「墨成不敢用，進入蓬萊宮。」虞文靖公云：「寸心不逐非烟化，還作玄雲繞紫微。」余因借以告于魯。非烟之有寥天，一是物妙於不可名，而昉於太初，精能之極，神化所至，復歸於罔象無色者，非耶？問於人官，人官不知；問於造物，造物無有；吾以問于魯，于魯默弗語。余曰：是人已入玄心三昧。潘谷、奚超，世不常有；隃糜松節，絶亦多時，玄賞者曠古希今，恒情則遺遠賤邇。綠螺烏玦，獺髓龍膏，推轂峨嵋，齊盟易水，吾於方氏殆無間然。余嘗著《墨卿論》，不以示人，今獨可爲方君及此。蓋治墨莫先治膠，膠之質精而墨妙，膠之力久而墨堅，膠之性盡而墨純。質精故烟膠之相得也，和力久故烟膠之相入也，深性盡故烟膠之相劑也，化墨未百餘年不能全也。于魯用法，於膠精矣；其堅而純，信可必至。第墨妙方來，年壽有盡，不能無昌言。磨人之感，雖于魯不獲，自觀其所謂化也者，而聊以驗吾言。于魯舉室而治墨，又旦暮精思，故於藝無憾。而以授其子曰：「可以世守矣，後千百年無復加吾技。」夫墨，小道也，以于魯之專力深心僅然，後至博物之士請賞于魯之志而通其餘。方于魯之造墨也，無遺力哉！司馬公之評墨也，無遺言哉！謂墨以評重，固然。第令技不致法，即日操筆而佐其聲稱，得乎？夫方氏墨行世，而後知司馬氏之於名物辨而奇，不以文掩質，雖謂評由墨重，其可矣。太函氏之表墨爲方君地，九鼎矣。其抒文也古，吾避而處其今；其稱名也大，吾斂而識其小；其譚理也造微，吾退而居其當。要之，可從太函氏而并存傳信，烏能舍諸？烏能舍諸？今墨所以不當於古者何？彼傭嗜什一，聲價稍立而真贋并行，豈惟人贋之，其將自爲贋矣，未几無真矣，則聲價因與俱墮。李氏父子世守其法而無變，歷千百年如一日，名稱至今。于魯不二法，亦不二價，太函氏言非儒弗能，豈謂是耶？于魯其人，傳能不爲贋，請立戒以遺後人。余爲方氏立例，作《墨言》，詳哉乎？其稱辭矣。寓斗山客舍，淫霖累日，庭潦方盈，瓢笠栖遲，將迎都廢，偶得佳紙，漫録一過，山翠林容，映發几上。書成頗自愛，而存之篋中。

屠隆《方建元傳》 方于魯，字建元，新都人。初名大潡，字于魯，後以于魯墨銘聞於今上，今上亟稱于魯，遂更以爲名，字建元。父時通公，賈江陵。建元江陵産，生有異質，慧性天妙，識玄洞微，綜覽經史，尤精物理，雖古之詧勞、薪采、柯亭、辨海鳧龍鮓者，殆無以過。束髮慕向、平，禽、慶、賀監、李白之爲人，嘗入蜀，登高唐，觀望巫山雲氣，尋荆王、宋玉故迹；臨邛僰，出夜郎，吊碧鷄金馬。復走燕、趙，婆娑邯鄲鳴瑟跕踪處，驅馬薊丘，登黄金臺，慨然嘆昭王不作豪士，淪於草莽。吟嘯太白酒樓，取一杯南向酹地，直欲呼昔人而與之。激昂千古，麾斥八極。久之，以病歸。時通公用賈起家，建元手揮數千金，散給窮交賓客，家遂就落。益務讀書譚藝，詩調清遠，方駕唐人。汪伯玉司馬招入豐干社，嘗以端午日集同社泛舟豐水之上。時天雨，溪流暴漲，舟行如駛，擊楫鳴榔，吹簫伐鼓，樂甚，發爲詩歌，物得如干首，命曰《泛舟詩》。咸春容沉古，洵有昔永和諸賢風流。時司馬公執中原牛耳，盟海内修辭之士，蜂涌歸命。其二弟仲淹、仲嘉，文采朗射，塤篪協律，而建元諸君，并以雄俊佐之，雅道大暢，議者謂竑中何必減鄴下，司馬兄弟如曹子桓、東阿，麗藻絶代，而建元諸君如應、劉、陳、徐輩，各把一麾，同登壇坫，盛矣！盛矣！建元又善製墨，妙入神品，前無李廷珪，後無羅秘書，詞林寶之，不啻圭璧。以意造雲箋貝葉，雖蜀江薛洪度不能過也。不佞聞建元名垂十年，頃應汪司馬、龍使君白榆社招，一抵新都，即與建元把臂入林，洋洋灑灑，益逾昔聞。嗟乎！博溺心物喪志，雕繪聲帨何與道真？中郎、司空博矣，潘、陸、鮑、謝文矣，恨不聞道，香薰膏煎，卒不免於世味。近代維琅邪、新都，并以鴻巨。文人晚年入道，遺榮挫名，刳心遺累，從皎皎入冥冥，英雄結局大善矣。建元文既斐然，兼精物理，其爲千秋名下士，何疑？儻然能急返而索之家寶，荷此靈光，則有司馬公道門之白眉在。不佞讀建元《泛舟詩》，如：「江流含積氣，雲靄薄遥空。」「宇宙流光景，山林積晦明。」「片石三生偈，空門一指禪。」「水香頻泛酒，雲氣欲浮衣。」「陰垂喬木午，石迸細流寒。」「膠舟石齒齒，引子鳥飛飛。」「洗勺蒲香在，充庖菜甲稀。」「盤渦翻石竇，塌岸障沙陂。」「水埒風鳴碓，田家槿插籬。」「虚壁生雲細，垂藤引瀑凉。」「誰能戀昏嫁，五岳老無名。」「水樓帶林薄，沙渚葉田田。」「落日排漁網，清江泊酒船。」語剖靈竅，理入玄機，意象雙冥，神情兩詣。夫道心，印也；詩心，聲也。由斯以譚，建元超超玄著，其有出世之度乎？毋溺毋喪，道乃來舍，嗟嗟，是建元之藥也。余取以返照，是亦余藥也。

王稚登《方建元墨譜序》 新都方建元氏，志尚耽玄，情專守黑。隱於墨，欲假墨而藏名；家於墨，非緣墨而射利。殺青成譜，鍥梓盈編，形文畢陳，圖咏并載，合爲五卷，離爲六則。瑞璽靈符，蒼璧黄琮，卿雲騶虞，貝闕珠宫，作國寶第一；舜衣商鼎，天馬芝房，連理合歡，虎文龍光，作國華第二；穆駿夏碑，蒼珮玄珠，刀筆貨泉，琅玕青藜，作博古第三；百子九英，珊瑚木難，松枝桃根，鳳玦璃環，作博物第四；香雲寶月，五牛三車，貝多鬘陀，法幢妙花，作法寶第五；玉洞霞城，烏使鵝賓，碧桃仙杏，紫氣真人，作鴻寶第六。是六者，辨形象則譎誕無涯，叙讚頌則葳蕤可悦。鷄舌椒蘭之馥，絪緼襲裙；金膏水碧之精，光芒注目。於是隃糜之説，

罔有遺漏；玄香之名，不勝流播矣。乃其援玉名烏，即霜稱紫，仲將擅譽於一點，士衡侈賜乎二螺。囊裁錢豹之革，劑合針魚之髓，粉芙蓉之萼而秋渚皆空，煤松樹之薪而春岫無色。幻元浮屠，金壺飛液；精凝羽士，黄屋憑幾。斯皆驗往迹之已然，征合轍而非謬者與？方君篋饒藏草，筆禪生花，譚風雅則騷壇之選鋒，傳高逸則布衣之祭酒，能俾姓氏，徹於閶闔，聲稱遍乎寰宇，豈惟墨爲名高，抑亦技以人重者耶？

徐桂《方生行贈建元》　方生少年業爲儒，千世無媒自握瑜。男兒不儒亦有寄，一毛空自生頭顱。中年閉户草《潛夫》，生捋驪龍頷下珠。謝華振秀見風格，詩篇往往凌吾徒。誰者簪裾易蘿薜，誚爾草玄將尚白。生乎自急千秋名，人世浮榮還易擲。以此辭家汗漫游，近泛五湖遥七澤。洲前處世酹英魂，樓頭仲宣嗟落魄。王門在望曳裾難，歸來四立相如壁。漫説文章可逐貧，文章未足資身策。易水東來素業夸，至今奚沈流芳液。古法依然見典型，製成一日聲名籍。似從夏后識玄圭，何處周郊有蒼璧。羡君絶藝進乎藝，墨經自著垂來裔。客卿一出空百廛，寧惟不朽文章事。詒我盈把皆蘭蓀，相視相憐此道存。世人重墨争來購，坐令詩名翻向後。讀君之詩玩君墨，兩者何謝千金壽。令子猶能世其業，廷珪父子名俱曄。别開側理光陸離，桃花谷樹安足奇。君不見張永工文亦工技，尚方進御慚非擬。方生摛藻如霞綺，陳玄楮白紛滿幾，又何須韋誕之墨蔡倫紙。

李維楨《墨譜序》　今之工於墨者，則無如于魯氏矣。于魯故名大激，晚乃以字行，更字建元。其爲墨象凡五：曰規，曰矩，曰珽，曰圭，曰雜珮。象所取義六：曰國寶，曰國華，曰博古，曰博物，曰太莫，曰太玄。求之象與義而不能繩，而名之者五：曰瑶草，曰大國香，曰大紫重玄，曰非烟，曰九玄三極。不脛而走四方，不招而市如噎，處布衣之位而重於萬乘。不佞介紹之以左司馬，申之以二仲氏，得至其室縱觀之。其品式有經，則王府之關石和鈞，公輸之準繩也；其追琢美好，則偃師之倡，輪扁之斲，宋之玉楮，而郢之斤成風也；其詞章則典謨訓誥，渾噩爾雅，即秦漢而下無論也；其族類浩穰，肖像詭特，則九鼎之百物神姦，册府之群玉不可形狀也；其芬香郁烈，光彩煜耀，則虞廷之卿雲，太乙之青藜，楚之畹蘭畝蕙也；其文字則河之圖，洛之書，倉頡之篆，孔甲之盤盂，闕里之蝌蚪也。試而用之，不膠漆而固，不烟霧而昇，不涅緇而黑，不珠璧而潤，若有若無，若離若合，天之蒼蒼，非正色耶？其壺子之衡氣機耶？即鄒衍莫能談，季咸莫能相矣。美哉技也，一至此乎？建元之子嘉樹息父之業而修之，名與建元等。不佞又聞人之言曰：建元始爲墨，市無知者。嘗受學於左司馬而業奇進，已受知於王氏二美而神愈王，夫孰謂文士無用哉？不佞不文，何敢望三先生，以建元父子之請，不能爲墨序，聊爲叙其譜如此。

鄭象位《泰茅氏遺建元書》　建元之爲墨也，務專攻；而其爲譜也，務博取。專則實勝，博則多文；專而博則大成，博而專則盡美。夫然後華實并茂，文質適均。作者之善物也，豈惟小道，文事亦然。相如之腐毫，以專用博；子云之千首，由博入專。吾友二人，則濟南專而江左博。要之，青齊什二，必大舉而啓疆；組練三千，必先登而破壘。此二君子者，饕若鼓舞，雋若和羹，當世之般倕也。建元之專也，猶丈人承蜩，其神全也；其博也，猶獅子之搏鼠，其力全也。以小喻大，庶幾乎兼之。建元自言魯也，魯無能一涉大方。凡諸耳目所及，心思所通，儻有當於吾玄，莫不財擇，第居岩穴，不越乎窺觀，吠月疑冰，詎能通物，庸不免局於地、篤於時耳！夫子惡乎益之，嗟嗟，建元誓將識其大者。奚氏之調劑良矣，其品式不必皆良；羅氏章物采以侜新都，曾不能以一臠，以今視昔，夫非八珍之薄燔黍，九鼎之斥土鉶哉？吾惡乎益之，亦惟益之無倦而已。乃今弓冶手法，箕裘承家，專益求專，博益求博，由是可幾於道，技止於此而已乎？夫譜者，史之流，龍門世業於是乎在，建業之能事畢矣。有子矣，未畢之志，爾後人其世世圖之。

馮珣季《墨贊》　余不識方建元氏而神交者有年，蓋嗜其墨，因艷其名也。歲乙卯遣使如歙購墨，而建元爲泉下人已久，長君子封能世其業。越六載余守興元，乃托其姻胡粹求余言以光大之。余何能文，重違其請，遂作贊曰：剛方而直，端静而文；稜角簡抗，渾灑風雲。無聲色臭味，與人之耳目口鼻而相熏；無欣戚寒燠，與人之雍容譚笑而相親；無曲折偃仰，與人之窮達老稚而相群。山林不卑，廊廟不尊；無驕無諂，無競無紛。何獨與方建元氏世相好而結納於無垠？

麻三衡《墨志·系氏第二》　周：浮提國人、越王女。漢：田真、尚書令。魏：武帝。東魏：韋誕、賈思勰。梁：張永、冀公。唐：高祖、玄宗、祖敏、奚鼐、易水。奚鼎、鼐弟。奚超、鼐子。陳朗、兖州。王君得、柴珣。南唐：徐熙、徐崇嗣、熙子。李超、即鼐之子，渡江後，南唐賜姓。李廷珪、李廷寬、按《墨史》：超之次子。李承晏、並超子。《墨史》：廷寬子。李慥、韓熙載、李文用、承晏子。李惟慶、李惟一、李仲宣、並文用子。耿遂仁、按《墨史》作耿仁遂。耿文政、耿文壽、並遂仁子。耿德、按《墨史》作耿德真。耿盛、盛匡道、宣州。盛通、一作道。盛真、盛丹、一作舟。盛信、盛浩、一作皓，並宣州。朱逢、徐鉉、景焕。宋：徽宗、范質、郭遇明、汪通、一作江通。常和、張

遇、朱觀、胡景純、梅瞻、《墨史》作贍。耿德真、郭玘、蘇子瞻、賀方回、沈師、董仲淵、張懷民、潘衡、潘秉彝、衡之孫。葉世英、朱知常、梁杲、胡友直、張秉道、王量、李世英、李克恭、徐智常、葉邦憲、晁寄一、周朝式、雪齋、蒲大韶、樂温、康爲章、蘇彦輝、劉文通、郭忠厚、齊峯、何蘧、按：蘧疑薳。方鏡湖、黄表之、劉士先、寓庵、俞林、邱攽、謝東、徐禧、蔡瑫、一作滔。葉□實、按《墨史》葉茂實。翁彦卿、潘遇、蘇澥、陳昱、關珪、關瑱、沈珪、陳瞻、王迪、潘谷、陳相、張孜、沈晏、張谷、葉谷、常遇、金章宗。元：潘雲谷、清江。胡文忠、長沙。林松泉、錢塘。於材仲、宜興。杜清碧、武夷。衛學古、松江。黄修之、天臺。朱萬初、豫章。邱可行、金溪。邱世英、邱南傑。並可行子。明：查文通、龍忠迪、方正、蘇眉陽、羅小華、邵格之、程君房、方于魯、蘇文元、邵青邱、汪伯倫、江晴川、汪一元、方林宗、潘方凱、汪中山、黄鳳臺、吴去塵、吴羽吉、丁南羽、吴左千、按汪仲淹《墨書》作左干。江文所、程禹伯、屠赤水、鄭仲嘗、葉元卿、程文登、潘嘉客、方正冕、按疑方冕。胡元真、吴長孺、方書田、孫玉泉、方坦庵、孫敬泉、許方城、黄昌伯、邵賓王、汪仲嘉、王于凡、吴元象、吴益之、吴名望、葉大木、程周修、朱紹本、汪可泉、孫玉亮、徐鳳、方激、方鳳岐、查鳳山、程魁野、汪鴻漸、吴三玉、黄長吉、吴叔大、吴仲實、劉鐶、汪君政、朱德甫、朱一涵、吴元輔、汪一陽、胡朝用、江之東、汪子元、吴德卿、翁義軒、吴南清、吴泉、葉鳳池、方楚嬰、汪伯喬、汪春元、汪時育、孫碧溪、侯承之、吴越石、吴乾初、方正泳、汪俊賢、葉君錫、大激、案：方于魯名大激。疑重出。汪德順、吴仲嘉、潘丕承、程孟陽、黄無隅、吴葆素、吴連叔、黄奂、吴龍媒、吴樂生、程夢瑞、汪前川、胡梅亭、春宇、畢思溪、吴省元、方栢源、朱獻、程君亮、吴仲暉、吴君衡、松溪子、曹石葉、吴充符、西隱、朱震、方雲、不二生、墨表有「不二齋」。游君用、程東里、方季康、程鳳池、汪文憲、劉雲峯、程齊五、胡君理、王氏、德美、楊生、朱氏、汪時茂、汪熙承、居易山人。論曰：嘗讀陶九成所著墨工，未嘗不歎其博，而晉魏之閒闕焉，爲《宛委餘編》所抨，顧賈思勰所出，王氏又未之見矣。古人用墨多自製，故工者不顯，唐以後姓氏稍稍出，而宋元閒以字號者，僅見雪齋、齊峯、寓庵三數人。及省《春渚紀聞》，又未嘗不爽然矣。繇是時士大夫如李慥、徐熙、徐鉉、韓熙載、蘇子瞻、賀方回、王量、晁季一、張秉道、康爲章輩，皆能製墨，多以字行於世。迄有明，有姓字而不名，雖工者有然已。萬曆中，歙州程方用内事相齮軋不貲以爲名高，一時公卿閒有左右袒者。至聲徹禁地，後三十年，有吴去塵者，金章玉質，盡藝入微矣。其羣從中更有羽吉，可謂具體，語云：劍則干將莫邪，木則楩楠杞梓，於戲盛哉。

藝文

李白《李太白全集》卷一九《酬張司馬贈墨》 上黨碧松烟，夷陵丹砂末。蘭麝凝珍墨，精光乃堪掇。

高適《高適集・真定即事奉贈韋使君二十八韻》 起草徵調墨，焚香即宴娱。光華揚盛矣，霄漢在茲乎？

蘇易簡《文房四譜》卷五《墨譜・四之辭賦》 後漢李尤《墨銘》：「書契既遠，研墨乃陳。烟石相附，筆疏以伸。」曹植《樂府詩》：「墨出青松烟，筆出狡兔翰。古人成鴛跡，文字有改刊。」張仲素《墨池賦》：「墨之爲用也，以觀其妙。池之爲玩也，不傷其清。苟變池而盡墨，知功積而藝成。伊昔伯英，務茲小學。棲遲每親乎上善，勤苦方資乎先覺。俾夜作晝，日居月諸。挹彼一水，精其六書。或流離于崩雲之勢，乍滴瀝于垂露之餘。由是變此黛色，涵乎碧虚，浴玉羽之翩翩，或殊白鳥。濯錦鱗之瀲瀲，稍見元魚。自强不息，允臻其極。何健筆以成文，俾方塘之改色。映揚鬐之魯，乍謂寓書，沾曳尾之龜，還同食墨，沮沼斯久，杳冥莫測，愛涅者必其緇，知白者成其黑。蘋風已歇，桂月初臨。元渚彌浄，元流更清。所以恢宏學海，輝映儒林。將援毫而悦目，豈發册而賞心。其外莫測，其中莫見。同君子之用晦，比至人之不炫。冰開而純漆重重，石映而元珪片片。倘北流而浸稻，自成黑黍之形。如東門之漚麻，更學素絲之變。究其義也，如蟲篆之所爲。悦其風也，想鳥跡之多奇。將與能也，而可傳可繼。豈謀樂也，而泳之游之。恥魏國之沈沈，徒開墨井。笑崑山之浩浩，空設瑶池。專其業者全其名，久其道者盡其美。譬彼濡翰，成茲色水。則知遊藝之徒盡，以墨池而竊比。」【略】僧齊己《謝人惠墨》詩：「珍我歲寒烟，攜來路幾千。只應真典誥，銷得苦磨研。正色浮端硯，精光動蜀箋。因君强濡染，捨此即忘筌。」段成式《送温飛卿墨往復書十五首》段云：「近集仙舊吏獻墨二挺，謹分一挺送上。雖名殊九子，狀異二螺，如虎掌者非佳，似兔支者差勝。不意吴興道士忽遇，因取上章，趙王神女得之，遂能注《易》。所恨隃糜松節，絶已多時；上谷欄頭，求之未獲也。成式述作中躓，草隸非工。惟茲白事，足以驅策。詎可供成篆之硯，奪如椽之筆乎！」温答云：「庭筠白，即日僮幹至，奉披榮誨，蒙賚易州墨一挺，竹山奇製，上蔡輕烟，色掩緇帷，香含漆簡。雖復三臺故物，貴重相

傳；五兩新膠，乾輕入用。猶恐於潛曠遠，建業尫羸。韋曜名方，即求雞木；傅元佳致，別染龜銘。恩加于蘭省郎官，禮備于松櫺介婦。汲妻衡弟，所未窺觀；《廣記》《漢儀》，何嘗著列。矧又元洲上苑，青瑣西垣，板字猶新，疑簽尚整。帳中女史，每襲清香；架上仙人，常持縹帙。得于華近，辱在庸虛。豈知夜鶴頻驚，殊慙志業；秋蛇屢綰，不稱精研。惟憂痗物虛投，蠟盤空設。晉陵雖壞，正握銅兵；王詔徒深，誰磨石硯。捧受榮荷，不任下情，庭筠再拜。」段答云：「昨獻小墨，殆不任作。籍椳之力，殊未堅剛；和麫之餘，固非精好。既非懷化所得，豈是築陽可求。況某從來政能，慚伯祖之市果；自少學業，愧稚川之伐薪。飛卿掣肘功深，焠掌忘倦，齊奮五筆，捷登百函。愁中復解元嘲，病裏猶屠墨守。烟石所附，抑有神手；裁札承訊，忻懌兼襟。莫測庾詞，難知古訓，行當祇謁，條訪闕疑。成式狀。」温答云：「昨夜安東聽偈，北窗追涼，柎枕才欹，蘭缸未艾，縹繩初解，紫簡仍傳，麗事珍繁，摛筆益贍。雖則竟山充貢，握槧堪書，五丸二兩之精英，三輔九江之清潤。葛龔受賜，稱下士難求；王粲著銘，嘆遐風易遠。俱苞輪囷，盡入淙金，遺逸皆存，纖微悉舉。鷃觀鵬運，豈識迢遥；鯤入鮒居，應嗟坎窞。願承謦欬，以牖愚蒙。庭筠狀。」段答云：「昨更拾從土黑聲之餘，自謂無遺策矣。但愧井蛙尚猶自恃，醯雞未知大全，忽奉毫白，復新耳目。重耳誤徹，謬設生慚；張奂致渝，研味難盡。詎同王遠術士，題字入木；班孟仙人，噴書竟紙。雖趙壹《非草》，數丸志徵；汲媛餉夫，十螺求説。肝膽將破，翰答已疲，有力負之，更遲承問。成式狀。」

蘇軾《蘇東坡全集》卷九《次韻答舒教授觀余所藏墨》 一生當著幾兩屐，定心肯爲微物起。此墨足支三十年，但恐風霜侵髮齒。非人磨墨墨磨人，瓶應未罄罍先恥。

又卷一四《孫莘老寄墨四首》 徂徠無老松，易水無良工。珍材取樂浪，妙手惟潘翁。潘谷作墨，雜用高麗煤。魚胞熟萬杵，犀角盤雙龍。墨成不敢用，進入蓬萊宮。蓬萊春晝永，三殿明房櫳。金箋洒飛白，瑞霧縈長虹。遥憐醉常侍，一笑開天容。谿石琢馬肝，剡藤開玉版。噓噓雲霧出，奕奕龍虵綰。此中有何好，秀色紛滿眼。故人歸天禄，古漆窺蠹簡。隃麋給尚方，老手擅編劖。分餘幸見及，流落一歎赧。我貧如飢鼠，長夜空齩齧。瓦池研竈煤，葦管書柿葉。近者唐夫子，遠致烏玉玦。先生又繼之，圭璧爛箱篋。清窓洗硯坐，虵蚓稍蟠結。便有好事人，敲門求醉帖。吾窮本坐詩，久服朋友戒。五年江湖上，閉口洗殘債。今來復稍稍，快癢如爬疥。先生不譏訶，又復寄詩械。幽光發奇思，點黮出荒怪。詩成一自笑，故疾逢蝦蟹。

又《續集》卷二《謝宋漢傑惠李承晏墨》 老松燒盡結輕花，妙法來從北李家。翠色冷光何所似，墻東鬢髮墮寒鴉。

元好問《元好問詩詞集·賦南中楊生玉泉墨》 萬竈玄珠一唾輕，客卿新以玉泉名。御團更覺香爲累，冷劑休夸漆點成。浣袖秦郎無藉在，畫眉張遇可憐生。晴窗弄筆人今老，孤負松風入硯聲。

俞策具《于魯墨歌》 太乙然青藜，燭龍揚朱光。雍州枯黑水，溟海收玄霜。玄霜萬杵魄俱死，却和中山麝臍紫。秦女還添白鳳膏，麻姑或送青麟髓。工力往往干仙靈，于魯之墨始出型。堅如黑山石森削，燦如赤水珠晶熒，斑如重圭錫夏后，規如瑞璧來虞庭。怪如天吴川後隨，玄冥物，狀珍奇，表幽異，按圖一一窮珠類。彝鼎神姦百物陳，郊牧休徵五靈至。瞥見周天列宿形，更逢出水玄夷使。琪華瑶樹何紛紛，雲飛陸走俱成群。字形省識神龜畫，刻鏤分明綉虎紋。偏遺禎符散中國，胡爲萬象皆黟黑。東南無乃入玄墟，當代應知王水德。裹以天孫錦，養以文豹囊。臨池不散五雲氣，貫日高懸百寶光。其中名有寥天一，非霧非烟若無質。獵獵香吹楚澤蘭，英英色奪齊州漆。嘗聞韋仲將，復有奚廷珪。微名空有，古法不足稽。螺子當年乏玄彩，隃糜漢日猶青泥。宣朝内制徒貴重，烟質僅與中下齊。吁嗟乎！于魯由來攻不朽，千首新詩在人口。豈其餘力殫神明，也令絶技傾前後。天子曾詢草莽臣，騷人尚結文章友。即使君家列市廛，猶勝東壁圖書藪。

王原《漫堂藏墨贊》 子墨客卿，太陰之精。銅雀石號，玦烏玉名。累錫衮被，雙脊龍騰。九子頌媾，十螺表貞。南唐車載，善和匣傾。狻猊售偶，隃糜給仍。趙女襄易，羽使趨蠅。金壺汁溢，綈褏丸盈。經木可削，墮水猶礋。昔推二李，近惟一程。方汪擅技，吴邵代興。雪堂義墨，髯翁夙稱。今之漫堂，推宋先生。羅購珍賞，較前倍贏。廣濟張氏，著爲墨經。餉公好事，寶勝瑶瓊。公意靡倦，益之十朋。隔囊品別，淵鑒莫京。潘谷失步，嶭稷喪評。藉迺文豹，潘斯錦繒。譜箋姓氏，圖肖象形。甲乙整比，銖兩零星。松心錟澹，油量文輕。出自萬杵，磨之十層。毛穎宣妙，陶泓受能。一點一漆，一飲一升。蒐討二酉，薈蕞三乘。狀寫生態，牢籠物情。濡髮揮灑，東絹吴綾。倚馬著譔，露書山銘。斯物有託，彰其德馨。我爲贊辭，後世是徵。

姚鼐《惜抱軒詩集》卷七《論墨絶句九首》 宣和香劑用油煙，奚李前橅竟邈

然。筆法而今論篆畫，江南三絶自當年。涉足塵埃世態生，山林養節久方成。論松略似觀人法，誰及新安戴彥衡？朝鮮舊國解燒松，使者朝正數芴從。著硯未能堅似石，卻無膠滯不妨濃。膠折燕山風莫勝，篋中片片似春冰。時工止解緣邊漆，不悟堅金儼故棱。除卻廷珪跨乃公，幾家絶藝後能同？來男作相虞兒匠，何怪方今曹素功？霄漢樓憑江水空，鶴峯書畫散秋風。盛時猶記先人說，淚與殘丸滴硯中。程君文筆工無比，姿媚何嘗解俗書。累壓篋中爲長物，不妨啜汁賞心餘。我愛瑶田善論琴，博聞思復好湛深。才傳墨法五千杵，已失家財十萬金。年年兩袖染成烏，佳字奇文一筆無。惟向天涯寫歸興，故應銘背作思鱸。

圖表

沈繼孫《墨法集要》

油餞圖

煙椀圖

燈草圖

燒煙圖

餙煙圖

鎔膠圖

用藥圖

搜煙圖

蒸剝圖

杵擣圖

秤劑圖

鎚鍊圖

丸擀圖

樣製圖

入灰圖

出灰圖

水池圖

研試圖

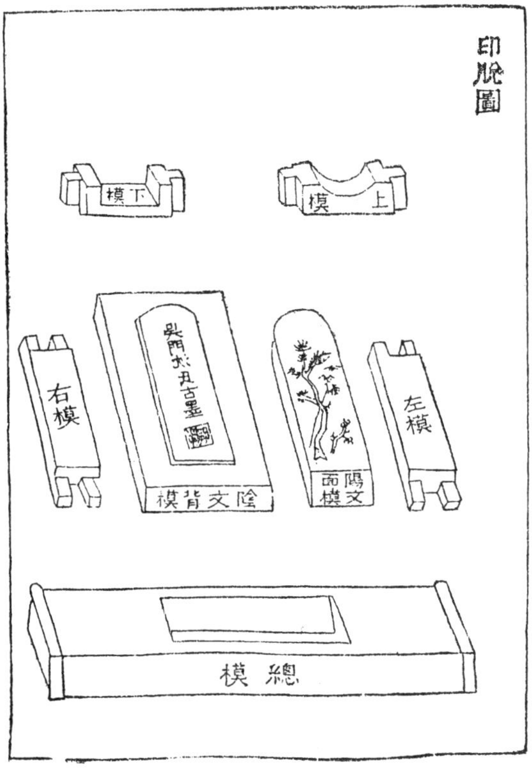

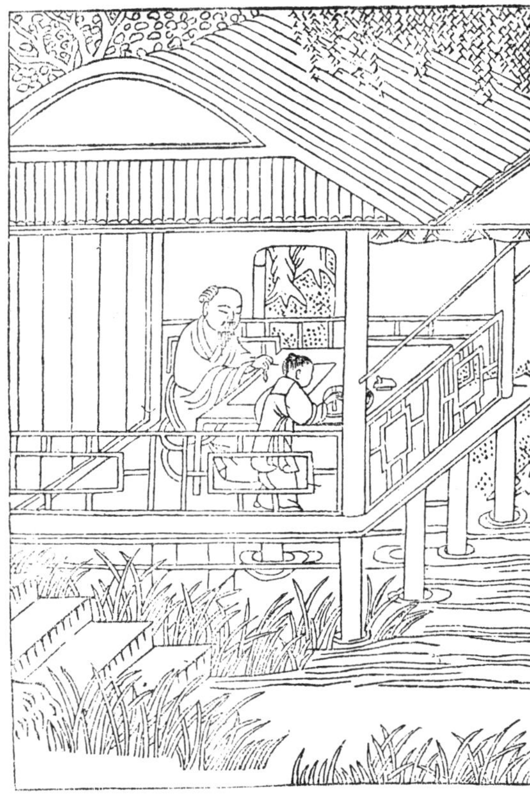

宋應星《天工開物》卷下《丹青》

液松流取

烟清掃燃

煙松取燒

硯分部

綜　述

許慎《説文解字》卷九下　硯，石滑也，從石見聲。

劉熙《釋名》　硯者，研也，可研墨使和濡也。

劉昫《舊唐書·柳公權傳》　［柳公權］所寶唯筆硯圖畫，自扃鐍之。常評硯，以青州石末爲第一，言墨易冷，絳州墨硯次之。

張洎《賈氏譚録》　絳縣人善製澄泥硯，縫絹囊置汾水中，踰年而後取，沙泥之細者已實囊矣。陶爲硯，水不涸焉。

蘇易簡《文房四譜》卷三《硯譜二之造》　柳公權常論硯，言青州石末爲第一，絳州者次之，殊不言端溪石硯。世傳端州有溪，因曰「端溪」，其石爲硯至妙。益墨而至潔，其溪水出一草，芊芊可愛，匠琢訖，乃用其草裹之，故自嶺表迄中夏而無損也。噫，豈非天使之然耶！或云水中石，其色青，山半石，其色紫，山絶頂者，尤潤，如豬肝色者佳。其貯水處，有白赤黄色點者，世謂之「鸜鵒眼」。或脈理黄者，謂之「金線紋」，尤價倍于常者也。其山號曰「斧柯山」，即觀棊之所也。昔人采石爲硯，必中牢祭之，不爾，則雷電勃興失石所在。其次有將軍山，其硯已不及溪中及斧柯者。今歙州之山有石，俗謂之龍尾石，匠鑄之硯。其色黑，亞於端，若得其石心，見巧匠就而琢之，貯水之處，圓轉如渦旋，可愛矣。魏銅雀臺遺址，人多發其古瓦，琢之爲硯，甚工，而貯水數日不滲，世傳云：昔人製此臺，其瓦俾陶人澄泥以絺綌濾過，碎胡桃油方埏埴之，故與衆瓦有異焉。即今之大名相州等處，土人有假作古瓦之狀硯，以市于人者甚衆。繁欽《硯贊》云：「或薄或厚，乃圓乃方。方如地體，圓似天常。班温采散，色染毫芒。點黛文字，耀明典章。施而不德，吐惠無疆。浸漬甘液，吸受流芳。」蓋今製之，令薄者光，觀見之令，一夫捧持，匠方琢之，或内于稻穀中，出其半而理之，其鏨如纛針許。製畢，有如表紙厚薄者，或有全良石之材，工其内而質其外者，或規如馬蹄，鋭如蓮葉，上圓下方，如圭如璧者，圓如盤而中隆起，水環之者，謂之辟雍硯，亦謂之分題硯。腰半微坳，謂之郎官様者，連水滴器于其首而爲之者，穴其防以導水焉，閉其上穴，則下穴取水，流注于硯中，或居常則略無沾覆，繁之銘見之矣。又繁欽《硯頌》曰：「鈞三趾于夏鼎，象辰宿之相扶。」今絶不見三足硯。僕嘗遊盱眙泉水寺，過一山房，見一老僧擁衲向暘，模寫梵字，前有一硯，三足如鼎，製作甚古。僕前舉而訝之，僧白眼默然不答，僕因不復問其由，是知繁頌足可徵矣。傅玄《硯賦》云：「木貴其能軟，石美其潤堅。」因知古亦有木硯。作澄泥硯法，以墐泥令入于水中，挼之，貯于甕器内，然后別以一甕貯清水，以夾布囊盛其泥而擺之，俟其至細，去清水，令其乾，入黄丹團和溲如麪，作一模如造茶者，以物擊之，令至堅，以竹刀刻作硯之狀，大小隨意，微蔭乾，然后以刺刀子刻削如法，曝過，閒空垛于地，厚以稻糠并黄牛糞攪之，而燒一伏時，然后入墨蠟貯米醋而蒸之，五七度含津益墨，亦足亞于石者。唐李匡乂撰《資暇集》云：稠桑硯，始因元和初，其叔祖宰虢之朱陽邑。諸阮温清之隙，必訪山水以遊。一日，于澗側見一紫石，憩息于上，佳其色，且欲紀其憩山之遊，既常攜鐫具隨至，自勒姓氏年月，遂刻成文，復無刓缺，乃曰：不利不缺，可琢爲硯矣。既就琢一硯而過，但惜其重大，無由出之，更行百步許，至有小如拳者，不可勝紀，遂令從者挈數拳而出，就縣第製

琢。有胥性巧，請琢之，遂請解胥籍，于是採琢開席于大路，厥利驟肥，后諸阮每經稠桑，必相率致硯，以報其本焉。稠桑石硯自此始也。

又 李後主硯。李後主留意筆扎，所用澄心堂紙，李廷珪墨，龍尾石硯，三者爲天下之冠。右軍風字硯。會稽有老叟云右軍之後，持一風字硯，大尺餘，色正赤，用之不減端石，云右軍所用者，石揚休以錢二萬得之。紅絲石。青州紅絲石，外有皮表，磨礱即其理紅黄相參，理黄者其絲紅，理紅者其絲黄，須飲以水使足，乃可用，不然渴燥。唐彦猷甚奇此硯，以爲發墨不減端石。蔡君謨又言，端石瑩潤，惟有鋩者尤發墨，歙石多鋩，惟膩者佳，蓋物之奇者，必異其類也。鳳咮石。蘇子瞻云：僕好鳳咮石，少得真者，唐彦猷以青州紅絲石爲甲，或云唯堪作骰盆。端硯。蘇公易簡云：柳公權論硯，青州石爲第一，絳州者次之。殊不言端石，世傳端溪中有草，蒙茸可愛，匠琢石成硯。用草裹之，故自嶺表迄中夏而無損。或云，水中石，其色青。山半石，其色紫。山絶頂者尤潤。如豬肝色者佳，其貯水處有白赤黄色點者，謂之鸜鵒眼，脉理黄者，謂之金線紋，其山號「斧柯」，昔人采石爲硯，必中牢祭之，不爾，雷電失石所在。鸜鵒眼。端石有眼者最貴，謂之「鸜鵒眼」。石紋精美，如木有節，今不知者，乃以爲石病，吁可痛哉！石有上下巖，西坑後歷，悉其下也，惟上巖有眼，眼之美者，青黄緑三色相重，多者自外至心凡九重，其大者尤爲希有，或布列硯中，如北斗心房之形，士人以眼多少爲價重輕，其生於墨池之外者，謂之「高眼」，生於内者曰「低眼」，高眼尤可尚，以不爲墨漬，常可睹也。或云取石祭以中牢，故老云無之，又云石有金線爲美，正其病也。唐彦猷。子石。端石以子石爲上，在大石中生，蓋精石也。流俗訛爲紫石，又以貯水不耗爲佳，有眼爲貴，眼石病也，官司歲以爲貢，在它硯上，然十無一二發墨者，但充玩好而已。歐陽永叔。端溪。端溪有斧柯、茶園、將軍地，同是一溪，唯斧柯出者，大不過三四指，一兩呵津汗滴瀝，真難得之物，茶園次之，將軍又次之。鄭樵。活眼死眼。蘇易簡作《文房四譜》，譜言四寶，硯爲首，筆墨兼紙，皆爲隨時收索。可與終身俱者，唯硯而已。譜中載四十餘品，以青州紅絲石爲一，斧柯山第二，龍尾石第三，餘皆在中下。雖銅雀臺古瓦硯列於下品，特存古物耳。端所出有四：巖石爲甲，石屋次之，西坑又次之，後歷爲劣。巖與西坑，相去二十里。石屋，後歷七里，而所産逈然不同。猶建安産茶，北源壑源去沙溪十數里而優劣差殊。而巖石又分上下，又有活眼死眼之别，圓暈相重，黄黑相間，黳精在内，晶瑩可愛，謂之活眼。四旁浸漬，不甚鮮明，謂之淚眼。形體略具，内外皆白，殊無光彩，謂之死眼。活眼勝淚眼，淚眼勝死眼，死眼勝無眼。龍尾石。歙石出於龍尾溪，以金星爲貴，予少時得金坑礦石，堅而發墨，端溪以北巖爲上，龍尾以深爲上，龍尾遠於端溪上，而端石以後出見貴爾。歐陽永叔。李賀詩。永叔以端溪後出，不然，李賀有端州青花石硯詩云：「暗洒萇泓泠血痕」，則謂鸜鵒眼。知端石爲硯久矣。諸州硯。淄州金雀石，色紺青，聲如金玉，又有青金石，叩之無聲，發墨，青州紫金石，狀類端州西坑石，發墨過之。吉州□□縣紫石，亦類西坑，登州駞基島石，上有羅紋金星，絳州角石，色如白牛角，歸州大沱石，江水中石也，止用於川峽人。宿州出樂石，潤膩發墨，但無石脉，萬州有懸金崖石。又有磁洞石，洮河出緑石，性腝不起墨，不耐久磨，牢山丹石，滑澤堅膩，古瓦硯出相州魏銅雀臺，里人因掘土，往往得之。虢州澄泥，唐人品硯以爲第一，今人罕用。澤州道人吕翁作澄泥硯，堅重如石，手觸輒生暈，上著吕字，青潍州石末硯，皆瓦硯也。柳公權以爲第一，當時未見歙石，以爲上品耳。硯賦。傅玄硯賦云：木貴其能軟，石美其潤堅。劉道友以浮查爲硯，知古亦有木硯。銅硯蜂硯。劉聰謂晉懷帝曰：頃贈朕拓木銅硯，袁象贈庾翼蜂硯。水精硯。丁恕有水精硯，大纔四寸許，爲風字樣，用墨即不出光，發墨如歙石。玉硯。鎮潼留後李充伯得玉材，琢爲圓硯，發墨可愛。碧玉硯。許漢陽筆以白玉爲管，硯乃碧玉，以玻瓈爲匣。鐵硯。青州熟鐵硯，甚發墨，有柄可執，晉桑維翰鑄生鐵硯。漆硯。晉儀注：太子納妃有漆硯。竹硯。異物志云，廣南以竹爲硯。滌硯。凡硯須旦滌之，縱未能，亦須日易其水，洗宜用小氈片或紙，若久用，石色爲墨漬污，即以麩炭磨洗，復如新矣，苦寒不宜用佳硯，石理既凍，墨亦少光。帝鴻氏之硯。黄帝得玉一紐，治爲墨海，其上篆文曰「帝鴻氏之硯」。又太公金匱硯書曰：「石墨相著，邪心讒言，無得污白。」是知硯其來尚矣，硯者，研也，可研墨使和濡也。孔子硯。伍緝之《從征記》云，魯國孔子廟中，石硯一枚甚古朴，孔子平生時物也。及顔路所請者車亦存。硯溪。《永嘉郡記》云，硯溪一源多石硯，《述異記》云洞庭湖一陂有范蠡石牀石硯。

又《真材本性》 硯當用石，鏡當用銅，此真材本性也。以瓦爲研，如以鐵爲鏡耳。

沈士《硯譜圖·硯譜·端山》 斧柯山在大江南，州東三十三里。與靈羊峽對，山峻峙壁立，下際潮水。江之湄山行三四里即硯巘，先至者下巖。巖中水未嘗涸。下巖之上曰「中巖」，中巖之上曰「上巖」。自上巖轉曰「龍巖」，唐取硯處。下巖得石既勝，此不復取。又小湘峽，州西四十里。石色深如蚌坑，性軟滲水。石以下巖爲上，中巖、龍巖、半巖次之，蚌坑下。《端硯譜》。端巖鑿成深穴，冬，方採穴中不

睹，但捫取之。日不過數石，工在洞中別其精麤，有累日不得一佳石者。

又《唐彥猷硯録》 斧柯、茶園、將軍山同一溪，惟斧柯所得不過三四指，一呵津滴瀝絶難得。茶園次之，將軍又次之。《米元章帖》。下巖石乾則灰蒼色，濕則青紫色，巖兩口通爲一穴，大穴取硯所自入，小穴泉所自出，號水口，陳公密所開也。巖北壁水浸，淺深莫測，工不能得採，往往於石屑中得之，崇觀没已罕得。泉生石出，非石在泉中也。泉珠散落如飛兩不絶。《端石譜》。下巖石色深紫，襯手潤，扣之聲清遠，有青緑暈，圓小而緊謂之「鸜鵒眼」。探於水底最貴重。《皇朝類苑》。下巖穿洞皆水，治平中貢硯，取水月餘方及石，石細，扣之清越，眼圓碧暈明瑩，嫩甚者如泥無聲，不著墨快無泡，良久微滲若油發豔，近無復有。《米史》。下巖紫如猪肝，密理堅緻，潴水發墨如玉磨無聲。高崇翰《墨聲》又云，眼於石爲瑕，所藏一段，紫玉硻無點綴。上巖三穴上曰「土地巖」，有祠。兩通中曰「梅樹巖」，亦兩穴通石，眼黄赤，梅巖微黄赤韋灰蒼，眼黄緑。上巖在山上，石性乾，紫色，深理粗硬，眼黄，差不圓而淡青，巖深處間有潤者，終不及下巖。《米史》。中巖南壁石與梅巖同，而少勝北壁石，則與下巖南壁同而少劣。《端硯譜》。龍巖石深紫眼小，類中巖。

又《半邊山》 半邊巖，石灰青。類下巖、中巖南壁，眼多暈少。《端硯譜》。半邊巖，石理如上巖，色青紫，多瑕，眼長如卵。《米史》。蚌坑石，深紫，眼黄白，微青不正，無瞳，而翳堅潤，不發墨，與半巖石相類。《端硯譜》。三十年前人所得巖石西坑石近收者，峻歷也。類苑蚌石取於潤名曰野石，昧者愛其大璞小瑕。《類苑》。浚歷石性軟滲，色紫帶赤，黄眼，類蚌坑，堅潤而發墨勝之。非油蠟不光潤。

又《子石》 巖石有黄臕胞絡，鑿去方見硯材，所謂子石，工識石理鑿窟自然有子石。《蘇譜》。山有自然圓石，剖其璞得焉，謂之子石。《唐録》。端石以紫爲上，生大石中，精石也。《歐譜》。東坡《陳公密子石硯銘》曰：孰形無情，石亦卵生，黄臕胞絡，以孕黝頳。

又《石眼》 眼石縝密温潤，端人謂石嫩則多眼。凡青脉必有眼，有鸜鵒眼、雀眼、鷄眼、猫眼、緑荳眼。翠緑爲上，黄赤爲下。《端硯譜》。上巖石眼美者，青緑黄三重，多者八九重。色鮮重多，圓者爲上，大者尤稀。大如彈丸，精工以眼大小、多少爲重輕，得石扣之，知其眼多少。《唐録》。下巖北壁石，眼圓，青緑碧白，黑暈數重，有睡子，南壁石不及。石貴潤色，貴青紫眼，貴碧緑圓正有瞳子。鸜鵒眼，石病，此巖石有之。《歐譜》唐公曰，眼乃石之精，如木之節，不知者以爲病。眼生於墨池外曰高眼，生於池曰低眼。高眼尤所愛，尚以其不爲墨所漬也。《硯録》。

又《青州石末硯・硯名》 龍尾、金星、羅紋、蛾眉、角浪、松紋、豆斑，並出歙之龍尾溪，星者尤貴。紅絲、黑角、黄玉、褐色、鵲金黄玉石、紫金，出惠州，唐彥猷作自爲天下第一賢也。滋洞石、方州。緑石、化石。魯水、南栩。金雀石、淄州。樂石、宿州。舌瓦、相州。大陀石、歸州。角石、絳州。石朱、濰州。懸金崖石、方州。熟鐵、青州。澄泥、虢州。馳基島石。登州。

魏泰《東軒筆録》卷一五 余爲兒童時，見端溪硯有三種，曰巖石，曰西坑，曰後歷。石色深紫，襯手而潤，幾於有水，扣之聲清遠，石上有黯，青緑間，暈圓小而緊者謂之鸜鵒眼，此乃巖石也，採於水底，最爲土人貴重。又其次，則石色亦赤，呵之乃潤，扣之有聲，但不甚清遠，亦有鸜鵒眼，色紫緑，暈慢而大，此乃西坑石，土人不甚重。又其下者，青紫色，向明側視，有碎星，光照如沙中雲母，石理極慢，乾而少潤，扣之聲重濁，亦有鸜鵒眼，大而偏斜不緊，謂之後歷石，土人賤之。西坑硯三當巖石之一，後歷硯五當西坑之一，則其品價相懸可知矣。自三十年前，見士大夫言亦得端溪巖石硯者，予觀之，皆西坑石也。邇來士大夫所收者，又皆後歷石也。豈惟世無巖石，雖西坑者亦不可得而見矣。

洪适《歙硯説》 唐侍讀《硯譜》云：二十年前，頗見人用龍尾石硯，求之江南故老，云昔李後主留意翰墨，用澄心堂紙、李庭邽墨、龍尾硯，三者爲天下冠，當時貴之。自李氏亡而石不出，亦有傳至今者。景祐中，校理錢仙芝守歙，始得李氏取石故處。其地本大溪也，常患水深，工不可入。仙芝改其流，使由別道行，自是方能得之。其後縣人病其須索，復溪流如初，石乃中絶。後邑官復改溪流，遵錢公故道，而後所得盡佳石也，遂與端石並行。按《圖經》：龍尾山在婺源縣長城里，唐開元中，葉氏得其地，嘗取石爲硯，不見稱於世，故無聞焉。蘇易簡《硯譜》云，龍尾山石，亞于端溪，今雖多故坑，無有石出，環縣皆山也，而石雖出他山，寔龍尾之肢脉，俱得謂之龍尾。自州一百八十里至西坑口，入山谷林莽，盤屈鳥道，又三十里，自縣三十里過溪，大嶺重複，九十里並至羅紋山下。自州一百九十里，自縣八十里，並至濟口，入山，又七十里至濟源。龍尾山，亦名羅紋山，下名芙蓉溪，石坑最多，延蔓百餘里，取之不絶。眉子坑，在羅紋山之西，從溪下至坑十餘丈，坑中無土，深丈餘，闊二三尺許。羅紋裏山，在羅紋山後。羅紋舊坑，地名寨頭，即錢云所訪南唐采石故坑也。水絃坑，在眉子坑外，臨溪，至冬水涸，方能取之，入地丈餘，石多金花。水蕨坦坑，在羅紋山西北，其理若浪。溪頭坑，在金星坑之北五里。葉九坑，在溪頭之西一里，亦有眉子，其理麄慢，與溪頭坑石相上下。金星坑，在羅紋山

西北，相去四十五丈。驢坑，在縣西北七十里。景祐中，曹平爲令，後王君玉爲守，嘉祐中，刁璆爲尉，皆取之。其石青中緑暈。濟源坑，在縣之正北，三坑相連。碧裏坑，在濟山上，色理青瑩，相去半里，有水步石，大雨點石，十里外有裏山石，青細有金紋花暈，其狀奇恠不常。洞靈巖，在縣北一百二十里，三洞相連，石産於巖之左右，無定所，色擬端溪，麄而燥，復多瑕墨。淛石，出衢州開化縣界，斑若玳瑁然。麻石，三尺中隱硯材數寸而已，猶玉之在璞也，坑往往在溪澗中，至冬水涸，合三二十人方可興工，每打發一坑，不三數日必雨，雨即抗壠皆堙塞，較其工力，倍金銀坑中取礦者，此其所以貴也。往時必先祠以中牢，方免諸患。大抵攻琢貴精，治之不盡工，雖有佳石，亦常硯而已。每得一石，以鐵鑿擊之，候其聲清圓，乃可攻治，度其所宜，然後制樣，須令人捧，不然，内諸稻穀中，欲其不實也。蘇易簡云，硯有薄如紙者，蓋以薄爲利用云。龍尾石，多産於水中，故極温潤，性本堅密，扣之，其聲清越，婉若玉振，與他石不同，色多蒼黑，亦有青碧者，採人日增，石亦漸少，有得之巖崖中者，色白而燥，殊不入用。眉子，色青或紫，短者簇者如卧蠶，而犀紋立理，長者闊者如虎紋，而松紋從理，其曰鴈湖攢與對眉子，最爲精絶，凡九品：鴈湖眉子、對眉子、金星眉子、緑荳眉子、錦蹙眉子、短眉子、長眉子、簇眉子、闊眉子。大抵石頑則光滑，而磨墨不快，石麄則黏墨，而滲漬難滌，唯麄羅紋理不疎，細羅紋石不嫩者爲佳。凡十二品：細羅紋、麄羅紋、暗細羅紋、松紋羅紋、角浪羅紋、金星羅紋、刷絲羅紋、倒地羅紋、石心羅紋、卵石羅紋、泥漿羅紋、筭子羅紋。麄羅紋稍細者，易爲磨墨，細羅紋稍堅者，最能發墨，或者以易磨墨爲發墨，非也。唯蔡君謨論得其要，墨在硯中，隨筆旋轉，滌之泮然盡去，此乃石性堅潤，能發起，不滯於硯耳。若刷絲、松紋、角浪，皆以其理疎，易於磨墨。至於金星之類，乃其餘事，自有優劣，獨泥漿一品，較之諸石，紋理細密，富於温潤，但多不甚堅實，瓜子羅紋，紋若瓜子羅紋然，此最佳者也。出水波坑中，幸而得之，不可期，或取羅紋側爲之，甚能亂真。驢坑，石色青緑暈，今不復出，士大夫家間有藏者，亦罕見之。棗心，青潤可愛，中有小斑紋，中廣，上下皆鋭，形若棗核然，雖少疵瑕，多失之頑固。唐公《硯録》云，嘗過金陵，於翰林葉道卿處見一硯，方四五寸許，其色淡青，如秋雨新霽，遠望暮天，表裏瑩潔，都無紋理，蓋所謂硯之美者也。云得於歙，不知出於甚坑，今不復有。裏山一種，金星而疎慢。水絃金紋凡十種：青斑如舞鶴者，如長壽仙人者，如雙鴛鴦者，如枯槎仙人者，如朝霞雲氣者，如湖中寒鴈者，如雙魚蹲鴟者，如壺瓶者，如卧蠶者，如斗者。硯以瑩净爲先，小有痕線，皆不足甚貴，石病有十：痕如蚓行迹；雞腳如雞迹，麻石黯色；烏肫有痕如木葉，若肉中脞也；浪痕徧纏，如布帛紋，作淺深黑色；贅子如烏豆隱起礙手，開之多成大壂；搭線斜紋，若斷裂者；黄爛者，土中石皮也；硬線高起隱手，雖良工不能礪平也；石上有微塵孔者，石之膚也；斷紋兩不相着。硯之形制不一，古人有以蚌爲之者，取其適用而已。舊有古端樣，并世傳晉右軍將軍王逸少端樣，皆外方，内若峻坂然。使墨下入水中，至寫字時，更不費研磨之工，今之端樣，蓋其遺法也。或有爲硯板硯鏡之類，微坳其首而已，或直用平石一片，別以器盛水，旋滴入研墨，以此知今人不如古人書字之多耳。

又《辨歙石説》

細羅紋、石文如羅縠精細，其色青瑩，其理緊密堅重，瑩净無瑕壂，乃硯之奇材也。麄羅紋、似細羅紋而文理稍麄。暗細羅紋、羅紋雖細，晦而不露，紋理隱隱，石色微青黑。刷絲羅紋、石紋精細纏密，如刷絲然。金花羅紋、羅紋地上，間以金花亂點，大細不常，如畫工銷金。金暈羅紋、金暈數重如抹畫者，或暈如卵形及杏葉，皆重疊數重。金星羅紋、細金點如撒星者，有金抹如眉子者，有横抹金紋，長短不定者。筭條羅紋、比刷絲紋理疎而麄大，正如排筭子。角浪羅紋、直紋數路，如角浪然。瓜子羅紋、比細羅紋尤細狹，如瓜子者。細棗心、無羅紋，而石紋兩頭尖，如棗核。麄棗心、較細棗心而麄。水波、紋理横細如晴畫微風，清沼漣漪之紋。對眉子、石紋如人畫眉而細，遍地成對者。錦蹙、石暈如畫雲氣，間以金暈，如蹙錦然。羅漢入洞、石中有金暈，如雲氣，下有羅漢龕座之形。金星眉子、眉子疎匀，而有金星間之。鱔肚眉子、眉子疎而匀，石紋如人字。鱔肚紋，間有金暈金星者。鴈攢湖眉子、硯心有紋暈如注池，四外眉子密密，如羣鴈飛集之狀。緑荳眉子、石理稍黑微暗而斑，内有短密眉子紋。金花眉子、眉子石中，有金花金暈者。短眉子、眉子密短而匀。長眉子、眉子長而差大。泥漿、細羅紋而尤温潤，乃羅紋下坑石。卵石、雨點石。羅紋上坑石色微重，中坑石色微淡，下坑即泥漿石。棗心坑皆乾坑，故石微燥。水波坑亦是棗心石。祁門縣出細羅紋石，酷似泥漿石，亦有羅紋，但石理稍慢，不甚堅，色淡易乾耳。此石甚能亂真，人多以爲婺源泥漿石，當須精辨之也。歙縣出刷絲硯甚好，但紋理太分明，無羅紋，間有白路白點者是。

洪邁《辨歙石説跋》

研出端谿，其色如猪肝蒲萄，中邊瑩澈，光可以鑑，粹然紫琳腴也。患太滑，不肯受墨。歙石細者，肌理如絲縠、如涵星泓、如眉有稜，四壁垣垣。削成，類文玉蒼璧，而短處在不爲毛錐地，好事者病焉。邁智不足鑒物，頗幸蓄兩研：其一正方，爲斗形，徑可五寸許，腹有東坡先生爲仲豫銘二十四言，常篋櫝藏云；其一橢爲風字，鏗然而輕，提携周旋，且二十年久，稱意便足。曩寓五

領，無所買，莫府于歙嘗出捐三千錢，售眉子石一，隨輒予人莫惜。始之以識察之不精，中之以二者之先入，他無在顧眄者，故差若省事。

米芾《硯史·用品》 器以用爲功，玉不爲鼎，陶不爲柱，文錦之美，方暑則不先於表出之綌，楮葉雖工，而無補於宋人之用。夫如是，則石理發墨爲上，色次之，形製工拙，又其次。文藻緣飾，雖天然，失硯之用。

又《玉硯》 玉出光爲硯，着墨不參，甚發墨，有光。其云磨墨處不出光者，非也，余自製成蒼玉硯。

又《唐州方城縣葛仙公巖石》 石理向日視之，如玉瑩，如鑑光，而着墨如澄泥不滑，稍磨之，墨已下而不熱生泡，生泡者，膠也。古墨無泡，膠力盡也。若石滑磨久，墨下遲，則兩剛生熱，故膠生泡也。此石既不熱，良久墨發生光，如漆如油，有豔不滲也，歲久不乏，常如新成，有君子一德之操，色紫可愛，聲平而有韻，亦有澹青白色，如月如星而無暈，此石近出，始見十餘枚矣。

又《温州華嚴尼寺巖石》 石理向日視之，如方城石，磨墨不熱，無泡，發墨生光，如漆如油，有豔不滲，色赤而多有白沙點，爲硯，則避磨墨處，比方城差慢，難嶄而易磨，亦有白點，點處有玉性，扣之聲平無韻，校理石揚休所購王羲之硯者，乃此石。今人所收古硯，間有此石，形合晉畫，約見四五枚矣。

又《端州巖石》 巖有四：下巖、上巖、半邊巖、後礫巖。余嘗至端，故得其説詳，下巖第一，穿洞深入，不論四時，皆爲水浸，治平中貢硯，取水月餘方及石，石細，扣之清越，鸜鵒眼，圓碧暈多，明瑩，石嫩甚者，如泥無聲，不着墨，清越者，温潤着墨快，不熱無泡，然良久微滲，若油發豔，亦有不乏者，然方城温巖十磨，此石三十磨方相及。下巖既深，工人所費多，硯直不補，故力無能取，近年無復有。聞有仁廟已前，賜史院官硯多是，其後來歲貢，惟上巖石。上巖在山上，石性乾，紫色深，理麄，性硬，眼黄，差不圓，而青色淡，其巖深處，間有潤者，而眼終不如下巖也。有着墨者、拒墨者。其着墨者，初用半月前甚快，蓋細砂石所發出理也，半月後則退，生光撻墨，又須以柔石發之，已而復然；拒墨者，雖新成便拒墨，此等石，扣之聲皆堅響而老。半邊巖者，在山半，石理同上巖，色多青紫，近黑，多瑕而眼長如卵，有瞎眼者，中是白點。死眼者，黑點而暈細。翳眼者，或青或黑，横亂其眼，又多青不成眼，圓點横長青間道如松木紋，其極麄者費筆，而稍細者多乏。後礫石，土人刻爲盆、印合、壓紙、兒戲之物，多夾砂無眼，少瑕，間有極細軟者，發墨不乏，扣之無聲。土人不貴，而用實有在半邊、上巖之上者，不可常得。又徧詢石工，云子石未嘗有，其在巖中，實於大石版上鑿，豈有中包一子者。余嘗謂，若溪流中多有卵石，容差褊可嶄面磨墨。所謂石子，世因訛爲子石，至有斲樣相似而爲之者，於理必不於大石中心復生卵子也。世之好奇者，又以歙州羅紋石作子石，硯文本直，兩頭取鋭則紋短，至左右頰，自然成漩紋，便謂之是真子石，可笑。緑石帶黄色，亦爲硯，多以爲器，材甚美，而得墨快，少光彩，已上硯，平生約見五七百枚，十千已上無估。

又《歙硯婺源石》 歙州有硯圖，石峒最多種，而赤紫石多瑕，土人以線脈隔爲三種病，今人以細羅紋無星爲上。少時見一硯於士人趙光敳家，其樣上狹四寸許，下闊六寸許，如二十幅紙厚，色緑如公裳，而點如紫金，斑斑匀布，無羅紋，點中無竅，自後不復覩與此等者。又士人周昌諤處，見一小圓硯，青羅紋，一星紫金如鵝眼錢。此二硯最奇，大抵發墨不乏，獨以色如常之石，而以奇恠爲品高。亦有赤紫色石，無文理，少瑕，光澤如棗木，土人以爲香爐之類，亦斲爲硯，與墨鬬而不相入，經日便滑，不可研矣。又嘗一士人家，見一金絲羅紋硯，其紋半金半黑，光彩與常異，此外麄羅紋、刷絲羅紋爲次第，約見千餘枚矣。但以色與瓦磚等，品故不能高，今但曾官歙者，必收百餘枚，土人以爲生，終日成一硯，少有病，不直數十金，幸完仍好，直五七千已上無估。

又《通遠軍溰石硯》 石理澁可礪刃，緑色如朝衣，深者亦可愛，又則水波紋，間有黑小點，土人謂之湔墨點，有緊甚奇妙而硬者，與墨鬬而慢甚者，滲墨無光，其中者甚佳，在洮河緑石上。自朝廷開熙河，始爲中國有，亦有赤紫石，色斑，爲硯，發墨過於緑者，而不匀浄，又有黑者，戎人以礪刃，而鐵色光肥，亦可作硯，而堅不發墨。

又《西都會聖宫硯》 會聖宫石，在溪澗中，色紫，理如虢石，差硬，發墨不乏，扣之無聲。

又《青州青石》 色類歙，理皆不及，發墨不乏，有瓦礫之象。

又《成州栗亭石》 色青，有銅點，大如指，理慢，發墨不乏，亦有瓦礫之象。

又《潭州谷山硯》 色淡青，有紋如亂絲，理慢，扣之無聲，得墨快，發墨有光。

又《様品》 晉硯見於晉顧愷之畫者，有於天生疊石上刊人面者，有十蹄圓銅硯中如鏉者，余嘗以紫石作之，有上圓下方，於圓純上刊兩竅置筆者，有如鳳字兩足者，獨此甚多，所謂鳳凰池也，蓋以上並晉製。見于晉人圖畫，世俗呼爲風字，蓋不原兩足之製，謂之鳳足，至今端州石工，以兩眼相對於足傍者，謂之鳳足，鳳之

義，取五色英文，燦然成章也。今人有收得右軍硯，其製與晉圖畫同，頭狹四寸許，下闊六寸許，頂兩純皆綽慢，下不勒成痕，外如内之製，足狹長，色紫，類温巖，中凹成臼。又有收得智永硯，頭微圓，又類箕象，中亦成臼矣。又有人收古銅硯，一龜銜一硯如蓮葉，兩足，龜腹圓，墨水不可出，以筆頭就之則出。又參政蘇文簡家，收唐畫唐太宗長孫后納諫圖，宫人於瑪瑙盤中托一圓頭鳳池硯，似晉製，頭純直微凸，如書鳳字，左右純斜刊，下不勒痕摺，向頂亦然，不滯墨，其外隨内勢簡易。其後至隋唐，工稍巧，頭圓，身微瘦，下闊而足或圓爲柱，已不逮古。至本朝，變成穹高腰瘦，刃闊如鉞斧之狀。仁廟已前，硯多作此製，後差少，資政殿學士蒲傳正收真宗所用硯，與仁廟賜駙馬都尉李公炤鳳池硯，形製一同，至今尚方多此製。國初已來，公卿家往往有之。仁宗已前賜史院官硯，皆端溪石，純薄，上狹下闊，峻直不出足，中坦夷，猶有鳳池之像，或有四邊刊花，中爲魚爲龜者，凡此形製多端，下巖奇品也。嘉祐末，硯樣已如大指麄，心甚凸，意求渾厚，而氣象益不古，純斗故勒深，滯墨難滌，心凸故點筆不圓，常如三角簇，蓋古硯皆心凹。後稍正平，未有凸者，始自侍讀學士唐彦猷，作紅絲辟雍硯，心高凸，至作馬蹄樣，亦心凸，至磨墨溜向身出，觀墨色則凸高增浮泛之勢，援毫則非便也。其晉銅硯，雖如鏉，然頂殊平，以便援毫。今杭州龍華寺收梁傅大夫磁硯一枚甚大，磁褐色，心如鏉，環水如辟雍之製，下作浪花擢環近足處，而磨墨處無磁油，然殊着墨，古墨稱螺，亦恐不若近世堅，不然，殆不可磨也。又丹楊人多於古塜得銅硯，三足蹄，有蓋，不鏤花，中陷一片陶，今人往往作硯於其中，翻以爲匣也。唐墓中間有得如蓮葉，中凹兩足，如鳳池之製，甚薄，足或如棗也。今歙人最多作形製，而士人尤重端樣，以平直斗樣爲貴，得美石無瑕，必先作此樣，滯墨，甚可惜也，大抵石美無瑕，方可施工，璞而厚者，士人多識其藏疾，不復巧製，人或因其渾厚而美之，余嘗惡歙樣俗者，凡刊改十餘硯，纔半指許，便有病見，頓令人減受，其端人不斲成，衹持璞賣者，亦多如是。陳文惠丞相家，收一蜀王衍時皇太子陶硯，連蓋，蓋上有鳳坐一臺，餘雕雜花草，涅之以金泥紅漆，有字曰「鳳凰臺」，此製方直，上狹，笋在硯上，中甚平也，唐之製。見《文房四譜》。今之製，見《歙州硯圖》，故不重出，此人力所爲也。吾收一青翠疊石，堅響，三層，傍一嵌磨墨，上出一峯，高尺餘，頂復平嵌巖如亂雲四垂以覆硯，以水澤頂，則隨葉垂珠滴硯心，上有銘識，事見唐莊《南傑賦》，乃歷代所寶也。又收一正紫石，四疊，下有坐有足，巧於瓔盂，足上起一枝，細狹，枝上盤兩疊，長七寸餘，闊四寸餘，如靈芝，首鋭下闊，天然鳳池之象，中微凹，點水磨墨，可書十幅紙，石理在方城之右，此非人力所成，信天下之環寶也。

唐積《歙州硯譜・石坑第二》 羅紋山亦曰芙蓉溪，硯坑十餘處，蔓延百餘里，皆山前後沿溪所生，溪水中殊無石，好事者相傳多云水中石，又見蘇易簡《硯譜》云，歙州龍尾山石，亦端溪之亞，訪於彼俗，雖有龍尾山，而山實無石，蓋好事者取其美名以咤於世，今次其石品與地坑之名如後：眉子坑，在羅紋山，開元中發，屬程於地，從溪下至取石處九丈五尺，其闊二丈六尺，深一丈三尺，坑皆無土相雜。羅紋裏山坑，在羅紋山後，李氏時發，今廢五十餘年，名色未詳。羅紋坑，在眉子坑之東，李氏時發，地向屬王仁高，今絶籍，爲硯户戴義八人共請之，歲輸山税三十金，自山下至取石處，計七十五丈，闊十八丈，深十五丈三尺，石藏土中，今土深三四丈乃至石也，見石處謂之寨頭也。水舷坑，在眉子坑外，臨溪冬水涸時，方可取，春夏不可得，發地丈餘迺至石，率多金花，眉子地屬程於。水巖坑，在羅紋山西北，地屬王十五，景祐中發，今廢四十年，自水舷至坑五丈五尺，闊一丈三尺，穿籠取之，久廢不可得，蓋石工不知攻取法，石裏如浪紋。溪頭坑，又曰主持山，在羅紋山金星坑之北，約二三里，廢已二十年不取，其石金星，率多虚慢焉。葉九山坑，在溪頭坑之西約一里，不取已三十年，有眉子石，紋麤慢，與溪頭相次也。羅紋金星坑，在羅紋山西北，自羅紋坑相去四十五丈，今廢不取，蓋工用多，所得少也。驢坑，在縣之西北七十里，屬詹觀。景祐中，曹平爲令時取之。後王君玉爲守，又取之。近嘉祐中，刁璆爲尉，又取之。其石有青緑暈也。濟源坑，在縣之正北，凡三坑並列，曰碧裏坑，在山上，色理青瑩，及半里，有水步石，大雨點白暈，次十里，入裏山，石青細有金紋花暈，厥狀不常。洞靈巖，在縣西北一百二十里，三洞相連，石産巖之左右，無定處，材璞至少而瑕脉多，或有絶病瑩浄者，可擬端溪之品，而石理燥慢。浙石，屬衢州開化縣，俗謂之玳瑁石。其紋正如玳瑁，傍視則有波紋者，可爲碑材、帛碪、柱礎之類，至易得。

又《品目第四》 眉子石，其紋七種：金星地眉子、對眉子、短眉子、長眉子、簇眉子、闊眉子、金眉子。外山羅紋，其紋十三種：麤羅紋、細羅紋、古犀羅紋、角浪羅紋、金星羅紋、松紋羅紋、石心羅紋、金暈羅紋、絞絲羅紋、刷絲羅紋、倒理羅紋、烏釘羅紋、卵石羅紋。裏山羅紋一等。金星踈慢金星，其紋三種：葵花、金暈、金星。驢坑一等。青色緑暈洞靈巖紫石，大小者如肝色，今産浮梁縣巖嶺，處處有，其匠者或琢爲茶甌，凌冬不可用也。浙石一等。紋如玳瑁班水舷金紋，厥狀十種：金紋如長壽僊人者、青班金紋如鶴舞者、金紋如雙鴛鴦者、金紋如斗者、金紋

如枯槎偃人者、如金雲氣者、眉如卧蠶者、如雙魚蹲鴟者、金紋如湖中寒鴈者、如金壺餅者余常見之。

又《修斲第五》 硯斲初成，先以蠟塗内外蓋與石相益，須借此則温潤光潔可愛，於石殊無損，而便於洗濯，不惹墨漬，初使以生薑汁塗研處，即着墨。今人多不知此，云是瑕病，以墨蠟蓋滅痕璺。又云不發墨光，始初磨墨，兼帶少蠟，滯暗墨色故也，使三五度，則無此病矣。又出墨色者便使益好多漬難愛護，欲着手氣，必成痕迹，故人多用蠟蓋，免此患也。硯須每日洗浣，去其積墨敗水，則墨光瑩澤也。

又《名狀第六》 端樣、舍人樣、都宫樣、玉堂樣、月樣、方月樣、龍眼樣、圭樣、方龍眼樣、瓜樣、方葫蘆樣、八角辟雍樣、方辟雍樣、馬蹄樣、新月樣、鏊樣、眉心樣、石心樣、瓢樣、天池樣、科斗樣、銀鋌樣、蓮葉樣、人面樣、毬頭樣、寶餅樣、笏頭樣、風字樣、古錢樣、外方裏圓、筒硯樣、蟾蜍樣、辟雍樣、方玉堂樣、尹氏樣、蝦蟆樣、犀牛樣、鸚鵡樣、琴樣、龜樣，已上並擇取樣製古雅者，繪之於圖，餘數名雖多種，狀樣都俗也，不取。

又《石病第七》 雞脚如麻石，黯色，類雞脚印行迹，烏肫有痕如木葉，若肉中之脞也。隔路如墨痕，如蚓跡行路。浪痕偏纏，如細帛紋。其色或淺或深黑色，贅子，若烏豆狀。隱起礙手，皺藏於石中，或開之，迺有大璺，搭線斜紋。若硯斷，硬線有起處隱手，名工亦不能礪平也。斷紋、有紋兩不相着，石上有微塵孔者，乃石之膚也。黄爛者，土中石皮也。

又《道路第八》 自歙州大路一百八十里至西坑口，入山三十里，至羅紋山，皆山谷大林莽，盤屈鳥道也。自婺源縣大路三十里，過溪，皆大嶺重複，九十里至羅紋山下，自州至濟源口一百九十里，入小路，七十里至濟源，自縣至濟口八十里，入小路，七十里至濟源。

又《攻器第十》 箕畚、銃、鐵大小鐘、長短鏨、鋼屑、鎯頭、鴟觜鋤、木掀。

葉樾《端溪硯譜》 謹按：端州治高要縣，自唐爲高要郡。皇朝政和初，以太上皇潛藩賜號肇慶府，府東三十三里有山，曰「斧柯」，在大江之南，蓋靈羊峽之對山也。斧柯山，峻峙壁立，下際潮水，自江之湄登山，行三四里，即爲硯崑也。先至者曰「下崑」，「下崑」之中，有泉出焉，雖大旱未嘗涸。下崑之上，曰「中崑」，中崑之上，曰「上崑」，自上崑轉山之背曰「龍崑」，「龍崑」蓋唐取硯之所。後下崑得石，勝龍崑，龍崑不復取，自山之下，分路稍東，至半邊山諸崑，西南沿溪而上曰「蚌坑」，龍崑、斧柯山脚谷中石也，大抵石以下崑爲上，中崑、龍崑、半邊山諸崑次之，上崑又次之，蚌坑最下，此崑石之品也。下崑石乾則灰蒼色，潤則青紫色，崑有兩口，其中則通爲一穴，大者取研所自入也，小者泉水所自出也，故號曰「水口」，即陳公密所開也。崑之北壁，石背爲泉水所浸，彌漫湧溢，下流爲溪崑之中，歲久崩摧，石屑翳塞，積水屈曲，淺深人所莫測，以是石工不復能採矣。今世所有下崑硯，唐五季國初時物也。今欲得下崑北壁石者，往往於泉水石屑中得之，若南壁石，尚或可採，然自崇觀以後，亦罕得矣。北壁石，蓋泉生其中，非石生泉中也，則潤可知矣。崑之上，雖秋冬乾旱，亦未嘗涸，有泉珠散落如飛雨不絶，北壁石眼正圓，有青緑碧紫白黑暈十數重，中復有瞳子，南壁石即泉水半浸者，稍不及北壁眼之暈，色皆少淡，下崑、上崑皆有，山半上崑之穴，陟而取石，中崑之穴，或陟或降，下崑之穴，降而取石，上崑有三穴，上穴曰「土地崑」，以土地祠居其上名焉。中崑曰「梅樹崑」，下穴今石工以爲中崑者是也。下穴兩口，其間通爲一穴，皆中崑也。土地崑亦有兩穴，其中亦相通，土地崑石色帶黄赤，眼亦如之，梅樹崑石微黄，赤稍輕而帶灰蒼色，眼黄緑，中崑兩壁石與梅樹崑同，而少勝焉。北壁石則與下崑南壁石相類而少劣焉。大抵石性貴潤，色貴青紫，乾則灰蒼色，潤則青紫色，眼貴翠緑圓正，有瞳子。石有眼，則易分品第，若性枯燥，色黄褐，乾則灰蒼色，潤則青紫色，眼赤黄，皆下品也。眼赤黄輕，青緑重，即漸爲上品矣。龍崑石色深紫，眼少，有即類中崑半邊山者，半邊山諸崑，石色少灰青，與下崑南壁石，中崑北壁石相類，但眼不若下崑，則眼暈少爾，中崑者層暈多，青緑赤黄紫色，皆淺淡不同，然半邊山崑極多眼。半邊山崑，近南者眼大，暈差少緑。近北者眼少，暈愈少，所謂緑荳眼，蚌坑石性堅，顔色深紫，有眼，即黄白微帶青色，不正，無瞳子，雖潤亦不發墨，眼偏斜不正，無暈道，有翳。黄坑石，即與上崑石相類；新坑石、與半邊山石之劣者相類，但半段碎小耳。小湘峽在州之西四十里，其石類崑石，而性軟燥，色深紫，如蚌坑及後歷石，眼亦類蚌坑石，大抵潤及坑石，而發墨勝之。後歷山，在州北十里，石性軟燥，色深紫帶黄赤，間亦有眼，極類蚌坑，堅潤不及，發墨勝之。崑石取諸崑，斧併力然後可得，凡崑石皆有黄臕，如玉之瓜蔓也。胞絡黄臕，鑿去方見硯材，世所謂子石也。子石崑中有底石，皆頑石，極潤，不發墨，又色汙雜，不可硯，端人謂之鴨屎石，底石之上大率如石榴子，又如塼坯，自底至頂，中作三疊，下疊居底石之上，最佳品也。石必有眼，端人謂之脚石，中疊居下疊之上，次石也。眼或有或無，端人謂之腰石，上疊居中疊之上，又次石也。皆無眼，端人謂之頂石，頂石之上，皆蓋石也。亦頑麄而不堪用，大抵三疊石皆有麄臕絡，無非子石，世人乃謂別一種子

石，非也，蓋往往有崩落嵓中泉水中者，其形偶圓類卵，人或中摸得之，故妄有此説。蚌坑石取於山下澗谷中，皆波濤所擊，風日所曝，雷雨所摧，皆頑很不才之物也。但人能到其處，皆可拾取，端人謂之野石，蓋遍地是也。甚易得之，而他處人不識，往往反愛之，正以大璞少瑕翳耳。其小湘石、後歷石，皆掘地取嵓石，不假油蠟，久則自光潤，後歷非油蠟則不堪用，歲次油蠟敗，則麄燥不堪用矣。蚌坑，自鼎湖山諸谷水聚爲大溪，轉斧柯山下，出大江中，半邊山諸嵓，有大秋風、小秋風、獸頭、獅子、桃花、河頭、新坑、黄坑等名，皆在斧柯山下，蓋山之麓也。凡有眼之石，在本嵓中尤縝密温潤，端人謂石嫩則眼多，老則眼少，嫩石細潤發墨，所以重有眼也。青脉者必有眼，故腰石脚石多有青脈，而頂石多瑩浄，端人謂青脈爲眼筋，夫眼之别者，曰「鸜鵒」、曰「鸚哥」、曰「了哥」、曰「雀眼」、曰「雞眼」、曰「貓眼」、曰「緑荳」，各以形似名之，翠緑爲上。李賀有《端州青花石硯歌》，蓋自唐以來，便以青眼爲上，黄赤爲下。硯之價，下嵓水底脚石十倍於南壁石，南壁石十倍於中嵓北壁石，半邊山南諸嵓，倍於中嵓南壁石，半邊山北諸嵓、及龍嵓、中嵓南壁，倍上嵓諸穴石，上嵓諸穴倍小湘石，小湘石倍後歷、蚌坑石，後歷之佳者，亦與上嵓諸穴價等。硯之形製，曰「平底風字」，曰「有脚風字」，曰「垂裙風字」，曰「古樣風字」，曰「鳳池」，曰「四直」，曰「古樣四直」，曰「雙錦四直」，曰「合歡四直」，曰「箕樣」，曰「斧樣」，曰「瓜樣」，曰「卵樣」，曰「璧樣」，曰「人面」，曰「蓮」，曰「荷葉」，曰「仙桃」，曰「瓢樣」，曰「鼎樣」，曰「玉臺」，曰「天研」，東坡嘗得石，不加斧鑿以爲研，後人尋嵓石自然平整者倣之。曰「蟾樣」，曰「龜樣」，曰「曲水」，曰「鐘樣」，曰「圭樣」，曰「笏樣」，曰「梭樣」，曰「琴樣」，曰「鏊樣」，曰「雙魚樣」，曰「團樣」，曰「八稜角柄秉硯」，曰「八稜秉硯」，曰「竹節秉硯」，曰「硯磚」，曰「硯板」，曰「房相樣」，曰「琵琶樣」，曰「月樣」，曰「腰鼓」，曰「馬蹄」，曰「月池」，曰「阮樣」，曰「歙樣」，曰「吕樣」，曰「琴足風字」，曰「蓬萊樣」。宣和初，御府降樣造，形若風字，如鳳池樣，但平底耳，有四環，刻海水魚龍三神山，水池作崑崙狀，左日右月，星斗羅列，以供太上皇書府之用。石之病者，有曰「鐵線」，乃是臕皮隔處，若於線上鑿之，則應手而斷。曰「瑕」，白文。曰「鑽」，如蛀蟲眼。曰「驚」，斧鑿觸裂者。曰「火黯」，惟嵓石有之，斜班處如火燒狀。曰「黄龍」，灰黄色，如龍虵横斜布石上。唯火黯，端人不以爲病，蓋嵓石必有之，他山石皆無。

朱彧《萍洲可談》卷二　端州石在深谷中，細而潤。初爲官封之，已難得；後興慶建軍，以王地禁采石，不復可得。石上有鸜鵒眼，宛若生者，暈多而青緑爲貴，磨礱終不可去，俗傳透石涎也。端硯藏久無不甀者，以石潤，久亦乾，故不平，如溼木乾則不平。

周煇《清波雜志》卷五《大觀東庫》　大觀東庫物，有入而無出，只端硯有三千餘枚。張滋墨，世謂勝李庭珪，亦無慮十萬斤。

邵博《邵氏聞見後録》卷二八　曰「研瓦」者，唐人語也，非謂以瓦爲研。蓋研之中，隆起如瓦狀，以不留墨爲貴。百餘年後，方可其平易。古人用意於一研，尚如此。予嘗評硯：端石如德人，每過於爲厚，或廉於才，不能無底滯；歙石如俊人，於人輒傾倒，類失之輕，而遇事風生，無一不厭足人意。能兼其才地，則爲絶品。又滁端石，竟日屢易水，其漬卒不盡除；歙石一濯即瑩徹無留墨，亦一快耳。唐氏爲研説甚廣，初不出此。

袁文《甕牖閒評》卷六　世稱銅雀硯，殆用銅雀臺瓦爲之也。余觀《武昌土俗編》載安樂宫在吴王城中，舊傳此宫中古瓦皆澄泥爲之，可作硯，一瓦值錢一千文。是知古瓦精緻如此，不獨銅雀臺瓦可爲硯也。蘇東坡酷愛硯，其在黄州五年，黄州去武昌不遠，略無一言及之，前後好事者甚多，亦無及此，何耶？豈東坡時吴宫古瓦猶未顯于世歟？深所未喻也。舊聞鳳咮、龍尾硯，至今人以爲寶。然《苕溪漁隱》載，鳳咮，乃建州鳳凰山，土色膏腴，特宜植茶，石殊少，亦頑燥非材也，蘇東坡爲人所紿，故形之歌詠耳。蘇易簡《硯譜》又載：「歙州龍尾山雖有其名，而山實無石，蓋好事者取其美名以咤于世耳。」且以鳳咮、龍尾，其名亦可謂著矣，見于議論，形之篇什者甚多。若據此二書，則皆以爲無有。不知今所謂鳳咮、龍尾者果出于何地。以是知天下之事其可盡信乎！

又卷八　余少時見家中一瓦硯頭有一品字，多將其背試金，後因擾攘，遂失所在。及觀蘇東坡集，方知澤州金道人澄泥硯與家中瓦硯正同，蓋是時好物易得，故不甚愛惜，使今日尚在，豈不爲吾家之寶，其忍棄之耶！余有一小端硯，銘「紫雲」，取《翰林志》中所謂「一段紫雲，略無點綴」者也。又有一小歙硯，銘「蒼璧」，取東坡詩中所謂「君家石硯蒼璧橢而窪」與夫「開鵠卵見蒼璧」者也。

何薳《春渚紀聞》卷九《記硯・端溪龍香硯》　臨汝史君黄莘任道所寶龍香硯，端溪石也。史君與其父孝綽，字逸老，皆有能書名，故文房所蓄多臻妙美。硯深紫色，古斗樣，每貯水磨濡，久之則香氣襲人，如龍腦者。云先代御府中物，任道既終，其子材納之壙中。

又《龍尾溪月硯》　三衢徐氏所寶龍尾溪石，近貯水處有圓暈幾寸許，正如一

月狀，其色有暗隨月虧盈，是亦異矣。余母舅祝君子與之姻家，數見之，今不知所在。

又《玉蟾蜍硯》　吴興余拂君厚家所寶玉蟾蜍硯，其廣四寸而長幾倍，中受墨處獨不出光。云是南唐御府中物。余與許師聖崇寧閒過余氏借觀，時君厚母喪在殯，正懷硯柩側。已而聞袖中嘖然有聲。視之，蜍腦中裂如絲，蓋觸尸氣所致也。

又《端溪紫蟾蜍硯》　紫蟾蜍，端溪石也。無眼正紫色，腹有古篆「玉溪生山房」五字。藏于吴興陶定安世家。云是李義山遺硯。其腹疵垢，真數百年物也。其蓋有東坡小楷書銘云：「蟾蜍爬沙到月窟，隱避光明入岩骨。琢磨黝頳出尤物，雕龍淵懿傾澥渤。」安世屢欲易余東坡《醉草》，未許，而以拱璧易向叔堅矣。即以進御，世人不復見也。

又《吕老煅硯》　高平吕老，造墨常山。遇異人傳燒金訣，煅出視之，瓦礫也。有教之爲研者，研成堅潤宜墨，光溢如漆。每研首必有一白書「吕」字爲誌。吕老既死，法不授子。而湯陰人盜其名而爲之甚衆，持至京師，每研不滿百錢之直。至吕老所遺，好奇之士，有以十萬錢購一研不可得者。研出於陶，而以金鐵物劃之不爲真。余兄子碩所獲，而作玉壺樣者，尤爲奇物。余嘗爲之銘曰：「真仙戲幻，煅瓦成金，老吕受之，鑄金作瓦，置之籬壁，以睨其璞，顧彼瓴甓，爲有慚德，範而爲研，以極其妙。」則金瓦幾於同價。

又《澄泥研》　悟靖處士王衷天誘所藏澄泥研，正紫色而堅澤如端溪石，扣之鏗然有聲，以金鐵劃之，了無痕璺。或疑是澤州吕老所作，而研首無「吕」字。其製巧妙，非俗士所能爲。天誘云，米元章見之，名孫真人研。是非固無所稽考，自是一種佳物也。

又《銅雀臺瓦》　相州，魏武故都。所築銅雀臺，其瓦初用鉛丹雜胡桃油搗治火之，取其不滲，雨過即乾耳。後人於其故基，掘地得之，鑱以爲研，雖易得墨而終乏温潤，好事者但取其高古也。下有金錫文爲真，每研成，受水處常恐爲沙粒所隔，去之則便成沙眼，至難得平瑩者。蓋初無意爲研，而不加澄濾，如後來吕研所製也。章序臣得之，屬余爲詩，將刻其後，云：「阿瞞恃奸雄，挾漢令天下。惜時無英豪，磔裂異肩踝。終令盜壤土，埏作三臺瓦。雖云當塗高，會有石槽馬。人愚瓦何罪，淪蟄翳梧檟。錫花封雨苔，鴛彩晦雲罅。當時丹油法，實非謀諸野。因之好奇士，探琢助揮寫。歸參端歙材，堅澤未渠亞。章侯捐百金，訪獲從吾詫。興亡何復論，徒足增忿罵。但嗟瓦礫微，亦以材用捨。從令瓴甓餘，當擅瓊瑰價。士患德不修，不憂老田舍。」

又《南皮二臺遺瓦研》　魏武都鄴，築三臺以居，銅雀其一也，最爲壯麗。後世耕者，得其瓦於地中，好事者斲以爲研，號爲奇古。歐陽文忠公嘗得於謝景山，作歌以酬之者是也。魏武既破袁紹於冀州，紹死，逐其子譚於南皮，築臺以候望其軍，而名曰袁侯臺。魏文帝與吴質從容遊集於南皮，亦築臺以居，名讌友。至今南皮有二臺，故址在焉。人有得其遺瓦，形制哆大，擊之鏗然有聲。「吾之子薳，取其斷缺者，規以爲研，其堅與鐵石，競屢敗斲工之具，僅能窊之，而特潤致，發墨可用。知昔人創物製器，雖甚微者，皆所不苟，非若後世之簡陋也。」此先君所序。而薳銘之曰：「方峥嶸焕奕於一時之盛兮，詎知夫隆棟必傾而華榱終折。洎毁擲埋委於千載之下兮，孰期乎澡澤薦藉而參夫文房四寶之列。蓋物之顯晦也有時，而事之興廢也常迭。遺材良而質美者，雖亘千古兮，不隨衆物而湮滅。」

又《端石蓮葉研》　余過嘉禾王悟靖處士，坐閒有客懷出蓮葉研，端石也。青紫色，有二碧眼，活潤可愛，形製復甚精妙，正如芳蓮脱葉狀，其薄如五六重紙，大如掌，磨之索索有聲，而墨光可鑒也。其人甚惜不可得。特記其精製，喻研工終不能爲也。

又《風字晉研》　風字研，石色正青紫相參，無眼甚薄，研心磨已窪下，背緑皴剥，殆非近代物。與墨爲入，光灧如漆。王天誘見之，以爲晉研。後易銅鑪於章序臣。序臣攜至行朝，爲一嗜研貴人力取去。其人所蓄數百枚，而此研爲之冠也。

又《烏銅提研》　烏銅提研，余於錢唐得之。製作非近世所爲，柄容墨漿，可半升許。亦爲章序臣易去，闕子東見之，而銘之曰：「鑄金爲觚，提攜顛倒。時措之宜，發於隱奥。寒暑燥濕，不改其操。君子寶之，庶幾允蹈。」

又《古斗樣鐵護研》　余兄宗勝所用鐵護研，端溪石。正紫色，無眼，古斗樣，温潤如玉。爲滌者墮地，缺其受水處。慨惜之餘，乃取以漆固而鐵護其外，中固無傷也。薳銘之曰：「左暬馬宫，形則虧矣，胸中之書，震耀百世。」

又《吴興許採五研》　吴興許採，字師正，字畫規模，鍾司徒殆窺其妙。自爲兒時，已有研癖，所藏具四方名品，幾至百枚，猶求取不已。常言吾死則以研甃壙，無遺恨矣。最佳者，得蔡君謨所寶端溪研一，圓厚寸餘，中可徑尺，色正青紫，緣有一眼才如箸大，名之「景星助月」。又得二石，一以分余，玉堂樣，色紺青類洮河石，面有十數暈，金翠周閒，與孔雀毛閒金花正相類，甚宜墨，而不知石所從出。又一端石，古斗樣，長尺餘，馬肝色，下有王禹玉丞相書「玉堂舊物」四字。又圓研下岩

石，有二碧眼，中極窪下，温潤發墨，師正常所用者。莫養正爲之銘曰：「圓如月，窪如尊。勿謂其琢削不巧，見謂椎魯無文。即而視之，其中甚温。」又一端石，玉堂様者授余，深紫色無眼。余命之曰「端友」，且爲之銘云：「君子取友必端，子有韞玉之美，復具眼而知默，祈漸摩以窮年，何爲子之三益也。」

又《趙水曹書畫八硯》 水曹趙竦子立，文章翰墨皆見重於前輩。蘧先博士爲徐州學官日，趙獻狀開鑿呂梁百步之嶮，置局城下，最爲周旋。其《重定華夷圖》，方一尺有半，字如蠅頭，而體製精楷。蘇州張珙妙於刊鑱，三年而後成。甚自祕惜，不易以與人，與其所獲丁晉公家王右軍小楷《樂毅論》，櫝藏自隨，得之者以爲珍玩。先子所得，才三四數也。其所用硯，端石長尺餘，闊七八寸，温潤宜墨。云端石若此大者至艱得，求之十年而後獲。上下界爲八硯。云性懶滌硯，又不奈宿墨滯筆，日用一硯，八日而周，始一濯之，則常用新硯矣。故名八面受敵云。

又《趙安定提研製》 《研譜》稱唐人最重端溪石，每得一佳石，必梳而爲數板，用精鐵爲周郭。青州人作此，至有名家者，歷代寶□。余於崇寧間見安定郡王趙德麟丈所用一枚，作提研制。紹興四年復拜公于錢塘湧金門賜第，出研案閒云：「生平玩好，盡喪盜火。而此研常所受用，復外拙，貪者不取，得周旋至今。」余亦撫之悵然也。近章伯深偶於錢塘鐵肆中得一枚，絶與趙類而非是也。求易余東坡所畫《鵲竹》而得之。工製堅密，今人不能爲也。

又《龍尾溪研不畏塵垢》 涵星研，龍尾溪石，風字様，下有二足，琢之甚薄。先博士君得之於外姪黄材成伯。黄以嗜研求爲婺源簿。既至，顧視一老研工甚至。秩滿而研工餞之百里，探懷出此研爲贐，且言：「明府三年之久，所收無此研也。」黄始責其不誠，工云：「凡臨縣者，孰不欲得佳研。每研必得珍石，則龍尾溪當泓爲鯨海不給也。此石歲採不過十數，幸善護之。然研如常研，無甚佳者，但用之至灰埃垢積，經月不滌而磨墨如新，此爲勝絶耳。」先子性率，不耐勤滌，得此用之終身云。莫養正爲之銘曰：「膚寸之珍，雲蒸霧出。小而有容，如摩詰室。老何肺腸，與之爲一。季子受之，周旋勿失。」

又《李端叔銘僧研》 比邱了能，蓄端研古斗様，青紫色，有二眼，碧暈活潤。背有李端叔銘云：「踏碓是向上機，不識字是第一義。遂乃傳子傳孫，至今爲祥爲瑞。有美了能比邱，人上長出一頭。名字半露消息，伎倆非聞思修。發明前身不識字，後身湧出江河流。墨可泐，一能兩身，具眼者識。」李丈家集遺此銘，故録之。

又《銅蟾自滴》 古銅蟾蜍，章申公研滴也。每注水滿中，置蜍研仄，不假人力而蜍口出泡，泡殞則滴水入研，已而復吐，腹空而止。米元章見而甚異之，求以古書博易，申公不許，後失之。或見之寶晉齋。申公之孫伯深云。

又《雷斧研銘》 余經霅川，偶得數雷斧於耕夫，雖小大不等而體皆如玉，因擇其厚者窪而爲研。膚理鋭澤，取墨磨研而墨光可鑒。但恨其大而薄者，不容窪治，則以鐵爲周郭，如青州提研所製，亦几案閒一尤物也。因銘之曰：「石化殞星，龍雨刀槊。是從震霆，散墜風雹。形實斧也，其質玉璧。窪而爲硯，以資鋭澤。與翰墨而周旋，誅姦諛之死魄。」

陳櫄《負暄野録》卷下《論硯材》 硯以端溪爲最，次則洮河，又次則古歙，又次則劍溪。此外如淮安辰溪諸郡，雖亦有之，然皆不足俎豆其閒。端歙所産，皆有新舊坑之别，惟舊坑者爲上，今已淪爲深淵，不可復取，但聞人閒時有收得者，亦絶希罕。新坑亦閒有可採，然百不一二。端石有眼，本非硯之所貴，特以此表其真耳，故辯之者有活眼、死眼之殊。活眼凡有數暈，黄赤相閒，所謂鴝鵒眼者乃佳。若但純黄或純緑色、模糊不明了者，則爲死眼，此無足取。兼多有僞爲者，須細察之，方可見也。歙石有四種紋：一曰刷絲，乃直紋也；二曰蘆菔，乃交羅紋也；三曰眉子，上有黄黑紋如眉；四曰金星，狀若灑金。此四紋者，惟刷絲爲上，其閒復有差等，但金星之質最頑，不堪用。洮石今亦絶少，歙之祁門有一種石，淡緑色而理細，土人以之爲假洮石，但性極燥，故爲賤耳。劍溪出黯淡灘，有石子，爲之妙甚，東坡所謂鳳咮，以爲出於北苑鳳山之咮，今其地初不聞有佳石，不知何以稱此。廬陵人工造澄泥瓦硯，規倣銅雀，然其質枯燥。又南中人以琿璪琢硯，久則拒墨，漆硯亦然，本取漆匠案卓上自然久積者，質堅而鉎，利於研磨，今人乃旋累漆僞爲，體虚而滑，不可用，大抵皆非硯之正材也。

趙希鵠《洞天清禄集・古硯辨》 世人論硯者，皆曰多用歙石，蓋未知有端，殊不知歷代以來皆用端溪。至南唐李主時端溪舊坑已竭，故不得已而取其次。歙乃端之次，其失一也。近時好事者作《研譜》，惟分端溪上、中、下三巖，而不知新、舊坑。下巖唯有舊坑，無新坑；上、中二巖則皆新坑，於歙亦然，其失二也。世之論端溪者惟貴紫色，而不知下巖舊坑唯有漆黑、青花二種，初未嘗紫，此無他，未曾睹古研，其失三也。予慮世人貴耳鑒而無心賞，故述《古研辨》，惟説端、歙二溪而不他及，蓋他石皆不及端、歙。或强以爲研，寧不羞見子墨客卿乎？是説非老子用研者，其孰知之？端溪下岩舊坑，卵石黑如漆，細潤如玉，叩之無聲，磨墨亦無聲，

有眼，中有暈，或六七眼相連、排星斗异形。石居水底，須千夫堰水汲盡，深數丈，篝火下縋，深入穴中，方得之。此品南唐時已難得，至慶曆間坑竭。下岩舊坑又一種卵石，去膘方得材，色青黑，細如玉，有花點如箸頭大，其點别是碧玉，清瑩與硯質不同。唐吴淑《硯賦》所謂「點滴青花」是也，故名「青花子石」，今訛爲「青花紫石」，李長吉詩已訛作「紫」字，其實未嘗紫也。青黑之中，或有白點如粟，排星斗异象，水濕方見，扣之無聲，磨墨亦無聲。此品南唐時已難得，慶曆間坑竭。以上二品石久用，鋒芒愈出不退，鈍不假磨礱。下岩上有一坑出此兩種石，别無新坑。所謂新坑，蓋原坑已盡，而别開一坑，下巖則否。端溪中巖舊坑，石色紫如新嫩肝，細潤如玉，有眼，小如緑荳粒，純緑色而無暈。或有緑條紋或白條紋如綫蓋，竪而圓者爲眼，横而長者爲條紋。此種亦是卵石，外有黄膘包絡，叩之無甚聲，磨墨亦無聲，久用，鋒芒不退，不假磨礱。今此坑取之亦竭。中岩新坑，色淡紫，眼如鴝鵒眼大，重暈而緊小，其中如瞳人狀，石老者扣之有聲，嫩者無甚聲。磨墨則微有聲。石有枯潤，潤者雖難得，然久用則鋒芒退乏，必假磨礱。今此品難得，遂爲稀世之寶，百硯之中見一二耳。世人見其稀有，又因未見古硯，遂目此爲下巖舊坑，不知此去下巖已低三等矣。端溪上巖新、舊坑皆色灰紫而粗燥，眼大爲雄鷄眼，叩之鏜然，磨墨相拒如鋸聲，久用則鋒乏，光如鏡面，不堪用，然舊坑差勝新坑。今士大夫所藏硯多此品。他處石類端溪而非者，有一種名瀿石，出九溪瀿溪。表淡青，裏深紫而帶紅，有極細潤者，然以之磨墨，則木塞而不松快。愈用愈光，而頑硬如鏡面。間有金綫或黄脉，直截如界行相間者，號「紫袍金帶」。高宗朝，戚里吴琚曾以進御，不稱旨。一種辰沅州黑石，色深黑，質粗燥，或微有小眼，黯然不分明。今人不知，往往稱爲黑端，相去天淵矣。今端溪民負販者多市辰沅研璞而歸，刻作端溪樣以眩士大夫，被獲重價。若辰沅人自鐫刻者，則大鵬篆，或作荷蓮、水波、犀牛、龜魚、八角、六花等樣，藻飾异常，雖極工巧，而材不堪用，此亦辨辰沅研之一法。歙溪龍尾舊坑，色淡青黑，湛如秋水，并無紋。以水濕之，微似紫。乾則否，細潤如玉，發墨如泛油，并無聲，久用不退鋒。或有隱隱白文，成山水、星斗、雲月异象，水濕則見，乾則否。此亦是卵石，故難得。極大者不過四五寸，多作月研，就其材也。或有純黑如角者，東坡最貴重此品，今得之亦貴重，不減端溪下巖。然龍尾舊坑雖極細，猶微澀墨，端溪下岩則直如鏊盤塌蠟矣，以此爲辨。南唐時方開龍尾舊坑，今已無之。新坑色亦青黑無紋，而粗燥礪墨退筆，久用則鈍乏，有極大盈三尺者。羅紋、刷絲、金銀間刷絲、眉子四品，新、舊坑。四品并青黑色，紋細而質潤如玉。羅紋真如極細羅；刷絲如發密；眉子如甲痕，或如蠶大；金銀間刷絲亦細密，久用端溪下岩。銀星，新、舊坑，并粗燥，淡青黑色，有星處不堪磨墨。工人多側取之，置其星於外，謂之「銀星墻壁」。拒墨如鋸，久用退乏如鏡面，大者盈尺。除端、歙二名外，惟洮河緑石，北方最貴重。緑如藍，潤如玉，發墨不減端溪下岩。然石在臨洮大河深水之底，非人力所致得之，爲無價之寶。耆舊相傳，雖知有洮研，然目所未睹。今或有緑石研，名爲洮者，多是瀿石之表，或長沙谷山石。瀿石潤而光，不受墨，堪作砥厲耳。荆襄鄂渚之間，有團塊墨玉璞，正與端溪下巖黑卵石同，而堅縝過之，正堪作不退鋒，磨墨無聲，無闊大者。然皆次於龍尾舊坑，亦南唐時開坑，今已無如得之，貴重不減龍尾舊坑。四品新坑，并紋粗，而質枯燥，且不堅。眉子大者或長二三寸；刷絲每條相去一二分；羅紋如羅花紋，拒墨如鋸，久用退乏光硬，大者盈二尺，甚大者三尺。金星，新、舊坑，并粗燥，淡青色。雖金星滿面，然礪墨退筆，久用則退乏，大者盈尺。别有一種黑石金星，姿質亞端溪下巖漆黑石，乃是萬州懸金崖金星，石色漆黑，細潤如玉，隱隱金星，水濕則見，乾則否，發墨如泛油，無聲，久用不退乏，非歙也。今懸金崖亦已取盡，如得之，不減研，惟不如玉器出光，留其鋒耳。但黑中有白玉相間，甚者闊寸許。玉石謂之「間玉瑪瑙」，其白處又極堅，恐梗墨。若用純墨處爲研，當在端溪下巖之次、龍尾舊坑之上。研匣不當用五金，蓋石乃金之所自出。金爲石之精華，子母同處，則子盜母氣，反致燥石，而又誨盜。法當用佳漆爲之。研雖低，匣蓋必令高過寸許方雅觀。然只用琴光素漆，切忌用鈿花、犀皮之屬。四角須用絺，令極牢，不宜用紗。匣取其容研，而周圍寬三紙，或作皂絹襯尤妙。今人於匣底作小穴、小竅容指，本以之出研，而多泄潤氣。但令匣稍寬，不必留竅。或有墨汁流下，多污几案。又或匣底之下作豹脚，取其可入手指，以移重研，此尤非所宜。蓋研實則易發墨，虛則否，故古人作研，多實其趺，又加以絣褥，正爲是也。

呂宗傑《書經》卷三《硯記》 《東軒筆録》云：端溪有三種，曰巖山，曰西坑，曰後歷石。色深紫，襯手而潤，叩之清遠，有深緑圓小鸜鵒眼，乃巖石也。其次色亦赤，呵之乃潤，鸜鵒色紫，緑幔而大，此乃西坑也。其下青紫色，向明側視，有碎星光點，如沙中雲母，乾而少潤，謂之後歷石。西坑硯三當巖石之一，後歷石三當西坑之一，其品可知。端硯中惟巖石者極貴，取其潤而發墨也。東坡亦云：「歙石出於龍尾溪，以金星爲貴。」余少時得金坑礦石，堅而發墨。端溪以北巖爲□，龍尾以深□爲□。龍尾遠出端溪上，而端溪以後出見貴爾，故端溪有鸜鵒眼者妙。黄

黑相間，鸜眼在内，晶熒可愛，謂之活眼。四傍浸漬，不甚晴明，謂之淚眼。形體略具，内外皆白，殊無光彩，謂之死眼。活勝淚，淚勝死，死勝無。青州亦有黄絲石，紅黄相參。理黄者，其絲紅；理紅者，其絲黄。皆可爲硯。硯池欲寬，質欲厚欲闊。凡注水，必用新汲者。水多則湮，水乾則澁。有積墨於上，可令水滌濯之。用蓮菂摩刷，則積墨易去。按《釋名》云：「硯者，研也，可研墨使和濡也。」墨不和濡，則書有不能成矣。今之人以礪石陶爲瓦硯，筆墨粗惡，而謂書之有不合乎古，宜哉！

張應文《論硯》 硯以壽吾文之傳。昔人以精良爲一樂。今時論硯，必首重端矣，亦知有舊坑、新坑，上巖、中巖、下巖之分乎？上巖新、舊坑，俱不堪嘆賞。下巖有舊坑，有南、北壁。巖中不論四時，皆爲水浸，雖秋旱，亦未嘗涸。有泉珠散落，如飛雨不絶。蓋泉生石中，非石生泉中，潤可知矣。所産卵石，俱外有黄膘包絡，其色黑如漆。間有如碧玉者、紫黑者，皆質細潤如玉，扣之無聲，磨墨亦無聲，極能發墨。久用鋒芒如新。有眼，或紅緑青黄六七，暈中有瞳子如鸜鵒眼者，或六七眼相連排星斗异形者。取之必汲水月余，方及石。又歲久而崩摧，石屑翳塞，積水屈曲，淺深莫測，石工不能復采。故此品南唐時已難得。今世所有下巖硯，皆唐末五季時石也。中巖舊坑石色紫如新嫩肝，有眼如小緑荳，色純緑而無暈。或有緑絲紋，或有白絲紋，亦細潤如玉。貯水不涸，磨扣俱無聲，久用鋒芒不退，不假磨礱。此等石，宋南渡後亦罕得矣。中巖新坑石，色淡紫，眼如鸜鵒眼大，重暈而緊小。其中如瞳子狀，扣之微聲，磨墨亦微聲，久用鋒芒小之。此品今亦珍重。不睹古硯者，目之爲下巖舊坑石，其實第之等材也。余向以三十六千購一碧端，上列七眼，蓋下巖舊坑之奇者，唐製也。銘之曰：「子墨客鄉，衆美難并。奇而不古，似英才而事未更；古而不奇，似高年而德罔稱。奇矣！古矣！而或玷焉，似耆德而錫瑕之未純。三者來備，展也大成。猗歟寶端，下巖鐘英。温其如玉，大音希聲。青花點滴，碧落晶瑩。淵泉時出，天漢分津。七曜森羅，擁以祥雲。元霜涣發，彩穎葩生。漸磨有日，圭角靡形。賀詩淑賦，夙標令名。自唐閲宋，以迄於今。鬼神呵護，纖瑕莫侵。仿佛乎畢公，四世元老，而小物克勤；依稀乎衛侯，九十有五，而箴儆日聞。吾於是乎有感漆園吏之所云：『夫形全猶足以爲貴，而况全德之人乎？』」繼得坡翁一硯，背有銘，其詞曰：「千夫挽綆，百夫運斤。篝火下縋，以出斯珍。一噓而潤，歲久愈新。誰其似之，有懷斯人。」石色黑如漆，潤如玉，磨扣俱無聲，亦下巖舊坑之佳者。何幸得占？人生一清福耶！端石之亞，有歙溪龍尾石、細羅紋石、洮河緑石、葛仙公巖方城石、萬州懸金崖金星石、延平鳳味石，皆美材也。好事者用銅雀臺瓦、未央宫瓦，至有稱秦武公羽陽宫瓦者。夫以瓦爲硯，猶以鐵爲鏡耳，恐亦無實受用。

屠隆《考槃餘事》卷二《硯箋・研》 研以端歙爲上。古端之舊坑下岩，天生石子，温潤如玉，眼高而活，分布成象，磨之無聲，貯水不耗，發墨而不壞筆者，爲希世之珍。有無眼而佳者，第白端緑端，非眼不易辨也，歙亦如之，但無眼耳。大抵端取細潤停水，歙取縝澀發墨，兼之斯爲寶矣，然皆難得。今惟取其質之堅膩，琢之圓滑，色之光采，聲之清泠，體之厚重，藏之完整，傳之久遠，爲可貴耳。

又《養研》 凡硯池水不可令乾，每日易以清水，以養石潤。磨墨處不可貯水，用過則乾之，久浸則不發墨。

又《滌硯》 日用硯須日滌去其積墨敗水，則墨光瑩潤。若過一二日，則墨色差減。春夏二時，霉溽蒸濕，使墨積久，則膠泛滯筆，又能損研精彩，尤須頻滌。以萆麻子擦硯滋潤，不得以滚湯滌研，不可以氈片故紙揩抹，恐氈毛紙屑，以混墨色。端溪有洗硯石絶佳。今以皂角清水滌之爲妙，或以半夏切片擦硯，極去滯墨，或以絲瓜穰滌洗，或以連房殼滌洗，去垢起滯，又不傷硯，絶佳。大忌滚水磨墨，茶亦不可，尤不宜令頑童持洗。

又《試新墨》 新墨初用，膠性并稜角未伏，不可重磨，恐傷硯質。

又《藏硯》 端溪水中出一草，芊芊可愛，石工取石琢研訖，迺用其草裹之，故自嶺表迄中夏而無損也。取以爲囊，藏研最佳，或以文綾爲囊，韜避塵垢，寘之笥匣，不可以研壓研，恐傷研材。

又《冬月研》 冬天嚴寒，不可用佳研。得青州熟鐵研，可以敵凍。炙研預用四脚挣爐架火硯上，微微逼之，或用研爐亦可。

又《朱研》 亦得舊石者方妙，或用白端亦可。

又《墨繡》 研池邊斑駁墨跡，久浸不浮者，名曰「墨繡」，爲古硯之徵，最難得者，不可磨去，致規杖漆琴之誚。

謝肇淛《五雜俎》卷一二《物部四》 硯則端石尚矣，不但質潤發墨，即其體裁渾素大雅，亦與文館相宜。無論琉璃金玉靡俗可憎，即龍尾、紅絲見之亦當爽然自失。政似邢夫人衣故衣，時能令尹夫人自痛不如也。皇象論草書「宜得精毫荛筆，委曲婉轉不叛散」者，紙欲滑密不沾污者，墨欲多膠紺黝者。梁竟陵云：「子邑之

紙，姸妙輝光；仲將之墨，一點如漆；仲英之筆，窮神盡意。」獨於硯無稱焉。蓋硯視三者稍可緩耳。今人知寶數十百金之硯，而不知精擇紙筆，以觀美則可耳，非求實用者也。子邑，左伯字。仲英，當作「伯英」，張芝字。考章誕奏魏公書可見。柳公權論硯，以青州爲第一，絳州次之，殊不及端。今青州所出石即紅絲硯也。唐彦猷亦謂紅絲石爲天下第一，蔡君謨問其故，曰：「墨，黑物也，施於紫石則曖昧不明，在紅黄則色自現，一也；斫墨如漆，石有脂脉能助墨光，二也。」其言甚辨，然余習於用端，用解有未解耳。唐李咸用《端溪硯》詩有「着指痕猶濕，經旬水未低。鴝眼工諳謬，羊肝土乍封。捧受同交印，矜持過秉珪」等語。劉夢得《謝人惠端州石硯》詩：「端州石硯人間重。」李賀《青花石硯歌》云：「端州匠者巧如神，露天磨劍割紫雲。」則知唐人原重端硯。朱新仲《猗覺寮雜記》又載柳公權論硯云：「端谿石爲硯至妙，益墨，青紫色者可直千金。」則非不知貴也，難得故耳。蔡君謨云：「東州可謂多奇石。自紅絲出後，有鵲金黑玉硯最爲佳物。新得黄玉硯，正如蒸栗。續又有紫金硯，又得褐石黑角石，尤精。向者但知有端巖、龍尾，求之不已，遂極品類。余之所好有异於人乎？」近代莆田參知蔡一槐酷好硯石，足迹半天下，凡遇片石佳者，必收行囊中，常有數十百枚。蔡氏可謂世有硯癖矣。端硯雖有活眼、死眼之別，然石之有眼猶人之有斑痣，其貴原不在此。但端石多有眼，以此別其爲端耳。宋高宗謂端硯如一段紫玉，瑩潤無瑕乃佳，不必以眼爲貴。余謂石誠佳，即新者自可，亦不必以舊爲貴也。今之端硯，池皆如綫，無受水處，亦無蓄墨瀋處，其傍必置筆池，若大書必置碗盛墨，亦頗不便。間有斗槽者，便爲减價。此但論工拙耳，非擇硯者也。余蓄硯多，擇有池者，吾取其適用耳，豈以賣硯爲事哉？及考宋晁以道藏硯，必取玉斗樣，每曰：「硯石無池受墨，但可作枕耳。」乃知千古之上，亦有與余同好者。宋時供御大内，無非端石。航海之難，舟覆於莆之涵頭，禁中之硯盡落民間，然其始，人尚未知貴重。其後吴人有知之者，微行以賤直購之，久而漸覺，價遂騰涌，高者直百金，低亦不下一二十金。而莆人耳目既熟，轉市新石，妙加鐫琢，視之宋硯毫髮不殊，散之四方，於是吴人轉爲所欺矣。銅雀瓦雖奇品，然終燥烈易乾，乃其發墨倍於端矣。洮河緑石，貞潤堅緻，其價在端上，以不易得也。江南李氏有澄泥硯，堅膩如石，其實陶也。有方者、六角者，旁刻花鳥甚精，四周有羅籛紋，較之銅雀又爲良矣。馬肝、龍卵，色之正也；月暈、星涵，姿之奇也；魚躍、雲興，石之怪也；結鄰、壁友，名之佳也；稠桑、栗岡，地之僻也；金月、雲峰，製之巧也；芝生、虹飲，器之瑞也；青鐵、浮楂，質之詭也；頗黎、玉函，用之靡也；磨穴、腹窪，業之篤也；盧擲、陶碎，道之窮也。楊雄、桑維翰皆用鐵硯，東魏孝静帝用銅硯，景龍文館用銀硯。今天下官署皆用錫硯，俗陋甚矣。一日呵得一擔水，纔直二錢，廉者之言也，然亦殺風景矣。質潤生水，自是硯之上乘，譬之禾生合穎、麥秀兩岐，可謂多得一石穀，纔直二百錢乎？蕭穎士謂石有三災，當併此爲四也。韓退之《毛穎傳》名硯爲陶泓。鄭畋、盧携擲硯相詬，王鐸嘆曰：「不意中書有瓦解之事！」則唐人硯尚多用瓦也。袁彖贈庾翼以蚌硯，蔣道支取水上浮查爲硯，則硯之不用石，蓋多矣。

李詡《戒庵老人漫筆》卷八《硯貴洗》 硯宜常洗，不洗則滯墨，滯墨則損筆。

沈德符《萬曆野獲編》卷二六 端州爲今肇慶府，古硯材所出，然惟下巖子石爲第一品。自宋徽宗，窮全盛物力，採貢以進。除内府所藏，自親王、大璫及兩府侍從以下，俱得沾賜。嗣後沙壅水深，不復可施工，此硯遂爲絶世奇寶。靖康南渡，士大夫各攜以過江。及德祐隨駕，又攜至閩中，至莆田舟覆，人硯俱没，盡爲彼中士人所得。正嘉中，士紳始知貴重，流入吴中争購之，閩人因僞造以欺肉眼。今宋端硯滿天下，皆莆中贋物也。真下巖既不可得，乃及中巖，今中巖亦盡，而上巖之新坑，始以充四方所需。刓滑拒墨，幾同頑石。耳食者所櫝藏，無一堪用。頃己亥歲，粤東珠池内臣李鳳，始命蛋人以餘技試之下巖，皮囊絞水窮日夜，久之始見，則皆如玉璞。臕裹絡包，中含奇質，斲之纔得硯材。豈膩細潤，有目所未覩。始知古所稱子石，非紫石也。所得凡百枚。水復大至，蛋人幾溺，旋泅以出，而下巖又復閉矣。憨師分得數十隻，歸以餉所厚宰官。今東南復見下巖，如還宣和舊觀，皆憨師力也。

方以智《通雅》卷三二《器用》 研即硯也，今以端石爲上。《博物志》引《硯譜》載：天下之硯，四十餘品，以青州紅絲石硯爲第一，端州斧柯山石爲第二，歙州龍尾石爲第三。自漢天子用玉硯，魏武有純銀參帶臺硯，張華于闐青鐵硯，柳公權用青州石，末而次絳州，後始重端歙。臨洮又有澄泥硯，未央瓦，銅雀瓦，正謂其澄泥也。自今論之，細潤發墨總不如端，而歙次之，駝磯、廬山以次皆不及也。吴曾云許渾《自廣至新興》詩云：「洞丁多斲石，蠻女半淘金。」自注云：「端州斲石。」李賀《硯歌》云：「端州石工巧如神，踏天磨刀割紫雲。」李肇曰：「端溪紫石硯，天下通用。」程泰之曰：「歙龍尾硯，李主創之，唐未見也。」見王中舍《硯譜》。東坡破柳公權青州石末之論，劉原甫證李士衡天寶端石之僞，葉少藴譏歐陽公之稱歙石，則端之妙由來久矣。端州以欽宗時升爲肇慶府，杜綰曰：石出斧柯山靈羊峽對望山

也。凡四種，曰巖石、曰小湘石、曰後歷石、曰砰坑。西巖之下巖爲勝，龍巖乃唐初取硯處，色紫而不及下巖，其眼有暈數十重，他眼色黄，又曰大秋風、小秋風，曰桃花諸類。今肇慶水坑尚扛，有將軍坑、梅花坑、老坑諸坑，以水巖爲最，辨之以蕉葉白、火納文爲真，此亦石病，其全色者尤妙，特其紫色淡耳。張世南論端石硯有火黯，即火納也。其他曰屏風，背色紫而石堅，磨之即滑，不如水巖之嫩而有鋒也。朱子暇宦此，最留心水坑石，有理横斷者極發墨，宋所未有，又何取乎硯山哉！陸文裕曰：洮河緑石出洮州衛上闗，西與西番接境，唐以來名人採以製硯，宋失其地，故士夫尤貲重之。色有淺深，體有老嫩、猿頭、斑瓜皮、黄蚤子紋者爲佳，雪花無景者不足貲。今泯州亦産硯石，似一類云。元美言得周益公硯，有「洮瓊」二字。唐開元間獵人葉氏得石于長城里，琢爲硯，遂聞天下。山在芈闘嶺之巘，兩水夾之，水盡處乃産硯石，有坑一曰緊足，次曰羅紋，今呼爲舊坑，又次曰莊基。三坑相去百餘步，而石品迥異。舊坑又自爲三，曰泥漿、曰棗心、曰緑石，去舊坑纔數尺而石品復異。自莊基北行二里，泝溪而上，曰眉子坑，則東坡所歌者，今在水底不可斲矣。舊坑絲石爲上，生在石中，斲者先頑石，次得硯材，肰極粗，工人名曰麤麻石，石心最緊處爲浪出，至慢處爲絲，愈慢出爲羅紋，故曰緊處爲浪，慢處爲絲，如木理肰。肰絲之品不一，曰刷絲、曰内裏絲、曰叢絲、曰馬尾絲，獨吐絲爲奇，正視之，疎疎見黑點，如洒墨。側視之，刷絲燦肰，工人謂之硯寶，蓋石之精。云惟棗心坑或有之，他産則劣，故三衢絲石黑而頑，南路絲石暗黝綿，潭絲石浮而滑，夾路絲石紅而枯，水池山絲石枯而燥，皆不甚宣筆墨云。宋謝暨知徽州時，嘗于舊坑取石貢理宗，初坑上嘗有五色雲气，如錦衾，郡檄隨雲所覆處斲之，得佳石，有白文燒兩舷，宛如二龍，既發爲硯，雲气不復見矣。

許獬《古硯説》 余家有古硯，往年得之友人所遺者，受而置之，當一硯之用，不知其爲古也。已而有識者曰：「此五代宋時物也，古矣，宜謹寶藏之，勿令捐毀。」予聞斯言，亦從而寶焉。不暇辨其爲真五代宋與否？雖然斯物而真五代與宋也，當時人亦僅以當一硯之用耳，豈知其必不毀不捐，必至於今，而爲古耶！蓋至於今，而後知其爲五代與宋也，不知其在五代與宋時所寶，爲周秦漢魏以上物者，視此又奚如乎！而又不知其以周秦漢魏以上物，示周秦漢魏以上人，其人自視則又奚如！人見世之熙熙者，沉酣於粉華綺麗之樂，奔走於權貴要津之門，褰裳濡足，被僇辱而不知羞，於是有一人焉，出而矯之，卓然以道自重，以澹泊自守，以古先琴書圖畫器物玩好自娱，命之曰「好古」，故凡名能好古者，必非庸俗人也。以其非庸俗人之所好，則庸俗人亦從而效之。於是士之射利求進者，必窮極其所無，以諂事權貴要津。權貴要津，亦時出其所有以誇士，而士之慕爲古而不知務者，亦每與世競逐，必盡效其所有而後快。噫嘻！是非真能好古也，特與庸俗人同好而已。夫既與庸俗人同好矣，而猶嘵嘵然竊好古之名，以求自異於庸俗，不知其名則是，而其意則非。吾之所謂好古者，學其道，爲其文，思其人，而不得見，徘徊上下，庶幾得其手澤之所存而觀玩焉，則恍然如見其人也，是以好之而不厭。故夫古之爲好者，非以其物以其人也。如以其物而已矣，今亦何以異於古哉！夫苟不惟物，惟其人，則吾亦可以爲古人矣。安知千百世之下，不以好古者好吾，乃必舍其在吾，而惟古之好，亦已惑矣。予觀今世之所好，大率類是，蓋皆所謂名是而意則者也。不能盡述，述其近似者，作《古硯説》。

錢泳《履園叢話》卷一二《藝能・硺硯》 石之出于端州者，概而名之曰端。端非一種，種非一類，只要質理細，發墨易，便是佳硯。其他名色甚多，如鸜鵒眼、黄龍紋、蕉葉白之類，而石質粗笨，不發墨，則亦安用其名色耶？近日阮雲臺宫保在粤東，又得恩平茶阮石，甚發墨，五色俱有，較端州新阮爲優，此前人之所未見。石之細而發墨者，亦不必端州，即如歙之龍尾、蘇之巏峁、漢宫之瓦當、魏晉之宫殿磚、松花江之砥石，俱可爲硯。近又以日本國石爲硯者，皆出于通州、福山一帶，人家墻壁内時時有之，相傳爲明時倭寇入江南壓船帶來者，其質堅而細，甚發墨，有黄、紫、黑三種，莫名其爲何石，近亦漸少矣。余嘗論硺硯之工，全在乎取材，不必問做手。如硯材不佳，雖妙手亦何能爲耶？曩時在小食山房，識江寧衛皛溪，手段卻好，惟所硺之硯皆是棄材，不過陳設案頭，與假古銅磁飾觀而已。

李兆洛《端溪硯坑記》 古硯石之最著者，青州、絳州。今時則惟端溪，其山在肇慶城東三十里之羚羊峽内，高可數十仞，面西南，左抱諸巖，右臨江水，端溪繞其前而入江。坑洞之口在半山下，進洞口轉右爲摩胸石，堅不可鑿。人裸而蒲伏以進，旁有山水小池進數武，有梅花椿，五松木爲之，高二尺餘，徑五六寸，前人用以撑石角者，凡洞中曲折處俱有此椿。迤逦而進即小西洞口，無石可採，久經沙石壅閉。再進即東洞，洞勢向東，故名。其地較西洞略高，其水流入正洞，故易消涸，但石質稍遜，可無庸採。過此路逕漸低，形如釜底，有名「樓脚」者，有名「凸篷」者，皆石工因其形以名之。再進即正洞，一如小西洞，無石可採。自「凸篷」左轉即大西洞門，亦因向西，故名。地勢微高於正洞，洞内開鑿年久，寬大如屋，石工以鑿下廢石隨時填砌，以防傾頽。自洞口至底，高下相懸，約二十八九丈。一路高止三

尺，寬止三四尺，不能起立。石工入者，各攜小磁罈一，竹箕一，罈可容水五升，箕可貯石十餘斤，每隔三尺排坐一人，并然一燈，晝夜汲水。外遞洞門外開一小溝，設戽車一，用篾筦挹注內水，至車下乃戽之入溪。進之東洞須排坐四十餘人，至西洞須排坐八十餘人，方得相接，其采石一如運水人數，隔三五日又須引去客水一次。采石必看明石脉，見鮮潤有色者，然後下鑿，否則遇鑿火出并亦無用也。一歲之內惟冬月水涸時可施工，而運石戽水先需兩月餘，一經春水發生，雖欲汲戽，技無所施矣。端溪硯石，宋以前所開諸坑今已無石，間有之，石色紅紫不發墨，無可取者。惟水巖爲老坑，凡四洞，其小西洞及正洞已無可採，而東洞石質亦復粗燥，故今之水巖石必出自大西洞者佳。大西洞石上中下三層，質又各異。上巖之石衆美畢備，惟色澤遜潤，落墨易乾；下巖石多水紋，面背迸透，且砂釘夾雜；欲求完璧僅矣中層，則石之腴也。青花、蕉白之爲美，其大彰明較著，第蕉白不必純而成片，要潤而有神色；青花粗點叢雜弗貴也，惟浮沈石面零星隱現，諦視之，如髮絲、如鼠跡、如蠅翅，間錯成文者良，設一片之中，青花、蕉白二者交并而又兼有。火捺紋如金錢，圓而生動，此千百片中僅見之珍。非蕉白、非青花、亦非火捺，而或有黃龍即金線、或有銀線、或有翡翠、或有鴝鵒眼、或有水波冰裂紋，亦大西洞石之美者，其瑩潔無疵，略衆美而色較青，名曰「天青」，此大四洞中稍上之石，他處無有，亦上品也。至或一片內五色備具，如雲霞燦爛曰「古斑」、曰「硃砂斑」，能令觀者炫目，則大西洞間出之奇矣。他如鷓鴣斑，如冬瓜瓤，人以爲石之病，其實不然，若不礙墨堂姑聽之可耳。要之，石出大西洞者，必石質細膩，襯手而潤，與墨親而無叛。扣之，則其聲沈著，日光照耀無影，此爲諸坑所不及，即水巖東洞亦相遜遠矣。羚羊峽之口正北向，入峽口數百武，其東有小水入之，即端溪口也。方冬時，涓涓細流耳。兩山夾溪之北即硯石山，南向自溪口連峯邐迤，而東南以漸高聳。其傍溪之山僅小阜，高可十丈，其麓則老坑在焉。自舟登陸可百步許至坑口，口向巽容一人側身入，入即窈黑且益窄，蛇行乃可進。山無樹木，石之出於土者率劣破碎無可觀者。而至粹之硯乃在其裏坑之西。緣山麓而傍江者爲東洞，山之背爲叢坑，逾脊北下在峽口外，緣江者曰獅子口，曰水鬼洞。水鬼洞在山下，逼江水咫尺，遥望可見。自老坑口東望，第二峯高處有石徑，徑上石隙有鑿跡，導者云此爲坑仔巖。山皆陡峭，下即平疇，時稻已獲，穿田行至其下，仰視甚峭，不敢上，彷彿見巖上有刻字焉。導者云：自老坑而東，過宣德巖、老巖洞坑仔，歷而後至坑仔巖，皆在山畔，不盡可望見也。坑仔之上即屏風巖，踰脊北下爲屏風坑，其右有飛鼠巖，有坑尾，自坑仔巖之麓循而東行，轉而北爲麻子坑，亦在山中。徑甚峭狹，自坑仔巖至麻子坑，中間經青花坑、瓦昂洞、杉篷巖、松樹根、龍尾青、朝天洞、石蜂洞諸坑，或高或下皆在山上。自麻子坑進山爲早歷蕉，其背爲散錦青花，此皆與老坑相近者也。峽之外背硯洲而東北曰沙步，自沙步入曰塗口鄉，有坑曰老蘇坑，坑之對山，迤東爲飛來洞，亦曰坑頭。自麻子坑迤北曰望夫山，又北有龍華寺，寺後有上田坑、下田坑、虎坑、鐵穩坑。望夫山，之後有文殊坑、金雞坑。望夫山，之北尚有金毛獅子、龍仔角等坑，石工亦不甚了了矣。此皆距端溪稍遠，然皆與端溪同脉者也。峽之西對端溪者曰靈山，蓋即羚羊山。山口有天后廟，廟之後有七嶺根坑，循而南至羚羊汛，凡二十里，中間有大頭竹根坑，有阿婆巖，有金雞坑，有白婆墳，有黃魚坑，有朝京巖，朝京巖之下有青石坑，此在端溪對峽者也，皆在緣江峽上。舟行約略可指肇慶府，城之西有七星巖，巖之北爲北嶺，嶺之下有宋坑，所謂將軍坑也。（此嶺亦名將軍嶺。）今洞口石壓下不復可取，居人於其旁取石謂之陳坑，其西爲雜坑，其下爲錦石坑，石皆相似，隨在可取。無巖洞嶺之西爲東岡山，有東岡坑出緑石，其下又出紅石，皆可爲硯。東岡之北又有蟾蜍坑，坑之上爲新坑，相近又有唐竇坑。七星巖之西有出米洞，之後曰希岡，岡下爲九龍坑，亦曰梅花坑。其蒲田則在府城東之小湘峽，新蘇坑則在恩平縣之境，距端溪遠者且百里，而石色大概相似，以其同在端州，故皆謂之端石云。予所身至者惟老坑及坑仔巖，其獅子口、朝京巖之類，舟中望見之，余皆詢之老工，得其大略，石工云舊開今廢之坑甚夥，渠等所不知，及知之而不能名者尚多也。凡坑口，無不險隘，僅一竇，圓尺許，解衣扶服乃可入。既入，亦僅容傴僂，問石工，何不鑿作令廣，云此是石骨，不可鐫，凡洞中石之中硯材者，外皆石骨包之，必尋其脉絡曲折而後可取，或上或下或左或右或寬或隘，皆鑿至石骨而止，故老坑中深至半里許而無尋丈寬闊處，亦無尋丈徑直處。石材中又分四層，初層頑擴，夾沙不可用；二層、四層則粗燥而無潤，亦可琢治；以三層爲最佳，而此層次又非劃然分判，或一石中而三四層間出，得完全無疵者絶難，但其中有數寸精美可以受墨，即其旁稍雜二層、四層，不盡割棄矣。每采石出坑，每初層則盡棄之，謂之石渣。老坑坑口石渣如山，坑久不開，人於渣中檢視，亦時獲可用者。石工謂石之青紫者曰天青，成片青白色曰蕉葉白，四圍有火捺、中暈白如脂者曰魚腦。其論石以魚腦爲貴，然魚腦極大不過二、三寸，而四周火捺極難得純浮，又魚腦心中每有砂蛀，求大片魚腦且無沙蛀，千不得一，魚腦黃色則又不貴矣。天青、蕉白便有成片盈尺者，而

蕉白意稍枯燥，不及天青之温潤。宋徽宗一片紫玉之語，真當家也。麻子坑魚腦殆不減老坑，而天青不如也。東洞坑仔巖俱有魚腦，沈水視之甚膩，出水覺無，情色亦稍黄。石之細玩可愛者，無如青花隱浮於青紫之上，似黑非黑，如紗如縠，如藻如波，映日視之，五色鮮潤。其成點者謂之青花結，色稍黑矣。小即不嫌，大即韻魚腦，無青花質嫩而精神不足也。麻子坑亦有青花，而不及老坑之神致深邃，餘坑皆無。老坑時有縱横紋，或黄或白，乍視似裂，而細視無瑕者，工人謂之金銀線。其理甚勁而浄，不以爲病，其黑紋隱起如線，磨之不平者，謂之鐵線，若在墨堂則甚爲害矣。又有細白紋，縱横三五道，白紋旁作微暈，如畫家渲染者，謂之冰紋，洞之下入水最深處乃有之，不易得也，亦非他坑所有，其鐵線則往往而是矣。石釘者，未化頑質，包於石中者也。堅不可鎸，爲石之大病，然老坑之釘或白如玉，或紅如丹砂，或黑如漆，或青如黛，有一釘中而五色俱備者，工人謂之五彩釘，但不在墨堂便覺點綴生妍，轉增其美。又有石斑如古銅色者，謂之古斑，如鸜哥緑者，謂之翡翠斑，皆非釘也。翡翠他坑多有，而鮮麗不及古斑，亦間有之，而五彩釘則老坑所獨矣。有青白色浮於石面，大片閃閃爍爍，如塵沙者，謂之冬瓜瓤，似是石之膘。老坑有此者大抵是二層，石有散漫黄色者謂之黄龍紋，似是石之膈脉者，皆疵也。亦有色如飛動點綴可喜者。辨硯固不在眼，然眼之佳，晶瑩可愛。老坑有眼者甚少，予見老坑數百方有眼者纔一二方耳。麻子坑眼亦殊可觀，然亦不易得也。石工能以他石之眼嵌於此石，視之幾無形迹可尋，故凡眼之不當硯位者，琢下别儲之，以爲他用。眼之佳者，一枚值數百錢也，止麻子坑可觀。梅花坑眼極多，然小而黄，不足取。硯之斷者，石工能接之，視之無迹也，但細碎之塊則不能粘合。詢其法，不肯言，但云須燒斷處極熱以藥塗而合之，燒終損硯，非佳法也。石坑雖多，工所取者亦不過四五坑耳。麻子坑爲新坑之最佳者，餘則坑仔巖、朝京巖、飛來洞、蟾蜍坑，取其石色尚類老坑也。其餘諸坑或已竭，或爲石壓塞，或石質不佳不利售，故莫之取也。肆中所鬻者大抵皆陣坑，新蘇坑以其取之甚易，又價賤而易售耳。余屬石工每坑必索取一二，凡得二十餘種，種種各别，究以麻子坑爲最佳品。凡硯坑，不論在山頂、山下，其中無不有水，故取石必先去水。又洞中雖冬月亦暖，故入洞者無不裸體，洞中無不黑暗，故入採者無不持燈。燈在洞中，氣無所洩，烟煤皆著人體，故采石而出者，下身沾黄泥，上身受烟煤，無不剥駁如鬼。凡采石者，先雇工搭篷廠，儲糧食，備水罐，蓄油火。工之價日率百文，日食一升。先入洞運水出之，水涸乃采石。麻子坑涸水不過三五日，故開採工費十餘金即足。老坑須一月，晝夜輪班，而作須役二百餘人，故涸水之費已需千金，若采石兩三月則其費又倍之矣。所採之石每日以朱别之，聚於一所，而嚴守之，所得之石不分美惡，皆以日計，主工者得七日，諸工人得三日，工既畢，坑既封，乃爲鬮而分之。凡坑，但硯肆有力者即可募工開採，不請於官，老坑則必制府撫軍主之乃開。麻子坑則知縣得主之，老坑自嘉慶六年開後遂無開者，故其石日少，但如手掌大，温潤無疵者，即值一二十金，其不甚精美者，亦須一二金，若五六寸成方無大疵，則在百金以上矣。彼都喜事文士及守令服官此土者，無不顧醵金集事，而合河中丞守孝肅投硯之戒，終不許也。

徐康《前塵夢影録》卷上　王海日先生華澄泥大硯，質鱓肚黄色，四方形，徑尺，中起員臺，四周礶中皆細文，波浪層疊，取海天旭日意。背有先生自銘，四側皆明人題辭看款，楠木匣，匣面亦明季及國初人題識。按：先生爲陽明父，《明史》有傳。蓮鬢閣大硯，番禺黎美周遂球故物，頂側篆書「蓮鬢閣」三字。石乃明末之水阬，凡翡翠釘白玉點鐵捺悉備。然石材太巨，故瑕瑜互見。美周粤東名士，邗江影園雅集，各賦黄牡丹詩冠其曹，當時稱爲牡丹狀元。十硯齋主人黄莘田，藏硯最多。余四十年前遊雲間，曾得其一。背有記六七行，爲十硯之一。後於吴門得一小方硯，中起一員臺，臺下環繞波濤，文突起。背刻莘田銘，下方印曰「黄任咸豐己未冬得」。大硯方而四角模棱，天然形，面刻「美無度」三字。厚一寸，四方八寸，面微窪，以受墨瀋，旁鎸「非君美無度何以□瓊琚」十字，此十硯之甲品，靡顔膩理，拊不留手，令人意消。劫後復得雲月硯，背傳玉露題，畫赤壁圖，陽文。「雲月」在面上左首，山石崎嶔，水波微雲，各極其妙。兩側圖章三，下刻「吴門顧二孃製」，篆書。此硯爲潘椒坡攜至楚北武穴，遇大留廛賸半截。莘田曾任高要四會，正開阬采石，故所購獨多。罷官後，攜至吴門，佳石多付顧二孃手琢，而自爲銘，題品其甲乙。其友劉慈贈顧詩云：「一寸干將切紫泥，專諸門巷日初西。如何軋軋鳴機手，割徧端州十里溪。」亦見《隨園詩話》。同時浙江陳星門兆崙亦有詩貽顧，見陳詩集。莘田善詩工書，其詩註中引顧二孃逸事云：「能以纖足踹機軸之繩，即知石之美惡。古人有履狶之伎，同於庖丁解牛，真神乎技矣。」莘田初刻詩，名《秋江集》，未幾板片散失。閩人爲之重刻，且箋釋之間，不肎媚上官，因之被劾。歸舟渡江，以巨幅書大字曰：「飲酒賦詩，不理民事，奉旨革職。」懸之檣竿，風趣正不惡也。莘田係康熙某科乙榜，至乾隆某年，重賦鹿鳴，年已八十四五矣。順治三年丁亥至

康熙廿六年丁卯，凡六開阬。《廣東新語》云：「予少時頗蓄硯，以熊開府文燦所開石爲最，次則耿藩所開。」一云尚藩。按：熊在明末，尚藩削於康熙十九年，則開阬在六次之一。又竹垞《説硯》云：「予游嶺表，正值采硯時。」按：竹垞度嶺，在康熙三十二年癸酉，已在六開阬之後矣。又雍正三年冬，開水巖，吴繩年官肇慶府，著有《端溪志》。乾隆四十五年庚子，孫春巖嘉樂官肇羅道，開采西洞，初啓工，忽有虎來攫食犬豕，日夕守卧不去。繼之，春水驟發，工不能施而止。四十七年冬，方伯鄭公源璹捐俸開采，命郡伯袁香亭澍董其事，以時促，獨開大西洞，惜春水驟生，獲石無幾，製硯百二十方。袁公爲作《端溪硯譜記》。嘉慶紀元八月，肇慶府廣玉開阬，得大西洞石六千塊有奇，小西洞石約千出，廣有《開阬記》刻石。六年，知府楊有源復開。道光八年冬，高要縣丞陳銓雇役戽水至洞傍，力盡而止，未至西洞也。道光十三年冬，盧厚山宫保坤撫粵，適幾祲，與同官議以工代賑。十一月開工，次年正月取石，三月水長封陂，吴石華蘭修目擊其事，著《端溪硯史》三卷。老友王鶴舟玉璋宦粵久，頗知各阬石質，曹翁秋舫載奎目力亦佳，因翻刻《硯史》，圖皆黄秋士繪，嘗以水歸洞硯贈左青士，所謂梭子式、玫瑰青花。水歸洞在大西極深處，最難得者，申江徐紫翁亦巨眼，嘗云：「硯品至盧阬，殆觀止矣。」且以前開采一次，有一次之良材，色澤各有不同。余於劫中，見一硯腰員式，蕉葉白之上乘，名冰綃，周園有銘，紫翁自著肆主索價太昂，旋爲他人購去。希世之珍，失之交臂，惋惜累日。米南宫《硯史》所論，與今不合。蓋宋時盛行歙縣羅紋，今好古家，尚有藏弆者，若水阬之眉紋、刷絲亦發墨，未可厚非。南唐李氏有墨務官、專督采歙石，是爲采石之鼻祖，附識於此。袁壽皆愷家藏其先德五硯，築樓於楓橋，家富藏書，五硯拓本册題咏不少。余辟兵申江，見於查氏，乃五硯中三硯：一爲元静春居士；一爲清容老人及明袁褧物。元硯乃澄泥黄色，明硯則山石旱陂硬滑。查得之袁氏後裔，其直頗昂，然只可品玩古人手澤，不足爲文房揮灑之用。按：刼後五硯尚存，近爲吾鄉潘秋谷所得。石田大硯，天然形，向在白下某姓。孫文靖公建牙兩江，有某邑令緣事爲上官齮齕，勢甚危，有友云：文靖絶苞苴，而愛石成癖，若以重資購此硯以獻，是圍當可解。某令如計以行，費至五百金云，咸豐間孫氏，僑居閶門，不但古雲一支止有孤寡，即賓華亦作古矣。歲闌以此硯出售，價四十金，硯厚一寸餘，從横不及八九寸。豫粒民立太守見之，愛不忍釋，而苦無買石田資，不得已脱貂裘入長生庫，如其直。明春，秋士爲畫金貂換硯圖，與硯之打本同裝，一時傳爲美談。越一歲，豫公隨王壯愍有齡督軍至浙，同時殉難，此硯不知下落矣。硯正面井形，背刻陽文牛形，六面皆刻字，明代人居多，太守盟心珍秘，從不示友共賞，即打本亦不能乞一紙。余先於飛鳧人處一見，後於裝池壁上，匆匆相遇，未記題者姓名，然沈翁書畫，皆鈐「白石」，翁或得此硯，而有石田之號歟！紫山翁每以不得顧氏所珍石鼓硯爲平生憾事云，硯背縮橅北宋榻十鼓文，石質乃明水阬絶品。嘉慶年間硯在京師，蘇齋曾見之，蓋露香園舊物也。顧氏有復刊閣帖影宋本《内經》，兄名從德，弟名從義，弟官方伯歸，築露香園，覓異種水蜜桃，種之成林，實大如瓮，可重八兩，俗因稱之曰「半斤園桃」。今大徑黄泥衖一帶，皆種水密桃，而顧氏巨桃久絶。

魏崧《壹是紀始》卷一一《器具類・硯始於黄帝》 《文房四譜》：黄帝得玉一紐，治爲墨海。其上篆文曰：「帝鴻氏之硯。」太公金匱硯之書，比石墨於讒被。齊太公硯銘曰：「邪心讒言，無得汙白。」則《物原》謂仲由作硯者，非。

又《硯匣始於宋》 《清異録》：歐陽通善書，修飾文具，皆刻名號，其硯石曰「紫方館」，鎮紙曰「套子龜」、曰「小連城」、曰「千鈞叟」。

又《端硯始於唐》 李肇《國史補》：端硯、紫石硯，天下無貴賤，通用之。《端溪硯譜》：端州治高要縣，自唐爲高要郡。郡東三十三里有山，曰「斧柯」，在大江南，蓋靈羊峽之對山也。峻峙壁立，下際潮水。自江之湄登山，行三四里即爲硯巖。先至者曰「下巖」，「下巖」之中有泉水焉。雖大旱，未嘗涸。下巖之上曰「中巖」，「中巖」之上曰「上巖」，自「上巖」轉山之背曰「龍巖」，「龍巖」蓋唐取硯之所。後下巖得石，勝龍巖，龍巖石色深紫，少眼。又舊硯譜：端石水中石，其色青，山半石，其色紫，山極頂者，尤潤，如豬肝色者佳，故曰：「踏天磨刀割紫雲。」至宋時，端巖之下，四時水浸。硯工取石，皆於水中鑿取。

又《歙硯始於唐》 《雲谷卧餘》：唐開元間，獵人葉氏得石於其地，因以爲硯，自是歙硯聞天下。舊坑古名「羅紋坑」，其一曰「緊足坑」，又次曰「莊基坑」，相去贏百步，而石品絶不相似。其舊坑之中，又自文爲三：曰泥漿、曰棗心、曰絲石，去舊坑纔數尺，石品亦異。自莊基北行二里，沿溪微上曰「眉子坑」，則東坡所歌者，坑今在水底不可斸。

又《瓦硯始於漢》 《容齋續筆》：先公在燕，得瓦硯二。大者長半尺，潤八寸，中爲瓢形，背有隱起文，計六字，曰「建安十五年造」。小者中作小簇花團，腹亦有六篆字，曰「大魏興和年造」。「興和」乃魏孝静帝紀年也。

紀　事

陶谷《清異録》卷下《文用門·璧友》 余家世寶一硯，不知何在。形正圓，腹作兩池，底分三魚口以承之，紫潤可愛。背陰有字云「璧友」，銘云：「華先生製。天受玉質，研磨百爲，夫惟歲寒，非友而誰。」似是唐物。

又《雪方池》 和魯公有白方硯，通明無纖翳，得之於峨嵋比丘，公自題硯室曰「雪方池」。

又《金稜玉海》 武晶節度掌書記周彬公，余同僚，一硯四圍有少金紋如陷製者。處士方爲獻詩曰：「金稜玉海比連城，假借文章取盛名。」

又《仙翁硯》 南昌陳省躬，好硯成癖。晚得一枚，腹有四眼，徐鉉名之「方相石」。省躬以近凶不用，自號爲「仙翁硯」，蓋取道家四目老翁之説。

又《小金城》 小金城，命者徐闡之，硯體純紫，而截腰有緑紋如城之女墻，是以得名。

又《四鐶鼓硯》 宣城裁衣肆，用一石鎮，紫而潤。予以謂堪爲硯材，買之，琢爲四鐶鼓硯，綴以白玉環，方圓逾一尺。

又《畦宗郎君》 歐陽通善書，修飾文具，其家藏遺物尚多，皆就刻名號。研室曰「紫方館」，金荿盛研滴曰「金小相」，鎮紙曰「套子龜」、薰陸香魁。「小連城」、王甕，一作「壬壇」。「千鈞史」，水瑩鐵眠兒。界尺曰「由準氏」，芒筆曰「畦宗郎君」，夾槽曰「半身龍」。

又《三災石》 蕭顥士文爽兼人，而矜躁爲甚。嘗至倉曹李韶家，見歙硯頗良，既退，語同行者：「君識此硯乎？蓋三災石也。」同行不喻而問之，曰：「字札不奇，研一災。文辭不美，研二災。窗几狼籍，研三災。」同行者歛眉頷之。

蘇易簡《文房四譜》卷三《硯譜一之敘事》 昔黄帝得玉一紐，治爲墨海焉。其上篆文曰：「帝鴻氏之硯。」又太公金匱硯之書曰：「石墨相著而黑，邪心讒言，無得汙白。」是知硯其來尚矣。《釋名》云：「硯者，研也。可研墨使和濡也。」伍緝之《從征記》云：「魯國孔子廟中有石硯一枚，製甚古樸，蓋夫子平生時物也。」及顔路所請之車亦存。王子年《拾遺》云：張華造《博物志》成，晉武帝賜青鐵硯，此鐵于闐國所貢，鑄爲硯也。又吴都有硯石山。魏武《上雜物疏》云：「御物有純銀參帶臺硯一枚，純銀參帶圓硯大小各四枚。」《開元文字》云：「硯者，墨之器也。」《東宫故事》云：「晉皇太子初拜，有漆硯一枚，牙子百副。又皇太子納妃有漆書硯一。」劉澄之《宋初山川古今記》云：「興平縣蔡子池，石穴深二百許丈，石青色，堪爲硯。」《説文》云：石滑謂之硯，字從石見。魏甄后少喜書，常用諸兄筆硯，其兄戲之曰：「汝俗作女博士耶！」后曰：「古之賢女，未有不覽前史以觀成敗。」或云，端州石硯匠，識山石之脈理，鑿之五七里得一窟，自然有圓石青紫色，琢之爲硯，可值千金，故謂之子石硯窟，雖在五十里外亦識之。《西京雜記》云：天子玉几，冬加綈錦其上，謂之綈几，以象牙火籠籠其上，皆散華文，后宫則五色綾紋，以酒爲書滴，取其不冰，以玉爲硯，亦取其不冰。昔有人盜發晉靈公冢，冢甚魁壯，四角皆以石爲攫犬，捧燭石人四十餘人，皆立侍，尸猶不壞，九竅之中，皆有金玉，獲蟾蜍一枚，大如拳，腹容五合水，潤如白玉，爲盛書滴器。同見《雜記中》。張彭祖少與漢宣帝微時同硯席，帝即位，以舊恩封陽都侯，出常參乘，曹爽與魏明帝亦然。劉宏與晉武帝，亦同見《雜記》。崔實《四民月令》云：正月硯凍開，命童幼入小學，十一月硯水冰，命童幼讀《孝經》、《論語》。《墨藪》云：凡書硯取煎涸，新石潤澀相兼，又浮津輝墨者。隋唐宇文慶少年時曰：「書足以記姓字，安能久事筆硯。」有項羽、班超之志。柳公權嘗寶惜筆硯并圖書，自扃鐍之，常云：青州石末爲第一矣，今磨訖墨易冷，絳州之硯次之。劉聰謂晉懷帝曰：「頃昔贈朕柘弓銀硯，卿頗憶否？」帝曰：「焉敢忘之，但恨不能早識龍顔。」蕭子顯《齊書》云：王慈年八歲，外祖宋太祖，江夏王義恭，施寶物恣其所取，慈但取素琴石硯而已，義恭善之。晉范喬，字伯孫，年二歲時，其祖馨撫喬首曰：「所恨不得見汝成人。」以所用硯與之。至五歲，祖母告喬，喬執硯而泣之。《通典》云：虢州歲貢硯十枚。又《永嘉郡記》云：硯溪一源多石硯。李陽冰云：夫硯，其用則貯水，畢則乾之，居久浸不乾，墨乃不發，墨既不發，書乃多漬，水在清浄，宜取新水密護塵埃，忌用煎煮之水也。袁象贈庾廙蚌硯。見《筆譜中》。梁武帝性純儉，吴令唐進鑄成盤龍火爐翔鳳硯，蓋詔禁錮終身。

又《三之雜説》 古人有學書于人者，數年自以其藝成，遂告辭而去，師曰：吾有一篋物，可附于某處。及山之下，絶無所付，又封題亦甚不密，乃啓之，皆磨穴者硯數十枚，此人方知其師夙之所用者也。乃返山，服膺至皓首，方畢其藝，是知古人工一事，必臻其極焉。西域無紙筆，但有墨，彼人以墨磨之甚濃，以瓦合或竹節，即其硯也。彼國人以指夾貝葉，或藤皮，掌藏墨硯，以竹筆書梵字，橫讀成文，

蓋順葉之長短也，常見梵僧沸唇緩頰歷眸之閒，數行俱下，即不知其義也。藍田王順山悟真寺，有高僧，寫《涅槃經》，羣鴿自空中銜水添硯，水竭畢至，曾聞彼山僧傳云，亦見于白傳百餘韻詩。常有蟻爲精爲王者，遊獵于儒士之室，儒士見之，甚微且顯，乃于几案之上硯中施罾網，獲魴鯉甚多，鄭朗以狀元及第覆落，甚不得志，其几案之硯，忽作數十聲，鄭愈不樂，時洪法師在座曰：硯中作聲，有聲價之象。朗後果出入台輔，斯吉兆也明矣。今直閣范舍人杲，言頃自大暑直館于史閣中，與諸學士清話，聞范公几案之上所用硯，或作一十五聲，丁丁然，甚駭之，范獨内喜，迨半月，有朱衣銀魚之賜，亦異事也。魏孝静帝有芝生銅硯。今覩歲貢方物中，虢州鍾馗石硯二十枚，未知鍾馗得號之來由也。越州戒珠寺，即羲之宅，有洗硯池，至今水常黑色，今金州廉使錢公言。僖宗朝鄭畋、盧攜同爲相，不協，議黄巢事怒爭于中書堂，盧拂衣而起，袂染于硯而投之。《開天傳信記》云，玄宗所幸美人，忽夢人邀去縱酒密會，因言于上，上曰：「必術人所爲也，汝若復往，宜以物誌之。」其夕熟寐，飄然又往，半醉，見石硯在前，乃密印手文于曲房屏風上，悟而具啓，乃潛令人訪之于東明觀，見其屏風手文尚在，所居道人已遁矣。《梁元帝忠臣傳》曰，劉宏，沛國人，常寄居洛陽，與晉武帝同硯席。《筆陣圖》以水硯爲城池。《異苑》：蔣道友于水側見一浮柤，取爲硯，製形象魚，有道家符讖及紙，皆内魚硯中，嘗自隨二十餘年，忽失之，夢人云：「吾暫遊湘水，過湘君廟，爲二妃所留，今暫還，可於水際見尋也。」道友詰旦至水側，見罾者得一鯉魚，買剖之，得先時符讖及紙，方悟是所夢人棄之。俄而雷雨屋上，有五色氣直上入雲，有人過湘君廟，見此魚硯在二妃側。《宣室志》云：有蔣生者，好道之士也。逢一貧窶人，自稱章全素，自役使來，怠惰頗甚，蔣生頻檟楚之，忽一日語蔣生曰：「君几上石硯，某可點之爲金。」蔣生愈怒其誑誕。時偶蔣生忽出，追歸，章公已死矣。然失几上之硯，因窺藥鼎中有奇光，試探得硯，而一半已爲紫磨金矣，蔣因歎憤終身也。近石晉之際，關右有李處士者，放達之流也，能畫馴貍，復能補端硯至百碎者，齎歸旬日即復舊焉，如新琢成，略無瑕纇，世莫得其法也。

蔡襄《端明集》卷三四《硯記》　端州崔生之才，居端崽側，家蓄石工百人，歲入硯千，數十年無可崔意者。一旦，工者於後崽百丈阬剖石得紫龍卵，其里人來觀者，持羊酒賀，造成，硯長尺，廣減十之四，厚重寬平，開匣粹潤，若有德君子，上下眼各四，當中暈七。裏又有文，表裏無有纖瑕，微近手則潤澤，可劘墨矣。崔抱硯輙忘寢食者，久之，念奇寶不可私藏，其誰當之？不遠千里授使者，以來遺予，齋戒發封，諏吉日，以澄心堂紙、李庭珪墨、諸葛高鼠鬚筆爲之記。

蔡絛《鐵圍山叢談》卷五　江南李氏後主寶一研山，徑長尺踰咫，前聳三十六峰，皆大如手指，左右則引兩阜坡陀，而中鑿爲研。及江南國破，研山因流轉數士人家，爲米元章所得。後米老之歸丹陽也，念將卜宅，久勿就。而蘇仲恭學士之弟者，才翁孫也，號稱好事。有甘露寺下並江一古墓，多羣木，蓋晉、唐人所居。時米老欲得宅，而蘇覬得研山。於是王彦昭侍郎兄弟與登北固，共爲之和會，蘇、米竟相易。米後號「海岳菴」者是也。研山藏蘇氏，未幾，索入九禁。時東坡公亦曾作一研山，米老則有二，其一曰「芙蓉」者，頗崛奇。後上亦自爲二研山，咸視江南所寶流亞爾。吾在政和未得罪時，嘗預召入萬歲洞，至研閣得盡見之。太上留心文雅，在大觀中，命廣東漕臣督採端溪石研上焉。時未嘗動經費，非宣和之事也。乃括二廣頭子錢千萬，日役五十夫，久之得九千枚，皆珍材也。時以三千枚進御，二千分賜大臣侍從，而諸王内侍，咸願得之，詔更上千枚，餘三千枚藏諸大觀庫。於是俾有司封禁端溪之下巖穴，蓋欲後世獨貴是研，時人或不知厥繇。今世有得此者，非常材矣。

何薳《春渚紀聞》卷九《記硯・歙山斗星硯》　歙之大姓汪氏，一夕山居漲水暴至，遷寓莊户之廬。莊户，硯工也。夜有光起于支牀之石，異而取之，使琢爲硯石。色正天碧，細羅文中涵金星七，布列如斗宿狀，輔星在焉。因目之爲斗星硯。汪自是家道饒益，懼爲要人所奪，祕不語人。每爲周旋，人一出，必焚香再拜而視之，方臘之亂亡之矣。僧謙云。

又《晉公石子硯》　黄叔幾爲余言，丁晉公好蓄瑰異，宰衡之日，除其周旋爲端守，屬求佳硯。其人至郡，前後所獻幾數百枚，皆未滿公意。一日，硯工見有飛鷺翹駐潭心，意非立鷺之所。因令没人視之，見下有圓石大如米斛，塊處潭中，似可挽取。疑其有異，即以白守。集漁户維舟出之，石既登岸，轉仄之閒，若有涵水聲。硯工視之，賀曰：「此必有寶石藏中，所謂石子者是也。相傳天産至珍，滋蔭此潭，以孕崖石，散爲文字之祥。今日見之矣。」即叢手攻剖，果得一石於泓水中，大如鵝卵，色紫玉也。中剖之爲二硯，亟送其一，公得之喜甚。報書云：「硯應有二，何爲留一自奉，得無効雷豐城之留莫邪否！此非終合之物也。」守曰：「天下至寶，不可萃于一家，以啓人貪心。」託以解職後面獻，而公以擅移陵寢事，籍其家矣，而硯不知所在。

又《金龍硯》　余友何持之，滕莊敏之甥，所蓄瑰異，多外舅故物，而有賞鑒。

爲余言，其親黨氏有先爲端州者，得二岩石硯璞，藏之再世矣。後其孫於京師得鐵鏡，背銘高古。有道人請爲磨治，云須得美石，有鋒刃而不劌，如端溪石者，發其光彩，則盡善矣。因以一璞付之鏡湖以歸，曰：「是非尤物，硯璞殆希世之珍，非與我百千，不能賞余精識，且出斯寶也。」其孫驚異許之，而持璞去。三日來示，曰：「使公見其梗概也。」細視之，則石面脈理深青色，盤絡如柏枝狀，漫不曉其爲何等物也。道人索酒引滿，大笑，復持璞去，曰：「後十日可賀，請宿備所償之直，吾將遠遊湖海，不能待也。」及期出硯，硯正圓，中徑七八寸，渾厚無眼，如馬肝色，中盤一金色龍，頭角爪尾粲然畢具。會有知者，即以進御，或言禁中先已有一硯矣。

又《躍魚見木石中》 徐州護戎陳皋供奉，行田閒邁開墓者，得瑪瑙盂，圓浄無雕鏤紋，盂中容二合許，疑古酒巵也。陳用以貯水注硯，因閒硯之中有一鯽，長寸許，遊泳可愛。意爲偶汲池水得之，不以爲異也。後或疑之，取置缶中，盡出餘水，驗之魚不復見。復酌水滿中，須臾一魚泛然而起，以手取之，終無形體可拘。復不可知爲何寶也。余視之數矣。時水曹趙子立被旨開鑿吕梁之嶮，辟陳督役，目覩斯異。因言其頃在都下，偶以百錢於相國寺市得一異石，將爲紙鎮。遇一玉工求以錢二萬易之。趙不與，玉工歎息數四，曰：「此寶非余不能精辨，餘人一錢不直也。」持歸幾年，了無他異。其季子康不直工言，以斧破，視之中有泓水，一鯽躍出，撥刺于地，急取之亡矣。是亦斯盂之類也。余又記《虜庭雜記》所載，晉出帝既遷黄龍府。虜主新立，召與相見，帝因以金盌魚盆爲獻。金盌半猶是磁，云是唐明皇令道士葉法静治化金藥成，點磁盆試之者。魚盆則一木素盆也，方圓二尺中有木紋成二魚狀，鱗鬣畢具，長五寸許。若貯水用，則雙魚隱然湧起，頃之遂成真魚。覆水則宛然木紋之魚也。至今句容人鑄銅爲洗，名雙魚者，用其遺製也。

趙希鵠《洞天清禄集·怪石辯》 紹興一士夫家，有異石起峯，峯之趾有一穴，中有水，應潮自生，以之供硯滴。嘉定間，越帥以重價得之。

周煇《清波雜志》卷五《唾硯》 [余]曾祖殿撰，與元章交契無間，凡有書畫，隨其好即與之。一日，元章言：「得一硯，非世間物，殆天地祕藏，待我而識之。」答曰：「公雖名博識，所得之物真贋居半，特善誇耳。得見乎？」元章起，取於笥。曾祖亦隨起，索巾滌手者再，若欲敬觀狀，元章顧而喜。硯出，曾祖稱賞不已，且云：「誠爲尤物，未知發墨如何？」命取水，水未至，亟以唾點磨研。元章變色而言曰：「公何先恭而後倨？硯汙矣，不可用，爲公贈。」初但以其好潔，欲資戲笑，繼歸之，竟不納。陳通亂後，偕古大悲，雷琴莫知所在。米老嘗有題跋云：「侍講仁熟攜顧陸真蹟、保大琴會于米老庵，即此畫，并《女孝經》是也。」曾祖字仁熟，時守京口。唾硯事，吴虎臣《漫録》誤書爲東坡。

又卷一一《米芾》 徽宗嘗命米芾以兩韻詩草書御屏，次韻乃押「中」字，行筆自上至下，其直如綫。上稱賞曰：「名下無虚士。」芾即取所用硯入懷，墨汁淋漓，奏曰：「硯經臣下用，不敢復進御，臣敢拜賜。」又一日，米回人書，親舊有密於窗隙窺其寫至「芾再拜」，即放筆于案，整襟端下兩拜。

李翊《戒庵老人漫筆》卷八《鋤地得金印古硯》 楊五川《南宫集》中有《月華硯銘引》，載金印古硯事，曰：「昔景泰中吾東溪府君守安，有二農夫偶耕於野，得埋金焉，詣州請平。試問其狀，曰：『始吾運鉏於田，覺鏗然有聲者三，視之方得石蓋，去石而金見。』命洗土，視之則古金印也，其文爲『壽亭侯印』。又命取石至，則硯也。府君乃歸其印於朝，取其硯而償若直焉。硯之在予家餘六十載。正德己卯孟秋十有二日記。」所謂東溪府君者，即《通紀》諸書所載兵部觀政進士常熟楊集，當時以其上于司馬書出爲安州知州者是也。

羅大經《鶴林玉露》卷四《買硯詩》 徐淵子詩云：「俸餘擬辦買山錢，却買端州古硯磚。依舊被渠驅使在，買山之事定何年？」劉改之賀其除直院啓云：「以載鶴之船載書，入覲之清標如此；移買山之錢買硯，平生之雅好可知。」

陶宗儀《南村輟耕録》卷八《雙硯堂》 周待制白岩先生仁榮，買地於府城之鄭捏兒坊，剏義塾以淑後進。築礎時，掘地深纔數尺，有青石，獲雙硯，硯有欵識，乃唐鄭司户虔故物。塾既成，遂名雙硯堂。爾後，先生之弟本道先生仔肩登庚申科，仕至惠州判官。虔字弱齊，俗譌爲捏兒云。

張岱《天硯》 徽州汪硯伯至，以古款廢硯，立得重價，越中藏石俱盡【略】曾托友人秦一生爲余覓石，遍城中無有。山陰獄中大盗出一石，璞耳，索銀二千。余適往武林。一生造次不能辨，持示燕客。燕客指石中白眼曰：「黄牙臭口，堪留支桌。」賺一生還盗。燕客夜以三十金攫去。命硯伯制一天硯，上五小星一大星，譜曰：「五星拱月。」燕客恐一生見，鏟去大小二星，止留三小星。一生知之，大懊恨，向余言。亟往索觀。燕客捧出，赤比馬肝，酥潤如玉，背隱白絲，類瑪瑙，指螺細篆，而三星墳起如弩眼，着墨無聲而墨沉烟起。一生痴呆，口張而不能翕。燕客囑余銘。銘曰：「女媧煉天，不分玉石；鰲血蘆灰，烹霞鑄日；星河溷擾，參横箕翕。」

傳記

文嵩《即墨侯石虚中傳》 石虚中，字居默，南粤高要人也。性好山水，隱遁不仕，因采訪使遇之于端溪，謂曰：子有樸質沉厚之德，兼有奇相體貌，紫光噓呵潤澈，頗負材器，但未遇哲匠琢磨耳。《禮》不云乎玉不琢不成器，人不學不知道，子其謂矣！今明天子御四海，六合之内無不用之材，無不成之器。吾今奉命巡察天下風俗，采訪海内遺逸，安敢輒怠厥職，見賢不薦者歟？子無戀溪泉自取沉棄耳。虚中曰：僕生此南土，遠在峽隅，自不知材器堪用，既辱采顧，敢不唯命是從。采訪使遂命博士金漸之規矩磨礱，不日不月，果然業就。虚中器度方圓皆有邊岸，性格謹默，心中坦然，若汪汪萬頃之量也。采訪使以聞于省司考試之，與燕人勿元光研覈合道，遂爲雲水之交。有司以薦于上，上授之文史，登台省，處右職，上利其器用，嘉其謹默，詔命常侍御案之右，以備濡染。因累勛績，封之即墨侯。虚中自歷位，常與宣城毛元鋭、燕人勿元光、華陰楮知白常侍上左右，皆同出處，時人號爲相須之友。史臣曰：即墨侯石氏，出五行之精、八音之靈，岳結而生，禀質而名，懷寶爲玉，吐氣爲雲，發硎利刃與天地長存者也。

馮桂芬《蘇州府志》卷一百一〇《藝術二》 顧聖之，字德鄰，吴縣人。父顧道人，工於製硯，人稱聖之爲小道人。所製硯皆倣古式，樸雅可玩。嘗曰：「刀法於整齊處易工，於不整齊處理難明也。」子死，媳獨擅其藝者二十餘年。

藝文

李嶠《李嶠詩集》卷三《硯》 左思裁賦日，王充作論年。光隨錦文發，形帶石岩圓。積潤循毫里，開冰小學前。君苗徒見爇，誰咏士衡篇。

李白《李太白全集》卷三〇《殷十一贈栗岡硯》 殷侯三玄士，贈我栗岡硯。灑染中山毫，光映吴門練。天寒水不凍，日用心不倦。攜此臨墨池，還如對君面。

韓愈《韓昌黎全集》卷三六《雜文·瘞硯銘》 土乎質陶乎成器，復其質非生死類。全斯用毁不忍棄，埋而識之仁之義。硯乎硯乎，與瓦礫異。

又外集卷六《高君仙硯銘并序》 儒生高常，與予下天壇中路，獲硯石似馬蹄狀，外稜孤聳，内發墨色，幽奇天然。疑神仙遺物，寶而用之。請予銘底：仙馬有靈，迹在於石。稜而宛中，有點墨迹。文字之祥，君家其昌。

劉禹錫《劉禹錫集》卷二四《唐秀才贈端州紫石硯以詩答之》 端州石硯人間重，贈我應知正草《玄》。闕里廟中空舊物，開方竈下豈天然？玉蜍吐水霞光静，綵翰摇風絳錦鮮。此日慵工記名姓，因君數到墨池前。

又卷三八《謝柳子厚寄疊石硯》 常時同硯席，寄此感離羣。清越敲寒玉，參差疊碧雲。煙嵐餘斐亹，水墨兩氛氲。好與陶貞白，松窗寫紫文。

李賀《李賀詩集·楊生青花紫石硯歌》 端州石工巧如神，踏天磨刀割紫雲。傭刓抱水含滿脣，暗灑萇弘冷血痕。紗帷晝暖墨花春，輕漚漂沫松麝薰。乾膩薄重立脚匀，數寸光秋無日昏。圓毫促點聲静新，孔硯寬頑何足云。

蘇易簡《文房四譜》卷三《硯譜·四之辭賦》 傅元《硯賦》：「採陰山之潛璞，簡衆材之攸宜。即方圓以定形，鍛金鐵而爲池。設上下之剖判，配法象乎二儀，木貴其能軟，石美其潤堅，加朱漆之膠固，含冲德之清元。」楊師道《詠硯詩》：「圓池類辟水，輕翰染烟華。將軍班定遠，見棄不應賒。」李尤《硯銘》：「書契既造，硯墨乃陳，篇籍永垂，記誌功勳。」魏王粲《硯銘》：「爰初書契，以代結繩。人察官理，庶績誕興。在世季末，華藻流淫。文不寫行，書不盡心。淳樸澆散，日以崩沈。墨運翰染，榮辱是徵。念兹在兹，惟元是徵。」【略】張少傳《石硯賦》：「山水清輝墨妙筆精。硯之施也被乎用，石之質也本乎山。温潤稱珍，騰異彩而玉色，追琢成器，發奇文而綺斑，蓋求伸于知己，爰得用于君子，故立言之徒，載筆之史，將吮墨以濡翰，乃操觚而汲水，始爛爛以光澈，終霏霏而烟起，或外圓而若規，或中平而如砥，原夫匠石流盼，藻瑩生輝，象龜之負圖乍伏，如鵲之緘印將飛。設之户庭，王充之名允著。置之藩溷，左思之用無違。徒觀夫清光景耀，真質霜净，符彩華鮮，精明隱映，皎如之色，比藏冰之玉壺，焕然之文，壯吐菱之石鏡，當其山谷之側沈冥未識，韞玉吐雲，懷珍隱德，因入用以磨礪，由其人而拂拭，故能撫之類磬發奇音，對之若鏡開新色，既垂文以成象，亦澄瀾而漬墨，硯之用也。詎可興歎而焚，石之堅然，孰謂有時而泐，斯可以正典謨之紀，垂篆籀之則者也。遂更播美六書，傳芳三妙，用之漢帝，嘗同彭祖之席。存之魯國，猶列宣尼之廟。是以遺文可述，兹器爰匹，匪銷匪鑠，良金安可比其剛，不磷不緇，美玉未足方其質，光烏蹟于青簡，發龜文于洪筆，則知創物作程，事與利并，兹硯也，所以究墨之妙，窮筆之精者也。」黎逢

《石硯賦》:「有子墨客卿,從事于筆硯之閒,學舊史之暇日,得美石于他山,琢而磨之,其滑如砥,欲硯精而染墨,在虛中而貯水,水隨暈而環周,墨浮光而黛起,明而未融,是以爲用,久而不渝,故以爲美,成器尚古,徵闕里之素王,匠法增華,參會稽之内史,且王言惟一,道心惟微,於以幽贊,由之發揮,從人之欲,委質莫違,代若遐棄,民將疇依,肅觀光而霧集,賴設色而烟霏,實將振文而爲邦,豈惟蘊玉而山輝者哉。君無謂一拳之石取其堅,君無謂一勺之水取其浄,君其遂取,我有成性,苟有補于斂聞,固無辭于蘊映,惟聖人有大寶,昊天有成命,莫不自我以載形,因我以施令,志前王之事業,作後人之龜鏡,夫物遷其常,天運不息,水有涸兮石有泐,代貴其不磷,我則受其堅,代貴其不染,我則受其黑。象山下之泉,爲天下之式,因碌碌于俗閒,類栖栖于孔墨。嗚呼,辭尚體要,文當絶妙,雖濡翰其不疲,無煩文而取誚,爰貢君子以其勁質,或升之堂,或入之室,對此大匠,則諸鴻筆,見珍于殺青之辰,爲用于草元之日,夫氣結爲石,物之至精,攻之爲硯,因用爲名,事若可久,代將作程。斯器也,不獨堅之爲貴,諒于人之有成。

黄庭堅《黄庭堅詩集》卷二《次韻李之純少監惠硯》 黄公山下黄雞秋,持節恤刑曾少休。小人負弩得開道,掃葉張飲林巖幽。相傳有石非地産,列仙持來自羅浮。酒酣步出雲雨上,南撫方城西嵩丘。林端乃見石空洞,猛獸贔屭踞上頭。鳥道兔远謀挽致,萬牛不動五丁愁。道家蓬萊見仙伯,我亦洗湔與清流。探囊贈研頗宜墨,近出黄山非遠求。乃知此山自才美,物欲致用當窮搜。迷邦故令成器晚,不琢元非匠石羞。

又卷六《劉晦叔洮河緑石研》 久聞岷石鴨頭緑,可磨桂溪龍文刀。莫嫌文吏不知武,要試飽霜秋兔毫。

又卷一五《奉和公擇舅氏送吕道人研長韻》 奉身玉壺冰,立朝朱絲絃。妙質寄郢匠,素心乃林泉。力耕不罪歲,嘉穀有逢年。校書天禄閣,蘋竹老風煙。攜提寒泉泓,松煤厭磨研。籍甚在臺省,六經勤傳箋。【略】汲井滌敗墨,蒼珪謝磨鎸。玉蟾瀉明滴,要須筆如椽。

又《再和公擇舅氏雜言》 更蒙著鞭翰墨場,贈研水蒼珪玉方。蓬門繫馬晚色浄,茅簷垂虹秋氣凉。湔拂垢面生寒光,漢隸書吕規其陽。吕翁之治與天通,不但澄埿燒鉛黄。初疑鑾溪水中骨,不見鸜鵒目突兀。但見受墨無聲松花發,頗似龍尾琢紫煙。不見羅縠紋粼粼,但見含墨不泄如寒淵。【略】其重可以回進躁之首,其温可以解横逆之顔。烏虖端是萬乘器,紅絲潭石之際知才難。

周必大《文忠集》卷五二《古瓦硯》 甎瓦賤微物,得厠筆墨間。於物用有宜,不計醜與妍。金非不爲寶,玉豈不爲堅。用之以發墨,不及瓦礫頑。乃知物雖賤,當用價難攀。豈惟瓦礫爾,用人從古難。

朱熹《晦庵先生朱文公文集》卷八五《懷玉硯銘》 我輯墜簡,大法以存。孰摯其寶,使與斯文?點染之餘,往壽逋客。墨爾毫端,毋俾玄白。

元好問《元好問詩詞集・賦澤人郭唐臣所藏山谷洮石硯》 舊聞鸚鵡曾化石,不數鸜鵒能瑩刀。縣官歲費六百萬,才得此硯來臨洮。玄云膚寸天下遍,璧水直上文星高。辭翰今誰江夏筆,三錢無用試鷄毛。

又《銅雀台瓦硯》 愛惜鉛花洗又看,畫欄桂樹雨聲寒。千年不做鴛鴦去,唤得書生笑老瞞。

何薳《春渚紀聞》卷九《記硯・鄭魁銘研詩》 仙翁種玉芝,耕得紫玻璃。磨出海鯨血,鑿成天馬蹄。潤應通月窟,洗合就雲溪。當恐魍魎奪,山行亦自攜。

邵寶《容春堂前集》卷九《銅雀硯銘》 兹惟陶氏,遺鄴之野。摩挲漢年,尚論作者。俾與端居,彬然文雅。噫!彼豈爲硯,我何用瓦器,不以人時哉!用舍。

又《泉研銘》 我石汝琢,我泉汝名。無絶其源,我心汝盟。畜之池盈,放之川行。我詞汝徵。

又《白石硃研銘》 堅白者石,圓方者池,中渥者丹,我其用之。

姚鼐《惜抱軒詩文集》卷五《題劉雲房少宰滌硯圖》 侍郎誠意之子孫,亦統御史風憲存。自從弱冠登金門,湘東才子弟與昆,拭硯濡毫書國恩。豈似犁眉少遭亂,晚逢真主猶憂煩。誠意江南舊門閥,侍郎四執江南節。硯吐雲霞霄漢間,筆驅風雨蛟龍窟。四海文章見師表,累代風流推繼述。内侍寧誇金氏貂,傳家惟奉鄭公笏。竣使重當入金殿,裝橐依然藏一硯。聖人前席或咨猷,史官舍墨裁佳傳。侍郎德業垂無窮,硯也既久從有功。御顧江南老禿翁,猥稱當代一文雄。豈知心氣今摇落,况復逃禪文字空。松煤竹管行抛棄,蕉白紅絲塵自封。

又卷一〇《謝藴山方伯得晉永平八磚以爲硯作寶硯圖圖中三子侍》 琢磨新試麝煤烟,委卧荒榛幾歲年?匣硯寶貽安石後,甄泥事在永和前。列階才已成三秀,入院聲應嗣八磚。便爲越中誇故實,不須零瓦問甘泉。

又《後集・題胡始泉試硯照》 硯材如士才,選儁百不遇。

翟金生《泥版試印初編・趙蓀沅孝廉惠古硯》 一塊吴都石,何年巧匠鎸。多君捐重價,貽我作良田。聚處香流麝,磨時黑起煙。結交文□内,筆壘有奇緣。

圖表

沈士《硯譜圖》

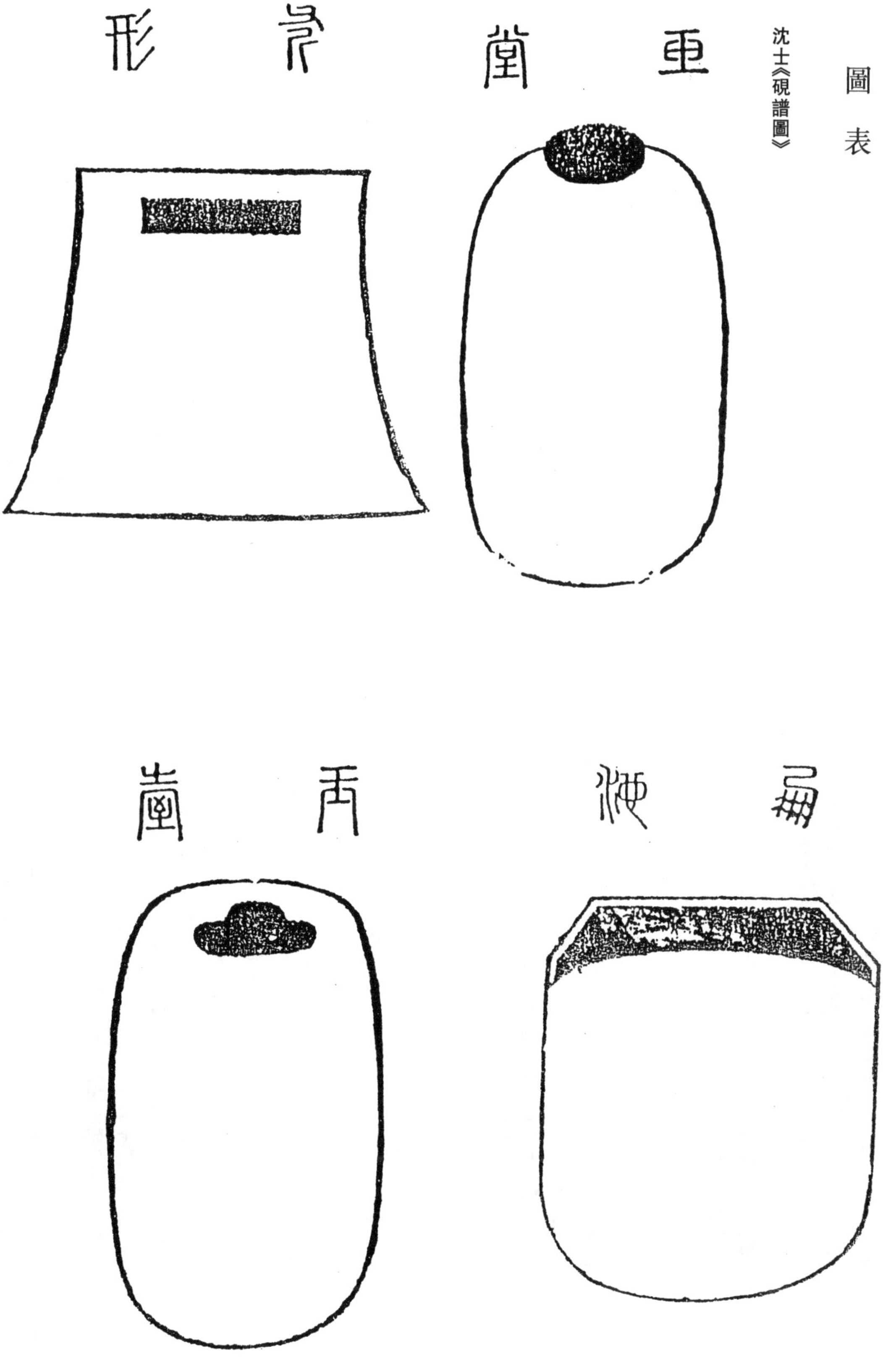

辟雍

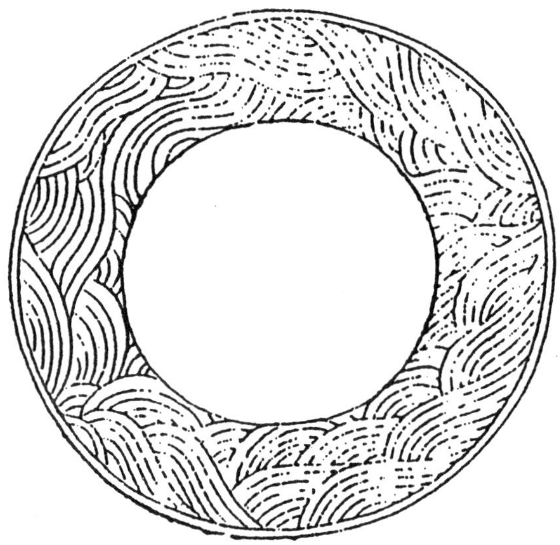

瓢形

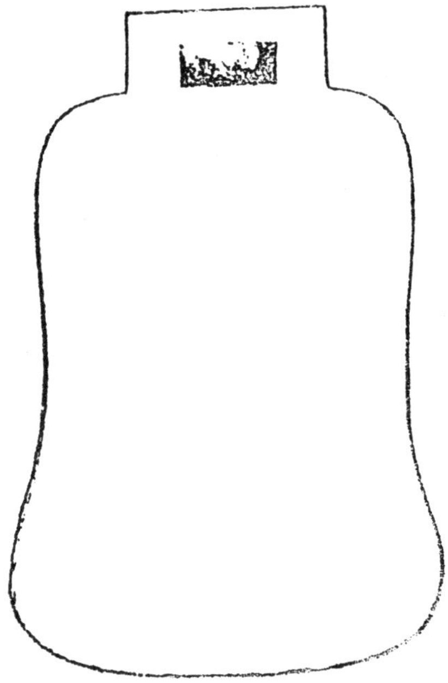

扁池

圓池

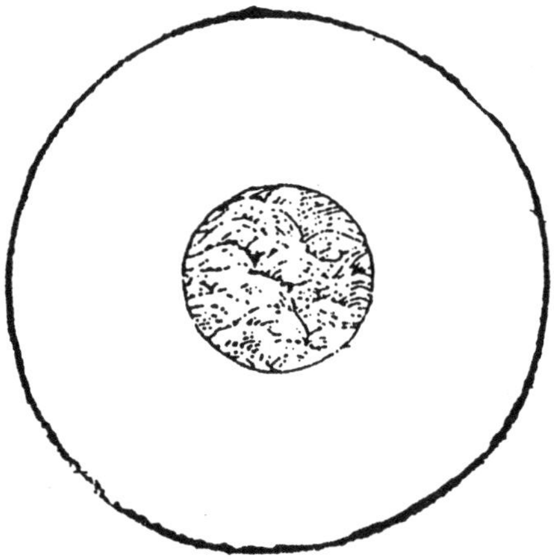

八棱

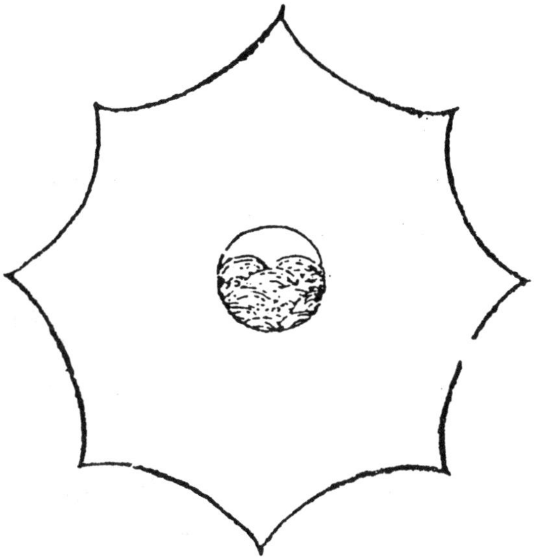

丙環

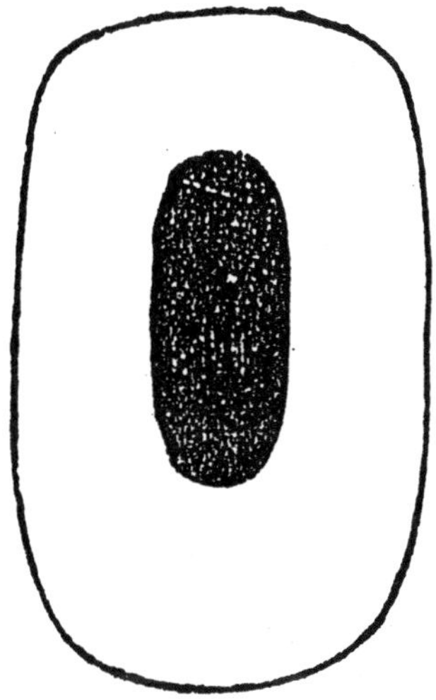

水池

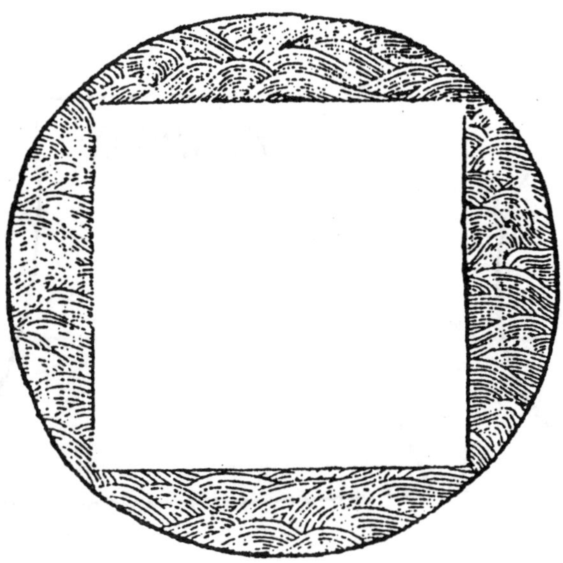

合八

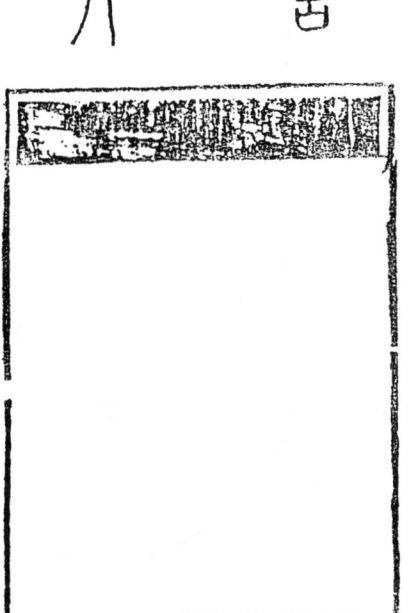

内相

都堂

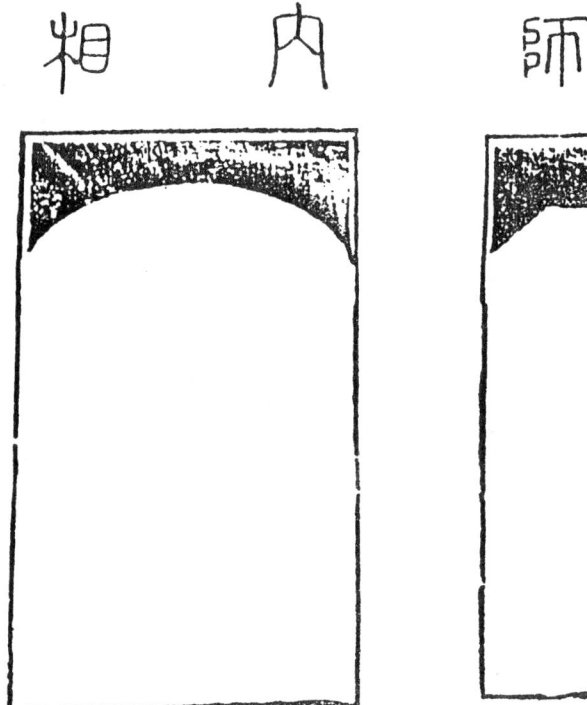

葫蘆

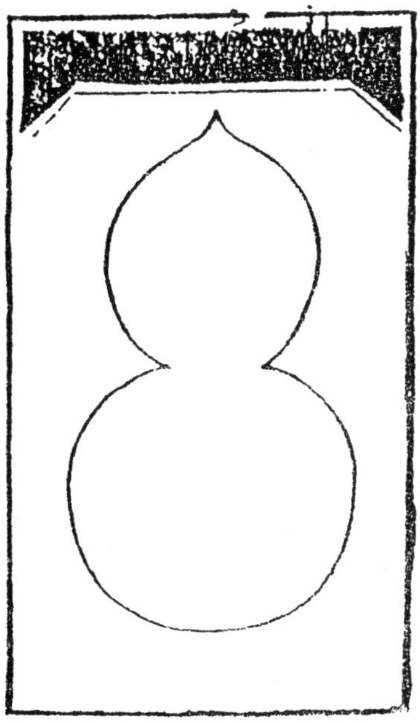

端明

月池

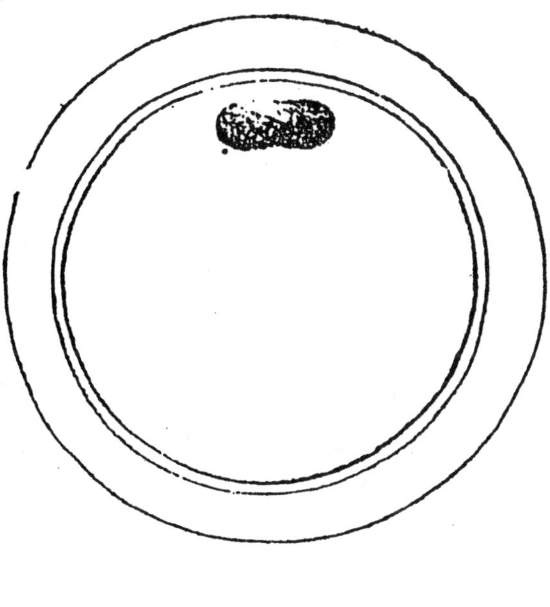

方池

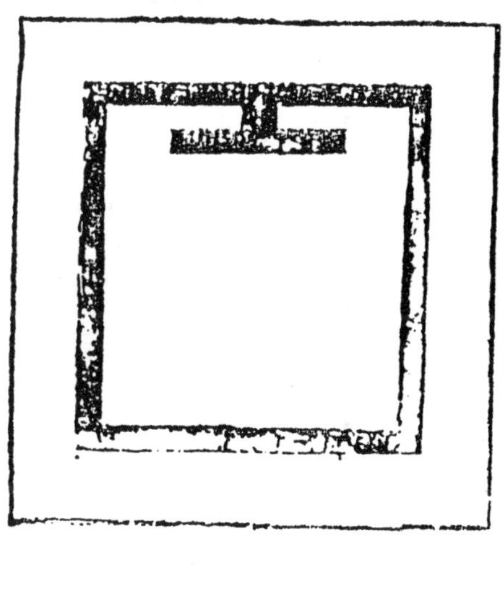

隻履

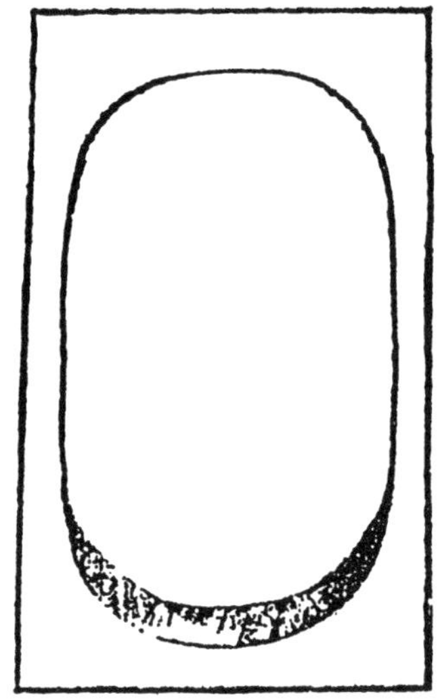

雙履

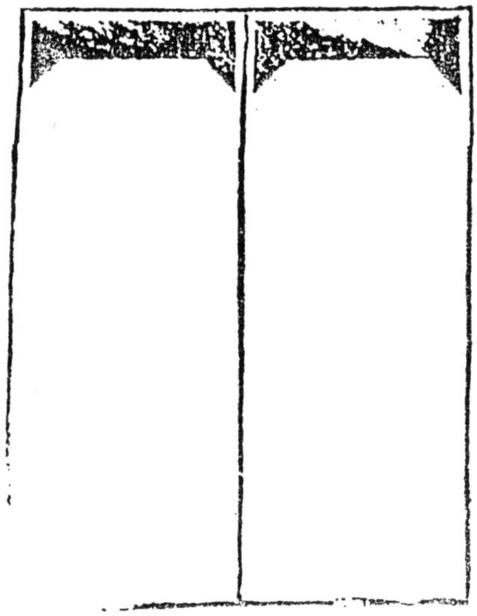

東坡

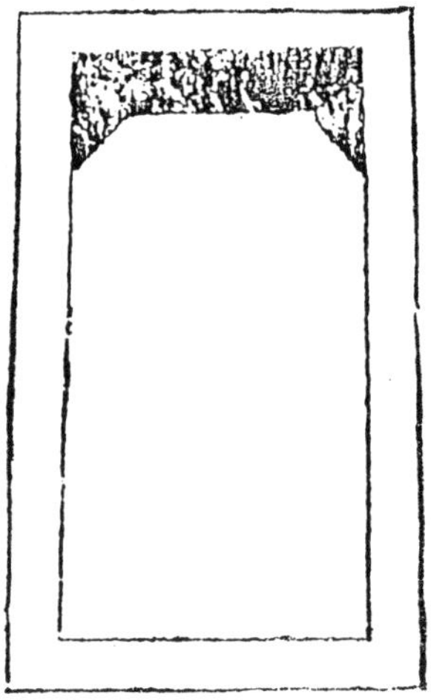

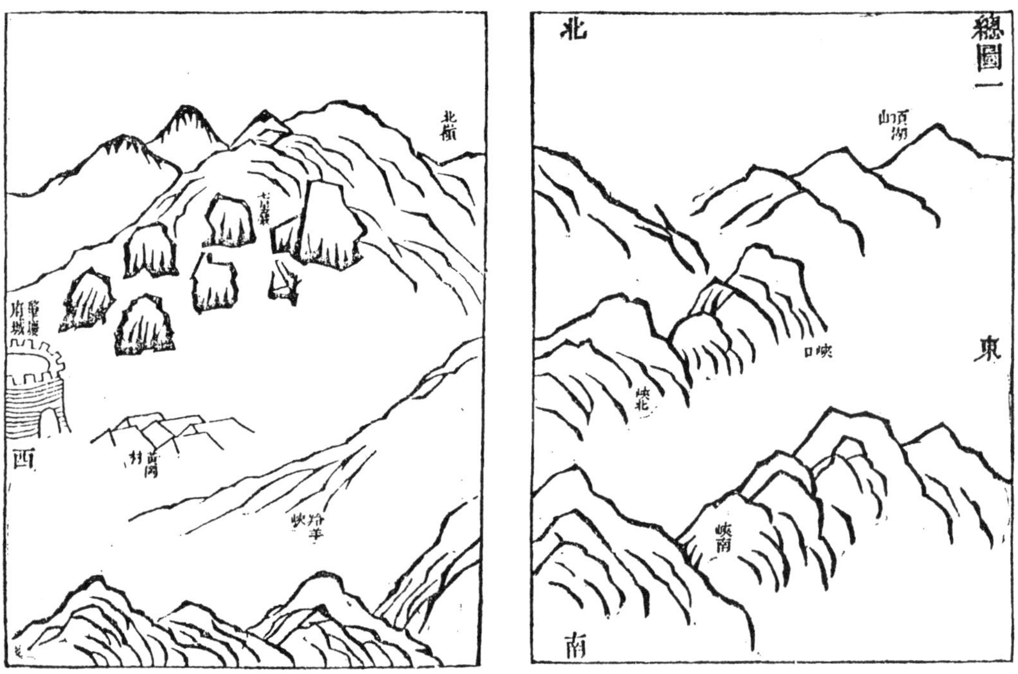

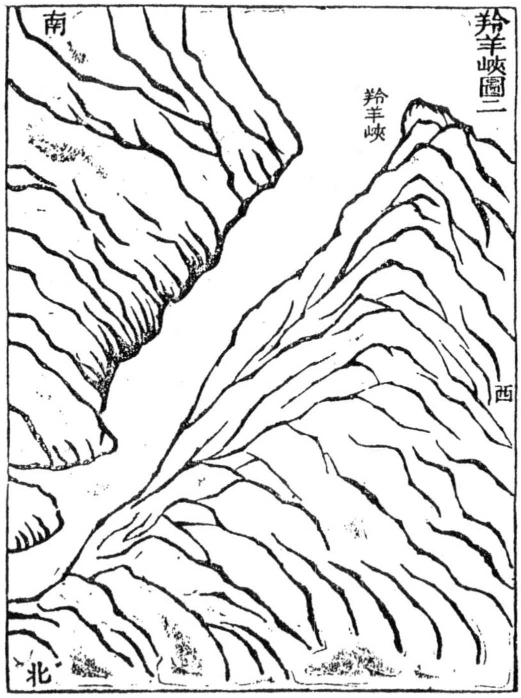

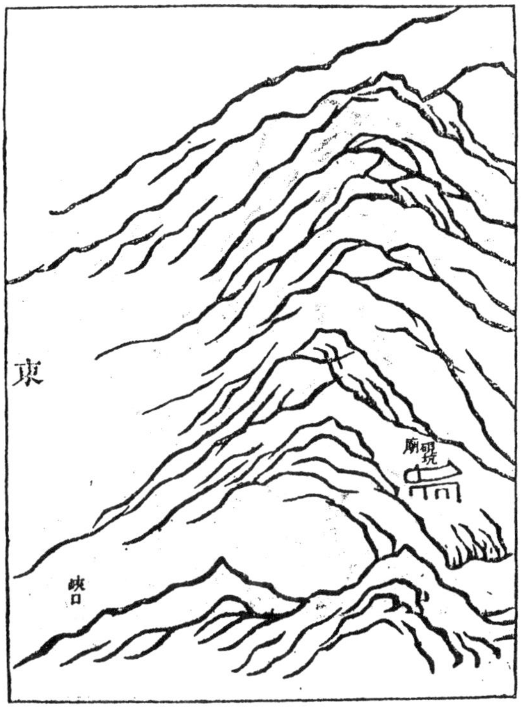

書寫分部

綜述

陶宗儀《南村輟耕録》卷七《趙魏公書畫》 魏國趙文敏公孟頫，以書法稱雄一世。畫入神品，其書人但知自魏晉中來，晚年則稍入李北海耳。嘗見《千字文》一卷，以爲唐人字，絶無一點一畫似公法度。閲至後，方知爲公書。公自題云：「僕廿年來寫千文以百數。」此卷殆數年前所書，當時學褚河南《孟法師碑》，故結字規模八分。今日視之，不知孰爲勝也。

胡應麟《少室山房筆叢》第四《經籍會通》 山巖屋壁之藏，牧豎之所間值；丹鉛星曆之譜，方技之所共珍；晉、梁隱怪之譚，好事之所掇拾；唐、宋浮沉之業，遺裔之所世藏。往往鈔録傳摹，人所吝惜，間有刻本，率寡完篇。【略】三代漆文竹簡冗重艱難，不可名狀，秦、漢以還浸知鈔録，楮墨之功簡約輕省，數倍前矣。【略】余猶及見老儒先生，自言其少時欲求《史記》、《漢書》而不可得，幸而得之，皆手自書，日夜誦讀，惟恐不及。

曹溶《流通古書約》 今酌一簡便法：彼此藏書家各就觀目録，標出所缺者，先經註，次史逸，次文集，次雜記，視所著門類同，時代先後同，卷帙多寡同，約定有無相易，則主人自命門下之役，精工繕寫，較對無悮，一兩月間，各齎所鈔互换。此法有數善，好書不出户庭也，有功于古人也，己所藏日以富也，楚南燕北皆可行也。敬告同志，鑒而聽許。或曰，此貧者事也。有力者不然，但節讌遊玩好諸費，可以成就古人，與之續命。出未經刊佈者，壽之棗梨，始小本，訖鉅編，漸次恢擴，四方必有聞風接響，以表章散帙爲身任者。山潛塚祕，羨衍人間，甚或出十餘種目録外。嗜奇之子，因之覃精力學，充拓見聞。右文之代，宜有此禎祥，予矯首跂足俟之矣。

孫從添《藏書紀要・第三則・鈔録》 書之所以貴鈔録者，以其便於誦讀也。歷代好學之士，皆用此法。所以有刻本，又有鈔本，有底本。底本便於改正，鈔本

定其字劃。於是鈔録之書，比之刊刻者更貴且重焉。況書籍中之祕本，爲當世所罕見者，非鈔録則不可得，又安可以忽之哉！從未有藏書之家，而不奉之爲至寶者也，則其道固不可不講也。宋人鈔本最少，字畫墨氣古雅，紙色羅紋舊式，方爲真本。若宋紙而非宋字、宋跋，宋款而非宋紙，即係僞本。或字樣紙色墨氣，無一不真，而圖章不是宋鎸，印色不舊，割補湊成，新舊相錯，終非善本。元人鈔本亦然。常見古人稿本字雖草率，而筆法高雅，紙墨圖章，色色俱真，自當爲希世之寶。以宋、元人鈔本，較之宋刻本而更難也。明人鈔本，吴門朱性甫、錢叔寶子允治，手鈔本最富，後歸錢牧翁。絳雲焚後，僅見一二矣。吴寬、柳僉、吴岫、孫岫、太倉王元美、崑山葉文莊、連江陳氏、嘉興項子京、虞山趙清常、洞庭葉石君，諸家鈔本，俱好而多，但要完全校正題跋者，方爲珍重。王雅宜、文待詔、陸師道、徐髯翁、祝京兆、沈石田、王質、王穉登、史鑑、邢參、楊儀、楊循吉、彭年、陳眉公、李日華、顧元慶、都穆、俞貞木、董文敏、趙凡夫、文三橋、湖州沈氏、寧波范氏、吴氏、金陵焦氏、桑悦、孫西川，皆有鈔本甚精。新鈔，馮已蒼、馮定遠、毛子晉、馬人伯、陸敕先、錢遵王、毛斧季，各家俱從好底本鈔録。惟汲古閣印宋精鈔，古今絶作，字畫紙張，烏絲圖章，追摹宋刻，爲近世無有。能繼其作者，所鈔甚少。至於前朝内閣鈔本，生員寫校者爲上。《文苑英華》、《太平廣記》、《太平御覽》、《百官攷傳》、《皇明實録》等書，大部者必須嘉隆鈔本方可，若内監鈔本、南北監鈔本，皆惡濫不堪，非所貴也。余見葉石君鈔本，校對精嚴，可稱盡美。錢遵王鈔録書籍，裝飾雖華，固不及汲古多而精，石君之校而備也。古人鈔録書籍，俱用黄紙，後因詔誥用黄色紙，遂易以白紙。宋、元人鈔本用册式，而非漢、唐時卷軸矣。其記跋校對，極其精細，筆墨行款，皆生動可愛。明人鈔本，各家美惡不一，然必有用之書，或有不同常本之處，亦皆録而藏之，然須細心紬繹，乃知其美也。吴匏菴鈔本，用紅印格，其手書者佳。吴岫、孫岫鈔，用緑印格，甚有奇書，惜不多見。葉文莊鈔本，用緑墨二色格，校對有跋者少，未對草率者多，間有無刻本者，亦精。至於《楊誠齋集》、《周益公集》、《各朝實録》、《北盟會編》、《校正文苑英華》等書，雖大部，難以精鈔，亦不可忽，但須校正無訛，不遺漏爲要耳。大凡新鈔書籍，已屬平常，又弗校正，難言善也。凡書之無處尋覓者，其書少，必當另鈔底本，因無刻本故也。若鈔録精工，則所費浩繁，雖書寫不工，亦必珍之重之，留爲祕本。前輩鈔録書籍，以軟宋字小楷，顔、柳、歐字爲工，宋刻字更妙。摹宋板字様，筆畫均匀，不脱落，無遺誤，烏絲行款，整齊中帶生動，爲至精而備美。序跋、圖章、畫像，摹彷精雅，不可呆板，乃爲妙手。鈔書要明於義理者，一手書寫，無脱漏錯誤，無破體字，用墨一色，乃爲最善。若鈔底本，大部書用行書爲上，草書亦可，但以不差落爲主。若字好而不明文理者，僅可印鈔而已。鈔本書，畫圖最難，用白描法，運筆古雅秀勁爲主，人物畫像要生動，又要清雅而端莊，方爲合式。有《皇宋五彩畫本本草圖經》最精工，集天下名手，著色畫成。又有白描《列女傳》、《孝經》等書，無出其右者。近時錢遵王有五彩著色畫本《香奩集》，白描《鹵簿圖》、《營造法式》、《營造正式》等書，雖弗及前人，今亦不可得矣。所以鈔録書籍，亦非易事也，識者鑒之。

魏崧《壹是紀始》卷九《巾箱五經始於六朝》　《南齊書》：「衡陽王鈞，手自細書寫五經，部爲一卷，置於巾箱中，以備遺忘，檢閲亦易，且一經手寫永不忘，諸王争效。巾箱五經自此始。」

葉德輝《書林清話》卷一〇《明以來之鈔本》　明以來鈔本書最爲藏書家所秘寶者，曰吴鈔，長洲吴匏庵寬叢書堂鈔本也。曰叶鈔，先十八世族祖崑山文莊公賜書樓鈔本也。曰文鈔，長洲文衡山徵明玉蘭堂鈔本也。曰王鈔，金壇王宇泰肯堂鬱岡齋鈔本也。曰沈鈔，吴縣沈辨之與文野竹齋鈔本也。曰楊鈔，常熟楊夢羽儀七檜山房鈔本也。曰姚鈔，無錫姚舜咨咨茶夢齋鈔本也。曰秦鈔，常熟秦酉岩四麟致爽閣鈔本也。曰祁鈔，山陰祁爾光承㸁淡生堂鈔本也。曰毛鈔，常熟毛子晉汲古閣鈔本也。曰謝鈔，長樂謝肇淛在杭小草齋鈔本也。曰馮鈔，常熟馮已蒼舒、馮定遠班、馮彦淵知十兄弟一家鈔本也。曰錢鈔，常熟錢牧齋謙益絳雲樓鈔本，謙益從子錢遵王曾述古堂鈔本，合之謙益從弟履之謙貞竹深堂鈔本，皆謂之錢鈔也。此外吾家二十五世祖石君公樹廉樸學齋，秀水曹潔躬溶倦圃，崑山徐健庵乾學傳是樓，秀水朱竹垞彝尊潛採堂，吴縣惠定宇棟紅豆齋，仁和趙功千昱小山堂，錢唐吴尺鳧焯綉谷亭，海昌吴槎客騫、子虞臣壽暘拜經樓，歙縣鮑以文廷博知不足齋，錢唐汪小米遠孫振綺堂。皆竭一生之力，交换互借，手校眉批，不獨其鈔本可珍，其手跡尤足貴。以吾所知，吴匏庵鈔本，板心有「叢書堂」三字。孫从添《藏書紀要》：匏庵鈔本用紅格，其手書者佳。朱彝尊《曝書亭集・書尊前集後》：吴文定手鈔本，書法精楷，索直三十金。錢曾《敏求記》：《孟子注疏》十四卷。《毛目》：《裔夷謀夏録》一本，《春明退朝録》一本，《國初事迹》一本，《大唐傳載》一本，鈔宋本《賓退録》十卷二本，紅格鈔本《續博物志》一本，紅格鈔本《霏雪録》二本，《南方草木狀》一本。《黄記》：《墨子》十五卷，《嵇康集》十卷。《張志》：劉國器《綱目分注發微》十卷。《瞿目》：宋柳開《河東集》十六卷，范成大《石湖居士文集》三十四卷。《黄續記》：紅格竹紙鈔本《王建詩集》十卷。家文莊公家鈔本，

板心有「賜書樓」三字。《藏書紀要》云：叶文莊鈔本用緑、墨二色格。《黄記》：《梁公九諫》一卷，《張乖崖集》宋鈔缺卷。《瞿目》：唐《李元賓文集》六卷《補遺》一卷，繭紙鈔本；《畫上人集》十卷。文衡山鈔本，格闌外有「玉蘭堂録」四字。《瞿目》：影宋鈔本《新雕詩品》三卷。文鈔極爲孫从添慶增《藏書紀要》所稱，而鈔本傳者絶少。吾家舊藏衡山曾孫女文俶手鈔本宋王沂孫《碧山樂府》即《玉笥詞》一卷，首葉鈐「玉磬山房」白文長方印，爲絳雲樓火後物，上鈐「遺稿天留」朱文長方印。全卷經秦敦夫太史恩復手校，補録佚詞。於書眉卷尾鈐「鮑氏正本」朱文方印、「知不足齋」白文方印。卷首又鈐「金石録十卷人家」朱文長方印，此即錢曾《敏求記》所云藏宋本《金石録》之馮研祥印也。後來韓小亭泰華、阮文達元皆仿刻此印，與此印不同。蓋此書雖止三十餘葉，其爲國朝以來藏書家寶貴可知。然則文鈔之希見，益可見矣。王宇泰鈔本，板心有「鬱岡齋藏書」五字。《瞿目》：樂史《廣卓異記》二十卷。沈辨之鈔本，格闌外有「吴縣野竹家沈辨之制」九字。《瞿目》：《山水純全集》一卷。楊夢羽鈔本，板心有「嘉靖乙未七檜山房」八字，《黄記》、《瞿目》：宋孔平仲《珩璜新論》一卷。亦有板心作「萬卷樓雜録」五字者。《瞿目》：《穆天子傳》六卷。姚舜咨鈔本，板心有「茶夢齋鈔」四字。《范目》：手鈔宋吕大圭《春秋五論》一卷，明唐寅《漫堂隨筆》一卷。《張志》、《瞿目》：手鈔馬令《南唐書》三十卷，《唐闕史》二卷。《黄記》、《張志》、《瞿目》：手鈔《續談助》五卷。《瞿目》：手鈔《甘澤謡》一卷。秦酉岩鈔本，《毛目》：手鈔《亢倉子》一本；《紫青真人注道德經》一本；《西巖山人真跡》三册六本：一册《考工左國纂》，一册《吕覽節》，一册三子纂：《荀子》、《淮南子》、《揚子》附《文中子》；手鈔《太和正音譜》二本。板心有「致爽閣」三字，《瞿目》：唐蘇鶚《杜陽雜編》三卷。或「玄覽中區」四字，《張志》：俞文豹《吹劍録》一卷，《穆天子傳》六卷。或「又玄齋」三字，《張志》：《唐詩極玄集》二卷。《瞿目》：姚合《極玄集》二卷。或「玄齋」二字。祁爾光鈔本，板心有「淡生堂鈔本」五字。《黄記》：《國朝名臣事略》十五卷。《黄記》、《張志》：藍格本《勿軒集》八卷。《瞿目》：《周益公集》二百卷。《張志》、《瞿目》、《丁志》：元吴海《聞過齋集》四卷。《丁志》：《淡生堂藏書譜》八册、《藏書訓略》二卷，原本每葉十六行，藍格竹紙本，版心刊「淡生堂藏書目」。又藍格白紙《廣筆疇》一卷，藍格紙鈔《許白雲先生文集》四卷。毛子晉鈔本，《藏書紀要》云：汲古閣印宋精鈔，古今絶作，字畫、紙張、烏絲、圖章追摹宋刻，爲近世無有。板心有「汲古閣」三字，《張志》：《新刊張小山北曲聯樂府》三卷、《外集》一卷。《瞿目》：宋華岳《翠微先生南徵録》十一卷。《丁志》：宋高登《東溪詞》一卷，趙磻老《拙庵詞》一卷，李好古《碎錦詞》一卷。格闌外有「毛氏正本汲古閣藏」八字。《張志》：《雲臺編》三卷。《瞿目》：宋陳鬱《藏一話腴》一卷。謝肇淛鈔本，板心有「小草齋鈔本」五字。墨格九行本。《張志》、《瞿目》：宋沈作喆《寓簡》十卷。《瞿目》：王黄州《小畜集》三十卷。《袁簿》：宋朱翌《猗覺寮雜記》二卷。馮彦淵鈔本，格闌外有「馮彦淵藏本」五字。《張志》：唐《杜荀鶴文集》三卷。《毛目》：《李太白集》四本，從絳雲樓北宋板，覓舊紙延馮竇伯影鈔。按：竇伯名武，彦淵子也。馮定遠鈔本，格闌外有「馮氏藏本」四字。《張志》：《許丁卯集》二卷、《續集》二卷。《瞿目》：宋周密《雲烟過眼録》一卷。馮已蒼鈔本，格闌板心均無字。《張志》、《黄記》：手鈔《近事會元》五卷，《汗簡》七卷。《黄記》：校明影宋鈔本《元英先生詩集》十卷，後有「崇禎戊辰年六月馮氏空居閣閱」一行，墨格鈔本，有毛晉孫綏萬跋。《華陽國志》十二卷，云：顧澗蘋藏空居閣鈔本。《李羣玉、方干詩集》合裝一本。錢牧齋鈔本，板心有「絳雲樓」三字。《袁簿》：墨格本《開國羣雄事略》殘稿本三册，緑格本《雙陸譜》一卷、《玄玄棋經》一卷合裝一本。錢遵王鈔本，《藏書紀要》云：錢遵王有五彩著色本《香奩集》，白描《鹵簿圖》、《營造法式》、《營造正式》。格闌外有「虞山錢遵王述古堂藏書」十字，《黄記》：《春秋繁露》十七卷。《張志》：《何博士備論》一卷，《文昌雜録》六卷。《續記》：《東家雜記》二卷。《瞿目》：《圭塘欸乃集》一卷。《丁志》：日本刻《孟子音義》一卷。或「錢遵王述古堂藏書」八字。《瞿目》：《吴越備史》四卷，蔡襄《茶録》一卷，《教坊記》一卷，《北里志》一卷，《青樓集》一卷，《吕和叔集》十卷。《丁志》：《昭德先生郡齋讀書志》二十卷。均白紙墨格本。《丁志》：《温庭筠詩集》七卷，《别集》一卷，藍絲闌精鈔本，半葉十二行，行二十一字。錢履之鈔本，板心有「竹深堂」三字。《張志》：《李羣玉集》三卷、《後集》五卷，鈔陳道人書棚本；唐杜荀鶴《唐風集》一卷。石君公鈔本，《藏書紀要》云：「叶石君鈔本校對精嚴，可稱盡美。錢遵王鈔録書籍，裝飾雖華，固不及汲古多而精，石君之校而備也。」又云：「叶石君所藏書籍，皆手筆校正。臨宋本，印宋鈔，俱借善本改正。博古好學，稱爲第一。叶氏之書，至今爲寶。」板匡外有「朴學齋」三字。《丁志》：明《王文安英公詩集》五卷，《文集》六卷。曹潔躬鈔本，板心有「檇李曹氏倦圃藏書」八字。《張志》、《瞿目》：元劉秉忠《藏春集》六卷。《丁志》：錢惟善《江月松風集》十二卷《補遺》一卷。徐建庵鈔本，板心有「傳是樓」三字。《張志》：魏了翁《周易要義》十卷。《黄記》：《五代春秋》一卷，每葉二十二行，行二十字，均白紙墨格鈔本。惠定宇鈔本，格闌外有「紅豆齋藏書鈔本」七字。吾藏《周易本義辨證》手寫稿本，《九經古義》稿本殘本，墨格十行。趙功千鈔本，格闌外有「小山堂鈔本」五字。《丁志》：宋游九言《默齋遺稿》二卷。吴尺鳧鈔本，板心有「綉谷亭」三字。《袁簿》：《南宋雜事》一卷，稿本，緑格十行本。朱竹垞、吴槎客、鮑以文、汪小米四家鈔本，皆毛泰紙鈔，無格闌。此外何元錫夢華館鈔本，金檀文瑞樓鈔本，王宗炎十萬卷樓鈔本，多歸丁丙八千卷樓。其餘舊鈔無考者，有穴研齋鈔本，《黄記》：錢遵王藏有馬令《南唐書》三十卷，《何博士備論》一卷，《蘆浦筆記》、《楊公筆録》不分卷，徐度《却掃編》三卷，

黄復休《茅亭客話》十卷。怡顔堂鈔本，板心有「怡顔堂鈔書」五字。《張志》：《柯山夏先生重修尚書詳解》十六卷，《豐清敏公遺事》一卷，《新刊歷代制度詳説》一卷。《黄記》：《建炎時政記》三卷。退翁書院鈔本，江陰繆氏對雨樓刻《詩品》一卷。吾見《漢魏詩録》一册，不知全録卷數若干。篤素居鈔本，《黄記》：校鈔本《薩天錫集》十卷，又一鈔本爲汲古閣藏本，中有毛子晉手鈔處，竹紙墨格，木板心有「篤素居」三字。吴興陶氏鈔本，板心有「篤素好齋藏書」六字。《丁志》：依宋鈔本《徐公鉉文集》十卷。太原祝氏鈔本，《阮外集》：《通玄真經注》十二卷，云「此太原祝氏依宋板摹寫」。皆明末國初人各家藏書，均不知姓名籍里。又有華亭孫明叔道明，《錢敏求記》：《自號録》一卷，《臨漢隱居詩話》一卷。《張志》：《北夢瑣言》二十卷，《廣川書跋》六卷。《瞿目》：吾丘衍《閒居録》一卷，《張司業集》八卷，《五國故事》三卷，《蜀檮杌》十卷，《皇宋書録》三卷。《黄記》：《衍極》五卷。《陸志》：《玉峰先生脚氣集》二卷。《丁志》：《錦里耆舊傳》五卷。按，《臨漢隱居詩話跋》云：「洪武九年丙辰，映雪老人寫於華亭集賢外坡草舍雨窗。時年八十。」計其生年，當在元成宗元貞二年丙申，但不知卒於何年耳。孫星衍、莫晉合撰《松江府志》：「孫道明，字明叔，華亭人，居泗涇。博學好古，藏書萬卷，遇秘書輒手自鈔録。築映雪齋，延接四方名士校閲藏書爲樂。造一舟曰水光山色，徜徉南浦。自號停雲子，嘗與陶九成共泛，九成制詞，道明即倚簫聲和之，與棹歌相答。」吴縣柳大中僉，《錢敏求記》：《沈雲卿集》二卷。《黄記》：《録異記》八卷，高似孫《緯略》十二卷，《澠水燕談録》九卷，《朱慶餘詩集》不分卷。《瞿目》：《蟹略》四卷，《張貞居先生詩集》四卷《詞》一卷。《陸志》：《樂府古題要解》二卷。《丁志》：宋王得臣《麈史》三卷。錢叔寶穀，《黄記》：馬令《南唐書》三十卷，《道德真經指歸》三十卷，手鈔陶九成《游志續編》一卷。錢子功甫允治，《楊録》：影宋精鈔本《西崑酬唱集》二卷，卷末行書一行云「萬曆乙丑九月十七日書畢」，下有功甫印，乃錢功甫手鈔也。吴方山岫，吴岫鈔用緑印格。《毛目》：《定陵注略》八本，《瀛涯勝覽》一本。《丁志》：《吕温州文集》十卷。先二十五世祖林宗公奕，《黄記》：手録《李羣玉詩集》三卷、《後集》五卷。《瞿目》：手録《沈下賢集》十二卷，《古文苑》九卷。《陸志》：《何水部集》一卷。金孝章俊明，《黄記》：手鈔《金石例》十卷。《續記》：手鈔元人總集《月泉吟社》、《谷音》、《河汾諸老詩》、《中州集》並目録小傳四種。按：魏禧《朱參軍家傳》：「吴門之隱君子曰金俊明，余見之，年七十一矣，父曰朱參軍，本姓金氏，名允元。七歲而孤，母貧不能自存，有姊適朱氏，屬養焉，遂冒朱姓。更名永昌，入貲授綏寧簿。天啓乙丑卒。俊明始爲諸生，亦姓朱氏，名衮。後復姓，更今名，字孝章。」朱彝尊《静志居詩話》：「先生平生好録異書，靡間寒暑，仲子侃亦陶繼之。矮屋數椽，藏書滿櫝，皆父子手抄書也。」習寯等《乾隆蘇州有志》：「春草閑房，在卧龍街西雙林巷，金俊明孝章所構書齋也。」按先生當日以勝國遺民，名重一時。汪琬爲撰墓志，先横山公爲作傳，皆極推重。今見兩集，不具録。俊明子亦陶侃，王士禛《居易録》：顧迂客貽所刊《范石湖集詩》三十三卷，《楚詞古賦》一卷，金侃亦陶寫校宋板本也。《帶經堂詩話》張宗枏附識云：「購得《張蛻庵集》，卷尾有李崇系跋云：『從金亦陶手鈔全本借録，凡五卷。』」丁日昌《持静齋書目》：金侃鈔元人詩黄鎮成《秋聲集》四卷，盧琦《圭峰集》五卷，杜本《清江碧嶂集》一卷，胡乘龍《傲軒吟稿》一卷，揭傒斯《揭曼碩詩集》四卷，馬祖常《石田集》五卷，陳泰《所安遺集》一卷，曹伯啓《漢泉漫稿》五卷，元淮《金困集》一卷，鄭允端《肅雍集》一卷，丁復《檜亭稿》五卷，黄溍《黄文獻公集》五卷，貢性之《南湖詩集》二卷，陳樵《鹿皮子集》四卷，成廷珪《居竹軒集》四卷，馬臻《霞外集》十卷，傅若金《傅汝礪詩集》八卷，虞集《道園學古録》八卷，郭鈺《静思先生集》八卷，云皆其六十歲後手鈔。常熟趙清常琦美，《黄記》：手鈔《文房四譜》四卷，《張光弼詩》二卷。《瞿目》、《丁志》：《東國史略》六卷，宋秦九韶《數書九章》十八卷。陸敕先貽典，《黄記》：手鈔陸游《南唐書》十八卷，趙明誠《金石録》十卷。曹彬侯炎，《黄記》：《琴川志》十五卷，《契丹國志》十七卷。《吴記》：《武林舊事》十卷。江陰李貫之如一，原名鶚翀，字如一，後以字行。《黄記》：手鈔陶宗儀《草莽私乘》一卷。周研農榮起，王士禛《居易録》：「《梧溪集》七卷，細書工緻，似鍾太傅，終卷如一，是周研農榮起手録。周江陰老儒，常熟毛子晉刻校古書，多其勘正。」《黄記》：手鈔《衍極》五卷。蔣光煦《東湖叢記》：手鈔朱性甫《鐵網珊瑚》十四卷。崑山先二十四世祖德榮公國華，《黄蕘圃年譜》：手鈔《法帖刊誤》一卷。石門吕無黨葆中，《黄記》：吾研齋補鈔《小畜集》三十卷，手鈔元劉秉忠《藏春集》六卷，賜書樓蔣氏藏《栟櫚集》二十五卷。《黄續記》：手鈔《劉後村集》五十卷。長洲顧雲美苓，《黄記》：《林和靖詩集》四集。《瞿目》：《隸續》二十一卷。張青芝位，《黄記》：手鈔《歸潛志》八卷，《五代會要》三十卷，《桂林風土記》一卷，《麈史》三卷。《瞿目》：《朱慶餘集》不分卷。《陸志》：《隱居集》一卷。位子充之德榮，《黄記》：《蜀鑒》十卷，《湖山類稿》五卷，《汪水云詩鈔》一卷，《補遺》一卷，《舊宫人詩詞》一卷，《附録》一卷。吴枚庵翌鳳，江藩《半氈齋題跋》：「枚庵，長洲庠生，手鈔秘籍數百種。」戴延年《摶沙録》：「吴枚庵，名翼鳳，吴縣人。酷嗜異書，無力購致，往往從人借得，露鈔雪纂，目爲之眚。」按：枚庵名翌鳳，不作翼鳳，吴縣庠生。《黄記》、《陸志》、《丁志》：手鈔書極多，曾主講湖南瀏陽南臺書院。其平日以鈔書爲課程，故至今流傳不絶。尤可貴者，馮己蒼舒當甲乙鼎革之交，遁跡於荒村老屋。酷暑如蒸，而手鈔不輟。《張志》：《近事會元》五卷，跋云：「太歲乙酉，避亂於洋蕩之村居。是年閏六月，憂悶無聊，遂手書此，二十日而畢，是書是秦季公所藏，余從孫岷自借鈔之。七月初六日孱守老人記。」《汗簡》七卷，跋云：「右《汗簡》上中下各二卷，末卷爲略序、目録，共七卷。李公建中序爲郭忠恕所撰，引用者七十一家，亦云博矣。崇禎十四年借之山西張孟恭氏，久置案頭，未及鈔録。今年乙酉，避兵入鄉，居於莫城西之洋蕩村。大海横流，人情鼎沸，此鄉猶幸無恙。屋小炎蒸，無書可讀，架上偶攜此本，便發興書之，二十日而畢。家人笑謂予曰：『世亂如此，揮汗

寫書，近聞有焚書之令，未知此一編者，助得秦坑幾許虐焰？』予亦自笑而已。猶憶予家有舊鈔《張燕公集》，卷末識云：『吴元年南濠老人伍德手録。』此時何時，嘯歌不廢，他年安知不留此洋蕩老人本耶？但此書向無別本，張本亦非曉字學者所書，遺失訛謬，未可意革。李公序云『趙』字、『舊』字下俱有『臣忠恕』字。今『趙』字下尚存，『舊』下則亡之矣，確然知其非全本也。既無善本可資是正，而所引七十一家，予所有者僅僅始一終亥本《説文》、古《老子》及《碧落碑》而已，又何從訂其訛謬哉，亦姑存其形似耳。又此書亦有不可餘意處。如汅字、汸字、泜字、洇字俱從水。今汅从丏，汸从方，泜从氏，洇从鹵。膌从月而入脊部，郤从邑而入谷部，駛从馬而入史部，朽从木而入丂部。諸此之類，不可枚舉，大抵因古文字少，未免援文就部以足其數，其實非也。目録八紙，應在第七卷。今七卷首行尚存『略敘目録』四字。古人著書，多有目録是他人作者。故每云書若干卷，目録幾卷。即一人所作，目録亦或在後。徐常侍所校《説文》，其明證也。今人一概移置卷首，非是。今此本目録亦在第七卷，後人知之。書成後，偶餘一紙，信筆書此，以供他年一笑。太歲乙酉閏六月之十日，孱守老人識。」觀此二跋。古人拳拳愛書之心，直與性命爲輕重。吾自遭國變，逃難四方。辛壬癸甲之交，始則避亂於邑之朱亭，居停羅南仙朝慶，患難相依，頗有鈔書之暇。繼而流寓海濱日下，終日嬉游徵逐，几席塵封。他時無一卷書之流傳，無一片土之遺跡。以視孱守老人，滋愧甚矣。更何敢侈言繩武，以上希菉竹、樸學二公耶。近時精鈔本，如金山錢熙祚守山閣鈔本，十二行緑格，格闌外有「守山閣鈔本」五字。歸安姚觀元咫進齋鈔本，十三行緑格，板心有「咫進齋」三字。又厲樊榭鶚，鈔書用八行墨格；鈕匪石樹玉，鈔書用十行緑格：皆鈔本中之可貴者。附記於此，以待藏書家留意焉。

又《古人鈔書用舊紙》 古人鈔書，多用舊紙。《黄記》：「宋鈔本《楊太后宫詞》一卷，紙係宋時呈狀廢紙，有官印朱痕可證。」「明人鈔本宋張正之《五行類事占》七卷，其紙皆明代時册籍，紙背間可辨識，蓋猶是嘉靖年間人所鈔也。」《張志》：「述古堂舊鈔本《大金集禮》四十卷，紙質甚松，蓋以閣中預備票擬之紙寫録。《敏求記》直以爲金人鈔本，似未的。」《陳跋》：「影宋本《周易集解》，用明時户口册籍紙，上有『嘉靖五年』等字。既薄且堅，反面印格摹寫，工整絶倫，纖毫無誤。」《繆記》：「明鈔本《册府元龜》一千卷，明棉紙藍格鈔本，紙背皆公牘文字。明時裝二百零二册，每册五卷，首二册爲目録。」縣人袁氏卧雪廬藏書散出，中有《蟋蟀經》、《鵪鶉譜》二種，用明時訟狀廢紙。其狀略如今式，稱官府爲老爹臺前，想是今老爺之稱，然今稱長官爲老爺，而稱差役爲老爹，竟不知沿革於何時。《酒經》一種，《虬髯公傳》一種，《柳毅傳》一種，皆明萬曆間未寫過之市肆賬簿廢紙。板心有萬曆丁丑字，蓋五年也。行格兩截，板心下有逢源二字，不知其爲市店牌記抑賬簿店之牌記。書背裁去數行，當是寬本改窄者。此數種，亦袁氏舊藏書先後散出市肆者。古人愛惜物力，用無棄材，可以風世，可以考古。白汲古閣、絳雲樓、述古堂以精鈔名，傳是樓、季滄葦繼之，更兼裝潢精雅，古人純樸之風，於是乎掃地盡矣。微論知不足齋、振綺堂力能雇傭選紙者，不肯爲之，即寒畯如吴枚庵、張青芝，亦覺視此爲寒傖之甚。反本復古，夢寐思之。

又《鈔書工價之廉》 古人鈔書工價不可考，惟乾隆間略見一班。《黄記》：明鈔本《草莽私乘》一卷下云：「此書載《汲古閣珍藏秘本書目》，估值二錢。是書之值，幾六十倍於汲古所估，旁觀無不詫余爲痴絶者。然余請下一解曰：今鈔胥以四五十文論字之百數，每葉有貴至青蚨一二百文者。兹滿葉有字四百四十，如鈔胥值約略相近矣，貴云乎哉。」因此可見當時傭書之廉，由於食用之儉。今則米珠薪桂，百物艱難。俯仰古今，不免東京夢華之感矣。

又《女子鈔書》 古今女子鈔書多者，以吴彩鸞爲最，《列仙傳》云：「吴猛之女彩鸞，遇書生文簫於道，竟許成婚。簫貧不自給，彩鸞寫《唐韻》，運筆如飛，日得一部。售之，獲錢五緡。複寫，如是一載，稍爲人知。遂潛往新興越王山，各跨一虎，陟峰巒而去。」黄庭堅《山谷別集》十一跋張持義所藏吴彩鸞《唐韻》云：「右仙人吴彩鸞書孫愐《唐韻》，凡三十七葉，此唐人所謂葉子者也。」周密《志雅堂雜鈔》下云：「有吴彩鸞書《切韻》一卷，其書一先爲二十三先、二十四仙，不可曉，字畫尤古。」德輝按：此當是隋陸法言《切韻》原本。《宣和書譜》云：「太和中，進士文簫，客寓鍾陵。南方風俗，中秋月夜，婦人相持踏歌，簫往觀焉。而彩鸞在歌場中，簫心悦之。彩鸞諭簫曰：與汝自有冥契，今當往人世矣。簫拙於爲生，彩鸞爲以小楷書《唐韻》，一部市五千錢，爲餬口計。然不出一日間，能了十數萬字。由是彩鸞《唐韻》世多得之。歷十年，簫與彩鸞各跨一虎仙去。《唐韻》字畫雖小，而寬綽有餘，全不類世人筆。今御府所藏正書一十有三：《唐韻·平聲上》、《唐韻·平聲下》、《唐韻·上聲》、《唐韻·去聲》、《唐韻·入聲》、《唐韻》上下二、《唐韻》六。」樓鑰《攻媿集》跋宇文廷臣所藏吴彩鸞《玉篇鈔》云：「始余讀文簫傳，言吴彩鸞書《唐韻》事，疑其不然。後於汪季路尚書家見之，雖不敢必其一日可辦，然亦奇矣。爲之賦

詩，且辨其爲陸法言《切韻》。茲見樞密宇文公所藏《玉篇鈔》，則又過之，是尤可寶也。既謂之『鈔』，竊以爲如《北堂書鈔》之類，蓋節文耳。以今《玉篇》驗之，果然。不知舊有此《鈔》而書之耶，抑彩鸞以意去取之耶？有可用之字而略之，有非日用之字而反取之。部居如今本，皆以朱字別之，而三字五字，止以墨書。字之次序皆不與今合，皆不可致詰。輒書前歲所與江氏詩跋於左，庶來者得以覽觀。今《玉篇》唯越本最善，末題吴氏三十一孃寫。問之越人，莫有知者。楷法殊精，豈亦彩鸞之苗裔耶。」元陸友仁《研北雜志》云：「宇文廷臣文孫，家有吴彩鸞《玉篇鈔》，今世所見者《唐韻》耳。其書一先爲廿三先、廿四仙，不可曉。又導江迎祥寺有彩鸞書《佛本行經》六十卷，或者以爲特唐經生書也。」王惲《玉堂嘉話》：「吴彩鸞書《龍鱗楷韻》，天寶八年制。後有柳誠懸題云：『吴彩鸞，世傳謫仙也，一夕書《廣韻》一部，即鬻於市，人不測其意。穩聞此説，罕見其書。數載勤求，方獲斯本。觀其神全氣古，筆力遒勁，出於自然，非古今學人可及也。時太和九年九月十五日題。』其册共五十四葉，鱗次相識，皆留紙縫。」《居易録》八。虞集《道園集》三十一。寫韻軒記云：「龍興紫極宫寫韻軒，高據城表，世傳吴仙嘗寫韻於此軒，以之得名。予昔在圖書之府及好事之家，往往有其所寫《唐韻》。凡見三四本，皆硬黄書之。紙素芳潔，界畫精整，結字遒麗，神氣清朗，要皆人間之奇玩也。」王士禎《皇華紀聞》二云：「彩鸞又嘗居安福福圣院，手寫《法苑珠林》百二十軸，其軸粘連處至今不斷。」又《居易録》六云：「唐女仙吴彩鸞，於洪州紫極宫寫《唐韻》，今有寫韻軒，人盡知之。又於安福福聖院寫《法苑珠林》百二十軸，人罕知者，余既筆諸《皇華紀聞》第二卷中。又蜀導江縣迎祥寺有彩鸞書《佛本行經》六十卷，多缺唐諱，陸放翁猶及見之。」據諸書所記，彩鸞書有《唐韻》，有《廣韻》，有《玉篇》，有《法苑珠林》，有《佛本行經》，皆煌煌巨篇，可謂勤矣。元陶九成《全史會要》云：「彩鸞，不知何許人，作楷字，小者至蠅頭許，有大字法。書《唐韻》，極有功。近類神仙吴彩鸞，慕彩鸞故名焉。」《居易録》十二云：「按《唐韻》即女仙吴彩鸞所書，以若所云，似屬二人。南村謬誤耶？」吾按：彩鸞書《唐韻》，元戴侗《六書故》尚引之。南村所見《唐韻》，必吴彩鸞真跡。款末書名不書姓，故以爲別一人，其實不然也。又陳宏緒《寒夜録》云：「彩鸞與文簫遇，在文宗太和末。而《法苑珠林》則寫於天寶年間，豈神仙隱顯原非時代之可限與？」此亦不然，觀柳誠懸所題《龍鱗楷韻》，亦天寶八年書。則與《法苑珠林》同一時制，蓋彩鸞未遇文簫以前之作。至嫁文簫后，不得不隨時好，寫韻自給。以唐人括帖考試，多用韻書，故《唐韻》鬻行甚易也。其他女子鈔書者，《研北雜志》云：「顧野王《玉篇》惟越本最善，末題會稽吴氏三十一孃寫，問之越人，無能知者。楷法殊精。」《錢日記》有鈔柳開《河東先生集》十五集、《附録》一卷，序後有小字一行云「胥山蠶妾沈彩書」。此種鈔書，直可與彩鸞並美。余家舊藏宋王沂孫《碧山樂府》，即《花外集》。爲明文端容手鈔，朱彝尊《竹垞詞稿》爲其侍妾徐姬手鈔，竹垞親筆删改。此皆足補厲太鴻鶚《玉臺書史》之佚聞，不僅書林佳話已也。

紀事

葛洪《抱樸子自序》 纍遭兵火，先人典籍蕩盡。農隙之暇，無所讀，乃負笈步行借。又卒於一家，少得全部之書，益破功，日伐薪賣之，以給紙筆。就營田園處，以柴火寫書。坐此之故，不得早涉藝文。常乏紙，每所寫，反覆有字，人鮮能讀也。得十六，始讀《孝經》、《論語》、《詩》、《易》。

劉義慶《世説新語》卷上之下《文學第四》 裴郎作《語林》，始出，大爲遠近所傳。時流少年，無不傳寫，各有一通。載王東亭作《經王公酒壚下賦》，甚有才情。

蕭繹《金樓子》卷二《聚書篇六》 〔蕭繹〕初出閤在西省，蒙敕旨賚五經正副本。爲瑯琊郡時，蒙敕給書，併私有繕寫。爲東州時，寫得《史》、《漢》、《三國志》、《晉書》，又寫劉選部孺家、謝通直彦遠家書，又遣人至吴興郡，就夏侯亶寫得書，又寫得虞太中闡家書。爲丹陽時，啟請先宫書，又就新渝上黄新吴，寫格五戲得少許。爲揚州時，就吴中諸士大夫寫得《起居注》，又得徐簡肅勉《起居注》。前在荆州時，晉安王子時鎮雍州，啟請書寫，比應入蜀，又寫得書，又遣州民宗孟堅下都市得書。又得鮑中記泉上書，安成煬王於湘州蕘，又遣人就寫得書。劉大南郡之遴，小南郡之亨，江夏樂法才別駕，庚喬宗仲回主簿，庚格僧正法持絓經書，是其家者皆寫得。又得招提琰法師衆義疏，及衆經序。又得頭陀寺曇智法師陰陽、卜祝、冢宅等書。又得州民朱澹遠送異書。又於長沙寺經藏，就京公寫得四部。又於江州江革家，得元嘉前後書五秩。又就姚凱處得三秩。又就江録處得四秩，足爲一部。合二十秩，一百一十五卷，並是元嘉書，紙墨極精奇。又聚得元嘉後漢併《史記》、《續漢春秋》、《周官》、《尚書》及諸子集等可一千餘卷。又聚得細書《周易》、《尚書》、《周官》、《儀禮》、《禮記》、《毛詩》、《春秋》各一部。又使孔昂寫得《前漢》、《後

漢》、《史記》、《三國志》、《晉陽秋》、《莊子》、《老子》、《肘後方》、《離騷》等，合六百三十四卷，悉在一巾箱中，書極精細。還石城爲戍軍時，寫得《元儒衆家義疏》。爲江州時，又寫蕭諮議貢、劉中紀緩、周録事宏直等書。時羅鄉侯蕭説於安成失守，又遣王諮議僧辯取得説書。又值吴平光侯廣州下，遣何集曹沔寫得書。又值衡山侯雍州下，又寫得書。又蘭左衛欽從南鄭還，又寫得蘭書。往往未渡江時書，或是此間製作，甚新奇。張湘州纘經餉書，如樊光注《爾雅》之例是也。張豫章綰經餉書，如《高僧傳》之例是也。范鄱陽胥經餉書，如高誘注《戰國策》之例是也。隱士王縝之經餉書，如《童子傳》之例是也。又就東林寺智表法師寫得書法書，如初韋護軍叡餉數卷，次又殷貞子鈞餉，爾後又遣范普市得法書，又使潘菩提市得法書，並是二王書也。郡五官虞曒大有古迹，可五百許卷，併留之伏事客房。篆又有三百許卷，併留之，因爾遂蓄諸迹。又就會稽宏普惠皎道人搜聚之。及臨汝靈侯益州還，遂巨有所辦。後又有樂彦春劉之遴等書，將五千卷。又得南平嗣王書，又得張雍州書，又得桂陽藩王書，又得留之遠書。吾今年四十六歲，自聚書來四十年，得書八萬卷，河間之侔漢室，頗謂過之矣。

《隋書・經籍志》　隋開皇三年，秘書監牛弘表請分遣使人，搜訪異本。每書一卷，賞絹一匹，校寫既定，本即歸主。於是民間異書，往往間出。及平陳已後，經籍漸備。檢其所得，多太建時書，紙墨不精，書亦拙惡。於是總集編次，存爲古本。

張彦遠《法書要録》卷二《梁虞龢〈論書表〉》　〔王〕羲之性好鵝，山陰曇礦村有一道士，養好鵝十餘，王清旦乘小艇故往，意大願樂，乃告求市易，道士不與，百方譬説不能得。道士乃言性好道，久欲寫河上公《老子》，縑素早辦，而無人能書，府君若能自屈，書《道》、《德》經各兩章，便合羣以奉。羲之便住半日，爲寫畢，籠鵝而歸。

又卷三《何延之〈蘭亭記〉》　《蘭亭》者，晉右將軍會稽内史琅琊王羲之字逸少所書之詩序也。右軍蟬聯美胄，蕭散名賢，雅好山水，尤善草隸。以晉穆帝永和九年暮春三月三日宦游山陰，與太原孫統承公、孫綽興公、廣漢王彬之道生、陳郡謝安安石、高平郗曇重熙、太原王藴叔仁、釋支遁道林併逸少子凝、徽、操之等四十有一人，修祓褉之禮，揮毫製序，興樂而書，用蠶繭紙、鼠鬚筆，遒媚勁健，絶代更無。凡二十八行，三百二十四字，有重者皆搆别體。就中「之」字最多，乃有二十許個，變轉悉異，遂無同者，其時迺有神助。及醒後，他日更書數十百本，無如祓褉所書之者。右軍亦自珍愛，寶重此書，留付子孫傳掌。至七代孫智永「永即右軍第五子徽之之後，安西成王諮議彦祖之孫，廬陵王胄昱之子，陳郡謝少卿之外孫也」與兄孝賓俱捨家入道，俗號永禪師。禪師克嗣良裘，精勤此藝。常居永欣寺閣上臨書，所退筆頭置之於大竹簏，簏受一石餘，而五簏皆滿。凡三十年，於閣上臨得真草《千文》好者八百餘本，浙東諸寺，各施一本，今有存者，猶直錢數萬。孝賓，改名惠欣。兄弟初落髮時，住會稽嘉祥寺，寺即右軍之舊宅也。後以每年拜墓便近，因移此寺，自右軍之墳及右軍叔薈已下塋域，併置山陰西南三十一里蘭渚山下。梁武帝以欣、永二人，皆能崇於釋教，故號所住之寺爲永欣焉。事見《會稽志》。其臨書之閣，至今尚在。禪師年近百歲乃終，其遺書併付弟子辯才。才俗姓袁氏，梁司空昂之玄孫。辯才博學工文，琴棋書畫皆得其妙。每臨禪師之書，逼真亂本。辯才嘗於所寢方丈梁上，鑿其暗檻，以貯《蘭亭》，寶惜貴重，甚於禪師在日。至貞觀中，太宗以德政之暇，鋭志玩書，臨寫右軍真草書帖，購募備盡，唯未得《蘭亭》。

劉餗《隋唐嘉話》卷下《張參手寫書》　張參爲國子司業，年老，常手寫九經，以謂讀書不如寫書。

樊綽《蠻書》卷三　貞元十年，三使悉至闕下，朝廷納其誠款，許其歸化，節度恭承詔旨，專遣西川判官崔佐時親信數人越雲南，與牟尋盟於玷蒼山下。誓文四本内，一本進獻；一本異弁尋置於玷蒼山下神祠石函内；一本納於祖父等廟；一本置府庫中以示子孫，不令背逆，不令侵掠。臣咸通四年正月奉本使尚書蔡襲意旨，令書吏寫蠻王異牟尋誓文數本，並書牒繫於車弩上，飛入賊營。臣切覽牟尋誓文，立盟極切。今南蠻子孫違負前誓，伏料天道必誅。容臣親於江源訪覓其誓文，續俟寫録真本進上。

《舊唐書・文宗本紀上》　大和二年，敕李絳所進則天太后刪定《兆人本業》三卷，宜令所在州縣，寫本散發鄉村。

又《經籍志》　凡四部庫書，兩京各一本，共一十二萬五千九百六十卷，皆以益州麻紙寫。其集賢院御書：經庫皆鈿白牙軸，黄縹帶，紅牙籤；史書庫鈿青牙軸，縹帶，緑牙籤；子庫皆雕紫檀軸，紫帶，碧牙籤；集庫皆緑牙軸，朱帶，白牙籤，以分别之。

又《褚亮傳》　當時寇盗縱横，六親不能相保。褚亮與潘徽同行，至隴山，徽遇病終。褚亮親加棺斂，瘞之路側，慨然傷懷，遂題詩於隴樹。好事者皆傳寫諷誦，信宿遍於京邑焉。

又《褚無量傳》　皇太子及郯王嗣直等五人，年近十歲，尚未就學。無量繕寫

《論語》《孝經》各五本以獻。上覽之曰：「吾知無量意無量。」

又《白居易傳》 長慶末，浙東觀察使元稹，爲居易集序曰【略】二十年間，禁省觀寺、郵候墻壁之上無不書，王公妾婦、牛童馬走之口無不道。其繕寫模勒，衒賣於市井，或因之以交酒茗者，處處皆是。其甚有至盜竊名姓，苟求自售，雜亂間厠，無可奈何。【略】又，鷄林賈人求市頗切，自云：『本國宰相，每以一金換一篇；甚僞者，宰相輒能辨別之。』自篇章已來，未有如是流傳之廣者。【略】居易嘗寫其文集，送江州東西二林寺、洛城香山聖善等寺，如佛書雜傳，例流行之。

又《崔行功傳》 太宗命秘書監魏徵寫四部羣書，將進内貯庫，别置讎校二十人、書手一百人。徵改職之後，令虞世南、顔師古等續其事。至高宗初，其功未畢。顯慶中，罷讎校及御書手，令工書人繕寫，計直酬傭，擇散官隨番讎校。其後，又詔東臺侍郎趙仁本、東臺舍人張文瓘，及行功、懷儼等，相次充使檢校，又置詳正學士以校理之，行功仍專知御書。

《新唐書·藝文志一》 貞觀中，魏徵、虞世南、顔師古繼爲秘書監，請購天下書，選五品以上子孫工書者爲書手，繕寫藏於内庫，以宫人掌之。【略】安禄山之亂，尺簡不藏。元載爲相，奏以千錢購書一卷。【略】昭宗播遷，京城制置使孫惟晟斂書本軍，寓教坊於秘閣，有詔還其書，命監察御史韋昌范等諸道求購。及徙洛陽，蕩然無遺矣。

蘇軾《蘇東坡全集奏·議集》卷一三《論高麗買書利害劄子三首》 一近據館伴所申，乞與高麗使抄寫曲譜。臣謂鄭衛之聲，流行海外，非所以觀德。若畫朝旨，特爲抄寫，尤爲不便。

程俱《麟臺故事》卷一 淳化三年九月，幸新祕閣。帝登閣，觀羣書齊整，喜形于色，謂侍臣曰：「喪亂以來，經籍散失，周孔之教，將墜于地。朕即位之後，多方收拾，抄寫購募，今方及數萬卷，千古治亂之道，並在其中矣。【略】［太宗］至道元年六月，命内品、監祕閣三館書籍裴愈使江南、兩浙諸州，尋訪圖書。如願進納入官，優給價值；如不願進納者，就所在差能書吏借本抄寫，即時給還。

又卷二 景祐三年十月乙丑，御崇政殿觀三館祕閣新校兩庫子集書，凡萬二千餘卷。賜校勘官并管勾使臣寫書吏器幣有差。【略】嘉祐四年九月，歐陽修爲史館修撰，言：「史之爲書，以紀朝廷政事得失及臣下善惡功過，宜藏之有司。往時李淑以本朝正史進入禁中而焚其草，今史院惟守空司而已。乞詔龍圖閣别寫一本下編修院，以備討閲故事。」從之。

又卷四 祕閣至端拱二年於崇文院中堂建，擇三館書籍真本并内出古畫墨跡等藏之，淳化元年詔次三館。直閣以朝官充，校理以京朝官充。掌繕寫祕藏供御典籍圖書之事。【略】《國史》、《會要》：詔文館孔目官一人，書庫官一人，守當官三人，楷書五人；史館孔目官一人，四庫書直官一人，表奏官一人，書庫官四人，守當官三人，楷書十三人，大中祥符中又置寫日曆楷書二人；集賢院孔目官一人，表奏官一人，掌舍一人；祕閣典書三人，楷書七人，寫御書十人，裝裁匠十二人；祕書省書令史一人，楷書六人。

楊萬里《誠齋集》卷七九《益齋藏書目序》 ［予］於延之有未解者焉，蓋延之每退，則閉户謝客，日計手抄若干古書，其子弟亦抄書，不惟延之手抄而已也。其諸女亦抄書，不惟子弟抄書而已也。且延之之於書腹之矣，奚所事於手之乎此，予之所未解者也。雖然又有未解者焉。今年予出守毗陵，蓋延之之州里也。延之持淮南使者之節而歸，一日入郛訪予。予與之秉燭夜語，問其閒居何爲？則曰：「吾所抄書今若干卷，將彙而目之。飢讀之以當肉，寒讀之以當裘，孤寂而讀之以當朋友，幽憂而讀之當金石琴瑟也。」余於是疑焉。蓋若延之者記之强不必抄之，富學之就不必讀之。劬彼其渟之、爲道德流之、爲文章溥之，爲事業深矣。而猶脱腕於傳寫，焦唇於誦教，此余之所疑而愈不可解者也。

彭叔夏《文苑英華辨證原序》 叔夏嘗聞太師益公先生之言曰：「校書之法，實事是正，多聞闕疑。」叔夏年十二三時，手鈔太師《皇帝實録》，其間云：「興衰治□之源」，闕一字，意謂必是「治亂」。後得善本，迺作「治忽」。三折肱爲良醫，信知書不可以意輕改。

羅大經《鶴林玉露》卷一《手寫九經》 唐張參爲國子司業，手寫九經，每言讀書不如寫書。高宗以萬乘之尊，萬幾之繁，乃亦親灑宸翰，遍寫九經，雲章爛然，終始如一，自古帝王所未有也。又嘗御書《漢光武紀》賜執政徐俯，曰：「卿勸朕讀《光武紀》，朕思讀十遍不如寫一遍，今以賜卿。」聖學之勤如此。

陳振孫《直齋書録解題》卷四《新唐書略》 吕祖謙授徒，患《新史》難閲，摘要抹出，而門人鈔之。蓋節本之有倫理者也。

又《孝宗實録五百卷》 嘉泰二年，修撰傅伯壽等撰進。中興以來，兩朝五十餘載事迹，置院既久，不以時成，涉筆之臣，乍遷忽徙，不可殫紀。及有詔趣進，則匆遽鈔録，甚者一委吏手，卷帙猥多，而紀載無法，疎略牴牾，不復可稽據。故二《録》比之前世，最爲缺典，觀者爲之太息。

又卷五《政和重修國朝會要百十卷》 先是王禹玉監修，自建隆至熙寧，凡三百卷。崇寧中重修，僅成《吉禮》百十卷，政和進呈。餘四類，編治垂成，宣和庚子罷局，遂成散漫。紹興間，少蓬程俱申請就知桂州許中家借抄之。

又卷六《夏小正傳四卷》 漢戴德傳，給事中山陰傅崧卿注。此書本在《大戴禮》，鄭康成注《禮運》「夏時」曰：「夏四時之書也，其存者有《小正》。」後人於《大戴禮》鈔出别行。

又卷七《西京雜記六卷》 晉句漏令丹陽葛洪稚川撰。其卷末言洪家有劉子駿書百卷，先父傳之。歆欲撰《漢書》，雜録漢事，未及而亡。試以此記考校班固所作，殆是全取劉書，少有異同耳。固所不取不過二萬餘言，今鈔出爲二卷，以裨《漢書》之闕。

又《典刑録十二卷》 苕溪吴宏编。凡五十二門，大略於《言行録》中鈔出。

又卷八《龍圖閣瑞物寶目》 《六閣書籍圖畫目》共一卷。已上平江虎邱寺御書閣有原頒降印本，傳寫得之。

又卷一〇《徽言三卷》 司馬光手鈔諸子書，題其末曰：「余此書類舉人所鈔書，然舉人所鈔獵其辭，余所鈔覈其意；舉人志科名，余志道德。」其書「迂叟年六十八」，蓋公在相位時也。方機務填委，且將屬疾，而好學不厭，克勤小物如此。所鈔自《國語》而下六書，其目三百一十有二，小楷端重，無一筆不謹，百世之下，使人肅然起敬。真蹟藏邵康節家，其諸孫遵守。漢嘉從邵氏借刻，攜其板歸越，今在其羣從述尊古家。

又卷一一《開顔集三卷》 校書郎周文規撰。未知何時人。以《古笑林》多猥俗，迺於書史中鈔出可資談笑者，爲此編。

又卷一四《南史精語十卷》 洪邁撰。自《博聞》、《誨蒙》、《漢雋》、《摘奇》、《提要》及此《法語》諸書，皆所以備遺忘。而洪氏多取句法，《漢雋》類例有倫，餘皆隨筆信意鈔録者也。

又卷一五《唐絶句選四卷》 倉部郎中福清林清之直父以洪氏《絶句》鈔取其佳者。七言一千二百八十，五言百五十六，六言十五首。

又卷一六《枚叔集一卷》 漢弘農都尉淮陰枚乘撰。叔其字也。《隋志》：「梁時有二卷，亡。」《唐志》復著録。今本乃於《漢書》及《文選》諸書鈔出者。

又《揚子雲集》五卷 漢黄門郎成都揚雄子雲撰。大抵皆録《漢書》及《古文苑》所載。案：宋玉而下五家，皆見唐以前《藝文志》，而《三朝志》俱不著録，《崇文總目》僅有《董集》一卷而已，蓋古本多已不存，好事者於史傳、類書中鈔録，以備一家之作，充藏書之數而已。

又卷一九《薛道衡集一卷》 隋内史侍郎河東薛道衡玄卿撰，詩凡十九篇。本集三十卷，所存止此。大抵隋以前文集存全者亡幾，多好事者於類書中鈔出，以備家數也。

又《柳宗元詩一卷》 唐柳宗元撰。子厚詩在唐與王摩詰、韋應物相上下，頗有陶、謝風氣，古律、絶句總一百四十五篇，在全集中不便於觀覽，因鈔出别行。

宋均《聖宋名賢五百家播芳大全文粹跋》 余幼有嗜書癖，家貧恒不能置。每遇奇書，必借抄，積歲月不倦。去歲之冬，于苕溪得交王君者香，者香出其舅葉子實先生所編《播芳文粹大全》見示，因言是書初編一百卷，刊行後一時紙貴。既思書以四六爲宗，宜多采表、啓諸作，乃復廣蒐旁輯，成百五十卷，未及梓而卒。然則是書世無刻本，彌足貴也。急假歸，偕同志友人分寫，六閲月而畢。因書以志。

馬端臨《文獻通考・經籍考》卷一《總叙》 初，西京嘉則殿有書三十七萬卷，帝命祕書監柳顧言等詮次，除其複重猥雜，得正御本三萬七千餘卷，納於東都修文殿。又寫五十副本，分爲三品：上品紅琉璃軸，中品紺琉璃軸，下品漆軸，於東都觀文殿東西廂構屋以貯之。東屋藏甲、乙，西屋藏丙、丁。【略】貞觀中，魏徵、虞世南、顔師古繼爲祕書監，請購天下書，選五品以上子孫工爲書者，手繕寫，藏於内庫，以宫人掌之。玄宗命左散騎常侍、昭文館學士馬懷素爲修圖書使，與右散騎常侍、崇文館學士褚無量整比。會幸東都，乃就乾元殿東序檢校。無量建議御書以宰相宋璟、蘇頲同署，如貞觀故事。又借民間異本傳録。及還京師，遷書東宫麗正殿，置修書院於著作院。其後大明宫光順門外、東都永福門外，皆創集賢書院，學士通籍出入。既而太府月給蜀郡麻紙五千番，季給上谷墨三百三十六丸，歲給河間、景城、清河、博平四郡兔千五百皮爲筆材。兩都各聚書四部，以甲、乙、丙、丁爲次，列經、史、子、集四庫。其本有正有副，軸帶帙籤，皆異色以别之。【略】六庫書籍正副本，凡八萬卷，策府之文，焕乎一變矣。九年正月詔曰：「國家宣明憲度，恢張政治，敦崇儒術，啟迪化源，國典朝章，咸從振舉，遺編墜簡，當務詢求，眷言經濟，無以加此。宜令三館以開元四部書目，閲館中所闕者，具列其名，詔中外購募。有以亡書來上，及三百卷，當議甄録酬獎；餘第卷帙之數，等級優賜。不願送官者，借本寫畢還之。」自是四方書籍，往往間出。【略】隋煬帝寫祕閣之書，分爲三品，於觀文殿東西廊貯之。然則祕閣之設，其來久矣。及唐開元中，繕寫四部書以

充内庫，命散騎常侍褚無量、祕書監馬懷素總其事，事成列於乾元殿之東廊。【略】祖宗藏書之所，曰三館祕閣，在左昇龍門北，是爲崇文院。自建隆至大中祥符，著録總三萬六千二百八十卷。八年，館閣火，移寓右掖門外，謂之崇文外院。借太清樓本補寫，既多損蠹，更命繕還。天聖三年，成萬七千六百卷，歸於太清。九年冬，新作崇文院，館閣復而外院廢。時已增募寫書史，專事完緝。景祐初，命翰林學士張觀，知制誥李淑、宋郊，編四庫書，判館閣官覆視録校。二年，上經、史八千四百二十五卷；明年，上子、集萬二千三百六十六卷。差賜官吏器幣就宴，輔臣兩制館閣官進管勾，内侍官一等。詔購求逸書，復以書有謬濫不完，始命定其存廢，因倣《開元四部録》爲《崇文總目》。慶曆初，成書，凡三萬六百六十九卷。然或相重，亦有可取而誤棄不録者。嘉祐四年，右正言祕閣校理吴及，言内臣監館閣久不更，書多亡失，補寫不精。請選館職，分吏編寫，重借書法，求訪所遺事，並施用。令陳襄、蔡抗、蘇頌、陳繹編定四館書，不兼他局，二年一代。遂用黄紙寫印正本，以防蠹敗。又還京朝官、州縣官四人編校，二年遷館職；闕即隨補。歲餘，詔曰：「國初承五代之後，簡編散落，三館聚書僅纔萬卷。其後平定列國，先收圖籍，亦嘗分遣使人，屢下詔令，訪募異本，校定篇目，聽政之暇，無廢覽觀。然比開元，遺逸尚衆，宜加購賞，以廣獻書。中外士庶，並許上館閣闕書，卷支絹一疋，五百卷與文資官。」明年冬，奏黄本書六千四百九十六卷，補白本二千九百五十四卷，賜宴如景祐，自是編寫不絶。收獻書二百一十七部，千三百六十八卷，合《崇文總目》除前志所載，删去重複訛謬，定註一千四百七十四部，八千四百九十四卷。熙寧四年，集賢院學士史館修撰宋敏求言：「前代崇建策府，廣收典籍，所以備人君覽觀，以成化天下。今三館祕閣各有四部書，外經、史、子、集，其書類多訛舛，累加校正，尚無善本。蓋逐館幾四萬卷，校讎之時，務存速畢，每帙止用元寫本一册校正而已，更無兼本照對，第數既多，難得精密，故藏書雖富，未及前代。欲乞先以《前漢書・藝文志》所載者，廣求其本，令在館供職官重複校正，校正既畢，然後校後漢時諸書。竊緣戰國以後，及於兩漢，皆是古書，文義簡奥，多有脱誤，須得他本參定。乞依昨來《十七史》例，於京師及下諸路藏書之家，借本謄寫送官，俟其已精，方及魏、晉，次及宋、齊，至唐則分爲數等，取其堪傳者，則校正，庶幾祕府文籍，得以全善」。事雖不行，然補寫校定，訪求闕遺，未嘗廢也。七年，命三館祕閣編校所看詳成都府進士郭有直及其子大亨所獻書三千七百七十九卷，得祕閣所無者五百三卷。詔官大亨爲將作監主簿。自是中外以書來上，凡增四百四十部，六千九百三十九卷。

元豐三年，改官制，廢館職，以崇文院爲祕書省。刊寫分貯集賢院、史館、昭文館、祕閣。經籍圖書，以祕書郎主之；編輯校定，正其脱誤，則校書郎，正字主之。歲於仲夏曝書，則給酒食費，諫官、御史及待制以上官畢赴。元祐中，詔祕書省見校對黄本書籍，可添一員，以選人秦觀充。黄本書，即嘉祐中寫印正本。紹聖初，罷不復置。崇寧中，詔兩浙、成都府路有民間鏤板奇書，令漕司取索，上祕書省。大觀二年，詔大司成分委國子監、太學、辟雍等官，校本監書籍，候畢，令禮部覆校。四年，祕書監何志同言：「漢著《七略》，凡爲書三萬三千九百卷，隋所藏至三十七萬卷，唐開元間八萬九千六百卷。慶曆間，嘗命儒臣集四庫爲籍，名曰《崇文總目》，凡三萬六百六十九卷。慶曆距今未遠也，按籍而求之，十纔六七，號爲全本者，不過二萬餘卷，而脱簡斷編，亡散缺逸之數浸多。謂宜及今有所搜採，視舊録有未備者，頒其名數於天下，選文學博雅之士，求訪《總目》之外，別有異書，並借傳寫或官給劄，即其家傳之，就加校正，上之策府。」即從其請。政和七年，校書郎孫覿言：「太宗皇帝建崇文殿爲藏書之所。景祐中，仁宗皇帝詔儒臣即祕書所藏編次條目所得書，以類分門，賜名《崇文總目》。神宗皇帝以崇文院爲祕書省，釐正官名，獨四庫書尚循《崇文》舊目。頃因臣僚建言訪求遺書，今累年所得《總目》之外，凡數百家，幾萬餘卷。乞依景祐故事，詔祕書省官，以廣訪遺書，討論撰次，增入《總目》，合爲一書。乞別製美名，以更《崇文》之號。」迺命覿及著作佐郎倪濤、校書郎汪藻、劉彦通撰次，名曰《祕書總目》。宣和初，提舉祕書省官建言，置補寫御前書籍所於祕書省，稍訪天下之書，以資校對。以侍從官十人爲參詳官，餘官爲校勘官。進士以白衣充檢閲者數人，及年，皆命以官。四年四月詔曰：「朕惟太宗皇帝底寧區宇，作新斯文，屢下詔書，訪求亡逸。策府四部之藏，庶幾乎古，歷歲浸入，有司玩習，多致散缺，私室所閟，世或不傳。可令郡縣諭旨訪求，許士民以家藏書在所自陳，不以卷帙多寡，先具篇目，申提舉祕書省以聞，聽旨遞進，可備收録，當優與支賜。或有所祕未見之書，有足觀采，即命以官，議加崇獎，其書録竟給還。若率先奉行，訪求最多州縣，亦具名聞，庶稱朕表章闡繹之意。」又詔曰：「三館圖書之富，歷歲滋久，簡編脱落，字畫訛舛，校其卷帙，尚多逸遺，甚非所以示崇儒右文之意。」乃命建局，以補全校正文籍爲名，設官總理，募工繕寫，一置宣和殿，一置太清樓，一置祕閣，俾提舉祕書省官兼領。「凡所資用，悉出内帑，毋費有司，庶成一代之典。」三詔同日而下，四方奇書，自是間出。五年二月，提舉祕書省言：「有司搜訪士民家藏書籍，悉上送官，參校有無，募工繕寫，藏之御府。近與三館參校

榮州助教張頤所進二百二十一卷，李東一百六十二卷，皆係闕遺，乞加褒賞。」詔頤賜進士出身，東補迪功郎。七年，提舉祕書省又言：「取索到王闡、張宿等家藏書，以三館、祕閣書目比對所無者，凡六百五十八部，二千四百一十七卷，及集省官校勘悉善本，比前後所進書數稍多。」詔闡補承務郎，宿補迪功郎。然自熙寧以來，搜訪補緝，至宣和盛矣。至靖康之變，散失莫考。今見於著録，往往多非曩時所訪求者，凡一千四百四十三部，二萬五千二百五十四卷。高宗渡江，書籍散佚。獻書有賞或以官，故家藏者或命就録，鬻者悉市之。乃詔分經、史、子、集四庫，仍分官日校。又内降詔，其略曰：「國家用武開基，右文致治。藏書之盛，視古爲多。艱難以來，網羅散失，而十不得其四五。令監司郡守，各諭所部，悉上送官，多者優賞。」又復置補寫所，令祕書省提舉，掌求遺書，詔定獻書賞格，自是多來獻者。淳熙四年，祕書少監陳騤等言：「中興館閣藏書，前後搜訪，部帙漸廣，乞倣《崇文總目》類次。」五年，書目成。計見在書四萬四千四百八十六卷。較《崇文》所載，實多一萬三千八百一十七卷；復參三朝所志，多八千二百九十卷；兩朝所志，多三萬五千九百九十二卷。嘉定十三年，以四庫之外書復充斥，詔祕書丞張攀等續書目，又得一萬四千九百四十三卷，而太常太史、博士之藏，諸郡諸路刻板而未及獻者不預焉。蓋自紹興至嘉定，承平百載，遺書十出八九，著書立言之士又益衆，往往多充祕府。紹定辛卯火災，書多闕。今據《書目》、《續書目》及搜訪所得嘉定以前書，詮校而志之。

又卷二《經部・易舉正》 《崇文總目》：唐蘇州司户參軍郭京撰。京世授五經，得王輔嗣、韓康伯手寫《易經》，比世所行，或頗差駁，故舉正其訛而著於篇。

《宋史・刑昺傳》 上嘗因内閣暴書，覽而稱善，召昺同觀，作《禮選贊》賜之。昺言：「家無遺稿，願得副本。」上許之。繕録未畢而昺卒，亟詔寫二本，一本賜其家，一本俾置冢中。

祁承㸁《澹生堂藏書約・聚書訓》 穆子容少好學，無所不覽，求天下書，逢即寫録，所得萬餘卷。袁峻家貧無書，每從人假借，必皆鈔寫。自課，日五十紙，紙數不登則不止。董仲元去京師三百里，或乘牛驢，或躡履，不日而至。常息人家，於座以筆題掌。還家以竹籜寫之，書竟則舐掌中，世謂之董仲元掌録。任東學無常師，河洛祕奥，非止典籍所載，皆注記於柱壁及園林樹木，慕學者争趨寫之，時謂任氏經苑。東莞臧逢世，年二十餘，欲讀班固《漢書》，苦假借不能久，乃就姊夫劉緩乞書翰紙末，手寫一本。軍府服其志尚，卒以《漢書》聞。王筠少好鈔書，老而彌篤。雖遇見瞥觀，即皆疏記。後重覽省，懽情彌深，習與性成，不覺筆倦。自十三四歲，歷四十載，躬自鈔録，大小百餘卷，自以爲不足，傳之好事，備遺忘而已。張參爲國子司業，手寫九經，每謂讀書不如寫書。柳仲郢退公，布卷不舍晝夜。九經三史一鈔，晉魏南北史再鈔，手書分門三十卷，號柳氏自備，小楷精謹，無一字肆筆。劉道原就宋次道家觀書，宋日具酒饌爲主人禮，道原不受，閉閤鈔書，旬日而畢。吴人朱存理，居常聞人有奇書，輒從求，以必得爲志。或手自繕録，動盈筐篋，羣經諸子小説，無所不有。詩亦精雅，尤精上楷，手録前輩詩文，積百餘家。他所纂述，有《經子鉤元》、《吴郡獻徵録》、《名物寓言》、《鐵網珊瑚》、《野航漫録》、《鶴岑隨筆》等書數百卷。

陳繼儒《汲古閣書跋叙》 吾友毛子晉，負婗古之癖。凡人有未見書，百方購訪，如縋海鑿山，以求寶藏，得即手自鈔寫，糾訛謬，補遺亡，即蛛絲鼠壤，風雨潤濕之所糜敗者，一一整頓之。

顧炎武《亭林文集》卷二《鈔書自序》 炎武之先家海上，世爲儒。自先高祖爲給事中，當正德之末，其時天下惟王府官司及建寧書坊乃有刻板，其流布於人間者，不過四書、五經、《通鑑》、《性理》諸書。他書即有刻者，非好古之家不蓄，而寒家已有書六七千卷。嘉靖間，家道中落，而其書尚無恙。先曾祖繼起爲行人，使嶺表，而倭闌入江東，郡邑所藏之書與其室廬俱焚，無孑遺焉。洎萬曆初，而先曾祖歷官至兵部侍郎，中間蒞方鎮三四，清介之操，雖一錢不以取諸官，而性獨嗜書，往往出俸購之，及晚年而所得之書過於其舊，然絶無國初以前之板。而先曾祖每言：「余所蓄書，求有其字而已，牙籤錦軸之工，非所好也。」其書後析而爲四。炎武嗣祖太學公，爲侍郎公仲子，又益好讀書，增而多之，以至炎武，復有五六千卷。自罹變故，轉徙無常，而散亡者什之六七，其失多出於意外。二十年來贏縢擔囊以遊四方，又多别有所得，合諸先世所傳，尚不下二三千卷。其書以選擇之善，較之舊日雖少其半，猶爲過之，而漢、唐碑亦得八九十通，又鈔寫之本别貯二麓，稱爲多且博矣。自少爲帖括之學者二十年，已而學爲詩古文，以其間纂記故事，年至四十，斐然欲有所作；又十餘年，讀書日以益多，而後悔其嚮者立言之非也。自炎武之先人皆通經學古，亦往往爲詩文，本生祖贊善公文集至數百篇，而未有著書以傳於世者。昔時嘗以問諸先祖，先祖曰：「著書不如鈔書。凡今人之學，必不及古人也，今人所見之書之博，必不及古人也。小子勉之，惟讀書而已。」先祖書法蓋逼唐人，性豪邁不羣，然自言少時日課鈔古書數紙，今散亡之餘猶數十帙，他學士家所

未有也。自炎武十一歲，即授之以温公《資治通鑑》，曰：「世人多習《綱目》，余所不取。凡作書者，莫病乎其以前人之書改竄而爲自作也。班孟堅之改《史記》，必不如《史記》也；宋景文之改《舊唐書》，必不如《舊唐書》也；朱子之改《通鑑》，必不如《通鑑》也。至於今代，而著書之人幾滿天下，則有盗前人之書而爲自作者矣，故得明人書百卷，不若得宋人書一卷也。」炎武之遊四方十有八年，未嘗干人，有賢主人以書相示者則留，或手鈔，或募人鈔之，子不云乎：「多見而識之。知之，次也。」今年至都下，從孫思仁先生得《春秋纂例》、《春秋權衡》、《漢上易傳》等書，清苑陳祺公資以薪米紙筆，寫之以歸。愚嘗有所議於左氏，及讀《權衡》，則已先言之矣。念先祖之見背，已二十有七年，而言猶在耳，乃泫然書之，以貽諸同學李天生。天生今通經之士，其學蓋自爲人而進乎爲己者也。

康文興《寫大賢劫千佛名經題記》 雍熙二年乙酉歲十一月廿八日書寫，押衙康文興自手，並筆墨寫記。清信弟子幸婆表願幸勝者、張福定、幸婆李長子三人等，發心寫《大賢劫千佛名經》卷上，施入僧順子道場内。

源清《法華十妙不二門示珠指後序》 康熙三年歲次丙戌孟夏之月，余於錢塘湖之陰講《法華玄義》，解座屬安居，時對而未得即入文句。有二三道侶賫《不二門》別行本至，皆云此文訛謬多矣，幸爲辨惑焉。余因校據本宗，聊以消諸，學生聞已，恐有失墜，請編録之。余素非筆削之流，尤慚環碩之學，但以宿發聞之於師，遂允所求，書之於紙。

知禮《觀音玄議記序》 知禮俯伏惟念，早年慕學，投迹寶雲，遇授法師，講説此品。神根既鈍，遂數諮疑。先師念我學勤，不辭提耳，故所説義，粗記在心。昔同聞人，今各衰朽。慮乎先見，不益後昆，共勉不才，抄録於世。

又《觀無量壽佛經疏妙宗鈔》 此經義疏，人悕净報。故説聽者多矣。所禀寶雲師首製，記文相沿，至今著述不絶，皆宗智者，豈有不知修心妙觀，感四净土文義者耶？良以慜物情深，適時智巧，故多談事相，少示觀門，務在下凡普霑緣種。方今嘉運，盛演圓乘、慕學之徒皆欲得旨而修證矣。故竭鄙志，鈔數千言，上順妙宗，略消此疏。適時之巧非我所能，願共有情即心念佛，乃此鈔所以作也。

智圓《阿彌陀經疏西資鈔序》 夫疏之有記鈔者，蓋後學之曹記録要義，抄寫格言，以輔翼其疏，防乎傳授之謬誤，討尋之忽忘耳。吾所撰十疏者，乃始於《文殊般若》而終於《阿彌陀經》也。雖皆乘興偶然而作，及論其次第似有旨乎。得非始以般若真空蕩繫著於前，終依净土行門求往生於後邪。噫！以無所得心而修佛國行者，不亦宜乎？抑又念《涅槃》有言驟之懷胎，竹之結實，人之抱疾，斯三者諒必死之非久矣。矧吾有深固之疾，而困躓臞瘠，亦已甚乎，豈能久留於世邪？遂亟欲口授其義旨於來學輩，俾廣净土之道也。門弟子有願書吾言於紙，以爲記抄，庶逃謬誤忽忘之咎焉。吾乃許之，遂隱几口占，使門徒曰惟雅者筆之，成一卷，凡十餘紙。吾自顧而笑曰：「我爲經作疏已多言矣，況又爲疏作鈔邪。雖然，無名相中假名相説，得夫魚免者，筌蹄也，言可棄乎。且使夫後昆傳無盡之燈，益無窮之機，使信釋迦之勸贊，荷諸佛之護念，入彌陀大願海中者，可不由於斯文歟！夫如是，則斯言足可爲吾西歸净刹之資糧也，可號之曰《西資鈔》焉，小子識之。」門人曰：「唯，唯，既聞命矣。」作禮而出。

陳夢雷《松鶴山房文集》卷二《進匯編啟》 我王爺聰明睿智，於講論經史之餘，賜之教誨，謂《三通》、《衍義》等書詳於政典，未及蟲魚草木之微；《類函》、《御覽》諸家，但資詞藻，未及天德王道之大。必大小一貫，上下古今類列部分，有綱有紀，勒成一書，庶足大光聖朝文治。雷聞命踴躍，喜懼交并，自揣五十年來無他嗜好，惟有日抱遺編，今何幸，大慰所懷。不揣蚊力負山，遂以一人獨肩斯任，謹于康熙四十年十月爲始，領銀傭人繕寫。蒙我王爺殿下，頒發協一堂所藏鴻編，合之雷家經史子集，約計一萬五千餘卷，至此四十五年四月内書得告成。分爲彙編者六，爲志三十有二，爲部六千有零，凡在六合之内，鉅細畢舉，其在十三經、二十一史者，隻字不遺，其在稗史子集者，十亦只删一二，以百篇爲一卷，可得三千六百餘卷，若以古人卷帙較之，可得萬餘卷。雷三載之内，目營手檢，無間晨夕，幸而綱舉目張，差有條理，謹先謄目録、凡例爲一册上呈，伏惟删定。贊修上聖之事，雷何人斯，寧敢輕言著述。不過類聚部分，仰待我王爺裁酌，或上請至尊聖訓、東宮殿下睿旨，何者宜存，何者宜去，何者宜分，何者宜合，定其大綱，得以欽遵檢校。或賜發秘府之藏，廣其所未備，然後擇于江南、浙江都會之地，廣聚別本書籍，合精力少年分部讎校，使字畫不至舛訛，繕寫進呈，恭請御製序文冠于書首，發付梓人刊刻。較之前代《太平御覽》、《册府元龜》，廣大精詳，何止十倍。從此頒發四方，文治昭垂萬世，王爺鴻名卓越，過於東平、河間，而草茅愚賤效一日犬馬之勞，亦得分光不朽矣。

金埴《不下帶編》卷三 周侍郎櫟園亮工曰：「幼時在金陵聞舊曲中老寇四家，有原本《説郛》全部，以四大橱貯之。近見杭州槧本，纔十六套，每一種爲數少者尚全鐫，多者咸爲逸去，甚至每一集有存不下四五葉者。此刻未出時，多就寇氏

鈔録。

盧文弨《新訂直齋書録解題跋》 直齋陳氏《書録解題》二十二卷，四庫館新從《永樂大典》中鈔出以行。其持論甚正，如《顔氏家訓》，以其崇尚釋氏之故，不列於儒家；又以前志取《樂府》、《教坊》、《琵琶》、《羯鼓》等書，皆充樂類，與聖經并列爲非，當入於子録雜藝之前；又言「白玉蟾輩，何可使及吾門」，其人殆稜稜嶽嶽，識見大有過人者，不獨甄綜之富，考訂之勤也。陳氏名振孫，字伯玉，湖之安吉縣人，嘗爲鄞之校官，宰南城，倅莆田，守嘉興、台州。端平中爲浙東提舉，治會稽，是書中一一可考見。馬貴與既取其書以入《通攷》，而不用其言，《顔氏家訓》仍列儒家，《樂府雜録》、《羯鼓録》仍列經部，而目録一門，又不將陳氏此書載入，其能免於紕漏之譏乎！乾隆己卯，余讀禮家居，友人見示此書，僅自楚辭别集以下，而其他咸缺焉，乃秀水朱氏曝書亭鈔本也。今距曩時十八年而始見全書，殊爲晚年之幸。館閣校勘精矣，《大典》中有失載者，以《通攷》所引補入之，舊所有隨齋批注，亦附録焉。然所補入者，亦尚有漏誤，而所附録與其所加案語，頗似有可省者。蓋陳氏未嘗入館閣，僅録其所有以爲是書，故卷數或多或少，不必盡合於國史。又，晁氏《讀書志》有袁本、衢本之異，《通攷》所載乃衢本，而海寧陳氏所梓者乃袁本。又，《通攷》有元至大間本，本朝有武英殿本，兩者皆勝他本。今校者似但據俗間本而議其未合，毋仍千慮之一失與？大抵官中校勘，不出一手，而又迫以期限，其勢固無如之何也。余客居鍾山，幸以課讀餘閒，檢尋是正，疏爲若干條，不足别行。倘有學者相助，爲鈔此書，即依余之所增删者，使夫後之人並觀而有得焉，不其善乎！

彭元瑞《知聖道齋讀書跋》卷一《三禮考注》 是書鈔於楊東里，有跋。刻於夏時正，而羅念菴序之。此帙的係明槧，序跋皆不存。今從《經義考》鈔出，及所引鄭瑗之説，附著卷尾，俾讀者得以考其真贋云。

又《唐律疏義》 乾隆癸巳，從武進錢竹初借鈔《唐律疏義》三十卷。

又《天下郡國利病書》 《天下郡國利病書》，百二十卷，從芝庭尚書借鈔。

又卷二《鑑誡録》 余鈔是書，欲採一二，入《五代史記注》，餘都無足取。

又《古今類事》 《古今類事》，二十卷，從内府影宋本鈔出。

又《徐常侍集》 此集未見雕本，從范氏天一閣假鈔。

又《周益公集》 吾鄉大族多醵金爲宗祠，又刻其先聞人文集，曰祠堂版。若六一、南豐、山谷、澹庵、象山、文山諸集皆有之。惟益公、誠齋、盤洲三集最巨，無雕本。歲辛卯，從吴估鈔得此本，寫手譌舛特甚。越二十年庚戌，以内府本細校，麤可讀。

又《六十家名賢小集》 余所藏有二本，此本購自馬氏叢書樓。較吴集少七家，許棐、樂雷發、劉過、林同孝、姜夔、周文璞、僧紹嵩。多三家，楊甲、陶弼、何耕。又一本，三十二家，與此本同者二十家，此本無者十二家。北宋魏野、蔣堂、洪炎、高登，南宋王阮、王銍、趙汝鐩、姜夔、周弼、樂雷發、羅公升、黄希旦。書估云从徐氏傳是樓鈔出者。兩本可並存，當更鈔吴氏所有七家補之。而四庫館有《兩宋名賢小集》百五十七家，則更鉅觀。計兩本已有七十二家，即全鈔亦未爲大願難售也。

又《説學齋稿》 辛楣宫詹寄余《説學齋集》，云是歸熙甫手鈔本。

吴騫《愚谷文存》卷五《重刻羅昭諫讒書跋》 《讒書》刻於新城縣，然近世部録中流傳本絶少。往歲松陵楊慧樓進士鈔得殘帙四卷，聞吴中藏書家尚有足本，屬予從蕘圃訪搆，而蕘圃實無是書。求之累年，一旦果得其全，亟以詒予。蕘圃跋云，此本乃吴枚庵從王西莊光禄傳鈔者。按枚庵名翌鳳，本休寧商山人，與予同宗，徙家於吴，遂占籍爲長洲。諸生，家素貧，博學而嗜古。吴故多藏書家，聞有善本，輒宛轉搆借，往往手自校録，字必精楷。與予交尤莫逆，得佳帙必互相傳鈔。

黄丕烈《蕘圃藏書題識》卷一《纂圖重言重意互注毛詩》 宋刻監本《纂圖重言重意互注毛詩》，余于向年得之郡故家，内原闕第五至第七，計三卷。其時適有别本宋刻小板者，亦屬殘本，而此三卷可配入，故並購之，擬重裝焉，因循未果。今歲夏初，五柳主人從都中歸，攜有全部宋刻本，行款正同，謂可借以影鈔補全，無如已許售海甯陳仲魚，遂轉向仲魚借之，以了此願。鈔畢，復手校其誤，三卷中止誤一字，七卷六葉三行「淫」誤爲「浮」，竟改之，墨痕可驗也。

又《論語叢説》 此《論語叢説》上、中、下三卷，錢唐何君夢華爲余鈔得者也。余初得《大學》、《中庸》、《孟子叢説》，獨缺《論語》，夢華借余本鈔之，并補余所缺。

又卷三《虞稷記》 此書人閒久已絶少，丁亥歲奉命纂修《方輿路程》，因於織造曹銀臺處借鈔得之。真可寶愛，閲者無忽視之也。

又卷九《江月松風集》 《江月松風集》爲有元錢思復手書稿，草先民筆墨，具有别致，好事家因裝褫成册，錢罄室、曹秋岳相繼收藏。秋岳亡後，伯兄澂於金閶見之，傾囊得歸，一時争相傳寫，未免有豕魚之譌。此本乃余手鈔，校對獨細，惜有缺落，無從考補。

吴壽暘《拜經樓藏書題跋記》卷一《尚書全解多方》 元林之奇拙齋《尚書全解》，元闕第三十四卷，歸安丁小疋學博從京師書肆借鈔，末有附録十三條。學博跋云：「乾隆丁酉，予在京師，從琉璃廠五柳居書肆借鈔此卷，乃《永樂大典》本也。快哉！歸安丁錦鴻升衢甫識。」「餘姚鄭君察峰鋐、海寧陳君竹厂以綱先後爲予校正譌謬，又一快也。冬至後四日重記。」「戊戌春，寶應劉君端臨台拱借鈔，再校一過。朋儕先後傳寫者可數十本矣。」「其年八月，如見官本，遂手自校訂，有新鈔誤者，有舊鈔誤者，亦有林氏自誤者。悉皆改正，不暇分別標識也。編修鄒公玉藻、纂修大總裁劉文正公尚在列，蓋癸巳秋從《永樂大典》中出者。」「己亥七月六日覆校一過，與化顧君文子九苞改正一字。錦鴻改名杰記。」乾隆辛丑，先君子從知不足齋假録，並手書諸校語於上。

又《周易經義》 《周易經義》三卷，前題「進士臨川涂溍生易庵擬」。先君子從枚庵先生借鈔。【略】先君子跋云：「右《易義》三卷，往從宗人伊仲借鈔。諦觀所釋經旨，大抵不離於所謂科舉之學者近是。然儲藏家都無其書，是亦可寶者。惟書中間有闕文，無從補録，爲可惜爾。伊仲本休寧商山人，僑居吴郡，補博士弟子員。博學工詩，家貧而好書，與朱文游爲莫逆交，手鈔秘册極多。予至金閶，必爲留連日夕，得佳本輒互相傳録。後應姜度香中丞之辟，挈家入楚，郵筒不接者幾十載，聞其書亦皆散失矣。嘉慶丙辰冬日識。」

又《鄭志》 《鄭志》三卷，武英殿刻本。盧學士從孔氏本、惠氏本、山西本互校，多所增補。學士記卷上後云：「乾隆四十五年九月七日，盧文弨閱於京師李倩邸舍。」先君子借録於此，並手書「言至於漕」至「稍縣都鄙」十二條及《禘祫義》三條于末，書云：「甲辰春二月二十又二日，吴某從檠齋學士案頭借臨，丁君小疋同觀。」

又《北海經學七録》 右八篇，孔葒谷農部所録，古雋樓刻本。抱經學士贈先君子，即從學士校本借臨於此。題後云：「甲辰春仲，訪盧檠齋學士於杭之抱經堂。學士時自晉陽歸，以是録見遺，蓋曲阜孔葒谷農部新刻本也。并借得學士手校本臨之。」

又《佩觿》 《佩觿》三卷，張氏澤存堂重刻本。先君子從小疋學博借校本，命兄壽照録出，並録文淵閣校理翁覃溪先生後序及小疋學博跋。學博跋云：「丁酉秋，羅臺山孝廉入都，爲其鄉楊□□明府校官書，分得《佩觿》，是正譌謬可數千百條。余索觀之，不可得。及知書留翁覃溪學士齋頭數日，學士摘鈔十之一二，未暇全録也。庚子，桂未谷廣文借學士摘鈔本校勘《説文》，余從未谷處借歸，復乞得程魚門編修藏本，倩居停金檢亭上舍及門人莊生雋甲臨之，并學士後序亦附録焉。今年正月，未谷從曲阜致書學士，求此書，學士以手鈔本畀余，以余重臨本寄未谷。【略】先君子識後云：「甲辰春二月，小疋廣文在武林葵巷寓，以是書借余，爰令兒壽照校録一過。昔之入小學者，先教以六書。今雖學士大夫多忽不之省，宜此書之日譌也。小子可不勉哉！」

又《增修復古編》 《增修復古編》二卷，汲古閣鈔本。有「雲鶴」、「錫山龍亭華氏珍藏」、「世濟美堂」、「項氏圖籍」、「汲古閣」諸圖記。原本無陳瓘、張美和二序，先君子從刊本補鈔，識其後云：「吴均《增補復古編》二卷，予得汲古閣舊鈔本，卷首無序。兹從安邑葛氏新刊《復古編》補録此序，不知世尚有全篇否。乾隆丙午秋仲志。」

又《歗堂集古録》 此書爲先君子手校，歸安丁小疋先生假觀，久之以是本寄還，非原書也。跋語及校勘處並方密庵先生傳録，又有干待制跋。先君子書云：「《歗堂集古録》世傳刊本首叙即闕文二百四十餘言，而筆畫之訛舛尤不勝計。昨歲陳君仲魚得舊本，迺新安陳書崖昂所鈔藏者，首序既全，而字畫精好，與刊本有毫釐千里之殊。卷末又有元統改元吴郡干待制文傳跋，亦刊本所無者。因亟借歸補録於此本，復從歐陽公《集古録》、吕氏《考古》、《宣和博古》二圖、薛氏《鐘鼎款識》等書參伍校訂，其顯然謬誤者即爲改正，稍有異同，各注於其上，疑則闕之。蓋恐所據各有不同，未敢臆斷也。聞大興翁學士方綱有影宋鈔本，未審何如，俟更訪之。己亥秋日，吴某記。」密庵先生跋云：「丁君升衢得葵里吴君本，予因影鈔如右。每歎書之傳流日久，遂有闕失。惟好古者勤勤葺之，如飢渴之於飲食，斯可矣。乙巳十一月望前二日，方輔記。」先君子又跋云：「予昔從仲魚借舊鈔本校補《歗堂集古録》，藏於家，歸安丁升衢進士見而甚喜，復從予借校。他日，先以干跋貽予，蓋歙方君手筆也，并録予舊跋，而方君自跋其後，予受而藏焉，然原本卒未見歸也。踰年詢諸丁君，乃從盧弓父學士求此本以還。予開卷視之，所補序跋及校字皆依予筆，而書則非予原本，且又不載予之跋，是以學士且誤疑爲汪稚川所校補，予告之始恍然。蓋升衢交道最廣，嗜古尤癖。予之原本則展轉傳録，竟不知今落誰氏之手矣。所異者，昔年先以兩跋見歸，而今所還本後恰無跋，事若有前定者然。因并前跋附釘書後，而識其顛末如此。它日以示丁君，當爲一解頤也。時乾隆戊申浴佛後一日，吴某再記。」内有汪君圖記云「朝出耕夜歸讀古人書」。丁學博

記云：「此書余得之京師文粹堂書肆，而有汪稚川印。稚川歙人，熟於三《禮》、《說文》，蓋此書爲汪氏物也。李、干二序爲閔南窗道隆之子手臨，其吳跋則南窗親筆也。南窗亡已一年，以八分擅名於歙，與方密庵行楷相匹。」盧弓父學士與先子書云：「《獻堂集古録》二本已揀出，今奉繳。內丁小兄語不明，內卻有汪稚川印章，弟以上所校改皆汪筆也，今始知是大筆耳。」

又《鐘鼎款識》　又《晉尺》云：「予嘗欲作歷朝尺考，曾屬四弟手録一書，不知置處。

又《逸周書》　又得一本，爲抱經堂所鈔，乃盧學士刊此書時手校，蠅頭細楷，精整異常。【略】余曾以槎翁所校補入章本，比復至吳，忽從水關書肆獲一鈔本，乃抱經學士未刻此書時繕寫手校底本，上作細楷書，朱墨雜陳，極其精緻，不勝狂喜。

又卷二《讀史紀要》　梅村先生手鈔本。嘉慶乙丑，先君子以示吳門黃蕘圃主事，云的係先生親筆。因出所藏先生手寫《綏寇紀略》共觀，與此筆迹無異，洵可寶也。前有「秀水朱氏潛采堂圖書記」方印。

又《遼史拾遺》　鈔本《遼史拾遺》，四册。吳江楊慧樓進士跋云：「樊榭先生著述等身，而援引精博則推《遼史拾遺》爲冠。四十年前，廣陵馬氏曾擬剞劂而未果，海內鈔藏者，寥寥數家而已。客秋海寧吳丈槎客慨舉知不足齋贈本假鈔，以數年願見不可得之書，一旦得繕録全帙，登諸篋衍，快何如之！庚戌夏六月校畢，因識數語於後以誌幸。至堇浦先生《金史補闕》卷帙更鉅，身後散佚罕存，欲謀璧合而竟無自矣。惜夫！松陵楊復吉識。」先君子跋云：「吳江楊慧樓進士既從予借鈔《遼史拾遺》，又作《遼史拾遺補》凡數百條，惜予卒卒未及傳録。」又云：「飽緑飲云，此書向爲樊榭姪繡洲所藏，人有借鈔者，繡洲撤出一卷以借之，故外間傳本多不全，惟此爲足本也。」

又《錢塘遺事》　右鈔本十卷，吳門家枚庵先生手校，先君子跋云：「《錢塘遺事》十卷，昨歲從澈水吳子應和借得，倩族姪禹敷傳録。【略】伊仲名翌鳳，博學彊記，遇異書輒手自鈔校，蓋今日之方山也。乾隆丁未重陽後四日誌。」簡莊徵君又從文淵閣本校補數處，跋云：「有宋遺民臨安劉一清撰《錢唐遺事》十卷，世無刻本。陶南邨《說郛》載之，僅得數條。今夏寓吳門，購得是書，蓋從文淵閣鈔出，猶是足本。但書經三寫，誤脱甚多。既歸，訪兔床明經於小桐溪，明經出舊鈔本見示，曾經吳中吳伊仲手校者，頗爲精詳。遂借至津逮舫中，互相勘正，并録明經跋語。」

又《宦夢録》　鈔本《宦夢録》四卷，附《紛紜行釋》八首、《夜問九章》、《屏居十二課》。有高兆跋云：「湘隱先生著撰。嘗從其長公元虛教授所借觀請鈔，教授許刻成寄貽，遂載之豫章。越二載，教授客死，書散佚。吾友郭君殿見於延平，語余。訪之，僅得此四卷，命用溪衲環峯鈔歸，爲之三歎。己巳六月七日，高兆識。」又徐釚跋云：「辛未夏，余客三山，曾從侯官高固齋所鈔得黃相國東崖《國史唯疑》□卷，今又借鈔此本，已三年矣。時康熙甲戌六月再游閩中記。菊莊徐釚。」

又卷三《元豐九域志》　《元豐九域志》十卷，吳中家枚庵先生從青芝堂影宋本録出，復以舊志校勘者。每葉大字二十二行，每行大字二十二、小字夾行每行二十三及二十四、二十五字。先君子從枚庵借鈔，並書其跋云：「《新定九域志》十卷，青芝山堂影宋鈔本，復從元豐舊志校勘者。首卷原闕四京以下六版，又脱曹州濟陰郡半版，亦從舊志鈔補，并録入進表一篇，略成完書矣。【略】先君子跋云：「家枚庵僑居吳下，性喜藏書。每遇秘本，輒手爲傳録，蓋今之方山也。王正仲《九域志》流傳絶少，而有『古迹』者尤爲難得。癸卯夏，從枚庵借得，因亟鈔而藏諸拜經樓。」

徐松《宋會要輯稿・崇儒四・勘書》　真宗咸平二年閏三月，詔三館寫四部書一本來上，當置禁中太清樓，以便觀覽。【略】景德元年三月，直祕閣黄夷簡上校勘新寫御書，凡二萬四千一百六十二卷，賜束帛緡錢有差，以校勘官劉均等六人並爲大理評事，祕閣校理先是繕寫御書及讎校，並高班内品劉崇超專掌其事，至是特遷内侍高品。【略】初寫館閣書，詔借太清樓本。既成復還，多有污損，遂令留爲三館本，本別寫送太清樓，是歲功畢上之。【略】唐漢近古用内臣監館閣書庫，借出書籍亡失已多，又簡編脱落，書史補寫不精，非國家崇嚮儒生之意。請選館職三兩人，分館閣人吏編寫書籍，其私借出與借之者，並以法坐之。【略】十二月，三館祕閣上寫黄本書六千四百九十六卷，補白本書一千九百五十四卷。二十二日，遣中使詔中書樞祕院，合三館祕閣官屬四十一人，賜晏以嘉其勤。先是白本書歲久多蠹，又多散失，既置官校正補寫，易以黄紙，以絶蠹敗，至是上之。【略】孝宗乾道三年八月二十九日，祕書省狀勘會左朝散郎李燾所著《續資治通鑑長編》，其太祖一朝，已蒙降付國史日曆所外，所有太宗以後文字，伏乞朝廷給劄，付本官抄録，送本省校勘，藏之祕閣。有旨依。七年十一月二十八日，詔祕書省修寫太祖、太宗、仁宗、英宗、神宗、哲宗皇帝實録，精加讎校，逐旋進呈。【略】至道元年六月十日，命

内品監祕閣三館書籍裴愈、葉傳往江南兩浙諸州購募圖籍。願送官者，優給其直；不願者，就所在差能書史繕寫，以舊本還之。

又《崇儒五》　高宗建炎四年六月二日，詔令婺州於進士李季處取索所獻編次傳習異書，選見任官一員，官給紙劄謄寫，即令所委官同李季點對，申送前來內李季日給食錢一貫。【略】九年正月一日，詔左朝奉郎新差通判閬州勾龍庭實編類春秋三傳至十七史，共二十部，令臨安府給紙劄繕寫以進。【略】二十九年七月十七日，國史院言：「知成都府雙流縣李燾申有《皇朝公卿百官表》一百一十二卷，內九十卷係私自編纂，乞下所屬給筆劄雇工抄録，欲從朝廷下本路漕司借本抄録，赴院以備參照。」從之。【略】六年八月八日，新知池州王日休上所撰《九兵總要》三百四十卷，詔與轉一官添差沿海制置司參議官，先是日休投進《九兵總要》二十卷，降付中書後省國史院看詳，可采令寧國府給札録寫，以書來上，故有是命。【略】知福州趙汝愚言：「臣嘗備數三館，獲觀秘府四庫所藏及累朝史氏所載忠臣良士便宜奏章、論議，明切私竊忻慕，收拾編綴，殆千餘卷。因事爲目，以類分次，去其復重與不合者，猶餘數百卷，釐爲百餘門，始自建隆迄於靖康，推尋歲月，粗見本末。欲更於其間擇其至精至要尤切於治道者，每繕寫成十卷，即作一次投進，伏望時於閒燕深賜攷詳。庶因藥石之規，能致涓塵之益。」從之。

瞿良士《鐵琴銅劍樓藏書題跋集録》卷一《汗簡》　吴僧文瑩《玉壺野史》云：「李留臺建中，以書學名家，手寫郭忠恕《汗簡集》以進，皆科斗文字，太宗深悼惜之，詔付祕閣」。右《汗簡》上中下各二卷，末卷爲《略例》、《目録》，共七卷。李公建中序，爲郭宗正忠恕所撰，引用者七十一家，亦云博矣。崇禎十四年，借之山西張孟恭氏，久置案頭，未及抄録。今年乙酉，避兵入鄉，居於莫城西之洋蕩村，大海横流，人情鼎沸，此鄉尤幸無恙。屋小炎熱，無書可讀，架上偶攜此本，便發興書之，二十日而畢。家人笑謂予曰：「世亂如此，揮汗寫書，近聞有焚書之令，未知此一編者，助得秦坑幾許虐燄。」予亦自笑而已。猶憶予家有舊抄《張燕公集》卷末識云：「吴元年南濠老人伍德手録。」此時何時，嘯歌不廢，他年安知不留此洋蕩老人本耶？但此書向無刻本，張本亦非曉字學者所書，遺失譌謬，未可意革。李公《序》云：「『趙』字『舊』字下俱有『臣忠恕』字，今『趙』字下尚存，『舊』下則亡之矣，確然知其非全本也。」既無善本可資是正，而所引七十一家，予所有者，僅僅始一終亥本《説文》，古《老子》及《碧落碑》而已，又何從釘其譌謬哉？亦姑存其形似耳。又此書亦有不可余意處，如「沔」字、「汸」字、「泯」字、「涸」字，俱从「水」，今「沔」从「丏」，「汸」从「方」，「泯」从「氏」，「涸」从「鹵」，「腈」从「月」而入「脊部」，「郤」从「邑」而入「谷部」，「駛」从「馬」而入「史部」，「朽」从木而入「丂部」，諸此之類，不可枚舉，大氐因古文字少，未免援文就部，以足其數，其實非也。《目録》八紙，應在第七卷，今七卷首行尚存「略叙目録」四字。古人著書，多有目録，是他人作者，故每云書若干卷，目録幾卷，即一人所作，目録亦或在後，徐常侍所校《説文》其明證也。今人一概移置卷首，非是。今此本《目録》亦在第七卷。後人知之。書成後，偶餘二紙，信筆書此，以供他年一笑。

金武祥《粟香隨筆》卷四　《江上詩鈔》，顧心求茂才季慈輯，計四十册。庚申亂後，東鄉陳映棠藏有副本，逸亭兄曾命鈔胥借録一通，所輯自唐時魏不琢至國朝嘉道間。

傳記

《梁書・庚仲容傳》　庚仲容，潁川鄢陵人也。晉司空冰六世孫。【略】仲容抄諸子書三十卷，衆家地理書二十卷，列女傳三卷。文集二十卷，併行於世。

《陳書・徐陵傳》　徐陵，字孝穆，東海郯人也。【略】八歲能屬文，十二通《莊》、《老》。既長，博涉史籍，縱横有口辯。【略】自有陳創業，文檄軍書，及禪授詔策，皆陵所制；而《九錫》尤美。爲一代文宗，亦不以此矜物，未嘗詆訶作者。其於後進之徒，接引無倦。世祖、高宗之世，國家有大手筆，皆陵草之。其文頗變舊體，緝裁巧密，多有新意。每一文出手，好事者已傳寫成誦，遂被之華夷，家藏其本。

又《鄭灼傳》　鄭灼，字茂昭，東陽信安人也。【略】灼家貧，抄義疏以日繼夜，筆毫盡，每削用之。

《晉書・紀瞻傳》　紀瞻，字思遠，丹陽秣陵人也。【略】瞻性静默，少交遊，好讀書，或手自抄寫。凡所著述，詩、賦、箋、表數十篇。

又《范汪傳》　范汪，字玄平，雍州刺史晷之孫也。父稚，早卒。汪少孤貧，六歲過江，依外家新野庚氏。【略】外氏家貧，無以資給，汪乃廬於園中，布衣蔬食，然薪寫書。寫畢，誦讀亦遍。遂博學多通，善談名理。

《隋書・沈光傳》　沈光，字總持，吴興人也。父君道，仕陳吏部侍郎；陳滅，家於長安。皇太子勇引署學士，後爲漢王諒府掾。諒敗，除名。【略】家甚貧窶，父

兄並以傭書爲事。

《南史・劉穆之傳》 劉穆之，字道和，東莞莒人也。【略】目覽詞訟，手答箋書，耳行聽受，口並酬應，不相參涉，皆悉贍舉。又言談賞笑，彌日亘時，未嘗倦苦。裁有閒暇，手自寫書，尋覽篇章，校定墳籍。性豪奢，食必方丈，亘輒爲十人饌，未嘗獨餐。

又《王儉傳》 先是宋孝武好文章，天下悉以文采相尚，莫以專經爲業。儉弱年便留意《三禮》，尤善《春秋》，發言吐論，造次必於儒教。由是衣冠翕然，並尚經學，儒教於此大興。何承天《禮論》三百卷，儉抄爲八秩，又別抄條目爲十三卷。

又《王泰傳》 王泰，字仲通，幼敏悟，【略】少好學，手所抄寫二千許卷。【略】每預朝宴，刻獨賦詩，文不加點，帝深讚嘆。沈約常曰：「王有養、炬，謝有覽、舉。」養，泰小字也；炬，筠小字也。

又《王筠傳》 〔王〕筠狀貌寢小，長不滿六尺，性弘厚，不以藝能高人。而少擅才名，與劉孝綽見重當時。其自序云：「余少好抄書，老而彌篤。雖偶見瞥觀，皆即疏記。後重省覽，歡興彌深。習與性成，不覺筆倦。自年十三四，建武二年乙亥，至梁大同六年，四十六載矣。幼年讀《五經》，皆七八十遍。愛《左氏春秋》，吟諷常爲口實，廣略去取，凡三過五抄。餘經及《周官》、《儀禮》、《國語》、《爾雅》、《山海經》、《本草》，並再抄；子史諸集，皆一遍。未嘗倩人假手，並躬自抄録，大小百餘卷。不足傳之好事，蓋以備忘而已。」

又《蕭鈞傳》 蕭鈞，字宣禮。【略】性好學。善屬文。【略】鈞常手自細書寫《五經》，部爲一卷，置於巾箱中，以備遺忘。侍讀賀玠問曰：「殿下家自有墳素，復何須蠅頭細書，別藏巾箱中？」答曰：「巾箱中有《五經》，於檢閱既易，且一更手寫，則永不忘。」諸王聞而爭效爲巾箱《五經》。巾箱《五經》自此始也。

又《張纘傳》 張纘，字伯緒，武帝舅也，梁初贈廷尉卿。【略】纘好學，兄緬有書萬餘卷，晝夜披讀，殆不輟手。【略】湘州刺史在政四年，流人自歸，户口增十餘萬，州境大寧。晚頗好積聚，多寫圖書數萬卷。

又《王僧孺傳》 王僧孺，東海郯人也。【略】七歲能讀十萬言，及長，篤愛墳籍。家貧，常傭書以養母。寫畢，諷誦亦了。

又《孔休源傳》 孔休源，字慶緒，會稽山陰人也。【略】休源十一而孤，居喪盡禮，每見父手所寫書，必哀慟流涕，不能自勝，見者莫不爲之垂泣。

又《朱異傳》 朱異，字彦和，吳郡錢唐人也。【略】梁初，開五館，異服膺於博士明山賓。居貧，以傭書自業，寫畢便誦。遍覽五經，尤明《禮》、《易》，涉獵文史，兼通雜藝，博弈書算，皆其所長。

又《徐孝克傳》 徐陵弟孝克，性清素，好施惠，故不免飢寒。後主敕以石頭津税給之。孝克悉用設齋寫經，隨盡。

又《袁峻傳》 袁峻，字孝高，陳郡陽夏人也。魏郎中令渙八世孫也。早孤，篤志好學。家貧無書，每從人假借，必皆抄寫。自課日五十紙，紙數不登則不止。

又《沈崇傃傳》 沈崇傃，字思整，吳興武康人也。父懷明，宋兗州刺史。崇傃六歲丁父憂，哭踊過禮。及長，事所生母至孝。家貧，常傭書以養。

又《沈麟士傳》 沈麟士，字雲禎，吳興吳康人也。祖膺期，晉太中大夫，父虔之，宋樂安令。【略】麟士嘗苦無書，因游都下，歷觀四部書，乃嘆曰：「古人亦何人哉？」【略】隱居餘不吳差山，講經教授，從學士數十百人。各營屋宇，依止其側。時爲之諫曰：「吳差山中有賢士，開門教授居成市。」【略】麟士無所營求，以篤學爲務。恒恁素幾鼓琴，不爲新聲；負薪汲水，並日而食；守操終老，讀書不倦。遭火燒書數千卷。年過八十，耳目猶聰明，以反故抄寫火下細書，復成二三千卷，滿數十篋。時人以爲養身静默所致。

又《劉慧斐傳》 劉慧斐，字宣文，彭城人也。父元直，淮南太守。【略】慧斐尤明釋典，工篆隸。在山手寫佛經二千餘卷，常所誦者百餘卷。晝夜行道，孜孜不怠，遠近欽慕之。

《北史・崔慰傳》 崔慰，字長謙，幼聰敏。【略】爲著作佐郎，監典校書。後爲青州司馬。賊圍城二百日，長謙讀書不廢，凡手抄八千餘紙，天文、律歷、醫方、卜相、風角、鳥言，靡不閑解。

又《裴寬傳》 裴寬弟漢，字仲霄，操尚弘雅，聰敏好學。【略】自寬没後，遂斷游從，不聽琴瑟，歲時伏臘，哀慟而已。撫養兄弟子，情甚篤至。借人異書，必躬自録本。至於疾疹彌年，亦未嘗釋卷。

又《李彪傳》 李彪，字道固，頓丘衛國人也，孝文賜名焉。家寒微，少孤貧，有大志，好學不倦。【略】與漁陽高悦、北平陽尼等將隱名山，不果而罷。悦兄博學高才，家富典籍。彪遂於悦家，手抄口誦，不暇寢食。

又《劉芳傳》 劉芳，字伯支，彭城叢亭里人，漢楚元王交之後也。六世祖訥，晉司隸校尉；祖該，宋青徐二州刺史；父邕，宋兗州長史。【略】芳雖處窮窘之中，

而業尚貞固，聰敏過人，篤志墳典。晝則傭書以自資給，夜則誦經不寢，至有易衣併日之弊，而澹然自守。不急急於榮利，不戚戚於貴賤，乃著《窮通論》以自慰。常以諸僧傭寫經論，筆迹稱善，卷直一縑，歲中能入百餘匹。如此數年，賴以頗振。由是德學大僧，多有往來。

又《崔光傳》 崔光，清河人。本名孝伯，字長仁，孝文賜名焉。【略】家貧好學，晝耕夜讀，傭書以養父母。

又《崔亮傳》 崔亮，字敬儒，清河東武城人，魏中尉琰之後也。【略】年十歲，常依季父幼孫。居貧，傭書自業。時隴西李冲，當朝任事，亮族兄光依之，謂亮曰：「安能久事筆硯，而不往托李氏也？彼家饒書，因可得學。」亮曰：「弟妹飢寒，豈容獨飽？自可觀書於市，安能看人眉睫！」

又《祖珽傳》 祖珽，字孝徵，神情機警，詞藻遒逸，少馳令譽，爲當世所推。【略】時神武送蘭陵公主出塞，嫁蠕蠕，魏收賦《出塞》及《公主遠嫁詩》二首，珽皆和之，大爲時人傳咏。【略】後爲秘書丞，領舍人，事文襄。州客至，請賣《華林遍略》。文襄多集書人，一日一夜寫畢，退其本曰：「不須也。」珽以《遍略》數帙，質錢摴蒱，文襄杖之四十。

又《趙彦深傳》 趙隱，字彦深。【略】幼孤貧，事母甚孝。【略】初，爲尚書令司馬子如賤客，供書寫。子如善其無誤，欲將入觀省舍。隱靴無氈，衣帽穿弊，子如給之。用爲書令史。月餘，補正令史。神武在晉陽，索二史，子如舉彦深。

又《魏收傳》 魏收，字伯起，鉅鹿下曲陽人也。【略】天保元年，除中書令，仍兼著作郎，封富平縣子。二年，詔撰《魏史》。四年，除魏尹，故優以禄力，專在史閣，不知郡事。初，帝令羣臣各言志。收曰：「臣願得直筆東觀，早出《魏書》。」故帝使收專其任。又詔平原王高隆之總監之，署名而已。帝勑收曰：「好直筆，我終不作魏太武誅史官。」【略】帝以《魏史》未行，詔收更加研審。收奉詔，頗有改正。及詔行《魏史》，收以爲直置秘閣，外人無由得見，於是命送一本付並省，一本付鄴下，任人寫之。

又《蔣少游傳》 蔣少游，樂安博昌人也。魏慕容白曜之平東陽，見俘，入於平城，充平齊户。後配雲中爲兵。性機巧，頗能畫刻，有文思，吟咏之際，時有短篇。遂留平城，以傭書爲業，而名猶在鎮。後被召爲中書寫書生。

《舊唐書・李襲譽傳》 〔李〕襲譽，字茂實，少通敏，有識度。【略】性嚴整，所在以威肅聞。凡獲俸禄，必散之宗親，其餘資多寫書而已。及從揚州罷職，經史盈數車。嘗謂子孫曰：「吾近京城有賜田十頃，耕之可以充食；河内有賜桑千樹，蠶之可以充衣；江東所寫之書，讀之可以求官。吾没之後，爾曹但能勤此三事，亦何羡於人？」

又《韋述傳》 韋述，司農卿弘機曾孫也。【略】述好譜學，秘閣中見常侍柳冲先撰《姓族系靈》二百卷，述於分課之外，手自抄録，暮則懷歸。如是周歲，寫録皆畢，百氏源流，轉益詳悉。【略】家聚書二萬卷，皆自校定鉛槧，雖御府不逮也。兼古今臣圖，歷代知名人畫，魏晉已來草隸真迹數百卷。古碑、古器、藥方、格式、錢譜、璽譜之類，當代名公尺題，無不皆備。

又《韋温傳》 韋温無子，女適薛蒙，續曹大家《女訓》十二章，士族傳寫，行於時。

又《馮定傳》 馮定，字介夫，儀貌壯偉，與宿俱有文學，而定過之。【略】先長慶中，源寂使新羅國，見其國人傳寫諷念馮定所爲《黑水碑》、《畫鶴記》。韋休符之使西番也，見其國人寫馮定《商山記》於屏障。其文名馳於戎夷如此。

又《王紹宗傳》 王紹宗，揚州江都人也，梁左民尚書銓曾孫也，其先自琅邪徙焉。紹宗少勤學，遍覽經史，尤工隸草。家貧，常傭力寫佛經自給。每月自支錢足即止，雖高價盈倍，亦即拒之。

《新唐書・蕭銑傳》 蕭銑，後梁宣帝曾孫也。祖岩，開皇初叛隋降陳，陳亡，文帝誅之。銑少貧，傭書，事母孝。煬帝以外戚擢爲羅川令。

又《柳仲郢傳》 〔柳仲郢〕家有書萬卷。所藏必三本：上者貯庫，其副常所閲，下者幼學焉。仲郢嘗手抄六經，司馬遷、班固、范曄只皆一鈔，魏晉及南北朝史再，又類所鈔它書凡三十篇，號《柳氏自備》。旁録仙佛書甚衆，皆楷小精真，無行字。

陶宗儀《南村輟耕録》卷一八《書手》 世稱鄉胥爲書手，處處皆然。《報應記》：「宋衎，江淮人，應明經舉。元和初，至河陰縣，因疾病廢業。爲鹽鐵院書手。」蓋唐時已有此名。

又卷二七《莊蓼塘藏書》 莊蓼塘，住松江府上海縣青龍鎮，嘗爲宋祕書小史。其家蓄書數萬卷，且多手鈔者。經史子集，山經地志，醫卜方伎，稗官小説，靡所不具。

郎瑛《七修類稿》卷四〇《事物類・寫字誦經》 洪武中，松江孫道明，屠兒也，每借人書坐肆中，且閲且寫，密行楷字，積寫千餘本也，至今人家書本後有孫道

明識字。正統中蘇州有僧名道昷，人間所念佛經無不背誦，惟《華嚴經》略少翻閲，亦如水注，豈非性好而心静所致。

又卷四四《吴日章》 成化時，溆浦軍人吴日章善推星命，江南以爲第一，略摭一二於左，以見其術之精也。【略】有書手方六七歲，其父以其命問之，批曰：「袖中一管羊毫筆，寫得杭城神鬼驚。」後乃擅名書手。

藝文

李白《李太白全集》卷二二《王右軍》 右軍本清真，瀟灑在風塵。山陰遇羽客，要此好鵝賓。掃素寫道經，筆精妙入神。書罷籠鵝去，何曾别主人！

孟郊《自惜》 傾盡眼中力，抄詩過與人。自悲風雅老，恐被巴竹嗔。零落雪文字，公明鏡精神。坐甘冰抱晚，永謝酒懷春。徒有言言舊，慚無默默新。始驚儒教誤，漸與佛乘親。

又《老恨》 無子抄文字，老吟多飄零。有時吐向床，枕蓆不解聽。斗蟻甚微細，病聞亦清冷。小大不自識，自然天性靈。

又《靖安寄居》 渴飲濁清泉，飢食無名蔬。敗菜不敢火，補衣亦寫書。古雲儉成德，今乃實起予。

杜荀鶴《閒居書事》 竹門茅屋帶村居，數畝生涯自有餘。賓白只應秋鍊句，眼昏多爲夜抄書。雁驚風浦漁燈動，猿叫霜林橡實疏。待得功成即西去，時清不問命何如。

鎸刻分部

綜述

楊衒之《洛陽伽藍記》卷三 報德寺，高祖孝文皇帝所立也。爲馮太后追福，在開陽門外三里。開陽門御道東有漢國子學堂，堂前有三種字石經二十五碑，表裏刻之。寫《春秋》、《尚書》二部，作篆、科斗、隸三種字，漢右中郎將蔡邕筆之遺跡也。猶有十八碑，餘皆殘毁。復有石碑四十八枚，亦表裏隸書寫《周易》、《尚書》、《公羊》、《禮記》四部。又讀書碑一所，並在堂前。

李翊《戒庵老人漫筆》卷一《念佛刻石》 鷄鳴寺外石壁一帶，嵌石十塊，俱刻南無阿彌阿佛。云馬皇后幸寺，念佛一聲，則刻一石。

又卷六《異僧草書》 邑之乾明廣福禪寺，有草書《心經》下注「比邱道松書」，真筆走龍蛇者也。賀子徽《志》謂耿侍郎命工摹刻於石。近年燬於火，此邑人所當重刻以復舊觀者。

趙明誠《金石録》卷一三《石鼓文》 右《石鼓文》，世傳周宣王刻石，史籀書。歐陽文忠公以謂「今世所有漢桓、靈時碑往往而在，距今未及千載，大書深刻而摩滅者十猶八九；自宣王時至今，實千有九百餘年，鼓文細而刻淺，理豈得存？」以此爲可疑。余觀秦以前碑刻，如此鼓文及《詛楚文》、泰山秦篆皆麤石，如今世以爲碓臼者，石性既堅頑難壞，又不堪他用，故能存至今。漢以後碑碣，石雖精好，然亦易剥缺，又往往爲人取作柱礎之類。

又《唐昭陵六馬贊》 初，太宗以文德皇后之葬，自爲文，刻石於昭陵；又琢石象平生征伐所乘六馬，爲贊刻之。皆歐陽詢八分書。世或以爲殷仲容書，非是。至諸降將名氏，乃仲容書爾。

又《唐忘歸臺銘》 《集古録》云「此《銘》及《孔子廟》、《城隍神記》三碑，並在縉雲。其篆刻比陽冰平生所篆最細瘦。世言此石皆活，歲久稍生，刻處幾合，故細」者，恐無是理。若果爾，更加以歲月，則遂無復有字矣。此數碑，皆陽冰在肅宗朝所書，是時年尚少，故字畫差疎瘦。至大曆以後諸碑，皆暮年所篆，筆法愈淳勁，理應如此也。

朱熹《晦庵先生朱文公文集》卷七五《家藏石刻序》 蓋漢魏以前，刻石制度簡樸，或出奇詭，皆有可觀，存之足以佐嗜古之癖，良非小助。其近世刻石，本製小者，或爲横卷若書秩，亦以意所便也。蓋歐陽子書一千卷，趙氏書多倍之，而予欲以此數十種者追而與之並，則誠若不可冀，然安知積之久，則不若是其富也耶！姑首是書以俟。

費衮《梁谿漫志》卷六《温公論碑誌》 温公論碑誌，謂：「古人有大勳德，勒銘鍾鼎，藏之宗廟；其葬，則有豐碑以下棺耳。秦、漢以來，始命文士褒贊功德，刻之於石，亦謂之碑。降及南朝，復有銘誌，埋之墓中。」

羅大經《鶴林玉露》卷五《碑銘》 古人立碑，廟以繫牲，墓以下棺。厥後乃刻歲月，或識事始末，蓋亦因而文之耳。若《湯盤銘》、《太公丹書》所載諸銘，亦因所用器物著辭以自警，未嘗爲徒文也。後世特立石以紀事述言，而謂之碑銘，與古異矣。杜元凱銘功於二石，一置峴山之上，一沉漢水之中。韓退之謂張愉曰：「丐我一片石，載二妃廟事，且令後世知有子名。」後世好名之弊，至於如此。

陳櫰《負暄野録》卷上《總論古今石刻》 古者金銅等器物，其款識文字，皆以坯冶之後鐫刻，非若今人就範模中徑鑄成者。余於武陵郡開元寺鐵塔上見鐫刻經咒之屬，皆是冶鑄後爲之。至於石刻，率多用麄頑石。又字畫入石處其深，至於及寸。其鐫鑿直下，往往至底，乃反大於面，所謂如蠹蟲鑽鏤之形，非若後世刻削，豐上鋭下，似茶藥碾槽狀。故古碑之乏也，其畫愈肥；近世之碑之乏也，其畫愈細。愈肥而難漫，愈細而易滅。余在漢上及襄峴閒親見魏、晉碑刻如此。兼石既麄頑，自然難壞，後世石雖精好，然卻易剥缺。以是知古人作事不苟，皆非今人所能及也。

馬端臨《文獻通考・經籍考》卷一《總叙》 靈帝熹平時，詔諸儒正定《五經》，刊於石碑，爲古文、篆、隸三體書法，以相參檢，樹之學門，古文謂孔子壁中書。篆秦始皇使程邈所作也。隸書，亦程邈所獻也。主於徒隸從簡易。謝承《書》曰：碑立太學門外，瓦屋覆之，四面欄障，開門於南。河南郡設吏卒視之。揚龍驤《洛陽記》載朱超石與兄書云：「石經文都似碑高一丈許，廣四尺，駢羅相接。」使天下咸取則焉。

陶宗儀《南村輟耕録》卷六《法帖譜系》 《法帖譜系》云：熙陵以武定四方，載櫜弓矢，文治之餘，留意翰墨，乃出御府所藏歷代真蹟，命侍書王著摹勒，刻版禁中，釐爲十卷，各於卷尾題「奉聖旨模勒入石」，此歷代法帖之祖。

郎瑛《七修類稿》卷二四《辯證類・時文石刻圖書起》 成化以前世無刻本時文，吾杭通判沈澄刊《京華日抄》一册，甚獲重利，後閩省效之，漸至各省刊提學考卷也。圖書，古人皆以銅鑄，至元末會稽王冕以花乳石刻之，今天下盡崇處州燈明石，果温潤可愛也。

又卷二五《辯證類・泰山没字碑》 泰山有没字碑，秦始皇所建，今曰石表，又曰碑套，俗曰神主石。予意謂石表者，以理裁之而已；謂碑套者，理或然也。按始皇東行郡縣，上鄒嶧山立石，與魯諸生議刻石頌德，議封禪望祭山川，乃遂上泰山立石，封，祠祀，又作琅邪臺、登之罘及東觀碣石、東上會稽皆刻石頌德，載之《史記》，未嘗有無文之碑也，《衍極》、《集古録》皆云六處七碑。獨此泰山正封禪望祭之地，復立無字石耶？史傳封禪有金册石函、金泥玉檢，此非其石函乎？況金泥其文，玉爲之檢，可無石套之理乎？今史載封禪而無文可知矣。且始皇立石頌德邀名後世，安知不如晉人一樹於山、一沉於水，殆恐磨而復爲一套之理乎？非封禪文之套，則頌德碑之套無疑。且思《倦遊録》載唐諸陵無碑，獨乾陵西南隅有無字碑，然獨乾陵欲表識之耶？殆恐亦碑套耳。今益都楊太守應奎親見某寺移一無字古碑，不意中復有隸文之石，外乃套耳，然後知碑爲隋時所刻，是古人真有石套事矣，惜近時仕宦題詩云：「莫怪無題字，秦王不好書。」可笑！

沈德符《萬曆野獲編》卷二六《小楷墨刻》 墨刻自閣帖後轉盛，至本朝則種類愈繁，幾不勝收。如文氏停雲館最著。説者終謂俱出待詔父子伎倆，不甚逼真。而小楷爲尤甚，是亦有説。唐刻推李北海，然皆自寫自刻，所稱工人伏靈芝、黄仙鶴、蘇長生，俱詭名也。又俱一二寸大字，無一小楷，故無不如意。若顔之《麻姑壇》，右軍之《曹娥碑》，即真宋刻而神彩皆索然。今小楷之佳無如《黄庭經》，然開軟熟宗門，斷非《换鵞》古蹟，亦斷非南唐昇元舊本也。近日新安大估吴江村名廷者，刻《餘清堂帖》，人極稱之，乃其友楊不器手筆，稍得古人遺意。然小楷亦絶少。董玄宰刻《戲鴻堂帖》，今日盛行，但急於告成，不甚精工，若以真蹟對校，不啻河漢。其中小楷，有韓宗伯家《黄庭内景》數行，近來宇内法書，當推此爲第一，而戲鴻所刻，幾并形似失之。予後晤韓胄君詰其故，韓曰：「董來借摹，予懼其不歸也，信手對臨百餘字以應之，并未曾雙鉤及過朱，不意其遽入石也。」因相與撫掌不已。此外刻帖紛紛，俱不足置齒頰矣。

鈕琇《觚剩・秦觚・石經》 漢靈帝光和六年，刻石五經於太學講堂，此初刻也。蔡邕以熹平四年，與五官中郎將堂谿典，議郎張訓、韓説，太史令單颺，求正定六經文字，帝許之。邕乃書丹刻石，立於太學門外，此再刻也。魏正始中，又立古、篆、隸三體石經，古文用蝌蚪鳥迹體，篆用史籀、李斯、胡母敬體，隸用程邈體，此三刻也。魏世家神龜元年，以王彌、劉耀入洛，石經殘毁，□崔光之請補之，此四刻也。唐天寶中刻九經於長安，《禮記》以《月令》爲首，從李林甫之請，此五刻也。文宗時鄭覃以經籍刓繆，建石仇刊，準漢故事，太和七年敕唐玄度復定石經字體，於國子監立石，九經并《論語》、《孝經》、《爾雅》，共一百五十九卷，字樣四十卷，開成二年告成，此六刻也。

卞永譽《式古堂書畫彙考》卷三 刻石手，唐人爲最。今世所傳宋搨本，神采飛動，恍如真蹟，如《雲麾將軍九成宫銘》、《聖教序》之類，皆唐刻也。其轉折波磔

處，俱稜角分明，故鋒穎雖露而古人運筆意象隱然在目。後世摹勒者，亦妄意藏鋒而轉摺礫波處俱以圓渾爲工，故成無骨之身，無幹之樹，停雲戲鴻之刻手固劣，亦書家誤之也。古人作書，多肥少瘦。凡碑初刻，未經多搨，畫深而字必肥。久而搨多，畫淺而字漸瘦，瘦非真相也。余每笑世人學《聖教序》多作細畫，不知誤學斷碑後字耳。

吴長元《宸垣識略》卷五《内城一》 三皇廟内有鍼灸經石刻，元元貞初製，其碑之題篆則宋仁宗御書，至元間自汴移至此者。今所存乃明時重摹上石。【略】聚奎堂有明代王圖庚戌取士詩。天啓四年，其子淑下和之，刻石壁間。

又卷六《内城二》 考文山所著日録諸書，相傳並刊板祠中，今皆無有。惟唐李邕書雲麾將軍李秀斷碑二礎，尚甃於壁。破屋三間，塑像兀坐，冠進賢冠，朱衣色黯。神座之右，石刻半像，執笏，冠如明世國公。笏刻孔曰成仁，孟曰取義數語。唐雲麾將軍李秀碑，靈昌郡太守李邕文，并逸人太原郭卓然摹勒并題額。李秀字元秀，范陽人。唐玄宗朝以功拜雲麾將軍、左豹韜衛翊府中郎將，封遼西郡開國公，卒於開元四年，葬范陽福禄鄉。碑刻於天寶元年。李北海有兩雲麾碑，一爲李思訓，在陝西，一爲此碑，其官同，其姓同也。然其碑筆法遒逸，大勝陝碑。秦人有著石墨鐫華者，乃以爲一碑，且以此碑爲趙松雪所臨，誤矣。此碑貯良鄉縣庫中，不知何時入都城。宛平令李蔭拙地得六礎，洗視，乃雲麾碑，建古墨齋以覆之。後移少京兆署中，止二礎，其四礎傳爲萬曆中王京兆惟儉携去汴中。按秀碑之遷徙始末，吴涵記之甚詳：碑始斷而斲之爲礎者良鄉學生某，以其石告者閩人董生，輦而致之，作古墨齋以貯之者宛平知縣李蔭，其後携六礎之四至汴而留其二者爲順天府尹王惟儉，自府署又遷之置文丞相祠壁者爲順天府丞吴涵。至四礎入汴，不知所在。

錢泳《履園叢話》卷一二《藝能・刻碑》 自漢、魏、六朝、唐、宋、元、明以來，碑板不下千萬種，其書丹之人，有大家書，有史家書，亦有並不以書名而隨手屬筆者。總視刻人之優劣，以分書之高下，雖姿態如虞、褚，嚴勁如歐、顔，若刻手平常，遂成惡札。至如《唐騎都尉李文墓志》，其結體用筆，全與《磚塔銘》相似，王虚舟云：「必是敬客一手書，而刻手惡劣，較《磚塔銘》竟有天壤之隔。」又《酒平王李晟碑》，是裴晉公撰文，在柳誠懸當日書碑時，自然極力用意之作，乃如市儈村夫之筆，與《玄秘塔》截然兩途，真不可解也。唐人碑版如此類者甚多，其實皆刻手優劣之故。大凡刻手優劣，如作書作畫，全仗天分。天分高則姿態横溢，如劉雨若之刻《快雪堂帖》，管一虬之刻《洛神十三行》是也。文氏《停雲館帖》，章簡甫所刻也。然惟刻晉、唐小楷一卷最爲得筆，其餘皆俗工所爲，了無意趣。書法一道，一代有一代之名人，而刻碑者亦一時有一時之能手，需其人與書碑者日相往來，看其用筆，如爲人寫照，必親見其人而後能肖其面目、精神，方稱能事，所謂下真蹟一等也。世所傳兩晉、六朝、唐、宋碑刻，其面目尚有存者，至於各種法帖，大率皆由搨本、贋本轉轉模勒，不特對照寫照，且不知其所寫何人，又烏能辨其面目、精神耶？吾故曰藏帖不如看碑，與其臨帖之假精神，不如看碑之真面目。刻手不可不知書法，又不可工於書法。假如其人能書，自然胸有成見，則恐其將他人之筆法，改成自己之面貌；如其人不能書，胸無成見，則又恐其依樣胡盧，形同木偶，是與石工、木匠，雕刻花紋何異哉？刻行楷書似難而實易，刻篆隸書似易而實難。蓋刻人自幼先從行楷入手，未有先刻篆隸者，猶童蒙學書，自然先習行楷，行楷工深，再進篆隸。今人刻行楷尚不精，況篆隸乎？

阮元《揅經室三集》卷二《文言説》 古人無筆硯紙墨之便，往往鑄金刻石，始傳久遠。

魏崧《壹是紀始》卷九《文史類・帖用石刻始於南唐》 《考槃餘事》：「南唐李後主命徐鉉以所藏法帖勒石，名《昇元帖》。」此在淳化以前，故名祖刻。宋淳化二年出御府所藏曆代真蹟，命侍書王著模刻，禁中釐爲十卷，著於章草諸帖，形近篆籀者，皆去，是爲歷代法帖之祖。

又《圖書用石始於元》 《類藁》：「圖書，古人皆以銅鑄，至元末，會稽王冕以花乳石刻之。」今天下盡崇處州燈明石，果温潤可愛也。

又《石經始於漢》 漢靈帝光和六年，刻石鏤碑，載五經文於太學講堂前，此初刻也。後熹平四年，蔡邕奏求正定六經文字，靈帝許之。邕自書丹於碑，使工鐫刻，立於太學門外。

又《克敵勒石紀功始於周》 《穆天子傳》：「天子北征，五日觀於舂山之上，乃爲名疏於垂圃之上，以詔後世。」注：「勒石，記功德，天子升於舂山，乃紀其跡於舂山之石。」《唐・吐蕃傳》：「唐九證建鐵柱於滇池，以勒功。」

徐康《前塵夢影録》卷上 唐林緯乾藻深慰帖刻石，石不甚厚，較今之書條石十分之四，而上下甚高，六面礲礱，質堅細膩，帶青色，扣之作金聲，尾祇有收藏印數方。刻工刀直下，與今之敲刀挺刀不同，真宋刻也。壽階嘗以香墨由淡而濃，椎拓至七次，以餉友朋之好古者。後此石歸揚州江氏，價償三百金，壽階不甚願也。

道光壬辰歲，得交壽階之堉貝簡翁爲余言之，並以當時精拓一紙見餉。越十年，泉唐惠秋韶兆壬僑吴，喜金石，酷耆閣帖類帖，因出林帖相賞云。自來類帖所刻，無出五硯樓藏石者。其時長男觀從惠游，遂以此精拓一紙贈之。

陸鳳藻《小知録》卷七《文學》〔石經〕凡七刻：東漢靈帝熹平四年，詔正定五經爲古文、篆、隸三體，蔡邕書丹，鐫立太學門外，一也。《范史》。魏正始中，建立三字石經於漢碑之西，邯鄲淳書之，二也。《魏書》。晉裴頠奏立太學，築門，刻石寫五經，三也。《晉書》。唐文宗時，鄭覃奏倣漢制，刊九經於太學，命唐元度檢校字體刻之，四也。《唐·文宗紀》。孟蜀相毋丘裔刻十經於石，張德釗等書丹，五也。宋仁宗至和元年，命國子監取諸經爲篆、隸二體，刻石京兆府學，書丹者楊南仲諸人，六也。南宋高宗紹興十三年，上出御書六經及《論》、《孟》，知臨安府張徵刻石於太學，七也。

葉德輝《書林清話》卷一《刀刻原於金石》凡物之初，無不簡樸。草衣卉服，而後有冠裳；巢居穴處，而後有宫室；汙尊抔飲，而後有樽罍；結繩畫卦，而後有文字。惟刻工亦然，刻竹削牘，鏤金勒石，皆以刀作字之先河。然紀事多用竹木，《漢書·東方朔傳》：奏三千奏牘。此古人公牘用木刻字之証。又姚方興於大航頭得《舜典》二十字，此亦木刻之僅存者。紀功專用金石。古鼎彝金器字，有范鑄者，有刀刻者，漢印亦然。今之所謂單刀法者，即當時刻印字也。劃然二途，各有體也。漢末，蔡邕書《九經》，刻石鴻都太學，是爲以石刻經之始。自後魏三體之《尚書》、《左傳》，唐石臺之隸書《孝經》，皆在開成十二經之先，以其時未知刻版之利便也。唐開元御書《道德經》，今易州石刻乃其舊本。以石刻子，殆始於此時。然實胚胎於六朝厓峪石幢之刻佛經。蓋魏晉以後，佛老大行。其刻《道德經》，乃重釋老，非刻諸子也。故論有唐一代文治之盛，全在初盛之時。石刻既繁，木版亦因之而也。柳玭《訓序》所云，蜀時書肆，字書小學，率雕版印紙，可見當時蜀刻之廣。迨乎末造，五季雕匠人役，學有專門。《六經》、《文選》大部書，亦遂層出不窮，非復墨搨紙鈔之多所濡滯矣。夫石刻氈椎，曠工廢日；裝潢褾背，費亦不貲。因是群趨於刻板一途，遂開書坊之利藪，此亦文治藝術由漸而進之效也。吾嘗言漢儒以後有功經傳者三人：一爲劉歆，一爲蔡邕，一爲馮道。有劉歆之《七略》，班固乃得因之爲《藝文志》，於是經師不傳之本，可以睹其目而知其人，此功之至大者也。其次則蔡邕之刻石，俾士人得睹全經。馮道之刻板，俾諸經各有讀本。兩廡特豚之祀，與其爲語録空談之儒所竊據，何若進此三人之饜人心志哉！雖然，此三人者，一則臣事王莽，一則失身董卓，一則爲五姓恩榮之長樂老。至今爲人口實，不得稍爲之寬假。是則出處之際又不可不自審已。

紀事

《後漢書·蔡邕傳》建寧三年，辟司徒橋玄府，玄甚敬待之。出補河平長。召拜郎中，校書東觀。遷議郎。邕以經籍去聖久遠，文字多謬，俗儒穿鑿，疑誤後學，熹平四年，乃與五官中郎將堂谿典、光禄大夫楊賜、諫議大夫馬日磾、議郎張馴、韓説、太史令單颺等，奏求正定《六經》文字。靈帝許之，邕乃自書丹於碑，使工鐫刻立於太學門外。於是後儒晚學，咸取正焉。及碑始立，其觀視及摹寫者，車乘日千餘兩，填塞街陌。

張洎《賈氏譚録》李德裕平泉莊，臺榭百餘所，天下奇花異草、珍松怪石，靡不畢具，自製《平泉花木記》，今悉以絶矣。唯雁翅檜、葉婆娑，如鴻雁之翅。珠子柏、柏實皆如珠子，聯生葉上。蓮房玉蕊等，猶有存者。怪石爲洛陽有力者取去，石上皆刻「有道」二字。

朱彧《萍洲可談》卷二黄岡民丁生微，稍稍有生事，性桀黠，遂致富，創買田宅。治井得片石，膚脈成字，如其姓名，丁即模刻，令士人作碑記實。未幾病死，家旋破，余售之，今萍洲是也。

鄭文寶《江表志》卷中蘇洪至揚州版築，發一冢，不題姓名，刊石爲銘曰：「日爲箭兮月爲弓，射四方兮無終窮。但見天將明月在，不覺人隨流水空。南山石兮高穹窿，夫人墓兮在其中。猿啼鳥叫煙濛濛，千年萬歲松柏風。」

文瑩《湘山野録》卷中汝州葉縣大井涸，忽得一石，上刻四句云：「葉邑之陰，汝潁之東，茲有國寶，永藏其中。」葉人大惑，謂之神石，寘於縣祠中，享禱日盛。貪夫至有濬井掘田，願求國寶者累歲未已。忽一客因遊仙島觀北極殿，有一礎爲柱所壓，柱稜外鐫四句猶可見，曰：「賦世永算，享國巨庸，子賢而嗣，命考而終。」其客徐以廟中神石之句合之，其韻頗協，量之，復長短無差。

蔡襄《端明集》卷三四智永草書千文，蓋七百本。唐初尚有存者，太宗取其最精者模寫勒石，云「律吕調陽」是也。顔魯公天資忠孝人也。人多愛其書，書豈公意耶！閩中無佳石，以堅木刊字，往往有予筆迹，模刻多或失真。自今年來眼

昏，求書者一切謝絶，向時子弟輩多蓄予字。

又卷七《歌詠》　文潞公皇祐中鎮青，詣老柏院，訪〔張〕在所題，字已漫滅。公惜其不傳，爲大字書於西廊之壁。後三十餘年，當元豐癸亥，東平畢仲甫將叔見公於洛下，公誦其詩，囑畢往觀。畢至青，訪其故處，壁已圮毁，不可得，爲刻于天宫石柱，又刊其故所題之處。

又卷八《事誌》　萊公貶死雷州，喪還，過荆南公安縣，民懷公德，以竹插地，挂物爲祭，焚之，後生筍成林，以爲神，因爲公立祠，目其竹爲「相公竹」。王樂道爲記刊石，李承之有詩曰：「已枯斷竹釣私被，既没賢公帝念深。仆木偃禾如不起，至今誰識大忠心。」【略】皇祐中，范文正公鎮青，龍興僧舍西南洋溪中有醴泉湧出，公構一亭泉上，刻石記之。其後青人思公之德，目之曰范公泉。環泉古木蒙密，塵迹不到，去市廛才數百步而如在深山中。自是，幽人逋客，往往賦詩鳴琴，烹茶其上。日光玲瓏，珍禽上下，真物外之遊，似非人間世也。歐陽文忠公、劉翰林貢父及諸名公多賦詩刻石，而文忠公及張禹功、蘇唐卿篆石榜之亭中，最爲營丘佳處。【略】武功游景叔方總秦鳳刑獄，摹刊于石，置之岐陽憲臺之瑞豐亭，以貽好事者。【略】秀州祥符院僧智和蓄一古琴，瑟瑟微碧，文細，石爲軫，製作精巧，音韻清越，中刊李陽冰篆三十九字，其略云：「南溟夷島産木名伽陀羅，文横如銀屑，其堅如石，遂用作此臨岳。」

王得臣《麈史》卷中《碑碣》　郝處俊，安陸人也。相唐高宗，嘗爲中書侍郎。既終，葬於州西南三十里。慶曆中，太守校理孫公甫之翰嘗命令狐子先爲文，將鑱石立於涓津之側以表之。會温成張氏方以倖媛寵貴，之翰畏讒，終不立，議者或譏其太忌。元豐中，滕甫元發守是邦，將罷任，又爲文刊石以遺安陸令，俾建諸道左。未幾，故相清源公蔡確謫知州事，暇日有十絶云：「矯矯名臣郝甑山，忠言直節上元間。釣臺蕪没知何處？歎息思公俯碧灣。」是時，宣仁聖烈皇后垂簾，坐是訕上，竄嶺表以卒。其滕公所刊之石，今尚委於令廨之門。

趙明誠《金石録》卷一三《石本古器物銘》　右《石本古器物銘》。余既集録公私所藏三代、秦、漢諸器款識畧盡，乃除去重複，取其刻畫完好者，得三百餘銘，皆模刻於石；又取墨本聯爲四大軸，附入《録》中。近世士大夫間有以古器銘入石者，然往往十得一二，不若余所有之富也。

又《秦泰山刻石》　右《秦泰山刻石》。大中祥符歲，真宗皇帝東封此山，兗州太守模本以獻，凡四十餘字。其後宋莒公模刻于石，歐陽公載于《集古録》者皆同。蓋碑石爲四面，其三面稍摩滅，故不傳；世所見者，特二世詔書數十字而已。大觀間，汶陽劉跂斯立親至泰山絶頂，見碑四面有字，乃模以歸。文雖殘缺，然首尾完具，不可識者無幾，於是秦篆完本復傳世間矣。

又《秦琅邪臺刻石》　右《秦琅邪臺刻石》，在今密州。其頌詩亡矣，獨從臣姓名及二世詔書尚存，然亦殘缺。熙寧中，蘇翰林守密，令廬江文勛模搨刻石，即此碑也。

又卷二九《唐顔杲卿碑》　右《唐顔杲卿碑》，真卿撰。元和中，舊石刓缺，其甥盧佐元重書而刻之。

又卷三〇《漢重脩高祖廟碑》　右《漢重脩高祖廟碑》，郭忠恕八分書。余年十七八時，已喜收畜前代石刻故正字陳無已爲余言豐縣有此碑，託人訪求，後數年乃得之，然字畫頗軟弱。余家有忠恕八分書《懷嵩樓記》墨跡，乃其暮年所書，筆力老勁，非此《碑》之比，亦嘗刻石，今録於次。

周煇《清波雜志》卷五《重刻醉翁亭記》　淮西憲臣霍漢英奏：欲乞應天下蘇軾所撰碑刻，並一例除毁。詔從之。時崇寧三年也。明年，臣僚論列：司農卿王詔，元祐中知滁州，諂事姦臣蘇軾，求軾書歐陽脩所撰《醉翁亭記》，重刻于石，仍多取墨本，爲之贐遺，費用公使錢。詔坐罪。漢英遺臭萬世，臣僚亦應同科。政和間，潭州倅畢漸，亦請碎元祐中諸路所刊碑。從之。

又《世德碑》　曾祖視王荆公爲中表，既干撰上世墓誌數種，託元章書之，凡書三本，擇一以入石，號《周氏世德碑》，寘於杭州西湖上，文并書名「二絶」。紹興初，某人尹京，欲磨治改刻他文。偶族叔祖元仲與之素厚，争之力，責以大義。尹曰：「初不知是公家物。」叔祖曰：「脱非某家物，介甫之文，元章之字，可毁乎？」尹謝焉。不然，危不免金石之厄。今在南山滿覺院，客打碑而賣者無虚日。

又卷七《四路墨寶》　煇嘗於鄭暘叔靄家得荆襄及川蜀四路金石刻，目爲《五路墨寶》。鄭既録碑之全文，刓阞者缺焉，且付己説。歐陽《集古》考究未備者，間有辨正。類爲數巨帙，考證良備，悉上祕府。其副因借留數月歸之。第録其目并其説，前後亦得其漢刻十數種。

又《没字碑》　紹興九年，虜歸我河南地。商賈往來，攜長安秦漢間碑刻，求售於士大夫，多得善價。故人王錫老，東平人，貧甚，節口腹之奉而事此。一日，語共游：「近得一碑甚奇。」及出示，顧無一字可辨，王獨稱賞不已。客曰：「此何代

碑？」王不能答。客曰：「某知之，是名『没字碑』，宜乎公好尚之篤也！」一笑而散。

程俱《麟臺故事》卷一 天聖中，祠部員外郎直集賢院謝絳言：「唐室麗正、史官之局，並在大明、華清宫内。太宗肇修三館，更立祕閣於昇龍門左，親飛白題額，作《贊》刻石於閣下。」

又卷五 淳化元年八月一日，李至召右僕射李昉、吏部尚書宋琪、左散騎常侍徐鉉及翰林學士、諸曹侍郎、給事、諫議、舍人等詣閣觀御書圖籍。帝知之，即召内品裴愈就賜御筵，出書籍令縱觀，盡醉而罷。二日，又召權御史中丞王化基及三館學士縱觀，賜宴如前。帝作《贊》賜之，宰臣李昉等請刻石閣下。李至上表，引唐祕書省有薛稷畫鶴、郎餘令畫鳳、賀知章草書，當時目爲三絶；又引顔真卿請肅宗題放生池碑額及近時翰林學士承旨蘇易簡乞御書飛白書「玉堂之署」爲比，願賜新額，以光祕府。詔中書、樞密院、近臣觀新閣，又賜上尊酒，大官供膳。是日，遣中使齎御飛白書「祕閣」二字以賜李至，李至、李昉等相率詣便殿稱謝。退就飲宴，三館學士預焉。又賜御《贊》以美其事，李至上表謝，仍請以御製《贊》刻石祕閣。帝以重違其意，因賜詔曰：「近以延閣載新，萬機多暇，聊書贊詠，以美成功。所紀徽猷，深虞漏略，出于乘輿，豈足多稱。遽覽封章，願刊穹石，垂于不朽，良積厚顔。其《贊》並《序》朕兼爲親書並篆額，以旌祕省。」

方勺《泊宅編》卷上 唐李一品貴極當時，嘗爲滁州刺史，作懷嵩樓西城上，刻文于石，以懷嵩、洛，有「白雞黄犬」之歎，後竟以謫死。

邵博《邵氏聞見録》卷一六 周長孺字士彦，澶淵人，楊寘牓登第，爲渭州共城縣令。【略】士彦在共城獵近郊，有兔起草間，自射中之，即其處不復見兔，得石刻，其文曰「士彦當都而卒」。後士彦每至京師必遽歸，不敢留。治平末，以都官員外郎知劍州普城縣，卒。喪歸過洛，貧不能行。康節留其家經紀甚備，教其子純明以學問，爲娶程伊川先生之姪。純明後登元祐三年進士第。士彦因獵得石刻，驗於數十年之後，與漢滕公佳城事相類，異哉！

朱熹《晦庵先生朱文公文集》卷八一《書濂溪先生愛蓮説後》 右《愛蓮説》一篇，濂溪先生之所作也。先生嘗以「愛蓮」名其居之堂，而爲是説以刻焉，熹得竊聞而伏讀之有年矣。屬來守南康，郡實先生故治。然寇亂之餘，訪其遺跡，雖壁記文書，一無在者，熹竊懼焉。既與博士弟子立祠於學，又刻先生象、《太極圖》於石，《通書》遺文於版。會先生曾孫直卿來自九江，以此説之墨本爲贈。乃復寓其名於後圃臨池之館，而刻其説置壁間，庶幾先生之心之德，來者有以考焉。

又卷八二《再跋東坡與林子中帖》 淳熙辛丑，浙東水旱民饑，予以使事被召入奏，道過三衢，得觀此帖於玉山汪氏，以爲人之言，不可以不廣也。明年，乃刻石常平司之西齋。

又《跋范文正公送竇君詩》 片帆飛去若輕鴻，一霎春潮過淛東。王謝江山久蕭索，子真今爲起清風。右范文正公詩也。鄞尉廳無壁記，竇君不知何許人及居官歲月，然爲范公所與如此，必非常流矣，而卒泯滅，不少概見於世，何哉？新安滕璘德粹嗣守其官，以是詩爲不可無傳也，礱石治舍，請書而刻之。

又《跋陳了翁責沈》 陳忠肅公剛方正直之操，得之天姿，而其燭理之益精、陳義之益切，則學問之功，有不可誣者。觀於此帖，其克己尊賢、虚心服善之意，尚可識也。墨蹟今藏所贈兄孫宗正之子筠家，而建業、桂林、延平皆有石本，顧字畫不能無小失真，獨沙縣乃爲版刻，尤不足以傳遠。今縣丞黄東始復就摹墨蹟，礱石刻之縣學祠堂，以爲此邑之人百世之下，猶當復有聞風而興起者，其志遠矣。至於心畫之妙，刊勒尤精，其凛然不可犯之色，尚足以爲激貪立懦之助。而桂林本有張敬夫題字，以爲於公之意有發明者，因并刻之。

陳槱《負暄野録》卷上《古碑毁壞》 趙德甫謂所著《金石録》，壽於二千卷所載之碑，由今觀之，信然。石刻固非易朽之物，其如隨時廢興，摧毁非一。前輩所載，元祐中，丞相韓玉汝帥長安，修石橋，督責甚峻，村民急以應期，悉皆磨石刻以代之，前人之碑盡矣。余又聞蕭千巖云：「蔡拱之訪求石碑，或蹊田害稼，村民深以爲苦，悉鑱鑿其文字，或爲柱礎帛碪，略不容存留。」又自亂離而來，所在城堡攻戰之處，軍兵率取碑鑿爲砲石，摧毁無餘。凡此，皆是時所遭，其仆壞之門，殆非一端，蓋亦碑刻之一厄會也。

又《邵餗書》 邵居士餗，才行俱美，高尚不仕，隱居丹陽，尤工爲釵股篆，世所欽重。范文正公作《釣臺嚴先生祠堂記》，欲求其書而刻之石，專遣錢持書懇之。余嘗傳得范公之書，今録于此。書云：「仲淹書白先生邵公足下，仲淹今春與張侍御過丹陽，約詣先生，維舟湖濱，聞先生歸山，所謂其室則邇，其人甚遠，惘然愧薄宦之不高矣。暨抵桐廬郡，郡有嚴子陵釣臺，思其人，詠其風，毅然知肥遯之可尚矣，能使貪夫廉，懦夫立，則是大有功於名教也，乃作堂而祠之，又爲之記，聊以辨子陵之心，決千古之疑。又念非託之奇人，則不足傳於後世。今先生篆高出四海，誠能枉神筆於片石，則子陵之風，後千百年未泯，其高尚之爲教也，亦大矣哉！謹

遺郡校奉此，恭俟雅命。」觀此書語，則其推重邵君，亦不薄矣。余又於巴陵登岳陽樓，乃滕宗諒子京知郡日所脩，記亦范文正公所譔，蘇舜欽書，邵餗篆額，時號四絶云。

又《前漢無碑》　《集古目録》并《金石録》所載，自秦碑之後，凡稱漢碑者，悉是後漢。其前漢二百年中，並無名碑，但有金石刻銘識數處耳。歐陽公《集古目録》不載其説，第於《答劉原父書》嘗及之。趙明誠云：「西漢文字，世不多有，不知何爲希罕如此，略不可曉。」然《金石録》卻載有陽朔磚數字，故云希罕，言不多，非無也。余嘗聞之尤梁溪先生袤云：「西漢碑，自昔好古者固嘗旁採博訪，片簡隻字，搜括無遺，竟不之見。如陽朔磚，要亦非真，非一代不立碑刻，聞是新莽惡稱漢德，凡所在有石刻，皆令仆而磨之，仍嚴其禁，不容略留。至於秦碑，乃更加營護，遂得不毁，故至今尚有存者。」梁溪此言，蓋有所援據，惜不曾再叩之。

袁文《甕牖閒評》卷八　今州縣《戒石銘》云：「爾俸爾禄，民膏民脂。下民易虐，上天難欺。」此太宗取孟昶戒百官文切于事情者，使刊之州縣庭下，庶守令朝夕堂在目前，而不忘戒懼耳。

李心傳《建炎以來朝野雜記》甲集卷一《高宗聖學》　紹興末，上嘗作損齋，屏去玩好，置經史古書其中，以爲燕坐之所。上早年謂輔臣曰：「朕居宫中，自有日課，早閱章疏，午後讀《春秋》、《史記》，夜讀《尚書》，率以二鼓罷。尤好《左氏春秋》，每二十四日而讀一過。」胡康侯進《春秋解》，上置之坐側，甚愛重之。又悉書《六經》，刻石寘首善閣下。及作損齋，上亦老矣，因自爲之記，刻石以賜近臣焉。

陳振孫《直齋書録解題》卷三《御注孝經一卷》　唐孝明皇帝撰并序。今世所行本也。始刻石太學，御八分書，末有祭酒李齊古所上表及答詔，且具宰相等名銜，實天寶四載，號爲《石臺孝經》。乾道中，蔡洸知鎮江，以其本授教授沈必豫、熊克，使刻石學宫，云歐公《集古録》無之，豈偶未之見耶？家有此刻，爲四大軸，以爲書閣之鎮。按《唐志》作《孝經制旨》。

又《五經文字三卷》　唐國子司業張參撰。大曆中刻石長安太學。

又卷三《傷寒救俗方一卷》　寧海羅適正之尉桐城，民俗惑巫，不信藥。羅以藥施人，多愈，遂以方書召醫參校刻石，以救迷俗。紹興中有王世臣彦輔者，序之以傳。

又卷一四《武岡法帖釋文二十卷》　劉次莊元祐中爲《官帖釋文》刻石於臨江。而武岡又嘗傳刻絳州民潘氏帖。

又卷一六《顔魯公集十五卷、補遺一卷、附録一卷》　唐太子太師京兆顔真卿清臣撰。之推五世孫，師古曾侄孫。案《館閣書目》：嘉祐中宋敏求惜其文不傳，乃集其刊於金石者，爲十五卷。今本序文，劉敞所作，乃云吴興沈侯編輯，而不著沈之名。劉元剛刻於永嘉，爲後序，則云「劉原父所序，即宋次道集其刻於金石者也」，又不知何據？

周密《癸辛雜識續集下・觀堂二石》　徐子方云：「向到故内觀堂，有黑漆厨内龕二石，高數尺。其一有南斗六星，隱起石上，刻金書『南極呈祥』。其陰有北斗七星，亦隱起而色白，刻曰『北斗降瑞』。及再至杭，則觀堂已化爲佛寺，此石莫知所在矣。」

又《癸辛雜識別集上・汴梁雜事》　羅壽可丙申再游汴梁，書所見梗概。汴學曰文學、武廟，即昔時太學、武學舊址。文廟居汴水南，面城背河，柳堤蓮池，尚有璧水遺意。太學與首善閣五大字石刻，皆蔡京奉勑書。先聖之右爲孟，左爲顔，作一字位置，不可曉。北方學校皆然，先聖、先師各有片石，鐫宋初名臣所爲贊，獨先聖太祖御製也。講堂曰「明善」，藏書閣曰「稽古」。古碑數種，如宋初翰苑題名，開封教授題名，《九經》石板，堆積如山，一行篆字，一行真字。又有大金登科題名，女真進士題名，其字類漢篆而不可識。**【略】**殿外有石刻，東坡題名云：「蘇子瞻、子由，孫子發、秦少游同來觀晉卿墨竹，申先生亦來，元祐三年八月五日，老申一百一歲。」又片石刻坡翁草書《哨遍》，石色皆如元玉。

陸容《菽園雜記》卷一〇　今府州縣《戒石銘》云：「爾俸爾禄，民膏民脂。下民易虐，上天難欺。」本蜀主孟昶所作。全文二十四句，本名《令箴》。宋太宗愛之，摘此四句以刻石，更今名耳。近見紹興察院石刻，高宗題其下云「近見黄庭堅所書太宗皇帝御製《戒石銘》，恭味旨意，是使民于今不厭宋德也」云云。

又卷一二　嘗聞吴文恪公訥爲御史巡按浙江時，壞秦檜碑，而未知其詳，疑其爲檜德政碑。及來浙江，聞仁和縣學有宋刻石經，往觀之，并見此刻，始知公所壞即此石，非檜德政碑也。然於此有以見公學術之正，論議之公，有補於風教多矣。公文集未得見，此作未知載否？因録以記之右。宣聖及七十二弟子贊，宋高宗製并書，其像則李龍眠摹所畫也。高宗南渡，建行宫于杭，紹興十四年正月，始即岳飛第作太學。三月臨幸，首製先聖贊，後自顔淵而下，亦譔辭以致褒崇之意。二十六年十二月，刻石于學，附以太師尚書左僕射同中書門下平章事兼樞密使秦檜記。檜之言有曰：「孔聖以儒道設教，弟子皆無邪雜背違於儒道者。今搢紳之習或未

純乎儒術，顧馳狙詐權譎之說，以僥幸於功利。」【略】「茲於仁和縣學得觀石刻，見檜之記，尚與圖讚並存，因命磨去其文，庶使邪詖之說，姦穢之名，不得厠于聖賢圖像之後。然念流傳已久，謹用備識，俾後覽者得有所考云。」

郎瑛《七修類稿》卷一七《義理類・恩禮堂記》 吏部侍郎南昌張元禎爲吾鄉府尹陳彦成撰《思禮堂記》，發明墓祭之禮，甚當人情，但亦未深考於書也。【略】記成，陳乃買鴻臚少卿唐泰碑於其子，將磨去其文而刻此記，有某進士見之，以手撫碑曰：「其薄若此耶？若再磨則不堪矣。」陳聞而止之，買他石以刻焉，此人亦善諷諫者歟！

焦竑《焦氏筆乘續集》卷五《秦會稽刻》 《史記》：「秦二世東行郡縣到碣石，並海南，至會稽，丞相斯等請具列詔書刻石。」固明白矣，然不載其詞。今記於此：「皇帝立國，維初在昔，嗣世稱王。討伐亂逆，威動四極，武義直方。戎臣奉詔，經時不久，滅六暴强。廿有六年，上薦高號，孝道顯明。既獻泰成，乃降專惠，親巡遠方。登於嶧山，羣臣從者，咸思攸長。追念亂世，分土建邦，以開事理。攻戰日作，流血於野，自太古始。世無萬數，陁及五帝，莫能禁止。乃今皇帝，一家天下，兵不復起。災害滅除，黔首康定，利澤長久。羣臣誦略，刻此樂石，以著經紀。」

姚鼐《惜抱軒詩文集後集》卷二《跋吴天發神讖刻文》 吴天璽元年刻石文，世傳皇象書。象爲吴大帝初人，與趙達同輩，計其年恐未能至天璽也。其書本就山刻石，其石圜長，環而刻之，非碑也，而俗呼《天發神讖碑》。《吴志》載「孫皓天璽元年，歷陽山石文理成字二十」，又陽羡山有石文之瑞。蓋皓以無道好佞，羣下妖妄競作，此《神讖》亦天璽元年出，史偶遺耳。當時詭託事多，不可勝載也。其前書《神讖》五十七字，繼記其始見及識其字者之事，最後列臣下銜名。蓋爲是記者，其官蘭臺東觀令。按皓東觀令華覈，天册元年免。次年天璽。此繼覈爲東觀令，而其姓名皆缺蝕，詔子爲欺，名不著於後世，其幸也。自是五年晉滅吴。後不知何時石斷而爲三，棄於野。宋人取而置諸漕使之署。明時置江寧縣學尊經閣下。嘉慶十年，余來江寧；其秋閣燬於火，石爲燼矣。此本猶未燬時所拓，兹後拓本不易有矣。

慶桂《清宫史續編》卷九五《書籍二一・御筆乾隆説經文碑》 乾隆五十七年，高宗純皇帝允諸臣請，凡聖製中有闡發《十三經》微奥之粹言，勒石，冠蔣衡所書《十三經》諸碑之首，樹立太學彝倫堂中。凡一十六碑，文一百四十有四，五十八年鐫。

又《御定石經》 乾隆五十六年，勑檢懋勤殿貯蔣衡書《十三經》，命儒臣校勘，刻石列太學。凡一百九十碑，五十七年鐫。乾隆五十六年十一月二十一日，奉諭旨，漢、唐、宋以來，皆有石經之刻，所以考定聖賢經傳，使文字異同，歸於一是，嘉惠藝林，昭垂奕禩，甚盛典也。但歷年久遠，率多殘缺，即間有片石流傳，如開成、紹興年間所刊，今尚存貯西安、杭州等府學者，亦均非全經完本。我朝文治光昌，崇儒重道。朕臨御五十餘年，稽古表章，孜孜不倦。前曾特命所司，創建辟雍，以光文教，並重排石鼓文，壽諸貞珉。而《十三經》雖有武英殿刊本，未經勒石，因思從前蔣衡所進手書《十三經》，曾命内廷翰林詳覈舛譌，藏弆懋勤殿。允宜刊之石版，列於太學，用垂永久。著派和珅、王杰爲總裁，董誥、劉墉、金簡、彭元瑞爲副總裁，並派金士松、沈初、阮元、瑚圖禮、那彦成隨同校勘，但卷帙繁多，恐尚不敷辦理。著總裁等再行遴派三人，以足八員之數，爲校勘。諸臣等其悉心研辦，務臻完善，以副朕尊經右文至意。

又《聖製石刻蔣衡書十三經於辟雍序》 前歲集石鼓文而爲之序，有曰：「凡舉大事者，必有其會與其時，而總賴昭明天貺以成其功」，信弗爽也。石鼓不過周宣王之事，列於文廟之門，以寓興文，尚俟其時其會，若夫十三經，則古聖先賢出諸口以傳道授教，其重於石鼓文，奚啻倍蓰哉！則今之石刻十三經是矣。蓋此經爲蔣衡手書，獻於乾隆庚申者，其間不無少舛譌，爰命内翰詳覈，以束之懋勤殿之高閣，至於今五十有餘年，亦既忘之矣。昨歲命續集石渠寶笈之書，司事者以此經請，乃憬然而悟曰：有是哉！是豈可與尋常墨蹟相提並論？以爲幾暇遺玩之具哉！是宜刊之石版，列於辟雍，以爲千秋萬世崇文重道之規。夫經者，常也，道也，常故不變。道則恒存，天不變，道亦不變，仲舒之言，實已涉其藩矣。蓋石經之昉，自炎劉一字，曹魏三字，石經之刻所以考定聖賢經傳中文字同異，歸於一，是使天下萬世學者有所師承遵守，蓋考文爲三重之事也。昉自漢時，經籍大出白虎觀講論之後，熹平中以諸博士試甲乙科爭第高下，更相告言，至有行賂定蘭臺漆書經字，以合其私文者，乃詔蔡邕等正其文字，刻石鴻都，一時觀視及摹寫者，車乘日千餘兩，填塞街陌，事具《後漢書》。至魏正始中，更立石經，並刻魏文帝典論六篇，見戴延之《西征記》。其一字三字之分，宋洪适、本朝朱彝尊俱以漢爲隸字一體，魏爲古文篆字隸字三體，蓋石經自王彌、劉曜入洛殘壞之後，雖晉裴頠、北魏崔光俱請修補，訖未完工，迨北齊乃自洛陽遷之鄴都，隋復自鄴遷至長安，屢經移徙散失及營造用爲柱礎，十不存一，見《隋書・經籍志》。至唐時内府偶得一二遺字，即鈐用開元小印，列於法書名畫，以爲珍玩，其流傳亦已僅矣。訖不可攷。李唐、北、南宋雖曾有刻，或乖或不全。唐太和七年，勑於國子監講論堂兩廊創立石九經並《孝經》、《論語》、《爾雅》，至開成二年告成，其

地舊在務本坊。自天祐中，韓建築新城而經石委棄於野。至朱梁，時劉鄩守長安，用幕吏尹玉羽之言，遷置唐尚書省之西隅。至宋時，地雜居民，窪下霖潦，隨立輒仆，腐壞折缺。吕大忠領漕陝右，始移置府學。至明時又補刻《孟子》。嘉靖乙卯地震，石經倒損。西安府學生員王堯惠等按舊文集其闕字，别刻小字，立於碑旁，以便摹補，今在西安府學。劉昫《舊唐書》謂石壁九經，字乖師法。本朝顧炎武作《金石文字記》，亦刊其訛誤，乃知唐石經未爲善本，劉昫之言未誣也。其後孟蜀時亦刻石經。北宋刻兩體石經，今片石無存。金燕京廟學有九經石刻，見王惲《秋澗集》。明時尚存二碑，今亦無考。南宋紹興九年，刊石六經、《論語》、《孟子》成，歲久殘缺。明宣德中，巡按御史吴訥收拾碎折，補輳得碑百片，置仁和縣學。宋廷佐復移之杭州府學，今存。然當時所刻《春秋》，僅《左氏傳》，《傳記》僅《大學》、《中庸》、《學記》、《經解》、《儒行》五篇，又無《周禮》、《儀禮》、《孝經》、《爾雅》，非其全也。兹則出一人之手，經諸臣之目，視歷代爲加詳矣。蔣衡後改名振生，江蘇金壇恩貢生，乾隆五年，以所書十三經進賜，以國子監學正銜，其經册貯懋勤殿，今以之上石，視唐石經所列銜，有書石官、書石學生，體例殊爲不倫，特命大學士懋勤殿翰林校勘。予自六齡入學堂，讀《易》、《書》、《詩》三經，所爲《易》簡而天下之理得，二典三謨爲王道始，正變風雅不知無以言。及長而涉獵三禮，覺與三經爲有間去聲，謂易書詩。枕葄麟經，慎正統偏安之必公，春秋大一統，尊王黜霸，出於天命人心之公，予讀之有年，心契聖人筆削之旨，纂定《通鑑輯覽》一書，袪後代操筆之自私，示萬世守統之宜，慎分注系年，皆取春秋之義，差自謂讀書有得耳。孜孜饜飫，耄耋弗衰，雖自愧學之未成，迺今刻諸石，列諸辟雍，應時舉事，以繼往聖、開來世，爲承學士之標準，豈非厚幸也歟！蔣衡一生苦學之勤，亦因是酬矣。若夫歷代注疏，入主出奴，紛如聚訟，既冗且繁，衡祇書諸經正文，餘概從删，是也，或以爲不觀注疏，何以解經？予則以爲以注疏解經，不若以經解經之爲愈也。學者潛心會理，因文見道，以六經參互之，必有以探其源而晰其奥者，是在勤與明而已，且予重刻木版之十三經注疏，頒布世間者不少也，舉辟雍以五十年，勒石經又越六載，凡所以待其時而逢其會，八十老人復得成斯大功者，何莫非賴昊天之鴻貺乎！昔著《知過論》，以爲其不可已者，仍酌行之，斯之謂矣。蓋凡物有其成，必有其壞，所謂石鼓石經者，皆是也，然向不云乎！經者，常也，道也。天不變，道亦不變。依聖人之門牆，示萬世之楷則，孰謂滄桑幻化，能移我夫子不朽之道也哉！是爲序。

又《御定重排石鼓文》　高宗純皇帝用石鼓文所存字，親製首章末章，自第二至第九章，命尚書彭元瑞補成，製十鼓以刻，列太學戟門左右，並置熱河學。凡十章，三百一十字。

吴長元《宸垣識略》卷七《内城三》　萬曆丙午，吴僧真程自雲棲來居，發古甃，下得石幢一，式如鐙臺，旁鐫般若心經一部，唐廣順二年少府裴監施，朝請郎趙偃書。時黄儀部汝亨手書石鐙菴三字額之。今寺中有石香鑪，云即舊傳石鐙，然鑪上並無鐫刻，則石鐙已不可考矣。

又卷九　明因寺在三里河東，故三聖寺也。明萬曆初，明肅皇太后建，賜額。有李伯時渡海尊者卷，不知何年被人賺去，存者贋本，而僧不知也。萬曆二十九年，紫柏大師自五臺來，夜夢十六僧請掛瓶鉢，亭午有負巨軸售者，軸凡十六，貫休所畫羅漢也。師歎異購之，各系以贊，傳寺中。天啓二年，董其昌過此，書佛成道記，自稱香光居士，凡十二版。蓋宗伯三十年前見紫柏於此寺，索書成道記，尋前諾也。今搨石置僧寮左壁。考按：今明因寺有十六羅漢畫軸，上有明萬曆時釋真可贊，似是後人僞託，非當時真跡。王祖嫡、何洛文二碑，尚可讀。董其昌成道記石刻在寺中。

徐康《前塵夢影録》卷上　曹秋舫丈所藏商周鐘鼎彝器，有七十五種，刻吉金圖石刻以行世。惜款識未據拓本橅入，後盡數歸於張雲巖，張償以五千金，事在咸豐初。至庚申，粤寇陷吴，張棄家遠避，所藏諸器，俱爲人攫取。

又　盛澤鎮即明人所謂西郕也。史明古鑑隱君，曾居其地。石田翁與有戚誼，嘗繪西郕圖以贈，流風餘韻，至今尚存。如王勺山之收藏書畫金石，曾刻書以傳世。顧氏收藏亦夥，有宋拓舊館壇碑最著名，係嘉靖年褾，國朝康熙某年修識於册之背面，索直三百金，曾於紫山寓中見之，因議價不果。越數年，吴荷屋中丞縈光罷官過吴門，駐舟平望，介翁叔均至盛澤取到，亦議價不合，但令叔均雙句其碑而還之中丞在蘇，日至辟疆園，評鑒湘舟所藏金石書畫法帖，湘舟乃取雙句本上石，今在園中。

又卷下　[余]又於沿塘薛文清祠内，得一瓢老人三鳳硯，其時尚有人守祠，壁間石刻，大半蘇帖，乃老人句刻嵌之壁，老人善詩工書，醫亦超出儕輩，先祖少時，曾見其方案悉蘇體。

金武祥《粟香隨筆》卷四　十字碑，舊碑湮没，唐開元中，元宗命殷仲容摹刻之。大曆十四年，潤州刺史蕭定重刻石於延陵廟中，閣帖乃「烏延陵博邑有吴君子之墓呼」十二字，刻於宋太宗淳化中，遠出十字碑後。謂閣帖縮取此碑則可，謂此碑衍閣帖，則不可也。

劉禹錫《劉禹錫集》卷八《國學新修五經壁本記》 初，大曆中，名儒張參爲國子司業，始定《五經》，書于論堂東西廂之壁。辯音，取其宜；考古今之文，取其正。繇是諸生之師心曲學、偏聽臆説，咸束之而同。揭揭高懸，積六十歲。崩剥污皝，澒然不鮮。今天子尚文章，尊典籍。於苑囿椽，而成均以治。國學上言，遽賜千萬。時祭酒皞實尸之，博士公肅實佐之。嚴，過者必式。遂以羡羸，再新壁書。懲前土塗不克以壽，乃析堅木負墉而比之如版牘而高廣，其平如粉澤而潔滑。背施陰關，使衆如一。附離之際，無跡可尋靚深，两廡相照。申命國子能通法書者，分章揆日，遜其業而繕寫焉。筆削既成，精。白黑彬斑，瞭然飛動。以蒙來求，焕若星辰；以敬來趨，肅如神明；以疑來質蔡。由京師而風天下，覃及九譯，咸知宗師，非止服逢掖者鑽仰而已。於是學官某徒凡四百二十有八人請金石刻，且歌之曰：「我有學宇，既傾而成之。我有壁經，既昧而明之。孰規摹之，孰發揮之？祭酒士維韋。俾我學徒，弦歌以時。切切祁祁，不敖不嬉。庶乎逌人，來采我詩。」

邵博《邵氏聞見録》卷一六 長安百姓常安民，以鎸字爲業，多收隋、唐銘誌墨本，亦能篆。教其子以儒學。崇寧初，蔡京、蔡卞爲元祐姦黨籍，上皇親書，刻石立於文德殿門。又立於天下州治廳事。長安當立，召安民刻字，民辭曰：「民愚人，不知朝廷立碑之意。但元祐大臣如司馬温公者，天下稱其正直，今謂之姦邪，民不忍鎸也。」府官怒，欲罪之。民曰：「被役不敢辭，乞不刻安民鎸字於碑，恐後世并以爲罪也。」嗚呼！安民者，一工匠耳，尚知邪正，畏過惡，賢於士大夫遠矣。故余以表出之。

《宋史·句中正傳》 句中正字坦然，益州華陽人。孟昶時，館於其相毋昭裔之第，昭裔奏授崇文館校書郎，復舉進士及第，累爲昭裔從事。歸朝，補曹州録事參軍、汜水令，又爲潞州録事參軍。【略】淳化元年，改直昭文館，三遷屯田郎中，杜門守道，以文翰爲樂。太宗神主及謚寶篆文，皆詔中正書之。嘗以大小篆、八分三體書《孝經》摹石，咸平三年表上之。真宗召見便殿，賜坐，問所書幾許時，中正曰：「臣寫此書，十五年方成。」上嘉嘆良久，賜金紫，命藏於祕閣。時乾州獻古銅鼎，狀方而四足，上有古文二十一字，人莫能曉，命中正與杜鎬詳驗以聞，援據甚悉。五年，卒，年七十四。

陶宗儀《南村輟耕録》卷二〇《碑刻印識》 李和，錢唐人。國初時尚在，鬻故書爲業，尤精於碑刻。凡博古之家，或有贋本求一印識，毅然弗從。其印文「李和鑒定」，石刻印。

邵寶《容春堂前集》卷一〇《書太原陳氏所藏西涯公字刻》 西涯公德行、文章重天下。其書在金石者，天下之人重之若珪璧琬琰，固無容賛矣。但刻工有高下，故其入神之妙或不能無異。公嘗謂：「近時京師惟閻傑刻爲第一，汴梁郝升刻篆文，亦頗合古意。」後寄示《揚州瓊花詩》，不知何人刻，又極稱許，餘皆未滿公意。刻工之難有如是哉！太原陳君邦瑞，以所得公金石書若干通，萃爲一册，邀寶觀之。寶出公門下，聞公評書每及於刻，因附數語，俾觀者知之。公真、行、草書皆自古篆中來，晉以下，特兼取而時出之耳，故所成如此。若不求其原，而惟迹之逐，豈知公書者哉！

又卷二六《辯證類·九江碑工》 元祐黨人之碑，碑工長安民不肯鎸名於石，載於正史；九江碑工不肯刻碑者，往往於傳記中見，人惜其不知名，何燕泉叙録亦然也。昨觀《揮麈録》得之，而《揮麈録》又無板者，因録出示人。九江碑工仲寧刻字甚工，魯直題居曰琢玉坊。崇寧詔刊元祐黨人碑，仲寧對太守曰：「小人家貧，因開蘇内翰、黄學士詞翰遂至飽煖，今日以奸人爲名，誠不忍下手。」守義之，從其請。

錢泳《履園叢話》卷一二《藝能·摹印》 摹印始於秦，盛於漢，晉以後其學漸微。每見唐、宋人墨蹟上所用印章，皆以意配合，竟無有用秦、漢法者。至元、明人則各自成家，與秦、漢更遠矣。國初蘇州有顧雲美，徽州有程穆倩，杭州有丁龍泓。故吴門人輒宗雲美，天都人輒宗穆倩，武林人輒宗龍泓，至今不改，乃知雕蟲小技，亦有風氣運會存乎其間。近來宗秦、漢者甚多，直可超唐、宋、元、明而上之，天都人尤擅其妙，如歙之巴雋堂、胡城東、巴煜亭、鮑梁侶、績溪之周宗杭，皆能浸淫乎秦、漢者。然奏刀稍懈，又成穆倩矣。習見熟聞，易於濡染，其勢然也。山陰董小池通守名洵，素精摹印，罷官後寓京師三十年，無所遇，以鐵筆遊公卿間。余觀其奏刀，却無時習，輒以秦、漢爲宗。然必須依傍古人，如刻名印，必先將漢印譜翻閲數四，而後落墨。譬諸畫家，無胸中丘壑，以稿本臨模，終是下乘。同時公卿大夫之好摹印者，如仁和余秋室學士、蕪湖黄左田尚書、上海趙謙士侍郎、揚州江秋史侍御、江寧司馬達甫舍人，又有紅蘭主人與英夢禪、董元鏡、趙佩德諸公，俱有秦、漢印癖者也。【略】余頗嗜篆刻，十五六時始見吴江張雨槐，是專學顧雲美、陳陽山

者。比長，聞光福鎮有徐翁友竹亦擅此技，乃投刺謁之，一見傾倒，因得見所刻《西京職官印録》八卷，是按《前漢書·百官公卿表》爲之考正，如淮陰侯韓信、鄭侯蕭何，依次刻之，吴中篆刻，自雲美後又一變矣。

馮桂芬《蘇州府志》卷一一〇《藝術二》　顧嘉穎，字庭如，長洲人，精於摹刻。其刀法從畫中直下，深而圓勁，如運筆之用中鋒也。一時士大夫家碑碣咸出其手，嘗爲安岐摹勒孫過庭《書譜》，逼肖真蹟，遠勝停雲館刻本。汪琬贈以詩，稱爲絶藝。子錫韓，字覲侯，能世其業。

藝文

杜甫《杜工部集》卷一八《李潮八分小篆歌》　蒼頡鳥跡既茫昧，字體變化如浮雲。陳倉石鼓又已訛，大小二篆生八分。秦有李斯漢蔡邕，中間作者絶不聞。嶧山之碑野火焚，棗木傳刻肥失真。苦縣光和尚骨立，書貴瘦硬方通神。惜哉李蔡不復得，吾甥李潮下筆親。尚書韓擇木，騎曹蔡有隣，開元已來數八分，潮也奄有二子成三人。況潮小篆逼秦相，快劍長戟森相向。八分一字直百金，蛟龍盤拏肉屈强。吴郡張顛誇草書，草書非古空雄壯。豈如吾甥不流宕，丞相中郎丈人行。巴東逢李潮，逾月求我歌。我今衰老才力薄，潮乎潮乎奈汝何。

韓愈《韓昌黎全集》卷五《石鼓歌》　張生手持石鼓文，勸我試作石鼓歌。少陵無人謫僊死，才薄將奈石鼓何。周綱陵遲四海沸，宣王憤起揮天戈。大開明堂受朝賀，諸侯劍珮鳴相磨。蒐于岐陽騁雄俊，萬里禽獸皆遮羅。鐫功勒成告萬世，鑿石作鼓隳嵯峨。從臣才藝咸第一，揀選撰刻留山阿。雨淋日炙野火燎，鬼物守護煩撝呵。公從何處得紙本，毫髮盡備無差訛。辭嚴義密讀難曉，字體不類隸與科。年深豈免有缺畫，快劍斫斷生蛟鼉。鸞翔鳳翥衆仙下，珊瑚碧樹交枝柯。金繩鐵索鎖紐壯，古鼎躍水龍騰梭。陋儒編詩不收入，二雅褊迫無委蛇。孔子西行不到秦，掎摭星宿遺羲娥。嗟余好古生苦晚，對此涕淚雙滂沱。憶昔初蒙博士徵，其年始改稱元和。故人從軍在右輔，爲我量度掘臼科。濯冠沐浴告祭酒，如此至寶存豈多。氈包席裹可立致，十鼓祇載數駱駝。薦諸太廟比郜鼎，光價豈止百倍過。聖恩若許留太學，諸生講解得切磋。觀經鴻都尚填咽，坐見舉國來奔波。剜苔剔蘚露節角，安置妥帖平不頗。大厦深簷與蓋覆，經歷久遠期無佗。中朝大官老於事，詎肯感激徒媕婀。牧童敲火牛礪角，誰復著手爲摩挲。日銷月鑠就埋没，六年西顧空吟哦。羲之俗書趁姿媚，數紙尚可博白鵝。繼周八代争戰罷，無人收拾理則那。方今太平日無事，柄任儒術崇丘軻。安能以此上論列，願借辯口如懸河。石鼓之歌止於此，嗚呼吾意其蹉跎。

姚鼐《惜抱軒詩集》卷三《孔撝約集石鼓殘文成詩》　在昔成周造西土，日出海隅皆奄撫。同文遂光天子政，異學敢施私智舞。大蒐有禮朝金舄，小雅餘篇鐫石鼓。東遷孔子悼詩亡，史有闕文吾尚睹。倔興暴國尚首功，撥去古文焚一炬。小篆從兹法丞相，《爰歷》競言受車府。援筆且便徒隸才，立政安求周召侣。雖然六體試古文，尚有典刑存一縷。魏晉以後述者稀，科斗僅傳逮韓愈。厥後推求鐘鼎文，形響猜疑似聾瞽。銘勒誰可迹郟梁，真僞奚能知《岣嶁》。獨留此鼓見周人，猶似裔孫瞻鼻祖。文士甲癸紛臆決，强定成宣道文武。斷文闕義那得知，偉畫奇橅差可數。一朝聯綴使完善，墜玉零珠同貫組。《文王清廟》固難晞，《急就》、《凡將》真下瓶。乃知翰林有奇智，鍊石星躔如可補。嘗疑秦篆一家學，叔重雖精猶異古。言之成理或近鑿，有似郢人書燭舉。保氏本體益茫昧，後賢傳説時舛午。日在茻中會意莫，背私公乃韓非語。豈如石鼓堅可信，乃諺胡爲譏厥文。説禮無徵傷杞宋，崇舊有由敬收昪。嗟君好古如食跖，快讀奇字嘗如吐。益友多聞求寡昧，家法虛懷銘傴僂。何當再發壁中書，小學源流勝張杜。

吴長元《宸垣識略》卷六《内城二·吴苑石鼓歌》　辟雍鐘鼓羅俊奇，忝臨六館重臯比。廟楹灑掃釋菜畢，顧視石鼓環廡墀。彭亨菌蠢數盈十，刻畫文字無鼎彝。文百二行字五百，從甲至癸完無遺。始終記述漁狩事，中載策命諸臣詞。細文淺刻堅且好，閱三千載光娥羲。曾經決齧受風雨，豈用蟠負承鼇螭？韋韓二蘇染大筆，助流寶氣長赫曦。周宣王時史籀作，車攻吉日堪肩隨。篇章排比類吉甫，體源質古超相斯。誰何小儒恣評駁，不究根本多然疑。先秦西魏駕空説，嗤點欲使成瘢疵。自來神物多隱見，晚出往往千秋垂。周官左氏佑六籍，卯金專門叢詆諆。至今首冠甲乙庫，儒生穮蓘如畬菑。撫兹鼓質最龐厚，雕琢山骨窮㢠厓。雍城城南久托迹，蛟鼉鸞鳳藏環姿。辭嚴義密難諷讀，句奇語重誰思維？鴻生鉅學茫不識，任春烟鎖秋風吹。縱敲牧火礪牛角，却免摹搨傷皮肌。譬如深山石犖确，歲月久遠無成虧。文王紐在禹追蝕，其故豈屬聲音爲？自唐迄今始的皪，日星雲漢光天逵。高駝巨艦凡四徙，終然棋置文宣祠。百靈呵護神作合，傳萬萬世遐無期！方今天子闡絶學，玉函金版皆繙披。詎惟瑰辭追雅

頌，直使鐵畫侔繇芝！黼帷丹扆多製作，慶雲五色紛葳蕤。黄支烏弋遠受吏，海外來學航於兹。峨峨髦士拂芹茆，軌度肅整趨委蛇。聖謨文治四洋溢，浩蕩亙亙無津涯。講蒐前制載編牒，或按周典揚戈麾。威靈宣暢讋函夏，琱弓彤矢斑陸離。從臣材藝敢誇詡，稽首拜獻成功詩。天球琳瑯刻金石，潤色鴻業攀姚嬀。炳麟煌煒照六合，焯然此事有職司。研搜故實更參考，名爲石鼓良乖宜。建康天發石三截，暨禹岣嶁堪旁推。石形似鼓制非鼓，徇跡忘本差毫釐。摩挲彷彿古人意，定作閲武岐陽碑。

又《查嗣瑮雜咏詩》　陳跡摩挲亦典型，岐陽石鼓晉蘭亭。承平盛世差能記，兩座公侯聽五經。

摹拓分部

綜　述

虞龢《論書》　今搨書皆用大厚紙，泯若一體同度，剪截皆齊，又補接敗字，體勢不失，墨色更明。

《舊唐書·職官二》　弘文館【略】拓書手三人【略】集賢殿書院【略】拓書六人。

劉跂《學易集》卷六《金石録序》　東武趙明誠德甫，家多前代金石刻，倣歐陽公《集古》所論，以攷書、傳、諸家同異，訂其得失，著《金石録》若干卷，别白牴牾，實事求是，其言斷斷，甚可觀也。昔文籍既繁，竹素紙札，轉相謄寫，彌久不能無誤。近世用墨版摹印，便于流布，而一有所失，更無别本是正。然則謄寫摹印，其爲利害之數略等。又前世載筆之士，所見所聞，與其所傳，不無同異，亦或意有軒輊，情流事遷，則遁離失實，後學欲窺其罅，搜抉證驗，用力多，見功寡，此讐校之士，抱槧懷鉛，所以汲汲也。昔人欲刊定經典及醫方，或謂經典同異，未有所傷，非若醫方能致壽夭，陶景亟稱之，以爲名言。彼哉卑陋，一至于此。或譏邢邵不善讐書，邢曰：「誤書思之，更是一適。」且别本是正，猶未敢曰可，而欲以思得之，其訛有如此者。惟金石刻出于當時所作，身與事接，不容謁妄，皎皎可信。

黄伯思《東觀餘論·論臨摹二法》　世人多不曉臨摹之别。臨，謂以紙在古帖旁觀其形勢而學之，若臨淵之臨，故謂之臨。摹，謂以薄紙覆古帖上，隨其細大而搨之，若摹畫之摹，故謂之摹。又有以厚紙覆帖上，就明牖影而摹之，又謂響搨焉。臨之與摹，二者迥殊，不可亂也。

費衮《梁谿漫志》卷六《石刻多失真》　石刻多失真者，非惟摹搨肥瘠差謬而已。至於刊造之際，人但知深刻可以傳遠，設若所書字本清勁，鐫刻稍深，則打成墨本，紙必陷入，洎裝褫既平，以書丹筆畫較之，往往過元本倍蓰。此大弊也。歐陽公記李陽冰書《忘歸臺銘》等三碑，比陽冰平生所篆最細瘦，世言此三石皆活，歲久漸生，刻處幾合，故細爾。後之建碑者，倘遇此等石，則其失真，尤可知矣。

張世南《游宦紀聞》卷五　辨博書畫古器，前輩蓋嘗著書矣。其間有論議而未詳明者，如臨、摹、硬黄、響搨，是四者各有其説。今人皆謂臨摹爲一體，殊不知臨之與摹，迥然不同。臨，謂置紙在傍，觀其大小、濃淡、形勢而學之，若臨淵之「臨」。摹，謂以薄紙覆上，隨其曲折，宛轉用筆曰摹。硬黄，謂置紙熱熨斗上，以黄蠟塗匀，儼如枕角，毫釐必見。響搨，謂以紙覆其上，就明窗牖間，映光摹之。

劉克莊《後村集》卷三二《跋舊潭帖》　《潭帖》素爲坡公所賞，以爲希白得字神，有江左風味，比淳化待詔所摩爲勝。世俗不察，争求閣下本，誤矣。以余所見潭帖，凡有數本，有絶佳者、有稍殘缺者、有行數不同者、有漏落數行者。時謂劉相刊二本，一留郡，一藏家，而後人翻開於黔、和等州者，又不知幾本也。於十卷之末或題云「慶歷五年」，或云「八年」，或云「六月」，或云「季夏」，或云「模勒上石」，或無「上石」二字，或云「重模」，若以八年者爲重模，則五年下亦有「重模」字，不應一年内已模而復模也。【略】往往刊帖之時不敢比擬尚方，欲自爲帖，但異其行數，可也，亂其文理，不可也。豈劉公本非博雅，或貴重不暇參校，或希白雖工於模字，而拙於尋行數墨歟！鐫刻雖工，如不可讀何？坡既推《潭》勝《閣》。近時陳師復善書，亦於《閣帖》有異論。余恐蘇、陳所見非真閣本爾。真者或七八行爲一板，或十六七行爲一板，皆廷珪墨模印，其墨如漆，字猶豐艷有精神。

趙希鵠《洞天清禄集·古今石刻辯響搨僞墨迹》　以紙加碑上，貼於窗户間，以游絲筆就明處圈却字畫，填以濃墨，謂之響搨。然圈隱隱猶存，其字亦無精采易見。

又《真迹難存世》 世言紙之精者，可支千年，今去二王纔八百餘年，而片紙無存。不獨晉人，如唐世善書之蹟，甫三百餘年，亦稀如星鳳，何也？嘗攷其故，蓋物之奇異者，常聚於富貴有力之家。一經大盜與水火，則舉羣失之。非若他物散落諸處，猶有存者。桓元之敗，取法書名畫，一夕盡焚，所喪幾何，良可悲也。太宗朝，搜訪古人墨蹟，令王著銓次，用棗木板摹刻十卷於祕閣。故時有銀錠紋，前有界行目録者是也。當時，用李廷珪墨拓打，揩之不汙手，乃親王宰執使相除拜賜一本，人間罕得，當時每本價已八百貫文。至慶曆間，禁中火災，其板不存。今世所見閣帖，多乏精神，焉有絳帖以閣本重摹，而祕閣反不如絳帖精神乎？則此可以觀也。絳州法帖二十卷，乃潘舜臣用淳化帖重摹，而參入別帖，然比今所見閣帖，精神過之。舜臣事力單微，而自能鐫石，雖井闌階砌，皆編刻無餘。所以段數最多，或長尺餘者。舜臣死，二子析而爲二。長者負官錢，没入上十卷於絳州。絳守重摹下十卷足之。幼者復重模上十卷，亦足成一部。于是絳州有公私二本。靖康兵火，石竝不存，金人百年之間，重模至再。慶元間，予官守長沙，嘗見舊宰執家，有南渡初親自北方攜得舜臣元所刻本未分析時二十卷。其家珍藏，非得二千緡官陌，不肯與人。乃北紙北墨，精神焕發，視金國所模者，天淵矣。淳化閣帖既頒行潭州，即模刻二本，謂之「潭帖」。余嘗見其初本，當與舊絳帖鴈行。至慶曆八年，石已殘闕。永州僧希白重摹，東坡猶嘉其有晉人風度。建炎金騎至長沙，守城者以爲砲石，無一存者。紹興初，第三次重模，失真遠矣。劉次莊摹閣帖於臨江，用工頗精緻，且石堅，至今不曾重模。獨二卷略殘闕，然拓本既多，頗失鋒芒。今若得初本鋒芒未失者，當在舊絳帖之次，新潭帖之上。然其釋文間有謬處。上蔡臨模絳帖上十卷，雖比舊絳帖少下十卷。而迥出臨江之上。余嘗見於長沙兩府劉轄家。武岡軍重摹絳帖二十卷，殊失真，且石不堅，易失精神。後有武臣守郡，嫌其字不精采，令匠者即舊畫再刻，謂之洗碑，遂愈不足觀，其釋文尤舛繆。然武岡紙類北紙，今東南所見絳帖，多武岡初本耳。驗其殘闕處自可見。彭州亦刻歷代法帖十卷，不甚精采，紙色類北紙，人多以爲北帖。元祐中，奉旨以淳化閣帖之外，續所得真蹟，刻續法帖。元本在禁中，後過太清樓。今會稽重模本，亦不減古絳帖也。【略】世傳二王帖皆以真蹟模勒，獨《樂毅論》就石書丹，其石在高學士紳家，已殘缺至海字。後轉屬趙立之處。今重模者，後猶有趙立之印。余嘉熙庚子，自嶺右回至宜春，見元本於一士人家，用北紙北墨，無一字殘缺，而清勁遒媚，正類《蘭亭》字形，比今世所見重摹本，幾小一倍。此蓋齊梁間拓本，真人間希有之寶。元常《力命帖》，惟北本與潭州本佳，他無足取。

蘇天爵《元文類》卷三三《鍾鼎篆韻序》 唐初盛臨摹，始有以楮榻碑碣爲墨本者。東巡之石，偃師之槃，岐陽之鼓，延陵季子之墓，篆石刻而墨傳，然猶未有能摹鍾鼎之款者。皇祐始命太常摹歷代器款爲圖，三館之士不能盡識，於是歐、劉、李、吕，著録漸廣。宣和以後，爲書遂多，《博古圖》之外，有晏慧開、蔡天啟、趙明誠、榮咨道、董彦遠以至黄伯思、翟耆年、薛尚功諸家，相繼論述。【略】或曰鍾鼎韻之作，以備篆刻字文爾，刻符摹印亦書學之一家。

陶宗儀《南村輟耕録》卷一五《淳化閣帖》 《淳化閣帖》，非精於鑒賞者，莫能辨其真僞。非博於討論者，不可得其源流。第六卷中，嘗記祖石刻之説，今復究研大略於稽古之書，質正是否於好事之人，用贅于此云。宋太宗留意翰墨，淳化中，出御府所藏，命侍書王著臨榻，以棗木鏤刻，釐爲十卷，於每卷末篆題云：「淳化三年壬辰歲，十一月六日，奉聖旨模勒上石。」至仁宗，又詔僧希白刻石于祕閣。前有目録，卷後無篆題。世傳以爲二王府帖者，非也。蓋元祐中，親賢宅從禁中借板墨百，但用潘谷墨，光輝有餘，而不甚黝黑。又多木横裂紋，時有皴皵失字處。親賢宅，魏王所居。魏王，二王也。又有高宗紹興中國子監本，其首尾與淳化略無少異。當時御前拓者多用匱紙，蓋打金銀箔者也。自後碑工作蟬翼本，且以厚紙覆板上，隱然爲銀鋌櫝痕以愚人，但損剥非復拓本之遒勁矣。初，徽宗建中靖國間，出内府續所收書，令刻石，即今續法帖也。大觀中，又奉旨摹榻歷代真跡，刻石于太清樓，字行稍高，而先後之次，與淳化則少異。其間數帖，多寡不同，各卷末題云：「大觀三年正月一日，奉聖旨摹勒上石。」此蔡京書也。而以建中靖國續帖十卷，易去歲月名銜，以爲後帖。又刻孫過庭《書譜》及貞觀《十七帖》，總爲二十二卷，謂之大觀太清樓帖。絳帖者，尚書郎潘師旦以官帖摹刻于家，爲石本，而傳寫字多謬舛，世稱爲潘駙馬帖，凡二十卷。其次序卷帙雖與淳化官帖不同，而實則祖之，特有所增益耳。單炳文曰：「淳化官本法帖，今不復多見。其次絳帖最佳，而舊本亦已艱得。嘗以數本較之，字畫多不侔。煒家藏舊本，比之今本，第九卷内，今本多誤，筆法且俗。」曹士冕曰：「帖總二十卷。元無字號及斷眼數目。」單炳文、曹士冕各有模刻本。世傳潘氏析居，法帖分而爲二，其後絳州公庫乃得其一，於是補刻餘帖，名東庫本。第九卷之舛誤，蓋始於此。且逐卷逐段，各分字號，以日、月、光、天、德等二十字爲次第。後避金主亮諱，但庚亮帖内「亮」字，皆去右邊轉筆，謂之「亮」字不全本。又有新絳本、北方別本、武岡新舊本、福清、烏鎮、彭州、資

州本、木本。前十卷等，類皆絳帖之別也。潭帖者，慶曆中，劉丞相帥潭日，以淳化官帖命慧照大師希白模刻于石，寘之郡齋。增入《傷寒》、《十七日》、王濛、彦真卿諸帖，而字行頗高，與淳化閣本差不同。逐卷有「慧照大師希白重模」字，而歲月各異。中間繆處甚多，朱文公譏其「極爲可笑者」是也。潭帖之別，則有劉丞相私第本、長沙碑匠新刻本、三山木本、蜀本、廬陵蕭氏本，等類甚多。戲魚，即臨江帖也。元祐間，劉次莊以家藏《淳化閣帖》十卷，摹刻于戲魚堂。除去篆題，而增釋文。慶元中，四川總領權安節，又重摹于利州。黔江者。黔人秦世章，於長沙買石摹僧寶月古法帖十卷。寶月，慧照也。謀舟載入黔中，壁之黔江之紹聖院後。題云：「長沙湯正臣重摹鼎帖板本。」校諸帖增益最多。澧陽石刻散失，僅存者右軍數帖而已。又有淳熙修内司本、北方印成本、烏鎮張氏、福清李氏本。若此之類，大抵皆法帖一再之翻摹，殊失筆意，無足觀者。汪逵，字季路，衢州人，官至端明殿學士。建集古堂，藏奇書祕蹟金石遺文二千卷，著《淳化閣帖辨記》共十卷，極爲詳備。末云：「其本乃木刻，計一百八十四版，二千二百八十七行。其逐段以一二三四刻于旁，或刻人名，或有銀鋌印痕，則是木裂。其墨乃李廷珪墨。黑甚，如漆。其字精明而豐腴，比諸刻爲肥。」劉潛夫曰：「近人多不識閣帖。某家寶藏本，皆非真。真者字極豐穰，有神采。如潭絳則太瘦，臨江則太媚。又用李廷珪墨印造。余始得汪端明所記閣帖行數，恨無真帖參校。晚使江左用二千楮致一本，尤伯晦見之。曰：『寶物也。』夫真帖可辨者有數條，墨色，一也。他本刊卷數在上，版數在下，惟此本卷數、版數，字皆相聯屬，二也。他本行數字比帖字小而瘦，此本行數字比帖中字皆大而濃，三也。余所得江左本，每版皆全紙，無接黏處。一部十卷，無一版不與端明所記合，乃知昔人裝褙之際，寧使每版行數或多或寡。而不肯剪截湊合者。欲存舊帖之真面目，四也。」

又卷三〇《印章制度》　秦有八體書，三曰刻符，即古所謂繆篆。五曰摹印，蕭子良以刻符摹印合爲一體，徐鍇謂：「符者，竹而中刻之。字形半分，理應別爲一體。摹印，屈曲填密，則秦璽文也，子良誤合之。」

屠隆《考槃餘事》卷一《帖箋・南北紙墨》　古之北紙，其紋橫，質鬆而厚，不甚受墨。北墨多用松烟，色青而淺，不和油蠟，故北搨色淡而紋皺，如薄雲之過青天，謂之夾紗，作蟬翅搨也。南紙其紋竪，墨用油煙以蠟，及造烏金紙，水敲刷碑文，故色純黑而有浮光，謂之烏金搨。

又《古今帖辨》　古帖歷年遠而裱數多，其墨濃者，堅若生漆，以手揩之，纖毫無染。兼之摩弄積久，紙面光彩如砑，古意自然。故面舊而背色長新。其側勒轉摺處，並無沁墨水跡侵染字法，且有一種異馨，發自紙墨之外。質薄者揭之，堅而不裂，以受糊多耳；厚者反破裂莫舉，以年遠糊重紙脆故也。今之贋帖，效南搨者近似之，然以手微抹，滿指皆墨；效北搨者，敲法入石太深，字有邊痕，用墨不匀，濃處若烏雲生雨，淺者如白虹跨天，殊乏雅致。大率皆以川扇紙、竹紙，用挂灰爐烟瀝和水染成古色，表裏湮透，兩面如一。試以一角揭看，薄者即裂，厚者性健不斷矣。此俱以形似求之。若以字法、刻手、敲手、揭法過目翻閱，雖同一宋搨，而妍醜即別矣。

又《贋帖》　吴中近有高手，贋爲舊帖，以竪簾厚麄竹紙，皆特抄也。作夾紗搨法，以草烟末香烟薰之，火氣逼脆，本質用香和糊，若古帖嗅味，全無一毫新狀。入手多不能破，其智巧精采，反能奪目，鑒賞當具神通觀法。

又《藏帖》　聚玩家，評宋之書帖，爲最上珍品，以銅玉耐久，而書帖易敗耳。兼之兵火銷鑠，或散落，俗家用以覆瓿黏牕，劫會業逢，不知其幾。故得之者，當寶過金玉，斯爲善藏。

又《淳化閣帖》　宋太宗搜訪古人墨跡，于淳化年中，命侍書王著摹勒作十卷，卷尾俱有篆書，題「淳化三年壬辰歲十一月六日奉聖旨摹勒上石」。用澄心堂紙，李庭珪墨，拓打以手摩之，墨不污手，親王大臣各賜一本。無銀錠紋初搨者，上也不可得矣。有銀錠紋而墨濃者，次也。淡者，又次之。今世所有，皆轉相傳摹者。翻本以泉州爲佳，宋搨泉帖，亦不可得。泉州今刻，何啻天淵哉？

又《絳帖》　宋潘思旦以《淳化帖》增入別帖，摹于山西絳州，計二十卷。北紙北墨，極有精神，帖比《淳化》高二字，亦稱《潘駙馬帖》。

又《潭帖》　《淳化》頒行，潭州模刻二本，與《絳帖》雁行。慶曆八年，丞相劉公沆帥潭日，命慧照大師希白模刻，增《霜寒》、《十七日》、玉濛、顔真卿等帖，風韻和雅，骨肉停匀，形勢俱圓，頗乏峭健之氣，蓋《淳化》之子也。在潭之郡齋，亦名《長沙帖》。紹興間第三次重摹者，失其真矣。

又《汝帖》　摘諸帖中字牵合爲之，刻河南汝州府，每卷後有汝州印，後會稽重模，謂之《蘭亭帖》。

又《祕閣續帖》　元祐中，哲宗除《淳化帖》外，增刻他帖于祕閣，謂之《續帖》。

又《淳化祖石刻》　南唐李后主，命徐鉉以所藏法帖勒石，名《昇元帖》。此在《淳化》以前，故名祖刻。

又《太清樓帖》 大觀年中，徽宗以《淳化帖》考選數帖，重刻于太清樓下，模自蔡京，恣章草率，筆偏手縱，無復古意，賴刻手精工，猶勝他帖，亦名《大觀帖》。

又《淳熙祕閣續帖》 孝宗命劉壽摸勒禁中，工夫精緻，亞于《淳化》。兩續□相去不遠，肥而多骨，乃失之麄，遂少風韻，亦名《太清樓續閣帖》。後重模刻于紹興府學，亦名《續蘭亭》，以其中有蘭亭也。今遷于潭州。

又《戲魚堂帖》 元祐間，劉次莊以《淳化帖》除去篆題年月，增入釋文，摹於臨江官署，亦名《臨江帖》，在翻刻中頗有骨格，澹墨搨尤佳。

又《淳熙修内司本》 卷帙規模同《閣本》，而卷尾題字乃楷書，非篆書也。

又《星鳳樓帖》 宋趙彦約刻于南康，曹士冕重摹于南宋。趙刻精善不苟，曹刻清而不濃，亞于《太清樓帖》。

又《寶晉齋帖》 紹興年間，曹之格刻于直隸無爲州學，多米芾所臨，在諸帖中爲最下。米元章又云：羲之七帖，有雲烟卷舒翔動之氣。

又《百一帖》 宋王曼慶刻，筆意清遒，雅有勝趣，但刻手不精。

又《利州帖》 宋慶元中劉次莊以《戲魚堂帖》，重刻于益昌，其釋文字畫，較《臨江》稍大。

又《黔江帖》 宋秦子明命湯正臣父子刻于長沙，即《僧寶月古帖》十卷，載入黔江之紹聖院。

又《臨武帖》 較諸帖中所增最多，中有右軍《黄庭經》，他本所無，博而不精，殊無足取。

又《東庫帖》 世傳潘氏以石本帖二十卷分爲二，絳州公庫得其上十卷，絳守重刻下十卷以足之。靖康兵火俱失，金人重刻者天淵矣。

又《賜書堂帖》 宋宣獻公綬刻于山陽，有古鐘鼎識文絶妙，但二王帖俱不精，石已不存，後有重模本。

又《甲秀堂帖》 宋廬江李氏刻，前有王顔書，多諸帖未見。後有宋人書亦多。今吴中有重摹者，亦有可觀。

又《一百十七種蘭亭帖》 宋理宗内府所藏，裝褫作十册，希世之寶也。備詳《南村輟耕録》。

又《二王帖》 宋許提舉開刻于臨江，模勒極精，曰《二王帖選》。

又《蔡州帖》 上蔡州重摹《絳帖》上十卷，出于《臨江》《潭帖》之上。

又《彭州帖》 彭州重刻歷代法帖十卷，不甚精采，紙類北紙。

又《鐘鼎帖》 宋薛尚功編次鐘鼎卣彝古銅器銘二十卷，刻于九江府庫，臨摹極工，甚有古意。今多取便抄録，作十卷以市于人。

又《四聲隸韻》 書法極工，略似嫵媚，傳云石刻于琉球，其搨法紙色絶佳。

又《玉麟堂帖》 宋吴琚模刻，穠而不清，多雜米家筆法。

方以智《通雅》卷三一 帖刻于石而搨之曰法帖。自有石經碑刻，應有搨帖，而未著稱。《蔡邕傳》言：「觀及摹者，車曰千兩。」摹則今之墨搨也。《會要》：「貞觀六年正月，命整理御府古今工書，鍾、王等真跡，得一千五百一十卷。開元六年，整理數同十六年，内出二王真跡及芝、昶等古跡一百六十卷，付集賢院，依文搨兩本，進内分賜諸王。」兩本者，分真跡與真艸跡也。真跡卷帙以貞觀字爲印縫；真艸跡令褚遂良真書小字帖紙影之。所謂搨影，不知比今何法也。若但描臨，安能逼肖邪！當時亦呼搨寫《蘭亭》一本入昭陵。又一本太平安樂公主奏借出外搨寫，遂失所在。《六典》：「弘文館搨書三人，習其法也。」意其兼學雙鈎過朱之法乎？《褚遂良傳》：「帝方摹羲之故帖，莫質真僞。遂良獨論所出，無舛冒登善影本。」今猶相傳。宋自太平興國詔訪筆跡，于是荆湖獻張芝艸書，潭州獻唐明皇所書道林寺王喬觀碑，昇州獻二王及桓温等十八家石版書跡。七年，錢惟治以鍾、王等墨跡七軸獻，錢昱獻鍾、王墨跡八軸。舊説六百年而神去，七百年而紙壞，以淳化四年四月之勒，上距魏晉約五百餘年，冀得其真如米所評又寥寥矣。元祐中，劉次莊爲《法帖釋文》十卷，靖國初，劉燾續之。淳熙中刻《秘閣續法帖》。宋至我生之初不滿五百年，而宋初搨閣帖遂爲稀有，價值千金。余曾在陳眉公頑仙廬見一本，乃董玄宰宗伯藏者，旁有黄山谷朱書釋文，字體微肥。又一在嘉興項氏，石經已混陝碑，在西安府學，不必漢魏，多是唐鄭覃書，蜀毋昭裔所書。石經今有注宋何琪鎮長安摹搨二千餘本，民以爲害，往往鑱削其字。韓縝修霸橋，督工急民，磨碑石供之。罹此二厄，全者遂少，世所謂曹全碑，則漢八分之至明者矣。相傳石崖崩而碑出，故搨少而明也。聖教不斷本，李北海、娑羅、岳麓、雲麾皆難得。萬曆初，内鄉李蔭令宛平發地，得柱礎六，乃唐李邕書《雲麾將軍碑》，因建古墨齋。崇禎壬午，智房師傅海峰爲順天府尹修書齋，又掘得二圓扁石，亦《北海雲麾碑》，有李琇名其前，所得者未盡邪！升菴常言斷裂在蒲城。而正德中，劉遠夫鐵束之，物之顯晦，固各有時。《淳化閣帖》，宋太宗命侍書王著臨搨，以棗木鏤刻。至仁宗，又詔僧希白刻石于秘閣。前有目録，卷後無篆題。世傳以爲二王府帖者，非也。又有高宗紹興中國子監本，其首尾與《淳化》略無少異。當時御前拓者，多用匱紙，蓋打金銀

箔者也。自後碑工作蟬翼本，且以厚紙覆版上，隱肰爲銀鋌擫痕以愚人。初，徽宗建中靖國閒，刻《續法帖》。大觀中，又摹搨刻石于太清樓，字行稍高，而以《建中靖國續帖》十卷易去，歲月名銜，以爲後帖。又刻孫過庭《書譜》及貞觀《十七帖》，總爲二十二卷，謂之《大觀太清樓帖》。《絳帖》者，尚書郎潘師旦以官帖摹刻于家，爲石本，而傳寫字多訛舛，世稱爲《潘駙馬帖》，單炳文、曹士冕各有模刻本。又有新絳本、北方別本、或岡新舊本、福清、烏鎮、彭州、資州本，皆《絳帖》之別也。《潭帖》者，慶曆中，劉丞相帥潭日，以淳化官帖命慧照大師希白摹刻于石，置之郡齋。增入《傷寒》、《十七日》、王濛、顔真卿諸帖，而字行頗高，與淳化閣本差不同。逐卷有「慧照大師希白重模」字，而歲月各異。中閒謬處甚多，朱文公譏之是也。《潭帖》之別，則有劉丞相私第本、長沙碑匠新刻本、三山木本、廬陵蕭氏本。戲魚，即《臨江帖》也。元祐閒，劉次莊以家藏淳化閣十卷，摹刻戲魚堂，除去篆題，而增釋文。又有淳熙修内司本、北方印成本、烏鎮張氏、福清李氏本。劉後村云：《閣帖》爲祖，《絳帖》次之，《臨江》又次之，《武岡》又次之，《大觀》尤妙。《武岡》佳者可亂《絳》，《臨江》佳者可亂《閣》。《潭》乃僧希白所摹，有江左風味。希白工于摹字，屈于尋行數墨，文理錯繆，肰其字比之《淳化帖》爲勝。東坡推《潭帖》勝《閣帖》，韓侂胄《開群玉帖》，字好。薛紹彭亦有《家塾帖》，好。又按：蔡京黨碑遍刻粤洞，不以憨廢肰，吴皃客直指鑿星巖，北魏太武作始皇嶧碑，人欲字香，宜自珍重。又得近榻一本，因歎元祐諸公姓名，史不備者，反賴以傳。宋陸友仁《研北雜志》曰：定武禊序，唐文皇模本所刻，故毫髮無踰矩，至徧賜諸王群臣，則皆一時能書，所臨精神横逸，雖抵掌相似肰，猶以爲優孟也。予所見元嘉賜本第一，神龍第二，蘇才翁家第三，才翁本則祖神龍，褚河南悮字本第四，馮承素本第五，褚延誨本第六，陸柬之本第七，趙模本第八，最後見米老所倣褚河南第九，倣馮承素第十，紹興内府藏本第十一，與定武微別，又皆璽紙，非雙鈎響搨，所作獨張似之家絹本，云是湯普徹所摹，爲不同耳。劉克莊跋林竹溪家藏定武本，乃薛氏續刊本，不如其斷石本遠矣。又有云叚石本，乃婺州依壓本，前輩評其爲定武典刑，亦名梅華本，陶九成言蘭亭百十七刻，裝褫作十册，宋理宗所藏有圖，書鈐縫玉池。後于陸國瑞處録其目，姜白石又有《禊帖偏傍考》，今傳于世，能幾本邪！孟頫摹定武本，在北京褚摹蘭亭，歸德府，同州學俱有石刻，着好善，掘得玉版蘭亭。萬曆中，潁井夜光，探得六銅罍石刻蘭亭，黄庭、董玄宰定爲米南宮書。潛艸曰：雙鈎過朱，惟恐失神，魯公家僮修改，米元章歎之，而李端叔見廬山石刻，字有精神，因知模勒之妙有以假借致肰，偶遇南唐人陳格，從事于此十二世矣。以下金石。曰臨摹，曰硬黄，曰響搨，皆學帖法也。臨，謂置紙在傍學之。摹，謂以薄紙覆摹。硬黄，謂置紙熱熨斗上，以黄蠟塗匀，儼如魫角，毫釐必見。響搨，謂以紙覆，就明窗映光摹之，此宋張世南説，今之油紙摹帖蓋硬黄之遺也。古帖遠者、墨濃者，堅若漆，挨之纖毫無染，兼以摹弄，日久紙面生光，且有異香，以此爲辨。《研北雜志》曰：北碑刻深，謂之溝道。後漢傳方者曰碑，員者曰碣。宋黄長睿辯閣帖，僞者幾半于真，米海岳亦肰。宣和書畫有瓢印，孫宗鑑《東皋襍録》言：漢碑，額多篆，身多隸，隸多凹，篆多凸。此偶見耳皆凹者。又漢額多鑿圓孔。

陳介祺《簠齋傳古別録・拓字之法》

［拓字］昔用氈卷，白細絨氈中不夾灰土者，卷緊，以帶滿縛緊兩頭，切平，適用爲便。今用毛刷，犀尾勝羊毛者，皆今櫛沐所用。有柄者，施之字在平面者，無柄而圓者，入竹筒中，施之深腹之字者。此種每有鬢鬣，過剛，久用雖隔紙，亦損字邊際、鋒芒之弊。或用劈者，用柔者，用退豪大筆者，愈用久愈柔鈍愈佳，不可不慎也。二者重用，皆有所損。凡敲擊皆不可過重，很而搗者，直下者，尤甚也。毛刷有紙爲刷刺之弊，圓鬉硬刷，究大可畏，必以不用爲妥。昔用銅弩鍵，襯薄細氈，敲擊極細淺之字，良佳，但不可重很，尤須中平無廉隅不傷器者，乃可試用也。昔用六吉棉連扇料紙，小名十七刀者，今無之矣。今薄者名浄皮，較昔固不能薄，尤不能軟。紙料麤，有灰性，工不良之故。張叔未有宋本書副頁紙拓本，至佳。以明羅文紙爲之，亦少佳。素方伯拓本紙，黄色亦雅，今紙厚則麤，拓石尚可，拓吉金則不能精到也。昔用清水上紙，或摺紙，水溼匀透，吹開上之，拓可速而紙易起。水上者不甚起，而字中有水，每乾溼不匀。後用大米湯上紙，勝於清水。上紙之劣，莫劣於膠礬，礬則損石脆紙矣。今用張叔未濃煎白芨膠法上紙，然止是札，詢未見如法拓者。姑以芨水上紙，以紙隔匀，去濕紙，再以乾紙墊刷擊之。拓包，外用帛一層，内包新棉紮緊，舊帛少省，然不如圓絲帛之零者爲佳。包上墨時，以筆抹墨，塗於小椀蓋上，或甆碟上，以包速揉之令匀乾則再上墨，不可以包入墨聚處蘸之，使棉有溼點著紙，即成墨點，有墨點即須易棉。近有使棉全溼者，究不合法，最易墨入字中。包外墨用不到處，易積，而忽用之，則墨重，須常揉去之。帛敝則易包，鬆則時紮之，緊則不入字，鬆則易入字。上墨須視紙乾溼，溼而色略白，即用包揉濃墨，少乾，趁溼上一偏，合少乾再拓此一偏，最易。蓋紙地且潤，然不可接連上。上墨須膠不黏手，再啟方黏不起紙。膠即重，紙即不起，亦不可。上墨須匀，勿先不匀後再求匀，上墨不可使有駮墨透紙，使紙背有不白處，有輕重濃淡處，最後則

俟紙極乾時，以包蘸好墨，撲而兼拭，則墨色明矣。其要則先須字邊真，尤須字肥，瘦細即邊真，亦不如真而肥者。拓止爲字，字邊真而肥，乃得原神。墨色則其次，淡墨蟬翼拓固雅，不及深墨之紙黯而猶可鉤摹也。字外之墨，漸淡而無，如煙雲爲佳，不可有痕。拓墨須手指不動而運腕，運腕乃心運使動，而腕仍不動不過，其力或輕或重、或撲或揚，一到字邊，包即騰起，如拍如揭，以腕起落，而紙有聲，乃爲得法。劣拙則以溼包直搗入字，不看字乾溼之候，不問包墨之匀不匀，不求手法，不審字邊之真不真而已。白紙黑墨，至成黄色，墨水浸鋪，字無邊際，無從鉤摹，何貴乎有此一拓乎？廉生云：「著手紙墨如玉」，良善形容。上紙有極難者，鼎腹爲甚，必須使摺皺不在字而已，紙不佳則尤易破，紙不可小，須留標目攷釋與用印處。紙文宜直用，勿横。紙不可揭處，以口呵之，重膠濃拓，或以熱湯熏之。器之陰款，止求字邊即可。陽識者，可肥可瘦，須執包緊，直落平拓，勿轉折爲要，轉側必失真矣。又須解字之筆法，不少拓，不多拓，乃可。鏡、瓦、塼、泥封、刀幣泉同。器之深者，以竹葦縛撲包探拓之。暗處以鑷鉗包探拓之，爵鋬内以扁竹角，加少棉帛拓拭之。器之難拓，莫過于兩齊侯罍，以三行留中一行爲善，其不闇而紙極難上者，亦可整紙拓完，再逐行拓之，以便摹刻。唯以可刻爲主。拓鐘法已詳拓器，須循前人舊式。拓古泉須置舊册上，並册溼之，則不動。古器性情，各有不同，須細心揣度拓之。拓圖以記尺寸爲主，上中下高低尺寸既定，其曲處以横絲夾木版中，如線表式，抵器即可得真，再向前一傾，見口即得器之陰陽，以紙褙空出，後有花文耳，足者拓出補綴，多者去之，使合素處。以古器平者，拓之不可在塼木上拓，不可連者，紙隔拓之，整紙拓者，似巧而俗，不入大雅之賞也。拓古石須厚紙，先撲後拭。石完者，以濃芨膠上紙，乾以白蠟先微拭之，再上拭墨，即有古氊蠟之意。必不可用膠礬水上紙，尤不可用大椎重擊。拓時須先洗刷，使清晰。拓石須四圍留紙，並額陰側勿遺。拓塼必須拓五面，或正面，及有字有花文者。

又《拓字之目》 近日習氣，以私拓售直爲事，必須慎之。良友久交可送，不可私拓也。裁紙大小須自定。先裁定大小各種，用時爲便。發紙須有目。發墨同。須記日，紙箱須内存白芨帛、棉花同。發器出拓須有目。須記日，拓者亦記。易磨者，紙糊後再發亦可。繳拓須有目，拓劣亦繳。須記日，可知所拓之數。繳器須記目。記日，某某手收何處。收拓本須用紙褙俗語。作包，一器一包。題字内用紙護紙面，記收支數目，外用箱盛。塼瓦、泥封，須上白蠟，後乃可拓。土笵同。拓式多見，擇其紙式大方者從之。不可省紙。拓紙不可大小過不同。以易作一束爲便。拓紙須留標目、題字、用印處，字之高下前後，亦須合式。拓器，冬則几用氊，夏則以舊書紙輭者藉之。鐘則以舊絮坐墊俗語。襯其乳，且易轉移。拓鐘須先以紙空孔，套于鉦乳上，孔大則黏紙，使小僅可。下紙爲是。以此紙樣，鋪于棉連紙上，以水筆撕之，每孔自外去大半而連其内，須於紙樣記明某鐘存之。拓鐘留孔，不拓鉦爲大雅，斜貼作鉦甚俗。拓甬須審其寬狹，追後拓先撕一條長方孔落紙。鐘之上面，無拓者拓之，則鐘之尺寸甚明。紙不可過小者。尊卣、角、爵、觚、斝、觚、觶、重、戈、矛、瞿。拓爵須連花文一段。紙小易失難收，且不大雅，又不便題字、用印。虎符與金銀錯字者，字細淺者，須摹其文，拓之不可剔去，如愕距末也。

又《拓字損器之弊》傳古不可不多拓，多拓不可不護器。 氊卷搗、硬刷磨、重按、皆可至破。毛刷敲擊，字邊固易真，小鐘之類，擊敲時動者，則易磨出新銅。吉金古澤，乃數千年所結，損去則萬不能復，且損銅，始何能補哉！其良工修補無痕者，再傷尤爲可惜，不可不慎之于始也。重器、朽器，不假常人之手。此見須守得定。拓字時，有必須將器轉動手運，然後可拓者，或底在几上易磨者，皆必須紙糊矣。語拓者，以易損，無不艴然，然不可不慎之於始也。紙糊又須揭，以細軟布裹緊易磨處可矣，二者酌之，如必須紙糊，則不可不從也。硬刷皆可畏，將軍之號不虚。無論作何用也，刷古印亦然。尊卣腹内字，近多以圓長硬刷入竹筒，探而搗之，雖隔紙，久擣亦恐爲硬者損字邊際，須以少軟如犀尾者爲妥。朽者易損，雖完而上有聲，質已化爲青緑，不勝敲磨，與其悔于事後，不如防于事前，我既愛之，則不可不保之，强不愛者而使之愛，强不可託者而望其可託，是亦愚而勞矣。廉生謂于金文石理，愛若肌膚，是矣。然豈能不拓傳，豈能刻刻監之，唯有求謹信之人而任之，或得謹信之人使監之，庶乎其無失矣。爵足腹易損，尊、卣、鼎、壺等字在内者，非欹側、非轉動不可拓，須審其執而護之，詔版不平又兩面有字，其凸面與角易磨。字在足内者易磨。底有字則易磨上口，在側則易磨旁面。銅質薄甚者，重敲易破。鐘易磨乳，兩面有字，最易磨凸面之鉦間。鼎字每扛腹内外，皆易磨。尊卣易磨口與腹外，觚觶同。設簠簋不能磨。盤、匜、豆同。愛古者，以此類推之，將拓先試其易磨處，防之可也。古幣至薄而不平，古泉有薄小而朽者，尤易按破敲斷，不可託躁人之手、小童之手與借出不知何人椎拓，甚至遺失損易，或求精拓，而一意重按很敲，亦甚可慮，自非精細者不能無弊。

又《剔字之弊》 刀剔最劣，既有刀痕而失渾古，其損字之原邊爲尤甚，全失古人之真，而改爲今人心中所有之字，今人手中所寫之字矣。銅絲刷剔，亦損字邊，損斑見骨，去銅如錯，古文字之一劫也。俗子以其易見字，每爲之，謬之甚矣。

僞刻用以去斧鑿痕，使拂去，渾融如舊者。鍼剔尚可，須用大鍼鈍者，自畫之正中，時刻轉動，聽其斑之自起而字邊仍不可動。不可用鍼刮磨，勿令鍼走劃出畫外成痕，又於不當通處通之，而不能留得住。尤不可用尖鍼與用力過很，不知字底銅質之薄，古久銅質之朽，以致刺銅成孔，或鈍很致破。蓋款字原係中凹，積結青絲，原非真銅，其字邊方是真銅，斑落見字，雖字邊有少斑，亦可聽之矣。其銅質已無，青緑凸起，字在高斑，而無復平地者，則不可剔，剔則斑去而字亦去矣。須斑下有原銅平地，而字畫之中是斑者，乃可剔也。醋漬去斑之説，不可用。凡酸物，皆可去青緑斑，而不能去朱斑，但變紫耳。嘉興張叔未延濟有去字中斑之法，未知其詳，但見其字真而肥，字字清晰，而校之舊拓未去斑者，則神理鋒芒遠遜，吾不取則亦不欲聞矣。有字者，必有可見字處，若一無可見，而誤信不見字亦可出字之言，則古器之厄厲矣。古器慼數千年而出世，製作色澤，極可寶愛，誠不可不察而以求字損之也。醋浸亦須有銅質地平，見字甚明，而不可拓者，斑至堅而又不可鍼剔者，乃可試之。不如是，則必不可。剔字須心氣静定，目光明聚，心暇手穩時爲之，須看明字之邊際，勿以斑痕浸入字邊内。銅之色變者爲斑而去之。遇堅處須從容試之。精神倦則勿剔，有人有事相擾則勿剔也。剔印亦然，子母印銹不出者，油浸數月可出。古人之字，有力有法，故有神。剔者知其如何用力，如何是法而剔之，則不失其神矣。良工心細，或亦能之，而不如讀書人解古篆刻者之所爲也，一誤即不可復，不可不慎之又慎。若直不敢剔，不肯拓，亦非至善。不能傳古，與無此器何以異哉！凡古器鏽之厚者，先用淘米水漬之數日，取出，再用山查大紅色者，去浄皮核，用杵臼搗如泥，敷於鏽上。要攤平實，約分許厚，俟九成乾便揭去，不可令過乾，亦不可不到九成乾。揭去之後，趁其潮潤，將鏽用竹刀或鈍鐵刀取其不傷古器。用力刮去土鏽。去不動，即再用山查泥如前敷之。如此數次，未有不能去之鏽者。切不可勉强，致傷古器。凡古器鏽之薄者，銘字可見而不可拓，或可拓而患不清，亦用山查泥如前敷之，俟九成乾便去浄，速以竹削尖，或鐵花針取其鋒鈍，不壞古器。因其字勢剔之，不用大力，其鏽自迎刃而解。一次剔不去，即再敷二次，以剔浄爲止。不可欲速，此屢試屢驗之方法也。此方延煦堂説。

徐康《前塵夢影録》卷上 舊藏右軍小楷《金剛經》，宋搨羅紋箋。中闕一葉，陳生其邁補其經文，倩吴門吴文玉手裝。左青士太守，藏有宋搨東坡書《金剛經》小楷，爲明趙子函舊藏本，丁敬身小楷跋及題詩有六葉。

又 湘舟最好事，嘗爲貝磵香翁鏞翻刻明初拓《七姬權厝志》，藏於千墨庵中。三十年前，曾託潤蓀信三孝廉乞其拓本。磵翁又有《滑臺新驛記》，劫後猶見其拓本原本，宋拓極精，向藏於石氏清素堂，遭亂失去四本，留心蒐訪，已爲嘉興唐丈蕉庵所得。余嘗向乞與翻本細審，並雙句原文，以補其闕。今《滑臺記》原本殘拓，已歸潘君鄭盦，而《七姬志》，則并翻刻本，亦不可得見矣。

陸鳳藻《小知録》卷七《文學》 昇元帖〔碑帖〕。自有石經碑刻，應有搨帖，而未著稱。後主命徐鉉勒石，爲《昇元帖》。宋太宗時，命侍書王著勒《淳化閣帖》，爲歷代碑刻壓卷。其餘，《太清樓帖》，蔡京奉旨摹者；《潭帖》，僧希白摹者；《絳帖》，尚書郎潘思旦摹者；《汝帖》，王寀輔道守汝州刻者；《二王帖》，宋許提舉刻於臨江者；《戲魚堂帖》，劉次莊摹《閣帖》增入釋文者；《星鳳樓帖》，趙彦約刻於南康者；《泉帖》，泉州重摹者。

紀事

張彦遠《法書要録》卷三《何延之〈蘭亭記〉》 〔蕭〕翼示師梁元帝自畫《職貢圖》。師嗟賞不已，因談論翰墨。翼曰：「弟子先傳二王楷書法，弟子自幼來耽玩，今亦數帖自隨。」辯才欣然曰：「明日可將來此看。」翼依期而往，出其書以示辯才。辯才熟詳之曰：「是即是矣，然未佳善。貧道有一真迹，頗亦殊常。」翼曰：「何帖？」辯才曰：「《蘭亭》。」翼佯笑曰：「數經亂離，真迹豈在？必是響搨僞作耳。」辯才曰：「禪師在日保惜，臨亡之時，親付於吾。付受有緒，那得參差？可明日來看。」及翼到，師自於屋梁上檻内出之。翼見訖，故駁瑕指類曰：「果是響搨書也。」紛競不定。自示翼之後，更不復安於梁檻上，并蕭翼二王諸帖，并借留置於几案之間。辯才時年八十餘，每日於窗下臨學數遍，其老而篤好也如此。【略】帝命供奉搨書人趙模、韓道政、馮承素、諸葛貞等四人各搨數本，以賜皇太子諸王近臣。貞觀二十三年，聖躬不豫，幸玉華宫含風殿，臨崩謂高宗曰：「吾欲從汝求一物，汝誠孝也，豈能違吾心耶？汝意如何？」高宗哽咽流涕，引耳而聽，受制命。太宗曰：「吾所欲得《蘭亭》，可與我將去。」及弓劍不遺，同軌畢至，隨仙駕入玄宫矣。今趙模等所搨在者，一本尚直錢數萬也。

又《唐武平一徐氏法書記》 太宗於右軍之書，持留睿賞。貞觀初，下詔購求，殆盡遺逸。萬幾之暇，備加執玩。《蘭亭》、《樂毅》，尤聞寶重。嘗令搨書人湯

普徹等搨《蘭亭》，賜梁公房玄齡已下八人。普徹竊搨以出，故在外傳之。及太宗晏駕，本入玄宫。至高宗，又勑馮承素、諸葛貞搨《樂毅論》及《雜帖》數本，賜長孫無忌等六人，在外方有。

《北史・崔宏傳》　初，宏父潛爲兄渾等誄手筆本草，延昌初，著作佐郎王遵業買書於市，遇得之。年將二百，寶其書跡，深藏秘之。武定中，遵業子松年將以遺黄門郎崔季舒，人多摹拓之。

張懷瓘《書斷》卷中《妙品》　張融，字思光，吴郡人。祖禕，父暢。思光官至司徒左長史，博涉經史，早標孝行，書兼諸體，於草尤工。而時有稽古之風，寬博有餘，嚴峻不足，可謂有文德而無武功。然齊、梁之際，殆無以過。或有鑑不至深，見其有古風，多誤寶之，以爲張伯英書也。而搨本大行于世。

劉餗《隋唐嘉話》卷下《右軍〈蘭亭序〉》　王右軍《蘭亭序》，梁亂出在外。陳天嘉中，爲僧永所得。至太建中，獻之宣帝。隋平陳日，或以獻晉王，王不之寶。後僧果從帝借拓，及登極，竟未從索。果師死後，弟子僧辯得之。太宗爲秦王日，見拓本驚喜，乃貴價市大王書《蘭亭》，終不至焉。及知在辯師處，使蕭翊就越州求得之，以武德四年入秦府。貞觀十年，乃拓十本以賜近臣。帝崩，中書令褚遂良奏：「《蘭亭》，先帝所重，不可留。」遂秘於昭陵。

封演《封氏聞見記》卷八《繹山》　《鄒山記》云：「鄒山，蓋古之繹山，始皇刻碑處，文字分明。始皇乘羊車以上，其路猶存。」按，此地春秋時，邾文公卜遷于繹者也。始皇刻石紀功，其文字一本無「字」字。李斯小篆。後魏太武帝登山，使人排倒之，然而歷代摹拓，以爲楷則。邑人疲於供命，聚薪其下，因野火焚之，由是殘缺，不堪摹寫。然猶上官求請，行李登涉，人吏轉益勞弊。有縣宰取舊文勒于石碑之上，凡成數片，置之縣廨，須則拓取。自是山下之人，邑中之吏，得以休息。今間有《繹山碑》，皆新刻之碑也。其文云：「刻此樂石。」學者不曉樂石之意。顔師古云：「謂以泗濵磬石作此碑。始皇於瑯琊、會稽諸山刻石，皆無此語。惟《繹山碑》有之，故知然也。」

文瑩《湘山野録》卷上　楊叔賢，自强人也，古今未嘗許人。頃爲荆州幕，時虎傷人，楊就虎穴磨巨崖大刻《誡虎文》，如《鱷魚》之類。其略曰：「咄乎，爾彪！出境潛游。」後改官知鬱林，以書託知軍趙定基打《誡虎文》數本，書言「嶺俗庸獷，欲以此化之」。仍有詩曰：「且將先聖詩書教，暫作文翁守鬱林。」趙遣人打碑，次日，本耆申某月日磨崖碑下大蟲蛟殺打碑匠二人。荆門止以耆狀附遞寄荅。

王辟之《澠水燕談録》卷九《雜録》　初王子融守河中，模唐明皇題裴耀卿碑額獻之，仁宗乃賜文正碑曰「旌賢」，大臣碑額賜篆，蓋始於此。

王得臣《塵史》卷中《碑碣》　治平中，予令岳州巴陵。州有岳陽樓，樓上有石，倒刻「謝仙火」三字。其序述慶曆中，華容縣一日晦冥震雷，已而殿柱有此。太守滕公宗諒子京問永州何仙姑，荅以雷部中神，昆弟二人，竝長三尺，鐵筆書之。然予在江湖間，人多以仙爲名，又其字類世所開者。孫載積中宰吴興德清，新市鎮覺海寺殿宇宏壯，其碑云皆唐時所建。巨材髹漆，積久剥落，見倒書迹曰「謝均李約收利火」十餘字，去地三二尺，以紙墨搨之，與岳陽字大小一同。積中因曰：「夫伐木於山者，其火隊既衆，則各刻其名以爲别耳。凡記木必刻於木本，營建法本在下，故倒書。」由是知仙姑之妄也。

魏泰《東軒筆録》卷三　會其年，李〔淑〕出知鄭州，奉時祀於泰陵，而作恭帝詩曰：「弄楯牽車挽皷催，不知門外倒戈迴。荒墳斷隴纔三尺，猶認房陵平伏來。」述古得其詩，遽諷寺僧刻石，打墨百本，傳於都下。

趙明誠《金石録》卷二八《唐顔默殘碑》　右《唐顔默殘碑》者。初，潁州人家以其石爲馬臺，皇祐中，王回深父之弟冏容季見而識其爲魯公書，因摹本以傳，深父爲文以記之。默仕晉爲汝陰太守，故大曆中魯公追建此碑於汝陰焉。

葛立方《韻語陽秋》卷一四　米元章書畫奇絶，從人借古本自臨搨，臨竟，併與臨本、真本還其家，令自擇其一，而其家不能辨也。

周煇《清波雜志》卷五《王右軍帖》　老米酷嗜書畫，嘗從人借古畫自臨搨，搨竟，併與真贋本歸之，俾其自擇而莫辨也。

朱熹《晦庵先生朱文公文集》卷七一《醉翁亭記》　李本「未有此體」下有「醉翁亭在瑯琊山寺側，記成刻石，遠近争傳，疲於模打。山僧云寺庫有氊，打碑用盡，至取僧堂卧氊給用。凡商賈來供施者，亦多求其本。

陳櫄《負暄野録》卷上《樂毅論》　無錫徐氏家藏《樂毅論》碑石，止存五塊，可見者一百八十九字，用木匣鐵束，甚寶祕之。徐氏之上世名縝字君徽者，劉公敞原父之妹壻也，嘗與原父評論石刻始末，跋此碑尤詳，云：「《樂毅論》有二本，其一元豐初，吴人得其石於太湖水中，石缺過半，背、面皆有刻，面十三，背亦如之，後題『永和四年十二月廿四日書賜官奴』，其上書异、僧權，即梁朱异、徐僧權也。其一即周越《書苑》所載『高紳學士得其石於秣陵井中』者是也，凡二十九行，石缺一角，後兩行只有最下一字，至『海』字止。紳之子安世，卒於吴興，其家以石質錢於州民

錢氏家，當官者每令摹拓，錢氏厭之，紿爲比以失火焚燬矣。熙寧中，吴大饑疫，趙子立者以金質得之。」又云：「舊傳《樂毅論》乃右軍親書于石，其後石入昭陵，朱梁時，温韜得之，復傳人間，即高氏本也，是褚遂良記。貞觀中，内出《樂毅論》真跡，令直弘文館馮承素模寫，賜長孫無忌等，筆勢精妙，備盡楷則。子立所得高氏本，字亦奇絶，非右軍親書于石，亦摹真跡而刻之者。」子立名竦，泉南人，曾將漕兩浙，入爲都水使者。無子，有二女，長嫁徐康直，字平甫，即君徽之子也。子立死，以石授平甫，徐氏再世寶藏。尤延之給事袤、王順伯大卿厚之，皆有題跋，尤謂：「余常親見歐陽公《集古》所藏高氏本，梅聖俞於碑後白紙缺處題『甚妙』二字，與此卷前一本同。」王謂：「考之《集古録》，高紳子弟以石質錢於富人，其家失火，遂焚其石，今無復有本矣。」趙德甫《金石録》云：「《集古録》謂石焚，非也。元祐間，余侍親官舍徐州時，故郎官趙竦被旨開吕梁堰，挈此石隨行，竦没，石遂不知所存。」蓋歐陽公爲錢氏所紿，而趙德甫則不知石後歸徐氏也。又：碑有朱异、徐僧權押縫者，乃梁朝摹刻之本。又：上有小字云「大和六年中勒畢」。大和，唐文宗年號，是經唐時再摹刻也，字體比徐氏稍肥，然極有典刑。此石出太湖時，爲章氏所得，刊二印，爲朱文，云「申國祕藏」及「章淵文房印」。淵字伯深，乾道間，嘗爲江山宰，寓居于吴，余猶及識之，亦踈爽好事，今不知此石尚存其家否？

王栐《燕翼詒謀録》卷五 僧道度牒，每歲試補刊印板，用紙摹印。新法既行，獻議者立價出賣，每牒一紙，爲價百三十千，然猶歲立爲定額，不得過數。熙寧元年七月，始出賣於民間，初歲不過三四千人，至元豐六年，限以萬數。而夔州轉運司增價至三百千，以次減爲百九十千。建中靖國元年，增至二百二十千。大觀四年，歲賣三萬餘紙，新舊積壓，民間折價至九十千。朝廷病其濫，住賣三年，仍追在京民間者毁抹，諸路民間聞之，一時争折價急售，至二十千一紙，而富家停榻，漸增至百餘貫。有司以聞，遂詔已降度牒，量增價直，别給公據，以俟書填。六年，又詔改用綾紙，依將仕郎、校尉例。宣和七年，以天下僧道踰百萬數，遂詔住給五年。繼更兵火，廢格不行。南渡以後，再立新法，度牒自六十千增至百千。淳熙初，增至三百千，又增爲五百千，又增爲七百千。然朝廷謹重愛惜，不輕出賣，往往持錢入行都，多方經營而後得之。後又著爲停榻之令，許客人增百千興販，又增作八百千。近歲給降轉多，州郡至減價以求售矣。

周密《癸辛雜識》後集《賈廖碑帖》 賈師憲以所藏定武五字不損肥本禊帖，命婺州王用和翻開，凡三歲而後成，絲髮無遺，以北紙古墨摹榻，與世之定武本相亂。賈大喜，賞用和以勇爵，金帛稱是。又縮爲小字，刻之靈璧石，號「玉板蘭亭」，其後傳刻者至十餘，然皆不逮此也。於是其客廖群玉以《淳化閣帖》、《絳州潘氏帖》二十卷，並以真本書丹入石，皆逼真。又刻《小字帖》十卷，則皆近世如盧方春所作《秋壑記》，王茂悦所作《家廟記》、《九歌》之類。又以所藏陳簡齋、姜白石、任斯庵、盧柳南四家書爲小帖，所謂《世綵堂小帖》者。世綵，廖氏堂名也。其石今不知存亡矣。

鄭真《滎陽外史集》卷三六《跋雲麾將軍碑》 《楊文公談苑》云：周世宗議訪鳳翔，謀帥于輔臣，王溥獨薦向拱可任，遂充之。拱徙鎮京兆，思有以報之，問其所欲。溥曰：「無也。陝，長安故都，多前賢碑篆，高文妙筆，願悉得見之。」拱至，分遣使督匠摹打，深林邃谷，無不詣之，凡得石本三千餘，以獻于溥。溥命善書者分録爲《琬琰集》百卷，尚未成而卒。當拱之訪求石碑，或蹊田害稼，村民深以爲患，慮其求不已，多鑱鑿其文字，或鐫斵擊折，取爲柱礎帛碪略盡，亦摹刻者之厄會也。

陶宗儀《南村輟耕録》卷七《趙魏公書畫》 〔余〕又聞公偶得米海岳書《壯懷賦》一卷，中闕數行，因取刻本摹搨，以補其闕。凡易五七紙，終不如意。乃嘆曰：「今不逮古多矣。」遂以刻本完之。

沈德符《萬曆野獲編》卷二六《玩具·定武蘭亭》 蘭亭自殉昭陵後，人間僅留歐、虞、褚、薛四臨本。今虞、褚尚有墨蹟，爲好事家所藏，以予所見，聲價俱重。然斷以爲二公真手筆，則終未敢定也。禊帖石刻，以定武爲正嫡子孫，石晉時。爲虜騎將去，帝羓歸日，棄置中途。今所傳宋搨本，皆屬之定武，然其價已不貲。頃乙酉、丙戌間，北雍治地掘得一石，其行款肥瘦，與定武略同。説者遂以爲真廣運時所棄，即未必然，固亦佳刻。是時吴中韓敬堂宗伯爲祭酒，榻得數百本，以貽朋友。今石以敲摹年久，漸就剥蝕，并韓初帖已不可得矣。今曰褚摹，曰玉枕，曰寶晉齋，曰神龍臨本，紛紛翻刻，幾數十種。又出桑世昌《蘭亭考》之外，不可勝紀。然質之定武，則遠矣！

又 《淳化閣帖》宋世御府刻帖，以淳化閣爲祖。而以大觀之太清樓，南宋之淳熙祕閣次之。太清樓在當時已燬，最爲難得。惟淳化所傳最廣，曰汝、曰絳、曰潭，曰舊泉州，曰上下賀莊，皆其苗裔。雖曰高帝子孫，不過略存隆準已耳。淳化宋搨，近世推吾邑項氏所藏，爲當時初本，其價至千金。予曾寓目。即未必宋初，要在汝絳以上。今上初年，弇州伯仲，方購宋搨，不惜重價。有吴人盧姓者，取泉州之最佳本重刻之，而稍更其波畫，用極薄舊紙蟬翼搨之，裝以法錦。僞印「朱忠

僖家收藏」印，以啖次公敬美，初閱之喜甚，不能決，質之周公瑕，擊節贊歎，以爲有目所僅見。周故忠僖家客，竟不能辨其贋也。次公以三百金得之。其後盧生與同事者争阿堵事露，次公與公瑕俱赧甚，不復出以示人。然盧初費亦將百金。淳熙祕閣及續帖，近亦翻刻。

李翊《戒庵老人漫筆》卷一《江陰邱氏蘭亭》 陶南村《輟耕録》第六卷載《蘭亭集刻》一百一十七刻，壬集一十四刻，中江陰邱氏二。余借觀友人《蘭亭》一本，會萃十餘刻，中一刻題云：「《蘭亭詩敍》，定武舊本既不易得，而世俗所傳，類不强人意，模搨者多弱，臨寫者或難以己意，甚者妄意。舊本轉相模勒，字畫寖瘦，遂作一等肥字，其波磔乃類今時人書，不知晉時人未有此法也。此本出於新昌石氏，雖不敢望定武舊本，而視今所傳爲近。故家遺物，其有所自來耶。淳熙戊申二月五日邱壽儁書。」上一錢形圖書，篆東堂二字，下一方圖書，篆暨陽邱氏四字。按暨陽即古江陰縣名，此帖必邱氏二刻之一也，録之以備參考。

金埴《不下帶編》卷二 白門鄭谷口簠以工漢隸名，世多珍之。康熙初間，裹糧走千里，詣闕里府，偏摹漢、唐碑碣，尤酷愛党文獻懷英，金祭酒。所篆「杏壇」二大字。谷口携一氊，坐卧其下，彷臨二字兩月，既而嘆曰：「吾終弗及也。」搨之然後歸。歸則盡撤去上室中他物，獨懸二字爲屏。晨夕相對，以終老焉。夫文獻工篆籀，岱祠碑額亦其名跡。斯二字之妙，吾不能窺，而谷口至于彷臨兩月，相對終老，則其人真好奇者。以視李陽冰音凝，去聲。愛絳州《碧落碑》而寢處上其傍數日不能去，殆又過之矣。

黄丕烈《蕘圃藏書題識再續録》卷一《史類・石墨鐫華八卷》 陝西西安府學宋向口鎮長安，摹搨古碑三千餘本，民以爲害，往往鑱削其字。韓縝修壩橋，督工急，民磨碑石供之。遭此二厄，故闕者甚多，宋搨有未遭厄者或全，且不剥蝕，所以珍貴。

徐松《宋會要輯稿・崇儒》 ［崇寧］四年十月二十三日，中書省檢會應頒降天下《御筆手詔》摹本，已刊石訖，詔並用金填，不得摹打，違者以違制論。

又 ［紹興］十月二十七日，臣僚言：「伏覩陛下躬洒宸翰，親裁睿詔，命有司摹黄庭堅所書太宗皇帝《戒石銘》，勒諸堅珉，拓爲墨本，偏賜郡縣守令。」

徐康《前塵夢影録》卷上 黄埭顧南原收藏漢碑最多，嘗著《隸辨》一書。千碑一律，不及《隸》篇遠甚，後盡歸彭氏。先叔鴻寶公與顧仲山翁昴弟交，嘗假各種帖臨摹，古色軟面瓷青，籤泥金題識，皆二林先生手蹟。有明初拓本、中明拓本，皆爲罕見。標按：各拓本今尚在，彭氏原裝未損，曾向子嘉户部借觀，亦未能稱至精之品。平原《平復帖》墨蹟，向在真定梁太保家，蕉林相公刻《秋碧堂帖》，用以壓卷。至乾隆朝，梁氏子孫進獻於朝，因御刻《三希堂帖》。首卷王廙、王珣，皆東晉後葉也。真蹟後賜成邸，因築詒晉齋以藏之。道光初，薩湘林都統爲成邸壻，曾細心雙鉤一本。適祁文端公嶲藻任江南學使，薩付此鉤本，囑其覓良工精刻，學使轉託李申耆山長董刻石，存澄江節署。以較梁刻，奚翅天壤，蓋平原真蹟，全用秃筆，純是枯鋒；新刻光潤全失。其真《秋碧堂帖》共八册，世間尚有可復按也。吴荷屋中丞有帖鏡，余未之見。毛憶香師懷帖考，曾於藝海屢見之，皆鈔本。近惠秋翁兆壬集古今類帖，編次成四卷，手書四巨册，搜羅宏富，足資攷證，今在虞山翁吉卿處。以視間者軒帖攷，寥寥數葉，不可同日而語矣。嘉興程蘭川司馬，余畏友也。前需次吴門時，朝夕相聚，出示宋拓《絳帖》殘本三四册，即《庚子消夏記》中所録者。每卷有朱筆小字，退谷翁手蹟也。蘭川悉心排比，著《絳帖攷》及《南邨帖攷》兩書，旋奉檄權篆江寧北捕别駕，所藏宋拓碑帖，及兩書稿本，皆攜以赴任。癸丑年，江寧城陷，蘭川殉節，珍庋各件，悉燬於兵，惜哉！當道以忠義奏聞，得旨贈知府銜，恩蔭如例。按：聚珍本《絳帖攷》，有朱竹垞跋語，亦殘本也。金曾槩《絳帖釋文》六卷，鈔本，舊爲張叔未所藏，余於蘭川案頭見之，亦曾假録，於劫中失去。

藝　文

慶桂《清宫史續編》卷九五《書籍一・石刻》《聖製題蘭亭八柱册詩有序己亥》

自永和之修禊，觴詠初傳。迨貞觀之蒐珍，鈎摹迭出。惟定武馳聲籍甚，而闕文聚訟紛如。寖至翻刻失真，亦復操觚求似。顧善本之難覯，贋鼎無慮百千。且好手之罕逢，名蹟或存什一。緊諫議寫其篇帙，波折又新。洎香光倣彼筆蹤，杼機獨運。余既使舊卷之離而重合，因從幾暇再臨。尋復惜原本之剥而不完，詔付文臣偏補。於是四册並教刻鵠，然而一編不外戲鴻，繼披柳蹟於石渠，兼集唐橅於壁府，仍琬琰之咸列，俾甲乙以分函，永爲藝苑聯珠，題曰「蘭亭八柱」。若承天之八山峻峙，極和布而爲埏。譬畫卦之八體流形，奇偶比而依次。分詠已舉其要，彙吟更括其全。賺來自蕭翼，舉出本元齡。真已堂堂佚，搨猶字字馨。誰知聯後璧，原賴弆前型。恰爾排八柱，居然承一亭。擎天徒僿語，特地示真形。摹固得骨髓，謂

褚虞馮書猶闞逕庭。董臨傳聚散，于補惜凋零。殿以幾餘筆，藝林嘉話聽。

雕版印刷分部

綜述

王溥《五代會要·經籍》 後唐長興三年二月，中書門下奏：「請依石經文字刻《九經》印板。」敕：「令國子監集博士儒徒，將西京石經本，各以所業本經句度抄寫注出，子細看讀，然後顧召能雕字匠人，各部隨帙刻印板，廣頒天下。如諸色人要寫經書，並須依所印敕本，不得更使雜本交錯。」其年四月敕：「差太子賓客馬縞、太常丞陳觀、太常博士段顒路航、尚書屯田員外郎田敏充詳勘官，兼委國子監於諸色選人中，召能書人端楷寫出，旋付匠人雕刻，每日五紙，與減一選。如無選可減，等第據與改轉官資。」漢乾祐元年閏五月，國子監奏：「見在雕印板《九經》，內有《周禮》、《儀禮》、《公羊》、《穀梁》四經未有印本，今欲集學官校勘四經文字鏤板。」從之。周廣順三年六月，尚書左丞兼判國子監事田敏進印板九經書：《五經文字》、《九經字樣》各二部，共一百三十册。顯德二年二月，中書門下奏：「國子監祭酒尹拙狀稱：准敕校勘《經典釋文》三十卷，雕造印板，欲請兵部尚書張昭、太常卿田敏同校勘。」敕：「其《經典釋文》已經本監官員校勘外，宜差張昭、田敏詳校。」

沈括《夢溪筆談·技藝門》 板印書籍，唐人尚未盛爲之。自馮瀛王始印五經，已後典籍，皆爲板本。

高承《事物紀原》卷四《印板》 《筆談》曰：板印書籍，唐人尚未盛爲之。自馮道始印《五經》之後，典籍皆爲板本。即唐始爲板印矣。《五代會要》曰：後唐長興三年二月，中書門下奏請依石經文字，刻九經印板也。

趙明誠《金石録》卷三〇《後唐汾陽王真堂記》 後唐汾陽王《真堂記》，李鶚書，鶚五代時，仕至國子丞，九經印板多出其所書，前輩頗貴重之；余後得此記，其筆法蓋出歐陽率更，然窘於法度，而韻不能高，非名書也。

洪邁《容齋續筆》卷一四《周蜀九經》 予家有舊監本《周禮》，其末云「大周廣順三年癸丑五月，雕造九經書畢，前鄉貢三禮郭嵠書。」列宰相李谷、范質、判監田敏等銜於後。《經典釋文》末云「顯德六年己未三月，太廟室長朱延熙書」，宰相范質、王溥如前，而田敏以工部尚書爲詳勘官。此書字畫端嚴有楷法，更無舛誤。《舊五代史》：漢隱帝時，國子監奏《周禮》、《儀禮》、《公羊》、《穀梁》四經未有印板，欲集學官考校雕造。從之。正尚武之時，而能如是，蓋至此年而成也。成都石本諸經，《毛詩》、《儀禮》、《禮記》皆秘書省秘書郎張紹文書。《周禮》者，秘書省校書郎孫朋古書。《周易》者，國子博士孫逢吉書。《尚書》者，校書郎周德政書。《爾雅》者，簡州平泉令張德昭書。題云「廣政十四年」，蓋孟昶時所鐫，其字體亦皆精謹。兩者並用士人筆札，猶有貞觀遺風，故不庸俗，可以傳遠。唯《三傳》至皇祐元年方畢工，殊不逮前。

王明清《揮麈餘話》卷二 毋昭裔貧賤時，嘗借《文選》於交遊間，其人有難色，發憤異日若貴，當板以鏤之，遺學者；後仕王蜀爲宰相，遂踐其言。印行書籍，創見於此，事載陶岳《五代史補》。後唐平蜀，明宗命太學博士李鶚書五經，仿其製作刊板於國子監，爲監中印書之始。明清家有鶚書《五經》印本存焉，後題長興二年也。

陳袤《西湖書院重整書日記》 文者，貫道之器。爰自竹簡，更爲梓刻，文始極盛，而道益彰。西湖精舍因故宋國監爲之，凡經史子集，無慮二十餘萬，皆存焉。其成也，豈易易哉！近歲鼎新棟宇，工役怱遽，東遷西移，書板散失，甚則置諸雨淋日炙中，駸駸漫滅。一日，憲幕長張公昕、同寅趙公植、柴公茂因奠謁次，顧而惜之，謂興滯補弊，吾黨事也。迺度地于尊經閣後，創屋五楹，爲庋藏之所，俾權山長黄裳、教導胡師安、司書王通督□生作頭顧文貴等，始自至治癸亥夏，迄于泰定甲子春，以書目編類揆議補其闕。噫，昔人勤於經始，張公長貳善於繼述，此志良可嘉也。是用紀其實績，并見存書目，勒諸堅珉，以傳不朽，非獨爲來者勸，抑亦斯文之幸也歟。

王應麟《玉海》卷四三《後唐九經刻板》 後唐長興三年二月，命國子監校正九經，以西京石經本抄寫刻板，頒天下。四月，命馬縞陳觀田敏詳勘。周廣順三年六月丁巳，《十一經》，及《爾雅》、《五經文字》、《九經字樣》板成，判監田敏上之。各二部，一百三十册，四門博士李鶚書，惟《公羊》前《三禮》郭嵠書。

羅璧《羅氏識遺》卷一《成書得書難》 蔡氏云：「古書自篆籀變而爲隸，竹簡變而爲縑素，縑素變而爲紙，紙變而變摹印，摹印便而書益輕，後生童子習見以爲常，與器物等，藏之者祇觀美而已。」余謂書少而世不知讀，固可恨；書多而世不知

重，尤可恨也。唐末年猶未有摹印，多是傳寫，故古人書不多而精審，作册亦不解線縫，只疊紙成卷，後以幅紙槩黏之，猶今佛老經。其後稍作册子。後唐明宗長興二年，宰相馮道、李愚，始令國子監田敏校六經板行之，世方知鐫甚便。宋興治平以前，猶禁擅鐫，必須申請國子監。熙寧後，方盡弛此禁，然則士生於後者，何其幸也。

馬端臨《文獻通考·經籍考·總叙》 後唐莊宗同光中，募民獻書，及三百卷，授以試銜。其選調之官，每百卷減一選。天成中，遣都官郎中庾傳美訪圖書於蜀，得九朝《實録》及雜書千餘卷而已。明宗長興三年初，令國子監校定九經，雕印賣之。石林葉氏曰：唐以前凡書籍皆寫本，未有摹印之法，人以藏書爲貴，人不多有，而藏者精於讎對，故往往皆有善本。學者以傳録之艱，故其誦讀亦精詳。五代時，馮道始奏請官鏤板印行。國朝淳化中，復以《史記》、《前》、《後漢》付有司摹印，自是書籍刊鏤者益多，士大夫不復以藏書爲意。學者易於得書，其誦讀亦因滅裂。然板本初不是正，不無訛誤，世既一以板本爲正，而藏本日亡，其訛謬者遂不可正，甚可惜也。余襄公靖爲祕書，嘗言《前漢書》本謬甚，詔與王原叔同取祕閣古本參校，遂爲刊誤三十卷。其後劉原父兄弟《兩漢》皆有刊誤。余在許昌，得宋景文用監本手校《西漢》一部，末題用十三本校，中間有脱兩行者，惜乎今亡之矣！又曰：世言雕板印書始馮道，此不然。但監本五經板道爲之爾。柳玭《訓序》言其在蜀時，嘗閱書肆，云「字書、小學率雕板印紙」，則唐固有之矣，但恐不如今之工。今天下印書，以杭州爲上，蜀本次之，福建最下。京師比歲印板，殆不減杭州，但紙不佳。蜀與福建，多以柔木刻之，取其易成而速售，故不能工。福建本幾徧天下，正以其易成故也。【略】《南史》記徐盛年過八十，猶歲讀五經一徧，吾殆不愧此。前輩説劉原父初爲窮經之學，寢食坐卧，雖謁客未嘗不以六經自隨。蠅頭細書爲一編，置夾袋中，人或效之。後傭書者遂爲雕板，世傳「夾袋六經」是也。

王禎《農書》卷二二《造活字印書法》 五代唐明宗長興二年，宰相馮道、李愚請令判國子監田敏校正九經，刻板印賣，朝廷從之。鋟梓之法，其本於此，因是天下書籍遂廣。然而板木工匠，所費甚多，至有一書字板，功力不及，數載難成。雖有可傳之書，人皆憚其工費，不能印造，傳播後世。

陸容《菽園雜記》卷一〇 古人書籍，多無印本，皆自鈔録。聞五經印版，自馮道始，今學者蒙其澤多矣。國初書版，惟國子監有之，外郡縣疑未有。觀宋潛溪《送東陽馬生序》可知矣。宣德、正統間，書籍印版尚未廣。今所在書版，日增月益，天下古文之象，愈隆於前已。但今士習浮靡，能刻正大古書以惠後學者少，所刻皆無益，令人可厭。上官多以餽送往來，動輒印至百部，有司所費亦繁，偏州下邑寒素之士，有志佔畢，而不得一見者多矣。嘗愛元人刻書，必經中書省看過下所司，乃許刻印。此法可救今日之弊，而莫有議及者，無乃以其近於不厚與。

郎瑛《七修類稿》卷四五《書册》 印板，《筆談》以爲始於馮道奏鏤五經，柳玭《訓序》又云嘗在蜀時書肆中閱印板小學書，則印板非始於五代矣。意其唐時不過少有一二，至五代刻五經後始盛，宋則羣集皆有也。然板本最易得而藏多，但未免差訛，故宋時試策以爲井卦何以無彖，正爲閩本落刻，傳爲笑柄。我朝太平日久，舊書多出，此大幸也，亦惜爲福建書坊所壞。蓋閩專以貨利爲計，但遇各省所刻好書，聞價高即便翻刊，卷數、目録相同而於篇中多所減去，使人不知，故一部止貨半部之價，人争購之，近如徽州刻《山海經》亦效閩之書坊，只爲省工本耳。嗚呼！秦火燔而六經不全，勢也，今爲利而使古書不全，爲斯文者寧不奏立一職以主其事，如上古之有學官，或當道於閩者深曉而懲之可也。

黄佐《南廱志》卷一八《經籍考·梓刻本末》 《金陵新志》所載集慶路儒學史書梓數，正與今同，則本監所藏諸梓，多自舊國子學而來也明矣。自後四方多以書板送入，洪武、永樂時，兩經欽依修補。然板既叢亂，每爲刷印，匠竊去刻他書以取利，故旋補旋亡。至成化初，祭酒王㒜會計諸書亡數已逾二萬篇。時巡視京畿、南京，河南道御史上海董綸乃以贓犯贖金送克修補之費，《文獻通考》補完者幾二千葉焉。弘治初，始作庫樓貯之。嘉靖七年，錦衣衛閒住千户沈麟奏准校勘史書，禮部議以祭酒張邦奇、司業江汝璧博學有聞，才猷亦裕，行文使逐一攷對修補，以備傳布，於順天府收貯。變賣菴寺銀，取七百兩發本監，將原板刊補。其廣東布政司原刻《宋史》，差人取付，該監一體校補。《遼》、《金》二史，原無板者，購求善本翻刻，以成全史。完日通印進呈，以驗勞績。制曰：「可。」於是邦奇等奏稱《史記》、前、後《漢書》殘缺糢糊，原板脆薄，剜補隨即脱落，莫若重刊。又於吴下購得《遼》、《金》二史，亦行刊刻，共該用工價銀一千一百七十五兩四錢七分，刷印等費不在數内。其餘十五史費用尚多，合於本監師生折乾魚銀，寄貯南京户部羡餘銀内，動支一千八百兩以給費用。已而邦奇、汝璧陞遷去任，祭酒林文俊、司業張星繼之，乃克進呈。然多有遺脱，不如新刻之精緻也。今委助教梅鷟盤校，分有九類，鷟以已見附焉：一曰制書類，二曰經類，三曰子類，四曰史類，五曰文集類，六曰類書類，七曰韻書類，八曰雜書類，九曰石刻類。亡缺者視成化初又過半矣。將來何以處之，意欲奏聞，盡籍留都刻印工匠於本監，而日補之，或庶乎可完也。

屠隆《考槃餘事》卷一《書箋・論書》　書貴宋元者何哉？以其雕鏤不苟，校閱不訛，書寫肥細有則，刷印清明，況多奇書，未經後人重刻。故海内名家評書次第，爲價之輕重，以墳典、六經、《騷》、《國》、《史記》、《漢書》、《文選》爲最，詩集及百家醫方次之，文集、道釋二書又其次也。宋書紙堅刻軟，字畫如寫，格用單邊，間多諱字，用墨稀薄，雖着水濕，燥無湮跡。開卷一種書香，自生異味。元刻倣宋單邊，闊多一線，字畫不分麄細，紙鬆刻硬，用墨穢濁，中無諱字，開卷了無嗅味。嘗見宋板《漢書》，不惟内紙堅白，每本用澄心堂紙數幅爲副，今歸吴中，不可得矣。次以活襯竹紙爲佳。蠶繭鵠白藤紙固美，而存遺不廣。若糊褙及以官券殘紙者，則惡矣。元補宋板遺缺，其去猶未易辨。國初補元板遺缺，内有單邊雙邊之異，且字刻迥别，不辨自明矣。近日作假宋板書者，種種若舊，初非今書彷彿。或今人先聲，指爲故家某姓所遺，百計瞽惑，售者莫可窺測，多混名家，收藏者當具法眼辨證。

又《刻地》　凡刻之地有三：吴也、越也、閩也。蜀宋本最稱善，近世甚希，燕粤秦楚今皆有刻，類自可觀，而不若三方之盛。其精，吴爲最，其多，閩爲最，越皆次之。其直重，吴爲最，其直輕，閩爲最，越皆次之。

又《書直》　凡書之直之等差，視其本、視其刻、視其紙、視其裝、視其刷、視其緩急、視其有無。本視其鈔刻。鈔視其譌正，刻視其精粗，紙視其美惡，裝視其工拙，印視其初中，緩急視其時又視其用，遠近視其代，又視其方。合此七者，參伍而錯綜之，天下之書之等定矣。

又《讐對》　葉少藴云：唐以前，凡書籍皆寫本，未有模印之法，人以藏書爲貴。人不多有，而藏書者精於讐對，故往往皆有善本。學者以傳録之艱，故其誦讀亦精詳。五代時馮道始奏請官鏤板印行。國朝淳化中，復以《史記》、前後《漢》付有司摹印，自是書籍刊鏤者益多，士大夫不復以藏書爲意，學者易於得書，其誦讀亦因滅裂，然板本初不是正，不無訛誤，世既一以板本爲正，而藏本日亡，其訛謬者遂不可正，甚可惜也。此論宋世誠然，在今則甚相反。蓋當代板本盛行，刻者工直重鉅，必精加讎校，始付梓人。即未必皆善，尚得十之六七。而鈔録之本，往往非讀者所急，好事家以備多聞，束之高閣而已，以故謬誤相仍，大非刻本之比。凡書市之中，無刻本，則鈔本價十倍。刻本一出，則鈔本咸廢不售矣。

焦竑《焦氏筆乘續集》卷三《板本之始》　漢以來六經多刻之石，如蔡邕《石經》、嵇唐《石經》、邯鄲淳《三字石經》、裴頠刻石寫經是也。其人間流傳，惟有寫本。唐末益州始有墨板，多術數、字學小書而已。蜀毋昭裔請刻板印九經，蜀主從之，自是始用木板摹刻六經。

又卷四《雕板印書》　蜀相毋公，蒲津人，先爲布衣，嘗從人借《文選》、《初學記》，多有難色。公歎曰：「恨余貧，不能力致。他日稍達，願刻板印之，庶及天下學者。」後公果顯於蜀，乃曰：「今可以酬宿願矣。」因命工日夜雕板，印成二書。復雕九經、諸史，兩蜀文字由此大興。洎蜀歸宋，豪族以財賄禍其家者什八九。會藝祖好書，命使盡取蜀文籍諸印本歸闕，忽見卷尾有毋氏姓名，以問歐陽炯。炯曰：「此毋氏家錢自造。」藝祖甚悦，即命以板還毋氏。是時其書遍於海内，初在蜀雕印之日，衆多嗤笑。後家累千金，子孫禄食，嗤笑者往往從而假貸焉。左拾遺孫逢吉詳言其事如此。

胡應麟《少室山房筆叢》卷四《經籍會通》　蓋雕本始唐中葉，至宋盛行，薦紳士民有力之家，但篤好則無不可致，往往宋世書十卷其直僅可當六朝一，至功力難易則六朝之一足以當宋世百矣。【略】今海内書，凡聚之地有四，燕市也、金陵也、閶闔也、臨安也。閩、楚、滇、黔則余間得其梓，秦、晉、川、洛則余時友其人，旁諏歷閱，大概非四方比矣。兩都、吴、越皆余足隸所歷，其賈人世業者往往識其姓名，聊記梗概於後。燕中刻本自希，然海内舟車輻輳，筐篚走趨，巨賈所攜，故家之蓄錯出其間，故特盛於他處。第其直至重，諸方所集者每一當吴中二，道遠故也；輦下所雕者每一當越中三，紙貴故也。越中刻本亦希，而其地適東南之會，文獻之衷，三吴、七閩典籍萃焉。諸賈多武林龍丘，巧於壟斷，每瞷故家有儲蓄而子姓不才者，以術鉤致，或就其家獵取之。此蓋海内皆然。楚、蜀、交、廣，便道所攜，間得新異。關、洛、燕、秦，仕宦槖裝所挾往往寄鬻市中，省試之歲甚可觀也。吴會、金陵，擅名文獻，刻本至多，鉅帙類書咸會萃焉。海内商賈所資，二方十七，閩中十三，燕、越弗與也。然自本方所梓外，他省至者絶寡，雖連楹麗棟，蒐其奇秘，百不二三，蓋書之所出而非所聚也。至薦紳博雅，勝士韻流，好古之稱藉藉海内，其藏蓄當甲諸方矣。凡燕中書肆，多在大明門之右及禮部門之外及拱宸門之西，每會試舉子則書肆列於場前，每花朝後三日則移於燈市，每朔望并下澣五日則徙於城隍廟中。燈市極東、城隍廟極西，皆日中貿易所也，燈市歲三日，城隍廟月三日，至期百貨萃焉，書其一也。凡徙，非徙其肆也，輦肆中所有，税地張幕，列架而書置焉，若棊繡錯也，日昃復輦歸肆中。惟會試則税民舍於場前，月餘試畢賈歸，地可羅雀矣。凡武林書肆多在鎮海樓之外及湧金門之内及弼教坊、及清河坊，皆四達衢也。省試則間徙於貢院前；花朝後數日則徙於天竺，大士誕辰也；上巳後月餘則徙於

岳墳，游人漸衆也；梵書多鬻於昭慶寺，書賈皆僧也。自餘委巷之中，奇書秘簡往往遇之，然不常有也。凡金陵書肆多在三山街及太學前，凡姑蘇書肆多在閶門内外及吴縣前，書多精整，然率其地梓也。余二方皆未嘗久寓，故不能舉其詳。他如廣陵、晉陵、延陵、檇李、吴興皆間值一二，歙中則余未至也。凡刻之地有三，吴也、越也、閩也。蜀本宋最稱善，近世甚希。燕、粤、秦、楚今皆有刻，類自可觀，而不若三方之盛。其精，吴爲最；其多，閩爲最，越皆次之。其直重，吴爲最；其直輕，閩爲最，越皆次之。凡印書，永豐綿紙上，常山柬紙次之，順昌書紙又次之，福建竹紙爲下。綿貴其白且堅，柬貴其潤且厚，順昌堅不如綿，厚不如柬，直以價廉取稱。閩中紙短窄黧脆，刻又舛譌，品最下而直最廉，余筐篋所收什九此物，即稍有力者弗屑也。近閩中則不然，以素所造法演而精之，其厚不異於常而其堅數倍於昔，其邊幅寬廣亦遠勝之，價直既廉而卷帙輕省，海内利之，順昌廢不售矣。餘他省各有産紙，余弗能備知。大率閩、越、燕、吴所用刷書不出此數者，燕中自有一種紙，理粗龐，質擁腫而最弱，久則魚爛，尤在順昌下，惟燕中刷書則用之。惟滇中紙最堅，家君宦滇得張愈光、楊用修等集，其堅乃與絹素敵，而色理疏慢蒼雜，遠不如越中。高麗璽絶佳，純白滑膩，如舒雪、如匀粉、如鋪玉，惟印記用之。凡書之直之等差，視其本、視其刻、視其紙、視其裝、視其刷、視其緩急、視其有無。本視其鈔、刻，鈔視其譌正，刻視其精粗，紙視其美惡，裝視其工拙，印視其初終，緩急視其時又視其用，遠近視其代又視其方，合此七者參伍而錯綜之，天下之書之直之等定矣。凡本，刻者十不當鈔一，鈔者十不當宋一，三者之中自相較，則又以精粗、久近、紙之美惡，用之緩急爲差。凡刻，閩中十不當越中七，越中七不當吴中五，吴中五不當燕中三，此以地論，即吴、越、閩書之至燕者，非燕中刻也。燕中三不當内府一，五者之中自相較，則又以其紙、其印、其裝爲差。凡印，有朱者、有墨者、有靛者、有雙印者、有單印者。雙印與朱，必貴重用之。凡板漶滅，則以初印之本爲優。凡裝，有綾者、有錦者、有絹者、有護以函者、有標以號者。吴裝最善，他處無及焉。閩多不裝。有裝、印、紙、刻絶精而十不當凡本一者，則不適於用，或用而不適於時也。有摧殘斷裂而直倍於全者，有模糊漶滅而價增於善者，必代之所無與地之遠也。夫不適於時者遇，遇則重；不適於用而精焉，亦遇也。噫！

謝肇淛《五雜俎》卷一三《物部四》 今杭刻不足稱矣，金陵、新安、吴興三地，剞劂之精者不下宋板，楚、蜀之刻皆尋常耳。閩建陽有書坊，出書最多，而板紙俱最濫惡，蓋徒爲射利計，非以傳世也。大凡書刻，急於射利者必不能精，蓋不能捐重價故耳。近來吴興、金陵，駸駸蹈此病矣。近時書刻，如馮氏《詩紀》、焦氏《類林》及新安所刻《莊》、《騷》等本，皆極精工，不下宋人，然亦多費校讎，故舛訛絶少。吴興凌氏諸刻，急於成書射利，又慳於倩人編摩其間，亥豕相望，何怪其然。至於《水滸》、《西厢》、《琵琶》及《墨譜》、《墨苑》等書，反覃精聚神，窮極要眇，以天巧人工，徒爲傳奇耳目之玩，亦可惜也。近來閩中稍有學吴刻者，然止於吾郡而已。能書者不過三五人，能梓者亦不過十數人，而板苦薄脆，久而裂縮，字漸失真，此閩書受病之源也。

劉若愚《酌中志》卷一八《内板經書紀略》 凡司禮監經廠庫内所藏祖宗累朝傳遺秘書典籍，皆提督總其事，而掌司、監工分其細也。自神廟静攝年久，講幄塵封，右文不終，官如傳舍，遂多被匠夫厨役偷出貨賣。柘黄之帖，公然羅列於市肆中，而有寶圖書，再無人敢詰其來自何處者。或占空地爲圃，以致板無曬處，濕損模糊，甚致劈毁以禦寒，去字以改作。即庫中見貯之書，屋漏浥損，鼠囓蟲巢，有蛀如玲瓏板者，有塵黴如泥板者，放失虧缺，日甚一日。若以萬曆初年較，蓋已什減六七矣。既無多學博洽之官綜核齊理，又無簿籍數目可攷以憑銷算。蓋内官發跡，本不由此，而貧富升沉，又全不關乎貪廉勤惰。是以居官經營者，多長於避事，而鮮諳大體，故無怪乎泥沙視之也。然既屬内廷庫藏，在外之儒臣又不敢越俎條陳，曾不思難得易失者，世間書籍爲最甚也。昔周武滅商，《洪範》訪自箕子；晉韓起聘魯，見《易象》、《春秋》曰：「周禮盡在魯矣。」今將有用圖書，盡擲無用之地，豈我祖宗求遺書於天下，垂典則於萬世之至意乎？想在天之靈，不知何如其惘然，何如嘆息也。今上天縱英明，右文圖治，倘一旦清問祖宗歷來所存書籍幾何？或親臨庫際稽覽，不審當局者作何置對？其亦未之深思耳。祖宗設内書堂，原欲於此陶鑄真才，冀得實用。按《古文真寶》、《古文精粹》二書皆出於老學究所選。纍臣欲求大方於明白上水頭古文選爲入門，再將宏肆上水頭古文選爲極則。起自《檀弓》、《左》、《國》、《史》、《漢》，諸子共什七八，唐、宋什二三爲一種。再將洪武以來程墨垂世之稿，亦選出一半爲入門，一半爲極則，亦爲一種。四者同成二帙，以範後之内臣。奏知聖主，發司禮監刊行，用示永久，不知得遂志否也。皇城中内相學問，讀《四書》、《書經》、《詩經》，看《性理》、《通鑑節要》、《千家詩》、《唐賢三體詩》，習書柬活套，習作對聯，再加以《古文真寶》、《古文精粹》，盡之矣。十分聰明有志者，看《大學衍義》、《貞觀政要》、《聖學心法》、《綱目》，盡之矣。《説苑》、《新序》亦間及之。《五經大全》、《文獻通考》涉獵者亦寡也。此皆内府有板之書也。先年有

讀等韻、海篇部頭，以便撿查難字。凡有不知典故難字，必自己搜查，不憚疲苦。至於《周禮》、《左傳》、《國語》、《國策》、《史》、《漢》，一則内府無板，一則繩於陋習，概不好焉。蓋緣心氣驕滿，勉强拱高，而無虚已受善之風也。除古本、抄本、雜書不能開徧外，按現今有板者譜列於後，即内府之經書則例也。《五倫書》、六十二本，一千七百一葉。《詩傳大全》、十二本，九百九葉。《書經大全》、十本，七百六十三葉。《周易大全》、十二本，一千一百十八葉。《春秋大全》、十八本，一千四百五十九葉。《禮記大全》、十八本，一千二百九十九葉。《易傳》、六本，五百八十二葉。《書傳》、六本，五百八十三葉。《詩傳》、六本，六百三十五葉。《春秋傳》、四本，一千零六十一葉。《禮記》、八本，一千六十一葉。《四書大全》、二十本，一千五百八十九葉。《四書集註》、十本，八百二十葉。《性理大全》、三十本，二千一百六十九葉。《資治通鑑綱目》、四十本，四千一百葉。《續資治通鑑綱目》、十四本，一千一百二十二葉。《少微通鑑節要》、廿本，四千四百廿八葉。《通鑑節要續編》、二十本，一千六百八十三葉。《晏宏通鑑綱目》、三十本，四千二十葉。《文獻通考》、一百本，一萬八百三十六葉。《歷代名臣奏議》、百五十本，九千七百二十葉。《歷代通鑑纂要》、六十本，三千六百三十葉。《大明會典》、一百四十本，六千五百九十葉。《事文類聚》、一百三十本，八千三百六十葉。《大明一統志》、四十本，三千一百五十葉。《明倫大典》、廿四本，七百廿葉。《大明集禮》、三十六本，一千四百七十二葉。《大學衍義》、二十本，一千三百八十二葉。《大學衍義補》、四十本，三千六百葉。《對類》、十二本，八百七十三葉。《諸司職掌》、三本，四百二十八葉。《大明官制》、二本，三百七十葉。《御製大誥》、四本，二百五十三葉。《大明律》、二本，一百七葉。《洪武正韻》、五本，五百葉。《韻府羣玉》、十本，一千四十葉。《御製文集》、八本，七百十三葉。《經史海篇直音》、五本，五百十二葉。《廣韻》、二本，二百五十五葉。《玉篇》、二本，三百十五葉。《御製詩集》、二本，八十四葉。《經書音釋》、二本，一百七葉。《詩韻釋義》、二本，一百五十八葉。《四書白文》、六本，三百十二葉。《詩學大成》、十四本，一千葉。《爾雅、埤雅》、四本，三百九十七葉。《許氏説文》、八本，六百五十葉。《吕真人文集》、二本，二百四十葉。《孔子家語》、三本，一百四十四葉。《通書大全》、八本，九百九十葉。《列女傳》、三本，一百三十五葉。《神課金口訣》、二本，二百四十葉。《仁孝皇后勸善書》、十本，八百七十六葉。《臞仙肘後神樞》。二本，一百七十八葉。《選擇曆書》、二本，二百五十六葉。《雍熙樂府》、二十本，一千七百九十三葉。《三國志通俗演義》、廿四本，一千一百五十葉。《歷代臣鑒》、十本，五百六十葉。《貞觀政要》、八本，三百七十葉。《居家必用》、十本，八百八十葉。《聖學心法》、四本，三百十五葉。《釋文三註》、《千字文》七十一葉，《胡曾詩》九十九葉，《蒙求》一百四十四葉。《飲膳正要》、三本，七百七十五葉。《唐賢三體詩》、二本，一百七十二葉。《古文精粹》、二本，二百五十六葉。《李白詩》、四本，三百六葉。《選詩補註》、三本，三百十三葉。《唐詩鼓吹》、五本，二百六十六葉。《高皇后傳》、一本，四十七葉。《女訓》、一本，四十九葉。《内訓》、一本，五十葉。《尚書、孝經、大學、中庸》、五本，三百三十六葉。《周易占法》、二本，二百四十葉。《草堂詩餘》、二本，一百九十葉。《恩紀含春堂詩》、二本，一百十五葉。《擊壤集》、四本，三百五十葉。《勸忍百箴》、四本，三百葉。《古文真寶》、四本，三百九十一葉。《醫要集覽》、六本，二百八十葉。《草韻辨體》、六本，二百七十葉。《增定華夷譯語》、十一本，一千七百八葉。《評史心見》、六本，三百五十葉。《通鑑博論》、三本，二百九十葉。《重刻證類本草》、十本，一千三百四十五葉。《養生類纂》、五本，一百九十七葉。《釋氏源流應化事蹟》、四本，四百四十葉。《皇明祖訓》、一本，五十葉。《洪武禮制》、一本，八十二葉。《稽古定制》、一本，八十二葉。《鄭氏女孝經》、一本，四十二葉。《祖訓條章》、一本，十二葉。《曹大家女訓》、一本，十六葉。《女誡直解》、一本，四十八葉。劉向《説苑》、五本，三百二十五葉。《皇明典禮》、一本，九十五葉。《内則詩》、一本，六十二葉。《内令》、一本，十二葉。《昭鑒録》、一本，一百五十二葉。《御製洪範篇序》、一本，三十六葉。《勤政要典》、一本，七十三葉。《外戚事鑒》、一本，六十八葉。《山居四要》、一本，八十三葉。《慈聖皇太后女鑒》、一本，六十九葉。《女訓内訓》、仝前。《臞仙肘後經》、一本，一百十二葉。《玉匣記》、一本，八十二葉。《省躬録》、一本，七十二葉。《祥異賦》、一本，四十九葉。《步天歌》、一本，八葉。《傳心妙訣》、一本，四十五卷。《詳明算法》、一本，二百十葉。《草字碎金》、一本，九十二葉。《真字碎金》、一本，九十二葉。《千家姓》、一本，五十九葉。《孝順事實》、一本，二百九十二葉。《爲善陰隲》、一本，三百七十二葉。《小學書解》、一本，一百六葉。《忠經》、一本，四十二葉。《孝經大義》、一本，四十二葉。《歷代紀年》、一本，三十六葉。《四時歌曲》、一本，十二葉。《隨機應化録》、一本，六十葉。《高皇帝道德經註解》、一本，六十九葉。《達達字孝經》、一本，四十二葉。《醫按書》、一本，三十二葉。《蒙求白文》、一本，十九葉。《山歌》、一本，四葉。《華夷譯語》、一本，八十八葉。《古字便覽》、一本，五十二葉。《八行遺事業》、一本，二十八葉。《警世篇》、一本，二十一葉。《忠經直解》、一本，十六葉。《太上感應靈篇》、一本，五十二葉。《憲綱》、一本，五十葉。《百家姓》、一本，十葉。《大學》、一本，三十六葉。《千字文》、一本，十七葉。《孝經》、一本，十六葉。《中庸》、一本，五十六葉。《千家詩》、一本，四十四葉。《四書雜字》、一本，十二葉。《七言雜字》、一本，十三葉。《三字經》、一本，二十二葉。《啓蒙集》、一本，四十葉。《草

訣百韻》、一本，十四葉。《草訣百韻歌》、三本，四十葉。《八行圖書》、一本，四十葉。《孝經直解》、一本，三十六葉。《解夢書大全》、二本，七十葉。《四書直解》、二十五本，一千零四十二葉。《書經直解》、十三本，八百二十葉。《通鑑直解》、二十五本，一千四十二葉。《帝鑑圖説》、六本，三百五十六葉。《劉向新序》、三本，一百四十二葉。《洪武正韻玉鍵》、二本，一百三十葉。

佛經一藏，計六百七十八函，十八萬八十二葉。共用白連紙四萬五千二十三張，藍絹二百五十三匹七尺四寸，黄絹廿六匹二丈四尺一寸，每匹長三丈二尺，黄毛邊紙五百七十張，藍毛邊紙四千九百十二張，黄連四紙三百四十七張，白户油紙一萬八千九十五張，黑墨二百八十六斤八兩，白麪一千二百二十五斤，白礬四十五斤。

道經一藏，計五百十二函，十二萬二千五百八十九葉。共用白連四紙三萬八百九十七張，黄連四紙一百七十六張，藍毛邊紙三千十八張，黄毛邊紙五百二張，藍絹一百八十二匹一丈八尺六寸，黄絹二十四匹一丈六尺，白户油紙八千三百七張，黑墨一百六十斤八兩，白麪七百五十斤，明礬二十五斤。

番經一藏，計一百四十七函，十五萬七十四葉。共用腰子白鹿紙一萬三千六百四十張。

大五部經：《華嚴經》八十二本。《大涅槃經》四十一本。《報恩經》七本。《金剛明經》十本。《心地觀經》八本。

小五大部經：《法華經》七本。《楞嚴經》十本。《佛母大孔雀經》三本。《梁皇懺》十本。

又五般經：《圓覺經》二本。《彌陀經》一本。《諸品經咒》。《金剛經註解》一本，一百四十七葉。《華嚴小鈔》一百十七本。《諸真寶懺》十二本。《小道經》一本。

纍臣若愚曾聞成祖勑儒臣纂修《永樂大典》一部，係湖廣王洪等編緝，時號召四方文墨之士，累十餘年而就。計二萬二千八百七十卷，一萬一千九十五本。因卷帙浩繁，未遑刻板。正寫册原本，至孝廟宏治年以大典《金匱秘方》外人所未見者，乃親灑宸翰，識以御寶，賜太醫院使臣王、聖濟殿内臣寵，蓋欲推之以福海内也。閣臣王文恪鏊恭撰頌以揄揚盛美。相傳至嘉靖年間，於文樓安置。偶遭回禄之變，世廟亟命挪救，幸未至焚。遂勑閣臣徐文貞階，復令儒臣照式摹抄一部。當時供寫官生一百八名，每人日抄三葉。自嘉靖四十一年起，至隆慶元年始克告完，及萬曆年間兩宫三殿復遭回禄，不知此新、舊《永樂大典》二部，今又見貯藏於何處也。又纍臣曾見《車駕幸地録》所載，正德十五年閏八月内，武廟南征回如鎮江，幸大學士楊一清第，曾進鈔本《册府元龜》一部，共一千卷，計二百二本。纍臣曾向韓提督世禄言及，幸有一部，然舛錯頗多，至不能句，似非楊宅所獻之書。李永貞遂僱人借抄一部，仍將原本交還。而抄本一部，聞丁卯冬已有人獻於王體乾矣。至崇禎己卯夏，體乾没産，又不知落何人手也。又江陵張文忠公在閣時，曾具書與張中翰後湖曰：「先年張文簡公曾得内閣所藏《册府元龜》一部。其後文簡公卒於京邸，其僕即將此書於部前貨賣，令先翁識其爲閣本也，贖而藏之於家。嘗語區區曰：吾欲將此書仍送歸内閣，以完先代之寶，何如？僕時起賀曰：幸甚！此義舉也。無何而令先翁亦逝，竟勿克踐其言。今憶此書必無恙也，僕欲倍價奉贖，仍歸閣中，以卒令先翁之志。惟執事其幸許之。夫此一書也，文簡得之，令先翁贖之，至僕而還之，三更張氏，皆楚人也。將以媲於古之左史倚相能讀墳典邱索，不亦美乎？」云云。然詳味江陵此舉則必實踐其言者，但未知後湖果曾割付此書否？又不知今尚存内閣否也？承平日久，處處光景與先年不同，則此書之存與不存，與《永樂大典》之存貯何庫，又有誰敢饒舌問及也哉！嗟嗟，難言矣！

黄儒炳《續南雍志》卷一一《職官表下·典籍》 典籍掌書籍。經、史、子、雜，以類分櫝，而謹藏之。刻板者貯於庫，呈代交盤各書及各板一一檢驗，夏日督役匠曬曝。印刷各書嚴防匠役，不許損失。諸生入監，印監規等書，及監中官到任所印送書皆有定例。按，國家典籍官惟文淵閣一員，及兩太學各一員。秩雖卑而任則重，所謂文學掌故者也。近南雍以其事簡，使理號舍園場事。

方以智《通雅》卷三一《器用》 《孔融傳》：侯覽刊章下州郡，以名捕儉。注：刊章謂削去告人姓名，愚謂刊章若榜行郡縣，因朱儁刊定州奏，遂以刊爲削，蓋刊即刻也。漢即無今版印，或刻書其大章于版，以遍行捕之。《漢書》言章大者數千，若文書全案也。【略】雕本，印書也。隋唐有其法，至五代而行，至宋而盛，今則極矣。葉夢得言：柳玭《訓序》在蜀見字書，雕本不始自馮道，監本始道耳。《揮麈録》言毋昭裔有版鏤之言。陸深《河汾燕閒録》云隋開皇十三季勑廢像遺經，悉令雕版。則此又抂柳先疑者，以隋有此法，唐何不行，或止奉崇釋教邪！沈存中曰：慶曆中，有畢昇爲活版，以膠泥燒成。今則用木刻之，用銅版合之。麻沙印本之初出，未精者也。《老學菴筆記》曰：尹少稷日能誦麻沙版本書一寸。又云：三舍法行教官出，《易義》云：乾爲金，坤又爲金。諸生曰恐麻沙本也。今精本用墨汁或上煙，重印乃黑。

曹溶《流通古書約》 近來雕板盛行，煙煤塞眼，挾貲入賈肆，可立致數萬卷。

王士禎《居易録》卷一　陸啓浤《客燕雜記》書：「監板《十三經注疏》、《二十一史》，修于萬曆二十三年，頗無差訛。崇禎十二年重修之，古字難讀，悉遭改易云。」康熙二十三年，予爲祭酒，疏請重修經史刻板，得旨允行。

李克恭《十竹齋箋譜叙》　［十竹齋］中所藏奇書、珍玩，種類非一，嘗與先祖如真翁商六書之學，摩躙鐘鼎、石鼓，旁及諸家，於是篆、隸、真、行一時獨步，而兼好繪事，遇有佳者，即鏤諸板，公諸同好。箋之流布久且多矣。【略】昭代自嘉隆以前，箋制樸拙，至萬曆中季，稍尚鮮華，然未盛也，至中晚而稱盛矣，歷天崇而愈盛矣。十竹諸箋，滙古今之名蹟，集藝苑之大成，化舊翻新，窮工極變，毋乃太盛乎？而猶有説也，蓋拱花餖板之興，五色繽紛，非不爛然奪目，然一味濃裝求其爲濃中之淡，淡中之濃，絶不可得，何也？餖板有三難：畫須大雅，又入時眸，爲此中第一義；其次則鐫忌剽輕，尤嫌痴鈍，易失本稾之神；又次則印拘成瀍，不悟心裁，恐損天然之韻。去其三疵，備乎衆美，而後大巧出焉。然虚衷静氣，輕財任能，主人之精神獨有籠罩於三者之上，而彌濩其間者，是譜也。創稾必追蹤虎頭龍眠，與夫彷彿松雪雲林之支節者，而始倩從事。至於鐫手，亦必刀頭具眼，指節通靈。一絲半髮，全依削鐻之神，得手應心，曲盡斲輪之妙，乃俾從事。至於印手，更有難言。夫杉杙欆膚，攻工之所不載。膠清彩液，巧繪之所難施。而若工也，乃能重輕匠意，開生面於濤箋；變化疑神，奪仙標於宰筆。玩兹幻相，允足亂真。拜前二美，合成三絶。譜成，而架插青緗齋函寶藏光交十竹，迎眸蜿筇笮雲龍彩映六朝，開卷見齊梁烟月，其與鐘鼎、石鼓之遺珍並傳，不朽乎！此雖次公之緒餘，而緣以想其六藝之沉涵，亦可稍見其崖畧矣。

金埴《不下帶編》卷四　周櫟園《書影》載羅氏《水滸傳》一百回，其原本各有妖異語引其首。嘉靖時郭武定重雕其書，削其致語，獨存本傳。金壇王氏《小品》中亦云：「此書每回各有楔子，今俱不傳。」予見閩平中建陽書坊所刻諸書，節縮紙版，求其易售，諸書多被刊落。此書亦建陽翻刻時删削者。六十年前白下、吴門、西泠三地之書尚未盛行，世所傳者，獨建陽本耳。其中訛錯甚多，不可不知。今閩平版書本久絶矣，惟三地書行于世。然亦有優劣，吴門爲上，西泠次之，白門爲下。自康熙三四十年間頒行御本諸書以來，海内好書有力之家，不惜雕費，競摹其本，謂之歐字。見刻宋字書，宋字相傳爲宋景文書本之字，在今日則棗本之劣者。置不掛眼。蓋今歐字之精，超軼前後，後世寶惜，必稱曰「康版」，更在宋版書之上矣。

齊召南《前漢書考證跋》　自唐以前，書皆手寫，而校對極精，譌脱相承無過數處。其有板本，自宋淳化中命官分校三史始也，雕板染印，日傳萬紙，於人甚便，人間摹刻以市易者滋多，彼此沿襲，莫識由來，輾轉失真，烏焉成馬。故書有板本，而讀者甚易，亦自有板本而校者轉難，固其勢然也。

吴長元《宸垣識略》卷二《大内》　御書處在西華門内稍北，專管恭刻御製詩文法帖之屬。【略】宫之左爲昭仁殿，貯宋、金、元、明舊版書籍四百部，名天禄琳瑯。殿後楹爲五經萃室，藏岳珂刊板五經。

又卷六《内城二》　元時國學鏤板，有孟四元賦一百十三片。

又卷七《内城三》　天主堂構於西洋利瑪竇，自歐羅巴航海九萬里入中國，崇奉天主。堂制狹以深貫，正面向外，而宛若側面；其頂如中國捲棚式，而覆以瓦；正面止啓一門，窗則設於東西兩壁之巔。中供耶蘇像，繪畫而若塑者，耳鼻隆起，儼然如生人。左右兩甎樓夾堂而立。左貯天琴，日向午則樓門自開，琴乃作聲，移時聲止，樓則閉矣。右聖母堂，以供瑪利亞，作少女狀，抱一兒，耶蘇也。衣無縫，自頂被於體。所印書册，以白紅一面反覆印之，字皆旁行，其書裝法如宋板式，外以漆革護之，用金屈戍鈎絡。所製有簡平儀、龍尾車、沙漏、遠鏡、候鐘、天琴之屬。【略】金玉府在北金城坊東，貯藏經板。元文宗時敕印三十六部，散施諸禪刹。坊内有帝師大佛殿、軍鐵庫，今皆無考。

趙翼《陔餘叢考》卷三三《刻書書册》　《池北偶談》引《五代會要》：後唐長興三年，命太子賓客馬縞等充詳勘九經官，於諸選人中召能書者，寫付匠雕刻，每日五紙，與減一選。漢乾祐中，《周禮》、《儀禮》、《公羊》、《穀梁》四經始鏤版。周廣順三年，尚書左丞田敏進印板九經。馬端臨《文獻通考·書籍門》亦載刻書始於後唐。沈括《筆談》及《孔氏雜説》亦皆以爲始于馮道奏鏤五經。又和凝有集百餘卷，自鏤版行世。廣順中，蜀人毋昭裔出私財百萬刻九經板，又刻《文選》、《初學記》、《白孔六帖》行于世。是刻書始於五代明矣。然葉夢得又謂：唐柳玭《訓序》，言在蜀見字書雕本，而元微之序白樂天《長慶集》亦云繕寫摹勒，衒賣于市井。摹勒即刊刻也，則唐時已開其端歟。《筆談》亦謂：板印書籍，唐時尚未盛。曰「尚未盛」，則已有之也。《河汾燕閒録》又謂：隋開皇十三年十二月八日敕廢像，遺經悉令雕撰。王阮亭引之，以爲刊書之始。刊書與抄書難易不啻百倍，若隋已有雕刻，何以唐時尚未盛行，直至五代時始有之？當時隋、唐時習其技者少，刻書甚艱故耳。胡應麟《筆叢》亦謂：雕本肇于隋，行于唐，擴于五代，精于宋。郎瑛《七修類藁》又謂：唐時不過少有一二，至五代始盛。宋則羣集皆刻，要不謬也。

慶桂《清宫史續編》卷九四《書籍》 臣等謹案：鐫書之制，昉自後唐長興，然不過五經印版而已。宋元以來，槧本盛行，傳世亦尠。我朝自康熙年間，御纂《古今圖書集成》，爰𠊳銅字版式，事半功倍，允堪模範千秋。迨我高宗純皇帝廣獻書之令，闢藏書之府，而栞書之法，亦彌精且備焉。不特雕梨壽世，盛簡牘之流傳，而蟬翼影鈔，古香可挹，松脂蠟印，活字兼行，蓋聖人嘉惠來學之殷懷，欲使海内咸得讀未見書，且使萬世咸仰敷文之化於勿替焉爾。

錢泳《履園叢話》卷一二《藝能・刻書》 刻書以宋刻爲上，至元時，翻宋尚有佳者。有明中葉，寫書匠改爲方筆，非顔非歐，已不成字。近時則愈惡劣，無筆畫可尋矣。然康熙、雍正、乾隆三朝所刻之書，如《佩文齋書譜》、《駢字類編》、《淵鑒類函》及《五禮通考》諸書，尚有好手，今則寫刻愈劣而價愈貴矣，豈亦有運會使然耶！

徐松《宋會要輯稿・食貨三五之六》 在法，田宅契書，縣以厚紙印造，遇人户有典賣，納紙墨本錢買契書填。緣印板係是縣典自掌，往往多數空印，私自出賣，將納到税錢上下通同盜用，是致每有論訴。今相度欲委逐州通判用厚紙立千字文爲號印造，約度縣分大小，用錢多寡，每月給付諸縣，置櫃封記。遇人户赴縣買契，當官給付。仍每季驅磨賣過契白，收到錢數，内紙墨本錢，專一發赴通判廳置歷拘轄，循環作本。既免走失官錢，亦可杜絶情弊。仍乞餘路依此施行。

徐康《前塵夢影録》卷上 舊藏冬心翁著作最備。其《自序》一卷，用宋紙、方程古墨、輕煤研印，每半葉四行，行二十餘或十餘字。丁鈍丁手書精刻，古香古色，不下宋槧。雖在鐙下讀之，墨采亦奕奕動人。餘如《三體詩》、《畫竹》、《畫梅》、《畫馬》、《自寫真畫佛》，共題記五種，皆以宋紅筋羅文牋研印，《詩集》、《續集》、《研銘》，用宣紙古墨刷印。皆墨箋作護面、狹籤條。所未見者，《自度曲》一卷而已。標亦見冬心翁用宋紙印所著書，神似真宋，所差者墨色稍光亮耳。《仁齋直指》狹行細字，明初刊本，二十册。中字本則稍後，在中明時。《周府袖珍方》，正統十年民臣熊宗立刊。黑口，每半頁十六行、行三十字，十二册。乾隆朝士人沿明季書帕習氣，往往重價購宋元板書，以充羔雁。而書估黠者，又割去明之紀元，冒爲元刻。余見過兩部，皆割去紀元。昨見一部，則首尾序文俱全。乾嘉時，黄蕘圃翁丕烈每於除夕，布列家藏宋本經史子集，以花果名酒酬之，翁自號佞宋主人。同時有顧千里廣圻與之同癖，爲撰《百宋一廛賦》，刻入《士禮居叢書》内。蘭修《端溪硯史》：余親長秋舫翁，復刻翁覃溪蘇米齋《蘭亭考》八卷。太康張公子次柳，復刻於吴門，均遭刼，片板不存。瞿木夫中溶嘉定名士，錢竹汀宫詹女夫，官楚湘藩幕。其時適開湖南通志局，凡金石一門，皆木翁獨任排纂，工竣後，曾拙印百餘部攜歸，今所傳《湖南金石志》是也。書約六巨衷，不復記其卷數。又著《古官印攷》及《吴都文粹續編》。《古官印攷》，自漢至唐宋遼金元，不知者闕如，原本在吴平齋案頭見過，翁叔均大年嘗補其闕。又推廣編纂《唐宋以來符牌攷》，成書一卷，亦未付梓。標按：此書稿本，今藏其同宗印著中，書琪處密行細字顛倒錯亂，不易排次也。木翁所藏有五銖泉山，曼生爲作圖。標按：木夫自題室名曰「古泉山館」。又得元銅象於典肆，重四十餘斤。又宋拓馬懷素小唐碑，小隸書，木翁亦題有六七跋，今歸南匯沈均初，海内孤本也。【略】國初博雅中丞有二：一爲卞令之，乃三韓巨族，收藏甚富，嘗以所藏法書名畫，編成《書畫彙攷》，寫樣上板，有四十巨册，洵大觀也。一爲宋漫堂，商邱大家，然宋所藏不及卞遠矣。

又卷下 《金石存》爲山陽吴山夫搢著，體例謹嚴，衹收篆隸，向來只有鈔本，惟蜀中刻入函海内。是書爲李雨邨編纂，意在貪多，不刻足本，沿明末刻書者之弊，收藏家在所不取。嗣同邑李尚書宗昉兼大司成時，命學正許珊林槤校刊《金石存》，凡寫樣印訂，同乎宋元舊籍，蓋不惜重資，而所託得人也。書凡四册，字皆仿歐陽率更體。任渭長原刻《劍俠傳》，板已失於劫中。原本三十三人，每人有贊，正面繪象，背葉刻贊。今市中所售刻本，皆展轉鉤摹，神氣全失矣。渭翁畫本最多，顧艮庵世丈藏有六大册，皆昔爲姚梅伯孝廉所繪者，題詞皆梅伯所著，驚心動魄，得未曾有。艮翁在寧紹觀督時，植梅伯久，故其家索價三百金出售，竟如數與之。余在怡園展閲二次，其奇絶處，真不可思議，有觀止之歎。盧熊《蘇州府志》，四十巨册，狹行細字，黑口，明初刻本。余曾於獨學廬見之，其時石琢堂先生正脩府志，故插架有此。後於藝海樓，又見一部，乃鈔本。《熙朝雅頌集》四十本，自國初至乾嘉時，彙選宗潢及滿州蒙古奉天諸時家，搜羅殆盡，兩江督臣鐵保刻成進呈。《貞蕤詩鈔》，日本使臣朴齊家著。吴山長道行主講紫陽書院時校刻，彙入《藝海珠塵》。毘陵六逸中有《南田詩鈔》，康熙季年刻。後蔣生沐又於法書名畫碑帖中彙集《南田詩刻》、《甌香館集》，均刻入《别下齋叢書》。又取陸梅檗鼎詩稿，顧醉經承文稿付刻。吴中兩《布衣集》、宋桑世昌《蘭亭攷》、元俞壽翁《續攷》，皆已刻入《鮑叢書》。又稧帖總聞，乃汲古閣刻，流傳甚少，及蘇米齋《蘭亭攷》八卷出，直可壓倒一切。《吾妻鏡》二十四大册，劫後於坊間見過，已缺一本，聞後爲龐侍郎所得。按：「吾妻」，日本地名，「鏡」同「鑒」，皆紀其國家之事，編年紀月，同於中國通鑑。此書日本所刻，在中國明萬曆時，與《東醫寶鑑》相先後。老友翁海邨曾有鈔本，並

續修之書，惜翁已作古，未由借觀。《雲栖法彙》三十三册，原板已失。近許中丞乃釗、吳方伯在籍與糧道如公山三人，發願以原書翻刻，奈梨板不易購，及至書成刷印，許吳二公先後均歸道山，如公亦升長蘆都轉，三人皆未及目賞。佛家以緣字補儒家六經之缺，觀於此書益信。《大般若經》六百卷，向只有鈔本。數年前邗江高僧妙空，發願刻全藏，於揚州、泰州、江寧、江陰、常熟、杭州六處設局，所開經名頗多，即《大般若經》亦已刻過半矣，惜妙師怛化，聞其臨卒時，神明不亂，且言爲藏經未竣厥工，須再入娑娑世界。宋板翻繹名經義十二册，板口與卷尾，皆有助刊姓氏。乾嘉時刻《法苑珠林》亦如其例。桐西主人以十二金得之，甚寶愛，惜烺於武穴差次。《二藍集》二册，明初刻本，余得於玉山故家，藏書家僅見鈔本。標曾見舊鈔本，有黃蕘圃校跋，今藏錢冠瀛孝廉處。《文獻通攷》，明正德年倣宋刻，狹行小字黑口，尚不失元人矩矱，板口慎獨齋，相傳是内府板。【略】孫淵如《平津館叢書》及《岱南閣叢書》，皆刻於罷官之後。惟袖珍小叢書十餘册，刻於山東署。太倉家秋士有鏡癖，著《銅仙傳》兩卷。蔡鐵耕世丈雲有泉癖，著泉譜曰《癖談》，自三代至六朝爲止，上下衹兩卷。劉燕庭喜海著《論泉絶句》共二百首，注多於詩三數倍，刻鏤甚工，字仿宋槧，盛子履大士不及也。明汪文盛等復刊《兩漢書》，祖本爲湖廣鹺務官校刻。予於劫後游虞山，見於楊濠叟案頭，卷首有元人字，及葉石林墨迹，紙薄而韌，極可愛玩。聞之老輩云，汪文盛尚有《史記》及《三國志》，惜罕見矣。吳門陸氏住金大師場，藏有南宋本《文選》，子孫頗知收藏，秘不示人。嘉慶中年，胡果泉方伯議刻《文選》，假別本開雕，校書者爲彭甘亭、兆蓀顧千里，廣圻影宋寫樣者，爲許翰屏，極一時之選。

陸鳳藻《小知録》卷七《文學》 印書也，隋、唐有其法，隋開皇十三年，敕廢像遺經，悉令雕板，此其最先者。至五代而行，監本自馮道始。至宋而極。印本之初出，未精者曰麻沙。

金武祥《粟香三筆》卷四 又有《勸刻書説》云：凡有力好事之人，若自揣德業學問，不足過人，而欲求不朽者，莫如刊布古書一法。但刻書必須不惜重費，延聘通人，甄擇秘籍，詳校精雕。刻書不擇佳惡，書佳而不讐校，猶靡費也。其書終古不廢，則刻書之人終古不泯。如歙之鮑、吳之黄、南海之伍、金山之錢，可決其五百年中必不泯滅，豈不勝于自著書、自刻集者乎？且刻書者，傳先哲之精蘊，啟後學之困蒙，亦利濟之先務，積善之雅談也。書板之多，以江西、廣東兩省爲最。江西刻工，在金谿縣之許灣；廣東刻工，在順德縣之馬岡，均以書版多者爲富。嫁女常以書版爲奩資，惟字每草率訛誤，以鋟版半用女工耳。

咸豐《順德縣志》卷三《輿地略・物産、右用物之屬》 今馬岡鏤刻書板，幾遍藝林，婦孺皆能爲之，男子但依墨蹟刻畫界線，餘並女工，故值廉而行遠。近日蘇州書賈往往携書入粵，售於坊肆，得值，則就馬岡刻所欲刻之板，刻成，未下墨刷印，即携旋江南，以江紙印裝，分售海内，見者以爲蘇板矣。

《武英殿辦理道光帝〈聖訓〉錢糧清册》 ［咸豐七年］六月：爲提調處恭繕漢文《聖訓》底本，應用太史連黑格紙，一萬二千頁，計費頁二成，共計費頁二千四百頁，二共合一萬四千四百頁。每二頁合紙一張，共合太史連紙七千二百張。每七十八張合一塊，共合九十二塊二十四張。每塊照時價用制錢六百七十五文，共合制錢六十二串二百四十八文。刷印每千頁工飯銀一錢，合銀一兩二錢。刷印每千頁用棕一兩五錢，共用棕十八兩，每斤價銀一錢四分，合銀一錢五分七釐六毫，通共合銀一兩三錢五分七釐六毫。每兩發給制錢一串五百文。以上通共合制錢六十四串一百三十五文。爲恭繕漢文《聖訓》宋字版様，應用太史連紅格紙六千頁，計費頁二成，共計費頁一千二百頁，二共合七千二百頁。每二頁合紙一張，共合太史連紙三千六百張。每七十八張合一塊，共合四十六塊十二張，每塊照時價用制錢六百七十五文，共合制錢三十一串一百二十五文。刷印每千頁工飯銀一錢，合銀七分八釐八毫。每兩發給制錢一串五百文，以上通共合制錢三十二串一百四十三文。爲提調處恭繕《聖訓》底本，續用太史連黑格紙一萬頁，計費頁二成，共計費頁二千頁，二共合一萬二千頁。每二頁合紙一張，共合太史連紙六千張。每七十八張合一塊，共合七十六塊七十二張，每塊照時價用制錢六百七十五文，共合制錢五十一串九百二十六文。刷印每千頁工飯銀一錢，合銀一兩。刷印每千頁用棕一兩五錢，共用棕十五兩，每斤價銀一錢四分，合銀一錢三分一釐二毫。每兩發給制錢一串五百文，以上通共合制錢五十三串六百二十三文。［同治元年］欽天監移送《續刻三元甲子編年萬年書》一份，内計續刻三元三頁換刻二頁，續刻萬年書六頁換刻八頁，計字一萬三千八百七十個，修補《萬年書》八十五頁，計字二千九百二十個，共繕寫宋子一萬六千七百九十個，每百字工飯用制錢七十五文，合制錢十二串五百九十二文，刊刻字一萬三千八百七十個每百字工飯用制錢五百文，合制錢六十九串三百五十文，補修字二千九百二十個，每字折三字算，共摺字八千七百六十個，每百字工飯用制錢五百文，合制錢四十三串八百文，刊刻格子板五塊，每塊工

飯用制錢一串文，合制錢五串文，共用長一尺一寸五分寬八寸五分厚一寸梨木板十九塊，每塊時價用制錢五百文，合制錢九串五百文，繕寫宋子板樣用太史連紙一塊，時價用制錢一串五百文，以上共合制錢一百四十一串七百四十二文。懋勤殿陸續交出楠木匣蓋十一件，內計三寸五分字八個，填青每字工飯銀三分六釐，合銀二錢八分八釐，刻六字一工，填十二字一工，二寸五分字三十八個。填青每字工飯銀二分七釐，合銀一兩二分六釐，刻六字一工填十二字一工，一寸五分字三十六個填青，每字工飯銀一分八釐，合銀六錢四分八釐，刻十二字一工，填三十字一工，一寸字二十二個每字工飯銀一分，合銀二錢二分，刻十二字一工，填三拾字一工，計刊刻周圍邊線十一件，每件工飯銀一錢五分四釐，合銀一兩六錢九分四釐，內填青邊線六件二寸五分字十八個填金每字用金十二張半，一寸五分字十二個填金每字用金四張半，周圍邊線五件填金每件用金八張，又由造辦處移交檀木匣蓋一件，未及一寸字七百三十一個填金每字工飯銀一分合銀七兩三錢一分，刻十二字一工填三十字，一工每字用金一張，一寸寶二方，每方用金二張，以上刻字並邊線共用刻字匠九十一工，每工工銀六分，合銀五兩四錢，填字並邊線共用書匠四十五工，每工工銀一錢五分四釐，飯銀六分，合銀九兩六錢三分，共合銀二十六兩二錢二釐，每兩發給製錢一串五百文，共合製錢三十九串三百三文，共用青一兩八錢二分，每兩時價用制錢五百文，合制錢九百十文，共用金一千零五十四張，每百張時價用制錢八串文，合制錢八十四串三百二十文，金每百張用廣膠四錢，共用廣膠四兩二錢一分六釐，每兩時價用制錢二百文，合制錢八百四十四文，以上通共合制錢一百二十五串三百七十七文。

葉德輝《書林清話》卷一《總論刻書之益》 昔宋司馬温公云：「積金以遺子孫，子孫未必能盡守；積書以遺子孫，子孫未必能盡讀。不如積陰德於冥冥之中，以爲子孫無窮之計。」吾按此數語，元孫行素《至正直記》亦引之，世皆奉爲箴言。然積德而子孫昌大，或金根伏獵之見譏，亦非詒謀之善。故余謂積德、積書二者當並重。且温公雖有是言，而其好書亦有深癖。宋費衮《梁谿漫志》云：「温公獨樂園之讀書堂，文史萬餘卷。而公晨夕所常閱者，雖累數十年，皆新若手未觸者。常謂其子公休曰：『賈豎藏貨貝，儒家惟此耳！然當知寶惜。吾每歲以上伏及重陽間，視天氣晴明日，即設几案於當日所，側群書其上，以曝其腦，所以年月雖深，終不損動。至於啓卷，必先視几案潔净，藉以茵褥，然後端坐看之，或欲行看，即承以方版，未嘗敢空手捧之，非惟手汗漬及，亦慮觸動其腦。每至看竟一版，即側右手大指面襯其沿，而覆以次指捻面，捻而挾過，故得不至揉熟其紙。每見汝輩多以指爪撮起，甚非吾意。今浮圖老氏猶知尊敬其書，豈以吾儒反不如乎？當宜志之。』」是則温公愛書，可云篤至。其諄諄垂誡，又何嘗不爲子孫計哉。雖然，吾有一説焉：「積金不如積書，積書不如積陰德」，是固然矣。今有一事，積書與積陰德皆兼之，而又與積金無異，則刻書是也。宋王明清《揮麈餘話》云：「毋邱儉按：毋昭裔之誤。不知王氏原誤耶，抑刻者誤耶。貧賤時，嘗借《文選》於交遊間，其人有難色。發憤異日若貴，當板以鏤之遺學者。後仕王蜀爲宰，遂踐其言刊之。印行書籍，創見於此。載陶岳《五代史補》。按：今通行汲古閣刻《五代史補》無此文，王氏所見當是原本。後唐平蜀，明宗命太學博士李鍔書《五經》，仿其製作，刊板於國子監，監中印書之始。今則盛行於天下，蜀中爲最。明清家有鍔書印本《五經》存焉，後題長興二年也。」按：李鍔亦誤。日本有覆宋大字本《爾雅郭注》三卷，末題一行云「將仕郎守國子四門博士臣李鶚書」，蓋宋時重刻蜀本也。然則李鍔爲李鶚，斷可知也。今此書有黎庶昌《古佚叢書》仿北宋刻本。明焦竑《筆乘》續四云：「蜀相毋公，蒲津人。先爲布衣，嘗從人借《文選》、《初學記》，多有難色。公嘆曰：『恨余貧不能力致，他日稍達，願刻板印之，庶及天下學者。』後公果顯於蜀，乃曰：『今可以酬宿願矣。』因命工日夜雕板，印成二書，復雕九經、諸史，兩蜀文字由此大興。洎蜀歸宋，豪族以財賄禍其家者什八九。會藝祖好書，命使盡取蜀文籍諸印本歸闕。忽見卷尾有毋氏姓名，以問歐陽炯。炯曰：『此毋氏家錢自造。』藝祖甚悦，即命以板還毋氏。是時其書遍於海內。初在蜀雕印之日，衆多嗤笑。後家累千金，子孫禄食。嗤笑者往往從而假貸焉。左拾遺孫逢吉詳言其事如此。」按：此爲宋人記載，惜原引未著書名。朱彝尊等《徵刻唐宋秘本書目》凡例云：「大梁周子梨莊，櫟園司農長公。司農世以書爲業，嘉隆以來，雕板行世，周氏實始其事。遊宦所至，訪求不遺餘力。閩謝在杭先生萬曆中鈔書秘閣，後盡歸司農。兩遭患難，數世所積，化爲烏有。獨此繕寫秘本二百餘種，梨莊極力珍護，巋然獨存。大抵皆今世所不數見者。」陳瑚《爲毛潜在隱居乞言小傳》云：「毛氏居昆湖之濱，以孝弟力田世其家。祖心湖，父虛吾，皆有隱德。子晉生而篤謹，好書籍。自其垂髫時即好鋟書，有屈、陶二集之刻。客有言於虛吾者曰：『公拮据半生以成厥家，今有子不事生産，日召梓工弄刀筆，不急是務，家殖將落。』母戈孺人解之曰：『即不幸以鋟書廢家，猶賢於摴蒱六博也。』乃出橐中金助成之。書成而雕鏤精工，字絶魯亥，四方之士，購者雲集。於是向之非且笑者，轉而嘆羡之矣。」徐康《前塵夢影

録》云：「汲古閣在虞山郭外十餘里，藏書刊書皆於是，今析隸昭邑界。剞劂工陶洪、湖孰、方山、溧水人居多。開工於萬曆中葉，至啓禎時，留都沿江飢鼽。毛氏廣招刻工，以《十三經》、《十七史》爲主。其時銀串每兩不及七百文，三分銀刻一百字。所刻經、史、子、集、道經、釋典，品類甚繁。當時盜賊蜂起，賴工多保家。至國初，家亦因此中落。有子曰扆、曰褒、曰表。扆字斧季，最著名，即鈔本亦精校影寫，風流文采，照映一時。下至童奴青衣，亦能鈔録。所藏書多秘籍。三十年前，在紫珊齋中見汲古閣圖山水掛屏，頗有名人筆意，惜忘爲何人所繪矣。」按此因刻書，或子孫食其禄，或亂世保其家，或數百年板本流傳，令人景仰，故張文襄之洞《書目答問》附《勸人刻書説》云：「凡有力好事之人，若自揣德業學問不足過人，而欲求不朽者，莫如刊布古書一法。其書終古不廢，則刻書之人終古不泯。如歙之鮑、吴之黄、南海之伍、金山之錢，可決其五百年中必不泯滅，豈不勝於自著書自刻集乎？且刻書者，傳先哲之精蘊，啓後學之困蒙，亦利濟之先務，積善之雅談也。」文襄倡此言，故光緒以來，海内刻書之風，幾視乾嘉時相倍。而文襄僅在粤督任内刻《廣雅叢書》百數十種，自後移節兩湖幾十二年，吾屢以續刻爲請，公絶不措意。蓋是時朝野上下，争以舍舊圖新、變法强國爲媒進，一倡百和。公亦不免隨波逐流，忽忽至於暮年，亡羊補牢，興學存古，進退失據，喪其生平。七十生辰自撰《抱冰堂弟子記》，叙述本心欲學司馬温公，已官中丞，居洛著書。嗟乎！温公好書之誠且敬，人不可及，安敢效其居官著書，俯仰古今，益嘆宋賢敻乎遠矣。

又《書有刻板之始》 書有刻本，世皆以爲始於五代馮道。其實唐僖宗中和年間已有之。據唐柳玭《家訓序》，諸書稱引多作《柳玭訓序》，無家字。此殿本薛《五代史·唐書·明宗紀》注引，云：「中和三年癸卯夏，鑾輿在蜀之三年也。余爲中書舍人。旬休，閲書於重城之東南。其書多陰陽雜記、占夢相宅、九宮五緯之流，又有字書小學。率雕板印紙，浸染不可曉。」是爲書有刻板之始。先六世祖宋少保公《石林燕語》八云：「世言雕板印書始馮道，此不然。但監本《五經》板，道爲之爾。柳玭《訓序》言其在蜀時，嘗閲書肆。云字書小學，率雕板印紙。則唐固有之矣，但恐不如今之工。」此雖節載《訓序》之文，固信以爲唐有刻板書之證。特當時所刻印者，非經典四部及有用之書，故世人不甚稱述耳。宋朱翌《猗覺寮雜記》云：「雕印文字，唐以前無之。唐末益州始有墨版。後唐方鏤《九經》，悉收人間所收經史，以鏤板爲正。見《兩朝國史》。」據朱氏亦謂刻板實始於唐矣。近日本島田翰撰《雕板淵源考》，所撰《古文舊書考》之一，據《顔氏家訓》稱「江南書本」，謂書本之爲言，乃對墨板而言之。又據陸深《河汾燕閑録》引隋開皇十三年十二月八日敕「廢像遺經悉令雕板」之語，謂雕板興於六朝。然陸氏此語本隋費長房《三寶記》，其文本曰「廢像遺經，悉令雕撰」，意謂廢像則重雕，遺經則重撰耳。阮吾山《茶餘客話》，亦誤以雕像爲雕板。遂謂陸氏明人，逮見舊本，必以雕撰爲雕板。不思經可雕板，廢像亦可雕板乎？島田翰又歷引《顔氏家訓》「江南書本」；《玉燭寶典》引《字訓》解淪字曰「皆依書本」；宋晁公武《古文尚書詁傳》引隋劉炫《尚書述議》曰：「四隩既宅，今書本隩皆作墺。」謂「書本」是墨板，爲北齊以前有刻板之證。上虞羅振玉作《鳴沙山石室秘録》，記於雕本《一切如來尊勝陀羅尼經》下，亦從其説。吾以爲謂雕板始於唐，不獨如前所舉唐柳玭《訓序》可爲確證。唐元微之爲白居易《長慶集》作序，有「繕寫模勒，衒賣於市井」之語，司空圖《一鳴集》九載有《爲東都敬愛寺講律僧惠確化募雕刻律疏》，可見唐時刻板書之大行，更在僖宗以前矣。若以諸書稱本，定爲墨版之證，則劉向《别傳》「校讎者一人持本」，後漢章帝賜黄香《淮南子》、《孟子》各一本，亦得謂墨板始於兩漢乎？島田氏謂在北齊以前，其所援據止諸書稱本之詞，陸氏誤字之語，則吾未敢附和也。

又《刻板盛於五代》 雕板肇祖於唐，而盛行於五代。薛《五代史·唐書·明宗紀》：「長興三年二月辛未，中書奏請依石經文字刻九經印板，從之。」宋王溥《五代會要》八經籍云：「後唐長興三年二月，中書門下奏請依石經文字刻九經印板。敕令國子監集博士儒徒，將西京石經本，各以所業本經句度鈔寫注出，子細看讀。然後顧召能雕字匠人，各部隨帙刻印板，廣頒天下。如諸色人要寫經書，並須依所印敕本，不得更使雜本交錯。其年四月，敕差太子賓客馬縞、太常丞陳觀、太常博士段顒、路船、尚書屯田員外郎田敏，充詳勘官。兼委國子監於諸色選人中召能書人，端楷寫出，旋付匠人雕刻。每日五紙，與減一選。如無選，可減等第，據與改轉官資。」又《漢書·隱帝紀》：「乾祐元年五月己酉朔，國子監奏《周禮》、《儀禮》、《公羊》、《穀梁》四經未有印板，欲集學官考校雕造，從之。」《五代會要》云：「漢乾祐元年閏五月，國子監奏見在雕印板九經内，有《周禮》、《儀禮》、《公羊》、《穀梁》四經未有印本，今欲集學官校勘四經文字鏤板，從之。」宋王溥《五代會要》卷八經籍：「周廣順六年六月，尚書左丞兼判國子監事田敏，進印板《九經書》、《五經文字》、《九經字樣》各二部，一百三十册。」按：《會要》所採多薛《史》，此亦薛史《周本紀》文，今本薛《史》輯自《永樂大典》，原文本多殘缺，故《會要》所引周漢事亦較薛《史》爲詳，或亦薛《史》原文也。王應麟《玉海》引《中興書目》云：「《字樣》一卷，開成丁巳歲

唐元度撰，大曆十年司業張參纂成《五經文字》，以類相從。開成中，翰林待詔唐元度加《九經字樣》，補所不載。晉開運末，祭酒田敏合二者爲一編。後周廣順三年，田敏進印板《九經書》、《五經文字樣》各二部。」按：應麟所記與《會要》微有不同。《會要》言田敏所進爲《五經文字》、《九經字樣》，而應麟謂田敏合二者爲一編。據陳振孫《直齋書録解題》云：「《九經字樣》一卷，往辛南城，出謁。有持故紙鬻於道者，得此書。乃古京本，五代開運丙午所刻也，遂爲家藏書籍之最古者。」是振孫所見舊刻《五經文字》、《九經字樣》，各自爲書，未嘗合編也。應麟稱引，與《會要》、《書録》皆不符，非《中興書目》之誤，即所見爲流俗本也。「顯德二年二月，中書門下奏國子監祭酒尹拙狀稱：『準敕校勘《經典釋文》三十卷，雕造印板，欲請兵部尚書張昭、太常卿田敏同校勘。』敕其《經典釋文》已經本監官員校勘外，宜差張昭、田敏詳校。」按：顯德二年，周世宗即位之二年也。疑亦薛《史》舊文。當五代兵戈俶擾，禪代朝露之際，而其君若臣，猶能崇尚經典，刻板印行，不得謂非盛美事也。夫上有好者，下必有甚。其時士大夫之好事者，如《宋史・毋守素傳》云：「毋昭裔在成都，令門人句中正、孫逢吉書《文選》、《初學記》、《白氏六帖》鏤版，守素賫至中朝，行於世。」其嘉惠士林，固有足多者。至自刻己集，如薛史《和凝傳》云：「平生爲文章，長於短歌艷曲，尤好聲譽。有集百卷，自篆於版，模印數百帙，分惠於人焉。」又貫休《禪月集》，有王衍乾德五年曇域後序，稱：「檢尋藁草及闇記憶者，約一千首，雕刻成部。」可見其時刻板風行，舉之甚易。故上自公卿，下至方外，皆得刻其私集，流播一時。今和凝僅傳《宮詞》、《宋朝類苑》殿本薛《史》本傳注引：「和魯公凝有艷詞一編，名《香奩集》，凝後貴，乃嫁其名爲韓偓。」今世傳韓偓《香奩集》，乃凝所爲也。凝生平著述，分爲《演綸》、《游藝》、《孝悌》、《疑獄》、《香奩》、《籯金》六集。自爲《遊藝集序》云：「予有《香奩》、《籯金》二集，不行於世。」凝在政府避議論，諱其名。又欲後人知，故於《遊藝集序》實之。此凝之意也。《疑獄集》四卷。《四庫全書・法家類》著録云：「五代和凝與其子㠓同撰。【略】陳振孫《書録解題》稱：《疑獄》三卷，上卷爲凝書，中下二卷爲㠓所續。今本四卷，疑後人所分。」而貫休《禪月集》，乃裒然有二十卷傳世，則固有幸有不幸也。若其時諸書刻本，自來未聞藏書家收藏。光緒庚子，甘肅敦煌縣鳴沙山石室出《唐韻》、《切韻》二種，爲五代細書小板刊本。載羅振玉《鳴沙山石室秘録》。惜爲法人伯希和所收，今已入巴黎圖書館。吾國失此瓌寶，豈非守土者之過歟？

又《版片之名稱》 《陸志》有元馮福京《昌國州圖志》七卷，福京跋後有字數行云：「《昌國州圖志》板五十六片，雙面五十四，單面二，計印紙一百零十副，永爲昌國州官物，相沿交割者。大德二年十一月長至日畢工。」《繆續記》有元趙訪《春秋屬辭》二十五卷、《春秋補注》十卷、《春秋師説》二卷，後有洪武元年程性謹書云：「右《春秋屬辭》二十五卷，序目跋尾共該板三百二十三片。《左氏傳補注》十卷，共該板一百片。《春秋師説》三卷，《附録》二卷，共刻板六十九片。總計板四百九十二片。初，商山義塾奉命以是書刻梓。自庚子迄癸卯，計會廩膳賦輸之餘，膳本鳩工刻板一百一十片，皆直學黄權視工。」此板之稱片，習見於元明諸書。而明《南雍經籍考》之載板片數目，蓋相沿久矣。

又《刊刻之名義》 刻板盛於趙宋，其名甚繁。今據各書考之，曰雕、曰新雕、曰刊、曰新刊、曰開雕、曰開板、曰開造、曰雕造、曰鏤板、曰鋟板、曰鋟木、曰鋟梓、曰刻梓、曰刻木、曰刻板、曰鑱木、曰綉梓、曰模刻、曰校刻、曰刊行、曰板行，皆隨時行文之辭，久而成爲習語。其曰雕者，《瞿目》宋刊本杜佑《通典》二百卷，一百五、六、八、九卷末有「鹽官縣雕」是也。又曰新雕，乃別於舊板之名。《瞿目》校宋本《管子》二十四卷，每卷末有墨圖記云「瞿源蔡潛道墨寶堂新雕印」是也。其曰刊者，《瞿目》影宋鈔本《作邑自箴》十卷，末有「淳熙己亥中元浙西提刑司刊」是也。又曰新刊，亦別於舊板之名。《天禄琳琅》三「慶元六禩孟春建安魏仲舉家塾刻新刊五百家註音辨昌黎先生文集」是也。其曰開雕者，《黄書録》宋紹興九年刻《文粹》一百卷，末有刊刻地名年月官銜，云「臨安府今重行開雕唐文粹」是也。其曰開板者，《張志》、《瞿目》影宋本《聖宋皇祐新樂圖記》三卷，後有「皇祐五年十月初三日奉聖旨開板印造」二行是也。其曰開造者，《陸志》影宋本《建康實録》二十卷，後記「江寧府嘉祐三年十一月開造《建康實録》，並案《三國志》、《東西晉書》並《南北史》校勘，至嘉祐四年五月畢工」是也。其曰雕造者，《瞿目》影鈔宋本孫奭《律》十二卷《音義》一卷，末有「天聖七年四月日準敕送崇文院雕造」一行是也。其曰鏤板者，《瞿目》宋刊本《資治通鑑》二百九十四卷，「元祐元年十月四日奉聖旨下杭州鏤板」是也。其曰鋟板者，《瞿目》影宋本《補漢兵志》一卷，有嘉定乙亥門人王大昌跋，別行記云「大昌於是年九月鋟板漕廨，益廣其傳」是也。其曰鋟木者，《瞿目》宋刊本《漢雋》十卷，末有嘉定辛未趙時侃題記云「訪求舊本再鋟木於郡齋」是也。其曰鋟梓者，《黄書録》、《丁志》宋刊本陸游《渭南文集》五十卷，遊子通跋云「鋟梓溧陽學宫」是也。其曰刻梓者，《天禄琳琅》一宋廖氏世綵堂本《春秋經傳集解》三十卷，卷末有印記曰「世綵廖氏刻梓家塾」是也。其曰刻木者，《張志》乾道丁亥會稽

太守洪適刻王充《論衡》三十卷，云「刻之木藏諸蓬萊閣」是也。其曰刻板者，《黄書録》宋刊本《産科備要》八卷跋云「淳熙甲辰刻板南康郡齋」是也。其曰鋟木者，《楊録》宋麻沙本《類編增廣黄先生大全集》五十卷，有麻沙鎮水南劉仲吉宅牌記云「不欲私藏庸鋟木以廣其傳」是也。其曰綉梓者，《張志》宋刊本趙汝愚《國朝名臣奏議》一百五十卷，末有淳祐庚戌諸王孫希瀞跋云「屬泮宫以綉諸梓」是也。其曰模刻者，阮氏文選樓仿刊宋《繪圖列女傳》卷八，末有白文墨地木印記云「建安余氏模刻」是也。其曰校刻者，《張志》、《錢日記》宋蔡夢弼刻《史記》一百三十卷，《三皇本紀》後有「建溪蔡夢弼傅卿親校刻梓於東塾」是也。其曰刊行者，《繆記》宋魏仲立刻本《新唐書》二百二十五卷，目後有牌子云「建安魏仲立宅刊行，士大夫幸詳察之」是也。其曰板行者，《瞿目》校宋本《管子》二十四卷，卷終有圖記二行云「瞿源蔡潛道宅板行」是也。其餘官書，有曰校勘，有曰監雕，有曰印造。坊塾刻本，有曰校正，有曰録正，有曰印行。皆刊刻前後之職，亦因事立名，各有所本。在唐末、宋初習見者，曰鏤板，《宋史・毋守素傳》「毋昭裔在成都，令門人句中正、孫逢吉書《文選》、《初學記》、《六帖》鏤版」是也。曰雕版，唐柳玭《訓序》言在蜀時嘗閲書肆，云「字書小學率雕板印紙」是也。曰印板，宋王溥《五代會要》云「後唐長興三年二月，中書門下奏請依石經文字刻九經印板」是也。蓋鏤板、雕板、印板皆當時通俗之名稱。其寫樣本，則曰篆板，《舊五代史・和凝傳》「有集百卷，自篆於板，模印數百帙」是也。其印行本，則曰墨板，宋朱翌《猗覺寮雜記》云「唐末益州始有墨板」是也。元明坊刻習用者，多曰綉梓，《陸續跋》《新刊惠民御院藥方》二十卷，末有「南溪精舍鼎新綉梓」八字。《楊録》建陽書林劉克常刻《新箋決科古今源流至論前集》十卷、《後集》十卷、《續集》十卷、《別集》十卷，目録後牌記有「近因回禄之變重新綉梓」等語。《楊志》、《楊譜》元刊本《大廣益會玉篇》三十卷，目録後方木記云「建安鄭氏鼎新綉梓」。《孫記》元版《唐詩始音輯注》一卷、《正音輯注》六卷、《遺響輯注》七卷，目録後有木長印云「建安葉氏鼎新綉梓」。按：此非元版，蓋入明後刻版。蓋一時風氣，喜用何種文辭，遂相率而爲雷同之語。勝代至今四五百年，書坊刻書，皆曰綉梓，亦有用新刊字者。知此類字通行日久，習而相忘，宜其不知有雕、鏤、鋟、鋟等字之用矣。

劉聲木《萇楚齋續筆》卷七《安徽官書局名曲江書局》 粤捻匪勦平之後，東南各省大興文教，設立官書局，獨吾皖付之闕如，嘗引以爲憾。聲木謹案：據曲江書局刊本《重訂汪子遺書》李振英序文中稱：「江南大定，安省設立官書局，吴竹莊方伯擬刻《汪子遺書》。因泥盤印工獨産常州，乃移曲水書局於常郡之龍城書院先賢祠。」云云。是曲水書局，本爲吾皖設立官書局所命名。移置常州府後，刊印書籍不多，流傳亦罕，外間遂疑吾皖未立書局，孰知曲江書局固吾皖所有也。

魏崧《壹是紀始》卷三《宫室類書坊始於宋》 《宋史》：陳起孚，字宗之，睦親坊賣書開肆。又宋書目：先是臨安書坊有江鈿《新編文海》，淳熙四年十一月，命校正刻板。命周必大撰序，四月辛卯賜名《文鑑》。

又卷九《刻書始於隋》 《河汾燕閒録》：「隋開皇十三年十二月八日，敕廢像遺經，悉令雕刻。」程大昌《演繁露》：「古書皆卷，至唐始爲葉子。」即今書策也。蓋刻板刷印必用葉子。柳玭《訓序》云：「嘗在蜀時，書肆中閲印小學書。」《筆談》以爲始於馮道奏鏤九經者，非。

又《經書刻板印賣始於唐》 《宋史》：唐代益州始有墨板，以唐寫歷日考之，是後唐李。後唐明宗年間，馮道請令儒臣田敏校九經，鏤板於國子監印賣，從之。史：後唐長興三年二月，初刻九經，板印賣之，命國子監以大本行。宋咸平年間，以羣經摹印歲深，字體訛缺，命重校，刻板遂備。義疏音釋：紹興間詔訪尋五經諸史舊監本刻板。

又《頒九經始於宋》 宋真宗命重校九經刻板，遂詔頒九經各一部於州軍，有聚生徒講讀之所。

又《中式刻文始於唐荆川》 李詡《戒菴漫筆》：唐順之中會元，其稿係無錫門人蔡瀛與一姻家同刻。十八房之刻自萬曆壬辰《鈎玄録》始。

又《補遺・時文刻本始於明》 《類藁》：成化以前，世無刻本時文，杭州通判刊《京華日抄》一册，甚獲重利；後閩省效之，漸至各省刊提學考卷。

又《簡版始於元》 俗以長形薄版，其上澤以油粉寫字，事畢，擦去復用。又名曰「水牌」，其字乃自後而前，乃蒙古字法。

紀　事

李詡《戒庵老人漫筆》卷八《時藝坊刻》 余少時學舉子業，並無刊本窗稿。有書賈在利考，朋友家往來，鈔得鐙窗下課數十篇，每篇謄寫二三十紙，到余家塾，揀其幾篇，每篇酬錢或二文或三文。憶荆川中會元，其稿亦是無錫門人蔡瀛與一姻家同刻。方山中會魁，其三試卷，余爲慫恿其常熟門人錢夢玉以東湖書院活字

印行，未聞有坊間板。今滿目皆坊刻矣，亦世風華實之一驗也。

《舊五代史・漢書・隱帝紀》 乾祐元年五月己酉朔，國子監奏《周禮》、《儀禮》、《公羊》、《穀梁》四經未有印板，欲集學官考校雕造，從之。

范攄《雲溪友議》卷下《羨門遠》 紇于尚書泉，苦求龍虎之丹十五餘稔。及鎮江右，乃大延方術之士。作《劉弘傳》，雕印數千本，以寄中朝及四海精心燒煉之者。

蘇軾《蘇東坡全集・奏議集》卷六《乞賜州學書板狀》 元祐四年八月　日，龍圖閣學士朝奏郎知杭州蘇軾狀奏。右臣伏見本州學見管生員二百餘人，及入學參假之流，日益不已。蓋見朝廷尊用儒術，更定貢舉條法，漸復祖宗之舊，人人慕義，學者日衆。若學糧不斷，使至者無歸，稍稍引去，甚非朝廷樂育之意。前知州熊本，曾奏乞用廢罷市易務書板，賜與州學，印賃收錢，以助學糧；或乞賣與州學，限十年還錢。今蒙都省指揮只限五年，見今轉運司差官重行估價，約計一千四百六貫九百八十三文。若依限送納，即州學歲納二百八十一貫三百九十七文，五年之間，深爲不易。學者旦夕闕食，而望利於五年之後，何補於事。而朝廷歲得二百八十一貫三百九十七文，如江海之中，增損涓滴，了無所覺。徒使一方士民，以謂朝廷既已捐利與民，廢罷市易，所放欠負，動以萬計。農商小民，銜荷聖澤，莫知紀極，而獨於此飢寒儒素之士，惜毫末之費，猶欲於此追收市易之息，流傳四方，爲損不小，此乃有司出納之吝，非朝廷寬大之政也。臣以侍從，備位守臣，懷有所見，不敢不盡。伏望聖慈特出宸斷，盡以市易書板賜與州學，更不估價收錢，所貴稍服士心以全國體。謹録奏聞，伏乞勑旨。貼黄：臣勘會市易務元造書板用錢一千九百五十一貫四百六十九文，自今日以前所收净利，已計一千八百八十九貫九百五十七文，今若賜與州學，除已收净利外，只是實破官本六十一貫五百一十二文，伏乞詳酌施行。

龔明之《中吴紀聞》卷二《傳燈録》 永安禪院僧道元，纂佛祖訖近世名僧禪語，爲《傳燈録》三十卷以獻。祥符中，詔翰林學士楊億、知制誥李維、太常丞王曙刊定，刻板宣佈。

陳振孫《直齋書録解題》卷三 《九經字様》一卷，往宰城南，出謁，有持故紙鬻於道者，得此書，乃古京本，五代開運丙午所刻也，遂爲家藏書籍之最古者。

《宋史・儒林傳一・聶崇義》 聶崇義，乾祐中累官至國子監《禮記》博士，校定《公羊春秋》，刊板於國學。

陸容《菽園雜記》卷一二 吏部尚書王公恕，在南京參贊機務時，與王公倎友善，作《大司馬三原王公傳》，刻板印行。太醫院判劉文泰與公有怨，上書訟其變亂選法數事。且言其作傳刻板，皆諷人爲之，彰一己之善，顯先帝之過。以印本封進，上不罪公，令燒毀板籍而已。公遂乞致仕去。予謂板刻之舉，或出於門生故吏，而公以老成位冢宰，初無禁止之言，坐致奏訐以罷，不亦深可惜哉！

又卷一四 近時邱祭酒先生濬進所著《大學衍義補》若干卷，朝廷命刻板印行。其所補者，治平二事耳。

又卷一五 《中吴紀聞》六卷，每卷首題云：「崑山龔明之。」前有明之淳熙元年自序，後有至正二十五年吾崑盧公武記得書來歷，及校正增補大畧。且云：「非區區留意郡志，此書將泯没而無聞矣。」弘治初，崑令楊子器翻刻印行。

邵經邦《弘簡録》卷四六《皇后・唐七之一》 ［長孫皇后］遂崩，年三十六，上爲之慟。及宫司上其所撰《女則》十篇，採古婦人善事。論漢使外戚預政，馬后不能力爲檢抑，乃戒其車馬之侈；此謂拾本恤末，不足尚也。帝覽而嘉嘆，以后此書足垂後代，令梓行之。

顧炎武《亭林文集》卷二《音學五書後序》 余纂輯此書三十餘年，所過山川亭鄣，無日不以自隨，凡五易稾而手書者三矣。然久客荒壤，於古人之書多所未見，日西方莫，遂以付之梓人，故已登版而刊改者猶至數四，又得張君弨爲之考《説文》，采《玉篇》，倣《字様》，酌時宜而手書之；二子葉增、葉箕分書小字；鳩工淮上，不遠數千里累書往復，必歸於是，而其工費則又取諸鬻産之直，而秋毫不借於人，其著書之難而成之之不易如此。

金埴《不下帶編》卷一 江寧織造曹公子清有句云：「賺得紅蕤剛半熟，不知殘夢在揚州。」自謂平生稱意之句。是歲兼巡淮鹺，遂逝于淮南使院，則詩讖也。公素耽吟，擅才藝，内廷御籍多命其董督，雕鎪之精，勝于宋版。今海内稱「康版書」者，自曹始也。

慶桂《清宫史續編》卷九四《御定仿宋版五經一部》 乾隆四十七年，高宗純皇帝以宋岳珂五經較諸殿監本爲最古，士林罕覩，勑武英殿書局。詳加讐對，選善書館員照宋版影鈔。袌延分寸悉合，因仿其式重刊，用仿宣紙三印而後成。楮墨精良，備宫庭陳設之用。並宣賜内外臣工，恩許印本通行。是書前列珂所著《沿革例》一卷，若字畫，若注文，若音釋，若句讀，辨析精詳，蓋珂自述其刻經之總例也，凡九十卷。

倪鴻《桐陰清話》卷二 道光中，廣州有某公子新登賢書，謀刻硃卷。及期未竣，怒以石擊破梓人之額。其人恚甚，欲興訟，乞孟蒲生孝廉代作控詞云：「稟爲

勒刻劣墨，執石擲額，額裂血出，乞餝斥革。」事雙聲叠韻，誦之絶倒。

傳記

陶宗儀《南村輟耕録》卷五《雕刻精絶》 詹成者，宋高宗朝匠人，雕刻精妙無比。嘗見所造鳥籠，四百花版，皆於竹片上刻成宫室，人物、山水、花木、禽鳥，纖悉具備，其細若縷，而且玲瓏活動。求之二百餘年來，無復此一人矣。

魏禧《魏叔子文集外篇》卷一一《剞氏劉永日六十序》 歲壬子，予刻詩吴門，旌德劉永日實承事焉。永日私於陳生集武而告予曰：「吾行年今六十矣，又無子，念人生如秋草腐耳。天於下土，松柏蓬藋，日月之光，雨露之潤澤，不别物而皆受也，其肯寵我以一言乎！吾且不朽。」予笑而謂陳生曰：「太上忘名，其次莫如好名。莊生曰：名者，實之賓也。鐘鼓縣於前，雲和參差倚於後，清酒在御夏屋大房，殽蒸折俎肆於筵，而堂無主人，則賓安從至？」故知所以爲名，則知所以爲實，然天下學士大夫泯泯然自甘於草腐木爛，若蜉蝣之采其衣服者，不可勝數，而永日顧欲爲身後之計，其毋乃異於流俗乎哉。且人亦顧所自立何如耳。王承福以圬者傳楊潛以《梓人傳》，以韓柳之才名，不辭而爲之文。永日雖六十，剞劂精良，日從閶門外抵予館舍，酷日風雨不輟，其氣力精强，有非少年輩所及。永日苟欲身爲主以召賓，其途日甚長吾之文，如鐘鼓、管絃、豆觴之布，則既已備矣。且吾聞永日兄弟六人，其父母生没之事嘗獨力爲之。又輒收業扶持其兄弟之孤，則亦爲名之實也。永日無自阻順，是以至老耋實日積而大，將有如韓、柳者以傳於後世，余不文，其又何足云。

清同治《蘇州府志》卷一一〇《藝術二》 朱圭，字上如，吴郡專諸巷人。工刻書，無出其右。有河南畫家劉源，繪凌煙閣功臣像上，如雕刻，尤爲絶倫。又南陵詩人金史，字古良，擇兩漢至宋名人各圖形像，題以樂府，名曰「無雙譜」，亦圭所刻。選入養心殿供事，凡大内字畫俱出其手。後以效力授爲鴻臚寺敘班。

藝文

吴偉業《汲古閣詩》 嘉隆以前藏書家，天下毗陵與琅邪。整齋舊聞汲放失，

後來好事知誰及？比聞充棟虞山翁，里中又得小毛公。搜求遺佚懸金購，繕寫精能鏤板工。繇來斯事推趙宋，歐虞楷法看飛動。集賢院印校讎精，太清樓本裝潢重。損齋手跋爲披圖，蘇氏題觀在直廬。館閣百家分四庫，巾箱一幅盡三都。本朝儒臣典製作，累代縹緗輸秘閣。徐廣雖編石室書，孝徵好竊華林略。兩京太學藏經史，奉詔重修賜金紫。高齋學士費餐錢，故事還如寫黄紙。釋典流傳自洛陽，中官經廠護焚香。諸州各請名山藏，總目觀窺内道場。南湖主人爲嘆息，十年心力恣收拾。史家編輯過神堯，律論流通到羅什。當時海内多風塵，石經馬矢高丘陵。已壞書囊縛作袴，復驚木册摧爲薪。君家高閣偏無恙，主人留宿傾家釀，醉來燒燭夜攤書，雙眼摩挲覺神王。古人闕書借三館，羡君自致五千卷。又云獻書輒拜官，羡君帶索躬耕田。伏生藏壁遭書禁，中郎秘惜矜談進。君獲奇書好示人，鷄林巨賈争摹印。讀書到死苦不足，小學雕蟲置廢簏。君今萬卷盡刊訛，邢家小兒徒碌碌。

陳鱣《經籍跋文》 好留漬墨更磨丹，爾雅蟲魚手自刊。爲言江夏無雙士，東郭西郊并二難。

黄丕烈《蕘圃藏書題識》卷八 詞華哲匠蒙天奬，敕語珠璣冠簡端。編集獨開分類格，古香猶是宋雕刊。

葉昌熾《藏書紀事詩》卷七《建安余氏》 聖人詔下紫泥緘，海岳遺聞訪翠岩。唐宋元明朝市改，一家世業守雕鎸。

活字印刷分部

綜述

沈括《夢溪筆談》卷一八《技藝門》 慶曆中，有布衣畢昇，又爲活板。其法：用膠泥刻字，薄如錢脣。每字爲一印，火燒令堅。先設一鐵板，其上以松脂臘和紙灰之類冒之。欲印，則以一鐵範置鐵板上，乃密布字印，滿鐵範爲一板，持就火煬之。藥稍鎔，則以一平板按其面，則字平如砥。若止印三二本，未爲簡易，若印數

十百千本，則極爲神速。常作二鐵板，一板印刷，一板已自布字。此印者纔畢，則第二板已具。更互用之，瞬息可就。每一字皆有數印，如「之」、「也」等字，每字有二十餘印，以備一板内有重複者。不用，則以紙帖之。每韻爲一貼，木格貯之。有奇字索無備者，旋刻之，以草火燒，瞬息可成。不以木爲之者，木理有疎密，沾水則高下不平，兼與藥相黏，不可取，不若燔土，用訖再火，令藥鎔，以手拂之，其印自落，殊不沾污。昇死，其印爲予羣從所得，至今寶藏。

王禎《農書》卷二二《造活字印書法》 有人别生巧技，以鐵爲印盔，界行，内用稀瀝青澆滿，冷定，取平，火上再行煨化，以燒熟瓦字排於行内，作活字印板。爲其不便，又有以泥爲盔界，行内用薄泥，將燒熟瓦字排之，再入窑内燒爲一段，亦可爲活字板印之。近世又鑄錫作字，以鐵條貫之作行，嵌於盔内界行印書。但上項字様難於使墨，率多印壞，所以不能久行。今又有巧便之法。造板木作印盔，削竹片爲行，雕板木爲字。用小細鋸鎪開，各作一字，用小刀四面修之，比試大小高低一同，然後排字作行，削成竹片夾之。盔字既滿，用木掮掮之，使堅牢，字皆不動，然後用墨刷印之。寫韻刻字法：先照監韻内可用字數分爲上下平、上、去、入五聲，各分韻頭，校勘字様，抄寫完備，擇能書人取活字様製，大小寫出各門字様，糊於板上，命工刊刻。稍留界路，以憑鋸截。又有語助辭「之」、「乎」、「者」、「也」字及數目字，並尋常可用字様，各分爲一門，多刻字數，約有三萬餘字。寫畢，一如前法。今載立號監韻活字板式於後。其餘五聲韻字，俱要倣此。【略】鎪字修字法：將刻訖板木上字様，用細齒小鋸，每字四方鎪下，盛於筐筥器内。每字令人用小裁刀修理齊整。先立準則，於準則内試大小高低一同，然後别貯别器。作盔嵌字法：於元寫監韻各門字數，嵌於木盔内，用竹片行行夾住，擺滿，用木掮輕掮之，排於輪上，依前分作五聲，用大字標記。造輪法：用輕木造爲大輪，其輪盤徑可七尺，輪軸高可三尺許。用大木砧鑿竅，上作横架，中貫輪軸，下有鑽臼。立轉輪盤，以圓竹笆鋪之，上置活字板面，各依號數上下相次鋪擺。凡置輪兩面，一輪置監韻板面，一輪置雜字板面。一人中坐，左右俱可推轉摘字。蓋以人尋字則難，以字就人則易，此轉輪之法，不勞力而坐致。字數取訖，又可鋪還韻内，兩得便也。取字法：將元寫監韻另寫一册，編成字號，每面各行各字俱計號數，與輪上門類相同。一人執韻依號數喝字，一人於輪上元布輪字板内取摘字隻，嵌於所印書板盔内。如有字、韻内别無，隨手令刊匠添補，疾得完備。作盔字安刷印法：用平直乾板一片，量書面大小四圍作欄，右邊空，候擺滿盔面，右邊安置界欄，以木掮掮之。界行内字様須要個個修理平正。先用刀削下諸様小竹片，以别器盛貯，如有低邪，隨字形襯墊掮之，至字體平穩，然後刷印之。又以椶刷順界行豎直刷之，不可横刷。印紙亦用椶刷順界行刷之。此用活字板之定法也。

姚燧《牧庵集》卷一五《中書左丞姚文獻公神道碑》 [姚樞]又以小學書流布未廣，教弟子楊古爲沈氏活版，與《近思録》、《東萊經史説》諸書，散之四方。

胡應麟《少室山房筆叢》卷四《經籍會通》 今世欲急於印行者有活字，然自宋已兆端。《筆談》云：板印書籍，唐人尚未盛爲之。自馮瀛王始印五經，已後典籍皆爲板本。慶曆中，有布衣畢昇又爲活板。其法用膠泥刻字，薄如錢脣，每字爲一印，火燒令堅。先設一鐵板，其上以松脂、蠟和紙灰之類冒之，欲印則以一鐵範置鐵板上，乃密布字印，滿鐵範爲一板，持就火煬之，藥稍鎔則以一平板按其面，則字平如砥。若止印三二本未爲簡易，若印數十百千本則極爲神速。常作二鐵板，一板印刷，一板已自布字，此印者纔畢則第二板已具，更互用之，瞬息可就。每一字皆有數印，如「之」、「也」等字每字有二十餘印，以備一板内有重複者。不用則以紙貼之，每韻爲一貼，木格貯之。有奇字素無備者，旋刻之，以草火燒，瞬息可成。不以木爲之者，木理有疏密，沾水則高下不平，兼與藥相黏，不可取，不若燔土，用訖再火令藥鎔，以手拂之其印自落，殊不沾污。昇死後，藥印爲其羣從所得，至今寶藏之。右俱《筆談》所載，今無以藥泥爲之者，惟用木稱活字云。

呂撫《精訂綱鑑通俗衍議》卷二五 天修齊治平之道，莫備於經史，而史爲尤切。撫少年最喜讀史，獨惜其詞義頗深，不能通俗。康熙甲子三月，借讀《三國志》於曠軒，因恨三國前後無有如《三國志》者，遂欲將古今事跡，彙爲通俗演義，以便觀者。乃搆求《開闢演義》、《盤古志》、《夏禹王治水傳》、《列國志》、《西漢傳》、《東漢傳》、《三國志》、《兩晉傳》、《南北史》、《艷史》、《隋唐演義》、《唐傳》、《殘唐傳》、《北宋志》、《南宋志》、《岳王傳》、《遼金元外史》、《英烈傳》、《新世弘勳》等書，嚴加删輯，去其誣謅，補其漏遺，使事必從實，自東周而後，上留二寸許，載孔子《春秋》及朱子《綱目》與《續綱目》，提綱書法之切要者，凡越十寒暑而成。每回之後，附以斷語，爲書凡二百四十二卷、六百八十五回，洋洋爲今古一大觀。未刻四大圖之前，早欲將是書問世，以工價繁重，未能也。藏之笥篋者，幾三十年。撫因思一法，以秫米粉和水捻成團，如梅子大，入滚湯内，煑令極熟。去湯，用小木搥練成薄糊，待牽絲不斷，以大梳梳彈過新熟綿花和匀，乃和漂過燥泥粉，放厚板上，用斧杵千百下，寧硬無軟。用兩開方銅管，借他人刻就印板，或照《字彙》，將要字另刊擠印，

造成字母，如圖書狀，陰乾待燥，照《字彙》分行分格排定，面寫本字，以便尋印；背寫行格馬字，以便退還，然後以熟桐油練漂過細泥，用斧杵千萬下，寧燥毋濕。待極粘膩，屈絲不斷，將油泥打成薄薄方片，用飛丹刷格板，以泥片印成細格，乃用木板刷薄油一層，以泥片切齊鋪板上，先做外方線撮字母，依書樣用尺用線，照格逐字印之。其字母有高者，用磚署磨平之。印以平直爲主，每印一行，用刻字小刀割清一行，若有歪斜，用字母套移端正，再用平頭小竹針，於空處築實。用筆再塗桐油，做圈點，待堅燥訖，用沙帋沙平刷印。價甚廉，而工甚省。因與兒維垣、維城、維基，姪紙藩、維封、維榮，及親鄰俞說再等姑試爲之，堅於棃棗。乃計其刷印帋張之費，非二金不能成一部，喟然曰：「此富人書也，非通俗也。」垣等咸請分爲十部，貨之撫曰：「如是則又非全璧。」因將舊本毀棄，刪多爲少。於《荒史》則署存其十分之二三，其餘則但存其二十分之一二，而事則悉本於二十一史及綱鑑，併爲二十二卷，刪爲四十回，復去其提綱斷語，加以年號格言，事物風俗，共四十四回，凡二十六卷而成是書。是書成而於古帝王治國平天下之道，如指諸掌矣。

又《附印字物件列後》 漂泥法：擇細膩好泥，入水內攪渾，去下沙，將泥水另取澄清，去水，用下泥曬乾，其底下一層沙泥，亦須割去。臨用杵細，將絹篩篩過聽用。

煎桐油法：煎油與漆匠煎法同。須署老些，泥須拌油燥揀，久之自溶。兩開方銅管總形、竹針形此竹針兩頭平，一頭大，一頭小，須於銅管內面可行，不大不小方妙。銅管形、銅管分形、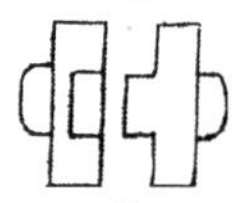外邊中間有耳，以便開合。內邊中間外面爲雌雄笋，大牙相挽，拿緊方不參差。將銅管掰開，入秫米粉糊所取泥條在內，叩在印板字上，將平頭方竹針支下，即成陰文字一個，待陰乾後，曬極燥聽用。放字格子形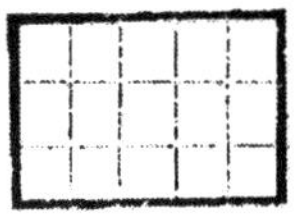長約二尺五六寸，濶約一尺五六寸，高約寸餘，與字格一同造法。長五格，濶三格，下釘薄板以放字母，其每格傍邊，將格內所有字，開寫於上，以便尋覓，共一十六盤作一擔，以便携帶。每八盤爲一頭，上下用夾板，以便捆縛收藏，臨時依次序，排列聽用。

其字擇《字彙》中緊要常用者，其奇怪不常用者，不必入也。其體或宋或時，或蘇王米蔡，不拘。文章約刊三千餘字，古書約刊七千餘字，將銅管叩印出，已自足用矣。其〇、△乚陰文，每個用木刊切就，大小須多造幾個聽用。其放字格，一乙爲一格，丨亅、丶丿爲一格，二亠爲一格，人字照畫數，分爲九格，入八一格，儿几一格，冂匚乚一格，其冑冒二字，兼入肉部，晟冕二字，兼入曰部，冖宀共分二格，穴一格，刀二格，力一格，勹凵厶一格，出字兼入山部，匕比毛一格，十卜寸一格，卩邑共爲三格，其危卷卺三字，兼八已部，阜二格，厂广共分爲二格，又攵夕一格，歹殳一格，口九格，囗一格，土三格，士干工一格，大一格，女四格，子一格，小尢巛己一格，山三格，尸户一格，巾二格，幺玄支无斗一格，廾弓一格，弋戈一格，彐彡斤一格，彳一格，行止一格，文攴一格，心八格，手九格，方一格，曰四格曰白一格，月肉共五格，欠一格，木十格，禾二格，毋氏气父爻一格，冫水共爲十二格，火四格，爿片瓜瓜一格，牛一格，大三格，玉三格，瓦缶一格，甘生用疋癶皮一格，田一格，疒二格，皿血一格，矛矢内一格，目二格，自网一格，后二格，示二格，衣三格，立辛一格，竹五格，艸十一格，米一格，糸六格，羊耒一格，羽一格，老而耳一格，臣舌至舛艮色一格，聿臼虍一格，舟一格，虫五格，西角谷一格，見一格，言六格，豕豸一格，貝二格，頁二格，豆赤身辰采一格，反走一格，辵四格，足二格，車二格，酉二格，金四格，里青非面一格，門鬥二格，隹一格，鳥三格，雨一格，革一格，食二格，韋音風一格，首香鬯鬲鹵麥一格，骨髟一格，馬二格，鬼鹿一格，魚二格，麻黃黍黹鼎鼓鼻一格，黑黽黿一格鼠，齊齒龍一格，雜字一格。常用中花字及之乎者也耶、有在無夫存、心懷想念天、大小上中下、蓋以焉哉矣等字，與數目字，重放二格。〇、△乚一格，刀線竹針等項放一格。

格板〇托板〇格板即刊就格板，全部只用一片，多少隨意。托板，乃托油泥印字板，每二頁共一片，必須此面乾燥極，乃可印反面。及印帋，其板須燥過性，杉木爲上，白楊雜木次之，惟松木伸縮不可用。凡印字，先印格數行，用大漆刷將托字板上刷油令勻，粘泥倒退印完，再將泥片印格數行，放上續印，方不燥皮。字母，先在燥泥粉中印過，則不粘。

界方印字者每人一根，須高濶至一寸六七分以上，以便靠手，使不壞字。小竹界方平頭竹針亦每人一根，如篾片狀，須平直，以便畫線。又將字數長短濶狹，畫於其上，叩字使無朗密高低。其平頭小竹針，兩頭削成大小方員不等，所以剔字旁使清，築字旁使實。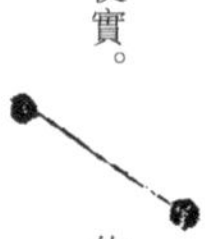約

長尺餘，以細爲妙，兩頭垂線以泥餅，每印一行，兩頭牽線叩字，使無歪斜高低。清字小刀

如刻字刀形，一頭圓扁，小而平，以使築字空處便堅，一頭如馬蹄刀形，以披切餘泥，併切線。凡印字，指力須勻，乃稱妙手，多印則巧生。刮鐵

所以移正行數之字。撮字手格

以薄板爲之，濶約五寸，長約六寸，柄長三寸，四旁釘以小木條，木條内邊上下開孔，界以筏片，以便行走撮字。放字板

直短濶長，所以放字於前便印。其餘做法，悉見前篇。大抵一人撮，二人印，每日可得四頁。率昆弟友生爲之，不用梓人，雖千篇數月立就，士人得書之易，無以加於此矣。但須爲世間有益之書，不得爲淫邪造孽之書，以取罪戾。撫作文武經綸，以武經綸言兵，要訣不便傳世，遂自焚其藁，即此可類推矣。

袁棟《書隱叢説》卷一三《活字板》 印板之盛，莫盛于今矣。吾蘇特工，其江寧本多不甚工。世有用活字板者。宋畢昇爲活字板，用膠泥燒成。今用木刻字，設一格于桌，取活字配定，印出則攪和之，復配他頁。大畧生字少刻，而熟字多刻，以便配用。余家有活板《蘇斜川集》十卷，唯字跡大小不能畫一耳。近日《邸報》往往用活板配印，以便屢印屢換，乃出于不得已，即有訛謬，可以情恕也。

趙翼《陔餘叢考》卷三三《刻書書册》 今世刻工有活板法，亦起於宋時。沈括云：其法用泥刻字，每字爲一印，火燒令堅，欲印，則以鐵範置板上，而密布字印于其中，頃刻印千百本。此即活板法也。但宋時猶用泥刻字，今則并用木刻，尤爲適用耳。陸深《金臺紀聞》云：近日毘陵人用銅鉛爲活字，視板印尤巧便。則又以活字爲起於明代，蓋未知宋時已有刻泥活字之法也。

慶桂《清宫史續編》卷九四《欽定武英殿聚珍版式一部》 乾隆三十九年，侍郎臣金簡以《四庫全書》中善本請廣流傳，因仿宋人活字版式，鐫木單字二十五萬餘，印行稱便，賜名曰「聚珍」。金簡綜述其法，編是書奏進。凡圖十有六，説十有九，總爲一卷。

又《聖製題武英殿聚珍版十韻》 校輯《永樂大典》内之散簡零編，並蒐訪天下遺籍，不下萬餘種，彙爲《四庫全書》。擇人所罕覯、有裨世道人心，及足資考鏡者，剞劂流傳，嘉惠來學。第種類多，則付雕非易。董武英殿事金簡，以活字法爲請，既不濫費棗梨，又不久淹歲月，用力省而成功速，至簡且捷。考昔沈括《筆談》，記宋慶曆中，有畢昇爲活版，以膠泥燒成。而陸深《金臺紀聞》則云：毘陵人初用鉛字，視版印尤巧便。斯皆活版之權輿。顧埏泥體麤，鎔鉛質輭，俱不及鋟木之工緻。兹刻單字，計二十五萬餘，雖數百十種之書，悉可取給；而校讐之精，今更有勝於古。所云者，第活字版之名不雅馴，因以聚珍名之，而繫以詩：稽古搜四庫，於今突五車。開鐫思壽世，積版或充閭。張帖唐院集，周文梁代餘。同爲製活字，用以印全書。精越鶡冠體，昨歲江南所進之書有《鶡冠子》，即活字版，第字體不工且多訛謬耳。富過鄴架儲。機圓省雕氏，功倍謝鈔胥。聯腋事堪例，埏泥法似疎。毁銅昔悔彼，康熙年間編纂《古今圖書集成》，刻銅字爲活版排印，藏工貯之武英殿。歷年既久，銅字或被竊缺少，司事者懼干咎，適值乾隆初年京師錢貴，遂請毁銅字供鑄，從之。所得有限而所耗甚多，已爲非計，且使銅字尚存，則今之印書不更事半功倍乎！深爲惜之。刊木此慙予。既復羡梨棗，還教慎魯魚。成編示來學，嘉惠志符初。

吴長元《宸垣識略》卷三《皇城一》 武英殿活字板處在西華門外北長街路東。長元按：活字板向係銅鑄，爲印圖書集成而設。康熙中，《欽定古今圖書集成》總一萬卷，凡三十二典，曰：乾象典、歲功典、曆法典、庶徵典、坤輿典、職方典、山川典、邊裔典、皇極典、宫闈典、官常典、家範典、交誼典、氏族典、人事典、閨媛典、藝術典、神異典、禽蟲典、草木典、經籍典、學行典、文學典、字學典、選舉典、銓衡典、食貨典、禮儀典、樂律典、戎政典、祥刑典、考工典。每典復分門類，共爲部六千一百有九，計書五百二十函，又目録二函。年久銅字殘缺過半，乾隆三十八年易以木字，印四庫書應刊樣本，賜名聚珍，有御製詩。

金簡《武英殿聚珍版程式成造木子》 聚珍版擺印書籍，固稱簡捷，然以數十萬散字中輟輯成章，其木子大小難以畫一。若逐字鏇削，又事繁而工費，故製造木子之法，利用棗木解板厚四分許，竪裁作方條，寬一寸許，先架疊啌乾，兩面用鐰取平，以浄厚二分八釐爲準，然後横截成木子。每個約寬四分，豫以硬木一塊，長一尺四寸，寬一寸八分，中挖槽一條，内寬一寸，深三分，底牆欲平直，外牆以鐵鑲口下首，兩牆挖空寸許，將木子數十個仄排槽内。川活門，擠緊鐰之。以平槽口爲度，是槽深三分，則木子亦浄寬三分，寬厚分數既得，再用水槽一個，其法如前。中挖之槽，只寬三分而深用七分，將木子竪排于槽内，鐰之，平槽口，則得直長之數。凡大木子，每個厚二分八釐，寬三分，直長七分。其小木子，厚長分數皆與大木子

相同，而寬只二分，將前槽深三分者另製深二分木槽一個，仄排，鏍之，即得。但用鏍必須輕捷，若沈著太過，恐鏍齒致損槽口，仍于鏍完後用銅製大小方漏子二個，中空，分數與大小木子相符，將木子逐個漏過，自無不準之弊矣。

又《刻字》　應刊之字，照格寫準宋字後，逐字裁開，覆貼于木子之上面。用木牀一個，高一寸，長五寸，寬四寸，中挖槽五條，寬三分，深六分，每槽可容木子十個上下，用活閂塞緊，即與鎸刻整版無異。

又《字櫃》　按照《康熙字典》分十二支名排列十二木櫃，高五尺七寸，寬五尺一寸，進深二尺二寸，足高一尺五寸，每櫃下用木櫈一條，高與櫃足相齊，以便登踏取字。每櫃做抽屜二百個，每屜分大小八格，每格貯大小字母各四，俱標寫某部某字及畫數于各屜之面。取字時，先按偏傍應在何部，則知貯于何櫃，再查畫數則知在于何屜。如法熟習，舉手不爽，間有隱僻之字所用不多而備數亦少，仍按集另立小櫃，置于各櫃之上，自能一目了然。

又《槽版》　用陳楠木做方盤，外口面寬九寸五分，徑長七寸七分，高一寸六分。裏口面寬七寸六分，徑長五寸八分八釐，深五分。四圍用銅包角，以期堅固。

又《一分通長夾條》　用楠木或松木做成條片，寬五分，長五寸八分八釐，厚一分。凡書内整行大字靠整行大字，即用此夾擺按套格，每行額寬四分，而大字木子只寬三分，以之居中，則每行之兩傍各空半分，二行計之則合空一分，故用一分夾條方能恰合格線。

又《半分通長夾條》　寬長如前，厚半分，凡整行小字靠整行大字者，用此。蓋小字木子，每個寬二分，雙行排擺則寬四分，尺寸與套格相符。本行原無庸夾條，但傍邊若靠大字，則仍有半分之空處，故宜用半分夾條。

又《一分長短夾條》　厚一分，長自一字起至二十字止，凡雙行小字下遇大字而傍行亦係大字者，視字之多寡長短揀用。

又《半分長短夾條》　厚五釐，亦自一字起至二十字止，凡大字下遇雙行小字而傍行係大字者，用此。其長短亦隨字揀用，若傍邊均係小字，則全不用夾條，自然合格。

又《頂木》　凡書有無字空行之處，必需嵌定，方不移動，是謂頂木。用松木做成方條，高五分，用于大字者，面寬三分；小字者，面寬二分。俱自一字起至二十字止，量其空字處長短，揀合尺寸，嵌于無字空行處。

又《中心木》　凡擺書至九行，即放中心木一條。亦用松木，高五分，長五寸八分八釐，寬四分，此即套格之版心處也。

又《類盤》　用松木做托盤，寬一尺四寸，長八寸，深五分，内嵌木檔數十根，檔寬四分許，凡取字、歸字，隨時安放木子，庶不致倒亂。

又《套格》　用梨木版，每塊面寬七寸七分，長五寸九分八釐，與槽版裏口畫一，周圍放寬半分爲邊，按現行書籍式樣，每幅刻十八行格線，每行寬四分，版心亦寬四分，即將應擺之書名、卷數、頁數暨校對姓名先另行刊就，臨時酌嵌版心。

又《擺書》　俱用巃通文義明白字體之人分稿後，即將原文統計。文内某字用若干個，各以類聚，另謄一單，按單取完。各字置于類盤之内，然後照稿，順其文義，配合夾條、頂木排擺于槽版之内。隨用小方簽寫某書、某卷、某頁，貼于槽版之外邊，以便查記。凡遇大字書，每人一日可擺二版，小字書，只可得一版之數。間有某字即同某字，今字櫃中褫其重複，酌存其一。抑或原稿内寫法與字櫃中寫法不同，而實即一字者，俱不可不審其同異而辨其正俗之體也。至于有不歸偏傍而未易檢查之字，在字典中補遺檢字諸法皆備習之，則自得崖略。

又《墊版》　木子雖按式製準，然經刷印之後，乾濕不勻，則木性究有伸縮，故擺書完後，視其不平之處，將低字抽出，用紙摺條微墊即能平整。

又《校對》　每版墊平之後，即印草樣一張。校閲或有移改以及錯字，即時抽換再刷，清樣覆校妥即可刷印，其換出之字仍即貯于本櫃内。

又《刷印》　逐版校竣之後，即將前刻套格版先行刷印格紙。如某書應刷若干部，則每塊豫刷格紙若干張，隨將所擺之槽版查對方簽與格紙卷、頁相符，用以套刷，即可成書。如遇溽暑天氣刷書時，木子滲墨微漲，即略爲停手，將版盤風晾片刻，再爲刷印。至套刷本係常法，然用之于畫圖、套色、套邊偶爲之耳，今逐部逐篇用此，其中墨氣條線均不得草率從事，亦宜令藝精者爲之。

又《歸類》　每版印完之後，即將槽版内字子盡數抽出，各按部分檢，置于類盤之内，然後就櫃歸于原屜。凡取字、歸字出入必須按類，方能清晰無訛，故雖千百萬之多，亦不覺其浩繁。若稍有紊淆，則茫無涯際，取給何能應手，仍于每年歲底逐櫃檢查一次，不但字數有所稽攷，亦且無魯魚之謬矣。

又《逐日輪轉辦法》　現在刊成字數，其中虚字及經見常用之字多備，已不啻倍蓰。然書帙種類不一，其用字各有所重，如算書之于數目字、《禹貢》之于「山」、「海」、「地」、「輿」字，多有一語而兩三見者，苟辦理不善，則雖備數百萬字，亦不能資其取給入。何簡捷之有焉。故擺書與歸類必須間日相繼，而墊版、校對、刷印等

事亦必按日輪轉，不可令有一處躭延。或遇卷頁浩繁之書，此種應用之字如實有不敷，則宜兼擺別種書一部，俟歸類一二次，再行續擺本書，則字數自能活潑敷用。他書亦可兼辦而出矣。茲列十日辦法于左，其版數之多寡縱不必拘定程式，而輪轉之法殆不可忽也。

林春祺《音學五種・銅板敘》 世有銅板之書，而銅板之傳甚少。春祺齠年即聞先大父與先君論説古銅板書，恒惋惜世無銅板，致古今宿儒碩彦有不刊之著述，而無力刻板，與夫已刻有板而湮没朽蠹，終同于無板者，難更僕數。春祺心焉志之。弱冠就學古杭、姑蘇，從親宦遊洛陽粤海，每接見名公大人，亦無不以古銅板之書爲可寶貴，然舉世刻之者卒罕覯。歲乙酉，捐資興工鐫刊，時春祺年十八。至丙午，而銅字板告成，古今字體悉備，大小書籍皆可刷印，爲時二十載。計刻有正韻筆畫楷書銅字大小各二十餘萬字，爲之買難，成更不易，中間幾成而不成者屢矣。今幸成此銅板，則古今宿儒碩彦有所著述，無力刻板與夫已刻有板而湮没者，皆可刷而傳之於不朽。是春祺不惜耗貲二十餘萬金，辛苦二十年，半生心血，銷磨殆盡，岌岌乎黽勉成此，庶亦勿忘夫祖與父之夙志云爾。春祺世籍本古閩福清之龍田，因即名此銅板爲福田書海云。

陸心源《皕宋樓藏書志》卷四三《難經集註五卷》 宋晁公武《讀書志》云：德用以楊元操所演甚失大義，因改正之。經文隱奥者，繪爲圖以明之。然則書中圖説，殆德用所爲。是編日本人用活字板擺印，吕、楊各注今皆未見傳本，亦藉此以存矣。

又卷一一二《文館詞林殘本四卷》 宋王溥《唐會要》云：顯慶三年十月二日，許敬宗修《文館詞林》一千卷上之，與《唐書・藝文志》總集類卷帙合。《志》又云：崔元暐注《文館詞林・策》二十卷，又雜傳類載《文館詞林・文人傳》一百卷，《宋史・藝文志》載《文館詞林・詩》一卷，《崇文總目》載《文館詞林・彈事》四卷，皆全書中之一類，是編亦僅存六百六十二及六十四、六十八、九十五四卷，皆漢魏以來之詔令，日本人用活字版擺印者。

魏崧《壹是紀始》卷九《活板始於宋》 沈括《筆談》：宋慶曆中，有畢昇，爲活板，以膠泥燒成。其法用泥刻字，每字爲一印，火燒令堅，欲印則以銕範置板，而密布字印於其中，頃刻印千百本。明則用木刻。今又用銅鉛爲活字。陸琛《金臺記聞》：昆陵人初用鉛字，視板印尤巧便。

葉德輝《書林清話》卷八《宋以來活字板》 活字板印書之制，吾竊疑始於五代。晉天福銅板本載宋岳珂《九經三傳沿革例》，此銅版殆即銅活字版之名稱。而孫從添《藏書紀要》云宋刻有銅字刻本、活字本，分銅字、活字爲二。惜岳氏未及註明，不得詳其制也。明陸深《金臺紀聞》云：「毘陵人初用鉛字，視板印尤巧妙。」此爲今日鉛字活板之濫觴。宋慶曆中，畢昇造膠泥活字板，其法用膠泥刻字，薄如錢唇，每字爲一印，火燒令堅。先設一鐵版，其上以松脂蠟和紙灰之類冒之。欲印，則以一鐵範置鐵版上。乃密布字印，滿鐵範爲一版，持就火煬之。藥稍融，則以一平板按其面，則字平如砥。若止印三二本，未爲簡易。若印數十百千本，則極爲神速。詳宋沈括《夢溪筆談》。吾藏《韋蘇州集》十卷，即此板。其書紙薄如細繭，墨印若漆光，惟字畫時若斷缺，蓋泥字不如銅鉛之堅，其形制可想而知也。《天禄琳琅後編》二有《毛詩》四卷，云是「南宋季年本，然『家伯維宰降予卿士』之類，從古本，與後來諸本不同」。又云：「宋活字本，《唐風》内『自』字横置可證。模印字用藍色，尤稀見。」《繆續記》載范祖禹《帝學》八卷，宋活字本，未有印書緣起，爲嘉定辛巳十四年季夏望日青社齊礪書。書中「宋」字、「玉音」字抬頭。又云「訪得元本，因俾鋟木」。據此，則活字印書已盛行於兩宋，刻泥刻木，精益求精，此勢之必然者。

元時活字印書雖不傳，然明嘉靖庚寅九年，山東布政司李翀、顧應祥刻元王楨《農書》三十六卷，後有文移一通。内稱梨版刻字畫匠工食銀兩，於司庫貯泰山頂廟香錢内動支。王士禛《居易録》二十九云：「吾鄉泰山收碧霞元君祠香税，自明正德十一年從鎮守太監言始。」《通訣》後載，楨「前任宣州旌德縣尹時，方撰《農書》。因字數太多，難於刊印，故尚己意，命匠創活字，二年而畢工，試用一如刊版。古今此法未有所傳，故編録於此，以待後之好事者，爲印書省便之法。本爲《農書》而作，因附於後」。然則元時活字用木刻，即此可知。但謂古今此法未有所傳，則未知兩宋已有此法也。

明以來，活字板盛行。弘治間，錫山華氏蘭雪堂、會通館印書尤多，爲世珍秘，吾別爲之考矣。又有吴郡孫鳳印宋陳思《小字録》一卷，見《瞿目》。建業張氏印《開元天寶遺事》二卷，見《黄記》、《楊録》、《丁志》。鈔本云前有「建業張氏銅版印行」一條。錫山安國印《顔魯公集》十五卷、《補遺》一卷，《魏鶴山先生大全集》一百九卷，見《張續志》、《瞿目》、《陸志》、《丁志》、《繆續記》。云板心有『錫山安氏館』五字。金蘭館印《石湖居士集》三十四卷，弘治癸亥十六年印。見《朱目》、《瞿目》、《丁志》。五雲溪館印《襄陽耆舊集》一卷，見《張志》、《陸志》。《玉臺新咏》十卷，見《袁

簿》。蜀府嘉靖辛丑二十年，印蘇轍《欒城集》五十卷、《後集》二十四卷、《三集》十卷，見《繆記》。芝城嘉靖壬子三十一年，藍印《墨子》十五卷，見《森志》、《黄記》；後藏楊以增海源閣，見《楊録》。按明唐藩莊王名芝址，弟芝垝、芝垢並好古，有令譽。此芝城亦疑唐藩兄弟。浙人倪燦萬曆元年印《太平御覽》一千卷，前有黄正色序。見《錢日記》。無名氏印《杜審言集》二卷，見《陸志》。云：明初活字印本。《曹子建集》十卷，見《丁志》。郭雲鵬刻曹集跋。《劉漫塘先生文集》二十二卷，見《繆記》。云：《天禄琳琅後目》推爲宋版者。《唐太宗皇帝集》二卷，《玄宗皇帝集》二卷，《李嶠集》三卷，《張説之集》八卷，《錢考功集》十卷，《劉隨州集》十卷，《戴叔倫集》二卷，《羊士諤集》二卷，《二皇甫集》五卷，《李嘉祐集》二卷，並見《丁志》。崑山吴大有印《小字録》不分卷，見《黄記》云：「陳思纂次一行後，有『崑山後學吴大有校刊』一行。」《瞿目》云：「吴郡孫鳳以活字板印行，此板後歸崑山吴氏，於『陳思纂』次一行添出『崑山後學吴大有校刊』一行，書中剜改之迹顯然。」按：瞿説非是。活字印本隨聚隨散，安有以板歸人之理？此明爲兩人，一以活字印行，一即據活字本重刊，瞿誤以二本爲一本耳。明人如此類活字印本，傳世甚多。

至國朝乾隆時，《四庫全書》告成，以活字印行者，《武英殿聚珍版叢書》。《御製題武英殿聚珍板十韻》有序：「校輯《永樂大典》内之散簡零編，並搜訪天下遺籍，不下萬餘種，匯爲《四庫全書》。擇人所罕覯，有裨世道人心及足資考鏡者，剞劂流傳，嘉惠來學。第種類多則付雕非易，董武英殿事金簡，以活字法爲請。既不濫費棗梨，又不久淹歲月，用力省而程功速，至簡且捷。考昔沈括《筆談》記宋慶曆中，有畢昇爲活版，以膠泥燒成，而陸深《金臺紀聞》則云：毘陵人初用鉛字，視版印尤巧便。斯皆活版之權輿。顧埏泥體粗，鎔鉛質軟，俱不及鋟木之工緻。兹刻單字計二十五萬餘，雖數百十種之書，悉可取給。而校讎之精，今更有勝於古所云者。第活字之名不雅馴，因以聚珍名之，而繫以詩：『稽古搜四庫，於今突五車。開鐫思壽世，積版或充閭。張帖唐院集，周文粱代餘。同爲製活字，用以印全書。精越鶡冠體，昨歲江南所進之書，有《鶡冠子》，即活字版，第字體不工，且多訛謬耳。富過鄴架儲。機圓省雕氏，功倍謝鈔胥。聯腋事堪例，埏泥法似疏。毁銅昔悔彼，康熙年間編纂《古今圖書集成》，刻銅字爲活版。排印蕆功，貯之武英殿。歷年既久，銅字或被竊缺少。司事者懼干咎，適值乾隆初年京師錢貴，遂請毁銅字供鑄。從之。所得有限，而所耗甚多，已爲非計。且使銅字尚存，則今之印書不更事半功倍乎。深爲惜之。刊木此慚予。既復羡梨棗，還教慎魯魚。成編示來學，嘉惠志符初。』乾隆甲午仲夏。」德輝按：姚元之《竹葉亭雜記》四：「乾隆三十九年，金侍郎簡請廣《四庫全書》中善本，因仿宋人活字板式，鐫木單字二十五萬餘。高宗以活字板之名不雅馴，賜名曰聚珍板。」自後，嘉道以來，民間則有吴門汪昌序嘉慶丙寅十一年印《太平御覽》一千卷，每卷後間題吴興陳杰、沈宸、儀徵畢貴生分校等字，頗罕見。璜川吴志忠嘉慶辛未十六年印五代邱光庭《兼明書》五卷，元迺賢《河朔訪古記》二卷，《洛陽伽藍記》五卷。朱麟書白鹿山房嘉慶壬申十七年印《中吴紀聞》六卷，高似孫《緯略》十二卷。張金吾愛日精廬嘉慶己卯二十四年印宋李燾《續資治通鑑長編》五百二十卷。成都龍燮堂萬育嘉慶十四年印《天下郡國利病書》一百二十卷，道光三年印《讀史方輿紀要》一百三十卷，《形勢紀要》九卷。此二書後均重刻。京師琉璃廠半松居士印《南疆繹史》二十四卷，《摭遺》十八卷，《卹謚考》八卷，《南略》十八卷，《北略》二十四卷。留雲居士印《明季稗史》十六種，共二十七卷。咸同間，則有仁和胡珽琳琅秘室印《琳琅秘室叢書》五集，五集尤罕見。江夏童和豫朝宗書屋印明嚴衍《資治通鑑補》二百九十四卷、附《刊誤》二卷，宋袁樞《資治通鑑紀事本末》四十二卷，明陳邦瞻《宋史紀事本末》二十六卷，《元史紀事本末》四卷，谷應泰《明史紀事本末》八十卷，馬驌《左傳事緯》十二卷、《附録》八卷，《陳思王集》十卷。光緒間，則有董金鑒重印《琳琅秘室叢書》四集。吴門書坊印日本《佚存叢書》全集。光緒戊子姚覲元印《北堂書鈔》七十餘卷，功未竟而覲元殁，板遂散佚。余見一殘本，前有「光緒己丑集福懷儉齋以活字印行」字兩行。凡此皆以木刻活字印書者也。其他書坊射利，時亦有之。吾藏活字印僞本蘇過《斜川集》六卷，方岳《秋崖詩集》三十八卷，無擺印人姓名。《邵注四庫書目》、《秋崖詩集》目爲乾隆本。其書無直闌，其字近楷體，似是國初時坊本。然此類書隨印隨散，爲吾輩所不及見者多矣。

又《明錫山華氏活字板》 明人活字板，以錫山華氏爲最有名。活字擺印，固不能如刻印之多，而流傳至今四五百年，蟲鼠之傷殘，兵燹之銷燬，愈久而愈稀。此藏書家所以比之如宋槧名鈔，争相寶尚，固不僅以其源出天水舊槧，可以奴視元明諸刻也。當時印本有曰蘭雪堂，有曰會通館。蘭雪堂爲華堅、華鏡，會通館爲華燧、華煜。

蘭雪堂印行者，《春秋繁露》十七卷，見《瞿目》、云末有「正德丙子季夏錫山蘭雪堂華堅允剛活字銅板印行」一條，《陸續跋》。據云每葉十四行，每行十三字，版心上有「蘭雪堂」三字，下有刻工姓名，間有「活字印行」四字。《藝文類聚》一百卷，見《瞿目》，云目後有圖記云「乙亥冬錫山蘭雪堂華堅允剛活字銅版校正印行」。

《森志》有朝鮮國銅版活字本，乃據華本重擺印者，云每半版十二行，行十九字。末有《蘭雪堂重印藝文類聚後序》，末記「正德乙亥冬後學華鏡謹拜序」。《繆記》云每葉十四行，每行十三字。目後有墨圖記云「乙亥冬錫山蘭雪堂華堅允剛活字銅板校正印行」。每卷後有圖記「錫山」二字，長記「蘭雪堂華堅活字板印行」十字，均陽文。《蔡中郎文集》十卷，《外傳》一卷，見《孫記》，云目録後有「正德乙亥春三月錫山蘭雪堂華堅允剛活字銅版印行」二十二字。又一部即影寫此本。《瞿目》、《陸志》云板心有「蘭雪堂」三字。一部爲覆蘭雪堂本。《元氏長慶集》六十卷，見《瞿目》。校宋本。《白氏長慶集》七十卷，見《天禄琳琅》十，云各卷末俱有「錫山蘭雪堂華堅活字銅板印」記。《瞿目》云每半葉十六行，行十六字。板心有「蘭雪堂」三字，目録前後有墨圖記云「錫山」，又「蘭雪堂華堅活字銅板印」二方。

會通館印行者，《容齋隨筆》十六卷，《續筆》十六卷，《三筆》十六卷，《四筆》十六卷，《五筆》十卷，見《錢日記》，云明弘治八年錫山華煜序，板心有「會通館活字銅板印」八字。《瞿目》云板心上方有「弘治歲在旃蒙單閼」八字，下方有「會通館活字銅印」六字。每半葉十八行，行十七字，有邁自序，華燧印書序。《古今合璧事類前集》六十三卷，見《範目》。弘治戊午十一年華燧序。標題云「會通館印正古今合璧事類前集」。《文苑英華纂要》八十四卷，見《範目》。首行題「會通館印正文苑英華纂要」，板心有「歲在旃蒙單閼」六字，每半葉十四行，實止七行雙行。吾藏此本，分四大卷，前三卷《纂要》，後一卷《辨證》。《文苑英華辨證》十卷，見《孫記》，云「會通館印正文苑英華辨證十卷」。《瞿目》云此本出錫山華氏蘭雪堂，以銅字擺印，特無印記耳。板心有「歲在柔兆攝提格」及大小字數。《錦綉萬花谷前集》四十卷，《後集》四十卷，《續集》四十卷，見《繆續記》，云嘉靖乙未十四年徽藩崇德書院重刻會通館本。《諸臣奏議》一百五十卷，見《瞿目》，云錫山華氏會通館本，即依宋本擺印。惟原闕處即連接之爲謬，友人邵朖仙據宋本校正。今皆稀見之本。

此外有所謂華珵者，印《渭南文集》五十卷，見《丁志》，云：明弘治壬戌致光禄署丞事錫山華珵汝德得溧陽本，因托活字摹而傳之。又有但稱爲華氏者，印桓寬《鹽鐵論》十卷，見《瞿目》，云：舊鈔本，從錫山華氏活字本傳録。

華氏一門好事，洵足爲藝苑之美談。然其印行諸書，亦實不能無遺議。嘗取前人之説考之，如《天禄琳琅》十《白氏長慶集》下云：「明時活板之書，出於錫山安國家者，流傳最廣。華堅姓名不見郡邑志乘，蓋與安國同鄉里，因效其以活版制書。其書於一行之中分列兩行之字，全部皆如小注，遂致參差不齊。則其法雖精，而其制尚未盡善也。」此言其板本不善也。《瞿目》校宋本《元氏長慶集》六十卷，蒙叟跋：「《元集》誤字，始於無錫華氏之活板。謬稱『得水村冢宰所藏宋刻本，因用活字印行』。董氏不學，因之沿誤耳。」嘉靖壬子東吴董氏用宋本翻雕，行款同。《丁志》明萬曆庚辰茅一相文霞閣刻《蔡中郎集》十一卷後有記云：「《中郎集》余得三本：一出無錫華氏，爲卷十一，得文七十有一首，前後錯雜，至不可句讀；再得陳子器本，襲華之舊。最後得俞氏汝成本，益文二十有一，而損卷爲六。其間亦稍稍補輯遺漏，今而後始睹中郎之完册云。」《黄記再續》鈔校本《蔡中郎集》十卷云：「頃得惠松崖閱本，係《百三名家》，而所校字多非舊鈔、活字兩本所有。其《太尉橋公碑》中『臨令賂財臟多罪正』，惠校云：『案謝承書臨淄令路芝。』余覆檢活字本，云『臨淄令賂之臟多罪正』，舊鈔云『臨淄令路之臟多罪正』。今就惠校核之，是惟舊鈔爲近。蓋『路』本未誤，『芝』僅脱『艹』頭。若活字本已訛『路』爲『賂』矣。」《瞿目》鈔校本《蔡中郎文集》十卷，有顧氏澗薲三跋。其一云：「活字版似據一行書寫本作底子，故『數』訛爲『如』，『閑』訛爲『因』之類，往往而有。若得宋槧，必多是正也。」又《瞿目》《文苑英華辨證》十卷云：「出錫山華氏蘭雪堂，以銅字擺印。是書字句多所脱遺，未爲精善。以其出自宋本，存之。」又《張志》宋本趙汝愚《國朝諸臣奏議》一百五十卷跋云：「是書除此本外，有明會通館活字本，謬誤不可枚舉。如卷四十六謝泌《論宰相樞密接見賓客疏》，卷六十一傅堯俞《再論朱穎士李允恭疏》，此本俱存上半篇。卷一百廿四蘇轍《乞募保甲優等人刺爲禁軍疏》，存首二行。吕陶《論保甲二弊疏》，存下半篇。卷一百三十三范仲淹《論元昊請和不可許者三、大可防者三疏》，存首三葉。活字本俱删去，猶可曰以其殘闕而去之。最可異者，如卷廿六司馬光《論任人賞罰要在至公名體禮數當自抑損疏》『恩雖至厚而人不可妒者何也？衆人』下此本缺兩頁。活字本於『衆人』下竟直接傅堯俞《上慈聖皇后乞還政疏》：『誠贊翊援皇帝於藩邸以繼大統』。卷一百廿四范純仁《乞揀閲保甲疏》『乞並結盤纏赴闕委殿前』下，此本缺兩頁。活字本於『殿前』下竟直接王岩叟《乞免第四等第五等保丁冬教及罷畿内保甲第二疏》『釋然放之也』。不思字句之不貫，不顧文義之隔絶，藉非宋本尚存，奚從訂正其誤。」《黄記》宋本《文苑英華纂要》：「鈔補甲集中，仍闕第二十八葉。會通館活字本即據缺失之本開雕，並削去第二十九葉首行『初賦』二字，以當十六卷之首葉。苟非宋本，何從知其僞乎。書之不可不藏宋刻如是。」此言其校勘不善也。蓋華氏當日隨得隨印，主者既無安桂坡之精鑒，校者亦非岳荆溪之專門。徒以秘本流傳，印行後又多爲人翻刻，

故世人耳食，益重其書耳。

又《明華堅之世家》 《天禄琳琅》十謂華堅姓名不見郡邑志乘，然吾竊疑爲華燧之從子行。按明華渚撰《勾吴華氏本書・華燧傳》《本書》三十三承事傳之一：「會通公燧，字文輝。少於經史多涉獵，中歲好校閲異同，輒爲辨證，手録成帙。遇老儒先生，即持以質焉。或廣坐通衢，高誦琅琅，旁若無人。既乃範銅板錫字，凡奇書難得者，悉訂正以行。曰：『吾能會而通之矣。』名其讀書堂曰會通館，人遂以會通稱。或丈之，或君之，或伯仲之，皆曰會通云。所著有《九經韻覽》、《十七史節要》。其事時葺翁稱色養。」德輝按：時葺名方，字守方，以字行。時葺翁嬰足疾，常寢卧，公爲室寢西。每兄弟侍而退，則誦詩讀禮於斯，以樂翁志。翁既卒，獨廬於墓，著《治喪切問》。祭必率諸子齋於家。修譜，考世系論宗法頗詳。家世以本富，公以劬書，不復經紀爲務，家故少落，公漠如也。居之西數里，有原田積蕪，公仿古井田制，溝洫之，疆界之。會公疾，不得就。然其規制可觀，人謂公具經濟才以此。公六十杖鄉之年，修撰錢福先生壽公序，其言曰：「予嘗與先生同寢處，見其昧爽而興，操觚揮翰，環列四庫書，童子分執，有所采掇，各簡所執以獻，至晚不輟，知其學之博而力之勤也如此。又嘗讀其所著仁、性命及律吕、廟制諸篇，皆舒徐典奥，究極理致，知其見之明而探之深也如此。又嘗讀其所慰伯兄詿誤詩，知其天倫之篤而排難之勇也如此。又嘗聞其少力家蠱，應公役，五十始讀書，而句工筆粹，成一家言，知其志之堅而神之完也如此。」錢先生稱質家言，其頌公也，其有所試哉！公年七十五卒，未劇時，自爲志與銘，葬西壽山。吏部尚書喬公宇表曰：「會通子者，廬墓以思親，近乎孝；修族譜以論宗，近乎仁；補遺税以周人之急，近乎義；較刊群書以廣其傳，近乎文；自爲墓銘以安死生之説，近乎知道：兼此數者，可謂有道君子也矣。」公又别號梧竹氏，會通，從同也。又邵文莊寶《容春堂集》中，有《會通君傳》云：「會通君，姓華氏，諱燧，字文輝，無錫人。少於經史多涉獵，中歲好校閲同異，輒爲辨證，手録成帙。遇老儒先生，即持以質焉。既而爲銅字板以繼之，曰：『吾能會而通矣。』乃名其所曰會通館。人遂以會通稱，或丈之，或君之，或伯仲之，皆曰會通云。君有田若干頃，稱本富，後以劬書故，家少落，而君漠如也。三子：塤、奎、壁。」又《無錫縣志》：「華珵，字汝德，以貢授大官署丞。善鑒别古奇器法書名畫，築尚古齋，實諸玩好其中。又多聚書，所製活板甚精密。每得秘書，不數日而印本出矣。」《志》雖無堅名，然燧三子皆取土旁爲名，則堅必其猶子，而煜則兄弟也。跋《藝文類聚》之華鏡，以字義推之，則必堅之從子也。蓋五行之次，火生土，土生金。鏡者，金旁字也。惟華珵乃從王旁，别爲一例。珵刻有宋左圭《百川學海》，改竄宋本舊第，爲世所譏。大約華氏所刻書，均不必可據。特以傳世日稀，又無宋本可以比校，故書估藏家展轉推重也。

又《明安國之世家》 安氏亦無錫富人。《常州府志》云：「安國，字民泰，無錫人。居積諸貨，人棄我取，贍宗黨，惠鄉里。乃至平海島，濬白茅河，皆有力焉。父喪，會葬者五千人。嘗以活字銅版印《吴中水利通誌》。」又《無錫縣誌》云：「安國，字民泰，富幾敵國。居膠山，因山治圃，植叢桂於後岡，延袤二里餘，因自號桂坡。好古書畫彝鼎，購異書。又西林膠山，安氏園也。嘉靖中，安桂坡穿池廣數百畝，中爲二山，以擬金、焦。至國孫紹芳，即故業大加丹雘，與天下名士游賞其中，二百年來東南一名區也。」德輝按：國之子如山，嘉靖己丑八年進士，知裕州，均田得體。士民誦德，祀名宦。歷仕至四川僉憲。孫希範，萬曆丙戌十四年進士，官南京吏部司封郎。以忤輔臣王錫爵，削籍歸。與光禄顧憲成仿龜山講學故址，辟東林書院，闡濂、洛、關、閩之學。暇則纂述諸書切身心性命者。卒之明年，子廣譽、廣居伏闕上疏，白其遺忠。特贈光禄寺少卿，賜卹典，請祀鄉賢。事詳《明史》本傳。明德之後，必有達人，於安國見之矣。又按：希範曾孫紹杰，輯希範年譜，名《安我素先生年譜》。我素，希範之别號也。追述先世云：「其先黄姓，洪武初，諱茂者，姑蘇縣珠里人。贅於長史安明善氏，蒙安姓，四傳封户部員外郎。桂坡公諱安國，多遠略，御海寇，濬白茅河，皆有力焉。好蓄古圖書，鑄活字銅版，印《顔魯公集》、徐堅《初學記》等書。重建膠山李忠定公祠，蠲田奉祀。邵文莊公寶撰記：『足迹遍名山，交遊遍海内。』著《游吟稿》，載《邑志・行義》。」據紹杰所述先世印書，殊不明晰。蓋國所印之書，《初學記》爲刻本，《顔魯公集》則活字印本，非《初學記》亦活字印也。《顔魯公集》又有嘉靖二年安國刻本，則在活字印本之後。萬曆中，平原令劉思誠刻本即從之出。半葉十行，行二十字。《四庫全書總目》著録爲安氏刻本，提要云：「萬曆中真卿裔孫允祚所刊，脱漏舛錯，盡失其舊。獨此本爲錫山安國所刻，然猶元剛原本也。」元剛，留元剛，宋嘉定間守永嘉，得宋敏求編十五卷本殘本十二卷，失其三卷。乃以所見真卿文别爲補遺，並撰次年譜付之，爲後序。後人復即元剛之本分十五卷。安刻諸書頗爲世重，故詳考其世系，而並辨其後人之誤記者著於篇。是固談書林掌故者所樂聞也。

又《日本朝鮮活字板》 活字板之制，流入外藩最早者，莫如朝鮮、日本。而尤以日本爲最精。以余考之，其盛行已在明初。永樂庚子冬，朝鮮國王命造銅字

活板，又命新鑄造大樣銅字印行《十八史略》。事詳《森志·史略》下。《志》又有天順八年朝鮮國活字印板《爾雅注疏》十一卷；又弘治十年朝鮮國活字印板《唐鑑音注》二十四卷，嘉靖二十三年甲辰朝鮮宋麟壽活字印《陳簡齋詩注》十五卷。大抵朝鮮活字本，始行於明初時。余藏有《國語韋昭注》，爲銅活字大字本。後有跋云：「我東活字印書之法，始自太宗朝癸未，以經筵古注《詩》、《書》、《左傳》爲本，命判司平府事李稷等鑄十萬字，是爲癸未字。世宗朝庚子，命工曹參判李蕆等改鑄，是爲庚子字。甲寅，以《孝順事實》、《爲善陰騭》等書爲字本，命集賢殿直提學金墩等鑄二十餘萬字，是爲甲寅字。英宗朝壬辰，正宗大王在東宮，仰請大朝以甲寅字所印《心經》、《萬病回春》二書爲字本，鑄十五萬字，藏於芸館，是爲壬辰字。正宗朝丁酉，命平安道觀察使徐命膺，以甲寅字爲本，鑄十五萬字儲之內閣。又於壬寅命平安道觀察使徐浩修以本朝人韓構書爲字本，鑄八萬餘字，亦儲之內閣。壬子，命仿中國四庫書聚珍版式，取字典字本，木刻大小三十二萬餘字，名之曰生生字。甲寅，命內閣銅字移藏於昌慶宮之舊弘文館，稱以鑄字所。」

紀事

祁承㸁《澹生堂藏書約》 然[余]性尤喜史書，生欲得一全史，爲力甚艱。偶聞盱江鄧元錫有《函史隱括》頗悉，郭相奎使君以活版模行于武林者百許部，一時競取殆盡。

王禎《農書》卷二二《造活字印書法》 前任宣州旌德縣縣尹時方撰《農書》，因字數甚多，難於刊印，故用己意，命匠創活字，二年而工畢。試印本縣志書，約計六萬餘字，不一月而百部齊成。一如刊板，始知其可用。後二年，予遷任信州永豐縣，挈而之官。是時《農書》方成，欲以活字嵌印。今知江西，見行命工刊板，故且收貯以待別用。

金埴《巾箱説》 康熙五十六、七年間，泰安州有士人，忘其姓名，能鍛泥成字，爲活字版。予初聞之，矜爲剏造之奇，而不知其有本也。及檢宋沈存中括《筆談》云：「慶曆中，有畢昇爲活字版，用膠泥燒成。」乃知巧心妙手，在前人蚤已爲之。按昇即活字版之始。得書之易，洵藝林樂事也。

傳記

邵寶《容春堂集·後集》卷七《會通君傳》 會通君，姓華氏，諱燧，字文輝，無錫人。少於經史多涉獵，中歲好校閱同異，輒爲辨證，手録成帙。遇老儒先生，即持以質焉。或廣坐通衢，高誦不輟。既而爲銅字板以繼之，曰：「吾能會而通之矣。」乃名其所曰「會通館」。人遂以會通稱，或丈之，或伯仲之，皆曰「會通」云。華自宋原泉至君之父守方，凡若干世，由隆亭而鵝湖，凡三遷，世有令人。而幼武在元季尤以隱節著。君於幼武爲來孫，性爽朗，質直，不拘小節。事父能服其勞，與兄文熙、弟文高相友愛。父嬰足疾，常寢卧，君爲室寢西，每兄弟侍，而退則誦詩於斯，講禮於斯，以樂親志。父既葬，廬於墓側。著《治喪切問》，祭必率諸子，齊於宗子。初，君有世業田若干頃，鄉稱本富。後以劬書故，不復以經紀爲務，家故少落，而君漠如也。君居之東數里，有原田積蕪，君倣古井田制，溝洫之，疆界之，蓋其規且可觀矣。會君疾，不克就。君三子，塤、奎、璧。女亦三，歸錢杞、鄒德謙、鄒秉倫。邵某氏曰：吾嘗閱華氏譜，始於原泉，其稱出宋戴公。蓋譜者實云，凡華皆同出，漢有華陀，魏有華歆，晉有華嶠，隋有華秋。當魯襄公時，齊則有華周，周之後不見於傳，蓋微矣。寶以孝著，晉齊間於鄉爲賢，族之稱之，其亦必有所自者。會通君上下載籍，考求其原，著論傳疑，不欲爲苟從，從不從於華無輕重，而其志則然，此其故於君大矣。予故舉而論之。

康熙《無錫縣志》卷二二《行義·華珵》 華珵，字汝德，以貢授大官署丞，供具內庭。能結納中涓，終其任，無少忤。未幾，稱疾歸，歸事生殖，能法刁閒用桀黠奴，厚衣食之，使主田間督，遂致窖粟萬鍾，闢田千頃，奴之力也。好爲德於鄉，受其澤者，每元朔扶携叩首，常滿户庭。珵無德色。有反噬者，搆大獄以誣珵，既而其人坐發塚論成，間逃還，珵勞若飲食之，歡如平生。善鑒別古奇器、法書、名畫，築尚古齋，實諸玩好其中。被服古衣冠，與賓客名士評定真贋，一時鑒古之名亞於吴之沈周。又多聚書，所製活板甚精密，每得秘書，不數日而印本出矣。

藝文

翟金生《泥版試印初編·拙著編成賦五言絶》 自刊：一生籌活版，半世作

雕蟲。珠玉千箱積，經營帀載功。自檢：不待文成就，先將字備齊。正如兵養足，用武一時提。自著：舊吟多散佚，新作少敲推。爲試澄泥版，重尋故紙堆。自編：明知終覆瓿，此日且編成。自笑無他技，區區過一生。自印：鴈陣行行列，蟬聯字字安。新編聊小試，一任大家看。

又《泥版造成試印拙著喜賦十韻》 帀載營泥版，零星十萬餘。堅貞同骨角，貴重賽璠璵。直以銅爲範，無將筆作鋤。調音知繫屬，依樣識乘除。奇字多全後，新編自試初。吟聲慙類蚓，墨色喜殊豬。顆顆分還合，行行密復疏。鳳樓成頃刻，鴈陣列空虛。寄語能文者，何須付梓與。包羅今古事，囊括聖賢書。珠串傳班馬，珍藏辨魯魚。如逢進呈日，應向石渠儲。

葉昌熾《藏書紀事詩》卷七 範銅制出膠泥上，屈鐵縈絲字字分。一日流傳千百本，何人不頌會通君。

圖表

王禎《農書》卷二二《造活字印書法》

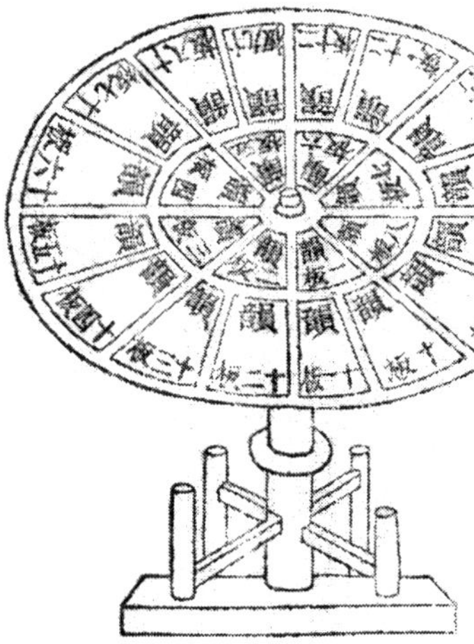

活字板韻輪圖

金簡《武英殿聚珍版程式》

成造木子圖

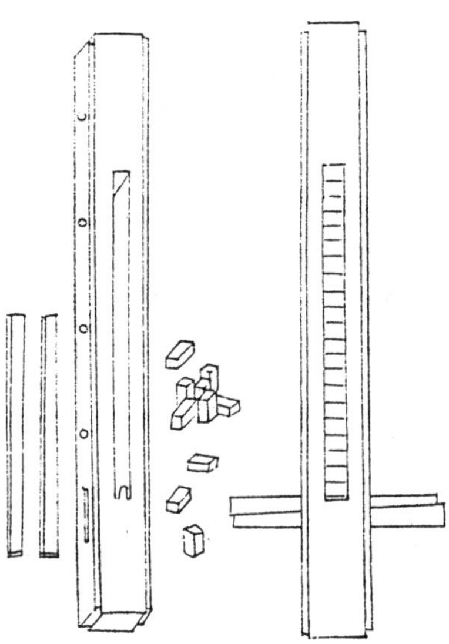

木槽銅漏子式

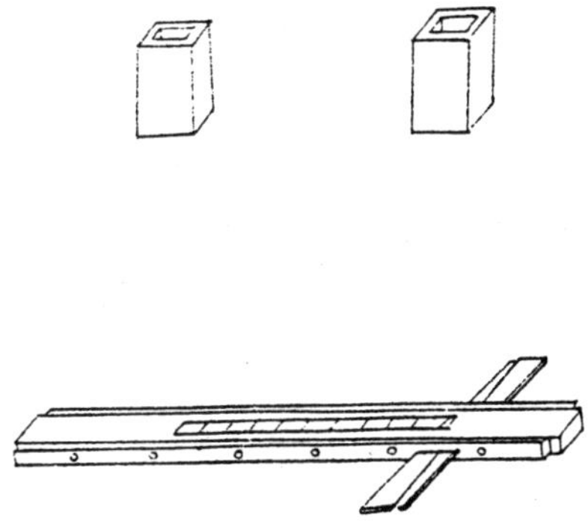

木槽銅漏子式

刻字圖

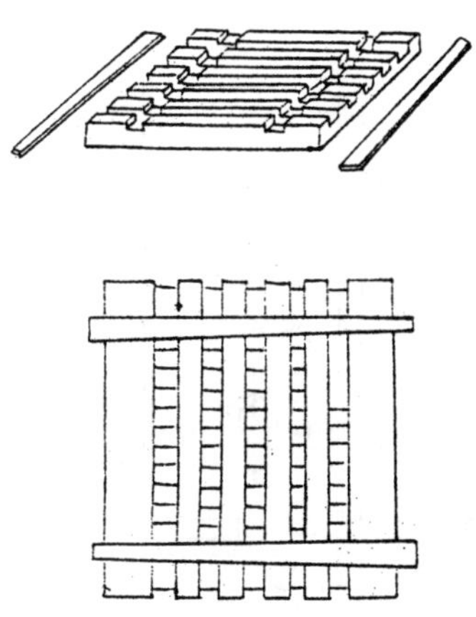

刻字木床式

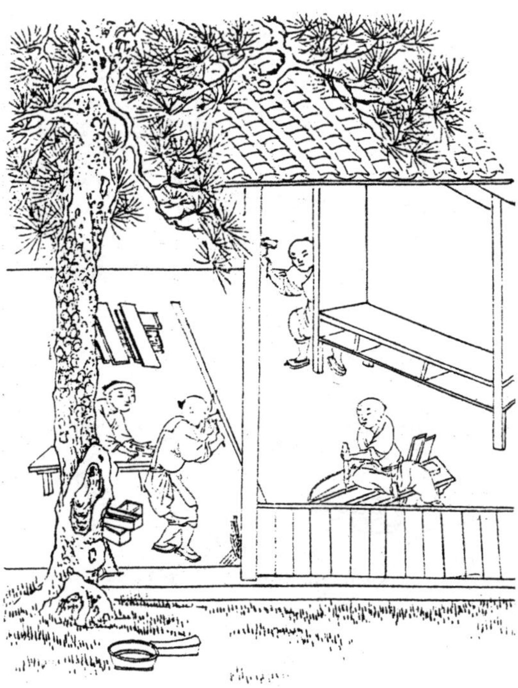

字櫃圖

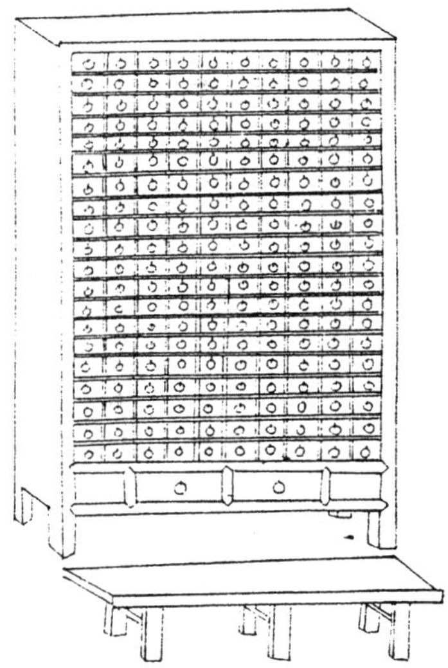

字櫃式

槽版圖

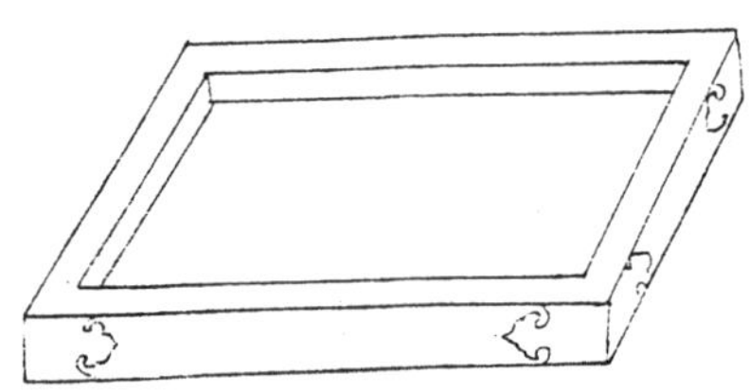

槽版式

夾條頂木中心木總圖

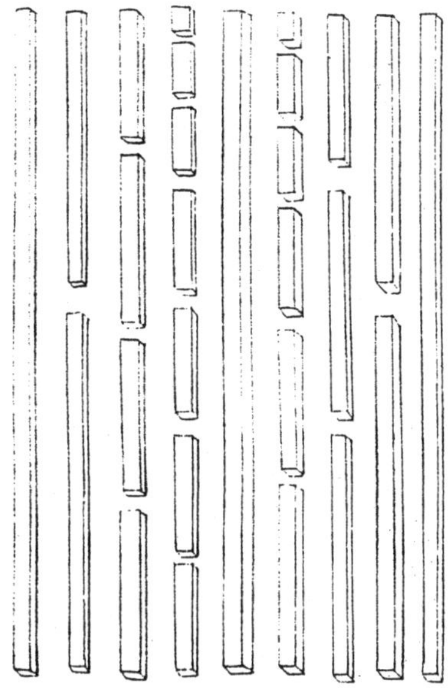

夾條頂木中心木總式

類盤圖

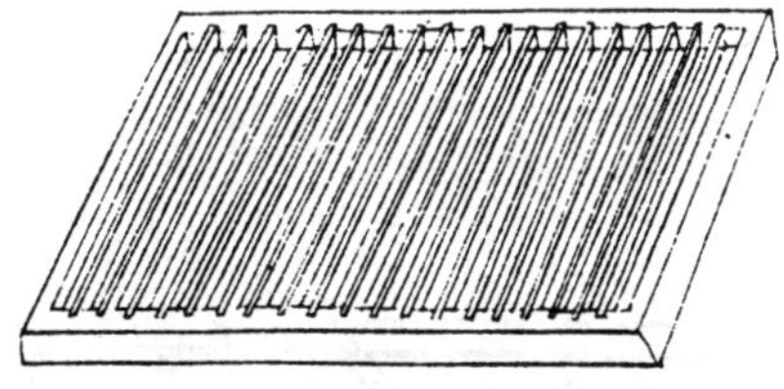

類盤式

套格圖

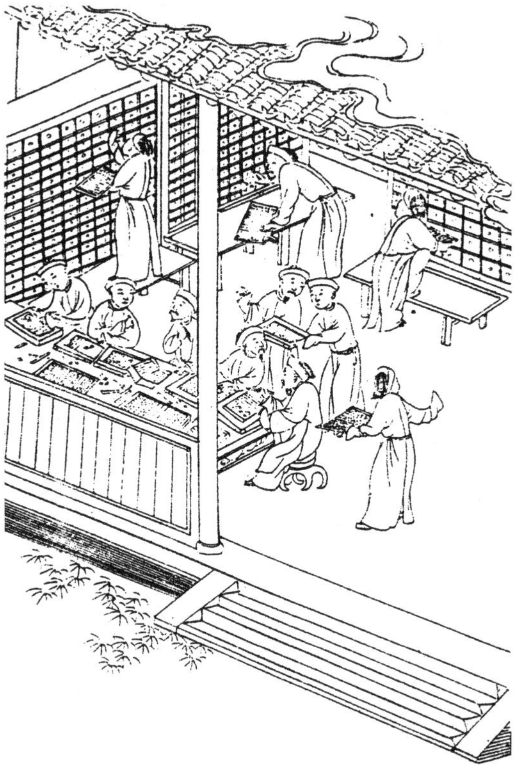
擺書圖

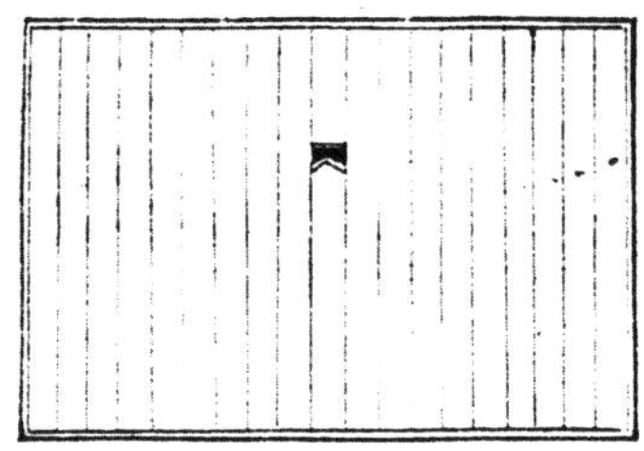
套格式

文獻功用部

明道分部

劉勰《文心雕龍・原道》 文之爲德也大矣，與天地并生者何哉？夫玄黄色雜，方圓體分，日月叠璧，以垂麗天之象；山川焕綺，以鋪理地之形：此蓋道之文也。仰觀吐曜，俯察含章，高卑定位，故兩儀既生矣。惟人參之，性靈所鐘，是謂三才。爲五行之秀，實天地之心，心生而言立，言立而文明，自然之道也。傍及萬品，動植皆文：龍鳳以藻繪呈瑞，虎豹以炳蔚凝姿；雲霞雕色，有逾畫工之妙；草木賁華，無待錦匠之奇。夫豈外飾，蓋自然耳。至於林籟結響，調如竽琴；泉石激韵，和若球鍠：故形立則章成矣，聲發則文生矣。夫以無識之物，鬱然有采；有心之器，其無文歟？人文之元，肇自太極，幽贊神明，《易》象惟先。庖犧畫其始，仲尼翼其終。而《乾》、《坤》兩位，獨制《文言》。言之文也，天地之心哉！若乃《河圖》孕乎八卦，《洛書》韞乎九疇，玉版金鏤之實，丹文緑牒之華，誰其尸之？亦神理而已。自鳥迹代繩，文字始炳，炎皞遺事，紀在《三墳》，而年世渺邈，聲采靡追。唐虞文章，則焕乎始盛。元首載歌，既發吟咏之志；益稷陳謨，亦垂敷奏之風。夏后氏興，業峻鴻績，九序惟歌，勛德彌縟。逮及商周，文勝其質，《雅》、《頌》所被，英華日新。文王患憂，繇辭炳曜，符采復隱，精義堅深。重以公旦多材，振其徽烈。剬詩緝頌，斧藻群言。至若夫子繼聖，獨秀前哲，熔鈞六經，必金聲而玉振；雕琢性情，組織辭令，木鐸起而千里應，席珍流而萬世響，寫天地之輝光，曉生民之耳目矣。爰自風姓，暨於孔氏，玄聖創典，素王述訓，莫不原道心以敷章，研神理而設教，取象乎《河》、《洛》，問數乎蓍龜，觀天文以極變，察人文以成化；然後能經緯區宇，彌綸彝憲，發揮事業，彪炳辭義。故知道沿聖以垂文，聖因文以明道，旁通而無滯，日用而不匱。《易》曰：「鼓天下之動者存乎辭。」辭之所以能鼓天下者，乃道之文也。贊曰：道心惟微，神理設教。光采元聖，炳耀仁孝。龍圖獻體，龜書呈貌。天文斯觀，民胥以效。

柳冕《答衢州鄭使君論文書》 專使至，辱書并歸拙文，如見君子。所褒過當，無德以當之。幸甚。門人云：「夫子之文章，可得而聞也；夫子之言性與天道，不可得而聞也。」即聖人道可企而及之者，文也；不可企而及之者，性也。蓋言教化發乎性情，繫乎國風者，謂之道。故君子之文，必有其道。道有深淺，故文有崇替。時有好尚，故俗有《雅》、《鄭》。《雅》之與《鄭》，出乎心而成風。昔游夏之文，日月之麗也，然而列於四科之末，藝成而下也。苟文不足，則人無取焉。故言而不能文，非君子之儒也；文而不知道，亦非君子之儒也。逮德下衰，其文漸替。惜乎王公大人之言，而溺於淫麗怪誕之説，非文之罪也，爲文者之過也。夫善爲文者，發而爲聲，鼓而爲氣。真則氣雄，精則氣生，使五彩並用，而氣行於其中。故虎豹之文，蔚而騰光，氣也；日月之文，麗而成章，精也。精與氣，天地感而變化生焉；聖人感而仁義生焉。不善爲文者，反此，故變風變雅作矣。六義之不興，教化之不明，此文之弊也。噫！文之無窮，而人之才有限，苟力不足者，彊而爲文，則蹷；彊而爲氣，則竭；彊而成智，則拙。故言之彌多，而去之彌遠。遠之便已，道則中廢，又君子所恥也，則不足見君子之道與君子之心。心有所感，文不可已；理有至精，詞不可逮，則不足當君子之褒。敬叔頓首。

梁肅《補闕李君前集序》 文之作，上所以發揚道德，正性命之紀；次所以財成典禮，厚人倫之義；又其次所以昭顯義類，立天下之中。三代之後，其流派别。炎漢制度，以霸王道雜之，故其文亦二。賈生，馬遷，劉向、班固，其文博厚，出於王風者也。枚叔、相如、揚雄、張衡，其文雄富，出於霸塗者也。其後作者，理勝則文薄，文勝則理消。理消則言愈繁，繁則亂矣。文薄則意愈巧，巧則弱矣。故文本於道，失道則博之以氣，氣不足則飾之以辭。蓋道能兼氣，氣能兼辭，辭不當則文斯敗矣。唐有天下幾二百載，而文章三變。初則廣漢陳子昂，以風雅革浮侈；次則燕國張公説，以宏茂廣波瀾；天寶已還，則李員外、蕭功曹、賈常侍、獨孤常州比肩而出，故其道益熾。若乃其氣全，其辭辨，馳騖古今之際，高步天地之閒，則有左補闕李君，君名翰，趙郡贊皇人也，天姿朗秀，率性聰達，博涉經籍，其文尤工，故其作敘治亂則明白坦盪，紓徐條暢，端如貫珠之可觀也；陳道義則游泳性情，探微豁冥，涣乎春冰之將泮也；廣勸戒則得失相維，吉凶相追，焯乎元龜之在前也；頌功美則温直顯融，協於大中，穆如清風之中人也。議者又謂君之才若崇山出雲，神禹導河，觸石而彌六合，隨山而注巨壑，蓋無物足以過其氣而閔其行者也。世所謂文章之雄，舍君其誰歟。弱冠進士登科，解褐衛縣尉，其後以書記再參淮南節度軍謀，累遷大理司直。天子聞其才，召拜左補闕，俄加翰林學士。夫士之處世，用捨繫乎才，進退牽乎時。始君筮仕，值蔽善者當路，故屈於下位。中歲多難，時方用

武，故委於外藩。及夫入宣室而揮宸翰也，方用人文以飾王度，則因疾罷免。嘻！昔之君子賢人，運與事并，得信其志者，寡矣。其餘屬雅道喪缺，黄鐘毁棄，若孟子轗軻，士安多病，亦何可勝論。惟斯文足以振當世，餘烈足以遺後嗣，此之謂不朽。君既退歸，居於河南之陽翟，家愈貧而禄不及，志愈邁而文益壯。

韓愈《韓昌黎文集》卷二《答尉遲生書》 愈白尉遲生足下：夫所謂文者，必有諸其中，是故君子慎其實，實之美惡，其發也不揜。本深而末茂，形大而聲宏，行峻而言厲，心醇而氣和；昭晰者無疑，優遊者有餘；體不備不可以爲成人，辭不足不可以爲成文。愈之所聞者如是，有問於愈者，亦以是對。今吾子所爲皆善矣，謙謙然若不足而以徵於愈。愈又敢有愛於言乎？抑所能言者，皆古之道；古之道不足以取於今，吾子何其愛之異也？賢公卿大夫在上比肩，始進之賢士在下比肩，彼其得之必有以取之也。子欲仕乎？其往問焉，皆可學也。若獨有愛於是而非仕之謂，則愈也嘗學之矣，請繼今以言。

又卷三《答李秀才書》 子之言以愈所爲不違孔子，不以琢雕爲工，將相從於此；愈敢自愛其道而以辭讓爲事乎？然愈之所志於古者，不惟其辭之好，好其道焉爾。讀吾子之辭而得其所用心，將復有深於是者與吾子樂之，況其外之文乎？

李翺《李文公集》卷六《答朱載言書》 蓋行己莫如恭，自責莫如厚，接衆莫如宏，用心莫如直，進道莫如勇，受益莫如擇友，好學莫如改過。此聞之於師者也。相人之術有三：迫之以利而審其邪正，設之以事而察其厚薄，問之以謀而觀其智與不才，賢不肖分矣。此聞之於友者也。列天地，立君臣，親父子，别夫婦，明長幼，浹朋友，《六經》之旨矣。浩乎若江海，高乎若丘山，赫乎若日火，包乎若天地，掇章稱咏，津潤怪麗，《六經》之詞也。創意造言，皆不相師。故其讀《春秋》也，如未嘗有《詩》也；其讀《詩》也，如未嘗有《易》；其讀《易》也，如未嘗有《書》也；其讀屈原、莊周也，如未嘗有《六經》也。故義深則意遠，意遠則理辯，理辯則氣直，氣直則辭盛，辭盛則文工。如山有恒、華、嵩、衡焉，其同者高也，其草木之榮，不必均也。如瀆有淮、濟、江、河焉，其同者出源到海也，其曲直淺深、色黄白，不必均也。如百品之雜焉，其同者飽於腹也，其味鹹酸苦辛，不必均也。此因學而知者也，此創意之大歸也。天下之語文章，有六説焉：其尚异者，則曰文章辭句奇險而已；其好理者，則曰文章叙意苟通而已；其溺於時者，則曰文章必當對；其病於時者，則曰文章不當對；其受難者，則曰文章宜深不宜易；其愛易者，則曰文章宜通不宜難。此皆情有所偏，滯而不流，未識文章之所主也。義不深不至於理，言不信不在於教勸，而詞句怪麗者有之矣，《劇秦美新》、王褒《僮約》是也。其理往往有是者，而詞章不能工者有之矣，劉氏《人物誌》、王氏《中説》、俗傳《太公家教》是也。古之人能極於工而已，不知其辭之對與否、易與難也。《詩》曰：「憂心悄悄，愠於群小。」此非對也。又曰：「遘憫既多，受侮不少。」此非不對也。《書》曰：「朕堲讒説殄行，震驚朕師。」《詩》曰：「菀彼柔桑，其下侯旬，捋採其劉，瘼此下人。」此非易也。《書》曰：「允恭克讓，光被四表，格於上下。」《詩》曰：「十畝之間兮，桑者閑閑兮，行與子旋兮。」此非難也。學者不知其方而稱説云云，如前所陳者，非吾之敢聞也。《六經》之後，百家之言興。老聃、列御寇、莊周、鶡冠、田穰苴、孫武、屈原、宋玉、孟軻、吴起、商鞅、墨翟、鬼谷子、荀况、韓非、李斯、賈誼、枚乘、司馬遷、相如、劉向、揚雄，皆足以自成一家之文，學者之所師歸也。故義雖深，理雖當，詞不工者不成文，宜不能傳也。文、理、義三者兼并，乃能獨立於一時，而不泯滅於後代，能必傳也。仲尼曰：「言之無文，行之不遠。」子貢曰：「文猶質也，質猶文也，虎豹之鞟，猶犬羊之鞟。」此之謂也。陸機曰：「怵他人之我先。」韓退之曰：「唯陳言之務去。」假令述笑哂之狀曰「莞爾」，則《論語》言之矣；曰「啞啞」，則《易》言之矣；曰「粲然」，則《穀梁子》言之矣；曰「攸爾」，則班固言之矣；曰「囅然」，則左思言之矣。吾復言之，與前文何以異也？此造言之大歸也。吾所以不協於時，而學古文者，悦古人之行也；悦古人之行者，愛古人之道也。故學其言，不可以不行其行；行其行，不可以不重其道；重其道，不可以不循其禮。

柳宗元《柳宗元集》卷三四《報崔黯秀才論爲文書》 崔生足下：辱書及文章，辭意良高，所嚮慕不凡近，誠有意乎聖人之言。然聖人之言，期以明道，學者務求諸道而遺其辭。辭之傳於世者，必由於書。道假辭而明，辭假書而傳，要之之道而已耳。道之及，及乎物而已耳，斯取道之内者也。今世因貴辭而矜書，粉澤以爲工，遒密以爲能，不亦外乎？吾子之所言道，匪辭而書，其所望於僕，亦匪辭而書，是不亦去及物之道愈以遠乎？僕嘗學聖人之道，身雖窮，志求之不已，庶幾可以語於古。恨與吾子不同州部，閉口無所發明。觀吾子文章，自秀士可通聖人之説。今吾子求於道也外，而望於余也愈外，是其可惜歟！吾且不言，是負吾子數千里不棄朽廢者之意，故復云爾也。

又《答韋中立論師道書》 始吾幼且少，爲文章，以辭爲工。及長，乃知文者以明道，是固不苟爲炳炳烺烺，務采色、夸聲音而以爲能也。凡吾所陳，皆自謂近道，而不知道之果近乎，遠乎？吾子好道而可吾文，或者其於道不遠矣。故吾每爲

文章，未嘗敢以輕心掉之，懼其剽而不留也；未嘗敢以怠心易之，懼其弛而不嚴也；未嘗敢以昏氣出之，懼其昧没而雜也；未嘗敢以矜氣作之，懼其偃蹇而驕也。抑之欲其奥，揚之欲其明，疏之欲其通，廉之欲其節，激而發之欲其清，固而存之欲其重，此吾所以羽翼夫道也。本之《書》以求其質，本之《詩》以求其恒，本之《禮》以求其宜，本之《春秋》以求其斷，本之《易》以求其動，此吾所以取道之原也。參之《穀梁氏》以厲其氣，參之《孟》、《荀》以暢其支，參之《莊》、《老》以肆其端，參之《國語》以博其趣，參之《離騷》以致其幽，參之太史公以著其潔，此吾所以旁推交通而以爲之文也。凡若此者，果是耶，非耶？有取乎，抑其無取乎？吾子幸觀焉擇焉，有餘以告焉。

李商隱《樊南文集》卷八《上崔華州書》 中丞閣下，愚生二十五年矣，五年誦經書，七年弄筆硯，始聞長老言，學道必求古，爲文必有師法。常悒悒不快，退自思曰：夫所謂道，豈古所謂周公、孔子者獨能邪？蓋愚與周孔俱身之耳。以是有行道不繫今古，直揮筆爲文，不愛攘取經史，諱忌時世。百經萬書，異品殊流，又豈能意分出其下哉！

孫樵《孫可之文集》卷三《與友人論文書》 嘗與足下評古今文章，似好惡不相闊者，然不有所竟。顧樵何所得哉？古今所謂文者，辭必高然後爲奇，意必深然後爲工，煥然如日月之經天也，炳然如虎豹之異犬羊也。是故以之明道，則顯而微；以之揚名，則久而傳。今天下以文進取者，歲叢試於有司不下八百輩，人人矜執，自大所得。故其習於易者，則斥澁艱之辭；攻於難者，則鄙平淡之言，至有破句讀以爲工，摘俚語以爲奇。秦漢已降，古文所稱工而奇者，莫若楊、馬，然吾觀其書，乃與今之作者異耳。豈二子所工不及今之人乎，此樵所以惑也。當元和、長慶之間，達官以文馳名者，接武於朝，皆開設户牖，主張後進，以磨定文章，故天下之文薰然歸正。洎李御史甘以樂進後士，飄然南遷，由是達官皆闔關齚舌，不敢上下後進，冝其爲文者得以盛任其意，無所取質，此誠可悲也。足下才力雄健，意語鏗耀，至於發論尚往往爲時俗所拘，豈所謂「以黄金注者昏」耶？顧頑朴無所知曉，然嘗得爲文之道於來公無擇，來公無擇得之皇甫公持正，皇甫持正得之韓先生退之，其所聞者如前所述，豈樵所能臆説乎。

李漢《昌黎先生集序》 文者貫道之器也。不深於斯道，有至焉者不也？《易》繇爻象，《春秋》書事，《詩》詠歌，《書》、《禮》剔其僞，皆深矣乎！秦漢已前其氣渾然，迫乎司馬遷、相如、董生、揚雄、劉向之徒，尤所謂傑然者也。至後漢、曹魏，氣象萎爾；司馬氏已來，規範蕩悉，謂《易》已下爲古文，剽掠潛竊爲工耳。文與道蓁塞固然莫知也。先生生於大曆戊申。幼孤，隨兄播遷韶嶺；兄卒，鞠於嫂氏，辛勤來歸。自知讀書爲文，日記數千百言。比壯，經書通念曉析，酷排釋氏，諸史百子皆搜抉無隱。汗瀾卓踔，奫泫澄深。詭然而蛟龍翔，蔚然而虎鳳躍，鏘然而韶鈞鳴。日光玉潔，周情孔思，千態萬貌，卒澤於道德仁義，炳如也。洞視萬古，愍惻當世，遂大拯頽風，教人自爲。時人始而驚，中而笑且排，先生益堅，終而翕然隨以定。嗚呼！先生於文，摧陷廓清之功，比於武事，可謂雄偉不常者矣！長慶四年冬，先生殁。門人隴西李漢辱知最厚且親，遂收拾遺文，無所失墜。得賦四、古詩二百一十、聯句十一、律詩一百六十、雜著六十五、書啓序九十六、哀詞祭文三十九、碑誌七十六、筆硯鱷魚文三、表狀五十二，總七百，并目録合爲四十一卷，目爲《昌黎先生集》傳於代。又有注《論語》十卷，傳學者；《順宗實録》五卷，列於史書，不在集中。先生諱愈，字退之，官至吏部侍郎。餘在國史本傳。

田錫《咸平集》卷二《貽宋小著書》 稟於天而工拙者，性也；感於物而馳騖者，情也。研《繫辭》之大旨，極《中庸》之微言，道者任運用而自然者也。若使援毫之際，屬思之時，以情合於性，以性合於道，如天地生於道也，萬物生於天地也。隨其運用而得性，任其方圓而寓理，亦猶微風動水，了無定文，太虚浮雲，莫有常態，則文章之有聲氣也，不亦宜哉？比夫丹青布彩，錦繡成文，雖藻縟相宣，而明麗可愛。若與春景似畫，韶光艷陽，百卉青蒼，千華妖冶，疑有神鬼，潛得主張，爲元化之杼機，見昊天之工巧，斯亦不知所以然而然也。則丹青爲妍，無陽和之活景；錦繡曰麗，無造化之真態。以是知天亦不知其自圓，地亦不知其自方。三辰之明，六氣之運，如目之在氣主視，耳之在體司聰，已亦不知其自然也。故謂桂因地而生，不因地而辛；蘭因春而茂，不因春而馨。人傷體則憂，蚋去膽則勇；龜殻便於外，鱓骨樂於衷；草腐而輝光生，物老而妖怪出；松以實而久茂，竹以虚而不凋；騶麟之性仁，虎豹之心暴。得非物性自然哉？錫以是觀韓吏部之高深，柳外郎之精博，微之長於制誥，樂天善於歌謡，牛僧孺辨論是非，陸宣公條奏利害，李白、杜甫之豪健，張謂、吕温之雅麗。錫既拙陋，皆不能宗尚其一焉。但爲文、爲詩、爲銘、爲頌、爲箴、爲贊、爲賦、爲歌，氤氳脗合，心與言會，任其或類於韓，或肖於柳，或依俙於元白，或髣髴於李杜，或淺緩促數，或飛動抑揚。但卷舒一意於洪濛，出入衆賢之閫閾，隨其所歸矣。使物象不能桎梏於我性，文彩不能拘限於天真，然後絶筆而觀，澄神以思，不知文有我歟，我有文歟？

王禹偁《小畜集》卷一八《答張扶書》　夫文，傳道而明心也。古聖人不得已而爲之也。且人能一乎心，至乎道，修己則無咎，事君則有立。及其無位也，懼乎心之所有，不得明乎外；道之所畜，不得傳乎後，於是乎有言焉。又懼乎言之易泯也，於是乎有文焉。信哉！不得已而爲之也。既不得已而爲之，又欲乎句之難道邪，又欲乎義之難曉邪。必不然矣。請以六經明之：《詩》三百篇，皆儷其句，諧其音，可以播管絃、薦宗廟，子之所熟也；《書》者，上古之書，二帝三王之世之文也，言古文者，無出於此，則曰：「惠迪吉，從逆凶。」又曰：「德日新，萬邦惟懷；志自滿，九族乃離。」在《禮儒行》者，夫子之文也，則曰：「衣冠中，動作慎，大讓如慢，小讓如僞。」云云者。在《樂》，則曰：「鼓無當於五聲，五聲不得不和；水無當於五色，五色不得不彰。」在《春秋》，則全以屬辭比事爲教，不可備引焉。在《易》則曰：「乾道成男，坤道成女。日月運行，一寒一暑。」夫豈句之難道邪，夫豈義之難曉邪。今爲文而捨六經，又何法焉。若第取其《書》之所謂「弔由靈」，《易》之所謂「朋合簪」者，模其語而謂之古，亦文之弊也。近世爲古文之主者，韓吏部而已。吾觀吏部之文，未始句之難道也，未始義之難曉也。其間稱樊宗師之文必出於己，不襲蹈前人一言一句。又稱薛逢爲文，以不同俗爲主。然樊薛之文，不行於世，吏部之文，與六經共盡。此蓋吏部誨人不倦，進二子以勸學者。故吏部曰：「吾不師今，不師古，不師難，不師易，不師多，不師少，惟師是爾。」今子年少志專，雅識古道，又其文不背經旨，甚可嘉也。姑能遠師六經，近師吏部，使句之易道，義之易曉，又輔之以學，助之以氣，吾將見子以文顯於時也。某頓首。

趙湘《南陽集》卷六《本文》　靈乎物者文也，固乎文者本也。本在道而通乎神明，隨發以變，萬物之情盡矣。【略】聖人者生乎其間，總文以括二者，故細大幽闡，咸得其分。由是發其要爲仁義孝悌禮樂忠信，俾生民知君臣父子夫婦之業，顯顯焉不混乎禽獸。故在天地間，介介焉示物之變。蓋聖神者，若伏羲之卦，堯舜之典，大禹之謨，湯之誓命，文武之誥，公旦、公奭之詩，孔子之禮樂，丘明之褒貶，垂燭萬祀，赫莫能滅。非固其本，則湮乎一息焉。一息之湮，本且搖矣。而況枝葉能爲後世之蔭乎。而況能盡萬物之清乎。周禮之後，孟軻揚雄頗爲本者，是故其文靈且久。太史公亦漢之尤者也，揚雄呼其文爲實録，道之所推耳。又曰若孔門之用賦者，則賈誼升堂，相如入室，奈孔門之不用乎。然則揚子之言非不用也，本有所不固爾。傳曰：「夫子之文章，可得而聞也。夫子之言性與天道，不可得而聞也。」大哉，夫子之言，皆文也。所謂不可得而聞者，本乎道而已矣。後世之謂文者，求本于飾，故爲閱玩之具，競本而不疑，去道而不恥，淫巫蕩假，磨滅聲教，將欲盡萬物之情性，發仁義禮樂之根蒂，是郤克爲長萬之行，吾不見其易矣。或曰：古之文章，所以固本者皆聖與賢，今非聖賢，若之何能之。對曰：聖與賢不必在古而在今也。彼之狀亦人爾，其聖賢者心也。其心仁焉、義焉、禮焉、智焉、信焉、孝悌焉，則聖賢矣。以其心之道，發爲文章，教人于萬世，萬世不泯，則固本也。今學古之文章而不求古之仁義之道，反自謂非聖賢不能爲之，是果中道而廢者，果賊于儒術者，爲蠹教之物者。古之人將教天下，必定其家，必正其身。將正其身，必治其心。將治其心，必固其道。道且固矣，然後發辭以爲文，無淩替之懼，本末斯盛，雖曰未教，吾必謂之教矣。如不能，是不若盲聵之夫也。盲聵者，不學聖人之道，罔然無所知識。雖無所知，猶不爲儒術之殘賊，不爲聖教之罪人矣。吁嗟，如是之不固也，其幸未混于禽獸爾，而況能教人耶，而況能道于萬世耶。

姚鉉《唐文粹序》　文粹謂何？纂唐賢文章之英粹者也。《詩》之作，有雅頌之雍容焉。《書》之興，有典誥之憲度焉。《禮》備《樂》舉，則威儀之可觀，鏗鏘之可聽也。大《易》定天下之業，而兆乎爻象。《春秋》寫一王之法，而繫於褒貶。若是者，得非文之純粹而已乎！是故，志其學者必探其道，探其道者必詣其極。然後隱而晦之，則金渾玉璞，君子之道也。發而明之，則龍飛虎變，大人之文也。自微言絶響，聖道委地，屈平、宋玉之辭，不陷於怨懟，則溺于謿惑。漢興，賈誼始以佐主之道、經世之文而求用于文帝，絳灌忌才，卒罹讒謫。其後公孫弘、董仲舒、晁錯咸以文進，或用或升，或黜或誅。至若嚴助、徐樂、吾丘壽王、司馬長卿輩，皆才之雄者也，終不得大用，但侍從優遊而已。如劉向、司馬遷、揚子雲、東京二班、崔蔡之徒，皆命世之才，垂後代之法，張大德業，浩然無際。至于魏晉，文風下衰，宋齊以降，益以澆薄。然其間鼓曹劉之氣燄，聳潘陸之風格，舒顔謝之清麗，藹何劉之婉雅，雖風興或缺，而篇翰可觀。至梁昭明太子統，始自楚騷，終于本朝，盡索歷代才士之文，築臺而選之，得三十卷，號曰《文選》，亦一家之奇書也。厥後，徐、庾之輩，淫靡相繼。下迨隋季，咸無取焉。有唐三百年，用文治天下。陳子昂起於庸蜀，始振風雅。繇是沈、宋嗣興，李、杜傑出，六義四始，一變至道。洎張燕公以輔相之才，專譔述之任，雄辭逸氣，聳動羣聽。蘇許公繼以宏麗，丕變習俗。而後蕭李以二雅之辭本述作，常楊以三盤之體演絲綸，郁郁之文於是乎在。惟韓吏部超卓羣流，獨高遂古，以二帝三王爲根本，以六經四教爲宗師，憑淩轥轢，首唱古文，遏橫流於昏墊，闢正道於夷坦。於是柳子厚、李元賓、李翺、皇甫湜又從而和之，則我先

聖孔子之道，炳焉懸諸日月。故論者以退之之文，可繼揚、孟，斯得之矣。至於賈常侍至、李補闕翰、元容州結、獨孤常州及、吕衡州温、梁補闕肅、權文公德輿、劉賓客禹錫、白尚書居易、元江夏稹，皆文之雄傑者歟！世謂貞元、元和之間辭人咳唾皆成珠玉，豈誣也哉！

釋智圓《閑居編》卷二九《送庶幾序》 吾今年夏，養病於孤山之下，雖困躓癯瘠，而以道自勝，晏如也。户庭闃然，無闒茸者之跡，時有一顧於吾者，皆名僧巨儒耳。秋八月，律僧庶幾謁吾，甚謹，既坐而避席，且言欲從吾受古聖人書，學古聖人之爲文，冀吾採納以誨之也。吾甚壯其志，以其能倍俗之好尚，慕淳古之道，斯則睎驥之徒也。因命復坐，而語之曰：吾無深識遠見，胡能授若聖人之書乎？吾非魁手鉅筆，胡能教若聖人之爲文乎？然吾於學佛外，考周孔遺文，究楊孟之言，或得微旨。若不以吾爲不肖，欲從吾學，吾於古聖人之文，豈有隱乎？夫所謂古文者，宗古道而立言，言必明乎古道也。古道者何，聖師仲尼所行之道也。昔者仲尼祖述堯舜，憲章文武，六經大備。要其所歸，無越仁義五常也。仁義五常謂之古道也。若將有志於斯文也，必也研幾乎五常之道，不失於中而達乎變，變而通，通則久，久而合。道既得之於心矣，然後吐之爲文章，敷之爲教化，俾爲君者如勛華，爲臣者如元愷，天下之民如堯舜之民，救時之弊，明政之失，不順非，不多愛。苟與世齟齬，言不見用，亦冀垂空言於百世之下，闡明四代之訓。覽之者有以知帝王之道可貴，霸戰之道可賤，仁義敦，禮樂作，俾淳風之不墜，而名揚於青史。蓋爲文之志也。古文之作，誠盡此矣，非止澀其文字，難其句讀，然後爲古文也。果以澀其文字，難其句讀爲古文者，則老莊楊墨異端之書，亦何嘗聲律耦對邪？以楊墨老莊之書爲古文可乎？不可也。老莊楊墨棄仁義，廢禮樂，非吾仲尼祖述堯舜、憲章文武之古道也。故爲文入於老莊者謂之雜，宗於周孔者爲之純。馬遷班固之書，先黄老，後六經，抑忠臣，飾主闕，先儒文之雜也；孟軻揚雄之書，排楊墨，罪霸戰，黜浮僞，尚仁義，先儒文之純也。吾嘗試論之，以其古其辭而倍於儒，豈若今其辭而宗於儒也。今其辭而宗於儒，謂之古文可也；古其辭而倍於儒，謂之古文不可也。雖然，辭意俱古，吾有取焉爾。且代人所爲聲耦之文，未見有根仁柢義，模賢範聖之作者，連簡累牘，不出月露風雲之狀，諂時附勢之談，適足以傷敗風俗，何益於教化哉？夫爲文者，固其志，守其道，無隨俗之好惡而變其學也。李唐韓文公《與馮宿書》曰：「僕爲文久，每自測意中以爲好，則人必以爲惡矣。小稱意，人亦不怪；大稱意，即人必大怪之也。時時應事作俗下者，下筆令人慙，及示人，人以爲好矣。小慙者，亦蒙謂之小好；大慙者，必以爲大好矣。」觀文公之言，則古文非時所尚久矣。非禀粹和之氣，樂淳正之道，胡能好之哉？若年齒且壯，苟於斯道加鞭不止，無使俗謂大好，無令心有大慙，然後砥礪名節，不混庸類，則吾將期若於聖賢之域也。苟有其文而行違之，則鳳鳴而隼翼也，欲道之行，吾不信也。《語》曰：「子張問行，子曰：言忠信，行篤敬，雖蠻貊之邦行矣。言不忠信，行不篤敬，雖州里，行乎哉？」若其志之。幾退而爲文，異日以數篇見於吾。覽其辭，頗有意，冀能擯於浮華，尚於理致。噫！其可教也，成器可待也。吾由是待之異於他等。冬十月，亟請於吾曰：幾既承訓，今將有嘉禾之行，不得蚤莫見，乞言以爲戒。吾因録誨幾之言以爲貺，俾無忽忘之也。踐吾之言，則道可至矣。或曰：子佛氏之徒也，何言儒之甚乎？對曰：幾從吾學儒也，故吾以儒告之，不能雜以釋也。幾將從吾學釋也，吾則以釋告之，亦不能雜以儒也。不瀆其告，古之道也。

歐陽修《居士集》卷四七《答吴充秀才書》 修頓首白先輩吴君足下。前辱示書及文三篇，發而讀之，浩乎若千萬言之多，及少定而視焉，纔數百言爾。非夫辭豐意雄，霈然有不可禦之勢，何以至此！然猶自患倀倀莫有開之使前者，此好學之謙言也。修材不足用於時，仕不足榮於世，其毁譽不足輕重，氣力不足動人。世之欲假譽以爲重，借力而後進者，奚取於修焉？先輩學精文雄，其施於時，又非待修譽而爲重、力而後進者也。然而惠然見臨，若有所責，得非急於謀道，不擇其人而問焉者歟？夫學者未始不爲道，而至者鮮焉。非道之於人遠也，學者有所溺焉爾。蓋文之爲言，難工而可喜，易悦而自足。世之學者往往溺之，一有工焉，則曰：「吾學足矣。」甚者至棄百事不關于心，曰：「吾文士也，職於文而已。」此其所以至之鮮也。昔孔子老而歸魯，六經之作，數年之頃爾。然讀《易》者如無《春秋》，讀《書》者如無《詩》，何其用功少而至於至也！聖人之文雖不可及，然大抵道勝者文不難而自至也。故孟子皇皇不暇著書，荀卿蓋亦晚而有作。若子雲、仲淹，方勉焉以模言語，此道未足而强言者也。後之惑者，徒見前世之文傳，以爲學者文而已，故愈力愈勤而不至。此足下所謂終日不出於軒序，不能縱横高下皆如意者，道未足也。若道之充焉，雖行乎天地，入于淵泉，無不之也。先輩之文浩乎霈然，可謂善矣。而又志於爲道，猶自以爲未廣，若不止焉，孟、荀可至而不難也。修學道而不至者，然幸不甘於所悦而溺於所止；因吾子之能不自止，又以勵修之少進焉。幸甚幸甚。

司馬光《司馬温公文集·迂書·文害》 或謂迂叟：「子於道則得其一二矣，

惜乎無文以發之。」迂叟曰：「然，君子有文以明道，小人有文以發身，夫變白以爲黑，轉南以爲北，非小人有文者孰能之。」

曾鞏《曾鞏集》卷一一《南齊書目録序》　《南齊書》八紀，十一志，四十列傳，合五十九篇，梁蕭子顯撰。始，江淹已爲《十志》，沈約又爲《齊紀》，而子顯自表武帝，别爲此書。臣等因校正其訛謬，而敍其篇目曰：將以是非得失興壞理亂之故而爲法戒，則必得其所託，而後能傳於久，此史之所以作也。然而所託不得其人，則或失其意，或亂其實，或析理之不通，或設辭之不善，故雖有殊功韙德非常之迹，將暗而不章，鬱而不發，而檮杌嵬瑣奸回凶慝之形，可幸而掩也。嘗試論之，古之所謂良史者，其明必足以周萬事之理，其道必足以適天下之用，其智必足以通難知之意，其文必足以發難顯之情，然後其任可得而稱也。何以知其然也？昔者唐虞有神明之性，有微妙之德，使由之者不能知，知之者不能名，以爲治天下之本。號令之所布，法度之所設，其言至約，其體至備，以爲治天下之具，而爲二典者推而明之。所記者豈獨其迹也？并與其深微之意而傳之，小大精粗無不盡也，本末先後無不白也。使誦其説者如出乎其時，求其旨者如即乎其人。是可不謂明足以周萬事之理，道足以適天下之用，知足以通難知之意，文足以發難顯之情者乎？則方是之時，豈特任政者皆天下之士哉？蓋執簡操筆而隨者，亦皆聖人之徒也。兩漢以來，爲史者去之遠矣。司馬遷從五帝三王既没數千載之後，秦火之餘，因散絶殘脱之經，以及傳記百家之説，區區掇拾，以集著其善惡之迹，興廢之端，又創己意，以爲本紀、世家、八書、列傳之文，斯亦可謂奇矣。然而蔽害天下之聖法，是非顛倒而采摭謬亂者，亦豈少哉？是豈可不謂明不足以周萬事之理，道不足以適天下之用，智不足以通難知之意，文不足以發難顯之情者乎！夫自三代以後，爲史者如遷之文，亦不可不謂雋偉拔出之才、非常之士也。然顧以謂明不足以周萬事之理，道不足以適天下之用，智不足以通難知之意，文不足以發難顯之情者，何哉？蓋聖賢之高致，遷固有不能純達其情，而見之於後者矣，故不得而與之也。遷之得失如此，況其他邪？至於宋、齊、梁、陳、後魏、後周之書，蓋無以議爲也。子顯之於斯文，喜自馳騁，其更改破析刻雕藻績之變尤多，而其文益下，豈夫材固不可以强而有邪？數世之史既然，故其事迹暖昧，雖有隨世以就功名之君，相與合謀之臣，未有赫然得傾動天下之耳目，播天下之口者也。而一時偷奪傾危，悖禮反義之人，亦幸而不暴著於世，豈非所託不得其人故也？可不惜哉！蓋史者所以明夫治天下之道也，故爲之者亦必天下之材，然後其任可得而稱也。豈可忽哉！豈可忽哉！

又卷五一《讀賈誼傳》　余讀三代兩漢之書，至於奇辭奥旨，光輝淵澄，洞達心腑，如登高山以望長江之活流，而恍然駭其氣之壯也。故詭辭誘之而不能動，淫辭迫之而不能顧，考是與非若别白黑而不能惑，浩浩洋洋，波徹際涯，雖千萬年之遠，而若會於吾心，蓋自喜其資之者深而得之者多也。既而遇事輒發，足以自壯其氣，覺其辭源源來而不雜，别吾粗以迎其真，植吾本以質其華。其高足以凌青雲，抗太虚，而不入於詭誕；其下足以盡山川草木之理，形狀變化之情，而不入於卑污。及其事多，而憂深慮遠之激扜有觸於吾心，而干於吾氣，故其言多而出於無聊，讀之有憂愁不忍之態，然其氣要以爲無傷也，於是又自喜其無入而不宜矣。使予位之朝廷，視天子所以措置指畫號令天下之意，作之訓辭，鏤之金石，以傳太平無窮之業，蓋未必不有可觀者，遇其所感，寓其所志，則自以爲皆無傷也。余悲賈生之不遇。觀其爲文，經畫天下之便宜，足以見其康天下之心。觀其過湘爲賦以吊屈原，足以見其憫時憂國，而有觸於其氣。後之人責其一不遇而爲是憂怨之言，乃不知古詩之作，皆古窮人之辭，要之不悖於道義者，皆可取也。賈生少年多才，見文帝極陳天下之事，毅然無所阿避。而絳灌之武夫相遭於朝，譬之投規於矩，雖强之不合，故斥去，不得與聞朝廷之事，以奮其中之所欲言。彼其不發於一時，猶可託文以攄其蕴，則夫賈生之志，其亦可罪耶？故予之窮餓，足以知人之窮者，亦必若此。又嘗學文章，而知窮人之辭，自古皆然，是以於賈生少進焉。嗚呼！使賈生卒其所施，爲其功業，宜有可述者，又豈空言以道之哉？予之所以自悲者，亦若此。然世之知者，其誰歟？雖不吾知，誰患耶！

吕南公《灌園集》卷一一《與汪秘校論文書》　蓋所謂文者，所以序乎言者也。民之生，非病啞吃，皆有言，而賢者獨能成存於序，此文之所以稱。古之人以爲道在已，而言及人。言而非其序，則不足以致道治人，是故不敢廢文。堯舜以來，其文可得而見，然其辭致抑揚上下，與時而變，不襲一體。蓋言以道爲主，而文以言爲主。當其所值時事不同，則其心氣所到亦各成其言，以見於所序。要皆不違乎道而已。商之書，其文未嘗似虞夏，而周之書，其文亦不似商書，此其大概。若條件而觀之，則《謨》不類《典》，《五子之歌》不類《禹貢》，《盤庚》不類《説命》，《微子》又不類《伊訓》，至於《泰誓》、《洪範》、《大誥》、《周官》、《吕刑》之文，皆不相類也。蓋古人之於文，知由道以充其氣，充氣然後資之言，以了其心，則其序文之體自然盡善，而不在準倣。自周之晚，六經始集，七十子之徒雖不以誦經爲功，然其尊仰孔子盛於前世，及孟子、荀卿相望而出，益復尊孔子而小衆家。故秦火既冷，而漢代

諸生爲辭，不敢自信其心，而曰：「我歌頌帝王盛德與夫論述世故，皆出入六經，峻有師法，不可庇類。」此西漢文所以見高於世，而東京以下學士，不易其説也。雖然，亦其説如此。劉向之文未嘗似仲舒，而相如之文未嘗似馬遷，揚雄之文亦不傚孟子也。張衡、左思等輩，於道如從管間窺豹，故其所作文賦，緊持揚、馬襟袖，而不敢縱其握。自是文章世衰一世，幾於童子之臨模矣。繇揚雄至元和千百年而後，韓柳作。韓柳之文未嘗相似也，而前此中間寂寞無足稱。豈其固無人？其患起於不知由道以充氣，而置我心以視傚他人，故雖勞猶不能傑然自立。去元和至吾宋又數百年，而有歐王之盛。宗其學者，文辭往往奇特，然至今者又已少貶。蓋文之爲道，由東京以下，始與經家分兩岐。其弊起於氣不足。以序言之人恥無所述，因乃瑣屑解詁，過自封殖，且高其言以欺耀後生曰：「文者，虚辭，非吾所取。吾當釋經以明道而已。」疲輭人喜論銷兵，是故相師而成黨。嗟乎！從之者亦不思矣。夫揚馬以前，文章何嘗失道之旨哉。今之學士，抑又鼓倡争言韓柳未及知道，不足以與明，不如康成、王肅諸人稍近議論。噫！又過矣！夫所爲知道者，果將何爲？必將善於行事而有益於世也。不識康成、王肅之行事有以大過人乎？如以爲行事因時，難相比責，則所以去取重輕者，無乃謂學經貫穿衆説，難於立意成篇乎？是又非吾所信。且天下孰有能飲千鍾而不能三爵者。彼解詁章句，三爵之才而已。陸澄非不能説經，而當時有書厨之譏，此足以見爲文難於解詁。夫使韓柳爲澄之解，而有不能乎？彼韓柳者，蓋知古人之學不如此，是以略其不足爲者，精於其可爲者耳。説者又云：「吾不論説經，爲文之難易，但經術明則道可行，吾故趣於此。」此亦不然。夫康成、王肅之時，大亂數百年而後止，此時學者豈不知宗本王、鄭經術耶？道何以不行也？孔孟以前學者未嘗解經，而言治者每稱三代。且先王所謂明道者，豈解詁章句之謂乎？後人欲追治古經，而按此以進焉，吾不知其與捕風者何異矣。天下治亂有常勢也，儒者之才不務見於事功，以助爲國者之福，而希世沽名，苟爲家説，以亂古書，自稱高妙，此何所補？陸淳豈不明《春秋》，希聲豈不明《易》，祝欽明豈不明《三禮》，然此徒於當時治亂爲有補乎否也？而後生方倚此論功，不自信其心，以思自古文學道德之變，而更紛紛輕視文人。且文章豈足爲儒者之功？即能之，固不必恃。然解詁人輕之，亦錯矣。是飲千鍾者不自以爲能酒，而三爵者反笑千鍾之醉也。某不佞，少年時浪事慷慨，欲以文學自立。二十有餘，猶不得其緒，以爲能事止於時文而已。蓋至於二十四五，然後克有所見：於《列》、《莊》，見道之書；於六經，見道之訓；於百家，見道之所以文，而文之所以得；於十八代史，見道之所以變，沈酣而演繹之。竊以誠心自許，私嘗以爲文學之事，雖使聖人復生，不得廢吾所是。而遭時不偶，有前之云云。天下滔滔，未易同志，唯當勒成一家，俟之百世焉耳。秘校才高而識敏，亟從時俊之列，超拔入官，而學問淹該如不自足，方用謙屈，乃以及於鄙文。且某何敢愛哉，但竊有所疑者：當今文與經家分黨之際，未知秘校所取何等之文耳？若堯舜以來，揚馬以前，與夫韓柳之作，此某所謂文者。若乃場屋詭僞刼剽穿鑿，猥冗之文，則某之所恥者。往時嘗爲之矣，然未嘗以之比數於文也。譬猶美女時花，細麗艷妖，朝盛而夕衰焉，目雖偶游，不足以爲榮觀。必若黄河泰山，峻厚高簡，渾灝奔注，與天地齊同，而日月不能老之者，此某之所以究心。未識所取亦在此否？

張耒《張耒集》卷五五《答李推官書》 夫文何謂而設也？知理者不能言，世之能言者多矣，而文者獨傳。豈獨傳哉？因其能文也而言益工，因其言工而理益明，是以聖人貴之。自《六經》以下，至于諸子百氏、騷人辯士論述，大抵皆將以爲寓理之具也。是故理勝者文不期工而工，理詘者巧爲粉澤而隙間百出。此猶兩人持牒而訟，直者操筆不待，累累讀之如破竹，横斜反覆自中節目；曲者雖使假詞于子貢，問字于揚雄，如列五味而不能調和，食之于口無一可愜，況可使人玩味之乎？故學文之端，急于明理。夫不知爲文者，無所復道，如知文而不務理，求文之工，世未嘗有是也。夫決水于江河淮海也，水順道而行，滔滔汩汩，日夜不止，衝砥柱，絶吕梁，放于江湖而納之海。其舒爲淪漣，鼓爲波濤，激之爲風飆，怒之爲雷霆，蛟龍魚黿，噴薄出没，是水之奇變也。而水初豈如此哉？是順道而決之，因其所適而變生焉。溝瀆東決而西竭，下滿而上虚，日夜激之，欲見其奇，彼其所至者，蛙蛭之玩耳。江河淮海之水，理達之文也，不求奇而奇至矣。激溝瀆而求水之奇，此無見于理，而欲以言語句讀爲奇之文也。《六經》之文莫奇于《易》，莫簡于《春秋》，夫豈以奇與簡爲務哉？勢自然耳。《傳》曰：「吉人之詞寡。」彼豈惡繁而好寡哉？雖欲爲繁，不可得也。自唐以來至今，文人好奇者不一。甚者或爲缺句斷章，使脈理不屬，又取古書訓詁希于見聞者，撏扯而牽合之，或得其字不得其句，或得其句不得其章，反覆咀嚼，卒亦無有，此最文之陋也。足下之文，雖不若此，然其意靡靡似主于奇矣。故預爲足下陳之，願無以僕之言質俚而不省也。

朱熹《朱子語類》卷一三九《論文上》 才卿問：「韓文《李漢序》頭一句甚好。」曰：「公道好，某看來有病。」陳曰：「『文者，貫道之器。』且如六經是文，其中所道皆是這道理，如何有病？」曰：「不然。這文皆是從道中流出，豈有文反能貫

道之理？文是文，道是道，文只如喫飯時下飯耳。若以文貫道，却是把本爲末。以末爲本，可乎？其後作文者皆是如此。」東坡文字明快。老蘇文雄渾，儘有好處。如歐公、曾南豐、韓昌黎之文，豈可不看？柳文雖不全好，亦當擇。合數家之文擇之，無二百篇。下此則不須看，恐低了人手段。但採他好處以爲議論，足矣。若班馬孟子，則是大底文字。韓文高。歐陽文可學。曾文一字挨一字，謹嚴，然太迫。又云：「今人學文者，何曾作得一篇！枉費了許多氣力。大意主乎學問以明理，則自然發爲好文章。詩亦然。」國初文章，皆嚴重老成。嘗觀嘉祐以前誥詞等，言語有甚拙者，而其人才皆是當世有名之士。蓋其文雖拙，而其辭謹重，有欲工而不能之意，所以風俗渾厚。至歐公文字，好底便十分好，然猶有甚拙底，未散得他和氣。到東坡文字便已馳騁，忒巧了。及宣政間，則窮極華麗，都散了和氣。六一文有斷續不接處，【略】然有紆餘曲折，辭少意多，玩味不能已者，又非辭意一直者比。《黄夢升墓誌》極好。歐公文字鋒刃利，文字好，議論亦好。文字到歐曾蘇，道理到二程，方是暢。荆公文暗。歐公文字敷腴温潤。曾南豐文字又更峻潔，雖議論有淺近處，然却平正好。到得東坡，便傷於巧，議論有不正當處。後來到中原，見歐公諸人了，文字方稍平。老蘇尤甚。大抵已前文字都平正，人亦不會大段巧説。自三蘇文出，學者始日趨於巧。如李泰伯文尚平正明白，然亦已自有些巧了。

陸九淵《陸九淵集》卷一五《與陶贊仲書》 《荆公祠堂記》與元晦三書併往，可精觀熟讀，此數文皆明道之文，非止一時辯論之文也。元晦書偶無本在此，要亦不必看，若看亦無理會處。吾文條析甚明，所舉晦翁書辭皆寫其全文，不增損一字。看晦翁書，但見糊塗，没理會。觀吾書，坦然明白。吾所明之理，乃天下之正理、實理、常理、公理，所謂「本諸身，證諸庶民，考諸三王而不謬，建諸天地而不悖，質諸鬼神而無疑，百世以俟聖人而不惑者也」。學者正要窮此理，明此理。今之言窮理者皆凡庸之人，不遇真實師友，妄以異端邪說更相欺誑，非獨欺人誑人，亦自欺自誑，謂之謬妄，謂之蒙闇，何理之明，何理之窮哉？贊仲爲人質實，學雖未至，且守質朴，隨分檢省，雖未必盡是，卻儘勝誑妄之人。爲學只要睹是，不要與人較勝負。今學失其道者，不過習邪說，更相欺誑，以滋養其勝心而已。古人所謂異端者，不專指佛老。「異端」二字出《論語》，是孔子之言。孔子之時，中國不聞有佛，雖有老氏，其說未熾。孔子亦不曾闢老氏，異端豈專指老氏哉？天下正理不容有二。若明此理，天地不能異此，鬼神不能異此，千古聖賢不能異此。若不明此理，私有端緒，即是異端，何止佛老哉？近世言窮理者亦不到佛老地位，若借佛老爲說，亦是妄說。其言闢佛老者亦是妄說。今世卻有一種天資忠厚、行事謹愨者，雖不談學問，却可爲朋友。惟是談學而無師承，與師承之不正者，最爲害道。與之居處，與之言論，只漸染得謬妄之說，他時難於洗濯。不如且據見在朴實頭自作工夫，今雖未是，後遇明師友，卻易整頓也。理須是窮，但今時卻無窮理之人。何時得一來，以究此義。

李塗《文章精義》 《易》、《詩》、《書》、《儀禮》、《春秋》、《論語》、《大學》、《中庸》、《孟子》，皆聖賢明道經世之書，雖非爲作文設，而千萬世文章從是出焉。

郝經《陵川集》卷二三《答友人論文法書》 經白：書來惠問作文法度、利病，何吾子過於巽下，以能問不能，猶以工師審繩墨於匠人也，何倒置若是之甚哉！然切磋之義不可廢，非吾子之言，何以發經之蒙覆，動某之狂言哉！二帝、三王無文人；仲尼之門，雖曰文學，亦無後世篇、題、辭、章之文：故先秦不論文。騷人作而辭賦盛，故西漢始論文，時則有揚雄之書。東漢復論文，時則有蔡邕之書。建安以來，詩文益盛，語三國則有魏文帝、陳思王之論；語晋宋則有陸機、沈約之作；折衷南北七代，則有文中子之說。至李唐，則韓柳氏爲規矩大匠，如韓之《答李翊》、《上于襄陽》、《答尉遲生》、《與馮宿》，柳之《與楊京兆》、《答韋中立》、《報陳秀才》、《答韋珩》、《復杜温夫》及《與友人》等作，加之以李翱之《答王載言》、《寄從弟正辭》，皇甫湜之《答李生》、《復答李生》。下逮歐、王、蘇、黄之論議，則窮原極委，無所不至其極，無法復可說，百世有餘師矣。經何人也，而敢復論文章之法乎？顧有一焉不敢告也。爲文則固自有法，故先儒謂作文「體制立而後文勢成」。雖然，理者法之源，法者理之具，理致夫道，法工夫技。明理，法之本也。吾子所謂法度、利病，近世以文爲技，與求夫法、資於人而作之者也。非古之以理爲文，自爲之意也。古之爲文也，理明義熟，辭以達志爾。若源泉奮地而出，悠然而行，奔注曲折，自成態度，匯于江而注之海。不期於工而自工，無意於法而皆自爲法。故古之爲文，法在文成之後，辭由理出，文自辭生，法以文著，相因而成也，非與求法而作之也。後世之爲文也則不然，先求法度，然後措辭以求理，若抱杼軸，求人之絲枲而織之，經營比次，絡繹接續，以求端緒，未措一辭，鈐制夭閼於胸中，惟恐其不工而無法。故後之爲文，法在文成之前，以理從辭，以辭從文，以文從法，一資於人而無我，是以愈工而愈不工，愈有法而愈無法，祗爲近世之文，弗逮乎古矣。夫理，文之本也；法，文之末也。有理則有法矣，未有無理而有法者也。六經，理之極，文之至，法之備也。故《易》有陽陰奇耦之理，然後有卦畫爻象之法；《書》有道德仁義之理，而

後有典謨訓誥之法；《詩》有性情教化之理，而後有風賦比興之法；《春秋》有是非邪正之理，而後有褒貶筆削之法；《禮》有卑高上下之理，然後有隆殺度數之法；《樂》有清濁盛衰之理，而後有律呂舒綴之法。始皆法在文中，文在理中，聖人制作裁成，然後爲大法，使天下萬世知理之所在而用之也。自孔孟氏没，理寖廢，文寖彰，法寖多。於是左氏釋經而有傳注之法，莊荀著書而有辨論之法，屈宋尚辭而有騷賦之法，馬遷作史而有序事之法，自賈誼、董仲舒、劉向、揚雄、班固，至韓、柳、歐、蘇氏，作爲文章而有文章之法。皆以理爲辭，而文法自具，篇篇有法，句句有法，字字有法，所以爲百世之師也。故今之爲文者，不必求人之法以爲法，明夫理而已矣。精窮天下之理，而造化在我。以是理爲是辭，作是文，成是法，皆自我作。志帥行權，多多益善。標識根據，不偏不倚，中天下、准四海以爲正；輝光照耀，炳烈粲發，引日星、麗霄漢以爲明；造微入妙，探賾索隱，極九地、築底裏以爲深；包括綿長，籠罩遐外，塵天地、芥太極以爲大；龍驤虎步，瞰眺八極，登風雲、厲威震以爲雄；躋攀倚拔，窮原無上，棄形器、脱凡邇以爲高；莽蒼闊越，混涵太樸，鬱鴻荒、全渾沌以爲古；震雷霆，開昏塞，節八音，鳴萬籟，有始有卒，如律如吕以爲聲；通一元，貫四時，塞天地，鼓萬物，噴薄動蕩，生成化育以爲氣；挈矩布算，撙節量度，徑圍天地，位置六合，規萬世以爲格；巍岸磊落，欲顛欲立，隳疊太華，推移日觀，屹萬仞以爲形；敷布振迅，欲斂欲溢，排闥孟門，疏鑿灩澦，决萬里以爲勢。爲門爲庭，爲堂爲殿，爲樓爲閣以爲間架；爲甲爲乙，爲首爲尾，爲腹爲背以爲鋪叙；爲閉爲錮，爲構爲締，爲聯爲屬，爲橐爲籥以爲關鍵；爲困爲稟，爲庾爲倉，爲筐爲篚，爲裹爲囊以爲含蓄；爲坐爲作，爲進爲退，爲折爲還，爲舒爲疾以爲步驟；爲莊爲嶽，爲逵爲軌，爲途爲路，爲縱爲横以爲馳騁；爲經爲緯，爲端爲緒，爲錯爲綜，爲織爲纴以爲機杼。錬金鎔錫以爲精，礱石磨玉以爲潔，去陳剥爛以爲新，苴漏塞罅以爲密，昭布森列以爲博，旁搜遠紹以爲邃，依違譎避以爲婉，紆餘曲折以爲態，容與平坦以爲易，遏塞險澀以爲難，澄湛静敞以爲清，激揚蹈厲以爲節，優遊不迫以爲暇，頓放妥帖以爲安，建置强崛以爲固，鼎峙山立以爲重，持綱挈要以爲簡，填委克塞以爲富，穿徹沈著以爲快，警策峻緊以爲偉，瓷睢徜徉以爲肆，齊莊謹肅以爲嚴，翦截裁制以爲整，超卓頓挫以爲壯，擁衛倚叠以爲厚，脱暢便利以爲通，一唱三嘆以爲感，剴切訐忤以爲激，咀嚼雋永以爲味，深長奥衍以爲趣，音節中適以爲和，抑揚起伏以爲變，瑰詭譎怪以爲奇，雕鏤無迹以爲巧，成就而無作爲，順理而不生事以爲化。耳目口鼻，四體衣冠具，不瘖不痺，活而不死以爲備。不知其所以然而然，莫非自然以爲神，則法亦不可勝用。我亦古之作者，亦可爲百世師矣，豈規規孑孑求人之法而後爲之乎？故先秦之文則稱《左氏》、《國語》、《戰國策》、莊、荀、屈、宋，二漢之文則稱賈誼、董仲舒、司馬遷、劉向、揚雄、班固、蔡邕，唐之文則稱韓柳，宋之文則稱歐蘇，中間千有餘年，不啻數千百人，皆弗稱也。騷賦之法則本屈宋，作史之法則本馬遷，著述之法則本班揚，金石之法則本蔡邕，古文之法則本韓柳，論議之法則本歐蘇，中間千有餘年，不啻數千百文，皆弗法也。何者？能自得理而立法耳，故能名家而爲人之法。苟志於人之法而爲之，何以能名家乎？故三國、六朝無名家，以先秦、二漢爲法而不敢自爲也；五季及今無名家，以唐宋爲法而不敢自爲也。韓文公每語人以力去陳言，當自作，但識字，言從字順，識職而已，不當蹈襲故爛，謂宏詞詞賦爲俳優，皆此意也。然則前人不足法歟？文有大法，無定法。觀前人之法而自爲之，而自立其法。彼爲綺，我爲錦，彼爲榭，我爲觀，彼爲舟，我爲車，則其法不死，文自新而法無窮矣。近世以來，紛紛焉求人之法以爲法，玩物喪志，闚竊模寫之不暇，一失步驟，則以爲狂爲惑，於是不敢自作。不復見古之文，不復有六經之純粹至善，孔孟之明白正大，左氏之麗縟，莊周之邁往，屈宋之幽婉，無復賈、馬、班、揚、韓、柳、歐、蘇之雄奇、高古、清新、典雅、精潔、恣肆、豪宕之作，總爲循規蹈矩决科之程文，卑弱日下，又甚齊、梁、五季之際矣。嗚呼！文固有法，不必志于法，法當立諸已，不當泥諸人。不欲爲作者則已，欲爲作者、名家，而如古之人，舍是將安之乎？是經之志也，故敢以爲復，然未知其是且非也，吾子幸復惠教焉。

姚燧《牧庵集》卷四《送暢純甫序》 歐陽子爲宋一代文宗，一時所交海内豪俊之士，計不千百而止。及謝希深、尹師魯二人者死，序《集古録》遂有無謝尹知音之恨。嗚呼，豈文章也作者難，而知之者尤難歟。余嘗思古之人，惟其言之可以行後爲恃，以待他日子雲者出，將不病夫舉一世之人不余知也，今乃若是。其以有知者爲快，而失之爲悲歟。余冠首時，未嘗學文，視輩流所作，惟見其不如古人者。雖不敢輕非諸口，而亦未嘗輕是於心也。過而自思，人之能者，余操慮持論且然，余不能之，何以免人無嫉賢之譏。余年二十四，始取韓文讀之，走筆試爲，持以示人。譬如童子之鬬草，彼能是，余亦能是；彼有是，余亦有是，特爲士林禦侮之一技焉耳。或謂有作者風，私心益不喜，以爲彼忠厚者不欲遽相斥笑，姑爲是諛言以愚之。不然，殆鼓舞之，希進其成也。自是蒙恥益作，既示之人，且就正于先師。先師亦賞其辭，而戒之曰：「弓矢爲物，以待盜也。使盜得之，亦將待人。文章固

發聞士子之利器，然先有能一世之名，將何以應人之見役者哉。非其人而與之，與非其人而拒之，鈞罪也，非周身斯世之道也。」余用是廢作，有亦不以示人。純甫自言，得余隻字一言不棄而録之。又言：「世無知公者。豈惟知之，讀而能句，句而得其意者猶寡。」嗚呼，世固有厭空桑之瑟而思聞鼓缶者乎。然文章以道輕重，道以文章輕重。世復有班孟堅者出，表古今人物，九品之中，必以一等置歐陽子，則爲去聖賢也有級而不遠，其文雖無謝尹之知，不害于行後，猶以失之爲悲。下下之外，豈別有等置余爲哉，則爲去聖賢也無級而絶遠，其文如風花之逐水，霜葉之委土，朝夕腐耳，豈有一言之幾乎古，可聞之將來乎。純甫獨信之，自余不可不謂之知己，足爲百年之快。恐純甫由此而取四海不知言之非也。然純甫實善文，其不輕以出者，將以今爲未積，積而至於他日，以騷雅末流、典謨一致乎。將恃夫涖民，既爲循吏；持憲既爲才御史；富民又將爲良大農，道行一時，無暇于爲言乎。豈以世莫己知，有之而退藏于密也。由積而爲書，至於他日與道行一時。無暇于爲言則可，由莫己知而不出，若余也，雖不善文，而善知文，則純甫爲失人矣。今以農副行田隴右，于其別也，叙以問之。

許有壬《至正集》卷三二《江漢集序》 《江漢集》者，鄂省理幕湘瀏劉君光遠之所作也。初，光遠以碩學俊才得觧湖廣，俄奏除漢陽郡博士。一時有不及光遠遠甚，得乃過之，得而棄其業如遽廬。而光遠職師一郡，既以教人，又以自益，其文遂昌於江漢。又能脱去科業氣習，炳炳琅琅，卒澤於理而能粹且潔也。彼之得乃其失也，而吾之得不既多矣乎。而又求益不已，不以望於人者望予，予可孤其望哉。夫文，以明道而假乎辭也。文而不至道，將焉傳，故有待於成焉。本於經以立其體，參乎傳而暢其支，而必力於多以熟其途，而後可以語成也。孔明出師，令伯陳情，照耀宇宙，動盪古今，固不在多。予欲光遠之多者，多則熟，熟則自得，而後有以約於寡也。多而不能約於寡者，有之矣。未有不多而能約於寡者也。東坡言「詩非甚習不工，要須日作一首」。文猶是也，坡之名世其亦以是也哉。予他日將驗光遠於《江漢集》之外矣。

傅若金《傅與礪文集》卷四《王安民管斑集序》 夫規兩於銖，至微也，而百鈞起之。營寸於分，至寡也，而千尋始之。求畝於跬步，至近也，而萬里基之。君子衆詞以成文，片言以見道，豈徒以博爲哉，亦有其要而已。巴陵王君安民，積學爲文，有志於古之作者。余過岳陽，得其所著《管斑集》，閲之詩、古文凡若干首，短章泉幽，大篇雲委，本之以六經，貫之以百家，出入韋、柳之門，步趨韓、歐之徑，要皆不違乎理而必涉於世教。其於學可謂博矣，其爲言可謂富矣，其於見道可謂非拘拘者矣。而其名集，取喻於小管斑之義，毋以百鈞之銖，千尋之寸，萬里之跬步歟。吾知自視歉然，不爲夸世之詞，而舉微以見著也，故自管而窺豹，猶因文以明道。指一斑以謂全豹不可，而全豹之章不殊乎一斑。執單詞以論至道不可，而至道之文不離乎單詞。昔者，孔子蔽《詩》以一言，反義於三隅，示學者以其要也。今君之學，固亦得其要矣乎。吾聞志之壹者，其視不亂；守之專者，其得必精。喻學於窺管，則志壹守專，於是益見君之所學矣。苟自今進進，氣日益充，識日益廣，闊步千古之上，高視八荒之外，文將彬乎典誥，詩將被乎風雅。時而出之燦然虎章，爛然彪炳，吾且見其變化猶龍矣，又豈窺豹一斑而已哉。

邵亨貞《野處集》卷二《題錢素庵所藏曹雲翁手書龍眠述占圖序文》 道在天地間，惟文乃能載之。苟無文，則道將不能以言傳。雖傳，亦不能久遠。古先聖賢所貴乎文字者，以其爲載道之器也。自三墳、五典、群經、衆史、諸子、叢集以降，而爲法書墨蹟，片言隻字，莫非載道者。故歷代寶之，久則愈貴，以見今之不及於古焉。

王惟一《明道篇序》 原夫道本常明，非人不足以明乎道，人能明道，非道不足以成乎人。是故明哲之士，莫不立言以著道，以道而全身也。余少業儒，粗通六經，而知仁義禮樂教化之道，天地人物變化之理。竊怪夫三才既同此道而立，何天地之運如是其久，而人之數如是其短耶？及觀老子之言，憮然曰：「天地之所以能長且久者，以其不自生，故能長生。人之所以夭且速者，以其厚於求生，是以輕死。」遠觀諸物，則走飛動植，皆能變化。糞蟲變蟬，腐草化螢，雀入水而化蛤，雉入海而化蜃，田鼠化爲鴽，錦鱗化爲龍，况人爲萬物之靈，豈不能全其所固有，而爲長生不死之仙乎。蓋其六慾七情所盜者衆，名韁利鎖所賊者深，斲喪既多，夭亡不免，是徒自好生而無延生之術，莫不惡死而無遠死之方。惟一既生人世，獲處中華，可不念生死大事以求萬劫一傳之方？於是徧遊方外，求金丹之學，上乘之道。雖三教經考，行雷祈禱，醫卜星數，無不備攷，賢愚師友莫不參求，卒不能一蹴是道之至。旦暮勤奉，積憂成疾，誠達于天，得遇至人，親授無上至真妙道，一言之下直指真詮。退而閲之，《易》之道初無怪異，要在至心、誠意、格物、致知，去人欲之私，存天理之公，自然見心中無限藥材，身中無限火符，藥愈採而不窮，火愈鍊而不息矣。惟一既得此道，不敢自私，謹以所學著詩八十一首，以按純陽九九之數。內七言四韻一十六首以按二八之數；內絶句六十四首，以按六十四卦；五言一首，以

象太一之奇。《西江月》一十二闋，以周十二律。以名之曰：《明道篇》。所謂藥物火候，斤兩法度，諸丹經所未盡者，莫不敷露，所以率循先哲立言著道，以道全真之事。然天意祕密，寧無輕泄漏慢之愆？但惟一誓願天下學者，皆臻乎至道，用心既溥矣，奚暇爲禍福而躊躇哉。同志之士，苟能尋文解意，忘象從真，一得永得，惟一之願也。

宋濂《宋學士全集》卷二五《文原》 余諱人以文生相命。丈夫七尺之軀，其所學者，獨文乎哉？雖然，余之所謂文者，乃堯、舜、文王、孔子、之文，非流俗之文也，學之固宜。浦江鄭楷、義烏劉剛，楷之弟栢，嘗從予學，已知以道爲文，因作《文原》二篇以貽之。其上篇曰：人文之顯，始於何時？實肇於庖犧之世。庖犧仰觀俯察，畫奇偶以象陽陰，變而通之，生生不窮，遂成天地自然之文。非惟至道含括無遺，而其制器尚象，亦非文不能成。如垂衣裳而治，取諸《乾》、《坤》，上棟下宇，而取諸《大壯》；書契之造，而取諸《夬》；舟楫牛馬之利，而取諸《涣》、《隨》；杵臼、棺槨之制，而取諸《小過》、《大過》；重門擊柝，而取諸《豫》；弧矢之用，而取諸《睽》，何莫非粲然之文。自是推而存之，天衷民彝之敍，禮樂刑政之施，師旅征伐之法，井牧州里之辨，東西南朔之別，復皆則而象之。故凡有關民用及一切彌綸範圍之具，悉囿乎文，非文之外別有其他也。然而事爲既著，無以紀載之，則不能以行遠，始託諸辭翰以昭其文。略舉一二言之。禹敷土，隨山刊木，奠高山大川，既成功矣，然後筆之爲《禹貢》之文。周制聘覲燕享、餽食昏喪諸禮，其升降揖讓之節，既行之矣，然後筆之爲《儀禮》之文。孔子居鄉黨，容色言動之間，從容中道，門人弟子既習見之矣，然後筆之爲《鄉黨》之文。其他格言大訓，亦莫不然，必有其實而後文隨之，初未嘗以徒言爲也。譬猶聆衆樂於洞庭之野，而後知音聲之抑揚、綴兆之舒疾也；習大射於矍相之圃，而後見觀者如堵墻、序點之揚觶也。苟踰度而臆決之，終不近也。昔者游夏以文學名，謂觀其會通而酌其損益之宜而已，非專指乎辭翰之文也。嗚呼！吾之所謂文者，天生之，地載之，聖人宣之，本建則其末治，體著則其用彰。斯所謂乘陰陽之大化，正三綱而齊六紀者也；亘宇宙之始終，類萬物而周八極者也。嗚呼！非知經天緯地之文者，惡足以語此。

其下篇曰：爲文必在養氣。氣與天地同，苟能充之，則可配序三靈，管攝萬彙。不然，則一介之小夫爾。君子所以攻內不攻外，圖大不圖小也。力可以舉鼎，人之所難也，而烏獲能之，君子不貴之者，以其局乎小也。智可以搏虎，人之所難也，而馮婦能之，君子不貴之者，以其驚乎外也。氣得其養，無所不周，無所不極也。攬而爲文，無所不參，無所不包也。九天之屬，其高不可窺；八柱之列，其厚不可側，吾文之量得之。規燬魄淵，運行不息，基地萬熒，纏次弗紊，吾文之敍得之。崑崙元圃之崇清，層城九重之嚴邃，吾文之峻得之。南桂北瀚，東瀛西溟，杳渺而無際，涵負而不竭，魚龍生焉，波濤興焉，吾文之深得之。雷霆鼓舞之，風雲翕張之，雨露潤澤之，鬼神恍惚，曾莫窮其端倪，吾文之變化得之。上下之間，自色自形，羽而飛，足而奔，潛而泳，植而茂，若洪若纖，若高若卑，不可以數計，吾文之隨物賦形得之。嗚呼！斯文也，聖人得之，則傳之萬世爲經；賢者得之，則放諸四海而準，輔相天地而不過，昭明日月而不忒，調變四時而無愆，此豈非文之至者乎。大道湮微，文氣日削，騖乎外而不攻其內，局乎小而不圖其大。此無他，四瑕、八冥、九蠹有以累之也。何謂四瑕？雅鄭不分之謂荒，本末不比之謂斷，筋骸不束之謂緩，旨趣不超之謂凡，是四者賊文之形也。何謂八冥？訐者將以疾夫誠，擿者將以蝕夫圜，庸者將以混夫奇，瘠者將以勝夫腴，觕者將以亂夫精，碎者將以害夫完，陋者將以革夫博，昧者將以損夫明，是八者，傷文之膏髓也。何謂九蠹？滑其真，散其神，糅其氛，徇其私，滅其知，麗其蔽，違其天，昧其幾，喪其貞，是九者，死文之心也。有一於此，則心受死而文喪矣。春葩秋卉之爭麗也，猨號林而蛩吟砌也，水湧蹄涔而火炫螢尾也，衣被土偶而不能視聽也，蠛蠓死生於甕盎，不知四海之大，六合之廣也，斯皆不知養氣之故也。嗚呼！人能養氣，則情深而文明。氣盛而化神，當與天地同功也。與天地同功，而其智卒歸之一介小夫，不亦可悲哉。

予既作《文原》上下篇，言雖大而非誇，唯智者然後能擇焉。去古遠矣！世之論文者有二：曰載道，曰紀事。紀事之文，當本之司馬遷、班固。而載道之文，舍六籍吾將焉從？雖然，六籍者，本與根也；遷固者，枝與葉也。此固近代唐子西之論，而予之所見，則有異於是也。六籍之外，當以孟子爲宗，韓子次之，歐陽子又次之。此則國之通衢，無荆榛之塞，無蛇虎之禍，可以直趨聖賢之大道。去此則曲狹僻徑耳，犖确邪蹊耳，胡可行哉。予竊怪世之爲文者不爲不多，騁新奇者，銘摘隱伏，變更庸常，甚至不可句讀，且曰不詰曲聱牙，非古文也。樂陳腐者，一假場屋委靡之文，粉揉龐雜，不見端緒，且曰不淺易輕順，非古文也。予皆不知其何說。大抵爲文者，欲其辭達而道明耳。吾道既明，何問其餘哉。雖然，道未易明也。必能知言養氣，始爲得之。予復悲世之爲文者，不知其故，頗能操觚遺辭，毅然以文章家自居，所以益摧落而不自振也。今以二三子所學，日進於道，聊一言之。

又卷二六《文説贈三生黼》 明道之謂文，立教之謂文，可以輔俗化民之謂

文。斯文也，果誰之文也？聖賢之文也？非聖賢之文也？聖賢之道，充乎中，著乎外，形乎言，不求其成文而文生焉者也。不求其成文而文生焉者，文之至也。故文猶水與木然，導川者不憂流之不延，而恐其源之不深；植木者不憂枝之不蕃，而慮其本之不培。培其本，深其源，其延且蕃也孰禦。聖賢未嘗學爲文也，沛然而發之，卒然而書之，而天下之學爲文者莫能過焉。以其爲本昌，爲源溥也。彼人曰：我學爲文也，吾必知其不能也。夫文烏可以學爲哉！彼之以句讀順適爲工，訓詁艱深爲奇，窮其力而爲之，至於死而後已者，使其能至焉，亦技而已矣，況未必至乎？聖賢非不學也。學其人，不學其細也。窮乎天地之際，察乎陰陽之妙，遠求乎千載之上，廣索乎四海之内，無不知矣，無不盡矣。而不止乎此也。及之於身以觀其誠，養之於心而欲其明，參之於氣而致其平，推之爲道而驗其恒，蓄之爲德而俟其成，德果成矣。視於其身，儼乎其有威，燁乎其有儀，左禮而右樂，圓規而方矩，皆文也。聽乎其言，温恭而不卑，皎厲而不亢，大綱而纖目，中律而成章，亦皆文也。察乎其政，其政莫非文也。微乎其家，其家莫非文也。夫如是，又從而文之，雖不求其文，文其可掩乎？此聖賢之文所以法則乎天下，而教行乎後世也。今之爲文者則不然。僞焉以弛其身，昧焉以汨其心，擾焉以乖其氣，其道德蔑如也，其言行棼如也，家焉而倫理謬，官焉而政教泯，而欲攻乎虚辭，以自附乎古，多見其不察諸本而不思也。文者，果何繇而發乎？發乎心也。心烏在？主乎身也。身之不修而欲修其辭，心之不和而欲和其聲，是猶擊破缶而求合乎宫商，吹折葦而冀同乎有虞氏之簫韶也，決不可致矣。曷爲不思乎聖賢與我無異也，聖賢之文若彼，而我之文若是，豈我心之不若乎？氣之不若乎？否也，特心與氣失其養耳。聖賢之心，浸灌乎道德，涵泳乎仁義。道德仁義積，而氣因以充。氣充，欲其文之不昌，不可遏也。今之人不能然，而欲其文之類乎聖賢，亦不可得也。嗚呼！甚矣！今之人之惑也。聖賢之爲學，自心而身，自身而家，其爲事亦多矣，而未嘗敢先乎文。今之人未暇及乎他，自幼以至壯，一惟文焉是學，宜乎今之文勝於古之聖賢，而終不及者。豈無其故邪？不浚其源而揚其瀾，不培其本而抽其枝，弗至於槁且涸不止也。然則何爲而後可爲文也？蓋有方焉。聖賢不可見矣，聖賢之爲人，其道德仁義之説存乎書，取而學焉，不徒師其文而師其行，不徒識諸心而徵諸身，小則文一家、化一鄉，大則文被乎四方，漸漬生民，賁及草木，使人人改德而易行，親親而尊尊，宣之於簡册，著之於無窮，亦庶幾明道而立教、輔俗而化民者乎？嗚呼！吾何由而得見斯人於斯世也。吾何爲而不思夫聖賢之盛也。虎林王生黼，年甚少，讀《春秋》而好爲文，問法於予，予美其有志也，以其大者語之。

貝瓊《清江文集》卷二八《唐宋六家文衡序》

《唐宋文衡》總三百三十篇，天台朱伯賢氏之所選也。文不止於此，而特約之爲學文之法，如物平於衡，有不得而高下云。嗚呼！形氣相軋而有聲，而聲出於人者爲言。雷霆之擊，非不烈也；海濤之升，非不大也；笙竽、琴瑟之奏，非不和也，皆莫過於人之純。聖人之經，又純之至也。故歷千萬世之久，雖善於言者，惡能擬而爲之哉。戰國以來，孟軻、揚雄氏發揮大道以左右六經，然雄之去孟軻其純已不及矣。降於六朝之浮華，不論也。昌黎韓子倡於唐，而河東柳氏次之。五季之敗腐，不論也。廬陵歐陽子倡於宋，而南豐曾氏、臨川王氏及蜀蘇氏父子次之。蓋韓之奇，柳之峻，歐陽之粹，曾之嚴，王之潔，蘇之博，各有其體以成一家之言，固有不可至者，亦不可不求其至也。余嘗讀之若《原道》、《原毁》，由孟軻之後諸子未之能及。至宗元《守原議》、《桐葉封弟辨》，鑿鑿乎是非之公，使聖人復作，無以易之。其他馳騁上下，先後相發，誠樂之而不厭。信言之異乎雷霆海濤，笙竽琴瑟，氣與形之相軋相成者矣。世之狃於所習，苟趨一時之好者，既不足以語此。或知師古爲事者，又梏於昏愚怠惰，而不暇進其閫奥焉。此余之所深痛也。伯賢工文三十餘年，實倍於余，其定《六家文衡》，因損益東萊吕氏之選，將刻之梓，使子弟讀之，而曾曲阜所作四篇，則采前人所遺，以附南豐之後，其用心可謂勤矣。間嘗挾之過予成均，與之商確累日，且俾序其首。余何敢爲之妄議邪。抑嘗聞先儒君子之論文者，務合於道，非徒以其詞高一世爲工也。若六家者，雖於道有淺深，皆本諸經爲説，鏟駁而復純。於此求之，其至於古無難者，是伯賢之志也。若夫振起於下，不爲蹈襲，固有望於絶人之豪傑，豈專取乎文衡也哉。

方孝孺《遜志齋集》卷一一《答王秀才書》

前辱見臨，且徵僕文以觀。僕嘗閔世人不務學道，而喜言文，故有所論述，耻爲人出之。以吾子不憚重山鉅海，來造吾廬，意氣願款，非世俗輩可及，特出舊作，以答雅意，且冀指列其疵失，以相發明。今乃惠書，猥有所稱美，而以學文之説爲問。僕豈能文者邪，何吾子問之異也。今天下雖乏奇才異能之士，操筆執牘自負以爲文人者，不可勝計。吾子有問焉，彼將有以告吾子，不彼之即，而此之求，所謂學稼於工，求魚於獵者也。使效其所得，豈足副見問之意乎。雖然，世俗之文，僕雖未之學，若古人之文，僕嘗學之矣。試爲吾子言其所知。凡文之爲用，明道、立政二端而已。道以淑斯民，政以養斯民。民非養不能群居以生，非教不能別於衆物。故聖人者出，作爲禮樂教化刑

罰以治之，俾其五倫六紀天衷人極以正之，而一寓之於文。堯舜禹湯周公孔子之心，見於《詩》、《書》、《易》、《禮》、《春秋》之文者，皆以文乎此而已。舍此以爲文者，聖賢無之，後世務焉。其弊始於晉、宋、齊、梁之間，盛於唐，甚於宋，流至於今，未知其所止也。唐之士最以文爲法於後世者，惟韓退之。而退之之文，言聖人之道者，舍《原道》無稱焉。言先王之政，而得其要者，求其片簡之記，無有焉。舉唐人之不及退之者，可知也。舉後世之不及唐者，又可知也。漢儒之文，有益於世，得聖人之意者，惟董仲舒、賈誼。攻浮靡綺麗之辭，不根據於道理者，莫陋於司馬相如。退之屢稱古之聖賢文章之盛，相如必在其中，而董賈不一與焉。其去取之謬如此，而不識其何説也。苟以其文未粹耶，則艱險之元結，俳諧之李觀，且在所取矣，如之何其去二子也。苟以其所述者王霸之道，不敢列之於文人之後邪，則孔子、孟子固與荀卿、屈原、李斯並稱矣。安在其能尊二子也。退之以知道自居，而於董賈獨抑之，相如獨進之，則其所知者，果何道乎。然相如雖陋，其辭賦猶皆有爲而作，非虚語也。近世則不然，一室之微號之以美名，輒從而文之。視其名，紛然雜出，皆古之所未聞；考其辭，輕俳巧薄，皆古人之所未有，而求者以是望於人，作者以是夸於時，似有所爲。使相如之奴隸見之，且將棄去，而今之士，莫知其爲非，此又退之之時所無有者也。僕竊悲其陋。故斷自漢以下至宋，取文之關乎道德，政教者爲書，謂之文統，使學者習焉。違乎此者，雖工不録；近乎此者，雖質不遺。庶幾人人得見古人文章之正，不眩惑於佹常可喜之論。袪千載之積蠹，爲六經之羽翼；作仁義之氣；擯浮華之習，以自進於聖人。俾世俗易心改目，以勉其遠且大者。窮居少暇，未有所成。吾子誠有志乎古人之文，則願勿溺於世俗，勿爲一時毁譽所變，勿以道德爲虚器，勿以政教爲空言，則文可得而學矣。不然，則世之能文者，孰不可問。僕之昧昧，豈足副所求邪。

又《與郭士淵論文》 以僕言之，秦漢以下，大率多紀載講論之文耳。求如古之立言者，未之多有也。聖人之言不可及，上足以發天地之心，次足以道性命之源，陳治亂之理，而可法於天下後世，垂之愈久而無弊，是故謂之經。立言者，必如經而後可。而秦漢以下無有焉。然而猶足以名世者，其道雖未至，而其言文，人好其文，故傳。其言雖不文，而於道有明焉，人以其明道，故亦傳。二者俱至者，其傳無疑也。二者俱不至者，其不傳亦無疑也。以僕觀於今之人，求其成文而可誦者，且不易得，況望其明道乎。僕所以見吾兄與林君之文而喜者，良以此也。自古國家之興，功崇而績偉，政舉而教行，天恐其或失墜也，必生博特英達之士，執筆而書之。所望於將來者，非兄與公輔輩而誰乎。此非僕私於同郡而言，雖太史公亦深望焉。更爲謝林君加意問學，以法六經爲務，倘有所得，即以見教，僕之幾當不一叩而已也。

又卷一二《張彦輝文集序》 昔稱文章與政相通，舉其概而言耳。要而求之，實與其人類。戰國以下，自其著者言之，莊周爲人有壺視天地、囊括萬物之態，故其文宏博而放肆，飄飄然若雲遊龍騫不可守。荀卿恭敬好禮，故其文敦厚而嚴正，如大儒老師，衣冠偉然，揖讓進退，具有法度。韓非、李斯，峭刻酷虐，故其文繳繞深切，排搏糾纏，比辭聯類，如法吏議獄，務盡其意，使人無所措手。司馬遷豪邁不羈，寬大易直，故其文崒乎如恒華，浩乎如江河，曲盡周密，如家人父子語，不尚藻飾，而終不可學。【略】由此觀之，自古至今，文之不同，類乎人者，豈不然乎。雖然，不同者，辭也；不可不同者，道也。譬之金石絲竹不同也，有聲則同；江河淮海不同也，蓄水則同；日月星火不同也，能明則同。人之文不同者，猶其形也，不可不同天下之道，根於心者一也。故立言而衆者，文之隸也；明其道不求異者，道之域也。人之爲文，豈故爲爾不同哉。其形人人殊聲音笑貌人人殊其言固不得而强同也，而亦不必一拘乎同也，道明則止耳。然而道不易明也，文至者道未必至也，此文之所以爲難也。嗚呼，道與文俱至者，其惟聖賢乎。聖人之文，著於諸經，道之所由傳也。賢者之文，盛於伊洛，所以明斯道也。而其文未嘗相同，其道未嘗不同。師其道而求於文者，善學文者也。襲其辭而忘道者，不足與論也。然斯豈易易哉。世有自謂不師其辭者，則剽生抉怪，雜取艱深之辭，敷錯成文，以飾其鄙陋之意，至於不可句讀，使人誦之而不曉其意以爲文，故如是。或者懲其病，則弛慢不思，輯陳蹈故，混不加修，甚則取里談巷語，猥褻嘲笑之辭，書之編簡以爲明道，文與道割裂爲二，互相訾詆。又或見其然，遂放言而攻之，以爲古之道不可釋以今之文，今之文不常學古之辭。三者雖異，而俱失之。不師古非文也，而師其辭又非也。可以爲文者，其惟學古之道乎。道明則氣昌，氣昌文自至矣。文自至者，所謂類其人而不悖乎道者也。其人高下不同，而文亦隨之，不可强也。

又卷一八《題劉養浩所製本朝鐃歌後》 文章之用，明道、紀事，二者而已。明道之文，非有得於斯道者，雖工而不傳。紀事者，不得豊功偉德，可以聳慴衆庶耳目者而書之，亦不足取尚於後世。故士未足以明道，則博求當世非常可喜之事而述焉，亦文之美者也。西漢文士最衆，尤傑然者賈生、董仲舒，其才未必遷固之下。然後世傳而誦之者，必遷固之文，而賈、董不若焉。賈、董不得紀天下大事，而

遷，固爲史也。今天子起布衣，除羣雄，十餘年統一四海，與漢高祖無異。吾太史公以閎博奇偉之文，居遷固之任，爲士者莫不慕之。公之門人金華劉君養浩，亦奮然自喜，以爲此難遇之時，不可漫無所述，乃考徵征伐之次第，爲鐃歌十二篇，以宣勑國家之功烈。其事信，其辭奇，其取尚於世可必也。嗟乎，養浩於斯文，可謂有志矣。昔之人，居史氏之位，而不脩其職者，甚衆。今養浩未嘗得位於時，而遇事感發，輒有所作。使假之以位，遺功遺德未盡紀載者，庶乎有所託哉。余少竊妄志述者之事，勢孤行獨，無宗族親黨之譽，而不聞于人，而不得賢人君子爲之美，故往往顧以怠惰而未能。然斯文之有益於世者，不止若此而已也。願與養浩加勉焉。

何喬新《椒邱文集》卷二〇《李泰伯傳贊》 贊曰：宋承五季分亂之餘，道喪文弊甚矣。天下既定，乃有柳開、穆脩之徒，變骫骳之習，復渾雄之體，然未知本諸經以推明聖人之道也。覯與魯鞏者出，乃能深求於經，其文以明道爲本，是時洛學未興也，而二子之學卓然如此，可不謂豪傑之士哉。予故采而論次之，無亦使其無傳焉。

張吉《古城集・補遺・書遜志先生送平元亮序後》 余觀遜志先生與平元亮論文，其間有曰：「魏氏迄乎唐初，天下之言文者，諛乎人而已矣，宜乎時而已矣，何有於道哉。唐之中世，昌黎氏嘗一反之，而道不足以逮文。宋之盛時，程氏嘗欲拯之，而文不能以勝道。歐氏、蘇氏學韓氏者也，故其文昌。朱氏、張氏師程氏者也，故其道醇。合二者而有之，庶幾不愧於古乎，而天下未見其人也。」余始聞其説而喜之，既而不能無疑。何則？窮天地，亘古今而不易者，其惟道乎。若夫發而爲文，則其膚理、脈絡、聲音、態度自不能無肥瘠、浮沉、輕重、疾徐之辨，或隨風氣以變遷，或與世道爲升降，如燕人之御狐貉，越人之業絺麻，雖有莊列之談，儀秦之辨，不能諭之使必同也。市井之人，其詞夸，鄉里之人，其詞質，彼豈惡同而好異哉，勢使之然也。故程朱之文，不能同於孔孟；孔孟之文，不能同於周公，亦其勢有不得不然者。聖賢何心哉，然其道固未始不同。文以明道，道苟同矣，文雖不同，庸何傷。今責爲程朱之道者曰「胡不兼乎韓歐之文」，是猶責行王道之人曰「胡不兼乎五霸之術」也，吾恐霸者之術未必能兼。識者有以窺見其淺深矣。道者，水之源也；文者，水之流也。其源深以清，其流浩以潔者，周公、孔子是已。後世惟二程、朱子抑或可以當之，復何不足而他俟乎。韓歐、蘇氏平生精力敝於爲文，而謀道鹵莽，敵其蔚然成章非無可觀，而槩以精義入神之説，其有合者鮮矣。有志於程朱者，勿爲他岐之所惑，其庶幾乎。因書以自勵。

王慎中《遵巖集》卷二二《與李中溪書一》 庚子歲在汴臺，獲通荆川之問。方圖繼續，相聞辛丑之變，雲翻雨散。今思之如夢，追談之亦何異説夢也，棄置不復云。如弟之陋廢而閒居，談道著書，尚有用力處，而不以區區名勢得失者動其意，況如兄之高明奇偉者乎。所恨者，各生遼絶遐阻之鄉，嶺限海帶如各一天，不獨兄養性綴文之益，僕無由請，而僕之策駑磨鈍，黽勉一得之愚，亦無由爲兄盡之也。如何！如何！《明倫堂記》曾録寄武進唐應德兄，并與書云：「此文乃明道之文，非徒詞章而已，其義則有宋大儒所未及發，其文則曾南豐筠州、宜黄二學記文也。」唐君復書，盛有所契，不以予言爲妄也。然世之名能爲文詞者，舉不足以知此，亦可以歎。近世文弊，而有志之士不得有明也。周户部《誌銘》、李尚寶《行狀》不獨其文而已，其是非不敢苟者，乃吾所以爲文之道也。兄如信其道，則可以因此文而知二人之爲人矣。家居治心講學之餘，不免爲人牽挽作酬應文字，亦不敢苟而必有法，以無刻本不得相寄，然未嘗不坐此取謗。方用世時，好行驚衆之事，以召怨嫉。今不用而退于家，復爲驚衆之言，以取譏議，是無所往而不得謗也。然吾亦何暇恤哉？非敢不恤也，道本如是而不可變，恤則非吾所學之道矣。兄以爲何如。久思欲與兄相聞，絶無便者，玆舍親往佐嵩明州，嵩明不知去大理若干里，然托黄君以必達也，有便幸無忘報我。

茅坤《茅鹿門先生文集》卷一四《文旨贈許海岳沈虹台二内翰先生》 孔孟没，而《詩》《書》六藝之學不得其傳，秦皇帝又從而燔之，於是文章之旨，散逸殘缺。漢興，始詔求亡經，而海内學士稍得以沿六藝之遺，而轉相授受。西京之文號爲爾雅，其最著者賈誼、鼂錯、董仲舒、司馬遷、劉向、楊雄、班固是也。魏、晉、宋、齊、梁、陳、隋之間，斯道幾絶。唐韓愈氏出，始得上接孟軻，下按楊雄而折衷之。五代之間，寖微寖滅，歐陽修、曾鞏及蘇氏父子兄弟出，而天下之文復趨於古。數君子者，雖其才之所授小大不同，而於六藝之學可謂共涉其津而遡其波者也。由此觀之，文章之或盛或衰，特於其道何如耳。秦以來操觚爲文章者，無慮數十百家，其間虎步而鷙攫不可勝數，然皆譬之草莽之雄。項籍、陳勝之亂秦，王朗、隗囂之奸漢，唐之藩鎮，宋之金、遼，特擅兵裂土以相雄於其間而已。而帝王之統，卒不外屬，區區孱弱之裔，顧得以延其不絶者之如帶，躬歷數而正名號，高拱而議焉。何哉？得其道而折衷於六藝者，漢唐宋是也，雖其衰且弱也，不得而廢也。不得其道而外六藝，以興甲兵割河山，項籍、王郎以下是也，雖其强且悍，不得而與也。

茅坤《唐宋八大家文鈔序》 孔子之繫《易》曰：「其旨遠，其辭文。」斯固所以

教天下後世爲文者之至也。然而及門之士，顔淵、子貢以下並齊魯間之秀傑也，或云身通六藝者七十餘人，文學之科並不得與，而所屬者僅子遊、子夏兩人焉。何哉？盖天生賢哲各有獨稟，譬則泉之温，火之寒，石之結緑，金之指南，人於其間以獨稟之氣而又必爲之專一以致其至。伶倫之於音，裨竈之於占，養由基之於射，造父之於御，扁鵲之於醫，遼之於丸，秋之於奕，彼皆以天縱之智，加之以專一之學，而獨得其解。斯固以之擅當時而名後世，而非他所得而相雄者。孔子没，而游夏輩各以其學授之諸侯之國，已而散逸不傳。而秦人燔經、坑學士，而六藝之旨幾輟矣。漢興，招亡經，求學士，而鼂錯、賈誼、董仲舒、司馬遷、劉向、揚雄、班固輩，始乃稍稍出，而西京之文號爲爾雅。崔、蔡以下非不矯然龍驤也，然六藝之旨漸流失。魏、晉、宋、齊、梁、陳、隋、唐之間，文日以靡，氣日以弱，强弩之末且不及魯縞矣，而况於穿札乎。昌黎韓愈首出而振之，柳柳州又從而和之，於是始知非六經不以讀，非先秦、兩漢之書不以觀。其所著書、論、敘、記、碑、銘、頌、辯諸什故，多所獨開門户，然大較並尋六藝之遺，略相上下而羽翼之者。貞元以後，唐且中墜。沿及五代兵戈之際，天下寥寥矣。宋興百年，文運天啓。於是歐陽公修從隋州故家覆瓿中，偶得韓愈書，手讀而好之，而天下之士始知通經博古爲高，而一時文人學士彬彬然附離而起。蘇氏父子兄弟及曾鞏、王安石之徒，其間材旨小大、音響緩亟雖屬不同，而要之於孔子所删六藝之遺，則共爲家習而户眇之者也。由今觀之，譬則世之走騕褭、騄驥於千里之間，而中及二百里、三百里而輟者有之矣，謂塗之薊而轅之粤，則非也。世之操觚者，往往謂文章與時相高下，而唐以後且薄不足爲。噫，抑不知文特以道相盛衰，時非所論也。其間工不工，則又繫乎斯人者之稟與其專一之致否何如耳。如所云，則必太羹玄酒之尚，茅茨土簋之陳，而三代而下明堂玉帶，雲罍犧樽之設，皆駢枝也已。孔子之所謂「其旨遠」，即不詭於道也；「其辭文」，即道之燦然若象緯者之曲而布也。斯固庖犧以來人文不易之統也，而豈世之云乎哉。我明弘治、正德間，李夢陽崛起北地，豪雋輻輳，已振詩聲，復揭文軌而曰：「吾《左》、吾《史》與漢矣。」已而又曰：「吾黄初、建安矣。」以予觀之，特所謂詞林之雄耳，其於古六藝之遺，豈不湛淫滌濫，而互相剽裂已乎。予於是手掇韓公愈、柳公宗元、歐陽公修、蘇公洵、軾、轍、曾公鞏、王公安石之文，而稍爲批評之，以爲操觚者之券，題之曰《八大家文鈔》，家各有引條疏如左。嗟乎，之八君子者，不敢遽謂盡得古六藝之旨，而予所批評亦不敢自以得八君子者之深要之大義所揭，指次點綴或於道不相盭已，謹書之以質世之知我者。

焦竑《澹園集》卷一二《與友人論文》 竊謂君子之學，凡以致道也。道致矣，而性命之深窅與事功之曲折，無不瞭然於中者，此豈待索之外哉。吾取其瞭然者，而抒寫之文從生焉。故性命事功其實也，而文特所以文之而已。惟文以文之，則意不能無首尾，語不能無呼應，格不能無結構者，詞與法也，而不能離實以爲詞與法也。六經、四子無論已，即莊、老、申、韓、管、晏之書，豈至如後世之空言哉？莊、老之於道，申、韓、管、晏之於事功，皆心之所契，身之所履，無絲粟之疑。而其爲言也，如倒囊出物。借書於手，而天下之至文在焉，其實勝也。漢世蒯通、隨何、酈生、陸賈，遊説之文也，而宗戰國；鼂錯、賈誼，經濟之文也，而宗申、韓、管、晏；司馬相如、東方朔、吾丘壽王，譎諫之文也，而宗楚詞；董仲舒、匡衡、揚雄、劉向，説理之文也，而宗六經；司馬遷、班固、荀悦，紀載之文也，而宗春秋、左氏。其詞與法可謂盛矣，而華實相副，猶爲近古，至於今稱焉。唐之文，實不勝法；宋之文，法不勝詞，蓋去古遠矣，而總之實未澌盡也。近世之文，吾不知之矣。彼其所有者，道邪？德邪？事功邪？蔑其實而欲妄爲之詞，身居一室而指顧寰海之圖，家蓋屢空而侈談崇高之饗，非獨實不中窾，乃其中疑似影響方不自快，又安能瞭然於口與手乎？夫詞非文之急也，而古之詞又不以相襲爲美，《書》不借采於《易》，《詩》非假途於《春秋》也。至於馬、班、韓、柳，乃不能無本祖。顧如花在蜜，蘖在酒，始也不能不藉二物以胎之，而脱棄陳骸，自標靈采，實者虚之，死者活之，臭腐者神奇之，如光弼入子儀之軍，而旌旗壁壘皆爲變色，斯不謂善法古者哉。近世不求其先於文者，而獨詞之知，乃曰：「以古之詞屬今之事，此爲古文云爾。」韓子不云乎：「惟古於詞必己出，降而不能乃剽賊。」夫古以爲賊今以爲程，故學者類取殘膏剩馥，以相鱗次，天吴紫鳳，顛倒短褐，而以炫盲者之觀，可不見也。蘇子云：「錦繡綺縠，服之美者也，然尺寸而割之，錯雜而紐之，則綈繒之不若。」今之敝何以異此！以一二陋者爲之，不足怪也，乃悉聾盲以趨之，謬種流傳，浸以成習。至有作者當其前，反忽視而不顧，斯可怪矣。學古者知有道而已，道之能致，文不文皆無意也，而况苟以冀人之知乎？僕雅不能文，又力薄塗遠，方圓其大者，而奚暇於此！輒因執事之論，一出其狂言，惟有以教之，幸甚！

又卷一四《刻蘇長公集序》 古之立言者，皆卓然有所自見，不苟同於人，而惟道之合，故能成一家言，而有所託以不朽。夫道莫深於《易》，所謂洗心以退藏於密，而吉凶與民同患者也。聖人殁，其吉凶同民者故在，而退藏之義隱矣。學者不得其退藏者，而取已陳之芻狗當之，故識鑿之而賊，才蕩之而浮，學封之而塞，名錮

之而死。其言語文章非不工且博也，然械用中存，神者不受，以眂夫妙解投機，精潛應感者，當異日談矣。蘇子瞻氏少而能文，以賈誼、陸贄自命。已從武人王彭遊，得竺乾語而好之，久之心凝神釋，悟無思無爲之宗，慨然歎曰：「三藏十二部之文，皆《易》理也。」自是横口所發，皆爲文章，肆筆而書，無非道妙。神奇出之淺易，纖穠寓於澹泊。讀者人人以爲己之所欲言，而人人之所不能言也。才美學識方爲吾用之不暇，微獨不爲病而已。蓋其心遊乎六通四闢之塗，標的不立，而物無留鏃焉，迨感有衆。至文動形生，役使萬景，而靡所窮盡。非形生有異，使形者異也，譬之嗜音者必尊信古，始尋聲布爪，唯譜之歸，而又得碩師焉以指授之。乃成連於伯牙，猶必徙之岑寂之濱，及夫山林杳冥，海水洞涌，然後恍有得於絲桐之表，而水山之操，爲天下妙。若曚者偶觸於琴而有聲，輒曰：「音在是矣。」遂以謂仰不必師於古，俯不必悟於心，而敖然可自信也，豈理也哉！

婁堅《學古緒言》卷二《選刻邑學諸生經義後序》 今天下文學之士，江以南爲最，若東吴又江南之尤也。予生長於粤，雖刻苦自力，常恨不得游於四方以開發其意。歲乙未，始獲以貲至京師，浮江涉淮過齊魯之郊，經塗萬里，耳目所聞見日新，往往聞人稱説江東山川土風之美與其賢士大夫之清華妙麗，輒思一遊焉，弔延陵季子之遺，而訪問六朝遺蹟，且觀古今人相去遠不遠也。已謁選，得蘇之嘉定學訓導以行，竊念予之朴鄙而爲吴士人師，中不能無慙，然夙昔所懷，一朝慰之，實所自幸而快意者也。比至未幾，奉督學陳公檄，率其儁二十人試於合肥，與俱往返，極登臨、觴詠之適，中殊灑然。還而諸生以次來謁，雍雍愉愉，進止皆可觀。已從會稽趙先生，後得覽觀其文辭，雖所詣不同，要非生於文盛之邦，不克至是也。而是時慈谿王公爲邑之日久矣，務爲作興長育，以成人士之才，不概以齊民之役折困之，以故士得殫其力於藝文。而趙先生素得號爲「能文章」，胡先生又自泗州來佐之，故以予之不敏，而獲樂觀其成焉。兹録也，自去年夏以迄於今諸生之文之工者，人各採擇以見。其大凡或學成而方圓合度，如大匠巧運規矩之中；或才美而縱逸，不覊如駿馬方騁康莊之足。蓋予向之想慕其地而欲一至焉者，得從容與其人遊，而又得徧觀其文，且以暇爲之品第焉，此固予所深媿而且自以爲慰者也。夫吴子游之鄉也其文學淵源必卓然有異。而粤之文章，自唐元和柳柳州始有師法，其相去固已遠矣。柳之言曰「文以明道」，非苟爲炳炳琅琅而已。吾鄉學者，至於今尊之不廢，而予之得聞於長老者如是儻，其指亦無以異乎。如曰古今人不相及，而務爲俗學焉，唯繡其鞶帨是務，則非予所望於文士之尤者也。

錢澄之《田間文集》卷一四《重刻青箱堂集序》 先，予以甲寅春别公南還，臨别時，出其未刻稾，命爲之引。率爾援筆，略言公詩文純任性情，世皆仰其道隆，予獨窺其情至。今合公全集讀之，益知公之所以爲情，即所以爲道也。夫天下未有離情以爲道者，非道之情，妄情也；非情之道，僞道也。文也者，載道之器，即達情之言也。彼蓋于君親倫物之際，至誠愷惻，不能以自已，于是發之而有言，言之直捷痛快，一如人意中之所欲出，斯爲文。言之不能直陳，引物連類，反復頓挫，使人自得諸言外，斯爲詩。蓋未有非道而可言情，無情而可爲詩文者也。公嘗語予曰：「吾生平不喜講學，每于日用倫常之地，時自檢點，寧免無憾而講學哉。惟一觴一咏，以畢此餘生可耳。」其與人書有云：「末俗託名講學，言不顧行，甚且大德有虧，侈口談道，不知將以何者爲道也。」故公之于道，皆期躬行實踐，不事口耳。先儒謂末流之弊，祇成説話，以視公何如哉。公爲人篤根本，敦故舊，不爲已甚之行，亦無違心之語，名節所在，辨别分明，未嘗少自恕，亦不肎以恕人。時與老友談及往事，俯仰今昔，輒嗚咽流涕者久之。未第時，有以百金濟其困者。既第，旋值國變，其人死無後，無從償，乃爲文告之，付夕照寺作功德，資其冥福。冥冥之中不肎負心，此其一端矣。由此觀之，凡公之所爲以情勝耶，抑以道勝耶。吾謂公惟學道真，故其發乎情者真也。今觀公之詩文，其可傳者一惟真而已。

李敏《一山文集序》 六經，載道之文也。諸子，明道之文也。載道之文，如日麗乎天。明道之文，如水行乎地而出無窮，其有功於國家，其有功於吾道，豈小補哉。抑世之工於文章者固多，能明夫道者蓋鮮矣。漠上李先生繼本，前翰林學士承旨李彦聞之子也。稟中州清淑之氣，奇才卓犖絶人，早以能詩名動搢紳。登至正丁酉科進士第，未幾，中原俶擾，先生遂隱居不仕。上考唐虞三代及兩漢之文，下遡伊洛諸儒之源流，於勢利澹如，若將終身焉，而河朔學者尊仰德業，擔囊負笈不遠數百里來學。先生性雖高邁，能隨其才識上下而胥教誨之，故登迴科、躋膴仕屢有其人。是皆教育有素，啓迪有方故也。敏嘗從之遊，且相知之深，每嘆其文本根以六經，出入乎羣書，上下乎諸子之間，故其文章渾厚雄深，而人莫易窺其涯涘。譬之春江波濤，一碧千里；夏雲奇峰，疊見層出。又若新秋雨霽，玉宇無塵，爽氣襲袂。冬則如高山晴雪，遠樹寒煙。其文之變化靡常，大率類此。其千變萬化，固無常矣。究其所以，無非著明是理也。其所以助國家、裨治道也，不既多乎。今年春，先生之子方曙、方昫，訪予於金臺客邸，酒邊詢及先生之文，皆覽涕而言曰：「先人平日撰述最多，今之所存者，迺兵燹散落之餘，僅二百餘篇耳，幸有以序

之。」敏於先生之文，固不敢妄議，姑述其梗槩如此云。

吴國鼎《明道編跋》　先生著述六經，研覈百氏，折衷羣言，指摘正救，不遺餘力，豈爲千古聖賢争名哉？推其志，期於道之明焉耳。使今日之道明，則濂洛諸儒之道明；濂洛諸儒之道明，則千載以前聖賢之道明。

鄭真《滎陽外史集》卷三四《李藻字文奎説》　臨安李君名藻，字文奎，以俊選受業成均，奉上命入禁，遂授行人司行人，以使事過中都，予用斯文禮見，求爲字説，遂爲之言曰：「天垂象，見吉凶，星奎之繫乎天，其勢圖曲，具波磔鈎趯之象。昔者蒼頡仰而觀之，作爲六書，遂爲古文之祖，天人上下昭然協應之符，其來久矣。君名藻而字文奎，其以文學鳴于時乎。藻者，水草之名，世以詞藻文藻互稱，取其芳且潔爾。古聖人以五采彰施五色，以藻繡之于裳，定爲十二章之一，則藻固其文之著者也。然求之在天，則星奎又其著也。按晉《天文志》，奎爲西方七宿之長，其星十六名，曰『武庫』，又爲大將，主誅暴禁亂之事，其義繫乎武，其象類于文，而密聯圖書府，故世以奎壁並稱。若乃五星序奎，則占者以爲文治太平之應。夫天不言，以象示之而已。君生本盛時，家東南大郡，有先生長者以爲依歸，當聖明在上，以胄學之英，應周官之選，周爰馳驅，固已能宣德意，協皇華之咏矣。故其以文奎配名者，蓋特以人文之祥合乎星文之祥也。吁！不可尚也哉。雖然，文以明道也，太上立德，其次立言，即文也。六經之文，所以載道也。文不本于六經，可乎？然則君其務于道哉，異日署之詞林，登諸册府，用以黼黻皇猷，恢張治道，典册、訓誥焕焉可述，使天下之人曰『立言君子』也，斯不負以字配名之義哉。予老矣，將歸衡茅，仰窺東海徐魯之墟，降婁娵訾之次，煜煜煌煌，有如昔人所占者。于是時也，使君誠得在討論撰述之列，信乎天象之著協人事之著矣。因著爲之説，以取徵于將來云。」

顧炎武《亭林文集》卷四《與人書之二十五》　君子之爲學，以明道也，以救世也。徒以詩文而已，所謂「雕蟲篆刻」，亦何益哉！

程廷祚《青溪集》卷一〇《與家魚門論古文書》　讀手示，知邇日留意古文，愚前已微窺，語在嘉平望日札中。夫三代以來，聖賢經傳皆文也。其别稱古文，自近日始。一則對科場應試之文而言，一則由唐宋諸子自謂能復秦漢以前之文而言。後代言文者，率以唐宋爲依歸，而日趨于時。以日趨于時之文，而自命爲古文，明者之所哂也。夫古未有言爲文者，漢以下乃言某善屬文，某工於文，某言語妙天下。自時厥後，文乃不逮于古。有志者其何適之從乎？間嘗考諸經傳，大《易》曰：「言有序。」曰：「言有物。」曰：「修詞立其誠。」《逸詩》曰：「昔吾有先正，其言明且清。」《曲禮》曰：「安定辭。」孔子曰：「辭達而已矣。」曰：「言之不文，行而不遠。」曾子曰：「出辭氣，斯遠鄙倍矣。」此皆古先聖賢之論文者也，大要以立誠爲本，有物即誠也。言之中節則曰有序，如是則容體必安定，氣象必清明，遠乎鄙倍而文之至矣。古之立言者期至於是而止，故曰「辭達而已矣。」故爲文之道，本之以誠，施之以序，終之以達。以此發揮道德，則董仲舒、楊雄不足道也；以此敷陳政事，則賈誼、鼂錯不能過也。前可以考諸先王，後可以俟諸百世，尚何規摹他人之有？是故貴求其本。足下所見，固與吾略同矣。愚其何以告足下哉。若古文之敝，則始于宋。當時之識者已譏其不尚實，而以浮論、虚詞靡敝學者之精神，可不知戒與！由宋以後，作者愈不逮宋矣，非愚所敢盱衡而論定者也。古語云：「取法乎上，僅得乎中。」足下亦慎其所取法者而已。

又《復家魚門論古文書》　簡齋南還，蒙惠手教。文章一道，自古難言，誠有如足下所論者。抑愚竊有見夫天地雕刻衆形，而咸出于無心。文之至者，體道而出，根心而生，不煩繩削而自合六經，孔孟之書尚矣。自聖經不復作，而左丘明以華整之才，易古人之高渾簡質，文人之文於是焉始歧趨别出。其變無窮，亦有世運之升降焉，非盡人之所爲也。漢代人品淆雜，文反近古，如賈生、董子、鼂錯、司馬遷、相如、匡衡、劉向之徒，意不在文而文隨之。東京稍若不逮，而著作不謬于經術。下及魏晉，漸尚詞華，雄偉不足，然其傑出如王、曹、潘、陸者，猶不失厚重之意，亦非後世所易及也。末流至乎南朝之季，有不足道者矣。韓退之崛起數千載之後，屬文章靡敝，憑陵轥轢，首唱古文而能範圍後來之作者，誠可謂文人之雄也已。然其自負太過，後之尊崇亦太過，此不可以不論。開皇之世，李諤上書論文體，深斥齊梁之弊，謂宜屏黜輕浮，遏止華僞。唐之中葉，柳冕與杜黄裳書，言文雅不振，當尊經術卑文士，以正人心而美風俗。以時考之，乃狂瀾之欲頹，百川將入于滄溟矣，退之安得自矜一人之力？其所乘之時然也。且退之以道自命，則當直接古聖賢之傳，三代可四，而六經可七矣。乃志在于沈浸醲郁，含英咀華，作爲文章，戛戛乎去陳言而造新語，以自標置其所操，抑末矣。以此與八代争短長，縱使己所言皆在于仁義道德，彼所言皆在于月露風雲，而究無以相服。莊生云：「其于亡羊，均也。」又安得而起其衰？《易》曰：「君子黄中通理，正位居體，美在其中，而暢于四支，發于事業。」言道充而文見也，非强道以生文也。以丘明之才，而使經降爲傳；以退之之才，而使天下唯知有記誦詞章，豈不重可歎息哉。豈其故果在世

運哉。宋之師法退之而能名其家者，不過數人，未有及退之者也。繼之元明以來，又未有及數家者也。由退之而前，吾見退之之任之。由退之而後，將不任乎？何文之愈降而愈衰也。葉水心之言曰：「本朝歐、王、曾、蘇，雖文詞爲盛，然往往不過記、序、銘、論，浮説閒語，而著寔處反不逮唐人遠甚。學者不可但隨聲唱和，虚文無寔，終于斲喪而已。」斯言也，其得曰無所見乎？孔子曰：「修辭立其誠。」又曰：「辭達而已矣。」以誠爲本，以達爲用，蓋聖人之論文盡于是矣。因文以見道，非誠也。有意而爲之，非達也。不反其本，而惟文之求于是，體製繁興，篇章盈溢，徒敝覽者之精神，而無補于寔用，亦奚以爲此？由後學見退之之輕蔑往古，自爲尊大，咸欲效尤致使然耳。承孜孜以後人不及退之爲問，足下蓋大有疑于文之升降，而欲求其故，救其衰也。愚何人斯？文之雄如退之，輒敢萌蚍蜉撼大樹之見，而加以雌黄。愚固有説以處此。夫文之衰，至今極矣，有志者起而振之。若曰舍唐宋人，則無所問津，愚雖陋劣，未敢以爲然也。古之有至德卓行者，多不以文自見，不得已而欲自見于文，其取精用宏，固自有術，而要之以進德修業爲本，原以崇寔黜浮爲標準，以有關係發明爲體要。理充者，華采不爲累；氣盛者，偶儷不爲病，陳言不足去，新語不足撰，非格式所能拘，非世運所能限，在山滿山，在谷滿谷，則庶幾乎由秦而前聖賢人之文矣。若退之之張皇號叫，永叔之纏綿悲慨，皆内不足而求工好于文，豈古人所有哉。此言非足下無與發，如曰不然，伏願有以教我。

陸隴其《三魚堂文集》卷九《天濤詩文序》 眉山蘇氏兄弟，文章爲一代宗。自宋以來，操觚家仰之若泰山北斗。然吾嘗竊病焉。文以明道，道不明，何以文爲。蘇氏之文，拾蘇張之緒餘者什之五，醉佛老之糟粕者什之五，且以伊川大賢而目之爲姦，幾乎目不辨黑白，而耳不聞雷霆者矣，尚安取其文章哉。我家天濤，筮仕於峽，蘇氏之墓在焉，禁其樵採，新其廟貌，又閒以政事之暇成詩文若干篇，人皆謂天濤嚮往蘇氏而得力焉者。吾謂不然。天濤平生樸實敦厚，其在峽也，仁而明。當軍興之際，從容經畫不廢事，不累民，惻怛至誠之念，浹洽乎境内，峽人愛之如父母。然此真可與學伊川之學者，豈蘇氏之比哉。其詩若文皆言其性情所自得，而非有蘇張佛老之習氣，於方正之士未嘗疾之也。其表章蘇氏墓，特以爲先賢遺趾，不忍其滅没於樵夫牧豎之手，而非宗其學、帥其人也。余方欲與天濤究程氏之遺書，追居敬窮理之學，脉求所謂吟風弄月之旨趣，布帛菽粟之滋味。恐不知者見其官蘇氏之地，表蘇氏之迹，猥以爲眉山一派也，故爲敘之，毋以文忠兄弟辱我天濤哉。

戴名世《戴名世集》卷四《己卯行書小題序》 在昔選文行世之遠者，莫盛于東鄉艾氏，余嘗側聞其緒言曰：「立言之要，貴合乎道與法。而制舉業者，文章之屬也，非獨兼夫道與法而已，又將兼有辭焉。」是故道也，法也，辭也，三者有一之不備焉而不可謂之文也。今夫道具載於四子之書，幽遠閎深，無所不具，乃自漢、唐諸儒相繼訓詁箋疏，卒無當於大道之要，至宋而道始大明。乃程、朱之後，已有浸淫而背其師説者，況以諸生學究，懷利禄之心胸，而欲使之闡明義理之精微，固已難矣。且夫道一而已，而法則有二焉：有行文之法，有御題之法。御題之法者，相其題之輕重緩急，審其題之脉絡腠理，布置謹嚴，而不使一毫髪之有失，此法之有定者也。至於向背往來，起伏呼應，頓挫跌宕，非有意而爲之，所云文成而法立者，此行文之法也，法之無定者也。道與法合矣，又貴其辭之修焉。辭有古今之分：古之辭，《左》、《國》、莊、屈、馬、班以及唐、宋大家之爲之者也；今之辭，則諸生學究懷利禄之心胸之爲之者也。其爲是非美惡，固已不待辨而知矣。自舉業之雷同相從事爲腐爛，則如艾氏所云，因其辭以累夫道與法者亦時有之，故曰，三者有一之不備焉而不可謂之文也。

方苞《方苞集》卷四《李穆堂文集序》 余與穆堂始相見，即相與議所處。康熙庚寅杪冬，穆堂以庶吉士觀省歸里，道長干，停船過余。余時以老母衰病，不敢遠行，而守土吏及族婣皆謂：「誤殿試期至再三，懼物議。」穆堂獨正議以排之。余因謂穆堂：「子必大爲世用，不及今肆力於學，則無其時矣。」逾年而余以《南山集》牽連，兼罹宗禍，荷先帝赦除，召入内廷編校，而穆堂宦益達，各以職事拘綴，惟一見於故相國安溪李公所。及先帝登遐，穆堂自北河入臨，朝夕聚喪次，始知其學益老，識益堅，氣益厲，而可任公卿之位。無何，果起家爲吏部侍郎，巡漕運，開府粤西，總督直隸，不過問者，復四三年。其後穆堂亦掛吏議，荷聖上赦除，典司别館編校，暇日過從，出其已刻散體文示余，則已數十萬言矣。又踰年，總其前後所作，别爲三集，各五十卷，而屬序其正集。其考辨之文，貫穿經史，而能決前人之所疑；章奏之文，則鑿然有當於實用；記、序、書、傳、狀、誌、表、誄，因事設辭，必有槩於義理，使覽者有所感興而考鏡焉。其平生所志，及已見於設施者，即是編以求之，抑可以得其崖略矣。穆堂自始進即得顯仕，出入中外，近二十年，任重而事殷，其於誦數講習，宜未暇遑，而竟能以文章振發於世，豈非其材有兼人者與？余終世未嘗一日離文墨，而智淺力分，其於諸經，雖粗見其樊，未有若古人之言而無棄者，而文章之境，亦心知而力弗能踐焉。觀穆堂所編，未嘗不躊躇滿志，而又以自疚也。

劉大櫆《論文偶記》 行文之道，神爲主，氣輔之。曹子桓、蘇子由論文，以氣爲主，是矣。然氣隨神轉，神渾則氣灝，神遠則氣逸，神偉則氣高，神變則氣奇，神深則氣静，故神爲氣之主。至專以理爲主者，則猶未盡其妙也。蓋人不窮理讀書，則出詞鄙倍空疏。人無經濟，則言雖累牘，不適於用。故義理、書卷、經濟者，行文之實，若行文自另是一事。譬如大匠操斤，無土木材料，縱有成風盡堊手段，何處設施？然即土木材料，而不善設施者甚多，終不可爲大匠。故文人者，大匠也；義理、書卷、經濟者，匠人之材料也。作文本以明義理，適世用。而明義理，適世用，必有待於文人之能事：朱子謂「無子厚筆力發不出」。

袁枚《小倉山房文集》卷一一《胡稚威駢體文序》 文之駢，即數之偶也，而獨不近取諸身乎？頭，奇數也；而眉目，而手足，則偶矣。而獨不遠取諸物乎？草木，奇數也；而由蘖而瓣鄂，則偶矣。山峙而雙峯，水分而交流，禽飛而並翼，星綴而連珠，此豈人爲之哉？古聖人以文明道，而不諱修詞。駢體者，修詞之尤工者也。六經濫觴，漢、魏延其緒，六朝暢其流。論者先散行後駢體，似亦尊乾卑坤之義。然散行可蹈空，而駢文必徵典。駢文廢，則悦學者少，爲文者多，文乃日敝。若夫四六者，俗名也。《庚桑楚》及《吕覽》所稱四六，非此之解。柳子稱駢四儷六，樊南稱六甲四數，亦偶然語耳。沿此名文，於義何當！宋人起而矯之，輕倩流轉，別開蹊徑；古人固而存之之義絶焉。自是格愈降，調愈卑，靡靡然皮傅而已，雖駢其詞，仍無資於讀書。文之中，又唯駢體爲尤敝。吾友胡稚威有意振之，得若干卷，錦摛霞駁，技至此乎！然吾謂稚威之文雖偶實奇。何也？本朝無偶之者也。迦陵、綺園非其遇也。今人不足取，于古人偶之者，玉溪生而止耳。再偶，則唐四家與徐、庾、燕、許也。吾將偶之，而恐未逮，乃先爲之序。

又卷一九《答友人論文第二書》 足下之答綿莊曰：「散文多適用，駢體多無用，《文選》不足學。」此又誤也。夫高文典册，用相如；飛書羽檄，用枚皋：文章家各適其用。若以經世而論，則紙上陳言，均爲無用。古之文，不知所謂散與駢也。《尚書》曰：「欽明文思安安。」此散也。而「賓於四門，納於大麓」，非其駢焉者乎？《易》曰：「潛龍勿用。」此散也。而「體仁足以長人，嘉會足以合體」，非其駢焉者乎？安得以其散者爲有用，而駢者爲無用也？足下云云，蓋震于昌黎「起八代之衰」一語，而不知八代固未嘗衰也。何也？文章之道，如夏、殷、周之立法，窮則變，變則通，西京渾古，至東京而漸漓。一二文人，不得不以奇數之窮、通偶數之變。及其靡曼已甚，豪傑代雄，則又不屑雷同，而必挽氣運以中興之。徐、庾、韓、柳，亦如禹、稷、顔子，易地則皆然者也。然韓、柳亦自知其難，故鏤肝鉥腎，爲奥博無涯涘，或一兩字爲句，或數十字爲句，拗之，練之，錯落之，以求合乎古。人但知其戛戛獨造，而不知其功苦，其勢危也。誤於不善學者，而一瀉無餘。蓋其詞駢，則徵典隸事，勢難不讀書；其詞散，則言之無物，亦足支持句讀。吾嘗謂韓、柳爲文中五霸者，此也。然韓、柳琢句，時有六朝餘習，皆宋人之所不屑爲也。惟其不屑爲，亦復不能爲，而古文之道終焉。【略】夫物相雜謂之文。布帛菽粟文也，珠玉錦繡亦文也，其他濃雲震雷，奇木怪石，皆文也。足下必以適用爲貴，將使天地之大，化工之巧，其專生布帛菽粟乎？抑能使有用之布帛菽粟，貴于無用之珠玉錦繡乎？人之一身，耳目有用，鬚眉無用。足下其能存耳目而去鬚眉乎？是亦不達于理矣。韓退之晚列朝參，朝廷有大著作，多出其手。如《淮西碑》、《順宗實録》等書，以爲有絶大關係，故傳之不衰。而何以柳州一老，窮兀困悴，僅形容一石之奇，一壑之幽，偶作《天説》諸篇，又多譎詭悖傲，而不與經合，然其名卒與韓峙，而韓且推之畏之者，何哉？文之佳惡，實不係乎有用與無用也。即足下論文如射之有志，可謂識所取舍者矣。而何以每見足下于莊、屈之荒唐，則愛之而誦之；于程、朱之語録，則尊之而遠之。豈足下之行與言違哉？蓋以理論，則語録爲精；以文論，則莊、屈爲妙。足下所愛在文，而不在理，則持論雖正，有時而嗒然自忘。若夫比事之科條，薪米之雜記，其有用更百倍于古文矣。而足下不一肄業及之者，何也？二代後，聖人不生，文之與道離也久矣。然文人學士，必有所挾持以占地步，故一則曰明道，再則曰明道，直是文章家習氣如此。而推究作者之心，都是道其所道，未必果文王、周公、孔子之道也。夫道若大路然，亦非待文章而後明者也。仁義之人，其言藹如，則又不求合而合者。若矜矜然認門面語爲真諦，而時時作學究塾師之狀，則持論必庸而下筆多滯，將終其身得人之得，而不自得其得矣。竊爲足下憂之。綿莊文多説經，絶不類《選》體；而以之勗足下者，彼見足下筆氣近弱，不宜散文，故以六朝綿麗之體進，非得已也。足下不善用其短而拒之過堅，僕愛足下過于綿莊，安得不再爲忠告！

戴震《戴震集・文集》卷九《與方希原書》 得鄭君手札，言足下大肆力古文之學。僕嘗以爲此事在今日絶少能者，且其途易歧，一入歧途，漸去古人遠矣。古今學問之途，其大致有三，或事於理義，或事於制數，或事於文章。事於文章者，等而末者也。然自子長、孟堅、退之、子厚諸君子之爲之曰：是道也，非藝也。以云道，道固有存焉者矣，如諸君子之文，亦惡覩其非藝歟？夫以藝爲末，以道爲本。

諸君子不顧據其末，畢力以求據其本，本既得矣，然後曰：是道也，非藝也。循本末之説，有一末，必有一本。譬諸草木，彼其所見之本，與其末同一株，而根枝殊爾。根固者枝茂。世人事其枝，得朝露而榮，失朝露而瘁，其爲榮不久。諸君子事其根，朝露不足以榮瘁之，彼又有所得而榮、所失而瘁者矣。且不廢浸灌之資，雨露之潤，此固學問功深而不已於其道也，而卒不能有榮無瘁。故文章有至有未至。至者，得於聖人之道則榮，未至者，不得於聖人之道則瘁。以聖人之道被乎文，猶造化之終始萬物也。非曲盡物情，遊心物之先，不易解此。然則如諸君子之文，惡覩其非藝歟？諸君子之爲道也，譬猶仰觀泰山，知羣山之卑；臨視北海，知衆流之小。今有人履泰山之巔，跨北海之涯，所見不又縣殊乎哉？足下好道，而肆力古文，必將求其本。求其本，更有所謂大木。大木既得矣，然後曰：是道也，非藝也。則彼諸君子之爲道，固待斯道而榮瘁也者。聖人之道，在六經。漢儒得其制數，失其義理；宋儒得其義理，失其制數。譬有人焉，履泰山之巔，可以言山；有人焉，跨北海之涯，可以言水。二人者不相謀，天地間之鉅觀，目不全收，其可哉？抑言山也，言水也，時或不盡山之奧、水之奇。奧奇，山水所有也，不盡之，闕物情也。今足下同鄭君、汪君相與聚處，勉而薄乎巔涯，究乎奥奇不難。

紀昀《紀文達公遺集》卷九《耳溪文集序》 飴山老人《談龍録》引吴修齡之言曰：「意喻之米，文則炊而爲飯，詩則釀而爲酒。飯不變米形，酒則變盡。」其意謂文易而詩難也。余則謂詩文各有體裁，亦各有難易。杜子美之詩才而散文多詰屈，皇甫湜、李翱之文筆而詩皆拙鈍。才有偏長，殆不可强。古來詩文皆長者，屈指典籍，代不數人。其餘巨製鴻篇，汗牛充棟，大抵文附詩傳，詩附文傳，備一家之著作而已。余既爲朝鮮洪君序詩集，復得其文集；讀之不以贋古摹秦漢，如嘉隆七子所爲；亦不以機調摹八家，如鹿門之末派。方圓自造，惟意所如。其寄託恢奇，上薄元結、孫樵、劉蜕；其清辨滔滔，出入於眉山父子；即一二小品，亦擺落公安、竟陵之窠臼，嵚崎磊落，別調獨彈。其心思如水瀉地，縱横曼衍；其氣機如雲出岫，宕漾自如。皆洋洋纚纚，初無定範，意盡言止而文成法立焉。其諸天機之所到乎？然非縱心一往，不醇而遽肆者也。夫善御馬者，銜勒在握，則注波驀澗而不蹶；善操舟者，針舵不失，則衝風破浪而無損；善用兵者，客主之形，奇正之用，罔不先機坐照，則節制百萬之師而不亂，先操其本故也。洪君之文，雖暢所欲言，而大旨則主於明道。其言道也，不游談鮮實，索之於先天無極；不創論駭俗，求之於索隱行怪，而惟探本於六經。蓋經者，常也，萬世不易之常道也。道者，理也，事之制也。理明，則天下之是非不淆，百爲之進退有準，千變萬化不離其宗。以應世，則操縱咸宜；以立言，則了了於心者，自了了於口，投之所向，無不如志。然則洪君之文，其又勝於詩矣乎？洪君之詩，其亦根柢於文矣乎？杜陵有言：「文章千古事，得失寸心知。」洪君見此，其亦相視而笑否耶。

姚鼐《惜抱軒文集》卷六《復汪進士輝祖書》 夫古人之文，豈第文焉而已，明道義，維風俗以詔世者，君子之志；而辭足以盡其志者，君子之文也。達其辭則道以明，昧於文則志以晦。鼐之求此數十年矣，瞻於目，誦於口，而書於手，較其離合而量劑其輕重多寡，朝爲而夕復，捐嗜捨欲，雖蒙流俗訕笑而不恥者，以爲古人之志遠矣，苟吾得之，若坐階席而接其音貌，安得不樂而願日與爲徒也。

又《答翁學士書》 夫道有是非，而技有美惡。詩文皆技也，技之精者必近道，故詩文美者命意必善。文字者，猶人之言語也，有氣以充之，則觀其文也，雖百世而後，如立其人而與言於此；無氣，則積字焉而已。意與氣相御而爲辭，然後有聲音節奏高下抗墜之度，反復進退之態，采色之華。故聲色之美，因乎意與氣而時變者也，是安得有定法哉！

章學誠《文史通義》卷三《文理》 夫立言之要，在於有物。古人著爲文章，皆本於中之所見，初非好爲炳炳烺烺，如錦工繡女之矜誇采色已也。富貴公子，雖醉夢中，不能作寒酸求乞語；疾痛患難之人，雖置之絲竹華宴之場，不能易其呻吟而作歡笑。此聲之所在肖其心，而文之所以不能彼此相易，各自成家者也。今舍己之所求，而摩古人之形似，是杞梁之妻，善哭其夫，而西家偕老之婦，亦學其悲號；屈子自沉汨羅，而同心一德之朝，其臣亦宜作楚怨也；不亦傎乎？至於文字，古人未嘗不欲其工。孟子曰：「持其志，無暴其氣。」學問爲立言之主，猶之志也；文章爲明道之具，猶之氣也。求自得於學問，固爲文之根本；求無病於文章，亦爲學之發揮。故宋儒尊道德而薄文辭，伊川先生謂工文則害道，明道先生謂記誦爲玩物喪志，雖爲忘本而逐末者言之；然推二先生之立意，則持其志者，不必無暴其氣。而出辭氣之遠於鄙倍，辭之欲求其達，孔、曾皆爲不聞道矣。【略】故古人論文，多言讀書養氣之功，博古通經之要，親師近友之益，取材求助之方，則其道矣。至於論及文辭工拙，則舉隅反三，稱情比類，如陸機《文賦》，劉勰《文心雕龍》，鍾嶸《詩品》，或偶舉精字善句，或品評全篇得失，令觀之者得意文中，會心言外，其於文辭思過半矣。

又卷七《永清縣志前志列傳序例》 紀述之重史官，猶《儒林》之重經師，《文

苑》之重作者也。《儒林列傳》當明大道散著，師授淵源；《文苑列傳》當明風會變遷，文人流别；此則所謂史家之書，非徒紀事，亦以明道也。如使儒林文苑不能發明道要，但敍學人才士一二行事，已失古人命篇之義矣。

惲敬《大雲山房文稿・初集》卷三《上曹儷笙侍郎書》 儷笙先生閣下：前者，敬在甯都上謁，先生過聽彭臨川之言，諄然以昔人之所以爲古文者下問，侍坐之頃，未能達其心之所欲言，回縣後，竊願一陳其不敏。而下官之事上者，如古之奏記，如牋、如啓皆束于體制，塗飾巧僞，殊無足觀。至前明之稟，幾于胥隸之辭矣。古者自上宰相至于儕等相往復，皆曰書，其言疏通曲折，極其所至而後已，謹以達之左右，惟先生教正之。古文，文中之一體耳，而其體至正，不可餘，餘則支；不可盡，盡則敝；不可爲容，爲容則體下。方望溪先生曰：「古文雖小道，失其傳者七百年。」望溪之言若是，是明之遵巖、震川，本朝之雪苑、勺庭、堯峯諸君子，世俗推爲作者，一不得與乎望溪之所許矣。望溪謹厚，兼學有源本，豈妄爲此論邪？蓋遵巖、震川，常有意爲古文者也，有意爲古文，而平生之才與學，不能沛然于所爲之文之外，則將依附其體而爲之，依附其體而爲之，則爲支、爲敝、爲體下，不招而至矣。是故遵巖之文贍，贍則用力必過，其失也少支而多敝。震川之文謹，謹則置辭必近，其失也少敝而多支。而爲容之失，二家緩急不同，同出于體下，集中之得者十有六七，失者十而三四焉。此望溪之所以不滿也。李安溪先生曰：「古文，韓公之後，惟介甫得其法。」是説也，視望溪之言有加甚焉。敬當即安溪之意推之。蓋雪苑、勺庭之失，毗于遵巖，而鋭過之，其疾徵于三蘇氏。堯峯之失，毗于震川，而弱過之，其疾徵于歐陽文忠公。歐與蘇二家，所畜有餘，故其疾難形。雪苑、勺庭、堯峯，所畜不足，故其疾易見。噫！可謂難矣。然望溪之于古文，則又有未至者。是故旨近端，而有時而歧；辭近醕，而有時而窳。近日朱梅厓等于望溪有不足之辭，而梅厓所得，視望溪益庳隘。文人之見，日勝一日，其力則日遜焉。是亦可虞者也。敬生于下里，以禄養趨走下吏，不獲與世之大人君子相處，而得其源流之所以然。同州諸前遠，多習校録，嚴考證，成專家，爲賦詠者，或率意自恣。而大江南北以文名天下者，幾于昌狂無理，排溺一世之人，其勢力至今未已。敬爲之動者數矣，所幸少樂疎曠，未嘗捉筆，求若輩所謂文之工者而浸漬之，其道不親，其事不習，故心不爲所陷，而漸有以知其非。後與同州張皐文、吴仲倫、桐城王悔生遊，始知姚姬傳之學出于劉海峯，劉海峯之學出于方望溪，及求三人之文觀之，又未足以饜其心所欲云者。由是由本朝推之于明，推之于宋唐，推之于漢與秦，齗齗焉析其正變，區其長短，然後知望溪之所以不滿者，蓋自厚趨薄，自堅趨瑕，自大趨小。而其體之正，不特遵巖、震川以下未之有變，即海峯、姬傳亦非破壞典型、沈酣淫詖者，不可謂傳之盡失也。若是，則所謂爲支、爲敝、爲體下，皆其薄、其瑕、其小爲之。如能盡其才與學以從事焉，則支者如山之立，敝者如水之去腐，體下者如負青天之高，于是積之而爲厚焉，歛之而爲堅焉，充之而爲大焉，且不患其傳之盡失也。然所謂才與學者，何哉？曾子固曰：「明必足以周萬事之理，道必足以適天下之用，智必足以通難知之意，文必足以發難顯之情。」如是而已。皐文最淵雅，中道而逝。仲倫才弱，悔生氣敗。敬蹉跎歲時，年及五十，無所成就必矣。天下之大，當必有具絶人之能。荒江老屋，求有以自信者。先生能留意焉，則斯事之幸也。附呈近作數首，聊以塞盛意。愧悚愧悚。

劉開《孟塗文集》卷三《復陳編修書》 夫文之本出於道，道不明則言之無物。文之成視乎辭，辭不修則行之不遠。識足以見之，學足以至之，氣足以舉之，才與力足以斡旋之，如是而已。所貴乎學者，爲其能以一而致四者之美也。致此有道，爲之以漸，不亟不徐，勿舍其鉅而圖其細，勿事其末而置其本。今夫水掘之平地，雖費千人之勞，其流不敵溪曲，其用不過灌溉。若夫出自大河江漢，挾百川奔四海，動而爲波瀾，瀦而爲湖澤，激盪瀠洄，初無待乎人力，是何也？其所積者厚，所納者衆，而所發者之有本也。夫古人之潛心德藝，而不徒規規於文字間也。其知此矣，彼蓋於天地萬物，無一不獲爲己有；誦百家浩渺奇博之言，以富其所蓄；遠取乎八荒之殊狀異態，以開其壅蔽而破其拘墟，使己之性與物通，神與境化。而後八風七音之入乎耳，九文六采五章之接乎目，二氣四時羣變萬化之觸於心者，皆可得之以爲文焉。自唐宋以降，世之考文辭者不可勝數，然終身爲之而不知其法者比比皆是。求有人焉得前人意義不失古文矩矱，已罕遇可貴矣。而能奪其才力，傾其蘊蓄，出其陸離光怪，洩其悲憤幽鬱以自成爲一家之言，前後不必同轍，彼此不妨異趣，於以明聖人之道，窮造化之微，極人情物態之變者，蓋數百年之間未之多見也。是豈氣運有升降，而天地生才亦有所限而不輕出與？抑豈識不足以立其本，學不足以擴其基，氣不足以充其辭與？將才與力有工絀、厚薄、大小之不同，而所造亦隨爲進退與？夫八家未出之前，法未備而文日益奇。八家既行之後，法愈密而文日益下。非法之足妨文也。衆美既具，奇無可加，夫如是故取境也難。且古賢獨擅之長既不可與争，而兼取各家之長以歸一人之鎔鑄，則力又有所不逮。於是偏於才者，或縱横求異，不知古人之去取裁制，而決裂乎法外；偏於學者，或

平易近理，不知古人之波瀾變化，而拘守於法中。曾子固醇而不肆，蘇明允肆而不醇，兼之者僅昌黎也。此在昔人尚以爲難，況後世之嗇於才而弱於學者哉。夫文猶兵也，善用之，達於精微；不善用之，即泥於往迹。是故孫武之書所以教天下之戰也，然韓信以之破敵，而馬謖則以之亡師。軍陣之制所以成士卒之列也，然諸葛以之運奇，而武穆不以之制勝。何則？兵無常形，文無定法，故聖人云：「神而明之，存乎其人。」韓退之曰：「氣盛，則言之短長與聲之高下皆宜。」苟不能潛心德藝以養其氣，而徒規規於文字之末，是猶掘地求水，而不溯源於大河江漢也。

又卷四《與阮芸台宫保論文書》 蓋文章之變，至八家齊出而極盛。文章之道，至八家齊出而始衰。謂之盛者，由其體之備於八家也，爲之者各有心得而後乃成爲八家也。謂之衰者，由其美之盡於八家也，學之者不克遠溯而亦即限於八家也。夫專爲八家者，必不能如八家。其道有三：韓退之約六經之旨，兼衆家之長，尚矣。柳子厚則深於《國語》，王介甫則原於經術，永叔則傳神於史遷，蘇氏則取裁於《國策》，子固則衍派於匡劉，皆得力於漢以上者也。今不求其用力之所自，而但規彷其辭，遂可以爲八家乎？此其失一也。漢人莫不能文，雖素不習者亦皆工妙，彼非有意爲文也，忠愛之誼，悱惻之思，宏偉之識，奇肆之辨，恢諧之辭，出之於自然，任其所至而無不咸宜，故氣體高渾，難以迹窺。八家則未免有意矣，夫寸寸而度之，至丈必差，效之過甚，拘於繩尺而不得其天然。此其失二也。自屈原宋玉工於言辭，莊辛之説楚王，李斯之諫逐客，皆祖其瑰麗。及相如、子雲爲之，則玉色而金聲；枚乘、鄒陽爲之，則情深而文明。由漢以來，莫之或廢。韓退之取相如之奇麗，法子雲之閎肆，故能推陳出新，徵引波瀾，鏗鏘鍠石，以窮極聲色。柳子厚亦知此意，善於造練增益辭采，而但不能割愛。宋賢則洗滌盡矣。夫退之起八代之衰，非盡掃八代而去之也，但取其精而汰其粗，化其腐而出其奇。其實八代之美，退之未嘗不備有也。宋諸家疊出，乃舉而空之，子瞻又掃之太過，於是文體薄弱，無復沉浸醲郁之致，瑰奇壯偉之觀。所以不能追古者，未始不由乎此。夫體不備，不可以爲成人；辭不足，不可以爲成文。宋賢於此不察，而祖述之者，並西漢瑰麗之文而皆不敢學。此其失三也。且彼嘉謨讜議，著於朝廷，立身大節，炳乎天壤，故發爲文辭，沛乎若江河之流。今學之者，無其抱負志節，而徒津津焉索之於字句，亦末矣。此專爲八家者所以必不能及之也。然而志於爲文者，其功必自八家始。何以言之？文莫盛於西漢，而漢人所謂文者，但有奏對封事皆告君之體耳，書序雖亦有之，不克多見。至昌黎始工爲贈送碑誌之文，柳州始創爲山水雜記之體，盧陵始專精於序事，眉山始窮力於策論，序經以臨川爲優，記學以南豐稱首。故文之義法，至《史》、《漢》而已備；文之體製，至八家而乃全。彼固予人以有定之程式也，學者必先從事於此而後有成法之可循，否則雖鋭意欲學秦漢，亦茫無津涯。然既得門徑而猶囿於八家，則所見不高，所挾不宏，斯爲明代之作者而已。故善學文者，其始必用力於八家，而後得所從入其中人；進之以《史》、《漢》，而後克以有成，此在會心者自擇之耳。然苟有非常絶特之才，欲争美於古人，則《史》、《漢》猶未足以盡之也。夫《詩》《書》，退之既取法之矣。退之以六經爲文，亦徒出入於《詩》、《書》，他經則未能也。夫孔子作《繫辭》，孟子作《七篇》，曾子闡其傳以述《大學》，子思困於宋而述《中庸》。七十子之徒各推明先王之道以爲《禮記》，豈獨義理之明備云爾哉，其言固古今之至文也。世之真好學者，必實有得於此而後能明道以修辭。於是乎從容於《孝經》以發其端，諷誦於典謨訓誥以莊其體，涵泳於國風以深其情，反覆於變雅、《離騷》以致其怨。如是而以爲未足也，則有《左氏》之宏富，《國語》之修整，益之以《公羊》、《穀梁》之清深。如是而以爲未足也，則有《大戴記》之條暢，《考工記》之精巧，兼之以荀卿、揚雄之切實。如是而又以爲未足也，則有老氏之渾古，莊周之駘蕩，列子之奇肆，管夷吾之勁直，韓非之峭刻，孫武之簡明，可以使之開滌智識，感發意趣。如是術藝既廣，而更欲以括其流也，則有《吕覽》之賅洽，《淮南》之環瑋，合萬物百家以汎濫厥辭，吾取其華而不取其實。如是衆美既具，而更欲以盡其變也，則有《山海經》之怪豔，《洪範傳》之陸離，《素問》、《靈樞》之奥衍精微，窮天地事物以錯綜厥旨，吾取其博而不取其侈。凡此者，皆太史公所偏觀以資其業者也，皆漢人所節取以成其能者也。以之學道，則幾於雜矣。以之爲文，則取精多而用愈不窮。所謂聚千古之心思才力而爲之者也。而變而出之，又自有道。食焉而不能化，猶未足爲神明其技者也。有志於文章者，將殫精竭思於此乎？抑上及史漢而遂已乎？將專求之八家而安於所習乎？夫史漢之於八家也，其等次雖有高低，而其用有互宜，序有先後非先生莫能明也。且夫八家之稱，何自乎？自歸安茅氏始也。韓退之之才，上追揚子雲，自班固以下皆不及，而乃與蘇子由同列於八家，異矣。韓子之文，冠於八家之前，而猶屈；子由之文，即次於八家之末，而猶慙。使後人不足於八家者，蘇子由爲之也。使八家不遠於古人者，韓退之爲之也。吾鄉望溪先生，深知古人作文義法，其氣味高淡醇厚，非獨王遵巖、唐荊川有所不逮，即較之子由，亦似勝之。然望溪豐於理而嗇於辭，謹嚴精實則有餘，雄奇變化則不足，亦能醇不能肆之故也。夫震川熟於《史》、《漢》矣，學歐、曾而

有得，卓乎可傳，然不能進於古者，時藝太精之過也。且又不能不囿於八家也。望溪之弊與震川同，先生所不取者，其以此與？然其大體雅正，可以楷模後學，要不得不推爲一代之正宗也。學《史》、《漢》者，由八家而入；學八家者，由震川、望溪而入，則不誤於所向。然不可以律非常絶特之才也。夫非常絶特之才，必盡百家之美，以成一人之奇，取法至高之境，以開獨造之域。先生殆有意乎？其不安於同然之嗜好，宜也。方將摩崑崙之高，探渤海之深，焕雲霞之章，揚日星之色，恢決隄破藩之識，奮摧鋒陷陣之力，用之於一家之言，由是明道修辭以漢人之氣體，運八家之成法，本之以六經，參之以周末諸子，則所謂争美古人者，庶幾其有在焉。然其後先用力之序，彼此互用之宜，亦不可不預熟也。蒭蕘之見，皆先生所已知，不揣固陋瀆陳左右，且以當面質也。近日斯文寥落，甚矣！唯先生可聞斯言，唯開敢爲此言，伏惟恕狂簡之咎，而加之以教，幸甚！

曾國藩《曾文正公文集》卷三《聖哲畫像記》 堯、舜、禹、湯，史臣記言而已。至文王拘幽，始立文字，演周易。周、孔代興，六經炳箸，師道備矣。秦漢以來，孟子蓋與莊、荀並稱。至唐，韓氏獨專異之，而宋之賢者以爲可躋之尼山之次，崇其書以配《論語》。後之論者莫之能易，也兹以亞於三聖人後云。左氏傳經，多述二周典禮，而好稱引奇誕，文辭爛然浮於質矣。太史公稱莊子之書皆寓言，吾觀子長所爲《史記》，寓言亦居十之六七。班氏閎識孤懷，不逮子長遠甚，然經世之典，六藝之旨，文字之源，幽明之情狀，粲然大備，豈與夫斗筲者争得失於一先生之前，姝姝而自悦者哉。

劉師培《劉師培辛亥前文選・論近世文學之變遷》 宋代以前，「義理」、「考據」之名未成立，故學士大夫莫不工文。六朝之際，雖文與筆分，然士之不工修詞者鮮矣。唐代之時，武夫隸卒，均以文章擅長，或文詞徒工，學鮮根柢。若夫於學則優，於文則拙，唐代以前，未之聞也。至宋儒立「義理」之名，然後以語録爲文，而詞多鄙倍。顧亭林《日知録》曰：「典、謨、爻、象，此二帝三王之言也。《論語》、《孝經》，此夫子之言也。文章在是，性與天道亦在是，故曰『有德者必有言。』善乎游定夫之言曰：『不能文章，而欲聞性與天道，譬猶築數仞之墻，而浮埃聚沫以爲基，無是理矣。』後之君子，於下學之初，即談性道，乃以文章爲小技，而不必用力。然則夫子不曰『其旨遠，其辭文』乎！不曰『言之無文，行之不遠』乎！曾子曰：『出詞氣，斯遠鄙倍矣！』嘗見今講學先生，從語録入門者，多不善於修詞，或乃反子貢之言以譏之曰：『夫子之言性與天道，可得而聞，夫子之文意，不可得而聞也。』」又引楊用修之言曰：「文，道也；詩，言也。語録出，而文與道判矣；詩話出，而詩與言離矣！」又錢竹汀曰：「釋子之語録始於唐，儒家之語録始於宋，儒其行而釋其言，非所以垂教也。君子之出詞氣必遠鄙倍，語録行而儒家有鄙倍之詞矣。有德者必有言，語録行則有德而不必有言矣。」至近儒立「考據」之名，然後以注疏爲文，而文無性靈。夫以語録爲文，可宣於口，而不可筆之於書，以其多方言俚語也；以注疏爲文，可筆於書，而不可宣之於口，以其無抗墜抑揚也。綜此二派，咸不可目之爲文。

教化分部

《周易・大畜》 《象》曰：「天在山中，大畜；君子以多識前言往行，以畜其德。」

卜商《詩序・大序》 故正得失，動天地，感鬼神，莫近於詩。先王以是經夫婦，成孝敬，厚人倫，美教化，移風俗。

《左傳・成公十四年》 故君子曰：春秋之稱，微而顯，志而晦，盡而不汙，懲惡而勸善。非聖人誰能脩之。

揚雄《法言・吾子》 或曰：「女有色，書亦有色乎？」曰：「有。女惡華丹之亂窈窕也，書惡淫辭之淈法度也。」【略】或問：「君子尚辭乎？」曰：「君子事之爲尚。事勝辭則伉，辭勝事則賦，事辭稱則經。足言足容，德之藻矣。」

葛洪《抱朴子・外篇・應嘲》 抱朴子曰：「夫制器者珍於周急，而不以采飾外形爲善；立言者貴於助教，而不以偶俗集譽爲高。若徒阿順諂諛，虚美隱惡，豈所匡失弼違，醒迷補過者乎？」

劉勰《文心雕龍・詮賦》 文雖新而有質，色雖糅而有本，此立賦之大體也。然逐末之儔，蔑棄其本，雖讀千賦，愈惑體要。遂使繁華損枝，膏腴害骨，無貴風軌，莫益勸戒，此揚子所以追悔於雕蟲，貽誚於霧縠者也。

李華《贈禮部尚書清河孝公崔沔集序》 文章本乎作者，而哀樂繫乎時。本乎作者，《六經》之志也；繫乎時者，樂文、武而哀幽、厲也。立身揚名，有國有家，化人成俗，安危存亡，於是乎觀之。宣於志者曰言，飾而成之曰文。有德之文信，無德之文詐。皋陶之歌，史克之頌，信也；子朝之告，宰嚭之詞，詐也，而士君子恥

之。夫子之文章，偃、商傳焉，偃、商殁而孔伋、孟軻作，蓋《六經》之遺也。屈平、宋玉哀而傷，靡而不返，《六經》之道遁矣。論及後世，力足者不能知之，知之者力或不足，則文義寖以微矣。文顧行，行顧文，此其與於古歟！

蕭穎士《贈韋司業書》 古者右史記事，左史記言。記事者《春秋》，記言者《尚書》是也。周德既衰，史官失守，孔聖斷唐虞以下，删帝王之書，因魯史記而作《春秋》，托辭以示褒貶，全身遠害之道博，懲惡勸善之功大。韓宣子見之曰：「周禮盡在魯矣。吾乃今知周公之德與周之所以王也。」有漢之興，舊章頓革，馬遷唱其始，班固揚其風，紀傳平分，表志區别。其文復而雜，其體漫而疏；事同舉措，言殊卷帙；首末不足以振綱維，支條適足以助繁亂；於是聖明之筆削，褒貶之文廢矣。後進因循，學猶不及，竟憎泛博，彌敦簡要，其迷固久，非可一二言也。

元結《元次山集》卷一〇《文編序》 天寶十二年，漫叟以進士獲薦，名在禮部，會有司考校舊文，作《文編》納於有司。當時叟方年少，在顯名迹，切耻時人諂邪以取進，奸亂以致身，徑欲填陷阱於方正之路，推時人於禮讓之庭，不能得之，故優遊於林壑，怏恨於當世。是以所爲之文，可戒可勸，可安可順。侍郎楊公見《文編》，嘆曰：「以上第污元子耳，有司得元子是賴。」叟少師友仲行公，公聞之，諭叟曰：「於戲！吾嘗恐直道絶而不續，不虞楊於於子相續如縷。」明年，有司於都堂策問群士，叟竟在上第。爾來十五年矣。更經喪亂，所望全活，豈欲迹參戎旅，苟在冠冕，觸踐危機，以爲榮利，蓋辭謝不免，未能逃命。故所爲之文，多退讓者，多激發者，多嗟恨者，多傷閔者。其意必欲勸之忠孝，誘以仁惠，急於公直，守其節分，如此非救時勸俗之所須者歟？

獨孤及《檢校尚書吏部員外郎趙郡李公中集序》 志非言不形，言非文不彰，是三者相爲用，亦猶涉川者假舟楫而後濟。自《典》、《謨》缺，《雅》、《頌》寢，世道陵夷，文亦下衰。故作者往往先文學後比興，其風流蕩而不返。乃至有飾其詞而遺其意者，則潤色愈工，其實愈喪。及其大壞也，儷偶章句，使枝對葉比，以八病四聲爲梏拲，拳拳守之，如奉法令。聞臯陶、史克之作，則呷然笑之。天下雷同，風驅雲趨。文不足言，言不足志，亦猶木蘭爲舟，翠羽爲楫，玩之於陸而無涉川之用。痛乎流俗之惑人也舊矣！帝唐以文德敷祐於下，民被王風，俗稍丕變。至則天太后時，陳子昂以《雅》易《鄭》，學者浸而向方。天寶中，公與蘭陵蕭茂挺、長樂賈幼幾勃焉後起，振中古之風，以宏文德。公之作本乎王道，大抵以《五經》爲泉源，抒情性以托諷，然後有歌咏；美教化，獻箴諫，然後有賦頌；縣權衡以辯天下公是非，然後有論議；至若記序編録、銘鼎刻石之作，必採其行事以正褒貶，非夫子之旨不書。故《風》、《雅》之旨歸，刑政之本根，忠孝之大倫皆見於詞。於是文士馳騖，飇扇波委，二十年間，學者稍厭《折揚》、《皇華》而窺《咸池》之音者什五六。識者謂之文章中興，公實啓之。公名華，字遐叔，趙郡人。【略】其偉詞麗藻，則和氣之餘也。學博而識有餘，才多而體愈迅。每述作，筆鋒風生，聽者耳駭。【略】雖波瀾萬變，而未始不根於《典》、《謨》。故覽公之文，知公之質，不俟睹容貌，聽詞氣。假令束帶立於吏臣之位，足以潤色王度。天而病之，時不幸歟！

柳冕《與滑州盧大夫論文書》 頓首。别後九年，年已老大。平生好文，老亦興盡，日爲外事所撓，有筆語兩大卷，或不得已而爲之，或有爲而爲之。既爲頗近教化，謹録呈上，望覽訖一笑。夫文生於情，情生於哀樂，哀樂生於治亂，故君子感哀樂而爲文章，以知治亂之本。屈、宋以降，則感哀樂而亡雅正；魏、晉以還，則感聲色而亡風教；宋、齊以下，則感物色而亡興致。教化興亡則君子之風盡，故淫麗形似之文，皆亡國哀思之音也。自夫子至梁、陳，三變以致衰弱。嗟乎！《關雎》興而周道盛，王澤竭而詩不作；作則王道興矣。天其或者肇往時之亂，爲聖唐之治，興三代之文者乎？老夫雖知之，不能文之；縱文之，不能至之。況已衰矣，安能鼓作者之氣，盡先王之教？在吾子復而行者，鼓而生之。

又《與徐給事論文書》 文章本於教化，形於治亂，繫於國風。故在君子之心爲志，形君子之言爲文，論君子之道爲教。《易》云：「觀乎人文，以化成天下。」此君子之文也。自屈、宋以降，爲文者本於哀豔，務於恢誕，亡於比興，失古義矣。雖揚、馬形似，曹、劉骨氣，潘、陸藻麗，文多用寡，則是一技，君子不爲也。昔武帝好神仙，而相如爲《大人賦》以諷，帝覽之飄然有凌雲之氣，故揚雄病之曰：「諷則諷矣，吾恐不免於勸也。」蓋文有餘而質不足則流，才有餘而雅不足則蕩。流蕩不返，使人有淫麗之心，此文之病也。雄雖知之，不能行之。行之者惟荀、孟、賈生、董仲舒而已。僕自下車爲外事所感，感而應之，爲文不覺成卷。意雖復古而不逮古，則不足以議古人之文。噫！古人之文，不可及之矣。得見古人之心，在於文乎？苟無文，又不得見古人之心，故未能亡言，亦志之所之也。

吕温《吕衡州文集》卷一〇《人文化成論》 《易》曰：「觀乎人文，以化成天下。」能諷其言，蓋有之矣，未有明其義者也。嘗試論之。夫一二相生，大鈞造物，百化交錯，六氣節宣。或陰闔而陽開，或天經而地紀。有聖作則，實爲人文。若乃夫以剛克，妻以柔立；父慈而教，子孝而箴，此室家之文也。君以仁使臣，臣以義

事君，予違汝弼，獻可替否，此則朝廷之文也。三公論道，六卿分職，九流異趣，百揆同歸，此則官司之文也。寬則人慢，糾之以猛；猛則人殘，施之以寬，寬以濟猛，猛以濟寬，此刑政之文也。樂勝則流，遏之以禮；禮勝則離，和之以樂，與時消息，因俗變通，此教化之文也。文者，蓋言錯綜庶績，藻繪人情，如成文焉，以致其理。然則人文化成之義，其在兹乎？而近代謟諛之臣，特以時君不能則象乾坤，祖述堯舜，作化成天下之文，乃以旂裳冕服、章句翰墨爲人文也，遂使君人者浩然忘本，沛然自得，盛威儀以求至理，坐吟詠而待太平，流蕩因循，敗而未悟。不其痛歟！必以旂裳冕服爲人文，則秦漢魏晉，聲明文物，禮縟五帝，儀繁三王，可曰焕乎其有文章矣，何衰亂之多也。必以章句翰墨爲人文，則陳後主、隋煬帝，雍容綺靡，洋溢編簡，可曰文思安安矣，何滅亡之速也。覈之以名義，研之以情實，既如彼；校之以今古，質之以成敗，又如此。《傳》不云乎：「經緯天地曰文。」《禮》不云乎：「文王以文理。」則文之時義，其大矣哉！焉可以名數末流，雕蟲小技，厠雜其間也。

白居易《白居易集》卷六五《策林四論文章》　問：國家化天下以文明，奬多士以文學，二百餘載，文章焕焉。然則述作之間，久而生弊，書事者罕聞於直筆，褒美者多覩其虛辭。今欲去僞抑淫，芟蕪剗穢，黜華於枝葉，反實於根源，引而救之，其道安在？臣謹按：《易》曰：「觀乎人文，以化成天下。」《記》曰：「文王以文理。」則文之用大矣哉！自三代以還，斯文不振，故天以將喪之弊，授我國家。國家以文德應天，以文教牧人，以文行選賢，以文學取士，二百餘載，焕乎文章。故士無賢不肖，率注意於文矣。然臣聞：大成不能無小弊，大美不能無小疵。是以凡今秉筆之徒，率爾而言者有矣，斐然成章者有矣。故歌詠、詩賦、碑碣、讚詠之製，往往有虛美者矣，有媿辭者矣。若行於時，則誣善惡而惑當代；若傳於後，則混真僞而疑將來。臣伏思之，恐非先王文理化成之教也。且古之爲文者，上以紉王教，繫國風；下以存炯戒，通諷諭。故懲勸善惡之柄，執於文士褒貶之際焉；補察得失之端，操於詩人美刺之間焉。今褒貶之文無覈實，則懲勸之道缺矣；美刺之詩不稽政，則補察之義廢矣。雖彫章鏤句，將焉用之？臣又聞：稂莠秕稗生於穀，反害穀者也；淫辭麗藻生於文，反傷文者也。故農者耘稂莠，簸秕稗，所以養穀也。王者删淫辭，削麗藻，所以養文也。伏惟陛下詔主文之司，諭養文之旨，俾辭賦合炯戒諷諭者，雖質雖野，採而奬之；碑誄有虛美愧辭者，雖華雖麗，禁而絶之。若然，則爲文者，必當尚質抑淫，著誠去僞，小疵小弊，蕩然無遺矣。則何慮乎皇家之文章，不與三代同風者歟？

柳宗元《柳宗元集》卷九《故御史周君碣》　有唐貞臣汝南周氏，諱某字某。以諫死，葬于某。貞元十二年，柳宗元立碣于其墓左。在天寶年，有以謟諛至相位，賢臣放退。公爲御史，抗言以白其事，得死于墀下，史臣書之。公死，而佞者始畏公議。於虖！古之不得其死者衆矣。若公之死，志匡王國，氣震姦佞，動獲其所，斯蓋得其死者歟！公之德之才，洽於傳聞，卒以不試，而獨申其節，猶能奮百代之上，以爲世軌。第令生於定、哀之間，則孔子不曰「未見剛者」；出於秦、楚之後，則漢祖不曰「安得猛士」。而存不及興王之用，没不遭聖人之歎，誠立志者之所悼也。故爲之銘。銘曰：忠爲美，道是履。諫而死，佞者止。史之志，石以紀，爲臣軌兮。

又卷二一《楊評事文集後序》　文之用，辭令褒貶，導揚諷諭而已。雖其言鄙野，足以備於用。然而闕其文采，固不足以竦動時聽，夸示後學。立言而朽，君子不由也。故作者抱其根源，而必由是假道焉。

《舊唐書·令狐德棻傳》　司典序言，史官記事，考論得失，究盡變通，所以裁成義類，懲惡勸善，多識前古，貽鑑將來。伏犧以降，周、秦斯及，兩漢傳緒，三國受命，迄于晉、宋，載籍備焉。自有魏南徙，乘機撫運，周、隋禪代，歷世相仍，梁氏稱邦，跨據淮海，齊遷龜鼎，陳建皇宗，莫不自命正朔，綿歷歲祀，各殊徽號，删定禮儀。至於發跡開基，受終告代，嘉謀善政，名臣奇士，立言著績，無乏於時。然而簡牘未編，紀傳咸闕，炎涼已積，謡俗遷訛，餘烈遺風，倏焉將墜。朕握圖馭宇，長世字人，方立典謨，永垂憲則。顧彼湮落，用深軫悼，有懷撰次，實資良直。

尚衡《文道元龜並序》　天寶初，適於平陽。平陽太守稷山公，則衡之從考舅，雅好古道，門尚詞客，當今文人，相與多矣。嘗嘆曰：「取士之道，才其難乎！或精文而薄於行，或敦行而淺於文，斯乃有失其道，一致於此。」顧衡曰：「吾嘗謂爾知言，爾其言之。」衡私門以文場而進五世，鄙雖不嗣，忝藉余訓，敢著《元龜》以叙其事。《元龜》曰：文道之興也，其當中古乎？其無所始乎？且天道五行以别緯，地道五色以别方，人道五常以别德。《易》曰：「觀乎天文，以察時變；觀乎人文，以化成天下。」非五緯孰可以知天？非五方孰可以辨地？非五常孰可以化人？文之爲道，斯亦遠矣。天人之際，其可得於是乎！夫卦始乎三畫，文章之閫，大抵不出乎三等，斯乃從人而有焉。工與不工，各區分而有之。君子之文爲上等，其德全；志士之文爲中等，其義全；詞士之文爲下等，其思全。其思也可以綱物，義也可以動衆，德也可以經化。化人之作，其惟君子乎！君子之作，先乎行，行之爲

質；後乎言，言爲之文。行不出乎言，言不出乎行，質文相半，斯乃化成之道焉。志士之作，介然以立誠，憤然有所述，言必有所諷，志必有所之，詞寡而意懇，氣高而調苦，斯乃感激之道焉。詞士之作，學古以攄情，屬詞以及物，及物勝則詞麗，攄情逸則氣高，高者求清，麗者求婉，耻乎質，貴乎情，而忘其志，斯乃頹靡之道焉。古之人貴有文者，將以飾行表德，見情著事，杼軸乎天人之際，道達乎性命之元，正復乎君臣之位，昭感乎鬼神之奧，苟失其道，無所措矣。君子也，文成而業著；志士也，文成而德喪。然今之代，其多詞士乎！代由尚乎文者，以斯文而欲軌物範衆，經邦叙政。其難致乎化成。悲夫！敢著《元龜》，庶觀文章之道，得喪之際，悔吝之所由者也。

崔恭《唐右補闕梁肅文集序》 敘曰：皇甫士安志好閒放，不榮軒冕，導情適志，作《高士傳》，贊記遺韻，風猷尚在。而公早從釋氏，義理生知，結意爲文，志在於此。言談語笑，常所切劘，心在一乘，故敘釋氏最爲精博，與皇甫士安之所素尚，亦相放焉。則今天台大師玄浩之門弟子也。摳衣捧席，與余同焉。故能知其景行，收其製作，編成二十軸以爲儒林之綱紀云。若夫明是非，探得失，乃作《西伯稱王議》；宗道德，美功成，作《磻溪銘》、《四皓贊》、《釣臺碑》、《圯橋碑》；繄當世，激清風，作《先賢贊》、《獨孤常州集序》、《觀講論語序》；美藝文，善章句，作《李補闕集序》、《隱上李君遺文序》；備教化，彰諷詠，作《中書侍郎贈太子太傅李公集序》、《開國公包君集序》；總名實，樹遺風，作《常州獨孤公遺愛頌》、《太常卿常山郡開國公崔公神道碑》；惡戎醜，思康濟，作《兵箴》；敘宗系，思祖德，作《述初賦》；病流濫，悦故居，作《過舊園賦》；明大道，宗有德，作《受命寶賦》。其餘言志導情，記會敘別，總存諸集録。歸根復命，一以貫之，作《心印銘》；住一乘，明法體，作《三如來畫贊》；知法要，識權實，作《天台山禪林寺碑》；達教源，周境智，作《荊溪大師碑》。大教之所由，佛日之未忘，蓋盡於此矣。若以神道設教，化源旁濟，作《泗州開元寺僧伽和尚塔銘》；言僧事，齊律儀，作《過海和尚塔銘》、《幽公碑銘》。釋氏制作，無以抗敵。大法將滅，人鮮知之，唱和之者或寡矣。故公之文章，粹美深遠，無人能到，此事可以俟於知音，不可與薄俗者同世而論也。余之仰止，未盡其善。蓋釋氏之鼓吹歟？諸佛之影響歟？余所不者，道其窮歟？常懷不言之歎，杳冥之恨。爾後之人，識達希夷，意通響象，知我之言之不怍耳。若以敘人倫，正褒貶，則人皆知之，非獨情至而稱其製作也。大約公之習尚，敦古風，閲傳記，硜硜然以此導引於人，以爲其常。米鹽細碎，未常掛口，故鮮通人事。亦賢者之一病也。夫子所謂「君子多乎哉？不多也。」故無適時之用，任使之勤，余故以皇甫士安比之。若管夷吾、諸葛亮，留心濟世，自謂棟樑，則非公之所尚也。所謂善古而不善今，知賢而不知俗，故論贊碑頌，能言賢者之事，不能言小人之稱。享年若干，以某年月日，終于長安某里。朝廷尚德，故以公爲太子侍讀；國尚實録，故以公爲史館修撰；發誥令，敷王猷，故以公爲翰林學士。三職齊署，則公之處朝廷，不爲不達矣；年過四十，士林歸崇，比夫顔子、黄叔度，不爲不壽矣。其碌碌者，老於朗署，白首人世，又何補哉！於達者不可以夭壽之歎，而病於促數焉。公遺孤歿後而生，今已成立，則友朋之知臧孫之後，存於此也。

獨孤鬱《辯文》 或曰：「文所以指陳是非，有以多爲貴也。其要在乎彩飾其字，而慎其所爲體也。」又曰：「文章乃一藝耳。」是皆不知上流之文，而文之所由作也。夫天之文位乎上，地之文位於下，人之文位乎中。不可得而增損者，自然之文也。故伏羲作八卦以象天地，窮極終始變化，無有差忒，故《易》與天地準，此聖人之文至也。但合其德，而三才之道盡，後聖有作，不能使之爲五或七而九洎曲折者，是其文之至也。文字既生，治亂既形，仲尼作《春秋》以繩萬世，而褒貶在一字，是亦文之至者乎！然則《易》卦之一畫，春秋之一字，豈所謂崇飾之道而尚多之意耶？夫文者，考言之具也。可以革則不足以畢天地矣。故聖人當使將來無得以筆削，果可以包舉其義，雖一畫一字，其可已矣。病不能然，而曰必以彩飾之能，援引之富，爲作文之祕訣，是何言之末歟！夫天豈有意於文彩耶？而日月星辰不可踰。地豈有意於文彩耶？而山川丘陵不可加。八卦、《春秋》豈有意於文彩耶？而極與天地侔。其何故得以不可越，自然也。夫自然者，不得不然之謂也。不得不然，又何體之慎耶？夫天地、八卦、《春秋》，惟止於此者也，吾得定其所云。其不至於此者，惟吾何學焉？吾安能以天下之心也。是則其心卓然絶於俗者，其文不求而至也，無得子爲教。苟於聖達之門無所入，則雖劬勞憔悴於黼黻，其何數哉？是故在心曰志，宣於口曰言，垂於書曰文，其實一也。若聖與賢，則其書文皆教化之至言也。徒見其纖靡而無根者多，紿曰文與藝，嗚呼！

裴延翰《樊川文集後序》 嘻！文章與政通，而風俗以文移，以文與忠、敬隨之，是爲理具，與運高下。採古作者之論，以屈原、宋玉、賈誼、司馬遷、相如、揚雄、劉向、班固爲世魁杰。然騷人之辭，怨刺憤懟，雖援及君臣教化，而不能霑洽時論。賈、馬、劉、班，乘時君之善否，直害己意，奮然以拯世扶物爲任，纂緒造端，必不空言，言之所及，則君臣禮樂，

教化賞罰，無不包焉。竊觀仲舅之文，高騁夐歷，旁紹曲摭，潔簡渾圓，勁出橫貫；滌濯滓窳，支立欹倚，呵磨皸瘃，如火照焉；爬梳痛癢，如水洗焉。其抉剔挫偃，敢斷果行，若誓牧野，前無有敵。其正視嚴聽，前衡後鑾，如整冠裳，祗謁宗廟。其聒蟄爆聾，迅發不慄，若大呂勁鳴，洪鐘橫撞，撑裂噎喑，戛切韶濩。其貶熨嫉惡，堤障初終，若濡槁於未焚，膏癰於未穿，裁培教化，翻正治亂，變醨養瘠，堯醲舜熏，斯有意趨賈、馬、劉、班之藩墻者耶。其文有《罪言》者，《原十六衛》者，《戰》、《守》二論者，與時宰《論用兵》、《論江賊》二書者，上獵秦、漢、魏、晉、南北二朝，逮貞觀至長慶數千百年，兵、農、刑、政，措置當否，皆能采取前事，凡人未嘗經度者，若繩裁刀解，粉畫綫織，布在眼見耳聞哉！其譎往事則《阿房宮賦》；刺當代則《感懷詩》；有國欲亡，則得一賢人决遂不亡者，則《張保皋傳》；尚古兵柄，本出儒術，不專任武力者，則注《孫子》而爲其序；褒勒賢杰，表揭職業，則贈莊淑大長公主及故丞相奇章公、汝南公墓誌；標白歷代取士得才，率由公族子弟爲多，則《與高大夫書》；諫諍之體，非訐丑惡與主鬥激，則《論諫書》；若一縣宰，因行德教，不施刑罰，能舉古風，則《謝守黄州表》；一存一亡，適見交分，則《祭李處州文》；訓勵官業，告柬君命，擬古典謨，以寓誅賞，則司旁之誥。其餘述喻贊誡，興諷悉傷，易格异狀，機鍵雜發，雖綿遠窮幽，膿腴魁壘，筆酣興健，窕眇碎細，包詩人之軌憲，整揚、馬之牙陣，聳曹、劉之骨氣，掇顔、謝之物色，然未始不撥斫治本，緪幅道義，鈎深於經史，舐御於理化也。故文中子曰：「言文而不及理，是天下無文也，王道何從而興乎？」嘻！所謂文章與政通，風俗以文移，果於是以卜。盛時理具，踔三代而蔭萬古，若躋太華、臨溟渤，但觀乎積高而杳深，不知其磅礴澶漫，所爲遠大者也。

牛希濟《文章論》 聖人之德也有其位，乃以治化爲文，唐、虞之際是也；聖人之德也無有位，乃以述作爲文，周、孔之教是也。纂堯、舜之運，以宫室、車輅、鐘鼓、玉帛之爲文，山龍、華蟲、粉米、藻火之爲章，亦已鄙矣。師周、孔之道，忘仁義教化之本，樂霸王權變之術，困於編簡章句之内，何足大哉？况乎澆季之下，淫靡之文，恣其荒巧之説，失於中正之道。兩漢以前，史氏之學猶在；齊、梁以降，《國風》、《雅》、《頌》之道委地。今國朝文士之作，有詩、賦、策、論、箴、判、贊、頌、碑、銘、書、序、文、檄、表、記，此十有六者，文章之區别也，製作不同，師模各异。然忘於教化之延，以妖艷爲勝，夫子之文章，不可得而見矣。古人之道，殆以中絶，賴韓吏部獨正之於千載之下，使聖人之旨復新。今古之體，分而爲四：崇仁義而敦教化者，經體之制也；假彼問對，立意自出者，子體之制也；屬詞比事，存於褒貶者，史體之制也；又有釋訓字義，幽遠文章，觀之者久而方達，乃《訓》、《誥》、《雅》、《頌》之遺風，即皇甫持正、樊宗師爲之，謂之難文。今有司理式之下，詩賦判章而已，唯聲病忌諱爲切，比事之中，過於諧謔，學古文者，深以爲慚，晦其道者揚袂而行，又屈、宋之罪人也。且文者，身之飾也，物之華也。宇宙之内，微一物無文，乃頑也，何足以觀？且天以日月星辰爲文，地以江、河、淮、齊爲文，時以風雲草木爲文，衆庶以冠冕服章爲文，君子以言可教於人謂之文。垂是非於千載，殁而不朽者，唯君子之文而已。且時俗所省者，唯詩賦兩途，即有身不就學，口不知書，而能吟咏之列，是知浮艷之文，焉能臻於理道？今朝廷思堯、舜治化之文，莫若退屈、宋、徐、庾之學，以通經之儒，居變理之任，以揚、孟爲侍從之臣，使仁義治亂之道，日習於耳目，所謂觀乎人文，可以化成天下也。

田錫《咸平集》卷二《貽陳季和書》 夫人之有文，經緯大道，得其道則持政於教化，失其道則忘返於靡漫。孟軻荀卿，得大道者也，其文雅正，其理淵奥。厥後揚雄秉筆，乃撰《法言》；馬卿同時，徒有麗藻。邇來文士，頌美箴闕，銘功贊圖，皆文之常態也。若豪氣抑揚，逸詞飛動，聲律不能拘於步驟，鬼神不能秘其幽深，放爲狂歌，目爲古風，此所謂文之變也。李太白天付俊才，豪俠吾道，觀其樂府，得非專變於文歟？樂天有《長恨》詞、《霓裳》曲、五十諷諫，出人意表，大儒端士誰敢非之？何以明其然也？世稱韓退之、柳子厚萌一意、措一詞，苟非美頌時政，則必激揚教義。故識者觀文於韓、柳，則警心於邪僻。抑末扶本，躋人於大道可知也。然李賀作歌，二公嗟賞，豈非豔歌不害於正理，而專變於斯文哉？

又卷二三《進文集表》 臣錫言：臣聞美盛德之形容謂之頌，抒深情於諷刺莫若詩，賦則敷布於皇風，歌亦揄揚於王化。下情上達，《周禮》所以建采詩之官；君唱臣酬，《舜典》於是載賡歌之事。既逢清世，何讓古人。木鐸求規風之詞，彌光聖德；金門獻芻蕘之説，式表忠懷。中謝。伏惟皇帝陛下以唐、虞莫大之德，修湯、武無敵之仁，富壽于生民，慈儉曰至寶。塗山高會，執玉帛者華戎；瑞牒載書，萃郊藪者麟鳳。讓圓靈以玄德，推臣下以赤心。皇勳帝功，可以封泰山而禪梁甫；至德大業，可以作《韶》樂而建辟雍。永隆千載之基，高冠百王之業。伏念臣藝文素淺，學識非精，逢時誤受於聖知，中第早塵於睿鑒。代耕以禄，歷試諸艱。初命授將作監丞，再命歷左右遺補。遇郊丘之恩澤，轉記事之班資。尸素爲虞，廉勤益勵。仍念策名之歲，親聞金口之言，常令各守謙和，莫忘筆硯。邇後或漳濱近

郡，或江外遠官，莅事之餘，修詞敢怠？况帶史臣之職，慮孤英主之知。嘗因疊嶂危樓，既登高而必賦；釣臺淺瀨，亦倚棹以成詩。豈唯抒子牟戀闕之心，其實歌文王南國之化。菁英雖寡，編綴靡遺。三度拜章，聊舉箴規之職；八年外任，復歸侍從之班。因輒上言，却乞在館。蒙聖恩之俞允，仍舊貫以編修。清閟濡毫，愧乏素臣之作；丹墀珥筆，慚非右史之才。陛下既以文學知臣，臣敢不以文字報答陛下？今録得在睦州編集中歌詩賦頌共十軸，謹詣東上閤門進獻。播樂章於金石，文彩非工；祈睿鑒於冕旒，罪尤可待。干冒宸扆，臣無任惶恐激切屏營之至。

柳開《河東先生集》卷一《應責》 或責曰：子處今之世，好古文與古人之道，其不思乎？苟思之，則子胡能食乎粟、衣乎帛、安於衆哉？衆人所鄙賤之，子獨貴尚之，孰從子之化也？忽焉將見子窮餓而死矣。柳子應之曰：嗚呼！天生德於人，聖賢异代而同出。其出之也，豈以汲汲於富貴，私豐於己之身也；將以區區於仁義，公行於古之道也。己身之不足，道之足，何患乎不足？道之不足，身之足，則孰與足？今之世與古之世同矣，今之人與古之人亦同矣。古之教民以道德仁義，今之教民亦以道德仁義，是今與古胡有异哉？古之教民者，得其位，則以言化之，是得其言也，衆從之矣；不得其位，則以書於後，傳授其人，俾知聖人之道易行，尊君敬長，教乎父，慈乎子。大哉斯道也，非吾一人之私者也，天下之至公者也。是吾行之，豈有過哉？且吾今恓恓草野，位不及身，將以言化於人，胡從於吾矣！故吾著書自廣，亦將以傳授於人也。子責我以好古文。子之言，何謂爲古文？古文者，非在辭澀言苦，使人難讀誦之；在於古其理，高其意，隨言短長，應變作制，同古人之行事，是謂古文也。子不能味吾書，取吾意，今而視之，今而誦之；不以古道觀吾心，不以古道觀吾志，吾文無過矣。吾若從世之文也，安可垂教於民哉？亦自愧於心矣。欲行古人之道，反類今人之文，譬夫游於海者，乘之以驥，可乎哉？苟不可，則吾從于古文。吾以此道化於民，若鳴金石於宫中，衆豈曰絲竹之音也，則以金石而聽之矣。

石介《石守道先生集》卷下《怪説中》 或曰：天下不謂之怪，子謂之怪；今有子不謂怪而天下謂之怪，請爲子而言之，可乎？曰：奚其爲怪也？曰：昔楊翰林欲以文章爲宗於天下，憂天下未盡信己之道，於是盲天下人目，聾天下人耳。使天下人目盲，不見有周公、孔子、孟軻、揚雄、文中子、吏部之道；使天下人耳聾，不聞有周公、孔子、孟軻、揚雄、文中子、韓吏部之道；俟周公、孔子、孟軻、揚雄、文中子、吏部之道滅，乃發其盲，開其聾，使天下惟見己之道，惟聞己之道，莫知其他。今天下有楊億之道四十年矣。今人欲反盲天下人目，聾天下人耳。使天下人目盲，不見有楊億之道；使天下人耳聾，不聞有楊億之道。俟楊億道滅，乃發其盲，開其聾；使目惟見周公、孔子、孟軻、揚雄、文中子、吏部之道，耳惟聞周公、孔子、孟軻、揚雄、文中子、吏部之道。周公、孔子、孟軻、揚雄、文中子、吏部之道，堯、舜、禹、湯、文、武之道也，三才、九疇、五常之道也。反厥常，則爲怪矣。夫《書》則有堯舜《典》，皋陶益稷《謨》，《禹貢》，箕子之《洪範》，《詩》則有大小《雅》，《周頌》，《商頌》，《魯頌》，《春秋》則有聖人之經，《易》則有文王之《繇》，周公之《爻》，夫子之《十翼》。今楊億窮妍極態，綴風月，弄花草，淫巧侈麗，浮華纂組，刓鎪聖人之經，破碎聖人之言，離析聖人之意，蠹傷聖人之道，使天下不爲《書》之《典》、《謨》、《禹貢》、《洪範》，《詩》之《雅》、《頌》，《春秋》之經，《易》之《繇》、《爻》、《十翼》；而爲楊億之窮妍極態，綴風月，弄花草，淫巧侈麗，浮華纂組，其爲怪大矣！是人欲乎其怪而就於無怪，今天下反謂之怪而怪之。嗚呼！

王安石《臨川先生文集》卷七七《上人書》 嘗謂文者，禮教、治政云爾。其書諸策而傳之人，大體歸然而已。而曰「言之不文，行之不遠」云者，徒謂辭之不可以已也，非聖人作文之本意也。

又《與祖擇之書》 治教政令，聖人之所謂文也。書之策，引而被之天下之民，一也。聖人之於道也，蓋心得之。作而爲治教政令也，則有本末先後，權勢制義而一之於極。其書之策也，則道其然而已矣。彼陋者不然，一適焉，一否焉，非流焉則泥，非過焉則不至，甚者置其本，求之末，當後者反先之，無一焉不詩於極。彼其於道也，非心得之也。其書之策也，獨能不詩耶。故書之策而善，引而被之天下之民，反不善焉，無矣。二帝三王，引而被之天下之民而善者也，孔子、孟子，書之策而善者也，皆聖人也。易地則皆然。

葉適《水心文集》卷二九《贈薛子長》 讀書不知接統緒，雖多無益也；爲文不能關教事，雖工無益也；篤行而不合於大義，雖高無益也；立志不存於憂世，雖仁無益也。今世之士，曰知學矣。夫知學未也，知學之難可也；知學之難猶未也，知學之所蔽可也。

尹起莘《資治通鑑綱目發明序》 先正朱文公先生修《通鑑綱目》。觀其自序有曰：「歲周於上，而天道明；統正於下，而人道定。大綱概舉，而監戒昭；萬目畢張，而幾微著。」則知先正致力是書者，其有補於世教甚不淺也。【略】况是書之作，其大經大法，如尊君父而討亂賊，崇正統而抑僭僞，褒名節而黜邪佞，貴中國而

賤夷狄，莫不有繫於三綱五常之大真，所謂爲天地立心，爲生民立極，爲先聖繼絶學，爲後世開太平者也。昔孟軻氏以孔子作《春秋》，與抑洪水、膺戎狄、放龍蛇、驅虎豹者異事而同功。切謂綱目之作，其有補於世教，殆亦有得於《春秋》之旨，皆所以遏人欲於横流，存天理於既泯，是烏可不講究而發揚之哉！

姚燧《牧庵集》卷三《盧威仲文集序》　一元之氣，不能皆陽，故陰時出而乘之，然而制陰者，必陽也。世道不能常泰于君子，故小人迭出而否之，然制小人者，必君子也。聖人作《易》，于君子小人之際，必寓其扶陽抑陰之意。聖人何心哉？順天道也。一小人生，而君子必與之並生焉。生此者，所以制彼也。仲舒、汲黯並弘、湯而生，張猛、周堪並恭、顯而生，朱雲、梅福並光、禹而生，天意可知矣。是以鳳憚王章，賢憚王嘉，覽憚陳蕃，冀憚李固，操憚孔融，諸武憚仁傑，仙客、禄山憚九齡，守澄憚劉蕡，昇鏄憚韓愈。憚之者，人也；所以使之憚者，非天乎？吾友威仲之生，其將使世之有所憚乎？其天以傾世道之陰乎？其文，吾不得而多見其大者矣！甲辰一疏，奪權臣而褫其氣，蠶績而蟹匡，范冠而蟬緌，夸者知位之不可恃，悖者知禮之不可失，其有功于名誼如此。垂紳學館之際，是非必陳，邪正必辨，闕政無能言而言之者，必威仲也；巨憸無能拒而拒之者，必威仲也。射精而猿號，鑑明而塵至，威仲於是不見容於表著之底矣。湛浮田里，嘯傲江湖，此自古忠臣志士所不免，威仲身詘，而道不詘矣。予嘗熟玩其文之一二，大抵體根于氣，氣根于識，識正而氣正，氣正而體正，故勁特而偉健，明白而洞達，激烈而懇到，望而知其爲威仲之文，蓋君子之文也。抑余有聞，年有少、壯、老之不侔，氣有明、昏、僃、之殊致，故爲善于少壯之日則易，而自立于衰暮之節則難，惟學則一而已矣。孟子曰：「我善養吾浩然之氣。」又曰：「以直養而無害。」又曰：「是集義所生者。」夫如是謂之學，此威仲所素講者，余復誦而勉之。

陳旅《元文類序》　元氣流行乎宇宙之間，其精華之在人，有不能不著者，發而爲文章焉。然則文章者，固元氣之爲也。徒審前人制作之工拙，而不知其出於天地氣運之盛衰，豈知言者哉。蓋嘗考之，三代以降，惟漢唐宋之文爲特盛。就其世而論之，其特盛者，又何其不能多也。千數百年之久，天地氣運，難盛而易衰乃若此，斯人之榮悴，概可知矣。先民有言曰：「三光、五嶽之氣分，大音不完，必混一而後大振。」美哉乎其言之也。昔者，北南斷裂之餘，非無能言之人，馳騁於一時，顧往往囿於是氣之衰，其言荒粗萎冗，無足起發人意。其中有若干不爲是氣所囿者，則振古之豪傑，非可以世論也。我國家奄有六合，自古稱混一者，未有如今日之無所不一，則天地氣運之盛，無有盛於今日者矣。建國以來，列聖繼作，以忠厚之澤涵育萬物，鴻生儁老出於其間，作爲文章，龐蔚光壯，前世陋靡之風於是乎盡變矣。孰謂斯文之興，不有關於天地國家者乎。翰林待制趙郡蘇天爵伯修，慨然有志於此，以爲秦漢魏晉之文，則收於《文選》，唐宋之文，則載於《文粹》、《文鑑》，國家文章之盛，不采而彙之，將遂散軼沉泯，赫然休光，弗耀於將來，非當務之大缺者歟。乃蒐摭國初至今名人所作，若歌詩、賦頌、銘贊、序記、奏議、雜著、書説、議論、銘誌、碑傳，皆類而聚之，積二十年，凡得若干首，爲七十卷，名曰《國朝文類》，百年文物之英，盡在是矣。然所取者，必其有繫於政治，有補於世教，或取其雅製之足以範俗，或取其論述之足以輔翼，史氏，凡非此者，雖好弗取也。

危素《説學齋稿》卷三《漢藝文志考證序》　儒家之學，至宋而極盛大備矣！嘉定而後，其敝滋起。大抵持鹵莽之學以争雄，述蕪穢之文以相尚，假高虚之論以自詭，此其人才衰微，國之所以馴至於滅亡。士生其間而不變於其俗，而卒能出入百氏，羅絡羣言，地負海涵，莫之紀極。若是，則免乎固陋之譏矣。《易》曰：「多識前言往行，以畜其德。」顧安得高談性命，以自塗塞其耳目哉！此公所以能自拔於紛紛之中，而力追古學者歟。初，公擢進士，有列於朝，稍踐華要，而國事日非。賈似道既斥，公適當言路，盡劾其黨不少貸。至加恩皇子竑事，實從公議。及歸四明，遂堅卧不起，杜門著述，世號宏博，此書其一也。蓋藝文之見收於前史者，其耳目，千載之下，欲考其原本，證其謬誤，亦誠難哉。

宋濂《宋學士全集》卷七《曾助教文集序》　天地之間，萬物有條理而弗紊者，莫非文。而三綱九法，尤爲文之著者。何也？君臣父子之倫，禮樂刑政之施，大而開物成務，小而禔身繕性，本末之相涵，終始之交貫，皆文之章章者也。所以唐、虞之時，其文寓於欽天、勤民、明物、察倫之具；三代之際，其文見於子、丑、寅之異建，貢、助、徹之殊賦，載之於籍，行之於當世，其大本既備，而節文森然可觀。傳有之：三代無文人，六經無文法。無文人者，動作威儀，人皆成文；無文法者，物理即文，而非法之可拘也。秦、漢以下，則大異於斯。求文於竹帛之間，而文之功用隱矣。雖然，此以文之至者言之爾。文之爲用，其亦溥博矣乎！何以見之？施於朝廷，則有詔、誥、册、祝之文；行之師旅，則有露、布、符、檄之文；託之國史，則有記、表、志、傳之文。他如序、記、銘、箴、贊、頌、歌、吟之屬，發之於性情，接之於事物，隨其洪纖，稱其美惡，察其倫品之詳，盡其彌綸之變。如此者，要不可一日無也。然亦豈易致哉！必也本之於至静之中，參之於欲動之際。有弗養焉，養之無

弗充也；有弗審焉，審之無不精也。然後嚴體裁之正，調律呂之和，合陰陽之化，攝古今之事，類人己之情，著之篇翰，辭旨皆無所畔背，雖未造於至文之域，而不愧於適用之文矣。嗚呼！文乎！其可易言矣乎！

《宋史・蔡幼學傳》 先是，朝廷既遣歲幣入金境，適值其有難，不果納，則遽以兵叩邊索之。中外洶洶，皆言當亟與。幼學請對，言：「玉帛之使未還，而侵軼之師奄至，且肆其侮慢，形之文辭。天怒人憤，可不伸大義以破其謀乎！」於是朝論奮然，始詔與金絶。幼學因請「固本根以弭外虞，示意向以定衆志，公汲引以合材謀，審懷附以一南北」。帝稱善。一夕感異夢，星隕于屋西南隅，遂卒。年六十四。幼學早以文鳴于時，而中年述作，益窮根本，非關教化之大、由情性之正者不道也。器質凝重，莫窺其際，終日危坐，一語不妄發。及辨論義理，縱横闔闢，沛然如決江河，雖辯士不及也。嘗續司馬光《公卿百官表》、《年曆》、《大事記》、《備志》、《辨疑》、《編年政要》、《列傳舉要》，凡百餘篇，傳于世。

朱右《白雲稿》卷五《通鑑綱目考證序》 大道之世，典禮命討皆原於天，禮樂征伐自天子出，書不作可也。大道既隱，禮樂征伐出自陪臣，刑爵不咨於衆，吾夫子蓋不得已而托二百四十二年典禮命討之權，此《春秋》之所由作也。自時明王不興，治教靡著，奸臣、女后擅政滋甚，司馬氏述左氏爲編年，而發原於韓、趙、魏，亦以王綱所繫，典禮所存，而天下之大經大法在焉。子朱子又祖《春秋》以修《綱目》，其歲年之久近，國統之離合，政刑之得失，人材之賢否，大書以提其要，分註以備其辭，誠有得於筆削遺意，後世之鑒誡昭矣。近代尹起莘《發明》既相依附，汪克寬《考異》又多未精，比以朱子《凡例》，參會今本，未免致疑。兹讀徐君《考證》，則涣然冰釋矣。其大者，如莽之弑帝，必加「進毒」，操、懿進爵，必加「自爲」，劉裕、朱冕稱帝，必著其姓，君臣之義，凜不可犯。漢昭烈章武三年，分註「建興」，晉武太康十一年，分註永熙，父子之倫，有叙不紊。如漢景尊太后，則加「薄氏」；帝禪立張后，則加「貴人」，於以別嫡庶貴賤之分。竇憲曰「舅」，梁冀曰「后兄」，楊堅曰「后父」，楊釗曰「貴妃兄」，於以懲外戚僭竊之禍。高力士、李輔國、程元振輩，皆書「宦者」，於以防寺人干政之患。拓跋禄官、南詔酋龍之卒，皆以「死」書，於以戒蕃將用事之漸。李從珂必書「養子」，又以明異姓絶嗣之危。他如高后廢少帝，則改曰「主」，霍光輔少主，則改曰「帝」。至若臨、視、如、幸、攻、討、誅、弑，莫不注意而備書之。字褒貶，善惡靡逃。然後朱子立言之旨，無毫髮爽。其君臣賢否之實，治亂盛衰之機，已瞭然於心目間。學者自是無缺略、牴牾之患。徐君之用心，可謂公且勤矣！使朱子復生，必將有「起予」之嘆。是書之行，詎不有關於世教也哉！其徒將鋟梓以傳，遂書於首簡。

方孝孺《遜志齋集》卷一二《蘇太史文集序》 天下之事，出於智巧之所及者，皆其淺者也。寂然無爲，沛然無窮，發於智之所不及知，成於巧之所不能爲，非幾乎神者，其孰能與於斯乎！故工可學而致也，神非學所能致也，惟心通乎神者能之。【略】莊周之著書，李白之歌詩，放蕩縱恣，惟其所欲，而無不如意，彼豈學而爲之哉。其心默會于神，故無所用其智巧，而舉天下之智巧，莫能加焉。使二子者，有意而爲之，則不能皆如其意，而於智巧也，狹矣。莊周、李白神於文者也，非工於文者所及也。文非至工，則不可以爲神，然神非工之所至也。當二子之爲文也，不自知其出於心而應於手，況自知其神乎。二子且不自知，況可得而效之乎？效古人之文者，非能文者也。惟心會於神者能之，然亦難矣。莊周殁殆二千年，得其意以爲文者，宋之蘇子而已。蘇子之於文，猶李白之於詩也，皆至於神者也。某少好蘇子之文，而恨不得其意，以爲苟得其意，則文可勉而學。年二十餘，游金華，見太史蘇公之文，知公爲蘇子諸孫，嘆曰：「得蘇子之意者，其在是矣。」後三年，公盡以其文見示，益嘆以驚，然後知公果得蘇子之意也。頓挫闔闢，而不至於肆；馳驟反復，而不至於繁。崇之於天，深之於淵，無不探也；奥之於道德，著之於政教，無不究也，而未嘗用其智巧以爲之也。智巧之於文，不能無也，而不可用也。雖未嘗用也，而亦未嘗無也，斯其爲神乎。今之爲文者，竭智巧以學之，而不得其意，故其文非拘則腐，非誕則野，非有餘則不足。求其工且不可致，況於神乎？

魏禧《魏叔子文集》卷八《惲遜庵先生文集序》 惟文章以明理適事，無當於理與事，則無所用文，故曰文者載道之器。言事莫尚漢，言理莫尚宋。核事者每謬於理，宗理者迂闊不切事。其實相乖離，其文亦終無有能合者。先生以宋爲體，以漢爲氣，深切明剛，皆足見諸行事，以正人心之惑溺，而救國家之敗，此非可以文章求也。然有其志無其學，有其學無其識，有其識無其事，則文皆弗極於工。有志而無學，猶耕者之冀總秷而不菑畬也，是謂虚而不實。有學而無識，猶作室者固垣墉而不牖户也，是謂塞而不通。有識而無事，猶浮海者之望三神山，不至而返也，是謂似而不真。虚而不實者，其文疏，不足以徵事。塞而不通者，其文密，不足以達意。似而不真者，其文疑，不足以適用。天下之文得其一，失其一，故其爲合也甚難。非不知也，才短而學薄，不足於識，不鍊於事，志之而弗能故也。

章學誠《文史通義》卷四《説林》 馮煖問孟嘗君，收責反命，何市而歸？則

曰：「視吾家所寡有者。」學問經世，文章垂訓，如醫師之藥石偏枯，亦視世之寡有者而已矣。

又卷八《外篇・答甄秀才論修志第一書》 忠志之書，有裨風教者，原因傳述忠孝節義，凜凜烈烈，有聲有色，使百世而下，怯者勇生，貪者廉立。

曾國藩《曾文正公文集》卷三《聖哲畫像記》 先王之道，所謂修己治人、經緯萬彙者，何歸乎？亦曰禮而已矣。秦滅書籍，漢代諸儒之所掇拾，鄭康成之所以卓絶，皆以禮也。杜君卿《通典》，言禮者十居其六，其識已跨越八代矣。有宋張子、朱子之所討論，馬貴與、王伯厚之所纂輯，莫不以禮爲兢兢。我朝學者，以顧亭林爲宗，國史《儒林傳》褎然冠首。吾讀其書，言及禮俗教化，則毅然有守先待後、舍我其誰之志，何其壯也。厥後張蒿菴作《中庸論》及江慎修、戴東原輩，尤以禮爲先務。而秦尚書蕙田遂纂《五禮通考》，舉天下古今、幽明萬事，而一經之以禮，可謂體大而思精矣。吾圖畫國朝先正遺像，首顧先生，次秦文恭公，亦豈無微旨哉。桐城姚鼐姬傳，高郵王念孫懷祖，其學皆不純於禮，然姚先生持論閎通，國藩之粗解文章，由姚先生啓之也；王氏父子集小學訓詁之大成，夐乎不可幾已，故以殿焉。

娱情分部

《論語・陽貨》 子曰：小子何莫學夫詩？詩，可以興，可以觀，可以羣，可以怨。

葛洪《神仙傳》卷四《陰長生傳》 抱朴子曰：夫草澤間士，以隱逸得志，以經籍自娱，不耀文彩，不揚聲名，不修求進，不營聞達。

陶淵明《陶淵明集》卷六《五柳先生傳》 先生不知何許人也，亦不詳其姓字。宅邊有五柳樹，因以爲號焉。閑静少言，不慕榮利。好讀書，不求甚解；每有會意，便欣然忘食。性嗜酒，家貧不能常得。親舊知其如此，或置酒而招之。造飲輒盡，期在必醉；既醉而退，曾不吝情去留。環堵蕭然，不蔽風日。短褐穿結，簞瓢屢空。晏如也。常著文章自娱，頗示己志。忘懷得失，以此自終。贊曰：黔婁之妻有言：不戚戚於貧賤，不汲汲於富貴。極其言茲若人之儔乎？酣觴賦詩，以樂其志，無懷氏之民歟？葛天氏之民歟？

劉義慶《世説新語・文學》 孫子荆除婦服，作詩以示王武子。王曰：「未知文生於情，情生於文。覽之凄然，增伉儷之重。」

江淹《江文通集》卷一〇《自序》 山中無事，與道書爲偶，乃悠然獨往，或日夕忘歸。放浪之際，頗著文章自娱。

劉勰《文心雕龍・征聖》 夫作者曰聖，述者曰明。陶鑄性情，功在上哲。夫子文章，可得而聞，則聖人之情，見乎文辭矣。先王聖化，布在方册，夫子風采，溢於格言。是以遠稱唐世，則焕乎爲盛；近褒周代，則鬱哉可從：此政化貴文之征也。鄭伯入陳，以文辭爲功；宋置折俎，以多文舉禮：此事迹貴文之徵也。褒美子産，則云「言以足志，文以足言」；泛論君子，則云「情慾信，辭欲巧」：此修身貴文之征也。然則志足而言文，情信而辭巧，乃含章之玉牒，秉文之金科矣。夫鑒周日月，妙極機神；文成規矩，思合符契。或簡言以達旨，或博文以該情，或明理以立體，或隱義以藏用。故《春秋》一字以褒貶，《喪服》舉輕以包重，此簡言以達旨也。《邠詩》聯章以積句，《儒行》縟説以繁辭，此博文以該情也。書契決斷以象《夬》，文章昭晰以象《離》，此明理以立體也。四象精義以曲隱，五例微辭以婉晦，此隱義以藏用也。故知繁略殊形，隱顯異術，抑引隨時，變通適會，徵之周孔，則文有師矣。是以論文必徵於聖，窺聖必宗於經。《易》稱「辨物正言，斷辭則備」，《書》云「辭尚體要，弗惟好异」。故知正言所以立辨，體要所以成辭，辭成無好异之尤，辯立有斷辭之義。雖精義曲隱，無傷其正言；微辭婉晦，不害其體要。體要與微辭偕通，正言共精義并用；聖人之文章，亦可見也。顔闔以爲：「仲尼飾羽而畫，徒事華辭。」雖欲訾聖，弗可得已。然則聖文之雅麗，固銜華而佩實者也。天道難聞，猶或鑽仰；文章可見，胡寧勿思？若征聖立言，則文其庶矣。贊曰：妙極生知，睿哲惟宰。精理爲文，秀氣成採。鑒懸日月，辭富山海。百齡影徂，千載心在。

又《體性》 夫情動而言形，理發而文見，蓋沿隱以至顯，因内而符外者也。然才有庸俊，氣有剛柔，學有淺深，習有雅鄭，并情性所鑠，陶染所凝，是以筆區雲譎，文苑波詭者矣。故辭理庸俊，莫能翻其才；風趣剛柔，寧或改其氣；其義淺深，未聞乖其學；體式雅鄭，鮮有反其習：各師成心，其异如面。若總其歸途，則數窮八體：一曰典雅，二曰遠奥，三曰精約，四曰顯附，五曰繁縟，六曰壯麗，七曰新奇，八曰輕靡。典雅者，熔式經誥，方軌儒門者也；遠奥者，馥採曲文，經理玄宗者也；精約者，核字省句，剖析毫厘者也；顯附者，辭直義暢，切理厭心者也；繁縟者，博喻醲採，煒燁枝派者也；壯麗者，高論宏裁，卓爍异采者也；新奇者，擯古競今，危側趣詭者也；輕靡者，浮文弱植，縹緲附俗者也。故雅與奇反，奥與顯殊，

繁與約舛，壯與輕乖，文辭根葉，苑囿其中矣。若夫八體屢遷，功以學成，才力居中，肇自血氣；氣以實志，志以定言，吐納英華，莫非情性。是以賈生俊發，故文潔而體清；長卿傲誕，故理侈而辭溢；子雲沈寂，故志隱而味深；子政簡易，故趣昭而事博；孟堅雅懿，故裁密而思靡；平子淹通，故慮周而藻密；仲宣躁鋭，故穎出而才果；公幹氣褊，故言壯而情駭；嗣宗俶儻，故響逸而調遠；叔夜俊俠，故興高而采烈；安仁輕敏，故鋒發而韻流；士衡矜重，故情繁而辭隱。觸類以推，表里必符，豈非自然之恒資，才氣之大略哉！夫才由天資，學慎始習，斫梓染絲，功在初化；器成采定，難可翻移。故童子雕琢，必先雅制，沿根討葉，思轉自圓。八體雖殊，會通合數，得其環中，則輻輳相成。故宜摹體以定習，因性以練才，文之司南，用此道也。贊曰：才性异區，文體繁詭。辭爲肌膚，志實骨髓。雅麗黼黻，淫巧朱紫。習亦凝真，功沿漸靡。

又《情采》 故立文之道，其理有三：一曰形文，五色是也；二曰聲文，五音是也；三曰情文，五性是也。五色雜而成黼黻，五音比而成《韶》、《夏》，五性發而爲辭章，神理之數也。【略】昔詩人什篇，爲情而造文；辭人賦頌，爲文而造情。何以明其然？蓋風雅之興，志思蓄憤，而吟咏情性以諷其上，此爲情而造文也；諸子之徒，心非鬱陶，苟馳夸飾，鬻聲釣世，此爲文而造情也。故爲情者要約而寫真，爲文者淫麗而煩濫。而後之作者，採濫忽真，遠棄風雅，近師辭賦，故體情之制日疏，逐文之篇愈盛。故有志深軒冕，而泛咏皋壤；心纏幾務，而虚述人外。真宰弗存，翩其反矣。

《南齊書·文學傳論》 史臣曰：文章者，蓋情性之風標，神明之律吕也。藴思含毫，遊心内運，放言落紙，氣韻天成。莫不稟以生靈，遷乎愛嗜，機見殊門，賞悟紛雜。若子桓之品藻人才，仲治之區判文體，陸機辨於《文賦》，李充論於《翰林》，張眎擿句褒貶，顔延圖爲情興，各任懷抱，共爲權衡。屬文之道，事出神思，感召無象，變化不窮。俱五聲之音響，而出言異句；等萬物之情狀，而下筆殊形。吟詠規範，本之雅什，流分條散，各以言區。若陳思代馬羣章，王粲飛鸞諸製，四言之美，前超後絶。少卿離辭，五言才骨，難與爭鶩。桂林湘水，平子之華篇，飛館玉池，魏文之麗篆，七言之作，非此誰先。卿、雲巨麗，升堂冠冕，張、左恢廓，登高不繼，賦貴披陳，未或加矣。顯宗之述傅毅，簡文之摛彦伯，分言制句，多得頌體。裴頠内侍，元規鳳池，子章以來，章表之選。孫綽之碑，嗣伯喈之後，謝莊之誄，起安仁之塵，顔延《楊瓚》，自比《馬督》，以多稱貴，歸莊爲允。五褒《僮約》，束晳《發蒙》，滑稽之流，亦可奇瑋。五言之製，獨秀衆品。習玩爲理，事久則瀆，在乎文章，彌患凡舊。若無新變，不能代雄。建安一體，《典論》短長互出；潘、陸齊名，機、岳之文永異。江左風味，盛道家之言，郭璞舉其靈變，許詢極其名理，仲文玄氣，猶不盡除，謝混情新，得名未盛。顔、謝並起，乃各擅奇，休、鮑後出，咸亦標世。朱藍共妍，不相祖述。今之文章，作者雖衆，總而爲論，略有三體。一則啓心閑繹，託辭華曠，雖存巧綺，終致迂回。宜登公宴，本非准的。而疎慢闡緩，膏肓之病，典正可採，酷不入情。此體之源，出靈運而成也。次則緝事比類，非對不發，博物可嘉，職成拘制。或全借古語，用申今情，崎嶇牽引，直爲偶説。唯覩事例，頓失清采。此則傅咸五經，應璩指事，雖不全似，可以類從。次則發唱驚挺，操調險急，雕藻淫豔，傾炫心魂。亦猶五色之有紅紫，八音之有鄭、衛。斯鮑照之遺烈也。三體之外，請試妄談。若夫委自天機，參之史傳，應思悱來，勿先構聚。言尚易了，文憎過意，吐石含金，滋潤婉切。雜以風謡，輕脣利吻，不雅不俗，獨中胸懷。輪扁斲輪，言之未盡，文人談士，罕或兼工。非唯識有不周，道實相妨，談家所習，理勝其辭，就此求文，終然翳奪。故兼之者鮮矣。贊曰：學亞生知，多識前仁。文成筆下，芬藻麗春。

蕭繹《金樓子·立言》 吟詠風謡，流連哀思者，謂之文。【略】至如文者，惟須綺縠紛披，宫徵靡曼，脣吻遒會，情靈摇蕩。

《晉書·郭象傳》 郭象字子玄，少有才理，好《老》、《莊》，能清言。太尉王衍每云：「聽象語，如懸河瀉水，注而不竭。」州郡辟召，不就。常閑居，以文論自娱。後辟司徒掾，稍至黄門侍郎。東海王越引爲太傅主簿，甚見親委，遂任職當權，熏灼内外，由是素論去之。永嘉末病卒，著碑論十二篇。

又《孟陋傳》 孟陋字少孤，武昌人也。吴司空宗之曾孫也。兄嘉，桓温征西長史。陋少而貞立，清操絶倫，布衣蔬食，以文籍自娱。

柳宗元《柳宗元集》卷一《唐鐃歌鼓吹曲十二篇序》 負罪臣宗元言，臣幸以罪居永州，受食府廩，竊活性命，得視息，無治事，時恐懼，小閒，又盗取古書文句，聊以自娱。

又卷三一《答吴武陵論非國語書》 拘囚以來，無所發明，蒙覆幽獨，會足下至，然後有助我之道。一觀其文，心朗目舒，炯若深井之下仰視白日之正中也。

《南史·江革傳》 時尚書令何敬容掌選，序用多非其人。革性强直，每朝宴恒有褒貶，以此爲權貴所疾。乃謝病還家，除光禄大夫，優遊閑放，以文酒自娱。

李覯《直講李先生文集》卷二九《原文》 利可言乎？曰：人非利不生，曷爲不可言？欲可言乎？曰：欲者人之情，曷爲不可言？言而不以禮，是貪與淫，罪矣；不貪不淫，而曰不可言，無乃賊人之生，反人之情！世俗之不喜儒以此。孟子謂「何必曰利」，激也。焉有仁義而不利者乎？其書數稱湯、武，將以七十里百里而王天下，利豈小哉！孔子七十所欲不逾矩，非無欲也；於詩則道男女之時，容貌之美，悲感念望，以見一國之風，其順人也至矣。學者大抵雷同，古之所是，則謂之是；古之所非，則謂之非。詰其所以是非之狀，或不能知。古人之言，豈一端而已矣？夫子於管仲三歸具官則小之，合諸侯正天下則仁之，不以過掩功也；韓愈有取於墨翟、莊周，而學者乃疑。噫！夫二子皆妄言耶？今之所謂賢士大夫，其超然异於二子者邪？抑有同於二子而不自知者邪？何訾彼之甚也！

高似孫《剡録》卷三《先賢傳・人士・戴逵》 戴逵，字安道，譙國人，居剡，祖碩，父綏並有名位。逵有清操，性高潔，不樂當世，以琴書自娱。

陳繹曾《文説》 陳文靖公問爲文之法。繹曾以所聞於先人者對曰：一，養氣；二，抱題；三，明體；四，分門；五，立意；六，用事；七，造語；八，下字。

又《養氣法》 肅：朝廷之文宜肅，聖賢道德宜肅。壯：長江大海之文宜壯，軍陣英雄之文宜壯。清：山林之文宜清，風月貞逸宜清。和：宴樂之文宜和，通人達士宜和。奇：鬼神之文宜奇，俠客高士宜奇。麗：宫苑之文宜麗，富貴養人宜麗。古：遊覽古迹之文宜古，上古人事宜古。遠：登高眺遠之文宜遠，大功業人宜遠。古養氣之法，宜澄心静慮，以此景、此事、此人、此物，默存於胸中，使之融化與吾心爲一，則此氣油然自生，當有樂處，文思自然流動充滿，而不可遏矣。切不可作氣，氣不能養而作之，則昏而不可用，所出之言，皆浮辭客氣，非文也。氣之變化無方，當以此類推之。

又《明體法》 頌，宜典雅和粹。樂，宜古雅諧《韶》。贊，宜濕潤典實。箴，宜謹嚴切直。銘，宜深長切實。碑，宜雄渾典雅。碣，宜質實典雅。表，宜張大典實。傳，宜質實，而隨所傳之人變化。行狀，宜質實詳備。紀，宜簡實方正，而隨所紀之人變化。序，宜疏通圓美，而隨所序之事變化。論，宜圓折深遠。説，宜平易明白。辨，宜方折明白。書，宜簡要明切。奏，宜情辭懇切，意思忠厚。詔，宜典重温雅，謙冲惻怛之意藹然。制誥，宜峻厲典重。

又《立意法》 景，凡天文、地理、物象，皆景也。景，以氣爲主。意，凡議論、思致、曲折，皆意也。意，以理爲主。事，凡實事、故事，皆事也。事生於景則真。情，凡喜、怒、哀、樂、愛、惡、欲之真趣，皆情也。意出於情則切。凡文體雖衆，其意之所從來，必由於此四者而出。故立意之法，必依此四者而求之，各隨所宜，以一爲主，而統三者於中。凡文，無景則枯，無意則粗，無事則虚，無情則誣。立意之法，必兼四者。戴帥初先生曰：「凡作文，發意第一番來者，陳言也，掃去不用。第二番來者，正語也，停之不可用。第三番來者，精意也，方可用之。韓子所謂『陳言之務去，戛戛乎其難哉！』」其法如此。戴先生又云：「作文須三致意焉。一篇之中三致意，一段之中三致意，一句之中三致意。」先尚書云：「文章猶若理詞狀也，一本事，二原情，三據理，四按例，五斷决。」本事者認題也，原情者明來意也，據理者守正也，按例者用事也，斷决者結題也。五者備矣。辭貴簡切而明白。

唐順之《荆川先生文集》卷七《與洪方洲書》 近來覺得，詩文一事，只是直寫胸臆，如諺語所謂「開口見喉嚨」者，使後人讀之如真見其面目，瑜瑕俱不容掩所謂本色，此爲上乘文字。

茅坤《茅鹿門先生文集》卷一《與蔡白石太守論文書》 今僕不暇博喻，姑取司馬子長之大者論之。今人讀《遊俠傳》，即欲輕生；讀《屈原賈誼傳》，即欲流涕；讀《莊周》、《魯仲連傳》，即欲遺世；讀《李廣傳》，即欲力鬭；讀《石建傳》，即欲俯躬；讀《信陵》、《平原君傳》，即欲好士，若此者何哉？蓋各得其物之情而肆於心故也，而固非區區句字之激射者。昔人嘗謂：「善詩者畫，善畫者詩。」僕謂其於文也亦然。今夫天地之間，山川之所以寥廓，日月之所以升沉，神鬼之所以幽眇，草木之所以蕃蘙，魑魅之所以悲嘯，九州之所以聲名文物，四裔之所以椎髻被髮，以及聖帝明王、忠賢孝子、羈臣寡婦、讒夫佞倖、幽人處士、釋友僊子之異其行，禮樂律曆、兵革封禪、天官卜筮、農書稗史之異其術，宴歌遊覽、行旅蒐狩、問釋譏嘲、咏物賦情、弔古傷今、成敗得失之異其感，彼皆各有其至，而非借耳傭目所可紊亂增葺于其間者。學者苟各得其至，合之於大道，而迎之於中，出而肆焉，則物無逆於其心，心無不解於其物，而譬釋氏之説佛法種種色色，逾玄逾化矣。嗚呼！盛矣！此庖羲氏畫卦以來相傳之秘，所謂「其旨遠，其辭文，其言曲而中。」固非專一以致其至者，不可與言也。

又卷一四《刻漢書評林序》 太史公與班掾之材，固各天授，然《史記》以風神勝，而《漢書》以矩矱勝。惟其以風神勝，故其遒逸疎宕如餐霞、如齧雪，往往自眉睫之所及，而指次心思之所不及，令人讀之解頤不已；惟其以矩矱勝，故其規畫布置如繩引、如斧劃，亦往往於其複亂龐雜之間，而有以極其首尾節腠之密，令人讀

之鮮不濯筋而洞髓者。

焦竑《澹園集》卷四《原学》 夫學，何爲者也？所以復其性也。人之爲性，無舜跖、無古今，一也。而奚事乎學以復之也？曰：性自明也，自足也，而不學則不能有諸己。故明也，而妄以爲昏也；足也，而妄以爲歉也。於是美惡相生而情立見焉，情立而性真始牿。故性不能以無情，情不能以无妄，妄不能以無學。學也者，冥其妄以歸於无妄者也，无妄而性斯復矣。蓋嘗論之情猶子焉，性則其母也，情猶枝焉，性則其根也。世之棼棼者豈顧欲離母逐子，拔其根而培其枝哉？冥冥之中無獨見，生生之外無朝徹，於是寶康瓠爲周鼎，視珠貝如瓦礫，其流有四，離性則一。故有清虛之學焉，有義理之學焉，有名節之學、詞章之學焉。

湯顯祖《湯顯祖詩文集》卷五〇《補遺・沈氏弋説序》 今昔異時，行於其時者三：理爾，勢爾，情爾。以此乘天下之吉凶，決萬物之成毁。作者以效其爲，而言者以立其辨，皆是物也。事固有理至而勢違，勢合而情反，情在而理亡，故雖自古名世建立，常有精微要眇不可告語人者。史氏雖材，常隨其通博奇詭之趣，言所欲言，是故記而不倫，論而少衷。何也？當其時，三者不獲并露而周施，況後時而言，溢此遺彼，固然矣。嗟夫！是非者理也，重輕者勢也，愛惡者情也。三者無窮，言亦無窮。子乃以二百則弋彼異時事，别白抉摘，透漏滴博而無餘；乃至一事而要遮前後故實爲其徵，曲折隱見，極波瀾之致；簡者數語，詘然委盡，無復費詞。或逆而探，或順而揄，或郄而批，或全而劃；横發沉入，英藻殊義。病夫爲之解頤，況乎處世能言之士者乎！

陳繼儒《文娱叙》 往丁卯前，璫網告密，余謂董思翁云：「吾與公此時不願爲文昌，但願爲天聾地啞，庶幾免于今之世矣。」鄭超宗聞而笑曰：「閉門謝客，但以文自娱，庸何傷？」近年緣讀禮之暇，搜討時賢雜作小品而題評之，皆芽甲一新，精彩八面，有法外法，味外味，韻外韻，麗典新聲，絡繹奔會，似亦隆萬以來氣候秀擢之一會也。往弇州公代興，雷轟霆鞫，後生輩重研而從者，幾類西崐之宗李義山，江右之宗黄魯直。楚之袁氏思出而變之，欲以漢幟易趙幟，而人不盡服也。然新陳相變，作者或孤出，或四起，神鷹掣鞲而擘九霄，天馬脱轡而馳萬里，即使弇州公見之，亦將感得氣之先，發「起予」之歎。白樂天有云：「天下無正聲，悦耳即爲娱。」豈是之謂耶？超宗曰：「吾儕草士，豈敢洋洋浮浮，批判先覺，但古豪儁必有寄，如皇甫淫，杜預癖，柱下之五千言，毗耶之四十九年法，即至人累世宿劫，不能斷文字緣，而況吾輩乎？嘗反覆諸賢文，一讀之蠲愁，再讀之釋涕，三讀之不覺呻吟疾痛之去體也，其庶幾大祥之援琴乎哉？」余曰：「甯唯是。」開元中將軍裴旻居喪，詣吴道子請畫鬼神於東都天宫壁，以資冥福，答曰：「將軍試爲我纏結舞劍一曲，庶因猛厲以通幽冥。」旻唯唯，脱去縗服，裝束走馬，左旋右轉，揮劍入雲，高數十丈，若電光下射，旻引手執鞘承之，劍透室而入，觀者數千人，無不驚慄。道子於是援毫圖壁，颯然風起，爲天下之壯觀。鄭超宗磊落俠丈夫，文章高邁，名流見之皆辟易，出其精鑒，選爲文集，斯亦吴道子東都之畫壁耳，若康樂娱于清讌，玄暉娱於澄江，未足比于《文娱》之壯觀也。

錢謙益《牧齋初學集》卷三《王元昭集序》 古今作者之異，我知之矣。古之作者，本性情，導志意，讕言長語，《客嘲》、《僮約》，無往而非文也。塗歌巷春，春愁秋怨，無往而非詩也。今之作者則不然，矜蟲魚，拾香草，駢枝而儷葉，取青而妃白，以是爲陳羹像設斯已矣，而情與志不存焉。昔有學文于熊南沙者，南沙教以讀《水滸傳》。有學詩于李空同者，空同教以唱《瑣南枝》。二公于古學不知何如，而其言則可以教世。嗚呼！是可爲今人道哉？河東王元昭，少負軼材，每思以尺蹏寸管，籠挫吞吐古今之作者。一旦偕其友韓次卿南遊，下衡闕，登太行，渡河涉淮，憩戲馬臺，弔古于金墉、隋堤之間。其遊益壯，詩文日益多。自徐走書千餘里，端拜命使，而謁余序之。吾不知元昭之詩文，取材於古今孰多，知其爲人，有忠君愛友憂時懷古之志意，抑塞磊落，而激昂自命者也。當其登高能賦，對客伸紙，酒後耳熱，慷慨悲歌，不知其孰爲筆孰爲墨也？亦不知其孰爲詩孰爲文也？筆不停書，文不加點，若狂飈怪雨之發作，而風檣陳馬之凌厲也；若神仙之馮于乩，而鬼神之運其肘也；若雷電之倏忽下取，而虬龍之攫拏相掉也。有低廻萌折不可喻之情，有峭獨堅悍不可干之志，而後有淋漓酣暢不可壅遏之詩文。吾之所以知元昭者，若是則已矣，而又何譏焉？若夫古今詩文之變，不可勝窮，而南沙、空同之緒言，未可以更僕悉也。他日得布席函丈，當更與元昭極論之，兼眎次卿，以爲何如也？

陳山毓《陳靖質居士文集》卷五《賦選序》 古人云：「未知文生於情，情生於文。」作者要使文生於情，自然使讀之者情生於文。詠《離騷》而涕漣，身非遊澤畔也；誦《天問》而心激，目非親圖畫也，情感之也。若夫身無疾痛，强效呻吟，此如當烈風而談絺綌，御朱明而咏含霜，耳雖可傾，身做不邊，後世辭人率皆類此。竊以爲胸無鬱結，不必抒詞；中有徘徊，纔御楮墨，自然吐言逼真，中情妙達。

鄭元勳《媚幽閣文娱・自序》 讀書不求解，猶嘗食不肥體也，不如勿讀。即解以求得，已不勝不解之苦，何如不假鑽味，美好盈眸，聽樂聞香，朦人亦知稱善，

斯爲快事。予少時，好妙賞文，惟此專嗜。進以沉慱大章，心非不敬，如對端方之士，峨冠鐵面，愛不敵畏矣。丁卯秋失怙以來，形神放廢，并是文困瓊粒，亦稊稗棄之。不惜抱影銜思，忽忽不知所屬。偶于數見不鮮之外，采新獲秘，令我初覽陶縱，竟讀笑啼，不啻飲神槳、聆天樂于渴且倦之時也，絓結頓解。回視曩辰所賞，又復聽而欲卧。夫人情喜新厭故，喜慧厭拙，率爲其常。而新與慧之中，何必非至道所寓？晏子、東方生以諧戲行其譎諫，誰謂其功在碎首剖心之下？文以適情，未有情不至而文至者。俠客忠臣，騷人逸士，皆能快其臆而顯攄之，故能談歡笑并，語怨泣偕。彼有隱約含之不易見者，進則爲聖爲佛，退則一頑鈍者之不及，情而已。吾以爲文不足供人愛玩，則六經之外俱可燒。六經者，桑麻菽粟之可衣可食也。文者奇葩，文翼之，怡人耳目，悦人性情也。若使不期美好，則天地産衣食生民之物，足矣。彼怡悦人者，則何益而並育之？以爲人不得衣食，不生；不得怡悦，則生亦槁。故兩者衡立而不偏絀。然六經不可加，而諸文可加，猶花鳥非必日用不離，而但取怡悦，不無今昔開落之異。若以代開代落之物，必勿許薦新而去陳，則亦幽滯者之大惑已。爰擿其尤，彙爲兹集，密爾怡悦，初不以持贈人，但念昔人放浪之際，每著文章自娱，余愧不能著，聊借是以收其放廢，則亦宜以娱名。戊辰冬過雲間，私視眉公先生，若有甚獲其心者，愛而欲傳，援牘爲序曰：「人之娱此，當有什伯于子之自娱者。神槳天樂，而子是私之，毋乃不祥乎？」余弟然其言，乃次第訂梓，閲二歲，庚午初夏，工始竣。

戴君恩《剩言》卷一三《外篇二》　李清菴嘗言清心釋累，絶慮忘情。予作回文，讀之情忘慮絶，累釋心清，其味更旨。

黄宗羲《金石要例·附録·論文管見》　文以理爲主，然而情不至，則亦理之郛廓耳。廬陵之誌交友，無不嗚咽，子厚之言身世，莫不凄愴。郝陵川之處真州，戴剡源之入故都，其言皆能惻惻動人。古今自有一種文章不可磨滅，真是天若有情天亦老者。而世不乏堂堂之陣，正正之旗，皆以大文目之。顧其中無可以移人之情者，所謂刳然無物者也。【略】所謂文者，未有不寫其心之所明者也。心苟未明，劬勞憔悴於章句之間，不過枝葉耳，無所附之而生。故古今來，不必文人始有至文，凡九流百家以其所明者，沛然隨地湧出，便是至文。故使子美而談劍器，必不能如公孫之波瀾；柳州而敍宫室，必不能如梓人之曲盡。此豈可强者哉！

周亮工《賴古堂集》卷一三《顧與治詩序》　嘗以諸生例得鄉貢，不仕，著詩文自娱，所爲詩清真絶俗，别成一家，讀者望而知爲高人介士之詩也。

金堡《徧行堂集·尺牘文五·與汪漢翀水部》　得孝山寄到手教及詩，讀之凄然，所謂情文相生，自成玅作耳。

彭孫貽《茗香堂史論》卷二《周書》　周明帝遇毒彌留，口授遺詔，文詞典雅，情思懇摯，讀之可歌可涕，成王《顧命》無以過之。北狄之人乃有如許手口，北朝文章原勝南士，宜其有驢鳴狗吠之輕薄。

魏際瑞《魏伯子文集》卷二《答友人論文書》　嚮者，伏承虚懷欲悉文章之道，自愧心浮學淺，無以知之。然竊彷彿其大概，謂文章必有所以爲文者。夫所以爲文者，非他，則情是也。文乃極天下之虚，變化神妙不可方物，而所以本而發之，發而達之，而盈于天地之間者，則非有至實之物，無以相致。故夫人之涕唾便溺也，必有氣焉以充之而後出；草木之華，鳥獸之羽毛也，必有脉焉以貫之而後榮。故曰無情者不得盡其辭。情者，辭之本也。本不立而末具焉，天下無斯物也。《書》曰：「辭尚體要。」《易》曰：「聖人之情見乎辭。」夫既有體有要，而見之乎情矣。故凡託爲浮華彫飾，而矜誕敷衍以成其章者，是皆情之不足者也。愚嘗爲之言曰：「不患文章之不工，惟患性情之不至。」蓋嘗觀于愚夫愚婦號泣歌舞之誠，其言初不足以爲文，而其出之口者，雖聖于文章之士，往往極其工致而無以過之。蓋其情極意誠，精神皆赴，是爲源盈而溢之候，必將洋洋充滿，心手相得，以成其章。操觚搦管之士，逆而遡焉，不可得而幾也。古之樂府如《公無渡河》、《朝見黄牛》、《子夜》、《莫愁》之曲著矣，而《古詩十九首》、《蘇李贈答》、《木蘭》、《仲卿》、《羅敷》諸篇，往往歎爲不可及者。豈非以情詞真朴，味醇腴而體厚耶。陶公之所以腴，諸葛武侯、李令伯、韓昌黎所以使人讀之涕下，則亦豈徒工于文而能之？近見某某各爲古文，一者家數大備，形貌儼然，而中無所有，不堪畢讀；一則勤勤懇懇，未嘗爲文，而英華體段亦成于法，夫而後知文之必生于情也。故爲文者，能于日用行事處心積慮之間，力反真朴，以立文章之本，而後涵泳古人，資其體法以成之，雖使泣鬼神，動天地確然無餘致矣，而何章句之足云。

魏禮《魏季子文集》卷八《答文信予書》　夫天地之所以不息者情，情之所以膠固者真。天下之道成於真而敗於僞，大抵然也。是故情之真者，德業生焉，忠孝出焉，天地鬼神格焉，金石感通焉。而是情也，即見兒女子之私，皆同源而异流者，固在擇而執之也。【略】至於爲文章，真則變化生矣，華而不浮，質而有體矣。如春温夏暑秋凉而冬寒，此四時之真也，而變化生焉。夫其所爲變化者，則有日月風雲草木禽蟲山川人事之感應，休徵、咎徵若時不若時之參伍錯綜於其間，然後四時之

真流著而發煌，精微而博大。

唐顯悦《媚幽閣文娱敍》 文古無選，自昭明始，而後世因有選體，蓋諸家之心力，以選者之眼光注焉。正如月輝星燦，水止而咸歸。紅豔緑濃，鏡開而俱受。即謂廣昊靡繫，厚地鮮葩可也。故選之難倍於作。雖然，作自難言之矣。涉於江海，則沼沚斷流。登於泰華，則峿嶁絶峙。孟堅以博瞻踞壇，長卿以富麗執耳，而義真新語，輒以隻句單詞，上奪班馬之席，何也。樂廣人之水鏡，見之瑩然，如披雲霧而見青天。王衍與人言最簡，及與廣言，便覺已之爲煩，文與可曰。吾篋村所聚，在篔簹谷，可遲求之。他日持一幅以示大蘇，寸數尺耳，而有千尺之勢。文有小品，將無是耶。以索解人，恐未易得。邇來邗上識鄭超宗，超宗之言曰：「小品一派，盛於昭代。幅短而神遥，墨希而旨永。野鶴孤唳，羣雞禁聲。寒瓊獨朵，衆卉避色。是以一字可師之語，可椽與於斯文，樂曷其極。」唐子曰：「洵如是也。飛燕輕盈，仙乎仙乎，太真豐豔，妙在阿堵。」百尺竿頭，和盤托出矣。昭明而没，嗣之其誰，請於超宗此選卜之。

姚鼐《惜抱軒文集》卷六《復魯絜非書》 鼐聞天地之道，陰陽剛柔而已。文者，天地之精英，而陰陽剛柔之發也。惟聖人之言，統二氣之會而弗偏，然而《易》、《詩》、《書》、《論語》所載，亦間有可以剛柔分矣，值其時其人，告語之體，各有宜也。自諸子而降，其爲文無弗有偏者。其得於陽與剛之美者，則其文如霆，如電，如長風之出谷，如崇山峻崖，如決大川，如奔騏驥。其光也如杲日，如火，如金鏐鐵。其於人也，如馮高視遠，如君而朝萬衆，如鼓萬勇士而戰之。其得於陰與柔之美者，則其文如升初日，如清風，如雲，如霞，如煙，如幽林曲澗，如淪，如漾，如珠玉之輝，如鴻鵠之鳴而入寥廓。其於人也，漻乎其如歎，邈乎其如有思，暖乎其如喜，愀乎其如悲。觀其文，諷其音，則爲文者之性情形狀舉以殊焉。且夫陰陽剛柔，其本二端，造物者糅而氣有多寡進絀，則品次億萬，以至於不可窮，萬物生焉。故曰：「一陰一陽之爲道。」夫文之多變，亦若是已，糅而偏勝可也，偏勝之極，一有一絶無，與夫剛不足爲剛，柔不足爲柔者，皆不可以言文。

章學誠《文史通義》卷一《内篇一・易教下》 有天地自然之象，有人心營構之象。天地自然之象，《説卦》爲天爲圜諸條，約略足以盡之。人心營構之象，睽車之載鬼，翰音之登天，意之所至，無不可也。然而心虚用靈，人累於天地之間，不能不受陰陽之消息；心之營構，則情之變易爲之也。情之變易，感於人世之接構，而乘於陰陽倚伏爲之也。是則人心營構之象，亦出天地自然之象也。《易》象雖包六藝，與《詩》之比興，尤爲表裏。夫《詩》之流别，盛於戰國人文，所謂長於諷喻，不學《詩》，則無以言也。然戰國之文，深於比興，即其深於取象者也。《莊》《列》之寓言也，則觸蠻可以立國，蕉鹿可以聽訟。《離騷》之抒憤也，則帝闕可上九天，鬼情可察九地。他若縱横馳説之士，飛箝捭闔之流，徙蛇引虎之營謀，桃梗土偶之問答，愈出愈奇，不可思議。然而指迷從道，固有其功；飾奸售欺，亦受其毒。故人心營構之象，有吉有凶；宜察天地自然之象，而衷之以理，此《易》教之所以範天下也。

劉熙載《藝概》卷一《文概》 《莊子》寓真於誕，寓實於元，於此見寓言之妙。【略】周、秦間諸子之文，雖純駁不同，皆有個自家在内。後世爲文者，於彼於此，左顧右盼，宜亦諸子所深恥與！【略】西京文之最不可及者，文帝之詔書也。《周書・吕刑》，論者以爲哀矜惻怛，猶可以想見三代忠厚之遺意。然彼文至而實不至，孰若文帝之情至而生耶！【略】文之道，時爲大。《春秋》不同於《尚書》，無論矣。即以《左傳》、《史記》言之，强《左》爲《史》則噍殺，强《史》爲《左》則嘽緩，惟與時爲消息，故不同正所以同也。【略】《史記》叙事，文外無窮，雖一溪一壑，皆與長江、大河相若。叙事不合參入斷語。太史公寓主意於客位，允稱微妙。【略】太史公文，悲世之意多，憤世之意少，是以立身常在高處。至讀者或謂之悲，或謂之憤，又可以自征器量焉。

王琦《王石和文》卷一《文情》 喜怒哀樂之情一動，則不自知其所至是非成敗，富貴貧賤，老少死生之故，鬱乎中而達於文。若歌若泣，若狂夫之呼號，若細語，一一與喜怒哀樂之情相發。無情之人未有能工於文也。若當喜樂之時而爲哀怒之文，當哀怒之時而爲喜樂之文，則不能肖。雖同屬喜怒哀樂之情，而此時之所爲文，易一時而復爲文，則亦不能肖。夫一人之情，一人之文，其心之所能思，而口之所能言，非遂相什伯也。而不當其時，遂不可以强而肖，況欲借古人之言以舒今人之情，豈非并欲借古人之情乎？古人之情不可借也。縱極語言藻繢之妙，亦止道古人之情之所有，於己乎何與？且自有文以來，其情之有而人所欲言者，亦概見於古人矣。後之人窮思敝慮，偶自喜其言之不同，及觀古人已先我而言之，而我之所言，乃其余也，於是恨其生之晚，不能與古人同時。當古人未發言，即參一義以自鳴胸中之奇，又恨古人言之太盡，不肯稍留餘地以待後人，令後人復出一詞頡而抗之，遂使後人無往不出古人下也。恨此不暇而又襲之以自陋哉！秦、漢而後，能文之士不絶於世，有相學而無相襲。彼其所學者，在神來氣往之際，至喜怒哀樂之情，則莊、列不能告之馬、班，馬、班不能告之韓、柳、歐、蘇。雖其情不無過中失正，

而能自言其情之所得，故其言皆可以不朽。非如後之所號剽竊家冥頑而不情爲可陋也。文中子之著述，擬諸《論語》，其理非不粹，後人讀之，若不敢以爲文中子之文也。彼所以動乎其情，微有間焉爾。理範於同，而情生於獨，獨之所生固未可强而同也。世有工畫者，寫一人鬚眉神態罔不畢肖，好事者竊而模之，復持以贈一人，則彼一人者見之，固不知其爲己寫也，遂不以爲工。今世爲文之士，不求工於畫，而欲竊其畫之工，豈非不情之甚也與！

浦銑《復小齋賦話》卷上　歐陽行周詹《秋月賦》，寥寥短篇，讀之文生于情，情生于文。

經世分部

《周易·繫辭下》　上古結繩而治，後世聖人易之以書契，百官以治，萬民以察，蓋取諸《夬》。

《尚書·舜典·虞書》　詩言志，歌永言，聲依永，律和聲，八音克諧，無相奪倫，神人以和。

《論語·陽貨》　子曰：「小子何莫學夫《詩》？《詩》可以興，可以觀，可以羣，可以怨。邇之事父，遠之事君，多識於鳥獸草木之名。」

《左傳·襄公二十七年》　詩以言志。

《孟子·滕文公下》　昔者禹抑洪水而天下平，周公兼夷狄、驅猛獸而百姓寧，孔子成《春秋》而亂臣賊子懼。

《莊子·齊物論》　《春秋》經世，先王之志。

又《天下》　《詩》以道志，《書》以道事，《禮》以道行，《樂》以道和，《易》以道陰陽，《春秋》以道名分。

《史記·太史公自序》　上大夫壺遂曰：「昔孔子何爲而作《春秋》哉？」太史公曰：「余聞董生曰：『周道衰廢，孔子爲魯司寇，諸侯害之，大夫壅之。孔子知言之不用，道之不行也，是非二百四十二年之中，以爲天下儀表，貶天子，退諸侯，討大夫，以達王事而已矣。』子曰：『我欲載之空言，不如見之於行事之深切著明也。』夫《春秋》，上明三王之道，下辨人事之紀，別嫌疑，明是非，定猶豫，善善惡惡，賢賢賤不肖，存亡國，繼絶世，補敝起廢，王道之大者也。《易》著天地陰陽四時五行，故長於變；《禮》經紀人倫，故長於行；《書》記先王之事，故長於政；《詩》記山川谿谷禽獸草木牝牡雌雄，故長於風；《樂》樂所以立，故長於和；《春秋》辨是非，故長於治人。是故《禮》以節人，《樂》以發和，《書》以道事，《詩》以達意，《易》以道化，《春秋》以道義。撥亂世反之正，莫近於《春秋》。《春秋》文成數萬，其指數千。萬物之散聚皆在《春秋》。《春秋》之中，弑君三十六，亡國五十二，諸侯奔走不得保其社稷者不可勝數。察其所以，皆失其本已。故《易》曰『失之豪釐，差以千里』。故曰『臣弑君，子弑父，非一旦一夕之故也，其漸久矣』。故有國者不可以不知《春秋》，前有讒而弗見，後有賊而不知。爲人臣者不可以不知《春秋》，守經事而不知其宜，遭變事而不知其權。爲人君父而不通於《春秋》之義者，必蒙首惡之名。爲人臣子而不通於《春秋》之義者，必陷簒弑之誅，死罪之名。其實皆以爲善，爲之不知其義，被之空言而不敢辭。夫不通禮義之旨，至於君不君，臣不臣，父不父，子不子。夫君不君則犯，臣不臣則誅，父不父則無道，子不子則不孝。此四行者，天下之大過也。以天下之大過予之，則受而弗敢辭。故《春秋》者，禮義之大宗也。夫禮禁未然之前，法施已然之後；法之所爲用者易見，而禮之所爲禁者難知。」壹遂曰：「孔子之時，上無明君，下不得任用，故作《春秋》，垂空文以斷禮義，當一王之法。今夫子上遇明天子，下得守職，萬事既具，咸各序其宜，夫子所論，欲以何明？」太史公曰：「唯唯，否否，不然。余聞之先人曰：『伏羲至純厚，作《易》《八卦》。堯舜之盛，《尚書》載之，禮樂作焉。湯武之隆，詩人歌之。《春秋》采善貶惡，推三代之德，褒周室，非獨刺譏而已也。』漢興以來，至明天子，獲符瑞，封禪，改正朔，易服色，受命於穆清，澤流罔極，海外殊俗，重譯款塞，請來獻見者，不可勝道。臣下百官力誦聖德，猶不能宣盡其意。且士賢能而不用，有國者之恥；主上明聖而德不布聞，有司之過也。且余嘗掌其官，廢明聖盛德不載，滅功臣世家賢大夫之業不述，墮先人所言，罪莫大焉。余所謂述故事，整齊其世傳，非所謂作也，而君比之於《春秋》，謬矣。」於是論次其文。七年而太史公遭李陵之禍，幽於縲紲。乃喟然而歎曰：「是余之罪也夫！是余之罪也夫！身毀不用矣。」退而深惟曰：「夫《詩》《書》隱約者，欲遂其志之思也。昔西伯拘羑里，演《周易》；孔子厄陳蔡，作《春秋》；屈原放逐，著《離騷》；左丘失明，厥有《國語》；孫子臏脚，而論《兵法》；不韋遷蜀，世傳《吕覽》，韓非囚秦，《説難》、《孤憤》。《詩》三百篇，大抵賢聖發憤之所爲作也。此人皆意有所鬱結，不得通其道也，故述往事，思來者。」於是卒述陶唐以來，至于麟止，自黄帝始。【略】維我漢繼五帝末流，接三代絶業。周道廢，秦撥

去古文，焚滅《詩》、《書》，故明堂石室金匱玉版圖籍散亂。於是漢興，蕭何次律令，韓信申軍法，張蒼爲章程，叔孫通定禮儀，則文學彬彬稍進，《詩》、《書》往往閒出矣。自曹參薦蓋公言黄老，而賈生、晁錯明申、商，公孫弘以儒顯，百年之閒，天下遺文古事靡不畢集太史公。太史公仍父子相續纂其職。曰："於戲！余維先人嘗掌斯事，顯於唐虞，至于周，復典之，故司馬氏世主天官。至於余乎，欽念哉！欽念哉！"罔羅天下放失舊聞，王迹所興，原始察終，見盛觀衰，論考之行事，略推三代，録秦漢，上記軒轅，下至于兹，著十二本紀，既科條之矣。並時異世，年差不明，作十表。禮樂損益，律曆改易，兵權山川鬼神，天人之際，承敝通變，作八書。二十八宿環北辰，三十輻共一轂，運行無窮，輔指股肱之臣配焉，忠信行道，以奉主上，作三十世家。扶義俶儻，不令己失時，立功名於天下，作七十列傳。凡百三十篇，五十二萬六千五百字，爲《太史公書》。序略以拾遺補蓺，成一家之言，厥協《六經》異傳，整齊百家雜語，藏之名山，副在京師，俟後世聖人君子。

桓譚《新論・本造》 余爲《新論》，術辨古今，亦欲興治也。何異《春秋》褒貶耶？

王充《論衡》卷三〇《自紀》 爲世用者，百篇無害；不爲用者，一章無補。如皆爲用，則多者爲上，少者爲下。

趙曄《吴越春秋》卷三《王僚公子光傳》 文治邦國，武定天下。

曹丕《典論・論文》 蓋文章經國之大業，不朽之盛事。

杜預《春秋左氏傳序》 仲尼因魯史策書成文，考其真僞，而志其典禮。上以遵周公之遺制，下以明將來之法。【略】其發凡以言例，皆經國之常制，周公之垂法，史書之舊章。仲尼從而脩之，以成一經之通體。

常璩《華陽國志序志》 夫書契有五善：達道義，章法戒，通古今，表功勳，而後旌賢能。

《後漢書・應劭傳》 夫國之大事，莫尚載籍。載籍也者，決嫌疑，明是非，賞刑之宜，允獲厥中，俾後之人永爲監焉。

劉勰《文心雕龍・史傳》 開闢草昧，歲紀綿邈，居今識古，其載籍乎？【略】諸侯建邦，各有國史，彰善癉惡，樹之風聲。自平王微弱，政不及雅，憲章散紊，彝倫攸斁。【略】原夫載籍之作也，必貫乎百氏，被之千載，表征盛衰，殷鑒興廢，使一代之制，共日月而長存，王霸之迹，并天地而久大。【略】然史之爲任，乃彌綸一代，負海内之責，而贏是非之尤。秉筆荷擔，莫此之勞。

元結《元次山集》卷一〇《文編序》 天寶十二年，漫叟以進士獲薦，名在禮部。會有司考校舊文，作《文編》納於有司。當時叟方年少，在顯名跡，切耻時人諂邪以取進，姦亂以致身，徑欲填陷穽於方正之路，推時人於禮讓之庭。不能得之，故優遊於林壑，怏恨於當世。是以所爲之文，可戒可勸，可安可順。侍郎楊公見《文編》，歎曰："以上第汙元子耳，有司得元子是賴。"叟少師友仲行公，公聞之，諭叟曰："於戲！吾嘗恐直道絶而不續，不虞楊公於子相續如縷。"明年，有司於都堂策問羣士，叟竟在上第。爾來十五年矣。更經喪亂，所望全活，豈欲跡參戎旅。苟在冠冕，觸踐危機，以爲榮利。蓋辭謝不免，未能逃命。故所爲之文，多退讓者，多激發者，多嗟恨者，多傷閔者。其意必欲勸之忠孝，誘以仁惠，急於公直，守其節分。如此非救時勸俗之所須者歟？

杜佑《通典・自序》 佑少嘗讀書，而性且蒙固，不達術數之藝，不好章句之學。所纂《通典》，實采羣言，徵諸人事，將施有政。

又《禮序》 《通典》之所纂集，或泛存沿革，或博采異同，將以振端末、備顧問者也。

白居易《白氏長慶集》卷四五《與元次山書》 自登朝來，年齒漸長，閲事漸多，每與人言，多詢時務；每讀書史，多求理道：始知文章合爲時而著，歌詩合爲事而作。是時，皇帝初即位，宰府有正人，屢降璽書，訪人急病。僕當此日，擢在翰林，身是諫官，手請諫紙，啓奏之外，有可以救濟人病，裨補時闕，而難於指言者，輒詠歌之。欲稍稍遞進聞於上，上以廣宸聰，副憂勤；次以酬恩奬，塞言責；下以復吾平生之志。

劉禹錫《劉禹錫集》卷一九《唐故尚書禮部員外郎柳君集紀》 八音與政通，而文章與時高下。

柳宗元《柳宗元集》卷二一《讀韓愈所著毛穎傳後題》 自吾居夷，不與中州人通書。有來南者，時言韓愈爲《毛穎傳》，不能舉其辭，而獨大笑以爲怪，而吾久不克見。楊子誨之來，始持其書，索而讀之，若捕龍蛇，搏虎豹，急與之角而力不敢暇，信韓子之怪於文也。世之模擬竄竊，取青媲白，肥皮厚肉，柔筋脆骨，而以爲辭者之讀之也，其大笑固宜。且世人笑之也，不以其俳乎？而俳又非聖人之所棄者。《詩》曰："善戲謔兮，不爲虐兮。"《太史公書》有《滑稽列傳》，皆取乎有益於世者也。故學者終日討説答問，呻吟習復，應對進退，掬溜播灑，則罷憊而廢亂，故有「息焉游焉」之説。不學操縵，不能安絃。有所拘者，有所縱也。大羹玄酒，體節之

薦，味之至者。而又設以奇異小蟲、水草、樝梨、橘柚，苦鹹酸辛，雖蜇吻裂鼻，縮舌澁齒，而咸有篤好之者。文王之昌蒲葅，屈到之芰，曾晳之羊棗，然後盡天下之奇味以足於口。獨文異乎？韓子之爲也，亦將弛焉而不爲虐歟！息焉游焉而有所縱歟！盡六藝之奇味以足其口歟！而不若是，則韓子之辭，若壅大川焉，其必決而放諸陸，不可以不陳也。且凡古今是非六藝百家，大細穿穴用而不遺者，毛穎之功也。韓子窮古書，好斯文，嘉穎之能盡其意，故奮而爲之傳，以發其鬱積，而學者得以勵，其有益於世歟！是其言也，固與異世者語，而貪常嗜瑣者，猶咕咕然動其喙。彼亦甚勞矣乎！

又卷三一《答吴武陵論非國語書》 濮陽吴君足下：僕之爲文久矣，然心少之不務也，以爲是特博弈之雄耳。故在長安時，不以是取名譽，意欲施之事實，以輔時及物爲道。自爲罪人，捨恐懼則閑無事，故聊復爲之。然而輔時及物之道，不可陳於今，則宜垂於後。言而不文則泥，然則文者固不可少耶！

李翰《通典序》 儒家者流，博而寡要，勞而少功，何哉？其患在於習之不精，知之不明，入而不得其門，行而不由其道。何以徵之？夫五經羣史之書，大不過本天地，設君臣，明十倫五教之義，陳政刑賞罰之柄，述禮樂制度之統，究治亂興亡之由。立邦之道，盡於此矣。非此典者，謂之無益世教，則聖人不書，學者不覽，懼人宂煩而無所從也。先師宣尼，祖述堯舜，憲章文武，七十子之徒，宣明大義，三代之道，百世可師。而諸子云云，猥復制作，由其門則其教已備，反其道則其人可誅。而學者以多閱爲廣見，以異端爲博聞，是非紛然，塞胸滿腹，澒洞茫昧，而無條貫。或舉其中而不知其本，原其始而不要其終。高談有餘，待問則泥。雖驅馳百家，日誦萬字，學彌廣而志彌惑，聞愈多而識愈疑，此所以勤苦而難成，殆非君子進德修業之意也。今《通典》之作，昭昭乎其警學者之羣迷歟！以爲君子致用，在乎經邦，經邦在乎立事，立事在乎師古，師古在乎隨時。必參今古之宜，窮始終之要，始可以度其古，終可以行於今，問而辨之，端如貫珠，舉而行之，審如中鵠。夫然，故施於文學，可爲通儒，施於政事，可建皇極。故採五經羣史，上自黄帝，至於我唐天寶之末，每事以類相從，舉其始終，歷代沿革廢置及當時羣士論議得失，靡不條載，附之於事。如人支脈，散綴於體。凡有八門，勒成二百卷，號曰《通典》。非聖人之書，乖聖人微旨，不取焉，惡煩雜也。事非經國禮法程制，亦所不録，棄無益也。若使學者得而觀之，不出户知天下，未從政達人情，罕更事知時變，爲功易而速，爲學精而要。其道甚直而不徑，其文甚詳而不煩，推而通，放而準，語備而理盡，例明而事中，舉而措之，如指諸掌，不假從師聚學，而區以别矣。非聰明獨見之士，孰能修之。淮南元戎之佐曰尚書主客郎京兆杜公君卿，雅有遠度，志於邦典，篤學好古，生而知之。以大曆之始，實纂斯典，累紀而成。杜公亦自爲序引，各冠篇首。或前史有闕，申高見發明，以示勸戒，用存景行。

歐陽修《居士外集》卷一八《與黄校書論文章書》 修頓首啓。蒙問及邱舍人所示雜文十篇，竊嘗覽之，驚歎不已。其《毁譽》等數短篇尤爲篤論，然觀其用意在於策論，此古人之所難工，是以不能無小闕。其救弊之説甚詳，而革弊未之能至。見其弊而識其所以革之者，才識兼通，然後其文博辯而深切，中於時病而不爲空言。蓋見其弊，必見其所以弊之因，若賈生論秦之失，而推古養太子之禮，此可謂知其本矣。然近世應科目文辭，求若此者蓋寡，必欲其極致，則宜少加意，然後焕乎其不可禦矣。文章繫乎治亂之説，未易談，况乎愚昧，惡能當此？愧畏愧畏！修謹白。

《資治通鑑》卷六九《魏紀一・文帝黄初元年》 臣今所述，止欲敍國家之興衰，著生民之休戚，使觀者自擇其善惡得失，以爲勸戒，非若《春秋》立褒貶之法，撥亂世反諸正也。

司馬光《進書表》 每患遷、固以來，文字繁多，自布衣之士，讀之不徧，况於人主，日有萬機，何暇周覽！臣常不自揆，欲删削宂長，舉撮機要，專取關國家盛衰，繫生民休戚，善可爲法，惡可爲戒者，爲編年一書。【略】伏望陛下寬其妄作之誅，察其願忠之意，以清閒之宴，時賜省覽，監前世之興衰，考當今之得失，嘉善矜惡，取是捨非，足以懋稽古之盛德，躋無前之至治，俾四海羣生，咸蒙其福。

曾鞏《曾鞏集》卷一一《南齊書目録序》 《南齊書》八紀，十一志，四十列傳，合五十九篇，梁蕭子顯撰。始，江淹已爲《十志》，沈約又爲《齊紀》，而子顯自表武帝，别爲此書。臣等因校正其訛謬，而敍其篇目曰：將以是非得失興壞理亂之故而爲法戒，則必得其所託，而後能傳於久，此史之所以作也。然而所託不得其人，則或失其意，或亂其實，或析理之不通，或設辭之不善，故雖有殊功韙德非常之迹，將暗而不章，鬱而不發，而檮杌嵬瑣姦回凶慝之形，可幸而掩也。嘗試論之，古之所謂良史者，其明必足以周萬事之理，其道必足以適天下之用，其智必足以通難知之意，其文必足以發難顯之情，然後其任可得而稱也。何以知其然也？昔者唐虞有神明之性，有微妙之德，使由之者不能知，知之者不能名，以爲治天下之本。號令之所布，法度之所設，其言至約，其體至備，以爲治天下之具，而爲二典者推而明

之。所記者豈獨其迹也？并與其深微之意而傳之，小大精粗無不盡也，本末先後無不白也。使誦其説者如出乎其時，求其旨者如即乎其人。是可不謂明足以周萬事之理，道足以適天下之用，知足以通難知之意，文足以發難顯之情者乎？則方是之時，豈特任政者皆天下之士哉？蓋執簡操筆而隨者，亦皆聖人之徒也。兩漢以來，爲史者去之遠矣。司馬遷從五帝三王既没數千載之後，秦火之餘，因散絶殘脱之經，以及傳記百家之説，區區掇拾，以集著其善惡之迹、興廢之端，又創己意，以爲本紀、世家、八書、列傳之文，斯亦可謂奇矣。然而蔽害天下之聖法，是非顛倒而采摭謬亂者，亦豈少哉？是豈可不謂明不足以周萬事之理，道不足以適天下之用，智不足以通難知之意，文不足以發難顯之情者乎！夫自三代以後，爲史者如遷之文，亦不可不謂隽偉拔出之才、非常之士也。然顧以謂明不足以周萬事之理，道不足以適天下之用，智不足以通難知之意，文不足以發難顯之情者，何哉？蓋聖賢之高致，遷固有不能純達其情，而見之於後者矣，故不得而與之也。遷之得失如此，況其他邪？至於宋、齊、梁、陳、後魏、後周之書，蓋無以議爲也。子顯之於斯文，喜自馳騁，其更改破析刻雕藻績之變尤多，而其文益下，豈夫材固不可以强而有邪？數世之史既然，故其事迹曖昧，雖有隨世以就功名之君，相與合謀之臣，未有赫然得傾動天下之耳目，播天下之口者也。而一時偷奪傾危、悖禮反義之人，亦幸而不暴著於世，豈非所託不得其人故也？可不惜哉！蓋史者所以明夫治天下之道也，故爲之者亦必天下之材，然後其任可得而稱也。豈可忽哉！豈可忽哉！

王安石《臨川先生文集》卷七七《上人書》 且所謂文者，務爲有補於世而已矣；所謂辭者，猶器之有刻鏤繪畫也。

趙頊《資治通鑑序》 朕惟君子多識前言往行以畜其德，故能剛建篤實，輝光日新。《書》亦曰：「王，人求多聞，時惟建事。」《詩》、《書》、《春秋》，皆所以明乎得失之迹，存王道之正，垂鑑戒於後世者也。漢司馬遷紬石室金匱之書，據左氏《國語》，推《世本》、《戰略策》、《楚漢春秋》，采經摭傳，罔羅天下放失舊聞，考之行事，馳騁上下數千載間，首記軒轅，至于麟止，作爲紀、表、世家、書、傳，後之述者不能易此體也。惟其是非不謬於聖人，褒貶出於至當，則良史之才矣。若稽古英考，留神載籍，萬機之下，未嘗廢卷。嘗命龍圖閣直學士司馬光論次歷代君臣事迹，俾就祕閣繙閱，給吏史筆札，起周威烈王，訖于五代。光之志以爲周積衰，王室微，禮樂征伐自諸侯出，平王東遷，齊、楚、秦、晉始大，桓、文更霸，猶託尊王爲辭以服天下；威烈王自陪臣命韓、趙、魏爲諸侯，周雖未滅，王制盡矣！此亦古人述作造端立意之所繇也。其所載明君、良臣，切摩治道，議論之精語，德刑之善制，天人相與之際，休咎庶證之原，威福盛衰之本，規模利害之效，良將之方略，循吏之條教，斷之以邪正，要之於治忽，辭令淵厚之體，箴諫深切之義，良謂備焉。凡十六代，勒成二百九十六卷，列于户牖之間而盡古今之統，博而得其要，簡而周于事，是亦典刑之總會，册牘之淵林矣。荀卿有言：「欲觀聖人之迹，則於其粲然者矣，後王是也。」若夫漢之文、宣，唐之太宗，孔子所謂「吾無間焉」者。自餘治世盛王，有慘怛之愛，有忠利之教，或知人善任，恭儉勤畏，亦各得聖賢之一體，孟軻所謂「吾於《武成》取二三策而已」。至于荒墜顛危，可見前車之失；亂賊姦宄，厥有履霜之漸。《詩》云：「商鑑不遠，在夏后之世。」故賜其書名曰「資治通鑑」，以著朕之志焉耳。

葉適《習學記言序目》卷九《春秋》 孟子言《春秋》魯史記之名，孔子所作以代天子誅賞，故曰「知我者其惟《春秋》乎！罪我者其惟《春秋》乎」！孟子去孔子才百余歲，見聞未遠，固學者所取信而不疑也。今以《春秋》未作以前諸書考詳，乃有不然者。古者載事之史，皆名「春秋」，載事必有書法，有書法必有是非；以功罪爲賞罰者，人主也，以善惡爲是非者，史官也，二者未嘗不并行，其來久矣。史有書法而未至乎道，書法有是非而不盡乎義，故孔子修而正之，所以示法戒，垂統紀，存舊章，録世變也。【略】故《春秋》因諸侯之史，録世變，述霸政，續《詩》《書》之統緒，使東周有所繫而未失。蓋世之治、道之行，而事之合乎道，世之亂、道之廢，而事之悖乎道，皆其理之固然；書其悖繆以示後世，皆森然具之，豈待察其所以而後知也？此其大旨也。以孔子之言考之，「管仲相桓公，九合諸侯，不以兵車，一匡天下，民到於今受其賜，微管仲，吾其被髮左衽矣，如其仁，如其仁」，所謂「其事則齊桓、晉文」者，此《春秋》之楨幹也。又曰：「天下有道，則禮樂征伐自天子出；天下無道，則禮樂征伐自諸侯出。自諸侯出，蓋十世希不失矣；自大夫出，五世希不失矣；陪臣執國命，三世希不失矣。天下有道，則政不在大夫；天下有道，則庶人不議。」《春秋》書法，備此數者，因其出也，見其失也，反其在下，遏其横議，此《春秋》之繩墨也。至於凡例條章，或常或變，區區乎衆人之所争者，乃史家之常，春秋之細爾，學者不可不知也。

胡三省《資治通鑑音注·新注資治通鑑序》 宋朝英宗皇帝命司馬光論次歷代君臣事迹爲編年一書，神宗皇帝以鑑于往事，有資於治道，賜名曰《資治通鑑》，且爲序其造端立意之由。温公之意，專取關國家盛衰，繫生民休戚，善可爲法，惡可爲戒者以爲是書。治平、熙寧間，公與諸人議國事相是非之日也。蕭、曹畫一之

辯不足以勝變法者之口，分司西京，不豫國論，專以書局爲事。其忠憤感槩不能自已於言者，則智伯才德之論，樊英名實之説，唐太宗君臣之議樂，李德裕、牛僧孺争維州事之類是也。至於黄幡綽、石野猪俳諧之語，猶書與局官，欲存之以示警，此其微意，後人不能盡知也。編年豈徒哉！世之論者率曰：「經以載道，史以記事，史與經不可同日語也。」夫道無不在，散於事爲之間，因事之得失成敗，可以知道之萬世亡弊，史可少歟！爲人君而不知《通鑑》，則欲治而不知自治之源，惡亂而不知防亂之術。爲人臣而不知《通鑑》，則上無以事君，下無以治民。爲人子而不知《通鑑》，則謀身必至於辱先，作事不足以垂後。乃如用兵行師，創法立制，而不知迹古人之所以得，鑑古人之所以失，則求勝而敗，圖利而害，此必然者也。

李方子《資治通鑑綱目後序》　《春秋》魯史之舊名也；編年，魯史之舊制也；策書，魯史之舊文也。夫子述而不作，孰謂《春秋》爲作？曰：其事則述，其義則作，本天道以正人事，本王道以正伯圖，嚴君臣，辨内外，懲惡而勸善，其要歸於撥亂世，反諸正。【略】至於大經大法，則一本於聖人之述作，使明君賢輔有以昭其功，亂臣賊子無所逃其罪。而凡古今難制之變，難斷之疑，皆得參驗稽決，以合於天理之正，人心之安。而後世權謀術數、利害苟且之私，一毫無得參焉。則是繼《春秋》而作未有若此書之盛者也。【略】會建安真侯德秀惠臨此邦，暇日取而讀之，喟然歎曰：「大哉！深乎！信《春秋》以來未之有也。爲人君而通此書，足以明德威之柄，燭治亂之原；爲人臣而通此書，足以守經事之正，違變事之權。蓋窮理致用之總會，而萬世史筆之凖繩規矩也。」

黄宗羲《今水經序》　古者儒墨諸家，其所著書，大者以治天下，小者以爲民用，蓋未有空言無事實者也。後世流爲詞章之學，始脩飾字句，流連光景，高文巨册，徒充汙惑之聲而已。由是而讀古人之書，亦不究其原委，割裂以爲詞章之用，作者之意如彼，讀者之意如是，其傳者非其所以傳者也。先王體國經野，凡封内之山川，其離合、向背、延袤道里莫不講求，《水經》之作，亦《禹貢》之遺意也。

顧炎武《日知録》卷一九《文須有益於天下》　文之不可絶於天地間者，曰明道也，紀政事也，察民隱也，樂道人之善也。若此者，有益於天下，有益於將來，多一篇，多一篇之益矣。若夫怪力亂神之事，無稽之言，剿襲之説，諛佞之文，若此者，有損於己，無益於人，多一篇，多一篇之損矣。

顧炎武《亭林文集》卷四《與人書三》　孔子之删述六經，即伊尹、太公救民於水火之心，而今之注蟲魚、命草木者，皆不足以語此也。故曰：「載之空言，不如見諸行事。」夫《春秋》之作，言焉而已，而謂之行事者，天下後世用以治人之書，將欲謂之空言而不可也。愚不揣，有見於此，故凡文之不關於六經之指、當世之務者，一切不爲。而既以明道救人，則於當今之所通患，而未嘗專指其人者，亦遂不敢以辟也。

又《與人書二十五》　君子之爲學，以明道也，以救世也。徒以詩文而已，所謂「雕蟲篆刻」，亦何益哉！某自五十以後，篤志經史，其於音學深有所得。今爲《五書》以續三百篇以來久絶之傳，而别著《日知録》，上篇經術，中篇治道，下篇博聞，共三十餘卷。有王者起，將以見諸行事，以躋斯世於治古之隆，而未敢爲今人道也。向時所傳刻本，乃其緒餘耳。

又卷六《答徐甥公肅書》　夫史書之作，鑒往所以訓今。

王夫之《讀通鑑論》卷六《光武帝》　所貴乎史者，述往以爲來者師也。爲史者，記載徒繁，而經世之大略不著，後人欲得其得失之樞機以效法之無由也，則惡用史爲？

湯斌《湯子遺書》卷三《黄庭表集序》　竊謂學者爲文，必内本於道德，而外足以經世，始不徒爲空言，可以法今而傳後。否則，詞采絢爛如春花柔脆，隨風飄揚，轉眼蕭索，何足貴也。【略】今觀先生集中圖書象數之奥，性命理氣之微，闡發幾無遺藴。禮樂兵刑、漕渠水利、盛衰沿革、名物度數，無不究極原委，期鑿鑿可見諸施行。其斯爲體用兼全之學也乎！

潘耒《遂初堂文集》卷六《日知録序》　有通儒之學，有俗儒之學。學者將以明體適用也，綜貫百家，上下千載，詳考其得失之故，而斷之於心，筆之於書，朝章國典、民風土俗，元元本本，無不洞悉。其術足以匡時，其言足以救世，是謂通儒之學。若夫雕琢辭章，綴輯故實，或高談而不根，或剿説而無當，淺深不同，同爲俗學而已矣。【略】嗚呼！先生非一世之人，此書非一世之書也。魏司馬朗復井田之議，至易代而後行；元虞集京東水利之策，至異世而見用，立言不爲一時，録中固已言之矣。異日有整頓民物之責者，讀是書而懔然覺悟，採用其説，見諸施行於世道人心，實非小補。如第以考據之精詳，文辭之博辨，歎服而稱述焉，則非先生所以著此書之意也。

又《寇事編年序》　凡爲史者，將以明著一代興亡治亂之故，垂訓方來。

邵廷采《思復堂集・附録》　文章無關世道者可以不作，有關世道者不可不作，即文采未極亦不妨作。

戴名世《戴名世集》卷一四《史論》 昔者聖人何爲而作史乎？夫史者，所以紀政治典章因革損益之故，與夫事之成敗得失，人之邪正，用以彰善癉惡，而爲法戒於萬世。是故聖人之經綸天下而不息其或敝者，惟有史以維之也。【略】且夫作史者必取一代之政治典章因革損益之故，與夫事之成敗得失，人之邪正，一一了然洞然於胸中，而後執筆操簡，發凡起例，定爲一書，乃能使後之讀之者如生於其時，如即乎其人，而可以爲法戒。

全祖望《鮚埼亭集外編》卷二五《帖經小課題詞》 予主端溪講席，未及期，坊人裒諸生所業將以問世，而乞言於予，予歎曰：粤中白沙、泰泉諸先生講學之地也。諸生斸斸從事於文，非先正之所望也。雖然文亦大有差等矣，有見道之文，有經世之文，降而爲詞章之文，而詞章之中差等亦正復不一，又降而爲場屋、科舉之文，則本不可以文稱，特以其依託遺經而推之。而數百年來功名之徑所自出，愚者遂以爲天下文章莫大乎是。端溪諸生前此亦未能脱然自拔於時風衆勢之中。予至，稍以經史之學導之，其中亦多有志者，雨聚笠，宵續燈，相約不爲世俗之文。而曾未幾時，其文果爲之一變，試以是集觀之，不特不肯爲場屋下劣之文，若并不欲僅以詞章見者，由是而進之，未可量也，諸生勉之矣。夫粤中，固白沙、泰泉諸先生之講堂也。

《四庫全書總目》卷八一《史部・政書類・通典》 然其博取五經羣史，及漢魏六朝人文集、奏疏之有裨得失者，每事以類相從。凡歷代沿革，悉爲記載，詳而不煩，簡而有要，元元本本，皆爲有用之實學，非徒資記問者可比。考唐以前之掌故者，兹編其淵海矣。

錢大昕《潛研堂文集》卷一八《續通志列傳總叙》 又史以紀治忽之迹，非取詞章之工，如魏徵、陸贄之論事，劉黄之對策，皆經國名言，所宜備録。至韓愈《進學解》、《平淮西碑》、柳宗元《貞符》、《與許孟容書》之類，文雖工而無裨於政治，亦可從删。

又卷二五《世緯序》 夫儒者之學，在乎明體以致用，《詩》、《書》、執《禮》，皆經世之言也。

又卷三三《與友人書》 夫古文之體，奇正、濃淡、詳略，本無定法，要其爲文之旨有四：曰明道，曰經世，曰闡幽，曰正俗。

又卷三八《胡先生渭傳》 漢唐以來，河道遷徙，雖非《禹貢》之舊，要爲民生國計所繫，故於《導河》一章，備攷歷代決溢改流之跡；且爲圖以表之。其留心經濟，異於迂儒不通時務者遠矣。

章學誠《文史通義》卷五《内篇五・浙東學術》 天人性命之學，不可以空言講也。故司馬遷本董氏天人性命之説，而爲經世之書。儒者欲尊德性，而空言義理以爲功，此宋學之所以見譏於大雅也。夫子曰：「我欲託之空言，不如見諸行事之深切著明也。」此《春秋》之所以經世也。聖如孔子，言爲天鐸，猶且不以空言制勝，况他人乎？故善言天人性命，未有不切於人事者。三代學術，知有史而不知有經，切人事也。後人貴經術，以其即三代之史耳。近儒談經，似於人事之外，别有所謂義理矣。浙東之學，言性命者必究於史，此其所以卓也。朱陸異同，干戈門户，千古桎梏之府，亦千古荆棘之林也。究其所以紛綸，則惟騰空言而不切於人事耳。知史學之本於《春秋》，知《春秋》之將以經世，則知性命無可空言，而講學者必有事事，不特無門户可持，亦且無以持門户矣。浙東之學，雖源流不異，而所遇不同。故其見於世者，陽明得之爲事功，蕺山得之爲節義，梨洲得之爲隱逸，萬氏兄弟得之爲經術史裁。授受雖出於一，而面目迥殊，以其各有事事故也。彼不事所事，而但空言德性，空言問學，則黄茅白葦，極面目雷同，不得不殊門户，以爲自見地耳。故惟陋儒則争門户也。或問事功氣節，果可與著述相提並論乎？曰：史學所以經世，固非空言著述也。且如六經，同出於孔子，先儒以爲其功莫大於《春秋》，正以切合當時人事耳。後之言著述者，舍今而求古，舍人事而言性天，則吾不得而知之矣。學者不知斯義，不足言史學也。

焦循《雕菰集》卷一四《與王欽萊論文書》 循白：吾子論文，於古取韓昌黎，於今取朱梅菴，不樂字句瑣細及文氣佶聱者，足見天分之高。雖然，此猶據昌黎、梅菴以言文，而未嘗即文以言文也。是猶即文之當然者以言文，而未嘗即文之所以然者以言文也。天下之物，各適於用，文何用？有用之一身者，有用之天下者，有用之當時者，有用之百世者。科舉應試之文，用之一身者也；應酬交際之文，用之當時者也。二者之於文，皆無足重輕。若夫朝廷之誥，軍旅之檄，銘功紀德之作，興利除弊之議，關於軍國之重，民物之生，是文之用於天下也。然必仕而在上，有才藝足以達者任之。布衣之士，窮經好古，嗣續先儒，闡彰聖道，竭一生之精力，以所獨得者聚而成書，使《詩》、《書》六藝有其傳，後學之思有所啓發，則百世之文也。乃總其大要，惟有二端，曰意、曰事。意之所不能明，賴文以明之，或直斷，或婉述，或詳引證，或設譬喻，或假藻績明其意而止。事之所在，或天象算數，或山川郡縣，或人之功業道德，國之興衰隆替，以及一物之情狀，一事之本末，亦明其事而

止。明其事，患於不實；明其意，患於不精。學者知明事之難於明意矣，以事不可虛，意不可以縱也。

方東樹《儀衛軒文集》卷七《答葉溥求論古文書》　故凡吾所論文，每與時人相反：以爲文章之道，必師古人，而不可襲乎今人；必識古人之所以難，然後可以成吾之是；善因善創，知正知奇；博學之以別其异，研説之以會其同。方其專思重慮也，崇之無與爲對，信之無與爲惑，務之無與爲先，掃群疑議，遺毁譽，强植不可回也，貪慾不可已也。及乎議論既工，比興既得，格律音響既肖，而猶若吾文未足追配古作者而無愧也，於是委蛇放舍，綿綿不勤，舒遲黯會，時忽冥遇，久之乃益得乎古人之精神，而有以周知其變態。是故文章之難，非得之難，爲之實難。道德以爲體，聖賢以爲宗，經史以爲質，兵刊政理以爲用，人事之陰陽、善惡、窮通、常變、悲愉、歌泣、凌雜深頤以爲之施，天地、風雲、日星、河岳、草木、禽獸、蟲魚、花石之高曠夷險、清明黲露、奇麗詭譎，一切可喜可駭之狀，以爲之情。及其營之於口而書之於紙也，創意造言，導氣扶理，雄深駿遠，瑰奇宏杰，蟠空直達，無一字不自己出，而後吾之心胸、面目、聲音、笑貌，若與古人偕，出没隱見於前。而又懼其似也，而力避之；惡其露也，而力覆之；嫌其費也，而力損之。質而不俚，疏而不放，密而不僿。陰陽蔽虧，天機闔開，端倪萬變，不可方物。蓋自孟、韓、左、馬、莊、騷、賈誼、揚雄、韓、歐以來，別有能事，而非艱深險怪，秃削淺俗，與夫餖飣剿襲，所可襲而取之也。夫文亦第期各適一世之用而已，而必劌心刳肺，齗齗焉以師乎古人若此者何也？以爲不如是則不足以爲文也。此固無二道也。

龔自珍《龔自珍全集·尊史》　史之尊，非其職語言、司謗譽之謂，尊其心也。心何如而尊？善入。何者善入？天下山川形勢，人心風氣，土所宜，姓所貴，皆知之；國之祖宗之令，下逮吏胥之所守，皆知之。其於言禮、言兵、言政、言獄、言掌故、言文體、言人賢否，如其言家事，可謂入矣。又如何而尊？善出。何者善出？天下山川形勢，人心風氣，土所宜，姓所貴，國之祖宗之令，下逮吏胥之所守，皆有聯事焉，皆非所專官。其於言禮、言兵、言政、言獄、言掌故、言文體、言人賢否，如優人在堂下，號咷舞歌，哀樂萬千，堂上觀者，肅然踞坐，眄睞而指點焉，可謂出矣。不善入者，非實録，垣外之耳，烏能治堂中之優也耶？則史之言，必有餘寱。不善出者，必無高情至論，優人哀樂萬千，手口沸羹，彼豈復能自言其哀樂也耶？則史之言，必有餘喘。是故欲爲史，若爲史之别子也者，毋寱毋喘，自尊其心。心尊，則其官尊矣，心尊，則其言尊矣。官尊言尊，則其人亦尊矣。尊之之所歸宿如何？曰：乃又有所大出入焉。何者大出入？曰：一出乎史，入乎道，欲知大道，必先爲史。此非我所聞，乃劉向、班固之所聞。向、固有徵乎？我徵之曰：古有柱下史老聃，卒爲道家大宗，我無徵也歟哉？

林則徐《大定府志序》　書出而闔郡風俗、政治犁然畢陳。

魏源《皇朝經世文編·皇朝經世文編五例》　一、審取。書各有旨歸，道存乎實用。志在措正施行，何取紆途廣徑？既經世以表全編，則學術乃其綱領。凡高之過深微，卑之溺糟粕者，皆所勿取矣。時務莫切於當代，萬事莫備于六官，而朝廷爲出治之原，君相乃羣職之總，先之《治體》一門，用以綱維庶政，凡古而不宜，或汎而罕切者，皆所勿取矣。《會典》之沿明制，猶《周官》之監夏、殷。然時易勢殊，敝極必反。凡於勝國爲藥石，而今日爲筌蹄者，亦所勿取矣。星曆掌之專官，律吕祇成聚訟，務非當急，人難盡通，則天文樂律之屬，可略焉勿詳也。論議之與敘事，本皆要文，而碑傳之紀百行，難歸各類。今惟鑾海各防，間存公案數則，其他紀述之作，雖工焉勿登也。例畫則義耑，宗定則志一。一、廣存。有利必有害，論相反者或適相成；見智亦見仁，道同歸者無妨殊轍。是以保甲之難易，軍屯之凝通，封礦之閉開，喪祭之聚訟；差徭則均雇相難，河流則南北争持；鹽課有歸商歸税之殊，耗羨有歸公歸官之辨；籌畿輔則水性土性異宜，議轉漕則般運海運旁出；桑、漳築堤而謂宜去堤，吴淞建閘而謂宜去閘；涇渠爲千古大利而或極言其害，釀酤爲古今通禁而或極陳其難；主擯互形，偏歧難定。惟集思而廣益，庶執兩以用中，則取善之宜廣也。文無難易惟其是，詎容喜素而非丹？聖有謨訓擇于狂，未可因人以廢論。矧夫適用之文，無分高下之手。或邇言巷議，涓流輒裨高深；或大册鴻編，足音寥同空谷。故有録必披，無簡可略，匪但專集宜尋，亦多他書别見，則網羅之宜廣也。見聞或限于方隅，惠郵尚資夫益友。一、條理。綱舉故目張，事繁則理賾。于分疆畫界之中，有會同觸類之旨。漕儲裕國，事專户，而河漕相關，則並宜問之工矣。水利動帑，事專工，而農田救荒，又牽連夫户矣。有治人無治法，故倉儲、保甲各專門者，仍挈其原於吏。知治家即治國，故宗法、家教皆自修者，而屬其政於禮。經筵徧陳天下之庶政，而義主陳誨，則政本歸焉。風俗備羅人事之缺失，而義箴非禮，則正俗統焉。他若出禮入刑，服制通乎斷獄；寓兵于農，保甲亦可審丁；此異而同者也。至于同類之中，各有倫族：一荒政而蝗、蛟、疫厲胥皆；一農政而蠶桑、牧、樹咸屬；學校則包貢舉，馬政則兼驛傳；錢幣先以礦場，地利旁及城堡；下河本淮、揚水利，而入河防則淆；滹、桑爲畿甸河工，而濫

之水利則混；此同而異者也。甚至數篇之內，先後無移；兩文之間，切磋互發；物其多矣，方以聚之，右有左宜，是在君子。　一、編校。氏里官爵，總彙卷端。考陸氏《切問鈔》之敍，乃乾隆四十載所刊，時海峯、東原巋然并存，而風俗時憲，已收數作，殆以切時之言，無須身後始出。今玆所録，咸據槧本，保無子瞻海外未辨存亡，樂天時人已疑今古，彼既行世之書，吾取經世之益。其有見聞所及，確然生存，則止旁注集名，虚其氏字，庶文資乎救時，復例絶夫標榜。若夫論事尚簡明，而公牘之蔓冗易晦；建議期切寔，而臆見或擇焉不精。不節冗，將以無文妨行遠也；不去偏，將以小疵廢大醇也。豈必待韓而削荀，抑亦拚瑕以全璧。至于句讀以省瀏覽，圈識以明章段，上法老泉《讀孟》，近仿黎洲《文定》云爾。　一、未刻。創編之始，蓄願良奢，尚有《會典提綱》廿卷以稽其制，《皇輿圖表》廿卷以測其地，《職官因革》廿卷以詳其官，更輯明代《經世》一編以翼其旨，庶幾自葉流根，循源達渤，質之往古如貫串，措之當世若指掌。欲脱全稿，尚待他時，先出是編，以質同志。蓋欲識濟時之要務，須通當代之典章；欲通當代之典章，必考屢朝之方策。選舉、考察，職掌之必悉，而後可以審立官；賦榷、俸餉，出入之周知，而後可以制國用。度律、等威、服制，不明其别，何以辨五禮之儀文，山川、關塞、郵驛，不審其方，何以籌九州之控馭？明罰敕法，準乎律例，如程物之有衡。堤坊疏濬，各有情形，必左圖而右史。蓋土生禾，禾出米，米成飯，而耕穫舂炊，宜各致其功，不可謂土能成飯也。脈知病，病立方，方需藥，而虚實補瀉，宜各通其變，不得謂一可類推也。必有真儒，徵斯實用，狂簡不敏，敬有俟焉。

曾國藩《曾國藩全集·詩文·聖哲畫象記》　司馬子長網羅舊聞，貫串三古，而八書頗病其略，班《志》較詳矣，而斷代爲書，無以觀其會通。欲周覽經世之大法，必自杜氏《通曲》始矣。馬端臨《通考》，杜氏伯仲之間，鄭《志》非其倫也。百年以來，學者講求形聲故訓，專治《説文》，多宗許、鄭，少談杜、馬。吾以許、鄭考先王製作之源，杜、馬辨後世因革之要，其於實事求是一也。

郭嵩燾《湘陰縣圖志·跋後》　郡縣之志，非徒以資考證，實亦經世之學也。

辨僞總部

主　編：張　濤
副主編：袁江玉　任利偉　劉炳良

《辨僞總部》編委

主　編：張　濤

副主編：袁江玉　任利偉　劉炳良

編纂者：（按姓氏筆畫排序）

王冉冉　任利偉　李征光　李　燕　金　華

袁江玉　孫世平　張　濤　熊藝鈞　劉炳良

續曉瓊

《辨僞總部》提要

一、《辨僞總部》是《文獻目録典・文獻學分典》九個總部之一，分類輯録古代有關辨别文獻真僞的理論和實踐方面的資料。本總部下分五個部分：總論部、僞書成因部、僞書類型部、考辨僞書部、辨僞名篇名著部。

二、「總論部」包括辨僞概念、辨僞功用、辨僞方法、僞書之用四個分部。每個分部包括兩個緯目，即「論述」和「雜録」。「論述」收録有關論述辨僞學概念、辨僞學發展、辨僞學功用、辨僞學方法的理論資料；「雜録」收録與以上論述相關的參考資料。

三、「僞書成因部」分為托古、争勝、射利、嫁禍、求名五個分部。每個分部包括兩個緯目，即「論述」和「紀事」。「論述」收録有關討論因托古、争勝、射利、嫁禍、求名而形成僞書的資料。「紀事」收録以托古、争勝、射利、嫁禍、求名為目的而編造僞書的具體活動和事例。

四、「僞書類型部」分為全僞、部分僞、書名僞、作者僞、僞書再僞五個分部。各分部分别包括兩個緯目，即「綜述」和「雜録」。「綜述」收録有關分析全僞型、部分僞型、書名僞型、作者僞型、僞書再僞型五種僞書的資料。「雜録」收録全僞型、部分僞型、書名僞型、作者僞型、僞書再僞型六種僞書的代表性的序跋及其他具有參考價值的資料。

五、「考辨僞書部」分為先秦秦漢、魏晋南北朝、隋唐、宋遼金元、明、清六個分部。每個分部包括兩個緯目，即「綜述」和「雜録」，個别分部謹設置一個緯目。「綜述」收録先秦秦漢、魏晋南北朝、隋唐、宋遼金元、明、清時期有關考辨僞書的具體實例。「雜録」收録先秦秦漢、魏晋南北朝、隋唐、宋遼金元、明、清時期有關考辨僞書的學者的參考資料。

六、「辨僞名篇名著」部包括兩個緯目，即「綜述」和「傳記」。「綜述」收録古代辨僞名篇名著的序跋及其他學者的評論資料。「傳記」收録辨僞名篇名著作者的傳記資料。

七、正文的引書標注，一般標明作者、書名、卷次、篇名。引書版本情況可參閲本分典的《引用書目》。

八、受編纂時間和編纂者能力的限制，辨僞資料的搜集難免會有遺漏，一些材料的歸類也未必妥當，敬請讀者批評指正。

張濤

二〇一四年十月十五日

目次

總論部

辨僞概念分部

論述

《周禮·天官·敘官》 辨方正位。鄭玄注：辨，别也。

又《小宰》 弊羣吏之治，六曰廉辨。鄭玄注：辨謂辨然於事分明，無有疑惑也。

《禮記·學記》 凡官民材必先論之，論辨然後使之。鄭玄注：辨謂考問得其定也。

《左傳·襄公二十五年》 男女辨姓。鄭玄注：辨，别也。

《論語·顔淵》 子張問崇德辨惑。何晏注：孔曰：辨，别也。

《孟子·萬章上》 然則舜僞喜者與。趙岐注：僞，詐也。

《荀子·非相》 人之所以爲人者何已也？曰：以其有辨也。楊倞注：辨，别也。

又《性惡》 人之性惡，其善者僞也。楊倞注：僞，爲也，矯也。矯其本性也。凡非天性而人作爲之者皆謂之僞，故「爲」字「人」傍「爲」，亦會意字也。

又 可學而能，可事而成之在人者，謂之僞。

又《正名》 慮積焉能習焉而後成謂之僞。心慮而能爲之動謂之僞。楊倞注：僞，矯也。

又《正論》 不能以僞飾性，則兼以爲民。楊倞注：僞，謂矯其本性也。

《吕氏春秋·離謂》 辨而不當理則僞。高誘注：僞，巧也。

《淮南子·本經訓》 其心愉而不僞。高誘注：僞，虚詐也。

又《俶真訓》 德蕩者其行僞。高誘注：僞，不誠也。

《爾雅·釋詁下》 載、謨、食、詐，僞也。

《史記·三代世表》 張夫子問褚先生曰：「《詩》言契、后稷皆無父而生。今案諸傳記咸言有父，父皆黄帝子也，得無與《詩》謬乎？」褚先生曰：「不然。《詩》言契生於卵，后稷人迹者，欲見其有天命精誠之意耳。鬼神不能自成，須人而生，柰何無父而生乎！一言有父，一言無父，信以傳信，疑以傳疑，故兩言之。

許慎《説文·刀部》 辨，判也。

又《人部》 僞，詐也。徐鍇注：僞者，人爲之也，非天真也，於文，人爲爲僞。

韓愈《韓昌黎全集·答李翊書》 雖然，學之二十餘年矣！始者非三代、兩漢之書不敢觀，非聖人之志不敢存，處若忘，行若遺，儼乎其若思，茫乎其若迷。當其取於心而注於手也，惟陳言之務去，戛戛乎其難哉！其觀於人，不知其非笑之爲非笑也。如是者亦有年，猶不改，然後識古書之正僞，與雖正而不至焉者，昭昭然白黑分矣，而務去之，乃徐有得也。當其取於心而注於手也，汩汩然來矣。其觀於人也，笑之則以爲喜，譽之則以爲憂，以其猶有人之説者存也。如是者亦有年，然後浩乎其沛然矣。

陳彭年等《原本廣韻·上聲》 辨，别也。

又《去聲》 僞，危睡切，假也，欺也，詐也。

雜録

李漢《昌黎先生集序》 文者，貫道之器也，不深于斯道，有至焉者不也？《易》繇爻象，《春秋》書事，《詩》詠歌，《書》、《禮》剔其僞，皆深矣乎！

胡應麟《四部正譌·引》 贋書之昉，昉於西京乎？六籍既焚，衆言淆亂；懸疣附贅，假託實繁。今其目存於劉氏《七略》、班氏九流者，亡慮什之六七。噫，其甚矣！然率弗傳於世，世故莫得名之。唐、宋以還，贋書代作，作者日傳。大方之家，第以揮之一笑，乃衒奇之夫往往驟揭而深信之；至或黠聖經，厠賢撰，矯前哲，溺後流，厥係非眇淺也。余不敏，大爲此懼；輒取其彰明較著者抉誣摘僞，列爲一編。後之君子欲攷正百家，統宗六籍，庶幾嚆矢。即我知我罪，匪所計云。

又卷上 凡贋書之作，情狀至繁；約而言之，殆十數種。有僞作於前代而世率知之者，風后之《握奇》、岐伯之《素問》是也。有僞作於近代而世反惑之者，卜商之《易傳》、毛漸之《連山》是也。有掇古人之事而僞者，仲尼傾蓋而有《子華》，柱史出關而有《尹喜》是也。有挾古人之文而僞者，伍員著書而有《越絶》，賈誼賦鵩而

有《鶡冠》是也。有傅古人之名而僞者，尹負鼎而《湯液》聞，戚飯牛而《相經》著是也。有蹈古書之名而僞者，汲冢發而《師春》補，《檮杌》紀而楚史傳是也。有憚於自名而僞者，魏泰《筆録》之類是也。有耻於自名而僞者，和氏《香奩》之類是也。有襲取於人而僞者，法盛《晉書》之類是也。有假重於人而僞者，子瞻《杜解》之類是也。有惡其人，僞以禍之者，僧孺《行紀》之類是也。有惡其人，僞以誣之者，聖俞《碧雲》之類是也。有本非僞，人託之而僞者，《陰符》不言三皇而李筌稱黄帝之類是也。有書本僞，人補之而益僞者，《乾坤鑿度》及諸緯書之類是也。又有僞而非僞者，《洞靈真經》本王士元所補而以僞《亢倉》，《西京雜記》本葛稚川所傳而以僞劉歆之類是也。又有非僞而實僞者，《化書》本譚峭所著而宋齊丘竊而序傳之，《莊注》本向秀所作而郭子玄取而點定之之類是也。又有當時知其僞而後世弗傳者，劉炫《魯史》之類是也。又有當時記其僞而後人弗悟者，司馬《潛虚》之類是也。又有本無撰人，後人因近似而僞託者，《山海》稱大禹之類是也。又有本有撰人，後人因亡逸而僞題者，《正訓》稱陸機之類是也。右諸僞書外，又有此十餘種：世或以非僞而信之，或概以僞而疑之，皆弗深考故也。余故詳爲别白，俾撰者弗湮其實，非撰者弗蒙其聲，於經籍或有補云。僞書出於唐後而名理可味者，《關尹》也；而齊丘近之。僞書出於宋後而文采可觀者，《子華》也；而《亢倉》逾之。《文子》真而時有僞者，《鶡冠》僞而時有真者；以二書全僞，非也。《素問》精深，《陰符》奇奥，雖非軒后，非秦後書。僞書多怪字者，《亢倉》、《元包》、《乾坤鑿度》；而《穆天子》多怪字而弗害其爲古書。僞書多傳文者，《洞極》、《子華》、《三墳》、《黄石》；而《列禦寇》多傳文而弗害其爲古書。惟其非僞，則愈遠愈近，愈離愈合；惟其僞，則愈近愈遠，愈合愈離。王長公云：「僞者多援少倍，多拘少鑛」。《元經》出阮逸，世以即阮逸也。《孔叢》出宋咸，人以即宋咸也。朱紫陽以《麻衣》出戴師愈。黄東發以《文子》出徐靈府。宋景濂以《關尹子》出孫定。王元美以《元命包》出張昇。獨《三墳》亡謂出毛漸者，余知其漸出無疑也。漸所作《三墳序》，其詞實淺陋與書合。故覈僞書者覈所出之人，思過半矣。或曰：若子言，世得《論衡》，將益爲中郎之祕，獨奈何令人好古也？噫，《尚書》出孔壁，世以僞詆安國乎？《竹書》出汲冢，世以僞姍束晳乎？《列子》過江始傳，世以爲張湛僞乎？惟其是而已。凡覈僞書之道：覈之《七略》以觀其源；覈之羣志以觀其緒；覈之並世之言以觀其稱；覈之異世之言以觀其述；覈之文以觀其體；覈之事以觀其時；覈之撰者以觀其託；覈之傳者以觀其人。覈兹八者，而古今贋籍亡隱情矣。凡四部書之僞者，子爲盛，經次之，史又次之，集差寡。凡經之僞，《易》爲盛，緯候次之。凡史之僞，雜傳記爲盛，瑣説次之。凡子之僞，道爲盛，兵及諸家次之。凡集，全僞者寡，而單篇别什借名竄匿甚衆，於别編詳之。大率秦漢以還，書若《三易》、《三墳》、《六韜》、《七緯》、《關尹》、《子華》、《素書》、《洞極》、《李靖問答》、《麻衣心法》、武侯諸策、王氏諸經，全僞者也。《列禦寇》、《司馬法》、《通玄經》，真錯以僞者也。《黄石公》、《鶡冠子》、《燕丹子》，僞錯以真者也。《管仲》、《晏嬰》、《文中》，真僞錯者也。《元包》、《孔叢》、《潛虚》，真僞疑者也。《鬻熊》，殘也；《亢倉》，補也；《繁露》，譌也：皆不得言僞也。《素問》、《握奇》、《陰符》、《山海》，其名譌也，其書非僞也。《穆天子傳》、《周書》、《紀年》，其出晚也，其書非僞也。即以僞乎，非戰國後也。餘亡足辯矣。宋黄長睿辯《閣帖》僞者幾半於真。余讀秦、漢諸古書，覈其僞幾十七焉。世之論書者或以長睿爲刻，而不能不服其精。余爲此辯，後世得無以罪長睿者罪予也？然余率本前人遺議，稍加詳密，間折其衷耳。且夫人之始撰也，慮其書弗傳也而託焉；託而傳矣，而其名竟没，有不悔其始之託焉者乎？余會萃諸家，暴而顯之，託者固以亡没其實，所託者亦以亡受其疑，皆未爲不厚幸也。至有舛而弗經，謬而亡徵，而偃然藉是行其説於天下後世，則余之喋喋詎得已哉！

顧炎武《日知録》卷一八《竊書》 漢人好以自作之書而托爲古人，張霸百二《尚書》、衛宏《詩序》之類是也。晉以下人則有以他人之書而竊爲己作，郭象《莊子注》、何法盛《晉中興書》之類是也。若有明一代之人，其所著書，無非竊盜而已。《世説》曰：「初注《莊子》者數十家，莫能究其旨要。向秀於舊注外爲解義，妙析奇致，大暢玄風，唯《秋水》、《至樂》二篇未竟而秀卒。秀子幼，義遂零落，然猶有别本。郭象者爲人薄行，有儁才，見秀義不傳於世，遂竊以爲己注，乃自注《秋水》、《至樂》二篇，又易《馬蹄》一篇，其餘衆篇，或定點文句而已。後秀義别本出，故今有向、郭二《莊》。」今代之人，但有薄行而無儁才，不能通作者之意，其盜竊所成之書，必不如元本，名爲鈍賊，何辭！《舊唐書》：「姚珽嘗以其曾祖察所撰《漢書訓纂》多爲後之注《漢書》者隱没名字，將爲己説，珽乃撰《漢書紹訓》四十卷，以發明舊義，行於代」。吾讀有明弘治以後經解之書，皆隱没古人名字，將爲己説者也。

章學誠《文史通義·詩教上》 至戰國而文章之變盡，至戰國而後世之文體備，其言信而有徵矣。至戰國而著述之事專，何謂也？曰：古未嘗有著述之事也，官師守其典章，史臣録其職載。文字之道，百官以之治，而萬民以之察，而其用已備矣。是故聖王書同文以平天下，未有不用之於政教典章，而以文字爲一人之著

述者也。詳見外篇《較讎略・著録先明大道論》。道不行而師儒立其教，我夫子之所以功賢堯舜也。然而予欲無言，無行不與，六藝存周公之舊典，夫子未嘗著述也。《論語》記夫子之微言，而曾子、子思，俱有述作以垂訓，至孟子而其文然後閎肆焉，著述至戰國而始專之明驗也。《論語》記曾子之没，吴起嘗師《曾子》，則《曾子》没於戰國初年，而《論語》成於戰國之時明矣。春秋之時，管子嘗有書矣，《鬻子》、《晏子》，後人所託。然載一時之典章政教，則猶周公之有《官禮》也。記管子之言行，則習管氏法者所綴輯，而非管仲所著述也。或謂管仲之書，不當稱桓公之謚，閻氏若璩又謂後人所加，非《管子》之本文，皆不知古人並無私自著書之事，皆是後人綴輯，詳《諸子》篇。兵家之有《太公陰符》，醫家之有《黄帝素問》，農家之《神農》、《野老》，先儒以謂後人僞撰，而依託乎古人；其言似是，而推究其旨，則亦有所未盡也。蓋末數小技，造端皆始於聖人，苟無微言要旨之授受，則不能以利用千古也。三代盛時，各守人官物曲之世氏，是以相傳以口耳，而孔、孟以前，未嘗得見其書也。至戰國而官守師傳之道廢，通其學者，述舊聞而著於竹帛焉。中或不能無得失，要其所自，不容遽昧也。以戰國之人，而述黄、農之説，是以先儒辨之文辭，而斷其僞託也；不知古初無著述，而戰國始以竹帛代口耳。外史掌三皇五帝之書，及四方之志，與孔子所述六藝舊典，皆非著述一類，其説已見於前。實非有所僞託也。然則著述始專於戰國，蓋亦出於勢之不得不然矣。著述不能不衍爲文辭，而文辭不能不生其好尚。後人無前人之不得已，而惟以好尚逐於文辭焉，然猶自命爲著述，是以戰國爲文章之盛，而衰端亦已兆於戰國也。

又《言公上》 周衰文弊，諸子争鳴，蓋在夫子既殁，微言絶而大義之已乖也。然而諸子思以其學易天下，固將以其所謂道者，争天下之莫可加，而語言文字，未嘗私其所出也。先民舊章，存録而不爲識别者，《幼官》、《弟子》之篇，《月令》、《土方》之訓是也。《管子・地圓》、《淮南・地形》，皆土訓之遺。輯其言行，不必盡其身所論述者，管仲之述其身死後事，韓非之載其李斯《駁議》是也。《莊子・讓王》、《漁父》之篇，蘇氏謂之僞託；非僞託也，爲莊氏之學者所附益爾。《晏子春秋》，柳氏以謂墨者之言。非以晏子爲墨，爲墨學者述晏子事，以名其書，猶孟子之《告子》、《萬章》名其篇也。《吕氏春秋》，先儒與《淮南鴻烈》之解同稱，蓋謂集衆賓客而爲之，不能自命專家，斯固然矣。然吕氏、淮南，未嘗以集衆爲諱，如後世之掩人所長以爲己有也。二家固以裁定之權，自命家言，故其宗旨，未嘗不約於一律，吕氏將爲一代之典要，劉安託於道家之支流。斯又出於賓客之所不與也。諸子之奮起，由於道術既裂，而各以聰明才力之所偏，每有得於大道之一端，而遂欲以之易天下。其持之有故，而言之成理者，故將推衍其學術，而傳之其徒焉。苟足顯其術而立其宗，而援述於前，與附衍於後者，未嘗分居立言之功也。故曰：古人之言，所以爲公也，未嘗矜其文辭，而私據爲己有也。

又 又有詩人流别，懷抱不同。變韻言兮裁文體，擬古事兮達私衷。旨原諸子之寓辭，文人沿襲而成風；後人不得其所自，因疑作僞而相攻。蓋傷心故國，斯傳塞外之書；李陵《答蘇武書》，自劉知幾以後，衆口一辭，以爲僞作。以理推之，僞者何所取乎？當是南北朝時，有南人羈北，而事類李陵，不忍明言者，擬此書以見志耳。灰志功名，乃託河邊之喻；世傳鬼谷子《與蘇秦張儀書》，言河邊之樹，處非其地，故招剪伐，託喻以招二子歸隱，疑亦功高自危之人所託言也。讀者以意逆志，不異騷人之賦。出之本人，其意反淺，出之擬作，其意甚深，同於騷也。其後詞科取士，用擬文爲掌故。莊嚴則詔誥章表，威猛則文檄露布。作頌準於王褒，著論裁於賈傅。兹乃爲矩爲規，亦趨亦步。庶幾他有心而予忖，亦足闡幽微而互著。擬文之公。

辨僞功用分部

論述

釋僧祐《出三藏記集》卷四《新集續撰失譯雜經録第一》 祐總集衆經，遍閲羣録，新撰失譯，猶多卷部，聲實紛糅，尤難銓品。或一本數名；或一名數本；或妄加游字，以辭繁致殊；或撮半立題，以文省成異。至於書誤益惑，亂甚棼絲，故知必也正名，於斯爲急矣。是以讎校歷年，因而後定。其兩卷以上，凡二十六部，雖闕譯人，悉是全典。其一卷已還，五百餘部，率抄衆經，全典蓋寡。觀其所抄，多出《四含》、《六度》、《道地》、《大集》、《出曜》、《賢愚》及《譬喻》、《生經》，並割品截偈，撮略取義，强製名號，仍成卷軸。至有題目淺拙，名與實乖，雖欲啓學，實蕪正典，其爲愆謬，良足深誡。今悉標出本經，注之目下，抄略既分，全部自顯，使沿波討源，還得本譯矣。尋此録失源，多有大經，詳其來也，豈天墜而地涌哉？將是漢、

魏時來，歲久録亡；抑亦秦、涼宣梵，成文届止；或晉、宋近出，忽而未詳。譯人之闕，殆由斯歟。尋大法運流，世移六代，撰注羣録，獨見安公，以此無源，未足怪也。夫十二部經，應病成藥，而傳法淪昧，實可悵歎！

又卷五《新集安公疑經録第二》 外國僧法，學皆跪而口受。同師所受，若十、二十轉，以授後學。若有一字異者，共相推校，得便擯之，僧法無縱也。經至晉土，其年未遠，而喜事者以沙糅金，斌斌如也，而無括正，何以別真僞乎！農者禾草俱存，后稷爲之歎息；金匱玉石同緘，卞和爲之懷耻。安敢預學次，見涇渭雜流，龍蛇並進，豈不耻之！今列意謂非佛經者如左，以示將來學士，共知鄙倍焉。《寶如來經》二卷。南海胡作。或云《寶如來三昧經》。定行《三昧經》一卷。或云《佛遺定行摩目揵所問經》。《真諦比丘慧明經》一卷。或云《慧明比丘經》，或云《清浄真諦經》。《尼吒國王經》一卷。或云《尼吒黄羅國王經》，或云《黄羅王經》。《胸有萬字經》一卷。或云《胸現萬字經》。《薩和菩薩經》一卷。《舊録》云，《國王薩秵菩薩經》。《善信女經》二卷。或云《善信經》。《護身十二妙經》一卷。一名《度世護世經》。《度護經》一卷。或云《度護法經》。《毗羅三昧經》二卷。《善王皇帝經》二卷。或云《善王皇帝功德尊經》。或爲一卷。《唯務三昧經》一卷。或作《唯無三昧》。

又《新集疑經僞撰雜録第三》 《長阿含經》云：「佛將涅槃，爲比丘説四大教法。若聞法律，當於諸經推其虚實，與法相違則非佛説。」又《大涅槃經》云：「我滅度後，諸比丘輩抄造經典，令法淡薄。」種智所照，驗於今矣。自像運澆季，浮競者多，或憑真以構僞，或飾虚以亂實，昔安法師摘出僞經二十六部，又指慧達道人以爲深戒。古既有之，今亦宜然矣。祐校閱羣經，廣集同異，約以經律，頗見所疑。夫真經體趣融然深遠，假託之文辭意淺雜，玉石朱紫，無所逃形也。今區別所疑，注之於録，并近世要撰，亦標于末。並依倚雜經而自製名題，進不聞遠適外域，退不見承譯西賓，「我聞」興於户牖，印可出於胸懷，誑誤後學，良足寒心。既躬所見聞，寧敢默已。嗚呼來葉，慎而察焉！《比丘應供法行經》一卷。此經前題云羅什出。祐案，經卷舊無譯名，兼羅什所出又無此經，故入疑録。《居士請僧福田經》一卷。此經前題云曇無讖出，案讖所出無此經，故人疑録。《灌頂度星招魂斷絶復連經》一卷。《決定罪福經》一卷。《無爲道經》二卷。《情離有罪經》一卷。《燒香呪願經》一卷。或云《呪願經》。《安墓呪經》一卷。《觀月光菩薩記》一卷。《佛鉢經》一卷。或云《佛鉢記》，甲申年大水及月光菩薩出事。《彌勒下教》一卷。在《鉢記》後。《九十六種道》一卷。右十二部經記，或義理乖背，或文偈淺鄙，故入疑録。庶耘蕪穢，以顯法寶。《灌頂經》一卷。一名《藥師琉璃光經》，或名《灌頂拔除過罪生死得度經》。右一部，宋孝武帝大明元年，秣陵鹿野寺比丘慧簡依經抄撰。此經後有《續命法》，所以遍行於世。《提謂波利經》二卷。舊别有《提謂經》一卷。右一部，宋孝武時，北國比丘曇靖撰。《寶車經》一卷。或云《妙好寶車菩薩經》。右一部，北國淮州比丘曇辯撰，青州比丘道侍改治。《菩提福藏法化三昧經》一卷。右一部，齊武帝時，比丘道備所撰。備易名道歡。《佛法有六義第一應知》一卷。未得本。《六通無礙六根浄業義門》一卷。未得本。右二部，齊武帝時，比丘釋法願抄集經義所出。雖弘經義，異於僞造，然既立名號，則别成一部，懼後代疑亂，故明注于録。《佛所制名數經》五卷。右一部，齊武帝時，比丘釋王宗所撰。抄集衆經，有似數林；但題稱佛制，懼亂名實，故注于録。《衆經要攬法偈》二十一首。一卷。右一部梁天監二年，比丘釋道歡撰。右合二十部，二十六卷。《疑經》兩録合四十六部，五十六卷。其三十八部失源，八部有人名。

雜録

孔穎達《左傳正義・襄公二十四年》 炫于「處秦爲劉」，謂非丘明之筆：「豕韋、唐杜」，不信元愷之言：己之遠祖，數自譏訐。或聞此義，必將見嗤。但傳言於人，懼誤後學，意之所見，不敢有隱，唯賢者裁之。

趙匡《春秋集傳纂例・啖趙取舍三傳義例》 左氏亂記事迹，不達經意，遂妄云：「禮也。」。今考其合經者留之，餘悉不取。

文廷式《補晉書藝文志》卷三 周處《風土記》三卷。平西將軍。《左傳・宣十二年正義》：「周處《風土記》：鯨鯢，海中大魚也。俗説出入穴即爲潮水。」新、舊《唐志》俱十卷。《史通・補注》篇云：「周處陽羨風土」，又云：「委曲敍事存於細書。」今各書所引有自注。章宗源《考證》甚詳，嚴可均有輯本一卷，得二百三十餘事。姚鼐《江寧府志》卷五十五云：「此書昔人謂專記陽羨風土，然如辨吴越歷山之見《水經注・河水下》；記洞庭地脈之見《編珠》卷一按《編珠》僞書，不足據。皆概言吴越風土非專志陽羨也」。

又卷四 晉哀帝《丹青符經》五卷、《丹臺録》三卷。出柳子厚《龍城録》。按《龍城録》：雖僞書，要是宋以前作，慮其别有所本，姑録存之。

辨僞方法分部

論述

章學誠《文史通義·和州志藝文書序例》　韓氏愈曰：「辨古書之正僞，昭昭然若黑白分。」孟子曰：「詖辭知其所蔽，淫辭知其所陷，邪辭知其所離，遁辭知其所窮。」孔子曰：「多聞，擇其善者而從之。」夫欲辨古書正僞，以幾於知言，幾於多聞擇善，則必深明官師之掌，而後悉流別之故，竟末流之失；是劉氏著録，所以爲學術絶續之幾也。不能究官師之掌，將無以條流別之故，而因以不知末流之失；則天下學術，無所宗師。

崔述《崔東壁遺書·考信録提要·釋例》　聖人之道，在六經而已矣。二帝、三王之事，備載於《詩》、《書》，孔子之言行，具於《論語》。文在是，即道在是，故孔子曰：「文王既没，文不在兹乎？」六經以外，别無所謂道也。顧自秦火以後，漢初諸儒傳經者各有師承，傳聞異詞，不歸於一，兼以戰國之世，處士横議，説客託言，雜然並傳於後，而其時書皆竹簡，得之不易，見之亦未必能記憶，以故難於檢覈考正，以别其是非真僞。東漢之末，始易竹書爲紙，檢閲較前爲易；但魏、晉之際，俗尚詞章，罕治經術，旋值劉、石之亂，中原陸沉，書多散軼，漢初諸儒所傳《齊詩》、《魯詩》、《齊論》、《魯論》陸續皆亡，惟存《毛詩序傳》及張禹更定之《論語》，而伏生之《書》，田何之《易》，鄒、夾之《春秋》亦皆不傳於世。於時復生妄人，僞造《古文尚書經傳》、《孔子家語》，以惑當世。二帝、三王、孔門之事於是大失其實。學者專己守殘，沿訛踵謬，習爲固然，不之怪也。雖間有一二有識之士摘其疵謬者，然特太倉稊米，而亦罕行於世。直至於宋，名儒迭起，後先相望，而又其時印本盛行，傳布既多，稽覈最易，始多有抉摘前人之悮者，或爲文以辨之，或爲書以正之，或作傳注以發明之如朱子《論語》、《孟子集註》、《詩集傳》，蔡氏《書傳》之類。蓋至南宋以後六經之義大著。然經義之失真已千餘年，僞書曲説久入於人耳目，習而未察，沿而未正者尚多，所賴後世之儒踵其餘緒而推廣之，於所未及正者補之，已正而世未深信者闡而明之，帝王聖賢之事豈不粲然大明於世！乃近世諸儒類多摭拾陳言，盛談心性，以爲道學，而於唐、虞、三代之事罕所究心。亦有參以禪學，自謂明心見性，反以經傳爲膚末者。而向來相沿之誤遂無復有過而問焉者矣！余年三十，始知究心六經，覺傳記所載與註疏所釋往往與經互異。然猶未敢決其是非，乃取經傳之文類而輯之，比而察之，久之而後曉然知傳記註疏之失。顧前人罕有言及之者；屢欲茹之而不能茹，不得已乃爲此録以辨明之。非敢自謂繼武先儒，聊以效愚者千慮之一得云爾。

又　先儒相傳之説，往往有出於緯書者。蓋漢自成、哀以後，讖緯之學方盛，説經之儒多采之以註經。其後相沿，不復考其所本，而但以爲先儒之説如是，遂靡然而從之。如龍負河圖，龜具洛書，出於《春秋緯》。黄帝作《咸池》，顓頊作《五莖》，帝嚳作《六英》，帝堯作《大章》，出於《樂緯》。諸如此類，蓋不可以悉數。即禘爲祭其始祖所自出，亦緣緯書之文而遞變其説者。蓋緯書稱三代之祖出於天之五帝，鄭氏緣此，遂以禘爲祭天，而謂《小記》「禘其祖之所自出」爲禘其始祖之所自出。王氏雖駁鄭氏祭天之失，而仍沿始祖所自出之文。由是始祖之前復别有一祖在，豈非因緯書而誤乎！余幼時嘗見先儒述孔子言云，「吾志在《春秋》，行在《孝經》」；稽之經傳，並無此文，後始見何休《公羊傳序》，唐明皇《孝經序》有此語；然不知此兩序本之何書。最後檢閲《正義》，始知其出於《孝經緯》之《鈎命訣》也。大抵漢儒之説，本於七緯者不下三之一；宋儒頗有核正，然沿其説者尚不下十之二。乃世之學者動曰漢儒如是説，宋儒如是説，後生小子何所知而妄非議之！嗚乎，漢儒之説果漢儒所自爲説乎？宋儒之説果宋儒所自爲説乎？蓋亦未嘗考而已矣！嗟夫，讖緯之學，學者所斥而不屑道者也，讖緯之書之言，則學者皆遵守而莫敢有異議，此何故哉？此何故哉？吾莫能爲之解也已！

又　近世淺學之士動謂秦、漢之書近古，其言皆有所據；見有駁其失者，必攘臂而争之。此無他，但狥其名而實未嘗多觀秦、漢之書，故妄爲是言耳！劉知幾《史通》云：「秦漢之世，《左氏》未行，遂使五經、雜史、百家諸子，其言河、漢，無所遵憑。故其記事也：當晉景行霸，公室方强，而云韓氏攻趙，有程嬰、杵臼之事；子罕相國，宋睦於晉，而云晉將伐宋，覘其哭於陽門介夫。其記時也：秦穆居春秋之始，而云其女爲荆昭夫人；韓、魏處戰國之時，而云其君陪楚莊王葬焉；列子書論尼父，而云生在鄭穆之年；扁鵲醫療虢公，而云時當趙簡子之日；樂書仕於周子，而云以晉文如獵，犯顔直言，荀息死於奚齊，而云覩晉靈作臺，累碁申誡。或以

先爲後，或以後爲先，日月顛倒，上下翻覆。古來君子曾無所疑；及《左傳》既行，而其失自顯。」由是論之，秦、漢之書其不可據以爲實者多矣，特此未有如知幾者肯詳考而精辨之耳。顧吾猶有異者，知幾於秦、漢之書紀春秋之事，考之詳而辨之精如是，至於虞、夏、商、周之事，乃又采摭百家雜史之文而疑經者，何哉？夫自春秋之世，下去西漢僅數百年，而其舛誤乖剌已累累若此，况文、武之代去西漢千有餘年，唐、虞之際，去西漢二千有餘年，即去戰國亦二千年，則其舛誤乖剌必更加於春秋之世數倍可知也。但古史不存於世，無《左傳》一書證其是非耳，豈得遂信以爲實乎！故今爲《考信録》，於殷、周以前事但以《詩》、《書》爲據，而不敢以秦、漢之書遂爲實録，亦推廣《史通》之意也。

又 《洪邁駁近代淺妄書》非惟秦、漢之書述春秋之事之多誤也，即近代之書述近代之事，其誤者亦復不少。洪景盧《容齋隨筆》云：「俗間所傳淺妄之書，所謂《雲仙散録》、《開元天寶遺事》之屬，皆絶可笑。其一云：『姚崇，開元初作翰林學士，有步輦之召。』按崇自武后時已爲宰相，及開元初，三入輔矣。其二云：『郭元振少時，美風姿，宰相張嘉貞欲納爲壻，遂牽紅絲線，得第三女。』按元振爲睿宗宰相，明皇初年即貶死；後十年，嘉貞方作相。其三云：『楊國忠盛時，朝之文武争附之，惟張九齡未嘗及門。』按九齡去相位十年，國忠方得官耳。其四云：『張九齡覽蘇頲文卷，謂爲文陣之雄師。』按頲爲相時，九齡元未達也，此皆顯顯可信者，固鄙淺不足攻，然頗能疑誤後生也。」至於《孔氏野史》、《後山叢談》所載張、杜、范、趙、歐陽、司馬諸公之事，亦皆考其出處日月而糾駁之。然則雖近代之書述前數十年之事，亦有未可以盡信者，况於戰國、秦、漢之人述唐、虞、商、周之事，其舛誤固當有百倍於此者乎！惜乎三代編年之史不存於今，無從一一證其舛誤耳。然亦尚有千百之一二，經傳確有明文，顯然可徵者。如稷、契之任官，皆在嚳崩之後百十餘年，而世乃以爲嚳之子，堯之兄弟。成王乃武王元妃之長子，武王老而始崩，成王不容尚幼，而世乃以爲成王年止十三，周公代之踐阼。公山弗擾之畔，孔子方爲司寇，聽國政，佛肸之畔，孔子卒已數年，而世以爲孔子往應二人之召。其年世之不符，何異於《開寶遺事》之所言！然而世莫有疑之者，何哉？安得知幾、景盧復生於今日，移其考辨春秋、唐、宋之事之心，以究帝王孔門之事，而與之上下今古也！

又 磁州故産磁器。有孫某者，仿古哥、定、汝諸窑之式造之。既成，擇其佳者埋地中。踰兩年，取出，市於京師、保定諸貴人家，見者莫不以爲真也。由此獲利十倍。州中鬻煙草者，楊氏最著名，價視他肆昂甚，貿易者常盈肆外。肆中物不能給，則取他肆之物，印以楊氏之號而畀之。人咸以爲美；雖出重價，不惜也。由是言之，人之所貴者名而已矣，非有能知其實者也。鄭康成，東漢名儒也，所註雖不盡是，然亦未嘗盡非；而王肅百計攻之以求勝。然而公道難奪，卒不可勝。於是其徒雜取傳記諸子之文，僞撰《古文尚書》、《孔子家語》以欺世人而伸肅説。至於隋、唐之際，復遇劉焯、孔穎達者，不學無識，妄爲表章，由是鄭學遂微，鄭書遂亡，後之學者遂信之而不疑。嗟夫，聖人之經猶日月也，其貴重猶金玉也，僞作者豈能襲取其萬一；乃世之學者聞其爲「經」輒不敢復議，名之爲「聖人之言」遂不敢有所可否，即有一二疑之者，亦不過曲爲之説而已，是貴人之買磁器而市賈之販煙草也！司馬遷，漢武帝時人也，而今《史記》往往述元、成時事。劉向，西漢人也，而今《列女傳》有東漢人在焉。謂此二子者有前知之術乎？抑亦其書有後人之所作而妄入之其中者邪！《周秦行紀》，李德裕之客所爲也，而嫁名牛僧孺。《碧雲騢》，小人毁君子者之所爲也，而嫁名梅堯臣。然則天下之以僞亂真者，比比然矣，若之何以其名而信之也！漢董仲舒疏論災異，武帝下羣臣議，仲舒弟子吕步舒不知爲其師書，以爲大愚，由是下仲舒吏。然則是其師書則尊信之，非其師書則詆諆之，而不復問其是與非矣！是故，辨異端於戰國之時最易，爲其別名爲楊、墨也；辨異端於兩漢之世較難，而人亦或不信，爲其雜入於傳記也；辨異端於唐、宋以後最難，而人斷斷乎不之信，爲其僞託之聖言也。故余謂讀經不必以經之故浮尊之，而但當求聖人之意；果知聖人之文之高且美，則僞者自不能亂真　嗟夫，嗟夫，此固未易爲人道也！

又 自明以來，儒者多闢象山、陽明，以爲陽儒陰釋，而罕有辨《尚書》、《家語》之僞者。然吾謂象山、陽明不過其自爲説之偏，而聖人之經故在，譬如守令不遵朝廷法度，而自以其臆見決事，然於朝廷無加損也。若僞撰經傳，則聖人之言行悉爲所誣而不能白，譬如權臣擅政，假天子之命以呼召四方，天下之人爲所潛移默轉而不之覺，其所關於宗社之安危者非小事也。昔隋牛宏奏請購求天下遺逸之書，劉炫遂僞造書百餘卷，題爲《連山易》、《魯史記》等，録上送官；其後有人訟之，始知其僞。陳師道言王通《元經》，關子明《易傳》，及李靖《問對》，皆阮逸所僞撰，蓋逸嘗以草示蘇明允云。然則僞造古書乃昔人之常事，所賴達人君子平心考核，辨其真僞，然後聖人之真可得，豈得盡信以爲實乎！然亦非但有心僞造者之能惑世也，蓋有莫知誰何之書，而妄推奉之，以爲古之聖賢所作者；亦有旁采他文，以入古人之書者。莊周，戰國初年人也，而其書稱陳成子有齊國十二代；《孔叢子》，世以爲

孔鮒所作也，而其中載孔臧以後數世之事；然則其言之不出於莊周、孔鮒明甚。古書之如是者豈可勝道，特世人輕信而不之察耳。故吾嘗謂自漢以後諸儒，功之大者，朱子之外，無過趙岐；過之大者，無過漢張禹、隋二劉、唐孔穎達、宋王安石等。何者？岐删《孟子》之外四篇，使《孟子》一書精一純粹，不爲邪説所亂，實大有功於聖人之經。禹采《齊論》章句雜入於《魯論》中，學者争誦張文，遂棄漢初所傳舊本。焯、炫等得江左之僞《尚書》，喜其新奇，驟爲崇奉。穎達復從而表章之，著之功令，用以取士。遂致帝王聖賢之行事爲異説所淆誣而不能白者千數百年，雖有聰明俊偉之士，皆俯首帖耳莫敢異詞者，皆此數人之惑之也。至王安石揣摩神宗之意，以行聚斂之法，恐人之議己也，乃尊《周官》爲周公所作以附會之，卒致蔡京紹述，靖康亡國之禍，而周公亦受誣於百世。象山、陽明之害未至於如是之甚也。孰輕孰重，必有能辨之者。

又 昔人有言曰：「買菜乎？求益乎？」言固貴精不貴多也。《韓昌黎文集》，李漢所訂也。其序自稱「收拾遺文，無所失墜」，此外更無他文甚明。而好事者復别訂有《外集》，此何爲者邪！陳振孫《書録解題》云：「朱侍講校定異同，定歸於一，多所發明，有益後學。《外集》獨用方本，益大顛三書，但欲明世間問答之僞，而不悟此書爲僞之尤也。方氏未足責，晦翁識高一世，而其所定者迺爾，殆不可解。案《外鈔》云，『潮州靈山寺所刻』；末云，『吏部侍郎，潮州刺史』。退之自刑部侍郎貶潮，晚乃由兵部爲吏部，流俗但稱『韓吏部』爾，其謬如此。又朝本《韓集》不見有此書，使靈山舊有此，刻集時何不編入？可見此書妄也。」由是言之，吾輩生古人之後，但因古人之舊，無負於古人可矣，不必求勝於古人也。《論語》所記孔子言行不爲少矣，昔人有以半部治天下者，況於其全！學者果欲躬行以期至於聖人，誦此亦已足矣。乃學者猶以爲未足，而參以晉人僞撰之《家語》。尚恨《家語》所采之不廣也，復别采異端小説之言爲《孔子集語》及《論語外篇》以益之，不問其真與贋，而但以多爲貴。嗟乎，是豈非買菜而求益者哉！余在閩時，嘗閲一人文集，皆其所自訂者，其序有云，「異日有人增一二篇，及稱吾《外集》者，吾死而有知，必爲厲鬼以擊之！」嗚呼，爲人訂《外集》，而使天下之能文者痛心切齒而爲是言，夫亦可以廢然返矣！故今爲《考信録》，寧缺毋濫；即無所害，亦僅列之「備覽」；寧使古人有遺美，而不肯使古人受誣於後世。其庶幾不爲厲鬼所擊也已。

又 經傳之文亦往往有過其實者。《武成》之「血流漂杵」，《雲漢》之「周餘黎民，靡有孑遺」，孟子固嘗言之。至《閟宫》之「荆、舒是懲，莫我敢承」，不情之譽，更無論矣。戰國之時，此風尤盛，若淳于髡、莊周、張儀、蘇秦之屬，虚詞飾説，尺水丈波，蓋有不可以勝言者。即孟子書中亦往往有之。若舜之「完廩，浚井」，「不告而娶」，伊尹之「五就湯，五就桀」，其言未必無因，然其初事斷不如此，特傳之者遞加稱述，欲極力形容，遂不覺其過當耳。又如文王不遑暇食，不敢盤于遊田，而以爲其囿方七十里，管叔監殷，乃武王使之，而屬之周公，此或孟子不暇致辨，或記者失其詞，均不可知，不得盡以爲實事也。蓋《孟子》七篇，皆門人所記，但追述孟子之意，而不必皆孟子當日之言；既流俗傳爲如此，遂率筆記爲如此。正如蔡氏《書傳》言《史記》稱朱虎、熊、羆爲伯益之佐，其實《史記》但稱爲「益」，從未稱爲「伯益」，蔡氏習於世俗所稱，不覺其失，遂誤以「伯益」入於《史記》文中耳。然則學者於古人之書，雖固經傳之文，賢哲之語，猶當平心静氣求其意旨所在，不得泥其詞而害其意，況於雜家小説之言，安得遽信以爲實哉！

又 傳雖美，不可合於經，記雖美，不可齊於經，純雜之辨然也。《曲臺雜記》，戰國、秦、漢諸儒之所著也，得聖人之意者固有之，而附會失實者正復不少。大小兩戴迭加删削，然尚多未盡者。若《檀弓》、《文王世子》、《祭法》、《儒行》等篇，舛謬累累，固已不可爲訓。至《月令》乃陰陽家之説，《明堂位》乃誣聖人之言，而後人亦取而置諸其中，謂之《禮記》，此何以説焉！《周官》一書，尤爲雜駁，蓋當戰國之時，周禮籍去之後，記所傳聞而傅以己意者。乃鄭康成亦信而注之，因而學者羣焉奉之，與《古禮經》號爲三禮。魏、晉以後，遂並列於學官。迨唐，復用之以分科取士，而後儒之淺説遂與《詩》、《書》並重。尤可異者，孔氏穎達作《正義》，竟以《戴記》備五經之數，而先儒所傳之《禮經》反不得與焉。由是，學者遂廢經而崇記；以致周公之制，孔子之事，皆雜亂不可考。本末顛倒，於斯極矣！朱子之學最爲精純，乃亦以《大學》、《中庸》躋於《論》、《孟》，號爲四書。其後學者亦遂以此二篇加於《詩》、《書》、《春秋》諸經之上。然則君子之於著述，其亦不可不慎也夫！

又 大抵古人多貴精，後人多尚博；世益古則其取舍益慎，世益晚則其采擇益雜。故孔子序《書》，斷自唐、虞，而司馬遷作《史記》乃始於黄帝。然猶删其不雅馴者。近世以來，所作《綱目前編》、《綱鑑捷録》等書，乃始於庖羲氏，或天皇氏，甚至有始於開闢之初盤古氏者，且並其不雅馴者而亦載之。故曰，世益晚則其采擇益雜也。管仲之卒也，預知豎刁、易牙之亂政，而歷詆鮑叔牙、賓須無之爲人，孔子不知也，而宋蘇洵知之，故孔子稱管仲曰：「如其仁，民到于今受其賜。」而蘇氏責管仲之不能薦賢也。禘之禮，爲祭其始祖所自出之帝，而以始祖配之，左氏、公羊、

穀梁三子者不知也，而唐趙匡知之，故三傳皆以未三年而吉祭爲譏，而趙氏獨以禘爲當於文王，不當於莊公也。漢李陵有《重答蘇武書》，陵與武有相贈之詩，班婕妤有《團扇詩》，揚雄有《劇秦美新》之作，司馬遷、班固不知也，而梁蕭統知之，故《史記》、《漢書》不載其一字，而其詩文皆見於《昭明文選》中也。由是言之，後人之學遠非古人之所可及；古人所見者經而已，其次乃有傳記，且猶不敢深信，後人則自諸子百家，漢、唐小説，演義，傳奇，無不覽者。自《莊》、《列》、《管》、《韓》、《吕覽》、《説苑》諸書出，而經之漏者多矣。自《三國》、隋唐、東西漢、晉演義，及傳奇、小説出，而史之漏者亦多矣。無怪乎後人之著述之必欲求勝於古人也！近世小説有載孔子與采桑女聯句詩者，云「南枝窈窕北枝長，夫子行陳必絶糧。九曲明珠穿不過，回來問我采桑娘。」謂七言詩始此，非《柏梁》也。夫《柏梁》之詩，識者已駁其僞，而今且更前於《柏梁》數百年，而託始於《春秋》，嗟夫，嗟夫，彼古人者誠不料後人之學之博之至於如是也！

又《考信録提要卷下總目》　唐、虞有唐、虞之文，三代有三代之文，春秋有春秋之文，戰國、秦、漢以迄魏、晉亦各有其文焉。非但其文然也，其行事亦多有不相類者。是故，戰國之人稱述三代之事，戰國之風氣也；秦、漢之人稱述春秋之事，秦、漢之語言也。《史記》直隸《尚書》、《春秋傳》之文，而或不免雜秦、漢之語；僞《尚書》極力摹唐、虞、三代之文，而終不能脱晉之氣；無他，其平日所聞所見皆如是，習以爲常而不自覺，則必有自呈露於忽不經意之時者。少留心以察之，甚易知也。宋時，有與其從兄子訟析貲者，幾二十年不決。趙善堅以屬張淏。訟者云：「紹興十三年，從兄嘗鬻祖産，得銀帛楮券若干，悉輦而商；且書約，期他日復置如初。」淏曰：「紹興三十年後方用楮幣，不應十三年汝家已預有若干；汝約僞矣！」由是其訟遂決。此豈非自呈露於忽不經意之時者乎！夫淏以考古名於時，宜其不長於吏事矣，然乃精於聽訟若此，何哉？考古之與聽訟，固一理也。是故易傳之述包羲，帝而稱王，《蔡傳》之引《史記》「益」而加「伯」，此行文者所不自覺也。傳之《三墳》、《五典》、《八索》、《九邱》，杜註但云「皆古書名」，及僞《書序》既出，而林註遂歷歷數之；無他，文必因乎其時故也。所以漢人好談讖緯，則所撰之《泰誓》，「烏流」、「火覆」，祥瑞先呈；晉人喜尚排偶，則所撰之《泰誓》，「斮脛」、「剖心」，對待獨巧。誓誥不及二帝，而僞《古文書》虞世有伐苗之誓；盟詛不及三王，而《吕氏春秋》武王有四内之盟。甚至王通之《元經》，以隋人而避唐諱。是知僞託於古人者未有不自呈露者也。考古者但準是以推之，莫有能遁者矣。然而世之學者往往惑焉，何也？一則心粗氣浮，不知考其真僞；一則意在記覽，以爲詩賦時文之用，不肯考其真僞；一則尊信太過，先有成見在心，即有可疑，亦必曲爲之解，而斷不信其有僞也。正如紹興三十年後方行楮幣，此宜當日人人知之，即不知，亦不難考而得之，乃歷二十年而訟不決也。最可笑者，《月令》中星明明戰國時之躔度，少通歷法者皆能辨之，而僞《周書》有之，人遂以此爲周公之制。嗟夫，嗟夫，此《考信録》一書之所以不能已於作也！

又《自述考辨古書之經歷》　余少年讀書，見古帝王聖賢之事往往有可疑者，初未嘗分別觀之也。壯歲以後，抄録其事，記其所本，則向所疑者皆出於傳記，而經文皆可信，然後知六經之精粹也。惟《尚書》中多有可疑者，而《論語》後五篇亦間有之。私怪其故，覆加檢閲，則《尚書》中可疑者皆在二十五篇之内，而三十三篇皆無之，始知齊、梁《古文》之僞；而《論語》終莫解其由。最後考《論語》源流，始知今所傳者乃漢張禹彙合更定之本，而非漢初諸儒所傳之舊本也。至於《禮記》，原非聖人之經，乃唐孔穎達强以經目之，前人固多言之，余幼即飫聞之，更無足異者矣。由是言之，古人之書高下真僞本不難辨，但人先有成見者多耳。昔有顯官之任，遇陸羽於江滸，邀共品茶，使僕以十餘盎渡江往取潭水。歸舟遇風，盎水半傾，乃取江水代之。既至，羽揚而視之，但云「非是」。過半，乃云：「此潭水矣。」顯官詰僕，僕以實告。蘇子瞻使人買金華豬，中途而逸，以他豬代之。及宴客，莫不稱美者。既知非金華豬。始相視而笑。此無他，子瞻座上之客皆有成見在心，而羽無成見故耳。余生平不好有成見，於書則就書論之，於事則就事論之，於文則就文論之，皆無人之見存。惜乎今之讀書者皆子瞻座上客，果有識古書之真僞，如陸羽之辨水者，必不以余言爲謬也。

崔述《考古續説》卷一《觀書餘論七則》　昔有以知文名者，或取徐渭文僞稱唐順之作以示之，即書其尾云：「非荆川不能爲此文。」荆川，順之號也。小説載有馬生者，以其詩示人，人咸笑之；乃假扶乩，稱康狀元海詩，座客無不贊者。嗟夫，世之不究其實而但徇其名者，豈獨一二人哉！賈誼之《鵩鳥賦》又見於《鶡冠子》，夫誼感鵩鳥而作賦，自言己志，必非襲人之言明甚；而世乃以爲誼録《鶡冠子》者，世稱鶡冠子爲戰國時人故也。「君子思不出其位」，《論語》所記曾子言也，而《易大傳》亦有之。《易傳》所以釋經，但取有合卦義，原不妨兼采前人之言，若曾子則必不冒前人之言爲己言明甚；然世乃以爲曾子之言本於《易傳》者，漢儒稱《易傳》爲孔子所作故也。《魯語》柳下惠之述祭法，其文又見於《戴記》之《祭法篇》，而以四

代郊禘之制置諸篇首，以其全文置諸篇末，前文記祀，有稷而無舜，後文敍功，有舜而無稷，先後倒置，首尾衡決，其爲勦襲前人之言明甚；然世反以爲《國語》之文采之此篇者，漢儒稱《祭法》爲周公所制故也。《中庸》「在下位」一節明明采之《孟子》，而僞《家語》誤以爲孔子答哀公問政之言，至「擇善固執」止，載之於《問政篇》中；世遂以爲《孟子》采《中庸》，《中庸》采《家語》也。夫孟子述孔子言多矣，皆冠以「孔子曰」，何以此文獨冒之爲己言？且此文本開後文「誠明」之説，初與哀公無涉，豈得入孔子口中；而僞《家語》之淺弱亦非難辨，然世乃云云者，以《中庸》爲子思所作，而誤以僞《家語》爲即漢儒所傳之真《家語》故也。至如僞《尚書》之「爲山九仞」，「不學牆面」本之《論語》，而世亦以爲《論語》本之《尚書》；僞孔傳之説多本之王肅，而世亦以爲王肅私見孔傳，諸如此類，不可悉數，豈非以其名哉！甚矣，徇名者多而究實者少也！安得見世有真能辨黑白之人而與之暢論古書也哉！

又 周庾信爲《枯樹賦》，稱殷仲文爲東陽太守，其篇末云「桓大司馬聞而嘆曰」云云。仲文爲東陽時，桓温之死久矣。然則是作賦者託古人以自暢其言，固不計其年世之符否也。謝惠連之賦雪也託之相如，謝莊之賦月也託之曹植，是知假託成文乃詞人之常事。然則《卜居》、《漁父》亦必非屈原之所自作，《神女》、《登徒》亦必非宋玉之所自作，明矣。但惠連、莊、信，其世近，其作者之名傳，則人皆知之；《卜居》、《神女》之賦，其世遠，其作者之名不傳，則遂以爲屈原、宋玉之所爲耳。推此而求，則戰國以前帝王聖賢之事爲後人所託言者，蓋不可勝道矣。然當其初，讀之者亦未必遂信爲實，但姑妄言之，姑妄聽之耳；既而其傳日久，矜奇愛博者多，或徵引以備典故，或組織以入詩賦，而淺學之士習於耳目之所見聞，遂以爲其事固然，而編古史者因采而輯之，論古人者遂據之以爲其人之是非優劣，而古人之冤遂終古不白矣。近世有作《鬼方記》者，云「殷高宗伐鬼方，三年克之，使鬼谷先生守其地」，其寓言正與庾賦同。若不幸傳之後世，淺學者必以鬼谷先生爲殷時人，不則以爲有兩鬼谷先生矣。

又 世傳宋梁灝及第時，年八十二，且載其詩云：「天福二年來應試，雍熙三載始成名。」又云：「觀榜並無朋輩在；歸家惟有子孫迎。」又載其謝表云：「白首窮經，少伏生之八歲；青雲得路，多太公之二年。」然據宋人諸書所載，灝及第之時年方壯盛，不知何以有此説也？蓋天下原有一種好事之人，專爲新奇可喜之説，有因在疑似之間而附會之者，亦有毫無影響而憑空撰爲此事者；此乃常事，不足爲異，故萬章以孔子之主癰疽寺人爲問，而孟子曰：「好事者爲之也。」近代之事猶致失實如此，況三代以上，世遠，書軼，而戰國横議之士誣聖賢以自便其私，其失實者寧可勝道哉！惜乎孟子生於戰國之初，所已辨者少，所未辨者多也！嗟乎，孔子之主癰疽寺人，孟子辨之，則人皆知其無；公山、佛肸之召孔子，孟子未及辨之，則人以爲二人果嘗召孔子也！孔子曰：「舉一隅，不以三隅反，則不復也。」孟子曰：「古之人所以大過人者無他焉，善推其所爲而已矣。」安得世有讀孟子之書，推孟子之意，能以三隅反者而與之上下古今也！

又 古人之書往往有後人所補續及竄入者。《史記・武帝本紀》等篇，《漢書・古今人表》等篇及《後漢書》諸志皆後人之所補，《列女傳》東漢諸人皆後人之所續，是也。《史記》文中往往敍及元、成時事，此則後人所竄入者也。意所竄入尚不止此，但無別本可校；亦必不止《史記》如是，但不見於傳記，無從知耳。惟經亦然。孔子作《春秋》至「獲麟」而止，而《左氏春秋》乃終於哀公之十六年，而《孟子》七篇之外，亦别有《外篇》四篇，是也。所幸傳《春秋》者五家，尚存三家，《公羊》、《穀梁》所傳經文皆無獲麟後三年之事，故得知其非孔門原本。《孟子》則本存《外篇》之名，而趙君去古未遠，識足辨其真僞，斷然删而去之，故後人得不爲其所惑。惟《論語》舊有三本，諸家篇章亦各不同，不幸遇一張禹采其文而合之，又不幸而禹位至三公，當漢之末，人皆趨富貴而薄品誼，輕學問，遂爭效其所爲以取爵禄，於是諸家之本陸續皆亡，無可校其真僞，《公山》、《佛肸》兩事遂莫不信以爲實矣。康成去古未遠，諸本猶有存者，乃亦沿時陋習，不加校正，已堪嘆惜；朱子一代大儒，乃亦不爲詳考而明辨之，尤不可解也。近世以來，學者惟務舉業，看講章，讀墨卷，自講章墨卷外諸書皆不寓目，《春秋》、《孟子》、《史》、《漢》原委亦都不復理會，但知此兩章在《論語》中耳。《論語》何人所傳，何人所更定，是否漢初諸家之本，茫然不知，無怪乎其見此説而大駭，而卻步而走也！

雜録

《後漢書・范升傳》 時尚書令韓歆上疏，欲爲《費氏易》、《左氏春秋》立博士，詔下其議。四年正月，朝公卿、大夫、博士，見於雲臺。帝曰：「范博士可前平説。」升起對曰：「《左氏》不祖孔子，而出於丘明，師徒相傳，又無其人，且非先帝所存，無因得立。」遂與韓歆及太中大夫許淑等互相辯難，日中乃罷。升退而奏曰：

「臣聞主不稽古，無以承天；臣不述舊，無以奉君。陛下愍學微缺，勞心經藝，情存博聞，故異端競進。近有司請置《京氏易》博士，羣下執事，莫能據正。《京氏》既立，《費氏》怨望，《左氏春秋》復以比類，亦希置立。《京》、《費》已行，次復高氏，《春秋》之家，又有騶、夾。如令《左氏》、《費氏》得置博士，高氏、騶、夾，五經奇異，並復求立，各有所執，乖戾分爭。從之則失道，不從則失人，將恐陛下必有猒倦之聽。孔子曰：『博學約之，弗叛矣夫。』夫學而不約，必叛道也。顔淵曰：『博我以文，約我以禮。』孔子可謂知教，顔淵可謂善學矣。《老子》曰：『學道日損。』損猶約也。又曰：『絶學無憂。』絶末學也。今《費》、《左》二學，無有本師，而多反異，先帝前世，有疑於此，故《京氏》雖立，輒復見廢。疑道不可由，疑事不可行。《詩》、《書》之作，其來已久。孔子尚周流遊觀，至于知命，自衛反魯，乃正雅、頌。今陛下草創天下，紀綱未定，雖設學官，無有弟子，《詩》、《書》不講，禮樂不修，奏立《左》、《費》，非政急務。孔子曰：『攻乎異端，斯害也已。』傳曰：『聞疑傳疑，聞信傳信，而堯舜之道存。』願陛下疑先帝之所疑，信先帝之所信，以示反本，明不專己。天下之事所以異者，以不一本也。《易》曰：『天下之動，貞夫一也。』又曰：『正其本，萬事理。』『五經』之本自孔子始，謹奏《左氏》之失凡十四事。」時難者以太史公多引《左氏》，升又上太史公違戾「五經」，謬孔子言，及《左氏春秋》不可録三十一事。詔以下博士。

仲長統《尹文子序》　《尹文子》者，蓋出于周之尹氏齊宣王時，居稷下，與宋鈃、彭蒙、田駢同學于公孫龍，公孫龍稱之。著書一篇，多所彌綸。莊子曰：「不累于物，不苟于人，不忮于衆。願天下之安寧，以活于民命，人我之養，畢足而止，以此白心，見侮不辱，此其道也。」而劉向亦以其學本于黄老，大較刑，名家也，近爲誣矣。余黄初末始到京師，繆熙伯以此書見示，意甚玩之而多脱誤，聊試條次，撰定爲上下篇，亦未能究其詳也。《尹文子》道藏本，按統卒于獻帝遜位之歲，而此序言黄初末始到京師，當是後人妄改，或此序非統作也。疑莫能明。

孔穎達《尚書正義·堯典》　明君聖主，莫先于堯，求賢審官，王政所急，乃有放齊之不識是非，驩兜之朋黨惡物，共工之巧言令色，崇伯之敗善亂常，聖人之朝，不才總萃；雖曰「難之」，何其甚也！此等諸人，才實中品，亦雖行有不善，未爲大惡，故能仕于聖代，致位大官。以帝堯之末，洪水爲災，欲責非常之功，非復常人所及，自非聖舜登庸，大禹致力，則滔天之害未或可平；以舜、禹之成功見此徒之多罪，勳業既謝，愆釁自生，爲聖所誅，其咎益大。且虞史欲盛彰舜德，歸過前人；《春秋》史克以宣公比堯，辭頗增甚。知此等並非下愚，未有大惡，其爲不善，惟帝所知；將言求舜，以見帝之知人耳。【略】《世本》，堯是黄帝玄孫，舜是黄帝八代之孫，計堯女於舜之曾祖爲四從姊妹，以之爲妻，於義不可。《世本》之言，未可據信；或者古道質故也。

又《周官》　此言「建官惟百」，「夏、商官倍」，則唐、虞一百，夏、商二百。《禮記·明堂位》云有虞氏官五十，夏、商氏官百者，《禮記》是後世之言，不與經典合也。

又《禮記正義·月令》　鄭《目録》云：「名曰《月令》者，以其記十二月政之所行也。本《吕氏春秋》十二月紀之首章也，以禮家好事抄合之；後人因題之，名曰《禮記》，言周公所作。其中官名、時事多不合周法。此于《別録》屬《明堂陰陽記》」。此卷所出，解者不同，今且申鄭旨釋之。按：吕不韋集諸儒士，著爲十二月紀，合十餘萬言，名曰《吕氏春秋》，篇首皆有《月令》，與此文同，是一證也。又周無太尉，唯秦官有太尉，而此《月令》云：「乃命太尉」，此是官名不合周法，二證也。又，秦以十月建亥爲歲首，而《月令》云：「爲來歲授朔日」，即是九月爲歲終，十月爲授朔，此是時不合周法，三證也。又，周有六冕，郊天迎氣則用大裘，乘玉輅，建太常日月之章，而《月令》服飾、車旗並依時色，此是事不合周法，四證也。故鄭云：「其中官名、時事多不合周法」。然按秦始皇十二年吕不韋死，二十六年并天下，然後以十月爲歲首；歲首用十月時，不韋已死十五年，而不韋不得以十月爲正。又云：「《周書》先有《月令》」，何得云不韋所造？又，秦并天下立郡，何得云諸侯？又，秦以好兵殺害，毒被天下，何能布德施惠，春不興兵？既如此不同，鄭必謂不韋作者，以《吕氏春秋》十二月紀正與此同，不過三五字別；且不韋集諸儒所作，爲一代大典，亦採擇善言之事，遵立舊章，但秦自不能依行，何怪不韋所作也。

又《曾子問》　按《家語》云：「孝公有慈母良」。今鄭云未知何公者，鄭不見《家語》故也。或《家語》王肅所足，故鄭不見也。

劉知幾《史通·雜説上》　語曰：「傳聞不如所見」。斯則史之所述，其謬已甚，況乃傳寫舊記而違其本録者乎！至如虞、夏、商、周之書，《春秋》所記之説，可謂備矣；而《竹書紀年》出于晉代，學者始知后啓殺益，太甲殺伊尹，文丁殺季歷，共伯名和，鄭桓公厲王之子，則與經典所載，乖刺甚多。又孟子曰，晉謂《春秋》爲《乘》，尋《汲冢瑣語》，即《乘》之流耶？其《晉春秋》篇云平公疾，夢朱羆窺屏；《左氏》亦載斯事，而云「夢黄熊入門」。必欲捨傳聞而取所見，則《左傳》非而晉文實

矣。嗚呼，向若二書不出，學者爲古所惑，則代成聾瞽，無由覺悟也！

柳宗元《與呂恭論墓中石書》 宗元白：元生至，得弟書，甚善。諸所稱道，具之。元生又持部中廬父墓者所得石書，模其文示余，曰若將聞于上。余故恐而疑焉。僕蚤好觀古書，家所蓄晉、魏時尺牘甚具，又二十年來，徧觀長安貴人好事者所蓄，殆無遺焉，以是善知書；雖未嘗見名氏，亦望而識其時也。又，文章之形狀，古今特異，弟之精敏通達，夫豈不究于此！今視石文署其年曰「永嘉」，其書則今田野人所作也；雖支離其字，尤不能近古，爲其「永」字等頗效王氏變法，皆永嘉所未有。辭尤鄙近，若今所謂律詩者，晉時蓋未嘗爲此聲，大謬妄矣！又言植松壤擢之怪，而掘其土得石，尤不經，難信；或者得無姦爲之乎？且古之言「葬者，藏也」。「壤樹之」，而君子以爲議，況廬而居者，其足尚之哉！聖人有制度，有法令，過則爲辟；故立大中者不尚異，教人者欲其誠，是故惡夫飾且僞也。過制而不除喪，宜廬于庭而矯于墓者，大中之罪人也。況又出怪物，詭神道，以奸大法，而因以爲利乎？夫僞孝以奸利，誠仁者不忍擿過，恐傷于教也；然使僞可爲而利可冒，則教益壞。若然者，勿與知焉可也，伏而不出之可也。以大夫之政良，而吾子贊焉，固無闕遺矣。作東郛，改市鄽，去比竹茨草之室，而垍土、大木、陶甄、梓匠之工備，孽火不得作，化惰窳之俗，絕偷浮之源，而條桑、浴種、深耕、易耨之力用，寬徭、嗇貨，均賦之政起，其道美矣。於斯也，慮善善之過而莫之省，誠愨之道少損，故敢私言之。夫以淮、濟之清，有玷焉若秋毫，固不爲病；然萬一離婁子眇然睨之，不若無者之快也。想默已其事，毋出所置書，幸甚！宗元白。

胡應麟《四部正譌》卷上 《乾鑿度》曰：「求卦主歲術，常以太歲爲歲紀。歲七十六爲一紀；二十紀爲一蔀首。即置積蔀首歲數，加所入紀歲數，以三十二除之；不足除者，以《乾》、《坤》始數二卦而得一歲未算，即主歲之卦也」。案此條見《後漢·黄瓊傳注》中，蓋非宋人僞撰者；要之，亦魏、晉之文也。

又 《王氏元經》十五卷，稱王通撰，薛收注。宋世已艱得其本，意今藏書家不復有之。據《通考》晁、陳所論，《經》、《傳》皆阮逸也。其書始晉太熙，終陳亡。陳振孫謂：「唐神堯諱淵，其祖景皇諱虎，故《晉書》戴淵、石虎皆以字行。薛收，唐人，於《傳》稱『戴若思』，『石季龍』，宜也。《元經》作於隋世，乃亦云『若思』，逸之心勞日拙蓋不能自掩矣。」右陳氏論甚精。然不特《經》不當稱，即《傳》稱「季龍」，「若思」，亦足占其僞也。何以故？薛收，河汾高弟，文皇并天下，收與天策之選，不數歲而卒。當時偕諸學士運籌帷幄，固無暇於著述。藉令果傳《元經》，當在河汾授受之際，此時唐尚未興，何緣預知其諱而改之耶？亦有古書本不諱，後人避本朝之諱而改者，如《山海經》「啓」皆爲「開」之類。此又各當求其故，不可執泥一端。若《元經》之僞，則此足以盡概之矣。阮逸，字天隱，胡安定瑗門士也，嘗爲府司理，與瑗共定雅樂；附見《宋史·瑗·傳》，蓋亦宋初文學之士。今閲《子明傳》等作，其綴屬有足觀者。而獨以僞書聞於後人，惜哉！術胡可弗慎也！

又卷下 《鍾呂傳道集》，稱唐施肩吾撰。案肩吾，唐中、晚間詩人，而純陽，呂渭之孫，視肩吾爲晚出，不應預記其事。又《太平廣記》載神仙最衆，獨無所謂鍾、呂者；而所引小說數百家，即五代杜光庭《仙傳拾遺》之類亡弗收采，獨亡所謂《傳道集》者：而至宋始有之。蓋鍾、呂雖自稱唐人，而其迹皆顯於宋；一時方士神其說，遂託唐人姓名以紀之。或疑此書別有一施肩吾；果爾，亦當見於《廣記》，不應宋世驟出。并今所傳《純陽集》，俱僞作無疑也！唐人最喜述神怪，而鍾之事一亡傳者，其至宋始著可見。

胡應麟《少室山房筆叢》卷五 《陰符經》之文，李筌僞作，或信以爲黄帝，無目者也。其文尚不能望《六韜》、《三略》之藩籬，《素問》、《汲冢》之萬一，而以爲軒轅，有目者如是乎！此書過《韜》、《略》遠甚，以擬《素問》、《汲冢》，則奇險有加，而淳質稍異，大概戰國先秦之作，非周非漢。高似孫執以爲黄帝，楊用修執以爲李筌，皆髫髻之見，不必深辯。《陰符經》非黄帝書，蓋出後漢末。唐人文章，惟吴武陵《上韓舍人》，有「禽之制在氣」一語，梁肅《受命寶賦》有「天人合發」一語。馮用之《機論》、《權論》兩引之，此外絕無及之者。噫！一《陰符》耳，俄以爲六代，俄以爲唐人，又俄以爲後漢，何無定見如此。蓋既心喜《日鈔》之説，則曰謙之，又得五勝之説，則曰李筌，又得吴武陵輩之文，則曰東京，惟務博好奇，故隨所見筆之不忍舍，然使後人何所適從哉。東京末諸書，今行世者，如《吴越春秋》、《論衡》、《潛夫》，桓譚、應劭等作。其文皆弱猥繁冗，與西京氣骨絕殊。田脩顧以《陰符》出其時，胡大弗類也。或以《陰符》不見《藝文志》，似非先秦，此則有説，《素問》、《靈樞》，皆《漢志》所無，而王冰以即《内經》，迄今無復異論者，信其文非先秦弗能也。《漢藝文志》兵書稱黄帝、風后，不下十餘種，安知非先秦遺製，後世易名以爲《陰符》乎？余嘗謂《鬼谷》即儀、秦，《越絕》即子胥，《陰符》蓋亦當爾。惜戰國不知何名耳。楊謂唐人惟三子引用《陰符》，此外絕無及之者。案高似孫《子略》載皮日休、陸龜蒙各有《讀陰符》詩。皮云：「三百八十言，出自伊耆氏。」中引其語甚詳。陸亦五言長古。用修似未覩《子略》也。今類刻《百川學海》中。又杜哭鄭司户蘇少監云：「從

容詢舊學，慘淡閟陰符。」又錢起詩，有「仙籙滿牀閒不厭，陰符在匣老羞看」之句。

俞樾《湖樓筆談》卷一　《左傳》所載當時君大夫言語，皆左氏所撰，非其本文，故歷年二百，國非一國，人不一人，而辭氣之閒如出一口，且如秦穆作誓，列于《尚書》，與殷《盤》、周《誥》同一聱牙。而《左傳》所載秦穆之語，則皆近今矣，知由丘明潤色也。又昭元年《傳》載趙孟之言曰：「老夫罪戾是懼。焉能恤遠。」在《禮》，大夫年七十始稱「老夫」。據襄三十一年《傳》，孟孝伯謂趙孟「年未盈五十」，至此才一年耳，安得遽稱「老夫」。即或趙孟挾長，不依古禮，然其私於子產曰：「武請於冢宰矣。」及穆叔賦《鵲巢》，則又曰：「武不堪也。」安有對小國大夫自稱其名，當天子大臣輒稱「老夫」。其爲不然，蓋可知矣。當由左氏隨事立文，稱名者因其辭意謙抑，稱「老夫」者因其語氣衰穨，但取揣摩之維肖，不辭紀載之失真也。人與己對文乃古人之文，亦或通用。《公羊・宣六年傳》：「使諸大夫皆内朝，然後處乎臺上，引彈而彈之，已趨而避丸，是樂而已矣。」何注曰：「己已諸大夫也。」此「己」字若後人爲之，則當作「人」。又昭三十一年《傳》：「有珍怪之物，盱必先取足焉，夏父曰以來人未足，而盱有餘。」何注曰：「人夏父自謂也。」此「人」字若後人爲之，則當作「己」。

又　《繫辭傳》：「河出圖，洛出書，聖人則之。」乃古有此言，姑存其説耳。其實當文王時已無《洛書》矣。何以明之？成王之崩也，東序、西序。天府之寶備列無遺，乃《河圖》存而《洛書》無聞焉。使文王時而有《洛書》，則傳武王以至成王，歷年未久，不應遺亡，必與《河圖》同陳兩序矣。故知文王時無《洛書》也。若孔子時則并無《河圖》矣。孔子曰：「鳳鳥不至，河不出圖，吾已矣夫。」使其時《河圖》尚在，必無此言，故知孔子時無《河圖》也。夫《河圖》、《洛書》，自作易之聖人文王、孔子有不及見，乃儒者於千百年後隨意造作，轉相傳授曰：「此《河圖》，此《洛書》。」吾誰欺，欺天乎？

曾樸《補後漢書藝文志并考》卷一　衛宏《毛詩傳》。卷數佚。《范書》：「初九江謝曼卿善《毛詩》，宏從曼卿受學。」案《釋文・毛詩音義上》引：「芣苡，木也，實似李，食之宜子。出於西戎。」稱衛氏傳、許慎並同，諸書不言衛宏作《毛詩傳》，然偏檢隋唐《志》及《漢後》諸史列傳，無别有衛氏能治《毛詩》學者，且《釋文》引於許慎前次王肅再次王基，時代朗然，非宏而何？蓋此書久佚，元朗從他書轉採耳。

又　衛宏《毛詩序》卷數佚。《范書》曰：「九江謝曼卿善《毛詩》，宏從受學，作《毛詩序》，善得風雅之旨，今傳於世。」沈重曰：「或云《小序》是東海衛敬仲所作。」案唐以後論《詩序》者詳矣，其不涉衛宏者不具論，以爲宏潤飾者沈重、《毛詩義疏》二卷，見《隋志》。陸德明、《經典釋文》長孫無忌、《隋志》李樗、《毛詩詳解》三十六卷，見《宋志》。曹粹中《放齋詩説》三卷，見《宋志》。是也。以爲發端二語下宏續者蘇轍、《詩集傳》二十卷。黄櫄、《詩解》二十卷，《總論》一卷。程大昌《詩議》一卷。是也。以爲宏作序注者成伯瑜《毛詩指説》一卷見《通志堂經解》是也。直以爲宏作者葉夢得、鄭樵、朱子是也。惟蔡卞、《毛詩名物解》二十卷，見《通志堂經解》范處義、《詩補傳》三十卷，見《通志堂經解》沈鯉則皆辨《序》非宏作，至國朝諸家亦多持此論，然猶有未盡者。樸嘗尋考故籍，研求翔實，以爲今之《詩序》非宏作者，其驗有七也。考《毛詩》自毛公作傳以後，賈解、徐陳遞相傳授至鄭衆，賈逵作傳，而其學大行，至鄭康成作箋，而其學乃大成。今鄭、賈之傳均亡佚，而鄭箋獨存，然則説《毛詩》者固當以鄭説爲指歸，即論《詩序》者亦宜以鄭言爲圭臬矣。今考《詩・常棣》，《正義》引《鄭志》。《張逸問・常棣箋》云：「周仲文以左氏論之，三辟之興，皆在叔世，謂三代之末即二叔宜爲夏殷末。」鄭君畣曰：「此注《左氏》者亦云管蔡耳。又此序子夏所爲，親受聖人，足自明矣。」據此則鄭以序爲子夏作。又《緇衣正義》引《答張逸》曰：「高子言非毛公，後人著之。」據此是鄭以序發端二語下皆毛公作，今忽云高子故以非毛公别出之，俱不言衛宏，且如序爲宏作，范蔚宗時尚曰今傳於世，是宏有别行之本，不附正經。可知鄭君去宏未遠，豈容不見而尚曰後人箸之，不曰衛宏箸之，是鄭意中無宏作之一説也，此一驗也。又《范書・儒林傳》：「宏、逵、鄭衆皆傳《毛詩》。」考《逵傳》：「父徽，學《毛詩》于九江謝曼卿。」又《宏傳》曰：「宏少與河南鄭興俱好古學。初九江謝曼卿善毛詩，宏從受學。」又《鄭興傳》：「興好古學，自杜林、桓譚，衛宏之屬莫不斟酌焉。」觀此可見毛詩授受，逵受於徽，徽受於曼卿，衆受於興，興則得之衛宏，宏亦受於曼卿，是賈、鄭毛詩之學皆與宏同出曼卿者也。師法既同，時又相接，其所稱述當可據信。今考韋昭《國語解》引賈逵《國語解詁》曰：「《常棣》之篇所以閔管、蔡而親兄弟。」又引鄭衆《國語章句》曰：「昔正考父校商之名頌十二篇，於周太師以《那》爲首，一，據《常棣》詩序爲解；一，據《那》詩序爲解。」案賈、鄭注經引同時人説皆標出其名，如賈逵《左氏傳章句》桓三年有年，注引稱劉氏曰諸言有皆不宜有也。鄭衆《周禮解詁》引稱杜子春説以矢行告，告白射事於王，王則執矢也。如《詩序》爲宏作亦當如劉氏、杜子春之例標出衛氏，而今不然者，是賈、鄭以爲以經典釋經，故不箸誰何。又服虔《左傳解誼》：「襄公二十九年此之謂夏聲。」服虔曰：「秦仲始有車馬禮樂之好，侍御之臣，戎車四牡，田獵之事與諸夏同

聲，故曰夏聲。」明引車鄰鐵駟等序，亦不言衛宏。是賈、鄭、服三君皆不以詩序爲宏作也，此二驗也。然猶曰此皆説解偶同，並非明標詩序之文。今考蔡邕《獨斷》載《周頌》三十一章，自《清廟》至《般》盡録。《詩序》曰：「《清廟》一章八句，洛邑既成，諸侯朝見宗祀，文王之歌也」云云，與今《詩序》一字不異。考邕作《獨斷》皆據經典，如引先儒舊説則標出之，如「君子無幸而有不幸，小人有幸而無不幸」，引王仲任，趙武靈王效胡服始施貂蟬之飾，引太傅胡公，珠冕爵冔收一條，引曹褒《漢禮》，至論璽一條，引秦以前民皆金玉爲印、龍虎紐一條并稱衛宏曰，而載《詩序》不及衛宏一字，是邕亦不知《詩序》有宏作之説也，此三驗也。王肅平生喜難鄭學，而於《毛詩》爲尤甚，作《毛詩義駁》、《毛詩奏事》、《毛詩問難》三書以排康成。苟得一證可以難鄭者，無不搜羅詳盡，若《詩序》有宏作之説，肅正可據以駁鄭，而今僞《家語》：「子夏習於詩而通於義。」王氏注曰：「子夏所敍詩，今之毛詩序是也。」説亦同鄭，且《正義序》疏「哀窈窕」下引王肅曰：「哀窈窕之不得」云云，《車鄰正義》引王肅序注「秦爲附庸」云云，《伐柯・正義》引王肅序注「朝廷斥成王」云云，《魚麗序》、《正義》引王肅「常棣之作，在武王既崩，周公誅管蔡之後」云云，則肅且爲之注，是肅亦不知《詩序》有宏作之説也，此四驗也。觀此四驗是漢魏人皆無宏作《詩序》之説。樸考晉宋以來説詩者如郭璞、徐邈、崔靈恩等，《釋文》引《徐邈音》多爲《詩序》作音，如云「敝笱刺文姜也」，敝，符滅反。《鴻鴈》序「至於矜寡」，矜，古頑反。《賓之初筵》序「上下沈湎」，湎，莫顯反。《雲漢》序「百姓見憂」，憂，於救反。又引崔靈恩集注《東門之墠》序「男女有不待禮而相奔」，崔本有鄭注「時亂故不得待禮而行」。或爲序音或爲序注，皆不言衛宏作《序》。至宋徵士鴈門周續之、字道祖，及雷次宗俱事慧遠法師。豫章雷次宗、字仲倫，宋通直郎。齊沛國劉瓛則并專爲《詩序》作注，名其書曰《詩序義》，載在《隋志》。今雷氏之注不可見，周氏之注，《書鈔》九十五引「四方之風謂之雅」注，《釋文》引「故正得失」注，皆無論及《詩序》之語，惟《書鈔》九十五引劉瓛《序義》曰：「《詩序》，子夏所敍，毛公附焉。」則劉瓛亦不以爲宏作，是晉、宋以來亦不知《詩序》有宏作之説也。此五驗也。又葉夢得曰：「漢世文章未有引《詩序》者。」樸案此説不然。《詩序》之引始于孟子説北山之詩，今姑弗論，專論漢文，如司馬相如《難蜀父老》云「王事未有不始於憂勤，而終於逸樂」，此《魚麗序》也。王子淵《四子講德論》：「昔周公詠文王之德而作清廟，建爲頌首。吉甫歎穆如清風，列於大雅。」一引《清廟序》，一引《烝民序》也。相如、子淵皆前漢人，在宏前，若《序》係宏作，相如、子淵何由先知。此《序》非宏作之六驗也。又《御覽・禮儀部》引宏《舊儀》曰：「祀后稷於東南，嘗以八月祭，以二人爲民祈農報功。」案《載芟序》：「春藉田而祈社稷也。」《良耜序》：「秋報社稷也。」衛曰祈農報功是明用，此二序文語。又《史記・封禪書正義》引《舊儀》：「漢修周室舊祀，以壬辰祀靈星於東南。」靈者，神也，辰之神曰靈星。羣經言周祀無及靈星，惟《絲衣》篇序高子曰「靈星之尸也」，則高子以絲衣爲祀靈星之詩，宏《舊儀》蓋據以爲説，故曰「修周羣祀也。」倘《序》是宏自作，宏又自用之而自據之，雖甚愚人亦知其不足取信於人，謂宏大儒而出此乎？此《序》非宏作之七驗也。《范書・衛宏傳》言「宏作《詩序》，頗得風雅之旨」，本未嘗實指爲今之《詩序》，至後周沈重作《詩義疏》，誤會范意，遂著之曰或云《小序》是東海衛敬仲所作。《正義》引。所謂或者蓋即指范而言，後來長孫無忌作《隋志》，陸德明著《釋文》，並依沈言，於是聚六州之鐵鑄成此錯。今既得此七證，則《序》非宏作固可昭然無惑，惟范書《宏傳》之所謂宏作《詩序》一語反無所著。樸曰此宏別爲之序，非即《大序》、《小序》也，宏有《毛詩傳》，此蓋其傳首之序，猶之孟喜序卦。朱新仲引一行《易纂》孟喜序卦云「陰陽養萬物必訟而成之，君臣養萬民亦訟而成之。」鄭氏序易，見《世説・文學篇》。非即「十翼」之序、馬融書序，見《書・泰誓・正義》。非即百篇之序。范蔚宗在劉宋時猶及見衛氏《傳》與其《敍》，故云善得風雅之旨，於今傳於世也。此説樸得之嚴氏可均，竊謂從來論宏《詩序》者，以此爲最得，彼或謂衛宏潤飾，或謂宏續，或謂宏作者，皆誤讀范書，未能細考之也。兹故除范書外，論《詩序》者但録沈重一家，以志首誤之人，餘盡削去，而爲之詳辨如此。

姚振宗《漢書藝文志拾補》卷一 孔鮒《論語義疏》三卷。《史記・孔子世家》：「鮒年五十七，爲陳王涉博士，死於陳下。」又《儒林傳》云：「陳涉之王也，魯諸儒持孔氏之禮器往歸之，於是孔甲爲陳涉博士，卒與涉俱死。」徐廣曰：「孔子八世孫，名鮒，字甲也。」孔繼汾《闕里文獻考》：「鮒，一名鮒甲，字子魚，或謂之子鮒，或稱孔甲，爲博士凡六旬，言既不用，託目疾，老於陳，年五十七卒。」《册府元龜・學校部》：「漢孔鮒，爲陳勝博士，撰《論語義疏》三卷。」按孔鮒是書，唯見《册府元龜》，《經義考》取之，今亦從而録之，然《闕里文獻考》不載，甚可疑也。鮒實秦人，《册府元龜》稱漢人，亦非是。

又 孔安國《古論語傳》二十一篇。《史記・孔子世家》：「鮒弟子襄，爲孝惠皇帝博士，子襄生忠，忠生武，武生延年及安國，安國爲今皇帝博士，至臨淮太守，早卒。」孔繼汾《闕里文獻考》：「安國字子國，孔子十代孫，博士，子貞次子，少學

《詩》於魯申公，受《尚書》於伏生，以文學政事名，年四十爲諫議大夫，事漢武帝爲侍中，後自博士遷臨淮太守，六年以病免，年六十卒。」魏何晏《論語集解》序曰：「《古論》唯博士孔安國爲之訓解，而世不傳。」《隋書・經籍志》曰：「《古論語》與《古文尚書》同出，章句煩省與《魯論》不異，唯分《子張》爲二篇，故有二十一篇，孔安國爲之《傳》。」馬國翰輯本《序》曰：「案《孔子家語》後序云：天漢後魯恭王壞夫子故宅，得壁中詩書，悉以歸子國，子國乃考論古今文字，撰衆師之義爲《古文論語訓解》十一篇，隋、唐《志》皆不著録，僅見何晏《集解》所引，輯其散佚，並以皇侃疏本、高麗本與邢昺疏本文字異者參定，以復其舊，《史記》、《説文》引稱皆古文，亦據采入，仍其篇目爲十一卷。」按何晏《集解》首列孔安國一家，則其書魏晉時尚存，其云世不傳者，謂世未傳習，時盛行張侯論故也。嘉興沈濤作《論語孔注辨僞》，謂《論語訓》、《孝經傳》，識者皆疑其僞，因從而掊擊之，然自漢魏以來相傳，未可與梅賾僞《孔傳》比，故仍從舊文録之。

又卷二 《燕丹子》一卷。《史記・燕召公世家》：「今王喜二十三年，太子丹質於秦，亡歸燕。燕見秦且滅六國，秦兵臨易水，禍且至，太子丹陰養壯士二十人，使荆軻獻督亢地圖於秦，因襲刺秦王。秦王覺，殺軻，使將軍王翦擊燕。二十九年，秦攻拔我薊，燕王亡徙居遼東，斬丹以獻秦。三十三年，秦拔遼東，虜燕王喜，卒滅燕。」又《荆卿列傳》：「燕太子丹者，故嘗質於趙，而秦王政生於趙，其少時與丹驩，及政立爲秦王，而丹質於秦，秦王之遇太子丹不善，故丹怨而亡歸，歸而求爲報秦王者。」《隋志・子部・小説家・燕丹子》一卷：「丹，燕王喜太子。」《唐・經籍志》：「《燕丹子》三卷，燕太子撰。」《藝文志》：「《燕丹子》一卷，燕丹子。」《宋史・志》：「《燕丹子》三卷。」孫氏《平津館、岱南閣兩本校刊序》曰：「《燕丹子》三卷，世無傳本，惟見《永樂大典》，紀相國昀既録入《四庫書子部小説類存目》中，乃以鈔本見付。」《燕丹子》之著録始自《隋・經籍志》，然裴駰注《史記》引劉向《別録》云：「督亢，膏腴之地。」司馬貞《索隱》引劉向云：「丹，燕王熹之太子。」則劉向《七略》有此書，不可以《藝文志》不載而疑其後出。《藝文志・法家》有《燕十事》十篇，雜家有《荆軻論》五篇，據注言司馬相如等論荆軻事，則俱非燕丹子也。古之愛士者率有傳，書由身没之後賓客紀録遺事，報其知遇，如《管》、《晏》、《吕氏春秋》皆不必其人自著，則此書題燕太子丹撰者，《舊唐書》之誣亦不得以此疑其僞也。其書長於敍事，嫻於詞令，審是先秦古書，亦略與《左氏》、《國策》相似，學在從横、小説兩家之間，且多古字古義。《國策》、《史記》取此爲文，削其烏白頭、馬生角及聽秦聲之事，而增徐夫人匕首、夏無且藥囊，足證此書作在史遷、劉向之前，或以爲後人割裂諸書雜綴成之，未必然矣。

又卷三 《班倢伃集》一卷。《漢書・外戚傳》：「孝成班倢伃。帝初即位，選入後宫，始爲少使蛾，而大幸爲倢伃，居增成舍，再就館，有男數月失之。成帝遊於後庭，嘗欲與倢伃同輦載，倢伃辭曰：『觀古圖畫，賢聖之君皆有名臣在側，三代末主迺有嬖女。今欲同輦，得無近似之乎？』上善其言而止，太后聞之喜曰：『古有樊姬，今有班倢伃。』其後失寵，求共養太后長信宫，上許焉。倢伃退處東宫，作賦自傷悼，至成帝崩，倢伃充奉園陵薨，因葬園中。」《續列女傳》曰：班倢伃者，左曹越騎校尉班況之女。成紀贊曰：臣之姑充後宫爲倢伃。晉灼曰：班彪之姑也。唐吴兢《樂府古題要解》曰：「《倢伃怨》者，爲漢成帝班倢伃作也。倢伃，徐令彪之姑，況之女，美而能文。初爲帝所寵愛，後幸趙飛燕姊娣，冠於後宫。倢伃自知恩薄懼得罪，求供養皇太后於長信宫，因爲賦及紈扇詩以自傷。後人傷之，爲《倢伃怨》及擬其詩。」鍾嶸《詩品》曰：「逮漢李陵始著五言之目，自王、揚、枚、馬之徒辭賦競爽，而吟詠靡聞從李都尉迄班倢伃，百年間有婦人焉，一人而已。詩人之風頓已缺喪。」又曰：「漢婕妤班姬詩，其源出於李陵。團扇短章，辭旨清捷，怨深文綺，得匹婦之致，侏儒一節，可以知其工矣。」《文心雕龍・明詩篇》曰：「至成帝品録三百餘篇，按《藝文志》歌詩二十八家，三百一十四篇。朝章國采亦云周備，而辭人遺翰莫見五言，所以李陵、班婕妤見疑於後代也。」《隋書・經籍志》：「《漢成帝班婕妤集》一卷。」嚴可均《全漢文》編：「班倢伃有集一卷，今存《自悼賦》、《擣素賦》、《報諸姪書》凡三篇，《文選》有《怨歌行》一篇。」

姚振宗《漢書藝文志條理》卷一下 《孝經》者，孔子爲曾子陳孝道也。夫孝，天之經地之義，民之行也。舉大者言，故曰《孝經》。漢興，長孫氏、博士江翁、少府后倉、諫大夫翼奉、安昌侯張禹傳之，各自名家，經文皆同，唯孔氏壁中古文爲異。父母生之，續莫大焉，故親生之膝下。諸家説不安處，古文字讀皆異。《四庫提要》曰：「《孝經》授受無緒，故陳騤、汪應辰皆疑其僞，今觀其文去二戴所録爲近，要爲七十子徒之遺書，使河間獻王采入一百三十一篇中，則亦禮記之一篇，與《儒行》、《緇衣》轉從其類，惟其各出別行，稱孔子所作，傳録者又分章標目，自名一經，後儒遂以不類《繫辭》、《論語》繩之亦有由矣。中間孔、鄭兩本互相勝負，始以開元御注用今文，遵制者從鄭，後以朱子刊誤用古文，講學者又轉而從孔。要其文句小異，義理不殊，當以黄震之言爲定論。」按《提要》謂授受無緒者，如后倉，史但言其通《詩》、《禮》，不言其説《孝經》，張禹亦但言其從施讎問《易》、王吉庸生問《論

語》，亦不言其從誰受《孝經》，而最初之長孫氏其師授亦不可考，此類是已。黃震之言，見《黃氏日鈔》中。

又卷二 《陸賈》二十三篇，陸賈有《楚漢春秋》，見六藝春秋家。《史記》本傳：「陸生時時前説，稱《詩》、《書》。高帝罵之曰：『迺公居馬上而得之，安事《詩》、《書》？』陸生曰：『居馬上得之，寧可以馬上治之乎？且湯、武逆取而以順守之，文武並用，長久之術也。昔者吴王夫差、智伯極武而亡，秦任刑法不變，卒滅趙氏。鄭氏曰：「秦之先造父封于趙城，其後以爲姓。」鄉使秦已并天下，行仁義，法先聖，陛下安得而有之？』高帝不懌而有慙色，迺謂陸生曰：『試爲我著秦所以失天下吾所以得之者何，及古成敗之國。』陸生迺粗述存亡之徵，凡著十二篇，每奏一篇，高帝未嘗不稱善，左右呼萬歲，號其書曰《新語》。」太史公曰：「余讀陸生《新語》書十二篇，固當世之辨士。」張守節曰：「《七録》云《新語》二卷，陸賈撰。」師古曰：「今其書見存。」《黃氏日鈔》曰：「陸賈以《詩》、《書》説高帝，一時羣臣無有也，以吕氏欲王諸吕而病免，復傳會將相以誅諸吕，亦一時羣臣無有也，動静合時，措之宜而功烈泯無形之表，漢初儒生未有賈比也。」《隋書・經籍志》：「《新語》二卷，陸賈撰。」唐《經籍志》同《藝文志》：「陸賈《新語》二卷。」《宋・藝文志》雜家著録同。王氏《考證》：「今存道基、術事、輔政、無爲、資賢、至德、懷慮七篇。」《四庫提要》曰：「《漢書》賈本傳稱著《新語》十二篇，《藝文志》儒家二十七篇，蓋兼他所論述計之。《隋志》二卷，此本卷數與隋志合，篇數與本傳合，然王充《論衡・本性篇》引陸賈，今本無其文，又《穀梁傳》至漢武帝時始出，而《道基篇》末乃引《穀梁傳》曰，時代尤相牴牾，其殆後人依託，非賈原本歟？案《穀梁春秋》始自魯申公傳之，申公與陸大夫同時，容或有見其書者。又《玉海》稱今存七篇，此本十有二篇乃反多于宋本，亦不可解，或後人因不完之本補綴五篇以合本傳舊目也。今但據其書論之，則大旨皆崇王道、黜霸術，歸本于脩身、用人，其稱引《老子》者惟思務篇引『上德不德』一語，餘皆以孔氏爲宗，所援據多《春秋》、《論語》之文，漢儒自董仲舒外未有如是之醇正也。流傳既久，其真其贋存而不論可矣。所載衛公子鱄奔晉一條與三傳皆不合，莫詳所本，中多闕文，亦無可校補。所稱文公種米、曾子駕羊諸事皆不知其何説，又據『犂嗝報』之語，訓詁亦不可通，古書佚亡，今不盡見，闕所不知可也。」嚴可均校録序曰：「《崇文總目》、《晁志》、《陳録》皆不著。王伯厚云今存七篇，蓋宋時此書佚而復出，出亦不全，至明弘治間莆陽李廷梧得十二篇足本，刻版于桐鄉縣治，或疑明本反多于王伯厚所見，恐是後人補綴，今知不然者，《羣書治要》載有八篇，其《辨惑》、《本行》、《明誡》、《思務》四篇皆非王伯厚所見，而與明本相同，足知多出五篇是隋、唐原本。至《論衡・本性篇》引陸賈曰『天地生人也』一條，今十二篇無此文。《論衡》但云陸賈不云《新語》，或當在《漢志》之二十三篇中。又《穀梁傳》曰『仁者以治親，義者以利尊』，乃是《穀梁》舊傳，故今傳無此文。因知瑕邱江公所受于魯申公者，其後本復經改造，非穀梁赤之舊也。漢代子書《新語》最純、最早，貴仁義，賤刑威，述《詩》、《書》、《春秋》、《論語》，紹孟，荀而開賈、董，卓然儒者之言，史遷目爲辨士，未足以盡之。其詞皆協韻，流傳既久，轉寫多訛。今據明各本以《治要》之八篇及《文選注》、《意林》等書改正删補，疑者闕之，間有管見一二，輒附案語臆定。」案明程榮《漢魏叢書》所刻，即據弘治十五年莆陽李廷梧刊本，其篇目曰：「道基第一，術事第二，輔政第三，無爲第四，辨惑第五，慎微第六，資質第七，至德第八，懷慮第九，本行第十，明誡第十一，思務第十二。」王氏所見七篇蓋缺，辨惑、慎微、本行、明誡、思務五篇，中多斷爛，末篇缺文尤多，嚴氏所校之本，今亦未見。又案《七略》兵權謀家有陸賈，班氏以其重複省之。

又 《鬻子》二十二篇。名熊，爲周師，自文王以下問焉，周封爲楚祖。《史・周本紀》：「西伯遵后稷、公劉之業，則古公、公季之法，士多歸之。伯夷、叔齊在孤竹，往歸之，太顛、閎夭、散宜生、鬻子、辛甲大夫之徒皆往歸之。」又《楚世家》：「楚之先祖，出自帝顓頊高陽。高陽者，黃帝之孫，昌意之子也。高陽生稱，稱生卷章，卷章生重黎，重黎爲帝嚳高辛居火正，帝嚳命曰祝融，共工氏作亂，帝嚳使重黎誅之而不盡。帝乃以庚寅日誅重黎，而以其弟吴回爲重黎，後復居火正爲祝融。吴回生陸終，陸終生子六人，其六曰季連，芈姓，楚其後也。季連生附沮，附沮生穴熊，其後中微，或在中國，或在蠻夷，弗能紀其世。周文王之時，季連之苗裔曰鬻熊，子事文王，蚤卒，其子曰熊麗。熊麗生熊狂，熊狂生熊繹，熊繹當周成王之時，舉文武勤勞之後嗣而封能繹于楚蠻，封以子男之田，姓芈氏，居丹陽。楚子熊繹與魯公伯禽、衛康叔子牟、晉侯燮、齊太公子吕伋俱事成王。」《漢書・地理志》：周成王時，封文武先師鬻熊之曾孫熊繹于荆蠻，爲楚子，居丹陽。劉向《别録》曰：「鬻子名熊，封于楚。」按此一條見《周本紀集解》，疑引之者誤節其文。本書《人表》：粥熊列第三等上下。梁玉繩曰：「粥熊始見《列子・天瑞》，本作鬻熊，祝融十二世孫，楚先封鬻，夏商間因爲姓名熊，亦曰鬻熊，子亦曰鬻子，年九十見文王，爲文武師，周封爲楚祖。」《文心雕龍・諸子篇》：「鬻熊知道而文王咨詢，餘文遺事録爲《鬻子》，子之肇始莫先于兹。」《隋書・經籍志》：「《鬻子》一卷，周文王師鬻熊撰。」《唐書・藝文志》：

「《鬻子》一卷。」《宋史·藝文志》雜家：「《鬻熊子》一卷。」長洲宋翔鳳《過庭録》曰：「《鬻子》書已不傳，今傳逄行珪注《鬻子》乃是僞書，惟賈誼《新書·脩政語》二篇當采自《鬻子》，凡文王以下問者皆在下篇。其上篇載黄帝、顓頊、帝嚳、堯、舜、禹、湯之言皆鬻子所述以告文王，以下者也道家之言，皆託始黄帝，故《七略》以爲人君南面之術，固治天下之書也。」嚴可均輯本《序》曰：「《漢志》道家《鬻子》二十二篇，今世流傳僅唐永徽中逄行珪注本，凡十四篇，爲一卷，注甚疏蔓，又分篇瑣碎，所題甲乙，故作傎倒羼亂以瞀惑後人，宋又有陸佃校本，分行珪十四篇爲十五篇，瑣碎尤甚，又棼其次第，不足存案。《羣書治要》所載起訖如行珪，而第二篇至第十三篇聯爲一篇，則行珪十四篇僅當三篇。《意林》稱今一卷六篇，末後所載多出『昔文王見鬻子』一條，則行珪十四篇未足六篇。鬻子年九十見文王，而其書有成王問及康叔封衛事，蓋鬻子非專記鬻熊之語，故其書于文王、周公、康叔皆曰昔者，昔者後乎鬻子言之也。古書不必手著，鬻子蓋康王、昭王後周史臣所録，或鬻子子孫記述先世嘉言爲楚國之令典，即《史記》序傳所謂重黎業之，吳回接之，殷之季世鬻熊諜之周用，熊繹、熊渠是續者也。昭十二年《左傳》楚靈王曰：『昔我先王熊繹跋涉山林以事天子』，是楚之始封，爲熊繹非鬻熊，與《楚世家》正同。劉向博極羣書，《周本紀集解》引《別録》乃言『鬻子名熊，封于楚。』與《左傳》、《史記》違異，不若《漢志》周封爲楚祖之無語病也。諸子以《鬻子》爲最早，惜世無善本，乃蒐輯羣書重加編録，闕增益遺，改正譌誤，定著一卷，先采列子，次采賈誼，書後載今本補以唐宋人類書，其行珪注及篇題任其別行，所不取焉。」又《三代文》編：「鬻熊姓羋名熊，祝融之後，陸終第六子季連之裔，年九十見文王，文王以爲師，至武王、成王皆師事之。成王大封異姓，會先卒，子熊麗、孫熊狂亦卒，因封其曾孫熊繹于楚，子孫皆以熊爲氏，傳三十一世四十三君，有《鬻子》一卷十四篇，以《羣書治要》校之貫，三篇見存不録，録其佚文凡十四條。」

又　《鶡冠子》一篇。楚人居深山，以鶡爲冠。劉向《別録》曰：「鶡冠子，常居深山，以鶡爲冠，故號鶡冠子。」應劭《風俗通·姓氏篇》：「鶡冠氏，賨人，以鶡冠爲姓，鶡冠子著書。」《太平御覽·逸民部》《袁淑真隱傳》：「鶡冠子，或曰楚人，隱居幽山，衣弊履穿，以鶡爲冠，莫測其名，因服成號，著書言道家事，馮煖常師事之，煖後顯于趙，鶡冠子懼其薦己也，乃與煖絶。」按此言馮煖者即龐煖也。《隋書·經籍志》：「《鶡冠子》三卷，楚之隱人。」《唐經籍志》：「《鶡冠子》三卷，鶡冠子撰。」《唐藝文志》：「《鶡冠子》三卷。」《宋史·藝文志》：「《鶡冠子》三卷，不知姓名，《漢志》云楚人，居深山，以鶡羽爲冠，因號云。」《崇文總目》曰：「今書十五篇，述三才，變通古今治亂之道，唐世嘗辨此書後出，非古所謂《鶡冠子》者。」《四庫提要·雜家》：「劉勰《文心雕龍》稱鶡冠綿綿亟發深言，韓愈稱其《博選篇》四稽五至之説，《學問篇》一壺千金之語，且謂其施于國家功德豈少。柳宗元乃詆爲言盡鄙淺，謂其《世兵篇》多同《鵩賦》，據司馬遷所引賈生二語以決其僞，然古人著書往往偶用舊文，古人引證亦往往偶隨所見，未可以單文孤證遽斷其僞，惟《漢志》作一篇，而《隋志》以下皆三卷，或後來有所附益則未可知耳。其説雖雜刑名，而大旨本原于道德，其文亦博辨宏肆，自六朝至唐劉勰最號知文，而韓愈最號知道，二子稱之，宗元乃以爲鄙淺，過矣。」此本爲陸佃所注，凡十九篇。按《文心雕龍·事類篇》云：觀乎屈、宋屬篇，雖引古事而莫取舊詞，唯賈誼《鵩賦》始用鶡冠之説，此謂賈生引《鶡冠子》。柳氏謂好事者僞爲其書，反用《鵩賦》以文飾之，非誼有取也，蓋亦高明之過也。案《七略》兵權謀家有《鶡冠子》，班氏以其重復省之。梁玉繩《瞥記》卷五引翟晴江《涉獵隨筆》云：「鶡冠疑鷸冠之譌，《逸周書》曰知天文者冠鷸冠，以鷸能知天晴雨也。《禮圖》謂之術士冠鶡冠，書述三才變通，其篇目有《天則》、《天權》、《能天》，他如《環流》、《玉鈇》、《泰鴻》、《泰録》等篇率多談天之文，然考鶡冠書，舊亦入之兵家，安知其人不好武而冠鶡冠以自表乎？」翟教授之言太穿鑿不可據。

又卷四　《吳孫子兵法》八十二篇，圖九卷。《史》本傳：「孫子武者，齊人也，以兵法見于吳王闔廬。闔廬曰：『子之十三篇吾盡觀之矣。』于是闔廬知孫子能用兵，卒以爲將，西破彊楚，入郢北威齊、晉，顯名諸侯，孫子與有力焉。」《正義》曰：「魏武帝云孫子者，齊人，事于吳王闔閭，爲吳將，作兵法十三篇。」《七録》云：「《孫子兵法》三卷。」案十三篇爲上卷，又有中、下二卷。《史·律書》：「吳用、孫武申明軍約，賞罰必信，卒伯諸侯，兼列邦土，雖不及三代之誥誓，然身寵君尊，當世顯揚，可不謂榮焉。」《藝文類聚·政治部·吳越春秋》曰：「孫子者，吳人，名武，善爲兵法，僻隱幽居，世人莫知其能，子胥明于識人，乃薦孫子。吳王問以兵法，每陳一篇，王不覺口之稱善。」《世系表》：「孫氏又有出自嬀姓。齊田完，字敬仲，四世孫桓子無宇。無宇子書，字子占，齊大夫，伐莒有功，景公賜姓孫氏，食采于樂安，生憑字起宗，齊卿，憑生武字長卿，以田、鮑四族謀爲亂，奔吳爲將軍。」本書《人表》：第五等中中吳孫武。梁玉繩曰：「孫武始見《史·律書》及本傳，字長卿，本齊田完之後，奔吳爲吳人，亦曰孫子，葬吳巫門外，去縣十里，宋宣和五年封滬瀆侯。」《隋書·經籍志》：「《孫子兵法》二卷，吳將孫武撰。梁三卷，吳孫子《牝八變陣圖》二卷，《孫子兵法雜占》四卷，梁又

有《孫子八陣圖》一卷，亡。《孫子戰鬭六甲兵法》一卷，亡。」《唐書・經籍志》：「《吴孫子三十二壘經》一卷。」《唐・藝文志》同。《宋史・藝文志》：「《孫武孫子》三卷。」又云朱服校定《孫子》三卷，《太平御覽》三百五十七引《孫子三十二壘經》及《兵法雜占》。王氏《考證》：「《隋志》梁有孫子《八陣圖》一卷，《周禮・車僕》注：『孫子八陣，有革車之陳。』」《四庫提要》曰：「武書爲百代談兵之祖，葉適以其人不見于《左傳》疑其書乃春秋末、戰國初山林處士之所爲，然《史記》載闔廬謂孫武曰『子之十三篇吾盡觀之矣』，則確爲武所自著，非後人嫁名于武也。」孫星衍校刊《序》曰：「孫子爲吴將兵，功歸子胥，故《春秋傳》不載其名，蓋功成不受官也。《越絶書》稱巫門外大冢吴王客孫武冢是其證也。畢以珣《敍録》曰：『武蓋以客卿將兵也。』」文登畢以珣《孫子敍録》曰：「按八十二篇、圖九卷者其一爲十三篇，今所傳《孫子兵法》是也，其一爲問答若干篇，即諸傳記所引滎陽鄭友賢所輯遺説是也。一爲《八陳圖》鄭注《周禮》引之是也，一爲《兵法雜占》《太平御覽》所引是也，外又有《牝八變陣圖》、《戰鬭六甲兵法三十二壘經》見隋、唐《志》。按《漢志》惟云八十二篇而隋、唐《志》于十三篇之外又有數種，可知其具在八十二篇之内也。梁玉繩《瞥記》曰《孫武兵法》十三篇，而高誘注《吕覽・上德》云『兵法五千言』，則不獨上至經稱五千言矣。」

又卷六 《黄帝三王養陽方》二十卷。孫星衍《素女經・四季方序》曰：「《素女方》一卷，見《隋書・經籍志》，其名不載《漢・藝文志》，然即神仙家《黄帝雜子十九家方》二十卷之一也。按當云房中家《黄帝三王養陽方》二十卷之一，觀下文可知此駁文而失于訂正者。其書隋唐猶有傳本，王燾取入《外臺祕要》卷十七中，云出《古今録驗》，真古書也。書稱黄帝與素女高陽負問答，述交接之禁忌，敍四時之藥物，以爲房中卻病之術，文句有韻，以逆爲迎，以知爲愈，皆古字古義，審非後人僞作。房中之術，古有傳書，容成、務成、堯舜陰道俱一家之學，班氏所云樂而有節，則和平壽考，迷者弗顧，以生疾而隕性命。誠哉斯言。《千金翼方》卷五《行房法》一依《素女經》，婦人月信斷一日爲男，二日爲女，三日爲男，四日爲女，以外無子，每日午時夜半後行事，生子吉，餘時生子不吉，亦此書佚文并附識之。」按：太史公《五帝本紀》贊：「百家言黄帝，其文不雅馴，薦紳先生難言之。」此其不雅馴之尤者，黄帝三王殆即謂黄帝三子，相傳有黄帝授三子《玄女經》疑即是書之佚出者。

姚振宗《三國藝文志》卷三 《孔叢子》七卷。《隋志・經部・論語》篇：「《孔叢子》七卷，陳勝博士孔鮒撰。」又曰：「《孔叢》、《家語》，並孔氏所傳，仲尼之旨并附于此篇。」《唐經籍志》：「《孔叢》七卷，孔鮒撰。」鮒似鮒之刊誤。《藝文志》：「《孔叢》七卷，不著撰人。」《宋史・藝文志》：「子部儒家《孔叢子》七卷，漢孔鮒撰，朱熹曰僞書也。」又經部小學類别出孔鮒《小爾雅》一卷。《書録解題》曰：「《孔叢子》七卷，孔氏子孫雜記其先世系言行之書也。《小爾雅》一篇，亦出于此。《中興書目》稱漢孔鮒撰。」案《孔光傳》：「夫子八世孫鮒，魏相順之子，爲陳涉博士，死陳下，則固不得爲漢人，而其書記鮒之没。」第七卷號《連叢子》者，又記太常臧而下數世，迄于延光三年季彦之卒，則又安得以爲鮒撰耶。《四庫提要》曰：「孔叢子，舊題孔鮒撰，所載仲尼而下子上、子高、子順之言行，凡二十一篇，又以孔臧所著賦與書上下二篇附綴于末，别名曰《連叢》。臧，高祖功臣孔聚之子，嗣爵蓼侯，武帝時官太常。《朱子語類》謂《孔叢子》文氣軟弱，不似西漢文字，蓋其後人集先世遺文而成之者。今案其書説舜典六宗與僞《孔傳》、僞《家語》並同，是亦晚出之明證也，朱子所疑蓋非無見。」仁和孫志祖《讀書脞録》曰：「臧玉林《經義雜記》云：《禮記・祭法》：『相近于坎壇，祭寒暑也』，鄭注『相近』，當爲禳祈聲之誤也，王肅作『祖迎』，《孔叢子・書論篇》『祖迎于坎壇，所以祭寒暑也』與王肅正同，《孔叢子》亦僞書。」朱子云似東漢人語，琳疑并非東漢人，當出于魏晉間，故解「納于大麓禋于六宗」皆與僞《孔傳》及王肅注合，志祖嘗疑孔子家語、孔安國書傳、孔叢子皆出于肅手，鄭以「相近」爲禳祈，以爲聲誤，肅改作「祖迎」以爲形似之誤，恐後人不信其説，故著之于孔叢子，肅之詭計苦心往往若此，非好學深思、心知其義，恐急索解人不得也。案臧氏考出王肅注祭法及大麓六宗三事並與《孔叢》同，則是書始行于魏代，從可知矣。今録于此。其《小爾雅》據王煦所考實爲《漢志》所載之一篇，《宋志》稱孔鮒固未碻而録入此書，則亦孔氏先世所遺，未可知也。

文廷式《補晉書藝文志》卷一 薛貞《歸藏》注十三卷。太尉參軍。《隋書・經籍志》云：「《歸藏》，漢初已亡，晉《中經簿》有之，唯載卜筮，不似聖人之旨，以本卦尚存，故取貫《周易》之首，以備殷《易》之缺。」明人《世善堂書目》尚著録。《左傳》襄九年《正義》曰：世有《歸藏易》者，僞妄之書，非殷《易》也。

黄逢元《補晉書藝文志》卷三 《正訓》十卷。陸機撰。《宋志》入雜家，《通志》入儒家，其《校讎略》云：「陸機《正訓》，隋唐諸《志》並無，今出荆州田氏。」元案《御覽》六百二引葛洪《外篇》云：「陸平原作子書未成。」又云：「今才士何不贊成陸公子書？」並引機言「吾所作子書未成，以此爲恨耳」，據此當即《正訓》本未成書，宜《隋志》缺載，田氏晚出之本似未可信。

又 《晉書》無《兵志》矣，私家箸述若司馬氏、若孔氏書無存者，至馬隆、陶侃、

庚衮諸篇晚出於宋，殆依託也，惟葛洪《祕要》近陰陽家言，《唐志》録之而逸文殘句時又引見他書，證驗既多，庶可傳信。

又 《洪範》五行實徵人事，後世移休咎之説驗天道、相地形，斯術數耳。故泰始初年有星氣讖緯之禁，今攷傳書，葛洪以外，郭璞尤多，青囊所儲，必無此富，殆依託也。夫精其術而猶罹王敦之害，讀璞遺書可以鑒矣。雖然，璞亦殺身成仁者，術士云乎哉。

姚振宗《隋書經籍志考證》卷一 《宋史·藝文志》：「薛貞注《歸藏》三卷。」《崇文總目》：「《歸藏》三卷，晉太尉參軍薛正注。隋世有十三篇，今但存《初經》、《齊母》、《本蓍》三篇，文多闕亂，不可詳解。」宋鄭樵《通志·藝文略》：「《連山》亡矣，《歸藏》隋有薛貞注十三卷，今所存者，《初經》、《齊母》、《本蓍》三篇而已，言占筮事，其辭質，其義古，後學謂爲不文，疑而棄之，獨不知後之人能爲此文乎！」秀水朱彝尊《經義考》曰：「按《歸藏》隋時尚存，至宋猶有《初經》、《齊母》、《本蓍》三篇，其見於傳注所引者，辭皆古奥，而孔氏《正義》謂《歸藏》僞妄之書，亦未盡然。」又曰：「《歸藏》之書，有《本蓍》篇亦有《啓筮篇》，有《齊母經》亦有《鄭母經》，見於郭景純《山海經注》，《隋志》謂《歸藏》漢初已亡，故班固《藝文志》不載，又謂晉《中經簿》有之，斯景純得援之以釋山經也。」歷城馬國翰玉函山房輯本《序》曰：「今玩其遺文，類皆韻語，奇古可誦，與《左氏傳》所載諸繇辭相類。《焦氏易林》源出於此，雖畢日奔月頗涉荒怪，然龍戰於野、載鬼一車，大易以之取象，亦無所嫌也。但殷《易》而載武王枚占、穆王筮卦蓋周太卜掌其法者，推記占驗之事附入篇中。其文非漢以後人所能作也，今並宋時三篇亦佚，朱太史《經義考》搜輯甚詳，據以爲本，間有遺漏，爲補綴之，並附諸家論説爲一卷。」金谿王謨《漢魏遺書鈔》曰：「今共鈔出《周禮疏》二條、《爾雅疏》一條、《山海經注》十條、《穆天子傳注》一條、《莊子釋文》一條、《楚辭補注》一條、《文選注》三條、《類聚》四條、《初學記》二條、《書鈔》一條、《御覽》十條、《路史注》二條、《經義考》五條，附録《連山易》二條。」烏程嚴可均《全上古三代文》編輯本序曰：「《新論》稱《歸藏》四千三百言，是西漢末實有此書。《漢志》本《七略》，偶失載耳。」《崇文總目》云：今但存三篇，《玉海》引《中興書目》同《文淵閣書目》不著録，蓋三篇又亡於元明之際，今蒐輯羣書得八百四十六字，視桓譚所見本略存什二焉。諸書引見不著篇名者凡二十五條，又《歸藏·啓筮》十五條、《歸藏鄭·母經》三條、《歸藏·齊母經》《歸藏·初經》《歸藏·本蓍篇》各一條，《附録》一條又附《筮辭》五條、《卜頌》十五條。陽湖孫星衍《祠堂書目》：《歸藏》一卷，洪頤煊集本。按劉歆與揚雄從取《方言》書云：「三代之書藴藏於家，顧弗多耶，今有一《周易》而無《連山》、《歸藏》。」則劉中壘家無此二書，《新論》言《連山》、《歸藏》在蘭臺，太卜則在中祕書温室天禄閣之外，當時未及彙聚，故《七略》遺之也，薛貞始末未詳。

又卷二〇 《王喬傳》一卷。不著撰人。《後漢書·方術傳》：「王喬，河東人，顯宗世爲葉令，有神術，或云此即古仙人王子喬也。」注引劉向《列仙傳》曰：「王子喬，周靈王太子晉也，好吹笙作鳳鳴，游伊洛間，道士浮邱公接上嵩山。三十餘年後來於山上告桓良曰：『告我家七月七日待我緱氏山頭。』果乘白鶴駐山巔，望之不得到，舉手謝時人而去。」《史通·雜説篇》曰：「案應劭《風俗通》載楚有葉君祠，即葉公諸梁廟也，而俗云孝明帝時有河東王喬爲葉令，嘗飛舄入朝，及干寶《搜神記》乃隱應氏所通而收流俗怪説。既而宋求漢事，旁取令升之書。簡編一定，膠漆不移，遂令俗之學者説舄履登朝則云漢書舊記，遮彼虛詞，成茲實録。語云三人成市虎，斯言其得之者乎，又曰馬遷持論稱堯世無許由，應劭著録云漢代無王喬，其言讜矣。」《唐書·經籍志》：「《王喬傳》一卷。」《新志》神仙家著録同。章氏《考證·御覽時序部》：「漢永和元年十二月夜，王喬墓上采薪者見人衣冠曰：『我王喬也，汝莫取我墓樹。』忽不見，此稱蔡邕《王喬録》。」侯康《補後漢書藝文志》：「《御覽》卷三十三引蔡邕《王喬録》。」案《蔡中郎集》有王子喬碑，《御覽》所引即碑文中語，而稱爲録，或别有記録歟？碑略謂潁川城外有王氏墓，紹胤不繼，荒而不祀，歷載彌年，莫之能紀。永和元年當臘之夜，附居者王伯聞墓上有哭聲甚哀，明見大鳥跡在祭祀處，咸以爲神，後有大冠絳衣杖竹策立冢前，呼樵孺子尹永昌曰：「我王子喬也，爾勿復取吾墓前樹。」忽不見。時令泰山萬熹爲造廟，近遠祈禱獲祚，延熹八年秋八月遣使者致祀國相，東萊王璋與長史邊乾樹石紀頌，而中郎爲之辭，於是王喬遂有墓、有祠、有碑頌，并有此傳記行於世，然與范書所載明帝時葉令飛舄實各爲一事。《續漢郡國志·南陽郡葉縣注》：《皇覽》曰：「縣西北去城三里，葉公諸梁冢，近縣祠之曰葉君邱。」後人傅會其説，合爲一事，故《史通》别辨白之。章、侯兩家以蔡氏《王喬録》謂即是傳或當然，然亦竊疑後人取《列仙傳》、《搜神記》、蔡氏碑、范氏《傳》諸説彙次成編焉。

又卷二五 《鬻子》一卷，周文王師鬻熊撰。《史記·周本紀》：「西伯遵后稷、公劉之業，則古公、公季之法，士多歸之，伯夷、叔齊在孤竹往歸之，太顛、閎夭、散宜生、鬻子、辛甲大夫之徒皆往歸之。」又《楚世家》：「楚之先祖，出自帝顓頊高

陽。高陽者，黄帝之孫，昌意之子也。高陽生稱，稱生卷章，卷章生重黎，重黎爲帝嚳高辛居火正，帝嚳命曰祝融共工氏作亂，帝嚳使重黎誅之而不盡，帝乃以庚寅日誅重黎，而以其弟吴回爲重黎後，復居火正爲祝融。吴回生陸終，陸終生子六人，其六曰季連，芈姓，楚其後也。季連生附沮，附沮生穴熊，其後中微或在中國或在蠻夷，弗能紀其世。周文王之時，季連之苗裔曰鬻熊，子事文王，蚤卒，其子曰熊麗，熊麗生熊狂，熊狂生熊繹，當周成王之時舉文武勤勞之後嗣而封熊繹于楚蠻，封以子男之田姓芈氏，居丹陽，楚子熊繹與魯公伯禽、衛康叔子牟、晉侯燮齊太公子吕伋俱事成王。」劉向《别録》曰：「鬻子名熊，封于楚。」案此條見《周本紀集解》，封于楚者爲粥子，曾孫熊繹與《藝文志》引文異，疑裴駰誤節其文。《漢書·藝文志》：「《鬻子》二十二篇，名熊，爲周師，自文王以下問焉，周封爲楚祖。」又小説家《鬻子説》十九篇，後世所加。又《古今人表》第三等粥熊。錢塘梁玉繩考曰：「粥熊始見《列子·天瑞篇》，本作鬻熊，祝融十二世孫，楚先封鬻，夏商間因爲姓，名熊，亦曰鬻熊子，亦曰鬻子，年九十見文工，爲文武師，周封爲楚祖。」梁劉勰《文心雕龍·諸子篇》：「鬻熊知道，而文王咨詢，餘文遺事録爲《鬻子》，子之肇始莫先于兹。」《唐書·經籍志》：「小説家《鬻子》一卷，鬻熊撰。」案此列小説家，具有别裁。《唐書·藝文志》：「《鬻子》一卷，逄行珪注。《鬻子》一卷注云鄭縣尉。」《宋史·藝文志》：「雜家《鬻熊子》一卷。」《崇文總目》：「《鬻子》一卷，《藝文志》二十二篇，其八篇亡，特存此十四篇耳。」晁氏《讀書志》：「《漢志》二十二篇，今存者十四篇，唐逄行珪注，永徽中上于朝。敍稱見文王時行年九十，而書載周公封康叔事，蓋著書時百餘歲矣。」陳氏《書録解題》曰：「鬻熊爲周文王師，封于楚，爲始祖。《漢志》云爾書凡二十二篇，今書十五篇，陸佃農師所校。」又曰：「《鬻子注》一卷，唐鄭縣尉逄行珪注，止十四篇，蓋中間以二章合而爲一故，視陸本又少一篇，此書甲乙篇次皆不可曉，二本前後亦不同，姑兩存之。」高似孫《子略》曰：「其書辭意大略淆雜。《藝文志》敍鬻子著書二十二篇，今一卷六篇。唐貞元間柳伯存嘗言子書起于鬻熊，永徽中逄行珪爲之序，凡十篇，予家所傳乃篇十有二。」明宋濂《諸子辨》曰：「《鬻子》蓋子書之始也，今世所傳者出祖無擇所藏，止十四篇，《總目》謂其八篇已亡，信矣。其文質，其義弘，實爲古書無疑，第年代久邈，篇章舛錯，要不得爲完書，黄氏擬爲戰國處士所託則非也。其書非熊自著，或者其徒名政者之所記歟？不然何有稱昔者文王有問于鬻子云。」《四庫提要》：「雜家《鬻子》一卷，舊本題周鬻熊撰。《崇文總目》作十四篇，高似孫《子略》作十二篇，陳振孫稱陸佃所校十五篇，此本題唐逄行珪注，凡十四篇，蓋即《崇文總目》所著録也。考《漢書·藝文志》道家《鬻子説》二十二篇，又小説家《鬻子説》十九篇，是當時本有二書。《列子》引《鬻子》凡三條，皆黄老清静之説，與今本不類，疑即道家二十二篇之文。今本所載與賈誼《新書》所引六條文格略同，疑即小説家之《鬻子説》也。」又曰：「此本或唐以來好事者之流依仿賈誼所引撰爲贋本，觀其標題甲乙故爲佚脱錯亂之狀，而誼書所引則無一條之偶合，豈非有心相避而巧匿其文，使讀者互相檢驗生其信心歟？且其篇名冗贅，古無此體，又每篇寥寥數言，詞旨膚淺，決非三代舊文，姑以流傳既久，存備一家耳。卷首有逄行珪序及永徽四年進書表，自署華州鄭縣尉，里居未詳。」長洲宋翔鳳《過庭録》曰：「鬻子書已不傳，今傳逄行珪注《鬻子》乃是僞書，惟賈誼《新書修改語》二篇當采自《鬻子》，凡文王以下問者皆在下篇，其上篇載黄帝、顓頊、帝嚳、堯、舜、禹、湯之言，皆鬻子所述以告文王以下者也。」烏程嚴可均《鐵橋漫稾·鬻子敍》曰：「今世流傳僅唐逄行珪注本，凡十四篇，爲一卷，《道藏》作二卷，在顛字號，注甚疏蔓，又分篇瑣碎。宋又有陸佃校本，分行珪十四篇爲十五篇，瑣碎尤甚，又棼其次第，不足存案。《羣書治要》所載起訖如行珪，而第二篇至第十三篇聯爲一篇，則行珪十四篇僅當三篇。《意林》稱今一卷六篇，末後所載多出『昔文王見鬻子』一條，則行珪十四篇未足六篇。行珪姓名不他見，其人爲唐人與否，其本爲唐本與否，未敢知之。鬻子年九十見文王，而其書有成王及康叔封衛事，蓋鬻子非鬻熊一人之語。」案《史記·楚世家》曰：「鬻熊子事文王，早卒。」又曰：「熊通怒曰：『吾先鬻熊，文王之師也，早終，成王舉我先公，乃以子男田，令居楚』」云。早卒、早終者謂鬻熊不及受封而卒、而終，非不壽之謂也。蓋文王師爲鬻熊，成王問爲熊繹，中間隔熊麗、熊狂兩世。《鬻子》非專記鬻熊之語，故其書于文王、周公、康叔皆曰「昔者」，「昔者」後乎鬻子言之也。古書不必手著，鬻子蓋康王、昭王、後周史臣所録或鬻子子孫記述先世嘉言爲楚國之令典，即《史記》序傳所謂重黎業之，吴回接之，殷之季世鬻熊諜之周用，熊繹熊渠是續者也。諸子以鬻子爲最早，神農、黄帝、大禹、伊尹等書疑皆依託，今亦不傳，傳者《本草》有後世地名，《六韜》言騎戰，皆不在《鬻子》前。劉勰曰：「諸子肇始莫先于斯。」誠哉是言！惜世無善本，乃蒐輯羣書，重加編録，增益闕遺，改正譌誤，定著一卷，先采《列子》，次采《賈誼》，書後載今本，補以唐宋人類書，其行珪注及篇題任其别行，所不取焉。又自撰《四録堂類集目録》曰：「《鬻子》一卷，可均輯。」又《三代文》編曰：「鬻熊，姓芈名熊，祝融之後，陸終第六子，季連之裔，年九十見文王，文王以爲師，至武王、成王

皆師事之。成王大封異姓，會先卒，子熊麗孫熊狂亦卒，因封其曾孫熊繹于楚，子孫皆以熊爲氏，傳三十一世四十三君，有《鬻子》一卷，今本逄行珪注，十四篇，以《羣書治要》校之，實三篇見重，不録，録其佚文，凡十四條。」

又 《文子》十二卷。文子，老子弟子，《七略》有九篇，梁《七録》十卷亡。劉向《别録》曰：「墨子書有文子，文子，子夏之弟子，問于墨子。」《漢書・人表》第五等文子。錢塘梁玉繩曰：「文子，不傳其名字。《困學紀聞》十辨文子非周平王時人。檢《文子》『道德平王問』一條，無周字，末云『寡人敬聞命』，其非周王甚審。《通考》引周氏《涉筆》以爲楚平王極碻，《士仁篇》有王良，更足驗爲楚平王時人。班氏疑《文子》書有依托，而于此表列周平王時，蓋疑以傳疑之意也。又《藝文志》《文子》九篇，老子弟子，與孔子並時，而稱周平王問，似依託者也。唐柳宗元《辨文子》曰《文子》書十二篇，其《傳》曰：『老子弟子，其辭時有若可取，其旨意皆本老子。』然考其書，蓋駁書也，其渾而類者少，竊取他書以合之者多，凡孟子輩數家皆見，剽竊嶢然而出其類，其意緒文辭又互相牴而不合，不知人之增益之歟，或者衆爲聚斂以成其書歟？然觀其往往有可立者，又頗惜之，憫其爲之也勞。今刊去謬惡濫雜者，取其似是者又頗爲發其意，藏于家。」《唐書・經籍志》《文子》十二卷。《唐書・藝文志》《文子》十二卷，又曰：「天寶元年，詔號文子爲通玄真經。」《宋史・藝文志》《文子》十二卷，舊書目云周文子撰。晁氏《讀書志》：「李暹注《文子》十二卷，其《傳》曰『姓辛，葵丘濮上人，號曰計然，范蠡師事之，本受業于老子，録其遺言爲十二篇』云。按劉向録《文子》九篇而已，《唐志》録暹注與今篇次同，豈暹析之歟？李暹師事僧般若流支，蓋元魏人也。」陳氏《書録解題》：「《文子》十二卷，題默希子注。案《史記・貨殖傳》徐廣注：『計然，范蠡師，名研。』裴駰曰：『計然，葵邱濮上人，姓辛，字文子。』默希子引以爲據。案此默希子沿李暹之誤說也。然自班固時已疑其依託，況又未必當時本書乎？至以文子爲計然之字，尤不可考信，柳子厚亦辨其爲駁書而亦頗有取焉。默希子不著名氏，晁公武曰唐徐靈府自號也。」《玉海・藝文類》曰：「今本十二篇，道原至上禮，元魏李暹注、唐徐靈府注、朱玄注。」明宋濂《諸子辨》曰：「文子，非計然之所著也。予嘗考其言，壹祖老聃，大概道德經之義疏爾。」蓋老子之言宏而博，故是書雜以黄老、名、法儒、墨之言以明之，毋怪其駁且雜也。黄氏屢發其僞，以爲唐徐靈府作，亦不然，其殆文姓之人，祖老聃而託之者歟？抑因裴氏「姓辛字文子」之説，誤指爲范子計然十五卷者歟？案《范子計然》十五卷見《唐藝文志》農家。《四庫提要》曰：「《漢志》道家《文子》九篇，《隋志》載《文子》十二卷，二志所載不過篇數有多寡耳，無異説也。因《史記・貨殖傳》有范蠡師計然語，又因裴駰《集解》有計然姓辛字文子語，北魏李暹作《文子注》，遂以計然、文子合爲一人，文子乃有姓有名，謂之計研，謬之甚矣。」又簡明目録曰：「文子不知其名字，《漢志》但稱老聃弟子而已，或曰計然者誤也，書凡十二篇皆述老聃之説，柳宗元稱其多竊取他書以合之，然要是唐以前之古本也。」金山錢熙祚《文子校勘記》曰：「《漢志》道家《文子》九篇注云老子弟子，與孔子並時，而稱周平王問，似依託也。案今《文子・道德篇》『平王問』一條無『周』字，末云『寡人敬聞命』，其非周王甚明。初疑楚平王正與孔子相值，何以班氏憒憒至此。既取文子反覆尋繹，知其以《淮南子》割裂補湊而成，『平王問』一條本《漢志》而去『周』字，以掩其依託之迹，斷非班氏所見本也。《淮南子》雖亦雜采諸書，然首尾條貫，自成機杼，今取一篇之文離爲數段，或割取它篇以附益之，不論指意之合于老氏與否，而並以爲老子之言，何老子之多言若是也！且以倜儻不羈之文句節而字省之，遂至一節之中文氣斷續，一行之内語意背馳，又淮南引老子文並有『故曰』二字，今託爲老子言而于此等悉仍其舊，豈老子自著之而自引之乎？疏謬若此，亦可謂不善作僞者矣。獨怪唐人所引《文子》並與今同，而自唐以來歷千餘年未有發其覆者，惟柳子厚謂其意緒文詞互相牴而不合，或爲聚斂以成其書，亦不知其出淮南者十之九，取它書者不過十之一也。惟是淮南一書傳寫已久，間有《淮南》誤而《文子》尚不誤者，存以互校不爲無益，若謂《淮南》取諸《文子》則顛倒甚矣。」案宋濂諸子辨有「《淮南子》多本《文子》」之語，故錢氏云爾。梁氏《人表考》云班氏所見《文子》或是誤本，遂疑《文子》書有依託，蓋以今本《文子》無「周」字爲真本也，不幾更爲顛倒乎！今本《文子》陳直齋亦云未必當時本書，錢氏分篇校勘，將其剽竊之迹一一指出，證明《文子》取《淮南》，非《淮南》取《文子》，斷非班氏所見之本。孫氏《問字堂集》有《文子序》謂今本十二卷實《七略》舊本，斯不然矣。子略載《文子》云：李白進訓注十二卷，以「李暹」二字誤爲「李白進」三字，一若李白所進者，豈校勘之失歟！

又 《鶡冠子》三卷。楚之隱人。劉向《别録》曰：「鶡冠子常居深山，以鶡爲冠，故號鶡冠子。」《漢書・藝文志》：「《鶡冠子》一篇。楚人居深山，以鶡爲冠。」師古曰：「以鶡鳥羽爲冠。」又兵權謀家注曰：「省鶡冠子。」應劭《風俗通・姓氏篇》曰：「鶡冠氏，賨人，以鶡冠爲姓。鶡冠子著書。」賨音棕，漢時長沙武陵蠻也，楚莊王時屬于楚。詳見《後漢書・南蠻傳》。此鶡冠子或其種人，未可知也。賨，今之渠縣。《太平御覽・逸民部・袁淑真隱傳》：「鶡冠子，或曰楚人，隱居幽山，衣弊履穿，以鶡爲冠，莫測其名，因服成號，著書言道家事，馮煖常師事之。煖後顯于趙，鶡冠子懼其薦

已也，乃與煖絶。」案馮煖即龐煖也。《唐書・經籍志》：「《鶡冠子》三卷，鶡冠子撰。」《唐書・藝文志》：「《鶡冠子》三卷。」《宋史・藝文志》：「《鶡冠子》三卷，不知姓名。《漢志》云楚人，居深山，以鶡羽爲冠，因號云。」《崇文總目》：「今書十五篇，述三才，變通古今治亂之道，唐世嘗辨此書後出，非古所謂鶡冠子者。」晁氏袁本《讀書志》曰：「鶡冠子，著書十五篇，論三才，變通古今治亂之道，唐柳宗元嘗辨此書非古，而韓愈獨稱焉。二人皆名儒，未知孰是。」又衢本《讀書志》曰：「唐韓愈稱愛其博選、學問篇。而柳宗元以其多取賈誼《鵩賦》，非斥之。」案《四庫書目》：「《鶡冠子》三十六篇，案三下當有卷字。與愈合，已非漢志之舊，今書乃八卷，前三卷十三篇與今所傳《墨子》書同，中三卷十九篇愈所稱兩篇皆在，宗元非之者篇名《世兵》亦在，後兩卷有十九論，多稱引漢以後事，皆後人雜亂附益之，今削去前後五卷，止存十九篇，庶得其真，其辭雜黄老刑名，意皆鄙淺，宗元之評蓋不誣。」陳氏《書録解題》：「《鶡冠子》三卷，陸佃解。今書十九篇，韓吏部稱十有六篇，故陸謂非其全也。韓公頗道其書，至柳柳州則曰『盡鄙淺言也，好事者僞爲其書，反用《鵩賦》以文飾之』，其好惡不同如此，自今考之，柳説爲長。」明宋濂《諸子辨》曰：「其書晦澁，後人又雜以鄙淺言，讀者往往厭之，不復詳究，其義所謂『天用四時，地用五行，天子執一以守中央』，此亦黄老家之至言，使其人遇時，其成功必如韓愈所云。黄氏又謂韓愈獵取二語之外餘無留良者，亦非知言也，士之好妄論人也如是哉。陸佃解本十九篇，與晁氏削去前後五卷者合，予家所藏但十五篇云。」《四庫雜家提要》曰：「劉勰《文心雕龍》稱『鶡冠綿綿，亟發深言』。韓愈集有《讀鶡冠子》一首，稱其《博選篇》『四稽五至』之説、《學問篇》『一壺千金』之語，且謂其施于國家功德豈少。柳宗元集有《鶡冠子辨》一首，乃詆爲言盡鄙淺，謂其《世兵篇》多同《鵩賦》，據司馬遷所引賈生二語以決其僞。」然古人著書往往偶用舊文，古人引證亦往往偶隨所見，如「谷神不死」四語今見《老子》中，而《列子》乃稱爲《黄帝書》；「克己復禮」一語今在《論語》中，《左傳》乃謂仲尼稱志有之；「元者善之長也」八句，今在《文言傳》中，《左傳》乃記爲穆姜語。司馬遷惟稱賈生，蓋亦此類，未可以單文孤證，遽斷其僞，惟《漢志》作一篇而《隋志》以下皆作三卷，或後來有所附益則未可知耳。其説雖涉刑名而大旨本原于道德，其文亦博辨宏肆，自六朝至唐，劉勰最號知文，而韓愈最號知道，二子稱之，宗元乃以爲鄙淺，過矣。此本爲陸佃所注，凡十九篇。

又卷二六 《管子》十九卷，齊相管夷吾撰。《七略》、《别録》：「護左都水使者、光禄大夫臣向言：『所校讎中《筦子》書三百八十九篇，太中大夫卜圭書二十七篇，臣富參書四十一篇，射聲校尉立書十一篇，太史書九十六篇，凡中外書五百六十四篇，以校除復重四百八十四篇，定著八十六篇，殺青而書可繕寫也。筦子者，潁上人也，名夷吾，號仲父，少時嘗與鮑叔牙游。鮑叔知其賢。鮑叔事齊公子小白，管子事公子糾。及小白立爲桓公，子糾死，管仲囚。鮑叔薦管仲，管仲既任政于齊，齊桓公以霸，九合諸侯，一匡天下，管仲之謀也。鮑叔既進管仲，而己下之。子孫世禄于齊，有封邑者十餘世，常爲名大夫。管子既相，以區區之齊，在海濱通貨積財，富國彊兵，與俗同好醜，俗所欲因予之，俗所否因去之。其爲政也，善因禍爲福，轉敗爲功，貴輕重，愼權衡。管仲聘于周，不敢受上卿之命，以讓高國，是時諸侯爲管仲城穀以爲之采邑，春秋書之，褒賢也，管仲富儗公室，有三歸反坫，齊人不以爲侈，管仲卒，齊國遵其政，常彊于諸侯。孔子曰：『微管仲，吾其被髮左衽矣。』太史公曰：『余讀管子牧民、山高、乘馬、輕重、九府，詳哉，其言之也。』九府書民間無有，山高一名形勢，凡管子書務富國安民，道約言要，可以曉合經義。臣向謹録第上。」《漢書・藝文志》：「道家《筦子》八十六篇。名夷吾，相齊桓公，九合諸侯不以兵車也。」有列傳。又兵權謀家注曰省管子。又《刑法志》齊桓公任用管仲，問行伯用師之道，管仲于是作内政而寓軍令焉，其教已成外攘夷狄，内尊天子，以安諸夏。又《食貨志》太公爲周立九府。太公退，又行之于齊，至管仲相桓公，通輕重之權，桓公遂用區區之齊，合諸侯，顯伯名。師古曰：「《周官》大府、玉府、内府、外府、泉府、天府、職内、職金、職幣皆掌財幣之官，故云九府。」《史記索隱》曰：九府蓋錢之府，藏其書論鑄錢之輕重，故云輕重九府。《唐書・經籍志》：「《管子》十八卷，管夷吾撰。」《日本書目》廿一卷。《唐書・藝文志》：「《管子》十九卷，管中。又尹知章注《管子》三十卷。」《宋史・藝文志》：「《管子》二十四卷，齊管夷吾撰。」又尹知章注《管子》十九卷。《崇文總目》：「《管子》十八卷，管夷吾撰。劉向校録。《管子》十九卷，唐國子博士尹知章注。」案吴兢《書目》凡三十卷，今存十九卷，自《列勢解篇》而下十一卷亡。晁氏袁本《讀書志》：「《管子》十八卷，管夷吾撰，書富國之要，述輕重九府取人之制，劉向校，八十一篇，今亡一篇。當是八十六篇，今亡十一篇。五十八篇有注解。案杜佑《指略序》云房玄齡所注，或云唐尹知章注，未詳。」又衢本《讀書志》：「《管子》二十四卷，劉向所定，凡九十六篇，今亡十篇。當是八十六篇。世稱齊管仲撰而其書載管仲將没對桓公之語，疑後人續之。杜佑云唐房玄齡注，而注頗淺陋，恐非玄齡，或云尹知章也。」陳氏《書録解題》曰：「《管子》二十四卷，唐房玄

齡注。《漢志》八十六篇，列于道家，《唐志》著之法家之首。今篇數與《漢志》合，而卷視隋唐爲多。管子似非法家，而世皆稱管、商，豈以其操術用心之同故耶？然以爲道則不類，今從隋唐志。」王應麟《漢書藝文志考證》：「石林葉氏曰：『其間頗多與《鬼谷子》相亂，管子自序其事亦泛濫不切，疑皆戰國策士相附益，蘇氏古史謂多申韓之言，非管子之正。』」《四庫提要》曰：「劉恕《通鑑外紀》引《傅子》曰：『管仲之書過半便是後之好事者所加，乃説管仲死後事，《輕重篇》尤復鄙俗。』葉適《水心集》亦曰《管子》非一人之筆，亦非一時之書，以其言『毛嬙、西施、吴王好劍』推之當時春秋末年，今考其文大抵後人附會，多于仲之本書，其他姑無論，即仲卒于桓公之前而篇中處處稱桓公，其不出仲手已無疑義。書中稱《經言》者九篇，稱《外言》者八篇，稱《内言》者九篇，稱《短語》者十九篇，案其中缺第十八篇。稱《區言》者五篇，稱《雜篇》者十一篇，案當爲十三篇。稱《管子解》者五篇，稱《管子輕重者》十九篇，意其中孰爲手撰，孰爲記其緒言如語録之類，孰爲述其逸事如家傳之類，孰爲推其義旨如箋疏之類，當時必有分别，觀其五篇明題《管子解》者，可以類推，必由後人混而一之，致滋疑竇耳。案以劉光禄《敍録·晏子》之例推之，其分篇别目之故，亦從可知矣。原本八十六篇，今亡十篇，考李善注陸機《猛虎行》稱《管子》近亡數篇，則唐初已非完本。此本二十四卷，爲萬曆壬午趙用賢所刊，在近代猶善本也。舊有房玄齡注，晁公武以爲尹知章，考《唐志》無玄齡注有尹知章注三十卷，殆後人以知章人微玄齡名重，改題之以炫俗耳，注文淺陋，頗不足采。」馬國翰《内業》輯本《序》曰：「《漢志》儒家有《内業》十五篇，注云不知作書者，考《管子》第四十九篇標題《内業》，皆發明大道之藴旨，與他篇不相類，蓋古有成書而管子述之。案《漢志》《孝經》十一家有《弟子職》一篇，今亦在《管子》第五十九，以此例推知，皆誦述前人，故《内業》在《區言》五，《弟子職》在《雜篇》十，明非管子所自作也。」案《漢志·弟子職》一篇，應劭曰：管仲所作，在管子書。嚴氏《鐵橋漫稾·書管子後》曰：「《七略》《管子》在法家，引見《史記》管晏傳《正義》、隋唐志已下著録皆同，惟《漢志》在道家，余觀内業篇蓋《參同契》所自出，實是道家餘篇，則儒家、陰陽家、法家、名家、農家、兵家無所不賅，今若改入雜家，尚爲允當，不然寧從《漢志》。其書八十六篇，至梁隨時亡謀失、正言、封禪、言昭、修身、問霸、牧民、解問、乘馬、輕重丙、輕重庚十篇，宋時又亡王言一篇。又曰先秦諸子皆門弟子或賓客或子孫撰定，不必手著，聞收藏家有宋蔡潛道殘本，未得見之。」案《史記正義》引《七略》云：《管子》十八篇，在法家，篇數與《漢志》懸殊，細繹之，蓋《七録》之誤也。舊《唐志》亦十八卷，與《七録》本同，本志十九卷與新《唐志》同，知篇字亦卷字之誤。「在法家」三字則張守節之詞也。其下又引《七略》云：《晏子春秋》七篇，在儒家，皆以《七録》爲《七略》，今劉歆《七略》輯本皆取此兩條，以爲《七略》佚文，未之思也。其後申韓列傳《正義》又引阮孝緒《七略》兩條，亦《七録》之誤，與此同。張氏《書目答問》：「《管子尹知章注》二十四卷，舊題唐房玄齡注，明趙用賢校本即管韓合刻本。又《管子義證》八卷，洪頤煊撰。」

僞書之用分部

論述

張君房《云笈七籤·道教經法傳授部·靈寶經目序》 頃者以來，經文紛互，似非相亂，或是舊目所載，或自篇章所見，新舊五十五卷，學士宗竟，鮮有甄别，余先未悉，亦是求者。一人既加尋覽，甫悟參差，或删破上清，或採搏餘經，或造立序説，或迴换篇目，裨益句章，作其符圖，或以充舊典，或别置盟戒，文字僻左，音韻不屬，辭趣煩猥，義味淺鄙，顛倒舛錯，事無次序。考其精僞，當由爲猖狂之徒，質非挺玄，本無尋真之志，而因修窺閲，假服道名，貪冒受取，不顧殃考，興造多端，招人宗崇，敢以魚目厠於隋侯之肆，輙將散礫託於和氏之門，衒誑愚蒙，誣罔太玄。既晚學推信，弗加澄研，遂令精麤糅雜，真僞混行，視聽者疑惑，修味者悶煩，上則損辱於靈囿，下則耻累於學者。進退如此，無一可宜，徒傾産疲力，將以何施。夫輕慢之咎既深，毁謗之罪靡赦。余少躭玄味，志愛經書，積累錙銖，冀其萬一。若信有可崇，何茍明言坐取風刀乎？慮有未悉，今條舊目已出，并仙公所授事注解，意疑者略云爾。

全祖望《鮚埼亭集外編》卷三四《題豐氏五經世學》 豐氏既謬造石經《河圖》、石經《魯詩》、石經《春秋》、石經《大學》，又謬造高麗《尚書》、日本《尚書》，於是又造先賢先儒所爲諸傳記以輔翼之，而皆託之清敏，或其大父方伯所傳，梨洲别傳記之略具。豐氏詈朱子無所不至。夫欲詈之，則必先考據其時代而言之，以庶幾人之或信，不當任口周内也。今託於郝陵川之言，謂史衛王通於楊皇后，朱子館史

氏，因爲大夫得見小君之禮以附會之。門人或問所出，則曰：「忘之」。使朱子而果然，則校之豐氏之背父逢君，良不甚遠。不知朱子卒於慶元六年，史之官未達也。歷開禧至嘉泰三年，史不過吏部侍郎，猶然侍從。是年誅平原，始執政。史雖以内援得成功，然非有共仲、叔孫、僑如、慶克之汙，豐氏豈特得罪大賢，即史衛王當擊之矣。且朱子何嘗館史氏？館者，慈湖楊文元公也。陵川則江漢先生之徒，力宗朱子者也。豐氏非漫不讀書之人，而悖誕至此，其病狂以後所爲無疑也。若其中亦有可采者，不當以人廢之，是則黎洲之言信然。

章學誠《文史通義・言公中》 竊人之所言，以爲己有者，好名爲甚，而爭功次之。功欺一時，而名欺千古也。以己之所作，僞託古人者，奸利爲甚，而好事次之。好事則罪盡於一身，奸利則效尤而蔽風俗矣。齊邱竊《化書》於譚峭，郭象竊《莊》注於向秀，君子以謂儇薄無行矣。作者如有知，但欲其説顯白於天下，而不必明之自我也。然而不能不恫心於竊之者，蓋穿窬胠篋之智，必有竄易更張以就其掩著，而因以失其本指也。劉炫之《連山》，梅賾之《古文尚書》，應詔入獻，將以求禄利也。侮聖人之言，而竊比河間、河内之蒐討，君子以爲罪不勝誅矣。夫墳典既亡，而作僞者之搜輯補苴，如古文之採輯逸書，散見於記傳者，幾無遺漏。亦未必無什一之存也。然而不能不深惡於作僞者，遺篇逸句，附於闕文，而其義猶存；附會成書，而其義遂亡也。向令易作僞之心力，而以採輯補綴爲己功，則功豈下於河間之《禮》，河内之《書》哉？王伯厚之《三家詩考》，吳草廬之《逸禮》，生於宋、元之間，去古浸遠，而尚有功於經學。六朝古書不甚散亡，其爲功，較之後人，必更易爲力，惜乎計不出此，反藉以作僞。郭象《秋水》、《達生》之解義，非無精言名理可以爲向之亞也；向令推闡其旨，與秀之所注，相輔而行，觀者亦不辨其孰向孰郭也，豈至遽等穿窬之術哉？不知言公之旨，而欲自私自利以爲功，大道隱而心術不可復問矣。

雜録

王溥《唐會要》卷七七 又，注《老子》河上公，蓋憑虚立號，漢史實無其人。然其注以養神爲宗，以無爲爲體；其詞近，其理宏；小足以修身絜誠，大可以寧人安國。且河上雖曰注書，即文立教，皆詞旨明近，用斯可謂知言矣。王輔嗣雅善玄談，頗深道要；窮神用于槖籥，守静默于玄牝；其理暢，其旨微；在于玄學，頗是所長。至若近人立微，修身宏道，則河上爲得。今望請王、河二註，令學者俱行。

姚振宗《隋書經籍志攷證》卷八 《孔子家語》二十一卷，王肅解。王肅有《論語注》十卷、《論語釋駁》三卷，並見前。《漢志》論語家《孔子家語》二十七卷。顔氏《集注》曰：「非今所有《家語》。」按今所有《家語》即此二十一卷四十四篇也。《漢志》二十七卷之篇數亦無從而知之矣。王肅《自序略》曰：「鄭氏學行五十載矣，尋文責實，考其上下，義理不安，違錯者多，是以奪而易之。孔子二十二世孫有孔猛者，家有其先人之書，昔相從學，頃還家方取以來與予。所論有若重規疊矩，而恐其將絶，故特爲解以貽好事之君子。」《禮・樂記・正義》：「魏博士馬昭曰：『《家語》，王肅所增加，非鄭所見。』又曰：『肅私定以難鄭玄。』」《釋文敍録》曰：「肅又注《尚書》、《禮・容服》、《論語》、《孔子家語》。」《唐日本國見在書目》《孔子家語》廿一卷，王肅撰。《唐書經籍志》：《孔子家語》十卷，五肅撰。《唐書・藝文志》：王肅注《論語》十卷，又注《孔子家語》十卷。《宋史・藝文志》：《孔子家語》十卷，魏王肅注。晁氏《讀書志》：「《孔子家語》十卷，魏王肅序注，凡四十四篇，劉向校録止二十七篇，後肅得此於孔子二十四世孫猛家。」陳氏《書録》：「儒家《孔子家語》十卷，孔子二十二世孫猛所傳，魏散騎常侍王肅爲之注。肅闢鄭學，猛嘗受學於肅。肅從猛得此書，與肅所論多合，從而證之，遂行於世，云博士安國所得壁中書也，亦未必，然其間所載多已見《左氏傳》、《大戴禮》諸書云。」《經義考》：「《孔子家語》，《漢志》二十七卷佚，别本存。郎瑛曰：『王文憲公柏《家語考》一編，以四十四篇之《家語》乃王肅自取《左傳》、《國語》、《荀》、《孟》二戴記割裂織成之，孔衍之序亦王肅自爲也。』按孔安國《家語後序》亦後人僞撰。」《四庫子部儒家簡明目録》曰：「《孔子家語》十卷，魏王肅注。《家語》雖名見《漢志》，而書則久佚。今本蓋即王肅所依託，以攻駮鄭學，馬昭諸儒已論之詳矣。然肅雖作僞，實亦割裂諸書所載孔子逸事，綴輯成篇，大義微言亦往往而在。故編儒家之書者，終以爲首焉。梁有當《家語》二卷，魏博士張融撰，亡。張融始末未詳。」《經義考・擬經篇》：「張氏融當《家語》，《七録》二卷，佚。阮孝緒曰：『魏博士張融撰。』按唐元行沖《釋疑論》曰：『子雍規玄數十百件。守鄭學者時有中郎馬昭，上書以爲肅謬。詔王學之輩占答以聞，又遣博士張融，案經論詰。融登召集分别推處理之是非具《聖證論》。』按《聖證論》，今輯本有馬昭駮孔晁答張融評。評者，平其得失也。融蓋與馬昭同時爲博士，此其事蹟之可見者。此當《家語》或亦爲王肅《家語》而作。《日本書目》有《家語鈔》一卷，不著撰人，次王肅《家語》之後，似即此書，或亦如《聖證論》平議《家語》之是非者。」

僞書成因部

托古分部

論述

《淮南子・繆稱訓》 故三代之善，千歲之積譽也；桀、紂之謗，千歲之積毁也。

又《脩務訓》 世俗之人，多尊古而賤今，故爲道者必託之於神農、黄帝而後能入説。說，言也。言爲二聖所作，乃能入其説于人，人乃用之。亂世闇主，高遠其所從來，因而貴之。爲學者，蔽於論而尊其所聞，相與危坐而稱之，正領而誦之。此見是非之分不明。

《史記・五帝本紀》 太史公曰：學者多稱五帝，尚矣。然《尚書》獨載堯以來；而百家言黄帝，其文不雅馴，薦紳先生難言之。【略】余并論次，擇其言尤雅者，故著爲本紀書首。

又《伯夷列傳》 夫學者載籍極博，猶考信於六藝。《詩》、《書》雖缺，然虞夏之文可知也。堯將遜位，讓於虞舜，舜禹之閒，岳牧咸薦，乃試之於位，典職數十年，功用既興，然後授政。示天下重器，王者大統，傳天下若斯之難也。而説者曰堯讓天下於許由，許由不受，恥之逃隱。及夏之時，有卞隨、務光者。此何以稱焉？【略】孔子序列古之仁聖賢人，如吴太伯、伯夷之倫詳矣。余以所聞由、光義至高，其文辭不少概見，何哉？

陳振孫《直齋書録解題》卷二 《汲冢周書》十卷。晉五經博士孔晁注。太康中，汲郡發魏安釐王冢所得竹簡書，此其一也。凡七十篇，《序》一篇在其末。今京口刊本，以《序》散在諸篇，蓋以倣孔安國《尚書》。相傳以爲孔子刪書所餘者，未必然也。文體與古書不類，似戰國後人依倣爲之者。

又卷三 《汲冢師春》一卷。晉汲郡魏安釐王冢所得古簡。杜預得其《記年》，知爲魏國史記，以攷證《春秋》。別有一卷，純集疏《左氏傳》卜筮事，上下次第及其文義皆與《左傳》同。名曰「師春」，似是鈔集者人名也。今此書首敍周及諸國世系，又論分野、律吕爲圖，又雜録謚法、卦變，與杜預所言純集卜筮者不同，似非當時本書也。

又卷九 《關尹子》九卷。周關令尹喜，蓋與老子同時，啓老子著書言道德者。案《漢志》有《關尹子》九篇，而《隋》、《唐》及《國史志》皆不著録，意其書亡久矣。徐藏子禮得之於永嘉孫定，首載劉向校定序，篇末有葛洪後序。未知孫定從何傳授，殆皆依託也。序亦不類向文。

晁公武《郡齋讀書志》卷一五 《靈樞經》九卷。王砯謂此書即《漢志》、《黄帝内經》十八卷之九也。或謂好事者於皇甫謐所集《内經・倉公論》中鈔出之，名爲古書也，未知孰是。

又 《沈存中良方》十卷。皇朝沈括存中撰。存中博學通醫術，類其經驗方成此書。用者多驗。或以蘇子瞻論醫藥雜説附之。

又卷一六 《黄庭外景經》三卷。敍謂老子所作，與《法帖》所載晉王羲之所書本正同，而文句頗異。其首有「老子閒居，作七言解説身形及諸神」兩句，其末有「吾言畢矣勿妄陳」一句，且改「淵」爲「泉」，改「治」爲「理」，疑唐人誕者附益之。《崇文總目》云「記天皇氏至帝嚳受道得仙事」，此本則無之。

馬端臨《文獻通考・經籍考》卷三 《歸藏》三卷。《連山》、《歸藏》，乃夏、商之《易》，本在《周易》之前。然《歸藏》，《漢志》無之；《連山》，《隋志》無之。蓋二書至晉、隋間始出，而《連山》出於劉炫之僞作，《北史》明言之；度《歸藏》之爲書，亦此類耳。夾漈好奇，獨尊信此二書與古《三墳》書，且咎世人以其晚出而疑之。然殊不知《毛氏詩》、《左氏春秋》、《小戴氏禮》與《古文尚書》、《周官・六典》，比之當時，皆晚出者也；然其義理，其文辭，一無可疑，非二《易》、《三墳》之比，不謂之六經可乎？故今敍二《易》，不敢遽指爲夏、商之書，姑隨其所出之時，置之漢之後，唐之前云。

又卷四 《古三墳書》一卷。夫子所定之書，其亡於秦火而漢世所不復見者，蓋杳不知其爲何語矣。況《三墳》已見削於夫子，而謂其書忽出於元豐間，其爲謬妄可知。夾漈好奇而尊信之，過矣！又況詳孔安國《書序》所言，則《墳典》、《書》也，蓋百篇之類也；《八索》、《易》也，蓋《彖》、《象》、《文言》之類也。今所謂《三墳》者，曰《山墳》、《氣墳》、《形墳》，而以爲《連山》、《歸藏》、《坤乾》之所由作，而又各有

所謂大象、六十四卦，則亦是《易》書，而與百篇之義不類矣。豈得與「五典」並稱乎？

又卷五二　《太平經》一百七十卷。道家之説，皆昉於後漢桓帝之時，今世所傳經典符籙，以爲張道陵天師永壽年間受於老君者是也，而《太平經》正出於此時，范《史》所書甚明。然隋以來《藝文志》道書中並不收入，李繁頗言此注後人依託者。

胡應麟《四部正譌》卷下　《黄帝内傳》一卷。晁公武云：「昔錢鏗得之衡山石屋中」。陳振孫曰：「誕妄不經，方士輩依託也」。余按：神仙丹汞之籍大都依託上古帝王；《漢志·方技》中紛紛可見。第秦、漢人書，即僞撰猶倍蓰後世真者。如《素問》、《靈樞》之類咸假軒、岐，亡論其術百代尊守，其文辭稚川、貞白能萬一乎？惜二書外，餘絶不傳；而唐、宋以還，怪譚陋説坌布域中。若此書，今尚行世。漫識以例其餘。

又　《艾子》，世傳蘇長公作。子瞻生平善俳諧，故此類率附之。宋人贊坡「嘻笑，怒駡，皆成文章」，豈筆之於書，淺俚若是乎！然此書已見《文獻通考》，蓋亦出於宋世，非後人所託也。何《語林》記坡調劉貢父避孔子諱語，不若「大風起兮眉飛揚，安得猛士兮守鼻梁」語尤劇；而何不收。以論《艾子》，漫及之。

又　詩話僞者尤衆。魏文《詩格》而述沈約，李嶠《詩評》而引昌齡，皆不足辯。今惟樂天、聖俞二《金針》傳，盡假託也。詩解若歐、蘇《杜注》等，尤僞。前人詳覈，不復贅陳云。

紀　事

啖助《春秋集傳纂例·三傳得失議》　古之解説悉是口傳，自漢以來乃爲章句。如《本草》皆後漢時郡國，而題以神農；《山海經》廣説殷時，而云夏禹所記；自餘書籍，比比甚多。是知三傳之義本皆口傳，後之學者乃著竹帛，而以祖師之目題之。予觀《左氏傳》，自周、晉、齊、宋等國之事最詳，晉則每出一師，具列將佐；宋則每因興廢，備舉六卿；故知史策之文，每國各異。左氏得此數國之史以授門人，義則口傳，未形竹帛；後代學者乃演而通之，總而合之，編次年月以爲傳記。又廣采當時文籍，故兼與子産、晏子及諸國卿佐家傳，并卜書、夢書及雜占書，縱橫家、小説、諷諫等，雜在其中，故叙事雖多，釋意殊少，是非交錯，混然難證。其大略皆是左氏舊意，故比餘傳其功最高，博采諸家，叙事尤備，能令百代之下頗見本末，因以求意，經文可知。又況論大義得其本源，解三數條大義亦以原情爲説，欲令後人推此以及餘事；而作傳之人不達此意，妄有附益，故多迂誕；又左氏本未釋者抑爲之説，遂令邪正紛揉，學者迷宗也。《公羊》、《穀梁》，初亦口授；後人據其大義，散配經文故多乖謬，失其綱統。然其大指亦是子夏所傳，故二傳傳經密于左氏。《穀梁》意深，《公羊》辭辨，隨文解釋，往往鈎深；但以守文堅滯，混難不通，比附日月，曲生條例，義有不合，亦復强通，踳駁不倫，或至矛盾，不近聖人夷曠之體也。

劉肅《大唐新語》卷九　道家有《庚桑子》者，代無其書；開元末，襄陽處士王源撰《亢倉子》兩卷以補之。序云：「《莊子》謂之庚桑子，《史記》作亢桑子，《列子》作亢倉子，其實一也」。源又取《莊子·庚桑楚》一篇爲本，取諸子文義相類者合而成之，亦行于代。

李肇《國史補》卷上　天寶中，天下屢言聖祖見，因以四子列學官；故有僞爲《庚桑子》者，其辭鄙俚，非聖賢書。

胡應麟《四部正譌》卷中　《陰符經》，稱黄帝，唐李筌之僞也。筌嗜道，好著述；得《陰符》，注之，而託於驪山老母以神其説。楊用修直云筌作，非也。或以唐永徽初，褚遂良嘗寫一百本，今墨迹尚存。夫曰遂良書，則既盛行當世，筌何得託於軒轅？意世無傳本，遂良奉勑録於祕書，人不恒覩也。余按《國策》，蘇秦干諸侯不遂，因讀《陰符》，至刺股，則此書自戰國以前有之。而《漢·藝文志》不載，蓋煨於兵火故。《隋志》有《太公陰符鈐録》一卷，又《周書陰符》九卷，未知孰是，當居一於斯。或疑季子所攻必權術，而《陰符》兼養生。夫《陰符》實兵家之祖，非養生可概也。此書固匪黄帝，亦匪太公，其爲蘇子所讀則瞭然；而前人無取證者，故余首發之，俟博雅士定焉。

又　秦、漢間兵家稱述名流，大都游俠之筆耳。《孫》、《吴》、《無忌》外，《萇弘》、《范蠡》、《大夫種》、《公孫鞅》、《廣武君》、《韓信》，率依託也。《神農》、《黄帝》、《風后》、《力牧》、《蚩尤》、《封胡》、《鬼臾區》等，尤荒唐。又有《項王》一卷。彼六年間大小百戰，喑嗚叱咤，寧暇此乎！《武侯十六策》，亦僞撰者。近世有《武侯心書》，亦《通考》所無者，尤僞。

又　《拾遺記》稱王嘉子年，蕭綺傳録；蓋即綺撰而託之王嘉。中所記無一

事實者。皇娥等歌，浮豔淺薄；然詞人往往用之，以境界相近故。又《名山記》亦贋作，今不傳。

又《梁四公記》，今載《太平廣記》中，撰人或曰沈約，或曰張説，又稱梁載言。余考《隋志》無此書，蓋唐人僞撰，託之沈約、張説者也。

又《隋遺録》，一名《南部烟花録》。文絶鄙俗，而稱顔師古，殊可笑也。傳者蓋僅十二三云。

又《龍城録》，宋王銍性之撰，嫁名柳河東。銍本意假重行其書耳；今其書竟行而子厚受誣千載。余嘗笑河東生平抉駁僞書，如《鬼谷》、《鶡冠》等，千百載上無遁情，真漢庭老吏；日後乃身爲宋人誣衊不能辯，大是笑資。然亦亡足欺識者也。銍又有《續樹萱録》，凡三事：曰元撰，曰全若虛，曰賈博諭。據洪氏《隨筆》，元撰一事全録秦少游詩，則二事可例推。銍所自撰，又有《默記》等，略載陶氏《説郛》。銍能力辯魏泰《碧雲騢》之誣，不可謂非端士，而躬自蹈之。然游戲筆端，差彼善也。朱紫陽曰：「王銍性之，姚寬令威多作贋書，見文公《子華子辯》。」案姚氏贋書今不可見，惟《西溪叢語》尚行。

李慈銘《越縵堂讀書記·子部·小説家類》《燕丹子》。閲《燕丹子》。此書《四庫》退入小説存目，以爲僞作。孫淵如與洪筠軒更爲校訂，凡三篇分爲三卷，以復《唐志》之舊。其末篇記荆軻刺秦王事，自圖窮而匕首出下云：「軻左手把秦王袖，右手椹其胸。」孫氏曰此借椹爲戡，説文戡刺也。《史記索隱》引徐廣云，一作抗，抗又抌字之誤。《説文》抌突擊也，《史記》作揕誤。數之曰：「足下負燕日久，貪暴海内，不知厭足。於期無罪而夷其族，軻將孫曰：此下疑脱爲字。海内報讎。今燕王母病，與軻促期，從吾計則生，不從則死。」秦王曰：「今日之事，從子計耳，乞聽琴聲而死。」召姬人鼓琴，琴聲曰：「羅縠單衣，可掣而絶；八尺屏風，可超而越；鹿盧之劍，可負而拔。」軻不解音，秦王從琴聲，負劍拔之，于是奮袖超屏風而走。軻拔匕首擿之，決秦王耳，入銅柱，火出然。秦王還斷軻兩手，軻因倚柱而笑，箕踞而駡曰：「吾坐輕易，爲豎子所欺，燕國之不報，我事之不立哉！」所言與《國策》、《史記》大異，以情理度之，皆非事實。然文甚古雅，孫氏謂審是先秦古書，誠未必然，要出於宋、齊以前高手所爲，故至《隋志》始著録。而唐人如虞世南《北堂書鈔》、張守節《史記正義》、李善《文選注》、馬總《意林》諸書皆得引之，存此以廣異聞可也。

又《西京雜記》。閲《西京雜記》。此書託名劉歆所撰，葛洪所録，論者謂實出梁吳均之手。其文字固不類西漢人，且序言班固《漢書》全出於此，洪採班書所未録者，得此六卷。然其中如趙飛燕女弟昭陽殿一段，傅介子一段，又皆班書所已録，稚川之言，固未可信。至謂出於吳均，則未必然。觀所載漢事，如殺趙隱王者爲東郭門外官奴，惠帝後腰斬之而吕后不知；元帝以王昭君故，殺畫工毛延壽、陳敞、劉白、龔寬、陽望、樊育等；高賀誚公孫弘内服貂蟬，外衣麻枲，内廚五鼎，外膳一肴，弘歎曰：「寧逢惡賓，不逢故人；」高祖爲太上皇作新豐，匠人吳寬所營；匡衡勤學，穿壁引光，又從邑人大姓文不識家傭作讀書；成帝好蹴踘，家君歆稱其父向。作彈棋以獻；王鳳以五月五日生；楊王孫名貴，京兆人；司馬相如將聘茂陵人女爲妾，卓文君作《白頭吟》；平陵曹敞在吳章門下，好斥人過，世稱輕薄，後獨收葬章屍，平陵人生爲立碑於吳章墓側，在龍首山南；郭威、楊子雲及向、歆父子論《爾雅》實出周公所記；張仲孝友之類，後人所足；霍將軍妻一産二子，疑兄弟先後；廣川王去疾好聚無賴少年，《漢書》作廣川王去。去字不似名，疑作去疾爲是，然他無可證。發掘塚墓諸條，必皆出于兩漢故老所傳，非六朝人所能馮空僞造。又如記輿駕飲酹禳水家臣諸制，尤足補漢儀之闕。其一二佚事，亦可攷證《漢書》。如云衛青生子，有獻騧馬者，乃命曰騧，字叔馬；後改爲登，字叔昇；登即封發干侯者。公孫弘著《公孫子》，言刑名事，今《漢志》有《公孫弘》十篇，此類皆是。黄俞邰序稱其乘與大駕，儀在典章；鮑、董問對，言關理奥者，誠不誣也。惟所載靡麗神怪之事，乃由後人添入，或出吳均輩所爲耳。其顯然乖誤者，如云霍光妻遺淳于衍蒲桃錦散花綾走珠等，爲起第宅，奴輩不可勝數。按《漢書》言衍毒許后，出過見顯，相勞問，亦未敢重謝衍。且此時方有人上書告諸醫侍疾無狀，顯恐急語光，署衍勿論，豈有爲起第宅厚相賂遺之理？又云廣陵王胥有勇力，常學格熊，後爲獸所傷，陷腦而死。按《漢書·武五子傳》，胥以祝詛事發覺，自絞死。又云太史公遷作《景帝本紀》，極言其短及武帝之過，後坐舉李陵，下遷蠶室，有怨言，下獄死。按遷作《史記》，在遭李陵禍之後，《史記》、《漢書》俱有明文。《漢書》又言遷被刑之後，爲中書令，尊寵任職，故有報故人任安一書，而云下獄死，紕謬尤甚。若果出叔庠，則史言均好學，將著史以自名。欲撰《齊書》，從梁武帝求借《齊起居注》及《羣臣行狀》，帝不許。使撰通史，起三皇訖於齊代，均草本紀世家已畢，惟列傳未就而卒。又注范曄《後漢書》九十卷，著《齊春秋》二十卷，《廟記》十卷，《十二州記》十六卷，《錢唐先賢傳》五卷。是叔庠固深于史學者，豈于《史記》《漢書》轉未照覆，致斯舛誤乎？蓋由漢代裨官記載，傳譌致然，故歷代引用，皆不能廢。其趙飛燕女弟居昭陽殿一條云「砌皆銅沓，黄金塗」，正可證今本《漢書·趙后傳》，作「切皆銅沓，冒黄

金塗」，「冒」字爲涉注文而衍者也。

又 《雜事祕辛》，明楊慎撰。閲《祕辛雜事》。此書出楊升庵僞撰，同時胡震亨、國朝姚士粦皆按史傳駁其乖違數事，而士粦又謂其中造語，似非後人所能假託。予謂描寫吴姁審視一段，自是六朝佳致，唐人小説，高者間有及之。升庵深于六朝，故能最其雋永，不足致疑。然導媟宣淫，莫此爲甚，聰俊子弟，尤不宜觀，刻叢書者往往收之，殊害風教。明人若湯玉茗譜《牡丹亭》、王弇州撰《金瓶梅》，雖雅俗攸分，蠱溺則一，文人好事，不免泥犂。升庵此書，因《隋書・經籍志》有《晉雜事》之名，依託而作；祕辛者，書部甲乙之目。而今刻者俱作《雜事祕辛》，顛倒不通矣。

俞樾《茶香室叢鈔》卷一 《箕子易》。宋方勺《泊宅編》云：「王昇字君儀，無書不讀。晚爲湖、婺二州學官，罷歸山中，杜門二十年不赴調。一日，以《箕子易》筮之，始治裝西去，時年將六十矣。」按《箕子易》不知何書，國朝全祖望《讀易别録》所列圖緯、陰陽、災異、占驗諸家，凡三百餘種，亦云備矣，無所謂《箕子易》者。宋王銍《默記》云：「諸先生，失其名，杭州人。遇異僧慈上座，傳以《易》數，云《易》有三術：上者不可言；中者猶足了死生，證心地；下者知象數休咎。遂授其術，盡驗。其書，人猶得之，號『三宫易』、『六遇易』。晁以道得其書，不可用。」然則宋時術家之書，託之於《易》者，固不少也。

胡應麟《少室山房筆叢》卷五 《文子》。《文子》引《老子》曰：「人生而静，天之性也。感物而動，性之欲也。」漢儒取入禮記，遂爲經矣。若知其出於老氏，宋儒必洗垢索瘢，曲爲譏評，但知其出於經，則護持交贊，此亦矮人之觀場也。柳河東謂《文子》乃後人聚斂而成。蓋書本秦漢人撰，而六朝、唐人如李暹、徐靈府等，皆潤益之。其書雜取經子諸家語，以解《道德經》。凡稱老子，皆假借之詞。楊反謂漢儒取入《禮記》，非也。

宋翔鳳《過庭録》卷一六 宋廣平《梅花賦》，宋、元間人僞託。宋李忠定綱《梅花賦序》曰：「皮日休稱宋廣平之爲人，疑其鐵心石腸，及觀所著《梅花賦》，清便富豔，得徐庾體。然廣平之賦，今闕不傳。予謂梅花非特占百卉之先，其標格清高，殆非餘花所及。辭語形容，尤難爲工。因極思以爲之賦，補廣平之闕」云云。案此，則廣平之賦，久佚不傳。今傳《梅花賦》，其中多襲忠定之語。如「半開半合，非默非言，温伯雪子，目擊道存，或俛或仰，匪笑匪怒。東郭慎子，正容物悟。」又「相彼百花，孰敢争先。鶯語方蟄，蜂房未喧，獨步早春，自全其天」，皆李賦中句。是通篇亦多襲李意，知僞作自有藍本。又案顔魯公《宋文貞公神道碑》曰：「十六歲時讀《易》，曠時不精。公遲而覽之，自亥至寅。精義必究。明年，進士高第，補上黨尉，轉王屋主簿。相國蘇味道爲侍御史出使，精擇判官，奏公爲介。公作《長松篇》以自興，《梅花賦》以激時。蘇深賞嘆之曰：『真王佐才也。』」據此，則宋公十七歲登第，碑言公薨於開元二十五年，年七十五。《舊唐書》本傳，亦言弱冠舉進士，其薨年亦與碑同。以此知十七歲爲高宗調露元年。今傳賦序云：「垂拱二年，余春秋二十有五，戰藝再北，隨從父之東川」云云。謂武后時尚未登第，已是繆説。碑言作《梅花賦》爲味道幕僚時，亦不得有隨從父東川之説也。王志堅謂：今《梅花賦》爲明人擬作。刻文致中。然元劉壎《隱居通議》載廣平《梅花賦》二篇，其一即今所傳之賦也，又一篇絶異。又用唐末宋初事，《通議》亦斷爲他人所作。則此二篇皆宋、元間人依託。南渡後，典籍散佚，附會遂多耳。

錢曾《讀書敏求記》卷一 《麻衣道者正易心法》一卷。《正易心法》，希夷受并消息。「正」謂卦畫，若今經書正文也。據《周孔辭傳》，亦是注脚。每章四句者，心法也。訓于其下，消息也。李潛云：「道者，謂之廬山異人」。文公先生極辨其謬，謂如雷自天下而發，山自天上而墜之類，皆無理妄談。後假守南康，見前湘陰主簿戴思愈，首及易説，語無倫次，後至其家，見其案間所著雜書，宛然麻衣語氣，以是始疑前時所料，三五十年以來者，即是此老。然是時戴病已昏，不久即死，遂不復可窮詰矣。偶閲此書并識文公語于後。

又卷二 《魯班營造正式》六卷。《略説》云：「班，周時人，妻雲氏，居江西隆興府，地名市縱。」予觀其規矩繩尺，誠千古良工之範圍，然此等書皆後人僞作，非真出于班也。

又卷三 《玄女六甲陰符經》八卷。前有趙普《經進表》云得之羅浮隱士劉罕，余不敢以爲信然。然猶是宋、元時舊鈔本，或亦昔人假託而爲之，非今人詐僞也。

又 《白猿經》一卷。此僞書也，不必存之。《神機武略望江南》一卷。諸占以望江南詞調之，取其易于省記也。相傳黄石公以授張良者，未知留侯時已有此詞此調否？

錢侗《崇文總目輯釋》卷一 《周公謚法》一卷。[原釋]：不著撰人名氏。謚法始于周，學者録之，因託以名篇。見《文獻通攷》。《孔子家語》十卷。東垣按：孔子二十二世孫猛所傳，王肅注，即肅所依託也。今本二十一卷。

又卷二　《漢武故事》五卷。［原釋］：班固撰，本題二篇，今世誤析爲五篇。見《玉海·藝文類》。繹按：諸家書目並作二卷。張柬之《書洞冥記後》云《漢武故事》，王儉造。《西京襍記》二卷。葛洪撰。繹按：《玉海》云《西京襍記》二卷。《崇文目·傳記類》、《舊唐志》一卷。《書録解題》、《宋志》並六卷，《通攷》亦云一作六卷。《讀書志》云江左人皆以爲吴均依託爲之。陳詩庭云今本六卷，或題劉歆撰，或題葛洪撰。

又卷三　《晏子春秋》十二卷。晏嬰撰。［原釋］：《晏子》八篇，今亡。此書後人採嬰行事爲之，以爲嬰撰則非也。見《文獻通攷》。侗按：《玉海》引《崇文目》同。《隋志》、《舊唐志》、《唐志》並七卷，今本八卷。《鶡冠子》三卷。［原釋］：今書十五篇，述三才，變通古今治亂之道。唐世嘗辨此書後出，非古所謂《鶡冠子》者。見《文獻通攷》。侗按：鶡冠子，佚其名氏。《漢志》一篇，《通攷》八卷。《集注陰符經》一卷。《唐志》不著撰人。［原釋］：自太公而下，注、傳尤多，今集諸家之説合爲一書。若太公、范蠡、鬼谷子、諸葛亮、張良、李淳風、李筌、李合、李鑒、李鋭、楊晟凡十一家。自淳風以下皆唐人。又有傳曰者，不詳何代人。太公之書，世遠不傳；張良本傳不云著書，二説疑後人假託云。又有《陰符經敘》一卷，不詳何代人敘，集太公以後爲《陰符經注》者凡六家，並以惠光嗣等傳附之見《文獻通攷》。闕。見天一閣鈔本。《忠經》一卷。侗按：《玉海》云馬融撰，鄭玄注。《崇文》目小説，《通志略》《宋志》又有海鵬撰一卷。今本亦題融撰，玄注皆依託也。《黄石公三略》三卷。［原釋］：闕。見天一閣鈔本。侗按：此書相傳即圯上老人以授張良者，漢光武詔常引之。然按其文義，不類秦漢，疑原書已佚，後人依託爾。

又卷四　《周易三備》三卷。錫鬯按：《唐志》無周字，《宋志》注云題孔子師徒述，蓋依託也。

俞樾《湖樓筆談》卷一　子思作《中庸》，漢時已有此説，太史公亦信之，然吾謂《中庸》或孔氏之徒爲之，而非子思所自爲也。《中庸》蓋秦書也，何以言之？子思之生當魯哀公時，其歿也當魯穆公時，是春秋之末而戰國之初。當是時，天下大亂，國自爲政，家自爲俗，而《中庸》乃曰：「今天下車同軌，書同文，行同倫。」此豈子思之言乎？吾意秦并六國之後，或孔氏之徒傳述緒言，而爲此書。秦始皇二十八年琅邪刻石文曰：「普天之下，摶心壹志，器械一量，同書文字。」二十九年之罘刻石文曰：「黔首改化，遠邇同度。」皆與《中庸》所言合，故知《中庸》作於此時也。其曰：「上焉者，雖善無徵，無徵不信，不信民弗從；下焉者，雖善不尊，不尊不信，不信民弗從。」然則一稟時王之制矣，此亦秦人之語也。

又　《周禮》一書乃周衰有志之士所爲，亦欲自成一代之制，以詒百王之法，非周公之書，亦非周制也。其以夏官名司馬，殊爲失之。夫司馬，兵官也。夏者，長養之時，而失者陰類，故在月令季夏之月不可以起兵動衆。《詩·六月篇》鄭箋曰：「記六月者，盛夏出兵，明其急也。」亦見盛夏非出兵之時，而謂先王以夏官名司馬乎？《管子·五行篇》説黄帝六相曰：「蚩尤，明乎天道，故使爲當時大常，察乎地利，故使爲廩者；奢龍辨乎東方，故使爲工師；祝融辨乎南方，故使爲司徒；大封辨乎西方，故使爲司馬；后土辨乎北方，故使爲李。是故春者，工師也；夏者，司徒也；秋者，司馬也；冬者，李也。」據此則天地春夏秋冬六官之名自古有之，而夏官是司徒，非司馬，即此可知《周禮》之非古制矣。

吴壽暘《拜經樓藏書題跋記》卷四　《真經道德指歸注》。《真經道德指歸》十三卷，題蜀郡嚴遵字君平撰。谷神子注。卷首爲《總序》，並《元德纂疏》，先君子跋。見《愚谷文存》。又别録《四庫全書提要簡明目録》、《渭南文集》、《郡齋讀書志》，衢本、蜀本《讀書敏求記》各條爲一册。《四庫提要目録》云：「曹學佺作《元羽外編》，序稱近刻嚴君平《道德指歸論》，乃吴中所僞作。」今案《通考》晁氏之言先君子書云：「《通考》所引《讀書志》乃衢本，世行板本乃蜀本，故互異也。」又谷神子注本，晁氏尚著録十三卷，不云佚闕。此本載谷神子序，乃云陳隋之間已逸其半，今所存者止《論德》篇，因獵其譌舛，定爲六卷，與晁氏所録亦顯相背觸，且既云佚，其上經何以説目一篇獨存。至於所引《莊子》今本無者十六七，不應遵之云云。先君子又書云：「按六卷本《指歸論》，前列谷神子序者，安知非明末人從十三卷中鈔此序以冠卷首。」晁氏所云十三卷谷神注，今《道藏》尚有之，原未嘗佚闕，所稱《莊子》曰，即君平以既諱嚴，即稱《莊子》，誤認爲子甫，殊費詞矣。

又　《晏子春秋》。元刻本《晏子春秋》八卷。篇目内如首章「莊公矜勇力，不顧行義，晏子諫第一」。後同明時本作諫矜勇力，不顧行義。不書全題。又篇内按語俱作大字加圓圍，以别之。明時本則作小字分注于下，與此夐然不同矣。惜首闕半頁，有書帶草堂、欵冬書屋、馬叔静圖書記諸印，紙墨俱古。《抱經堂羣書拾補》云：「劉向《敘録》云定著八篇二百一十五章，予所見者明吴勉學本止七篇二百三章，今陽湖孫氏星衍得沈啓南吴懷保本校梓者，分八篇多十二章，與《敘録》之數適合。今此本篇章亦同。學士曾借校並補刻全目於後。書云：『余校《晏子》將竣，吴槎客示余元人刻本，其每卷首有總目，又各標于當篇，今本皆缺目録，以此

補之。』」

又　明鈔本《晏子春秋》作四卷。卷三後書「萬曆十六年冬吴懷保梓」。卷一後書「崇禎十三年庚辰閏四月初六日校録於雪履齋，仁和郭紹孔伯翼甫識」。蓋即從吴刻本傳録者，末附柳宗元辨《晏子春秋》一篇，《史記・管晏列傳》及《孔叢子》六條。按《文獻通考》引《崇文總目》：「《晏子春秋》十二卷晏嬰撰，《原釋晏子》八篇，今亡。此書後人采嬰行事爲之，以爲嬰撰則非也。」錢侗按《玉海》引《崇文總目》同《隋志》，曹《唐志》七卷，今本八卷。《書録解題》：「《晏子春秋》十二卷，齊大夫平仲晏嬰撰，《漢志》八篇，但曰《晏子》，隋唐七卷，始號《晏子春秋》，今卷數不同，未知果本書否。」蓋《晏子》八卷早佚，後人采嬰行事爲之，加以春秋之名，其作八卷者，猶仍《漢志》之舊，此併爲四卷，且篇目不載全文，視前舊刻本漸失古意矣。惟《崇文總目》、《書録解題》俱十二卷，而《四庫書目》及余家舊刻作八卷，疑又經後人併合，以符《漢志》八篇之數也。

吴焯《繡谷亭薰習録・經部一》　《古易世學》十五卷。明鄞豐坊存禮著，嘉靖癸未進士，授禮部主事，以吏議免官。家居，坐法，竄吴中，改名道生，字人翁，别號南禺外史。黄宗羲《豐南禺别傳》：「坊之怪誕，其大者在僞造六經，或託之石經，或託之别傳，而訾毁先儒，放言無忌，謂朱子食貧無計，賣書糊口。掠取新説，其價易增。所言子見南子，爲衛靈公之繼室，是擠於宋朝之倫，獵較爲奪禽獸，是擬於禦門之盗。其卦變圖，真牧童之陋戲。又曰晦翁果生於混沌初闢之時，真爲伏羲受業之師，手授卦變圖，親見伏羲據之以畫卦，而演爲先天四圖，歷壽數萬餘歲，至宋慶元庚申爲始卒也。楊榮纂修大全，以其妻是朱氏，故盡用朱子之説，其於《書》經則謂其祖慶，正統六年官京師，朝鮮使臣嫣文卿、日本使臣徐睿入貢，以《尚書》質之。文卿曰：『吾先王箕子所傳，起神農《政典》至《洪範》而止。』睿曰：『吾先王徐市所傳，起虞書《帝典》至《秦誓》而止。』笑中國官本錯誤甚多，其中國所無者，令嚴不敢傳，而正其錯誤者一二。故坊之世學一依外國本。文卿言其國《商書》有四十一篇，睿言其國《周書》有八十二篇，而周書第七十八爲孔子之命，敬王命仲尼爲大司冦，相魯而作，其八十二方爲《秦誓》書，依年而次，《秦誓》之作在魯僖公三十三年，孔子生於襄公二十二年，相去七十六年，焉得以孔子之命先之乎，其僞不待辨矣。」萬斯大《古書世學跋》云：「吾鄉豐禮部廢棄於家，窮愁著書而僞託者，名爲世學，其實一手所爲。五經皆有僞撰，不獨古書也。是本篆書，爲禮部真蹟，體勢詰曲終卷若一。其著述未免欺人，其翰墨洵可傳世也。今藏趙氏小山堂。」

于敏中《天禄琳琅書目》卷七　《三禮考註》二函十册。元吴澄撰。六十四卷。前明羅倫序，謝士元跋，夏時正《求校〈三禮考註〉書》、楊士奇跋、後時正跋。夏時正跋作於明憲宗成化九年正月，稱《三禮考註》版刻無傳。成化庚寅間，時正以使命莅南昌按察司副使，夏君寅以録本相示，係得之翰林編修張君元禎，余因建昌守謝君士元以禮樂爲教，乃許以堂食之餘，鍥梓并命録，請狀元羅君倫訪善本正字譌闕，留謝守所原本還之張君。去年冬謝守書來，上鍥有日喜無量也，用謹書其鍥梓始末云云。書前所載《求校〈三禮考註〉書》，即時正所致倫者，倫故爲之序。謝士元跋作於成化九年七月，蓋在刊刻成書之後矣。其載楊士奇跋，以士奇謂是書經元季兵亂藏於吾邑康氏，後爲郡中晏璧所得，遂掩爲己作，書中所增義率多混淆，豈璧所爲云云。疑非確論。羅倫序中亦深辨之。今按朱彝尊《經義考》稱草廬先生諸經解各有序録，余購得《周官禮》乃先生孫當所補其餘，《儀禮》則有逸經，《戴記》則有纂言，今所傳《三禮考註》以驗對先生之書，論議體例多有不合，其爲晏氏僞託無疑云云。是時正當時得見此書過於偏信，遂欲開雕，而羅倫之校讐亦僅取資於《三禮考註》别本，而未能如彝尊之旁參互證也。考《明史》，夏時正字季爵，仁和人，正統十年進士，除刑部主事，成化六年以南京大理少卿巡視江西，坐上奏不具齎奏人姓名。吏科議其簡慫，遂乞休歸。羅倫字彝正，吉安永豐人，成化二年擢進士第一，授翰林修撰，以上疏論大學士李賢，謫福建市舶司副提舉，後因商輅薦召，復原職，改南京，居二年，引疾歸，築室著書，年四十八卒。嘉靖初追贈左春坊諭德，謚文毅。謝士元字仲仁，長樂人，景泰五年進士，授户部主事，天順七年擢建昌府知府，後巡撫四川，坐事下獄，事白遂致仕。夏寅字正夫，松江華亭人，正統十三年舉進士，授南京吏部主事，成化閒遷江西副使，累官至山東布政使。張元禎字廷祥，南昌人，天順四年進士，改庶吉士授編修，武宗時擢吏部左侍郎兼學士，入東閣專典誥敕，尋卒。天啓初追謚文裕。楊士奇名寓，以字行，泰和人，建文初以史才薦召入翰林充編纂官，尋命吏部考第史館，諸儒擢第一，成祖即位，改編修，屢遷至禮部侍郎兼華蓋殿大學士，尋以少保兼兵部尚書。正統三年進少師，九年卒贈太師，謚文貞。明邵寶藏本有錫山邵氏家藏印。寶見前，餘印無考。

姚振宗《漢書藝文志拾補》卷二　《黄帝終始傳》。《史記・三代世表》褚少孫曰：「《黄帝終始傳》曰：『漢興百有餘年，有人不短不長，出白燕之鄉，持天下之政，時有嬰兒主，卻行車。』霍將軍者，本居平陽白燕。臣爲郎時，與方士考功會旗

亭下，爲臣言。豈不偉哉！」《索隱》曰：「《黄帝終始傳》蓋謂五行讖緯之説也。嬰兒主謂昭帝也，卻行車言霍光持政擅權，遏帝令如卻行車，使不前也。」按此必是昭宣時方士所作，而託之黄帝。諸嘗言好觀外家傳記，此即外家傳記之一歟？右小説家者流，凡一十三家，一十三部。晉嵇含《南方草木狀》引東方朔《瑯語》、東方朔《林邑記》。按林邑在漢爲日南郡象林縣地。漢末大亂，有殺縣令自立爲王者，林邑國之名始此。西漢初立郡縣未有此名，蓋魏晉時人所託也，又有東方朔《神異經》、《十洲記》、《伶元飛燕外傳》、《師曠禽經》各一卷，並後人依託，不録。

又卷四 《黄石公記》三卷。《後漢書·臧宫傳》：光武詔報臧宫，馬武曰：「《黄石公記》曰：『柔能制剛，弱能制彊。』」章懷太子曰：「即張良于下邳圯所見老父出一編書者。」《文選·關中詩注、郭有道碑文注、運命論注》引黄《石公記序》曰：「張良慮若源泉，深不可測。」又曰：「黄石者，神人也，有上略、中略、下略。」《隋志》子部兵家梁有《黄石公記》三卷按黄石公出一編書授張良者，乃《太公兵法》，《史記·留侯世家》及《漢書》列傳言之甚明，烏有所謂《黄石公記》者乎？然光武詔書所引出於前漢人依託可知，《初學記》、《藝文類聚》、《文選注》、《御覽》數引《黄石公記》，或是漢以來相傳此書。又按《文選·魏李康運命論》曰：「張良受黄石之符，誦《三略》之説。」注引《黄石公記序》云：「有上略、中略、下略。」則《黄石公記》即《三略》，而今本《三略》又後人所僞託，《四庫提要》言之詳矣。《隋志》有《鬼谷先生占氣》一卷、《黄石公内記敵法》一卷、《三略》三卷、《三奇法》一卷、《兵書》一卷、《五壘圖》一卷、《陰謀行軍祕法》一卷、《祕經》二卷及今傳《素書》一卷，暨見於唐、宋《志》、《通志略》所載者，並後人依託。又今傳漢丞相平津侯公孫弘《解握機經》一卷，經與解並僞託黄石公，《行營妙法》三卷亦術家僞託，並見《四庫提要》，今概不録。

又卷五 《隋志》有《東方朔占》二卷、《東方朔書》二卷、《東方朔書鈔》二卷、《東方朔曆》一卷、《東方朔占候水旱下人善惡》一卷，其僞起於兩漢，班史言之詳矣，然無以别其時代，今概不録。《開元占經·九十二雨占門》載《東方朔占》二條，甚不足觀。又《日本國書目》有《司馬遷乾坤經》一卷，《宋史·藝文志》有費直、焦贛《晷限曆》一卷，皆術者依託，不録。《青烏子》三卷。《風俗通·姓氏篇》：「青烏氏。漢有青烏子，善術數。」張澍輯注曰：「按《風俗通》引青烏氏書説『雞者，東方之牲也。』」按《風俗通》程榮刊本引作青史子《書説》，與張氏所見異，未詳孰是。《唐經籍志》子部五行家《青烏子》三卷，《藝文志》同。《唐日本書目》《青烏子》十三卷。按十字似衍。《四庫提要·術數類存目》曰：「《葬經》一卷，題曰《青烏先生葬經》，大金丞相兀欽仄注。考青烏子名見《晉書·郭璞傳》。《唐志》有《青烏子》三卷，已不知爲真古書否。此本文義淺近，經與注如出一手，殆又後人所依託矣。郭璞《葬書》引『經者曰』若干條皆見於此本，然字句頗有異同，蓋作僞者獵取璞書以自證，而又稍易其文以泯剽襲之迹耳，未可據爲符驗也。」按唐修《晉書·郭璞傳》不見言青烏子事，《提要》云云或從他所引别家《晉書》歟？然應劭言青烏子遠在郭景純之前，非始見於郭傳也明矣。《文選·謝靈運哀傷詩注》、《初學記·禮部》、《御覽》七百二並引青烏子《相冢書》。《抱朴子·極言篇》云：黄帝相地理則書青烏之説。

又卷六 劉向《列仙傳》二卷。向始末具六藝禮家。《太平御覽·道部·仙經門·劉向列仙傳敘》曰：「《列仙傳》，漢光禄大夫劉向所撰也。成帝時向既司典籍，見上頗修神仙事，遂修上古以來及三代秦漢，博采諸家言神仙事。」按晉郭元祖有《列仙贊序》一卷，見《隋經籍志》，此序疑即郭元祖撰。今本《列仙傳·總贊》曰：「余嘗得秦大夫阮倉撰《仙圖》，自六代迄今七百餘人。始皇好遊仙之事庶幾有獲，故方士霧集祈祀彌布，殆必因迹託虚寄空，爲實不可信用也。若周公《黄録》記『太白下爲王公、歲星變爲寧壽公』等所見非一家。聖人所以不開其事者，以其無常，然雖有時著。蓋道不可棄，距而閉之，尚貞正也。而《論語》云怪力亂神，其微旨可知矣。」按此贊紀文達疑爲郭元祖撰，其云周公《黄録》似是讖書中篇目。《抱朴子·論仙篇》曰：「向本不解道術，至於撰《列仙傳》，自删秦大夫阮倉書中出之，或所親見，然後記之，非妄言也。」又曰：「劉向博學則究微極妙，經深涉遠，思理則清澄真僞，研覈有無，其所撰《列仙傳》仙人七十有餘，誠無其事，妄造何爲乎？邃古之事何可親見，皆賴記籍傳聞於往耳，《列仙傳》炳然其必有矣。然書不出周公、仲尼，世人終於不信，多謂劉向非聖人，其所撰録不可孤據，尤所以使人歎息者也。向爲漢世名儒，其所記述庸可棄哉。」《顔氏家訓·書證篇》曰：「《列仙傳》，劉向所造，而贊云七十四人出佛經，由後人所羼，非本文也。」《隋志·史部·雜傳篇敘》曰：「又漢時阮倉作《列仙圖》，劉向典校經籍始作《列仙》、《列士》、《列女》之傳，皆因其志尚率爾而作，不在正史。」又曰：「《列仙傳贊》三卷，劉向撰，鬷續。《四庫提要》曰：鬷續上似脱一字，蓋有《續傳》一卷，故三卷也。《孫綽贊》、《列仙傳贊》二卷，劉向撰。」《晉郭元祖贊》、《唐·經籍志》《列仙傳贊》二卷，劉向撰。《藝文志·劉向列仙傳》二卷，《宋史·藝文志》三卷。《玉海藝文》、《史記正義》：「《七略》云：『《列仙傳》二卷，劉向撰。』」《崇文目》同。凡七十二人。按《七略》似《七録》之譌。陳氏《書録解題》曰：「《列仙傳》二卷，漢劉向撰，凡七十二人，每傳有贊，似非向本書，西漢人文章不爾也。」《館閣書目》三卷，六十二人。《崇文總目》作二卷，七十二人，與此合。《四庫

簡明目録》曰：「《列仙傳》二卷，舊本題劉向撰。自赤松子至元俗凡七十一人，人係一贊，篇末又爲總贊，全如《列女傳》之體。然《漢志》載《劉向》六十七篇，無此書，疑魏晉間方士所依託，故葛洪《神仙傳》已引之，其總贊引《孝經援神契》亦《七略》不載之書，疑即《隋志》所謂《郭元祖、列仙傳贊》也。」孫志祖《讀書脞録》曰：「李石《續博物志》云：『《列仙傳》七十二人。』《書録解題》亦云七十二人，每傳有贊，是宋本尚不誤也。今本七十人，《四庫提要》曰：葛洪《神仙傳序》稱七十一人，今本上卷四十人，下卷三十人，内江、妻二女應作二人，與葛洪所記適合。末有總贊一篇，亦無出佛經之語，蓋後人綴集，非向書之舊。《文選》《西京賦》《吴都賦》《天台賦》《海賦》《思玄賦》注、《登江中孤嶼詩》注引文今本皆無之。按今本載及東方朔、鉤弋夫人，劉中壘必不若是之妄，且既云據阮倉之圖取以爲傳，而傳中有成帝時事，必無識道流所爲，亦非真是綴集之本也。右神仙凡七家七部。」按今本《列仙傳》云涓子著《天、地、人經》四十八篇，其《琴心》三篇有條理。又云吕尚作《玉鈐》六篇，在棺中。又朱璜《讀老君黄庭經》，又仙人以《素書》五卷質酒於女丸，《素書》者，房中術也，恐非劉氏本真，故概不取。又《抱朴子·遐覽篇》有《老君玉歷真經》一卷、《素女經》一卷、《彭祖經》一卷、《八公黄白經》一卷、崔文子《肘後經》一卷、《鄒陽子經》一卷、《鬼谷經》一卷、角里先生《長生集》一卷，似皆漢魏方士所依託，今并不録，其史志所載上古三代秦漢人所作神仙家書悉數之不能盡，今不具。

姚振宗《漢書藝文志條理》卷一下　《孔子家語》二十七卷。《顔氏集注》曰：「非今所有《家語》。」《禮樂記正義》引魏博士馬昭曰：「《家語》，王肅所增加，非鄭所見。」又曰：「肅私定以難鄭玄。」按馬昭所見已非此二十七卷之本矣。《經義考》：「《孔子家語》，《漢志》二十七卷，佚。別本存。」郎瑛曰：「王文憲公柏《家語考》一編，以四十四篇之《家語》乃王肅自取《左傳》、《國語》、《荀》、《孟》、二戴《記》割裂織成之，孔衍之序亦王肅自爲也。」按孔安國《家語後序》亦後人僞撰。《四庫簡明目録》曰：「《孔子家語》十卷，魏王肅注。《家語》雖名見《漢志》，而書則久佚。今本蓋即王肅所依託，以攻駁鄭學。馬昭諸儒已論之詳矣。」按隋、唐、宋史志所載《孔子家語》皆非本志本書，故不具。

又　《爾雅》三卷二十篇。《大戴記·孔子三朝記》：公曰：「寡人欲學小辨以觀于政，其可乎？」孔子曰：「《爾雅》以觀于古，足以辨言矣。」《西京雜記》劉歆曰：「郭威字文偉，茂陵人也，好讀書，以謂《爾雅》，周公所制，而有『張仲孝友』，非周公之制明矣。余嘗以問揚子雲。子雲曰：『孔子門徒游夏之儔所記，以解釋六藝者也。』家君以爲《外戚傳》稱『史佚教其子以《爾雅》』，又記言魯哀公，孔子教學《爾雅》。《爾雅》之出遠矣，舊傳學者皆云周公所記也，『張仲孝友』之類，後人所足耳。」鄭康成《駁五經異義》曰：「某之聞也，《爾雅》者，孔子門人所作以釋六藝之旨，蓋不誤也。」又《鄭志·答張逸》曰：「《爾雅》之文雜，非一家之著，則孔子門人所作，亦非一人。」魏張揖《進廣雅表》曰：「昔在周公纘述唐虞，宗翼文武，克定四海，勤相成王，六年制禮以導天下，著爾雅一篇以釋其義。今俗所傳三篇或言仲尼所增，或言子夏所益，或言叔孫通所補，或言沛郡梁文所考，皆解家所説，先師口傳，疑莫能明也。」王氏《考證》：「舊説此書始于周公，以教成王。晁氏曰《爾雅》小學之類，附《孝經》非是。」《四庫提要》曰：「《三朝記》稱孔子教魯哀公學《爾雅》，則《爾雅》之來遠矣，然不云爲誰作。張揖《進廣雅表》于作書之人亦無確指，其餘諸家所説小異大同，今參互考之，曹粹中《放齋詩説》云：『《爾雅》，毛公以前其文猶略，至鄭康成時則加詳，大抵小學家綴輯舊文，遞相增益，周公、孔子皆依託之詞。』大抵采諸書訓詁名物之同異以廣見聞，實自爲一書，不附經義，其取《楚辭》、《莊子》、《列子》、《穆天子傳》、《管子》、《吕氏春秋》、《山海經》、《尸子》、《國語》之文，蓋亦《方言》、《急就》之流，特説經之家多資以證古義，故從其所重，列之經部耳。」孫星衍《尸子》輯本序曰：「《尸子》出周秦之間，遺文佚説時足證左經傳，其引《爾雅》、『天、帝、后、皇』之屬十有餘名可證叔孫通、梁文增補之誤。」王鳴盛《蛾術編説録》曰：「《漢·藝文志》、《爾雅》三卷二十篇。三卷者，卷帙繁多，分爲上中下。二十篇者，自《釋詁》、《至釋畜》凡十九篇，別有《序篇》一篇，郭璞序云『聖賢閒作訓詁遞陳，周公倡之于前，子夏和之于後』。疏云《釋詁》一篇蓋周公所作，《釋言》以下或言仲尼所增，子夏所足。今《序篇》不知是周公作乎，仲尼、子夏作乎？」顧廣圻云：「《毛詩疏》引《爾雅·序篇》云：『《釋詁》、《釋言》通古今之字，古與今異言也。《釋訓》言形貌也。』郭璞既作注，則《序篇》亦當有注，而今亡之。」南康謝啓昆《小學考》：「《爾雅》，《漢志》三卷二十篇，今本十九篇存。《小雅》一篇。《古今字》一卷。」宋祁曰：小字下邵本有爾字。鼂氏《讀書志》：「《小爾雅》，孔子古文也，見于孔鮒書。」陳氏《書録解題》曰：「《漢志》有此書，亦不著名氏。今《館閣書目》云孔鮒撰，蓋即《孔叢子》第十一篇也。曰《廣詁》、《廣言》、《廣訓》、《廣義》、《廣名》、《廣服》、《廣器》、《廣物》、《廣鳥》、《廣獸》凡十章，又度、量、衡爲十三章，當是好事者析

出別行。」王氏《考證》：「《小爾雅》一篇，孔鮒撰，十三章申衍詁訓，見《孔叢子李軌解》一卷。」《四庫提要存目》曰：「《漢書・藝文志》有《小雅》一篇，無撰人名氏，隋、唐《志》並載《李軌注小爾雅》一卷，其書久佚，今所傳本則《孔叢子》第十一篇鈔出別行者也，分十三章，頗可以資考據，然亦時有舛迕，非《漢志》所稱之舊本。」謝啓昆《小學考》曰：「《小爾雅》非《漢志》之《小雅》，戴氏震論之詳矣。錢君東垣頗信其書，爲校證之，其所校乃宋咸注本也。」錢大昕《三史拾遺》曰：「李善《文選注》引《小爾雅》皆作《小雅》，此書依附《爾雅》而作，本名《小雅》，後人僞造《孔叢》以此篇竄入，因有《小爾雅》之名，失其舊矣。宋景文所引邵本亦俗儒增入，不可據。」上虞王煦疏曰：「謂之小者，蓋廣《爾雅》之未備，附《爾雅》而行，故稱名小也。《漢書・藝文志》《小爾雅》一篇，不著撰人名氏。《館閣書目》云孔鮒撰，蓋即《孔叢子》第十一篇也。」又曰：「《小爾雅》爲先秦古書，漢成、哀間劉向、劉歆編入《録》、《略》，後漢班固列于《藝文志》。自漢迄唐傳注家皆取以訓釋經義，罔有異詞，而近世東原戴震從而訾之曰：『《小爾雅》乃後人皮傅掇拾而成，非古小學遺書。』今按《小爾雅》本文證以漢魏諸儒傳注之義，知東原之説非也。今悉爲辨正，大恉曉然，其有餘義，各詳本疏，庶後之讀是書者不詿誤于不根之説也。」又曰：「漢唐諸儒釋經凡引《小爾雅》之文，多通稱《爾雅》，亦有稱《小雅》者，一見于陸氏《周頌・潛・釋文》，至李善注《文選》則統稱《小雅》，蓋省文也，亦有《小爾雅》所無，而見引于他書者，如《易釋文》、《考工記》、《莊子釋文》、元應《一切經音義》、酈道元《水經注》，或本書佚文，或傳寫之誤。」章學誠《校讐通義》曰：「《孝經》部《古今字》與《小爾雅》爲一類，按《爾雅》訓詁類也，主于義理，《古今字》篆隸類也，主于形體，則《古今字》必當依《史籀》、《倉頡》諸篇爲類而不當與《爾雅》爲類矣。又二書亦不當入於《孝經》。」按《古今字》分別古今、言其同異耳。《毛詩疏》引《爾雅・序篇》云《釋詁》、《釋言》通古今之字。古與今異言也。《釋訓》言形貌也。則《古今字》與《爾雅》、《小雅》一類之學相爲表裏者也。故附于其後，又《爾雅》、《小雅》、《古今字》三書漢時皆不以爲小學，故附于五經雜議之後。按《小雅》，錢宫詹以爲後人竄入《孔叢子》，最爲切理厭心之論，猶《夏小正》、《三朝記》，大戴竄入八十五篇中也，未必碻是孔鮒，故不具其始末。又按本志《尚書》家篇敘曰：「《古文尚書》讀應《爾雅》，故解古今語而可知也。此《古今字》即解古今語之書。」又按《古今字》一卷，謝氏《小學考》失載。今考唐釋元應《一切經音義》引魏張揖《古今字詁》曰：「古文『愍』今作『閔』同眉殞反，愍，憐也。古文『捷』今作『接』，同子葉反。古文『針』、『箴』二形今作『鍼』同支淫反。古文『哀』、『櫰』二形今作『阿』，同烏可反。」其言古今字形相同者，意即此古今字。其下反音及訓釋則張揖之詁。揖書三卷，今不可見，此雖非碻證，然亦相去不遠。又按此條亦是刻書者分析不明，誤連兩書爲一條，與易家古雜一條、孟氏京房一條相類。

又卷二上 《文子》九篇。老子弟子，與孔子並時，而稱周平王問，似依託者也。劉向《別録》曰：「墨子書有文子。文子，子夏之弟子，問于墨子。」按此似疑而未決之辭。本書《人表》，文子列第五等中中。梁玉繩曰：「文子，不傳其名字。《困學紀聞》十辨文子非周平王時人，檢《文子・道德篇》平王問一條無『周』字，末云『寡人敬聞命』，其非周王甚審。《通考》引周氏《涉筆》以爲楚平王極碻，《士仁篇》有王良，更足驗爲楚平王時人，班氏所見之《文子》或是誤本，遂疑文子書有依託，而于此表仍列周平時，蓋疑以傳疑之意也。」《隋書・經籍志》：「《文子》十二卷。文子，老子弟子，《七略》有九篇，梁《七録》十卷，亡。」《唐，經籍志》：「《文子》十二卷。」《藝文志》同。又曰：「天寶元年詔號文子爲通玄真經。」《宋，藝文志》：「《文子》十二卷。舊書目云周文子撰。」晁氏《讀書志》：「李暹注《文子》十二卷。其傳曰姓辛，葵邱濮上人，號曰計然，范蠡師事之，本受業于老子，録其遺言爲十二篇云。案劉向録《文子》九篇而已，《唐志》録暹注與今篇次同，豈暹析之歟？」陳氏《書録解題》曰：「案《史記・貨殖傳》徐廣注：『計然，范蠡師，名鈃。』裴駰曰：『計然，葵邱濮上人，姓辛，字文子。』默希子引以爲據。按元魏時李暹注書先有是説，默希子因之。以文子爲計然之字，不可考信。柳子厚亦辨其爲駁書，而亦頗有取焉。默希子，唐徐靈府自號也。」《玉海・藝文》曰：「今本十二篇，道原至上禮。元魏李暹注。唐徐靈府注、朱玄注。」《四庫提要》曰：「《漢志》道家《文子》九篇。《隋志》載《文子》十二篇。二志所載不過篇數有多寡耳，無異説也。因《史記・貨殖傳》有『范蠡師計然』語，又因裴駰《集解》有『計然姓辛字文子，其先晉國公子』語，北魏李暹作《文子注》遂以計然、文子合爲一人，文子乃有姓有名謂之計鈃，謬之甚矣。」《四庫簡明目録》曰：「文子，不知其名字。《漢志》但稱老聃弟子而已，或曰計然者誤也，書凡十二篇，皆述老聃之説。柳宗元稱其多竊取他書以合之，然要是唐以前之古本也。」孫星衍《問字堂集・文子序》曰：「黄老之學存于文子，西漢用以治世，當時諸臣皆能稱道其説，故其書最顯。諸子散佚，獨此有完本，在《道藏》中，其傳不絶，亦其力也。今《文子》十二卷，實《七略》舊本。《藝文志》稱九篇者，疑古以《上仁》、《上義》、《上禮》三篇爲一篇，以配下德耳，注蓋謂文子生不與周平王同時，而書中稱之，乃託爲問答，非謂其書由後人僞託。宋人誤會其言，遂疑此書出于後

世也。」案孫序解釋注文最得班氏本意。序又謂文子即計然，則仍沿李暹之誤。考《古今人表》，文子、計然兩人先後並出，則碻爲兩人，非一人可知。

又《關尹子》九篇。名喜，爲關吏。老子過關，喜去吏而從之。《七略》、《别録》：「護左都水使者光禄大夫臣劉向言：『所校中祕書《關尹子》九篇，臣向校讎太常存七略。臣向本九篇。臣向輒除錯不可考增闕斷續者九篇成，皆殺青，可繕寫。關尹子名喜，號關尹子，或曰關令子，隱德行，人易之，嘗請老子著《道德經》上下篇。《列禦寇》、《莊周》皆稱道家書，篇皆寓名有章，章首皆有「關尹子曰」四字，篇篇敍異，章章義異，其旨同，辭與老、列、莊異，其歸同，渾質崖戾，汪洋大肆，然有式，則使人泠泠輕輕，不使人狂。蓋公授曹相國參，曹相國薨。書葬。至孝武皇帝時有方士來以七篇上，上以仙處之。淮南王安好道聚書，有此不出。臣向父德因治淮南王事得之，臣向幼好焉。寂士清人能重愛黄老清静，不可闕。臣向昧死上。永始二年八月庚子護左都水使者光禄大夫臣向謹進上。』」嚴可均《全漢文》編曰：「《關尹子敍録》疑宋人依記。」又襄平李鍇《尚史諸子傳》引劉向《别録》曰：「關尹子名嘉，列子師之，多所請問，莊子稱爲博大真人。」不知所引見于何書，與此文異。劉向《列仙傳》：「關令尹喜者，周大夫也，善内學星宿，服精華，隱德行仁，時人莫知。老子西游，喜先見其氣知真人當過，候物色而迹之，果得老子。老子亦知其奇，爲著書，與老子俱至流沙之西，服具勝實，莫知其所終。亦著書九篇，名《關令子》。」《吕氏春秋・不二篇》曰：「關尹貴清高。」誘曰：「關尹，關正也，名喜，作道書九篇，能相風角，知將有神人，而老子到。喜説之，請著《上至經》五千言，而從之游也。」案《上至經》或漢時别有此稱，然總疑上下經之誤也。陳氏《書録解題》：「《關尹子》九卷。周關令尹喜蓋與老子同時，啓老子著書言道德者。案《漢志》有《關尹子》九篇，而隋唐及國史志皆不著録，意其書亡久矣。徐蕆子禮得之于永嘉孫定，首載劉向校定序，篇末有葛洪後序，未知孫定從何傳授，殆皆依託也，序亦不類向文。」《四庫提要》曰：「案《經典釋文》載尹喜，字公度。李道謙《終南祖庭仙真内傳》稱終南樓觀爲尹喜故居，則秦人也。考《漢志》有關尹子九篇。劉向《列仙傳》作關令子，而隋、唐《志》皆不著録，則其佚久矣。南宋時徐蕆子禮始得本于永嘉孫定家，前有劉向校定序，稱蓋公授曹參云云，與《漢書》所載得淮南鴻寶祕書者不同，疑即假借此事以附會之，故宋濂《諸子辨》以爲文既與向不類，事亦無據，疑即定之所爲，然定爲南宋人，而《墨莊漫録》載黄庭堅詩『尋師訪道魚千里』句已稱用《關尹子》語，則其書未必出于定，或唐末、五代間方士解文章者所爲也。此本分《一宇》、《二柱》、《三極》、《四符》、《五鑑》、《六七》、《七釜》、《八籌》、《九藥》九篇。」又《簡明目録》曰：「《關尹子》一卷，舊本題周尹喜撰。《漢志》著録而隋、唐《志》皆不載，知原本久佚。此本出宋人依託，然在僞書之中頗有理致有詞采，猶能文者所爲。」

又《列子》八卷。名圄寇，先莊子，莊子稱之。《七略》、《别録》曰：「《天瑞》第一、《黄帝》第二、《周穆王》第三、《仲尼》第四、一曰《極知》。《湯問》第五、《力命》第六、《楊朱》第七、一曰《達生》。《説符》第八，右新書定著八篇，護左都水使者光禄大夫臣向言：『所校中書《列子》五篇，臣向謹與長社尉臣參校讎。太常書三篇，太史書四篇，臣向書六篇，臣參書二篇，内外書凡二十篇，以校，除複重十二篇，定著八篇，中書多外書少，章亂布在諸篇中，或字誤以「盡」爲「進」，以「賢」爲「形」，如此者衆，及在新書有棧。音剪 校讎從中書已定皆以殺青，書可繕寫。列子者，鄭人也，與鄭繆公同時，蓋有道者也。其學本于黄帝、老子，號曰道家。道家者，秉要執本，清虚無爲，及其治身接物，務崇不競，合于六經，而《穆王》、《湯問》二篇迂誕怪詭，非君子之言也。至于《力命篇》一推分命，《楊子》之篇唯貴放逸，二義乖背，不似一家之書，然各有所明，亦有可觀者。孝景皇帝時貴黄老術，此書頗行于世，及後遺落散在民間，未有傳者，且多寓言，與莊周相類，故太史公司馬遷不爲列傳。謹第録。臣向昧死上。護左都水使者光禄大夫臣向所校《列子書録》。永始三年八月壬寅上。』」皇甫謐《高士傳》：「列禦寇者，鄭人也，隱居不仕。鄭穆公時子陽爲相，專任刑，列禦寇乃絶迹窮巷，面有饑色。或告子陽曰：列禦寇蓋有道之士也，居君之國而窮，君無乃不好士乎？子陽使官載粟數十乘以與之。禦寇出見使，再拜而辭之。居一年，鄭人殺子陽，其黨皆死，禦寇安然獨全，終身不仕，著書八篇，言道家之意，號曰《列子》。」《吕氏春秋・不二篇》：「列子貴虚。」高誘曰：「列子體道人也，壺子弟子。」按此言壺子者，壺邱子林也。《隋書・經籍志》：「《列子》八卷，鄭之隱人列禦寇撰。」《唐書・藝文志》：「天寶元年詔號《列子》爲《沖虚真經》。」《晁氏讀書志》曰：「景德中加『至德』之號。」唐柳宗元《辨列子》曰：「劉向古稱博極羣書，然其録列子獨曰鄭穆公時人，穆公在列子前幾百歲，《列子》書言鄭國皆云子産、鄧析，不知向何以言之如此。《史記》鄭繻公二十四年，鄭殺其相駟子陽，子陽正與列子同時，是歲魯穆公十年，不知向言魯穆公時遂誤爲鄭耶，不然何乖錯至如是？其後張湛徒知怪《列子》書言穆公後事，亦不能推知其時。王氏《考證》曰：或謂鄭繻公字誤爲繆公。莊周放，依其辭，其稱夏棘、狙公、紀渻子、季咸等皆出《列子》，其文辭類《莊子》而尤質厚，其書亦多增竄非其實。楊朱、力命疑楊子書其言，魏牟、孔穿

皆出列子後，不可信，然觀其辭，亦足通知古之多異術也。」鄭樵《通志・氏族略》曰：「列禦氏，不詳其本，鄭穆公時列禦寇著書。」按此以列禦爲氏，與本志注名圄寇者相違異。王氏《考證》：「東萊呂氏曰：『以《列子》所載「楊朱遇老子，老子中道而歎」一章觀之，則朱受學于老子。』不疑朱之言見于《列子》者固多，後人所附益爲我之説亦略可見也。」石林葉氏曰：「《天瑞》、《黄帝》篇與佛書相表裏。」呂氏曰：「《列子》多引《黄帝書》，蓋古之微言傳久而差者。『玄牝』一章今見《老子》，此戰國秦漢所以並言黄老也。」《四庫提要》曰：「柳宗元《辨列子》言魏牟、孔穿皆出列子後，不可信。其後高似孫《緯略》遂疑列子爲鴻濛、雲將之流並，無其人。今考《湯問篇》中有鄒衍吹律事，不止魏、牟孔穿，其不出禦寇之手更無疑義，然考《尸子・廣澤篇》曰：『墨子貴兼、孔子貴公、皇子貴衷、田子貴均、列子貴虚、料子貴別囿，其學之相非也數世矣。』是當時實有列子，非莊周之寓名。又《穆天子傳》出于晉太康中，爲漢魏人之所未睹，而此書《周穆王篇》所敍駕八駿，造父爲御，至巨蒐，登崐崙，見西王母于瑶池事一一與傳相合，此非劉向之時所能僞造，可信確爲秦以前書，唯其書皆稱『子列子曰』，則決爲傳其學者所追記，其雜記列子後事，正如《莊子》記莊子死，《管子》稱吴王、西施，《商子》稱秦孝公耳，不足爲怪。」

又卷二下 《商君》二十九篇。名鞅，姬姓，衛後也。秦孝公有列傳。《史》本傳：「商君者，衛之諸庶孽公子也，名鞅，姓公孫氏，其祖本姬姓也。鞅少好刑名之學，事魏相公叔痤爲中庶子。痤卒，鞅西入秦。秦孝公以爲左庶長，定變法之令。太子犯法，衛鞅曰太子不可施刑，刑其傅公子虔，黥其師公孫賈。行之十年，秦民大説，道不拾遺，山無盜賊，家給人足，民勇于公戰，怯于私鬭，鄉邑大治，于是以鞅爲大良造，爲田開阡陌封疆而賦税平，平斗桶，權衡丈尺，行之四年，公子虔復犯約，劓之。居五年秦人富彊，天子致胙于孝公，諸侯畢賀，秦封之于商十五邑，號爲商君。商君相秦十年，宗室貴戚多怨望者。秦孝公卒，太子立，公子虔之徒告商君欲反，發兵攻商君。秦惠王車裂商君以徇，曰：『莫如商鞅反者。』遂滅商君之家。太史公曰：『商君其天資刻薄人也。余嘗讀商君開塞、耕戰書與其人行事相類，卒受惡名于秦，有以也夫。』」《史・秦本紀》：「孝公元年，衛鞅入秦，二年衛鞅説孝公變法脩刑，内務耕稼，外勸戰死之賞罰，孝公善之。甘龍、杜摯等弗然相與争之，卒用鞅法，百姓苦之，居三年，百姓便之，乃拜鞅爲左庶長。二十二年封鞅爲列侯，號商君。二十四年孝公卒，子惠文君立，是歲誅衛鞅。鞅之初爲秦施法，法不行，太子犯禁，鞅曰：『法之不行，自于貴戚。君必欲行法，先于太子。太子不可黥，黥其傅師。』于是法大用，秦人治。及太子立，宗室多怨鞅，鞅亡，因以爲反而卒車裂以徇秦國。」本書《人表》，商鞅居第四等中上。梁玉繩曰：「商鞅始見《史》本傳，衛庶孽公子名鞅，氏公孫，秦孝公以爲相，封之于商，號商君，亦曰公孫鞅，亦曰衛鞅，惠王車裂之。案鞅刻薄少恩，其書言民不可學問，以禮、樂、詩、書等爲六蝨。若鞅者何以居中上哉？本書《刑法志》陵夷至于戰國，韓任申子，秦用商鞅，連相坐之法，造參夷之誅，增加肉刑，大辟有鑿顛、抽脅、鑊亨之刑。」又《食貨志》曰：「及秦孝公用商君，壞井田，開阡陌，急耕戰之賞，雖非古道，猶以務本之故，傾鄰國而雄諸侯，然王制遂滅，僭差亡度，庶人之富者累鉅萬，而貧者食糟糠。有國彊者兼州域，而弱者喪社稷。」《晉書・刑法志》：「李悝著《法經》六篇，商君受之以相秦。」《魏書・刑法志》曰：「商君以《法經》六篇，入説于秦，設參夷之誅，連相坐之法。」《隋書・經籍志》《商君書》五卷，秦相衛鞅撰。《唐・經籍志》《商子》五卷，商鞅撰。《唐・藝文志》《商君書》五卷，商鞅或作商子。《宋史・藝文志》《商子》五卷，衛公孫鞅撰。晁氏《讀書志》：「太史公既論鞅刻薄少恩，又讀鞅《開塞》書，謂與其行事相類。今考其書，《開塞》乃第七篇，謂道塞久矣，今欲開之，必刑九而賞一，刑用于將過則大邪不生，賞施于告姦則細過不失，則國治矣。由此觀之，鞅之術無他，特恃告訐而止耳。故其治不告姦者與降敵同罰，告姦者與殺敵同賞，此秦俗所以日壞，至于父子相夷而鞅不能自脱也。太史公言信不誣矣。」《四庫簡明目録》曰：「《商子》五卷，舊本題秦商鞅撰。周氏《涉筆》謂其書多附會後事，擬取他詞，非本所論著。今案開卷稱孝公之謚，則謂不出鞅手良信，然其詞峻厲而刻深，雖非鞅作，亦必其徒述説之，非秦以後人所爲也。《漢志》二十九篇至宋佚其三篇，今有録無書者又二篇。」

又 《伊尹説》二十七篇。其語淺薄，似依託也。伊尹有書五十一篇，見前道家。《孟子》：「萬章問曰：『人有言伊尹以割亨要湯，有諸？』孟子曰：『否，不然。吾聞其以堯舜之道要湯，未聞以割亨也。』」王氏《考證》：「《呂氏春秋》『伊尹説湯以至味』云云，蓋戰國之士謂伊尹以割亨要湯，故爲是説，孟子辯之詳矣。」何義門《讀書記》曰：「小説家《伊尹説》二十七篇，依託之書，皆入小説，弗爲弗滅斯舉衷矣。」嚴可均《三代文》編曰：「《漢志》小説家有《伊尹説》二十七篇，本注其語淺薄，似依託也。《呂氏春秋・本味篇》疑即小説家之一篇，孟子、伊尹以割亨要湯謂此篇也。」梁玉繩《呂子校補》曰：「《漢・藝文志》小説家有《伊尹説》二十七篇，《司馬相如傳索隱》稱應劭引《伊尹書》。《説文》『櫨』字、『秏』字注亦引伊尹之言，豈本味

一篇出于伊尹説歟？」按應劭所引及《説文》兩字所注皆見于《本味篇》，故梁氏有是言。

又卷四 《娷》一篇。顔氏《集注》曰：「娷音女瑞反，蓋説兵法者人名也。」按《世本・作篇》云「倕」作「鐘」。又云「垂」作規矩準繩，「垂」作銚、作耒耜、作耨。宋注曰：「垂，黄帝工人。」張澍輯注曰：「《玉篇》云倕黄帝時巧人名。」《帝王世紀》嚳命倕作鞞，是垂爲工之通名，非一人也。又《抱朴子・辯問篇》曰：「班輸倕狄，機械之聖也。」又梁玉繩《人表考》曰：「垂又作倕，堯時巧工，亦曰巧倕，亦曰工倕，亦曰倕氏，疑即此娷戰國時依託爲是書。」又按自齊孫子至此七家皆蒙上兵法二字，史省文也。

又卷五 《黄帝五家曆》三十三卷。黄帝見前。道家、陰陽家、小説家、兵陰陽家。《史・曆書》：「太史公曰：『神農以前尚矣，蓋黄帝考定星曆。』」《晉書・曆志》：「黄帝紀三綱而闡書契，乃使羲和占日，常儀占月，臾區占星氣，伶倫造律吕，大撓作甲子，隸首作算數，容成綜斯六術，考定氣象，建五行，察發斂，起消息，正閏餘，述而著焉，謂之調曆。」《世本・作篇》曰：「容成作《調曆》，宋衷注。容成，黄帝之臣。」張澍輯注曰：「容成因五量，治五氣，起消息，察發斂，作《調曆》，歲紀甲寅日，紀甲子而時節定，歲交己酉，實黄帝之五十年也。」劉向《五紀論》曰：「黄帝曆有四法，又曰民間亦有黄帝諸曆，不如史官記之明也。」《宋書・曆志》：「祖沖之曰：『周漢之際，疇人喪業，曲技，競設，圖緯實繁，或借號帝王以崇其大，或假名聖賢以神其説，是以讖記多慮。桓譚知其矯妄，古曆舛雜，杜預疑其非真。』按《五紀論》黄帝有四法，顓頊、夏、周並有二術，詭異紛然，則孰識其正此古曆可疑之據一也。」烏程汪曰楨《古今推步諸術考》：「黄帝術上元辛卯天正甲子朔旦冬至，至周共和元年庚申積二百七十五萬九千三百一十年算上。上元積年見《開元占經》。上元至唐開元二年甲寅二百七十六萬〇八百六十三年算外。」又曰：「《五紀論》言黄帝術有四法，今僅傳其一法，而三法不傳矣。按此言五家者，並周、秦、漢初時曆家所託，有五家并爲一帙，非真正調曆也。」

又 《夏殷周魯曆》十四卷。本書《曆志》：「三代既没，五伯之末，史官喪紀，疇人子弟分散，或在夷狄，故其所記有黄帝、顓頊、夏殷、周及魯曆。」《續漢・曆志》熹平論曆曰：「議郎蔡邕議曰：『案曆法黄帝、顓頊、夏、殷、周、魯凡六家，各自有元。』司馬彪曰：『黄帝造曆，元起辛卯，而顓頊用乙卯，夏用丙寅，殷用甲寅，周用丁巳，魯用庚子。』」《宋書・曆志》：「祖沖之曰：『夏曆七曜西行，特違衆法。劉向以爲後人所造，此可疑之據二也。殷曆日法九百四十，而乾鑿度云殷曆以八十一爲日法，若易緯非差，殷曆必妄，此可疑之據三也。《春秋》書食有日朔者凡二十六，其所據曆非周則魯，以周曆考檢其朔日失二十五，魯曆校之又失十三，二曆並乖，則必有一僞，此可疑之據五也。古之六術並同四分，四分之法久，則後天以食檢之，經三百年輒差一日，古曆課今其甚疏者，朔後天過二日有餘，以此推之，古術之作皆在漢初周末，理不得遠且卻校春秋朔，並先天，此則非三代以前之明徵矣，可疑之據六也。』」《隋書・曆志》曰：「漢時有古曆六家，學者疑其紕繆。劉向父子咸加討論，班固因之，采以爲志。」按「劉向父子咸加論討」者，謂五紀論及三統曆也。王氏《考證》：「《書正義》云：『古時真曆遭戰國及秦而亡，漢存六曆，雖詳于五紀之論，皆秦漢之際假託爲之。』《詩正義》云：『今世有周曆、魯曆，蓋漢初爲之，其交無遲速盈縮，考日食之法而年月往往參差。』又云：『劉向《五紀論》載殷曆之法，惟有氣朔而已。』」《春秋正義釋例》云：「今魯曆不與《春秋》相符，殆來世好事者爲之，非真也。」

又 《黄帝諸子論陰陽》二十五卷。黄帝諸子未詳。按黄帝諸子或是封鉅、大填、即大撓。大山、稽力、牧風、后鬼、臾區即大鴻。封胡、孔甲、岐伯、泠淪、天老五聖知命規，紀地典。常先、疑即常儀。羲和、隸首、容成、俞拊之儔依託者，藉以爲重歟！

又 《諸王子論陰陽》二十五卷。諸王子未詳。按此列黄帝諸子之後，似即黄帝之諸王子。《五帝本紀》：「黄帝二十五子，其得姓者十四人。」《索隱》：「按《國語》『胥臣云黄帝之子二十五，宗其得姓者十四人，爲十二姓：姬、酉、祁、已、滕、葴、任、荀、僖、姞、嬛、依是也。唯青陽與夷鼓同已姓，玄囂與蒼林爲姬姓』，此大抵亦依託者所爲歟！」

又 《太元陰陽》二十六卷。《史記・武帝本紀》索隱曰：「泰元者，古昔上皇創曆之號也。」按本書《律志》「太極元氣函三爲一」云云，此太元陰陽似即本太極元氣而言，又劉歆《三統曆》屢言太極上元以來，則又似太極上元之時之言陰陽者，大抵亦依託也。《後漢方術傳》注元氣者，謂開闢陰陽之書也，似即此類之書。

又 《刑德》七卷。蕭吉《五行大義》曰：「德者得也，有益於物，各隨所欲無悔恡，故謂之德也。」《五行書》云：「若有一德能禳百災，凡陰陽用事遇德爲善，謂之福德，爲有救助萬事皆吉，災害消亡。德有四德，三者從支干論之，一者從月氣論之。」又曰：「德不孤立，對之以刑。德爲陽，以從乾；刑爲陰，以從坤。亦如人之治政，刑、德兩施，德有慶賜爵賞，所以配陽。刑有殺伐削奪，所以配陰，故王者日

蝕則脩德，月蝕則脩刑。」董仲舒《春秋繁露》云：「天道之常，一陰一陽。陽者天之德；陰者天之刑。然天之任陽不任陰，好德不好刑，故陽出而積于夏任德以歲事；陰出而積于冬錯刑以空處也。太公云人主舉事善，則天應之以德；惡則天應之以刑。此並陰陽相對，德不獨治，須偶之以刑也。」又曰：「日辰支干之刑亦有三種：一支自相刑，二支刑在干，三干刑在支。」按《天文志》引《星傳》曰：「日者，德也；月者，刑也。《星傳》蓋《黃帝五星傳》也。」又《尉繚子·天官篇》：「梁惠王問曰：『黃帝刑德可以百戰百勝，有之乎？』」本志兵陰陽家敘曰：「推刑德，因五勝而爲助。」則刑德之說由來久矣。其書蓋亦託之黃帝，《淮南子·天文篇》引刑德說，當是此書。

又　《泰壹雜子候歲》二十二卷、《子贛雜子候歲》二十六卷、《泰壹雜子有星》二十八卷、《雲雨》三十四卷並見前天文家。《史·貨殖列傳》：「子贛既學于仲尼，退而仕于衛，廢著鬻于曹魯之間。徐廣曰：「子贛傳云廢居。著猶居也，著讀曰貯。」索隱曰：「漢書亦作貯，說文云貯積也。」七十子之徒，賜最爲饒益，結駟連騎，束帛之幣以聘享諸侯，所至國君無不分庭與之抗禮。夫使孔子名布揚于天下者，子貢先後之也。此所謂得勢而益彰者乎。」《世本·作篇》曰：「后益作占歲之法。」《天官書》曰：「夫自漢之爲天數者，占歲則魏鮮。」孟康曰：「魏鮮，人姓名，作占候者。」又曰：「凡候歲美惡，謹候歲始。歲始或冬至日，臘，明日，正月旦，立春日，而漢魏鮮集臘明、正月旦決八風，風從南方來大旱；西南小旱；西方有兵；西北戎菽爲，孟康曰：戎菽，胡豆也。爲，成也。小雨，徐廣曰：「一無此兩字。」趣兵；北方爲上歲；東方大水；東南民有疾疫，歲惡。欲終日有雨、有雲、有風，有日。是日光明，聽都邑人民之聲。聲宮，則歲善，吉；商，則有兵；徵，旱；羽，水；角，歲惡。然必察太歲所在。在金，穰；水，毀；木，饑；火，旱。此其大經也。」按術家以子贛善貨殖，爲占書以附託之，而爲其術者又多所增益，集爲一篇，故曰《子贛雜子》。《開元占經》九十三引魏鮮正月朔旦八風占，其文與《天官書》異，疑即在此兩書中。

又　《昭明子釣種生魚鼈》八卷。昭明子未詳。王應麟《姓氏急就篇》曰：「昭明氏，《漢藝文志》有昭明子。」按《人表》第三等有昭明，注云卨子。《殷本紀》曰：「殷契佐禹治水有功，帝舜命爲司徒，封于商，賜姓子氏。契興于唐虞、大禹之際，功業著于百姓，百姓以平。契卒，子昭明立，昭明卒，子相土立。」《荀子·成相篇》云：「契玄王生昭明，居于砥石，遷于商，十有四世乃有天乙，是爲成湯。」按是書次神農之後，或即此昭明，術家依託稱昭明子歟！

又卷六　《堯舜陰道》二十三卷。嚴可均《上古三代文》編：「帝堯姓伊祁名放勳，帝嚳子，兄帝摯，封爲唐侯，以帝摯之九年受禪號陶唐氏，以火德王，都平陽，或云以土德王，在位七十年，而舜攝又二十八年，崩年百十七，謚曰堯。帝舜姓姚名重華，或云字都君，諸馮人，顓頊之後，堯徵爲司徒，尋攝政受禪，號有虞氏，以土德王，都蒲坂，在位五十年，年百歲，或云百十歲，謚曰舜。」

又　《湯盤庚陰道》二十卷。嚴可均《三代文編》：「商湯姓子名履，一名天乙，契十四世孫，即位十七年克夏，號曰武王，王十三年崩，年百歲，謚曰湯。一曰成湯，一曰武湯。」本書《人表》第二等仁人盤庚，陽甲弟。梁玉繩曰：「盤庚始見《商書》、《史殷紀》、《世表》，盤又作般，名旬，殷之中興王也，自奄遷亳、殷，在位二十八年。」按術家類皆依託黃帝，此兩書又依託堯、舜、湯及盤庚，可謂惑世誣民者矣，不知《録》、《略》之中復何所云也。房中者，情性之極，至道之際，是以聖王制外樂以禁内情，而爲之節文。傳曰：「先王之作樂所以節百事也。樂而有節則和平壽考，及迷者弗顧，以生疾而隕性命。」《抱朴子·釋滯篇》：「房中之法十餘家，或以補救傷損，或以攻治衆病，或以采陰益陽，或以增年延壽，其大要在于還精補腦之一事耳。此法乃真人口口相傳，本不書也。雖服名藥而復不知此要，亦不得長生也。人復不可都絶陰陽，陰陽不交坐致壅閼之病，故幽閉怨曠多病而不壽也。任情肆意又損年命，唯有得其節，宣之和，可以不損，若不得口訣之術，萬無一人。爲之而不以此，自傷煞者也。玄素、子都、容成公、彭祖之屬蓋載其麄事，終不以至要者著于紙上者也。」又曰：「房中之術近有百餘事焉。」《遐覽篇》云：「道經中有《玄女經》、《素女經》、《彭祖經》、《子都經》、《容成經》各一卷。」又《微旨篇》曰：「善其術者則能卻走馬以補腦，還陰丹以朱腸，采玉液于金池，引三五于華梁，令人老有美色，終其所稟之天年。」又曰：「彭祖之法最其要者，其他經多煩勞難行，而其爲益不必如其書，人少有能爲之者，口訣亦有數千言耳，不知之者雖服百藥猶不能得長生也。」嚴可均《全三代文編》：「彭祖姓彭名翦，一云名籛鏗，一云姓籛名鏗，陸終第三子，祝融之孫，顓頊之玄孫，封于大彭，謂之彭祖，歷事唐、虞、夏，傳數十世而滅，于商爲守藏史，或謂壽八百歲，不經之談也。有《養性經》一卷，見《隋志》醫方家。又《道藏》臨字五號有彭祖《攝生養性論》，《文選·嵇叔夜養生論》注引彭祖《養生要》，《御覽》七百二十引彭祖養壽、老子養生要訣，皆道家依託。」

又　《宓戲雜子道》二十篇。嚴可均《全上古文編》：「太昊亦作太皞，姓風，號伏戲氏，以木德王，是爲春皇，一云伏羲氏，一云宓戲氏，一云包羲氏，一云庖犧氏，都陳，在位百十一年，一云百六十四年，《左傳》定四年正義引易云：『伏羲作十言之教曰『乾、坤、震、巽、坎、離、艮、兑、消息。』』按相傳伏羲文字止此。王氏《考證》：「《帝王世紀》：『宓戲畫八卦以通神明之德，類萬物之情，所以六氣，六腑，五臟，五

行，陰陽，水火，升降，得以有象，百病之理得以類推，炎黄因斯乃嘗味百藥，而制九鍼。』」《莊子》曰：「伏羲得之以襲氣母。」按自來神仙家、道家往往託始黄帝，觀于此則漢時相傳且有託始神農、伏羲者，王氏摭世紀莊子之言以解釋之，其意蓋以爲依託者大抵緣是以爲之説也。

又 《上聖雜子道》二十六卷。按上聖者大抵謂上古聖人在伏羲氏之後者也。《上聖雜子》猶言《泰壹雜子》、《黄帝雜子》、《皇公雜子》、《淮南雜子》、《子贛雜子》、《天老雜子》及《後文道要雜子》、《神農雜子》之類，皆所託之人也。

姚振宗《三國藝文志》卷三 王肅《孔子家語解》二十一卷。肅始末具經部易類。肅自序曰：「鄭氏學行五十載矣，尋文責實，考其上下，義理不安，違錯者多，是以奪而易之。孔子二十二世孫有孔猛者，家有其先人之書，昔相從學，頃還家，方取以來，與予所論有若重規疊矩，而恐其將絶，故特爲解，以貽好事之君子。」《禮樂記疏》引馬昭説曰：「《家語》，王肅增加，非鄭玄所見，肅私定以難鄭玄。」《釋文敍録》曰：「肅又注《尚書》、《禮》、《容服》、《論語》、《孔子家語》。」《隋志》經部論語篇《孔子家語》二十一卷，王肅解。唐《日本國見在書目》：「《孔子家語》廿一卷，王肅撰。《唐・經籍志》《孔子家語》十卷，王肅撰，《藝文志》王肅注《孔子家語》十卷，《宋・藝文志》《孔子家語》十卷，魏王肅注。宋王柏《家語考》曰：「四十四篇之《家語》乃王肅自取《左傳》、《國語》、《荀》、《孟》、二戴《記》割裂織成之，孔衍之《序》亦王肅自爲也。」《經義考》曰：「孔安國《家語後序》疑亦後人僞撰。」《四庫簡明目録》曰：「《孔子家語》十卷，魏王肅注《家語》雖名見《漢志》，而書則久佚，今本蓋即王肅所依託以攻駁鄭學、馬昭諸儒，已論之詳矣。」

丁國鈞《補晉書藝文志》卷二 《尚書音》五卷。孔安國、鄭玄、李軌、徐邈等撰。謹按：見《七録》。陸德明謂漢人不作音，後人所託，是孔、鄭二家或亦晉人作僞，如僞孔傳類，未可知也。《枕中書》。葛洪。謹按：見《文獻通考》，亦僞書也。《抱朴子・遐覽篇》有「惟余見授五行記」語，此書名當即緣此影撰。《保聚圖》。庾衮。謹按：見《郡齋讀書志》。本書《庾衮傳》有率衆保禹山禦賊及保大頭山事，後人蓋因此託僞。《耆婆脈訣注》十二卷。羅什。謹按：見《日本現在書目》醫方類載此。家大人曰：「據《高僧傳》中《羅什傳》，載什事甚詳，不言有此注，其爲後人影撰無疑。」

文廷式《補晉書藝文志》卷四 《郭璞青囊補注》三卷。見《郡齋讀書後志》。《通志略》：「郭璞《青囊經》二卷。」案璞傳載璞從河東郭公受青囊中書九卷，故術家爲此名也。《太平廣記》十四引《神仙拾遺》云：「郭文蓊葉書金雄詩、金雌記，其言皆當時讖詞。」《趙載璇璣經》一卷。明崇禎間刻本。按《晉書》云：「璞門人趙載嘗竊青囊書，未及讀而爲火所焚。」《御覽》七百二十六。後人遂依託其名，撰此書也。又明人刻《地理人天共寶》，有陶侃《尋龍捉杖賦》，尤依託無據，不録。顏幼明《黄帝靈棊經注》二卷。今存。《四庫總目提要》云：「大抵依託之詞，惟考《隋志》即有《十二靈棊卜經》，而《南史》所載『客從南來，遺我良材，寶貨珠璣，金盌玉盃』之繇，實爲今經第三十七卦，則是書出自六朝以前，由來已古矣。」南齊有平南將軍顏幼明，見《索虜》及《南蠻傳》。《梁書・儒林・范縝傳》有琅邪顏幼明。《水經・泄水注》云：「沈約《宋書》言：『泰始元年，豫州刺史殷琰及明帝假勔，輔國將軍討之，琰降，不犯秋毫，百姓來蘇，生爲立碑，言過其實。建元四年故史顏幼明爲其廟銘。』」劉敬叔《異苑》卷五曰：「十二棊卜出自張文成，受法於黄石公，行師用兵，萬不失一。逮至東方朔密以占象事，自此以後祕而不傳。晉寧康初，襄城寺法味道人忽見一老公著黄皮衣，竹筒盛此書，法味無何失所在，遂復流於世。」據此則此書蓋法味依託也。《御覽》七百二十六所引同。《張華注師曠禽經》一卷。依託。今存。《黄庭外景經》三卷。今存。《郡齋讀書志》云：「敍謂老子所作，與法帖所載晉王羲之寫本正同。周必大跋，山谷書南華。」《玉篇》云：「《黄庭外景》一篇，世傳魏晉時道家者流所作，此三十六篇乃其義疏，名曰《内景養生之樞要》也。」《益公題跋》卷十一。葉奕苞《金石録補》曰：「按羲之卒於穆帝升平五年，後二年爲哀帝興寧二年，黄庭始降於世，則非王書可知。」《施安五星圖》。同上。《二十四神經》。同上。《三皇内文天文》三卷。《玄文上中下》三卷。《混成經》二卷。《玄録》二卷。《九生經》云云《至李先生口訣肘後》二卷。《自來符》云云至《玉斧符》十卷。《青龍經》。《中黄經》。《太清經》。《通明經》。《按摩經》。《道引經》十卷。《玄陽子經》。《玄女經》。《素女經》。《彭祖經》。《陳赦經》。《子都經》。《張虚經》。《天門子經》。《容成經》。《入山當作内經》。《金丹經》。《枕中五行記》。《抱朴子・遐覽篇》道經有《三皇内》云云，又《釋滯篇》曰：「道書篇卷至於山積。」案各書《漢・藝文志》皆不著録，依託無疑，而稚川見之，必晉以前書也，故具列其目，如《太清》、《素女》、《彭祖》諸經則並見《隋志》矣。日本禰康賴《醫心方》卷二十八屢引《玄女經》、《素女經》、《太清經》及《抱朴子説》，皆晉以前書也。

又卷五 《八五經》一卷。《文獻通攷・經籍門》引晁氏曰：「序云《黄帝書》謂八卦五行。」陳氏曰：「序稱大將軍記室郭璞，後序言『余受郭公囊書數篇，此居一，公戒而祕之。丞相王公盡索余書，余以公言告之得免。』末稱太興元年六月，蓋

晉元帝時，王公謂導也，然皆依託耳，其書爲相墓作。」《孔安國祕記》。《抱朴子・至理篇》引之，魏晉間僞書往往託之安國，誠不可解。《易内戒》。《赤松子經》。《河圖記命符》。並見《抱朴子・微旨篇》。按《抱朴子・釋滯篇》曰：「道書之出於黄老者少許耳，率多後世之好事者各以所知見而滋長，遂令篇卷至於山積。」真西山跋《赤松子經》曰：「此經稱赤松子爲黄帝作，世久人遠，不可復攷，後世所傳三皇五帝之書，大抵皆託也。至其言善善惡惡，有以深儆於世，未知即抱朴所見否。」《西山題跋》卷二。《許遜石函記》明王世貞讀書後云：「《許真君石函記》不類晉人語，蓋自張紫陽後陳泥丸、白紫清繼之，俱以無礙辨才，發性命宗旨，弟子仿之，乃至《醉思仙歌》亦託之真君，《大還丹歌》託之吴猛，《鉛汞歌》託之嚴君平，《龍虎歌》託之陰長生」云云。今按《還丹歌》之類，不悉著録，附記於此。

秦榮光《補晉書藝文志》卷三　《脈訣》一卷。據晁氏《讀書志》云皆歌訣淺鄙之言，然最行於世。案戴起宗《脈訣刊誤》曰：六朝高陽生剽竊叔和，撮具切要，撰爲《脈訣》。《四庫提要》曰：「《文獻通考》以爲熙寧以前人僞託，得其實矣。」

吴士鑒《補晉書經籍志》卷二　葛洪《西京雜記》二卷。《隋志》不著撰人，兩唐《志》均重見地理類，舊志作一卷，《宋志》作六卷，《玉海》引《崇文總目》、《西京雜記》二卷，《郡齋讀書志》亦作六卷，云江左人以爲吴均依託爲之，陳詩庭云今本六卷，或題劉歆撰或題葛洪撰。

黄逢元《補晉書藝文志》卷二　《西京雜記》二卷。葛洪撰。《隋志》入舊事，脱撰人。《舊唐志》題云洪撰。《新唐志》列地理。《宋志》列傳記。《四庫目》列子部小説。宋黄長睿《東觀餘論》謂事皆劉歆所記，葛稚川采之。唐段成式《酉陽雜俎・語資篇》載庾信語是書爲吴均依託，今存。

又卷三　《枕中書》一卷。葛洪撰。見《説郛》，今存《四庫提要》云：「説多謬悠，後人僞託也。」《六軍鑑要》一卷。大司馬鄱陽陶侃士行撰。見《宋志》，疑依託，侃有傳。《保聚圖》一卷。秀才鄢陵庾袞叔褒撰。見晁《志》，又《通考》袞有傳，不詳是書，晁《志》辨其撰書歲次錯誤，疑依託。《三家星歌》一卷。張華撰。見《宋志》，疑依託。《小象千字詩》一卷。張華撰。見《通志》，疑依託。《小象賦》一卷。張華撰。見《宋志》，云苗爲注，疑依託。《續葬書》一卷。郭璞撰。見陳《録》，云璞撰，鄙俗，依託。《師曠禽經》一卷。張華注。見陳《録》。《隋志》五行類録《相馬》、《相鶴》、《相鴨》、《相雞》諸經，故是書入此，今存王謨《漢魏叢書》。謨云：「書爲曠撰，《漢志》及《隋志》、《唐志》均不録，當僞託，即華注亦然，華卒於惠帝初年，而引郭璞《爾雅注》則在東晉後，又引李膺《蜀志》、顧野王《符瑞圖》，更遠出齊梁矣。」

姚振宗《隋書經籍志考證》卷二　《古文尚書音》一卷。徐邈撰。徐邈有《周易音》，見前易類。陸氏《尚書音義》曰：「相承云梅頤上孔氏傳《古文尚書》」云。」按當爲亡。《舜典》一篇，時以王肅注頗類孔氏，故取王注從「慎徽五典」以下爲《舜典》，以續孔傳，徐仙民亦音此本。按《敍録》作枚賾，此作梅頤。盧氏《考證》引段玉裁云當從後作「頤」字，是古人名頤則字真，此枚頤字仲真。後莊子注李頤，字景真。按梅頤，梅陶之兄。梅陶有《新論》，見子部儒家。唐《日本國見在書目》《尚書音》一卷，徐仙民撰。梁有《尚書音》五卷，孔安國、鄭玄、李軌、徐邈等撰。《釋文・敍録》曰：「爲《尚書音》者四人，孔安國、鄭玄、李軌、徐邈。」案漢人不作音，後人所託。

又卷八　《孔叢》七卷，陳勝博士孔鮒撰。《史記・孔子世家》：「子慎年五十七，嘗爲魏相，生鮒，年五十七爲陳王涉博士，死於陳下。」又《儒林傳》曰：「陳涉之王也，魯諸儒持孔氏之禮器往歸之，於是孔甲爲陳涉博士，卒與涉俱死。」徐廣曰：「孔子八世孫，名鮒字甲也。」孔繼汾《闕里文獻考》：「鮒一名鮒甲，字子魚，或謂之子鮒，或稱孔甲，爲博士凡六旬，言既不用，託目疾老於陳，年五十七卒。」《唐書・經籍志》《孔叢子》七卷，孔鮒撰。《唐書・藝文志》《孔叢》七卷。《宋史・藝文志》子部儒家《孔叢子》七卷，漢孔鮒撰，朱熹曰僞書也。又經部小學類别出孔鮒《小爾雅》一卷。《朱子語類》曰：「《家語》雖記得不純，都是當時書。《孔叢子》是後來自撰出。」又曰：「《孔叢子》乃其所注之人僞作，讀其首幾章，皆法《左傳》句，已疑之，及讀其《後序》，乃謂渠好《左傳》便可見。」又曰：「《孔叢子》鄙陋之甚，理既無足取而詞亦不足觀，有一處載其君曰必然云云，是何言語！」陳氏《書録》：「儒家《孔叢子》七卷，孔氏子孫雜記其先世系言行之書也。《小爾雅》一篇亦出於此。」《中興書目》稱漢孔鮒撰。案《孔光傳》：「夫子八世孫鮒，魏相順之子，爲陳涉博士，死陳下。」則固不得爲漢人，而其書記鮒之没，第七卷號《連叢子》者又記太常臧而下數世，迄於延光三年季彦之卒，則又安得以爲鮒撰耶？《四庫・子部・儒家》：「《孔叢子》，舊題孔鮒撰，所載仲尼而下，子上、子高、子順之言行，凡二十一篇。又以孔臧所著賦與書上下二篇附綴於末，别名曰《連叢》。臧，漢高祖功臣孔聚之子，武帝時官太常。朱子語類謂《孔叢子》文氣軟弱，不似西漢文字，蓋其後人集先世遺文而成之者。」今按其書説《舜典》六宗與僞《孔傳》、僞《家語》並同，是亦晚出之明證也。朱子所疑蓋非無見。又《簡明目録》：「《孔叢子》三卷，舊本題陳勝博士孔鮒撰，凡二十一篇，末爲《連叢子》上下二篇，題漢孔臧撰，皆依託也，然《隋志》著録，

其來已久，且亦綴合孔氏之遺文，故相沿莫之廢也。」張氏《書目答問》：「周秦諸子類《孔叢子》七卷，浙江新刻影宋巾箱本，漢魏叢書三卷本，有依託，不盡僞。」

又卷九 梁有《孔老讖》十二卷，亡。嘉興沈濤《銅熨斗齋隨筆》曰：「《隋書・經籍志》梁有《孔老讖》十二卷。濤案《孔老讖》當作《孔子讖》，下文另有《老子河洛讖》一卷，不應并爲一談也。《南齊書・祥瑞志》引孔氏《世録》。《魏書・高祖紀》稱《孔子閉房記》蓋即其類。」又曰：「《孔老讖》蓋即桓譚所謂矯稱孔某爲讖記。」又曰：「濤案《閉房記》當作《祕記》。李匡文《資暇録》引《孔氏祕記》、《史記・留侯世》《索隱》作《孔安國祕記》，一本作《孔父祕記》，蓋古『祕』字作『閟』，後乃誤爲『閉』字，又妄增『房』字耳。『閑房』二字見《毛詩・巷伯傳》『男子不六十不閉房』，非此之用。」又曰：「今本《毛詩》『閉房』作『閑居』，誤。」宗按「閉房記」亦有引作「閑房記」者，孔安國《祕記》，《抱樸子・内篇》亦引之，蓋讖記家既托孔子，又托孔安國，不可究詰也。按《宋書・符瑞志》引《孔子有雒讖》言「晉當禪宋」，其文則七言歌訣四句。《南史・齊高帝紀》末數引《孔子河雒讖》，知「有雒」乃「河雒」之誤，其皆出於是書，與《孔子閉房記》、孔氏《世録》、《孔安國祕記》、《孔父祕記》皆是書之篇目歟？梁有《老子河洛讖》一卷，亡。《經義考・毖緯篇》：「《老子河洛讖》，蕭子顯《南齊書・符瑞志》引之，類皆韻語。」按《隸釋》載後漢邊韶《老子銘序》有云：「《老子》二篇之書，有『浴神不死，是謂玄牝』之言，由是世之好道者觸類而長之，以老子離合於混沌之氣，與三光爲終始，觀天作讖」云云。是即此老子河洛讖之所由來，後漢桓靈時已有之。梁有《尹公讖》四卷，亡。尹公不詳何人。按此次於《老子讖》之後，大抵托之關令尹喜，又宋張君房《雲笈七籤》云：「太和真人尹軌字公度，太原人也，乃文始先生之從弟，少學天文，兼通讖緯，來事先生」云云。文始先生者，關令尹喜也，此又似其從弟尹軌所作。又尹敏爲光武校圖讖，見范書。

又卷一二 《宋史文藝志》《竹書》三卷，荀勗、和嶠編。《玉海・藝文》曰：「《竹書紀年》，《崇文目》不著録，《中興書目》止有第四、第六及《雜事》三卷，下皆標云荀氏《敘録》，一《紀年》、二《紀令應》、三《雜事》，皆殘缺。」按此所載唯第一卷是本書，餘皆非。《四庫提要》曰：「《竹書紀年》二卷，題沈約注，反覆推勘，似非束皙、杜預、郭璞及隋時所見本，又非酈道原、劉知幾、李善、瞿曇悉達、司馬貞、楊士勛、王存、羅泌、羅苹、鮑彪、董逌所見本，豈亦明人鈔合諸書爲之歟？沈約注外又有小字夾行之注，不知誰作，約注唯五帝三王最詳，而皆全鈔《宋書・符瑞志》語，約不應既著於史又不易一字移而爲此本之注，然則此注亦依託耳，自明以來流傳已久，姑録之以備一説，其僞則終不可掩也。」按今通行廣東刊本《提要》云：「汲冢古書七十五篇，中有《竹書紀年》十三篇，今世所行題沈約注，亦與《隋志相》符。」又《簡明目録》云：「是書由汲郡人發冢而得，《晉書》具載其事，沈約作注，《隋志》亦載其名。」按《隋志》實無沈約作注之文，《提要》及《簡明目録》此數語皆與下文辨駁之語不合，必有譌誤。錢大昕《養新録》曰：「今本《竹書紀年》乃宋以後人僞託，非晉時所得之本。」又曰：「《水經注》引《竹書紀年》之文，其於春秋時皆紀晉君之年，三家分晉以後則紀魏君之年，未有用周王年者，蓋古者列國皆史官紀年之體，各用其國之年，孔子修《春秋》亦用其法，今俗本《紀年》改用周王之年，分注晉魏於下，此例起於《紫陽綱目》，唐以前無此式也，況在秦漢以上乎！唯明代人空疏無學而好講書法，乃有此等迂謬之識，故愚以爲是書必明人所葺，宋鼂氏、陳氏、馬氏書目皆無此書，知非宋人僞撰也。」又曰：「此書蓋采摭諸書所引補湊成之，如《水經注》所引無年月者則注云不知是何年，《漢書》臣瓚注所引無年月者則注云此年未的，如系古本，如此則紀年歷歷，何云未的，又云不知何年耶？」又曰：「相傳附注出於沈約，而《梁書》、《南史・沈約傳》俱不言曾注《紀年》，隋唐《志》載《紀年》亦不言沈約有附注，則《紀年》未嘗有注也。」又曰：「附注多采《宋書・符瑞志》，宋書約所撰，故注亦托名休文，作僞者之用心如此。」又曰：「《紀年》實始於夏后，今本乃始於黄帝，亦後人僞託之一證。」又曰：「《史記正義》、《括地志》引《竹書》云『昔堯德衰，爲舜所囚』也。」又曰：「舜囚堯，復偃塞丹朱，使不與父相見也。今《紀年》爲宋以後人所撰，故不取囚堯、偃朱之説。」按錢氏證明今本《紀年》之妄凡六條，見《養新録》卷十三今約略録存於此。按《竹書紀年》宋時僅存殘雜本三卷，《中興書目》及《宋志》所載者是也。《晁志》、《陳録》、《馬考》皆無其目，錢氏已言之。此外如明《文淵閣書目》、《世善堂書目》亦無此書，是明代並此三卷亦亡矣，而獨見於范氏《天一閣書目》，云《竹書紀年》二卷，梁沈約附注，明司馬公訂刊，板藏閣中。司馬公者謂其遠祖范欽，欽字堯卿，嘉靖十一年進士，官兵部右侍郎，即天一閣主人也。乃知今本二卷稱沈約注者爲欽所輯録，其小字夾行之注亦欽所爲也。欽嘗刊入《二十種奇書》，吴琯、趙標輩紛紛傳刻，世遂有此一本，《提要》及《養新録》皆證爲明人作僞，不知作僞者乃鄞人范欽也，其後孫之騄之考定、徐文靖之統箋、洪頤煊之校正、林春溥之補證、陳詩之集注、雷學淇之考訂、張宗泰、趙紹祖之校補、韓怡之辨正、陳逢衡之集證、鄭環之考證遞相簒述，皆未嘗以爲汲冢原書，亦未嘗不取范本而勘訂之，而不知即出范氏也，范與鄞人豐坊同

時，坊僞作石經大學、子貢詩傳、申培詩説，詭言古本以欺世。范亦僞作此書以自欺欺人，其附沈約之注，別無他據，唯欲以奇書炫俗耳。

又卷一三 《周書》十卷。汲冢書，似仲尼删書之餘。《漢書・蕭何傳》：「何曰：『《周書》曰天予不取，反受其咎。』」師古曰：「《周書》者，本與《尚書》同類，蓋孔子所删百篇之外，劉向所奏有七十一篇。」《漢書・藝文志》尚書家《周書》七十一篇，周史記。師古曰：「劉向云周時誥誓號令也。蓋孔子所論百篇之餘也。今之存者四十五篇矣。」按此引劉向云即《別録》文。「今之存者」云云則顏氏之語也。《史通・六家・尚書》篇曰：「又有《周書》者，與《尚書》相類，即孔子刊約百篇之外，凡爲七十一篇，上自文、武，下終靈、景，甚有明允篤誠、典雅高義，時亦有淺末恒説，滓穢相參，殆似後之好事者所增益也。至若《職方》之言與《周官》無異，《時訓》之説比《月令》多同，斯百王之正書，五經之別録者也。」唐《日本國見在書目》《周書》八卷，汲冢書。按此亦孔、晁注本。《唐書・經籍志》《周書》八卷，孔晁注。按此蓋孔注之不全者，故止八卷。《唐書・藝文志》汲冢《周書》十卷，又曰《孔晁注周書》八卷。《宋史・藝文志》經部書類《汲冢周書》十卷，晉太康中於汲郡得之，孔晁注，又別史類《汲冢周書》十卷。《晁氏讀書志》：「《汲冢周書》十卷，晉太康中汲郡與《穆天子傳》同得，晉孔晁注，蓋孔子删采之餘，凡七十篇，然亦有記録失實，以誤後世者。」陳氏《書録解題》：「尚書家《汲冢周書》十卷，晉五經博士孔晁注，太康中汲郡發魏安釐王冢所得竹簡書，此其一也，凡七十篇，序一篇在其末，今京口刊本以序散在諸篇，蓋以倣孔安國《尚書》，相傳以爲孔子删書所餘者，未必然也，文體與古書不類，似戰國後人依仿爲之者。」宋黄震《日抄》曰：「《周書》自《度訓》至《小開解》凡二十三篇，皆載文王遇紂事，多類兵書，而文澀難曉；自《文儆》至《五權》二十三篇載文王薨、武王繼之代商，其文間有明白者，或類《周誥》；自《成開解》至《王會解》十三篇載武王崩、周公相成王事，間亦有明白者，多類《周誥》，自是有《蔡公解》、《史記解》、穆王警戒之書也，職方氏繼之與今《周禮》之職方氏相類，《芮良夫解》訓王暨政臣之書也，《玉佩解》亦相類，自《周祝解》至《諡法解》不知其所指，終之以《器服解》，而《器服解》之名多不可句。」按篇名系以解字，蓋孔晁注本所加，猶《淮南子》篇目高誘注本皆系以訓字。《文獻經籍考》：「巽岩李氏曰：『隋、唐《志》皆稱此書得之汲冢，孔鼂注解，或十卷、或八卷，大抵不殊。』按劉向、班固所録，並著《周書》七十一篇且謂孔子删削之餘，而司馬遷記武王克殷事與此合，必班、劉、司馬所見者也。繫之汲冢失其本矣，書多駁辭，宜孔子所不取，抑戰國處士私相綴緝，託周爲名，孔子亦未必見。」又後村劉氏曰：「晁子止謂其記録失實，李仁甫謂書多駁辭，按中間所載武王征四方，俘商寶玉云云，皆荒唐誇誕，不近人情，非止于駁而已。」王應麟《漢志考證》：「今本凡七十篇，始於《度訓》終於《器服》，晉孔晁注，篇目比漢但闕其一。」唐《大衍曆議》曰：「七十二候原於周公《時訓》、《月令》，雖頗有增益，然先後之次則同，謚法則此書第五十四篇也。」又《玉海・藝文》曰：「按《晉書・束皙傳》及《左傳正義》引王隱《晉書》並云《竹書》七十五篇，其篇目皆不言《周書》，則繫《周書》於汲冢，其誤明矣。」《經義考》曰：「鄭棐曰：『古書自六籍外，傳者蓋少矣。劉向、班固所録則有《周書》七十一篇，皆文、武、周公及穆、宣、幽、靈之事，《度訓》、《武稱》、《開武》、《祭公》、《芮良夫》、《玉佩》諸篇即壁中書，奚加焉。《謚法》則周公之所制，《時訓》、《明堂》乃《禮記》所采，《王會》博於鳥獸草木之名，《史記》明於治亂興亡之跡，卓有可觀。他篇蓋多誇詡詭譎，其書出春秋戰國之前，抑周之野史歟？』」又胡應麟曰：「《周書》多論紀綱、制度，敘事之文極少，《克殷》數篇外唯《王會》、《職方》二篇皆典則有法，而《王會》雜以怪誕之文，《職方》敘述嚴整過《王會》，其規模體制足以置之夏、商也。」又曰：「《周書》卷首十數篇後序皆以爲文王作，而本解絶無明據，且語與書體不合，蓋戰國纂集此書者所作攙入之，冠於篇首也。」《四庫別史類提要》曰：「《逸周書》十卷，舊題《汲冢周書》，然考《漢書・藝文志》先有《周書》七十一篇，司馬遷紀武王克商事與此書相應，許慎作《説文》引《周書》『大翰若翬雉』，又引《周書》『貑有爪而不敢以撅』，馬融注《論語》引《周書・月令》，鄭元注《周禮》引《周書・王會》，注《儀禮》引《周書・比黨、州閭》，皆在汲冢前，知晉至唐初舊本尚不題汲冢，舊本載嘉定十五年丁黼跋，反覆考證，確以爲不出汲冢，斯定論矣。其載有太子晉事則當成於靈王以後，所云文王受命稱王，武王、周公私計東伐，俘馘殷遺，暴殄原獸，輦括寶玉，動至億萬，三發下車，懸紂首太白，又用南郊，皆古人必無之事。陳振孫以爲戰國後人所爲，似非無見，然《左傳》引《周志》『勇則害上，不登於明堂』，又引《書》『慎始而敬終，終乃不困』，又引《書》『居安思危』，又稱『周作九刑』，其文皆在今《書》中，則春秋時已有，特戰國以後又輾轉附益，故其言駁雜耳。究厥本始，終爲三代之遺文，不可廢也。近代所行之本皆闕《程寤》、《秦陰》、《九政》、《九開》、《劉法》、《文開》、《保開》、《八緐》、《箕子》、《耆德》、《月令》十一篇，餘亦文多佚脱。考《史記・楚世家》主父偃傳、貨殖傳》引《周書》文及《漢書》、《唐六典》所引今本皆無之，蓋皆所佚十一篇之文也。」章氏《考證》

曰：「《逸周書》稱汲冢書，其誤始於《隋志》。」按《隋志》亦據見存書目耳。張氏《書目答問》：「《逸周書》孔晁注，十卷。盧文弨校《抱經堂本逸周書補注》二十四卷。陳逢衡撰陳氏叢書本《周書集訓校釋》十卷，《逸文》一卷。朱右曾撰自刻本武昌局本《逸周書管箋》十六卷。丁宗洛撰刻本。」按陳逢衡《敘說》有曰：「師古謂今之存者四十五篇，則在唐時已少二十六篇，今止亡十一篇，較之師古時反多十五篇，豈《束皙傳》所謂《雜書》十九篇尚存於世，後人乃拾取以補之，因以有汲冢之目耶？」是說也，余向亦疑之，因十九篇中有周食田法、《周書》論楚事，前人必以汲冢無《周書》之目，實不盡然也。十九篇之外又有七篇簡書折壞，不識名題，與《雜書》合計正廿六篇，疑後人即以此廿六篇補顏氏所云四十五篇之本，故書中亦頗有與序不相應。此之所疑與陳氏相印合，及讀朱氏右曾之序乃恍然知其不然矣。朱序曰：「其書存者五十九篇，並序爲六十篇，較《漢志》篇數亡其十有一焉。注之者晉五經博士孔晁，唐初孔氏注本亡其二十五篇，師古據之以注漢志，故云今其存者四十五篇，師古之後又亡其三，故今孔注祗有四十二篇也，然晉唐之世書有二本，劉知幾《史通》不言有所闕佚，與師古說殊，《唐・藝文志》《汲冢周書》十卷、孔晁注《周書》八卷二本並列，尤明證也，其合四十二篇之注於七十一篇之本而亡其十一篇者，未知何代，要在唐以後矣。」朱氏之言如此。其言顏監據孔晁注殘本爲說，及後人以無注本補孔本之亡，皆確不可易也。又按汲冢本有《周書》即《雜書》十九篇是。或亦合不識名題之七篇。嚴氏可均《全三代文編》曰：「《古文周書》亦汲冢所得，今僅《文選・思玄賦注》、赭白馬賦注》引有二條，或以《逸周書》當之，非也，此真《汲冢周書》也。」

又卷二〇　《漢武內傳》三卷。不著撰人。《唐書・經籍志》《漢武內傳》二卷。《藝文志》神仙家著録同。《宋史・藝文志》傳記類《漢武內傳》二卷，不知作者。宋晁伯宇《續談助》抄本題識曰：「右抄世所傳《漢武內傳》，其言淺陋，又什有五六皆增贅《漢武故事》與《十洲記》，其上卷之末有天寶五載，終南山道士王遊巖記云『右從淮南王至稷丘君凡八事附之。』」晁氏《讀書志》：「《漢武內傳》二卷，不題撰人，記王母降。」《玉海・藝文類・中興書目》曰：「《漢武帝內傳》二卷，載西王母事，後有淮南王、公孫卿、稷邱君八事，乃唐終南元都道士遊巖所附也。」明白雲霽《道藏目録詳注》：「《漢武內傳》、《漢武外傳》，東方朔述。不著卷數。」《四庫提要》：「小說家異聞類《漢武帝內傳》一卷。舊題漢班固撰，《隋志》著録二卷，不著撰人。《宋志》亦注云不知作者，此本題班固撰，不知何據，殆後人因《漢武故事》僞題班固，遂併此歸之歟？其文排偶華麗，與王嘉《拾遺記》、陶弘景《真誥》體格相同，考徐陵《玉臺新詠序》郭璞《游仙詩》、葛洪《神仙傳》、張華《博物志》並引其文，則其書在齊、梁以前，其殆魏晉間文士所爲乎？此蓋明人刪竄之本，非完書也。」孫氏《平津館鑒藏記》：「《漢武帝內傳》一卷，《外傳》一卷，皆不題作者姓名，在《道藏》海字號。《外傳》隋、唐志不載，唐宋類書亦無引及者，洪頤煊曰《外傳》即《內傳》之下卷，由編《道藏》者不知而誤題之耳。」案唐張柬之跋《洞冥記》云：「昔葛洪造《漢武內傳》。《西京雜記》。」案葛稚川《西京雜記》序末云：「洪家復有《漢武帝禁中起居注》一卷、《漢武故事》二卷，世人希有之者，柬之」云云。殆因是而誤記歟。

又　《華陽子自序》一卷。華陽子，梁陶弘景自號，有《毛詩序注》，見經部詩類。《唐書・經籍志》《華陽子自序》一卷，茅璩玄撰。一本作處。《唐書・藝文志》神仙家《華陽子自序》一卷，茅處玄。案茅處玄始末未詳。《新唐志》類從於辛玄子自序之次，疑亦得之於乩筆，處玄録以成編。《太上真人內記》一卷，李氏撰。李氏不知何人。案太上真人即所謂太上老君也，亦即老子、太史公有列傳，此與辛玄子自序、華陽子自序皆似降乩所語，李氏録以爲記，其苗裔也。《搜神記》三十卷，干寶撰。干寶有《周易注》，見經部易類。《晉書》本傳：「寶父先有所寵侍婢，母甚妒忌，及父亡，母乃生推婢於墓中。寶兄弟年小不之審也，後十餘年母喪開墓，而婢伏棺如生，載還，經日乃蘇，言其父常取飲食與之，恩情如生在家中，吉凶輒語之，考校悉驗，地中亦不覺爲惡，既而嫁之生子。又寶兄嘗病氣絶，積日不冷，後遂寤，云：『見天地間鬼神事如夢覺，不自知死。』寶以此遂撰集古今神祇、靈異人物變化，名爲《搜神記》，凡二十卷，以示劉惔。惔曰：『卿可謂鬼之董狐。』寶既博采異同，疑爲「聞」字。遂混虛實，因作序以陳其志云。」《太平御覽・文部・著書篇》：「《晉書》曰：『干寶表曰：臣前聊欲略記古今怪異、非常之事，會聚散逸，使同一貫，博訪知之者，片紙殘缺，事事各畢。』」《唐書・經籍志》《搜神記》三十卷，干寶撰。《唐書・藝文志》小說家干寶《搜神記》三十卷。《宋史・藝文志》小說家干寶《搜神總記》十卷。《四庫小說家提要》曰：「此本爲胡震亨祕册彙函所刻，然胡應麟《甲乙剩言》曰：『姚叔祥見余家藏書目中有干寶《搜神記》，大駭曰：「果有是書乎？」余應之曰：「此不過從《法苑》、《御覽》、《藝文》、《初學》、《書抄》諸書中録出耳，豈從金函石匱、幽巖土窟掘得耶？」大抵後出異書，皆此類也，斯言允矣。』」又《簡明目録》曰：「《搜神記》二十卷，舊題晉干寶撰，證以古書所引，或有或無，其第六、第七卷乃全鈔《續漢書・五行志》，一字不更，殆亦出於依託，然猶爲多見古書之

人，聯綴舊文，傅以他説，故核其體例，儼然唐以前書，非諦審詳稽不能知其僞也。」案本傳云二十卷，本志及唐志皆三十卷，疑連後記在内，故唐志不別出後記也，《宋志》總記十卷，則其爲合并抄節可知，自《崇文目》、晁《志》、陳《録》、馬《考》，皆不載是書，故姚叔祥見而駭之也。

又卷二三　《十洲記》一卷，東方朔撰。東方朔有《別傳》，見前雜傳類。唐《日本國見在書目》《十洲記》一卷，東方朔撰。《唐經籍志》同。《唐書・藝文志》神仙家，東方朔《十洲記》一卷。宋晁載之《續談助鈔書跋》曰：「右鈔世所傳漢太中大夫東方朔所撰《海内十洲記》。朔之自序其略曰：『漢武帝既聞王母言八方巨海之中有十洲，始知朔非世俗庸人，是以延之曲室而親問十洲所在。』案朔雖多怪誕，然不至於著書妄言若此之甚，疑後人借朔以求信耳，然李善注《文選・郭景純遊仙詩》已云東方朔《十洲記》則亦近古所傳也。」《四庫小説家提要》曰：「十洲者，祖洲、瀛洲、懸洲、炎洲、長洲、元洲、流洲、生洲、鳳麟洲、聚窟洲也，後又附滄海島、方丈洲、扶桑、蓬邱、崑崙五條，大抵恍惚支離，不可究詰，蓋六朝詞人所依託，觀其引衛叔卿事，知出《神仙傳》後，引五岳真形圖事，知出《漢武内傳》後也，然自《隋志》已著於録，李善注《文選》陸德明《莊子釋文》屢引其文，唐人詞賦引用尤多，固録異者所不能廢也。」《神異經》一卷，東方朔撰，張華注。張華有《博物志》，別見子部雜家。唐《日本國見在書目》《神異經》一卷，東方朔撰，張華注。《唐書・經籍志》《神異經》二卷，東方朔撰。《唐書・藝文志》神仙家，東方朔，《神異經》二卷，張華注。《四庫小説家提要》曰：「凡四十七條皆荒外之言，怪誕不經，然《隋志》載此書已稱東方朔撰、張華注，則其僞在隋以前，觀其詞華縟麗，格近齊梁，當由六朝文士影撰而成，與《洞冥》、《拾遺》諸記先後並出，故陸倕《石闕銘》、徐陵《玉臺新詠序》並引用之，流傳既久，不妨過而存之。」

又卷二五　《廣成子》十三卷，商洛公撰，張太衡注，疑近人作。商洛公、張太衡並未詳。《唐書・經籍志》《廣成子》十二卷，商洛公撰。《唐書・藝文志》《廣成子》十二卷，商洛公撰，張太衡注。案晁氏《志》有《東坡廣成子解》一卷，取《莊子》中黄帝問道于廣成子一章爲之解，此則猶王士元、亢倉子之補亡也，大抵皆張太衡所僞託。廣成子見今本《列仙傳》，以爲老子在黄帝時號廣成子，神仙家野言也。

又卷三三　《太公六韜》五卷，梁六卷。周文王師姜望撰。《史記・齊太公世家》：「太公望吕尚者，東海上人，其先祖嘗爲四嶽，佐禹平水土，甚有功，虞夏之際封于吕，或封于申，姓姜氏，夏商之時申吕或封枝庶，子孫或爲庶人，尚其後苗裔也，本姓姜氏，從其封姓，故曰吕尚。吕尚爲文、武師。武王平商，王天下，于是封師尚父于齊營邱，東就國。及周成王少時，管、蔡作亂，淮夷畔周，乃使召康公命太公曰：『東至海、西至河、南至穆陵、北至無棣，五侯九伯，實得征之。』齊由此得征伐，爲大國，都營邱，蓋太公之卒百有餘年，子丁公吕伋立。」又《周本紀》：「武王即位，太公望爲師，既克殷，罷兵西歸，于是封功臣謀士，而師尚父爲首，封尚父于營邱，曰齊。」《漢書・藝文志》道家《太公》二百三十七篇、《謀》八十一篇、《言》七十一篇、《兵》八十五篇。吕望爲周師尚父，本有道者，或有近世又以爲太公術者所增加也。又兵權謀家注曰：省《伊尹》、《太公》。似《七略》以《兵》八十五篇入兵權謀家，班氏以其重復省之，此亦班氏所定東觀仁壽閣新記之例，變通《七略》舊例者也。凡《藝文志》所載，出入省併與《七略》不同者，皆東京所定新例。《唐書・經籍志》太公《六韜》六卷。《藝文志》同。《宋史・藝文志》《六韜》六卷，不知作者。晁氏《讀書志》：「《六韜》六卷，周吕望撰。案《漢志》無此書，梁、隋、唐始著録，分文、武、龍、虎、豹、犬六目，兵家權謀之書也。元豐中以六韜、孫子、吴子、司馬法、黄石公《三略》、《尉繚子》、《李衛公問對》頒行武學，令習之，號『七書』云。」陳氏《書録解題》：「《六韜》，六卷，武王、太公問答，其辭鄙俚，世俗依託也。」又曰：「今武舉以七書試士，謂之武經，其間《孫》、《吴》、《司馬法》或是古書，《三略》、《尉繚子》亦有可疑，《六韜》及《李靖問對》僞妄明白，而立之學官置師，弟子伏而讀之，未有言其非者，何也？何薳《春渚紀聞》言其父去非爲武學博士，受詔校七書，以《六韜》、《問對》爲疑白司業朱服，服言此書行之已久，未易遽廢，遂止。」《文獻經籍考》：「《周氏涉筆》曰：『《六韜》不知出何時，其屑屑共議以家取國，以國取天下，殆似丹徒布衣、太原宫監所經營者，戰國諸子窺測古聖，妄誕率類此。』」王氏《漢志考證》：「儒家。周史《六弢》，六篇。師古曰：『即今之《六韜》。』《莊子》：『金板六弢。』釋文曰：『本又作六韜，謂文、武、虎、豹、龍、犬。』今《六韜》六卷六十篇。《尚書正義》以爲後人所作，非實事也。《館閣書目》謂《周史六弢》恐別是一書。」《四庫提要》曰：「《莊子・徐無鬼篇》稱『金版六弢』。《經典釋文》曰：『司馬彪、崔譔云《金版》、《六弢》皆《周書篇》名，本又作《六韜》，謂太公六韜：文、武、虎、豹、龍、犬也。』則戰國之初原有是名，然即以爲太公《六韜》，不知所據。《漢志》兵家不著録，惟儒家有《周史六弢》六篇。班固自注曰：『惠、襄之間，或曰顯王時，或曰孔子問焉。』則《六弢》別爲一書。顔師古注以今之《六韜》當之，毋亦因陸德明之説而牽合附會歟？《三國志・先主傳》注始稱『閒暇歷觀諸子及《六韜》、《商君書》，益人志意』。《隋志》始載太公《六韜》，唐宋諸志皆引之，今考其書大抵詞意淺近，不類古

書，殆未必漢時舊本。」嘉興沈濤《銅熨斗齋隨筆》曰：「《周史六弢》，《漢志》列之儒家，則非今之《六韜》也。六乃大字之誤。《古今人表》第六等有周史大㢸。『㢸』當爲『弢』。《莊子・則陽篇》『仲尼問于太史大弢』，蓋即其人，此乃其所著書，故班氏有孔子問焉之説，顔氏以爲太公之《六韜》，誤矣。今之《六韜》當在太公二百三十七篇之内。」案此證極精覈。嘉定錢大昕《隋書考異》曰：「《經籍志》《太公六韜》五卷，周文王師姜望撰。案三代以前，男子無稱姓者，稱太公望曰姜望，此魏晉以後俚俗之言。」嚴氏《全三代文編》曰：「今所行《六韜》六卷是宋元豐間删定，凡六十篇，見存不録，録其佚文。凡《文韜》八條、《武韜》四條、《虎韜》一條、《犬韜》四條佚文，不得原次者四十七條。」《治要・通典》、《御覽》所引並與今本不同。孫氏《祠堂書目》：「儒家《六韜》六卷，星衍校刊本附孫同元輯《逸文》一卷。」孫氏猶沿顔氏誤説，故以此書入儒家，以爲《七略》舊例，如是序文主持甚力，見《平津館叢書》。

争勝分部

論述

胡應麟《四部正譌》卷下　《周秦行紀》，李德裕門人僞撰以搆牛奇章者也。中有「沈婆兒作天子」等語，所爲根蒂者不淺。獨怪思黯罹此巨謗，不亟自明，何也？牛、李二黨曲直，大都魯、衛間。牛撰《玄怪》等録，亡隻詞構李；李之徒顧作此以危之。於戲，二子者用心覩矣！牛迄功名終，而子孫累葉貴盛；李挾高世之才，振代之績，卒淪海島：非忌克忮害之報耶！輒因是書，播告夫世之工譖愬者。

紀事

文廷式《補晉書藝文志》卷五　鮑静《三皇經》。《法苑珠林》卷五十五云：「晉時道士王浮造《明威化胡經》。鮑静造《三皇經》。」《唐沙門彦琮琳法師別傳》云：「鮑静造《三皇經》，後改爲《上清經》。」

射利分部

論述

孔穎達《尚書正義・武成》　爵五等，地三品，武王于此既從殷法，未知周公制禮亦然以否？《孟子》曰：「北宫錡問于孟子曰：『周之班爵禄如何？』孟子曰：『其詳不可得聞矣。嘗聞其略：天子之制，地方千里，公、侯方百里，伯七十里，子、男五十里。』」《漢書・地理志》亦云：「周爵五等，其土三等也：公、侯百里，伯七十里，子、男五十里。」漢世儒者多以爲然。包咸註《論語》云：「千乘之國，百里之國也，謂大國惟百里耳。」《周禮・大司徒》云：「諸公之地，封疆方五百里，侯四百里，伯三百里，子二百里，男一百里。」蓋是周室既衰，諸侯相并，自以國土寬大，皆違禮文，乃除去本經，妄爲説耳。

孔穎達《左傳正義・文公十三年》　伍員屬其子于齊，使爲王孫氏者，知己將死，豫令改族，其傳又爲而發之。士會之帑在秦不顯，於會之身復無所辟，傳説「處秦爲劉氏」，未知何意言此。討尋上下，其文不類，深疑此句或非本旨。蓋以爲漢室初興，捐棄古學，《左氏》不顯于世，先儒無以自申；劉氏從秦徙魏，其源本出劉累，插注此辭，將以媚于世。明帝時，賈逵上疏云：「五經皆無證圖讖明劉氏爲堯後者，而《左氏》獨有明文。」竊謂前世藉此以求道通，故後引之以爲證耳。

晁公武《郡齋讀書志》卷一　《易乾鑿度》二卷，舊題蒼頡修古籀文，鄭氏注。按唐《四庫書目》有鄭玄注《書》、《詩緯》，及有宋均注《易緯》，而無此書。其中多不可曉者，獨九宫之法頗明。昔通儒謂緯書僞起哀、平，光武既以讖立，故篤信之。陋儒阿世，學者甚衆。鄭玄、何休以之通經，曹褒以之定禮。歷代革命之際，莫不引讖爲符瑞，故桓譚、張衡之徒皆深嫉之。自苻堅之後，其學殆絶。使其尚存，猶不足保，况此又非真也。

章學誠《文史通義・和州志藝文書序例》　鄭樵論求書之法，以謂因地而求，

因人而求，是則方州部録藝文，固將爲因地因人之要删也。前代搜訪圖書，不懸重賞，則奇書祕策，不能會萃；苟懸重賞，則僞造古逸，妄希詭合；三墳之《易》，古文之《書》，其明徵也。向令方州有部次之書，下正家藏之目，上借中祕之徵，則天下文字，皆著籍録；雖欲私錮而不得，雖欲僞造而不能，有固然也。

姚振宗《隋書經籍志考證·敍録》　《北史·儒林·劉炫傳》：「炫除殿内將軍，時牛弘奏請購求天下遺逸之書，炫遂僞造書百餘卷，題爲《連山易》、《魯史記》等，録上送官，取賞而去。後有人訟之，經赦免死，坐除名。」按：宋傅崧卿《夏小正戴氏傳序》曰：「隋懸重賞以求逸書，進書者多離析篇目以邀賞帛，有司受之不加辯，作志者亦不復考」云云。傅氏疑本志禮類《夏小正》一卷，隋時從《大戴記》析出也。今按一人之書有分爲二三部者，易類蕭子政《周易義疏》一書，既别出《繫辭義疏》三卷，又别有《繫辭義疏》二卷。禮類徐廣《禮論答問》一書既著録八卷，又别出十三卷。樂類蕭吉《樂譜集》一書又别出《樂論》一卷。春秋類干寶、崔靈恩、劉炫三家之書皆與《序》分别著録。若此者雖或由本志從諸家書目節節抄入，亦未始非當時離析篇目之所致。傅氏之言，或有所受。劉氏僞造之書又有《孝經孔氏傳》，詳見本條。

紀事

《漢書·儒林傳》　世所傳《百兩篇》者，出東萊張霸，分析合二十九篇以爲數十，又采《左氏傳》、《書敍》爲作首尾，凡百二篇。篇或數簡，文意淺陋。成帝時求其古文者，霸以能爲《百兩》徵，以中書校之，非是。霸辭受父，父有弟子尉氏樊並。時太中大夫平當、侍御史周敞勸上存之。後樊並謀反，乃黜其書。

胡應麟《四部正譌》卷上　孔穎達論《古文尚書》云：「孔君作傳，值巫蠱，不行以終。前漢諸儒知孔本五十八篇，遂有張霸之徒僞作《舜典》，洎《九共》九篇、《大禹謨》、《益稷》、《五子之歌》、《胤征》、《湯誥》、《咸有一德》、《典寶》、《伊訓》、《肆命》、《原命》、《武成》、《旅獒》、《冏命》二十四篇。除《九共》九篇，共十六卷。蓋亦略見百篇之序，故以伏生二十八篇者復出《舜典》、《益稷》、《盤庚》二篇、《康王之誥》及《泰誓》共三十四篇，而僞作此二十四篇、十六卷以求合於孔氏五十八篇、四十六卷之數也。劉向、班固、劉歆、賈逵、馬融、鄭玄，皆不見真古文，而誤以此爲古文之書。服虔、杜預，亦不之見。至晉王肅，始似竊見。而《晉書》又云：『鄭沖以《古文》授蘇愉；愉授梁柳；柳内兄皇甫謐得之；而柳又以授臧曹；曹始授梅賾；賾乃奏上其書而施行焉』。《漢書》所引《泰誓》云：『立功立事，惟以永年』，疑即武帝之世所得者。《律曆志》所引《伊訓》、《畢命》，字畫有與《古文》異同者，疑出伏生口傳；其引《武成》，則伏生無此篇，必張霸僞作者也。」案張霸《僞尚書》今不傳，而其目備見於此，因録之。然安國序，世亦頗疑非西京文字云。《張霸傳》云：「孝景帝時，魯共王壞孔子教授堂以爲殿，得《百篇尚書》於牆壁中。武帝使使者取視，莫能讀者，遂祕於中，外不得見，至孝成皇帝時，徵爲《古文尚書》學。東海張霸按百篇之序，空造《百兩》之篇，獻之成帝。帝出祕書百篇以校之，皆不相應。於是下霸於吏。吏白霸罪當至死。成帝高其才而不誅，亦惜其文而不滅，故《百兩》之篇傳在世間。傳見之久，人遂謂《尚書》本有百兩篇矣。」按孔穎達但言霸作僞書，不及詳其始末。今據《後漢書》録於此，與孔説亦小不同。漢張霸、隋劉炫，皆篤學之士也。漢成徵《古尚書》，而霸僞造《舜典》等百餘篇上之；隋文求《古周易》，而炫僞造《連山》等百餘篇上之。其後皆事發，霸幾死而炫抵罪。極相類，可笑。然漢成卒以此奇霸，釋其罪，且不廢其經，而隋世不聞宥炫；蓋隋文方沾沾綜核，不能格外行事固也。二子誣矯聖真，誠足誅，第皆經術大儒，其所撰造要非唐、宋以後所及；惜今遂無一傳者。世第知炫造《易》，而霸事不甚傳，因録此爲僞作之戒，二子著述之勤亦因概覩云。

嫁禍分部

論述

胡應麟《四部正譌》卷下　《香奩集》，沈存中、尤延之並以和凝作。凝少日爲此詩，後貴盛，故嫁名韓偓；又不欲自没，故於他文中見之。今其詞與韓不類，蓋或然也。方氏《律髓》以偓同時吴融有此，題爲譌。不知此正凝假託之故；不然，胡以弗託之温、韋諸子而託之偓？葉少藴以爲韓熙載，則姓與事皆近之。總之，俱五代耳。葉以不當見《唐志》爲疑；此不然，《唐志》如羅隱、韋莊、劉昭、禹真，皆五代人也。

沈括《夢溪筆談・藝文三》 和魯公凝有豔詞一編，名《香奩集》。凝後貴，乃嫁其名於韓偓。今世傳韓偓《香奩集》，乃凝所爲也。

胡應麟《四部正譌》上 有惡其人，僞以誣之者，聖俞《碧雲》之類是也。

又卷下 《廣陵妖亂志》，陳振孫云：「唐鄭廷誨撰。余記一雜説云『羅隱昭諫嘗謁高千里，不得志，故極言詆毀，與駢始末太不相倫。』」此言或自有謂。駢釋賊不擊，誠可誅。《志》中述其惑於諸呂，若喪心之極者，未必盡爾也。温公《通鑒》全據此書，豈宋世用事羣小以史事謗涑水，故唐末、五代不及致詳耶？又唐人評隱，以落魄故好訕謗之詞，此説蓋有自來。

又 《白猿傳》，唐人以謗歐陽詢者。詢狀頗瘦削，類猿猱，故當時無名子造言以謗之。此書本題「補江總《白猿傳》」，蓋僞撰者託總爲名，不惟誣詢，兼以誣總。噫！亦巧矣。率更，世但貴其書，而不知其忠孝、節義、學問、文章皆唐初冠冕。至今瞭然史策，豈此輩能污哉？率更子通亦矯矯父風，而皆爲書名所掩，余所惜歐氏不在彼也。

求名分部

論述

王充《論衡・書虚》 夫世間傳書諸子之語，多欲立奇造異，作驚目之論，以駭世俗之人；爲譎詭之書，以著殊異之名。

范處義《詩補傳・篇目》 唐人之議《詩序》也，曰：「子夏不序《詩》有三焉：知不及，一也；暴揚中冓之私，《春秋》所不道，二也；諸侯猶世，不敢以云，三也。」又曰：「漢之學者欲顯其傳，因藉之子夏。」

紀事

韓愈《韓愈全集・詩之序議》 察夫《詩序》，其漢之學者欲自顯立其傳，因藉之子夏，故其序大國詳，小國略，斯可見矣。

姚振宗《隋書經籍志考證》卷二五 《莊子》三十卷《目》一卷。晉太傅主簿郭象注。梁《七録》三十三卷。郭象有《論語體要》，詳見經部。《晉書》本傳：「先是注《莊子》者數十家，莫能究其旨統。向秀于舊注外而爲解義，妙演奇致，大暢玄風，唯《秋水》、《至樂》二篇未竟而秀卒。秀子幼，其義零落，然頗有別本遷流。象爲人行薄，以秀義不傳于世，遂竊以爲己注，乃自注《秋水》、《至樂》二篇，又易《馬蹄》一篇，其餘衆篇或點定文句而已。其後秀義別本出，故今有向、郭二莊，其義一也。」《世説・文學篇》同。又《向秀傳》：「莊周著内外數十篇，歷世莫適論其旨統。秀乃爲之隱解。惠帝之世郭象又述而廣之。儒墨之迹見鄙道家之言，遂盛焉。」《世説・文學篇注》：「《文士傳》曰：『象少有才理，慕道好學，託志老莊，時人咸以爲王弼之亞。』」又曰：『象作《莊子注》，最有清辭遒旨。』」《釋文・敘録》曰：「然莊生宏才命世，辭趣華深，正言若反，故莫能暢其弘致，後人增足漸失其真。故郭子玄云一曲之才，妄竄奇説，若閼弈意修之首，危言游鳧子胥之篇，凡諸巧雜，十分有三。」《漢書・藝文志》：「《莊子》五十二篇，即司馬彪、孟氏所注是也，言多詭誕，或似《山海經》，或類占夢書，故注者以意去取。其内篇衆家並同，自餘或有外而無雜，唯子玄所注特會莊生之旨，故爲世所貴。」又曰：「郭象《注》三十三卷三十三篇：内篇七，外篇十五，雜篇十一。」《唐書・經籍志》《莊子》十卷，郭象注。《唐書・藝文志》郭象注《莊子》十卷。《四庫提要》曰：「《莊子注》十卷，晉郭象撰。考《世説》注引《逍遥游》向、郭義各一條，今本無之。《讓王篇》惟注三條，《漁父篇》惟注一條，《盜跖篇》惟注三十八字，《説劍篇》惟注七字，似不應簡略至此，疑有所脱佚。又《列子》『生物者不生，化物者不化』二句，張湛注曰：『《莊子》亦有此文，併引向秀注一條』，而今本莊子皆無之。是併正文亦有所遺漏，蓋其亡已久，今不可復考矣。又《簡明目録》曰：『《世説新語》稱象攘竊向秀注，後向注復出，遂兩本並行，今乃向佚而郭存。』以陸德明《莊子釋文》所引向注互校，攘竊之跡灼然可見。然象亦有所補綴改定，不可目爲秀書，故今仍題象名焉。」

僞書類型部

全僞分部

綜述

孔穎達《尚書正義·序》 案壁内所得，孔爲傳者，凡五十八篇，爲四十六卷。三十三篇與鄭《注》同，二十五篇增多鄭《注》也。其二十五篇者：《大禹謨》一，《五子之歌》二，《胤征》三，《仲虺之誥》四，《湯誥》五，《伊訓》六，《太甲》三篇九，《咸有一德》十，《説命》三篇十三，《泰誓》三篇十六，《武成》十七，《旅獒》十八，《微子之命》十九，《蔡仲之命》二十，《周官》二十一，《君陳》二十二，《畢命》二十三，《君牙》二十四，《冏命》二十五；但孔君所傳，值巫蠱不行，以終前漢。諸儒知孔本有五十八篇，不見孔《傳》，遂有張霸之徒於鄭《注》之外僞造《尚書》凡二十四篇，以足鄭《注》三十四篇，爲五十八篇。其數雖與孔同，其篇有異。孔則于伏生所傳二十九篇内無古文《泰誓》，除《序》尚二十八篇，分出《舜典》、《益稷》、《盤庚》二篇、《康王之誥》，爲三十三；增二十五篇爲五十八篇。鄭玄則于伏生二十九篇之内分出《盤庚》二篇、《康王之誥》，又《泰誓》三篇，爲三十四篇；更增益僞書二十四篇爲五十八。所增益二十四篇者，則鄭注《書序》：《舜典》一，《汨作》二，《九共》九篇十一，《大禹謨》十二，《益稷》十三，《五子之歌》十四，《胤征》十五，《湯誥》十六，《咸有一德》十七，《典寶》十八，《伊訓》十九，《肆命》二十，《原命》二十一，《武成》二十二，《旅獒》二十三，《冏命》二十四。以二十四爲十六卷，以《九共》九篇共卷，除八篇故爲十六。故《藝文志》劉向《别録》云：「五十八篇」，《藝文志》又云：「孔安國者，孔子後也，悉得其書；以校古文又多十六篇」，篇即卷也，即是僞書二十四篇也。

顔師古《漢書·藝文志注·禮》 《中庸説》二篇。今《禮記》有《中庸》一篇，亦非本禮經，蓋此之流。

又《論語》 《孔子家語》二十七卷。非今所有《家語》。

晁公武《郡齋讀書志》卷一 《周易緯稽覽圖》二卷、《周易緯是類謀》一卷、《周易緯辨終備》一卷、《周易緯乾元敍制記》一卷、《周易緯坤靈圖》一卷、《易通卦驗》二卷漢鄭玄注。按《隋志》有鄭氏注《易緯》八卷，《唐志》有宋均注《易緯》九卷。李氏本注與《隋志》同，卷數與《唐志》同。家本蓋出李氏，獨不載《乾鑿度》二卷，而有《乾元敍制》一卷。按《後漢》注《七緯》，名亦無《乾元敍制》。

陳振孫《直齋書録解題》卷一 《子夏易傳》十卷。案隋、唐《志》有《卜商傳》二卷，殘缺。陸德明、李鼎祚亦時稱引。攷《漢志》，初無此書。有孫坦者，爲《周易析藴》，言此漢杜子夏也，未知何據。使其果然，何爲不見於《漢志》？其爲依託明矣。隋、唐時止二卷，已殘缺，今安得有十卷？且其經文，《彖》、《象》、《爻辭》相錯，正用王弼本。決非漢世書。以陸德明所引求之今傳，則皆無之，豈惟非漢世書，亦非隋、唐所傳書矣。其文辭淺俚，非古人語，姑存之以備一家。案晁以道《傳易堂記》曰：「古今咸謂子夏受於孔子而爲之傳。然太史公、劉向父子、班固皆不論著，唐劉子玄知其僞矣。書不傳於今，今號爲《子夏傳》者，《崇文總目》知其爲僞，而不知其所作之人，予知其爲唐張弧之《易》也。」晁之言云爾。張弧有《王道小疏》五卷，見《館閣書目》，云唐大理評事，亦不詳何時人。

又 《關子明易傳》一卷。後魏河東關朗子明撰。唐趙蕤注。隋、唐《志》皆不録。或云阮逸僞作也。

又卷二 《古三墳書》一卷。元豐中，毛漸正仲奉使京西，得之唐州民舍。其辭詭誕不經，蓋僞書也。《三墳》之名，惟見於《左氏》右尹子革之言。蓋自孔子定書，斷自唐、虞以下，前乎唐、虞，無徵不信，不復采取，於時固以影響不存，去之二千載，而其書忽出，何可信也？況皇謂之「墳」，帝謂之「典」，皆古史也，不當如毛所録，其僞明甚。人之好奇，有如此其僻者！晁公武云張商英僞撰，以比李筌《陰符經》。

胡應麟《四部正譌》卷下 《隋志》有《宋玉子》一卷，亦列小説家；并《燕丹子》皆《漢志》所無。二書必一時同出，僞無疑也。唐尚存；今不傳。

又 《雲仙散録》，題馮贄撰，共八卷。昔人皆以爲僞，洪景盧尤斥之。余讀其前六卷，所引諸雜説無一實者，蓋僞撰其事，又僞撰書名實之。至末二卷所引，則諸書大半尚存於今，胡以云悉誕也？第二卷外書，名雖誕，所記率俊事雅譚，於朝廷政事，人士品流，一無干預；創撰書名亦皆以文爲戲，如《脩竹》、《大蘭》、《杜康》、《毛穎》耳；非有害於世及誑誤後學，若《碧雲騢》、《老杜事實》等書也。

曾樸《補後漢書藝文志并考》卷五 袁康、吳平《越絶書》。《隋志》十六卷。《新、舊唐志》同《宋志》一十五卷。今存十五卷。《四庫全書提要》：「不著撰人名氏。書中《吳地傳》稱勾踐徙琅邪，到建武二十八年，凡五百六十七年，則後漢初人也。書末敍外傳記以庾詞隱其姓名，其云：『以去爲姓，得衣乃成。』是袁字也。『厥名有『米覆之以庚』，是康字也。『禹來東征，死葬其疆』，是會稽人也。又云：『文詞屬定，自于邦賢，以口爲姓，承之以天。』是吳字也。『楚相屈原與之同名』，是平字也。然則此書爲會稽袁康所作、同郡吳平所定也。」王充《論衡·按書篇》曰：「東藩鄒伯奇、臨淮袁太伯、袁文術、會稽吳君高、周長生之輩，位雖不至公卿，誠能知之囊橐文雅之英雄也。觀伯奇之《元思》、太伯之《易童句》，按「童」疑作「章」。文術之《箴銘》、君高之《越紐録》、長生之《洞歷》，劉子政、楊子雲不能過也。」所謂吳君高殆即平字所謂，《越紐録》殆即此書歟？楊慎《丹鉛録》、胡侍《珍珠船》、田藝蘅《留青日札》皆有是説。核其文義，一一脗合。隋、唐《志》皆云子貢作，非其實矣。其文縱横曼衍，與《吳越春秋》相類，而博麗奧衍則過之。中如計倪内經軍氣之類，多雜術數家言，皆漢人專門之學，非後來所能依託也。此本與《吳越春秋》皆大德丙午紹興路所刊，卷末一跋諸書所無，惟申明復仇之義，不著姓名，詳其詞意或南宋人所題耶？鄭明選《秕言》引《文選·七命注》引《越絶書》「大翼一艘十丈，中翼九丈六尺，小翼九丈。」又稱王鏊《震澤長語》引《越絶書》「風起震方」云云，謂今本皆無此語，疑更有全書，惜未之見。按《崇文總目》稱《越絶書》舊有《内記》八、《外傳》十七，今文題闕舛，裁二十篇，是此書在北宋之初已佚五篇，《選注》所引蓋佚篇之文，王鏊所稱亦他書所引佚篇之文，以爲此本之外更有全書，則明選誤矣。別有《續越絶書》二卷，上卷曰《内傳》、《本事》、《吳内傳》、《德序記》、《子游内經外傳》、《越絶後語》、《西施鄭旦外傳》；下卷曰《越外傳》、《雜事別傳》、《變越上別傳》、《變越下經》、《内雅琴考序傳後記》。朱彝尊《經義考》謂爲錢䣓僞撰，詭云得之石匣中，䣓與彝尊友善，所言當實，今未見傳本，其僞妄亦不待辨，以其續此書而作，又即託於撰此書之人，恐其幸而或傳久且亂真，又恐其或不能傳，而好異者耳聞其説，且疑此書之真有續編，故附訂其僞於此釋來者之惑焉。

丁國鈞《補晉書藝文志·附録》 《筆陣圖》王羲之謹按：文具《墨池編》。家大人曰：「即羲之題魏夫人《筆陣圖》後語也。」《御覽·書類》引。韋續《墨藪》作《筆勢圖》，《通志·藝文略》云一卷，此文與下三種皆僞不可據。

雜 録

錢曾《讀書敏求記》卷一 《古三墳書》三卷。三墳，山、氣、形也。元豐七年，毛漸正仲奉使京西，得之唐州民舍。晁公武以爲僞，鄭夾漈以爲真，世自有辨之者。紹興十七年五月重五日，三衢沈斐刻于婺州學中，即此本也。

姚振宗《隋書經籍志考證》卷二 《古文尚書》十三卷，漢臨淮太守孔安國傳。《今字尚書》十四卷，孔安國傳。《史記·孔子世家》：「安國爲今皇帝博士，至臨淮太守，蚤卒。」《漢書·儒林傳》：「安國爲諫大夫。」又《孔光傳》：「安國以治《尚書》爲武帝博士，至臨淮太守。」《釋文·敍録》曰：「江左中興，元帝時豫章内史枚賾奏上孔傳《古文尚書》，亡《舜典》一篇，購不能得，乃取王肅注《堯典》，從『眘徽五典』以下分爲《舜典》篇以續之，學徒遂盛。齊明帝建武中，吳興姚方興采馬、王之注，造《孔傳舜典》一篇，云於大航頭買得，上之時不行用。」又《音義》曰：「《舜典》曰：『若稽古，帝舜曰重華協於帝』，此十二字是姚方興所上，孔氏傳本無，阮孝緒《七録》亦云然。方興本或此下更有『濬哲文明，温恭允塞，玄德升聞，乃命以位』凡二十八字異，聊出之於王注無施也。」又曰：「傳即注也，以傳述爲義，舊説漢以前稱傳。」《敍録》又曰：「孔安國《古文尚書傳》十三卷。」又曰：「《尚書》之字本爲隸古，既是隸寫古文，則不全爲古字。今宋、齊舊本及徐、李等音所有古字，蓋亦無幾穿鑿之徒，務欲立異，依傍字部，改變經文，疑惑後生，不可承用。」本志篇敍曰：「至東晉豫章内史梅賾始得安國之傳，奏之時又闕《舜典》一篇，齊建武中吳姚方興於大桁市得其書奏上，比馬、鄭所注多二十八字，於是始立國學。」《唐書·經籍志》《古文尚書》十三卷，孔安國撰。《唐書·藝文志》《古文尚書》孔安國傳十三卷。《宋史·藝文志》《尚書》十二卷，漢孔安國傳。晁氏《讀書志》：「《古文尚書》十三卷，漢孔安國以隸古定五十九篇之書，蓋以隸寫籀，故謂之隸古。皇朝吕大防得本於宋次道王仲至家，以校陸氏《釋文》，雖小有異同，而大體相類，觀其作字奇古，非字書傳會穿鑿者所能到，學者考之，可以知制字之本也。」按此又宋時古文之僞本，非傳自梅賾者，阮文達《校勘記》言之詳矣。陳氏《書録》曰：「皇甫謐得《古文尚書》於外弟梁柳，作《帝王世紀》往往載之，蓋自太保鄭沖授蘇愉，愉授梁柳，柳授臧曹，曹授梅賾，賾爲豫章内史，奏上其書。夫以孔注歷漢末無傳，晉初猶得存者，雖不列學

官而散在民間故耶？然終有可疑者，余嘗辨之。」按此言《孔傳》授受蓋據《孔疏序》引《晉書·皇甫謐傳》，今本《晉書》無其文，《四庫提要》謂臧榮緒《晉書》中語。《四庫提要》曰：「《史記》、《漢書》但有安國上《古文尚書》之説，並無受詔作傳之事，此僞本鑿空之顯證。」又曰：「《古文尚書》東晉初始出，乃增多二十五篇，初猶與今文並立，自陸德明據以作《釋文》，孔穎達據以作《正義》，遂與伏生二十九篇混合爲一。唐以來雖疑經惑古如劉知幾之流，亦以《尚書》一家列之《史通》，未言古文之僞。自吴棫始有異議，朱子亦稍稍疑之，吴澄諸人本朱子之説相繼抉摘，其僞益彰，然亦未能條分縷析以抉其罅漏。明梅鷟始參考諸書，證其剽剟，而見聞較狹，蒐采未周，至國朝閻若璩乃引經據古，一一陳其矛盾之故，凡一百二十八條，古文之僞乃大明。」又曰：「梅賾之書行世已久，其文本采掇逸經，排比聯貫，故其旨不悖於聖人，斷無可廢之理，而確非孔氏之原本則證驗多端，近惠棟、王懋竑等續加考證，其説益明。」儀徵阮元《尚書注疏校勘記》曰：「自梅賾獻《孔傳》而漢之真古文與今文皆亡，乃梅本又有今文、古文之别。《隋志》有《古文尚書》十三卷，今字《尚書》十一卷，蓋變古文爲今文，實自范寧始，寧自爲《集注》成一家言，後之傳寫《孔傳》者從而效之，此所以有今文也。」按此即今本《尚書傳》也，自隋劉炫合以姚方興《舜典》篇文，唐代《正義》用以爲本，今遂與姚本混合爲一，或以姚本《舜典》二十八字爲孔穎達所增入，似不然也。孔安國所上真古文經，見《漢書·藝文志》。

又 《尚書》十一卷，王肅注。王肅有《易注》，見前易類。《魏志·高貴鄉公紀》：「甘露元年夏四月丙辰，帝幸太學講《尚書》。帝問曰：『鄭玄云稽古同天，言堯同於天也，王肅云：堯順考古道而行之，二義不同，何者爲是？』博士庾峻對曰：『賈、馬及肅皆以爲順考古道，肅義爲長。』」錢大昕《考異》曰：「按肅卒於是年，而其説已爲博士所習，進講人主之前，蓋肅兼通諸經，强辯求勝，又以三公之子，早登顯要，易爲人所信從也。」《釋文·敍録》：「肅又注《尚書》。」又曰：「王肅亦注今文，而解大與古文相類，或肅私見《孔傳》而祕之乎？」又曰：「王肅《注》十卷。」唐《日本國見在書目》《今文尚書》十卷，王肅注。《唐書·經籍志》《古文尚書》又十卷，王肅注。《唐書·藝文志》《古文尚書王肅注》十卷。馬氏玉函山房輯本《序》曰：「肅之學專與鄭爲難。鄭贊謂『孔子撰書，乃尊而命之《尚書》。尚者，上也。』肅序謂『上所言，史所書，故曰《尚書》也』。開卷已自立異。」王氏鳴盛《尚書後案》云：「王注之存於今者，按之皆與馬融及僞孔合，僞孔之出於肅，乃情事之所有者。今輯録二卷，所注亦今文二十九篇與馬、鄭本同，百篇之序亦有注，别輯一篇附後。」侯氏補《後漢志》曰：「陸德明云王肅解大與古文相類，或肅私見《孔傳》而祕之。」惠棟、江聲皆疑《僞孔》即王肅撰。

部分僞分部

綜　述

孔穎達《尚書正義序》 今《世本》、《帝繫》及《大戴禮·五帝德》並《家語·宰我問》、《太史公·五帝本紀》皆以黄帝爲五帝，此乃史籍明文，而孔君不從之者，孟軻曰：「信《書》不如其無《書》，吾于《武成》，取二三策而已。」言《書》以漸染之濫也；孟軻已然，况後之説乎！又，《帝繫》、《本紀》、《家語》、《五帝德》皆云少昊即黄帝子青陽是也；顓頊，黄帝孫，昌意子；帝嚳高辛氏爲黄帝曾孫，玄囂孫，僑極子；堯爲帝嚳子；舜爲顓頊七世孫。此等之書説五帝而以黄帝爲首者，原由《世本》。經于暴秦，爲儒者所亂，《家語》則王肅多私定，《大戴禮》、《本紀》出于《世本》，以此而同；蓋以少昊而下皆出黄帝，故不得不先説黄帝，因此謬爲五帝耳。

胡應麟《四部正譌》卷下 《燕丹子》三卷，當是古今小説雜傳之祖；然《漢·藝文志》無之。周氏《涉筆》謂太史《荆軻傳》本此。宋承旨亦以決秦、漢人所作。余讀之，其文彩誠有足觀，而詞氣頗與東京類，蓋漢末文士因太史《慶卿傳》增益怪誕爲此書；正如《越絶》等編掇拾前人遺軼而託於子胥、子貢云耳。周氏謂「烏頭白，馬生角」，「膾千里馬肝」，「截美人手」，皆太史削之，非也。惟首二事出遷贊語，自餘雖應劭、王充嘗言，悉不可信。景濂亦似未深攷。且書果太史所本，《漢·藝文志》乃遺之乎？《漢志》有《荆軻論》五篇，《燕丹》必據此增損成書者。

又 《趙飛燕外傳》，稱河東都尉伶玄撰。宋人或謂爲僞書，以史無所見也。然文體頗渾朴，不類六朝。「禍水滅火」事，司馬公載之《通鑑》，誠怪；如以詩文士引用爲疑，則非懸解語也。玄本傳自言「見詘史氏」，當是後人所加。

楊慎《丹鉛録》卷一八 今南方所刻唐詩皆非全帙。先公在翰苑日，裒集唐詩極爲精備，較近日所傳大有不同。緣吴人射利，刻各家唐詩，取其卷帙齊均厚薄

如一以便於售，極爲可惡。如《顧況集》其中「遠寺吐朱閣，春潮浮緑煙」，最爲警策，乃在削去之卷。張籍本十二卷，乃削減爲四卷，而《弔韓昌黎》一詩最奇，亦在減數。若楊炯詩不多，乃取楊巨源詩妄入之，《王維集》又取王涯詩妄入之。陋者驟觀，競相語以爲新奇未見，而争市之。是重不幸也！聊書以傳賞鑒者。

又《升菴經説》卷四《詩小序》 程伊川云：「《詩小序》是當時國史作，如不作，則孔子亦不能知。如《大序》，則非聖人不能作。」此言可謂公矣，朱晦菴起千載之下，一以意見，必欲力戰《小序》而勝之，亦可謂倔强者哉。去《序》言詩，自朱文公始，而文公因吕成公太尊《小序》，遂盡變其説，蓋矯枉過正，非平心折中之論也。馬端臨《文獻通考》辯之詳矣。子見古本韓文，有《議詩序》一篇，其言曰：「子夏不序詩，有三焉。知不及，一也；暴揚中冓之私，《春秋》所不道，二也；諸侯猶世，不敢以云，三也。漢之學者欲顯其傳，因籍之子夏。」嗚呼！韓公可謂失言矣。孔子親許子夏以可與言《詩》，子夏猶云不及，其誰宜爲哉？且子頑宣姜中冓之私，生子五人，二爲諸侯，昭昭在人耳目，豈是《春秋》所不道。孔子既取之于國風，而子夏反爲之諱乎？至謂諸侯猶世，不敢以云，是爲史官懼人禍天刑之説也，豈齊南晉董之筆乎？韓公而爲此言，亦非韓公矣。必贋以下闕七字。與朱子去序之意脗合，韓公百世山斗，朱子闕三字爲左袒之助，而朱子著《韓文考異》，乃以爲非公作，悉删除之，蓋以論正議不覺其出於一時之筆，而不顧其與已説之背馳也。韓又未删之本，世多未知，而此説又可爲馬氏復《小序》之證佐，故詳書之。

焦竑《焦氏筆乘》卷二《〈史記〉多爲後人殽亂》 太史公殁於武帝末年，而《賈誼傳》言賈嘉最好學，至孝昭時列爲九卿。《相如傳》引揚雄以爲靡麗之賦，勸百風一，猶馳騁鄭、衛之聲，曲終而奏雅。則其文爲後人所殽亂者多矣。古書喪真，可爲嘆息。

又《外篇雜篇多假託》 《内篇》斷非莊生不能作，《外篇》、《雜篇》則後人竄入者多。之、噲讓國在孟子時，而《莊》文曰：「莊子身當其時。」昔者陳恒弑其君，孔子請討。而《胠篋》曰：「陳成子弑其君，子孫享國十二世。」即此推之，則秦末漢初之言也。豈其年踰四百歲乎？曾、史、盜跖與孔子同時，楊、墨在孔後孟前，《莊子・内篇》三卷，未嘗一及五人，則《外篇》、《雜篇》多出後人可知。又「封侯」、「宰相」等語，秦以前無之，且避漢文帝諱，故田恒爲田常，其爲假託尤明。

毛晉《汲古閣書跋・國秀集》 是集既無定本懸之國門，更無散帙廣之鄉塾，景文氏僅僅覓之於夕陽亂流中，奚啻玄珠赤水。第據曾氏跋云：「名欠一士，兹且虚列三人，如吕令問、敬括、韋承慶是也。」又云：「詩增一篇，兹且復合樓序篇什。」然總非芮侯真面目矣，非敢傳訛，聊以存舊云爾。

又《介菴詞》 德莊名噪乾淳間，官至朝請大夫，直寶文閣，知建寧府軍府事，賜紫金魚袋，恩遇甚隆。而度量宏博，常戒趙忠定公曰：「謹勿以一魁先置胸中。」可想見其大概矣。予家舊藏《介菴詞》一卷，板甚精良，惜未得其全集。又有《文寶雅詞》四卷，中誤入孫夫人《詠雪詞》，又曾見《琴趣外編》六卷，章次顛倒，贋作頗多，不能悉舉，至如《席上贈人》、《清平樂》，昔人稱爲集中之冠，反逸去。可恨坊本之亂真也。

陳振孫《直齋書録解題》卷二 《大戴禮》一三卷。漢信都王太傅梁戴德延君、九江太守聖次君皆受《禮》於后蒼，所謂《大、小戴禮》者也。漢初以來，迄於劉向校定中書，諸家所記，殆數百篇。戴德删其煩重，爲八十五篇。聖又删爲四十九篇。相傳如此。今小戴四十九篇行於世，而大戴之書所存止此。自隋、唐《志》所載卷數，皆與今同。而篇第乃自三十九而下止於八十一，其前缺三十八篇，末缺四篇，所存當四十三，而於中又缺四篇，第七十二復出一篇，實存四十篇。意其缺者，即聖所删耶？然《哀公問》、《投壺》二篇與今《禮記》文不異，他亦間有同者。《保傅傳》世言《賈誼書》所從出也。今考《禮誓篇》湯武、秦定取舍一則，盡出誼疏中，反若取誼語勸入其中者。《公符篇》全録漢昭帝冠辭。則此書殆後人好事者采獲諸書爲之，故駁雜不經，決非戴德本書也。題九江太守，迺戴聖所歷官，尤非是。

王夫之《莊子解》卷八 外篇非莊子之書，蓋爲莊子之學者，欲引伸之，而見之弗逮，求肖而不能也。以内篇參觀之，則灼然辨矣。内篇雖參差旁引，而意皆連屬；外篇則踳駁而不續。内篇雖洋溢無方，而指歸則約；外篇則言窮意盡，徒爲繁説而神理不摯。内篇雖極意形容，而自説自掃，無所粘滯；外篇則固執粗説，能死而不能活。内篇雖輕堯舜，抑孔子，而格外相求，不黨邪以醜正；外篇則忿戾詛誹，徒爲輕薄以快其喙鳴。内篇雖與老子相近，而别爲一宗，以脱卸其矯激權詐之失；外篇則但爲老子作訓詁，而不能探化理於玄微。故其可與内篇相發明者，十之二三，而淺薄虚囂之説，雜出而厭觀；蓋非出一人之手，乃學莊者雜輯以成書。其間若《駢拇》、《馬蹄》、《胠篋》、《天道》、《繕性》、《至樂》諸篇，尤爲悁劣，讀者遇莊子之意於象言之外，則知凡此之不足存矣。

又 《駢拇》。此篇亦「爲善無近名，爲惡無近刑」之旨，其言「至正」，言「常然」，亦與「緣督爲經」相近；而徒非斥仁義，究竟無獨見之精。何爲「至正」，何爲

「常然」，皆不能以微言達之；且詆訶曾、史、伯夷，以是其所是，非其所非，矜氣以固其封畛，故曰非莊子之言。

又卷一一　《在宥》。在之爲言存也，不言而存諸心也；是焉而在，非焉而在，利焉而在，害焉而在；不隨之以流，不激之以反，天下將自窮而不出於環中。宥之爲言寬也；是焉而不以爲是，非焉而不以爲非，利者勿使害，害者不爲之利，天下寬然足以自容，而復其性有餘地。在之宥之，則無爲而無不爲矣。乃人所以亟於治天下，而不能在宥之者，有故焉。身之未正，心之未寧，嗜欲積中而天機外蕩，忘其有涯之生而侈無涯之知，心與身不相謀，形與神不相浹，舍其身以汲汲於天下，爲功名而自蓋覆其所不正，摇精以逐陰陽之末流，役其見聞覺知以與物相鬭，如浮氣聚於太虛，爲雲以雨，將謂以澤萬物，而不知適爲沴也。天唯無爲恩於物之心，故不受怨；惟不治物，故物不能亂。立體莫善於在，而適用莫善於宥。天唯無不在，無不宥，故陰陽不毗，節宣自應其候。在宥天下者，喜怒忘於己，是非忘於物，與天合道而天下奚不治，又奚治邪？此篇言有條理，意亦與内篇相近，而間雜老子之説，滯而不圓，猶未得乎象外之旨，亦非莊子之書也。

又卷一三　《天道》。此篇之説，有與莊子之旨迥不相侔者；特因老子守静之言而演之，亦未盡合于老子；蓋秦漢間學黄老之術、以干人主者之所作也。無爲固老莊之所同尚，而莊子抑不滯於無爲，故其言甫近而又遠之，甫然而又否之，不示人以可踐之迹。而此篇之説，滯於静而有成心之可師，故其辭卞急煩委，以喉息鳴，而無天鈞之和。莊子之説，合上下、隱顯、貴賤、小大，而通於一。此篇以無爲爲君道，有爲爲臣道，則剖道爲二，而不休於天鈞。且既以有爲爲臣道矣，又曰「以此南鄉，堯之爲君也；以此北面，舜之爲臣也」，則自相刺謬，而非若内篇雖有隨埽之説，終不相背戾也。大抵外篇多掇拾雜纂之言，前後不相貫通；而其文辭汗漫亢沓，氣弱而無神，所見者卑下，故所言者積靡；定非莊子之書，且非善學莊子者之所擬作，讀者所宜辨也。餘篇多有類此者，推之可見。

又卷一五　《刻意》。此篇之説，亦《養生主》、《大宗師》緒餘之論，而但得其迹耳。莊子之學，雖云我耦俱喪，不以有涯之生殉無涯之知，而所存之神，照以天，寓諸庸，兩行而小大各得其逍遥，懷之含之，以有形象無形，而持之以慎，德不形而才自全，淵涵而天地萬物不出其宗；則所以密用其心者，固以心死爲悲。而此篇之指歸，則嗇養精神爲干越之劍，蓋亦養生家之所謂「煉己鑄劍」、「龍吞虎吸」鄙陋之教，魏伯陽、張平叔、葛長庚之流，以之亂生死之常，而釋氏且訶之爲守屍鬼；雖欲自别於導引，而其末流亦且流爲鑪火彼家之妖妄，固莊子所深鄙而不屑爲者也。且其文詞軟美膚俗，首尾結搆一若後世科場文字之局度，以視内篇窮神寫生靈妙之文，若厲與西施之懸絶。外篇非莊子之書，於此益驗矣。其言膚淺，合於俗目，凡沈没于時文者，皆能解之，故不爲釋。

又卷一六　《繕性》。此篇與《刻意》之旨略同。其言恬知交養，爲有合於莊子之指，而語多雜亂，前後不相侔。且其要歸不以軒冕爲志，而歎有道之人不興而隱處，則莊子雖非無其情，而固不屑言此以自隘。蓋不得志於時者之所假託也。文亦滑熟不足觀。

又卷一八　《至樂》。莊子曰：「奚暇至於悦生而惡死。」言無暇也，非以生不可悦，死不可惡爲宗，尤非以悦死惡生爲宗；哀樂不入其中，彼固有所存者在也。老子曰：「吾有大患，唯吾有身；及吾無身，吾有何患？」有者，有身之見；無者，忘己以忘物也。無患，則生亦何不樂之有乎？此篇之説，以死爲大樂，蓋異端褊劣之教多有然者，而莊子尚不屑此。此蓋學於老莊，掠其膚説，生狂躁之心者所假託也，文亦庸沓無生氣。

又卷一九　《達生》。此篇於諸外篇中尤爲深至，其於内篇《養生主》、《大宗師》之説，獨得其要歸。蓋人之生也，所勤勤于有事者，立德也，立教也，立功也，立名也。治至於堯，教至於孔，而莊子猶以爲塵垢秕穅而無益於生。使然，則夷跖同歸於銷隕，將縱欲賊物之兇人，與飽食佚居、醉生夢死之鄙夫，亦各自遂其逍遥，而又何事于知天見獨，達生之情，達命之情，持之以慎，守之于默，持不可持之靈臺，爲爾勞勞哉？唯此篇揭其綱宗于「能移而相天」，然後見道之不可不知，而守之不可不一，則内篇所云者，至此而後反要而語極也。世之爲禪玄之教者，皆言生死矣。玄家專於言生，以妄覬久其生；而既死以後，則委之朽木敗草、遊燐野土而不恤。釋氏專于言死，妄計其死之得果；而方生之日，疾趨死趣，早已枯槁不靈，而虛負其生。唯此言「能移」，而且言「能移以相天」，則庶乎合幽明於一理，通生死於一貫；而所謂道者，果生之情，命之理，不可失而勿守。故曰内篇之旨，於此反要而語極也。「子列子」以下，則言其用功之要，唯純氣凝精，重内輕外，不以心稽而開其天于靈臺。雖雜引博喻，而語脈自相貫通；且其文詞沈邃，足達微言；雖或不出於莊子之手，要得莊子之真者所述也。外篇非一人之筆，膚陋者與深醇者相櫛比而並列，善讀者當自知取舍也。

又卷二三　雜云者，博引而泛記之謂。故自《庚桑楚》、《寓言》、《天下》而外，

每段自爲一義，而不相屬，非若内篇之首尾一致，雖重詞廣喻，而脈絡相因也。外篇文義雖相屬，而多浮蔓卑隘之説；雜篇言雖不純，而微至之語，較能發内篇未發之旨。蓋内篇皆解悟之餘，暢發其博大輕微之致，而所從入者未之及。則學莊子之學者，必於雜篇取其精蘊，誠内篇之歸趣也。若《讓王》以下四篇，自蘇子瞻以來，人辨其爲贋作。觀其文詞，粗鄙狼戾，真所謂「息以喉而出言若哇」者。《讓王》稱卞隨務光惡湯而自殺；徇名輕生，乃莊子之所大哀者；蓋於陵仲子之流，忿戾之鄙夫所作，後人因莊子有卻聘之事，而附入之。《説劍》則戰國遊士逞舌辯以撩虎求榮之唾餘，《漁父》、《盗跖》則妬婦詈市，瘈犬狂吠之惡聲；列之篇中，如蜣蜋之與蘇合，不辨而自明，故俱不釋。乃小夫下士，偏喜其鄙猥而嗜之，「腐鼠之嚇」，不亦宜乎！抑考莊子所稱古人，若瞿鵲、長梧、王駘、無趾之類，固不必有其人；而所言堯舜孔顔，抑必因時之所值，事之可有。外篇稱「莊子見魯哀公」，及《盗跖篇》謂「孔子遇柳下惠」，託辭不經，相去百年之外，謬爲牽合。或真以盗跖爲柳下之兄，雖不足辨論，而亦可爲道聽塗説，竊莊子之殘瀋，以爲談柄者之烱鑒也。

又卷三三 《天下》。系此於篇終者，與《孟子》七篇末舉狂獧鄉願之異，而歷述先聖以來，至於己之淵源，及史遷序列九家之説，略同；古人撰述之體然也。其不自標異，而雜處於一家之言者，雖其自命有籠罩羣言之意，而以爲既落言詮，則不足以盡無窮之理，故亦曰「古之道術有在於是者」。己之論亦同於物之論，無是是無彼，而凡爲籟者皆齊也。若其首引先聖六經之教，以爲大備之統宗，則尤不昧本原，使人莫得而擿焉。乃自墨至老，褒貶各殊，而以己説綴于其後，則亦表其獨見獨聞之真，爲羣言之歸墟。至其篇末舉惠施以終之，則莊子之在當時，心知諸子之短長，而未與之辨，唯遊梁而遇惠子，與相辨論，故惠子之死，有「臣質已死」之歎，則或因惠子而有内七篇之作，因末述之以見其言之所繇興。或疑此篇非莊子之自作，然其浩博貫綜，而微言深至，固非莊子莫能爲也。

杭世駿《訂譌類編・續補》卷四 《晉史》。《晉史》僞誕極多，有甚害名教者，如鄧攸挈子與兄子偕行，攸恐不能兩全，欲活兄子。遂棄己子。其子追及，攸乃縛于道旁而去。如此則攸之滅天性何足爲賢？謝安捷書至，正與客棋。還内，不覺屐齒之折，謂之矯情鎮物。安之過海，風起浪湧，諸人皆懼，而安自若。又桓温欲害安與王坦之，坦之倒執手板，而安神色不變。苻堅入寇，獨無懼色，如此之類。曰矯情可乎？故荆公詩云：「鄙哉斗筲人，得失易驚怯。安言屐齒折，吾欲刊史牒。」蓋深疾作史者之謬也。

全祖望《鮚埼亭集外編》卷二七《題跋一・子夏易傳跋尾》 《子夏易傳》，唐開元中曾詔列於學宫，同帖正經，以試多士。劉知幾争之曰：「《漢・藝文志》《易》十三家，無《子夏傳》，至《七録》始有《子夏傳》六卷，或曰韓嬰作，或曰丁寬作。然據《漢志》《韓易》二篇、《丁易》八篇，求其符會，事殊隳刺，豈非後來假憑前哲，必欲行用，深以爲疑。」詔下儒臣集議，司馬貞等以爲《七略》有《子夏傳》，不行已久；荀勖《中經簿》四卷、《隋志》梁時六卷，今二卷，則錯謬多矣。王儉《七志》引《七略》云：「《易傳子夏》二篇，韓氏作，而今題載薛虞記秘庫有之，傳文指趣質略，無益後學。於是停止帖經。」然則今所行十一卷，固屬贋本，即《七略》以來之書，亦依託耳。孫坦《周易析蘊》欲以漢之杜子夏當之，《書録解題》謂其無據。夫曰韓，曰丁，曰薛，其見於前人著録者，尚難審定，況臆度耶？十一卷之顛末，已見於納蘭成氏之跋，余故追溯其舊本，而略記之，并取《釋文》、《正義》、《集解》所引附列之，因以笑張弧之疏略焉。《釋文》引《子夏傳》，爲今本所無者，凡三十四條：乾。亢，極也。屯。如，辭也。「乘馬」之「乘」音繩。班如，相牽不進貌。訟。眚，妖祥曰眚。比。地得水而柔，水得地而流，故曰比。小畜。「攣」作「戀」，思也。「幾」作「近」。履。「愬愬」，恐懼貌。泰。「翩翩」作「篇篇」。大有。「彭」作「旁」。謙。「謙」作「嗛」，謙也。豫。「盱」作「紆」，「簪」，疾也。噬嗑。「胏」作「脯」。賁。束帛，五匹爲束，三玄二纁，象陰陽。「戔戔」作「殘殘」。復。傷害曰災，妖祥曰眚。頤。「拂」作「弗」，輔弼也。「逐逐」作「攸攸」。《字林》云：「『攸』當爲『逐』。」習坎。「竇」作「湜」。離。「戚」作「嘁」。遯。肥，饒裕也。晉。「鼫」作「碩」。明夷。「夷於」之「夷」作「睇」。「拯」作「抍」。姤。「柅」作「鑈」。「包瓜」之「包」作「苞」。困。「徐徐」作「茶茶」，内不定之意。井。甃，修治也。豐。「沛」作「芾」，小也。「沬」作「昧」，星之小者。涣。「拯」作「抍」，取也。既濟。「茀」作「髴」。「繻」作「襦」，「袽」作「茹」。《正義》引《子夏傳》：「《易》雖分爲上下二篇，未有『經』字，『經』字是後人所加。」《集解》引《子夏傳》：「師。『丈人』作『大人』。比。地得水而柔，水得土而流，比之象也。夫兇者生乎乖争，今既親比，故云比，吉也。」按《正義》、《集解》所引，今本亦無之。《中興書目》云：「陸德明《釋文》所引，與今本間有合者，若比云『水得地而流，地得水而柔』，今本作『地得水而澤，水藏地而安』，但小異耳。其《釋文》有，而今本無者，蓋後人附益者多也。」朱震曰：「孟喜、京房之學，槩見於一行所集，大要皆自子夏所出。」按此又真以爲子夏作者，姑録之，以備異聞。

錢侗《崇文總目輯釋》卷二 《越絶書》十五卷。［原釋］：子貢撰，或曰子胥。

舊有《內紀》八，《外傳》十七。今文題闕舛，纔二十篇。又載春申君，疑後人竄定。世或傳二十篇者，非是。見《文獻通攷》、《玉海·藝文類》引前五句。陳詩庭曰：「《讀書附志》云《越絶書》，《隋·經籍志》十六卷，《崇文總目》十五卷。」繹按：《書録解題》亦作十六卷。

于敏中《天禄琳琅書目》卷六 《增刊校正王狀元集註分類東坡先生詩》三函三十册。宋蘇軾著，王十朋集註，劉會孟批點。二十五卷。前十朋序，趙夔序并註詩姓氏。傅藻撰《東坡紀年録》一卷。毘陵邵長蘅作《王註正譌》，稱王十朋《分類蘇詩註》三十二卷，註中引用故事謬誤實多，有極淺陋可爲失笑者。十朋爲南渡名臣，著《梅溪集》行世，史稱其天資穎悟，廷對萬餘言，淹通經史，其所註蘇詩何至紕繆乃爾。又作《註蘇例言》稱永嘉王氏註本孤行，其失大要有三：一曰分門別類失之陋，西蜀趙夔舊序自言此書分五十門，金華吕氏省爲三十二門，而王氏因之。玩其標目了無意義，且就分門之中亦必顛倒次第云云。是王氏所分之三十二門已不免後人訾議。今觀此書僅二十五卷，並非王氏三十二卷之舊，而所分門類多至七十有六，數且不止於倍之，其間篇章之割裂，名目之犯複，殆有甚焉，而乃於標題下署十朋之名，抑何妄耶！註詩姓氏後有汪氏《誠意齋集書堂新刊木記》，假名妄作，必是此人，特以其書規仿宋槧，憮印清。

姚振宗《漢書藝文志拾補》卷五 《焦延壽易林》十六卷。《漢書·京房傳》：「房治《易》，事梁人焦延壽，延壽字贛。贛貧賤，以好學得幸梁王，王共其資用，令極意學。既成，爲郡史，察舉補小黄令，愛養吏民，化行縣中，舉最當遷，三老官屬上書，願留贛，有詔許增秩留，卒於小黄。其説長於災變，分六十四卦更直日用事，以風雨寒温爲候，各有占驗。」《漢書·儒林傳》：「京房受《易》梁人焦延壽。延壽云嘗從孟喜問《易》，會喜死，房以爲延壽即孟氏學，翟牧、白生不肯，皆曰非也。至成帝時劉向校書，考《易》説，以爲諸《易》家説皆祖田何、楊叔、丁將軍大誼略同，唯京氏爲異，黨焦延壽獨得隱士之説，託之孟氏，不相與同。」師古曰：「黨讀曰儻。按諸家多以異黨讀爲句非也。」《太平御覽·職官部》引《陳留風俗傳》曰：「昭帝時蒙人焦貢爲小黄令，路不拾遺，囹圄空虛。詔遷貢，百姓揮涕守闕，求索還貢。天子聽，增貢之秩千石。貢之風化猶存，其民好學多貧，此其風也。」按此則貢爲梁國蒙縣人，賴以補史傳之略。小黄縣屬陳留郡，故《風俗傳》載其事。貢久於其職能，使縣中移風易俗者。貢、贛同。《隋志》子部五行家《易林》十六卷，焦贛撰，梁又本三十二卷，《唐·經籍志》，《焦氏周易林》十六卷，焦贛撰，《藝文志》同。《宋志》蓍龜家《焦贛易林傳》十六卷，《崇文總目》：「焦贛以一卦轉之六十四卦，各有繇言著吉凶占驗，然不傳推用之法。」晁氏《讀書志》：「漢天水焦贛延壽傳《易》於孟喜，行事見《儒林傳》中，此其所著書也。費直題其前曰『六十四卦變』。又有唐王俞序其書，每卦變六十四，總四千九十六首，皆爲韻語，與《左氏傳》載『鳳皇于飛，和鳴鏘鏘』、漢書所載『大横庚庚，予爲天王』之語絶相類，豈古之卜者各有此等書耶？」按晁《志》稱漢天水者，蓋據舊本，卷首僞費直題辭之誤也。陳氏《書録解題》曰：「漢小黄令梁焦延壽贛撰，又名《大易通變》，凡四千九十六卦，其辭假出於經史，其意雅通於神祇，蓋一卦可以變六十四也。舊見沙隨程迥所記南渡諸人以易林筮國事，多奇驗，求之累年，寶慶丁亥始得之，皆韻語古雅，頗類《左氏》所載繇辭，或時援引古事，間嘗筮之亦驗，頗恨多脱誤，亦多重複，或諸卦數爻共一繇，莫可考矣。」《四庫提要》曰：「《易林》十六卷，漢焦延壽撰。延壽字贛，梁人，昭帝時由郡吏舉小黄令，京房師之，故《漢書》附見《房傳》。黄伯思《東觀餘論》以爲名贛字延壽，與史不符。又據後漢小黄門譙君碑稱贛之後裔，疑贛爲譙姓，然史傳無不作焦，漢碑多假借，如歐陽之作歐羊者，不一而足，亦未可執爲確證。至舊本《易林》首有費直之語，稱王莽時建信天水焦延壽，其詞蓋出僞託，鄭曉嘗辨之審矣。贛嘗從孟喜問《易》，然其學不出於孟喜，《漢書·儒林傳》記其始末甚詳，蓋《易》於象數之外别爲占候一派者，實自贛始，所撰有《易林》十六卷，又《易林變占》十六卷並見《隋志》，《變占》久佚，惟《易林》尚存，其書以一卦變六十四，六十四卦之變共四千九十有六，各繫以詞，皆四言韻語，《崇文總目》言其推用之法不傳，而黄伯思記王泌占，程迥記宣和、紹興二占，皆有奇驗，則其術尚有知之者。惟黄伯思謂《漢書》稱延壽易分六十四卦更直日用事者，乃變占法，非《易林》法。薛季宣《易林序》則謂《易林》正用直日法，辨伯思之説爲謬，並爲圖例以明之。唐王俞序本名《大易通變》，與諸本不同，疑爲後來卜筮家所改，非其舊也。」

又《漢書藝文志條理》卷一下 《孔子徒人圖法》二卷。《史記·仲尼弟子列傳》：「孔子曰：『受業身通者七十有七人，皆異能之士也。』」《列傳》又曰：「公孫龍字子石，少孔子五十三歲，自子石以右三十五人，頗有年名及受業聞見于書傳，其四十有二人無年及不見書傳者紀于左。」《索隱》曰：「《孔子家語》亦有七十七人，唯文翁《孔廟圖》作七十二人。」又曰：「如文翁《圖》所記，又有林放、蘧伯玉、申棖、申堂，俱是後人以所見增益，今殆不可考。」梁元帝《金樓子·著書篇·職貢圖序》曰：「尼邱乃聖，猶有圖人之法。」《經義考》：「《孔子徒人圖法》、《漢志》二卷，佚。」按《徒人圖法》，《藝文志》在論語部，殆即《家語》所云《弟子解》，《史記》所云

《弟子籍》是也。又《承師篇》云：「《藝文志》有《孔子徒人圖法》，《隋志》有鄭康成《論語孔子弟子目録》，《唐志》作《論語篇目弟子》，惜俱失傳，議禮者止以《家語》爲憑，至斥《史記》爲傳會，若文翁《禮殿圖》置之，不復參詳矣。」按此是弟子圖，猶蜀守文翁學堂圖，不知何人所圖。圖凡若干人，皆不可考。《史記》稱弟子籍，出孔氏古文，近是，史公據以作《弟子列傳》者，似與此別爲一書。又按此篇凡分三段，附著一段，《論語》古二十一篇，齊二十二篇，魯二十篇，皆本經也，爲第一段；魯傳齊説、魯夏侯説、安昌侯説、王駿説、燕傳説六家，皆傳注解釋之屬，爲第二段；議奏，則雜論同異爲第三段，以下《家語・三朝記》、《徒人圖法》則附著于是篇，猶春秋家議奏之後，附著《國語》、《世本》等十一家之例也。

又卷二上　《賈誼》五十八篇。《史記》本傳：「賈生名誼，雒陽人也，年十八以能誦詩屬書聞于郡中，文帝召以爲博士，超遷一歲中至大中大夫，天子議以任公卿之位，絳灌、東陽侯、馮敬之屬盡害之，乃以爲長沙王太傅數年。爲梁懷王太傅，賈生數上疏言諸侯或連數郡，非古之制，可稍削之，文帝不聽。居數年，懷王騎墮馬而死，無後，賈生自傷爲傅無狀，哭泣歲餘亦死，時年三十二。」本書《傳贊》曰：「劉向稱賈誼言三代與秦治亂之意，其論甚美，通達國體，雖古之伊、管，未能遠過也。使時見用，功化必盛，爲庸臣所害，甚可悼痛。按此數語似《別録》文。追觀孝文玄默躬行，以移風俗，誼之所陳略施行矣。及欲改定制度，以漢爲土德，色尚黄，數用五，及欲試屬國，施五餌三表以係單于，其術固已疏矣。誼亦天年早終，雖不至公卿，未爲不遇也。凡所著述五十八篇，掇其切于世事者，著于傳云。」《隋書・經籍志》《賈子》十卷、《録》一卷，漢梁王太傅賈誼撰。《唐・經籍志》《賈子》九卷，賈誼撰。《藝文志》賈誼《新書》十卷，《宋史・藝文志》雜家著録同。《崇文總目》：「《賈子》九卷，漢賈誼撰，傳本七十二篇，劉向删定爲五十八篇，按此説必得于《別録》。隋、唐皆九卷，今別本或爲十卷。」《四庫提要》曰：「考今隋、唐《志》皆作十卷，無九卷之説，蓋校刊隋唐書者未見《崇文總目》，反據今本追改之，明人傳刻古書往往如是，不足怪也。」晁氏《讀書志》：「《新書》十卷，漢賈誼撰。誼著《事勢》、《連語》、《雜事》凡五十八篇。考之《漢書》，誼之著述未嘗散軼，然與班固所載時時不同，既云掇其切于世者，容有潤益刊削，無足怪也，獨其説經多異義而詩尤甚，以騶虞爲太子之宥宫，以靈臺爲神靈之靈，與毛氏殊不同，學者不可不知也。」案賈之時詩唯有魯、齊、韓三家，毛學不行，無怪其然矣。陳氏《書録解題》曰：「《賈子》十一卷，《漢志》五十八篇，今書首載《過秦論》，末爲《弔湘賦》，餘皆録《漢書》語且略節本傳于第十一卷中，其非《漢書》所有者輒淺駁不足觀，決非誼本書也。」黄氏《日鈔》曰：「賈誼天資甚高，議論甚偉，一時無與比者，其後經畫漢世變故，皆誼遺策。」《四庫提要》曰：「今本僅五十六篇，又《問孝》一篇，有録無書，實五十五篇，已非北宋本之舊，又首載《過秦論》而末無《弔湘賦》，亦無附録之第十一卷，且併非南宋時本矣。其書多取誼本傳所載之文，割裂其章段，顛倒其次第，而加以標題，殊瞀亂無條理，疑《過秦論》、《治安策》等本皆爲五十八篇之一，後原本散佚，好事者因取本傳所有諸篇，離析其文各爲標目，以足五十八篇之數，故餖飣至此，其書不全真亦不全僞，陳振孫以爲決非誼書，非篤論也。且其中爲《漢書》所不載者雖往往類《説苑》、《新序》、《韓詩外傳》，然如青史氏之記，具載胎教之古禮，《脩政語》上下兩篇多帝王之遺訓，《保傅篇》、《容經篇》並敷陳古典，具有原本。其解《詩》之『騶虞』、《易》之『潛龍、亢龍』，亦深得經義，又安可盡以淺駁不粹目之哉。雖殘闕失次，要不能以斷爛棄之矣。」杭東里人盧文弨校刊《序》曰：「此書必出于其徒之所纂集，篇中稱懷王問于賈君，又《勸學》一篇語其門人皆可爲明證，但多爲鈔胥，所增竄凡《漢書》所有者，此皆割裂傎倒致不可讀，唯《傅職》、《輔佐》、《容經》、《道術》、《論政》諸篇在《漢書》外者古雅淵奥，非後人所能僞撰，陳氏反謂其淺駁，豈可謂之知言者哉。」

又《隋書經籍志考證》卷六　《春秋繁露》十七卷。漢膠西相董仲舒撰。《史記・儒林傳》：「董仲舒，廣川人也，以治《春秋》孝景時爲博士。今上即位，爲江都相，中廢爲中大夫，居舍，著《災異之記》，下吏，當死，詔赦之。于是董仲舒竟不敢復言災異，使相膠西王，恐久獲罪，疾免居家，至卒以修學著書爲事，故漢興至于五世之間，唯董仲舒名爲明于《春秋》，其傳公羊氏也，弟子通者至于命大夫，爲郎、謁者、掌故者以百數。而董仲舒子及孫皆以學至大官。」《後漢書・班彪傳》：「彪論前史得失曰：『遷書至廣博也，一人之精文重思，煩多不齊，一若序司馬相如、蕭、曹、陳平之屬及董仲舒並時之人，不記其字，或縣而不郡者，蓋不暇也。』」《漢書》本傳：「武帝即位，舉賢良文學之士前後百數，而仲舒以賢良對策推明孔氏，抑黜百家，立學校之官，州郡舉茂材、孝廉皆自仲舒發之，年老以壽終於家。家徙茂陵。所著皆明經術之意，及上疏條教，凡百二十三篇，而説《春秋》事得失，《聞按此疑間字之誤。舉》、《玉杯》、《蕃露》、《清明》、《竹林》之屬復數十篇，十餘萬言，皆傳於後世。」《唐書・經籍志》《春秋繁露》十七卷，董仲舒撰。《唐書・藝文志》董仲舒《春秋繁露》十七卷。《宋史・藝文志》同。《崇文總目》：「《春秋繁露》十七卷，董仲舒撰，其盡八十二篇，義引宏博，非出近世，然其間篇第亡舛，無以是正，又即用《玉桮》、《竹林》題篇，疑後人取

而附著云。」晁氏《讀書志》：「史稱舉《玉杯》、《繁露》、《清明》之屬數十篇，今溢而爲八十二篇，又通名《繁露》，皆未詳。隋、唐卷目與今同，但多訛舛。」陳氏《書録解題》曰：「今乃樓攻媿得潘景憲本，篇卷皆與前志合，然亦非當時本書也，先儒疑辨詳矣，其最可疑者總名曰《繁露》，而《玉杯》、《竹林》則皆其篇名，此決非其本真，況《通典》、《御覽》所引皆今書所無者，尤可疑也。」又曰：「雖八十二篇，而闕文者三，實七十九篇也。」《四庫提要》曰：「繁或作蕃，古字相通，其立名之義不可解，其書發揮《春秋》之旨，多主《公羊》而往往及陰陽五行。考本傳《蕃露》、《玉杯》、《竹林》皆所著書名，而今本《玉杯》、《竹林》乃在此書之中，故《崇文總目》頗疑之，而程大昌攻之尤力。今觀其文雖未必全出仲舒，然中多根極理要之言，非後人所能依託也。是書宋代已有四本，多寡不同，至樓鑰所校乃爲定本。鑰本原缺三篇，明人重刻又缺誤不可讀，今以《永樂大典》所存鑰本詳爲勘訂。」又案語曰：「《春秋繁露》雖頗本《春秋》以立論，而無關經義者多，實《尚書大傳》、《詩外傳》之類。」嘉慶二十年江都淩曙注書《序》曰：「董子著述甚夥，今不概見，唯《春秋繁露》十有七卷，原書亦皆失次，然就其完善者讀之，識禮義之宗，達經權之用，行仁爲本，正名爲先，測陰陽五行之變，明制禮作樂之原，體大思精，推見至隱，可謂善發微言大義者矣。今其書流傳既久，魚魯雜揉，篇第褫落，致難卒讀，淺嘗之夫橫生訾義，經心聖符不絶如線，心竊傷之，遂乃搆求善本，重加釐正，又復采列代之舊聞，集先儒之成説爲之注釋，及隋唐以後諸書之引《繁露》者莫不考其異同，校其詳略。」又新安洪梧爲之《序》曰：「《繁露》一書，未有箋釋，不熟《公羊》者則不能讀《繁露》而妄臆爲贋作，業幾廢矣。盧抱經先生僅以《公羊》釋《繁露》，已令讀者稍見眉目，淩子曉樓從游阮侍郎之門，佐集經籍，乃能以諸書疏證，俾無疑義，可謂有功於董子者。」按本傳言所著百二十三篇者，見《漢志》儒家本志不著録此書，《漢志》不載而春秋家有《公羊外傳》五十篇、《公羊雜記》八十三篇，以其非一人之作，故皆不著撰人，疑劉中壘典校經籍，取此書編入其中，未可知也。

又卷三三　《周呂書》一卷。《唐書·藝文志》《太公陰謀》三卷，又《周書陰符》九卷，《周呂書》一卷。案自太公《六韜》至此凡十三部，附載梁有二部，魏武注一部，證以《新唐志》所載皆太公之書，其間真僞不可知。《漢志》道家已云或有近世爲太公術者所增加，降而至于此，又豈班氏之所云云乎，是又爲一段。

又《漢書藝文志條理》卷二下　《鄧析》二篇。鄭人，與子産並時。《左氏傳》：「定公九年，鄭駟歂殺鄧析而用其《竹刑》。」杜預曰：「鄧析，鄭大夫，欲改鄭所鑄舊制，不受君命而私造刑法，書之于竹簡，故云《竹刑》。」孔穎達曰：「昭六年子産鑄刑書于鼎，今鄧析别造《竹刑》，明是改鄭所鑄舊制，若用君命遣造，則是國家法制，鄧析不得獨專其名，知其不受君命而私造刑書。書之于竹謂之《竹刑》。駟歂用其刑書，則其法可取，殺之不爲作此書也。下云『棄其邪，可也』，則鄧析不當私作刑書，而殺蓋别有當死之罪，駟歂不矜免之耳。」《列子·仲尼篇》：「鄭之圃澤多賢，東里多才。圃澤有伯豐子者，行過東里，遇鄧析。」張湛注曰：「鄧析，鄭國辯智之士，執兩可之説，而時無抗者。作《竹書》，子産用之也。」案此則鄧析鄭之東里人，與子産同鄉里者也。劉向《别録》：「臣所校中鄧析書四篇，臣敍書一篇，案臣敍據崇文總目似臣歆之譌。凡中外書五篇。以相校，除復重爲一篇，皆定殺青而書可繕寫也。鄧析者，鄭人也，好刑名，操兩可之説，設無窮之辭。當子産之世，數難子産之治。記或云子産起而戮之。于《春秋左氏傳》昭公二十年，而子産卒，子太叔嗣爲政，定公八年太叔卒，駟歂嗣爲政，明年乃殺鄧析，而用其《竹刑》。君子謂子然，于是乎不忠苟有可以加于國家，棄其邪，可也。《静女》之三章取彤管焉，竿旄何以告之，取其忠也，故用其道不棄其人。詩之蔽芾《甘棠》『勿翦勿伐，召伯所茇』，思其人猶愛其樹也，況用其道不恤其人乎？子然無以勸能矣。以上皆引《左氏傳》文。竹刑簡法也久遠，世無其書。子産卒後二十年而鄧析死，傳説或稱子産誅鄧析，非也。案《列子·力命》、《呂覽·離謂》及孫卿書皆有是説，故《别録》引《左氏傳》辯之。其論無厚者，言之異同與公孫龍同類謹第上。」《意林》引劉向云：「非子産殺鄧析，推《春秋》驗之。」《隋書·經籍志》《鄧析子》一卷。析，鄭大夫。《唐·經籍志》《鄧析子》一卷，鄧析撰。《唐·藝文志》《鄧析子》一卷。《宋史·藝文志》《鄧析子》二卷，鄭人。《崇文總目》：「鄧析子，戰國時人。案戰國當爲春秋。《漢志》二篇。初析著書四篇，劉歆有目有一篇，案目有似自有之譌。凡五篇歆復校爲二篇。」晁氏《讀書志》曰：「析之學蓋兼名、法家，今其書大旨訐而刻，真其言也，而其間時剿取他書，頗駁雜不倫，豈後人附益之歟？」王氏《考證》：「今《無厚》、《轉辭》二篇。《韓非子》曰：『堅白無厚之辭章，而憲令之法息。』《淮南鴻烈》曰：『鄧析巧辯而亂法。』《荀子·非十二子》與惠施並言。」《四庫雜家提要》曰：「《漢志》作二篇，今本仍分《無厚》、《轉辭》二篇而併爲一卷，然其文節次不相屬，似亦掇拾之本也。其言頗同于申、韓，亦頗同于黄、老，其大旨主于勢，統于尊，事覈于實，于法家爲近，故《竹刑》爲鄭所用也。至于『聖人不死大盗不止』一條，其文與《莊子》同。析遠在莊子以前，不應預有剿説，而《莊子》所載又不云鄧析之言，或篇章殘闕，人摭《莊子》以足之歟。」嚴可均校本《序》曰：「《漢志》名家鄧析二篇。《隋志》、《舊、新唐志》皆一卷。

《意林》一卷二篇。《崇文總目》言劉歆校爲二篇。今本二篇，即歆所分，而前有劉向奏稱除復重爲一篇者，蓋歆書冠以向奏，唐本相承如此也，或言此奏當爲歆作，知不然者，《意林》及楊倞注《荀子》皆云向不云歆也。先秦古書佚失者多，鄧析幸而廑存，即言不盡醇，要各有所見，自成一家。左氏好惡合于聖人，而于鄧析比之静女、彤管、召伯甘棠，或非過譽。流傳久遠，轉寫多訛，因據各書引見改補五十餘事，疑者闕之，舊三十二章，今合并爲三十一章，節次或不相屬，而詞恉完具。各書徵引匙出，此外唯《御覽》八十苻子引鄧析言曰『古詩云堯舜至聖，身如脯臘；桀紂無道，肌膚二尺』。今本無之，當是佚敚或如《吕氏春秋》、《淮南》所載，元不在二篇中，亦未可知也。」

又《隋書經籍志攷證》卷二〇 《列異傳》三卷。魏文帝撰。《魏志·本紀》：「帝諱丕，字子桓，武帝太子也，中平四年冬生於譙，建安十六年爲五官中郎將、副丞相，二十二年立爲魏太子，太祖崩，嗣位爲丞相、魏王。改建安二十五年爲延康元年，十一月受禪改元，黄初七年五月崩，年四十。」本志篇敍曰：「魏文帝作《列異傳》，以序鬼物奇怪之事，相繼而作者甚衆。」章氏《考證》：「《後漢書·光武紀》注、《初學記·服食部》並引魏文帝《列異傳》，他書所引多不著魏文名。《魏志·華歆傳》注引『歆爲諸生寄宿』事。臣松之案：《晉陽秋》，魏舒少時寄宿事亦如之。侯康《補三國藝文志》，裴注《三國志》凡兩引此書，《華歆傳》引一條，記歆自知當爲公；《蔣濟傳》引一條，記濟亡兒爲泰山録事，惟濟於齊王時始徙領軍將軍，而書中已有濟爲領軍之語，則非出自文帝。又《御覽》卷七百七引一條景初時事，卷八百八十四引一條甘露時事，皆在文帝後，豈後人又有增益耶？又據《史記·封禪書索隱》引一條，記秦穆公獲陳寶；《水經·渭水注》、《後漢書·光武紀》注引一條，記秦文公時梓樹化爲牛。則所載不獨時事也。」案《唐·經籍志》有《列異傳》三卷，張華撰。《藝文志》小説家有張華《列異傳》一卷，意張華續文帝書而後人合之。《御覽》所引文帝後事當出張華。《初學記·果木部》引文帝《列異傳》言袁本初時事，則實出文帝。

雜録

王柏《魯齋集》卷一三《古中庸跋》 《中庸》者，子思子所著之書，所以開大原、立大本而承聖緒也。義理精微而實難于窺測；規橅宏遠而實難于會通；衆説淆雜而實難于折衷。此子朱子以任其責，而後學亦已春融而氷釋矣。惟愚滯之見，常覺其文勢時有斷續，語脉時有交互，思而不敢言也，疑而不敢問也。一日偶見西漢《藝文志》有曰：「《中庸説》二篇」，顔師古註曰：「今《禮記》有《中庸》一篇，而不言亡，其一也。」惕然有感，然後知班固時尚見其初，爲二也。合而亂之，其出於小戴氏之手乎？彼不知古人著書未嘗自名其篇目，凡題辭皆後人之所分識，徒見兩篇之詞義不同，遂從而參伍錯綜成就其總題已。天賦爲命，人受爲性，所賦所受本此實理；故「中庸」二字，爲道之目，未可爲綱；「誠明」二字，可以爲綱，不可爲目。僕不揆妄僭，爲之隱索，取而析之，以類相從，追還舊觀。但見其綱領純而辨也。如此之精；條目疏而理也，如此之瑩。首尾相涵，可謂縝密，氣脈流通，可謂融暢。雖各題一性字，而其義不同。一原其性之所自來，一原其性之所實有。雖各提一教字，而其旨亦異。一以行爲主，故曰脩道；一以知爲主，故曰明誠。始于天者終於天，始於誠者終於誠。分限嚴而不雜，塗轍一而不差，子思子亦可以無遺憾于千載之上矣。或曰：「自漢晉以來，諸儒先未嘗疑也。至於朱子章分句析，研幾極深而無間言也。子何爲者而勇于妄論乎？」曰：「非敢妄也，有所證也。此書惟『哀公問政』章交構爲最深，加以王肅貿貿然獨掇此章，充塞乎《家語》之中，此先儒之所以不疑也。幸有『在下位不獲乎上，民不可得而治矣』，十有四字，鄭氏所謂悞重在此者。此感人之根乎其論，舊章之痕迹尚未磨也，其往參之位置，尚莫掩也，使後世可以指瑕索瘢，正其苟合者殆天意也。」又以班固《中庸説》二篇，五字不列于諸子之上，而晦昧于古禮經之末，竊意子朱子未必見也，或見而未必注思也。不然，以朱子之精明剛決，辭而闢之久矣。奚俟于今日哉？

書名僞分部

綜述

杭世駿《訂譌類編·續補》卷四 《三國志》應名《季漢書》。《池北偶談》云：「陳壽《三國志》稱名『三國』，名義乖舛，代有改正其書者。近世歙人謝陛少連《季漢書》，不惟名正言順，抑且文詞斐然。」

丁國鈞《補晉書藝文志·附録》 《養生論》一卷。葛洪。謹按見《宋志》，今《道藏》尚載其文。蓋道流割裂《抱朴子》中《地真》、《極言》二篇文所贋。

陳述《補南齊書藝文志》卷三 《戒果莊嚴經》一卷。常侍庾頡採經意撰。《釋教録》或無「經」字，有八章，頌今佚。《釋教録》費長房録云：「蕭齊武帝永明五年，常侍庾頡採經意撰。撰録者曰：『採意爲頌，不同僞造，既别立經名，恐濫於聖典。隋仁壽録及大周録，編在僞中。』」

文廷式《補晉書藝文志》卷四 《郭璞葬書》一卷。見《宋志》，今存。按《隋書·藝術·蕭吉傳》引《葬書》云：「氣王與姓相生，大吉。」今此本無之，當是别一書也。《後漢書·方術傳》注「須臾陰陽吉凶立成之法也。」《今書七志》有《武王須臾》一卷，此條注《易成林》下。《隋志》：《武王須臾》二卷。

雜録

皮錫瑞《經學通論·春秋·論〈左氏傳〉不解經杜孔已明言之劉逢禄考證尤詳晰》 晉王接謂《左氏》自是一家書，不主爲經發，此確論也。袒左氏者，或不謂然。試以《春秋經》及《左氏傳》證之。《莊公二十六年傳》：「秋，虢人侵晉；冬，虢人又侵晉。」杜預《集解》云：「此年經傳，各自言其事者，或經是直文，或策書雖存，而簡牘散落，不究其本末，故傳不復申解，但言傳事而已。」孔《疏》曰：「此年傳不解經，經傳各自言事，伐戎日食，體例已舉，或可經是直文，不須傳説；曹殺大夫，宋齊伐徐，或須説其所以，此去邱明已遠，或是簡牘散落，不復能知故耳。上二十年亦傳不解經，彼經皆是直文，故就此一説，言下以明上。」劉逢禄《左氏春秋考證》曰：「『左氏後於聖人，未能盡見列國寶書，又未聞口授微言大義，惟取所見載籍，如晉《乘》、楚《檮杌》等相錯編年爲之，本不必比附夫子之經，故往往比年闕事。劉歆强以爲傳《春秋》，或緣經飾説，或緣《左氏》本文前後事，或兼采他書以實其年，如此年之文，或即用《左氏》文，而增春、夏、秋、冬之時，遂不暇比附經文，更綴數語。要之皆出點竄，文采便陋，不足亂真也。然歆雖略解經文，顛倒《左氏》，二書猶不相合。《漢志》所列《春秋》古經十二篇，《經》十一卷，《左氏傳》三十卷是也。自賈逵以後，分經附傳，又非劉歆之舊，而附益改竄之跡益明矣。」錫瑞案：劉氏以爲劉歆改竄傳文，雖未見其必然，而《左氏傳》不解經，則杜、孔極袒左氏者，亦不能爲之辨。杜《序》明言分經之年與傳之年相附。孔《疏》云：「邱明作傳，不敢與聖言相亂。經、傳異處，於省覽爲煩，故杜分年相附。是分年附傳，實始於杜，非始賈逵。」劉氏説猶未諦，劉氏《考證》又舉隱二年紀子帛莒子盟于密證曰：「如此年《左氏》本文全闕，所書皆附益也。」十年六月戊申證曰：「十年《左氏》文闕。」桓公元年證曰：「是年《左氏》文闕。」七年冬曲沃伯誘晉小子侯殺之證曰：「即有此事，亦不必在此年，是年《左氏》文闕。」九年冬曹太子來朝證曰：「是年《左氏》文闕，《巴子篇》年月無考。」十年冬齊、衛、鄭來戰于郎我有辭也證曰：「是年《左氏》文闕，《虞叔篇》年月無考。」十一年證曰：「《楚屈瑕》篇年月無考。」十二年證曰：「是年《左氏》文闕，《楚伐絞篇》當與《屈瑕篇》相接，年月亦無考。」十三年證曰：「是年亦闕，《伐羅篇》亦與上相接，不必蒙此年也。」十四年證曰：「是年文亦闕。」十六年證曰：「是年亦闕。」十七年證曰：「是年文蓋闕。」莊元年證曰：「此以下七年文闕，《楚荆尸篇》、《伐申篇》年月亦無考。」十三年、十五年、十七年證曰：「文闕」。二十七年證曰：「比年《左氏》文闕，每於年終分析晉事，附益之跡甚明，蓋《左氏》舊文之體，如《春秋》前則云惠之二十四年，獲麟以後則云悼之四年，本不必拘拘比附《春秋》年月。」二十九年證曰：「文闕。」三十年證曰：「是年亦闕。」三十一年證曰：「文闕。」僖元年證曰：「是年文闕。」錫瑞案：自幼讀《左氏傳》書不書之類，獨詳於隱公前數年，而其後甚略，疑其不應如此草草，及觀劉氏《考證》左氏釋經之文，闕於隱、桓、莊、閔爲尤甚，多取晉、楚之事敷衍，似皆出晉《乘》、楚《檮杌》。尤可疑者，杜、孔皆謂經傳各自言事，是雖經劉歆、賈逵諸人極力比附，終不能彌縫其迹。王接謂傳不主爲經發，確有所見。以劉氏《考證》爲左驗，學者可以恍然無疑。劉逢禄曰：「左氏以良史之材，博聞多識，本未嘗求附於春秋之義。後人增設條例，推衍事蹟，强以爲傳《春秋》，冀以奪公羊博士之師法，名爲尊之，實則誣之。左氏不任咎也，余欲以《春秋》還之《春秋》，《左氏》還之《左氏》，而删其書法凡例，及論斷之謬於大義，孤章絶句之依附經文者，冀以存《左氏》之本真。」近人有駁劉氏者，皆强説不足據。

又《論〈左氏傳〉止可云載記之傳劉安世已有經自爲經傳自爲傳不可合一之説》 張杓曰：「傳有二義，有訓詁之傳，有載記之傳。訓詁之傳，主於釋經；載記之傳，主於紀事。」昔之傳春秋者五家，鄒氏無師，夾氏無書，今所傳惟左公、穀公。穀依經立傳，經所不書，更不發義，故康成謂穀梁善於經。王接亦曰：「《公羊》於文爲儉，通經爲長。」此而例之訓詁之傳，猶或可也。若左氏之書，據《太史公十二諸侯年表》，則曰《左氏春秋》而不言傳。據嚴彭祖引《觀周篇》之文，則言爲傳與《春秋》

相表裏，而不言是釋經。據盧氏植、王氏接，則謂囊括古今，成一家之言，不主爲經發。據高氏祐、賀氏循，則并目之爲史，是漢晉諸儒言左氏者，莫不以爲紀事之書，所謂載記之傳是也。故漢《左氏傳》與《春秋》分行，至杜元凱作《集傳》，始割傳附經，妄生義例，謂傳或先經以紀事，或後經以終義，或依經以辨理，或錯經以合異，一似《左氏》此書，專爲解駁經義者，獨不思《經》止哀十六年而《傳》則終於二十七年。如依杜説，此十有一年之傳，爲先後何經，依錯何經耶，甚矣其惑也。後儒不察，乃反依據杜本妄議左氏之書。唐權德輿謂左氏有無經之傳，失其根本。宋王皙謂左氏貪惑異説，於聖人微旨疏略。明何異孫謂左氏疏於義理，理不勝文。凡此狂言，皆杜氏以傳附經，謂左氏專爲釋經而作有以啓之也。昔人謂三傳作而《春秋》微，余亦謂杜註行而《左傳》隱。錫瑞案：《史記》云《左氏春秋》。《漢》志云《左氏傳》。近人據博士説，左邱明不傳《春秋》，以《漢志》稱傳爲沿劉歆之誤，此獨分別有訓詁之傳，有載記之傳，以《左傳》爲載記之傳，其説亦通。《南齊書·陸澄傳》曰：「泰元取服虔而兼取賈逵經，服傳無經，雖在註中，而傳又有無經者故也。今留服而去賈，則經有所闕。」據此則服子慎知經傳有别，故但釋傳而不釋經，賈景伯則經、傳並釋。杜從賈，不從服，故《集解序》不及服虔，其後服、杜並行，卒主杜而廢服，蓋以杜解有經，服解無經之故，不知經傳分行，實古法也。劉安世曰：「公、穀皆解正《春秋》。《春秋》所無者，公、穀未嘗言之，若《左傳》則《春秋》所有者或不解，《春秋》所無者或自爲傳，故先儒以謂《左氏》或先經以起事，或後經以終義，或依經以辨理，或錯經以合異，然其説亦有時牽合，要之讀《左氏》者，當經自爲經、傳自爲傳，不可合而爲一也，然後通矣。」據此，則左氏經傳，當各自爲書，宋人已見及之，可爲劉逢祿先路之導。

作者僞分部

綜　述

劉知幾《史通·雜説下》　李陵集有《與蘇武書》，詞采壯麗，音句流靡，觀其文體不類西漢人，殆後來所爲，假稱陵作也。遷史缺而不載，良有以焉。編于李集中，斯爲謬矣！

韓愈《昌黎集·答張籍書》　孟軻之書，非軻自著；軻既没，其徒萬章、公孫丑相與記軻所言焉耳。

張籍《上韓昌黎第二書》　古之學，君臣、父子之道必資于師，師之賢者，其徒數千人或數百人，是以没則紀其師之説以爲書，若《孟子》是已。傳者猶以孟子自論其書，不云殁後其徒爲之也。

邱光庭《兼明書》　先儒言《詩序》并《小序》子夏所作；或曰毛萇所作。明曰：「非毛萇所作也。」何以知之？按《鄭風·出其東門序》云：「民人思保其室家。」經曰：「縞衣綦巾，聊樂我員。」毛《傳》曰：「願其室家得相樂也。」據此《傳》意，與《序》不同，自是又一取義也。何者？以有女如雲者，皆男女相棄，不能保其室家，則縞衣綦巾是作詩者之妻也。既不能保其妻，乃思念之，言願更得且聊與我爲樂也。如此，則與《序》合。今毛以「縞衣綦巾」爲他人之女，願爲室家，得以相樂。此與《序》意相違，故知《序》非毛作也。此類實繁，不可具舉。或曰：「既非毛作，毛爲《傳》之時何不解其《序》也？」答曰：「以《序》文明白，無煩辭也。」

宋濂《諸子辨》　《晏子》十二卷，出於齊大夫晏嬰。《漢志》八篇，但曰「《晏子》」；《隋》、《唐》七卷，始號「《晏子春秋》」，與今書卷數不同。《崇文總目》謂其書已亡，世所傳者蓋後人采嬰行事而成；故柳宗元謂墨氏之徒有齊人者爲之，非嬰所自著。誠哉是言也！

又　《文子》十二卷，老子弟子所撰，不知氏名。徐廣曰：「名鈃。」李暹曰：「姓辛，葵丘濮上人，號曰計然；范蠡師事之。」裴駰曰：「計然，姓辛，字文子，其先晉國公子也。」孟康曰：「姓計名然，越臣也。」蔡謨曰：「《計然》者，范蠡所著書篇名，非人也；謂之『計然』者，所計而然也。」顔師古曰：「蔡説謬矣。《古今人表》，計然列在第四等，計然一名計研；《吴越春秋》及《越絶書》並作計倪：『倪』與『研』、『然』三音皆相近，故訛耳。」由是觀之，諸説固辯矣。然是書非計然之所著也！予嘗考其言，壹祖老聃，大概《道德經》之義疏爾。所謂「體道者不怒不喜，其坐無慮，寢而不夢，見物而名，事至而應」，即「載營魄抱一，專氣致柔，滌除玄覽」也。所謂「上士先避患而後就利，先遠辱而後求名，故聖人常從事於無形之外而不留心于已成之內，是以禍患無由至，非譽不能塵垢」，即「知白守黑，知雄守雌，知榮守辱」之義也。所謂「靜則同，虛則通，至德無爲，萬物皆容」，即「道常無爲而無不爲，侯王若能守，萬物將自化」也。所謂「道，可以弱，可以强，可以柔，可以剛，可以

陰，可以陽，可以幽，可以明，可以包裹天地，可以應待無方」，即「道，冲而用之或不盈，淵乎似萬物之宗」也。其他可以類推。蓋老子之言宏而博，故是書雜以黄、老、名、法、儒、墨之言以明之，毋怪其駁且雜也。計然與范蠡言皆權謀、術數，具載于書，絶與此異；予固知非著是書者也。黄氏屢發其僞，以爲唐徐靈府作，亦不然也。其殆文姓之人祖老聃而託之者歟？抑因裴氏「姓辛，字文子」之説，誤指爲《范子計然》十五卷者歟？

又　《亢倉子》五卷，凡九篇，相傳周庚桑楚撰。予初苦求之不得；及得之，終夜疾讀，讀畢嘆曰：「是僞書也！剿《老》、《莊》、《文》、《列》及諸家言而成之也。」其言曰：「危代以文章取士，則剪巧綺繿益至，而正雅典實益藏。」夫文章取士，近代之制，戰國之時無有也。其中又以「人」易「民」，以「代」易「世」：世民，太宗諱也，僞之者其唐士乎？予猶存疑而未決也。後讀他書，果謂天寶初，詔號《亢桑子》爲《洞靈真經》，求之不獲；襄陽處士王士元采諸子文義類者撰而獻之，其説頗與予所見合。復取讀之，益見其言詞不類，因棄去不復省。《農道》一篇雖可讀，古農家書具有之。或者謂可孤行，吾亦不知其爲何説也。

又　《列子》八卷，凡二十篇，鄭人列禦寇撰。劉向校定八篇，謂禦寇與鄭繆公同時。柳宗元云：「鄭繆公在孔子前幾百載；禦寇書言鄭殺其相駟子陽，則鄭繻公二十四年，當魯穆公之十年：向蓋因魯穆公而誤爲鄭爾。」其説要爲有據。高氏以其書多寓言而并其人疑之，「所謂禦寇者有如鴻蒙、列缺之屬」；誤矣。書本黄、老言，決非禦寇所自著，必後人會萃而成者。中載孔穿、魏公子牟及「西方聖人」之事，皆出禦寇後。《天瑞》、《黄帝》二篇雖多設辭，而其「離形去智，泊然虚無，飄然與大化游」，實道家之要言。至于《楊朱》、《力命》則「爲我」之意多；疑即古楊朱書，其未亡者勦附于此。禦寇先莊周，周著書多取其説；若書事簡勁宏妙則似勝于周。間嘗熟讀其書，又與浮屠言合。所謂「内外進矣，而後眼如耳，耳如鼻，鼻如口，無弗同也；心凝形釋，骨肉都融，不覺形之所倚，足之所履」，非「大乘圓行説」乎？「鯢旋之潘爲淵；止水之潘爲淵；流水之潘爲淵；濫水之潘爲淵；沃水之潘爲淵；沈水之潘爲淵；雍水之潘爲淵；汧水之潘爲淵；肥水之潘爲淵」，非「修習教觀説」乎？「有生之氣，有形之狀，盡幻也：造化之所始、陰陽之所變者，謂之生，謂之死；窮數達變、因形移易者，謂之化，謂之幻；造物者，其巧妙，其功深，故難窮難終；因形者，其巧顯，其功淺，故隨起隨滅：知幻化之不異生死也，始可以學幻」，非「幻化生滅説」乎？「厥昭生乎濕，醯雞生乎酒，羊奚比乎不筍，久竹生青寧，青寧生程，程生馬，馬生人；人久入于機；萬物皆出于機，皆入于機」，非「輪回不息説」乎？「人胥知生之樂，未知生之苦；知死之惡，未知死之息」，非「寂滅爲樂説」乎？「精神入其門，骨骸反其根，我尚何存？」非「圓覺四大説」乎？中國之與西竺，相去一二萬里，而其説若合符節，何也？豈其得於心者亦有同然歟？近世大儒謂華、梵譯師皆竊莊、列之精微以文西域之卑陋者，恐未爲至論也。

又　《言子》三卷。言子名偃，字子游，吴人。近新昌王爚哀《論語》書所載問答而爲此書；不知者直謂爲偃所自著，蓋非也。大抵古書之存于今者多出於後人之手。如《孔子家語》謂爲孔安國所録壁中之文，往往多鈔《左傳》、《禮記》諸書，特稍異其辭耳，善讀者固不敢與之。世傳賈誼《新書》謂誼所作，亦不過因《過秦論》、《弔湘賦》而雜以《漢書》中語足之，似非誼本書也。此猶有所附麗而然。《古三墳書》亡已久，宋毛漸特出之：《山墳》則言君臣、民物、陰陽、兵家，謂之《連山》；《氣墳》則言歸藏、生動、長育、止殺，謂之《歸藏》；《形墳》則言天地、日月、山川、雲氣，謂之《乾坤》：與先儒所言「三易」大異。《陰符》古無是書，唐李筌特出之，以爲黄帝所作，皆取兵家譎誕不經語而文以奇澀之辭；又妄説太公、范蠡、鬼谷、張良、諸葛亮等訓註，皆鑿空扇虚以惑世，尤使人驚愕不止。是果何爲者哉？予讀《言子》之書，於是乎有感！

又　《子思子》七卷，亦後人綴緝而成，非子思之所自著也。中載「孟軻問牧民之道何先，子思子曰：『先利之。』軻曰：『君子之告民者亦仁義而已，何必曰利？』子思子曰：『仁義者固所以利之也：上不仁則不得其所，上不義則樂爲詐，此爲不利大矣。』他日，孟軻告魏侯罃以仁義」，蓋深得子思子之本旨。或者不察，乃遽謂其言若相反者，何耶？

又　《尹文子》二卷，周尹文撰。其書言大道似老氏，言刑名類申、韓，蓋無足稱者。晁氏獨謂其亦宗六藝，數稱仲尼，其叛道者蓋鮮。嗚呼，世豈有專言刑名而不叛道者哉？晁失言矣！仲長統序稱其出於周尹氏；齊宣王時居稷下，與宋鈃、彭蒙、田駢同學於公孫龍。按龍客於平原君，君相趙惠文王；宣王死，下距惠文王之立已四十餘歲：是非學於龍者也。統卒於獻帝讓位之年，而序稱其黄初末到京師，亦與史不合。嗚呼！《素問》以爲黄帝所作，而有「失侯失王，脱營不醫」之文，殊不知秦滅六國，漢諸侯王國除，始有失侯王者。《六韜》謂出於周之吕牙，而有「避正殿」之語，殊不知避正殿乃戰國後事。《爾雅》以爲周公所制，而有「張仲孝友」之言，殊不知張仲乃周宣王時人。予嘗驗古書真僞，每以是求之，思過半矣；

又況文辭氣魄之古今絕然不可同哉！予因知統之序蓋後人依託者也。嗚呼，豈獨序哉！

又　《齊丘子》六卷，一名《化書》，言「道、術、德、仁、食、儉」六化爲甚悉。世傳爲僞唐宋齊丘子嵩作。張來題其後，遂云「齊丘犬鼠之雄，蓋不足道；其爲《化書》，雖皆淺機小數，亦微有見黄、老之所謂道德，其能成功有以也」。嗚呼，是書之作，非齊丘也，終南山隱者譚峭景升也，齊丘竊之者也！其云「能得一者天下可以理」，老氏説也。「魂魄魅我，血氣醉我，七竅囚我，五根役我」，釋氏説也。「心冥冥兮無所知，神怡怡兮無所之，氣熙熙兮無所爲，萬慮不能惑，求死不可得」，神仙家説也。非淺機小數比也。使齊丘知此，則何爲不得其死也？其文高簡，《關尹子》可亞也。實微有見于黄、老所謂道德者也。

鄭樵《通志・藝文略》第一　《石經周易》十卷、《今字石經易篆》三卷、《一字石經周易》一卷。石經之學，始於蔡邕始也。秦火之後，經籍初出，諸家所藏，傳寫或異，箋傳之儒皆馮所見，史不論文字之訛謬。邕校書東觀，奏求正定六經文字，靈帝許之，乃自爲書，而刻石于太學門外，後儒晚學咸所取正。奈當漢之末祚，所傳未廣，而兵火無存，後之人所得者亦希矣。今之所謂石經者，但刻諸石耳，多非蔡氏之經。

王應麟《漢藝文志考証》卷五　《孟子》十一篇。趙岐題辭著書七篇，又有《外書》四篇，《性善辯》、《文説》、《孝經》、《爲正》。其文不能弘深，不與内篇相似。《志》云：「十一篇，并《外書》也。」《外書》今不傳。《論衡》云：「孟子作性善之篇，以爲人性皆善，及其不善，物亂之也。」謂人生於天地，皆稟善性，長大與物交接，放縱悖亂，不善日以生矣。《法言》引《孟子》曰：「夫有意而不至者有矣，未有無意而至者也。」《説苑》、《太平御覽》引：「人皆知以食愈飢，莫知以學愈愚，人皆知糞其田，而莫知糞其心。」《顔氏家訓》引：「圖景失形。」劉知幾《史通》引：「堯舜不勝其美，桀紂不勝其惡。」李善注《文選》引：「太山之高，參天入雲。」《史記・六國表》注皇甫謐曰：「孟子稱禹生石紐，西夷人也。」《漢・伍被傳》引《孟子》曰：「紂貴爲天子，死曾不如匹夫，是紂先自絶久矣，非死之日天去之也。」《藝文類聚》引滕文公葬及惠子諫，《坊記》注引：「舜年五十而不失其孺子之心。」皆《外書》也。《説文》引：「孟子去齊，滰淅而行，謜謜而來，孝子之心，不若是忿，二女婐。」晁氏曰：「按此書韓愈以爲弟子所會集，非軻自作。」今考於軻之書，則知愈之言非妄發也。其書載孟子所見諸侯皆稱謚，如齊宣王、梁惠王、梁襄王、滕定公、滕文公、魯平公是也。夫死然後有謚。軻著書時所見諸侯不應皆死，且惠王元年至平公之卒凡七十七年，孟子見惠王，王目之曰：「叟」，必已老矣，決不見平公之卒也。故予以愈言爲然。

黄伯思《東觀餘論》卷下《校定師春書序》　晉太康二年，汲郡民不準盜發魏襄王冢，得古竹書凡七十五篇。晉征南將軍杜預云：「別有一卷，純集《左氏傳》卜筮事，上下次第及其文義皆與《左傳》同，名曰《師春》。師春似是鈔集人名也。」今觀中祕所藏《師春》，乃與預説全異。預云「純集卜筮事」，而此乃記諸國世次及十二公歲星所在，并律呂謚法等，末乃書易象變卦，又非專載《左氏傳》卜筮事。繇是知此非預所見《師春》之全也。然預記汲冢他書中有《易陰陽説》而無《彖》、《繫》。又有《紀年》，三代并晉魏事，疑今《師春》蓋後人雜鈔《紀年》篇耳。然預云：《紀年》起自夏商周，而此唐虞以降皆録之；預云《紀年》皆三代王事無諸國別，而此皆有諸國；預云《紀年》特記晉國，起殤叔，次文侯、昭侯，而此記晉國世次自唐叔始。是三者又與《紀年》異矣。及觀其紀歲星事，有「杜征南洞曉陰陽」之語，繇是知此書亦西晉人集録，而未必盡出汲冢也。

程大昌《考古編》卷二《詩論九》　《詩序》，世傳子夏爲之，皆漢以後語，本無古據。學者疑其受諸聖人，噤不敢議。積世既久，諸儒之知折中夫子者，亦嘗覺其違異而致其辨矣。予因參已意，而極言之。夫子嘗曰：「《關雎》樂而不淫，哀而不傷。」是説也，夫子非以言詩也，或者魯太師摯之徒樂及《關雎》，而夫子嘉其音節中度，故曰：「雖樂矣，而不及於淫；雖哀矣，而不至於傷。」皆從樂奏中言之，非以叙列其《詩》之文義也，亦猶賓牟賈語武而曰：「聲淫及商者，謂有司失傳而聲音奪倫耳，非謂武王之武實荒放無檢也。」今《序》誤認夫子論樂之指，而謂《關雎》詩意實具夫「樂淫哀傷」也。遂取其語而折之曰：「憂在進賢，不淫其色。哀窈窕，思賢才，而無傷善之心焉！是《關雎》之義也。」其與夫子之語既全不相似，又按之《關雎》樂則有之，殊無一語可以附著於「淫哀傷」也。夫其本聖言而推之者，尚破碎如此，其他何可泥名失實，而不敢加辨也歟？至他《序》失當，與《詩》語不應，則有昭然不可掩者矣。《蕩》之詩以「蕩蕩上帝」發語，《召旻》之詩以「旻天疾威」發語，蓋采《詩》者摘其首章要語以識篇第，本無深義。今《序》因其名篇以《蕩》，乃曰：「天下蕩蕩，無綱紀文章」，則與「蕩蕩上帝」了無附著，於《召旻》又曰：「旻，閔也。閔天下無如召公之臣也。」不知「閔天疾威」有閔無臣之意乎？凡此皆必不可通者，而其他倒易時世，舛誤本文者，觸類有之。

晁説之《景迂生集》卷一六《傳易堂記》　古者六藝之學必謹師授，其稱是人經明有家法，至東都猶甚嚴也。魯商瞿子木受《易》孔子，五傳而至漢齊田何子裝。漢之《易》家，蓋自田何始。何而上未嘗有書。魏管輅謂《易》安可注者，其先儒之心歟！古今學者咸謂卜子夏受《易》孔子而爲之傳。然太史公、劉向父子、班固皆不論著。唐劉子玄知其僞矣。是書亡，不傳於今。今號爲《子夏易傳》者，《崇文總目》亦斥其非是，而不知其所作之人。予知其爲唐張弧之《易》也。

胡應麟《四部正譌》卷上　《麻衣心法》一卷，稱麻衣道者以授陳希夷。余讀之，每字四爲句，句四爲章，章四十二，下爲注解；皆淺俚質略，大類宋世丹汞之書。朱紫陽謂戴師愈作，託名麻衣。余觀其末有李潛序，絶肖書中所云，蓋皆戴所作也。而當時儒者若張廣漢輩亦頗信之，余竊所未喻矣。

又　楊用修《譚苑醍醐》云：「《湖廣一統志》載：『劉有年於永樂中上《儀禮逸經》十有八篇。』若然，則《儀禮》之亡者全矣。不知有年何從得之？意者聖經在世如日月，終不可掩耶？然一時廟堂諸公不聞表章傳布之請，今求之内閣亦不見其書。出非其時，此書之不幸也！世人大言，動笑漢、唐。漢、唐求逸書，賞之以官，購之以金，焉有見此奇書而付之漠然者乎！」案《儀禮》篇亡者，自漢已無從物色，寧有歷唐至宋復出於今之理；必劉氏《連山》、《魯史》故事，僞作欺世。用修好奇而信之，非也。余家藏有元吴幼清《儀禮逸經》八篇，《傳》十篇；經則取諸大、小戴及鄭氏注，《傳》則吴氏本紫陽遺意而纂次之。其書名、篇數與劉所上正合，豈即此書也耶？

又卷中　黄石公《素書》，宋張商英僞撰者。商英自號無盡居士，學浮屠於釋子從悦。其後宗杲嘗亟稱以勵張九成。九成亦號無垢，豈有慕商英與？九成學佛則失之，而其人明白俊偉，非商英等也。今讀此書，所稱仁義道德皆剽拾老、莊之膚語，傅合周、孔之庸言。而「悲莫悲於精散，病莫病於無常」等詞，又仙經、佛典之絶淺近者。使商英不爲此書，或爲之而匿其姓名，亦未知其學之陋一至是也！若序稱「子房以殉墓中，自諸葛孔明而下皆不得聞」，則三尺童子業能呵斥之矣。

又　蘇長公有《廣成子解》一卷，獨取莊周書「黄帝問道」一章，爲之訓釋。晁景迂嘗難之，其書不傳。然《隋志》道家有《廣成子》十三卷，題商洛公撰而張太衡注。考《漢書・七略》，道家、神仙二類依託甚衆，若《黄帝》、《伊尹》、《太公》；兵書陰陽則《務成》、《容成》不勝數；獨《廣成》不經見。而《隋志》驟出之；本注亦以近人所託。考道家，張太衡又有《無名子》一卷，蓋即張所撰而自注之。其書自唐後絶不傳，無復辯其是非者。因長公所注，漫及之。

又卷下　《神異經》、《十洲記》，俱題東方朔撰，悉假託也。其事實詭誕亡論，即西漢人文章有此類乎？《漢志》有《東方朔》二十篇，列雜家，今不傳；而二書傳。甚矣，世好奇者衆也！

又　《越絶書》十五卷，稱子貢，亦曰子胥，並依託也。楊用修據《後序》「以『去』爲姓，得『衣』乃成」等語，謂東漢人袁康作。案魏伯陽《參同契後序》「鄶國鄙夫」等句亦寓會稽魏某姓名，而孔文舉「漁父屈節」十六言亦離合「魯國孔融」四字，蓋東漢末盛爲此體，用修之論或不誣也。第書稱《越絶》，昔人以終不可解。余按：前代書名往往有鄙拙可笑者，如常璩記漢事而名《漢之書》，杜預彙集古文而名《善文》，謝靈運采輯衆詩而直云《詩集》，又釋典《維摩詰所説經》，雖書並不刊，其名總之不可法也。

又　《列仙傳》三卷。陳振孫云：「傳凡七十二人，每傳有贊；似非向撰，西漢人文章不爾也。」余按《漢書・藝文志》：「劉向所敍六十七篇」，止《新序》、《説苑》、《世説》、《列女傳》而無此書。《七略》，劉歆所定，果向有此書，班氏決弗遺；蓋僞撰也。當是六朝間人因向傳列女，又好神仙家言，遂僞撰託之。其書既不得爲真，則所傳之人恐亦未必皆實。考此傳，孫綽及郭元祖各爲贊，非六朝則三國無疑也。

又　《洞冥記》四卷，題郭憲子横，亦恐贋也。憲事世祖，以直諫聞，忍描飾漢武、東方事以導後世人君之欲！且子横生西京末，其文字未應遽爾。蓋六朝假託，若《漢武故事》之類耳。

又　《碧雲騢》，撰稱梅堯臣，實魏泰也。晁公武云：「泰，襄陽人，無行，有口。元祐中，紀其少時聞見成此編。心信章惇，數稱其長，則大概見矣。」又王銍云：「魏泰場屋不得志，喜僞作他人著書，如《志怪集》、《括異志》、《倦游録》，盡假名武人張師正；又不能自抑，出姓名作《東軒筆録》，皆私喜怒誣衊前人。最後作《碧雲騢》，議及范仲淹，而天下駭然不服矣。」余嘗笑唐人作僞書而其名隱，宋人作僞書而其名彰，然無益於僞則一也。宋人好作僞經者阮逸，僞子者宋咸，僞説者惠洪，諸人皆無害於名教，世猶以僞訾之。而以泰之顛倒白黑，而《碧雲騢》迄今傳，何也？

又卷一九《蘇李五言詩》　蘇文忠公云：「蘇武、李陵之詩，乃六朝人擬作。宋人遂謂在長安而言『江漢盈卮酒』之句，又犯惠帝諱，疑非本作。」予考之，殆不

然。班固《藝文志》有《蘇武集》、《李陵集》之目。摯虞晉初人也，其《文章流別志》云：「李陵衆作，總雜不類，殆是假託，非盡陵制，至其善篇有足悲者。」以此考之，其來古矣。即使假託，亦是東漢及魏人張衡、曹植之流始能之耳。杜子美云：「李陵、蘇武是吾師。」子美豈無見哉？東坡跋黄子思詩云「蘇李之天成」，尊之亦至矣。其曰「六朝擬作」者，一時鄙薄蕭統之偏辭爾。

又卷二〇　李益詩。《李益集》有樂府雜體一首云：「藍葉鬱重重，藍花石榴色。少女歸少年，光華自相得。愛如寒爐火，棄若秋風扇。山嶽起面前，相看不相見。春至草亦生，誰能無別情。殷勤展心素，見新莫忘故。遥望孟門山，殷勤報君子。既爲隨陽鴈，勿學西流水。」此詩比興有古樂府之風，唐人少及此者。或云非益詩，乃無名氏代霍小玉寄益之詩也。

楊慎《丹鉛雜録》卷一〇《廣文選》　予閱《廣文選》「中山王文《木賦》」，乃以文爲中山王名，而題作《木賦》，宋王微《詠賦》，乃誤王爲玉，而題云《微詠賦》，下書宋玉之名，不知王微乃南宋人，史具有姓名。《阮步兵碑》，乃東平太守嵇叔良撰，而妄作叔夜，不知叔夜之死，先於阮也，其疏謬如此。

楊慎《丹鉛餘録》卷一　文中子作《元經》，又曰：帝問蛙鳴，尤可笑也。然《元經》非出文中子，蓋阮逸贋作耳。

又卷二一　《文選・雪賦》注引班婕妤《擣素賦》，疑非婕妤之作，蓋亦卓見也。此賦六朝擬作無疑，然亦是徐庾之極筆。

又　《漢書・藝文志》：《鬼谷區》三篇，注即鬼臾區也。《郊祀志》：「黄帝得寶鼎冕侯，問于鬼臾區」云云，注即「鬼容區」，容臾聲相近。今，按「鬼谷」即「鬼容」者，又字相似而誤也。高似孫《子略》便謂《藝文志》無《鬼谷子》，何其輕於立論乎！

又　《詩話》云：「杜常方澤在唐詩人中名姓不顯，而當時詩句驚人，今惟存《華清宫》一首，《孫公談圃》亦以爲宋人。近註唐詩三體者，亦引《談圃》，而不正指其非，唐人蓋不欲顯選者之失耳。予又見《范蜀公文集》中有《手記》一卷，記其一時交游名流中有杜常，名姓下註曰「詩學」，又《宋史》有《杜常傳》云：「杜常，太后之姪，能詩。」以史與《談圃》、《手記》參之，爲宋人無疑矣。如《唐詩鼓吹》以宋胡宿詩入唐選，宿在《宋史》有傳，文集今行於世，所選諸詩在焉，觀者不知其誤，何耶？《鼓吹》之選，皆晚唐之最下者，或疑非遺山，觀此益知其僞也。

又　《省心録》乃沈道原作，非林和靖也。《指掌圖》非東坡所作。《李衛公問對》阮逸僞作。《文中子》、《元經》、《關子明易》皆逸僞作。《龍城録》王性之僞作。子厚叙事何等筆力，此記衰弱之甚，皆寓古人詩文中不可曉者於其中。凡僞書皆然，予聞之朱子云。

楊慎《丹鉛續録》卷六　《陰符經》之文，李筌僞作，或信以爲黄帝者，無目者也。其文尚不能望《六韜》、《三略》之藩籬，《素問》、《汲冢》之萬一，而以軒轅之作視之，有目者如是乎？

楊慎《丹鉛摘録》卷二　《草書百韻歌》乃宋人編成以示初學者，託名于羲之。近有一庸中書取以刻石，而一鉅公序之，信以爲然。有自京師來滇，持以問余曰：「此羲之草韻也？」余戲之曰：「字莫高于羲之，得羲之自作《草書百韻歌》奇矣。又如詩莫高于杜子美，子美有《詩學大成經書》出于孔子，孔子有《四書講套》，若求得二書，與此爲三絶矣。」其人愕然曰：「孔子豈有四書活套乎？」余曰：「孔子既無四書活套，羲之豈有草書百韻乎？」其人始悟。信乎僞物易售，信貨難市也。諺云：「若無此輩，餓殺此輩。」

王世貞《藝苑卮言》卷二　傅武仲有《舞賦》，皆托宋玉爲襄王問對。及閲《古文苑》宋玉《舞賦》，所少十分之七。而中間精語，如「華袿飛髾，而雜纖羅」，大是麗語。至于形容舞態，如「羅衣從風，長袖交横。駱驛飛散，颯沓合并。綽約閑靡，機迅體輕。」又：「回身還入，迫于急節。紆形赴遠，漼以摧折。纖縠蛾飛，繽焱若絶。」此外亦不多得也。豈武仲衍玉賦以爲己作邪？抑後人節約武仲之賦，因序語而誤以爲玉作也。

又　太公《陰謀》有《筆銘》云：「毫毛茂茂，(葉房月切)陷水可脱，陷文不活。」于鱗取之。余謂其言精而辭甚美，然是鄧析以後語也。「毫毛茂茂」是蒙恬以後事也，必非太公作。

焦竑《焦氏筆乘》卷三《〈九辯〉〈九歌〉皆原自作》　《離騷經》：「啓《九辯》與《九歌》兮」，即後之《九歌》、《九辯》，皆原自作無疑。王逸因「夏康娱以自縱」之句，遂解《九歌》爲禹，不知時事難於顯言，乃託之古人，此詩人依倣形似之語耳。不然，則上所謂「就重華而陳詞」，豈真有重華可就邪？舍原所自言不之信，而別解之，不知何謂？《九辯》謂宋玉哀其師而作，熟讀之，皆原自爲，悲憤之言，絶不類哀悼他人之意。蓋自作與爲他人作，旨趣故當霄壤。乃千百年讀者無一人覺其誤，何邪？

又《諱辯》　《資暇集》：「退之《諱辯》」：『漢有杜度』，謂其姓名同音也。《篤

論》云：『杜伯度名操，字伯度，善草書，曹魏時人。以其名同武帝，故隱而舉字。』是度非名也。《篤論》是杜恕所著，恕亦曹魏時人，其言不妄，則退之誤矣。」楊用修謂：「不如用魯有衆仲」，亦非也。衆音終，與仲亦不同音。

又卷六 《本草》，神農書也，中言豫章、朱崖、趙國、常山、奉高、真定、臨淄、馮翊出諸藥物，如此郡縣，豈神農時所有邪？

又 《山海經》禹、益書也，中有長沙、零陵、桂陽、諸暨，如此郡縣，豈禹時所有邪？

又 《三墳》，伏羲、神農、黄帝書也，然謂封拜之辭曰「策」。策始於漢，而謂伏羲氏有策辭，可乎？祭天地於圜丘，大夫之妻曰命婦，《周禮》始有之，而謂天地圜丘，恩及命婦，爲黄帝之事，可乎？相人之術起於衰世，而謂聖人以形辯貴賤，正賢否，爲神農之書，可乎？

又 《三略》、《六韜》，太公書也，然其中雜援軍讖以足成之；夫讖書起於戰國之後，太公之時曾有之乎？《中略》之末，謂《三略》爲衰世而作，太公之佐文武，果衰世乎？《六韜》中其言多誣聖賢之甚，竊孫、吴之陳，而謂太公爲之乎？

又 《爾雅》，周公書也，然其中有云「張仲孝友」。張仲，宣王之臣也，周公安得載之《爾雅》？

又 《左傳》，丘明書也，然其中有云「虞不臘矣」。夫臘之爲節，秦始有之，丘明安得紀之《左傳》？

又 《汲冢》，周書也，其《周月解》，則以日月俱起於牽牛之初。夫自堯時日躔虚一度，至漢《太初曆》始云「日起牽牛一度」，何周月而乃爾？《時訓解》則以雨水爲正月中氣，夫自漢初以前，曆皆以驚蟄爲正月中氣，至《太初曆》始易之以雨水，何《時訓》而云然？

又 《子華子》，程本書也，其語道德則頗襲《老》《列》之旨，語專對則皆倣《左氏》之文，是何彼此之偶合？作聲調似指漢武朱鴈芝房之事，喻子車復竊韓愈《宗元墓銘》之意，是何先後之相侔？

又 《蒼頡篇》，李斯作也，其曰「漢兼天下，海内并厠」，「豨黥韓覆，畔討威殘」，然則漢事何以載於秦書？

又 《列仙傳》，劉向作也，贊云「七十四人出佛經」，然則釋教何嘗興於漢前？

毛晉《汲古閣書跋·西京雜記》 卷末記「洪家有劉子駿書百卷，先公傳之」云云。按所謂先公者，歆之於向也，而《館閣書目》以爲洪父傳之，非是。陳氏云：「未必是洪作。」晁氏云：「江左人以爲吴均依託爲之，俱未可攷，至若邇來坊刻作劉歆撰，抑可笑矣。據《唐·藝文志》亦只二卷，今六卷，後人所分也。」余喜其記書真雜，一則一事，錯出別見，令閱者不厭其小碎重疊云。

又《樂府古題要解》 漢武帝時乃立樂府，以李延年爲協律都尉，舉司馬相如等數十人，造爲詩賦，略論律吕，以合八音之調，蓋樂府之所肇也。自漢迄唐，作者猋起雲會，從未有彙成一編者，惟唐史臣吴兢纂采漢魏以來古樂府詞，分爲十卷，惜乎不傳，傳者僅《古題要解》二卷，于傳記及諸文集中，采其命名緣起，令後人知所祖習。又有《樂府解題》，不著撰人名氏，與吴兢所撰差異，今人混爲一書，謬矣。但太原郭氏諸敍中，輒引《樂府解題》，不及《古題要解》，不知何故。余家藏是書凡三本，一得之虞山楊氏，一得之錫山顧氏，二氏素稱藏書家，不意施朱傅墨，較訂數遍，其間脱簡訛字，尚多于几上凝塵，既得元版頗善，但「會吟行」俱誤作「吴吟行」。按會謂會稽，謝靈運詩「咸共聆會吟」，故云其致與吴趨行同也。如《採薇操》亦曰「晨遊高舉」，《琴曲》注中引吴兢云云，茲集中不載，豈逸文尚多耶？

陳振孫《直齋書録解題》卷二 《尚書大傳》四卷。漢濟南伏勝撰。大司農北海鄭康成注。凡八十有三篇。當是其徒歐陽、張生之徒雜記所聞，然亦未必當時本書也。印板刓缺，合更求完善本。

又 《尚書精義》六十卷。三山黄倫彝卿編次。或書坊所託。

又 《毛詩鳥獸草木蟲魚疏》二卷。題吴郡庶子陸璣撰。案《館閣書目》稱吴中庶子烏程令，字元恪，吴郡人，據陸氏《釋文》也。其名從「玉」，固非晉之士衡，而其書引郭璞注《爾雅》，則當在郭之後，亦未必爲吴時人也。孔《疏》、吕《記》多引之。

又卷三 《春秋左氏傳》三十卷。自昔相傳以爲左丘明撰。其好惡與聖人同者也。而其末記晉知伯反喪於韓、魏，在獲麟後二十八年，去孔子没亦二十六年，不應年少後亡如此。又，其書稱「虞不臘矣」、「見於嘗酎」及「秦庶長」，皆戰國後制，故疑非孔子所稱左丘明，別是一人爲史官者。其釋《經》義例，雖未盡當理，而具得當時事實，則非二傳之比也。

又 《國語》二十一卷。自班固志《藝文》，有《國語》二十一篇，左丘明所著，至今與《春秋傳》並行，號爲《外傳》。今攷二書，雖相出入，而事辭或多異同，文體亦不類，意必非出一人之手也。司馬子長云：「左丘失明，厥有《國語》。」又似不知所謂。唐啖助亦嘗辨之。

又　《左氏解》一卷專辨左氏爲六國時人，其明驗十有一事。題王安石撰，實非也。

又卷五　《金人南遷録》一卷。稱僞著作郎張師顔撰。頃初見此書，疑非北人語，其間有曉然傅會者，或曰華岳所爲也。近扣之汴人張總管翼，則云歲月皆牴牾不合，益證其妄。

又　《越絶書》十六卷。無撰人名氏，相傳以爲子貢者，非也。其書雜記吴、越事，下及秦、漢，直至建武二十八年。蓋戰國後人所爲，而漢人又附益之耳。越絶之義曰：「聖人發一隅，辯士宣其辭；聖文越於彼，辯士絶於此。」故題曰「越絶」。雖則云然，而終未可曉也。

又卷七　《西京雜記》六卷。晉句漏令丹陽葛洪稚川撰。其卷末言洪家有劉子駿書百卷，先父傳之。歆欲撰漢書，雜録漢事，未及而亡。試以此記考校班固所作，殆是全取劉書，少有異同耳。固所不取不過二萬餘言，今鈔出爲二卷，以裨《漢書》之闕。所謂先父者，歆之於向也。而《館閣書目》以爲洪父傳之，非是。《唐藝文志》亦只二卷，今六卷者，後人分之也。按洪博聞深學，江左絶倫，所著書幾五百卷，本傳具載其目，不聞有此書。而向、歆父子亦不聞其嘗作史傳於世，使班固有所因述，亦不應全没不著也。殆有可疑者，豈惟非向、歆所傳，亦未必洪之作也。

又卷八　《吴郡志》五十卷。參政郡人范成大至能撰。書始成未行，而石湖没。有求附見某事而弗得者，譁曰此非石湖筆也。太守不能決，藏其書學官。然周益公爲范墓碑，述所著書目有焉。及紹定初，桐川李壽朋儔老爲守，始取而刻之。而書止於紹熙，其後事實俾寮屬用褚少孫《史記》例補成之。趙南塘履常作序，訂其爲石湖書不疑。且謂郡士龔頤正、滕宬、周南皆嘗薦所聞於公者，而龔尤多。

又卷九　《賈子》十一卷。漢長沙王太傅洛陽賈誼撰。《漢志》五十八篇，今書首載《過秦論》，末爲《弔湘賦》，餘皆録《漢書語》，且略節誼本傳於第十一卷中。其非《漢書》所有者，輒淺駁不足觀，決非誼本書也。

又　《孔叢子》七卷。孔氏子孫雜記其先世系言行之書也。《小爾雅》一篇，亦出於此。《中興書目》稱漢孔鮒撰，一名《盤盂》。案《孔光傳》，夫子八世孫鮒，魏相順之子，爲陳涉博士，死陳下，則固不得爲漢人。而其書紀鮒之没，第七卷號《連叢子》者，又記太常臧而下數世，迄於延光三年季彦之卒，則又安得以爲鮒撰。案《儒林傳》所載爲博士者，又曰孔甲，顔注曰：「將名鮒，而字甲也。」今攷此書稱子魚名鮒，陳人，或謂之子鮒，或稱孔甲，然則顔監未嘗見此書耶？《藝文志》有孔甲《盤盂》二十六篇，本注謂黄帝史，或曰夏帝孔甲，似皆非也。其書蓋田蚡所學者，與孔鮒初不相涉也。《中興書目》乃曰「一名《盤盂》」，不知何據？豈以《漢志》所謂孔甲，即陳王博士之孔甲邪？

又　《文子》十二卷。題默希子注。案《漢志》有《文子》九篇。老子弟子，與孔子同時，而稱周平王問，似依託者也。又案《史記・貨殖傳》徐廣注：「計然，范蠡師，名研。」裴駰曰：「計然，葵邱濮上人，姓辛氏，字文子。」默希子引以爲據。然自班固時已疑其依託，況又未必當時本書乎？至以文子爲計然之字，尤不可攷信。柳子厚亦辨其爲駁書，而亦頗有取焉。默希子不著名氏，晁公武曰唐徐靈府自號也。

又卷一一　《神異經》一卷、《十洲記》一卷。《神異經》一卷。稱東方朔撰，張茂先傳。《十洲記》一卷。亦稱東方朔撰。二書詭誕不經，皆假託也。《漢書》本傳敍朔之辭，末言劉向所録朔書具是矣，世所傳他事皆非也。贊又言，朔之談諧，其事浮淺，行於衆庶，而後世好事者，因取奇言怪語附著之朔，故詳録焉。史家欲祛妄惑，可謂明矣。

又　《艾子》一卷。相傳爲東坡作，未必然也。

又　《洛游子》一卷。題司馬光，非也。所稱樂全子、齊物子，亦莫知何人。

又　《碧雲騢》一卷。題梅堯臣撰。以廄馬爲書名，其説曰：「世以旋毛爲醜，此以旋毛爲貴，雖貴矣，病可去乎？」其不遜如此，聖俞必不爾也。所記載十餘條，公卿多所毁訐，雖范文正亦所不免。或云實魏泰所作，託之聖俞。王性之辨之甚詳，而《邵氏聞見後録》乃不然之。

又　《清異録》二卷。稱翰林學士陶穀撰。凡天文、地理、花木、飲食、器物，每事皆制爲異名新説。其爲書殆似《雲仙散録》，而語不類國初人，蓋假託也。

又卷一二　《中誡經》一卷。稱黄帝、赤松子問答。蓋假託也。

又　《六韜》六卷。武王、太公問答。其辭鄙俚，世俗依託也。

又　《續葬書》一卷。稱郭景純。鄙俗依託。

又卷一六　《二十四箴》一卷。揚雄撰。今廣德軍所刊本，校集中無《司空》、《尚書》、《博士》、《太常》四箴。集中所有，皆據《古文苑》。而此四箴，或云崔駰，或云崔子玉，疑不能明也。

又　《柳先生集》四十五卷、《外集》二卷《別録》一卷、《摭異》一卷、《音釋》一

卷、《附録》二卷、《事迹本末》一卷。方崧卿既刻《韓集》於南安軍，其後，江陰葛嶠爲守，復刊《柳集》以配之。《别録》而下，皆嶠所裒集也。《别録》者，《龍城録》及《法言注》五則。《龍城》近世人僞作。

又卷一八 《岳武穆集》十卷。樞密副使鄴郡岳飛鵬舉撰。飛功業偉矣，不必以集著也。世所傳誦其《賀和議成》一表，當亦是幙客所爲，而意則出于岳也。

晁公武《郡齋讀書志》卷一 《坤鑿度》二卷。題曰：「包羲氏先文，軒轅氏演，古籀文，蒼頡修。」按隋、唐《志》及《崇文總目》皆無之，至元祐《田氏書目》始載焉，當是國朝人依託爲之。

又 《卜子夏易》十卷。舊題卜子夏傳。《漢·藝文志》子夏書已亡，今此書約王弼注爲之者，止《雜卦》。景迂云：「張弧僞作。」

又 《周易口訣義》七卷。唐史證撰。鈔《注》《疏》以便講習。田氏乃以爲魏鄭公撰，誤也。

又 《胡先生易傳》十卷。皇朝胡瑗撰。瑗，字翼之，泰州人。通經術樂律，教人有法，在湖州從其學者常數百人，成材而備朝廷器使者不可勝數。此解甚詳，蓋門人倪天隱所纂，非其自著，故序首稱「先生曰」。

又 《蘇明允洪範論圖》一卷。皇朝蘇洵明允撰。三《論》皆援《經》擊傳，斥末以歸本；二《圖》，一以指歆、向之謬，一以形其意。或云非洵作。

又卷三 《帝王曆紀譜》三卷。題曰秦相荀卿撰。載周末列國世家，故一名《春秋公子血脈圖》。頗多疏略，決非荀卿所著，且卿未嘗相秦，豈世别有一荀卿耶？

又卷四 《三墳書》七卷。皇朝張商英天覺得之於比陽民家。《墳》皆古文而《傳》乃隸書。所謂「三墳」者，山、氣、形也。按《七略》不載《三墳》，《隋志》亦無之，世皆以爲天覺僞撰，蓋以比李筌《陰符經》云。

又卷六 《西京雜記》二卷。晉葛洪撰。初序言：「洪家有劉子駿《漢書》百卷，乃當時欲撰史録事，而未得締思，無前後之次，雜記而已。後學者始甲乙之，終癸爲十卷。以其書校班史，殆全取劉書耳。所餘二萬許言，乃鈔撮之。析二篇以裨《漢書》之闕，猶存甲乙哀次。」江左人或以爲吴均依託爲之。

又 《晉公談録》三卷。皇朝丁謂撰。多皇宋事。每章之首，皆稱「晉公言」，不知何人爲潤益。初，董志彦得之於洪州潘延之家。延之，晉公甥，疑延之所爲。

又 《隆平集》二十卷。皇朝曾鞏撰。記五朝君臣事蹟。其間記事多誤，如以《太平御覽》與《總類》爲兩書之類。或疑非鞏書。

又卷八 《山海經》十八卷。大禹製，晉郭璞傳。漢侍中、奉軍都尉劉秀校定。表言：「禹别九州，而益等類物善惡，著此書。皆聖賢之遺事，古文著明者也。」二父嘗考之，於其書有曰：「長沙零陵鴈門，皆郡縣名，又自載禹鯀，似後人因其名參益之。」

又 《山海經圖》十卷。皇朝舒雅等撰。雅，仕江南，韓熙載之門人也，後入朝數預修書之選。閩中刊行本或題曰「張僧繇畫」，妄也。

又 《輿地廣記》三十八卷。皇朝歐陽忞纂。自堯舜以來，至於五代地里沿革離合，皆繫以今郡縣名。或云無所謂歐陽忞者，特假名以行其書耳。

又卷一〇 《元經》十卷。隋王通撰，唐薛收傳，皇朝阮逸學。起晉惠帝太熙元年，終於陳亡。予從兄子逸仕安康，嘗得其本，歸而示四父，四父讀至「帝問蛙鳴」，哂其陋曰：「六籍奴婢之言不爲過。」按《崇文》無其目，疑逸依託爲之。

又卷一一 《李暹注文子》十二卷。李暹注。其傳曰姓辛氏，葵丘濮上人，號曰計然，范蠡師事之。本受業於老子，録其遺言，爲十二篇云。按劉向録《文子》九篇而已。《唐志》録暹注，與今篇次同，豈暹析之歟？顔籀以其「與孔子並時，而稱周平王問，疑依託者」。然三代之書，經秦火幸而存者，其錯亂參差類如此。《爾雅》，周公作也，而有「張仲孝友」。列子，鄭穆公時人，而有「子陽餽粟」是也。李暹師事僧般若流支，蓋元魏人也。

又 《天機子》一卷。不著撰人。凡二十五篇。或曰一名《陰符二十四機》，諸葛亮撰。予觀其辭旨，殆李筌所爲爾，託之孔明也。載《道藏》中。

又卷一二 《子華子》十卷。其傳曰：「子華子，程氏，名本，晉人也。」劉向校定其書。按《莊子》稱「子華子見韓昭侯」，陸德明以爲魏人，既不合。又《藝文志》不録《子華子》書。觀其文辭，近世依託爲之者也。其書有「子華子爲趙簡子不悦」，又有「秦襄公方啓西戎，子華子觀政於秦」。夫秦襄之卒在春秋前，而趙簡子與孔子同時，相去幾二百年，其牴牾類如此。且多用《字説》，謬誤淺陋，殆元豐以後舉子所爲耳。

又 《劉子》三卷。齊劉晝孔昭撰，唐袁政注。凡五十五篇。言修心治身之道，而辭頗俗薄。或以爲劉勰，或以爲劉孝標，未知孰是。

又卷一三 《周秦行紀》一卷。唐牛僧孺自敍所遇異事。賈黄中以爲韋瓘所撰。瓘，李德裕門人，以此誣僧孺。

又　《景文筆録》三卷。皇朝宋祁撰。皆故事異聞、嘉言奥語，可爲談助。不知何人所編，每章冠以「公曰」。景文，乃祁謚也。

又卷一四　《八五經》三卷。序云黄帝書。「八五」，謂八卦，五行。雖後人依託者，而其辭亦馴雅。相墓書也。吕才《葬篇》以六説詰其不驗，且云：「世之人爲葬巫所欺，忘擗踊荼毒，以期徼倖。由是相塋隴，希官爵，擇時日，規財利。」誠哉是言也。

又　《靈棋經》二卷。漢東方朔撰。又云張良、劉安，未知孰是。晉顔幼明、宋何承天注。有唐李遠敍。歸來子以爲黄石公書，豈即以授良者耶？按《南史》載「客從南來，遺我良財，寶貨珠璣，金椀玉杯」之繇，則古之遺書也明矣。凡百二十卦，皆有繇辭。

又　《武侯十六策》一卷。蜀諸葛亮孔明撰。序稱：「謹進便宜十六事：一治國，二君臣，三視聽，四納言，五察疑，六治民，七舉措，八考黜，九治軍，十賞罰，十一喜怒，十二治亂，十三教令，十四斬斷，十五思慮，十六陰察。」陳壽録孔明書，不載此策，疑依託者。

又卷一四　《兵要望江南》一卷。題云黄石公以授張良者。按其書雜占行軍吉兇，寓聲於《望江南》詞，取其易記憶。《總目》云：「武安軍左押衙易静撰。」蓋唐人也。

又　《倚馬立成法》二卷。唐李淳風撰。兵行占候之書也。淳風，太宗時人，而此書起九宫法，至貞元六年庚午，假託以行其書，亦非淳風本真也。

又　《集類》一百卷。唐劉綺莊撰。綺莊，毘陵人，嘗爲蘇州崑山縣令。家多異書，采摭事類，分二十餘門，凡五十餘萬言，上之於朝。前有萬希序，題云開元二十九年辛巳。按綺莊集有《上白敏中》啓，疑非玄宗時人，當考。

又　《戚苑英華》十卷。唐袁悦重修。本楊名所著，悦掇其要，類爲語對，以他説附益之。

又卷一五　《子午經》一卷。題云扁鵲撰。論鍼砭之要，成歌訣。蓋後人依託者。

又卷一五　《龍樹眼論》三卷。佛經龍樹大士者，能治眼疾。或假其説，集治七十二種目病之方。

又卷一六　《金碧潛通》一卷。題長白山人元陽子解，未詳何代人，不知其撰人姓名。按《邯鄲書目》云羊參微集。其序言「本得之石函，皆科斗文字。世有三十六字訣，七曜、五行、八卦、九宫，論還丹之事，其辭多隱，人莫之識。劉真人演仰觀上象，以定節度，今之所作，多不成者，蓋不得口訣故也。吾恐墜匿聖文，故著上經，託號《金碧潛通》。金者，剛柔得立，火不能灼，服之則仙遊碧落」云。疑即參微所撰也。《道藏》止收一卷。

又　《龍虎通元要訣》一卷。蘇元朗撰。以古訣《龍虎經》、《參同契祕》、《金碧潛通訣》，其文繁而隱，故纂其要爲是書。李邯鄲家本題云「青霞子，隋開皇時人」，不出名氏，豈元朗之號耶？

又卷二〇　《中興間氣集》三卷。唐高仲武輯至德迄大曆中錢起以下二十六人詩，自爲序。以天寶叛涣，述作中廢；至德中興，風雅復振，故以名。仍品藻衆作，著之於前云。或又題孟彦深纂。

方以智《通雅》卷三《釋詁》　脞説，猶蕞談也，目叢脞之語也，《揣篇》、《摩篇》，附會蘇秦摩燕烏者也。「捭闔」訛爲「押闔」，「越絶」疑傳「越紐」，「揣摩」通作「揣靡」。小説家或曰蕞談，或曰脞説。許慎引叢聑，徐鉉作脞从目。智按：脞爲肉之紛脞，从目反曲。《鬼谷子》有《揣篇》、《摩篇》、《捭闔篇》，人或信蘇秦揣摩本此。鬼谷即鬼庾區，曾知爲無是公乎？僞作者，因秦揣摩成而附會耳。前人四六曰：「誰傳洞歷，懶解王鈇，押闔不藉聊蒼，圉弋難拘堅白，空藏越紐之姓字。何論駕辯之宫商，且隱櫟園，閒抄術序。按《七略》。縱横家有《聊蒼》一篇，《晏子》有《圉弋》篇，《鶡冠子》有《王鈇近迭》篇，《論衡》引周長生《洞歷》十卷。記故事，或以爲趙曄神淵，張衡算罔之類，非也。『越紐』即『越絶』。升菴曾言之，而元瑞駁之，其實絶紐文近。大招伏戲駕辯，楚勞商只，注伏羲造瑟始造此曲。皮日休詩：『白月半窻抄術序。』道藏有：『紫微夫人撰術序』，卮言據之押闔襲用久矣。」智按：乃捭闔之訛，排而奪之，闔而閉之也。

皮錫瑞《經學通論・易經》　論卦辭文王作，爻辭周公作，皆無明據，當爲孔子所作。《周易正義》第四「論卦辭爻辭誰作」曰：「其《周易繫辭》凡有二説，一説所以卦辭、爻辭並是文王所作。」知者案《繫辭》云：「《易》之興也，其於中古乎，作《易》者其有憂患乎？」又曰：「《易》之興也，其當殷之末世，周之盛德耶，當文王與紂之事耶？」又《乾鑿度》云：「垂皇策者犧，卦道演德者文，成命者孔。」《通卦驗》又云：「蒼牙通靈昌之成，孔演命明道經。」準此諸文，伏羲制卦，文王《繫辭》，孔子作《十翼》。易歷三聖，只謂此也。」故史遷云：「文王囚而演《易》。」即是作《易》者其有憂患乎？鄭學之徒並依此説也。二以爲驗爻辭多是文王後事。案升卦六四，

王用亨于岐山。武王克殷之後，始追號文王爲王。若爻辭是文王所制，不應云「王用亨于岐山」。又明夷六五，箕子之明夷，武王觀兵之後，箕子始被囚奴，文王不宜預言箕子之明夷。又既濟九五，東鄰殺牛不如西鄰之禴祭。説者皆云：「西鄰謂文王，東鄰謂紂。」文王之時，紂尚南面，豈容自言己？德受福勝殷，又欲抗君之國，遂言東西相鄰而已。又《左傳》韓宣子適魯，見易象云：「吾乃知周公之德。」周公被流言之謗，亦得爲憂患也。驗此諸説，以爲卦辭文王，爻辭周公，馬融、陸績等並同此説。今依而用之，所以只言三聖，不數周公者，以父統子業故也。《左傳正義》曰：「《易・繫辭》云《易》之興也，其當殷之末世周之盛德耶，當文王與紂之事耶？」鄭玄云：「據此言以《易》是文王所作，斷可知矣。且史傳讖緯，皆言文王演《易》，演謂爲其辭以演説之。」《易》經必是文王作也。但易之爻辭有「箕子之明夷利貞」，又云「王用亨于岐山」，又云「東鄰殺牛不如西鄰之禴祭，實受其福」，二者之意皆斥文王。若是文王作經，無容自伐其德。故先代大儒鄭衆、賈逵或以爲卦下之彖辭，文王所作；爻下之象辭，周公所作。雖復紛競大久，無能決當是非。錫瑞案：據孔《疏》之説，文王作卦爻辭，及文王作卦辭，周公作爻辭，皆無明文可據，是非亦莫能決。今據西漢古義以斷，則二説皆非是。以卦辭爲文王作者，但據《繫辭》傳《易》之興也其于中古乎？下有「是故履德之基也」云云，當文王與紂之事耶？是故其辭危云云，遂以爲文王作卦辭。實則「履德之基也」云云，共引九卦，正是文王重卦之證。則其辭云云，當即六十四卦，非必別有卦辭。伏羲在未制文字之先，八卦止有點畫，文王在制文字之後，六十四卦必有文字，有文字即是辭，不必作卦辭而後爲辭也。孔《疏》云：「史傳讖緯皆言文王演易。」今考之史傳，《史記》但云文王演三百八十四爻，不云作卦爻辭，讖緯云：「卦道演德者文。」則演易即演三百八十四爻之謂，不必爲辭演説乃爲演也。其云周公作爻辭者，但以箕子岐山東鄰等文，不當屬文王説。惠棟《周易述》，用趙賓説而小變之，以「箕子」爲「其子」。又據《禹貢》「冀州治梁及岐」，《爾雅》「梁山，晉望也」，因謂岐山亦冀州之望，夏都冀州，王用亨于岐山者，爲夏王。惠氏疏通爻辭，可以解鄭、賈諸人之疑矣。然以爻辭爲文王作，止是鄭學之義；以爻辭爲周公作，亦始於鄭衆，賈逵、馬融諸人，乃東漢古文家異説。若西漢今文家説，皆不如是。史遷、揚雄、班固、王充但云文王重卦，未嘗云作卦辭、爻辭，當以卦爻之辭並屬孔子所作。蓋卦、爻分畫於羲文，而卦爻之辭，皆出於孔子，如此則與「易歷三聖」之文不背。「箕子」、「岐山」、「東鄰西鄰」之類，自孔子言之，亦無妨。若以爲文王作爻辭，既疑不應豫言；以爲周公作爻辭，又與易歷三聖不合。孔《疏》以爲父統子業，殊屬强辭。韓宣適魯，單文孤證未可依據，韓宣亦未明説周公作爻辭也。或疑《左氏傳》引筮辭，多在孔子之前，不得以卦辭、爻辭爲始於孔子。案占書傳會，前已言之。《困學紀聞》曰「八世之後，莫之與京」，其田氏篡齊之後之言乎？「公侯子孫，必復其始」，其三卿分晉之後之言乎？皆非左氏之舊也。姚鼐以爲「畢萬筮仕於晉」一條，吴起增竄以媚魏者，然則懿氏卜妻敬仲云「有嬀之後，將育于姜」，亦陳氏得政之後，人所增竄。若是當時實事，未必齊人不忌敬仲，而更任用之。晉獻公筮嫁伯姬于秦，有爲嬴敗姬，姪其從姑，死於高梁之占。叔孫穆子之生，有以讒人入，其名曰牛，卒以餒死之占，應驗如神。疑皆傅會，若是當時實事，獻公未必嫁女于秦，穆子未必用豎牛爲政，《左氏傳》此等處皆不可據。《説苑》泄冶引《易》曰：「君子居其室至可不慎乎？」泄冶在孔子前，不應引繫辭，此等明是後人攙入，《左氏》引《易》亦猶是也。

趙翼《陔餘叢考》卷一 《五經正義》。《五經正義》雖署孔穎達名，然實非出一手。《顔師古傳》：「太宗以經籍去聖久遠，文字訛謬，令師古於秘書省考定五經。既成，太宗又令諸儒詳覈，諸儒傳習已久，皆非之。師古引晉宋以來古今本，援據詳明，皆出其意表，諸儒始服。」是師古於此書功最深。《孔穎達傳》亦云：「穎達與顔師古、司馬才章、王恭、王琰等受詔譔五經義訓，凡一百八十卷，名曰《五經正義》。太宗命付國子監施行。」是師古外又有司馬才章等參訂也。未幾，馬嘉運駁正其失，永徽中又詔中書門下與國子三館博士、弘文館學士考正之。於是尚書左僕射于志寧、右僕射張行成、侍中高季輔就加增損，書始布下。則穎達等原本又經諸臣審訂始頒行。

又卷二 《詩序》。《詩序》先儒相承謂子夏作，毛萇、衛敬仲又從而潤益之。朱子説《詩》盡廢《小序》，固未免臆説，然後人駁之者，如楊升庵、毛西河、朱竹垞、王阮亭諸人，亦徒多詞費，但引「季札觀樂」及程伊川《詩説》數語，則不辨自明矣。季子觀周樂，爲之歌衛，曰：「美哉淵乎，憂而不困者也！吾聞衛康叔、武公之德如是，是其《衛風》乎？」爲之歌鄭，曰：「美哉，其細已甚！民弗堪也，是其先亡乎？」全無一語及於淫亂，則概以爲淫奔者，過也。程子云：「《詩小序》必是當時人所傳國史，明乎得失之迹者是也。」不得此，何由知此篇是甚意思？若《大序》則是仲尼所作。此二説者可以證明，不待煩言矣。又歐陽公作《詩本義》，其《序問篇》云：「《毛詩》諸序，與孟子説詩多合，故吾於《詩》常以《序》爲證。」而朱子《白鹿洞賦》有曰：「廣青衿之遺問，藥菁莪之長育。」或舉以爲問，朱子曰：「舊説亦不可廢，然則

考亭亦未嘗必以《小序》爲非也。」蓋朱子註《詩》，亦只是另成一家言，如歐陽公説《春秋》，蘇氏説《易》，王氏《經義字説》之類，宋人著述往往如此。其意原非欲盡廢諸家之説，而獨伸己見，以爲萬世之準也。及後代尊朱子太過，至頒之學宫，專以取士，士之守其説者，遂若聖經賢傳之不可違，而其中實有未安者，博學之士遂羣起而伺間抵隙，正以其書爲家絃户誦，則一經批駁，人人易知也。使朱子詩註不入令甲取士，亦只如歐陽説《春秋》，蘇氏説《易》之類，不過備諸家中之一説。誰復從而詆諆乎？即如歐氏《春秋》及蘇氏《易》，其中不當處亦甚多，而世顧未有從而攻擊者也。

又 《國語非左邱明所撰》。《國語》二十一卷，《漢書·藝文志》不載撰人姓氏。其時説經者皆謂之《春秋外傳》，惟司馬遷有云：「左邱失明，厥有《國語》。」班固作遷贊，因曰：「孔子作《春秋》，左邱明爲之《傳》，又纂異同爲《國語》。」韋昭亦以爲左邱明采穆王以來，下訖魯悼，其文不主於經，號曰《外傳》。顔師古本此衆説，故註《藝文志》直以《國語》爲左邱明撰。宋庠因之，亦謂出自邱明。今以其書考之，乃是左氏採以作傳之底本耳。古者列國皆有史官，記載時事，左氏作《春秋傳》時，必博取各國之史以備考核。其於春秋事相涉者，既採以作傳矣，其不相涉及，雖相涉而采取不盡，且本書自成片段者，則不忍竟棄，因删節而並存之。故其書與《左傳》多有不畫一者，如「襄王伐鄭」一事。《左傳》以《常棣》詩爲召穆公所作，而《國語》則以爲周文公所作。「晉文公返國」一事，《左傳》記「是年九月，晉惠公卒，明年正月秦伯納公子重耳」；而《國語》則「十月晉惠公卒，十二月秦伯納公子」。「鄢陵之戰」，《左傳》苗賁皇在晉侯之側，曰「楚之良，在中軍王族而已」，而《晉語》作「苗棼皇」，《楚語》則云雝子謂欒書曰「楚師可料也，在中軍王族而已」。如果左氏一手所撰，何不改從畫一，而彼此各異若此乎？可知《國語》本列國史書原文，左氏特料簡而存之，非手撰也。魏晉之人以其多與《左傳》相通，遂以爲左氏所作耳。又如「長勺之戰」，《魯語》曹劌與莊公論戰數百言，《左傳》但以「小惠未偏，小信未孚」數句括之，「鄢陵之役」，範文子不欲戰，《晉語》述其詞累幅不盡，至分作三四章，《左傳》但以「外寧必有内憂，盍釋楚以爲外懼」數語括之。正可見左氏以此爲底本，而别出鑪錘，筆奪天巧，豈其示巧於此，而復作外傳以示拙也？竊嘗論之，左氏之採《國語》，仙人之脱胎换骨也。《史記》於秦漢以後自出機杼，横絶千古，而秦漢以前，採取《國語》、《左傳》，則天吴紫鳳，顛倒裋褐也。《漢書》之整齊《史記》，則屈騏驥以就銜軛也。觀於諸書因襲轉换之間，可以悟作文之旨矣。

杭世駿《訂譌類編·續補》卷四 《毛詩序》。《柳南隨筆》云：「《漢書》『河間獻王好學，博士毛公善説詩，王號之曰《毛詩》。』」《文選》於《詩序》一篇，既定爲卜子夏作，而文目仍稱《毛詩序》，此與宋書生解《大明律》亦何以異也？

又 《〈管子〉非真管仲作》。《槎上老舌》明閩中陳衍撰。云：「子書什九僞作，《管子》亦僞也，但奇奥非東漢以後人筆。」管仲先桓公卒，書中《小稱篇》乃載桓公身後之事，其僞而不及檢點者也。《史記·管仲傳》并無著書立言之語。

錢曾《讀書敏求記》卷三 《郭象注莊子》十卷。《晉書·郭象傳》：「竊向秀解莊子爲己注，乃自注《秋水》《至樂》二篇，又易《馬蹄》一篇，其餘點定文句而已。」子覽陸氏《釋文》引向注者非一處，疑秀尚有别本行世，時代遼遠，傳聞異詞，《晉書》云云，恐未必信然也。

錢侗《崇文總目輯釋》卷一 《周易傳》十卷。原釋：此書篇第略依王氏，決非卜子夏之文，又其言近而不篤然，學者尚異，頗傳習之。見《文獻通攷》。闕。見天一閣鈔本。東垣按：晁以道《傳易堂》記云：「今號爲《子夏傳》者，《崇文總目》亦斥其非是，而不知其所作之人。予知其爲唐張弧之《易》也。」又《經義攷》吕祖謙曰：「《崇文總目》剟去子夏名，以祛誤惑，最爲有理。」今本十一卷。

又 《毛詩草木鳥獸蟲魚疏》二卷。原釋：吴太子中庶子烏程令陸璣撰。世或以「璣」爲「機」，非也。機自爲晉人，本不治《詩》，今應以「璣」爲正。然書但附詩釋誼，窘于采獲，似非通儒所爲者，將後世失傳不得其真歟？見《文獻通攷》。東垣按：《書録解題通攷》「鳥獸」二字，並在艸木上，今本標題與此同。

又 《春秋世譜》七卷。原釋：不著撰人名氏。凡七卷。起黄帝至周見于春秋諸國世系，傳久稍失其次矣。按隋唐書目《春秋大夫世族譜》十三卷，顧啓期撰，而杜預《釋例》自有《世族譜》一卷，今書與《釋例》所載不同，而本或題云杜預撰者，非也。疑此乃啓期所撰云。見《文獻通攷》。東垣按：《玉海·藝文類》兩引《崇文目》並同，《唐志》十一卷，《通攷》一卷。

又 《帝王曆紀譜》二卷。原釋：不著撰人名氏。其敘言周所封諸侯子孫散于他國，孔子修《春秋》而譜其世系，上採《帝王曆紀》而條次之，蓋學《春秋》所録，今本題云荀卿撰者，非也。見《文獻通攷》。東垣按：《玉海·藝文類》兩引《崇文目》並同，《通攷》三卷，引巽巖李氏曰：「其載帝王曆紀殊少，敘諸侯卿大夫之世頗詳。」而《崇文總目》止名《帝王曆紀譜》，今從之，《宋志》作《公子姓譜》，舊本「紀」譌爲「記」，今校改。

又卷二　《山海經圖》十卷。原釋：舒雅修。見《玉海·地理類》。繹按：《讀書後志》云皇朝舒雅等撰，閩中刊行。本或題曰張僧繇畫，妄也。

又卷三　《化書》六卷。譚峭撰。侗按：今本亦題峭撰。宋齊邱攘爲已作，故《通志略》諸書並題齊邱撰，非也。

姚振宗《漢書藝文志拾補》卷一　《易傳子夏》四卷。《史記·仲尼弟子列傳》：「卜商，字子夏，少孔子四十四歲。孔子既没，子夏居西河教授，爲魏文侯師，其子死，哭之失明。」《索隱》曰：「子夏著於四科，序《詩》傳《易》。又孔子以《春秋》屬商，又傳《禮》，著在《禮志》，而此史並不論，空記《論語》小事，亦其疎也。」劉向《别録》曰：「《易傳》，子夏，韓氏嬰也。」劉歆《七略》曰：「《子夏易傳》漢興韓嬰傳。」《周易正義》曰：「初卜商爲易傳，至西漢傳之。」《釋文叙録》：「《子夏易傳》三卷，卜商字子夏，衛人，孔子弟子，魏文侯師。《七略》云漢興韓嬰傳。」《中經簿録》云：「丁寬所作。」張璠云：「或馯臂子弓所作，薛虞記，虞不詳何許人。」《隋書·經籍志》：「孔子爲《彖》、《象》、《繫辭》、《文言》、《序卦》、《説卦》、《雜卦》，而子夏爲之《傳》。」又曰：「《周易》二卷，魏文侯師卜子夏傳，殘缺梁六卷。」《唐書·經籍志》《周易》二卷，卜商傳。《唐·藝文志》《周易卜商傳》二卷。王應麟《漢志考證》曰：「唐司馬氏曰：『《七略》有子夏傳。《七録》六卷，或云韓嬰或云丁寬。』」《中經簿》四卷，武威張澍輯本《序》曰：「嘗案《家語》云孔子讀《易》至損、益卦，喟然而嘆，子夏避席而問，知卜氏子好精義不讓商子木也，審矣。澍溺苦儒先，從事稡會，取怯璅頎，冀延絶學，是用展翫，敷言省，循立意，實孟、京之嚆矢亦，馬、王之濫觴。」武進張惠言輯本《序》曰：「《漢書·藝文志》《易》有韓氏二篇、丁氏八篇而無馯臂子弓，則張璠之言不足信。丁寬受《易》田何，上及馯臂子弓，受之商瞿，非自子夏，則荀勖言丁寬亦非。劉向父子博學近古，以爲韓嬰，當必有據。《儒林傳》稱韓生亦以《易》授人，推易意而爲之《傳》，不聞其所受意者出於子夏，與商瞿之傳異耶。」平湖孫堂輯本《序》曰：「《子夏易傳》，《隋志》已云殘缺，後人展轉依託，益爲十一卷，是爲今本，舊本之散見者，自唐人所引外，惟朱氏震、晁氏説之、趙氏汝楳、王氏應麟四家之書間取之，兹特輯其與今本異者凡七十條。」歷城馬國翰輯本《序》曰：「《周易子夏傳》，《漢志》不著録。」《唐會要》云：「開元七年三月十七日，詔《子夏易傳》，近無習者，令儒官詳定。劉知幾、司馬貞議皆以爲不可。五月五日，詔《子夏傳》逸篇，令帖易者停。」孫坦《周易析藴》以爲杜鄴，趙汝楳《周易輯聞》以爲鄧彭祖，二人皆字子夏，懸空臆度，迄非定論，獨洪邁信之。武威張太史澍輯此篇刻入《張氏叢書》，今據校録，仍隋、唐《志》舊目分爲二卷。薛虞字里無考，大抵爲漢魏間儒生，今就《釋文》、《正義》二書所引得十一節，次《子夏傳》後。按《子夏易傳》，《七略》明云「漢興韓嬰傳」。蓋傳於韓嬰之家，猶《春秋左氏》出張倉家，無足異者，惟是《藝文志》之於《七略》有所出入，則必於都凡之下明注出某人某書，如樂類出淮南劉向等，《琴頌》七篇書類入劉向《稽疑》一篇是也。此獨不注，是《七略》但言及其書，非著録其書，猶《别録》言易家有救氏之注，《藝文志》言民間有費、高二家之説而皆不見著於録也，或以《漢志》韓氏二篇即子夏易，今考《儒林傳》「韓嬰亦以易授人，推易意而爲之傳」，則自爲之説，非《子夏傳》明矣。嬰之傳《易》，史不言其所受，張氏惠言謂出於子夏與商瞿，别爲一派，可謂定論。然則漢人傳子夏易者，嬰之後有嬰孫博士商，商之後有待詔韓生、司隸校尉蓋寬饒，而韓氏則家世傳業者也。又按《經義考》引宋程迥曰：「《子夏易傳》，京房爲之箋。」未詳所據。

又卷二　《鬼谷子》三卷。《史記》：「張儀者，始嘗與蘇秦俱事鬼谷先生學術。」又曰：「蘇秦東事師于齊，而皆之於鬼谷先生。」徐廣曰：「潁川陽城有鬼谷，蓋是其人所居，因以爲號。」裴駰案：《風俗通義》曰：「鬼谷先生，六國時從横家。」《藝文類聚·隱逸門》：「袁淑《真隱傳》曰：『鬼谷先生，不知何許人也，隱居韜志，居鬼谷山，因以爲稱，蘇秦、張儀師之遂立功名，先生遺書責之。』」《隋書·經籍志》《鬼谷子》三卷，皇甫謐注。鬼谷子，周世隱於鬼谷。《唐·經籍志》《鬼谷子》二卷，蘇秦撰。《藝文志》《鬼谷子》三卷，蘇秦。《宋史·藝文志》鬼谷子三卷。唐柳宗元《辨鬼谷子》曰：「漢時劉向、班固録書無《鬼谷子》，《鬼谷子》後出而險盭峭薄，恐其妄言亂世，難信學者宜其不道而出之言縱横者，時葆其書尤者，晚乃益出，七術怪謬異甚，不可考校，其言益奇而道益陿，使人狂狙失守而易於陷墜。」晁氏《讀書志》：「《鬼谷子》三卷，鬼谷先生撰。按《史記》戰國時隱居潁川陽城之鬼谷，因以自號，長於養性治身，蘇秦、張儀師之。陸龜蒙詩謂鬼谷先生名詡，通考引作訓。不詳所從出來。鶡曰：鬼谷子教人詭給激訐、揣測憸滑之術，六國時得之者惟儀、秦而已，如捭闔、飛箝實今之常態，是知漸漓之後不讀鬼谷子書者，其行事皆若自然符合也。』昔倉頡造字鬼爲之哭，不知鬼谷子作是書鬼復何爲耶？」按《道藏目録》云：「鬼谷子姓王名詡，晉平公時人，並謂受道於老君。」宋人僞《子華子》又言：「鬼谷子姓劉名務滋，楚人。」陳氏《書録解題》曰：「戰國時蘇秦、張儀所師事者，號鬼谷先生，其地在潁川陽城，名氏不傳於世。此書《漢志》亦無有，隋、唐《志》始見之，《唐志》則直以爲蘇秦撰，不可考也。」王應麟《漢志考證》曰：「尹知章叙謂此書即授秦、儀者，

捭闔之術十三章，一云十二章。《本經》、《持樞》、《中經》三篇。一云受《轉丸》、《胠篋》三章。秦、儀復往見先生乃正席而坐，嚴顔而言：『告二子以全身之道。』」又曰：「《說苑》引《鬼谷子》曰：『人之不善而能矯之者難矣。』」《玉海・藝文》：「《中興書目》二卷，周時高士，無鄉里、族姓、名字，以其所隱，自號鬼谷先生，蘇秦、張儀事之，授以《捭闔》下至《符言》等十有二篇及《轉圓》、《本經》、《持樞》、《中經》等篇，亦以告儀、秦者也。」《四庫提要》曰：「張守節《史記正義》曰：『鬼谷在雒州陽城縣北五里。』《七録》有蘇秦書，樂壹注云『秦欲神祕其道，故假名鬼谷』，此《唐志》之所本也。胡應麟《筆叢》謂『漢志有《蘇秦》三十篇、《張儀》十篇，必東漢人本二書之言，薈萃爲此而託於鬼谷，若子虛，亡是之屬』，其言頗爲近理，然亦終無確證。《隋志》稱皇甫謐注，則爲魏晉以來書，固無疑耳。《說苑》引《鬼谷子》有『人之不善而能矯之者，難矣』一語，今本不載，疑非其舊，然今本已佚其《轉丸》、《胠篋》二篇，惟存《捭闔》至《符言》十二篇，劉向所引或在佚篇之内，不足以致疑也。高似孫《子略》稱其一闔一闢爲易之神，一翕一張爲老氏之術，出於戰國諸人之表誠爲過當。宋濂潛溪集詆爲蛇鼠之智，又謂其文淺近，不類戰國時人，又抑之太甚。柳宗元《辨鬼谷子》以爲言益奇而道益陿，差得其真，蓋其術雖不足道其文之奇變詭偉，要非後世所能爲也。」《四庫全書簡明目録》曰：「《唐志》以爲蘇秦撰，莫能詳也，其書爲縱横家之祖，原本十四篇，今佚其二，舊有樂壹等四家注，今並不傳。按劉向《說苑・善說篇》引《鬼谷子》，則漢時有其書審矣，注其書者有皇甫謐、樂壹、陶宏景、尹知章四家，今惟陶注三卷在道《藏》。江都秦恩復刻之上卷四篇，曰《捭闔篇》第一、《反應篇》第二、内《揵篇》第三、《抵巇篇》第四，中卷八篇曰《飛箝篇》第五、忤《合篇》第六、《揣篇》第七、《摩篇》第八、《權篇》第九、《謀篇》第十、《決篇》第十一、《符言篇》第十二，其《轉丸》十三、《胠篋》十四，兩篇亡，或曰《轉丸》、《胠篋》即下卷本經、中經。下卷爲本經、《陰符》七篇及《持樞》、《中經》凡二十一篇。」

又卷三　漢騎都尉《李陵集》二卷。《漢書・李廣傳》：「廣，隴西成紀人也。廣子當户早死，有遺腹子陵，字少卿，少爲侍中建章監，善騎射，愛人謙讓，下士甚得名譽，武帝以爲有廣之風，拜爲騎都尉。天漢二年將步兵五千人出居延，北行三十日至浚稽山與單于相直，兵敗降匈奴。單于以女妻之，立爲右校王。陵在匈奴二十餘年，昭帝元平元年病死。」《世系》：「漢騎都尉陵降匈奴，裔孫歸魏，見于丙殿，賜氏曰丙。」梁鍾嶸《詩品》曰：「《夏歌》曰：『鬱陶乎予心。』《楚謡》曰：『名予曰正則。』雖詩體未全，然是五言之濫觴也。逮漢李陵始著五言之目。」又曰：「漢都尉李陵詩，其源出於《楚辭》，文多悽怨者之流。陵，名家子，有殊才，生命不諧，聲頹身喪，使陵不遭辛苦，其文亦何能至此。」《御覽・文部・顔延之庭誥》曰：「李陵衆作，總雜不類，是假託，非盡陵制，至其善篇有足悲者。」《史通・雜說篇》：「《李陵集》有《與蘇武書》，詞采壯麗，音句流靡，觀其文體，不類西漢人，殆後來所爲，假稱陵作也，遷史缺而不載，良有以焉。編於李集中，斯爲謬矣。」《隋唐・經籍志》《漢騎都尉李陵集》二卷，《唐經籍志》《李陵集》二卷，《藝文志》同。嚴可均《全漢文編》：「李陵有集二卷，今存令表《與蘇武書》、《重報蘇武書》四篇，《文選》有《李少卿與蘇武詩》三篇，馮氏《詩紀輯存・別蘇武歌》一篇。」

侯康《補三國藝文志》卷二　鄭小同《孝經注》。《太平寰宇記》：「今《孝經序》，鄭氏所作。」其《序》云：「僕避難于南城山栖遲巖石之下，念昔先人餘暇述夫子之志而注孝經，蓋康成胤孫所作。」《困學紀聞》：「《鄭氏注》十八章，相承言康成作《鄭志》，目録不載，通儒皆驗其非。開元中孝明纂諸說自注以奪二家謂孔鄭，然尚不知鄭氏之爲小同康。」案王氏此說蓋即本之《寰宇記》「胤孫所作」一語，然細詳文義似謂《孝經序》爲康成胤孫所作，非謂《孝經注》也。序中所云先人即指康成，則樂史此文正足以證《孝經注》之出康成矣，故其下文又云「有石室周迴五丈，俗云鄭康成注《孝經》于此也」，然自陸澄以來屢有異議，則屬之小同，亦可姑備一說。

丁國鈞《補晉書藝文志・附録》　《周易髓》十卷。郭璞。謹按：見《通志・藝文略》，家大人曰：「宋馮椅言前志無此書，中興時得於民間，題晉人撰。」宋志八卷亦作晉人。仲漁屬之郭氏，不審何據，疑實後人鈔晉時說易書爲之也。今存二卷。

又　《周官音義》。謹按：見本書《韋逞母宋氏傳》，據傳所言此音義似家世傳習之本，非宋氏所撰，朱氏《經義考》、謝氏《小學考》皆著録，殆誤。

又　《小學篇》一卷。王羲之。謹按：見兩唐《志》。是書《七録》、《隋志》不載，當即《隋志》之王義《小學篇》，誤屬之羲之也。

又　《西京雜記》二卷。葛洪。謹按：見《隋志》。家大人曰：「是書舊無撰人名，今據兩《唐志》補。」《册府元龜・國史部》亦作葛洪撰。考顔氏《漢書注》、《匡衡傳》下。稱是記出於里巷，不言撰者何人，段成式引庾信語指爲吴均，陳、晁兩家書目采其說，國朝盧召弓刊此書，則又力辨爲劉歆所作，各執一說，主名無定，今姑據《唐志》著録。《御覽》引書目亦作葛洪《西京雜記》。

又　《草書勢》。王羲之。謹按：文具《墨池編》。朱文長曰：「蓋袁昂輩所贋作。」

又　《六軍鑑要》一卷。陶侃。謹按：見《宋志》。唐以前無著録及引用者，贋鼎無疑。

文廷式《補晉書藝文志》卷四　嵇含《南方草木狀》三卷。見《宋志》，今存。《齊民要術》屢引《南方草物狀》，未知即此書否？案：此書文筆淵雅，敍述簡浄，自是唐以前作，然以爲嵇含則非也。案《晉書・忠義傳》：「劉宏表含爲廣州刺史，未發宏卒，含素與宏司馬郭勵有隙，夜掩殺之。」又《抱樸子・自敍》云：「故人譙國嵇居道見用爲廣州刺史，乃表請洪爲參軍，遣先行，催兵而居道於，後遇害。」是含實未至廣州，不得爲此書也。又案：《南方草木狀》「乞力伽」一條云：「劉涓子取以作煎。」涓子，東晉末人，遠在嵇含後，是書非含作益明矣。

又　郭璞《周易新林》四卷、《周易林》五卷。或作《周易新林》九卷，疑並兩書數之也。《易洞林》三卷、《易八卦命録斗内圖》一卷、《易斗圖》一卷、《易立成林》二卷。隋志題郭氏，蓋亦依託景純者，今並録之。

又卷五　王羲之《筆經》。《筆勢論》一卷。《初學記》、《太平御覽》並引《筆經》。孫過庭《書譜》代傳羲之與子敬《筆勢論》十章，文鄙理疎，意乖言拙，詳其旨趣，殊非右軍，且右軍位重才高，調清詞雅，聲塵未泯，翰櫝仍存，觀夫致一書陳一事，造次之際，稽古斯在，豈有貽謀、令嗣、道葉、義方章則頓虧一至於此。又云與張伯英同學，斯乃更彰虚誕，若指漢末伯英，時代全不相接，必有晉人同號。史傳何其寂寥，非訓非經，宜從棄擇。《日本見在書目》有王羲之《筆勢論》一卷。

又　葛洪《枕中書》一卷。《四庫全書提要》云：「考隋、唐、宋《志》，但有墨子《枕中記》，無洪《枕中書》，此本别載《説郛》中，一名《元始上真衆仙記》，而《通志》所列《元始上真記》無『衆仙』字，似亦非此書，説多謬悠，後人僞撰也。」

秦榮光《補晉書藝文志》卷三　《筆勢論》。據周子發《書苑菁華》云：「羲之告獻之作。」案此論孫過庭已言其僞張彥亦棄不録，《墨池編》云：「恐後學所作。」

黄逢元《補晉書藝文志》卷三　《脈訣》一卷。王叔和撰。見晁《志》云：「皆歌訣，鄙淺之言，後之依託者。」元案：《古今僞書攷》引吴崑《脈語序》曰：「五代高陽生僞撰。」

姚振宗《隋書經籍志考證》卷七　《孝經》一卷。鄭氏注。鄭氏有《周易注》，見前易類。《漢書・藝文志》《孝經》一篇，十八章。《後漢書・鄭玄傳》：「凡玄所注《周易》、《尚書》、《毛詩》、《儀禮》、《禮記》、《論語》、《孝經》。」章懷太子曰：「案謝承書載玄所注與此略同，不言注《孝經》，唯此書獨有也。」《釋文・敍録》：「世所行鄭注相承以爲鄭玄。案《鄭志》及《中經簿》無，唯中朝穆帝集講《孝經》云以鄭玄爲主。檢《孝經注》與康成注五經不同，未詳是非。江左中興，《孝經》、《論語》共立鄭氏博士一人，《古文孝經》世既不行，今隨俗用鄭注十八章本。本志篇敍曰：又有鄭氏注，相傳或云鄭玄，其立義與玄所注餘書不同，故疑之。」唐《日本國見在書目》：「《孝經》一卷，鄭玄注。」《唐書・經籍志》《孝經》又一卷，鄭玄注。《唐書・藝文志》《孝經鄭玄注》一卷。《宋史・藝文志》《鄭氏注孝經》一卷。《崇文總目》：「《孝經》一卷，鄭康成注，先儒多疑其書，唯晉孫炅《集解》以此注爲優，請與孔注並行，奏可。按孫炅即荀昶，見後。集解即集議。今太學所立陸德明《釋文》與此相應。五代兵興，中原久逸其書，咸平中日本僧以此書來獻，議藏祕府。」陳氏《書録解題》曰：「《孝經注》一卷，漢鄭康成撰。世傳秦火之後，河間人顔芝得《孝經》藏之以獻河間王，今十八章是也，相承云康成作注，而《鄭志》目録不載，故先儒並疑之。及唐開元中詔議孔、鄭二家，劉知幾以爲宜行孔廢鄭，諸儒非之，卒行鄭學。按《三朝志》，五代以來孔、鄭注皆亡，周顯德中新羅獻《别序孝經》即鄭注者，而《崇文總目》以爲咸平中日本國僧奝然所獻，未詳孰是，世少有其本，乾道中熊克子復從袁樞機仲得之，刻於京口。」嚴氏《鐵橋漫稿》《孝經鄭氏注敍》曰：「鄭氏注《孝經》始見晉《中經簿》，嘉慶初我鄉鄭氏於海舶得日本所刊魏徵《羣書治要》，其中有《孝經》十七章則鄭氏注也，兼得彼國所刊鄭氏注專行本，與《治要》同。《治要》於經注有删節，又無《喪親章》，非全本。」余觀陸德明《經典釋文》，《孝經》用鄭氏注本，明皇御注亦用鄭氏注甚多，元行沖等《正義》逐條舉出云此依鄭注，又偏觀孔穎達詩、禮記《正義》，賈公彦《儀禮、周禮疏》，失名《公羊疏》，裴駰《史記集解》，劉昭《續漢志注補》，沈約《宋書》，蕭子顯《齊書》，劉肅《大唐新語》，王溥《唐會要》，甄鸞《五經算術》，虞世南原本《北堂書鈔》，李善《文選注》，徐堅《初學記》，釋慧苑《華嚴音義》，《白孔六帖》，李昉《太平御覽》，樂史《太平寰宇記》，王應麟《玉海》都引《孝經鄭氏注》，彙而録之以補《治要》之闕，注明出處，以備覆查考覈異同，酌加按語，不敢臆定，尚闕數十百字無從據補，蓋至是而《孝經鄭氏注》亡而復存，非劉炫古文所可同日而道矣，宜登之祕府頒學官，刊行以傳百世。或問曰：「陸澄《與王儉書》云《孝經》題爲鄭玄注，觀其用詞不與注書相類，玄自序所注衆書亦無孝經，陸德明亦云檢《孝經注》與注五經不同，如二陸説，注或可疑。」答曰：「不然。鄭氏著書百餘萬言，非旦夕可就，先後不類非所致疑，即如五經注亦或不類。」《坊記正義》引《鄭志・答炅模》云：「爲記注時就盧君先師亦然，後乃得毛公傳記古書義，又且然記

注已行不復改之。」《禮器・正義》亦引《鄭志》云：「後得《毛詩傳故》與《記》不同。」若然詞不相類，詩、禮亦有之，何至《孝經》至謂自序所注衆書無《孝經》，尤爲偏據。劉炫《述義》引鄭《六藝論》云：「孔子以六藝題目不同，指意殊别，恐道離散後世莫知根源，故作《孝經》以總會之。」宋均《孝經緯注》引鄭《六藝論》敘孝經云：「玄又爲之注。」此二事，並見《孝經正義》，明是自序遺漏。鄭氏又别爲《孝經序》，《禮記・緇衣正義》、《大唐新語》、《寰宇記》、《玉海》各引一事，余既采列本經注篇端，兹故不載，就余所聞《鄭志》及謝承、薛瑩、司馬彪、袁山松等書載鄭氏所注無《孝經》，范書有《孝經》無《周禮》皆是遺漏。《正義》云：「晉《中經簿》稱《鄭氏解》。」《經典序録》云：「《中經簿》無則所據本異也。」按《中經簿》有鄭氏無鄭玄，故後儒疑之，蓋不以鄭氏爲鄭玄也。或又問曰：「近人疑《孝經》鄭小同注，何據乎？」答曰：「此説始於《太平寰宇記》，謂今《孝經序》蓋康成徹孫所作，蓋者疑詞，徹孫必誤，近刻改爲胤孫近似矣。」然而舊無此説，《經典序録》云：「世所行鄭注相承以爲鄭玄，引晉穆帝集講《孝經》云以鄭玄爲主，陸澄所見宋、齊本題鄭玄注，《舊唐志》、《新唐志》稱鄭玄注，未有題鄭小同者也。」又《全後漢文編》曰：「《孝經注》或言鄭小同作，今據《唐會要》七十七引鄭玄《六藝論》敘《孝經》云『玄又爲之注』，明非小同作也。」孫《祠書目》：「《孝經鄭注》一卷，一陳鱣集本，一孔廣林集本，又一卷日本國傳本，洪頤煊補證，鮑氏知不足齋刊本。」張氏《書目答問》：「《孝經鄭氏解輯》一卷，臧庸輯，知不足齋本。《孝經鄭氏注》一卷，嚴可均輯，自著四録堂類集本。」按鄭氏注《孝經》自《南齊書・陸澄傳》、《釋文敍録》、《王制疏》、《困學紀聞》諸書皆疑鄭氏非鄭玄。《唐會要》載劉知幾奏議，設十二驗請廢鄭立孔，其言甚辨，然皆嚴鐵橋先生所謂偏據，非會通之談也，其他諸説紛然有謂此鄭氏爲小同者，又有謂是鄭偁者，諸所記載雖千萬言不能盡，要以嚴氏之説爲定。嚴氏彙聚羣言，悉心考訂，最爲詳審，非他家單文孤證，莫衷壹是者所能奪，今故詳録其序及文編附記之文如右，餘皆從略焉。又按：阮文達《孝經注疏校勘記序》云：「近日本國又撰《鄭注》一本，流入中國，此僞中之僞，尤不可據。」侯氏康《補後漢藝文志》亦沿其説云：「日本國僞本不足信，不知其本即魏鄭公《羣書治要》所載，猶是唐初相傳魏晉六朝以來之舊笈，與陸氏《釋文》所用之本同時不相上下。」最可憑信亦唯嚴氏能别白而表出之，故余以爲嚴氏之説不易之論也。

又卷八 《小爾雅》一卷。李軌略解。李軌有《周易音》，見前易類。《漢書・藝文志》《小雅》一篇。宋祁曰：「小字下邵本有爾字。」《唐書・經籍志》小學類《小爾雅》一卷，李軌撰。《唐書・藝文志》李軌解《小爾雅》一卷。《宋史・藝文志》小學類孔鮒《小爾雅》一卷。晁氏《讀書志》：「小爾雅一卷，孔氏古文也，見於孔鮒書。」陳氏《書録解題》曰：「《漢志》有此書亦不著名氏，《唐志》有《李軌解》一卷，今《館閣書目》云孔鮒撰，蓋即《孔叢子》第十一篇也，曰《廣詁》、《廣言》、《廣訓》、《廣義》、《廣名》、《廣服》、《廣器》、《廣物》、《廣鳥》、《廣獸》凡十章，又《度量衡》爲十三章，當是好事者鈔出别行。」王應麟《漢志考證》曰：「《小爾雅》一篇，孔鮒撰，十三章，申衍詁訓見《孔叢子李軌解》一卷。」又《困學紀聞》曰：「《大戴記》之《夏小正》，《管子》之《弟子職》，《孔叢子》之《小爾雅》，古書之存者，三子之力也。」《四庫存目提要》曰：「《漢書・藝文志》有《小雅》一篇，無撰人名氏，隋、唐《志》並載《李軌注小爾雅》一卷，其書久佚，今所傳本則《孔叢子》第十一篇鈔出别行者也，分十三章，頗可以資考據，然亦時有舛迕，非《漢志》所稱之舊本。」錢大昕《三史拾遺》曰：「李善《文選注》引《小爾雅》皆作《小雅》，此書依附《爾雅》而作，本名《小雅》，後人僞造《孔叢》以此篇竄入，因有《小爾雅》之名，失其舊矣。宋景文所引邵本亦俗儒增入，不可據。」按此謂《小爾雅》後人竄入《孔叢子》最爲切理厭心之論，猶《夏小正》、《三朝記》、《大戴》竄入八十五篇中也，特是否爲孔鮒所撰，則無由考見矣。謝啓昆《小學考》曰：「《小爾雅》非漢志之《小雅》，戴氏震論之詳矣，錢君東垣頗信其書，爲校證之，其所校乃宋咸注本也。」上虞王煦《小爾雅疏》曰：「謂之小者，蓋廣《爾雅》之未備，附《爾雅》以行，故稱名小也。《漢書・藝文志》《小爾雅》一篇，不著撰人名氏。《館閣書目》云孔鮒撰，蓋即《孔叢子》第十一篇也。」又曰：「《小爾雅》爲先秦古書，漢成、哀間劉向、劉歆編入《録》、《略》，後漢班固列於《藝文志》。自漢迄唐傳注家皆取以訓釋經義，罔有異詞，而近世東原戴震從而訾之曰：『《小爾雅》乃後人皮傅掇拾而成，非古小學遺書。』今按《小爾雅》本文證以漢魏諸儒傳注之義，知東原之説非也，今悉爲辯正，大恉曉然，其有餘義，各詳本疏，庶後之讀是書者不詿，誤於不根之説也。」又曰：「漢唐諸儒釋經凡引《小爾雅》之文，多通稱《爾雅》，亦有稱《小雅》者，一見於陸氏《周頌・潛釋文》。至李善注《文選》則統稱《小雅》，蓋省文也，亦有《小爾雅》所無而見引於他書者，如《易釋文》、《考工記》、《莊子釋文》、《元應一切經・音義》、酈道元《水經注》，或本書佚文或傳寫之誤。張氏《書目答問》《小爾雅疏》八卷，舊題漢孔鮒撰，晉李軌解，王煦疏，鬱翠山房本，非《漢藝文志》元書。」又曰：「《小爾雅訓纂》六卷，宋翔鳳撰，浮溪精舍本。」又曰：「《小爾雅義證》十三卷，胡承珙撰，墨莊遺書本。錢東垣《小爾雅校證》二卷，未刊。」

又卷九 梁有《劉向讖》二卷。亡。劉向有《洪範五行傳論》，見前尚書家。《後漢書·張衡傳》：「衡以圖緯虚妄，乃上疏曰：『劉向父子領校祕書，閲定九流，並無讖録。』」《文選·干令升晉紀總論》曰：「劉向之讖云：『滅亡之後，有少如水名者得之起事者，據秦川西南乃得其朋。』」案愍帝蓋秦王之子也，得位於長安，長安固秦地也，而西以南陽王爲右丞相，東以琅邪王爲左丞相，上諱業，故改爲鄴。臨漳，漳水名也。由此推之亦有徵祥。《宋書·符瑞志》：「晉既禪，宋太史令駱達奏陳天文符讖，劉向讖曰：『上五盡寄致太平，草付合成集羣英。』前句則陛下小諱，後句則太子諱也。」按宋武帝小字寄奴，少帝諱義符，「符」與「苻」同然。少帝不得其死，不知所謂集羣英者異何在乎？此與干寶所引言愍帝事有驗有不驗，彼所謂得朋者亦渺不可憑也。按《本志篇》敍言，河洛七經緯八十一篇之外，又有《尚書中候洛罪級五行傳》，此殆讖記家以劉氏有《五行傳論》，因並附託以爲劉向讖。

又卷一三 《越絶記》十六卷。子貢撰。本志篇敍曰：「又有《越絶》，相承以爲子貢所作。」《唐書·經籍志》：《越絶書》十六卷，子貢撰。《唐書·藝文志》：子貢《越絶書》十六卷。《宋史·藝文志》霸史類：《越絶書》十五卷，或云子貢所作。《崇文總目》：「《越絶書》十五卷，子貢，或曰子胥。舊有《内絶》八、《外傳》十七，今文題闕舛，纔二十篇，又載春申君，疑後人竄定，世或傳二十篇者非是。」宋趙希弁《讀書附志》：「《越絶書》十五卷，越復讐之書也，或以爲子貢所作，或疑似子胥所作，皆無所據，故曰《越絶》誰所作，吴越賢者所作也。《隋·經籍志》十六卷，《崇文總目》十五卷，希弁考其所以。第一卷《荆平王内傳》，第二卷《外傳記吴地》，第三卷《吴内傳》，第四卷《計倪内經》，第五卷《請糴内傳》，第六卷《外傳策考》，第七卷《外傳記范伯》、《内傳陳成恒》，第八卷《外傳記地傳》第九卷《外傳計倪》，第十卷《外傳記吴王占夢》，第十一卷《外傳記寶劍》，第十二卷《内經九術》、《外傳記軍氣》，第十三卷《外傳枕中》，第十四卷《外傳春申君》、《德序外傳》，第十五卷《篇敍外傳》，此十五卷也。然第一卷有所謂《越絶外傳本事》一篇，此其爲十六卷歟？」《書録解題》曰：「《越絶書》十六卷，無撰人名氏，相傳以爲子貢者，非也。其書雜記吴越事，下及秦漢，直至建武二十八年，蓋戰國後人所爲，而漢人又附益之耳。越絶之義曰：『聖人發一隅，辯士宣其辭；聖文絶于彼，辯士絶于此。』故題曰『越絶』，雖則云然而終未可曉也。」又隨齋批注：「越者，國之氏也；絶者，絶也，謂句踐時也。絶者，絶也，絶惡反之於善，越專其功，故曰越絶，並見本書。」又文簡批編尾云：「越絶書謁不可讀，如樂架之有啞鍾，漁父辭、劍事見于此書。」沈濤《銅熨斗齋隨筆》曰：新安程大昌謚文簡，卜居吴興之安吉，曾孫棨字儀甫，號隨齋，與直齋同時同里，《書録解題》間附隨齋批注即程棨也，元時人。《四庫提要》：「載記類《越絶書》十五卷，不著撰人名氏。書中《吴地傳》稱句踐徙瑯琊到建武二十八年凡五百六十七年，則後漢初人也。書末《敍外傳記》以廋詞隱其姓名，其云『以去爲姓，得衣乃成』是袁字也，厥名有『米覆之以庚』是康字也，『禹來東征，死葬其疆』是會稽人也。又云『文詞屬定，自於邦賢，以口爲姓，承之以天』，是吴字也。『楚相屈原與之同名』，是平字也。然則此書爲會稽袁康所作，同郡吴平所定也。王充《論衡·按書篇》曰：『東番鄒伯奇，臨淮袁太伯、袁文術，會稽吴君高、周長生之輩，位雖不至公卿，誠能知之囊橐，文雅之英雄也。觀伯奇之《元思》、太伯之《易章》句、文術之《箴銘》、君高之《越紐録》、長生之《洞歷》，劉子政、揚子雲不能過也。』所謂吴君高殆即平字，所謂《越紐録》殆即此書歟？楊慎《丹鉛録》、胡侍《珍珠船》、田藝蘅《留青日札》皆有是説，核其文義，一一脗合。隋、唐《志》皆云子貢作，非其實矣，其文縱横曼衍，與《吴越春秋》相類而博麗奥衍則過之，中如計倪内經軍氣之類，多雜術數家言，皆漢人專門之學，非後來所能依託，此本與《吴越春秋》皆大德丙午紹興路所刊，卷末一跋諸本所無，惟申明復仇之義，不著姓名，詳其詞意或南宋人所題。」又《簡明目録》曰：「《越絶書》十五卷，漢袁康撰，其友吴平同定。隋志稱子貢作者，謬也。原本二十五篇，今佚五篇，其事與吴越春秋相出入，而文章博奥偉麗則趙煜弗及也。」

又卷一四 《十六國春秋》一百卷。魏崔鴻撰。《魏書·崔光傳》：「光，東清河鄃人也，從子鴻字彦鸞，少好讀書，博綜經史，孝昌初拜給事黄門侍郎，尋加散騎常侍、齊州大中正，卒。鴻弱冠便有著述之志，見晉魏前史皆成一家無所措意，以劉淵、石勒、慕容儁、苻健、慕容垂、姚萇、慕容德、赫連屈子、張軌、李雄、呂光、乞伏國仁、秃髮烏孤、李暠、沮渠蒙遜、馮跋等並因世故跨僭一方，各有國書，未有統一。鴻乃撰爲《十六國春秋》，勒成百卷，因其舊記，時有增損褒貶焉，其表又稱別作序例一卷，年表一卷。後永安中鴻子子元爲祕書郎，乃奏其父書曰：『臣亡考鴻刊著趙、燕、秦、夏、涼、蜀等遺載，爲之贊序、褒貶、評論。先朝之日，草構悉了，唯有李雄《蜀書》搜索未獲，闕兹一國，遲留未成。去正光三年購訪始得，討論適訖，而先臣棄世。凡十六國名爲「春秋」，一百二卷，今繕寫一本，乞藏祕閣。』」《史通·正史篇》：「十六國史，或當代所書或他邦所録，魏世黄門侍郎崔鴻乃考覈衆家，辨其同異，除煩補缺，錯綜綱紀，易其國書曰録，主紀曰傳，都謂之《十六國春秋》，勒爲一百二卷。鴻殁後永安中其子繕寫奏上，請藏諸祕閣。由是僞史宣布大行於時。」又

《探賾篇》曰：「自二京板蕩，五胡稱制，崔鴻鳩諸僞史，聚成春秋，其所列者十有六家而已。魏收云鴻世仕江左，故不録司馬、劉、蕭之書，又恐識者尤之，未敢出行於外。原注以上並收語見鴻本傳。案于時中原乏主，海内横流，逖彼東南，更爲正朔，適使素王再出，南史重生，終不能別有異同，忤非其議，安得以僞書無録而猶罪歸彦鸞者乎？觀鴻書之紀綱，皆以晉爲主，亦猶班書之載吴項必繫漢年，陳志之述孫、劉皆宗魏世，何止獨遺其事不取其書而已哉。」又《表曆篇》曰：「當晉氏播遷，南據揚、越，魏宗勃起，北雄燕代，其間諸僞十有六家不，附正朔，自相君長，崔鴻著表頗有甄明，比于史、漢羣篇其要爲切者矣。」《唐書・經籍志》《十六國春秋》一百二十卷，崔鴻撰。《唐書・藝文志》崔鴻《十六國春秋》，一百二十卷。兩志並衍十字。《四庫載記類簡明目録》曰：「《十六國春秋》一百卷，舊題魏崔鴻撰，考鴻書自《崇文總目》已不箸録，此本乃明屠喬孫、項琳之所僞作，故以晉宋之號繫年，與《史通》合，而無表則與《史通》不合，無贊無序亦與《魏書》不合，然皆摭諸書所引，鴻書聯貫排比而成，與他僞書究不同也。又有別本十六卷，載何鏜《漢魏叢書》中，十六國各爲一録。」

又卷一六 《漢武帝故事》二卷。不著撰人。晉葛洪《西京雜記序》曰：「洪家復有《漢武帝禁中起居注》一卷、《漢武故事》二卷，世人希有之者，合并五卷爲一秩，庶免淪没焉。」并所鈔《西京雜記》二卷及《起居注》、《故事三種》爲一秩，五卷也。《唐書・經籍志》《漢武故事》二卷。《唐書・藝文志》《漢武帝故事》二卷。《宋史・藝文志》班固《漢武故事》五卷。《崇文總目》：「雜史類《漢武故事》五卷，班固撰本，題二篇，今世誤析爲五卷。」宋晁載之《續談助鈔》：「郭子横《漢武洞冥記跋》曰：『張柬之言昔葛洪造《漢武内傳》、《西京雜記》，王儉造《漢武故事》，並操觚鑿空，恣情迂誕，而學者耽閲以廣聞見，亦各其志，庸何傷乎？』」又曰：「右鈔世所傳班固所撰《漢武故事》，其事與漢書時相出入，而文不逮，疑非固所撰也。」晁氏《讀書志》：「傳記類《漢武故事》一卷，世言班固撰。唐張柬之《書洞冥記後》云：『《漢武故事》，王儉造。』」《四庫提要》《小説家》曰：「《漢武故事》一卷，舊本題漢班固撰，然史不云固有此書，《隋志》著録傳記類中，按此偶誤爲傳記類也。亦不云固作，晁公武引張柬之《洞冥記跋》謂出於王儉，唐初去齊、梁未遠，當有所考也。所言亦多與《史記》、《漢書》相出入，而雜以妖妄之語，然如《藝文類聚》、《三輔黄圖》、《太平御覽》諸書所引甲帳珠簾、王母青雀、茂陵玉椀諸事，稱出《漢武故事》者乃皆無之，又《文選・西征賦注》引《漢武故事》二條，其一爲柏谷亭事，此本亦無之，其一爲衛子夫事，此本雖有之而文反略于李善之注。考《隋志》載此書二卷，諸家著録並同，錢曾《讀書敏求記》亦尚作二卷，稱所藏凡二本，一是錫山秦汝操繡石書堂本，一是陳文燭晦伯家本，又與秦本互異，今兩存之云云。今皆未見。此本爲明吴琯《古今逸史》所刻，併爲一卷，僅寥寥七八頁，蓋已刊削，非兩家之本矣。按此書爲葛稚川家所傳，而諸家著録皆不考其所始，六朝人每喜鈔合古書，而王儉有《古今集記》，疑儉鈔入《集記》中，故張柬之以爲王儉造，殆亦不探其本意爲之説歟。兩唐《志》尚不云班固，稱班固者自《崇文總目》始，則莫詳其所據矣。」

又 《西京雜記》二卷。不著撰人。晉葛洪《序》曰：「洪家世有劉子駿《漢書》一百卷，無首尾，題目，但以甲乙丙丁紀其卷數。先公傳云歆欲撰《漢書》，編録漢事，未得締構而亡，故書無宗本，止雜記而已，失前後之次，無事類之辨，後好事者以意次第之，始甲終癸爲十秩，秩十卷，合爲百卷，洪家具有其書。試以此記考校班固所作，殆是全取劉書，有小異同耳，並固所不取不過二萬許言，今鈔出爲二卷，名曰《西京雜記》，以裨《漢書》之闕爾。後洪家遭火，書籍都盡，此兩卷在洪巾箱中，常以自隨，故得猶在。劉歆所記世人希有，縱復有者多不備，足見其首尾參錯，前後倒亂，亦不知何書，罕能全録，恐年代稍久，歆所撰遂没。並洪家此書二卷，不知出所，故序之云爾。」《唐書・經籍志》《西京雜記》一卷，葛洪撰。又地理類重出一部。《唐書・藝文志》葛洪《西京雜記》二卷。又地理類重出一部二卷。《宋史・藝文志》傳記類葛洪《西京雜記》六卷。晁氏《讀書志》：「雜史類《西京雜記》二卷，晉葛洪撰。初序言洪家有劉子駿《漢書》百卷，乃當時欲撰史録事而未得締思，無前後之次，雜記而已，後學者始甲乙之，終癸爲十卷。以其書校班史，殆全取劉書耳，所餘二萬許言乃鈔撮之，析二篇以裨漢書之闕，猶存甲乙哀次。江左人或以吴均依託爲之。」陳氏《書録解題》：「傳記類《西京雜記》六卷，晉句漏令丹陽葛洪稚川撰，其卷末言洪家有劉子駿書百卷，先父傳之，歆欲撰《漢書》，雜録漢事未及而亡。試以此記考校班固所作，殆是全取劉書，少有異同耳，固所不取不過二萬餘言，今鈔出爲二卷。所謂先父者，歆之於向也，而《館閣書目》以爲洪父傳之，非是。按抱經堂校刊本作先公傳云，且劉歆之時未有《漢書》名目，《館閣書目》所言是，陳氏之説非也。《唐・藝文志》亦只二卷，今六卷者後人分之也。按洪博聞深學，江左絶倫，所著書幾五百卷，本傳具載，其目不聞有此書，而向、歆父子亦不聞其嘗作史傳於世，使班固有所因述，亦不應全没不著也，殆有可疑者，豈惟非向、歆所傳，亦未必洪之作也。」《四庫提要》：「小説家《西京雜記》六卷，舊題晉葛洪撰。黄伯思《東觀餘論》

稱此書中事皆劉歆所説，葛稚川采之，其稱余者皆歆本文云云。今檢書後有洪跋，伯思所説蓋據其文。案《隋志》載此書二卷，不著撰人名氏，指爲葛洪者實起於唐，故《唐・經籍志》注晉葛洪撰。段成式《酉陽雜俎・語資篇》云庾信作詩用《西京雜記》事，旋自追改，曰『此吴均語，恐不足用。』晁公武稱江左人或以爲吴均依託，蓋即據成式所載庾信語也。今考《晉書・葛洪傳》載洪所著並無《西京雜記》之名，則作洪撰者自屬舛誤，特是向、歆父子作《漢書》，史無明文，是以陳振孫等皆深以爲疑。然庾信指爲吴均，別無他證，段成式所述信語亦未見於他書，流傳既久，未可遽更，今姑從原跋兼題劉歆、葛洪姓名，以存其舊，其中所述雖多爲小説家言，而摭采繇富，取裁不竭，李善注《文選》、徐堅作《初學記》已引其文，杜甫詩用事謹嚴，亦多采其語，詞人沿用數百年，久成故實，固有不可遽廢者焉。」又《簡明目録》曰：「舊本或題漢劉歆撰，或題晉葛洪撰，實則梁吴均撰，託言葛洪得劉歆《漢書》遺稿，録班固所不載者爲此書也。」謹按：此與《提要》所言吴均未有他證兼題劉歆、葛洪之説不符，豈別有所據乎？然葛氏序末又附有《漢武禁中起居注》一卷、《漢武故事》二卷，與此雜記合爲一帙五卷，亦是吴均託言者歟？是必不然。盧氏抱經堂校刊《序》曰：「此書或以爲晉葛洪著，或以爲梁吴均撰，余則以此漢人所記無疑也。《説苑》、《新序》二書皆在劉向前，向校而傳之，後人因名爲劉向撰，今此書之果出於劉歆別無可考，即當以葛洪之言爲據。洪非不能自著書者，何必假名於歆？書中稱成帝好蹴鞠，羣臣以爲非至尊所宜，家君作彈棋以獻，此歆謂向家君也。洪奈何以一小書之故至不憚父人之父，求以取信於世也耶？若吴均者亦通人，其著書甚多，皆見於《梁書》本傳，知其亦必不屑託名於劉歆，且其文即俊拔有古氣，要未可與漢西京埒，則其不出於均又明甚。《隋志》載此書於舊事，不著姓名，新、舊《唐書》始題葛洪，且入之地理類，似全未寓目也，夫冠以葛洪，以洪抄而傳之，猶《説苑》、《新序》之稱劉向，固亦無害，其文則非洪所自撰，凡虛文可以僞爲，實事難以空造，如梁王之集游士爲賦、廣川王之發冢藏所得，豈皆虛耶？至陳振孫疑向、歆父子不聞作史，此又不然，歷朝撰造，裒然成編，所云百卷，特前史官之舊，向傳之歆，歆欲編録而未成，其見於洪之序者如此，本不謂其父子皆嘗作史也。洪以爲本之劉歆，則吾亦從而劉歆之耳，又何疑焉。按《書録解題》謂向、歆父子不聞作史，雖博雅如杭東里人者亦信其説，而不以爲非。按《史記・匈奴傳》末《索隱》引張晏云：『自狐鹿孤單于』已下皆劉向、褚先生所録，班彪又撰而次之。所以《漢書・匈奴傳》有上下二卷，此劉向嘗續《匈奴傳》也。《漢書・地理志》云：『成帝時，劉向略言其地分，丞相張禹使屬潁川朱贛，條其風俗，猶未宣究』，此劉向撰地理分野爲地理志之始基。《史通・史官篇》云：『司馬遷既没，後之續史記者若褚先生、劉向、馮商、揚雄之徒，並以別職來知史務。』則劉向亦嘗領史職，而馮商爲向弟子，頗著列傳，見《藝文志》春秋家。《史通・正史篇》又云：『《史記》所書年止漢武太初，以後闕而不録，其後劉向、向子歆及馮商等相次撰續，迄於哀平間猶名《史記》，至建武中司徒掾班彪以爲不足踵前史，又雄、歆褒美僞新，誤後惑衆，不當垂之後代。』《後漢書・班彪傳》亦云：『司馬遷之後，好事者頗或綴集時事。』章懷注曰：『好事者謂揚雄、劉歆之徒也。』此皆非向、歆父子作史之明證乎？陳氏謂不聞作史傳於世，特今不傳耳，若兩漢之際二班之時其史見在，即列朝相傳之國史爲彪、固之所依據者也。歆本傳云『爲羲和京兆尹典儒林史卜之官。』則凡褚少孫以下《史通》所舉十五家之補續至劉歆時皆典領之，葛稚川家所得乃其草具未修之初稿，猶班彪有別録、蔡邕集漢事之類，稚川深於三史之學，有《史記》、兩《漢書》鈔七十餘卷，見前雜史類。故能知其梗概，鈔班書之所無者，以爲此記，其中亦有數條如趙飛燕女弟居昭陽殿之類見班書而刊除不盡者，武帝欲殺乳母一事亦見褚少孫所補《滑稽列傳》中，是實爲稚川所録。」盧學士之序可爲定論，毋庸疑也。

又卷二〇 《搜神後記》十卷，陶潛撰。《南史・隱逸傳》：「陶潛字淵明，或云字深明，名元亮，尋陽柴桑人，晉大司馬侃之曾孫也，少有高趣，宅邊有五柳樹，故嘗著《五柳先生傳》，時人謂之實録，親老家貧，起爲州祭酒、彭澤令，解印綬去職，賦《歸去來》以遂其志，義熙末徵爲著作佐郎不就，元嘉四年卒，世號靖節先生。」梁釋慧皎《高僧傳序》有曰：「宋臨川康王義慶《宣驗記》及《幽明録》、太原王琰《冥祥記》、太原王延秀《感應傳》、朱君台《徵應傳》、陶淵明《搜神録》並傍出諸僧，敍其風素而皆是附見，亟多疏闊。」又卷末附載王曼穎書云擒出君台之記，糅在元亮之説，則梁人相傳皆以爲陶淵明書矣。唐《日本國見在書目》：「《搜神後記》十卷，陶潛撰。」《四庫提要》：「小説家《搜神後記》十卷，舊題晉陶潛撰。中記桃花源事一條全録本集，所載詩序惟增注『漁人姓黄名道真』七字，又載干寳父婢事，亦全録《晉書》，剽掇之跡顯然可見。又潛卒於元嘉四年，而此有十四、十六兩年事。陶集以干支代年號，而此書題永初、元嘉，其爲僞託固不待辨，然其書文詞古雅，非唐以後人所能。《隋志》已稱陶潛，則贋撰嫁名其來已久，又陸羽《茶經》引一條、封演《聞見記》引兩條亦與此本所載相合，知今所傳刻猶古本矣。其中『丁令威化鶴』、『阿香雷車』諸事，唐宋詞人並遞相援引，承用至今，題陶潛撰者固妄，要不可謂非六代遺

書也。」

又卷二三 《豫章記》一卷，雷次宗撰。雷次宗有《毛詩序義》，見《經部·詩類》。《唐書·藝文志》雷次宗《豫章記》一卷。《宋史·藝文志》雷次宗《豫章古今記》三卷。《崇文總目》：「《豫章古今誌》三卷，雷次宗撰。」又《輿地碑記目》云：「《豫章事實》雷次宗撰。」《四庫提要存目》：「《豫章今古記》一卷，不著撰人。考《隋志》有雷次宗《豫章記》一卷，是編首引次宗語，末云次宗於元嘉六年撰，《豫章記》則必非雷書。所紀至唐而止，分《郡記》、《寶瑞記》、《寺觀記》、《鬼神記》、《變化記》、《神祀記》、《山石記》、《冢墓記》、《翹俊記》等九部，記載寥寥，絶無體例，疑依託者雜鈔成之也。」按：此似即從《説郛》鈔出者。章氏《考證》：「《藝文·軍器部》載雷孔章爲豐城令，得龍淵、太阿二劍，《晉書·張華傳》即取資此記，然《水經·贛水注》引次宗言鸞岡鶴嶺以舊説爲繫風捕影之論，是次宗亦不專尚奇異也。《寰宇記》江南西道引次宗《豫章記》十二事，其不著次宗名者，不録入焉。」

又 《異物志》一卷，後漢議郎楊孚撰。明區大任《百越先賢志》：「楊孚，字孝元，南海人，章帝朝舉賢良對策，上第拜議郎，南海屬交阯部刺史，競事珍獻，孚乃枚舉物性靈悟，指爲異品，以諷切之著爲《南裔異物志》，後爲臨海太守，復著《臨海水土記》，世服孚高識，不徒博雅。又云孚家江滸北岸。」案：後漢無臨海郡，臨海立郡始于吴孫亮太平二年，此有譌誤。章氏《考證》：「《後漢書·賈琮傳注》、《馬融傳注》、《北堂書鈔·酒食部》，並引楊孚《異物志》。」又曰：「《水經·葉渝河注温水注》並引楊氏南裔《異物志》。」又曰：「《藝文類聚·鳥部》引一條稱楊孝元《交州異物志》，又一引稱楊孝先《交趾異物志》。」南海曾釗輯本《序》曰：「考楊孚爲漢章帝時議郎，而臨海置於吴太平二年，又《續漢·五行志》注引楊孚《董卓傳》，據此則議郎歷漢末至吴時尚存，蓋百餘歲人矣，而史志猶稱爲漢議郎，其不仕吴可知。粤人著作見於史志以議郎爲始，爰刺取羣書以宋爲斷，稱楊孚撰者得若干條編爲一帙，其不著撰名惟稱《異物志》者，雖灼知爲議郎書，亦别爲一帙附于後。」案：章帝至董卓伏誅之後已百餘年，此甚可疑，區志、曾序所云恐皆非事實，别無可考，姑存録之。

又卷二四 《晏子春秋》七卷，齊大夫晏嬰撰。《史記·管晏列傳》：「管仲卒後百餘年而有晏子。晏平仲嬰者，萊之夷維人也，事齊靈公、莊公、景公以節儉力行重于齊，三世顯名于諸侯。太史公曰：吾讀《晏子春秋》，詳哉其言之也。既見其著書，欲觀其行事，故次其傳，至其書世多有之，是以不論，論其軼事。方晏子伏莊公屍哭之成禮，然後去，豈所謂見義不爲，無勇者耶？至其諫説犯君之顔，此所謂進思盡忠、退思補過者哉！假令晏子而在，余雖爲之執鞭所忻慕焉。」《七略别録》：「護左都水使者光禄大夫臣向言：『所校中書《晏子》十一篇，臣向謹與長社尉臣參校讎。太史書五篇，臣向書一篇，參書十三篇。凡中外書三十篇，爲八百三十八章，除復重二十二篇六百三十八章，定著八篇二百一十五章，外書無有三十六章，中書無有七十一章，中外皆有以相定。中書以天爲芳，又爲備，先爲牛，章爲長，如此類者多。謹頗略椾，皆已定，以殺青，書可繕寫。晏子名嬰，謚平仲，萊人。萊者，今東萊地也。晏子博聞彊記，通於古今，事齊靈公、莊公、景公，以節儉力行、盡忠極諫道齊，國君得以正行，百姓得以附親，不用則退耕于野，用則必不詘義，不可脅以邪，白刃雖交胸，終不受崔杼之劫，諫齊君，懸而至，順而刻，及使諸侯，莫能詘其辭，其博通如此，蓋次管仲，內能親親，外能厚賢，居相國之位，受萬鍾之禄，故親戚待其禄而衣食五百餘家，處士待而舉火者亦甚衆。晏子衣苴布之衣，麋鹿之裘，駕敝車疲馬，盡以禄給親戚朋友。齊人以此重之。晏子蓋短，其書六篇，皆忠諫其君，文章可觀，義理可法，皆合六經之義，又有復重文辭頗異，不敢遺失，復列以爲一篇，又有頗不合經術，似非晏子言，疑後世辯士所爲者，故亦不敢失，復以爲一篇，凡八篇，其六篇可常置旁御觀，謹第録。臣向昧死上。』」案《管晏敍録》幸得以宋本傳觀，于此篇可以見劉光禄校書之大致，雖複重文辭之異及明知其不然而亦不敢失墜，慎之至也，其于《孟子》并録外書合爲十一篇，亦此意。鄭漁仲不探其本，謂劉向父子胸中無倫類。夫無倫類者，何能定爲七略乎？斯真所謂蚍蜉撼大樹爾。《漢書·藝文志》《晏子》八篇，名嬰，謚平仲，相齊景公，孔子稱善與人交，有列傳。《仲尼弟子列傳》曰：「孔子之所嚴事，於周則老子，於衛蘧伯玉，於齊晏平仲，於楚老萊子，於鄭子産，於魯孟公綽。」裴駰《集解》曰：《大戴禮》：「君擇臣而使之，臣擇君而事之。有道順命，無道衡命。」蓋晏平仲之行也。《唐書·經籍志》《晏子春秋》七卷，晏嬰撰。《藝文志》同。《宋史·藝文志》《晏子春秋》十二卷。《崇文總目》：「《晏子春秋》十二卷，晏嬰撰，晏子八篇，今亡，此書蓋後人采嬰行事爲之，以爲嬰撰則非也。」晁氏《讀書志》：「墨家《晏子春秋》十二卷，齊晏嬰也。嬰相景公，此書著其行事及諫諍之言，昔司馬遷讀而高之而莫知其所爲書，或曰晏子爲之而人接焉，或曰晏子之後爲之。唐柳宗元謂遷之言不然，以爲墨子之徒有齊人者爲之，墨好儉，晏子以儉名于世，故墨子之徒尊著其事以增高爲己術者，且其旨多尚同、兼愛、非樂、節用、非厚葬久喪、非儒、明鬼皆出墨子，又往往言墨子聞其道而稱之，此甚顯白，自向、歆、彪、固皆録之儒家，非是。案班彪但爲

後傳，未有志、表等，此插入彪是柳氏行文失實之處。後宜列之墨家，今從宗元之説。」《玉海·藝文類》：「《中興書目》曰：《晏子春秋》十二卷，或以爲後人采嬰行事爲書，故卷多於前志。」陳氏《書録解題》：「《晏子春秋》十二卷，齊大夫平仲晏嬰撰，《漢志》八卷，但曰《晏子》，隋唐七卷，始號《晏子春秋》，今卷數不同，未知果本書否。」案太史公已稱《晏子春秋》，《七略》之前已有此名，陳乃謂始于隋唐《志》，非也。《四庫全書傳記名人類提要》曰：「劉向、班固俱列之儒家，惟柳宗元以爲墨子之徒爲之。薛季宣《浪語集》又以爲《孔叢子》詰墨諸條今皆見晏子書中，則嬰之學實出于墨，蓋嬰雖略在墨翟之前，而史角止魯實在惠公之時，見《吕氏春秋·仲春紀·當染篇》。故嬰能先宗其説也。《漢志》、《隋志》皆八篇。案《隋志》實七卷。陳氏、晁氏書目乃皆十二卷，蓋篇帙已多有更改矣。此爲明李氏綿眇閣刻本，内篇分《諫上》、《諫下》、《問上》、《問下》、《雜上》、《雜下》六篇，外篇分上下二篇，與《漢志》八篇之數相合，猶略近古焉。」又曰：「《晏子》一書由後人摭其軼事爲之，雖無傳記之名，實傳記之祖也，舊列子部，今移入于此。」又《簡明目録》曰：「《晏子春秋》八卷，撰人名氏無考，舊題晏嬰撰者，誤也。書中皆述嬰遺事，實魏徵諫録、李絳論事集之流，與著書立説者迥别，列之儒家于宗旨固非，列之墨家于體裁亦未允，改隸傳記，庶得其真。」元和顧廣圻校刊《序》曰：「嘗謂古書無唐以前人注者，易多脱誤，《晏子春秋》其一也。孫伯淵觀察始校定，爲撰音義，盧抱經先生《羣書拾補》中晏子即據其本引伸觸類，頗復增益，最後觀察得元刻本以贈吴山尊學士，于是學士屬廣圻重刻于揚州。别録前有都凡，每篇有章次題目，外篇每章有定著之故，悉復劉向之舊，洵爲是書傳一善本已。」《孫祠書目》：「《晏子春秋》八卷，一仿元寫本，一明李氏緜眇閣刊本，一星衍校刊本附《音義》二卷。」張氏《書目答問》：「《晏子春秋》七卷，孫星衍《音義》二卷，岱南閣本，經訓堂本，又吴鼒仿宋本。」

又卷二六 《商君書》五卷，秦相衛鞅撰。《史記·列傳》：「商君者，衛之諸庶孽公子也，名鞅，姓公孫氏，其祖本姬姓也。鞅少好刑名之學，事魏相公叔痤，爲中庶子。痤卒，鞅西入秦。秦孝公以爲左庶長，定變法之令。太子犯法，衛鞅曰：『太子不可施刑，刑其傅公子虔，黥其師公孫賈。』行之十年，秦民大悦，道不拾遺，山無盜賊，家給人足，民勇于公戰、怯于私鬭，鄉邑大治，于是以鞅爲大良造，爲田開阡陌封疆而賦税平斗桶，權衡丈尺，行之四年，公子虔復犯約，劓之。居五年，秦人富彊，天子致胙于孝公，諸侯畢賀。秦封之於商十五邑，號爲商君。商君相秦十年，宗室貴戚多怨望者。秦孝公卒，太子立，公子虔之徒告商君欲反，發兵攻商君。秦惠王車裂商君，以徇曰：『莫如商鞅反者』，遂滅商君之家。太史公曰：商君其天資刻薄人也，余嘗讀商君開塞、耕戰書，與其人行事相類，受惡名于秦，有以也夫。」又《秦本紀》：「孝公元年，衛鞅入秦，二年衛鞅説孝公變法、修刑、内務耕稼、外勸戰士之賞罰，孝公善之，甘龍、杜摯等弗然相與争之，卒用鞅法，百姓苦之。居三年，百姓便之。二十二年封鞅爲列侯，號商君。二十四年孝公卒，子惠文君立，是歲誅衛鞅，車裂以徇秦國。」《漢書·藝文志》：「商君二十九篇，名鞅，姬姓，衛後也，相秦孝公，有列傳。」又兵權謀家有公孫鞅二十七篇。又《刑法志》：「陵夷至于戰國，韓任申子，秦用商鞅，連相坐之法，造參夷之誅，增加肉刑，大辟有鑿顛、抽脅、鑊烹之刑。」參夷，夷三族也。又《食貨志》：「及秦孝公用商君，壞井田，開阡陌，急耕戰之賞，雖非古道，猶以務本之故，傾鄰國而雄諸侯，然王制遂滅，僭差亡度，庶人之富者累鉅萬，而貧者食糟糠，有國彊者兼州域而弱者喪社稷。」《晉書·刑法志》：「李悝著《法經》六篇，商君受之以相秦。」《魏書·刑法志》：「商君以《法經》六篇，入説于秦，設參夷之誅，連相坐之法。」《唐書·經籍志》：「《商子》五卷，商鞅撰。」《唐書·藝文志》：「《商君書》五卷，商鞅或作商子。」《宋史·藝文志》：「《商子》五卷，衛公孫鞅撰。」晁氏《讀書志》：「《商子》五卷，秦公孫鞅撰。鞅封于商，故以名其書，本二十九篇，今亡者三篇。太史公讀鞅《開塞》書，《索隱》曰：『開謂刑嚴峻則政化開；塞謂布恩惠則政化塞。』今考其書，司馬貞蓋未嘗見之而妄爲之説耳。《開塞》乃其第七篇，謂道塞久矣，今欲開之，必刑九而賞一，刑用於將過則大邪不生，賞施於告姦則細過不失，大邪不生，細過不失，則國治矣。由此觀之，鞅之術無他，特恃告訐而止耳。故其法不告姦者與降敵同罰，告姦者與殺敵同賞，此秦俗所以日壞，至于父子相夷而鞅不能自脱也。」陳氏《書録解題》：「《商子》五卷，或稱商君者，其封邑也，《漢志》二十九篇，今二十六篇，又亡其一。」《四庫提要》曰：「《漢志》稱商君二十九篇。《三國志先生傳注》亦稱《商君書》。其稱《商子》，則自《隋志》始。謹案當云《舊唐志》。此本自更法至定分目凡二十有六，似即晁氏之本，然其中第十六篇、第二十一篇又皆有録無書，則併非宋本之舊矣。」又《簡明目録》曰：「周氏《涉筆》謂其書多附會，後事擬取他詞，非本所論著。今案開卷稱孝公之謚，則謂不出鞅手良信然。其詞峻厲而刻深，雖非鞅作，亦必其徒述説之，非秦以後人所爲。《漢志》二十九篇，至宋佚其三篇，今有録無書者又二篇。」嚴氏《全三代文編》曰：「《商君書》二十九篇，今見存二十四篇，《羣書治要》三十六，有《六法》一篇，『六法』當作『立法』，其佚篇也。又《四録堂類集總目》：『《商子》五卷，可均

校。』」案《羣書治要》題作《商君子》。

又卷二九 《鬼谷子》三卷，皇甫謐注，鬼谷子，周世隱于鬼谷。《史記・蘇秦列傳》：「蘇秦者，東周雒陽人也，東事師于齊，而習之于鬼谷先生。」《集解》徐廣曰：「潁川陽城有鬼谷，蓋是其人所居，因爲號。」駰案：「《風俗通義》曰：鬼谷先生，六國時從横家。」《索隱》曰：「鬼谷，地名也，扶風池陽、潁川陽城並有鬼谷墟，蓋是其人所居，因爲號。」又樂臺注《鬼谷子》書云：「蘇秦欲神祕其道，故假名鬼谷。」又《張儀列傳》：「張儀者，魏人也，始嘗與蘇秦俱事鬼谷先生。」《藝文類聚・隱逸篇・袁淑真隱傳》曰：「鬼谷先生，不知何許人也，隱居韜志，居鬼谷山，因以爲稱，蘇秦、張儀師之，遂立功名，先生遺書責之。」《史記・蘇秦列傳集解》駰案：「《戰國策》曰：『乃發書陳篋數十得太公陰符之謀，伏而讀之，簡練以爲揣摩』，期年揣摩成，鬼谷子有《揣摩》篇也。」《索隱》曰：「王劭云《揣情》、《摩意》，是鬼谷之二章名，非爲一篇也。」高誘曰：「揣，定也。摩，合也。定諸侯使讎其術以成六國之從也。」江邃曰：「揣人主之情，摩而近之，其意當矣。」案今本《鬼谷子》中卷《揣篇》第七、《摩篇》第八。《唐書・經籍志》《鬼谷子》二卷，蘇秦撰。又三卷，尹知章注。《唐書・藝文志》《鬼谷子》二卷，注云蘇秦、尹知章注，《鬼谷子》三卷。《宋史・藝文志》《鬼谷子》三卷。《册府元龜・學校部・注釋類》：「皇甫謐累徵不起，注《鬼谷子》三卷。」皇甫謐有《帝王世紀》，見史部雜史類。晁氏《讀書志》：「《鬼谷子》三卷，鬼谷先生撰，長于養性治身，蘇秦、張儀師之，敍謂此書即授之二子者，言捭闔之術凡十三章，《本經》、《持樞》、《中經》三篇，梁陶弘景注。《隋志》以爲蘇秦書，《唐志》以爲尹知章注，案此稱《隋志》似誤。未知孰是。陸龜蒙詩謂鬼谷先生名詡，通考引作訓。不詳所從出。」陳氏《書録解題》：「《鬼谷子》三卷，戰國時蘇秦、張儀所師事者，號鬼谷先生，名氏不傳于世，此書《漢志》亦無有，隋、唐《志》始見之，《唐志》則直以爲蘇秦撰，不可考也。《隋志》有皇甫謐注，今本稱陶弘景注。」王氏《漢書藝文志考證》：「從横家《蘇子》三十二篇，《鬼谷子》三卷，樂壹注云：『蘇秦欲神祕其道，故假名鬼谷也。』《史記正義》：《戰國策》云：『得太公陰符之謀，簡練以爲揣摩。』《鬼谷子》有陰符七術，有揣及摩二篇，乃蘇秦書明矣。」又曰：「《鬼谷子》不著録，尹知章序謂此書即授秦、儀者，捭闔之術十三章，一云十二章。《本經》、《持樞》、《中經》三篇。一云受《轉丸》、《昳篋》、《三》章。秦、儀復往見先生，乃正席而坐，嚴顔而言，告二子以全身之道。」劉氏涇曰：「老之翕張，儒之闔闢，其與鬼谷往來如環，鬼幽而顯者也，谷扣而應者也，藏幽露顯，一扣一應，信如其名哉。」《説苑》引《鬼谷子》曰：「人之不善而能矯之者，難矣。」案見《説苑・善説篇》。《玉海・藝文・諸子類》：「《史記正義》：鬼谷，谷名，在雒州陽城縣北五里。《七録》有蘇秦書樂壹注云：秦欲神祕其道，故假名鬼谷也。《鬼谷子》三卷，有陰符七術，有揣及摩二篇。《戰國策》云：得太公陰符之謀，伏而誦之，簡練以爲揣摩，期年揣摩成。案《鬼谷子》乃蘇秦書明矣。」又曰：「《中興書目》三卷，周時高士，無鄉里、族姓、名字，以其所隱，自號鬼谷先生。蘇秦、張儀事之，授以《捭闔》下至《符言》等十有二篇，及《轉圓》、《本經》、《持樞》、《中經》等篇亦以告儀、秦者也。一本始末皆陶弘景注，一本《捭闔》、《反應》、《内揵》、《抵巇》四篇不詳何人訓釋，中下二卷與弘景所注同。」案《中興書目》所載有陶注中下二卷本，《唐志》亦二卷，知《七録》亦有二卷本也。《中興目》又有失名注上卷四篇本合，爲一編。《四庫雜家提要》曰：「胡應麟《筆叢》謂《漢志》有《蘇秦》三十一篇、《張儀》十篇，必東漢人本二書之言薈稡爲此，而託于鬼谷，若子虛、亡是之屬，其言頗爲近理，然亦終無確證。《隋志》稱皇甫謐注，則爲魏晉以來書固無疑耳。《説苑》引《鬼谷子》一語，今本不載，疑非其舊，然今本一卷，已佚其《轉丸》、《肱篋》二篇，惟存《捭闔》至《符言》十二篇，劉向所引或在佚篇之内，不足以致疑也。高似孫《子略》稱其一闔一闢爲易之神，一翕一張爲老氏之術，出于戰國諸人之表，誠爲過當。宋濂《潛溪集》詆爲蛇鼠之智，又謂其文淺近，不類戰國時人，又抑之太甚。柳宗元《辨鬼谷子》以爲言益奇而道益陿，差得其真。蓋其術雖不足道，其文之奇變詭偉，要非後世所能爲也。」又《簡明目録》：「《鬼谷子》一卷，舊本題鬼谷子撰。《唐志》則以爲蘇秦撰，莫能詳也。其書爲縱横家之祖，原本十四篇，今佚其二，舊有樂壹等四家注，今並不傳。」張氏《書目答問》：「《鬼谷子陶宏景注》一卷，秦恩復校刻兩本。」案一本三卷十四篇，附《篇目考》。案晁《志》引陸魯望詩謂鬼谷先生名「詡」，通考又引作「訓」。《道藏目録》云：「鬼谷子姓王名詡，殆即「詡」與「訓」之傳寫不一者。晉平公時人并謂受道于老君。」宋人僞《子華子》又謂鬼谷子姓劉名務滋，楚人。宋潛溪諸子辨云：「鬼谷子一名玄微子。」皆不知其何所據，其書實蘇子之遺，樂壹之言，《唐志》之載，徵實可信，特未必《漢志》三十一篇之舊耳。王氏《漢志考》既已證明爲蘇秦書，《玉海・諸子篇》亦具言之，其識卓矣，而于《漢志考證》中又別出不著録之《鬼谷子》一條以自污其書，是亦不可以已乎。

又卷三〇 梁有《劉子》十卷，亡。《唐書・經籍志》《劉子》十卷，劉勰撰。《藝文志》同。《宋史・藝文志》《劉子》三卷，題劉晝撰。又有奚克讓《劉子音釋》三卷，又《音義》三卷。晁氏《讀書志》：「《劉子》三卷，齊劉晝、孔昭撰，唐袁政注，凡五十五篇，

言修心治身之道而辭頗俗薄，或以爲劉勰，或以爲劉孝標，未知孰是。」趙希弁《讀書附志》：「《劉子》五卷。劉晝，字孔昭之書也，或云劉勰所撰，或曰劉歆之制，或謂劉孝標之作。袁孝政爲序之際，已不能明辨之矣。」陳振孫《書録解題》：「《劉子》五卷，劉晝孔昭撰，播州録事參軍袁孝政爲序，凡五十五篇。案《唐志》十卷，劉勰撰。今序云晝傷己不遇，天下陵遲，播遷江表，故作此書，時人莫知，謂爲劉勰，或曰劉歆、劉孝標作，孝政之言云爾，終不知晝爲何代人，其書近出，傳記無稱，莫詳其始末，不知何以知其名晝而字孔昭也。」《玉海・藝文・諸子篇》：「《劉子》，北齊劉晝，字孔昭撰。袁孝正爲之序并注，凡五十五篇，《清神》至《九流》。《中興書目》三卷，泛論治國修身之要，雜以九流之説。」明宋濂《諸子辨》曰：「《劉子》五卷五十五篇，不知何人作。《唐志》十卷直云梁劉勰撰，今考勰所著《文心雕龍》，文體與此正類，其可徵不疑。袁孝政謂劉晝傷己不遇，天下陵遲，播遷江表，故作此書，非也。孝政以無傳記可憑，復致疑于劉歆、劉勰、劉孝標所爲，黄氏遂謂孝政所託，亦非也。其書本黄老言，雜引諸家之説以足成之，絶無甚高論，然亦時時有可喜者。」《四庫簡明目録》：「《劉子》十卷，是書或題劉歆、或題劉勰、或題劉孝標，惟袁孝政序定爲劉晝，然其書晚出至《唐志》始著録，《九流》一篇全襲《隋書・經籍志》之文，疑即孝政所僞作而自爲之注也，然雜采古籍，融貫成篇，雖風格稍卑而詞采秀倩，即出孝政之手，亦唐代古書也。」孫氏《平津館鑒藏記》：「《劉子》十卷，目録前題《劉子新論》，梁通事舍人劉勰撰，播州録事參軍袁孝政注，自《清神》至《九流》五十五篇，巾箱本，字畫清勁，是宋刻之佳者，此書陳氏、晁氏俱據袁孝政序文作北齊劉晝撰，此本無袁序而題作劉勰與《唐志》同。」案《劉子新論》之名爲前人所未言。嚴氏《鐵橋漫稾・書劉子後》曰：「《劉子》五十五篇，北齊劉晝撰，聞有宋巾箱本，未之見也，今得明初崇德書院所刊，行墨疎古，閲之豁目爽心，可稱善本，前有序簡而覈，惜不題名。劉子言治國修身之道，有大醇無小疵，晁公武乃云詞頗俗薄，毋乃輕詆。近人編書目者又云《九流》一篇全襲《隋書・經籍志》之文，《隋書》非僻書，盍覆檢之豈其然乎？案《九流》一篇似蘊括《漢藝文志》及太史公「六家要指」之説而申以己意者也，與《隋經籍志》實不相涉。案劉晝有高才不遇，傳詳見史部雜傳家。此劉子似非劉晝，晝在北齊孝昭時，著書名帝道，又名金箱壁言者，非此之類，且其時當南朝陳文帝之世，已在梁普通後四十餘年，阮氏《七録》作于普通四年而是書見載《七録》，其非晝所撰更可知。袁孝政序今不存，據陳氏、宋氏所引則亦未嘗定以爲劉晝，然其言天下陵遲，播遷江表，必有所本，亦非晝非勰非孝標之遭際。《七録》列是書于吴、晉人之間，似猶爲東晉時人，其書亦名《新論》，與魏晉時風尚尤近。《日本書目》載《劉子》十卷、又五卷、又三卷，則三本並行由來久矣。」

又卷三三 《孫子兵法》二卷。吴將孫武撰，魏武帝注，梁三卷。《史記》列傳：「孫子武者，齊人也，以兵法見于吴王，闔廬曰：『子之十三篇吾盡觀之矣。』于是闔廬知孫子能用兵，卒以爲將，西破彊楚，入郢北，威齊晉，顯名諸侯，孫子與有力焉。」又《律書》：「吴用孫武，申明軍約，賞罰必信，卒伯諸侯，兼列邦土，雖不及三代之誥誓，然身寵君尊，當世顯揚，可不謂榮焉。」《藝文類聚・政治部・吴越春秋》曰：「孫子者，吴人，名武，善爲兵法，僻隱幽居，世人莫知其能。子胥明于識人，乃薦孫子。吴王問以兵法，每陳一篇，王不覺口之稱善。」《唐書・世系表》：「孫氏又有出自嬀姓，齊田完字敬仲，四世孫桓子無宇，無宇子書，字子占，齊大夫伐莒有功，景公賜姓孫氏，食采于樂安，生憑字起宗，齊卿憑生武字長卿，以田、鮑四族謀爲亂，奔吴爲將軍，三子馳明敵明食采于富春，自是世爲富春人，明生臏。」《史記・孫武傳》：「武既死後百餘歲，有孫臏。」《漢志》兵權謀家《齊孫子》八十九篇、《圖》四卷，蓋即孫臏也。文登畢以珣《孫子敍録》曰：「臏，武之孫也。」劉向《別録》曰：「孫子書以殺青，簡編以縹絲繩。」《漢書・藝文志》兵權謀家《吴孫子兵法》八十二篇、《圖》九卷。魏武帝《孫子兵法序略》曰：「聖賢之于兵也，戢而時動，不得已而用之。吾觀兵書戰策多矣，孫武所著深矣。孫子者齊人也，名武，爲吴王闔閭作兵法十三篇，試之婦人，卒以爲將，西破彊楚，入郢北，威齊晉，后百歲餘有孫臏是武之后也，審計重舉，明畫深圖，不可相誣，而但世人未之深亮訓説，況文煩富，行于世者失其旨要，故撰爲略解焉。」《魏志・武紀》注孫盛《異同雜語》曰：「太祖博覽羣書，特好兵法，注孫武十三篇，傳于世。」唐杜牧《注孫子序》曰：「武書大略用仁義使機權，曹公所注解十不釋一，蓋惜其所得自爲新書爾。」唐張守節《史記正義》曰：「魏武帝云孫子爲吴王作兵法十三篇。《七録》云《孫子兵法》三卷。案十三篇爲上卷，又有中下二卷。」唐《日本國見在書目》：「《孫子兵書》三卷，魏武解。《孫子兵書》一卷，魏祖略解。」《唐書・經籍志》《孫子兵法》十三卷，孫武撰，魏武帝注。《唐書・藝文志》魏武帝注《孫子》三卷。《宋史志》同。晁氏《讀書志》：「《魏武注孫子》一卷。案《漢志》《孫子兵法》八十二篇，今魏武所注止十三篇，杜牧以爲武書數十萬言，魏武削其繁剩，筆其精粹成此書云。」陳氏《書録解題》：「《孫子》三卷，吴孫武撰。《漢志》八十一篇，魏武帝削其繁冗，定爲十三篇，世之言兵者祖孫氏，然孫武事吴闔廬而不見于《左氏傳》，未知其果何時人也。」案晁、陳二家之説殊失之不考。《四庫提要》

曰：「《史記·孫子列傳》載武之書十三篇，而《漢志》乃載《孫子》八十二篇、《圖》九卷，故張守節《正義》以十三篇爲上卷，又有中、下二卷。杜牧亦謂武書本數十萬言，皆曹操削其繁剩，筆其精粹以成此書。然《史記》稱十三篇在《漢志》之前，不得以後來附益者爲本書，牧之言固未可以爲據也。武書爲百代談兵之祖，葉適以其人不見于《左傳》，疑其書乃春秋末戰國初山林處士之所爲，然史載闔閭謂武曰：『子之十三篇，吾盡觀之矣。』則確爲武所自著，非後人嫁名于武也。」嚴氏《全三代文編》曰：「孫武，齊人，避亂奔吴，吴王闔廬以爲客將軍。案《漢志》《孫子兵法》八十二篇、《圖》九卷，《史記·孫武傳》云十三篇，《正義》引《七録》云《孫子兵法》三卷。案十三篇爲上卷，又有中、下二卷，如《正義》説則唐時故書尚存，故諸家徵引多有出十三篇外者，皆中、下卷文也。十三篇見存不録，録其佚文凡二十二條。《通典》一百二十九引《孫子·九地篇》。」又曰：「《周禮注》、《文選注》引《孫子·八陳》，《御覽》三百二十八引《孫子兵法占》。」陽湖孫星衍校刊《序》曰：「孫子爲吴將兵，功歸子胥，故《春秋傳》不載其名，蓋功成不受官也。《越絶書》稱巫門外大冢，吴王客孫武冢，是其證也。」文登畢以珣《敍録》曰：「武蓋以客卿將兵也。」又校刊孫子十家注《序》曰：「兵家言惟《孫子》十三篇最古，魏武始爲之注云撰爲略解，謙言解其觕略也。」又《孫氏書目》：「《孫子》一卷，魏武帝注，星衍仿宋刊本《孫子》十家注十三卷，星衍校《道藏》刊本附畢以珣《敍録》一卷、孫子《遺説》一卷。」宋鄭友賢輯爲十家注作。張氏《書目答問》：「《孫子》，魏武帝注三卷，平津館校本。《孫子十家注》十三卷，岱南閣校本。」

雜　録

王炎《雙溪類稿》卷二六《周禮考》　《周官》六典，周公經治之法也。秦人秉竹簡以畀炎火。漢興，諸儒傳於煨燼之餘，藏於巖穴之間，其書已亡而幸存。漢既除挾書之律，武帝時六典始出。帝不以爲善，作十論七難以排之，藏於秘府不立於學官。其書雖存而如亡。天下之治不可無法，猶之爲圓必以規，爲方必以矩，爲平直必以準繩。六典之備也。武帝之志，欲馳騖於舜禹相授一道法，亦不能無損益也，分畫九州堯之制也，至舜則析而爲十有二州。分命羲和堯之制也，至夏則羲和合爲一官。聖人察人情，觀世變，立法經，治雖不可變，亦不可泥古，此周公之意也。而讀《周禮》者，至今不能無疑，王畿不可以方千里也，五服不可以分爲九服也，三等之國不可斥之以爲五等也，井田之制積同爲成，積丘爲縣都，内外不容異制也。或者見其可疑，則曰《周禮》非周公之全書也，蓋漢儒以意易之者多矣。漢儒之言，《周禮》誠不能無失，然亦不敢遽變其意也。考之於經，見其可疑，舉而歸罪於漢儒，豈得爲至論哉？且夫禹之五服，服五百里各指一面言之，故東西相距而爲五千。周之九服，方五百里，則以其方廣言之。東西相距其地亦止於五千，又何斥大封域之有，且梁州之地，職方所無，周公豈不能復先王之故土而治之。然而不在封域之内者，務廣德不務廣地可知矣。言其斥大封域而爲九服，考之不詳之故也。周之洛邑雖曰天地之中，北規矩準繩之外，雖四代之書且以爲朴學而弗好。其於《周禮》何有立論排之宜矣。東都諸儒知有《周禮》而其説不同，以爲戰國陰謀之書者，何休也。以爲周公致太平之迹者，鄭康成也。六官所掌，綱正而目舉，井井有條，而詆之以爲戰國之陰謀，休謬矣。而康成以爲致太平之迹，其説亦未然也。治法至太平而大備，而所以致太平者不專係於法之詳也。周公輔政，管蔡流言不安於朝，而之于東都，及其《鴟鴞》之《詩》作，《金縢》之書啓，然後成王逆公以歸。既歸之後，伐管、蔡，作洛邑，遷殷民。管、蔡既平，殷民既遷，洛邑既成，公則歸政於成王矣。當公歸政之時，成王蒞政之初，淮夷猶未定也，而況公未歸政，管蔡未平，殷民未遷，洛邑未成，雖有六典安得盡舉而行之。成王即政，巡侯甸，伐淮夷，中外無事，還歸在豐，作《周官》之書以戒飭卿士大夫，則周公之經制蓋施行於此時。吾是以知六典之法至，太平而後備，非用六典而能致太平也。夫爲治有定法，天下無定時，時異則法異，雖堯近大河，東西長而南北狹，不可以規方千里。然温在今之河北，下陽在今之河東，皆畿内地，不以河爲限也。若曰洛在河南，不能規方千里，則商人之都在河北，涯邦畿千里，何以見於《商頌》則言千里，王畿之非實者，亦考之不詳之故也。井田之法，凡九夫爲井，皆以成田言之，溝洫道涂不與焉，内而鄉遂，外而縣都，其法一也。然在鄉遂則自一井，積之方十里爲成，又自一成積之方百里爲同，所以定鄉遂授田之數也。在家邑則自一井積而爲邑，爲丘，爲甸。四甸爲縣，四縣爲都，所以定公卿之采地也。鄭康成不察内之成同外之邑都，皆自一井積之，見其廣狹不同而以爲井田異制，又爲之説，曰一甸之地旁加一里，以爲成一都之地，旁加十里而爲同，此康成之誤，有以汩經之文而遂，謂先王井地之制不應内外異法，此又考之不詳之過也。若夫三等之國，分爲五等，則周公之意，蓋逆慮世變而求有以制之也。唐虞之世，天下號爲萬國，然强則肆，弱則屈，敵

則爭，於是迭相兼并，至周之初宇內不過千八百國，則向之萬國，社稷邱墟十七八矣。周公於是欲分而爲五等，自公以下所食之地少，附庸之國多，欲其以大比小，以小事大，庶幾可以小大相維。然必建邦國之時方定其地，初非取先王經制之國，盡從而更張之也。蓋周公雖定六官之制，亦度時措之，宜而行之。蓋有定其制而未行者矣，亦有已行之後世，隨時而變者矣。定鼎郟鄏謂之建國，以爲民極。然成康未嘗都洛，幽王之敗周始東徙，此所謂定其制而未行者。三等之國分爲五等，法雖立而未行，亦此意也。五刑之罪二千五百，穆王變爲祥刑凡三千條。穆王去成王未遠也，然不用周公之法，《吕刑》一書，夫子蓋有取焉，此所謂後世隨時而變者也。若曰徙封，數大國則諸侯盡擾司徒之制，言封國不言徙國，以封爲徙，此又攷之不詳之過也。雖然前輩之所疑者，吾固推經意而辨之矣。《周禮》猶有可疑者，先儒蓋未之疑也。祀昊天上帝，則服大裘而冕，祀五帝亦如之，且祀昊天于南，至服裘爲宜。祀黃帝于季夏盛暑之月，而亦服裘可乎。王搢大圭，又執鎮圭以朝日。《考工記》謂之大圭其長三尺，杼上葵首。鄭康成謂玉方一寸，其重一斤。若圭長三尺，設若其博二寸有半，其厚四分，則其重殆三十斤，而王能搢之乎。王乘玉輅，建太常，維者六人，服皆衮冕。夫衮冕王與上公之服也。維太常者徒行于車後，乃亦衣龍衮，與王同服，不幾於尊卑無辨乎。太宰，六官之長也。其屬六十，而內小臣、寺人、九嬪、世婦、女御之職，皆與焉。以天子之正卿而宦寺宮妾悉爲之屬，不已褻乎。天官既有世婦，春官又有世婦，且曰每宮卿二人謂之婦，則不得以爲卿。鄭康成乃曰：「如漢有長秋，亦以士人居之，夫士人爲卿，則又不得謂之婦矣。且王后六宮，而天子六卿，若宮有二卿，則卿十有二人，何其數之多耶？」《周禮》一書，今學者所傳康成之訓釋也。則康成可謂有功於《周禮》矣！雖然六官之制度以康成而傳，亦以康成而晦，蓋康成之於經，一則以緯説汨之，一則以臆説汨之，是以周公之典其意不得不晦也。周公之典既晦，是以學者不得不疑也。前輩之所疑者，不揆其僭而釋之，而吾之所疑，則世未有辨之者，後必有能辨之者矣。故表其説以待來者考正焉。

馬端臨《文獻通考・經籍考》卷九 《帝王曆紀譜》三卷。巽岩李氏曰：「其載帝王曆紀殊少，序諸侯卿大夫之世頗詳，而《崇文總目》止名《帝王曆紀譜》，今從之。舊題云：『秦相荀卿撰。』荀卿未嘗相秦，其繆妄立見，蓋田野陋儒，依託以欺末學耳。故筆削最無義例，前後抵牾，不可偏舉。而所著族繫又與《世本》不同，質之司馬遷、杜預，亦復差異，不知撰者果證據何書也？其血脈間有强附橫入、灼然非類者，要當釐正之，顧不敢輕改，姑仍其舊，使學者自擇焉。篇首尾雜引《左氏傳》中語，事既殘缺不屬，字畫訛舛尤甚，往往不可句讀，參考《左氏傳》略加是正，十僅得四五云。其他政如棼絲結髮，未易一二爬梳也。」

又卷一〇 《春秋外傳國語》二十一卷。巽岩李氏曰：「昔左邱明將傳《春秋》，乃先采集列國之史，國別爲語，旋獵其英華，作《春秋傳》，而先所采集之語，草藁具存，時人共傳習之，號曰《國語》，殆非邱明本志也。故其辭多枝葉，不若《內傳》之簡直峻健，甚者駁雜不類，如出他手，蓋由當時列國之史材有厚薄，學有淺深，故不能醇一耳。不然邱明特爲此重複之書何邪？先儒或謂《春秋傳》先成，《國語》繼作，誤矣！惟本朝司馬温公父子能識之。」

又卷一七 《智永千字文》一卷。後村劉氏曰：「嘗疑《千字文》世以爲梁散騎常侍周興嗣所作，然法帖中漢章帝已嘗書此文，殆非梁人作也。」

又卷二三 《建隆遺事》一卷。王氏《揮麈録》曰：「《建隆遺事》，世稱王元之所述，其間率多誣謗之詞。至於稱趙普、盧多遜受遺詔昌陵，尤爲舛繆。案《國史》，韓王以開寶六年八月免相，至太平興國六年九月，始再秉衡鈞。當太祖升遐時，普政在外，何緣前一日與盧丞相同見於寢邪？稱太祖長子德昭爲南陽王，又誤矣。初未嘗有此事，元之當時近臣，又秉史筆，豈不詳知？且載《秦王傳》中云云，安有淳化三年而見《三朝國史・秦王傳》耶？可謂亂道，此特人託名爲之。又案元之自有《小畜集序》及《三黜賦》，與《國史》本傳俱云：『淳化二年，自知制誥舍人貶商州。至道二年，自翰林學士黜守滁上。咸平二年，守本官知齊安郡。』而此序年月次序悉皆顛錯，其僞也明矣。」巽岩李氏曰：「世傳王禹偁所記《建隆遺事》十三章，考其章句，大抵不類禹偁平日之文。其七章、十三章，鄙悖益可駭，幸而史官弗信，然學士大夫、不習朝廷之故者，猶以禹偁所作私信之。余常反復證驗，力排其誣，決知其不出於禹偁矣。蓋禹偁，世所謂名賢者，而數以直道廢，故羣不逞輒假借竄寄，謂世可欺。殊不知普實愛重禹偁，而禹偁於普尤拳拳也。普遺藁四六表狀，往往見禹偁集，蓋禹偁代作也。彼小人，烏得識之。」

又卷三五 《曾子》二卷。周氏《涉筆》曰：「《曾子》一書，議道褊迫又過於荀卿，蓋戰國時爲其學者所論也。孔子言『七十而從心所欲，不踰矩』，正指聖境妙處。此書遽謂：『七十而未壞，雖有後過，亦可以免。』七十而壞與否，已不置論，而何以爲過？何以爲免？聖門家法無此語也！」

又卷三九 《隨巢子》一卷。石林葉氏曰：「吾嘗從趙全僉得《隨巢子》一卷，

其間乃載唐太宗造明堂事。初不曉名書之意，因讀班固《藝文志》，墨家有《隨巢子》六篇，注言墨翟弟子，乃知後人因公輸之事假此名耳。」

又卷四三 《東軒筆録》十五卷、《續録》一卷。王氏曰：「魏泰者，場屋不得志，喜僞作他人著書，如《志怪集》、《括異志》、《倦游録》，盡假名武人張師正。又不能自抑，出其姓名作《東軒筆録》。皆用私喜怒誣衊前人。最後作《碧雲騢》，假作梅堯臣，毀及范仲淹，而天下駭然不服矣。」

又卷四四 《碧雲騢》一卷。李氏曰：「《碧雲騢》一書，凡慶歷以來名公鉅卿無不譏詆。世傳此書以爲出於梅堯臣怨懟之口。其後諸公論議多矣，如葉夢得、王銍則以爲非堯臣所爲，而邵博乃疑其詩，以爲堯臣之意真有所不足，遂以此書爲實出於堯臣。今以魏泰《東軒筆録》考之，然後知泰之嫁名於堯臣者，不特此書也。《筆録》載文彦博燈籠錦事，大略如《碧雲騢》所云。其載堯臣作唐介《書竄詩》，則句語狂肆，非若堯臣平時所作簡古純粹，平淡深遠。」又曰：「堯臣作此詩，不敢示人，及歐陽修爲編其集，時有嫌避，又削去此詩，是以人少知者。」詳味此言，是泰既以此詩嫁於堯臣，又慮議者以爲修所編無此，遂曰修有嫌避而此不載，皆無所考之詞也。觀此，則謂泰以《碧雲騢》之書假名堯臣不妄矣。況堯臣平日爲人仁厚樂易，未嘗忤於物，歐陽修嘗以此而銘其墓。使堯臣怨懟，果爲此書以厚誣名臣，則所養可知矣。今市井輕浮之子未必爲之，而謂堯臣爲之哉？

又卷四九 《大觀本草》三十一卷。石林葉氏曰：「《神農本草》初但三卷，所載甚略，議者考其記出産郡名，以爲東漢人所作。梁陶隱居始增修爲七卷，然陶氏不至東北，其論證多謬語。唐顯慶中，蘇恭請重修，於是命長孫無忌等廣定，遂爲二十卷，亦未盡也。自是僞蜀韓保昇與術家各自補緝辯證者不一。開寶中，别加詳定。嘉祐初，復詔掌祕監禹錫、蘇魏公諸人再論次，遂大備。蓋《神農本草》外，雜取他書，凡十六家云。」

又卷五一 《無仙子删正黄庭經》。歐陽文忠公序之，意必公所自爲而隱其名耳。其序曰：「無仙子不知爲何人也，無姓名，無爵里，世莫得而名之，其自號爲無仙子者，以警世人之學仙者也。其爲言曰，自古有道無仙，而後世之人，知有道而不得其道，不知無仙而妄學仙，此我之所哀也。道者，自然之道也，生而必死，亦自然之理也。以自然之道養自然之生，不自戕賊夭閼而盡其天年，此自古聖智之所同也。禹走天下，乘四載，治百川，可謂勞其形矣，而壽百年。顔子蕭然坐於陋巷，簞食瓢飲，外不誘於物，内不動於心，可謂至樂矣，而年不及三十。斯二人者，皆古之仁人也，勞其形者長年，安其樂者短命，蓋命有長短，禀之於天，非人力之所能爲也，惟不自戕賊而各盡其天年，則二人所同也。此所謂自然之道養自然之生。後世貪生之徒爲養生之術者，無所不至，至茹草木，服金石，吸日月之精光。又有以謂此外物不足恃，而反求諸内者，於是息慮絶欲，鍊精氣，勤吐納，專於内守以養其神。其術雖本於貪生，及其至也，尚或可全形而却疾，猶愈於肆欲稱情以害其生者，是謂養内之術。故上智任之自然，其次養内以却疾，最下妄意以貪生。世傳《黄庭經》者，晉、魏間道士養生之書也。其説專於養内，多奇怪，故其傳之久，則易爲訛舛，今家家異本，莫可考正。無仙子既甚好古，家多集録古書文字，以爲翫好之娱。有《黄庭》石本者，乃永和十三年晉人所書，其文頗簡，以較今世俗所傳者，獨爲有理。於是喟然嘆曰：『吾欲曉世以無仙而止人之學者，吾力顧未能也。吾視世人執奇怪訛舛之書，欲求生而反害其生者，可不哀哉！矧以我翫好之餘，拯世人之謬惑，何惜而不爲！』故爲删正，諸家之異，一以永和石本爲定，其難曉之言，略爲注解，庶幾不爲訛謬之説惑世以害生，是亦不爲無益。若大雅君子，則豈取於此！」

又卷六〇 杜牧《樊川集》二十卷、《外集》一卷。後村劉氏曰：杜牧、許渾同時，然詩各自爲體，牧於唐律中常寓拗峭，以矯時弊；渾則不然，如「荆樹有花兄弟樂，橘林無實子孫忙」之類，律切麗密或過牧，而抑揚頓挫不及也。二人詩不著姓名亦可辨。樊川有《續别集》三卷，十之八九皆渾詩，牧佳句自多，不必又取他人詩益之，若《丁卯集》割去許多傑作，則渾詩無一篇可傳矣。牧仕宦不至南海，《别集》乃存南海府罷之作，甚可笑。

章宗源《隋書經籍志考證》卷六 《蜀王本紀》一卷。揚雄撰。《唐志》同《史通·因習篇》曰：「國之有僞，其來尚矣，如杜宇作帝，勾踐稱王，而揚雄撰《蜀紀》，子貢著《越絶》，考斯衆作，咸是僞書。」又《外篇雜記》曰：「揚雄哂子長愛奇多雜，然觀其《蜀王本紀》稱杜魄化而爲鵑、荆屍變而爲鱉，其言如是，何其鄙哉！」愚按杜宇作帝、死化子規見《文選·蜀都賦注》，荆尸鱉令，《御覽》作鱉靈，此乃人名。隨江水至湞，《後漢書·張衡傳》注作至成都。與望帝相見，望帝以爲相以德薄，不及鱉令，乃委國授之而去，此見《文選·思玄賦注》。《御覽》妖異部、獸部、羽族部、鱗介部並引之。所記誠涉怪異，然雄言荆地有一死人名鱉令，非變而爲鱉也。至如武都山精化爲女子，《後漢書任文公傳注》、《北堂書鈔·儀飾部》。朱提男子從天而下自稱望帝，《史記三代世表·索隱》五丁迎秦女山崩化爲石，《藝文類聚·山部》、《御覽》地部、州郡部並

引之。秦襄王時宕渠郡獻長人二十五丈六尺《御覽·人事部》。此類亦杜宇鱉令之流。

姚振宗《隋書經籍志考證》卷一　《周易》二卷。魏文侯師卜子夏傳，殘缺。梁六卷。《史記·仲尼弟子列傳》：「卜商字子夏，少孔子四十四歲。孔子既没，子夏居西河教授，爲魏文侯師，其子死，哭之失明。」唐司馬貞《索隱》曰：「子夏文學著於四科，序《詩》傳《易》，又孔子以《春秋》屬商，又傳禮著在《禮志》，而此史並不論，空記《論語》小事，亦其疏也。」漢劉向《别録》曰：「《易傳》，子夏，韓氏嬰也。」漢劉歆《七略》曰：「《子夏易傳》，漢興韓嬰傳。」唐孔穎達《周易正義》曰：「初卜商爲《易傳》，至西漢傳之。」唐陸德明《釋文·敍録》：「《子夏易傳》三卷，卜商字子夏，衛人，孔子弟子，魏文侯師。《七略》云漢興韓嬰傳。《中經簿録》云丁寬所作。張璠云或馯臂子弓所作《薛虞記》，虞不詳何許人。」本志篇敍曰：「孔子爲《彖》、《象》、《繫辭》、《文言》、《序卦》、《説卦》、《雜卦》，而子夏爲之《傳》。」《唐書·經籍志》：「《周易》二卷，卜商傳。《唐書·藝文志》：《周易卜商傳》二卷。宋王應麟《漢書藝文志考證》曰：「唐司馬貞曰：『《七略》有《子夏傳》，《七録》六卷，或云韓嬰，或云丁寬，《中經簿》四卷。』」武威張澍《二酉堂叢書》輯本《序》曰：「嘗案《家語》云「孔子讀《易》至損益卦，喟然而歎，子夏避席而問。知卜氏子好精義不讓商子木也，審矣。澍溺苦儒，先從事稡薈，敢怯瑣煩，冀延絶學，是用展翫敷言，省循立意，實孟、京之嚆矢，亦馬、王之濫觴。」武進張惠言《易義别録》輯本《序》曰：「《漢書·藝文志》易有韓氏二篇，丁氏八篇，而無馯臂子弓，則張璠之言不足信，丁寬受《易田何，上及馯臂子弓受之商瞿，非自子夏，則荀勗言丁寬亦非。劉向父子博學近古，以爲韓嬰，當必有據。《儒林傳》稱韓生亦以《易》授人，推《易》意而爲之傳，不聞其所受。意者出於子夏與商瞿之傳異耶？」平湖孫堂《漢魏廿一家易注》輯本《序》曰：「《子夏易傳》，《隋志》已云殘缺，後人展轉依託，益爲十一卷，是爲今本，舊本之散見者，自唐人所引外，惟朱氏震、晁氏説之、趙氏汝楳、王氏應麟四家之書間取之，兹特輯其與今本異者凡七十條。」馬國翰玉函山房輯本《敍》曰：「《周易子夏傳》，《漢志》不著録，《唐會要》云開元七年三月十七日『詔《子夏易傳》近無習者，令儒官詳定。』劉知幾、司馬貞議皆以爲不可。五月五日『詔《子夏傳》佚篇，令帖《易》者停。』孫坦《周易析藴》以爲杜鄴，趙汝楳《周易輯聞》以爲鄧彭祖，二人皆字子夏，懸空臆度，迄非定論，獨洪邁信之。武威張太史澍輯此篇，刻入《張氏叢書》，今據校録，仍隋、唐《志》舊目分爲二卷。薛虞字里無考，大抵爲漢魏間儒生，今就《釋文》、《正義》二書所引得十一節，次《子夏傳》後。」《孫祠書目》：「《子夏易傳》一卷，孫馮翼集本。按韓嬰傳《易》，史不言其所受，張氏惠言謂出於子夏與商瞿，别爲一派，可謂定論，然則漢人傳子夏《易》者，嬰之後有嬰孫博士商，商之後有待詔韓生，司隸校尉蓋寬饒，而韓氏則家世傳業者也。又按《經義考》引宋程迥曰：「《子夏易傳》，京房爲之箋，未詳所據。」

僞書再僞分部

綜述

陳振孫《直齋書録解題》卷三　《乾坤鑿度》二卷。一作《巛鑿度》，題包羲氏先文，軒轅氏演籀，蒼頡脩。晁氏《讀書志》云《崇文總目》無之，至元祐《田氏書目》始載，當是國朝人依託爲之。按《後漢書》「緯候之學」，注言「緯，七緯也；候，《尚書中候》也」。所謂《河洛》七緯者，《易緯·稽覽圖》、《乾鑿度》、《坤靈圖》、《通卦驗》、《是類謀》、《辨終備》也。《書緯·璇璣鈐》、《攷靈曜》、《帝命驗》、《運期授》也。《詩緯·推度災》、《氾歷樞》、《含神霧》也。《禮緯·含文嘉》、《稽命徵》、《斗威儀》也。《樂緯·動聲儀》、《稽曜嘉》、《叶圖徵》也。《孝經緯·援神契》、《鉤命決》也。《春秋緯·演孔圖》、《元命包》、《文耀鉤》、《運斗樞》、《感精符》、《合誠圖》、《攷異郵》、《保乾圖》、《漢含孳》、《佐助期》、《握誠圖》、《潛潭巴》、《説題辭》也。讖緯之説，起於哀、平、王莽之際，以此濟其篡逆，公孫述效之，而光武紹復舊物，乃亦以《赤伏符》自累，篤好而推崇之，甘與莽、述同志。於是佞臣陋士從風而靡，賈逵以此論《左氏》學，曹褒以此定漢禮，作《大予樂》。大儒如鄭康成，專以讖言經，何休又不足言矣。二百年間惟桓譚、張衡力非之，而不能回也。魏、晉以革命受終，莫不傅會符命，其源實出於此。隋、唐以來，其學寖微矣。攷《唐志》猶存九部八十四卷，今其書皆亡。惟《易緯》僅存如此。及孔氏《正義》或時援引，先儒蓋嘗欲删去之，以絶僞妄矣。使所謂七緯者皆存，猶學者所不道，况其殘缺不完，於僞之中又有僞者乎！姑存之以備凡目云爾。《唐志》數内有《論語緯》十卷，七緯無之。《太

平御覽》有《論語摘輔像撰攷讖》者，意其是也。《御覽》又有《書帝驗期》、《禮稽命曜》、《春秋命歷序》、《孝經左右契》、《威嬉拒》等，皆七緯所無，要皆不足深攷。

胡應麟《四部正譌》卷上 《子夏易》十卷。陳振孫云：「《漢志》無卜氏《易》；至《隋志》始有《子夏易》二卷，其爲依託甚明。且隋、唐時已殘缺，宋安得有十卷。其經文、彖、象、爻辭，俱用王弼本；又陸德明所引隋《子夏易》語，今本十卷中皆無之：豈直非漢世書，併非隋唐之舊矣」。余案：《子夏易》載《通考》者今亦不傳。據陳氏所論推之，當是漢末人依託，至隋殘缺，唐、宋人復因隋目，取王氏本僞撰此書；正猶《乾坤鑿度》本漢世僞撰，至隋、唐亡逸，宋人復僞撰以行，僞之中又有僞者也。

又 《周易乾鑿度》二卷，又《乾坤鑿度》二卷，今合爲一，實二書也。《乾坤鑿度》稱黄帝撰，而《乾鑿度》皆假孔子爲言，其僞固無容辯説；然亦匪《鑿度》本書也。案諸緯，《漢藝文志》絶不經見，《隋志》始備詳之。蓋哀、平末其端已兆；光武《赤伏》定基；魏、晉以還，禪受亡不援藉符命。自隋文禁絶，其目猶數十家。宋世但七緯傳，説者咸以好事掇拾類書補綴而成，非漢、魏之舊。今七緯又僅《鑿度》傳，余讀之信矣。王子充《叢録》所見正同，則元末已亡久也。

又卷中 《子華子》稱程本，而前代絶無其目，蓋宋人假託玩世，故與阮逸、宋咸輩牽合源流者小異。其書理致膚近，而持論不甚詭於道；文字亦舂容雅則，至宋世一時盛傳。紫陽諸公辯之悉矣；今亦亡弗諦其僞者。以文故，世不忍廢之。於戲，秦、漢名流之作湮没何限，是書獨巍然存；又本託子華，乃子華反託以傳，而撰者姓名邈無從考。書之傳與人之遇固各有幸不幸哉！《子華子》全剽百氏成文；至章法起伏唤應，宛然宋世場屋文字；且多用王氏《字説》。故晁公武謂元豐舉子所作；周氏《涉筆》又舉「人壽幾何」等語爲紹述時人：皆近之。然姓名、州里絶不可攷。朱考亭以書始出會稽，疑越人王銍、姚寬；又疑非二子所辦。余嘗參酌諸家，意此書必元豐間越中舉子姓程名本而不得志場屋者所作。蓋版出會稽，則越；文類程試，則舉子；義取《字説》，則元豐；辭多拂鬱，且依託前人，則困於場屋；思以自見，又慮不能遠傳，故傳於春秋姓同而字相近者。竊謂不中不遠矣！作者有靈，固當獨快九京之下。考亭諸君子聞此，亦將相對一大噱也。

又 《李衛公問對》，其詞旨淺陋猥俗，兵家最亡足采者；而宋人以列《七經》，殊可笑。舊咸以阮逸僞撰，謂老蘇嘗見其草本。案逸所撰《中説序》及《關朗傳》等文各可觀，不應鄙野至是。此書不特非衛公，亦非阮逸；當是唐末宋初俚儒村學掇拾貞觀君臣遺事、杜佑《通典》原文，傅以閭閻耳口。武人不知書，悦其膚近，故多讀之。夫衛公在唐誠一代元勳，然文皇將略遠出其上，非若高帝於淮陰，真弗如也。凡唐初大敵，猖獗如劉武周，强盛如竇建德，皆身取之。靖禽蕭銑、輔公祏、頡利，率自守虜逋逃寇，不足當劉、竇什一，而《問對》若斯耶！唐元勳，英、衛並稱；然勣非靖比也。文皇身經百戰，勣下諸人咸從行間，惟靖特將。文皇嘗命靖教侯君集兵法。君集言靖欲反。文皇問之，靖曰：「今天下已平，臣教君集足制四夷而務盡臣術，此君集反耳。」此外殊不經見；惟遼左旋師嘗一問焉。蓋發嘆於無功，而靖所對亦一時之權，匪萬成之策也。文殊、摩詰更互酬答，微言妙解光照大千。於乎，二李之譚兵，吾安得實聞其言，筆之以詔萬世哉！

皮錫瑞《經學通論・書經》 論《尚書》僞中作僞，屢出不已，其故有二：一則因秦燔亡失而篇名多僞；一則因秦燔亡失而文字多僞。孔子所定之經，惟《尚書》真僞難分明。至僞中作僞，屢出不已者，其故有二：一爲秦時燔經，《尚書》獨受其害。《漢書・藝文志》曰：「及秦燔書，而《易》爲筮卜之事，傳者不絶。」又曰：「凡三百五篇遭秦而全者，以其諷誦，不獨在竹帛故也。」據此則《易》、《詩》二經皆全，未嘗受秦害也。《史記・儒林傳》曰：「《禮》固自孔子時，而其經不具，及至秦焚書，書散亡益多。」《十二諸侯年表》曰孔子次《春秋》：「七十子之徒，口受其傳，指爲有所刺譏褒諱挹損之文辭，不可以書見也。」據此則《禮》雖因焚書而散亡，其先本不完全。《春秋》本是口傳，今猶完全，亦未嘗受秦害也，獨《尚書》一經。《史記》云：「秦時焚書，亡數十篇。」《漢書》云：「《書》凡百篇，秦燔書禁學，漢興亡失。」《論衡・正説篇》云：「蓋《尚書》本百篇，孔子所授也。遭秦用李斯之議，燔燒五經，濟南伏生抱百篇藏於山中，孝景皇帝時始存《尚書》。伏生已出山中，景帝遣鼂錯往，從受《尚書》二十餘篇。伏生老死，《書》殘不竟，鼂錯傳於倪寬。」又云：「至孝景帝時，魯共王壞孔子教授堂以爲殿，得百篇於牆壁中，武帝使使者取視，莫能讀者，遂祕於中，外不得見。至孝成皇帝時，徵爲《古文尚書》學，東海張霸案百篇之序，空造百兩之篇，獻之成帝，帝出所祕百篇以較之，皆不相應，於是下霸於吏。吏白霸罪當至死，成帝高其才而不誅，亦惜其文而不滅，故百兩之篇，傳在世間者。傳見之人，則謂《尚書》有百兩篇矣。」據此則以孔子所定本有百篇，遭燔殘缺不全，王充且以爲孔壁所得，亦有百篇，因祕於中而不得見。學者既不得見，而徒聞百篇之名，遂有張霸出而作僞。後之作僞孔古文者，正襲張霸之故智也。張霸與孔皆僞，究不知真古文安在。馬鄭註古文十六篇，世以爲孔壁真古文，而馬融云：「逸

十六篇，絶無師説。」既無師説，真僞難明。《史》、《漢》皆不具其篇目，劉逢禄以爲《逸周書》之類，非真《古文尚書》。證以劉歆引《武成》即《逸周書・世俘解》，似亦有據。其書既亡，是非莫決。此因秦燔亡失，而篇名多僞者也。一則今文、古文，《尚書》分别獨早。孔壁古文藏於中祕，劉向以中古文校三家，成帝以祕百篇校張霸，皆必是真古文。後遭新莽赤眉之亂，西京圖籍，未必尚存。《後漢書・杜林傳》云：「林前於西州得漆書《古文尚書》一卷，常寶愛之，雖遭難困，握持不離身。出以示衛宏徐巡曰：『林流離兵亂，常恐斯經將絶，何意東海衛子濟南徐生，復能傳之，是道竟不墜於地也。古文雖不合時務，然願諸生無悔所學。』宏巡益重之，於是遂行。」案杜林古文，馬鄭本之，以作傳註，所謂「古文遂行」也。此漆書或是中祕古文遭亂佚出者，杜林作《蒼頡訓纂》、《蒼頡》，故《漢書》云：「世言小學者由杜公。」杜既精於小學，得古文一卷，可以校刊俗本之譌，故賈逵作訓，馬融作傳，鄭玄註解，皆據以爲善本。許慎師賈逵，《説文》所列古文，當即賈逵所傳杜林漆書一卷，故其字亦無多。或以爲杜林見孔壁全書固非。或又以漆書爲杜林僞作，亦非也。《説文》「𢿻」字註引衛宏説，《隋書・經籍志》：「《古文官書》一卷。」後漢衛敬仲撰《史記・儒林傳》正義，《漢書・儒林傳》註皆引作衛宏詔定《古文尚書》。衛宏傳杜林之學，《官書》一卷，蓋本杜林。東漢諸儒，多壓今文以尊古文，馬融詆爲俗儒，鄭君疾其蔽冒，於是僞孔所謂隸古定，乃乘虚而入。自唐衛包改爲今文，而隸古定又非其舊，於是宋人之僞古文，又繼踵而起。而據《經典釋文・敍録》曰：「今齊宋舊本，及徐李等音所有古字，蓋亦無幾，穿鑿之徒，務欲立異，依傍字部，改變經文，疑惑後生，不可承用。」段玉裁謂：「按此則唐以前久有此僞書，蓋集《説文》《字林》魏石經，及一切離奇之字爲之傳，至郭忠恕作《古文尚書釋文》，此非陸德明《釋文》也，徐楚金、賈昌朝、夏竦、丁度、宋次道、王仲至、晁公武、宋公序、朱元晦、蔡仲默、王伯厚皆見之。公武刻石於蜀，薛季宣取爲《書古文訓》，此書僞中之僞，不足深辨。今或以爲此即僞孔序，所謂隸古者亦非也。」又謂：「按《尚書》自有此一種與今本絶異者，如郭氏璞説『茂才茂才』，賈氏公彦説『三岳三』海，釋元應説『高宗夢导説』、『砅砥砮丹』，陸氏德明説『眘徽五典』，孔氏穎達『説壁内之書治皆作亂』，顔氏師古説『湯斷奴𦵀』，徐氏鍇説『才生明』『説驩𠻨』，皆在宋次道以前也。」江聲好改字深信之。段不信，識優於江。據此，則僞中之僞，至於擅造文字，此又因秦燔亡失而文字多僞者也。

姚振宗《漢書藝文志拾補》卷一

《紀年》十三篇，汲冢竹書。束皙《竹書敍目》曰：「《紀年》十三篇，記夏以來至周幽王爲犬戎所滅，以事接之三家分，仍述魏事至安釐之二十年。按杜征南云：魏哀王二十年，此疑哀王之誤。蓋魏國之史書，大略與《春秋》皆多相應，其中經傳大異，則云夏年多殷；益干啓位，啓殺之；太甲殺伊尹；文丁殺季歷；自周受命，至穆王百年，非穆王壽百歲也；幽王既亡，有共伯和者攝行天子事，非二相共和也。」杜預《春秋左氏經傳集解・後序》曰：「其《紀年》篇，起自夏、殷、周，皆三代王事，無諸國别也。唯特記晉國起自殤叔，次文侯、昭侯，以至曲沃莊伯，之十一年十一月，魯隱公之元年正月也，皆用夏正建寅之月爲歲首，編年相次。晉國滅獨記魏事，下至魏哀王之二十年，蓋魏國之史記也。推校哀王二十年太歲任壬戌，上去孔子卒百八十一歲，下去今太康三年五百八十一歲，哀王二十三年乃卒，故特不稱謚，謂之今王，其書文意大似《春秋經》，推此足見古者國史、策書之常也。諸所記多與《左傳》符同，異於《公羊》、《穀梁》，知此二書近世穿鑿，非《春秋》本意審矣，雖不皆與《史記》、《尚書》同，然參而求之，可以端正學者，爲其粗有益於左氏，故略記之。」《隋志・史部・古史篇》《紀年》十二卷，汲冢書。《唐經籍志》編年類《紀年》，四卷。《藝文志》《紀年》十四卷，汲冢書。《宋史藝文志》《竹書》三卷，荀勗、和嶠。《玉海・藝文》曰：「《竹書紀年》，《崇文目》不著録，《中興書目》止有第四、第六及《雜事》三卷，下皆標云『荀氏，敍録』。一紀年、二紀令應、三雜事，皆殘缺。」《四庫提要》曰：「《竹書紀年》二卷，題沈約注，反覆推勘，似非束皙、杜預、郭璞及隋時所見本，又非酈道元、劉知幾、李善、瞿曇悉達、司馬貞、楊士勛、王存、羅泌、羅萃、鮑彪、董逌所見本，豈亦明人鈔合諸書爲之歟？沈約注外又有小字夾行之注，不知誰作。約注唯五帝三王最詳，而皆全鈔《宋書・符瑞志》語，約不應既著於史，又不易一字移而爲此本之注，然則此注亦依託耳。」按《竹書紀年》宋時僅存殘本三卷，《玉海》引《中興目》及《宋志》所載者是也。此外如晁氏《志》、趙氏《附志》、陳《録》、《通考》皆無其目，明《文淵閣書目》、《世善堂書目》亦無此書，知明代並此三卷亦亡矣，而獨見於范氏《天一閣書目》，云「《竹書紀年》二卷，梁沈約附注，明司馬公訂，刊版藏閣中」。司馬公者，謂其遠祖范欽，欽字堯卿，嘉靖十一年進士，官兵部右侍郎，即天一閣主人也。乃知今本二卷稱沈約注者，爲欽所輯録，其小字夾行之注亦欽所爲也。欽嘗刊入二十種奇書，吴琯、趙標輩紛紛傳刻，世遂有此一本，其後孫之騄之考定，徐文靖之統箋，洪頤煊之校正，林春浦之補證，陳詩之集注，雷學淇之考訂，張宗泰、趙紹祖之校補，韓怡之辨正，陳逢衡之集證，鄭環之考證，遞篹述，皆未嘗以爲汲冢原書，亦未嘗不取范本而勘訂

之，而不知即出於范氏也。《梁書》、《南史》、《隋、唐志》俱無沈約注《紀年》明文，不知范何據而羼入其語，蓋惟欲以奇書炫俗耳。

黄逢元《補晉書藝文志》卷一　《三墳書》，一卷，阮咸注。今存王謨《漢魏叢書》中，元案：《宋中興目》云是書晚出，元豐七年本三篇，合爲三卷，皆依託也。《通志》作三卷，與《歸藏》、《連山》二易冠《易》經首，《通考》附在《書經》。

又　《尚書音》五卷，孔安國、鄭玄、李軌、徐邈撰。見《七録》，《釋文序録》云：「漢人不作音，後人所託。」

吴士鑒《補晉書經籍志》卷一　孔安國《太誓注》。梁玉繩《瞥記》云：「《尚書・秦誓疏》謂晉李長林《尚書集注》，於僞《太誓》篇，每引孔安國説，宋裴駰《史記集解》於《五帝本紀》引孔安國注，《夏本紀》引孔注，今孔《傳》皆無此文。何晏注《論語》引孔注與今孔《傳》異，豈諸人並見真孔《傳》歟？」陳壽祺《左海文集》云：「《史記》、《漢書》、《漢紀》皆不言孔安國作《尚書傳》，前人辨之審矣。李長林，東晉江夏太守，其時枚賾之《古文尚書》已行，豈得有兩孔《傳》並出，而諸儒無一言及之乎？孔穎達以枚賾本爲真古文，故指馬、鄭本爲僞，然安國無作《傳》事，安得專爲《太誓》三篇作注？長林所引之孔安國疑晉安帝時。《尚書》見《晉書・禮志》及《通典》。」

姚振宗《隋書經籍志考證》卷三〇　《古今注》三卷，崔豹撰。崔豹有《論語集義》，詳見經部。《唐書・經籍志》《古今注》五卷，崔豹撰。《唐書・藝文志》崔豹《古今注》三卷。又史部儀注類崔豹《古今注》一卷。《宋史志》三卷。陳氏《書録》曰：「《古今注》三卷，晉太傅丞崔豹正熊撰。」又曰：「《中華古今注》三卷，後唐太學博士馬縞撰，蓋推廣崔豹之書也。」《玉海・藝文・記注類・中興書目》：「《古今注》三卷，晉太傅丞崔豹撰，雜取古今名物，各爲考釋，凡八門，『輿服』、『都邑』、『音樂』、『鳥獸』、『魚蟲』、『草木』、『雜注』、『問答』、『釋義』。《中華古今注》三卷，五代唐馬縞撰，初崔豹進《古今注》，原釋事物創始之意，縞復增益注釋以明之，凡六十六門。」《四庫提要》曰：「《古今注》三卷，舊本題晉崔豹撰。《中華古今注》三卷，舊本題後唐太學博士馬縞撰。豹書無序跋，縞書前有自序，稱晉崔豹《古今注》博識雖廣，殆有闕文，洎乎黄初莫之聞見，今添其注，以釋其義。然今互勘二書自宋齊以後事，二十九條外其魏晉以前之事豹書惟『草木』一類及『鳥獸』類，『吐綬烏一名功曹』七字爲縞書所無，縞書惟『服飾』一類及開卷五條爲豹書所闕，其餘所載並皆相同，不過次序稍有後先，字句偶有加減，縞所謂增注釋義，絶無其事。考《太平御覽》所引書名有豹書而無縞書，《文選》、《通考・雜家類》又祇有縞書而無豹書，知豹書久亡，縞書晚出，後人摭其中魏以前事，贋爲豹作，又檢校《永樂大典》所載《蘇鶚演義》與二書相同者十之五六，則不特豹書出于依託，即縞書亦不免于勦襲，特以相傳既久，姑存以備一家耳。」又《簡明目録》曰：「《古今注》三卷，晉崔豹撰。《中華古今注》三卷，五代馬縞撰。二書皆考證名物而文相同者十之九，故兩存其書，且并爲一帙，以便互考焉。案漢伏無忌有《古今注》，詳見史部雜史類，此蓋沿用其名。」

又卷三六　《東方朔占》二卷。《東方朔書》二卷。《東方朔書鈔》二卷。《東方朔曆》一卷。《東方朔占候水旱下人善惡》一卷「下人」當爲「卜人」。東方朔有《歲占》一卷，見前第五類遁甲諸書中。《漢書》本傳：「朔之文辭，凡劉向所録朔書具是矣。世所傳他事皆非也。」師古曰：「謂如《東方朔别傳》及俗用五行時日之書，皆非實事也。」案顔氏此注即指此類所載者是也。又《傳贊》曰：「朔喜爲庸人誦説，故今後世多傳聞者。朔之詼諧，逢占、射覆其事，浮淺行于衆庶，童兒、牧豎莫不眩耀。」如淳曰：「逢占、逢人所問而占之也。」師古曰：「此説非也。逢占，逆占事，猶云逆刺也。」《范書・方術傳・序注》：「前書班固曰：『東方朔之《逢占、覆射》。』《音義》云：『逢人所問而占之也。』此所引《音義》即如淳説，章懷蓋猶用舊義也。」《唐書經籍志》《東方朔占書》一卷。《藝文志》同。《四庫術數類存目提要》曰：「《東方朔占書》三卷，天一閣藏本，原本前後無序跋，所載皆測候風雲星月及太歲六十年豐兇占驗之法，其詞皆鄙俚不文。案《隋志》有《東方朔占》二卷，《東方朔書》二卷，《東方朔書鈔》二卷，《東方朔占候水旱卜人善惡》一卷，蓋古來雜占之書託于朔者甚多，此又僞本中之僞本也。」案本《志》及《通志略》皆作「下人善惡」，幾以爲僕隸下入，唯《提要》引作卜人，犒不可易。「卜人善惡」即翼奉所謂五音六情之術。嚴氏《全漢文編》曰：「隋志五行家有《東方朔歲占》一卷，又有《東方朔書》等凡六種，《開元占經》引見統稱《東方朔占》，凡九條。」

又卷三七　《神農本章》四卷，雷公集注。晁氏《讀書志》曰：「《雷公炮炙》三卷，宋雷斆撰，胡洽重定，述百藥性味、炮熬煮炙之方，其論多本之于乾寧晏先生。斆稱内究守國安正公，當是官名，未詳。」案此等官名蓋與真靈位業圖相類，又似其自號。明李時珍《本草綱目・序例》曰：「《雷公炮炙論》，劉宋時雷斆所著，非黄帝時雷公也，自稱内究守國安正公，或是官名也。胡洽居士重加定述，藥凡三百種，爲上中下三卷，其性味炮炙熬煮修事之法多古奥，文亦古質，别是一家，多本于乾寧晏先

生。其首序論述物理亦甚幽玄，録載于後。乾寧先生名晏封，著《制伏草石論》六卷，蓋丹石家書也。」晏封，《唐藝文志》作晏卦，列之唐代似誤，《宋志》有《郭晏封草食論》六卷，則其人姓郭。案本志及兩唐《志》皆無《雷公炮炙》之書，以是證知此四卷即是其書，如謂黄帝時雷公，則上古之時，不聞有注《本草》者，安得有集注之名乎？古雷公別有《藥對》四卷，見後。

又《桐君藥録》三卷。陶隱居《本草集注序》曰：「舊説皆稱《神農本經》，但軒轅以前文字未傳，當以識識相因，至于桐雷乃著，在于編簡。」又云：「有《桐君采藥録》，説其花葉形色。」《唐書·經籍志》《桐君藥録》三卷，桐君撰。《唐書·藝文志》《桐君藥録》三卷。《日本書目》二卷。明李時珍《本草綱目·序例》曰：「桐君，黄帝時臣也，書凡二卷，紀其花葉、形色，今已不傳。」案《御覽》八百六十七引《桐君録》曰：「酉陽、武昌、晉陵皆出好茗。」又曰：「茶花狀似梔子，其色稍白。」似皆出後人所羼非本文也。

雜録

康有爲《新學僞經考·僞經傳於通學成於鄭玄考第八》 後漢之儒，皆今學也。大儒講授，人徒千萬。如張興著録且萬人，蔡元著録萬六千人，樓望諸生著録九千餘人，宋登教授數千人，丁恭弟子自遠方至者著録數千人，曹曾門徒三千人，牟長學者常千人，牟紆亦千人，楊倫、杜撫、張元皆千餘人。其數百人者不可勝數。故舉天下皆今學也。而傳僞古學者，終後漢世不過杜、鄭、賈、馬數人而已。然且襲勝、師丹、公孫禄及諸博士攻之於前，范升、李育、何休、臨碩暨諸儒難之於後。哀帝、光武暨於諸帝，終不能違衆而立學官也。後世據僞古之大盛，疑漢人何不攻之。試思遺文所存，攻者之衆猶如此，今學之盛猶如此。劉歆僞經不過如晉薛真之僞《歸藏》，隋劉炫之僞《考經孔傳》，明豐坊之僞《子貢詩傳》，楊慎之僞《岣嶁碑》，人人皆知其僞，不甚信之。然則僞古學宜將滅矣，何能轉熾盛乎？今推其故，一由劉歆所傳皆一時之通學，一則博學必典校書，校書東觀者必惑歆所改中古文之本而笑今學之固陋。夫校書者爲天下學者之宗，通學者有著書自行之力。合斯二者，而鄭玄挾其碩學、高行、老壽，適丁漢微，經籍道息。康成揉合今古，而實得僞古之傳以行之，遂爲天下所宗。濫觴於杜、鄭，推行於賈逵，纂統於鄭玄，於是僞古行於九州暨海外，而今學亡矣。夫得才者興，廣士者强。覘晉文之從者而知其得國，睹燕昭之得士而知其奪齊。觀傳古學諸人，楊雄則稱「無所不見」，杜林則稱「博洽多聞」，桓譚則稱「博學多通」，賈逵則「問事不休」，馬融則「才高博洽」。自餘班固、崔駰、張衡、蔡邕之倫，並以弘覽博達，高文贍學，上比遷、向者，並校書東觀。傳授古學，或少習今學。洎入中秘，睹未見書，咸信爲然，盡捨舊學，而新是謀，反咎夙昔之愚，溺於鄉曲，因笑章句之徒，固陋無知。許慎所謂「不見通學」，桓譚之「憙非毀俗儒」也。諸人挾其豐贍之才，俯首信服，於是鼓動後生。人情喜新，樂其博異，豐力之士，靡不景從。雖無康成，僞經亦有必行之勢矣。蓋劉歆以校書爲傳授，盤踞高大，自應得博達之才，理勢然也。雖然，不值漢中微，今學不銷亡，鄭玄亦何能混一哉？然則今學與漢爲終始，是亦有天運者邪！今掇其通人傳歆古學者著於篇，而以康成終之。

考辨僞書部

先秦秦漢分部

綜　述

馬融《尚書傳序》　上古有虞氏之書，故曰《尚書》。僞《孔傳序》孔穎達正義。經傳所引《泰誓》，《泰誓》並無此文。《堯典》孔穎達正義。《泰誓》後得，案其文，似若淺露。又云八百諸侯不召自來，不期同時，不謀同辭，及火復於上，至於王屋，流爲雕，至五，以穀俱來舉火，神怪得無在子所不語中乎？又《春秋》引《泰誓》曰：「民之所欲，天必從之。」《國語》引《泰誓》曰：「朕夢協朕卜，襲于休祥，戎商必克。」《孟子》引《泰誓》曰：「我武惟揚，侵于之疆，取彼兇殘，我伐用張，于湯有光。」孫卿引《泰誓》曰：「獨夫受。」《禮記》引《泰誓》曰：「予克受，非予武，惟朕文考無罪；受克予，非朕文考有罪，惟予小子無良。」今文《泰誓》皆無此語。吾見書傳多矣，所引「《泰誓》」而不在《泰誓》者甚多，弗復悉記，略舉五事以明之，亦可知矣。《尚書・泰誓上》孔穎達正義。其中某些語句又見《尚書僞孔序》孔穎達正義、《左傳・襄公三十一年》孔穎達正義、林之奇《尚書全解》卷二二、蔡忱《書集傳》卷四、章如愚《山堂考索》續集卷五、王應麟《玉海》卷三七。逸十六篇絶無師説。《堯典》「虞書」孔穎達正義。

張衡《請禁絶圖讖疏》　臣聞聖人明審律歷以定吉凶，重之以卜筮，雜之以九宫，經天驗道，本盡於此。或觀星辰逆順，寒燠所由，或察龜策之占，巫覡之言，其所因者，非一術也。立言於前，有徵於後，故智者貴焉，謂之讖書。讖書始出，蓋知之者寡。自漢取秦，用兵力戰，功成業遂，可謂大事，當此之時，莫或稱讖。若夏侯勝、眭孟之徒，以道術立名，其所述著，無讖一言。劉向父子領校祕書，閲定九流，亦無讖録。成、哀之後，乃始聞之。《尚書》堯使鮌理洪水，九載績用不成，鮌則殛死，禹乃嗣興。而《春秋讖》云「共工理水」。凡讖皆云黄帝伐蚩尤，而《詩讖》獨以爲「蚩尤敗，然後堯受命」。《春秋元命包》中有公輸班與墨翟，事見戰國，非春秋時也。又言「別有益州」。益州之置，在於漢世。其名三輔諸陵，世數可知。至於圖中訖于成帝。一卷之書，互異數事，聖人之言，執無若是，殆必虚僞之徒，以要世取資。往者侍中賈逵摘讖互異三十餘事，諸言讖者皆不能説。至於王莽簒位，漢世大禍，八十篇何爲不戒？則知圖讖成於哀平之際也。且《河洛》、《六蓺》，篇録已定，後人皮傅，無所容簒。永元中，清河宋景遂以歷紀推言水災，而僞稱洞視玉版。或者至於棄家業，入山林。後皆無效，而復采前世成事，以爲證驗。至於永建復統，則不能知。此皆欺世罔俗，以昧執位，情僞較然，莫之糾禁。且律歷、卦候、九宫、風角，數有徵效，世莫肯學，而競稱不占之書。譬猶畫工，惡圖犬馬而好作鬼魅，誠以實事難形，而虚僞不窮也。宜收藏圖讖，一禁絶之，則朱紫無所眩，典籍無瑕玷矣。

劉向《列子書録》　右《新書》定著八章。護左都水使者光禄大夫臣向言：「所校中書《列子》五篇。臣向謹與長社尉臣參校讎太常書三篇，太史書四篇，臣向書六篇，臣參書二篇，内外書凡二十篇。以校，除復重十二篇，定著八篇，中書多，外書少，章亂布在諸篇中，或字誤，以『盡』爲『進』，以『賢』爲『形』，如此者衆。及在新書有棧，校讎從中書。已定，皆以殺青，書可繕寫。列子者，鄭人也，與鄭繆公同時，蓋有道者也。其學本於黄帝、老子，號曰道家。道家者，秉要執本，清虚無爲。及其治身接物，務崇不競，合於六經。而《穆王》、《湯問》二篇，迂誕恢詭，非君子之言也。至於《力命》篇一推分命，《楊子》之篇唯貴放逸，二義乖背，不似一家之書。然各有所明，亦有可觀者。孝景皇帝時貴黄老術，此書頗行於世，及後遺落，散在民間，未有傳者，且多寓言，與莊周相類，故太史公司馬遷不爲列傳。謹第録。臣向昧死上。護左都水使者光禄大夫臣向所校《列子書録》。永始三年八月壬寅上。」

《漢書・藝文志・諸子略》　《太公》二百三十七篇。吕望爲周師尚父，本有道者。或有近世又以爲太公術者所增加也。

又　《文子》九篇。老子弟子，與孔子並時，而稱周平王問，似依託者也。

又　《黄帝君臣》十篇。起六國時，與《老子》相似也。《雜黄帝》五十八篇。六國時賢者所作。《力牧》二十二篇。六國時所作，託之力牧。力牧，黄帝相。

又　《道家言》二篇。近世，不知作者。

又　《黄帝・泰素》二十篇。六國時韓諸公子所作。

又　孔甲《盤盂》二十六篇。黄帝之史，或曰夏帝孔甲，似皆非。《大命》三十七篇。

傳言禹所作，其文似後世語。

又《神農》二十篇。六國時，諸子疾時怠於農業，道耕農事，託之神農。

又《伊尹説》二十七篇。其語淺薄，似依託也。《鬻子説》十九篇。後世所加。

又《師曠》六篇。見《春秋》，其言淺薄，本與此同，似因託之。《務成子》十一篇。稱堯問，非古語。

又《天乙》三篇。天乙謂湯，其言非殷時，皆依託也。《黄帝説》四十篇。迂誕依託。

又《封胡》五篇。黄帝臣，依託也。《風后》十三篇。圖二卷。黄帝臣，依託也。《力牧》十五篇。黄帝臣，依託也。

又《鬼容區》三篇。圖一卷。黄帝臣，依託。

魏晉南北朝分部

綜　述

葛洪《西京雜記》卷三《辨爾雅》　郭威字文偉，茂陵人也。好讀書，以謂《爾雅》周公所制，而《爾雅》有「張仲孝友」，張仲，宣王時人，非周公之制明矣。余嘗以問楊子雲，子雲曰：「孔子門徒游、夏之儔所記，以解釋六藝者也。」家君以爲《外戚傳》稱「史佚教其子以《爾雅》，《爾雅》，小學也。」又記言：「孔子教魯哀公學《爾雅》。」《爾雅》之出遠矣。舊傳學者，皆云周公所記也，「張仲孝友之類」，後人所足耳。

梁武帝《孔傳舜典議》　孔《序》稱伏生誤合五篇，皆文相承接，所以致誤。《舜典》首有「曰若稽古」，伏生雖昏耄，何容合之。《經典釋文·敘録》：齊明帝建武中，吴興姚方興采馬、王之注造《孔傳舜典》一篇，云於大船頭買得，上之。梁武時爲博士，議云云，遂不行用。

釋僧祐《疑經僞撰雜録》　《長阿含經》云：「佛將涅槃，爲比丘説四大教法。若聞法律，當于諸經推其虚實，與法相違，則非佛説。」又大涅槃經云：「我滅度後，諸比丘輩。鈔造經典，令法淡薄。」種智所照，驗于今矣。自像運澆季，浮競者多，或憑真以構僞，或飾虚以亂實。昔安法師摘出僞經二十六部，又指慧達道人，以爲深戒。古既有之，今亦宜然矣。祐校閲羣經，廣集同異，約以經律，頗見所疑。夫真經體趣融然深遠，假託之文辭意淺雜。玉后朱紫，無所逃形也。今區别所疑，注之于録，并近世妄撰，亦標于末，竝依倚雜經，而自制名題，進不聞遠適外域，退不見承譯西賓，我聞興于户牖，印可出于胸懷，誑誤後學，良足寒心，既躬所見聞，寧敢默已，嗚呼來葉，慎而察焉。僧法尼所誦出經二十一種，凡三十五卷。經如前件。齊末太學博士江泌處女尼子所出。初，尼子年在齠齔，有時閉目静坐，誦出此經，或説上天，或稱神授，發言通利，有如宿習，令人寫出，俄而還止，經歷旬朔，續復如前。京都道俗咸傳其異。今上敕見面問所以。其依事奉答，不異常人。然篤信正法，少修梵行。父母欲嫁之，誓而弗許。後遂出家，名僧法，住青園寺。祐既收集正典，檢括異間，事接耳目，就求省視。其家祕隱，不以見示，唯得《妙音師子吼經》三卷，以備疑經之録。此尼以天監四年三月亡。有好事者得其文，疏前後所出，經二十餘卷。厥舅孫質，以爲真經，行疏勸化，收拾傳寫，既染毫牘，必存于世。昔漢建安末，濟陰丁氏之妻，忽如中疾，便能梵語，又求紙筆，自爲梵書。復有西域梵人，見其此書，云是别經。推尋往古，不無此事，但義非金口，又無師譯，取舍兼懷，故附之疑例。《薩婆若陀眷屬莊嚴經》一卷。右一部梁天監九年，郢州頭陀道人妙光，戒歲七臘，矯以勝相。諸尼嫗人，僉稱聖道。彼州僧正，議欲驅擯。遂潛下都，住普弘寺，造作此經，又寫在屏風，紅紗映覆，香花供養，雲集四部，嚫供煙塞。事源顯發，敕付建康辯覈疑狀云。鈔略諸經，多有私意妄造。借書人路琰，屬辭潤色。獄牒：妙光巧詐，事應斬刑，路琰同謀，十歲謫戍。即以其年四月二十一日，敕僧正慧超，令喚京師能講大法師宿德如僧祐、曇準等二十人，共至建康，前辯妙光事。超即奉旨，與曇準僧祐法龍、慧令、慧集、智藏、僧旻、法雲等二十人，于縣辯問，妙光伏罪，事事如牒。衆僧詳議，依律擯治，天恩免死。恐于偏地，復爲惑亂，長繫東冶。即收拾此經，得二十餘本及屏風，于縣燒除。然猶有零散，恐亂後生，故復略記。薩婆若陀長者，是妙光父名，妙光弟名金剛德體，弟子名師子。

劉勰《文心雕龍》卷四《正緯》　夫神道闡幽，天命微顯，馬龍出而大《易》興，神龜見而《洪範》耀。故《繫辭》稱「河出圖，洛出書，聖人則之」，斯之謂也。但世敻文隱，好生矯誕，真雖存矣，僞亦憑焉。夫「六經」彪炳，而緯候稠疊；《孝》、《論》昭

晰，而鈎讖葳蕤。按經驗緯，其僞有四。蓋緯之成經，其猶織綜；絲麻不雜，布帛乃成。今經正緯奇，倍摘千里，其僞一矣。經顯，聖訓也；緯隱，神教也。聖訓宜廣，神教宜約，而今緯多於經，神理更繁，其僞二矣。有命自天，迺稱符讖，而八十一篇，皆託於孔子，則是堯造《緑圖》，昌制《丹書》，其僞三矣。商周以前，圖籙頻見，春秋之末，羣經方備，先緯後經，體乖織綜，其僞四矣。僞既倍摘，則義異自明。經足訓矣，緯何豫焉？原夫圖籙之見，迺昊天休命，事以瑞聖，義非配經。故河不出圖，夫子有歎，如或可造，無勞喟然。昔康王《河圖》，陳於東序，故知前世符命，歷代寶傳，仲尼所撰，序録而已。於是伎數之士，附以詭術，或説陰陽，或序災異，若鳥鳴似語，蟲葉成字。篇條滋蔓，必假孔氏。通儒討覈，謂起哀平。東序祕寶，朱紫亂矣。至於光武之世，篤信斯術，風化所靡，學者比肩，沛獻集緯以通經，曹褒撰讖以定禮。乖道謬典，亦已甚矣。是以桓譚疾其虚僞，尹敏戲其深瑕，張衡發其僻謬，荀悦明其詭誕，四賢博練，論之精矣。若乃羲、農、軒、皞之源，山瀆、鍾律之要，白魚、赤烏之符，黄金、紫玉之瑞，事豐奇偉，辭富膏腴，無益經典，而有助文章。是以後來辭人，采摭英華。平子恐其迷學，奏令禁絶；仲豫惜其雜真，未許煨燔；前代配經，故詳論焉。贊曰：榮河温洛，是孕圖緯。神寶藏用，理隱文貴。世歷二漢，朱紫騰沸。芟夷譎詭，糅其雕蔚。

《南齊書·陸澄傳》 世有一《孝經》，題爲鄭玄注，觀其用辭，不與注書相類。案玄自序所注衆書，亦無《孝經》。

顔之推《顔氏家訓·書証篇》 《易》有蜀才注，江南學士，遂不知是何人。王儉《四部目録》，不言姓名，題云：「王弼後人。」謝炅、夏侯該，竝讀數千卷書，皆疑是譙周，而《李蜀書》一名《漢之書》，《隋書·經籍志》漢之書十卷常璩撰云：「姓范名長生，自稱蜀才。」南方以晉家渡江後，北間傳記，皆名爲僞書，不貴省讀，故不見也。

又 《通俗文》，世間題云「河南服虔字子慎造。」虔既是漢人，其敍乃引蘇林、張揖，蘇、張皆是魏人。且鄭玄以前，全不解反語，《通俗》反音，甚會近俗。阮孝緒又云：「李虔所造。」河北此書，家藏一本，遂無作李虔者。《晉中經簿》及《七志》，竝無其目，竟不得知誰制。然其文義允愜，實是高才。殷仲堪《常用字訓》，亦引服虔俗説，今復無此書，未知即是《通俗文》，爲當有異？近代或更有服虔乎？不能明也。

又 或問：「《山海經》，夏禹及益所記，而有長沙、零陵、桂陽、諸暨，如此郡縣不少，以爲何也？」答曰：「史之闕文，爲日久矣，加復秦人滅學，董卓焚書，典籍錯亂，非止於此。譬猶《本草》，神農所述，而有豫章、朱崖、趙國、常山、奉高、真定、臨淄、馮翊、等郡縣名，山諸藥物；《爾雅》周公所作，而云『張仲孝友』；仲尼修《春秋》而《經》書孔丘卒；《世本》左丘明所書，而有燕王喜、漢高祖；《汲冢瑣語》，乃載《秦望碑》；《蒼頡篇》李斯所造，而云『漢兼天下，海内并廁，豨黥韓覆，畔討滅殘』；《列仙傳》劉向所造，而《贊》云七十四人出佛經；《列女傳》亦向所造，其子歆又作《頌》，終於趙悼后，而傳有更始韓夫人、明德馬后及梁夫人嫕，皆由後人所羼，非本文也。」

隋唐五代分部

綜　述

孔穎達《周易正義》卷一 其《周易繫辭》，凡有二説：一説所以《卦辭》、《爻辭》並是文王所作。知者案《繫辭》云：「易之興也其于中古乎？作《易》者其有憂患乎？」又曰：「《易》之興也其當殷之末世，周之盛德邪？當文王與紂之事邪？」又《乾鑿度》云：「垂皇策者犧，卦道演德者文，成命者孔。」《通卦驗》又云：「蒼牙通靈昌之成，孔演命，明道經。」準此諸文，伏羲制卦，文王繫辭，孔子作《十翼》，《易》歷三聖，只謂此也。故史遷云「文王囚而演《易》」，即是「作《易》者其有憂患乎」？鄭學之徒並依此説。二以爲驗《爻辭》多是文王後事。案《升卦·六四》「王用享于岐山」，武王克殷之後，始追號文王爲王，若《爻辭》是文王所制，不應云「王用享于岐山」。又《明夷·六五》「箕子之明夷」，武王觀兵之後，箕子始被囚奴，文王不宜豫言箕子之明夷。又《既濟·九五》「東鄰殺牛，不如西鄰之禴祭」，説者皆云「西鄰謂文王，東鄰謂紂」，文王之時，紂尚南面，豈容自言己德受福勝殷；又欲抗君之國，遂言東西相鄰而已。又《左傳》韓宣子適魯見《易象》，云「吾乃知周公之德」，周公被流言之謗，亦得爲憂患也。驗此諸説，以爲《卦辭》文王，《爻辭》周公，馬融、陸績等並同此説，今依而用之。所以只言三聖，不數周公者，以父統子業故也。

又 《孝經緯》稱：「《易》建八卦，序六十四卦，轉成三百八十四爻，運機布度，其氣轉易，故稱經也。」但緯文鄙僞，不可全信。

孔穎達《尚書正義·序》 《藝文志》曰：「仲尼没而微言絶，七十子喪而大義乖。」況遭秦焚書之後，羣言競出，其緯文鄙近，不出聖人；前賢共疑，有所不取；通人考正，僞起哀、平。則孔君之時未有此緯，何可引以爲難乎？

又 《史記》及《儒林傳》皆云伏生獨得二十九篇以教齊、魯，則今之《泰誓》非初伏生所得。案《馬融傳》云：「《泰誓》後得。」鄭玄《書論》亦云：「民間得《泰誓》。」《别録》曰：「武帝末，民有得《泰誓》書於壁内者，獻之；與博士使讀説之，數月，皆起傳以教人。」則《泰誓》非伏生所傳，而言二十九篇者，以司馬遷在武帝之世，見《泰誓》出而得行，入於伏生所傳内，故爲史總之，并云伏生所出；不復曲別分析，云民間所得，其實得時不與伏生所傳同也。但伏生雖無此一篇，而書傳有八百諸侯俱至孟津、白魚入舟之事，與《泰誓》事同。不知爲伏生先爲此説？不知爲是《泰誓》出後，後人加增此語？案王充《論衡》及後漢史，獻帝建安十四年黄門侍郎房宏等説云：「宣帝泰和元年，河内女子有壞老子屋得古文《泰誓》三篇。」《論衡》又云：「以掘地所得者。」今《史》、《漢書》皆云伏生傳二十九篇，則司馬遷時已得《泰誓》，以并歸于伏生，不得云宣帝時始出也。則云宣帝時女子所得，亦不可信。或者爾時重得之，故於後亦據而言之。《史記》云伏生得二十九篇，《武帝紀》載今文《泰誓》末篇，由此劉向之作《别録》、班固爲《儒林傳》不分明，因同于《史記》，而劉向云武帝末得之。《泰誓》理當是一，而古今文不同者，即馬融所云「吾見書傳多矣，凡諸所引，今之《泰誓》皆無此言」，而古文皆有，則古文爲真亦復何疑。但于先有張霸之徒，僞造《泰誓》以藏壁中，故後得而惑世也。亦可今之《泰誓》，百篇之外，若《周書》之例，以于時實有觀兵之誓，但不録入《尚書》，故古文《泰誓》曰「皇天震怒，命我文考，肅將天威，大勳未集，肆予小子發以爾友邦冢君觀政于商」，是也。

又《舜典》 蠻夷猾夏，興兵犯邊。【略】唐堯之聖，協和萬邦，不應末年頓至于此。蓋少有其事，辭頗增甚。

又《大禹謨》 隱八年《穀梁傳》曰：「誥誓不及五帝，盟詛不及三王，交質不及二伯。」二伯，謂齊桓公、晉公公也。不及者，言於時未有也。據此文，五帝之世有誓；《周禮》立司盟之官，三王之世有盟也；《左傳》云平王與鄭交質，二伯之前有質也。《穀梁傳》漢初始作，不見經文，妄言之耳。同上，《大禹謨》「誓于師」疏。

又 《紀年》云：「殷仲壬即位，居亳；其卿士伊尹。仲壬崩，伊尹乃放太甲於桐而自立也。伊尹即位于太甲七年。太甲潛出自桐，殺伊尹；乃立其子伊陟、伊奮，命復其父之田宅而中分之。」案此經序伊尹奉太甲歸于亳，其文甚明。《左傳》又稱「伊尹放太甲而相之」。孟子云：「有伊尹之志則可，無伊尹之志則篡。」伊尹不肯自立，太甲不殺伊尹也。必若伊尹放君自立，太甲起而殺之，則伊尹死有餘罪，義當汙宫滅族，太甲何所感德，而復立其子、還其田宅乎？《紀年》之書，晉太康八年，汲郡民發魏安僖王冢得之，蓋當時流俗有此妄説，故其書因記之耳。

孔穎達《毛詩正義·詩譜序》 《史記·孔子世家》云：「古者《詩》本三千餘篇，【略】去其重，取其可施於禮義者，【略】三百五篇。」是《詩》三百者，孔子定之。如《史記》之言，則孔子之前詩篇多矣。案書傳所引之詩，見在多者，亡逸者少，則孔子所録不容十分去九；馬遷言古詩三千餘篇，未可信也。

又《大雅靈臺序》 案《大戴禮·盛德篇》云：「明堂者，所以明諸侯尊卑也；外水名曰辟廱。」《政穆篇》云：「大學，明堂之東序也。」如此文，則辟廱、明堂同處矣，故諸儒多用之。盧植《禮記注》云：「明堂即太廟也。天子太廟，上可以望氣，故謂之靈臺；中可以序昭穆，故謂之太廟；圓之以水，似璧，故謂之辟廱。古法皆同一處，近世殊異，分爲三耳。」蔡邕《月令論》云：「取其宗廟之清貌，則曰清廟；取其正室之貌，則曰太廟；取其堂，則曰明堂；取其四門之學，則曰太學；取其周水圓如璧，則曰辟廱。異名而同耳，其實一也。」潁子容《春秋釋例》云：「太廟有八名，其體一也：肅然清静，謂之清廟；行禘祫，序昭穆，謂之太廟；告朔行政，謂之明堂；行饗射，養國老，謂之辟廱；占雲物，望氣祥，謂之靈臺；其四門之學，謂之太學；其中室謂之太室；總謂之宫。」賈逵、服虔注《左傳》亦云：「靈臺在太廟、明堂之中。」此等諸儒皆以廟、學、明堂、靈臺爲一。鄭必知異處者，袁準《正論》云：「明堂、宗廟、太學，禮之大物也，事義不同，各有所爲；而世之論者合以爲一體，取《詩》、《書》放逸之文，經典相似之語而致之，不復考之人情，驗之道理，失之遠矣。夫宗廟之中，人所致敬，幽隱清静，鬼神所居；而使衆學處焉，饗射其中，人鬼慢黷，死生交錯，囚俘截耳，瘡痍流血，以干犯鬼神，非其理矣。且夫茅茨采椽，至質之物；建日月，乘玉輅，以處其中，象箸玉杯而食于土簋，非其類也。如《禮記》先儒之言，明堂之制，四面，東西八丈，南北六丈；《禮》：『天子七廟，左昭右穆，又有祖宗不在數中。』以明堂之制言之，昭穆安在？若又區别，非一體也。夫宗廟鬼神之居，祭天而于人鬼之室，非其處也。夫明堂法天之宫，非鬼神常處，故可以祭天，

而以其祖配之；配其父于天位，可也，事天而就人鬼，則非義也。自古帝王必立大小之學以教天下，有虞氏謂之上庠、下庠，夏后氏謂之東序、西序，殷謂之右學、左學，周謂之東膠、虞庠，皆以養老乞言。《明堂位》曰：『瞽宗，殷學也。』周置師保之官，居虎門之側，然則學宮非一處也。《文王世子》：『春夏學干戈，秋冬學羽籥，皆于東序。』又曰：『秋學禮，冬學書，禮在瞽宗，書在上庠。』此周立三代之學也。可謂立其學，不可謂立其廟，然則太學非宗廟也。又曰：『世子齒于學，國人觀之。』宗廟之中，非百姓所觀也。《王制》曰『周人養國老于東膠』，不曰辟廱。『養國老于右學，養庶老于左學』，宗廟之尊不應與小學爲左右也。辟廱之制，圓之以水：圓象天，取生長也；水潤下，取其惠澤也；水必有魚鼈，取其所以養也。是故明堂者，大朝諸侯講禮之處；宗廟，享鬼神歲觀之宮；辟廱，大射養孤之處；太學，衆學之居；靈臺，望氣之觀；清廟，訓儉之室。各有所爲，非一體也。古有王居明堂之禮，《月令》則其事也；天子居其中，學士處其內，君臣同處，死生參竝，非其義也。大射之禮，天子張三侯，大侯九十步，其次七十步，其次五十步，辟廱處其中；今未知辟廱廣狹之數，但二九十八加之，辟廱則徑三百步也；凡有公卿大夫諸侯之賓，百官侍從之衆，殆非宗廟中所能容也。禮，天子立五門，又非一門之間所能受也。明堂以祭鬼神，故亦謂之廟；明堂太廟者，明堂之內太室，非宗廟之太廟也。於辟廱獻捷者，謂鬼神惡之也。或謂之學者，天下之所學也。總謂之宮，大同之名也。生人不謂之廟，此其所以別也。先儒曰：『春秋人君將行，告宗廟；反，獻于廟。』《王制》釋奠於學，以訊馘告，則太學亦廟也。其上句曰『小學在公宮之左，太學在郊』，明太學非廟，非所以爲證也。『周人養庶老于虞庠』，虞庠在國之西郊，今《王制》亦小學近而太學遠，其言乖錯，非所以爲正也。穎氏云：『公既視朔，遂登觀臺，以其言遂，故謂之同處。』夫遂者，遂事之名，不必同處也。馬融云：『明堂在南郊，就陽位。而宗廟在國外，非孝子之情也。古文稱明堂陰陽者，所以法天道，順時政，非宗廟之謂也。』融云『告朔行政，謂之明堂』，夫告朔行政，上下同也，未聞諸侯有明堂之稱也；順時行政，有國皆然，未聞諸侯有居明堂者也。齊宣王問孟子：『人皆謂我毀明堂，毀諸已乎？』孟子曰：『夫明堂者，王者之堂也，王欲行王政則勿毀之矣。』夫宗廟之毀，非獨王者也；若明堂即宗廟，不得曰夫明堂王者之宗廟也。且說諸侯而教毀宗廟，爲人君而疑于可毀與否，雖復淺丈夫，未有是也。孟子古之賢大夫，而皆子思弟子，去聖不遠，此其一證也。《尸子》曰：『昔武王崩，成王少，周公踐東宮，祀明堂，假爲天子。』明堂在左，故謂之『東宮』；王者而後有明堂，故曰『祀明堂，假爲天子』，此又其證也。」竊以準之此論，可以申明鄭意。《大戴禮》遺逸之書，文多假託，不立學官，世無傳者；其《盛德篇》云「明堂外水名曰辟廱」，《政穆篇》稱「太學，明堂之東序」，皆後人所增，失于事實。

又《禮記正義・祭法》　云「少昊氏修黃帝之法，後王無所取焉」者，以《易緯》有黃帝及顓頊以下之樂，無少昊之樂；又，《易繫辭》云「神農氏没，黃帝、堯、舜氏作」，皆不云少昊，故知無取焉。《月令》「秋，其帝少昊」者，直以五行在金，唯託記之耳。

又《左傳正義・莊公九年》　世有《管子》書者，或是後人所録，其言甚詳。【略】《外傳・齊語》與《管子》大同，《管子》當是本耳。《管子》無治于高傒之言，鮑叔之美管子，其言非一，說者各記所聞，故不同耳。

《隋書・經籍志・易類小序》　《歸藏》，漢初已亡，案晉《中經簿》有之，唯載卜筮，不似聖人之旨。以本卦尚存，故取貫于《周易》之首，以備殷《易》之缺。

又《孝經類》　《古文孝經》一卷，孔安國傳，梁末亡逸；今疑非古本。

又《孝經類小序》　又有鄭氏《注》，相傳或云鄭玄，其立義與玄所注餘書不同，故疑之。梁代安國及鄭氏二家並立國學；而安國之本亡于梁亂，陳及周、齊唯傳鄭氏。至隋祕書監王劭于京師訪得《孔傳》，送至河間劉炫，炫因序其得喪，述其議疏，講于人間，漸聞朝廷，後遂著令與鄭氏並立；儒者諠諠，皆云炫自作之，非孔舊本。

又《緯書類小序》　說者又云，孔子既敍《六經》以明天人之道，知後世不能稽同其意，故別立緯及讖以遺來世。其書出于前漢，有《河圖》九篇，《洛書》六篇，云自黃帝至周文王所受本文。又別有三十篇，云自初起至于孔子，九聖之所增演，以廣其意。又有《七經緯》三十六篇，并云孔子所作，并前合爲八十一篇。而又有《尚書中候》、《洛罪級》、《五行傳》、《詩推災度》、《氾厤樞》、《含神霧》、《孝經・勾命訣》、《援神契》、《雜讖》等書。漢代有郗氏、袁氏說。漢末郎中郗萌集圖緯讖雜占爲五十篇，謂之《春秋災異》，宋均。鄭玄並爲讖律之注。然其文辭淺俗，顛倒舛謬，不類聖人之旨，相傳疑世人造爲之後，或者又加點竄，非其實録；起王莽好符命，光武以圖讖興，遂盛行于世。漢時又詔東平王蒼正《五經》章句，皆命從讖。俗儒趨時，益爲其學，篇卷第目轉加增廣。言《五經》者皆憑讖爲說，唯孔安國、毛公、王璜、賈逵之徒獨非之，相承以爲祆妄，亂中庸之典；故因漢魯恭王、河間獻王所得古文，參而考之，以成其義，謂之古學。當世之儒又非毀之，竟不得行。魏代王

肅推引古學以難其義，王弼、杜預從而明之，自是古學稍立。至宋大明中，始禁圖讖；梁天監以後，又重其制；及高祖受禪，禁之踰切；煬帝即位，乃發使四出，搜天下書籍與讖緯相涉者皆焚之，爲吏所糾者至死。自是無復其學，祕府之内亦多散亡。

又《雜傳類小序》 漢時阮倉作《列仙圖》，劉向典校經籍，始作《列仙》、《列士》、《列女》之傳，皆因其志尚，率爾而作，不在正史。【略】魏文帝又作《列異》，以序鬼物奇怪之事；嵇康作《高士傳》，以敘聖賢之風。因其事類，相繼而作者甚衆，名目轉廣，而又雜以虚誕怪妄之説。【略】載筆之士删採其要焉。

又《道家類》 《廣成子》十三卷，商洛公撰，張太衡注，疑近人作。

又《墨家類》 《隨巢子》一卷，巢似墨翟弟子。《胡非子》一卷，非似墨翟弟子。

又《雜家類》 《尸子》二十卷，目一卷，梁十九卷；秦相衛鞅上客尸佼撰。其九篇亡，魏黄初中續。

又《匡衡傳注》 今有《西京雜記》者，其書淺俗，出于里巷，亦不知爲何人所作。

《唐會要·論經義》 開元七年三月一日勑：「《孝經》、《尚書》有古文本孔、鄭注，其中旨趣頗多踳駁，精義妙理若無所歸，作業用心復何所適。宜令諸儒并訪後進達解者，質定奏聞。」其月六日，詔曰：「《孝經》者，德教所先，自頃以來，獨宗鄭氏；孔氏遺旨，今則無聞。又子夏《易傳》，近無習者；輔嗣注《老子》，亦甚甄明；諸家所傳，互有得失，獨據一説，能無短長！其令儒官詳定所長，令明經者習讀，若將理等，亦可並行。其作《易》者，並帖子夏《易傳》，共寫一部，亦詳其可否，奏聞。」時議以爲不可，遂停。其年四月七日，左庶子劉子玄上《孝經注議》曰：【略】謹按：今俗所行《孝經》，題曰鄭氏注，爰自近古，皆云鄭即康成；而魏、晉之朝無有此説。至晉穆帝永和十一年及孝武帝太元元年，再聚羣臣，其論經義；有荀昶者，撰集《孝經》諸説，始以鄭氏爲宗。自齊、梁以來，多有異論：陸澄以爲非玄所注，請不藏于祕省；王儉不依其請，遂得見傳于時；魏、齊則立于學官，著在律令。蓋由膚俗無識，故致斯訛舛。然則《孝經》非玄所注，其驗十有二條。據鄭君自序云『遭黨錮之事，逃難註《禮》；黨錮事解，注《古文尚書》、《毛詩》、《論語》；爲袁譚所逼，來至元城，乃注《周易》』，都無註《孝經》之文，其驗一也。鄭玄卒後，其弟子追論師所著述及應對時人，謂之《鄭志》；其言鄭所註者，唯有《毛詩》、《三禮》、《尚書》、《周易》，都不言鄭注《孝經》，其驗二也。又《鄭志》目録記鄭之所注，《五經》之外，有《中候》、《書傳》、《七政論》、《乾象歷》、《六藝論》、《毛詩譜》、《答臨碩難禮》、《駁許慎異義》、《釋廢疾》、《發墨守》、《箴膏肓》及《答甄子然》等書，寸紙片札莫不悉載，若有《孝經》之注，無容匿而不言，其驗三也。鄭之弟子分授門徒，各述師言，更相問答，編録其語，謂之《鄭志》，唯載《詩》、《書》、《禮》、《易》、《論語》，其言不及《孝經》，其驗四也。趙商作《鄭先生碑銘》，具稱其所注箋駁論，亦不言注《孝經》。晉《中經簿·周易》、《尚書》、《尚書中候》、《尚書大傳》、《毛詩》、《周禮》、《儀禮》、《禮記》、《論語》，凡九書，皆云鄭氏注，名玄。至于《孝經》，則稱『鄭氏解』，無『名玄』二字，其驗五也。《春秋演孔圖注》云：『康成注《三禮》、《詩》、《易》、《尚書》、《論語》，其《春秋》、《孝經》别有評論。』宋均于《詩譜》云『我先師北海鄭司農』，則均是玄之傳業子弟也，師所著述，無容不知，而云《春秋》、《孝經》唯有評論，非玄之所著于此特明，其驗六也。又宋均《孝經緯注》引鄭《六藝論》敘《孝經》云：『玄又爲之注。司農論如是，而均無聞焉，有義無辭，令予昏惑。』舉鄭之語而云無聞，其驗七也。宋均《春秋緯注》云『玄爲《春秋》、《孝經》略説』，則非注之謂，所言『玄又爲之注』者，汎辭耳，非事實；敘《春秋》亦云『玄又爲之注』也，寧可復責以實注《春秋》乎？其驗八也。後漢史書存于代者，有謝承、薛瑩、司馬彪、袁山松等，具爲《鄭玄傳》者，載其所注，皆無《孝經》，其驗九也。王肅《孝經傳》首有司馬宣王之奏，並奉詔令，諸儒注述《孝經》，以肅説爲長，若先有鄭《注》，亦應言及，而不言鄭，其驗十也。王肅注《書》，發揚鄭短，凡有小失，皆在《聖證》；若《孝經》此注亦出鄭氏，被肅攻擊最應煩多；而肅無言，其驗十一也。魏、晉朝賢辨論時事，鄭氏諸註無不撮引，未有一言引《孝經》之注，其驗十二也。凡此證驗，易爲考覈。前世之學者不覺其非，乘彼謬説，競相推舉，諸解不立學官，此注獨行于代。觀夫言語鄙陋，固不可示彼後來，傳諸不朽。至如《古文孝經孔傳》，本出孔子壁中，語其詳正，無俟商榷，而曠代亡逸，不復流行。至隋開皇十四年，祕書學士王孝逸于京肆陳人處買得一本，送與著作郎王劭，以示河間劉炫，而更此書更無兼本，難可依憑；炫輒以所見率意刊改，因著《古文孝經稽疑》一篇。劭以爲此書經文盡在，正義甚美；而歷代未嘗置于學官，良可惜也。然則孔、鄭二家，雲泥致隔。今綸音發問，校其短長，愚謂行孔廢鄭，于義爲允。又，今俗所行《老子》，是河上公註。其序曰：『河上公者，漢文帝時人，結草庵于河曲，乃以爲號；以所注《老子》授文帝，因冲空上天。』此乃不經之鄙言，流俗之虚語。按《漢書·藝文志》注《老子》者三家，河上所

釋無聞焉爾，豈非注者欲神其事，故假造其説耶？其言鄙陋，其理乖訛；豈如王弼所著，義旨爲優。必黜河上公，升王輔嗣，在于學者，實得其宜。又按《漢書·藝文志易》有十三家，而無子夏作傳者，至梁阮氏《七録》而有《子夏易》六卷。或曰：「咸韓嬰作。」或曰：「丁寬作。」然據《漢書·藝文志》，韓《易》有二篇，丁《易》有八篇，求其符合，則事殊隳刺者矣。歲越千齡，時經百代，其所著述，沈翳不行，豈非後來假憑先哲，亦猶石崇謬稱阮籍，鄭璞濫名周寶。必欲行用，深以爲疑。臣竊以鄭氏《孝經》，河上公《老子》，二書訛舛，不足流行；孔、王兩家，實堪師授，每懷此意，其願莫從。伏見去月十日勅令所司詳定四書得失，具狀奏聞，臣等尋草議請行王、孔二書，牒禮部訖，如狀爲允，請即頒行。」

劉知幾《史通·疑古第二》 案《論語》曰：「君子成人之美，不成人之惡。」又曰：「成事不説，遂事不諫，既往不咎。」又曰：「民可使由之，不可使知之。」夫聖人立教，其言若是，在于史籍，其義亦然。是以美者因其美而美之，雖有其惡，不加毁也；惡者因其惡而惡之，雖有其美，不加譽也。故孟子曰：「堯、舜不勝其美，桀、紂不勝其惡。」魏文帝曰：「舜、禹之事，吾知之矣。」漢景帝曰：「言學者無言湯、武受命，不爲愚。」斯並曩賢精鑑，已有先覺；而拘于禮法，限以師訓，雖口不能言，而心知其不可者蓋亦多矣。又案：魯史之有《春秋》也，外爲賢者，内爲本國，事靡洪纖，動皆隱諱。斯乃周公之格言；然何必《春秋》，在于《六經》亦皆如此。故觀夫子之刊《書》也，夏桀讓湯，武王斬紂，其事甚著，而芟夷不存。觀夫子之定《禮》也，隱、閔非命，惡、視不終，而奮筆昌言，云魯無篡弑。觀夫子之删《詩》也，凡諸國風皆有怨刺，在于魯國，獨無其章。觀夫子之《論語》也，君娶于吴，是謂同姓，而司敗發問，對以知禮。斯驗世人之飾智矜愚、愛憎由己者多矣。加以古文載事，其詞簡約，推者難詳，缺漏無補；遂令後來學者莫究其源，蒙然靡察，有如聾瞽。今故訐其疑事以著于篇，凡有十條，列之於後。蓋《虞書》之美放勳也，云「克明俊德」。而陸賈《新語》又曰：「堯、舜之人，比屋可封。」蓋因《堯典》成文而廣造奇説。案《春秋傳》云：「高陽、高辛二氏各有才子八人，謂之元、凱；此十六族也，世濟其美，不隕其名，以至于堯，堯不能舉。帝鴻氏、少昊氏、顓頊氏各有不才子，謂之渾沌、窮奇、檮杌；此三族也，世濟其兇，增其惡名，以至于堯，堯不能去。縉雲氏亦有不才子，天下謂之饕餮，以比三族，俱稱四兇，而堯亦不能去。斯則當堯之世，小人君子比肩齊列，善惡無分，賢愚共貫。」且《論語》有云「舜舉咎繇，不仁者遠」，是則當咎繇未舉，不仁甚多，彌驗堯時羣小在位者矣。又安得謂之「克明俊德」、「比屋可封」者乎？其疑一也。《堯典·序》又云「將遜于位，讓于虞舜」；孔氏注曰：「堯知子丹朱不肖，故有禪位之志。」案《汲冢瑣語》云「舜放堯于平陽」，而書云某地有城以「囚堯」爲號，識者憑斯異説，頗以禪授爲疑。然則觀此二書，已足爲證者矣，而猶有所未覩也，何者？據《山海經》謂放勳之子爲帝丹朱，而列君於帝者，得非舜雖廢堯，仍立堯子，俄又奪其帝者乎？觀近古有姦雄奮發，自號勤王，或廢父而立其子，或黜兄而奉其弟；始則示相推戴，終亦成其篡奪，求諸歷代，往往而有。必以古方今，千載一揆。斯則堯之授舜，其事難明；謂之讓國，徒虚語耳。其疑二也。《虞書·舜典》又云：「五十載陟方乃死。」注云：「死蒼梧之野，因葬焉。」案蒼梧者，於楚則川號汨羅，在漢則邑稱零桂，地總百越，山連五嶺，人風婐劃，地氣歊瘴。雖使百金之子，猶憚經履其途，況以萬乘之君而堪巡幸其國？且舜必以精華既竭，形神告勞，捨兹寶位，如釋重負，何得以垂殁之年更踐不毛之地；兼復二妃不從，怨曠生離，萬里無依，孤魂溘盡，讓王高蹈，豈其若是者乎！歷觀自古人君廢逐，若夏桀放于南巢，趙嘉遷于房陵，周王流彘，楚帝徙郴，語其艱棘，未有如斯之甚者也。斯則陟方之死，其殆文命之志乎？其疑三也。《汲冢書》云「舜放堯于平陽」，「益爲啓所誅」。又曰「太甲殺伊尹」，「文丁殺季歷」。凡此數事，語異正經，其書近出，世人多不之信也。案舜之放堯，無事别説，足驗其情，已于篇前言之詳矣。夫唯益與伊尹見戮，竝于正書猶無其證，推而論之，如啓之誅益，仍可覆也，何者？舜廢堯而立丹朱，禹黜舜而立商均，益手握機權，勢同舜、禹，而欲因循故事，坐膺天禄，其事不成，自貽伊咎。觀夫近古篡奪，桓獨不全，馬仍反正，若啓之誅益，亦由晉之殺玄乎？若舜、禹相代，事業皆成，唯益覆車，伏辜夏后，亦猶桓效曹、馬而獨致元興之禍者乎？其疑四也。《湯誓序》云：「湯伐桀，【略】戰于鳴條。」又云：「湯放桀于南巢，唯有慙德。」而《周書·殷祝篇》稱桀讓湯王位云云，此則有異于《尚書》。如《周書》之所説，豈非湯既勝桀，力制夏人，使桀推讓，歸王于己，蓋欲比跡堯、舜，襲其高名者乎？又案《墨子》云：「湯以天下讓務光，而使人説曰『湯欲加惡名于汝』，務光遂投清冷之泉而死，湯乃即位無疑。」然則湯之飾讓，僞跡甚多。考墨家所言，雅與《周書》相會。夫《書》之作，本出《尚書》；孔父截翦浮詞，裁成雅誥，去其鄙事，直云「慙德」，豈非欲滅湯之過，增桀之惡者乎？其疑五也。夫《五經》立言，千載猶仰，而求其前後，理甚相乖，何者？稱周之盛也，則云「三分有二」，商紂爲獨夫，語殷之敗也，又云「紂有臣億萬人」，其亡流血漂杵，斯則是非無準，向背不同者焉。又案武王爲《泰誓》，數紂過失，亦猶近代之有呂相爲晉絶秦，陳琳爲袁檄魏，欲加

之罪，能無辭乎！而後來諸子承其僞説，競列紂罪，有倍《五經》。故子貢曰「桀、紂之惡不至是」，「君子惡居下流」。班生亦云：「安有據婦人臨朝？」劉向又曰：「世人有弑父害君，桀、紂不至是，而天下惡者必以桀、紂爲先。」此其自古言辛、癸之罪，將非厚誣者乎？其疑六也。《微子之命篇・序》云：「殺武庚。」案禄父即商紂之子也，屬社稷傾覆，家國淪亡，父首梟懸，母軀分裂，永言怨恥，生人莫二。向使其侯服事周而全軀保其妻子也，仰天俯地，何以爲生？含齒戴髮，何以爲貌？既而合謀二叔，徇節三監，雖君親之怨不除，而臣子之誠可見。考諸名教，生死無慙。議者苟以其功業不成，便以頑人爲目，必如是，則有君若夏少康，有臣若伍子胥，向若隕讎雪怨，衆敗身滅，亦當隸跡醜徒，編名逆黨者邪？其疑七也。《論語》曰：「大矣周之德也，三分天下有其二，猶服事殷。」案《尚書序》云「西伯戡黎」，「殷始咎周」。夫姬氏爵乃諸侯而輒行征伐，結怨王室，殊無媿畏，此則《春秋》荆蠻之滅諸姬，《論語》季氏之伐顓臾也。又案某書曰「朱雀」云云，「文王受命稱王」云云，夫天無二日，地惟一人，有殷猶存而王號遽立，此即《春秋》楚及吴、越僭號而陵天子也。然則戡黎滅崇，自同王者，服事之道，理不如斯。亦猶近者魏司馬文王害權臣，黜少帝，坐加九錫，行駕六馬，及其殁也，而荀勖猶謂之人臣以終。蓋姬之事殷，當比司馬之臣魏，必稱周德之大者，不亦虚爲其説乎？其疑八也。《論語》曰：「泰伯可謂至德也已！三以天下讓，民無得而稱焉。」案《吕氏春秋》所載云云，斯則太王鍾愛厥孫，將立其父，太伯年居長嫡，地實防嫌，向若强顔苟視，懷疑不去，大則類衛伋之誅，小則同楚建之逐，雖欲勿讓，君親其立諸？且太王之殂，太伯來赴，季歷承考遺命，推讓厥昆，太伯以形質已殘，有辭獲免，原夫毁兹玉體，從彼被髮者，本以外絶嫌疑，内釋猜忌，譬雄鷄自斷其尾，用獲免于人犧者焉。又案《春秋》晉士蔿見申生之將廢也，曰：「爲吴太伯，猶有令名。」斯則太伯、申生，事如一體，直以出處有異，故成敗不同。若夫子之論太伯也，必美其因病成妍，轉禍爲福，斯則當矣，如云「可謂至德」者，無乃謬爲其譽乎？其疑九也。《尚書・金滕篇》云：「管、蔡流言，公將不利于孺子。」《左傳》云：「周公殺管叔而放蔡叔，夫豈不愛，王室故也。」案《尚書・君奭篇・序》云：「召公爲保，周公爲師，相成王爲左右，召公不説。」斯則旦行不臣之禮，挾震主之威，跡居疑似，坐招訕謗，雖奭以亞聖之德，負明允之才，目覩其事，猶懷憤懣，況彼二叔者，才處中人，地居下國，側聞異議，能不懷猜？原其推戈反噬，事由誤我，而周公自以不誠，遽加顯戮，與夫漢代之赦淮南，寬阜陵，一何遠哉！斯則周公於友于之義薄矣，而《書》之所述，用爲美談者，何哉？其疑十也。大抵自《春秋》以前，《尚書》之世，其作者述事如此。今取其正經雅言，理有難曉，諸子異説，義或可憑，參而會之，以相研覈，如異於此，則無論焉。夫遠古之書與近古之史，非惟繁約不類，固亦向背皆殊，何者？近古之史也，言唯詳備，事罕甄擇，使夫學者覩一邦之政則善惡相參，觀一主之才而賢愚殆半。至于遠古則不然，夫其所録也，略舉綱維，務存褒諱，尋其終始，隱没者多。嘗試言之，向使漢、魏、晉、宋之君生于上代，堯、舜、禹、湯之主出于中葉，俾史官易地而書，各叙時事，校其得失，固未可量。若乃輪扁稱其糟粕，孔氏述其傳疑，孟子曰：「盡信《書》不如無《書》」；《武成》之篇，吾取其二三簡。」推此而言，則遠古之書，其妄甚矣。豈比夫王、沈之不實，沈約之多詐，若斯而已矣。

又《惑經》　昔孔宣父以大聖之德，應運而生，生人已來未之有也。故使三千弟子，七十門人，鑽仰不及，請益無倦。然則尺有所短，寸有所長，其間切磋酬對，頗亦互聞得失，何者？覩仲由之不悦，則矢天厭以自明；答言偃之弦歌，則稱戲言以釋難，斯則聖人設教，其理含弘，或援誓以表心，或稱非以受屈，豈與夫庸儒末學，文過飾非，使夫問者緘辭杜口，懷疑不展，若斯而已哉！嗟夫，古今世殊，師授路隔，恨不得親膺灑掃，陪五尺之童，躬奉德音，撫四科之友，而徒以研尋蠹簡，穿鑿遺文，菁華久謝，糟粕爲偶，遂使理有未達，無由質疑，是用握卷躊躇，揮毫悱憤！儻梁木斯壞，魂而有靈，敢效接輿之歌，輒同林放之問。但孔氏之立言行事，删《詩》贊《易》，其義既廣，難以具論。今惟摭其史文，評之於後。案夫子所修之史，是曰《春秋》，竊詳《春秋》之義，其所未諭者有十二。何者？趙孟以無辭伐國，貶號爲人；杞伯以夷禮來朝，降爵稱子；虞班晉上，惡貪賄而先書；楚長晉盟，譏無信而後列。此則人倫臧否，在我筆端，直道而行，夫何所讓？奚爲齊、鄭及楚，國有弑君，各以疾赴，遂皆書卒？夫臣弑其君，子弑其父，凡在含識，皆知恥懼，苟欺而可免，則誰不願然。且官爲正卿，反不討賊，地居冢嫡，藥不親嘗，遂皆被以惡名，播諸來葉，必以彼三逆方兹二弑，躬爲梟獍則漏網遺名，跡涉瓜李乃凝脂顯録，嫉惡之情豈其若是？其所未諭一也。又案：齊乞野幕之戮，事起陽生；楚比乾谿之縊，禍由觀從，而《春秋》捐其首謀，捨其親弑，亦何異魯酒薄而邯鄲圍，城門火而池魚及。必如是，則邾之閽者私憾射姑，以其君卞急而好潔，可行欺以激怒，遂傾瓶水以沃庭，俾廢鑪而爛卒，斯亦罪之大者，奚不書弑乎？其所未諭二也。蓋明鏡之照物也妍媸必露，不以毛嬙之面或有疵瑕而寢其鑒也；虚空之傳響也清濁必聞，不以緜駒之歌時有誤曲而輟其應也。夫史官執簡，宜類于斯，苟愛而知其醜，

憎而知其善，善惡必書，斯爲實録。觀夫子修《春秋》也，多爲賢者諱。狄實滅衛，因桓恥而不書；河陽召王，成文美而稱狩，斯則情兼向背，志懷彼我。苟書法其如是也，豈不使爲人君者靡憚憲章，雖玷白圭，無慚良史也乎？其所未諭三也。哀八年及十三年公再與吴盟而皆不書，桓二年公及戎盟則書之。戎實豺狼，非我族類。夫非所諱而仍諱，謂當恥而無恥，求之折衷，未見其宜。其所未諭四也。諸國臣子，非卿不書，必以地來奔則雖賤亦志，斯豈非國之大事，不可限以常流者耶！如陽虎盜入于讙，擁陽關而外叛，傳具其事，經獨無聞，何哉？且弓玉中亡，猶獲顯記，城邑失守，反不沾書。略大存小，理乖懲勸。其所未諭五也。案：諸侯世嫡嗣業，居喪既未成君，不避其諱，此《春秋》之例也。何爲般、野之殁皆以名書，而惡、視之殂直云「子卒」？其所未諭六也。凡在人倫，不得其死者，邦君已上皆謂之弑，卿士已上通謂之殺，此又《春秋》之例也。案桓二年書曰：「宋督弑其君與夷及其大夫孔父。」僖十年又曰：「晉里克弑其君卓及其大夫荀息。」夫臣當爲殺而稱及，與君弑同科，苟弑、殺不分，則君、臣靡别者矣。其所未諭七也。夫臣子所書，君父是黨，雖事乖正直而理合名教。如魯之隱、桓戕弑，昭、哀放逐，姜氏淫奔，子般夭酷，斯則邦之孔醜，諱之可也。如公送晉葬，公與吴盟，爲齊所止，爲邾所敗，盟而不至，會而後期，並諱而不書，豈非煩碎之甚？且案汲冢竹書晉《春秋》及《紀年》之載事也，如重耳出奔，惠公見獲，書其本國，皆無所隱；唯魯《春秋》之記其國也則不然，何者？國家事無大小，苟涉嫌疑，動稱恥諱，厚誣來世奚獨多乎？其所未諭八也。案：昭十二年「齊納北燕伯于陽」。「伯于陽」者何？公子陽生也。子曰：「我乃知之矣！」在側者曰：「子苟知之，何以不革？」曰：「如爾所不知何！」夫如是，夫子之修《春秋》，皆遵彼乖僻，習其訛謬，凡所編次，不加刊改者矣；何爲其間則一褒一貶，時有弛張，或沿或革，曾無定體？其所未諭九也。又，書事之法，其理宜明，使讀者求一家之廢興則前後相會，討一人之出入則始末可尋。如定六年書「鄭滅許，以許男斯歸」，而哀元年書「許男與楚圍蔡」，夫許既滅矣，君執家亡，能重列諸侯，舉兵圍國者何哉？蓋其間行事必當有説，經既不書，傳又闕載，缺略如此，尋繹難知。其所未諭十也。案：晉自魯閔公已前未通于上國，至僖二年滅下陽已降漸見于《春秋》，蓋始命行人自達于魯也。而《瑣語春秋》載魯國閔公時事，言之甚詳，斯則聞事必書，無假相赴者也。蓋當時國史，它皆倣此。至于夫子所修也則不然。凡書異國，皆取來告。苟有所告，雖小必書；如無其告，雖大亦闕。故宋飛六鷁，小事也，以有告而書之；晉滅三邦，大事也，以無告而闕之。用使巨細不均，繁省失中，比夫諸國史記，奚事獨爲疎闊？尋兹例之作也，蓋因《周禮》舊法，魯策成文；夫子既撰不刊之書爲後王之則，豈可仍其過失而不中規矩者乎？其所未諭十一也。蓋君子以博聞多識爲工，良史以實録直書爲貴，而《春秋》記它國之事，必憑來者之辭；而來者所言，多非其實。或兵敗而不以敗告，君弑而不以弑稱，或宜以名而不以名，或應以氏而不以氏，或春崩而以夏聞，或秋葬而以冬赴，皆承其所説而書，遂使真僞莫分，是非相亂。其所未諭十二也。凡所未諭，其類猶多。静言思之，莫究所以。豈夫子之牆數仞，不得其門者歟？將「某也幸，苟有過，人必知之」者歟？如其與奪，請謝不敏。又，世人以夫子固天攸縱，將聖多能，便謂所著《春秋》，善無不備；而審形者少，隨聲者多，相與雷同，莫之指實。推而爲論，其虚美者有五焉。案：古者國有史官，具列時事，觀汲墳出記皆與魯史符同；至如周之東遷，其説稍備，隱、桓已上，難得而詳，此之煩省皆與《春秋》不别。又獲君曰「止」，誅臣曰「刺」，殺其大夫曰「殺」，「執我行人」，「鄭棄其師」，「隕石于宋五」，諸如此句多是古史全文，則知夫子之所修者，但因其成事，就加雕飾，仍舊而已，有何力哉！加以史策有闕文，時月有失次，皆存而不正，無所用心，斯又不可殫説矣。而太史公云：「夫子爲《春秋》，筆則筆，削則削，游、夏之徒不能贊一辭。」其虚美一也。又案：宋襄公執滕子而誣之以得罪，楚靈王殺郟敖而赴之以疾亡，《春秋》皆承告而書，曾無變革。是則無辜者反加以罪，有罪者得隱其辜，求諸勸戒，其義安在？而左丘明論《春秋》之義云：「或求名而不得，或欲蓋而彌彰，善人勸焉，淫人懼焉。」其虚美二也。又案：《春秋》之所書本以褒貶爲主，故《國語》晉司馬侯對其君悼公曰：「以其善行，以其惡戒，可謂德義矣。」公曰：「孰能？」對曰：「羊舌肸習于《春秋》。」至于董狐書法而不隱，南史執簡而累進，又甯殖出君而卒，自憂名在策書，故知當時史臣各懷直筆，斯則有犯必死，書法無捨者矣。自夫子之修《春秋》也，蓋他邦之篡賊其君者有三，本國之弑逐其君者有七，莫不缺而靡録，使其有逃名者。而孟子云「孔子成《春秋》，亂臣賊子懼」，無乃烏有之談乎？其虚美三也。又案：《春秋》之文雖有成例，或事同書異，理殊畫一。故太史公曰：「孔子著《春秋》，隱、桓之間則彰，至定、哀之際則微，爲其切當世之文而罔褒諱之辭也。」斯則危行言遜，吐剛茹柔，推避以求全，依違以免禍。而孟子云：「孔子曰：『知我者其惟《春秋》乎！罪我者其惟《春秋》乎！』」其虚美四也。又案：趙穿殺君而稱宣子之弑，江乙亡布而稱令尹所盜，此則《春秋》之世，有識之士，莫不微婉其辭，隱晦其説。斯蓋當時之恒事，習俗所常行。而班固云：「仲尼殁而

微言絶。」觀微言之作，豈獨宣父者耶？其虚美五也。考兹衆美，徵其本源，良由達者相承，儒教傳授，既欲神其事，故談過其實。語曰：「衆善之，必察焉。」孟子曰：「堯、舜不勝其美；桀、紂不勝其惡。」尋世之言《春秋》者，得非覩衆善而不察，同堯、舜之多美者乎？昔王充設論，有《問孔》之篇，雖《論語》羣言多見指擿，而《春秋》雜義曾未發明。是用廣彼舊疑，增其新覺；將來學者幸爲詳之。

又《申左》 古人之言《春秋三傳》者多矣。戰國之世，其事罕聞；當前漢專用《公羊》；宣皇已降，《穀梁》又立于學；至成帝世，劉歆始重《左氏》，而竟不列學官。大抵自古重兩傳而輕《左氏》者固非一家，美《左氏》而譏兩傳者亦非一族，互相攻擊，各用朋黨，哤聒紛競，是非莫分。然則儒者之學，苟以專精爲主，止于治章句，通訓釋，斯其可矣；至于論大體，舉宏綱，則言罕兼統，理無要害，故使今古疑滯莫得而申者焉。必揚推而論之，言傳者固當以《左氏》爲首，但自古學《左氏》者談之又不得其情。如賈逵撰《左氏長義》，稱在秦者爲劉氏，乃漢室所宜推先，但取悦當時，殊無足採。又案：桓譚《新論》曰：「《左氏傳》于經，猶衣之表裏。」而《東觀漢記》陳元奏云：「光武興，立《左氏》，而桓譚、衛宏並共詆訾，故中道而廢。」班固《藝文志》云：「丘明與孔子觀魯史記而作《春秋》，有所貶損，事形于傳，懼罹時難，故隱其書；末世口説流行，遂有公羊、穀梁、鄒氏、夾氏諸傳。」而于固集復有《難左氏九條》、《三評》等科。夫以一家之言，一人之説，而參差相背，前後不同，斯又不足觀也。夫解難者以理爲本，如理有所闕，欲令有識心伏，不亦難乎！今聊次其所疑，列之于後。蓋《左氏》之義有三長，而二傳之義有五短。案：《春秋》昭二年韓宣子來聘，觀書于太史氏，見魯《春秋》，曰：「周禮盡在魯矣！吾乃今知周公之德與周之所以王也！」然《春秋》之作，始自姬旦，成于仲尼，丘明之《傳》，所有筆削及發凡起例，皆得周典，傳孔子教，故能成不刊之書，著將來之法。其長一也。又案：哀三年魯司鐸火，南宫敬叔命周人出御書，其時於魯文籍最備。丘明既躬爲太史，博總羣書，至如《檮杌》、《紀年》之流，《鄭書》、《晉志》之類，凡此諸籍，莫不畢覩其傳，廣包它國，每事皆詳。其長二也。《論語》，子曰：「左丘明恥之，某亦恥之。」夫以同聖之才而膺授經之託，加以達者七十，弟子三千，遠自四方，同在一國，于是上詢夫子，下訪其徒，凡所採摭，實廣聞見。其長三也。如穀梁、公羊者，生於異國，長自後來，語地則與魯産相違，論時則與宣尼不接，安得以傳聞之説與親見者争先者乎？譬猶近世漢之太史，晉之著作，撰成國典，時號正書，既而《先賢》、《耆舊》、《語林》、《世説》，競造異端，强書它事。夫以傳自委巷而將册府抗衡，訪諸古老而與同時並列，斯則難矣。彼二傳之方《左氏》，亦奚異於此哉！其短一也。《左氏》述臧哀伯諫桓納鼎，周内史美其讜言，王子朝告于諸侯，閔馬父嘉其辨説，凡如此類，其數實多。斯蓋當時發言，形于翰墨，立名不朽，播于他邦，而丘明仍其本語，就加編次。亦猶近代《史記》載樂毅、李斯之文，《漢書》録晁錯、賈生之筆，尋其實也，豈是子長藁削、孟堅雌黄所構者哉！觀二傳所載，有異于此。其録人言也，語乃齟齬，文皆瑣碎，夫如是者何哉？蓋彼得史官之簡書，此傳流俗之口説，故使隆促各異，豐儉不同。其短二也。尋《左氏》載諸大夫詞令，行人應答，其文典而美，其語博而奥。述遠古則委曲如存，徵近代則循環可覆，必料其功用厚薄，指意深淺，諒非經營草創出自一時，琢磨潤色獨成一手。斯蓋當時國史已有成文，丘明但編而次之，配經稱傳而行也。如二傳者，記言載事，失彼菁華，尋源討本，取諸胸臆，夫自我作故，無所準繩，故理甚迂僻，言多鄙野，比諸《左氏》，不可同年。其短三也。案：二傳雖以釋經爲主，其缺漏不可殫論。如經云「楚子麇卒」，而《左傳》云公子圍所殺，及《公》、《穀》作傳，重述經文，無所發明，依違而已。其短四也。《漢書》載成方遂詐稱戾太子至于闕下，雋不疑曰：「昔衛蒯聵得罪于先君，將入國，太子輒拒而不納，《春秋》是之」，遂命執以屬吏，霍光由是始重儒學。案：雋生所引乃《公羊》正文。如《論語》冉有曰：「夫子爲衛君乎？」子貢曰：「夫子不爲也。」何則？父子争國，梟獍爲曹，禮法不容，名教同嫉。而《公羊》釋義反以衛輒爲賢，是違夫子之教，失聖人之旨，獎進惡徒，疑誤後學。其短五也。若以彼三長，校兹五短，勝負之理，斷然可知。必執二傳之文，唯取依經爲主，而于内則爲國隱惡，于外則承赴而書，求其本事，大半失實，已于《疑經篇》載之詳矣。尋斯義之作也，蓋是周禮之故事，魯國之遺文，夫子因而修之，亦存舊制而已。至于實録，付之丘明，用使善惡畢彰，真僞盡露。向使孔經獨用，《左傳》不作，則當代行事安得而詳者哉？蓋語曰：「仲尼修《春秋》，逆臣賊子懼。」又曰：「《春秋》之義也，欲蓋而彰，求名而亡，善人勸焉，淫人懼焉。」尋《左傳》所録，無媿斯言，此則傳之與經，其猶一體，廢一不可，相須而成。如謂不然，則何者稱爲勸戒者哉！儒者苟譏左氏作傳，多敘經外别事，如楚、鄭與齊三國之賊弑，隱、桓、昭、哀四君之篡逐，其外則承告如彼，其内則隱諱如此，若無左氏立傳，其事無由獲知。然設使世人習《春秋》唯取兩傳也，則當其時二百四十年行事茫然闕如，俾後來學者兀成聾瞽矣。且當秦、漢之世，《左氏》未行，遂使《五經》雜史，百家諸子，其言河漢，無所遵憑。故其記事也，當晉景行霸，公室方强，而云屠岸攻趙，有程嬰、杵臼之事；魯侯禦宋，得儁乘丘，

而云莊公敗績，有馬驚流矢之禍；楚、晉相遇，唯在邲役，而云二國交戰，置師于兩棠；子罕相國，宋睦于晉，而云晉將伐宋，覘哭于陽門；魯師滅項，晉止僖公，而云項實桓滅，《春秋》爲賢者諱；襄年再盟，君臣和叶，而云諸侯失政，大夫皆執國權。其記時也，蓋秦繆居《春秋》之始，而云其女爲荆平夫人；韓、魏處戰國之時，而云其君陪楚莊葬馬；《列子》書論尼父，而云生在鄭穆公之年；扁鵲醫療虢公，而云時當趙簡子之日；欒書仕於周子，而云以晉文如獵，犯顔直言；荀息死于奚齊，而云觀晉靈作臺，累碁申誡。或以先爲後，或以後爲先，日月顛倒，上下翻覆，古來君子曾無所疑；及《左傳》既行而其失自顯，語其弘益，不亦多乎！而世之學者猶未之悟，所謂忘我大德，日用而不知者焉。然自丘明之後，迄于魏滅，年將千祀，其書寢廢；至晉太康年中，汲冢獲書，全同《左氏》，故束晳云：「若使此書出于漢世，劉歆不作五原太守矣。」於是摯虞、束晳引其義以相明，王接、荀顗取其文以相證，杜預申以注釋，干寶藉爲師範，由是世稱實録，不復言非，其書漸行，物無異議。故孔子曰「吾志在《春秋》，行在《孝經》」，於是授《春秋》於丘明，授《孝經》於曾子。《史記》云：「孔子西觀周室，論史記舊聞，次《春秋》；七十子之徒口授其傳旨，有刺譏褒諱之文不可以書見也。魯君子左丘明懼弟子人各異端，失其真意，故因孔氏史記具論其語，成《左氏春秋》。」夫學者苟能徵此二説以考三傳，亦足以定是非、明真僞者矣，何必觀汲冢而後信乎！從此而言，則三傳之優劣見矣。

又《雜説下》　劉向《列女傳》云：「夏姬再爲夫人，三爲王后。」夫爲夫人則難以驗也，爲王后則斷可知矣。案其時諸國稱王，唯楚而已；如巫臣諫莊將納姬氏，不言曾入楚宫，則其爲后當在周室。蓋周德雖衰，猶稱秉禮，豈可族稱姬氏而妻厥同姓者乎？且魯娶于吴，謂之孟子，聚麀之誚，起自昭公，未聞其先已有斯事，禮之所載何其闕如？又以女子一身而作嬪三代，求諸人事，理必不然。尋夫春秋之後，國稱王者有七，蓋由向誤以夏姬之生當夫戰國之世，稱三爲王后者謂歷嬪七國諸王，校以年代，殊爲乖刺。至于他篇，兹例甚衆。故論楚也，則昭王與秦穆同時；言齊也，則晏嬰居宋景之後。今粗舉一二，其流可知。

又　觀劉向對成帝稱武、宣行事，世傳失實，事具《風俗通》，其言可謂明鑑者矣。及自造《洪範五行》及《新序》、《説苑》、《列女》、《神仙》諸傳，而皆廣陳虚事，多構僞辭，非其識不周而才不足，蓋以世人多可欺故也。嗚呼，後生可畏，何代無人，而輒輕忽若斯者哉！夫傳聞失真，書事失實，蓋事有不獲已，人所不能免也；至于故爲異説以惑後來，則過之尤甚者矣。案蘇秦答燕易王稱：「有婦人將殺夫，令妾進其藥酒，妾佯僵而覆之。」又甘茂謂蘇代云：「貧人女與富人女會績，曰：『無以買燭，而子之光有餘，子可分我餘光，無損子明。』」此並戰國之時，遊説之士，寓言設理以相比興。及向之著書也，乃用蘇氏之説，爲二婦人立傳，定其邦國，加其姓氏，以彼烏有，持爲指實，何其妄哉！又有甚于此者，至如伯奇化鳥，對吉甫以哀鳴；宿瘤隱形，干齊王而作后，此則不附于物理者矣。復有懷嬴失節，目爲貞女；劉安覆族，定以登仙。立言如是，豈顧丘明之有傳，孟堅之有史哉！

《唐會要》卷七七　國子博士司馬貞議曰：「今文《孝經》是漢河間王所得顔芝本，至劉向以此參校古文，省除繁惑，定爲此一十八章，其注相承云是鄭玄所作，而《鄭志》及目録等不載，故往賢共疑焉。唯荀昶、范曄以爲鄭注，故昶集解《孝經》，具載此注，而其序云：『以鄭爲主。』是先達博選，以此注爲優，且其注縱非鄭氏所作，而義旨敷暢，將爲得所，雖數處小有非穩，實亦非爽經傳。其古文二十二章，元出孔壁。先是安國作傳，緣遭巫蠱，世未之行，荀昶集注之時，尚有孔《傳》，中朝遂亡其本。近儒欲崇古學，妄作此傳，假稱孔氏，輒穿鑿改更，又僞作《閨門》一章；劉炫詭隨，妄稱其善。且閨門之義，近俗之語，非宣尼之正説。案其文云：『閨門之内，具禮矣乎？嚴兄妻子，繇百姓徒役也。』是比妻子于徒役，文句凡鄙，不合經典。又分《庶人章》從『故自天子』以下别爲一章，仍加『子曰』二字。然『故』者連上之辭，既是章首，不合言『故』。古文既亡，後人妄開此等數章以應二十二章之數，非但經文不真，抑亦傳習淺僞。又注『因天之時，因地之利』，其略曰：『脱衣就功，暴其肌體，朝暮從事，露髮跣足，少而習之，其心安焉。』此語雖傍出諸子，而引之爲注，何言之鄙俚乎？與鄭《注》所云『分别五土，視其高下，高田宜黍稷，下田宜稻麥』，優劣懸殊，曾何等級！今議者欲取近儒詭説，殘經缺傳，而廢鄭《注》，理實未可。望請准式《孝經》鄭《注》與孔《傳》依舊俱行。」【略】又按：劉向《七略》有子夏《易傳》，但此書不行已久，今所存者多非真本。又，荀勗《中經簿》云「《子夏傳》四卷，或云丁寛所作」，是先達疑非子夏矣。又《隋書・經籍志》云「《子夏傳》殘缺，梁時六卷，今三卷」，知其書錯謬多矣。

陸淳《春秋集傳纂例・趙氏損益議》　啖氏依舊説以左氏爲丘明，受經于仲尼。今觀左氏解經，淺于公、穀，誣謬實繁。若丘明才實過人，豈宜若此？推類而言，皆孔門後之門人，但公、穀守經，左氏通史，故其體異耳。且夫子自比，皆引往人，故曰「竊比于我老、彭」，又説伯夷等六人云「我則異于是」，並非同時人也。丘

明者，蓋夫子以前賢人，如史佚、遲任之流，見稱于當時耳，焚書之後莫得詳知，學者各信胸臆，見《傳》及《國語》但題左氏，遂引丘明爲其人。此事既無明文，唯司馬遷云：「左丘喪明，厥有《國語》。」劉歆以爲《春秋左氏傳》是丘明所爲。且遷書好奇多謬，故其書多爲淮南所駁。劉歆則以私意所好，編之《七略》；班固因而不革，後世因以爲真。所謂傳虚襲誤、往而不返者也。或曰：「司馬遷、劉歆與左丘明，年代相近，固當知之，今以遠較近，可乎？」答曰：「夫求事實，當推理例，豈可獨以遠近爲限，且遷作《吕不韋傳》云：『不韋爲秦相，集門客千人，著其所聞，集爲八覽、六論、十二紀，號曰《吕氏春秋》，懸之秦市。』及其與任安書，乃云：『文王幽而演《周易》，仲尼厄而修《春秋》，屈原放逐，乃賦《離騷》；左丘失明，厥有《國語》；孫子臏脚，《兵法》修列；不韋遷蜀，世傳《吕覽》。』則遷所論不韋書與《傳》自相違背，若此之甚，其説丘明之謬，復何疑焉！劉歆云：『左氏親見夫子。』杜預云：『見例皆周公之舊典禮經。』按其傳例云：『弑君稱君，君無道也；稱臣，臣之罪也。』然則周公先設弑君之義乎？又云：『大用師曰滅，弗地曰入。』又周公先設相滅之義乎？又云：『諸侯同盟，薨則赴以名。』又是周公令稱先君之名以告隣國乎？雖夷狄之人，不應至此也。又云：『平地尺爲大雪。』若以爲災沴乎，則尺雪豐年之徵也；若以爲常例須書乎，不應二百四十二年唯兩度大雪。凡此之類，不可類言，則劉、杜之言淺近甚矣，左氏決非夫子同時亦已明矣。」或曰：「若左氏非受經于仲尼，則其書與《汲冢紀年》符同，何也？」答曰：「彭城劉惠卿著書云：『《紀年》序諸侯列會，皆舉其謚，知是後人追修，非當世正史也。至如「齊人殲于遂」、「鄭棄其師」，皆夫子褒貶之意，而《竹書》之文亦然。其書「鄭殺其君某」，因釋曰「是子亹」；「楚囊瓦奔鄭」，因釋曰「是子常」。率多此類。别有《春秋》一卷，全録《左氏傳》卜筮事，無一字之異，故知此書按《春秋》經、傳而爲之也。』劉之此論當矣。且《經》書『紀子伯莒子盟于密』，《左氏經》改爲『紀子帛』，《傳》釋云：『魯故也』，以爲是紀大夫裂繻之字，緣爲魯結好，故褒而書字，同之内大夫，序在莒子上，此則魯國褒貶之意，而《竹書》自是晉史，亦依此文而書，何哉？此最明驗。其中有『鄭莊公殺公子圣』，『魯桓公、紀侯、莒子盟于區蛇』，如此數事，又與《公羊》同。其稱『今王』者，魏惠成王也。此則魏惠成王時史官約諸家書追修此紀，理甚明矣。觀其所記，多詭異鄙淺，殊無條例，不足憑據而定邪正也。且《左傳》、《國語》，文體不倫，序事又多乖刺，定非一人所爲也。蓋左氏廣集諸國之史以釋《春秋》，傳成之後，蓋其弟子及門人見嘉謀事迹多不入傳，或有雖入而復不同，故各隨國編之而成此書，以廣異聞爾。自古豈止有一丘明姓左乎？何乃見題左氏，悉稱丘明？近代之儒又妄爲記録云：『丘明以授曾申，申傳吴起，起傳其子期，期傳楚人鐸椒，椒傳虞卿，卿傳荀況，況傳張蒼，蒼傳賈誼。』此乃近世之儒欲尊崇《左氏》，妄爲此記。向若傳授分明如此，《漢書·張蒼》、《賈誼》及《儒林傳》何故不書？則其僞可知也。」或曰：「公、穀定何時人也？」答曰：「此二傳雖不記事跡，然其解經密于左氏，是知必孔門後之門人也，但不知師資幾世耳。傳記無明文，故三傳先後亦莫可知也。先儒或云：『公羊名高，子夏弟子也。』或曰：『漢初人。』或曰：『穀梁亦子夏弟子，名赤。』或曰：『秦孝公同時人。』或曰：『名俶，字元始。』皆爲强説也。儒史之流尚多及此，況語怪者哉！」

又《啖趙取舍三傳義例》　左氏所記，以一言一行定其禍福，皆驗若符契，如此之類，繼踵比肩，縱不悉妄，妄必多矣。

又《郊廟雩社例》　鄭玄註《祭法》云：「禘謂配祭昊天上帝於圜丘也。」蓋見《祭法》所説，文在郊上，謂爲郊之最大者，故爲此説耳。《祭法》所論禘、郊、祖、宗者，謂六廟之外，永世不絶者，有四種爾，非關配祭也。禘之所及最遠，故先言之爾，何關圜丘哉！若實圜丘，《五經》之中何得無一字説處？又云：「祖之所自出，謂感生帝靈威仰也。」此何妖妄之甚？此又出自讖緯，始于漢哀、平間，僞書也。桓譚、賈逵、蔡邕、王肅之徒疾之如讎，而鄭玄通之于《五經》，其爲誣蠹甚矣！

又　問者曰：「若禘非時祭之名，則《禮記》諸篇所説，其故何也？」曰：「《禮記》諸篇，或孔門之後末流弟子所撰，或是漢初諸儒私譔之以求購金，皆約《春秋》爲之。見《春秋》『禘于莊公』，遂以爲時祭之名，見《春秋》唯兩度書禘，一春一夏，所以或謂之春祭，或謂之夏祭，各自箸書，不相符會，理可見也。

又　問者曰：「《明堂位》云：『季夏六月，以禘禮祀周公于太廟。』又云：『夏礿，秋嘗，冬烝。』此即以禘爲大祭，而時祭闕一時，義甚明著也。」答曰：「《禮篇》之中，夏礿，秋嘗，冬烝，庸淺鄙妄，此篇爲甚。故云：『四代之官，魯兼用之。』又云：『君臣未嘗相弑也；禮樂刑法未嘗變也。』其鄙若此，何足徵乎！」

又　三望之名，《公羊》云：「泰山、河、海也。」而《左氏》、《穀梁》無其名。説《左氏》者云：「分野之星及封内山川。」説穀梁者云：「泰山、淮、海。」據《禮篇》云：「諸侯祭名山大川在其封内者」，而不言星辰；又，淮、海非魯之封内，《公羊》云「山川不在其封内者則不祭」，而云祀河、海，則三家之義皆可疑也。

杜佑《指略》　《管子》八十六篇。唐房玄齡註。其書載管子將没對桓公之

語，疑後人續之，而註頗淺陋，恐非玄齡。或曰：「尹知章也。」

杜佑《通典・食貨・輕重》 詳《輕重》之本旨，摧抑富商兼并之家，隘塞利門，則與奪貧富悉由號令，然可易爲理也。此篇經秦焚書，潛蓄人間，自漢興，晁、賈、桑、耿諸子猶有言其術者；其後絶少尋覽，無人注解，或編斷簡蠹，或傳訛寫謬，年代綿遠，詳正莫由；今且梗概粗知，固難得搜摘其文字。凡問古人之書，蓋欲發明新意，隨時制事，其道無窮，而況機括之術，千變萬化，若一二模楷，則同刻舟膠柱耳。

柳宗元《柳宗元集・辯列子》 劉向古稱博極羣書，然其録《列子》，獨曰鄭穆公時人。穆公在孔子前幾百歲，《列子》書言鄭國，皆云子產、鄧析，不知向何以言之如此？《史記》：鄭繻公二十五年，楚悼王四年，圍鄭，鄭殺其相駟子陽。子陽正與列子同時。是歲，周安王四年，秦惠公、韓烈侯、趙武侯二年，魏文侯二十七年，燕釐公五年，齊康公七年，宋悼公六年，魯穆公十年。不知向言魯穆公時遂誤爲鄭耶？不然，何乖錯至如是？其後張湛徒知怪《列子》書。言穆公後事，亦不能推知其時。然其書亦多增竄，非其實。要之，莊周爲放依其辭，其稱夏棘、狙公、紀渻子、季咸等，皆出《列子》，不可盡紀。雖不概於孔子道，然其虛泊寥闊，居亂世，遠於利，禍不得逮乎身，而其心不窮。《易》之「遯世無悶」者，其近是歟？余故取焉。其文辭類莊子，而尤質厚，少爲作，好文者可廢耶？其《楊朱》、《力命》，疑其楊子書。其言魏牟、孔穿皆出列子後，不可信。然觀其辭，亦足通知古之多異術也，讀焉者慎取之而已矣。

又《辯文子》 《文子》書十二篇，其傳曰老子弟子。其辭時有若可取，其指意皆本老子。然考其書，蓋駁書也。其渾而類者少，竊取他書以合之者多。凡孟、管輩數家，皆見剽竊，嶢然而出其類。其意緒文辭，叉牙相抵而不合。不知人之增益之歟？或者衆爲聚斂以成其書歟？然觀其往往有可立者，又頗惜之，憫其爲之也勞。今刊去謬惡亂雜者，取其似是者，又頗爲發其意，藏於家。

又《論語辯二篇》 或問曰：儒者稱《論語》孔子弟子所記，信乎？曰：未然也。孔子弟子，曾參最少，少孔子四十六歲。曾子老而死。是書記曾子之死，則去孔子也遠矣。曾子之死，孔子弟子略無存者矣。吾意曾子弟子之爲之也。何哉？且是書載弟子必以字，獨曾子、有子不然。由是言之，弟子之號之也。然則有子何以稱子？曰：孔子之殁也，諸弟子以有子爲似夫子，立而師之。其後不能對諸子之問，乃叱避而退，則固嘗有師之號矣。今所記獨曾子最後死，余是以知之。蓋樂正子春、子思之徒與爲之爾。或曰：孔子弟子嘗雜記其言，然而卒成其書者，曾氏之徒也。

又 堯曰：「咨，爾舜！天之曆數在爾躬，四海困窮，天禄永終。」舜亦以命禹，曰：「余小子履，敢用玄牡，敢昭告于皇天后土，有罪不敢赦。萬方有罪，罪在朕躬。朕躬有罪，無以爾萬方。」或問之曰：《論語》書記問對之辭爾。今卒篇之首，章然有是，何也？柳先生曰：《論語》之大，莫大乎是也。是乃孔子常常諷道之辭云爾。彼孔子者，覆生人之器者也。上之堯、舜之不遭，而禪不及已；下之無湯之勢，而已不得爲天吏。生人無以澤其德，日視聞其勞死怨呼，而已之德涸然無所依而施，故於常常諷道云爾而止也。此聖人之大志也，無容問對於其間。弟子或知之，或疑之不能明，相與傳之。故於其爲書也，卒篇之首，嚴而立之。

又《辯鬼谷子》 元冀好讀古書，然甚賢《鬼谷子》，爲其《指要》幾千言。《鬼谷子》要爲無取，漢時劉向、班固録書無《鬼谷子》。《鬼谷子》後出，而險盭峭薄，恐其妄言亂世，難信，學者宜其不道。而世之言縱横者，時葆其書。尤者，晚乃益出七術，怪謬異甚，不可考校，其言益奇，而道益陿，使人狙狂失守，而易於陷墜。幸矣，人之葆之者少。今元子又文之以《指要》，嗚呼，其爲好術也過矣！

又《辯晏子春秋》 司馬遷讀《晏子春秋》，高之，而莫知其所以爲書。或曰晏子爲之，而人接焉；或曰晏子之後爲之，皆非也。吾疑其墨子之徒有齊人者爲之。墨好儉，晏子以儉名於世，故墨子之徒尊著其事，以增高爲己術者。且其旨多尚同、兼愛、非樂、節用、非厚葬久喪者，是皆出墨子。又非孔子，好言鬼事，非儒、明鬼，又出墨子。其言問棗及古冶子等，尤怪誕；又往往言墨子聞其道而稱之，此甚顯白者。自劉向、歆、班彪、固父子，皆録之儒家中。甚矣，數子之不詳也！蓋非齊人不能具其事，非墨子之徒，則其言不若是。後之録諸子書者，宜列之墨家。非晏子爲墨也，爲是書者，墨之道也。

又《辯亢倉子》 太史公爲《莊周列傳》，稱其爲書，《畏累》、《亢桑子》，皆空言無事實。今世有《亢桑子》書，其首篇出《莊子》，而益以庸言。蓋周所云者尚不能有事實，又況取其語而益之者，其爲空言尤也。劉向、班固録書無《亢倉子》，而今之爲術者，乃始爲之傳注，以教於世，不亦惑乎！

又《辯鶡冠子》 余讀賈誼《鵩賦》，嘉其辭，而學者以爲盡出《鶡冠子》。余往來京師，求《鶡冠子》，無所見；至長沙，始得其書。讀之，盡鄙淺言也，唯誼所引用爲美，餘無可者。吾意好事者僞爲其書，反用《鵩賦》以文飾之，非誼有所取之，決

也。太史公《伯夷列傳》稱賈子曰：「貪夫殉財，烈士殉名，夸者死權。」不稱《鶡冠子》。遷號爲博極羣書，假令當時有其書，遷豈不見耶？假令真有《鶡冠子》書，亦必不取《鵬賦》以充入之者。何以知其然耶？曰：不類。

劉肅《大唐新語》卷九　梁載言《十道志》解南城山引「《後漢書》云：『鄭玄遭黄巾之難，客于徐州。』今者有《孝經序》，相承云鄭氏所作。其序曰：『僕避難南城山，棲遲巖石之下，念昔先人，餘暇述夫子之志而注《孝經》。』蓋康成胤孫所作也」。陸德明亦云：「案《鄭志》及晉《中經部》並無，唯晉穆帝集講《孝經》，云以鄭爲主。」今驗《孝經注》與康成所注《五經》體並不同，則劉子玄所證明之徵矣。

《全唐文》卷七九九　符朗著《符子》，言項託詆訾夫子之意者，以吾道將不勝于黄、老。嗚呼！孔子門唯稱少，故仲尼曰：「顔氏之子其殆庶幾乎！」又曰：「賢哉回也！」歎其道與已促，固不足夫蔽之也。如託之年，與回少遠矣；託之智，與回又遠矣。豈仲尼不稱之于時邪？夫四科之外有七十子，七十子外有三千之徒，其人也有一善，仲尼未嘗不稱之，豈於項託獨掩其賢哉！必不然也。嗚呼，項氏之有無，亦如乎莊周稱盜跖、漁父也，墨子之稱墨杘、娟嬋也，豈足然哉！豈足然哉！

又卷八〇九　經曰「天王使，【略】來求金」，又曰「求車」。豈天王之使有私求于魯耶？不然，傳聞之誤耳。若諸侯之使來求金，則可謂之求矣；若致天子之命，徵于諸侯，其可謂求耶！且率土之人與其貨殖皆一人之所有；父之財守于其子，則用否莫不恭命。其可謂求乎！《春秋》之旨，尊君卑臣，豈聖人爲魯不爲周耶？書云「天王狩于河陽」，尚爲晉侯諱召天子，豈可不爲周諱其過哉？縱天王制用失節，多取于諸侯，如欲垂誡，即書于周史可矣；若書于諸侯之史，是悋令其貨而侮王命也，王祭亦不供矣，必非聖人之文也。必若王人責其稽命，則曷不書曰「天王使某責貢金」？儻以取金爲不文，曷不曰「天王使某來徵貢金」？亦譏在中矣。以是愚疑仲尼書「天王使，【略】來求金」，是使私自求而懲之也。不然，「求」與「責」文或相近，傳寫之誤焉。不爾，何子夏之徒不能措一言哉？捨是而譏訶，皆小小者耳。

又卷九一二　竊聞白馬東遊，三藏創兹而起；青牛西逝，二篇自此而興。或闡元元以化民，或明空空而救物，檢之圖牒，指掌可知。所以發唱顯宗，終乎此世，釋教翻譯，時代炳然；文史備彰，黎民不惑。至如道家元籍，斯則不然。唯《老子》二篇，李聃新闡；自餘經制，皆雜凡情。何者？前漢王褒造《洞元經》，後漢張陵造《靈寶經》及《章醮》等二十四卷，吴葛孝先造《上清經》，晉世王浮造《化胡經》，又鮑靖造《三皇經》，齊朝陳顯造《六十四真步虚經》，梁陶弘景造《太清經》及衆《醮儀》十卷，周武、張賓之、焦子順、馬翼、李運挑攬佛經一千餘卷，隋輔惠祥改《涅槃經》爲《長安經》。《笑道論》曰：「道家妄注諸子三百五十卷爲道經。」又按漢明帝時褚善信等總將道經、諸子書等三十七部，七百四十四卷。晉葛洪《神仙傳》云：「老教所有度世消災之法凡九百三十卷，符書等七十卷」。宋太始七年陸修静答明帝云：「道家經書并藥方、符圖等一千二百二十八卷，云一千九十卷已行于世，一百三十八卷猶在天宫。又檢《元都目録》，妄取《藝文志》書名矯註八百八十四卷爲道經。」今《元都經目》云依中陸氏所上之目，乃有六千三百六十三卷。云二千四十卷，見有其本；四千三百二十三卷，竝未見。據此前數目有無不同，虚妄明矣。增加卷目，添足篇章，依傍佛經，改頭换尾，或言名山唱出，或云仙洞飛來。何乃黄領獨知，英賢不覩，書史無聞，典籍不記？請問道士，後世之經爲是老子别陳，爲是天尊更説？縱其説也，應有時方、師資、説處；代年邦月，復是如何？如其有據，容可流行；若也妄言，理須焚翦。伏願當令明朝云云。

成伯璵《毛詩指説》　序者，緒也，如繭絲之有緒，中其述作之意也，亦與義同。學者以《詩》大、小《序》皆子夏所作，未能無惑。如《關雎》之《序》，首尾相結，冠束《二南》，故昭明太子亦云《大序》是子夏全制，編入文什。其衆餘篇之小序，子夏惟裁初句耳，至「也」字而止。「《葛覃》，后妃之本也」，「《鴻雁》，美宣王也」，如此之類是也。其下皆是大毛公自以詩中之意而繫其辭也。後人見序下有注，又曰東海衛宏所作。事雖兩存，未爲允當。當是鄭玄于《毛傳》下即得稱箋；于毛公《序》末略而爲注耳。毛公作《傳》之日，漢興已亡其六篇；但據亡篇之《小序》，惟有一句，毛既不得詩體，無由得措其辭也。又，高子是戰國時人，在子夏之後；當子夏之世，祭皆有尸，「靈星之尸」，子夏無爲取引。一句之下，多是毛公，非子夏，明矣。

欒史《經義攷》卷三〇引　《儀禮》有可疑者五：漢儒傳授《曲臺雜記》，後馬融、鄭衆始傳《周官》，而《儀禮》未嘗以教授，一疑也。《周禮》缺《冬官》，求之千金不可得；使有《儀禮》全書，諸儒寧不獻之朝乎！班固《七略》，劉歆九種，並不著《儀禮》；魏、晉、梁、陳之間，是書始行，二疑也。《聘禮篇》所記賓行饗餼之物，禾米芻薪之數，籩豆簠簋之實，鉶壺鼎甕之列，考之《周官》掌客之説不同，三疑也。

其中一篇《喪服》，蓋講師設問難以相解釋之辭，非周公之書，四疑也。《周官》所載，自王以下至公、侯、伯、子、男皆有其禮，而《儀禮》所謂《公食大夫禮》及《燕禮》，皆公與卿大夫之事，不及于王；其他篇所言，曰「主人」曰「賓」而已，似侯國之書；使周公當太平之時，豈不設天子之禮，五疑也。

雜録

柳宗元《柳宗元集》卷三一　嘗讀《國語》，病其文勝而言尨，好詭以反倫，其道舛逆，而學者以其文也，咸嗜悦焉。伏膺呻吟者，至比《六經》，則溺其文必信其實，是聖人之道翳也。余勇不自制，以當後世之訕怒，輒乃黜其不臧，救世之謬，凡爲六十七篇，命之曰《非國語》。既就，累日怏怏然不喜，以道之難明而習俗之不可變也，如其知我者果誰歟？凡今之及道者果可知也已，後之來者則吾未之見，其可忽耶？故思欲盡其瑕纇，以別白中正，度成吾書者非化光而誰，輒令往一通，惟少留視役慮以卒相之也。往時致用作《孟子評》，有韋詞者，告余曰：「吾以致用書示路子，路子曰：『善則善矣；然昔之爲書者，豈若是摭前人耶！』」韋子賢斯言也；余曰：「致用之志，以明道也，非以摭《孟子》，蓋求諸中而表乎世焉爾。」今余爲是書，非左氏尤甚。若二子者，固世之好言者也，而猶出乎是，況不及是者滋衆，則余之望乎世者愈狹矣！卒如之何？苟不悖于聖道而有以啓明者之慮，則用是罪余者雖累百世，滋不憾而恧焉！

劉肅《大唐新語》卷九　開元初，左庶子劉子玄奏議請廢鄭子《孝經》，依孔《注》；《老子》請停河上公《注》，行王弼《注》；《易傳》非子夏所造，請停。引今古爲證，文多不盡載。其略曰：「今所行《孝經》，題曰鄭氏，爰在近古，皆云是鄭玄，而魏、晉之朝無有此説。後魏、北齊之代立于學官，蓋虜俗無識，故致斯謬。今驗《孝經》非鄭玄所注。河上公者，漢文帝時人，菴于河上，因以爲號；以所注《老子》授文帝，因冲空上天。此乃不經之鄙言，習俗之虚語。」案《藝文志》注《老子》有三家，而無河上公《注》，雖使纔别朱紫，麄分菽麥，亦皆嗤其過謬，況有識者乎！《藝文志・易》有十三家而無子夏《傳》。子玄争論頗有條貫，會蘇、宋文吏拘于流俗，不能發明古義，竟排斥之，深爲識者所歎。

宋遼金元分部

綜述

歐陽修《歐陽修全集》卷七六《易童子問》卷一　童子曰：「然則《乾》無四德，而《文言》非聖人書乎？」曰：「是魯穆姜之言也，在襄公之九年。」

又卷七八《易童子問》卷三　童子問曰：「《繫辭》非聖人之作乎？」曰：「何獨《繫辭》焉，《文言》、《説卦》而下，皆非聖人之作，而衆説淆亂，亦非一人之言也。昔之學《易》者，雜取以資其講説，而説非一家，是以或同或異，或是或非，其擇而不精，至使害經而惑世也。然有附託聖經，其傳已久，莫得究其所從來而核其真僞。故雖有明智之士，或貪其雜博之辯，溺其富麗之辭，或以爲辨疑是正，君子所慎，是以未始措意於其間。若余者可謂不量力矣，邈然遠出諸儒之後，而學無師授之傳，其勇於敢爲而決於不疑者，以聖人之經尚在，可以質也。」童子曰：「敢問其略？」曰：「《乾》之初九曰『潛龍勿用』，聖人於其《象》曰『陽在下也』，豈不曰其文已顯而其義已足乎。而爲《文言》者又曰『龍，德而隱者也』，又曰『陽在下也』，又曰『陽氣潛藏』，又曰『潛之爲言，隱而未見』。《繫辭》曰：『乾以易知，坤以簡能。易則易知，簡則易從。易知則有親，易從則有功。有親則可久，有功則可大。可久則賢人之德，可大則賢人之業。』其言天地之道、乾坤之用、聖人所以成其德業者，可謂詳而備矣。故曰『易簡而天下之理得矣』者，是其義盡於此矣。俄而又曰：『廣大配天地，變通配四時，陰陽之義配日月，易簡之善配至德。』又曰：『夫乾，確然示人易矣。夫坤，隤然示人簡矣。』又曰：『夫乾天下之至健也，其德行常易以知險。夫坤天下之至順也，其德行常簡以知阻。』《繫辭》曰『六爻之動，三極之道也』者，謂六爻而兼三材之道也。其言雖約，其義無不包矣。又曰：『易之爲書也，廣大悉備。有天道焉，有人道焉，有地道焉。兼三材而兩之，故六。六者非他也，三材之道也。』而《説卦》又曰：『立天之道曰陰與陽，立地之道曰柔與剛，立人之道曰仁與義。兼三材而兩之，故《易》六畫而成卦。分陰分陽，迭用柔剛，故《易》六位而成章。』《繫

辭》曰：『聖人設卦觀象，《繫辭》焉而明吉凶』，又曰『辨吉凶者存乎辭』，又曰：『聖人有以見天下之動，而觀其會通，以行其典禮，《繫辭》焉以斷其吉凶，是故謂之爻。』又曰：『《易》有四象，所以示也。《繫辭》焉，所以告也。定之以吉凶，所以斷也』，又曰：『設卦以盡情僞，《繫辭》焉以盡其言。』其説雖多，要其旨歸，止於《繫辭》明吉凶，爾可一言而足也。凡此數説者，其略也。其餘辭雖小異而大旨則同者，不可以勝舉也。謂其説出於諸家，而昔之人雜取以釋經，故擇之不精，則不足怪也。謂其説出於一人，則是繁衍叢脞之言也。其遂以爲聖人之作，則又大繆矣。孔子之文章，《易》、《春秋》是已，其言愈簡，其義愈深。吾不知聖人之作，繁衍叢脞之如此也。雖然，辨其非聖之言而已，其於《易》義尚未有害也。而又有害經而惑世者矣。《文言》曰『元者善之長也，亨者嘉之會也，利者義之和也，貞者事之幹也』，是謂乾之四德。又曰『《乾》元者，始而亨者也。利貞者，性情也』，則又非四德矣。謂此二説出於一人乎，則殆非人情也。《繫辭》曰：『河出圖，洛出書，聖人則之。』所謂圖者，八卦之文也，神馬負之自河而出，以授於伏羲者也。蓋八卦者非人之所爲，是天之所降也。又曰：『包羲氏之王天下也，仰則觀象於天，俯則觀法於地，觀鳥獸之文與地之宜，近取諸身，遠取諸物，於是始作八卦。』然則八卦者是人之所爲也，河圖不與焉。斯二説者已不能相容矣，而《説卦》又曰『昔者聖人之作《易》也，幽贊於神明而生蓍，參天兩地而倚數，觀變於陰陽而立卦』，則卦又出於蓍矣。八卦之説如是，是果何從而出也？謂此三説出於一人乎，則殆非人情也。人情常患自是其偏見，而立言之士莫不自信，其欲以垂乎後世，惟恐異説之攻之也，其肯自爲二三之説以相抵捂而疑世，使人不信其書乎？故曰非人情也。凡此五説者自相乖戾，尚不可以爲一人之説，其可以爲聖人之作乎？」童子曰：「於此五説，亦有所取乎？」曰：「《乾》無四德，河、洛不出圖書，吾昔已言之矣。若元亨利貞，則聖人於《彖》言之矣。吾知自堯、舜已來，用卜筮爾，而孔子不道其初也，吾敢妄意之乎？」童子曰：「是五説皆無取矣，然則繁衍叢脞之言與夫自相乖戾之説，其書皆可廢乎？」曰：「不必廢也。古之學經者皆有《大傳》，今《書》、《禮》之傳尚存。此所謂《繫辭》者，漢初謂之《易大傳》也，至後漢已爲《繫辭》矣。語曰：『爲趙、魏老則優，不可以爲滕、薛大夫也。』《繫辭》者謂之《易大傳》，則優於《書》、《禮》之傳遠矣，謂之聖人之作，則僭僞之書也。蓋夫使學者知《大傳》爲諸儒之作，而敢取其是而捨其非，則三代之末，去聖未遠，老師名家之世學，長者先生之餘論，雜於其間者在焉，未必無益於學也。使以爲聖人之作，不敢有所擇而盡信之，則害經惑世者多矣。此不可以不辨也，吾豈好辨者哉！」童子曰：「敢問四德？」曰：「此魯穆姜之所道也。初，穆姜之筮也，遇《艮》之《隨》，而爲『《隋》，元亨利貞』説也，在襄公之九年。後十有五年，而孔子始生，又數十年而始贊《易》。然則四德非《乾》之德，《文言》不爲孔子之言矣。」童子曰：「或謂左氏之傳《春秋》也，竊取孔子《文言》以上附穆姜之説，是左氏之過也，然乎？」曰：「不然。彼左氏者胡爲而傳《春秋》，豈不欲其書之信於世也？乃以孔子晚而所著之書，爲孔子未生之前之説，此雖甚愚者之不爲也。蓋方左氏傳《春秋》時，世猶未以《文言》爲孔子作也，所以用之不疑。然則謂《文言》爲孔子作者，出於近世乎。」

又卷七八《易童子問》卷三　童子曰：「敢請益。」曰：「夫諭未達者，未能及於至理也，必指事據迹以爲言。余之所以知《繫辭》而下非聖人之作者，以其言繁衍叢脞而乖戾也。蓋略舉其易知者爾，其餘不可以悉數也。其曰『原始反終，故知死生之説』，又曰『精氣爲物，遊魂爲變，是故知鬼神之情狀』云者，質於夫子平生之語，可以知之矣。其曰『知者觀乎彖辭，則思過半矣』，又曰『八卦以象告，爻彖以情言』云者，以常人之情而推聖人可以知之矣。其以《乾》、《坤》之策『三百有六十，當期之日』，而不知七八九六之數同，而《乾》、《坤》無定策，此雖筮人皆可以知之矣。至於何謂『子曰』者，講師之言也。《説卦》、《雜卦》者，筮人之占書也。此又不待辨而可以知者。然猶皆迹也，若夫語以聖人之中道而過，推之天下之至理而不通，則思之至者可以自得之。」童子曰：「既聞命矣，敢不勉。」

又卷一八《易或問三首》　或問：「《繫辭》果非聖人之作，前世之大儒君子不論，何也？」曰：「何止乎《繫辭》。舜之塗廩、浚井，不載於六經，不道於孔子之徒，蓋俚巷人之語也。及其傳也久，孟子之徒道之。事固有出於繆妄之説。其初也，大儒君子以世莫之信，置而不論。及其傳之久也，後世反以謂更大儒君子而不非，是實不誣矣。由是曲學之士，溺焉者多矣。自孔子殁，周益衰，王道喪而學廢，接乎戰國，百家之異端起。《十翼》之説，不知起於何人，自秦、漢以來大儒君子不論也。」或者曰：「然則何以知非聖人之作也？」曰：「大儒君子之於學也，理達而已矣。中人已下，指其迹、提其耳而譬之，猶有惑焉者，溺於習聞之久，曲學之士喜爲奇説以取勝也。何謂『子曰』者？講師之言也，吾嘗以譬學者矣。『元者，善之長；亨者，嘉之會；利者，義之和。貞者，事之幹』，此所謂《文言》也。方魯穆姜之道此言也，在襄公之九年，後十有五年而孔子生。左氏之傳《春秋》也，固多浮誕之辭，然其用心亦必欲其書之信後世也。使左氏知《文言》爲孔子作也，必不以追附穆姜

之説而疑後世，蓋左氏者，不意後世以《文言》爲孔子作也。孟子曰：『盡信《書》，不如無《書》。』孟子豈好非六經者，黜其雜亂之説，所以尊經也。」

又《泰誓論》　《書》稱：商始咎周以乘黎。乘黎者，西伯也。西伯以征伐諸侯爲職事，其伐黎而勝也。商人已疑其難制而惡之。使西伯赫然見其不臣之狀，與商並立而稱王，如此十年商人反晏然不以爲怪，其父師老臣如祖伊、微子之徒，亦默然相與熟視而無一言，此豈近於人情邪？由是言之，謂西伯受命稱王十年者，妄説也。以紂之雄猜暴虐，嘗醢九侯而脯鄂侯矣，西伯聞之竊歎，遂執而囚之，幾不免死。至其叛己不臣而自王，乃反優容而不問者十年，此豈近於人情邪？由是言之，謂西伯受命稱王十年者，妄説也。孔子曰：「三分天下有其二，以服事商。」使西伯不稱臣而稱王，安能服事於商乎？且謂西伯稱王者，起於何説？而孔子之言，萬世之信也。由是言之，謂西伯受命稱王十年者，妄説也。伯夷、叔齊，古之知義之士也，方其讓國而去，顧天下皆莫可歸，聞西伯之賢，共往歸之。當是時，紂雖無道，天子也。天子在上，諸侯不稱臣而稱王，是僭叛之國也。然二子不以爲非，依之久而不去。至武王伐紂，始以爲非而棄去。彼二子者，始顧天下莫可歸，卒依僭叛之國而不去，不非其父而非其子，此豈近於人情邪？由是言之，謂西伯受命稱王十年者，妄説也。《書》之《泰誓》稱「十有一年」，説者因以謂自文王受命九年，及武王居喪二年，并數之爾。是以西伯聽虞、芮之訟，謂之受命，以爲元年。此又妄説也。古者人君即位，必稱元年，常事爾，不以爲重也。後世曲學之士説《春秋》，始以改元爲重事。然則果常事與？固不足道也。果重事與？西伯即位已改元矣，中間不宜改元而又改元。至武王即位，宜改元而反不改元，乃上冒先君之元年，并其居喪稱十一年。及其滅商而得天下，其事大於聽訟遠矣，又不改元。由是言之，謂西伯以受命之年爲元年者，妄説也。後之學者，知西伯生不稱王，而中間不再改元，則《詩》、《書》所載文、武之事，粲然明白而不誣矣。或曰：「然則武王畢喪伐紂，而《泰》誓曷爲稱十有一年？」對曰：「畢喪伐紂，出於諸家之小説，而《泰誓》，六經之明文也。昔者孔子當衰周之際，患衆説紛紜以惑亂當世，於是退而修六經以爲後世法。及孔子既没，去聖稍遠，而衆説復興，與六經相亂。自漢以來，莫能辨正。今有卓然之士，一取信乎六經，則《泰誓》者，武王之事也，十有一年者，武王即位之十有一年爾，復何疑哉？司馬遷作《周本紀》，雖曰武王即位九年祭於文王之墓，然後治兵于盟津，至作《伯夷列傳》，則又載父死不葬之説，皆不可爲信。是以吾無取焉，取信于《書》可矣。」

又卷四一《帝王世次圖序》　堯、舜、禹、湯、文、武，此六君子者可謂顯人矣。而後世猶失其傳者，豈非以其遠也哉？是故君子之學，不窮遠以爲能，而闕其不知，慎所傳以惑世也。方孔子時，周衰學廢，先王之道不明，而異端之説並起，孔子患之，乃修正《詩》、《書》、《史記》，以止紛亂之説，而欲其傳之信也。故略其遠而詳其近，於《書》斷自唐、虞以來，著其大事可以爲世法者而已。至於三皇五帝君臣世次皆未嘗道者，以其世遠而慎所不知也。孔子既殁，異端之説復興，周室亦益衰亂。接乎戰國，秦遂焚書，先王之道中絶。漢興久之，《詩》、《書》稍出而不完。當王道中絶之際，奇書異説方充斥而盛行，其言往往反自託於孔子之徒，以取信於時。學者既不備見《詩》、《書》之詳，而習傳盛行之異説，世無聖人以爲質，而不自知其取捨真僞，至有博學好奇之士，務多聞以爲勝者，於是盡集諸説，而論次初無所擇，而惟恐遺之也，如司馬遷之《史記》是矣。以孔子之學，上述前世，止於堯、舜，著其大略，而不道其前。遷遠出孔子之後，而乃上述黄帝以來，又詳悉其世次，其不量力而務勝，宜其失之多也。遷所作《本紀》，出於《大戴禮》世本諸書，今依其説，圖而考之。堯、舜、夏、商、周，皆同出於黄帝。堯之崩也，下傳其四世孫舜，舜之崩也，復上傳其四世祖禹，而舜、禹皆壽百歲。稷、契於高辛爲子，乃同父異母之兄弟，今以其世次而下之，湯與王季同世。湯下傳十六世而爲紂，王季下傳一世而爲文王，二世而爲武王。是文王以十五世祖臣事十五世孫紂，而武王以十四世祖伐十四世孫而代之王，何其繆哉！嗚呼！堯、舜、禹、湯、文、武之道，百王之取法也。其盛德大業見於行事，而後世所欲知者，孔子皆已論著之矣。其久遠難明之事後世不必知，不知不害爲君子者，孔子皆不道也。夫孔子所以爲聖人者，其智知所取捨，皆如此。

又卷四八《武成王廟問進士策二首》　問：學者言三統之義備矣。然自孔子删脩六經，與其弟子論辯堯、舜三代之際甚詳，而於正朔獨無明文見於經者。三正，王者所以正一統，蓋大法也。豈宜略而不言歟？抑隱其義以寓見諸書歟？或者經籍散缺而失之歟？自漢以來學者多增三統之説，以附六經之文。今所見者，特因漢儒之説爾。當漢承秦焚書，聖經未備，而百家異説不合于理者衆，則其言果可信歟？夫衆辭淆亂質諸聖，今考於六經，孔子所筆，何説可以驗其信然歟？不然，商、周未嘗有改歟？豈其不足爲法，聖人非之而不言歟？請稽三王之舊典，考六經之明文，以祛厥疑。敢俟來對。

又《問進士策三首》　問：六經者，先王之治具，而後世之取法也。《書》載上

古，《春秋》紀事，《詩》以微言感刺，《易》道隱而深矣，其切於世者《禮》與《樂》也。自秦之焚書，六經盡矣。至漢而出者，皆其殘脱顛倒，或傳之老師昏耄之説，或取之冢墓屋壁之間，是以學者不明，異説紛起。況乎《周禮》，其出最後，然其爲書備矣。其天地萬物之統，制禮作樂，建國君民，養生事死，禁非道善，所以爲治之法皆有條理。三代之政美矣，而周之治迹所以比二代而尤詳見於後世者，《周禮》著之故也。然漢武以爲瀆亂不驗之書，何休亦云六國陰謀之説，何也？然今考之，實有可疑者。夫内設公卿、大夫、士，下至府史、胥徒，以相副貳；外分九服、建五等、差尊卑以相統理，此《周禮》之大略也。而六官之屬略見於經者五萬餘人，而里閭縣鄙之長，軍師卒伍之徒不與焉。王畿千里之地，爲田幾井，容民幾家？王官、王族之國邑幾數？民之貢賦幾何？而又容五萬人者於其間，其人耕而賦乎？如其不耕而賦，則何以給之？夫爲治者，故若是之煩乎？此其一可疑者也。秦既誹古，盡去古制。自漢以後，帝王稱號，官府制度，皆襲秦故，以至於今雖有因有革，然大抵皆秦制也。未嘗有意於《周禮》者，豈其體大而難行乎，其果不可行乎？夫立法垂制，將以遺後也，使難行而萬世莫能行，與不可行等爾。然則反秦制之不若也，脱有行者，亦莫能興，或因以取亂，王莽、後周是也，則其不可用決矣。此又可疑也。然其祭祀、衣服、車旗似有可采者，豈所謂郁郁之文乎？三代之治，其要如何？《周禮》之經，其失安在？宜於今者，其理安從？其悉陳無隱。

又　問：禮樂之書散亡，而雜出於諸儒之説，獨《中庸》出於子思。子思，聖人之後也。其所傳宜得其真，而其説有異乎聖人者，何也？《論語》云：「吾十有五而志于學，三十而立，四十而不惑，五十而知天命。」蓋孔子自年十五而學，學十五年而後有立，其道又須十年而一進。孔子之聖，必學而後至，久而後成。而《中庸》曰：「自誠明謂之性，自明誠謂之教。」自誠明，生而知之也；自明誠，學而知之也。若孔子者，可謂學而知之者，孔子必須學，則《中庸》所謂自誠而明、不學而知之者，誰可以當之歟？堯用四凶，其初非不思也，蓋思之不能無失耳，故曰「惟帝其難之」。舜之於事，必問於人而擇焉，故曰「舜好問」。禹之於事，己所不決，人有告之言，則拜而從之，故曰「禹拜昌言」。湯之有過，後知而必改，故曰「改過不悋」。孔子亦嘗有過，故曰「幸，苟有過，人必知之」。而《中庸》曰「誠者不勉而中，不思而得」。夫堯之思慮常有失，舜、禹常待人之助，湯與孔子常有過。此五君子者，皆上古聖人之明者，其勉而思之猶有不及，則《中庸》之所謂「不勉而中，不思而得」者，誰可以當之歟？此五君子者不足當之，則自有天地已來，無其人矣，豈所謂虚言高論而無益者歟？夫孔子必學而後至，堯之思慮或失，舜、禹必資於人，湯、孔不能無過，此皆勉人力行不怠，有益之言也。若《中庸》之誠明不可及，則怠人而中止，無用之空言也。故予疑其傳之謬也，吾子以爲如何？

又　問：三王之治，損益不同，而制度文章，惟周爲大備。《周禮》之制，設六官以治萬民，而百事理，夫公卿之任重矣。若乃祭祀天地、日月、宗廟、社稷、四郊、明堂之類，天子大臣所躬親者，一歲之間有幾？又有巡狩、朝會、師田、射耕、燕饗凡大事之舉，一歲之間又有幾？而爲其民者，亦有畋獵、學校、射鄉、飲酒，凡大聚會，一歲之間有幾？又有州黨、族官、幾時、月朔、春秋、酺禜、詢事、讀法，一歲之間又有幾？其齋戒供給，期召奔走，廢日幾何？由是而言，疑其官不得安其府，民不得安其居，亦何暇修政事、治生業乎？何其煩之若是也？然説者謂周用此以致太平。豈朝廷禮樂文物，萬民富庶豈弟，必如是之勤且詳，然後可以致之歟？後世苟簡，不能備舉，故其未能及於三代之盛歟？然爲治者果若是之勞乎？用之於今，果安焉而不倦乎？抑其設施有法，而第弗深考之歟？諸君子爲言之。

又　問：六十四卦所謂《易》者，聖人之書也。今謂之《繫辭》，昔謂之《大傳》者，亦皆曰聖人之作也。其言曰：「兩儀生四象，四象生八卦。」又曰：「河出圖，聖人則之。」又曰：「庖犧氏之王天下也，仰觀于天，俯察于地，觀鳥獸之文，近取諸身，遠取諸物，始作八卦。」又曰：「昔者聖人之作《易》也，幽贊於神明而生蓍，參天兩地而倚數，觀變於陰陽而立卦。」一書而四説，則八卦者果何從而有乎？若曰河圖之説信然乎，則是天生神馬負八卦出于水中，乃天地自然之文爾，何假庖犧始自作之也？如幽贊生蓍之説，又似八卦直因蓍數而生爾。至於兩儀四象，相生而成，則又無待於三説而有卦也。故一説苟勝，則三説可以廢也。然孰從而爲是乎？卜筮，自堯、舜、禹三代以來用之，蓋古聖人之法也，不必窮其始於古遠茫昧之前。然《繫辭》，聖人之作也，必有深旨，幸決其疑。

朱熹《語類·易三》　《龍圖》是假書，無所用。康節之《易》自兩儀、四象、八卦以至六十四卦，皆有用處。

又《文集·答吕伯恭》　世有《麻衣心易》者，亦出此間人所造。嘗見之否？

又《答李壽翁》　《麻衣易説》，熹舊見之，嘗疑其文字言語不類五代國初時體製，而其義理尤多淺俗。意恐只是近三五十年以來人收拾佛、老、術數緒餘所造。嘗題數語於其後，以俟知者。及去年至此，見一戴主簿者，名師愈，即今印本卷後題跋之人。初亦忘記其有此書，但每見其説《易》，專以麻衣爲宗，而問其傳授來

歷，則又祕而不言。後乃得其所著他書觀之，則其文體意象多與所謂《麻衣易説》者相似，而間亦多有附會假託之談。以是，心始疑其出於此人。因復徧問邦人，則雖無能言其贋作之實者，然亦無能知其傳授之所從也。用此，決知其爲此人所造不疑。然是時，其人已老病昏塞，難可深扣，又尋即物故，遂不復可致詰。但今考其書，則自麻衣本文及陳、李、戴、汪題四家之文如出一手，此亦其同出戴氏之一驗。而其義理，則於鄙意尤所不能無疑。今以台諭之及，當復試加考訂，他日別求教也。

又《答鄭仲禮》 來喻所謂隱者，豈非麻衣之流乎？此乃僞書。向來敬夫雖不以其説爲然，然亦誤以爲真希夷之師説也。其言專説卦畫，大概似是。而其所以爲説者，則皆瑣碎支離，附會穿鑿，更無是處。

又《書麻衣心易後》 《麻衣心易》，頃歲嘗略見之，固已疑其詞意凡近，不類一二百年前文字。今得黄君所傳，細讀之，益信所疑之不謬也。如所謂「雷自天下而發」、「山自天上而墜」之類，皆無理之妄談。所謂「一陽生於子月而應在卯月」之類，乃術家之小數。所謂「由破體煉之乃成全體」，則爐火之末技。所謂「人間萬事悉是假合」，又佛者之幻語耳。其他，此比非一，不容悉舉。要必近年術數末流，道聽塗説，掇拾老、佛、醫、卜諸説之陋者，以成其書。而其所以託名於此人者，則以近世言象數者必宗邵氏，而邵氏之學出於希夷，於是又求希夷之所敬，得所謂麻衣者而託之。以爲若是，則凡出於邵氏之流者莫敢議己；而不自知其説之陋，不足以自附於陳、邵之間也。夫麻衣，方外之士，其學固不純於聖賢之意，然其爲希夷所敬如此，則其爲説亦必有奇絶過人者，豈其若是之庸瑣哉！且五代國初時人，文字言語質厚沈實，與今不同。此書所謂「落處」、「活法」、「心地」等語，皆出近年，且復不成文理。計其僞作，不過四五十年間事耳。然予前所見本，有張敬夫題字，猶摘其所謂「當於羲皇心地上馳騁」者而與之辨；是亦徒費於辭矣。此直無理，不足深議；但當摘其謬妄之實而掊擊之耳。淳熙丁酉冬十一月五日書。

又《文集・再跋麻衣易説後》 予既爲此説，後二年假守南康，始至，有前湘陰主簿戴師愈者來謁，老且躄，使其壻自掖而前。坐語未久，即及《麻衣易説》；其言暗澀，殊無倫次。問其師傳所自，則曰「得之隱者」。問「隱者誰氏」？則曰「彼不欲世人知其姓名，不敢言也」。既復問之邦人，則皆曰「書獨出戴氏，莫有知其所自來者」。予省前語，雖益疑之，然亦不記前已見其姓名也。後至其家，因復扣之，則曰「學《易》而不知此，則不明卦畫之妙而其用差矣」。予問「所差謂何」？則曰「坎、兑皆水，而卦畫不同。若炙藥者不察而誤用之，則失其性矣」。予了其妄，因不復問。而見其几間有所著雜書一編，取而讀之，則其詞語氣象宛然《麻衣易》也。其間雜論細事，亦多有不得其説而公爲附託以欺人者。予以是始疑前時所料三五十年以來人者，即是此老。既歸，亟取觀之，則最後跋語固其所爲，而一書四人之文，體製規模乃出一手，然後始益深信所疑之不妄。然是時戴病已昏，不久即死，遂不復可窮詰。獨得其《易圖》數卷，閲之，又皆鄙陋瑣碎，穿穴無稽，如小兒嬉戲之爲者。欲以其事馳報敬夫，則敬夫亦已下世。因以書語吕伯恭，曰：「吾病廢有年，乃復爲吏。然不爲他郡而獨來此，豈天固疾此書之妄，而欲使我親究其實耶？」時當塗守李壽翁侍郎雅好此書，伯恭因以予言告之。李亟以書來，曰：「即如君言，斯人而能爲此書，亦吾所願見也。幸爲津致，使其一來」。予適以所見聞報之，而李已得謝西歸，遂不復出，不知竟以予言爲如何也？淳熙丁未，初夏四日，病中間閲舊書，念壽翁、敬夫、伯恭皆不可復見，因并記此曲折，以附其後，使覽者知予之論所以不同於二君子者非苟然也。

又《語類・易三》 向在南康，見四家《易》。如劉居士《變卦》，每卦變爲六十四，却是按古。如周三教及劉虚谷，皆亂道。外更有戴主簿，傳得《麻衣易》，乃是戴公僞爲之。蓋嘗到其家，見其所作底文，其體皆相同。南軒及李侍郎被他瞞，遂爲之跋。某嘗作一文字辯之矣。

又 《關子明易》、《麻衣易》，皆是僞書。《麻衣易》是南康士人作。今不必問其理，但看其言語，自非希夷作。其中有云：「學《易》者當於羲皇心地上馳騁。」不知心地如何馳騁？

又 《麻衣易》是南康戴某所作。太平州刊本第二跋，即其人也。

又 《麻衣易》，南康戴主簿作。某親見其人，甚稱此《易》得之隱者。問之，不肯言其人。某適到其家，見有一册雜録，乃戴公自作，其言皆與《麻衣易》説大略相類。及戴主簿死，子弟將所作《易圖》來看，乃知真戴公所作也。

又《語類・尚書》 至之問：「《書》斷自唐、虞以下，須是孔子意。」也不可知。且如三皇之書言大道，有何不可，便删去？五帝之書言常道，有何不可，便删去？皆未可曉。

又《文集・答吕伯恭》 近看吴才老説《胤征》、《康誥》、《梓材》等篇，辨證極好。但已看破《小序》之失而不敢勇決，復爲序文所牽，亦殊覺費力耳。

又《答董叔重》 《書序》恐只是經師所作，然亦無證可考。但決非夫子之言耳。

又《答孫季和》 古今《書》文，雜見先秦古記，各有證驗，豈容廢絀？不能無可疑處，只當玩其所可知而闕其所不可知耳。《小序》決非孔門之舊；安國《序》亦決非西漢文章。向來語人，人多不解。惟陳同父聞之，不疑，要是渠識得文字體製意度耳。讀書玩理外，考據又是一種工夫：所得無幾而費力不少。向來偶自好之，固是一病；然亦不可謂無助也。孔氏《書序》與《孔叢子》、《文中子》大略相似。所書孔臧不爲宰相而禮賜如三公等事，皆無其實，而《通鑑》亦誤信之，則考之不精甚矣！

又《答陳安卿》 《康誥》、《小序》以爲成王封康叔之書。今考其詞，謂康叔爲「弟」而自稱「寡兄」，又多述文王之德而無一字及武王者。計乃是武王時書，而序者失之。

又 「作新民」，是成王封康叔之語。而《或問》中曰武王，何也？此《書序》之誤，五峯先生嘗言之。舊有一段辨此，後以非所急而去之。但看此與《酒誥》兩篇，只説文王而不及武王，又曰「朕其弟，小子封」，又曰「乃寡兄勖」，則可見矣。

又《文集·尚書》 先君孔子生於周末，覩史籍之煩文，懼覽者之不一。遂乃定禮樂，明舊章，删《詩》爲三百篇，約史記而脩《春秋》，讚《易》道以黜《八索》，述《職方》以除《九丘》。討論《墳》、《典》，斷自唐、虞以下，訖於周。芟夷煩亂，翦截浮辭，舉其宏綱，撮其機要，足以垂世立教，典、謨、訓、誥、誓、命之文，凡百篇。【略】今按《周禮》「外史掌三皇、五帝之書」，周公所録，必非僞妄。知春秋時，《三墳》、《五典》、《八索》、《九丘》之書猶有存者。若果全備，孔子亦不應悉删去之；或其簡編脱落，不可通曉，或是孔子所見止自唐、虞以下，不可知耳，今亦不必深究其説也。

又 《書序》，序所以爲作者之意，昭然義見，宜相附近。故引之各冠其篇首，定五十八篇。今按此百篇之序，出孔氏壁中。《漢書·藝文志》以爲孔子纂《書》而爲之《序》，言其作意。然以今考之，其於見存之篇，雖頗依文立義而亦無所發明。其間，如《康誥》、《酒誥》、《梓材》之屬，則與經文又有自相戾者。其於已亡之篇，則伊阿簡略，尤無所補。其非孔子所作，明甚。然相承已久，今亦未敢輕議。且據安國此序，復合爲一，以附經後；而其相戾之説見本篇云。

又 今按此序不類西漢文字，疑或後人所託。然無所據，未敢必也。以其所序本末頗詳，故備載之，讀者宜細考焉。

又 今按《漢書》所引《泰誓》云「誣神者殃及三世」，又云「立功立事，惟以永年」，疑即武帝之世所得者。《律歷志》所引《伊訓》、《畢命》，字畫有與古文略同者，疑即伏生口傳而晁錯所屬讀者。其引《武成》，則伏生無此篇書，是張霸所僞作者矣。

又 今按漢儒以伏生之書爲今文，而謂安國之書爲古文。以今考之，則今文多艱澁而古文反平易。或者以爲今文自伏生女子口授晁錯時失之，則先秦古書所引之文皆已如此，恐其未必然也。或者以爲記録之實語難工，而潤色之雅詞易好，故訓、誥、誓、命有難易之不同，此爲近之。然伏生倍文暗誦，乃偏得其所難，而安國考定於科斗古書錯亂磨滅之餘，反專得其所易，則又有不可曉者。至於諸《序》之文或頗與經不合，而安國之《序》又絶不類西京文字，亦皆可疑。獨諸《序》之本不先經，則賴安國之序而可見。故今別定此本，壹以諸篇本文爲經，而復合《序篇》於後，使覽者得見聖經之舊而不亂乎諸儒之説。又論其所以不可知者如此，使學者姑務沈潛，反復乎其所易，而不必穿鑿傅會於其難者云。

又《記尚書三義》 「棐」本木名，而借爲「匪」字。顔師古註《漢書》云：「棐，古匪字，通用」是也。「天畏匪忱」，猶曰「天難謀」按，謀當作諶爾。孔《傳》訓作「輔」字，殊無義理。嘗疑今孔《傳》並《序》皆不類西京文字氣象，未必真安國所作，只與《孔叢子》同是一手僞書，蓋其言多相表裏，而訓詁亦多出《小爾雅》也。此事，先儒所未言，而予獨疑之。未敢必其然也，姑識其説以俟知者。

又《書臨漳所刊四經後》 世傳孔安國《尚書序》，言伏生傳《書》二十八篇：《堯典》、《臯陶謨》、《禹貢》、《甘誓》、《湯誓》、《盤庚》、《高宗肜日》、《西伯戡黎》、《微子》、《牧誓》、《洪範》、《金縢》、《大誥》、《康誥》、《酒誥》、《梓材》、《召誥》、《洛誥》、《多士》、《無逸》、《君奭》、《多方》、《立政》、《顧命》、《呂刑》、《文侯之命》、《費誓》、《秦誓》。孔氏壁中《書》增多二十五篇：《大禹謨》、《五子之歌》、《胤征》、《仲虺之誥》、《湯誥》、《伊訓》、《太甲上》、《太甲中》、《太甲下》、《咸有一德》、《説命上》、《説命中》、《説命下》、《泰誓上》、《泰誓中》、《泰誓下》、《武成》、《旅獒》、《微子之命》、《蔡仲之命》、《周官》、《君陳》、《畢命》、《君牙》、《冏命》。分伏生《書》中四篇爲九篇，又增多五篇：《舜典》、《益稷》、《盤庚中》、《盤庚下》、《康王之誥》，並《序》一篇。合之，凡五十九篇。及安國作《傳》，遂引《序》以冠其篇首，而定爲五十八篇，今世所行公私版本是也。然漢儒以伏生之《書》爲今文，而謂安國之《書》爲古文。以今

考之，則今文多艱澁而古文或平易。或者以爲今文自伏生女子口授鼂錯時失之，則先秦古書所引之文皆已如此。或者以爲記録之實語難工而潤色之雅詞易好，則暗誦者不應偏得所難而考文者反專得其所易。是皆有不可知者。至諸《序》之文或頗與經不合，如《康誥》、《酒誥》、《梓材》之類，而安國之序又絶不類西京文字，亦皆可疑。獨諸《序》之本不先經，則賴安國之《序》而可見。故今别定此本，一以諸篇本文爲經，而復合《序篇》於後，使覽者得見聖經之舊而不亂乎諸儒之説。又論其所以不可知者如此，使讀者姑務沈潛，反復乎其所易，而不必穿鑿傳會於其所難云。紹熙庚戌十月壬辰，新安朱熹識。

又《刊四經成告先聖文》 熹恭惟《六經》大訓，炳若日星；垂世作程，靡有終極。不幸前遭秦火煨燼之厄，後罹漢儒穿鑿之謬，不惟微詞奥旨莫得其傳，至於篇帙之次亦復淆亂。遥遥千載，莫覺莫悟；惟《易》一經，或嘗正定。而熹不敏，又嘗考之《詩》、《書》，而得其《小序》之失。參稽本末，皆有明驗。私竊以爲不當引之以冠本經聖言之上。是以不量鄙淺，輒加緒正；刊刻布流，以曉當世。

又《别集・孫季和》 《書小序》又可考。但如《康誥》等篇，决是武王時書；却因「周公初基」以下錯出數簡，遂誤以爲成王時書。然其詞，以康叔爲弟，而自稱「寡兄」，追誦文王而不及武王，其非周公、成王時語，的甚。吴才老、胡明仲皆嘗言之。至於《梓材》半篇，全是臣下告君之詞，而亦誤以爲周公誥康叔，而不之正也。其可疑處，類此非一。太史公雖用其體而不全取其文；如《商紀》中所載《湯誥》，全非今孔氏《書》也。雖其詞厖亂不若今《書》之懿，然亦見遷書之體或未必全是師法《書序》也。大抵古書多此體。如《易・序卦》亦是此類。若便斷爲孔子之筆，恐無是理也。

又《劉德脩》 嘗患今世學者不見古經，而《詩》、《書・小序》之害爲尤甚。頃在臨漳刊定經、子，粗有補於學者。前此欲寄傳之及宋子淵家，而便人不爲帶行。今内一通，幸爲過目，還以一語訂其是非，幸甚。

又《語類・尚書一》 孔壁所出《尚書》，如《禹謨》、《五子之歌》、《胤征》、《泰誓》、《武成》、《冏命》、《微子之命》、《蔡仲之命》、《君牙》等篇皆平易，伏生所傳皆難讀。如何伏生偏記得難底，至於易底全記不得，此不可曉。如當時誥命出於史官屬辭，須説得平易。若《盤庚》之類，再三告戒者，或是方言，或是當時曲折説話，所以難曉。

又 伏生《書》多艱澁難曉，孔安國壁中《書》却平易易曉。或者謂伏生口授

女子，故多錯誤。此不然。今古書傳中所引《書》語，已皆如此不可曉。

又 問：「林少穎説《盤》、《誥》之類，皆出伏生。如何？」此亦可疑。蓋《書》有古文，有今文。今文乃伏生口傳，古文乃壁中之書。《禹謨》、《説命》、《高宗肜日》、《西伯戡黎》、《泰誓》等篇，凡易讀者皆古文；况又是科斗書，以伏生《書》字文攷之，方讀得。豈有數百年壁中之物，安得不訛損一字？又却是伏生記得者難讀，此尤可疑。今人作全書解，必不是。

又 伯豐再問：「《尚書》古文、今文有優劣否？」孔壁之傳，漢時却不傳，只是司馬遷曾師授。如伏生《尚書》，漢世却多傳者。鼂錯以伏生不曾出，其女口授，有齊音不可曉者，以意屬成。此載於史者。及觀經傳及《孟子》引「享多儀」，出自《洛誥》，却無差。只疑伏生偏記得難底，却不記得易底。然有一説可論難易。古人文字，有一般如今人書簡説話，雜以方言，一時記録者；有一般是做出告戒之命者。疑《盤》、《誥》之類是一時告語百姓；《盤庚》勸諭百姓遷都之類是出於記録。至於《蔡仲之命》、《微子之命》、《冏命》之屬，或出當時做成底詔告文字，如後世朝廷詞臣所爲者。

又 伯豐問：「《尚書》未有解。」便是有費力處。其間用字亦有不可曉處。當時爲伏生是濟南人，鼂錯却潁川人，止得於其女口授；有不曉其言，以意屬讀。然而傳記所引，却與《尚書》所載又無不同。只是孔壁所藏者皆易曉，伏生所記者皆難曉。如《堯典》、《舜典》、《皋陶謨》、《益稷》出於伏生，便有難曉處，如「載采采」之類；《大禹謨》便易曉。如《五子之歌》、《胤征》有甚難記，却記不得。至如《泰誓》、《武成》皆易曉；只《牧誓》中便難曉，如「五步六步」之類。如《大誥》、《康誥》，夾着《微子之命》。穆王之時，《冏命》、《君牙》易曉，到《吕刑》亦難曉。因甚只記得難底，却不記得易底，便是未易理會。

又 《尚書》决非孔安國所註。蓋文字困善，不是西漢人文章。安國，漢武帝時，文章豈如此？但有太麤處，决不如此困善也。如《書序》做得善弱，亦非西漢人文章也。

又 《尚書》孔安國《傳》，此恐是魏、晉間人所作，托安國爲名，與毛公《詩傳》大段不同。今觀序文，亦不類漢文章。如《孔叢子》亦然，皆是那一時人所爲。

又 孔安國《尚書序》只是唐人文字。前漢文字甚次第。司馬遷亦不曾從安國授《尚書》，不應有一文字軟郎當地。後漢人作《孔叢子》者，好作僞書。然此序亦非後漢時文字，後漢文字亦好。

又 孔氏《書序》不類漢文，似《李陵答蘇武書》。

又 孔安國解經最亂道，看得只是孔叢子等做出來。

又 某嘗疑孔安國書是假書。此毛公《詩》如此高簡，大段争事。漢儒訓釋文字多是如此，有疑則闕。今此却盡釋之。豈有千百年前人說底話，收拾於灰燼屋壁中，與口傳之餘，更無一字訛舛，理會不得！兼《小序》皆可疑。《堯典》一篇自說堯一代爲治之次序，至讓於舜方止；今卻說是讓於舜後方作。《舜典》亦是見一代政事之終始，却說歷試諸艱，是爲要受讓時作也。至後諸篇，皆然。況先漢文章，重厚有力量。今《大序》格致極輕，疑是晉、宋間文章。況孔書至東晉方出，前此諸儒皆不曾見，可疑之甚。

又 《尚書小序》不知何人作；《大序》亦不是孔安國作，怕只是撰《孔叢子》底人作，文字軟善。西漢文字則麤大。

又 《書小序》亦非孔子作，與《詩小序》同。

又 《書序》是得《書》於屋壁，已有了。想是，孔家人自做底。如《孝經序》亂道，那時也有了。

又 《書序》不可信，伏生時無之。其文甚弱，亦不是前漢人文字，只似後漢末人。

又 徐彦章問：「先生卻除《書序》，不以冠篇首者，豈非有所疑於其間耶？」誠有可疑。且如《康誥》第述文王，不曾說及武王。只有「乃寡兄」是說武王，又是自稱之詞。然則《康誥》是武王誥康叔明矣。但緣其中有錯說周公初基處，遂使序者以爲成王時事。此豈可信！

又 問：「《序》云『聰明文思』，經作『欽明文思』，如何？」「《小序》不可信。問：「恐是作《序》者見經中有『欽明文思』，遂改换『欽』字作『聰』字否？」」然。

又《尚書二》 《書》中可疑諸篇，若一齊不信，恐倒了《六經》。如《金縢》亦有非人情者。「雨，反風，禾盡起」，也是差異。成王如何又恰限去啓金縢之書？然當周公納策於匱中，豈但二公知之？《盤庚》更没道理。從古相傳來，如經傳所引用，皆此書之文；但不知是何故，說得都無頭。且如今告諭民間一二事，做得幾句如此，他曉得曉不得？只說道要遷，更不說道自家如何要遷，如何不可以不遷，萬民因甚不要遷。要得人遷，也須說出利害，今更不說。《吕刑》一篇，如何穆王說得散漫：直從苗民、蚩尤惟始作亂說起。若說道都是古人元文，如何出於孔氏者多分明易曉，出於伏生者都難理會？

又 某嘗疑《書注》非孔安國作。蓋此傳不應是東晉方出。其文又皆不甚好，不似西漢時文。

又《詩一》 《書小序》亦未是。只如《堯典》、《舜典》，便不能通貫一篇之意。《堯典》不獨爲遜舜一事。《舜典》到「歷試諸艱」之外，便不該通了。其他《書序》亦然。至如《書大序》，亦疑不是孔安國文字。大抵西漢文章，渾厚近古；雖董仲舒、劉向之徒，言語自別。讀《書大序》，便覺軟慢無氣，未必不是後人所作也。

又《尚書一》 銖因問：「世所傳張綱《書解》，只是祖述荆公所說。或云，是閩中林子和作，果否？」「或者說如此。但其家子孫自認是它作。張綱後來作參政，不知自認與否。

又 胡安定《書解》未必是安定所注，《行實》之類不載；但《言行録》上有少許，不多，不見有全部。專破古說，似不是胡平日意。又間引東坡說。東坡不及見安定，必是僞書。

又《文集・答吕祖謙》 《詩說》所欲修改處是何等類，因書告，略及之。比亦得間刊定，大抵《小序》盡出後人臆度；若不脱此窠臼，終無緣得正當也。去年略脩舊說，訂正爲多。向恨未能盡去，得失相半，不成完書耳。

又《答吕子約》 《詩說》久已成書，無人寫得，不能奉寄。亦見子約專治《小序》而不讀《詩》，故自度其說未易合而不寄耳。謂變風「止乎禮義」，其失甚明。但若只以《小序》論之，則未見其失耳。

又《答熊夢兆》 孔子言《關雎》「樂而不淫，哀而不傷」，是言樂不至於淫，哀不至於傷。今《詩序》將「哀、樂、淫、傷」判作四事說，似錯會《論語》意。以此疑《大序》非孔子作。此說得之。《大序》未知果誰作也。

又《書臨漳所刊四經後》 鄭康成說：《南陔》等篇，遭秦而亡其義，則與衆篇之義合編，故存。至毛公爲《詁訓傳》，乃分衆篇之義，各置於其篇端。愚按：鄭氏謂三篇之義本與衆篇之義合編者，是也。然遂以爲《詩》與義皆出於先秦，《詩》亡而義獨存，至毛公乃分衆義各置篇端，則失之矣。《後漢・衛宏傳》明言宏作《毛詩序》，則《序》豈得爲與經並出而分於毛公之手哉？然《序》之本不冠於篇端，則因鄭氏此說而可見。熹嘗病今之讀《詩》者知有《序》而不知有《詩》也，故因其說而更定此本，以復于其初。猶懼覽者之惑也，又備論於其後云。紹熙庚戌冬十月壬辰，新安朱熹識。

又《語類・詩一》 《小序》，漢儒所作，有可信處絶少。《大序》好處多，然亦

有不滿人意處。

又 王德修云：「《詩序》只是國史一句可信，如『《關雎》，后妃之德也』。此下，即講師說。如《蕩》，《詩》自是說『蕩蕩上帝』，《序》却言是『天下蕩蕩』。《賚》，《詩》自是說『文王既勤止，我應受之』，是說後世子孫賴其祖宗基業之意，他序却說『賚，予也』。豈不是後人多被講師瞞耶？」此是蘇子由曾說來，然亦有不通處。如「《漢廣》，德廣所及也」，有何義理？却是下面「無思犯禮，求而不可得」幾句却有理。若某，只上一句亦不敢信他。舊曾有一老儒鄭漁仲更不信《小序》，只依古本，與疊在後面。某今亦只如此，令人虛心看正文，久之，其義自見。蓋所謂《序》者，類多世儒之誤，不解詩人本意處甚多。且如「止乎禮義」，果能止禮義否？《桑中》之詩，禮義在何處？王曰：「他要存戒。」此正文中無戒意，只是直述他淫亂事爾。若《鶉之奔奔》、《相鼠》等詩却是譏罵，可以爲戒；此則不然。某今看得《鄭詩》，自《叔于田》等詩之外，如《狡童》、《子衿》等篇皆淫亂之詩，而說詩者誤以爲刺昭公、刺學校廢耳。《衛詩》尚可，猶是男子戲婦人；《鄭詩》則不然，多是婦人戲男子，所以聖人尤惡鄭聲也。《出其東門》却是個識道理底人做。

又 《詩》纔說得密，便說他不看國史。「明乎得失之迹」，這一句也有病，《周禮》、《禮記》中，史並不掌《詩》，《左傳》說自分曉。以此見《大序》亦未必是聖人做，《小序》更不須說他做。《小序》不會寬說，每篇便求一個實事填塞了他。有尋得着底，猶自可通。不然，便與《詩》相礙。那解底要就《詩》却礙《序》，要就《序》却礙《詩》。《詩》之興，是劈頭説那没來由底兩句，下面方説那事，這個如何通解？「鄭聲淫」，所以《鄭詩》多是淫佚之辭，《狡童》、《將仲子》之類是也。今喚做忽與蔡仲，與詩辭全不相似。這個只似而今閑潑按：疑當作「撥」。曲子。《南山有臺》等數篇，是燕享時常用底，敍賓主相好之意；一似今人致語。《詩小序》不可信。而今看《詩》，有《詩》中分明說是某人某事者，則可知。其他不曾說者，而今但可知其說此等事而已。韓退之詩曰：「《春秋》書王法，不誅其人身。」

又 《詩大序》亦只是後人作，其間有病句。

又 《詩大序》只有六義之說是，而程先生不知如何又却說從別處去。如《小序》亦間有說得好處，只是杜撰處多。不知先儒何故不虛心子細看這道理，便只恁說？却後人又只依他那個說出，亦不看《詩》是有此意無。若說不去處，又須穿鑿說將去。又，詩人當時多有唱和之詞，如是者有十數篇，《序》中都說從別處去。且如《蟋蟀》一篇，本其風俗勤儉，其民終歲勤勞，不得少休，及歲之暮，方且相將燕樂，而又遽相戒曰：「日月其除，無已太康？」蓋謂今雖不可以不爲樂，然不已過於樂乎？其憂深思遠固如此。至《山有樞》一詩，特以和答其意而解其憂爾。故說：山則有樞矣，隰則有榆矣，子有衣裳，弗曳弗婁，子有車馬，弗馳弗驅，一旦宛然以死，則他人藉之以爲樂爾，所以解勸他及時而樂也。而序《蟋蟀》者則曰：「刺晉僖公儉不中禮。」蓋風俗之變，必由上以及下。今謂君之儉反過於禮，而民之俗猶知用禮，則必無是理也。至《山有樞》則以爲刺晉昭公，又大不然矣。若《魚藻》則天子燕諸侯而諸侯美天子之詩也；《采菽》則天子所以答《魚藻》矣。至《鹿鳴》則燕享賓客也，《序》頗得其意。《四牡》則勞使臣也，而《詩序》下文則妄矣。《皇皇者華》則遣使臣之詩也，《棠棣》則燕兄弟之詩也，《序》固得其意。《伐木》則燕朋友故舊之詩也。人君以《鹿鳴》而下五詩燕其臣，故臣受君之賜者則歌《天保》之詩以答其上。《天保》之序雖略得此意，而古註言「《鹿鳴》至《伐木》皆君所以下其臣，臣亦歸美於上，崇君之尊，而福禄之，以答其歌」，却說得尤分明。又如《行葦》自是祭畢而燕父兄耆老之詩：首章言開燕設席之初，而慇懃篤厚之意已見於言語之外；二章言侍御獻酬飲食歌樂之盛；三章言既燕而射，以爲懽樂；末章祝頌其既飲此酒，皆得享夫長壽。今序者不知本旨，見有「勿踐履」之說，則便謂「仁及草木」；見「戚戚兄弟」，便謂「親睦九族」；見「黄耇台背」，便謂「養老」；見「以祈老耇」，便謂「乞言」；見「介爾景福」，便謂「成其福禄」，細細碎碎，殊無倫理，其失爲尤甚。《既醉》則父兄所以答《行葦》之詩也。《鳧鷖》則祭之明日，繹而賓尸之詩也。古者宗廟之祭皆有尸，既祭之明日，則煖其祭食以燕爲尸之人，故有此詩。《假樂》則公尸之所以答《鳧鷖》也。今《序》篇皆失之。

又 王德修曰：「《六經》，惟《詩》最分明。」《詩》本易明，只被前面《序》作梗。《序》出於漢儒，反亂《詩》本意。且只將四字成句底《詩》讀，却自分曉。見作《詩集傳》，待取《詩》，令編排放前面；《序》驅逐過後面，自作一處。

又 《詩序》，《東漢・儒林傳》分明說道是衛宏作。後來經意不明，都是被他壞了。某又看得，亦不是衛宏一手作，多是兩三手合成一序，愈說愈疏。

又 《詩小序》全不可信。如何定知是美刺那人？詩人亦有意思偶然而作者。又，其《序》與《詩》全不相合。《詩》詞理甚順，平易易看，不如序所云。且如《葛覃》一篇，只是見葛而思歸寧，序得却如此。毛公全無《序》解。鄭，間見之。《序》是衛宏作。

又 《小序》極有難曉處，多是附會。如《魚藻》詩，見有「王在鎬」之言，便以爲

「君子思古之武王」。似此類甚多。

又 《小序》大無義理，皆是後人杜撰，先後增益湊合而成；多就《詩》中採摭言語，更不能發明《詩》之大旨。纔見有「漢之廣矣」句，便以爲德廣所及。方見有「命彼後車」之言，便以爲不能飲食教載。《行葦》之《序》，但見「牛羊勿踐」，便謂「仁及草木」；但見「戚戚兄弟」，便謂「親睦九族」；見「黄耇台背」，便謂「養老」；見「以祈黄耇」，便謂「乞言」；見「介爾景福」，便謂「成其福禄」，隨文生義，無復倫理。《卷耳》之《序》，以「求賢審官，知臣下之勤勞」爲后妃之志，事固不倫矣；況詩中所謂「嗟我懷人」，其言親暱太甚，寧后妃所得施於使臣者哉！《桃夭》之詩，謂「婚姻以時，國無鰥民」，爲后妃之所致；而不知其爲文王刑家及國，其化固如此，豈專后妃所能致耶！其他變風諸詩，未必是刺者，皆以爲刺；未必是言此人，必傅會以爲此人。《桑中》之詩放蕩留連，止是淫者相戲之辭，豈有刺人之惡而反自陷於流蕩之中！《子衿》詞意輕儇，亦豈刺學校之辭！《有女同車》等，皆以爲刺忽而作。鄭忽不娶齊女，其初亦是好底意思；但見後來失國，便將許多詩盡爲刺忽而作。考之於忽，所謂淫昏暴虐之類，皆無其實；至遂目爲狡童，豈詩人愛君之意！況其所以失國，正坐柔懦闊疏，亦何狡之有！幽、厲之刺，亦有不然。《甫田》諸篇，凡詩中無詆譏之意者，皆以爲傷今思古而作。其他謬誤，不可勝説。後世但見《詩序》巍然冠於篇首，不敢復議其非，至有解説不通，多爲飾辭以曲護之者，其誤後學多矣。《大序》却好。或者謂補湊而成，亦有此理。

又 《詩序》實不足信。向見鄭漁仲有《詩辨妄》，力詆《詩序》。其間言語太甚，以爲皆是村野妄人所作。始亦疑之。後來子細看一兩篇，因質之《史記》、《國語》，然後知《詩序》之果不足信。因是看《行葦》、《賓之初筵》、《抑》數篇序，與詩全不相似；以此看其他《詩序》，其不足信者煞多。以此知人不可亂説話，便都被人看破了。詩人假物興辭，大率將上句引下句。如「行葦」「勿踐履」，「戚戚兄弟，莫遠具爾」：行葦是比兄弟，勿字乃興莫字。此詩自是飲酒會賓之意；序者却牽合作周家忠厚之詩，遂以《行葦》爲仁及草木。如云「酌以大斗，以祈黄耇」，亦是歡合之時祝壽之意，序者遂以爲養老乞言。豈知「祈」字本只是祝頌其高壽，無乞言意也。《抑》詩中間，煞有好語，亦非刺厲王。如「於乎小子」，豈是以此指其君？兼厲王是暴虐大惡之主，詩人不應不述其事實，只説謹言節語。況厲王無道，謗訕者必不容，武公如何恁地指斥曰「小子」？《國語》以爲武公自警之詩，却是可信。大率古人作詩，與今人作詩一般。其間亦自有感物道情，吟咏情性，幾時盡是譏刺他人？只緣序者立例，篇篇要作美刺説，將詩人意思盡穿鑿壞了。且如今人，見人纔做事，便作一詩歌美之或譏刺之，是甚麽道理？如此，亦似里巷無知之人，胡亂稱頌諛説，把持放雕，何以見先王之澤？何以爲情性之正？《詩》中數處皆應答之詩，如《天保》乃與《鹿鳴》爲唱答，《行葦》與《既醉》爲唱答，《蟋蟀》與《山有樞》爲唱答。唐，乃是晉未改號時國名，自序者以爲刺僖公，便牽合謂「此晉也而謂之唐，乃有堯之遺風」。本意豈因此而謂之唐？是皆鑿説。但《唐風》自是尚有勤儉之意，作詩者是一個不敢放懷底人，説「今我不樂，日月其除」，又説「無已太康，職思其居」。到《山有樞》是答者，便謂「子有衣裳，弗曳弗婁；宛其死矣，他人是愉。子有鐘鼓，弗鼓弗考；宛其死矣，他人是保」。這是答他不能享些快活，徒恁地苦澁。《詩序》亦有一二有憑據，如《清人》、《碩人》、《載馳》諸詩是也。《昊天有成命》中説「成王不敢康」，成王只是成王，何須牽合作成王業之王！自序者恁地附會，便謂周公作此以告成功。他既作周公告成功，便將「成王」字穿鑿説了。又幾曾是「郊祀天地」？被序者如此説，後來遂生一場事端，有南、北郊之事。此詩自説「昊天有成命」，又不曾説着地，如何道祭天地之詩！設使合祭，亦須幾句説及后土。如漢諸郊祀詩，祭某神便説某事；若用以祭地，不應只説天，不説地。東萊《詩記》却編得子細；只是大本已失了，更説甚麽！向嘗與之論此；如《清人》、《載馳》一二詩可信。渠却云：「安得許多文字證據？」某云：「無證而可疑者，只當闕之，不可據《序》作證。」渠又云：「只此《序》，便是證。」某因云：「今人不以《詩》説《詩》，却以《序》解《詩》，是以委曲牽合，必欲如序者之意，寧失詩人之本意不恤也。此是序者大害處。」

又 《詩序》多是後人妄意推想詩人之美刺，非古人之所作也。古人之詩雖存，而意不可得。序《詩》者妄誕其説，但疑見其人如此，便以爲是詩之美刺者必若人也。如莊姜之詩，却以爲刺衛頃公。今觀《史記》所述頃公竟無一事可紀，但言「某公卒，子某公立」而已，都無其事。頃公因亦是衛一不美之君，序《詩》者但見其詩有不美之迹便指爲刺頃公之詩。此類甚多，皆是妄生美刺，初無其實。至有不能考者，則但言「刺時也」，「思賢妃也」。然此是汎汎而言。如《漢廣》之序，言「德廣所及」，此語最亂道。詩人言「漢之廣矣」，其言已分曉。但如下面《小序》却説得是。謂「文王之化被于南國，美化行乎江、漢之域；無思犯禮，求而不可得也」，此數語却好。看來《詩序》當時只是個山東學究等人做，不是個老師宿儒之言，故所言都無一事是當。如《行葦》之序，雖皆是詩人之言，但却不得詩人之意。不知而

今做義人到這處，將如何做，於理決不順。某謂此詩本是四章，章八句。他不知，作八章，章四句，讀了。如「敦彼行葦，牛羊勿踐履；方苞方體，惟葉泥泥。戚戚兄弟，莫遠具爾；或肆之筵，或授之几」。此詩本是興詩，即是興起下四句；言以「行葦」興「兄弟」，「勿踐履」是「莫遠」意也。《鄭》、《衛》詩多是淫奔之詩。《鄭詩》，如《將仲子》以下皆鄙俚之言，只是一時男女淫奔相誘之語。如《桑中》之詩云：「衆散民流而不可止。」故《樂記》云：「桑間、濮上之音，亡國之音也，其衆散，其民流，誣上行私而不可止也。」《鄭詩》自《緇衣》之外，亦皆鄙俚，如采蕭、采艾、《青衿》之類是也。故夫子放鄭聲。如《抑》之詩，非詩人作以刺君，乃武公爲之以自警。又有稱「小子」之言，此必非臣下告君之語，乃自謂之言無疑也。

又 問：「《詩傳》盡撤去《小序》，何也？」「《小序》如《碩人》、《定之方中》等見於《左傳》者，自可無疑。若其他刺詩，無所據，多是世儒將他謚號不美者，挨就立名爾。今只考一篇，見是如此，故其他皆不敢信。且如蘇公刺暴公，固是姓暴者多。萬一不見得是暴公，則「惟暴之云」者，只作一個狂暴底人說，亦可。又如「將仲子」如何便見得是祭仲？某由此見得《小序》大致是後世陋儒所作。但既是千百年已往之詩，今只見得大意便了，又何必要指實，得其人姓名？於看詩有何益也？」

又 問：「《詩傳》多不解《詩序》，何也？」「某自二十歲時讀《詩》，便覺《小序》無意義。及去了《小序》，只玩味詩詞，却又覺得道理貫徹。當初亦嘗質問諸鄉先生，皆云《序》不可廢，而某之疑終不能釋。後到三十歲，斷然知《小序》之出於漢儒所作，其爲謬戾有不可勝言。東萊不合只因《序》講解，便有許多牽强處。某嘗與言之，終不肯信。《讀詩記》中，雖多說《序》，然亦有說不行處，亦廢之。某因作《詩傳》，遂成《詩序辨說》一册。其他謬戾，辨之頗詳。」

又《詩二》 器之問：「《江有汜序》『勤而無怨』之說。」「便是《序》不可信如此。」《詩序》自是兩三人作，今但信《詩》，不必信《序》。只看詩中說「不我以」、「不我過」、「不我與」，便自見得不與同去之意，安得勤而無怨之意？

又 經書都被人說壞了，前後相仍，不覺。且如《狡童》詩，是《序》之妄。安得當時人民敢指其君爲「狡童」！況忽之所爲，可謂之愚，何狡之有！當是男女相怨之詩。

又 江疇問：「『《狡童》，刺忽也』，言其疾之太重。」「若以當時之暴斂於民觀之，爲言亦不爲重。蓋民之於君，聚則爲君臣，散則爲仇讎，如孟子所謂『君之視臣如草芥，則臣視君如寇仇』，是也。然詩人之意本不如此，何曾言《狡童》是刺忽！而序《詩》者妄意言之，致得人如此說。聖人言「鄭聲淫」者，蓋鄭人之詩多是言當時風俗，男女淫奔，故有此等語。《狡童》，想說當時之人，非刺其君也。」

又 問：「《東山詩序》，前後都是；只中間插『大夫美之』一句，便知不是周公作矣」。「《小序》非出一手，是後人旋旋添續，往往失了前人本意。如此類者，多矣。」

又 問：「《棫樸》何以見文王之能官人？」「《小序》不可信，類如此。此篇與前後數詩同爲稱揚之辭，作《序》者爲見棫樸近個人材底意思，故云「能官人也」。《行葦序》尤可笑。第一章只是起興，何與「仁及草木」？「以祈黄耇」是願頌之詞，如今人舉酒稱壽底言語；只見有「祈」字，便說是乞言。」

又 《棫樸序》只下「能官人」三字，便晦了一篇之意。《楚茨》等十來篇，皆是好詩，如何見得是「傷今思古」？只被亂在《變雅》中，便被後人如此想像，如東坡說某處猪肉，衆客稱美之意。

又 《抑》非刺厲王，只是自警。嘗考衛武公生於宣王末年，安得有刺厲王之詩！據《國語》，只是自警。詩中辭氣，若作自警，甚有理；若作刺厲王，全然不順。伯恭却謂《國語》非是。

又 《抑小序》「衛武公刺厲王，亦以自警」。不應一詩既刺人，又自警之理。且厲王無道，一旦被人言提其耳，以小子呼之，必不索休。且厲王監謗暴虐，無所不至；此詩無限大過都不問著，却只點檢威儀之末，此決不然。以《史記》考之，武公即位在厲王死之後，宣王之時。說者謂是「追刺」，尤不是。伯恭主張《小序》，又云：「《史記》不可信，恐是武公必曾事厲王。」若以爲武公自警之詩，則其意味甚長。《國語》云，武公九十餘歲作此詩；其間「匪我言耄」，可以爲據。又如「謹爾侯度」，注家云「所以制侯國之度」，只是侯之國度耳。「曰喪厥國」，則是諸侯自謂無疑。蓋武公作此詩，使人日夕諷誦以警己耳。所以有「小子告爾」之類，皆是箴戒，作文之體自指耳。

又 問：「『《狡童》，刺忽也。』古注謂詩人以狡童指忽而言。前輩嘗舉《春秋》書忽之法，且引《碩鼠》以況其義。先生《詩解》取程子之言，謂：『作詩未必皆聖賢，則其言豈免小疵？孔子删《詩》而不去之者，特取其可以爲後戒耳。』琮謂，鄭之詩人果若指斥其君，目以狡童，其疵大矣，孔子自應删去。」「如何見得？」曰：「似不曾以狡童指忽。且今所謂『彼』者，它人之義也；所謂『子』者，爾之義也：他與爾似非共指一人而言。今詩人以『維子之故，使我不能餐兮』爲憂忽之辭，則『彼狡童

兮』自應别有所指矣」。却是指誰？曰：「必是當時擅命之臣。」「不與我言兮」，却是如何？曰：「如祭仲賣國受盟之事，國人何嘗與知！琮因是以求《碩鼠》之義，烏知必指其君而非指其任事之臣哉？」如此解經，盡是《詩序》誤人。鄭忽如何做得狡童？若是狡童，自會托婚大國而借其助矣。謂之頑童，可也。許多《鄭風》，只是孔子一言斷了，曰「鄭聲淫」。如《將仲子》自是男女相與之辭，却干祭仲、共叔段甚事！如《褰裳》，自是男女相咎之辭，却干忽與突争國甚事！但以意推看《狡童》，便見所指是何人矣。不特《鄭風》，《詩序》大率皆然。問：「每篇詩名下一句恐不無；自一句而下，却似無用。」蘇氏有此説。且如《卷耳》，如何是「后妃之志」？《南山有臺》，如何是「樂得賢」？《漢廣》之詩，寧是「文王之道」以下至「求而不可得也」，尚自不妨；却如「德廣所及也」一句，成甚説話？又問：「《大序》如何？」其間亦自有鑿説處。如言「國史明乎得失之迹」，按《周禮》，史官如太史、小史、内史、外史，其職不過掌《書》，無掌《詩》者，不知「明得失之迹」却干國史甚事！

晁公武《郡齋讀書志》卷二 《毛詩故訓傳》二十卷。古詩三千餘篇，孔子删取其三百十一篇爲經，後亡其六。漢興，分爲三：申公作《訓詁》，號《魯詩》；轅固生作傳，號《齊詩》；韓嬰作傳，號《韓詩》，皆列學官。最後毛公詩出，自謂子夏所傳。公，趙人，爲河間獻王博士，五傳至東京，馬、賈、二鄭，皆授其學。魏、晉間，《魯》、《齊詩》遂廢而《韓詩》僅存，《毛公詩》獨行至今，世謂其解經最密。其《序》，蕭統以爲卜子夏所作，韓愈嘗以三事疑其非，王介甫獨謂詩人所自製。按《東漢·儒林傳》曰：衛宏「作《毛詩序》，善得《風》、《雅》之旨」。《隋·經籍志》曰：「先儒相承謂《毛詩序》子夏所創，毛公及衛宏所潤益。」愈之言蓋本於此。《韓詩》序《芣苢》曰「傷夫也」，《漢廣》曰「悦人也」。《序》若詩人所自製，《毛詩》猶《韓詩》也，不應不同若是，況文意繁雜，其出二人手甚明，不知介甫何以言之，殆臆論歟？漢鄭康成箋。

又 《唐明皇注考經》一卷。漢初顔芝之子貞獻於朝，千八百七十二字。唐玄宗注。序稱取王肅、劉劭、虞翻、韋昭、劉炫、陸澄六家説，約孔、鄭舊義爲之。何休稱：「子曰『吾志在《春秋》，行在《孝經》。』」信斯言也，則《孝經》乃孔子自著者也。今其首章云：「仲尼居，曾子侍。」則非孔子所著明矣。詳其文義，當是曾子弟子所爲書也。柳宗元謂：「《論語》載弟子必以字，獨曾參不然，蓋曾氏之徒樂正子春、子思與爲之耳。」余於《孝經》亦云。

又 《温公古文孝經指解》一卷。古文二十二章，與《尚書》同出於壁中，蓋孔惠所藏者。與顔芝十八章大較相似，而析出三章，又有《閨門》一章，不同者四百有餘字。劉向校書，以十八章爲定，故世不大傳，獨有孔安國注，今亡。然諸家説不安處，古文字讀皆異，推此言之，未必非真也。國朝司馬文正公爲之指解并音。

又卷四 《韓李論語筆解》十卷。唐韓愈退之、李翺習之撰。前有秘書丞許勃序，云韓、李相與講論，共成此書。按唐人通經者寡，獨兩公名冠一代，蓋以此。然《四庫》、《邯鄲書目》皆無之，獨《田氏書目》有韓愈《論語》十卷，《筆解》兩卷。此書題曰《筆解》，而十卷亦不同。

又卷九 《古列女傳》八卷、《續列女傳》一卷。漢劉向撰。向睹趙、衛之屬，起微賤，踰禮制，以爲王教由内及外，故采《詩書》所載賢妃貞女及嬖孽亂亡者，序次爲《列女傳》，凡八篇，以戒天子。前有王回序，其略曰：此書「有《母儀》、《賢明》、《仁智》、《貞慎》、《節義》、《辯通》、《嬖孽》等篇，而各頌其義，圖其狀，揔爲卒篇。傳如太史公《記》，頌如《詩》之四言，而圖爲屏風。然世所行向書，乃分傳每篇上下，并頌爲十五卷。其十二傳無頌，三傳同時人，五傳其後人，通題曰向撰。題其頌曰向子歆撰，與漢史不合。故《崇文總目》以陳嬰母等十六傳，爲後人所附。予以頌考之，每篇皆十五傳耳，則凡無頌者宜皆非向所奏書，不特自陳嬰母爲斷也。頌云畫之屏風，而史有頌圖在八篇中，莫得而考。以向所序書多散亡，獨此幸存而完，復爲他手竄疑於其真，故并録其目而以頌證之，删爲八篇，號《古列女傳》。餘二十傳，其文亦奥雅可喜，故又以時次之，别爲一篇，號《續列女傳》」。公武按：《隋經籍志》有劉向《列女傳》十五卷，又有劉歆《列女傳頌》，又有項原《列女後傳》。今回删此書爲八篇，以合漢史，得之矣。至於疑頌非歆作，蓋因顔籀之言爾，則未必然也。二十傳豈項原所作邪。

又 《趙岐孟子》十四卷。鄒孟軻也。趙岐字臺卿，後漢人，爲章指，析爲十四篇。其序云：「軻，戰國時以儒術干諸侯，不用，退與公孫丑、萬章之徒難疑答問，著書七篇，三萬四千六百八十五言。秦焚書，以其書號諸子，故得不泯絶。又有《外書》四篇，其書不能洪深，似非《孟子》本真也。」按韓愈以此書爲弟子所彙集，與岐之言不同。今考其書載孟子所見諸侯，皆稱謚，如齊宣王、梁惠王、梁襄王、滕定公、滕文公、魯平公是也。夫死然後有謚，軻無恙時所見諸侯，不應即稱謚。且惠王元年至平公之卒，凡七十七年，軻始見惠王，目之曰叟，必已老矣，決不見平公之卒也。後人追爲之明矣，則岐之言非也。《荀子》載「孟子三見齊王而不言，弟子問之，曰：『我先攻其邪心。』」《揚子》載孟子曰：「夫有意而不至者有矣，未有無意

而至者也。」今書皆無之，則知散軼也多矣。岐謂秦焚書得不泯絶，亦非也。或曰「豈見於《外書》邪？」果爾，則岐又不當謂其不能洪深也。

又 《漁樵問對》一卷。皇朝張載撰。設爲答問，以論陰陽化育之端，性命道德之奥云。邵氏言其祖之書也，當考。

又卷一一 《河上公注老子》二卷。河上公注。太史公稱河上丈人通《老子》，再傳而至蓋公。蓋公即齊相曹參師也。而晉葛洪曰：「河上公者，莫知其姓名。漢孝文時居河上濱，侍郎裴楷言其通《老子》。孝文詣問之，即授《素書》、《道德經章句》二卷。」兩説不同，當從太史公也。其書頗言吐故納新，按摩導引之術，近神仙家。劉子玄稱其非真，殆以此歟？傳奕謂「常善救人，故無棄人；常善救物，故無棄物」四句，古本無有，獨得於公耳。

又 《鶡冠子》八卷。班固載：「鶡冠子，楚人。居深山，以鶡羽爲冠。」著書成編，因以名之。至唐韓愈稱愛其《博選》、《學問篇》，而柳宗元以其多取賈誼《鵩賦》，非斥之。按《四庫書目》：《鶡冠子》三十六篇，與愈合，已非《漢志之舊。今書乃八卷，前三卷十三篇，與今所傳《墨子》書同。中三卷十九篇，愈所稱兩篇皆在，宗元非之者，篇名《世兵》，亦在。後兩卷有十九篇，多稱引漢以後事，皆後人雜亂附益之。今削去前、後五卷，止存十九篇，庶得其真。其辭雜黄老刑名，意皆鄙淺，宗元之評蓋不誣。

又 《亢倉子》二卷。唐柳宗元曰：「太史公爲《莊周列傳》，稱其爲書，《畏累》、《亢桑子》，皆空言無事實。今世有《亢桑子》書，其首篇出《莊子》而益以庸言，蓋周所云者尚不能有事實，又況取其語而益之者？其爲空言尤也。劉向、班固録書無《亢倉子》，而今之爲術者，乃始爲之傳注，以教於世，不亦惑乎！」按唐天寶元年，詔號《亢桑子》爲《洞靈真經》，然求之不獲。襄陽處士王士元謂《莊子》作《庚桑子》，太史公《列傳》作《亢桑子》，其實一也。取諸子文義類者，補其亡。今此書乃士元補亡者，宗元不知其故而遽詆之，可見其鋭於譏議也。其書多作古文奇字，豈内不足者，必假外飾歟？何璨注。

又 《尹文子》二卷。周尹文撰，仲長氏所定。序稱文當齊宣王時居稷下，學於公孫龍，龍稱之。而《前漢藝文志》敍此書在龍書上。顔師古謂嘗説齊宣王，在龍之前。《史記》云公孫龍客於平原君，君相趙惠文王，文王元年，齊宣歿已四十餘歲矣。則知文非學於龍者也。今觀其書，雖專言刑名，然亦宗六藝，數稱仲尼，其叛道者蓋鮮。豈若龍之不宗賢聖，好怪妄言哉！李獻臣云：「仲長氏，統也。熙伯，繆襲字也。」《傳》稱統卒於獻帝遜位之年，而此云「黄初末到京師」，豈史之誤乎？此本富順李氏家藏者，謬誤殆不可讀，因爲是正其甚者，疑則闕焉。

又 《鄧析子》二卷。《鄧析》二篇。文字訛闕，或以「繩」爲「澠」，以「巧」爲「功」，頗爲是正其謬，且撮其旨意而論之。曰：先王之世，道德修明，以仁爲本，以義爲輔。誥命謨訓則著之《書》，諷頌箴規則寓之《詩》，《禮》、《樂》以彰善，《春秋》以懲惡，其始雖若不同而其歸則合。猶天地之位殊而育物之化均，寒暑之氣異而成歲之功一，豈非出於道德而然邪！自文、武既没，王者不作，道德晦昧於天下而仁義幾乎熄。百家之説蠭起，各求自附於聖人，而不見夫道之大全，以其私知臆説，譁世而惑衆。故九流皆出於晚周，其書各有所長而不能無所失。其長蓋或有見於聖人，而所失蓋各奮其私知，故明者審取舍之而已。然則析之書豈可盡廢哉！《左傳》曰：「駟歂殺析而用其《竹刑》。」班固録析書於名家之首，則析之學，蓋兼名、法家也。今其大旨訐而刻，真其言也，無可疑者。而其間時勦取他書，頗駁雜不倫，豈後人附益之歟？

又 《晏子春秋》十二卷。右齊晏嬰也。嬰相景公，此書著其行事及諫諍之言。昔司馬遷讀而高之，而莫知其所以爲書。或曰晏子爲之而人接焉，或曰晏子之後爲之。唐柳宗元謂遷之言不然，以爲「墨子之徒有齊人者爲之。墨好儉，晏子以儉名於世，故墨子之徒尊著其事，以增高爲己術者。且其旨多尚同、兼愛、非樂、節用、非厚葬久喪、非儒、明鬼，皆出《墨子》」又往往言墨子聞其道而稱之，此甚顯白。自向、歆、彪、固皆録之儒家，非是。後宜列之墨家。」今從宗元之説。

又 《鬼谷子》三卷。鬼谷先生撰。按《史記》，戰國時隱居潁川陽城之鬼谷，因以自號。長於養性治身，蘇秦、張儀師之。敍謂此書即授之二子者，言捭闔之術，凡十三章。《本經》、《持樞》、《中經》三篇，梁陶弘景注。《隋志》以爲蘇秦書，《唐志》以爲尹知章注，未知孰是。陸龜蒙詩謂鬼谷先生名誗，不詳所從出。柳子厚嘗曰：「劉向班固録書無《鬼谷子》。《鬼谷子》後出，而險盩峭薄，恐其妄言亂世難信，尤者晚乃益出《七術》，怪謬異甚，言益陿，使人猖狂失守。」來鵠亦曰：「鬼谷子昔教人詭紿激訐，揣測憸滑之術，悉備於章旨，六國時得之者，惟儀、秦而已。如捭闔、飛箝，實今之常態。」是知漸漓之後，不讀鬼谷子書者，其行事皆若自然符合也。昔倉頡造字，鬼爲之哭。不知鬼谷子作是書，鬼復何爲邪？世人欲知鬼谷子者，觀二子之言略盡矣。故掇其大要，著之篇首。

又卷一二 《孔叢子》七卷。楚孔鮒撰。鮒，字子魚，孔子八世孫也。仕陳

勝，爲博士，以言不見用，託目疾而退，論集其先仲尼、子思、子上、子高、子順之言及己之行事，名之曰《孔叢子》，凡二十一篇。叢之爲言聚也。《邯鄲書目》云：「一名《盤盂》，取事雜也。至漢，孔臧又以其所著賦與書，謂之《連叢》，附於卷末，凡十篇。嘉祐中，宋咸爲之注。」按《漢志》無《孔叢子》，而儒家有《孔臧》十篇，雜家有孔甲《盤盂書》二十六篇。其注謂「孔甲，黄帝史。或曰夏帝，疑皆非。」今此書一名《盤盂》，《獨治篇》又云鮒或稱孔甲，《連叢》又出孔臧。意者《孔叢子》即《漢志》孔甲《盤盂書》，而亡六篇；《連叢》即《漢志》孔臧書，而其子孫或續之也。《崇文總目》亦録於雜家，今從之。

又卷一三　《稽神異苑》十卷。題云南齊焦度撰。雜編傳記鬼神變化及草木禽獸妖怪譎詭事。按焦度，南安氏也，質訥樸戇，以勇力事高帝，決不能著書。又，卒於建元四年，而所記有梁天監中事，必非也。《唐志》有焦路《窮神祕苑》十卷，豈即此書而相傳之訛歟？

又卷一五　《補注神農本草》二十卷。皇朝掌禹錫等補注。舊説《本草經》神農所作，而《藝文志》所不載。《平帝紀》：「詔天下舉知方術、《本草》者。」《本草》之名，蓋起於此。梁之録載《神農本草》三卷。書中有後漢郡縣名，蓋上世未著文字，師學相傳，至張機、華佗始爲編述。嘉祐初，詔禹錫與林億、蘇頌、張洞等爲之補注。以《開寶本草》及諸家參校，采拾遺逸，刊定新舊，合得藥一千八十二種，總二十卷。

又卷一六　《度人經》三卷。元始天尊説。《唐志》有其目，古書也。神仙之説，其來尚矣。劉歆《七略》，道家之學與神仙各爲録。其後學神仙者稍稍自附於黄、老，乃云：有元始天尊，生於太元之先，姓樂，名静信，常存不滅。每天地開闢，則以祕道授諸仙，謂之開劫度人。延康、赤明、龍漢、開皇，即其紀年也。受其道者，漸致長生，或白日昇天。其學有授籙之法，名曰「齋」；有拜章之儀，名曰「醮」；又有符咒以攝治鬼神，服餌以蠲除穢濁。至於存想之方，導引之訣，烹鍊變化之術，其類甚衆。及葛洪、寇謙、陶弘景之徒相望而出，其言益熾於世。富貴者多惑焉，然通人皆疑之。國朝修《道藏》，共六部，三百一十一秩，而神仙之學如上所陳者居多，與道家絶不類。今於其間取自昔書目所載者録之，又釐而爲二；凡其説出於神仙者，雖題曰「老子」、「黄帝」，亦皆附於此，不以名亂實也。若夫容成之術，雖收於歆輩者，以薦紳先生難言之，特削去不録。

又　《參同契太易圖》一卷。不題撰人。論周天火候，有《太易》、《太初》、《太始》、《太素》、《太極》、《四象》、《五行》等二十四篇并圖。按《崇文總目》云「張處撰」。而李獻臣以爲「天老神君撰，雲常子張處序。亦名《至藥丹訣》」。未知孰是。

又　《金丹訣》一卷。皇朝張瑾撰。治平中，授丹訣於榮中立，後因敍其事，以教後學。自此以下，皆非古今書目所載。以其世多傳者，不可不收也。至於《北斗經》之類，以爲永壽元年老子所説，尤鄙淺可笑，雖行於世，亦削去。

又　《注維摩詰所説經》十卷。天竺維摩詰撰。西域謂浄名曰維摩詰，廣嚴城處士也。佛聞其病，使十弟子、四菩薩往問訊，皆以不勝任固辭。最後遣文殊行，因共談妙道，遂成此經。其大旨明真俗不二而已。浄名演法要者，居世出世也。不以十弟子、四菩薩爲知法者，斥其有浄穢之别也。文殊大智，法身之體也。浄名處俗，法身之用也。俾體用相酬對，皆真俗不二之喻也。姚秦僧鳩摩羅什譯。按《開元釋教録》云「羅什」者，華言「童壽」，天竺人也。苻堅遣吕光破西域，俘之以歸。姚興迎致長安，譯經於逍遥園。凡四十部，此其一也。本三卷十四品，其後什之徒僧肇、道生、道融等爲之注，釐爲十卷。予得之董太虚家，蓋襄陽木本也。唐李繁頗言此注後人依託者。

又卷一七　《楚辭》十七卷。後漢校書郎王逸叔師注。楚屈原，名平，爲懷王左徒，博聞强志，嫻於辭令。後同列心害其能而譖之，王怒，疏平，平自傷忠而被謗，乃作《離騷經》以諷，不見省納。及襄王立，又放之江南，復作《九歌》、《天問》、《九章》、《遠遊》、《卜居》、《漁父》、《大招》，自沉汨羅以死。其後，楚宋玉作《九辯》、《招魂》，漢賈誼作《惜誓》，淮南小山作《招隱士》，東方朔作《七諫》，嚴忌作《哀時命》，王褒作《九懷》，劉向作《九歎》，皆擬其文，而哀平之死於忠。至漢武時，淮南王安始作《離騷傳》，劉向典校經書，分爲十六卷。東京班固、賈逵各作《離騷章句》，餘十五卷，闕而不説。至逸自以爲南陽人，與原同土，悼傷之，復作十六卷《章句》，又續爲《九思》，取班固二序附之，爲十七篇。按《漢書·志屈原賦》二十五篇，今起《離騷經》至《大招》凡六，《九章》、《九歌》又十八，則原賦存者二十四篇耳，并《國殤》、《禮魂》在《九歌》之外爲十一，則溢而爲二十六篇。不知《國殤》、《禮魂》何以係《九歌》之末，又不可合十一爲九，然則謂《大招》爲原辭，可疑也。夫以「招魂」爲義，恐非自作，或曰景差，蓋近之。其卷後有蔣之翰跋，云晁美叔家本也。

又　《陶潛集》十卷。晉陶淵明元亮也。一名潛。潯陽人。蕭統云：「淵明字元亮。」《晉書》云：「潛字元亮。」《宋書》云：「潛字淵明。」或云字深明，名元亮。按集《孟嘉傳》與《祭妹文》皆自稱淵明，當從之。晉安帝末，起爲州祭酒。桓玄篡

位，淵明自解而歸。州召主簿，不就，躬耕自資。劉裕舉兵討玄，誅之，爲鎮軍將軍。淵明參其軍事，未幾，改爲建威將軍。淵明見裕有異志，乃求爲彭澤令，去職。潛少有高趣，好讀書，不求甚解，著《五柳先生傳》以自況，世號靖節先生。今集有數本：七卷者，梁蕭統編，以序、傳、顔延之誄載卷首。十卷者，北齊陽休之編，以《五孝傳》、《聖賢羣輔録》、序、傳、誄分三卷，益之詩，篇次差異。按《隋·經籍志》潛集九卷，又云梁有五卷，録一卷。《唐藝文志》潛集五卷。今本皆不與二《志》同。獨吴氏《西齋書目》有潛集十卷，疑即休之本也。休之本出宋庠家云。江左名家舊書，其次第最有倫貫，獨《四八目》後《八儒》、《三墨》二條，似後人妄加。

又 《吴均集》三卷。梁吴均叔庠也。史稱均博學多才，俊拔有古氣。好事效之，謂「吴均體」。有集二十卷。唐世搜求，止得十卷，今又亡其七矣。舊題誤曰吴筠。筠乃唐人，此詩殊不類，而其中有贈周興嗣、柳貞陽輩詩，固已知其非筠。又有蕭子雲《贈吴朝請入東詩》，蓋均在武帝時爲奉朝請，則知爲均也無疑矣。蕭子雲詩八、蕭子顯、朱異、王筠、王僧孺詩各一附。顔之推譏均集中有《破鏡賦》，今已亡之。

又 《李翰林集》二十卷。唐李白太白也。白集舊十卷，唐李陽冰序。咸平中，樂史别得白歌詩十卷，凡歌詩七百七十六篇，又纂雜著，爲《别集》十卷。宋次道治平中得王文獻及唐魏萬所纂白詩，又裒唐類詩洎刻石所傳者，通李陽冰、樂史集，共一千一篇，雜著六十五篇。曾子固乃考其先後而次第之，云：「白，蜀郡人。天寶初至長安，明皇召爲翰林供奉，頃之不合，去。安禄山反，明皇在蜀，永王璘節度東南。白時卧廬山，迫致之。璘敗，坐繫潯陽獄，崔涣、宋若思驗治白，以爲罪薄，釋白囚，使謀其軍。乾元元年，終以污璘事，長流夜郎，以赦得釋，過當塗以卒。始終更涉如此。此白之詩書所自序可考者也。《舊史》稱：『白，山東人，爲翰林待詔』。又稱：『白在宣城謁見永王璘，遂辟爲從事。』而《新書》又稱『白流夜郎，還潯陽，坐事下獄，宋若思釋之』者，皆不合於白之自序，蓋史誤也。」予按杜甫詩亦以白爲山東人，而蘇子瞻常恨白集爲庸俗所亂，則白之自序亦未可盡信，而遂以爲史誤。近蜀本又附入左綿邑人所裒白《隱處少年所作詩》六十篇，尤爲淺俗。白天才英麗，其辭逸蕩雋偉，飄然有超世之心，非常人所及，讀者自可别其真僞也。

又 《杜甫集》二十卷、《集外詩》一卷、《注杜詩》二十卷、《趙次公注杜詩》五十九卷袁本前志卷四上，别集類上第四十八。唐杜甫子美也。審言之孫。天寶十三年玄宗朝獻太清宫、享廟及郊，奏賦三篇，使待制集賢院。宰相試文，再遷右衛率府胄曹，終於劍南參謀、檢校工部員外。曠放不自檢，好論天下大事，高而不切。少與李白齊名，時號「李、杜」。數當寇亂，挺節無污。爲歌詩，傷時橈弱，情不忘君，人憐其忠云。集有王洙原叔、王琪君玉序。皇朝自王原叔以後，學者喜觀甫詩，世有爲之注者數家，率皆鄙淺可笑。有託原叔名者，其實非也。吕微仲在成都時，嘗譜其年月。近時有蔡興宗者，再用年月編次之。而趙次公者，又以古律詩雜次第之，且爲之注。兩人頗以意改定其誤字云。

趙希弁《讀書附志》卷上 《鬻子》十四篇。楚人鬻熊之書也，逄行珪序而註之。《漢藝文志》云「《鬻子》六篇」，今此本乃十四篇，未詳孰是。然篇或錯亂，又多遺闕，行珪之説已然矣。《唐·藝文志》列于《老子》之前，蓋謂其爲文王師也。

又 《孔叢子》七卷。孔子八世孫鮒集先君仲尼、子思、子上、子高、子順之言及己之事，凡二十一篇，爲六卷，名之曰《孔叢子》，蓋言有善而叢聚之也。孔臧又以其所爲賦與書謂之《連叢》，上下篇爲一卷，附之卷末。其書不見於漢、唐《藝文志》。嘉祐四年，提點廣南西路刑獄公事兼本路勸農事、朝散郎守尚書屯田郎中、上輕車都尉宋咸始爲註釋以進。

又 《御序集註無量度人經》一卷。真宗皇帝御製序，徽宗皇帝御書而註之。《會要》云：「宣和六年八月四日，詔賜左丞范致虚《御註洞元靈寶無量度人經》二部。」想即此本也。别一本云「建中靖國元年四月十三日，奉聖旨鏤版」，而無序無註，亦不載於《會要》。

又 《御注四十二章經》一卷。御注未詳歲月。希弁嘗聞朱文公云：「釋氏只《四十二章經》是他古書，其餘皆中國文士潤色成之。《維摩經》亦是南北時人作。」

又卷下 《柳先生文集》四十五卷、《外集》二卷、《附録》二卷。唐柳宗元子厚之文也。《讀書志》云：「《柳宗元集》三十卷，《集外文》一卷。希弁所藏卷帙與劉禹錫四十五通之説同，以諸本點校，寫諸公評論於逐篇之上。《附録》中先後失次者正之，遺缺者補之。若夫昌黎所作先生墓誌祭文，他本皆在《附録》中，惟此本在《正符》之後，蓋禹錫自謂附于第一通之末也。」朱文公嘗謂：「柳《文》後《龍城雜記》，王銍性之所爲也。子厚叙事文字，多少筆力，此記衰弱之甚，皆寓古人詩文中不可曉知底於其中，似暗影出云。」

陳振孫《直齋書録解題》卷二 《尚書》十二卷、《尚書注》十三卷。漢諫議大夫魯國孔安國傳。初，伏生以《書》教授，財二十九篇，以《舜典》合於《堯典》，《益

稷》合於《皐陶謨》，《盤庚》三篇合爲一，《康王之誥》合於《顧命》，實三十四篇。及安國攷論魯壁所藏，始出《舜典》諸篇，又定其可知者，增多二十五篇，引序以冠諸篇之首，定爲五十八篇。雖作《傳》既成，會巫蠱事作，不復以聞，故未嘗列於學官，世亦莫之見也。攷之《儒林傳》，安國以《古文》授都尉朝，弟弟相承，以及塗惲、桑欽；至東都，則賈逵作訓，馬融、鄭康成作傳、注解，而逵父徽實受《書》於塗惲，逵傳父業，雖曰遠有源流，然而兩漢名儒皆未嘗實見孔氏《古文》也。豈惟兩漢，魏、晉猶然，凡杜征南以前所注經傳，有援《大禹謨》、《五子之歌》、《胤征》諸篇，皆云逸《書》，其援《泰誓》者則云今《泰誓》無此文，蓋伏生《書》亡《泰誓》，《泰誓》後出。或云武帝末民有獻者，或云宣帝時，河南女子得之，所載白魚火烏之祥，實僞書也。然則馬、鄭所解，豈真《古文》哉！故孔穎達謂賈、馬輩惟傳孔學三十三篇，即伏生《書》也，亦未得爲孔學矣。穎達又云，王肅注《書》始似竊見孔《傳》，故於亂其紀綱，以爲太康時。皇甫謐得《古文尚書》於外弟梁柳，作《帝王世紀》往往載之。蓋自太保鄭沖授蘇愉，愉授梁柳，柳授臧曹，曹授梅頤，頤爲豫章内史，奏上其《書》，時已亡《舜典》一篇。至齊明帝時，有姚方興者，得於大航頭而獻之，隋開皇中搜索遺典，始得其篇。夫以孔注歷漢末無傳，晉初猶得存者，雖不列學官，而散在民間故耶？然終有可疑者，余嘗辨之。

又 《周禮》十二卷、《周禮注》十二卷。漢鄭康成撰。案《藝文志》，《周官經》六篇，本注云「王莽時劉歆置博士」。顏師古曰：「即今之《周禮》也，亡其《冬官》，以《攷工記》足之。」愚嘗疑《周禮》六典與《書·周官》不同。司徒掌邦教，敷五典，擾兆民；司空掌邦土，居四民，時地利，二官各有攸司。蓋自唐、虞九官，禹、契所職，則已然矣。今《地官》於教事殊略，而田野、井牧、鄉遂、稼穡之事，殆皆司空職耳。《周官》初無邦事之名，今所謂事典者，未知定爲何事？書缺亡而以《攷工記》足之，天下之事，止於百工而已耶？先儒固有疑於是書者，若林存孝以爲武帝知《周官》末世瀆亂不經之書，作十論七難以排棄之。何休亦以爲六國陰謀之書，甚者或謂劉歆附益以佐王莽者也。惟鄭康成博覽，以爲周公致太平之迹，故其學遂行於世。愚案此書多古文奇字，名物度數，可攷不誣。其爲先秦古書似無可疑。愚所疑者，邦土、邦事灼然不同，其他繁碎駁雜，與夫劉歆、王安石一再用之而亂天下，猶未論也。康成之學，出於扶風馬融，而參取杜子春、鄭大夫、鄭司農之説。子春河南緱氏人，生漢末，至永平初尚在，年九十餘。鄭衆、賈逵皆受業焉。大夫者，河南鄭興少贑也；司農者，鄭衆仲師，興之子也。融字季長。

又卷三 《春秋繁露》十七卷。漢膠西相廣川董仲舒撰。案《隋》、《唐》及《國史志》卷皆十七，《崇文總目》凡八十二篇，《館閣書目》止十卷，萍鄉所刻亦財三十七篇。今乃樓攻媿得潘景憲本，卷篇皆與前《志》合，然亦非當時本書也。先儒疑辨詳矣。其最可疑者，本傳載所著書百餘篇，《清明》、《竹林》、《繁露》、《玉杯》之屬，今總名曰《繁露》，而《玉杯》、《竹林》則皆其篇名，此決非其本真。况《通典》、《御覽》所引，皆今書所無者，尤可疑也。然古書存於世者希矣，姑以傳疑存之可也。又有寫本作十八卷，而但有七十九篇。攷其篇次皆合。但前本《楚莊王》在第一卷首，而此本乃在卷末，别爲一卷。前本雖八十二篇，而闕文者三，實七十九篇也。

又 《孝經注》一卷。漢鄭康成撰。世傳秦火之後，河間人顏芝得《孝經》藏之，以獻河間王，今十八章是也。相承云康成作注，而鄭《志》目録不載，故先儒並疑之。古文有孔安國《傳》，不行於世。劉炫爲作《稽疑》一篇，序所謂劉炫明安國之本，陸澄譏康成之注者也。及唐開元中，詔議孔、鄭二家，劉知幾以爲宜行孔廢鄭，諸儒非之，卒行鄭學。按《三朝志》，五代以來，孔、鄭注皆亡。周顯德中，新羅獻别序《孝經》即鄭注者，而《崇文總目》以爲咸平中日本國僧奝然所獻，未詳孰是。世少有其本。乾道中，熊克子復從袁樞機仲得之，刻于京口學宫，而孔《傳》不可復見。

又 《小爾雅》一卷。《漢志》有此書，亦不著名氏。《唐志》有李軌《解》一卷，今《館閣書目》云孔鮒撰。蓋即《孔叢子》第十一篇也，曰《廣詁》、《廣言》、《廣訓》、《廣義》、《廣名》、《廣服》、《廣器》、《廣物》、《廣鳥》、《廣獸》凡十章，又《廣量衡》爲十三章。當時好事者抄出别行。

又卷四 《史記》一百三十卷。漢太史令夏陽司馬遷子長撰。宋南中郎參軍河東裴駰集註。案班固云：「遷據《左氏》、《國語》，采《世本》、《戰國策》，述《楚漢春秋》，接其後事，迄於大漢，斯以勤矣。十篇缺，有録亡書。」張晏曰：「遷没之後，亡《景武紀》、《禮樂兵書》、《漢興將相年表》、《三王世家》、《日者》、《龜筴傳》。元、成之間，褚先生補作《武紀》、《三王世家》、《日者》、《龜筴傳》。言辭鄙陋，非遷本意也。」顏師古曰：「本無《兵書》，張説非也。」今案此十篇者，皆具在，褚所補《武紀》，全寫《封禪書》，《三王世家》但述封拜策書，二列傳皆猥釀不足進，而其餘六篇，《景紀》最疏略，《禮》、《樂書》謄荀子《禮論》、河間王《樂記》，《傳靳列傳》與《漢書》同，而《將相年表》迄鴻嘉，則未知何人所補也。褚先生者，名少孫。裴駰即注《三國

志》松之之子也。始，徐廣作《史記音義》，駰本之以成《集解》。竊嘗謂著書立言，述舊易，作古難。六藝之後，有四人焉：摭實而有文采者，左氏也；憑虛而有理致者，莊子也；屈原變《國風》、《雅》、《頌》而爲《離騷》；及子長易編年而爲紀傳，皆前未有其比，後可以爲法，非豪傑特起之士，其孰能之？

又 《高氏小史》一百三十卷。唐殿中丞高峻撰。本書六十卷，其子迥分爲一百二十。蓋鈔節歷代史也。司馬温公嘗稱其書，使學者觀之。今案《國史志》凡一百九卷，目録一卷。《中興書目》一百二十卷，止於文宗。今本多十卷，直至唐末。峻，元和人，則其書當止於德、順之間。迥之所序，但云分六十卷爲百二十，取其便易而已，初未嘗有所增加也。其止於文宗及唐末者，殆皆後人傳益之，非高氏本書。此書舊有杭本，今本用厚紙裝潢夾面，寫多錯誤，俟求杭本校之。

又 《通歷》十五卷。唐泉州别駕扶風馬總會元撰。書本十卷，止於隋代。今書直至五代，增五卷者，後人所續也。晁公武《志續通曆》十卷，孫光憲撰。太祖朝嘗詔毁其書。

又 《建隆遺事》一卷。王禹偁撰。其記陳橋驛前戒誓諸將事元出熙陵，而序文云近取《實録》，入禁中親自筆削。然則此書之作，誠有謂也。《邵氏聞見録》亦嘗表而出之，而或者亦辨此書之僞，是見於王明清《揮麈録》者，尤有據，當考。

又卷六 《漢官舊儀》三卷。漢議郎東海衛宏敬仲撰。或云胡廣。按宏本傳作《漢舊儀》四篇，以載西京雜事，不名《漢官》。今此惟三卷，而又有《漢官》之目，未知果當時本書否？《唐志》亦無「官」字，舊在儀注類，以其載官制爲多，故著於此。

又卷七 《古列女傳》九卷。漢護都水使者光禄大夫劉向子政撰。成帝時，趙氏姊弟起微賤，踰禮制。向以爲王教由内及外，故採取詩、書所載賢妃貞婦，興國顯家可法則及嬖孽亂亡者，序次爲八篇，以戒天子。其七篇，篇十五人，爲一百五人。第八篇爲頌義。隋、唐《志》及《崇文總目》皆十五卷，蓋以七篇分爲上下，并頌爲十五卷，而自陳嬰母以下十六人附入其中，或與向同時，或在向後者，皆好事者所益也。王回、曾鞏二序辨訂詳矣。鞏之言曰：「後世自學問之士多徇於外物，而不安其守，其室家既不見可法，故競於邪侈，豈獨無相成之道哉！士之苟於自恣，顧利冒恥而不知反己者，往往以家自累故也。故曰身不行道，不行於妻子。況於南鄉天下之主哉！」愚嘗三復其言而志之。向書傳於世鮮矣，惟此書獨全。其稱《詩・芣苢》、《柏舟》、《大車》之類，與今説《詩》者乖異，蓋齊、魯、韓之學，固不盡與毛氏同也。

又 《東觀漢紀》十卷。漢謁者僕射劉珍、校書郎劉騊駼等撰。初，班固在顯宗朝嘗撰《世祖本紀》、《功臣列傳》、《載記》二十八篇。至永初中，珍、騊駼等著作東觀，撰集《漢紀》。其後，盧植、蔡邕、馬日磾等皆嘗補續。《唐・藝文志》一百二十七卷。今所存惟吴漢、賈復、耿弇、寇恂、馮異、祭遵及景丹、蓋延九人列傳而已。其卷第凡十二，而闕第七、八二卷，未知果當時之遺否也？

又 《飛燕外傳》一卷。稱漢河東都尉伶玄子于撰。自言與揚雄同時，而史無所見。或云僞書也。然通德擁髻等事，文士多用之；而禍水滅火一語，司馬公載之《通鑑》矣。

又卷八 《山海經》十八卷。漢侍中奉車都尉臣秀所校祕書。秀，即劉歆也。晉郭璞注。案《唐志》二十三卷，《音》二卷。今本錫山尤袤延之校定。世傳禹、益所作，其事見《吴越春秋》，曰：「禹東巡，登南岳，得金簡玉字，通水之理，遂行四瀆，與益共謀，所至使益疏而記之，名《山海經》。」此其爲説，恢誕不典。司馬遷曰：「言九州山川，《尚書》近之矣。至《禹本紀》、《山海經》所書怪物，余不敢言之也。」可謂名言，孰曰多愛乎！故尤跋明其爲非禹、伯翳所作，而以爲先秦古書無疑。然莫能名其爲何人也。洪慶善補注《楚辭》，引《山海經》、《淮南子》以釋《天問》。而朱晦翁則曰：「古今説《天問》者，皆本此二書，今以文意考之，疑此二書本皆緣解《天問》而作。」可以破千載之惑。古今相傳既久，姑以冠地理書之録。

又 《水經》三卷、《水經注》四十卷。桑欽撰。後魏御史中尉范陽酈道元善長注。桑欽，不知何人。《邯鄲書目》以爲漢人。晁公武曰成帝時人，當有所據。案《唐志》注或云郭璞撰。又杜氏《通典》案，《水經》，晉郭璞注，二卷。後魏酈道元注，四十卷。皆不詳所撰者名氏，亦不知何代之書。佑謂二子博贍解釋固應精當。然其《經》云，濟水過壽張，則前漢壽良縣，光武更名；又東北過臨濟，則前漢狄縣，安帝更名；又云菏水過湖陸，則前漢湖陵縣，章帝更名；又云汾水過河東郡永安，則前漢彘縣，順帝更名，故知順帝以後纂序也。詳《水經》所作，殊爲詭誕，全無憑據。案《後漢・郡國志》濟水，王莽末，因旱渠塞，不復截河南過，統順帝時所撰，都不詳悉，其餘可知。景純注解，又甚疎略，亦爲迂怪，以其僻書，人多不覩，謂其審正未之精也。

又 《三輔黄圖》二卷。不著名氏。案《唐志》一卷，今分上下卷。載秦、漢間宫室、苑囿甚詳，多引用應劭《漢書解》，而如淳、顔師古復引此書爲據，意漢、魏間

人所作。然《中興書目》以爲《崇文總目》及《國史志》不載，疑非本書也。程氏《雍録》辨之尤悉。

又卷九　《孔子家語》十卷。孔子二十二世孫猛所傳。魏散騎常侍王肅爲之注。肅闢鄭學，猛嘗受學於肅。肅從猛得此書，與肅所論多合，從而證之，遂行於世。云博士安國所得壁中書也，亦未必然。其間所載，多已見《左氏傳》、《大戴禮》諸書云。肅，東海人，父朗。

又　《晏子春秋》十二卷。齊大夫平仲晏嬰撰。《漢志》八篇，但曰《晏子》。《隋》、《唐》七卷，始號《晏子春秋》。今卷數不同，未知果本書否。

又　《莊子注》十卷。晉太傅主簿河南郭象子玄撰。案本傳，向秀解義未竟而卒，頗有別本遷流，象竊以爲己注，乃自注《秋水》、《至樂》二篇，又易《馬蹄》一篇，其餘點定文句而已。其後秀義別出，故今有向、郭二《莊》，其義一也。然向義今不傳，但時見陸氏《釋文》。

又　《亢倉子》三卷。何粲注。首篇所載與《莊子·庚桑楚》同。「亢倉」者，「庚桑」聲之變也，其餘篇亦皆依託。唐柳子厚辨其非劉向、班固所録，是矣。今《唐志》有王士元《亢倉子》二卷，注云天寶元年，詔號《莊子》爲《南華真經》，《列子·沖虛》、《文子·通玄》、《亢倉子·洞靈真經》。然《亢倉子》求之不獲，襄陽處士王士元謂《莊子》作《庚桑子》、太史公《列子》作《亢倉子》，其實一也。乃取諸子文義類者補其亡。然則今之《亢倉》，士元爲之也。宗元唐人，豈偶不之知耶？

又　《鶡冠子》三卷。陸佃解。案《漢志》，鶡冠子，楚人，居深山，以鶡爲冠。今書十九篇，韓吏部稱十有六篇，故陸謂非其全也。韓公頗道其書，至柳柳州則曰盡鄙淺言也，好事者僞爲其書，反用《鵩賦》以文飾之。其好惡不同如此。自今攷之，柳説爲長。

又　《天隱子》一卷。司馬子微作序，言不知其何許人，著書八篇，修錬形氣，養和心靈，長生久視，無出此書。今觀其言，殆與《坐忘論》相表裏。豈「天隱」云者，托之別號歟？

又卷一〇　《鬼谷子》三卷。戰國時，蘇秦、張儀所師事者，號鬼谷先生，其地在潁川陽城，名氏不傳於世。此書《漢志》亦無有，隋、唐《志》始見之，《唐志》則直以爲蘇秦撰，不可攷也。《隋志》有皇甫謐、樂壹二家注，今本稱陶弘景注。

又　《子華子》十卷。稱晉人程本，字子華，與孔子同時。考前世史志及諸家書目，並無此書，蓋假託也。《館閣書目》辨之當矣。《家語》有孔子遇程子，傾蓋贈束帛之事。而《莊子》亦載子華子見昭僖侯一則，此其姓字之所從出。昭僖與孔子不同時也。《莊子》固寓言，而《家語》亦未可考信。班固《古今人表》亦無之。使果有其人，遇合於夫子，班固豈應見遺也？其文不古，然亦有可觀者，當出於近世能言之流，爲此以玩世爾。

又　《劉子》五卷。劉晝孔昭撰。播州録事參軍袁孝政爲序。案：《劉子》序係袁孝政作，原本脱姓，今補入。凡五十五篇。案《唐志》十卷，劉勰撰。今序云晝傷已不遇，天下陵遲，播遷江表，故作此書。時人莫知，謂爲劉勰，或曰劉歆、劉孝標作，孝政之言云爾。終不知晝爲何代人。其書近出，傳記無稱，莫詳其始末，不知何以知其名晝而字孔昭也。

又　《瑞應圖》十卷。不著名氏。案《唐志》有孫柔之《瑞應圖記》、熊理《瑞應圖譜》各三卷，案：《唐書·藝文志》作熊理《瑞應圖讚》三卷。顧野王《符瑞圖》十卷，又《祥瑞圖》十卷。今此書名與孫、熊同，而卷數與顧合，意其野王書也。其間亦多援孫氏以爲注。《中興書目》有《符瑞圖》二卷，定著爲野王。又有《瑞應圖》十卷，稱不知作者，載天地瑞應諸物，以類分門。今書正爾，未知果野王否？又云或題王昌齡。至李淑《書目》，又直以爲孫柔之，其爲昌齡或不可知，而此書多引孫氏，則決非柔之矣。又恐李氏書別一家也。

又卷一一　《異聞集》十卷。唐屯田員外郎陳翰撰。翰，唐末人，見《唐志》。而第七卷所載王魁乃本朝事，當是後人勦入之耳。

又　《樹萱録》一卷。不著名氏。序稱纂尚書滎陽公所談者，亦不知何人。又云普聖圜丘之明年，「普聖」者，僖宗由普王踐位也。書雖見《唐志》，今亦未必本真，或云劉燾無言所爲也。

又　《雲仙散録》一卷。稱唐金城馮贄撰。天復元年敍。馮贄者，不知何人。自言取家世所蓄異書，撮其異説，而所引書名，皆古今所不聞；且其記事造語，如出一手，正如世俗所行東坡《杜詩注》之類。然則所謂馮贄者，及其所蓄書，皆子虛烏有也，亦可謂枉用其心者矣。

又　《歸田後録》十卷。朝請郎廬江朱定國興仲撰。熙豐間人。竊取歐公舊録之名，實不相關也。

又　《延漏録》一卷。不著名氏。其間稱伯父郇公，知其爲章得象之姪也。後題此書，疑章望之作，然未敢必。望之者，字表民，用郇公廕入官，歐陽公爲作《字説》者也。以宰相嫌，遂不仕。録中又記皇祐中與滕元發同試，滕首冠而已被

黜，藉令非望之，亦當時場屋有聲者。章氏雋才固多也。

又卷一二 《孫子》三卷。吴孫武撰。《漢志》八十一篇。魏武帝削其繁冗，定爲十三篇。世之言兵者，祖孫氏。然孫武事吴闔廬而不見於《左氏傳》，未知其果何時人也。

又 《尉繚子》五卷。六國時人。案：《漢志》雜家有二十九篇，兵形勢家又有三十一篇。今書二十三篇，未知果當時本書否。

又 《黄石公三略》三卷。世傳張子房受書圯上老人，曰：「濟北穀城山下得黄石即我也。」故遂以黄石爲圯上老人。然皆傅會依託也。

又 《李衛公問對》三卷。唐李靖對太宗。亦假託也。文辭淺鄙尤甚。今武舉以七書試士，謂之《武經》。其間《孫》、《吴》、《司馬法》或是古書，《三略》、《尉繚子》亦有可疑，《六韜》、《問對》僞妄明白，而立之學官，置師弟子伏而讀之，未有言其非者，何也？何薳《春渚紀聞》言，其父去非爲武學博士，受詔校七書，以《六韜》、《問對》爲疑，白司業朱服。服言：「此書行之已久，未易遽廢。」遂止。後爲徐州教授，與陳師道爲代，師道言聞之東坡，世所傳王通《元經》、關子明《易傳》及李靖《問對》皆阮逸僞撰，逸嘗以草示奉常公云。奉常公者，老蘇也。

又 《珞琭子》一卷。此書禄命家以爲本經。其言鄙俚，閭巷賣卜之所爲也。

又 《八五經》一卷。序稱大將軍記室郭璞。後序言：「余受郭公囊書數篇，此居一，公戒以秘之。丞相王公盡索余書，余以公言告之，得免。」末稱太興元年六月，蓋晉元帝時。王公，謂導也。然皆依託爾。其書爲相墓。作「八五」者，其五行八卦之謂歟。

又 《狐首經》一卷。不著名氏。稱郭景純序。亦依託也。胡汝嘉始序而傳之。其文亦雅馴，言頗有理。《陰陽備用》中全載。

又卷一三 《黄帝内經素問》二十四卷。黄帝與岐伯問答。《三墳》之書無傳，尚矣，此固出於後世依託，要是醫書之祖也。唐太僕令王砅注，自號啓元子。案：《漢志》但有《黄帝内、外經》，至《隋志》乃有《素問》之名，又有全元起《素問注》八卷。嘉祐中光禄卿林億、國子博士高保衡承詔校定、補注，亦頗采元起之説附見其中，其爲篇八十有一。王砅者，寶應中人也。

又 《難經》二卷。渤海秦越人撰，濟陽丁德用補注。《漢志》亦但有《扁鵲内、外經》而已。《隋志》始有《難經》，《唐志》遂題云秦越人，皆不可考。德用者，乃嘉祐中人也。序言太醫令呂廣重編此經，而楊元操復爲之注，覽者難明，故爲補之，且間爲之圖。八十一難，分爲十三篇，而首篇爲《診候》，最詳，凡二十四難。蓋脈學自扁鵲始也。「難」當作去聲讀。

又卷一四 《蘭亭考》十二卷。即前書。浙東庾司所刻，視初本頗有删改。初十五篇，今存十三篇，去其《集字篇》後人集《蘭亭》字作書帖、詩銘之類者，又《附見篇》兼及右軍他書蹟，於《樂毅論》尤詳。其書始成，本名《博議》，高内翰文虎炳如爲之序。及其刊也，其子似孫，主爲删改，去此二篇固當，而其他務從省文，多失事實，或戾本意。其最甚者，序文本亦條達可觀，亦竄改無完篇，首末闕漏，文理斷續，於其父猶然，深可怪也。此書累十餘卷，不過爲晉人一遺帖，自是作無益，玩物喪志，本無足云。其中所録諸家跋語，有昭然僞妄而不能辨者，未暇疏舉。

又卷一五 《樂府集》十卷、《題解》一卷。題劉次莊。《中興書目》直云次莊撰。取前代樂府，分類爲十九門，而各釋其命題之意。按：《唐志》樂類有《樂府歌詩》十卷者二，有吴兢《樂府古題要解》一卷。今此集所載，止於陳、隋人，則當是唐集之舊。而序文及其中頗及杜甫、韓愈、元、白諸人，意者次莊因舊而增廣之歟。然《館閣書目》又自有吴兢《題解》及别出《古樂府》十卷、《解題》一卷，未可考也。

又卷一六 《董仲舒集》一卷。漢膠西相廣川董仲舒撰。案：隋、唐《志》皆二卷，今惟録本傳中《三策》及《古文苑》所載《士不遇賦》、《詣公孫弘記室書》二篇而已。其敍篇略本傳語，亦載《古文苑》。仲舒平生著書，如《玉杯》、《繁露》、《清明》、《竹林》之類，其泯没不存多矣。所傳《繁露》，亦非本真也。

又 《蔡中郎集》十卷。後漢左中郎將陳留蔡邕伯喈撰。《唐志》二十卷，今本闕亡之外，纔六十四篇。其間有稱建安年號及爲魏宗廟頌述者，非邕文也。卷末有天聖癸亥歐陽静所書《辨證》甚詳，以爲好事者雜編他人之文相混，非本書。

又 《昌黎集》四十卷、《外集》十卷。唐吏部侍郎南陽韓愈退之撰。李漢序。漢，文公婿也。其言「辱知最厚且親，收拾遺文，無所失墜」者，性後之人僞妄，輒附益其中也。外有《註論語》十卷傳學者，《順宗實録》五卷列於史官，不在集中。今《實録》在《外集》。然則世所謂《外集》者，自《實録》外皆僞妄，或韓公及其婿所删去也。「南陽」者，唐東都之河陽，《春秋傳》「晉於是始啓南陽」者也。《新書》以爲鄧州，非是。方崧卿《年譜》辨之詳矣。

又 《校定韓昌黎集》四十卷、《外集》十卷。晦庵朱侍講熹以方氏本校定。凡異同定歸于一，多所發明，有益後學。《外集》皆如舊本，獨用方本益大顛三書。愚案：方氏用力於此集勤矣，《外集》删削甚嚴，而存此書以見其邀速常語，初無崇

信之説，但欲明世間問答之僞，而不悟此書爲僞之尤也，蓋由歐陽公跋語之故。不知歐陽公自以《易大傳》之名與己意合，從而實之，此自通人之一蔽，東坡固嘗深辨之，然其謬妄，三尺童子所共識，不待坡公也。今朱公決以爲韓筆無疑，方氏未足責，晦翁識高一世，而其所定者迺爾，殆不可解。今案《外鈔》第七卷曰「疑誤」者，韓郁注云，潮州靈山寺所刻，末云吏部侍郎潮州刺史者，非也。退之自刑部侍郎貶潮，晚乃由兵部爲吏部，流俗但稱韓吏部爾。其書蓋國初所刻，故其謬如此。又潮本《韓集》不見有此書，使靈山舊有此刻，集時何不編入？可見此書妄也。然其妄甚白，亦不待此而明。

又 《李文公集》十卷。唐山南東道節度使李翺習之撰。蜀本分二十卷。集中無詩，獨有《戲贈》一篇，拙甚，決非其作也。然《韓集·遠遊聯句》有習之一聯，云「前之詎灼灼，此去信悠悠」，亦殊不工。他無一語，意者於詩非所長而不作耶。習之爲文，源委於退之，可謂得其傳矣，但其才氣不能及耳。

又卷一七 《東坡別集》四十六卷。坡之曾孫給事嶠季真刊家集於建安，大略與杭本同。蓋杭本當坡公無恙時已行於世矣。麻沙書坊又有《大全集》，兼載《志林》、《雜説》之類，亦雜以潁濱及小坡之文，且間有訛僞勦入者。有張某爲吉州，取建安本所遺盡刊之，而不加攷訂，中載《應詔》、《策論》，蓋建安本亦無《應詔集》也。

又卷一九 《杜工部詩集注》三十六卷。蜀人郭知達所集九家注。世有稱東坡《杜詩故事》者，隨事造文，一一牽合，而皆不言其所自出。且其辭氣首末若出一口，蓋妄人依託以欺亂流俗者，書坊輒勦入《集注》中，殊敗人意，此本獨削去之。福清曾噩子肅刻板五羊漕司，最爲善本。

又卷二一 《陽春録》一卷。南唐馮延巳撰。高郵崔公度伯易題其後，稱其家所藏最爲詳確，而《尊前》、《花間》諸集，往往謬其姓氏，近傳歐陽永叔詞亦多有之，皆失其真也。世言「風乍起」爲延巳所作，或云成幼文也。今此集無有，當是幼文作，長沙本以寘此集中，殆非也。

又 《六一詞》一卷。歐陽文忠公修撰。其間多有與《花間》、《陽春》相混者，亦有鄙褻之語一二厠其中，當是讎人無名子所爲也。

鄭樵《通志·藝文略》 《連山》十卷、《歸藏》三卷、《三皇太古書》三卷。《連山》亡矣。《歸藏》，唐有司馬膺注十三卷，今亦亡。隋有薛貞注十三卷，今所存者，《初經》、《齊母》、《本蓍》，三篇而已。言占筮事，其辭質，其義古。後學以其不文，則疑而棄之，往往《連山》所以亡者復過於此矣，獨不知後之人能爲此文乎？子曰：「周監於二代，郁郁乎文哉！」以周《易》較商《易》，則周、商之文質可知也。以商《易》較夏《易》，則商、夏之文質又可知也。三《易》皆始乎八，而成乎六十四。有八卦即有六十四卦，六十四卦非至周而備也，但法之所立，數之所起，皆不相爲用。《連山》用三十六策，《歸藏》用四十五策，《周易》用四十九策。誠以人事代謝，星紀推移，一代二代，漸繁漸文，又何必近耳目而信諸，遠耳目而疑諸。《三皇太古書》亦謂之三《墳》，一曰《山墳》，二曰《氣墳》，三曰《形墳》。天皇伏犧氏本《山墳》而作《易》曰《連山》，人皇神農氏本《氣墳》而作《易》曰《歸藏》，地皇黄帝氏本《形墳》而作《易》曰《坤乾》。雖不畫卦，而其名皆曰卦爻大象。《連山》之大象有八，曰君、臣、民、物、陰、陽、兵、象，而統以山。《歸藏》之大象有八，曰歸、藏、生、動、長、育、止、殺，而統以氣。《坤乾》之大象有八，曰天、地、日、月、山、川、雲、氣，而統以形。皆八而八之，爲六十四。其書漢魏不傳，至元豐中始出于唐州比陽之民家。世疑僞書，然其文古，其辭質而野，其錯綜有經緯，恐非後人之能爲也。如緯書猶見取於前世，况此乎！且《歸藏》至晉始出，《連山》至唐始出，然則三《墳》始出於近代，亦不爲異事也。

又 《古文尚書》十三卷、《古文尚書》九卷。《易》、《詩》、《書》、《春秋》皆有古文，自漢以來盡易以今文，惟孔安國得屋壁之《書》，依古文而隸之。安國授都尉朝，朝授膠東庸生，謂之《尚書》古文之學。鄭玄爲之注，亦不廢古文，使天下後學於此一《書》而得古意。不幸遭明皇更以今文，其不合開元文字者，謂之野書。然易以今文，雖失古意，但參之古《書》，於理無礙亦足矣。明皇之時，去隸書既遠，不通變古之義，所用今文違於古義尤多。臣於是考今《書》之文，無妨於義者從今，有妨於義者從古，庶古今文義兩不相違，曰《書考》，迨《武成》，而未及終編。又有《書辨訛》七卷，皆可見矣。

又 《古文尚書舜典》一卷。百篇之《書》，莫大於二《典》。而《舜典》自永嘉後失孔氏所傳，故范甯爲之解。至齊建武四年，姚方興於大航頭得而獻之。議者以爲安國之所注也，或言王肅注耳。

又 《魯故訓》二十五卷、《齊后氏故訓》二十卷、《齊孫氏故訓》二十七卷、《韓故訓》三十六卷、《毛詩故訓》二十卷。《詩》舊惟魯、齊、韓三家而已，魯申公，齊轅固，燕韓嬰也。終于後漢，惟此三家並立學官。漢初又有趙人毛萇者，自言其《詩》傳自子夏，蓋本《論語》「起予者商」之言也。河間獻王雖好之，而漢世不以立學官。

毛公嘗爲北海相，其《詩》傳於北海，鄭玄北海人，故爲之箋。毛《詩》自鄭氏既箋之後，而學者篤信鄭玄，故此《詩》專行，三家遂廢。齊《詩》亡於魏，魯《詩》亡於西晉，隋唐之世，猶有韓《詩》可據，迨五代之後，韓《詩》亦亡。致今學者只馮毛氏，且以序爲子夏所作，更不敢擬議。蓋事無兩造之辭，則獄有偏聽之惑。臣爲作《詩辨妄》六卷，可以見其得失。

又　《古文孝經》一卷、《古文孝經旨解》一卷。秦人焚書，《孝經》爲河間人顔芝所藏。漢初，芝子貞出之，凡十八章，而長孫氏、博士江翁、少府后蒼、諫大夫翼奉、安昌侯張禹皆名其學。又有《古文孝經》，與《古文尚書》同出，而長孫有《閨門》一章，其餘經文大較相似，篇簡缺解，又有衍出三章，并前合爲二十二章，孔安國爲之傳。至劉向典校經籍，以顔本比古文，除其繁惑，以十八章爲定，鄭衆、馬融並爲之注。又有鄭氏注，或云鄭玄，非也，其義與鄭玄所注餘書不同。梁代安國及鄭氏二家並立國學，而安國之本亡於梁亂，陳及周、齊惟傳鄭氏。至隋，祕書監王劭於京師訪得孔《傳》，送至河間劉炫，炫因序其得喪，述其義疏，講于人間，漸聞之朝廷，後遂著令，與鄭氏並立。儒生諠諠，皆云炫自作之，非孔氏舊本也。

邢昺《爾雅疏》　《爾雅・序篇》云：「釋詁《釋言》，通古今之字，古與今異言也。」第，次也。一，數之始也。以其作最在先，故爲第一。此篇相承以爲周公作，但其文有周公後事，故先儒共疑焉。或曰仲尼子夏所增足也。或曰當周公時有之，今無者，或在散亡之中。然則《詩》、《書》所有，非周公所釋，乃後人依放故言雅記而爲之文，故與之同。郭氏因即援據以成其義。若言「胡不承權輿」及「緇衣之蓆兮」，此秦康鄭武之詩，在周公之後明矣。其義猶今爲文，採摭故事以爲辭耳。則此篇所載，悉周公時所有，何足怪也。

司馬光《古文孝經指解序》　先儒皆以爲孔氏避秦禁而藏書，臣竊疑其不然。何則？秦科斗之書廢絶已久，又始皇三十四年始下焚書之令，距漢興纔七年耳。孔氏子孫豈容悉無知者，必待共王然後乃出？蓋始藏之時，去聖未遠，其書最真，與夫他國之人轉相傳授，歷世疎遠者，誠不侔矣。且《孝經》與《尚書》俱出壁中，今人皆知尚書之真，而疑《孝經》之僞。是何異信膾之可啗而疑炙之不可食也？嗟乎！真僞之明，皦若日月，而歷世争論，不能自伸。雖其中異同不多，然要爲得正，此學者所當重惜也。

鄭樵《爾雅鄭注序》　大道失而後有六經，六經失而後有《爾雅》，《爾雅》失而後有箋注。《爾雅》與箋注，俱犇走六經者也。但《爾雅》逸，箋注勞。《爾雅》者，約六經而歸《爾雅》，故逸。箋注者，散《爾雅》以投六經，故勞。有《詩》、《書》而後有《爾雅》，《爾雅》馮《詩》、《書》以作，往往出自漢代箋注未行之前，其孰以爲周公哉？

王應麟《漢藝文志考證》卷一　《書》序古文本自爲一篇，在百篇之後。劉歆曰：「孔子修《易》序《書》。」朱文公曰：「《書》小序非孔子作，或頗與經不合。序云《書》序，序所以爲作者之意，未嘗以爲孔子所作，至劉歆、班固始以爲孔子所作。」五峯胡氏曰：「《康誥》蓋武王命康叔之辭，不得不捨書序而從經史。」林氏曰：「序乃歷代史官相傳以爲書之總目，猶詩之有小序也。」吴氏曰：「先序者孔子之序，猶詩之大序也。再序者當時之序，猶詩之小序也。」

黄震《黄氏日抄》卷三一　《讀春秋左氏傳》。《左氏》雖依經作傳，實則自爲一書，甚至全年不及經文一字者有之，焉在其爲釋經哉？經與傳等夷相錯，經所不書者，傳亦竊效書法以附見其間，其僭而不知自量亦甚矣。若夫浮誇而雜，品藻不公，又在所不論也。然因其舍經而別載行事，可以驗其魯見當時國史，故讀《春秋》者不可以廢左氏。左氏，杜預以爲左丘明，啖助始考其不然。或曰：「左丘複姓，非此左氏。」又或以爲楚左史之後云。

又卷五六　《春秋繁露》。《董仲舒傳》：「説《春秋》事得失，《聞舉》、《玉杯》、《繁露》、《清明》、《竹林》之屬數十篇，十餘萬言。」顔師古注：「皆其所著書名。」本朝《崇文總目》《繁露》七十卷八十二篇，與隋、唐《志》卷目同。《目》謂其「義引宏博，非出近世」。然總以《繁露》爲名，又即用《玉杯》、《竹林》題篇，已疑後人附著矣。及《中興館閣書目》止存十卷三十七篇。新安程大昌讀《太平寰宇記》及杜佑《通典》，見所引《繁露》語言，今書皆無之，因知今書之非本真。又讀《太平御覽》古《繁露》語特多。《御覽》，太平興國間編葺，此時《繁露》尚存，今遂逸不傳。合此三説觀之，是隋、唐、國初《繁露》已未必皆董仲舒之舊，中興後《繁露》又非隋、唐、國初之《繁露》矣。近世胡尚書榘爲萍鄉宰日，刊之縣齋，僅此三十七篇而已。其後得攻媿樓參政校定本，十七卷八十二篇之舊復全。其兄胡槻既刊之江東漕司，其後岳尚書珂復刊之嘉禾郡齋，世遂以爲定本。攻媿謂爲仲舒所著無疑，而取《楚莊》篇第一，謂爲潘氏本有之。至於《調均》一篇，萍鄉本列置第二十五，及攻媿再定本，乃不及此篇，則不知何説也。又程氏謂《通典》載：「劔在左，青龍象；刀在右，白虎象；韍在前，朱雀象；冠在首，玄武象。」謂此數語今書所無，而今書《服制象》篇此語實具存。程氏以爲無之，不知又何也。愚按：今書惟對膠西王越大夫之問，辭約義精，而具在本傳，餘多煩猥，甚至於理不馴者有之。如云：「宋襄公由

其道而敗，《春秋》責之。」襄公豈由其道者耶？如云：「周無道，而秦伐之。」以與殷周之伐並言，秦果伐無道者耶？如云：「志如死灰，以不問問，以不對對。」恐非儒者之言。如以王正月之王爲文王，恐《春秋》無此意。如謂「黄帝之先謚，四帝之後」。恐隆古未有謚。如謂「舜主天法商，禹主地法夏，湯主天法質，文王主地法文」。於理皆未見其有當。如謂「楚莊王以天不見災，而禱之于山川」。不見災而懼可矣，禱于山川以求天災，豈人情乎？若其謂性有善姿，而未能爲善，惟待教訓而後能爲善。謂性已善，幾於無教。孔子言善人吾不得而見之，而孟子言人性皆善，過矣。是又未明乎本然之性也。漢世之儒，惟仲舒《仁義三策》炳炳萬世。魯謂仲舒之《繁露》而有是乎？歐陽公讀《繁露》，不言其非真，而譏其不能高其論以明聖人之道，且有惜哉惜哉之歎。夫仲舒純儒，歐公文人，此又學者所宜審也。

又卷五七　《古三墳書》。孔安國作《書》序，明言孔子去《三墳》而斷自唐虞二典爲《書》。今信安毛漸正仲乃稱元豐七年奉使京西得《古三墳書》於唐州比陽道民間，爲僞固不待辨而知。特其所以爲僞有不容不辨者。夫《三墳》雖不可復知，槩以今之二典，則載事之書，後世所謂史册之類也，今其書乃以《山墳》爲第一，而指爲天皇伏羲氏《連山》之《易》；以《氣墳》次之，而指爲人皇神農氏《歸藏》之《易》；以《形墳》又次之，而指爲地皇軒轅氏《坤乾》之《易》。愚按：伏羲畫八卦，歷文王、孔子而成今之《易》，三才之道備焉。此外無餘藴。《周禮》《六典》晚出，於王莽劉歆，始有《連山》、《歸藏》、《周易》三者之名。意謂夏商之世各自有《易》，於義無稽。而好異者喜言之，自謂博古，已成空談，況於竊取其名爲《三墳》之書，然乎否耶；《山墳》言君臣民物陰陽兵象，《氣墳》言歸藏生動長育止殺，《形墳》言天地日月山川雲氣。一字各釋爲一事，實皆無理。《山墳》綴以《姓紀》之篇，《氣墳》綴以《皇策》之篇，《形墳》綴以《政典》之篇，亦皆無理。毛漸乃云《胤征》嘗引《政典》指爲證據，不知《政典》夏氏國法，非《三墳書》也。此書不必辨，因以記周。

高似孫《子略》卷一　《鬻子》。魏相《奏記》載霍光曰：「文王見鬻子年九十餘。文王曰：『噫，老矣！』鬻子曰：『君若使臣捕虎、逐麕，臣已老矣；若使坐策國事，臣年尚少。』文王善之，遂以爲師。」今觀其書，則曰：「發政施仁謂之道；上下相親謂之和；不求而得謂之信；除天下之害謂之仁。」其所以啓文王者決矣。其與太公之遇文王有相合者。太公之言曰：「君有六守：仁、義、忠、信、勇、謀。」又曰：「鷙鳥將擊，卑飛翩翼；虎狼將擊，弭耳俯伏；聖人將動，必有愚色。」尤決於啓文王者矣。非二公之言，殊相經緯。然其書辭意大略淆雜，若《大誥》、《洛誥》之所以爲書者，是亦漢儒之所綴輯者乎？太公又曰：「天下非一人之天下，天下人之天下也。」奇矣！《藝文志》敍鬻子名熊，著書二十二篇。今一卷，六篇。唐貞元間，柳伯存嘗言：「子書起於鬻熊。」此語亦佳，因録之。永徽中，逄行珪爲之序曰：「《漢志》所載六篇，此本凡十四篇。」予家所傳，乃篇十有二。

又　《孔叢子》。《漢・藝文志》無《孔叢子》，而《孔甲盤盂》二十六篇出於雜家，而又益以《連叢》。其《獨治篇》稱孔鮒一名甲，世因曰《孔叢子盤盂》者，其事雜也。《漢書注》又以孔甲爲黄帝之史，或夏帝時人，篇第又不同，若非今《孔叢子》也。《記問篇》記子思與孔子問答，如此則孔子時子思其已長矣。然《孔子家語・後序》及《孔子世家》皆言子思年止六十二，孟子以子思在魯穆公時固常師之，是爲的然矣。按孔子没於哀公十六年，後十六年哀公卒，又悼公立三十七年，元公立二十一年，穆公既立，距孔子之没七十年矣。當是時，子思猶未生，則問答之事安得有之耶！此又出於後人綴集之言，何其無所據若此！好古之癖，每有悦乎異帙奇篇；及觀其辭，考其事，則往往差謬而同異。嗚呼，夫子没而微言絶，異端起而大義乖，皆苟簡於一時而增疑於來世也！故爲學者舍《六經》何師焉！

又　《曾子》。《曾子》者，曾參與其弟子公明儀、樂正子春、單居離、曾元、曾華之徒講論孝行之道、天地事物之原，凡十篇。自《修身》至於《天圓》已見於《大戴禮》，篇爲四十九至五十八；他又雜見於《小戴禮》，略無少異，是固後人掇拾以爲之者歟？劉中壘父子奏漢《七略》已不能致辨於斯，況他人乎！然董仲舒對策已引其書，有言：「尊其所聞則高明；行其所知則光大」，則書固在董氏之先乎？

又卷二　《列子》。劉向論《列子》書：「《穆王》、《湯問》之事，迂誕恢詭，非君子之言。」又觀穆王與化人游，若清都、紫微、鈞天、廣樂、帝之所居；夏革所言，四海之外，天地之表，無極無盡，傳記所書固有是事也。人見其荒唐幻異，固以爲誕。然觀太史公《史》殊不傳列子，如莊周所載許由、務光之事，漢去古未遠也，許由、務光往往可稽，遷猶疑之，所謂禦寇之説獨見於寓言耳，遷於此詎得不致疑耶！周之末篇敍墨翟、禽滑釐、慎到、田駢、關尹之徒以及於周，而禦寇獨不在其列：豈禦寇者其亦所謂鴻蒙、列缺者歟？然則是書與《莊子》合者十七章，其間尤有淺近迂僻者，特出於後人會萃而成之耳。至於「西方之人有聖者焉，不言而自信，不化而自行」，此故有及於佛，而世猶疑之。夫「天毒之國紀於《山海》，竺乾之師聞於柱史」，此楊文公之文也。佛之爲教已見於是，何待於此時乎！然其可疑可怪者不在此也。

又卷三　《戰國策》。班固稱太史公取《戰國策》、《楚漢春秋》、陸賈《新語》作《史記》，三書者一經太史公采擇，後之人遂以爲天下奇書。予惑焉，每讀此書，見其叢脞少倫，同異錯出，事或著於《秦》、《齊》，又復見於《楚》、《趙》；言辭、謀議如出一人之口。雖劉向校定，卒不可正其淆駁，會其統歸。故是書之汩，有不可得而辨者。況於《楚漢春秋》、陸賈《新語》乎！二書紀載殊無奇耳。然則太史公獨何有取於此？夫載戰國、楚、漢之事，舍三書他無可考者，太史公所以加之采擇者在此乎？柳子厚嘗謂：「左氏《國語》，其閎深傑異，固世之所耽嗜而不已也，而其説多誣淫，不概於聖。余懼世之學者惑其文采而淪於是非，作《非國語》。」昔讀是書，殊以子厚言之或過矣；反覆《戰國策》，而後三歎《非國語》之作，其用意切且深也。予遂效此，盡取《戰國策》與《史記》同異，又與《説苑》、《新序》雜見者，各彙正之，名曰《戰國策考》。

又　《亢桑子》。孔子曰：「上有好者，下有甚焉」，《亢桑子》之謂歟？開元、天寶間，天子方鄉道家者流之説，尊老氏，表莊、列，皇皇乎清虚沖澹之風矣，又以《亢桑子》號《洞靈真經》。上既不知其人之僊否，又不識其書之可經，一旦表而出之，固未始有此書也。襄陽處士王褒來獻其書。書，褒所作也。按《漢略》、《隋志》皆無此書。褒之作也，亦思所以趨世好、迎上意耶？今讀其篇，往往采諸《列子》、《文子》，又采諸《吕氏春秋》、《新序》、《説苑》，又時采諸《戴氏禮》，源流不一，往往論殊而辭異，可謂雜而不純，濫而不實者矣。太史公作《莊周列傳》，固嘗言其語空而無實，而柳宗元又以爲空言之尤，皆足以知其人，決其書。然柳氏所見必是王褒所作者。

又　《鬼谷子》。戰國之事危矣！士有挾雋異豪偉之氣，求騁乎用，其應對酬酢，變詐激昂，以自放於文章，見於頓挾險怪、離合揣摩者，其亂又極矣！鬼谷子書，其智謀，其數術，其變譎，其辭談，蓋出於戰國諸人之表。夫一闢一闔，《易》之神也；一翕一張，老氏之幾也。鬼谷之術往往有得於闔闢、翕張之外，神而明之，益至於自放，潰裂而不可禦。予嘗觀諸《陰符》矣，窮天之用，賊人之私，而陰謀詭祕有《金匱》、《韜》、《略》之所不可該者，而鬼谷盡得而泄之，其亦一代之雄乎！按劉向、班固録書無《鬼谷子》。《隋志》始有之，列於縱横家。《唐志》以爲蘇秦之書；然蘇秦所記，以爲周時有豪士隱者居鬼谷，自號鬼谷先生，無鄉里、族姓、名字。今考其言，有曰：「世無常貴；事無常師。」又曰：「人動我静；人言我聽。」知性則寡累；知命則不憂。」凡此之類，其爲辭亦卓然矣。至若《盛神》、《養志》諸篇，所謂「中稽道德之祖，散入神明之賾」者，不亦幾乎！

洪邁《容齋隨筆》卷一四　《文選》編李陵、蘇武詩凡七篇，人多疑「俯觀江漢流」之語，以爲蘇武在長安所作，何爲乃及江漢。東坡云：「皆後人所擬也。」予觀李詩云：「獨有盈觴酒，與子結綢繆。」「盈」字正惠帝諱，漢法觸諱者有罪，不應陵敢用之，益知坡公之言爲可信也。

又卷一五　世傳孔毅甫《野史》一卷，凡四十事，予得其書於清江劉靖之所，載趙清獻爲青城宰，挈散樂妓以歸，爲邑尉追還，大慟且怒，又因與妻忿争，由此惑志。文潞公守太原，辟司馬温公爲通判，夫人生日，温公獻小詞，爲都漕唐子方峻責。歐陽永叔、謝希深、田元均、尹師魯在河南，携官妓游龍門，半月不返，留守錢思公作簡招之，亦不答。范文正與京東人石曼卿、劉潛之類相結以取名，服中上萬言書，甚非言不文之義。蘇子瞻被命作《儲祥宫記》，大貂陳衍幹當宫事，得旨置酒與蘇高會，蘇陰使人發，御史董敦逸即有章疏，遂墮計中。又云子瞻四六表章不成文字。其它如潞公、范忠宣、吕汲公、吴沖卿、傅獻簡諸公，皆不免譏議。予謂決非毅甫所作，蓋魏泰《碧雲騢》之流耳。温公自用龐潁公辟，不與潞公、子方同時，其謬妄不待攻也。靖之乃原甫曾孫，佳士也，而跋是書云：「孔氏兄弟，曾大父行也。思其人欲聞其言久矣，故録而藏之。」汪聖錫亦書其後，但記上官彦衡一事，豈弗深考云！

又《容齋續筆》卷一　孔安國《古文尚書》，自漢以來，不列於學官，故《左氏傳》所引者，杜預輒注爲逸書。劉向《説苑・臣術篇》一章云：「《泰誓》曰：『附下而罔上者死，附上而罔下者刑。與聞國政而無益於民者退，在上位而不能進賢者逐。』此所以勸善而黜惡也。」漢武帝元朔元年，詔責中外不興廉舉孝。有司奏議曰：「夫附下罔上者死，附上罔下者刑。與聞國政而無益於民者斥，在上位而不能進賢者退。此所以勸善黜惡也。」其語與《説苑》所載正同。而諸家注釋，至于顔師古，皆不能援以爲證。今之《泰誓》，初未嘗有此語也。漢宣帝時，河内女子得《泰誓》一篇獻之，然年月不與序相應，又不與《左傳》、《國語》、《孟子》衆書所引《泰誓》同，馬、鄭、王肅諸儒皆疑之，今不復可考。

又卷一四　《漢・藝文志》名家内有《尹文子》一篇，云：「説齊宣王，先公孫龍。」劉歆云：「其學本於黄、老，居稷下，與宋鈃、彭蒙、田駢等同學於公孫龍。」今其書分爲上下兩卷，蓋漢末仲長統所銓次也。其文僅五千言，議論亦非純本黄、老者。《大道篇》曰：「道不足以治則用法，法不足以治則用術，術不足以治則用權，

權不足以治則用勢，勢不足則反權。權用則反術，術用則反法，法用則反道，道用則無爲而自治。」又曰：「爲善使人不能得從，此獨善也。爲巧使人不能得爲，此獨巧也。未盡善巧之理。爲善與衆行之，爲巧與衆能之，此善之善者，巧之巧者也。故所貴聖人之治，不貴其獨治，貴其能與衆共治；貴工倕之巧，不貴其獨巧，貴其能與衆共巧也。今世之人，行欲獨賢，事欲獨能，辯欲出羣，勇欲絶衆。獨行之賢，不足以成化；獨能之事，不足以周務；出羣之辯，不可爲户説；絶衆之勇，不可與正陳。凡此四者，亂之所由生。聖人任道、立法，使賢愚不相棄，能鄙不相遺，此至治之術也。」詳味其言，頗流而入於兼愛。《莊子》末章，叙天下之治方術者，曰：「不累於俗，不飾於物，不苟於人，不忮於衆，願天下之安寧，以活民命，人我之養，畢足而止，以此白心，古之道術有在於是者。宋鈃、尹文聞其風而悦之，作爲華山之冠以自表。雖天下不取，强聒而不舍者也。其爲人太多，其自爲太少。」蓋亦盡其學云。荀卿《非十二子》有宋鈃，而文不預。又別一書曰《尹子》，五卷，共十九篇，其言論膚淺，多及釋氏，蓋晉、宋時細人所作，非此之謂也。

又卷一六 《漢書·貨殖傳》：「粤王句踐困於會稽之上，迺用范蠡、計然，遂報彊吴。」孟康注曰：「姓計名然，越臣也。」蔡謨曰：「『計然』者，范蠡所著書篇名耳，非人也。謂之計然者，所計而然也。羣書所稱句踐之賢佐，種、蠡爲首，豈復聞有姓計名然者乎！若有此人，越但用半策便以致霸，是功重於范蠡，而書籍不見其名，史遷不述其傳乎！」顔師古曰：「蔡説謬矣。《古今人表》，計然列在第四等，一名計研。班固《賓戲》『研、桑心計於無垠』，即謂此耳。計然者，濮上人也。嘗南遊越，范蠡卑身事之，其書則有萬物録，事見《皇覽》及《晉中經簿》。又，《吴越春秋》及《越絶書》並作計倪，此則『倪』『研』及『然』聲皆相近，實一人耳，何云書籍不見哉！」予案：唐貞元中，馬總所述《意林》一書，抄類諸子百餘家，有《范子》十二卷，云：「計然者，葵丘濮上人，姓辛，字文子，其先晉國之公子也。爲人有内無外，狀貌似不及人，少而明，學陰陽，見微知著，其志沈沈，不肯自顯，天下莫知，故稱曰『計然』。時遨游海澤，號曰『漁父』。范蠡請其見越王，計然曰：『越王爲人鳥喙，不可與同利也。』」據此，則計然姓名出處，皎然可見。裴駰注《史記》，亦知引《范子》。《北史》蕭大圜云：「留侯追蹤於松子，陶朱成術於辛文。」正用此事。曹子建表引《文子》，李善注以爲計然，師古蓋未能盡也。而《文子》十二卷，李暹注其序以謂《范子》所稱計然。但其書一切以老子爲宗，略無與范蠡謀議之事，《意林》所編文子正與此同，所謂《范子》，乃别是一書，亦十二卷。馬總只載其叙計然及它三事，云：「餘並陰陽曆數，故不取。」則與《文子》了不同，李暹之説誤也。《唐·藝文志》《范子計然》十五卷，注云：「范蠡問計然答。」列於農家，其是矣，而今不存。唐世未知尊孟氏，故《意林》亦列其書，而有差不同者，如伊尹不以一衣與人，亦不取一衣於人之類。其它所引書，如《胡非子》、《隨巢子》、《纏子》、《王孫子》、《公孫尼子》、阮子《正部》、姚信《士緯》、殷興《通語》、《牟子》、周生《烈子》、《秦菁子》、《梅子》、《任弈子》、《魏朗子》、《唐滂子》、《鄒子》、孫氏《成敗志》、《蔣子》、《譙子》、《鍾子》、張儼《默記》、裴氏《新言》、袁淮《正書》、袁子《正論》、《蘇子》、《陸子》、張顯《析言》、《干子》、《顧子》、《諸葛子》、陳子《要言》、《符子》諸書，今皆不傳於世，亦有不知其名者。

又 《周禮》一書，世謂周公所作，而非也。昔賢以爲戰國陰謀之書，考其實，蓋出於劉歆之手。《漢書·儒林傳》盡載諸經專門師授，此獨無傳。至王莽時，歆爲國師，始建立《周官經》以爲《周禮》，且置博士。而河南杜子春受業於歆，還家以教門徒，好學之士鄭興及其子衆往師之，此書遂行。歆之處心積慮，用心濟莽之惡，莽據以毒痛四海，如五均、六筦、市官、賒貸，諸所興爲皆是也。故當其時公孫禄既已斥歆顛倒《六經》毁師法矣。歷代以來，唯宇文周依六典以建官，至於治民發政，亦未嘗循故轍。王安石欲變亂祖宗法度，乃尊崇其言，至與《詩》、《書》均匹，以作《三經新義》，其序略曰：「其人足以任官，其官足以行法，莫盛乎成周之時，其法可施於後世，其文有見於載籍，莫具乎《周官》之書。自周之衰，以至于今，太平之遺迹，掃蕩幾盡，學者所見無復全經。於是時也，乃欲訓而發之，臣知其難也。以訓而發之之難，則又以知夫立政造事追而復之之爲難。」則安石所學所行實於此乎出，遂謂「一部之書，理財居其半」。又謂：「泉府，凡國之財用取具焉，歲終，則會其出入而納其餘，則非特摧兼并，救貧阨，因以足國事之財用。夫然，故雖有不庭不虞，民不加賦，而國無乏事。」其後吕嘉問法之而置市易，由中及外，害徧生靈。嗚呼！二王託《周官》之名以爲政，其歸於禍民一也。

又《容齋三筆》卷一 景迂子晁以道留意六經之學，各著一書，發明其旨，故有《易規》、《書傳》、《詩序論》、《中庸》、《洪範傳》、《三傳説》。其説多與世儒異。謂《易》之學者所謂應、所謂位、所謂承乘、所謂主，皆非是。大抵云，《繫辭》言卦爻象數剛柔變通之類非一，未嘗及初應四、二應五、三應六也。以陽居陽、以陰居陰爲得位，得位者吉。以陽居陰、以陰居陽爲失位，失位者凶。然則九五、九三、六二、六四俱善乎？六五、六三、九二、九四俱不善乎？既爲有應無應、得位不得位之説，而求之或不通，則又爲承乘之説。謂陰承陽則順，陽承陰則逆，陽乘柔則吉，陰乘

剛則凶，其不思亦甚矣。又必以位而論中正，如六二、九五爲中且正，則六五、九二俱不善乎？初、上、三、四永不得用中乎？卦各有主，而一概主之於五，亦非也。其論《書》曰：「予於《堯典》，見天文矣，而言四時者不知中星。《禹貢》敷土治水，而言九州者不知經水。《洪範》性命之原，而言九疇者不知數。舜於四凶，以堯庭之舊而流放竄殛之。穆王將善其祥刑，而先醜其耄荒。湯之伐桀，出不意而奪農時。文王受命爲僭王，召公之不說，類乎無上。太甲以不順伊尹而放，羣叔才有流言而誅，啓行孥戮之刑以誓不用命，盤庚行劓殄之刑而遷國，周人飲酒而死，魯人不板幹而屋誅。先時不及時而殺無赦。威不可訖，老不足敬，禍不足畏，凶德不足忌之類。惟此經遭秦火煨燼之後，孔壁朽折之餘，孔安國初以隸篆推科斗。既而古今文字錯出東京，乃取正於杜林。傳至唐，彌不能一，明皇帝詔衛包悉以今文易之，其去本幾何其遠矣！今之學者盡信不疑，殆如手授於洙、泗間，不亦惑乎！」論《堯典》中星云：「於春分日而南方井、鬼七宿合，昏畢見者，孔氏之誤也。豈有七宿百九度而於一夕間畢見者哉！此實春分之一時正位之中星，非常夜昏見之中星也。於夏至而東方角、亢七宿合，昏畢見者，孔氏之誤也。豈有七宿七十七度而於一夕間畢見者哉！此夏至一時之中星，非常夜昏見者也。秋分、冬至之説皆然。」凡此以上，皆晁公之説。所辯聖典，非所敢知。但驗之天文，不以四時，其同在天者常有十餘宿。自昏至旦，除太陽所舍外，餘出者過三之二，安得言七宿不能於一夕間畢見哉！蓋晁不識星故云爾。其論《詩序》，云作詩者不必有序。今之説者曰《序》與《詩》同作，無乃惑歟！且逸詩之傳者，岐下之石鼓也，又安覩《序》邪？謂晉武公盜立，秦仲者石勒之流，秦襄公取周地，皆不應美。《文王有聲》爲繼伐，是文王以伐紂爲志，武王以伐紂爲功。《庭燎》、《沔水》、《鶴鳴》、《白駒》，箴、規、誨、刺於宣王，則《雲漢》、《韓奕》、《崧高》、《烝民》之作妄也。未有《小雅》之惡如此，而《大雅》之善如彼者也。謂《子衿》、《候人》、《采緑》之《序》騈蔓無益，《樛木》、《日月》之《序》爲自戾，《定之方中》、《木瓜》之《序》爲不純。孟子、荀卿、左氏、賈誼、劉向漢諸儒論説及《詩》多矣，未嘗有一言以《詩序》爲議者，則《序》之所作晚矣。晁所論是否，亦未敢輒言。但其中有云秦康公隳穆公之業，日稱兵於母家，自喪服以尋干戈，終身戰不知已，而序《渭陽》，稱其「我見舅氏，如母存焉」，是果純孝歟？陳厲公弒佗代立，而序《墓門》責佗「無良師傅」，失其類矣。予謂康公《渭陽》之詩，乃贈送晉文公入晉時所作，去其即位十六年。衰服用兵，蓋晉襄公耳，《傳》云「子墨衰絰」者也。康公送公子雍于晉，蓋徇其請。晉背約而與之戰，康公何罪哉！責其稱兵於母家，則不可。陳佗殺桓公太子而代之，故蔡人殺佗而立厲公，非厲公罪也。晁詆厲以申佗，亦爲不可。其論《三傳》，謂杜預以左氏之耳目，奪夫子之筆削。《公羊》家失之舛雜，而何休者，又特負於《公羊》。惟《穀梁》晚出，監二氏之違畔而正之，然或與之同惡，至其精深遠大者，真得子夏之所傳。范甯又因諸儒而博辯之，申《穀梁》之志，其於是非亦少公矣，非若杜征南一切申《傳》，汲汲然不敢異同也。此論最善。然則晁公之於羣經，可謂自信篤而不詭隨者矣。

又卷一〇 前漢枚乘《與吴王濞書》曰：「夫以一縷之任，係千鈞之重。上縣無極之高，下垂不測之淵。雖甚愚之人，猶知哀其將絶也。馬方駭，鼓而驚之，係方絶，又重鎮之。係絶於天，不可復結。墜入深淵，難以復出。」《孔叢子·嘉言篇》載子貢之言曰：「夫以一縷之任，繫千鈞之重，上縣之於無極之高，下垂之於不測之深，旁人皆哀其絶，而造之者不知其危。馬方駭，鼓而驚之，係方絶，重而鎮之。繫絶於高，墜入於深，其危必矣。」枚叔全用此語。《漢書》注諸家皆不引證，唯李善注《文選》有之。予案《孔叢子》一書，《漢·藝文志》不載，蓋劉向父子所未見。但於儒家有太常蓼侯《孔臧》十篇，今此書之末，有《連叢子》上下二卷，云孔臧著書十篇，疑即是已。然所謂《叢子》者，本陳涉博士孔鮒子魚所論集，凡二十一篇，爲六卷。唐以前不爲人所稱，至嘉祐四年，宋咸始爲注釋以進，遂傳於世。今讀其文，略無楚、漢間氣骨，豈非齊、梁以來好事者所作乎！《孔子家語》著録於《漢志》，二十七卷，顔師古云：「非今所有《家語》也。」

又卷一五 《夏書·五子之歌》，述大禹之戒，其前三章是也。禹之謨訓，捨《虞》、《夏》二書外，他無所載。《漢·藝文志》雜家者流有《大帝》三十七篇，云：「傳言禹所作，其文似後世語。」帝，古禹字也，意必依倣而作之者，然亦周、漢間人所爲，今寂而無傳，亦可惜也。

又卷一六 今世所傳楊子雲《輶軒使者絶代語釋别國方言》，凡十三卷，郭璞序而解之。其末又有漢成帝時劉子駿與雄書，從取《方言》及雄答書。以予考之，殆非也。雄自序所爲文，《漢史》本傳但云：「經莫大於《易》，故作《太玄》；傳莫大於《論語》，作《法言》；史篇莫善於《倉頡》，作《訓纂》；箴莫善於《虞箴》，作《州箴》；賦莫深於《離騷》，反而廣之；辭莫麗於相如，作四賦。」雄平生所爲文盡於是矣，初無所謂《方言》。《漢·藝文志》小學有《訓纂》一篇。儒家有雄所序三十八篇，注云：「《太玄》十九，《法言》十三，樂四，箴二。」雜賦有雄賦十二篇，亦不載《方言》。觀其答劉子駿書，稱「蜀人嚴君平」，案君平本姓莊，漢顯宗諱莊，始改曰

「嚴」。《法言》所稱「蜀莊沈冥」、「蜀莊之才之珍」、「吾珍莊也」，皆是本字，何獨至此書而曰「嚴」。又子駿只從之求書，而答云：「必欲脅之以威，陵之以武，則縊死以從命也。」何至是哉！既云成帝時子駿與雄書，而其中乃云孝成皇帝，反覆抵牾。又書稱「汝、潁之間」，先漢人無此語也，必漢、魏之際好事者爲之云。

又　陶淵明作《閑情賦》，寄意女色，蕭統以爲白玉微瑕。宋廣平作《梅花賦》，皮日休以爲鐵心石腸人而亦風流艷冶如此。《顔魯公集》有七言聯句四絶，其目曰《大言》、《樂語》、《饞語》、《醉語》。於《樂語》云：「苦河既濟真僧喜，新知滿坐笑相視。戍客歸來見妻子，學生放假偷向市。」《饞語》云：「拈餿舐指不知休，欲炙侍立涎交流。過屠大嚼肯知羞，食店門外强淹留。」《醉語》云：「逢糟遇麯便酩酊，覆車墜馬皆不醒。倒著接䍦髮垂領，狂心亂語無人並。」以公之剛介守正而作是詩，豈非以文滑稽乎！然語意平常，無可咀嚼，予疑非公詩也。

又《容齋四筆》卷一　《尚書》孔氏所傳五十九篇皆有序，其出於史官者不言某人作，如《虞書》五篇，紀一時君臣吁謨都俞及識其政事，如《説命》、《武成》、《顧命》、《康王之誥》、《召誥》自「惟二月既望」至「越自乃御事」、《洛誥》自「戊辰王在新邑」至篇終，《蔡仲之命》自「惟周公位冢宰」至「邦之蔡」皆然。如指言某人所作，則伊尹作《伊訓》、《太甲》、《咸有一德》，《盤庚》三篇，周公作《大誥》、《康誥》、《酒誥》、《梓材》、《多士》、《無逸》、《君奭》、《多方》、《立政》是也。惟《金縢》之篇，首尾皆叙事，而直以爲周公作。案此篇除册祝三王外，餘皆周史之詞，如「公乃自以爲功」、「公歸納册」、「公將不利於孺子」、「公乃爲詩以貽王」、「王亦未敢誚公」、「公命我勿敢言」、「天動威以彰周公之德」、「公勤勞王家」之語，「出郊」、「反風」之異，決非周公所自爲，今不復可質究矣。

又　《新唐書・狄仁傑傳》，武后召問：「夢雙陸不勝，何也？」仁傑與王方慶俱在，二人同辭對曰：「雙陸不勝，無子也。天其意者以儆陛下乎！」於是召還廬陵王。《舊史》不載，《資治通鑑》但書鸚鵡折翼一事。而《考異》云：「雙陸之説，世傳《狄梁公傳》有之，以爲李邕所作，而其詞多鄙誕，疑非本書，故黜不取。」《藝文志》有李繁《大唐説纂》四卷，今罕得其書，予家有之，凡所紀事，率不過數十字，極爲簡要，《新史》大抵采用之。其《忠節》一門曰：「武后問石泉公王方慶曰：『朕夜夢雙陸不勝，何也？』曰：『蓋謂宫中無子，意者恐有神靈儆夫陛下。』因陳人心在唐之意，后大悟，召廬陵王，復其儲位，俾石泉公爲宫相以輔翊之。」然則《新史》兼采二李之説，而爲狄爲王莫能辨也。《通鑑》去之，似爲可惜。

馬端臨《文獻通考・經籍考》卷二　《連山》十卷。《北史・劉炫傳》：時牛弘奏購求天下遺逸之書，炫遂僞造書百餘卷，題爲「連山易」、「魯史記」等，録上送官，取賞而去。後人有訟之，經赦免死，坐除名。

又卷四　《古文尚書》十三卷。《漢・儒林傳》言孔氏有《古文尚書》，孔安國以今文讀之。《唐・藝文志》有《今文尚書》十三卷，注言玄宗詔集賢學士衛包改古文從今文。然則漢之所謂古文者，科斗書；今文者，隸書也。唐之所謂古文者，隸書；今文者，世所通用之俗字也。隸書，秦、漢間通行，至唐則久變而爲俗書矣，何《尚書》猶存古文乎？蓋安國所得孔壁之書，雖爲之傳，而未得立於學官。東京而後，雖名儒亦未嘗傳習，至隋、唐間方顯，往往人猶以僻書奥傳視之。繕寫傳授者少，故所存者皆古物，尚是安國所定之隸書，而未嘗改以從俗字。猶今士大夫蓄書之家，有奇異之書世所罕見者，必是舊本，且多古字是也。噫！百篇之《書》，遭秦火而亡其半，所存者五十八篇，而其間此二十五篇者，書雖傳而字復不諧於俗。傳於漢者爲科斗書，傳於唐者爲隸書，皆當時之人所罕習者。蓋出自孔壁之後，又復晦昧數百年，而學者始得以家傳人誦也。

又卷七　《儀禮注》十七卷。韓文公《讀儀禮》「余嘗苦《儀禮》難讀，且又行於今者蓋寡，沿襲不同，復之無由，考於今，誠無所用」云，然文王、周公之法制具在於是。孔子曰「吾從周」，謂其文章之盛也。古書之存者希矣，百氏雜家尚有可取，況聖人之制度邪！於是掇其大要，奇辭奥旨著於篇，學者可觀焉。惜吾不及其時，揖讓進退於其間。嗚呼，盛哉！

又　《儀禮疏》五十卷。先公《儀禮注疏序》曰：「余生五十八年，未嘗讀《儀禮》之書。一日，從敗篋中得景德中官本《儀禮疏》四帙，正經注語，皆標起止，而疏文列其下。蓋古有明經學究專科，如《儀禮經注》，學者童而習之，不待屑屑然登載本文，而已熟其誦數矣。王介甫《新經》既出，士不讀書，如余之於《儀禮》者皆是也。然不敢付之茫昧幽冥，將尋訪本書傳抄，庶幾創通大義。然余老矣，懼其費日力而卒無所補也。長兒跋曰：『家有監本《儀禮經注》，可取而附益之，以便觀覽。』意欣然命之整緝，釐爲九帙，手自點校；并取朱氏《禮書》與其門人高弟黄氏、楊氏諸家續補之編，分章析條，題要其上，遂爲完書。拊而歎曰：兹所謂《儀禮》者歟？韓昌黎之言，豈欺我哉！其爲書也，於奇辭奥旨中，有精義妙道焉；於纖悉曲折中，有明辨等級焉；不惟欲人之善其生，且欲人之善其死；不惟致嚴於冠、昏、朝聘、鄉射，而尤嚴於喪祭。後世徒以其推士禮而達之天子，以爲殘闕不可考之書。

徐而觀之，一士也，天子之士與諸侯之士不同，上大夫與下大夫不同；等而上之，固有可得而推者矣。周公之經，何制之備也？子夏之傳，何文之奇也？康成之注、公彥之疏，何學之博也？小子識之。」

又 《周禮》十二卷。《周禮》一書，先儒信者半，疑者半。其所以疑之者，特不過病其官冗事多，瑣碎而煩擾耳。然愚嘗論之，經制至周而詳，文物至周而備，有一事必有一官，毋足怪者。有如閽閣卜祝，各設命官，衣膳泉貨，俱有司屬。自漢以來，其規模之瑣碎，經制之煩密，亦復如此，特官名不襲六典之舊耳；固未見其爲行《周禮》，而亦未見其異於《周禮》也。獨與百姓交涉之事，則後世惟以簡易闊略爲便，而以《周禮》之法行之，必至於厲民而階亂，王莽之王田、市易，介甫之青苗，均輸是也。後之儒者，見其效驗如此，於是疑其爲歆、莽之僞書而不可行，或以爲無《關雎》、《麟趾》之意則不能行。愚俱以爲未然，蓋《周禮》者，三代之法也。三代之時，則非直周公之聖可行，雖一凡夫亦能行之。三代而後，則非直王莽之矯詐，介甫之執愎不可行，而雖賢哲亦不能行。其故何也？蓋三代之時，寰宇悉以封建，天子所治，不過千里，公侯則自百里以至五十里，而卿大夫又各有世食祿邑，分土而治，家傳世守，民之服食日用，悉仰給於公上，而上之人所以治其民者，不啻如祖父之於其子孫，家主之於其臧獲。田土則少而授，老而收。於是乎有鄉遂之官，又從而視其田業之肥瘠，食指之衆寡，而爲之斟酌區畫，俾之均平。如上地家七人之類是也。貨財則盈而斂，乏而散。於是乎有泉府之官，又從而補其不足，助其不給，或賒或貸，而俾之足用，所以養之者如此。司徒之任，則自卿大夫州長以至閭胥比長，自遂大夫縣正以至里宰鄰長，歲終正歲，四時孟月，皆徵召其民，考其德藝，糾其過惡，而加以勸懲。司馬之任，則軍有將，師有帥，卒有長，四時仲月，則有振旅治兵、茇舍大閱之法，以旗致民，行其禁令，而加以誅賞，所以教之者如此。上下蓋弊弊焉，察察焉，幾無寧日矣！然其事雖似煩擾，而不見其爲法之弊者，蓋以私土子人，痛癢常相關，脈絡常相屬，雖其時所謂諸侯卿大夫者，未必皆賢，然既世守其地，世撫其民，則自不容不視爲一體，既視爲一體，則姦弊無由生，而良法可以世守矣。自封建變而爲郡縣，爲人君者，宰制六合，穹然於其上，而所以治其民者，則諉之百官有司，郡守縣令，爲守令者，率三歲而終更，雖有龔、黃之慈良，王、趙之明敏，其始至也，茫然如入異境，積日累月，方能諳其土俗，而施以政令，往往朞月之後，其善政方可紀，纔再朞而已及瓜矣。其有疲愞貪鄙之人，則視其官如逆旅傳舍，視其民如飛鴻土梗，發政施令，不過授成於吏手，既授成於吏手，而欲以《周官》之法行之，則事煩而政必擾，政擾而民必病，教養之恩惠未孚，而追呼之苛嬈已極矣！是以後之言善政者，必曰「事簡」。夫以《周禮》一書觀之，成周之制，未嘗簡也。自士不分胙，官不世守，爲吏者，不過年除歲遷，多爲便文自營之計，於是國家之法制，率以簡易爲便，「慎無擾獄市」之說，「治道去太甚」之說，遂爲經國庇民之遠猷。所以臨乎其民者，未嘗有以養之也，苟使之自無失其養，斯可矣；未嘗有以教之也，苟使之自毋失其教，斯可矣。蓋壤土既廣，則志慮有所不能周，長吏數易，則設施有所不及竟；於是法立而姦生，令下而詐起，處以簡靖，猶或庶幾，稍涉繁夥，則不勝其瀆亂矣。昔子產聽鄭國之政，其所施爲者，曰「都鄙有章，上下有服，田有封洫，廬井有伍」。此俱《周官》之法也。然一年而輿人誦之曰：「孰殺子產，吾其與之！」三年而誦之曰：「子產而死，誰其嗣之！」按鄭國土地褊小，其在後世則一郡耳！夫以子產之賢智，而當一郡守之任，其精神必足以周知情僞，其念慮必足以洞究得失，決不至如後世承流宣化者之以苟且從事也。而周制在當時亦未至盡隳，但未能悉復先王之舊耳。然稍欲更張，則亦未能遽當於人心，必俟磨以歲月，然後昔之謗讟者，轉而爲謳歌耳。況賢不及子產，所涖不止一郡，且生乎千載之後，先王之制久廢，而其遺書僅存，乃不察時宜，不恤人言，而必欲行之乎？王介甫是也。介甫所行變常平而爲青苗，諉曰：「此《周官》泉府之法也。」當時諸賢，極力爭之。蘇長公之言曰：「青苗雖云不許抑配，然其間願請之户，必皆孤貧不濟之人家，若自有贏餘，何至與官交易？此等鞭撻已急，則繼之逃亡，逃亡之餘，則均之鄰保。」蘇少公之言曰：「出納之際，吏緣爲姦，法不能禁，錢入民手，雖良民不免非理費用，及其納錢，雖富民不免違限受責。如此則鞭笞必用，而州縣多事矣。」是皆言官與民賒貸之非便也。蓋常平者，糴糶之法也，青苗者，賒貸之法也。糴糶之法，以錢與粟兩相交易，似未嘗有以利民，而以官法行之，則反爲簡便。賒貸之法，捐錢以予民，而以時計息取之，似實有以濟民，而以官法行之，則反爲繁擾。然糴糶之說，始於魏文侯，常平之法，始於漢宣帝，三代之時，未嘗有此，而賒貸之法，則《周官》泉府明言之。豈周公經制，顧不爲其簡易者，而欲爲其繁擾者乎？謂《周禮》爲不可信之書，則《左氏傳》言鄭饑，子皮以子展之命餼國人粟，户一鐘；宋饑，司城子罕請於平公，出公粟以貸，使大夫皆貸，司城氏貸而不書，爲大夫之無者貸，宋無饑人；齊陳氏以家量貸，而以公量收之。則春秋之時，官之於民，固有賒貸之事也。雖當時未嘗取二分之息，如青苗之爲，然熙寧諸賢所言，非病其取息之多也，蓋以爲貧者願貸，貸與之而不能償則虧官；富者不願貸，抑配予之而并令保

任貧者代償所逋，則損民。兩無所益，固不若常平之交手相付，聽從民便之爲簡易兩得也。然左氏所述鄭、宋、齊之事，謂之善政，以爲美談，未嘗見其有熙、豐之弊，何也？蓋鄭、宋、齊列國也，其所任者罕氏、樂氏、陳氏，則皆有世食禄邑，與之分土而治者也。介甫所宰者天下也，其所任者六七少年，使者四十餘輩，與夫州縣小吏則皆干進徇時之徒也。然非鄭、宋、齊之大夫盡賢，而介甫之黨盡不肖也。蓋累世之私土子人者，與民情常親，親則利病可以周知，故法雖繁，而亦足以利民；暫焉之承流宣化者，與民情常疏，疏則情僞不能洞究，故法雖簡，而猶懼其病民也。以青苗賒貸一事觀之，則知《周禮》所載，凡法制之瑣碎煩密者，可行之於封建之時，而不可行之於郡縣之後，必知時適變者，而後可以語通經學古之説也。

又卷八　《大戴禮》十三卷。周氏《西麓涉筆》曰：「《大戴禮・公冠》篇載漢昭帝《冠辭》及《郊天》、《祀地》、《迎日》三辭，皆典馴簡樸，有史佚祭公風味，班固徒取《麟馬》以下夜祠諸篇文詞峭美者入《禮樂志》，此皆不録，可恨也。」

又卷九　《春秋經》一卷。《春秋古經》，雖《漢・藝文志》有之，然夫子所修之《春秋》，其本文世所不見，而自漢以來所編《古經》，則倶自三傳中取出經文，名之曰正經耳！然三傳所載經文，多有異同，則學者何所折衷？如「公及邾儀父盟於蔑」，《左氏》以爲「蔑」，《公》、《穀》以爲「眛」，則不知夫子所書者曰「蔑」乎？曰「眛」乎？「築郿」，《左氏》以爲「郿」，《公》、《穀》以爲「微」，則不知夫子所書曰「郿」乎？曰「微」乎？「會於厥憖」，《公》、《穀》以爲「屈銀」，則不知夫子所書曰「厥憖」乎？曰「屈銀」乎？若是者殆不可勝數，蓋不特「亥豕」「魯魚」之偶誤其一二而已。然此特名字之訛耳，其事未嘗背馳於大義，尚無所關也。至於君氏卒，則以爲聲子，魯之夫人也；尹氏卒，則以爲師尹，周之卿士也。然則夫子所書隱三年夏四月辛卯之死者，竟爲何人乎？不寧惟是，《公羊》、《穀梁》於襄公二十一年皆書孔子生。按《春秋》惟國君世子生則書之，子同生是也。其餘雖世卿擅國政，如季氏之徒。其生亦未嘗書之於册。夫子萬世帝王之師，然其始生，乃鄹邑大夫之子耳，《魯史》未必書也。《魯史》所不書，而謂夫子自紀其生之年於所修之經，決無是理也。而《左》於哀公十四年獲麟之後，又復引經以至十六年四月書仲尼卒，杜征南亦以爲近誣。然則《春秋》本文其附見於三傳者，不特乖異未可盡信，而三子以其意增損者有之矣。蓋襄二十一年所書者，公、穀尊其師授而增書之也；哀十六年所書者，左氏痛其師亡而增書之也，倶非《春秋》之本文也。三子者以當時口耳所傳授者各自爲傳，又以其意之所欲增益者攙入之，後世諸儒，復據其見於三子之書者，互有所左右而發明之，而以爲得聖人筆削之意於千載之上，吾未之能信也。《易》有彖象，本與卦爻爲二，而王弼合之；《詩》、《書》有序，本與經文爲二，而毛萇、孔安國合之；《春秋》有三傳，亦本與經文爲二，而治三傳者合之。先儒務欲存古，於是取其已合者復析之，命之曰《古經》。然彖象之與卦爻，序之與經，毛、孔、王三公雖以之混爲一書，尚未嘗以己意增損於其間，苟復析之，即古人之舊矣。獨《春秋》一書，三傳各以其説與經文參錯，而所載之經文又各乖異。蓋事同而字異者，「及邾儀父盟於蔑」「於眛」之類是也；事字倶異者，「尹氏」「君氏」之類是也；元未嘗書其事而以意增入者，「孔子生」「孔丘卒」是也。然則自三傳中所取出之經文既有乖異，又有增益，遽指以爲夫子所修之《春秋》，可乎？然擇其差可信者而言之，則《左氏》爲優，何也？蓋《公羊》、《穀梁傳》，直以其所作傳文攙入正經，不曾別出，而左氏則經自經，而傳自傳。又杜元凱《經傳集解》序文以爲分經之年與傳之年相附，則是左氏作傳之時。經文本自爲一書，至元凱始以《左氏傳》附之經文各年之後，是《左氏傳》中之經文，可以言古經矣。然獲麟而後引經以至仲尼卒，則分明增入，杜注亦自以爲《春秋》本終於獲麟，弟子欲記聖師之卒，故採《魯史記》以續夫子之經，而終於此。然則既續之於獲麟之後，寧保其不增益之於獲麟之前，如《公》、《穀》所書「孔子生」之類乎？是亦未可盡信也。

又卷一〇　《左氏紀傳》五十卷。巽岩李氏曰：「不著撰人名氏。取邱明所著二書，用司馬遷《史記》法，君臣各爲紀傳。凡欲觀某國之治亂，某人之臧否，其行事本末畢陳於前，不復錯見旁出，可省繙閲之勤。或事同而辭異者，皆兩存之。又因以得文章繁簡之度，雖編削附離，尚多不滿人意，然亦可謂有其志矣。獨所序世族譜繫，既與釋例不同，又非史遷所記，質諸《世本》，亦不合也，疑撰者別據他書，今姑仍其舊，以俟考求。又題：後在陵陽觀沈存中自誌，乃知此書存中所著。存中喜述作，而此書終不滿人意，史法信未易」云。

又卷一一　何晏《論語注》十卷。《齊論》多於《魯論》二篇，曰《問王》、《知道》，史稱爲張禹所删，以此遂無傳。且夫子之言，禹何人而敢删之！然《古論語》與《古文尚書》同自孔壁出者，章句與《魯論》不異，唯分《堯曰》「子張問」以下爲一篇，共二十一篇，則《問王》、《知道》二篇，亦孔壁中所無，度必後儒依倣而作，非聖經之本真，此所以不傳，非禹所能删也。

又卷一二　《汲冢周書》十卷。巽岩李氏曰：「隋、唐《經籍》、《藝文志》皆稱此書得之晉太康中汲郡魏安釐王冢，孔晁注解，或稱十卷，或八卷，大抵不殊。按

此則晉以前初未有此也。然劉向、班固所録，並著《周書》七十一篇，且謂孔子刪削之餘。而司馬遷記武王克殷事，蓋與此合。豈西漢世已得入中祕，其後稍隱，學者不道，及盜發冢，乃幸復出邪？篇目比《漢》但闕一耳，必班、劉、司馬所見者也，繫之《汲冢》，失其本矣。書多駁辭，宜孔子所不取，抑戰國處士私相綴緝，託周爲名，孔子亦未必見章句，或脱爛難讀，更須考求，別加是正」云。容齋洪氏《隨筆》曰：「《周書》今七十篇，殊與《尚書》體不相類，所載事物亦多過實。其《克商解》云：『武王先入，適紂所在，射之三發，而後下車，繫之以輕吕，劒名。斬之以黄鉞，縣諸大白。商二女既縊，又射之三發，繫之以輕吕，斬之以玄鉞，縣諸小白。』越六日，朝至於周，以三首先馘，入燎於周廟，又用紂於南郊。夫武王之伐紂，應天順人，不過殺之而已。紂既死，何至梟戮俘馘，且用之以祭乎？其必不然者也。又言武王狩事，尤爲淫侈，至於擒虎二十有二，猫二，麋五千二百三十五，犀十有三，氂七百二十有一，熊百五十一，羆百十八，豕三百五十有二，貉十有八，麈十有六，麝五十，鹿三千五百有二。遂征四方，凡憝國九十有九國，馘磨億有十萬七千七百七十有九，其多如是，雖注家亦云武王以不殺爲仁，無緣所馘如此，蓋大言也。《王會篇》皆大會諸侯及四夷事，云：『唐叔、荀叔、周公在左，太公在右。堂下之右，唐公、虞公南面立焉，堂下之左，商公、夏公立焉。』四公者，堯、舜、禹、湯後，商、夏即杞、宋也。又言俘商寶玉億有百萬。所紀四夷國名，頗古奥，獸畜亦奇崛，以肅慎爲稷慎，濊人爲穢人，樂浪之夷爲良夷，姑蔑爲姑妹，東甌爲且甌，渠搜爲渠叟，高句麗爲高夷。所叙：『穢人前兒，若獮猴，立行，聲似小兒。良夷在子，獸名。鼈身人首，脂其腹，炙之藿則鳴。揚州禺禺魚，人鹿。青邱狐九尾。東南夷白民乘黄，乘黄者似騏，背有兩角。東越海蛤，海陽，盈車，大蟹。西南戎曰央林，以酋耳，酋耳者，身若虎豹。渠叟以鼩犬，鼩犬者，露犬也，能飛食虎豹。區陽戎以鼈封，鼈封者，若彘，前後有首。蜀人以文翰，文翰者，若皋雞。康民以稃苡，其實如李，食之宜子。北狄州靡費費，其形人身枝踵，自笑，笑則上唇翕其目，食人。都郭亦北狄。生生，若黄狗，人面能言。奇幹亦北狄。善芳，頭若雄雞，佩之令人不眯。正東高夷嗛羊，嗛羊者，羊而四角。西方之戎曰獨鹿，邛邛距虚。犬戎文馬，而赤鬣縞身，目若黄金，名古皇之乘。白州北閭，北閭者，其華若羽，以其木爲車，終行不敗。』篇末引伊尹《朝獻商書》云：『湯問伊尹，使爲四方獻令。伊尹請令，正東以魚皮之鞞、鰂醬、蛟瞂、利劍；正南以珠璣、瑇瑁、象齒、文犀；正西以丹青、白旄、江歷，珠名。龍角；正北以橐駝、騊駼、駃騠、良弓爲獻。』湯曰『善。』凡此皆無所質信，姑録之以貽博雅者。唐太宗時，遠方諸國來朝貢者甚衆，服裝詭異，顔師古請圖以示後，作《王會圖》，蓋取諸此。《漢書》所引『天予不取，反受其咎，毋爲權首，將受其咎』。以爲《逸周書》，此亦無之，然則非全書也。」後村劉氏曰：「《汲冢書》十卷七十篇，與《藝文志》《周書》七十一篇」合，但少一篇。晁子止謂其記録失實。李仁父謂書多駁詞。按中間所載武王征四方，馘億有十萬七千七百七十有九，俘三億萬二百三十，暴於秦皇、漢武矣。狩擒虎二十有二。云云見前段。紂囿雖大，安得熊羆如是其衆？又謂俘商寶玉億有百萬。皆荒唐誇誕，不近人情，非止於駁而已。百篇聖筆所定，孟子猶疑『漂杵』之語。前輩云『吾欲忘言』，觀道妙六經，俱不是全書，況《汲冢》之類乎？」

又卷二一七 《典故辯疑》二〇卷。儒林郎主管尚書吏部架閣文字李大性撰。淳熙十三年投進。自爲序略曰：「仰惟皇朝，聖明相紹，明良之懿，著在青史，坦然明白，信以傳信。而縉紳相屬，佔畢益繁，私史薦興，説令蠭午，朱紫苗莠，混爲一區，熙朝盛美，未免蒙翳。請略舉數端言之：如梅堯臣《碧雲騢》，非堯臣所撰；孔平仲《雜録》，非平仲所述。《建隆遺事》又王禹偁名，而實非禹偁；《志怪集》、《括異志》、《倦遊録》以張師正名，而實非師正。《涑水記聞》雖出於司馬光，而多所增益；《談叢》雖出於陳師道，而多所誤繆。以至王安石《日録》、蔡絛《國史後補》又皆不足以取信。儒者俱嘗言之，而未之詳辯也，矧其言者乎？蓋嘗推其疇品，爲説滋夥，數其差舛，不見殫述。雖云爝火之衆，於大明何傷，而微塵纖埃非全鏡所宜有也。然則丹鉛點勘，寤疑辯惑，匪書生職歟？臣大懼私史踳駁，或爲正史之蠹，輒擷其事而正之。伏自忖念：衡茅之下，多未見之書，樸樕之材，無奇特之見，固不當自寘於五不韙之域，以奸嚴誅。而孤忠拳拳，所欲辯明，懷不能記，非敢遠慕昔人，作指瑕糾謬之書，以詒攻訶之誚。獨取熙朝美事，及名卿才大夫之卓卓可稱而其事爲野史語録所翳者，辯而明之，參其歲月，質其名氏，爵位而考證焉。其或傳聞異詞，難以示信，以意逆志，雖知其非而未有曉然依據，則姑置弗辯。其所辯者，必得所證而後爲之説焉。」所辯凡二百條，釐爲二十卷，名之曰《典故辯疑》。

又卷二一八 《三朝訓鑒圖》十卷。《三朝寶訓》一書，《直齋書録解題》以爲宰相王曾奏請編修，成於天聖十年，凡三十卷。《揮麈録》以爲章獻命儒臣所修，成於天聖初年，凡十卷。殊不相照合。然《揮麈録》所言禁中刻本，且有繪圖，則似即此《三朝訓鑒圖》十卷之書。然《直齋》以此書爲慶歷皇祐時所修纂，則又與《揮麈録》所謂仁皇初年，傅母輩侍上展玩之語，深不合矣。當俟考訂精者質之。

又卷二九　《百官公卿表》一百四十二卷。巽岩李氏序曰：「司馬光以熙寧二年，建議請撰宋興以來《百官公卿表》。元豐四年，表成，凡十卷，詔送編修院，世莫知其書何如也。」按光集有《百官公卿表總序》：「文官知雜御史以上，武臣閤門使以上，内臣押班以上，其遷出咸表見之。初不紀其卷第，某家藏舊書，有所謂《百官公卿表》者七卷：宰相參知政事、樞密使副爲一卷，三師三公、左右僕射、東宫三師三少賓客爲一卷，使相、宣徽、節度、留後、觀察爲一卷，尚書、丞、郎、給、諫、常侍爲一卷，知開封府、三司使、學士、舍人、御史、中丞爲一卷，觀文、資政、端明、樞密侍講讀學士爲一卷，十二衛、上將軍、六軍統軍爲一卷。」他官皆止天禧，惟宰相執政盡熙寧。疑此表則光等所修也。然卷第比實録所載，尚缺其三，倫類往往顛倒紛錯，而《總序》所稱閤門使及押班以上，皆絶不見，豈三卷所缺，即此表者，而傳寫偶失之歟？若然，則他官除拜，俱當以元豐爲限矣，不應自天禧以來遽絶筆，但詳於宰相執政也。且當時修此表，歷十二年乃成，其久如是，其疎略顧如是，是必不然。當某家舊藏不得其純全耳。某能薄，不堪世用，頗願盡力於史學，而本朝故事，尤切欣慕。某既不自料，故追繼光作，將以昭明祖宗之盛德大業，使衆説咸會於一，不敢鑿空架虚，熒惑視聽。固當事事謹其月日，如古《春秋》，乃可傳信。彼百官沿革，公卿除拜，皆事之最大者也，年表又安可缺？因取舊七卷，亟整治之，續編其年，至宣和止。元符以前，皆從實録，治平而上，又參諸正史，元符以後，不免憑所傳聞。國書既非人間通有，辛苦求得之，脱簡誤字，絶無他本可校，於先後次序，諒多抵牾。但憑所傳聞，則宣和距元符二十五六年，茲不詳，此皆某之罪也。改而正諸，必有所待。年表舊止七卷，卷第不均，今釐析之，與某所續編者，總一百四十二卷。凡所增益倫類，具之目録，其故事則當别見續紀，此不重列按此序，則温公本書止十卷，巽岩《續編》推而廣之，爲一百四十二卷。晁氏所言，乃巽岩續書，非温公本書也。陳氏以爲未詳者，是未見巽岩之書，然又以温公之書爲十五卷，則不知其何所本也。

又卷三六　《文中子》十卷。程子曰：「王通隱德君子也。當時有少言語，後來爲人傅會，不可謂全書。其粹處殆非荀、楊所及。若《續經》之類，皆非其作。」王氏《揮麈録》曰：「文中子，隋末大儒。歐陽文忠公、宋景文修《唐書》，房、杜傳中略不及其姓名。或云其書阮逸僞作，未必有其人。然唐李習之嘗有《讀文中子》，而劉禹錫作《王華卿墓誌序》，載其家世行事甚詳，云『門多偉人』，則與書所言合矣，何疑之有？又皮日休有《文中子碑》，見於《文粹》。」龍川陳氏《類次文中子引》曰：「講道河、汾，門人咸有記焉。其高弟若董常、程元、仇璋，蓋常參取之矣。薛收、姚義始綴而名之曰《中説》。凡一百餘紙，無篇目卷第，藏王氏家。文中子亞弟凝，晚始以授福郊、福畤，遂次爲十篇，各舉其端二字以冠篇首，又爲之序篇焉。惟阮逸所著本有之。至龔鼎臣得唐本於齊州李冠家，則以甲乙冠篇，而分篇始末皆不同，又本文多與逸異，然則分篇叙篇，未必皆福郊、福畤之舊也。昔者孔氏之遺言，蓋集而爲《論語》，其一多論學，其二多論政，其三多論禮樂，自記載之書，未嘗不以類相從也。此書類次無條目，故讀者多厭倦。余以暇日參取阮氏、龔氏本正其本文，以類相從，次爲十六篇，其無條目可尋，與凡可略者，往往不録，以爲王氏正書。蓋文中子没於隋大業十三年五月，是歲十一月唐公入關，其後攀龍附鳳，以翼成三百載之基業者，大略嘗往來河、汾矣。雖受經未必盡如所傳，而講論不可謂無也。然智不足以盡知其道，而師友之義未成，故朝論有所不及。不然，諸公豈遂忘其師者哉？及陸龜蒙、司空圖、皮日休諸人，始知好其書，至本朝阮氏、龔氏，遂各以其所得本爲之訓義，考其始末，皆不足以知之也。」又曰：「以《中説》方《論語》，以董常比顔子，與門人言而名朝之執政者，與老儒老將言而斥之無婉辭，此讀《中説》者之所同病也。今按阮氏本則曰：『嚴子陵釣於湍石，爾朱榮控勒天下，故君子不貴得位。』龔氏本則曰：『嚴子陵釣於湍石，民到于今稱之，爾朱榮控勒天下，死之日，民無得而稱焉。』故模倣《論語》者，門人弟子之過也。龔氏本曰：『出而不聲，隱而不没，用之則成，舍之則全。』阮氏本則因董常而言：『終之日，吾與爾有矣。』故比方顔子之迹，往往多過。内史薛公使遺書於子，子再拜而受之。推此心以往，其肯退而名楊素諸公哉？薛公謂子曰：『吾文章可謂淫溺矣。』子離席而拜曰：『敢賀丈人之知過也。』謂其斥劉炫、賀若弼而不婉者過矣。至於以佛爲聖人，以無至無迹爲道，以五典潛五禮，錯爲至治，此皆撰集《中説》者抄入之，將以張大其師，而不知反以爲累。然仲淹之學，如日星炳然，豈累不累之足云乎？姑以明予類次之意如此。」又曰：「魏徵、杜淹之於文中子，蓋嘗有師友之義矣。如房杜，直往來耳。故嘗事文中子於河、汾者，一切抄之曰門人弟子。其家子弟見諸公之盛也，又從而實之。夫文中子之道，豈待諸公而後重哉！可謂不知其師其父者也。」

雜録

馬端臨《文獻通考·經籍考》卷三六　《潛虛》一卷。朱子《書張氏所刻潛虛

圖後》曰：「范仲彪炳文家多藏司馬文正公遺墨。嘗示予《潛虚》别本，則其所闕之文甚多。問之，云温公晚注此書，未竟而薨，故所傳止此。嘗以手藁屬晁景迂補之，而晁謝不敢也。近見泉州所刻，乃無一字之闕。始復驚疑，然讀至數行，乃釋然曰：此贋本也。」

又 《信書》三卷。巽岩李氏曰：「文軫撰。軫，綿州巴西縣人，登元豐二年進士第，爲朝散大夫以老。其書大抵祖《周易》而倣《太玄》，略與《潛虚》相似。規模制造，雖不免乎屋下架屋之譏，然軫之用心亦勤矣。其數本三統五行，三其五而成十五式，每式八變，十五其八，一百二十斷。《易》有『《象》曰』，《玄》有『《測》曰』，《潛虚》有『解』，而此書乃無之，疑注所引『信曰』等語，則《象》、《測》、解之類也。十五式、一百二十斷，皆宜有『信曰』，而今所見獨『勉成』、『地靈』、『憂苦』、『首疾』、『豐和』、『天英』六式之十二斷。又終篇不載揲法，恐此本未爲全書。且其間尚多差誤，不可强正，姑列於後，以待考之。」

又卷三八 《鬻子》一卷。石林葉氏曰：「世傳《鬻子》一卷，出祖無擇家。《漢藝文志》本二十二篇，載之道家。鬻熊，文王所師，不知何以名道家。而小説家亦别出十九卷，亦莫知孰是，又何以名小説。今一卷，止十四篇，本唐永徽中逢行珪所獻。其文大略，古人著書不應爾。庾仲容《子抄》云六篇，馬總《意林》亦然。其所載辭略，與行珪先後差不倫，恐行珪書或有附益」云。巽岩李氏曰：「《藝文志》二十六篇，今十四篇，《崇文總目》以爲其八篇亡，特存此十四篇耳。某謂劉向父子及班固所著録者，或有他本，此蓋後世所依託也。熊既年九十始遇文王，胡乃尚説三監曲阜時何邪？又文多殘闕，卷第與目篇皆錯亂，甚者幾不可曉，而注尤謬誤。然不敢以意删定，姑存之以俟考。」

又 郭象注《莊子》十卷。東坡蘇氏《莊子祠堂記》曰：「謹按《史記》，莊子『與梁惠王、齊宣王同時，其學無所不窺，然要本歸於老子之言，故其著書十餘萬言，大抵率寓言也，作《漁父》、《盗蹠》、《胠篋》，以詆訾孔子之徒，以明老子之術』。此知莊子之粗者。余以爲莊子蓋助孔子者，要不可以爲法耳。楚公子微服出亡，而門者難之，其僕操箠而罵曰：『隸也不力，門者出之。』事固有倒行而逆施者，以僕爲不愛公子則不可，以爲事公子之法亦不可。故莊子之言皆實予而文不予，陽擠而陰助之。其正言蓋無幾，至於詆訾孔子，未嘗不微見其意。其論天下道術，自墨翟、禽滑釐、彭蒙、慎到、田駢、關尹、老聃之徒，以至於其身，皆以爲一家，而孔子不與，其尊之也至矣。然余嘗疑《盗蹠》、《漁父》則若真詆孔子者。至於《讓王》、《説劒》，皆淺漏不入於道。反覆觀之，得其《寓言》之終曰：『陽子居西遊於秦，遇老子，老子曰：「而睢睢，而盱盱，而誰與居。太白若辱，盛德若不足。」陽子居蹵然變容。其往也，舍者將迎，其家公執席，妻執巾櫛，舍者避席，煬者避竈。其反也，舍者與之争席矣。』去其《讓王》、《説劒》、《漁父》、《盗蹠》四篇，以合於《列禦寇》之篇，曰『列禦寇之齊，中道而反，曰：「吾驚焉。吾食於十漿而五漿先餽」』，然後悟而笑曰，是固一章也。莊子之言未終，而昧者剿之，以入其言，余不可以不辯。凡分章名篇，皆出於世俗，非莊子之本意。」

又 《鶡冠子》八卷。昌黎韓愈《讀鶡冠子》曰：「《鶡冠子》十九篇，其詞雜黄、老刑名。其《博選篇》『四稽五至』之説當矣。使其人遇時，授其道而施於國家，功德豈少哉？《學問篇》稱『賤生於無所用，中流失船，一壺千金者』，余三讀其詞而悲之。文字脱謬，爲之正三十有五字，乙者三，滅者二十有二，注十有二字」云。河東柳氏《辯鶡冠子》曰：「余讀賈誼《鵩賦》，嘉其詞，而學者以爲盡出《鶡冠子》。《鶡冠子》十九篇，論三才變通、古今治亂之道，其《世兵篇》頭與《鵩賦》相亂。余往來京師，求《鶡冠子》，無所見，至長沙始得其書。讀之，盡鄙淺言也，惟誼所引用爲美，餘無可者。吾意好事者僞爲其書，反用《鵩賦》以文飾之，非誼有取之決也。太史公《伯夷列傳》稱賈子曰『貪夫徇財，烈士徇名，夸者死權』，不稱鶡冠子。遷號爲博極羣書，假令當時有其書，遷豈不見耶？假令真有《鶡冠子》書，亦必不取《鵩賦》以充入之者，何以知其然邪？曰不類。」高氏《子略》曰：「《列仙傳》曰：『鶡冠子，楚人，隱居，著書言道家事，則盡出於黄、老矣。』其書有曰：『小人事其君，務蔽其明，塞其聰，乘其威，以灼熱天下。天高不難追，有福不可請，有禍不可違。』其言如此，是蓋未能忘情於斯世者。」周氏《涉筆》曰：「韓文《讀鶡冠子》，僅表出首篇『四稽五至』、末章『一壺千金』，蓋此外文勢闕，自不足録。柳子厚則斷然以爲非矣。按《王鈇篇》所載，全用楚制，又似非賈誼後所爲。先王比閭起教，鄉遂達才，道廣法寬，尊上帥下，君師之義然也。今自五長、里有司、扁長、鄉師、縣嗇夫、郡大夫遞相傳告，以及柱國、令尹。然動輒有誅，柱國滅門，令尹斬首，舉國上下，相持如束濕，而三事六官，亦皆非所取，通與編氓用三尺法，此何典也？處士山林談道可也，乃妄論王政何哉？」

又 《亢倉子》二卷。周氏《涉筆》曰：「《庚桑楚》固寓言，然所居以忘言化俗，以醇和感天。今所著切切用誅罰政術，蓋全未識庚桑者。其稱『危代以文章取士，剪巧綺濫益至』，正指唐事。又補賊廣引俟赦，率是獄案文書。又一鄉、一縣、一

州，被青紫章服，皆近制。既爲唐人短淺者無書，不煩子厚掊擊也。惟《農道》一書可讀，自合孤行。」

又卷三九　《墨子》十五卷。自夫子没而異端起，老、莊、楊、墨、蘇、張、申、商之徒，各以其知舛馳，至孟子始辭而闢之。然觀七篇之書，所以距楊、墨者甚至，而闊略於餘子，何也？蓋老、莊、申、商、蘇、張之學，大概俱欲掊擊聖人，鄙堯笑舜陋禹，而自以其説勝。老、莊之蔑棄仁義禮法，生於憤世嫉邪，其語雖高虚可聽，而實不可行，料當時亦無人宗尚其説，故鄒書略不及之。蘇、張之功利，申、商之刑名，大抵皆枉尋直尺，媚時取寵，雖可以自售而鄉黨自好，少知義者亦羞稱之。故孟子於二家之説，雖斥絶之而猶未數數然者，正以其與吾儒旨趣，本自冰炭薰蕕，遊於聖門之徒，未有不知其非者，固毋俟於辯析也。獨楊朱、墨翟之言，未嘗不本仁祖義，尚賢尊德，而擇之不精，語之不詳，其流弊遂至於無父無君，正孔子所謂「似是而非」，明道先生所謂「淫聲美色，易以惑人」者，不容不深鋤而力辯之。高氏《子略》之言得之矣，而其説猶未暢，愚故備而言之。韓文公謂「儒、墨同是堯、舜，同非桀、紂」，以爲其二家本相爲用，而咎末學之辯。嗚呼！孰知惟其似同而實異者，正所當辯乎！

又　《管子》二十四卷。東坡蘇氏曰：「嘗讀《周官》、《司馬法》，得軍旅什伍之數。其後讀管夷吾書，又得管子所以變周之制。蓋王者之兵出於不得已，而非以求勝敵也，故其爲法，要以不可敗而已。至於桓、文，非決勝無以定霸，故其法在必勝。繁而曲者，所以爲不可敗也。簡而直者，所以爲必勝也。」水心葉氏曰：「《管子》非一人之筆，亦非一時之書，莫知誰所爲。以其言毛嬙、西施、吴王好劍推之，當是春秋末年。又『持滿定傾，不爲人客』等，亦種、蠡所遵用也。其時固有師傳，而漢初學者講習尤著，賈誼、晁錯以爲經本，故司馬遷謂『讀管氏書，詳哉其言之也』。篇目次第，最爲整比，乃漢世行書。至成、哀間，向、歆論定羣籍，古文大盛，學者雖疑信未明，而管氏、申、韓由此稍絀矣。然自昔相承直云此是齊桓、管仲相與謀議唯諾之辭。余每惜晉人集諸葛亮事，而今不存。使管子施設果傳於世，士之淺心既不能至周、孔之津涯，隨其才分亦足與立，則管仲所親嘗經紀者，豈不足爲之標指哉？惟夫山林處士，妄意窺測，借以自名，王術始變；而後世信之，轉相疏剔，幽蹊曲徑，遂與道絶。而此書方爲申、韓之先驅，鞅、斯之初覺。民罹其禍，而不蒙其福也。哀哉！」又曰：「管氏書獨鹽筴爲後人所遵，言其利者無不祖管仲，使之蒙垢萬世，甚可恨也！《左傳》載晏子言『海之鹽蜃，祈望守之』，以爲衰微之苛斂，陳氏因爲厚施，謀取齊，而齊卒以此亡。然則管仲所得，齊以之伯，則晏子安得非之？孔子以小器卑管仲，責其大者可也，使其果猥瑣爲市人不肯爲之術，孔子亦不暇責矣。故《管子》之尤謬妄者，無甚於《輕重》諸篇。」高氏《子略》曰：「先王之制，其盛極於周。后稷、公劉、大王、王季、文、武、成、康、周公之所以創周者，非一人之力，一日之勤，經營之難，積累之素，況又有出於唐、虞、夏、商之舊者。及其衰也，一夫之謀，一時之利，足以銷靡破鑿，變徙剗蝕，而迄無餘脉。吁！一何易耶！九合之力，一霸之圖，於齊何有也，使天下一於兵而忘其爲農，天下一於利而忘其爲義。孰非利也，而乃攻之以貪，聘之以詐；孰非兵也，而乃趨之以便，行之以巧。一切先王之所以經制天下者，烟散風靡，無一可傳。嗚呼，仲其不仁也哉！而況井田既壞，概量既立，而商鞅之毒益滋矣。封建既隳，《詩》、《書》既燎，而李斯之禍益慘矣。緊誰之咎耶？漢、唐之君，貪功苟利，兵窮而用之無法，民削而誅之無度，又有出於管仲、鞅、斯之所不爲者。豈無一士之智，一議之精，區區有心於復古，而卒不可復行？蓋三代之法甚壞而掃地久矣！壞三代之法，其一出於管仲乎！」周氏《涉筆》曰：「《管子》一書，雜説所叢。予嘗愛其統理道理名法處過於餘子，然他篇自語道論法，如《内業》、《法禁》諸篇，又偏駁不相麗。雖然觀物必於其聚，《文子》、《淮南》徒聚衆詞，雖成一家，無所收采。《管子》聚其意者也。粹羽錯色，純玉間聲，時有可味者焉。」陳氏曰：「按《漢志》，《管子》八十六篇，列於道家。隋、唐《志》著之法家之首。今篇數與《漢志》合，而卷視《隋》、《唐》爲多。《管子》似非法家，而世皆稱管、商，豈以其標術用心之同故邪？然以爲道家則不類，今從隋、唐《志》。」

又　《商子》五卷。周氏《涉筆》曰：「商鞅書亦多附會後事，擬取他辭，非本所論著也。其精確切要處，《史記》列傳包括已盡，今所存大抵汎濫淫辭，無足觀者。蓋『有地不憂貧，有民不憂弱』，凡此等語，殆無幾也。此書專以誘耕督戰爲根本。今云使商無得糴，農無得糶，農無糶則窳惰之農勉，商無糴則多歲不加樂。夫積而不糶，不耕者誠困矣，力田者何利哉？暴露如邱山，不時焚燒，無所用之。管子謂『積多而食寡，則民不力』，不知當時何以爲餘粟地也。貴酒肉不價，重其租，令十倍其樸，則商估少而農不酣，然則酒肉之用廢矣。凡《史記》所不載，往往爲書者所附合，而未嘗通行者也。秦方興時，朝廷官爵豈有以貨財取者？而賣權者以求貨，下官者以冀遷，豈孝公前事耶？」

又　《慎子》一卷。周氏《涉筆》曰：「稷下能言者如慎到，最爲屏去繆悠，剪削

枝葉，本道而附於情，主法而責於上，非田駢、尹文之徒所能及。五篇雖簡約，而明白純正，統本貫末。如云『天下無一貴，則理無由通，故立天子以爲天下』，『君不擇其下，爲下易，莫不容，故多下，多下之謂大上』，『人不得其以自爲也，則上不取用焉，化而使之爲我，則莫可得而用矣』。自古論王政者，能及此鮮矣。又云『君舍法而以身治，則誅賞予奪從君心出』，『法雖不善，猶愈於無法』。今通指慎子爲刑名家，亦未然也。孟子言王政不合，慎子述名法不用，而騶忌一説遇合，不知何所明也。」

又　《墨子》十五卷。巽巖李氏曰：「《墨子》十五卷，所傳本甚古，然多脱誤，或次第混亂，章句顛倒，往往斷爛不可復讀。反覆尋究，稍加是正，使相聯屬，十厘得一二，當其合處，猶符節也。乃知古書訛謬，正坐學者弗習耳，博觀深考，尚庶幾識其純全」云。陳氏曰：「《漢志》七十一篇。《館閣書目》有十五卷六十一篇者，多訛脱不相聯屬。又二本止存十三篇者，當是此本也。方楊、墨之盛，獨一孟軻誦言非之，諄諄焉惟恐不勝。今楊朱書不傳，《列子》僅存其餘，墨氏書傳於世者亦止於此，《孟子》越百世益光明，遂能上配孔子，與《論語》並行。異端之學，安能抗吾道哉？」

又　《晏子春秋》十二卷。柳氏《辯晏子春秋》曰：「司馬遷讀《晏子春秋》，高之而莫知其所以爲書。或曰晏子爲之而人接焉，或曰晏子之後爲之，皆非也。吾疑其墨子之徒有齊人者爲之。墨好儉，晏子以儉名於世，故墨子之徒尊著其事，以增高爲己術者。且其旨多尚同、兼愛、非樂、節用、非厚葬久喪者，是皆出墨子。又非孔子、好言鬼事、非儒、明鬼，又出墨子。其言問棗及古冶子等，尤怪誕。《晏子春秋》曰：「公孫棲、田開疆、古冶子事景公，勇而無禮，晏子言於公，餽之二桃，曰三子計功而食之云。公孫棲、田開疆曰：『吾勇不若子，功不逮子，取桃不讓，是貪也，然而不死，無勇也。』皆反其桃，契領而死。古冶子曰：『二子死之，吾獨生，不仁。』亦契領而死。」又往往言墨子聞其道而稱之，此甚顯白者。自劉向歆、班彪固父子，皆録之儒家中。甚矣，數子之不詳也！蓋非齊人不能具其事，非墨子之徒則其言不若是。後之録諸子書者，宜列之墨家。非晏子爲墨也，爲是書者，墨之道也。」

又　《戰國策》十三卷。南豐曾氏序曰：「向叙此書，言周之先，明教化，修法度，所以大治。其後謀詐用而仁義之道塞，所以大亂。其説既美矣。卒以謂此書，戰國之謀士，度時君之所能行，不得不然，則可謂惑於流俗，而不篤於自信者也。夫孔、孟之時，去周之初已數百歲，其舊法已亡，舊俗已熄久矣。二子乃獨明先王之道，以爲不可改者，豈將强天下之主以後世之所不可爲哉？亦將因其所遇之時，所遭之變，而爲當世之法，使不失乎先王之意而已。二帝三王之治，其變固殊，其法固異，而其爲國家天下之意，本末先後，未嘗不同也。二子之道，如是而已。蓋法者所以適變也，不必盡同，道者所以立本也，不可不一，此理之不易者也。故二子者守此，豈好爲異論哉？能勿苟而已矣。可謂不惑乎流俗，而篤於自信者也。戰國之游士則不然，不知道之可信，而樂於説之易合。其設心注意，偷爲一切之計而已。故論詐之便而諱其敗，言戰之善而蔽其患。其相率而爲之者，莫不有利焉而不勝其害也，有得焉而不勝其失也。卒至蘇秦、商鞅、孫臏、吴起、李斯之徒，以亡其身，而諸侯及秦用之者，亦滅其國。其爲世之大禍明矣，而俗猶莫之悟也。惟先王之道，因時適變，爲法不同，而考之無疵，用之無弊。故古之聖賢，未有以此而易彼也。或曰：『邪説之害正也，宜放而絶之，則此書之不泯，其可乎？』對曰：『君子之禁邪説也，固將明其説於天下，使當世之人，皆知其説之不可從，然後以禁則齊；使後世之人，皆知其説之不可爲，然後以戒則明，豈必滅其籍哉？放而絶之，莫善於是。是以孟子之書，有爲神農之言者，有爲墨子之言者，皆著而非之。至於此書之作，則上繼春秋，下至楚、漢之起，二百四、五十年之間，載其行事，固不得而廢也。』此書有高誘註者二十一篇，或曰二十二篇。《崇文總目》存者八篇，今存者十篇」云。水心葉氏曰：「春秋以後，接秦之興，無本書可考，司馬遷《史記》，雜取諸書及野語流傳，會聚之所成也。故戰國一節，不敢使與《左傳》同，便爲成書，直加據定。而《戰國策》本遷所憑依，粗有諸國事，讀者以歲月驗其先後，因之以知得失，或庶幾焉。且其設權立計，有繫當時利害之大者，學者將以觀事變，固不宜略，然十纔一二耳。其餘纖碎反覆，徒競錐刀之細，市井小人之所羞稱，所謂不足以掛牙頰也，又烏在其皆可喜而可觀哉！夫習於儇陋淺妄之夸説，使與道德禮義相亂，其爲學者心術之巨蠹甚矣！」

又卷四〇　《淮南子》二十一卷。周氏《涉筆》曰：「《淮南子》多本《文子》，因而出入儒、墨、名、法諸家，雖章分事彙，欲成其篇，而本末愈不相應。且并其事，自相舛錯，如云：『武王伐紂，載尸而行，海内未定，故不爲三年之喪。』又云：『天下未定，海内未輯，武王欲昭文王之令德，使夷狄各以其賄來貢。遼遠未能至，故治三年之喪，殯兩楹，以俟遠方。』當諸子放言之時，不自相考，幾無一可信者。又謂武王用太公之計，爲三年喪，以不蕃人類。又甚矣！」

又　《子華子》十卷。朱子曰：「會稽官書版本有《子華子》者，云是程本字子

華者所作，孔子所與傾蓋而語者，好奇之士多喜補之。以予觀之，其詞故爲艱澀，而理實淺近，其體務爲高古，而氣實輕浮，其理多取佛老醫卜之言，其語多用《左傳》、《班史》中字，其粉飾塗澤，俯仰態度，但如近年後生巧於模擬變撰者所爲，不惟決非先秦古書，亦非百十年前文字也。原其所以，祇因《家語》等書，有孔子與程子傾蓋而語一事，而不見其所語者爲何説，故好事者妄意此人既爲先聖所予，必是當時賢者，可以假託聲勢，眩惑世人，遂爲造此書以傳會之。正如麻衣道者本無言語，祇因小説有陳希夷問錢若水骨法一事，遂爲南康軍戴師愈者僞造《正易心法》之書以托之也。《麻衣易》，予亦嘗辯之矣。然戴生朴陋，予嘗識之，其書鄙俚不足惑人。此《子華子》者，計必一能文之士所作，其言精麗過《麻衣易》遠甚。如論《河圖》之二與四，抱九而上，躋六與八，蹈一而下沉，五居其中，據三持七，巧亦甚矣。唯其巧甚，所以知其非古書也。又以《洛書》爲《河圖》，亦仍劉牧之謬，尤足以見其爲近世之作。或云王銍性之、姚寬令威多作贋書，二人皆居越中，恐出其手，然又恐非其所能及。如《子華子》者，今亦未暇詳論其言之得失，但觀其書數篇，與前後三序，皆一手文字。其前一篇，托爲劉向而殊不類向他書。後二篇乃無名氏歲月，而皆托爲之號，類若世之匿名書者。至其首篇『風輪』、『水樞』之云，正是並緣釋氏之説。其卒章『宗君』、『三祥』、『蒲璧』等事，皆剽剟他書，傅會爲説。其自序出處，又與《孔叢子》載子順事略相似。《孔叢》亦僞書也。又言有大造於趙宗者，即指程嬰而言。以《左傳》考之，趙朔既死，其家内亂，朔之諸弟或放或死，而朔之妻乃晉君之女，故武從其母，畜於公宫，安得所謂大夫屠岸賈者興兵以滅趙氏，而嬰與杵臼以死衛之云哉？且其曰有大造者，又用吕相絶秦語，其不足信明甚。而近歲以來，老成該洽之士亦或信之，固已可怪，至引其説以自證其姓氏之所從出，則又誣其祖矣。大抵學不知本而眩於多愛，又每務欲出於衆人之所不知者以爲博，是以其弊必至於此，可不戒哉！」周氏《涉筆》曰：「子華子所著。劉向序者，文字淺陋不類向，其云善持論，聚徒著書，更題其書，皆非常時事辭。大抵十卷者，編緝見意，鳩聚衆語，《老》、《莊》、《荀》、《孟》、《國語》、《素問》、《韓非》、《楚詞》俱被剽拾，殆似百家衣葆，其實近時文字。又多解字義，蓋古文屢降，至漢世，今文猶未專行。吾嘗疑其《三經》後此書方出，故信《字説》而主《老》、《莊》。又論：『治古之時，積美於躬，弗憂於無聞，如擊考鼓鐘，其傳以四達，驛如也。今則不然，荒飈怒號而獨秀者先隕，霜露霄零而朱草交槁。媾市之徒，又從而媒孽以髡摇之。萌意於方寸，未有毫分也，而觸機穽；展布其四體，未有以爲容也，而得拲梏。抱其一概之操，泯泯默默而願有以試也，而漫漫之長夜特未旦也。疾雷破山，澍雨如注，雞鳴於塒，而失其所以爲司晨也。人壽幾何，而期有以待也？』吾反覆其言而悲之。嗟夫！斯人也，是書也，毋乃黨禁不開，善類塗地，無所叫號之時乎！」

又卷四二　《燕丹子》三卷。《中興藝文志》：「丹，燕王喜太子。此書載太子丹與荆軻事。」周氏《涉筆》曰：「燕丹、荆軻事既卓佹，傳記所載，亦甚崛奇。今觀《燕丹子》三篇，與《史記》所載皆相合，似是《史記》事本也。然烏頭白，馬生角，機橋不發，《史記》則以怪誕削之；進金擲鼃，膾千里馬肝，截美人手，《史記》則以過當削之；聽琴姬，得隱語，《史記》則以徵所聞削之。司馬遷不獨文字雄深，至於識見高明，超出戰國以後。其書芟削百家誣謬，亦豈可勝計哉！今世祇謂太史公好奇，亦未然也。又如許由、伊尹、范蠡，亦多疑辭。惟信孔氏門人傳録太過，如《五帝本紀》、《孔子世家》，其間秕妄居多，是亦未能充其類也。」

又卷四五　《齊民要術》十卷。巽岩李氏序孫氏《齊民要術音義解釋》曰：「賈思勰著此書，專主民事，又旁摭異聞，多可觀，在農家最巋然出其類，而近世學者忽焉。第奇字錯見往往艱讀。今運使、秘丞孫公爲之音義解釋，略備其正名辨物，蓋與揚雄、郭璞相上下，不但借助於思勰也。此書李淳風嘗演之。淳風書遽亡，韓諤又撮思勰所記，别著《四時纂要》五卷。本朝天禧四年，詔並刻二書以賜勸農使者。然其書與律令俱藏，衆弗得習，市人輒抄《要術》之淺近者，摹印相師，用才一二，此有志於民者所當惜也。今公幸以稽古餘力，悉發其隱，盍併刻焉，豈惟決疑糾繆，有益學者，抑使斯民日用知所本末，更被天禧遺澤，不亦可乎？」

又卷四七　《焦氏易林》十六卷。石林葉氏曰：「吾家有焦貢《易林》、京房《易》二書，大抵皆卜筮、陰陽、氣候之言，不復更及《易》道。考之班固《儒林傳》，漢初傳《易》，大抵皆本之田何，而焦貢獨得隱士之説，以授京房。貢嘗從孟喜問《易》，會喜死，房即以其學出孟氏，其徒翟牧、白生不肯，皆曰非也。然孟喜雖授學田王孫，至其候陰陽災變，言田生死時枕喜膝，獨傳喜，其實妄也。故梁邱賀辨以爲田生絶施讎手中，時喜歸東海，無此事。則二氏書，其源流固無所本。縱焦貢書出孟氏，固謬矣。如趙賓説『箕子明夷』爲『箕子者，萬物方荄兹也』，云『受於喜』爲喜爲名之，則喜乃妄人而已。」

又卷四八　《六韜》六卷。周氏《涉筆》曰：「謂太公爲兵家之祖，自漢人已然，本無所稽，僅以《陰符》有託而云爾。太公遇文王事，尚未足信，況談兵哉？《周詩》『鷹揚』外，無他語。周公曰：『惟文王尚克修和我有夏，亦惟有若虢叔，有若閎

天，有若泰顛，有若南宮括。武王惟茲四人，尚迪有祿。後暨武王，誕將天威，咸劉厥敵。惟茲四人，昭武王惟冒，丕單稱德。』向使太公主柄伐商，身爲大將，周公其遺之乎？《六韜》不知出何時，其屑屑共議『以家取國』、『以國取天下』，殆似丹徒布衣、太原宮監所經營者。《史記》載君臣各把鉞，斷首懸旗，以後人臆記，非實也。歸賂免囚，好事爲之。而此書因著『文伐』十二節，『陰賂左右』、『輔其淫樂』、『養其亂臣』，與韓非所云『納費仲，奉玉版』并爲一論，蓋文、武、周、召之一厄也。管子書載湯結女華以爲陰，事曲逆以爲陽。戰國諸子窺測古聖，妄誕率類此。太公舉賢尚功，周公知其有篡弒之臣，亦是後人妄以見事附合。而諸子因記殺華士，謂周公馳往救之，踈謬可笑。此書有《上賢篇》，則『六賊七害』，指『抗志高節』、『輕爵位』、『賤有司』、『語無爲』、『言無欲』、『虛論高議』、『窮居静處』，條居大半，全與暴亂同科。按武王既定天下，其《詩》曰『日靖四方』，其《書》曰『無有作惡，當丕單稱德之世』，而紛然懸賞罰，募功名，不知將何出也。此書並緣《吴起》，漁獵其詞，而綴緝以近代軍政之浮談，淺駁無可施用。蓋《吴起》，武侯真答問也，故問者當其形，對者應其實。至於料六國形勢所當出，百代之下猶可想像，而此書問答徒效之也。故務廣不務精，語脈皆不相應，讀者宜熟察也。」陳氏曰：「其辭鄙俚，世俗依託也。」水心葉氏曰：「自《龍韜》以後四十三篇，條畫變故，預設方禦，皆爲兵者所當講習。《孫子》之論至深不可測，而此四十三篇繁悉備舉，似爲《孫子》義疏也。其書言『避正殿』，乃戰國後事，固當後於《孫子》。《論將》有『十過』，近於『五危』。《戰車》『十死』、《戰騎》『十敗』，與《行軍》、《九地》相出入。其《勵軍》言『禮將』、『力將』、『一欲』，《練士》各聚卒教戰成三軍，又本於《吴起》。然則《孫》、《吴》固兵家所師用，至莊周亦稱『九徵』，則真以爲太公所言矣。然周嫚侮爲方術者，而不悟《六韜》之非僞，何也？蓋當時學術無統，諸子或妄相詆訾，或偶相崇，出於率爾，豈足據哉！」

又 《司馬法》三卷。陳后山《擬御試武舉策》曰：「臣聞齊威王使其大夫追論古者《司馬兵法》，附以先齊大司馬田穰苴之説，號曰《司馬穰苴兵法》。夫所謂古者《司馬兵法》，周之政典也。所謂《穰苴兵法》，太史遷之所論，今博士弟子之所誦説者也。昔周公作政典，司馬守之，以佐天子，平邦國，而正百官，均萬民，故征伐出於天子，及上廢其典，下失其職，而周衰矣。故征伐出於諸侯，典子用舍興壞係焉。遷徒見七國、楚漢之戰以詐勝，而身固未嘗行道也。遂以仁義爲虛名，而疑三代以文具，可謂不學矣。史稱遷博極羣書，而其論如此，所謂雖多奚爲者也。臣謹按傳記所載《司馬法》之文，今書皆無之，則亦非齊之全書也。然其書曰：『禮與法表裏，文與武左右。』又曰：『殺人以安人，殺之可也；攻其國，愛其民，攻之可也；以戰去戰，雖戰可也。』又曰：『夏冬不興師，所以兼愛民。』此先王之政，何所難乎？至其説曰：『擊其疑，加其卒，致其屈，襲其規。』此穰苴之所知也。漢之所行，遷之所見，而謂先王爲之乎！」

又 魏武注《孫子》一卷。水心葉氏曰：「按司馬遷稱《孫子》十三篇，兩言之，而班固志藝文，乃言《孫武子兵法》八十二篇。又《吴起》四十八篇，而今《吴起》六篇而已。又今《中庸》一篇，而《志》稱四十九篇。豈昔所謂篇者，特章次之比，非今粹書也？然遷時已稱十三篇，而劉歆、班固在其後，反著八十二篇。以《火攻》、《用間》考之，疑《孫子》亦有未盡之書。然此爲文字多少，其不存者自不足論。遷載孫武齊人，而用於吴，在闔閭時，破楚入郢，爲大將。按《左氏》無孫武。他書所有《左氏》不必盡有。然穎考叔、曹劌、燭之武、鱄設諸之流，微賤暴用事，《左氏》未嘗遺，而武功名章灼如此，乃更闕。又同時伍員、宰嚭，一一銓次，乃獨不及武邪？詳味《孫子》，與《管子》、《六韜》、《越語》相出入，春秋末戰國初，山林處士所爲，其言得用於吴者，其徒夸大之説也。自周之盛至春秋，凡將兵者必與聞國政，未有特將於外者。六國時，此制始改。吴雖蠻夷，而孫武爲大將，乃不爲命卿，而《左氏》無傳焉，可乎？故凡謂穰苴、孫武者，皆辯士妄相標指，非事實。其言闔閭試以婦人，尤爲奇險，不足信。」

又 《黄石公三略》三卷。西山真氏序曰：「《三略》，先秦書，雖非鷹揚翁自作，要必其遺法。予嘗深味之，其言治國養民法度，與儒者指意不悖，而斂藏退守、不爲物先之意，則黄、老遺言也。子房號稱善用兵，然最所得者，不過『與物推移，變化無方，因敵轉化，動而輒隨』數語耳。以此推之，則今傳於世者，子房所受書也。」

又 《尉繚子》五卷。周氏《涉筆》曰：「《尉繚子》言兵，理法兼盡，然於諸令，督責部伍刻矣。所以爲善者，能分本末，别賓主，所謂『高之以廊廟之論，重之以受命之論，鋭之以踰垠之論』。廊廟，本也；受命，所以授也；凡諸令所云將事也，踰垠之論爾。視《孫子》專篇論火攻，《吴起》、《武侯》纖碎講切，蓋從容有餘矣。人主崇儉務本，均田節斂，明法稽驗爲之主，本無蔓獄，無留刑。故曰：『兵，凶器；争，逆德。』『事必有本，以武爲植，以文爲種。武爲表，文爲裏。』『文視利害，辨安危，武犯强敵，力攻守。』『不攻無過之城，不殺無罪之人。』『夫殺人之父兄，利人之財貨，

臣妾人之子女，此皆盗也。』其説雖未純王政，亦可謂窺本統矣。古者什伍爲兵，有戰無敗，有死無逃。自春秋、戰國來，長募既行，動輒驅數十萬人以赴一決，然後有逃亡不可禁，故《尉繚子》、《兵令》，於誅逃尤詳。世傳張魏公建壇拜曲端爲大將，端首問魏公：『見兵幾何？』魏公曰：『八十萬人。』端曰：『須是斬了四十萬人，方得四十萬人用。』端所言果如是，固覆軍失地，殺身之道也。夫分數豈專在殺哉？此念熏烝，決不能興起輯睦，吸引安祥。而《尉繚子》亦曰：『善用兵者能殺卒之半，其次殺其十三，其下殺其十一。能殺其半者，威加海内；殺十三者，力加諸侯；殺十一者，令行士卒。』筆之於書，以殺垂教，《孫》、《吴》却未有是論也。」

又《武經總要》四十卷。巽岩李氏曰：「昔杜君卿取前世用兵故事，分一百三十餘門，編入《通典》。國朝修《經武要略》，亦承用之，但微有附益耳。」

又《李衛公問對》三卷。《四朝國史兵志》：神宗熙寧間，詔樞密院曰：「唐李靖兵法，世無全書，雜見《通典》，離析譌舛，又官號物名，與今稱謂不同，武人將佐，多不能通其意。令樞密院檢詳官與王震、曾旼、王白、郭逢原等校正，分類解釋。令今可行。」豈即此《問答》三卷邪？或别有其書也？然晁、陳二家以爲阮逸取《通典》所載附益之，則似即此書。然神宗詔王震等校正之説，既明見於《國史》，則非逸之假託也。

又卷五一　《四十九章經》。李壁季章序曰：隱者劉漫翁，博涉古今，尤邃黄、老。一日，某言賈生《惜誓賦》之超絶，如云：「黄鵠一舉兮，知山川紆曲，再舉兮，覩天地圜方。」此言居身益高，則所見益遠矣。今人汩於情僞，沉於利欲，猶坎蛙壤蚓，積處窪下，欲幾高明，得乎？東坡稱：「博大古真人，老聃、關尹喜，獨立萬物表，長生乃餘事。」惟其翛然玄覽，却立垢紛之外，不爲物所梏，則乘星載雲，揮斥八極，超無有而獨有，又誰禦哉？漫翁曰：「君言善矣，然兹理也，不待賈生、東坡而始著，是在道經《四十九章經》已云：『學道甚苦，如負重登山，既登絶頂，其苦自息，俯視一世，皆微眇也。』」予始知有是經。亟從羽流訪得讀之，慨然曰：「至言妙道，盡在是矣，虚皇豈欺我哉？」大抵道家貴於眇萬物而不留，離澳渫而化昭融，物之旦夜交於前者，皆不足以爲吾病，而去道邇矣。然而爲物而眇視之，猶有物也。若盡空諸有，豁然四達，無門無旁，無聲無臭，亶爲至極。而聖人之教人，未嘗舉空也。老子言道雖窈冥恍惚，而必有象有物焉，此經所謂圓明具足者。非邪？或謂之誠，或謂之玄，或謂之真，或謂之覺，或謂之實際，以至爲情爲識，爲喜爲怒，爲愛爲惡，爲聖賢，爲仙靈，爲姦邪，爲盗賊，大而天下之能化育，微而蠛蠓之能飛鳴，皆是物也。故《易》著感寂之理，而《昇玄》、《清静》二經，雖曰空而實非空。使凡世之善惡皆可舉而空之，則淫貪、狠愚、險忮、讒媚所植罪，本亦可空矣，則將何所不至乎？味經之三十三章，蓋與《老》、《易》及《清静》、《昇玄》合，雖稱種種因緣均爲幻假，當滅除之，而他章顧謂「觸清縱欲，是造諸苦，吾道苦而後樂，衆生樂而後苦」，又云「財者罪之根，聚財爲聚孽」，又云「危人還自危，枉彼還自枉」。觀此，則凡姦邪小人，聚財以規利，枉彼以陷人，雖快一時，終必自禍，猶影響也，概謂之空可乎？嘗怪道家言《三洞》、《三太》皆藏玉京，上真猶不得見，而近世張君房所集道書，凡四千五百六十五卷，崇、觀間增至五千三百八十七卷，抑何多邪？黄、老宗旨虚無，至《太》、《洞》諸經，昉言諸天奥密、神仙隱祕事；自晉始傳人間，由隋歷唐，方伎、符籙，其説益以誕漫，去本滋遠。以是知道家之書，真者絶少，而俗師附益假託者多。如世所傳《斗經》，乃以北辰爲北斗，豈有天人至尊不辨星文，誤引《論語》者乎？若此經之玄妙精微，明白切至，其爲先聖至人所説無疑。惟卓識彈洽者，無惑乎古書之正僞，彼方士羽人，苟非研精教典，獨會於心，烏能斷其書之純駁哉？

又卷五四　《破邪論》二卷、《甄正論》三卷。《破邪》、《甄正》二論，《昭德讀書記》以爲「宣和焚燬，藏中多闕」。然愚嘗於村寺經藏中見其全文。《破邪論》專詆傅奕，而併非毁孔、孟，所謂詖淫邪遁之辭，無足觀者。《甄正論》譏議道家，如《度人經》「璇璣停輪」處，以爲璇璣無停輪之理，使停輪至七日七夜，則宇宙顛錯，而生人之類滅矣。「無極曇誓天」及「龍變梵度天」處，以爲「曇」與「梵」二字出自佛書，佛法未入中國之前，經傳中並無此二字，豈有天地名號而剽竊佛書字義乎？又如河上公《道德經章句》序言，漢文帝駕詣河上公問道，而河上公一躍騰雲，帝知是神人，下輦稽首，從受《章句》二卷。以爲《漢史》帝紀，車駕每出必書，何獨不書駕詣河上公問道之事，且孝文好黄、老言，立渭陽五帝廟則因新垣平，平一方士，其説至卑陋，帝尊寵之，而史亦備述之，河上公之事奇偉如此，何獨見遺於班、馬乎？乃羽人道士輩自創此説。大意如此，不能悉記其詞語。此論頗當，意必借筆於文學之士，沙門輩恐不能道也。

又卷六三　《范蜀公集》一百二十卷。汪玉山序：按蜀公墓誌云：「《文集》一百卷，《諫垣集》十卷，《内制集》二十卷，《外制集》十卷，《正書》三卷，《樂書》三卷。」公，成都人也。應辰守成都凡三年，求公文集，雖搜訪殆徧，來者不一，而竟無全書。蓋公之没，距今八十年矣。竊意歲月愈久，則雖此不全之書，亦或未易得也！於是以意類次爲六十二卷，曰《樂議》，曰《使北録》，不見於墓誌，亦恐其初文

集中未必載也，而《樂議》或特出於世俗所裒輯，今皆存之。又以《諫疏》、《内制》、《外制》、《正書》、《樂書》附之，通爲一百十二卷。《正書》所得止一卷，今分爲二。司馬温公論《正書》，其間有云「舜無焚廪浚井之事」，而今之《正書》無此語，豈亦非全書邪？

又卷七五 李善注《文選》六十卷。東坡蘇氏《答劉沔書》曰：「梁蕭統《文選》，世以爲工，以軾觀之，拙於文而陋於識者莫統若也。宋玉賦《高唐》、《神女》，其初略陳所夢之因，如子虛、亡是公相與問答，皆『賦』矣，而統謂之『叙』，此與兒童之見何異？李陵、蘇武贈别長安，而詩有江漢之語，及陵與武書，辭句儇淺，正齊、梁間小兒所擬作，决非西漢文，而統不悟，劉子玄獨知之。」「識真者少，蓋從古所病」也。

又卷七六 《唐人絶句詩集》一百卷。後村劉氏曰：「野處洪公，編唐人絶句僅萬首。有一家數百首並取不遺者，亦有複出者，疑其但取唐人文集雜説，令人抄類而成書，非必有所去取也。」

納蘭成德《通志堂集・王魯齋詩疑序》 金華王文憲公於《六經》、《四子》之書論説最富。《詩》則有《讀詩記》十卷，《詩可言》二十卷，《詩辨説》二卷，見吴禮部正傳節録《行實》中。今所傳《詩疑》，則《行實》未載，卷帙不分。繹其辭，殆即《詩辨説》；因公於《書》有《書疑》，遂比而同之也。古之説《詩》者率本《大》、《小序》。自晦、菴朱子去《序》言《詩》，遂以列國之風多指爲男女期會贈答之作。公師事何文定，文定學於黄文肅，文肅受業朱子之門，宜其以《鄭》、《衛》諸詩信爲淫奔者所作。且疑三百五篇豈盡《夫子》之舊，容或有删去之詩存於閭巷之口，《漢》初諸儒各出所記以補其缺佚者。又以《二南》各十有一篇，兩兩相配，於是削去《野有死麕》一篇，退《何彼禯矣》、《甘棠》於《王風》。其自信之堅過於朱子。此則漢、唐以來羣儒莫之敢爲者也。文定嘗語公矣：「諸經既經朱子訂定，且當謹守，不必又多起疑論。有欲爲後學言者，謹之又謹可也。」昔賢之善誨人蓋如此。康熙丁巳，納蘭成德容若序。

《四庫全書總目・詩疑提要》 《詩疑》二卷内府藏本，宋王柏撰。柏有《書疑》，已著録。《書疑》雖頗有竄亂，尚未敢删削經文。此書則攻駁毛、鄭不已，併本經而攻駁之。攻駁本經不已，又併本經而删削之。其以《行露》首章爲亂入，據《列女傳》爲説，猶有所本也。以《小弁》「無逝我梁」四句爲漢儒所妄補，猶曰其詞與《谷風》相同，似乎移綴也。以《下泉》末章爲錯簡，謂與上三章不類，猶著其疑也。至於《召南》删《野有死麕》，《邶風》删《静女》，《鄘風》删《桑中》，《衛風》删《氓》、《有狐》，《王風》删《大車》、《丘中有麻》，《鄭風》删《將仲子》、《遵大路》、《有女同車》、《山有扶蘇》、《蘀兮》、《狡童》、《褰裳》、《丰》、《東門之墠》、《風雨》、《子衿》、《野有蔓草》、《溱洧》，《秦風》删《晨風》，《齊風》删《東方之日》，《唐風》删《綢繆》、《葛生》，《陳風》删《東門之池》、《東門之枌》、《東門之楊》、《防有鵲巢》、《月出》、《株林》、《澤陂》，凡三十二篇。案書中所列之目實止三十一篇，疑傳刻者脱其一篇。又曰：「《小雅》中凡雜以怨誹之語，可謂不雅；予今歸之《王風》，且使《小雅》粲然整潔。」其所移之篇目雖未具列，其降《雅》爲《風》已明言之矣。又曰：「《桑中》當曰《采唐》，《權輿》當曰《夏屋》，《大東》當曰《小東》」，則併篇名改之矣。此自有六籍以來第一怪變之事也！柏亦自知詆斥聖經爲公論所不許，乃託詞於漢儒之竄入。夫漢儒各尊師説，字句或有異同，至篇數則傳授昭然，其增減一一可考。如《易雜卦傳》爲河内女子壞老屋所傳，《書出伏生者二十九篇，孔安國以孔壁古文增十六篇，而《泰誓》三篇亦爲河内女子所續得，《舜典》首二十八字爲姚方興所上，《周禮・考工記》爲河間獻王所補，具有明文。下至《左傳》增「其處者爲劉氏」一句，「秦穆姬登臺履薪」一段，先儒亦具有記載。惟《詩》不言有所增加。安得指《國風》三十二篇爲漢儒竄入也！王弼之《易》，杜預之《左傳》，以傳附經，離其章句；鄭玄《禮記目録》與劉向《别録》不同，亦咸有舊説。惟《詩》不言有所更易。安得謂《王風》之詩竟移入《小雅》也！且《春秋》有三家可以互考，故《公羊》經文增「孔子生」一條而《左傳》無。《詩》有四家，亦可以互考，故三家《般》詩多「於繹思」一句，《毛詩》無之，見《經典釋文》。《毛詩都人士》有首章，而三家無之，見《禮記緇衣注》。即《韓詩雨無正》多「雨無其極」二句，宋人亦尚能道之，見《元城語録》。一句一字之損益，即彼此參差，昭昭乎不能掩也。此三十二篇之竄入，如在四家既分以後，則齊增者魯未必增，魯增者韓未必增，韓增者毛未必增，斷不能如是之畫一。如在四家未分以前，則爲孔門之舊本確矣；柏何人斯，敢奮筆而進退孔子哉！至於謂《碩人》第二章形容莊姜之色太褻，《秦風黄鳥》乃淺識之人所作，則更直排删定之失，不復託詞於漢儒，尤爲恣肆。陳振孫《書録解題》載陳鵬飛作《詩解》二十卷，不解《商頌》、《魯頌》，以爲《商頌》當闕，《魯頌》當廢。其説已妄，猶未如柏之竟删也。後人乃以柏嘗師何基，基師黄榦，榦師朱子，相距不過三傳，遂併此書亦莫敢異議。是門户之見，非天下之公義也。

黄宗羲《宋元學案・北山四先生學案》 百家謹案：魯齋之宗信紫陽，可謂

篤矣。而于《大學》則以爲「格致」之傳不亡，無待于補。于《中庸》，則以爲《漢志》有《中庸説》二篇，當分「誠明」以下别爲一篇。于《太極圖説》，則以爲「無極」一句當就圖上説，不以無極爲無形、太極爲有理也。其于《詩》、《書》，莫不有所更定。豈有心與紫陽異哉！歐陽子曰：「經非一世之書；傳之謬非一人之失；刊正補緝非一人之能也。學者各極其所見而明者擇焉，以俟聖人之復生也。」後世之宗紫陽者不能入郛郭，寧守注而背經，而昧其所以爲説；苟有一言之異，則以爲攻紫陽矣。然則魯齋亦攻紫陽者乎！甚矣今人之不學也！

江藩《漢學師承記·經師經義目録》 《毛詩》者，出自毛公。【略】後漢鄭衆、賈逵傳《毛詩》，馬融作《注》，鄭玄作《箋》，於是《毛傳》大行而三家廢矣。魏王肅又述毛非鄭；王基駁王申鄭；孫毓爲《詩評》，評毛、鄭、王肅三家同異，而朋於王；陳統又難孫申鄭：王、鄭兩家互相掊擊，皆本《毛傳》。自漢及五代，未有不本毛公而别爲之説者。有之，自歐陽修《詩本義》始，於經義毫無裨益，專務新奇而已。修開妄亂之端，於是攻《小序》者不一其人，攻《大序》者不一其人；若毛《詩》、鄭《箋》，則棄之如糞土矣。至程大昌之《詩論》，王柏之《詩疑》，變本加厲，斥之爲異端邪説可也。

方東樹《漢學商兑》卷下 按王柏删《詩》，罪無可逭，斥之爲異端邪説，可也。近人攻朱子者，或罪柏爲妄，謂朱子實啓之；或挾柏爲功用，證朱門之人且不遵朱子以爲口實：皆非正論，所謂「項莊舞劍，志在沛公」者也。愚謂朱子自是，王柏自非，史臣贊之無識，許謙疑之是也，陳師道信之非也。

明分部

綜　述

宋濂《諸子辯》 《鬻子》一卷，楚鬻熊撰。熊爲周文王師，封爲楚祖；著書二十二篇，蓋子書之始也。《藝文志》屬之道家，而小説家又别出十九卷。今世所傳者，出祖無擇所藏，止十四篇。《崇文總目》謂其八篇已亡，信矣。其文質，其義弘，實爲古書無疑；第年代久邈，篇章舛錯，而經漢儒補綴之手，要不得爲完書。黄氏疑爲戰國處士所託，則非也。序稱熊見文王時年已九十，其書頗及三監、曲阜時事，蓋非熊自著，或者其徒名「政」者之所記歟？不然，何有稱「昔者文王有問於鬻子」云！

又 《管子》二十四卷，齊大夫管夷吾撰。夷吾字仲。其書經劉向所定，凡九十六篇，今亡十篇。自《牧民》至《幼官圖》九篇爲《經言》。《五輔》至《兵法》八篇爲《外言》。《大匡》至《戒》九篇爲《内言》。《地圖》至《九變》十八篇爲《短語》。《任法》至《内業》五篇爲《區言》。《封禪》至《問霸》十三篇爲《雜篇》。《牧民解》至《明法解》五篇爲《管子解》。《臣乘馬》至《輕重庚》十九篇爲《管子輕重》。予家又亡《言昭》、《修身》、《問霸》、《牧民解》、《輕重庚》五篇，止八十一篇。題云「唐司空房玄齡注」；或云非也，尹知章注。是書非仲自著也。其中有絶似《曲禮》者，有近似《老》、《莊》者，有論伯術而極精微者，或小智自私而其言至卑汙者，疑戰國時人采掇仲之言行，附以他書成之；不然，「毛嬙、西施」，「吴王好劍」，「威公之死，五公子之亂」，事皆出仲後，不應豫載之也。朱子謂仲任齊國之政，又有「三歸」之溺，奚暇著書，其説是矣。先儒之是仲者，稱其謹政令，通商賈，均力役，盡地利，既爲富强，又頗以禮義廉恥化其國裕如；《心術》、《白心》之篇亦嘗側聞正心誠意之道，其能一匡天下，致君爲五伯之盛，宜矣。其非仲者，謂先王之制，其盛極於周；后稷、公劉、大王、王季、文、武、成、康、周公之所以制周者，非一人之力，一日之勤，經營之難，積累之素；况又有出於唐、虞、夏、商之舊者矣。及其衰也而仲悉壞之，何仲之不仁也！嗚呼，非之者固失，而是之者亦未爲得也！何也？仲之任術立伯，假義濟欲，縱能致富强，而汲汲功利，禮義俱喪，其果有聞正心誠意之道乎！周自平王東遷，諸侯僭王，大夫僭諸侯，文、武、成、康、周公之法一切盡壞，列國盡然，非止仲一人而已也！然則仲何如人？曰：「人也，功首而罪魁者也。」曰：「齊之申、韓、鞅、斯之列，亦有間乎？」曰：「申、韓、鞅、斯刻矣，而仲不至是也。」原其作俑之意，仲亦烏得無罪焉，薄乎云爾。

又 《老子》二卷，《道經》、《德經》各一，凡八十一章，五千七百四十八言，周柱下史李耳撰。耳字伯陽，一字聃。聃，耳漫無輪也。或稱周平王四十二年，以其書授關尹喜。今按平王四十九年，入春秋，實魯隱公之元年；孔子則生于襄公二十二年。自入春秋，下距孔子之生，已一百七十二年；老聃，孔子所嘗問禮者，何其壽歟？豈《史記》所言「老子百有六十餘歲」及「或言二百餘歲」者果可信歟？聃書

所言，大抵斂守退藏，不爲物先，而壹返於自然。由其所該者甚廣，故後世多尊之行之。「視之不見名曰夷，聽之不聞名曰希，摶之不得名曰微」，道家祖之。「谷神不死，是謂玄牝；玄牝之門，是謂天地根」，神仙家祖之。「吾不敢爲主而爲客，不敢進寸而退尺，是謂行無行，攘無臂，扔無敵，執無兵；禍莫大於輕敵，輕敵幾喪吾寶，故抗兵相加，哀者勝矣」，兵家祖之。「道，冲而用之或不盈，淵乎似萬物之宗，挫其鋭，解其紛，和其光，同其塵，湛兮似若存，吾不知誰之子，象帝之先」，莊、列祖之。「將欲翕之，必固張之；將欲弱之，必固强之；將欲廢之，必固興之；將欲奪之，必固與之」，申、韓祖之。「以正治國，以奇用兵，以無事取天下」，張良祖之。「我無爲而民自化，我好静而民自正，我無事而民自富，我無欲而民自朴」，曹參祖之。聃亦豪傑士哉！傷其本之未正，而末流之弊至貽士君子有「虚玄長而晉室亂」之言，雖聃立言之時亦不自知其禍若斯之慘也。嗚呼！此姑置之。道家宗黄、老，黄帝書已不傳，而老聃亦僅有此五千言；爲其徒者乃棄而不習，反依倣釋氏經教以成書。開元所列《三洞瓊綱》固多亡缺，而祥符《寶文統傳》所記，若《大洞真》，若《靈寶洞玄》，若《太上洞神》，若《太真》，若《太平》，若《太清》，若《正一》諸部，總四千三百五十九卷，又多雜以符咒、法籙、丹藥、方技之屬，皆老氏所不道。米巫、祭酒之流猶自號諸人曰：「吾蓋道家，吾蓋道家」云！

又 《關尹子》一卷，周關令尹喜所撰。喜與老聃同時，著書九篇，頗見之《漢志》，自後諸史無及之者，意其亡已久矣。今所傳者，以《一宇》、《二柱》、《三極》、《四符》、《五鑑》、《六匕》、《七釜》、《八籌》、《九藥》爲名，蓋徐藏子禮得于永嘉孫定，未知定又果從何而得也。前有劉向序，稱蓋公授曹參，參薨，書葬；孝武帝時，有方士來上，淮南王安祕而不出；向父德治淮南王事，得之。文既與向不類，事亦無據，疑即定之所爲也。間讀其書，多法釋氏及神仙方技家，而藉吾儒言文之。如「變識爲智」、「一息得道」、「嬰兒、蕊女，金樓、絳宫，青蛟、白虎，寶鼎、紅爐」、「誦咒土偶」之類，聃之時無是言也。其爲假託，蓋無疑者。或妄謂二家之説實祖于此，過矣。然其文雖峻潔，亦頗流于巧刻；而宋象先之徒乃復尊信如經，其亦妄人哉！

又 《鄧析子》二卷，鄭人鄧析撰。析操兩可之説，設無窮之辭；當子産之世，數難子産之法。子産卒後二十一年，駟歂爲政，殺鄧析而用其竹刑。夫析之學兼名、法家者也。其言「天于民無厚，君于民無厚，父于子無厚，兄于弟無厚」，刻矣。夫民非天弗生，非君弗養，非父弗親，非兄弗友，而謂之無厚，可乎？所謂「不能屏勃厲，全夭折；執穿窬詐僞誅之；堯、舜位爲天子而丹朱、商均爲布衣；周公誅管、蔡」，豈誠得已哉！非常也，變也！析之所言如此，真不法先王，不是禮義，而好治怪説者哉！其被誅戮，宜也，非不幸也。

又 《鶡冠子》，楚人撰，不知姓名；嘗居深山，以鶡羽爲冠，著書四卷，因以名之。其書述三十變通古今治亂之道，而《王鈇篇》所載，楚制爲詳。立言雖過乎嚴，要亦有激而云也。周氏譏其以處士妄論王政，固不可哉！第其書晦澀，而後人又雜以鄙淺言，讀者往往厭之，不復詳究其義。所謂「天用四時，地用五行，天子執一以守中央」，此亦黄老家之至言。使其人遇時，其成功必如韓愈所云。黄氏又謂「韓愈獵取二語之外，餘無留良」者，亦非知言也。士之好妄論人也如是哉！陸佃解本十九篇，與晁氏削去前後五卷者合。予家所藏，但十五篇云。

又 《子華子》十卷，程本撰。本字子華，晉人；曰魏人者非也。《藝文志》不録。予嘗考其書，有云：「秦襄公方啓西戎，子華子觀政于秦。」又稽莊周所載子華子事，則云：「見韓昭僖侯。」夫秦襄公之卒在春秋前，而昭僖之事在春秋後，前後相去二百餘年，子華子何其壽也？其不可知者一。《孔子家語》言「孔子遭齊程子于郯」，程子蓋齊人。今子華子自謂「程之宗君受封于周，後十一世國并于温」。程本商季文王之所宅，在西周當爲畿内小國。温者，周司寇蘇忿生之所封；周襄王舉河内温、原以賜晉文公，温固晉邑也。孰謂西周之程而顧併于河内之温乎？地之遠邇，亦在可疑。其不可知者二。《後序》稱子華子爲鬼谷子師，鬼谷，戰國縱横家也。今書絶不似之，乃反類道家言；又頗勦浮屠、老子、莊周、列禦寇、孟軻、荀卿、《黄帝内經》、《春秋外傳》，司馬遷、班固等書而成。其不可知者三。劉向校定諸書咸有序，皆淵慤明整；而此文獨不類。其不可知者四。以此觀之，其爲僞書無疑。或傳王銍性之、姚寬令威多作贋書，而此恐由其手，理或然也。然其文辭極春容，而議論焕發，略無窘澀之態，故尤善惑人；人溺文者孰覺其僞哉！

又 《曾子》，孔子弟子魯人曾參所撰也。《漢志》云十八篇；《唐志》云二卷。今世所傳，自《修身》至《天圓》凡十篇，分爲二卷，與《唐志》合；視漢則亡八篇矣。其書已備見《大戴禮》中。予取而讀之，何其明白皎潔，若列星之麗天也！又何其敷腴諄篤，若萬卉之含澤也！傳有之：「有德者必有言」，信哉！「七十而從心」，進學之序；「七十免過」，勉人之辭；其立言迥然不同也。周氏不察而譏之，過矣！「君子愛日」，誨學者也；「一日三省」，自治功也；語有詳略，事有不同也。高氏以辭費誚之，亦何可哉！或謂《大孝篇》有及樂正子春事，固出後人所輯而非曾子所

自著，則庶幾也。

又 《慎子》一卷，慎到撰。到，趙人，見於《史記》列傳；《中興館閣書目》乃曰瀏陽人。瀏陽在今潭州，吴時始置縣，與趙南北了不涉也，誤也。《漢志》云四十二篇。《唐志》云十卷，不言篇數。《崇文總目》言三十七篇。今所存者唯《威德》、《因循》、《民雜》、《德立》、《君人》五篇耳。《威德篇》曰：「立天子以爲天下，非立天下以爲天子也；立國君以爲國，非立國以爲君也；立官長以爲官，非立官以爲官長也。」《民雜篇》曰：「大君者，太上也，兼畜下者也；下之所能不同而皆上之用也，是以大君因民之能爲資，盡包而畜之，無取去焉。」《君人篇》曰：「君人者舍法而以身治，則誅賞予奪從君心出矣。然則受賞者雖當，望多無窮；受罰者雖當，望輕無已。」皆純簡明易，類非刑名家所可及。到亦稷下能言士哉！莊周、荀卿稱之，一則曰「慎到」，二則曰「慎到」，雖其術不同，亦有以也。

又 《莊子》十卷，戰國時蒙人漆園吏莊周撰。《内篇》七，《外篇》十五，《雜篇》十一，總三十三篇。其書本老子，其學無所不窺，其文辭汪洋凌厲，若乘日月，騎風雲，下上星辰而莫測其所之，誠有未易及者。然所見過高，雖聖帝經天緯地之大業曾不滿其一哂，蓋彷彿所謂「古之狂者」。惜其與孟軻氏同時，不一見而聞孔子之大道；苟聞之，則其損過就中豈在軻之下哉！嗚呼，周不足語此也！孔子百代之標準，周何人，敢掊擊之，又從而狎侮之！自古著書之士雖甚無顧忌亦不至是也。周縱日見軻，其能幡然改轍乎！不幸其書盛傳，世之樂放肆而憚拘檢者莫不指周以藉口，遂至禮義陵遲，彝倫斁敗，卒踣人之家國：不亦悲夫！金李純甫亦能言之士，著《鳴道集説》，凡孔、孟、老、莊同稱爲「聖人」，則其沈溺之習至今猶未息也。異説之惑人也深矣夫！《盜跖》、《漁父》、《讓王》、《説劍》諸篇不類前後文，疑後人所勦入。晁氏謂「孔子没，道術散，老子始著書，周起而羽翼之」。老子著書在孔未没之先。

又 《墨子》三卷，戰國時宋大夫墨翟撰。上卷《親士》、《修身》、《所染》、《法儀》、《七患》、《辭過》、《三辨》七篇，號曰「經」；中卷《尚賢》三篇，下卷《尚同》三篇，皆號曰「論」，共十三篇。考之《漢志》七十一篇；《館閣書目》則六十一篇，已亡《節用》、《節葬》、《明鬼》、《非樂》、《非儒》等九篇；比今書則又亡多矣。墨者，强本節用之術也。予嘗愛其「聖王作爲宫室，便於主，不以爲觀樂」之言；又嘗愛其「聖人爲衣服，適身體，和肌膚，非榮耳目而觀愚民」之言；又嘗愛其「飲食增氣、充虚、强體、適腹」之言。墨子其甚儉者哉！「卑宫室，菲飲食，惡衣服」，大禹之薄於自奉者。孔子亦曰，「奢則不遜，儉則固」，然則儉固孔子之所不棄哉！或曰：「如子之言則翟在所取，而孟子辭而闢之，何也？」曰：「本二。」

又 《鬼谷子》三卷，鬼谷子撰，一名《玄微子》。鬼谷子無姓名、里居，戰國時隱潁川陽城之鬼谷，故以爲號。或曰王誗或云王詡者，妄也。長於養性、治身。蘇秦、張儀師之，受捭闔之術十三章，又受《轉圓》、《胠篋》，及《本經》、《持樞》、《中經》三篇。《轉圓》、《胠篋》今亡。梁陶弘景注。劉向、班固録書無《鬼谷子》。《隋志》始有之，列於縱横家。《唐志》以爲蘇秦之書。大抵其書皆捭闔、鉤箝、揣摩之術。其曰：「與人言之道，或撥動之，令有言以示其同；或閉藏之，使自言以示其異，捭闔也。既内感之而得其情，即外持之使不得移，鉤箝也。量天下之權，度諸侯之情，而以其所欲動之，揣摩也」，是皆小夫蛇鼠之智，家用之則家亡，國用之則國僨，天下用之則失天下；學士大夫宜唾去不道。高氏獨謂其得於《易》之「闔闢翕張」之外，不亦過許矣哉！其中雖有「知性寡累，知命不憂」，及「中稽道德之祖，散入神明之賾」等言，亦恒語爾，初非有甚高論也。嗚呼！曷不觀之儀、秦乎？儀、秦用其術而最售者，其後竟何如也？高愛之慕之，則吾有以識高矣。

又 《孫子》一卷，吴孫武撰，魏武帝注。自《始計》至《用間》，凡十三篇。《藝文志》乃言八十二篇。杜牧信之，遂以爲武書數十萬言，魏武削其繁剩，筆其精粹，以成此書。按《史記》：「闔閭謂武曰：『子之十三篇，吾盡觀之。』」其數與此正合。《漢志》出《史記》後，牧之言要非是。武，齊人，吴闔閭用以爲將，西破强楚，入郢，北威齊、晉，顯名諸侯。葉適以不見載於《左傳》，疑其書乃春秋末戰國初山林處士之所爲。予獨不敢謂然。春秋時，列國之事赴告者則書於策，不然則否。二百四十二年之間，大國若秦、楚，小國若越、燕，其行事不見於經傳者有矣，何獨武哉！或曰：「《風后握奇經》實行兵之要，其説實合乎伏羲之卦畫，奇正相生，變化不測，諸葛亮得之以爲『八陣』，李靖得之以爲『六花陣』；而武爲一代論兵之雄，顧不及之，何也？」曰：「《兵勢篇》不云乎，『戰者以正合，以奇勝；戰勢不過奇正，奇正之變不可勝窮；奇正相生，如循環之無端』。《九地篇》又不云乎，『用兵者譬如率然，率然者常山之蛇也，擊其首則尾至，擊其尾則首至，擊其中則首尾俱至』。斯固風后之遺説也，曾謂其不及之，可乎？」嗚呼！古之談兵者有仁義，有節制，至武一趨於權術變詐，流毒至於今未已也。然則武者固兵家之祖，亦兵家之禍首歟？

又 《吴子》二卷，衛人吴起撰。起嘗學於曾子，其著書曰《圖國》、《料敵》、《治兵》、《論將》、《應變》、《勵士》，凡六篇。夫干戈相尋，至於戰國，慘矣！往往以智術

詐譎馳騁於利害之場，無所不用其至，若無士矣！起於斯時對魏武侯則曰「在德不在險」；論制國治軍則曰「教之以禮，勵之以義」；論天下戰國則曰「五勝者禍，四勝者弊，三勝者霸，二勝者王，一勝者帝；數勝得天下者稀，以亡者衆」；論爲將之道則曰「所愼者五：一曰理，二曰備，三曰果，四曰戒，五曰約」。何起之異夫諸子也？此所以守西河，與諸侯大戰七十六，全勝六十四，闢土四面，拓地千里，宜也！較之孫武，則起幾于正，武一乎奇，其優劣判矣。或者謂起爲武之亞，抑亦未之思歟？然則殺妻求將，齧臂盟母，亦在所取乎？曰：姑舍是。

又《尉繚子》五卷，不知何人書。或曰魏人，以《天官篇》有「梁惠王問」知之；或曰齊人也。未知孰是。其書二十四篇，較之《漢志》雜家二十九篇已亡五篇。其論兵曰：「兵者凶器也，争者逆德也，將者死官也，故不得已而用之。無天於上，無地於下；無王於後，無敵於前。一人之兵，如狼如虎，如風如雨，如雷如霆。震震冥冥，天下皆驚。」由是觀之，其威烈可謂莫之嬰矣！及究其所以爲用，則曰：「兵不攻無過之城，不殺無罪之人；夫殺人之父兄，利人之貨財，臣妾人之子女，此皆盜也。」又曰：「兵者所以誅暴亂，禁不義也；兵之所加者，農不離其田業，賈不離其肆宅，士大夫不離其官府，故兵不血刃而天下親。」嗚呼，又何其仁哉！戰國談兵者有言及此，君子蓋不可不與也！宋元豐中，是書與《孫》、《吴》二子、《司馬穰苴兵法》、《黄石公三略》、吕望《六韜》、《李衛公問對》頒行武學，號爲《七書》。《孫》、《吴》當是古書。《司馬兵法》本古者司馬兵法而附以田穰苴之説，疑亦非僞。若《三略》、《六韜》、《問對》之類則固後人依倣而托之者也；而雜然渾稱無别，其或當時有司之失歟？

又《商子》五卷，秦公孫鞅撰。鞅，衛之庶孼，封於商，故以名書。《漢志》二十九篇，陳氏謂二十八篇。予家藏本二十六篇，其第二十一篇亡。鞅好刑名之學，秦孝公用之，遂致富强；後卒以反誅。今觀其術，以勸耕、督戰爲先務，墾草之令，農戰之法，至嚴至峻也。然不貴學問以愚民，不令豪傑務學《詩》、《書》，其毒流至嬴政，遂大焚《詩》、《書》。百家語以愚天下黔首，鞅實啓之，非特李斯過也。議者不是之察，尚摘其「商農無得糴糶，貴酒肉，重租」之語以爲疵病，是猶舍人殺敓之罪而問其不冠以見人，果何可哉！

又《公孫龍子》三卷，《疏府》、《白馬》、《指物》、《通變》、《堅白》、《名實》，凡六篇。《漢志》六十四篇，其亡已多矣。龍，趙人，平原君客也，能辨説；傷明王之不興，疾名器之乖實，以假指物，以混是非，冀時君之有悟而正名實焉。予嘗取而讀之，「白馬非馬」之喻，「堅白同異」之言，終不可解。後屢閲之，見其如捕龍蛇，奮迅騰騫，益不可措手。甚哉其辨也！然而名實愈不可正，何耶？言弗醇也。天下未有言弗醇而能正。苟欲名實之正，亟火之！

又《荀子》十卷，趙人荀卿撰。卿名況；《漢志》避宣帝諱，作孫卿。劉向校定，除其重復，著三十二篇，爲十二卷，題曰《新書》。唐楊倞爲之注，且更《新書》爲《荀子》，易其篇第，析爲二十卷。卿以齊襄王時游稷下，距孟子至齊五十年矣。列於大夫，三爲祭酒。去之楚，春申君以爲蘭陵令。以讒去之趙；與臨武君議兵。入秦，見應侯、昭王以聘。反乎楚，復爲蘭陵令。既廢，家蘭陵以終。鄉先正唐仲友云：「向序卿事，本司馬遷；於遷書有三不合。春申君死，當齊王建二十八年，距宣王八十七年：向言卿以宣王時來游學，春申君死而卿廢，設以宣王末年游齊，年已百三十七矣。遷書記孟子以惠王三十五年至梁，當齊宣王七年：惠王以『叟』稱孟子，計亦五十餘；後二十二年，子之亂燕，孟子在齊；若卿來以宣王時，不得如向言『後孟子百餘歲』。田忌薦孫臏爲軍師，敗魏桂陵，當齊威王二十六年，距趙孝成王七十八年：臨武君與卿議兵于王前，向以爲孫臏，倞以敗魏馬陵疑年，馬陵去桂陵又十三年矣。《崇文總目》言卿，楚人，楚禮爲客卿；與遷書向序駁，益難信。」其論殊精絶。然況之爲人，才甚高而不見道者也。由其才甚高，故立言或弗悖于孔氏；由其不見道，故極言性惡，及譏訕子思、孟軻不少置。學者其務知道哉！至若李斯雖師卿，于卿之學懵乎未之有聞；先儒遂以爲病，指卿爲剛愎不遜、自許太過之人，則失之矣。

又《韓子》二十卷者，韓非所撰。非，韓之諸公子也，喜刑名法術之學，而歸其本于黄、老；與李斯同事荀卿。以書干韓王，不用，乃觀往者得失之變，作《孤憤》、《五蠹》、《内外儲》、《説林》、《説難》五十五篇，計十餘萬言。秦王見而悦之；急攻韓，得非。斯自以不如非，忌之；譖于秦王，下吏，使自殺。非，慘激人也，君臣、父子、夫婦之間一任以法，其視仁義蔑如也；法之所及，雖刀鋸日加，不以爲寡恩也。其無忌憚，至謂「孔子未知孝悌忠信之道」；謂「賢堯、舜、湯、武乃天下亂術」；謂「父有賢子，君有賢臣，適足以爲害」；謂「人君藏術胸中，以倡衆端而潛御羣臣」。噫，是何言歟！是何言歟！是亦足以殺其身矣！

又《燕丹子》三卷。丹，燕王喜太子；此書載其事爲詳。其辭氣頗類《吴越春秋》、《越絶書》，決爲秦、漢間人所作無疑。考其事與司馬遷《史記》往往皆合；獨「烏頭白，馬生角，機橋不發」，「進金，擲鼃，膾千里馬肝，截美人手」，「聽琴姬得

隱語」等事皆不之載。周氏謂遷削而去之，理或然也。夫丹不量力而輕撩虎須，荆軻恃一劍之勇而許人以死，卒致身滅國破，爲天下萬世笑，其事本不足議；獨其書序事有法而文彩爛然，亦學文者之所不廢哉！

又　《孔叢子》七卷，《中興書目》稱漢孔鮒撰。鮒該覽《六經》，秦并天下，召爲魯國文通君，拜太傅。及焚書令行，乃歸藏書屋壁，自隱嵩山。陳涉起，聘爲博士，遷太師。仕六旬，以言不用，托目疾，退老于陳而著是書。年五十七卒。則固非漢人矣。又稱一名《盤盂》。《藝文志》有《孔甲盤盂》二十六篇；本注謂黄帝史，或謂夏帝時人。此書稱子魚名鮒，陳人，或謂之子鮒，或謂之孔甲。孔甲姓名偶同，又決非著《盤盂》者也。其殆孔氏子孫雜記仲尼、子思、子上、子高、子順、子魚之言行者歟？其第七卷則漢孔臧以所著賦與書謂之《連叢》，附于卷末。嘉祐中，宋咸爲之注。雖然，此僞書也！僞之者其宋咸歟？王士元僞作《亢桑子》，而又自爲之注，抑此類歟？近世之爲僞書者，非止咸也；若阮逸《關朗易傳》、《李靖問對》，若張商英《素書》，若戴師愈《麻衣易》，亦往往不能迷明者之目。竟何益哉！今觀是書《記問篇》所載，有子思與孔子問答語。子思年止六十二，魯穆公同時人；穆公之立，距孔子之没七十年，子思疑未長也，而何有答問哉！兼之氣質萎弱，不類西京以前文字，其僞妄昭然可見。或者謂其能守家法，不雜怪奇，歷戰國、秦、漢流俗而無所浸淫，未必然也！未必然也！

又　《淮南鴻烈解》二十一卷，漢劉安撰。安，淮南厲王長之子，招致蘇飛、李尚、左吴、田由、雷被、毛被、伍被、晉昌等八人，及諸儒大山、小山之徒，講論道德，總統仁義，著《内書》二十一篇。《李氏書目》云：「第七、第十九亡。」《崇文總目》云：「存者十八篇。」今所傳《原道》、《俶真》、《天文》、《地形》、《時則》、《覽冥》、《精神》、《本經》、《主術》、《繆稱》、《齊俗》、《道應》、《氾論》、《詮言》、《兵略》、《説山》、《説林》、《人間》、《修務》、《泰族》等訓，連卷末《要略》，共二十一篇，似未嘗亡也。又有《中篇》八卷，言神仙黄白之術。又有《外書》三十三篇，《漢志》與《内書》同列於雜家。《中》、《外書》余皆未見。《淮南子》多本《文子》，而出入儒、墨、名、法諸家，非成于一人之手，故前後有自相矛盾者，有亂言而乖事實者。既曰「武王伐紂，載尸而行，海内未定，故不爲三年之喪」，又曰「武王欲昭文王之令德，使夷狄各以其賄來貢，遼遠未能至，故治三年之喪，殯兩楹以俟遠方」。三代時無印，《周官》所掌之璽節，鄭氏雖謂如今之印章，其實與玉、角、虎、人、龍、符、旌諸節並用，不過手執之以表信耳；今乃曰「魯國召子貢，授以大將軍印」。如是之類，不能盡舉也。昔吕不韋相秦，亦致辯士，使人人著所聞集論，以爲十二紀、六論、八覽。其説雖未純，要其首尾以類，粲然成一家言，非《淮南》之雜也。古人論立言者，漢不如秦，秦不如周，信矣哉！

又　《楊子法言》十卷，漢楊雄撰。凡十三篇，篇各有序，通録在卷後。景祐初，宋咸引之以冠篇首；或謂始于唐仲友，非也。自秦焚書之後，孔子之學不絶如綫，雄獨起而任之，故韓愈以其與孟、荀並稱；而司馬光尤好雄學，且謂「孟子好《詩》、《書》，荀子好《禮》，楊子好《易》」；孟文直而顯，荀文富而麗，楊文簡而奥，惟簡而奥，故難知」，其與雄者至矣。是《法言》者爲擬《論語》而作。《論語》出于羣弟子之所記，豈孔子自爲哉！雄擬之，僭矣。至其甚者，又撰《太玄》以擬《易》，所謂「首、衝、錯、測、攡、瑩、數、文、掜、圖、告」之類，皆足以使人怪駭。由其自得者少，故言辭愈似而愈不似也。嗚呼，雄不足責也！光以一代偉人，乃膠固雄學，復述《潛虚》以擬《玄》，抑又何説哉？余因爲之長嘆！雄之事，經考亭朱子論定者，則未遑及也。

又　《抱朴子》，晉葛洪撰。洪字稚川，著《内篇》二十卷，言神仙、黄白變化之事；《外篇》十卷，駁難、通釋。洪深溺方技家言，謂神仙決可學，學之無難；合丹砂、黄金爲藥而服之，即令人壽與天地相畢，乘雲駕龍，上下太清。其他雜引黄帝御女及三皇内文劾召鬼神之事皆誕褻不可訓。昔漢魏伯陽約《周易》作《參同契》上、中、下篇，其言修煉之術甚具；洪乃時與之戾，不識何也？洪嘗自言「馬跡山中受《九鼎》、《金液》二經於鄭君，鄭君名隱，又得之葛仙公玄，玄，洪從祖也。其後鄭君知江南將亂，負笈持藥，東投霍山，莫知所在，亦不識其仙歟否也。洪博聞深洽，江左絶倫；爲文辭雖不近古，紆徐蔚茂，旁引而曲證，必達己意乃已。要之洪亦奇士，使舍是而學《六藝》，夫孰禦之哉！惜也！

又　《劉子》五卷，五十五篇，不知何人所作。《唐志》十卷，直云梁劉勰撰。今考勰所著《文心雕龍》，文體與此正類，其可徵不疑；第卷數不同爲少異爾。袁孝政謂劉晝(孔昭)傷己不遇，遭天下凌遲，播遷江表，故作此書；非也。孝政以無傳記可憑，復致疑於劉歆、劉勰、劉孝標所爲，黄氏遂謂孝政所托；亦非也。其書本黄、老言，雜附諸家之説以足成之，絶無甚高論。末論九家之學跡異歸同，尤爲鄙淺。然亦時時有可喜者。《清神章》云：「萬人彎弧以向一鵠，鵠能無中乎！萬物眩曜以惑一生，生能無傷乎！」《亢倉子》同。三復其言，爲之出涕。

又　《文中子中説》十卷，隋王通撰。通字仲淹；文中蓋門人私謚，因以名其

書。世之疑通者有三。一云《唐書・房杜傳》中略不及其姓名，此書乃阮逸僞作，未必有其人。按皮日休著《文中子碑》，謂通「生乎陳、隋之世，以亂世不仕，退于汾晉，序述《六經》，敷爲《中説》，以行教于門人」。皮，唐人也，距隋爲近，其言若此，果無是人乎？書果逸之僞作乎？一云通行事于史無考，獨《隋唐通録》稱其有穢行，爲史官所削。然史氏之職，善惡畢書，以爲世法戒，人有穢行，見諸簡策者多矣，何特削通哉？一云房、杜、李、魏、二温、王、陳輩未必其門人；脱有之，何不薦諸太宗而用之？隋大業十三年五月，通已先卒，將焉薦之！劉禹錫作《王華卿墓誌》，載其家世行事，有曰「門多偉人」，雖未可必其爲房、杜諸公，要不可謂非碩士也。第其書出于福郊、福畤之所爲，牽合傅會，反不足取信於人。如仁壽四年，通始至長安，李德林卒已九歲，而書有「德林請見」之語。江都有變，通不及聞，而書有「泫然而興」之言。關朗在太和中見魏孝文，自太和丁巳至通生之歲開皇四年甲辰，一百七年矣，而書謂「問禮于關子朗」。此最爲謬妄者也。噫，孟子而下知尊孔子者曰荀、楊，楊本黄、老，荀雜申、商；唯通爲近正，讀者未可以此而輕訾之！

又 《天隱子》八篇，不知何人所作。唐司馬承禎爲之序。承禎字子微，嘗著《坐忘論》此書言長生久視之法，與之相表裏，豈天隱子即承禎歟？洪興祖謂承禎得天隱子之學，豈或别有考歟？

又 《玄真子》兩見《唐志》，一云十二卷，一云二卷。予所藏者《外篇》三卷爾；計必有《内篇》，而此非全書也。唐張志和撰；韋詣作内解。志和字子同，金華人，始名龜齡。年十六，擢明經。以策干肅宗，特見賞重，命待詔翰林，授左金吾衛録事參軍，因賜名。後坐事貶南浦尉；會赦還。以親既喪，不復仕，居江湖，自稱煙波釣徒。著《玄真子》，亦以自號。其書多偏曲之論，無足采。所可采者，其隱操亦卓卓云。

又 《金華子》三卷，劉崇遠撰。或云崇遠唐人；或云五代人，仕至大理司直：其爲人莫可考。其爲書録唐大中後事，蓋駁乎不足議也。昔劉向採傳記百家之言，撮其正詞美義可爲勸戒者以類相從，爲《説苑》、《新序》二書，最爲近古；識者猶病其徇物者多，自爲者少：况崇遠乎哉！金華子，崇遠所自號，蓋有慕皇初平云。

又 《聱隅子》二卷，蜀人黄晞撰。晞，宋仁宗時人，著《歔欷瑣微論》十篇，篇有小序。造文效楊雄、王通二氏而造理不能逮。其謂「張良得聖人之安，蕭何得聖人之變，劉向得聖人之力」者，似不可哉！黄氏間采其語，謂二氏反有所不及，非知言也。然自五季以來，士習極陋而文亦隨之。入宋殆將百年而猶未大振。晞獨知「辭賦戾乎治具，聲偶甚乎倡優」，確然立論，以成一家言，真豪傑士哉！真豪傑士哉！

又 《周子通書》四十章，本號《易通》，春陵子周子惇頤之所著也。自孟子没，孔子之學不傳；千載之下獨周子得之，以授二程氏，遂大白於天下。安定胡宏有云：「一回萬古之光明，如日麗天；將爲百世之利澤，如水行地。」其論不亦至哉！第每篇之首，宏輒加以「周子曰」三言，而損其舊有篇名，失其旨矣。是書文雖高簡，體實淵慤，誠可上繼孟氏，非餘子比也。然莫知其師傳之所自。彼妄男子謂同胡文恭公受學於鶴林壽涯師者固爲詭誕，而云傳《太極圖》於穆修，修傳《先天圖》於种放，放傳於陳摶者，亦恐知周子未盡也。其殆不階師授，超然獨覺於千古之上者歟？

又 《子程子》十卷，一名《程子粹言》，乃程頤叔子書，蓋其門人楊時變語録而文之者也。前有序，不著氏名。東陽厲髯翁云：「相傳爲廣漢張栻作。序稱得諸子高子家傳；以其卷次不分，編類不别，因離爲《論道》、《論學》、《論書》、《論政》、《論事》、《天地》、《聖賢》、《君臣》、《心性》、《人物》十篇，欲其統而要，非求類夫《論語》之書也。」予取觀之，實皆叔子之言，而伯子之説附焉。辭極峻古，雖間有稍離真者，亦不遠矣。覽者尚慎擇之哉！

胡應麟《四部正譌》卷上 《連山易》十卷，見《唐・藝文志》。案班氏《六經》首《周易》，凡夏、商之《易》絶不聞。隋牛弘購求宇内遺書至三十七萬卷，魏玄成等脩《隋史》，晉、梁以降亡逸篇名無不具載，皆不聞所謂《連山》者。而至唐始出，可乎？《北史劉炫傳》：「隋文蒐訪圖籍，炫因僞造《連山》及《魯史記》上之。」馬端臨據此，以爲炫作；或有然者。蓋炫後事發除名，故《隋志》不録，而其書尚傳於後，開元中盛集羣書，仍入禁中耳。鄭漁仲謂此書當時不存，已無可考；今亦未能必其炫也。《歸藏》今亦不傳，故二書惟論其大概，不能致詳。

又 《歸藏易》十三卷，晉太尉參軍薛貞、唐司馬膺各有注。案《七略》無《歸藏》，《晉中經簿》始有此書；《隋志》因之；至宋，僅存《初經》、《齊母》、《本蓍》三篇。鄭漁仲以爲「其文質，其義古，後學以其不文則疑而棄之。《連山》所以亡者，要當復過於此」。噫，《連山》，夏《易》也，《歸藏》，商《易》也，《禹貢》之文，千古敍事宗焉，《商書》簡潔而明肅，或有過於周者，孰謂夏、殷之文不郁郁也！《隋志》稱此書惟載卜筮，不類聖人之旨；蓋唐世固疑其僞。若鄭以晚出爲辯，則馬端臨之説

盡之矣。薛貞，晉人，載於《隋志》；鄭以爲隋人，亦誤。《五經》，《易》最多依託，以卜筮易於傳訛也。

又 《乾坤鑿度》云：「有太易，有太初；有太始；有太素。太易者，未見氣也。太初者，氣之始也。太始者，形之始也。太素者，質之始也。氣、形、質具而未離，故曰渾淪。渾淪者，言萬物相渾成而未相離，視之不見，聽之不聞，故曰易也。易變而爲一；一變而爲七；七變而爲九。九者，氣變之究也，乃復變而爲一。一者，形變之始。清輕者上爲天；濁重者下爲地。」右俱《鑿度》中孔子所云，實全寫《列子天瑞》一節，稍增損數字，遂不成語言。又《列子》「重濁者下爲地」之後，有「沖和氣者爲人，故天地合精，萬物化生」三語，意乃完足；今剗去後三語，而以「物有始，有壯，有究，故三畫成《乾》」接之，文義頓斷缺，可笑。蓋《元包》、《洞極》之類猶是稍能文者所爲；此特荒陋俚儒僞撰耳。然《三墳》又出此下矣。

又 讖緯之説，蓋起於河、洛圖書。當西漢末，符命盛行，俗儒增益，舛訛日繁。其學自隋文二主禁絶，世不復傳。稍可見者，惟類書一二援引及諸家書目具名而已，而往往紀載不一。因參攷異同，盡録以資博雅；且俾知書亡已久，即好事家藏，祕本閒見，皆僞中之僞，無萬一足徵也。《易》則《稽覽圖》、《乾鑿度》、《坤靈圖》、《通卦驗》、《是類謀》、《辨終備》、《乾坤鑿度》、《京房易鈔》、《乾元敍制》。《書》則《尚書緯》、《尚書中候》、《璇璣鈐》、《考靈曜》、《帝命驗》、《運期授》。《詩》則《含神霧》、《推度灾》、《氾歷樞》。《禮》則《含文嘉》、《稽命徵》、《斗威儀》、《禮記默房》。《樂》則《動聲儀》、《稽耀嘉》、《叶圖徵》。《春秋》則《元命包》、《演孔圖》、《文耀鉤》、《運斗樞》、《感精符》、《合誠圖》、《考異郵》、《保乾圖》、《漢含孳》、《佐助期》、《握誠圖》、《潛潭巴》、《説題辭》。《論語》則《論語摘輔象》、《撰考讖》。《孝經》則《孝經緯》、《孝經雜緯》、《孝經内事》、《古祕援神》、《勾命決》、《援神契》、《元命包》、《左右握》、《左右契》、《雌雄圖》、《分野圖》、《弟子圖》、《口授圖》、《應瑞圖》。《太平御覽》又有《書帝驗期》、《禮稽命曜》、《春秋命曆序》、《孝經威嬉拒》等。然隋世所存僅十之三。馬氏《通考》止《易緯》數種，晁、陳具斥爲僞書；今惟《乾坤鑿度》行世：蓋《易緯》又幾盡矣。緯書，《太平御覽》又有《易卦統通圖》、《尚書鉤命決》、《禮記稽命曜》、《春秋命曆序》，又《河圖括地象》、《河圖稽命曜》、《河圖挺輔佐》、《河圖帝通紀》、《河圖録運法》、《河圖真鉤》、《河圖著命》、《河圖矩起》、《河圖天靈》、《河圖祕徵》、《河圖玉版》、《洛書録運法》、《洛書稽命曜》等。尋其命名，亦《易緯》之類。第《御覽》所引用亦甚希，而諸史藝文志，馬、鄭經籍略，并其名皆無之。蓋自唐已亡；高士廉等編《文思博要》，或綴拾於宋、齊諸類書中；《御覽》又得之《博要》諸書中：決非宋初所有也。《乾坤鑿度》所載《緯書太古文目》，有《元皇介》，次《垂皇策》，次《萬形經》，次《乾文緯》，次《乾鑿度》，《坤鑿度》，次《考靈經》，次《制靈圖》，次《河圖八文》，次《希夷名》，次《含文嘉》，次《稽命圖》，次《墳文》，次《八文》，次《元命包》，共一十四緯。今見於類書者，惟《含文嘉》、《元命包》、《乾坤二鑿度》而已。《垂皇策》、《乾文緯》、《乾坤二鑿度》，説《易》者也。《含文嘉》則《禮》。而《元命包》，《春秋》、《孝經》皆有之，不知何者在先；而衛元嵩《易元包》，則又因是命名者也。今《乾坤鑿度》全書存，其理欲深而甚淺，其文欲怪而甚庸。其他雜見類書者往往不相遠也。《坤鑿度》又有《地靈母經》、《含靈孕》、《易靈緯經》。又《洛書》有《靈準聽》，又《地形經》，又《制靈經》。甚矣其名之衆也！蓋此又宋世僞撰《乾坤鑿度》者依彷《御覽》所存諸目創立新題，故尤可笑。近關中胡氏《野談》首集諸緯書名僅十二三；烏傷王氏《叢録》直據《隋志》及《通考》亦不能詳，余故備録之以資好事。噫，昔之僞撰者，彼既已濫用其心，而余又窮蒐其目，得無以五十步笑百步哉！曾鞏氏曰：「欲使天下之毋惑其説，莫如大明其説之非而放之。」余之意其亦猶是已夫！緯書名義率不可通曉。今據《乾坤鑿度》，録其一二有注釋者於左；自餘可以例推。昔人云：「以艱深之詞文淺易之説。」但覩其名，無事開卷矣。有撰人者并附。《乾坤鑿度》聖人鑿開天路，顯彰化源也。庖犧著。《鉤命決》天地失序，必有沮泄，用陰陽鉤治之也。女媧著。《乾鑿度》聖人順乾道浩大，以天門爲名也。《坤鑿度》太古變乾之後，次鑿坤度，作爲是書。《地靈母經》女媧著。《易靈緯》炎帝、黄帝著。又黄帝作《易入墳》。世率以「讖」「緯」並論。二書雖相表裏而實不同。「緯」之名所以配「經」，故自《六經》、《語》、《孝》而外無復别出；《河圖》、《洛書》等緯皆《易》也。讖之依附《六經》者，但《論語》有讖八卷，餘不概見。以爲僅此一種，偶閲《隋・經籍志注》附見十餘家，乃知凡讖皆託古聖賢以名其書，與緯體制迥别。蓋其説尤誕妄，故隋禁之，後永絶，類書亦無從援引，而唐、宋諸藏書家絶口不談。以世所少知，附其目於此：《孔老讖》十二卷；《老子河洛讖》一卷；《尹公讖》四卷；《劉向讖》一卷；《雜讖書》二十九卷；《堯戒舜禹》一卷；《孔子王明鏡》一卷；《郭文金雄記》一卷；《王子年歌》一卷；《嵩山道士歌》一卷。又有以緯候並稱者，今惟《尚書中候》見目中，他不可考云。《茅山志》引《河圖要元篇》云：「句、金之壇，其閒有陵；兵病不起，洪波不登。」又曰：「乃有地脈，土良水清，句曲之山，金壇之陵；可以度世，上昇曲成。」《要元篇》蓋漢世讖書，《後漢書志注》不載其目，僅見此焉。在楊氏《譚苑

醍醐》所記；以用脩語，余未敢深信。然他無可考，姑録此以廣異聞。

又 《三墳》之僞，前人辯之審矣。鄭漁仲以爲三皇太古書而尊信爲實然，甚矣鄭之疏略也！余讀之，蓋諸贋書中至淺陋者。世以隋購《三墳》，劉炫僞造《連山》等百餘篇上之，即此書。然炫在隋號大儒，其學博，其業精，其造《連山》雖僞妄，必有過人者。今《三墳》之首，所稱「太始、太極、太易、太初、太素」，皆勦合《乾坤鑿度》之文而稍增飾之，而《乾坤鑿度》則又全録《沖虛天瑞》之語者也。至其所列《連山》、《歸藏》、《乾坤》等象，布置錯綜，僅同兒戲。其引物連類，取義稱名，合於羲、農之世者十無三四。亡論六代以前，即真出於炫，豈淺陋至是極哉！且伏羲爲「天皇」，似矣；神農而曰「人皇」，軒轅而曰「地皇」，是故爲異説而罔顧其理之弗根也。「先時者殺，不及時者殺」，夏后所引是矣，而以出軒轅，是妄意其時而弗知其命之弗順也。又其所言「三十二易草木」等語，皆庸人孺子所縮朒而不肯言者。是書蓋即序者毛漸所爲。余故劇論爲光伯解紛。若三皇之説，世自漁仲外亡信者；葉夢得、馬端臨已極譏鄭之好怪，吾何暇爲辯哉！案隋世牛弘主收書，即炫僞撰，弘等渠可盡欺也。《天皇氏策辭》云：「『咨予上相共工：我惟老極無爲；子惟扶我正道，咨告於民，俾知甲曆日月歲時自兹始，無或不記；子忽怠！』共工曰：『工居君臣之位，無有勞，君其念哉！』皇曰：『下相皇桓：我惟老極無爲；子惟扶我正道，撫愛下民，同力咨告於民，俾知甲曆日月歲時自兹始，無或不記；子其勿怠！』桓曰：『居君臣之位，無有勞，君其念哉！』皇曰：『栗陸：子居我水龍之位，主養草木，開道泉源，無或失時；子其勿怠！』陸曰：『竭力於民，君其念哉！』皇曰：『大庭：主我屋室，視民之未居者喻之；借力同構其居，無或寒凍！』庭曰，『順民之辭！』皇曰：『陰康：子居水土，俾民居處，無或漂流；勤於道，達於下！』康曰：『順君之辭！』皇曰：『渾沌：子居我降龍之位，惟主於民！』皇曰：『昆連：子主我刀斧，無俾野獸犧虎之類傷殘生民，無俾同類大力之徒驅逐微弱；子其伏之！』連曰：『專主兵事，君無念哉！』皇曰：『四方之君：咸順我辭，則世無害；惟愛於民，則位不危！』皇曰：『子無懷安，惟安於民：民安子安，民危子危；子其念哉！』」案《三墳》此章全剽《舜典》；而辭意淺陋，殆類村學究語，詎曰庖犧之代預規虞世之文哉！王長公《讀三墳書》云：「伏羲畫《連山》而有『民、兵、器』，『陰、兵，妖』，『陽、兵，譴』，『兵、陽，陣』，至《策辭》而曰『主我屋室』，『主我刃斧』；神農《歸藏》而曰『殺、藏，墓』。此皆不知其時而妄爲説者也。」余執此更推之，《連山》猶或可解，至《歸藏》、《乾坤》，强半笑資，因備録後。後之論《三墳》者觀此足矣。《歸藏》卦爻：曰「歸、動，乘舟」，神農之世未有舟楫也。曰「動、歸，乘軒」，神農之世未有軒蓋也。曰「藏、止，重門」，神農之世未有屋室也。曰「殺、動，干戈」，神農之世未有戈矛也。曰「殺、長，戰」，曰「殺、止，亂」，而不知征伐兵争實肇於黄帝。曰「生、動，動陽」，傳云，「聖人以行慶錫」。曰「止、殺，寬宥」，而不知賞慶赦宥實始於唐、虞。他若所謂「歸、殺，降」，「生、藏，害」，皆刺謬之妄談；所謂「長、歸，從師」，「長、藏，從夫」，皆經典之剩語。曰「地氣」，曰「水氣」，曰「火氣」，曰「風氣」，則釋門之四大；而曰「殺、生，無忍」，曰「動、止，戒」，又釋子委談也。曰「金氣」，曰「木氣」，曰「水氣」，曰「火氣」，則術士之五行；而曰「生、殺，相尅」，曰「金氣殺」，又術家淺數也。凡《歸藏》中爻象類若此。至《乾坤》「天、地，圜丘」等象，尤爲捧腹資。鄭漁仲以該洽自信，胡漫然弗考哉！《乾坤》卦象：曰「雲、天，成陰」，曰「雲、地，高林」，曰「山、地，險徑」，曰「氣、地，下滛」，曰「山、日，沈西」，曰「天、日，昭明」，曰「川、日，流光」，曰「日、月，代明」，曰「川、月，東浮」，曰「日、山，危峯」，曰「月、山，曲池」，曰「山、雲，疊峯」，曰「山、氣，籠烟」，曰「川、氣，浮光」，曰「雲、氣，流霞」，曰「月、天，夜明」，曰「川、山，島」，曰「雲、山，岫」，曰「氣、山，嵒」，曰「日、川，湖」，曰「雲、川，溪」，曰「氣、川，泉」，曰「山、川，澗」，曰「月、川，湖」。右所云地皇氏卦象，大類今世村學塾師教小兒《蒙求》、《總龜》，又似初習聲偶者《詩學大成》中字面。夫「高林」、「險徑」、「危峯」、「曲池」、「島」、「岫」、「烟」、「霞」、「川」、「嵒」、「溪」、「澗」，皆漢、唐、六代詞人語；亡論三皇，即《六籍》、《四詩》固不盡見。而「昭明」、「代明」、「流光」、「浮光」、「成陰」、「下滛」、「沈西」、「東浮」等語，或勦諸經典，或取諸閭閻，蓋亡一字類三代以上者。故余嘗謂僞書之陋無陋於《三墳》也！「皇曰：『岐伯天師：【略】先時者殺，不及時者殺』」，二語與《胤征》合。夫《胤征》誓衆出師，言固應爾；岐伯燮理陰陽而首戒以殺，何也？蓋僞者以黄帝首伐蚩尤，故剽《胤征》二語以實之，又於序中特援爲證，而不知適以愈彰其僞。心勞日拙，誠然哉！

又 《元命包》四卷，後周衛元嵩述。本緯書，《春秋》、《孝經》各有《元命包》，故好事勦爲此書而附諸《大易》云耳。其文率學《太玄》，用字奇僻過之，而厥義則甚淺。序稱楊元素由閣本録行，張昇者以受楊楫。王長公謂即楊撰，或即張昇。余讀之，絶嘆長公之言燭鑒千載。然其文頗雅馴，字雖奇而旨不晦，殆非昇、楫所辨，當出楊元素輩，或唐文士撰述也。其數即《火珠林》，與《京房易》懸合。《火珠林》，蓋宋時用以卜筮者云。《唐・藝文志》有《元包》十卷，撰人注者皆同，此書恐不得爲僞。此書《崇文目》稱「唐衛元嵩」，《通志》、《通考》並因之。案元嵩，後周人；所撰

述有《齊三教論》七卷，見《通志》。又《隋志》釋氏類稱「蜀郡沙門衛元嵩上書言僧徒猥濫，周武帝下詔一切廢毀」，即其人也。而王堯臣《總目》以爲唐人。考唐世諸紀傳，絶無名姓同者，其誤瞭然。蓋因傳注出蘇元明、李江，蘇、李皆唐人，以意傅合耳。此書楊楫本序以「元嵩獻策後周，賜爵蜀郡公；武帝尊禮，不敢臣之」，頗與《隋志》合。必元嵩先爲沙門，後還俗上書，請汰僧徒，故周武亟暴顯之以風天下。不然，將束縛之不暇，而尊禮乎哉！序稱元嵩有傳，考《北史》無之，楊氏之誤也。

又 《關朗易傳》一卷，唐趙蕤注。朱紫陽曰：「僞書也。」案朗稱魏孝文時人，王仲淹祖同州刺史彦師事之。嘗爲彦筮，得《夬》之《革》，遂決百年中當有達人出，脩洙、泗之教。中歷數周、齊、陳、隋事，無不懸合。而其意實寓「河、汾」，非唐初福時輩拮据陳迹以耀其先，則宋阮逸僞撰以證佐《文中》者；書之得失固不足深論也。或以即注者趙蕤。案蕤有《長短經》十卷。《北夢瑣言》云：「蕤，梓州鹽亭人，博學韜鈐，長於經世。夫婦俱隱，不應徵召。論王霸、機權、正變，作爲此經。」則蕤當是中唐前後人。然新、舊《唐書》並無《關氏易傳》而僅見於馬、鄭諸家，則此書非蕤可見而阮逸之僞無疑。案《通考》，逸又有《易筌》六卷，每爻必以古事系之；陳振孫誚其牽合。蓋逸之作僞，無往不然也。續按：李白嘗師事趙蕤，蕤當是開元前人，見《唐詩紀事》。

又卷中 今《鬻子》非道家言，余既詳辯之矣。然道家固實有鬻子。列禦寇《天瑞篇》引其説云：「運轉亡已，天地密移，疇覺之哉？故物損於彼者盈於此，成於此者虧於彼。損盈成虧，隨生隨死，往來相接，閒不可省，疇覺之哉？凡一氣不頓進，一形不頓虧；亦不覺其成，不覺其虧。亦如人自生至老，貌色、智態亡日不異，皮膚、爪髮隨生隨落，非嬰孩時有停而不易也。閒不可覺，俟至後知。」又《力命》、《楊朱》二篇皆引其語。其爲道家言，居然可見。蓋必古有此書，如《黃帝》、《楊朱》之屬，《列子》稱之。至漢尚存，班氏以列道家亡怪也。若其人，文王所師與否，《列》所引爲文王所師之人與否，悉無據，不可信。夫太公之事，見於《詩》、《書》，東海之封，傳於百世，世尚疑之，況不經見聖賢之口如鬻子乎？《列》亦言「鬻熊語文王」，然每與老聃同列；謂楚祖者非也。《鬻子》，前輩去取殊不一。宋太史謂「其文質，其義弘」。余讀之信然。第如王長公所稱「七大夫」，其名姓誠有可疑者，決匪商末周初文字。黃東發以戰國依託，近之。今所傳《鬻子》十四篇，有文王問而及三監、曲阜事，人率疑之。然伊尹、太公，年俱百數十歲。考《竹書》，太公没尚在康王世。熊以九十遇西伯，而管、蔡之叛，周公之薨，俱在成王時，律以太公，則談及二事亡足怪。但其書體兼儒、雜，既絶不類《列子》所引語，而《列》所引語亦略不見篇中，故知其決匪道家。然亦未必小説家之舊。大概後人掇拾殘剩，而補苴綴緝之功亡萬一焉，故其章次篇名皆混淆錯亂，眎他子書特寥落無足觀。自宋李仁父已疑之，而王長公尤極言其僞。乃余則以不惟其書可疑，熊之遇西伯亦僞也，蓋因太公事傅會。若《列》所引鬻熊，自是當時有道者，不必據文王言。《史記》稱鬻熊，事文王者，蚤夭，故封其子孫爲楚祖。而此以九十遇文，可笑至此。蓋二鬻熊，明甚。高似孫謂子書起於鬻熊；此不然。《漢志》道家有《伊尹》五十一篇，黃帝書四種，共三十八篇，《列子》所引《黃帝書》，當出此四家。《力牧》二十八篇；雜家有《孔甲》二十六篇，《大禹》三十七篇；農家有《神農》二十篇；小説家有《伊尹》二十七篇，皆鬻熊前子書，率僞書也。惟以「子」稱者似起於熊；而小説有《務成子》，亦熊前。若今傳子書，故當首此耳。

又 今《六韜》有《太公陰符篇》，云：「主與將有陰符，凡八等，克敵之符長一尺；破軍之符長九寸；至失利之符長三寸而止。」蓋僞撰太公《六韜》者不識陰符之義，以爲符節之符也。此雖五尺童子，一目可竟其説；秦何至刺股以讀之。世有執《六韜》、《陰符》爲太公所撰、季子所攻者，味吾言如破竹矣。宋世以《孫》、《吴》、《司馬》、《韜》、《略》、《尉繚》、《李衛公》爲「兵家七書」。《孫武》、《尉繚》，亡可疑者。《吴起》或未必起自著，要亦戰國人掇其議論成編，非後世僞作也。《三略》稱黃石公，中如「柔能制剛，動而輒隨」等語，似有見於《道德》者。以即圯上老人授子房書，則不可。前輩固多以傅會疑之。《六韜》稱太公，厥僞瞭然。考《漢志》有《六弢》，初不云出太公，蓋其書亡於東京之末，魏、晉下譚兵之士掇拾剩餘爲此，即《隋志》《六韜》也。「天下者天下之天下」，讀者亟稱，要之策士浮談，眎《丹書》「敬義」之規何啻倍蓰！至《文伐》、《陰書》等篇，尤《孫》、《吴》、《尉繚》不屑道者，太公以告文、武乎！尚父《六韜》，葉正則謂「出《孫》、《吴》後」，近之；而舉《南華》所引「九徵」，以「莊周不悟其僞」，則非也。蓋此書正引用《南華》，猶《亢倉》、《鶡冠》所本耳。周氏《涉筆》并太公疑焉，則過。太公、文王相遇固難盡信，然詩人與孟氏已亟稱之矣。國朝李獻吉謂：「將有別材，周伐紂，不以周、召，必以太公。」王元美謂：「管仲難，太公易：周不得太公而周、召、閎、散行師，紂之徒詎弗倒戈者。」二公語相反，而實皆有至理；因論《六韜》并及之。

又 《文子》九篇，元魏李暹注，稱老氏弟子，姓辛，葵丘濮上人。自柳子厚以爲駁書，而黃東發直以注者唐人徐靈府所撰。余以柳謂駁書是也；黃謂徐靈府撰

則失於深考。案班史《藝文志》，道家有《文子》九篇，注云：「老子弟子，與孔子同時；而稱周平王問，似依託者。」則漢世固已疑之。此注非劉向，則班固自注者。凡顔注，自另有「師古曰」三字。及考《梁目》、《隋志》皆有此書《梁》一篇，《隋》十二篇，並見《隋書》中，則自漢歷隋至唐固未嘗亡，而奚待於徐氏之僞！惟中有漢後字面，而篇數屢增，則或李暹輩潤益於散亂之後與？周氏謂平王是楚平王。按文子，《漢書》不注姓名。而馬總《意林》有《范子計然》十三卷，云「計然，姓辛氏」。《文子》李暹所注蓋實因之。然《意林》别出《文子》十二卷，其語政與今傳本同，則計然之書非此明甚。而暹輩直以名字偶合當之，故歷世承其訛；至洪野處、宋景濂而後定。嘻，甚矣！第兩公言猶有未盡。余以不直文子非計然，即計然名文子，吾弗敢信也。《漢志》惟兵家有《范子》二篇，而農、雜、道家並亡稱《計然》者。今《意林》所録乃陰陽歷數之書，必魏、晉處士因班傳依託爲此，其姓名率「烏有」類，惡足據哉！

又 《鬼谷》，縱横之書也。余讀之，淺而陋矣。即儀、秦之師，其術宜不至猥下如是。柳宗元謂劉氏《七略》所無，蓋後世僞爲之者，學者宜其不道。而高似孫輩輒取而尊信之；近世之耽好之者又往往而是也。甚矣，邪説之易於入人也！宋景濂氏曰：「《鬼谷》所言捭闔、鉤箝、揣摩等術，皆小夫蛇鼠之智：家用之則家亡，國用之則國僨，天下用之則失天下。其中雖有『知性寡累』等語，亦庸言耳。學士大夫所宜唾去；而宋人愛且慕之，何也？」其論甚卓，足破千古之譌。楊用修云：「《漢書・藝文志》：『《鬼容區》三篇』。注：『即鬼臾區也』。《郊祀志》：『黄帝得寶鼎，冕侯問於鬼臾區』云云。注：『即鬼容區。「容」、「臾」，聲相近』。今案鬼谷即鬼容者，又字相似而誤也。高似孫《子略》便謂《藝文志》無《鬼谷子》，何其輕於立論乎？」案鬼臾區，黄帝之臣；《漢・藝文志》兵陰陽家有《鬼容區》三篇，與《風后》、《力牧》連類。説者謂即鬼臾區，以「臾」、「容」聲相近，是矣。而楊以爲《鬼谷》，則「區」字安頓何所乎？此其可笑，正與「方城」作「萬城」切對。漫筆之，以當解頤。按《意林注》：「鬼谷者，謂無其人，猶無是公云爾。」斯説得之。《鬼谷子》，《漢志》絶無其書，文體亦不類戰國。晉皇甫謐序傳之。案《漢志》縱横家有《蘇秦》三十一篇，《張儀》十篇，《隋・經籍志》已亡。蓋東漢人本二書之言，會萃附益爲此；或即謐手所成而託名鬼谷，若子虚、亡是云耳。《隋志》占氣家又有《鬼谷》一卷，今不傳。又關尹傳亦稱鬼谷，見《隋志》。

又 《伍子胥》兩見《漢志》，一雜家八篇，一兵家十篇，今皆不傳。而《越絶書》稱子胥撰，蓋東漢人據二書潤飾爲此。其遺言逸事，大率本之。其文詞氣法出東漢人手裁，故與戰國異。凡班《志》所無而驟見六朝後者，往往多因戰國子書殘軼者補綴之，而易其名。以爲真，則僞莫掩；以爲僞，則真間存，尤難辯。自前輩少論及此；余不敏，實竊窺之。觀《素問》、《靈樞》之即《内經》，則余言可概見矣。《素問》亦稱《内經》，然《隋志》止名《素問》；蓋《黄帝内外經》五十五卷，六朝亡逸，故後人綴緝而易其名耳。

又 《鶡冠子》，《漢・藝文志》有二：一道家，一兵家。兵家，任宏所録，班氏省之；則今所傳蓋僞託道家者爾。然道家所列《鶡冠子》僅一篇，而唐韓愈所讀有十九篇，宋《四庫書目》乃三十六篇，晁氏《讀書志》則稱八卷，與《漢志》俱不合；而唐、宋又自相矛盾。晁顧謂《四庫》篇目與昌黎所讀同，何也？説者以《鶡冠》、《亢倉》、《子華》，皆因前代有其名而依託爲僞。然中實不同：《鶡冠》則戰國有其書，而後人據《漢志》補之；《亢倉》則《莊子》有其文，而後人據《南華》益之；若《子華》，既無其書又無其文，特好事者因「傾蓋」一言而僞撰以欺世耳。《鶡冠》之僞與《亢倉》不同。蓋賈誼《鵩賦》所云初非出《鶡冠子》；後世僞《鶡冠》者剽誼賦中語以文飾其陋。唐人不能辯，以《鶡冠》在誼前，遂指爲誼所引。河東之説極得之。昌黎嚴於二氏而恕於百家，凡子書若荀卿、揚雄，皆極褒美，猶之可也；甚而墨翟之邪，鶡冠之瑣，亦標顯其所長：蓋其衷寬然長者。若抉邪摘僞，判别妄真，子厚之裁鑒良不可誣。所論《國語》、《列禦寇》、《晏嬰》、《鬼谷》、《鶡冠》，皆洞見肝膈，厥有功斯文亦不細矣。《鶡冠》，韓、柳二説自相紛拏。晁公武、陳振孫並主柳説。周氏《涉筆》在疑信間。獨宋景濂以非僞撰，謂其書本晦澀，後人復雜以鄙淺，故讀者厭之，不復詳悉其旨。余以此書蕪紊不馴，誠難據爲戰國文字，然詞氣瑰特渾奥，時時有之，似非東京後人所辦。蓋其書殘逸斷缺，後人之鄙淺者以己意增益傳之，故文義多不可訓；句讀者遂益不復究心。景濂之論卓矣！《世兵篇》始終皆論用兵，而中雜以賈賦，殊不類，正昧者勦入，如《南華盜跖》四篇。推此，餘可例見。余篇首謂「賈生賦鵩而有《鶡冠》」，亦舊説也。陸佃解《鶡冠》，謂此書雜黄老、刑名，而要其宿，時若散亂無家者；然奇言奥旨亦往往而有也。此論甚公而覈。蓋此書本道家，流入於刑名固無足怪。而《近迭》、《世兵》、《天權》、《兵政》等篇，始終皆論兵語。考《七略》，兵家有《鶡冠子》。雖班氏省之，而漢世尚傳。後人混而爲一，又雜以五行家，故駁然無統。陸氏不詳考《藝文志》，因云爾爾。《藝文志》兵家有《龐煖》三篇。《鶡冠子兵政》稱龐煖問，而《世賢》、《武靈》等篇直稱煖語。豈煖學於鶡冠，而此二篇自是煖書，後人因鶡冠與煖問答，因取以附之與？

又《關尹子》九篇，以即老聃弟子而莊周稱之者。按《七略》道家有其目。自《隋志》絶不載，則是書之亡久矣。今所傳，云徐藏子禮得於永嘉孫定者。陳振孫疑定所受不知何人；宋景濂以即定撰：皆有理。余則以藏、定二子尚非如阮逸、宋咸輩實有其人，或俱子虚、烏有，未可知也。篇首劉向序，稱「渾質崖戾，汪洋大肆，然有式則，使人泠泠輕輕，不使人狂」等語，蓋晚唐人學昌黎聲口；亡論西京，即東漢至開元無有也。至篇中字句體法，全倣《釋典》成文，如「若人有超生死心，厭生死心」等語，亡論《莊》、《列》，即《鶡冠》至《亢倉》亡有也。且《隋志》既不載，《新》、《舊唐志》亦夐無聞，而特顯於宋，又頗與齊丘《化書》有相似處，故吾嘗疑五代閒方外士掇拾柱下之餘文，傅合竺乾之章旨，以成此書。雖中有絶到之談，似非淺近所辦，第以關尹則萬無斯理。彼藏耶、定耶、真耶、贋耶，吾何暇辯之哉！《關尹子》談理，間入《莊》、《列》長生，其文則全倣釋氏。九篇之中，亡弗然者。世反以釋氏掇之。夫《莊》、《列》，釋氏掇之者也，讀其文，於釋氏毫髮類乎？今篇掇其一，餘可例推。《一盂篇》云：「若以言行學識求道，互相展轉，無有得時。知言如泉鳴；知行如禽飛；知學如擷影；知識如計夢。一息不存，道將來契。」以下皆取其文句之類；其理出釋氏者殆十之六七，不止此也。《二柱篇》云：「寒暑、温凉之變如瓦石：置之火則熱，置之水則寒；呵之即温，吹之即凉。特因外物有去有來，而彼瓦石實無去來。」《三極篇》云：「蛇食即且，即且食蛇，蛇食蛙，互相食也。聖人言亦然：言有無之弊，又言非有非無之弊，又言去非有非無之弊，如引鋸然。惟善聖者不留一言。」《莊》引「在已無居」章附此篇。《四符篇》云：「五行之運，因精有魂，因魂有神，因神有意，因意有魄，因魄有精。五行回環不已，所以我之僞心流轉。造化幾億萬歲，未有窮極。」又「譬如化人」章已見前辯，皆全倣佛經語。《五鑑篇》云：「識譬如犀牛望月，月形入角；特因識生，始有月形；而彼真月初不在角。胸中天地萬物亦然。知此説者，外不見物，内不見情。」《六七篇》云：「有人問我：『爾何族，何氏，何名，何字，何食，何衣，何友，何僕？』我時默然。不得已而應之曰：『尚自不見我，將何爲我？』」《七釜篇》云：「人之力有可奪天地者，如冬起雷，夏造冰，豆中攝鬼，杯中釣魚，枯木能華，土鬼可語，皆純氣所爲，故能化萬物。」此附會《列》語，而事皆漢、唐後，蓋撰《關尹》者非讀書之士，甚矣學弗可已也！《八籌篇》云：「即吾心可作萬物。蓋心有所慕則愛從之；愛從之則情從之。嬰兒、姹女，金樓、絳宫、青蛟、白虎、寶鼎、紅爐，皆此物。」此章同前。蓋道家存想脩錬之旨，莊、老之世所無，《參同》、《黄庭》中始有之。《九藥篇》云：「昔論道家，或曰凝寂，或曰邃深，或曰澄澈，或曰晦冥。慎勿遇此而生怖退！天下至理，竟非言意。知非言非意在彼微言妙意之上，乃契吾説。」以上俱《關尹》語。

又《抱朴子内外篇》四十卷，晉葛洪稚川撰。洪以博洽名江左，身所著書殆六百餘卷，自漢以來，稱撰述亡盛於洪，蓋篤志負才而遊方之外者也。黄東發詆洪不應以神仙誤天下後世，持論甚公；而以此書爲僞則失考。洪本傳明言《抱朴》諸篇；歷唐、宋以還未有疑其僞者。今讀其言，比物聯類，紆徐鬱茂，滑稽不窮。其《外篇》蓋擬王氏《論衡》，故旁引曲喻，必達其詞；雖時失繳冗，非淺見狹識所窺也。且洪既爲神仙之學，其異於吾儒，勢固應爾；又曷僞焉！

又《亢倉子》，贋書也，世無弗知。然而非贋也！《漢志》無《亢倉子》。《唐》號《亢倉子》「《洞靈真經》」，求弗獲；而王士元取《庚桑楚篇》，雜引道家以補之。士元，襄陽人，見《孟浩然集》序及晁公武論，甚悉。河東之駁，允矣；失不考其實事。今猶紛紛以爲贋書。《亢倉子》出王士元，尚可有疑。夫「畏壘虚」，太史明謂「空言」，兼《隋志》弗載，則唐前固絶不聞此書；曷從而號之，而訪之？豈士元既補之後，明皇好道，特取而寵異其名，世遂相沿爲實，子厚亦無從考與？

又《劉子新論》，諸家咸以劉晝孔昭。案《北史》晝傳：「晝好學而文辭俚拙。嘗作賦，名《六合》，以示魏收。收謂之曰：『賦名《六合》，已是大愚；及觀其賦，又愚於名。』晝不服，又示邢劭。劭曰：『君此賦似疥駱駝，伏而無媚態。』」收輕薄吻流，不足深據；劭非誣詆人者。此書雖無甚高論，而詞頗清旨，意非晝所能也。宋景濂謂劉勰撰者，近之。然《唐志》篇目不同，安知即此？蓋漢、魏、六朝文士劉姓者甚多，著論以「新」名者甚衆，若此書體制，決在齊、梁之閒。袁孝政云：「時人疑爲劉歆。」宋承旨直謂袁誤，蓋未詳察也。《畫傳》載《北史》甚明。又嘗爲《高才不遇傳》。袁孝政序正據《畫傳》言之。陳振孫謂終不知畫何代人，殊失考。黄東發直以袁孝政作，託名于畫，則亦未然。凡依託之書，必前代聖賢墳籍，冀以取重廣傳。畫之聲價在六朝甚泯泯，即孝政何苦託之。勘僞書者，此義又當察也。

又《孫子》十卷，陳氏《解題》曰：「稱晉孫綽撰」；《唐志》及《中興目》皆無之，恐依託也。」案《隋志》有此書；《意林》所簒百餘語頗佳：當是綽撰。第《唐志》不録，至南渡復傳，蓋本書亡逸而後人補之者。陳氏并其初疑之，亦失考也。

又《化書》六卷，稱宋齊丘撰。宋景濂曰：「《齊丘子》六卷，言道、術、德、仁、食、儉六化爲甚悉。世傳爲僞唐宋齊丘子嵩作。噫，是書之作，非齊丘也，終南山隱者譚峭景升也；齊丘竊之耳！其文高簡，固微有見於道德者，非淺機小數比

也。」按此書，張文潛、黄東發俱以爲齊丘撰；而景濂歸之譚峭。因考諸《仙傳》，得其人，録於後：「峭，字景升，唐國子司業洙之子。師嵩山道士十餘年，得辟穀養氣之術，周遊無所不之。夏則服烏裘；冬則緑布袍。或臥於風雪霜中經日，人謂已斃，視之氣怵怵然。因遊三茅，經建康，見宋齊丘有仙風道骨，雖溺機智而異乎黄埃稠人。遂出所著《化書》授齊丘曰：『是書之化，其道無窮。願子序之，流於後世。』齊丘因奪爲己有而傳之。厥後不得其死，宜哉！」景濂之言蓋出於此。然齊丘仕南唐，而南唐又有金陵羽客譚紫霄者能劾召鬼神，四方道流從學百餘人，於三教書皆所洞曉，嘗教其徒講《莊》、《列》，深以爲合於釋氏，則於今傳《化書》意旨尤若相類。二譚並與齊丘同時，一人耶？二人耶？吾不得而知也。因景濂語，並及之。

又卷下　《穆天子傳》六卷，其文典則淳古，宛然三代范型，蓋周穆史官所記。雖與《竹書紀年》、《逸周書》並出汲冢，第二書所載皆訖周末，蓋不無戰國語參之；獨此書東遷前，故奇字特多，缺文特甚。近或以爲僞書，殊可笑也。《列子》稱：「穆王駕八駿之乘，右服蔔騮而左緑耳，右驂赤驥而左白𣚘；主車則造父爲御，𦝫𦝫爲右。次車之乘，右服渠黄而左踰輪，左驂盜驪而右山子；柏天主車，參百爲御，奔戎爲右。馳驅千里，至於巨蒐氏之國。巨蒐氏乃獻白鵠之血以飲王，具牛馬之湩以洗王之足及二乘之人。已飲而行，遂宿於崑崙之阿，赤水之陽。别日，升崑崙之丘，以觀黄帝之宫；而封之，以詔後世。遂賓於西王母，觴於瑤池之上。西王母爲王謡，王和之，其辭哀焉。乃觀日之所入，一日行萬里。王乃歎曰：『於乎，予一人不盈於德而諧於樂，後世其追數吾過乎！』」按：《列子》此段全録《穆天子傳》文；足證《列子》所稱《黄帝》等書咸有所本。昔人謂《楊朱篇》即古楊朱之書；此篇引《穆天子傳》，即以《周穆王》名篇，則《楊朱》之説信矣。或曰：「《鶡冠子》、《庚桑子》，咸據莊周、賈誼足成，以欺後世，《穆天子傳》庸知非此類耶？」曰：「彼二書自莊、賈引外絶不足觀；《穆天子傳》與《列子》體制不同，各極古雅，此篇奇字皆《刻》本書所無，信知《列子》引《穆傳》，非《穆傳》本《列子》也。斯又辨贋書者所當知。」

又　《晉乘》疑即《竹書》，余詳記之矣。元人有僞作《晉史乘》、《楚檮杌》者，吾衍子行序謂一日併得之。其書乃雜取《左傳》、《國語》、《新序》、《説苑》中論文、莊二伯事節約成編。宋景濂、王子充謂即衍撰。蓋眇人作此玩世，而元士之淺陋亦可見矣。近又有妄人僞作黄叔度書者，尤極大可笑。本無可辯，以二書陋頗相近，漫及之。

又　《山海經》，古今語怪之祖。劉歆謂夏后、伯翳撰；無論其事，即其文與《典》、《謨》、《禹貢》迥不類也。余嘗疑戰國好奇之士本《穆天子傳》之文與事而侈大博極之；雜傳以汲冢《紀年》之異聞，《周書王會》之詭物，《離騷》、《天問》之遐旨，《南華》、鄭圃之寓言，以成此書。而其敘述高簡，詞義淳質，名號倬詭，絶自成家。故雖本會萃諸書，而讀之反若諸書之取證乎此者，而實弗然也。《穆天子傳》至晉始出，而此書漢世獨完，緣是前代文人率未能定其先後。余首發之於此，俟大雅君子商焉。《山海經》本書不言禹、益撰。劉歆校定，以爲「禹任土作貢，而益等類物善惡，著《山海經》」，蓋億度疑似之言。趙曄《吴越春秋》因禹登會稽，遂撰爲「金簡玉字」之説。曄，東漢人，在劉歆後，其僞無疑。讀者但以「禹、益治水不當至海外；而怪誕之詞，聖人所不道」以破之，而不據其本書。按《經》稱「夏后啓」事者三，又言「殷王子亥」，又言「文王墓」，凡商、周之事不一而足。晁氏但疑「長沙」、「桂林」數郡名及「鯀湮息壤」等文。夫鯀事，固禹、益所覩；商、周，曷從知之哉！此書蓋周末文人因禹鑄九鼎，圖象百物，使民入山林川澤備知神姦之説，故所記多魑魅魍魎之類，而於禹爲特詳。始余讀《山海經》，而疑其本《穆天子傳》，雜録《離騷》、《莊》、《列》傅會以成者；然以出於先秦，未敢自信。載讀《楚辭辨證》云：「古今説《天問》者皆本《山海經》、《淮南子》；今以文意考之，疑此二書皆緣《天問》而作」，則紫陽已先得矣。然《經》所紀山川神鬼，凡《離騷》、《九歌》、《遠遊》、《二招》中稍涉奇怪者悉爲説以實之，不獨《天問》也；而其文體特類《穆天子傳》，故余斷以爲戰國好奇之士取《穆王傳》，雜録《莊》、《列》、《離騷》、《周書》、《晉乘》以成者。自非熟讀諸書及此經本末，不易信也。後世必有以余爲知言者。《經》載「叔均方耕」，「讙兜方捕魚」，「長臂人兩手各操一魚」，「豎亥右手把算」，「羿執弓矢，鑿齒執盾」，此類皆與紀事之詞大異。近世坊間戲取《山海經》怪物爲圖。意古先有斯圖，撰者因而紀之，故其文義應爾。及讀王伯厚《王會補傳》，引朱子曰：「《山海經》記諸異物飛走之類，多云『東向』，或云『東首』，疑本依圖畫而述之。古有此學，如《九歌》、《天問》，皆其類。」余意頓爾釋然。甚矣紫陽之善讀書也！即此文義之間，古今博雅所未究，而獨能察之；況平生精力萃於經傳者可淺窺乎！陶「泛覽《周王傳》，流觀《山海圖》」，則知此經古有圖也。宋刻稱張僧繇畫。古人著書，即幻設必有所本。《山海經》之稱禹也，名山大川，遐方絶域，固本「治水、作貢」之文；至異禽、詭獸、鬼蜮之狀充斥簡編，雖戰國浮誇之習，乃《禹貢》則亡一焉，而胡以傅合也？偶讀《左傳》，王孫滿之對楚子曰：「昔夏之方有德也，遠方圖物，貢金九牧，鑄鼎象物，百物而爲之

備，使民知神姦；故民入川澤山林，魑魅魍魎，莫能逢之」，不覺洒然擊節曰：此《山海經》所由作乎！蓋是書也，其用意一根於怪，所載人物靈祇非一，而其形則若魑魅魍魎之屬也。考王孫之對雖一時辨給之談，若其所稱圖象百物之説必有所本。至於周末，《離騷》、《莊》、《列》輩，其流遂不可底極，而一時能文之士因假《穆天子傳》之體，縱横附會，勒成此書，以傳於「圖象百物」之説；意將以禹、益欺天下後世，而適以誣之也。自此書之行，古今學士但謂非出大禹而已；而未有辯其本於穆滿之文者，尤未有察其本於王孫之對者。區區名義之末，誠非大體所關，然亦可見古今事理，第殫精索之，即千載以上無弗可窮也。作者有靈，其將爲余絶倒於九京也哉？

又 《古岳瀆經》第八卷，李公佐元和九年泛洞庭，登包山，入靈洞得之。奇字蠹毁，不能解。其後周焦君詳之云：「禹治淮水，三至桐柏山，驚風、迅雷，水號、木鳴，土伯擁川，天老肅兵，功不能興。禹怒，召百靈，授命夔、龍。桐柏等山君長稽首請命。禹因囚鴻蒙氏、彰商氏、兜氏、盧氏、犂婁氏；乃獲淮渦水神名無支祁，善應對言語，辯江、淮之深淺，原隰之遠近，形若猨猱，縮鼻，高額，青軀，白面，金目，雪牙，頸伸百尺，力逾九象，搏擊騰踔，疾利倏忽，視不可久。禹授之童律，童律不能制；授之烏木由，烏木由不能制；授之庚辰，庚辰能制。鴟脾、桓胡、木魅、水靈、山妖、石怪，奔號叢繞者以千數；庚辰以戰，遂去。頸瑣大械，鼻穿金鈴，徙之淮陰龜山之足，俾淮水永安。」案此文出唐小説，蓋即六朝人踵《山海經》體而贋作者；或唐文士滑稽玩世之文，命名《岳瀆》可見。以其説頗詭異，故後世或喜道之。宋太史景濂亦稍隱括集中，總之以文爲戲耳。羅泌《路史辯》有無支祈，世又謂禹事爲泗洲大聖，皆可笑。近衡岳《禹碑》盛傳，其文體稍古；然與《虞》、《夏》諸書迥不類，恐亦好事所遺也。

又 劉炫《魯史記》，今不傳。炫經術冠絶，史筆或非其任，而博學强識，時莫與倫；且隋世古書存者尚夥，炫所采録必多，可補前史之缺。惜亡從見之矣。

又 《西京雜記》，世以葛洪僞撰，余詳辯之矣。或又以爲吴均者，無他據，止《酉陽雜俎》記六朝人欲用《西京雜記》事，既而中止，曰：「此吴均語，恐不足用。」然洪序篇末甚用，安知非《雜俎》誤。又《述異記》，晁公武謂任昉作；而《唐志》稱祖同，晁以爲非。然《隋志》無昉書而有祖冲之撰者十卷，竟未知孰是也。

又 《弘明集》有《牟子論》三十七篇，題漢末牟融撰。按《隋志》儒家有《牟子》二卷，稱漢太尉牟融。考《後漢書》有融傳，在漢明前，其時佛法固未入中國。今其書已亡。而《弘明牟子論序》稱「靈帝時遭世亂離，著書不仕，精研佛道，撰《理惑論》三十七篇」，其非儒家《牟子》明甚。且《隋》、《唐》諸志並無此書。嘗疑六朝晉、宋間文士因儒家有《牟子》，僞撰此論以左右浮屠；讀其文雖猥淺，而詞頗近東京。意原録《釋藏》中，故《隋志》不載，若《參同契》之屬。然伯陽姓名，唐以前傳記昭灼，而融諸論絶不聞援引，可疑也。

又 《漢武内傳》，不著名氏。詳其文體，是六朝人作，蓋齊、梁間好事者爲之也。所載諸仙女名，詩家多用；上元夫人蓋本此。阿環者，上元名。介甫《雪詩》：「瑶池渺漫阿環家」，方萬里謂「阿環，王母名」。王、方二子俱誤。子瞻「玉樓、銀海」，句格自佳；而據《道書》「玉樓爲肩，銀海爲眼」，以「起粟、生花」襯之，遂墮千古惡道，學詩者不可不知。

又 《開元天寶遺事》稱王仁裕，《容齋隨筆》辯之詳矣；余案仁裕爲僞蜀學士，所著有《玉堂閒話》，今尚載《廣記》中；而《開元遺事》絶不經見。其書淺俗鄙陋，蓋效陶氏《清異録》而愈不足觀者。仁裕能詩，《西江集》至萬首，今一二散見《閒話》中，雖卑弱尚可吟諷，書事亦清婉，但乏氣骨；不應至是。第以淺陋故，世或好之，今尚傳云。

又 《廣陵妖亂志》，陳振孫云：「唐鄭廷誨撰。」余記一雜説云：「羅隱昭諫嘗謁高千里，不得志，故極言詆毁，與駢始末太不相倫。」此言或自有謂。駢釋賊不擊，誠可誅；《志》中述其惑於諸吕，若喪心之極者，未必盡爾也。温公《通鑑》全據此書，豈宋世用事羣小以史事謗涑水，故唐末五代不及致詳耶？又唐人評隱以落魄故好訕謗之詞，此説蓋有自來。

又 《瀟湘録》，唐人志怪中最鄙誕者。諸家或以爲李隱，或以爲柳詳。其書本諧謔，不必辨。

又 《牛羊日曆》，諸家悉以劉軻撰。其書記牛僧孺、楊虞卿等事，故以此命名。案軻本浮屠，中歲慕孟軻爲人，遂長髮，以文鳴一時。即紀載時事，命名詎應乃爾！必贊皇之黨且惡軻者爲之也。案《通鑑注》引作皇甫松；松恨僧孺，見傳，或當近之。

又 《白猿傳》，唐人以謗歐陽詢者。詢狀頗瘦削，類猿猱，故當時無名子造言以謗之。此書本題「補江總《白猿傳》」，蓋僞撰者託總爲名；不惟誣詢，兼以誣總。噫，亦巧矣！率更，世但貴其書，而不知其忠孝、節義、學問、文章，皆唐初冠冕；至今瞭然史策，豈此輩能污哉！率更子通亦矯矯父風，而皆爲書名所掩。余

所惜歐氏不在彼也。

又　《清異録》二卷，陶穀撰。或以文不類宋初者，恐未然。此書命名造語皆頗入工，恐非穀不能；但《雲仙》間有紀事志怪處，此則全主滑稽耳。擬諸李商隱之《雜纂》，亦何減也。近時文章大家間亦用之，若「髭聖」之號，王長公以題哀册文矣。

鄭瑗《井觀瑣言》卷一　《古文書》雖有格言，而大可疑，觀商周遺器，其銘識皆類《今文書》，無一如《古文》之易曉者。《禮記》出於漢儒，尚有突兀不可解處，豈有四代古書，而篇篇平坦，整齊如此？如《伊訓》全篇平易，惟《孟子》所引二言獨艱深，且以商詩比之周詩，自是奥古。而《尚書》比之《周書》，乃反平易，豈有是理哉？《泰誓》曰：「謂已有天命，謂敬不足行，謂祭無益，謂暴無傷。」此類皆不似古語。而其他與《今文》複出者，却艱深何也？趙岐、杜預、韋昭、賈逵、鄭康成、馬融、服虔輩，皆博洽之儒，不應皆不之見也。又《今文》原有二十八篇，何故孔壁都無一篇亡失，誠不可曉。劉歆《移書大常博士》曰：「禮失求之於野，古文不猶愈於野乎？」蓋《古文書》在漢不列學官，歆雖尊信，亦但以爲愈於野而已。予嘗論《書》與《孝經》，皆有孔壁古文，皆有安國作傳，而《古文書》至東晉梅頤始顯，古文《孝經》，至隋劉炫始顯，皆沉没六七百年而後出，未必真孔壁所藏之舊矣。

又　唐玄宗開元二十四年八月壬子千秋節，羣臣獻寶鑑，張丞相九齡，獨述興廢之源，爲《千秋金鑑録》上之。竊意其書，必備述前世人主仁暴奢儉明昏之實，及任用忠邪賢否之故。雖文字之體，未必雅純，然必深切著明，足爲百代人主之明鑑也。惜其書不可見，而今曲江所刻本，乃庸瑣誕妄，全類淫巫瞽史之説。蓋自古僞書，未有陋於此者，或者猶喜談而樂道之，以爲公預知安史之變，何異兒童之見。

又　宋咸作《駁中説》，謂《文中子》乃後人所假託，實無其人。按王績有《負苓者傳》，陳叔達《答績書》有曰：「賢兄《文中子》，恐後之筆削，陷於繁碎，宏綱正典，暗而不宣，乃興元經以定真統。」陸龜蒙《送豆盧處士序》亦曰「昔文中子生於隋代，知聖人之道不行，歸河汾間，修先君之業」。又云丈人文中子外諸孫也，云云。後司空圖、皮日休，俱有《文中子碑》。五子皆唐人，績乃文中子之弟，而叔達又親及門者也，文中子果不誣矣。但史失其傳，其書亦出後人所增益，張大牽合傳會，痕跡宛然，在唐時已不甚爲人所尊仰，故韓柳諸賢俱無稱述，或謂即宋阮逸僞作亦非。李翺《答王載言書》云：「理有是者，而辭章不能工，王氏《中説》是也。」宋龔鼎臣嘗得唐本《中説》於齊州李冠家，則《中説》之傳久矣。然陳同父《類次文中子》云：「分十篇，舉其端二字以冠篇，篇各有序，惟阮逸本有之。」又云：「阮氏本與龔氏本文各不同，如阮本曰：『嚴子陵釣於湍石，爾朱榮控勒天下，故君子不貴得位。』龔本則曰：『嚴子陵釣於湍石，民到於今稱之，爾朱榮控勒天下，死之日民無得而稱焉。』龔本曰：『出而不聲，隱而不没，用之則成，舍之則全。』阮本則因董常而言終之曰：『吾與爾有矣。』由是觀之，則逸或不能無增損於其間，以啓後人之疑也。」

又　古史謂《莊子・讓王》、《盜跖》、《説劍》諸篇，皆後人攙入者，今考其文字體製信然。如《盜跖》之文，非惟不類先秦文，亦不類西漢人文字，然自太史公以前即有之，則有不可曉者。嘗觀其前如《馬蹄》、《胠篋》諸篇，文意亦凡。近視《逍遥遊》、《太宗師》諸篇，殊不相侔。竊意但其内七篇，是莊氏本書，其外雜等二十六篇，或是其徒所述，因以附之，然無可質據未敢以爲然也。大抵《莊》《列》書非一手所爲而《列子》尤雜。

又卷二　朱子謂《史記》疑當時不曾得删改脱藁，今考之信然。如《吴起傳》，魯人或惡吴起，其中曰「起之魯學兵法以事魯君，魯君疑之」。「且魯衛兄弟之國也，而君用起則是棄衛」。夫魯人惡起於其君，即不應面稱魯君。或曰：是蓋魯人私惡起而魯君聞之耳，政使如此，則魯人自言，亦不應泛稱之魯事魯君也。此等處亦多是其未曾修改之驗。《郭解傳》始言解爲人短小精悍，不飲酒，中間複出「解爲人短小不飲酒」八字。《酈生傳》，始述生入見沛公之事矣，及《朱建傳》，復云「初沛公引兵過陳留，酈生踵軍門」云云，而所記各異。此疑太史公以所聞不同而并著之。如《國語》所記勾踐滅吴，《戰國策》所記中山陰姬之事耳。然彼雜書旁揆泛採，自不相妨，此參合衆説檃括爲傳，不當彼此互異其辭，疑褚先生或後人所附益，則不可知。

又　《汲冢周書》甚駁雜，恐非先秦書。意東漢魏晉間詭士所作，反勦《禮記》《史記》羣書以文之，文義古雅者，僅有《祭公解》等一二篇。

又　《孝經》三才聖治事君章，本竊《左傳》子大叔、北宫文子、上真子、李文子之言，而或者反謂《傳》者竊《經》。《爾雅》「如切如磋」等云，本竊《禮記・大學》之文，而或者反謂《記》者采《爾雅》之辭。《謚法》「經天緯地曰文」等云，本竊《左傳》成鱄之言，而或者反謂成鱄倣《謚法》之體。《鶡冠子》「貪夫殉財」等云，本竊賈誼《鵩賦》之詞，而或者反謂誼賦盡出《鶡冠子》。《子華子》「今世之人一段」，本竊韓文《柳子厚墓志》之意，而或者反謂退之此文出《子華子》，世儒知有古近，而不知有

僞真，類如此，可發一笑。

又 太公《六韜》，黄石公《三略》，李衛公《問對》，皆僞書也。宋戴少望作《將鑑論斷》，乃極稱《三略》通於道而適於用，可以立功而保身，且謂其中多知足戒貪之語。張良得之，用以成名，謂《問對》之書，興廢得失，事宜情實，兵家術法，燦然畢舉，皆可垂範將來。以予觀之，《問對》之書雖僞，然必出於有學識謀略者之手。朱子云：「《問對》是阮逸僞作，《三略》純是剽竊老氏遺意，迂緩支離，不適於用，其知足戒貪等語，蓋因子房之明哲而爲之辭，非子房反有得於此也。蓋圯橋授受之書妄矣，此與所謂《素書》皆其贋本耳。」如曰「高鳥死，良弓藏，敵國滅，謀臣亡」。亡者，謂廢其威，奪其權也。皆取諸舊史而附會之，痕跡宛然可見。而戴亟稱之，無乃未之思與？或謂漢光武之詔，已引《黄石公記》「柔能勝剛，弱能勝强」之語，則此書之傳亦遠矣。

又卷三 《三禮考註》，或謂非草廬書。考公年譜行狀皆不言嘗著此書。楊東里謂其編次時，與《三禮敍録》不同。予按《支言集·周禮敍録》但云「《冬官》雖缺，今姑仍其舊，而《考工記》别爲一卷，附之經後」。今此書篇首亦載《敍録》，乃更之曰：「《冬官》雖缺，以《尚書·周官》考之，冬官司空掌邦土，而雜於地官司徒掌邦教之中。今取其掌邦土之官，列於司空之後，庶乎冬官不亡。」《支言敍録》云：「《儀禮傳》十篇，澄所纂次」，而此書十字下乃加五字，此蓋或者欲附會此書出於公手，故揭公《敍録》置之篇首，又從而附益之爾。且公最不信《古文尚書》，《周官》古文也，其肯據之以定《周禮》乎？及觀其所考次，亦不能無可疑者，如《春官》大司樂而下，皆取而歸之司徒，《地官》大小司徒之職，則取而歸之司空，然觀《周書》穆王命君牙爲司徒，而有「祈寒暑雨，小民怨咨，思艱圖易，民乃寧之語」。又説「宗伯洽神人，和上下」，《周禮·春官》大宗伯之職，亦云「以天産作陰德，以中禮防之。以地産作陽德，以和樂防之。以禮樂合天地之化，百物之産，以事鬼神，以諧萬民，以致百物」。與《周書》之言，實相表裏。由是觀之，則司徒豈專掌教而不及養，宗伯豈專掌禮而不及樂乎？《敍録》所纂《儀禮逸經文》，僅存者止五篇，《公冠》、《諸侯遷廟》、《諸侯衅廟》、《投壺》、《奔喪》也。云《中霤》、《禘於太廟》、《王居明堂》三篇，其經亡矣。此書乃以《大戴·明堂篇》補《王居明堂》，其辭云：「明堂朱草，日生一葉，至十五日，生十五葉，十六日，一葉落，終而復始。」此緯書野史之説曾謂禮經而有是乎？其以《公符》補《公冠》，雖公之意，然篇中記雜周成王漢昭帝之冠辭，其非古經之文，明矣。公平昔深惡經傳之混淆，豈若是其雜亂而無區别乎？予嘗謂《諸侯遷廟》、《衅廟》、《奔喪》、《投壺》四篇，猶略存經之彷彿，以之補經，尚不能不起人之疑，《公符明堂》之不可補經決矣。夫經之殘闕，雖孟子亦但能言其略，或者顧務勦拾割裂以補之，不亦勞甚矣乎？

方孝孺《遜志齋集》卷四《讀三墳書》 書之名真而實僞者，多矣。何從而信之哉？亦在慎辨之爾！辨之法有三，味其辭以望其世之先後，正其名以求其事之是非，質諸道以索其旨之淺深，而真僞無所匿矣。吾嘗執是以觀天下之書，蓋十不失一焉。若世傳《三墳》書者，則又凡鄙而易見者也。孔安國稱伏羲、神農、黄帝之書謂之《三墳》，其言大道。今此書以《山墳》爲伏羲之書，言君臣、民物、陰陽、兵象，謂之《連山易》，而《姓紀》、《皇策》之篇附焉；以《氣墳》爲神農之書，言歸藏、生動、長育、生殺謂之《歸藏易》；以《形墳》爲黄帝之書，言其目而傳以申之。考其辭則不類，正其名則不合，質諸道則淺陋而無稽。其《姓紀》篇曰：「太始者，元胎之萌；太極者，天地之父母；太易者，天地之變；太初者，天地之交；太素者，三才之始。天地孕而生男女，謂之三才。」頗剽《莊》、《列》之餘，言而造爲異説，此其道之淺陋無稽者也。其論物則曰：「木爲金所剋服，陽臣十幹。」此後世曆生之常談，伏羲之時曾有之乎？論民曰：「四民之物，以貨爲本。」伏羲之時曷有四民之名乎？謂封拜之辭曰策。策始於漢，而謂伏羲氏有策辭，可乎？祭天地於圜丘，大夫之妻曰命婦，《周禮》始有之，而謂天地圜丘，恩及命婦爲黄帝之事，可乎？相人之術起於衰世，而謂聖人以形辨貴賤，正賢否，爲神農氏之書，可乎？此其名之不合者也。其辭皆後世俚野之談，而其尤謬者曰：「山月昇騰，川月專浮，山雲叠峯，川雲霰彩，山氣籠煙，川氣浮光，雲氣流霞。」皆唐人爲詩之語。其《政典》篇往往竊取《書》、《易》而損益之，如曰：「惟天生民，惟君奉天。民惟邦本，食惟民天。出言惟辭，制器惟象，動作惟變，卜筮惟占。先時者殺，不及時者殺。」皆是也。或者未之察，顧謂《書》所謂《政典》，正本諸此，而定爲上古之書，其亦異哉！然世之僞書衆矣，如《内經》稱黄帝，《汲冢》書稱周，皆出於戰國、秦、漢之人，故其書雖僞而其文近古，有可取者，此書則又僞於近代者也。其後有序，不著其姓名，自謂天復中隱於青城之西，因風雨石裂，中有石匣，得此書於匣中，其文絶與此書類。天復，唐昭宗時也。豈即青城隱者所僞邪？雖然聖人之經猶日月然，其道猶天地然，使孔子時有《三墳書》，孔子固不得而删，存其名而亡其書，孔子猶嘗言之。今孔子之繫《易》，但云伏羲氏畫八卦，神農氏爲耒耜，黄帝垂衣裳，未嘗言三皇有所謂《三墳書》也。孔子不言，安國何據而言之耶？然則安國之言亦妄矣！彼僞爲書者，因其

言而復僭襲《周禮》、《三易》、《連山》、《歸藏》之名，以爲伏羲神農之書，《周易》不可襲，則以《歸藏》先坤後乾名黄帝者，故曰坤乾，其亦妄之妄者耶。以區區俚野之文而欲托於三代唐虞之上，是猶瞽夫懸破鏡於空中，而欲自比於日月也，其亦惑之甚耶！於乎，世之擬經者亦可以知愧矣。

又《讀夏小正》 《夏小正》凡三百九十餘言，先儒以孔子所謂行夏之時者即此書，且以時之正，令之善釋之。自今觀之，其書記十二月之候，有關於人事者二十有七，若采芸、采蘩、祭鮪、攝桑、剥瓜、剥棗、納蔚、取荼之類，皆備記之。求其大者惟服公田、綏士女、萬用、入學、剥鱓、頒冰、始蠶、祈麥、攻駒、頒馬、王狩陳筋革十一事而已，豈所謂令之善者，止於斯乎？孔子有取於夏時，以建寅之月爲歲首耳，豈誠謂此書乎？使此書果夏之遺書，孔子曷不編於《禹貢》、《胤征》之間乎？孔子儻見此書，奚不曰「得夏小正」而曰「得夏時」乎？孔子未嘗指而言之。後乎孔子者，乃從而實之，豈固别有所受乎？或者信其説遽謂《汲冢書》之《周月解》、吕不韋之《月令》，皆本諸此，果何以定其先後乎？聖人之經，傳之萬世而無惑者，以其明道也。於道苟無損益，雖謂出於孔氏之壁，成於堯舜之時，謂之古書，則可矣，吾安敢信哉！

又《讀汲冢周書》 汲冢《周書》十卷七十解，或謂晉太康中出於汲郡魏安釐王冢，故曰汲冢。以論載周事，故曰《周書》。宋李燾以漢司馬遷、劉向嘗稱之，謂晉時始出者，非也，此固是矣。劉向謂其書爲《周書》，即孔子删定之餘者，則非也。何者？其事有可疑也。略舉其大者言之。武王之伐殷，誅其君，弔其民而已。其《世俘》篇乃曰：「馘魔億有十萬七千七百七十有九，俘人三億萬有二百三十。」夫殺人之多若是。雖楚漢之際，亂賊之暴，不若是之酷，而謂武王有是乎？所誅以億萬計天下尚有人乎？周公之用人，不求備於一人。其《官人》篇乃曰：「醉之以酒，以觀其恭；縱之以色，以觀其常；臨之以利，以觀其不貪；濫之以樂，以觀其不荒。」以詐術啗人，而責人以正，雖戰國之世，縱横權數之徒所不爲，曾謂周公而以此取人乎？王者之師禁亂除暴以仁義爲本，其《大武》篇則曰：「春違其農，夏食其穀，秋取其刈，冬凍其葆。」不仁孰甚焉。其《大明》篇則曰：「委以淫樂，略以美女。」不義孰甚焉？此後世稍有良心者，所不忍爲，曾謂王者之用兵乃若是乎？其爲文王之言曰：「利維生痛，痛維生樂，樂維生禮，禮維生義，義維生仁。」此稍知道者所不言，曾謂文王大聖人而爲是言乎？其《文傳》篇曰：「有十年之積者王，有三年之積者霸。」霸之名起於衰世，周初未嘗有之。謂王者不以道德，而在乎積穀之多，是商鞅之徒所不言，而以爲文王之言，可乎？其他若是者甚衆，及載武王伐商之事往往謬誕，與書不合。繇此觀之，決非《周書》。謂孔子删定之餘者，非也。其中若謚法、周月、時訓、職方之篇又與《爾雅》、《月令》間有合者。竊意漢初書亡，隱士縉紳之流所僞著，以爲周書，而司馬遷不察，故引而用之，劉向因以爲古書耳。惟其《芮良夫》篇最雅馴，其曰：「后除民害，不惟民害，民害非后。惟其讎民至億兆，后一而已。寡不敵衆，后其危哉。」嗚呼！君子之言，三復其篇，爲之出涕。

又《讀司馬法》 周司馬有用兵之法，至齊威王，欲尊用田穰苴遺□□，論古司馬法，附穰苴之書於其中，號《司馬穰苴司馬法》，漢《藝文志》百三十篇，今所傳者五篇。蓋周書之存者寡矣，而其言論猶有先王之遺意焉。先王之兵，非黷武好勝也，將止亂而已。此書所謂以戰止戰者，得之。先王之兵，以愛民爲本。此書所謂不因凶，不加喪，冬夏不興師者，得之。先王之世，寓兵於農，農隙講武。此書所謂忘戰必危者，得之。以德不以力，王道之盛也，非此書所謂六德者乎？正名而不尚詭，王道之要也，非此書所謂徧告諸侯，彰明有罪者乎？所謂舉賢立明，正復厥職，則興滅繼絶之事也。所謂以仁爲本，以義治之，則王者之政，文武之所繇興也。若是者非穰苴所能言，其爲遺書無疑。至有駁而不純，譎而不正者，則皆穰苴之法，而亦非戰國之談兵者所能及，蓋兵書之近道者也。嗚呼！王者之不作也久矣，人心之趨下也日以滋矣。於是英君謀士以譎詐爲奇，以屠戮爲武。若唐太宗、李靖之問答，惟知有孫吴之術，而司馬法爲虚語矣。況有出於孫吴之不忍言者乎，悲夫！

又《讀三略》 《三略》三篇，或謂太公之書，非也，蓋後人僞而托焉。太公之言於書無所見。孟子以爲天下之大老，與伯夷並稱，則其人可知矣。三篇之中太率皆平淺鄙狹，雜援軍讖以足成之。夫讖書起於戰國之後，太公之時曾有之乎？《中略》之末謂《三略》爲衰世而作。太公之佐文王，果衰世乎？其間曰攬英雄、曰侵盜縣官、曰奸雄相稱、曰霸者制士以權，皆漢魏以後之言；曰非譎奇無以破姦息寇，非陰謀無以成功、曰豪傑事職，國勢乃弱，其詭謬害理，雖太公之奴隸所不屑道，而妄謂太公之書，可乎？復有《六韜》者，其誣聖賢尤甚，論六兵則皆竊孫吴之所陳，至其所自言，猥細煩曲無足觀者。至於避正殿，用騎卒之説，又其僞之易見者也。近世三山施子美爲之講義，曲爲辨釋，以眩其博，卒不敢言其爲僞，其愚陋無識，特兒童之見耳，而世乃傳而誦之。

又《讀子華子》 余始聞太史公言《子華子》爲僞書，近求其書以觀，其辭婉麗

可喜，未覺其爲僞也，及詳味而徐察之，始知爲僞書無疑。蓋子華子，程氏名本，子華其字，晉人，與孔子同時，孔子所與傾蓋而語者也。夫孔子周遊四方，道途所遇，若楚狂、沮溺、荷蕢、荷篠丈人之流，皆不足知其意，至於歎息而不已。子華子一見而得聖人之歡心，亟解束帛而贈之，豈非當時之賢者哉，其言論宜有過人者。今所傳十篇之中，語道德則頗襲《老》、《列》之旨，專對則倣左氏之文。辨「黄帝鑄鼎」事，不能直排其謬而曲爲之説，傅會不經。與晏子論儉，雖爲近正，而起人君奢侈之端。答北宫意祥瑞之問，善矣。乃恐後世巧詐誕譎之臣，作爲聲詞薦之郊廟，似指漢武朱鴈芝房之事。其子車氏猳之喻，復竊韓愈所作《柳宗元墓銘》論代播州之意。醫藥之技，孔子罕言之，則劇談之而不置。八卦以宫言，孔子贊《易》時未有也，而曰坎宫、震宫。解字之不類，時之乖錯者甚衆。以爲子華子之書豈非誣哉？其首有劉向序，亦與向文殊，蓋亦僞也。僞之者不知爲誰，晁公武以爲元豐以後人，以《字説》而知之。或以爲王銍，豈或然歟？嗟乎！人之著書，上欲以淑來世，其次亦欲揚聲光於不朽，而僞是書既不足以淑諸人，而又不能少見其名，果何爲哉，果何爲哉！

又《讀曾子》 《曾子》十篇一卷，其詞見《大戴禮》。雖非曾子所著，然格言至論雜陳其間，而於言孝尤備，意者出於門人弟子所傳聞，而成於漢儒之手者也。故其説間有不純，如曰：「喜之而觀其不誣，怒之而觀其不惛，近諸色而觀其不踰，飲之而觀其有常。」又曰：「神靈者，禮、樂、仁、義之祖也。」又曰：「君子將説富貴，必勉於仁。」若是者，決非曾子之言。顧其言孝有足感予者。予少之時，事二親，嘗謂「人子無所自爲心，以父母之心爲心。」今此書曰：「孝子無私憂、無私樂，父母之憂憂之，父母所樂樂之。」旨乎其有味哉，一何似予之所欲言也。然少時知之而不能躬見之，及今欲養而二親已莫在矣。《疾病》篇有曰：「親戚既没，雖欲孝，誰爲孝？」誦其言，輟業流涕者久之。

又《讀尉繚子》 《尉繚子》二十三篇。尉繚子或曰齊人，或曰梁人，以其有惠王問答語也。三山施子美稱其有三代之遺風，其然哉？三代之盛未嘗有兵書也，非惟無兵書而兵亦非君子之所屑談也。君子之道圖亂於未萌，防危於既安，本之以德禮，導之以教化，同之以政令，使兵無自而作。俟兵之起而後與戰，雖孫武、吴起爲將，且恐不救，而況云云之書豈足恃乎。故好言兵者，賊天下者也，著書論兵者，流禍於後世者也，皆不免於聖人之誅也。尉繚子不能明君子之道，而恣意極口稱兵以惑衆，其重刑諸令，皆嚴酷苛暴，道殺人如道飲食常事，則其人之刻深少恩可知矣。《武議》、《原官》諸篇雖時有中理，譬猶盜跖而誦堯言，非出其本心，是以無片簡之可取者。謂之有三代之遺風，可乎？然孫、吴之書與《尉繚子》一術，彼以兵爲職，無怪其然。若《尉繚子》者，言天官、兵談、制談、戰威、守權、十二陵、武議、將理、原官、治本、戰權、重刑令、伍利令、分塞令、束伍令、經卒令、勤卒令、將令，有似乎君子，而實非者也，予不得不論之。

又《周禮辨疑》 《周禮》者，周史所記周之治事書也。以其出於周也，文、武、周公之遺法微意往往可得而推，以其成於史氏所述也，故不能無謬於聖人。然去後世之制則已遠矣，其有不能大過於後世者，蓋亡逸之餘，秦漢之士以意增損之者衆也。條狼氏之誓羣臣，於馭曰車轘，於大夫曰鞭五百，於大史曰殺，小史曰墨。周法豈若是暴哉？君臣之際有常禮，上不以尊而威其下，下不以卑而屈於上，道合則仕，否則引而退，不宜以鞭笞戮辱懼之也。夫馭及太史皆近臣，大夫則國之執政，加以嚴刑而誓於衆，使賢者居其職而能不知愧乎？此非以禮使人之道也。且車裂、鞭三百之法，秦漢以降之所有，周之盛時寧有秦法御羣臣哉？其非周制也明矣。昔歐陽氏、蘇氏皆嘗疑《周禮》，然皆其制度之失耳，於道無害也。周禮之善多矣。制度之不盡合，豈足爲周公累哉？若其有戾於道者，則學周公者所宜知也。

又 聖人之治天下，立法也嚴，而行法也恕。嚴者所以使民知法之可畏而不犯；恕者所以使民知刑罰行於不得已而不怨。斯二者，其爲事不同，其至仁之心一也。昔者讀《酒誥》之書，嘗疑武王欲殺羣飲者爲過甚，既而思之，武王豈好殺之主哉？其爲是言也，蓋愛其民之深而人不知也。示之以姑息，阱民於死地而後刑之，孰若先之以不可犯之禁，使民不陷于罪之爲美乎？武王以爲使殷民酗醟而至於爲亂，不誅之則害法，誅之則害仁，民受其禍者必衆矣。不若威之以至嚴，使聞吾言者疑吾爲過，察吾心者感吾爲仁。聖人之用心，不苟以悦民，而使民陰受其惠，此仁之至者也。《周禮》，周之遺書，其慮民亦詳矣，然不能無可惑者焉。《司徒》之《媒氏》：「仲春令會男女，於是時也，奔者不禁。」夫王者之防民，範之以禮義，猶恐其爲邪，況納之於邪，何以責其不繇禮義乎？昏娶以禮，至勞而逆情也。越禮而奔，至易而適意也。然人不敢爲其易，而勉爲其所難者，以有法禁存焉耳。今曰不禁人之奔，孰肯舍至易而爲其所難乎？是令之行，男女無以禮合者矣。啓之以淫奔之路，苟又從而罪之，是罔民也。縱其越禮而不詰，是賊民也。夫婦者，人倫之始。夫婦之倫不正，則人之倫將亂矣。武王、周公烏忍爲此姑息之政，以亂倫也哉？賢人之言可僞爲也，聖人之心千載可推而知也。求其言而不合，能揆之

於其心，則是與非決矣，人奚繇僞！

又 人之情不能無欲也，故不能無争，争而不能自直也，故不能不赴愬者，非人之所得已也，故君子盡心焉。察之惟恐其不明；處之惟恐不合乎中。民之有欲，愬者惟恐其不至也，安可責之以其所必無，而禁抑使勿言乎？《周禮・司寇》言：「民以財貨相訟者，令入束矢，以罪相告者，令入鈞金，而後聽之。」此非周制也。民心貧富不同，而後強弱生焉，強弱相淩，然後獄訟生焉，強不勝而弱勝者十一，弱不勝而強勝者十九。私鬬於下而不勝，則憤而愬于上，則凡愬者多貧弱之劫於勢力，而不獲自存者也，烏得鈞金與束矢乎？鈞金束矢，富強者之所有，而貧弱者之所無也。苟必欲得之而後聽其辭，則富與強者常勝，而貧弱者終困抑而不伸，何繇盡民之情而服人之志乎？以是而聽訟，後世暴吏之所爲，周之法必不若是也。孔子之門蓋有以聽訟稱者，孔子曰：「聽訟吾猶人也，必也使無訟乎？」夫聽訟而得其情，未爲失也，孔子猶且非之，況苛取於民，而禁其訟者哉？治天下不能使民無訟，而禁其勿訟，其差甚矣！焉在其爲周公之政，吾固知《周禮》非全書也。

又 治經不可致疑也，疑經太過則聖人之言不行，亦不可無疑也，不能有疑則聖人之意不明。始於有疑而終於無所疑者，善學者也。苟於信而不知擇，於經何所明哉？《周禮》，余之所最好，而疑之爲尤甚，蓋好其出於古，愛其爲先王之制，而惜其或失先王之意也。故求之也詳，味之也深，於其有可疑者，不得不爲之辨也。昔者周公論爲治之道備矣，未嘗及乎財利。武王受西旅之獒，召公駭然，以爲不可而争之。夫受一犬未爲害道，財利國之所宜用，言之未爲有過。二公抑之而不言，斥之而不使人主受其貢者，所以防亂源，而慎其始也。王者之所爲，將爲後世法，舉手投足且不可不慎，況著之於書，定一代之制，周公謹之宜何如哉。《周禮》之於言利，何其密也，金玉玩好則入于王府，良貨賄則入于内府，至於山師、川師皆使致珍異之物，其汲汲於利如此，豈周公意哉？以爲周公之所著而法之，不惟誣周公，且禍後世矣。昔之疑《周禮》者，詆斥過甚，固不足知聖人之意。然若此者其非周公之言，決也。天下之患，莫甚於名是而實非，人求之以其名，而行之於事，必自財利始，元豐之禍是也。然則余安得不辨乎？

梅鷟《尚書考異》卷一《史記・儒林傳》 太史公當漢武帝時，僞説未滋，故其言多可信。如云，伏生書出於壁藏，獨得二十九篇。又云，即以教於齊魯之閒，山東大師無不涉《尚書》以教，歷歷皆可信。然則漢文帝時，非無《尚書》也，求能治《尚書》者耳。山東諸大師非無治《尚書》者，皆伏生弟子，而推隆於宗師云耳。晉人不知，遂創爲失其本經，口以傳授，其誕妄不足信可知矣。今伏生書見在，古今所引者皆如此，昭然日星之明，失其本經者何篇，以意屬讀者何章何句也邪？又太史公未嘗言安國古文出於壁藏，既曰「頗能言」，又曰「蓋尚書滋多於此矣」，其言容有抑揚哉。

又《漢書・藝文志》 《漢書》與《史記》異者數處，「古文經四十六卷」，《史記》無此句。「孔子纂書凡百篇而爲之序」，《史記》無此句。魯共王壞宅，以書還孔氏事，《史記》不載。「孔安國得《古文尚書》，多十六篇，安國獻之，遭巫蠱事，未列於學官」，《史記》不載。「二十九卷」，《史記》作「二十九篇」，蓋一篇爲一卷也。《漢書》與《史記》不同者若此，宜從《史記》爲當，然百篇之序，《史記》班班可考，但孟堅以爲孔子爲之，晦翁不可也。

又《儒林傳》 范蔚宗歷述伏生今文書，及安國古文書傳授顛末，較然可尋，遂盡除去誕妄不經之説，使人得有所考。有以知晉人古文二十五篇，決非安國所傳之本，何其精詳而簡當也哉。班孟堅於是乎有愧矣。何者，伏生書傳之三家皆得立，世固無疑，安國書獨不得立，世遂以爲流落人閒，直至東晉始顯。今觀安國傳之數世至孔僖，世傳《古文尚書》，則其子孫之傳者也。都尉朝、庸譚、尹敏、蓋豫、周防、丁鴻、楊倫、杜林、賈達、馬融、鄭元，則其弟子之相傳者也。雖不得立之學官，而其家傳及弟子之相傳，正爲先漢之僞古文，而非晉人始出之古文，明矣。

又《隋書・經籍志》 《隋志》雖約《史記》、兩《漢書》而爲之，然其言時與《史》、《漢書》乖戾者多。首以伏生口傳二十八篇，又河内女子得《泰誓》一篇，蓋以《泰誓》足二十九篇之數，遂使後人承訛踵誤，其失一也。不志倪寬詣博士，受業孔安國，其失二也。不書尹敏初習歐陽《尚書》，後受古文，周防師事蓋豫，受古文《尚書》，其失三也。不書孔僖魯國魯人也，自安國以下，世傳古文《尚書》，其失四也。於扶風杜林傳古文《尚書》，同郡賈達爲之作訓，馬融作傳，鄭元亦爲之注下，不書由是古文《尚書》遂顯於世，其失五也。其下遂變文云，然其所傳，惟二十九篇，又雜以今文，非孔舊本。自餘絶無師説，其失六也。又云，晉世祕府所存，有古文《尚書》經文，今無有傳者，其失七也。又其後不書王肅得見安國古文《尚書》，及皇甫謐、梁柳、鄭沖等所傳安國古文尚書次第，其失八也。所以有此八失者，蓋不知二十九篇本以序言，而非僞《泰誓》，又不知都尉朝、庸生、倪寬、尹敏、蓋豫、周防、孔僖、杜林、賈達、馬融、鄭元，所傳古文，同一張霸所作者，遂誤以都尉朝庸生所傳者，爲東晉梅賾所上，而以杜、賈、馬、鄭所傳者，然後爲張霸僞書故也。夫《隋志》

徒知都尉朝庸生爲《尚書》古文學未得立者，爲即梅賾所上，而不知孔僖紹孔安國以下，世傳古文《尚書》，實即十六篇張霸等所作之古文，而非二十五篇之古文，然則《隋志》之失昭昭矣。

又《伏生今文書二十九篇》　《藝文志》所言，所以疏《史記·儒林傳》之言也，見百篇之書共序爲百一篇，亡失者七十二篇，止求得二十九篇。二十九篇之内，二十八篇爲《尚書經》，而一篇爲《序》，其言明甚。東晉時僞作孔安國《尚書傳序》者，亦知此意。故曰：「今所定者，增多伏生二十五篇。」伏生又以《舜典》合於《堯典》，《益稷》合於《臯陶謨》，《盤庚》三篇合爲一，《康王之誥》合於《顧命》，復出此篇，并序。凡五十九篇，爲四十六卷。可見《書序》正在二十九篇之數内矣。馬融等所注二十九篇者，正謂此也。尚何言哉？試以《史記》考之，則百篇之序，散見於夏、殷、周《本紀》中，雖不盡完備，然顛末可考，正可以見伏生二十九篇之經，乃并序言之，而非以僞《泰誓》矣。故曰：「孔氏、蔡氏皆讆説也。」

又《尚書大傳》三卷　伏生《大傳》，亦多虛辭濫説，故其後世多作僞書，非伏生之爲僞也，後之爲僞者由是而出也。卜子夏門人田子方，流而爲莊周，況伏生乎？然大司農鄭元爲之注，必其書多有可采者故也。年且百歲，乃授晁錯之時，今晁氏以爲歐陽生、張生當是時從學焉，則妄矣。當漢定求書，出其壁藏，即以教於齊魯之閒，年何嘗及百歲耶？且百歲之翁，音聲訛誤，先後差舛，又安能作傳三篇都爲三卷者哉？又曰：「勝終之後，數子各論所聞，以已意彌縫其闕，而别作章句，又特撰大義，因經屬指，名之曰『傳』者，凡皆無徵不信之辭也。」漢世之鄭玄，以大儒而爲之注，異世之晁氏，乃因晉人失其本經之言，而遂架空臆説。其亦無星之秤，無寸之尺，而欲以稱量事物，豈不繆哉。

又《古文二十五篇》　吴氏、朱子、吴先生三大儒之論如此，凡皆迥出常情，洞燭真僞，無所因襲之見，此所以爲豪傑聖賢也。夫豈雷同附和，并爲一談，牢不可破者可企而及之哉？然則不内炤於心，求其真是所在，而往往首鼠兩端。又或噤喑不敢出一聲者，正所謂昧其是非之本心者也，其不得罪於三先生者幾希矣。吴先生文集中又嘗有詩云：「先漢今文古，後晉古文今。若乃伏生者，遺像宜鑄金。」其所以寶愛聖經，而掊擊僞書者，何其嚴哉。

又《古文尚書十三卷》　鄭夾漈云：「孔安國得屋壁之書，依古文而隸之，以授都尉朝，朝授膠東庸生，謂之《尚書》古文之學。蓋正指隸書，爲隋唐之古文，未嘗以科斗言也。」晁氏又云：「安國以隸寫籀，謂之籀古。」則知以隸爲古文者，乃晉人假安國之自稱已如此。馬端臨不知此意，言雖明而徒爲贅耳，至其餘所言者，則承訛踵誤，全無考證，皆妄説也，夫朝乃安國弟子，未嘗授東晉古文也，僖乃安國數代曾孫，亦未嘗授東晉時古文也。兒寬以親受學安國，亦未曾受。太史公以親見安國，皆未曾見。而云：「又復晦昧數百年」，則其未晦昧之前，所見者果何人耶？所傳者果何書耶？學者亦可以自悟矣。朱子曰：「孔書是東晉方出，前此諸儒皆不曾見，可疑之甚，邁特之見，豈鼠肝蛙腹者所能及也耶？」

又《朱子語録》　朱子之見，誠爲超邁，朱子之言，誠爲精當，但猶頗有放失者，愚請得而補之。《小序》在於二十九篇之數，又《史記》班班可考，孟堅以爲孔子所作，則因其流傳之久故也。是則雖非孔子親筆，然先秦戰國時講師所作無疑。晉人假孔安國書，東晉方出，不惟前此諸儒皆不曾見。雖前此真孔安國亦不曾見，蓋安國子孫孔臧、孔僖，遞遞相承，安國諸弟子兒寬、庸生，表表人望。安國諸友，董仲舒、太史遷名世儒者，曾無一人一言及於二十五篇之内者，則亦不必置疑，而的然可知其僞矣。又況蒐竊補綴，如泥中之鬬獸，蹤跡形狀，亦焉能廋哉。朱子於先漢《小序》盡力排之，不肯少恕，於東晉後出僞書，雖云可疑之甚，然不免表章尊顯，疑信相半，遂使蔡、沈之徒，從厥攸好，違己所疑，豈匪過於放失，而同染污俗之見也與。

又《孔安國〈尚書〉注十三卷》　晁氏之言，多未詳悉，蓋考焉而不精，故語焉而不詳也。首言安國《古文尚書》至晉、齊閒始顯，是以晉人僞安國之古文，即爲先漢真安國之古文也，其言謬甚。論其義理，則先漢之古文，不如東晉之古文，尤爲近理，何者？先漢之僞，紕漏顯然，其失易見；東晉之僞，無一書不蒐葺，無一字無所本，是非英才閒世之大賢，不能以出於一手置其疑，不能以平緩卑弱斥其非。世之陋儒，其智如虱，不出褌襠，敝精神乎《爾雅》蟲魚之蹇淺，而略無超然獨得於牝牡驪黄之外之元微，則其奔走服役之不暇，而遂爲膏肓沈痼之疾病，不亦宜哉。論其時歲，則先漢之古文，實爲安國之家傳。而東晉之古文，乃自皇甫謐而突出，何者？前乎謐而授之者，曰鄭沖，曰蘇愉，曰梁柳，而他無所徵也。沖又授之何人哉？沖愉等有片言隻字可考證哉？此可知其書之杜撰於謐，而非異人，一也；後乎謐而上之者，曰梅賾，而賾乃得之梁柳，柳即謐之外兄，此亦可知謐之假手於柳以傳，而非異人，二也；至其作《帝王世紀》也，凡《尚書》之言，多創爲一紀以實之，此其用心將以羽翼是書，而使之可以傳遠，則其情狀不可掩矣，尚何疑哉？然則賈逵、鄭康成所注，正安國的傳之古文，於《禮記》、《國語》、《左傳》、《孟子》所引《尚

書》之文，悉皆不載。故諸儒疑信相半，辨駁紛然。皇甫謐窺見此意，故所杜撰特爲用心，然出於一手，終不可蓋。平緩卑弱，終不可掩者矣。唯注先漢的傳古文，而未見東晉後出之古文，是以凡遇所引皆曰「逸《書》」，蓋以此也。晁氏乃曰：「會有巫蠱事，不復以聞，藏於私家而已。」是以康成等未嘗見古文，誠爲可笑之至也。當是時，豈猶有秦人焚書之餘威，乃以安國與張霸等所作之十六篇者，而次第相承，以至於塗惲也耶。天之歷數在《爾躬》一節，離爲三段。而僞增其上，《予小子履》一節，離爲二段。而亦僞增其上，心勞日拙，實允蹈之矣。乃曰：「以《禮記》較《説命》，《孟子》較《泰誓》，大義雖不遠，而文不盡同。」是則真所謂不能三年之喪，而緦小功之察，不知務甚矣哉。

楊愼《丹鉛總録》卷一二 鬻子，文王時人，著書二十二篇，子書莫先焉。今其存者十四篇，皆無可取，似後人贋本無疑也。按賈誼《新書》所引《鬻子》七條，如云：「和可以守，而嚴可以守，而嚴不若和之固也。和可以攻，而嚴可以攻，而嚴不若和之德也。和可以戰，而嚴可以戰，而嚴不若和之勝也。則惟由和而可也。」又云：「治國之道，上忠于主，而中敬其士，而下愛其民。故上忠其主者，非以道義則無以入忠也，而中敬其士，非以禮節則無以諭敬也，下愛其民，非以忠信則無以行愛也。」又曰：「聖人在上位，則天下不死軍兵之事，民免于一死，而得一生矣。聖王在上位，而民無凍餒，民免於二死，而得二生矣。聖王在上位，民無夭閼之誅，民免於三死，而得三生矣。聖王在上位，則民無厲疾，民免於四死，四得四生矣。是皆正言確論也。」今之所傳有是乎？又《文選注》引《鬻子》「武王率兵車以伐紂，紂虎旅百萬陣於商郊，起自黄鳥至於赤斧，三軍之士莫不失色」。今本亦無，知其爲僞書矣。曷取賈誼書中七條補之以冠子書，亦愈於傳贋售僞也。

又《外人僞作外夷文字》 余嘗疑《穆天子傳》西王母歌詞出於後人粉飾，且《山海經》載西王母虎首鳥爪，形既殊異，音亦不同，何其歌詞悉似《國風》乎？又觀《後漢書》朱輔上白狼王《唐菆歌》三篇，音韻與漢無異，愈可疑也。唐新羅王獻詩，其句法與中唐人若合契。宋大中祥符間注輦國入貢上表，表辭極偶麗，中有云「輒傾就日之誠，仰露朝天之欵，臣賤如芻狗，微類醯雞，虚荷燭幽，曾無執贄。」究其文筆，與當時翰苑何差？言語不通之國，未必能集老莊之玄言，習徐庾之麗句也。當時天書尚可人爲，况外夷之貢志，在互市罔利諭之導之，無不可者，書之史册，不待智者能勘破矣。

楊愼《丹鉛餘録》卷一〇 《朱子語録》謂《與大顛書》乃昌黎平生死案。嗚呼，晦翁之言抑何其秋霜烈日邪！愚考韓《與大顛書》刻石於靈山禪院，乃僧徒妄撰，假韓公重名以尊其道，亦猶懷素假李白歌稱其「草書獨步」也。懷素《草書歌》人皆信其非白作，而獨以《大顛書》爲出於韓，何哉？李白作歌贈懷素，不足以損白之名，而韓公以道自任，一與顛書，則所損多矣。世人多不成人之美，雖心知其非，乃乘瑕蹈隙而擠之。卓哉李漢之先見序公之文曰：「無有失墜，總其目以七百，正虞後人羼入闌增以誣韓公也。」以此證之，則死案猶可翻也。嗚呼，至公無我之心，自聖人以下皆不能矣。古人謂公論百年而定，若此者雖千年猶不定也。

又卷一四 《春秋説題辭》曰：「星，陽精之榮也。陽精爲日，日分爲星，故其字從日，從下，生也。」按字書「星」字上作三圈，象形，非從日也。《春秋題辭》出漢人僞筆，未可深信。

又 《連山》藏於蘭臺，《歸藏》藏於大卜，此語見於桓譚《新論》，則後漢時《連山》、《歸藏》猶存，不可以《藝文志》不列其目而疑之。至隋世之《連山》、《歸藏》則僞作，上官求賞者耳。

又卷一七 文王、周公之世何嘗有單騎之説乎？或問《六韜》有騎戰，子何言古無單騎？曰《六韜》僞文，非太公著，古亦未有無車而乘馬者。《易》曰：「舍車而徒」，杜牧之注《孫子》曰：「黄帝險于蚩尤，以中夏車徒制夷虜騎士，此乃弧矢之利也。」牧之此言必有所據，乃知騎兵出于夷狄，至趙武靈王令國中胡服騎射，其事始入中國耳。

楊愼《丹鉛續録》卷三 《陰符經》非黄帝書，蓋出後漢末。唐人文章引用者惟吴武陵《上韓舍人行軍書》有「禽之制在氣」一語，梁肅《受命寶賦》有「天人合發區宇欒推」一語，馮用之《機論》、《權論》兩引之，此外絶無及之者。

又 《汲冢瑣語》，其文極古，然多誣而不信，如謂「舜囚堯」、「太甲殺伊尹」，又謂「伊尹與桀妃妹喜交」，其誣若此。小人造言不起自戰國之世，伊尹在相位日，被其黜僇者爲之也。然則何以知之？曰：其文不類戰國。

鄭曉《古書類編》上 《太誓》「十有三年」，蔡註以爲武王即位之十三年，漢儒以爲通言文王九年，大統未集並居喪之年，中間武王即位不改元，故云十三年，皆非是。今《太誓》與僞《太誓》皆可疑。詳玩今《太誓》，亦不似武王、太公、周公、召公文法，詞意比之《牧誓》相去遠甚。豈可即據以爲當時信書？《大戴禮》云：「文王十五而生武王，武王少文王十四歲。」《文王世子》云：「文王九十七而終，武王九十三而終。」文王崩時，武王已八十三矣，至九十三而崩，適滿十年，與《太誓》不合。

今考武王乙巳踐位，己卯伐商，乙酉崩，蓋十有一年，而東征或傳寫誤爲十有三年。據此，文王崩時武王年已七十七，武王少文王十九歲。

歸有光《震川先生集》卷一《易圖論上》　《易圖》非伏羲之書也，此邵子之學也。「昔者，庖羲氏之王天下也，仰則觀象於天，俯則觀法於地，觀鳥獸之文與地之宜。於是始作八卦，以通神明之德，以類萬物之情。」蓋以八卦盡天地萬物之理，宇宙之間，洪纖巨細，往來升降，生死消息之故，悉著之於象矣。後之人苟以一説求之，無所不通。故雖陰陽小數，納甲飛伏、坎離填補、卜數隻偶之類，人人盡自以爲《易》，而要之皆可以《易》言也。吾嘗論之：以爲《易》不離乎象數，而象數之變至於不可窮。然而有正焉，有變焉。卦之所明白而較著者爲正，旁推而衍之者爲變。卦之所明白而較著者，此聖者之作也；執其無端，以冒乎天下。旁推而衍之，是明者之述也；由其一方，以達於聖人。伏羲之作，止於八卦，因重之，如是而已矣。初無一定之法，亦無一定之書，而剛柔之上下，陰陽之變態極矣。夏爲《連山》，商爲《歸藏》，周爲《周易》。經別之卦，其數皆同。雖三代異名，而伏羲之《易》即《連山》而在《連山》，即《歸藏》而在《歸藏》，即《周易》而在《周易》，未嘗別有所謂伏羲之《易》也。後之求之者，即其散見於《周易》之六十四卦者是已。今世所謂圖學者，以此爲周之《易》而非伏羲之《易》。別出《横圖》於前，又左右分析之，以象天氣，謂之《圜圖》。於其中交加八宫，以象地類，謂之《方圖》。夫《易》之於天氣地類蓋詳矣，奚俟夫圖而後見也？且謂其必出於《伏羲》？既規横以爲圜，又填圜以爲方，前列六十四於《横圖》，後列一百二十八於《圜圖》，太古無言之教，何如是之紛紛耶？諸經遭秦火之厄，《易》獨以卜筮存。漢儒傳授甚明，雖於大義無所發越，而保殘守缺，惟恐散失。不應此圖交疊環布，遠出姬、孔之前，乃棄而不論，而獨流落於方士之家，此豈可據以爲信乎？《大傳》曰：「神無方，《易》無體。」夫卦散於六十四，可圜可方。一入於圜方之形，必有曲而不該者。故散圖以爲卦而卦全，紐卦以爲圖而卦局。邵子以步算之法。衍爲《皇極經世》之書，有分杪直事之術，其自謂先天之學固以此。要其旨不叛於聖人，然不可以爲作《易》之本。故曰推而衍之者變也，此邵子之學也。

又《易圖論下》　或曰：自孔子贊《易》，今世所傳《易大傳》者，雖不必盡出於孔氏，而豈無一二微言於其間？子之不信夫《易圖》，以爲邵子之學則然矣。而邵子之所據者，《大傳》之文也。不曰「《易》有太極，太極生兩儀，兩儀生四象，四象生八卦」乎？此其所謂《横圖》者也。又不曰「天地定位，山澤通氣，雷風相薄，水火不相射」乎？此其所謂伏羲卦位者也。又不曰「帝出乎《震》，齊乎《巽》，相見乎《離》，致役乎《坤》，説言乎《兑》，戰乎《乾》，勞乎《坎》，成言乎《艮》」乎？此其所謂文王卦位者也。曰此非《大傳》之意也，邵子謂之云耳。夫《易》之法，自一而兩、兩而四、四而八，其相生之序則然也。八卦之象，莫著於八物。而天地也，山澤也，雷風也，水火也，是八者不求爲偶，而不能不爲偶者也。帝之出入，《傳》固已詳之矣。以八卦配四時，夫以爲四時焉，則東南西北，緊是焉定，非文王《易》置之而有此位也。蓋《説卦》廣論《易》之象數，自三才以至於八物、四時，人身之衆體，與天地間之萬物，何所不取？所謂推而衍之者也。此孰辯其爲伏羲、文王之别哉？雖《圖》與《傳》無乖剌，然必因《傳》而爲此《圖》，不當謂《傳》爲《圖》説也。且邵子謂先天之旨在卦氣，《傳》何爲舍而曰「天地定位」？後天之旨在八用，《傳》何爲舍而曰「帝出乎震」？《傳》言卦爻象變詳矣，而未嘗一言及於《圖》，所可指以爲近似者，又不過如此。自漢以來説《易》者，今雖不多見，然王弼、韓康伯之書尚在，其解前所稱諸章，無有以《圖》爲説者。蓋以《圖》説《易》，自邵子始。吾怪夫儒者不敢以文王之《易》爲伏羲之《易》，而乃以伏羲之《易》爲邵子之《易》也，不可以不論。

又《尚書敍録》　余少讀《尚書》，即疑今文、古文之説。後見吴文正公《敍録》，忻然以爲有當於心。揭曼石稱其「綱明目張，如禹之治水」，信矣。自是數訪其書，未得也。己亥之歲，讀《書》於鄧尉山中，頗得深究《書》之文義，益信吴公所著爲不刊之典。因念聖人之《書》存者，年代久遠，多爲諸儒所亂。其可賴以别其真僞，惟其文辭格制之不同；後之人雖悉力模擬，終無以得其萬一之似。學者由其辭，可以達於聖人，而不惑於異説。今伏生《書》與孔壁所傳，其辭之不同，固不待於别白而可知。昔班固志《藝文》，有《尚書》二十九篇，《古經》十六卷。《古經》，漢世之僞書。别於經，不以相混，蓋當時儒者之慎重如此。而唐之諸臣，不能深考，猥以晚晉雜亂之《書》，定爲義疏，而漢、魏專門之學，遂以廢絶。夫《書》之厄已至矣。伏生掇拾於流亡之餘，以篤老之年，僅僅垂如綫之緒于其女子之口，千萬世之下，因是可以稍見唐、虞、三代之遺，而可不知所愛惜哉！朱子蓋有所不安，而未及是正，吴公實有以成之。而今列于學官者，既有著令，薦紳先生莫知廣石渠、白虎之異義，學者蹈常習故，漫不復有所尋省。以數百年雜亂之《書》，表章於一代大儒之手，而世亦莫能以尊信之，可歎也已。余未見吴公書，乃依髣其意，釐爲今文如左，而存其《敍録》於前，以俟他日得公書參考焉。

又《孝經敍録》　《孝經》一篇，十八章，河間顔芝所藏，芝子貞出之。《孝經古

孔氏》一篇，二十二章，孔氏壁中所藏，魯三老獻之。漢世傳《孝經》，有長孫氏、江氏、后氏、翼氏四家，而古文絶無師授。至劉向，校定并除，卒以十八章爲定。魏、晉以後，王肅、韋昭、謝萬、徐整之徒，注者無慮百家，莫有言古文者。蓋古文并於十八章，而孔氏之别出者廢已久矣。隋劉炫始自離析增衍，以合二十二章之數，著《稽疑》一篇，當時遂以爲《孔傳》復出，而儒者固已譁然謂炫自作。炫又僞造《連山》、《魯史》等百卷，則炫之書又可信哉？故嘗以《古文孝經》與《古文尚書》俱自孔氏，而廢興隱見於漢、隋之際，其迹略同，而其可疑一也。晉穆帝永和十一年，及孝武太元元年，再聚羣臣，共論經義。荀昶撰進《孝經》諸説，以鄭氏爲宗，其後陸澄謂爲非玄所注。唐開元七年，詔羣臣集議，史官劉子玄遂請行孔廢鄭。夫子玄以爲非鄭之注可矣，因欲以廢經而用劉炫之古文，豈不過哉？當是時，儒者盡非子玄。天子卒自注定從十八章，仍八分御札，勒於石碑，世謂之《石臺孝經》。宋咸平中，詔邢昺、杜鎬等依以爲講義。而司馬温公《指解》，猶尊用古文，其意詆今文爲他國疏遠之僞書，蓋見新羅、日本之别序，而近忘京兆之《石臺》也。元吴文正公始斥古文之僞，因朱子刊誤，多所更定。今予一從石本。獨其章名，乃梁博士皇侃之所標，非漢時之所傳，故悉去之。予又著其説曰：大哉孝之道，非聖人莫之知也。昔孔子嘗不對或人之問禘矣。其言明王之以孝治天下，至于刑四海，事天地，言大而理約，豈非極萬殊一本之義，意其所以告曾子者如此哉？雖然，其書非孔氏之舊也。宋、元大儒，固卓然獨見於千載之下，以破諸儒之惑矣。然其所去者是矣，而所存者，又未必純乎孔氏之舊也。則莫若俱存之。自秦火之後，諸儒區區掇拾，而文藝之全者尠矣。非孔子復生，莫之能復也。今世所存，如《孝經》、《家語》、大小戴之《記》，要以爲有聖人之微言，故莫若俱存之，而待學者之自擇也。

王世貞《弇州四部稿・讀鬻子》　《鬻子》僞書也，其文辭雖不悖謬於道，要之至淺陋者，掇拾先賢之遺，而加飾之耳。謂禹據一饋而七十起，非三吐之戹言乎？七十起何其勞也，禹得七大夫，如杜、季、施，皆非夏氏因生之姓。至所謂東門虚，南門蠕，西門疵，北門側，幾乎戲矣。夫鬻子九十而爲文王師也，乃末篇曰：「昔者魯周公使康叔往守於殷。」何哉？阮逸僞《元經》，李筌僞《陰符》，劉歆僞《周禮》，固矣，猶能文其辭，未有如《鬻子》之淺陋者也。雖然使僞而近也，毋寧僞而遠也乎，近則惑。

又《讀三墳》　毛漸序《三墳》，其時皆以爲僞書，而漸獨信之，毋論其淺率而强爲古語也。伏羲畫《連山》而有民兵器、陰兵妖、陽兵妖、兵陽陣，至策辭而曰「主我屋室，主我刃斧」。神農《歸藏》而曰「殺藏墓」，此皆不知其時而妄爲説者也。隋購天下遺書，有劉炫者僞爲《連山》等《易》，百餘卷，上之，受賞而去，後事發坐抵罪，所謂《三墳》者，豈即其書也耶？

又《讀元命包》　右書據以爲後周衛元嵩述，唐蘇元明傳，李江注，楊元素由秘閣傳本鏤行，而張昇以授楊揖者也。愚謂此即素撰或張昇撰而托者也。卦下每作重疊文難字，而攷之諸字書，則易曉。其旨甚淺，而於理不甚悖。又經、傳、註若出一人手，故以爲宋人作也。凡唐以前僞書，其理駁而時有精旨其文雜而古其字奇而有不可識者。今皆反之，故以爲宋也。《乾坤鑿度》亦然，惟《穆天子傳》、《竹書紀年》、《汲冢周書》則非秦漢以前人不能也。

又　《吕氏春秋》文有絶佳者，有絶不佳者，以非出一手故耳。《淮南鴻烈》雖似錯雜而氣法如一，當由劉安手裁，楊子雲稱其「一出一入，字直百金」。《韓非子》文甚奇，如《亢倉》、《鶡冠》之流皆僞。

又　楚《檮杌》「莊王築層臺，延袤百里，大臣諫者七十二人皆死，用諸御已言而罷。」乃其辭有「吴不用子胥而越乘之」，何也？灼然僞書無疑。

又《讀亢倉子》　《亢倉子》其文辭東京之後，迂於儒者耳，其議則無嘉焉。余讀《公孫龍》，雖其謬悠鄙舛，而要之縱放强辨，儼然戰國之習也。僞者多援少倍，多拘少劇。《亢倉子》僞書也。《列子》載亢倉子遂有《亢倉子家語》，記「子華子」，遂有《子華子》，賈誼稱「鶡冠子」，遂有《鶡冠子》。嗚呼，士之托空名以求傳其言者，意亦可悲哉？

王世貞《藝苑卮言》卷二　《大風》三言，氣籠宇宙，張千古帝王赤幟，高帝哉？漢武故是詞人，《秋風》一章，幾於《九歌》矣。《思李夫人賦》，長卿下，子雲上。「是耶非耶」三言精絶。《落葉哀蟬》，疑是贋作「幽蘭秀簟」，的爲傳語。

又　録蘇李雜詩十二首，雖總雜寡緒，而渾樸可咏，固不必二君手筆，要亦非晉人所能辦也。如「人生一世間，貴與願同俱。」「紅塵蔽天地，白日何冥冥。」「招摇西北指，天漢東南傾。」「短褐中無緒，帶斷續以繩。瀉水置瓶中，焉辨淄與澠。」「仰視雲間星，忽若割長帷。」彷彿河梁間語。

又　《孔雀東南飛》質而不俚，亂而能整，叙事如畫，叙情若訴，長篇之聖也。人不易曉，至以《木蘭》並稱。《木蘭》不必用「可汗」爲疑，「朔氣」、「寒光」致貶，要其本色，自是梁、陳及唐人手段。《胡笳十八拍》軟語似出閨襜，而中雜唐調，非文姬筆也，與《木蘭》頗類。

又 余讀《琴操》所稱記舜、禹、孔子詩，咸淺易不足道。《拘幽》，文王在系也，而曰：「殷道圂圂，浸濁煩。朱紫相合，不別分。迷亂聲色，信讒言。」即無論其詞已，內文明，外柔順，蒙難者固如是乎？「瞻天案圖，殷將亡。」豈三分服事至德人語！「望來羊」固因「眼如望羊」傳也。他如《獻玉退怨歌》謂楚懷王子平王。夫平王，靈王弟也，曆數百年而始至懷王。至乃謂玉人謂樂正子，何其俚也。《窮劫曲》言楚王乖劣，任用無忌，誅夷白氏，三戰破郢，王出奔。用無忌者，平王也。奔者昭王也。太子建已死，有子勝，後封白公，非白氏也。其辭曰：「留兵縱騎虜京闕。」時未有騎戰也。《河梁歌》：「舉兵所伐攻秦王。」勾踐時秦未稱王也，勾踐又無攻秦。夫僞爲古而傳者，未有不通於古者也。不通古而傳，是豈僞者之罪哉！

又 諸仙詩在漢則漢，在晉則晉，在唐則唐，不應天上變格乃爾，皆其時人僞爲之也。道經又有命張良注《度人經》敕喪，其文字絶類宋人之下俚者，至官秩亦然，可發一笑。

焦竑《焦氏筆乘》卷六《古逸經》 初，秦之威學也，書藏於屋壁，後人收拾散滯，遂已不全。其後字則變古爲篆，改篆爲隸，書則縑以代簡，紙以代縑，愈遠而愈失真矣。如《采齊》、《貍首》見《周禮》；《河水》、《祁招》、《新宫》、《轡之柔矣》、《雖有絲麻》、《翹翹車乘》、《俟河之清》、《禮義不愆》見《春秋傳》；《驪駒》見《漢·儒林》，皆《逸詩》也。「伏羲作十言之教，曰：『乾、坤、震、巽、坎、離、艮、兑、消、息』」，見《左傳疏》；「誣神者殃及三世」，見《劉向傳》；「建其本而萬物理」、「失之毫釐，差以千里」，又「勞而不伐，有功而不德，厚之至也」、「有一道，大足以守天下，中足以守國家，小足以守其身，謙之謂也」、「夫天道毁滿而益謙」、「不損而益之，故損自損而終故益」，又「天地動而萬物變化」，見《説苑》；「其亡斯自取災」，見《風俗通》；「地可觀者莫可觀於木」，見《説文》；「正其本，萬事理」、「失之毫釐，差以千里」，見《東方朔》；「化民有道，對小人處盛位，雖高必崩」、「不盈其道，不恒其德，而能以善終身，未之有也」、「是以初登於天，後入於地」，見《鹽鐵論》，皆《逸易》也。「民可近也，而不可止也」，見《周語》；「聖作則，慎始而敬終，終以不困」，見《左氏》；「維高宗報上甲微」，見《孔叢子》；「大道亶亶，其去身不遠，人皆有之，舜獨以之」，見《賈誼書》；「禹七年水，湯五年旱」，見《墨子》；「舜彈五弦之琴，歌《南風》之詩，而天下治」，見《風俗通》；「大社唯松，東社唯柏，南社唯梓，西社唯栗，北社唯槐，厥兆天子爵」，見《白虎通》；「前師乃鼓鼗譟」，見《周禮·大司馬》注；「將欲敗之，必姑輔之；將欲取之，必姑與之」，見《國策》；「不及貢，以政接於有庳」，見《孟子》；「恃德者昌，恃力者亡」，見《史記》；「刑三百，罪莫重於不孝」，見《呂氏春秋》；「毋爲權首，將受其咎」，又「先其算命」，見《漢書》；《説文》引《虞書》「仁閔覆下，則稱昊天」，《大傳》引《盤庚》「若德明哉，湯任父言，卑應言」，又引《酒誥》「王曰封，唯，曰若圭璧」，《文選注》引《周書》：「王曰：『余不知九星之光。』周公曰：『日、月、星、辰、四時、歲，是謂九星。』」皆《逸書》也。「半璧曰璜」，見《周禮疏》；「三皇禪云云，五帝禪亭亭」，見《文選注》；「天子駕六馬，諸侯駕四馬，大夫三，士二，庶人一」，見《王度記》，皆《逸禮》文也。《王居明堂位》，見《正義》；《瑞命》，見《論衡》；《聘禮志》，見《荀子》，皆《逸禮》篇名也。「文翰若采，維周成王時蜀人獻也」，見《古今注》，《逸周禮》也。「玉粲之瑟兮，其瑮音力猛也」，見《説文》；「古皆没」，見《風俗通》；「如玉之瑩」，見《文選注》；「璠璵，魯之寶也。遠而望之，焕若也，近而視之，瑟若也」、「一則理勝，一則孚勝」，見《事類賦》，並稱《逸論語》。「夫有意而不至者有矣，未有無意而至者也」，見《法言》；「人皆知糞其田，而不知糞其心」，見《説苑》；「三見齊王而不言事」，見《荀子》；「紂貴爲天子，不死曾不如匹夫。是紂先自絶久矣，非死之日天去之也」，見《伍被傳》；皇甫謐曰：「孟子稱禹生石紐，西夷人也。」見《史記·六國表注》；「舜生五十，不失其赤子之心」，見鄭玄《坊記注》；「堯舜之道，非遠人也，而人不思之耳」，見桓寬論；「泰山之高，參天入雲」，見《文選注》；「堯舜不勝其美，桀紂不勝其惡」，見《史記》，並稱《逸孟子》。夫諸書，漢儒劉向輩校定於前，蔡邕輩鐫刻於後，嗣是唐有《大唐石經》，宋有《三體石經》，可謂詳矣。第不知漢初諸儒之所讐校者何書，遂至遺逸如此。先儒往往稱外國本，曾見蜀有《論語石經》「舉一隅」下有「而示之」三字，「必有我師焉」下有「我」字，「後其食」作「後食其禄」。唐玄宗亦改《洪範》「無陂」爲「無頗」，凡此豈孔壁既出之後，殘篇斷簡，漢初諸儒考校弗精，以致斯繆，後人因而承襲之與？

又《焦氏筆乘續集》卷四《古易》 古人欲發明聖賢經傳，皆自爲一書，不以相附。如孔子作《十翼》以贊《易》，子思、孟子作《學》、《庸》、《七篇》明《論語》，莊周作《莊子》以明《老》是也。自王弼始以《十翼》雜於經文，不知《易》文有韻，不可以他語間之。且伏羲有伏羲之《易》，文、周有文、周之《易》，孔子有孔子之《易》，又有難强同者，故朱子作本義以還其舊。成化間，一俗儒復分散如王弼本，業舉者便之，至今遂不復見《易》之原文，良可嘆也。宋人云：晁説之作《古易彖象》，别異於卦爻，欲學者不執《彖》以論《卦》，不執《象》以論《爻》，語爲得之。然謂《古易》作於説之，甚謬。

又《越絶書》 《越絶書》，鄭夾漈《經籍略》等皆以爲子貢所作，殊無據。此書終篇業具姓名，讀者未審耳。云「以去爲姓，得衣乃成。厥名有米，覆之以庚。禹來東征，死葬其疆」，又云「文屬辭定，自于邦賢。以口爲姓，承之以天。楚相屈原，與之同名」，去得衣乃袁字，米覆庚乃康字，禹葬會稽，是會稽袁康著耳。「文屬辭定，自於邦賢」，言此書非康自作，口承天，吴字；與原同名，平字，是邑人吴平所共定。如《參同契》所謂：「委時去害，與鬼爲鄰。百世一下，遨遊人間。陳敷羽翮，東西南傾。湯遭阨際，水旱隔并。」亦自隱魏伯陽三字。古人好爲狡獪乃爾。

陳第《尚書疏衍》卷一《尚書攷》 《尚書》有今文古文，今文二十八篇，曰《堯典》，曰《皋陶謨》，曰《禹貢》，曰《甘誓》，曰《湯誓》，曰《盤庚》，曰《高宗肜日》，曰《西伯戡黎》，曰《微子》，曰《牧誓》，曰《洪範》，曰《金縢》，曰《大誥》，曰《康誥》，曰《酒誥》，曰《梓材》，曰《召誥》，曰《洛誥》，曰《多士》，曰《無逸》，曰《君奭》，曰《多方》，曰《立政》，曰《顧命》，曰《吕刑》，曰《文侯之命》，曰《費誓》，曰《秦誓》是也，合《序》爲二十九。古文二十五篇，曰《大禹謨》，曰《五子之歌》，曰《胤征》，曰《仲虺之誥》，曰《湯誥》，曰《伊訓》，曰《太甲》三篇，曰《咸有一德》，曰《説命》三篇，曰《泰誓》三篇，曰《武成》，曰《旅獒》，曰《微子之命》，曰《蔡仲之命》，曰《周官》，曰《君陳》，曰《畢命》，曰《君牙》，曰《伯冏》是也。今文本自伏生，伏生爲秦博士，當秦焚書，伏生壁藏之。及漢定求其書，亡數十篇，獨得二十九篇，即以教於齊魯之間。古文本自孔安國，魯共王壞孔子宅，欲以爲宫而得古文於壞壁中，以校今文多二十五篇，安國獻之。漢武受詔作傳，又于《堯典》分出《舜典》，《皋陶謨》分出《益稷》，《盤庚》分出二篇，《顧命》分出《康王之誥》，合今文古文共爲五十八篇，傳成，值巫蠱之禍，不及上聞，世弗得而見之也。先此有得僞《泰誓》者，謂之今文《泰誓》與安國《泰誓》不同，儒者聞安國《尚書》有五十八而未之見，遂有張霸之徒，亦于伏生書分出《盤庚》二篇，《康王之誥》一篇，爲三十一篇。增入僞《泰誓》三篇，又僞作《舜典》一篇，《汩作》一篇，《九共》九篇，《大禹謨》一篇，《益稷》一篇，《五子之歌》一篇，《胤征》一篇，《湯誥》一篇，《咸有一德》一篇，《典寶》一篇，《伊訓》一篇，《肆命》一篇，《原命》一篇，《武成》一篇，《旅獒》一篇，《冏命》一篇，亦爲五十八篇，篇目雖與安國同，自《泰誓》而下二十七篇皆非安國之舊矣。劉向作《别録》，班固作《藝文志》及《後漢書·儒林傳》所稱《古文尚書》者，實皆張霸之僞書，非安國之古文，故馬融、鄭玄、劉歆、趙岐、服虔、韋昭、王肅、杜預之倫，皆未見孔傳，故鄭玄註《禮記》，趙岐註《孟子》，韋昭註《國語》，杜預註《左傳》，凡有引用二十五篇者皆曰逸書，曰篇亡道其實也，

安得以目所未見而附會以爲知乎？至晉鄭沖始得古文以授蘇愉，愉授梁柳，柳，皇甫謐之外弟也，謐于柳邊得《古文尚書》，故作《帝王世紀》，柳授臧曹，曹授梅賾，賾于前晉奏上而施行焉，自是人人知有古文矣。余按孔穎達所攷而詳其顛末如是，則見斯文興廢不偶然也。

郝敬《尚書辨解·讀書》 三代以前，《墳》、《典》至春秋時雜越矣，孔子特加删正，弟子心通其義者七十人。是時天下學士大夫博學道古，魯國諸生多至三千。周之季年，文勝世運然也，浸淫至于戰國，七十子之門人後裔轉相傳習，徑竇遂多，荒宕隱怪，縱横飛箝，種種異説雲興。七王割據，俗殊道分士争飾其學，詭其辨，以相高，而六經之言被其薄蝕，真贋始混淆矣。百家蠭涌議論，厖雜呶聒而不可勝聽，秦皇李斯一舉而畀之炎火，有激而然非盡其罪也。故昔之僞言莫多于七國與嬴秦之季。漢因秦禁六籍，荒閣黔首久愚，目識一丁即稱儒者，粗能誦一經，則安車造門天子師事矣。曩時僞編皆託塚中壁閒之藏，鼠璞雜進，笙竽不分，至于今二千餘年，承訛習迷，蒙而不發，亦爲不善辨矣。

又 《堯典》、《禹貢》其辭簡奥，敘事樸直有體，《皋陶謨》精深淹雅，自是上皇風味。古人言語高遠，質而愈新。後人極意整齊，反傷體，有意舒散，反見拙。如商彝、周鼎自然蒼潤，俗工雕鏤亂真，識者自能鑑之。

又 《書序》非夫子作，其篇目真贋混淆，語多孟浪，煩簡不中節，殆周秦閒人杜撰。今觀《虞書》一典，千餘言括盡兩朝二百年盛事。皋陶一謨，僅七百言，五臣弼主洪猷，包羅殆盡，非獨文字高簡，亦由古人篤實，尚行寡辭，竹簡篆書，記載繁難自不能多。予嘗謂《虞書》不容更有第三篇，以其希貴也。據《序》，《虞書》尚有十一篇偕亡，則虞庭文辭之多何異秦漢，不足信耳。《禮記》曰：「疏通知遠，《書》之教也，其失也誣。」予初不解，所謂何獨《書》稱誣乎？及讀《孟子》云：「盡信《書》不如無書」，則《書》之可疑，從來遠矣。孟子距删《書》時纔百餘年，簡編已不足盡信，宜後世僞作愈甚也。秦漢之際去古未遠，殘編尚有存者，故《序》中猶多真目。古文二十五篇，閒有微言，要之非古人完璧矣。

又 《堯典》、《皋陶謨》、《禹貢》三篇，文辭最古，法度森嚴，有頭尾，有血脈，有分段，有照應，爲千萬世史書冠冕。後世依倣其體，爲帝紀、世家、列傳，枝葉敷榮，非不可觀。然一登泰山，頓覺邱阜爲小。堯舜一德，故二帝併典，五臣同心，故皋陶合謨，孔書離堯典爲二，以補舜典，其識已卑，别增禹謨一篇，尤瑣碎不成文理，此何待具眼者乃能辨之。

又 《盤庚》、《大誥》、《康誥》等篇，文辭如流雲雜霧，烝涌騰沓，不可搏埴，而自然煙潤。孔《書》二十五篇，丰姿濟楚，如礱石疑玉，刻木肖花，漸染娬媚之氣。古言盤鬱，今言清淺；古言幽雅，今言高華。一覽而盡者，今人之辭；三復而愈遠者，古人之辭也。

又 朱元晦謂《大誥》、《多士》等篇，辭語艱澀，如官司行移文字與民間，語夾雜俗語，故難解。《蔡仲》、《君牙》等篇如今翰林制誥文字與士大夫語，故易曉。按《大誥》、《康誥》有何俗語，而以語俗人？豈俗人明敏，反勝學士大夫？學士大夫難解者，俗人其能解乎？凡訓誥非對臣民口授，皆裁成篇章頒佈，必經聖人之手，雖史官潤色，亦本聖人口澤，故其言多淵懿，而神理溢于辭章之外，隱合于胸臆肺腑之中，若出若不出。離而視之，深沈蒙晦，無迹可尋。會而通之，生氣浮動，温如春，冷如秋，穆如清風，澤如甘雨，紬繹其緒，嚼咀其味，恍然見其心曲。親炙其眉宇，而聆其謦欬，非聖人之言，而能若是乎？至于二十五篇清淺齊截，自是三代以下韶秀之姿，語多浮響，意不切題，或先賢記聞，或後人假託，天壤懸隔，烏可相亂也。

又 文字出上古，自然深沈，隱約有鬱蒼之氣，正是未雕之璞。一落叔季，膚淺輕揚，氣運風會，莫知所以然而然也。《尚書》二十八篇，當世即欲不如此，作不得。六經皆夫子手訂，及夫子自作，亦是春秋以後文字。如《論語》二十篇，春容爾雅，愚者可知，猶謂有子之徒記述。至《春秋》、《周易·十翼》，夫子手筆，亦是愚者可知。文章因乎世運，雖孔子欲爲四代《典》、《謨》之文，亦不可得已。後人何幸，因伏生所授，得見四代鴻寶，二十八篇真足爲萬世國史之宗，其二十五篇如《伊訓》《太甲》之類，《左》、《國》諸書駸駸欲方駕矣。

又 諸傳獨《孟子》近古，七篇中所引《書》如《太甲》、《伊訓》、《湯誓》等語質直而少逸響，正與二十八篇文字一律，足徵伏書是真，孔書是假。又如《大學》所引《康誥》作「新民」、若「保赤子」、「唯命不于常」等語，篇内自然渾合。孔書取引語填補，痕跡宛然。

又 孔書《伊訓》、《太甲》、《説命》、《君陳》等篇，《禮記》、《學記》、《表記》、《緇衣》多引用其語，蓋《記》與孔書先後同出，其所引當世已無全文，摹倣補緝，非古之完璧也。孔書四代文字一律，必無此理，《詩》如《商頌》縝栗而淵瑟，《周頌》清越而馴雅，二代文質之分也。《詩》既爾，《書》亦宜然，豈得《商書》清淺，反不如《周書》樸茂也？若以《伊訓》、《太甲》與《康誥》、《大誥》諸篇并列，先後文質倒置矣。孔書諸篇辭義皆浮泛，如《伊訓》不切放桐復亳，《説命》不切帝賚良弼，《君陳》、《畢命》不切尹東郊，其他皆然。轉移變換，皆可通用，古史典要，決無此病。多後人按步倣效，故其語勢徧側，如室中演棒，四礙不得自由。若真古文，如《大誥》諸篇，任説得縱橫舒展，真贋功沽，天地懸隔。愚讀伏書二十八篇，觀二帝同典，五臣共謨，益信古人制作精深。按《周書》知周公無殺管叔事，益信孔書爲妄作，聖人復起，不易吾言。

又 夫子删定之季，周室東遷已久，典籍散亡，計當日所定四代書亦應不多。伏生所授二十八篇，四代規模已具，恐未止三之一耳。《詩》比《訓》、《誥》易于存，記有樂官典守，故多至三百餘篇具在。《書》辭深奥，故伏生所記止此。假如二十五篇者，雖多可不至遺忘，亦真與僞之别也。

毛晉《汲古閣書跋·子貢詩傳》 秦焰之餘，《易》以卜筮而傳，《詩》以諷誦而傳，《書》以藏壁而傳，始信三經與蓂蓂相終始，殆聖而不可知之之謂神耶？若《子夏詩序》、《子貢詩傳》，載在竹帛，非叶於管絃者，豈亦有神物護持至今耶？但《詩序》先儒辯論紛紛，未聞有詳覈《詩傳》者。或因宣聖可與言《詩》一語，後人附會其説而作是《傳》，亦未可知。范石湖謂《傳》即魯《詩》，今觀其章次約略相似。余家向藏宋搨石碑，古文大篆，漫滅難辨，然焚香展對，古色炤心，恍遨神于殷周十五國間，肅然不敢睨視。忽一日失去，深慨神物不易保也，既又得郭中丞公新刻，云是祕閣石本，前列篆書，未知亦出宋皇祐間張紹文、楊南仲輩手筆否。余亟依其釋文授梓以傳，其真贋未敢臆決，姑俟博雅君子。

又《陸璣草木鳥獸蟲魚疏》 右《毛詩疏》二卷，或曰：「吴太子中庶子烏程令陸機作也。」或曰：「唐吴郡陸璣作也。」陳氏辨之曰：「其書引《爾雅》郭璞《註》，則當在郭之後，未必吴時人也，但諸書援引多誤作機。」案：機字士衡，晉人，本不治詩，則此書爲唐人陸璣，字元恪者所撰無疑矣。後世失傳，不得其真，故有疑爲贋鼎者。或又曰：「贋則非贋，蓋摭拾羣書所載，漫然釐爲二卷，不過狐腋豹斑耳。」其説近之。

又《詩外傳》 《韓詩内傳》專解詩家三昧，《漢志》雖列四卷之目，湮没既久，隋時僅存《外傳》六卷，析爲十卷，想即今行本。晁氏所謂文辭秀婉，有先秦風者也。但所載詩句，與本經互異，或漢時刊於石碑者，與今不同。如「南有喬木，不可休息」一章，疊用四「思」字，確然可憑。又如「歧有夷之行」，「歧」字連下句讀。便覺「彼作矣」、「彼徂矣」，句法雙妙。陳氏謂多載雜説，疑非當年本書，此亦强作解

事矣。予家藏宋刻，與《容齋隨筆》相符，因録其跋語于前。據焦氏云：「佛典引韓詩外傳曰：『死者爲鬼，鬼者歸也。精氣歸於天，肉歸于土，血歸於水，肝歸於澤，聲歸于雷，動作歸於風，眼歸於日月，骨歸于木，筋歸于山，齒歸於石，膈歸于露，毛歸于草，呼吸之氣復歸於人。』」今本俱無之。

又《篋中集》 漫士逢天寶之亂，置身仕隱間，自謂與世聱牙，不肯作綺靡章句，先輩譬之古鐘磬，不諧於俚耳而可尋玩。今讀其篋中七人詩，亦皆歎寡愁殷之語，不類唐人諸選，然磊砢一派，實中世所難，宜荆公選録不遺也。或謂漫士自作編入別集，謬矣。

方以智《通雅》卷首三 《關尹子》，後起者也，其論道器頗平。鶡冠亢倉，搜剔銛鋒，甚則爲《陰符》，奇其事爲《山海經》、《穆天子傳》，守其業而浸廣之，《靈樞》《素問》也，皆周末筆。《陰符》、《關尹》、《鶡冠》、《亢倉》則晉唐筆也。

又卷三 《連叢》，孔臧續《孔叢子》也，以爲孔《甲盤盂》，非矣。《邯鄲書目》曰：「《孔叢子》，一名《盤盂》，取事雜也。嘉祐四季，宋咸上注，賜三品服。」子止云孔鮒撰。孔臧以所著賦與書，謂之《連叢》。《漢志》儒家雜家各載之。又云鮒或名甲，而田蚡學《盤盂》書注。應劭曰：「黄帝史，孔甲銘也。」《文選注》引《七略》云：「《盤盂》書，黄帝史孔甲爲之。」而人遂以附會《孔叢子》。直齋言其《記問》篇，子思與孔子問答，孟子言魯繆公與子思同時，則孔子没且七十季矣。元瑞謂孔氏子孫雜記其先世之言行也。宋景濂因咸注而以爲咸僞作，又疑之太過矣。

又 黄伯思校讎《師春》。非杜預所言之《師春》也。黄長睿校讎《師春》五篇，乃汲冢古文。杜預言别有一卷，集老氏卜筮事，而伯思所見全異，紀諸國世次，及十二公歲星所在，并律吕謚法等，末乃書《易》象變卦，則預所見，非全書也。師春乃鈔集人名也。其書綠乃宋景公名，與宋公綠餗鼎合，謂是西晉人集録。元瑞曰：「伯思説與《通考》陳氏説同，然紀年即今冠以『竹書』者，而黄以《師春》當之，亦大鹵莽矣。」智按：升菴所稱《瑣語》，亦不得見，不過所引數條，此《師春》一卷，何以獨全？杜預所見，或尚是真，伯思所見，則後人附之者。《瑣語》固妄，生封繳書可知也。自周末至晉。歷季近六百，安得竹簡無恙邪？

又 書不盡信，明其理事，文氣時變而無逃矣。喬宇嵬瑣，謑髁弔詭，各視其才，不爲所惑可也。淵明歎六籍無一親，敢輕議乎？梅鷟之駁《古文尚書》，安石之廢《麟經》，永叔不信《文言》，楊簡且疑《繫詞》，不必矣。周末文勝，諸子各造一奇，即托者亦可觀。漢出之七十二緯，則無足取。因仲尼傾蓋有《子華》，因柱史出關有《尹喜》、《鬻》、《文》、《鶡冠》之類。往往而然。葛洪之托劉歆，衛元嵩之托蘇源明，趙蕤之托關朗，慶虬之托相如，又奚似何法盛之于郗紹，宋齊邱之于譚峭邪？元瑞謂王士元補《庚桑》，而元美不知也。王禕言吾子行作《乘》、《檮杌》，與晏子相似。元瑞亦未之知也。智以爲俶詭連犿，各出於才不能忍，知其隱劣而顯勝，不爲所惑斯已矣。亦視其有開必先之理事，何者實長耳，不必概以阮逸、毛漸、宋咸、孫定、戴師愈、李筌，一例而讞也。《於忽操》是王禹偁擬作，《宋文粹》載之，亦猶蘇武妻答詩，李陵答武書也。「人生而静」四語，升菴謂出《鬻子》，豈知子書摭《禮記》乎？《文言》四語，永叔謂先見于穆姜，豈知《傳》取《文言》措筆乎？王銍信之，作《龍城録》，托名於柳，猶杜註之托名於蘇也。周輝所得之《碱碌》，即魏泰托名聖俞之《碧雲騢》也。李德裕門人作《周秦行紀》，以構奇章，有之乎？大抵小説可一覽而置之。其志怪頻襲者尤無謂。洪何必《夷堅》，胡何必《集異苑》邪？搆虚驚愚，劉知幾早歎之矣。喬宇嵬瑣，《荀子》之非諸子也。喬，譎也。宇，大言也。嵬，奇怪也。瑣，細也。《莊子》言弔詭，猶釣奇也。《慎到》謑髁，謑言詼諧也。髁言炙轂輠之滑也。參云：理本易簡，盡于聖經，事則宣詳，後世尤貴辯當。而攷究之家，水落石出，于巳甚勞。後學有益，此其功苦，豈與冒虚者，搆詞者，較難易哉？天地律歷，質測其故。醫藥小學。别紀存野，要非會通者，亦不能也。詠歌題跋，陶情自娱，足矣。至於淫狂詭誕，疊架相襲，絶無奇也。何不以雅馴爲至樂。

清分部

綜　述

陳確《陳確集・別集》卷一四《大學辨一・大學辨》 陳確氏曰：《大學》首章，非聖經也。其傳十章，非賢傳也。程子曰「《大學》，孔氏之遺書」，而未始質言孔子。朱子則曰：「右經一章，蓋夫子之意，而曾子述之；其傳十章，則曾子之意，而門人記之也。」古書「蓋」字，皆作疑詞。朱子對或人之問，亦云「無他左驗」，且意其或出於古昔先民之言也，故疑之而不敢質，以自釋「蓋」字之義。程、朱之説如

此，而後人直奉爲聖經，固已漸倍於程、朱矣。雖然，則程、朱之於《大學》，恐亦有惑焉而未之察也。《大學》，其言似聖而其旨實竄於禪，其詞游而無根，其趨罔而終困，支離虛誕，此游、夏之徒所不道，決非秦以前儒者所作可知。苟終信爲孔、曾之書，則誣往聖，誤來學，其害有莫可終窮者，若之何無辨！客曰：若此，則程、朱之誤，甚矣。以程、朱之賢，而暴其誤，可乎？曰：君子固可欺。程、朱之誤，君子之過也。夫君子未嘗無過，孔子嘗信宰予之言，程、朱偶惑《大學》之説。程、朱之賢，如日月之經天，大學之誤，如雲翳之虧蔽，於程、朱奚損焉！而終覆之，損程、朱乃大耳。故敢卒辨之。辨曰：首言「大學」云者，非知道者之言也。子言之矣：「下學而上達。」夫學，何大小之有！大學、小學，僅見《王制》，亦讀「太」。作大學者，疑即本此，亦猶宋人之作小學也云耳。雖然，吾又烏知小學之非即大學也？吾又烏知小學之不更勝大學也？夫道，一而已矣。古《易》稱蒙養即聖功。古人爲學，自少至老，只是一路，所以有成。今迺別之爲大學，而若將有所待也，則亦終於有待而已矣。古學之不可復，其以此也。其曰「在明明德，在親民，在止於至善」者，皆非知道者之言也。三言皆脱胎《帝典》。《帝典》自「克明峻德」，至「黎民於變時雍」，凡七句，此以三言括之，似益簡切，而不自知其倍也。新民即在明德之中，至善又即在明親之中，故《帝典》「克明」句下貫一「以」字，便文理燦然；而此下三「在」字若三事然，則不通矣。古人之學雖不離乎明，而未嘗專言明。推之《易》、《詩》、《書》可見，惡其逃於虛焉故也。而《大學》首言「明明」，固已倍矣。且古之君子，非有所親疏於民也；而有以民飢民溺爲己責者，有以一夫不被澤爲恥者，又有簞瓢陋巷以自樂者，而其道則靡不同。此古人之學，所以能善因乎時勢而莫之有執也。今使推高禹、稷、尹爲大人之學，而貶絶顔子爲小人之學，則可笑矣。故君子之學不言新民而新民在，言新民而新民反不在。亦猶吾向之論學也，不言大而大見，言大而大或不見也。至善，未易言也；止至善，尤未易言也。古之君子，亦知有學焉而已。善之未至，既欲止而不敢；善之已至，尤欲止而不能。夫學，何盡之有！有善之中又有善焉，至善之中又有至善焉，固非若邦畿丘隅之可以息而止之。而《傳》引之，固矣。故明、新、至善之言，皆末學之夸詞，僞士之膚説也。而又曰「知止」云云者，則愈誣矣。辟適遠者未啓行，而遥望逆旅以自慰曰「吾已知所税駕也」，知止則知止矣，而止故未有日矣。故未至而知止，如弗知而已，而何遽定、靜、安、慮、得之可易言乎？且吾不知其所謂知止者，謂一知無復知者耶，抑一事有一事之知止，事事有事事之知止；一時有一時之知止，時時有時時之知止者耶？如其然也，則今日而知止，則自今日而後，而定、靜、安、慮、得之無不能，不待言也。脱他日又有所爲知止焉，則他日之知，非即今日之所未知乎？是定、靜、安、慮、得之中，而又紛然有所爲未定、靜、安、慮、得者存，斯旨之難通，固已不待其辭之畢矣。《大學》之所謂知止，必不然也。必也，其一知無復知者也。一知無復知，惟禪學之誕有之，聖學則無是也。君子之於學也，終身焉而已。則其于知也，亦終身焉而已。故今日有今日之至善，明日又有明日之至善，非吾能素知之也，又非可以一概而知也，又非吾之聰明知識可以臆而盡之也。清心寡欲，兢兢焉，業業焉，勤諮而審察焉，而僅而知之耳。而猶懼有失也，稍怠肆焉，蔑勿懵矣。是故以堯、舜之神焉而猶病，文王之聖焉而「視民如傷，望道而未之見」。此二帝一王者，豈故爲此虛懷，以示宏廣云爾哉！所謂猶病，則真猶病；所謂如傷、未見則真如傷、未見也。天下之理無窮，一人之心有限，而傲然自信，以爲吾無遺知焉者，則必天下之大妄人矣，又安所得一旦貫通而釋然於天下之事之理之日也哉！舜之問察，終身以之，故曰「自耕稼陶漁以至爲帝，無非取于人者」。使舜既知之，而又好問察焉，則是舜之僞也。夫舜之非僞，則雖確之愚蒙，有以知其必然也。然而問察無已，則是雖大聖人之智，而果無一知無復知之日也，而又誰欺乎？故曰：「及其至也，雖聖人亦有不知焉。」聖人有不知，不害其爲聖人也；以不知爲知，斯下愚之甚者矣。「及其至也，雖聖人亦有所不能焉」。聖人有不能，不害其爲聖人也；以不能爲能，斯不肖之尤者矣。「天地之大也，人猶有所憾」。人猶有憾，不害爲天地之大也；以有憾爲無憾，斯誣天地之至者也。君子之於道也，亦學之不已而已，而奚以夸誕爲哉！學之不已，終將有獲，而不可以豫期其效。豫期其效以求知，則浮僞滋甚。今即所謂知止者真知止矣，然猶知之而已耳，於道浩乎其未有至也。而遽歆之以定、靜、安、慮、得之效，長夸心而墮實行，必此焉始矣。禪家之求頓悟，正由斯蔽也，而不可不察也。其曰「古之欲明明德于天下」云云者，尤非知道者之言也。古人之慎脩其身也，非有所爲而爲之也，而家以之齊，而國以之治，而天下以之平，則固非吾意之所敢必矣。孟子之釋恒言，提一「本」字，何等渾融！《大學》紛紛曰「欲」曰「先」，悉是私僞，何得云誠！寧古人之學之多夾雜迺爾乎！聖人之言之甚鄙倍迺爾乎！【略】至複説「物格」一節，詞益支蔓。蔣書升云：「使我學子作時文若此，猶惡其蕪而削之矣，曾聖經而然乎？」予甚韙其語。其「本亂」一節，文勢亦同。此竝是後儒靡靡之習，聖言無是也。知聖經之非聖，則賢傳之非賢，不待言矣。

又《辨迹補》 確與友人書辨《大學》，嘗有迹、理之説。謂以迹則顯然非聖經

也，以理則純乎背聖經也。顧理細難明，迹粗易見。確辨理之言，已溢簡牘，同學尚未深曉。其辨迹，則惟曰：「《大學》兩引夫子之言，一引曾子之言；則自『於止』『聽訟』二段文外，皆非夫子之言可知，自『十目』一節外，皆非曾子之言可知。」又曰：「自漢有《戴記》，至於宋千五百餘年間，真儒輩出，絶未有以《大學》爲聖經者。韓子《原道》引其文，亦止稱《傳》；惟伊川獨臆爲孔氏遺書，而未敢質言孔子。朱子亦云『無他左驗』，意其或出古昔先民之言也，故疑之而不敢質，以自釋『蓋』字之義。則《大學》之非確然聖經可知矣。」蓋自宋仁宗特簡《中庸》、《大學》篇賜兩新第，上有好者，下必有甚焉，學者輒相增加附會，致美其稱，非有實也。確既深憂其説之近禪，乖違正學，又顯據其迹，非聖無疑，故每不自量度，曉曉致詞。而友人之深愛不肖者，動色相戒，或擬之介甫之廢《春秋》，意者非稱情之論乎？《春秋》正王事之書，大義凛然，豈《大學》之膚繆可比？《商詩》、《偃禮》，竝擅能家，至於《春秋》筆削之間，游、夏莫贊。故夫子曰：「其義則丘竊取之矣。」故曰：「知我者惟《春秋》，罪我者惟《春秋》。」斯其志良苦矣。故曰：「吾志在《春秋》。」孟子曰：「《詩》亡然後《春秋》作。」又曰：「孔子懼，作《春秋》，《春秋》作而亂臣賊子懼。」孔、孟之言《春秋》，不一而足，而未嘗一及所謂《大學》也。非惟《春秋》爲然也。即其所嘗删定《易》、《詩》、《書》、《禮》、《樂》，於二十篇之中，皆三致意焉。曰「小子何莫學夫《詩》」；曰「汝爲《周南》、《召南》矣乎」；曰「學《詩》乎，學《禮》乎」；曰「興于《詩》，立於《禮》，成於《樂》」；曰「假我數年，五十學《易》」；曰「吾自衛反魯，然後《樂》正」。子所雅言，《詩》、《書》、執《禮》，而絶不及《大學》，何也？即《中庸》一書，世儒皆言是子思所作，吾亦未知其真僞何如。然「中庸」二字，夫子亦每言之，而獨不及《大學》，何也？豈孔、孟諸弟之賢皆未足以語此乎？抑諸賢已皆默喻而無俟提撕者耶？如樊遲之徒，於仁智之説似皆可曉然篤信而力行之者，猶再三疑問不已，而於格致之説則獨有冥契者耶？「大學」字最不經。子曰「下學而上達」，又曰「蒙以養正，聖功也」，惡小大之可分？《傳》稱「十五入大學」，蓋例夫子十五志學之言而云，亦謂弟子所隸之學，非學問之學也，當讀「泰」。後儒罔識，附會成書，固已悖矣。宋儒又補《小學》，即同漢儒之作《大學》。而《大學》文絶浮誕，更下《中庸》數等。古人置其篇於《深衣》、《投壺》之後，當有見。《大學》來歷，昭然甚明。而吾友至比之《春秋》，過矣。《家語》、《孝經》，朱子猶疑其僞，學者不敢以朱子之説爲非，況《大學》之顯然非聖經者哉！且駁歸《戴記》，猶是以《大學》還《大學》，未失《六經》之一也。而遽例以廢經，尤失情實。故曰大學辨爲明理之書，則吾猶慚懼，不敢自居；若以迹，則固有可言者，吾亦未敢遽自誣服。謂當與廢《春秋》之介甫同罪而共誅之也，某則以朱子之進僞經與介甫之廢真經正同一律，而反以加信古之確，何耶？昔陽明子尊信古本《大學》，謂失于過信孔子則有之，非故去朱子之分章而削其傳也。其言甚直，確於今日亦云然。吾又以陽明之信古本，去程、朱所見僅一間耳。蓋以爲《戴記》之雜文，則信古本可也，雖分章而補傳，亦無不可也。以爲是孔、曾之書，則分章而補傳固不可也；信古本，愈不可也。故不争之於其本，而争之於其末，其争殆未可息矣。

又卷一六《大學辨三・答張考夫書》 弟思《大學》本無可辨：以迹而言，則顯然非聖經，不必辨也；以理而言，則純乎背聖經，亦不待辨也。而人心易惑，習解相縈。孔、曾五百餘年之沈冤未伸，後學千萬世之道術誰正；則又有不敢不辨，不忍不辨者。何爲迹？謂作《大學》者初未嘗假託孔、曾一字，如篇中兩引夫子之言，一引曾子之言，則外此皆非孔、曾之言可知。又自春秋歷漢、唐，千有餘年，真儒輩出，絶未有一人以《大學》爲孔、曾之書者，此迹之顯然者也。何爲理？《書》有之：「知之非艱，行之惟艱。」古昔聖人皆重言行而輕言知，故曰「知之者不如好之者」，曰「知及之，仁不能守之，雖得之，必失之」。知之不足恃，亦已明矣。惟佛氏單言覺，謂一覺已無餘事。惟《大學》單言知，謂一知已無餘事。詳觀文義，豈不其然！首節雖不言知，而開口言明明，已是重知張本。次節緊接「知止」二字，謂一知止而定、静、安、慮、得無不能矣，非重知乎？三節曰「知所先後，則近道矣」，非重知乎？四節、五節反覆言格致之當先，謂一格致而誠、正、脩、齊、治、平已環至而立效矣，非重知乎？重知則輕行，雖欲不禪，不可得矣。以此，知上文言新民，言齊、治、平，並是夸詞。正如佛氏之稱無量功德，務神其説以黯愚俗者，非實話也。烏有一格致而遂馴至治平者乎？學者從而信之，亦愚甚矣。蓋《大學》只是重知，若曰一格致而學已無餘事矣，此大學之本旨也。程、朱闢禪，而表章大學，是驅天下後世而之於禪也，不亦惑歟！

顧炎武《日知録》卷二《書序》 益都孫寶侗仲愚謂：「《書序》爲後人僞作，《逸書》之名亦多不典。至如《左氏傳》定四年，祝佗告萇弘，其言魯也，曰：『命以《伯禽》，而封於少皞之虚。』其言衛也，曰：『命以《康誥》，而封於殷虚。』其言晉也，曰：『命以《唐誥》，而封於夏虚。』是則《伯禽之命》、《康誥》、《唐誥》，《周書》之三篇，而孔子所必録也。今獨《康誥》存而二書亡，爲《書序》者不知其篇名，而不列於百篇之内，疏漏顯然。是則不但書序可疑，并百篇之名亦未可信矣。」其解「命以伯

禽」爲書名《伯禽之命》，尤爲切當，今録其説。《正義》曰：「《尚書》遭秦而亡，漢初不知篇數。武帝時有大常蓼侯孔臧者，安國之從兄也，與安國書云：『時人惟聞《尚書》二十八篇，取象二十八宿，謂爲信然，不知其有百篇也。』」今攷傳、記引《書》，並無序所亡四十二篇之文，則此篇名亦未可盡信也。

又《豐熙僞尚書》 《五經》得於秦火之餘，其中固不能無錯誤。學者不幸而生乎二千餘載之後，信古而闕疑，乃其分也。近世之説經者，莫病乎好異。以其説之異於人，而不足以取信，於是舍本經之訓詁，而求之諸子百家之書。猶未足也，則舍近代之文，而求之遠古。又不足，則舍中國之文，而求之四海之外。如豐熙之古《書》、《世本》尤可怪焉，鄞人言出其子坊僞撰。又有《子貢詩傳》，後儒往往惑之。曰「箕子朝鮮本」者，箕子封於朝鮮，傳《書》古文，自《帝典》至《微子》止，後附《洪範》一篇。曰「徐市倭國本」者，徐市爲秦博士，因李斯坑殺儒生，託言入海求僊，盡載古書至島上，立倭國，即今日本是也。二國所譯書，其曾大父河南布政使慶録得之，以藏於家。按宋歐陽永叔《日本刀歌》：「徐福行時書未焚，逸《書》百篇今尚存。」蓋昔時已有是説，而葉少藴固已疑之。夫詩人寄興之辭，豈必真有其事哉！日本之職貢於唐久矣，自唐及宋，歷代求書之詔不能得，而二千載之後慶乃得之，其得之又不以獻之朝廷而藏之家，何也？宋咸平中，日本僧奝然以鄭康成注《孝經》來獻，不言有《尚書》。至曰「箕子傳《書》古文，自《帝典》至《微子》」，則不應別無一篇逸《書》，而一一盡同於伏生、孔安國之所傳。其曰「後附《洪範》一篇」者，蓋徒見《左氏傳》三引《洪範》，皆謂之《商書》，文公五年，引「沈漸剛克，高明柔克」。成公六年，引「三人占，從二人」。襄公三年，引「無偏無黨，王道蕩蕩」。《正義》曰：「箕子商人，所説故謂之《商書》。」而不知「王者」，周人之稱；「十有三者」，周史之記，不得爲商人之《書》也。《禹貢》以道山道水移於九州之前，此不知古人先經後緯之義也。孔安國傳「道岍及岐」，即云「更理説所治山川首尾所在」。是自漢以來，別無異文。《史記·夏本紀》亦先九州而後道山道水。《五子之歌》「爲人上者，奈何不敬」，以其不葉，而改之曰「可不敬乎」，謂本之《鴻都石經》。據《正義》言蔡邕所書《石經尚書》，止今文三十四篇，無《五子之歌》，熙又何以不攷而妄言之也？《五子之歌》，乃孔氏古文，東晉豫章内史梅賾所上，故《左傳》成公十六年，引「怨豈在明，不見是圖」。哀公六年，引「惟彼陶唐，有此冀方」。杜預注並以爲《逸書》。《國語》周單襄公引「民可近也而不可上也」，單穆公引「關石和鈞，王府則有」。韋昭解亦以爲《逸書》。夫天子失官，學在四裔，使果有殘編斷簡，可以裨經文而助聖道，固君子之所求之而惟恐不得者也。若乃無益於經，而徒爲異以惑人，則其於學也，亦謂之異端而已。愚因歎夫昔之君子，遵守經文，雖章句先後之間猶不敢輒改，故元行冲奉明皇之旨，用魏徵所注《類禮》撰爲《疏義》，成書上進，而爲張説所駮，謂章句隔絶，有乖舊本，竟不得立於學官。夫《禮記》二戴所録，非夫子所删。況其篇目之次，元無深義，而魏徵所注則又本之孫炎。字叔然，漢末人。以累代名儒之作，申之以詔旨，而不能奪經生之所守，蓋唐人之於經傳，其嚴也如此。故啖助之於《春秋》，卓越三家，多有獨得，而史氏猶譏其一本所承，自用名學，謂後生詭辨，爲助所階。乃近代之人，其於讀經鹵莽滅裂，不及昔人遠甚，又無先儒爲之據依，而師心妄作，刊傳記未已也，進而議聖經矣，更章句未已也，進而改文字矣。此陸游所致慨於宋人，陸務觀曰：「唐及國初，學者不敢議孔安國、鄭康成，況聖人乎？自慶曆後，諸儒發明經旨，非前人所及。然排《繫辭》，毁《周禮》，疑《孟子》，譏《書》之《胤征》、《顧命》，不難於議經，況傳注乎？」趙汝談至謂《洪範》非箕子之作。而今且彌甚。徐防有言：「今不依章句，妄生穿鑿，以遵師爲非義，意説爲得理，輕侮道術，寖以成俗。」嗚呼，此學者所宜深戒！若豐熙之徒，又不足論也。近有謂得朝鮮本《尚書》，於《洪範》「八政」之末添多五十二字者。按元王惲《中堂事記》：「中統二年，高麗世子禃來朝，宴於中書省。問曰：『傳聞汝邦有古文《尚書》及海外異書。』答曰：『與中國不殊。』」是知此五十二字者，亦僞撰也。漢東萊張霸僞造《尚書》百二篇，以中書校之，非是。霸辭受父，父有弟子尉氏樊並，詔存其書。後樊並謀反，乃黜其書。而僞《逸書·嘉禾篇》有「周公奉鬯，立于阼階，延登贊曰，假王涖政」之語，莽遂依之，以稱居攝。是知惑世誣民，乃犯上作亂之漸，大學之教，禁於未發者，其必先之矣。

又卷一八《易林》 《易林》，疑是東漢以後人撰，而託之焦延壽者。延壽在昭、宣之世，《漢書·京房傳》曰：「延壽以好學得幸梁王，王共其資用，令極意學。學既成，爲郡史察舉，補小黄令。」按此梁敬王定國也，以昭帝始元二年嗣，四十年薨，當元帝之初元三年。其時《左氏》未立學官，今《易林》引《左氏》語甚多，又往往用《漢書》中事，如曰彭離濟東，遷之上庸，事在武帝元鼎元年；曰長城既立，四夷賓服，交和結好，昭君是福，事在元帝竟寧元年；曰火入井口，楊芒生角，犯歷天門，窺見太微，登上玉牀，似用《李尋傳》語；曰新作初陵，踰陷難登，似用成帝起昌陵事。又曰劉季發怒，命滅子嬰；又曰大蛇當路，使季畏懼，則又非漢人所宜言也。

黄宗羲《易學象數論·自序》 《河圖》、《洛書》，歐陽子言其怪妄之尤甚者，且與漢儒異趣，不特不見於經，亦是不見於傳。先天之方位明與「出《震》」「齊《巽》」之文相背，而晦翁反致疑於經文之卦位；生十六，生三十二，卦不成卦，爻不

成爻。一切非經文所有，顧可謂之不穿鑿乎？晦翁曰：「談《易》者譬之燭籠，添得一條骨子，則障了一路光明，若能盡去其障，使之統體光明，豈不更好。」斯言是也。奈何添入康節之學，使之統體皆障乎？世儒過視象數，以爲絶學，故爲所欺。余一一疏通之，知其於易本了無干涉，而後反求之程《傳》，或亦廓清之一端也。

又卷一《圖書一》 歐陽修言「《河圖》、《洛書》怪妄」之尤甚者，自朱子列之《本義》，家傳户誦，今有見歐陽子之言者，且以歐陽子爲怪妄矣。然歐陽子言其怪妄，亦未嘗言其怪妄之由。後之人徒見《圖》、《書》之説載在聖經，雖明知其穿鑿傅會，終不敢犯古今之不韙而黜其非。中間一二大儒亦嘗至疑於此。張南軒以《河圖》爲興《易》之祥；魏鶴山則信蔣山之説，以先天圖爲《河圖》，五行生成數爲《洛書》，而戴九履一者則太乙九宫之數；宋潛溪則信劉歆，以八卦爲《河圖》，班固《洪範》本文爲《洛書》，皆礙經文而爲之變説也。是故歐陽子既黜《圖》、《書》，不得不并《繫辭》而疑其僞。不僞《繫辭》則「河出《圖》，洛出《書》」之文駕乎其上，其説終莫之能伸也。然則欲明「圖書」之義，亦惟求之經文而已。《六經》之言「圖書」凡四：《書・顧命》曰「河圖在東序」；《論語》曰「河不出圖」；《禮運》曰「河出馬圖」；《易》曰「河出圖，洛出書，聖人則之」。由是而求之「圖書」之説，從可知矣。

又 再證之關子明，曰：「《河圖》之文，七前六後，八左九右。《洛書》之文，九前一後，三左七右，四前左二前右，八後左六後右。」然關子明僞書也，不可爲證。劉因爲之解曰：「關氏之書者非僞，後人之托夫關氏也。蓋僞其自作者，託之於聖人也。」則又不然。關氏書亡，阮逸僞作，安見非後人之托夫關氏乎？三證之《大戴禮》，《明堂篇》有二九四七五三六一八。鄭氏注云：「法龜文也。」然鄭玄注《小戴禮》，未嘗注《大戴禮》，在《藝文志》可考。今之所傳亦後人假托爲之也，其疏略不出於鄭氏明矣。況鄭氏明言「《河圖》九篇，《洛書》六篇」，豈又以九宫爲《洛書》，自背其説哉！凡此數證，皆不足以絀牧。在宋以前，二數未嘗有《圖》、《書》之名，安得謂此九彼十？至於劉、邵，則同出希夷，授受甚明。若彼此異同，所傳者亦復何事？故以十爲《圖》九爲《書》者，特始於朱子，後之諸儒相率而不敢違耳。就二數通之於《易》，則十者有天一至地十之繫可據，九者並無明文。此朱子争十爲《河圖》之意長於長民也。雖然，自一至十之數，《易》之所有也；自一至十之方位，《易》之所無也。一三五七九之合於天，二四六八十之合於地，《易》之所有也；一六合，二七合，三八合，四九合，五十合，《易》之所無也。天地之數，《易》之所有也；水火木金土之生成，《易》之所無也。試盡去後人之添入，依經爲説，則此數仍於易無與，而況名之爲《河圖》乎。

黄宗炎《周易尋門餘論》卷上 《河圖》、《洛書》之説，其言怪妄，不足深信。何所髣髴乎卦畫？鑿之而不得其故，則遁爲蓍策所由興，及附會割剥于蓍策，又無可契合。是圖、書也，直可有可無之餘事爾。豈足爲《大易》之根原乎？支離蔓衍，俱無當聖經，惟歐陽永叔欲盡掃除，真開拓千古之心胸者也。有宋儒者無慮百數，俱不能有此獨闢之見，又不能從而和之，乃依回臬杌于其間，豈務民反經之正道哉！夫子贊《易》，删定《詩》、《書》、《禮》、《樂》，筆削《春秋》，生民未有賢于堯、舜，何嘗賴此怪妄之事！凡善讀書之人，須求聖人于庸德庸行中，勿搜其隱怪，則庶幾無大背矣。

又 歐陽永叔疑《繫辭》非夫子書，豈以崇信蓍龜太過，與夫子雅言有異，此蓋就《易》之「憂患」、「前民」而言也。三代以龜爲寶，如《尚書》所載多聽命于神；至夫子立教，始盡洗往聖之習，孟子繼之，悉務民義而重經常，俱大中至正，絶無鬼神之事以惑斯民。然自爲開闢則可，以之贊《易》則乖往聖之旨矣。明乎此義，而後可讀繫辭，而後可讀《易》也。

又《圖學辯惑・河圖洛書辯》 序曰：《河圖》、《洛書》之説，因漢世習爲讖緯，遂謂龍馬神龜貢獻符瑞，其事略與兩漢之言禎祥者相似。後儒因緣敷會，日增月益，至陳圖南鑿鑿定爲一六、二七、三八、四九、五十之數，下上左右中之位爲《河圖》，又定爲九宫奇正耦隅之狀爲《洛書》，云是羲卦、禹《範》之根原。兩相比校，俱似影響，未見有實理存乎其間。惟歐陽永叔斥爲「怪妄，不足深信」，是誠仲尼之徒也。吾夫子傳《易》，稱蓍龜爲「神物」，贊其「莫大」，俱就易言之也。不過言上古聖人與民同患，制卜筮之法，使可趨吉避凶，「以前民用」爾。

又《太極圖説辯》 序曰：太極圖者，創于河上公，傳自陳圖南，名爲無極圖，乃方士修鍊之術，與老、莊之長生久視，又其旁門岐路也。老、莊以虚無爲宗，無事爲用；方士以逆成丹，多所造作，去「致虚」、「静篤」遠矣。周茂叔得之，更爲《太極圖説》，則窮其本而反于老、莊，可謂拾瓦礫而悟精蘊。但綴説于圖，合二途爲一門，其病生矣。又懼老氏非孔、孟之正道，不可以傳來學，借《大易》以申其意，混二術而總冒以儒，其病更甚矣。蓋夫子之言太極，專以明易也；茂叔之言太極，則空中之造化也。兩者本不同道。

毛奇齡《毛奇齡易著四種・河圖洛書原舛編》 夫《圖》、《書》非他，神聖之事也。豈有神聖之事而一人授之，一二人受之；授者無憑，受之者無據；而或四或

五，或方或圓，或羲或禹，或卦或《範》，彼此可以争，先後可以易，一室兩家，茫無定準？其爲不足道亦可見矣。乃當時攻牧者曰：「牧反教也。」其祖劉氏者曰：「摶所傳如是也。」而于是有調停者曰：「牧非故反之，以傳之者不分，而遂致誤也。」吴澄曰：「劉之資識雖凡下，而爲人亦質實，非敢故易置《圖》、《書》之名也。蓋其初所傳但得二圖，不曾分别何者爲《圖》，何者爲《書》，是致混淆而未免差誤，非劉之罪也。」其兩家立説氏卬未定，大抵攻牧無憑，即祖劉亦不足據。如聶麟《圖解》確指縱横十五爲《河圖》之數，即今《洛書》數也。此是牧説，而無所憑籍。即借雍攻穆者，徒謂雍曾言之，而雍之所言，不過謂「圓者《河圖》之數」，「方者《洛書》之文」，未嘗言五十五點者《河圖》，四十五點者《洛書》也。後此，魏華父、張文饒、朱子發等皆有是説。倘以圓爲《圖》，則四正四維，圓莫圓于四十五矣；以方爲《書》，則有四正而無四維，方莫方于五十五矣。于是，同時學徒有阮逸其人者，逸字天隱，胡瑗門人，嘗爲府司理，著《易筌》六卷，以善作僞書聞于時。心惡牧説而無如何。會出王通《元經》于逸家，人訴其僞，《通考》載：晁以道、陳振孫輩皆謂「《元經》係逸僞作」。急欲借見他書以湔其陋，而《圖》、《書》之訟，適當其際，遂造爲關朗《易傳》。以爲「朗字子明，魏文時人，王通之祖同州刺史名彦者曾師事之。嘗爲彦筮得《夬》之《革》，遂決云：『百年之間當有達人出，而修洙泗之教。』」蓋暗指河、汾也。特其爲《易傳》，則又名《洞極真經》，謂「關朗家世所藏，而親受其説于林崆峒者。元魏太和末，王虬言于魏孝文，孝文召見之，著成《筮論》數十篇。唐趙蕤以爲李邯鄲曾著之書目，其後王通贊《易》，實本諸此，又回護河、汾語。遂託之唐趙蕤註」。《唐詩紀事》載：「李白嘗師事趙蕤。」蓋開元間人。《北夢瑣言》曰：「蕤，梓州鹽亭人，作《長短經》十卷。」《唐史》書目無《洞極真經註》名。其叙《本圖論》有云：「《河圖》之文七前六後，八左九右，聖人觀之以畫八卦；《洛書》之文九前一後，三左七右，四前左，二前右，左八後，右六後，後聖稽之以爲三象。」其定名與今同，但不以爲九疇而以爲三象，則以摶所授時原無九疇説耳。則鑿然以十爲《圖》，以九爲《書》。謂可以立《圖》、《書》之據，可以闢劉牧之謬，可以陰護僞《元經》之所未信，而無如同時之人親見其僞。故朱元晦作《語類》亦曰：「關子明《易》，僞書也。」吴澄曰：「逸與種、穆同時，親見《圖》、《書》，故能僞作。歐陽修亦與阮同時，然不及見，故歐陽與臨川王氏不信有《圖》、《書》，并疑《大傳》非孔子所作。」前此書目不載，惟馬氏《通考》、鄭氏《通志》載其書目，然亦云僞作。又胡瑗《易傳》，晁氏亦謂「其門人阮天隱所僞作，非瑗書也。」乃元晦言《易》，則又取其説以定《圖》、《書》，而於是《圖》、《書》之名始一反牧説，且儼載其文于《大易》之首，岸然與三聖經書彼此分席。而自此言圖、書者雖仍未信，然自明迄今，無敢議焉。

又 而沈作《洪範皇極》，即又變其形模，以爲《洛書》古圖，如一𝍠二𝍡三𝍢四𝍣五𝍤六𝍥七𝍦八𝍧九𝍨，皆全襲司馬君實《潛虚》畫數，而移爲龜文。夫司馬《潛虚》，元晦嘗訾之，謂其立數用籌，近于算位。朱子駁《潛虚》先自居于錯，謂《潛虚》直一畫爲五，下横一畫則爲六，横二畫則爲七，此大謬不然。《潛虚》直一畫爲一，非五也。横一畫爲五，非六也，且非下横一畫也。必上横一畫，而下直一畫，合之則爲六。蓋上横一畫即總五之數，而下直一畫則爲六。故七則上横一畫，下直二畫。上横一畫爲總五之數，而下直二畫則爲七。今曰横二畫爲七，則統《潛虚》之數，無横二畫者。朱子好駁人書，而不精細如此。然九峯《洪範皇極》則純襲《潛虚》畫數者，但總五皆横一畫，而惟散五則《潛虚》以乂，《洪範》以𝍣，稍不同耳。而今全襲之，則欲明師説，而其所自處者即又悖父之所爲而爲，師之所不取，亦何爲矣。夫意所不安，始多支飾，及支飾不足，而意之所自歉者反從此而益露焉。

又 《河圖》者，亦皆知「大衍之數」，然第以爲《河圖》之陽二十五點，《河圖》之陰三十點，與「大衍之數」一三五七九二四六八十，共成五十有五者，其數相合已爾。而其天生地成，地生天成，或北或南，爲水爲火，能方能圓，有單有複，按之可爲形，指之可爲象，則《河圖》有之，「大衍」不得而有之也。而孰知「大衍之數」其爲形爲象，原自如此，而人初不知。其長夜一。一則魏晉以後，俗尚王學謂王弼也。而鄭學稍廢，其所遺註第散見于《易》、《詩》、《書》、《三禮》、《春秋疏義》，及《釋文》、《漢書》、《文選》諸所引註，而迄無成書。故唐惟李鼎祚略採其註于《易解》中，而其在他書，則惟王氏應麟復爲彙輯，而補于其後。此在劉、邵言《易》時皆未之見。宋慶曆壬申相府策賢良六題，一題爲李鼎祚《易解》，而當時並未嘗見賢良多下者，及甲申臨卬計用章官漢東，館于淮安太守平陽公家，始出其故學士所藏李氏《易》本，則不惟鄭註無有，即李《解》亦罕見。今摶得其説而不言所自，或亦轉得之他人，而并其所自，而亦不之知，皆未可定，則冥冥矣。其長夜二。乃幸而得白，顯有從來，但當名之爲大衍圖，非然則名天地生成圖，非然則名五行生成圖，而斷斷不得名之爲《河圖》。浸假《河圖》即此圖，則此圖固康成所註者也。其于《大傳》「河出圖」下，何難直註之曰：所謂《河圖》，即揲筮所稱「大衍之數」，「天一地二，天三地四，天五地六，天七地八，天九地十」者。而乃又曰：「河龍圖發，其書九篇。」則豈非衍數、河圖截然兩分，數不得爲圖，衍不得爲畫乎？

又 《尚書·洪範》曰：「天乃錫禹《洪範·九疇》。」則天所錫者名《洪範九

疇》，不名《洛書》，阮、蔡之徒謂阮逸、蔡沈。以《洪範》當《洛書》，而推《洪範皇極》爲《洛書》之數者，爲無學。阮逸僞《易傳》尚曰：「《洛書》之文，後聖稽之爲三象。」並未嘗推《洛書》爲《九疇》，但以其作僞，故及之。若蔡沈之誤起于註《尚書・洪範》篇，而後遂膠固，作《洪範皇極》以實其説，陋矣。蓋以九宫爲《洛書》者，摶爲之；以《洛書》爲《洪範》者，則實沈爲之也。明初王禕作《洪範非洛書辨》，其説有六，總皆就九宫圖與《洪範》不合處言之，亦不從夫子「洛出書，聖人則之」，《尚書》「天乃錫禹《洪範・九疇》」二語。一審思之耳。若夫「大衍之數」原出《易傳》，則惟大衍一圖可附之《周易》之末，曰大衍圖。至于九宫明堂皆出緯書，雖經漢儒採及之，而不可爲訓。此當與楊雄《太玄》、郭璞《洞林》、衛元嵩《元包》、司馬君實《潛虚》，以及《六位》、渾天六位即納甲法。《八神》、子夏八神筮法。《卦氣》、李溉作《卦氣》。《卦生》、李之才作六卦生六十四卦圖。《循環變通》、張理作内循環外變通諸圖。火珠、出自京氏，名《火珠林》。玉闕後世六壬課訣。諸書同類而比觀之，勿纂入聖經可也。

又 初讀《漢上易説》，見其所進圖以「陰静」註首○之右，而以「陽動」註三輪圖下一○之中，朱子《圖解》之所謂「五行交系于上之)(間」者，深以爲怪。夫陰陽動静有左右而無上下，即有上下亦天地設位，尊卑以陳，陽上而陰下有之，未有陽在下而陰在上者。豈陰陽互視爲《否》、《泰》，而《坎》、《離》顛倒爲《既》、《未濟》耶？及得《真元經品圖》，則然後知《太極先天》舊固竊之爲一圖，而摶又從而分之者也。夫《先天》之本《參同》，有明徵矣，朱子、蔡季通亦言之屢矣。其值日、納甲、三五歸元之法，亦既詳而且晰矣。

又 故《黄庭經》云：「五行相推大歸一。」正言五行，正言歸一。而《易緯・乾鑿度》云：「太極分而爲二。」註：「七九、八六。」則正攙二五、陽九于其中。而唐僧圭峰于《圓覺經疏》講《易》四德，有云：「惟此四故，是五行故，是四時故。」則又正以五行攙四時之先，所謂「五行順布，四時行焉」者。凡諸《圖説》與諸佛、《道藏》講太極者無不脗合。是二氏之先，原以易理爲根柢，扳援成説，如所謂「黄老之學，二家所共」者。故陳摶授之，壽涯傳之，而無所疑也。若漢儒釋四象多指四時，以《易》文有「變通莫大乎四時」語也。故虞翻曰：「四象，四時也；兩儀，謂《乾》《坤》也。《乾》二五之《坤》成《坎》，《坤》二五之《乾》成《離》，《坎》之二四同功爲互《震》，《離》之二四同功爲互《兑》。一中男、長男爲冬春，一中女、少女爲夏秋。至四時所生，則《坎》之三五同功爲互《艮》，《離》之三五同功爲互《巽》，而八卦成焉。」此四象之説也。《乾鑿度》又曰：「天地有春秋冬夏之節，故生四時；四時各有陰陽剛柔之分，故生八卦。」然虞翻又曰：「《乾》、《坤》生于春，《艮》、《兑》生于夏，《震》、《巽》生于秋，《坎》、《離》生于冬。」則合《坎》《離》上互而爲夏，合《坎》《離》下互而爲秋者。要之，皆指四時，不指五行也。若其後「《易》有四象」，則侯果之註又指上下神物爲象形，故曰「所以爲示」。至王弼作《易註》，則但曰「卦以象之」，始直指卦象。所云老陽、少陽、老陰、少陰者，宋、元人皆宗之。前所及圖象十數家，皆是也。

萬斯同《羣書疑辨》卷一《詩説》 自秦焚書，五經皆燬。《詩》之存于今者，非聖人删定之本也。聖人删定之本，漢時已不可得矣。何以知之？《詩》爲聖人所删，必有貞而無邪，有醇而無疵，而今之《詩》不然，以是知之也。試考之《國風》，不但列《國》可疑，即二《南》亦多可疑。如《野有死麕》，真淫奔之詩也，乃以爲美貞女；《何彼襛矣》，本桓王之詩也，乃以爲周初；《騶虞》之一發五豝，其慘毒不仁甚矣，乃以爲美諸侯之仁恩。此果可信乎？《標有梅》之急於自鬻，《江有汜》之廹于從人，此偷俗薄行，曾謂文武之世有之乎？昔聖人誨伯魚爲二《南》，必其有益於身心，有裨于治化也，若但如今之二《南》，遂能免面牆之誚哉。他如鄘之《桑中》、鄭之《溱洧》，必爲夫子所已删。新臺「鶉奔」絶倫，滅義之甚，豈垂示後世？《叔于田》之譽逆弟，《揚之水》、《無衣》之譽叛臣，《氓之蚩蚩》、《株林》之傷風敗俗，聖人豈有不删？倘聖人删《詩》而此等猶存，然則所删者何詩耶？若夫二《雅》益有可議。《關雎》之序曰：「雅者，正也。政有大小，故有『大雅』焉、有『小雅』焉。」夫《大雅・卷阿》以上，固可謂政之大矣；《小雅・菁莪》以上，安見爲政之小乎？二《雅》各有正變，後序以美者爲正，刺者爲變，此毛萇以來之舊説，人無敢議之者，吾竊以爲不然。仝一美也、刺也，何由分爲二《雅》？此理之必不可通者，而先儒亦無别解。吾意二《雅》中凡正雅皆《大雅》也，凡變雅皆《小雅》也；此當以正變分二《雅》，不當于二《雅》中自分正變。一徵之《左傳》季札聘魯聞歌《小雅》曰「其周德之衰」，再徵之《史記》太史公言「《小雅》怨誹而不亂」，又曰「《小雅》譏小已之得失，其流及上，夫今之解《小雅》者，孰不謂盛世之音，何以謂之衰，謂之怨誹，則以《小雅》皆刺詩也。」故《大雅》自《文王》而下，《小雅》自《鹿鳴》以下，皆美詩，則皆《大雅》；《大雅》自《民勞》以下，《小雅》自《節南山》以下，皆刺詩，則皆《小雅》。故曰「當以正變分二《雅》，不當於二《雅》中自分正變」也。嘗考之《詩》刺厲王者，止五篇，刺幽王者，至四十六篇。夫厲王在位五十一年，幽王止十一年，厲之流毒實甚于幽，何以刺厲者反少，刺幽者反多？固知簡編淆亂，毛氏所分之二《雅》不足信也。或曰：「子之

言辨矣，于古亦有證乎？」曰：「有劉歆言秦焚《詩》、《書》。漢興，惠帝之世，始除挾書之律。當此之時，一人不能自盡其經，或爲《雅》，或爲《頌》，相合而成。足知《詩》非删定之本矣。」班固亦言「《詩》三百篇，遭秦而全者，以其諷誦不獨在竹帛故也」。益知《詩》爲衆人所集矣。蓋漢初諸儒習聞「詩三百」之語，故當漢定之後，各以平時所記憶，皆筆之簡册，足成「三百」之數，又自以己意分爲《風》、《雅》、《頌》，以爲孔聖之遺書。如是，夫孰知非其定本哉？宋末王栢氏著《詩疑》，曾有是言，但彼篤信朱子《詩傳》，因朱子多解《國風》爲淫詩，故有是疑。不知《詩》本可疑，所可疑者不在是。其言非聖人删定之本，則不刊之論也。世有以是罪我者，亦不敢辭。

又《詩序説》 《詩》無所謂大小《序》也，世所傳《大序》即《關雎》一篇之序，作者特以全經大旨總序于首篇，《葛覃》以下則以次序之。先儒乃以《關雎》之序爲《大序》，而分《葛覃》以下諸序爲《小序》，甚無識也。梁昭明太子竟以《大序》爲子夏所作，列之于《文選》，尤爲無識。或曰：《詩序》非子夏所作，將誰作乎？曰：此衛宏所作也。《後漢書·儒林傳》言「宏作《毛詩序》，善得《風》、《雅》之旨，至今傳于世」。先儒非不知，而故諱之。或曰「孔子所作」，或曰「子夏所作」，或曰「太史採詩時所作」，陸德明《釋文》引沈重説「《大序》子夏作，《小序》子夏，毛公合作，子夏意有未盡，毛更足成之」。《隋書·經籍志》「《詩序》子夏所搠，毛公及衛宏更加潤色」。或以爲《詩序》首句毛公作，下皆衛宏作。衆説紛紜，將何所據，吾直歸之衛宏而已矣。夫使《詩序》而果出于孔子，子夏太史，則毛《詩》之外，尚有韓、齊、魯三家，其説宜歸于一，何以《關雎》一篇毛氏以爲美，而三家皆以爲刺乎？舉此一端，其餘可推。惟出于衛宏，故其説多穿鑿，如《卷耳》之求賢審官，《蒹葭》之不用周禮，《衡門》之誘陳僖公，此豈得詩人之意者乎？愚謂三百十一篇之《序》，不但非孔子、子夏、太史所作，并非毛公所作，何以明之？舊説言子夏傳曾申，曾申傳李克，克傳孟仲子，孟仲子傳根牟子，根牟子傳荀卿，荀卿傳毛亨，毛亨傳子萇。其源流如此，則萇爲詩《序》必得詩人本旨。今觀《關雎》之《序》，因《論語》有「樂而不淫，哀而不傷」二語，乃以此四字入于《序》中而牽强解之，此豈傳自子夏者乎？《小雅·節南山》至《何草不黄》凡四十四篇，《序》皆爲刺幽王，其有本非刺者，則曰「陳古以刺今」，此果子夏之本旨乎？「昊天有成命」，本頌成王之德也，乃以爲郊祀天地，自古有合祀天地之禮歟？祇因王莽曾合祀，故衛宏附會之，孰謂子夏而有是説乎？子夏無是説，則毛萇亦必無是説，何《詩序》之紛紛淆亂哉？蓋毛萇止因《詩》以作《傳》；衛宏則因《傳》以作《序》，是以彌失其真也。夫以《序》爲孔子、子夏、太史所作，則不可以《序》爲衛宏所作，庸何傷？況《漢書》明著其説，何故棄而不取信？後人讀書稽古，莫不取徵于前史，前史已載而猶不信，豈他書之雜出者顧可信哉？總由宋之儒者耑辟漢儒，元明之儒者又耑辟宋儒。欲辟宋儒，不得不推古之賢者以爲重，而宏之德業，不足以服宋儒，故明知《詩序》出宏手而有意諱之也。宋之首排《詩序》者實惟鄭樵，而朱子繼之。鄭説人不之信，獨朱子之説盈天下。惟其誤解《國風》，故人益推尊《詩序》，而不知兩者皆失其平也。先儒惟歐陽氏《詩本義》呂氏《讀詩記》最爲醇正。蘇氏《詩解》直斥《序》爲衛宏作，是也；而猶用其首句，則擇之未盡善也。嚴氏《詩緝》爲千古卓絶之書，而堅執《序》爲史官所作，則偏信《大序》之故也。若石林葉氏既信爲宏作，又疑非宏作，且云鄭元與宏略相先後，豈有不知而以《序》爲孔子作，夫宏仕于光武時元年，于獻帝世相去百五十年，何云略相先後，彼于時世且未審，又何足與辨是非哉？

又《古文尚書辨一》 南宋以後，儒者之排《古文尚書》何其甚也！古文出自孔壁中，孔安國爲之《傳》，凡五十九篇，其後都尉朝庸生、胡常、徐敖、王璜、塗惲、桑欽遞相傳授，以至東漢之賈徽、賈逵、尹敏、蓋豫、周防、丁鴻、楊倫、周磐、劉祐、張楷、孔昱、孫期，皆傳其學。而先聖裔孫孔僖傳，言孔氏世傳《古文尚書》，此其授受源流，歷歷可據，孰敢議其僞？即至魏晉之時，鄭冲傳蘇愉，愉傳梁柳，柳外弟皇甫謐得之，以傳臧曹，曹傳梅賾，此見于史、傳，彰明較著者，安得謂梅賾始傳？倘古文始出于賾，則兩漢所傳者何書耶？鄭冲以下相傳者何書耶？説者見鄭元之釋諸經，杜預之釋《左傳》，凡遇《古文尚書》皆注曰「逸書」，因詆爲僞，不知古文不立學官，人間誦習者原少。元生于漢末，兵戈雲擾，宜有所未見。預在晉初，時方尚清談，經籍道息而古文止。鄭冲、蘇愉傳之，亦宜其未見，無足怪也。若謂出于賾手，則賾之文學必高出于時輩，爲晉代之大儒，何當時無一人稱述之，《儒林傳》中亦無一語言及？今《古文尚書》具在，其文章典雅，義理深醇，無論賾不能撰，即兩漢諸名儒豈能彷彿其一句如此？而猶疑其僞，必如《三盤》、《八誥》之艱澁晦滯，令人不可解釋者乃謂之真耶？試取今文論之，如《一典》、《皐謨》、《禹貢》無可議矣，《甘誓》之孥戮，《酒誥》之羣飲，咸殺，此商鞅、韓非之法，後世庸主之所不忍者，而謂古帝王爲之乎？《盤庚》之三篇不過數十言可了，而乃演爲數千言大要，廹之以威，動之以鬼神，初無體恤民下之意，此不足爲有無，即不傳亦可。《大誥》耑以卜吉爲言，亦假鬼神以脅服之，初無深義；《多士》、《多方》不過言爾先王取夏亦如此，不可違我命，亦無深義；《吕刑》之贖罪及于大辟，此豈可爲後世法？《費誓》止

飭行陳，反不若《秦誓》之篇有補于君道，愚謂今之《尚書》必非聖人删定之書，聖人之本止存魯國，未必遍行天下；且當時無楮筆傳寫，而列國方興于戰伐，何暇及《詩》、《書》之事？即門弟子羣居講習，亦不過口相授受，而得之簡編者必寡，今《甘誓》、《吕刑》諸篇，必有爲孔子所已删者，其未删之前，學者先已誦習，故猶傳于後世。若删定之本，則已燬于秦火；伏生之授晁錯，豈果先聖之定本哉？後人不疑伏生之書，而反疑孔氏壁中之書，亦見其無識矣。

又《古文尚書辨二》　伏生今文所以詰屈聱牙至不可句讀者，實由伏生年老語不可曉，其女傳言授錯，而齊人語與潁川殊，錯所不知者十之二三，略以其意屬讀，故致艱澁如此，非《尚書》原本固然也。若《古文尚書》則出自孔氏壁藏，其言明白正大如日月昭垂，無一篇不可爲後世法。視今文之《甘誓》、《盤庚》、《大誥》、《多士》、《多方》、《吕刑》、《費誓》諸篇，不啻碔砆之與和璧，奈何反疑爲僞，而惟今文是信哉？今文《周誥》中屢言「周公曰」、「王若曰」，吾意古人必無是體。周公既攝政，其所出誥命即成王之誥命也，何必自標于天子之上，以顯示于天下哉？後世大臣攝政如周公者多矣，未聞所出詔令盡歸於己，以招權而示威也，此必伏生父子有所遺忘而文不能接，故妄加斯言以更端，而後人誤仍之耳。豈《周誥》之本文如是哉？夫學者讀古人書在別其義理之深淺，而文詞之險易其次也，以古文之深醇如此，而人猶議之，然則汲冢《周書》、《穆天子傳》可駕於《禹謨》、《伊訓》、《説命》之上，而樊紹述之文，遠勝退之子厚矣。近時有爲《尚書疏證》者，痛詆古文之僞，謂即出于梅賾之手，一日問予曰：子意若何？余對曰：自唐宋迄元明，詆古文者數十家矣，予非不知之，然而其文不可議也。使《尚書》而無古文，不當列於五經矣，安得頒之學宫，與《易》、《詩》、《春秋》並重哉？其人亦不以爲忤。故愚謂今文之艱深，固非後人所能作；而古文之理足詞醇，又豈後人所能假？況《二典》、《臯謨》、《洪範》、《無逸》其文亦顯易，與古文無甚殊，亦可疑爲僞撰而槩斥之哉？漢武帝因轅固黄生争言「湯武放殺」語，有之，曰「食肉不食馬肝，不爲不知味，學者不言湯武受命不爲愚」，今天下之僞書多矣，何必疑及古文，拾前人之唾餘而自矜爲博學哉？

又《古文尚書辨三》　《尚書》之有今、古文也，今文少而古文多，凡今文所有者，古文無不有；古文所有者，則今文不盡有。全出壁藏而多寡相懸者，何也？《史記》言秦焚書，伏生壁藏之。其後兵火起，流亡。漢定，伏生求其書，亡數十篇，獨得二十九篇，即以教于齊魯之間。是則伏生所藏，固不止二十九篇，孔氏之古文必盡在其内，特以兵亂失之而後人不獲見耳。學者因其書無《大禹謨》等二十餘篇，遂疑出孔壁者爲僞，豈通論哉？夫同一壁藏而有全有不全者，則以先聖宫牆，人莫敢壞。而伏生一老博士，流離播遷，力不克護持耳。然數十篇雖亡，其平日所記憶者猶可筆之於書，授諸後學。生乃竟忽之止以二十九篇教授，是則生之過也。若孔壁之書固無所損，使當時有識科斗者盡譯出之，必更多于五十九篇。乃安國不能識，時人亦無識者，遂不能復百篇之舊。其所餘剩簡又上之于官，藏于書府，不復可見，致後人有遺恨。是伏生既失之于前，安國又失之于後，皆經籍之不幸，而斯道之缺事也。蓋是時武帝倦勤，不復留意經術，故古文不及表章。使如宣帝詔求能通古文者，四海之天必有起而應詔之人，保以隸書傳寫，將殘簡猶可盡録，而今文之詰曲難曉者，亦可因是而釐正。惜乎失此一機也！先儒之議古文者，謂較之今文若出二手，此説誠然。愚謂古文無疵可議，所可議者，今文也。今文亦有平易者，皆無可議；所可議者，詰曲難曉之文也。今不疑其可議者，反疑其無可議者，不亦異哉？朱子之疑古文，謂千百年前人言論收拾于灰燼屋壁之中，豈有一字無誤如此可疑？夫孔壁所藏更有《孝經》、《論語》、《禮記》，亦無所舛謬，豈盡僞書乎？今文之《商盤》、《周誥》所以曉諭愚民者，極爲古奥，則在數百年前諸聖人相語一堂者，當更有甚焉。乃唐虞之《典》、《謨》，反覺平易，豈可謂商周之文真而唐虞之文僞乎？以《禹謨》、《伊訓》、《太甲》、《説命》、《旅獒》、《周官》、《君陳》、《畢命》、《君牙》、《冏命》諸篇，而悉斥之爲僞，必病狂喪心之人。苟其不然，寧有是謬妄之論哉？至吴澄郝敬，竟擯古文於今文之外，何無忌憚如此？今二子書具在，何人取而閲之？徒陷于狂妄而已矣。

萬斯大《周官辨非》卷一　世稱《周禮》，周公所作。吾考魯史克有言：「先君周公制《周禮》，曰：『則以觀德；德以處事；事以度功；功以食民。』」今觀《周禮》無此言，則知周公之《周禮》已亡，而今之所傳者後人假托之書也。先儒信之者什七，疑之者什三；衹緣「周禮」二字當頭，且知就《周禮》言周禮，儱侗讀過，不加精析，遂驚歎其學貫天人，經緯萬事，推與《儀禮》、《禮記》並立爲三。愚則謂此書所載，止詳諸官職掌，其法制、典章取校於五經、《論》、《孟》殊多不合。夫不合于五經、《論》、《孟》，則是非有在矣。天下是非有一定，無兩可，以《周禮》爲是，將以五經、《論》、《孟》爲非乎？使其不合于五經、《論》、《孟》而所措施者無傷於國體，無害於民生，即不置是非焉亦可也。乃其猥瑣不經，掊克無藝，一由其道，喪亡之至如影隨形。迂儒猶曰：「此周禮也，無可議！」或且曰：「此不善用《周禮》之過，非周公

之過！」嗚呼！震於虚名而忘其實禍，直謂之「無是非之心」可也！不特此也，吾就其本文詳析，多自相謬戾，弊害叢生，不可一日行於天下，周公之書決不如此。故斷然還其名曰《周官》，諸不合于五經、《論》、《孟》者取而辨之，得若干條。雖然，置其非而存其是，典章、法制乃有可觀，即謂子非《周官》爲是《周官》也可！褐寬博大書。

又 《天官》大宰：「以九賦斂財賄。【略】七曰關、市之賦。」聖人之治天下，利民之事絲髮必興，厲民之事毫末必去。關、市之賦，厲民之甚者也，周公制禮其肯筆之於書以爲常法哉！昔文王治岐，關、市譏而不征。武王有天下，奉行不變。故周公作《無逸》以訓成王，曰「文王不敢盤於遊、田，以庶邦惟正之供」，言無横斂也；復曰「繼自今嗣王則其無淫于觀，于逸，于遊，于田，以萬民惟正之供」，期其法祖而無横斂也。使賦及關、市，寧非横斂乎！吾以是知《周官》非周公所作法也。昔孟子言仁政，曰：「關譏而不征；市廛而不征，法而不廛。」嘗悼虐政之害，曰：「古之爲關也將以禦暴，今之爲關也將以爲暴。」使周公時已賦及關、市，則已爲暴矣，孟子何以有「古、今」之歎哉？舉末世之弊政誣聖人之制作，流毒當世，貽禍無窮，爲此言者古、今之罪人也。

又 《春官》大宗伯：「以祠春享先生，以禴夏享先王，以嘗秋享先王，以烝冬享先王。」按《王制》云：「天子宗廟之祭，春曰礿，夏曰禘，秋曰嘗，冬曰烝。」此周時時祭正禮。大宗伯「春祠，夏禴，秋嘗，冬烝」，則本《天保》詩「禴、祠、烝、嘗」而爲文也。《詩序》云：「文、武以《天保》以上治内。」今繹其詩，實武王時所作，而禴、祠、烝、嘗實諸侯之禮。武王既有天下，《詩》猶言諸侯禮者，武王末受命，未及定禮；至周公相成王，成文、武之德，上祀先公以天子之禮，而春礿、夏禘、秋嘗、冬烝始永爲定制。故武王時詩猶以諸侯禮言之，作《周官》者遂因之而不改也。世儒不察，泥《詩》及此文，謂天子四時之祭，春祠，夏禴，秋嘗，冬烝；而《王制》所言爲夏、殷之禮，周則以禘爲殷祭，紛紛其説，莫可適從。愚歷攷經傳，詳繹禮文，天子每歲一大禘，行于午月，以合遠祖、近祖，故亦曰「大祫」，蓋即四時祭中特大其禮，未嘗别有三年一禘，五年一祫，如先儒之説也。礿、禘、嘗、烝爲天子之祭，而《王制》諸侯之祭與天子連文者，周衰禮廢，諸侯僭禘者有之，記者不知其非而并著之耳。

又 《夏官》大司馬：「以九畿之籍施邦國之政職：方千里曰國畿；其外方五百里曰侯畿；又其外方五百里曰甸畿；又其外方五百里曰男畿；又其外方五百里曰采畿；又其外方五百里曰衛畿；又其外方五百里曰蠻畿；又其外方五百里曰夷畿；又其外方五百里曰鎮畿；又其外方五百里曰蕃畿。」吴氏曰：「古惟王都稱『畿』。王畿之外，在夏爲五服，在周爲九服，未有名之以『畿』者。『畿』字當是『服』字。」愚按鄭司農云「近當言畿」，又引《春秋傳》「天子一畿，列國一同」，《殷頌》「邦畿千里」，則司農之意已知言「畿」之非矣。以愚考之，非第九畿之説非宜，即九服亦未可信。周止五服耳，安有九服！辨在職方條。

又 《秋官》大司寇：「以兩造禁民訟，入束矢于朝，然後聽之。以兩劑禁民獄，入鈞金三日乃致于朝，然後聽之。」吴氏曰：「古有贖刑之法，特爲過誤者設；不聞凡有獄訟，皆入矢金而後聽之也。果若是，是老吏賣法者之所爲也，周家之法豈宜若是！且矢金非貧者所能備，必入矢金而後聽，則無矢金者遇不平之事何從赴愬哉？」愚按大司寇有云：「以肺石達窮民。」拘儒因謂此入矢金者富民也。又士師之屬，鄉士掌國中，遂士掌四郊，拘儒因謂此越鄉、遂士而直煩司寇者頑民也。果若是，是先王之于獄訟，未論曲直，先問貧富矣。且頑民無實，其有獄訟，以理斷之可矣；受矢金而聽之，又何以服其心哉？《易・噬嗑》四爻：「噬乾胏，得金矢。」五爻：「噬乾肉，得黄金。」先儒援此文爲説，非也。蓋得金矢、得黄金與三爻之遇毒一例，毒不在腊之外，矢、金亦不在胏、肉之外，噬之而即遇，噬之而即得，非兩事也。若謂卦主于用獄，則求之象外可矣，奈何牽此黷貨不經之語以實之乎？曰：腊則有毒矣，乾胏、乾肉何以得有矢、金邪？曰：獸多取于田，矢鏃所斃，容有入焉而未出者，噬之而得，又何怪焉！

胡渭《易圖明辨》卷一《河圖洛書》 渭按，《易》之爲書，八卦焉而已。卦各具三畫，上畫爲天，下畫爲地，中畫爲人，三才之道也。羲皇仰觀而得天道，俯觀而得地道，中觀於兩間之萬物而得人道。三才之道默成於心，故立八卦以象之，因而重之，遂爲六十四，所謂「兼三才而兩之」也。言八卦則六十四卦在其中矣。觀下文所舉《離》、《益》、《噬嗑》等，皆因重之卦可知也。夫子言羲皇作《易》之由，莫備於此。《河圖》、《洛書》乃仰觀俯察中之一事，後世專以《圖》、《書》爲作《易》之由，非也。《河圖》之象不傳，故《周易古經》及注疏未有列《圖》、《書》於其前者；有之自朱子《本義》始。《易學啟蒙》屬蔡季通起稿，見《宋史・儒林傳》。則又首本《圖》《書》，次原卦畫，遂覺《易》之作全由《圖》、《書》，而舍《圖》、《書》無以見《易》矣。學者溺於所聞，不務觀象玩辭，而唯汲汲於《圖》、《書》，豈非《易》道之一厄乎？右論伏羲作《易》之本，不專在《圖》、《書》。【略】渭按，卦者，《易》之體所以立；蓍者，《易》之用所以行。韓康伯云：「卦，象也；蓍，數也。蓍極數以定象，卦備象以盡

數。」四語劃然分曉。蓋象中雖有數，而終以象爲主；數中亦有象，而終以數爲主。故夫子言數皆主蓍，曰「極數知來之謂占」，曰「參伍以變，錯綜其數」，曰「極其數，遂定天下之象」，曰「幽贊於神明而生蓍，參天兩地而倚數」，曰「數往者順，知來者逆，是故《易》逆數也」。凡此類無一不以蓍言，而此章尤爲明白。舉「天地之數」，正爲「大衍之數」張本。其曰「五位」者，即五奇五偶，非指天數之中「五」。一三五七九同爲奇，二四六八十同爲偶，是謂「五位相得」。一與二，三與四，五與六，七與八，九與十，一奇一偶，兩兩爲配，是謂「各有合」。於五行五方曷與焉？於天地生成曷與焉？於《河圖》、《洛書》又曷與焉？又按，章中言數者三：一曰「天地之數」，二曰「大衍之數」，三曰「萬物之數」。蓋「天地之數」爲「大衍」之法所自出，而「萬物之數」乃二篇之策適相當耳，於畫卦全無交涉。使「五位相得而各有合」，果爲伏羲所則《河圖》之象，夫子何難一言以明之，曰「此《河圖》也」，而顧廋辭隱語，使天下後世之人百端推測邪？至其後章，雖言「河圖」，而與「洛書」並舉，且與「神物」、「變化」、「垂象」比類而陳，文勢語脈遥遥隔絶，又安見此「河圖」者，即前「五十有五」之數邪？或問：「五位有蓍法言之，其相得有合之實，亦有可見者乎？」曰：「有。一變所餘之策，左一則右必三，左二則右亦二，左三則右必一，左四則右亦四，非奇與奇相得，偶與偶相得乎？二變三變所餘之策，左一則右必二，左二則右必一，左三則右必四，左四則右必三，非一奇一偶，兩兩爲配，而各有合乎？若夫一六、二七、三八、四九、五十之相合，而爲天地生成之數，水火木金之象，此後世五行家言，豈《易》之所有哉！」右論天地之數不得爲《河圖》。【略】渭按，《洪範》者，《尚書》之篇名也。《書序》云：「武王勝殷，以箕子歸，作《洪範》。」是《洪範》乃箕子之所命，以其爲治天下之大法，故謂之《洪範》。其九疇則大禹所命，亦猶包犧之八卦耳。羲皇受河圖而始作八卦，文王演之，其書名《易》，不名《河圖》；大禹第洛書爲九疇，箕子演之，其書名《洪範》，不名《洛書》，其義一也。蓋河圖、洛書，乃《易》、《洪範》所由作，非即《易》、《洪範》也。以彖爻無《河圖》之文，而疑八卦非感河圖而作；以《洪範》無《洛書》之文，而疑九疇非法洛書而陳。然則夫子所謂「聖人則之」者，果何所則而何所作邪？至于「天不畀鯀《洪範》九疇」，而「錫禹《洪範》九疇」，此箕子追序之辭，謂鯀失治水之道，天不錫之以洛書，禹得治水之道，天乃錫之以洛書耳。而顧以辭害意，謂「禹所更定之名而天反豫竊之也」，不已戲乎？總之，河圖、洛書特推原當時《易》、《範》所由作，今欲明《易》，八卦具在，焉用河圖？欲明《範》，九章具在，焉用洛書？宋人崇尚《圖》、《書》，自以爲補苴罅漏，張皇幽渺，若非此則無以明《易》、《範》，遂成千古笑柄。然河圖、洛書三語，實出於夫子，又不可如歐公輩斥之以妖妄，故不得不一覈其源流。侏儒問天高於修人，修人曰：「不知。」侏儒曰：「子雖不知，猶近於我。」孔安國、劉歆，修人也；陳摶、劉牧，侏儒也。天高幾許，豈修人所能知？然必無修人不知而侏儒反知之理，況修人所言略有端倪，而侏儒所言無非夢囈，又安得不舍侏儒而從修人邪？

又卷二《五行》　《書・洪範》曰：「一五行：一曰水，二曰火，三曰木，四曰金，五曰土。」《正義》曰：「萬物成形以微著爲漸，五行先後亦以微著爲次。水最微爲一，火漸著爲二，木形實爲三，金體固爲四，土質大爲五。」按，五行之名肇見於《洪範》，其一二三四五，以微著輕重爲次。自氣而形，而質具在其中。未見此但爲生數，而必待六七八九十以成之也。《易》有四象而無五行，此與天地大衍之數絶無交涉。【略】自春秋以迄兩漢，言五行者，裨竈、梓慎主占候，吕不韋主時令，劉向主災異，劉歆兼主曆數，揚雄草《玄》亦與《泰初曆》相應。雖皆言生成之數，却非爲《易》而設，至鄭康成始援以注《易》，而四象之義乃定。要之，未有以此數爲《河圖》、《洛書》者，何則？劉歆以《河圖》爲八卦，《洛書》爲九章；鄭康成以九篇爲《河圖》，六篇爲《洛書》；劉瑜以《乾鑿度》九宫之數爲《河圖》，蜀隱者以希夷之《先天太極》爲《河圖》。彼既自有其《圖》、《書》，必不於其外更標一《圖》、《書》，可知也。自僞《龍圖》出，而始以五十有五爲羲皇重定之數矣；自僞《關易》出，而直以五行生成爲龍馬所負之圖矣。劉牧、蔡元定從而揚其波，抑又甚焉。自此以後，劉、蔡迭爲興廢，或以此爲《河圖》，或以此爲《洛書》，謬種流傳，變怪百出。原其弊，實《漢志》有以啟之。愚故先辨五行，次及九宫、《參同契》、《先天太極》，而以《龍圖》、《鈎隱》、《啟蒙》終焉。

又《九宫》　按，後世以九宫爲《河圖》，實造端於《明堂》、《月令》之説。今考《小戴》言天子居明堂九室，依四時十二月之序，而《大戴》則分九室爲三條而言之。南曰明堂，其本名。古者以西爲上，故從西南起。或曰：「《封禪書》公玉帶上黄帝時明堂圖，有樓從西南入，命曰崑崙，天子從之入，以拜祠上帝，故九室起自西南也。」二九四者，二爲總章左個與明堂右個，九爲明堂太室，四爲明堂左個與青陽右個也。七五三者，七爲總章太廟，五爲太廟太室，三爲青陽太廟也。六一八者，六爲總章右個與玄堂左個，一爲玄堂太廟，八爲玄堂右個與青陽左個也。二九四共爲十五，七五三共爲十五，六一八亦共爲十五，縱横十五，妙合自然。後世九宫之數，實權輿於此。其以某室當某數者，蓋取九九算術所設乘除之位，以定明堂九室

之數也。《漢·藝文志》：《禮》十三家，有《明堂》、《陰陽》三十三篇，又《明堂陰陽説》五篇。此必《戴記》所自出，故宣帝時魏相表采《易陰陽》及《明堂》、《月令》奏之，言五帝所司各有時，東方之卦不可以治西方，南方之卦不可以治北方，則以八卦之方位配明堂之九室可知矣。《坎》之爲一，以至《離》之爲九，則又據明堂九室之數而定之也。古之制度大而分州，小而井田，莫不以九爲則，明堂亦然。其制皆起於黄帝，在伏羲畫卦之後。八卦之方位已定，并其中數之則爲九，九州、井田、明堂皆黄帝所以法八卦也。九宫，蓋即明堂之九室，故《隋志》有《九宫經》，依託黄帝。然自歆、固以前，未有直指爲《河圖》者，唯《後漢·劉瑜傳》：「桓帝延熹八年，上書言『《河圖》授嗣，正在九房』。」九房即九室也。《考工記》云：「内有九室，九嬪居之。」蓋王者路寢，聽朝時則九嬪在此，共聽事也。蓋其時已有據《乾鑿度》「《河圖》八文」一章，而直指九宫爲《河圖》者，此即僞《龍圖》三變之粉本矣。《龍圖》第三變，劉牧謂之太皡授龍馬負圖。然河圖乃天成卦畫之象，伏羲因之以作《易》。數因象而見，象不由數以生。縱横十五之數，雖非人私智所能爲，亦出畫卦之後，終不可指以爲《河圖》也。【略】按，九宫不見於《漢書》，至張衡始兩言之。上與律曆、卜筮並稱，下與卦候、風角相埒，非圖緯妖妄不經者比。九宫之數縱横十五，不知起於何時。按《管子·輕重戊篇》曰：「宓戲作造六峜以迎陰陽，方以智《通雅》云：「舊以峜字未詳，一切字書皆不收入。智按，《宛委編》以六計解之，升菴之説也。則當爲計，音以企，本是跂音也。又辛子文號計研，漢碑作峜研。王若谷曰：六峜，其如《周髀》算法乎？」作九九之數以合天道，而天下化之。」《世本》曰：「隸首作數。」宋忠云：「隸首，黄帝史也。」魏劉徽《九章算經序》曰：「包犧氏始畫八卦，作九九之術，以合六八之變，黄帝引而伸之。」邵子《觀物外篇》曰：「天圓而地方，圓之數起一而積六，方之數起一而積八，變之則起四而積十二也。六者常以六變，八者常以八變，十二者亦以八變，自然之道也。」此所謂六八之變，疑即是此數。《夏侯陽算經序》曰：「算數起自伏羲，而黄帝定三數爲十等，隸首因以著《九章》。」《韓詩外傳》曰：「齊桓公設庭燎，東野人有以九九見者。」《吴書》趙達治九宫一算之術；《隋志》有楊淑《九九算術》一卷。蓋九宫一算，即九九算術。伏羲始作之，黄帝使隸首引而伸之，以爲《九章》之數者也。據劉徽之言，則伏羲先畫八卦，後作九九。班固云：「伏羲畫八卦，由數起。」非也。漢儒據《説卦》第一章，先言生蓍倚數，後言立卦生爻，故謂畫卦由數起，而《傳》意實不然，蓋錯解也。今九九八十一乘除之算，疑即隸首遺制。《算經》每以物設爲乘除法，《觀物外篇》曰：「乘數，生數也。除數，消數也。算法雖多，不出乎此。」有九數列爲三條書之者，與《大戴·明堂篇》所列正相似。術家取九室之數，配以八卦、五行，名之曰九宫。後漢黄香有《九宫賦》；《隋志》有《黄帝九宫經》一卷，《九宫行棊經》三卷，並鄭玄注，又《九宫八卦式圖》一卷。《唐志》有《太一九宫雜占》一卷，《循甲九宫八門圖》一卷。其曰《黄帝九宫》，蓋以數成於隸首；而《明堂》之制，亦創自黄帝，故依託之也。【略】按，張衡所稱九宫，不過如《明堂》、《月令》之説，而《易緯》、《乾鑿度》則以爲太一下行之數，涉於誕矣。衡方斥圖緯爲非聖之書，九宫必不取諸《乾鑿度》，章懷不當引以爲注。蘇嘉慶、王起等所奏神號、星名、方色，則又其穿鑿傅會之甚者也。九宫，非《河圖》也。自《乾鑿度》有「《河圖》八文」之語，劉瑜有「《河圖》九房」之稱，而世遂以九宫爲《河圖》矣。又有指此爲《洛書》者，蓋以九疇之故。然九疇有次第，無方位也。强配八卦以附會之數，豈理也哉？

又卷三《周易參同契》 按，三輪肖《坎》《離》二卦，五行即天地之生數。然伯陽專心修鍊，特借此以明作丹之意，初非爲《易》而設。蓋三輪不可以爲「兩儀」，五行不可以爲「四象」，其所謂《易》，專指《坎》《離》水火，非聖人「生生之易」也。唐《真元妙經品》有《太極先天圖》，合三輪五行爲一，而以三輪中一〇，五行下一〇，爲太極，又加以陰静、陽動、男女、萬物之象，凡四大〇。陰静在三輪之上，陽動在三輪之下，三輪左《離》右《坎》者，水火既濟之象。二〇上陰下陽者，天地交泰之象。《鼎器歌》云：「陰在上，陽下奔。」即此義也。男女、萬物皆在五行之下。與宋紹興甲寅朱震在經筵所進周子《太極圖》正同。今《性理大全》所載者，以三輪之左爲陽動，右爲陰静，而虚其上下之二〇以爲太極，乃後人所改，非其舊也。此不在《本義》九圖之列。或曰：陳摶傳穆修，穆修傳周子。或曰：周子所自作，而道家竊之以入藏。疑不能明，存而弗論云。【略】渭按，丹家之煉己，一曰交媾，亦曰生藥採藥，又曰作丹，此其事在亥子之交。《參同契》云「晦朔之間，合符行中。混沌洪濛，牝牡相從」是也。進火，一曰起火，此其事在子丑之會。《參同契》云「始於東北，箕鬥之鄉，旋而右轉，嘔輪吐萌」是也。陳致虚云：「人先須養性，乃可修命。臨爐一差百錯，總由煉己無功。」言生藥不可不早也。俞琰云：「凡法火臨於丑，則驅回尾穴連雲焰，趕入天衢直上奔。」言進火不可不力也。其於天地之撰，陰陽之義，水火之情，日月之運，亦可謂探其微而抉其奥矣。惜乎！其以聖人之大道而小試之也。惜乎！其以聖人之公心而私用之也。聖人能盡其性，則能盡人物之性，贊天地之化育，何其大也！丹家之功效止於一身，小之至矣。孔子曰：「死生有命。」又曰：「朝聞道，夕死可矣。」孟子曰：「天壽不貳，修身以俟之。」張子曰：「存吾順事，没吾寧也。」

聖人於死生之際，如是而已，何其公也！丹家曰孳孳，唯以長生久視爲念，私亦甚矣。故謂丹道出於《易》則可，謂聖人之作《易》，意在明丹道則不可也。

又《先天太極》 渭按，蔡氏所得之三圖，清容不言其形象，未知何如？據古則所傳，以爲蔡氏之所得，蓋三圖之中此居其一，名曰先天圖，亦曰太極圖，取《參同契》之月體納甲、二用、三五與九宫八卦混而一之者也。朱子發云陳摶以先天圖授種放，三傳而至邵雍，則康節之學實出於希夷。其所演以爲《先天古易》者，悉本此圖，可知也。後人謂之天地自然之圖，又謂之太極真圖。其環中爲太極，兩邊白黑回互，白爲陽，黑爲陰，陰盛於北而陽起薄之。故邵子曰：「《震》始交陰而陽生。」自《震》而《離》而《兑》，以至於《乾》，而陽斯盛焉。《震》東北，白一分黑二分，是爲一奇二偶；《兑》東南，白二分黑一分，是爲二奇一偶；《乾》正南，全白，是爲三奇純陽；《離》正東，取西之白中黑點，爲二奇含一偶，故云「對過陰在中」也。陽盛於南而陰來迎之，故邵子曰：「《巽》始消陽而陰生。」自《巽》而《坎》而《艮》，以至於《坤》，而陰斯盛焉。《巽》西南，黑一分白二分，是爲一偶二奇；《艮》西北，黑二分白一分，是爲二偶一奇；《坤》正北，全黑，是爲三偶純陰；《坎》正西，取東之黑中白點，爲二偶含一奇，故云「對過陽在中」也。《坎》《離》爲日月，升降於《乾》《坤》之間而無定位，納甲寄中宫之戊己，故東西交易與六卦異也。八方三畫之奇偶，與白黑之質次第相應，天工乎？人巧乎？其自然而然之妙，非竊窺造化陰陽之秘者，亦不能爲也。但不可指以爲伏羲之《河圖》耳。

又卷四《龍圖》 按，《東都事略》言陳摶「以象學授種放，放授許堅」。象學者，《河圖》、《洛書》也。而朱震云：「放以《圖》、《書》授李溉，溉傳許堅，堅傳范諤昌，諤昌傳劉牧。」晁公武云：「諤昌自謂其學出於李處約、許堅。」其説互異。溉與處約不知是一是二，諤昌又不言處約傳自誰氏，中間授受不甚分明，識者疑之。昔孟喜得《易》家候陰陽災變書，詐言師田生，且死時枕喜厀，獨傳喜。又蜀人趙賓爲《易》，持論巧慧，非古法，云受孟喜，喜爲古之，賓死，喜因不肯仞。見《漢書·儒林傳》。蓋曲學授受之際，往往多依託隱諱，不可考究。李、許之學自附於種放，其亦田生獨傳，孟喜不仞之類乎？【略】《易》圖以白爲陽，黑爲陰，自《參同》水火匡廓始，其後《先天太極圖》亦然，而《龍圖》則獨用奇白偶黑之點。《序》曰「天之垂象，的如貫珠」，「自一至於盈萬，皆纍纍然如繫之於縷也」。因於點間爲墨絲以聯絡之，使若貫珠然，思之可發一笑。前此未有此狀，圖出希夷之後，是亦一證也。雷氏不知《龍圖》源出湓、廬，非華山道士所作，故以爲希夷必不如此，而歸其罪於諤昌，此亦莫須有之獄。至以「重定五行生成之數」，爲「老子自西周傳孔子」，不知出何典記？「鑿空造端，增立怪論」，誠有如雷氏所譏者，諤昌直一妄人耳。語曰：不知其形視其景，景曲則形必曲。觀諤昌之言，則李、許之爲人從可知矣。

又《易數鈎隱圖》 渭按，歐公與劉牧同時，位尊望重，不信《圖》、《書》，乃祖述《鈎隱》者之所憂，故其《序》託名歐公以欺世，千載而下，黨同作僞者之肺肝，猶如見之也。三百年來，學者唯知有《本義》卷首所列之《圖》、《書》，而不復問其原委，故余詳考《龍圖》及《鈎隱》，以著謬種所自出，使學者參觀而猛省焉，非爲其有當於聖人之《易》而録之也。【略】按，希夷《天地自然之圖》宗《參同契》，用《乾》南《坤》北，《離》東《坎》西之位；而《鈎隱》仍以《坎》《離》《震》《兑》居四正，《乾》《坤》《艮》《巽》居四隅。即此一端，亦足以證《龍圖》之本不出於希夷矣。按，劉牧謂《洛書》與《河圖》並出於伏羲之世，兼則之以畫卦，而五行之數未顯，故禹復法之以陳九疇。然一爲五行，二爲五事，以至九十爲福極，禹何以知之？故又爲之説曰：「惟五行是天垂自然之數，餘八者皆禹自類之意。」謂五事以下，禹從五行推演而得之也。然五事、皇極、庶徵、五福、六極，劉向嘗以此附會於五行，猶可通也，其餘則絶無交涉矣。六十四卦不離乎八卦，《河圖》具八卦之象，則六十四卦包在其中。若九疇五事以下，未見五行中具有此義也。禹乃鑿空而增之，以綴於五行之後，則幾同駢拇枝指矣。是亦不可以已乎！且《經》云「天錫禹九疇」，不言錫禹五行。九疇皆天之所設，非人之所爲，謂八者禹自類之，妄也。按，劉牧之學，當時皆謂其源出於希夷，而不知希夷所傳者，乃《天地自然之圖》，白黑回互之狀，見第三卷。康節之所受而演之者也，於《龍圖》曷與焉？於《鈎隱》又曷與焉？蓋自天禧之後，僞書盛行，而《天地自然之圖》隱矣。説者以劉牧之學爲希夷之傳，是猶吕之代嬴，牛之易馬，世仍以秦晉目之，而不知其血脈之已非也。李泰伯存其三圖，雷齊賢歸咎後人，亦尋常之見耳。《鈎隱》支離破碎，繳繞窒塞，真無一可取。譬諸田功，聖人之《易》五穀也，希夷之《易》荑稗也；牧之《易》進不可窮理以盡性，退不可養生以盡年，徒爲稂莠而已矣。

又卷五《啟蒙圖書》 按，季通據先天八卦之方位，而附會以太極、兩儀、四象之名，曰：「析四方之合以爲《乾》、《坤》、《離》、《坎》，補四隅之空以爲《兑》、《震》、《巽》、《艮》。」即《關易》所云：「正者全其位，隅者盡其畫。」然彼用後天卦位，此用先天卦位。噫！伏羲上聖，其則《河圖》以畫卦，乃煩割裂補綴費如許經營邪？雖至愚者亦知其無是理矣。劉歆所云「相爲經緯表裏」者，不過以五行生成言之耳。季通發明其

義，以爲《易》之太極、兩儀、四象皆通於《洛書》，而《洪範》之五行、九疇之子目則又通於《河圖》，任意牽合，無所不可。然十《圖》九《書》本無定理，故結之曰：「安知《圖》之不爲《書》，《書》之不爲《圖》？」終歸於鶻突無據而已矣。

又卷六《先天古易》 按，「天地定位」、「雷以動之」二章，皆以對待之體言，一首《乾》《坤》，明六子所自出，一先六子，而歸功於《乾》《坤》，未見其爲先天之方位也。「帝出乎《震》」章，以流行之用言，故順四時以爲序，而各著其方位。「神也者」章，兼流行對待言之，動、撓、燥、説、潤、盛，流行之用也；水火、雷風、山澤，對待之體也。雖不言《乾》《坤》，而六子之功用莫非《乾》《坤》之所爲，神與變化正指《乾》《坤》而言，與「雷以動之」章略同。亦無以見上六句爲後天之位，而下三句爲先天之位也。《橫圖》、《方圖》從中起者爲《震》《巽》，人皆謂根柢於此。自余觀之，「三索章」先父母而後六子，此兩章先六子而後父母，要皆歸重於《乾》《坤》。豈有六子居母前之理？此天地之大經，古今之通義，而邵圖紊亂如此，尚可信乎？【略】先天八卦方位，丹家用之最親切而有味。其所謂「《易》者，《坎》《離》也」，與儒學不同，故解此章之順逆，亦自有其義。孔子之意在蓍卦，丹家之意在水火。人之一身，《乾》爲首，《坤》爲腹；自首以下有心，心屬火而爲氣之總會；自腹以下有腎，腎屬水而爲精之所藏。火炎上，水潤下，自有生而已然，所謂「數往者順」也。及加以修鍊之功，以《乾》《坤》爲鑪鼎，《坎》《離》爲鉛汞，務使火降而下，水升而上，所謂「知來者逆」也。《鼎器歌》云：「陰在上，陽下奔。陰謂水，陽謂火。」丹家以《坎》《離》爲《易》，水下而反上，火上而反下，故曰「《易》逆數也」。《説卦》《離》南而《坎》北，丹家抽《坎》之中實以填《離》之中虛，故《乾》南而《坤》北。《參同契》云：「子南午北，互爲綱紀。一九之數，終而復始。」亦此義也。人之生也，火在水上，《未濟》之象也；神丹既成，則水在火上，爲《既濟》，以魂守魄，使陰陽不相離，可以長生而久視。《仙訣》云：「五行順行，法界火坑。五行顛倒，大地七寶。」是爲「順則成人逆則仙」也。邵子《小橫圖》用加一倍法，以爲伏羲八卦之次序，誤矣。而又推之於方位，以自《震》至《乾》爲順，自《巽》至《坤》爲逆，且喻之以左旋右行。夫天之與日月五星也，左則俱左，右則俱右，豈有左右各半之理乎？既失丹家之旨，又非孔子之義，無一而可者也。或問：子以希夷《先天圖》爲康節之學所自出，其詳可得聞乎？曰：康節受《易》於李之才，以《先天古易》衍其旨，著書十餘萬言，謂《皇極經世》、《觀物内外篇》、《漁樵問對》。以發希夷之蘊。史稱「探賾索隱，妙悟神契，洞徹蘊奥，汪洋浩博，多其所自得」者，此實録也。今以八卦次序方位圖攷之，太極即希夷《先天圖》之環中也。初畫爲兩儀，即圈之白黑各半，左右回互者；中畫爲四象，即白中之黑，黑中之白，與半白、半黑而爲四也；終畫爲八卦，即一圈界分爲八，而八卦奇偶之畫與白黑之質相應者也。從中折取，則《乾》南《坤》北，《離》東《坎》西，《震》東北，《兑》東南，《巽》西南，《艮》西北，八卦有方位而九宫具焉也。圓者引之使長，合者攤之使分，而圖遂化爲畫矣。然兩儀、四象、八卦皆子在母外，既失希夷之本意，而又以白代單，以黑代拆，則《乾》之三連☰，變爲三白☰，《坤》之六斷☷，變爲三黑☷，六子皆然。《坎》《離》即水火匡廓之形。表畫以色，有奇無偶，大非三代以來相傳之卦象。瀆經侮聖，與劉牧無異，何爲其從之也。

又卷七《先天古易下》 按，夫子曰重曰兼，明是倍三爲六，非逐爻漸生之謂。《本義》猶從舊解，云：「因而重之，謂各因一卦，而以八卦次第加之爲六十四。」又云：「三畫已具三才，重之故六。」至《圖説》，則與邵義並存，而以邵爲善。及蔡氏草《啟蒙》，則專主《觀物外篇》，而顯背經文，亦有所不顧矣。《大傳》但云包犧氏始作八卦，其因而重之以爲六十四者，不言其人。先儒或以爲神農，或以爲大禹，或以爲文王，總無確證。然吾觀夫子所陳十三卦制器尚象之事，唯網罟創自包犧，取諸《離》之純卦，而耒耨之利取諸《益》，日中爲市取諸《噬嗑》，皆神農之所爲也。則謂神農重卦者，庶幾得之。蓋伏羲雖有因重之意，而八卦成列之後，未嘗復加之畫，至神農則始一一演之，以爲六十四卦、三百八十四爻，而重卦之名至黄帝乃備耳。子曰：「聖人立象以盡意，設卦以盡情僞。」蓋立象即八卦成列，設卦即因而重之，伏羲略而神農詳也。若夫重卦之次序，絶無可考。《連山》首《艮》，《歸藏》首《坤》，先儒雖有是説，而其書已亡，自《艮》、《坤》以後六十三卦，其次序不知如何。今可言者，獨文王所演之《易》象耳。或云烈山氏之《易》，文王因之，烈山氏即神農也。首《乾》《坤》，終《二濟》，兩兩反對皆有至理，安得於此外更造一圖，以爲伏羲六十四卦之次序哉？智者之鑿，孟子之所惡也。【略】按，仲氏八誤之辯剖析無遺，總由伏羲六十四卦次序元無可考，而任意爲之，所以來後人之彈射也。冠諸經首，不愈彰邵子之過乎？【略】按，夫子云：「八卦成列，象在其中矣。因而重之，爻在其中矣。」又云：「八卦相盪」、「八卦相錯」。六十四卦皆三畫八卦之所生也。《姤》《復》同在六十四卦中，豈能生諸卦乎？康節受學於李挺之，挺之《六十四卦相生圖》，凡五陰一陽、五陽一陰之卦皆自《姤》《復》而來；凡四陰二陽、四陽二陰之卦皆自《臨》《遯》而來，凡三陰三陽、三陽三陰之卦皆自《泰》《否》而來，此即「《姤》《復》小父母」之意。蓋推《乾》、《坤》三索之説，施之於六畫卦，故有是圖。然《姤》

《復》所生止十卦，而康節舉《臨》、《遯》、《否》、《泰》之所生，悉歸之《姤》《復》，則又與挺之異。就今六十四卦觀之，逐爻變遷，義亦可通，伏羲作《易》之初，實不爾也。其中間拗爲兩截，左陽右陰，則又極其造作，而非法象自然之妙矣。【略】按，天根月窟即《參同》納甲之説。天，陽也。月，陰也。以八卦言之，月三日生明於庚，納《震》一陽之氣，庚當《乾》終《巽》始，故曰「《乾》遇《巽》時觀月窟。」《震》一陽始交於甲，納《乾》初九之氣，甲當《坤》終《震》始，故曰「地逢雷處見天根」也。以六十四卦言之，純《乾》遇《巽》之一陰，是爲《姤》，於月爲生魄，陽消陰息自此始，故謂之月窟，即「《乾》盡午中而陰生」之謂也。純《坤》遇《震》之一陽，是謂《復》，於月爲合朔，陰消陽息自此始，故謂之天根，即「《坤》盡子中而陽生」之謂也。《參同契》云：「晦至朔旦，《震》來受符，當斯之時，天地媾其精，日月相撢持，雄陽播玄施，雌陰化黄包，混沌相交接，權輿樹根基。」邵子所謂「地逢雷處見天根」者是。三十六宫，朱子之義較長。蓋人身之天根在尾閭，月窟在泥丸。脩鍊之法，夜子以心神注氣海，謂之生藥；子後則自尾閭進火，以達於泥丸，午中則自泥丸還元，以訖於尾閭。從《復》《姤》用功，而諸卦皆到，上下往來，終而復始，和氣滿腔，盎然流溢，故曰「三十六宫都是春」也。邵子雖不事脩鍊，而其理固已洞徹，丹家秘寶和盤托出矣。【略】按，《説卦傳》有經卦之方位，而無別卦之方位，蓋文王所演六十四卦，其八卦之貞錯綜而敘，不以其卦爲類，故無方位之可言。京房六日七分法，卦氣起於《中孚》，亦不過取卦名之義，以爲當直冬至，非謂《中孚》方位在子之半也。自魏伯陽以《乾》、《坤》、《坎》、《離》牝牡《震》、《艮》、《巽》、《兑》，先天八卦之方位端倪始見。而邵子演之曰：「《乾》《坤》定上下之位，《離》《坎》列左右之門，天地之所闔闢，日月之所出入。」於是有《乾》南《坤》北，《離》東《坎》西之圖。又推之於六十四卦爲《大横圖》，以定其次序；又規夫《横圖》而圓之，以爲六十四卦之方位，更有《方圖》居其中。於是經卦既非《乾》《坤》三索之序，別卦又失文王所演之舊。雖用京、焦分卦直日之遺法，而次序方位參錯不齊，其卦氣所自起，不得不黜《中孚》而用《復》《姤》，《坎》《離》《震》《兑》四正卦之主二十四氣者，亦改爲《乾》《坤》《坎》《離》，固其所矣。然京房分卦直日以候災異，實有其用，而邵子《大圓圖》，則但如《參同契》以六十卦象一月升降往來之氣，非真有分卦直日之事也。故辟卦相去之疎密前後不同，而二分卯酉之中，乃繫之《臨》《遯》。蓋此圖惟明丹道，不主占候，固不必一一求合於卦氣也。其極數知來之學，全在加一倍法，與此圖無涉。至於《方圖》，則内外疊作四層，意在明十六卦兩隅尖射之巧妙，難用分卦直日法。而張仲純亦倣《圓圖》之例，起《復》《姤》終《乾》《坤》，以定十二辟之卦氣，其舛謬不更甚乎？【略】按，《方圖》自西北至東南，兩隅尖射爲八純；自西南至東北，兩隅尖射爲《否》《泰》等卦，是爲「十六事」。然後於四正各布十二卦，共四十八，合前十六爲六十四，而「八卦相錯」偏焉。此亦邵子之巧推排，《易》無此卦位也。【略】按，《書・洪範》：「五皇極。」《傳》云：「極，中也。」《漢・律曆志》：「太極元氣，函三爲一。極，中也。」極皆訓中。不從此訓，自朱子始。邵子曰：「先天學，心法也。故圖皆從中起。」又曰：「心爲太極。」可見極即中，中即心，從中起謂從太極起也。《觀物》詩云：「天向一中分造化，人於心上起經綸。」亦即此意。天地萬物之理，有一不本於太極者乎？有一不具於人心者乎？故曰：「吾終日言而未嘗離乎是。」先儒以「圖皆從中起」兼《方圓圖》言之，當矣，然其義猶有所未盡也。蓋先天方圓之圖，皆由一四之積數來也。天圓而地方，其在《易》則圓主蓍，方主卦。圓之數起一而積六，一在中，六在外也，蓍德圓象之。六并一爲七，六者常以六變，六七四十二，并初七爲四十九，大衍之數五十而其一爲太極不用，故曰：「五十者，存一而言之。」此蓍策也，與卦圖無涉。方之數起一而積八，一在中，八在外也，卦德方象之，《小圓圖》是也。八并一爲九，中爲太極，故一不用也。八者常以八變，積爲八八六十四，《大圓圖》是也。《乾》、《坤》、《坎》、《離》四正卦不用，故曰：「六十者，去四而言之也。」《乾》《坤》當南北之中，《坎》《離》當東西之中。圖從中起，中爲太極，故不用而止於六十，猶《小圓圖》之虚其一也。方之數變之，則起四而積十二，四在中，十二在外也。十二者亦以八變，故四之外累加之，第一圍必十二，第二圍必二十，第三圍必二十八，并爲六十四，《方圖》是也。圖從中起，中爲太極，故《震》、《巽》、《恒》、《益》四卦亦不用而止於六十，猶《大圓圖》之去其四也。卦德本方，象地之體，而其中又有《方圓》之別。天變方爲圓而常存其一者，謂《大》、《小圓圖》也；地中之天，方中之圓也。地分一爲四而常執其方者，謂《方圖》也；地中之地，方中之方也。邵子取渾天之象，天周地外，地在天中，故作《方圓合一之圖》。朱子謂：「《圓圖》中間虚者，便是太極。不合《方圖》在中間塞，却待挑出放外。」如此恐失作者之意。推之於《大小横圖》，兩儀、四象、八卦皆由太極而生，亦所謂「從中起」也。此邵子之數學，即邵子之「心法」，「終日言而不離乎是」。故托《易》以著爲圖，不必與聖人之《易》盡同也。揚子《太玄》，其圖亦由中而起。中爲一元，自一元衍而爲三方，自三方衍而爲九州，自九州衍而爲二十七部，自二十七部衍而爲八十一家。故知先天與《太玄》均爲老氏之學也。邵子之心與太極爲體，嘗作《無名公傳》以自寓，無名者，太極之謂也。贊曰：「借爾面貌，假爾形骸，弄丸餘暇，丸謂太極。閒

往閈來。」則其所謂「心法」者可知矣。彼以《圓圖》爲合乎「天地定位」之象，《方圖》爲合乎「雷動風散」之次者，皆知其一而不知其他，得其皮毛而不得其骨髓者也。

【略】按，石澗，精於《參同契》者也，不徒心解之，且身試之。故知《先天圖》爲老氏之《易》，而非聖人之《易》。著書以闡其幽，名之曰《易外别傳》，以爲丹家所依託，非《易》之本義。自有《先天圖》以來，知其妙而不使之混於《易》中者，唯石澗一人。明萬曆中，有莆田林兆恩者，號三教先生，其徒述其説以成書，亦名《易外别傳》，而其指大異。石澗却道家於《易》外，《三教》混釋老於《易》中，邪正相去懸絶。魏伯陽，丹經王也。希夷、康節乃其嫡派正傳，所言皆老氏之《易》也。康節《横圖》以白代⚊，以黑代⚋，實本希夷。然《天地自然之圖》本謂龍馬授伏羲者，如是而伏羲則之以畫卦，變白黑爲⚊⚋耳。康節乃謂伏羲所作亦如是，然則伏羲之後更有何人變白黑爲⚊⚋，如今卦首所列之六畫乎？又兩儀、四象、八卦，希夷皆子在母中，康節却子在母外，雖取法希夷，而實失先天之本意矣。希夷之圖止有八卦方位，而無其次序。康節既獨出臆見，於一奇一偶之上各加一奇一偶之三畫，而爲《乾》一、《兑》二、《離》三、《震》四、《巽》五、《坎》六、《艮》七、《坤》八矣。又欲附會於希夷，乃以「天地定位」一章當希夷八卦方位，就中推出次序。其左半《乾》、《兑》、《離》、《震》，適符《横圖》之一二三四，遂以爲「數往者順」；至右半《坤》、《艮》、《坎》、《巽》，則與《横圖》正相反，乃從中拗轉爲《巽》五、《坎》六、《艮》七、《坤》八，以爲「知來者逆」。斯不亦矯揉造作，失天地自然之妙乎？且次序與方位元不相謀，未聞《乾》《坤》三索之序，由出《震》齊《巽》之位而定也，何獨於先天合之？故《圓圖》抽《坎》填《離》，猶是丹家之遺製，而《横圖》則無謂甚矣。乃復引而伸之爲六十四卦次序，遂至有四畫、五畫之卦。夫此四畫、五畫者，將名曰某卦乎？抑仍謂之兩儀、四象乎？如以爲兩儀、四象，則八卦之後不應復有兩儀、四象也。或曰：此康節之數學，知來之道寓焉。然吾觀《皇極經世書》，其所推元會運世之數，及天地萬物之變，恐别有方術，未必用加一倍法也。奇偶之上各加奇偶，只因錯解「《易》有太極」一節，遂以揲蓍生爻之次序，爲始作八卦之次序耳。然則大、小《横圖》既戾於聖人之經，又絶非希夷之指，先天之贅肬也，安得冠諸經首，以爲伏羲不言之教乎？

又卷八《後天之學》 按，伏羲胸羅造化，全體太極，仰觀俯察，近取遠取，三才之道，了了於心目之間，便一連埽出三畫，有何不可，而必一生二，二生四，四生八，作巧推排計邪？一連埽出者爲私意杜撰補接，然則逐爻生出者，豈反非杜撰補接邪？孔子之傳無一語推本伏羲者則已，既有推本伏羲者，則何以知兩儀、四象爲伏羲之所畫，而《乾》《坤》三索爲文王之所演邪？先天後天强生分别，前第六卷中辨之已詳。知彼逐爻生出之爲謬，則知一連埽出三畫，而交易以成六子者，真伏羲之《易》，而非文王之《易》矣。曉人自解，無庸辭費也。

又卷九《卦變》 按，《參同契》云：「《乾》《坤》者，《易》之門户，衆卦之父母。」是衆卦皆生於《乾》《坤》也。李、邵爲先天之學，而其卦圖乃以《復》、《姤》、《臨》、《遯》、《泰》、《否》、《壯》、《觀》皆爲生卦之母，則是顯背伯陽矣。希夷之傳，豈若是乎？既失《參同》之旨，又非《彖傳》之意，東谷譏之，有以也。【略】按，六十四卦兩兩相比，無不反對。其陰陽相背者，八卦雖無變體，亦反對也。反對實文王演卦之一義，《彖傳》本此以釋經，剛柔之往來上下，一覽而得，不可謂孔子之説非文王之説也。李氏《反對圖》首列《乾》《坤》二卦爲《易》之門，則諸卦宜皆出於《乾》《坤》，而乃《乾》《坤》下生之卦，一陰生自《姤》，一陽生自《復》，二陰生自《遯》，二陽生自《臨》，三陰生自《否》，三陽生自《泰》，何其紛糾之甚也。康節親受此圖，故有《乾》《坤》大父母，《姤》《復》小父母」之説。夫《乾》《坤》生六子，是爲八卦，因而重之，遂爲六十四，六十四卦皆《乾》《坤》之所生也。《姤》《復》、《遯》《臨》、《否》《泰》同在六十四卦之中，安能生諸卦乎？然《姤》《復》以一爻升降，其蹤跡猶可尋求，《遯》《臨》、《否》《泰》則兩三爻遞爲升降，而《否》《泰》、《二濟》未免重出，益雜亂而無章矣。《乾》《坤》雖諸卦所自出，第以《彖傳》證之，則唯三陰三陽者可通，而二陰二陽者不可通，不如專主反對之爲得也。康節以文王所演爲後天，則卦變似非先天之學。然其論卦之反對曰：「《乾》《坤》，本也；《坎》《離》，用也。《乾》、《坤》、《坎》、《離》，上篇之用也。《咸》、《兑》《艮》也。《恒》、《震》《巽》也。《兑》、《艮》、《震》、《巽》，下篇之用也。」此即《參同契》以《乾》《坤》《坎》《離》牝牡《震》《巽》《艮》《兑》之意，而「《乾》《坤》大父母，《姤》《復》小父母」，則又《圓圖》「陽生子中，陰生午中」之精義也。乃知卦變亦希夷所傳，均屬先天之學。故朱子附列於邵子六圖之後云。

【略】按，李挺之言卦變，莫善於反對，莫不善於相生。反對者經之所有，相生者經之所無也。《六十四卦相生圖》，蓋從《乾》《坤》三索之義，而推之於六畫以爲卦變。純《乾》純《坤》一交而爲《姤》訖於上，《遯》《臨》之二陰二陽，《否》《泰》之三陰三陽亦如之。夫《姤》《復》以一爻主變，猶有定法，若《遯》、《臨》、《否》、《泰》則兩爻俱動，或獨升，或同升，主變者非一，紛然而無統紀矣。且六子純卦亦不過因而重之。今乃謂《震》、《坎》、《艮》生於《臨》，《巽》、《離》、《兑》生於《遯》，有是理乎？甚矣！此圖之爲贅肬也。【略】按，希夷先天之學，《參同契》之的傳也。伯陽所言，無非丹

道。其曰：「二用無爻位，周流行六虛。往來既不定，上下亦無常。」蓋借《易》剛柔往來上下以明人身二氣之升降，與夫子《彖傳》所言不同指。而李氏《六十四卦相生圖》，於丹道絶無交涉，安在其爲先天邪？竊疑穆修受學於希夷，唯有《反對圖》，而《相生》則李氏以意爲之，頗緣飾以儒者之義理，故其圖彷彿虞仲翔，多與《彖傳》相合。唯石澗直圖上《乾》下《坤》，而《坎》《離》居中，正得「《乾》《坤》爲鼎器，《坎》《離》爲藥物」之意。又據邵子「天根月窟」之説，自《坤》中一陽生而升至五陽，遂爲六陽之純《乾》，自《乾》中一陰生而降至五陰，遂爲六陰之純《坤》。一升一降，上下往來，與伯陽之義脗合。且諸卦皆生於《乾》《坤》，無《姤》、《復》小父母之疵，而四陰二陽與《坎》並列，四陽二陰與《離》並列，亦皆井然有條理，無重出之病，勝李氏二圖遠甚。然石澗未嘗自名爲卦變也。第因邵子有《横圖》、《圓圖》、《方圖》，而更作《先天直圖》以申其意。自余觀之，此圖既非六十四卦之次序，又非六十四卦之方位，正可作卦變圖耳。異哉！石澗能於三百餘歲後，紹聞知之統，使呼吸上下往來之象一望瞭然，真希夷先天之學，而邵子之所不及圖者也。故附列李氏二圖之末，以質於後之君子。【略】按，邵子言：「重卦不易者八，反復者二十八，以三十六變而爲六十四。」卦變之義，數言盡之矣。據此以釋《彖傳》亦足矣。李挺之《相生圖》已傷煩碎，況朱子之所定乎？梨洲一一指摘，無微不彰。但朱子專取十九卦者，第就《彖傳》所謂剛柔、往來、上下、内外者而求之，其它則未暇及。梨洲續舉諸卦中，唯《損》《益》二卦似不當遺，何也？《彖傳》曰：「損剛益柔。」又曰：「損下益上，其道上行。」又曰：「損上益下，自上下下。」則剛柔上下之義備矣，正可與十九卦並舉，何獨遺之？其它只言剛柔，而不言往來上下，則其義即本卦可見，不必求之卦變，固不在此例。然朱子欲以卦變附先天之後，當仍用李氏《反對圖》，猶不失希夷本指。今乃據《相生圖》以更定其法，煩碎甚於李氏，而及其釋經也，則又舍反對之卦，而泛泛焉以兩爻相比者互换爲變。往來上下訖無定法，亦安用此圖爲也？經於六十四卦之首，各列二體六畫，即《卦變圖》也。剛柔往來之義，開卷了然，何以别圖爲？或曰：誠用反對，則每卦必顛倒視之，而後可以知《彖傳》之所謂，不亦勞乎？余曰：人之眼光雖至短，兩卦相去尺幅間，豈不能兼矚，而必須顛倒以視之？此言真兒童之見，疑乎其所不足疑。

又卷一〇《象數流弊》 按，《本義》卷首列九圖於前，而總爲之説。所謂天地自然之《易》，《河圖》、《洛書》也。伏羲之《易》，先天八卦及六十四卦次序、方位也。文王之《易》，後天八卦次序、方位及六十四卦之卦變也。《本義・卦變圖》，朱子爲釋《彖傳》而作，非康節反對之旨，故屬之後天。是皆著爲圖者。伏羲有畫而無辭，文王繫彖，周公繫爻，孔子作《十翼》，皆遞相發揮以盡其義，故曰：「聖人之情見乎辭。」辭者，所以明象數之難明者也。而朱子顧以爲三聖人之《易》專言義理，而象數闕焉，是何説與？且《易》之所謂象數，蓍卦焉而已，卦主象，蓍主數。二體六畫，剛柔雜居者，象也；大衍五十，四營成易者，數也。經文粲然，不待圖而明，若朱子所列九圖，乃希夷、康節、劉牧之象數，非《易》之所謂象數也。三聖人之言，胡爲而及此乎？伏羲之世，書契未興，故有畫而無辭。延及中古，情僞漸啓，憂患滋多，故文王繫彖以發明伏羲未盡之意。周公又繫爻以發明文王未盡之辭，一脈相承，若合符節。至於孔子，紹聞知之統，集羣聖之大成，論者以爲生民所未有。使伏羲、文王、周公之意，而孔子有所不知，何以爲孔子。既已知之，而别自爲説以求異於伏羲、文王、周公，非「述而不作」之指也。然則伏羲之象得辭而益彰。縱令深玩圖畫而得其精微，亦不外乎文王、周公、孔子所言之理，豈百家衆技之説所得而竄入其中哉！九圖雖妙，聽其爲《易》外别傳，勿以冠經首可也。【略】按，希夷，老氏之徒也。著《指玄篇》，言導養還丹之事，則其能養生也可知矣。觀賈、郭二事，及預決亡日，則其能知來也可知矣。養生，魏伯陽之學也。知來，管輅、郭璞之術也。至所與游者多異人，化形之後有異徵，則其爲神仙者流又可知矣。《先天圖》於造化陰陽之妙，不無所窺見。要之，爲道家之《易》，而非聖人之《易》，其可以亂吾經邪？【略】按，是書託名麻衣，序、跋與書及注同出一手。其他踳駁之説無論，獨李壽翁所賞二語，貽誤學者不淺，然其言實出希夷。《觀物外篇》曰：「先天學，心法也。圖雖無文，吾終日言而未嘗離乎是。」亦即所謂「羲皇心地上馳騁，不於周、孔脚跡下盤旋」也。麻衣，小説家以爲即白閣僧相錢若水者，其人蓋孫君仿、麞皮處士之流。縱令是書真出麻衣，吾亦深惡而痛絶之，況戴師愈乎？【略】按，王氏筌蹄之喻雖出於《莊子》，而其義不同。其所謂忘言忘象者，亦謂學《易》者觀象玩辭，期於自得，久之當有所融釋脱落耳，非若爲先天之學者，欲盡棄周、孔之言，專於羲皇心地上馳騁也。即其卦爻之解，間有涉於虚無者，亦皆莊、老之微旨，與《坎》《離》龍虎之説，精觕相去遠矣。故伊川教人且看王輔嗣、胡翼之、王介甫三家《易》，以其所主在義理，不爲百家衆技所惑也。宋人奉陳、邵爲伏羲，而顧斥輔嗣爲莊、老，吾不知其何説矣。【略】按史，魏正始中，何晏、王弼等好老、莊書，祖尚虚無，以《六經》爲聖人之糟粕，天下士大夫慕效成風，迄江左而未艾。故范甯謂：「王、何之罪深於桀、紂。」今觀弼所注《易》，各依彖爻以立解，間有涉於老、莊者，亦千百之一二，未

嘗以文王、周公、孔子之辭爲不足貴，而糟粕視之也。獨爲先天學者，欲盡廢周、孔之言，而專從羲皇心地上尋求，是其罪更浮於王、何矣。儒者不之闢，而反助其狂瀾，以爲三聖人之《易》非即伏羲之《易》，何邪？亭林、梨洲之論，大有造於《易》學，故殿之篇末，以告天下之習非而不悟者。

閻若璩《尚書古文疏證》卷一　《荀子》所引「《書》曰」出《臣道》篇，其上文曰：「故因其懼也而改其過，因其憂也而辨其故，因其喜也而入其道，因其怒也而除其怨，曲得所謂焉。」即繼以《書》曰：「從命而不拂，微諫而不倦，爲上則明，爲下則遜，此之謂也。」語甚精，得古大人格君心之道，非伊尹不足以當。而僞作《伊訓》者乃改以爲先生事，云「先王從諫弗咈，先民時若，居上克明，爲下克忠」，語反淺近。

又　而僞作《太甲》者求其説而不得，以元祀十有二月爲正朔，遂以三祀十有二月亦爲正朔。祠告復辟，皆當以正朔，故曰「惟三祀十有二月朔奉嗣王歸於亳」。不知商實改月，未嘗以十二月爲歲首，曷爲復辟於是月乎？不然，商實不改月，則十二月者建丑之月耳。建丑之月朔旦安得有冬至，而劉歆、班固乃以爲曆元而書之乎？余蓄此疑凡數載，久之方得其説，故特著之，以補顔師古《漢》注之缺，且以正蔡傳之多誤也。

又卷二　又「父母使舜完廩」一段，文辭古崛，不類《孟子》本文。《史記・舜本紀》亦載其事，而多所增竄，不及原文遠甚。亦信文辭格制各有時代，不可强同。《孟子》此一段其爲《舜典》之文無疑，然要可爲心知其意者道耳。

又　王肅魏人。孔傳出於魏晉之間，後於王肅。傳注相同者，乃孔竊王，非王竊孔也。只以一事明之：三年之喪二十五月而畢，中月而禫，鄭康成以中月爲間月，則二十七月而後即吉。王肅以中月爲月中，則二十六月即可即吉。王肅以前未聞有是説也。今孔傳於《太甲》「惟三祀十有二月朔」釋曰「湯以元年十一月崩，至此二十六月，三年服闋」，非用王肅之説而何？凡此書出於魏晉間所假託者，皆歷有明驗，而世猶遵用之而不悟，惑之不可解至矣。

又卷四　趙氏稱《孟子》尤長《詩》、《書》，其於《書》之辭必熟習，必不以古人口中語認爲敍事，又必不以古人口中語妄續之於後，與或妄增之於前，自亂其引古之例，斷斷然已。奈何晚出書以校之《孟子》，有不然者：「《書》曰天降下民」一節，自「武王恥之」上皆《書》辭，蓋史臣所作，故孟子從而釋之曰：「此武王之勇也。」亦猶上文引《詩》畢，然後從而釋之曰「此文王之勇也」，正一例也。僞作者欲竄入武王口，不得不去其末二語，又改「天下曷敢有越厥志」爲「予曷敢有越厥志」。試思此段在《泰誓上》者，曾有一毫似武王之勇，而《孟子》乃引之乎？又有「攸不爲臣」一段，亦史臣作：「紹我周王，見休惟臣，附於大邑周」，則史臣述士女之辭。僞作者亦欲竄入武王口，自不得不去其首句，又改爲「昭我周王，天休震動，用附我大邑周」。試思今文《書・大誥》曰「天休于寧王，興我小邦周」，《多士》曰「非我小國敢弋殷命」，其自卑如此；於勝國一曰「大國殷」，再曰「大邦殷」，甚且曰「天邑商」，其尊人如此，豈有武王當初得天下日遍告羣后，而乃侈然自尊爲大邑周乎？即文理亦不可得通。凡晚出書之以敍事爲議論，其誤如此。

又　晚出書未論二十五篇雜亂，而即與馬、鄭、王三家本同者，亦多所增竄。三家本俱不傳，僅散見一二於孔穎達《正義》。如《堯典》「帝曰：『我其試哉』」，三家本無「帝曰」二字。「四嶽之言也」，以上文嶽薦鯀云試，則此「試哉」亦屬嶽。鄭康成注：「試以爲臣之事。」「慎徽五典」，原接「帝曰欽哉」之下，「試」即指慎徽五典等，「下「女于時」二語乃另一意。蓋是時帝女嫁及期，舜又未娶，其賢聖如此，可以爲二女之觀刑。原僞作者心，必欲增以「帝曰」，不過以擇婿大事，宜斷自宸衷，非外廷諸臣所可與。不知唐虞朝大公，何事不聽其臣博議，況擇婿乎？蓋當師錫帝曰「有鰥在下」，已含有可妻也之意。又「僉曰益哉」，三家本「僉」作「禹」。蓋禹同治水者二人，曰益，曰稷。稷既命之仍舊職矣，益是時烈山澤之功又畢，虞適缺官，禹蓋深知其才習於草木鳥獸，故特薦之。原僞作者心，必欲竄爲「僉曰」，不過以上文薦禹及垂，下文薦伯夷皆屬僉曰，此不宜别一例。不知唐虞朝大公，衆知其賢則交口譽之而不爲朋黨，若獨知其賢，即越衆以對，而亦不以爲異。愚於是嘆晚出書之紛紛多事也。

又卷五上　鄭端簡曉，予得其手批吴氏《尚書纂言》，於二十八字上批云：「『曰若』句襲諸篇首，『重華』句襲諸《史記》，『濬哲』掠《詩・長發》，『文明』掠《乾・文言》，『温恭』掠《頌・那》，『允塞』掠《雅・常武》，『玄德』掠《淮南子・鴻烈》，『乃試以位』掠《史・伯夷傳》，正見其蒐竊之踪。」

又　胡渭生朏明謂予，「升聞」二字又掠《大戴禮記・用兵》篇。姚際恒立方曰：「『濬哲文明，温恭允塞』八字襲《詩》與《易》，夫人知之，獨不知王延壽《魯靈光殿賦》云『粤若稽古，帝漢祖宗，濬哲欽明』，王粲《七釋》云『稽若古則，叡哲文明，允恭玄塞，方興所上』，較延壽賦易『欽』爲『文』。粲《七釋》易『叡』爲『濬』、『允』爲『温』，而『玄』字乃移用於下，則是皆襲前人之文，又不得謂襲《詩》與《易》也。夫

《舜典》出於南齊，延壽漢人，粲漢魏人，何由皆與《舜典》增加之字預相暗合耶？其爲方興所襲自明。又漢魏時人以《詩》、《易》所稱稱後王可也，今以商王之濬哲温恭、周王之允塞混加之於舜，烏乎可也？」竊以論至此，真無復餘藴矣。

又 《經典釋文》載齊明帝建武中，吴興姚方興采馬、王之注造孔傳《舜典》一篇，言於大航頭買得上之。梁武時爲博士，議曰：「孔序稱伏生誤合五篇，皆文相承接，所以致誤。《舜典》首有『曰若稽古』，伏生雖昏耄，何容合之？」遂不行用。

又 今試取《皋陶謨》、《益稷》讀之，語勢相接，首尾相應，其爲一篇即蔡氏猶知之，但謂古者以編簡重大，故釐而二之，非有意於其間，則非通論也。自「曰若稽古皋陶」至「往欽哉」凡九百六十九字，比《禹貢》尚少二百二十五字，《洪範》少七十三字，何彼二篇不憚其重大，而獨於《皋陶謨》釐而二乎？説不可得通矣。且《益稷》據《書序》原名《棄稷》，馬、鄭、王三家本皆然，蓋别爲逸《書》中多載后稷之言或契之言，是以揚子雲親見之，著《法言・孝至》篇或問忠言嘉謨，曰：「言合稷、契之謂忠，謨合皋陶之謂嘉。」不然，如今之《虞書》五篇皋陶矢謨固多矣，而稷與契曾無一話一言流傳於代，子雲豈鑿空者耶，胡輕立此論？蓋當子雲時《酒誥》偶亡，故謂《酒誥》之篇俄空焉。今亡失，賴劉向以中古文校，今篇籍具存。當子雲時《棄稷》見存，故謂言「合稷、契之謂忠」。以篇名無「謨」字，僅以謨貼皋陶。惜永嘉之亂亡失，今遂不知中作何語。凡古人事或存或亡，無不歷歷有稽如此。

又卷五下 歌詩之見於經者，舜、皋陶《賡歌》三章以下、《商頌》五篇以上，莫高於夏《五子之歌》。計其詩或如蘇子由所稱，商人之詩駿發而嚴厲，尚庶幾焉。乃每取而讀，彌覺辭意淺近，音節嘽緩。此豈真出渾渾無涯之代，與親遭喪亂者之手哉？猶憶少嘗愛竟陵鍾惺論《三百篇》後四言之法有二種：韋孟《風諫》，其氣和，去《三百篇》近，而近有近之離；魏武《短歌》，其調高，去《三百篇》遠，而遠有遠之合。後代作者各領一派。竊意此僞作者生於魏晋間，才既不逮魏武，自不能如其氣韻沈雄，學復不逮韋孟，又不能爲其訓辭深厚，且除「一人三失，惟彼陶唐，關石和鈞」等句之襲内、外傳者，餘只謂之枵然無所有而已矣。蘇子瞻讀蔡琰《悲憤詩》，以爲其辭明白，感慨類世所傳《木蘭詩》，東京無此格也。建安七子含養圭角，猶不盡發見，況伯喈女乎？夫縱不出伯喈女，亦必晋人擬作，故范史收入。

又 胡渭生朏明，予與論《五子之歌》，退而作辯一篇遺予，今載於此。曰：「詩歌之名，肇見於命夔。然《南風》、《卿雲》、《康衢》之類，辭不經見，未足爲據。其可據者，惟『股肱』、『元首』三章耳。夏后氏詩歌絶少，塗山及夏臣相持而歌之作，皆不足信。而《周禮》所謂『九德之歌』、《離騷》所謂『啓《九辯》與《九歌》』者，泯滅無遺。其見於經，唯《五子之歌》及《孟子》所引《夏諺》而已。《五子之歌》今文無古文有，識者謂其剽竊傳記，氣體卑近，殊不類五子語。説已詳某，不復及。姑舉明白易曉者言之以決其僞，則莫如韻句之寥寥爲可怪也。《詩大序》云：『情發於聲，聲成文謂之音。』古無所謂韻，韻即音之相應者。聖主賢臣，聲出爲律；兒童婦女，觸物成謳。要皆有天籟以行乎其間，非若後世之詞人按部尋聲，韻句惟艱也。故《賡歌》三章，章三句，句必韻；《夏諺》六句，句無不韻，當時之歌體有然。下逮春秋以迄漢魏，凡屬歌辭，韻句最密。延及唐人，亦遵斯軌，況虞夏之民各言其志，出自天籟者乎？而《五子之歌》不然，大率首二句連韻，餘則二句一韻，而第一章之韻句尤疏，殆不可誦。章十五句，其協者裁四五句耳。豈作僞書者但以掇拾補綴爲工，而竟忘其爲當韻也耶？且古者易象龜占，句必有協；百家書語，間作鏗鏘。然則韻句而非歌者有之矣，未有歌而韻句之寥寥者也。即以《書》論，《孟子》引《太誓》『我武惟揚』之文，五句四韻；《左氏》引《夏書》『惟彼陶唐』之文，六句六韻。《太誓》非歌，則《左氏》所引亦未必是歌。今第三章乃襲取爲之，芟『帥彼天常』，而改『其行』爲『厥道』，則又減卻二韻矣。噫！既用作歌，抑何惡韻之若此也？」

又卷六上 日食在井宿二十八度。則仲康始即位之歲乃五月丁亥朔日食，非季秋月朔也。食在東井，非房宿也。在位十三年中，惟四年九月壬辰朔日有食之，卻又與經文肇位四海不合。且食在氐末度，亦非房宿也。夫曆法疏密，驗在交食，雖千百世以上，規程不爽，無不可以籌策窮之。以仲康四年九月朔日食而誤附於「肇位四海」之後，以元年五月朔日食而謬作「季秋集房」之文，皆非也。

又 「辰不集于房」，在《左傳》杜注曰：「房，舍也。日月不安其舍則食。」若此，於房宿絶無交涉。此《夏書》之文，應在建巳正陽之月，故當以瞽奏鼓之禮。而僞作古文者似錯認爲房宿，蓋九月日月會於大火之次，房、心共爲大火，掩蝕於房宿，故冠以「乃季秋月朔」五字。此正其致誤之由。

又 加烝時視三差，乃戌時初虧，在地人目不能見食，無容伐鼓取幣以救之。則瞽奏鼓等禮的在十一年閏四月朔無疑矣。僞作古文者苟知此，將「肇位四海」易作「即位十一年」，「季秋月朔」易作「閏四月朔」，既合曆法，又協典禮，雖有百喙，豈能折其角哉？噫！予笑其智不及此。

又卷六下 安國果身當武帝時作《禹貢》傳，只當曰「濟水入河，並流數十里溢爲滎澤，在敖倉東南」，不當先之以「濟水入河並流十數里而南截河」。張湛注《列

子》濟水文並同。此係改流新道，方繼而曰「又並流數里溢爲滎澤，在敖倉東南」。證以塞爲平地之故迹，古渠今瀆雜然並陳，殆亦翻以目驗爲説，而不察水道之有遷變時耳。

又　《通典》以《水經》所載地名有東漢順帝更名者，知出順帝以後纂序。王伯厚又因而廣之，下及魏晉地名，疑《舊唐志》作郭璞撰者近是。余請一言以折之，曰：璞注《山海經》引《水經》者八，此豈經出璞手哉？即酈氏於濟水引郭景純曰，又云經言，固亦判而二之。近黄太冲撰《今水經》，序文竟實以璞者，惜不及寄語此。

又卷七　蔡傳：「伊、瀍、澗水入于洛，而洛入于河，此言伊、洛、瀍、澗入于河者。四水不相合而各入河者，蓋四水並流，小大相敵故也。」或疑四水那得相敵，洛毋論，伊頗大，澗次之，瀍又次之。余曰：蔡傳正妙有體會，蓋二水勢均，相入謂之會，導洛文於澗、瀍曰會，於伊曰會，雖瀍水源短，然《洛誥》曰「我乃卜澗水東，瀍水西」，魚豢《典略》曰「洛與伊、瀍二水爲三川」，非以其勢相敵乎？且豫州内四水並列，下文導洛則以洛爲主，所謂古人文多互見也。傳尚未及此。

又　鄭端簡曉言：「江、漢二川源于梁，委于揚，而荆州其所經。」此説江則得，説漢失之。漢水自陝西白河縣流入，經鄖陽府治，南歷均州及光化縣之北、穀何亦稱年？疑祀、年古通稱，不盡若《爾雅》之拘。觀周公稱高宗「三年不言」，參諸《論語》、《戴記》俱然。及一入《説命》，便改稱「三祀」，亦見其拘拘然以《爾雅》爲藍本，而惟恐或失焉，情見乎辭矣。

又　《宣和博古圖》録商《兄癸卣銘》曰「惟王九祀」，周《己酉方彝銘》曰「惟王一祀」，周亦稱祀。《太甲》「元祀」惟梅氏書，而劉歆真古文仍是「元年」，商亦稱年。《爾雅》「夏爲昊天」，《堯典》「欽若昊天」，則天之總稱，不獨夏也；「秋爲旻天」，《多士》「旻天大降喪于殷」，則時惟三月，非秋也。「鳥曰雌雄，獸曰牝牡」，《牧誓》「牝雞無晨」，鳥亦未嘗不稱牝；「二足而羽謂之禽，四足而毛謂之獸」，《臯陶謨》「百獸率舞」，鳥亦未嘗不稱獸。何今文詁訓不盡拘《爾雅》乎？古文反是，益可以徵其情矣。

又卷八　《書》古文出魏晉間，距東晉建武元年凡五十三四年始上獻於朝，立學官。建武元年下到宋南渡初八百一十一年，有吴棫字才老者出，始以此書爲疑，真可謂天啓其衷矣！抑朱子《大學序》所謂「天運循環，無往不復」者也！其言曰：「伏生傳於既耄之時，而安國爲隸古又特定其所可知者。而一篇之中，一簡之内，其不可知者蓋不無矣。乃欲以是盡求作書之本意與？夫本末先後之義，其亦可謂難矣。而安國所增多之書，今書目具在，皆文從字順，非若伏生之書屈曲聱牙，至有不可讀者。夫四代之書作者不一，乃至二人之手而遂定爲二體乎？其亦難言矣。」後又二百一十七年，休寧朱升應浙江行省試，對策曰：「今文、古文篇有分合，詞有難易。觀其文理之相接，則可見其始合而今分矣。觀其體制之迥殊，則可疑其彼何獨難，而此何獨易矣。若是者，自朱子、吴才老固已獻疑，而世之大儒亦已有明辨而釐正之者矣。」世之大儒，指臨川吴文正言。其《敍録》盛行於世，兹不復著。

又　吴才老有《書裨傳》十三卷，首卷舉要曰《總説》、曰《書序》、曰《君辨》、曰《臣辨》、曰《考異》、曰《詁訓》、曰《差牙》、曰《孔傳》，凡八篇。意《差牙》、《孔傳》篇内必另有疑古文處，不止如上所載者。其不傳也，惜哉！聞歸熙甫有疑古文藁藏於家，余三至其家購訪之，卒不出。

龔自珍《龔自珍全集・大誓答問・一》論伏生原本二十九篇，非二十八篇　問曰：儒者百喙一詞，言伏生《尚書》二十八篇。武帝末，民間獻《大誓》，立諸博士，總之曰二十九篇，今文家始有二十九篇。又云：得《大誓》以并歸於伏生弟子，始有二十九篇。其言何如？答曰：使《尚書》千載如亂絲，自此言始矣！《史記・儒林傳》：「秦時焚書，伏生壁藏之，其後兵大起，流亡；漢定，伏生求其書，亡失數十篇，獨得二十九篇。」《漢書・藝文志》語正同。遷、固此言，昭昭揭日月而行，諸儒萬無不見，亦萬無不信，而乃舍康莊而求荆棘。察其受病，厥有四端：篇目之不考，一也。篤信民間晚出書，二也。誤以孔安國爲傳古文，因以史遷亦傳古文，因篤信《周本紀》，三也。不以今文、古文、晚出書三事，截然分明，各還其數，而合并數之，自生瞀悶，歧之中有歧焉，四也。今先證以歐陽、夏侯卷數，使先知今文大師之不可厚誣，而後白黑可得而定，亂絲可得而理也。

又五論近儒異序同篇之説非是　問：諸儒之説，始鄭玄一言，玄謂伏生、歐陽、夏侯皆以《康王之誥》合於《顧命》，故止二十八篇矣？亦見陸氏《釋文》引馬融語。答曰：百篇之書，孔子之所訂也，七十子之所序也；自「無壞我高祖寡命」以上爲《顧命》，自「王若曰庶邦」以下爲《康王之誥》，孔子所見如此，不必問伏生矣。《般庚》之合爲一，歐陽生方且從而分之，豈有《顧命》、《康王之誥》之本分，而反從而合之乎？歐陽何其勤於復孔子之舊，伏生何其勇於汨亂孔子乎？必不然矣。合之云者，竹簡之合之也，非其名與實之合之也。蓋二篇事相比也，辭相屬也，指意相聯

貫也，其竹簡可合寫而合寫之矣，豈并省之之謂哉？後世帛楮書，亦有合寫二部於一卷一册者，皆非并省。如伏生果并省，則是分之始於馬、鄭。馬、鄭何師説而創分之？自誤解鄭氏語，而二十八之説起，異序同篇之説又起。夫同序異篇，以一序領衆篇可也，若異序同篇，一身二首，學者何以離章句？寫官何以定簡畢？授讀者何以名其家？名之不正，萬事失紀，何取而創此駭論焉！

又七論近儒《書序》當一篇之説　又有從而爲之辭者曰：序實當一篇。亦未知余説也。凡古書之序當一篇，古例有之，大可引爲予説鋤去《大誓》之助，然不敢取者：一則二十九篇，灼然大明，根株已明，枝葉之言，宜從刊落；二則《書序》古、今文並有。孔壁序，孔安國不以當一篇，則伏壁之序，伏生必不當一篇也。

又八論班氏不以《書序》當一篇　座主高郵王尚書引之謂自珍曰：《儒林傳》曰：百兩篇者，出東萊張霸，其書分析合二十九篇爲數十篇，又頗雜采《左氏傳》、《書序》云云。上文稱二十九篇，下文稱又採《書序》，文法如是，是班氏不以《書序》入二十九篇之明證也。

又九論《書序》古今文並有　或言今文家有序，古文無之；或言古文家有序，今文無之。余外王父段先生則曰：皆有之。以百篇序多異字知之也，由其異字而審知爲家法之異也。

又一一論《大誓》晚立與伏生家法無涉　劉向《別録》：武帝末，民間獻《大誓》，使博士讚説之，數月，皆起傳以教人。劉歆曰：「《大誓》後得，博士集而讀之。」此言功令而外，别增此學；歐陽家法而外，别增此師也。時夏侯未立。余考書博士有歐陽、夏侯之學，歐陽、夏侯皆未嘗自爲書博士。今向、歆言如此，與伏生弟子無涉明矣。歐陽生以後之博士，憚違明詔，起傳後人，大都俗學。漢初淳悶，重功令，尤重師法，學有家法，名成大師，豈肯從而詭和以塞詔旨乎？觀劉歆欲立古文，太常以無師説不肯立，豈歐陽之篤謹，不如後來之博士？伏生之徵，在文帝時，歐陽生親受業於伏生，下距武帝末尚七十年，縱老而見獻書之事，豈復羼補師書，自悔其少年之業之未備耶？抑余考諸外王父段先生之言，董仲舒對策在帝七年，終軍上對在帝十八年，皆引此文，是《大誓》之出頗早，非末年也。孔氏以爲末年重得之，良是。此類書記，自除挾書之律，即萌芽於世，通人往往先見之，或孝武亦先見之，是以民間朝獻，夕賦學官，然其始皆不曾目爲《大誓》。董子《同類相動篇》引此文而稱《書傳》曰，是仲舒不以爲《大誓》甚明白。目爲《大誓》，在末年重得之時，距二十九篇之定也久矣。又考王充《論衡》，則以是事爲在孝宣帝時，河内女子發老屋得之，獻於朝，而後《書》二十九篇始定。後漢黄門侍郎房宏説亦同。宏、充皆不知二十九篇之數，不待《大誓》出而早定，故其言若是。信如宏、充言，二十九篇之名之數，闕一而虚懸之，歷孝文至孝宣，百年而後定，殆非事實。抑果如宏、充言，則歐陽、夏侯之死久遠，益爲今文家白謗，益爲伏生家法定界限矣。

又二〇論近儒遁詞　自馬、王而外，尚有趙岐、韋昭、服虔、杜預之言，而趙岐注《孟子·滕文公》篇，則明曰：「《大誓》者，古百二十篇之《大誓》也。趙用《書緯》之説，故曰百二十篇。今之《大誓》，後得以充學，故不與古《尚書》同。」偉哉此論，與季長重規疊矩。厥後韋於《國語》，服、杜於《左傳》，皆屢疑之。近儒無可如何，乃曰：凡《左氏春秋》、《國語》、《管》、《墨》、《荀》、《孟》所引，皆《大誓》中下篇，其充學者，民間所獻一篇，獨上篇。則何民間本、孔壁本，不約而同，適皆獨此上篇也？又曰：雖已完具，而間有脱簡。何脱簡之多也？且又何以民間本、孔壁本同此脱簡也？遁詞知其所窮。

又二一論充學之《大誓》是一篇、是三篇，處處不合。　寶鼠臘之徒，欲誣今文家，則以爲一篇，欲誣孔壁，則以爲三篇。凡誣今文而一篇之者，則歐陽、夏侯增二十八爲二十九，及二十八宿加北斗之説是也。凡誣古文而三篇之者，則曰五十八，曰去《武成》尚五十七之説是也。至僞孔《序》則又以一篇誣古文，如曰增多伏生二十五是也。至唐人則又以三篇誣今文，如曰伏生三十有四篇是也。率惝怳而難憑，終游移而失據，是《書》之云一爲三，何足深論？意者民間獻書時原止一篇，厥後博士、俗師、喜事之徒，欲塞詔書起傳教人者，見百篇之序甚明，因析而爲三，使合於孔門之舊，以張其學，因而祕府定目録著録之也歟？

又《説中古文》　成帝命劉向領校中五經祕書，但中古文之説，余所不信。秦燒天下儒書，漢因秦宫室，不應宫中獨藏《尚書》，一也。蕭何收秦圖籍，乃地圖之屬，不聞收《易》與《書》，二也。假使中祕有《尚書》，何必遣鼂錯往伏生所受二十九篇？三也。假使中祕有《尚書》，不應安國獻孔壁書，始知增多十六篇，四也。假使中祕有《尚書》，以武、宣之爲君，諸大儒之爲臣，百餘年間，無言之者，不應劉向始知校《召誥》、《酒誥》，始知與博士本異文七百，五也。此中祕書既是古文，外廷所獻古文，遭巫蠱不立，古文亦不亡；假使有之，則是燒書者，更始之火，赤眉之火，而非秦火矣，六也。中祕既是古文，外廷自博士以迄民間，應奉爲定本，斠若畫一，不應聽其古文家、今文家，紛紛異家法，七也。中祕有書，應是孔門百篇全經，不但《舜典》、《九共》之文，終西漢世具在，而且孔安國之所無者，亦在其中。孔壁之文，

又何足貴？今試考其情事，然耶？不耶？八也。秦火後，千古儒者，獨劉向、歆父子見全經，而平生不曾於二十九篇外，引用一句，表章一事，九也。亦不傳受一人，斯謂空前，斯謂絶後，此古文者，迹過如掃矣，異哉！異至於此，十也。假使中祕書並無百篇，則向作《七略》，當載明是何等篇，其不存者亡於何時，其存者又何所受也，而皆無原委，千古但聞有中古文之名，十一也。中祕既有五經，獨《易》、《書》著，其三經何以蔑聞？十二也。當帝之時，以中書校百兩篇，非是。予謂：此中古文，亦張霸百兩之流亞，成帝不知而誤收之；或即劉歆所自序之言如此，託於其父，並無此事。古文《書》如此，古文《易》可知。宜其獨與絶無師承之費直《易》相同，而不與施、孟、梁邱同也。《漢書》劉向一傳，本非班作，歆也博而詐，固也侗而愿。

又《最録司馬法》 予録書至《司馬法》，深疑焉。古有《司馬兵法》，又有《穰苴兵法》，齊威王合之，名曰《司馬穰苴兵法》，此太史公所言《司馬法》宏廓深遠，合于三代。穰苴區區小國行師之法而已。又太史公所言，二者合一百五十篇，宋邢昺所見也。見三卷者，晁氏也，見一卷者，陳氏也。實止一卷，爲書五篇，則今四庫本及一切本是也。其言孫吴之輿臺，尚不如尉繚子，所謂宏廓深遠者安在？疑者一。自馬融以降，引之者數十家，悉不在五篇中，疑者二。佚書乃至百四十有五，疑者三。存者是《司馬法》，則佚者是《穰苴法》矣。齊威王合之之後，何人又從而分之，使之蕩析也？疑者四。馬融以下，羣書所引，頗有三代兵法，及井田出賦之法，是佚書賢于存書遠矣，是《穰苴法》賢于《司馬法》遠矣，疑者五。邢、陳、晁三君之生，不甚先後，所見懸殊，疑者六。道光壬辰閏九月，寫《司馬法》竟，并質六疑。

陸隴其《古文尚書考》 愚按：據《釋文》則僞《泰誓》在二十九篇之外，據孔疏則僞《泰誓》在二十九篇之內，大抵《釋文》所云二十九篇是合書序言之，孔疏則除序言之。【略】愚按：據《釋文》則馬、鄭所註竝非古文，據孔疏則馬、鄭所註止得古文之三十三篇。大抵《釋文》以其未見孔傳之全，故云竝非古文，非謂三十三篇，亦非古文也。又《釋文》于《舜典》仍用王肅本，而孔疏則用姚方興所上本，今蔡傳從孔疏。右據陸德明之《經典釋文》、孔穎達之《書正義》，其言雖小異，要之則漢儒如劉歆、班固、馬融、鄭康成之徒以至晉杜元凱皆不曾見古文《尚書》之全，又雜以僞《泰誓》，直至東晉此書方出，是以朱子亦嘗疑之，謂不應伏生記得者皆難讀，凡易讀者皆古文，然命蔡沈作《書傳》，卒主古文《尚書》，又嘗謂門人輔廣曰：「書有易曉者，恐是當時作底文字，或是曾經修飾潤色來。其難曉者恐只是當時説話，當時人自曉得，後人乃以爲難曉耳。」則是朱子于古文《尚書》固終信之，而不敢疑也。惟《書小序》則斷以爲非孔子筆，只是周秦時低手人作。又云《書序》不可信，伏生時無之，而于安國所增二十五篇，梅賾、姚方興所傳則固與伏生之書竝尊，不敢以張霸之徒例之也。學者無以其晚出而疑之哉！至若近世有爲石經《大學》者，有爲《子貢詩傳》、《申公詩説》者，彼徒見古文《尚書》晚出得傳，思僥倖欺世，孰知碔砆美玉不可同日而論也。張霸作《尚書百兩篇》，欲託于孔子之百篇，班固《儒林傳》既著其僞，又爲十六卷二十四篇，欲以亂安國之古文，固雖載之《藝文志》謂之古文經，後世卒無傳焉。僞書果何益哉？隴其又識。

丁晏《尚書餘論·〈古文尚書孔傳〉見王肅〈家語後序〉爲一手僞書》 王肅《家語後序》云：「孔安國，字子國。天漢後，魯恭王壞夫子故宅，得壁中《詩》、《書》，悉以歸子國。子國乃考論古今文字，撰衆師之義，爲古文《論語訓》十一篇，《孝經傳》二篇，《尚書傳》五十八篇，皆所得壁中科斗本也。」又載《孔衍上書》云：「魯恭王壞孔子故宅，得古文科斗《尚書》、《孝經》、《論語》，世人莫有能言者，安國爲之今文讀而訓傳其義，又撰《孔子家語》，既畢，會值巫蠱事起，遂各廢不行。光禄大夫向以爲其時所未施行之，故《尚書》則不記於《别録》，《論語》則不使名家也。」《尚書》孔安國《序》亦言孔壁得古文書及傳，《論語》、《孝經》皆科斗文字，承詔作傳，定五十八篇。朱子嘗謂《大序》不類西京文字，亦不是孔安國作，真不刊之論。其言受詔作古文書傳乃子虚烏有之談，正與《後序》一類，因悟古文書傳與安國《論語注》、《孝經傳》俱係一手僞書。特於《家語·後序》著其篇目，又僞造《尚書》孔序，彼此牽綴，以實其言，冀取後人之信。《家語》本肅所僞撰，則此古文書傳亦肅所私造，而托名安國者也，且《後序》一篇所言無一可信。魯恭王，漢景帝子，薨於元朔元年，不得至天漢之後。劉子政經學大儒，如有聖裔著書，豈得不記。《家語》爲王肅私定，巧爲彌縫，其僞可立見也。《漢·藝文志》言《古文尚書》與《論語》出孔子壁中，孔安國悉得其書獻之，竝不言作傳。《志》載《尚書》經二十九卷、傳四十一篇，此伏生今文《書大傳》也，與孔傳篇目不符。《志》又載《論語》古二十一篇，《孝經》古孔氏一篇，皆不言作傳。西京孔安國祇傳授古文，未嘗著書也。班《志》原本《七略》，確然可據。馬融《尚書序》云：「逸十六篇絶無師説。」若古文先有孔傳，何得云無師説乎？《儒林傳》云：「孔氏有《古文尚書》，孔安國以今文字讀之，因以起其家逸書得十餘篇。」蓋尚書滋多於是矣。安國爲諫大夫，授都尉朝，而司馬遷亦從安國問故。遷書載《堯典》、《禹貢》、《洪範》、《微子》、《金縢》諸篇多古

文説。都尉朝授膠東庸生，庸生授清河胡常少子，常授號徐敖，敖授王璜及平陵塗惲子真，子真授河南桑欽君長。《釋文・序録》作『乘欽』。王充《論衡・正説》篇云：「《論語》壁中古文，孔安國以授魯人扶卿。」即漢《志》傳魯《論》扶卿。張禹傳扶卿説《論語》。《釋文》引鄭云：「扶先是也。」偏考兩漢之書，無有言安國作傳者，獨《家語・後序》言之，此肅之肊造也。安國竝無《論語注》，今何晏《集解》引有孔注亦僞造也。何氏與肅時代相接，魏晉人不學，從而誤信之耳。

又《〈古文尚書孔傳〉又見於〈孔叢子〉皆一手僞作》 安國作古文書傳，《後序》之外，又見於《孔叢子》，《敘書》云：「侍中安國受詔，綴集古文，臣乞爲太常，典臣家業與安國紀綱古訓，使永垂來嗣。孝武皇帝重違其意，遂拜太常。」又《與侍中從弟安國書》曰：「知以今讎古之隸篆推科斗，已定五十餘篇，竝爲之傳云。其餘錯亂文字，摩滅不可分了，欲以垂待後賢，誠合先君闕疑之意。」又曰：「《堯典》説者以爲堯舜同道，弟素常以爲雜有《舜典》，今果如所論。」案《孔叢》一書，朱子極庰其僞，又謂「禮賜三公」等語皆無其實。《敘書》所云特以證明《大序》「承詔作傳」，欲以售其僞耳，其謂「《堯典》雜有《舜典》」，與僞古文分《堯典》爲《舜典》，言若合符，皆一手所爲也。《孔叢子・論書篇》：「宰我問書云：納于大麓。孔子曰：堯既得舜，歷試諸艱，使大録萬幾之政。」今《舜典》「大麓」，孔傳：「麓，録也，納舜使大録萬幾之政。」又《論書》：宰我問「六宗」，孔子答以祭法文書。《正義》曰：王肅據《家語》「六宗」與孔同。《周禮》賈疏云：「魏明帝時詔令王肅議『六宗』，取《家語》『問六宗』與孔傳据祭法悉同。」又《孔叢》引「祖迎於坎壇」，今《禮記・祭法》作「相近於坎壇」，《釋文》引王肅作「祖迎」，正與《孔叢》脗合，其爲肅所依托，有明徵矣。《孔叢》又引《商書》曰：「惟王舊行不義，習與性成。予不狎于不順，王始即桐，邇於先王，其訓罔以後人迷。王往居憂，允思厥祖之明德。」即據古文《太甲書》也。又案：《周禮・春官》疏引許愼《五經異義》：「今歐陽、夏侯説『六宗』者，上不及天，下不及地，旁不及四方，居中央恍惚無有神助，陰陽變化有益於人，故郊祭之。」古《尚書》説「六宗」謂：「天宗三，地宗三。天宗：日月星辰；地宗：岱山河海。日月爲陰陽，宗北辰爲星宗；岱爲山宗；河爲水宗；海爲澤宗。」《月令》疏引賈逵等以爲「天宗三謂日月星；地宗三謂泰山河海」，正與古《尚書》合，此真古文説也。今孔傳「六宗」，據《祭法》之文，非古文，竝非今文，惟王肅《家語》、《孔叢》與之同，其爲一手所爲信矣。《孔叢》又載孔大夫謂季曰：「先聖古文，臨淮傳義，不在科策之内，世人固莫識也。」臨淮謂安國爲臨淮太守也。蓋作僞者自度古文書傳突出於魏晉之閒，後人必將以漢儒未見而疑之者，故托爲漢世秘藏，世人莫識，彌縫愈工而破綻愈露矣。朱子曰：「孔安國解經最亂道，看得只是《孔叢子》底做出來。《大序》亦不是孔安國作，只是撰《孔叢子》的人作。《尚書序》是做《孔叢子》的人一手做。看《孔叢子》撰許多説話極是陋。」此等識見，真是卓絶千古，非有宋諸儒所及也。且受詔作傳果有此事，當與中壘校書、中郎立后竝爲一代曠典，孟堅豈有不載入《漢書》者？乃班史所無而《孔叢》、《大序》絮絮言之，又與王肅僞《家語》後序脗合，豈非一手所僞造哉？

錢大昕《潛研堂文集》卷五《答問二》 問：紂之不善甚矣，武王數其罪而伐之可也。若《泰誓》所云「獨夫受，洪惟作威，乃汝世讎」。又云「誕以爾多士，殄殲乃讎」。武王世爲殷臣，世讎之言，毋乃得罪於殷先王乎？曰：此古文《尚書》所以可疑也。《太誓》曰「獨夫受」，《荀子》書嘗引之，獨夫者，一夫也，故《孟子》亦有「聞誅一夫紂」之語。若「君之視臣如土芥，則臣視君如寇讎」，孟子爲齊宣王言之，蓋有爲言之也，非古有是言也。如《太誓》果有「撫我」、「虐我」兩言，孟子何不引《書》以實之邪！觀《牧誓》一篇，但云恭行天罰，初無讎視其君之詞，然則僞《書》之誣武王甚矣。問：今文《尚書》本有《太誓》三篇，馬季長言「《太誓》後得，按其文若淺露」，又舉《春秋》、《國語》、《孟子》、《孫卿》、《禮記》所引五事以疑之。至東晉古文出，别有《太誓》三篇，唐儒尊信古文，遂以今文《太誓》爲僞。若晚出古文未可信，則今文《太誓》轉可信乎？曰：《太誓》，伏生所傳雖無之，然伏所撰《大傳》，有八百諸侯俱至孟津，王升舟入水，鼓鐘亞，觀臺亞，將舟亞，宗廟亞，及白魚入王舟事，俱與今文《太誓》同。武帝初，董仲舒對策，引《太誓》「白魚入于王舟，有火復于王屋，流爲烏。周公曰『復哉復哉』」二十二字，可證伏生壁藏百篇之《太誓》與後得之《太誓》本無二本，以不在伏生口授二十八篇之數，故云後得，其實景、武之世已有之，或謂宣帝本始中河内女子所得者，妄也。孔安國得壁中古文，以考二十九篇，得多十六篇。所云二十九篇者，即伏生之二十八篇與《太誓》也。史遷嘗從安國問故，所載多古文説，而《周本紀》稱「武王上祭于畢，東觀兵，至于盟津。爲文王木主，載以車，中軍。武王自稱太子發，言奉文王以伐，不敢自專。乃告司馬、司徒、司空、諸節：『齊栗，信哉！予無知，以先祖有德臣，小子受先功，畢立賞罰，以定其功。』遂興師。師尚父號曰：『總爾衆庶，與爾舟楫，後至者斬。』武王渡河，中流，白魚躍入王舟中，武王俯取以祭。既渡，有火自上復于下，至于王屋，流爲烏，其色赤，其聲魄云。是時，諸侯不期而會孟津者八百諸侯。諸侯皆曰：『紂可伐矣。』武王

曰：『女未知天命，未可也。』乃還師歸」。又《齊世家》稱武王「欲修文王業，東伐以觀諸侯集否。師行，師尚父左杖黃鉞，右把白旄以誓曰：『蒼兕蒼兕，總爾衆庶，與爾舟楫，後至者斬。』遂至盟津。諸侯不期而會者八百諸侯。諸侯皆曰：『紂可伐也。』武王曰：『未可。』遂還師，與太公作此《太誓》」。此二篇皆采今文《太誓》之文，《齊世家》又明云「作此《太誓》」，然則孔壁中所得，安國所傳者，即此《太誓》，古、今文初無二本也。許叔重《說文》序云，其偁《書》孔氏，而引《周書》「王出涘」，又引「孜孜無怠」，又引「師乃搯」，皆在今文《太誓篇》，然則孔氏古文《太誓》與今文正同。而東晉晚出之古文，斷非孔氏古文也。晉有樂安亭侯李長林《集注尚書》，於今文《太誓篇》每引「孔安國曰」，知安國嘗爲《太誓》作傳。安國親見壁中古文，使果識其僞，必不爲作傳，以是知今文《太誓》之非僞，而孔穎達詆爲僞者妄也。《書》序稱武王作《太誓》三篇。史公《周本紀》所載「武王上祭于畢」云云，此《太誓》上篇也。又云「居二年，武王徧告諸侯曰：『殷有重罪，不可以不畢伐。』」此《太誓》中篇也。又云「十一年十二月戊午，師畢渡孟津，諸侯咸會，曰：『孳孳無怠。』武王乃作《太誓》，告于衆庶：『今殷王紂乃用其婦人之言，自絕于天，毀壞其三正，離逷其王父母弟，乃斷棄其先祖之樂，乃爲淫聲，用變亂正聲，怡說婦人，故今予發惟共行天罰。勉哉夫子，不可再，不可三！』」此《太誓》下篇也。唐初作疏時，今文《太誓》尚存，而疏云「上篇觀兵時事，中下二篇伐紂時事」，可證《史記》所書本于《太誓》。史公既親見古文，則今文《太誓》之爲真《太誓》，審矣。問：《召誥》「王之讎民」，蔡氏以爲殷頑民，於義似未安。曰：聖王以天下爲一家，豈有彼此之別？周之伐殷，誅無道，非讎其君也；殷命既黜而讎其民，何以服天下？自古豈有勸王以讎民而能享國長久者乎！孔《傳》訓讎爲匹，善矣，而說亦不了。予謂匹民猶言匹夫匹婦，召公所言「讎民」，即《堯典》之「黎民」也；「百君子」，即《堯典》之「百姓」也；「友民」者，友邦之民，即《堯典》之「萬邦」也。「頑民」之文，僅一見於《書》序，然《多士》、《多方》篇中，初未目殷士爲頑民。迨康王作《畢命》之時已歷三紀，而篇中却有「毖殷頑民」之語，吾以是知《畢命》之僞矣。

于鬯《香草校書》卷六《書二・五子之歌》 鬯案：以《五子之歌》爲即《五觀》篇，未始非一說也。此說發自段玉裁《撰異》，特段必欲以「五觀」二字附會《五子之歌》，則實多難通。其說曰：「『歌』即觀也，『五子之歌』即五觀也，『之歌』蓋謂往觀地。」此難通一也。《國語・楚語》云：「堯有丹朱，舜有商均，啓有五觀，湯有太甲，文王有管蔡。」亦見《韓非子・說疑》篇，湯作商，文作武。「觀」字縱爲地名，如丹、商、管、蔡之比，亦以地名爲人名，「五觀」自指人，非指地。安得以「五觀」爲五往觀乎？且即以爲五往觀以合五子之歌，爲五子往觀，《尚書》中亦無此名篇之法也。魏源《書古微》又以「歌」爲「過」，過亦地名，解爲五子往過，與段說異而其誤同。鬯前讀段書，有一說云：觀歌一聲之轉，讀歌爲觀，自無不可。惟五觀自人名，則五子之歌亦止是人名而已。稱五子者猶微子、箕子耳，則五轉當爲地名。要雖地名，仍是以地稱人、非稱地也。五子觀者猶微子啓、箕子胥餘耳，觀正其的名。之者語辭也，五子觀曰五子之觀，猶宮之奇、舟之僑、麗之姬、南之威之類。古人稱謂中間著一之字，不足爲異。以五子之歌爲篇名，即以人名爲篇名，《書》之恒例也。今案此說亦不然。《五子之歌》自與《康王之誥》、《文侯之命》同例，不當以爲人名也，姑附備參。又云：五子必非五人，《序》言五人、猶經言五子也，此難通二也。《序》云：昆弟五人，明是五人矣。即改曰昆弟五子，有昆弟二字、則五子仍是五人。必若段說，直須改曰「其弟五子」，方可解作一人。顧校書豈得若是邪？又曰：《尚書》不當以詩歌名篇，此難通三也。誠不當以詩歌名篇，必《尚書》中無詩歌方可，而何以明、良、喜、起著於《虞書》，且《墨子》引《武觀》曰：啓淫溢康樂，野于飲食，將將銘莧磬以力，湛濁于酒。渝食于野，萬舞翼翼。章聞于大，天用弗式。其文雖不無脫誤，而顯是用韻之文。安見非此篇本詩歌體裁邪？「武觀」即五觀，故《尚書》之有《五觀》篇，原不必疑也。《五觀》篇實韻語，故《序》稱爲《五子之歌》。此如《小戴・緇衣》記引尹吉鄭注云：吉當爲告，告古文誥，尹告伊尹之誥也。《書序》以爲《咸有一德》。鄭之此言、一若以《書序》爲自成一家者，《五觀》而《序》稱《五子之歌》，猶《尹告》而《序》稱《咸有一德》矣，故以《五子之歌》爲即《五觀》篇，猶以《咸有一德》爲即尹告，良無不可。而不可以「尹告」二字附會《咸有一德》，則不可以「五觀」二字附會《五子之歌》矣。然段於彼正有說，云「尹告」《書序》則謂之《咸有一德》，以四字適相合知之也。所謂四字適相合知之，段亦不自申說，不解何意，此其難通，殆有甚矣。「咸有」或可合爲尹音，「一德」奈何合告音？段氏音學之疏何爲至於此也。要之《書序》決非孔子作，其說多與他古書出入。《伊訓序》云：成湯既沒，太甲元年。與《孟子・萬章篇》、《史記・殷紀》俱有外丙中壬不合。《微子之命》序云：成王殺五庚，命微子啓代殷後，與《小戴・樂記》言武王克殷，既下車，投殷之後於宋不合。此類尚多。至如《金縢》爲史官紀事，而云周公作《金縢》，與本篇且不合也。既曰《五子之歌》而因有五人之說，正如段撰。又云：或問子言「五子」非五人，其如《潛夫論》兄弟五人皆有昏德何？應之曰：王氏未見《紀年》。《竹書》帝啟十一年，放王季子武觀于西河。十五年，武觀以西河叛，彭伯壽帥師征西河，武觀來歸。但據舊籍認是五人耳。則何以見作《序》者之不亦認是五人邪？夫第曰《五子之歌》，固未明五子之爲一人與五人；

而曰昆弟五人，五人之始坐實在是。《潛夫論》承之，《史記》承之，《漢書・古今人表》承之，雖欲爲之曲解，不可得矣。且史公於夏、殷、周《紀》，率録《書序》，而於《湯誓》獨謂伊尹從湯，湯自把鉞以伐昆吾，遂伐桀。與今《序》不合。又《燕世家》，於《君奭》，謂成王既幼，周公攝政。當國踐祚，召公疑之。與今序不合。《漢書・地理志》於《康誥》謂武王崩，三監畔，周公誅之，盡以其地封弟康叔。與今《序》不合。陳喬樅《經説攷》嘗疑今文《序》與古本不同，如《詩》魯、齊、韓《序》與毛《傳》本不同之例。信如是言，則鄭以《書序》爲一家之學，當方之詩，《毛序》而已。既爲漢人采用其文，其出必猶在漢以前，於中自有可據者，亦正如《毛序》在不廢之例也。孔子序《書》，見於《史記・三代世表》，孔子因史文次《春秋》，紀元年正時日月，蓋其詳哉。至於序《尚書》，則略無年月。或頗有，然多闕不可録。故疑則傳疑，蓋其慎也。《孔子世家》、序《書傳》，上紀唐虞之際，下至秦繆，編次其事。《漢書・藝文志》、《書》之起遠矣，孔子纂焉。上斷于堯，下訖于秦，凡百篇，而爲之序，言其作意。及馬鄭王肅諸家之説，則其説必不可謂誣。竊謂孔子之《序》存於今者，即在今經文之中，非今之《書序》也。王充《論衡・須頌》論云：問説《書》者「欽明文思」以下，誰所言也？曰：篇家也。篇家誰也？孔子也。陳攷以爲《論衡》所言指《堯典序》，且謂據《論衡》，則今文《序》「聰明」作「欽明」爲異。邕以爲此説謬矣，彼上文言，古之帝王建鴻德者，須鴻筆之臣。褒頌紀載，鴻德乃彰，萬世乃聞，是問者之意。蓋謂如「云」、「曰若稽古帝堯」、「曰放勳」，是紀實也。「乃命羲和」云云，亦紀實也。紀實之言不必問。獨「欽明文思」以下一段褒頌堯德，一似憑空立論，故不曰「曰若稽古」以下、而以「欽明文思」以下發問也。若疑《書序》不知誰作而問，何不直問「昔在帝堯」以下、而曰「欽明文思」以下哉？且《序》明言「聰明文思」，《經》則言「欽明文思」，今問「欽明文思」以下，不曰「聰明文思」以下，其問《經》不問《序》，顯甚。安得漫謂今文《序》「聰明作欽明」邪？王充答以「篇家」，「篇家」者，孔子。則充以「欽明文思」以下爲孔子語矣。既「欽明文思」以下爲孔子語，則「曰若稽古」九字亦孔子語可知，是充以《堯典》之首爲孔子語也。然其説亦有難遽信者。《小戴・大學》記引《帝典》曰「克明俊德」，稱「帝典曰」而不稱「孔子曰」，則「克明俊德」之語自是典語，不得爲孔子之語，即安見「欽明文思」爲孔子語哉？要其説可以見孔子之《序》即在當篇之首。而今之《書序》非孔子作也。蔡沈於《多士篇》惟三月周公初于新邑洛用告商王士傳云，此《多士》之本《序》也。此言也特出蔡沈，人忽不察耳，要爲精確不磨之説。夫曰本《序》，非即孔子之序哉？由是推之，則篇首之語如《禹貢》云「禹敷土，隨山刊木，奠高山大川」，此舉《禹貢》校，據張九成説以爲史官之辭參存。《牧誓》云「時甲子昧爽，王朝至于商郊牧野乃誓」，下文又出王字，可見非一人筆。《多方》篇云「惟五月丁亥，王來自奄，至于宗周」。《吕刑》篇云「惟吕命，王享國百年，耄荒，度作刑以詰四方」，得非皆孔子《序》邪？且如《康誥》首四十八字，舊説爲錯簡，或移置《洛誥》之首，或移置《梓材》篇之首，蓋以其本爲《序》文，與經文不屬，致誤繫於《康誥》耳。孔子之《序》，其本爲一篇與分繫各篇，不可知。竊恐亦本爲一篇，而後人分繫各篇之首，正如今序之本爲一篇、而爲僞孔分散也。然如《湯誓》、《微子》、《大誥》、《立政》等篇，即以「王曰」、「微子曰」、「周公曰」發首，是知孔《序》之亡失多矣。至今《序》之作，恐直在《書》亡之後。蔡氏譏其於已亡之篇，依阿簡略，尤無所補，亦至論也。

又《胤征・帝告》 邕案：此帝字頗可疑。《序云》：自契至于成湯，八遷，湯始居亳，從先王居，作《帝告》。既曰先王，何以云帝告，且告者湯也，即改曰從先帝居，亦不可謂《帝告》。孔《義》以爲或告帝嚳，則直當乙轉曰告帝矣。而或即欲讀此告字爲嚳字，更屬無義，其誤實由於《傳》以《序》之先王爲帝嚳也。夫明曰王，不曰帝，安得以帝釋王句，知先王非帝嚳，則知帝告之帝字必爲誤字矣。竊謂「帝」蓋當作「商」，「商」、「帝」二字古文相近，故誤「商」爲「帝」。既言自契至于成湯，則所云湯居亳、從先王居者，先王即契也。帝嚳都亳，傳特因誤成誤，初無所據。《詩・長發》篇、《國語・周語》及《荀子・成相篇》，並稱契爲元王，契有元王之號。其曰「先王固宜」，傳云：契始封商，孔義云契居商，又引鄭注亦云，契本封商國。然則湯居亳而從契居，亳即商矣。此篇必湯即遷而告民者，是亳告也。亳即商，故「亳告」而謂之「商告」也。以《商告》冠《商書》者，陸釋云：五亡篇舊解是《夏書》，馬鄭之徒以爲《商書》，兩義俱通。案今注疏本依舊解，實當以馬鄭爲允。不亦宜乎？商誤爲帝，不可通矣。告之言誥，《史記・殷紀》作誥，前人已言，不復詳著。《大誥》陸釋云：誥本亦作𢍜，《汗簡集韻》有𢍜字，下從廾。《説文》無。

杭世駿《訂譌類編・續補》卷四《易經成矩刻本》 愛宜堂《宦遊筆記》云：滿洲納蘭常安履坦著。《易》有上、下經，孔子《十翼》，共十二篇。古本原不相混，自費直、王弼以傳附經，而程子從之，吕大防、晁説之、吕祖謙等皆以爲當仍其舊，而朱子《本義》則悉遵古本。今成矩將經傳并合，仍刻朱子原序于首，云復孔氏之舊。試問矩所刻者，果孔氏之舊乎？如《本義》云：《彖》即文王所繫之詞，《傳》者孔子所以釋經之詞也。後凡言《傳》者倣此，此係《彖上傳》注義，因篇目有「彖上傳」三字，傳者云云所以釋之也。今削去「彖上傳」三字，而附于「大哉乾元」之下，則傳者

云云何所指乎。又《本義》云：《象》者卦之上、下，兩象及兩象之六爻，周公所繫之詞也。乃係《象上傳》注義，今削去「象上傳」三字，而附于「天行健」之下，世人讀之，往往誤指「天行健」之詞爲周公作，皆成矩貽之謬也。文言割裂亦皆如此，雖取便讀者，然而古十二篇之《易》亡矣。

又《子貢〈詩傳〉申公〈詩説〉》 汪堯峯《文鈔》云：王子底諱士禄。自號西樵山人。晚歲潛心六經。其論僞《詩傳》曰：「近世所傳子貢詩傳、申公詩説皆僞也。明有鄞人豐道生好撰僞書，自言其家有《魯詩世學》一書，傳自遠祖稷，實自撰也。又作《詩傳》，託之子貢，以爲張本。而所謂世學者，若相與發明，尋有妄人依旁《詩傳》別撰《詩説》。其體類《小序》，其説與豐氏盡同，惟篇次小異。道生敘《詩傳》源流，又詭其所從出，云魏正始中，虞喜奉詔摹石，而宋王子韶開河得之，其説最支離，而同時諸公無覺之者。惟道生同郡周應賓著《九經考異》，辨之特詳。然微周氏，其僞亦灼然也。凡古書源流存亡真贋，《漢・藝文》、《隋・經籍》，降及鄭《通志》、馬《通考》諸書，可覆而按也。《漢書・儒林》敘諸家授受尤悉，并無一言及《子貢詩傳》者。考《虞喜傳》，亦無奉詔書石經事，獨申公爲《魯詩》。《漢志》魯故二十五卷，説二十八卷。《隋志》明言亡于西晉。安得至今猶存耶？且其卷數亦不合。所謂説者，殆即毛氏訓故之流，必不效《小序》體也。至《詩傳》世學之僞，穿鑿牽合，又好影借春秋事，與詩語相附會。其義之善而與毛鄭異者，又特暗竊諸家，非有所受也。」

又《孔子未嘗刪〈詩〉》 《池北偶談》云：孔子但正樂，使各得其所而已，未嘗刪詩，觀「自衛反魯」云云可見。一則曰「詩三百」，再則曰「誦詩三百」。《家語》對哀公問郊，亦曰：「臣聞誦詩三百，不可以一獻。」知古詩本來三百篇，非孔子自刪定也。又《左傳》：列國卿大夫燕享賦詩，率皆三百篇中之詩，多在孔子之前。其非夫子手刪，了然可見。葉水心《習學記言》云：「《史記》言古詩三千，孔安國亦言刪詩爲三百首。案《詩》，周及諸侯用爲樂章。今載於《左氏》者，皆史官先所採定。就有逸詩，殊少矣，不待孔子而後刪十取一也。《論語》稱「詩三百」，本謂古人已具之詩，不應指其自刪者言也。輔廣亦謂司馬遷言古詩三千，傳聞之誤。其説與予見略同。」愚案：即四書、《左傳》、《禮記》等書所引，可見逸者有限，况是樂章，安得大加削去，僅存什一哉？孔穎達云：「經傳所引諸詩，見存者多，亡失者少，不容孔子十去其九。」朱子亦云：「孔子不曾刪去，只是刊定而已。」汪鈍翁云：「孔子於春秋郭公，夏五有文無義者，皆書於册而不之去；其於《小雅・南陔》六詩有目無詞者亦然。降而至於《桑中》、《溱洧》諸篇，猶班班具列，決無刪去之理。逸詩者，或句存而亡其事，或章存而亡其篇，不得爲完詩。故太師弗之採，魯人弗之録，則孔子亦聽之而已矣。」

趙翼《陔餘叢考》卷一《畫卦不本於〈河圖〉》 伏羲因河圖而畫卦，大禹因洛書而演疇，古無是説也。《論語》「河圖」與「鳳鳥」並言，但謂「王者之瑞」耳。其畫卦之由，則《繫詞下・傳》明言「包犧氏仰則觀象於天，俯則觀法於地。觀鳥獸之文與地之宜，近取諸身，遠取諸物，於是始作八卦」，並未言因河圖而起也。《繫詞上・傳》雖有「河出圖，洛出書，聖人則之」之語，然上文尚有「天地變化，聖人效之」等語，則圖書雖亦畫卦所取，而畫卦究非專取圖書也。漢儒因有「河出圖、洛出書、聖人則之」之語，遂疑爲畫卦所本，然亦尚未以畫卦專指河圖、演疇專指洛書。按《禮緯含文嘉》曰：「伏羲德合上下，天應以鳥獸文章，地應以河圖、洛書，伏羲則而象之，乃作八卦。」見孔穎達《周易正義》卷首。《春秋緯》曰：「河以通乾出天苞，洛以流坤吐地符。河龍圖發，洛龜書感。」亦見《繫詞正義》。是皆謂圖與書俱畫卦所本也。自孔安國始析言之，其於《尚書・顧命》之「河圖」、《論語》之「河不出圖」，皆曰「河圖，八卦也」；其於《洪範》之「九疇」，則曰「天與禹，洛出書，神龜負文而出，列於背有數至於九，禹遂因而第之，以成九類也」。自此説行，而劉歆宗之，亦以爲伏羲繼天而王，河出圖，則而畫之，八卦是也；禹治水，錫洛書，法而陳之，《洪範》是也。見《漢書・五行志》。於是馬融、王肅、姚信輩羣奉其説，至今牢不可破矣。不知《繫詞》所言畫卦之本。已極明白，漢儒不過因「聖人則之」之語而强爲傅會，安國又析爲卦取圖、疇取書，其爲臆説，更不待辨。學者不信《繫詞》而轉信漢儒，可乎？即謂禹演疇本於洛書矣，《繫詞》「洛書」與「河圖」並言，則皆上古時事，是神禹千百年以前已有洛書，豈直至禹始出乎？《隋書・經籍志》云：「聖人受命，則龜龍銜負，出於河洛，以紀易代之徵。」是亦但以爲聖王之瑞，未嘗謂畫卦所本。沈約《宋書・符瑞志》謂：「龍圖出河，龜書出洛，以授軒轅。」隋《經籍志》又謂「河圖九篇，洛書六篇，相傳自黄帝至周文王所受。」則又不以河圖專屬之伏羲，洛書專屬之神禹也。

又《〈易〉不言五行》 五行乃天地自然之理，然《易卦》但取天、地、風、雷、水、火、山、澤，而不及五行。《尚書》舜禹授受，始言水、火、金、木、土，而又列以穀爲六府，幾疑唐虞以前尚未以五者爲定名。所謂太皡、炎帝、少昊、顓頊五德迭王者，皆後人追溯之辭也。然《洪範》鯀堙洪水，汩陳其五行，則又似鯀以前已有此五行名

目者，何以《易卦》初不及之？且澤即水也，坎水兑澤，一物而分配二卦，而金木之爲用於天下者，轉不及焉，其理殊不可解。後儒據《繫辭》天一、地二、天三、地四、天五、地六、天七、地八、天九、地十，指爲河圖之數，而以《洪範》所謂一曰水者配河圖之天一，謂之天一生水，而河圖之位，一與六居下，故又謂「地六成之」；以《洪範》所謂「二曰火者配河圖之地二」，謂之地二生火，而河圖之位，二與七居上，故又謂「天七成之」。金木土皆倣此。又泥於孔安國「易卦本於河圖」之説，河圖既有此五行，是五行之理已寓於《易》之中。鄭漁仲《六經奥論》因謂《月令》之記四時曰「木、火、土、金、水」者，乃五行相生之數，《虞書》之記六府曰「水、火、金、木、土」者，乃五行相尅之數，惟《易》與《洪範》所言五行，則天地生成之數，即所謂「天一生水，地六成之」云云也。是漁仲亦以爲五行在《易》中也。然「天一、地二」云云，本説大衍之數，並未言生水生火也。即以《洪範》所謂一水二火配之，適相脗合，然亦係《繫辭》推闡河圖之數如此，而伏羲畫卦則但以天、地、風、雷、水、火、山、澤取象，並未及五行也。竊意伏羲畫卦，專推陰陽對待變化之理，言陰陽而五行自在其中，其五行之理則另出於圖、書。唐虞以前，圖、書自圖、書，《易卦》自《易卦》，不相混也。後儒以陰陽五行理本相通，故牽連入於《易》中，而不知《易》初未嘗論及此也。觀此，則余所謂畫卦不本圖、書者，益非好爲創論矣。

又《河圖刻玉》 河圖，昔人皆以爲河中龍馬負圖，其旋毛有八卦之象。惟元人俞琰則謂玉之有文者，蓋據《尚書・顧命》天球河圖在東序，謂河圖與天球並列，應亦是玉。崑崙産玉，河出崑崙，故亦有玉，當是玉有文具八卦之象耳。此説頗新。按《顧命》河圖與大訓對列於東西序，孔《傳》謂河圖即八卦，大訓即典謨，歷代傳寶之，明此二者皆書策也。若河圖是玉之有文者，豈典謨亦玉之有文者乎？則琰之論固臆説也。然大訓與宏璧琬琰同列，河圖與大玉夷玉同列，皆是三玉一書，不應簡册混於彝器之内。當是古人貴重此二者而刻之於玉，故列入寶器耳。然則非玉之生而有文，乃摹其文於玉也。

又《〈易〉闕文衍文》 《易》未遭秦火，最爲完書，然其中闕文、衍文亦不一而足。如《繫辭》「能悦諸心，能研諸侯之慮」，「侯之」二字爲衍文，固人所共知矣。《漢書・杜欽上王鳳書》引《易》曰：「正其本，萬事理。」今《周易》無此文。沈作喆《寓簡》云：「公用射隼於高墉之上」，觀孔子言「弓矢者器也，射之者人也」，則「公用」句原文應有「弓矢」二字，今無之。王昭素謂「《序卦》離者，麗也」之下，諸本有「麗必有所感，故受之以咸。咸者，感也」凡十四字，今亦無之，是皆闕也。《朱子語類》載郭、京《易》「即鹿無虞」，「鹿」作「麓」，其象詞則云：「即麓無虞，何以從禽也？」謂入山麓而無虞人導之，何以從禽也。今作「即鹿無虞，以從禽也」，是誤一「鹿」字，脱一「何」字也。袁楷謂《文言》有錯入《繫辭》者，「鳴鶴在陰」以下七節，「自天祐之」一節，「憧憧往來」以下十一節，皆《文言》也，即「亢龍有悔」一節之重，可以明之矣。是又《易》之錯簡也。王鏊《震澤長語》云：「漢文帝時，《十翼》所存惟《彖》、《象》、《繫詞》、《文言》。至宣帝時，河上女子掘冢，得全《易》上之。內《説卦》中、下二篇污壞，不可復識，《十翼》遂亡其二，後人以《序卦》、《雜卦》足之。」今按《説卦》中乾爲天、爲圜、爲玉、爲金、爲寒、爲冰之類，朱子亦謂其多有不可曉者。而荀九家於乾之下又有爲龍、爲直之類，坤之下又有爲牝、爲迷之類，以及《震》、《巽》等卦皆然，明是《説卦》已亡而後人雜取以補之者，則《説卦》之原文久缺也。又如《上繫》第十章自「《易》有聖人之道四焉」至「不疾而速不行而至」，皆是孔子語，其下又有「子曰：《易》有聖人之道四焉者，此之謂也」二語，豈有孔子自作《繫詞》，又自引己語以證之？則此「子曰」二字亦衍文也。

又《〈尚書〉名起於伏生》 《禮記・經解》云：「疏通知遠，書教也」，與易教、詩教並述，未嘗云《尚書》也。《左傳》、《國語》及戰國諸子書，凡引《書》，或曰《夏書》，或曰《商書》、《周書》，亦皆無《尚書》之名。其稱爲《尚書》者，自伏生始。孔安國所謂伏生口授二十餘篇，以其上古之書，謂之《尚書》是也。自有此二字，而後之解者紛紛。王肅謂上所言，史所書，故曰《尚書》，則以上爲君矣。鄭康成云：「尚者，上也。尊而重之，若天書然」，則以上爲天矣。康成又據《緯書・璿璣鈐》之説，謂孔子尊而命之曰《尚書》，則又以《尚書》爲孔子所加矣。即此二字，議論紛然，亦可見漢儒説經破碎穿鑿之一班也。

又《〈尚書〉古今文皆出壁中》 孔安國《書序》：「魯共王欲壞孔子宅，於壁中得先人所藏虞夏商周之書。」此古文《尚書》之出壁中者也。今文《尚書》安國謂伏生口以傳授者，則似非出於壁中，然《史記》云：「秦時焚書，伏生壁藏之，其後兵起流亡。漢定天下，伏生求其書，已亡數十篇，獨得二十九篇以教齊魯之間。」班《書・藝文志》亦云伏生壁藏之，又《劉歆移太常博士書》云：「伏生《尚書》初出屋壁，朽折散絶。」是今文《尚書》亦出自壁中。故孔穎達謂伏生初亦得於壁間，傳教既久，誦文熟，遂以口授，而安國因謂之口以傳授也。劉向《別録》：「武帝末，民間有得《泰誓》於壁間者，獻之，使博士讀説數月，皆起傳以教人。」又《後漢書》：「建安十四年，黄門侍郎房宏等説云：『宣帝本始元年，河内女子有壞老子屋，得古文

《泰誓》三篇。』」王充《論衡》亦云宣帝時河内女子發老屋，得逸《尚書》一篇，於是《尚書》二十九篇始定。按今文《尚書》二十八篇，增《泰誓》爲二十九篇，則所謂逸《尚書》者，即是《泰誓》，是《泰誓》亦出自壁也。按此《泰誓》係僞書。説見後。蓋遭秦有挾書之禁，學者多藏書於屋壁，以避時禁而俟後世，固不獨孔壁中一本也。《後漢書・杜林傳》：「林於西州得漆書古文《尚書》一卷，雖遭艱困，握持不離，其時孔氏古文傳未行，故寶之如此。」蓋亦先儒所藏而晚出者，可見秦時藏書者不止一處也。

劉逢禄《左氏春秋考證》卷上 《左氏春秋》，猶《晏子春秋》、《吕氏春秋》也。直稱《春秋》，太史公所據舊名也。冒曰《春秋左氏傳》，則東漢以後之以訛傳訛者矣。此亦可證《尚書序》爲東晉人僞作。

「惠公元妃孟子。」證曰：此篇非《左氏》舊文，比坿公羊家言「桓爲右媵子，隱爲桓立」之文而作也。不知惠公並非再取。《經》云「惠公仲子」，云「考仲子之宫」，皆惠公之母，《穀梁》説是也。《魯世家》云：「惠公適夫子無子，賤妾聲子生子息。息長，爲取於宋。宋女至而好，惠公奪而自妻之；生子允。登宋女爲夫人，以允爲太子」。《年表》：「桓公母，宋武公女，生，手文『爲魯夫人』」，亦不云「仲子」。蓋太史公所見《左氏》舊文如此。劉歆等改《左氏》爲傳《春秋》之書而未及兼改《史記》，往往可以發蒙。譙周、司馬貞反因《僞左氏》疑《史記》，失之甚矣。又云：劉歆顛倒《五經》，使學士迷惑，因《公羊》博士在西漢最爲昌明，故不敢顯改《經》文，而特以祕府古文書《經》爲十二篇，曰《春秋古經》。不知《公》、《穀》、《鄒》、《夾》皆十一篇，爲夫子之舊，何邵公氏於《莊公篇》詳之矣。欲迷惑《公羊》義例，則多緣飾《左氏春秋》以售其僞。如此篇，似與《公羊》相合，然《公羊》乃設質家立子法，改作紀實則大窒礙矣。又云：余年十二，讀《左氏春秋》，疑其書法是非多失大義。繼讀《公羊》及董子書，乃恍然於《春秋》非記事之書，不必待《左氏》而明。左氏爲戰國時人，故其書終三家分晉，而《續經》乃劉歆妄作也。嘗以語宋翔鳳，宋云：「子信《公羊》而以左氏、穀梁氏爲失《經》意，豈二氏之書開口便錯？」余爲言《穀梁》隱元年傳之失，而檢《魯世家》果與今《左氏》不合。

又 書曰：「公矢魚于棠。」證曰：《困學紀聞》引「朱子曰：『據《傳》云，則公不射，是以弓矢射之，如漢武親射蛟江中之類。按《淮南・時則訓》：「季冬，命漁師始漁，天子親往射魚」，則《左氏》陳魚之説非矣』」。今按：《釋詁》「矢」有「陳」訓，《左氏》首尾皆言「觀魚」，或舊文無「陳魚而觀之」五字，坿益者見《左氏》有射意，改《經》作「矢魚」，又改《左氏》訓矢爲陳，而增入書法。故國師公顛倒《五經》之罪，《公羊》與《左氏》均受其病矣。

「五月，庚申，鄭伯侵陳。」證曰：「庚申」者，緣經「辛酉」而坿會也。既移「五月」於「庚申」，則盟艾當仍「辛酉」而次下，乃合；獨仍「夏」字於盟艾而去其月日，顛倒若此，心勞日拙矣。「惡之易也」，必非《尚書》文；隨手又迷《尚書》，心術如見。周任之言，或出他傳記，或即出歆等臆撰。朱子以《左氏》所述「君子曰」皆鄙陋，而此節尤與本事無涉，其先得我心乎！

又 「秋，虢人侵晉。冬，虢人又侵晉。」杜《注》：「此年《經》、《傳》各自言其事者，或《經》是直文，或策書雖存而簡牘散落，不究其本末，故《傳》不復申解，但言《傳》事而已。」《正義》：「『曹殺大夫』，『宋、齊伐徐』，或須説其所以。此去丘明已遠，或是簡牘散落，不復能知故耳。上二十年亦《傳》不解《經》。彼《經》皆是直文，故就此一説，言下以明上。」證曰：左氏後於聖人，未能盡見列國寶書，又未聞口授微言大義，惟取所見載籍，如《晉乘》、《楚檮杌》等相錯編年爲之，本不必比坿夫子之經，故往往比年闕事。劉歆强以爲傳《春秋》，或緣《經》飾説，或緣《左氏》本文前後事，或兼采他書以實其年。如此年之文，或即用《左氏》文而增「春、夏、秋、冬」之時，遂不暇比坿經文，更綴數語。要之，皆出點竄，文采便陋，不足亂真也。然歆雖略改《經》文，顛倒《左氏》，二書猶不相合，《漢志》所列「《春秋古經》十二篇，《經》十一卷，《左氏傳》三十卷」是也。自賈逵以後，分《經》坿《傳》，又非劉歆之舊，而坿益改竄之跡益明矣。

「二十七年。」證曰：比年《左氏》文闕。每於年終分析晉事，坿益之跡甚明。蓋《左氏》舊文之體，如《春秋》前，則云：「惠之二十四年」，獲麟以後，則云：「悼之四年」，本不必拘拘比坿《春秋》年月。自歆改竄，而舊文遂亂。經文如日月，增一古文本轉可相校；而《左氏》之真不可復見，則其罪尤不可逭也。

又 「凡在喪，王曰『小童』，公侯曰『子』。」證曰：君存稱「世子」，薨稱「子某」，既葬稱「子」，踰年稱爵，自天子達於子、男，一也。作僞者見《書》「冲人」非在喪之稱，因變之曰「小童」，不混於夫人自稱乎？又見《經》有「宋子」、「陳子」、「衞子」，而鄭忽出奔、鄭伯伐許不稱子，則僅曰「公侯曰『子』」。不知忽不稱「子」，以正合伯、子、男之義；伐許不「子」，無子道，絶之於子行也。《春秋》之體異於《禮經》；若禮，世子喪畢當受國天子而後成君，豈無王而自立者哉！《凡例》之謬，不勝舉也。

翁方綱《經義攷補正》卷三 《古文尚書》二卷孔安國隸。安國《序》：「内示

人主以軌範也。」「範」訛作「範」。竹垞案：「內不如周家之少仁人。」今本「少」作「多」，此從宋。按漢儒説經之書，援孔氏書者，其在今可據惟許祭酒《説文》，序云：「易偁孟氏書，孔氏而已。」乃竹垞於許氏所引「若藥不眄眩」一語，必謂其非引《説命》，特因孟子所引而及之。《説文》「寅」字條下云：「冥合也，从宀，丏聲。」讀若《周書》「若藥不眄眩」。夫孟子固未嘗云《周書》也，而況今所行讀本《説命》却在《商書》，若果許氏僅因讀孟而得此句，則何以有《周書》之云乎？正當據此以見許氏實有所見孔氏《古文尚書》之本耳。又謂「圛圛升雲，半有半無」語爲《尚書》所無，此自丁度《集韻》、洪邁《容齋隨筆》皆目爲逸矣，不知「曰圛」二字爲句，即《洪範》曰驛也，其下七字乃釋「圛」字之義。方綱嘗見金崇慶年所刊《集韻》，此條云《商書》曰「圛圛者升雲，半有半無。」此於弟二「圛」字下加一「者」字，義更曉然矣。《周官·大卜》鄭氏注云：「五色者，《洪範》所謂『曰雨、曰濟、曰圛、曰蟊、曰克。』」可證也。曷弗攷此而漫以爲《尚書》所無乎？又以「在夏后之詷」句《尚書》所無，《説文》「詷，共也。」《周書》曰：「在夏后之詷」。陸氏《釋文》於《顧命》「在後之侗」句下亦引馬本作「詷云共」也，正與《説文》合矣。即以字體論之，「旁逑孱功」，《説文》作「逑」無作「救」者，惟「箘簬楛」《説文》作「楛」無作「楉」者，「無有作好」，《説文》「作丮」，亦非「作妞」也。謹按：《古文尚書》自吴才老至吴艸廬諸人，雖有疑之者，尚皆未有專書，至梅鷟始特爲書以辨之，至閻百詩《古文尚書疏證》而攻擊不遺餘力矣。近日程廷祚、惠棟、王懋竑、宋鑑續加攷證，其説益詳。以方綱愚昧之見，此諸家辨訂之勤，誠爲學者所不可不知，弟以稽古尊經之道言之，其大要有二端焉。一曰悖於義理者，毋以溷經文也，一曰涉於後世者，毋以假先代也。是皆所以羽翼經學耳。夫以涉於後世之詞，不可假借古經，則如《禮察》篇《保傅》篇之語雜周秦，《公冠》篇之詞及漢昭，此固人所共知，而不聞有專著一書以辨。《大戴記》之非經者也，此猶可曰無悖於義理也，至如《明堂位》篇言「魯之君臣未嘗相弒」則顯與《春秋》相悖，此亦人所共知，而不聞有專著一書以駁《小戴記》之宜删去某篇者也。乃獨於《大禹謨》「危微精一」之十六字過加糾摘。夫以子朱子援此十六字合諸「允執厥中」之訓，以著中庸道統之原，而後世爲攷證之學者，猶不憚於過加糾摘如此，此復奚以攷證爲乎，所貴博稽經傳，研核漢唐以來諸家之説，毋爲俗儒尋章摘句，僅守一得而已。至於闡發義理，至宋儒而益精，學者束髮受書，即從朱子《章句集注》植本樹基，及其後見聞稍廣，輒萌立異之思，以翻駮程朱爲能事，此學者之大患也。愚亦不敢謂後人議宋儒者皆非無所見也，顧以率由正路，則必以恪守程朱爲主，而後可以攷證古籍，未有忘本而可言學者也。竹垞既爲此書，而又作《齋中讀書十二詩》，其大意亦微有不滿宋儒之意，敬告學者慎之慎之，故因附按於此條下，而詩以下不概及。又按近日作《古文尚書攷》者，以方綱淺聞僅見二家，如陸稼書《古文尚書攷》一卷，止載其原委而已，未有一字辨訂其僞也；如惠定宇《古文尚書攷》一卷，則擘肌析理，全攻其僞也。惠固負一時研經之譽，而陸以理學經術推重儒林，不聞以未駮古文尚書之故譏其寡學也，願與好學深思者共審慎焉。

姚際恒《古今僞書考·經類·關朗易傳》 陳直齋曰：「唐趙蕤註。然《隋》、《唐志》皆不載；或云阮逸僞作。」恒案：《文中子》，阮逸所註，人疑即其僞造。關朗稱元魏孝文時人，王通祖同州刺史彦師事之；嘗爲彦筮，得《夬》之《革》，決百年中當有達人出，修洙、泗之教；曆數周、齊、陳、隋事，無不懸合，蓋寓意於通也。如此牽合證佐，故人知《易傳》亦逸僞造也。

又《易乾鑿度》 此緯書，僞託孔子作。案，緯書自隋末禁絶，宋世猶傳《七緯》；今傳者僅《乾鑿度》而已，然亦宋人掇拾類書而成，非本書也。晁子止曰：「《崇文書目》無；《元祐田氏書目》始載：當是國朝人爲之。使真者尚存，猶不足信；況此又非其真也。」恒又案：後人以《乾坤鑿度》二卷合之爲一書，然實二書也。合之者又稱黄帝撰，並無稽。

又《詩序》 《漢志》無，但云「又有毛公之學，自謂子夏所傳；而河間獻王好之，未得立」。迄東漢，《毛傳》始行，而《詩序》亦出。《後漢·儒林傳》曰：「衛宏，字敬仲，東海人。初，九江謝曼卿善《毛詩》，宏從受學，作《毛詩序》。」《隋志》曰：「先儒相承，謂《毛詩序》子夏所作，毛公及衛敬仲更加潤色。」鄭《詩譜》謂「《大序》是子夏作，《小序》是子夏、毛公合作；卜商意有不盡，毛公更足成之」。案：世以序發端一二語謂之《小序》，以其少也；以下續申者謂之《大序》，以其多也。又以《小序》爲古序，爲前序；《大序》爲後序。今皆從之。鄭《譜》所謂《大序》，今所謂《小序》也；所謂《小序》，今所謂《大序》也。今不用其説。其謂子夏作者，徒以孔子有「起予者商也」一語。此明係附會，絶不可信。謂毛公作者，亦妄也。毛公作《傳》，何嘗作《序》乎！鄭玄又謂《詩序》本一篇，毛公始分以置諸篇之首；則亦信《序》而爲此説，未必然也。世又謂《大序》自是宏爲之，《小序》則係古序。案：漢世未有引《序》一語，魏世始引之；及梁蕭統《文選》直以爲子夏作，固承前人之訛也。鄭玄且以《小序》爲孔子作，王安石且以《小序》爲詩人自製，益可笑矣。大抵小、大《序》皆出於東漢；范曄既明指衛宏，自必不謬。其《大序》固宏爲之，《小序》

亦必漢人所爲。何以知之？《序》於《周頌・潛詩》曰：「季冬獻魚，春獻鮪」，全本《月令》之文，故知爲漢人也。宋儒辨《序》之妄，自晁説之、程泰之、鄭漁仲，而朱文公承之。是小、大《序》本皆非僞；後人以《小序》爲子夏作，《大序》爲毛公作，遵之者儼如功令，不敢寸尺易。是雖非僞書而實亦同於僞書也，故列之於此。

又《子貢詩傳》《申培詩説》 以上二書，明豐坊僞撰。錢牧齋《列朝詩集》記豐坊曰：「子貢《詩傳》，即其僞撰也。」錢未及《詩説》耳。從未聞有子貢《詩傳》，徒以孔子有「可與言《詩》」一語，遂附會爲此，其誕妄固不必言。若申培者，《漢志》有《魯故》、《魯説》；《隋志》云：「《魯詩》亡於西晉。」則亡佚久矣。坊之作此，名爲二書，實則相輔而行，彼此互證，若合一轍；中多暗襲朱子《集傳》以與《詩序》異者，又襲《詩序》爲朱之所不辨者。其他自創，雖不無一二合理，然妄託古人以欺世，其罪大矣。嘉靖中，廬陵郭相奎家忽出此二書，以爲得之香山黃佐；佐所得爲晉虞喜於祕閣石本傳摹者，故其書有篆、隸諸體。坊善書，其所優爲也。於是當時人幾於一鬨之市，張元平刻之成都，李本寧刻之白下，淩濛初爲《傳詩適冢》，鄒忠徹爲《詩傳闡》，姚允恭爲《傳説合參》，使得以盡售其欺，可歎也夫！坊又自爲《魯詩世學》，專宗《詩説》而間及於《傳》意，以《説》之本於《傳》也；又多引黃泰泉説，泰泉即佐，及坊之師，有《詩經通解》行世，二書亦多與暗合，故謂出於佐家，以佐得見此二書，用其義爲解也。其狡獪如此。坊又僞造魏正始《石經大學》。武林張氏訂刻陶九成《説郛》，名曰《大學古文》，列之卷首。

又《孝經》 《漢志》曰：「漢興，長孫氏、博士江翁、少府后倉、諫大夫翼奉、安昌侯張禹傳之。」《隋志》曰：「遭秦焚書，爲河間人顏芝所藏。漢初，芝子貞出之，凡十八章；而長孫氏、江翁、后倉、翼奉、張禹，皆名其學。」案：是書來歷出於漢儒，不惟非孔子作，併非周、秦之言也。其《三才章》「夫孝，天之經」至「因地之義」，襲《左傳》子太叔述子産之言，惟易「禮」字爲「孝」字。《聖治章》「以順則逆」至「凶德」，襲《左傳》季文子對魯宣公之言；「君子則不然」以下，襲《左傳》北宮文子論儀之言。《事君章》「進思盡忠」二語，襲《左傳》士貞子諫晉景公之言。《左傳》自張禹所傳後始漸行於世，則《孝經》者蓋其時之人所爲也。勘其文義，絶類《戴記》中諸篇，如《曾子問》、《哀公問》、《仲尼燕居》、《孔子閒居》之類，同爲漢儒之作。後儒以其言孝，特爲撮出，因名以《孝經》耳。案，諸經古不係以「經」字，惟曰《易》，曰《詩》，曰《書》，其經字乃俗所加也。此名《孝經》，自可知非古；若去經字，又非如《易》、《詩》、《書》之可以一字名者矣。班固似亦知之，曰：「夫孝，天之經，地之義，民之行也。舉大者言，故曰《孝經》。」此曲説也。安有取「天之經」「經」字，配「孝」字以名書，而遺去「天」字，且遺去「地之義」諸句之字者乎？書名取章首之字或有之，況此又爲第七章中語耶！至謂孔子所作，本不必辯；今姑以數端言之。篇首云：「仲尼居」，便非自作矣。又《論語》，曾子曰：「吾聞諸夫子，人未有自致者也，必也親喪乎！」向稱曾子志存孝道，故孔子授以《孝經》；則此二語，曾子親述其聞者，何以反見遺乎？又孔子曰：「事父母幾諫；見志不從，又敬不違，勞而不怨」，多少低徊曲折！今《諫争章》云：「父有争子，【略】故當不義，子不可不争於父；【略】從父之令，焉得爲孝！」又何其徑直而且傷於激也？其言絶不倫類。孟子曰：「父子之間不責善」，此深合天理人情之言。使此爲孔子言，孟子豈與之相異如是耶！朱仲晦亦嘗疑之，而作《孝經刊誤》；然疑信相參，妄以意分經、傳，皆附會牽合。其不能牽合者，則曰「此不解經，别發一義」，可笑也。其論文義，如謂「《三才章》用《左傳》，易『禮』爲『孝』，文勢反不若彼之貫通，條目反不若彼之完備，明是此襲彼，非彼襲此也」。又謂「『先王見教之可以化民』，與上文不相屬；故温公改『教』爲『孝』，乃得粗通。然謂聖人見孝可以化民而後以身先之，於理又已悖矣；況先之以博愛，亦非立愛惟親之序，若之何能使民不遺其親耶」！此數處辯駁皆是，可以參觀。至於移易其文，實以本文原自重複及不連接，非脱誤也。又據稱「衡山胡侍郎疑《孝經》引《詩》非經本文；玉山汪端明亦以此書多出後人附會」。是胡也，汪也，朱也，固嘗疑之若此矣，非自予始也。予著《通論》止九經，其《别僞類》不及《孝經》，故特著於是焉。又歸熙甫曰：「昔孔子嘗不對或人之問禘矣，其言明王之以孝治天下，至於刑四海，事天地，言大而理約，意所以告曾子者如此哉！雖然，其書非孔氏之舊也。宋、元大儒，其所去者是矣，而所存者亦未必孔氏之舊也。」其言蓋亦遵朱及吴臨川之意云。

又《忠經》 託名馬融作，其僞無疑。張溥輯《漢魏六朝文集》，列於融集中，何也？

又《孔子家語》 《漢志》：「《孔子家語》二十七卷。」顔師古曰：「非今所有《家語》也。」案：《唐志》有王肅註《家語》十卷，此即肅掇拾諸傳記爲之，託名孔安國作序，即師古所謂今之《家語》是也。今世所傳《家語》，又非師古所謂今之《家語》也。司馬貞與師古同爲唐人，貞作《史記索隱》，所引《家語》，今本或無，可驗也。元王廣謀有《家語註》。明何孟春亦註《家語》，其言曰：「未必非廣謀之庸妄，有所删除而致然。」此言良是。然則今世《家語》，殆元王廣謀本也。

又《家禮儀節》 似近世坊賈射利而刻。是書假楊升菴作序，訛謬不通。序以爲丘瓊山纂緝《家禮》而爲《儀節》，亦未有據。

又《史類》之《書紀年》《汲冢周書》《穆天子傳》 以上三書，《晉書・束皙傳》云：「太康二年，汲郡人不準盜發魏襄王墓，或言安釐王冢，得竹書數十車，【略】皆漆書科斗字。【略】武帝以其書付祕閣校綴次第，以今文寫之。皙在著作，得觀竹書」云云。凡有七十五篇。今世所傳此三書，即在其中者也。《紀年》，《晉史》稱「益干啓位，啓殺之」；「太甲殺伊尹」。即此二事，荒誕已甚，其他可無論。然今本惟有太甲殺伊尹事，無啓殺益事。又，杜預《集解後序》謂「《紀年》起自夏、殷」。今本起軒轅氏，則又後人增改，非晉本矣。《周書》，《漢志》本有七十一篇。注引劉向曰：「今存者四十五篇」，蓋漢時已散矣，今此四十五篇亦亡矣。今七十篇，似以《序》一篇合七十一篇之數。其《序》全仿《書序》。又《克殷》、《度邑》等篇襲《史記》；《時訓篇》襲不韋《月令》；《明堂篇》襲《明堂位》，《職方篇》襲《周禮・職方氏》；《王會篇》尤怪誕不經。陳直齋曰：「相傳以爲孔子删《書》所餘，未必然；似戰國後人倣效爲之。」李巽巖曰：「戰國處士私相緝綴。」恒案：不止此，殆漢後人所爲也。《穆天子傳》，本《左傳》「穆王欲肆其心，周行天下，將皆有車轍馬跡焉」，又本《史・秦紀》「造父爲穆王得驥、温驪、驊騮、騄耳之駟，西巡狩，樂而忘歸」諸說，以爲之也。多用《山海經》語，其體制亦似起居注。起居注者，始於明德馬皇后，故知爲漢後人作。又多與《紀年》相合，亦知爲一人之作也。《紀年》沈約《注》，《周書》孔晁《註》，《穆天子傳》郭璞《註》，皆淺陋之甚，至有經史而不知引者，亦皆僞也。《穆天子傳》稱璞《註》者，蓋即取璞所註《山海經》以移入之，故因謂璞《註》也。汲冢又有《師春》一卷，杜預稱純集《左傳》卜筮事。黄長睿曰：「《師春》紀諸國世次，及十二公歲星所在，並律吕、卦變、謚法等，非專載《左傳》卜筮事。【略】其紀歲星，有『杜征南洞曉陰陽』之語：由是知此書亦西晉人集録，而未必盡出汲冢也。」《師春》之書，宋世有之；今則未見，故不録。然據《紀年》、《師春》二書，皆與杜預所述不合。予於《紀年》，以爲後人增改，非汲冢本書；長睿又以《師春》爲西晉人集録，未必出於汲冢，二者又不同。

又《飛燕外傳》 稱漢伶玄撰。陳直齋曰：「玄自言與揚雄同時，而史無見。或曰：僞書也。」恒案：此自好事者爲之。後又有《漢雜事祕辛》，言梁后事，明王世貞僞撰。又有《焚椒録》，言遼后事，不知何人撰，尤穢褻不堪。皆祖述此也。

又《天禄閣外史》 稱漢黄憲撰。明王逢年僞撰。

又《十六國春秋》 魏崔鴻撰。此書本有百卷，見本傳。舊稱温公所考《十六國春秋》猶非鴻全書，則散亡久矣。明屠喬孫、項琳之雖云爲之訂補，然即出此二人手也。

又《致身録》 敍明建文壬午之事，從亡者三十二人，史彬與焉。云藏之茅山，道士手授焦竑，故竑爲之序。科臣歐陽調律上其書於朝。惟錢牧齋以吴匏菴《史彬墓表》核之，斷其必無者十，見《初學集》。又有程濟《從亡日記》，錢以爲踵《致身録》之僞而爲之也。

又《子類・鬻子》 世傳子書，始於《鬻子》。《漢志》道家有《鬻子》二十二篇，小説家有《鬻子説》十九篇。本注云：「後世所加。」今一卷，止十四篇，唐逢行珪所上。案《史記・楚世家》：「熊通曰：『吾先鬻熊，文王之師也，蚤終。』」敍稱見文王時行年九十，非矣。又書載「三監」、「曲阜」事，壽亦不應如是永也。是其人之事已謬悠莫考，而況其書乎！論之者葉正則、宋景濂，皆以兩見《漢志》爲疑，莫知此書誰屬。胡元瑞則以屬小説家，亦臆測也。高似孫以爲漢儒綴緝。李仁父以爲後世依託。王弇州疑其「七大夫」之名。楊用修歷引賈誼書及《文選註》所引《鬻子》，今皆無之。此足以見其大略矣。

又《鬼谷子》 《漢志》無。《隋志》始有，列于縱横家。《唐志》以爲蘇秦之書。案《史・蘇秦傳》云：「東事師于齊，而習之于鬼谷先生。」《索隱》曰：「樂壹註《鬼谷子》書云：『秦欲神祕其道，故假名鬼谷。』」然則其人本無考，況其書乎！是六朝所託無疑。晁子止、高似孫皆信之，過矣。柳子厚曰：「《鬼谷》後出，而險盭峭薄，恐其妄言亂世難信，學者宜其不道。」宋景濂曰：「鬼谷所言捭闔、鈎箝、揣摩之術，皆是小夫蛇鼠之智，家用之則家亡，國用之則國僨，天下用之則天下失。學士大夫宜唾去不道。其中雖有『知性寡累，知命不憂』等言，亦恒語爾。」恒按：楊升菴謂《漢志》有《鬼容區》三篇，即《鬼谷子》。然無考；即有之，亦非今所傳也。

又《鶡冠子》 《漢志》道家有《鶡冠子》一篇。舊稱鶡冠子，楚人，隱居著書。柳子厚曰：「余讀賈誼《鵩賦》，嘉其辭，而學者以爲盡出《鶡冠子》。余往來京師，求其書，無所見。至長沙，始得其書讀之，盡淺陋言也。【略】吾意好事者僞爲其書，用《鵩賦》以文飾之。【略】《史・伯夷傳》稱賈子曰：『貪夫徇財，烈士徇名，夸者死權』，不稱《鶡冠子》。遷號博極羣書，假令當時有其書，遷豈不見耶！」陳直齋曰：「韓公頗道其書，而柳以爲盡淺陋言。【略】自今考之，柳説爲長。」恒案：《鶡冠子》，《漢志》止一篇，韓文公所讀有十九篇，《四庫書目》有三十六篇，逐代增多，

何也？意者原本無多，餘悉後人增入歟？

又《慎子》 稱趙人慎到撰。《漢志》法家有《慎子》四十二篇。《唐志》十卷。《崇文總目》三十七篇。今止五篇，其僞可知。

又《於陵子》 劉向曾上《於陵子》，今不傳。此乃明姚士粦僞撰，見《祕册彙函》。又宋鄭思肖《心史》，相傳亦出于姚，世因謂姚造。余案《心史》言辭甚多，而且鬱勃憤懣，自是一種逸民具至性者之筆，非可僞爲也。叔祥與胡孝轅輩好搜古籍，謂于吳門承天寺井中得之。林茂之序謂僧君慧浚井所得，或是。未敢附和以爲僞書，附辨于此。

又《孔叢子》 稱漢孔鮒撰。漢、隋、唐《志》皆無。宋《中興書目》始有。嘉祐中，宋咸註。前人辨：「《孔光傳》，孔子八世孫鮒，【略】爲陳涉博士，死于陳，固不得爲漢人；而其書記鮒之没，其第七卷號《連叢子》者又記太常臧而下，迄延光三年季彦之卒，則又安得爲鮒撰！」又書中載孔子與子思問答語：子思年六十二，在魯穆公時；穆公之立距孔子七十年，子思尚或未生，安得有問答之事！又《儒林傳》所載爲博士者曰孔甲，顔師古曰：「名鮒而字甲也。」此書稱名鮒字子魚，亦不相合。又《漢志》雜家有《孔甲盤盂》二十六篇，本註謂「黄帝史，或曰夏帝時人」，與孔鮒初不相涉；《中興書目》乃云「一名盤盂」，亦誤也。李燫以爲東漢末季彦輩爲之。朱仲晦以爲即註者僞作，其説近是。若爲東漢人，隋、唐《志》豈應無乎！

又《文中子一名中説》 稱隋王通撰。宋阮逸註。世有以其姓名史所不載，疑并無其人者。案王仲言《揮麈録》曰：「唐李習之嘗有《讀文中子》；劉禹錫作《王華卿墓誌》，載其家世及通行事甚詳；皮日休有《文中子碑》，見文集。」胡元瑞又言《王勃傳》稱「祖通，隋末大儒」，則是有其人矣。又有疑其書爲阮逸僞造者。案《唐志》已有五卷，胡元瑞謂「劉蕡已斥其儗經之罪」，則又非皆逸僞造矣。予謂既有其人，又其書爲所作，則適以見通一妄夫耳。爾何人斯，而敢上比孔子，作僞書以儗《論語》乎！即孔子之後再有聖人，亦當别出言行；未聞有比儗其書便可爲聖人者。甚至於顔子，亦取一門人蚤死者儗之，其可惡甚矣！若夫揑造唐初宰相以爲門人，當時英雄勳戚輩直斥之無婉詞，又何其迂誕不經也！以至武夫悍卒日僕僕於其門而問道講經，雖三尺童子亦知其無是事矣！説者又以爲出於其子福郊、福時之所爲。然則其父報仇，子且行刼，有所由來，寧足爲通洗罪乎！至其書之舛錯者，尤不一焉。如仁壽四年，通始至長安，李德林卒已九年，而書有「德林請見」之語。江都有變，而書有「泫然而興」之言。關朗在太和中見魏孝文；自太和丁巳至通生之歲開皇四年甲辰，一百七年矣，而書謂問禮於關子明。《隋書》「薛道衡子收初生，即出繼族父儒，至於長成，不識本生」，而書有「薛公命子往事之」之語。此皆晁氏所摘發者。若此，抑又無論矣。自宋之程、朱極爲揄揚，以爲「隱德君子」，以爲「其學近正」，以爲「愈於退之」，自此，後人遂依聲附和，不敢于輕議。噫！其書中以佛爲聖人，以無至無迹爲道，以五典潛、五禮錯爲至治，亦曾見之否耶？諸人于其舛錯悖戾，率舉而歸之于二子與阮逸，然則通之善處又安在也？自予論之，惟以此書爲阮逸僞造則已，通猶可解免；若以爲非阮逸僞造則無可解免矣。即以爲福郊、福時之所爲，亦于通無可解免矣。通耶，郊、時耶，逸耶，吾不得而知之；總不若火其書之爲愈也！

又《六韜》 《漢志》無。《隋志》始有，稱吕望撰。《漢志》儒家有《周史六弢》六篇，顔師古曰：「即今之《六韜》。」案「六弢」之名出《莊子》，然《漢志》儒家，非兵家。惟其辭俚鄙，僞託何疑！或以其有「避正殿」語，此乃秦、漢事；然亦無煩辨此也。惟一端極可笑者，胡元瑞曰：「《六韜》有《太公陰符篇》，云：『主與將有陰符，凡八等：克敵之符長一尺，破軍之符長九寸，失利之符長三寸而止』，蓋僞撰之人不識陰符之義，以爲符節之符也。」

又《司馬法一名司馬穰苴兵法》 《史・司馬穰苴傳》曰：「齊威王使大夫追論古者司馬兵法，而附穰苴於其中，因號曰《司馬穰苴兵法》。」論曰：「余讀《司馬兵法》，閎廓深遠，雖三代征伐未能竟其義，如其文也。亦少褒矣！若夫穰苴區區爲小國行師，何暇及《司馬兵法》之揖讓乎！」恒案：《漢志》以此書列于《經》之《禮類》，曰《軍禮司馬法》百五十五篇。言軍禮者本於劉歆《七略》，《周禮》大宗伯有「吉、凶、軍、賓、嘉五禮」之説，故以之入于《禮類》，而曰《軍禮》。其實五禮之説謬妄不足據也。《司馬兵法》之書今不可見；其中必多揖讓儀文，故史遷亟稱之曰「三代未竟其義」，又曰「《司馬兵法》之揖讓」也。但班氏既分子類，依任宏兵家四種，奈何又以《司馬兵法》入於《經》之《禮類》乎？此班氏之誤也。當時百五十五篇，《隋志》三卷不分篇，已亡矣；今此書僅五篇，爲後人僞造無疑。凡古傳記所引《司馬法》之文，今書皆無之。其篇首但作仁義膚辭，亦無所謂揖讓之文，間襲《戴記》數語而已。若然，史遷奚至震驚之，以爲三代不能竟其義乎！是不惟史遷所謂《司馬兵法》今不復見，即所謂「附穰苴于其中，號曰《司馬穰苴兵法》」者亦不復見矣。

又《吴子》 稱魏吴起撰。《漢志》四十八篇。今六篇。其論膚淺，自是僞託。

中有屠城之語，尤爲可惡。或以其有禮義等字，遂以爲正大非武之比，誤矣。

又《黄石公三略》　《漢志》無。《隋志》始有。其稱黄石公者，《史》載張良過下邳，圯上老人授書，曰《太公兵法》也。或又以爲黄石公所授，故稱之。《隋志》無以名之，乃曰「下邳神人撰」，甚可笑。其僞無疑。

又《尉繚子》　《漢志》雜家有二十九篇，兵家有三十一篇。今二十四篇。其首《天官篇》，與梁惠王問對，全倣《孟子》「天時不如地利」章爲説；至《戰威章》則直舉其二語矣。豈同爲一時之人，其言適相符合如是耶？其僞昭然。又曰：「古之善用兵者能殺士卒之半；其次殺其十三；其下殺其十一。能殺其半，威加海内；殺十三者，力加諸侯；殺十一者，令行士卒。」教人以殺，垂之于書，尤堪痛恨！必焚其書，然後可也。史稱楊素每臨敵，必求人過失而斬之，多至百人，流血盈前，言笑自若；對陣輒令數百人出，不能陷陣而還者悉斬之，如是往復爲常。正與此説同。

又《李衛公問對》　晁子止曰：「史臣謂李靖《兵法》，世無完書，略見于《通典》。今《問對》出于阮逸家；或云逸因杜氏附益之。」陳直齋曰：「亦假託也！文辭淺陋尤甚。今武學以七書試士，謂之《武經》。何薳《春渚紀聞》言其父去非『爲武學博士，受詔校《七書》，以《六韜》、《問對》爲疑，白司業朱服。服言此書行之已久，未易遽廢，遂止。恒案：今《七書》以《六韜》、《問對》抑置于後者，朱服因何去非此言也。後爲徐州教授，與陳師道爲代，師道言聞之東坡：「世傳王通《元經》、關朗《易傳》及李靖《問對》皆阮逸僞撰；逸嘗以草示奉常公」』云。奉常公者，老蘇也。」馬貴與曰：「《四朝國史》，神宗詔樞密院曰：『唐李靖《兵法》，世無全書，雜見《通典》，離析訛舛。又官號、民物與今稱謂不同，武人將佐不能通其意。令樞密院官與王震、曾旼、王白、郭逢原等校正，分類解釋；令今可行』。豈即此《問對》三卷耶？或别有其書也？然晁、陳二家以爲取《通典》所載附益之，則似即此書。然神宗詔王震等校正之説既明見于《國史》，則非逸之假託也。」恒案：今世傳者當是神宗時所定本；因神宗有「武人將佐不能通曉」之詔，故特多爲鄙俚之辭。若阮逸所撰，當不爾。意或逸見此書，未慊其志，又别撰之；而世已行此書，彼書不行歟？然總之爲僞書矣。以上《六韜》至《問對》，凡六書，暨《孫子》，宋元豐中定爲《七書》，謂之《武經》，以取武士。今世仍之，故予亦類記焉。其《孫子》别出於後。《七書》中惟《孫子》爲古；餘皆僞，可廢也。

又《素書》　稱黄石公撰。宋張商英註。即商英所僞撰；荒陋無足辨。

又《周髀算經》　《漢志》無。《隋志》始有。「周髀」之義未詳。或稱周公受之商高，故曰《周髀》，則益誣矣。

又《石申星經》　《史・天官書》引齊甘公、魏石申。今傳有《石申星經》，亦僞也。

又《黄帝素問》　《漢志》有《黄帝内經》十八卷。《隋志》始有《黄帝素問》九卷。唐王砅爲之註。砅以《漢志》有《内經》十八卷，以《素問》九卷、《靈樞經》九卷，當《内經》十八卷；實附會也。故後人於《素問》係以《内經》者非是。或後人得《内經》而衍其説爲《素問》，亦未可知。《素問》之名，人難卒曉。予案：《漢志》陰陽家有《黄帝泰素》，此必取此「素」字，又以與岐伯「問」，故曰《素問》也。其書後世宗之，以爲醫家之祖。然其言實多穿鑿；至以爲黄帝與岐伯對問，益屬荒誕。無論《隋志》之《素問》，即《漢志》所載《黄帝内》、《外經》並依託也。他如神農、軒轅、風后、力牧之屬盡然，豈真有其書乎！或謂此書有「失侯失王」之語，秦滅六國，漢諸侯王國除，始有失侯王者。予案：其中言「黔首」；又藏氣發時，曰「夜半」，曰「平旦」，曰「日出」，曰「日中」，曰「日昳」，曰「下晡」，不言十二支古不以地支名時。當是秦人作。又有言「歲甲子」古不以甲子紀年，言「寅時」，則又漢後人所作。故其中所言有古、近之分，未可一概論也。

又《神農本草》　《漢志》無。案《漢・平帝紀》：「詔天下舉知方術《本草》者」，《本草》之名始見於此。《梁録》載《神農本草經》三卷，《隋志》因之。書中有後漢郡縣人名，以爲東漢人作也。其後以代日增；今並雜爲一，不可致詰矣。

又《列仙傳》　稱劉向撰。陳直齋曰：「傳凡七十二人，每傳有贊，似非向撰；西漢人文章不爾也。」恒案：《漢志》載向《新序》、《説苑》、《世説》、《列女傳》，而無《列仙傳》，可證其僞。殆因「列女」而有此「列仙」歟？其云：「歷觀百家之中，以相檢驗得仙者百四十六人。其七十四人，已在《佛經》」；故檢得七十二人，可以爲多聞博識者遐觀焉！」西漢之時安有《佛經》！其爲六朝人所作，自可無疑也。

又《博物志》　稱張華撰。唐殷文奎爲註曰：「張華讀三十車書，作《博物志》四百卷。武帝以爲繁，止作十卷。」案：此書淺猥無足觀，决非華作；殷之所云，正以飾是書之陋耳。魏、晉間人何嘗有著書四百卷者？且從中選得十卷，不知當若何佳，今乃爾耶！

又《有真書雜以僞者・文子》　《漢志》道家有《文子》九篇。本註云：「老子弟子，與孔子並時，而稱周平王問，似依託者也。」《唐志》録魏李暹《註》，爲十二

篇；與今篇次同。晁子止疑爲暹析之。李暹註傳曰：「姓辛，葵丘濮上人，號曰計然。范蠡師事之。本受業於老子；録其遺言爲十二篇」云。陳直齋曰：「案《史·貨殖傳》徐廣註：『計然，范蠡師名。』裴駰曰：『計然，【略】姓辛，字文子。』唐徐靈府引以爲據。然自班固時已疑依託，况未必當時本書乎！至以文子爲計然之字，尤不可考信。」案直齋此辯，則李暹固承前人之訛，以文子爲姓辛，名鈃，又號計然也。辨其文者，柳子厚曰：「其辭有若可取；其旨意皆本《老子》。然考其書，蓋駁書也。其渾而類者少，竊取他書以合之者多。凡《孟》、《管》數家，皆見剽竊，嶢然而出其類；其意緒文辭，叉牙相抵而不合。不知人之增益之歟？或者衆爲聚斂以成其書歟？【略】今删去謬惡亂雜者，取其似是者，又頗爲發其意，藏於家。」案河東之辨《文子》可謂當矣。其書雖僞，然不全僞也；謂之「駁書」，良然。其李暹爲之歟？高似孫謂子厚所刊之書今不可見。

又《莊子》 蘇子瞻疑《盜跖》、《漁父》、《讓王》、《説劍》四篇非莊子作，其言曰：「莊子蓋助孔子者，皆實予而文不予，陽擠而陰助之，其正言蓋無幾。至於詆訾孔子，未嘗不微見其意。其論天下道術，自墨翟以至老聃之徒，至於其身，皆以爲一家，而孔子不與；其尊之也至矣！嘗疑《盜跖》、《漁父》則真若詆孔子者；至於《讓王》、《説劍》，皆淺陋不入于道。」晁子止辨之曰：「熙寧、元豐之後，學者用意過中，【略】以爲莊子陽訾孔子而陰尊焉，遂引而内之。殊不察其言之指歸，宗老耶？宗孔耶？既曰宗老矣，詎有陰助孔子之理也耶？是何異開關揖盜？竊懼夫禍之過於西晉也！」案：晁氏此辨可謂至正，殊有關係。蘇氏兄弟本溺好二氏，其學不純，故爲此詖淫之辭。第蘇之疑此四篇，是也；其用意誤爾。予之疑與蘇同，而用意不同。莊之訾孔，餘尚蘊藉，此則直斥嫚駡，便無義味；而文辭俚淺，令人厭觀：此其所以爲僞也。

又《列子》 稱列禦寇撰。劉向校定八篇；《漢志》因之。向云：「鄭人也，與鄭繆公同時。」柳子厚曰：「劉向古稱博極羣書，然其録《列子》，獨曰『鄭繆公時人』。鄭繆公在孔子前幾百載，列子書言【略】『鄭殺其相駟子陽』，【略】則鄭繻公二十四年，當魯繆公之十年。向蓋因魯繆公而誤爲鄭爾。」案：柳之駁向誠是；晉張湛《註》已疑之。若其謂因魯而誤爲鄭，則非也。向明云「鄭人」，故因言鄭繆公，豈魯繆公乎！况書中孔穿、魏牟亦在魯繆公後，則又豈得爲魯繆公乎！高似孫曰：「太史公，【略】不傳列子。如莊周所載許由、務光，【略】遷猶疑之。所謂列禦寇之説，獨見於寓言耳；遷於此詎得不致疑耶！莊周末篇，敍墨翟、禽滑釐、慎到、田駢、關尹之徒，以及於周，而禦寇獨不在其列。豈禦寇者其亦所謂鴻蒙、列缺者歟？然則是書與《莊子》合者十七章，其間尤有淺近迂僻者，出於後人會粹而成之耳。」案：高氏此説最爲有見。然意戰國時本有其書，或莊子之徒依託爲之者；但自無多，其餘盡後人所附益也。以莊稱列，則列在莊前，故多取莊書以人之。至其言「西方聖人」，則直指佛氏；殆屬明帝後人所附益無疑。佛氏無論戰國未有，即劉向時又寧有耶！則向之《序》亦安知不爲其人所託而傳乎？夫向博極羣書，不應有鄭繆公之謬，此亦可證其爲非向作也。後人不察，咸以《列子》中有《莊子》，謂《莊子》用《列子》；不知實列子用《莊子》也。莊子之書，洸洋自恣，獨有千古，豈蹈襲人作者！其爲文，舒徐曼衍中仍寓拗折奇變，不可方物；《列子》則明媚近人，氣脈降矣。又《莊》之敍事，迴環鬱勃，不即了了，故爲真古文；《列》之敍事，簡浄有法，是名作家耳！後人反言《列》愈于《莊》。柳子厚曰：「《列》較《莊》尤質厚。」洪景盧曰：「《列子》書事，簡勁宏妙，多出《莊子》之右。」宋景濂曰：「《列子》書簡勁宏妙，似勝於周。」王元美曰：「《列子》與《莊子》同敍事，而簡勁有力。」如此之類，代代相仍，依聲學舌。噫，以諸公號能文者而於文字尚不能盡知，况識别古書乎！又况其下者乎！

又《管子》 晁子止曰：「杜佑《指略·序》云：『其書載管仲將没，對桓公之語，疑後人續之。而注頗淺陋，恐非玄齡；或云尹知章也。』」葉正則曰：「《管子》非一人之筆，亦非一時之書。以其言『毛嬙、西施』，『吴王好劍』，當是春秋末年。又『持滿定傾』等語亦種、蠡所遵用也。」又曰：「《管氏》獨鹽筴爲後人所遵，言其利者無不祖管仲，使之蒙垢萬世，甚可恨也。【略】《左傳》載晏子言『海之鹽蜃，祈望守之』，以爲衰微之苛斂；陳氏因爲厚施謀齊，而齊卒以此亡。然則管仲所得，齊以之霸，晏子安得非之。孔子以器小卑管仲，責其大者也；使其果猥瑣爲市人之術，孔子亦不暇責矣。故《管子》之尤謬妄者，無過于《輕重》諸篇。」恒案：其《大匡》、《中匡》、《小匡》諸篇亦本《論語》「一匡天下」爲辭。又曰：「召忽之死也，賢其生也；管仲之生也，賢其死也」，亦本《論語》。又「兵車之會六，乘車之會三」，本《國語》。又言「《春秋》所以紀成敗」，管未見《春秋》也。《漢志》八十六篇；今篇數同。大抵參入者皆戰國、周末之人，如稷下游談輩；及韓非、李斯輩，襲商君之法、借管氏以行其説者也。故司馬遷嘗取之，以爲《封禪書》。

又《傷寒論》 漢張仲景撰，晉王叔和集。此書本爲醫家經方之祖，然駁雜不倫，往往難辨，讀者苦不得其旨要。予友桐鄉錢曉城煌謂此書爲王叔和參以己説，

故真僞間雜，致使千載蒙晦；著有《醫學辨謬》一書，分別仲景書之真僞，兼論醫家源流。雖議論不無過高，使世俗驚駭，然理自不可易，誠爲醫家獨開生面者也。今其書藏於家。予謂王叔和《脈訣》前人多稱其僞；此或併非叔和，乃後人依託其名者。

又《有本非僞書而後人妄託其人之名者・爾雅》　《漢志》附于《孝經》後，《隋志》附于《論語》後，皆不著撰人名。唐陸德明《釋文》謂《釋詁》爲周公作，蓋本于魏張揖所上《廣雅表》言「周公制禮以安天下，著《爾雅》一篇以釋其義」。此等之説，固不待人舉「張仲孝友」而後知其誣妄矣。鄭漁仲《註後序》曰：「《離騷》云：『使涷雨兮灑塵』，故《釋風雨》曰：『暴雨謂之涷』。此句專爲《離騷》釋，故知《爾雅》在《離騷》後。」案：奚止《離騷》後；古年不係干支，此係干支，殆是漢世。又案：此書釋經者也，後世列之爲經亦非是。

又《韻書即詩類》　昔沈約撰《四聲》，今亡。此書乃宋理宗朝平水劉淵作，其時奉詔頒行，名《禮部韻略》；今相仍用之。俗稱沈約，謬也。

又《山海經》　《漢志》不著撰人名。劉歆《校定表》言「禹定九州，而益等類物善惡，著此書；皆聖賢之遺事，古文明著者也」。以爲禹、伯益撰，至爲可笑。《經》中言「夏后啓」、「殷王」、「文王」，且言「長沙」、「零陵」、「雁門」諸郡縣，歆不知欺誰乎！此蓋秦、漢間人所作，昔人已多論之矣。

又《水經》　《隋志》有兩《水經》：一本三卷，郭璞註；一本四十卷，酈善長註。皆不言撰人名。自《舊唐志》註云郭璞作；《新唐志》云桑欽作。宋《崇文總目》但云「酈《註》四十卷」，亦不言撰人爲誰。《崇文總目》作于宋景祐，與《新志》同時，不知《新志》何據以爲説也。其《經》云：「濟水過壽張」，即前漢壽良縣，光武所更名。又「東北過臨濟」，即狄縣，安帝所更名。又「菏水過湖陸」，即湖陸縣，章帝所更名。「汾水過永安」，即彘縣，順帝所更名。故知順帝以後纂敍也。王伯厚曰：「其書言『武侯壘』，又云『魏興安陽縣』，《註》謂『武侯所居』；魏分漢中，立魏興郡。又改『信都』從『長樂』，則晉太康五年也。【略】又『河水北薄骨律鎮城』，註云：『赫連果城』，則後魏所置也。」恒案：《漢・儒林傳》：「《古文尚書》，塗惲授河南桑欽君長」，桑欽蓋成帝時人。是書固不可言欽作；即謂郭璞，又豈其然乎！姚寬《西溪叢語》曰：「《水經》，世以爲桑欽撰。予按易水《註》云：『故桑欽曰：「易水出北新城西北，東入滱」，自下，滱、易互受通稱矣。』」又廣陽縣溪水亦引桑欽說。且《水經》正文皆無此語。」其考核尤精。然則桑欽固別有地理水道之書，而《水經》者不知何人所作也。又此桑欽亦非漢成帝時者；使然，不當見遺于《漢志》矣。故晁氏謂使古有兩桑欽則可也。

又《陰符經》　出于唐李筌。其云得于石壁中，上封云：「上清道士寇謙之藏諸名山，用傳同好。」於是筌詭爲黄帝所作。後遇驪山老母，説其玄義。案：此書言虚無之道，言修鍊之術，以「氣」作「炁」，乃道家書；必寇謙之所作而筌得之耳。其云得于石壁中，則妄也。若云黄帝所作，驪山老母爲之解説，則更妄矣。又相傳《七賢註》，爲太公、范蠡、張良、諸葛亮諸人，益不足辨。或謂即筌所爲，亦非也。褚遂良書之以傳于世。又朱仲晦嘗註之，而曰：「謂非深于道者不能。」吁，不知其所謂道者何道也？可慨也夫！

又《越絶書》　《隋志》始有，稱子貢撰；或曰子胥。並妄也。據篇末云：「以『去』爲姓，得『衣』乃成；厥名有『米』，覆之以『庚』」：乃隱爲袁康字也。又曰：「文屬辭定，自于邦賢；以『口』承『天』，屈原同名」云云，隱爲吴平字。康與吴平共著此書也。楊用修曰：「此東漢人也。何以知之？東漢之末，文人好作隱語，如《黄絹碑》；如孔融以『漁父屈節，水潛匿方』云云隱其姓名于《離合詩》；如魏伯陽以『委時去害，與鬼爲鄰』云云隱其姓名于《參同契》。」此言良然。胡元瑞謂「《伍子胥》兩見《漢志》：一雜家八篇，一兵家十篇；東漢人據二書潤飾爲此」，或有之。

又《有書非僞而書名僞者・春秋繁露》　董仲舒撰；十七卷，八十二篇。案《漢志・春秋類》，有《公羊董仲舒治獄》十六篇；子儒家，有《董仲舒》百二十三篇。《隋志・春秋類》始有董仲舒《春秋繁露》十七卷，而子儒家別無所謂百二十三篇者。本傳稱仲舒説《春秋》得失，《聞舉》、《玉杯》、《繁露》、《清明》、《竹林》之屬數十篇。顔《註》謂皆其所著書名。前儒之辨此書者多矣，兹不備録。總以既名《繁露》，而其中又有《玉杯》、《竹林》二篇，與史傳所言不合，皆以爲疑，未有決者。惟胡元瑞曰：「《隋志》，西京諸子往往具存；獨仲舒百二十三篇略不著録；而《春秋類》突出《繁露》十七卷。今讀其書，爲《春秋》者僅十之四五，其餘《王道》、《天道》、《天容》、《天辨》等章率泛論性術、治體，至其他陰陽五行之譚尤衆，皆與《春秋》不相蒙。蓋不特《繁露》冠篇爲可疑，併所命《春秋》之名亦匪實録也。余意此八十二篇之文即《漢志》儒家之百餘篇者；必東京而後，章次殘闕，好事者因以《公羊治獄》十六篇合於此書，又妄取班氏所記《繁露》之名係之。後人既不察《董子》百餘篇之所以亡，又不深究八十二篇所從出，徒紛紛聚訟，故咸失之。」案：元瑞此論雖屬臆測而實有理，故存其說。爰別列其書於此。

又《孫子》　此書凡有二疑。一則名之不見《左傳》也。《史記》載孫武，齊人，

而用於吴，在闔閭時，破楚入郢，有大功。《左傳》於吴事最詳，其功灼灼如是，不應遺之也。葉正則曰：「自周初至春秋，凡將兵者必與聞國政，未有特將兵於外者。六國時，此制始改。孫武於吴爲大將，乃不爲命卿，而《左氏》無傳焉，可乎？」其言尤是。一則篇數之不侔也。史遷稱《孫子》十三篇，而《漢志》有八十二篇。後應少於前，何以反多於前乎？杜牧《註》所傳者十三篇，後少於前矣，然何以又適符於前之前耶？杜牧謂武書數十萬言，魏武削其繁剩，筆其精粹，以成此書，然則仍是《漢志》之八十二篇，而非遷《傳》之十三篇矣。故曰可疑也。梅聖俞亦曾註是書，曰：「此戰國相傾之説也。」葉正則祖述之，爲説曰：「春秋末，戰國初，山林處士所爲。其言得用於吴者，其徒夸大之説也。【略】其言闔閭試以婦人，尤爲奇險，不足信。」今姑存梅、葉二君之説，以釋《左傳》不載之疑，可也。然則孫武者，其有耶？其無耶？其有之而不必如史遷之所云耶？其書自爲耶？抑其後之徒爲之耶？皆不可得而知也。故入之未定其人例中。若夫篇數，其果爲史遷之傳而非曹瞞之删；《漢志》八十二篇，或反爲後人附益，劉歆、任宏輩不察而收之耶？則亦不可得而知也。

又《劉子新論》　袁孝政作序，稱劉晝。《唐志》十卷，稱劉勰；人或謂即此書，然篇目不類。或又云劉歆、劉孝標。

又《化書》　《通考》載僞唐宋齊丘子嵩撰。宋景濂以爲譚峭景升作，齊丘竊之。據《仙傳》：「譚景升以《化書》授齊丘，曰：『是書之化，其道無窮；願子序之，流於後世！』其後齊丘因奪爲己有而傳之，遂不得其死。」恒案：《仙傳》之説亦未可遽信，迄莫能定也。

孫志祖《家語疏證·相魯第一》　「孔子初仕爲中都宰節。」案《史記·孔子世家》但云「定公以孔子爲中都宰，一年，四方皆則之」。王肅因《禮記·檀弓》有「夫子制於中都，四寸之棺，五寸之椁」語。遂撰出「制爲養生送死之節」一段。其實男女別塗，道無拾遺，乃下文爲司寇時事。此方爲邑宰一年，未必化行如是之速。「期月已可，三年有成」，孔子自言治效之漸，固如是耳。凡肅所云，皆敷衍無實據。

「而西方之諸侯則焉。」案「西方」史記作「四方」，是也。肅但求異於一字改爲「西方」，而注云「魯國在東，故西方諸侯皆法則」，亦太近纖。司馬貞《史記索隱》反據以爲説，何也？

「定公以爲司空節。」案此亦鑿空臆説。別五土之性，是司徒職，非司空職也。肅意不過欲孔子所歷之職，皆有事蹟，如後世人譔年譜所爲，而又別無證據，摭拾空談，殊可不必。

「孔子溝而合諸墓焉。」案《左》定元年傳云：「葬昭公于墓道南，孔子之爲司寇也，溝而合諸墓。」孔穎達《正義》云：「孔子之爲司寇也，在定公十年以後，未知何年溝之。」王肅以孔子爲司寇，事實顯著，其爲司空無聞焉，意以溝合墓道，職近司空，遂以此事屬之爲司空時，與《左傳》違，非也。

「定公與齊侯會于夾谷節。」案此襲《左氏》、《穀梁》定十年傳及《史記世家》之文。

「孔子言於定公曰：家不藏甲節。」案《左》定十二年傳「仲由爲季氏宰，將墮三都」，蓋是時侯犯以郈叛，公由不狃以費叛，内釁頻仍，故可乘勢墮之，而季氏、叔孫氏，亦俛首聽命耳。至成無畔臣，孟氏倚爲保障，即圍之而弗克矣。不得以隋三都張大其詞，謂孔子之政令，得行於三家也。《公羊傳》乃云「孔子行乎季孫，三月不違『曰家不藏甲，邑無百雉之城』，於是帥師墮郈，帥師墮費」。而《史記》、《家語》竝述之，以爲出於聖賢之謀略，過矣。宋章如《愚山堂考索》有「三家墮都辨」，謂其謀非出孔子，良是。

「遂墮三都之城。」案《家語》竟云「墮三都」，似孟氏亦墮成者，何不一契勘左傳耶？

「初魯之販羊有沈猶氏者節。」案此襲《吕氏春秋·樂成篇》、《荀子·儒效篇》、《新序·雜事》第一篇及第五篇《淮南·泰族訓》。

又《始誅第二》　「孔子爲魯司寇攝行相事節。」案「孔子誅少正卯」事不見於《論語》、《左傳》，惟《荀子·宥坐篇》、《史記·孔子世家》、《淮南·氾論訓》、《説苑·指武篇》、《白虎通·誅伐篇》言之。《孔子集語》引《尹文子》稱仲尼誅少正卯。疑戰國好事者所爲，王若虚《辨惑》論之極詳。閻若璩《四書釋地》又續引陳幾亭曰：「聖人行誅，必其人有顯罪，與衆棄之。無出人不意，但爲其宿昔姦雄，案未具而遽行大戮者也。此穰苴、孫武行兵立威之法，豈聖人爲政之道耶？」

「尸於朝三日。」案諸子俱不言尸朝三日，不知《家語》何所據而云；亦疑其過，夫少正卯之罪狀未著，何至尸朝三日耶？

「其談説足以飾褒榮衆。」案「飾褒榮衆」，當從《荀子》作飾衺營衆。

「孔子爲魯大司寇，有父子訟者節。」案此襲《荀子·宥坐篇》、《説苑·政理篇》、《韓詩外傳》三。

又《王言解第三》　「孔子閒毛本譌閑。居」至篇末。案此篇全襲《大戴禮》之

文，「王言」，《大戴》作「主言」，非。

「昔者帝舜左禹而右皐陶，不下席而天下治。」案此三句，亦見《尚書大傳》。

又《大婚解第四》 「孔子侍坐於哀公」至篇末。案此篇襲《禮記・哀公問》、《大戴禮・哀公問於孔子篇》，篇首尚有「哀公問於孔子曰：『大禮何如』」一段，王肅剟入後《問禮》篇，以一篇之辭，分作兩篇，家語多此類。

又《儒行解第五》 「孔子在衛」至篇末。案此篇全襲《禮記・儒行》篇，篇首「孔子在衛」一段，則王肅以《史記・孔子世家》敷演，又參用《禮記・檀弓》申之以冉有語也。陳澔《集説》引李氏曰：「《儒行》非孔子之言，蓋戰國豪士所以高世之節耳。其條十有五，旨意重複，要其歸不過三數塗而已。」

「孔子既至舍，哀公館焉。」案鄭康成《禮記》注云：「哀公館孔子」，肅遂撰爲孔子既至舍，哀公館焉。公自阼階，孔子由據文選沈休文冬節後詩注補。賓階升堂立侍云云，蓋因鄭注而敷演之耳。《正義》亦云「哀公至孔子之家」，其實未必然也。

崔述《補上古考信録》卷上《包犧氏》 駁龍馬負圖之説。朱子《論語集註》云：「《河圖》，河中龍馬負圖，伏羲時出。」余求其所本，經傳皆無之。《書》云：「大玉，夷玉，天球，河圖，在東序。」《易大傳》云：「河出圖，洛出書，聖人則之。」皆未言爲龍馬所負，亦不言聖人爲誰何也。《春秋傳》、《史記》皆不及伏羲時事，無可證其真僞者。惟《漢書・五行志》引劉歆語，以爲伏羲繼天而王，受《河圖》而畫《八卦》，《論語集解》引孔安國語，亦以《河圖》爲《八卦》，而皆不言所本何書。《書孔傳》有「伏羲王天下，龍馬出河，遂則以畫八卦」之語，此係後人僞撰，故不引。孔氏穎達《周易正義》云：「《禮緯含文嘉》曰：『伏羲德合上下，天應以鳥獸文章，地應以《河圖》、《洛書》，則而象之，乃作《八卦》。』故孔安國等並云伏羲得《河圖》而作《易》。」又云：「《春秋緯》云：『河以通《乾》出天苞，洛以流《坤》吐地符；河龍圖發，洛龜書感。』孔安國以爲《河圖》則《八卦》是也，《洛書》則《九疇》是也。」然則龍馬負圖之事乃出緯書而孔、劉采之者。緯書者，異端方士之言耳，朱子何爲而信之哉？且如緯書之言，則《河圖》、《洛書》同出於伏羲之世；而孔、劉乃以《八卦》、《九疇》分屬之，尤不可解。不知後儒何以皆用之也？《傳》云：「包犧氏之王天下也，仰則觀象於天，俯則觀法於地，觀鳥獸之文與地之宜，於是始作《八卦》。」不言則《河圖》以爲卦也。使畫卦果本於《河圖》，則此乃當時大事，千古異祥，《傳》當特舉之，何得概等諸鳥獸之文而已乎！孔氏穎達固已疑及於此，但以前人舊説不敢駁證，乃爲扶同遷就之詞，以爲易理寬宏，何妨更法《河圖》，亦可謂游移而失據矣！《外紀》又言，又惡知其果有與無，果在庖羲之前與其後乎！故今十七氏者皆不載。

又卷上《神農氏》 駁神農氏重八卦，作蜡祭，鞭草木之説。《補本紀》稱：「神農氏重八卦爲六十四，作蜡祭，以赭鞭鞭草木。」余按：《易大傳》言包犧作《八卦》、網罟，至神農氏則但言其爲耒耨、市易，初無一言及於重卦者。果有此事，曷爲連類及之而獨遺之乎！康成之徒因《傳》文内有取諸《益》與《噬嗑》之語，遂臆度而附會之，以爲神農所重，謬矣！《傳》特泛言其理，何嘗以爲伏羲時止有三畫之《離》，神農時乃有六畫之《噬嗑》哉！《郊特牲》云：「伊耆氏始爲蜡。」今移之神農時，於經傳亦未有確據，蓋亦以爲耒耜故臆之耳。至以赭鞭鞭草木，乃方士荒唐之説，尤爲不經。故並不取。

駁神農氏作《本草》之説。世傳神農始爲《本草》今所謂《本經》者，《漢書・藝文志》有《神農黄帝食禁》七卷、《神農雜子技道》二十三卷，《外紀》因之，遂謂炎帝嘗藥，一日遇七十毒，遂作方書以療民疾。所謂炎帝，乃沿《補本紀》之誤，意即謂神農也。余按書契始於黄帝以後，然猶未有篇策，神農之世安得有策書乎！且《本草》文淺陋，多用後世地名，少有識者自能辨之。《補本紀》謂始嘗百草，始有醫藥，此或然耳；然傳記皆無文，而後世方技之士多託之古聖人者，難以徵信。故今闕之。

又《唐虞考信録》卷四《舜治定功成》 引李紱語辨《僞書》「人心道心」之説。僞《尚書・大禹謨》舜命禹之言云：「人心惟危、道心惟微。」朱子云：「人莫不有是形，故雖上智不能無人心；亦莫不有是性，故雖下愚不能無道心。二者雜於方寸之間而不知所以治之，則危者愈危，微者愈微矣。」余按：人之心一而已矣，若道則安得有心！道也者，日用當行之路也。今以人心爲道心已不可，況謂人心之外別有一道心乎！孔子曰：「操則存，舍則亡。」孟子曰：「心之官則思，思則得之，不思則不得也。」謂心有操舍思不思則可，謂有兩心則不可也。聖賢之教曰「存心」，曰「盡心」，曰「仁，人心也」，所存所盡皆此一心而已，未有以人心爲不美而於此外別求一心者也。惟莊子、佛氏乃以心爲已累，而謂去之忘之然後可至於道。然則蔑視人心而別立一道心之名者，乃異端之説而必非聖賢之教也明矣。余少讀《尚書》及《中庸序》時，固已疑其語之不經；今二十餘年，得李巨來紱《古文尚書考》，而後知其語果本於道家也。因録其文於左：李巨來《古文尚書考》：「《古文尚書》，凡《今文》所無者如出一手，蓋漢、魏人贋作。朱子亦嘗疑之，而卒尊之而不敢廢者，以『人心，道心』數語爲帝王傳授心法，而宋以來理學諸儒所宗仰之者也。余友萬編修云：『即此數言，可證其贋。危、微二語出於《荀子》；而《荀子》又得之於

《道經》，非《尚書》語也。梅鷟嘗言之矣。』余覆攷之，蓋《荀子·解蔽篇》言『舜之治天下也，不以事詔而萬物成：處一之危，其榮滿側；養一之微，榮矣而未知。故《道經》曰：「人心之危，道心之微。」危微之幾，惟明君子而後能知之。』荀子之論危微者如此，而引《道經》以爲證，則《尚書》必無『人心惟危，道心惟微』之語。何也？荀子爲李斯之師，其所著書在《詩》、《書》未燔之前。荀子凡引《詩》、《書》並稱『詩云』、『書云』，而此獨稱『《道經》曰』，則秦火之前荀子所見之《尚書》無危微語也。楊倞勉强遷就，注云：『今《虞書》有此語；而云《道經》者，蓋有道之經。』不知漢以前從未嘗稱《易》、《詩》、《書》、《春秋》爲經；《論語》、《孟子》所引亦無經字。且孔、孟爲儒家而黄、老爲道家，自戰國至漢無異辭。道家之書則曰經，如老子《道家經》、莊子《南華經》、列子《冲虚經》、關尹子《文始經》，皆是，《道經》之非《尚書》也明矣。」按：晉王坦之作《廢莊論》，亦引「道心惟微，人心惟危」二語，而不言其本於《虞書》；且與《莊子》「吹萬不同，孰知正是」二語連舉，則此語之出於諸子明甚。蓋道家者流小仁義而外形骸，故分心以爲二；荀子以性爲惡，采之亦不足怪。若舜，則必無此言明矣。朱子宗孔、孟之道，闢異端之説，而乃以道家之言爲聖人傳心之要旨，無怪乎明季講學者之盡入於禪也！故今不載。故今不載征苗之事。説並見前分北條及周文王篇伐崇條下。

又《夏考信録》卷一 引崔邁語辨僞《書·胤征》。

僞《古文尚書·胤征篇》首云：「惟仲康肇位四海，胤侯命掌六師。羲、和廢厥職，酒荒于厥邑；胤侯承王命徂征。」後儒多疑荒酒罪小，不足加以六師，於是曲爲之解：或謂羲、和忠於夏，羿假仲康之命征之；或謂羲、和黨於羿，仲康藉荒酒之罪除之。金氏《通鑑前編》因之爲説曰：「仲康繼立於外，命胤侯掌六師，其規模舉措固已有大過人者。羲、和不共王職而歸於有窮者，是以有徂征之師。君子是以知仲康之能自振，而胤侯之爲王室倚重矣。」余按：此篇係僞《古文尚書》，本不足信；就令可信，而其文但言廢職荒酒，則忠於夏與黨於羿均無可徵。止據我之猜度，定古人之功罪，可乎！且羲、和黨於羿，仲康安能征之！仲康在内，則權不在己，征之，羿必沮之；在外，則國勢微弱，征之，羿必救之。仲康無如羿何，又安能如黨羿者何！蓋此篇本因《書序》之言而附會之者，後人遞加附會，遂至以無爲有，憑空造一羲、和罪案，誣矣！余弟邁《訥菴筆談》嘗辨此篇之謬，今録於左：《訥菴筆談》一則：「《書序》云：『羲、和湎淫，廢時亂日；胤往征之，作《胤征》。』《古文》本此而作，其事深爲可疑。蓋《古文》不足信，而《書序》亦未敢以爲然也。《堯典》有羲仲、和仲、羲叔、和叔之文，羲、和非一人也。今云『羲和湎淫』，又云『羲和廢厥職』，一人乎？非一人乎？可疑一也。《堯典》『乃命羲、和，欽若昊天』，蓋羲伯、和伯也。羲伯、和伯在國都，而仲、叔宅於四方，此湎淫之羲、和必在國都者，在國都何用以六師征之乎？《胤征》巧爲之辭曰：『酒荒于厥邑。』即在其采邑而未嘗據地拒命，則亦無事於張皇六師也。可疑二也。湎淫之罪，昏迷之愆，廢之可矣，刑之可矣，何用興師動衆乎？可疑三也。不曰『胤侯往征之』，而曰『胤往征之』，胤似人名，非國名也。不曰『王命胤往征之』，而曰『胤往征之』，胤征未必出於王命也。可疑四也。《書序》無仲康字，不著其時。《史記》謂當帝中康時。《唐志》以爲日食在仲康之五年。《經世書》以爲征羲、和在仲康之元年。然夏代未必止仲康時日食，而篇中仲康不足以爲據也。可疑五也。蘇氏以爲羲、和貳於羿，忠於夏，羿假仲康命，命胤侯征之者，固未必然。蔡氏謂以《經》考之，羲、和蓋黨羿惡，仲康畏羿之强，不敢正其罪而誅之，止責其廢厥職，荒厥邑；今《經》中亦全不見此意，則亦工於猜疑者耳。説仲康者，有河北河南之異。此時仲康不知實在何地：在安邑，則號令未必能自己出；在太康，則羲、和黨羿，自在安邑，恐非仲康之力所能及也。可疑六也。陳氏大猷曲説羲、和所以當征之故，至云：『葛伯不祀，不過其身自得罪於祖宗，而湯以爲始征。學者不疑湯之征葛，而疑胤侯之征羲、和者，過也。』此説亦殊憒憒。即果如所言，羲、和之罪過於葛伯，而湯於葛爲敵國，仲康於羲、和爲天子，其理勢同乎否乎？且謂『葛伯不祀，湯始征之』者，《書序》之陋也。觀孟子所言，湯非以不祀征葛也，爲其殺童子而征之也。陳氏未讀《孟子》，不足與辨也！」按：《書序》之文往往失《經》本意，固不敢謂然，而僞《胤征》之文亦未必盡《書序》之意；《筆談》所論備矣。且古者六師皆六卿分掌之，《甘誓》所記甚明；至春秋時猶然。自《周官》始謂司馬掌六師，而僞《書·周官篇》因之；春秋以前無是言也。果夏時書，安得有是語哉！故今僞《書》及《前編》之語概不載，而列《史記》所采《書序》之文於存疑。

又《商考信録》卷一 僞《書·仲虺之誥》之謬。

僞《古文尚書》有《仲虺之誥》，乃掇拾經傳之文而參以己意聯屬成篇者；淺弱排比，絶不類夏、商間語，不但與誥體不相似也。尤可笑者：隨季所引止「取亂侮亡」四字，子皮所引止「亂者取之，亡者侮之」八字，即前文而有詳略耳；其「兼弱攻昧」乃隨季自述武經之語，「推亡固存」乃子皮自告大夫之言；今乃悉取以入篇中，而云「兼弱攻昧，取亂侮亡，推亡固存」，重複堆砌，不成文理，亦足以見其窘於詞而窮於湊矣！故今不采其文。其篇首所稱「惟有慙德」者，亦非是。

伊尹僞書五篇。僞《古文尚書》伊尹之書凡五篇：曰《伊訓》，曰《太甲》三篇，曰《咸有一德》。然其文義率多淺易，文勢頗雜排偶，非惟不類夏、商間語，亦并不類秦、漢時文。其中雖有名言佳論，而皆掇拾經傳之文及經傳所引逸《書》之語如「昧爽丕顯」及「天作孽，猶可違」之類而聯綴以成篇者，正如集腋爲裘者然；其爲魏、晉後人之所擬作無疑。且《伊訓》與《漢書》所引之文不同；《太甲》三篇，據《史記》乃褒太甲之書，而今乃戒太甲之語；《咸有一德》據《史記》乃作於湯世，而今乃以爲太甲時伊尹歸政之後。故今皆不録。

又《豐鎬考信録》卷三《武王中》

吴棫、蔡沈、顧炎武疑泰誓。齊、梁以來所傳《泰誓》三篇，語多淺陋，先儒往往有疑之者。吴氏云：「湯、武皆以兵受命，然湯之辭裕，武王之辭迫，湯之數桀也恭，武王之數紂也傲；學者不能無憾。疑其書之晚出，或非盡當時之本文也。」蔡氏跋《牧誓篇》後云：「此篇嚴肅而温厚，與《湯誓》相表裏，真聖人之言也。《泰誓》、《武成》，一篇之中似非盡出於一人之口。豈獨此爲全書乎？」顧氏云：「商之德澤深矣，尺地莫非其有也，一民莫非其臣也。武王伐紂，乃曰『獨夫受洪惟作威，乃汝世讎』；曰『肆予小子，誕以爾衆士殄殲乃讎』。何至於此！紂之不善亦止其身，乃至并其先世而讎之，豈非《泰誓》之文出於魏、晉間人之僞撰者邪！吴氏、蔡氏蓋已見及乎此；特以註家之體，未敢直言其僞耳。」

僞《泰誓》掇拾之謬。余按：紂之無道，《尚書》言之詳矣。《牧誓》嚴而不怒，直而不絞，聖人之言也。《微子》意存規戒，指陳無隱，語曲而憂深，情切而意悲，忠臣義士之言也。《酒誥》、《無逸》、《立政》等篇，亦皆和平莊雅，無可議者。獨此《泰誓》三篇，數紂之罪，切齒腐心，矜張夸大，全無聖人氣象。聖人伐暴救民，何至於此！豈惟武王必無此言，三代以上從未有如是之言也！至其語雖皆有所本，而重複雜亂，絶無章法，即移上篇語於中篇，移中篇語於下篇，亦未見其不可。然則何所見而必分爲三度言之乎！先儒之論當矣。惟是篇中所采經傳之文舛謬累累，先儒尚多有未及者，略綴數則於左：

古籍稱《泰誓》者五條。「天視自我民視」二句，本之《孟子》。「我武維揚」五句，本之《孟子》而少改之。「民之所欲」二句，本之《春秋傳》。「紂有億兆夷人」四句，本之《春秋傳》而少改之。「予克受」六句，本之《坊記》原文皆稱《泰誓》云云。雖於上下文義未甚融洽，然於理無大謬，不必深論。

「雖有周親」條之分割。「雖有周親，不如仁人；百姓有過，在予一人」四語，今見於《論語・堯曰篇》，而不言其所引何書；玩之殊與誓詞不類。且其文本相連，兼與上下之意相屬；今割而分之，以「雖有周親」係「同心同德」下，「百姓有過」係「自我民聽」下，則於文義不屬，况六句中删其中二句而但引首尾，亦非引書之體。

「天祐下民」條之删改。《孟子》引《書》云：「天佑下民，作之君，作之師，惟曰其助上帝，寵之四方；有罪無罪，惟我在，天下曷敢有越厥志！」今改其文，云「惟其克相上帝」，可也；云「寵綏四方」，則不可。寵也者，尊之也，貴之也；天可以寵君師，君師安能寵四方乎！蔡《傳》以寵爲愛，亦强爲之説耳。又删「惟我在天下」五字，而云「予曷敢有越厥志」，全失《孟子》之意，而語氣亦不完。且《孟子》引泰誓「我武維揚」，「天視自我民視」，皆稱其篇名；而此但稱「《書》曰」，亦恐非《泰誓》中語也。

又《周公相成王上》

《七月》非周公作。衛宏《毛詩序》云：「七月，陳王業也。周公遭變故，陳后稷先公風化之所由，致王業之艱難也。」鄭氏謂此詩在周公居東之日；朱子謂此詩在成王初立之詩。余按《鴟鴞》以下六篇皆周公時所作，此篇若又出於周公，則是七篇皆與豳無涉，何以名之爲豳？曰：述豳俗也。然「流火，授衣，亨葵，剥棗」，在在皆然，以民間通行之事而獨謂之豳俗，豳何在焉？且玩此詩醇古樸茂，與成、康時詩皆不類。竊嘗譬之，讀《大雅》如登廊廟之上，貂蟬滿座，進退秩然，煌煌乎大觀也；讀《七月》，如入桃源之中，衣冠樸古，天真爛熳，熙熙乎太古也。然則此詩當爲大王以前豳之舊詩；蓋周公述之以戒成王而後世因誤爲周公所作耳。竊疑豳之舊詩當不止此，此篇因周公識之傳之而獨存，猶《商頌》當時亦必多，而正考父獨得其十二篇也。至於《鴟鴞》以下，則以其詩皆爲周公而作而音節亦近豳故附之於《豳風》之後；而此一篇則豳之正風也。故今不載之於周公之篇。

僞《書》增出霍叔之非。僞《古文尚書》云：「致辟管叔於商；囚蔡叔於郭鄰，以車七乘；降霍叔爲庶人，三年不齒。」宋堯叟林氏《春秋傳》「周公弔二叔之不咸」，註云：「周公傷夏、殷之二叔世，疏其親戚，不能同心，以至滅亡。或以二叔爲管、蔡者非；管叔、蔡叔、霍叔三叔，不得稱二叔。」杜註「二叔」説同，無管、蔡、霍三叔之説余按：《春秋傳》云：「管、蔡啓商，惎間王室，王於是乎殺管叔而蔡蔡叔。」又云：「管、蔡爲戮，周公右王」，無有一言及霍叔者。《史記・殷本紀》云：「武庚與管叔、蔡叔作亂。」《周本紀》云：「武王爲殷初定未集，乃使其弟管叔鮮、蔡叔度相禄父治殷。」又云：「周公奉成王命，伐誅武庚、管叔、放蔡叔。」皆與左傳文合，而無霍叔，其尤顯然無疑者，《管蔡世家》稱「封叔鮮於管，封叔度於蔡」，下云「二人相紂子武

庚」；稱「封叔處於霍」則不言是；然則霍叔未嘗監殷明矣。而《魯周公》、《衛康叔》、《宋微子》各世家亦俱但稱「管叔、蔡叔傅相武庚」，「管叔、蔡叔作亂」，「周公誅管叔，放蔡叔」；若霍叔果同監殷而同作亂，不應數篇之文如合符然，皆有管、蔡而無霍也。《尚書大傳》云：「武王使管叔、蔡叔監禄父。」《漢書・地理志》云：「周既滅殷，封其畿内爲三國：邶，以封紂子武庚；庸，管叔尹之；衛，蔡叔尹之，以監殷民。」皆與《左傳》、《史記》説同，不言霍叔。由是言之，以殷畔者止管、蔡二叔而無霍，故《傳》云「弔二叔之不咸」，不稱三叔也。至晉皇甫謐作《帝王世紀》，始稱「自殷都以東爲衛，管叔監之；殷都以西爲鄘，蔡叔監之；殷都以北爲邶，霍叔監之」。僞《尚書》緣此，遂采《左傳》語而增以「降霍叔」之文。然則此書之撰於晉以後而非安國之所傳也彰彰明矣！如果安國所傳，不應兩漢諸儒皆不知有霍叔，獨至皇甫謐始知之；而左氏生於周世，在焚書之前，尤不應不知有霍叔而每文皆但言管、蔡也。杜氏以下文稱「管、蔡」之故，因釋「二叔」爲「二代之叔世」，固已强詞；至林氏乃據世俗相傳之語以駁二叔之稱，而不復考《左傳》他文及《史》、《漢》舊説，尤疎之甚矣！且「降爲庶人」者，漢以後法耳；三代以上，大臣有罪，可殺可放，而未嘗有降其爵者，先王所以辨上下，别嫌疑，定民志也。春秋之時，卿奔他國，乃有降從大夫之位者；彼原非此國之卿故然耳，本國固無是也。烏有朝齒公卿而暮同編户者哉！且蔡叔罪重於霍叔，尚有車七乘，徒七十人，以大夫之奉奉之，而霍叔之罪遞輕，乃反降爲庶人，一何其賞罰之顛倒乎！或疑《金滕》有「羣弟流言」之文，當不止蔡叔一人。然即蔡、霍二叔，亦不得遂稱「羣」。蓋流言者自多人，監殷者自管、蔡，不得謂流言之人盡監殷之人也。故今但據《春秋傳》文載之；無稽之説不敢以妄增也。

又卷五《文武周公通考》 《易》彖、爻詞不可定爲文王、周公作。 近世説《周易》者皆以《彖》詞爲文王作，《爻》詞爲周公作。朱子《本義》亦然。余按：《傳》前章云：「《易》之興也，其於中古乎？作《易》者其有憂患乎？」初未言「中古」爲何時而「憂患」爲何事也。至此章始言其作於文王時，然未嘗言爲文王所自作也。且曰「其當」，曰「其有」，曰「邪」，曰「乎」，皆爲疑詞而不敢決。則是作《傳》者但就其文推度之，尚不敢決言其時世，况能決知其爲何人之書乎？至司馬氏作《史記》，因《傳》此文，遂附會之，以爲文王羑里所演；是以《周本紀》云：「西伯之囚羑里，蓋益《易》之八卦爲六十四卦。」《自序》亦云：「西伯拘羑里，演《周易》。」自是遂以《易卦》爲文王所重。及班氏作《漢書》，復因《史記》之言，遂斷以詞爲文王之所繫。是以《藝文志》云：「文王重《易》六爻，作上下篇。」又云：「人更三聖，世歷三古。」謂伏羲，文王，孔子。自是遂以《易》彖、爻之詞爲文王所作矣。然其中有甚可疑者。《明夷》之五稱「箕子之明夷」，《升》之四稱「王用亨於岐山」，皆文王以後事，文王不應預知而預言之。《史》、《漢》之説不復可通，於是馬融、陸續之徒不得已，乃割《爻詞》謂爲周公所作以曲全之。而鄭康成、王弼復以卦爲包羲、神農所重，非文王之所演。然後後儒始獨以彖詞屬之文王，而分爻詞屬之周公矣。由是言之，謂文王作《彖詞》，周公作《爻詞》者，乃漢以後儒者因《史記》、《漢志》之文而展轉猜度之，非有信而可徵者也。夫以卦爲羲、農所重，雖無確據，而理固或有之；若周公之繫《易》，則傳記從未有言及之者，惟《春秋傳》有見《易》象而知周公之德之語，然此自謂《易》象，非謂《易》詞也。晉文公之謀迎襄王也，筮之，遇《大有》之《睽》，曰「吉，遇『公用亨于天子』之卦」。則是《易》詞晉固有之，不待至魯而後見。且即使起所見者果《易》之詞，而《卦》《爻》之詞果文王與周公所分係，則於文當兼言文王、周公之德，亦不得但美周公而不及文王也。秦漢以後，司馬、班氏最爲近古，然皆但言文王，不稱周公。乃至《易緯・乾鑿度》、《通卦驗》等書最善附會者，亦但稱羲、文、孔三聖人而無一言及於周公。烏得分《卦》《爻》之詞而屬之兩人也！且《繫詞傳》文云：「其初難知；其上易知。」又云：「二與四同功而異位；三與五同功而異位。」又云：「爻有等，故曰物；物相雜，故曰文；文不當，故吉凶生焉。」然後承之曰：「《易》之興也，其當殷之末世，周之盛德邪？當文王與紂之事邪？是故其辭危，危者使平，易者使傾。」前呼後應，詞意甚明。所謂「其辭危」者，正指諸爻之詞而言；若果詞内有文王以後事，或《易》非文王作而《史》、《漢》誤稱之，不得獨摘象詞屬之文王，而别以爻詞屬之周公也。乃朱子《本義》既不正其猜度之失，又不詳其展轉之因，而直曰此文王所繫，此周公所繫，若傳記確有明文可據，傳經以來即如是説者。無乃非闕疑之義，而使後之學者靡所考證乎！故今但録《易》、《春秋》傳原文以存疑義；而不敢據漢儒展轉猜度之説，遂直斷何者爲何人所作。仍略記其爲説之因，庶使學者有所考焉。

又《洙泗考信餘録》卷三《左子》 左氏非左丘明。 劉歆云：「左邱明好惡與聖人同，親見夫子。」是謂作《春秋傳》者即《論語》之左邱明也。由是班固《漢書》謂孔子與左邱明觀史記，杜氏《集解》謂左邱明受經於孔子，蓋皆本之於此。自唐啖、趙，宋程、朱以來，始謂此作《傳》者與孔子不同時，非《論語》之左邱明；而甚者至謂爲秦時人。余按：《左傳》終於智伯之亡，係以悼公之謚，上距孔子之卒已數十

年，而所稱書法不合經意者亦往往有之，必非親炙於孔子者明甚，不得以《論語》之左邱明當之也。戰國之文恣横，而《左傳》文平易簡直，頗近《論語》及《戴記》之《曲禮》《檀弓》諸篇，絶不類戰國時文，何況於秦。襄、昭之際，文詞繁蕪，遠過文、宣以前；而定、哀間反略，率多有事無詞；哀公之末，事亦不備，此必定、哀之時紀載之書行於世者尚少故爾，然則作書之時上距定、哀未遠，亦不得以爲戰國後人也，且《史記》但以《傳》爲左邱明所作，不言爲何時人，而亦未有親見孔子之文，不知二人姓名之偶同邪？抑相傳爲《左氏春秋》，而司馬氏遂億料之以爲《論語》之左邱明邪？説《論語》者以左邱爲複姓，與公羊、穀梁正同。乃傳經者云公羊氏《春秋》，穀梁氏《春秋》，而此獨云左氏《春秋》，不云左邱氏，又似作《傳》者左氏而非左邱氏也者。然則傳《春秋》者其姓名果爲左邱明與否固未可定。然無此傳則三代之遺制，東周之時事，與聖賢之事跡年月先後，皆無可考，則此書實孔子以後一大功臣也，不可不標其人。既相傳爲《左氏春秋》，故即題以左子而缺其名與字，但載《史記》之語以存參，并識後人軒輊之言以折衷焉。

《國語》非左氏作。《史記・自序》云：「左邱失明，厥有《國語》。」由是世儒皆謂《國語》與《春秋傳》爲一人所撰，東漢之儒遂題之曰《春秋外傳》。余按：《左傳》之文，年月井井，事多實録，而《國語》荒唐誣妄，自相矛盾者甚多；《左傳》紀事簡潔，措詞亦多體要，而《國語》文詞支蔓，冗弱無骨，斷不出於一人之手明甚。且《國語》，周魯多平衍，晉、楚多尖穎，吴、越多恣放，即《國語》亦非一人之所爲也。蓋《左傳》一書采之各國之史，《師春》一篇其明驗也。《國語》則後人取古人之事而擬之爲文者，是以事少而詞多，《左傳》一言可畢者，《國語》累章而未足也。故名之曰《國語》，語也者，别於紀事而爲言者也。黑白迥殊，雲泥遠隔，而世以爲一人所作，亦已異矣。又按《史記・自敘》，自文王孔子以下凡七事，文王羑里之誣余固已辨之矣，孔子之作《春秋》亦不在於陳、蔡，《離騷》、《兵法》、《吕覽》、《説難》之作皆與本傳之説互異，然則此言亦未可盡信也。且列左邱於屈原後，言失明而不言名明，尚未知其意果以爲即作傳者之左邱明否，不得强指爲一人也。故今不採此文。

又《孟子事實録》卷下《附讀孟子餘説一則》 《中庸》襲《孟子》之證。此章文又見於《中庸》，與此大同小異。「居」之作「在」，蓋因一時語言之異，如《論語》之「斯」，《大學》之「此」者然；《孟子先名實章》亦作「居下位」，《中庸・素其位章》亦作「在下位」，是也。「友」之加「朋」，文亦可省。然皆無足爲大得失也。惟「不順乎親」語未免大重；不順乎親，不可以爲子，豈但不信於友而已！「事親勿悦」，但不爲親所喜悦耳，措語較有分寸。「誠」者，理也，德也，故云「思誠者」；「誠之者」則以誠爲用字，似欠醇古。《孟子》此章原言誠能動人，故由「獲上」、「信友」、「悦親」遞近而歸本於「誠身」，然後以至誠未有不動總結之，又以不誠之不動反結之，首尾呼應，章法甚明。《中庸》采此章文，但欲歸本於誠身以開下文「不思不勉，擇善固執」之意，意不在於動人，故删其後兩句。然則是《中庸》襲《孟子》，非《孟子》襲《中庸》，明矣。至於虚字互異，本不足爲輕重，然「獲上」、「信友」、「悦親」皆指人而言，故皆用「於」字，「明善」、「誠身」則不可用「於」字，故變文而曰「乎」、曰「其」；《中庸》概用「乎」字，亦不若《孟子》之妥適。「獲上」、「信友」、「悦親」、「誠身」，皆已見於上文，故助語用「矣」字，「治民」，上文無之，用「也」字爲得之。「不獲於上」係轉語，故用一「而」字；「反身」則不必多一「諸」字也。「是故」二字緊承上文，醒出主意，似亦不當删去。細玩此章文義，《中庸》之不及《孟子》顯然可見。若之何先儒猶以爲孟子述《中庸》之言也！

又《考古續説》卷二《竹書紀年辨僞》世傳《秘書》二十一種内有《竹書紀年》二卷，按此乃近代人僞作，非晉、唐人所見之書，故《考信録》中不采其一事。猶恐世爲所惑，故復要其始終而辨之。 今本《紀年》出于宋、元之後。《竹書紀年》凡十三篇，本戰國人所著而出於西晉者。晉杜預《春秋經傳集解後序》云：「汲郡汲縣有發其界内舊冢者，大得古書，皆簡編科斗文字。發冢者不以爲意，往往散亂。科斗書久廢，推尋不能盡通。始藏在祕府，余晚得見之。所記大凡七十五卷，多雜碎怪妄，不可訓知，《周易》及《紀年》最爲分了。」《序》又云：「《紀年篇》起自夏、殷、周，皆三代王事，無諸國别也。唯特記晉國，起自殤叔，次文侯、昭侯，以至曲沃莊伯。莊伯之十一年十一月，魯隱公之元年正月也。皆用夏正建寅之月爲歲首，編年相次。晉國滅，獨記魏事，下至魏哀王「哀王」當作「襄王」，序誤之二十年。蓋魏國之史記也。」自魏逮唐，文學之士多引用之。北魏酈道元《水經注》多引《竹書紀年》之文。唐司馬貞《史記索隱》采《紀年》文尤多。劉知幾《史通》、張守節《史記正義》亦嘗述之。大抵記東周事多與《春秋經傳》相應；而自獲麟以後，載籍多缺，觀之尤足以證《史記》之舛誤而補其缺漏。惟其紀述三代事多荒謬，余於《考信録》中固已辨之。春秋時事，如會河陽，戰洞澤之類，并見杜《序》。獲麟後事，如晉桓公、田悼子之類，并詳《史記索隱》。三代，若益、伊尹、季歷、共伯和事，并詳《考信録》中。然自宋、元以來學士皆不之見，疑其經唐末五代之亂而失之，僅於前人所徵引存千百之一二。宋陳直齋《書録解題》，編年類五十二種，無此書。元馬端臨《文獻通考・經籍考》，編年

類五十一種，亦無此書。不知何人淺陋詐妄，不自量度，采摘《水經》、《索隱》所引之文，而取戰國邪説，漢人謬解，晉代僞書以附益之，作《紀年》書二卷，以行於世。禹受命于神宗及征有苗，本僞《尚書》。帝乙命南仲西拒昆夷，城朔方，本《毛詩傳》。周公復政成王，本《尚書僞孔傳》。禹殺防風氏，紂伐有蘇氏，獲妲己，俱本《國語》。紂命九侯、周侯、邘侯，本《戰國策》。桀囚湯於夏臺，紂囚文王於羑里，俱本《史記》。余自少年固已見之，以其疎略舛謬，不足欺人，稍有識者自能辨之，不暇爲之糾摘。前歲余自閩還，過蘇州，買書於書肆，見甘泉張君宗泰《校補竹書紀年》，因買歸而閲之，見其徵引之詳，考核之精，糾其舛誤，摘其缺略，其用力之勤亦已極矣。吾所見聞文學之士未有如張君之盡心者也。顧吾猶惜其不肯直黜其書以絶後人之惑，而但取其漏者補之，誤者改之，豈遂謂其他文皆可信乎？夫他文之所以未經抉摘者，特因《水經》、《索隱》諸書未嘗引之，無可考證其得失耳；使此書果真，何以與《水經》、《索隱》所引互異？既與《水經》、《索隱》互異，則非真古之《紀年》矣。舉一反三，則其餘皆其人之所僞撰無疑也。且此書之僞所以顯然易知者，正以其與《水經》、《索隱》不同耳；補之改之使與《水經》、《索隱》文同，世之學者復何由知其僞。雖其補改之由悉注於文之下，然安知後人覆刻此書，不有存其文而遺其注，如僞《尚書・武成篇》，淳于辰《夏承碑》者；勢且淆亂經文而失三代聖人之實。僞《尚書・武成篇》宋蔡氏考定之，録於篇後。今坊本但載《考定武成》而删其原篇；淺學者遂以爲梅賾所傳之《尚書》本如是。廣平府學有漢淳于長《夏承碑》，經亂失之。後人復取舊拓摹刻，而識其本末於後。其後拓者但拓碑文，不拓其後所識之語；四方見之者遂以爲真漢人所刻也。余深懼焉，乃於《三代録》成之後，詳考《杜序》、《索隱》諸書之文，并采張君之説而補辨之如左：

證一：今書起自黄帝之謬。 一，據杜氏《春秋經傳後序》：「《紀年篇》起自夏、殷、周，皆三代王事，無諸國别也。」今此書乃起於黄帝，與《序》不同。或以荀勖述和嶠言有「《紀年》起於黄帝」之語，爲今書解。然使果起黄帝，杜氏親見其書，何得謂之起自夏乎！杜氏之《序》與《春秋經傳》并傳，不容有誤。和嶠之言特出於荀勖之口，荀勖之言又僅見於《魏世家注》所引，遞相傳述，安知其不失真？不得據此而疑杜《序》也。且又安知其非紀夏之事而追述黄帝以來，若《左傳》之於魯惠公、晉穆侯然者，而遂以爲起於黄帝乎？《晉書》亦云：「《紀年》十三篇，記夏以來。」今書之起黄帝，其非原書之文顯然可見，一也。

證二：啓、益事紀載之異。 一，據《史通》引《汲冢書》，云「益爲啓所誅」；《晉書》亦云「《紀年》，益干啓位，啓殺之」。今書并無此文，而夏啓二年云「費侯伯益出就國」，六年云「伯益薨」，然則唐人所見之《紀年篇》非今書矣。且經傳稱益未有冠以「伯」者；自班固誤以益爲伯翳，後人乃有稱爲伯益者。今云伯益，則是撰書者習於近世所稱而不知秦、漢以前之語之不如是也。其非原書之文顯然可見，二也。

證三：商代都邑與年數之異。 一，據《史記正義・殷本紀注》引《竹書紀年》云：「自盤庚徙殷，至紂之滅，二百七十三年，更不徙都。」今書「武乙三年，自殷遷於河北」，「十五年，自河北遷於沬」，「文丁元年，王即位居殷」，是都已三徙矣，張氏何以謂之更不徙都？且今書盤庚於十四年遷殷，歷十五年，至二十八年而王陟，又歷十一君二百三十七年，至紂五十二年而殷亡，共三百五十二年，其年數亦不合。其非原書之文顯然可見，三也。

證四：今書以周年紀本國事之謬。 一，據杜氏《序》云：「特記晉國，起自殤叔，次文侯、昭侯，以至曲沃莊伯。曲沃莊伯之十一年十一月，魯隱公之元年正月也。」又云：「晉國滅，獨紀魏事，下至魏哀當作「襄」王之二十年。蓋魏國之史記也。」然則此書紀晉事必以晉紀年，紀魏事必以魏紀年，明矣。故《史記索隱》引《紀年》文云：「魏武侯二十一年，韓滅鄭，哀侯入于鄭。」「二十三年，晉桓公邑哀侯于鄭。」正與《春秋》以魯紀年者同。於他國事尚以魏年紀之，況魏事乎！今書概以周年紀之，而晉自殤叔以後，魏自武侯以後，但旁註其元年於周王之年下，與杜《序》所言者迥異。其尤不通者，《水經注》引《紀年》文云：「惠成王如衛，命子南爲侯。」今采其文而係之於周顯王十九年之下，書云：「王如衛，命子南爲侯。」不知所謂王者，周王乎？魏王乎？其非原書之文顯然可見，四也。

證五：今書以周正紀本國事之謬。 一，據杜氏《序》云：「曲沃莊伯之十一年十一月，魯隱公之元年正月也。皆用夏正建寅之月爲歲首，編年相次」。則是莊伯即位之年先於《史記》二年，所紀之事皆當先於《春秋》二月也。故晉以十二月朔滅虢，而卜偃謂在「九月十月之交」；絳縣老人以周三月生，而自言爲「正月甲子」。而左氏作《傳》亦多采晉史之文而未及改，故申生之殺，卓子之殺，《經》皆在春，《傳》皆在前年冬；韓之戰，《經》在九月壬戌，《傳》在七月壬戌。然則《紀年》之文亦當如是。今書，魯隱公之元年乃莊伯之九年，與《史記》同；然則是作書者采《史記》之文，而不知其與本書之年不合也。莊伯之世仍以平王紀年，五十一年二月日食，三月王陟，與《春秋》同；然則是作書者采《春秋》之文，而不知其與本書之月不合也。其非原書之文顯然可見，五也。

證六：《索隱》所引原文爲今書漏去者。 一，據《史記索隱》之文，今書漏者甚多。《宋微子世家注》云：「《紀年》云：『宋剔成旰廢其君璧而自立。』」《趙世家注》云：「《紀年》云：『召公子職於韓，立以爲燕王。』」《田敬仲完世家注》云：「《紀年》，齊宣公十五年，田莊子卒，明年立田悼子；悼子卒，乃次立田和。」又云：「《紀年》，齊康公五年，田侯午生；二十二年，田侯剡立；後十年，齊田午殺其君及孺子喜而爲公。」又云：「《紀年》，齊桓公十一年，殺其君母；宣王八年，殺其王后。」今書皆無此文。其非原書之文顯然可見，六也。

證七：依《索隱》敍述推今書所漏。 一，據《史記索隱》之文推之，今書漏者尤多。《燕召公世家注》云：「王劭按《紀年》，簡公後，次孝公，無獻公。」又云：「《紀年》，智伯滅在成公二年。」《魏世家注》云：「《紀年》，魏武侯元年當趙烈侯之十四年。」《田敬仲世家注》云：「《家年》，梁惠王十三年，當齊桓公十八年，後威王始見。」然則列國諸侯之年與世，及智伯之滅，皆當載於此書，然後可以考而知爲何君何年，而梁惠王之十三年必有齊威王事，易見也。今書一概無之，彼司馬貞者何所據而推之歷歷如是哉？其非原書之文顯然可見，七也。

證八：依《索隱》引文之義例推今書所漏。 一，據《史記索隱》之文之義例推之，今書所漏者蓋不可勝數。《燕世家注》云：「《紀年》，成侯名載。」《宋世家注》云：「《紀年》作桓侯璧兵。」田侯剡之立，田侯午之生，皆見於《田完世家注》所引。度此書必不獨私此數人而詳之也，然則諸侯之名與謚皆當有之；生、卒、廢、立，皆當載之。《晉世家注》云：「《紀年》云：『魏武侯以桓公十九年卒；韓哀侯、趙敬侯并以桓公十五年卒。』」度此書必不於韓、趙獨載此二人之年也，然則韓、趙前後諸君之卒之年亦必皆備列之。由是推之，《紀年》之文蓋多且詳，其紀戰國之事當與《春秋》相埒。而今書乃寥寥數語，年或一事，或無事，諸侯之名謚卒年率略而不見。其非原書之文顯然可見，八也。

證九：今書采輯《索隱》之舛誤。 一，今書雖亦頗采《索隱》所引《竹書》之文，然亦多與原文不符。有采其文而缺焉者，如《田完世家注》云：「《紀年》，宣公五十一年，公孫會以廩邱叛于趙；十二月，宣公薨。」今書止有公孫之叛而宣公薨無文，是也。有采其文而誤焉者，如《晉世家注》云：「《紀年》，夫人秦嬴賊公于高寢之上。」今書作大夫秦嬴是也。有采其文而年與之異者，如《韓世家注》引《紀年》文，韓滅鄭在魏武侯二十一年，晉桓公邑哀侯于鄭在魏武侯二十三年，今書滅鄭八年之後始邑哀侯于鄭，是也。不知采輯之時何以舛漏如此？然要之必非原書則較然無疑，九也。

證十：災異惟記習熟數條。 一，凡災異，記則當盡記之，否則概不之記。自夏、商逮西周，日食多矣，何以獨記仲康五年日食？然則是作書者見僞《尚書》之有此事，故采而録之；其餘不見經傳，故無從知之而録之也。春秋時，日食書於《經》者亦不乏矣，何以獨記平王五十一年日食？然則是作書者因日食在春秋之初，故憶而録之；其他不復記憶，故無暇考之而録之也。其非原書之文顯然可見，十也。右共十則。書中舛誤缺漏如此類者尚多，逐事辨之則不勝其辨，而其淺陋亦殊不足辨，略舉數端，以見大凡。其於戰國時事，諸書所徵引咸昭然耳目間，猶且乖謬如是，況三代以上，尚有一二之可信者乎！然則此書之僞更無疑義，所以《三代考信録》中概不之齒及也。

又《〈古文尚書〉辨僞》卷二《集前人論〈尚書〉真僞》 二十五篇之僞，非述一人之私言也，古人固已有之。蓋唐儒疑而未言，宋儒言而未決，至南宋之末，趙氏始決言其僞。自是以後，言者益多。但世之學者咸篤志於舉業，不深考耳。今略載其一二於左。

韓愈疑僞《書》。 韓子《進平淮西碑表》云：「其載於《書》，則堯、舜二典，夏之《禹貢》，殷之《盤庚》，周之五誥。」《進學解》云：「周誥、殷盤，詰曲聱牙。」按：於夏不稱《禹謨》而稱《禹貢》，於殷、周不稱《湯誥》、《武成》而反稱《盤庚》、《五誥》，則是其文淺陋平弱，韓子固已疑之，但未形於文耳。

朱熹疑僞《書》。 朱子《語録》云：「孔安國解經最亂道，看來只是孔叢子等做出來。因說《書》云：『某嘗疑孔安國書是假書。』」又云：「《孔書》是東晉方出，前此諸儒皆不曾見，可疑之甚。」按：朱子此語，則是明以二十五篇爲僞撰矣。惜其但與門人言之，未嘗自爲《書傳》，盡廢其僞而獨存其真也。

吴棫疑僞《書》。 吴氏曰：「伏生傳於既耄之時，而安國爲隸古定，特定其所可知者，而一篇之中，一簡之內，其不可知者蓋不無矣。乃欲以是盡求作書之本意與夫本末先後之義，其亦可謂難矣。而安國所增多之書，今篇目具在，皆文從字順，非若伏生之書，詰曲聱牙，至有不可讀者。夫四代之書，作者不一，乃至二人之手而遂定爲二體乎？其亦難言矣！」又論《泰誓》云：「湯、武皆以兵受命。然湯之辭裕，武王之辭迫；湯之數桀也恭，武王之數紂也傲；學者不能無憾。疑其書之晚出，或非盡當時之本文也。」

又卷二崔邁《讀僞〈古文尚書〉黏簽標記》 余弟邁著有《〈古文尚書〉考》及

《訥庵筆談》。其駁孔氏經傳之僞，較顧、李兩先生之説尤詳。但《筆談》已摘載於《考信録》中，而《尚書考》中所徵之書，所持之論，則余《源流真僞通考》中已悉備之，不必複述。此外復有於僞《尚書》各篇中簽出字句所本，及剿襲而失其意，與措語之不當者；雖若細碎，然皆足資考證。不忍盡棄，因復附録於此。

辨僞古文《虞書》。《大禹謨》「舍己從人」，語自《孟子》來。「帝德廣運」，語本《呂覽》。《左傳》文七年，郤缺引《夏書》曰：「戒之用休，輩之用威，勸之以九歌，勿使壞！」僖二十四年傳文引《夏書》曰：「地平天成。」莊八年，莊公引《夏書》曰：「臯陶邁種德，德乃降。」襄二十一年，臧武仲引《夏書》曰：「念兹在兹，釋兹在兹，名言兹在兹，允出兹在兹。」哀六年，孔子引《夏書》曰：「允出兹在兹。」襄二十三年，孔子引《夏書》曰：「念兹在兹。」襄二十六年，聲子引《夏書》曰：「與其殺不辜，寧失不經！」「帝曰來禹」章：《論語》載堯命舜之語，而此乃抄襲之，卻又分作三處，用他語增飾之，謂人盡可欺也。《論語》此數句本係韻語，今離而爲三，使有韻者無韻。「洚水警予」，語本《孟子》。《左傳》襄五年，引《夏書》曰：「成允成功。」《周語》，内史過引《夏書》曰：「衆非元后何戴！后非衆無與守邦。」《左傳》哀十八年，引《夏書》曰：「官占惟能蔽志，昆命於元龜。」

「正月朔旦」一節：按：《舜典》云：「受終於文祖。」又云：「舜格於文祖。」未有言受命者。命者，生人之事也。神宗既爲堯，則禹是時安得受命於堯乎！「帝初于歷山」以下，語本《孟子》，而故改易之。

辨僞古文《夏書》。《五子之歌》。《周語》，單襄公引《書》曰：「民可近也而不可上也。」《晉語》，知伯國引《夏書》曰：「一人三失，怨豈在明，不見是圖。」《左傳》成十六年，單子引《夏書》曰：「怨豈在明，不見是圖。」《左傳》哀六年，孔子引《夏書》曰：「惟彼陶唐，帥彼天常，有此冀方。今失其行，亂其紀綱，乃滅而亡。」《周語》，單穆公引《夏書》曰：「關石和鈞，王府則有。」《胤征》。《左傳》襄二十一年，祁奚引《書》曰：「聖有謨勳，明徵定保。」襄十四年，師曠引《夏書》曰：「遒人以木鐸徇於路，官師相規，工執藝事以諫。正月孟春，於是乎有之。」「其或不恭，邦有常刑。」本《周禮·天官·小宰》。《左傳》昭十七年，大史引《夏書》曰：「辰不集於房，瞽奏鼓，嗇夫馳，庶人走。」昭二十三年，吴公子光曰：「吾聞之曰，『作事、威克其愛，雖小必濟。』」昭十四年，叔向引「《夏書》曰：『昏墨賊殺。』臯陶之刑也。」

崔邁《崔德皐先生遺書·訥菴筆談》卷一《〈書經〉辨説》

《書序》不知出於何時。

《書序》不知出於何時。《史記·三代世表》云：「孔子序《尚書》，略無年月；或頗有，然多闕。」則是司馬遷之時已有之矣。故《史記》多採《書序》入本紀世家。然伏生《書》二十八篇無之。後世因孔安國《尚書序》言之，遂謂得之壁中，實不知果否。孔壁所出十六篇，人皆不見，而獨傳此序耶？今《史記注》所引馬融、鄭康成之説，蓋皆解《序》者也。

今本《虞、夏、商書》之分不知何本。

今《虞書》、《夏書》、《商書》之分，不知本之伏生所藏耶？抑本之孔壁耶？抑自東晉梅賾上古文《尚書》始若是耶？與古書所引不同。或謂孔子所定。然《説文》所引亦以《周書》爲《商書》，則是後漢時尚非如今書所定也。

《堯典》、《舜典》本係一篇。

《堯典》、《舜典》本係一篇。合舜於堯者，堯舉舜而授以天下，舜受堯之天下，二帝一體也。史臣敘事，正如《史記·范睢蔡澤列傳》，其事相因，不假强合，自成一篇首尾也。首敍堯治天下之事；「帝曰欽哉」以下接「慎徽五典」，乃舉舜而用之之事；「格汝舜」以下記舜攝位之事；「二十有八載，放勳乃殂落」，則堯崩而舜攝位之事終矣。「月正元日」以下至篇末，則記舜治天下之事，以迄於崩。段落分明，血脈聯貫，如人之形體，不可增減移動。姚方興分而爲二，以二十八字强增入之，如支蔓贅瘤；梁武帝駁之，最爲有理。而後世終用之，使《堯典》無尾，豈復成文體乎！《史記·五帝本紀》全載今《堯典》、《舜典》二篇，而亦以「慎徽五典」直接釐降二女之事。太史公曾見古文而所載如此，則古文《堯典》、《舜典》之不分，而「曰若稽古」二十八字之無所本可知也。況《孟子》所引，尤其明證。

《堯典》、《舜典》二序最可疑。

《書序》之可疑者，無若《堯典》、《舜典》二序。本係一篇，何以二序？其辭語亦淺率遺漏。吾寧信經，不敢信《序》也。

由「异哉」之解可見《孔傳》之僞。

「异哉」，《孔傳》、孔《疏》俱解异爲退，謂异从「巳」也。不知此字乃从「㠯」；㠯，用也。故蔡《傳》謂爲强舉之意。不考古字而止以後世之字爲憑，其失多矣。然此亦可見《孔傳》之僞，必漢以後人所作也。

「象以典刑」一節與前後文不類。

《舜典》自「正月上日」以至「達四聰」，俱係敍事；而「象以典刑」一節與前後文不類，明係告諭之詞，當屬錯簡。

《大禹謨》掇拾《左傳》郤缺語作經文。

《左傳》郤缺引《夏書》，但「戒之用休，董之用威，勸之以九歌，勿使壞」四句。「九功」以下皆解《書》之辭。而今《大禹謨》乃云「水、火、金、木、土、穀，惟修；正德、利用、厚生、惟和；九功惟敍；九敍惟歌」。明係掇拾郤缺語。後世盡爲所欺。不知《盡經》若果説明，郤缺又何必費解？郤缺何

不全引《書》文，而乃隱其詞而詳解之乎？

《大禹謨》鈔襲《論語・堯曰篇》使有韻者無韻。《論語・堯曰篇》堯命舜數言係韻語。今《大禹謨》抄襲之，却又離而爲三，用他語增飾之，使有韻者無韻，適以形其陋也。

筮起甚遞，「龜筮協從」乃後世語。畫卦雖始於伏羲，而筮之名始見於《洪範》。虞、夏之際未有言筮者。《世本》謂巫咸始作筮，雖未必然，然「大龜」見於《禹貢》，「卜稽」見於《盤庚》，「元龜」見於《西伯戡黎》，而筮無聞焉。「龜筮協從」，乃後世語也。「枚卜」二字亦不雅馴。《左傳》哀十八年引《夏書》曰：「官占惟先蔽志，昆命於元龜。」

「受命於神宗」語謬。《舜典》云：「受終于文祖。」又云：「舜格于文祖。」未有言受命者。命者，生人之事也。神宗既爲堯，是時已殂，則禹安得受命於堯乎！

禹承舜命伐三苗而感格之，與《尚書》他篇所言不類。《戰國策》云：「舜伐三苗。」又云：「禹伐三苗。」而作《大禹謨》者遂撰一禹承舜命往伐三苗之事。其數三苗之罪，如「君子在野，小人在位；民棄不保，天降之咎」等語，皆想像郛廓通套語，與「苗頑弗即工」及《呂刑》所言皆不類。至於敷文德，舞于羽，而有苗格，蓋倣文王伐崇因壘而降之事；而此獨覺迂濶可笑。《堯典》云：「竄三苗于三危。」《呂刑》云：「遏絶苗民，無世在下。」則三苗非干羽可感格，而刑竄有不能已者也。

《益稷》與《臯陶謨》不可强分爲二。《益稷》與《臯陶謨》本一篇，而强分爲二。蔡氏從而爲之辭，謂「古者簡册以竹爲之，而所編之簡不可以多，故釐而二之」。按《洪範》、《禹貢》字數皆多於《臯陶謨》，而《康誥》、《呂刑》字數與《臯陶謨》相埒，皆未嘗以簡多而分也，獨分《臯陶謨》，何歟？

《禹貢》九州之賦不以所入總數定高下。三山林氏謂「三代取民皆什一，而《禹貢》有九等之差者，蓋州有廣狹，民有多寡，其賦税所入之總數有不同，不可以田之高下而準之。」此説大誤；而馬端臨《文獻通考》采之，蓋以爲然矣。余謂果以九州所入之總數而分爲九等，則其數有定矣，又安得有所謂「上上錯」，「下上上錯」，「錯上中」，「下中三錯」者乎？田有肥瘠，定賦者必視其田以爲賦；若不論其田之肥瘠而一概取之，此乃後世苟且之法耳。三代什一之制，蓋孟子大概言之。然或五十而貢，或七十而助，或百畝而徹；而田又有一易再易之分，法又有鄉遂都鄙之異，是三代不同，而一代又自不同也。況《禹貢》乃堯、舜之時之制，豈得以三代爲比哉！且「厥賦」皆蒙「厥田」之文而言，田既分爲九等，而賦豈不分爲九等乎！如林氏之言，田不當言上中下而當言多寡也。且「厥賦貞，作十有三載乃同」，又何以解乎？林氏泥於三代皆什一之法，而遂爲此支離之説也。

《禹貢》三江必有南江，與北、中兩江爲三，非震澤下流之三江。《禹貢》曰：「三江既入。」又曰：「東爲北江，入於海」，「東爲中江，入於海。」夫曰北江，曰中江，則有南江明矣。三江自指此三者而言，文義甚明，但偶未指言南江耳。鄭康成謂「左合漢爲北江，右合彭蠡爲南江，岷江居其中則爲中江」，故《書》稱「東爲中江」者，明岷江至彭蠡并與南合，始得稱中也。孔□□、蘇子瞻實遵其説。然以經文「東爲北江」，「東爲中江」，與「東流爲漢，又東爲滄浪之水」，「東别爲沱」文勢證之，則自「匯澤爲彭蠡」，「會于匯」以東，始有北江、中江之名，必截然爲三水；非果如所云，合漢爲北江，合彭蠡爲南江也。朱子云：「問諸吴人，震澤下流實有三江以入於海。彼既以目驗之，恐其説之必可信而於今尚可考也。」蔡注遵之，引庾仲初《吴都賦注》：「松江下七十里，分流東北入海者爲婁江，東南流者爲東江，併松江爲三江，其地今亦名三江口。」夫謂震澤自有三江，則潯陽不有九江乎？何潯陽之九江非《禹貢》之九江，而震澤之三江獨即《禹貢》之三江乎？説者曰：二句文相蒙，三江入海而後「震澤底定」也。夫《禹貢》九州，用「既」字者甚多，下文未嘗必相蒙也。「震澤底定」豈必承「三江既入」之文，而乃必以三江屬之震澤耶！且震澤下流之三江，當明歸有光議開松江時，已言「東江、婁江之跡滅没不見，而松江亦與支流無別」。自宋至明二三百年間，三江已幾於皆不可見；而況《禹貢》之三江，數千年來安知其不滅没而改易也？蔡氏之説皆本之朱子，其病在於執鄱陽爲彭蠡。至參校不合，遂謂「鄭漁仲謂『東匯澤爲彭蠡，東爲北江，入于海』十三字爲衍文者，得之」。又云：「南方地偏水急，禹或遣官屬往視，而是時三苗方負固，往視者亦未必敢深入也。」朱子此説甚爲可笑。不可解則以衍文置之，亦何不可以爲衍文乎！止見今日一江入海，遂謂《禹貢》時必非三江入海，導河條云：「播爲九河。」而今亦已無九河，則又何不可謂河自大伾以下止爲一河入海，而「播爲九河」亦係衍文乎！且即以十三字爲衍文，於導江亦不可通。若不云「東匯澤爲彭蠡」，則「會于匯」何説？不云「東爲北江」，則亦不當云「東爲中江」。且彭蠡在南，亦不當云「東迆北會于匯」也。是又必以「會于匯，東爲中江」七字爲衍文，而直以「東迆北入于海」爲一句，方合今之形勢。夫已不能解，而遂疑聖人之不親見，官屬之以不知爲知，經文之錯誤；淺視聖賢，余不敢以爲然也。

又《崔德臯先生遺書・尚友堂文集》卷上《古文尚書考》　《書經》蔡《註》每篇序所云「今文古文」，解者曰：「今文，伏生所授，馬、鄭等註；古文，孔壁所藏，安國所傳。」是説相沿久矣。以予考之，有可疑者。《後漢書・儒林傳》云：「中興，牟融

習大夏侯《尚書》，東海王良習小夏侯《尚書》，沛國桓榮習歐陽《尚書》。扶風杜林傳《古文尚書》，林同郡賈逵爲之作《訓》，馬融作《傳》，鄭康成《注解》，由是《古文尚書》遂顯於世。」據此，是馬、鄭所注非伏生之《尚書》而《古文尚書》也。考《古文尚書》，當前漢時孔安國授都尉朝，朝授膠東庸譚，譚授清河胡常，常授虢徐敖，敖授瑯琊王璜及平陵塗惲，惲授河南桑欽，平帝時立於學官。後漢習《古文尚書》，見於《儒林傳》者，南陽尹敏初受歐陽《尚書》，後受古文；汝南周防師事徐州刺史蓋豫，受《古文尚書》，撰《尚書雜記》三十二篇；魯國孔僖世傳《古文尚書》；東昏楊倫師事丁鴻，習《古文尚書》；東海衛宏從杜林受《古文尚書》，作《訓旨》；濟陰孫期習《古文尚書》。又《賈逵傳》云：「父徽，受《古文尚書》於塗惲。逵傳父業。肅宗立，特好《古文尚書》，詔逵入講北宫白虎觀，南宫雲臺。逵數爲帝言《古文尚書》，與經傳《爾雅》訓詁相應，詔令撰歐陽、大小夏侯《尚書》古文同異。逵集爲三卷，帝善之。八年，乃詔諸儒各選高才生受《左氏》、《穀梁春秋》、《古文尚書》、《毛詩》；由是四經遂行於世。」安帝延光二年，詔選三署郎及吏人能通《古文尚書》、《毛詩》、《穀梁春秋》各一人。又劉陶學《古文尚書》，張楷通《古文尚書》，劉祐學《古文尚書》。此《古文尚書》之傳習於兩漢者班班可考也。其後不知何以不傳於世。至東晉時，梅賾之《古文尚書》出，人遂以僞爲真。自是衆説紛紜，若僞孔安國《尚書序》，孔穎達之類，其説皆不足信。而世人貴耳賤目，信近説而滅舊聞，兩漢之《古文尚書》遂無復考其源流者矣。僞《古文尚書序》云：「秦始皇滅先代典籍，學士解散，我先人藏其家書於屋壁。漢室隆興，旁求儒雅；濟南伏生年過九十，失其本經，口以傳授。」而《前漢書》則曰：「秦時禁書，伏生壁藏之。其後大兵起，流亡。漢定，伏生求其書，亡數十篇，獨得二十九篇。孝文時，使鼂錯往受之。」《序》又云：「魯共王於壁中得先人所藏古文虞、夏、商、周之書，皆科斗文字；以所聞伏生之書考論文義，定其可知者，增多伏生二十五篇。其餘錯亂磨滅，弗可復知。悉上送官，藏之書府。承詔爲五十九篇作《傳》。既畢，會國有巫蠱事，不復以聞。」而《前漢書》則曰「《書》十六篇，孔安國獻之」，曰「悉得其書，以考二十九篇，得多十六篇」，曰「孔氏有《古文尚書》，孔安國以今文字讀之，逸《書》得多十餘篇，蓋《尚書》兹多於是矣」，曰「魯共王得古文壞壁之中，《書》十六篇」，篇數不同，亦絶無錯亂磨滅」；「不復可知」之説。又《漢書》祇言「遭巫蠱之事，未立於學官」，亦無「爲五十九篇作《傳》」之文。《史記》藏書之説及篇數，並同《漢書》。而劉歆《移太常博士書》亦云「孝文皇帝使掌故鼂錯從伏生受《尚書》。《尚書》初出於屋壁，朽折散絶。及魯共王壞孔子宅，得古文於壞壁之中，逸《禮》有三十九，《書》十六篇。天漢之後，孔安國獻之。遭巫蠱倉卒之難，未及施行」，説亦與《史記》、《漢書》同。是僞《尚書序》不足信也。曰授之説本之衛宏，宏，東漢時人，不若太史公、劉歆去伏生差近，爲得其真；而《漢書》以備一代之史，説必不誣。孔穎達云：「孔君作《傳》，值巫蠱不行，遂有張霸之徒僞作《舜典》以下二十四篇，并伏生二十八篇，復出《舜典》、《益稷》、《盤庚》二篇、《康王之誥》及《秦誓》，共三十四篇，以求合孔氏五十八篇之數。劉向、班固、劉歆、賈逵、馬融、鄭康成之徒，皆不見真古文，而誤以此爲古文之書。」按《前漢書·儒林傳》云：「《百兩篇》者，出東萊張霸，分析合二十九篇以爲數十，又采《左傳》、《書序》，爲作首尾，凡百二篇；篇或數簡，文意淺陋。成帝時，劉向校之非是，後遂黜其書。」是張霸之書凡百二篇，非五十八篇也。《儒林傳》既明言「劉向校之非是，遂黜其書」，何得云劉向、班固諸人誤以爲《古文尚書》乎？此説他無所見，不知穎達何所據而云然？且既云「僞作《舜典》、《益稷》」，而又云「復出《舜典》、《益稷》」，豈有二《舜典》二《益稷》乎？穎達又云：「鄭康成師祖孔學，而賤夏侯、歐陽等；何意鄭注並與孔異，篇數並與三家同！」夫既云「鄭康成誤以張霸五十八篇爲真古文」，而又云「鄭注並與三家同」，自相矛盾，此孔穎達之説不足信也。餘若《隋·經籍志》、陸德明之類，其説亦大概不出乎此。此皆後人之所遵信傳説而不疑其非者也。以余觀之，馬、鄭所注爲《古文尚書》，《後漢書》既有明文，而篇數乃與伏生同者，蓋漢時世所誦説者止伏生二十八篇，而孔安國雖得古文，亦多以二十八篇爲學者傳説。其所上十六篇，與二十八篇别行，當時人罕見者，故劉歆云：「藏於秘府，伏而未發。」成帝時校理舊文，乃得之，而未大傳於民間。王莽之亂，遂復不存。及杜林於西州得《古文尚書》，亦止二十八篇。自是賈逵爲作訓，馬融作《傳》，鄭康成作《註》，篇數雖與伏生同，而文字多異，故杜林謂「古文雖不合時務，願諸生無悔所學」；賈逵謂「《古文尚書》與經傳《爾雅》訓詁相應」，撰集三家《尚書》及古文同異三卷；而劉陶推三家《尚書》及古文，是正文字三百餘事，名曰中文《尚書》；皆所争在文字同異，而未嘗言篇數之多寡也。是以《漢書·藝文志》，逸《書》十六篇與二十八篇别出；而晉秘府所有古文《尚書》，當時若束晳、杜預諸人，豈無一人見之，若果有出於二十八篇之外者，其所著書豈無一言及之，而盡以書傳所引爲逸《書》耶？《隋·經籍志》：「晉世秘府有古文《尚書》經文，今無有傳者。」又按《隋·經籍志》云：「賈逵、馬融、鄭氏所傳惟二十九篇，又雜以今文。」則是雜以今文耳，非即今文可知也。夫使馬、鄭所注果爲今文，則范蔚宗不當誤也。微獨蔚宗不當誤而已，蔚

宗作《後漢書》本之《東觀餘論》及袁山崧、謝承諸人，豈盡不知馬、鄭所注爲今文耶？所載諸習《古文尚書》者，豈盡妄説耶？故吾謂馬、鄭所注即孔壁古文，無可疑也。然而以爲今文者何也？蓋永嘉之亂，歐陽、夏侯三家《尚書》並亡，惟存伏生《大傳》，而馬、鄭所注古文尚行於世。及梅賾上僞古文，自是孔、鄭並行。此後南北分争，天下日亂，而士大夫又務於詩賦，經學遂無師承。至隋、唐之際，李延壽、孔穎達輩止見馬、鄭所注與伏生篇數同，遂誤謂古文爲今文。然穎達言「鄭氏師祖孔學而賤夏侯、歐陽；何意鄭《注》並與孔異，篇數並與三家同」，蓋亦疑之矣。今文止有伏生《大傳》，《崇文總目》謂「伏勝撰，鄭康成註」。康成既注古文，復注此耶？晁公武謂「勝終之後，諸從學者所作」。陳振孫謂「當是其徒雜記所聞，亦未必是當時本書」。故棄夢得謂「其言不雅馴」；而《隋・經籍志》謂爲四十一篇，《書録解題》謂爲八十三篇，篇數亦不同，則其書之真僞不可得而知也。安知非見鄭康成所注《古文》而僞作者乎？至於梅賾所上《古文尚書》，其僞妄不能逃有識者之鑒别，故儒者多疑之。而《晉書》載其傳受淵源，云：「鄭冲以古文授蘇愉；愉授梁柳；柳授臧曹；曹授梅賾」，不知僞作欺人者未有不假託所自以售其欺者也。故未幾而姚方興采馬、王之注，造《孔傳舜典》，云「於大航頭買得上之」，以師其故智矣。陸德明又言「王肅亦注今文，而解大與古文相類，或肅私見孔傳而秘之乎」。不知此乃僞作孔傳者竊王肅之注也。姚方興亦采馬、王之注以作孔傳舜典矣。梅賾所上《古文尚書》本無《舜典》，但取王肅注《堯典》，從「慎徽五典」以下分爲《舜典》；方興僞作二十八字冠於其首。梁武帝時爲博士，議謂「孔《序》稱伏生誤合五篇，皆文相承接。《舜典》首有『曰若稽古』，伏生雖昏耄，何容合之！」黜而不用。故陸德明《釋文》仍用王肅《注》，自「慎徽五典」以下爲《舜典》。而《隋・經籍志》謂「姚方興得《舜典》奏上，多二十八字，列於國學」，宋林之奇、陳振孫又謂「隋開皇中始得《舜典》」，皆與德明説異。德明，唐人，若隋時已行方興《舜典》，又何以云「仍用王肅《注》，自『慎徽五典』以下爲《舜典》」乎？可見諸説亦不足信也。要之自有孔安國《尚書序》之後，人局於所見，以先入之言爲主，遞相傳説；未有能虚心博考，探其源流，辨其同異者。故相傳爲今文，則謂之今文；相傳爲古文，則謂之古文而已。不知古人之説亦未必盡可信，其學亦未必皆過於後人。即如孔傳《尚書》之僞，至宋始多疑之者，而隋、唐無聞焉。豈非章句訓詁之功多，而辨别之識，考據之學，有所不足與？嗚呼，昔之人去古未遠，遺書猶有存者，考其是非常易，而人不爲或不能；今之人雖欲考之，而去古已遠，傳書益少，其考之益難。此古説之所以難明，而有志者用爲太息也！

廖平《古學攷・王制作於孔子弟子》 舊以《王制》爲孔子爲《春秋》而作。崧師云，此弟子本《六藝》而作，未必專爲《春秋》與自撰。按，舊説誤也。《文選注》引《論語讖》：「子夏等六十四人撰仲尼微言，以事素王。」由《論語》可推《王制》，凡《王制》所言皆《六藝》之綱領，仲尼没，弟子乃集録之。《六經》制度全同，此書當删定時，不審其爲舊文新義，但《六藝》皆明王法而此乃王者之制，宜無不同。聖作爲經，此篇在記，自係弟子推本孔經，作爲大傳，以爲諸經綱領，不必定爲孔筆。孟荀於此書皆指爲周制者，則以《六經》周事爲多，就經説經，自爲時王之制。《左》、《國》爲《六藝》事傳，凡係經説，皆寓之時事，與董子因時事加王心之説實同，皆以發明經義。聖作爲經，賢述爲傳，《王制》既不爲經，則是羣經大傳，出於弟子無疑。

又《〈書〉〈詩〉所言禮制與王制合》 舊説以《詩》、《書》禮制有沿革，不入今古派，皆先師各據所學以説之者。周宇仁以爲四代同制，全合《王制》。按，其説是也。《詩》、《書》與他經，漢十四博士同據《王制》説之，别無異制，可見其同。及經同學細考，《書》、《詩》所言禮制與《王制》無絲毫出入。《今尚書》、《三家詩》説可證也。又《書》有四代之文，《詩》兼二代列國，因禮制並無沿革，唐虞舊典下同《春秋》，《古書》、《毛詩》乃盡棄今學而參以《周禮》，然每與經不合。馬鄭不能如伏韓詳備者，勉强自然，真僞各異。舊以二經有沿革，不入今古學派；既實知其沿革與今禮符合，故不得不歸今學也。

又《周禮專條無徵，不能與左氏比》 舊説以《周禮》與《左傳》同時，爲先秦以前之古學。宜賓陳錫昌疑《周禮》專條，古皆無徵。今按，前説誤也。此書乃劉歆本《佚禮》，羼臆説，揉合而成者，非古書也。何以言之？此書如果古書，必係成典實，見行事者；即使爲一人擬作私書，亦必首尾相貫，實能舉行。今其書所言制度，惟其本之《王制》今禮者尚有片段；至其專條，如封國，爵禄，職官之類，皆不完具，不能舉行，又無不自相矛盾如建國五等，出車三等之類。且今學明説見之載籍者，每條無慮數千百見；至《周禮》專條則絶無一證佐。如今學言封國三等，言三公九卿，毋慮千條；而《周禮》言地五等，以天地四時分六卿，則自古絶無一相合之明證：此可知其書不出於先秦。擬將其書分爲二集：凡《佚禮》原文，輯出歸還今學；至劉氏所羼補之條，删出歸之古學。故今定《周禮》爲王莽以後之書，不能與《左氏》比也。

又《樂古毛詩非古學》 舊表以《樂》與《古書》、《毛詩》爲古學，非也。《樂》爲

《六藝》之一，既經手定，則同屬《五經》；以《韶》爲宗，則迴非周舊矣。孔氏寫定《尚書》，以今文數篇推其異者寫成隸字耳，有經無說。毛公《詩》，班云自以爲子夏所傳。此二家亦今學也。孔、毛，西漢之書，皆爲今學而不傳。東漢之《漆書》《毛傳》，則杜、賈、謝、衞託始于孔毛以求勝，與西漢別爲一家，前今後古，不得因後以改前。

又《儀禮經記皆今學》 舊以《儀禮》經爲古學，《記》爲今學。新津胡敬亭以爲皆今學。今按，其說是也。《儀禮》爲孔子所作，孺悲所傳《士喪禮》可證。爲《王制》司徒六禮之教，與《春秋》莫不合，此亦全爲今派，非果周之舊文尚爲古派，而《記》乃弟子所記也。今將《經》、《記》同改入今學，以此即爲經禮三百，先師所云制禮正樂，是也。

又《今學多異義》 舊以今學無異說，古多異說。周宇仁以爲今多古少。其說是也。今學弟子人多，數經不同，又歷年久遠，不能不有異義。曾子與子游裼襲異同，儒家分爲五派，此其驗也。古學本只《周禮》，乃多與《詩》、《詩》不同，何況今學。舊說過拘《王制》，凡有異說皆歸古學。今于哀平以前不立古學名目，則凡異說統歸今派，不必拘定《王制》，以《六藝》爲斷，爲得其實也。

又《古學之中自有異同》 舊說以《周禮》、《毛詩》、《左傳》、《古書》爲一派相傳。新繁楊静亭以爲《毛詩》在後，是也。《左傳》建國立官，多仍今義，而《周禮》則故與相反，此二書不同之證。古文以其傳於劉歆，遂目爲古，非也。《古書》、《毛傳》則經無明文，徒取《周禮》古制之專條推以說之。二書今學明條，反致不敢直用，蓋欲取以爲說，則適與今同，無以自成門户。凡所主張，皆古學專條。此述者之事，不能自由之苦衷也。其始雖欲立異，門户尚未分明；其後門户既改，從違不得不嚴，反於今學不敢襲用。此四書有明文無明文，用今學不用今學之分，所以古學之中又自有異同也。

又《凡經皆爲今學》 舊以今古學皆有經。富順王復東疑其說。今按，前說誤也。經爲孔子所傳，凡經皆今學，即《孝經》、《論語》、《左傳》、《國語》亦然，則固無古經矣。《周禮》本爲傳記，今蒙經名，然其原本今學，不過劉歆所改數條乃爲異耳，不得爲經。《書》、《詩》與《易》，更無論矣。今定凡經皆爲今學，古學惟歆所羼數條，即《官禮》亦爲今學。古之所以不如今，以其出於附會羼改也。

又《諸子書非古學》 舊以孔子前子書歸入古學。華陽范玉賓以爲非。今按，范說是也。子書多春秋以後處士託名，管晏未必自撰，半由後儒掇拾。又子書多採古書，如《管子》之《弟子職》及《地員》等篇非《管子》書，或集《管子》者之采入，抑或漢以來乃坿入，其中實多今學專家之語。今當逐書細攷，不能據人據時以爲斷。至於兵謀縱横等書，本不入派，如其中有爲今古學所同者，摘録備證可也。

又《五經本無缺佚》 舊用古說，以爲《五經》皆爲焚書，有佚。康長素非之。今按，康說是也。博士以《尚書》爲備，歆憤其語，遂以爲《五經》皆有佚缺，然後古文可貴，《易》有《連山》、《歸藏》，《書》有《百篇序》，詩有《賦》、《比》、《興》、《笙詩》，《春秋》有《鄒》、《夾》，《禮》有《佚禮》，託之壁墓，尊爲蝌蚪，羣仍其誤，以爲經缺，千年不悟。近來諸儒講西漢之學，牟邵諸家乃發經全之說，信而有徵。文詳各經凡例，足相發明。

又《六經由孔子一人手定無與於周公》 舊以《春秋》爲孔作，《詩》、《書》、《易》、《禮》則爲文王爲國史爲周公之遺，以四經與《春秋》不類，使孔但作《春秋》，則四經當爲舊制，必有異同。今一貫同原，知無新舊之異。《六經》垂教，不能參差；四代同文，必由一人手定可知。歆《移書》猶以經歸孔子；以後報怨，援周公以與孔子爲敵，遂以《易》爲文王周公作，《春秋》爲魯史，《儀禮》出于周公，《書》爲歷代史筆，《詩》國史所存，捃掇仲尼，致使潔身而去。東漢以後，雖曰治經，實則全祖歆說。

又《經禮聚訟皆由劉歆顛倒五經來》 自春秋至哀平之際，其間諸賢諸子經師博士，尊經法古，道一風同，皆今學也。雖其仁知異見，鄉土殊派，然譚《六藝》必主孔子，論制度必守《王制》，無有不同。劉歆報復博士，創爲邪說，顛倒《五經》，改《周禮》而《王制》殷，言《鄒夾》而《三傳》闕，有《毛詩》而三家絶，有馬鄭而今文佚，經學真傳由歆一人而斬，所存二傳二禮又皆亂於歆說。東漢以來，皆受其欺，甚且助虐。故自西漢以後，《六經》分裂，不能相通，經禮糾紛，徒滋聚訟。今欲證千餘年謬誤，不能不首重巨魁，臚其罪狀，與天下後世共證之也。

又《劉歆弟子私改史書緯候以助古學》 劉歆官司儒林，職掌秘籍，方其改羼《佚禮》以爲《周禮》，並因博士以《尚書》爲備一語，遂詆《六經》皆非全書。弟子恐其無本，則私改史書緯書以自助，如《七略》之有《周禮》、《左氏》、《古書》、《毛詩訓詁傳》，此劉歆所改。他如《劉歆傳》、《河間獻王傳》、《後漢書・儒林傳》之「《毛詩》」「《周禮》」等字，則爲後來校史者所補。又范書以《毛詩傳・序》爲衞謝作，是晉宋間猶不以《毛詩傳・序》爲西漢以前之書。今《鄭箋》、《鄭志》別有以《傳》、《序》爲子夏毛公作之文，此爲後人記識，刊本誤以入《箋孔疏》所引古書，與古文同

者，多爲後人僞造。劉炫好作僞説，當出其手。此等皆僞説，史緯別有真條。今人治經，先看陸氏《釋文序録》、《隋・書經籍》，宜其不得途徑。今先攷明其真者，然後僞説可祛。必先洗滌僞説，然後可以治經。劉歆顛倒《五經》，至今爲烈，真爲聖門卓操，庠序天魔。蓋其才力既富，又假借莽勢，同惡相濟，故黨羽衆多，流害深廣，不惟翻經作傳，改羼《佚禮》而已。至於史書緯候，亦多所改竄；後來流説愈遠愈誤，至於不可究詰。今一旦起而正之，或者猶執流俗之經説，羼改之史文以相難。此非好學深思，心知其意，固難爲淺見寡聞者道也。

又《今學大明則古學不攻自破》　天下之事，是非不能兩立。而劉歆僞説乃與孔子《六經》並立千餘年，人不能正其非；雖攻《周禮》者代不乏人，然由於今學未深，不能心知乎真，何能力辨乎僞。故前人所指《周禮》之僞，半多真古書，於其僞者反不敢議，故遺誤至今。誠於今學多一分功夫，則古學多露一分破綻。今學大明，則古學不攻自破。惟流誤已久，若不闢之，恐不明白。然必於今學實有心得，方知其實。若但知其誤而不能心悟乎真，亦無益也。

又《六經傳於孔子與周公無干》　《六經》傳於孔子，實與周公無干。哀平以前，博士全祖孔子，不祖周公。劉歆《移書》亦全歸孔子。後來欲攻博士，故牽引周公以敵孔子，古文家説以經皆出周公是也。後人習聞其説，遂以周公孔子同祀學宫，一爲先聖，一爲先師，此其誤也。古學以《詩》、《書》、《春秋》爲國史，《周禮》儀禮爲周公手訂，《易爻辭》、《爾雅》爲周公作，《五經》全歸周公，不過傳於孔子，與劉歆《移書》相反，與作《六經》賢於堯舜之文不合，此當急正者也。

又《劉歆指五經爲不全之方術》　博士以《尚書》爲備，本出微言。劉歆憤激其語，極力攻之，遂以《五經》皆爲不全。《連山》、《歸藏》之説出而《易》不全。六義之名立而《詩》不全。鄒夾之書録而《春秋》不全。《周禮》出而《禮》不全。於《五經》之外臆撰經名，於博士經學之外別出師法，後人遂疑孔子之經不全，博士之本未足。經學雜而不純，博士缺而不備，引周公以攻孔子，造僞説以攻博士，皆歆一人之罪。公孫禄劾其「顛倒《五經》」，此之謂也。

又《二十八篇爲全書》　周宇仁據《大傳》文，主博士二十八篇爲備之説。予初不以爲然，以古書引用者甚多，不能以佚文爲非《書》；及攷《百篇書序》，然後悟周説爲是。如《大傳》言五誥，孟子引《湯誥》不在五誥中，蓋孔子所筆削爲經者實二十八篇，其餘即孔所論之餘，劉向云周時誥誓號令是也。及讀牟默人《同文尚書小傳序》，力主此説，以二十八篇爲孔子刪定本，餘存尚多，即《藝文志》之《周書》七十一篇也。其《百篇序證案》，以百篇出于衛宏賈逵，蓋聖作之經不應亡佚過半，且既經筆削則聖經也。孟子於《武成》取二三策，以爲原文則可；聖經則何以尚待孟子之甄別，當亦非所敢言。《書》分帝，王，周公，四岳，二十八篇各有起文，互相照應，其文已足，不能多加一篇；以義理事證包括無遺，不能于外再有所補。經貴簡要，傳貴詳明；人多以傳爲經。孟子引「放勳曰」云云，或以爲《尚書》佚文，顧氏以「曰」爲「日」，如此之類甚多是也。又孟子紀舜事皆爲《尚書》師説，故文體與《尚書》不同。其誤原于《百篇序》。《百篇序》以在《史記》而人不敢駁，實則其説皆不通。古無《舜典》，衛賈創爲其名，以湊百篇之數。陳亦韓説：「本無別出《舜典》、《大學》引《書》通謂《帝典》，《子華子》、《孔叢子》亦稱《帝典》。」陳南浦誤於《序》説，並回護《僞古文》，疑月正元日以下實古之《舜典》。按《帝典》古稱《虞書》，以虞包唐，故三統之説言有虞氏而不言唐堯，舉虞以包唐，不必別有《舜典》。且堯舜均稱，二典當並重，西漢以前乃無人引其文，無人道其名，萬不能軒輊若此；即此可悟古無《舜典》矣。舊本堯舜並説，合爲一篇，名曰《帝典》；《大學》、《子華子》、《孔叢子》所稱《帝典》，其本名也。後師因其首言堯，稱爲《堯典》；諸書之稱《堯典》者，非便文則譯改。《百篇序》本古文家仿張霸而作，羼入《史記》，以爲徵信。攷張霸《百兩篇》備録經文，其僞顯著。劉歆欲攻博士經不全，故本其書作《序》，有《序》無經，不示人以瑕；《序》襲《百兩》，非《百兩》襲《序》。《毛序》出於謝；《書序》則劉歆所爲，以百篇立名，憤博士二十八篇爲備之説耳。《僞古文》之作，《僞書序》實爲之俑；閻氏攻《僞孔》而不攻《書序》，未得罪魁矣。魏默深以《孟子》、《史記・舜本紀》之本爲《舜典》，據而補之；陳南浦强分月正元日以下爲《舜典》：皆誤於《僞序》之故。《僞古文》之《五子之歌》、《咸有一德》等篇，本非書名，杜賈引以湊百篇之數，乃亦坿會其名而撰爲一篇，則不惟其文僞，並其篇名皆僞也。牟默人分二十八篇爲三十一篇，可也；以《史記》所引《序》爲真書，則非。據云《書序》不見《史記》者三十七，恐不如此之多，試再攷之。

又《毛詩傳非西漢書》　初以《毛詩》爲西京以前古書；攷之本書，徵之《史》《漢》，積久乃知其不然。使《毛傳》果爲古書，《移書》何不引以爲證？《周禮》出於歆手，今《毛傳・序》全本之爲説，劉歆以前何從得此僞説？《藝文志》之《毛傳》、《劉歆傳》、《河間獻王傳》、《後漢書・儒林傳》之「《毛詩》」字，皆爲六朝以後校史者所誤羼，原文無此。

又《毛詩爲謝曼卿作序爲衛宏作》　《周禮》出於《劉歆》，《古書》出於《東漢》，

前人皆早已疑之；惟以《毛詩》出東漢，古無此說。然《後漢書》明以《訓》爲謝曼卿作，《序》爲衛宏作；使魏晉間果以《毛詩》出於西漢，鄭君有以《毛序》爲子夏毛公所作之說，范氏何敢以衛謝當之？《後書・儒林傳》、《古書》、《周禮》創始之注皆名訓，皆馬氏《傳》，鄭氏《注》；以二書相比，足見其例。此等爲范書真文，後人不能僞改；若十四博士之有「《毛詩》」字之類，則後來校史者所羼補，誤信後說以改古書，今當由此類推。至於《鄭志》等書有以《傳》爲毛作者，則又劉炫等之僞說，證之本書，攷之本傳，有明徵者也。牟默人先生《詩切》主此說，以《毛詩序》爲衛宏作，別爲《序》，並以《笙詩》五篇爲纂人之名。

又《魏晉以下人所造僞說》 古無大小毛公之說，始於徐整；此魏晉以下人依仿小大戴，小大夏侯僞造而誤。且有二說，一同時，一隔代；亨萇之名，叔姪之分，均不能訂，凡此皆僞說。《釋文》、《隋志》多採六朝人無稽之談，捏造名字，妄編世代，如公羊之數世，穀梁之數名，《左傳》與《毛詩》之淵源授受，立爲二學，經學唯《易》授傳可攷，《史記》有明文，此等如《唐書・世系表》肊造漢高祖父母之名，與近世地志姓氏俗說相同，不足以爲典要。若先入爲主，酷信其說，則亦聽之耳。河間獻王以毛公爲博士，亦誤說。漢唯天子立博士。

又《舉例十二證目》 緯經。凡歆所改專條，皆與諸經違反；九州、五服、三等封、三公、九卿、六大之文，本皆詳明，僞說皆與相反；今學全與經合：即此可知優劣。或因《周禮》不同經，以爲周公之私稿；即能通之，亦與經無相干涉，況其萬不可通。

反傳。《左傳》傳于歆手，古文家以爲古學，乃其制度無一條與《周禮》同者。劉既改《周禮》，何不並改《左傳》？歆愛古籍，不忍亂之；改《周禮》以爲莽制作，亦一時好奇喜事之舉，初不料遂傳爲經，支衍爲派，流毒至今，如此之深。使歆早知如此，必改《左傳》以自助，病以喪狂，尚更何忌？歆傳二書而自有同異，同者通義，異者孤文，則是非不待言矣。

無徵。劉歆專條，西漢以上從無明證，此人所共知。或以《明堂位》方七百里說公方五百里，不知其爲四字之誤；千乘亦閒田所出，非本封。以《學禮》師保證三公，不知太子宮官皆兼攝，非本職。又或以《朝事》證會同，不知乃注文誤入，故鄭《注》不引之。實則《周禮》專條全出臆撰誤讀，無一明證也。

原文。凡歆所改，皆經傳之明條大綱，刪去一條刪去大綱明條共千餘字，附刊於後，乃羼以己意。今其原文皆存，去僞補真，則全書血脈貫通。今刪一條，必以原文一條補之；其改易字句者，則改從原文，不臚舉其文。

闕略。《王制》文少，綱目分明，可舉行，以實出聖作賢述也。歆本非制作之才，喪心病狂，迎合莽意，故其所改古之新說，皆不能舉行；雖馬鄭極意求通，亦不能明切。如九服不知天下若干州若干國；五等分封，四公一州，究不知共封幾公，與大小相維之制；九州則西只一州，北方二州，乃并封幽并兖冀，多少懸殊，乖畫井之意。如鄭《注》百二十女分十五夕，弼成五服之爲千里，徒爲笑柄而已。

改舊。歆意與博士爲難，非博士之名義宏綱不改之。蓋惡其顯著，乃思立異幟。今于所改之條，各引博士舊說以明之。初本明通，誤遭蒙蝕；試加攷究，其迹顯然。

自異。劉歆未上《周禮》以前，與以後議論相反。如莽初嫁女十一媵，後娶百二十女；初以《六藝》歸孔子，後全屬之周公；初以地合坿庸四等，後以地爵皆五等：一人之說，前後不同。蓋歆本今學弟子，爲莽改《周禮》，兼以報博士怨，故前後不同如此。或乃猶以《周禮》爲校書所得，未嘗即此攷之。

矛盾。歆刪博士明條，亂以己說，刪改未盡者，嘗有矛盾之事。如以地爲五等矣，而大國，次國，小國之文全同《王制》；如以百二十女爲內官矣，而九嬪乃與九卿對文。凡新改之文，與舊文血脈不能貫通；非其智力有窮，作僞勞拙，勢有必至。若《攷工記・序》，本以爲冬官，後其弟子乃以冬官爲闕，久而悟其非，亦矛盾之一端也。

依託。劉所改之文，每不標異樹的，必取經傳可以蒙循之文，依傍爲之，以求取信。又時有名同實異之事，以此迷誤後學，久而不悟。如六卿之文取《甘誓》，然《甘誓》乃從行之卿，上有三卿居守者，以三孤爲卿，仍襲三公九卿之名。師保爲太子官，三公所攝，即以爲本職，而又以爲不必備。依稀恍惚，似皆有所本，然推攷原文，皆不知其所言。辨晰毫釐，要貴精識。

徵莽。《公羊》師說以《春秋》爲漢制作，歆改爲《周禮》亦是此意，故云「發得《周禮》以明因監」。攷《莽傳》，凡專條皆曾舉行與稱述之，如百二十女，九畿，五等封，六鄉，六遂，九州無梁徐加并幽之類是也。以此證之，足見專爲迎合莽意而改，初非欲以《周禮》爲經也。

誤解。劉歆所羼之條，本出臆增，無所攷證，故其說不定。如《周禮》之出有數說，《連山》、《歸藏》有數說，賦比興之不可解，《攷工記》之非冬官，雖馬鄭極心推補，終不能明。至於唐宋以後，尤爲疑竇，凡《通典》、《通攷》史志書，一涉《周禮》專

條，便成歧誤。觀其解説，其誤自明。此例最爲繁多，略舉是例而已。

流誤。誤解其病在《周禮》，流誤則因而害于他經。如《劉炫》之作《連山》、《歸藏》，朱子之賦，比，興，《漢書》之鄒夾，《尚書》之《百篇序》，束晳之《補亡詩》，以及馬鄭之《詩》、《書》注，降而至于《釋文序録》，《隋・經籍志》，疵謬百出，皆根原于《周禮》。今掘其根株，則枝葉自瘁。今按前人删改《周禮》者多矣，皆以意爲之，或乃去其真者，許其僞者。今立十二證目爲主，必十二證全者，乃删之；如不能悉全，亦必有八九證者乃可。略舉九服示例，以下可以意推。

康有爲《新學僞經考・卷首》 吾爲《僞經考》凡十四篇。叙其目而繫之辭曰：始作僞，亂聖制者，自劉歆，布行僞經，篡孔統者，成於鄭玄。閲二千年歲月日時之綿曖，聚百千萬億衿纓之問學，統二十朝王者禮樂制度之崇嚴，咸奉僞經爲聖法，誦讀尊信，奉持施行。違者以非聖無法論，亦無一人敢違者，亦無一人敢疑者。於是奪孔子之經以與周公，而抑孔子爲傳。於是掃孔子改制之聖法，而目爲斷爛朝報。六經顛倒，亂於非種；聖制埋瘞，淪於霿霧；天地反常，日月變色。以孔子天命大聖，歲載四百，地猶中夏，蒙難遘閔，乃至此極，豈不異哉？且後世之大禍，曰任奄寺、廣女色、人主奢縱、權臣篡盜，是嘗累毒生民、覆宗社者矣！古無有是，而皆自劉歆開之。是上爲聖經之篡賊，下爲國家之鴆毒者也。夫始於盜篡者終於即真，始稱僞朝者後爲正統。司馬盜魏，嵇紹忠；曹節矯制，張奂賣。習非成是之後，丹黄亂色，甘辛變味。孤鳴而正易之，吾亦知其難也。然提聖法於既墜，明六經於闇曶，劉歆之僞不黜，孔子之道不著，吾雖孤微，烏可以已！竊怪二千年來，通人大儒，肩背相望，而咸爲瞀惑，無一人焉發奸露覆，雪先聖之沈冤，出諸儒於雲霧者，豈聖制赫闇有所待邪？不量綿薄，摧廓僞説，犁庭掃穴，魑魅奔逸，霿散陰豁，日㬭星呀，冀以起亡經，翼聖制，其於孔氏之道，庶幾禦侮云爾。光緒十七年夏四月朔，南海康有爲廣廈記。述叙既訖，乃爲主客，發其例曰：客問主人曰：僞經何以名之「新學」也？《漢・藝文志》號爲「古經」，《五經異義》稱爲「古説」，諸書所述「古文」尤繁。降及隋、唐，斯名未改。宜仍舊貫，俾人易昭。主人喟然曰：若客所云，是猶爲劉歆所紿也。夫「古學」所以得名者，以諸經之出於孔壁，寫以古文也。夫孔壁既虚，古文亦贋，僞而已矣，何「古」之云！後漢之時，學分今古，既託於孔壁，自以古爲尊，以新歆所以售其欺僞者也。今罪人斯得，舊案肅清，必也正名，無使亂實。歆既飾經佐篡，身爲新臣，則經爲「新學」，名義之正，復何辭焉！後世漢宋互争，門户水火。自此視之，凡後世所指目爲「漢學」者，皆賈、馬、許、鄭之學，乃新學，非漢學也。即宋人所尊述之經，乃多僞經，非孔子之經也。「新學」之名立，學者皆可進而求之孔子；漢宋二家退而自訟，當自咎其夙昔之眯妄，無爲謬訟者矣。客又問主人曰：别僞文，正新名，既得聞命矣。主人所著《毛詩僞證》、《古文尚書僞證》、《古文禮僞證》、《周官僞證》、《明堂月令僞證》、《費氏易僞證》、《左氏傳僞證》、《國語僞證》、《古文論語僞證》、《古文孝經僞證》、《爾雅僞證》、《小爾雅僞證》、《説文僞證》，既遍攻僞經，何不合作一書，滄海之觀既極，犁軒之幻自袪，發蒙曉然，絶其根株？離而貳之，鄙猶惑諸。主人曰：僞經雖攻，然其蒂附深遠，未能盡去也。百詩證王肅之僞《書》，而王《書》自行也；司馬證劉炫之僞《傳》，而劉《傳》自傳也。吾採西漢之説以定孔子之本經，亦附新學之説以證劉歆之僞經，真僞相校，黑白昭昭，是非穮穮；雖有蘇、張，口呿舌撟，無事𢉹聚於此，致啟嘵嘵。客又問主人曰：主人之於文字，既攻許學之僞矣。然三古之真字不傳，後世之野文日增，傳流有緒，無如《説文》。雖亂淄、澠，猶有寄君；若舍洨長，將何依因？主人曰：文字之别，有户有門，尋端繹緒，承變相因。若欲復篆，中隔漢隸，難逾此關。魏、晉争亂，書體雜越，更難求真。唯開元之定今隸，爲後世之矩繩，於今用之，正極爲衡。《開成石經》、《干禄字書》、《九經字樣》、《五經文字》，依此寫定，是師是承。其張、唐二本，如「桃枇」、「栞刊」，《説文》、《石經》，兩體並存。《九經字樣》不言《石經》，然曰「經典相承」，即《石經》之類也。考中郎刊正，本主今文；南閣稽撰，專宗古學。今尊《石經》，其諸雅正歟！門人好學，預我玄文；其贊助編檢者，則南海陳千秋，最勤而敏也；其校讎譌奪者，則番禺韓文舉、新會林奎也。

又《史記經説足證僞經考第二》 經學紛如亂絲。於今有漢學宋學之争，在昔則有今學古學之辨。不知古學皆劉歆之竄亂僞撰也。凡今所争之漢學宋學者，又皆歆之緒餘支派也。經歆亂諸經、作《漢書》之後，凡後人所考證，無非歆説，徵應四布，條理精密，幾於攻無可攻。此歆所以能欺紿二千年，而無人發其覆也。今取西漢人之説證之，乃知其僞亂百出，而司馬遷《史記》，統六藝，述《儒林》，淵源具舉，條理畢備，尤可信據也。察遷之學，得於六藝至深。父談既受《易》於楊何，遷又問《書》故於孔安國，聞《春秋》於董生，講業於齊、魯之都，觀孔子之遺風，鄉射鄒嶧，其於孔門淵源至近。孔子一布衣耳，而於周《本紀》、《十二國・世家》，遷皆書「孔子卒」，因尊孔子爲「世家」。《太史公自序》曰：「周室既衰，諸侯恣行。仲尼悼禮廢樂崩，追修經術以達王道，匡亂世反之於正，見其文辭，爲天下制儀法，垂六藝之統紀於後世。」《孔子世家》贊曰：「言六藝者皆出於夫子，可謂至聖矣。」《自序》

曰：「孔子卒後，至於今五百歲，有能紹明世，正《易傳》，繼《春秋》，本《詩》、《書》、《禮》、《樂》之際，意在斯乎！意在斯乎！小子何敢讓焉。」其預聞六藝，至足信矣。雖其書多爲劉歆所竄改，而大體明粹。以其說與《漢書》相校，真僞具見。孔子六經之傳，賴是得存其真。史遷之功，於是大矣。《儒林傳》詳傳經之人，今以爲主，而《孔子世家》、《河間獻王》、《魯共王世家》附焉。

又《春秋》九條附《宋世家贊》一條　按：今博士謂「左氏不傳《春秋》」。《儒林傳》述《春秋》有《公羊》、《穀梁》，而無《左氏》。史遷徵引《左氏》至多，如其傳經，安有不叙？此爲辨今古學真僞之鐵案。孔子《春秋》之義法，唯七十子能傳之，即《公羊》、《穀梁》之説也。自非七十子，其不傳明矣。此表驟言「左氏」，且稱丘明爲「魯君子」，懼弟子「各安其意」而「失其真」，抑《公》、《穀》而尊《左氏》如此。考文翁《孔廟圖》、《史記·仲尼弟子傳》，無左丘明名。且《左傳》稱「悼四年」，據《史記·六國表》，悼公之薨在獲麟後五十餘年，則丘明在孔子後遠矣。豈七十子學成德尊所存者不足據，而非弟子之丘明反足據乎！此又不待辨也。下雜叙《鐸氏微》、《虞氏春秋》、《呂氏春秋》諸書，各體既雜而不類，又《呂氏春秋》於十二諸侯年月事無關，《虞氏春秋》在《儒家》，於十二諸侯年月事亦必無關。以此例之，不過歆以《史記·儒林傳》彰著，難於竄亂，故旁竄於《十二諸侯年表》，以爲《左傳》之證；又多竄數書，故爲繁重，以泯其跡。「安意失真」之説與《七略》同，其爲歆言，無疑義矣。

又《〈漢書·藝文志〉辨僞第三上》　按：劉歆僞撰古經，由於總校書之任，故得託名中書，恣其竄亂。東漢主張古學，若賈逵、班固、馬融、張衡、許慎之倫，皆校書東觀者。其守古學彌篤，蓋皆親見中古文經，故惑之彌甚。通學之徒皆已服膺，其風滅天下，力固宜然。故原僞經所能創，考古學所以行，皆由《七略》也。《漢書》爲歆所作，人不盡知；《藝文志》即《七略》原文，人皆知之。今將《藝文志》之《六藝略》條辨於先，則歆之僞盡見矣。

又　按：《七略》之出於劉歆，此爲明條。《六藝略》爲歆專職，以承父向校經傳、諸子、詩賦也，故尤得恣其改亂，顛倒五經也。秦火雖焚，而六經無恙，博士之職不改，孔氏世世不絶，諸儒師師相受，微言大義至今具存，以爲乖絶及「書缺簡脱，禮壞樂崩」，皆歆邪説，攻今學真經而創古學僞經也。且所謂微言大義，即孔子改制之學也，申公、轅固生、韓嬰、伏生、高堂生、田何、胡母生、董仲舒，四百年傳之不絶。自歆僞經出，託之周公，而後孔子之微言大羲乃乖絶，實乖絶於歆也。《春秋》有公、穀，而無左氏，更無鄒、夾。《詩》有齊、魯、韓，而無毛氏。《易》出於田何，施、孟、梁丘起於宣帝後，戰國前安有數家之傳？叙仲尼七十子後，即以己僞撰之經入之，以塗學者耳目，首倡秦焚而書簡缺，言絶而諸家争。學者開卷誦之習熟，彌滿胸臆。此所以豐蔀二千年而莫之解也。劉向所撮録，大率爲歆所改。今以劉向《新序》、《説苑》、《列女傳》校之，説皆不同，知《七略》中無向説矣。其云「迄孝武世，書缺簡脱，禮壞樂崩，聖上喟然而稱曰：『朕甚閔焉』」；《移太常書》并以「書缺簡脱」四字誣爲詔書。考《史記》、《漢書》儒林傳皆載武帝制，只有「禮廢樂崩朕甚愍焉」八字。蓋博士具官，未有進者，六藝之學，朝廷未重，故以爲「禮廢樂崩」，非謂「書有缺脱」也。《儒林傳》制詔元文既無此語，則「書缺簡脱」四字，爲歆增加以證佐僞經之説，明甚。劉歆僞撰古文，既妄以傳授源流强誣古人，並誣其父，又誣其君。無忌憚之小人，亦至此乎！按古今總校書之任者，皆有大權，能主張學術，移易是非，竄亂古書。先徵之今，國朝《四庫全書總目提要》，羣書紀昀主之，算法則戴震主之。而《四元玉鑑》爲中國算學最精之術。戴震於《測圓海鏡》提要云：「按立天元一法，見於宋秦九韶《九章大衍數》中，厥後《授時草》及《四元玉鑑》等書皆屢見之。」則戴震必見其書，而乃不爲著録，蓋欲獨擅其術也。《提要》之及其目者，乃其不覺流露，不及校刪者耳。紀昀力攻朱子，述董亨復《繁露園集》之野言，譏《名臣言行録》不載劉元城者數條，其他主張雜學，所以攻宋儒者無不至。後生多爲所惑。近世氣節壞，學術蕪，大抵紀昀之罪也。校書者心術若壞，何所不至？幸生當國家明盛，羣書畢備，故不至大爲竄亂。若劉歆挾名父之傳，當新莽之變，前典校書之任，後總國師之權。加漢世書籍，皆在竹帛，事體繁重，學者不從大師，無所受讀。不如後世刻本流行，挾巨金而之市，則緗載萬卷，羣書咸備也。若中秘之藏，自非馬遷之爲太史，則班嗣之有賜書，揚雄之能借讀，庶或見之，自餘學者無由窺見。故歆總其事，得以恣其私意，處處竄入。當時諸儒雖不答，師丹、公孫禄雖奏劾，然天下後世則皆爲所豐蔀而無由見日矣。孔子《六經》不亡於秦政之燒書，而亂於新歆之校書，豈不痛哉！王允謂「不可令佞臣執筆」。若校書之權任，尤先聖大道所寄，豈可使佞人爲之哉！徒以二千年經學乖謬，有若聚訟，童年而搜研章句，白首不能辨厥要歸，科罪劉歆，猶未當其獄也！

又《〈漢書·藝文志〉辨僞第三下》　歆造古文以遍僞諸經，無使一經有缺，至於《論語》、《孝經》亦復不遺。傳《魯論》之庸生，當亦歆所竄入以實其僞經之傳人耳。《魯論》由張禹傳至東漢，包氏、周氏之説猶其真派，然已雜合齊、魯，亂家法矣。至鄭康成雜合古今，真僞遂不盡可考。《志》稱「《論語》古二十一篇」，注云：

「出於孔子壁中，兩《子張》。」按《論衡・正説篇》云：「不知《論語》本幾何篇。」「至武帝，發取孔子壁中古文，得二十一篇，齊、魯二、河間九篇：三十篇。至昭帝女讀二十一篇，宣帝下太常博士。時尚稱書難曉，名之曰傳，後更隸寫以傳誦。初，孔子孫孔安國以教魯人扶卿，始曰《論語》。今時稱《論語》二十篇，又失齊、魯、河間九篇。」是古文不止二十一篇也，王充必有所見。則歆之僞《論語》尚不止二十一篇，特歆不敢著之《七略》耳。然自鄭康成雜合古今，則今本《論語》必有僞文，如「巧言、令色、足恭，左丘明恥之，丘亦恥之；匿怨而友其人，左丘明恥之，丘亦恥之」一章，必歆僞竄。又何晏《論語集解》雜採古今，「採孔、馬之注，則改包、周之本；用包、周之説，又易孔、馬之經」。臧氏琳《經義雜記》語。今「巧言今色」一章，《集解》正引僞孔安國注，其爲《古文論語》尤爲明確。歆以左丘明親見聖人，好惡與同，以仲尼弟子無左丘明，故竄入《論語》以實之。歆遍竄羣經，證成僞説，不復可條辨也。《孔子三朝》七篇，師古曰：「今《大戴禮》有其一篇，蓋孔子對哀公語也。」按《大戴》孔子對哀公，有《千乘》、《四代》、《虞戴德》、《誥志》、《小辨》、《用兵》、《少間》七篇，不止一篇也。《小辨》有「爾雅以觀於古」語，其歆僞《爾雅》所由附會者歟！

又《〈漢書・儒林傳〉辨僞第五》　歆修《六藝略》，既盡竄僞經遍布其中矣。無如僞書突出，師授無人，將皆疑而莫之信也。於是分授私人，依附大儒，僞造師傳，假託名字，彌縫其隙，密之又密。所以深結人信者，在此。然范升已謂左氏師授無聞矣。案經久遠，無不破露。今發其覆，作僞之勞，不足供一哂也。獨是毛亨、毛萇，以「無是」「子虛」，竊兩廡特豚之祀，崇德大典，等於兒戲。劉歆有知，應笑天下愚儒，固易欺紿耳。

又《〈漢書・劉歆王莽傳〉辨僞第六》　王莽以僞行篡漢國，劉歆以僞經篡孔學。二者同僞，二者同篡。僞君、僞師，篡君、篡師，當其時一大僞之天下，何君臣之相似也！然歆之僞《左氏》在成、哀之世，僞《逸禮》、僞《古文書》、僞《毛詩》，次第爲之，時莽未有篡之隙也，則歆之畜志篡孔學久矣；遭逢莽篡，因點竄其僞經以迎媚之。歆既獎成莽之篡漢矣，莽推行歆學，又徵召爲歆學者千餘人詣公車，立諸僞經於學官。莽又獎成歆之篡孔矣。篡漢則莽爲君，歆爲臣，莽善用歆。篡孔則歆爲師，莽爲弟，歆實善用莽。歆、莽交相爲也。至於後世，則亡新之亡久矣，而歆經大行，其祚二千年，則歆之篡過於莽矣。而歆身爲新臣，號爲「新學」，莽亦與焉。故合歆、莽二傳而辨之，以明新學之僞經云。【略】班固浮華之士，經術本淺，其修《漢書》全用歆書，不取者僅二萬許言，其陷溺於歆學久矣。此爲歆傳，大率本歆之自言也。《左氏春秋》至歆校秘書時乃見，則向來人間不見可知。歆治《左氏》乃始引傳文以解經，則今本《左氏》書法及比年依經飾《左》緣《左》，爲歆改《左氏》明證。此必叔皮及西漢遺老之言，則從前傳不解經可知。若如《別録》，經師傳授詳明如此，見《左傳正義》一。則向不非之，而不待歆校書乃見矣。知《別録》亦僞書也。云歆從尹咸、翟方進「質問大義」，此與《儒林傳》叙左氏師傳自賈誼至尹更始，皆歆僞造淵源，猶《古文書》之孔安國、都尉朝，《毛詩》之毛公、貫長卿、解延年、徐敖也。按《翟方進傳》，云「受《春秋》積十餘年，經學明習，徒衆日廣，諸儒稱之」，又云「方進雖受《穀梁》，然好《左氏傳》」，「其《左氏》則國師劉歆，【略】師也」。方進雖習《春秋》，實非《左氏》。歆既重其名位，又必託所由來，稱父「向不能非」。既誣其父，又誣其師，可謂絶無人心者矣。尹咸本同校書者，然但校數術，經學必不如歆，足見其僞。公羊、穀梁即卜商，別有説。然七十子口傳《春秋》，漢世無異義；馬遷據左氏以修史，而《儒林傳》不稱其釋經，最爲確證。左氏即親見孔子，於傳經無與。且著書在獲麟五十年之後，而其好惡，黜孔父、洩冶之節而獎鄭莊之禮，謂果與聖人同乎？《論語》「左丘明恥之，丘亦恥之」，是《古論語》僞文，歆所竄入以昭符應者。歆遍僞羣經之術皆如此，并不得以光武名秀，歆亦名秀，嘉新公爲劉歆，祁烈伯亦爲劉歆，以左丘明爲有二人也。劉逢禄《左氏春秋考證》曰：「左氏僅見夫子之書及列國之史，公羊聞夫子之義。見夫子之書者盈天下矣。聞而知之者，孟子而下，其唯董生乎！」歆既湛靖，乘父向既没，獨任校書，無人知秘府之籍，因得借秘書而行其僞。漢世《春秋》之學最盛。歆思自樹一學，校書得左氏《國語》，以爲可借之釋經以售其奸，不作古字古言，則天下士難欺，故託之古文。此歆以古文僞經之始也。既已僞《左傳》矣，必思徵驗乃能見信，於是遍僞羣經矣。然移太常之文，僅欲立《左氏春秋》暨《逸禮》、《古文尚書》三學，猶未及《毛詩》，本傳并未及《周官》。蓋歆以《毛詩》、《周官》作僞太甚，未敢公然露於衆也。然歆雖挾上旨欲行其私，加以挾制，辭氣甚厲，而忽立僞書。博士之不對，龔勝、師丹之怒，固也。西漢博士，凡大儒皆由此出。其學原出孔氏，不能欺謬之也。「在漢朝之儒，唯賈生而已」，獨稱賈生者，以歆附會爲《左氏》先師也。然誼爲李斯再傳弟子，其書未有一字及《左傳》也。魯共王得《逸禮》、《古文尚書》，河間獻王亦得《周官》、《逸禮》、《古文尚書》，而《毛詩》、《左氏傳》且立博士，《移書》何以不兼稱獻王？共王薨於武帝元朔元年，下至征和二年凡三十八年，巫蠱事乃起，數十年間孔安國何以不獻？且安國

蚤卒，何得及巫蠱事乎？《藝文志》、《儒林傳》何以但稱安國獻《書》，不及《逸禮》？歆既輔弱扶微，冀得廢遺，何以移文但争三事，不並争《毛詩》？《周官》且一字不及也？其牴牾鑿枘，合觀之可見。其《逸禮》三十九篇，《書》十六篇。辨見《藝文志》。《春秋經》自公羊、胡母生相傳，絶無「脱簡」。若人間《左氏春秋》，原是《國語》，亦非有「間編」。歆託之秘府，託之古文，妄謂學官「學殘文缺」。所謂「經或脱簡」者，歆乃欲增續《春秋》也。「傳或間編」者，歆欲比附《春秋》年月，改竄《國語》也。「傳問民間，則有魯國桓公、趙國貫公、膠東庸生之遺學與此同，抑而未施。」貫公，即歆所稱傳《毛詩》之貫長卿；庸生，即傳都尉朝《古文尚書》者，皆歆僞託。即有其人，蓋亦歆私黨，歆之授意者也。「至於國家將有大事，若立辟雍、封禪、巡狩之儀，則幽冥而莫知其原。」歆以高堂生傳十七篇多士大夫禮，故其《逸禮》皆爲明堂、巡狩之禮。故《藝文志》云「猶瘉倉等推士禮而致於天子之説」，此乃其作僞之微恉也。「以《尚書》爲備，謂左氏爲不傳《春秋》」。博士傳自孔門，師師相傳，可爲孔子之學鐵案。先秦、三代，竹帛之外，兼賴誦説而傳。使《尚書》不止二十八篇，伏生專門之學，雖其本既亡，可以誦而補之。三百五篇之《詩》，十一篇之《春秋》，皆兼賴誦説而傳。則孔子删《書》二十八篇之爲全書，無可疑也。史遷《儒林傳》不述左氏。今據西漢博士之學以得孔子之全經，賴有歆述博士之言爲可信。其餘不經歆校改者，寡矣。【略】按《歆傳》，莽素重歆，故莽一朝典禮皆歆學也，故遍録出，與歆之僞經徵驗相應也。於是羣臣乃盛陳「莽功德致周、成白雉之瑞，千載同符。聖王之法，臣有大功，則生有美號，故周公及身在而記號於周。莽有定國安漢家之大功，宜賜號曰安漢公，益户，疇爵邑，上應古制」。「請考論《五經》，定取禮，正十二女之義」。按：是時歆《周禮》未成，故「三夫人、九嬪、二十七世婦、八十一御妻」之説未出，故猶從今博士説。然莽之學周公自此始。後此事事效法，遂篡漢祚。歆《周官》、《爾雅》事事稱周公，以揣合莽意，獎翼篡事也。後世經學動稱周公，而忘其爲孔子制作，則爲歆、莽所賣矣。歆、莽之假於周公，將有所圖。後儒無歆、莽之私，豈可復爲所謾乎？莽奏起明堂、辟雍、靈台，爲學者築舍萬區，作市、常滿倉，制度甚盛。立《樂經》。益博士員，經各五人。徵天下通一藝、教授十一人以上，及有逸《禮》、古《書》、《毛詩》、《周官》、《爾雅》、天文、圖讖、鍾律、月令、兵法、史篇文字，通知其意者，皆詣公車。網羅天下異能之士，至者前後千數，皆令記説廷中，將令正乖謬，壹異説云。按：《平帝紀》：元始五年，「羲和劉歆等四人使，治明堂、辟雍」。徵天下通知逸經、古記、天文、曆算、鍾律、小學、史篇、方術、本草及以五經、《論語》、《孝經》、《爾雅》教授者，在所爲駕一封軺傳，遣詣京師。至者數千人。此云「逸《禮》、古《書》、《毛詩》、《周官》、《爾雅》、史篇文字，皆歆僞纂。「史篇文字」，即歆所謂「古文」，以與今文違悖者也。辨皆見前。莽、歆搜求佚書，絶無他學，皆歆所力争於博士者。更增《爾雅》、史篇文字以徵驗之。通其一藝即徵詣公車，前後千數，以廣僞學，壹異説。於是天下皆誦歆學，而孔子之學絶矣。蓋歆之所以得行僞學者，皆莽爲之。命曰「新學」，豈不然乎！其天文、圖讖、鍾律、月令、兵法，亦歆所僞。蓋歆以博聞强識，絶人之才，承父向之業，睹中秘之書，旁通諸學，身兼數器，旁推交通，務變亂舊説而證應其學。訓詁文字既盡出於歆，天文、律曆、五行、讖記、兵法又皆出之。衆證既確，牆壁愈堅。當時既託古文之名，藉王莽之力，以廣其傳。傳之既廣，行之既久，則以爲真先聖之遺文矣。故雖以馬、鄭之雅才好博，兼綜術藝者，尊信最堅，讚揚最力，豈非以其旁兼諸學、徵應符合故乎？自魏、晉至唐，言術藝之士皆徵於歆。浸淫既久，開口即是，孰能推見至隱，窺其瑕釁乎？此所以範圍二千年，莫有發難者也。今《漢書》：《律曆》、《天文》、《五行志》，皆歆之學，與諸古文經若合符節。月令、兵法亦然。余皆有糾謬，别爲篇，兹不著。「謹以六藝通義，經文所見，《周官》、《禮記》宜於今者，爲九命之錫。」《周官》之尊爲經典，朝廷典禮以爲依據，始於此。劉歆、陳崇等十二人，皆以治明堂，宣教化，封爲列侯。莽一切典禮，皆歆主之。莽之以僞行篡帝位，歆之以僞學篡經統，交相須而行，何相似之甚？宜其君臣之相孚也。

又《漢儒憤攻僞經考第七》　僞經焜焜，爍燿施行，凡二千年。積非成是，戴而奉之，胡帝胡天。或疑或難，甲冑扞禦，不可干焉。請按厥朔，歆僞突出，諸儒譁然。博士不對，龔勝自免，師丹怒旃。尚有嶽嶽上書，請誅歆者公孫。升、碩、育、休，建武之後，桓、靈之前。衆儒咸訕，雖滅其名，萬百億千。古學既興，掃之除之，厥跡莫湮。綿戴二百，帝者雖袒，學官不宣。昔《易》有京，《春秋》穀梁，儒士無言。僞經若信，匪仇匪怨，胡乃訔訔？鑄鼎然犀，漢儒發難，視我兹篇。歆親近，欲建立《左氏春秋》及《毛詩》、《逸禮》、《古文尚書》，皆列於學官。哀帝令歆與《五經》博士講論其義，諸博士或不肯置對。《漢書・劉歆傳》。「抑此三學，以《尚書》爲備，謂左氏爲不傳《春秋》。」《漢書・劉歆傳》。按：上云「魯共王得《逸禮》三十九篇，《書》十六篇」，又云「《春秋》左氏丘明所修」，又云「孝成皇帝得此三事」，則此之三學，即謂《逸書》、《逸禮》、《左氏春秋》也。《書》二十八篇，《禮》十七篇，皆爲完本。當時博士必皆以爲備，故歆並言抑之，《尚書》下當缺一「禮」字也。是時盈廷洶洶，説皆如

此，非歆口自吐其實，則兩造不備，而國師公之存案，將以誣辭掩盡天下目矣。

又《〈隋書・經籍志〉糾謬第十一》 《隋志》與《經典釋文》並出隋、唐時，僞古學一統久矣。今學亡絶，獨尊僞古固宜，然紛紜謬亂，蓋已多矣。抑自《漢志》之後，諸史無志，藉以考經籍之源流，捨是莫之焉。故唐、宋以來，鑽仰無盡。恐其惑亂學者耳目，並糾繩焉。然序《説卦》、《序卦》、《雜卦》爲河内後得，述《月令》、《明堂》、《樂記》爲馬融所增，因是得知《易》之僞書，《記》之竄亂，則《隋志》尚爲功過相比者也。

又《僞經傳授表第十二上》 劉歆之撰僞經也，託於通人，傳於校書，統一於鄭玄，布濩衍溢於魏、晉、六朝之儒，決定於隋、唐之陸德明、孔穎達、賈公彦，遂至於今。千年中師儒傳授，黌舍講誦，衿纓侁侁，以究以宣，巨萬億千。洋蕩乎域外日本、高麗、新羅、百濟之區，椎魁、編髮、文身之民共尊傳之，其浩遠也如此。譬若僞朝，傳統數十，悉主悉臣，巨才鴻智，彌塞恢綸，青史氏不能廢掩焉。今爲之表，著其傳授。自西漢以前，爲歆僞託，不復録。自唐以後，辭章盛而專門之學衰。宋、明儒雖出僞經，而亦無傳經之派。今以陸、孔爲斷限焉。嗚呼！觀僞經所由始及僞經所由終，亦天地間教術之大變矣。按《後漢書・儒林傳》云「自是費氏興而京氏遂衰」。《經典釋文》云「永嘉之亂，施、梁丘之《易》亡，孟、京之《易》，人無傳者」；又云「《齊詩》久亡，《魯詩》不過江東，《韓詩》雖在，人無傳者」。《北史・儒林傳》云「《公羊》、《穀梁》二傳，儒者多不厝懷」。蓋今學掃地盡矣。季漢之後，於《易》則有鄭氏、王氏，《書》則鄭氏、孔氏，《詩》則毛、鄭，《禮》則鄭氏、王氏，《春秋》有服氏、杜氏，故魏、晉、六朝之學盡僞經矣。近儒於《易》，以虞爲孟，以陸爲京。今考虞翻謂其先人解經「疏闊」，且以爲漢初以來「讀《易》者解之率少」，而獨與荀、馬、鄭、宋較長，又兼注《國語》，屢引《周官》，是深入歆蔀，出於費《易》而微異者，於其家學則全非矣。陸績與翟玄、姚信、蜀才、干寶之倫，皆爲荀氏《集解》所採九家以荀爲主，則皆費學；而六日七分、飛伏世應之術九家咸有者，則歆僞費主張卜筮，已兼採京説也。其以《繫辭》、《文言》十篇解《經》，則兼施、孟、梁丘説，故鄭、王二派範圍罔外，皆歆學也。夫自京出而孟微，其並稱京、孟者，皆京氏也，費出而京微，其號爲孟、京者，皆費氏也。范蔚宗謂「費氏興京氏衰」一言，最足信據，持此以斷，億不失一矣。魏、晉《易》家，源派謬亂，世儒議論紛如，今辨正之，而録入僞費焉。《書》則僞中出僞，歆、玄之學，唯河北一綫存焉，大江南則王肅之學日盛。非歆先作俑焉，肅奚能託於古文哉！今大書王肅以著代興。然肅又與歆異，故爲肅學者不復列焉。其餘《詩》並主毛，《禮》同遵鄭。若《公》、《穀》二傳唯王，接。范甯。二人，「庭堅不祀忽諸」久矣。其混一之跡，學者其見，不復論列也。綜拔厥緒，劉歆創之以居首，鄭玄行之以居中，孔穎達、賈公彦、陸德明大定之以居終，有傳授可考者叙之，無則以時代次焉。屬門人新會梁啟超搜集羣書，表之如下頁。首《易》，次《書》，次《詩》，次《禮》、《春秋》，僞經之序也，今亦依之。至《論語》、《孝經》本爲傳記，不當與六藝同科，其以《爾雅》附於《孝經》，小學附於六藝，尤爲巨謬，諸家目録率以爲準，今並革之，釐爲上下二卷，俾勿與經並行，以惑學者。《論語》、《孝經》，南、北朝學者莫不通習，今唯取有撰述者著焉。文字、聲音、訓詁之學，爲歆創古文所僞造，而二千年來持以代聖統者，其流毒最甚矣，列爲一表。《爾雅》亦改從小學焉。其有達才通人大有功於僞學者，及所著書爲羣經義者，或學人而無專經不見於諸表者，統名「通學」，別爲一表附於後。

又《附〈尚書〉篇目異同真僞表》 《書序》之僞明，百篇之妄祛矣。然篇目真僞雜出，今古淆亂。且真《書》中亦自有辨，有孔子之《書》，有孔子未修之《書》，異説繽紛。學者耳目猶易惑焉，今以伏生所傳二十八篇，爲孔子定制之《書》，經傳諸子及《史記》所引篇名，爲孔子未修之《書》；《書序》暨十六篇僞古文之目附於下，分而表之。劉歆以後，《書序》大行，諸儒徵引均祖之。既明《書序》之僞，根本既除，枝葉自去，今置不議。其王肅所僞古文，辨之皆明，亦不復列焉。

又《劉向經説足證僞經考第十四》 漢大儒領袖當時，傳書今日者，自史遷外，董仲舒、劉向而已。孔子改制，統於《春秋》。仲舒傳《公羊》，向傳《穀梁》，皆博極羣書，兼通六藝，得孔子之學者也。然考孔子真經之學，必自董子爲入門；考劉歆僞經之學，必以劉向爲親證。二子者各有宜焉。蓋人以爲《七略》出於劉向而信之，不知其盡出於歆也；又以爲《别録》出於劉向而信之，不知其亦僞於歆也。然歆之作僞，自龔勝、公孫禄以來，人多疑之，但不知其遍僞羣經。故東漢校書高才，莫不尊信，終以託於中秘，莫得而攻焉。今爲之證其僞，曰：歆任校書，向亦任校書，凡歆所見之書，向亦見之，歆不能出向外也。以向説考歆，無不鑿柄。向則今學説也，歆則古學説也，則真僞具白矣。歆早料天下將以向之説攻之，故於僞造《左傳》，則云「向不能難」；於僞造《周官》，則云「向不能識」。所以拒塞天下之口者，防之早密矣。夫向之「陳外家封事」也，折王氏，而歆以宗室子，佐莽篡漢。向之尊述六經也，守孔學，而歆以世儒業，而抑儒篡孔。向之持守《魯詩》也，奉元王，而歆以作僞經，而誣父悖祖。其爲臣爲弟爲子，果何如也？今採《向傳》及《五行

志》、《説苑》、《新序》、《列女傳》，屬門人新會梁啟超刺取經説，與歆僞經顯相違忤者，録著於篇。倘以歆之説爲可信乎，則向説其反僞邪？非歟！

皮錫瑞《經學通論·一·書經論古文增多十六篇見〈漢志〉增二十四篇爲十六卷見孔〈疏〉篇數分合增減皆有明文》 伏生壁藏之《書》，漢立學，今傳誦者也。孔氏壁藏之《書》，漢不立學，今已不傳者也。《書》既不傳，則真僞不必辨。而既考今文之篇數，不能不并考古文之篇數。《史記·儒林傳》曰：「逸《書》得十餘篇」。《漢書·藝文志》曰：「以考二十九篇」，得多十六篇，皆未列其篇名。《書正義》曰：「案壁内所得孔爲傳者，凡五十八篇，爲四十六卷。」三十三篇與鄭註同，二十五篇增多鄭註也。其二十五篇者，《大禹謨》一，《五子之歌》二，《允征》三，《仲虺之誥》四，《湯誥》五，《伊訓》六，《太甲》三篇九，《咸有一德》十，《説命》三篇十三，《泰誓》三篇十六，《武成》十七，《旅獒》十八，《微子之命》十九，《蔡仲之命》二十，《周官》二十一，《君陳》二十二，《畢命》二十三，《君牙》二十四，《冏命》二十五，但孔君所傳，值巫蠱不行以終。前漢諸儒知孔本有五十八篇，不見孔《傳》，遂有張霸之徒，於鄭註之外，僞造《尚書》，凡二十四篇，以足鄭註三十四篇，爲五十八篇。其數雖與孔同，其篇有異。孔則於伏生所傳二十九篇内，無古文《泰誓》，除《序》尚二十八篇，分出《舜典》、《益稷》、《盤庚》二篇，《康王之誥》爲三十三，增二十五篇爲五十八篇。鄭玄則於伏生二十九篇之内，分出《盤庚》二篇，《康王之誥》，又《泰誓》三篇爲三十四篇，更增益僞《書》二十四篇爲五十八。所增益二十四篇者，則鄭註《書序》，《舜典》一，《汨作》二，《九共》九篇十一，《大禹謨》十二，《益稷》十三，《五子之歌》十四，《允征》十五，《湯誥》十六，《咸有一德》十七，《典寶》十八，《伊訓》十九，《肆命》二十，《原命》二十一，《武成》二十二，《旅獒》二十三，《冏命》二十四。以此二十四爲十六卷，以《九共》九篇共卷除八篇，故爲十六，故《藝文志》劉向《别録》云五十八篇。錫瑞案孔《疏》以僞孔古文爲真，以鄭註古文爲僞，誠爲顛倒之見。而所數篇目，必有所據。其引鄭註《書序》、《益稷》當作《棄稷》，《冏命》當作《畢命》，云增二十五篇，據僞孔序文，實當作二十四。蓋作僞孔書者，知伏生二十九篇，不數《泰誓》與序，遂誤以爲二十八篇，而不知當數《康王之誥》也。桓譚《新論》云：「《古文尚書》舊有四十五卷，爲五十八篇。」《漢書·藝文志》云：「《尚書》古文經四十六卷，爲五十七篇。」二説不同。桓云四十五卷蓋不數《序》，五十八篇兼數《武成》。班云四十六卷則并數《序》，五十七篇不數《武成》。《武成》、《正義》引鄭云：「《武成》逸《書》；建武之際亡。」故比桓譚時少一篇矣。篇數分合增減，皆有明文可據。俞正燮謂《藝文志》本注云：「五十七篇者，與衆本皆不應，『七』是誤文。」《正義》引劉向《别録》云：「五十八篇，『八』亦誤文，輕詆前人，殊嫌專輒。」襲自珍不信《大誓》，極是。而必以爲博士無增《大誓》之事，則二十九篇之數不能定，乃謂劉向襲稱五十八，班固襲稱五十七爲誤，則亦未盡得也。

又《論伏生所傳今文不僞治〈尚書〉者不可背〈伏生大傳〉最初之義》 篇名文字多僞，皆屬古文。古文有僞，伏生所傳今文二十九篇，固無僞也。《史》、《漢》皆云：「伏生得《書》止二十九篇。」《論衡》則云：「伏生老死，書殘不竟。」則伏生所得不止此數。當以《史》《漢》爲是。晁錯景帝時已大用，受《書》伏生在文帝時。兒寬受《書》歐陽生，孔安國非晁錯所傳授，《論衡》多傳聞之失。惟以發孔壁在景帝時，足證《漢書》之誤。《史》、《漢》與《論衡》雖少異，而二十九篇之不僞，固昭昭也。《史》、《漢》皆云：「二十九篇之外，亡數十篇。」劉歆《移太常博士書》，謂博士以《尚書》爲備，臣瓚《漢書註》曰：「當時學者謂《尚書》唯有二十八篇，不知本存百篇也。《論衡》引或説《尚書》二十九篇者，法斗四七宿也。四七二十八篇，其一曰斗矣，故二十九。漢時謂《尚書》唯有二十九篇，故以爲備。《尚書》不止此數，而秦燔亡失所得止此，則雖不備，而不得不以爲備矣。」《史》、《漢》與博士説少異，而二十九篇之不僞，又昭昭也。全經幾燼，一老憖遺，以九十餘歲之人，傳二十九篇之經，又有四十一篇之傳，今雖殘缺，猶存大略。其傳兼明大義，不盡釋經，而釋經者，確乎可據。如大麓之野，必是山林，旋機之星，實爲北極。四方上下六宗之義可尋，三才四時七政之文具在。禰祖歸假，知事死如事生；鳥獸咸變，見物性通人性。十二州之兆祀，是祭星辰；三千條之肉刑，難解畫象。七始七律，文猶見於唐山；五服五章，制豈同於周世。三公絀陟，在巡守之先；重華禪讓，居賓客之位。西伯受命，逮六載而稱王；元公居攝，閲七年而致政。成王抗法，爲世子以迎侯；皇天動威，開《金縢》而改葬。此皆伏生所傳古義，必不可創新解而背師説者。其後三家之傳，漸失初祖之義，《漢書·于定國傳》：「萬方之事，大録於君。」是用大夏侯説，背伏生大麓之説一矣。《地理志》周公封弟康叔，號曰孟侯，是用小夏侯説，背伏生迎侯之説二矣。《白虎通》以虞賓在位爲不臣丹朱，亦是用夏侯説，背伏生舜爲賓客之説三矣。歐陽夏侯説天子服十二章，公卿服九章，背伏生五服五章之説四矣。說詳見後。古文後出，異説尤多，馬鄭以璿機玉衡爲渾天儀，背伏生旋機北極之説五矣。馬鄭又以日月五星爲七政，背伏生三才四時之説六矣。劉歆以六宗爲水、火、雷、風、山、澤，賈、馬、許以爲日月星河海岱，鄭以爲星辰司中司命風師雨師，背

伏生上下四方之説七矣。馬、鄭訓肇十二州之肇爲始，分置并幽營三州，背伏生兆祭分星之説七矣。鄭以蓺祖猶周明堂，背伏生歸假祖禰之説九矣。馬以鳥獸爲筍虡，背伏生鳥獸咸變之説十矣。七始訓古文作在治忽，鄭本又作曶解爲笏，背伏生七始七律之説十一矣。馬鄭古文以成王感雷雨，迎周公反國，背伏生公薨改葬之説十二矣。説詳見後。劉歆欲立古文，詆博士是末師而非往古，試問傳《尚書》者，有古於伏生者乎？豈《伏生大傳》不足信，末師之説乃足信乎？鄭君爲《大傳》作注，可謂伏生功臣，乃於虞傳六宗，夏傳三公，周傳多士之言郊遂，皆引《周禮》爲説，又謂虞傳儀當爲義，以傳合羲仲，《洪範》容當爲睿，而改從古文。則鄭君之於伏書，亦猶注禮箋詩，雜糅今古，而非篤守伏書者矣。近儒王鳴盛説《牧誓》司徒、司馬、司空，以伏生爲不可解。段玉裁説《金縢》以今文爲荒謬，彼祖護古文者，猶不足怪。孫星衍始治今文，於多方泥於鄭註踐奄在攝政時，謂《大傳》不出自伏生，陳喬樅專治今文，乃於文王受命，周公避居兩事，皆詆伏生老耄，記憶不全。此經義所以不明，皆由不守師説，誠無解於孔穎達「葉不歸根」之誚矣。

又《論〈易〉多依託不當崇信僞書》　《困學紀聞》云：「經説多依託，《易》爲甚。《子夏傳》，張弧作也。《關子明傳》，阮逸作也。《麻衣正易》，戴師愈作也。」錫瑞案《關子明傳》、《麻衣正易》，朱子答李壽翁，明言兩書皆是僞書。《關子明易》是阮逸僞作，陳無已集中説得分明。《麻衣易》乃是南康戴師愈作，今兩書已罕見稱述。惟《子夏易傳》見隋、唐《志》，劉知幾辨其僞，晁以道以爲唐張弧作，朱彝尊《經義考》證，以陸德明、李鼎祚、王應麟所引，皆今本所無，不但非子夏書，並非張弧書。或以爲漢杜子夏作，又或以爲韓嬰丁寬，皆傳會無據，不足辨。而論《易》之僞託，尚不止此數書。如《連山》、《歸藏》，《漢志》不載。《歸藏》或以爲晉薛正所得，或以爲唐長孫無忌所得。《連山》隋劉炫作，鄭樵信以爲真，不知《連山》、《歸藏》，與《易》無關，非由孔子所定，其真其僞，皆可不論。先天後天之圖，漢以來所未見。宋陳摶始創爲龍圖，朱子以龍圖爲僞，更求真圖，不知此皆道家修煉之圖，與《易》無關，非由孔子所定。其真其僞，更可不論。高明好奇之士，不知經皆孔子手定，凡出於孔子之後者，不得爲經；即出於孔子之前者，亦不得爲經。聖人則河圖、洛書，《繫辭傳》明言之。然聖人既則圖書而作《易》，學者但求之於《易》，不必求之圖書，猶《春秋》本魯之《春秋》，孟子亦明言之。然聖人既據魯史而作《春秋》，學者但求之《春秋》，不必求之魯史。莊子云：「筌者所以得魚，得魚而忘筌；蹏者所以得兔，得兔而忘蹏。」河圖洛書與魯《春秋》，正莊子「筌蹏」之類也。後儒不明此旨，惜圖書不可見，惜未修《春秋》不可見，不思孔子之經且未能明，何暇求之孔子之前？求之不得，或且以僞應之。如《連山》、《歸藏》、河洛之圖，皆無益於經。而反泊經義，豈非高明好奇之過哉？《漢・郊祀志》劉向引《易大傳》曰：「誣神者殃及三世。」今見《大戴禮・本命篇》，而子政以爲《易大傳》，與《史記》引《繫辭》爲《易大傳》正同。又《經解》引《易》曰：「差若毫釐，繆以千里。」今見《易緯》而引爲《易經》，則漢以前傳本，或與今本不同。今本以《彖》、《象》雜經文，《序卦》、《雜卦》，蓋出東漢以後，《十翼》之説，亦出鄭學之徒。宋人訂古《周易》，欲復聖經之舊，其意未始不善，然但知經出義文，不當以孔子所作之傳雜之。而不知經實出孔子，不當以弟子所作之傳雜之也。

又《論古文無師説二十九篇之古文説亦參差不合多不可據》　《古文尚書》之名舊矣，今止以今文二十九篇爲斷，古文置之不論，其説似乎駭俗，不知真古文之亡久矣，且真古文亦無師説，凡今文早出有師説，古文晚出無師説，各經皆然，非獨《尚書》。孔安國以今文讀古文，或略綴以文字，如後之《釋文》、校勘記，亦未可知。要之必無章句訓義，《漢書・孔光傳》曰：「忠生武及安國，武生延年，延年生霸，霸生光焉。安國延年，皆以治《尚書》爲武帝博士，安國至臨淮太守，霸亦治《尚書》，事太傅夏侯勝。昭帝末年爲博士。」案此孔安國《古文尚書》，但有經而無傳之明證也。漢人重家法，歐陽生至歙八世，皆治歐陽《尚書》。霸爲安國從孫，如安國有師説，霸豈得舍而事夏侯？大夏侯有孔許之學，則孔氏之家學，轉在夏侯，而非傳安國矣。蓋古文無師説，博士必以今文師説教授，故夏侯師説，有與《古文尚書》相出入者。班氏世習夏《侯尚書》，《漢書》引經，與《史記》引歐陽説頗不同。而《漢書》又間用古字，其異同皆可考而知。孔氏所謂起其家者，不過守此孤本，傳爲家學耳。逸十六篇本之杜林，託之孔壁，衞、賈、馬、鄭，遞相授受。馬融以爲絶無師説，鄭亦不註逸《書》，觀於逸《書》之無師説，又安國《古文尚書》，有經無傳之明證也。有經而無師説，與無經同。況並此真經而亡之，乃以贋鼎亂真，奚可哉？二十九篇以外之古文，既不可信；二十九篇之中，有古文説，蓋創始於劉歆。歆欲建立古文，必有説義可方教授。《周禮・左氏傳》，皆由劉歆創通大義，有明文可據。則古《尚書》説出於東漢之初者，亦由劉歆創立可知。如以三公爲太師、太傅、太保，以六宗爲乾坤六子，以父師爲箕子，以文王爲受命，九年而崩，歆説至今可考見者，皆不與今《尚書》説同，是其明證。劉歆爲國師，王璜塗惲皆貴顯，塗惲授桑欽，則《漢書》禹貢引桑欽説，又在劉歆之後。《漢書・地理志》於《禹貢》引古文説，必分别言之，

則其餘皆今文可知。《五經異義》引古《尚書》説，蓋出衛宏、賈逵，亦或本之於歆。衛、賈所作訓今不傳，鄭君《書贊》曰：「衛、賈、馬二三君子之業，則雅才好博。」既宣之矣，是鄭注《古文尚書》，多本於衛、賈、馬，今馬、鄭註解，猶存其略。而鄭不同於馬，馬又不同於衛、賈。蓋古文本無師授，所以人自爲説，其説互異，多不可據。不當以衛、賈、馬、鄭後起之説，違伏生最初之義也。

又《論〈尚書〉凡之變學者各有所據皆不知專主伏生》 孔廣森《戴氏遺書序》曰：「君以梅姚售僞，孔蔡謬悠，妄云壁下之書，猥有航頭之字。乃或誤援《伊訓》，滋元年正月之疑，强執《周官》，推五服一朝之制。譬之争年鄭市，本自兩非，議瓜驪山，良無一是。」孔氏此説，最爲通達。據此可以折衷一是，解釋羣疑。惟戴氏非《尚書》專家，其作《尚書義考》未成，未能發明今文，以津逮後學耳。經定自孔子，傳自漢初諸儒。使後世學者能恪遵最先之義，不惑於後起之説，徑途歸一，門户不分，不難使天下生徒皆通經術，况《尚書》一經，傳之者止伏生一老，非若《詩》有齊、魯、韓三家，《春秋》有《公羊》、《穀梁》、《左氏》，各有所受，本不止一師也。歐陽、大小夏侯既分顓門，小有出入，亦未至截然不合如今古文家也。其後古文説出，初不知所自來，衛、賈、馬、鄭所説各異，既無師授，安可據依？後世震於劉歆古文之名，壓於鄭君盛名之下，循用注解，立於學官，古文説盛行，而今文衰歇。於是《尚書》之義一變。王肅學承賈、馬，亦遠本於歐陽，其學兼通古今，又去漢代不遠，使其自爲傳注，原可與鄭並行，乃必託名於孔安國，又僞造《尚書》古文經。後世見其經既增多，孔傳又古於鄭，廢鄭行孔，定於一尊。僞古文説盛行，而今文盡亡，於是《尚書》之義再變。宋儒不信古人，好矜創獲，獻疑孔傳，實爲首庸。惟宋儒但知孔傳之可疑，而不知古義之可信；又專持一理字，臆斷唐虞三代之事。凡古事與其理合者，即以爲是；與其理不合者，即以爲非。蔡沈、王柏、金履祥之説盛行，編《書》者至改古事以從之。《綱鑑輯略》一書，改西伯戡黎爲武王，微子奔周爲武庚。以近儒臆斷之空言，改自古相傳之實事，於是《尚書》之義三變。經義既已屢變，學者各有所據。蔽所不見，遂至相攻。有據孔《傳》以攻蔡《傳》者，如毛奇齡《古文尚書冤詞》是也。有據蔡《傳》以攻孔《傳》者，如閻若璩《尚書古文疏證》是也。有據馬、鄭而攻孔《傳》與蔡《傳》者，如江聲《尚書集注音疏》，王鳴盛《尚書後案》是也。要皆不知導原而上，專主伏生，故不能宗初祖以折服末師，甚且信末師而反攻初祖。其説有得有失，半昧半明，正孔廣森所云争年鄭市，本自兩非。議瓜驪山，良無一是者。此《尚書》一經，所以本極易明，反致糾紛而極不易明也。

又《論庸生所傳已有脱漏足見古文不如今文中古文之説亦不可信》 劉歆《移太常博士書》云：「考學官所傳，經或脱簡，傳或間編。」《漢書・藝文志》云：「劉向以中古文校歐陽大小夏侯三家經文，《酒誥》脱簡一，《召誥》脱簡二。率簡二十五字者，脱亦二十五字；簡二十二字者，脱亦二十二字，文字異者七百有餘，脱字數十。」此即歆所云「經或脱簡」也。後之祖古文者每以藉口，據爲今文不如古文之證。案《漢書》庸生傳古文，爲孔安國再傳弟子。而《堯典》開卷已漏「帝曰」，《般庚》之「心腹腎腸」，《吕刑》之「劓刵椓黥」；古文與今文不同，當即在七百有餘之内，而皆不如夏侯歐陽本之善。據此可見古文不如今文，一有師承，一無師承之明證也。龔自珍《説中古文》曰：「中古文之説，余所不信。秦燒天下儒書，漢因秦宫室，不應宫中獨藏《尚書》，一也。蕭何收秦圖籍，乃地圖之屬，不聞收《易》與《書》，二也。叚使中秘有《尚書》，何必遣鼂錯往伏生所，受二十九篇，三也。叚使中祕有《尚書》，不應安國獻孔壁《書》，始知曾多十六篇，四也。叚使中秘有《尚書》，以宣武之爲君，諸大儒之爲臣，百餘年間無言之者，不應劉向始知校《召誥》、《酒誥》，始知與博士本異文七百，五也。此中秘書既是古文，外廷所獻古文，遭巫蠱不立，古文亦不亡。叚使有之，則是燒《書》者更始之火，赤眉之火，而非秦火矣，六也。中秘既是古文，外廷自博士以迄民間應奉爲定本，斠若畫一，不應聽其古文家今文家紛紛異家法，七也。中秘有《書》，應是孔門百篇全經，不但《舜典》、《九共》之文，終西漢世具在，而且孔安國之所無者亦在其中，孔壁之文，又何足貴？今試考其情事，然邪不邪，八也。秦火後，千古儒者獨劉向、歆父子見全經，而生平不曾於二十九篇外，引用一句，表章一事，九也。亦不傳受一人，斯謂空前，斯謂絶後，此古文者迹過如掃矣，異哉？異至於此，十也。叚使中秘《書》並無百篇，則向作《七略》，當載明是何等篇，其不存者亡於何時，其存者又何所受也，而皆無原委，千古但聞有中古文之名，十一也。中秘既有五經，獨《易》、《書》著，其三經何以蔑聞？十二也。當帝之時，以中《書》校百兩篇非是，予謂此中古文，亦張霸百兩之流亞。成帝不知而誤收之，或即劉歆所自序之言，託於其父；並無此事。古文《書》如此，古文《易》可知，宜其獨與絶無師承之費直易相同，而不與施孟梁邱同也。《漢書》劉向一傳，本非班作。歆也博而詐，固也侗而愿。」案龔氏不信中古文，並疑劉向以中古文校今文，《易》、《書》皆有脱簡，爲劉歆所假託，可謂特見。惟《漢志》所云：「中古文，似即孔壁古文之藏中秘者，非必别有一書。」而此中秘書，不復見於東漢以後，則亦如龔氏所云：「毀於更始赤眉之火矣。」《書》既不存可以不辨。 顧炎武曰：「不

知中古文即安國所獻否，及王莽末遭赤眉之亂，焚燒無餘。」

崔適《史記探源》卷一《序證・要略》 《史記》者，五經之橐籥，羣史之領袖也。乃《漢書》已云其缺，於是續者紛起，見於本書者曰褚先生，見於《七略》者曰馮商，見於《後漢書・班彪傳》注及《史通》者，有劉歆等十六人。案《漢書》亦有自言出自劉歆者，《藝文志》曰「録《七略》」，《律歷志》曰「録《三統歷》」是也。乃《儒林傳》言經師受授與《七略》相表裏，《律歷志》言六歷五德與《郊祀志》、《張蒼傳》相牽屬，《天文》、《地理志》言分野與五德相印證，皆可知其爲歆作。黄省曾《西京雜記序》謂班固《漢書》全取劉歆，則不必然。《五行志上》曰「歆治《左氏傳》，其《春秋》意亦已乖矣」，與《藝文志》專稱《左氏傳》爲得《春秋》真意相反，豈歆語乎？《白虎通義》多主今文説，惟今文家所無乃取古文説補之，則《五行志》乃班固所自作明矣。《後漢書》本傳曰：「固著《漢書》，自永平中始受詔，潛精積思二十餘年，至建初中乃成。」豈有積思二十餘年所成之書，不著一字而襲取前人者乎？當由歆、固各有《漢書》，後人雜録兩家之言，遂成今之《漢書》，乃至宗旨岐出爾。《史記》之文，有與全書乖、與此合者，亦歆所續也。至若年代縣隔，章句割裂，當是後世妄人所增，與鈔胥所脱。其幸免乎此，又有誤衍、誤倒、誤改、誤解諸弊，要不若竄亂之禍爲劇烈，故下文專釋之。

又《竄亂》 劉歆之續《史記》，非不足於太史公也。亦既顛倒《五經》，不得不波及龍門以爲佐證，而售其爲新室典文章之絶技也。其所以顛倒五經者，劉向在成帝世，刺取《春秋》災異作《洪範・五行傳》，端緒雖紛，要以譏切世卿比例王氏爲宗旨。歆主翊戴新室，務與向説相反，於是奪孔子之《春秋》而歸之魯史，自造《書序》百篇而託之孔子，説皆詳下。如是則孔子之宗旨頓渝，而劉向之傳説皆謬矣。又須多造古文經傳，廣樹證據，而辭繁旨博，非歆一人之力所能勝任也，乃「徵天下有通逸《禮》、古《書》、《毛詩》、《周官》、《爾雅》、天文、圖讖、鍾律、月令、兵法、《史篇》文字者，皆詣公車。至者前後千數，皆令記説廷中，將令正乖謬、壹異説」云。此文載《王莽傳》。適案：歆所謂正乖謬者，即正其父向之乖謬；壹異説者，以齊魯韓《詩》、歐陽夏侯氏《書》爲異説，而壹之於所託之孔安國、毛公云爾。逸《禮》以下書名，亦劉歆所造。此千數人者，孰不仰體國師嘉新公之意旨，嚮壁虚造妖誣之言以備采納。於是羣經皆受其竄亂，而《史記》爲五經門户，則亦不得不竄亂矣。

又《春秋古文》 《史記・儒林傳》曰：「言《春秋》，於齊、魯自胡母生，於趙自董仲舒。」《太史公自序》曰「昔孔子何爲而作《春秋》哉？余聞董生」云云。是太史公之於《春秋》，一本於董生，即一本於公羊。其取之左氏，乃《國語》也。《自序》曰「左邱失明，厥有《國語》」可證，是時無所謂《左傳》也。劉歆破散《國語》，并自造誕妄之辭與釋經之語，編入《春秋》逐年之下，託之出自中秘書，命曰《春秋古文》，亦曰《春秋左氏傳》。今案其體有四：一曰無《經》之《傳》。姑即《隱公篇》言之，如三年冬「鄭伯之車僨于濟」是也。夫《傳》以釋《經》，無《經》則非《傳》也，是《國語》也。二曰有《經》而不釋《經》之《傳》。凡《傳》以釋《經》義，非述其事也。如五年九月「初獻六羽」，《公羊傳》曰：「何以書？譏始僭諸公也。」是釋其義也。《左傳》但述羽數，此與《經》同述一事耳，豈似《傳》體？以上録自《國語》居多，亦有劉歆竄入者，詳下。三曰釋不書於《經》之《傳》。如元年四月，「費伯帥師城郎。不書，非公命也」。夫不釋《經》而釋不書於《經》，則傳《書》者不當釋黄帝何以無《典》，傳《詩》者不當釋吴、楚何以無《風》乎？彼《傳》不然，則此非《傳》也。四曰釋《經》之《傳》，務與公羊氏、董氏、司馬氏、劉向之説相反而已。如隱三年書「尹氏卒」，譏世卿，爲昭二十三年立王子朝張本也。宣十年書「齊崔氏出奔」，譏世卿，爲襄二十五年弑其君光張本也。雖使「《春秋》三《傳》束高閣，獨抱遺《經》究終始」者讀之，當無異議矣。左氏改「尹」爲「君」，謂之隱公之母。於崔氏之出奔，曰「非其罪也」。凡以避世卿之譏，袒庇王氏而已。此皆劉歆所改竄，故公孫禄劾其顛倒五經，毁師法；班固曰「歆治《左氏傳》，其《春秋》意已乖也」。《史記》之文凡與《左氏傳》同，有真出自左邱明者，列國世系及政事典章之屬是也；出自劉歆者，詳下五節。

又《終始五德》 劉歆欲明新之代漢，迫於皇天威命，非人力所能辭讓，乃造爲「終始五德」之説，託始於鄒衍，説詳《孟荀列傳》。又增《吕氏春秋・十二紀》，於春曰「其帝太皞，其神句芒」；於夏曰「其帝炎帝，其神祝融」；於中央曰「其帝黄帝，其神后土」；於秋曰「其帝少皞，其神蓐收」；於冬曰「其帝顓頊，其神玄冥」，凡十句。《月令》因之。適案：《淮南・時則訓》録自《十二紀》，無此十句，《天文訓》有之，當是後人竄入。不然，何以此篇與之異。可證《吕氏》本亦無之，今有者，歆所竄入也。《紀》又曰「春祀户，夏祀竈，中央祀中霤，秋祀門，冬祀行」，此《白虎通》所謂五祀也。《左》昭二十九年以句芒、祝融、蓐收、玄冥、后土爲五祀，與此《紀》五神之名同，而五祀之説異，可證其爲歆説。猶之黄帝、顓頊、帝嚳、堯、舜乃孔子所謂五帝，此《紀》去帝嚳、堯、舜，而列太皞、炎帝於黄帝之前，增少皞於黄帝之後以爲五帝，則五帝之説亦異。《漢書・王莽傳》曰「予惟黄帝、帝少昊、帝顓頊」云云，是增少昊爲五帝，而分配五德，固自歆爲莽典文章始矣。歆所以爲此説者，由顓頊水德而下，嚳木、堯火、舜土、夏金、殷水、周木，秦説在下。漢復爲火，新復爲土，則新之當

受漢禪，如舜之當受堯禪也。《後漢書·賈逵傳》：「逵奏曰：『五經家皆言顓頊代黄帝，而堯不得爲火德。如令堯不得爲火，則漢不得爲赤。』」案逵此奏，正足與歆意相發明，特逵以媚漢，歆以佐新，意旨不同爾。歆之所言，固自以爲密合矣。然其所爲《三統歷》與《郊祀志》，而後人削爲《封禪書》者，詳《武帝本紀下》。夏德之屬金，屬木也，殷德之屬水，屬金也，周德之屬木，屬火也，秦德之屬金，屬水也，漢德之屬水，屬土，屬火也，不合者一。謂秦水德而尚黑，漢火德而尚赤；則夏尚黑非金非木，殷尚白非水，周尚赤非木，不合者二。謂周木德，漢火德，秦以水德在木火之間，不當五行之序。案漢果火德，則秦爲金德。櫟陽雨金，秦獻公自以爲金瑞，故作畦時祀白帝，嫗哭白帝子可證。推五勝之義，漢火勝秦金，秦金勝周木，秦非不當五行之序也，秦果水德則漢爲土德，黄龍見成紀可證。漢土勝秦水，秦水勝周火，秦仍非不當五行之序也，不合者三。所載張蒼、公孫臣、賈誼、司馬遷之言，皆歆僞託，不足信也。古無「終始五德」之説，則夏尚黑，殷尚白，周尚赤，其義何居？曰：此因三正，不緣五德也。《白虎通·三正篇》引《禮三正記》曰：『十一月之時，陽氣始養根株黄泉之下，萬物皆赤。赤者，盛陽之氣也，故周爲天正，色尚赤也。十二月之時，萬物始牙而白。白者陰氣，故殷爲地正，色尚白也。十三月之時，萬物始達，孚甲而出，皆黑，人得加功，故夏爲人正，色尚黑也。』《尚書大傳》曰：『夏以十三月爲正，色尚黑，以平旦爲朔。殷以十二月爲正，色尚白，以鷄鳴爲朔。周以十一月爲正，色尚赤，以夜半爲朔。』」是則易服色之義，自改正朔而出，豈由「終始五德」耶？《王莽傳》曰：「定有天下之號曰新，服色配德尚黄，犧牲應正用白。」是則别服色於正朔之外，而屬之「終始五德」，亦自歆爲莽典文章始。於《史記》則竄入《黄帝》、《秦始》、《漢高本紀》、《十二諸侯年表》、《張耳傳》也，詳各篇下。通篇皆僞者，不在此列，以下稱是。

又《變象互體》　《説卦》曰：「觀變於陰陽而成卦，發揮於剛柔而生爻。」又曰：「易六畫而成卦。」至於成卦之後，不言六爻有變象，有互體也。杜預始發此例，則是説之出晚矣。故鍾會論《易》，王弼作《注》，皆無互體，爲程子所深取。《左》莊二十二年《傳》，筮得《觀》之《否》，曰：「《坤》，土也；《巽》，風也；《乾》，天也。風爲天於土上，山也。姜，太嶽之後也。」注：「《坤》下《巽》上，《觀》。《坤》下《乾》上，《否》。《觀》六四爻變而爲《否》，《巽》變爲《乾》，故曰風爲天。」適案：《觀》三互五爲《艮》，《否》二互四亦爲《艮》，《艮》爲山，故曰山，曰嶽也。是此年之《傳》，於《易》之變象互體，實兼之矣。豈周太史已通漢學乎？此必劉歆竄入，又竄入《史記·十二諸侯年表》、《陳》、《晉》、《魏》、《田齊世家》也。以上皆無《經》之《傳》，與有《經》而不釋《經》之《傳》之屬。

又《古文尚書》　劉歆假託古文《經》、《傳》之所出，於《尚書》爲獨詳，今依其説折之。《藝文志》録《七略》曰：「武帝末，魯共王壞孔子宅，得《古文尚書》及《禮記》、《論語》、《孝經》凡數十篇，皆古字也。孔安國獻之。遭巫蠱事，未列於學官。」《儒林傳》曰：「孔氏有《古文尚書》，孔安國以今文字讀之，逸《書》得十餘篇，蓋《尚書》玆多於是矣。此數語《史記·儒林傳》亦有之，後人竄入，詳彼篇下。司馬遷從安國問故，遷載《堯典》、《禹貢》、《洪範》、《微子》、《金縢》諸篇多古文説。」適案：《五宗世家》：魯共王用孝景前二年立，二十六年卒。景帝在位十六年，則共王卒於武帝即位之十一年，即元光五年。武帝在位五十四年，則末年安得有共王？不合者一。孔安國以今文讀之，需歲月幾何？乃越四十餘年，至巫蠱禍作之年，而始獻之乎？且安國若有得《古文尚書》事，何以《孔子世家》不言，但曰「安國爲今皇帝博士，遷臨淮太守，蚤卒」？《漢書·倪寬傳》：寬詣博士受業，受業孔安國，補廷尉史，廷尉張湯薦之。亦見《史記·儒林傳》，亦後人竄入，詳本篇下。《百官表》：「湯遷廷尉，在元朔三年。」是安國爲博士在元朔三年以前，使其年甫踰二十，至巫蠱禍作，已過五十，是時尚在，安得云蚤卒？既云蚤卒，安得獻書於巫蠱禍作之年耶？荀悦《漢紀》云：「安國家獻之。」此「家」字，亦知安國之年不及巫蠱禍作而增。然安國有子卬，何不云孔卬獻之，而於安國下增「家」字，彌縫之跡甚彰，不合者二。《世家》但曰安國爲博士，不自言從之問故也。《自序》云：「太史公受《易》於楊何，習道論於黄子。」於其父所受業，尚言之甚詳，若遷自從安國問故，何得不言？《漢書·遷傳》亦不言，惟於《儒林傳》言之。且太史公生年亦不及武帝之末，《七略》言武帝末，魯共王得《古文尚書》，而後安國獻之，遷亦何由從之問故耶？不合者三。劉歆《移讓太常博士書》曰：「或以《尚書》爲備。」則自歆以前經師所傳，固以孔子所定之書，伏生已備，非殘缺之本也。《史》、《漢》皆言歐陽生事伏生，授倪寬，寬又受業孔安國，不言安國所受業，其爲家學可知。歐陽、大小夏侯之學皆自寬出，寬自伏氏出，又自孔氏出，則孔氏之書與伏生同矣。不然寬何不以所異者互補，必待孔壁古文出而滋多耶？伏《書》備則孔《書》亦備，安所得滋多之古文而遷從之問故耶？不合者四。古文説與古文《經》本不同物，《七略》曰「壞孔子宅，得古文數十篇，皆古字也」，《儒林傳》曰「孔安國以今文讀之」，皆謂古文《經》，非古文説也。《七略》雖云《尚書傳》四十一篇，不注作者姓名，惟東晉梅賾所上僞孔安國序，有承詔作傳之

文，亦非漢儒所及料也。《後漢書·儒林傳》曰：「杜林傳《古文尚書》，賈逵爲之作訓，馬融作傳，鄭玄注解。」見於《楊倫傳》末。然則賈逵以後乃始有古文說，太史公何從載之？不合者五。《儒林傳》「遷載古文說」之言，當出馬續。《後漢書·列女傳》：「班彪女昭，兄固著《漢書》，未及竟而卒，和帝詔昭踵而成之，後又詔馬融兄續繼昭成之。」案：融爲古文學，續當同之。《尚書》自伏生所傳二十八篇後，《太誓》後得，附入大小夏侯書中，篇各爲卷，《七略》曰「《經》二十九卷」是也。劉歆僞託孔安國所傳，造古文十六篇，亦篇各爲卷；又造《書序》百篇，合爲一卷，與大小夏侯所傳二十九卷雜書之，《七略》曰「《古文經》四十六卷」是也。馬、鄭雖古文家，不爲十六篇作傳注，惟爲二十九篇作之，於是用古文之學而釋今文之經，《儒林傳》所謂古文說是也。及漢古文亡，而晉古文出，去馬、鄭本《太誓》，而別造《太誓》，亦雜伏《書》二十八篇書之，且爲作《傳》，亦託之孔安國，是後伏生今文之《經》，轉附梅氏古文而傳，篇名雖今，而文字章句皆古矣。復求一二零章斷句之真今文經與說，皆惟《史記》是賴，所載《堯典》、《禹貢》、《微子》、《洪範》、《金縢》諸篇，絶無古文說，詳《堯》、《舜》、《夏本紀》、《宋》、《魯世家》下，《漢書·儒林傳》謂多古文說，不合者六也。晉出古文之僞，閻百詩、惠定宇言之已詳，且於《史記》關係甚少，故不之及。

又《書序》　此亦劉歆所作，託之孔子，然亦穿鑿《史記》，以竄宅其鬼蜮也。《三代世表》曰：「孔子次《春秋》，序《尚書》。」猶曰序《春秋》，次《尚書》也。《孔子世家》曰：「追跡三代之禮，序《書傳》，上紀唐虞之際，下至秦繆，編次其事。」此「序」字與「追跡」之「跡」、「上紀」之「紀」，對文同義，下復總括之曰「編次」，皆謂次序之「序」，非序跋之「序」也。《七略》據此而曰「孔子纂書，凡百篇，而爲之序」，其說鑿矣。《孟子》曰：「湯崩，外丙二年，仲壬四年」，乃序太甲之事，《殷本紀》與之同。《書序》曰：「成湯既没，太甲元年。」直以爲太甲繼成湯而立，豈孔子之數典忘祖歟？抑稽古之力不如孟子歟？其厚誣孔子明矣。今可證其爲劉歆作者四焉：《漢書·王莽傳》：「遣平、憲等多持金幣誘塞外羌豪良願等，使獻地，願内屬，曰：『安漢公至仁，天下太平，五穀成熟，或禾長丈餘，或一粟三米。』」乃造唐叔得禾異母同穎之説，作《嘉禾·書序》以張其本。《太平御覽·休徵部》引《大傳》，略説周公踐阼，朱草暢生；又曰周公輔幼主，不矜功，則蓂莢生。此亦後人所依託。古人第言咎徵，藉以修德，故《洪範·五行傳》止詳災異，不及祥瑞。《王莽傳》：「班德祥、符命、福應等篇於天下，言黃龍見成紀，井石金匱，雌雞化爲雄之屬，始飾災異爲祥瑞。」唐叔之時，安得此矯誣之説耶？證一也。新受漢禪，取法舜受堯禪。《莽傳》曰「予前在大麓」，又曰「流棻于幽州，放尋于三危，殛隆于羽山」，凡事比跡重華。堯既有典，舜豈可無？是則《舜典》之名亦爲新室而作，故不及顧舜之事業已詳於《堯典》也。今之《舜典》本《堯典》文，晉時始割「慎徽五典」以下爲之。證二也。《周本紀》：「周受命九年，武王上祭于畢，十一年伐紂克殷，後二年，問箕子以天道。」《大傳》：「武王釋箕子之囚，箕子不忍爲周之釋，走之朝鮮，封之。箕子既受周之封，不得無臣禮，故於十三祀來朝，武王因而問《洪範》。」是問《洪範》在克殷後二年，箕子自朝鮮來也。《書序》曰：「武王勝殷，殺受，立武庚，以箕子歸，作《洪範》。」直謂勝殷之年，即以箕子自朝歌歸周矣，正與《三統歷》文王受命九年而崩，後四年武王克殷，以克殷爲在十三年合，證三也。《列子·楊朱篇》「周公攝天子之政，召公不説」。《燕世家》「成王既幼，周公攝政，當國踐阼，召公疑之」。案：召公疑之者，疑其踐阼也。阼，王位也。《祭統》云「君衮冕立于阼」是也。《書序》曰：「召公爲保，周公爲師，相成王爲左右，召公不説。」馬融曰：「召公以周公既攝政，致太平，功配文武，不宜復列在臣位，故不説。」案：此謂不説周公列臣位，與不説周公踐君位，義相反對，凡與太史公説相反對者，皆歆説也，證四也。是則《書序》之文固非太史公所及知，亦非《史記》所應載。《玉藻》曰：「動則左史書之，言則右史書之。」鄭注以記動爲《春秋》，記言爲《尚書》。然則《史記》亦記動之書，不當有記言之體。故《五帝本紀》録《堯典》文而不引《堯典》篇名，《殷本紀》録《西伯戡黎》文而不舉《西伯戡黎》篇名，《宋世家》録《微子》、《洪範》文亦然。録其文所以記動也，非爲記言，故不録其篇名，此太史公本文。《夏本紀》「禹乃行相地宜所有以貢」；《殷本紀》「盤庚乃告諭諸侯大臣」；《周本紀》「至于商郊牧野乃誓」，又曰「誓已」；《秦本紀》「乃誓於軍曰」，又曰「故作此誓，令後世以記余過」；《魯世家》「周公藏其策金縢匱中」；《晉世家》「周作《文侯之命》：王若曰」。雖寓篇名，仍是記動，亦太史公本文。至若《夏本紀》之甘誓文，《殷本紀》之《高宗肜日》文，《魯世家》之《無逸》、《肸誓》文，《燕世家》之《君奭》文，亦太史公所録，而繫其上下文曰「作《甘誓》」，曰「作《高宗肜日》及《訓》」，曰「作《無逸》」，曰「作《肸誓》」，曰「作《君奭》」，并録篇名，實兼記言之體，與全書不類，必非太史公語也。更有無文可録，如《殷本紀》「伊尹入自北門見女鳩、女房，作《女鳩》、《女房》」。此文更屬不類，二人之言行無攷，何所藉以發明，而《史記》載之乎？故無論其篇名爲今文、古文，凡曰「爲某事作某篇」者，皆劉歆之徒據《書序》竄入也，如《夏》、《殷》、《周本紀》、《齊》、《魯》、《衛》、《宋世

家》篇中夥矣。

又《古文》 《七略》曰：「《古文尚書》及《論語》、《孝經》。」然則《論語》、《孝經》而書以古文，亦當曰《古文論語》、《古文孝經》，必與經名相屬，始見其爲何經之古文。乃《五帝本紀》贊曰「總之不離於古文者近是」，《仲尼弟子傳》贊曰「則論言弟子籍，出孔氏古文近是」，《太史公自序》曰「年十歲則誦古文」，此等古文謂何經耶？惟《説文解字》有此名，别於小篆、籀書也，此又非其例也，直不成語矣。此不通文理者所增竄，不當歸咎劉歆矣。

雜録

李慈銘《越縵堂讀書記·子部·雜家類》 《雪泥屋遺書》，清牟廷相撰。閲牟默人《雪泥屋遺書目録》。默人名廷相字陌人，山東棲霞人，乾隆乙卯優貢生，官觀城縣訓導。其子房字農星，嘉慶戊寅舉人，嘗署會稽令事，此書即農星所刻，中列書共五十一種。曰《學易録》，曰《校正崔氏易林》，曰《同文尚書》，曰《尚書百篇序證案》，曰《周公年表》，曰《詩切》，曰《校正韓詩外傳》，曰《左傳評注》，曰《春秋算艸》，曰《國語評注》，曰《禮記投壺算艸》，曰《古今年表》，曰《更定漢書王莽傳》，曰《明史論》，曰《名士年譜》，曰《繹老》，曰《道德經釋文》，曰《校正晏子春秋、墨子、吕氏春秋、韓非子、淮南子》，曰《楊子太玄注》，曰《繹參同契》，曰《楚辭述芳》，曰《十二賦箋》，曰《校正龍文四十篇》。曰《校正説文》，曰《方雅福書》，曰《句股重差圖》，曰《兩句和與兩股弦較算艸》，曰《帶縱和數立方算法》，曰《算學定本》，曰《風星正原》，曰《校郭璞葬書》，曰《雪泥屋秘書》，曰《凡翁丹訣》，曰《雪泥屋志》。曰《神仙集》，曰《删定唐人試律集》，又有《擬我法集》，曰《雪泥屋文集》及《詩賦策經·文時文試帖》等十種，惟《周公年表》、《投壺算草》已刻。有序者存其序及其大恉。默人之學盡屏古説，專任肊斷，持論不根。其《詩切》一種，云稿凡六易，言餘百萬，而痛攻《毛詩》，悉反《小序》，甚至改定篇名，蓋近病狂之言。其尤詭異可笑者，改《鄘風·柏舟》篇爲《小柏舟》，謂句少於《邶》之《柏舟》也。讀《太叔于田》爲《大叔于田》，謂句多於前篇之《叔于田》也。改《君子于役》爲《雞栖》，改《君子陽陽》爲《執簧》，改《東方未明》爲《折柳》，此改篇名也。以《黍離》入「衛詩」，以《下泉》入「豳詩」，以《葛覃》爲去婦詞，以《卷耳》爲思婦吟，以《鵲巢》爲刺召南君以妾爲妻，以《擊鼓》爲迎喪詞，以《谷風》爲妒婦詞，以《簡兮》爲刺大夫獼猴舞，以《君子陽陽》爲思婦夢，以《葛覃》爲贅子詞，以《采葛》爲刺人娶妻而不出，以《叔于》田爲少年詞，以《風雨》爲問疾詞，以《子衿》爲寄衣詞，以《出其東門》爲巫臣喜得夏姬，以《蔓草》爲夏姬答子靈，以《園有桃》刺没入人田宅，以《十畝之間》爲刺人悦桑女，以《東門之枌》爲詠神叢歌舞，以《東門之池》爲觀美女戲舟，以《東門之楊》爲詠夜遊張燈，以《月出》爲望月詞，以《澤陂》爲嘲人怕婦，以《羔裘》爲刺婦人好游，以《蜉蝣》爲刺裸裎而游，以《東山》爲周公悼亡，以《南有嘉魚》刺狎客，以《南山有臺》傷大貴之損生，不如柱下史老聃，以《蓼蕭》、《庭燎》皆爲宫怨，以《車舝》爲刺人送女爲貴家媵妾，以《角弓》爲傅母箴娣姒不相親，以《黍苗》爲送召伯爲徐偃王築城，以《隰桑》爲寵妃刺王私悦宫婢，以《白華》爲大夫之賢妾見疏而贈其新寵姬，以《緜蠻》爲窮士謁貴而借資，以《大明》爲諫成王欲封后族，以《思齊爲》邑姜，以成王觀先后畫像，以文王有聲爲止康王欲遷都，以既醉爲刺康王留賓夜飲而弛宫禁，以抑爲共和夫人教嗣君小學，如此之類，真是風狂寐語，名教罪人，録之以資笑柄可也。《同文尚書》則惟信伏生二十八篇，頗與閻、惠諸儒相合，而亦更定篇目，以序爲僞。至於《周禮》、《左傳》，無不力詆，以《儀禮》爲漢文帝時徐生所造，皆愚妄悖謬，爲亂經之巨蠹。其校正《崔氏易林》者，即《焦氏易林》，以舊序有王莽時建信天水焦延壽所譔之言，謂據《後漢書·崔駰傳》及《孔僖傳》，當是王莽時建新大尹崔篆所撰。延壽是篆之字，因大尹誤爲天水，崔誤爲焦，後人遂以爲焦延壽，《隋志》據以著録。此説稍爲近理，近儒亦有言之者，然亦不得竟改爲《崔氏易林》。其所最尊信者，《老子》、《楚辭》、《太玄》，而以《老子》爲經尹喜所倒亂，文義不屬，爲之移易補綴，凡七易稿，名曰《繹老》。以《楚辭》爲被王逸誤注，因考其時地，定《九辨》二《招》爲屈原作，稿亦四易，名曰《楚辭述芳》。是亦可謂心勞日拙者矣。其曰《十二賦箋》者，《高唐賦》、《神女賦》、《好色賦》、《風賦》、《鵩鳥賦》、《子虚賦》、《上林賦》、《長門賦》、《洞簫賦》、《甘泉賦》、《羽獵賦》、《長楊賦》，而附以相如《封禪文》子長《報任少卿書》。其曰《校正龍文》四十篇者，始以《管子·牧民篇》，終以《史記·伯夷列傳》。其曰《神仙集者》，選輯鍾離以下羣仙詩。其《繹參同契》及《祕書丹訣》等，皆自署曰凡翁務唐，其文筆峻悍簡潔，頗爲可憙。國朝山左之學，自蒿菴宛斯謹守古學，顨軒蘭臯未谷蔚爲大師。近之文泉箓友，師法不墜。而默人鄉壁虚造，無所取資，恃其精心，敢于立異，岸然自以爲孔子後一人。其實所好者不出丹經道書，所長者不出時文批尾，枉耗日力，譾言滿家。聞其《雪泥屋時文稿》已刻行，頗有隆、萬家法。蓋約其著書之旨，《書經》、《楚辭》兩種，當有可節取；算學道集，存立無害。其《風星正源》所載《風角序》、《星象序》、《農圃星占序》三篇，語甚平正。《投壺算草》推演鄭注，詩文等集，必有佳者。《明史論》汔於宣德十年，爲未定本，其中當有獨闢之論。餘舉畀之烈火可也。以彼其才，淩轢百家，誠亦間出之士，而夜郎自大，恣意肆言，卒爲學究之傖荒，經儒之梟賊，獨

學而無友，可不戒哉！

又《巢經巢經説》，清鄭珍撰。閲《巢經巢經説》。鄭子尹珍所箸。子尹之《説文逸字》，已爲近日卓絶之學，今閲其《經説》僅一卷，而貫串精密，尤多傑見。其長在善讀經文注文，不爲唐以後正義所惑，有功於經學甚鉅。如補正《爾雅》釋親宗族一條，謂父之從祖昆弟之妻爲族祖母，父之從祖姊妹爲族祖姑，當作父之從祖昆弟之妻爲族母，父之從祖姊妹爲族姑，皆誤衍一「祖」字。又既曰父之世母叔母爲從祖祖母，復曰父之從父昆弟之母爲從祖王母，文義緟複，當是父之從祖昆弟之父爲族祖王父之誤，古本原與下族祖王母句對文也。父之從祖姊妹爲族姑下，當又有從祖姑爲族祖姑一句，兄之子弟之子相謂爲從父昆弟下，疑舊有其女子子爲從父姊妹，從祖父之子相謂爲從祖昆弟，其女子子爲從祖姊妹三句，乃于《儀禮》五服内親無一遺闕。而自開成石經，已同今本，邵氏郝氏亦未疑及。易疇程氏説《禮》名家，而其文足徵中親屬隆殺述，至以昆弟之曾孫與族曾孫爲二人，以從父昆弟之孫爲族昆弟之孫，則此篇關係非淺尠也。曾子問婚禮既納下，又有下言爲世父母叔父母姑姊妹者，謂妾自服其私親也，二十一字傳文，則賈疏明言是康成注文，謂當屬上節注文言大夫之妾乃此三人之服也句下，蓋鄭君欲分别舊讀者如此意趣，然後破之，可知唐以前人並不認此二十一字爲傳文。其直以爲傳者，自開成石經始，云云。反覆辯證，凡五千言，極其精確，推明服制之微，以著人道之重，有功于聖經甚大，不止爲鄭學干城也。阮氏元、陳氏壽祺皆知傳文下言爲世父母二十一字爲鄭注，而猶未明逆降之義，又不知傳文嫁者其嫁于大夫四句亦係後人羼入，非康成所注原本，甚矣讀書之難也。孔氏廣森禮學巵言，謂此條言逆降者，蓋以貴降，未嫁者謂未嫁於大夫也。斬衰章注，行於大夫以上曰嫁，行於士庶人曰適人，婦人外成，既許嫁大夫，雖未行，固已貴矣，是以有逆降之法云云。蓋欲周旋傳文嫁者四語，而頗協於服制尊尊之義，亦足以備一説，要不若子尹此辨之精。至金氏榜禮箋，謂此女子子亦指大夫之女，以尊厭降，非逆降，則姊妹亦是大夫之女，何得厭降？又謂傳曰嫁者四語，亦鄭注釋舊讀之文，後人誤加傳曰二字，混入大字。李氏惇謂姑姊妹三字是衍文。皆不可從。皆足以訂正千載之誤。辨日本《古文孝經》、《孔氏傳》之僞有十事，其謂《孝經》漢止分章，至皇侃義疏始標章名，而此本章名皆與今同。惟所多四章，别立新名。孔穎達云：「漢初爲傳訓者，皆與經别行，及馬融爲《周禮》注，欲省學者兩讀，故具載本文。」則就經爲注，始於東漢之末。今此本孔序乃云發憤精思，爲之訓傳，悉載本文，是漢儒訓詁體例，且所未知。陸氏《經典釋文序例》云：「朱以發經，墨以起傳。」曰發曰起者，猶言標也，蓋陸氏因摘字爲音，經傳相間，欲便覽者分别，故其初本標經文用朱書，標注文用墨書。而此書序亦云朱以發經，墨以起傳，不知經何待發？所起者又何傳？是直不解陸氏所言，徒以其例新而襲用之。《孝經》孔傳，隋劉炫始主之以駁鄭注，書亡于梁，至隋時復出，即炫所僞作。其駁鄭《注》「孝始於事親」三句，具載邢《疏》，而此本孔《傳》轉同鄭義。邢《疏・孝治》章引孔安國曰：「亦以相統理。」《感應》章注，禮君燕族人與父兄齒也，疏云此依孔傳。而今本無此二條，足見作僞者于注疏猶未細檢。此五事尤爲精確，足關僞者之口。予嘗讀《古文孝經》孔氏傳，决爲日本陋儒所爲，并非劉光伯所假託之本，其序文全是六朝人筆墨，殆尚是光伯原本。中有云：「昔吾逮從伏生，論《古文尚書》誼，時學士會，云出叔孫氏之門，自道知《孝經》，有師法」，此豈西漢人語？又云：「夫雲集而龍興，虎嘯而風起，物之相感，有自然者，不可謂毋也。胡笳吟動，馬蹀而悲，黄老之彈，嬰兒起舞，庶民之愚，愈于胡馬與嬰兒也，何爲不可以樂化之？」其文義句調，皆齊梁以後畦徑，至因《漢書・藝文志》有云「父母生之，續莫大焉，故親生之厀下，諸家説不安處，古文字讀皆異」等語，遂改故親生之厀下句爲是故親生毓之。試思今文故親生之厀下以養父母日嚴二語，謂厀下至近也，親生之至恩也，而其養日嚴，蓋由恩生義，由近生尊，厀下之地，即大禮所自出，此何等精義。班氏所謂諸家説不安處，未知所指，而改作親生毓之，便淺陋迥異矣。父母生之續莫大焉，此即孟子云「不孝有三無後爲大」，《禮記》云「君子念始之者也」之義。鄭《注》「父母生子，骨肉相連屬，復何加焉」。明皇《注》：「父母生子，傳體相續，人倫之道，莫大于斯」，皆得聖人精義。班氏所謂不安，未知長孫江翁何所説，后倉翼奉何所道，而此本改作「父母生之，績莫大焉」，《傳》云：「績功也，父母之生子，撫之育之，顧之復之，攻苦之功莫大焉者也。」「父母于子，可以功論？文義俚鄙，一何至此！又以陸氏《釋文》云：「父子之道，古文從此已下别爲一章」，遂别標章名曰父母生績章，尤爲可笑，是則斷非光伯所爲。子尹譏召弓盧氏最號精審，而爲此書作序，極辨爲真孔氏作，蓋好奇之心先入之，即極醜態亦不復見。予觀盧氏序，亦未始不置疑，且言其章首傳中，有云「孔子者男子之通稱也仲尼之兄伯尼」十五字，必是後人孱入；又云在讀者之善擇，是盧氏未嘗竟信爲真。特以古籍流傳者無幾，即出掇拾，其中亦或存古義，但于文字無所顯背，所謂與其過而廢之，無寧過而存之者歟？至海寧吴氏騫、慈谿鄭氏辰兩序，則推崇太過，愈辨愈慎，爲作僞者所中矣。

俞樾《茶香室叢鈔》卷一《趙子昂尚書集注序》 明焦竑《筆乘》載趙子昂《尚書集注序》云：「《詩》、《書》、《禮》、《樂》、《春秋》，皆經孔子删定筆削，後世尊之以爲經，秦火之後，《樂》遂無復存。《詩》、《書》、《禮》、《樂》、《春秋》，由漢以來，諸儒有意復古，殷勤收拾，而作僞者出焉。學者不察，尊僞爲真，俾得並行以售其欺，《書》之古文是已。嗟夫！《書》之爲書，二帝三王之道，於是乎在，不幸而至於亡，於不幸之

中幸而有存者，忍使僞亂其間邪？又幸而覺其僞，忍無述焉以明之，使天下後世當受其欺邪？余故分今文、古文而爲之集注焉。嗟夫！可與知者道，難與俗人言也。余恐是書之作，知之者寡，而不知者之衆也。昔子雲作《法言》，時無知者，曰：『後世有子雲，必愛之矣。』庸詎知今之世，無與我同志者哉！」按趙子昂以書畫名後世，乃能灼知古文《尚書》之僞，著書以明之，是亦深於經學者矣。惜其書不傳，要是國朝攻古文《尚書》者之先聲也。按《序》中不及《周易》，未知何意，疑或有誤。然焦氏言得子昂真蹟，則又當不誤也。

姚振宗《漢書藝文志拾補》卷一　漆書《古文尚書》一卷。《後漢書·杜林傳》：「林字伯山，扶風茂陵人也。父鄴，成哀間爲涼州刺史。林少好學沈深，家既多書，又外氏張竦父子喜文采，林從竦受學，博洽多聞，時稱通儒。光武徵拜侍御史，羣僚知林以名德用，甚尊憚之。京師士大夫咸推其博洽。河南鄭興、東海衞宏等皆長於古學。興嘗師事劉歆，林既遇之，欣然言曰：『林得興等固諧矣，使宏得林且有以益之。』及宏見林，闇然而服。濟南徐巡始師事宏，後皆更受林學。林前于西州得漆書《古文尚書》一卷，常寶愛之，雖遭艱困，握持不離。身出以示宏等，曰：『林流離兵亂，常恐斯經將絶，何意東海衞子、濟南徐生復能傳之，是道竟不墜於地也。古文雖不合時，務然願諸生無悔所學。』宏、巡益重之，於是古文遂行。」《後漢書·儒林傳》：「扶風杜林傳古文尚書，林同郡賈逵爲之作訓，馬融作傳，鄭玄注解，由是《古文尚書》遂顯於世。」《經義考》曰：「按漆書古文雖不詳其篇數，而馬、鄭所注實依是書。陸氏《釋文》采馬氏注甚多，然惟今文及《小序》有注而孔氏增多二十五篇，無一語及焉，然則漆書亦止有今文二十九篇而已，孔氏增多之書無之也。」《經義考》又曰：「西漢之古文，孔安國家獻之，未列於學官者也。東漢之古文，杜林得之，西州賈逵、衞宏、馬融、鄭玄輩爲之作訓、傳、注解者也。當時止有杜林漆書，若孔氏增多之書，終漢之世下及魏、西晉莫有見之者。」

辨僞名篇名著部

王充《論衡》分部

綜　述

葛洪《抱朴子·解蔽篇》　抱朴子曰：「余雅謂王仲任作《論衡》八十餘篇，爲冠倫大才。」有同門魯生難余曰：「夫瓊瑶以寡爲奇，磧礫以多爲賤，故庖犧卦不盈十，而彌綸二儀；老氏言不滿萬，而道德備舉。王充著書，兼籍累袠，而乍出乍入，或儒或墨，屬辭比義，又不盡美。所謂陂原之蒿莠，未若步武之黍稷也。」抱朴子答曰：「且夫作者之謂聖，述者之謂賢，徒見述作之品，未聞多少之限也。吾子所謂竄巢穴之沉昧，不知八紘之無外；守燈燭之霄曜，不識三光之焜朗；遊潢洿之淺狹，未覺南溟之浩汗；滯丘垤之位卑，不悟嵩、岱之峻極也。兩儀所以稱大者，以其涵括八荒，緬邈無表也；山海所以爲富者，以其包龍曠闊，含受雜錯也。若如雅論，貴少賤多，則穹隆無取乎宏燾，而旁泊不貴於厚載也。夫尺水之中，無吞舟之鱗；寸枝之上，無垂天之翼；蟻垤之巔，無扶桑之林；潢潦之源，無襄陵之流。巨鼇首冠瀛洲，飛波淩乎方丈，洪桃盤於度陵，建木竦於都廣，沉鯤横於天池，雲鵬戾乎玄象。且夫雷霆之駭，不能細其響；黄河之激，不能局其流；騏騄追風，不能近其迹；鴻鵠奮翅，不能卑其飛。雲厚者雨必猛，弓勁者箭必遠。王生學博才大，又安省乎？吾子云：『玉以少貴，石以多賤。』夫玄圃之下，荆、華之巔，九員之澤，折方之淵，琳琅積而成山，夜光焕而灼天，顧不善也？又引庖犧氏著作不多。若夫周公既繇大《易》，而加之禮樂；仲尼作《春秋》，而重之以十篇，過於庖犧，多於老氏，皆當貶也？言少則至理不備，辭寡則庶事不暢，是以必須篇累卷積，而綱領舉也。四時會而羲和昇光以啓旦，望舒曜景以灼夜，五材並生而異用，百藥雜秀而殊功。四時會而歲功成，五色聚而錦繡麗，八音諧而《蕭》、《韶》美，羣言合而道藝辨。積猗頓之財，而用之甚少，是何異於原憲也？懷無銓之量，而著述約陋，亦何别於瑣碌也？音爲知者珍，書爲識者傳，瞽曠之調鐘，未必求解於同世，格言高文，豈患莫賞而減之哉？且夫江海之穢物不可勝計，而不損其深也；五嶽之曲木不可訾量，而無虧其峻也。夏后之璜，雖有分毫之瑕，暉曜符彩，足相補也；數千萬言，雖有不豔之辭，事義高遠，足相掩也。故曰四瀆之濁，不方瓮水之清；巨象之瘦，不同羔羊之肥矣。子又譏之：『乍入乍出，或儒或墨。』夫發口爲言，著紙爲書，書者所以代言，言者所以書事，若用筆不宜雜載，是論議當常守一物。昔諸侯訪政，弟子問仁，仲尼答之，人人異辭。蓋因事託規，隨時所急。譬猶治疾之方千百，而針灸之處無常，卻寒以温，除熱以冷，期於救死存身而已，豈可詣者逐一道，如齊、楚而不改路乎？陶朱、白圭之財不一物者，豐也；雲夢、孟諸所生萬殊者，曠也。故《淮南鴻烈》，始於《原道》、《俶真》，而亦有《兵略》、《主術》；莊周之書，以死生爲一，亦有畏犧慕龜，請粟救饑。若以所言不純而棄其文，是治珠翳而剜眼，療濕痺而刖足，患莠莠而刈穀，憎枯枝而伐樹也。」

劉知幾《史通·自敍》　儒者之書，博而寡要，得其糟粕，失其菁華。而流俗鄙夫貴遠賤近，傳兹《通釋》曰：恐作「轉滋」。牴牾，自相欺惑，故王充《論衡》生焉。

王應麟《困學紀聞》卷一〇《諸子》　《論衡》蓋蔡中郎所祕玩，而劉氏《史通》《序傳篇》。譏之曰：「充自述其父祖不肖，爲州閭所鄙，而答以瞽頑舜神，鯀惡禹聖。盛矜於己，而厚辱其先，何異證父攘羊，學子名母？名教之罪人也。」葛文康公名勝仲，字魯卿。亦曰：「充刺孟子，猶之可也。至詆訾孔子，以繫而不食之言爲鄙，以從佛肸、公山之召爲濁；又非其脱驂舊館，而惜車於鯉；又謂道不行於中國，豈能行於九夷？具見《問孔篇》。若充者，豈足以語聖人之趣哉？」即二説觀之，此書非小疵也。吕南公謂：「充飾小辯以驚俗，蔡邕欲獨傳之，何其謬哉？」

黄震《黄氏日抄》卷五七《諸子三》　王充嘗師班彪，博學有獨見。既仕不偶，退而作《論衡》二十餘萬言。蔡邕、王朗嘗得其書，皆祕之以爲己助。蓋充亦傑然以文學稱者。惜其初心發於怒憤，持論至於過激，失理之平，正與自名「論衡」之意相背耳。如謂窮達皆出於命，達者未必賢，窮者未必不肖，可矣。乃推而衍之，至以治和非堯、舜之功，敗亡非桀、紂之罪，亦歸之時命，焉可乎？義見《治期篇》。甚至譏孔、孟義見《問孔篇》、《刺孟篇》。而尊老子；義見《自然篇》。抑殷周而誇大漢；義見《宣漢》、《恢國》等篇。謂龍無靈；謂雷無威；義見《龍虚》、《雷虚篇》。謂天地無生育之恩，而譬之人身之生蟣蝨；義見《物勢》、《自然》等篇。欲以盡廢天地百神之祀，雖人

生之父母骨肉，亦以人死無知，不能爲鬼，而忽蔑之。義見《論死》、《訂鬼》、《祀義》、《祭意》等篇。凡皆發於一念之怨憤，故不自知其輕重失平如此。至其隨事各主一説，彼此自相背馳，如以十五説主土龍必能致雨，見《亂龍篇》。他日又曰「仲舒言土龍難曉」。見《案書篇》。如以千餘言力辯虎狼食人非部吏之過矣，見《遭虎篇》。他日又曰「虎狼之來，應政失也。」見《解除篇》。凡皆以不平之念，盡欲更時俗之説，而時俗之説之通行者，終不可廢。矯枉過正，亦不自覺其衡決至此也。惟其辯訛正謬，有裨後學見聞。

胡應麟《少室山房筆叢》卷二八《九流緒論中》 王充氏《論衡》八十四篇，其文猥冗爾沓，世所共輕，而東漢、晉、唐之間特爲貴重。蔡邕祕弗視人；葛洪贊弗容口；劉子玄槌提班、馬不遺餘力，而獨尊信是書。三子皆鴻生碩彦，目無古今，乃昌歜羊棗，異代同心，何哉？秦、漢以還，聖道陸沉，淫詞日熾，莊周、列禦、鄒衍、劉安之屬，捏怪興妖，不可勝紀。充生茅靡瀾倒之辰，而獨岌然自信，攘背其間，剗虚黜增，訂訛斲僞，詖淫之旨，遏截弗行，俾後世人人咸得藉爲口實，不可謂非特立之士也。故伯喈尚其新奇，稚川大其宏洽，子玄高其辯才。特其偏愎自是，放言不倫，稍不留心，上聖大賢，咸在訶斥。至於《問孔》、《刺孟》等篇，而闢邪之功，不足以贖其横議之罪矣。近世誚充太甚，若何氏、沈氏諸説，或未足以大服其衷，故余稍爲次其功罪，以折衷後之君子。

王鳴盛《十七史商榷》卷三六 《後漢書・應劭傳》曰：「應劭撰《風俗通》，以辯物類名號，識時俗嫌疑。文雖不典，後世服其洽聞。」又曰：「甄紀異知，雖云小道，亦有可觀。」按劭，漢俗儒也；《風俗通》，小説家也。蔚宗譏其不典，又云異知小道，可謂知言。《王充傳》云：「著《論衡》八十五篇，釋物類同異，正時俗嫌疑。」此與《風俗通》品題略同，尤爲妙解。蓋兩書正是一類，皆摭拾謏聞，郢書燕説也。

梁章鉅《退庵隨筆》卷一七 王充《論衡》，《四庫》亦列之雜家。紀文達師謂充生當漢季，憤世嫉俗，作此書以勸善黜邪，訂譌砭惑，大旨不爲不正，然激而過當，至於問孔刺孟，無所畏忌，轉至於不可以訓，瑕瑜不掩，當分别觀之。按昔人以《論衡》爲枕中祕，名流頗重其書，惟其議論支離，文筆冗漫，實不類漢人所爲，故余每竊疑其贋作。近閲杭大宗世駿集中，有《論王充》一篇，直指其自譽而毁祖父爲不孝，又引陳際泰誡子書，至以村學究刻畫所生，其端實自王充發之云云。則所論尤爲嚴正，又不在區區文字之間矣。

傳記

王充《論衡》卷三〇《自紀篇》 充既疾俗情，作《譏俗》之書；又閔人君之政，徒欲治人，不得其宜，不曉其務，愁精苦思，不睹所趨，故作《政務》之書。又傷僞書俗文多不實誠，故爲《論衡》之書。夫賢聖殁而大義分，蹉跎殊趨，各自開門。通人觀覽，不能訂詮。遥聞傳授，筆寫耳取，在百歲之前。歷日彌久，以爲昔古之事，所言近是，信之入骨，不可自解，故作實論。其文盛，其辯争，浮華虚僞之語，莫不證定。没華虚之文，存敦厖之朴；撥流失之風，反宓戲之俗。充書形露易觀。或曰：口辯者其言深，筆敏者其文沉。案經藝之文，賢聖之言，鴻重優雅，難卒曉睹。世讀之者，訓古乃下。蓋賢聖之材鴻，故其文語與俗不通。玉隱石間，珠匿魚腹，非玉工珠師，莫能采得。寶物以隱閉不見，實語亦宜深沉難測。《譏俗》之書，欲悟俗人，故形露其指，爲分别之文；《論衡》之書，何爲復然？豈材有淺極，不能爲深覆？何文之察，與彼經藝殊軌轍也？答曰：玉隱石間，珠匿魚腹，故爲深覆。及玉色剖於石心，珠光出於魚腹，其猶隱乎？吾文未集於簡札之上，藏於胸臆之中，猶玉隱珠匿也。及出荴露，猶玉剖珠出乎！爛若天文之照，順若地理之曉，嫌疑隱微，盡可名處。且名白，事自定也。《論衡》者，論之平也。口則務在明言，筆則務在露文。高士之文雅，言無不可曉，指無不可睹。觀讀之者，曉然若盲之開目，聆然若聾之通耳。三年盲子，卒見父母，不察察相識，安肯説喜？道畔巨樹，塹邊長溝，所居昭察，人莫不知。使樹不巨而隱，溝不長而匿，以斯示人，堯、舜猶惑。人面色部七十有餘，頰肌明潔，五色分别，隱微憂喜，皆可得察，占射之者，十不失一。使面黝而黑醜，垢重襲而覆部，占射之者，十而失九。夫文由語也，或淺露分别，或深迂優雅，孰爲辯者？故口言以明志，言恐滅遺，故著之文字。文字與言同趨，何爲猶當隱閉指意？獄當嫌辜，卿決疑事，渾沌難曉，與彼分明可知，孰爲良吏？夫口論以分明爲公，筆辯以荴露爲通，吏文以昭察爲良。深覆典雅，指意難覩，唯賦頌耳。經傳之文，賢聖之語，古今言殊，四方談異也。當言事時，非務難知，使指意閉隱也。後人不曉，世相離遠，此名曰語異，不名曰材鴻。淺文讀之難曉，名曰不巧，不名曰知明。秦始皇讀韓非之書，嘆曰：「猶獨不得此人同時。」其文可曉，故其事可思。如深鴻優雅，須師乃學，投之於地，何嘆之有？夫筆著者，欲其易曉而難爲，不貴難知而易造；

口論務解分而可聽，不務深迂而難睹。孟子相賢，以眸子明瞭者；察文，以義可曉。充書違詭於俗。或難曰：文貴夫順合衆心，不違人意，百人讀之莫譴，千人聞之莫怪。故管子曰：「言室滿室，言堂滿堂。」今殆說不與世同，故文刺於俗，不合於衆。答曰：論貴是而不務華，事尚然而不高合。論說辯然否，安得不譎常心、逆俗耳？衆心非而不從，故喪黜其僞，而存定其真。如當從衆順人心者，循舊守雅，諷習而已，何辯之有？孔子侍坐於魯哀公，公賜桃與黍，孔子先食黍而後啖桃，可謂得食序矣，然左右皆掩口而笑，貫俗之日久也。今吾實猶孔子之序食也，俗人違之，猶左右之掩口也。善雅歌，於鄭爲不悲；禮舞，於趙爲不好。堯、舜之典，伍伯不肯觀；孔、墨之籍，季、孟不肯讀。寧危之計，黜於閭巷；撥世之言，訾於品俗。有美味於斯，俗人不嗜，狄牙甘食。有寶玉於是，俗人投之，卞和佩服。孰是孰非？可信者誰？禮俗相背，何事不然？魯文逆祀，畔者三人。高士不舍，俗夫不好；惑衆之書，賢者欣頌，愚者逃頓。充書不能純美。或曰：口無擇言，筆無擇文。文必麗以好，言必辯以巧。言瞭於耳，則事味於心；文察於目，則篇留於手。故辯言無不聽，麗文無不寫。今新書既在論譬，說俗爲戾，又不美好，於觀不快。蓋師曠調音，曲無不悲；狄牙和膳，肴無澹味。然則通人造書，文無瑕穢。《呂氏》、《淮南》，懸於市門，觀讀之者，無訾一言。今無二書之美，文雖衆盛，猶多譴毀。答曰：夫養實者不育華，調行者不飾辭。豐草多華英，茂林多枯枝。爲文欲顯白其爲，安能令文而無譴毀？救火拯溺，義不得好；辯論是非，言不得巧。入澤隨龜，不暇調足；深淵捕蛟，不暇定手。言奸辭簡，指趨妙遠；語甘文峭，務意淺小。舀穀千鍾，糠皮太半；閱錢滿億，穿決出萬。大羹必有澹味，至寶必有瑕穢，大簡必有大好，良工必有不巧。然則辯言必有所屈，通文猶有所黜。言金由貴家起，文糞自賤室出。《淮南》、《呂氏》文不無累害，所由出者，家富官貴也。夫貴，故得懸於市；富，故有千金副。觀讀之者，惶恐畏忌，雖見乖不合，焉敢譴一字？充書既成，或稽合於古，不類前人。或曰：謂之飾文偶辭，或徑或迂，或屈或舒。謂之論道，實事委瑣，文給甘酸，諧於經不驗，集於傳不合，稽之子長不當，內之子雲不入。文不與前相似，安得名佳好，稱工巧？答曰：飾貌以彊類者失形，調辭以務似者失情。百夫之子，不同父母，殊類而生，不必相似，各以所稟，自爲佳好。文必有與合然后稱善，是則代匠斲不傷手，然后稱工巧也。文士之務，各有所從，或調辭以巧文，或辯僞以實事。必謀慮有合，文辭相襲，是則五帝不異事，三王不殊業也。美色不同面，皆佳於目；悲音不共聲，皆快於耳。酒醴異氣，飲之皆醉；百穀殊味，食之皆飽。謂文當與前合，是謂舜眉當復八采，禹目當復重瞳。充書文重。或曰：文貴約而指通，言尚省而趍明。辯士之言要而達，文人之辭寡而章。今所作新書，出萬言，繁不省，則讀者不能盡；篇非一，則傳者不能領。被躁人之名，以多爲不善。語約易言，文重難得。玉少石多，多者不爲珍；龍少魚衆，少者固爲神。答曰：有是言也。蓋寡言無多，而華文無寡。爲世用者，百篇無害；不爲用者，一章無補。如皆爲用，則多者爲上，少者爲下。累積千金，比於一百，孰爲富者？蓋文多勝寡，財富愈貧。世無一卷，吾有百篇；人無一字，吾有萬言，孰者爲賢？今不曰所言非，而云泰多；不曰世不好善，而云不能領，斯蓋吾書所以不得省也。夫宅舍多，土地不得小；户口衆，簿籍不得少。今失實之事多，華虛之語衆，指實定宜，辯争之言，安得約徑？韓非之書，一條無異，篇以十第，文以萬數。夫形大，衣不得褊；事衆，文不得褊。事衆文饒，水大魚多。帝都穀多，王市肩磨。書雖文重，所論百種。按古太公望，近董仲舒，傳作書篇百有餘，吾書亦纔出百，而云泰多，蓋謂所以出者微，觀讀之者不能不譴呵也。河水沛沛，比夫衆川，孰者爲大？蟲蠒重厚，稱其出絲，孰爲多者？

《後漢書・王充傳》 王充字仲任，會稽上虞人也，其先自魏郡元城徙焉。充少孤，鄉里稱孝。後到京師，受業太學，師事扶風班彪。好博覽而不守章句。家貧無書，常游洛陽市肆，閱所賣書，一見輒能誦憶，遂博通衆流百家之言。後歸鄉里，屏居教授。仕郡爲功曹，以數諫争不合去。充好論說，始若詭異，終有理實。以爲俗儒守文，多失其真，乃閉門潛思，絶慶弔之禮，户牖墻壁各置刀筆。箸《論衡》八十五篇，二十餘萬言，釋物類同異，正時俗嫌疑。【略】刺史董勤辟爲從事，轉治中，自免還家。友人同郡謝夷吾上書薦充才學，肅宗特詔公車徵，病不行。年漸七十，志力衰耗，乃造《養性書》十六篇，裁節嗜慾，頤神自守。永元中，病卒于家。

歐陽脩《易童子問》分部

綜述

陳澧《東塾集》卷四《跋歐陽文忠公集》 歐陽子掊擊經傳，何其勇也！其於

《易》，則以爲《繫辭》非聖人之作，又以爲《十翼》之説不知起於何人。自秦漢以來，大儒君子不論。其於《周禮》，則以爲實有可疑，反秦制之不若。其於《中庸》，則以爲其説有異於聖人，怠人而中止，無用之空言。其於《春秋三傳》，則以爲妄意聖人而惑學者，三子之過。至其通論諸經，則以爲自秦之焚書，六經盡矣，至漢而出者，皆其殘脱顛倒，或傳之老師昏耄之説。又以諸經所載鳳皇、元鳥、河圖、洛書、龜龍、六鷁、鸜鵒、麟暨、騶虞，皆爲語怪，啟秦漢以來諸儒所述之荒虚怪誕。然則如歐陽子之説，六經真可焚矣！

傳記

《宋史・歐陽脩傳》 歐陽脩字永叔，廬陵人。四歲而孤，母鄭，守節自誓，親誨之學，家貧，至以荻畫地學書。幼敏悟過人，讀書輒成誦。及冠，嶷然有聲。宋興且百年，而文章體裁，猶仍五季餘習。鏤刻駢偶，淟涊弗振，士因陋守舊，論卑氣弱。蘇舜元舜欽、柳開、穆脩輩，咸有意作而張之，而力不足。脩游隨，得唐韓愈遺稿於廢書簏中，讀而心慕焉。苦志探賾，至忘寢食，必欲并轡絶馳而追與之並。舉進士，試南宫第一，擢甲科，調西京推官。始從尹洙游，爲古文，議論當世事，迭相師友，與梅堯臣游，爲歌詩相倡和，遂以文章名冠天下。入朝，爲館閣校勘。范仲淹以言事貶，在廷多論救，司諫高若訥獨以爲當黜。脩貽書責之，謂其不復知人間有羞恥事。若訥上其書，坐貶夷陵令，稍徙乾德令、武成節度判官。仲淹使陝西，辟掌書記。脩笑而辭曰：「昔者之舉，豈以爲己利哉？同其退不同其進可也。」久之，復校勘，進集賢校理。慶曆三年，知諫院。時仁宗更用大臣，杜衍、富弼、韓琦、范仲淹皆在位，增諫官員，用天下名士，脩首在選中。每進見，帝延問執政，咨所宜行。既多所張弛，小人翕翕不便。脩慮善人必不勝，數爲帝分别言之。初，范仲淹之貶饒州也，脩與尹洙、余靖皆以直仲淹見逐，目之曰「黨人」。自是，朋黨之論起，脩乃爲《朋黨論》以進。其略曰：「君子以同道爲朋，小人以同利爲朋，此自然之理也。臣謂小人無朋，惟君子則有之。小人所好者利禄，所貪者財貨，當其同利之時，暫相黨引以爲朋者，僞也。及其見利而争先，或利盡而反相賊害，雖兄弟親戚，不能相保，故曰小人無朋。君子則不然，所守者道義，所行者忠信，所惜者名節。以之修身，則同道而相益，以之事國，則同心而共濟，終始如一，故曰：惟君子則有朋。紂有臣億萬，惟億萬心，可謂無朋矣，而紂用以亡。武王有臣三千，惟一心，可謂大朋矣，而周用以興。蓋君子之朋，雖多而不厭故也。故爲君但當退小人之僞朋，用君子之真朋，則天下治矣。」脩論事切直，人視之如仇，帝獨獎其敢言，面賜五品服。顧侍臣曰：「如歐陽脩者，何處得來？」同修起居注，遂知制誥。故事，必試而后命，帝知脩，詔特除之。奉使河東。自西方用兵，議者欲廢麟州以省餽餉。脩曰：「麟州天險不可廢，廢之，則河内郡縣，民皆不安居矣。不若分其兵，駐並河内諸堡，緩急得以應援，而平時可省轉輸，於策爲便。」由是州得存。又言：「忻、代、岢嵐多禁地廢田，願令民得耕之，不然，將爲敵有。」朝廷下其議，久乃行，歲得粟數百萬斛。凡河東賦斂過重民所不堪者，奏罷十數事。使還，會保州兵亂，以爲龍圖閣直學士、河北都轉運使。陛辭，帝曰：「勿爲久留計，有所欲言，言之。」對曰：「臣在諫職得論事，今越職而言，罪也。」帝曰：「第言之，毋以中外爲間。」賊平，大將李昭亮、通判馮博文私納婦女，脩捕博文繫獄，昭亮懼，立出所納婦。兵之始亂也，招以不死，既而皆殺之，脅從二千人，分隷諸郡。富弼爲宣撫使，恐後生變，將使同日誅之，與脩遇於内黄，夜半，屏人告之故。脩曰：「禍莫大於殺已降，况脅從乎？既非朝命，脱一郡不從，爲變不細。」弼悟而止。方是時，杜衍等相繼以黨議罷去，脩慨然上疏曰：「杜衍、韓琦、范仲淹、富弼，天下皆知其有可用之賢，而不聞其有可罷之罪。自古小人讒害忠賢，其説不遠。欲廣陷良善，不過指爲朋黨，欲動摇大臣，必須誣以顓權，其故何也？去一善人，而衆善人尚在，則未爲小人之利；欲盡去之，則善人少過，難爲一一求瑕，唯指以爲黨，則可一時盡逐。至如自古大臣，已被主知而蒙信任，則難以他事動摇，唯有顓權是上之所惡，必須此説，方可傾之。正士在朝，羣邪所忌，謀臣不用，敵國之福也。今此四人一旦罷去，而使羣邪相賀於内，四夷相賀於外，臣爲朝廷惜之。」於是邪黨益忌脩，因其孤甥張氏獄傅致以罪，左遷知制誥、知滁州。居二年，徙揚州、潁州。復學士，留守南京，以母憂去。服除，召判流内銓，時在外十一年矣。帝見其髮白，問勞甚至。小人畏脩復用，有詐爲脩奏，乞澄汰内侍爲奸利者。其羣皆怨怒，譖之，出知同州，帝納吴充言而止。遷翰林學士，俾修《唐書》。奉使契丹，其主命貴臣四人押宴，曰：「此非常制，以卿名重故爾。」知嘉祐二年貢舉。時士子尚爲險怪奇澀之文，號「太學體」，脩痛排抑之，凡如是者輒黜。畢事，向之囂薄者伺脩出，聚譟於馬首，街邏不能制；然場屋之習，從是遂變。

加龍圖閣學士、知開封府，承包拯威嚴之後，簡易循理，不求赫赫名，京師亦

治。旬月，改羣牧使。《唐書》成，拜禮部侍郎兼翰林侍讀學士。脩在翰林八年，知無不言。河決商胡，北京留守賈昌朝欲開横壠故道，回河使東流。有李仲昌者，欲導入六塔河，議者莫知所從。脩以爲：「河水重濁，理無不淤，下流既淤，上流必決。以近事驗之，決河非不能力塞，故道非不能力復，但勢不能久耳。横壠功大難成，雖成將復決。六塔狹小，而以全河注之，濱、棣、德、博必被其害。不若因水所趨，增隄峻防，疏其下流，縱使入海，此數十年之利也。」宰相陳執中主昌朝，文彦博主仲昌，竟爲河北患。臺諫論執中過惡，而執中猶遷延固位。脩上疏，以爲「陛下拒忠言，庇愚相，爲聖德之累」。未幾，執中罷。狄青爲樞密使，有威名，帝不豫，訛言籍籍，脩請出之於外，以保其終，遂罷知陳州。脩嘗因水災上疏曰：「陛下臨御三紀，而儲宫未建。昔漢文帝初即位，以羣臣之言，即立太子，而享國長久，爲漢太宗。唐明宗惡人言儲嗣事，不肯早定，致秦王之亂，宗社遂覆。陛下何疑而久不定乎？」其後建立英宗，蓋原於此。五年，拜樞密副使。六年，參知政事。脩在兵府，與曾公亮考天下兵數及三路屯戍多少、地理遠近，更爲圖籍。凡邊防久缺屯戍者，必加蒐補。其在政府，與韓琦同心輔政。凡兵民、官吏、財利之要，中書所當知者，集爲總目，遇事不復求之有司。時東宫猶未定，與韓琦等協定大議，語在《琦傳》。英宗以疾未親政，皇太后垂簾，左右交構，幾成嫌隙。韓琦奏事，太后泣語之故。琦以帝疾爲解，太后意不釋，脩進曰：「太后事仁宗數十年，仁德著於天下。昔温成之寵，太后處之裕如；今母子之間，反不能容邪？」太后意稍和，脩復曰：「仁宗在位久，德澤在人。故一日晏駕，天下奉戴嗣君，無一人敢異同者。今太后一婦人，臣等五六書生耳，非仁宗遺意，天下誰肯聽從。」太后默然，久之而罷。脩平生與人盡言無所隱。及執政，士大夫有所干請，輒面諭可否，雖臺諫官論事，亦必以是非詰之，以是怨誹益衆。帝將追崇濮王，命有司議，皆謂當稱皇伯，改封大國。脩引《喪服記》以爲：「『爲人後者，爲其父母報。』降三年爲期，而不没父母之名，以見服可降而名不可没也。若本生之親，改稱皇伯，歷考前世，皆無典據。進封大國，則又禮無加爵之道。故中書之議，不與衆同。」太后出手書，許帝稱親，尊王爲皇，三夫人爲后。帝不敢當。於是御史吕誨等詆脩主此議，争論不已，皆被逐。惟蔣之奇之説合脩意，脩薦爲御史，衆目爲奸邪。之奇患之，則思所以自解。脩婦弟薛宗孺有憾於脩，造帷薄不根之謗摧辱之，展轉達於中丞彭思永，思永以告之奇，之奇即上章劾脩。神宗初即位，欲深譴脩。訪故宫臣孫思恭，思恭爲辨釋，脩杜門請推治。帝使詰思永、之奇，問所從來，辭窮，皆坐黜。脩亦力求退，罷爲觀文殿學士、刑部尚書、知亳州。明年，遷兵部尚書、知青州，改宣徽南院使、判太原府。辭不拜，徙蔡州。脩以風節自持，既數被汙衊，年六十，即連乞謝事，帝輒優詔弗許。及守青州，又以請止散青苗錢，爲安石所詆，故求歸愈切。熙寧四年，以太子少師致仕。五年，卒，贈太子太師，謚曰文忠。脩始在滁州，號醉翁，晚更號六一居士。天資剛勁，見義勇爲，雖機穽在前，觸發之不顧。放逐流離，至于再三，志氣自若也。方貶夷陵時，無以自遣，因取舊案反覆觀之，見其枉直乖錯不可勝數，於是仰天歎曰：「以荒遠小邑，且如此，天下固可知。」自爾，遇事不敢忽也。學者求見，所與言，未嘗及文章，惟談吏事，謂文章止於潤身，政事可以及物。凡歷數郡，不見治迹，不求聲譽，寬簡而不擾，故所至民便之。或問：「爲政寬簡，而事不弛廢，何也？」曰：「以縱爲寬，以略爲簡，則政事弛廢，而民受其弊。吾所謂寬者，不爲苛急；簡者，不爲繁碎耳。」脩幼失父，母嘗謂曰：「汝父爲吏，常夜燭治官書，屢廢而歎。吾問之，則曰：『死獄也，我求其生，不得爾。』吾曰：『生可求乎？』曰：『求其生而不得，則死者與我皆無恨。夫常求其生，猶失之死，而世常求其死也。』其平居教他子弟，常用此語，吾耳熟焉。」脩聞而服之終身。爲文天才自然，豐約中度。其言簡而明，信而通，引物連類，折之於至理，以服人心。超然獨騖，衆莫能及，故天下翕然師尊之。獎引後進，如恐不及，賞識之下，率爲聞人。曾鞏、王安石、蘇洵、洵子軾轍，布衣屏處，未爲人知，脩即游其聲譽，謂必顯於世。篤於朋友，生則振掖之，死則調護其家。好古嗜學，凡周、漢以降金石遺文、斷編殘簡，一切掇拾，研稽異同，立説於左，的的可表證，謂之《集古録》。奉詔修《唐書》紀、志、表，自撰《五代史記》，法嚴詞約，多取《春秋》遺旨。蘇軾敘其文曰：「論大道似韓愈，論事似陸贄，記事似司馬遷，詩賦似李白。」識者以爲知言。子發字伯和，少好學，師事安定胡瑗，得古樂鍾律之説，不治科舉文詞，獨探古始立論議。自書契以來，君臣世系，制度文物，旁及天文、地理，靡不悉究。以父恩，補將作監主簿，賜進士出身，累遷殿中丞。卒，年四十六。蘇軾哭之，以謂發得文忠公之學，漢伯喈、晉茂先之流也。中子棐字叔弼，廣覽强記，能文詞。年十三時，見脩著《鳴蟬賦》，侍側不去。脩撫之曰：「兒異日能爲吾此賦否？」因書以遺之。用蔭，爲秘書省正字，登進士乙科，調陳州判官，以親老不仕。脩卒，代草遺表，神宗讀而愛之，意脩自作也。服除，始爲審官主簿，累遷職方員外郎、知襄州。曾布執政，其婦兄魏泰倚聲勢來居襄，規占公私田園，强市民貨，郡縣莫敢誰何。至是，指州門東偏官邸廢址爲天荒，請之。吏具成牘至，棐曰：「孰謂州門之東偏而有天荒乎？」卻之。衆共白曰：「泰横於漢南久，今求地而緩與之，且不可，而又可卻

邪？」棐竟持不與。泰怒，譖於布，徙知潞州，旋又罷去。元符末，還朝。歷吏部、右司二郎中，以直祕閣知蔡州。蔡地薄賦重，轉運使又爲覆折之令，多取於民，民不堪命。會有詔禁止，而佐吏憚使者，不敢以詔旨從事。棐曰：「州郡之於民，詔令苟有未便，猶將建請。今天子詔意深厚，知覆折之病民，手詔止之。若有憚而不行，何以爲長吏？」命即日行之。未幾，坐黨籍廢，十餘年卒。論曰：三代而降，薄乎秦、漢，文章雖與時盛衰，而藹如其言，曄如其光，皦如其音，蓋均有先王之遺烈。涉晉、魏而弊，至唐韓愈氏振起之。唐之文，涉五季而弊，至宋歐陽脩又振起之。挽百川之頹波，息千古之邪説，使斯文之正氣，可以羽翼大道，扶持人心，此兩人之力也。愈不獲用，脩用矣，亦弗克究其所爲，可爲世道惜也哉！

王柏《詩疑》分部

綜述

胡鳳丹《重刻王魯齋〈詩疑〉序》 王魯齋先生之學淵源朱子，而説《詩》獨與朱子異。朱子所攻駁者《小序》耳，於本經未嘗輕置一議也。先生黜陟《風》、《雅》，竄易篇次，非惟排詆漢儒，且幾幾乎欲奪宣聖删定之權而伸其私説，其自信之堅抑何過哉！雖然，讀書固貴於善信，尤貴於善疑。使妄挾所疑而蔑視古人之説以爲概不足信者，其失也誣；然絶不知疑而抱殘守闕甘受古人之愚者，其失也又陋。是書設論新奇，雖不盡歸允當，而本其心所獨得，發爲議論，自成一家，俾世之讀其書者足以開拓心胸，增廣識見，引而伸之，觸類而長之，未始非卓犖觀書之一助也。先生，余同郡人。屬有《金華文萃》之刻，爰從《通志堂經解》中抄出，手校付梓以廣厥傳。同治八年秋八月，同郡後學胡鳳丹月樵甫謹序。

方回《〈詩可言集〉序》 《可言集》前後二十卷，金華魯齋王公柏之所著也。此集專以評《詩》，故曰「可言」。《前集》取文公《文集》《語録》等所論三百五篇之所以作，及詩之教之體之學，而及於《騷》。次取文公所論漢以來至宋及題跋近世諸公詩。《後集》各專一類，而論其詩者二十三人，曰濂溪，横渠，龜山，羅豫章，李延平，徐逸平，胡文定，致堂，五峰，朱韋齋，劉屏山，潘默成，呂紫微，曾文清，文公，宣公，成公，黄谷城，黄勉齋，程蒙齋，徐毅齋，劉篁嵊，劉漫塘。附見者五人，曰劉静春，曾景建，趙昌父，方伯謨，李果齋。其第十三卷專取漢唐山夫人《房中樂》。然則其立論可謂嚴矣。文公成公於「思無邪」各名一説，前輩謂之未了公案。「《詩》三百，一言以蔽之，曰『思無邪。』」自古及今，皆謂作詩者思無邪。文公獨不謂然。《論語集注》謂：「凡詩之言，善者可以感發人之善心；惡者可以懲創人之逸志。」觀此，固已爲詩之言有善有惡，作詩之人不皆思無邪矣。猶未也，《文集》第七十卷《讀東萊詩記》乃有云：「孔子之稱『思無邪』也，以爲《詩》三百篇勸善懲惡，雖其要歸無不出於正，然未有若此言之約而盡者爾，非以作詩之人所思皆無邪也。」今攷東萊所説，見《桑中》詩後，謂：「詩人以無邪之思作之，學者當以無邪之思讀之。」文公則辨之曰：「彼雖以有邪之思作之，而我以無邪之思讀之。」二公之説不同如此。又「雅，鄭」二字，文公謂「《桑中》《溱洧》，即是鄭聲衛樂；《二雅》乃雅也」。成公謂「《桑中》《溱洧》亦是雅聲；彼桑間濮上，已放之矣」。予嘗詳録二先生異説於《思無邪章》。今魯齋但紀文公之説而不紀成公之説，雖引成公《讀詩記》所説十有三條，而《桑中》詩後一條不録，無乃以文公之説爲是耶？別見《魯齋詩説》，則謂「今之三百五篇非盡夫子之三百五篇。秦法嚴密，《詩》豈獨全。竊意删去之詩容有存於里巷浮薄之口，漢儒病其亡逸，槩謂古詩，取以足數，《小序》又文以他辭，而後儒不敢議。欲削去淫奔之詩三十有二，以合聖人放淫之大訓」。予晚進，未敢遽從。竊謂《桑中》、《溱洧》，非淫奔者自爲之詩。彼淫奔者有此事，而旁觀之人有羞惡之心，故形爲歌詠以刺譏醜惡。若今鄙俚如「賺」如「令，」連篇累牘，形容狹邪之語無所不至，豈淫者自爲之乎！旁觀者爲之也。文公以淫奔之詩出於淫奔之口，故不惟不信《小序》，而《大序》「止乎禮義」之言亦致疑焉。蓋謂《桑中》、《溱洧》等作未嘗止乎禮義也。予妄意以爲採詩觀風，詩亦史也。鄭衛之淫風盛矣，其國豈無君子與好事者察見其人情狀，故從而歌詠之。其所以歌詠之，蓋將以揚其惡，雖近於戲狎而實亦足以爲戒也。文公以爲淫奔者自爲是詩，則其人亦至不肖，大無恥矣，惡人之尤也，聖人何録焉！成公謂：「詩，雅樂也，祭祀朝聘之所用也。桑間濮上之音，鄭衛之樂也，世俗之所用也。《桑中》、《溱洧》諸篇作於周道之衰，雖已煩趣，猶止於中聲。孔子嘗欲『放鄭聲，』豈有删《詩》示萬世乃收鄭聲以備《六藝》乎！」此説不爲無理。而文公則謂：「《鄭風》、《衛風》若干篇即是鄭衛；《大雅》、《小雅》若干篇即是雅。《二南》，正風，房中之樂也；《二雅》之正，朝廷之樂也；商

周之頌，宗廟之樂也。《變雅》無施於事變，特里巷之歌謠耳。必曰三百篇皆祭祀朝聘之所用，則未知《桑中》、《溱洧》之屬當以薦何等之鬼神，接何等之賓客耶？」此二説者，内翰尚書王公應麟與予一商略之矣。作詩不皆「思無邪，」文公糾成公之説也。因是遂辨「雅，鄭」二字；而及於三百篇或用爲樂，或不用爲樂。三節不同，所以謂之「未了公案」。學者不可不細考也。予考十家所評詩話，始於胡苕溪，博也；終於王魯齋，約也。欲學《詩》者，觀是足矣。

傳記

《宋史・儒林傳・王柏》 王柏，字會之，婺州金華人。大父崇政殿説書師愈，從楊時受《易》、《論語》；既又從朱熹、張栻、吕祖謙游。父瀚，朝奉郎，主管建昌軍仙都觀；兄弟皆及熹、祖謙之門。柏少慕諸葛亮爲人，自號長嘯。年踰三十，始知家學之原，捐去俗學，勇於求道。與其友汪開之著《論語通旨》，至「居處恭，執事敬」，惕然歎曰：「長嘯非聖門持敬之道！」亟更以魯齋。從熹門人游。或語以何基嘗從黄榦得熹之傳，即往從之。授以立志居敬之旨，且作《魯齋箴》勉之。質實堅苦，有疑必從基質之。於《論語》、《大學》、《中庸》、《孟子》、《通鑑綱目》，標注點校，尤爲精密。作《敬齋箴圖》。夙興見廟。治家嚴飭，當暑閉閤静坐。子弟白事，非衣冠不見也。少孤，事其伯兄甚恭。季弟早喪，撫其孤，又割田予之。收合宗族，周恤扶持之。開之没，家貧，爲之斂且葬焉。來學者衆。其教必先之以《大學》。蔡抗、楊棟相繼守婺，趙景緯守台，聘爲麗澤、上蔡兩書院師，鄉之耆德皆執弟子禮。理宗崩，率諸生製服臨于郡。柏之言曰：「伏羲則《河圖》以畫八卦，文王推八卦以合《河圖》者，先天、後天之宗祖也。《河圖》是逐位奇偶之交，後天是統體奇偶之交，惟四生數不動；以四成數而下上之，上偶下奇，莫匪自然。」又曰：「大禹得《洛書》而列九疇，箕子得九疇而傳《洪範》，範圍之數不期而暗合；《洪範》者，經傳之宗祖乎？『初一曰五行』以下六十五字爲《洪範》，『五皇極』以下六十四字爲《皇極經》：此帝王相傳之大訓，非箕子之言也。」又曰：「今《詩》三百五篇豈盡定於夫子之手！所删之詩，容或有存於閭巷浮薄之口，漢儒取以補亡。」乃定《二南》各十有一篇，兩兩相配；退《何彼襛矣》、《甘棠》，歸之《王風》；削去《野有死麕》；黜鄭、衛淫奔之詩。又作《春秋發揮》。又曰：「《大學致知格物章》未嘗亡」，還《知止章》於「聽訟」之上。謂《中庸》古有二篇，『誠明』可爲綱，不可爲目」。定《中庸》「誠明」各十一章。其卓識獨見多此類也。其卒，整衣冠端坐，揮婦人勿近。國子祭酒楊文仲請於朝，謚曰文憲。所著有《讀易記》、《涵古易説》、《大象衍義》、《涵古圖書》、《讀書記》、《書疑》、《詩辨説》、《讀春秋記》、《論語衍義》、《太極衍義》、《伊洛精義》、《研幾圖》、《魯經章句》、《論語通旨》、《孟子通旨》、《書附傳》、《左氏正傳》、《續國語》、《闡學之書》、《文章復古》、《文章續古》、《濂洛文統》、《擬道志》、《朱子指要》、《詩可言》、《天文考》、《地理考》、《墨林考》、《大爾雅》、《六義字原》、《正始之音》、《帝王歷數》、《江左淵源》、《伊洛精義雜志》、《周子》、《發遣三昧》、《文章指南》、《朝華集》、《紫陽詩類》、《家乘》、《文集》。

吳澄《書纂言》分部

綜述

全祖望《鮚埼亭集外編》卷二七《讀吴草廬〈書纂言〉》 宋人多疑《古文尚書》者，其專注《今文》，則自草廬始。是書出，世人始決言《古文》爲僞而欲廢之，不可謂非草廬之過也。近世詆《古文》者日甚，遂謂當取草廬之書，列學官以取士，亦甚乎其言之矣。竹垞亦不信《古文》，然不敢昌言，而謂草廬之作尚出權辭。噫！權辭也，而輕以之訓後世哉。

傳記

《元史・吳澄傳》 吳澄字幼清，撫州崇仁人。高祖曄，初居咸口里，當華蓋、臨川二山間，望氣者徐覺言其地當出異人。澄生前一夕，鄉父老見異氣降其家，鄰媪復夢有物蜿蜒降其舍旁池中，旦以告于人，而澄生。三歲，穎悟日發，教之古詩，隨口成誦。五歲，日受千餘言，夜讀書至旦。母憂其過勤，節膏火，不多與，澄候母

寢，燃火復誦習。九歲，從羣子弟試鄉校，每中前列。既長，於《經》、《傳》皆習通之，知用力聖賢之學，嘗舉進士不中。至元十三年，民初附，盜賊所在蜂起，樂安鄭松，招澄居布水谷，乃著《孝經章句》，校定《易》、《書》、《詩》、《春秋》、《儀禮》及《大、小戴記》。侍御史程鉅夫，奉詔求賢江南，起澄至京師。未幾，以母老辭歸。鉅夫請置澄所著書於國子監，以資學者，朝廷命有司即其家録上。元貞初，游龍興，按察司經歷郝文迎至郡學，日聽講論，録其問答，凡數千言。行省掾元明善以文學自負，嘗問澄《易》、《詩》、《書》、《春秋》奥義，歎曰：「與吳先生言，如探淵海。」遂執子弟禮，終其身。左丞董士選延之於家，親執饋食，曰：「吳先生，天下士也。」既入朝，薦澄有道，擢應奉翰林文字。有司敦勸，久之乃至，而代者已到官，澄即日南歸。未幾，除江西儒學副提舉，居三月，以疾去官。至大元年，召爲國子監丞。先是，許文正公衡爲祭酒，始以《朱子小學》等書授弟子，久之，漸失其舊。澄至，旦燃燭堂上，諸生以次受業，日昃，退燕居之室，執《經》問難者，接踵而至。澄各因其材質，反覆訓誘之，每至夜分，雖寒暑不易也。皇慶元年，陞司業，用程純公《學校奏疏》、胡文定公《六學教法》、朱文公《學校貢舉私議》，約之爲教法四條：一曰經學，二曰行實，三曰文藝，四曰治事，未及行。又嘗爲學者言：「朱子於道問學之功居多，而陸子静以尊德性爲主。問學不本於德性，則其敝必偏於言語訓釋之末，故學必以德性爲本，庶幾得之。」議者遂以澄爲陸氏之學，非許氏尊信朱子本意，然亦莫知朱、陸之爲何如也。澄一夕謝去，諸生有不謁告而從之南者。俄拜集賢直學士，特授奉議大夫，俾乘驛至京師，次真州，疾作，不果行。英宗即位，超遷翰林學士，進階太中大夫。先是，有旨集善書者，粉黄金爲泥，寫浮屠《藏經》。帝在上都，使左丞速速，詔澄爲序，澄曰：「主上寫經，爲民祈福，甚盛舉也。若用以追薦，臣所未知。蓋福田利益，雖人所樂聞，而輪回之事，彼習其學者，猶或不言。不過謂爲善之人，死則上通高明，其極品則與日月齊光；爲惡之人，死則下淪污穢，其極下則與沙蟲同類。其徒遂爲薦拔之説，以惑世人。今列聖之神，上同日月，何庸薦拔！且國初以來，凡寫經追薦，不知幾舉。若未效，是無佛法矣；若已效，是誣其祖矣。撰爲文辭，不可以示後世，請俟駕還奏之。」會帝崩而止。泰定元年，初開經筵，首命澄與平章政事張珪、國子祭酒鄧文原爲講官。在至治末，詔作太廟，議者習見同堂異室之制，乃作十三室。未及遷奉，而國有大故，有司疑於昭穆之次，命集議之。澄議曰：「世祖混一天下，悉考古制而行之。古者，天子七廟，廟各爲宫，太祖居中，左三廟爲昭，右三廟爲穆，昭穆神主，各以次遞遷，其廟之宫，頗如今之中書六部。夫省部之設，亦倣金、宋，豈以宗廟敘次，而不考古乎！」有司急於行事，竟如舊次云。時澄已有去志，會修《英宗實録》，命總其事，居數月，實録成，未上，即移疾不出。中書左丞許師敬奉旨賜宴國史院，仍致朝廷勉留之意，宴罷，即出城登舟去。中書聞之，遣官驛追，不及而還，言於帝曰：「吳澄，國之名儒，朝之舊德，今請老而歸，不忍重勞之，宜有所褒異。」詔加資善大夫，仍以金織文綺二及鈔五千貫賜之。澄身若不勝衣，正坐拱手，氣融神邁，答問亹亹，使人涣若冰釋。弱冠時，嘗著説曰：「道之大原出於天，神聖繼之，堯、舜而上，道之元也；堯、舜而下，其亨也；洙、泗、鄒、魯，其利也；濂、洛、關、閩，其貞也。分而言之，上古則羲、黄其元，堯、舜其亨，禹、湯其利，文、武、周公其貞乎！中古之統：仲尼其元，顔、曾其亨乎，子思其利，孟子其貞乎！近古之統：周子其元，程、張其亨也，朱子其利也，孰爲今日之貞乎？未之有也。然則，可以終無所歸哉！」其早以斯文自任如此。故出登朝署，退歸于家，與郡邑之所經由，士大夫皆迎請執業，而四方之士不憚數千里，躡屩負笈來學山中者，常不下千數百人。少暇，即著書，至將終，猶不置也。於《易》、《春秋》、《禮記》，各有纂言，盡破傳註穿鑿，以發其藴，條歸紀敘，精明簡潔，卓然成一家言。作《學基》、《學統》二篇，使人知學之本，與爲學之序，尤有得於邵子之學。校定《皇極經世書》，又校正《老子》、《莊子》、《太玄經》、《樂律》及《八陣圖》、郭璞《葬書》。初，澄所居草屋數間，程鉅夫題曰草廬，故學者稱之爲草廬先生。天曆三年，朝廷以澄耆老，特命次子京爲撫州教授，以便奉養。明年六月，得疾，有大星墜其舍東北，澄卒，年八十五。贈江西行省左丞、上護軍，追封臨川郡公，謚文正。長子文，終同知柳州路總管府事；京，終翰林國史院典籍官。孫當，自有傳。

宋濂《諸子辯》分部

綜　述

宋濂《〈諸子辯〉序》　《諸子辯》者何？辯諸子也。通謂之諸子何？周秦以來，作者不一姓也。作者不一姓而其立言何？人人殊也。先王之世，道術咸出於

一軌，此其人人殊何？各奮私知而或盭大道也。由或盭大道也，其書雖亡，世復有依倣而託之者也。然則子將奈何？辭而辯之也。曷爲辯之？解惑也。

宋濂《〈諸子辯〉跋》 至正戊戌春三月丙辰，西師下睦州。浦陽壤地與睦境接，居民震驚，多扶挈老倪走傍縣。予亦遣妻孥入勾無山，獨留未行。日坐環堵中，塊然無所爲，乃因舊所記憶者作《諸子辯》數十通，九家者流頗具有焉。孔子門人之書宜尊而別之；今亦俯就其列者，欲備儒家言也。始之以《鬻子》而終之以《周》、《程》者，欲讀者有所歸宿也。其中疏剔觝排，亦竊自謂有一髮之見；第以家當屢徙之餘，書無片牘可以稽質，不能必其無矛盾也。夏六月壬午，僅克脱稿。越三日乙酉而浦陽平矣，余遂竭歷趨勾無。驚悸稍定，俾仲子璲録之如右。於戲九家之徒競以立異相高，莫甚于衰周之世；言之中道者則吾聖賢之所已具，其悖義而傷教者固不必存之以欺世也。於戲！邪説之害人慘於刀劍，虐于烈火。世有任斯文之寄者尚忍淬其鋒而膏其焰乎！予生也賤，不得信其所欲爲之志，既各爲之辨，復識其私于卷末。學孔氏者其或有同予一慨者夫！秋七月丁酉朔，潛溪宋濂記。

傳記

《明史·宋濂傳》 宋濂，字景濂，其先金華之潛溪人，至濂乃遷浦江。幼英敏强記，就學於聞人夢吉，通《五經》，復往從吴萊學。已，遊柳貫、黄溍之門，兩人皆亟遜濂，自謂弗如。元至正中，薦授翰林編修，以親老辭不行，入龍門山著書。踰十餘年，太祖取婺州，召見濂。時已改寧越府，命知府王顯宗開郡學，因以濂及葉儀爲《五經》師。明年三月，以李善長薦，與劉基、章溢、葉琛並徵至應天，除江南儒學提舉，命授太子經，尋改起居注。濂長基一歲，皆起東南，負重名。基雄邁有奇氣，而濂自命儒者。基佐軍中謀議，濂亦首用文學受知，恒侍左右，備顧問。嘗召講《春秋左氏傳》，濂進曰：「春秋乃孔子褒善貶惡之書，苟能遵行，則賞罰適中，天下可定也。」太祖御端門，口釋黄石公《三略》。濂曰：「《尚書》二《典》、三《謨》，帝王大經大法畢具，願留意講明之。」已，論賞賚，復曰：「得天下以人心爲本。人心不固，雖金帛充牣，將焉用之。」太祖悉稱善。乙巳三月，乞歸省。太祖與太子並加勞賜。濂上箋謝，并奉書太子，勉以孝友敬恭、進德修業。太祖覽書大悦，召太子，爲語書意，賜札褒答，并令太子致書報焉。尋丁父憂。服除，召還。洪武二年詔修元史，命充總裁官。是年八月史成，除翰林院學士。明年二月，儒士歐陽佑等採故元元統以後事蹟還朝，仍命濂等續修，六越月再成，賜金帛。是月，以失朝參，降編修。四年遷國子司業，坐考祀孔子禮不以時奏，謫安遠知縣，旋召爲禮部主事。明年遷贊善大夫。是時，帝留意文治，徵召四方儒士張唯等數十人，擇其年少俊異者，皆擢編修，令入禁中文華堂肄業，命濂爲之師。濂傅太子先後十餘年，凡一言動，皆以禮法諷勸，使歸於道，至有關政教及前代興亡事，必拱手曰：「當如是，不當如彼。」皇太子每斂容嘉納，言必稱師父云。帝剖符封功臣，召濂議五等封爵。宿大本堂，討論達旦，歷據漢、唐故實，量其中而奏之。甘露屢降，帝問災祥之故。對曰：「受命不於天，於其人，休符不於祥，於其仁。《春秋》書異不書祥，爲是故也。」皇從子文正得罪，濂曰：「文正固當死，陛下體親親之誼，置諸遠地則善矣。」車駕祀方丘，患心不寧，濂從容言曰：「養心莫善於寡欲，審能行之，則心清而身泰矣。」帝稱善者良久。嘗問以帝王之學，何書爲要。濂舉《大學衍義》。乃命大書揭之殿兩廡壁。頃之御西廡，諸大臣皆在，帝指《衍義》中司馬遷論黄、老事，命濂講析。講畢，因曰：「漢武溺方技謬悠之學，改文、景恭儉之風，民力既敝，然後嚴刑督之。人主誠以禮義治心，則邪説不入，以學校治民，則禍亂不興，刑罰非所先也。」問三代曆數及封疆廣狹，既備陳之，復曰：「三代治天下以仁義，故多歷年所。」又問：「三代以上，所讀何書？」對曰：「上古載籍未立，人不專講誦。君人者兼治教之責，率以躬行，則衆自化。」嘗奉制詠鷹，令七舉足即成，有「自古戒禽荒」之言。帝忻然曰：「卿可謂善陳矣。」濂之隨事納忠，皆此類也。六年七月遷侍講學士，知制誥，同修國史，兼贊善大夫。命與詹同、樂韶鳳修日曆，又與吴伯宗等修寶訓。九月定散官資階，給濂中順大夫，欲任以政事。辭曰：「臣無他長，待罪禁近足矣。」帝益重之。八年九月，從太子及秦、晉、楚、靖江四王講武中都。帝得輿圖《濠梁古蹟》一卷，遣使賜太子，題其外，令濂詢訪，隨處言之。太子以示濂，因歷歷舉陳，隨事進説，甚有規益。濂性誠謹，官内庭久，未嘗訐人過。所居室，署曰「温樹」。客問禁中語，即指示之。嘗與客飲，帝密使人偵視。翼日，問濂昨飲酒否，坐客爲誰，饌何物。濂具以實對。笑曰：「誠然，卿不朕欺。」間召問羣臣臧否，濂惟舉其善者曰：「善者與臣友，臣知之；其不善者，不能知也。」主事茹太素上書萬餘言。帝怒，問廷臣。或指其書曰：「此不敬，此誹謗非法。」問濂，對曰：「彼盡忠於陛下耳。陛下方開言路，惡可深罪。」既而帝覽其書，有足採者。悉召廷臣詰責，因呼濂字曰：「微景濂幾誤罪言者。」於是帝廷譽之曰：「朕聞太上爲聖，其次爲賢，其次爲君子。宋景濂事朕十九

年，未嘗有一言之僞，誚一人之短，始終無二，非止君子，抑可謂賢矣。」每燕見，必設坐命茶，每旦必令侍膳，往復諮詢，常夜分乃罷。濂不能飲，帝嘗强之至三觴，行不成步。帝大歡樂。御製《楚辭》一章，命詞臣賦《醉學士詩》。又嘗調甘露於湯，手酌以飲濂曰：「此能愈疾延年，願與卿共之。」又詔太子賜濂良馬，復爲製《白馬歌》一章，亦命侍臣和焉。其寵待如此。九年進學士承旨知制誥，兼贊善如故。其明年致仕，賜《御製文集》及綺帛，問濂年幾何，曰：「六十有八。」帝乃曰：「藏此綺三十二年，作百歲衣可也。」濂頓首謝。又明年，來朝。十三年，長孫慎坐胡惟庸黨，帝欲置濂死。皇后太子力救，乃安置茂州。濂狀貌豐偉，美鬚髯，視近而明，一黍上能作數字。自少至老，未嘗一日去書卷，於學無所不通。爲文醇深演迤，與古作者並。在朝，郊社宗廟山川百神之典，朝會宴享律曆衣冠之制，四裔貢賦賞勞之儀，旁及元勳巨卿碑記刻石之辭，咸以委濂，屢推爲開國文臣之首。士大夫造門乞文者，後先相踵。外國貢使亦知其名，數問宋先生起居無恙否。高麗、安南、日本至出兼金購文集。四方學者悉稱爲「太史公」，不以姓氏。雖白首侍從，其勳業爵位不逮基，而一代禮樂制作，濂所裁定者居多。其明年，卒於夔，年七十二。知事葉以從葬之蓮花山下。蜀獻王慕濂名，復移塋華陽城東。弘治九年，四川巡撫馬俊奏：「濂真儒翊運，述作可師，黼黻多功，輔導著績。久死遠戍，幽壤沉淪，乞加卹録。」下禮部議，復其官，春秋祭葬所。正德中，追謚文憲。仲子璲最知名，字仲珩，善詩，尤工書法。洪武九年，以濂故，召爲中書舍人。其兄子慎亦爲儀禮序班。帝數試璲與慎，并教誡之。笑語濂曰：「卿爲朕教太子諸王，朕亦教卿子孫矣。」濂行步艱，帝必命璲、慎扶掖之。祖孫父子，共官內庭，衆以爲榮。慎坐罪，璲亦連坐，並死，家屬悉徙茂州。建文帝即位，追念濂興宗舊學，召璲子懌官翰林。永樂十年，濂孫坐奸黨鄭公智外親，詔特宥之。

萬斯大《周官辨非》分部

綜述

李杲堂《周官辨非序》　善治莫如省官，善政莫如薄斂；古今圖治之本，斯二者而已。凡見諸《詩》、《書》所載，先王之政俱昭然可考。惟《周官》一書所列，官冗而斂重，即末世亡國之弊亦無過此者。前輩謂本戰國陰謀之書，及東漢末年其書乃行。至用其學而見諸實事，古今惟二人：一曰劉歆，一曰王安石。歆始以進于新莽，于是建爲《周官經》，置博士，而莽遂據此立法，卿、大夫、士，日議設官；行五均、六筦、市官賒貨，至毒流四海，而莽遂亡。安石以進於神宗，於是作爲《三經新義》，上匹《詩》、《書》，而安石遂創立三司條例官，日議理財、市易、均輸，害延中外，羣小繼之，而前宋亦亡。蓋是書之足毗人國，而兩人學術徒足遺笑千載，斯誠可哀也已！吾友萬子充宗最精於經學，生平於六藝之文辨若秋芒，盡發其義；更取《周禮》一書，條舉件繫，極辨其非，凡五十餘節，大略惟官冗而賦重，此則其爲害之大者也。充宗意謂劉歆初用此書以媚莽，顛倒聖經，忠孝墮地，已彰彰耳目；不意數百年後復有一王安石，至謂其法可施于後世，其文有見於載籍，莫具於《周官》一書，欲盡舉而見諸立政、造事，竟若不知前此有一新莽國師者。今特爲《辨非》一卷，使天下後世讀之，曉然知此書一用之爲劉歆，再用之爲王安石，其效可見已若此；從此安石之後當不復更有安石，而益知惟五經可以治世，學術淵源一歸于正。斯則其功在百世者也！是爲序。同學李鄰嗣杲堂拜撰。

楊復吉《周官辨非跋》　四明萬氏兄弟，充宗邃于經，季野精于史，撰述之富，近時罕儷。王文簡公《居易録》載季野書目凡十一種，今惟《歷代史表》、《廟制圖考》、《儒林宗派》刊本尚存，餘悉湮没不彰矣。充宗所著雖兩燬于火，而《經學五書》幸重梓于近歲，俾學者得窺尋其涯涘。文章顯晦有數，夫豈偶然。《五書》皆廣大精微，《辨非》尤爲搰獲，立言不朽，端在乎是，要非經生輩詹詹小言比也。録之以爲叢書冠。乾隆丙午春分日震澤楊復吉識。

傳記

黄宗羲《南雷文定前集》卷八《萬充宗墓誌銘》　五經之學，以余之固陋，所見傳註《詩》、《書》、《春秋》皆數十家，三禮頗少，《儀禮》、《周禮》十餘家，《禮記》自衛湜以外亦十餘家，《周易》百餘家，可謂多矣。其聞而未見者，尚千家有餘，如是則後儒於經學，可無容復議矣。然《詩》之《小序》，《書》之今古文，三傳之義例，至今尚無定説。《易》以象數讖緯，晦之於後漢，至王弼而稍霽，又以老氏之浮誕，魏伯

陽，陳摶之卦氣晦之，至伊川而欲明，又復以康節之圖書，先後天晦之。《禮經》之大者，爲郊社、禘祫、喪服、宗法、官制，言人人殊，莫知適從，士生千載之下，不能會衆以合一，由谷而之川，川以達於海，猶可謂之窮經乎。自科舉之學興，以一先生之言爲標準，毫秒摘抉，於其所不必疑者而疑之，而大經大法，反置之而不道，童習自守，等於面墻，聖經興廢，上關天運，然由今之道，不可不謂之廢也。此吾於萬充宗之死，能不慟乎！充宗諱斯大，吾友履安先生之第六子也，其家世詳余先生誌中，充宗生逢喪亂，不爲科舉之學，湛思諸經，以爲非通諸經，不能通一經，非悟傳註之失，則不能通經，非以經釋經，則亦無由悟傳註之失。何謂通諸經以通一經？經文錯互，有此略而彼詳者，有此同而彼異者，因詳以求其略，因異以求其同，學者所當致思者也。何謂悟傳註之失？學者入傳註之重圍，其於經也，無庸致思，經既不思，則傳註無失矣。若之何而悟之，何謂以經解經？世之信傳註者，過於信經，試拈二節爲例。八卦之方位，載於經矣。以康節離南坎北之臆説反有致疑於經者。平王之孫，齊侯之子證諸春秋，一在魯莊公元年一在十一年皆書王姬歸於齊。周莊王爲平王之孫，則王姬當是其姊妹，非襄公則威公也。毛公以爲武王女，文王孫。所謂平王，爲平正之王，齊侯爲齊一之侯，非附會乎？如此者，層見疊出，充宗會通各經，證墜緝缺。聚訟之議，渙然冰泮。奉正朔以批閏位，百注遂無堅城。而老生猶欲以一卷之見，申其後息之難，宜乎如腐朽之受利刃也。所爲書，曰《學禮質疑》二卷，《周官辨非》二卷，《儀禮商》二卷，《禮記偶箋》三卷，《初輯春秋》二百四十卷，燼於大火，復輯絶筆於昭公，丁災甲陽草各一卷，其間説經者居多。《萬氏家譜》十卷，噫多矣哉！學不患不博，患不能精。充宗之經學，由博以致精，信矣其可傳也！然每觀古人著書，必有大儒爲之流別，而後傳遠，如蔡元定諸書，朱子言造化微妙，唯深於理者能識之，吾與季通言而不厭也。故元定之書，人皆敬信，陳澔之《禮記集説》，陳櫟之《禮記解》。吴草廬曰：「二陳君之説禮，無可疵矣，故後皆列之學宮。」自蕺山先師夢奠之後，大儒不作，世莫之宗，墻屋放言，小智大黠，相煽以自高，但有講章，而無經術。充宗之學，誰爲流別，余雖嘆賞，而人亦莫之信也。充宗爲人剛毅，見有不可者，義形於色，其嗜義若饑渴。張蒼水死國難，棄骨荒郊，充宗葬之南屏，使余誌之，春秋野祭，蓋不異西臺之哭焉。父友陸文虎，甬中所稱陸萬是也，文虎無後，兩世之喪，皆在淺土，充宗葬其六棺。凡所爲皆類此，不以力絀隻輪而自阻也。崇禎癸酉六月六日，其生也。康熙癸亥七月二十六日，其卒也。娶陸氏，子一人。諸生，經，能世其學。充宗之卒，余許銘其墓，以鄭禹梅之跋翁傳，盡其大指，故閣筆者久之，而經累請不已。又二年，始克爲之銘曰：三代之始，懸隔千祀，制度文爲，三傳三禮，牛毛繭絲，精微在此，釋者以意，或得或否，躪訛踵陋，割裂經旨，侃侃充宗，尋源極委，會盟征伐，冠昏喪紀，如捧珠槃，如承明水，如服元端，不謂故紙，三尺短碑，西溪之址，書帶環之，不生葛藟。

唐鑑《學案小識》卷一二《鄞縣萬先生》 先生諱斯大，字充宗，治經學尤精《春秋》、三《禮》。於《春秋》則有專傳，論世屬辭比事，原情定罪諸義；於三《禮》則有論郊、論社、論禘、論祖宗、論明堂泰壇、論喪服諸義，其辨正商周改月改時，周詩周正及兄弟同昭穆，皆極確實。《宗法》十餘篇亦頗見推衍，惟其説經以新見長，以鑿見短，蓋輕於起義而勇於信心。應嗣寅稱「喜其覃思而嫌其自用」，亦篤論也。所著有《儀禮商》三卷，《禮記偶箋》三卷，《周官辨非》二卷，《學禮質疑》二卷，《學春秋隨筆》十卷。卒，年五十一。弟斯選，預修明史，獨成《崇禎長篇》。斯同則世所稱季野先生也，生而異敏，年十四五取家藏書徧讀之，皆得其大意。寧波有五經會，先生年最少，遇疑義輒以片言析之。徐氏撰《讀禮通考》，先生與參定焉。乾隆初奉詔刊定《明史》，以王氏《明史稿》爲本而增損之，此稿實出先生手。嘗曰：「昔人於《宋史》已病其繁蕪，而吾所述倍焉。非不知簡之爲貴也，吾恐後之人務博而不知所裁，故先爲之極，使知吾所取者，有可損而所不取者，必非其事與言之真而不可益也。」先生性不樂榮利，見人惟以讀書勵名節相切劘，所著《歷代史表》六十卷，《儒林宗派》六卷，《紀元彙考》，《廟制圖考》，《石經考》，《周正彙考》，《歷代宰輔考》，《宋季忠義録》，《六陵遺事》，《庚申君遺事》，《羣書辨疑》，《書學彙編》，《崑崙河源考》，《河渠考》，《石園詩文集》，其《歷代史表稽老》列朝掌故端緒釐然，有助史學，又創《宦者侯表》、《大事年表》二例，爲列史所無。

胡渭《易圖明辨》分部

綜述

萬斯同《〈易圖明辨〉序》 予初讀《易》，惟知朱子《本義》而已。年垂三十，始

集漢、魏以後諸家傳注，與里中同志者講習，乃頗涉其津涯。因歎朱子篤信邵子之過，而《本義》卷首之九圖爲可已也。友人德清胡朏明先生精於《易》學，庚辰仲夏示予以《易圖明辨》十卷，則《本義》之九圖咸爲駁正，而謂朱子不當冠於篇首。予讀之大喜，躍然曰：「至哉言乎！何其先得我心乎？」予嘗謂《河圖》、《洛書》、《先天》、《後天》、《羲文八卦》、《六十四卦方圓》諸圖，乃邵子一家之學，以此爲邵子之《易》則可，直以此爲羲、文之《易》則大不可。乃朱子恪遵之，反若羲、文作《易》本此諸圖，不亦異乎？夫「河圖」見於《顧命》、《繫辭》、《論語》，古固有之，而後世亡之矣。今之自一至十之《圖》，本出陳希夷，古人未嘗語及，非真「河圖」也。戴九履一之圖，今之所謂《洛書》者，見於《後漢書·張衡傳》及緯書《乾鑿度》，乃太乙下行九宮圖，非《洛書》也。後世術家配以一白二黑之數，至今遵用不變，豈果真《洛書》乎？卦止有出《震》齊《巽》之位，乃孔子之所繫，而文王、周公之遺法也。安得有先天之位？此誰言之，而誰傳之？「天地定位」一節，不過言八卦之相錯耳，何曾有東西南北之説，而欲以是爲先天卦位乎？此不特「先天」二字可去，即「後天」二字亦必不可存。蓋卦位止一而無二，不得妄爲穿鑿也。八卦之序自當以父母六子爲次，孔子《繫辭》屢言之，乃舍此不遵，以《乾》、《兑》、《離》、《震》、《巽》、《坎》、《艮》、《坤》爲次，此何理乎？太極生兩儀，兩儀生四象，四象生八卦，固出於《繫辭》，而實非生卦之謂也。《乾》、《坤》生六子，其理顯然，而《坤》可置於最末乎？三男三女可錯亂而無序乎？《易》但有三畫之卦，重之則爲六畫，未嘗有二畫、四畫、五畫之卦也；但有八卦、六十四卦，未聞八卦重爲十六，十六重爲三十二，三十二始重爲六十四也。必曰「一每生二，以次而加」，試問《易》中曾有是説乎？至於卦變，惟程、蘇二家爲可信，古人十辟之説，予猶不敢從。若朱子之《本義》益爲支離，況與《啟蒙》之言不合，一人而持兩説，令學者何所適從，此予必不敢附會者也。凡此諸説，閒與友人言之，或然或不然。讀先生此書，一一爲之剖析，洵大暢予懷。而其採集之博，論難之正，即令予再讀書十年，必不能到。何先生之學大而能精如此？以此播於人閒，《易》首之九圖即從此永廢可也。四明同學弟萬斯同纂。

阮元《〈易圖明辨〉序》 元幼學《易》，心疑先後天諸圖之説。庚子，得毛西河先生全集中《河圖洛書·原舛篇》讀之，豁然得其原委。友人歙淩次仲廷堪謂元曰：「子知西河之辨《易》，未見德清胐明先生《易圖明辨》，尤詳備也。」元識之，求其書，不可得。繼在京師，見《四庫館書目》録之，曰其書一卷辨《河圖》、《洛書》，二卷辨五行、九宮，三卷辨《參同契》、《先天圖》、《太極圖》，四卷辨《龍圖》、《易數鉤隱圖》，五卷辨《啓蒙·圖書》，六卷、七卷辨先天古易，八卷辨後天之學，九卷辨卦變，十卷辨象數流弊，並引據經典，原原本本，於《易》學深爲有功。元鄉注益切。丙辰，視學至吴興，始求得讀之，蓋距昔已十六年矣。愧聞道之甚遲，喜斯篇之未泯，亟命其家修板刷印，廣爲流傳，以貽學者。因並識其事於篇首。至其《圖辨》大略，則萬季野先生《序》言之已盡，兹不贅論。嘉慶元年八月二十八日，浙江督學使者內閣學士兼禮部侍郎儀徵後學阮元謹序

伍崇曜《〈易圖明辨〉序》 《易圖明辨》十卷，國朝胡渭撰。按，渭原名渭生，字朏明，一字東樵，德清人。事蹟、著撰具見江鄭堂《漢學師承記》，稱先生嘗謂「《詩》、《書》、《禮》、《春秋》皆不可無圖，惟《易》無所用圖，六十四卦二體六爻之畫，即圖也。八卦之次序方位，《乾》《坤》三索、出《震》齊《巽》二章盡之矣，安得有先、後天之別哉！《河圖》之象，自古無傳，何從擬議？《洛書》之文，見於《洪範》，五行九宮，初不爲《易》而設，乃作是書」云云。又云「《洪範》古聖所傳，如日月之麗天，有目所共覩，而閒有晦盲否塞者，先儒曲説爲之害也。漢儒《五行傳》專主災異，以瞽史矯誣之説亂彝倫攸叙之經，其害一也。《洛書》之本文，具在《洪範》，宋儒創爲黑白之點，方圓之體，九、十之位，書也而變爲圖矣。且謂《洪範》之理通於《易》，劉牧以九爲《河圖》，十爲《洛書》，蔡元定兩易其名，其害二也。《洪範》原無錯簡，而宋儒任意改竄，移庶徵『王省惟歲』以下爲五紀之傳，移皇極『斂時五福』至『作汝用咎』及三德『惟辟作福』以下，並爲五福六極之傳，其害三也。作《洪範正論》五卷」，云云。其言有足與是書相發明者。先生篤志經學，著述甚夥，所撰《禹貢錐指》一書，曾呈聖祖御覽，賜「耆年篤學」扁，稽古之榮，至今豔稱之。顧《四庫提要》著録是書，與阮文達《國朝儒林傳稿》，均稱視《禹貢錐指》尤爲有功經學，則其推崇也至矣。咸豐壬子冬至前一日，南海伍崇曜謹跋。

皮錫瑞《經學通論·易經·論胡渭之辨甚確若知〈易〉皆孔子所作更不待辨而明》 胡渭《易圖明辨》辨《本義》之説曰：「按《本義》卷首，列九圖於前而總爲之説。所謂天地自然之《易》，河圖、洛書也。伏羲之《易》，先天八卦及六十四卦次序方位也。文王之《易》，後天八卦次序方位及六十四卦之卦變也。是皆著爲圖者，伏羲有畫而無辭，文王繫彖，周公繫爻，孔子作《十翼》，皆遞相發揮以盡其義。故曰：『聖人之情見乎辭，辭者所以明象數之難明者也。』而朱子顧以爲三聖人之《易》，專言義理，而象數闕焉，是何説與？且《易》之所謂象數，蓍卦焉而已。卦主象，蓍主數，二體六畫，剛柔雜居者，象也。大衍五十四營成《易》者，數也。經文粲

然，不待圖而明。若朱子所列九圖，乃希夷、康節、劉牧之象數，非《易》之所謂象數也。三聖人之言，胡爲而及此乎？伏羲之世，書契未興，故有畫而無辭。延及中古，情僞漸啟，憂患滋多，故文王繫彖，以發明伏羲未盡之意。周公又繫爻，以發明文王未盡之辭。一脈相承，若合符節。至於孔子，紹聞知之統，集羣聖之大成，論者以爲生民所未有，使伏羲文王周公之意，而孔子有所不知，何以爲孔子？既已知之，而别自爲説，以求異於伏羲、文王、周公，非述而不作之旨也。然則伏羲之象得辭而益彰，縱令深玩圖書，而得其精微，亦不外乎文王、周公、孔子所言之理。豈百家衆技之説，所得而竄入其中哉？九圖雖妙，聽其爲《易》外别傳，勿以冠經首可也。」錫瑞案，胡氏之辨甚明，以九圖爲《易》外别傳，尤確。特猶誤沿前人之説，以爲文王作卦辭，周公作爻辭，孔子作《十翼》。故但以爲孔子之説，不異文王周公之意，不知卦爻辭亦孔子之説也。自東漢後，儒者誤疑《繫辭傳》云：蓋取諸《益》與《噬嗑》，以爲神農時，已有重卦，則重卦當屬神農。重卦既爲神農，則文王演《易》，必當有辭。遂疑卦辭、爻辭爲文王作。其後又疑文王作爻辭，不應有「岐山箕子東鄰」諸文，遂又疑爻辭爲周公作。重仳𨂴繆，悍然以文王周公加孔子之上，與六經皆孔子作之旨不合矣。宋之陳邵，更加伏羲，此猶許行並耕，上託神農，老莊無爲，高談皇古，乃昌黎所謂惟怪之欲聞者。宋儒之學，過求高深，非但漢唐注疏視爲淺近，孔孟遺經亦疑平易，故其解經多推之使高，鑿之使深。有入於二氏而不覺者，其説《易》以孔子之《易》爲未足，而務求之道家；亦猶其解各經，疑孔子之言爲未至，而間雜以二氏也。宋時一代風尚如此，故陳邵圖書盛行，以朱子之明，猶無定見而爲所惑。元明以其書取士，學者不究本義，而先觀九圖，遂使易學沈霾數百年。國初諸儒辨之而始熄，若知《易》皆孔子所作，不待辨而明矣。

傳記

錢大昕《潛研堂文集》卷三八《胡先生渭傳》 先生諱渭，初名渭生，字朏明，世爲德清人。曾祖友信，明隆慶戊辰進士，廣東順德縣知縣，所謂思泉先生也。父公角，天啓甲子舉人。先生年十二而孤，母沈携之避寇山谷間。十五爲縣學生，試高等，充增廣額，屢赴行省試不得售，乃入太學。嘗館益都馮相國邸。篤志經義，尤精于輿地之學。崑山徐尚書乾學奉詔修《一統志》，開局洞庭山，延請常熟黃儀子鴻、無錫顧祖禹景范、山陽閻若璩百詩及先生分纂，因得縱觀天下郡國之書。先生素習《禹貢》，謂「漢、唐二孔氏、宋蔡氏于地理多疏舛。如三江當主鄭康成説，庾仲初之言不可以釋《禹貢》；『浮于淮、泗，達于河』，『河』當從《説文》作『菏』；『滎波既豬』，『波』當從鄭康成本作『播』；梁州之黑水，與導川之黑水不可溷而爲一」。乃博稽載籍及古今經解，考其同異而折衷之，依經爲訓，章别句從，名曰《禹貢錐指》，凡二十卷，爲圖四十七篇，于九州山川形勢及古今郡國分合同異、道里遠近夷險，犂然若聚米而畫沙也。漢、唐以來，河道遷徙，雖非《禹貢》之舊，要爲民生國計所繫，故于《導河》一章，備考歷代決溢改流之跡；且爲圖以表之。其留心經濟，異于迂儒不通時務者遠矣。嘗謂：「《詩》、《書》、《禮》、《春秋》皆不可無圖，惟《易》無所用圖，六十四卦、二體、六爻之畫即其圖也，八卦之次序方位，則乾坤三索、出震齊巽二章盡之矣，安得有先後天之别？《河圖》之象，自古無傳，何從擬議？《洛書》之文，見于《洪範》，五行九宫，初不爲《易》而設。」作《易圖明辨》十卷。又言：「《洪範》古聖所傳，漢儒專主災異，以瞽史矯誣之説，亂彝倫攸叙之經，害一；《洛書》之本文，具在《洪範》，宋儒創爲黑白之點，方員之體，九十之位，且謂《範》之理通于《易》，劉牧以九爲《河圖》，十爲《洛書》，蔡元定兩易其名，害二；《洪範》元無錯簡，後儒任意改竄，移《庶徵》『王省惟歲』以下爲『五紀』之傳，移《皇極》『斂時五福』至『作汝用咎』及《三德》『惟辟作福』以下爲『五福』、『六極』之傳，害三。」作《洪範正論》五卷。又作《大學翼真》七卷，言格物致知之義，釋在邦畿章内，本無闕文，無待于補。皆卓然有得，非異趣以爲高者。康熙四十三年，聖祖仁皇帝南巡，先生撰《平成頌》一篇并《禹貢錐指》獻諸行在，有詔嘉奬，召至南書房直廬賜饌，御書「耆年篤學」四大字賜之，儒者咸以爲榮。甲午，歲正月九日，卒于家，年八十有二。從子會恩，從先生學，由進士及第，官至刑部尚書。孫彦穎翰林院編修。

江藩《漢學師承記》卷一《胡渭》 胡渭初名渭生，字朏明，一字東樵，世爲德清人。曾祖友信，明隆慶戊辰進士，廣東順德縣知縣，有政聲。工古文，與歸有光齊名，世所稱思泉先生也。父公角，天啟甲子舉人。渭生十二而孤，母沈攜之避寇山谷間，雖遭顛沛，猶手一編不輟。十五爲縣學生，試高等，充增生。屢赴行省試，不售，乃入太學。嘗館益都馮文毅公家。渭潛心經義，尤精輿地之學。崑山徐尚書乾學奉詔修《一統志》，開館洞庭山，延渭與黃儀子鴻、顧祖禹景范、閻若璩百詩分郡纂輯。因得博觀天下郡國書。又與子鴻輩觀摩相善，而問學益進焉。渭素習《尚書·禹貢》。謂僞孔、孔冲遠及蔡沈於地理皆疎舛。如三江當主鄭康成説，庾

仲初之言不足信』；「浮於淮、泗，達於河」，「河」當從《説文》作「菏」；「滎波既豬」，「波」當從鄭康成本作「播」；梁州之黑水，與導川之黑水，不可溷而爲一。因足疾家居，博稽載籍及古今注釋，考其同異而折中之。依經立解，章别句從，成《禹貢錐指》二十卷。錐指者，取《莊子·秋水》篇「用管窺天，用錐指地」之意，言所見者小也。又謂《禹貢》山川非圖不明，而漢永平中賜王景之圖及晉司空裴秀之圖皆亡。宋程大昌《禹貢山川地理圖》，世無傳本，而合沙鄭氏東卿《禹貢二十五圖》，世亦罕覯，且於郡國山川未能精審，先儒舊説與經異者不能釐正。乃據九州、五服、導山、導水之文，證以地志、《水經》，參之傳紀，計里畫方，爲圖四十七，古今水道、山脈條分縷析，聚米畫沙，如身歷目擊者矣。漢、唐以來，河道遷徙，雖非《禹貢》之舊，要爲民生國計所繫，故於導河一章，備考歷代決溢改流之跡。論近日淮、黄之勢云：「清口不利，海口愈塞，加以淫潦，而河、淮上流一時並決。洪澤諸湖衝盪高堰，人力倉卒難支，必決山、鹽、高寶諸湖，而淮南海口沙壅更甚，爲禍尤烈。近日治河，乃遏之使不得北，而南入於淮，以便運耳。南行非河之本性，東衝西決，率無寧歲，非治河，治漕也。設會通有時不用，則河可以北。先期戒民，凡田廬冢墓當水之衝者，悉遷他所，官給其費。兩岸之堤，增卑培薄，更於低處創立遥堤，使暴水至，得左右游波，寬緩而不迫。然後縱河所之，決金龍，注張秋，而東北由大清河入於渤海，不煩人力也。」其説可稱卓論，豈不通時務之迂儒所能哉！嘗謂《詩》、《書》、《禮》、《春秋》，皆不可無圖，惟《易》無所用圖。六十四卦二體六爻之畫，即圖也。八卦之次序方位，乾坤三索，出震齊巽二章盡之矣，安得有先、後天之别哉？《河圖》之象，自古無傳，何從擬議？《洛書》之文，見於《洪範》。五行、九宫，初不爲《易》而設。作《易圖明辨》十卷。又言《洪範》古聖所傳，如日月之麗天，有目者所共睹，而間有晦盲否塞者，先儒曲説爲之害也。漢儒《五行傳》專主災異，以瞽史矯誣之説，亂彝倫攸叙之經，其害一也。《洛書》之本文，具在《洪範》，宋儒創爲白黑之點、方圓之體、九十之位，書也而變爲圖矣。且謂《洪範》之理通於《易》，劉牧以九爲《河圖》，十爲《洛書》，蔡元定兩易其名，其害二也。《洪範》元無錯簡，而宋儒任意改竄，移「庶徵」「王省惟歲」以下爲「五紀」之傳，移「皇」「斂時五福」至「其作汝用咎」，及「三德」「惟辟作福」以下並爲「五福」、「六極」之傳，其害三也。作《洪範正論》五卷。又作《大學翼真》七卷，言「格物致知」之義，釋在「邦畿」章内本無缺文，無待於補。其議論之正，可謂通儒矣。康熙己卯，因再從姪會恩官京師，乃復遊日下。禮部尚書李振裕、侍講學士查昇，皆以爲當代儒宗。未幾，以老病歸。昇供奉内廷，暇日以《禹貢錐指》進呈。上覽而嘉之，問年籍，對曰：「浙江人，六十餘歲，禮部侍郎胡會恩之叔也。」四十二年，法駕南巡，渭撰《平成頌》一篇，獻諸行在，有詔嘉獎，召至南書房直廬，賜饌及書扇，又御書「耆年篤學」四大字賜之。禁直諸臣咸謂一時之曠典云。五十三年正月九日，卒於家，年八十有二。

閻若璩《古文尚書疏證》分部

綜述

全祖望《鮚埼亭集外編》卷二七《題古文尚書疏證》　閻徵君所著書，最得意者，《古文尚書疏證》也，其次則《四書釋地》。徵君稽古甚勤，何義門學士推之，然未能洗去學究氣爲可惜，使人不能無陋儒之歎，蓋限於天也。

黄宗羲《〈尚書古文疏證〉序》　吴草廬以《古文尚書》之僞，其作《纂言》以伏氏二十八篇爲之解釋，以《古文》二十五篇自爲卷袠，其《小序》分冠於各篇者，合爲一篇寘於後。歸震川以爲不刊之典，郝楚望著《尚書辨解》亦依此例，然從來之議《古文》者，以《史》、《傳》攷之則多矛盾。既云安國之學以授都尉朝，朝授庸生，庸生授胡常，胡常授徐敖及王璜、塗惲，塗惲授賈徽，徽以授其子逵，其傳授歷然。何以《後漢書》又稱扶風杜林於西州得漆書《古文尚書》一卷，同郡賈逵爲之作《訓》，則其所授於父者何書耶？既言賈逵爲《古文尚書》作《訓》，何以逵之所訓者止歐陽、夏侯之書而不及其他也？又云馬融作《傳》，鄭康成作《註》，何以康成之註《書序》有《汩作》、《九共》、《典寶》、《肆命》、《原命》而無《仲虺之誥》、《太甲》、《説命》諸篇也？即篇名同者亦不同其文，如註《禹貢》則引《胤征》云「篚厥玄黄，紹我周王」，乃孔《書》之《武成》文也。又云康成傳其孫小同，小同與鄭沖同事，高貴鄉公沖以《古文尚書》教授。其學未絶，何以東晉豫章内史梅賾始得安國之傳奏之？《史》、《傳》之矛盾如此。若以文辭格制之不同别之，而爲《古文》者，其採緝補綴，無一字無所本；質之《今文》，亦無大異，亦不足以折其角也。唯是秦火以前諸書之可信者，如《左氏》内外傳、《孟子》、《荀子》、《墨子》之類，取以證之，庶乎思過半矣。自

來諸儒間指其一二破綻而疑之，其疑信相半也。嘉靖初，旌川梅鷟著《尚書譜》一編，取諸傳記之語與二十五篇相近者類列之，以證其剽竊，稱引極博，然於《史》、《傳》之異同終不能合也。淮海閻百詩寄《尚書古文疏證》，方成四卷，屬余序之。余讀之終卷，見其取材富，折衷當。當兩漢時，安國之《尚書》雖不立學官，未嘗不私自流通，逮永嘉之亂而亡。梅賾作僞《書》冒以安國之名，則是梅賾始僞。顧後人并以疑漢之安國，其可乎？可以解《史》、《傳》連環之結矣。中間辨析三代以上之時日禮儀、地理、刑法、官制、名諱、祀事，句讀字義，因《尚書》以證他經史者，皆足以祛後儒之蔽。如此方可謂之窮經其原。夸族禍始於《泰誓》，短喪作俑於《太甲》，錯解《金縢》而陷周公於不弟，仁人之言有功於後世大矣。憶吾友朱康流謂余曰：「從來講學者未有不淵源於『危微精一』之旨，若無《大禹謨》則理學絶矣，而可僞之乎？」余曰：「此是古今一大節目，從上皆突兀過去。『允執厥中』本之《論語》，『惟危』、『惟微』本之《荀子》。《論語》曰：『舜亦以命禹』，則舜之所言者即堯之所言也。若於堯之言有所增加，《論語》不足信矣。『人心』、『道心』正是《荀子性惡》宗旨。『惟危』者，以言乎性之惡。『惟微』者，此理散殊，無有形象，必擇之至精而後始與我一，故矯飾之論生焉。後之儒者於是以心之所有唯此知覺，理則在於天地萬物。窮天地萬物之理。以合於我心之知覺，而後謂之道，皆爲『人心』、『道心』之説所誤也。夫人只有人心，當惻隱自能惻隱，當羞惡自能羞惡，辭讓是非，莫不皆然。不失此本心，無有移換，便是『允執厥中』，故孟子言求『放心』，不言求『道心』，言失其『本心』，不言失其『道心』。夫子之『從心所欲不踰矩』，只是不失『人心』而已。然則此十六字者，其爲理學之蠹甚矣。」康流不以爲然。嗚呼！得吾説而存之，其於百詩之證未必無當也。南雷黄宗羲頓首拜撰。

閻詠《〈尚書古文疏證〉序》 家大人徵君先生著《尚書古文疏證》若干卷，愛之者争相繕寫，以爲得未曾有，而怪且非之者亦復不少。徵君意不自安，曰：「吾爲此書，不過從朱子引而伸之，觸類而長之耳。初何敢顯背紫陽，以蹈大不韙之罪？」因命詠取《語類》四十七條，《大全集》六條，彙次成編，名《朱子古文書疑》，就京師刻以行世。告詠曰：「夫破人之惑，若難與争於篤信之時，待其有所疑焉，然後從而攻之可也。此歐公語也。歐公又言『孔子者，萬世取信一人而已。』余則謂『朱子者，孔子後取信一人而已。』今取朱子之所疑告天下，天下人聞之，自不必盡篤其信。所謂有所疑然後出吾《疏證》以相示，庶其有悟乎？」詠歎其循循善誘，不驟以彊人，故亦不敢旁溢一語，即録以爲序。至徵君所以名其書之義，實嘗與聞。蓋讀《漢書・儒林傳》：「孟喜得《易》家候陰陽災變書，詐言師田生枕喜鄰，獨傳喜，諸儒以此耀之。同門梁邱賀疏通證明之。」顔師古注：「疏通猶言分别也。證明，明其僞也。」摘取此二字，首曰《尚書》，尊經也；次曰《古文》，傳疑也。書凡數十萬言，先標出以告天下，庶他日奉徵君返山陽，築禮堂爲寫定，不致憒於所好，則又徵君之志而小子詠所有事云。康熙甲申端午前三日太原閻詠撰。

閻學林《〈尚書古文疏證〉序》 乾隆乙丑之秋，刻《尚書古文疏證》成。嗟乎！此先君子之志也。今而後，學林得稍慰先君子於地下矣。先大父窮經博學，海内所仰。遺書未出，學者引領望之。先君子在中翰時，嘗商於輦下故舊，欲板行之以公海内，而工費浩繁，未有成局。經營於心者十餘年，學林敢一日忘先君子之志哉？癸卯己酉，學林兩至京師，先人之舊好寥寥數人，無復贊成斯事者。仲弟學機珍重先大父遺書，勤加手録而天不假年；學林又累於食指。丙辰以來，微秩自効，官卑俸薄，每泫然抱遺書而泣。思欲繼先君子之志，如蚉虻負山，精衛之填滄海也。癸亥春，謁同里夔州程先生，先生雅嗜先大父書，慨然捐貲，始議開雕；而淮揚士大夫更多好義者。于是閲二載而遂以藏事。回憶學林之憂思徘徊無所措手者，又二十年於兹矣。舉大木者，呼邪許。將伯之助，實賴同志。念成之之難，愈不敢忘所自也。孫男學林謹識。

皮錫瑞《尚書古文疏證辨正・自序》 國朝《尚書》之學始於閻百詩徵君，自《疏證》書出而古文孔傳之僞，如秦越人洞見五臟癥結，使學者不爲僞書所惑，厥功甚偉，惟徵君生當國初，其時漢學方萌芽，於古今文家法未盡瞭然，亦問惑於先入之言，多引宋人臆説，詆斥古義有僞孔本不誤而徵君以爲誤者，非特無以服僞孔之心，且恐左袒僞孔者，將有以藉口。徵君嘗駁朱子集注曰：「輕議先儒其罪小，曲徇先儒而俾聖賢之旨終不明於天下、後世，其罪大。余竊居罪之小者而已。」錫瑞學識淺陋，奚敢觝排前哲，顧嘗謂徵君能辨古文孔傳之僞，而未識《今文尚書》之真。《疏證》一書，向有重名，治《尚書》者奉爲圭臬，不爲辨正恐疑誤後學，乃竊比於徵君之駁朱注，而自居於罪之小者焉。山陽丁儉卿《尚書餘論》嘗辨正數條，兹具列之而廣所未備，其精塙者不贊一詞，義有未安，妄加籤記，不知蓋闕請俟異日。善化皮錫瑞。

又《尚書古文疏證辨正》 《漢書・儒林傳》：「孔氏有古文《尚書》，孔安國目今文字讀之，因目起其家。逸《書》得十餘篇，蓋《尚書》兹多於是矣。」《藝文志》：「古文《尚書》者，出孔子壁中。武帝末，魯共王壞孔子宅，得古文《尚書》及《禮記》、

《論語》、《孝經》凡數十篇，皆古字。孔安國者，孔子後也，悉得其書，以考二十九篇，得多十六篇。安國獻之，遭巫蠱事，未列於學官。」《楚元王傳》：「魯共王壞孔子宅，欲㠯爲宮，而得古文於壞壁之中。逸《禮》有三十九，《書》十六篇，天漢之後孔安國獻之。」夫一則曰「得多十六篇」，再則曰「逸書十六篇」，是古文《尚書》篇數之見於西漢者如此也。後漢書杜林傳：「林前於西州得漆書古文《尚書》一卷，常寶愛之，雖遭艱困，握持不離身。後出示衛宏等，遂行於世。同郡賈逵爲之作《訓》，馬融、鄭康成之《傳》、《注解》，皆是物也。」辨曰：徵君之言是也，而尚有未盡者。《後漢書・儒林傳》曰：「扶風杜林傳古文《尚書》，林同郡賈逵爲之作《訓》，馬融作《傳》，鄭元《注解》，由是古文《尚書》遂顯於世。」此馬、鄭古文《尚書》出於杜林之塙證也。漆書止一卷，非完書，杜林得之即能傳古文《尚書》者，《漢書・藝文志》曰：「蒼頡多古字，俗師失其讀，宣帝時徵齊人能正讀者，張敞從受之，傳外孫之子杜林，爲作《訓》故，並列焉。」志列杜林《蒼頡訓纂》一篇，杜林《蒼頡故》一篇。又《杜鄴傳》曰：「鄴子林，清静好古，其正文字過於鄴竦，故世言小學者由杜公。」《後漢書・杜林傳》曰：「林博治多聞，時稱通儒。」是林精小學，兼通經學，其於古文《尚書》必先通曉，後乃得漆書耳。孔壁古文藏中祕，外人苦不得見，新莽之亂或散民間，西州漆書疑即中祕散佚者，書雖止一卷，精小學者得此即可以考正文字。杜林所傳古文《尚書》其本必較他本爲善，故賈逵傳其父徽古文《尚書》，乃不用其父之本而用林本，爲之作《訓》，正以其得漆書校正之故也。林本無訓解，訓解始於賈逵、衛宏而遞傳於馬、鄭。馬、鄭古文，孔穎達以爲出於張霸，固非。以爲即是孔壁真本，亦未是。孔氏古文真本自在中祕，此當是副本傳於民間而杜林嘗用漆書校正者耳。

又 按古文《尚書》實多十六篇，惟《論衡》所載其説互異。其《正説》篇云：「孝景帝時，魯共王壞孔子教授堂以爲殿，得百篇《尚書》於墻壁中。武帝使使者取視，莫能讀者，遂祕於中，外不得見。至孝成皇帝時，張霸僞造百兩之篇，帝出祕百篇以校之。」愚謂成帝時校理祕書，正劉向、劉歆父子。及東京，班固亦典其職，豈有親見古文《尚書》百篇，而乃云爾者乎？劉則云十六篇逸，班則云得多十六篇，確然可據。至王充《論衡》，或得於傳聞。傳聞之與親見，固難並論也。且云武帝使使者取視，不云安國獻之，而云武帝取視，此何據也？辨曰：徵君所引《論衡》，其前尚有數行未引，亦未及辨明。其説曰：「濟南伏生抱百篇藏於山中，孝景皇帝時始存《尚書》，伏生已出山中，景帝遣晁錯往從受《尚書》二十餘篇。伏生老死，書殘不竟。晁錯傳於倪寬。至孝宣皇帝之時，河内女子發老屋得逸《易》、《禮》、《尚書》各一篇，奏之。宣帝下示博士，然后《易》、《禮》、《尚書》各益一篇，而《尚書》二十九篇始定矣。」案仲任所説與《史記》、《漢書》皆乖異，景帝時晁錯已大用，何暇使受《尚書》？伏生教於齊魯之間，本祇二十九篇，非因老死不竟。兒寬受書於歐陽生、孔安國，非受之於晁錯。河内女子發老屋在武帝時，非宣帝。史記言伏生教於齊魯即有二十九篇，何待發老屋益一篇而二十九篇始定哉？此皆徵君未及辨者，至疑武帝取視不云安國獻之，則尚有説，兒寬爲御史大夫以太初二年薨，閲三年爲天漢元年，武帝或因寬言安國有古文《尚書》，乃使使者取視，其時安國已卒，而其家獻之亦未可知也。

又 當安國之初傳壁《書》也，原未有《大序》與《傳》，馬融《尚書序》所謂「逸十六篇絶無師説。」是及漢室中興，衛宏著《訓旨》於前，賈逵撰《古文同異》於後，馬融作《傳》，鄭氏作《注》，而孔氏一家之學粲然矣。不意鄭氏而後寖以微滅，雖博極羣書如王肅、孫炎輩，稽其撰著，並無《古文尚書》，豈其時已錮於祕府而不復流傳耶，何未之及也？辨曰：馬融「逸十六篇絶無師説」，則衛、賈、馬、鄭所注《古文尚書》仍止二十九篇之文，增《太誓》三篇耳，其餘逸篇並無訓解，故《尚書正義》曰：「鄭注《尚書》亡逸，並與孔異，篇數並與三家同。」又曰：「所得傳者三十三篇，古經亦無其五十八篇，及傳説絶無傳者，諸君皆不爲逸篇作注。」徵君引季長之言又云：「孔氏一家之學粲然，詞不別白，似衛、賈、馬、鄭於古文逸篇亦有注者，恐疑誤後學，不可不辨。王肅曾著《古文尚書注》見《正義》，《釋文》所引僞《古文》別出《舜典》，即用王肅注，此云王肅撰著無《古文尚書》亦誤。」蓋徵君專據孔《疏》之説以馬、鄭、王所注《尚書》皆爲今文，惟僞孔增多者爲古文，不知馬、鄭、王亦是古文，惟歐陽、夏侯三家是今文，故其書於分別今、古文處多不了了也。

又 箕子父師，即太師也；比干少師，乃孤卿之首，見今文《書》。辨曰：微子所問「太師、少師」，《史記》今文説以爲太師疵，少師彊，並非箕子、比干。其作父師、少師，以爲箕子比干者，馬、鄭古文説也。此云見今文書誤。蓋徵君以僞孔所增加之外皆爲今文，不知今文説解多不與古文合，非可執馬、鄭古文説爲今文説也。又按：一代有一代之官名，與其職任不得相混。竊以唐虞時「四岳」自官名，「白揆」非官名也。蓋其官以揆度百事爲職任，必欲認以爲名，則非。何以驗之？後文「契作司徒」，司徒其官名也，「敷五教」則其職；「皋陶作士」，「士」其官名也，「明五刑」則其職。以至伯夷官名「秩宗」，而職典三禮；「龍」官名「納言」，而職「出

納朕命」。是舜所謂「百揆」，亦典三禮、敷五教之類耳，不得爲官名。苟以爲官名，則「五典」、「四門」、「大麓」一例字面，豈有一官名在內者乎？或曰：然則此爲何官？余曰：此即舜相堯、禹相舜之相也。有君則有相，百王之所同，未有知其所由來者也。然其名亦隨在而異，在周曰冢宰，在商曰阿衡，又曰保衡。若唐虞，則不可的知矣。或曰：然則舜他日又曰「使宅百揆」，非使之作相者乎？余曰：「宅」者，居也，言使之居揆度百事之任耳，非如「伯禹作司空」，司空則官名矣。此亦幾微之辨。僞作《周官》者不通此義，竟認「百揆」與「四岳」俱官名，曰「內有百揆、四岳。」其殆昔人所謂國對偶親切者與。又按：「納於百揆，百揆時敘」，惟左傳解得最分明，曰：「以揆百事，莫不時序。」又即孟子「使之主事而事治」之謂也。益驗決非官名。辨曰：徵君謂「百揆」非官名甚塙。《史記》於「納于百揆，百揆時序」云「徧入百官，百官時序。」又云：「百官皆治於使宅百揆。」云「使居官」是史公以「百揆」爲百官，非官名，其說尤明。徵君未及引。

又　百篇《序》謂之《小序》，伏生時猶未得。《小序》，《盤庚》三篇合爲一，《康王之誥》合於《顧命》，孔安國始據以序古文《書》。兩漢諸儒並以爲孔子作，《孔子世家》云「序書傳，上紀唐虞，下至秦繆」，似以《序》出自孔氏云。故寧屈經以從《序》，而不顧其說之不可通。有宋諸儒出，始力排之。排之，誠是也。朱子謂是周秦間低手人所作，尤屬特見。辨曰：兩漢諸儒自史公至馬、鄭皆謂《書序》是孔子作，即如朱子說以爲周秦間人，則亦在秦焚書之前親見百篇書者，宋儒何苦排之。徵君何反以排之爲是。《書序》亦有今、古文之分，伏生今文已有《序》見於《史記》所載，今所傳《書序》出於馬、鄭，與《史記》不盡合，當爲古文。《史記》所載《序》皆可信，馬、鄭《書序》則間有可疑，如《君奭》篇《史記》以爲在周公攝政時，次當在《大誥》、《康誥》間，馬、鄭列於《無逸》篇後，乃有召公疑周公貪位之說，蓋失其次。若《盤庚》三篇本是一篇。漢石經於篇後空一格，可見古經舊式。《史記》載《顧命》、《康王之誥》之《序》已分二篇，故云伏生傳書二十九篇，何待孔安國分之，又何獨孔壁古文有《序》，皆攷之未審。

李慈銘《越縵堂讀書記・經部・書類》　《尚書今古文疏證》，清閻若璩撰。閱閻百詩《尚書今古文疏證》，其末有議孔門從祀一條，援嘉靖中黜荀子例，欲退象山、陽明；又以王弇州說，欲退歐陽文忠而進范文正。范公入祀固無愧，而歐公事業亦不相下，文章經術則更遠出其上，進彼而退此，可爲無謂。至議及陸、王，則尤安矣。咸豐戊午十一月初一日。終日讀《尚書古文疏證》。閻氏此書，致力最深，雖時病冗漫，又氣矜自滿，動輒牽連它書，頗失體裁，而雄辯精到處，自不可及。惟既以《史記》所載之《大誓》爲僞，又不信《書序》，因而并力攻《詩小序》，以及《左傳》《檀弓》俱遭駁詰，逞私武斷，亦往往而有。全謝山笑爲陋儒，非無因也。其中因耑類及諸條，前人已閒采入《潛邱劄記》，予謂當悉去之，盡刻于《劄記》中，則其浩博自在，而此書之體例不致紊矣。同治丁卯十一月二十六日。

傳記

錢大昕《潛研堂文集》卷三八《閻先生若璩傳》　先生諱若璩，字百詩，先世居太原縣西塞村，五世祖始居淮安。祖世科，萬曆甲辰進士，布政司參議。父修齡，郡學生。先生少口吃，入小學，讀書千遍猶未熟，同輩咸嗤其鈍。年十五，冬夜讀書，有所礙，憤悱不肯寐，漏四下，寒甚，堅卧沈思，心忽開朗，自是穎悟異常。是歲補學官弟子，一時名士如李太虛、方爾止、王于一、杜于皇輩，皆折輩行與交。穿究經史，深造自得，嘗集陶貞白、皇甫士安語題其柱云：「一物不知，以爲深恥；遭人而問，少有寧日。」其立志如此。年二十，讀《尚書》至古文二十五篇，即疑其僞，沈潛三十餘年，乃盡得其癥結所在，作《尚書古文疏證》八卷。其最精者，謂「《漢・藝文志》言魯共王壞孔子宅，得《古文尚書》，孔安國以考二十九篇，得多十六篇；《楚元王傳》亦云《逸書》十六篇，天漢之後，孔安國獻之。古文篇數之見于西漢者如此，而梅賾所上，乃增多二十五篇，此篇數之不合也。杜林、馬、鄭皆傳古文者，據鄭氏說，則增多者《舜典》、《汩作》、《九共》、《大禹謨》、《益稷》、《五子之歌》、《胤征》、《典寶湯誥》、《咸有一德》、《伊訓》、《肆命》、《原命》、《武成》、《旅獒》、《冏命》凡十六篇，而《九共》有九篇，故亦稱二十四篇。今晚出《書》無《汩作》、《九共》、《典寶》等，此篇名之不合也。鄭康成注《書序》，于《仲虺之誥》、《太甲》、《說命》、《微子之命》、《蔡仲之命》、《周官》、《君陳》、《畢命》、《君牙》皆注曰亡，而于《汩作》、《九共》、《典寶》、《肆命》等皆注曰逸。逸者，即孔壁書也。康成雖云受《書》于張恭祖，然其書《贊》曰：『我先師棘下，生子安國，亦好此學。』則其淵源于安國明矣。今晚出《書》與鄭名目互異，其果安國之舊耶？」又云：「古文傳自孔氏，後惟鄭康成所注者得其真；今文傳自伏生，後惟蔡邕《石經》所勒者得其正。今晚出《書》『昧谷』，鄭作『柳谷』；『心腹腎腸』，鄭作『憂腎陽』；『劓刵劅剠』，鄭作『臏宮劓割頭庶

剠』，與真古文既不同矣。《石經》殘碑遺字，見于洪适《隸釋》者五百四十七字，以今孔書校之，不同者甚多。碑云『高宗之饗國百年』，與今《書》之『五十有九年』異；孔叙三宗，以年多少爲先後，碑則以傳序爲次，則與今文又不同。然後知晚出之《書》，蓋不古不今，非伏非孔，而欲別爲一家之學者也。班孟堅言司馬遷從安國問故，故《堯典》、《禹貢》、《洪範》、《微子》、《金縢》諸篇多古文説，許慎《説文解字》亦云其稱《書》孔氏，今以《史記》、《説文》與晚出《書》相校，又甚不合。安國注《論語》『予小子履』，以爲『《墨子》引《湯誓》，其辭若此』，不云此出《湯誥》，亦不云與《湯誥》小異，然則『予小子履』云云非真古文《湯誥》，蓋斷斷也。其注『雖有周親，不如仁人』句，于《論語》則云：『親而不賢不忠則誅之，管、蔡是也。仁人謂箕子、微子，來則用之。』于《尚書》則云：『周，至也，言紂至親雖多，不如周家之少仁人。』其詮釋相懸絶如此，此豈一人之手筆乎！」又云：「古未有夷族之刑，即苗民之虐，亦祗肉刑止爾，有之，自秦文公始。僞作《古文》者偶見《荀子》有『亂世以族論罪，以世舉賢』之語，遂竄之《泰誓》篇中。無論紂惡不如是甚，而輕加三代以上以慘酷不德之刑，何其不仁也！荀卿曰：『誥誓不及五帝。』《司馬法》言：『有虞氏戒于國中，夏后氏誓于軍中，殷誓于軍門之外，周將交刃而誓之。』當虞舜在上，禹縱征有苗，安得有會群后誓師之事！此亦不足信也。《司馬法》曰：『入罪人之地，見其老弱，奉歸無傷，雖遇壯者，不校勿敵，敵若傷之，藥醫歸之。』三代之用兵，以仁爲本如此，安得有『火炎崑岡，玉石俱焚』之事！既讀陳琳《檄吴文》云：『大兵一放，玉石俱碎。』鍾會《檄蜀文》云：『大兵一發，玉石俱碎。』乃知其時自有此等語，則此書之出魏、晉間，又一佐也。」又云：「《武成》篇先書一月壬辰，次癸巳，又次戊午，已是月之二十八日，復繼以癸亥、甲子，是爲二月之四日、五日，而不冠以二月，非今文書法也。《洛誥》稱乙卯，《費誓》兩稱甲戌，此周公、伯禽口中之詞，指此日有此事云爾，豈史家紀事之例乎！」又云：「《書序·益稷》本名《棄稷》，馬、鄭、王三家本皆然，蓋別是一篇，中多載后稷與契之言。揚子雲《法言·孝至篇》云：『言合稷契之謂忠，謨合皋陶之謂嘉。』子雲親見《古文》，故有此言。晚出《書》析《皋陶謨》之半爲《益稷》，則稷與契初無一言，子雲豈鑿空者邪！」其辯《孔傳》之僞云：「三江入海，未嘗入震澤，孔謂江自彭蠡分而爲三，共入震澤者，謬也。金城郡，昭帝所置，安國卒于武帝時，而《傳》稱積石山在金城西南，豈非後人作僞之證乎！《傳》義多與王肅注同，乃孔竊王，非先有孔説而王取之也。漢儒説六宗者，人人各異，魏明帝詔令王肅議，肅乃取《家語》孔子曰『所宗者六』以對，肅以前未聞也，而僞《傳》已有之，非孔竊王而何？」康熙元年，始游京師，尚書龔公鼎孳爲之延譽，由是知名，旋改歸太原故籍，爲諸生祭酒。崑山顧先生炎武游太原，以所撰《日知録》相質，即爲改訂數條，顧虚心從之。十七年，應博學宏詞科試不第，在都門與汪編修琬交。汪著《五服考異》成，先生糾其謬數條，汪意不懌，謂人曰：「百詩有親在而喋喋言喪禮，可乎？」先生應之曰：「王伯厚嘗云『夏侯勝善説禮服』，謂《禮》之《喪服》也；蕭望之以禮服授皇太子，則漢世不以喪服爲諱也。唐之奸臣，以凶事非臣子所宜言，去《國恤》一篇，識者非之。講經之家，豈可拾其餘唾乎！」徐尚書乾學因問：「于經亦有徵乎？」先生曰：「按《雜記》，曾申問于曾子曰：『哭父母有常聲乎？』申，曾子次子也。《檀弓》『子張死，曾子有母之喪，齊衰而往哭之』。夫孔子殁，子張尚存，見于《孟子》。子張死而曾子方喪母，則孔子時曾子母在可知。《記》所載《曾子問》一篇，正其親在時也。」徐大歎服，即邀至邸，延爲上客，每詩文成，必屬裁定，曰：「閻先生學有師法，非吴志伊輩可望。」合肥李公天馥亦言：「詩文不經百詩勘定，未可輕易示人。」及徐公奉敕修《一統志》，開局洞庭山，既又移嘉善，復歸崑山，先生皆預其事。先生于地理尤精審，凡山川形勢、州郡沿革，瞭若指掌。嘗曰：「孟子言『讀書當論其世』，予謂并當論其地。少讀孟子書，疑滕定公薨，使然友之鄒問孟子，何緩不及事？及長大親歷其地，乃知故滕國城在今縣西南十五里，故邾城在今鄒縣東南二十六里，相去僅百里，故朝發而夕至，朝見孟子而暮即反命也。」因撰《四書釋地》四卷，《釋地餘論》若干篇。又據《孟子》七篇，參以《史記》諸書，作《孟子生卒年月考》一卷。嘗言：「孔門從祀，顔、曾之外，當廣爲十二哲。德行三人：閔子騫、冉伯牛、仲弓；言語三人：宰我、子貢、有若；政事三人：冉有、季路、公西華；文學三人：子游、子夏、子張。」以《論語》、《孟子》證之，確不可易。又謂：「先儒以《大學》傳文出于曾氏門人之手，但見《誠意》章引曾子説，謂『古者弟之于師，方稱子耳』，不知《禮記》四十九篇，稱曾子者一百，一爲曾申，餘皆曾參，則是記禮者之通稱，不必弟子謂其師。若謂《大學》止一引，與它篇屢引者不同，則《禮器》、《内則》亦止一引，豈二篇亦曾子門人作乎！《孟子》七篇，于孔門高弟，或名之，或字之，或子之，而稱曾子者二十二，益驗其爲通稱也。」又言：「《檀弓》載季武子之喪，曾點倚其門而歌一事，爲記者之妄。《春秋》昭公七年，季孫宿卒，孔子年十七，曾點少孔子若干歲雖不可知，然《論語》叙其侍坐次于子路，則必少于子路矣。孔子年十七時，子路甫八歲，點不過六七歲，童子烏有倚國相之門，臨喪而歌之事乎？」又嘗舉朱氏《論語》、《孟子集注》之誤，如季文子始

專魯政，不待武子；子糾兄而非弟；曾西子而非孫；武丁至紂凡九世而非七世；昭陽敗魏取八邑而非七邑；「不衣冠而處」見《説苑》，非《家語》；農家者流見《漢書》非史遷；去魯司寇，則適衛而非適齊；滅夏后相，則寒浞而非羿；敬叔，弟也，非懿子之兄；顓臾，近也，非遠人之謂；魯有少施氏，則孟施當亦其氏，不當以施爲語聲。聞者歎其精確。世宗皇帝在潛邸，聞其名，手書延至京師，握手賜坐，呼先生而不名，日索觀所著書，每進一篇，未嘗不稱善。疾革，請移就外，留之，不可，乃以大牀爲輿，上施青紗帳，二十人舁之，出，安穩如牀簀，不覺其行也。卒年六十有九，時康熙四十三年六月八日。世宗遣使經紀其喪，親製挽詩四章，復爲文祭之，有云：「讀書等身，一字無假。孔思周情，旨深言大。」僉謂非先生不能當也。平生長于考證，遇有疑義，反覆窮究，必得其解乃已。嘗語弟子曰：「曩在徐尚書邸夜飲，公云：『今晨直起居注，上問古人言「使功不如使過」，此語自有出處。當時不能答。』予舉宋陳良時有《使功不如使過論》，篇中言秦伯用孟明事，但不知此語出何書耳。越十五年，讀《唐書・李靖傳》，高祖以靖逗留，詔斬之。許紹爲請而免。後率兵破開州蠻，俘禽五千，帝謂左右曰：『使功不如使過，果然！』謂即出此。又越五年，讀《後漢書・獨行傳》，索盧放諫更始使者勿斬太守，曰：『夫使功者不如使過。』章懷注：『若秦穆公赦孟明，而用之霸西戎。』乃知全出于此。甚矣，學問之無窮，而人尤不可以無年也！」子詠，亦能文。

江藩《漢學師承記》卷一《閻若璩》 閻若璩，字百詩。先世居太原縣西寨村。五世祖，始居淮安。祖世科，明萬曆甲辰進士，官至布政司參議。父修齡，郡學生。若璩生，世科愛之，常抱置膝上，摩其頂，曰：「汝貌文，其爲一代儒者，以光吾宗乎？」若璩生而口吃，性鈍。六歲入小學，讀書千遍不能背誦。年十五，冬夜讀書，扞格不通，憤悱不寐，漏四下，寒甚，堅坐沉思，心忽開朗。自是穎悟異常。是年，補學官弟子。一時名士如李太虛、方爾止、王于一、杜于皇，皆折輩行與交。若璩研究經史，寒暑弗徹。嘗集陶貞白、皇甫士安語，題所居之柱，云：「一物不知，以爲深恥；遭人而問，少有寧日。」其立志如此。年二十，讀《尚書》，至古文，即疑二十五篇之訛。沈潛二十餘年，乃盡得其癥結所在，作《古文尚書疏證》。其説之最精者，謂：「《漢書・藝文志》言『魯共王壞孔子宅，得《古文尚書》，孔安國以考二十九篇，得多十六篇。』《楚元王傳》亦云『《逸書》十六篇，天漢之後，孔安國獻之』。古文篇數之見於西漢者如此，而梅賾所上乃增多二十五篇。此篇之不合也。杜林、馬、鄭，皆傳古文者。據鄭氏説，則增多者，《舜典》、《汨作》、《九共》、《大禹謨》、《益稷》、《五子之歌》、《嗣征》、《典寶》、《湯誥》、《咸有一德》、《伊訓》、《肆命》、《原命》、《武成》、《旅獒》、《冏命》十六篇，而《九共》有九篇，故亦稱二十四篇。今晚出《書》無《汨作》、《九共》、《典寶》等篇，此篇名之不合也。鄭康成注《書序》，於《仲虺之誥》、《大甲》、《説命》、《微子之命》、《蔡仲之命》、《周官》、《君陳》、《畢命》、《君牙》、皆注曰亡；而於《汨作》、《九共》、《典寶》、《肆命》諸篇，皆注曰逸。逸者，即孔壁《書》也。康成雖云受《書》於張恭祖，然其《書贊》曰：『我先師棘下生子安國，亦好此學』，則其淵源於安國明矣。今晚出《書》，與鄭名目互異，其果安國之舊耶？」又云：「古文傳自孔氏，後惟鄭康成所注者得其真；今文傳自伏生，後惟蔡邕石經所勒者得其正。今晚出《書》『宅嵎夷』，鄭作『宅嵎鐵』；『昧谷』，鄭作『柳谷』；『心腹賢腸』，鄭作『憂賢陽』；『劓刵劅剠』，鄭作『臏宮劓割頭庶剠』，與真古文既不同矣。石經殘碑遺字，見於洪适《隸釋》者五百四十七字。以今孔《書》校之，不同者甚多。碑云高宗之饗國百年，與今《書》之『五十有九年』異；孔叙三宗以年多少爲先後，碑則以傳叙爲次。則與今文又不同。然後知晚出之《書》，蓋不古不今，非伏非孔，別爲一家之學者也。班孟堅言司馬遷從安國問故，故《堯典》、《禹貢》、《洪範》、《微子》、《金縢》諸篇，多古文説。許慎《説文解字》亦云『其稱《書》孔氏』。今以《史記》、《説文》，與晚出《書》相校，又甚不合。安國注《論語》『予小子履』，以爲《墨子》引《湯誓》，其辭若此，不云此出《湯誥》，亦不云與《湯誥》小異。然則，『予小子履』云云，非真古文《湯誥》，蓋斷斷也。其注『雖有周親，不如仁人』句，於《論語》，則云『親而不賢不忠，則誅之，管、蔡是也。仁人謂微子、箕子，來則用之』。於《尚書》則云『周，至也。言紂至親雖多，不如周家之少仁人』。其詮釋相懸絶如此，豈一人之手筆乎！」又云：「古未有夷族之刑，即苗氏之虐，亦只肉刑止爾；有之，自秦文公始。僞作古文者，偶見《荀子》有『亂世以族論罪，以世舉賢』之語，遂竄之《泰誓》篇中。無論紂惡不如是甚，而輕加三代以上以慘酷不德之刑，何其不仁也！荀卿曰：『誥誓不及五帝。』《司馬法》言『有虞氏戒於國中，夏后氏誓於軍中，殷誓於軍門之外，周將交刃而誓之』。當虞舜在上，禹縱征有苗，安得有會后誓師之事？此亦不足信也。《司馬法》曰：『入罪人之地，見其老弱，奉歸無傷。雖遇壯者，不校勿敵。敵若傷之，藥醫歸之。』三代之用兵，以仁爲本如此，安得有『火炎崑岡，玉石俱焚』之事？既讀陳琳《檄吳文》云『大兵一放，玉石俱碎』，鍾會《檄蜀文》云『大兵一發，玉石俱碎』，乃知其時自有此等語。則此書之出魏、晉間又一佐也。」又云：「《武成》篇先書一月壬辰，次癸巳，又次戊午，已是月之二十八日；後繼以癸亥、甲

子，是爲二月之四、五日，而不冠以二月，非今文書法也。《洛誥》稱乙卯，《費誓》兩稱甲戌，此周公、伯禽口中之詞，指此日有此事云爾，豈史家紀事之例乎！」又云：「《書序》，《益稷》本名《棄稷》，馬、鄭、王三家本皆然，蓋別是一篇，中多載后稷與契之言。揚子雲《法言・孝至》篇：『言合稷、契之謂忠，謨合皋陶之謂嘉。』子雲親見古文，故有此言。晚出《書》，析《皋陶謨》之半爲《益稷》，則稷與契初無一言，子雲豈鑿空者耶？」其辨《孔傳》之僞云：「三江入海，未嘗入震澤；孔謂江自彭蠡分而爲三，共入震澤者，謬也。金城郡，昭帝所置，安國卒於武帝時，而《傳》稱積石山在金城西南，豈非後人作僞之證乎！《傳》義多與王肅注同，乃孔竊王，非先有孔說，而王取之也。漢儒說六宗者，人人各異，王肅對魏明帝，乃取《家語》『孔子曰：所宗者六』之語，肅以前未聞也。而僞《傳》已有之，非孔竊王而何！」其論可謂信而有徵矣。康熙元年，始遊京師，合肥龔尚書鼎孳爲之延譽，由是知名。旋改歸太原故籍，爲廩膳生。崑山顧炎武遊太原，以所撰《日知録》相質；即改訂數則，炎武心折焉。未幾，出遊鞏昌，與陳秀才壽善，一夕共成七言絶句百首，名曰《隴右倡和詩》。十七年，應博學宏詞科試，不第。留京師，與長洲汪編修琬反覆論難。琬著《五服考異》成，若璩糾其繆，琬雖改正，然護前輒，謂人曰：「百詩有親在，而喋喋言喪禮乎！」若璩聞之，曰：「王伯厚嘗云：『夏侯勝善說禮服，言禮之喪服也；蕭望之以禮服授皇太子，則漢世不以喪服爲諱也。唐之奸臣，以凶事非臣子所宜言，去《國恤》一篇。』識者非之，講經之家，豈可拾其餘唾哉！」崑山徐贊善乾學問曰：「於史有徵矣，於經亦有徵乎？」若璩曰：「按《雜記》，曾申問於曾子曰：『哭父母，有常聲乎？』申，曾子次子也。《檀弓》『子張死，曾子有母之喪，齊衰而往哭之。』夫孔子没，子張尚存，見於《孟子》。子張死，而曾子方喪母；則孔子時，曾子母在可知。《記》所載《曾子問》一篇正其親在時也。」乾學歎服。三十一年，客閩歸。乾學延至京師，爲上客。每詩文成，必屬裁定，曰：「閻先生學有師法，非吳志伊輩所及也。」合肥李公天馥亦云：「詩文不經百詩勘定，未可輕易示人。」及乾學以尚書歸里，奉敕修《一統志》，開局於洞庭東山，既又移嘉善，後歸崑山，若璩皆從事焉。若璩精於地理之學，山川形勢，州郡沿革，瞭若指掌。嘗曰：「孟子言讀書當論其世，予謂並當論其地。少讀孟子書，疑滕定公薨，使然友之鄒問孟子，何緩不及事？及長大，親歷其地，方知故滕國城在今縣西南十五里，故邾城在今鄒縣東南二十六里，相去僅百里，故朝發而夕至，朝見孟子而暮即反命也。」因撰《四書釋地》六卷，《釋地餘論》一卷。又據《孟子》七篇，參以《史記》諸書，作《孟子生卒年月考》一卷。晚年，名益著，學者稱爲潛邱先生。世宗在潛邸，手書延至京師，握手賜坐，呼「先生」而不名。索觀所著書，每進一篇，未嘗不稱善。疾亟，請移就外。留之，不可，乃以大床爲輿，上施青紗帳，二十人舁之出，移居城外十五里，如卧床簣，不覺其行也。卒年六十有九，時康熙四十三年六月八日。世宗遣官經紀其喪，親製輓詩四章，有「三千里路爲余來」之句。後爲文以祭之，有云「讀書等身，一字無假；孔思周情，旨深言大」。若璩以諸生而受聖主特達之知，可謂得稽古之榮矣。平生長於考證，遇有疑義，反覆窮究，必得其解乃已。嘗語弟子曰：「曩在東海公邸夜飲，公云：『今晨直起居注，上問古人言使功不如使過。此語自有出處，當時不能答。』予舉宋陳良時有《使功不如使過論》，篇中有秦伯用孟明事，但不知此語出何書耳。越十五年，讀《唐書・李靖傳》，高祖以靖逗留，詔斬之，許紹爲請而免。後率兵破開州蠻，俘擒五千，帝謂左右曰：『使功不如使過，果然。』謂即出此。又越五年，讀後書《獨行傳》，索盧放諫更始使者勿斬太守，曰：『夫使功者不如使過』，章懷注：『若秦穆公赦孟明而用之，霸西戎。』乃知全出於此。甚矣！學問之無窮，而尤不可以無年也。」天性多否少可，詞科五十人中，獨許吳志伊之博覽，徐勝力之强記而已。如李天生，謂其「杜撰故事」；汪鈍翁，謂其「私造典禮」。所服膺者三人，曰錢受之、黄太冲、顧寧人。然論受之，則曰：「此老《春秋》不足作準。」論太冲，則曰「太冲之徒粗」。《待訪録》，指其繆訛，不一而足。指摘《日知録》一卷，見《潛邱劄記》中。藩聞之顧君千里，云曾見初印亭林所刊《廣韻》，前有校刊姓氏，列「受業閻若璩」名。則若璩常執贄崑山門下。然若璩所著書中，不稱亭林爲師，豈亭林没後，遂背其師耶？所著《古文尚書疏證》、《四書釋地》、《孟子生卒年月考》、《潛邱劄記》，行於世。子詠，亦能文。

趙執信《國朝文録續編》卷一《飴山文録潛丘先生墓誌并銘》 先生諱若璩，字百詩，姓閻氏，潛丘其晚所自號也。先生非今之人，蓋古之學者也，其於書無所不讀，又皆精晰而默識之。其篤嗜，若當盛暑者之慕清涼也。其細，若織紉者之於絲縷、纖縞也。其區別，若老農之辨黍、稷、菽、粟也。其用力，雖壯夫駿馬日馳數百里，不足以喻其勤。其持論，雖法吏引囚決獄，具兩造，當五刑，不足以喻其嚴也。於諸經註疏，皆能成誦，史學綜核貫穿。少讀《尚書》，多所致疑，謂自孔安國至梅賾，幾五百年，中間半出傅會，遂著《尚書古文疏證》，復爲《朱子尚書古文疑》以申其說。《疏證》迄未成書，而所引類魏晉以前書，浩然不可窺其涯涘。其論《泰誓》、《武成》斷爲僞託，雖專家無以難也。常疑《論語》，書孔門弟子皆以字，而漆雕

開獨名爲不倫，乃據《漢書古今人表》開實名啟，以正太史公《列傳》之誤。諸所辨正，多此類。嗚呼，微言絶而秦火熾，後代儒者，非剽賊浮華，即迂疎言理耳。先生起於二千年中，抱遺文而窮毫末，豈偶然哉。束髮與前輩名流遊處，莫不傾異之，謂所就非我曹所及。崑山顧處士炎武，以博洽稱，每不可一世。先生壯歲返太原，見其所撰《日知録》，即爲改訂數條，處士黽勉從之。中年在京師，與長洲汪編修琬反覆論難，汪性護前，嘗與先生議喪禮不合，輒謂人曰：「百詩親在，而豫凶事可乎？」先生曰：「於史，蕭望之以禮服授皇太子，漢不諱也。唐人去《國卹篇》，而以《凶禮》居《五禮》之末，識者非之。於經《檀弓篇》：子張死，曾子有母之喪，齊衰而往哭之。按《孟子》，孔子没，子張尚存，則《記》所載《曾子問》，正其親在時也。又《雜記》，曾申問於曾子曰：『哭父母有常聲乎？』是以子問父也。」汪無以應，聞者莫不駭服。崑山徐尚書乾學以文章被眷遇，領纂修數局，所邀與商略，皆天下名士，而先生爲首，周旋累年，敬禮不衰。尚書既殁，先生居於家，雖守土大吏及南北好事者，類謬相推重，而實無有爲之地者。故先生卒窮老不遇，始應鄉舉，屢躓場屋，一以博學鴻詞徵試闕下，罷歸。歲在癸未天子南幸，過山陽，有以先生名聞者，召見，竟亦不果。明年皇四子以書幣禮致之，先生力疾赴至都中，則相待厚甚，踰於賓友。悉索所著書，自二種《尚書》外，《四書釋地》至於三《續》，手校《困學紀聞》，《古文百篇》，凡八種。首付《紀聞》剞氏，餘將次第爲表章。海内有識者，始爲先生疑，彌爲斯文幸，而先生不起矣，時康熙四十三年甲申六月八日，年六十有九。先生先世太原人，自六世祖諱居閶始遷山陽。曾大父諱國順，以明經官訓導。大父諱世科，明萬曆甲辰進士，官至遼東寧前兵備道參議，聲績卓然。考諱修齡，世所稱牛叟先生者也，以文名一時，撰述甚富。至先生，家日落而名益以起，隱然爲文獻之宗矣。先生元配梁氏，繼配張氏，皆先先生卒。將於先生之葬也，而祔焉。子男子三人：詠有學行，少舉於鄉，多爲賢豪引重；次訓慤，次議略。女子五人，婚嫁皆令族。孫男十有一人。先生之學，寧惟顯於後世，蓋將大其家矣。執信早識先生都下，後過淮屢主先生家，引與談議，許爲忘年交。信之學視先生蓋溪沼之于江河也，而先生顧盛稱其詩文，自以爲不及。疾且革，命詠曰：「必使趙夫子銘我墓。」詠泣受命，由潞河扶柩歸卜，以康熙丙戌十月七日葬於山陽城東南之學山墩。匍匐詣信，以遺言告，信其何敢負先生知，且虚詠之懇，乃爲之銘。銘曰：先生於學邁嗜慾，少壯迄衰日不足。典墳索邱完在腹，旁薄紛綸引以觸。理細大緒窮繁縟，地千萬里燦手目。事累百代儼視矚，上都嶽嶽折五鹿。談家如雲甘屈辱，經神武庫騰高躅。聲日以昌身終伏，暮齒浸亨嗟不禄。大雅摧歲淮川曲，於文先生後私淑。

李光地《榕村全書・閻百詩小傳》 余聞百詩閻先生名久，曩撫直隸，先生嘗郵致所著書數種，得披讀焉。今之學者，大抵搜華擷卉，爲文辭之用而已。至於字義故實，書文形聲，尚未有留意講考於其閒者。若大者爲遺經源流，禮典同異，細而地名山川，史載人物，真贋是非之跡，則豈徒以樸學置之。抑其惡賾就簡，而自恬於謏陋。嗚呼，文武之道，豈有小大哉！萬一朝廷舉行石渠之典，吾知衆籍羅奏，而莫之措辭，儒者之羞，非云小缺矣。先生學極博，論極核，間有出新意，掃沿説者。究其持辨本末，悉有所據依，趙贊善志其與汪鈍翁難《喪禮》事。昔者眉山蘇氏曾以是嘲伊川矣，其門人爲之答，亦曰：「正叔太君先逝而已。」令有如先生歷引古義，折以通禮，彼不得於言者，豈能無愧。惜乎，先生逸處終老，曾不得奉清燕，備顧問，蒐秘府，校藝文，與諸儒上下折中，贊經史於方微，補遺軼之文獻，是誠可悲也已。余嘗慨夫老成日遠，舊學彫傷，晚出後生益將無所考質。自余登朝後，識面者長洲顧寧人、宣城梅定九、鄞縣萬季野，知名者，尚有三數輩，而先生其一也。諸君子者，皆博極羣書，能以著述自通於後。中間有專門名家者，就其所造，古人不讓也。今惟定九尚老而康，時致音問，餘則皆零落不可復見。每覽《周易》碩果之辭，《大雅》典型之詩，俯仰斯文，不勝寤歎。先生子詠求予言揭之原。予不工金石之文，故謝不爲，而其學行大致，則《趙志》具焉。聊寫予那頌先民之思，倣司馬氏《伯夷屈原體》爲《閻先生小傳》。

杭世駿《道古堂文集・閻若璩傳》 若璩，字百詩，號潛丘，祖居山西太原縣之西寨村。五世祖始居淮安，祖世科，萬曆甲辰進士，歷寧前兵備道參議。父修齡，郡學生。若璩生，參議公酷愛之，常抱置膝上，摩頂熟視曰：「汝貌其文，其爲一代文人，以光吾宗乎？」六歲入小學，口吃，資頗鈍，讀書至千百過，字字著意，猶未熟，且多病，母聞讀書聲，輒止之，闇記不敢出聲。十五歲，冬夜讀書，有所礙，憤發不肯寐，漏四下，寒甚，堅坐沈思，心忽開，如門牖洞闢，屏障壁落，一時盡撤，自是穎悟異常。是年，列學官爲弟子，名流如李宗伯太虚、方處士爾止、梁商丘公狄，王處士于一、李孝廉小有、杜貢士于皇、宗人孝廉古古，與之上下議論，咸拱手推服。以一經不可盡也，進而之《五經》，則曰：「《十三經》不通，《五經》不能精也。」次第卒業。讀《尚書》至《古文》諸篇，以爲自孔安國至梅賾遥遥幾五百年，使其書果有，不應中間人無見者，又讀朱子及吴草廬《纂言》，時時有疑，疑即有辨，著《古

文尚書疏證》，蓋自二十歲始。復爲《朱子尚書古文疑》以申其説。康熙元年，始遊京師，合肥龔鼎孳爲宗伯，相知最深，頗爲延譽，由是知名，旋以僑籍改歸，飄於太原。處士顧寧人來客是土，出所撰《日知録》相質，即爲改訂數條。處士虛己從之。未幾出遊鞏昌，與陳秀才子壽一夕共成七言絶句百首，名曰《隴右倡和詩》。長汀黎副使士宏爲之序。十七年，應詞科不第，在都下與長洲汪編修琬反覆論難，汪著《五服考異》，摘數條，正其疵謬。汪雖改正，而性護前，輒謂人曰：「豫凶事非禮也。百詩有親在，奈何喋喋言喪禮乎？」若璩應之曰：「宋王伯厚嘗云：『夏侯勝善説禮服，謂禮之喪服也。蕭望之以禮服授皇太子，則漢世不以喪服爲諱也。唐之奸臣，以凶事非臣子所宜言，去《國卹》一篇，而《凶禮》居《五禮》之末，識者非之。』」而汪猶斷斷未肯屈也。崑山徐贊善乾學謂曰：「於史有徵矣，於經亦有徵乎？」若璩應之曰：「按《雜記》，曾申問於曾子曰：『哭父母有常聲乎？』申，曾子次子也。《檀弓》，子張死，曾子有母之喪，齊衰而往哭之。夫孔子殁，子張尚存，見於《孟子》。子張死，而曾子方喪母。則孔子時，曾子母在，可知。《記》所載《曾子問》一篇，正其親在時也。」汪無應。都下盛傳之，汪望爲之頓減。陽曲傅山博考金石遺文，每與言，窮日繼夜，不少衰止。問若璩正經史之訛，而補其亡闕，厥功甚大，始自何代何人。若璩曰：「魏太和中，魯郡於地中，得齊大夫子尾送女器，有犧尊，純爲牛形，王肅以證『其羽娑娑然』説非是。晉永嘉賊曹嶷於青州發齊景公冢，得犧象二尊，形爲牛象，傳至梁劉杳以證象骨飾尊説之非。漢章帝時，零陵文學奚景於泠道舜祠下，得白玉琯，古以玉作，傳至魏孟康以證《律曆志》『竹曰琯』説，不盡然。《儒林傳》：『伏生，濟南人也。』魏張晏注曰：『名勝，《伏生碑》云。』《地理志》『魏郡黎陽，黎山在縣之陽，縣當名黎陰，乃云陽者，兼取河水在其陽以名。』晉灼注曰：『其山上碑實云。』《水經注》：『青州刺史傅弘仁説臨淄人發古冢得銅棺，前和外隱起爲隸字，言齊太公六世孫胡公之棺也。惟三字是古，餘同今書。』證知隸自古出，非始於秦。《顏氏家訓》：『開皇二年，長安民掘地得秦始皇廿六年銕稱權，上有「乃詔丞相狀、綰」之銘。』之推與李德林對讀，則知《本紀》丞相隗林，爲俗書，『林』當作『狀』。凡是數説，似未有先之者。」山深歎服。二十一年，客閩歸，以崑山徐公聘，復至京師，徐氏盛賓客，客皆當世魁士，而賢重若璩逾常等，每詩文成，必俟裁定。嘗云：「書不經閻先生眼過，訛謬百出，貽笑人口。」又嘗謂海寧盧孝廉軒云：「閻先生乃古人，其學有經法，非吴志伊輩可望。」又嘗録其考證辨析議論，署曰《碎金》，以爲談助。合肥李相國天馥亦言：「詩文不經閻某勘定，未可輕易示人。」徐以尚書歸里，開書局於洞庭湖東山，既又移嘉善，既復歸崑山，若璩皆從。顧景范、黄子鴻兩處士皆地理專家，若璩於古今沿革，考索尋究，不遺餘力，往往出其意表，十餘年中，成《四書釋地三續》、《釋地餘論》若干篇，重校《困學紀聞》二十卷，因浚儀之舊，而駁正箋釋推廣之。又以孔子生卒出處年月具見《史記》，而《孟子》獨略，遂以七篇爲主，參以《史記》等書，作《孟子生卒年月考》。詩有《眷西堂》、《許劍亭》。《秋山紅樹閣》、《窈窕居》諸集。晚年名動九重，世宗在潛邸，手書延請，復至京師，呼先生而不名，執手賜坐，日索觀所著書，每進一篇，未嘗不稱善。疾亟，請移就外，固留不得，命以大牀爲輿，上施青紗帳，二十人舁之，移城外十五里，如卧牀簣，不覺其行也。没年六十有九，時康熙歲在甲申六月八日也。世宗遣官經紀其喪，且從厚，製詩四章挽之，有三千里路爲余來之句。若璩學長於考證辨覈，一書至檢數書相證。侍側者，頭目皆眩，而精神湧溢，眼爛如電。一義未析，反覆窮思，饑不食，渴不飲，寒不衣，熱不解，必得其解而後止。自言有志之士，務在盡己所受於天之分，而力學以盡其才，固自有可傳之道，與可以比儗之人，而無取乎過高之學。先後輩名流咸以文學相質，詳細條答，雖熟記之書，必檢示出處，或閱他書可以印證者，輒復手録示之，或數年後，猶時時劄記，馳書告之。一日在徐邸夜飲，公云：「今日直起居注，上問：『古人有言使功不如使過』此語自有出處，思之不可得。」若璩言：「『宋陳良時論有《使功不如使過》題，通篇俱就秦穆公用孟明發揮，應是昔人論此事者作此語，第不知出何書耳。』」越十五年，讀《唐書・李靖傳》，高祖謂靖逗留，詔斬之。許紹爲請而免，後率兵八百破開州蠻冉肇州，俘禽五千。帝謂左右曰：「使功不如使過，靖果然。」謂即出此。又越五年，讀《後漢書・獨行傳》，索盧放諫更始使者勿斬太守，曰：「夫使功者，不如使過。」章懷太子注：「若秦穆赦孟明而用之霸西戎。」乃知全出於此處。甚矣，學問之無窮，而人尤不可以無年也。天性好罵，詞科五十人中，獨許吴志伊之博覽，徐勝力之彊記，李天生謂其杜撰故事，汪鈍翁謂其私造典禮，《堯峯文鈔》掊擊不遺餘力，則有夙嫌也。生平所服膺者三人，曰錢受之，曰黄太冲，曰顧寧人。然於錢猶曰此老《春秋》不足作準；於黄則曰太冲之徒麤，《待訪録》指其訛繆者不一而足也；於顧之《日知録》有補有正，猶在未定交時。可謂極學士之精能，非鴻儒之雅度也。舊史曰：若璩没後，世宗在潛邸爲文以祭，有云，讀書等身，一字無假。孔思周情，旨深言大。一字之褒，榮於華兖。身雖不顯，而道則亨也。益都趙宫贊執信志其墓，以爲其於書無所不讀。「其篤嗜，若當盛暑者之慕清涼也。其細諦，若織紉者之於絲縷纖縞也。

其區別，若老農之辨黍、稷、菽、粟也。其用力，雖壯夫駿馬日馳數百里，不足以喻其勤。其持論，雖法吏引囚決獄，具兩造，當五刑，不足以喻其嚴也。」其推崇也至矣。所著書八種：《四書釋地》及《孟子生卒年月考》刻於及身；注《困學紀聞》，則廣陵馬氏刻之；《古文尚書疏證》暨《潛丘劄記》，則其孫學林刻於淮安。嗣是潛丘之學明白曉布於天下，而中多微文刺譏。時賢如王士禛、魏禧、喬萊、朱彝尊、何焯表表在藝林者，皆不能免，惟固陵毛氏爲《古文尚書》著《冤詞》，專以攻擊《疏證》，氣懾於其鋒錟，而不敢出聲，喙雖長而才怯也。安溪李文貞公嘗爲作傳，深致那頌先民之思，而未嘗以其姓氏達之九重。即其所撰著，又不能旁魄而論，亦似牽率酬應之作，而於閻氏毫無加損也。余據其子詠所撰《行述》及《墓志》，參以《劄記》，別創爲傳，以待秉筆者爲考信之地，《儒林》、《文苑》惟國史之位置，草莽不敢專也。

姚際恒《古今僞書考》分部

綜述

姚際恒《古今僞書考·小敘》 造僞書者，古今代出其人，故僞書滋多於世。學者於此，真僞莫辨，而尚可謂之讀書乎！是必取而明辨之，此讀書第一義也。予輒不自量，以世所傳僞書分經、史、子三類，考證於後。明宋景濂有《諸子辨》；予合經、史、子而辨之。凡今世不傳者，與夫瑣細無多者，皆不録焉。其有前人辨論精確者，悉載於前，以見非予之私説云。四部有集：集者，別集人難以僞，古集間有一二附益僞撰，不足稱數，故不之及。子類中二氏之書，亦不及焉。

傳記

《清史列傳》卷六八《儒林傳下一·姚際恒》 姚際恒，字立方，浙江仁和人。諸生。少折節讀書，汎濫百氏。既棄詞章之學，專事於經。年五十，曰：「向平婚嫁畢而遊五嶽，予婚嫁畢而注《九經》。」遂屏絶人事，閱十四年，成《九經通論》。時太原閻若璩力辨晚出古文之僞，際恒持論不謀而合。蕭山毛奇齡作《冤詞》，攻若璩之説。奇齡故善際恒，因數與争論，際恒守所見，迄不爲下。奇齡嘗作《山陰何氏記》，毛際可見之，曰：「何氏藏書有幾，不及立方腹笥耳。」其爲時所推如此。又著《庸言録》，雜論經史、理學、諸子，末附《古今僞書考》一卷，持論雖嚴，足以破惑，學者稱之。然祖歐陽脩、趙汝楳之説，以《周易·十翼》爲僞書，本同時顔元之論，謂周、程、張、朱皆出於禪，未免好爲異論云。

惠棟《古文尚書考》分部

綜述

錢大昕《潛研堂文集》卷二四《序二·〈古文尚書考〉序》 《古文尚書》出於東晉，江左諸儒靡然從之，而河北猶守鄭氏古義，唐初修《正義》，始專用梅氏一家之學。自宋訖明，攻其僞者多矣，而終無以窒信古文者之口，其故有三。謂晚出書爲僞，則并壁中書而疑之，不知東晉之古文自僞，西漢之古文自真也。謂梅本不可信，則鄭本當可信，又疑其出於張霸，不知鄭所受於賈、馬者，即孔安國之古文，不特非張霸書，并非歐陽、夏侯本也。孔壁本有《太誓》，與今文同，太史公所載、許叔重所引、鄭康成所注，皆真《太誓》也，自梅書別有《太誓》，乃以舊《太誓》屬之今文，東晉之《太誓》固僞，西漢之《太誓》則非僞也。且安國爲武帝博士，所傳授即伏生二十九篇，其後得壁中書，以今文讀之，字句或異，因別爲説，以授都尉朝等，由是《尚書》有孔氏之學。其增多十六篇，雖定其文而無其説，故馬季長云「逸十六篇，絶無師説」也。誠知安國之真古文，則知增多者十六篇，別之爲二十四篇，而斷非二十五篇；安國所説者，仍二十九篇，別之爲三十四篇，而斷無五十八篇之傳。此千四百餘年未決之疑，而惠松崖先生獨一一證成之，其有功於壁經甚大。先是，太原閻徵士百詩著書數十萬言，其義多與先生闇合，而於《太誓》猶沿唐人《正義》之誤，未若先生之精而約也。今士大夫多尊崇漢學，實出先生緒論。其所撰述都次

第刊行，獨是編伏而未出，頃宋生子尚得之江處士艮庭，許亟梓而傳之，而屬序於予。予弱冠時，謁先生於泮環巷宅，與論《易》義，更僕不倦，蓋謬以予爲可與道古者。忽忽册餘載，楹書猶在，而典型日遠，綴名簡末，感慨係之。乾隆壬子三月既望序。

傳記

錢大昕《潛研堂文集》卷三九《惠先生棟傳》 惠先生棟，字定宇，號松厓，侍讀學士士奇之次子。初爲吴江學生員，復改歸元和籍。自幼篤志向學，家多藏書，日夜講誦，自經、史、諸子、百家雜説、釋道二《藏》，靡不津逮。父友臨川李公紱一見奇之，曰：「仲孺有子矣。」學士視學粤東，先生從之任所。粤中高才生蘇珥、羅天尺、何夢瑶、陳海六，時稱「惠門四子」，常入署講論文藝，與先生爲莫逆交；至于學問該洽，則四子皆自以遠不逮也。及學士毀家修城，先生往來京口，饑寒困頓，甚于寒素。遭兩喪，不以貧廢禮。中年課徒自給，陋巷屢安，處之坦如。雅愛典籍，得一善本，傾囊弗惜；或借讀手鈔，校勘精審，于古書之真僞，瞭然若辨黑白。乾隆十五年，詔舉經明行修之士，總督尹文端公、黄文襄公交章論薦，有「博通經史、學有淵源」之稱，然先生于兩公非有半面識也。年五十後，專心經術，尤邃于《易》。謂：「宣尼作十翼，其微言大義，七十子之徒相傳，至漢猶有存者。自王弼興，而漢學亡，幸存其略于李氏《集解》中。」精研三十年，引伸觸類，始得貫通其旨，乃撰次《周易述》一編，專宗虞仲翔，參以荀、鄭諸家之義，約其旨爲注，演其説爲疏，漢學之絶者千有五百餘年，至是而粲然復章矣。書垂成而疾革，遂闕《革》至《未濟》十五卦及《序卦》、《雜卦》二篇，然先生之緒言具在，好學深思之士，因其義例，推而演之，闕者尚可補也。孔氏《正義》，據馬融、陸績説，以爻辭爲周公所作，與鄭學異。其所執者，《明夷》六五云「箕子」，《升》六四云「王用享岐山」，皆文王後事也，先王獨能辨之。于《明夷》之五曰：「『箕子』，當從古文作『其子』，其古音亥，亦作其，劉向云『今《易》其子作荄兹』，荀爽據以爲説，讀其子爲荄兹，其與亥，子與兹，文異而音義同。《三統術》云：『該閡于亥，孳萌于子。』該荄亦同物也。五本坤也，坤終于亥，乾出于子，用晦而明，明不可息，故云『其子之明夷』。馬融俗儒，不識七十子傳《易》之大義，讀『其』爲『箕』，蓋涉《彖傳》而訛。五爲天位，箕子臣也，而當君位，乖于《易》例甚矣。謬種流傳，兆于西漢博士施讎讀『其』爲箕。蜀人趙賓述孟氏之學，以爲『箕子明夷，陰陽氣無箕子；其子者，萬物方荄兹也』。賓據古義以難諸儒，諸儒皆屈，于是施讎、梁丘賀皆嫉之。孟喜與讎、賀同事田王孫，喜未貴而學獨高，喜所傳《易》家候陰陽灾變書，得自王孫，而賀惡之，謂無此事，語聞于上，宣帝遂以喜爲改師法，中梁丘之譖也。讎、賀嫉喜，而并及賓，班固作《喜傳》，亦用讎、賀之單詞，皆非實録。劉向《别録》猶循孟學。故馬融俗説，荀爽獨知其非，復用賓古義。而晉人鄒湛以漫衍無經譏之。蓋魏、晉以後，經師道喪，王肅詆鄭氏而禘郊之義乖，袁準毁蔡服而明堂之制亡，鄒湛譏荀諝而《周易》之學晦，郢書燕説，一倡百和，何尤乎後世之紛紜也！」于《升》之四曰：「文王爻辭，皆據夏、商之制，《春秋傳》引《夏書》『惟彼陶唐，帥彼天常，有此冀方』。服虔云：『堯居冀州，虞夏因之，《禹貢》冀州治梁及岐。』《爾雅》云：『梁山，晉望也。』諸侯三望，天子四望，梁山爲晉望，明梁、岐皆冀州之望，此王謂夏后氏受命告祭，非文王也。」其説《乾》之四德曰：「元者天地之始，《説文》元从一，『道立于一，造分天地，化生萬物』。《乾》之初九，積善在下，陽氣始生，東方爲仁，故云『善之長』。陰陽交而後亨，《乾》之九二當上升，《坤》五爲天子，故《文言》再言君德。經凡言亨者，皆謂《乾》《坤》交也。《乾》六爻，二四上匪正，《坤》六爻，初三五匪正，《乾》變《坤》化，六爻皆正，成兩《既濟》。故云『各正性命，保合太和』。和即利，正即貞也。經凡言利貞者，皆爻當位，或變之正，或剛柔相易，惟《既濟》一卦，六爻皆正，故云『剛柔正而位當』，《雜卦篇》所謂『既濟，定也』。卦具四德者七：《乾》、《坤》變化而成兩《既濟》，《屯》三爻變，《革》四爻變，皆成《既濟》，《隨》三四易位成《既濟》，《無妄》三四易位，上爻又變而成《既濟》，《臨》二升居五位，三爻又變而成《既濟》，故皆言元亨利貞也。」其論占筮之法曰：「《易》稱『天下之動，貞夫一』，故卦爻之動，一則正，兩則惑。京氏筮法，一爻變者爲九六，二爻以上變爲八。晉公子得貞《屯》、悔《豫》皆八，乃三爻變，不稱《屯》之《豫》而稱八。穆姜遇《艮》之八，乃五爻變，不稱《艮》之隨而稱八。所謂『貞夫一』也。七者蓍之數，八者卦之數，蓍圓而神，卦方以知，神以知來，知以藏往，知來爲卦之未成者，藏往爲卦之已成者，故不曰七而曰八。《春秋内外傳》無筮得某卦之七者，以七爲蓍之數，未成卦也。」又因學《易》而悟明堂之法，撰《明堂大道録》八卷，《禘説》二卷，大略謂：「《説卦》『帝出乎震』，帝者，五帝也，在太微之中。五德相次，以成四時，聖人法之立明堂，爲治天下之大法。明堂有五室四堂，室以祭天，堂以布政。王者承天統物，各于其方以聽事，謂之明堂月

令，今所傳《月令》是也。古之聖人，生有配天之德，没有配天之祭，故太皞以下，歷代所禘。太皞以木德，炎帝以火德，黄帝以土德，少皞以金德，顓頊以水德。王者行大亨之禮于明堂，謂之禘祖宗，其郊則行之南郊，禘郊祖宗四大祭，而總謂之禘者，禘其祖之所自出故也。鄭注《大傳》『不王不禘』，及《詩·長發》『大禘』《箋》，皆云『郊祀天』，是郊稱禘也。《周頌·雝序》云：『禘太祖也。』鄭《箋》云：『太祖謂文王。』是祖稱禘也。劉歆云：『大禘則終王。』是宗稱禘也。董子曰：『天地者，先祖之所出也。』禘者，禘其祖之所自出，故四大祭皆蒙禘名，禘禮上遡遠祖，旁及毁廟，下逮功臣。聖人居天子之位，行配天之祭，推人道以接天，而天神降，地示出，人鬼格，夫然而陰陽和，風雨時，五穀熟，草木茂，群生咸遂，物無疵厲，所謂『《既濟》，定也』。先儒皆以明堂上有靈臺，下有辟雍，四門有太學。穎容《春秋釋例》云：『太廟有八名，肅然清静謂之清廟，行禘祫、序昭穆謂之太廟，告朔、行政謂之明堂，行饗射、養國老謂之辟雍，占雲物、望氣祥謂之靈臺，其四門之學謂之太學，其中室謂之太室，總謂之宫。』盧植注《禮記》亦云：『明堂即太廟，與靈臺、辟雍古法皆同一處，近世殊異，分爲三耳。』而晉時袁凖著論非之，昧于古制矣。王者覲諸侯，或巡守四岳，則有方明，方明者，放乎明堂之制也，亦謂之明堂，《荀子》所謂『築明堂于塞外，以朝諸侯』。戰國時齊有泰山明堂，即方明也。《周書》朝諸侯則于明堂，《儀禮》覲諸侯則設方明。故虞禋六宗，而覲四岳群牧；周禮方明，而覲公侯伯子男。六宗、方明，即明堂六天之神。鄭氏謂『天之司盟』，非也。自明堂之制不詳而禘禮亦廢。鄭氏知圜丘方澤之爲禘，而不知爲明堂六帝。王肅又誤據魯禘，改禘爲宗廟之祭，無配天之事，故魏明帝謂漢氏四百餘年，廢無禘祀也。禘行于明堂，明堂之法，本于《易》，《中庸》言『至誠可以贊化育，與天地參』，此明堂配天之義也。」又有《易漢學》七卷，《易例》二卷，皆推演古義，針砭俗説，有益于學者。于《書》有《古文尚書考》二卷，謂：「孔壁中《古文》得多十六篇，内有《九共》九篇，析之爲二十四，鄭康成所傳之二十四篇，即孔壁真《古文》。東晉晚出之二十五篇，與《漢書》不合，可決其僞。唐人詆鄭所傳爲張霸僞造者，妄也。今文《太誓》三篇，其略見于《太史公書》，史公從安國問故，其載當可信。唐人尊信晚出之《太誓》，而以今文《太誓》爲僞，亦非也。」于《春秋》有《左傳補注》六卷，《自序》云：「嘗見鄭康成之《周禮》，韋弘嗣之《國語》，純采先儒之説，末乃下以己意，令學者審其異同。杜元凱《春秋集解》雖根本前修，而不著其説，又其持論間與諸儒相違，于是樂遜《序義》、劉炫《規過》之書出焉。今刺取經傳，附以先世遺聞，宗韋、鄭之遺，前修不揜；效樂、劉之意，有失必規。而于古今文之同異，辨之尤悉云。」其注「秦穆姬屬賈君」，用唐尚書説，以賈君爲申生妃。「令尹蔿艾獵」，用《世本》説，爲叔敖之兄。「同盟于亳城北」，用服虔本證亳爲京之訛。「塹防門而守之廣里」，用《續漢書》及京相璠説，以防門、廣里爲地名。「吴句餘」，用服虔説，以爲吴子餘。「祭，萬者二人」，用吴仁傑説，二人當爲二八。「臧文仲廢六關」，訓廢爲置，讀如《公羊》「廢其有聲者」之廢。皆前人所未及道也。又言：「《公羊》有嚴、顔二家，蔡邕《石經》所定者，《嚴氏春秋》也，何邵公所注者，《顔氏春秋》也。《石經公羊》末云『桓公二年，顔氏有所見異辭』云云，僖公三十年，顔氏言『君出則已入』，今何本皆有之。又云顔氏無『伐而不言圍者，非取邑之辭也』，今何本亦無之。以此知何所注者顔氏本也。鄭康成注《三禮》引隱二年『放于此乎』，隱三年『登戾之』，桓十一年『遷鄭焉而鄙留』，皆與何氏異，與《石經》同，蓋鄭所據者嚴氏本也。」又云：「應邵《風俗通》稱穀梁爲子夏門人，楊士勛謂受經于子夏。案桓譚《新論》云：『《左氏》傳世遭戰國寢藏，後百餘年，魯穀梁赤爲《春秋》，殘略多所違失。』然則穀梁子非親受經于子夏矣。古人親受業者稱弟子，轉相授者稱門人，則穀梁于子夏，猶孟子之于子思，故魏麋信注《穀梁》，以爲與秦孝公同時也。楊士勛言：『穀梁作《傳》，傳孫卿，卿傳魯人申公，申公傳博士江翁。』案孫卿，齊湣、襄時人，當秦之惠王，則在其後。卿所著書言天子廟數及賻賵襚含之義，述『《春秋》善胥命』而言『盟詛不及三王』，『諸侯相見，仁者居守』，皆本《穀梁》説。其言傳孫卿，信矣。隱元年《傳》『成人之美，不成人之惡』，僖廿二年《傳》『過而不改，是謂之過』，廿三年《傳》『以不教民戰，則是棄其師』，今皆在《論語》中。《傳》所載與《儀禮》二記合者尤多，故鄭康成云穀梁善于經也。」其論《論語》曰：「宣尼言『述而不作』，于《魯論》，見之。《鄉黨》一書，半是禮經。《堯曰》數章，全書訓典。論君臣，則『人言不廢』；譏無恒，則『南國有言』；于善人爲邦，則曰『誠哉是言』；于隱居行義，則曰『吾聞其語』。素絢、唐棣，逸《詩》可頌；百官冢宰，古典可稽。『出門如見大賓，使民如承大祭』，此胥臣多聞之所述也。『視其所以，觀其所由，察其所安』，此文王官人之所記也。『克己復禮』，左氏以爲古志。『己所不欲，勿施于人』，管子以爲古語。見《小問篇》。『參分天下而有其二』，《周志》之遺文也。今《逸周書》即《周志》也，在《程典篇》。『陳力就列，不能者止』，周任之遺言也。推此言之，聖人豈空作哉！」其論《爾雅》曰：「《釋詁》、《釋訓》，乃周公所作，以教成王，故《詩》稱『古訓是式』。漢時謂之故訓，又謂之詁訓。詁訓者，雅言也。周之古訓，仲山式之；子之雅言，門人記之。爾雅以觀

于古，故又謂之《爾雅》。俗儒不信《爾雅》，而仲山之古訓，夫子之雅言，皆不存矣。」又撰《九經古義》十六卷，討論古字古言，以博異聞，正俗學。益都李進士文藻見其書而善之，爲鋟板粤中，李與先生亦素不相識也。予嘗論宋、元以來，説經之書盈屋充棟，高者蔑棄古訓，自誇心得，下者勦襲人言，以爲己有，儒林之名，徒爲空疏藏拙之地，獨惠氏世守古學，而先生所得尤深，擬諸漢儒，當在何邵公、服子慎之間，馬融、趙岐輩不能及也。先生少時，已好撰述，有《王文簡公精華録訓纂》二十四卷，盛行于世，論者以爲過于任淵之注山谷，李壁之注荆公焉。有《太上感應篇注》二卷，證其爲魏、晉人所作，亦經好事刊刻。又有《後漢書補注》十五卷，《九曜齋筆記》二卷，《松厓筆記》二卷，予皆見之。其《周易本義辯證》五卷，《松厓文鈔》二卷及《諸史會最》、《竹南漫録》，則未之見也。其弟子知名者，江聲、余蕭客，皆布衣通經學，江于《尚書》用功尤專云。先生卒于戊寅五月，年六十有二。

江藩《漢學師承記》卷二《惠松崖》 松崖先生，半農先生之次子也。名家諱，字定宇，一字松崖。初爲吴江學生員，復改歸元和籍。自幼篤志向學。家有藏書，日夜講誦。自經、史、諸子、百家、雜説及釋、道二藏，靡不穿穴。父友臨川李紱，一見奇之，曰：「仲儒有子矣。」學士視學粤東，先生從之任所。粤中高才生蘇珥、羅天尺、何夢瑶、陳海六，時稱「惠門四子」，常入署講論文藝，與先生爲莫逆交。至於學問該洽，則四子皆自以爲遠不逮也。及學士毀家修城，先生往來京口，飢寒困頓，甚於寒素。遭兩喪，不以貧廢禮。終年課徒自給，甑塵常滿，處之坦如。雅愛典籍，得一善本，傾囊弗惜，或借讀手抄。校勘精審，於古書之真僞，瞭然若辨黑白。乾隆十五年，詔舉經明行修之士。兩江總督文端公尹繼善、文襄公黄廷桂，交章論薦，有「博通經史，學有淵源」之語。會大學士九卿索所著書，未及進而罷歸。然先生於兩公，非有半面識也。年五十後，專心經術，尤邃於《易》。謂宣尼作《十翼》，其微言大義，七十子之徒相傳，至漢猶有存者。自王弼興而漢學亡，幸傳其略於李鼎祚《集解》中。精孴三十年，引伸觸類，始得貫通其旨。乃撰《周易述》一編，專宗虞仲翔，參以荀、鄭諸家之義。約其旨爲注，演其説爲疏。漢學之絶者千有五百餘年，至是而粲然復章矣。書垂成而疾革，遂闕鼎至未濟十五卦，及《序卦》、《雜卦》傳二篇。孔氏《正義》據馬融、陸績説，以爻辭爲周公所作，與鄭學異。其所執者，明夷六五云「箕子」；升六四云「王用享於岐山」，皆文王後事也。先生獨能辨之。於明夷之五，曰：箕子當從古文作「其子」，「其」古音「亥」，亦作「其」。劉向云：「今《易》『其子』作『荄兹』」，荀爽據以爲説，讀「其子」爲「荄兹」。「其」與「亥」，「子」與「兹」，文異而音義同。《三統術》云：「該閡於亥」，「孳萌於子」。該、荄亦同物也。五本坤也。坤終於亥。乾出於子，用晦而明。明不可息，故云「其子之明夷」。馬融俗儒，不識七十子傳《易》之大義，讀「其」爲「箕」，蓋涉《彖傳》而訛。五爲天位；箕子，臣也，而當君位，乖於《易》例甚矣。謬種流傳，兆於西漢。博士施讎讀「其」爲「箕」；蜀人趙賓述孟氏之學，以爲箕子明夷，陰陽氣無箕子；箕子者，萬物方荄兹也。賓據古義以難諸儒，諸儒皆屈。於是施讎、梁邱賀皆嫉之。孟喜、讎、賀，同事田王孫，喜未貴而學獨高。喜所傳《易》家候陰陽災變書，得自王孫，而賀惡之，謂無此事。語聞於上，宣帝遂以喜爲改師法，中梁邱之譖也。讎、賀嫉喜，而並及賓。班固作喜傳，亦用讎、賀之單詞，皆非實録。劉向《别録》猶循孟學。故馬融俗説，荀爽獨知其非，復用賓古義。而晉人鄒湛，以漫衍無經譏之。蓋魏、晉以後，經師道喪，王肅詆鄭氏而禘郊之義乖，袁準毀蔡、服而明堂之制亡，鄒湛譏荀諝而周《易》之學晦；郢書燕説，一倡百和，何尤乎後世之紛紜也！於《升》之四，曰：文王爻辭，皆據夏、商之制。《春秋》引《夏書》「惟彼陶唐，帥彼天常，有此冀方。」服虔云：「堯居冀州，虞夏因之。」《禹貢》冀州「治梁及岐」，《爾雅》云：「梁山，晉望也。」諸侯三望，天子四望；梁山爲晉望，明梁、岐皆冀州之望。此王謂夏后氏受命祭告，非文王也。其説乾之四德，曰：元者，天地之始。《説文》「元從一」，「道立於一，造分天地，化生萬物」。乾之初九，積善在下，陽之始生，東方爲仁，故云「善之長」。陰陽交而後亨。乾之九二，當上升坤五，爲天子，故《文言》再言君德。經凡言「亨」者，皆謂乾坤交也。乾六爻，二、四、上，匪正；坤六爻，初、三、五，匪正。乾變坤化，六爻皆正，成兩既濟，故云：「各正性命，保合太和。」和即利，正即貞也。經凡言「利」、「貞」者，皆爻當位，或變之正，或剛柔相易。惟既濟一卦，六爻皆正，故云「剛柔正而位當」，《雜卦》篇所謂「既濟，定也」。卦具四德者七：乾、坤變化，而成兩既濟。屯三爻變；革，四爻變，皆成既濟。隨，三、四易位，成既濟無妄，三、四易位，上爻又變，而成既濟。臨，二升居五位，三爻又變，而成既濟。故皆言元、亨、利、貞也。其論占筮之法，曰：《易》稱天下之動，貞夫一。故卦爻之動，一則正，兩則惑。京氏筮法，一爻變者爲九六，二爻以上變爲八。晉公子得貞屯、悔豫，皆八，乃三爻變，不稱「屯之豫」，而稱八；穆姜遇艮之八，乃五爻變，不稱「艮之隨」，而稱八；所謂貞夫一也。七者，蓍之數；八者，卦之數。蓍圓而神，卦方以知。神以知來，知以藏往。知來爲卦之未成者，藏往爲卦之已成者。故不曰七而曰八。《春秋》内外傳，無筮得某卦之七者，以七爲蓍之數，未成卦也。又因學

《易》，而悟明堂之法。撰《明堂大道録》八卷，《禘説》二卷。大略謂：《説卦》「帝出乎震」。帝者，五帝也，在太微之中。五德相次，以成四時。聖人法之，立明堂爲治天下之大法。明堂有五室、四堂。室以祭天，堂以布政。王者承天統物，各於其方以聽事，謂之「明堂月令」，今所傳《月令》是也。古之聖人，生有配天之德，没有配天之祭。故太皞以下，歷代所禘：太皞以木德，炎帝以火德，黄帝以土德，少皞以金德，顓頊以水德。王者行大享之禮於明堂，謂之禘、祖、宗。其郊，則行之南郊。禘、郊、祖、宗曰大祭，而總謂之禘者，禘其祖之所自出故也。鄭注《大傳》「不王不禘」，及《詩・長發》「大禘」箋，皆云「郊祀天」，是郊稱禘也。《周頌・雝》序云「禘太祖也」，鄭箋云「太祖謂文王」，是祖稱禘也。劉歆云「大禘則終王」，是宗稱禘也。董子曰「天地者，先祖之所自出也」。禘者，禘其祖之所自出。故四大祭，皆蒙禘名。禘禮，上溯遠祖，旁及毁廟，下逮功臣。聖人居天子之位，行配天之祭，推人道以接天，而天神降，地示出，人鬼格。夫然而陰陽和，風雨時，五穀熟，草木茂，羣生咸遂，物無疵癘，所謂既濟定也。先儒皆以明堂上有靈台，下有辟雍，四門有太學。潁容《春秋釋例》云：「太廟有八名：肅然清静，謂之清廟；行禘祫，序昭穆，謂之太廟；告朔行政，謂之明堂；行饗射，養國老，謂之辟雍；占雲物，望氛祥，謂之靈台；其四門之學，謂之太學；其中室，謂之太室；總謂之宫。」盧植《禮記注》亦云：「明堂即太廟，與靈台、辟雍，古法皆同一處；近世殊異，分爲三耳。」而晋時袁準著論非之，昧於古制矣。王者覲諸侯，或巡狩四岳，則有方明。方明者，放乎明堂之制也，亦謂之明堂。《荀子》所謂「築明堂於塞外，以朝諸侯」。戰國時，齊有泰山明堂，即方明也。《周書》「朝諸侯則於明堂，覲諸侯則設方明」。故虞禋六宗而覲四岳羣牧，周禮方明而覲公侯伯子男。六宗方明，即明堂六天之神，鄭氏謂天之司盟，非也。自明堂之制不詳，而禘禮亦廢。鄭氏知圜丘、方丘之爲禘，而不知爲明堂六帝。王肅又誤據魯禘，改禘爲宗廟之祭，無配天之事。此魏明所以斥漢四百餘年廢無禘祀也。禘行於明堂，明堂之法本於《易》。《中庸》言至誠可以贊化育，「與天地參」，此明堂配天之義也。又有《易漢學》七卷，《易例》二卷，皆推演古義，鍼砭俗説。於《書》，有《古文尚書考》二卷。謂：孔壁中古文得多十六篇，內有《九共》九篇，析之爲二十四篇。鄭康成所傳之二十四篇，即孔壁真古文。東晋晚出之二十五篇，與漢書不合，可決其僞。唐人詆鄭所傳爲張霸僞造者，妄也。今文《太誓》三篇，其略見於太史公書。太史公從安國問故，當可信。唐人尊信晚出之《太誓》，而以今文《太誓》爲僞，亦非也。於《春秋》有《左傳補注》六卷。自序云：「嘗見鄭康成之《周禮》，韋宏嗣之《國語》，純采先儒之説，末乃下以己意，令學者審其異同。杜元凱《春秋集解》，雖根本前修，而不著其説，又其持論，間與諸儒相違，於是樂遜《序義》、劉炫《規過》之書出焉。今刺取經傳，附以先世遺聞。宗韋、鄭之遺，前修不揜；效樂、劉之意，有失必規。而於古今文之同異，辨之尤悉」云。其注「秦穆姬屬賈君」，用唐尚書説，以賈君爲申生妃；「令尹蔿艾獵」，用《世本》説，爲叔敖之兄；「同盟於亳城北」，用服虔本，證「亳」爲「京」之訛；「塹防門而守之廣里」，用《續漢書》及京相璠説，以防門廣里爲地名；「吴句餘」用服虔説，以爲吴子餘祭；「萬者二人」，用吴仁傑説，「二人」當爲「二八」；「臧文仲廢六關」，訓「廢」爲「置」，讀如《公羊》「廢其有聲者」之「廢」；皆前人所未及道也。又言，《公羊》有嚴、顔二家，蔡邕石經所定者，《嚴氏春秋》也；何邵公所注者，《顔氏春秋》也。石經《公羊》末云「桓公二年，顔氏有所見異辭」云云；僖公三十年，顔氏言「君出則已入」；今何本皆有之。又云：「顔氏無『伐而不言圍者，非取邑之辭也』」；今何本亦有之。以此知何所注者，顔氏本也。鄭康成注三《禮》引隱二年『放於此乎』，隱三年『癸戻之』，桓十一年『遷鄭焉而鄙留』，皆與何氏異，與石經同。蓋鄭所據者，嚴氏本也。」又云：「應邵《風俗通》稱穀梁爲子夏門人，楊士勛謂受經於子夏。按桓譚《新論》云：『左氏傳世，遭戰國寖微，後百餘年，魯穀梁赤爲《春秋》，殘略多所違失。』然則，穀梁子非親受經於子夏矣。古人親受業者稱弟子，轉相授者稱門人，則穀梁於子夏，猶孟子之於子思。故魏麋信注《穀梁》，以爲與秦孝公同時也。楊士勛言《穀梁》作傳，傳孫卿，卿傳魯人申公，申公傳博士江公。按孫卿，齊湣、襄時人，當秦之惠王，則在其後。卿所注書，言天子廟數及賻賵禭含之義，述《春秋》善胥命，而言盟詛不及三王，諸侯相見，仁者居守，皆本《穀梁》説。其言傳孫卿，信矣。隱元年傳『成人之美，不成人之惡』；僖二十二年傳『過而不改，是謂之過』；二十三年傳『以不教民戰，則是棄其師』；今皆在《論語》中。傳所載與《儀禮》、二記合者尤多。故鄭康成曰：『穀梁善於經者也。』」其論《論語》曰：「宣尼言『述而不作』，於《魯論》見之。《鄉黨》一書，半是禮經；《堯曰》數章，全書訓典。論君臣則人言不廢；譏無恒則南國有言。於善人爲邦，則曰『誠哉是言』；於隱居行義，則曰『吾聞其語』。素絢、康棣，逸詩可誦；百官冢宰，古典可稽。『出門如見大賓，使民如承大祭』，此胥臣多聞之所述也；『視其所以，觀其所由，察其所安』，此《全王官人》之所記也。『克己復禮』，左氏以爲古志；『己所不欲，勿施於人』，管子以爲古語。見《小問篇》。『叁分天下而有其二』，《周志》之遺文也；今《逸周書》即《周志》

也，在《程典篇》。『陳力就列，不能者止』，周任之遺言也。推此言之，聖人豈空作哉！」其論《爾雅》曰：「《釋詁》、《釋訓》，乃周公所作，以教成王，故《詩》稱『古訓是式』。漢時謂之故訓，又謂之詁訓。詁訓者，雅言也。周之古訓，仲山式之；子之雅言，門人記之。俗儒不言《爾雅》，而仲山之古訓，夫子之雅言，皆不存矣。」又撰《九經古義》十六卷，討論古字古音，以博異聞，正俗學。又以范蔚宗《後漢書》缺略遺誤。范書行而《東觀漢記》，謝承、薛瑩、司馬彪、華嶠、謝沈、張瑩、袁山松諸家之書，皆亡。乃取《初學記》、《藝文類聚》、《北堂書抄》、《太平御覽》諸書，作《後漢書補注》十五卷。所有撰述，如王文簡公《精華録訓纂》二十四卷，盛行於世，論者以爲過於任淵之注山谷，李壁之注荆公詩焉。《周易本義辨證》五卷、《太上感應篇注》二卷，亦經好事刊刻。惟《山海經訓纂》十八卷、《九曜齋筆記》二卷、《松崖筆記》二卷、《松崖文鈔》二卷，世無刊本。又有《諸史會最》、《竹南漫録》，皆未成書。卒於乾隆二十三年戊寅五月，年六十有二。先生晚年，盧運使見曾延至邗上，如《雅雨堂十種》、《山左詩鈔》、《感舊集》，皆先生手定焉。同時與先生友善者，沈彤、沈大成。大成字學子，號沃田，華亭人，有《學福齋集》。受業弟子最知名者，余古農、同宗艮庭兩先生。如王光禄鳴盛、錢少詹大昕、戴編修震、王侍郎蘭泉先生，皆執經問難，以師禮事之。錢少詹爲先生作傳，論曰：「宋、元以來，説經之書，盈屋充棟。高者蔑棄古訓，自誇心得；下者勦襲人言，以爲己有。儒林之名，徒爲空疏藏拙之地。獨惠氏世守古學，而先生所得尤深。擬諸漢儒，當在何邵公、服子慎之間；馬融、趙岐輩，不能及也。」

崔述《崔東壁遺書》分部

綜　述

《崔東壁遺書・陳履和〈考信録〉序》　《考信録》一書，有前人未發之蘊而特及之者，有前人已抽之緒而引伸之者，亦有聯屬衆論以成一篇而不能專指爲何人之説者。其所以著書之故，《提要》及《自序》詳之，毋庸贅説。謹將校刻大略記之於左：履和見先生《上古》、《洙泗》兩録及《禘祀》、《三正》兩考，在乾隆五十七年下第留京之日。其後五年，隨先考宦江西，刻之。逮嘉慶三年，先生自羅源寄以《唐虞考信録》。十三年，使人省先生於彰德，先生復寄以《夏商考信録》、《經界考》諸書。於是又以《唐虞録》、《經界考》兩種付梓。然自《經界考》外，皆非定本也。自江西還滇後，十八年冬，託同鄉公車北上諸君求先生書。明年，同州藹林鄭君吉士自京南旋，往見先生，先生寄《豐鎬别録》、《尚書辨僞》、《讀風偶識》諸書。家居，未能刻也。二十一年六月，履和至彰德，先生殁已半載。奉遺命，受書九函，計三十四種，八十八卷，皆先生晚年定本。是冬，作令太谷，擬刻全書；明年秋，丁母憂去，僅及刻《三代考信録》十二卷而已。太谷諸生時有抄存《洙泗録》及《孟子事實録》者。越三年，孔生廣沅遂刻《洙泗考信録》於太谷，而吾友武鄉令樂山王君崧爲之序，致可感也。道光元年，履和服闋如京，齎先生書以來，謀續刻之而無其力。幸陽曲太史静生張君廷鑑，同鄉桃源令筤園譚君震好古樂善，分金成美，乃刻《提要》二卷，重刻《補上古考信録》二卷、《唐虞考信録》四卷。合之前刻之《三代考信録》十二卷，孔刻之《洙泗考信録》四卷，於是《前録》、《正録》定本皆已授梓。惟《後録》僅刻《孟子事實録》一種，而履和將出宰浙之東陽，事又中止矣。向欲求人序書，不可得。大宗伯汪公，今之韓、歐也，到京後欲往求之，未敢遽請。今年夏，乃乞顧南雅先生先以書就正。公大加賞歎，尤愛其論湯、武諸則，致南雅先生書云：「事覈理明，足定千秋之案。孟子云『知人論世』，史公云『好學深思』，東壁先生信其人矣！」履和讀之狂喜，乃踵門求序。一見許可，不數日即賜之文。往謝，再得見；復歷舉其書，津津樂道不絶口。嗚呼，《考信録》可不朽矣！豈惟是書之幸，抑亦門下士傳是書者之幸也！先生五十歲以前事見於《知非集附録》；五十歲以後事見於《小草集》諸書。嘉慶戊寅歲，曾於湖南舟中據之以作《行略》。今載諸卷首，俾閲《考信録》者知先生生平大概，亦論世知人之意云爾。《三代考信録》之刻，曾將全書八十八卷總目置諸篇首。今《提要》中《考信録》具載下卷，其餘諸書亦皆具於《行略》，故不再刻《總目》，避複也。付梓諸書剞劂未工；最後數種以出都期迫，尤匆匆蕆事，校讎亦未精審。他日擬並其《後録》、《翼録》、《雜著》及詩文各種别行開雕。有志竟成，其即在浙東之行乎？道光二年十月二十日，履和謹識於京師宣武門外寓齋。

又《初刻〈上古〉、〈洙泗〉二録〈正朔〉、〈禘祀〉二考跋》　吾師東壁先生，直隸大名縣人，壬午舉於鄉，今爲福建羅源令。乾隆五十七年，履和拜先生於京邸，固

請，得爲弟子。先生授所著書數種。既歸，復賜之序，所以開示化誨甚至。於今六年矣，南北奔走未嘗不與是書偕也。履和竊惟先生之書考古必確，析理必精，或獨申己見，或更暢前説，要天下之公言，非一人之私論。因以所鈔《補上古考信録》三卷，《洙泗考信録》六卷，《經傳禘祀通考》一卷，《三正通考》一卷，付諸剞劂。他著作未及鈔者，俟異日重刻焉。先生教履和曰：「説經欲其自然，觀理欲其無成見，於古人之言無所於必從，無所於必違，唯其適如乎經而已。」嗚呼，至矣！讀先生書者，亦即是以求之而已矣！故此刻以序文殿。履和少時聞鄉先輩大名守朱公試童子，奇先生兄弟才，館諸署，一時二崔名藉甚，又嘗見先生所爲太守公墓志，憾不從先生遊。越二十年而事先生，事先生數月而别，别六年而未能合并。回首在京師時，敝車蹇驢宛轉風雪中，從問經義，何其樂也！「及瓜載酒」，竟未由復斯言邪！履和送先生還大名詩，有「及瓜應載酒，親造子雲居」之句。先生方宰閩，而履和侍家君於豫章，相距不二千里，求先生之書，並以觀先生之政，或者會有期乎？手是編，益心向往之矣。嘉慶二年丁巳，夏四月甲申，石屏門人陳履和謹跋於南昌寓館。

又《跋》　是書刻既成，使人呈於先生，先生不許也。答以「《三正》、《禘祀》兩考差可自信。餘二種尚多應更定者。近日胸中别有一部《上古考信録》矣」。先生在羅源三年，引疾乞歸。大吏方重先生，調署上杭；而先生歸興益濃，惟欲以著書老。戊午秋，示履和以《唐虞考信録》六卷、《三代經界通考》一卷，皆二十餘年不輕示人者。且言「《三代考信録》當復貽吾介存。唯與介存約，毋復以吾未定書輕付梓人，乃敢相寄耳」。先生之心視世之易足而求炫者爲何如？甚矣履和之淺也！嘉慶五年春正月丙辰，履和謹識於廣豐署中。

又《刻〈唐虞考信録〉跋》　嘉慶十三年夏五月，履和侍家大人由贛州至南昌，將還滇，念從此去先生日遠，而舊藏《唐虞考信録》未刻，乃以七月付梓；並使人詣大名以行告，且求書。八月哉生明，得讀《夏考信録》二卷、《商考信録》二卷、《洙泗考信餘録》四卷、《考信録釋例》二卷、《易卦圖説》一卷，重訂前刻《正朔》、《經界》、《禘祀》三考各一本。其已成而未録寄者，《豐鎬録》、《别録》、《雜著》、《伏櫪瘖言》，尚三十餘卷。先生自閩歸後，三遷而居彰德府，老年善病，又未有子，亟欲全刻所著書，印贈文學交遊之士，蓋寓書京師與履和商此者屢矣。而履和久不與禮部試，未得見。年來侍家大人於豐谿、章貢之間，簿書束縛，重以肺病足傷，閉户不出，乃如婦人女子。每病中夜坐，北風起，慨然遠念，則取所刻諸録讀之以當侍側。計與先生别且十有六年矣，先生日以北，履和日以南。設傳今不求書，則此十餘卷者又不知何日登堂而與其所未見之三十餘卷親受之也。書至，家大人行有日，不及刻；乃取《考信録自序》一首繫之《唐虞録》後，俾讀者知先生生平著書原委如此。於戲，先生視履和猶子也，履和事先生不敢不猶父也！凡書之成而未見，見而未刻者，其敢不盡心焉！署中碌碌少暇，故三鋟先生書皆在南昌閒居之日。自今以往，則又不患無暇而患無力矣。「有志者事竟成」，況諸書顯晦關經史大綱，天下之公言也，天下之公事也，非師弟子一二人之私也，終勉之而已！謹識諸《唐虞録》後以自策焉。中秋節，受業門人陳履和書於南昌豫章樓西館中。

又《〈古文尚書辨僞〉跋》　右《尚書辨僞》二卷，先生晚年作；而卓識早定，故前著《考信録》絶不稱引一語，且力駁之。自宋、元以來，論辨《尚書》者何啻數十家。前明梅氏、國朝閻氏洋洋大篇，先生皆未之見。由今觀之，正不啻數百年間人同堂講晰。先生識力所至，闇與古合，更有發前人所未發者。履和藏先生全書久，昔年在都，質之尚書山陽汪公，公悦之序之。既出都，又聞有宜興任君泰，悦其書，作詩嘆賞，以爲「大謹乃如狂，至允反不平」，令人一讀一起舞。嗟乎，是何可多得！而履和既不能長侍汪公，執弟子之儀，又不獲一見任君，悉其生平何如，爲可惜也。《僞書》二十五篇，人人童而習之，昔賢辨論尚未必首肯，何況晚出之作，衆難羣疑，固然不足怪。伏思我朝《四庫全書總目提要》一書，皆奉高宗純皇帝欽定，刊布海内，《古文》二十五篇之僞，朝廷早有定論，非草茅下士一人一家之私言也，故今刻《辨僞》一書，恭録《提要》中論《尚書》三則，别爲一册，以冠篇首，俾閲《辨僞》者先敬觀此三則，庶胸中目下如離照當中，羣陰開霽，從此縱覽諸家，大有破竹之樂矣。道光四年九月二十三日，履和謹跋。

又《崔述〈考信録自序〉》　《考信録》何爲而作也？魏臺崔述述其先君闇齋先生之志而作也。先君諱元森，字燦若。先世於明初以軍功起家，爲指揮使。永樂中，由大寧小興州遷保定之新安。九世至段垣公，諱緝麟，於順治中始隨其伯父大理寺卿諱維雅者遷於大名之魏。績學砥行，爲一鄉之望；恬退自安，不慕榮進。由舉人授大城縣學教諭，以老乞歸。段垣公生三子，次周溪公，諱濂。周溪公生二子，先君其長也。幼侍段垣公寢食，已略知聖賢學問大義；長而好學，有遠志，思有所建白於世，聲色服玩未嘗一寓目，自理學及經世致用書靡不究覽。值家貧，無燈，則讀書月下；或焚殘香，逐字映而讀之。凡五試於順天，皆報罷；遂絶意仕進，杜門教授，終不復出，時年未三十也。魏故小縣，學者以爲舉業外不復有他事。先君獨以道統之邪正，諸儒之純駁，朝夕聒而語之。教人治經，不使先觀傳註，必

使取經文熟讀潛玩，以求聖人之意；俟稍稍能解，然後讀傳註以證之。常搆前人解《論語》、《孟子》書盈案上，毫釐之疑，必爲學者參考詳辨之。顧學者習於時俗所尚，咸務取科第，莫肯沉心殫力以探其奥者。惟述兄弟日侍膝下，頗略得其梗概。初，述之生也未彌月，先君即抱述懷中而指謂吾母李孺人曰：「願兒他日爲理學，足矣！」甫解語，即教之識字。四歲，即教之讀書。未嘗令與羣兒戲；蒱博管弦鬭鶉獵犬之事未嘗令一涉於耳目也。少長，則告之曰：「爾知所以名述之故乎？吾少有志於明道經世之學，欲爾成我志耳。爾若能然，則吾子也！」述聞之，悚然愧勉，不敢自暴棄以負先人之教。會漳水決入城，城沼縣廢，屢遷徙，貧困奔走，饔飧不能給；或夜中涉波濤，冒風雨：凡數歲未有寧居。知大名府朱公煐、知大名縣秦公學溥時時贍恤之。及乾隆二十七年，述兄弟同舉於鄉，始稍稍假廬舍，葺屋宇。顧先君業以積勞成病，時方以食廩久次貢入大學，亦不能赴也。迨辛卯春，先君棄世；述遂無志仕進，日惟與弟邁以讀書自勵。胸中偶有所見，時亦發爲文章，然終自以學疏識淺，不敢大有所論著。積久，胸中益多，而年已逾四十。母氏既歿，弟邁旋故。自念受先人之教，提撕講解，得有所窺測，先人望其能自樹立也，而述既不能奮身當路，以先人之所欲爲者建白於朝廷，敷施於百姓，以光大前德，恐一旦與草木同腐，致先人之學泯然無所傳示於後，則述抱恨寧有終窮！乃思以其平生尺寸之所得者抒寫檢正，録之於楮。竊謂聖人之道，自唐、宋諸儒以來，闡發精詳，固非末學小生所能參其末議，然亦似尚有未盡者。蓋自周道既衰，楊、墨並起，欲絀聖人之道以伸其説，往往撰爲堯、舜、禹、湯、文、武、孔子之事以誣之而絀之；其遊説諸侯者又多嗜利無恥之徒，恐人之譏己也，則僞撰爲聖賢之事以自解説；其他權謀術數之學欲欺世以取重，亦多託之於古聖人；而真僞遂並行於當世。然當其初，猶各自爲教而不相雜，至秦、漢之間，學者往往兼而好之，雜采其書以爲傳記；其後復有讖緯之書繼出，而劉氏向、歆父子及鄭康成皆信之，復采其文以釋《六經》；兼以斷簡殘編，事多缺佚，釋經者强不知以爲知；猜度附會，顛倒訛誤者蓋亦不少矣。惟漢譙周作《古史考》，頗糾《史記》謬誤；其後晉司馬彪復據《竹書紀年》，條《古史考》中不當者百餘事；然其持論既不盡允，而《史記》以外邪説謬解所未及者尤多。晉、宋以降，復有妄庸之徒僞造古書以攻異己，亦往往采楊、墨之言以入《尚書》、《家語》，學者以爲聖人之經固然，益莫敢議其失，而異端之説遂公行於天下矣！隋、唐以降，學者惟重科目，故咸遵功令，尚排偶，於是《詩》自《毛傳》、《尚書》自《僞孔傳》、《五經》自孔氏《正義》以外，率視以爲無用之物；於前人相沿之訛，皆習以爲固然而不爲意；甚或據漢、魏以後之曲解駁周、秦以前之舊文。至宋，一二名儒迭出，别撰傳註，始頗抉摘其失，然亦不過十之一二，其沿舊説之誤而不覺者尚多不可數；其編纂古史者則又喜陳雜家小説之言以鳴其博：由是聖人之道遂與異説相雜，聖賢之誣遂萬古不能白矣！蓋嘗思之，古之異端在儒之外，後世之異端則在儒之内：在外者距之排之而已，在内者非疏而剔之不可。譬如漳與御河即古淇水合流之初，清者在右，濁者在左，人皆見而知之；流數十里而清濁斯雜矣，又數十里而混然一色矣。故居今日而欲考唐、虞、三代之事，是非必折衷於孔、孟而真僞必取信於《詩》、《書》，然後聖人之真可見而聖人之道可明也。子貢曰：「文、武之道未墜於地，在人。賢者識其大者，不賢者識其小者。」述雖愚陋，萬不能窺測聖人之一二，然自讀書以來，奉先人之教，不以傳注雜於經，不以諸子百家雜於經傳，久之而始覺傳注所言有不盡合於經者，百家所記往往有與經相悖者，然後知聖人之心如天地日月，而後人晦之者多也！於是歷考其事，彙而編之，以經爲主，傳注之與經合者則著之，不合者則辨之，而異端小説不經之言咸闢其謬而删削之，題之曰《考信録》。顧家貧多病，衣食於授徒，焦勞於禦侮，碌碌苦無暇日；加以居僻書少，檢閲爲難，蓋八年而《洙泗考信録》始成，《補上古考信録》亦旋脱稿。會吏部文下，至京待選，遇滇南陳履和，悦而抄之。又數年，《唐虞考信録》甫脱稿。其他尚未訂正成卷，而述選得福州之羅源縣，遂不得竟其業。時嘉慶元年也。羅源地居邊海，民蠻俗敝，兼以事多掣肘，不能一有所爲；自念坐而曠職，何如歸而讀書，由是屢以病辭。而上官中有惜之者，迄不肯許。至六年冬，始得授政新令。越明年春北旋，乃得取《夏》、《商》、《豐鎬》等録從容撰訂，數年而後脱稿。然猶不敢自信，暇中復取新舊諸録細閲而增改酌定之，又數年而後成。凡爲録者九，爲卷者三十；加以《提要》、《續説》、《附録》，共三十有六卷：一生之學問精力略盡於此矣！其中亦有名物之微，無關大義，而辨之頗詳者，比事觸類，不能獨從略也。嗟夫，古帝王聖賢之事遠矣，其書之缺者亦多矣，欲以末學小生眇見寡聞爲之一一考正，其亦可謂不量力矣！然即其所窺者録而識之，拾韓、朱之遺，以待後人采擇，亦未嘗非「不賢識小」之義也。昔者遷承談命，《史記》斯成，固衍彪餘，《漢書》爰作，是以皆以末篇自序家世。世異古今而事同一轍，故今追述先人之志，及夫作書之由，附於目録之後。雖述鄙陋少文，學問不廣，其中缺漏差誤不敢自必，然於先人之學或庶幾有萬一之發明云爾。

又《汪廷珍〈考信録序〉》 僕少不慧，然於古人之事有疑不能明者，必求得其

解而後安。竊以爲聖人，人倫之至也，後世取則焉，而湯、武之於桀、紂，何以倒行逆施如是？以臣事君，天下之通義也，非至無道，莫敢越焉，而文王之服事何爲以至德稱？思之不得其解。既而觀蘇氏論武王非聖人，而僕之惑猶是也。夫以臣犯君，大惡也，豈特非聖人而已乎！既又聞宋儒「天命一日未絶則爲君臣，一日既絶則爲獨夫」。而僕之惑滋甚也。夫天命何常，人心而已。人心之離，非一日之故也。今以一日而斷其已絶未絶，此一日者果何日乎？且未識人倫，又焉知天道也？懷此有年，間以質諸師友，無有能解其惑者。長而讀書略多，析理漸熟，參考時代，統觀古今，而後恍然曰，封建之世非郡縣之世也，成湯、文、武非桀、紂之臣也。孟子、齊宣所云君臣，特以正朔名分言之，而非如後世立朝事主之臣，策名委贄，貳乃辟焉者也。於是生平之惑豁然以解；且推此以求古今之事，引伸觸類，無不可相説以解者。然以之告人，則疑信半焉：則以時世久遠，衆説紛紜，先入之見非一言所能易故也。道光壬午，顧南雅學士以滇南陳大令履和所刊大名崔東壁先生《三代考信録》示僕。僕受而讀之，不覺躍以起，忭而舞，曰：「嗟乎，當吾世而竟有先得我心者乎！」既復取其書，反復讀之。已復得其所著《提要》及各《考信録》而讀之，見其考據詳明如漢儒，而未嘗墨守舊文而不求夫心之安也；辨析精微如宋儒，而未嘗空執虚理而不核夫事之實也。舉凡僕平日所疑不能明者，無不推極至隱，得其會通。然後知先生志大而學正，識高而心細，洞然有以見古聖賢之心於千載之上而不忍使邪説詖論得而淆之；其書爲古今不可無之書，其功爲世儒不可及之功也！抑僕觀先生行略，而知先生學道有得者也。向使得見知當世，出其所學以建功業，豈非生民之幸；顧僅小試一邑，而又不得行其志，卒且孤煢貧病，垂老以死；天殆故嗇其遇，使之盡志畢力以成此古今不可無之書耶？而大令者，以數千里外素不相知之人，一見其書，遂心悦誠服，北面請業，終之服勤至死，盡刻其書，以幸天下後世；豈非天之欲傳是書，因而生能傳是書之人，邂逅傾心，莫知其然而然者耶？夫曲高和寡，先生固嘗言之，是書之行，吾不敢必觀者皆能知而信之；然而彝倫必不容斁，聖賢斷不可誣，斯文未喪，心理相同，當時來世當必有心悦誠服如大令，躍起忭舞，傾倒而不能已如僕者，斷斷如也！大令求序，爰書此以遺之。時季秋月朔，賜進士及第，光禄大夫，經筵講官，實録館正總裁，武英殿總裁，上書房行走，禮部尚書，兼署户部尚書，教習庶吉士，加六級，隨帶加二級，紀録四次，山陽汪廷珍序。

又《蕭元桂〈崔東壁先生遺書序〉》 是書黜百家之妄，存列聖之真，誠古今不可無之書。而陳君海樓一見是書，執弟子禮甚恭，前後刊刻不少懈。刊既成，亦遂謝世。天若特生崔君使成是書，又若特生陳君使傳是書，事非偶然者已！顧天之待陳君者甚嗇。歲乙酉，卒於東陽，宦囊蕭然，且有負累；一子甫五齡，并無以爲歸計。予是時適奉檄署郡事，既爲籌所負之欵，又恐所刻棗木不能攜歸，付託非其人，卒以湮滅，乃商之陳君之弟，存郡學署，作官物交兑；更商之諸同寅，稍助刻資，爲家屬歸滇之費。一時署金華羅明府河嶽、蘭谿孫明府巖、東陽黨明府金衡、義烏孫明府若筠、永康劉明府垂緒、武義崔明府之煒、浦江方明府功鉞、湯溪沈明府芝田，各捐廉俸，得六百金，以成美舉。是不可以不誌。用弁數語於卷首，以識板存郡學之緣始云爾。道光六年，歲次丙戌，秋七月，署金華府知府蕭元桂敍。

又《楊道生〈崔東壁先生遺書題詞〉》 羣言淆亂千百祀，東壁先生慨然起。慨自楊、墨誣聖言，重以七雄權詐士，漢興傳記紛紛出，雜采其書昧厥旨。讖緯之説以入經；黄老之言以入史。陵夷至於晉、宋間，以僞入真情益詭。自是厥後科目興，引據但誇鴻富爾！非無有宋諸名儒，就中剔抉亦無幾。況自考亭是正後，經籍相沿敢復訾！先生早歲稟庭訓，歷涉艱劬志不弛。小試一邑無足爲，退而著書益亹亹。上探疏仡至循蜚，下溯豐、岐迄泗水。中間卦畫及詩篇，政典皇皇《書》與《禮》。道有孔、孟不知餘；學無漢、宋惟其是。百家傳説質諸經，不經之經斷以理。積五十年先志成，自謂談、遷、彪、固比。噫嘻習俗競科名，摭拾陳言徒靡靡；自非崛起昌黎公，世人那識子輿氏！陳侯志節特高亮，蹤跡與世恒殊軌；一見先生京邸間，翻然即席稱弟子。春風兩月各天涯，惟有閩中差密邇。西江又復侍親還，從此滇南八千里。相見無期眷益深，可知廿載情何已。及至間關抵魏都，叩門問訊先零涕，蕭條一室書九函，先生没已六月矣！可憐承嗣尚無人，傳之其人又誰委！明年太谷甫開鐫，銜恤南歸輒中止。感此怵怵又有年，及今始克重雕梓。崇臺南望三邱山，東峴、西峴相對峙。碧梧翠竹翳脩檐，下有流泉清瀰瀰。最是芙蕖出水時，賓朋列坐秋空裏，散衙一卷事無餘，啜茗看花只來此。此心自有九泉知，此書終當百世俟！海樓先生刻是書既竣，蒙惠示全部，并索詩紀其事。詩成，先生頗加稱賞，且曰：「一生心事，於茲盡矣！宦途擾擾，得歸爲幸。書板二十箱，攜歸不易；欲得一可信者付之，而難其人。」殆將以致託，而予未敢應也。今府尊此舉，用意至厚，又適如先生之心，豈亦莫之爲而爲者與！爰刻拙詩於卷末，并誌數語，以告慰於先生云。道光六年，歲在丙戌，秋八月，金華府學訓導楊道生識。

又《劉鴻翺〈帝王考信録辨〉》《緑野齋前後合集》卷一　孔子曰：「蓋有不知而作者，我無是也。」信其所不當信，疑其所不當疑，均謂之「不知」而已。吾閲大名崔東壁《帝王考信録》，竊異焉。孔子删《書》，斷自唐、虞。《易》稱「庖羲、神農、黄帝氏作」。至《春秋緯》乃分十紀、九頭、五龍、攝提以至疏訖，説本荒唐不經。《考信録》依《易》、《書》駁之，當矣。又以邵子《皇極經世》，天地一終始爲一元，元十二會，會各萬八百年，羲、農去開闢當不遠，堯、舜斷非中天。余嘗疑自堯、舜迄今四千年，世變已不可勝紀，何至堯、舜以前三萬年文教尚未興乎！此雖聖人有所不知，要其所辨之理近是。獨其謂湯、武之於夏、商，各君其國，不得以君臣論，則謬甚。夫湯、武之放伐，《易》之《革象》「湯、武革命，順乎天而應乎人」，孟子所謂「天吏」，宋儒所謂「天命一日未絶則爲君臣，既絶則爲獨夫」是也。《考信録》曰：「以一日斷其已絶未絶，此一日果何日？」余則曰：武王觀政於商而受悛，爲未絶之日；不悛，爲已絶之日。故曰：君非桀、紂，臣非湯、武，總不免於篡弑。如謂封建不同於郡縣，彼舜之五人，周之十亂，皆列爵分土者，何以云「臣」？春秋時，封建猶未改也，孔子不必作以誅亂賊矣！漢世論湯、武，比之食馬肝。「食肉不食馬肝，未爲不知味。」如《考信録》，尚得謂之「知味」乎哉！且所考帝王世紀皆以《尚書今文》附於下，襲閻百詩等之曲説，目《古文》爲僞。夫道一而已矣：「精一危微，允執厥中」，尊之爲帝王心法之傳，駁之乃爲禪學之祖乎！嗚呼，《古文尚書》如日月之經天，人雖欲自絶，其何傷於日月！是殆孔子所謂「不知而作」者與！

又《劉鴻翺〈洙泗考信録辨〉》《緑野齋前後合集》卷一　大名崔東壁《洙泗考信録》其辨《家語》、《説苑》、《韓詩外傳》、大、小《戴記》詳矣。聖人殁，學者各以所傳聞立説，其得於聖人者固多，失於聖人者亦不少。若《論語》、《學》、《庸》，漢、唐、宋、元、明儒者之所尊奉，朱子終身誦之，定爲《集註》，益以《或問》，以爲聖人之道在是也。《考信録》獨曰：「《大學》非曾子所作。如果曾子所作，不應《誠意章》加『曾子曰』。且聖經亦不類孔子言。」《考信録》獨曰：「《中庸》非子思所作。孔、孟之言皆平實切日用；《中庸》探賾索隱，極高深廣遠，與孔、孟不類。」《考信録》獨曰：「今之《論語》非孔門《論語》之原本，亦非漢初《魯論》之舊本。《漢書·藝文志》：『《論語》：《古》二十一篇，出孔子壁中；《齊》二十二篇，多《問王》、《知道》；《魯》二十篇。』張禹初授《魯論》，晚講《齊論》，合而考訂，去《問王》、《知道》，從《魯論》二十篇爲定，號《張侯論》。不當删而删，不當采而采，是以其義或戾於聖人，其事或悖於經傳，則張禹之過也。《孟子》之十一篇，劉歆已合之；幸而趙氏去古未遠，知其本異，而其識又足以辨其真僞，決然删後四篇，以故《孟子》一書純潔如一。《論語》不幸遇張禹，致使後之人無從辨其異同。因不辭譾陋，作《考信録》數十條，别後儒之所竄增，間有出於戰國楊朱氏者。」甚矣《考信録》之誕且妄也！孟子曰：「楊、墨之道不息，孔子之道不著。」楊、墨與聖人爲敵，豈肯以其言附於孔子乎！佛者曰：「孔子，吾師之弟子也。」老者曰：「孔子，吾師之弟子也。」佛、老自尊而卑孔子，故老氏《道德經》，佛氏《金剛經》皆筆之於書，傳之其人，分别門户，孤行於世。楊、墨何異佛、老，乃以其言附於孔子，則何楊、墨之小也！尤可怪者，《先進章》、《侍坐章》、《楚狂接輿》三章，不知何所見，謂語意類莊周。莊周亦老氏之徒，由是言之，則老氏不敢以仁義爲小，直入於聖人之域矣！「子見南子」，朱子解「大夫有見小君之禮」。「公山弗擾以費畔，召，子欲往。佛肸叛，召，子欲往」，朱子解「聖人道大，無不可化之人」。《考信録》以爲「瀆亂不經，斷非孔氏遺書」。然子路在當時已不悦夫子之見，阻夫子之往，況不及子路萬萬者乎！孔子之行事固非崔東壁之所能窺見也，則其以爲非孔氏之遺書也固宜！

又《張維屏〈國朝詩人徵略二編〉》卷三五《崔述》　字武承，號東壁，直隸大名人。乾隆二十七年舉人。官福建羅源縣知縣，有《考信録》。乾隆壬午秋，先生與弟邁同榜中式。嘉慶元年，選福建羅源縣知縣。武弁多藉海寇邀功，兵役亦藉以漁利，遇漳、泉商船則索賄；不與則誣爲盜，送縣羈候。先生審明即釋放，於是奸徒控先生擅釋巨盜。巡撫汪公志伊知先生公正，得免吏議。四年，調署上杭縣。關税向有贏餘數千金，先生悉解充洋面緝盗之費。人或以爲矯，先生自行其心所安而已。先生見縣令難行其志，遂求退。既歸，著述自娱。凡所箸共三十四種，而《考信録》一書尤爲生平心力所專注。先生生於乾隆五年七月，卒於嘉慶二十一年二月，壽七十有七。《崔東壁先生行略》，門人陳履和撰。陳履和，雲南石屏縣舉人。遇東壁先生於京邸，見《考信録》，即執弟子禮。先生殁，無子，凡先生所著書，履和一人刊行之。先生之書不朽；履和爲弟子，其篤於師弟之誼若此，亦當附之以不朽矣。《松軒隨筆》吾師汪文端公爲《考信録序》云：「東壁先生考據詳明如漢儒，而未嘗墨守舊文而不求夫心之安也；辨析精微如宋儒，而未嘗空執虚理而不核夫事之實也。志大而學正，識高而心細，其書爲古今不可無之書，其功爲世儒不可及之功也。」吾師不輕許可，而於是書心折如此。《松心日録》

《上古考信録》二卷，崔述撰。謂《易傳》僅溯至伏羲，《春秋傳》僅溯至黄帝，不應後人所知反詳於古人。凡緯書所云「十紀」，《史記》所云天皇、地皇，皆謬妄。謂

龍馬負圖出於緯書，乃方士之言。謂楊、墨欲高於儒者，故稱述上古以求加於唐、虞、三代之上。凡稱引上古，多異端假託之言，不可以爲實事。謂上古各君其國，各子其民，有聖人出則天下尊之爲帝，既殁則已焉。自唐、虞而後有禪，自夏、商而後有繼，不可以後世之事例上古。謂庖羲非太皞，神農非炎帝；以五行配五帝乃陰陽家言。

《唐虞考信録》四卷，崔述撰。謂舜事統於堯，古但有《堯典》；今本割「慎徽五典」以下分爲《舜典》，始於齊代姚方興，其謬有三。謂堯非帝嚳子；堯之德能協利萬邦，故天下歸之，非藉父兄之業。謂「曆數在躬」非聖人之言；聖人豈有置人事不言而以曆數爲據，使後世闇千者得藉爲口實乎！謂「人心道心」二語出於《荀子》，荀子凡引《詩》、《書》皆稱「《詩》云」、「《書》云」，獨此稱「《道經》曰『人心之危，道心之微』」，則知荀子所見秦火以前之《尚書》無危微二語也。謂舜以前未有州，舜始設之，故曰「肇十有二州」。其後水患既平，乃併其三而爲九。《僞孔傳》謂禹别九州之後，舜改爲十二州者，謬。謂舜竄三苗於三危，何以復命禹征之？何以舜之德久不能格。舞干羽而七旬遂格？此僞書采《韓詩外傳》而增飾之耳。

《夏考信録》二卷，崔述撰。謂彭蠡别一地，非鄱陽。鄱陽名湖漢，非彭蠡。彭蠡自在江北，爲漢水所匯。鄭樵以「東匯澤爲彭蠡，東爲北江，入于海」十三字爲衍文，固謬；朱子，蔡傳不疑以鄱陽爲鼓蠡之誤，而反疑經爲誤，亦非。謂庭堅非皋陶，當是兩人。謂《胤征》乃僞書。羲和廢職，黜之可也，何必興師動衆！羲和黨羿，羿必助之，仲康安能征之！且六卿分掌六師，《甘誓》所記甚明。自《周官》始言「司馬掌六師」，而僞書《周官篇》因之；夏時必無是語也。謂「奡盪舟」非陸地行舟，乃力能摇斟尋之舟而覆之也。

《商考信録》二卷，崔述撰。謂「玄鳥生商」當從《毛傳》「春分玄鳥至，祈於郊禖而生契」，不當從《史記》「吞鳥卵」。謂《湯誓》言「率割夏邑」，則知桀之政不行於諸侯；言「夏罪其如台」，則知桀不能囚湯。謂湯未嘗立桀之朝，爲桀之臣。謂外丙、仲壬當從《孟子》，不當從僞孔《傳》削去外丙、仲壬兩代；程子、胡氏之説皆謬。謂《書》言「時則有若伊尹，時則有若保衡」，明是兩人；僞孔《傳》從《史記》以爲一人者，謬。謂巫咸，「巫」者氏也，或先世嘗爲巫祝之官；《楚詞注》以爲神巫，非也。謂祖甲乃武丁子，非太甲，當從馬鄭。

《豐鎬考信録》八卷，崔述撰。謂「履帝武敏」當從毛氏，以爲從帝嚳之行，不當從《史記》踐巨人跡之説；不解朱子何以亦從《史記》之言。屛案：天生稷爲萬世開粒食之先，有不可以常理論者。如有人道而生子，何爲棄之而寘之隘巷，寘之平林，寘之寒冰？《詩》又何以言「不坼不副，居然生子」？後人何以特立姜嫄廟？《周官·大司樂》及《斯干》之文何以皆妣先於祖？此皆明著於經者，非史傳雜説可比也。天下固有理所無而事所有者；執目所未見遂以爲事所必無，則固且隘矣。余從經而已，非從《史記》也。《松心日録》謂夏、商、周未有號爲某公者：「公亶父」相連成文，猶所謂公劉、公非、公叔類也；「古公亶父」，猶言「昔公亶父」也。謂太王流離播遷之不暇，何暇謀商；《閟宫》詩語夸誕。僖公乞師於楚以伐齊，而此詩反謂「荆舒是懲」，則「翦商」一語何得信以爲實。謂《齊》、《魯》、《韓》三家皆以《關雎》爲康王時詩，《關雎》取與「河洲」，而岐陽距河絶遠；況《序》但言「后妃」，原未指爲何王之后，安得據一言而廢三家之説乎！謂文王未嘗稱王，《詩》何以言「王在靈囿」？孟子但欲梁王與民同樂，故舉文王爲言。如「憂心悄悄」，《衛風》也，而以爲孔子；「肆不殄厥愠」，太王也，而以爲文王。謂周自立國於岐，與商無涉。文王未嘗立於紂之朝；所謂「服事殷」者，不過玉帛皮馬卑詞厚幣以奉之耳，非委質而立於其朝也。謂文王羑里之厄，《詩》不言，《書》不言，《論語》、《孟子》亦不言，至《易傳》始言之；《易傳》本非孔子所作，是以汲冢《周易》有《陰陽篇》而無《十翼》；即所云「大難」亦未言爲何難。謂武王牧野以前，其事殷之心與文王不異。孔子言「周之德」，周者文、武之統稱；況上文所記者武王之言，以爲論武而兼文則可，若以爲專論文而不及武，則上下之文不相屬矣。謂僞《泰誓》云「惟十有三年春」，不書月而反書時，《尚書》有是文體乎！又云「惟戊午，王次于河朔」，蒙日於時而反無月，不但《尚書》無此文體，即《春秋》亦無此文體也。謂周介戎、狄之間，乃商政所不及；至寖昌寖大，又商所不能臣。紂與文、武原無君臣之分，但爲名號正朔所存；故論文、武者但問其實爲紂臣與否，而不必問其伐商不伐商。果君臣也，則曹操雖不篡漢而罪與丕無殊。非君臣也，則武王雖伐商而至德與文王不異。謂「周親」二句承「周有」二句，言周雖有親戚，不敵善人，故大賚之。上句「周」指武王，下句「周」豈可指紂！謂唐叔乃成王母弟，周公之東也，唐叔實往歸禾，則成王非幼明矣。蓋成王居喪不言，周公以冢宰聽政；後人但聞周公攝政，遂誤以成王爲幼耳。謂管、蔡二叔以殷畔，漢以前皆不言霍叔；至晉皇甫謐始稱監殷有管、蔡、霍三叔，而僞《尚書》采之。謂《微子之命》難於措辭，而語但通套，是僞書也。謂《儀禮》非周公之制。古禮，臣拜君於堂下，雖君有命，仍拜畢乃升；今《儀禮》，君辭之，遂升成拜，是拜

上，非拜下矣。一古者公之下不得復有公；今《儀禮》，諸侯之臣有所謂「諸公」者，是春秋之末大夫僭也。二觀禮，大禮也，聘禮，小禮也；今《儀禮》，聘禮之詳反十倍於覲禮，蓋周衰，覲禮缺失而聘禮通行故也。三王穆后崩，太子壽卒，晉叔向曰：「王一歲而有三年之喪二焉。」今《儀禮・喪服篇》爲妻期年；果周公所制之禮，叔向豈不知，何以所言喪服與《儀禮》異？四且十七篇多係士禮，而文繁物奢已如此，然則此書之作當在周末文盛之時，周公所制必不如是。謂《周禮》條理詳備，然以爲周公所作則非也。《書》曰：「弼成五服，至于五千。」《孟子》曰：「海内之地方千里者九。」今《周禮》封國，諸公方五百里，侯方四百里，伯三百里，子二百里，男百里；天子邦畿之外分九畿，畿每面五百里；海内安得如許之地而封之，畿之！一古者建國必本大而末小；今《周禮》，天子之地僅四諸公，而諸公之地乃二十五倍於男邦，正賈誼所謂「脛大如腰，指大如股」者，是豈先王之法制乎！二《孟子》曰：「其實皆什一也。」《公羊》曰：「什，一者天下之中正也。」今《周禮》乃云「遠郊二十而三，甸稍縣都皆無過十二」，其非周公之法明矣。三《孟子》曰：「廛無夫里之布。」是正賦之外無課於民者；今《周禮》使不毛者無職事者出夫里之布，其非周公之法又明矣。四古者止有一郊，祭天乃於郊，祭地則於社；今《周禮》云：「祭天南郊，祭地北郊。」果爾，則周公於洛何以一郊即兼祭天地？亦不當同日而郊。《春秋》書郊凡九，皆但書「郊」；果有南北兩郊，不應混而同之。五謂「共和」者，因周公、召公二相和衷共攝而稱之也；以爲共伯和者，謬。謂今《小雅》篇次非當日之舊第：《出車》爲宣王時詩，非文王時詩；南仲爲宣王時人，非文王時人。謂據《詩》則宣王爲英主，據《國語》則失德實多，判然若兩人，何也？蓋詩主頌揚，不無溢美；國語所載多取諫辭，諫必由於失道。宣王在位四十六年，其初政實召穆公主之，故能致中興之盛；至《國語》所載伐魯及千畝之戰皆晚年事，則宣王始終本異也。謂龍漦事荒誕不足信。謂伯夷、叔齊無扣馬諫伐紂事。辟紂故餓，餓故思養而歸於周。《論語》但云「餓於首陽」不言「餓死於首陽」。蓋戰國時楊、墨横議，常非堯、舜，薄湯武以快其私：毁堯則託諸許由，毁禹則託諸子高，毁孔子則託諸老聃，毁武王則託諸伯夷。太史公尊黄、老，故好采異端雜説。學者但當信《論語》、《孟子》，不當信《史記》。伯夷求仁得仁，辟紂歸周，是即聖之清者也。

《洙泗考信録》四卷，《餘録》三卷，崔述撰。謂今《論語》非孔門《論語》之原本，亦非漢初《魯論》之舊本。《齊論語》章句多於《魯論》，是《齊論》與《魯論》互異也。張禹本授《魯論》，晚講《齊論》；後删而合之，號《張侯論》；然則今之《論語》乃張禹所更定也。嗟乎，張禹但知媚王氏以保富貴耳，何足以知《論語》；其不當删而删，不當采而采，蓋不少矣。如《公山》、《佛肸》兩章，蓋戰國之士欲自便其私，恐人譏己，故誣聖人以自解，而張禹誤采之。夫本未嘗往而誣之曰「欲往」，此誣聖之大者，不可以不辨。佛肸畔乃趙襄子時事，孔子已卒。公山事之誣，詳見《考信録》。謂《孔子家語》原書已佚；今之《家語》乃魏、晉間人雜取子史中孔子之事增益而成者。謂孔子事見於異端雜説者人猶不信，至《孔子世家》、《孔子家語》載之而名儒亦信之矣。至《孔子年譜》則又采之《世家》、《家語》及諸雜説者，尤多謬妄。謂《左傳》言「孔子相」者，相禮也，非相國也；《史記》誤以爲相國之相。謂匡爲宋邑，似「畏匡」、「過宋」本一事。「匡，人其如予何！」「桓魋其如予何！」似一時一事之言，記者小異耳。謂孔子在衛，蓋孔文子留之，言於衛君，致餼餼於孔子，故謂「公養之仕」；非立其朝而食其禄也。謂孔子無删《詩》、《書》之事。謂先儒以《春秋》爲託南面之權，行黜陟之事，此説非也。蓋孔子修《春秋》，所關者天下之治亂，所正者天下之名分，不可仍以諸侯之史目之，故曰「天子之事」耳。《春秋》得孔子修之，則善不待褒而自見，惡不待貶而自明，大義凛然，功罪昭著，故曰「孔子成《春秋》而亂臣賊子懼」。謂孔子所謂「一貫」，曾子以爲忠恕，是即忠恕也。先儒釋之曰「一理渾然」，此渾然者果何物乎？從曾子之言，則學者皆有所持循；從宋儒之言，則聖道反入於虚杳。吾寧從曾子之言，不敢從宋儒之説也。謂南容非南宫敬叔，以爲一人，其誤有六。詳見《考信録》謂《論語》之左丘明非作《左傳》之左丘明；《左傳》之左丘明未嘗親炙孔子。劉歆謂「親見夫子」，無所據。

《論語餘説》一卷，崔述撰。謂天下之理皆寓於事，事非聞見閲歷不能知，故聖人教人，「多聞，擇其善者而從之，多見而識之」，曰「我非生而知之者，好古，敏以求之者也」，又曰「以思無益，不如學也」。至宋，始好以窮理爲説，以静坐爲功，以明心見性爲道。然則聖人何爲教人多聞多見乎？謂聖人教人惟務平實；老、莊、佛氏别爲高論，乃欲高出於聖人。

《孟子事實録》二卷，崔述撰。謂孟子至梁不在惠王三十五年，當在後元十二年襄陵既敗之後。蓋惠王三十七年始僭稱王；惟既稱王，故孟子稱之曰「王」；惟既敗，故有「喪地」之語。惠王改稱元年《史記》誤以爲襄王元年。謂後人疑孟子當尊周室，不當勸齊、梁行王政，不知周顯王時周已失國，至東周君西周君判爲兩國，周已降同諸侯。是時民困已極，孟子急欲救民，故以王政歆動其心，使勉爲保民之事。

此時而責以尊周，是不知時勢而妄議也。謂《孟子》七篇距楊、墨者甚多；如告子、許行、白圭，皆楊、墨之流也。

《三代正朔通考》一卷，崔述撰。謂孔子修《春秋》以尊王室，斷無改本朝正朔之理。「王正月」，即周正月也。謂三正並行於侯國，列國自用其曆，聖王不强使從己。故周十二月，卜偃謂之十月；周三月，絳老人謂之正月。可見周用周正，晉自用夏正也。

又《張澍〈闢崔氏説〉》《養素堂文集》卷二十九　近人崔應榴《考信録》云：「舜既見舉，受百官，則慎徽五典，納百揆，賓四門，將惟日不足，何暇閑居家中而完廪浚井，而鳴琴也！使瞽瞍掣舜肘至此，舜亦安能爲堯盡職乎！」按：此真孩語，蓋沿襲程灝、蘇轍、司馬光、羅泌之説，以孟子之言非實也。後世之賢尚有分其才藝足了千人者，况以舜之玄德，宏才敏給，豈有寅亮百工，終日不遑，一無暇晷，不爲父母役使哉！且以舜之神奇，入大麓而烈風雷雨弗迷，是何鎮定，則家庭逆境自然順受鵃納，從容不迫，豈如小大淺薄，庶事叢集則手忙足亂，一有拂鬱則神思惶惑；此非所以測聖人也！陋儒無識，敢于詆諆孟子，孟子豈鄉壁虚造哉！審爾，則高宗之放孝己，尹吉甫之放伯奇，晉獻公之殺申生，皆屬烏有之事矣！惟孝己、伯奇、申生無大舜之德，不能格親，以至於被放而死，此舜所以爲古今之大孝也與？

又《謝庭蘭書崔東壁〈考信録〉後》《湘谷初編》卷三　嗟乎，學者至今日蓋難言哉！孟子曰：「聖人，人倫之至。」夫伏羲、堯、舜、禹、湯、文、武立人之極，垂爲世教，《易》、《書》、《詩》、《禮》，其統宗也。孔子訂之爲經，百世不易之道也。乃今日説經，務以誣聖，是蔑孔子之教也，是廢人倫也！崔氏述曰：「《湯誓》『率割夏邑』，則知夏政不行於諸侯。『夏罪其如台』，則知桀不能囚湯，湯未嘗立桀之朝，爲桀之臣。」又曰：「周自立國於岐，與商無涉。文王未嘗立於紂之朝。所謂『服事殷』者，不過玉帛皮馬，卑禮以奉之。周介戎狄之間，乃商政所不及；至寖昌寖大，又商所不能臣。紂與文、武原無君臣之分，但爲名號正朔所存。」如述此言，湯與文、武去逆亂何遠乎！《湯誓》孔門所傳；「以服事殷」，孔子定論：述爲此言，豈非蔑聖經乎！湯與文王聞而知之：述爲此言，豈非廢人倫乎！成湯放桀於南巢，説者曰：「所謂『口實』者，不過以臣放君，不可爲訓。」武王觀政於商，説者曰：「『觀政』即觀兵。」夫以臣放君可云「不過」耶！兵脅其君，可以謂武王耶！今之學者非出乎此，即曰湯與文、武不立於桀、紂之朝，不臣桀、紂：愚不知説經之弊伊於胡底也！述又曰：「孔子所謂『一貫』，曾子以爲『忠恕』，是即忠恕也。先儒釋之曰『一理渾然』，此渾然者果何物乎？從曾子之言，則學者有所持循。從宋儒之言，則聖道反入於虚杳。吾寧從曾子，不敢從宋儒也！宋儒好以窮理爲説，以静坐爲功，以明心見性爲道。」述惡宋儒至誤會「一貫」，紕莫甚也！如述言，「一貫」即是「忠恕」。子貢多學而識，夫子詔以「一貫」，子貢豈不忠恕者乎？可對鏡而知其紕也！近時深擯宋學，然務别創異解，則不可爲訓也。故謂「『鳶飛魚躍』，喻惡人遠去，曷嘗有化機」，「『逝者如斯』，亦不過放乎四海」；「『有本者如是』，曷嘗有悟境」。「一以貫之」一言，有謂是即忠恕，從宋儒反入於虚杳；有謂猶言壹是皆以行事爲教，若一旦豁然貫通，似禪家頓宗。聖神大訓惟恣以己意，何怪紛紛異説日出不窮耶！述謂「宋儒好以窮理爲説」；近時深惡天理，蓋不止於述也。又謂「以静坐爲功，以明心見性爲道」，則援陸、王之説以詆程、朱，而統謂之「宋儒」，又不足深辨也。

傳記

陳履和《崔東壁先生行略》　嘉慶二十有一年，二月初六日，大名崔東壁先生卒。越五月，其門人石屏陳履和至；奉遺命，受書柩前去。越三年，乃取先生學行見於本集者撰次之，而於著書事尤詳慎，不敢苟也。先生姓崔氏，諱述，字武承，號東壁，直隸大名府魏縣人。乾隆二十二年，以漳水屢決入魏城，廢魏縣，并入大名縣，故又爲大名縣人。先世居大寧衛小興州，明初，有諱義者，以軍功起家，世襲指揮使，奉詔還保定之新安。國朝順治中，諱向化者，始遷魏。再傳至先生曾祖，諱緝麟，號段垣，以舉人官大城教諭，學行冠一時，詳載縣志。祖諱濂，字周溪，武學生。考諱元森，字燦若，號闇齋，歲貢生，周溪公次子也。妣李太孺人。闇齋先生承段垣公之學，精研儒書，博綜時務，補縣學生；後五試順天，皆報罷，遂閉門教授，至老不倦。錢塘汪侍講師韓志其墓，以爲北方自蘇門孫徵君宗姚江王氏之學，遠近信從，君獨恪遵紫陽而尤愛玩當湖陸清獻公之書，躬行以求心得，因推爲「河朔真儒」云。先生生平孝友廉介，讀書涉世，欲卓然有所樹立，爲名儒以顯父母。五六歲時，即從父受書。闇齋先生教之嚴，市井之言，游蕩之行，常不使接於耳目。少長，告之曰：「爾知爾所以名述之故乎？吾少有志於明道經世之學，欲爾成我志

耳。」十一歲，應童子試，已爲縣令所賞。十四歲，試於府，太守石屏朱公煐待以國士，擢冠其曹。弟邁亦前列，遂同補弟子員。闇齋先生喜兩子皆可教，先生益率弟朝夕砥礪，泛覽羣書，巨細不擇。十五歲，太守招至署中，讀書晚香堂者數年；詩賦詞章，應制舉業，風發泉湧，見者莫不嘆爲奇才。家故貧，自丁丑戊寅歲漳決城壞，十月之中，四遷其宅。二親嚴冬猶着單衣，無麥食，豆羹而已。辛巳七月，城再没，一月三徙家　先生屢自郡歸，附舟省視，泛城脊以達；洪波千頃中，仍與弟讀書鄰家空樓，以娱親意。時先生已中庚辰副榜，壬午秋，復與弟同榜中式。乙酉歲，知大名縣秦公學溥爲買室禮賢臺上，室不過數椽，而相傳爲魏文侯處段干木之地，水落臺高，殊宜遠眺，闇齋先生樂之。又見先生學日富，而新娶成氏婦才且賢，炊爨餘閑，佐讀不輟，時復呈詩於翁姑以博歡笑，益怡然忘所苦。居數年，先生覺百家言多可疑，悔從前泛覽之誤，曰：「此非吾父所謂明道經世之學也！」乃反而求之六經，以考古帝王聖賢行事之實，先儒箋註，必求其語所本而細核之；欲自著一書以正僞書之附會，闢衆説之謬誣，舉子業置不復爲。時先生三十歲也。辛卯二月，闇齋先生卒，貧無以葬。越三年，始能營新兆於城東南隅，終葬事。庚子三月，以長姊適陳氏者十年未葬，往成安自葬之。六月，子天祐殤。十月，李太孺人卒。明年六月，弟邁卒。壬寅三月，葬母及弟於城南新兆。自闇齋先生卒後，十年之間，疊遭變故，積哀勞，病作幾死者屢矣。母喪既除，痛弟邁篤學而年不永，所恃以成先志者孑然一身，益發憤自勵，始作《考信録》。疾病憂患中，奔走衣食又十年，而考古著書弗輟也。壬子秋，如京師。是時履和留滯都門，下第者再三，負性硜硜，不與人妄通一刺；偶於逆旅中見先生，獲讀《上古》、《洙泗考信録》及《正朔》、《禘祀通考》，請師事焉。受業兩月餘，師弟相視如父子。逮十二月，先生還魏，而履和自是不復見先生矣。先生少有志於功名，讀書時即悉心以究世務，若《救荒策》、《漳水考》、《漳河利弊策》、《直隸水道記》，皆成於村居授徒，感時觸事之餘；且家貧無以養，故禄仕之念甚切。既數試禮部無所遇，二親又相繼以逝，《考信録》亦未成，自分以著書老矣。會吏部截取文至，又念先人嘗望我爲陸清獻，本欲其明道經世也，而四十年讀書論世，數遊四方，嘗艱難，知情傷，亦宜發揮於政事，以自驗其所得，故自奉文後凡四如京師。乃以嘉慶元年正月選福建羅源縣知縣。四月，挈眷行。

羅源近海而衝，向稱難治；當清查後，前官罣吏議者三人。先生治官如治家，不美食，不華服，不優伶宴會，卯起亥休，事皆親理，日與士民接見，書役稟事皆許直入二堂，兼聽並觀，往往談詢移晷，而無敢干以私者，是以包苴自絶，而地方百姓情形無壅蔽，從人胥役俱無所容其奸。聽訟不預設成見，俾兩造證佐各盡其辭而後徐折之。數年，案無枉者。初，元年七月七日，有寧德縣鹽商之哨丁李枝、陳祁等爲鹽梟拒捕者所傷，陳祁落水死。其事起於東冲，屍亦撈獲於東冲。東冲者，霞浦縣地也。寧、霞兩邑恐罹處分，則以陳祁等由東冲口捕梟，駛入羅源之吉壁村，村人助梟毆祁淹斃具詳，而移羅源拘兇手。是時先生到任，距陳祁死七日矣；鄰邑以爲老書生初來，不習爲吏，且事在前任，或者不極力争辯，而先生駁詰甚力。二年夏，案猶未決；鄰邑既護前，大吏亦必責羅源捕吉壁人。先生以數十人軀命所關，豈可誣置死地，况兩邑先後移文又時地自相矛盾，乃自爲文據實詳辨，至再至三。理直辭達，兩邑無以復難。然後同官者服先生之明察而練事；顧不知其剖晰疑似，細入毫芒，皆自讀書考信中來也。是時桐城汪公志伊由本省布政陞任巡撫，激濁揚清，吏治肅然，稱州縣廉善者以羅源爲最，戒他縣當效崔令所爲。顧公與某公意見多不合，而三年六月適有黄玉興上控之案。黄玉興者，羅源松山澳漁户也。自海寇興，武弁欲藉以邀功，兵役欲藉以漁利，漁户效之，遇商船操下南土音者，則要而索其賄；不與，則報縣審訊。一經詳報，則良民經年羈押，或生意外之虞。黄玉興前獲之廖君端等，是也。先生洞悉其弊，無辜之人審明即釋，往往同官張皇而先生以静鎮處之。玉興所續獲，訊而釋者又數十人矣。縣有武舉鄭世輝者，効用閩安協，告假回籍，與玉興及其弟玉明約：「吾與若火食；得盜勿報縣，徑至閩安，隨我獻功。」由是玉興等出洋，遇三船，獲十三人，掠其物而拷問之，即駛船南赴閩安；而濂澳口南風急，不得進，反駛入羅源境避風。於是營弁遂上報，而後送先生訊之。訊之，則先獲之兩船六人但因下南音疑之耳。惟後獲一船，鄭世輝到案堅指爲賊者二人：一林孫，不肯受賊染，曾以二年六月率衆投首於閩安莊協鎮麾下，屢出洋立功，營中詳稟有案；一連元，二年十二月莊協鎮巡洋拿獲，經在洋緝捕之烽火營千總楊淡稟係其同鄉良民，釋放有案。此二人者，先生札詢協鎮，復書明白；協鎮復差弁黄捷凱至羅詳白其事。然則此船七人，亦皆未可指爲賊匪也。顧營既通報，七人者已提省，而先生方欲據實詳釋，世輝等恐不能邀功，反罹罪，而世輝父鄭豪，倉房蠹吏也，先生在任，豪不能有所爲，乃主黄玉興訟先生屢次擅釋巨盜。某公怒，飭先生自陳。先生遂以先後各案原委具詳，而副以通稟，有「卑職焉能殺人媚人」之語。某公益怒，欲參之；汪公持不可。是冬，某公去，案乃定。四年四月，調署上杭縣。地闊訟多，難治倍於羅源；獨關税向有贏

餘，人皆以爲利藪，不料先生拙宦竟得署此也。於是從者皆舞蹈以往。先生至，則關税所餘數千金悉解充洋面緝匪之費。聞者或議其矯，或哂其愚，不知先生安貧守介數十餘年，雖多財無所用，且恐虚擁厚貲，將來求歸不得，如某某可鑒也。一切政事如羅源，而動勞過之；訟漸稀。先是縣中聽訟，營弁必遣兵雜衆中，竊聽而刺其陰事，持短長相挾制，故令長必多爲宴會贈遺以要結之。至是，竊聽者皆自撤去，文武過從殊少，亦無怨也；而從者大失意。一日，至汀州，有以北地菘粥者，先生命盡買之。他日，有粥者，又盡買之。諸長隨笑曰：「有肉不會喫，要喫白菜；絶好一上杭縣，被崔老爹做壞矣！」五年十月，回任。將至境，羅源人懸綵頌德，持兩端夾道而迎，大有兒童竹馬之趣。先生雖駕輕就熟，而勤慎之治終始不懈。其清理社穀以甦民困，建風雲雷雨壇及城西石橋，皆前在任時所欲爲而未及者。所至，御書役不惡而嚴；人無敢犯，亦無敢欺。百姓犯法，不肯稍事姑息；然以豈弟慈祥爲本，唯恐誤刑一人。而洋面捕盜之案，所昭雪全活尤多，雖以此忤大吏弗恤，不止黄玉興數案也。地方敝俗，惓惓思有以易之。羅源侈婚嫁而不恥溺女；每歲正月，則飾新婦，聽人入室觀之，過元宵乃止。上杭則元夜端陽爲燈船之戲，男女雜沓，數釀大案。先生力行勸戒，自爲示文，真意流溢，讀者感悟；而人或以此笑先生之迂。羅源文廟將圮，先生至，即倡修之，集多士訓課講學。嘗爲諸生講《孟子好辨章》，因及經學之廢興，聖道之明晦，古書之真僞，舊説之是非；日下昃，娓娓不倦。其教上杭士亦然。兩縣之士有見先生書者，然後知先生政事皆經術也。先生初至閩，見州縣事多掣肘，不能自行其意，有退志，而以代賠前任虧項未清難之。兩年後，倉庫無虧，屢求病免；汪公不許。自上杭回任，求益力；汪公益不許。會捐例開，始得以捐主事離任。往辭汪公，公方告病謝客，延先生至榻前，謂曰：「好官難得！吾不能薦汝，吾愧汝！汝去自佳，吾知汝不能逢時也。」是爲六年十月事。

明年春，出仙霞嶺，與成孺人酌酒相賀，蓋自幸全大節，脱險阻，而生平未成之書可以從容脱稿也。魏故無定居：既歸，居大名；又居安陽西山；又遷彰德府城。數值歲荒，典衣而炊，著作自娱，於是十餘年中全書告成。曰《考古提要》二卷、《補上古考信録》二卷，是爲《前録》。曰《唐虞考信録》四卷、《夏考信録》二卷、《商考信録》二卷、《豐鎬考信録》八卷、《洙泗考信録》四卷，是爲《正録》。曰《豐鎬考信別録》三卷、《洙泗考信餘録》三卷、《孟子事實録》二卷、《考古續説》二卷、《附録》二卷，是爲《後録》。此三十六卷者，《考信録》之全篇也。又以生平所著與《考信録》相涉者，曰《王政三大典考》三卷、《讀風偶識》四卷、《尚書辨僞》二卷、《論語餘説》一卷、《讀經餘論》二卷，爲《考信翼録》十二卷。又有《五服異同彙考》三卷、《易卦圖説》一卷，與《翼録》十二卷皆爲《雜箸》。而《春秋類編》四卷，則未成之書也，不入目録中。文集凡十六卷：《無聞集》，文也，《知非集》，詩也，爲《正編》。《小草集》，閩中宦牘偶存稿也，爲《別編》。《細君詩文稿》，成孺人作也，《荍田賸筆》，詩文拾遺及偶存尺牘也，爲《附編》。志二種，凡四卷：曰《桑梓文獻志》，曰《水木本源志》。《存篋書》三種，凡四卷：曰《大怪談》，曰《桑梓外志》，曰《涉世雜談》。《餘編》三種，凡六卷，篇皆別存，目亦分載：曰《荍田雜録》者，其目五；曰《荍田瑣記》者，其目七；曰《荍田綴語》者，其目七。《贅編》二種，凡六卷，則《見聞雜記》與《知味録》也。大凡先生遺書共三十四種，八十八卷。歸林以後，頗有瑣屑之事偶然涉筆者，然經學世務及勸懲大義亦往往散見於其中，毋論洋洋大篇也。而《考信録》一書尤爲五十年精神所專注。共所以著書之故，則《提要》及《自敘》盡之矣。《敍》略曰：「聖人之道，自唐、宋諸儒以來，闡發精詳，固非末學小生所能參其末議，然亦似尚有未盡者。蓋自周道既衰，楊、墨並起，欲絀聖人之道以伸其説，往往撰爲禹、湯、文、武、孔子之事以誣之而絀之；其遊説諸侯者又多嗜利無恥之徒，恐人之識己也，則僞撰聖賢之事以自解説；其他權謀術數之學欲欺世以取重，亦多託之於古聖人：而真僞遂並行於世。然當其初，猶各自爲教而不相雜，至秦、漢間，學者往往兼而好之，雜采其書以爲傳記；其後復有讖緯之書繼出，而劉氏向、歆父子及鄭康成皆信之，復采其文以釋六經；兼以斷簡殘編，事多缺佚，釋經者强不知以爲知：猜度附會，顛倒訛誤者蓋亦不少。晉、宋以降，復有妄庸之徒僞造古書以攻異己，亦往往采楊、墨之言以入《尚書》、《家語》：學者以爲聖人之經固然，益莫敢議其失，而異端之説遂公行於天下矣！隋、唐以後，學者唯重科目，故咸遵功令，尚排偶，於是《詩》自《毛傳》，《尚書》自僞孔傳，《五經》自孔氏《正義》以外，率視以爲無用之物；於前人相沿之訛，皆習以爲固然而不爲意；甚或據漢、魏以後之曲解駁周、秦以前之舊文。至宋，一二名儒迭出，別撰傳註，始頗抉摘其失；其沿舊説之誤而不覺者尚多不可數；其編纂古史者則又喜陳雜家小説之言以鳴其博；由是聖人之道遂與異説相雜，聖賢之誣遂萬古不能白矣！蓋嘗思之，古之異端在儒之外，後世之異端在儒之内；在外者距之排之而已，在内者非疏而剔之不可。故居今日而欲考唐、虞、三代之事，是非必折衷於孔、孟而真僞必取信於《詩》、《書》，然後聖人之真可見，聖人之道可明也。子貢曰：『文、武之道未墜於

地，在人；賢者識其大者，不賢者識其小者。』述雖愚陋，萬不能窺測聖人之一二，然自讀書以來，奉先人之教，不以傳註雜於經，不以諸子百家雜於經傳；久之，始覺傳注所言有不盡合於經者，百家所記往往有與經相背者，然後知聖人之心如天地日月，而後人晦之者多也！於是歷考其事，彙而編之，以經爲主，傳註之與經合者則著之，不合者則辨之，而異端小説不經之言則闢其謬而删削之，題曰《考信録》。蓋八年而《洙泗考信録》始成；《補上古考信録》亦旋脱稿。會至京待選，遇滇南陳履和，悦而抄之。又數年，《唐虞考信録》甫脱稿。其他尚未訂正成卷，而嘉慶元年，述選得福州之羅源縣，遂不得竟其業。七年春，北旋，乃得取《夏》、《商》、《豐鎬》諸録從容撰訂，數年而後脱稿。然猶不敢自信，暇中復取新舊諸録細閲而增改酌定之，又數年而後成。凡爲録者九，爲卷者三十；加以《提要》、《續説》、《附録》，共三十有六卷；一生之學問精力略盡於此矣！』

嗚呼，先生之自敍云爾，亦可以見窮年著作之苦心矣！方履和之事先生於京邸也，受書數種。越四年，隨先考於江西之廣豐，與閩接壤，先生又寄以書，皆刻之矣；顧尚非定本。逮先生全書訂定，履和已侍親道滇，南北數千里，相見無期。而先生年已七十餘，膝下未有子嗣。弟子伯龍奉母於魏，不得常常見。外人未有好先生書者；獨成孺人爲閨中老友，盡悉生平著書事耳。甲戌四月，孺人卒，室僅一妾，先生益漠然無所向。自念衰病日甚，乃聚其書爲九函，作遺囑，命妾藏焉，以待履和之至，時乙亥歲九月二十二日也。於是，師弟子相念二十有三年矣。明年閏六月既望，履和至，而先生殁已六月。謹稽首柩前，受遺書。手澤淋漓，不敢注視。居十日，待伯龍商葬事，乃如京謁選。丁丑二月，履和刻先生書於太谷縣署，以《三代考信録》先之。三月，使人詣彰德會葬，則先生喪已歸，緩不及事，履和罪也。夫古人事師，有左右而就養者矣，有數百里而負笈者矣，有千里而奔喪者矣，有棄官而行服者矣；今皆未能，計唯有早刻全書，公諸天下，以稍盡弟子之職。迺《三代録》甫成，而履和丁母憂南奔。嗚呼，全書之刻又當在何日耶！先生服官六年，未得大有所展布。羅源、上杭之治，不知與陸清獻嘉定、靈壽何如，要之清風惠澤，視古儒吏無愧。至其辨僞書，正謬説，以明古帝王聖賢之道者，雖有時與前人舊解若方鑿，圓枘之不可入，而證以《詩》、《書》之文，孔、孟之論，則泯然爲一而無復離合之迹，真不朽之業，天壤間不可少之書也！老未登第，官又不達，且其持論實不利於場屋科舉，以故人鮮信之；甚有摘其考證最確，辨論最明之事，而反用爲詆諆者。四海之大，百年之久，必有真知，天亦必默相此書，傳之無窮，履和唯有慎守遺編以待其人而已！先生頎碩，美鬚髯，善談論，往往以諧語箴俗，令人解頤；其著書亦時復如是。至性肫篤，事親能承其志；數遭水患，遷徙流離，必以仁者之粟養。爲諸生，試於郡，有託闇齋先生之命，欲與先生换卷者，先生曰，「吾父必無是命」，弗應也。兩遭姊喪，皆哀慟致疾。弟卒，子女皆先生婚嫁之。成孺人生一子、一女，皆早殤。撫弟子夢熊將以爲子；十五歲又殤。先後娶兩妾，皆無子；而伯龍生子亦屢殤。先生乃命伯龍以一人承兩房宗祀，待其生子以後夢熊。在上杭時，手書《貽謨篇》畀伯龍；歸魏，復書《承嗣條例》畀之。生於乾隆五年七月二十九日，卒於嘉慶二十一年二月初六日，壽七十有七歲。配成孺人，邠州通判大名成公懷祖女，以賢能事先生者五十年。其在羅源、上杭，殆不讓朱孺人之佐清獻也。著有《爨餘詩文》二卷。生於乾隆五年某月某日，卒於嘉慶十九年四月某日，壽七十五歲。先生爲之傳，系於詩後。二十二年二月，伯龍以先生與孺人之喪歸葬於故魏縣城南闇齋先生墓下，將粥彰德室而迎先生妾與母居。伯龍初以墓志命履和，履和不能爲，亦不及爲也。今先生既葬，而履和奔喪在塗，豈復敢忘哀戚，以作文字！顧自念大節在三，先生之殁亦履和心喪之年也，且表墓事不可緩，而他人無能悉先生志事者，乃於湖南舟中展遺書，取先生事親、治民、著書大略，見於本集者，和淚濡墨，次其梗概如右；將求海内有道君子表墓序書，以垂永久，而先録一通復伯龍焉。嘉慶二十三年二月，石屏受業門人陳履和謹撰。

龔自珍《太誓答問》分部

綜述

李慈銘《越縵堂讀書記・經部・書類》 《太誓答問》，清龔自珍撰。夜閲龔自珍《太誓答問》，極辨晚出《太誓》之不可信。謂伏書二十九篇，以《康王之誥》本不合于《顧命》也。晚出《太誓》，乃周、秦間人之書，力駁惠、江、王、孫諸家之説。然謂孔安國不傳古文，謂《顧命》及《康王之誥》自古分爲兩篇，孔子所見如此，則定盦何從而知之耶？

康有爲《新學僞經考》分部

綜　述

康有爲《新學僞經考》附《重刻〈僞經考〉後序》　人無教則爲禽獸，故宜有教。孔子之教，不遠人以爲道，故不可離。既爲人身矣，莫宜於孔子之教。孔子之教何在？在六經。內之窮理盡性以至於命，外之修身以至家國天下，及於鬼神山川草木咸得其所。故學者莫不宜爲經學。雖然，今之談經者，浩浩若溟海，茫茫如沙漠，迷亂如《八陣圖》，乖迕無所從，障塞無所入，愈行而去愈遠。故青年授簡，白首窮經，而未之能通，良有以也。於是弱者中廢，疑者徙居，悍者反攻。至於今也，並二千年教主之孔子而攻之，何有於所作之經？即未攻孔子，而政府布令於學官，已廢讀經，何有於經說？蓋孔教衰，人道廢，固由政俗致之。方今四海棣通，百國寶書並出，新學有精深以利用前民、多中國所無而爲學者所必從事者。後生學子，分功並騖，既寡暇日，若又責以講汗牛充棟、浩如煙海、乖迕錯亂、迷如沙漠之經學，有以知其不能也。加以經生宿儒，日就凋謝，傳授無自，向若興歎。雖有好學者，不得其門而入，則厭倦乘之，終歸於廢盡經學而已。經學廢盡，則孔教毀，人道亡，吾滋懼焉。夫推經學所以迷亂乖迕之由，蓋出於劉歆僞爲古學以亂真經之故。以劉歆僞經寫以古文，遂目真經爲今文。自漢季來，經學遂有今文、古文之異。今文者，西漢世立於學官，若《詩》則齊、魯、韓，《書》則歐陽、大小夏侯，《禮》則《儀禮》、大小《戴記》，《易》則施、孟、梁丘，《春秋》則《公羊》、《穀梁》，與夫齊、魯《論》。凡此皆孔子之真經，七十子後學之口説傳授。今雖有竄亂，然大較至可信據者也。古文者，毛氏《詩》，孔氏《書》，費氏《易》，《周禮》與《左氏春秋》，與其他名古文者及與古文證合者，皆劉歆所僞撰而竄改者也。鄭康成不辨今古之真僞，和合今古，雜糅真僞，號爲經學之集成，實則僞古行而今文廢。於是孔子之微言絕，大義乖。大同太平之道，闇塞而不明。孔經雖未全亡，然變亂喪失亦已甚矣。故宋人求之經，已有疑之，乃捨棄經而求之傳，得《論語》、《孟子》。至朱子，選最粹之《大學》、《中庸》，合爲四書，祧六經而代之，以教天下，垂範幾千年。雖多今文傳説，然實同於一隅割據偏安，迥非大一統之舊觀矣。及國朝高談漢學，祖述許、鄭，則不過揚僞古文之殘灰而已。於今文之真經説，乃多疑難，豈非所謂「盜憎主人」耶？暨道、咸後，今學萌芽，然與僞經並行尊信，未能別白真僞，決定是非，令學者捨僞從真而知所從事也。吾鄉亦受古文經說。然自劉申受、魏默深、龔定菴以來，疑攻劉歆之作僞多矣，吾蓄疑於心久矣。吾居西樵山之北銀塘之鄉，讀書澹如之樓，卧七檜之下，碧陰茂對，籐床偃息，藏書連屋，拾取《史記》，聊以遮目，非以考古也。偶得河間獻王傳、魯共王傳讀之，乃無「得古文經」一事，大驚疑。乃取《漢書》：河間獻王、魯共王《傳》，對較《史記》讀之，又取《史記》、《漢書》兩儒林傳對讀之，則《漢書》詳言古文事，與《史記》大反，乃益大驚大疑。又取《太史公自序》讀之，子長自偁天下郡國羣書皆寫副集於太史公，太史公仍世父子纂其業，乃翻金匱石室之藏，厥協六經異傳，整齊百家雜語。則子長於中秘之書，郡國人間之藏，蓋無所不見。其生又當河間獻王、魯共王之後，有獻書開壁事，更無所不知。子長對此孔經大事，更無所不紀。然而《史記》無之，則爲劉歆之僞竄無疑也。加以師丹大怒，公孫禄、范升嚴劾，龔勝稱病，諸博士嚴拒，乃知古文之全爲僞，曉然以解矣。於是以《史記》爲主，遍考《漢書》而辨之。以今文爲主，遍考古文而辨之。遍考周、秦、西漢羣書，無不合者。雖間有竄亂，或儒家以外雜史有之，則劉歆采擷之所自出也。於是涣然冰釋，怡然理順，萬理千條，縱橫皆合矣。吾憂天下學者窮經之入迷途而苦難也，乃先撰《僞經考》，粗發其大端，俾學者明辨之，捨古文而從今文，辨僞經而得真經。夫今文經說甚少，同條而不亂，一致而無歧。學者通之，至易至簡，讀三數月可通一經，數歲可通羣今文經，通不過十餘種，所謂用力少而蓄德多，孔子之微言大義昭然發矇矣。視向之爲經學者，遍讀正續《皇清經解》、《經義考》、《通志堂經解》、《經苑》，及《四庫全書提要》經部諸書，凡萬千種。其倍於今文經說以千百計。窮年不能畢其業，皓首不能言其故。迷亂支離，乖迕不可究詰。較其所得，豈不遠哉！今世亦有好學深思之士，談今古之辨，或闇有相合者。惜其一面尊今文而攻古文，一面尊信僞《周官》以爲皇帝王霸之運，矛盾自陷，界畛自亂。其他所在多有，脈絡不清，條理不晰，其爲半明半昧之識，與前儒雜糅今古者無異。何以明真教而導後士？或者不察，聽其所言，則觀其尊僞《周禮》一事，而知其道不相謀，翩其反而也。當《僞經考》初出時，海內風行，上海及各直省翻印五版。徐研甫編修仁鑄督湖南學，以之試士。時湘士莫不誦讀，或攜入場屋，又有以分贈英、美、日本

書藏，吾亦以之進呈睿覽矣。然篤守許、鄭之徒則怒而相攻，甚至朝野譁然。時吾尚以諸生試場屋，侍郎汪鳴鑾，於典粤試者授以《僞經考》，令其途中熟讀，遇持是説者則黜勿中，而吾持説不改。張文襄請吾勿攻古文，願養弟子以萬鍾，辨達旦。吾謂置總督於古今經學中，不能比太倉之一粟，吾豈能以大教真經所繫易之也。於是御史褚成博草疏，交給事中余聯沅劾於朝，請焚《僞經考》，革舉人，且禁吾講學。比於太史公之誅華士，孔子之誅少正卯。章下粤督李瀚章查辦。李文忠公、翁文恭公及故人黄紹基仲弢、文廷式道希兩學士、沈郎中曾植子培，與夫曾編修廣鈞重伯，多爲余緩頰，乃僅得免，然猶燒版。已而戊戌難作，僞旨特毁此書版。及庚子，將立溥儁，廢德宗，又再奉僞旨毁此書版。於是此書絶跡於天下蓋二十年矣。丁巳，復辟既敗，幽居於美森院。悼經學之墮地，憂僞古之亂真，慮後學之迷難，乃搜訪原本，重刻是書而叙其本末。夫古今一書之成，寡有忤朝意歷三焚者。凡物所遇至險難，其所發亦至久。嗚呼！今何時耶，其可援此例耶？然苟孔教猶存，聖經具在，則吾此考必爲後士信據，必不能滅。

又《朱侍御〈答康有爲第三書〉》 貴門人復洪給事書一通，讀訖敬繳。秦政焚書，千載唾駡，賢師弟獨力爲昭雪，何幸得此知己耶！雖然，足下不鄙僕之庸愚，虚懷下逮，僕敢不以正對？自頃道術衰息，邪説朋興，聖學既微，異教遂乘間而入，氣機之感召固有由來。憂世者亟當明理義以正人心，豈可倡爲奇衺，啟後生以毁經之漸？《樂經》先亡，已無如何，幸而存者，僅有此數。自僞古文之説行，其毒中於人心，人心中有一六經不可盡信之意，好奇而寡識者，遂欲黜孔學而專立今文。夫人心何厭之有？六經更二千年，忽以古文爲不足信，更歷千百年，又能必今文之可信耶？欲加之罪，何患無辭。秦政即未焚書，能焚書者豈獨秦政？此勢所必至之事，他日自有仇視聖教者爲之。吾輩讀聖賢書，何忍甘爲戎首？東坡謂：「其父殺人，其子行劫。」不可不加之意也。近世言《尚書》者坐枚賾以僞造古文之罪，既知其不足以與此，乃進而坐諸王肅，肅遂足以與此哉？治經所以明理，「莫須有」三字，固不足以定爰書。即使爰書確鑿，亦不過争今古文之真僞已耳，曾何益於義理？近儒謂古文雖僞，而作僞者皆有來歷，其書仍不可廢，然則枉費筆墨何爲乎？此事本兩言可決，而諸老先生嘵嘵不已，僕方怪許子之不憚煩，乃足下知僞《尚書》之説數見不鮮，無以鼓動一世，遂推而遍及於六經。嘻！其甚已。足下謂今文之與今文、古文之與古文皆同條共貫，因疑古文爲劉歆所僞造。夫古文東漢始行，本皆孔氏一家之説，豈有不同條共貫之理？若今文固不盡同，西漢立十四博士，正以其説之有歧互也。立《魯詩》，復立齊、韓；立歐陽《尚書》，復立大、小夏侯。一師之所傳且如此，況今、古文之學豈能盡同？今文家言傳者無多，自東漢時師法已亂，其僅存者乃始覺其同條共貫耳，豈西漢諸儒之説果如斯而已乎？如《魯詩》説《關雎》與齊、韓異，此類今猶可考，由此推之，今文必不能同條共貫也，乃執所見以既所不見，未免輕於立説矣。西漢之有家法，以經始萌芽，師讀各異，至東漢而集長舍短，家法遂亡，由分而合勢，蓋不能不如此。儒者治經但當問義理之孰優，何暇問今、古文之殊别？近儒别今、古文，特欲明漢人專家之學，非以古文爲不可從，必澌滅之而後快也。古文果不可從，馬、鄭曷爲從之？馬、鄭而愚者則可，苟非甚愚，豈其一無所知，甘受人愚而不悟？劉歆之才識視馬融等耳，足下何視歆過重，至使與尼山争席；視馬、鄭過輕，乃村夫子之不若乎？且足下不用《史記》則已，用《史記》而忽引之爲證，忽斥之爲僞，意爲進退，初無確據，是則足下之《史記》，非古來相傳之《史記》矣。凡古今學術偏駁者莫不持之有故，言之成理，不然，聰明之士安肯湛溺乎？其中，愈聰明則愈湛溺，差之毫釐，繆以千里，故君子慎微。夫學術在平澹，不在新奇，宋儒之所以不可及者，以其平澹也。世之才士莫不喜新奇而厭平澹，導之者復不以平澹而以新奇。學術一差，殺人如草，古來治日少而亂日多，率由於此。世亟需才，才者有幾？幸而得之，乃不範諸準繩規矩之中，以儲斯世之用，而徒導以浮夸。竊恐詆訐古人之不已，進而疑經，疑經之不已，進而疑聖。至於疑聖，則其效可覩矣。勢有相因，事有必至，明隆、萬間之已事可爲寒心。夫今之學者義利之不明，廉隅之不立，身心之不治，時務之不知。聰穎者以放言高論爲事，謂宋、明無讀書之人。卑陋者以趨時速化爲工，謂富强有立致之術。人心日僞，士習日囂，是則可憂耳。不此之憂而憂今、古文之不辨，吾未聞東漢興古文以來，世遂有亂而無治也。夫學以匡時爲急，士以立志爲先，四郊多壘，而不思卧薪嘗膽以雪國恥者，卿大夫之辱也；邪説誣民而不思正誼明道以挽頹流者，士君子之辱也。古之儒者非有意於著書，其或著書，則凡有關乎學術之邪正，人心之厚薄，世運之盛衰，乃不得不辨别之以端後生之趨向。若二千餘載，羣焉相安之事忽欲紛更，明學術而學術轉歧，正人心而人心轉惑，無事自擾，誠何樂而取於斯。充足下之意欲廢《毛詩》，然《毛詩》廢矣，魯、韓之簡篇殘佚，可使學者誦習乎？欲廢《左傳》，然《左傳》廢矣，《公》、《穀》之事實不詳，可使學者懸揣乎？足下之説果行，其利亦不過如斯，若不可行，又何爲俛焉？日有孳孳，費精神於無用之地也。伊古以來，未有不範諸準繩規矩之中而能陶冶人才、轉移風氣

者，足下之高明，其遂無意於是乎？極知言之僭越，然過承知愛，不敢不貢其愚。若其言之有關考訂者，前書已略陳之，無煩贅及。信而好古，多聞闕疑，僕雖不敏，亦嘗受孔子戒矣，敬以持贈，何如？

又《洪右丞給諫〈答梁啟超論學書〉》　奉手書，愧極愧極。弟素無學識，只知墨守紙上陳言，而實無明智超識，能發二千年之覆者。如五經至漢，出有先後，各有本師，《史記》、《漢書》載之甚詳。當時所謂古文、今文者，皆指字畫言之，古文科斗，今文隸書。同一經也，至今日刊本皆俗行楷書，無所謂古學、今學也。弟亦未嘗分某經爲孔子之傳，某經非孔子之傳也，亦未嘗言今文不及古文也。貴師所考者僞經，而以田、楊、京、焦之《易》解，齊、魯、韓三家之《詩》注，牽連言之，弟方不解其故，同此一經，敢謂今文不及古文，弟肯作此夢囈語乎？但以數家傳注，其間存一二實有不愜人意者，疑晉、唐人所不取，此亦事之常，大著駁賈、服、鄭者多矣，此其證也，然要與經之僞不僞無涉。貴師闢僞經以《儒林傳》爲據，且謂《儒林傳》不言古文《尚書》，弟考傳首即有觀功令「廣厲學官」之辭，又云「孔氏古文逸《書》十餘篇，孔安國以今文讀之，起其家」，弟知據書爲説而已。足下既據《儒林傳》，又別生枝節以駁《儒林傳》，弟至今百思不解，敢再辨而爲之辭哉。至弟謂貴師以史遷疑其僞而黜之者，特怪傳中明有此語，何以云史公不言有古文《尚書》？弟作此疑非無故也，《孝經》古孔氏一篇、逸《禮》三十九篇，貴師僞之，弟未贊一詞，今無可考，譬如謂鬼魅妍媸，唯有妄聽之耳。《周禮》一書疑信在人，自漢已然。《史記・封禪書》亦有《周官》、《王制》語，此在劉歆以前，貴師指爲劉歆所造，弟實不解。至大小戴《禮記》，稍知讀書者皆知有漢人所附益，若書非僞，讀之而已。弟素不争師傳門户，自標絶學，何暇及此。《蕭何傳》：「何收丞相、御史府律令圖書，具知天下户口阸塞。」無論此時李斯早死，不知丞相、御史爲何人。但本文明曰律令圖書，今之則例是也，兄疑即今之版圖、方志。下文明曰具知天下户口阸塞，既曰律令圖書而申之以知户口阸塞，五經中有知户口阸塞之文哉？此弟以爲非六藝之文，蓋就本文繹之如此，即不合貴師弟主意，斥爲附會則不可知也。謂秦焚書不禁儒術，何以又云博士備員不用？然貴師弟必斷之於此者，意在證成六經未焚，博士所職見在，何至有魯壁藏書事。自相矛盾不如一概抹之，並於所定聖制之今學亦不顧，弟將奈之何哉！足下又謂周秦諸子及西漢人説經記事之書，傳於今者，説義歸一，從無異論，自古文出，言制度則轇轕而不明，考訓故則穿鑿而無底，於孔子改制之大義磨滅殆盡。其善者或將原書竄改，如《左傳》之屬。或由他書採掇，如《周禮》之屬。斥弟以不知。弟案：《易》、《書》、《詩》周秦別無傳注，孔子《序卦》、《説卦》、《雜卦》，《書序》，子夏《詩序》，雖周之聖人、賢人，明見各籍，貴師一概斥之以僞，弟之宜不知者一。西漢如田、楊、申公、歐陽、夏侯之屬，其書已亡，其僅存者《毛詩》孔傳，已亡者何從比驗，未亡者誣之以僞，弟之宜不知者二。《左傳》、《公》、《穀》均周人書，昔人言邱明親炙孔子，得經意最多，然三傳互有得失，今皆並行，貴師弟右《公》、《穀》而黜《左傳》，且謂其中有所竄改，不知得何古本校之，弟之宜不知者三。逸《禮》有諸侯、卿大夫禮等目，其書已佚無可考，以目所未覩之書，貴師斥之爲僞，弟平心自問，何敢妄言，弟所宜不知者四。《周禮》一書，後人言禮者不能出其範圍，自來采用，乃不以爲後襲前，反以爲前襲後，此近儒攻古經新例，正《南史》所謂吕尚盜陳恒之齊、劉季篡王莽之漢者，顛倒本末，貴師弟信而遵之，弟所宜不知者五。漢博士之固陋，貴師亦言之矣。劉歆「信口説而背傳記，是末師而非往古」二語，足下謂當問其説爲何如説，師爲何如師。獨不思劉歆此言，所争者請立古文《尚書》，爲虞、夏、商周史臣所修，亦經孔子所删、所序，《左傳》爲邱明所著，豈虞、夏、商周之史臣，孔子、邱明之聖賢，反不及諸師所説耶？若以爲劉歆所僞，則歆固堂堂移書責人，博士等何難明目張膽直聲其僞造之罪，而但含怒切齒，言其非毁先帝所立耶？且足下謂歆引詔書，增「書缺簡脱」四字，私改詔書，其罪尤大，是其僞大彰明較著之事。足下從千古後，胸中絶無恩怨，尚一覽知而摘之，何以夏侯勝、師丹見官於朝，博士數十百人耳目於下，既已懷恨怨怒，何不發其增改詔書之罪，甘受其責，而復爲之包羞耶？哀帝曰：「歆欲廣道術，何以爲非毁哉。」此當時人君臨朝核實斷語，哀帝非親驗其書非僞，不能爲此言也。《藝文志》所據者《七略》書目耳，其每類案語當是班固所爲，其云劉向以中古文校脱簡，明列字數，自是當時實事，此何關要旨？貴師弟亦疑而僞之，殊所不解。《僞經考》後亦列校勘大名，豈僞事耶？況劉向專以校書爲職，豈終日坐食不校一字，偶有所校即疑其僞，則今日阮文達所刻《十三經校勘記》，武英殿所刊《廿二史考證》，皆如之何？此足下疑所不當疑者也。足下謂《西京雜記》雖言吴均僞託，均與葛洪相去不遠，使出於洪固有所聞，即出於均亦當有所受，若事果烏有，葛、吴何必爲是言以誣人？弟從來最惡誣僞之説，今得此平恕之論，不覺爲之一快。但葛序言劉歆撰《漢書》，班固承而用之，未言其僞造也。班固距劉歆不過數十年，親典蘭臺修史，於漢事豈毫無見聞，竟不一覺察其僞？且當時並無劉歆造僞之説，不知貴師弟更何所據而云然也。葛、吴不肯誣劉歆以僞，貴師弟何爲誣劉歆以僞哉？足下於葛、吴之僞託且爲辨之，獨於劉歆之著

書，葛、吴不言其僞，足下必誣以僞，何寬於葛、吴而刻於劉歆也？平恕之心至此忽變，弟更有所不解。足下謂《史記·楚元王世家》有地節二年，《齊悼惠王世家》有建始三年，《司馬相如傳》之稱揚雄、張蒼，《申屠嘉傳》之稱韋賢、魏相、丙吉、韋元成、匡衡，不能不謂之竄入。特其竄入之有後事者，今得指而明之，其渾渾淪淪無可稽考者，又何可勝數？信如尊言，則《史記》爲竄亂不可辨之書矣。何以貴師必專據此書，但於其中有合己意者，則曰鐵案不可動摇；有不合己意者，則以爲劉歆所竄入，如《十二諸侯年表》之論。《左傳》、《儒林傳》之敘古文《尚書》，弟取《史記》再三繹之，不知貴師斷爲劉歆竄入者實有何據。且《史通》所謂「相次撰續，迄於哀、平猶名《史記》」者，若馮商、衛衡、揚雄、史岑、梁審、肆仁、晉馮、段肅、金丹、馮衍、韋融、蕭奮、劉恂，暨劉向與歆，并緒先生共計十六人之多，何獨歸獄於劉歆一人也。《史記》既竄亂渾淪不可考，《漢》書最詳明可互證矣，乃亦設一疑陣以誣之。在漢止有《史》、《漢》二書，謂所載半皆僞事，則天下既無可據之經，又無可據之史，人肯信乎？在貴師明智超識，何嘗不知《史》、《漢》有來歷，不同杜撰，特歆於魏默深詩、書《古微》之冒稱絶學，欲於二千年後特標一幟，而無如二千年以上事實，見於史策者昭昭，因見近儒解經不通，則必藉口劉歆竄入，因附會《王莽傳》、《西京雜記》、《史通》諸書，以入其罪，然後經典可以肆其抨擊。弟恐此書一出，必滋口實，貴師書來，亦言有聞而大笑者。又恐道遠語有誤會，欲足下從中婉商，非欲與貴師弟争勝也。今誦手書，似係以鄙説爲不然，弟不得不揭破根柢，以釋大疑。夫欲辨《史》、《漢》之竄造，既疑劉歆，自當問之劉歆，而欲辨劉歆之實竄造與否，則當考之劉歆竄造之出處。劉歆之罪不明，斯經典之僞不定，此必言之如青天白日，共見共聞，實實鐵板註脚，足以服古人之心，而杜今人之口者。非可以莫須有之詞，想當然之語，肆意周内，證成其罪也。至如《史》、《漢》之歧互，禮制之異同，訓詁之得失，彼此各執一説，頭緒太繁，權置勿論。但將《王莽傳》、《西京雜記》、《史通》三書此僞經爲劉歆竄造根柢，貴師所據之案。平心剖析，此種緊要關鍵勘明，餘自迎刃而解矣。兹將三書録後，先以鄙意解釋之，字句之間，差之毫釐，謬以千里，須就本文訓詁上實事推究，不准别生枝節，遁入他辭，以致滋蔓，此經學家實事求是之道。極知拙識闇陋，知二五而不知一十，此事蓄疑已久，欲藉此以祛宿惑，庶幾聞一知十者，其詔我乎？足下以弱冠之年具此才學，求之長安人海中殊不多覯，此弟所樂與往復者。讀大著經説數篇，援据該博，論斷亦有精識，弟已僭加評注，以誌服佩。唯其中時有牽入劉歆處，以絶不相涉之事，必爲波及，轉致自累其文，此近儒謬例之可哂者。《皇清經解》中甚多。足下慎毋以無據之言，害所有據也，請全行删去。至如駁劉歆禮議數條，就事論事糾其謬可矣，誣其僞不可也。弟亦有《禘祫解》一篇，容日呈正。拙集無見存印本，俟天暖飭工刷出奉贈。餘容稍暇踵談，攜以就正也。

《漢書·王莽傳》。莽召問羣臣禽賊方略，故左將軍公孫禄徵來與議。禄曰：「太史令宗宣典星歷，候氣變，以凶爲吉，亂天文，誤朝廷。太傅平化侯飾虚僞以婾名位，賊夫人之子。國師嘉新公顛倒五經，毁師法，令學士疑惑。」案：「顛倒」二字，訓詁不作造竄解，於是非則曰顛倒，謂是其所非，非其所是也。若造竄，則當論有無，不必計是非也。公孫禄於平化侯則加以「飾虚僞」，於劉歆唯加以「顛倒五經」，飾僞與顛倒字義，顯有區别。歆苟造竄五經，則公孫禄當加以「飾虚僞」矣。且於「顛倒五經」下申之曰「毁師法，令學士疑惑」，正指歆所請立之古文《尚書》、《左傳》、《周禮》、《毛詩》等經而言。平帝時此數經皆立，歆敗乃廢。劉歆移博士書，責其「專己守殘，因陋就寡，信口説而背傳記，是末師而非往古」，博士怨恨，不肯置對，所謂毁師法而令學士疑惑也。歆卒挾王莽勢而立之，公孫禄謂其立非所立，顛倒是非也。蓋是時經術利禄之路開，方各以所業求售，即夏侯勝幸以己説立學，謂「學者習之，取金紫如拾芥」，今見劉歆别樹一幟，又非博士所素習，是以大怒。然亦但訐其變亂舊章，非毁先帝所立而已，不言其爲僞也。夫以彼此搆怨互訐之時，尚不言其僞，則所請立之經，實知其非歆所僞造竄明矣。至劉歆附會經典以媚王莽，則誠有之，如莽母功顯君死，意不在哀。劉歆與博士議其服，言發得《周禮》以明因監，引禮司服職云：「庶子爲後，爲其母緦。」又引《周禮》曰：「王爲諸侯，緦縗弁而加環絰。」曰庶子，曰諸侯，此與攝皇帝何與？使其爲莽造短喪之典，何難造一攝皇帝不當爲私親服制，而乃造此絶無關涉之文哉？以絶無關涉之文，附會以成其説，此班固所指顛倒之實證也。且班固於《王莽傳》中所列莽以六藝文奸言者，亦可爲劉歆顛倒五經旁證。如莽欲專斷，則引《論語》；莽欲居攝，則引《康誥》；莽作策命，則仿《金縢》；莽告郊廟，則仿《大誥》；莽假符命，則據《易》繫；莽興土功，則依《洛誥》；莽著書成，則比《考經》；莽設官職，則襲《大雅》「屏藩城翰」之名；莽女配帝，則考論五經定娶禮十二女之文；莽復堯典，則改九州爲十二州，其餘不勝枚舉。班詳載之靡遺，未嘗稍爲之諱，未嘗稍疑其僞，且皆今文多古文少，事蹟可驗如此，不知劉歆造竄經典之説從何而來。蓋誤以莽、歆附會經典，爲劉歆造竄經典耳。不知附會經典者因所有也，造竄經典者增所無也，一字微差，毫釐千

里，邪説流行百餘年矣，以訛傳訛，有累經典不小。且莽徵天下有逸《禮》、古《書》、《毛詩》、《周官》、《爾雅》，通知其意者皆詣公車，可見是時各經已爲天下公習，尤爲不僞確證。乃近儒轉以此曲證其僞，殊所不解。噫！後人因誤讀《王莽傳》劉歆「顛倒五經」一言，而以僞造、僞竄加之劉歆，不悟班固明列其顛倒實據，而仍不言其造竄者，古人論事之平允有如是乎？此劉歆造竄經典之無實據者一也。

《西京雜記後序》。《西京雜記》，《隋志》不著撰人姓名，《唐志》稱葛洪撰。晁氏謂：「葛洪自序：洪家有劉子駿《漢書》百卷，乃當時欲撰史，録事而未得締思，雜記而已。後學者始甲乙之，終癸爲十卷。以其書校班史，殆全取劉書，所餘二萬言，乃鈔撮之，析二篇，以裨《漢書》之闕，猶存甲乙袁次。江左人或以爲吴均依託爲之。」陳氏則謂：「洪博聞深學，江左絶倫，著書幾五百卷，本傳直載其目，不聞有此書，而向、歆父子亦不聞嘗作史傳世，使班固有所因述，亦不應全没，殆有可疑，豈惟非向、歆所傳，亦未必洪之作也。」案：劉知幾《史通》云：「《史記》所書，年止漢武，其後劉向、劉歆、馮商、揚雄等相次撰續，迄於哀、平間，猶名《史記》。至建武中，司徒掾班彪以爲其言鄙俗，不足以踵前史，又雄、歆褒美僞新，誤後惑衆，不當垂之後代，於是采其舊事，旁貫異聞，作後傳六十五篇。其子固以父所撰未盡一家，乃起元高皇，終乎王莽，十有二世，二百三十年，綜其行事，上下通洽，爲《漢書》紀、表、志、傳百篇。」據此，則班固之所因者，其父彪之書也。彪與雄、歆同時，於雄、歆等撰續之《史記》，證以躬所見聞，且謂雄、歆褒美僞新，誤後惑衆，不當垂之後代，則凡涉雄、歆褒美者，尚必爲之區别，豈於劉歆一人所造竄者，彪竟不知而攙入其中哉？固之《漢書》因於彪，不因於歆，或由彪采向、歆等撰續之《史記》而訛耳。然即如黄省曾所言，謂固作全取劉書，彼亦云：「仲尼約之寶書，馬遷鳩諸國史，因本而成，在古皆然。」且稱固書之該練，由其所資者贍，未聞其所資者僞也。謂歆撰《漢書》尚在有無之間，而謂班撰《漢書》乃因劉歆僞蹟哉？此劉歆造竄經典之無實據者二也。

《史通·正史》篇。孝武之世，太史公司馬談欲錯綜古今，勒成一史，其意未就而卒。子遷乃述父遺志，採《左傳》、《國語》，删《世本》、《戰國策》，據楚漢列國時事，上自黄帝，下訖麟止，作十二本紀、十表、八書、三十世家、七十列傳，凡百三十篇，都謂之《史記》。至宣帝時，遷外孫楊惲祖述其書，遂宣布焉，而十篇未成，有録而已。元、成之間，褚先生更補其缺，作《武帝紀》、《三王世家》、《龜策》、《日者》等傳，辭多鄙陋，非遷本意也。《史記》所書，年止漢武，太初以後闕而不録，其後劉向、向子歆及諸好事者，若馮商、衛衡、楊雄、史岑、梁審、肆仁、晉馮、段肅、金丹、馮衍、韋融、蕭奮、劉恂等相次撰續，迄於哀、平間，猶名《史記》。案：趙冀《二十二史劄記》云：「《史記》十篇之説，尚有褚少孫增入者。如《外戚世家》增尹、邢二夫人相避不相見，及鉤弋夫人生子，武帝將立爲太子，而先賜鉤弋死。又衛青本平陽公主騎奴，後貴爲大將軍，而平陽公主寡居，遂以青爲夫等事。《田仁傳》後，增仁與任安皆由衛青舍人選入見帝，二人互相舉薦，帝遂拔用之等事。又《張蒼》、《申屠嘉傳》後，增記征和以後爲相者，車千秋之外，有韋賢、魏相、丙吉、黄霸，皆宣帝時也，韋元成、匡衡則元帝時也。此皆少孫别有傳聞，綴於各傳之後。今《史記》内各有『褚先生曰』以别之。其無『褚先生曰』者，則於正文之下另空一字，以爲識别。此少孫所補顯然可見者也。又有襲史遷原文而增改者。《楚元王世家》後，敘其子孫有至地節二年者，則宣帝年號也。《齊悼惠王世家》後，敘朱虚侯子孫有至建始三年者，則成帝年號也。此亦皆在遷後，而遷書内見之，則少孫所增入也。然《史記》亦有後人竄入處，《司馬相如傳》贊謂：『相如雖多虚詞濫説，然其要歸之節儉。楊雄以爲靡麗之賦，勸一諷百，猶馳騁鄭衛之音，曲終而奏雅，不已虧乎？余採其語可論者著於篇』云云。案，雄乃哀、平、王莽時人，史遷何由預引其語？此並非少孫所補，而後人竄入者也。《漢書》相如傳贊正同，豈本是班固引雄言作贊，而後人反移作《史記》傳贊耶？」右趙氏所列褚少孫補文至詳且悉，謂相如贊爲後人以班固引雄言移入《史記》亦確。惟疑《田儋傳》贊忽言蒯通辨士，著書八十一篇，項羽欲封之而不受，此事與儋何涉而贊及之？不知此乃古人文法，隨波帶出者，既不相涉，後人亦何故竄入？要之，古書誤竄一二條，或偶不及檢，亦恒有之，要不能多也。今據《史通》所述，自褚先生而外，撰續者向、歆以至劉恂，有十五人之多。使皆在百三十篇中，則《史記》衆人共成之書，而非馬遷專書矣。余繹《史通》文義，其曰「相次撰續，猶名《史記》」者，必於百三十篇外，另有撰續之篇，不過猶沿「史記」之名耳。如《藝文志》既有太史公百三十篇，又有馮商所續太史公七篇，亦其證也。韋昭、馮商受詔續太史公十餘篇，在班彪《别録》。餘皆散亡，無可考，安得以百三十篇外撰續之書而混入之於百三十篇中哉？又安得以一十五人撰續之書而獨歸之歆一人所作哉？況其書皆亡，究不知其所撰續者實作何語，安得以有劉歆在内，遂以莫須有之事誣加一人哉？總而言之，《史記》一書，褚先生所補顯有識别，後人誤入，不過相如贊一條，向、歆以下十五人所撰續，雖不可考，要自另爲一書，其不得以此藉口，造古事以伸己説明矣。此劉歆造竄經典之無實據者三也。

蓋自宋胡宏輩始，有劉歆僞造《周禮》一言，王應麟後復以《左傳》其處者爲劉氏語，爲劉歆竄入，不根之言實起於此。逮至楊升菴、方望溪讀《周禮》解不能通之處，則以爲劉歆所竄入，推原其故，實由誤會《王莽傳》「顛倒五經」之旨。然所疑者不過《周禮》、《左傳》一二條而已。嗣是學者解經不考情實，雷同相從，其所歸獄非劉歆則王肅，竟以臆説爲故事。此毛西河所謂「欲攻人作僞，而先僞造一人以實之」者，余每誦言至此，未嘗不廢書三歎。嘗批友人經牘云：「劉歆最苦，王肅最冤，恨古人不能言耳。」乃又有萬斯同者著《周禮辨僞》、劉逢禄者著《左傳考證》，竟以此二書全出劉歆之手。此兩人素負重名，言僞而辨，學者皇惑其説，曾未一窮詰其根柢所由，遂至康君亦爲所簧鼓而不覺，且爲之推衍以偏及各經，直以聖賢古經大書特書之曰「新室僞學」。莽、歆何人，膺此美寵！彼方假借其説，此即奉以即真，莽、歆則已矣，其如聖賢經典何哉？夫以聖賢煌煌垂世大典，懸諸日月，著在天壤，歷千百年無異詞，乃忽借曖昧不明之人，以「想當然」三字斷定，竟以聖賢經世垂教之書，謂出自亂臣賊子之手，侮聖毀經，貽患不小，非所以信今示後也。此鄙人肝鬲之要，敢私布於執事，何如？

輯佚總部

主　編：張　昇
副主編：史明文　王建國

耕夫醫話

《輯佚總部》編委

主　編：張　昇

副主編：史明文　王建國

編纂者：（按姓氏筆畫排序）

王建國　史明文　仝衛敏　朱興發　段麗彬

黄　益　張　昇　張　娟　張傳樂　張　椿

劉　亮

《輯佚總部》提要

一、《輯佚總部》是《文獻目録典·文獻學分典》九個總部之一，分類輯録民國以前文獻中有關輯佚理論和實踐方面的材料。本總部下分爲四部：總論、佚書類型、輯佚方法、輯佚名著。

二、「總論部」下分輯佚、資料來源、輯佚功用三分部，各分部分别包括兩個緯目，即論述、雜録。「論述」收録有關總體論述輯佚的概念、輯佚學發展、輯佚資料來源、輯佚功用的理論資料；「雜録」收録其他輯佚觀點和思想材料。

三、「佚書類型部」下設全佚、缺佚兩個分部，各分部分别包括兩個緯目，即綜述、雜録。「綜述」收録考述佚書類型的具體實例，以及著録佚、闕之書的書目材料；「雜録」收録不同佚書類型輯本的代表性序跋，以作補充例證。

四、「輯佚方法部」下分確定佚書、搜集佚文、確定體例、考辨佚文四個分部，各分部分别包括兩個緯目，即綜述、紀事。「綜述」收録輯佚書中反映各種輯佚方法的序跋、凡例、考證等的具體實例；「紀事」收録有關記載輯佚活動的史料，以體現不同的輯佚方法。

五、「輯佚名著部」下分《詩考》、《古微書》、《十六國春秋輯補》、《玉函山房輯佚書》、《小學鉤沉》、《二酉堂叢書》、《水經注》、《舊五代史》、《漢唐地理書鈔》、《七緯》、《古經解鉤沉》、《續資治通鑑長編》、《九家舊晉書輯本》、《全上古三代秦漢三國六朝文》、《十三經漢注四十種輯佚書》、《緯捃》十六個分部，各分部分别包括兩個緯目，即綜述、傳記，個别分部僅設置一個緯目。「綜述」收録各輯佚名著的序跋及他人的評論；「傳記」收録各輯佚名著編者的傳記資料。

六、正文的引書標注，一般標明作者、書名、卷次、篇名。引書版本情況可參本分典的《引用書目》。

七、中國古代輯佚起源于宋代，發展于明代，興盛於清代，流傳下來的輯佚書非常多，但是，由於種種原因（如古代的輯佚學家很少總結其輯佚理論、方法），史料中關於輯佚活動本身的討論和敘述很少，因此，本總部所能搜集編排進來的材料並不是很多。儘管如此，本總部作為較大規模的輯佚材料彙編，相信對今後輯佚學的研究會有一定的助益。

八、由於編纂時間和編纂者能力的不足，輯佚材料的搜集難免會有遺漏，一些材料的歸類也未必妥當，敬請讀者批評指正。

張昇

二〇一四年四月一日

目次

總論部

輯佚分部

論述

韓愈《韓愈集・外集》卷五 《舊史》云：「[崔]羣，元和初爲翰林學士，以讜言正論聞於時。九年，遷禮部侍郎。十年，知貢舉，取士三十餘人，選拔才行，咸爲公當。轉户部。」《新史》不載其爲禮部，逸之也。公掌綸誥一年，唯《外集》有此制一首，則其文遺逸多矣。李漢云：「收拾遺文，無所失墜。」信乎？

鄭樵《通志》卷七一《闕書備於後世論一篇》 古之書籍有不足於前朝而足於後世者。觀《唐志》所得舊書盡梁書卷帙而多於隋，蓋梁書至隋所失已多，而卷帙不全者又多。唐人按王儉《七志》、阮孝緒《七録》搜訪圖書，所以卷帙多於隋，而復有多於梁者。如《陶潛集》，梁有五卷，隋有九卷，唐乃有二十卷。諸書如此者甚多。孰謂前代亡書不可備於後代乎？

馬端臨《文獻通考・經籍考序》 《漢志》所載之書，以《隋志》考之，十已亡其六七；以《宋志》考之，隋唐亦復如是。

陳第《東塾讀書記・學思録要指》 今時學術之弊，【略】輯古書太零碎。

盧文弨《鍾山札記》卷一《僞尚書古文不可盡廢》 其時未經永嘉之亂，古書多在。采摭綴緝，無一字無所本。特其文氣緩弱，又辭意不相連屬，時事不相對值，有以識其非真，而古聖賢之格言大訓，往往在焉，有斷斷不可廢者。

王鳴盛《蛾術編》卷二《採集羣書引用古學》 古學已亡，後人從羣書中所引採集成編，此法始於王應麟《周易鄭康成注》及《詩考》。

章學誠《文史通義・外篇三・與邵二雲書》 風尚所趨，但如聚銅，不解鑄釜。其下焉者，則沙礫糞土，亦曰聚之而已。

又《内篇二・博約中》 或曰：「蘇氏之類求，韓氏之鈎玄提要，皆待問之學也，子謂不足以成家矣。王伯厚氏搜羅摘抉，窮幽極微，其於經傳子史，名物制數，貫串旁騖，實能討先儒所未備，其所纂輯諸書，至今學者資衣被焉，豈可以待問之學而忽之哉？」答曰：「王伯厚氏蓋因名而求實者也。昔人謂韓昌黎因文而見道，既見道則超乎文矣。王氏因待問而求學，既知學則超乎待問矣。然王氏諸書，謂之纂輯可也，謂之著述則不可也；謂之學者求知之功力可也，謂之成家之學術則未可也。今之博雅君子，疲精勞神於經傳子史，而終身無得於學者，正坐宗仰王氏，而誤執求知之功力以爲學即在是爾。學與功力，實相似而不同。學不可以驟幾，人當致攻乎功力則可耳，指功力以謂學，是猶指秫黍以謂酒也。夫學有天性焉，讀書服古之中，有欣慨會心而忽焉不知歌泣何從者是也。功力有餘而性情不足，未可謂學問也。性情自有而不以功力深之，所謂有美質而未學者也。夫子曰：「發憤忘食，樂以忘憂，不知老之將至。」不知孰爲功力，孰爲性情，斯固學之究竟，夫子何以致是？則曰：「好古敏以求之者也。」今之俗儒，且憾不見夫子未修之《春秋》，又憾戴公得《商頌》而不存七篇之闕目，以謂高情勝致，互相讚嘆。充其僻見，且似夫子删修，不如王伯厚之善搜遺逸焉。蓋逐於時趨，而誤以襞績補苴謂足盡天地之能事也。幸而生後世也，如生秦火未毁以前，典籍具存，無事補輯，彼將無所用其學矣。」

又《古文十弊》 又近來學者喜求征實，每見殘碑斷石，餘文剩字，不關於正義者，往往藉以考古制度，補史缺遺，斯固善矣。因是行文貪多務得，明知贅餘非要，却爲有益後世，推求不憚辭費。是不特文無體要，抑思居今世而欲備後世考征，正如董澤矢材，可勝暨乎！夫傳人者文如其人，述事者文如其事，足矣。其或有關考征，要必本質所具，即或閒情逸出，正爲阿堵傳神。不此之務，但知市菜求增，是之謂「畫蛇添足」，又文人之通弊也。

又《内篇三・繁稱》 子史之書，名實同異，誠有流傳而不能免者矣。集部之興，皆出後人綴集，故因人立名以示志别，東京訖於初唐，無他歧也。中葉文人自定文集，往往標識集名，《會昌一品》、元、白《長慶》之類，抑亦支矣。然稱舉年代，猶之可也。或以地名，杜牧《樊川集》、獨孤及《毘陵集》之類。或以官名，韓偓《翰林集》。猶有所取。至於詼諧嘲弄，信意標名，如《錦囊》李松、《忘筌》楊懷玉、《披沙》李咸用、《屠龍》熊皦、《聱書》沈顏、《漫編》元結。紛紛標目，而大雅之風不可復作矣。

又《内篇四・言公中》 夫墳、典既亡，而作僞者之搜輯補苴，如古文之采輯逸書，散見於記傳者，幾無遺漏。亦未必無什一之存也。然而不能不深惡於作僞者，遺

篇逸句附於闕文而其義猶存，附會成書而其義遂亡也。嚮令易作僞之心力而以采輯補綴爲己功，則功豈下於河間之《禮》，河内之《書》哉！王伯厚之《三家詩考》，吴草廬之《逸禮》，生於宋、元之間，去古浸遠，而尚有功於經學；六朝古書不甚散亡，其爲功較之後人，必更易爲力。惜乎計不出此，反藉以作僞。郭象《秋水》、《達生》之解義，非無精言名理可以爲向之亞也。嚮令推闡其旨，與秀之所注相輔而行，觀者亦不辨其孰向孰郭也，豈至遽等穿窬之術哉！不知言公之旨而欲自私自利以爲功，大道隱而心術不可復問矣。學者莫不有志於不朽，而抑知不朽固自有道乎？言公於世，則書有時而亡，其學不至遽絶也。蓋學成其家而流衍者長，觀者考求而能識别也。孔氏《古文》雖亡，而史遷問故於安國，今遷書具存，而孔氏之《書》未盡亡也；韓氏之《詩》雖亡，而許慎治《詩》兼韓氏，今《説文》具存，而韓嬰之《詩》未盡亡也；劉向《洪範五行傳》與《七略》、《别録》雖亡，而班固史學出劉歆，歆之《漢記》、《漢書》所本。今《五行》、《藝文》二志具存，而劉氏之學未亡也。亦有後學托之前修者，褚少孫之藉靈於馬遷，裴松之之依光於陳壽，非緣附驥，其力不足自存也。又有道同術近，其書不幸亡逸，藉同道以存者，《列子》殘闕，半述於莊生；楊朱書亡，多存於《韓子》；蓋莊、列同出於道家，而楊朱爲我，其術自近名法也。又有才智自騁，未足名家，有道獲親，幸存斧瑑之質者，告子杞柳湍水之辨，藉孟子而獲傳；惠施白馬三足之談，因莊生而遂顯；雖爲射者之鵠，亦見不羈之才，非同泯泯也。又有瑣細之言，初無高論，而倖人會心，竟垂經訓，孺子濯足之歌，通於家國；時俗苗碩之諺，證於身心。其喻理者即淺可深，而獲存者無俗非雅也。凡若此者，非必古人易而後人難也，古人巧而後人拙也，古人是而後人非也。名實之勢殊，公私之情異，而有意於言與無意於言者，不可同日語也。故曰：無意於文而文存，有意於文而文亡。

又《説林》 著作之體，援引古義，襲用成文，不標所出，非爲掠美，體勢有所不暇及也。亦必視其志識之足以自立，而無所藉重於所引之言，且所引者並懸天壤，而吾不病其重見焉，乃可語於著作之事也。考證之體，一字片言，必標所出。所出之書，或不一二而足，則必標最初者；譬如馬、班併有，用馬而不用班。最初之書既亡，則必標所引者，譬如劉向《七略》既亡，而部次見於《漢·藝文志》，阮孝緒《七録》既亡，而闕目見於《隋·經籍志》注，則引《七略》、《七録》之文，必云《漢志》、《隋注》。乃是「慎言其餘」之定法也。書有並見而不數其初，陋矣；引用逸書而不標所出，使人觀其所引，一似逸書猶存。罔矣，以考證之體而妄援著作之義，以自文其剽竊之私焉，謬矣。

謝啓昆《樹經堂文集》卷四《復孫淵如觀察》 畢宫保《史籍考》之稿，將次零散，僕爲重加整理，更益以文瀾閣《四庫全書》，取材頗富，視舊稿不啻四倍之。臘底粗成五百餘卷，修飾討論，猶有待焉。竹垞《經義考》有逸經一門，今《史考》無逸史者，以史多不勝載故也。敝鄉王教授謨集其子弟生徒專力搜輯逸書，不下百數十種，逸史亦網羅殆備，現已次第刊行。不識與章逢之孝廉書多寡何如耳。搜逸之法，始自王伯厚，近日東南學者，往往從事於此。先生於《唐律》中録出李悝《法經》，真先秦古書，不可不專行於世者。

王朝榘《十三經拾遺·弁言四則》 經十三部，二曜麗天也，四瀆行地也，奚遺之有？孔仲達曰：「字則變古爲篆，改篆爲隸；書則縑以代簡，紙以代縑。此本真所以多失乎！火於秦，黄老於漢魏，兵燹於六朝，五代又無論耳！」抱殘守缺，志有未甘，爰旁搜而肆考，鳩散軼於一編，羽翼非敢矜言，遺忘庶幾自備。

聞則多矣，行未能咫，昔人以爲深患。全經具在，學者身體力行，匪徒趙中令之半部矣。網羅散失，淹洽是資，似可以已。然香草足佩，尚見拾於童蒙。矧先聖名言，散存羣籍，顧棄同菅蒯，弗爲哀鳩乎？吾家伯厚曰：「寂寥片言，如斷圭璧，良可寶貴。」先得我心，是所竊比。

諸經散軼，彙於此篇，掇拾鄙懷，原非一律。如《易象》、《春秋》之類，長篇累句，遺者罕聞，故得其半語一言，特爲著録。若典謨、風雅，覈其章句，遺逸已多，故於其字有散遺，悉從憖置。至或篇章昭灼，曾弗槩登，若諸侯《遷廟》之類。鼎雁著明，亦從采列，若今文《太誓》之類。皆有論説，詳見各篇。

廿歲後窮經餘暇愛録散遺，積日累年，漸成卷帙。顧以架鮮鄴藏，腹慚邊笥，掛一漏萬，祕莫示人。己亥春，得朱氏《經義考》中《逸經》三卷，取以相校，見其《春秋》祇《左傳》一條，《禮經》罔《周官》經、曲之别，諸經散逸，棄置咸多。則知博如竹垞，亦惟僅存其略，未究其全也。由是愈切蒐求，采擇罔懈，迄戊申季夏，釐訂成書。他日見聞所及，固以續登，就正同人，更冀勷予未逮。

又《詩遺篇》 删詩之説，信者半疑者亦半。孔氏有云：《書傳》所引之詩，見在者多，亡逸者少。夫子所録，不容十分去九，則龍門所稱良未可信也。矧衡以理義，貍首比于《騶虞》，九夏優于鄭衛，去聖久遠，又烏知存者不無所已删，亡者不無所嘗録乎？否則，以先聖所删，侈唾洟之拾，吾則豈敢！

又《儀禮遺篇》 威儀三千。漢《藝文志》猶有古經五十六卷，而今所傳者僅十七篇，信所云「存什一於千百」也。然《投壺》、《奔喪》之禮，詳於《小戴記》；《遷

廟》、《彏廟》諸儀，備於《大戴記》，則雖亡猶存耳！故予於已列二《戴記》者，弗加勦取，其有篇目之倖存，遺文之散見者，必劄記之，罔敢失墜云。

阮元《經籍籑詁》卷九三　佚通作逸。○佚，樂也。《廣雅釋詁一》，又《漢書・司馬相如傳下》集注。《司馬遷傳》集注。○逸。樂也。《國語・吴語》「而又不自安恬逸」注。又《文選・東京賦》「居之者逸薛」注。○佚，安樂也。《荀子・王霸》「心欲綦佚」注。○逸，安也。《吕覽・重己》「足以逸身煖骸而已矣」注。○佚，蕩也，亦樂也。《一切經音義五》，引《蒼頡》。○佚，蕩之也。《一切經音義九》○佚，揚也。《文選・閒居賦》注，引《蒼頡》。○佚蕩，唐佚也。《莊子・天地》「數若佚蕩」。《釋文》引司馬注。○佚，婬也。《方言六》○逸淫也。《國語・楚語》「耳不樂逸聲」注。○逸閒也。《漢書・王褒傳》集注。○逸逸豫也。《詩・十月之交》「民莫不逸」箋。○逸，不勞也。《吕覽・察賢》「國治身逸」注。○逸者，用之不使甚勞，安其血氣也。《周禮・庾人》「以阜馬佚特」注。○佚遊，出入不知節也。《論語・季氏》「樂佚遊」皇疏。○佚，美也。《離騷》「見有娀之佚女」注。○佚，猶更也。《穀梁・文十一年傳》「佚宕中國」注。○佚，代也。齊曰佚，《方言三》。○佚，猶引也。《荀子・性惡》「若佚之以繩」注。○佚，古文「泆」同。《一切經音義廿三》○古文佚，今作妷。《一切經音義三》○佚，與逸同。《荀子・性惡》「骨體膚理好愉佚」注。《宥塵》「若有決行之，其應佚若聲響」注。「身不佚者志不廣」注。○佚，與軼通。《文選・蕪城賦》「佚周令」注。○佚，當爲逸。《周禮》「庾人以阜馬佚特」杜注。○《論語・季氏》「樂佚遊」釋文：佚，本亦作逸。○《孟子》「以佚道使民」，《三國・諸葛亮傳》作「以逸道使民」。○《詩魚麗序》「終于逸樂」。釋文：逸，本或作佚。○《書無逸》「乃逸乃諺」，《漢石經》作「乃劮」。○《書・五子之歌》「以逸豫滅厥德。」《釋文》：逸，本又作佾。

又《補遺》　《説文》：「佚，佚民也。从人失聲，一曰佚，忽也。」○逸，安也。《淮南・修務》「非以逸樂其身也」注。○佚蕩，緩也。《漢書・楊雄傳上》「爲人簡易佚蕩」注。○逸樂，謂閑豫也。《漢書・李廣傳》「而其士亦佚樂」注。○佚游，出入不節。《論語・季氏》「樂佚游」集解引王注。○佚，讀與逸同。《漢書・刑法志》「男女淫佚」注。《司馬相如傳下》「居位甚安佚」注。《佞幸・淳于長傳》「具言長驕佚」注。○佚，與逸同。《漢書・李廣傳》注。《董仲舒傳》「淫佚衰微」注。《杜欽傳》「言失欲之生害也」注。《梅福傳》「佚民不舉」注。《司馬相如傳下》「而終於佚樂者也」注。《司馬遷傳》「主勞而臣佚」注。《韋元成傳》「嗣王孔佚」注。《薛宣傳》「而亡佚豫之樂」注。《匈奴傳下》「以爲不壹勞者不久佚」注。○佚，字與逸同。《漢書・外戚傳下》「熊佚出圈」注。《王莽傳上》「以輿馬聲色佚游相高」注。○佚，亦逸字。《一切經音義廿二》，引《三蒼》。○佚音義，與逸同。或作迭，或作失。《孟子・公孫丑上》「遺佚而不怨。」音義。○《公羊・成二年傳》「佚獲也。」《釋文》：一本作失。○《書》無逸。《論衡・儒增》作毋佚。

又卷一〇三　輯，和也。《爾雅釋詁》，又《詩・板》：「辭之佚矣。」傳。《抑》「輯柔爾顔」傳。又《國語・魯語》「契爲司徒而民輯」注。《晉語》「與衆之信輯睦焉」注。「輯訓典」注。又《漢書・禮樂志》集注，《賈誼傳》集注，《鼂錯傳》集注。又《後漢・光武紀上》注、《竇融傳》注、《劉焉傳》注。又《文選・補亡詩》「元化内輯」注。○輯，亦和也。《後漢・班超傳注》○輯輯，風聲和也。《文選・補亡詩》「輯輯和風」注。○輯，成也。《國語・魯語》「其輯之亂」注。○輯，合也。《漢書・武帝紀》集注。引如淳《瑕邱江公傳》集注。○輯，聚也。《國語・周語》「和協輯睦，於是乎興」注。○輯，斂也。《書・舜典》「輯五瑞」傳。又《禮記・檀弓》「有餓者蒙袂輯屨」注。《喪大記》「寢門之内輯之」注。○輯，車輿也。《列子・湯問》「齊輯乎轡銜之際」釋文。○輯，古集字。《後漢・盧芳傳》注。○輯，與集同。《文選・上林賦》「雜襲參輯」注。○輯，與習同。《文選・補亡詩》「輯輯和風」注。○《書・舜典》「輯五瑞」，《史記・五帝紀》、《漢書・郊祀志上》作「揖五瑞」。○《詩・公劉》「思輯川光」，《孟子・梁惠王下》作「思戢用光」。○《詩・板》「辭之輯矣」，《新序・雜事二》作「辭之集矣」。○《左傳・僖廿四年》注「國未輯睦」。《釋文》：輯，本作集。《左傳・襄十九年》「其天下輯睦」。《釋文》：輯，本作集。

又《補遺》　《説文》：「輯，車和輯也。从車咠聲。」○輯，和也。《漢書・孔融傳》「寧輯東夏」注。○輯，合也。《書舜典》「輯五瑞」。釋文引王注，又《左氏定四年傳》「輯其分族」疏。○輯，與集同。《漢書・高帝紀上》「得輯河北趙地」注。《高帝紀下》「同安輯之」注。《武帝紀上》「下未輯」注。「頗未輯睦」注。「輯江淮物」注。《景武昭宣元成功臣表》「輯而序之」注。《禮樂志》「稍稍增輯」注。「輯萬國」注。《食貨志下》「散幣於卬僰以輯之」注。《郊祀志下》「萬福降輯」注。《地理志下》「故輯而論之」注。《藝文志》「故有輯略」注。「門人相與輯而論篹」注。《周勃傳》「懷輯死士久矣」注。《賈誼傳》「化輯於下矣」注。《鼂錯傳》「和輯士卒」注。「和輯其心者」注「和輯其心而勿侵削」注。「謀不輯」注。《司馬遷傳贊》「左邱明論輯其本事」注。《朱雲傳》「因而輯之」注。《趙充國傳》「揗循和輯」注。《段會宗傳》

「使安輯烏孫」注。《孫寶傳》「蠻夷安輯」注。《馮奉世傳》「而西域諸國新輯」注。《薛宣傳》「輯小過」注。《儒林・瑕邱江公傳》「比輯其議」注。《南粤王傳》「使和輯百粤」注。《西域傳上》「可安輯，安輯之」注。《敘傳上》「招輯英俊」注。《敘傳下》「綴輯所聞」注。〇輯，與集字同。《漢書・王莽傳上》「大衆方輯」注。〇輯，字與集同。同上「安輯海内也」注。〇輯、楫與集三字並同。《漢書・兒寬傳》「統楫羣元」注。〇《詩・公劉》「思輯用光」。《書・無逸》傳作「思集用光」。

黄彭年《陶樓文鈔》卷八《倉頡篇補輯序》 昭代乾嘉間，小學鼎盛，搜輯佚書遂立顓門，陽湖孫氏首録《倉頡篇訓纂解詁》三卷，興化任氏成《字林考逸》八卷，海内風行，古文日顯。

皮錫瑞《經學歷史・經學復盛時代》 國朝經師有功於後學者有三事：一曰輯佚書，兩漢今文家説亡於魏、晉。古文家，鄭之《易》，馬、鄭之《書》，賈、服之《春秋》，亡於唐宋以後。宋王應麟輯《三家詩》、鄭氏《易注》，雖蒐采未備，古書之亡而復存者實爲首庸。至國朝而此學極盛。惠棟教弟子，親授體例，分輯古書；余蕭客《古經解鉤沈》，采唐以前遺説略備；王謨《漢魏遺書鈔》、章宗源《玉函山房叢書》，輯漢、魏、六朝經説尤多；孫星衍輯《馬鄭尚書注》；李貽德述《左傳賈服注》；陳壽祺、喬樅父子攷《今文尚書》、《三家詩》；其餘間見諸家叢書，抱闕守殘，得窺崖略，有功後學者，此其一。

葉德輝《書林清話・輯刻古書不始于王應麟》 古書散佚，復從他書所引搜輯成書，世皆以爲自宋末王應麟輯《三家詩》始，不知其前即已有之。宋黄伯思《東觀餘論》中，有《跋慎漢公所藏相鶴經後》云：按隋《經籍志》、唐《藝文志》，《相鶴經》皆一卷，今完書逸矣，特馬總《意林》及李善《文選注》、鮑照《舞鶴賦》鈔出大略，今真静陳尊師所書即此也。而流俗誤録著故相國舒王集中，且多舛午。今此本既精善，又筆勢婉雅，有昔賢風概，殊可珍也。據此，則輯佚之書，當以此經爲鼻祖。今陶九成《説郛》中，尚有其書。錢謙益《絳云樓書目》亦載有鈔本。雖不知視真静書如何，要之此風一開，於古人有功不淺。乾嘉以來爲是學者，如余蕭客之《古經解鉤沉》，任大椿《小學鉤沉》，孫馮翼《經典集林》，張澍《二酉堂叢書》，王謨《漢魏遺書鈔》、《晉唐地理書鈔》，茆泮林《十種古佚書》，於經、史、子三者，各有所取重。然以多爲貴，則嚴可均《上古三代先秦兩漢魏晉南北六朝先唐古文》，黄奭《漢學堂叢書》，馬國翰《玉函山房輯佚書》，皆統四部爲鉅編。嚴輯雖名古文，實包經子史在内，其搜採宏博，考證精詳，較黄馬二書尤爲可據，雖斷珪殘璧，不誠書林之鉅册乎！至有專嗜漢鄭氏學者，元和惠棟開山於前，曲阜孔廣林《通德遺書》接軫於後，而黄奭復有《高密遺書》之輯，皆不如袁鈞《鄭氏佚書》晚出之詳。余每慨陶九成《説郛》、張溥《漢魏百三家》所録各書不注出處，所收全集，反多節删。使孫嚴生當其時，必不如此簡略。後有作者，當必有所取則矣。

王仁俊《玉函山房輯佚書續編・自敘》 歷城馬氏國翰輯唐以前佚書凡五百八十餘種，爲卷六百有奇。其有目無書者闕四十餘種，其散見各敘，所謂已有著録者，如陸希聲《周易傳》之類九種，今亦無之，匡君源所謂待後之君子蒐補焉。仁俊幼耆搜揖奇書碩記，露鈔雪纂，馬編之外，時多弋獲。憶自戊子之春洎乎甲午之秋，多歷年所。蓋嘗西遊鄂渚，南浮嶺嶠，北陟幽燕，水陸輪蹠，捆載此槀，引申觸悟，發篋密書，凡《古逸叢書》刻于日本、《大臧音義》傳于雒東，獅谷獲睹異册，旁引秘文，日事攟摭，遂成斯編。撰厥名類不在馬後，仍題玉函者，依元例也。稱續編者，別于馬書之補編也。頻年奔走，敢言卒業。略傳微據，特取翺記。簡絲數米，煩而不詧。再有續聞，必勤斟録。博學方聞之士，尚希匡我不逮也。

雜　録

馬端臨《文獻通考・經籍考序》 漢隋唐宋之史，俱有藝文志。然《漢志》所載之書，以《隋志》考之，十已亡其七；以《宋志》考之隋唐，亦復如是。

胡應麟《少室山房筆叢》卷三六己部 幼嘗戲輯諸小説爲《百家異苑》，今録其序云：自漢人駕名東方朔作《神異經》，而魏文《列異傳》繼之，六朝、唐、宋凡小説以「異」名者甚衆，考《太平御覽》、《廣記》及曾氏、陶氏諸編，有《述異記》二卷、《甄異録》三卷、《廣異記》一卷、《旌異記》十五卷、《古異傳》三卷、《近異録》二卷、《獨異志》十卷、《纂異記》一卷、《靈異記》十卷、《乘異記》三卷、《祥異記》一卷、《續異記》一卷、《集異記》三卷、《博異志》三卷、《括異志》一卷、《紀異録》一卷、《祖異記》一卷、《采異記》一卷、《摭異記》一卷、《賢異録》一卷，此外如異苑、異聞、異述、異誠諸集，大概近六十家，而李翱《卓異記》、陶穀《清異録》之類弗與焉。以所記稍不同故也。今世有刻本者，僅《神異》、《述異》數家，餘俱不行，乃其事大半具諸類書，鄭漁仲所謂名亡實存者也。第分門互列，得一遺二，雖存若亡。余屏居丘壑，卻掃杜門，無鼎臣野處之賓以遣餘日，輒命穎生以類鈔合，循名入事，各完本書。不惟前哲流風藉以

不泯，而遺編故帙亦因概見大都，遂統命之曰《百家異苑》，作勞經史之暇輒一披閱，當抵掌捫蝨之歡。

沈德符《萬曆野獲編補遺》卷四《經傳佚書》 永樂中，御史劉有年，沅州人，上《儀禮》逸經八篇，上不省。其後朝鮮國進《顔子》一部，亦不收。《顔子》在彼國今當尚存。若《儀禮》則不可問矣。二書無論真僞，當非漢以後人所辦，今《乾坤鑿度》等贋書盛行，何獨置二書不録也？近年癸巳，日本議封貢，禮部主事劉元卿疏言：「先秦徐福入海時，必攜古經傳同往，此時焚書事未起，必有壁經全書在倭，宜詔取以補伏生之缺。」蓋祖宋時歐陽永叔《日本刀子歌》中語也，時議以爲迂，亦罷不行。

姚之駰《後漢書補逸序》 或曰古書之逸者多矣，即如史官所記，東漢以來其有傳者何限，將按籍而補之，恐有塞破世界之憂。是又不然。夫他書可逸，唯史當補。近史文繁或可逸，古史文約尤當補。今試以謝、華諸史與范校，其闕者半，其同者半。其闕者可以傳一朝之文獻，其同者可以參其是非，較其優絀，于史學庶乎其小補也。

又《例言》 一、是編採自羣書，概依原本，間有大謬，辯如注言，其小疵纖誤，統置闕如，不敢妄更。一、有同此一條，兩書引用互異者，仍兼採併收，不也妄削。一、諸書多從同，或嫌冗復，然參看有三善焉：補亡一，辯誤二，較量行文高下三。

弘曆《題朱彝尊經義考》 秦燔弗絶殆如繩，未喪斯文聖語曾；疑信雖滋後人議，述傳終賴漢儒承。天經地緯道由託，一貫六同教以興；藜閣炎劉校誠韙，竹垞昭代撰堪稱。存亡若彼均詳注，彝尊，號竹垞，秀水人。康熙己未以博學鴻詞授檢討，入直内廷，博聞淹貫。是書通考歷代諸儒説經書目，每書先列撰人姓氏、書名、卷數，次列題注，曰存、曰佚、曰未見，次列原書序跋、諸儒論斷及其人爵里。彝尊考正按語載於末，而附以逸經、毖緯，擬經諸目，凡三百卷，自漢迄今説經諸書存亡可考，文獻足徵，編輯之勤、考據之審、網羅之富，實有裨於經學。惟所注闕佚未見者，今《四庫》所録，往往其書尚存，蓋册府儲藏，外間難覯，不足爲彝尊病。至卷首冠以我朝世祖御注《孝經》、聖祖《日講解義》，自屬體制應爾。若臣工著述，則當按時代先後，彝尊於編次時，亦未及詳訂，即如本朝成德所著之《大易集義粹言合訂》列於前，而朱子《元亨利貞説》列於後，殊爲參錯。第已刊佈成書，難以改刻，惟令於《四庫全書提要》内聲明，以正體例。至其義在尊經，不惟汲古之助，並將昭示來茲矣。文獻于兹率可徵；遠紹旁搜今古會，焚膏繼晷歲年增。考因晰理求其是，義在尊經靡不勝；枕葄寧惟資汲鑒，闡崇將以示孫曾。

章學誠《文史通義·外篇三·爲畢制軍與錢辛楣宫詹論續鑒書》 徐崑山書最爲晚出，一時相與同功如萬甬東、閻太原、胡德清諸君，又皆深於史事，宜若可以爲定本矣。顧《永樂大典》藏於中秘，有宋東都則丹棱李氏《長編》足本未出，南渡則井研李氏《繫年要録》未出，元代則文集説部散於《大典》中者亦多逸而未見，於書雖稱缺略，亦其時勢使然，未可全咎徐氏。

又《與邵二雲書》 逢之寄來《逸史》，甚得所用。至雲摭逸之多，有百餘紙不止者，難以附入《史考》，但須載其考證，此説亦有理。然弟意以爲搜羅逸史，爲功亦自不小，其書既成，當與余仲林《經解鉤沉》可以對峙，理宜别爲一書，另刻以附《史考》之後。《史考》以敵朱氏《經考》，《逸史》以敵余氏《鉤沉》，亦一時天生瑜、亮，洵稱藝林之盛事也。但朱、余二人，各自爲書，故朱氏《經考》，本以著録爲事，附登緯候逸文；余氏《鉤沉》，本以搜逸爲功，而於首卷别爲五百餘家著録。蓋著録與搜逸二事，本屬同功異用，故兩家推究所極，不侔而合如此。今兩書皆出弇山先生一人之手，則又可自爲呼吸照應，較彼二家更便利矣。夫史籍遺篇逸句，不講著録部次，則無所附麗，更不比余氏《經解》，猶有本經白文，可以作間架也。今爲酌定凡例，自唐以前諸品《逸史》，除搜採尚可成卷帙者，仿叢書例，另作敘跋較刻，以附《史籍考》後，其零章碎句，不能成卷帙者，仍入《史籍考》内，以作考證。至書之另刻，不過以其卷頁累墜，不便附於各條之下，其爲體裁，仍是搜逸，以證著録，與零章碎句之附於各條下者，未始有殊，故文雖另刻，必於本條著録之下，注明另刻字樣，以便稽檢。鴻編鉅制，取多用宏，創例僅得大凡，及其從事編摩時，遇盤根錯節，必須因時準酌，例以義起，窮變通久，難以一端而盡。凡事不厭往復熟商。今兹所擬，不識高明以爲何如？

又《與林秀才》 今觀大著所録，書分六卷，事隸千百餘條，而類例不分，先後失次，忽引成書而未究其緒，忽入已説而未得其裁。如《三家詩考》，王氏所輯，尚有遺漏，後人已多增補，今重録之，轉多不備也。《逸詩》章句，自楊升庵以還，輯者數家，今既不能廣益，亦可無煩綴録也。

孫星衍《章宗源傳》 章君好學，積十餘年，采獲經史傳注，輯録唐宋以來亡佚古書盈數笈。自言：欲撰《隋書經籍志考證》，書成後此皆糟粕，可鬻之。然編次成帙，皆枕中秘本也。又言：輯書雖不由性靈，而學問日以進，吾以此事，久之亦能爲古文，爲駢體文矣。又以：今世所存古書，版本多經宋、明人删改，嘗恨曩時輯録已佚之書，不録現存諸書，訂正異同文字，當補成之。其已輯各書，編次成帙，皆爲之敘，通知作者，體例曲折，詞旨明暢。

焦循《雕菰集》卷八《辨學》　今學經者衆矣！而著書之派有五，一曰通核，二曰據守，三曰校讎，四曰摭拾，五曰叢綴。此五者各以其所近而爲之。通核者，主以全經，貫以百氏，協其文辭，揆以道理。人之所蔽，獨得其間，可以别是非，化拘滯，相授以意，各慊其衷。其弊也，自師成見，亡其所宗，故遲鈍苦其不及，高明苦其太過焉。據守者，信古最深，謂傳注之言堅確不易，不求於心，固守其説，一字句不敢議，絶浮游之空論，衛古學之遺傳。其弊也，跼蹐狹隘，曲爲之原，守古人之言而失古人之心。校讎者，六經傳注各有師授，傳寫有譌，義蕴乃晦，鳩集衆本，互相糾核。其弊也，不求其端，任情删易，往往改者之誤，失其本真，宜主一本，列其殊文，俾閲者參考之也。摭拾者，其書已亡，間存他籍，採而聚之，如斷圭碎璧，補苴成卷，雖不獲全，可以窺半。是學也，功力至繁，取資甚便，不知鑒别，以贋爲真，亦其弊矣。叢綴者，博覽廣稽，隨有心獲，或考訂一字，或辨證一言，略所共知，得未曾有，溥博淵深，不名一物。其弊也，不顧全文，信此屈彼，故集義所生，非由義襲，道聽塗説，所宜戒也。五者兼之則相濟，學者或具其一而外其餘。余患其見之不廣也，於是乎辨。

丁晏《佚禮扶微自敘》　緝佚禮何仿也，仿於宋之深寧叟、元之艸廬先生也。深寧《困學紀聞》云《天子巡狩禮》、《朝貢禮》、《王居明堂禮》、《烝嘗禮》、《朝事儀》見於《三禮注》，《學禮》見於賈誼書，古大明堂之禮見於蔡邕論，雖寥寥片言，如斷圭碎璧，猶可寶也。艸廬采小戴《投壺》、《奔喪》，大戴《公冠》、《諸侯遷廟》、《諸侯釁廟》及鄭注引《中霤》、《禘於太廟》、《王居明堂禮》合爲《儀禮逸經》八篇，自敘謂片言隻字之未泯者，猶必收拾而不敢遺，亦「我愛其禮」之意也。然《朝事儀》見於大戴《記》，《學禮》亦見《保傅篇》，非逸也而深寧逸之，失矣。《巡守》、《朝貢》、《烝嘗》之禮近載鄭《注》，是逸也，而艸廬不逸之，又失矣。然則寶斷圭碎璧者，愛玉璞而誤鼠臘；收片言隻字者，掎星宿而遺羲娥，二公之所逸，未能盡其逸也。蒙暇日溜覽羣書，左右采獲，久之成袠，乃重加排纂，系以鄙説，首佚經，次佚記，次佚文，次附録，取東漢章帝詔書「扶微學」之語，命之曰《佚禮扶微》。其不曰「逸」而曰「佚」者何也？《尚書・無逸》《史記》作《無佚》，漢熹平石經書逸字皆作佚，《説文》不載逸字，當從古文作佚也。語曰剏始者難爲力，繼事者易爲功，碌碌者因人成事，良用自媿。若二公者，其猶大輅之有椎輪，繪畫之後素功歟！

黄汝成《日知録集釋敘》　諸經訓纂，衆史傳志，其文可互通者，悉隨先生所録疏明。至義類所觸，或摭實略虚，或舍新徵舊。又逸書别史、諸子百家，分見少殊，援引斯異，亦隨所列之文、所據之本，略事鈎甄，以袪抵滯。

顧觀光《神農本草經序》　今去瀕湖二百餘載，古書亡佚殆盡，幸而《證類本草》靈光巋然，又幸而《綱目》卷二具載本經目録，得以尋其原委，而析其異同。本經三百六十五種之文，章章可考，無闕佚，無羨衍，豈非天之未喪斯文，而留以有待乎？近孫淵如嘗輯是書，刊入問經堂中，惜其不考本經目録，故三品種數，顯與名例相違。繆仲淳、張路玉輩，未見《證類本草》，而徒據《綱目》以求經文，尤爲荒陋。大率考古者不知醫，業醫者不知古，遂使赤文緑字，埋没於陳編蠹簡之中。不及今而亟爲搜輯，恐數百年後，《證類》一書又復亡佚，則經文永無完璧之期矣。爰於繙閲之餘，重爲甄録其先後，則以本經目録定之，仍用韓氏之説，别爲《序録》一卷。而唐宋類書所引，有出《證類》外者，亦備録焉。爲考古計，非爲業醫計也。而非邃於古而明於醫者，恐其聞之而駭且惑也。

黄彭年《陶樓文鈔・鄭學録序》　遵義鄭君子尹既卒之明年，唐君鄂生將刊其遺書，先哀所爲康成《傳注》、《年譜》、《書目》、《弟子目》，遺使齎以入秦，授予讀之。因檢櫝中書參校訖，而序其後曰：秦燔儒籍，入漢復興，各習專經，恪守師法。康成始旁通六藝，兼綜諸家。當時學徒景從，表閭徵辟，黄巾異類，且拜其居，可謂顯矣。迺王肅難之於前，劉知幾疑之於後，至張孚敬請罷聖廟從祀，而鄭學幾廢。然而難之者肅，申之者昭，融；疑之者劉，表之者司馬。我國家褒崇儒術，聖祖詔復從祀，純皇帝又命儒臣采輯康成所著諸書納之《四庫》。於是爲鄭學者，三《禮》、《毛詩》而外，《易》則有惠棟、張惠言、丁傑，《書》則有王鳴盛、江聲、孫星衍、盧文弨、段玉裁，皆掇拾於散亡之餘。遠紹絶學，於斯爲盛。予竊謂鄭學之晦，猶有兩端。穎達、公彦從而不違，暨乎後儒彌尟規正，豈知鄭學非尚苟同，邵公之室不厭操戈，叔重《五經》無嫌駁異，曲護鄭失，是爲佞臣，其蔽一也。漢宋分門，互相詬病，儒林、道學判爲兩科，遂謂傳經之徒無與躬行之實，豈知朱子每稱漢儒，至於康成，尤所深許，既服其精力之强，又頌其有功於道。義剛所録，宗爲大儒，而末學淺聞，謬生黨伐，其蔽二也。佞臣之失漸至荒經，黨伐之興且將誣道。《傳注》、《年譜》之作，其以是乎？觀其彰避地之識，表不仕之貞，確乎不拔。斯文在兹，著《書目》以見其道之宏，著《弟子目》以見其傳之遠。而於康成疲神緯書，未嘗曲爲之諱，至若辨北海之譎觚，黜郗慮於末簡，又儼然《春秋》之義焉。以康成之行，考康成之文，頌詩讀書，知人論世，然後鄭學昌而經術明，大義微言未遽乖絶，以待濂、洛、關、閩諸儒之闡發者，固不得謂無與於道統之傳也。子尹博綜羣籍，專精三

《禮》，抱道隱居，屢徵不就，學業志行，頗類康成。其爲是書，殆有微旨，予取《鄭志》、《鄭記》之例，爲題曰《鄭學録》云。

姚振宗《隋書經籍志考證》卷三九集部二 賈公彦《序周禮廢興》，既引馬融《周官傳序》，其後又引《鄭玄序》云云，至周公定之，致隆平龍鳳之瑞，此一段凡三百四十餘言，皆鄭氏《周禮序》，中有加○間隔者，乃寫刊之誤，相承如此，阮氏《校勘記》已言之，嚴氏失采此文，則甚爲可惜也。嚴氏輯唐以前文，自不經意于唐人疏序，而不知其中有馬鄭《周官序》在焉。以是知輯佚欲其一無遺漏，事必有所不能者矣。

李慈銘《越縵堂讀書記・七緯》 閲趙氏所輯《七緯》，計《易》八種，《書》五種，《詩》三種，《禮》三種，《樂》三種，《春秋》十三種，《孝經》三種，皆採集各書，標以所出，而終以敘録，共爲三十八卷。其中多附考辨，專主鄭學，别擇頗精，較之孫穀《古微書》，自爲遠勝。前有阮儀徵及歸安葉鴻臚紹本、張侍郎師誠三序，文皆極佳。儀徵言緯與讖殊，自隋始禁圖讖，而賈公彦誤有漢時禁緯之言。後世承其謬説，併爲一談。因據隋《經籍志》立四證辨之，亦一時之雄論也。趙氏名在翰，號鹿園，侯官諸生。其兄在田，嘉慶己未翰林，爲儀徵所取士。

張之洞《張之洞全集》卷二七二《輶軒語》 蓋讀書一事，古難今易，無論何門學問，國朝先正皆有極精之書，前人是者證明之，誤者辨析之，難考者考出之，參校、旁證。不可見之書采集之，一分真僞而古書去其半，一分瑕瑜而列朝書去其十之八九矣。且諸公最好箸爲後人省精力之書，一搜補，或從羣書中搜出，或補完，或綴輯。一校訂，訛、脱、同、異。一考證，據本書，據注，據他書。一譜録，提要及紀元、地理各種表譜。此皆積畢生之精力、踵曩代之成書而後成者。

繆荃孫《永樂大典考》 《永樂大典》二萬二千八百七十七卷，凡例目録六十卷，明成祖敕胡廣、解縉、王洪等纂修，以姚廣孝監其事。始於元年癸未秋，成於六年戊子冬。冠以《御制文序》、姚廣孝等《進書表》，初名《文獻大成》，後改今名。以卷帙過鉅，未能刊木。孝宗雅好讀書，嘗置此書案頭。嘉靖壬戌禁中火，世宗亟命救出，申諭再四，幸未被燬。遂詔閣臣徐階照式模抄一部，至隆慶改元始畢。正書留乾清宫，我世祖章皇帝萬幾之暇，嘗以是書充覽。副本在皇史宬，因恭藏聖祖仁皇帝實録，屏當書架，移貯翰林院。臨川李穆堂侍郎紱在書局首先借觀，鄞縣全謝山先生祖望時寓侍郎邸，因與侍郎定爲日課，日盡二十卷。以所簽分令四人抄之，一日所簽或至浹旬未畢。其雖如此，會纂修《三禮》，謝山語總裁方望溪侍郎苞抄《三禮》之不傳者，而副本缺少，幾及二千卷。擬奏請發宫中正書補足之，亦未果。祁門馬嶰谷日琯、仁和趙谷林昱均爲謝山致抄資。而謝山改知縣，未久於其事。謝山抄出書止知宋田氏《學易蹊經》二十卷、高氏《春秋義宗》百五十卷、曹粹中《詩説》、王安石《周官新義》。前三書無傳。杭堇浦世駿《續禮記集説》所採宋元人説，半出於《大典》。乾隆壬辰詔修《四庫全書》，大興朱笥河學士筠請將《大典》中古書善本世所罕見者，擇取繕寫，各自爲書，以復舊觀，得旨允行。計編入四庫者經部六十六種，史部四十一種，子部一百三種，集部一百七十五種，共四千九百二十六卷。第諸書輯散爲整，考訂不易，有業經輯出而未及進呈者，如宋元兩《鎮江志》、《奉天録》、《九國志》之類，亦復不少。嘉慶丁巳乾清宫灾，正本遂毁。而修《全唐文》時。大興徐星伯先生松曾抄出《宋會要》五百卷，《中興禮書》一百五十卷，《河南志》四卷，《秘書省續到闕書》二卷；仁和胡書農先生敬抄出施諤《臨安志》十六卷，《大元海運記》一卷；孫文靖公爾準抄出仇遠《山村詞》。道光戊子重修《一統志》，嘉興錢心壺給諫儀吉曾奏請重輯《大典》未盡之書，諭俟《統志》修畢，再行核辦，新安相國頗以爲多事。逮《統志》成而西陲兵起，給諫亦降官，無人敢理此事矣。原書萬餘册，恭庋敬一亭，蛛網塵封，無人過問。咸豐庚申與西國議和，使館林立，與翰林院密邇，書遂漸漸遺失。光緒乙亥重修翰林院衙門，庋置此書，不及五千册。嚴究館人，交刑部斃於獄，而書無著。余丙子入翰林，詢之清秘堂前輩，云尚有三千餘册。請觀之，則羣睨而笑，以爲若庶常習散館詩賦耳，何觀此，且官書焉能借出。逮丙戌志伯愚侍讀鋭始導之入敬一亭觀書，並允借閲。每册高二尺，廣尺二寸，粗黄布連腦包過，硬面宣紙朱絲闌。每葉三十行，行二十八字，硃筆句讀，書名或朱書或否。前後閲過九百餘册，而余丁内艱矣。其書零落不完，豪無鉅帙。抄出《宋十三處戰功録》、《曾公遺録》、《順天志》、《瀘州志》、《宋中興百官題名》、《國清百録》諸書。癸巳起復，詢之則有六百餘册。庚子拳匪倡亂，毁翰林院，以攻使館之背。舊所儲藏，均付一炬，《大典》遂一册不存。正書早歸天上，副本亦付劫灰，後之人徒知其名而已，可勝嘆哉。目録六十卷山西靈石楊氏《連筠簃叢書》刻之。

陳康祺《郎潛紀聞初筆》卷一 朱竹君學士筠爲翰林時，高宗方詔求遺書。公奏言：「翰林院庫藏明《永樂大典》，中多逸書，宜就加采録。」上善之，亟下軍機大臣議行，復御製七言八韻詩紀其事，乃命纂輯《四庫全書》。凡海内僅有之本，得之大典中者，幾六百部，次第刊佈，嘉惠士流。公又請仿漢唐故事，擇儒臣校正《十三經》文字，勒石太學。奉朱批：「候朕緩緩酌辦。」當時聖主右文，詞臣稽古，鴻篇

奥册，出九淵而光九天。世皆以四庫書成，歸功紀、陸，不知學士其先河也。

陶方琦《漢孳室文鈔補遺・復孫仲容同年書》 舍弟反里，獲披教言，兼寄家刻兩種，皆表襮絶詣，敭蔛古碣。參撢之餘，綦佩厚誼，遥聞大鳳圖南，搏志箸述，侍高堂之寢，篹寫經幃之記注，一第何重，千秋有人。近時鄉斆頗多好古，不乏流傳宋槧，稗販瀛書，已覺風尚漸敦漢經互焜。然茂齡碩學，粹然著作如足下者，誠未敢别許也。尊箸《金文拾遺》、《周官長箋》必傳之書，常深企犕，倘禮堂寫定，竊以先睹爲快。倭域近出古書尤多，卷本慧琳《大藏音義》以外，尚有希齡《續一切經音義》，皆稱寶藏，足供刺取。又見卷本《玉篇・零部》，碻爲野王原書。宋引古編倍蓰，今册强恫所增，可尋其迹。此外如《玉燭寶典》、《内經》、《太素》，異書迭顯，每望刊流，海外披求，亮澈鉅嗜。琦闇居善憂，誦書尟暇，重檢昔業，大半荒蕪。雖屬鮮民之生，絶無追羣之想。良逑美奬，胡至於斯。讀禮兩稘，惟校大戴、魯詩、鄭易，勵得盧牟，專室咫聞，殊無多異。近成者爲蕭廣濟《孝子傳》一卷、《倉頡篇補輯》兩卷、《許君年表》一卷、《韓詩遺説補》一卷、《字林補逸》一卷，皆瑣屑訓詁，粗疏捊舂，不得以質箸家，未敢自信也。金文涉獵本陋，攷覈尤疏。薛、阮、吴三家略有理董，筦穴所闕，虚勞下問，兩橅之書，説字恒繆，非逢鉅識，未判菑澠。據商周金器之文，補洨長説解之闕，此乃絶學，惟仰高明。初涼之候，尚有鄂行，不盡之意，但增爻繫。

資料來源分部

論述

鄭樵《通志》卷七一《求書之道有八論》 凡性命道德之書，可以求之道家；小學文字之書，可以求之釋氏。如《素履子》、《元真子》、《尹子》、《鬻子》之類，道家皆有。如《倉頡篇》、《龍龕手鑒》、郭迻《音訣圖字母》之類，釋家皆有。【略】京房《周易飛伏例》，卜筮家有之。此之謂旁類以求。

胡應麟《經籍會通》卷三 《紀聞》又云：漢《七略》所録，若齊《論》之《問王》、《知道》，《孟子》之外書四篇，今皆亡傳。《莊子》逸篇十有九，《淮南鴻烈》多襲其語，唐世司馬彪注猶存，《後漢書》、《文選》、《世説注》、《藝文類聚》、《太平御覽》間見之，斷圭碎璧，足爲匣櫝之珍，博識君子或有取焉。

又《少室山房集》卷一〇四《讀古今説海》 雲間邇輯《説海》，余稚歲從人借讀，大詫爲奇書。即該洽，亦往往見欺纂人以家藏秘本也。比長，博考諸説家，乃知此書《就日》、《瀟湘》等録多出《説郛》，《靈應》、《洛神》等傳多出《廣記》。僅卷首《北征》、《半夏》諸編褋彙本朝故實，又皆人所常見、家有之書也。蓋是時《廣記》未行，《説郛》罕蓄。一時老宿訂証無從，如前此《陸氏小説三十家》、後此《顧氏小説四十家》，皆《廣記》鈔出，褋他書不過什一二耳。惟《百川學海》當是宋人遺書，近海鹽王文禄擬而爲學山，割裂亡當，大可笑也。

全祖望《讀易序録》 納蘭成氏所聚《經解》，《易》爲最多，其外尚有唐李鼎祚、郭京、邢璹，宋安定胡先生、歐陽兗文忠公、東坡先生、沙隨先生、誠齋、慈湖二楊先生、林栗、曾稑、王莘叟、李過、戴師愈、李椿、張行成、崔山先生、深寧先生、東發先生、陳友文、方實、孫魯齋先生，元黄鎮成、李公凱、李恕、熊良弼、鄧錡、保八，皆流傳，著名于世。今以《永樂大典》合之，亦多有爲引用所未及者，蓋當日文淵閣無此書也。然其中未見之本，則幾相半：若河南史文徽證《易口訣義》六卷，司馬温文正公《易傳》三卷，陳中肅《了齋易説》一卷，李莊簡公光《讀易老人解説》十卷，丹陽都聖與絜《易變體義》十六卷，長陽先生郭雍《傳家易》十一卷、《卦辭旨要》六卷，華亭田興齋疇《學易蹊徑》二十卷，山齋先生易袚《周易總義》二十卷，金華鄭亨仲剛中《讀易窺餘》十五卷，都昌馮厚齋椅《易輯注》、《輯傳》、《外傳》共五十卷，節齋先生蔡淵《周易經傳訓解》三卷、《卦爻辭旨》□卷，吴陳寧極深《清全齋讀易編》三卷，長樂趙虚舟以夫《易通》十卷，建安張中溪清子《大易附録集注》十一卷，眉山李謙齋杞《易詳解》二十卷，大名齊伯恒履謙《易本説》六卷，寧德陳石堂普《易解》兩卷，莆田陳宏《易童子問》一卷，天水趙静之善譽《易説》二卷，郭東山昺《易解》一卷，朱祖義《易句解》十卷，黄岩陳澤雲應潤《爻變易藴》四卷，及蘭溪徐子才《周易直説》，泰和魯傳道貫《易學變通》，吉水解求我蒙《易經精藴大義》，陳訥《河圖易象本義》，胡震《易衍義》，則雖見于史志、書録，而絶不可得矣。至楊瀛《易尚四通》，趙與逌《易遺説》，張應珍、趙珪《易解》，蘇起翁《讀易記》，姑汾遁叟《□□指龜》，貢清之《易撮要》，吴説之《易疑問》，陳至《易辨疑》，無名氏《易象龜鑑》、《易纂》，則併其名亦爲史志、書録之所希見。楊瀛以下，朱竹垞《經義考》皆無之。因亟鈔一編，而别

識其目于此，使予得以數年無事，遍鈔諸經，遺秉滯穗，莫非經苑之腴，昔儒有知，其尚克相予也。

朱彝尊《詞綜・發凡》 唐、宋以來作者，長短句每别爲一編，不入集中，以是散佚最易。【略】詞有當時盛傳，久而翻逸者，遺珠片玉，往往見於稗官載紀。是編自《百川學海》、《古今小説》、《唐宋叢書》、曾氏《類説》、吴氏《能改齋漫録》、阮氏《詩話總龜》、胡氏《苕溪漁隱叢話》、陶氏《説郛》、商氏《裨海》、陸氏《説海》、陳氏《秘笈》外，繙閲小説，又不下數十家。片詞足采，輒事筆疏，故多他選未見之作，庶幾一開生面。

馬國翰《玉函山房輯佚書・周易王氏注》 《周易王氏注》二卷，魏王肅撰。肅字子雍，歷官侍中，遷太常，後遷中領軍加散騎常侍，事蹟見《魏志》本傳。陸德明《釋文》云：子邕，東海蘭陵人，魏衛將軍太常蘭陵景侯，傳言肅善賈馬之學，而不好鄭氏，采會同異，爲《尚書》、《詩》、《論語》、《三禮》、《左傳》，及撰定父朗所作《易傳》，皆列于學官。李延壽云：鄭玄《易》大行於河北，王肅《易》亦間行焉。《隋書・經籍志》云：《周易》十卷，魏衛將軍王肅注。《唐書・藝文志》云：王肅《注》十卷。《崇文總目》乃十一卷，題王肅《傳》。胡一桂謂：後人纂《釋文》所取者附益之，非肅本書。王應麟《困學紀聞》云：王肅注《易》十卷，今不傳。《釋文》云：自《繫辭》訖於《雜卦》，肅本皆有「傳」字。《漢・儒林傳》云：孔子晚而好《易》，讀之韋編三絶，而爲之傳。肅本是也。其注「噬乾胏，得金矢」云云，見《太平御覽》。案：徐堅《初學記》亦引此節，肅注在魏立學，頗著盛名，文字解説雖與康成殊異，要皆有據。朱子《本義》每稱王肅本，蓋深有所取也。今其注佚，聊就《正義》、《釋文》、《集解》、《文選注》、《御覽》諸書所引，輯爲二卷，與鄭《易》參考異同，比於宋之朱陸云。

又《周易何氏解》 《周易何氏解》，魏何晏撰。晏字平叔，南陽人，曹爽用爲散騎常侍，遷侍中尚書，以尚主賜爵爲列侯，見《魏志・曹爽傳》及裴松之注。又《管輅傳》吏部尚書何晏，謂之晏上《論語集解》，表署銜云「尚書駙馬都尉關内侯」，可以互考。其《易》不傳，書題及卷數並未詳。《册府元龜》有何晏《周易私記》二十卷，《周易講疏》十三卷，晏爲妥字之訛。《隋志》傳寫偶誤，沿習不覺，觀《唐書・藝文志》題何妥《周易講疏》十三卷可證，辨正詳何妥《講疏》。《序》題《易解》者，晏於《論語》稱《集解》。又案：《管輅别傳》云：晏自言不解《易》九事，《南齊書・張融傳》云：晏所不解《易》中九事，諸卦中所有時義是其一也。知當日於《易》亦稱解矣。孫盛《魏氏春秋》載晏語曰：唯深也故能通天下之志，夏侯泰初是也；唯幾也故能成天下之務，司馬子元是也。唯神也不疾而速，不行而至，吾聞其語，未見其人。蓋欲以神況諸己者也。然管輅譏其説《易》生義，美而多僞；又謂其爲少功之才。伏曼容亦以了不學輕之。蓋其人習於浮華，辭常勝理，故時人雖吸習歸服，而不能逃有識者之鑒也。兹從孔潁達《正義》、李鼎祚《集解》、房審權《義海》輯録止四節，亦卑之無甚高論，取以備魏《易》一家之數，且以著漢學之變自王弼者，晏實爲之倡也。

又《周易丁氏傳》 《丁氏易傳》二卷，漢丁寬撰。寬字子襄，梁人，景帝時爲梁孝王將軍，事蹟具《漢書・儒林傳》。寬受《易》於田何，又從周王孫受《古義》，傳同郡碭田王孫，王孫授施讎、孟喜、梁邱賀，傳稱「作《易》説三萬言」，訓故舉大誼而已。《藝文志》易家，丁氏八篇。《隋志》不著録，佚已久。攷陸氏《釋文・子夏易傳下》引荀勗云：丁寬所作，則丁《傳》必本子夏而成，推其義例或如毛萇之《詩傳》歟。今既輯録《子夏傳》，即據《中經簿録》所云，轉屬丁氏，師承淵源可以考見。又沛人高相治《易》與費公同時，其學亦亡。章句專説陰陽災異，自言出於丁將軍。案：《家語》載《子夏論易陰陽》一篇，文理精微，《大戴禮》取之，稱《易本命》，既是一家之學，附録于後。高氏絶學亦見一斑云。

又《周易馬氏傳》 《周易馬氏傳》三卷，後漢馬融撰。融字季長，扶風茂陵人，官至南郡太守，事蹟具《後漢書》本傳。融於三《傳》、《孝經》、《論語》、《詩》、三《禮》、《尚書》皆有注，其《易》治費氏學，與陳元、鄭衆並名於世。荀悦《漢紀》云：馬融著《易解》，頗生異説。顔延之《庭誥》云：馬、陸得其象數，取之於物；荀、王舉其正宗，得之於心。二子之論，皆有不足於季長，然鉅儒如盧植、鄭玄皆出其門。史又稱融爲傳以授鄭玄，玄作《易注》，則吾道云東，必有相契於微者矣。《隋書・經籍志》云：梁有漢南郡太守馬融注《周易》一卷，亡。新、舊《唐書志》並有《章句》十卷，蓋隋代散亡，唐復得之。故陸德明《釋文序録》亦稱其《章句》十卷，而與孔氏《正義》、李氏《集解》猶及徵引之也。宋元以來，其書無傳，兹就三書所引，並它書閒見者，輯録三卷。蕭子顯謂康成訓義優洽一世，參同甄異，可以此爲鄭氏先河云。

又《周易宋氏注》 《周易宋氏注》一卷，後漢宋衷撰。衷於《漢書》無傳，陸德明《釋文序録》云：字仲子，南陽章陵人，官至荆州五等從事。《隋書・經籍志》題爲漢荆州五業從事宋忠。案：衷、忠古字通用，五業不可解，當是五等之誤也。其

《易注》，《七志》、《七録》並十卷，《隋志》云：梁有十卷，亡。新、舊《唐志》亦並云十卷，《釋文》云九卷，蓋唐時尚有傳本，而秘閣所藏與民間所有卷復不同也。考衷於七經緯讖、《世本》、揚子《太玄經》皆有注，其學大抵與鄭康成相似，虞翻嘗論之曰：北海鄭玄、南陽宋忠雖各立注，忠小差玄，而皆未得其門，難以問世。今《易注》無全書，無從覈定。猶幸《釋文》、《集解》引有四十餘節，輯爲一卷。其説：莧，莧菜也；陸，商陸也；羸豕孚蹢躅，云：羸，大索所以繫豕者，巽爲股，又爲進退股，而進退則蹢躅也；説金鉉曰：兑爲金，玉鉉曰乾，體爲玉；説飛鳥遺之音曰：震爲聲音，飛而且鳴，鳥去而音止。此皆有見乎發揮旁通之妙，洵可刊輔嗣之野文，而輔康成之逸象。學非仲翔，未可輕議之也。

又《周易荀氏注》 《周易荀氏注》三卷，後漢荀爽撰。荀字慈明，潁川潁陰人，官至司空，事蹟具《後漢書》本傳。《易》本費氏，荀悦稱叔父故司徒爽著《易傳》，據爻象承應陰陽變化之義，以十篇之文解説經意，由是兖豫之言《易》者，咸傳荀氏學。《隋志》十一卷，《唐志》十卷，今佚。惠氏棟《易漢學》列荀慈明一家，而佚文不具載。張氏惠言輯荀氏九家，佚文具載，而雜入九家中，今特別出爲三卷。鄒湛曰：《易》「箕子之明夷」，荀爽訓箕爲荄，詁子爲滋，漫衍無經，不可致詰。程迥曰：荀爽於説卦添物象以足卦爻，查元章謂不須添，添亦不盡，不知箕子之義，取蜀趙賓傳孟喜之説也。八卦逸象，費氏古文有之，三家脱佚耳。荀傳費學，參用孟氏，正其篤古之深，非有所失，況陰陽升降，洞見本原。虞仲翔稱潁川荀諝號爲知《易》，且謂馬融有俊才，解釋復不及之，亦何可淺窺虛擬，妄生詆訾耶？

汪中《策略謏聞·逸禮》 經典之亡，惟《禮》爲甚。《禮》古經出魯淹中者五十六篇，合高堂生所傳十七篇，其三十九篇謂之《逸禮》，至唐初而亡。今其見於他書者，若《天子巡狩禮》，見《内宰注》；《朝見禮》，見《聘禮注》；《朝事儀》，見《覲禮注》；《烝嘗禮》，見《射人》疏；《中霤禮》，見《月令》注及《詩·泉水》疏；《王居明堂禮》，見《月令》及《禮器》注；又有《奔喪》、《投壺》、《諸侯遷廟》、《諸侯釁廟》、《曲禮》、《少儀》、《内則》、《弟子則》，見大、小戴《記》及《管子》，凡此皆在五十六篇中者。此《逸儀禮》之可考者也。河間獻王得孔子弟子及後學者所記一百三十一篇。劉向校定，增至二百五十篇，大戴删爲八十五篇，小戴又删爲四十六篇，馬融增爲四十九篇，是爲《禮記》。其逸篇，至隋而亡。其見於他書者，若《學禮》，見《賈誼傳》；《三正記》以下七篇，見《白虎通》及《後漢書·輿服志》；《王霸記》，見《夏官疏》；《瑞命記》，見《論衡》及《文選注》；《辨名記》，見《春秋疏》；《孔子三朝記》，見《史記》及《漢書注》；《月令記》、《大學論》、《古大明堂禮》、《昭穆篇》、《明堂泰山通義》，見蔡邕《論》。凡此皆二百五十篇中者。此《逸禮記》之可考也。《儀禮》有朱子之《經傳通解》，黄勉齋《續通解》。吴幼清又集《奔喪》等八篇爲《逸禮》，皆以補本經之缺。而撰次《禮記》之人，其可據者，《王制》，漢文帝時博士作；《月令》，吕不韋作；《中庸》，子思作；《緇衣》，公孫尼子作；《服問》、《三年問》，荀子作。《樂記》本二十三篇，戴氏取其十一篇爲今書，其十三篇目録今猶見於《正義》云。若夫三《禮》之同異，馬、鄭諸儒之得失，《禮記》之駁，《周禮》之可疑，則有不能盡舉其辭者矣。

任兆麟《述記發例》 昔韓子有言：「非三代兩漢之書不敢觀。」兹竊取其義，上溯夏商，下迄漢代，其多足資學人之考鏡、文家之采拾者，凡得書三十餘種。曩者校閲各書，舉有全本，是編爲中資鈔録，不得不就簡約。童子入塾後，先授《孝經》、小學各書，進以四書五經、《易》、《書》、《詩》、《春秋》、《三禮》。六子，性理書暨左、史、漢、韓，歷代名家詩文外接讀，庶得倫理。雖曰窺豹一斑，繇此淹貫全帙，大略不[illegible]是已。胡五峰謂：「學欲博不欲雜，學欲約不欲陋。」是編雖爲兔園小牘，必取其理正辭醇、羽翼經傳者録之，一切雜學害道之言槩不敢攙入。編中間有移易字句處，皆蒐羅宋元舊本、近世名人校本參定，匪敢臆竄貽譏大雅。是編原爲家塾誦習之本，外間傳出，遂爲友人慫恿鍥梓。讀者第以此爲漁獵筌蹄，毋以握珠自足，此則鄙人私願也。諸經中《儀禮》、《爾雅》頗不易成誦，爰本韓子之意，纂《儀禮大要》一編問世，《爾雅》三篇並次《五音》將續采焉。

王朝榘《十三經拾遺·儀禮遺文》 按《儀禮》遺文見于《唐石經》及《通解》者，邇來坊閒善本頗多增入，兹據明人注疏本所遺備補於右。

曾釗《面城樓集鈔》卷二《編輯始興記跋》 謹按：王韶之《始興記》，隋、唐、宋史志及諸家書目皆不著録。《隋志》載：《王韶之集》十九卷，《唐志》二十卷，或記在其中，如《吴萊集·南海古蹟記》之比。王韶之，《宋書》有傳，終吴興太守。《水經·溱水注》、《文選》李善注，引並偁王歆之。《水經·洭水注》又偁王歆。考《宋書》王歆之列《循吏傳》，不稱其著述。《御覽經史圖書綱目》：王歆之《南康記》、王韶之《始興記》，分載甚明，則歆當爲韶之譌文無疑。始興郡吴立，屬廣州，晉成帝度荆州，宋元嘉二十九年，又度廣州。三十年，度湘州。明帝太豫元年，改廣興。韶之卒於元嘉十二年，其時尚屬荆州，領曲江、桂陽、陽山、湞陽、含洭、始興、中宿七縣。元嘉初，徐豁爲始興太守，有政聲。韶之未嘗至始興，或即從徐豁

討問故事，筆爲此記歟？酈道元《水經注》雖止引二條，然其餘尚多暗用，則此記爲當時所重可知。第書佚已久，今剌取羣書所引，七縣山川故事略備，惟原書卷數、體例無從考索，聊以類相從。尚有闕遺，以俟後哲。

又《編輯楊議郎著書跋》　謹按：《隋書・經籍志》：《異物志》一卷，後漢議郎楊孚撰。《交州異物志》一卷，楊孚撰。新、舊《唐書志》：《交州異物志》一卷。宋以後史志不著録，殆亡於宋時歟？《水經注》引楊氏《南裔異物志》，《藝文類聚》引楊孚《交趾異物志》，《初學記》引楊孚《臨海水土記》，《隋書》有《臨海水土物志》，沈瑩撰，非此書。而《隋志》又皆無之。黄泰泉云：《太平御覽》以南裔作交趾，《臨海水土記》，後人亦改名《異物志》。然則三書，蓋流傳稱名之異，非隋時有佚也。考楊孚爲漢章帝時議郎，而臨海置於吴太平二年，又《續後漢書・五行志》注引楊孚《董卓傳》，據此則議郎歷漢末至吴時尚存，蓋百餘歲人矣。而史志猶偁爲漢議郎，其不仕吴可知。粤人著作見於史志，以議郎爲始，而又享大年，秉忠節如此，其遺書烏可任其散佚無傳？爰剌取羣書，以宋爲斷，偁楊孚撰者得若干條，編爲一帙。其不著撰名，惟偁《異物志》者，雖灼知議郎書，亦别爲一帙，附於後。愧讀書不多，缺漏且誤，尚冀博物君子補而正之。

又卷三《萬卷菁華跋》　《萬卷菁華前集》八十卷，《後集》七十八卷，《續集》三十四卷，無序跋，亦不著撰人。核其避宋諱嫌名，匡、耿、恒、徵、讓、樹、項、桓、構、慎、惇、鞹等字，而不避昀字，則是光宗時太學生徒所作也。《孝經》、《論語》自唐時已列爲經，《孟子》列於經，亦在北宋已前。此書引歸子類中，豈當時有此議，不久而復故，史未詳耶？書中分門極繁瑣，似爲題解而作，取便查檢而已。近世流傳頗稀，《文淵閣書目》止載十册，《菉竹堂書目》止載五册，惟范氏天一閣前、後、續三集俱全。或以其多習見之書少之。然其中引《孝經鈎命決》、《尚書中候》、《春秋演孔圖》、劉向《洪範五行論》、《春秋釋例》、《三禮義宗》、《五經通義》，《五經異義》、《五經要義》、《五經析疑》、薛瑩《漢記》、《東觀漢記》、華嶠《漢書》、劉昭《補後志序》、《漢書百官表注》、王隱《晉書》、何法盛《晉中興書》、曹嘉之《晉紀》、劉向《列仙傳》、《帝王世紀》、《三輔決録注》、陳壽《耆舊傳》、張隱《文士傳》、《汝南先賢傳》、《晉起居注》、《漢雜事記》、《晉東宫舊事》、魚豢《典略》、《時鑑》、《新書》、劉氏《瑞應圖》、顧野王《符瑞圖》、《環濟要略》、張華《博物志》、《梁元纂要》、《玉燭寶典》、胡廣《漢官》、《漢舊儀》、應劭《漢官儀》、翼鳳《風角書》、《風俗通》、《白虎通》、桓譚《新論》、《唐三朝訓鑒》、《唐職林》、《慎子》，不下四五十種，核之於今，或全書已亡，其存者或佚其句，此書所引，猶足以資考證。第以碎寶埋沙礫中，難於倉卒識拔耳。此本爲明人舊鈔，較《天一閣書目》，《後集》缺七十九、八十凡二卷，《續集》缺十九、二十、二十一、二十二、二十五、二十六凡六卷。釗暇日披覽，將所引《孝經鈎命決》、《春秋演孔圖》、《春秋釋例》、《東觀漢記》、《漢舊儀》、胡廣《漢官》、應劭《漢官儀》、《漢書百官表注》、《風俗通》、《白虎通》、《慎子》、《博物志》諸佚文鈎沉起墜，簽識於各書中。復詳記此書之後，以俟他日採掇，存亡書梗概。可見宋人類書雖最下者，猶有取如此。不獨《孝經》、《論語》列於子類，爲足備異聞已也。

孫星衍《問字堂集》卷三《校定神農本草經序》　《隋經籍志》稱《吴普本草》，梁有六卷。《嘉祐本草》云：「普修《神農本草》，成四百四十一種，《唐經籍志》尚存六卷，今廣内不復存，惟諸書多見引據，其説藥性寒温五味，最爲詳悉。」是普書宋時已佚。今其文惟見掌禹錫所引《藝文類聚》、《初學記》、《事類賦》諸書。《太平御覽》引據尤多，足補《大觀》所缺。重是《别録》前書，因採其文，附於本經，亦略備矣。

又卷四《答袁簡齋前輩書》　今覽北宋類書，如《太平御覽》、《太平寰宇記》、《事類賦》所引諸書，南宋已失之。朱晦菴、王伯厚號稱博涉，其所引據亦無今世未有之書。近時開四庫館，得《永樂大典》，所出佚書甚多，及《釋》、《道》二藏，載有善本古書，前世或未之覩。而鐘鼎碑碣，則歲時出于土而無窮。以此而言，考據之學今人必當勝古，而反以爲列代考據如林，不必從而附益之，非通論矣。

又《倉頡篇集本序》　國家廣求遺書，藏在祕閣，其有佚者，儒臣多依《永樂大典》撰集成編。【略】頃禮部儀制司任君大椿集《字林》八卷，雕板行世，星衍以戊辰之歲讀書江寧瓦官寺閣，遊覽内典，見玄應《一切經》并慧苑《華嚴經音義》引《倉頡》爲多，隨加采摭，兼采儒書，閱五年矣，粗具條理，刊而行之，庶亦小學之助。玄應、慧苑之書，世多不傳，宋人好博，如朱文公、王伯厚亦未之見。中引古書尤多，足與陸德明《經典釋文》並垂于世。

陶澍《陶文毅公全集》卷三六《聖賢羣輔録序》　靖節此録，雖係僞作，究爲北齊以前人所依託，其中甄述兩漢及東、西《晉書》，皆非班、范《史》及唐人所撰之《晉史》也。如《三輔決録》、《張璠記》、《謝承書》之類，今全書雖佚，猶散見於羣籍，以南北、六朝及唐初諸子書，並李善《文選注》、虞世南《北堂書鈔》、徐氏《初學記》、歐陽氏《藝文類聚》、《太平御覽》、《册府元龜》等書考之，大半符合。

王昶《春融堂集》卷三六《汪少山齊魯韓詩義證序》　《史記》稱：「漢興，言

《詩》於魯則申培公，於齊則轅固生，於燕則韓太傅。」班固謂：「三家或取《春秋》，或采雜説，皆不得其真，魯最爲近之。」攷隋唐《經籍》、《藝文》兩志，韓詩二十二卷至唐猶存，而《外傳》十卷今尚完好，又諸書所引亦於韓詩獨多。惟齊魯之詩久亡，非獨其書不傳，即説詩之大旨有不得而考者矣。雖然魏應集魯詩，時京師諸儒會於白虎觀講論五經同異，肅宗使專掌難問，親臨稱制。則《白虎通德論》所載如相鼠爲諫夫，其《魯詩》之遺歟。包咸亦習《魯詩》，何晏《論語集解》往往採包氏説，則如注深淺厲揭亦魯詩之解歟。翼奉傳《齊詩》言：「南方之情惡行廉貞，西方之情喜行寬大。」以釋吉日庚午。又言：「詩有五際而《詩緯汜歷樞》，謂卯天保也，酉祈父也，午采芑也，亥大明也，亥爲革命一際也。」又謂：「天門出入候聽二際也，卯爲陰陽交際三際也，午爲陽謝陰興四際也，酉爲陰盛陽微五際也。」與奉之言合。意《詩緯》亦傳自《齊詩》，故景鸞受河洛圖緯，列其占驗，亦《齊詩》之教歟。然奉與蕭望之匡衡同師，望之入穀之議，衡政治得失之疏，所引詩義當與齊故不殊歟。昔王氏應麟嘗輯三家緒言稡爲一編，吾友汪君翊青以爲未備也，罔羅遺佚，抉摘瑣細，殆無遺者，又取諸書之説旁推而曲證之。凡成書六卷，欲攷三家之大旨者備於是矣。世人抱殘守匱，見古義古字之異輒色然以駭，不知七十子之微言有存什一於是者，不可不寶也。汪君名照，工詩文，嗜古博學，矮紙細字，日夜鈔撮不休，尤湛深於經術云。

又卷四三《跋周易乾鑿度》 鄭康成注《周易乾鑿度》上下凡二卷，按《隋書·經籍志》有《易緯》九卷，舊、新《唐書·藝文志》並同，初不别出《乾鑿度》之名。而徐氏《初學記》、李氏《文選注》、虞氏《北堂書鈔》、歐陽氏《藝文類聚》、李氏《周易集解》、孔氏賈氏經疏率援引此書。至宋晁昭德先生、尤文簡公《遂初堂書目》亦具載焉，蓋緯書之僅存者爾。《詩正義》引《乾鑿度》云：「正其本，而萬物理。失之毫釐，差之千里。」又云：「興亡殊方，各有其祥。」又云：「古者田漁而食，因衣其皮。先知蔽前，後知蔽後，後王者易之以布帛而猶存其蔽前者，重古道，不忘本。」《文選注》引《乾鑿度》云：「代者赤兊黄佐命。」又《初學記》引《乾鑿度》云：「管三成德，爲道苞籥。」鄭注：「管猶兼也。一言而兼此三事，以成其德道苞之籥。齊魯之間名門户及藏器之管爲籥。」今本皆無此文，則其殘缺已多也。雖然漢學之失傳久矣，而其推日用事六日七分以及消息主歲之卦，皆與孟喜、京房、荀爽、虞翻之説合，蓋漢儒所以言《易》者多本於此，洵可貴也。

又《惠氏周易述跋》 《易》綜天人，廣大無不包。儒者據其一德，往往演之而合。然自七十子歿，山東大師各得所傳以教，故漢《易》多孔氏之遺。京氏房、鄭氏康成、虞氏翻、荀氏爽，其尤著者，獨亡佚已久，其略僅存於李氏《易解》。而采摭不備，彼此互見，且所撰《索隱》又亡，讀者罕能通其術。我友惠定宇先生研覃羣經疏，以逮魏晉六朝之書，有涉於易者旁通而曲證之，作爲《易述》，而京、鄭諸家之法復明。殺青漸久，朽蝕刓缺滋甚，周子錫瓚鳩工修補，於是是書復完可誦。定宇又有《易漢學》，蓋《易述》之綱領，不讀《漢學》，不知《易述》所以作。周子將梓，以冠於書首，學者由是而服習焉。微言大義，左右逢源，不復有斷港絶潢之歎已。

陸以湉《冷廬雜識》卷三《永樂大典》 明《永樂大典》割裂羣籍，分隸各韻，原書遂多散佚。明代士人纂書梓行，亦皆芟削篇句，使後人不能見古人全書。迨我朝開四庫館，彙萃遺編，俾各書均，成完帙，又復搜求浩博，參考精確，流傳廣遠。

李慈銘《越縵堂讀書記·古微書》 閲《古微書》，乃明孫瑴所輯諸經緯，而附以證佐。其人自號賁居子，識見弇陋，采取亦隘，故諸書軼見他説者，往往不備。

陶方琦《漢孳室文鈔》又卷四《唐釋慧琳大藏經音義跋》 唐釋慧琳撰《大藏一切經音義》一百卷，依資舊訓，采輯古籍，其中所包更爲富美，如元應《衆經音義》、慧苑《華嚴音義》、雲公《涅槃經音釋》、基師《妙法蓮華經音訓》皆存于内。余近得見於舊家，其書乃東瀛槧本，前有顧處士齊之序文，開成五年作。又有試太常寺奉禮郎景審序，刻是編者爲雒東師谷白蓮社人。敘列引《宋高僧傳》云：「慧琳，姓裴氏，疏勒國人，爲不空三藏弟子。自貞元四年迄元和五載，方得絶本，貯其本於西明藏中。琳以元和十五年卒，春秋八十四矣。殆大中五年有奏請入藏流行。近以海中高麗國雖三韓夷族，偏尚釋門。周顯德中，遣使齎金求慧琳《經音義》，時無此本，故有闕如。」後又有日本人澂運跋云：「琳音一百卷，南北二藏並缺，惟有高麗刻本建仁藏中收之。先師得此異本，即爲上木，已刻十餘卷，不成而卒。遺弟等募資竣刻」云云。則是書之由來不特中土云亡，即海邦亦尟有傳本。古書代出，貴侔球璧。書中所引古籍希見者甚衆，如蔡邕《石經周易》、劉瓛注《論語》、鄭氏注、馬融《毛詩傳》、韓詩劉兆《公、穀注》、劉熙《孟子注》、孫炎、李巡《爾雅注》、《尚書大傳》鄭氏注、賈逵《國語注》、司馬彪《莊子注》、許叔重《淮南注》、蕭該《漢書音義》、曹氏《郡國志》、《括地志》、《謚法》、《歸藏》、《六韜》、劉向《典略苑》、《蒼頡篇》、《通俗文》、《字林》、《埤倉》、《聲類》、《韻集》、《字統》、《韻略》、《纂韻》、《古今正字》、《文字典説》、《字書韻詮》、《韻英考》、《聲纂文》、《桂苑珠叢》，往册殊訓，徵引極博。内引許君《説文》及《玉篇》，皆與今本時有同異，洵足寶也。余前采輯許君《淮南

注》及韓詩遺文，此中又得甚多，第覽異文，盛懌過望。昔阮太傅得日本佚書，如《羣經治要》、《五行大義》，皆爲古書後出，而未及是編。又如孫淵如、任芝田、臧拜經皆愛集異聞，從釋道兩藏蒐出古籍亦衆，當時若元應《衆經音義》、慧苑《華嚴音義》、《詁訓叢集》，遺文寖出，目爲寶藏，采資無餘。《㪟經室外集一切經音義提要》亦引《宋史・高僧傳》西明寺有釋慧琳《大藏音義》一百卷，其書不傳，深爲惋歎。詎知是書近出，又加什百字學韻詁，識别頗精。顧處士序云元應音釋尚有漏略，是書精博，文華璀璨，先賢之論，亮非溢美。乾嘉以後，補敚拾墜，經古成編。若見是書，剌取益密，義由彼教，尚裨于儒林。書流異邦，獲顯于今日。區區之心，竊慕此爾。

王仁俊《經籍佚文・華陽國志》 因慰勞汶山。吏及百姓詣武自訟：「一歲再度，更賦至重。邊人貧苦，無以供給，求省郡。」郡建以來四十五年矣。武以狀上，遂省汶山郡，復置都尉。《寰宇記》。俊按：顧氏云舊本僅存「因」字，餘並脱去，依《寰宇記》補。

又《尚書佚文輯補》 《大禹謨》孔壁古文有。虞夏書，虞書。舜曰「維予從欲而治」。《荀子・大略》。按：枚書作「俾予從欲以治」，蓋竊其説而小變之。《皋陶謨》孔有。虞夏書，虞書。虞始造律。《風俗通》引《皋陶謨》。按：此句今佚。《風俗通》所引見《文選》陳琳《檄豫州文》注，又《類聚》五十四。

又《世本敘》 《世本》一卷，宋衷注。昔宋高似孫以經疏所引録爲一書，周益公歎爲天下奇書。近洪氏飴孫、秦氏嘉謨均得有輯補，但二君以司馬遷、韋昭、杜預三家説采補，不盡明引是書者。此外雷氏學淇二卷，張氏澍五卷，孫氏馮翼則據錢大昭本補之。近陳君其榮又補之。俊於諸家所采外，復據《祖庭廣記》、《姓纂》、《姓解》諸書以備遺忘，并坿宋氏注焉。

雜録

胡應麟《少室山房筆叢》卷三 先秦兩漢間子書，名同者甚衆，蓋皆以姓爲稱故爾。然其書傳者甚希，又非文義所急，故往往知其一不知其二，雖博雅之士，或知其二未必知其三、四也。今據劉氏《七略》、鄭氏《通志》及《御覽》、《元龜》等類書，條載十數類於左，自備忘忽云爾，非示諸大方也。

胡應麟《少室山房類稿》卷一〇四 宋初輯三大類書，《御覽》之龐賾，《文苑》之蕪冗，《廣記》之怪誕，皆藝林所厭薄，而不知其有助於載籍者不鮮也。非《御覽》，西京以迄六代諸史乘煨燼矣。非《英華》，典午以迄三唐諸文賦烟埃矣。非《廣記》，汲冢以迄五朝諸小説烏有矣。所録本書，今十九不存，間存者往往賴此而完帙僅半，餘恍忽睹其名耳。宋人雜説單行，本朝垂百數種，舍此遂無可别稽。故是編雖蕪冗，世莫得而廢也。

朱鶴齡《愚菴小集》卷一三《書太平御覽後》 《太平御覽》一千卷，宋太平興國中李昉等所編，與《册府元龜》、《文苑英華》號三大部。太宗尤愛此書，乙夜必讀竟四卷。洪容齋謂《御覽》引用書凡一千六百九十種，今十亡八九。蓋其時書皆抄本，經靖康兵火之後，散佚不傳，幸《御覽》猶存，《四庫》書籍得以考見其十之一二。

馬驌《繹史》卷首《微言》 漢魏以還，稱述古事，兼爲采綴，以觀異同【略】。若乃全書闕佚，其名僅見，【略】緯讖諸號，尤爲繁多【略】，則取諸箋注之言，類萃之帙，雖非全璧，聊窺一斑，《十三經注疏》、《史記索隱》、《正義》、《漢書注》、《後漢書注》、王逸《楚辭注》、酈道元《水經注》、六臣《文選注》，以及《左》、《國》、《世説》等注，其旁證尚論，存古最多。至類書則杜氏《通典》、《白孔六帖》、《初學記》、《藝文類聚》、《册府元龜》、《太平御覽》、《太平廣記》、《文獻通考》、鄭氏《通志》、《玉海》、《事文類聚》、《錦綉萬花谷》。其引用書名目，今多未見，或聯載數語，或單存片言，今皆收之。【略】又百家所記或事同文異或文同人異，互見屢出，不敢偏廢，所謂疑則傳疑，廣見聞也。

全祖望《鮚埼亭集外編》卷一七《鈔永樂大典記》 明成祖勅胡廣、解縉、王洪等纂修《永樂大典》，以姚廣孝監其事，始於元年之秋，成於六年之冬，計二萬二千七百七十七卷，凡例、目録六十卷，冠以御製文序，定爲萬一千册，廣孝奉詔再爲之序。其時公車徵召之士，自纂修以至繕寫，幾三千人，緇流羽士，亦多預者。書成，選能詩古文詞及説書者二百人，充試吏部，拔其尤者三十人授官，其餘亦有注籍選入者萬。是書初上，詔名《文獻大成》，後改焉。孝宗最好讀書，召對廷臣之暇，即置是書案上。嘉靖四十一年，禁中失火，世宗亟命救出，此書幸未被焚，遂詔閣臣徐階，照式模鈔一部，當時書手一百八十，每人日鈔三紙。一紙三十行，一行二十八字。至隆慶改元始畢。崇禎時，劉若愚著《勺中志》，已言是書不知今貯何所。是其書在有明二百餘年以來，賴世廟得如卿雲之一見，而總未嘗入著述家之目。暨我世祖章皇帝萬幾之餘，嘗以是書充覽，乃知其正本尚在乾清宫中，顧莫能得見者。及《聖祖仁皇帝實録》成，詞臣屏當皇史宬書架，則副本在焉，因移貯翰林院，

然終無過而問之者。前侍郎臨川李公在書局，始借觀之，於是予亦得寓目焉。其例乃用《洪武四聲韻》分部，以一字爲綱，即取《十三經》、《廿一史》、諸子百家，無不類而列之，所謂因韻以統字，因字以繫事者也，而皆直取全文，未嘗擅減片語。夫偶舉一事，即欲貫穿前古後今書籍，斯原屬事勢所必不能，而《大典》輯沓并包，不遺餘力，雖其間不無汗漫陵雜之失，然神魄亦大矣。蓋嘗聞諸儒商榷凡例，初多參辰，王偁笑曰：「欲搆層樓華屋，乃計功於箍桶都料耶？」則凡例蓋取偁手也。若一切所引書，皆出文淵閣儲藏本。自萬曆重修書目，已僅有十之一，繼之以流寇之火，益不可問。聞康熙間，崑山徐尚書健菴以修《一統志》言於朝，請權發閣中書資考校，寥寥無幾，則是書之存，乃斯文未喪一碩果也。因與公定爲課，取所流傳於世者，槩置之，即近世所無，而不關大義者亦不録，但鈔其所欲見而不可得者。而別其例之大者爲五：其一爲經，諸解經之集大成者，莫如房審權之《易》，衛湜、王與之之二《禮》，此外莫有仿之者；今使取《大典》所有，稍爲和齊而斟酌，則諸經皆可成也。其一爲史，自唐以後，六史篇目雖多，文獻不足；今采其稗野之作，金石之記，皆足以資考索。其一爲志乘，宋、元圖經舊本，近日存者寥寥，明中葉以後所編，則皆未見古人之書而妄爲之；今求之《大典》，釐然具在。其一爲氏族，世家系表而後，莫若夾漈《通略》，然亦得其大槩而已，未若此書之該備也。其一爲藝文，東萊《文鑑》不及南渡，遺集之散亡者，《大典》得十九焉。其餘偏端細目，信手薈萃，或可以補人間之缺本，或可以正後世之僞書，則信乎取精多而用物宏，不可謂非宇宙間之鴻寶也。會逢今上纂修《三禮》，予始語總裁桐城方公鈔其《三禮》之不傳者，惜乎其闕失幾二千册。予嘗欲奏之今上，發宮中正本以補足之，而未遂也。夫求儲藏於祕府，更番迭易，往復維艱，而吾輩力不能多畜寫官，自從事於是書，每日夜漏三下而寢，可盡二十卷。而以所簽分令四人鈔之，或至浹旬未畢，則欲卒業於此，非易事也。然以是書之沈屈，忽得人讀之，不必問其卒業與否，要足爲之吐氣。嗟乎！温公《通鑑》之成，能讀之至竟者，祇王益柔一人，其餘未及一卷，即欠伸思睡。況《大典》百倍於此，其庋閣也固宜。今吾輩鋭欲竟之，而力不我副，是則不能不心以爲憂者也。

姚鼐《惜抱軒文集》卷一〇《朱竹君先生傳》 朱竹君先生名筠，大興人，字美叔，又字竹君，與其弟石君珪，少皆以能文有名。先生中乾隆十九年進士，授編修，進至日講起居注官、翰林院侍讀學士。督安徽學政，以過降級，復爲編修。先生初爲諸城劉文正公所知，以爲疏儁奇士。及在安徽，會上下詔求遺書。先生奏言：「翰林院貯有《永樂大典》，内多有古書世未見者，請開局使尋閱。」且言搜輯之道甚備。時文正在軍機處，顧不喜，謂「非政之要而徒爲煩」，欲議寢之，而金壇于文襄公獨善先生奏，與文正固争執，卒用先生説上之。四庫全書館，自是啓矣。先生入京師，居館中纂修《日下舊聞》。未幾文正卒，文襄總裁館事，尤重先生。先生顧不造謁，又時以持館中事與意迕，文襄大憾。一日見上，語及先生。上遽稱許「朱筠學問文章殊過人」，文襄默不得發，先生以是獲安。其後督福建學政，逾年，上使其弟珪代之，歸數月遂卒。

錢大昕《潛研堂文集》卷二九《跋長春真人西遊記》 《長春真人西遊記》二卷，其弟子李志常所述，於西域道里風俗，頗足資考證，而世鮮傳本，予始於《道藏》抄得之。

朱筠《奏陳購訪遺書及校核〈永樂大典〉意見摺》 中秘書籍，當標舉現有者，以補其餘也。臣伏思西清東閣所藏，無所不備，第漢臣劉向校書之例，外書既可以廣中書，而中書亦用以校外書，請先定中書目録，宣示外廷，然後令各舉所未備者以獻，則藏弆日益廣矣。臣在翰林，常翻閱前明《永樂大典》。其書編次少倫，或分割諸書以從其類，然古書之全而世不恒覯者，輒具在焉。臣請勑擇取其中古書完者若干部，分別繕寫，各自爲書，以備著録。書亡復存，藝林幸甚！

彭元瑞《知聖道齋讀書跋》卷二《古今類事》 《古今類事》二十卷，從内府影宋本抄出。其書如《前定録》之例，鍾輅所云，達識之士，知其不誣，奔競之徒亦足自警，小説家之近正者也。全書總目標出所引，如《成都廣記》、《談聞録》、《廣德神異録》、《唐宋遺史》、《賓仙傳》、《蜀異記》、《搢紳脞説》、《靈異記》、《靈應集》，皆後世不傳之書，故可貴。然《太平廣記》中徵應、定數兩門，是其藍本也。

章學誠《文史通義·内篇一·書教中》 《書》無定體，故易失其傳；亦惟《書》無定體，故托之者衆。周末文勝，官禮失其職守，而百家之學，多争托於三皇五帝之書矣。藝植托於神農，兵法醫經托於黄帝，好事之徒，傳爲《三墳》之逸書而《五典》之別傳矣。不知書固出於依託，旨亦不盡無所師承。官禮政舉而人存，世氏師傳之掌故耳。惟三、五之留遺，多存於《周官》之職守，則外史所掌之書，必其籍之別具，亦如六典各存其副之制也。《左氏》之所謂《三墳》、《五典》，或其概而名之，或又別爲一説，未可知也；必欲確指如何爲三皇之墳，如何爲五帝之典，則鑿矣。《逸周書》七十一篇，多《官禮》之別記與《春秋》之外篇，殆治《尚書》者雜取以備經書之旁證耳。劉、班以謂孔子所論百篇之餘，則似逸篇初與典、謨、訓、誥同爲

一書，而孔子爲之删彼存此耳。毋論其書文氣不類，醇駁互見，即如《職方》、《時訓》諸解，明用經記之文；《太子晉解》，明取春秋時事，其爲外篇别記，不待繁言而決矣。而其中實有典言寶訓，識爲先王誓、誥之遺者，亦未必非百篇之逸旨，而不可遽爲删略之餘也。

法式善《陶廬雜録》卷二 朱竹垞謂偶吏目桓所選元詩爲獨開生面，而以缺七言絶句爲憾，余嘗欲補之而未就也。因憶文淵閣校《四庫》書，所閲元人詩佳者輒録存，多《四朝詩選》、《元文類》、《宋元詩會》、《元詩體要》、《元風雅》、《元詩選》、《元詩癸集》中所未載者。將來合諸集甄綜之，以復吏目舊觀。竹垞翁其許我乎。

又卷四 《尚書全解》四十卷，宋三山拙齋林之奇少穎撰。元闕第三十四卷《多方篇》，今於《永樂大典》中得之，鈔補乃成完書。【略】《太平御覽》一千卷，宋太平興國二年李昉等奉敕撰，凡五十五門，採書一千六百九十種。《文苑英華》一千卷，七年李昉等奉敕編，託始梁末而下迄於唐。《册府元龜》一千卷，宋景德二年王欽若等奉敕撰，凡三十一部，部有總序，一千一百四門，門有小序。是三書者，極瑰偉之觀矣。若明之《永樂大典》二萬餘卷，則尤繁富。依韻排類，終傷雅道。然宋元以後之書，賴此而存。至於我朝之《古今圖書集成》、《四庫全書》，則薈萃古今載籍，或分或合，盡美盡善，發凡起例，綱舉目張，猗歟盛哉。【略】大興朱竹君學士請裒集《永樂大典》散篇，勒成定本，俾還舊觀。經部易類廿四種，一百九十二卷。書類十三種，一百五十二卷。詩類五種，五十七卷。禮類九種，一百二十卷。春秋類十九種，二百一卷。孝經類一種，一卷。四書類二種，十卷。樂類三種，九卷。小學類四種，十八卷。史部正史類二種，一百五十五卷。編年類五種，八百六卷。别史類三種，一百一十五卷。雜史類十種，十七卷。詔令奏議類一種，五卷。傳記類十八種，五十卷。載記類三種，十三卷。地理類十二種，七十四卷。職官類五種，三十三卷。政書類十二種，一百五十六卷。目録類三種，四十二卷。史評類四種，十一卷。子部儒家類十八種，五十三卷。農家類三種，三十一卷。醫家類十九種，六十六卷。兵家類四種，七卷。法家類五種，二十九卷。天文算法類十一種，五十八卷。術數類三十三種，一百四十四卷。藝術類六種，四十三卷。譜録類三種，四卷。雜家類二十九種，一百四十二卷。類書類二十種，一百三十五卷。小説家類十九種，四十二卷。道家類一種，十二卷。集部别集類一百六十六種，二千一百九十九卷。總集類九種，一百卷。詩文評類九種，十五卷。詞曲類一種，二卷。共成書五百一十四種，五千三百一十三卷。薈萃之功，千古不朽矣。

阮元《揅經室三集》卷五《重刻宋本太平御覽敘》 《太平御覽》一書，成于太平興國八年。北宋初古籍未亡，其所引秦、漢以來之書，多至一千六百九十餘種。考其書傳于今者，十不存二三焉。然則存《御覽》一書即存秦、漢以來佚書千餘種矣，洵宇宙間不可少之古籍也。惜世所行者，自明人刻本外，鮮有善册。吴門黄蕘圃主事有刊本三百六十六卷，乃前明文淵閣宋刻殘本，又五百廿卷，亦依宋鐫所抄，其餘缺卷並從各家舊抄過録。予乙丑、丙寅間在雷塘庵取明黄正色本屬友人密加讎校，知黄本顛倒脱落至不可讀，與明活字板相似，其偏旁之訛更無論矣。且彼本妄據彼時流傳經籍憑臆擅改，不知古書文義深奥，與後世判然不同，淺學者見爲誤而改之，不知所改者反誤矣。或其間實有宋本脱誤者，但使改動一字，即不能存宋本之真，不能見重于後世。故余所讎校者，以全依宋本不改一字爲主。今此刻本，又皆全依余所校者付梓，且精校再三，不滋舛脱。足使藝林稱快，後世委心，古籍古人，皆藉是更垂不朽矣。

顧廣圻《顧千里集》卷九《重刻古列女傳序》 劉向《列女傳》，考顏黄門《家訓》，則曹大家注本已有羼入者，至宋時蘇頌、王回，又出己意更改，厥後蔡驥遂散頌入傳，而建安余氏勤有堂所刊，兼逸去頌義大序及《魯師氏母》一傳，迥非劉氏之舊矣。余氏本世亦不多有，予購得之，爰重梓焉，凡八卷，悉仍之，不復據目録正其次第，以劉氏元書不可追復故也。余氏本上方有圖，首題虎頭將軍畫，然據王回序，則吕縉叔等所見圖，乃止《母儀》、《賢明》二傳，後並無從更得，今此圖蓋余氏所補繪耳，無容贅爲摹刻也。至曹大家所注十五卷，宋時具存，今竟亡矣，而宋以前人注書及所輯類書。頗多援引者，異日仍當蒐羅審擇都爲一編，以傳梗概焉。

張金吾《愛日精廬藏書志》卷二六 《北堂書鈔》一百六十卷，隋祕書郎虞世南撰。此本係永興原本，未經陳氏增删竄亂者。分甲乙丙丁戊己庚辛壬癸十册。卷一百三十九《車總載篇》、卷一百五十八至一百六十《穴》、《泥》、《沙》、《石》四篇，俱係大字無注，與全書異。陳氏改從一例，立題分注，遂使原本面目不復可識。且所增補，或羼入五代十國事，更失限斷，藏書家每以不得一覩原書爲恨。今細核陳氏之書，大約原書所引之句與題不甚協者則删，絶無文義可通者則删，其書人人習讀無所用注者則删，其書世無傳本不復可校者則删，或改引他書，如謝承、袁山松等《後漢書》，則改引范蔚宗書，十八家《晉書》，則改引房玄齡書是也。有原本正文而改作小注者，有原本小注而改作正文者，有陳氏所增而未注補字者，有原書所有陳氏稍加增改而注補字者，攙亂删改，不可枚舉。

錢泰吉《曝書雜記》卷中　通志堂所刻《宋元經解》，望溪嘗用二十餘年之力，删取其精要者，詳集中《與吕宗華書》，不知果排纂成書否。然讀望溪《三禮》、《春秋》諸撰著，可知其宗旨矣。與吕書中言：「删遍一經，然後知三數大儒而外，學有條理者不過數家。而就此數家之中，實能脱去舊説而與聖人之心相接者，蓋亦無幾。」初讀時，詫其持論過高。及觀杭堇浦《續禮記集説》自序，謂：「衛氏《集説》，采輯雖廣，大約章句訓詁之學爲多。卓然敢與古人抗論者，惟陸農師一人而已。《永樂大典》中《禮記外傳》，唐人成伯璵撰，藏書家未有也。然止標列名目，開葉文康《禮經會元》之先，他無不經見之書。至元人之《經疑》，迂緩庸腐，無一語可以入《經解》。而《大典》中至有數千篇，益信經窟中可以樹一幟者之難也。」堇浦之治經，與望溪家數不同。論定古人，則識力不相讓。經生讀之，可知所從事矣。

羅汝懷《湖南文徵》卷六三《宋儒易山齋先生周禮總義序附記》　《永樂大典》係湖廣王洪等編輯，計二萬二千八百七卷，萬一千九十五册，《目録》六十卷，嘉靖中，大内回禄，世宗亟命挪救，書幸未焚，敕閣臣徐階復令儒臣照式摹鈔一部，寫手百有八人，自嘉靖四十一年至隆慶元年始克告竣，見延陵姜紹書《韻石齋筆談》，與此文所紀小異。姜以弘光元年致仕，其於明事或較確也。我朝乾隆中，允安徽學政朱筠之奏，以歲癸巳特開四庫全書館，將《大典》並各省採進之書分類校讎，於是隱帙奥篇，胥得著録，而典籍之富，遠邁前古矣。

馬國翰《玉函山房輯佚書・蔡氏易説》　《蔡氏易説》一卷，漢蔡景君撰，景君當是蔡氏之字，名爵未詳。虞翻稱彭城蔡景君《説》。翻生漢季，及引述之，則蔡氏漢人，在翻前。考《漢書・藝文志》有《蔡公易傳》二篇，注：蔡公，衛人，事周王孫。意景君即蔡公，殆衛人而官彭城，虞氏稱其官號，如南郡之稱馬融，長沙之稱賈誼歟。《隋志》不載，書佚已久。《集解》引止一節，朱震《漢上易叢説》，推廣其卦變之説，一家法度猶存，據輯以質世之治漢學者。

李慈銘《越縵堂讀書記・意林》　《意林》所載書今已亡者往往有格言可取。今略録之：黨成於下，君孤於上。馬不素養，難以追遠；士不素簡，難以趨急。里語曰：州郡記如霹靂，得詔書但掛壁。崔元始《正論》。君子暇豫則思義，小人暇豫則思邪。阮子。赤如雞冠，黄如蒸栗，白如脂肪，黑如淳漆，此玉之符也。言成雅馴，辭作典謨，此人之符也。《正部》。《隋志》：《正部論》八卷，王逸撰。案《文選・魏文帝與鍾大理書》注引赤如雞冠五句，亦作王逸《正部論》。琴瑟張而鄭衛作，五色成而綺縠生。姚信《士緯》。臨死修善，於計已晚；事迫乃歸，於救已微。行禮若火，流教若水。讓一得百，爭十失九。《周生烈子》。天下之士有三可賤：慕名而不知實，一可賤；不敢正是非於富貴，二可賤；向盛背衰，三可賤。天下學士有三姦焉：實不知詳古徉字不言，一也；竊他人之記，以成己説，二也；受無名者移知者，案此謂受之無名者之人而欲自燿其學，以取信於世，詭稱得之於知者，如孟喜言獨受田王孫，趙賓言得之孟喜是也。三也。北方寒而人壽，南方暑而人夭，如蠶寒而饑則引日多，温而飽則引日少。《昌言》。録人一善，則無棄人；采材一用，則無棄材。諺曰：已是而彼非，不當與非爭；彼是而己非，不當與是爭。鏡照醜好而人不怨，法明善惡而人不恨。《魏子》。天之圓也不中規，地之方也不中矩，直木無陰，直士無徒。水可乾而不可奪溼，火可滅而不可奪熱。木氣人勇，金氣人剛，火氣人强而躁，土氣人智而寛，水氣人急而賊。任子名弈。考實性行，莫過於鄉閭；校才選能，莫善於對策。杜恕《篤論》。人有厚德，無問小節；人有大舉，無訾小故。君子居必選鄉，游必擇士。杜恕《體論》。人而無廉，猶衣服之無殺，食味之無酸鹹。智慧多則引血氣，如燈火之於脂膏，炷大而明，明則膏消，炷小而暗，暗則膏息，息則能長久也。古人目短於自見，故以鏡觀形；心短於自治，故以禮自防。雄聲而雌視者，虚僞人也；氣急而聲重者，敦實人也。唐子名旁，字惠潤，生吴太元二年。遠難知者天，近難智者人。《秦子》。寡門不入宿，臨甑不取塵，避嫌也。《鄒子》。水性雖能流，不導則不通；人性雖能智，不教則不達。孫毓《成敗志》。念己之短，好人之長。有財不濟交，非有財也；有位不舉能，非有位也。譙周《法訓》。刑者小人之防，禮者君子之檢。顧譚《新言》。榮辱所以化君子，賞罰所以禦小人。陸景《典論》。以上三十三條，近人山陽丁儉輯《子史粹言》，偶未及録，可取補之。其曰崔元始《正論》者，《後漢書・崔寔傳》作《政論》，《隋志》亦作《正論》，在子部法家。《阮子》者，魏清河大守阮武撰，《阮子正論》五卷，見《隋志》法家，注云梁有隋亡。《正部論》八卷，後漢侍中王逸撰，見《隋志》儒家，注云梁有隋亡。姚信《士緯新書》十卷，見《隋志》名家，注云梁有隋亡。《周生子要論》一卷，魏侍中周生烈譔，見《隋志》儒家，注云梁有隋亡。《魏子》者，後漢上虞魏朗撰，《隋志》三卷，入儒家。任子名弈，無可考，《隋志》《舊唐志》俱有任子《道論》十卷，魏河東太守任嘏撰，入道家。杜恕《篤論》四卷，《隋志》見雜家，注云梁有隋亡。《體論》四卷，《隋志》入儒家。《唐子》十卷，《隋志》入道家。《秦子》三卷，吴秦菁撰，見《隋志》雜家，注云梁有隋亡。《鄒子》無可考。孫毓《成敗志》，《隋志》見儒家，注作孫氏《成敗志》三卷，云梁有隋亡。譙周《法訓》八卷，《隋志》入儒家。顧譚《新言》當作《新語》，《舊唐志》同。《隋志》：《顧子新語》十二卷，吴

太常顧譚撰，入儒家。陸景《典論》，《隋志》作《典語》，《舊唐志》作《典訓》，《隋志》見儒家，注云《典語》十卷，《典語別》二卷，並吴中夏督陸景撰，亡。其它所載有《王孫子》一卷，見《隋志》儒家，注云梁有隋亡。《通語》八卷，見《隋志》儒家，注作十卷，晉尚書左丞殷興撰，（《舊唐志》作文禮撰，殷奥續，文禮上當有脱字，奥蓋興之誤。）亡。《梅子》一卷，見《隋志》儒家，注云《梅子新論》一卷，亡。《物理論》十六卷，《太玄經》十四卷，見《隋志》儒家，注云《梁》有，楊子《物理論》十六卷，楊子《太玄經》十四卷，並晉徵士楊泉撰，亡。《舊唐志》亦入儒家，卷數悉同。攷梁元帝《金樓子》云，漢揚雄、晉楊泉著書同名《太玄》；漢桓譚、晉華譚著書同名《新論》；即謂此也。《化清經》十卷，王嬰《古今通論》三卷，皆見《隋志》儒家，注云梁有《古今通論》二卷，松滋令王嬰撰。蔡氏《化清經》十卷，蔡洪撰，亡。《舊唐志》作《清化經》，蓋誤倒。《鍾子芻蕘論》五卷，見《隋志》雜家，注鍾會撰，云梁有隋亡。攷馬氏此書，本之梁庾仲容《子鈔》三十卷，故多《隋志》已亡之書。然如《阮子正論》、姚信《士緯》、《周生烈子》、杜恕《篤論》、秦菁《秦子》、孫氏《成敗志》、陸景《典訓》、殷興《通語》、楊泉《物理論》《太玄經》、蔡洪《化清經》、王嬰《古今通論》、鍾會《芻蕘論》，皆《隋志》言已亡者，復出於《唐志》。蓋《隋志》據唐初收隋東都圖籍底柱亡失之餘，《唐志》據開元收書四部大備之後，（詳見兩書志序。）故佚書多出，不足異也。惟《意林》載有《纏子》一卷，考《纏子》惟見於《論衡》，爲墨子之學，與儒者董無心相難。其書自《漢志》以來，未嘗著録，不知何所據矣。其載楊泉《物理論》，多主復肉刑之説。有一條云，語曰：上不正，下參差，古者所以不欺其民也。今吾越俗語有云：上梁不正下梁參差，參音作初金切，正與《毛詩釋文》音合；差音作初何切，亦合古音，其語正本於此，而增二梁字，辭意更顯，疑今本《意林》或脱二梁字也。方言之可證古書如此。其載楊泉《太玄經》七條，共二十二句，文亦模倣子雲，刻鍊可喜。《意林》載《風俗通》云：俗云五月到官，至免不遷。今年有茂才除蕭令，五月到官，破日入舍視事，五月四府所表遷武陵令。案武陵令當是武陵太守，後漢祇有武陵郡無武陵縣；且蕭屬沛國大縣，不當下遷沅湘之地；武陵所屬諸縣，亦止應有長，不應稱令。觀下文應氏自言爲營陵令，正觸太歲，五月遷泰山守，以此例之，當作武陵守無疑，誤爲令字耳。而近世刻《意林》者及盧抱經輯《風俗通》逸文，皆未及更正。

又《藝文類聚》 《藝文類聚》引《益部耆舊傳》曰，嚴遵爲揚州刺史，行部聞道旁女子哭聲不哀。問之，云夫遭燒死。遵敕吏輿屍到，令人守屍，曰當有物自往。吏白有蠅聚頭所，遵令披視，得鐵錐貫頂。考問，以淫殺夫。案陶宗儀《輟耕録》載元姚忠肅公天福勘縣令妻頂顱釘迹事，與此略同。今里俗小説，又傳會以爲包孝肅事。

又《吕氏春秋》 予嘗謂古書至于明季滅裂幾盡，爲厄運之極，故漸興于國朝，至乾嘉間而極盛。乃未五十年，遘此大亂，版籍燬者十九，此學人之不幸，而世之妄人，乃謂乾嘉以來，學術多歧，以致此亂，何其讎視古籍，而無人心之甚耶？諸家刻叢書者，以抱經堂、經訓堂、雅雨堂、岱南閣四家爲最善。經訓堂中以《吕氏春秋》及《釋名》兩種爲最。蓋《釋名》爲江叔澐校本，此則盧抱經校本也。自來類書，實以此爲祖，而《淮南子》繼之，故所存古義獨夥。而此作于秦火以前，殷周佚説，賴以僅存，尤可寶貴。畢氏沅序謂此與《淮南》又同出高誘注，足相參證。而《淮南》以莊知縣炘已取道藏足本刊于西安，故不更及。案《淮南》爲炘子逵吉所刻，是正寥寥，實遠不如此書云。

李岳瑞《春冰室野乘下》 乾隆朝修《四庫全書》，從《永樂大典》中輯佚書七百餘種。【略】案：《大典》中佚書實不止此七百餘種，當時館臣搜輯，大抵取其卷帙略少者。宏編鉅册，尚不暇甄録。後來徐星伯先生所輯《宋中興禮書》、《政和五禮新儀》諸書，皆從《大典》中録出。張石洲實佐其役。石洲曾爲人言，其中秘本尚夥，惜無此暇日盡録成書，以補四庫之闕。（此語見某説部中，今忘其名矣。）庚子拳亂，翰林院被焚，《大典》一書遂無片紙留遺。

王仁俊《經籍佚文·漢官儀佚文》 里諺曰：仕宦不止車生耳。（《詩紀補》。）俊按：《漢官儀》有孫氏星衍輯本，杜氏《古謡諺》三十二録之，復據《詩紀補》採出此條，以補孫氏所未及。今祇據杜氏本録之，凡孫氏已採者不録。

輯佚功用分部

論述

李兆洛《養一齋文集》卷二《墻東類稿序》 古來文章之得傳於後者，大抵其

子孫世保守之，或自其鄉邦之人刊佈之，蓋愛重慕效故也。江陰之習尚氣節，而不知致力於文章，故自漢以下，以文章傳者無人。至唐末，魏不琢始以詩稱，而存者絶少。宋時，科第漸盛，如葛氏、邱氏仍世館閣，裒然大集，著於《崇文總目》而未見傳流。元時，則有王梧溪、陸子方、繆苔石，皆有聲譽。王有《梧溪集》，幸邑明經葉保堂捐貲刻之。鮑氏《知不足齋叢書》中《苔石詩草》則未之見。去年春，陸君清臣鳩梓，刻其宗譜。予因從臾，刻子方之遺書，蓋他集皆世有傳本，《墻東類稾》則散佚已久，賴《四庫全書》采掇《永樂大典》而存之。如更不刊行，則將遂亡之也。既語清臣，即屬友人於浙之文瀾閣録取原本以還，令門人薛祉安、承守丹校讐，授清臣付梓。清臣又搜集闕遺，爲《補遺》一卷。經數月而就，以復於余。甚喜其能表章先人，以裨邑中掌故也。子方子孫居邑西之蘆埼，無能讀書者。清臣居邑東化成鄉，其鄉以元時莊簡公而名族所聚處。清臣建祠於其鄉，輯譜之將墜，於尊祖敬宗之誼，汲汲不憚勞也。僅中人産而慕義若渴，其志甚可尚矣。曩葉氏刻《梧溪集》，以足本爲鮑氏所藏，故就刻之，而不以歸於江陰邑中，人頗以爲恨。今子方之集，爲邑中刻，先集發軔矣。嗣今以往，明張漢仲之《青暘集》，本朝徐青牧之《惜陰録》，其家皆有後裔。倘聞風而起，相繼刊佈，不郁郁乎邑中盛事哉。余特企而竢之矣。

王朝璩《十三經拾遺序》 朝璩承乏寧學逾三年矣！居平經訓服膺，頗不自甘暴棄，而冗職閒曹，山城僻處晏然，齋俸虚靡，每念遠志，小草之言殊切慙竦。啓篋笥檢尋舊業，大都技倖蟲琢，册等兔園，惟所輯《十三經拾遺》，感聖典煌煌，燦垂萬古，而流傳既遠，不免間有散遺。其軼之時見他説者，玉屑碎金，先民雖咸寶貴，鮮聞裒成一書，即秀水朱氏博考經義，《逸經》亦止傳三卷。璩自愐見聞淺隘，未能遍致蒐羅而秘籍之，偶披鴻編之倖覯，苟片言隻字爲經傳所遺脱，必務掇拾於是編。始自乙未以迄今，兹歲閲廿餘，稿經屢易，計其卷帙，凡十有六，視朱氏《逸經》若已增多數倍。

張鑒《冬青館乙稿》卷五《七緯輯序》 讖緯之興，始於哀平，終於大業。洎乎宋、鄭兩家，爲之作注，而緯與經乃相雜而不越。然異學争鳴，七緯之外，復有候有圖，最下而及於讖，而經訓愈漓。不知緯自爲緯，讖自爲讖，不得以讖病緯也。自賈公彦《周官疏》造爲漢時禁緯之説，後儒遂并爲一談，以爲古人緯讖同諱，此繆論也。今以《隋書・經籍志》證之，志云：孔子既敘六經，以明天人之道，知後世不能稽同其意，故別立緯及讖。及者，遂事之詞也。覩下文王莽好符命，光武以圖讖興，遂盛行於世，則讖者，特緯之流弊也。緯、讖之別，此一證也。志云：七緯三十六篇，並孔子所作，并前爲八十一篇。而又有《尚書中侯》、《洛皋級》、《五行傳》、《詩推度》、《氾歷樞》、《含神霧》、《孝經鉤命決》、《援神契》、《雜讖》等書。漢代有郄氏、袁氏説。漢末郎中郄萌集圖緯、讖雜，占爲五十篇，謂之《春秋災異》，宋均、鄭玄並爲讖律之注。然其文詞淺俗，顛倒、舛繆，不類聖人之旨。其重言漢代者，見前書之非出於漢也。則後人所疑者，或僞注之讖爾，未嘗疑及於緯也，此又一證也。志云：漢時又詔東平王蒼正五經章句，皆命从讖。俗儒趨時，益爲其學。言《五經》者，皆憑讖爲説。唯孔安國、毛公、王璜、賈逵之徒獨非之，相承以爲妖妄。則當日所謂古學者，亦弟不及圖讖爾，未嘗詆訐及於緯也。此又一證也。《志》云：至宋大明中，始禁圖讖。梁天監已後，又重其制。及高祖受禪，禁之踰切。始者，言乎其前之未有也。然則隋以前，圖讖且不禁，何自而及於緯乎？此又一證也。唯《志》云：煬帝即位，乃發使四出，搜天下書籍，與讖緯相涉者，皆焚之。曰涉，曰皆者，病及於緯也。賈氏不察，因謂漢時禁緯，真無稽之言矣。否則，朱氏彝尊所引謝書及漢人碑碣，稱姚浚則尤明圖緯祕奥，姜肱則兼明星緯，郭泰則探綜圖緯，李休則又精羣緯，袁良則親執經緯，楊震則明河洛緯度，祝睦則七典並立，該洞七典，唐扶則綜緯河雒，劉熊則敦五經之緯，楊著則窮七道之奥，曹全則甄極讖緯，蔡湛則少耽七典，武梁則兼通河雒，張表則該覽羣緯，丁魴則兼究祕緯，李翊則通經綜緯。不曰讖而曰緯，則緯之純，固異於讖之駮也。使其有禁，奚習者之多乎？此又不待智者而決矣。候官趙君在翰，以長沙射策之年，兼江夏無雙之目，慨大道之就湮，悼流俗之失據，於是因武英殿《易緯八書》之外，復博綜羣書，輟輯成袟。而六緯之遺文，賴以不墜。書成，其兄在田太史郵寄屬敘。余讀而嘉其裁斷之卓，排纂之勤也。因歎明孫氏《古微書》，采其詞而佚其書，不可謂典。國朝余氏《古經解鉤沈》詳其書而昧其斷，不可謂敏，殆不可以同日語也。趙君又以書告儀徵師，謂閩無《開元占經》，故所采多未備，儀徵師因命鑑采録寄之。并新得日本隋《五行大義》，亦與焉。太史見之，當亦有以樂乎此也。

又《儀禮集編序》 《儀禮》一書，於諸經中通習者固少，而流傳者尤不多。自《漢書志》之外，《隋書・經籍志》著録得三十餘家，今存者唯鄭氏一注而已。新、舊《唐書・藝文志》著録，得二十餘家，今存者唯賈氏一疏而已。《宋史・藝文志》著録得二十餘家，今存者唯陸氏《釋文》、李如圭《釋宮》、朱子《經傳通解》、張淳《識誤》、黄幹《續經傳通解》、楊復《儀禮圖》、魏了翁《要義》而已。其他如《七録》、《中

興館閣書目》、《崇文總目》、《通典》、《通攷》、《玉海》之所歧出者，更無有也。《元史》不列志，今所存者，亦止有敖繼公《集説》，吴徵逸《經及傳》、汪克寬《禮經補逸》三者。明人於經訓尤鹵莽，故今傳者無一人，則甚已讀者難，而傳者之不易也。我朝經學昌明，從事於此者，頂踵相望。然開榛薙草之功，實以張氏稷若爲首。秀水盛君庸三繼張氏發難之後，鉤要纂元，耽思旁訊，聚古今説禮之人一百九十家，而折其衷，積袟且千餘。翻其意，將欲與李氏《周易集解》、衛氏《小戴記集説》争爲雄長，而不自憚其艱也。然未及栞行而卒。辛酉春，其子婦之昴弟馮君鷺庭哀其志，取藁本於其家，謀諸同志，以付剞劂。越一年甲子夏落成，以印本來乞敘。余嘗究心此經，知其難而不敢輕掉之也。不敢以不知辭，乃受而讀之，然後知其斷制之精，決擇之慎。如《士昏禮》摯不用死，則辨敖氏議記者之疏，《鄉射禮》，射於州序則辨郝氏據孟子之過。《士冠禮》筮於廟門，則辨賈氏不筮月之謬。《大射禮》笙磬西面，則辨陳氏應笙磬之妄。《特牲饋食禮》乃食食舉，則辨姜氏分屬上下文之非。蓋其不敢輕以从同者，正其不敢輕以立異也。昔朱子嘗病賈疏不甚分明，後之儒者又欲取其原本而删削之。今余之言雖不足以張大此書，得其説而存之，即以爲賈疏之諍臣非過也。讀是書，其亦知通習之難與。

胡丹鳳《退補齋文存》卷一《讀書叢説序》 白雲先生以講學名一時，博極羣書，箸述宏富。其讀詩有《集傳名物鈔》，余已重録之。今觀其《讀書叢説》，旁徵博引，考覈精嚴，雖祖述舊聞，要不肯株守一家，以自封其聞見。吾獨異世之學者，墨守蔡傳，樂其説之簡易，而不復參考諸書以折其衷，而通其變亦隘且陋矣。是書出，既砭後學空疏之病，而仍不失先儒篤實之遺，是可寶也。謹按：《四庫書目》二卷中脱四頁，三卷中脱兩頁，五卷、六卷各脱四頁，無從校補，兹從《學海類編》鈔出付梓，以俟世之藏書家得古本以訂正焉，斯幸矣。

又《讀四書叢説序》 古之著書立説者，非苟爲炳烺於詞章而已也，要必有裨於國家化民成俗之方，儒者修己治人之要，斯其書乃足名當時而垂後世。吾於白雲先生《四書叢説》信之矣。先生受業於王文憲，而學道之醇正，則遠過其師。故其研究諸經，各有心得。當讀四子書，謂學者曰學，以聖人爲凖的，不得聖人之心，則不知聖人之道，欲求聖人之道，必先明聖人之心。聖人之心何在乎？具在於四書也。四書之義曷詳乎？莫詳於朱子也。朱子讀《學》、《庸》而作章句，讀《論語》、《孟子》而作集注，其書既如日月經天、江河行地矣，後之人何庸更置一喙乎？乃先生猶恐學者之狃於一見也，教者之不能旁參也。凡朱子之所考覈者，無不紬繹而引伸之，而朱子之所未發，則又繪圖以明其説。嗚呼，何其用心勤而信道篤也。然則有朱子而四書之義顯，固爲聖人萬世之功臣。有先生而補章句之所未備，亦豈非朱子萬世之功臣哉？按《四庫書目》稱是書，《大學》一卷、《中庸》一卷、《孟子》二卷，《中庸》缺其半，《論語》則已全佚云云。余兹從《經解集録》中鈔出，均係完本，亦一快事也。重録之以詒世之志於聖人之道者。

郭嵩燾《養知書屋文集》卷三《魏鄭公諫録校注序》 王益吾祭酒檢刻其弟禮吾所爲《魏鄭公諫録校注》五卷，又以其餘力，爲《魏文貞公故事拾遺》三卷、《年譜》一卷。四庫館所收《翟氏續録》二卷，採之《永樂大典》者，並加校注。祭酒又以所爲新、舊《唐書》合注魏公本傳附焉，以屬嵩燾校訂，而謹敘其略曰：古昔聖賢之訓，皆先行後言，以爲言有餘而常不使其盡，獨至陳諫其君之辭，又欲其盡而不使有餘，而舜禹之相誡乃曰無稽之言勿聽，弗詢之謀勿庸。於其臣進諫之言，顧反有擇焉。《詩》、《書》傳記，歷時三代之隆，君臣交儆，都咈一堂，其義深而摯，其言舒而婉，後世諍臣彊諫之風，或有過之，則嘗疑古今人之得失不必盡同。宋明以來，進言於其君者，條列而畢陳焉，又何文之繁而義之備也。及《魏鄭公諫録》一百三十事，一事之微，一言一動之發，皆推致其心之所存，而防其流。極慮微而慎始，即事而研幾，無有泛引旁及者。盡人事之變，歸本君身，督之嚴而餘皆居以寬焉。博德厚施，含宏光大，不使有苛求督責臣民之心。於權萬紀李仁發之告訐，以爲無所肅厲，徒損聖明。於侯君集之案房玄齡、王珪，以爲兩人國家重臣，非有阿私。假今錯謬有實，未足虧損，國家窮鞫若虛，失委大臣之體。於太宗親納表奏，以爲乖大體。於太宗疑高麗覘國虚實，以爲朝廷所行善。此等固當取則所行不善，拒之何益？諸所言責難人主之一心，務去其猜防、褊狹之私，坦然相喻以誠。孟子曰：惟大人爲能格君心之非。若鄭公者，可謂格君之非者也。而孟子固曰：人不足與適，政不足與閒，則疑君心之非，常出用人行政之外，將日舉性命之精微，求得其非而格之。而不知夫君人者，盡人與事而繫之一身，所行與所用之人，即其心之見端也。格君心之非，格之於所見端而已。百司庶事之損益，偏方一隅之利病，國計之盈虛、政令之緩急，所司各有職焉，君子不屑意也。程子論鄭公能正君，而不能養德。真文忠公亦謂鄭公論事多，論心少。彼人主之心與其所謂德者，豈能虛懸而臆度之哉？程子之言偉矣，而於事情固遠。此宋明諸臣進言於其君者，文之繁、義之備，而於君德之修與否，終無能有裨益也。讀《魏鄭公諫録》可以爲人臣之進諫者示之程而立之準，而君人者循是而取則焉，亦可以知求言之要略矣。祭酒與其

弟汲汲表章，刊而傳之，豈徒心慕鄭公之賢，歷千餘年而其精神意量蘊之心而沛然施之天下，猶得窺求其本末？其自宋明以來，條陳政要，以搏擊攻射爲名，皆所謂無稽之言，弗詢之謀，舜禹之所不事也。言事而未究古今之變，語人而莫覯賢姦之分，其文愈繁，其義愈備。準以《鄭公諫録》，知其舉無當於諫臣之義也。故言格君心之非者，歷秦漢二千餘年，鄭公一人而已。祭酒兄弟獨能窺知此義，所見超出今人，誠未易涯量。禮吾不幸早逝，如祭酒者得君而行其志，抑亦千載一會者也。嵩燾並敘而論之，以竣知者。

徐時棟《烟嶼樓文集》五《與柳東先生論朱氏逸經考書》 五月十九日，使來寄到《逸經補正》一卷，命吾家書人謄録之。已受教，給紙筆矣。來教稱少作，久不省覽，檢篋衍得此，將刊刻問世，因歎世儒無肄業及之者。思欲以此書爲朱氏功臣，而不以時棟爲鄙陋，俾與於校讎之役，冀得爲先生廣見聞。時棟發而讀之，竊妄以爲先生之志則大矣，而其書則誠所謂少作，而猶若未可以問世者也。夫秦人一炬而書亡，漢儒收拾叢殘於灰燼之餘，故其軼時見他説。吾鄉王厚齋先生考證《漢藝文志》，始爲羣經攟摭其逸語，竹垞其繼起者。然而數千年之久，百萬卷之博，詩、書、六藝逮雜家、小説、讖緯、道、釋之書，浩如烟海，皆將涉獵而搜羅之，此其勢必不能賅備。故逸經之不備，不足爲竹垞病也。而取材既富，用力不專，顛倒錯亂，亦時有可訾議者。先生不欲爲朱氏功臣則已，先生而欲爲朱氏功臣，時棟不佞，請爲先生枚舉之。《逸經考》中有逸篇，有遺句。逸篇有句則附於篇，遺句有篇名則注其目。然而有古人但引逸書，而輒注篇目者。如《荀子》引「維文王敬忌一人以擇」但稱《書》曰，而輒注《康誥》。又引「從命而不拂」云云，亦但稱《書》曰，而輒注《伊訓》。《左傳》引「帥彼天常」，但稱《夏書》，而輒注《五子之歌》。《墨子》引「嗚呼，古者有夏」云云，但稱《商書》，而輒注《伊訓》，蓋以所引末二語「山川鬼神，亦莫敢不甯」在僞古文《伊訓》中耳。然《伊訓》果真耶，則此二語已在，不當復采爲。遺句果僞耶，即不當沿襲其妄，而注《伊訓》。

有失注者。如《墨子》引「小人見姦巧」云云，明稱《太誓》。《家語》引「念茲在茲」云云，明稱《夏書》。《呂覽》引「五世之廟」云云，又引「刑三百」云云，皆明稱《商書》。又引「民善之則畜也」云云，明稱《周書》。又，《墨子》引「聖人之德」云云，明稱《周頌》。竹垞皆失注。

有古人明稱篇名，而私輒以己意更易之者。如《墨子》引「今予與有扈氏争一日之命」云云，明稱《禹誓》，而竹垞更之曰《甘誓》。又引「其恒舞於宮」云云，明稱《湯之官刑》，而更之曰《伊訓》。

有誤解古人書，而以爲名篇者。如古文有《舜典》，梅賾分《堯典》下半篇當之，妄也。趙氏注《孟子》曰：孟子時，《尚書》凡百二十篇。《逸書》有《舜典》之敘，亡失其文云。《逸書》有《舜典》之敘者，謂《尚書序》中有《舜典》篇，非《舜典》以外別有一篇，「號舜典之敘」也。竹垞誤解其文，於《逸篇》中著「舜典之敘」之目。

有當在逸篇，而誤入遺句者。如《墨子》引「敬哉無天命」云云，稱《召公執命》。又引「女毋崇天之有命也」下云：命三不國，亦言命之無也。命三不國，蓋命亡國之後之辭，皆當入逸篇者。又如《孟子》逸篇中既著性善篇目，則《論衡》所引性善篇文，不當入遺句矣。

有真經之佚，爲晉人所竊，而遂不復采引者。馬氏據《書傳》所引《太誓》，以攻漢《太誓》。而漢《太誓》之僞，始定乃晉人。因前車之覆，而有戒心，遂乃廣搜《書傳》之引《尚書》者，私自抄撮貫串，以成僞書。梅鷟以前，諸家或不考《書傳》，但據文義攻擊之，猶當爲梅賾所竊笑。至閻百詩力窮之，於其所往，冥搜潛索，以大發其覆，然後學者曉然而悟。今竹垞作《逸經考》，豈宜聽其掩匿覆蓋，混琬璧於瓦礫中哉。固當大書特書，以闢其妄。此補正《逸經》者第一要義也。由今考之，無慮七八十條，語詳，不及備録。或曰：竹垞蓋以梅書立學官，不敢以爲僞耳。然《逸篇》中大書，《墨子》所引《太誓》及《史記》所引《湯誥》、《太誓》遺句中大書，謂祭無益等語，則亦既僞之矣。忽真忽僞，莫詳其體例也。

有實非真古文，而以爲真古文者。《史記》引《太誓》「十一年十二月戊午」云云，竹垞以爲史公從孔氏問故而得之者，此真古文也。不知裴駰作《史記集解》，其注此節，全采用馬、鄭注。馬、鄭注漢《太誓》矣，何嘗注真古文乎？此則竹垞立論之失於眉睫者也。

有其辭明在他書，而以爲逸經者。如《左傳》引《書》「慎始而敬終」云云，今在《逸周書・常聚解》。《呂覽》引《周書》「允哉允哉」，今在《大戒解》。《穀梁傳》注引《周書》「大荒有禱無祀」，今在《糴匡解》。《説文》引《書》「貙有爪而不敢以撅」，今在《周祝解》。《後漢書》注引《周書》「嗚呼，汝何敬非時」云云，今在《小開解》。而竹垞並采其語爲佚《尚書》。又如《白虎通》引《本命篇》「男必三十而娶」云云。《禮記》疏引《盛德》記「明堂自古有之」云云，竹垞以《本命》、《盛德》爲禮逸篇，又采其句附之，不知此二篇皆在《大戴禮》中，所引語亦並在。

有當在他經，而入之此經者。如《考工記》，梓人曰：祭侯之禮，以酒脯醢。其

詞曰：「惟若甯侯，毋或若汝不甯侯」云云。此祭侯詞當入逸禮，而竹垞考定貍首詩，取其詞爲詩首章。按其文不類詩詞，又無確據，則不若本鄭注、孔疏，以曾孫侯氏爲貍首章，首之有據也。

有古人引經，自以意增損，而遽以爲逸者。如《白虎通》引《論語》曰：「朋友無所歸，生於我乎館，死於我乎殯。」《意林》引《孟子》曰：「虐政殺人，何異刃耶。」又引曰：「敬老慈幼，推心於民，天下運掌中也。」又引曰：「見孺子入井，非孺子之父母，亦有惻隱之心。」或添增其文，或檃括其義，古人引書常有此體，非有別本《論》、《孟》也。而竹垞並以爲遺句，恐非。至其《爾雅》遺句，采沈約《宋書》、《樂志》，尤非。如《經》曰「大瑟謂之灑」，郭注曰：「二十七絃。」《經》曰「大磬謂之馨」，注曰「馨，形似犁館，以玉石爲之」。而《樂志》引《爾雅》曰：「瑟二十七絃者曰灑，又引曰磬形似犂，以玉爲之，大曰馨。」此明是合采經注，以爲文者，何得指爲遺句邪？古人引傳注語，往往但舉本經。如引三傳而曰《春秋》，引魯、韓《詩傳》而曰《魯韓詩》是也。況此本兼經傳引之乎。若果二十七絃似犂、以玉等語，實係經文，則是景純删薙經文，而竊爲己説乎，故知其必非遺句也。而李巡所注《爾雅・釋地篇》，謂之四海下有八蠻在南方，六戎在西方，五狄在北方，三句爲今本所無，語見正義，此真《爾雅》遺句，而反不之采，何也？

有爲古人傳寫之誤，而未及察者。如《周官・大行人》注引《孟子》曰：「諸侯有王」，竹垞采以爲遺句，非也。此四字見《左傳》曹劌之言也。《小行人》注中亦引此四字，即稱《春秋傳》。凡經文彼此互見者甚多，原不能謂《孟子》中必無此四字。然同在一書，相隔纔數紙，詞義並同，不應一引《孟子》、一引《春秋傳》也，故知是傳寫之譌。

有別自一書，而以爲經文者。如《左傳》引《仲虺有言》曰：「亡者侮之」云云。又引《仲虺之志》曰「亂者取之」云云，明稱《仲虺之志》，是必別自一書，乃仲虺所著者。晉人不察，掇其語於《仲虺之誥》，不知仲虺之誥名篇在書序，蓋其封薛時誥命之辭。而《墨子》嘗引之曰「我聞有夏人矯天命，於下帝式是，憎用爽厥師。」大類《尚書》中語。若《左傳》兩引志語，甚不類也。竹垞以爲《尚書》遺句，誤矣。又《墨子》引《湯之官刑》，安知非商時刑書乎？竹垞沿僞古文，而以爲《伊訓》遺句。又，《周語》引周之秩官，韋昭曰：周常官篇，安知非別自一書乎？竹垞以爲《禮記》逸篇。皆未見其至當，而一無疑義也。

有本非經，而以爲經者。如《管子》曰：鴻鵠將將，惟民歌之。濟濟多士，殷民化之。不言《詩》也，而以爲逸詩。

有以私意竄亂古經者。如《論語》「堯曰：咨爾舜」云云。《孟子》「放勳曰：勞之來之」云云。此等祇宜采入遺句中，而竹垞信王柏之説，遽爲考定其辭，以《論語》所引者入《堯典》「舜讓于德弗嗣」之下。以《孟子》所引者入「敬敷五教在寬」之下。此竄亂古經之錮習，而啟後生小子師心自用，疑經改經之漸者，可懼也。又其甚者，毛大可以「四海遏密八音」以上爲《堯典》，割「月正元日」以下爲《舜典》，竹垞深韙之，復欲取高堂隆所引「曰若稽古，帝舜曰重華，建皇授政，改朔」十五字冠於「月正元日」之上，至篇終爲《舜典》，以爲辭既相屬，義亦明暢，而不知其大謬大妄，有不勝掊擊者。今弗言其詳，請以甚明易曉者言之。典首著「曰若稽古帝堯」六字，則其下所稱帝者，自是帝堯。故自咨羲和以後，並稱帝曰，更無異文。堯崩舜立，載舜一切命辭，獨於咨四岳之首，特著「舜曰」二字，後始稱帝曰，蓋史官以《堯典》中紀舜語，恐人疑於帝堯，特變例明之，其慎如此。若使篇首原有「曰若稽古帝舜」六字，何用稱「舜曰」乎？舜格於文，祖亦稱舜不稱帝。若已有此六字，則相隔十餘字，何爲不稱帝，而稱舜乎？帝乃徂落則稱帝，篇終舜生三十徵庸，又特稱舜，若果是《舜典》，篇文何爲不稱帝，而稱舜乎？夫《書序》原有《舜典》，而與《堯典》下半篇則全無關涉者，《郊特牲》疏引鄭注《尚書》，以爲別有《舜典》之篇，左証確鑿，不容妄説也。梅賾分「慎徽五典」以下當之，已不足訓。大可又聯綴《孟子》、《史記》中語，儼然爲《舜典》前半篇補亡，割裂聖經，無知妄作。大可一生鹵莽，固當如此，竹垞奈何尤而效之乎？

有擬經而入於逸經者。竹垞既以漢今文《太誓》入擬經中，而復采其語入遺句，不自亂其例邪？凡漢後所引《太誓》，如《白虎通》、《説苑》、《説文》、《三統曆譜》、《漢書》、《詩箋》、《詩疏》之屬，皆河内本也。宜退入擬經部。

有失於限斷者。如《左傳》引《書》曰「居安思危，思則有備，有備無患」。竹垞全入之。按《書》詞僅「居安思危」四字耳，下二語釋詞也。且此四字見《周書・程典解》，非逸《尚書》也。又，《孟子》曰：雖然欲常常而見之，故源源而來，不及貢以政，接於有庳，此之謂也。按：「不及貢」以下九字，是《書》詞，乃引以證，常常而見之説者。竹垞據趙氏以「欲常常」以下二十字，並爲遺句，則「雖然」二字何解乎？

有以己意删節之者。如《左傳》引《夏書》「惟彼陶唐」云云，凡六句，而僅采「帥彼天常」四字。《緇衣》引《兑命》「爵無及惡德」云云，凡六句，而僅采「民立而正事以下」三句。蓋以僞古文已有，故删節之耳。然如謂「祭無益」，謂「暴無傷」，「山川

鬼神亦莫不寧」，「恒舞于宫」，「是謂巫風上帝」，「弗常降之」，「百殃自得，師者王莫已若者亡」之類，皆爲梅賾所剽竊，入之僞古文，何以復一一收拾之於遺句中乎？又如《孟子》引「革車三百兩」至「稽首」二十八字，皆《書》詞也，按《孟子》不稱《書》曰，與上節引「南面而征」五句，亦不稱《書》曰同例。而僅采「無畏甯爾也」五字。又，《論語》引《詩》「巧笑倩兮」三句，而僅采末一句。莊子引《詩》「青青之麥，生於陵陂。生不布施，死何含珠。」而僅采上二句，不知下二句若非詩詞，則以詩禮發冢者引此詩，何爲乎？又《漢書》引《孟子》「紂貴爲天子，死曾不如匹夫，是紂先自絶久矣，非死之日，天去之也。」文皆類《孟子》，故厚齋先生並謂逸《孟子》文，而竹垞僅采其首二句。

有刪節而分析之者。如《墨子》引《官刑》「其恒舞於宫，是謂巫風。其刑君子，出絲二衛，小人否似。二伯黄徑乃言曰：『嗚呼，舞佯佯』」云云。竹垞以「似二伯黄徑」五字不可解，刪去之，而分爲二書。又引《周頌》「聖人之德若天之高，若地之普。其有昭於天下也，若地之固」云云，竹垞以「其有昭於天下也」七字不似《詩》，刪去之，而分爲二詩。《孟子》引《禮》「諸侯耕助，以供粢盛，至則不敢以宴」，皆禮文也。竹垞刪去「犧牲不成」以下四句，又刪「牲殺器皿不備」以下三句，而分爲二禮。

有同出一書，而作兩解者。如《逸周書·太子晉解》師曠歌《無射》曰：「國誠甯矣」云云。王子歌《嶠》曰：「何自南極」云云。孔晁以爲師曠作新曲美王子，王子述舊曲諫也。考之書詞，無分新舊，是孔臆説也。而竹垞於逸篇中，遂取《嶠》而舍《無射》。

有明知其爲逸經，而故棄之者。《荀子》一書，引詩多至八十三，逸詩僅得其六，以周人引詩而其逸僅此，可謂少矣。乃竹垞取其二，而舍其四，謂俱不類《三百篇》中語，故置不録。今按：其所置者，曰「如霜雪之將將，如日月之光明，爲之則存，不爲則亡」；曰「鳳凰秋秋，其翼若干，其聲若簫。有鳳有凰，樂帝之心」；曰「墨以爲明，狐貍而蒼」；曰「長夜漫兮，永思騫兮，太古之不慢兮，禮義之不愆兮，何恤人之言兮。」俱無所謂不類者。疊用「如」字，《斯干》有之；全用「兮」字，《緇衣》有之。假令《緇衣》爲諸子所引逸詩，恐竹垞更以爲不類也。《吕覽》引《詩》曰：「君君子則正以行其德，君賤人則寬以盡其力。」此真不類三百篇者，竹垞采之，而反致疑於大儒所著之書，何也？且「禮義不愆，何恤於人言。」《左傳》引之，竹垞采之，其字句小異，正如齊魯韓師承之異耳，非有二詩也。

至其所遺漏，則雖已經采摭之書，猶未能盡，而況其餘乎？先生之書，號稱《補正》，時棟妄以爲補則有之，正則未也。況所補者，率出自王先生《志考》與《詩考》中，是又未必非朱氏慎擇而姑舍之者，而乃欲拾其棄餘，以補正其書邪？博考乎散亡，以存其軼而表其微；嚴抉乎篡竊，以攻其妄而正其罪。如《武成》「血流杵」，《孟子》疑之，而僞書以爲倒戈之故，則何以處《孟子》？《孟子》但引「血流杵」三字，僞者嫌不成句，本趙注加一「漂」字，不知王充三引其文，皆是「浮」字，而非「漂」字，而作僞者不知也。又竊《孟子》「篚厥元黄，紹我周王」，入之《武成》，而不知此二語，康成嘗引之，乃是《嗣征》，而非《武成》。凡如此類，多不勝記。臚列真經，則綴補痕跡自見。取之必博也，擇之必精也，辨難之必詳也，論衡之必平且確也。夫然後上足爲逸經之完書，下足爲王先生、朱氏之功臣，而可以問世而無怍矣。而不然者，雖不作可也。時棟淺陋寡聞，無能爲諸儒役，深願先生棄其少作，整飭神明，以成不朽之大業。而時棟或偶以其涓滴少爲不擇細流之一助，則殆亦有未敢多讓者。《語》曰：「狂夫之言，君子擇焉。」惟憫其愚，而進教之，幸甚，罪甚。

俞樾《春在堂襍文》續編二《梁芷林先生倉頡篇補注序》 許氏《説文解字序》稱，秦丞相李斯作《倉頡篇》，中車府令趙高作《爰歷篇》，太史令胡毋敬作《博學篇》，而《漢書·藝文志》《倉頡》一篇，班氏自注曰：上七章秦丞相李斯作，《爰歷》六章，車府令趙高作；《博學》七章，太史令胡毋敬作。則已并而爲一矣。後人又以揚雄《訓纂》、賈魴《滂喜》并《倉頡》爲三倉。此小學之權輿，實許氏《説文》之所本。杜林有《倉頡訓纂》、《倉頡故》，張揖有《三倉訓詁》，郭璞有《三倉解詁》，陸璣《詩疏》所引有《三倉説》。其時學者，誦習代有發明，閭里書師以此爲教，因文見道，厥功鉅矣。今許氏之書，僅存於世，而三倉亡佚，已成絶學。間有徵引，莫覩全書，學者悕焉。乾隆間，孫淵如先生始刺取諸書，爲《倉頡篇輯本》，洵抱殘守缺之盛心矣。顧其書於所採之書，止載書名，未標卷數，讀者猶以爲憾。於是道光間，梁芷林先生又博考羣書，一一注其所出，蓋其用力之勤，不在孫氏下矣。夫一書卷帙，多或盈千。苟不注明某卷，後人何從覆覈？唐李匡義《資暇集》已有此例，程大昌《演繁露》、王伯厚集《鄭易》皆用其法，在小學家尤不可少。遼僧行均《龍龕手鑑》於「鏇」字云：在《中阿含經》第五十五卷，於「憻」字云出《阿差末經》第三卷。今先生此書，實事求是，無媿昔賢。不獨孫氏之功臣，實小學家之圭臬也。嗣君敬叔觀察，敬承先志，手自寫刊。樾於先生爲年家子，得與校讎之役，僭書數語於其簡端，俾海内承學之士，知《倉頡》之篇復見於世，粗有條理者，雖孫氏刱始於前，實

先生踵成於後也。

李元度《天岳山館文鈔》卷三〇《書斜川集志隱篇後》 曩讀《宋史》東坡傳，爲公謫儋耳，幼子過侍，凡生理晝夜寒暑所需者，一身百爲不知其難。初至海上，爲文曰《志隱》，公覽之曰：吾可以安於島夷矣。其叔轍每稱過孝，且言吾兒遠居海上，惟成就此子能文也。余每讀而慕之，求觀《志隱篇》，而《斜川集》不可得，今乃於鮑氏叢書中獲讀之。蓋達旨解嘲，客難賓戲之屬也。其文辭之美，視崔、揚、東方、班氏無多讓焉。觀叔黨自記，謂混得喪，忘羈旅，非特自解，且以爲老人之娱。先君子覽之，欣然嘉焉。則又歎叔黨微特文似古人，抑古人之行也。世之取富貴利達以娱其親者衆矣，處患難、夷狄、瘴癘、阽危之地，獨能以文章承歡養志，微公父子，其孰與於斯？晁以道誌叔黨墓，謂初至海上時，翁版則兒築之，翁樵則兒薪之，翁賦詩著書，則兒更端起拜之。翁既賞《志隱》之文，且欲自作《廣志隱》，以極窮通得喪之理。當是時，聞叔黨之風者，雖蠻蜑夷獠，皆若可以語禮義。而起其父子之性，其推挹至矣。東坡嘗觀叔黨所畫木石竹，爲題三絶句，有「老可能爲竹寫真，小坡解與竹傳神」之句，士大夫遂以小坡目之。所著《斜川集》，本傳稱二十卷，《宋史·藝文志》及陳氏《書録》、馬氏《通考》皆作十卷。稱斜川者，以東坡好和陶詩，故以淵明自况也。顧自南宋後，集佚不傳，坊賈以其同名也，爰取劉改之《龍洲集》僞稱《斜川集》，以鉤取厚值。屢有懸重金購真本，冀與三蘇集並授梓者，久不可得。國朝康熙中，有詔索之，亦不得。於是《四朝詩》中，祗録叔黨詩一首。然攷《弇州題跋》，則以《改之集》充《斜川》，自元季已然也。乾隆癸巳，四庫館纂修周君永年從《永樂大典》中蒐得叔黨詩文若干首，重輯爲《斜川集》。先是，畺吏採進《斜川集》贋本，館臣駁之。至是乃留笥不辦。吴君長元得槀本，增補闕遺，釐爲六卷，寄鮑君廷博刻行之。是集沈晦伏匿，凡六百餘年，而卒顯於右文之世，何其幸歟。今攷集中若《思子臺賦》、《颶風賦》，見於本傳者皆存。而《志隱》一篇，則生平所願見而幸得卒讀者也。又攷王明清《揮麈録》，靖康中，叔黨以真定倅赴官，次河北，遇賊，脅之降。叔黨曰：若知有蘇内翰乎？我即其子也。肯從若輩偷活草間邪？通夕痛飲，翼日視之，卒矣。然則非獨其文章，其節尤可尚也。斯不愧東坡之子歟。

張裕釗《濂亭文集》卷一《書鄭氏易注後》 往者，余嘗論卜筮人之書亡而《易》象亡，故《易》不可見。而昔人亦謂《春秋》以無魯史策書，終不得盡覩聖人褒譏筆削之旨。故是二經分離乖異，卒不可通，此學者之所深悼也。烏乎，《春秋》之不可知也已矣。何也？其義必坿於事，而事之存焉者寡也。後之學者，知其所可知者而已，其事之亡而不能盡知也，慎闕其疑焉耳。雖有聖人者作，亦不可得而知之也。至於《易》，則又不然。天地萬物之情效，聖人察焉，而箸其象於《易》。聖人者雖已往，道常縣箸於天地萬物，而集於人人之心。人殫盡其心以求其象之所比，彼聖人之周知而不遺者，誠不敢望矣。而未嘗不可時識其一二，由學者之憚盡其心，故其説終不可得而明也。然則象之亡也，非象之終不可明，而治《易》者之過也。爲漢氏之説者，鑿焉以言象，而非《易》之所爲象。爲晉宋氏之説者，一棄象不言，而象遂以亡。烏乎，使象而果可棄也，則聖人奚爲是紛然者以疑後世也。道莫妙於觀其所寓，通而之於無方，故聖人之必有取乎是也。故曰《易》者，象也。象也者，像也。舍象以言《易》，而得失者半焉。迹之不存，而精亦無所麗而形矣。且彼之棄象者，亦非以象爲果可棄也。激於昔之鑿以言象者之誣，而遂并棄之也，是又漢人之以象言《易》者之害於象也。是書蓋浚儀王氏所輯，而近人復坿益之。其中固不無可采，然至其爻辰諸説，皆偏詭無當於《易》，宜其爲晉宋人所不取，而近世或猶有纂而述之者，可以爲大惑也。夫學者於《易》象之尚有可求，顧莫肯一盡焉，而至於《春秋》之不可知者，乃必務詭説，以求其一當，獨何與？

陶方琦《字林考逸補本序》 乾嘉之間，好輯古書，搜遺拾墜，具有條理，漏佚固非，淩襍亦失。任氏所輯《字林考逸》最爲完備，當時惟臧氏拜經、嚴氏鐵橋所輯之書足與媲美。竊謂洨長一書，千秋絶學，前惟《倉頡》，後惟《字林》，薈萃古今之文，曉泠篆隸之指，開學稽古，後先暉映。故唐人試士，《説文》、《字林》共爲一科。方琦補《倉頡》以後，復定是編，庶幾六書尚存凱式。近據所見惠琳《大藏音義》、希麟《一切經音義》、《玉燭寶典》諸書，採出任氏未列者幾及百字，復見者不録。錢唐諸璞齋同年又附以《經典釋文》、蕭該《漢書音義》、《三國志注》、《晉書音義》及學海堂刻任、曾兩家補本數十條補其所闕，儻得徧觀異册，旮拾益宏，豈惟《字林》之幸哉！

雜　録

王鳴盛《述記序》 漢人説經，所據以爲佐證者，皆晚周先秦之書。孔門七十子之微言，而漢人所自爲訓故傳記。及石渠白虎之議奏，或爲祕府所藏，或爲博士

所習，又皆班班具在。唐宋以下，去古漸遠，古書亡佚者多學者罕見，凡古義之不合於俗者，妄憑胸臆以疑之，輒謂：「漢人自譔此語。」苟駮前師，向壁虚造，而經義晦矣。今聖天子在上，壽考作人，敦崇實學，屏黜浮華，於是五經古義始復大昌。海内烝烝嚮風，士咸勉自濯磨以應詔，令當斯際也。蓋不但著述宜遵古訓，即場屋應試帖括亦將非古不道焉。豈非千載之嘉會哉！夫子不云乎述而不作，信而好古？又曰：好古，敏以求之，而憲章文武。夢見周公，一則曰吾從周，再則曰吾從周。然則好古與從周，並行而不相悖也。方今聖主既以古學造士，則好古即所以遵時，尚可安於空疏庸妄之陋習，而不思自奮邪？惟是古書之僅存者，窮鄉下邑購訪爲難，苟得節抄之本以引其端，俾後生染指知味，然後漸進於博雅，不亦善乎？任生文田篤志窮經，嚅嚌古學有年，爰摘取三代兩漢之書幾十種，釐爲上下册，目曰《述記》，以嘉惠藝林。嘻！以此爲説經之佐證，而供帖括之取資，誠迷津之寶筏，昏塗之束炬矣！行且不脛而走，争先睹之爲快，聊題數行於簡首以爲左券云。

褚寅亮《述記敍》 記録之書曷昉乎？昉諸七十子之徒禮古記百三十一篇，載《漢志》者是已。近世舉業家唯肄小戴氏所傳，其它遺文逸典流傳至今者，舉弗攷也。任太學文田嘗依朱子與伯恭吕氏，論定禮記篇次，分爲五類，集儒先之説而注之，又以課授生徒，編録《述記》一書，酱紀小正爲敬時大瀀丹書，實傳心要典，中如弟子職教學之則、《小爾雅》訓古之遺，《司馬法·軍禮》之經，曾子立言淳實，《樂記》闡義精微，以暨伏生傳《書》、韓生傳《詩》、大戴氏記《禮》、董子説《春秋》，胥六經流别也。而文字爲經藝之原，養教爲生民之本，故以許氏《説文》、荀氏《漢紀》終焉。書凡二十四篇。曩者董柘林尚書貽余「文章唯讀周秦漢儒，術兼通天地人」二語，深自慚悚。今當書以移贈于編録是書之恉，尤有當云爾。

臧庸《拜經堂文集》卷二《纂十三經集解凡例》 《集解》參考新舊輯本。古經亡逸，嗜學之士甄采羣籍，薈萃成編，爲今《集解》之嚆矢。如宋王伯厚之《鄭氏周易》、《詩考》，國朝余布衣蕭客之《古經解鉤沉》，孔常博廣林之鄭學，孫觀察星衍之《周易集解》，王光禄鳴盛之《尚書後案》，臧文學庸之《毛詩馬王徵》、《韓詩遺説》、《陸機草木蟲魚疏》、《周禮賈馬注》、《儀禮喪服馬王注》、《禮記盧氏解詁》、《王肅注》、《蔡氏月令章句》、《孝經鄭注》、《論語鄭注》、《爾雅漢注》，嚴上舍蔚之《春秋内傳古注輯存》，宋孝廉翔鳳之《孟子劉熙注》，皆玉海珠舩也。

張澍《素養堂文集·世本後序》 吾觀天老五姓之對，河圖記姓之篇，《中侯》賜姓之文，《家語》本姓之解，咸言氏姓卓乎有聞。蓋古者聖人歗律定姓以協五音，司商掌旅協姓以定其名，瞽矇世奠繫小史復辨其昭穆，宗伯掌禮秩宗祝復等其親疏，厥事綦重本原繫焉。楚三閭掌王族以厲國士，晉九宗敍世系以守宗祊。史伯之述祝融以柔生嘉材，申叔之告太子以昭明廢昏此能言。吾祖郯子見師不識其先，籍談見笑也與。司馬遷爲《史記》既効《周諜》，實依《世本》，《大戴禮紀》帝德雖次，帝系亦原《世本》。韋昭注《國語》，根氏以考其流；士安作《世紀》，采擇以溯其源。其記春秋名氏與《左傳》相符，孟堅謂其敍黄帝以來爲古史所録，蓋得其實矣。彼孫卿血脈之諜，管寧姓氏之歌，潛夫氏姓之志，應劭姓氏之篇，要皆因襲此書，非同創造也。漢初得之，倣爲劉氏承堯，皇甫著書出於丘明之手。綏和元年以《世本》相發明，封孔子之後。康成駁義，以《世本》言姓氏分上下之别，亦復援以爲據，信其有徵也。而或指爲劉向所纂，何以腐遷先采其言。或又以爲宋衷所編，不知仲子實廣其注。故劉昫以爲經秦漢儒者改易，斯爲確論。傳巽乃謂秦漢好事者所作，未爲知言矣。若子雲《家牒》、薛綜《宗圖》、聊氏《姓諜》、承天《姓苑》、杜預世族之書，摯虞族姓之記，賈家之要狀英賢，王儉之《百家集諜》，又因《世本》而踵事者也。至元魏徒尚門地，是三桓賢於四科矣。李唐競誇閥閲，而冠冕混於皁隸矣。彼林寶纂《元和》不知己姓之由來，夾漈以爲嘆息。義府廣類例，乃以軍功升諜限，薦紳目爲勳格，何能如魯之衆仲，晉之胥臣，鄭之子羽，楚之射父乎？余既痛錫姓之義不著，常補風俗之佚文，念肉諜之説不明，用傳《世本》之古籍云爾。

曾釗《面城樓集鈔》卷二《字林跋》 此書亡佚已久。嘉慶甲戌冬仲，余從雙闕書坊見之。坊友爲余言：江蘇任子田暨其弟文田徵君纂定者。今徵君至粤，故得有是書。越數日，余得晤徵君，遂假歸。輟它事，竟日夜抄之。凡有所見，即爲校增㪷若干條，不揣寡陋，附注於下。兹附剞劂，使如《薦福》斷碑，歷數百載，得復見原本也。

陳壽祺《左海文集》卷四《經郛條例》 一、漢儒傳注，有古學今學之分。必先考其家法，然後異同可辨。鄭司農先事京兆第五君，通京氏《易》、《公羊春秋》，又從東郡張恭祖，受《周官》、《禮記》、《左氏春秋》、《韓詩》、《古文尚書》。《北堂書鈔》引《續漢書》與《後漢書》同又因涿郡盧植事扶風馬融。其自序云：「遭黨錮之事，逃難注《禮》。黨錮事解，注《古文尚書》、《毛詩》、《論語》。爲袁譚所逼來至元城，乃注《周易》。」《鄭志》：「炅模問《坊記》注以《燕燕》爲定姜之詩，答云：『爲記注時。執就盧君，先師亦然。後得毛公傳而爲詩注，更從毛本』。」故鄭君注《禮》、《易》用京氏，《詩》用韓魯，《公羊春秋》用顔氏，此其證也。典午以後，家法遂亡，河洛之閒尚

遵古學，迄于唐初，得失參半。今自見存兩漢傳注以下，唐人義疏以前，及諸散佚古注，凡釋此經而引彼經者並采，所以博存異義補綴闕遺。一、羣經佚注近多編輯成書，並雅材好博，收拾闕遺。今所纂經説，係取諸家章句之外，凡佚注不盡復録，然采獲浩博，篇牘牽連，即莫不貫串其中，闕漏亦鮮矣。

李慈銘《越縵堂讀書記·金淵集》 閲仇仁父遠《金淵集》，武英殿聚珍本。山村書畫名家，詩實非其所長，而氣格頗蒼老，不墮江湖惡派，故雖楂牙率易，終近雅音。是集輯自《永樂大典》，得蒙高宗御題之什，比之蘇、陸，可謂厚幸矣。

朱長發《無邪堂答問》卷一 近人蒐輯佚書，固是好古盛心，但讀者當精爲抉擇，未可盡據，今習《故訓傳》，且通其義，三家果有精於傳者采之，若據一二遺説，即欲定其優劣，恐無是理。

佚書類型部

全佚分部

綜　述

朱彝尊《經義考》卷七六　《尚書暢訓》。《舊唐書志》：「二卷。」佚。鄭康成《序》曰：「伏生至孝文時，年且百歲。歐陽生、張生從學焉。伏生終，後數子各論所聞，以己意彌縫其闕，而別作章句。又特撰其大義，因經屬指，名之曰傳。劉子政校中書，奏此目録，凡四十一篇。」《晉書五行志》：「漢文帝時，虙生創紀《大傳》。」酈道元曰：「文帝撰《五經尚書大傳》。」顔之推曰：「孔子弟子虙子賤爲單父宰，即虙犧之後。兖州永昌郡城舊單父地也。東門有《子賤碑》，漢世所立，云濟南伏生即子賤之後。是知虙之與伏，古來通字。」《隋志》：「伏生作《尚書傳》，授同郡張生，張生授千乘歐陽生。」《洞冥記》：「李克者，馮翊人也。自言三百歲，從秦始皇登會稽山，以望江、漢之流也。少而好學，爲秦博士，門徒萬人。伏生時十歲，就克石壁山中，受《尚書》，乃以口傳授伏子。四代之事，略無遺脱，伏子因而誦之，常以細繩十餘尋以縛腰，誦一遍則結繩一結，十尋之繩皆成結矣。計誦《尚書》可數萬遍，但食穀損人精慧，有遺失。伏子今所傳百卷，得其一二爾。故《堯》、《舜》二典，闕漏尤多。」陸德明曰：「《尚書大傳》三卷，伏生作，《西伯戡黎》作『耆』。」葉夢得曰：「伏生《大傳》首尾不倫，言不雅馴，至以天地人四時爲七政，謂《金縢》作於周公歿後，何可盡據。其流爲劉向《五行傳》、夏侯氏災異之説，失孔子本意益遠。」晁公武曰：「勝至孝文時，年且百歲，歐陽生、張生從學焉。音聲猶有譌誤，先後猶有差舛，重以篆隸之殊，不能無失。勝終之後，數子各論所聞，以己意彌縫其闕，別作章句。又特撰大義，因經屬指，名之曰傳。後劉向校書，得而上之。目録凡四十一篇，康成銓次爲八十三篇，今本四卷，首尾不倫。」陳振孫曰：「凡八十有三篇，當是其徒歐陽、張生之徒雜記所聞，然亦未必當時本書也。」王楙曰：「《尚書大傳》與《古文尚書》所載不同。《大傳》謂周公死，王誦欲葬於成周。天乃雷電以風，禾盡偃，大木斯拔，國人大恐。王乃葬周公於畢，示不敢臣也。梅福、張奂等皆引以爲言據。今《尚書》言大雷電以風，見於周公居東之日，而非其死葬之時。以此一事觀之，則知《大傳》與經牴牾多矣。」王應麟曰：「《大傳》説《堯典》謂之《唐傳》，則伏生不以是爲《虞書》。」又曰：「《書大傳・虞傳》有《九共篇》引《書》曰：『予辯下土，使民平平，使民無傲。』《殷傳》有《帝告篇》引《書》曰『施章乃服明上下』，豈伏生亦見古文逸篇邪？」又曰：「《大傳》以《西伯戡黎》爲《戕耆》、《冏命》爲《臩命》、《費誓》爲《肹誓》、《吕刑》爲《甫刑》。」按：《大傳》引經文異者，《大誥》「民獻有十夫」，「獻」作「儀」。《康誥》「惟乃不顯考文王克明德」，「德」上有「俊」字。《無逸》作「毋逸」。又引《盤庚》云「若德明哉」，引《酒誥》云「王曰封惟曰若圭璧」，今無其文。

又　歐陽生《尚書章句》。《漢志》：「三十一卷。」佚。《漢書》：「歐陽生，字和伯，千乘人。事伏生，授倪寬。寬又受業孔安國。歐陽、大小夏侯氏學皆出於寬。寬授歐陽生子，世世相傳，至曾孫高子陽，爲博士。林尊字長賓，濟南人。事高爲博士，論石渠，授平陵平當、梁陳翁生，由是歐陽有平、陳之學。翁生授琅琊殷崇、楚國龔勝。當授九江朱普公文、上黨鮑宣子都。」

又卷一八六　鄭氏剛中《左氏九六編》三卷。佚。剛中《自序》曰：「《左氏》載《春秋》卜筮頗詳，筮之遇《周易》者之卦一十三，變爲二十六，无變者三；論卦體以明事，而不由筮得者八，總三十有七卦；蠱凡兩書，予志欲集爲一書，久而未暇，近乃成之。凡卦之見於《左氏》者，各畫其所得象，具載事本與筮史之論，其有疑渾可加臆説，或近世推占之説似相契驗者，輒附會其後，仍以八宫分卦并逐卦之變體先之，共三卷，通號曰《左氏九六篇》，庶簡而易求也，所集成，偶讀元凱書：太康元年，自江陵還襄，會汲縣民有發其界内舊塚者，大得古書，皆科斗文字，藏入祕府，元凱晚得見之，書多雜碎奇怪，惟《周易》及《紀年》最爲分了，又別一卷，純集《左氏傳》卜筮事，上下次第及其文義皆與《左氏》同，名曰《師春》，『師春』似是抄集人名。異哉！予今所作，是乃師春之意乎？其人其書，茫然千古之上，疏集同異，不可得而知矣。」

又　《春秋列國臣子表》。《宋志》「十卷。」佚。程端學曰：「環中，字應仲，淮陽人。」《中興聖政録》：「紹興四年六月，祕書丞環中知臨江軍中，嘗進《春秋年表》，沈與求奏不當先魯而後周，上曰：『士大夫著述，譌舛容有之，中爲人臣，乃不知尊王之義，豈可置之三館？』」

又 鄧氏名世《春秋四譜》。《宋志》：「六卷。」佚。《宋鑑》：「紹興四年三月，詔草澤鄧名世引見上殿，名世初以劉大中薦召赴行在，獻所著《春秋四譜》，上命爲迪功郎。」《玉海》：「鄧名世上《春秋四譜》六卷，以經、傳、《國語》參合援據，爲《國譜》、《年譜》、《地譜》、《人譜》。三月引見，九月賜出身，充史館校勘。」《姓譜》：「鄧名世，字元亞，臨川人。先是議臣禁學《春秋》，名世獨嗜之，試有司，屢以援《春秋》見黜，乃益研究經旨，考《三傳》同異，往往發諸儒所未及。御史劉大中宣諭江南，録其書以進，遂以布衣上殿賜出身，除敕令所删修官，兼史館校勘，又有《春秋論説》、《春秋類史》、《春秋公子譜》、《列國諸臣圖》、《左氏韻語》。」

又 《春秋集解》。佚。魏了翁《誌》曰：「公字清叔，蜀人。紹興十八年進士，倉部員外郎，總領四川財賦、軍馬、錢糧，郎中太府少卿，自號桃溪先生。公講學臨篇，皆探源尋流，取法前古，有《春秋至當集》、《春秋機關》、《春秋集解》、《經語提要》。」

又 程氏迥《春秋傳》。《宋志》：「二十卷。」佚。朱子曰：「沙隨《春秋解》説滕子來朝最好。隱十一年方書滕侯、薛侯來朝，如何桓二年便書滕子來朝，或以爲時王所黜，不知是時時王已不能行黜陟之典，或以爲《春秋》惡其朝桓，特削而書子，自此之後，滕皆書子，豈惡其朝桓而并後代子孫削之乎？或以爲當喪未君前，又不見滕侯卒，皆不通之論，沙隨謂此見得春秋時小國事大國，其朝聘貢賦之多寡，隨其爵之崇卑；滕子之事魯，以侯禮見，則所供者多，故自貶降而以子禮見，庶得貢賦省少易供。」

又卷一八七 薛氏季宣《春秋經解》、《指要》。《通考》：「共十四卷。」佚。季宣自序《指要》曰：「《春秋》，魯史之名也，史何以名《春秋》？魯歷之所爲更也。何更爾？變周也。何言乎變周？周正建子，以建寅爲正歲，夏時得天，猶用夏也，《春秋》之序魯，變之也，加春於建子，而爲王正月，建卯之月而爲夏四月，魯史之作也。故凡《春秋》之序，皆舍周之舊也。何始於隱公，疾始變常也。昉於此乎？前此矣。前此則曷爲始於此？《魯春秋》之始也。《魯春秋》之始作於隱公也。先王之制，諸侯無史，天子有外史，掌四方之志，而識於周之太史；隱之時也，始更魯歷而爲魯史，諸侯之有史，其周之衰乎？晉《乘》始於殤叔，秦史作於文公，王室之微，諸侯之力政焉爾。然則《春秋》何取於魯？因也。其因何？因魯之史以爲《春秋》，仲尼之志也。《春秋》何以爲仲尼之志？善揚其善，惡書其惡，直筆以書其事，不爲褒貶抑揚而亂是非之正也。褒貶非仲尼之意也，三家者託褒貶以爲傳，舍褒貶則無以爲傳矣，此不知《春秋》者也。仲尼修《春秋》，將以反經之正而還於舊也，是故直言以明得失謂之辭，正辭以别是非謂之事，屬辭比事莫善於《春秋》。《春秋》之道，治亂之法也；可行於當世，可示於四方，小人憚焉，君子達焉，亂臣賊子云：誰之不懼。撥亂世而反之正，《春秋》之用也。《指要》之謂，辭達而已。君子茗《春秋》之爲好，不以棄傳爲過而反求之，《春秋》之義也。」陳傅良作《行狀》曰：「右奉議郎新權發遣常州借紫薛公季宣字士龍，永嘉人，有《春秋經》若干卷，《指要》一卷。」朱子曰：「薛常州解《春秋》，不知如何率意若此，只是幾日，成此文字，如何説諸侯無史，内則尚有閭史；又如趙盾、崔杼事，皆史臣所書。」陳振孫曰：「知常州永嘉薛季宣士龍撰《指要》，列譜例於前。季宣博學通儒，不事科舉，陳止齋師事之。季宣死當乾道九年，年四十，其爲此書實紹興三十二年，蓋甫二十歲云。」

又卷一八八 劉氏夙《春秋講義》。一卷。佚。真德秀《後序》曰：「昌黎公《寄玉川子詩》有『《春秋》《三傳》束高閣』之語，學者疑之，謂未有舍傳而可求經者。今觀著作劉公《講義》，一以聖筆爲據依，其論秦穆公以人從死者、晉文之召王、宋襄之用人于社，皆以經證傳之失，所謂偉然者也。昔歐陽子患僞説之亂經，著爲論辨，自謂時雖莫同，千歲之後，必有予同；曾未二百年，而劉公之論《春秋》蓋與之合，公而有知，當不恨後世之無子雲矣。所講纔十有二條，麟經大指，略盡於此。其言曰：『吾聞法吏以一字輕重矣，未聞聖人以一字輕重《春秋》也。』旨哉言乎！足以破世儒之陋學者，其深味之。」葉適《志墓》曰：「隆興、乾道中，天下稱莆之賢曰二劉公：著作諱夙，字賓之，弟正字諱朔，字復之。二公治《春秋》於三家凡例外，自出新義，爾雅獨至，無能及者。著作釋褐，調吉州司户臨安府教授，召試館職，除祕書省正字，減員移樞密院編修官兼史院編修官，除著作佐郎，出知衢州。」

又 徐氏得之《春秋左氏圖紀》。《宋志》：「二十卷。」佚。陳傅良《序》曰：「自荀悦、袁宏以兩漢事編年爲書，謂之左氏體，蓋不知左氏於是始矣。昔夫子作《春秋》，博極天下之史矣，諸不在撥亂世、反之正之科，則不録也。左氏獨有見於經，故采史記次第之，某國事若干，某事書，某事不書，以發明聖人筆削之旨云爾，非直編年爲一書也。古者事、言各有史，凡朝廷號令與其君臣相告語爲一書，今《書》是已；被之絃歌謂之樂章爲一書，今《詩》是已；有司藏焉，而官府、都鄙、邦國習行之爲一書，今《儀禮》若《周官》之六典是已；自天子至大夫士氏族傳序爲一書，若所謂《帝系》、《世本》是已；而他星卜、醫祝皆各爲書，至編年則必序事，如春秋三代而上，僅可見者《周譜》，他往往見野史，《竹書》、《穆天子傳》之類。自夫子

始以編年作經，其筆削嚴矣。《左氏》亦始合事言二史與諸書之體，依經以作傳，附著年月下，苟不可以發明筆削之旨，則亦不録也。蓋其辭足以傳遠而無與於經義，則別爲《國語》；至夫子所見書，《左氏》有不盡見，又闕不敢爲傳，唯謹如此，後作者顧以爲一家史體，而讀《左氏》者浸失其意見，謂不釋經，是書之存亡幾無損益於《春秋》，故曰袁、荀二子爲之也。由是言之，徐子所爲《左氏國紀》曷可少哉？余讀《國紀》，周平、桓之際，王室嘗有事於四方，其大若置曲沃伯爲侯，詩人美焉，而經不著師，行非一役，亦與王風刺詩合，而特書伐鄭一事，王子頹之禍，視帶爲甚；襄書而惠不書也。學者誠得《國紀》，伏而讀之，因其類居而稽之經，某國事若干，某事書，某事不書，較然明矣。於是致疑，疑而思，思則有得矣。徐子殆有功於《左氏》者也。余苦不多見書，然嘗見唐閱《左氏史》與《國紀》略同，而無所論斷；今《國紀》有所論斷矣，余故不復贊而道其有功於《左氏》者，爲之序。」趙希弁曰：「右清江徐得之所編也，自周而下，各繫以國，又因事而爲之論斷。」《江西通志》：「徐得之，字思叔，清江人，夢莘之弟。淳熙中，登進士，歷任州縣，以朝請郎致仕，時號西園先生。」

又卷一九〇 洪氏咨夔《春秋説》。三卷。佚。咨夔《自序》曰：「帝王誥命訖於平王，《國風》變於《黍離》，聖人傷王者之不作，因魯史修《春秋》以奉天命而立人極。夫天命流行於人極之中，無一息間斷，人惟不知吾心有天而外求天，謂吉凶禍福，天未嘗定，終必有時而定，天者定則人者屈，此人極之所由立也。此《春秋》成，亂臣賊子所以懼也。彼亂臣賊子惟利是計，豈懼夫空言之貶、身後之辱哉？懼夫天者定而人者屈，失其所以爲利也。故凡犯天下之清議，冒天下之大罪，能逭諸一時，不能逭諸異日；能逭諸其身，不能逭諸其子若孫。人誰無愛身愛子孫之念，知天定有不可逭，則欲動於惡將有所懼而戢，此撥亂反正之筆所以有功於人極也。且《易》、《春秋》在魯，皆所以司天人之契，人欲窮而天理滅，其卦爲《剥》，《春秋》二百四十二年，純乎剥者也。以齊威霸天下始末求之，每四十年當一爻，陰愈進則亂愈盛；盟宋之後，晉以天下之權授之楚，而大夫專盟，諸侯皆凜凜乎贅斿之危，五陰之剥成矣；其末又以天下之權授之吴，吴、楚與越參立而交横，大夫各朵頤其國，禍亂極矣，而獲麟於西狩，亂極必治，安知無王者作，此碩果不食，剥所以不終於剥也。《春秋》以傷王者不作而始，以幸王者復作而終，以魯聖賢之澤未泯，一變可至道而託之，以詔萬世，天地至教，聖人至德，備見於行事，斷斷乎循之則治，違之則亂，得之則生，失之則死，信人極非《春秋》不立也。余自考功罷歸，杜門深省，有感於聖人以天治人之意，作《春秋説》。」吴任臣曰：「洪咨夔，字舜俞，於潛人。泰嘉二年進士，累官翰林學士，知制誥，兼侍讀修國史，以端明殿學士領内祠，有《春秋説》三卷。」

又卷一九一 趙氏孟何《春秋法度編》。佚。程端學曰：「字浚南，四明人。」戴表元《序》曰：「咸淳中，余備員太學博士弟子，見學官月講必以《春秋》，竊怪而問諸人，曰：『是自渡江以爲復讎之書，不敢廢也。』夫復讎之説，初非《春秋》本旨，中興初，胡康侯諸公痛數千年聖經遭王臨川禁錮，乘其新敗，洗雪而彰明之，使爲亂臣賊子者增懼，使用夏變夷者加勸，儒者之功用，所爲與天地並，如是而可耳。場屋腐生，山林曲士，因而掎摭微文，破碎大道，爲可憫歎。及其久也，《春秋》之編未終，讎不得復而鼎遷科廢，學者不待申臨川之禁而絶口不復道矣。雖以余之困而願學，求欲如昔年從博士後時意氣，詎可得邪，鄉郡趙君漢弼與余爲同年生，精力趨尚、記誦討論，視余略不衰惰；其先人清敏公嘗以《春秋經傳集解》奏之經筵，刻之琬琰者若干言。經火燬滅，漢弼追憶而補存之，摘其出於先公自著者，定爲若干言，又評攷二百四十二年行事合於《詩》、《書》、六典，名曰《春秋法度》之編者若干言，無近世掎摭破碎之嫌，而於儒者之功用有所發。於乎！何其能哉！蓋漢弼之爲人，吾知之：生於紛華之窟而能勤，長於功名之途而能静，老於艱危之境而能泰，故其於是書亦不以世故炎涼盛衰而奪，抑交遊之期於漢弼何有紀極。漢弼年未甚高予，戊戌春過之，見其蕭然一室，几硯在左，杵臼居右，畦蔬汲井，無一毛於世之色，其於《春秋法度》未可量也。」

又 葉氏正道《左氏窺斑》。佚。戴表元《序》曰：「夫子没，遺言之著於世者爲經，學者爲經學者各爲説以通之，通之不得則反諸經。惟夫學《春秋》則異是，《左氏》、《公羊》、《穀梁》三家者，與我肩隨而學夫子者也，後世信於其言乃過夫子；三家之中，《左氏》之徒謂其師逮與夫子同世，信之尤確，而《春秋》反爲疑經。夫《左氏》者，豈曰真足以蔽《春秋》哉？緣其文勝，學者有求於《左氏》而無求於《春秋》故耳。余於近世得折衷《左氏》之書二編，曰晁吏部《雜論》、曰吕著作《後説》，晁約而通，吕博而覈，嘗欲依倣其法，删繁去滯，定爲一書，以達《春秋》之義，而力未克也。年來倦學，葩葉凋槁，以爲二編之法雖在所舉，而江南研經家自歐陽以來，皆直取《春秋》爲斷，甚者尚疑今之《春秋》出於魯史本文者，不可盡攷，無問《左氏》；因知學廣者疑固多，如登千仞之峰，舉足愈高而見愈雜，如遊四通八達之途，奇珍異貨，目眩而不即定，要其定而不雜，久然後自得之耳。葉君正道以《左氏窺

斑》示予，予讀之猶愛晁、吕時也，問書之所由成，則方諸儒汲汲科舉之年，君以脱稿久矣。嗟夫！此豈若予年少退惰不自力者比邪？君名某台，寧海人。」

又 黄氏景昌《春秋公穀舉傳》。佚。吴萊《序》曰：「黄子讀《春秋》者四十年，老而不倦，嘗著《春秋舉傳論》一編，屏除專門，摎剔傳疏，使之一歸於是然後止。蓋昔者聖人之作《春秋》也，筆則筆，削則削，咸斷之於聖心，高弟如游、夏，且不能以一辭贊焉。《公羊》、《穀梁》乃謂得之子夏，文移瑣碎，語又齟齬，要之二氏皆未成書，特相授受於一時，講師之口説者，謂孔子當定、哀世，多微婉其辭，復祕不以教人，故諸弟子言人人殊異。然自孔子後，一廢於戰國，嬴秦之亂，漢初學者，區區收補，意其焚殘亡脱之餘，不藏之屋壁，必載之簡册，非徒出口入耳而已，又況《春秋》之文數萬，獨以口相授受，庸詎知不有訛謬者乎？濟南伏生治《尚書》，上使掌故晁錯往受之，僅一女子述其老耄之語，世謂生齊人，齊語多艱澀，故今《書》文亦難屬讀；然古人之作《書》者非齊人也，奈何若是？是則《公羊》齊學、《穀梁》魯學，非二氏誤也，學二氏者誤也。且孔子又何嘗當定、哀世多微辭哉？苟曰微辭以辟禍，《春秋》不必作矣，況定、哀又孔子所見之世也。自所聞、所傳聞之世，一切褒之、貶之且及其父祖，當世而輒微之，吾恐非聖人意也。聖人豈避嫌者哉？不然。亂臣賊子僅誅其既死，篡弑攘奪無懼於當世，是又豈吾聖人之意哉？必也《春秋》之作，未始祕不以示人。西狩之二年，孔子卒矣，《論語》、《禮記》諸弟子之問答殆無一言以及之，得其義者蓋寡矣。然而左氏約《經》以作《傳》，下訖魯悼、知伯之誅，在春秋後，孔子卒已久。或曰：『左氏，魯人也。』或曰：『左氏，楚左史倚相後也。』若其説，晉王接則謂别是一書，意者當西漢末，與《公》、《穀》二家争立博士，故又雜立凡例，廣采他説以附於《經》，是豈左氏舊哉？今黄子舉之，皆是也。昔者晉劉兆嘗以《春秋》一經而三家殊塗，乃取《周官・調人》之義作《春秋調人》七萬餘言；夫調人之職掌，司萬民之讐而諧和之，爲《春秋》者亦欲令三家勿讐，將天下之理不協於克一，而後世之議且容其潛藏隱伏於胸中也。何以調人爲哉？故唐啖助、趙匡，近世劉敞，於《傳》有所去取，咸自作書；而今黄子又嗣爲之，可謂聞風而興起者矣，非必曰此有所短，彼有所長。去其所短，則見其所長者，固可取也，不然，盡去三家之《傳》而獨抱聖人之《經》，且自以爲必得聖人之心者，吾又不信也。此則黄子之意也。」又曰：「黄隱君，諱景昌，字明遠，世爲婺之浦江人。每言《春秋》一書，自《公》、《穀》口説相傳，至漢然後著之竹帛，是故《經》有脱編、有錯簡，學者上畏聖《經》，下避賢《傳》，訛舛誣漏，不敢較也。其《春秋公穀舉傳》論及三代用正、日夜食之辨，凜凜不可屈，後得巴川陽恪《春秋考正》一卷，言三代悉用夏時，不改月數，出入經史，無慮數百千言，隱君明其不然，乃作《周正如傳考》，章分條晰，文極多，此最其善持論者。」

又卷一九五 鄧氏淳翁《春秋集傳》。佚。袁桷《序》曰：「因褒貶而傳《春秋》焉，聖人之餘意也；悉貶而遺其褒焉，非聖人之本旨也。粵自周室既遷，史列於諸侯，典策之藏，世莫得見，而紀載之法號稱近古，故凡是非善惡之實、天災時變之著，直書而不隱。逮於戰國，執簡侍史者猶守而未墜，然而攻劫淩據之侈，相尋而莫之顧，實由夫外史之職不行於邦國，其史之存於國者，又將日幸淪棄而無所傳證，故益得以逞其驕而恣其所行，若是者二百餘年矣。聖人始出，然後因其史之本文而修明之，别爲之書以信於後，善乎孟子之言曰：『孔子成《春秋》，而亂臣賊子懼。』若是則《春秋》其果爲褒貶哉？三家之傳事與義例，轇轕殽紊，刻者若法吏，博者若辨士，上下二千餘載，各執所嗜，介不相並，而玩獵搜擇，髣其音聲，益遺其形，《傳》愈疏而《經》益湮矣。夫因義例以明聖人之意，懼義與例不得而盡廣其記聞，不燭於理則事益無以自附，《春秋》之道幽而明，無《傳》而著，論至於是，良有以也。自唐以來，《合三傳》者始各以其長自見，然而求於外者必謹於内，純明粹精非自外至焉者耳。先王之典禮舊章具於傳記，悉心以推之，闇而日章，墜而復完，則禮者又《春秋》之標準也。邵武鄧淳翁慨不行於今，特立己任，纂而爲編，復因胡氏七家而增廣之。余嘗謂：『審乎人情，酌乎事變，非《春秋》其誰準？感而通天下之故，則《易》之用其與是相並；始於《春秋》而終於《易》者，邵子之學也；淳翁學首於是，必有其本，敢因以訂諸。』」

又 鍾氏伯紀《春秋案斷補遺》。佚。戴良《序》曰：「《春秋案斷補遺》者，大梁鍾伯紀先生之所著也。其意以爲：『學《春秋》者多惑於《傳》家褒貶之説，而《經》旨有不明；其能脱去宿弊，一以經文爲正者，又往往於筆削精義而或昧焉，今故採擇諸家格言之合於《經》者，附於各條之下，間有未足，則以己意補之，而題以今名，蓋取程叔子《傳》爲案、《經》爲斷語也。』予讀之而歎曰：『昔之傳《春秋》者有五家，而鄒、夾先亡，學《春秋》者舍《左氏》、《公羊》、《穀梁》三家則無所考徵矣；然《左氏》熟於事，而或不得其事之實，《公》、《穀》近於理，而害乎理之正者要不能無。至唐啖、趙師友者出，始知以聖人手筆之書折衷諸家之是非，而《傳》已亡逸。繼是而後爲之傳者雖百十餘家，其言雖互有得失，能不傳會三家之説者鮮矣。胡康侯得程子之學，慨然有志於發揮，而其生也當宋人南渡之時，痛千餘年聖經遭王臨川

之禁錮,乘其新敗,雪洗而彰明之,使世之爲亂賊者增懼,若夫聖人作經之本意,則未知其如何也。然自當時指爲復讎之書而不敢廢,太學以之課講,經筵以之進讀。至於我朝,設進士科以取人,治《春秋》者,三家之外,亦獨以胡氏爲主,本則以三綱九法粲然具見於是書,而場屋之腐生、山林之曲士因而掎摭微文,破碎大道,有可憫念者矣。』然則學《春秋》者亦將何所折衷乎?竊嘗考求之而得其説矣。『吾志在《春秋》』,夫子之自道也;『《春秋》,天子之事』、『孔子作《春秋》,而亂臣賊子懼』,孟子之所以論《春秋》也。蓋方是時,王綱日紊,篡奪相尋,孔子不得其位以行其權,於是約史記而修《春秋》,使亂臣賊子無所逃其罪,而王法以明,所謂撥亂世而反之正,此其爲夫子之志而天子之事也。是以邵子有曰:『《春秋》,夫子之刑書。』而天門王氏亦曰:『《春秋》一經,無罪者不書,惟罪有大小,故刑有輕重耳。』斯言也,蓋有得夫孔、孟之遺意也;是則學者之折衷,固無出於夫子之自道與夫孟子之所以論《春秋》者矣,後之立言,豈有加於此哉?先生之於是書,下既不惑於褒貶之説,上復不失乎筆削之義,外有以采擇諸家之博聞,内有以發乎自得之深意,奇而不鑿,正而不迂,詳而無餘,約而無闕,庶幾善學者焉。然其推《傳》以達乎《經》,因賢者之言以盡聖人之志,則得之夫子之自道、孟子之所論者爲多,是可以見其折衷之所在矣。余自幼歲即知讀是《經》,而山林孤陋之風、科舉利禄之念,或不能無,故其所學不過曲士腐生之爲耳,烏覩所謂經之義、聖人之藴哉?及識先生於浦陽,始聞其説而悦之,至其成書,則未之見焉;近來淞上,亟求是書於所館,先生手録以示,且曰:『使可傳也,幸爲我序之。』嗟乎!學《春秋》者多矣,求其得乎孔、孟之遺意,以折衷諸説於千有餘載之下者,幾何人哉?故讀先生之書,譬諸飫芻豢之旨,病夏畦之苦,而得一勺之清泉甘露,豈不悦哉?則夫是書之傳,固不有待於區區之言矣。若夫述作之大旨與其編次之歲月,則不可以不書,姑書此以爲《序》,庶有以復先生之命乎!」

又卷一九七 張氏失名《春秋經説》。佚。張以寧《序》曰:「《詩》有《序》乎?古無有也。《春秋》有《傳》乎?古無有也。曷爲無有也?《詩》有《序》,《春秋》有《傳》,則定於一矣。《四詩》、《三傳》何其言人人若是殊乎?古者《詩》以誦不以讀,以聲不以文義,其無《序》故也。《史記》曰:『魯哀公十四年,西狩獲麟,孔子作《春秋》。十六年壬戌,孔子卒。』《春秋》者,聖人晚年之書乎?定、哀之際多微辭,游、夏之徒不能贊一詞;當其時,《傳》宜未之有也,當其時未之有,則傳之者後之人也。《春秋》者,聖人之心也;聖人,天地之心也。生殺萬物,天地之心無心也,至仁焉耳矣;賞罰萬世,聖人之心無情也,至公焉耳矣。天地也,聖人也,惟聖人能知之、能言之,游、夏且不能與,而謂後之人若左氏,若公、穀氏能盡知且言之乎?後之學焉者弗據《經》以説《經》,顧任《傳》而疑《經》,噫!其亦惑矣。由唐、宋以來,能不惑乎《傳》而尊《經》者,啖、趙、孫、劉、歐陽發其端,河南邵子、徽國朱文公闡其微;至我朝,草廬吴文正之《纂言》集而大之,今參政大梁張先生之《經説》翼而備之,而後聖人之心庶其白乎?且聖人之作《春秋》,豈徒託之空言,將以見諸行事、撥亂世反之正耳。先生難進而易退,其仕也以道,其言於當世,一皆深明治亂之源,欲爲國家建萬世不拔之基,君子以爲深知《春秋》,善學孔子。以寧忝以是《經》第有司而用,世實甚迂,恐終湮没而無聞也;讀先生之書,惕然愧以思,惟當棄去微官以相從,畢力於羣經,庶其可以附所見而或有傳乎?」

又卷一九九 劉氏永之《春秋本旨》。佚。永之《自述》曰:「春秋時,列國之史,亦莫不有人焉,其立辭也,亦莫不有法焉。趙穿之弑逆也,而書曰:『趙盾弑其君。』則晉史之良也。崔杼之弑逆也,太史死者三人,而卒書曰:『崔杼弑其君。』則齊史之良也。之二國者,有二良焉,而況於魯有周公之遺制,爲秉禮之臣者乎?是故法之謹嚴,莫過於魯史;其屬辭比事可以爲訓,莫過於魯史;其當世之治亂盛衰,可以上接乎《詩》、《書》之迹,莫過於魯史,是以聖人有取焉,謹録而傳焉,以寓其傷周之志焉。其知者曰:『是不得已焉耳。』其不知者曰:『是匹夫也。』而暴其君大夫之惡於天下後世,故曰:『知我者在是,罪我者在是。』亦聖人之謙詞云耳。夫豈曰改周制、寓王法,而託二百四十二年南面之權之謂哉?大較説《春秋》者,其失有三。尊《經》之過也,信《傳》之篤也,不以《詩》、《書》視《春秋》也。其尊之也過,則曰聖人之作也;其信之也篤,則曰其必有所受也;其視之異乎《詩》、《書》也,則曰此見諸行事也,此刑書也。夫以爲聖人之作而傳者有所受,則宜其求之益詳而傳合之益鑿也;以爲見諸行事、以爲刑書,則宜其言之益刻而鍛鍊之益深也。已以爲美,則强求諸辭:『此予也,此奪也,聖人之微辭也。』或曰:『聖人之變文也。』一説弗通焉,又爲一説以護之;一論少窒焉,又爲一論以飾之;使聖人者若後世之法吏,深文而巧詆,蔑乎寬厚之意,此其失非細故也。今僕之愚曰:『其文則魯史,其義則彰善而癉惡,冀述而傳於後,則以删《詩》、定《書》、贊《易》同其狂僭;而其爲《傳》也,則直釋其義,其善者曰如是而善,其惡者曰如是而惡,無褒譏予奪之説。其區别凡例,則主程子;其綱領大意,則主朱子;其《三傳》,則主《左氏》,以杜預説而時覈其謬妄;其諸家則無適主,取其合者,去其弗合者,如是而

已。」邵遠平曰：「清江劉永之仲修治《春秋》學，洪武中以戍卒。其與梁孟敬講《春秋》一書，可謂持平之論。」

又卷二〇九　《竹書師春》。一卷。佚。黄伯思曰：「晉太康二年，汲郡民不準盜發魏襄王冢，得古竹書凡七十五篇，晉征南將軍杜預云：別有一卷，純集《左傳》卜筮事，上下次第及其文義皆與《左傳》同，名曰《師春》，師春似是鈔集人名也。今觀中祕所藏《師春》，乃與預説全異，預云純集卜筮事，而此乃記諸國世次及十二公歲星所在，併律呂、謚法等，末乃書《易象》變卦，又非專載《左氏傳》卜筮事，由是知此非預所見《師春》之全也。然預記汲冢他書中有《易陰陽説》而無《彖》、《繫》，又有《紀年》三代并晉、魏事，疑今《師春》蓋後人雜鈔《紀年》篇耳。然預云《紀年》起自夏、商、周，而此自唐、虞以降皆録之；預云《紀年》皆三代王事，無諸國別，而此皆有諸國；預云《紀年》特記晉國，起殤叔，次文侯、昭侯，而此記晉國世次自唐叔始，是三者又與《紀年》異矣。及觀其紀歲星事，有杜征南洞曉陰陽之語，由是知此書亦西晉人集録，而未必盡出汲冢也。然臣近考辨祕閣古寶器，有宋公緣餗鼎，稽之此書，緣乃宋景公名，與鼎名合，而太史公記及他書皆弗同。由是知此書尚多古事，可備考證，固不可廢云。」陳振孫曰：「晉汲郡魏安釐王冢所得古簡，杜預得其《紀年》，知其魏國史記，以考證《春秋》；別有一卷，純集疏《左氏傳》卜筮事，上下次第及其文義皆與《左傳》同，名曰《師春》，似是鈔集者人名也。今此書首敘周及諸國世系，又論分野、律呂爲圖，又雜録謚法、卦變，與杜預所言純集卜筮者不同，似非當時本書也。」方以智曰：「黄長睿校讎《師春》五篇，乃汲冢古文，杜預言別有一卷集《左氏》卜筮事，而長睿所見全異，紀諸國世次及十二公歲星所在，併律呂、謚法等，末乃書《易象》變卦，則預所見非全書也。《師春》乃鈔集人名也，其書緣乃宋景公名，與宋公緣餗鼎合，當是西晉人集録。」

又卷二一〇　商氏季文《春秋正朔辨》。一卷。佚。家鉉翁曰：「天台商季文《正朔辨》謂：夫子作《春秋》，特出新意，以子丑寅爲春，以建子月爲正月。諸儒有取其説爲之序其首，愚竊惑焉。夫變易四時以從二代之正朔，此孔、鄭釋《經》既往之誤，前輩辨之審矣，季文果何所見，更謂夫子作《春秋》特出新意而爲此？然則顔淵爲邦之問、夫子夏時之訓，皆虚語乎？季文謂夫子將作編年史，以一歲不可爲兩冬，故特出聖意，以子丑寅爲春，以建子月爲正月，吁！有是哉？古之史，虞、夏、商、周是也。紀年、紀月、紀日者有之，而年之下不皆紀時也，或有書時者概一時而言，如秋大熟、未獲之類，未詳其月，故止書時；惟《春秋》以行夏之時，故特於年之下紀春而後紀月，以見正必在寅而後爲正，夫豈爲兩冬之避乎？季文又謂：魯舊史以元年十一月書公即位，孔子作《春秋》，以公即位之書不可繫之前公之末，兼一歲不可兩冬，故不得不改正朔。是又不然。《春秋》書元年者，國君即位之次年，因魯史之舊文也；書公即位者，《春秋》所以垂王法也。禮，國君始立，稱子不稱君，必先君既葬，請命於王，王命之爲君，然後始君其國。周之既東，此義頓廢，父死子立，即以國君自居，甚者以篡弑得國，天子不能討，方伯不敢問，而人倫幾於掃地，故聖人明王法以正之，於『元年春王正月』之下，而特書即位或不書即位，以見其得國之正否。故有上不稟命於天王，內不承國於先君，則不書即位以正之；亦有弑君賊自立與爲弑賊所立，則書即位以絶之。《春秋》十二公書即位而無貶者，五公耳，春之與正固皆夏時，斯乃《春秋》垂世之法，夫豈爲即位之書不可繫之前公，而革冬爲春以循之乎？季文又指《左傳》書事在冬而《春秋》書於正月者，以證其革冬爲春之説。不思《經》、《傳》之相符者千百，其不同者二三，豈得以二三之不同而致疑於千百之同乎？今以《經》後於《傳》者爲聖人革冬爲春之證，其有《經》先於《傳》者，又將何説以處之乎？此乃傳疑傳信之有異，或諸國來告之遲速，故書有先後，豈得據此小疑遂謂聖人革冬爲春？冬之不可爲春，猶寒之不可爲暑，《傳》、《注》考之未精，先儒辨者已衆，而季文更謂夫子特出新意，以冬爲春，其誣《經》也，豈不甚哉？其説本無深解，專取杜曆以爲據依，謂其間有與《春秋命曆序》相符者。曆之爲藝解者絶少，然亦未有久而不差之曆，《命曆序》者，術家以爲孔子修《春秋》用殷曆，使其數可傳於後，明曆者考其蝕朔，不與殷曆合，以爲漢哀、平閒治甲寅元曆者託之，非古也。季文亦未嘗精通曆術，學僻而論怪，初不必爲之辨，以一二老學爲之序引，若有取焉，恐其浸傳易以惑人，故復著之。」

又卷二一一　《齊論語》。《漢志》：「二十二篇。」佚。《漢書》注多《問王》、《知道》。陸德明曰：「《齊論語》者，齊人所傳，別有《問王》、《知道》二篇，凡二十二篇。其二十篇中章句頗多於《魯論》。」歐陽修曰：「《論語》增《問王》、《知道》二篇，今文無之。」晁公武曰：「《問王》、《知道》，詳其名，是必論內聖之道、外王之業，未必非夫子之最致意者。」按：《漢志》：「《論語》十二家：《齊》二十二篇，多《問王》、《知道》。」如淳曰：「《問王》、《知道》皆篇名，説者謂是內聖外王之業，此傅會也。《論語》二十篇皆就首章字義名篇，非有包括全篇之義。今《逸論語》見於《説文》、《初學記》、《文選注》、《太平御覽》等書，其詮玉之屬特詳。竊疑《齊論》所逸二篇，其一乃《問玉》，非《問王》也。考之篆法，三畫正均者爲王，中畫近上者爲玉。初無大

異，因謫玉爲王耳。」王伯厚亦云：「《問王》疑即《問玉》，亶其然乎？」

又 張氏禹《魯安昌侯説》。《漢志》：「二十一篇。」佚。《漢書》：「禹，字子文，河内軹人。從沛郡施讎受《易》，琅邪王陽、膠東庸生問《論語》，皆明習。諸儒曰：『欲爲《論》，念張文。』甘露中，諸儒薦禹，有詔太子太傅蕭望之問。禹對《易》及《論語》大義，望之善焉，奏禹經學精習，有師法，可試事。初元中，授太子《論語》。河平四年爲丞相，封安昌侯。初禹爲師，以上好《論語》難數對己問經，爲《論語章句》獻之。」又曰：「張氏名最後而行於世。」何晏曰：「張禹本受《魯論》，兼講《齊》説，善者從之，號曰『張侯論』，爲世所貴。」《隋書》：「張禹本受《魯論》，晚講《齊論》，後遂合而考之，删其煩惑，除去《齊論》《問王》、《知道》二篇，從《魯論》二十篇爲定。」陸德明曰：「安昌侯張禹受《魯論》於夏侯建，又從庸生王吉受《齊論》，擇善而從，號《張侯論》。最後而行於漢世，禹以授成帝。」邢昺曰：「張禹擇《齊》、《魯》之善而爲《論》。」晁公武曰：「漢時《論語》凡有三。而《齊論》有《問王》、《知道》兩篇，詳其名，當是論内聖之道、外王之業，未必非夫子之最致意者，不知何説，而張禹獨遺之。禹身不知王鳳之邪正，其不知此固宜然，勢位足以軒輊一世，使斯文盡喪。惜哉！」馬端臨曰：「《齊論》多於《魯論》二篇，曰《問王》、《知道》。史稱爲張禹所删，以此遂無傳。且夫子之言，禹何人而敢删之？然《古論語》與《古文尚書》同自孔壁出者，章句與《魯論》不異，惟分《堯曰》『子張問』以下爲一篇，共二十一篇。則《問王》、《知道》二篇亦孔壁中所無，度必後儒依倣而作，非聖經之本真。此所以不傳，非禹所能删也。」

又卷二一三 王氏雱《論語注》。《通考》：「十卷。」佚。秦觀《序》曰：「元豐二年，眉陽蘇公用御史言，文涉謗訕屬吏，獄具，天子薄其罪，責爲黄州團練副使。於是梁國張公、涑水司馬公等三十六人素厚善眉陽，得其文不以告，皆罰金。而太原王定國獨謫監濱州鹽税。定國相家子，少知名，一朝坐交遊，斥海上，人皆意其日飲無何，不復以筆硯爲職矣。而定國至濱，益自刻勵，晨起入局，視鹽税之事惟謹。退則窮經著書，或賦詩自娱，非疾病慶弔輒不廢。七年罷還，詣東上閤門奏書曰：『臣無狀，幸緣先人之故，獲齒仕彼，不能慎事，陷於罪戾，念無以自贖，間因職事之暇，妄以所見注成《論語》十卷，未敢以進。惟陛下裁哀之。』明日詔御藥院，取其書去，未報，而神宗棄天下。嗚呼！自熙寧初王氏父子以經術得幸，下其説於太學，凡置博士，試諸生皆以新書從事，不合者黜罷之，而諸儒之論廢矣。定國於時，處放逐之中，蠻方瘴癘之地，乃能自信不惑，論著成一家之言，至天子聞之，取其書。非其氣過人，何以及此？傳曰：『天不爲人之惡寒而輟其冬，地不爲人之惡險而輟其廣，君子不爲小人之匈匈而易其行。』於斯言益信。予比多事，未獲請觀其書，而定國乃以副本來屬予爲序。顧予文之陋，豈能發定國之所藴乎？姑掇其大槩，使夫覽之者知定國著書之時爲如此，又知神宗嚮經術，亦非主於一家而已。」

又卷二二〇 陳氏櫟《論語訓蒙口義》。佚。櫟《自序》曰：「讀《四書》之序，必以《大學》爲先，然綱三目八布在十有一章，初學未有許大心胸包羅貫穿也。《論語》或一二句、三數句爲一章，照應猶易，啓發侗蒙，宜莫先焉。朱子《集注》渾然猶經，初學亶未易悟，坊本句解率多膚舛，又祇爲初學語，豈爲可哉！櫟沈酣《四書》三十餘年，授徒以來，可讀《集注》者固授之，唯謹遇童生鈍者，困於口説，乃順本文，推本意，句釋筆之，其於《集注》涵者、發演者、約略者、廓章旨，必揭務簡而明。句積月累以成編，襲名《論語訓蒙口義》。自《集注》外，朱子之《語録》、黄氏之《通釋》、趙氏之《纂疏》，洎餘諸儒之講學所及者咸采之，廣漢張氏説亦間取焉。櫟一得之愚，往往附見，或有發前人未發者，實未嘗出朱子窠臼外。丙申春，質之弘齋曹先生，一見可之，畀之序，勉之刊，願同志襄之。歷四年始成，自揆晚生懼賈僭踰罪，抑不過施之初學，俾爲讀《集注》階梯，非敢爲長成言也。昔程子傳《易》，猶曰只説得七分，而況晚生又況爲侗蒙計哉！」

又卷二二一 《孔子徒人圖法》。《漢志》：「二卷。」佚。按：《徒人圖法》、《三朝記》、《漢藝文志》俱在《論語部》。所謂《徒人圖法》者，殆即《家語》所云「弟子解」、《史記》所云「弟子籍」也。又按：《論語》出於子夏等六十四人所撰。其意專主尊其師，故於弟子之過，具書之，以明師之善誘。宰我之短喪、冉有之聚斂、季路之鼓瑟、樊須之學稼、學圃，孔子以爲野，爲小人。甚者，謂非吾徒，皆紀於策。若後人爲之曲爲同，學者徇没而不書矣。乃議者因子禽之問子貢、子服景伯之欲肆、公伯寮遂欲黜其配食，不知弟子獲載於《論語》，悉以六藝表見者也。其餘姓名僅存，無行事可攷者，翻得免罷祀。若是則非之，無舉刺之；無刺之鄉愿，賢於狂狷遠矣。非六十四人意也。

又卷二二二 鄭氏玄《孝經注》。《唐志》：「一卷。」佚。康成《自序》曰：「《孝經》者，三才之經緯，五行之綱紀。孝爲百行之首，『經』者，至易之稱。僕避兵於城南之山，棲遲於巖石之下，念昔先人，餘暇述夫子之志而注《孝經》焉。」《後漢書》曰：「鄭玄，漢末遭黄巾之難，客於徐州。今《孝經序》，鄭氏所作。南城山西上可二里所有石室焉，周迴五丈，俗云是康成注《孝經》處。」右見《太平御覽》所引，考范

《史》無其文，則未知爲袁山崧、華嶠之書，抑薛瑩之書與？《唐會要》：「開元七年三月一日勑，《孝經》、《尚書》有古文本，孔、鄭注，旨趣頗多踳駁，令諸儒質定。六日詔曰：《孝經》，德教所先，頃來獨宗鄭氏；孔氏遺旨，今則無聞，其令儒官詳定所長，令明經者習讀。四月七日，左庶子劉知幾議曰：謹按今俗所傳《孝經》，題曰《鄭注》，爰在近古，皆云鄭《注》即康成，而魏、晉之朝無有此説。至晉穆帝永和十一年，及孝武帝太元元年，再聚羣臣共論經義，有荀茂祖者，撰集《孝經》諸説，始以鄭氏爲宗。自齊、梁以來，多有異論，陸澄以爲非玄所注，請不藏於秘省，王儉不依其請，遂得見傳於時。魏、齊則立於學官，著於律令，蓋由膚俗無識，故致斯訛舛。然則《孝經》非玄所著，其驗十有二條，按：鄭君《自序》云：『遭黨錮事起，逃難注《禮》。黨錮事解，注《古文尚書》、《毛詩》、《論語》。爲袁譚所逼，來至元城，乃注《周易》。』都無注《孝經》之文，其驗一也。鄭君卒後，其弟子追論師著所述，及應對時人，謂之《鄭志》。其言鄭所注者，惟有《毛詩》、三《禮》、《尚書》、《周易》，都不言鄭注《孝經》，其驗二也。又《鄭志》目録記鄭之所注五經之外，有《中候書傳》、《七政論》、《乾象曆》、《六藝論》、《毛詩譜》、《答臨碩難禮駁許慎異義》、《發墨守》、《鍼膏肓》及《答甄子然》等書，寸紙片言，莫不悉載，若有《孝經》之注，無容匿而不言，其驗三也。鄭之弟子分授門徒，各述師言，更相問答，編録其語，謂之《鄭記》，惟載《詩》、《書》、《禮》、《易》、《論語》，其言不及《孝經》，其驗四也。趙商作《鄭先生碑文》，具稱諸所注箋駁論，亦不言注《孝經》。晉《中經簿》：《周易》、《尚書》、《尚書中候》、《尚書大傳》、《毛詩》、《周禮》、《儀禮》、《禮記》、《論語》凡九書，皆云鄭氏注名玄，至於《孝經》則稱『鄭氏解』，無『名玄』二字，其驗五也。《春秋緯演孔圖》云：『康成注《禮書》、《易》、《尚書》、《論語》，其《春秋》、《孝經》則有評論。』宋均於《詩譜序》云『我先師北海鄭司農』，則均是玄之傳業弟子也。師所注述，無容不知，而云『《春秋》、《孝經》惟有評論』，非玄之所注，於此特明，其驗六也。又宋均《孝經緯注》引鄭《六藝論》敘《孝經》云『玄又爲之注』，司農論如是，而均無聞焉。有義無辭，令予昏惑，舉鄭之語而云『無聞』，其驗七也。宋均《春秋緯注》云爲《春秋》、《孝經》略説，則非注之謂，所言『玄又爲之注』者，汎辭耳，非事實。其序《春秋》亦云『玄又爲之注』也，寧可復責以實注《春秋》乎？其驗八也。《後漢史書》存於代者，有謝承、薛瑩、司馬彪、袁山崧等，其爲鄭玄《傳》者，載其所注，皆無《孝經》，其驗九也。王肅《孝經傳》首有司馬宣王之奏，云奉詔令諸儒注述《孝經》，以肅説爲長。若先有鄭《注》，亦應言及，而都不言鄭，其驗十也。王肅注書，發揚鄭短，凡有小失，皆在訂證，若《孝經》此注亦出鄭氏，被肅攻擊，最應繁多，而肅無言，其驗十一也。魏、晉朝賢論辨時事，諸注無不撮引，未有一言引《孝經》之《注》，其驗十二也。凡此證驗，易爲討覈，而代之學者不覺其非，乘彼謬説，競相推舉，諸解不立學官，此注獨行於代。觀夫言語鄙陋，義理乖疎。固不可以示彼，後來傳諸不朽。至《古文孝經孔傳》，本出孔氏壁中，語其詳正，無俟商榷，而曠代亡逸，不復流行。至隋開皇十四年，秘書學士王孝逸於京市陳人處買得一本，送與著作郎王劭，劭以示河間劉炫，仍令校定，而此書更無兼本，難可依憑。炫輒以所見，率意刊改，因著《古文孝經稽疑》一篇。劭以爲此書，經文盡正，《傳》義甚美，而歷代未嘗置於學官，良可惜也。然則孔、鄭二家，雲泥致隔，今綸音發問，校其所長，愚謂行孔廢鄭，於義爲允，國子祭酒司馬貞議曰：『《今文孝經》是漢河間王所得顔芝本，至劉向以此本參校《古文》，省除繁惑，定爲此一十八章，其注相承，云是鄭玄所注，而《鄭志》及目録等不載，其故往賢共疑焉。惟荀昶、范曄以爲鄭《注》，故昶集解《孝經》，具載此注，而其序以鄭爲主，是先達博選，以此《注》爲優。且其《注》縱非鄭氏所作，而義旨敷暢，將爲得所，其數處小有非穩，實亦未爽經傳。其古文二十二章，元出孔壁，先是安國作《傳》，緣遭巫蠱，代未之行。荀昶集注之時，尚有孔《傳》，中朝遂亡其本，近儒欲崇古學，妄作此傳，假稱孔氏，輒穿鑿改更，又僞作《閨門》一章，劉炫詭隨，妄稱其善。且《閨門》之義，近俗之語，非宣尼之正説。』按其文云『《閨門》之內，具禮矣乎，嚴兄妻子臣妾。繇百姓徒役也』，是比妻子於徒役，文句凡鄙，不合經典。又分《庶人》章從『故自天子』已下，別爲一章，仍加『子曰』二字，然『故者』，連上之詞，即爲章首，不合言故。是古文既亡，後人妄開此等數章，以應二十二章之數，非但經文不真，抑亦傳習淺僞，至注用天之時，因地之利，其略曰脱衣就功，暴其肌體，朝暮從事，露髮塗足，少而習之，其心安焉。此語雖傍出諸子，而引之爲注，何言之鄙俚乎？與鄭氏之所云『分別五土，視其高下，高田宜黍稷，下田宜稻麥，』優劣懸殊，曾何等級。今議者欲取近儒詭説，殘經缺傳，而廢鄭《注》，理實未可，望請準式，《孝經》鄭注與孔《傳》依舊俱行。五月五日詔鄭仍舊行用。孔《注》傳習者稀，亦存繼絶之典，頗加奬飾。」陸德明曰：「鄭《注》，相承以爲鄭玄。按《鄭志》及《中經簿》，無惟中朝穆帝講習《孝經》，云以鄭玄爲主。檢《孝經注》與康成注五經不同，未詳是非？」劉肅曰：「梁載言《十道志》解南城山引《後漢書》云：『鄭玄遭黄巾之難，客於徐州。』今者有《孝經序》，相承云鄭氏所作，蓋康成胤孫所爲也。陸德明亦云『鄭注《孝經》，與注五經體不同』，則劉子玄所證，信有徵矣。」《崇

文總目》：「先儒多疑其書，惟晉孫昶《集解》以此《注》爲優，請與孔《注》並行。詔可。今太學所立陸德明《釋文》與此相應。五代兵興，中原久逸其書，咸平中，日本僧以此書來獻，議藏秘府。」陳振孫曰：「世傳秦火之後，河間人顏芝得《孝經》藏之，以獻河間王，今十八章是也。相承云康成作注，而《鄭志》目録不載，故先儒並疑之。《古文》有孔安國《傳》，不行於世，《劉炫》爲作《稽疑》一篇，《序》所謂劉炫明安國之本，陸澄譏康成之《注》者也。及唐開元中，詔議孔、鄭二家，劉知幾以爲宜行孔廢鄭，諸儒非之，卒行鄭學。按《三朝志》：五代以來，孔、鄭注皆亡，周顯德中，新羅獻《別序孝經》即鄭注者，而《崇文總目》以爲咸平中日本僧奝然所獻，未詳孰是？世少有其本。乾道中，熊克子復、袁樞機仲得之，刻於京口學官，而孔《傳》不可復見矣。」王應麟曰：「鄭氏《注》相承言康成作，《鄭志》目録不載，通儒皆驗其非。開元中，孝明纂諸説，自《注》以奪二家，然尚不知鄭氏之爲小同。」按：《孝經鄭注》久逸，然猶有僅存者。經曰「仲尼居」，《注》云「居講堂也」。「曾子侍」，《注》云「卑在尊者之側曰侍」。「先王有至德要道」，《注》云「禹，三王最先者，五帝官天下，三王禹始傳於殷，於殷配天，故爲孝教之始。至德孝悌也，要道禮樂也。」「以顯父母」，《注》云「父母得其顯譽也」。「資於事父」，《注》云「資者，人之行也」。「用天之道」，《注》云「謂春生、夏長、秋收、冬藏。」「分地之利」，《注》云「分別五土，視其高下，若高田宜黍稷，下田宜稻麥，邱陵阪隰，宜種桑、栗、棗、棘是也。」「謹身節用以養父母」，《注》云「行不爲非，度財爲費，什一而出」。「無所復謙，其政不嚴而治」，《注》云「政不煩苛也」。「先王以敬讓，而民不争」，《注》云「若文王敬讓於朝，虞芮推畔於田，則下效之。」「《詩》云：赫赫師尹」，《注》云「師尹，若冢宰之屬也」。「不敢遺小國之臣，而況於公侯伯子男乎」，《注》云「昔聘問天子無恙，五年一期，郊迎芻禾百車，以客禮待之。夜設庭燎。庭燎者，在地曰燎，執之曰燭，樹之門外曰大燭，於内曰庭燎。五年一巡狩，勞來別優侯者，侯伺伯者，長男者任也」。「言思可道」，《注》云「言中《詩》、《書》」。「五刑之屬三千」，《注》云「科條三千，謂墨、劓、官、割、大辟，穿窬盜竊者劓，賊傷人者墨，男女不以禮交者宫、割。□□人垣墻開人關闔者□，手殺人者，大辟」。「教以孝」，《注》云「天子事三老兄弟五更」。「天子有争臣七人」，《注》云「左輔右弼，前疑後丞，使不危殆」。「光於四海，無所不通」，《注》云「孝悌之至，則重譯來貢」。「哭不偯」，《注》云「偯，痛聲也」。「食旨不甘」，《注》云「《禮》，三年之喪，食無鹽酸而食粥，朝一溢米，暮一溢米」。「喪不過三年」，《注》云「再期不肖者，企而及之，賢者俯而就之」。「陳其簠簋」，《注》云「方曰簠，圓曰簋」。「擗踊哭泣」，《注》云「啼號竭情也」。「卜其宅兆」，《注》云「兆，卦也」。「爲之宗廟，以鬼享之」，《注》云「無遺憾也」。「生民之本盡矣」三句，《注》云「尋繹天經地義，究竟人情也，行畢孝成」。蓋自石臺《注》行，後學無讀鄭《注》者，并見亦罕矣，故抄撮及之。

又卷二二三二 丁氏公著《孟子手音》。《宋志》：「一卷。」佚。按：丁氏《手音》，今亦無傳，其見於孫氏《音義》者：「願比死者一灑之，音『洗』，謂『洗雪其恥也。』」「獨樂樂」，上音「岳」，下音「洛」。「從獸無厭」，「厭」，平聲。「反其旄倪」，「旄，老也。倪謂繄倪，小兒也」。「乃屬其耆老」，「屬，會聚也」。「爾何曾比予於是」，「曾」音「憎，則也，乃也。」「悻悻然見於其面」，「悻悻」作「婞婞，狠也，直也。」「門人治任將歸」，「治任」謂「擔任之具，蘽土籠也。梩，土轝也。」先儒説五霸不同，有以夏霸昆吾、商霸大彭、豕韋、周霸齊桓、晉文爲五霸者。「訑訑自足其智」，不嗜善言之貌。兩馬之力，與古人駕車以兩馬軌謂限之轍迹也。孟子意言城門限迹切深，以日久遠，爲車所轢多故也。豈是一時兩馬駕車而過之使然？以上皆爲朱子《集注》所取。「其文異者，是罔民也」，罔作司。「止或尼」之「尼」作屔，「相與輔相」之「相」作「押」，音「甲」，輔也，義與夾同。「使民盻盻然」，「盻盻」作「肸肸」。「師死而遂倍之」「倍」作「偝」。「蠅蜹姑嘬之」「蜹」作「蟉」。云蟉，未詳所出，或以蟉與蛖同，謂蜉蛖也。音「由」。一説蟉姑即螻姑也。「摶而躍之」，「摶」音「團」。「一匹雛」「匹」作「疋」，音節疋。「雛」，「小雛」也。是以言餂之，按《字書》及諸書並無此餂字。郭璞《方言注》云：「音忝，謂挑取物也，其字從金。」今此字從食，蓋傳寫誤也。又有《音異》者：「汙」音「蛙」，不平貌。「佼」音「皎」，「憭」也。「許行」，「行」音「衡」。「弤朕」，「弤」音「彫」，義與弴同。「掊克在位」，「掊」，薄侯切，深也，聚斂也。貉稽曰貉，貊、鶴二音，既是人姓，當音鶴。又有義異者：「龍斷」，「龍」與「隆」聲相近，隆，高也。蓋古人之言耳如胥須之類也。「媒妁之言」，謂媒氏酌二姓之可否，故謂之媒妁。晉之《乘》、楚之《檮杌》，云晉名《春秋》爲《乘》者，取其善惡無不載；楚謂《春秋》爲《檮杌》者，在紀惡而興善也。「播種而耰之」，「耰」，壅苗根也。「有梏亡之矣」，謂悔吝利害也。利害之亂，其性猶桎梏之刑其身，故喻之。「變其彀率」，「率」，循也。謂彀張其弩，又當循其射，道令必中。「於表躍」，如猶言「卓爾」。「虎賁」，先儒言如猛虎之奔。

又卷二二三三 鄒氏浩《孟子解義》。《宋志》：「十四卷。」佚。浩《自序》曰：

「孔子没，世衰道喪，百有餘歲，以及孟子之時，其害尤甚，以湯、武爲弑君，以周公爲未智，以匡章爲不孝，以仲子爲廉士【略】，非特此也，不動心如告子，猶外義而莫悟事，豪傑如陳相，猶倍師而自若，則道之不明可知矣。以利國爲先務，以殃民爲可爲，以戰必克爲良臣，以逢君惡爲無罪，非特此也，可與有爲如齊宣王者，其所問惟威文之事；可與有言如公孫丑者，其所冀惟管、晏之功，則道之不行可知矣。孟子於此時上下無知，而信之者操不售之具以周遊其間，不少貶焉，非以道自任而能若是乎？其道則自古以固存，而孔子之所傳者也。孔子之於道，不得已而載之，後世君子，孰不可以得之哉？然而有目同視而所見者近，有耳同聽而所聞者淺，有心同思而所得他而不正，則争以自取勝，而大道斯爲天下裂矣。然則孔子之後，能紹其傳者，孟子一人而已也，與太和爲一，而充塞於兩間，上足以配道，下足以配義，其所養之氣有如此者；由父子之仁而極於天道，由可欲之善而極於神，其所造之妙有如此者；於《詩》則以意逆，於《書》則取二三策，其通經有如此者；敷陳於齊宣、梁惠之間；訓告於萬章、樂克之徒，曲而中，多而類，其出言有如此者；見與不見，皆不以人枉己。受與不受，皆不以利廢義，其制行有如此者；以其所養之氣，發其所造之妙，無施而不可，則其爲通經也，出言也，制行也，皆餘事耳。奈何天未欲平治天下，而舍我其誰之志終不獲伸，是以其功止於距楊、墨，以承三聖而已矣。雖然使楊、墨之道息，孔子之道著，天下後世咸知父子有仁，君臣有義，不淪胥而爲禽獸，則其志雖不伸於當時，固已伸於後世矣。以道論功如之何，其可及也，其後名世之士，有出於漢而能知之者，莫如揚子，故論其道則曰『不異』，論其功則曰『廓如』；有出於唐而能知之者，莫如韓子，故論其道則曰『醇乎醇』，論其功則曰『不在禹下』。非苟知之也，竊自比焉。則庶幾孟子之道攘斥佛、老，則庶幾孟子之功，夫二子之不如孟子易見也，有所庶幾且無與並況孟子乎！故韓子曰：『學者必謹於其所道，求觀聖人之道，必自《孟子》始。』浩嘗聞之於師曰：『誦孟子之書非難，深明其意之所在爲難，深明其意之所在非難，能以其所以自任者，矜式而行之爲難。昔孔子之門人，如仲弓之有聞於仁，則請事斯語；如子張之有聞於行，則必書諸紳。今《孟子》七篇之所載，非直孔子答問之際一二言耳，學者或尚媿於仲弓、子張之賢，則以其所以自任者，矜式而行之，其可忽乎！』浩不敏，敬受此言久矣，願與諸君子共之，勿徒誦其書，明其意，資以爲速化之術而已也。顏淵曰：『舜，何人也？予，何人也？有爲者亦若是！』嗚呼！豈獨顏淵之於舜爲然哉。」

又卷二二三六　吳氏萊《孟子弟子列傳》。三卷。佚。萊《自序》曰：「太史公《孟子列傳》：首孟軻，繼鄒衍奭、淳于髡、慎到、荀卿、墨翟、尸佼、長盧子，曰皆在孔子後。荀卿可言也。彼數子者不同道，奈何同傳？將以孟子寘諸戰國辨士之流乎？是又非不知孟子者也。一則曰述唐、虞三代之德，二則曰述仲尼之意，彼數子者亦有一於此乎！當戰國之時，士多以游説縱横、攻戰刑法之説行，而時君猶欲好儒自飾。吳起，戰士也，乃以儒服見魏武侯。武侯之子惠王與齊宣王皆卑辭厚幣以聘孟子，然徒切於事功。卒以迂緩不合人且謂其好辯而已。儒、墨並稱，百家雜説渾殽之矣，豈太史公狃見而溺聞若是乎？方其敘《孔子世家》，進之與十二諸侯同列；《周本記》、《十二諸侯世家》，則又皆書曰『孔丘』，卒尊之也至矣！及所載多《左氏》、《國語》雜事，欲以明聖人多能，聖人豈果以多能稱哉！又作《七十弟子列傳》，則徒分列《論語》問答以實之，餘徵《家語弟子解》，他悉無所徵，是亦《孟子列傳》類也。東漢趙岐始注《孟子》，其《序》曰『孟子幼被慈母三遷之教』，《史》不載，今猶見，故《列女傳》且言孟子將去齊，母老擁楹而歎有憂色，母乃引《詩》、《易》詔之。似與『充虞路問』時意同。岐又曰『有《外書》四篇，文不能弘深』，今猶略見劉向《説苑》所謂『人知糞其田而不知糞其心』者，疑即《性善辨》中語。若他事之逸者，雖太史公不能具知，況後世乎？蓋戰國以儒自名者八家，而四家最顯：子游氏、子夏氏、荀氏、孟氏。孟子學出於曾子、子思，荀卿猶從而譏之曰：『世俗之溝愚瞀儒，嚾嚾然……略法先王，案往舊造説而不知其統，我則異焉。治則法後王而已矣。』至於子游、子夏亦曰是儒之賤者。所重必仲尼、子弓。子弓未審何人？韓子曰：『仲尼弟子，有馯臂子弓。』《漢儒林傳》『商瞿授《易》仲尼，瞿傳魯橋疵子庸，子庸傳江東馯臂子弓』，子弓與仲尼不同時，又行事無大卓卓，不足以配孔子。邢昺《論語疏》引王弼説『逸民朱張，字子弓』，然弼説又不見有他據也。要之孔子嘗稱冉雍可使南面，且在德行之科。雍字仲弓，蓋與子弓同是一人，如季路又稱子路然也。將荀卿之學實出於子弓之門人，故尊其師之所自出，與聖人同列，亦已浸淫於異端矣。於是孟子之没者久，所謂『溝愚瞀儒』，正指萬章、公孫丑之徒也。荀卿在戰國號稱大儒，猶同門異户者如此，又況鄒衍奭、淳于髡、墨翟以下諸子違離怪誕者甚矣，何可與同傳哉？荀卿既死，李斯用事，孟子之徒黨盡矣。悲夫！予故本太史公《孟子列傳》，删去諸子，且益以高弟子萬章、公孫丑之徒，凡十有九人云。」宋濂曰：「先生謂孟子乃亞聖之大才，司馬遷不當使與鄒衍、淳于髡、慎到、荀卿、墨翟、尸佼、長盧同《傳》，因删去孟子，益以萬章、公孫丑之徒，作《孟子弟子列傳》。」顧炎武曰：「趙岐注《孟子》以季孫、子叔二人爲孟子弟子。又曰告子名不

害，兼治儒、墨之道者，嘗學於孟子，而不能純徹性命之理。又曰高子，齊人也，學於孟子，鄉道而未明，去而學他術。又曰盆成括嘗欲學於孟子，問道未達而去。宋徽宗政和五年，封告子不害『東阿伯』、高子『泗水伯』、盆成括『萊陽伯』、季孫『豐城伯』、子叔『承陽伯』，皆以孟子弟子故也。《史記索隱》曰：『孟子有萬章、公明高等並軻之門人。』《廣韻》又云：『離婁，孟子門人。』不知其何所本？元吴萊著《孟子弟子列傳》，惜乎今不傳也。」按：「宋政和五年，太常寺言兖州鄒學孟子廟詔以樂正子配享，公孫丑以下從祀，定其封爵。內季孫贈豐城伯、子叔贈承陽伯，凡配享一人，從祀一十七人，而淵穎吴氏《孟子弟子列傳序》稱一十九人，蓋益以滕更也。」

又卷二三三九　劉氏向《五經通義》。《隋志》：「八卷。」佚。王應麟《序》曰：「劉向辨章舊聞，則有《五經通義》。通義者，漢《五經》課試之學也。維漢以文立治，以經選士，鴻生傳業，支蕃葉滋，闡繹道真，探索聖藴，決科射策，則有通義之目，以《孟子》明事，則有專文之名，趙岐《題辭》恂述大概，謹稽合史傳而爲之説曰：聖人作經載道，學者因經明道。學博而不詳説，無以發羣獻之眇旨；説詳而不反約，無以折衆言之殽亂，故必泝正學之源，而後能通乎聖人之海。粤自木鐸聲寢，經興道榛塞，孟子闢邪距詖，羽翼孔道，七篇垂訓，法嚴義精，知性知天，《易》之奥也；以意逆志，《詩》之綱也；言稱堯、舜，《書》之要也；井田爵禄之制，可以知《禮》；王霸義利之辨，可以知《春秋》，儒者稱之曰『通五經』，噫，若孟氏斯謂之通矣。孅哉漢之尊經乎，儒五十三家，莫非賢傳也，而《孟子》首置博士；九流百八十九家，莫非諸子也，而《通義》得述，《孟子》斯文之統紀以一，多士之趨向以純，非徒綴訓故誦佔畢而已。若稽前載，建元五年春，《五經》始立博士；元朔五禩，通一藝者試之；孝元好儒，通一經者復之；博士十四，昉於建武；選受四經，俶於建初，科有甲乙，試有家法，或試經於太常，或試誦説於博士。永元十四年，司空徐防建言開五十難，解釋多者爲上第，演文明者爲高説，所謂博文明事，雖軼不傳，然建武中，太子諸王欲爲通義而聘鄭衆，建初四年會諸儒白虎觀，命史臣著通義，曹褒傳慶氏《禮》亦篹通義十二篇，觀其名可求其略矣。還觀有漢之盛，鉅儒石師開門授徒，著録至萬六千人，經數家，家數説，章句多者百餘萬書，歷禩綿邈，湮没居多，嘗即《詩》、《禮》訓注考之，《小弁》述親親之言，《王制》述貢助徹之法，爵德齒釋於《大宰》，經界釋於《小司徒》，圭田市廛關譏釋於《載師》、《廛人》、《司關》，助有公田，國中什一，及函矢之説，又詳列於《考工記》，珠貫絲組，上下洽通，蓋傳得其宗，無越鄒孟，求觀聖道必自兹始，否則績以華藻，汩以緯候，荄兹詭辨，稽古曼辭，燕説郢書，吾道蕪矣，焉得而通諸？雖然，經學至於通而止，漢儒之説，何其紛紛也。《五經通義》，劉向輯之；《五經通論》，沛獻著之，程曾通難，洼丹易通，專己黨同，轍殊牖異，君子已不能無憾，況課試之學，以明經爲利禄之塗，則通義乃諸儒之筌蹄也，其不傳於今有以夫。吁！師異道，人異論，漢儒之説猶得以考同異，折是非也，暨唐貞觀十二年會萃章句爲《正義》百七十卷，由是舉天下宗一説而無深造自得之功，若明經又變爲帖誦，而口義墨義興焉，君子又惜《通義》之不傳於今也。」按：《五經通義》，《唐志》尚存，觀王伯厚擬《序》，宋季已無傳矣，今就羣書所引者次於後。冬至，陽動於下，推陰而上之，故大寒於上。夏至，陰動於下，推陽而上之，故大熱於上。日在牽牛則寒，在東井則暑，牽牛外宿，遠人，故寒；東井内宿，近人，故温也。冬至所以寢兵鼓，商旅不行，君不聽政事何？冬至陽氣萌，陰陽交精，始成方萬物，氣微不可動泄，王者承天理，故率天下静而不擾也。《易》曰：「先王以至日閉關。」後不省，方以此助之始。夏寢兵鼓，不設政事何？所以助陰氣之養也。震與霆皆霹靂也。月中有兔與蟾蜍何？月，陰也，蟾蜍，陽也，而與兔並明，陰繫乎陽也。神之大者曰昊天上帝，其佐曰五帝。王者所以祭天地何？王者父事天母事地，故以子道事之。祭日以丁與辛何？丁者反覆自丁寧，辛者當自尅辛也，王者所以因。郊祭日月、星辰、風伯、雨師、山川何？以爲皆有功於民，故祭之也，皆天地之明神從官也，緣天地之意，亦欲及之，故歲一祭焉。禮日出於南門外，禮月、四瀆於北門外，禮山川、邱陵於西門外，禮風伯、雨師於東門外，各即其位也，其祭之奈何？曰：祭日者縣，祭月者□，祭風雨者槱，祭星者布，祭山川者沈，各象其貌也。王社藉田中爲千畝，報功也。文家右社稷左宗廟，質家左社稷右宗廟。泰山一曰岱宗，言王者受命易姓，報功告成必於岱宗也。東方萬物始交，岱宗處之長也，言爲羣岳之長。王者諸侯所以三年一祫，五年一禘何？三年一閏，天道小備，故三年一祫，祫皆取未遷廟主，合食太祖廟中；五歲再閏，天道大備，故五歲一禘，禘者締也，取已遷廟主，合食太祖廟中。王者受命而起，所以立靈臺何？以爲在於中也，國之南，附近辟雍，依□宮也。靈臺制度奈何？師説云：「積土崇增，其高九仞，上平無屋。」高九仞者，極陽之數，上平無屋，望氣顯著。天子立辟雍者何？所以行禮樂，宣德化，教導天下之人，使爲士君子，養三老，事五更，與諸侯行禮之處也。義取四方來觀者平均爾，諸侯不得觀四方，故闕東，以南半天子之學，故曰頖宮，頖之言半也，頖宮水雍其半，蓋東西以南通水，北無水也。三王教化之宫皆名爲學，曰學校者，校之言教也，夏曰校，殷曰序，周曰庠，兼用之，鄉爲庠，里爲序，家爲塾。

諸侯會天子則以方明爲主，《覲禮》云：「明，木也，其形四方六面，上玄下黄，東青南赤，西白北黑。」方明者，上下四方神明之象也；號者，所以表功德，號令天下也；謚者，死後之稱，累生時之行而謚之，善行有善證，惡行有惡謚，所以爲勸善戒惡也。謚之言列，陳列其行，身雖死，名常存，故謂謚也。問曰：天子有天子大號，諸侯寧有國大號乎？答曰：天子居無上之位，下無所屈，故立大號以勸勉子孫；諸侯有爵禄之賞，削絀之義，鈇鉞之誅，故無所有國之號也。顓頊者，顓猶專，項猶愉，幼少而王，以致太平，嘗自愉儉嗛約自小之意，故兩字爲謚。帝堯、帝舜，先號後謚也。帝者，德盛與天同號，謚雖美，終不過天也，故如其次。道之婦人以隨徒爲義，夫貴於朝，婦貴於室，故得蒙夫之謚，婦人無爵，故無謚。崩薨從何王始乎？曰：從周。何以言之？曰：《尚書》曰「放勳乃殂落」，舜曰「陟方乃死」，武王以前未稱崩薨也，至成王太平，乃制崩薨之義。《尚書》曰「翌日乙丑成王崩」是也。凡奔喪，近者先聞先還，遠者後聞後還，諸侯未葬，嗣子聞天子崩，不奔喪。王者制禮，緣人心而爲之斷，閔孝子之思不忍去棺柩，故不使奔也。王冕，夏曰收，以入宗廟，長尺六寸，廣八寸，前起冕長六寸，廣八寸，員冠前緇布在上，五采組十二旒，夏、殷之冕如周制矣。夏冕黑白赤組旒，殷冕黑黄青組旒，皮弁冠，前後玉飾。玉有五德：温潤而澤，有似乎知；鋭而不害，有似乎仁；抑而不撓，有似乎義；有瑕乎內，必見於外，有似乎信；垂之如隊，有似乎禮樂者，所以象德表功。因事之宜，受命而王者，有六樂焉：以《太一》樂天，以《咸池》樂地，以《肆夏》樂人，以《大夏》樂四時，以《大濩》樂五行神明，以《大武》樂六律，各象其性而爲之制，以樂其先祖。黄帝樂所以爲《咸池》者何？咸，皆也，池，施也，黄帝時道皆施於民也。王者之樂有先後者，各尚其德也，以文得之，先文樂，持羽旄而舞；以武得之，先武樂，持朱干玉戚而舞。八音者，金、石、絲、竹、匏、土、革、木也，金爲鐘，石爲磬，絲爲絃，竹爲管，匏爲笙，土爲塤，革爲鼓，木爲柷。敔簫，編竹爲之，長尺有五寸。歌之言讙也，以厚志意，故發聲而歌長言。鄭國有溱、洧之水，男女聚會，謳歌相感，今鄭詩二十一篇，説婦人者十九，故鄭聲淫也。舞四𡰥之樂，明德澤廣被四表也，東𡰥之樂曰《侏離》，南𡰥之樂曰《任》，西𡰥之樂曰《禁》，北𡰥之樂曰《昧》。東𡰥之樂持矛舞，助時生也；南𡰥之樂持羽舞，助時養也；西𡰥之樂持鉞舞，助時殺也；北𡰥之樂持干舞，助時藏也。聞宫聲無不温雅而和之，聞徵聲無不善養而好施，功成作樂，治定制禮，所以禁奢侈、滌邪志、通中和也。餘見《正義》者不具録。

又 許氏慎《五經異義》。《隋志》：「十卷。」佚。《後漢書》：「許慎，字叔重，汝南召陵人。少博學經籍，馬融常推敬之，時人爲之語曰：『《五經》無雙許叔重』。爲郡功曹，舉孝廉，再遷除洨長。初，慎以《五經》傳説，臧否不同，於是撰爲《五經異義》，又作《説文解字》十四篇。」《新唐志》：「鄭玄駁。」按：許氏《異義》，唐以後無傳，僅散見於《初學記》、《通典》、《御覽》諸書所引，至於鄭康成駁議，《三禮正義》而外，僅存數條。一曰：「妾母之子爲君，子得尊其母爲夫人。按《春秋公羊》説，妾子立爲君，母得稱夫人，故上堂稱妾，屈於嫡，下堂稱夫人，尊行國家，則士庶起爲人君，母亦不得稱夫人。父母者，子之天也，子不得爵命父母，至於妾子爲君爵其母者，以妾本接事尊者，有所因也。《穀梁》説魯僖公立妾母成風爲夫人，入宗廟，是子而爵母也，以妾爲妻，非禮也，故《春秋左氏》説成風得立爲夫人，母以子貴。謹按：《尚書》舜爲天子，瞽瞍爲士，明起於匹庶者，子不得爵父母也，至於魯僖公本妾子，尊母成風爲小君，經無譏文，《公羊》、《左氏》議是也。」鄭氏駁曰：「《禮·喪服》父爲長子三年，以將傳重故也；衆子則爲之周，明無二嫡也。女君卒，貴妾繼室攝其事爾，不得復立夫人。魯僖公妾母爲夫人者，乃緣莊夫人哀姜有殺子般、閔公之罪，應貶故也。近漢吕氏殺戚夫人及庶子趙王，不仁，庶不得配食，文帝更尊其母薄后，非其比耶？妾子立者得尊其母，禮未之有也。」一曰：「奔大喪，《左氏》説諸侯蕃衛之臣，不得棄其封守，諸侯千里之內奔，千里之外不奔，四方不可室空，故遣大夫也。」鄭氏駁云：「禮天子於諸侯無服，諸侯爲天子斬縗三年，是尊卑異者也。《春秋》文四年，夫人成風薨，王使榮叔來唅且賵，又王使毛伯來會葬。《傳》曰：『禮也』；至叔孫得臣如京師葬襄王，則使無言焉。天子於魯既唅賵又會葬爲得禮，是則魯於天子，一大夫會葬而已，爲不得禮可知矣。按昭三十年晉侯去疾卒，秋，葬晉頃公，《傳》曰：『鄭游吉弔，且送葬，魏獻子使士景伯詰之，其對辭有：「靈王之喪，我先君簡公在楚，我先大夫印段實往，敝邑之少卿也。王吏不討，恤所無也。」』豈非《左氏》諸侯奔天子之喪，及會葬之明文耶？孔氏《禮疏》亦引之，其文稍異。大鴻臚眭生説諸侯踰年即位，乃奔天子喪，《春秋》之義；未踰年君死，不成以人君禮，言王者未加其禮，故諸侯亦不得供其禮於王者，相報也。許氏又按禮不得以私廢公，卑廢尊，如禮得奔喪，今以私廢奔天子之喪，非也。又人臣之義，不得校計，天子未加禮於我，亦執之不加禮也，眭生之説非也。鄭玄按《孝經》資於事父以事君，言能爲人子，乃能爲人臣也。《服問》嗣子不爲天子服，此則嫌欲速不一於父也。《喪服》四制曰：門內之治恩掩義，門外之治義斷恩，此言在父則爲父，在君則爲君也。《春秋》莊三十二年，子般卒，時父未葬也，子者繫於父

之稱也，言卒不言崩，未成君也，未成君猶繫於父，則當從『門内之治恩掩義』。禮者在於所處，此何以私廢公，何以卑廢尊。」一曰：「未踰年之君立廟不？《春秋公羊》説云：『未踰年君有子則書葬立廟，無子則不書葬，恩無所録也。』《左氏》説云：『臣之奉君，悉心盡恩不得録。君父有子則爲立廟，無子則廢也。』或議曰：許君按：『禮云臣不殤君，子不殤父，君無子而不爲立廟，是背義棄禮，罪之大者也。』」鄭氏駁云：「未踰年君者，魯子般、子惡是也，皆不稱公，書卒弗謚，不成於君也。廟者當序於昭穆，不成於君，則何廟之立？凡無廟者爲壇祭之，近漢諸幼少之帝，尚皆不廟祭而於陵云。」一曰：「諸侯未踰年，出朝會與不出會何稱？《春秋公羊》説云：諸侯未踰年不出境，在國中稱子，以王事出，亦稱子，非王事而出會同，安父位不稱子，鄭伯伐許，未踰，以本爵，譏不子也。《左氏》説諸侯未踰年，在國内稱子，以王事出則稱爵，詘於王事不敢伸其私恩，鄭伯伐許是也。《春秋》不得以家事辭王事，諸侯蕃衛之臣，雖未踰年，以王事稱爵，是也。」鄭氏駁云：「昔武王卒父業，既除喪，出至孟津之上，猶稱太子者，是爲孝也。今未除喪而出稱爵，是與武王義反矣。《春秋》僖九年春三月丁丑，宋公禦説卒，夏，公會宰周公、齊侯、宋子、衛侯、鄭伯、許男、曹伯于葵邱，宋子即未踰年君也，出與天子、大夫會，是非王事而非子耶？未踰年之君繫父不？《公羊》説云：未踰年之君皆繫於父，晉里克殺其君之子奚齊於次，時父未葬，雖未踰年，稱子，成爲君，不繫於父。齊公子商人殺其君舍，父已葬，按禮制君喪未葬、已葬，儀各有差，嗣君號稱亦宜有差，《左氏》説是也。」一曰：「諸侯有妾母喪，得出朝會不？《春秋公羊》説妾子爲諸侯，不敢以妾母之喪，廢事天子大國，出朝會，禮也。魯宣公如齊，有妾母之喪，經書善之。《左氏》説云：妾子爲君，當尊其母，有三年之喪而出朝會，非禮也，故譏魯宣公。按禮妾母無服，貴妾子不立，而他妾子立者也，譏魯宣公。按禮妾母無服，貴妾子不立，而他妾子立者也，不敢以卑廢尊事者，禮也，即妾子爲君，義如《左氏》。」鄭氏駁云：「喪服緦麻庶子爲後爲其母，此義自天子下至庶人同，不得三年。魯襄公所以得尊其妾母敬嬴爲夫人者，以夫人姜氏大歸，齊不反故也，因是言妾子立，母卒得爲之三年，於禮爲通乎？其服之閒，出朝會無王事，與鄭伯伐許何異？」一曰：「《大戴記禮器》云：『竈者，老婦之祭』許君按《月令》：『孟夏之月其祀竈』，五祀之神，王者所祭，非老婦也。」鄭氏駁云：「王爲羣姓立七祀：一曰司命，主督察三命也；二曰中霤，主宮室居處也；三曰門，四曰户，主出入；五曰國行，主道路；六曰大厲，主殺也；七曰竈，主飲食也。竈神祝融是老婦。」攷鄭氏於何休漢議亦有駁，而今罕得傳録，此可以類推矣。又按《異義》，《左氏》説山林之地，九夫爲度，九度而當一井藪澤之地；九夫爲鳩，八鳩當一井京陵之地；九夫爲辨，九辨而當一井淳鹵之地；九夫爲表，六表而當一井疆潦之地；九夫爲數，五數而當一井偃豬之地；九夫爲規，四規而當一井原防之地；九夫爲町，三町而當一井隰皋之地；九夫爲牧，二牧而當一井衍沃之地。九夫爲井賦法，積四十五，除山川坑岸三十六井，定出賦者九井，則千里之畿地方百萬井；除山川坑岸三十六萬井，定出賦者六十四萬井，長轂萬乘，其詮井地，義亦與後鄭《周官注》不同。

又卷二四三 程氏俱《漢儒授經圖》。佚。俱《自序》曰：「古者尊師而重道，自天子達於庶人，故孔安國授經昭后，死爲之服；桓榮傳明帝於東宮，及即尊位，幸其第，至里門下車，擁經而前，蓋其嚴如此。漢興，諸儒以經誼專門教授，故學者必有師承，源流派別，皆可推考，歷東漢、二晉以迄有唐，餘風猶有存者。然其閒大儒閒出，不專以一經章句授諸生，如王通行道於河、汾之閒，韓愈抗顔於元和之際，故從之學者，其於行己成務作爲文章，皆足以名世而垂後，如魏證、王珪、李翶、皇甫湜之徒是也。陋哉夏侯勝之言也，曰：『士病經術不明，經術苟明，取青紫如俯拾地芥耳。』夫所貴於學者，豈專爲是哉？而勝以利誘諸生，何也？西漢之俗，固已尚通達而急進取矣，又使士專爲利而學，學而仕，仕而顯，則不過容悦患失而已，如張禹以經爲帝師，位丞相，而被佞臣之目，後世議者謂『西漢之亡以張禹』，谷永因災異之對枉，公議以阿王氏，二人者皆成帝所取決，關漢存亡之機者也，然則懷姦狗利，豈其志本在青紫故耶？後世君子志於青紫者衆，求師務學者寡，學者亦無所師承，此予所以常恨生之晚也。方祖宗隆盛之時，如孫明復、胡翼之以經術，楊文公、歐陽文忠以學問文章爲一時宗師，學者有所折衷而問業焉。王荆公出，以經義授東南學者，及得君行政於天下，靡然宗之。元祐閒，蘇子瞻以文章主英俊之盟，亦云盛矣。予卧病里中，讀西漢《儒林傳》，觀其師弟子授受之嚴，所謂源流派別皆可推考者，竊有感焉；且浮屠氏自釋迦文佛傳心法，與夫講解之宗，至於今將二千年，而源派譜牒如數一二，下至醫巫祝卜百工之技，莫不有所師，如吾儒師承之道，乃今蔑焉。所謂學官師弟子如適相遇於塗耳，蓋可歎也，則其事業之不競，語言之不工，名節之不立，無足怪者，因以漢儒授經爲圖，以想見漢興之風範云。」

又卷二四五 應氏翔孫《經傳蒙求》。佚。方回《序》曰：「王伯厚尚書學極天下之博，長予四歲，予昔嘗敬事之；戴帥初博士學極天下之粹，少予十七歲，今予畏友也。此四明二先生，俱以其里中應君子翶翔孫所著《經傳蒙求》爲然，予無復

容喙矣。竊嘗謂道一而已，而物有萬古聖賢之學，不專在語言文字。日月星辰與天爲體，運而不已；山川艸木與地爲體，生而不窮；言語文字與聖賢爲體，傳而不朽。體，物也，所以用之者，道也，道不離物。《易》究咎休，《書》紀治亂，《詩》美刺，《春秋》褒貶，三《禮》辨上下，《論》專言仁，《孟》兼言義，皆以語言文字與道爲體，其妙用所在，一而已。一者何？道是也，然則何道也？天地之心耳。此之謂道，而以其道用乎日月、星辰、山川、草木之物。故曰道不離物，聖賢之心、欲使千萬世之人爲善不爲惡，以復其有善無惡之性，則不容不著之書，此言語文字所以爲斯道有形之體，而無形之道所以用乎有形之體，而寓於言語文字之中也，顧可忽諸。子翱所謂蒙求，自《易》至《論》、《孟》，皆括爲韻語以訓後進，傍及諸子百家，而揚雄方州部家之書亦與焉。予曩亦嘗摘其奇語難字以供刀筆，艱深之中韜平易，亦不過一陰一陽、一晝一夜、一寒一暑，消息往來，幽明生死之故易之注疏也，獨所用六日七分歷法，一歲則易之一端耳。康節《經世書》出此此，或誚予好《太玄》，又出雲覆瓿下，回曰不然，凡言語文字之不畔於道者，皆與道爲體，片雲起於天而澤四海，粒粟根於地而飽萬民，一畫肇於聖人而開百聖，天地聖人之道皆託於物。近世有欲滅絶言語文字，以爲學者敢痛詆朱文公著述，謂率多於古人，動累於後來黨陸也，其人臨汀，使君不滿五十而死，天棄之矣。讀子翱之書者亦曰：『與道爲體，能於有形中求無形，則將於無味中得有味矣。』子翱早中童子科，伯公衡嘗參大政云。」

又卷二四六　淩氏堯輔《大學中庸孝經諸書集解音釋》。佚。戴表元《序》曰：「儒者之説，其精者爲道德，而麤者爲禮樂刑政，當三代以前，雖世治有斷續，而二説未嘗一日廢於天下，書之所存者略也。周之既衰，禮樂刑政盡壞，道德茫然無所附麗，夫子不得已始與其徒共詳之於書，書詳而後世之託言者始雜然。自其徒相繼皆没之後，千有餘年，往往嘗有窮經學古之彦，不以世故動心，枯然自守師説於山林艸澤間，宜舉一世不好之，而不變聲薰氣染之久，而亦或爲人所采拾，道德之緒餘、禮樂刑政之髣髴因之而不墜者什五。至於近代，濂、洛之派興，於雜書之中定著其書，通於夫子者曰子曾氏、子思氏、子孟氏，而上三氏之書存者曰《孝經》、《中庸》、《大學》、《孟子》，若《論語》又孔門之高弟共爲之，尤精者也。爲之披微文，抉沈辭，使尋源者不迷其津，趨途者不昧其岐，有功哉。濂、洛之徒皆没，説者又雜。考亭朱先生出，又取濂、洛之已詳者與其徒皆明之，故《孝經》有《刊誤》，《論語》、《孟子》有《集注》，《大學》、《中庸》有《章句》，以迨《太極》、《西銘》、《通書》之類，凡殘編斷簡之關於義理者，舉有訓解。其徒之書，予之資雖鈍，猶得而窺之；其徒之人，爲余之先，猶得而知之，顧歲月推移，風氣變化，資品之尤鈍於予者，則不及預此矣。予白首東來，乃始獲聞番陽有雙峰饒君者，嘗學於考亭之門人，而於考亭之書，鑽研探索，纂述彙敘其意，猶考亭之於濂、洛也。久之，是州之儒者淩君堯輔與予遊，予又見其箋詁、疏釋、問答、圖辨，而知其遊饒君之門，而於饒君之書，又如饒君之於考亭也。嗚呼！兹非予所謂窮理學古之彦，不以世故動心，而枯然自守師説於山林艸澤間者耶？堯輔歸，而於是書也益弘，其入謹，其出弘，且及於伏生、申公之年，其有欲聞道德禮樂刑政之説者，不以屬君之徒而誰耶？」

又卷二四七　吴氏沈《六經師律》。一卷。闕。沈《自序》曰：「嗚乎！兵者，國之大事也，聖人之所罕言，而不敢輕用者也。古之時文武爲一塗，士之陞未嘗不知兵也，後世析文、武爲二岐，而兵之學寡矣，有能言者，下之人不以爲狂，則上之人必以爲諱，幸四方之無虞，宜無事乎此也，苟或有警，將求若人而用之，不亦遲乎？古之兵謀戰策多矣，歷代以來，散亡略盡，今之存而顯顯者七書而已。七書者，《司馬法》、《六韜》、《孫子》、《吴子》、《尉繚子》、《三略》、《唐太宗李衛公問對》也。前代嘗以之頒布武學，令天下誦習之，謂之武經，世之談兵者尊之仰之，真猶儒者之於《六經》也。夫行師不法聖人，則是爲暴，曾謂彼七書而可以爲萬世不刊之典乎！何當時之襲陋而不悟也？以七書考之，《三略》、《尉繚子》已有有疑，《漢志》雜家《尉繚子》二十九篇，兵形勢家又有三十一篇，今書有二十三篇，則不知果有本真否？《三略》三卷，《經籍志》云『下邳神人所撰』，其亦信然乎？若太公《六韜》與《李衛公問對》，則灼然依託者也，其爲古書而可信者，《司馬法》及《孫》、《吴》乎？太史公稱《司馬法》『閎廓深遠』，雖三代之法，未能究其義，漢時存者百五十五篇，班固入之於禮，今之存者僅五篇而已，蓋昔者齊威王使其大夫追論古司馬兵法，附以先齊大夫田穰苴之説，號曰《司馬穰苴兵法》，五篇之傳，其穰苴之遺乎？然亦非齊之全書矣。吁！先王之兵制盡在古《司馬》，而今不可得見矣，宜《孫》、《吴》之巋然而獨高也。班固志《藝文》時，兵家者流總五十三家，七百九十篇，而《孫子》冠其首，觀於十三篇之書，備奇正，用機權，審彼度己，先計後戰，變化開闔，其用不窮，亦深妙矣哉。雖然，謂武之書爲秦、漢兵學之祖則可，謂三代之兵學亦若此則不可，聖人之兵，昭文德而威不軌者也，所以生人也，非殺人也；禦亂也，非爲亂也；尚義也，非尚詐也。孫子曰：『兵者，詭道也』，吾恐其非聖人意也。世道日貶，民論日卑，論將帥則以勇壯擊刺爲賢能，語行陣則以奇詭設伏爲巧妙，若

曰：『我將動之以仁義，行之以禮讓』，雖三尺之童，亦指以爲迂闊而不切矣。昔者荀卿子之非孫、吴，有曰：「彼孫、吴也，上勢利而尚變詐者也。」又曰：『齊之技擊不可以遇魏之武卒，魏之武卒不可以直秦之鋭士，秦之鋭士不可以當桓、文之節制，桓、文之節制不可以敵湯、武之仁義。伊、吕之將，子孫有國，與商、周並；孫、吴之徒，皆身戮於前而國滅亡於後，報應之勢，各以類至。』其説可謂當哉！至揚子雲亦復不喜孫、吴，而曰：『不有《司馬法》乎？』子雲之不喜孫、吴，其意美矣，然不知當時子雲所見《司馬法》乃古之書耶？抑穰苴所述之遺耶？聖人於師中之事，雖未嘗一一悉言，而其宏綱大用，則豈不可得而窺哉？蓋兵之始作也，非聖人之私意也，天地之所造設，聖人觀法之而已，掌之有其官，定之有其制，教之有其時，備之有其素，歌詩以勞之，誓戒以齊之，上順乎天，下應乎人，廓然大公至正之心，炳然神武不殺之德，豈孫、吴之所可得而測識哉？閒嘗不自揆度，以《易》、《詩》、《書》、《禮》、《論》、《孟》諸經，其言其義有涉於師政者，輯録而類聚之，定爲五篇：一曰《兵象》，二曰《兵用》，三曰《兵禮》，四曰《兵詩》，五曰《兵訓》，總而題之曰《六經師律》，竊取子朱子《儀禮集傳師田篇》之意，而不自知其不可也。若乃春秋二百四十二年之閒，諸侯之强大僭侈，兵法軍制俱非先王之舊，曰侵、曰伐、曰圍、曰入、曰追、曰擊、曰襲、曰取、曰收、曰滅，聖人不厭其書於簡册者，誠誅其黷武之罪，以示萬世之防，學者當自其全經而講焉，不得而盡録也。至於夾谷之會，則以吾夫子文德武備於是可見，故特取之以繫於《兵用》之篇。嗚呼！有國家者，於平居暇豫之日，能謹夫修齊治平之道，兵無由而作矣。如其萬一，猶當按聖人之遺經，法聖人之運量，豈不足處天下之大事，平天下之大艱，而又奚暇於《孫》、《吴》乎？此是編之所以一本於經，而不容附以他書之説也。天下之事，固有以新奇而爲世所好者，亦有以陳常而爲世所厭者，有人於此曰：『我善爲《孫》、《吴》』，則必肅然聽之矣；如曰：『《六經》之中，未嘗無兵法存焉』，則必譁然難之矣，習俗之移人至此乎。方當四方合一，文治聿興之時，草茅之士得以餘力及此極，知牽綴聖人之經，犯非所當言之戒，其罪無所逃之，然有備可以無患，考古所以制今，世之君子當有採焉。」趙鶴曰：「字濬中，正傳子，蘭谿人。洪武中召爲翰林待制，陞東閣大學士。」按：《師律》五篇，今惟《兵禮》一篇載於《金華文統》。

又　《易是類謀》，或作《筮謀類》。鄭玄注。《通考》：「一卷。」佚。孫瑴曰：「書有致其譎以導其庸者，此篇是也。」按：類書所引《是類謀》文有云：「斗機絶綱，玉衡撥，攝提亡。五星合，狼弧張；晝視無日，虹蜺煌煌；夜視無月，慧孛將將；當藏者出，當出者藏。太山失金鷄，西岳亡玉羊；天卑地高，雷譴公行。星晝奔，蜺夜光，上無乾，下無常，天昧昧，履踐冰。民依霧，主吸霜，閒可倚杵，於何藏。不知冬，不知夏，不見父，不見兄；望之漠漠，視之茫茫，羣黨假威，坐玉床。」通篇純作韻語正復古致錯落，孫樵《大明宫紀夢文》疑本此。

又卷二六三　《易通卦驗》。《通考》：「二卷。」佚。馮椅曰：「館閣本《通卦驗》有云：『正其本而萬物理，失之毫釐，差以千里。』漢儒引之作『君子正其始，萬物理，差之毫釐，謬以千里。』程可久曰：『此緯書《通卦驗》之文也，與館閣本其文特小異爾。』」黄震曰：「《卦驗》有於七經、於《河》、《洛》之目，於理無所考，而亦矯孔子爲之辭。首曰：『太皇之先，與耀合元，精五帝期，以序七神。』此不過爲無所考以相欺，大率爲卦氣發，然僻書耳。」楊慎曰：「唐邵諤著《望氣經》，多引《易通卦驗》、《春秋感精符》。」孫瑴曰：「古今曆法載晷影之數，互有參差，考之《通卦驗》，更爲悉備。蓋以晷影候病戹通於内經五運六氣矣。」按：《通卦驗》大都占候之辭，其占雲曰：「冬至，初陽雲如樹木；立春，如積水；春分，如白鵠；穀雨，如連蓋；立夏，如赤珠；夏至，如水波；大暑，雲出，南黄北蒼；立秋，濁陰雲出，如赤繒；寒露，如冠纓；霜降，上如羊，下如磬石。」杜氏《編珠》引之。又占風曰：「冬至，廣莫風至，誅有罪，斷大刑；立春，條風至，赦小罪，出稽留；春分，明庶風至，正封疆，修田疇；立夏，清明風至，出幣帛，禮諸侯；夏至，景風至，拜大將，封有功；立秋，涼風至，報土功，祀四鄉；秋分，閶闔風至，解懸垂，琴瑟不張；立冬，不周風至，修宫室，完邊城。八風以時，則陰陽正，治道成，萬物得以育生。王者當順八風，行八政，當八卦也。」又占日晷曰：「冬至晷長丈三尺，春分晷長七尺三寸四分，夏至晷長尺有四寸八分，秋分晷長二寸四分。冬至日，樹八尺之表，日中，視其晷，晷如度者，則歲美，人民和順；晷不如度者，則歲惡，人民多訛言，政令不平；晷進則水，晷退則旱。」《太平御覽》引之。又《顔氏家訓》、陸氏《釋文》引其文俱題曰《易通卦驗玄圖》，「通」或作「統」。

又卷二六四　《河圖》、《洛書》。《隋志》：「二十卷。」《七録》：「二十四卷，《目録》一卷。」佚。《禮含文嘉》曰：「伏羲德合上下，天應以鳥獸文章，地應以《河圖》、《洛書》，則而象之，乃作八卦。」《挺佐輔》曰：「天老告黄帝曰：『河有龍圖，洛有龜書。』帝遊翠嬀之川，有大魚出，魚没而圖見。」《握河紀》曰：「堯即政七十年受《河圖》。」《春秋説題辭》曰：「河以通乾出《天苞》，洛以流坤吐《地符》，河龍圖發，洛龜書感，王者沉禮焉，故《圖》有九篇，《書》有六篇。」《春秋命曆序》曰：「《河圖》，帝王

之階圖，載江河、山川、州界之分野。」管仲曰：「昔人受命者，龍龜假河出《圖》、洛出《書》，地出乘黃。」劉安曰：「至德之世，河出丹書，洛出緑圖。」揚雄曰：「大《易》之始，河序龍馬，洛貢龜書。」宋均曰：「堯省河、洛，得龜龍之圖書。」王充曰：「河神故出圖，洛靈故出書。」班固曰：「《河圖》命庖，《雒書》賜禹，《河圖》、《洛書》相爲經緯。」又曰「《河》、《洛》，圖書之淵。」張衡曰：「龍圖授羲，龜書畀姒。」鄭康成曰：「太平嘉瑞，圖書之出，必龜龍銜負焉。」蔡邕曰：「《洛書》皆言存亡之事，覽之以驗禍福也。」又曰：「《河圖》、《洛書》，至信至明。」左思曰：「《河》、《洛》開奥，符命用出。」潘徽曰：「龍莢授《河》，龜威出《洛》。」隋書：「《河圖》、《洛書》，自黃帝至周文王所受本文。」孔穎達曰：「《河圖》由天，《洛書》自地。」劉牧曰：「龍圖龜書，經所不載，然前賢相傳授，數與象合，位將卦偶，不盈不縮，符於自然，故古今陰陽之書靡不宗之。」車若水曰：「《易》，六經之祖；《河圖》，《易》之祖。」

又 《洛書靈準聽》。鄭玄注。佚。孫穀曰：「所述多太古溟涬以上，故其言幽靈惚怳，不可爲象，而但溢於廳。」按：《洛書靈準廳》，《乾鑿度》引其文，則《鑿度》之先已有其書。

又 《尚書運期授》。佚。詹景鳳曰：「《運期授》謂文王以受命之年爲元年，《注》云：『周文王以戊午蔀二十九年季秋爲受命之月，至明年乃改元。』如此則何可以爲文王？彼蓋因《書序》『惟十有三年，武王伐殷』之語而附會之也。」

又 《詩含神霧》。佚。按：《含神霧》之辭曰：「齊地處孟春之位，海、岱之間，土地汙泥，流之所歸，利之所聚，律中太簇，音中宫角。陳地處季春之位，土地平夷，無有山谷，律中姑洗，音中宫徵。曹地處季夏之位，土地勁急，音中徵，其聲清以激。秦地處仲秋之位，男懦女弱，高瞭白色秀身，音中商，其言舌舉而仰，聲清而揚。唐地處孟冬之位，得常山大岳之風，音中羽，其地磽確而收，其民儉而好畜。魏地處季冬之位，土地平夷，邶、鄘、衛、王、鄭此五國者，千里之城，處州之中，名曰地軸。」以四序分配列國，時闕仲春、孟夏、仲夏、孟秋、季秋、仲冬，國亡豳、檜，亦一隅之論也。

又 《禮斗威儀》。宋均注。佚。孫穀曰：「禮本於天，殺於太一，斗中者，孝弟之精也。故威儀繫以斗，神明其説而達之天。」按：《禮斗威儀》文見於羣書者，檃括附於後：「宫主君，商主臣，角主父，徵主子，羽主夫，少宫主婦，少商主政，是法北斗而爲七政，審候五色也。人君乘土而王，其政平，則日五色無主，月黃而多輝，鎮黃而多暈，甘露降，祥風至，嘉穀並生，蒙水出於山，江海不揚洪波，龜被文而見，鳳集於林苑。君乘木而王，其政平，則日黃中而青暈，海注：「不揚波。」山車垂句，山車者，自然之車也。草木豐茂，松長生，下有人蕿，上有紫氣，福草生廟中，東海輸以蒼烏。君乘火而王，其政平，則日黃中而赤暈，祥風至，地生朱草，梧桐、楸梓長生，南海輸以文狐駮馬。君乘金而王，其政平，則日黃中而白暈，月圓而多耀，太白揚光，軒轅之精散爲甘露，鎮星黃時則祥風至，嘉雨時蘭桂長生，黃銀見，紫玉韞於深山，麒麟在郊。君乘火而王，其政平，則日黃中而黑暈，辰揚光，景雲見，醴泉出，河溓，注：「不災溢。」紫脱長生，北海輸白鹿。帝者得其英華，王者得其根荄，霸者得其附枝。故帝道不行不能王，王道不行不能霸，霸道不行不能守其身。」

又 《樂動聲儀》。宋衷注。佚。按：《動聲儀》文有云：「風雨動魚龍，仁義動君子。」其名書之義乎？《樂記疏》引其文云：「宫爲君，君者當寬大容衆，故聲宏以舒，其和情以柔，動脾也。商爲臣，臣者當以發明君之號令，其聲散以明，其和温以斷，動肺也。角爲民，民者當約儉不奢僭差，故其聲防以約，其和清以静，動肝也。徵爲事，事者君子之功，既當急就之，其事當久流亡，故其聲貶以疾，其和平以切，動心也。羽爲物，物者不有委聚，故其聲散以虚，其和斷以散，動腎也。若宫唱而商和，是謂善太平之樂；角從宫，是謂哀衰國之樂；羽從宫，往而不反，是謂悲亡國之樂。」音相生者和，其言聲儀之動亦詳矣。

又卷二六六 《春秋演孔圖》。佚。何休曰：「得麟之後，天下血書魯端門曰：『趨作法，孔聖没，周姬亡，彗東出，秦政起，胡破術，書記散，孔不絶。』子夏明日往視之，血書飛爲赤烏，化爲白書，署曰《演孔圖》，中有作圖制法之狀。」孫穀曰：「此耑爲血書烏圖而述，故以《演孔》立名。」按：其書雖曰《演孔》，并及孟子生時有五色雲之瑞云。

又 《春秋元命包》。佚。張衡曰：「《春秋元命包》中有公輸班與墨翟，事見戰國，非春秋時也。」孫穀曰：「元，大也。命者，理之隱深也。包言乎其羅絡也，萬象千名靡不括也。」按：是書雖佚，而其文存於今者較他緯爲多。其言三才略備，如曰：「天不足西北，陽極於九，故周天九九八十一萬里。天如鷄子，天大地小，表裏有水。日左行，周天二十三萬里，日圓，望之廣尺以應千里。日尊故滿明故精在外，常盛無虧也。陽數起於一，成於三，故日中有三足烏。太陰水精爲月，兩設以蟾蜍、兔者，陰陽相居，明陽之制陰，陰之倚陽也。陰陽聚而爲雲，和而爲雨，揚而爲雪，合而爲雷，激而爲電，交而爲虹霓，散而爲露，凝而爲霜，怒而爲風，亂而爲霧。霧，陰陽之氣也，霜以殺木，露以潤草。歲之爲言遂也，三年一閏，以起紀也，

冬至百八十日,春夏成,夏至百八十日,秋冬成,合三百六十日。歲數舉陽氣,數極於三,故時三月,陽數極於九,故三月一時,九十日。正朔三而改,文質再而復,天人同度,正法相受,日月出内道,璇璣得常。五星皆大,其事亦大;皆小,其事亦小。早出爲盈,盈者爲客;晚出爲縮,縮者爲主。同舍爲合,相陵爲鬭。」此言乎天也。其曰:「地承氣而立,載水而浮,自東極至於西極,五億十萬九千八百八步。所以右轉者,氣濁精少,含陰而起遲,故右轉迎天,佐其道也。地出雲起雨以合從天下,勤勞出於地,功歸於天。」此言乎地也。其曰:「昴畢閒爲天街,散爲冀州,分爲趙國;牽牛流爲揚州,分爲越國;軫散爲荆州,分爲楚國;虚危之精流爲青州,分爲齊國;天氐流爲徐州,别爲魯國;五星流爲兖州,分爲鄭國;鈎鈐别爲豫州;并鬼散爲雍州,分爲秦國;觜參流爲益州;箕星散爲幽州,分爲燕國;營室流爲并州,分爲衛國之鎮。」此兼言乎星土也。其曰:「五氣之精交聚相加,陰陽之性以一起,人副天道,故生一子頭上圓,象天氣之府也。歲必十二,故人頭長一尺二寸。顔之言氣畔也,陽立於五,故顔博五寸。天有攝提,人有兩眉,爲人表候;陽立於二,故眉長二寸;舌之爲言達也,陽立於三,故舌在口中者長三寸,象斗玉衡;陰合有四,故舌淪入嗌内者長四寸。脣者,齒之垣也。肝者,木之精,目者,肝之使也。肺者,金之精,鼻者,肺之使也。心者,火之精,耳者,心之候也,火成於五,故人心長五寸。腎者,水之精,陰者,腎之寫也。脾者,土之精,口者,脾之門户也。脾爲胃之主,胃者,穀之委也。膀胱者,肺之府也。髮精散,爲鬚髯。腦之爲言在也,人精在腦。膏者,神之液也。掌圓法天以運動,指五者法五行。陽立於三,故人脊三寸而結;陰極於八,故人旁八,幹長八寸。臍者,下流並會,合爲臍腹。腰上者爲天陽之狀也,腰而下者爲地陰之象也。數合於四,故腰周四尺。髀之爲言跂也,陰二,故人兩髀。」此言乎人也。其曰:「元者,氣之始也。春者,四時之始也。王者,受命之始也。正月者,政教之始也。公即位者,一國之始也。」此則其書冠以《春秋》之名之義也。

又卷二六七 《論語摘輔象》。宋均注。佚。孫穀曰:「陶淵明《聖賢羣輔録》本之。」按:《摘輔象》文多説聖門儀表,如「孔子胸應矩,顔淵山庭日角,曾子珠衡犀角,樊遲山額,有若月衡,子貢山庭斗繞口,南容井口,澹臺滅明岐掌」。又稱「宰我、子游、公冶長、子夏、公伯周手握之異。以仲尼爲素王,左邱明爲素臣」皆本此書。又以顔淵爲素王之司徒,子貢爲素王之司空,悉無稽之説。而又溯於上古燧人四佐,明由、必育、成博、隕蓲。伏羲六佐,金提、烏明、視默、紀通、仲起、陽侯。黄帝七輔,風后、天老、五聖、知命、窺紀、地典、力墨。蓋好事者爲之。

又 《孝經雜緯》。《七録》:「宋均注十卷。」《新唐志》:「五卷。」佚。毛奇齡曰:「《禮記正義》引《孝經緯》文云:『后稷爲天地之主,文王爲五帝之宗。』后稷配天地於南北郊,文王配五帝於明堂。』羣儒争南北郊,并争祭地北郊祭昊天上帝與五帝於明堂。聚訟不已,皆本此文。」按:應劭《風俗通》引《孝經》云:「聖不獨立,智不獨治。」《王制正義》引《孝經》云:「德不倍者,不異其爵,功不倍者,不異其土。」今《孝經》無此文,當亦緯書中語也。又《風俗通》引《孝經》説云:「社者,土地之主,土地廣博,不可徧敬,故封土以爲社而祀之。稷者,五穀之長,五穀衆多,不可徧祭,故立稷而祭之,報功也。」又《禮記正義》引《孝經説》云:「封於泰山,考績燔燎;禪於梁父,刻石紀號。」又《廣弘明集》引《孝經説》云:「奇者,陽節;偶者,陰基。得陽而成,合陰而居,數相配偶,乃爲道也。」又按:《公羊春秋》「作僖公主」,《傳》何氏《注》:「主狀正方,穿中央,達四方。天子長尺二寸,諸侯長一尺。」又「闔弑吴子餘祭」,《傳》何氏《注》引孔子曰:「三皇設言,民不違;五帝畫象,世順機;三王肉刑,揆漸加應,世黠巧姦僞多。」徐彦《疏》云:「《孝經説》文。」

又卷二六九 《太玄圖》。一卷。佚。蘇軾曰:「詧本閩人,遷於蜀者數世,遂爲成都人。」晁公武曰:「皇朝章詧撰。嘉祐中,成都帥蔣堂獻其書於朝,詔書褒寵,賜號沖退處士。《實録》:詧字隱之,雙流人,通經術,善屬文,性恬淡,屏居林泉,以養生治氣爲事。」李燾曰:「其説以范望爲宗,望所否者輒改正之。大抵《玄》之吉凶專在晝夜,而子雲之辭或奇奥難曉,諸家往往迷誤,指凶爲吉,違背經義。詧獨以晝夜訂其辭,於吉凶無所差,比諸家誠最優焉。詧,成都人,字隱之,博通五經,尤長於《易》、《太玄》。王素、趙抃守蜀,皆賓禮之,賜號沖退,素所請也。詧將死,其鄉人夢詧以小童自隨,投謁告别,曰:『此閒囂塵,非修行地,吾歸閬苑矣。』詧蓋明術數得道者。」又曰:「詧有《太玄講疏》四十九卷,其説甚備,《發隱》之作蓋在《講疏》以前,其大略可見矣。下篇所稱王莽旦筮遇干之一五七,乃宋衷、陸續舊注,本寓言也。而詧謂宋、陸皆居漢世,去揚雄未遠,必得之傳聞,故因用之,要恐非實耳。然亦不害學者,觀其意焉可也。」《長編》:「至和元年十二月,以益州布衣章詧爲本州助教。詧通經術,尤深於《太玄》,著《發隱》三篇,《講疏》四十五卷,田況上其《發隱》,特録之,詧辭不拜。嘉祐四年十一月,賜號沖退處士。」《玉海》:「皇祐五年閏七月,章詧上《太玄經發隱》三篇,又《太玄圖》一卷,慶歷中撰《發隱》,始序雄出處本末、著《玄》之意,中陳準《易》造《玄》之法,末論《玄》之妙以適變通。」

又　趙氏秉文《箋太玄贊》。佚。秉文《自序》曰：「《太玄》何爲者也？將以發明《大易》而羽翼之者也。《易》有八物，而五行萬事在其中，《玄》則列之以三才，本之以五行，表之以陰陽，推之以律歷，而天下萬事之理具，要其歸爲仁義而作也。卦用八、蓍用七，《玄》則首用九、蓍用六，互彰之也。《易》有道數象義，説《易》者言道義則遺象數，言象數則遺道義，《玄》實兼之，其於聖經不爲無助。昔人譏屋下架屋，不猶愈於章句一偏之學乎？後之言數術者，孰與張平子？以平子不敢輕議《太玄》，而後儒非之，恐幾率易。顧僕何從以知《太玄》，姑以范注之小誤以證本經之不誤。范注以九首次九陽家陽畫，至十首《羨》之初一，又爲陽家陽畫，則畫多於夜，禍福殽亂，故其説時有不通，王氏已辨之矣。揲法一扐之後而數其餘，王氏依之，注本作兩扐，非經誤也。經云：『旦筮用經，夕筮用緯。』舊《注》以旦用一五七，夕用三四八，日中、夜中用二六九，蘇氏攻之，以爲中夕筮吉凶雜，至旦筮非大吉則大凶，是吉凶雜，終不可得而遇也。揚子大賢，擬聖而作，不應筮法尚誤，此殆歲久失其傳也。及考《玄》數，五爲中央，《注》土行所在，經緯雜用，旦筮有三表：一二三一表也，四五六一表也，七八九一表也。表取其一以爲占，旦筮用一與七，皆取其初遇，至於四爲緯，五則經緯雜，無已則用六矣。一六七吉凶雜，與日中、夜中、夕筮同況，《晬》首一六七皆吉，而《唫》首一六七皆凶，亦有時而純吉純凶矣。恐旦筮當用一六七，夕筮用三四八，日中、夜中用二五九，二爲經、九爲緯，五雜用之也，筮有四星時數辭，《注》星若於一度也，時謂旦中夕也，數謂首數之奇耦，辭皆同，若九贊之辭也，時若旦筮遇陽家，其數自奇，辭自多吉，是時數辭皆同，何以别之，竊意星若二十八宿是也，又有四方之宿，各分配日月五星，數有干支之數、律歷之數、玄算之數，與莢數雜用之，此揚子所以知漢二百載而中天，平子所以知漢四百載，《玄》其興乎之驗也。其然，豈其然乎。《玄》有《文》、《告》等十一篇，道義象數之學，宋、陸二注及王氏辨之詳矣，兹不復云。獨首贊與晝夜不合，及首贊之辭與首之名義，亦如六十四卦與卦義當相合，如《同人》、《睽》六爻皆言《同人》、《睽》之類是也。而注間有不悟，輒以他義釋之，恐有未安，理當釐正，使贊與首名義相合，庶幾粗明《玄經》之萬一。僕亦未能審於是非，姑録備遺忘，以爲學《玄》之階耳，俟得前人之注，改而正諸。」

又卷二七三　漢《今文太誓》。一卷。佚。劉向曰：「武帝末，民有得《太誓》書於壁内者，獻之。與博士，使讀説之，數月，皆起傳以教人。」王充曰：「掘地所得者。」趙岐曰：「今之《太誓》後得以充學。」馬融曰：「《太誓》後得。案：其文似若淺露，其云：八百諸侯不召自來，不期同時，不謀同辭，及火復於上，至於王屋，流爲鵰，五至以穀俱來，舉火神怪，得無在子所不語中乎？又《春秋》引《太誓》曰：『民之所欲，天必從之。』《國語》引《太誓》曰：『朕夢協朕卜，襲於休祥，戎商必克。』《孟子》引《太誓》曰：『我武維揚，侵于之疆。取彼凶殘，我伐用張，於湯有光。』孫卿引《太誓》曰：『獨夫受。』《禮記》引《太誓》曰：『予克受，非予武，惟朕文考無罪。受克予，非朕文考有罪，惟予小子無良。』《今文太誓》皆無此語，吾見書傳多矣，所引《太誓》而不在《太誓》者甚多，弗復悉記，略舉五事以明之，亦可知矣。」房宏曰：「宣帝本始元年，河内女子有壞老屋，得《古文太誓》三篇。」王肅曰：「《太誓》近得，非其本經。」孔穎達曰：「劉歆作《三統曆》，論武王伐紂，引《今文太誓》云：『丙午逮師。』」陸德明曰：「漢宣帝本始中，河内女子得《太誓》一篇獻之，與伏生所誦合三十篇，漢世行之。」董斯張曰：「河内女子所獻《太誓》一篇，與古文不同。按：《史記》：『武王渡河中流，白魚躍入王舟中，武王俯取以祭。既渡，有火自上復於下，至於王屋，流爲烏，其色赤，其聲魄。』《索隱》曰：『此以下至流爲烏，見《今文太誓》。』馬融曰：『王屋，王所居屋；流，行也；魄然，安定意也。』鄭玄曰：『《書説》云：烏有孝名，武卒父大業，故烏瑞臻。赤者，周之正色也。』《索隱》曰：『按：《今文太誓》「流爲鵰」，鵰，鷙鳥也。』然則《今文太誓》唐初猶有存者，即河内女子本也，惜無從見之。又《詩疏》引《太誓》曰：『師乃鼓譟，前歌後舞，格于上天下地，咸曰孜孜無怠。』又引《太誓》曰：『司馬在前。』《漢書》引《太誓》云：『立功立事。』劉向《三統歷論》引《今文太誓》云：『丙午逮師。』《説苑》引《太誓》曰：『附下而罔上者死，附上而罔下者刑，與聞國政而無益於民者退，在上位而不能進賢者逐。』《墨子》引《太誓》曰：『小人見姦巧，乃聞不言也，發罪均。』又引《太誓去發篇》曰：『惡乎君子，天有顯德，其行甚章，惟我有周，受之上帝。』《毛詩注疏鴻雁小序注》引《書》曰：『天將有立父母，民之有政有居。』《疏》云：『今《太誓》文，言天將有立聖德者爲天下父母，民之得有善政，有安居爲重也。』《漢郊祀志》引《太誓》曰：『稽古立功立事，可以永年，丕天之大律。』《注》：『《今文太誓》也。』此皆古文不載者。」

又卷二七四　潘氏岳《補亡詩》。佚。葛洪曰：「近者夏侯湛、潘安仁並作《補亡詩》。」《晉書》：「潘岳字安仁，滎陽中牟人。早辟司空太尉府，舉秀才，出爲河陽令，轉懷令。調補尚書度支郎，遷廷尉評，楊駿引爲太傅主簿。駿誅，除名。未幾，選爲長安令，徵爲博士，尋爲著作郎，轉散騎侍郎，遷給事黃門侍郎。」按：《潘黃門集》祇有《家風詩》，即葛稚川所云《補亡詩》也。

又卷二七七五 樂氏資《春秋後傳》。《隋志》：「三十一卷。」《唐志》：「三十卷。」佚。《隋志》：「晉著作郎樂資撰。」

劉知幾曰：「晉著作郎樂資采二史撰爲《春秋後傳》，其書始於周貞王，續前傳；魯哀以後至王赧入秦，又以秦文王繼周，終於二世，合作三十卷。」按：《初學記》引《春秋後傳》文云：「秦穆公將二人囚於内宫。」又云：「張孟談謂趙襄子曰：『臣聞董安于之在晉陽公宫之垣皆荻蒿。』」又云：「赧王三十八年，秦始作浮橋於河。」又《水經注》引《後傳》文云：「使者鄭客入柏谷關，至平舒，望見華山有素車白馬，問鄭客安之？答曰：『之咸陽。』過鄗池，曰：『吾華山君使，願託書致鄗池君。子之南陽，過鄗池，見大梓下有文石，取以扣梓，當有應者，以書與之，勿妄發，致之得所欲。』鄭客行至鄗池，見一梓下果有文石，取以欵梓，應曰諾。鄭客如睡覺而見宫闕，若王者之居焉，謁者出，受書入，又見頃聞語聲，言祖龍死。」

又卷二七七六 崔氏鴻《十六國春秋》。《隋志》：「一百卷。」《唐志》：「一百二十卷。」佚。《北史》：「後魏崔鴻以劉元海、石勒、慕容儁、苻健、慕容垂、姚萇、慕容德、赫連勃勃、張軌、李雄、吕光、乞伏國仁、秃髮烏孤、李暠、祖渠蒙遜、馮跋等並因世故，跨僭一方，各有國書，未有統一。鴻乃撰爲《十六國春秋》，勒成百卷，因其舊記，時有增損褒貶。鴻二世仕江左，故不録晉、劉、蕭之書，稽以長歷，考諸舊志，又别作《序例》一卷、《年志》一卷，凡一百二卷。」劉知幾曰：「崔鴻鳩諸僞史，聚成《春秋》，其所列者十有六家，魏收以鴻世仕江左，故不録司馬、劉、蕭之書，今觀鴻書之紀綱皆以晉爲主，亦猶班《書》之載陳、項，必繫漢年；陳《志》之述孫、劉，皆宗魏世。」又曰：「魏世黄門侍郎崔鴻，考覈衆家，辨其同異，除煩補闕，錯綜綱紀，易其國書曰録主，紀曰傳，謂之《十六國春秋》。鴻始以景明之初，求諸國逸史，逮至始元年，鳩集稽備，而以猶闕蜀事，不果成書。推求十有五年，始於江東購獲，乃增其篇目，勒爲十卷。鴻没後，永安中，其子繕寫奏上，請藏諸祕閣，由是宣佈，大行於時。」《國史志》：「鴻書世有二十餘卷，舊志乃五十卷，蓋獻書者妄分篇第。」晁説之曰：「司馬公休言温公所考《十六國春秋》，乃後人采《晉書》、《北史》、《册府元龜》、《太平御覽》等書集成之，非崔鴻全書。」按：今世所傳《十六國春秋》，乃後人采《晉書》、《北史》、《册府元龜》、《太平御覽》等書集成之，非原書也。

又卷二七七七 王氏柏《續國語》。四十卷。佚。柏《自序》曰：「昆侖旁薄之廣大，前瞻後際之無窮，宇宙之間，人之所以靈於萬物者，以至理獨會於此心，可以知來而藏往，可以原始而反終也。天開文明，河圖斯出，聖心默契，畫卦造書，而後《三墳》、《五典》、《八索》、《九邱》傳於世，後一千八百六十有餘年，吾夫子秉道統之傳，任述作之責，咸黜舊聞，斷自唐、虞而已。夫子豈不欲備上古之淳風，考製作之本始，探幽賾而昭陽德也？顧其荒誕鄙野，龐雜殽亂，或詭其旨，或失其傳，非可以立人極，闡世教，爲萬世帝王之法程，於是因民心之感以正其情，删《詩》者，所以導其和也；因治世之事以達其道，定《書》者，所以立其教也；因民用之疑以極其變，繫《易》者，開物之書也；因亂世之事以悼其失，作《春秋》者，立法之書也。天地忽否，吾道荆榛，《詩》、《書》厄於秦、楚烈焰之中，漢之儒者不能追亡補逸，以足百篇之義，乃過用其心於百篇之表，矜功衒博，詭聖誣經，如畫鬼神誑惑羣愚，而莫能證其形似，大抵翻空者易奇，覈實者難工，異哉，太史公之爲書也，唐、虞之上增加三帝，曰黄帝、曰顓頊、曰帝嚳，論其世次，紀其風績，驚駭學者，以吾夫子之未及知也。吁，學至於吾夫子而止，夫子之所不書，太史公何從而知之？缺其所不知，不害其爲學夫子也。至我本朝蘇黄門始曰：『太史公淺近而不學，疏略而輕信。』朱子屢稱此言最中其病，及觀黄門之古史，又上於三皇，以伏羲、神農、黄帝充之，若與《大傳》同，以少昊、顓頊、帝嚳、唐、虞謂之五帝，終與《大傳》異，其輕信何躬自蹈之乎？堯、舜吾知其爲帝也，禹、湯、文、武，吾知其爲王也，皐、夔、稷、契、伊、傅、周、召，吾知其爲賢也，吾何從而知之？以吾夫子之書而知之也。夫子，聖人也，前聖之相傳，至吾夫子而止，後學之取信，亦至吾夫子而止。於吾夫子而止，於我夫子不得取，吾信烏乎取，吾信唐、虞之上，三皇五帝之有無離合，吾不得而信也。出於吾夫子之言，吾之所信也，其或出於諸子百家之書，非吾之所敢信也。雖百篇之義，固不得而追補，然其大經大法，巍乎粲然如日月五星之麗乎？天未見其不足也，千載之下，猶未聞有法而行之者，以追帝王之餘風，尚何求於茫茫不可致詰之外哉。《春秋》之書，吾夫子之親筆也，其人可信也，其時可近也，傳之者失夫子之意多矣，曾不是之求，乃捨近而求之遠，棄實而求之虚，何邪？天地之内，一日之間，事如沙塵，何可勝紀，大者，無出於三綱五常，而至微者，亦皆有理。三代既遠，自漢而下，其見於史者十有七，不過存一二十百千萬億之中，而學者猶罕能盡觀而偏考也。我朝治平間，先正司馬公奉旨編成《資治通鑑》，合一千三百六十二年之事，爲二百九十四卷，君臣出治之本，天人相與之際，規諫之從違，刑政之得失，善可爲法，惡可爲戒，采摭刊削，井然有條，最爲三代以下甚盛之書也。文公朱先生以之編《通鑑綱目》五十有九卷，大書爲綱，分注爲目，綱倣《春秋》，目倣《左傳》，踵編年之成文，還策書之舊制。門人李方子爲《後語》，精覈明暢，發揮本旨，羽翼麟經，殆無餘藴。僕嘗聞朱子曰：左氏於《春秋》，依經以作傳，復爲《國語》二十一

篇，國別事殊，或越數十年而遂其事，蓋亦近《書》體，以相錯綜云。示以建安袁公樞爲《本末》，其部居門目，始終離合之閒，又皆曲有微意，其錯綜温公之書，亦《國語》之流矣。於是考《國語》之爲書，始於周穆王，終於周定王，凡四百八十有餘年，止八國之書，合一百八十有二章。唐之柳宗元乃以《國語》文勝而言龐，好怪而反倫，學者溺其文必信其實，是聖人之道翳也，遂作《非國語》六十七篇，以望乎世者愈狹而求相於吕化光，豈不愚哉？司馬公曰：《國語》所載，皆國家大節興亡之本，宗元豈足以望古君子藩籬，妄著一書以非之。宋秦公嘗敍之曰：自魏、晉以後，書録所題皆曰《春秋外傳國語》，是則《左傳》爲内，《國語》爲外，二書相副以大成業。凡事詳於内者略於外，備於外者簡於内，先儒亦以爲然，以是知《左傳》、《國語》不可偏廢。袁公《本末》之書，歷年幾兩倍於《國語》，而不過二百三十八章，或者疑其太簡，且病於無所發明，然時益近而事益多，此勢之所必至；事益多而詞益少，此可以見其筆力之精也。不觀其博則不知其精，不知其精則不切於用，爲士者以萬物皆備之身，而不以古今自任，不以經綸自期者，亦自遏其躬而已。僕因考《通鑑》之初語，即《外傳》之終語也，以是知司馬公之意，未嘗不拳拳於《外傳》。於是分門約語，附諸儒之論辨，編爲《續國語》凡若干卷，合若干章以備一家之支流餘裔。竊嘗疑之《左傳》、《國語》文氣不同，未必出於一人之手，《左傳》之文浮，《國語》之文質，浮者近於誣，質者近於冗，《左傳》多詳事情，《國語》多陳制度，然重見者亦少，雖閒有之，而詳略且異，若故相避，然此可疑者一也。見於《春秋》者猶有一百二十四國，今《國語》止列其八，他皆不足取乎？況陳、宋、衛、秦皆大國也，亦無一語之可紀，何邪？此可疑者二也。齊之内政，不見於經而出於《管子》，先儒皆以爲非管仲書，疑戰國之士僞爲之，豈有七百餘年之齊别無他語，獨删節此書乎？此可疑者三也。漢興之初，亦以周之舊典禮經廢墜影滅，諸儒幸得其傳，皆欣然存之而不疑，司馬公已定爲列國之舊史矣，非左氏之文也。嘗聞諸國各有史而不相知，秦併六國始盡得之，往往私相傳録，皆非全書，左氏文之而爲《傳》，《國語》疑未經穿鑿者，秦其本國也，宋、衛非秦所滅，所以獨無歟？自入《通鑑》以來，周止亡國之語耳，非可續也。魏、趙、韓分晉而《晉語》亡，田和篡齊而《齊語》亡，越已滅吴，楚復滅越、滅魯，韓滅鄭，齊滅宋，故國所存惟楚而已。吁，中原禮義之國，帝王聲教文物之地，俱已邱墟，雖秦、楚亦未幾而亡矣，此天地之大變，古今之奇禍也。烏在其爲可續哉。雖然，僕之所續者書也，非續其國也，誠以國言之，魯固亡矣，而有不亡者存，以吾夫子之聖，亘萬世而不可磨滅，門人子孫班班於後世，遠夷暴君亦莫不款謁致敬，至今猶然。雖周公、伯禽之封國，實成湯、微子之苗裔也，遂以《續魯語》爲首，上以黜夫子之所不取，下以續夫子之所傳。《續魯語》者，亦所以《續宋語》也，又以之補袁公本未備云。」

又卷二八四　《孔僖古文》。《後漢書》：「孔僖，字仲和，魯人。自安國以下，世傳《古文尚書》。元和二年春，帝東巡狩，還過魯，幸闕里，以太牢祠孔子及七十二弟子，作六代之學，大會孔氏男子二十以上者六十三人，命儒者講《論》，遂拜僖郎中，召僖從還京師，使校書東觀。」按：韋昭、杜預以前，安國五十八篇之書莫有見者，故諸儒箋釋遇引增多。篇内文輒云逸書，其爲《古文尚書》者，或出於蓋豫，成本於杜林，要非安國之書也。惟范史《孔僖傳》謂自安國以下，世傳《古文尚書》，《連叢子》亦載孔大夫與僖子季彦問答。大夫曰：「今朝廷以下，四海之内，皆爲章句内學，而君獨治古義，盍固已乎？」季彦答曰：「先聖遺訓，壁出古文。臨淮傳義，可謂妙矣。而不在科策之例，世人固莫識其奇矣，賴吾家世世獨修之。」若是，則壁中之書，僖家具存矣。獨怪肅宗幸魯，遇孔氏子孫，備具恩禮。僖家既有臨淮傳義，其時上無挾書之律，下無偶語之禁，何不於講論之頃，一進之至尊，或上之東觀，乃祕不以示人乎？竊意僖家古義亦止伏生所授諸篇，而五十八篇則至晉而後增多罔缺也。

又卷二九〇　宋太學御書《石經》。闕。王應麟《玉海》曰：「紹興五年九月，賜汪應辰以下御書石刻《中庸篇》，廷試畢賜御書自此始。十二年，賜陳誠之《周官》。十八年六月，御書《儒行篇》賜進士王佐等。二十一年五月，賜趙達等《大學》。二十四年，賜張孝祥等《皋陶謨》。二十七年，賜王十朋等《學記》。三十年四月，賜梁克家等《經解篇》，皆就聞喜宴賜之。十三年二月，内出御書《左氏春秋》，宣示館職少監秦熺以下作詩以進。六月，内出御書《周易》。九月，上諭輔臣曰：『學寫字不如便寫經書，不惟可以學字，又得經書不忘。』既而《尚書》委知臨安府張澂刊石，頒諸州學。十四年正月，出御書《尚書》。十月，出御書《毛詩》。十六年五月，又出御書《春秋左傳》，皆就本省宣示館職作詩以進上。又書《論語》、《孟子》，皆刊石立於太學首善閣及大成殿後三禮堂之廊廡。」李心傳《中興繫年録》曰：「紹興十三年十一月，秦檜奏前日蒙付出御書《尚書》，來日欲宣示從臣。時上寫《六經》、《論》、《孟》皆畢，因請刊石國學，仍頒墨本賜諸路州學，詔可。」《截江網》：「紹興九年，上所寫《六經》、《論語》、《孟子》皆畢，因刊石于國子監，仍頒墨本賜諸路縣學。」《玉海》：「淳熙四年二月，詔知臨安府趙磻老於太學，建閣奉安《石經》，置碑

石於閣下，墨本於閣上，以光堯石經之閣爲名，朕當親寫。參政龔茂良等言：『自昔帝王未有親書經傳至數千萬言者，不惟宸章奎畫，照耀萬世，崇儒重道至矣。』上曰：『太上字畫天縱，冠絶古今。』五月，磻老奏閣將就緒，其石經《易》、《詩》、《書》、《春秋左氏傳》、《論語》、《孟子》外，尚有御書《禮記中庸》、《大學》、《學記》、《儒行》、《經解》五篇，不在太學《石經》之數。今搜訪舊本，重行摹勒，以補《禮經》之闕，從之。六月，御書光堯御書石經之閣牌賜國子監，百官表請觀視，從之。」《宋鑑》：「知臨安府趙磻老具到兩學修造圖本，西北隅建閣，安頓太上皇帝御書《石經》。上曰：『太上於字畫蓋出天縱，朕嘗謂鍾繇字最工，猶帶隸體，如太上宸翰，冠絶古今。』參政龔茂良等奏誠如聖訓。」陳騤《中興館閣録》：「紹興十三年二月，恭閣御書《左氏春秋》、《史記》列傳，少監秦熺、著作郎王揚英、周執羔、祕書郎張漢彦、校書郎嚴抑、張闡、趙衛、錢周材、范雲、正字洪遵、吴芾各進詩一首。六月，恭閲御書《周易》，少監姜師仲、祕書丞嚴抑、祕書郎張闡、著作佐郎錢周材、趙衛各一首，校書郎陳誠之二首，正字洪遵、吴芾、洪适、潘良能、沈介各一首。十四年正月，恭閲御書《尚書》，祕書丞嚴抑三首，祕書郎張闡、著作佐郎錢周材、趙衛、校書郎陳誠之、正字吴芾、沈介各一首。十月，恭閣御書《毛詩》，提舉祕書省秦熺一首，少監游操、吏部員外郎兼國史院檢討官嚴抑各二首，著作佐郎錢周材一首，趙衛二首，校書郎陳誠之一首，正字沈介二首。十六年四月，恭閲御書《春秋左氏傳》，提舉祕書省秦熺、著作佐郎王墨卿各二首，魏元若、校書郎沈介、正字湯思退、劉章、張本各一首。」洪邁《御書閣記略》：「曰若稽古高宗皇帝，實天生德，既以聰明聖武，戡濟多難，垂中興億年之基，洎保大定功，投戈息馬，於世紛萬殊，泊乎無一嗜翫，惟翰墨梱域，天縱神與，不舍食息。《詩》、《書》、《易》、《春秋》、《孝經》、《論語》、孟軻氏書凡幾帙，帙凡幾字，一一肆筆而成，翥鳳翔鸞，震蕩輝赫，端正嚴重，肅如神明。當是時，每終一經，輒詔玉册官摹刻，徧以石本，侈錫方夏，光天之内，羣戴其書。」曾宏父曰：「高宗即位十九年，干戈之日居多，乃能親御翰墨，作小楷以書《周易》、《尚書》、《毛詩》、《春秋左傳》全帙，又節《禮記中庸》、《儒行》、《大學》、《經解》、《學記》五篇，章草《語》、《孟》，悉送成均。」按：此則紹興《石經禮記》未曾全寫。楊冠卿曰：「太上皇中興以來，崇尚經術，親灑宸翰，刊之翠珉，蔭以豐宇。聖人之經，固已是正遺闕，昭如日月，傳諸無窮。聖上臨幸，兩學思有以盡寶藏尊崇之意，且又建爲傑閣，揭以璇題，棟宇翬飛，奎璧焕爛，窮今亘古，未之前聞。」葉紹翁《四朝聞見録》曰：「高宗御書《六經》，嘗以賜國子監及石本於諸州庠。上親御翰墨，稍倦，即命憲聖續書，至今皆莫能辨。」潛説友《臨安志》：「光堯石經之閣，孝宗皇帝御書扁。淳熙四年，詔臨安府守臣趙磻老建閣奉安《石經》，以墨本置閣上，御書石經《易》、《詩》、《書》、《左氏春秋》、《禮記》五篇、《中庸》、《大學》、《學記》、《儒行》、《經解》。《論語》、《孟子》。」陳基《西湖書院記》曰：「杭西湖書院，宋季太學故址也。德祐内附學廢，今爲肅政廉訪司治所。宋御書《石經》、孔門七十二子畫像石刻咸在焉。」吴訥曰：「昔宋太宗嘗曰：『朕退朝觀書外，留意字畫，雖非帝王事業，不愈遊畋聲樂乎！』迨後高宗亦曰：『寫字當寫書，不惟學字，又得經書不忘。』紹興二年宣示御書《孝經》，繼出《易》、《詩》、《書》、《春秋左傳》、《論》、《孟》及《中庸》、《大學》、《學記》、《儒行》、《經解》五篇，總數千萬言，刊石太學。淳熙中，孝宗建閣奉安，親書扁曰光堯石經之閣。新安朱熹修白鹿書院，奏請御書《石經》本是也。元初，西僧楊璉真伽造塔行宫故址，取碑石壘塔，杭州路官申屠致遠力争而止。後因改學爲西湖書院，歲久閣廢，《石經》斷折零落。洪武中，移仁和學於書院，然《石經》久廢，人莫知留意也。宣德元年夏，予出按於杭，觀之慨歎，迺以屬郡守盧君玉潤率教官生員收拾，得全碑若干，碎折若干，一一補輳，共得經碑百片，舁置殿後及兩廡焉。」楊一清《記》曰：「監察御史朝郡宋君廷佐奉命按治浙江之暇，嘗求所謂《石經》者，曰在仁和學。因往視之，多斥棄瓦礫中，曰：『噫嘻！此南宋太學中故物也，胡傾斥至是哉？』乃進杭州府知府晉江留君志淑問其故，留君稽閲誌籍，蓋宋高宗初渡江，都臨安，即詔建學養士。紹興二年，手書《易》、《書》、《詩》、《春秋》、《論》、《孟》、《中庸》、《儒行》諸篇，刻石於學。京兆尹趙磻老建尊經閣以儲之。二十四年，復製宣聖洎顔、曾以下七十二賢贊并李伯時舊所繪像，皆刻石置之學。理宗紹定五年，又以所製《伏羲以來道統贊》刻之，附諸《石經》之末，宋亡學廢。元西僧楊璉真伽謀運致諸石爲寺塔址，賴廉訪經歷申屠致遠之力而止。國朝洪武十二年，即書院建仁和學。宣德二年，巡按御史海虞吴公訥慨《石經》殘缺，屬知府盧玉潤收集之，得全刻及斷毁者若干，分麗其中。天順三年，改建縣學於今所，其諸石悉徙以從，四十年於兹。宋君曰歲久而廢，物理固然，惟兹盛典，廢莫之興，則有由矣。豈不以學宫專崇於郡，蒞兹土者，朔望廟謁，春秋釋奠，亦惟知有郡學，縣雖有學，概莫之至，焉知所謂《石經》者而葺之。乃檄府命移置諸石於府學焉，屬留君理其事，又命通判咸寧喬遷董工役。因徙圖像於尊經閣下，甃以瓴甓，《石經》及《表忠觀》諸碑則徙於櫺星門北之兩偏，周廊覆之，既甃既堅，其屋之數，左二十有二楹，右如之，石之數，圖像十有五，贊八，《易》二，《書》七，《詩》十，《春秋》四十有八，《論》、

《孟》、《中庸》十有九，《表忠觀》諸碑十有四。既訖工，留君具書肅使者謁予記慨。惟經書之在世，猶日麗天，水行地，不假形器而存，與天地同悠久者也。顧秦燔漢鑿之餘，不絶如線，非常之變，或出於意料之所不及，有斯文之責者，不得不憂，託諸貞石以壽於無窮，亦維持世道計耳。漢中郎筆跡已不可見，唐長安《石經》實與臨安後先並美，今長安故無恙，而仁和學宫獨委棄至此，凡吏於兹、士於兹者，將不均有責哉！夫高宗之爲君，復仇撥亂，慚德多矣，史稱其博學强記，繼體守文，有足嘉者。理宗之嗣統，無足齒録，然能表章先賢，崇正學，變士習，功不可少，觀其所以圖不朽者，而其所存可知已。古書家李斯、鍾繇雖畔道，君子猶取其長。歐、虞以降，殘碑裂石，至一宫觀一浮圖之微，世寶之如金玉，矧兹文教所關，非崇長異端、遊心末技者比，是固可重。而高宗之書，精麗有法，置之名家中，亦烏可棄哉？抑又聞長安古石刻尚多，散漫不一，往往爲都民鑱鑿，以至磨滅。宋韓縝修霸橋，督工急，民磨碑石以供之，經此二厄，存者遂鮮。後直移至西安郡庠，保全至今。夫寺塔之厄，略同霸橋，而郡學之遷，其設心行事正相類，雖物之興廢有數，然振厲修改，每存乎其人，必有儒者之心而後能及此，其他非惟不肯爲，亦固有不暇爲者矣。宋君讀書好古，其所猷爲，務關風教，留君志足以承上，才足以濟心而任勞於下，又有通判喬君，故一指畫之閒，而百年之廢墜以集，是固可書，而謂後之人有復不能嗣守而保厥成者，則非今日之所知矣。正德十二年秋七月。」文徵明曰：「小字《石經》殘本百葉，約萬有五千言，前後斷缺，無書人名氏，余考之，蓋宋思陵書也。按：紹興二年，帝宣示御書《孝經》，繼書《易》、《詩》、《書》、《春秋左傳》、《論》、《孟》及《中庸》、《大學》、《樂記》、《儒行》、《經解》總數千萬言，刻石太學。後孝宗建閣奉安，名曰光堯石經之閣，即此是也。蓋思陵平時極留意字學，尤喜寫經，嘗曰：『寫字當寫經書，不惟學字，又得經書不忘。』此書楷法端重，結搆渾成，正思陵之筆，但所書惟《易》、《春秋左傳》，又皆不全，視全本百分之一耳。又按：元初楊璉真伽發宋諸陵造塔，取故經石爲塔址，爲路官申屠致遠所遏而止，然《石經》竟亦散落。國朝宣德初，吴文恪公按浙，命有司追訪，所存無幾矣。此本雖殘缺，要不易得，况紙墨佳好，猶是當時搨本，又可多得哉！唐君伯虎寶藏此帖，余借留齋中累月，因疏其本末，定爲思陵書無疑。正德十二年。」郎瑛曰：「宋紹興二年，高宗宣示御書《孝經》、《易》、《詩》、《書》、《春秋左傳》、《論語》、《孟子》、《中庸》、《大學》、《學記》、《儒行》、《經解》五篇刻石太學。淳熙中，孝宗建閣藏之，親書扁曰：光堯石經之閣。朱子修白鹿書院，奏請《石經》本即此是也。元初西僧楊璉真伽造塔於行宫故址，欲取碑石壘塔，時杭州路官申屠致遠力爭止之，幸而獲免。後更學爲西湖書院，碑閣俱廢，國朝改爲仁和學。洪武末，徙仁和學於城隅之貢院，而《石經》亦舁致焉。歲深零落，踣卧草莽閒，而龜趺螭首，十缺其半。宣德元年，侍御史吴訥屬郡縣收緝，凡得百片，置之大成殿後兩廡，已爲不全之器矣。近於正德十三年，宋侍御復移至杭州府學之廡。」于慎行曰：「元人破宋，用楊璉真伽之言，將宋宫殿郊廟悉毁爲寺，復欲取高宗所書《九經》石刻爲浮屠臺，爲杭州推官申屠致遠所拒而止，此亦秦火之再見者也。致遠，壽張人。素有文名，蓄書甚富，號爲墨莊。」按：南宋太學《石經》碑爲元僧楊璉真伽取其材建白塔寺，其僅存者，明宣德二年，常熟吴公訥於杭州府儒學築廊先師廟儀門外貯之。崇禎甲申，後廊圮，乃嵌壁中，左壁《易》二碑，《書》六碑，《詩》十二碑，《禮記》惟《中庸》一碑，《論語》七碑，《孟子》十一碑。右壁《春秋左傳》四十八碑，共八十七碑。東壁南有理宗御製《序》四碑，當時臣寮如洪邁等記跋，皆遺失不可復問矣。

翁方綱《經義考補正》卷七 劉氏歆《春秋左氏傳條例》，佚。《蜀志·尹默傳》：「默專精《左氏春秋》，自劉歆《條例》、鄭衆、賈逵父子、陳元方、服虔注説，咸略誦述，不復按本。」方綱按：劉歆此書，竹垞未載，當據《蜀志》補入。聘珍案：《後漢書》：「鄭興少學《公羊春秋》，晚善《左氏傳》。天鳳中，將門人從劉歆講正大義，歆美興才，使撰《條例章句訓詁》及校《三統歷》。」案：《三統歷》，劉歆所撰，而《左傳條例》亦劉氏之書，使鄭興爲作《章句訓詁》耳，竹垞未之詳考，故載鄭氏《條例章句訓詁》而不言劉氏原書也。

謝啟昆《小學考》卷三 楗爲文學《爾雅注》。《七録》：「三卷。」佚。陸德明《釋文敘録》曰：楗爲郡文學卒，史臣舍人，漢武帝時待詔。闕中卷。朱彝尊《經義考》曰：楗爲舍人注《爾雅》，賈氏《齊民要術》引有二條。其一：「斪斸謂之定。」注云：「斪斸，鉏也，一名定。」其一：「菥蓂大薺。」注云：「薺有小，故言大薺。」而今本《爾雅》注疏俱無之。又曰：按，舍人待詔在漢武時，此釋經之最古者。其書雖不傳，閒采於邢氏之疏。疏所未載，字義可考者，如《釋言》原作蠃；縭介，縭作緍。注云：「緍，羅也。介，別也。」渝作繻，窕作跳。注云：「跳者，躍之。」閒、覗，注云：「擅也。」《釋訓》條條作攸攸、矯矯，注云：「得勝之勇也。」洸洸作僙僙，薨薨作雄雄，委委佗佗作褘褘它它，注云：「心之美也。」赫赫作奭奭、壿壿。注云：「舞貌。」夢夢訰訰注云：「煩懣，亂也。」仇仇、敖敖，傲也，傲作毁。注云：「仇仇，無倫理之貌。訾訾，衆口毁人之貌。」佌佌注云：「形容小貌。」饎作喜，注云：「古曰饎

履帝武敏。」敏作畞，注云：「古者姜嫄履天帝之迹於畎畞之中，而生后稷。」籧篨、戚施，注云：「籧篨，巧言也。戚施，令色誘人。」夸毗注云：「卑身屈己也。」《釋草》「瓝九葉」注云：「九枝共一莖。」中馗作中鳩，注云：「免奚名顆東，顆東名中鳩。」《釋木》「蒔莖著莖」作「柢著作都」，樟作皋。櫟其實梂，注云：「栗，實名梂也。」按：栗，當作櫟。櫬梧樸枹者謂櫬采薪，采薪即薪，謂作彙。注云：櫬梧樸枹者，櫬者其理也，樸者相追附也，彙者莖也。如《竹箭一讀》曰：「枹也，櫬名采薪，又名即薪。」《釋蟲》奚相作奚桑。《釋魚》活東作顆東。《釋鳥》鴽鴾母，母作蕪。亢鳥嚨注云：「嚨嚨，財可見也。」《釋獸》猶作鸒，寓屬，作麌，屬猷鼠。注云：「其鳴如犬也。」騉駼枝蹄」注云：「騉駼者，外國之名。枝蹄者，枝足也。前足皆白騱，後足皆白狗。」騱作雞，狗作狗，白馬黑鬣、駱鬣作髦。凡此，皆邢氏所未采，而見之陸氏《釋文》者也。按：《經義考補正》引丁杰曰：「《文選羽獵賦》注引《爾雅》楗爲舍人注，又引《釋詁》郭舍人注，則舍人姓郭。但《左傳正義》中，舍人、文學並見，則又似二人也，附識以俟考。啟昆謂《詩正義》舍人及楗爲文學並引異説，蓋二説本出一人。《正義》中稱舍人，陸璣《詩疏》稱楗爲文學，下一條乃《正義》覆述詩疏原文，故仍其稱耳。《春秋正義》、《爾雅疏》皆然，非有兩人也。《詩·大田》，《釋文》引郭云「皆蝗類也」句，景純注中所無，其即楗爲文學之説。《文選·羽獵賦》注，前引郭舍人注，後引楗爲舍人注，亦偶異其稱耳。

又 江氏灌《爾雅圖讚》。《唐志》：「一卷。」佚。《晉書·江灌傳》曰：「灌，字道羣，陳留圉人，吴郡太守。」朱彝尊《經義考》曰：張彦遠《名畫記》云：灌，字德源，陳尚書令，至武德中爲隋司馬。箸《爾雅圖》二卷，《音》六卷，《讚》二卷。按：《經義考補正》引丁杰曰：晉江灌即江逌從弟，本傳不言其曾注《爾雅》，此作《圖讚》者，乃陳之江灌，唐初尚存。下引《名畫記》所偁是也。《經義考》合爲一人，列於梁沈旋之前，似誤。

又 陸氏德明《爾雅釋文》。《通考》一卷，佚。《唐書·儒林傳》曰：陸德明，蘇州吴人。太宗徵爲秦府文學館學士。貞觀初，拜國子博士，封吴縣男。《新唐書·儒學傳》曰：陸元朗，字德明，以字行。蘇州吴人，善明理言，受學於周弘正。陳太建中，後主爲太子集名儒入講承光殿。德明始冠，與下坐。國子祭酒徐孝克敷經倚貴縱辨，衆多下之，獨德明申答屢奪其説。舉坐咨賞，解褐，始興國左常侍。陳亡，歸鄉閈。隋煬帝擢祕書學士。大業閒，補太學博士，遷國子博士，封吴縣男，卒。論譔甚多，傳於世。王應麟《玉海》曰：天聖四年五月，國子監摹印陸德明《音義》二卷，頒行。按：《經義考補正》曰：陸德明作《釋文》以釋經典音義，其《爾雅》二卷，《通考》稱爲《爾雅釋文》，《宋志》稱爲《爾雅音義》，實一書也。《經義考》於《釋文》之外，又列《音義》，且曰「未見」，何也？啟昆按：通而言之曰《經典釋文》，分而言之曰某經音義。《經義考》因《玉海》所載專刻本，遂誤分爲二。近餘姚邵學士晉涵箸《爾雅正義》，附刻《釋文》二卷，於後多所是正。盧學士文弨箸《釋文考證》，勘契亦精。又嘉定錢徵君大昭箸《爾雅釋文補》三卷，其自敘曰：《爾雅》一萬七百九十一言，爲諸經訓詁之所祖。釋經者，譬之皋雉之門，非歷階由閾，不得越而過也。則考據詮解，宜其最精。乃自唐以後，楗爲文學、劉歆、樊光、李巡、孫炎諸舊説皆軼，不傳其文。雖時時見於他説，然所存亦罕矣。北宋邢叔明專疏郭景純注《墨守》，東晉人一家之言，識已拘而鮮通。其爲書也，又不過鈔撮孔氏經疏、陸氏《釋文》，是學亦未能過人矣。予舊有志作《爾雅疏》一書，參取衆説，擇善而從，斯折衷至當。究心者積有年，所然終未底於成也。歲戊申之仲秋，餘姚邵太史晉涵《爾雅正義》刻成，郵寄示予。歎其書之精博，不特與邢氏優劣判若天淵，即較之唐人《詩》、《禮》正義，亦有過之無不及。予舊時所留心識記者，邵書大半已有。此昔人所謂「杼軸予懷，他人我先」者也。然千慮之得，時或有之。爰裒輯爲三卷，正郭氏之疏，辨邢疏之舛，補陸氏《音》邵氏《正義》之所未備，審通借之互用，集衆説之異同，名曰《釋文補》者，摘字爲注，例仿元朗也。今本《爾雅》俗字最多，飛禽即須安鳥，水族便應箸魚，蟲屬要作虫旁，艸類皆從兩屮，陸氏條例已譏之。又或篇次錯誤，如《釋親》中，宗族、母黨、妻黨、婚姻四類，《開成石經》題識皆列於後，而俗本誤列在前。《釋畜》後題「六畜」二字，《左傳》桓六年、昭二十六年正義並云《釋畜》於馬、牛、羊、豕、狗、雞之下題云「六畜」，而俗本或多脱載。如此之類，不勝僂指。今並考證經籍及唐石經以求復古焉。異日儻質之邵先生，未知以爲何如？徵君字晦之，爲及之詹事之弟，博通經史，譔述甚多，刻有《可廬箸述》十種，敘例今取其有關小學者附録焉。

又卷七 劉氏珍《釋名》。三十篇，見《後漢書》，佚。《後漢書·文苑傳》曰：劉珍，字秋孫，一名寶，南陽蔡陽人也。少好學，永初中爲謁者僕射。鄧太后詔，使與校書劉騊駼、馬融及五經博士校定東觀五經、諸子傳記、百家蓺術，整齊脱誤，是正文字。永寧元年，太后又詔珍與騊駼作《建武已來名臣傳》。遷侍中，越騎校尉。延光四年，拜宗正。明年，轉衛尉，卒官。著《誄頌連珠》凡七篇，又撰《釋名》三十篇，以辯萬物之稱號云。

又 服氏虔《通俗文》。《七録》：「一卷。」佚。《魏書・江式傳》曰：「式上表云：爰采孔氏《尚書》、《五經音注》、《籀篇》、《爾雅》、《三蒼》、《凡將》、《方言》、《通俗文字》、《埤蒼》、《廣雅》、《古今字詁》、《三字石經》、《字林韻集》，諸賦文字有六書之義者，以類編聯。」錢馥曰：江式云：《通俗文字》當即服氏虔之所著，而它書引用並云《通俗文》豈猶《說文解字》後人僅曰《說文》。　顔之推《家訓・勉學篇》曰：《通俗文》世間題云：「河南服虔，字子慎。」造虔既是漢人，其序乃引蘇林、張揖。蘇、張皆是魏人，且鄭玄以前全不解反語。《通俗》反音，甚爲近俗。阮孝緒又云：李虔所造河北此書，家藏一本，遂無作李虔者，晉《中經簿》及《七志》並無其目，竟不知誰製。然其文義允愜，實是高才。殷仲堪《常用字訓》亦引服虔《俗說》，今復無此書，未知即是《通俗文》。爲當有異近代，或更有服虔乎？不能明也。錢詹事曰：《晉書・孝友傳》李密一名虔，未審即著《通俗文》之李虔否？臧玉琳《經義雜記》曰：《隋書・經籍志》：《通俗文》一卷，服虔譔。敘次在梁沈約《四聲》、李槩《音譜》、釋静洪《韻英》之下，則《隋志》并不以爲漢之服子慎所譔。《唐志》無服書，有李虔《續通俗文》二卷，《初學記・器物部・舟第一》下引李虔《通俗》曰：晉曰舶音泊，則阮氏《七録》所言信有徵矣。然唐人書中所引皆作服虔《御覽廣韻》，或譌作《風俗通》，又作《風俗論》。《文選・嵇叔夜琴賦》「嗢噱終日」，李善注：「服虔《通俗篇》曰：樂不勝謂之嗢噱。嗢，烏没切，噱巨略切。」名雖不同，要即一書也。《左傳釋文》引《通俗文》「腋下」謂之「脅」。　臧鏞堂曰：據《顔氏家訓》，知北齊時《通俗文》題云「服虔造」，以爲即東漢注《左氏春秋》者。魏江式表次在揚雄《方言》之下、張揖《埤蒼》之上，則并以爲漢之服虔也。晉《中經簿》及《七志》無其目。梁阮孝緒《七録》始云李虔造。試合隋、唐《志》攷之，則《通俗文》一卷，服虔譔；《續通俗文》二卷，李虔譔。爲當有二書，不可并一，抑史志有誤乎？顔氏謂河北此書，家藏一本，並無作李虔者，與阮《録》亦不合。殷仲堪引服虔《俗說》當即此書，《詩正義》于行葦、韓奕兩徵皆曰服虔《通俗文》。至其世，先于蘇張叔。然以前未有反切，此類抵捂，疑出後儒附竄。又顔謂或近代更有服虔，則未可定。如子夏《易傳》本韓嬰之字，後人誤以孔門弟子，當之。此書亡于唐季，貞觀初，釋元應撰《一切經音義》，采摭頗富。兹復廣以羣籍類纂録之，庶有裨于小學家。署曰服氏，仍其舊也。

又 胡氏廣《漢官解詁注》。《隋志》：「三篇。」《唐志》一卷。佚。胡廣序曰：汲令王文山小學，前安帝時越騎校尉。劉千秋校書東觀，好事者樊長孫與書曰：「漢家禮儀，叔孫通等所草創，皆隨律令，在理官，藏于几閣。無紀録者久，令人無愚智，入朝不惑。君以公族元老，正丁其任，焉可以已。」劉君甚然其言，與邑子通人郎中張平子參議。未定而劉君遷爲宗正衛尉，平子爲尚書郎、太史令，各務其職，未假恤也。至順帝時，平子爲侍中，典校書，方作《周官解說》，乃欲以漢次述漢事。會復遷河間相，遂莫能立也。述作之功，獨不易矣。既感斯言，顧見故新汲令王文山小學爲《漢官篇》，略道公卿外内之職，旁及四夷，博物條暢，多所發明，足以知舊制儀品，蓋法有成易而道有因革，是以聊集所宜，爲作詁解，各隨其下，綴續後事，令世施行。庶明厥旨，廣前後憤盈之念，增助來哲多聞之覽焉。按：《漢官解詁》蓋劉熙《釋名》之體，近高郵王孝廉引之作《周秦名字解詁》二卷，其自敘曰：名字者，自昔相承之詁言也。其所用者不越方俗之恒，而義相比附，文相注釋，三代詁訓於是乎存。疏通而證明之，學者之事也。夫詁訓之要在聲音，不在文字。聲之相同、相近者，義每不甚相遠。故名字相沿，不必皆其本字。其所假借今韻，復多異音。畫字體以爲說。執今音以測義，斯於古訓多所未達，不明其要故也。今之所說，多取古音相近之字以爲解。雖今亡其訓，猶將罕譬而喻，觸類而長焉。爰類定以五體：一曰同訓，予字子我，常字子恒之屬是也。二曰對文，没字子明，宛字子惡之屬是也。三曰連類，括字子容，側字子反之屬是也。四曰指實，丹字子革，啟字子閭之屬是也。五曰辨物，鍼字子車，鱣字子魚之屬是也。因斯五體，測以六例。一曰通作，徒字爲都，偃字爲㫃之屬是也。二曰互注，籍字子禽，亢字子籍之屬是也。三曰辨譌，虔字爲黔，高字爲克之屬是也。四曰比例，得字子玉，貽字子金之屬是也。五曰合聲，徐言爲成然，疾言爲旃之屬是也。六曰雙聲，結字子期，達字子姚之屬是也。訓詁列在上編，名物分爲下卷，衆著者不爲贅設詞，難曉者悉從闕疑之例。上稽典文，旁及謡俗，亦欲以究聲音之統，貫察訓詁之會通云爾。至於解釋不明，援引鮮當，大雅宏達，其有以教之矣。引之爲懷祖給事之子，學問淹貫，不愧家學云。

又卷一〇 李氏陽冰《刊定說文》。《崇文總目》：「二十卷。」佚。凌迪知《萬姓統譜》曰：李陽冰，字少温，趙郡人，以詞翰名乾元間。爲縉雲令，修孔子廟，自爲文記之。歲旱，禱城隍，與神約，不雨焚其廟。及期，雨霑足，亦自爲記。秩滿退居吏隱山後，遷當塗令。陽冰篆書尤箸，宋元輿謂其不下李斯云。徐鍇《說文解字・袪妄篇》敘曰：《說文》之學久矣，其說有不可得而詳者，通識君子所宜詳而論之。楚夏殊音，方俗異語，六書之内，形聲居多。其會意之字，學者不了，鄙近傳寫，多妄加聲字。篤論之士，所宜隱括，而李陽冰隨而譏之，以爲己力，不亦誣乎。

自《切韻》、《玉篇》之興，《説文》之學湮廢泯漫，能省讀者不能二三，棄本逐末乃至於此。沮誦逾遠，許慎不作。世之知者，有可以振之可也。前代學者所譏文字，蓋亦有矣。中興書闕，不可得盡，此蓋作者之冠冕，而後來之妄故。臣今略記所憶，作《袪妄篇》。按：陽冰之書，久已不傳，惟見於徐楚金《袪妄篇》。今摘録之。弋，質也，天地既分，人生其間，皆形質已成，故一、二、三皆从弋。毒，从屮，毋出地之盛，从土。土可制毒，非取毒聲。毒，烏代反。斲、折各異，斲自斲折，人手折之。路，非各聲，从足輅省。侖从亼冊。亼，古集字。品，象衆管如冊之形而置竅。尒，于一爲平。段，从尸。尸，予也，二器也。又，手也，手持器，爲求之於人，人與之也。叚，从又，持皮襜然，隹鳥之總稱。尒雅，長尾而从隹，知非短尾之稱。叀，墨斗中形，象車軸頭。叀，墨之形，上畫平引，不从屮也。厶，不公也。重厶爲幺，會意非象形。疐，車前重不前，合从叀，宜上畫平，不从屮明矣。刃，刀直曰刃，一示其處所也，此會意。竹，謂之艸，非也。豐山中之生，乃豐聲也。血，从一聲。生，凵象膏澤之气，土象土木爲臺气，屮火之義，會意。亼，入者合集之義，自一而成乎億萬，入者集之初，故从入从一。弜，《倉頡》作字，無形象者則取音，以爲之訓。矢引則爲矧，其類往往而有之矣。字，是也。木，象木之形。木者，五行之一，豈取象於艸乎。才，木之幹也。木體，枝上曲。今去其枝，但有槎枿。日，古人正圜，象日形。其中一點，象烏，非口一，蓋籀方其外，引其點尒。齊，二物相並，乃知齊平。米，象在穗上之形。尗，父之弟爲尗，从上小，言其尊行居上而已，小也。弔，从二人往返相弔門之義。袁，从衣，中口，非叀省。禿，从穆省聲。欠，上象人開口，下象气咋從人，所謂欠去。許氏擅改作兂，無所據也。頁，當作頁。卩，自字，从卩而生一重爲卩，二爲𠂤，三爲𠂤。長，非倒，亡聲，倒亡不亡也。豸，从月力。全，注一，所以驅人之正。狀，象形之中，犬字象似文之尤者，故狀从犬。州，三丩爲州。仌，象仌裂之象。龍，右旁反半弱，象天矯飛騰形。非，兩手相背也。直，正視，故从乚音。隱，率車也。幺，牽省，系系相牽之義。入，集也。八八，象衆也。十十，八也，作捕鳥之具。許氏誤用土，土數五，成數十，十取成數，下一地也。亜，从卯，卯時人不卧。云，疏、流二字並从云。云，疏通、流行也，豈不順哉。午，五月筍成，作此之半枚出地。戊，上也，一陽也。陽气入地，一固非聲。亥，古文本象豕形，諸義穿鑿之耳。古文豕本象豕，減一畫耳。篆文乃从二首六身。凡此皆游衍無據之談，宜爲楚金所駁矣。

又卷一三　蔡氏邕《勸學》。《隋志》：「一卷。」佚。《後漢書・蔡邕傳》曰：邕，字伯喈，陳留圉人也。少博學，師事大傅胡廣。好詞章、數術、天文，妙操音律。建寧三年，辟司徒橋玄府，出補河平長，召拜中郎，校書東觀，遷議郎。邕㠯經籍去聖久遠，文學多謬，俗儒穿鑿，疑誤後學，熹平四年奏求正定六經文字，靈帝許之。邕乃自書冊於碑，使工鐫刻，立於大學門外。於是後儒晚學，咸取正焉。其觀視及摹寫者，車乘日千餘兩，填塞街陌。其譔集漢事，未見録㠯繼。後史適作《靈紀》及《十意》，又補諸列傳四十二篇。因李傕之亂，湮没多不存。所著詩賦、碑誄、銘讚、連珠、箴弔、論議、獨斷、勸學、釋誨、敍樂、女訓、篆勢、祝文、章表、書記，凡百四篇行於世。

又　葛氏洪《要用字苑》。《唐志》：「一卷。」佚。《晉書・葛洪傳》曰：洪，字稚川，丹陽句容人也。以儒學知名，禮辟皆不就。以平賊功賜爵關内侯，召補州主簿，轉司徒掾，换遷諮議參軍，自號抱朴子，因以名書。其餘所著碑誄、詩賦百卷，移檄、表章三十卷，神僊、良吏、隱逸集、集異等傳各十卷。顔之推《家訓・書證篇》曰：光景之景，至晉葛洪《字苑》，旁始加彡，音於景反，而世閒輒改。治《尚書》、《周禮》、《莊》、《孟》，從葛洪字，甚爲失矣。又《音辭篇》曰：焉，皆音於愆反。自葛洪《要用字苑》分焉字音訓。若訓何、訓安，當音於愆反；若送句及助詞，當音矣愆反。按：《説文》無「影」字。郭忠恕《佩觿敘》云：形景爲影，本乎稚川，亦本顔氏《攷古》。影字作景，漢隸書猶不誤，如《老子銘》「舍景匿形」，《唐公房碑》「轉景即至」皆不加彡，惟俗本《淮南子》高誘注：景，古影字。説者遂謂誤非《字苑》始，不知《淮南子》注景，古影字，乃後人校書妄增，決非高注。觀《一切經・拔陂經音義》引《字苑》云：「景，作影。」則始於稚川無疑。又《一切經音義》引云：容作凹，突作凸，耎作腝，喋作眨之類甚多，可參考也。

又　王氏義《小學篇》。《唐志》作王羲之《小學篇》。《隋志》：「一卷。」佚。《隋書・經籍志》曰：「晉下邳内史王義譔。」顔之推《家訓・書證篇》曰：《太公六韜》有天陳、地陳、人陳、雲鳥之陳。《論語》曰：衛靈公問陳於孔子。《左傳》爲魚麗之陳，俗本多作「阜傍車乘」之車。《蒼雅》及近世字書皆無，惟王義《小學章》獨阜傍作車，縱復俗行，不宜追改《六韜》、《論語》、《左傳》也。按：王義，《唐志》作王羲之，誤也。考《晉書・王羲之傳》載：羲之爲右軍將軍、會稽内史。此云晉下邳内史，知其爲別是一人，非王羲之矣。《顔氏家訓》所謂王義《小學章》者，即《小學篇》，而郭忠恕《佩觿敘》云：「軍陳」爲「陣」始於逸少。竟作王羲之，則承誤已久。蓋羲之工書，遂以《小學篇》屬之。又，《一切經音義》引《小學篇》云：篦，刷也。

葳，作攡同。大抵皆俗字，正與「陳作陣」相合。

又　陸氏暐《悟蒙章》。見《魏書》，佚。《北史・陸俟傳》曰：俟，代人也。有子十二人，長子馛多智，有父風。馛有六子，琇、凱知名。凱長子暐，字道暉，與弟恭之並有時譽。暐位尚書右户三公郎，坐事免。後除伏波將軍，卒贈冠軍恒州刺史。暐擬《急就篇》爲《悟蒙章》及《七誘十醉章》、表數十篇。

又　何氏承天《纂文》。《七録》：「三卷。」佚。《宋書・何承天傳》曰：承天，東海郯人也。五歲失父。母，徐氏廣之姊也，聰明博學，故承天幼漸訓義，儒史百家，莫不該覽。爲參軍，出補宛陵令，轉西中郎中軍參軍，錢唐令，召爲尚書祠部郎，與傅亮共譔朝儀。補南臺治書侍御史，補尚書殿中郎，兼左丞。出爲衡陽内史，爲州司所糾，繫獄，值赦免，除箸作佐郎。譔國史，領國子博士，遷廷尉，免官，卒於家。先是，《禮論》有八百卷，承天删減合并，以類相從，爲三百卷，并前傳襍論，纂文論，並傳於世。又考定《元嘉麻》。按：《南史・劉杳傳》引《纂文》，張仲師長頸王二事。又《文選注》引《云書縑》曰：素霈雲，若大波。他若《初學記》、《一切經音義》所引甚多。

又卷一四　李氏鉉《字辨》。見《北齊書》，佚。《北齊書・儒林傳》曰：李鉉，字寶鼎，渤海南皮人也。九歲入學，書《急就篇》，月餘便通。家素貧苦，常春夏務農，冬乃入學。年十六，從浮陽李周仁受《毛詩》、《尚書》，章武劉子猛受《禮記》，常山房虬受《周官》、《儀禮》，漁陽鮮于靈馥受《左氏春秋》。鉉以鄉里無可師者，遂與州里楊元懿、河間宗惠振等結侣詣大儒徐遵明受業。居徐門下五年，常稱高弟。二十三便自潛居，討論是非，譔定《孝經》、《論語》、《毛詩》、三《禮》義疏，及《三傳異同》、《周易義例》合三十餘卷。用心精苦，曾三冬不畜枕。每至睡時，假寐而已。年二十七，歸養二親，因教授鄉里，生徒恒至數百。燕趙閒，能言經者，多出其門。年三十六，丁父喪，服闋，以鄉里寡文籍，來遊京師，讀所未見書。州舉秀才，除太學博士。武定中，李同軌卒後，高祖令世宗在京妙簡碩學，以教諸子。世宗以鉉應旨，徵詣晉陽。時中山石曜、北平陽絢、北海王晞、清河崔瞻、廣平宋欽道及工書人韓毅同在東館，師友諸王。鉉以去聖久遠，文字多有乖謬，感孔子「必也正名」之言，乃喟然有刊正之義。於講授之暇，遂覽《説文》，爰及《倉雅》，删正六藝經注中謬字，名曰《字辨》。天保初，詔鉉與殿中尚書邢邵、中書令魏收等參議禮律，仍監國子博士。時詔北平太守宋景業、西河太守綦母懷文等草定新麻，録尚書平原王高隆之，令鉉與通直常侍房延祐，國子博士刁柔參考得失，尋正國子博士。廢帝之在東宫，顯祖詔鉉以經入授，甚見優禮。數年病卒，特贈廷尉少卿。

又卷四七　凌氏堯甫《大學中庸孝經諸書集解音釋》，見《戴表元集》。佚。戴表元《序》曰：「儒者之説，其精者爲道德，而麤者爲禮樂刑政。當三代以前，雖世治有斷續，而二説未嘗一日廢於天下，書之所存者略也。周之既衰，禮樂刑政書壞，道德茫然無所附麗。夫子不得已，始與其徒共詳之於書。書詳而後世之託言者始襍然。自其徒相繼皆没之後，千有餘年，往往常有窮經學古之彦，不以世故動心，怡然自守師説於山林艸澤間。宜舉一世不好之而不變，聲薰氣染之久，而亦或爲人所采拾。道德之緒餘，禮樂刑政之髣髴，因之而不墜者什五。至於近代，濂洛之派興，於襍書之中定箸其書。通於夫子者曰子曾氏、子思氏、子孟氏而上，三氏之書存者曰《孝經》、《中庸》、《大學》、《孟子》。若《論語》，又孔門之高第共爲之，尤精者也。爲之披微文，抉沈辭，使尋原者不迷其津，趨途者不昧其岐，有功哉。濂洛之徒皆没，説者又襍。考亭先生出，又取濂洛之已詳者，與其徒皆明之。故《孝經》有刊誤，《論語》、《孟子》有集注，《大學》、《中庸》有章句，以迨《太極》、《西銘》、《通書》之類，凡殘編斷簡之關於義理者，舉有訓解。其徒之書，予之資雖鈍，猶得而窺之，其徒之人，爲余之先，猶得而知之。顧歲月推移，風氣變化，資品之尤鈍於予者，則不及預此矣。予白首東來，乃始獲聞番陽有雙峯饒君者，嘗學於考亭之門人，而於考亭之書，鑽研探索，纂述彙敘，其意猶考亭之於濂洛也。久之，是州之儒者凌君堯輔與予遊，予又見其《箋詁》、《疏釋》、《問答》、《圖辨》，而知其遊饒君之門，而於饒君之書，又如饒君之於考亭也。嗚呼！兹非予所謂窮理學古之彦，不以世故動心，而怡然自守師説於山林艸澤間者也。堯輔歸而於是書也，益宏其入，謹其出，且及於伏生、申公之年，其有欲聞道德禮樂刑政之説者，不以屬君之徒而誰耶？

又卷四九　董氏衡《唐書釋音》。《通志》：「二十五卷。」佚。《通志・藝文略》曰：「《唐書釋音》二十五卷，董氏譔。」《玉海》引《國史志》曰：「崇寧五年，董衝爲《釋音》二十五卷。」王觀國《學林》曰：「《唐書釋音》，饒州老儒董衝所進，頗爲詳悉。然『圜』字當作户關切，乃作胡綰切；『綰』字當作烏板切，乃作烏管切；『苹』字當作蒲兵切，乃作蒲萌切；『愎』字，當作符逼切，乃作蒲北切。『丱』字音慣，而乃音貫；『莜』字，音翹，而乃音蕭。」《劉文静傳》曰：「奮襼大呼，從衣，所謂袂也。」而衡注曰：「木相摩蓋。」《廣韻》曰：「欕，木枝相摩也。」衡誤以「襼」爲「欕」矣。《蕭復傳》曰：「今阽千危。『阽』，音鹽，臨危之義也。」衡誤音阽，爲都念切。又注

曰：「下也。」如此類甚多，蓋討論之失也。吴曾《能改齋漫録》曰：「《春秋左氏傳》：伍奢子員。陸德明《釋文》：音云，平聲，然唐員半千，十世祖凝之，本彭城劉氏，仕宋，後奔元魏，以忠烈自比伍員，因改姓員。」《唐書音釋》乃音王問切，何耶？《董苹音訓》曰：「唐人讀半千姓皆作運，未詳何據。」按：《前涼録》已有金城員敞，此姓似不始於凝之。予按：唐張嘉貞薦苗延嗣、吕太一、員嘉靖、崔訓，皆位清要，日與議政事，故當時語曰：「今君四俊，苗吕崔員。」然則以員爲運，其誤久矣。予又按：《芸閣姓苑》云：「員氏南陽，其先與楚同族，帝顓頊之後。楚令尹子文，鬭伯比之子，育於鄖公辛，辛生鬭懷，員蓋辛之後也。平王時，敖爲大夫。」觀此，則員得姓又不始於敞矣。鄖音云，則員不當音運。又曰：「《大唐新語》曰：漁具總曰筌箵，漁服總曰袯衫。」《唐書・元結傳》載：「自釋語曰能帶筌箵，全獨而保生，能學聱齖，保宗而全家聱也。如此漫乎？非耶。語皆協韻。故箵音平聲，與生相協。今《唐書音釋》乃作蔽挺切，誤矣。故子美《松江觀漁詩》云：「嗚榔莫觸蛟龍睡，舉網時聞魚鼈腥。我實宦遊無况者，擬來隨爾帶筌箵。」皆□□聲，今《韻略》不收此字。錢大昕《跋》曰：「芃、艽、芄三文，俱見《毛詩》而形聲各别。『芃芃其麥』从凡，『至于艽野』从九，『芄蘭之詩』从丸。陸德明之音俱在，不相混也。唐時有河陽節度使李芃，董氏《釋音》符中切，而胡三省《通鑑注音》居包翻。如用胡音當从九，不从凡矣。今《新舊書》、《通鑑》皆作芃矣。古人名字恒相應，芃字茂初，則符中之音爲是。梅澗於小學未甚究心。如徐州之峒峿鎮，古書本作司吾，後人增加山旁，刊本譌峒爲峒，遂讀爲崆峒之峒，失其義矣。」按：此書不見晁、陳二家箸録，而《文淵閣書目》及《菉竹堂書目》俱有《唐書音釋》一册，當即此書。但止一册則已，不全。吴曾所論作《音釋》，又非《竇苹音訓》。攷其時别無音□之書，當即此書。

又卷五〇　無名氏《離騷釋文》。《直齋書録解題》一卷。佚。陳振孫《書録解題》曰：「古本，無名氏，洪氏得之吴郡林虙德祖，其篇次不與今本同。今本首《騷經》，次《九歌》、《天問》、《九章》、《遠遊》、《卜居》、《漁父》、《九辨》、《招魂》、《大招》、《惜誓》、《招隱》、《九諫》、《哀時命》、《九懷》、《九歎》、《九思》。《釋文》亦首《騷經》，次《九辨》，而後《九歌》、《天問》、《九章》、《遠遊》、《卜居》、《漁父》、《招隱士》、《招魂》、《九懷》、《九諫》、《九歎》、《哀時命》、《惜誓》、《大招》、《九招》、《九思》。洪氏按：王逸《九章注》云：「皆解於《九辨》中。」則《釋文》篇第蓋舊本也。後人始以作者先後次序之耳。朱侍講按：天聖十年陳説之序，以爲舊本篇第混并，乃考其人之先後，重定其篇第。然則今本，説之所定也。余按：《楚辭》劉向所集，王逸所注，而《九歎》、《九思》亦列其中，蓋後人所益也歟？

章宗源《隋經籍志考證》卷一　《史記章隱》五卷。不著録。司馬貞《索隱後序》曰，後漢有《延篤音義》一卷，又别有《章隱》五卷，不記作者何人，近代鮮有二家之本。愚按《裴駰集解》引有《史記音隱》，「章」乃「音」字之訛，小司馬未見二書，自是亡於隋代，非隋志之闕著也。

又　《漢後書》十七卷。本九十七卷，今殘缺。晉少府卿華嶠撰。《晉書・華嶠傳》：初，嶠以《漢紀》煩穢，有改作之志，會爲臺郎，徧觀祕籍，遂就其緒，起於光武終於孝獻，一百十五年，爲《帝紀》十二卷，《皇后紀》二卷，《十典》九卷，《傳》七十卷，及《三譜》、《序》、《傳》、《目録》凡九十七卷。嶠以皇后配天作合，前史作《外戚傳》以繼末編，非其義也，故易爲《皇后紀》，以次《帝紀》，文改《志》爲《典》以有《堯典》故也，而改名《漢後書》。隋、唐《志》作《後漢書》刊，訛。奏之，嶠所撰《十典》未成而終，何劭奏嶠中子徹，使踵成之，未竟而卒，繆播又奏嶠少子暢爲佐著作郎，克成《十典》。《史通・書志篇》：華嶠曰典。永嘉喪亂，經籍遺没，嶠書存者五十原注一作三十。餘卷。魏收上。《後魏書・十志啓》曰：「叔駿嶠字。删緝後，劉紹統司馬彪字。削撰《季漢十志》實範遷固，表蓋闕焉。《史通・内篇》曰：「班固、華嶠，子長之流也。」又曰：「創紀、傳者五家，推其所長，華氏居最。」又《外篇》曰：「嶠删《東觀記》爲《漢後書》。」愚按蔚宗撰史，實本華嶠故，亦易外戚爲后紀。而《肅宗紀論》、《二十八將論》、《桓、譚、馮、衍傳論》、《袁安傳論》、《劉趙、淯于、江、劉、周、趙傳序》《史通・序例篇》曰：「華嶠《後漢》多同班氏，如《劉平、江革等傳》，其序先言孝道，次述毛義養親，此則前漢《王貢傳》體，其篇以四皓爲始也。嶠言辭簡質，敘致温雅，味其宗旨，亦孟堅之亞歟。《班彪傳論》《通鑑》亦引之。章懷並注爲華嶠之辭。《王允傳論》、章懷漏注，以《魏志・董卓傳注》參校，知亦嶠辭。若《袁安傳》言湯長子成早卒，嶠書作長子平，平弟成。見《魏志・袁紹傳》注。此可考范史之異。至《魏志・華歆傳》注，《世説》德行篇、方正篇注並引嶠《譜敘》，《史通・外篇》省稱曰：「譜」其言皆華氏事。《世説注》引《孫策略》有揚州盛兵狥豫章，官屬請出郊迎，華歆不聽一事。《通鑑考異》謂其所説不近人情。蓋即班馬自敘之例。《唐志》三十一卷。

又　《魏略》三十八卷。魏京兆魚豢撰，不著録。見《舊唐志》正史類。《新唐志》五十八卷，入雜史類。《史通・題目篇》曰：「魚豢、姚察「察」宜作「最」。著《魏》、《梁》二史，巨細畢載，蕪累甚多，而俱牓之以《略》。」《稱謂篇》曰：「魚豢、孫盛等，没吴、蜀號謚，呼權、備姓名。」又《外篇・論古今正史》曰：「魏時京兆魚豢私撰《魏

略》，事止明帝。」愚按，《魏略》有紀、志、列傳，自是正史之體。《文選・景福殿賦注》引《魏略・文紀》曰：「靈龜出於神池。」《初學記・天部》引《五行志》曰：「延康元年，大霖雨五十餘日，魏有天下，乃霽，將受大祚之應也。」《太平御覽・天部》同。裴松之《魏志注》言：《魏略》以秦朗與孔桂俱在《佞倖篇》，《明帝紀注》東里袞見《游説傳》《三少帝紀注》。以董遇、賈洪、邯鄲湻、薛夏、隗禧、蘇林、樂祥等爲《儒宗》，《王肅傳注》其傳有序。以脂習、王脩、龐淯、文聘、成公英、郭憲、單固七人爲《純固傳》，《王脩傳注》。王思、薛悌、郤嘉見《苛吏傳》，《梁習傳注》。以蘇林、吉茂、沐並、時苗四人爲《清介傳》，《劉劭傳注》以孫賓碩祝公道、楊阿若、鮑出等四人在《勇俠傳》。賓碩雖漢人，而豢編之《魏書》，蓋以其人接魏事，義相類故也。《閻温傳注》。《列傳》以賈逵、李孚、楊沛三人爲一卷，《温恢傳注》。以徐福、嚴幹、李義、張既、游楚、梁習、趙儼、裴潛、韓宣、黄朗十人共卷。《趙儼傳注》。陳壽《志》韓宣名都不見，惟《魏略》有傳。《同上》。《梁書・止足傳》序曰：「魚豢《魏略・知足傳》，方田、徐於管、胡，則其道本異。」《世説・文學篇注》引：「天竺城中有臨兒國。」《通典・邊防門》注：「西夜並屬疎勒」，二事皆題《魏略・西戎傳》。《魏志・東夷傳注》引《魏略・西戎傳》七事。《太平御覽・人事部》引短人國事，《寰宇記》引莎車國事，則皆作《西域傳》。豢之《論贊實稱》曰：「議裴注多引其詞，而《西戎傳》議尤可考。」見《史通・雜説篇》注引豢敘遼東公孫之敗，議爲天意數語，是知王隱之稱，本於魚豢。

又《魏書》四十八卷。晉司空王沈撰。《晉書・王沈傳》：沈與荀顗、阮籍共撰《魏書》，多爲時諱，未若陳壽之實録也。《史通・曲筆篇》曰：「王沈《魏録》濫述貶甄之銘。」《書事篇》曰：「若王沈、孫盛之伍，論王業則黨悖逆而誣忠義，敘國家則抑正順而褒篡奪，述風俗則矜夷狄而陋華夏。」又《外篇》曰：「魏史，黄初、太和中始命衞顗、繆襲草創《紀》、《傳》，又命韋誕、應璩、王沈、阮籍、孫該、傳元等復共撰定，其後王沈獨就其業勒成四十卷。」《宋書・五行志》曰：「王沈《魏書》、《志》篇闕，凡厥《災異》，但編《帝紀》而已。」《律志》曰：「自楊偉改創，景初而《魏書》闕《志》。」愚按《水經・渠水、遼水、淮水注》並引《魏書・國志》。《潁水注》「宣王軍次邱頭，王凌面縛水次，故號武邱」一事，復題《魏書・郡國志》，疑《沈書》固有《志》篇，特闕《五行》、《律歷》也，裴松之《魏志・武紀注》所引多述操令，若庚申、庚戌、丙戌、丁亥令，皆以日紀。又有《褒賞令》載《祀橋玄文》，裴注不言《魏書》，以類推之當亦是耳。《鄧克王傳注》譏其容貌姿美一類，言之而分以爲三。《史通・敘事篇》亦云。《蜀・諸葛傳注》：「臣松之以爲亮在渭濱，魏人躡跡而云嘔血，蓋因亮亡而自誇大也。夫以孔明之略，豈爲仲達嘔血乎。」《魏・后妃傳注》引卞太后二事，又甄后表讓建長秋宮，三公奏文，昭后謚法，郭后立謝表，青龍二年哀策。《太平御覽・皇親部》引卞后、甄后、毛后、郭后各一。

又《晉書》八十六卷。本九十三卷，今殘缺，晉著作郎王隱撰。《王隱傳》：父銓，歷陽令，少好學有述作之志，每私録晉事及功臣行狀，未就而卒。隱博學多聞，受父遺業，西都舊事多所諳究。太興初，召隱爲著作郎，令撰晉史，時虞預私撰《晉書》而生長東南，不知中朝事，數訪於隱，並借隱所著書竊寫之，所聞漸廣，是後疾隱形於顔色，隱竟以謗免，黜歸於家，貧無資用，書遂不就，乃依庾亮於武昌，供其紙筆，書乃得成，詣闕上之。隱雖好著述，而文辭蕪拙不倫，其書次第可觀者，皆其父所撰。文體混漫，義不可解者，隱之作也。《史通・外篇》隱爲《晉書》八十九卷。咸康六年，始詣闕奏上。《史通・論贊篇》曰：「王隱曰議。」《書志篇》曰：「王隱後來加以瑞異。」《稱謂篇》曰：「時采新名，列成篇題，若王晉之十士、寒儁，沈宋之二凶索虜，即其事也。」《浮詞篇》曰：「隱稱諸葛亮挑戰，冀獲曹咎之利，其事相符，言之讜矣。」《曲筆篇》曰：「其有舞詞弄札，飾非文過，若王隱、虞預，毁辱相凌。」《書事篇》曰：「王隱、何法盛之徒，娶訪州閭細事，委巷瑣言，聚而編之，目爲《鬼神傳》録。」《人物篇》曰：「當兩晉殊宅，若何楨、許詢文雅高於揚豫，王隱廣列諸傳，而遺此不編，網漏吞舟。」《史記索隱》曰，《外戚》紀后妃也，后族亦代有封爵故也，《漢書》編之《列傳》之中，王隱則謂之爲《紀》而在《列傳》之首也。愚按：《世説・方正篇注》引王隱、孫盛不與故君相聞，議其體不似史中論贊。《文選・謝修卞忠貞墓啓注》引「徵士翟湯」數語，則不稱議而稱述。《北堂書鈔・設官部》引有《石瑞記》。《書鈔》引此，雖未明稱王隱，而《藝文部補注》引賈逵墓碑生金事，則題王隱。《石瑞記補注》乃明陳禹謨所撰，明人言固多不可信，而此似有所本。當即《史通》所謂「瑞異」，其時張掖元石圖指爲晉受魏祚之祥，故因以題篇。《史通》以王隱瑞異與魏收釋老並言，文取相配，故改石瑞而稱瑞異也。沈約《州郡志》、酈氏《水經注》復引隱書《地道記》，劉昭《續漢郡圖志注》引《晉書・地道記》尤多，然不題名王隱，惟沈酈稱隱名，故專舉之。是知易志爲記，王隱所撰，非何氏所題。《史通・題目篇》曰何氏《中興》易志爲記。《太平御覽・人事部》劉叔龍赤色大脣，少言語，有大志，自縣小吏至雍州刺史一事，題名《寒儁傳》。《文學部》王褒讀詩流涕一事，題名《處士傳》，處士與十士異。《史通》以二凶對言，取數相配，非處士之訛。《藝文類聚・靈異部》王矩至長沙見一人，自稱天上京兆社靈之。《太平廣記》載蘇韶、夏侯愷亡後見鬼事。《御覽・人事部》亦引蘇韶事，而《廣記》似

全篇。自是《鬼神傳》中之詞，其他逸篇徵引衆家《晉史》，以王隱爲最多，《唐志》八十九卷。又按，《北齊書・宋顯傳》顯從祖弟繪，依准裴松之注《國志》體，注王隱及《中興書》，二注皆不見前志著録。

又《晉書》三十六卷。宋臨川内史謝靈運撰。《宋書・謝靈運傳》：「太祖登祚，徵爲秘書監，使整理秘閣書，補足闕文，以晉氏一代竟無一家之史，令靈運撰《晉書》，粗立條貫，書竟不就。」《梁書・止足傳序》曰：「靈運《晉書・止足傳》，凡論晉世文士之避亂者，殆非其人；惟阮思曠遺榮好遁，殆遠辱矣。」《史通・論贊篇》曰：「靈運之虚張高論，玉巵無當，曾何足云。」《唐志》三十五卷，又録一卷。愚按：《文選・蕭揚州薦士表注》引序曰：「上品無寒門，下品無貴族。」干寶《論武帝革命注引禪位表》曰：「夫唐虞内禪，無兵戈之事，故曰『文德』，漢晉外禪，有翦伐之事，故曰『順名』，以名而言，安得不僭稱以爲禪代耶。」《禪位表》未詳其義。《初學記・職官部》引《志》曰：「總掌禁中書記謂之中書。」又云：「漢成帝以後無復中書之職。」又云：「秦有太尉，掌兵，漢仍修之，或置或省，是古司馬之官，掌九伐之職。」又云：「古者重武事、貴射御，取其捷御如僕，各置一人，尚書六人，謂之八座。」又云：「漢官尚書爲中臺，御史爲憲臺，謁者爲外臺，是謂三臺。」杜佑《通典》亦引「三臺」之説。《器物部》「孝武節奢飾，禁絹扇。」《果木部》「元康二年，巴西界竹生花，紫色，結實如麥。」《太平御覽・皇王部》引世祖論，《人事部》引愍懷妃、義不受辱事。

又《晉書》一百一十卷。齊徐州主簿臧榮緒撰。《南齊書・文學傳》：臧榮緒括東西晉爲一書，《紀》、《録》、《志》、《傳》，百一十卷。司徒褚淵啓太祖曰：「榮緒深沈典素，追古著書，撰《晉史》十表，贊論雖無逸才，亦足彌綸一代，庶得補録渠閣，採異甄善。」《陳書・何之元傳》曰：「榮緒稱史無論斷，猶起居注耳。」《史通・論贊篇》曰：「必擇其善者，臧榮緒亦其次也。」《書志篇》曰：「司馬彪、臧榮緒相承載筆，競志五行。」愚按《太平寰宇記・山南西道》引榮緒《地理志》曰：「漢陰縣屬魏興郡。」《北堂書鈔・刑法部》引榮緒《刑德志》曰：「刑以正刑。」此其志篇之可見者。又按今《晉書・李重傳》稱「重議官階」，見《百官志》。《司馬彪傳》稱「彪議南郊」，見《郊祀志》。《張亢傳》「亢述歷贊」，見《律歷志》。《摯虞傳》「表論封禪」，見《禮志》，議玉輅兩社，見《輿服志》。依檢志内俱無其文。錢宮詹《晉書考異》嘗辨之。然據《唐會要》言「貞觀修《晉書》，以臧榮緒爲本」，則《百官》《郊祀》諸志當是臧氏之志也。《書鈔・設官部》引「熙寧二年省司農職，孝武寧康復置」，乃《百官志》語。《文選・籍田賦注》引：「大駕鹵簿，有大輦。」又鹵簿曰「青立車、青安車」。《北山移文注》「騶六人」。《太平御覽・皇親部》「帝之姑、姊、妹，皆爲長公主，加緑綬」，乃《輿服志》語。《初學記・歲時部》「熊遠議履端元日」。《御覽・時序部》元會設白虎樽事乃《禮志》語。紀傳之體，其詞易見，惟録體未詳。《唐志》卷同。

又《宋書》六十五卷。宋中散大夫徐爰撰。《徐爰傳》：「先是，元嘉中，使何承天草創國史，世祖初，又詔山謙之、蘇寶生踵成之。六年，又以爰領著作郎，使終其業。爰雖因前作而專爲一家之書，上表曰：『皇宋剿定鯨鯢，天人伫屬而恭服，勤於三分，讓德邁於不嗣。宜依銜書，改文登舟，變號起元，義熙爲王業之始，戰序宣力爲功臣之斷，其僞元篡竊同於新莽，雖靈武克殄，自詳之《晉録》，及犯命干紀，受戮霸朝，雖揖禪讓之前，皆著之《宋策典》。請外詳議。伏須遵承。』」表語《南史》不載。於是江夏王義恭等三十五人同爰議，宜以義熙元年爲斷，王休若、檀道鸞二人，謂宜以元興二年爲始，虞龢謂宜以開國爲宋公元年。詔曰：「項籍、聖公編録二漢前史，已有成例，《桓玄傳》宜在《宋典》，餘如爰議。」沈約《自敘》曰：何承天始撰《宋書》，草立紀傳，止於武帝功臣，其所撰志，惟《天文》、《律歷》，自此外，悉委山謙之，謙之病亡，蘇寶生續造諸傳，元嘉名臣，皆其所撰。大明中，徐爰因何、蘇所述，勒爲一史，起自義熙初，訖大明末。至於臧質、魯爽、王僧達諸傳，又皆孝武所造。自永光以來，至於禪讓，十餘年内，缺而不續。且事屬當時，多非實録，又立傳之方，取捨乖衷，垂之方來，難以取信。《唐志》四十二卷。愚按：《開元占經》引爰《書》元嘉十三年，詔太史令錢樂之鑄渾天銅儀，十七年又被勅作小渾天一事，今見沈約《天文志》，而《州郡志》所稱何《志》、徐《志》甚多。《律歷志》序曰：《天文》、《五行》徐志肇義熙之元。《南齊書・百官志》引何、徐《宋志》「州牧督軍，起於魏武」語。《太平御覽・服章部》引《志》曰：「武弁世謂之龍冠也。」《偏霸部》載宋武帝始末似屬《武紀》全篇，少帝則僅節引數十語。《人事部》武帝登祚，加顔延之金章、紫綬。《初學記・人事部》。劉元景少便弓馬，夙以勇稱。《治道部》申恬拜殿中將軍，禁省八載不休。《藝文類聚・帝王部》、《符命部》並引武帝符瑞，生有神光。《北堂書鈔・帝王部》引「一世之雄」句。

又卷二《魏氏春秋》二十卷。孫盛撰。《晉書・孫盛傳》：「盛著《魏氏春秋》。」《史通・題目篇》曰：「孫盛有《魏氏春秋》，孔衍有《漢魏尚書》，陳壽、王劭曰《志》，何之元、劉璠曰《典》，此又好奇厭俗，習舊捐新，雖得稽古之宜，未達從時之義。」《摸擬篇》曰：「孫盛魏、晉二《陽秋》，每書年首，必云某年春帝正月，夫年既編

帝紀，而月又編帝名，以此擬《春秋》，所謂貌同心異也。」《魏志·武紀注》引：劉備人傑也，將生憂寡人。臣松之以爲孫盛著書多，用左氏以易舊文。後之學者將何取信，且魏武方以天下勵志，而用夫差分死之言，尤非其類。又《臧洪傳注》臣松之案：酸棗之盟，止有劉岱等五人而已。《魏氏春秋》横内劉表等數人，皆非事實。《陳泰傳注》臣松之案：孫盛言諸所改易，非别有異聞，自以意製，多不如舊。凡紀言之體，當使若出其口。辭勝而違實，固君子所不取，況復不勝而徒長虚妄哉？愚按：《袁紹傳注》引紹檄州郡文，與《文選》、《後漢書》所載詞句互有不同。《宋書·禮志》載景初元年，有司奏以明帝爲烈祖，論《通鑑》亦取之。《太平御覽·皇親部》「明帝天姿秀出，立髮委地」數語，乃《明帝紀》論。《唐志》，作《魏武春秋》，「武」字誤。

又 《漢晉陽秋》四十七卷。訖愍帝，晉滎陽太守習鑿齒撰。《晉書·習鑿齒傳》：「是時，桓温覬覦非望，鑿齒著《漢晉春秋》以裁正之。起漢光武，終晉愍帝。於三國之時，蜀以宗室爲正，魏武雖受漢禪晉，尚爲篡逆，至文帝平蜀，乃爲漢亡而晉始興焉。引世祖諱炎興而爲禪受，明天心不可以智力强也。凡五十四卷。」《唐志》卷同《晉書》《世説·文學篇》曰，鑿齒史才不常，爲衡陽郡，於病中作《漢晉春秋》，品評卓逸。注引檀道鸞《續晉陽秋》曰，鑿齒著《漢晉春秋》，斥桓温覬覦之心也。《史通·論贊篇》曰：「孫安國都無足採，習鑿齒時有可觀。」《稱謂篇》曰：「習談漢主，則謂昭烈爲玄德。」原注云，習氏編目敘事，皆謂蜀先主爲昭烈皇帝，至於論中語則呼爲玄德。《直書篇》曰：「當宣景開基，曹馬搆紛，或列營渭曲見屈武侯，或發仗雲臺取傷成濟，陳壽、王隱咸杜口而無言，陸機、虞預各栖毫而靡述，至鑿齒乃申以死葛走達之説，抽戈犯蹕之言，歷代厚誣，一朝始雪，考斯人之書事，蓋古之遺直歟。」《探賾篇》曰：「鑿齒以魏爲僞國者，蓋定邪正之途，明順逆之理耳。而檀道鸞稱其當桓氏執政，故撰此書，欲以絶彼瞻烏防兹逐鹿。歷觀古之學士爲文諷上，若豪士作賦，女史獻箴，斯皆短篇小什可率爾而就。安有變三國之體統，改五行之正朔，勒成一史，傳諸千載，而藉以權濟物議，取誡當時，求之人情，理不當爾。」愚按《魏志·三少帝紀注》引成濟犯蹕事，臣松之以爲鑿齒書雖最後出然述此事頗有次第。惟高貴鄉公之葬，松之以爲若但下車數乘，何以爲王禮葬乎？斯蓋惡之過言，不如是之甚者。《蜀志·諸葛亮傳注》引亮圍祁山，司馬畏蜀如虎。《太平御覽·兵部》同引之。亮據武丈原，至數挑戰，賊不復出，與「死諸葛走生仲達」。《御覽·人事部》亦引之。皆鑿齒直筆。《先主傳注》云，先主雖顛沛險難，信義愈明。《二主妃子傳注》云先主無權事之逼，而引前失以爲譬。先主從之，過矣。二事皆鑿齒論，並稱先主。而《通鑑》引顛沛險難數語，則稱元德。《魏劉表傳注》太祖征柳城，劉備説表襲許。《通鑑·建安十三年》「劉備屯樊」，是其敘事亦稱備名。《劉璋傳注》曹操暫自矜伐，天下三分，君子知曹操之不能遂兼天下。《藝文類聚·祥瑞部》青龍三年，曹叡崇華殿災。《太平御覽·兵部》曹芳謁曹叡墓於大石山，皆稱名。至曹髦見威權日去，自討司馬昭。《世説·方正篇》、《賢媛篇》注所引稱名《魏志注》語同，而於髦稱帝，於昭稱文王，此昔人徵引互有改易，不盡鑿齒原本。《御覽·人事部》引有削周魯通諸葛論，《通鑑》未取。《春秋》又作《陽秋》晉避簡文太后諱也。

又 《晉陽秋》三十二卷。訖哀帝，孫盛撰。《晉書·孫盛傳》：「盛字安國，著《晉陽秋》，詞直而理正，咸稱良史。既而桓温見之，怒謂盛子曰：『枋頭誠爲失利，何至乃如尊君所説，若此書遂行，自是關君門户事。』其子請删改之，盛大怒。諸子遂私改之，盛寫兩定本寄於慕容儁。太元中孝武帝博求異聞，始於遼東得之，以相考校，多有不同，書遂兩存。」錢宫詹《考異》曰，枋頭之役在慕容暐時，儁已先死久矣。《文心雕龍·才略篇》曰：「孫盛、干寶，文盛爲史準的，所擬志乎典訓，户牖雖異，而筆彩略同。」《史通·採撰篇》曰：「安國之述《陽秋》，梁益舊事，訪諸故老。夫以芻蕘鄙説，列爲竹帛正言，而欲與五經、方駕、三志競爽，斯亦難矣。」《直書篇》曰：「孫盛不平，竊撰遼東之本。」愚按，《蜀志·譙周傳》注引桓温平蜀薦譙秀表與《文選》同。《吴志·孫皓傳注》：王濬收其圖籍、户口、米穀二百八十萬斛、舟船五千餘艘，今《晉書》闕載米穀、舟船。《世説·方正篇注》：諸葛亮遺高祖巾幗，欲以激怒，冀獲曹咎之利。《史通·浮詞篇》止稱王隱讜言，而不及孫盛，自是所考未精。《水經·河水注》：杜預造河橋於富平津，《元和郡縣志》亦引之。《通典·禮門》：傅元議正朔服色依前代、庾純奏父老不歸養，二事並取《晉陽秋》論。《太平御覽·皇王部》：懷帝天姿清邵，少有聲名，乃懷帝論；明帝初在東宫，敬禮賢士，乃明帝論；今《晉書》惟取懷帝論。又《元石圖》有牛繼馬後，恭妃通小吏牛金而生元帝，孫盛先有此言，《史通》獨譏沈約，誤也。《唐志》：二十二卷。《文選·求爲諸孫置守冢表注》引謝詢、張悛事，題《晉陽春秋》，「春」字誤增。《初學記·職官部》引《中興書》稱盛著《三國陽秋》，「三國」二字未詳。

又卷四 《燕書》二十卷。記慕容儁事。僞燕尚書范亨撰。《史通外篇》曰：前燕有起居注。杜輔全録以爲燕紀，後燕建興元年，董統受詔，草創後書，著本紀並佐命功臣王公列傳合三十卷。慕容垂稱其敘事富贍，足成一家之言，但褒述過美，有

慙董史之直。其後，申秀、范亨各取前後二燕，合成一史。《水經·河水注》引《燕書》：太子寶自河西還，師參合三軍奔潰。《濁漳水注》：王猛與慕容評相遇於潞川，評障固山泉鬻水，軍入絹匹水一石。《瀔水注》建興十年，慕容垂自河西還，築燕昌城。共三事。《通鑑考異》所引《燕書》有武宣記，文明記、征虜仁傳、慕容翰傳。《太平御覽·天部》所引有烈祖後記。此其分篇之可見者。其不題紀傳者不取。又《御覽·人事部》云：「烈祖崩，晉人喜曰：中原可圖矣。桓温曰：慕容恪尚在，其憂方重耳？」《史通》稱：三十國春秋載此言，不知《燕書》同載之。《唐志》《宋志》皆二十卷，舊《唐志》入編年類，誤。

又 《秦書》三卷。秦馮翊車頻撰。不著録。《史通外篇》曰：前秦史官，初有趙淵、車敬、梁熙、韋譚，相繼著述，苻堅嘗取而觀之，見苟太后幸孝威事，怒而焚之，滅其本，後著作郎董誼追録舊語，十不一存。及宋武帝大關，曾訪秦國事，又命梁州刺史吉翰訪諸仇池，並無所獲。先是，秦祕書郎趙整參撰國史，值秦滅隱於商洛山，著書不輟，有馮翊車頻助其經費，整卒，翰乃啓頻，纂成其書。以元嘉九年起至二十八年方罷，定爲三卷，而年月失次，首尾不倫。《世説·識鑒篇》注引：苻堅本姓蒲，祖父洪詐稱讖文改曰苻。與裴景仁《秦記》同，而增詐稱書法。苻堅背赤色，隱起若篆文。《御覽·人事部》亦引之。堅六歲戲於路，司隸徐正見而異焉。《御覽·人事部》作徐統。《賞譽篇》注：釋道安爲慕容晉所掠，竺法汰渡江至揚土。《水經·渭水注》苻堅建元十四年，高陸縣民穿井得龜，大二尺六寸。《濟水注》苻堅時，沙門築僧朗從隱士張巨和遊。《北堂書鈔武功部》苻登刻兜鍪，作死休字，示士必死爲度，故戰所向無前。又苻萇圍襄陽作飛雲車，攻城克之。二事《御覽·兵部》引同。苻堅立有黃雲五色，廻繞臺觀，時以爲景雲。《御覽·天部》曰：時以爲瑞，賜民酺五日。《初學記·武功部》苻堅使熊邈造金銀細縷鎧，金爲綖以縲之。《藝文類聚·山部》慕容評拒王猛，恒賣水與軍人，衆思爲亂，猛因敗之。《人部》苻堅時，民歌曰：長安大街，兩邊種槐。《開元占經》載苻生壽光三年，苻堅建元八年、九年星變，並引車類《秦書》。頻或作潁。《太平御覽》引十九事。

又 《燉煌實録》十卷。劉景撰。《宋書·大且渠傳》：元嘉十四年，茂虔表獻《燉煌實録》十卷。《後魏書·劉昞傳》：昞著《燉煌實録》二十卷。《史通·論贊篇》曰：「劉昞曰奏。」《雜述篇》曰：「郡書如常璩之詳審，劉昞之該博，能傳不朽，見美來裔。」又《外篇》曰：「燉煌僻處西域，求諸人物，自古闕載，既而劉昞裁書，則磊落英才，粲然盈矚。」《續漢五行志》注：「張衡對策曰：水者五行之首，滯而逆流者，君恩不下逮，而教逆也。」又嘉平元年，蛇長六尺，夜於御前當軒而坐。《白帖》卷三十一，有盜發王禁冢，見禁與人樗蒲，賜盜者飲。《太平寰宇記》涼州牧李暠微服出城，逢一虎在道邊，遥呼暠爲西涼君。《太平御覽·兵部》宋質直破虜有威名，兒啼，恐之即止。《人事部》汜洊博學，善屬文，弱冠屢陳損益。又董巽有才，太守京兆諒舉巽功曹，諒卒，巽送喪遇寇，叩頭救請。又索苞征伐克敵，勇冠三軍。《宗親部》汜固推家財，百萬與寡弟婦，二百萬與兄子。《樂部》索承宗伯夷成善鼓瑟悲歌，時人號曰：雍門周。《資産部》張存善針，存有奴好逃亡，存宿行針縮奴脚，欲使則針解之。《羽族部》侯瑾字子瑜，解鳥語。《太平廣記·夢類》載張駿夢一人，鬢眉皓白，自稱子瑜，索充夢一虜，脱上衣來詣充。宋桶夢一人著衣，桶一手把兩杖極打之。共引《燉煌實録》十六事，《唐志》二十卷，舊《唐志》入雜傳類。

又卷五 《晉起居注》三百一十七卷，宋北徐州主簿劉道會撰，梁有三百二十二卷。《唐志》道會作道薈，三百二十卷。愚按：昔人徵引《晉代起居注》，其不著年號，而統稱晉者，逸篇最多，證以隋、唐《志》所載，蓋原本卷數至三百餘卷，宜徵引之多也，《北堂書鈔》、《太平御覽》尤多引之。其書自武帝至安帝，總記兩晉，當是合諸家而成一書。如大醫司馬上雉頭裘事，《白帖》卷十一。與《咸寧起居注》同。荀勗嬴毀賜乳酪事，《白帖》卷十六。王冲爲治書御史，《書鈔·設官部》。桓石綏啓校定四部書，《書鈔》同上。與《太康起居注》同。正旦饗萬國有鶡鳥五集殿，《御覽·時序部》。寧州上言甘露降，《藝文類聚·菓部》與《咸和起居注》同。相國表獲張衡渾儀、土圭，歸之天府，《書鈔·儀飾部》。與《義熙起居注》同。若泰始元年太常諸葛緒、博士祭酒劉熹議郊祀，《御覽·宗親部》。《晉書·禮志》闕載；泰始三年拜崇陽園妾李琰爲修華、王宣爲修容、徐琰爲修儀、吴淑爲婕好、趙琰爲充華，《御覽·皇親部》。《晉書·后妃傳》闕載。太康元年以廬陵縣都尉之陽都縣來入，《太平寰宇記·江南西道》。《晉書·地理志》不載；咸和元年，詔曰：作瑯邪王大車斧六十枚、侍臣劍八枚、將軍手擊四枚，《御覽·兵部》。《晉書·諸王傳》不載；咸和八年，有司奏庭燎舊在端門内，依舊門内施，《藝文類聚·火部》、《御覽·火部》。《晉書·成帝紀》及《禮志》俱不載；永和中，廷尉王彪之與揚州刺史殷浩書，論元日合朔不可廢，《御覽·時序部》。較《晉書·禮志》爲詳；殿中將軍孝武太元中募選名家以參顧問，始用瑯邪王茂之奏也，《書鈔·設官部》。《晉書·職官志》無殿中將軍，《孝武紀》亦不載；廷尉監陸鸞上表求增築訊堂，圖先賢像，詔許之，《通典·職官門注》、《御覽·職官部》。《晉書·刑法志》不載。至於命官、詔詞、房喬史例多從删削，而荀顗爲司徒、曹志

闡宏冑子《書鈔・設官部》。鄭袤爲司空，皇甫謐爲中庶子，《御覽・職官部》。本傳所載詔詞當即資於此書。惟泰始八年詔曰：「議郎山濤，志爲簡静，凌虛篤素，立身行己，足以勵俗，其以濤爲吏部尚書。」《書鈔・設官部》。《晉書》濤傳與此詔不同。《元和姓纂》有尚書令浦選，此人名《晉書》未見。

又《宋元嘉起居注》五十五卷。梁六十卷。《文苑英華・裴子野宋略總論》曰：「曾祖宋中大夫西鄉侯，以文帝之十二年受詔撰《元嘉起居注》。」《初學記・職官部》：「尚書左丞袁璠啓：領曹郎中荀萬秋，每設事緣私遊。肆其所之，請免萬秋官。」《武部》：「御史中丞劉楨奏，前廣州刺史韋朗於所部作牛皮鎧六領，請免朗官。」《器物部》：「以日出入定晝夜，今減夜限，日出前，日入後，各二刻半，以益晝。」又劉楨奏，韋朗作銀塗漆屏風二十三牀，緣沈屏風一牀，新白莞席三百二十二領，銅鏡臺一具，請免朗官。《藝文類聚・舟車部》：「有司奏餘姚令何玢之造作平牀一乘，舴艋一艘，精麗過常，請免玢之官。」《内典部》：「師子國遣使奉獻，詔答曰：此小乘經，甚少，彼國所有，皆可悉爲寫送之。」《御覽・四夷部》又云：「間彼鄰多有師子，此獻未覩，可悉致之。」又阿羅單國王遣使云：雪山雪水流注百川，一切衆生咸得受用。《祥瑞部》：元年七月，有白鸖集於齊郡，九月乃去。《北堂書鈔・天部》：旴眙王彭兄弟三人欲葬二親，天旱，穿井無水。彭號天無計，竈前忽然生水。《歲時部》：尚書郎樂詢以爲治歷之官，當覈晷度。《政術部》：王韶之奏彈著作郎王變，御史中丞劉武之奏彈强弩將軍陶文朗。《太平御覽・兵部》載謝靈運自理表。《服章部》：治書侍御史朱興啓彈朝請向騰之。《四夷部》：天竺國、毗迦梨國王遣使上表，阿羅單國王遣使奉獻。並引《宋元嘉起居注》。《人事部》：汝陽太守王道標作木人二枚，高八尺著郡門。有犯事者使拳擊木人，倒者免罪，此題《文帝元嘉起居注》。《服用部》：御史中丞荀伯子奏，左衞將軍何尚之公事每罩笠，有虧體制，此題《宋元嘉十年起居注》。又阿羅單國奉孔雀蓋一具，題《元嘉二十九年起居注》。《書鈔・儀飾部》辨引之，無二十九年字。《唐志》七十一卷。

又卷六《洛陽記》一卷。陸機撰。機《唐志》作璣。《水經・穀水注》：九江直作圓水，水中作圓壇，三破之，夾水得相逕通。《文選・閒居賦注》：洛陽三市：大市、馬市、縣市。《後漢書・光武紀》注：太學在開陽門外，講堂長十丈，廣三丈。《藝文類聚・居處部》：洛陽城周公所制，東西十里，南北十三里。《太平御覽・居處部》：洛陽南宮有承風觀，北宮有曾喜觀，城外有宣陽、千秋、鴻地等觀。《寰宇記・河南道》宫墻西有二銅井。並引陸機《洛陽記》。

又《西征記》。卷亡，裴松之撰，不著録。《魏志・三少帝紀注》：裴松之《西征記》曰：臣松之昔從征西，至洛陽歷觀舊物，見《典論》石在太學者尚存，而廟門外無之。《太平寰宇記・河南道》：老子宫前有雙松柏，左階之柏久枯。此稱裴松之《述征記》。

又《西征記》二卷。戴延之撰。《水經・河水注》多引戴延之《西征記》，其言天津橋東故城謂之逯明壘。《廣韻注》曰：有逯明壘，云是石勒十八騎中人。按：此一作地名，一作人名，同引一書而互異。《史記・高祖紀正義》：函谷道形如函也，其山壁立數仞，谷中容一車。《太平御覽・州郡部》：函谷道形如函也，孫卿子曰秦有松柏之塞是也。亦一事而語異，函道地形如函，姚察《訓纂》語當本此。《後漢書・班固傳》注：端門東有崇賢門，次外有雲龍門。祗稱戴延之《記》。《楊賜傳》注：太極殿西有金商門。稱延之《西征記》。《水經・洛水注》：僵人穴僵尸。稱延之從《劉武王西征記》。他書皆省從劉武王四字。

又《會稽記》。卷亡，孔靈符撰，不著録。《宋書・孔季恭傳》：季恭會稽山陰人，子靈符爲會稽太守。《文選・遊天台山賦注》：赤城山，瀑布冬夏不竭，天台山舊名。五縣之餘地。赤城山上有石橋、石屏風。顔延年《和靈運詩》注：秦望山在州城正南。江文通《雜體詩》注：始寧縣有嶀山，剡縣有嵊山。《後漢書・鄭宏傳》注：若耶溪風呼爲鄭公風。《藝文類聚・山部》：赤城山南有天台靈嶽、玉石瑤臺。又餘姚縣南百里有太平山。又會稽山南有宛委山。又射的山西南水中有白鶴。《太平御覽・地部》：諸暨縣西北有烏帶山，上虞有龍頭山，並引孔靈符《會稽記》。《初學記・地理部》：四明山高峯軼雲，連岫蔽日，稱孔晅《會稽記》。《御覽・地部》：始寧縣壇讌山，剡縣白石山，壐山大夫種墓，諸暨縣羅山、陳音山、銅牛山、赤城山、亭山，永興縣洛思山、城西門怪山。《居處部》：重山南白樓亭，並稱孔晅《會稽記》。愚按：《寰宇記・江南東道》引「射的白斛一百，射的元斛一千」之語，稱孔晅《記》，《御覽・地部》同引之，則稱孔靈符，疑晅乃靈符名而以字行，故《宋書》本傳祇稱靈符也。《藝文類聚・山部》引塗山、土城山、秦望山三事，稱孔皐《會稽記》，皐乃晅字之訛。

又《荆州記》三卷。宋臨川侍郎盛宏之撰。《通典・州郡門》「凡言地理者，在辨區域，徵因草，知要害，察風土。如誕而不經，偏記雜説，何暇偏舉」。注曰：「謂辛氏《三秦記》、常璩《華陽國志》、羅含《湘中記》，盛宏之《荆州記》之類，皆自述鄉國靈怪，人賢物盛，參以他書，則多紕繆，既非通論，不暇取之矣。」愚按：宏之書見引最多，其記靈異如始興機山石室，《藝文類聚・地部》。酈縣菊谿，《類聚・水部》。夷

道勾將山下三泉、同上。新陽縣惠澤中温泉、同上。宜都佷山風穴、《御覽·天部》。佷山石穴陰陽石、同上。湘東雨母山、采陽縣雨瀨、同上。臨賀郡雷磨石、《御覽·地部》。臨賀縣門石人、同上。宮亭湖廟神、同上。又《初學記·地部》同。漁復縣神洲，同上。此類甚衆。《史記·越世家》正義引華容縣西陶朱公冢碑，《文選·登樓賦注》：江陵縣西有陶朱公冢碑。《北堂書鈔·武功部》有河東郡石鼓銘，《藝文類聚·居處部》有穀城門石人腹銘曰「摩兜鞬，慎莫言」，《太平御覽·文部》冠軍縣張唐墓碑背曰「白楸之棺，易朽之裳，銅錢不入瓦器，不藏嗟矣，後人幸勿見傷」，並出宏之《荆州記》。

又 《三秦記》。卷亡，辛氏撰，不著録。《通典·州郡門》注謂辛氏《三秦》之類皆自述鄉國靈怪。今考諸書所引《三秦記》，如驪山始皇祠，不齋戒往即疾風暴雨；《續漢·郡國志》注。陳倉城石鼓山，將有兵，此山則鳴；同上。桃林塞有軍馬經過，好行則休息林下，惡行則決河漫近不得過；《水經·河水注》、《元和郡縣志·河南道》。狗枷堡秦襄公時有天狗來下，有賊狗吠之，一堡無患；《水經·渭水注》、《藝文類聚·獸部》。驪山西北有温水，祭則得入，不祭則爛人肉；同上。又《初學記·地部》云：以三牲祭之乃得入，可以去疾消病。陳倉山有石雞，晨鳴山頭，聲聞三里；《史記·封禪書》正義。河西沙角山，山頭頹，沙則鼓角鳴；《北堂書鈔·武功部》。太白山下，軍行鳴鼓角則疾風暴雨兼至；《御覽·地部》。昆明池釣魚絶綸，夢于武帝，求去其鈎，《藝文類聚·寶玉部》、《御覽·人事部》、《鱗介部》。此類並涉語怪。至如龍門暴鰓點額，《史記·夏本紀》正義。終南又名地肺，陸氏《尚書釋文》。藏鉤因鉤弋夫人法，殷敬順《列子釋文》。詞人承用皆本此書。

又 《國都城記》二卷。《元和郡縣志·河南道》：考城縣西南有戴水，今名戴陂。《太平御覽·州郡部》：周穆王末，楚襲破徐，殺偃王，其子遂北徙彭城，今徐城是也。《寰宇記·河南道》：自復通汴渠已來，舊濟遂絶，今濟陰、定陶城南惟有濟隄及枯河而已，皆無水。並引《國都城記》。又《寰宇記·河南道》：封邱，衛地之延鄉。漢高祖與項籍戰，敗翟母免難之處。又云古城凡七門，東西有三門，最北者名萊門。並稱《魯國都記》，《御覽·州郡部》引延鄉一事祇稱《國都記》，無魯字。皆無撰名。《史記正義》：唐國帝堯之裔子所封。《五帝本紀》。又城中高邱即古之陶邱，《夏本紀》。又周封召公於燕地，在燕山之野，故國取名焉，《周本紀》。並稱徐才宗《國都城記》。稱宗《國都城記》。《晉世家正義》：唐燮父徙居晉水，《孔子世家正義》鉅野有獲麟堆，俱稱宗《國都城記》。《唐志》有顧野王《十國都城記》十卷，周明帝《國都城記》九卷。

又卷七 《帝譜世本》七卷。宋均注，不著録。見《唐志》。《文選·西京賦注》隸首，黄帝史也。《史記·五帝紀》索隱：伏羲、神農、黄帝爲三皇，少昊、高陽、高辛爲五帝。《始皇紀》索隱言如魚之爛，自内而出。《太平御覽·服章部》黄帝作旃冕，通帛爲旃。冕魯昭公作弁，制素弁也，並引宋均《世本注》。

又 《王氏譜》。卷亡，不著録。《魏志·崔林傳注》：王雄，字元伯。《王昶傳注》：昶伯父柔，父澤。《世説·德行篇注》：王導娶曹淑，王獻之娶郄道茂。《言語篇注》：王微祖又父澄；又王羲之子凝之。《文學篇注》王訥之祖彪之，父臨之。《雅量篇注》王逸少妻郄璿。《方正篇注》：王愷娶桓伯，子王坦之娶范蓋。《賞譽篇注》：王訥娶庾三壽，又王羲之是敦從父兄弟又王耆之廙第三子。《品藻篇注》：王穎年二十卒，敞年二十有二卒。又王操之，羲之第六子；王楨之，徽之子。《規箴篇注》：王緒祖延，父乂。《容止篇注》：王翊夷甫弟也。又王訥祖默、父祐。《賢媛篇注》：鍾夫人名琰之，太傅繇孫，司徒夫人，黄門郎鍾琰女。《任誕篇注》：王廞，父薈。《排調篇注》：王混恬子王肅之，羲之第四子。《輕詆篇注》：王彭之祖正、父彬。王彪之，小字虎犢。《汰侈篇注》：王胡之是恬從祖。《後漢書·獻帝紀》注、《劉表傳》注：王璿，晉太保，祥伯父也。並引《王氏譜》。又《世説·排調篇注》引王渾弟倫事。《文選·王文憲集序注》，引郭璞筮王氏事。並稱《王氏家譜》。

又卷八 《七略别録》二十卷。劉向撰。《漢·藝文志》曰：「成帝詔劉向校經、傳、諸子、詩賦，任宏校兵書，尹咸校數術，李柱國校方技。每一書已，向輒條其篇目，撮其指意，録而奏之。本志師古注，引劉向《别録》。《禮記正義》鄭目録自《曲禮》至《喪服四制》，載《别録》，所屬篇目有《通論》、《檀弓》、《禮運》、《玉藻》、《大傳》、《經解》、《孔子》、《閒居》、《中庸》、《表記》、《緇衣》、《儒行》、《大學》。《制度》、《曲禮》、《王制》、《禮器》、《少儀》。《明堂陰陽記》、《月令》、《明堂位》。《喪服》、《曾子問》、《喪服小記》、《雜記》、《服問》、《喪大記》、《三年問》、《喪服四制》。《世子法》、《文王世子》。《祭祀》、《郊特牲》、《祭法》、《祭義》、《祭統》。《子法》、《内則》。《通録》、《學記》。《樂記》、第十九。喪服之禮、《奔喪》。吉禮、《投壺》。吉事。《冠義》、《昏義》、《鄉飲酒義》、《射義》、《燕義》、《聘義》。《儀禮疏》自《冠禮第一》至《少牢下篇第十七》皆引《别録》，次第相同。《詩·大雅疏》師尚父，《尚書疏》武帝末民得《泰誓》，又《堯典》作《虞夏書》；《周禮疏》路寢在北堂之西，社稷宗廟在路寢之西。《左傳疏》左邱明授曾申，及荀卿授張蒼，並稱劉向《别録》。無「七略」二字。《史記集解》、《索隱》、兩漢《注》諸書所引皆無「七略」二字，

唐《志》題同隋《志》。

又《七略》七卷。劉歆撰。《漢志》曰：「劉向卒，哀帝使向子歆卒父業。歆於是總羣書而奏其《七略》，故有《緝略》，師古曰：「緝與集同，謂諸書之總要」。有《六藝略》，有《諸子略》，有《詩賦略》，有《兵書略》，有《術數略》，有《方技略》。」《劉向傳》：河平中，歆受詔與父向領校祕書，講六藝、傳、記、諸子、術數、方技，無所不究。向死，哀帝即位，復領五經，卒父前業，歆乃集六藝羣書，種別爲《七略》。愚按，班固因《七略》而志《藝文》，其與歆異者，特注其出入，《書》入劉向稽疑，《禮》入司馬法，《樂》出淮南劉向等《琴頌》，春秋省太史公，小學入揚雄、杜林，儒入揚雄，雜出兵法，諸子出蹵鞠兵權謀省伊尹、太公、管子、孫卿子、鶡冠子、蘇子、蒯通、陸賈、淮南王，出司馬法入禮，兵技巧省墨子重入蹵鞠。使後人可考。劉氏原本今以諸書所引《七略》，如「《詩》以言情，情者信之符也；《書》以決斷，斷者心之證也。」《初學記·文部》、《御覽·學部》。《漢志》作「詩以正言，義之用也。《春秋》以斷事，信之符也。」《史記集解》《魏公子兵法》二十一篇，圖一卷，《信陵侯傳》。《逢門射法》、《龜策傳》。《風后孤虛》二十卷、同上。與《漢志》合。《史記正義》《管子》十八篇在法家《晏子春秋》七篇在儒家。《管晏傳》。《新語》二卷陸賈撰。《陸賈傳》。考《漢志》法家無《管子》，惟兵家注云省「管子」，儒家《晏子》八篇又削「春秋」二字。《史記論》曰：「余讀《晏子春秋》是知『春秋』二字非漢以後所加。《陸賈》二十三篇不言《新語》，俱異《七略》之舊。《文選注》鄒子有《終始五德》，從所不勝，木德繼之，金德次之，火德次之，土德次之，《魏都賦·應吉甫集·華林園詩注》。乃鄒子終始解題。又《雅琴》，琴之言禁也，雅之言正也，君子守正以自禁也，《長門賦注》。乃《雅琴》趙氏等解題。《太平御覽·職官部》孝宣帝重申不害《君臣篇》，使黄門郎張子喬正其字，乃申子解題。此類，《漢志》皆未取。至如《曲臺記》、《易九師道訓》，馮商、莊忽奇、杜參、史朱宇，師古注皆依《七略》補《漢志》。《文選·竟陵王行狀注》。娟子、《曹子建七啓注》。談天衍、雕龍赫、《宣德皇帝令注》。《鶡冠子》、《辯命論注》盤盂書《新刻漏銘注》。班固本注雖依《七略》，而語多從簡。《唐志》卷同。

又《晉中經》十四卷。荀勗撰。《晉書·荀勗傳》：「勗領祕書監，與張華依劉向《別録》整理記籍。又得汲郡冢中古文竹書，勗撰次之以爲《中經》，列在祕書。」《隋志序》曰：「魏祕書郎鄭默始制《中經》。」《晉書·鄭默傳》默考覈舊文刪省浮穢，中書令虞松謂曰：「而今而後朱紫別矣。」荀勗又因《中經》更著《新簿》，分爲四部，總括羣書。一曰甲部，紀六藝及小學等書。二曰乙部，有古諸子家、近世子家。三曰丙部，有史記、舊事、皇覽簿、雜事。四曰丁部，有詩、賦、圖讚汲冢書。大凡四部，合二萬九千九百四十五卷，但録題及言，至於作者之意無所論辯。《魏志·王肅傳》燉煌周生烈注：臣松之案，此人姓周生名烈，所著述見晉武帝《中經簿》。《蜀志·秦宓傳注》，臣松之案《中經簿》有《孔子三朝》八卷，《目録》一卷，餘者所謂《七篇》：《周禮》、《天官》、《正義》、《中經》、《簿》、《子儀》、《本草經》一卷。《經典釋文序録》：《中經簿》：子夏《易傳》，丁寬所作。又云：劉表注《易》十卷。又云：鄭氏《孝經注》，案《中經簿》録無。《漢書·貨殖傳注》：計然者，濮上人其書有《萬物録》，著五方所出皆直述之事，見《晉中經簿》。《北堂書鈔·儀飾部》：盛書用皂縹囊、布裹，書函中皆有香囊。《太平御覽·文部》盛書有縑囊、布囊、絹囊。《隋志序》曰：「盛以縹囊，書用緗素。」並引《晉中經簿》。《唐志》卷同。

又《今書七志》七十卷。王儉撰。《南齊書·王儉傳》：儉上表求校墳籍，依《七略》撰《七志》四十卷，上表獻之。《文選·任彦昇王文憲集序》曰：「依劉歆《七略》更撰《七志》。」《宋書·後廢帝紀》元徽元年八月，王儉表上所撰《七志》三十卷。《唐志》七十卷。賀縱補注《隋志序》曰：「儉撰《七志》，一曰經典志，紀六藝、小學、史記雜傳；二曰諸子志，紀古今諸子；三曰文翰志，紀詩賦，四曰軍書志，紀兵書；五曰陰陽志，紀陰陽圖緯；六曰術藝志，紀方技；七曰圖譜誌，紀地域及圖書，其道佛附見。」《後魏書·釋老志》曰：「劉歆著《七略》，釋氏之學所未曾紀。」合九條，然亦不述作者之意，但於書名之下每立一傳，而又作《九篇條例》，編乎首卷之中，文義淺近，未爲典則。《後漢書·方術傳》注云：「有《遁甲經》、有《武王須臾》一卷，有《師曠》六篇。」《文選注》木華字元虚，爲楊駿府主簿。《海賦注》。應璩以百言爲一篇，謂之《百一詩》。《百一詩注》。棗璩字道彦，弱冠辟大將軍府。《棗道彦雜詩注》。張翰字季鷹，文藻新麗。《張季鷹雜詩注》。高祖遊張良廟，命僚佐賦詩，謝瞻所造冠於一時。《謝宣遠張子房詩注》，又《九日遊戲馬臺詩注》引此事作「高祖游戲馬臺」。並引《今書七志·經典序》。録宋衷《易注》十卷，陸績《述》十三卷，録一卷，王弼《易注》十卷，王廙《注》十卷，荀煇《注》十卷，張璠《集解》十卷，蜀才是王弼後人，並引《七志》。《七録》爲十三卷。又云《尚書·大禹謨》本《虞書》，總爲一卷凡十二卷，今依《七志》、省「今書」二字。《通志·圖譜略》曰：「劉氏《七略》收書不收圖，惟任宏校兵書一類，有書有圖，宋齊之間王儉作《七志》，六志收書，一志專收圖譜，不意末學而有此作也。」

又《七録》十二卷。阮孝緒撰。《梁書·阮孝緒傳》：「孝緒著《七録》行於

世。」《隋志序》曰：「普通中，有處士阮孝緒博採宋齊以來王公之家凡有書記，參校官簿，更爲《七録》，一曰《經典録》，紀六藝；二曰《記傳録》，紀史傳；三曰《子兵録》，紀子書、兵書；四曰《文集録》，紀詩、賦；五曰《技術録》，紀數、術；六曰《佛録》；七曰《道録》。其分部、題目，頗有次序，割析辭義淺薄不經。《隋志》依《七録》，凡注中稱「梁有今亡者」皆阮氏舊有。《書·舜典正義》云：「曰若稽古帝舜曰重華協於帝。」此十二字是姚方興所上，孔氏傳本無。《經典釋文》同。又云《尚書》十二卷今依《七志》、《七録》爲十三卷。《孝經序正義》穀梁，名俶，字元始。本《經典録》。《論語序正義》周生烈，字文逸，本姓唐，魏博士侍中。本《經典序録》。《史記正義》：甘公，楚人，戰國時作《天文星占》八卷，石申，魏人，戰國時作《天文》八卷。《天官書》。《太公兵法》一袠三卷，太公姜子牙，周文王師，封齊侯也。《留侯世家》。《申子》三卷，《韓子》二十卷。《申韓列傳》《經典序録》：《費直易章句》四卷，殘缺《孟喜章句下》經無旅至節無上繫《京房章句》十卷，録一卷目。《馬融傳》九卷，荀爽《注》十一卷。鄭玄《注》十二卷。劉表《章句》九卷，録一卷。宋衷《注》十卷。董遇《章句》十卷。姚信《注》十二卷，信字元直，吴興人，吴太常卿。王廙《注》十卷，張璠《集解》集二十八家蜀才，不詳何人。劉瓛作《繫辭義疏》。王肅撰《禮記音》。並引阮孝緒《七録》。《史通·因習篇》曰：阮氏《七録》以田、范、裴、段諸《記》，劉、石、符、姚等《書》，別創一名題爲《僞史》，而撰《隋書·經籍志》者，其流別羣書，還依阮《録》。」《唐志》卷同。今存《廣宏明集》內。阮氏《七録》一卷。《通志·圖譜略》曰：「王儉《七志》，一志專收圖譜，阮孝緒不能續之，散圖而歸《部録》，雜譜而歸《記注》。

又 《隋大業正御書目録》九卷。《北史》：隋西京嘉則殿，有書三十七萬卷。煬帝命柳顧言等詮次除其重複猥雜，得正御本三萬七千餘卷，納於東都修文殿。又寫五十副本，簡爲三品。《隋志序》曰：「上品，紅琉璃軸。中品，紺琉璃軸。下品，漆軸。於東都觀文殿東西廂構屋貯之，東屋藏甲乙，西屋藏丙丁」。分置西京、東都宮省，其正御書皆裝翦華綺寶軸錦標，於觀天殿前爲書室四十間，窗户褥幔，咸極珍麗。

又 《文章志》。卷亡，無撰名。《魏志·王粲傳注》：太祖嘆仲宣無後。《衛覬傳注》：潘勗初名芝。《劉劭傳注》：繆襲事魏四世。《世説·文學篇注》：陸機善屬文。《賞譽篇注》：王羲之高爽有風氣。《文選·長笛賦注》：劉元作《簧賦》，傳毅作《琴賦》。應貞《華林園集詩注》：應貞少以才聞，能談論。應璩《百一詩注》：應璩，汝南人也。潘尼《贈陸機詩注》潘尼少有清才。繆襲《挽歌詩注》：謬襲，字熙伯。潘勗《册魏九錫文注》：魏錫，勗所作。《繁欽與魏文箋注》：繁欽少以文辨知名。《陳琳答東阿王箋注》：陳琳字孔璋。《阮瑀爲曹公與孫權書注》：阮瑀陳留人。《魏文帝與吴質書注》：徐幹以道德見稱。《太平御覽·職官部》：顧愷之博學有文章。並引《文章志》，不著撰名。

又 《文章録》。卷亡，邱淵之撰。不著録。《世説·識鑒篇注》：傅亮，字季友。《寵禮篇注》：伏系，字敬魯。卞範之，字敬祖。《言語篇注》：嵇康，遷拜中散大夫。並引邱淵之《文章録》。又《文學篇注》：袁豹字士蔚一事，作邱淵之《文章敘》。又《言語篇注》謝靈運一事，作邱淵之《新集敘》。《文選·百一詩注》：應璩博學好屬文。《錦繡萬花谷續集·應璩詩》曰：「問我何功德，三入承明廬。」並題《文章録》，不著淵之名。又《世説·德行篇注》：嵇康拜中散大夫。《文學篇注》：何晏能清言，士多宗之。又云晏著論與聖人同。《巧藝篇注》：韋誕有文學，善屬辭。《北堂書鈔·藝文部》應璩善爲書記。《藝文類聚·人部》：杜摯與母邱儉鄉里相親。《職官部》應貞爲中庶子。並題《文章敘録》，亦不著撰名。

又卷九 《漢魏吴蜀舊事》八卷。《北堂書鈔·設官部》、《漢故事》曰：太傅少傅稱臣，並不朝朔望。《衣冠部》、《魏舊事》曰：楊平善裁袴，以官絹百匹作小袴百枚。《太平御覽·職官部》、《魏故事》曰：太傅於太子不稱臣，少傅稱臣。《初學記·中宮部》、《后親蠶禮》：皇后著十二笄、步摇，乘雲母安車，駕驪馬三。夫人、九嬪、世婦各載筐鉤，從皇后蠶於嘉桑。《書鈔·設官部》：夫遣將出征，授鉞於朝堂。又：太傅於太子不稱臣，朔望不朝。《御覽·兵部》：與外國節皆二，赤旄一、黑旄一，異於朝節。並引《漢魏故事》。《唐志》同。《晉書·禮志》引有《漢魏故事》。

又 《晉朝雜事》二卷。《梁書·庾詵傳》：詵撰《晉朝雜事》五卷。《唐志》二卷同，無撰名。《北堂書鈔·天部》：太康七年十二月，河陰赤雪降。又：泰始七年冬，上隴雪五尺。又：光康七年，霹靂破高禖石，乃賈后將誅之應。《御覽·天部》高禖，中宮求子象也。《歲時部》：永寧二年十二月，大寒凌破河橋。《初學記·政理部》：齊王冏舉義兵，因趙王倫父子五人於金墉城。《太平御覽·時序部》：大興四年，大寒傷民冰厚，時王敦肆亂，殺戮忠良。《人事部》：明帝入幘不正，元帝自爲正之，明帝大喜。又：羊琇驕豪，擣炭爲屑，以物和之作獸形，諸豪皆效之。《刑法部》：泰始四年，歲在戊子，正月二十日，《晉律》成。又：太傅趙王至太極殿前，召收張華、裴頠、解結、杜斌等，斬之於東鐘下。《舟部》：太康七年八月，大雨，殿前地陷，方五尺，深數丈，中有破船。《獸部》：太康九年三月，幽州上言塞北有死牛頭語。並引《晉朝雜事》。

又《晉要事》三卷。《初學記・中宫部》：安帝九年，右丞張項監議，瑯琊及湖熟界有皇后脂澤田四十頃，參詳以借貧人。《北堂書鈔・設官部》：咸康七年，諸葛恢奏恭皇后，今當山陵，依舊公卿六品、清官子弟爲挽郎，非古也。豈有牽曳國士爲之役夫，請悉罷之。《儀飾部》：泰始四年，有司奏先帝廟存舊物麻繩爲細拂以明儉約。《太平御覽・服章部》：隆和元年，太學博士曹宏之等議立秋應讀令不應著緗幘改爲素。並引《晉氏要事》。《唐志》卷同。

又《晉建武故事》一卷。《初學記・武部》：王敦死，祕不發喪，賊於水南北渡，攻官壘柵，皆重鎧浴鐵，都督應詹等出精鋭拒之。《御覽・兵部》同。《藝文類聚・菓部》：咸和六年，平西將軍庾亮送橘十二實共同一蔕。《御覽・果部》同。《獸部》：咸和六年，計貢，合集於朝堂，有野麕走至堂前，逐獲之。《太平御覽・獸部》：咸和七年，左右啓以米飴熊，上曰，此無益而費穀，且惡獸不宜畜，遣使打殺，以肉賜左右直人。並引《晉建武故事》。愚按：王敦死在太寧二年，餘三事皆在咸和，而入《建武故事》，未審其義。《唐志》三卷。無晉字。

又《晉八王故事》十卷。《世説・方正篇注》：楊濟有才識，累遷太子太保，與楊駿同誅。蕭艾少好功名，不修士檢，齊王起義，用領右將軍，王敗見誅。《雅量篇注》：司馬越不尚布衣之操，爲中外所歸。《言語篇注》：司馬穎，世祖第十九子，司馬乂，世祖第十七子。《賞譽篇注》：石勒見王夷甫曰：「吾行天下多矣，未嘗見如此人。」夜使推墻殺之。馮蓀蚤，歷清職，爲長沙王所害。劉輿、潘滔、裴邈皆爲東海王所暱，時人稱曰：「輿長才，滔大才，邈清才也。」庾元爲陳留太守，或勸投瑯琊王，元曰：「王處仲得志於彼，豈能容我。」楊淮有六子曰喬、髦、朗、琳、俊、仲，論者謂悉有台輔之望。《品藻篇注》：胡母輔之與王澄、庾敳、王夷甫爲四友。《容止篇注》：潘岳與夏侯湛最契，故好同遊。《賢媛篇注》：周浚少有才名，自御史中丞出爲揚州刺史，加安東將軍。《輕詆篇注》：王夷甫雖居台輔，不以事物自嬰，當世化之，羞言名教，識者知其將亂。《尤悔篇注》：華亭有清泉茂林，陸機兄弟共遊於此十餘年。《水經・河水注》：東海王越治鄄城，無故自壞七十餘丈，越惡之，移治濮陽城。《史記・項羽紀索隱》：王浚伐鄴前至梁湛。《文選・舞鶴賦注》：陸機歎曰：「欲聞華亭鶴唳，不可復得。」《北堂書鈔・藝文部》：張方逼上出謁宗廟，上以青筒詔勅中書曰：「朕體中不佳，不堪出也。」《設官部》：太康七年，正旦，日蝕，詔公卿大臣各上封事。汝南王亮、司徒舒、司空瓘上所假章綬。《元和郡縣誌・河南道》：范陽王保於鄂坂，後於其上置關。《寰宇記》亦引之。《太平御覽・服章部》：趙王倫將篡位，童謡曰：「屠蘇障日覆兩耳，當有瞎兒作天子。」《羽族部》：張方將移惠帝於長安，自領五千騎，兜鍪皆用凉州白鷃毛。並引《晉八王故事》。《唐志》十二卷，題虚綝撰。

又《晉東宫舊事》十卷。《唐志》題張敞撰，《舊志》：十一卷。《顔氏家訓・書證篇》，或問曰：「《東宫舊事》何以呼鴟尾爲祠尾？」答曰：「張敞者，吴人，不甚稽古，隨宜記注，遂鄉俗訛謬，造作書字耳。吴人呼祠祀爲鴟祀，故以祠代鴟，呼紺爲禁，故以系旁作禁代紺字；呼盞爲竹簡反，故以木旁作展代盞字；呼鑊字爲霍字，故以金旁作霍代鑊字。又金旁作患爲鐶字，木旁作鬼爲槐字，火旁作庶爲炙字。既下作毛爲髻字，金花則金旁作華，窗扇則木旁作扇。諸如此類專輒不少。」又問：「《東宫舊事》六色罽緵是何等物，當作何音？」答曰：「莙牛藻也，又寸斷五色絲，横著綫股。」問：「繩之以象莙草，用以飾物即名爲莙，於時當紺六色罽，作此莙以飾緄帶。張敞因造絲旁畏耳宜作隈。」愚按：《初學記》諸書引《東宫舊事》多載皇太子初拜太子，納妃所用器物，其文甚瑣不足具録，顔氏所記諸字《今逸篇》中俱未見。《北堂書鈔・儀飾部》引太子納妃有金鋃釵。《初學記・器物部》太子納妃有織成地屏風十四牒，銅鐶鈕鐶皆從畏，未有金旁作患之字，惟髻字既下作毛。《書鈔・儀飾部》云有龍頭舊髻。《藝文類聚・禮部》云：正會儀，太子著遠遊冠、絳紗褠，登輿至承華門，設位拜二傅，交禮畢，不復登車，太傅訓導在前，少傅訓從在後，太子入崇賢門，集作，太子登殿西向坐。《太平御覽・皇親部》：司徒會稽王導等啓云，皇太子繼體宸極，年德並茂，宜簡國媛，緝宣内教，故中書令太常王獻之新安公主息女，六行聿修，四德光備，慶深積善，僉曰：「宜作配儲宫，正位中饋。」太元二十八年，皇太子納妃，瑯琊臨沂王氏時年十四，有詔以太子納妃賜帛各有差，使持節司空謝琰、副護軍車允、詹事王珣率東宫官屬迎於主第。此二事引《東宫舊事》可與《晉書・禮志》補闕。《後漢書・劉盆子傳注》：太子有空頂幘一枚，即半頭幘之製也。引作《東宫故事》。

又《漢雜事》。卷亡，不著録。《文選・東京賦注》：諸侯屬車九乘，秦滅九國，兼其車服，故大駕屬車八十一乘。《藝文類聚・册車部》曰：「尚書、御史乘之，最後一車懸豹尾，以前皆似省中。」《後漢書・杜詩傳》注：漢制假棨戟以代斧鉞。《胡廣傳注》：凡羣臣之書通於天子者四品。《藝文類聚・歲時部》：正月朝賀，三公奉璧上殿。《帝王部》：秦爲漢驅除，自以德兼三皇五帝故并爲號。《職官部》：諸侯功德優盛，朝廷所敬異者賜位特進，在三公下。《北堂書鈔・儀飾部》：鼓以動衆，夜

漏鼓鳴則起，晝漏壺乾，鐘鳴則息。此所引《漢雜事》皆記儀制。至《通典·職官門》：蔣滿與其子同詔徵見宣帝。《藝文類聚·治政部》：王鳳薦辛慶忌爲執金吾。《北堂書鈔·衣冠部》：張倉，高祖時有罪當斬，身體肥白如玉，帝一見而美之，與衣冠甚鮮，遂赦。《政術部》：何武上封事云：「辛慶忌宜在爪牙。」《設官部》：薛宣爲少府，谷永上書薦宣，曰：「才茂行潔，達於從政。」又趙堯以刀筆至侍御史。《太平御覽·職官部》：田蚡爲丞相，汲黯見蚡，揖之而已。又金敞世名忠孝，太后使侍成帝。又石慶爲太僕，上問車中幾馬，慶以策數馬曰六馬。《初學記·職官部》同。又鄭當時爲太子舍人，交知皆天下名士。《人事部》：吴楚七國反，齊王使路中大夫告於天子。《奉使部》同。又于定國謙遜下士，雖徒步過者與均禮。又公孫宏爲丞相，開閤延賢人。又倪寬卑體下士，不求名譽。又匡衡、貢禹以經術議廟祀。《禮儀部》：翟方進爲丞相，遭後母喪，行服三十六日起視事。《服章部》：高祖時大謁者臣章受詔長樂宮，令羣臣議舉天子所服衣服。《北堂書鈔·衣冠部》同。此類所引《漢雜事》皆西漢人物，可與《漢書》相證。其記東漢事不具録。又《書鈔·儀飾部》：詔賜蔡邕金龜、紫綬，作《漢末雜事》。《刑法部》：博士申威以怒增刑，作《漢雜事篇》。《初學記·禮部》：封諸侯受茅土。《藝文類聚·禮部》同。作《漢舊事》。《書鈔·封爵部》作《雜事》。又廟者所以藏主，列昭穆，作《漢書舊事》。《職官部》：諸上書者皆爲二封，魏相爲御史大夫奏去副封，作《漢雜記事》。《書鈔·設官部》無「記」字。

又卷一〇　《漢官解詁》三篇。漢新汲令王隆撰，胡廣注。《後漢書·文苑傳》：王隆，字文山，建武中爲新汲令，能文章。《續漢·祭祀志》注王隆《漢官篇》曰：「是古者清廟茅屋。」胡廣曰：「以茅蓋屋，示儉也。」《百官志》曰：「故新汲令王隆作《小學》、《漢官篇》，諸文倜説較略，不究劉昭注。」案：胡廣注曰：「王文山小學爲《漢官篇》，略道公卿内外之職，旁及四夷，博物條暢。多所發明，足以知舊制儀品，蓋法有成易，而道有因革，是以聊集所宜爲作詁解，各隨其下綴續後事，令世施行，庶明厥旨焉。」《唐志》三卷。《周禮·天官》疏引王氏《漢官解》。

又　《漢官儀式選用》一卷。丁孚撰，不著録。《續漢·禮儀志》注引《酎金律》：《通典·禮門》同。皇后出桑於蠶宮儀，又拜諸侯王公儀，太常住蓋下東向讀文。《通典》同。元初六年夏，勤策文。永平七年，陰太后晏駕詔。《祭祀志》注：桓帝祠恭懷皇后祝文，《百官志》注引中宮藏府令比御府令，給事中宮；侍郎比尚書郎；衛尉丞六百石三事。又太僕、大中大夫襄言乘輿綬、諸王綬、公主綬、墨綬、黄綬式。《通典》同。並引丁孚《漢儀》。《漢書·宣紀》注：内謁者令，秩二千石。引丁孚《漢官》。《後漢書·章紀》注：酎金九真交阯、日南用犀角，若瑇瑁甲，鬱林用象牙，若翠羽以當金。引丁孚《漢儀式》。《初學記·禮部》：孝靈皇帝葬事。《續漢·禮儀志注》亦引之。引丁孚《漢官儀》。

又　《晉百官名》三十卷。《新唐志》：十四卷。《舊唐志》：四十卷。《魏志·蘇則傳注》：蘇愉字休豫，歷位太常、光禄大夫。《任城王彰傳》注：彰子楷，泰始初爲崇化少府。《鍾會傳注》：諸葛緒，入晉爲太常、崇禮衞尉。《蜀志·諸葛亮傳注》：董厥字龔襲，義陽人。樊建字長元。《世説·德行篇注》：劉實字道真，高平人。《言語篇注》：司馬乂字士度，封長沙王。崔豹字正熊，官至太傅丞。孫潛字齊由，太原人。《雅量篇注》：許璪字思文，義興陽羨人。謝奉字宏道，會稽山陰人。王徽之字子由。《識鑒篇注》：楊朗字世彦，宏農人。《賞譽篇注》：蕭輪字祖周，樂安人。《品藻篇注》裴康字仲豫，徽之子。蘇愉字休豫，則之子。李志字温祖，江夏鍾武人。孫騰字伯海，太原人。《規箴篇注》：李陽字景祖，高尚人，武帝時爲幽州刺史。《排調篇注》：劉許字文生，涿鹿郡人，惠帝時爲宗正卿。荀隱字鳴鶴，潁川人。《簡傲篇注》：嵇喜字公穆，歷揚州刺史，康兄也。《紕繆篇注》：任瞻字育長，樂安人，歷天門太守。《文選·贈蔡子篤詩注》：蔡睦字子篤，爲尚書。《贈馮文熊詩注》：外兵郎馮文羆。《贈顧交阯詩注》：交州刺史顧祕字公真。《謝平原内史表注》：曹武字道淵。《勸進表注》：滎劭字茂世，北平人，爲清河太守。郭穆字最通，爲吴令。《謝詢表注》：張悛爲太子庶子。《竟陵王行狀注》：尚書令、尚書僕射、六尚書，古爲八座尚書。並引《晉百官名選注》，省「百」字。

又卷一一　《漢舊儀》，刊本或作《漢書儀》誤。四卷。衛敬仲撰。《後漢書·儒林傳》：衛宏字敬仲，作《漢舊儀》四篇，以載西京雜事。《唐志》四卷；《宋志》三卷，今存一卷，題《漢官舊儀》，蓋輾轉傳寫，與應劭《漢官儀》混淆爲一，遂增「官」字於書名中，非其舊也。

又　《大漢輿服志》一卷。魏博士董巴撰。《左傳·桓公》正義：冕，廣七寸，長二寸。《文選》，《射雉賦》、《秋興賦》、《思元賦》注、太冲《詠史詩傳》、長虞《贈何劭、王濟詩注》、《後漢書》，《光武紀》、《明帝紀》注、《臧宫傳》、《宦者傳》注並引董巴《輿服志》。《宦者傳》注：禁門□□傳。《初學記·職官部》同。《太平御覽·儀飾部》引巴《志》佩綬采組之制，最爲詳悉，有注文，徵引《漢官儀》。《初學記·服食部》同。巴以魏人，及見胡廣、應劭之書，故秦御史服楚冠一事，巴稱太傅胡公説，見《御覽·服

章部》。則知注文乃巴自撰，至所言后謁廟服皆深衣，製注引徐廣曰：「深衣即單衣。」亦見《御覽·服章部》。徐廣晉人，此注當是《御覽》所增，否則胡廣之訛。又《御覽·服章部》：爵弁所謂夏收、殷冔者也。注曰：「冔，兇羽反。」《初學記·服食部》作虚宇反，注各不同。《唐志》卷同。

又卷一二 《律本》二十一卷。杜預撰。《晉書·杜預傳》：預與賈充等定律令既定，預爲之注解，乃奏之。《通典·刑門》：司馬文王秉魏政，命賈充、鄭冲、荀顗、荀勗、羊祜、王業、杜友、杜元凱、裴楷、周雄、郭頎、成公綏、柳軌、榮邵等定法律，就《漢九章》增十一篇，仍其族類，正其體號，改舊律爲《刑名》、《法律》，辨《囚律》爲《告劾》、《繫訊》、《斷獄》，分《盗律》爲《請贓》、《詐僞》、《水火》、《毁亡》，因事類爲《衛宫》、《違制》，撰《周官》爲《諸侯律》，合二十篇，六百三十條，二萬七千六百五十七言。《唐六典》曰：晉氏受命，命賈充等增損漢魏律爲二十篇，一《刑名》、二《法例》、三《盗律》、四《賊律》、五《詐僞》、六《請賕》、七《告劾》、八《捕律》、九《繫訊》、十《斷獄》、十一《雜律》、十二《户律》、十三《擅興律》、十四《毁亡》、十五《衛宫》、十六《水火》、十七《廄律》、十八《關市》、十九《違制》、二十《諸侯》，凡一千五百三十條。《北堂書鈔·刑法部》、《藝文類聚·刑法部》、《杜預律序》曰：「律以正罪名，令以序事制，二者相須爲用也。」《唐志》，賈充杜預《刑法律本》二十一卷。

又 《漢晉律序注》一卷。晉僮長張斐撰。《史記·平準書》索隱：釱狀如跟，著足下以代臏，至魏武改以代刖也。《北堂書鈔·刑法部》：贖罰誤者之試，又曰：「鄭鑄《刑書》，晉作《執秩》，《藝文類聚·刑法部》又云：「趙制《國律》，楚造《僕區》，並述法律之名，申、韓之徒各自立制。」又曰：「政事之經，萬機之緯。」《藝文類聚》同。《太平御覽·刑法部》：張湯製《越官律》，趙禹作《朝會正見律》，又曰：「情者心也，心感則情動於中而形於外，故姦人則必心愧而面赤，内悼而色奪。」又曰：「徒加不過六，囚加不過五，累笞不過千二百。」又曰：「髠者，刑之威秋，凋落之象。」並引張斐《律序》。又《書鈔·刑法部》：贖死，金二斤。贖囚，金四兩。諸侯不敬皆贖，論八議得減皆收贖。《御覽·刑法部》：鉗重二斤，翹長一尺五寸。《廣韻》同。又曰：「諸有所督罰五十以上，鞭如令，平心無私而以事死者，二歲刑。」又曰：「吏犯不孝，雖遇赦，皆除名爲民。」又曰：「除名，比三歲刑。」又曰：「其當除名，而所取飲食所用之物，非以爲財利者，應罰金，四兩以下勿除名。」又曰：「其年老、小篤、癃病及女徒皆收贖。」又曰：「諸應收贖者，皆月入中絹一匹，老小女人半之。」並引《晉律》。又《書鈔》曰：「梟斬者，令上不及天，下不及地也。」作《晉律注》。又，《御覽》曰：「髠鉗，五歲刑，笞二百，若詐爲將吏、越武庫垣、兵守逃歸家，兄弟保人之屬，并五歲刑也。四歲刑，若闌上殿、間上變事、露泄選舉事、訐發密事、毆兄姊之屬，並四歲刑也。三歲刑，若僞造官印，戲殺人之屬，並三歲刑也。二歲刑，若挾天文，圖讖之屬，並二歲刑也。」此引《晉律》，每句下皆爲注文，而不著張斐，《注》未知是斐《本注》否。

又 《隋開皇令》三十卷。目一卷。《唐六典》曰：隋開皇，命高熲等撰《令》三十卷，一《官品上》、二《官品下》、三《諸省臺職員》、四《諸寺職員》、五《諸衛職員》、六《東宫職員》、七《行臺諸監職員》、八《諸州、郡、縣、鎮、戍職員》、九《命婦品員》、十《祠》、十一《户》、十二《學》、十三《選舉》、十四《封爵、俸、廩》、十五《考課》、十六《宫衛、軍防》、十七《衣服》、十八《鹵簿上》、十九《鹵簿下》、二十《儀制》、二十一《公式上》、二十二《公式下》、二十三《田》、二十四《賦役》、二十五《倉庫、廄牧》、二十六《關市》、二十七《假寧》、二十八《獄官》、二十九《喪葬》、三十《雜》。《太平御覽·車部》引《鹵簿令》。《唐志》，牛宏等《隋開皇令》三十卷。舊《唐志》作斐正等。

又 《集定張杜律注》二十卷。齊孔稚圭等撰，不著録。《南齊書·孔稚圭傳》：江左相承用晉世《張杜律》二十卷，世祖留心法令，詔獄官詳正舊注。先是七年，删定郎王植撰定律章表奏之，曰：「臣尋晉律，文簡辭約，旨通大綱，事之所質，取斷難釋。張斐、杜預同注一章，而生殺永除。自晉泰始以來，惟斟酌參用。是則吏挾威福之勢，民懷不懟之怨，陛下發德音，删正刑律，勅臣集定張、杜二注。謹削其煩害，録其允衷。取張注七百三十一條，杜注七百九十一條。或二家兩釋，於義乃備者，又取一百七條。其注相同者，取一百三條。集爲一書。凡一千五百三十二條，爲二十卷。請付外詳校。」至九年，稚圭上表曰：「臣與公卿八座共删注律。司徒臣子良，創立條緒。臣宋躬、臣王植等抄撰同異。其中洪疑大議，聖照元覽，斷自天筆。就成《律文》二十卷，《録序》一卷。

又卷一三 《三輔決録》七卷。漢太僕趙岐撰，摯虞注。《後漢書·趙岐傳》：岐著《三輔決録》傳於時。章懷《注》引《決録序》曰：三輔者本雍州之地，世世徙公卿吏二千石及高貲者以陪諸陵，五方之俗雜會，非一國之風，不但繫於詩秦豳也。其爲士，好高尚義貴於名行；其俗失則趨勢進權，唯利是視。余以不才，生於西土，耳聞故老之言，目見衣冠之疇，心識其賢愚，嘗以元冬夢黃髮之士，姓元名明字子真，與余寤言，言必有中，善否之間無所依違，命操筆者書之。近從建武以來暨於斯，其人既亡，行乃可書，玉石朱紫，由此定矣，故謂之《決録》矣。《晉書·摯虞

傳》：虞注解《三輔決録》。《史通・書志篇》曰：譜牒之作，盛於中古，漢有趙岐《三輔決録》，晉有摯虞《族姓記》，江左有兩王《百家譜》，中原有《方司殿格》，蓋氏族之事，盡在是矣。《補注篇》曰：若摯虞之《三輔決録》、陳壽之《季漢輔臣》、周處之《陽羨風土》、常璩之《華陽・士女》文言美詞列於章句，委曲敘事存於細書。愚按：岐撰《決録》，據其自序，並昔人徵引逸篇，其書不類譜牒，至摯虞之《注》與陳壽等三書，亦不相侔，《史通》所考未精也。《文選・王文憲集序注》引《決録》曰：長安劉氏惟有孟公談者取則。《後漢書・蘇竟傳》注引摯虞《注》曰惟有孟公論可觀者。班叔皮《與郭季通書》言：劉孟公藏器於身，用心篤固，實瑚璉之器，宗廟之寶也。《曹世叔妻傳》注引《決録》曰：齊相子穀頗隨時俗。摯虞注曰：曹成壽之子也，司徒掾察孝廉爲長母爲太后師。徵拜中散大夫子，穀即成之子也。此岐《録》與虞《注》，大抵簡者爲録詳者爲注。又岐録多取韻語，如《顔氏家訓・勸學篇》所引：堂堂乎張，京兆田郎。及《書證篇》：前隊大夫范仲公，鹽豉蒜果共一筩。《後漢書・隗囂傳》注：平陵之王，惠孟鏘鏘，激昂囂述，困於東平。《北堂書鈔・藝文部》：五經紛綸井大春。《太平御覽・人事部》：道德彬彬馮仲文。此即《史通》所謂文言美句也。但諸書徵引《録》與《注》不盡分晰，惟《初學記・獸部》引：五門子孫，凡民之伍。《注》曰：門今在河南四十里，馬氏兄弟五人共居此，作客，舍主養豬賣豚。民爲語曰：苑中三公，鉅下二卿，五門嚄嚄，但聞豚聲。此於虞《注》別作細書最爲分明。《御覽》、《資産部》、《人事部》並引之，而俱作大字，又不增「注曰」二字，即易混讀。但《初學記》以「民爲語曰」五句並入細書，亦恐有誤。至如《文選・蕭揚州薦士表》注引竇攸知鼯鼠事，與竇氏家傳同。《太平廣記・神部》引何比干天賜策事，與何氏家傳同。舊《唐志》七卷，新《唐志》十卷。

又《益部耆舊傳》十四卷。陳長壽撰。《晉書・陳壽傳》：壽撰《益部耆舊傳》十篇，《唐志》亦作陳壽，《隋志》誤作長壽。常據《西州後賢志》曰：益部自建武後，蜀郡鄭伯邑大尉趙彦信，及漢中陳申伯祝元靈、廣漢王文表，皆以博學洽聞，作《巴蜀耆舊傳》，陳壽以爲不足經遠，乃並巴漢撰爲《益部耆舊傳》十篇，散騎常侍文立表呈其《傳》，武帝善之。又《序志後語》曰：陳君承祚，別爲耆舊，始漢及魏，煥乎可觀。《漢中士女志》曰：有陳術，字申伯作《耆舊傳》。陳壽《蜀志・李譔傳》亦云陳術字申伯，博學多聞，著《益部耆舊傳》及《志》。《梓潼士女志》曰：依《漢書・國志》陳君所載，凡士女二百四十八人。愚案：裴松之、顔師古注史，皆引陳壽《益部耆舊傳》，他書所引多不著名。無引陳術者。其書所載列女，《水經・江水注》僰道張真妻，黄氏女；《初學記・服食部》揚子拒妻，劉懿公女；《太平御覽・地部》犍爲苻和氏女名光雄；《人事部》蜀郡史賢妻張昭儀；廣漢德陽王上妻袁氏女；犍爲王鳳珪妻陳氏女；犍爲南安周繕紀妻曹氏女；廣漢新都使敬妻王氏女；蜀郡廣都公乘士會妻張氏女；廣漢廖伯妻殷氏女；及閬中三貞。共引十二事，餘所載多漢魏耆舊，不能具録。

又《襄陽耆舊記》五卷。習鑿齒撰。《唐志》作《耆舊傳》，《宋志》作《記》。《郡齊讀書後志》曰：《記》五卷，前載襄漢人物，中載山川城邑，後載牧守。觀其記録叢雜，非傳體也，名當從《隋志》。愚案：《續漢・郡國志》注：蔡陽有松子亭，下有神陂。引《襄陽耆舊傳》。《文選・南都賦注》同引之，則稱《耆舊記》。劉昭生處梁代，其所見在《隋志》前，則知稱傳之名其來已久。《三國志注》多省文，稱《襄陽記》。《水經注》、《後漢書注》亦同省文。其載董恢教費祎對孫權語，臣松之案：《漢晉春秋》所載不云董恢所教，辭亦小。異二書俱出習氏而不同若此。

又《會稽先賢傳》七卷。謝承撰。《初學記・人事部》：陳業送郡守蕭府君喪，揚波出屍。業兄渡海傾命，骨爛不辨，業割血洒骨。《設官部》：沈勳拜尚書令，名冠百僚。《太平御覽・職官部》：茅開爲督郵，平決厭衆心。《人事部》：闞澤夢見名字炳照在月中。又淳于長通年十七，鄉黨號曰聖童。《服用部》：董昆爲大農弩，坐無完席，並引《會稽先賢傳》。《唐志》卷同。

又《豫章烈士傳》二卷。徐整撰。《初學記・人事部》：舒令施陽，爲人沈重謐静，清臼絶俗。《北堂書鈔・政術部》：孔恂爲別駕從事，言車屏星不可去。《通典・職官門注》同。羊茂爲功曹，病，被不覆軀。《設官部》：周騰爲侍御史，桓帝當郊。騰曰：中宿及策馬星悉不動，上明不出。《太平御覽・資産部》：施陽經江夏遇賊，劫陽物。賊聞知陽，悉還其物。並引《豫章烈士傳》。

又《豫章舊志》三卷。晉會稽太守熊默撰。《唐志》有徐整撰八卷，無熊默。《續漢・郡國志》注引新吴上蔡永修縣、江淮南昌縣、建城縣、葛鄉昌邑城慨口四事。又匡俗事以《世説・規箴篇注》、《水經・廬江注》所引爲詳。《後漢書・馮衍傳》注：周生豐爲豫章太守，清約儉惠。《藝文類聚・祥瑞部》：太守孔竺臨郡三月，白雀出南宫；夏侯嵩臨郡六年，白雀見女羅。《鳥部》：太守李儀臨郡二年，白鳥見南昌。並引《豫章舊志》。王象之《輿地碑記目》一卷。

又《女記》十卷。杜預撰。《晉書・杜預傳》：預撰《女記讚》。《史通・外篇》曰：「杜元凱撰《列女記》，博採經籍前史，顯録古老明言，而事有可疑，猶闕而不

載。斯豈非理存雅正，心嫉邪僻者乎？」《太平御覽・人事部》漢安國侯王陵母，淑、昺二寡婦，陳侯氏女緱玉，光武帝姊新野公主，共引杜預《女記》四事。《新唐志》作《列女記》。《舊志》無列字。

又《道學傳》二十卷。《舊唐志》作《學道傳》，《新唐志》作馬樞《學傳》，脱落道字。入子部道家。《太平御覽・人事部》、《道部》引《道學傳》共數十事。《文選・江文通雜體詩注》：「夏禹撰真靈之元要，集天官之寶書，封以金英之函，檢以元都之印」，與《御覽・道部》所引同。《初學記・道釋部》：茅山南洞有崇元觀，金陵觀，元曜觀，元明觀。此事《御覽》所無。

又《宣驗記》十二卷。劉義慶撰。《太平御覽》、《廣記》並引《宣驗記》。宣又作冥。《初學記・鳥部》、《藝文類聚・鳥部》引鸚鵡救火，天神嘉感一事與《御覽・羽族部》同。

又《冥祥記》十卷。王琰撰。《唐志》入子部小説。《太平廣記》多引《冥祥記》。《御覽・兵部》引何敬叔奉佛製旃檀像，《蟲豸部》沙門安能門見蜈蚣三尺，自屋墮地旋迴而去二事。

又《列異傳》三卷。魏文帝撰。《隋志序》曰：「魏文帝作《列異》，以序鬼物奇怪之事。」《後漢書・光武紀注》秦文公置旄頭騎。《初學記・服食部》吴選曹令史劉卓病，夢人以白越單衫與之。並引魏文帝《列異傳》，他書所引多不著魏文名。《魏志・華歆傳》注引歆爲諸生寄宿事，臣松之案：《晉陽秋》魏舒少時寄宿事亦如之。

又《録異傳》。卷亡，不著録。《初學記・禮部》：會稽賀瑀曾得疾，死三日蘇。《書鈔・禮儀部》語小異。《北堂書鈔・儀飾部》：吴郡吴泰筮，會稽盧氏失博山香爐。又嘉興倪彦思忽見鬼魅入其家。《衣冠部》馬成病，死一日半復得生。《酒食部》周時尹氏貴盛，會食數千人。《藝文類聚・天部》：大雪積地，洛陽令案行至袁安門，見安僵卧。《初學記・天部》亦引之。《寶玉部》：隗炤善《易》，臨終書板授其妻。《御覽・方術部》、《珍寶部》並同。並引《録異傳》。《太平御覽》所引亦皆敘鬼物事，惟尹氏、袁安二事與《録異》似不相涉。袁安事《汝南先賢傳》亦載之，隗炤事《晉書・藝術傳》取之。《史記・秦本紀》正義引秦置旄頭騎事，稱《録異傳》。《御覽・時序部》同。《藝文類聚・獸部》作《列異傳》。《初學記・人部》廬陵商人過彭澤湖，見青洪君，乞如願事，稱《録異傳》。《御覽・人事部》同作傳。《御覽・時序部》作《録異記》。

又《靈鬼志》三卷。荀氏撰。《世説・方正篇注》：明帝初謡歌。《容止篇注》明帝末謡歌。《傷逝篇注》：文康鎮武昌民謡。《忿狷篇注》：桓石民爲荆州鎮民謡，並引《靈鬼志・謡徵》。似謡徵乃《志》中分篇。《太平御覽・兵部》：泰元中，有道人從外國來，多術法。嘗行見一人擔小籠子，語擔人欲寄君擔。《方術部》亦引之。《人事部》：濡須口有大舶覆在水中，漁人夜宿其傍，聞絃管之音。《方術部》：石虎時，有道人驅驢於深山中，爲鬼所奪。《疾病部》：滎陽郡有瘳姓，累世爲蠱。《雜物部》：有鄒姓坐齋中，忽有人通刺詣之，題云舒甄仲。《獸部》：陳安嘗乘一駿馬死，雙赤蛇出其鼻。此所引《靈鬼志》皆記怪異。惟《兵部》引《隴中歌》陳安曰：「隴上健兒字陳安，面狹頭細腹中寬，丈八蛇矛左右盤。」《藝文類聚・軍器部》、《北堂書鈔・武功部》並同。與此志鬼不類。

又《幽明録》二十卷。劉義慶撰。此書見引甚多，「幽明」或作「幽冥」。《史通》言唐修《晉書》多取《幽明録》，今考《太平御覽》所引，如《人事部》石勒問佛圖澄擒劉曜兆、謝安石夢乘、桓温輿行見白雞而止、魏武帝夢三馬食一槽、王茂宏夢人以百萬錢買大兒長豫，此類皆《晉書》所取資。《唐志》三十卷，入子部小説。

又《皇隋靈感志》十卷。王劭撰，不著録。《唐志》入子部小説。《北史・王劭傳》：劭採民間歌謡，引圖書讖緯，依約符命，據摭佛經，撰爲《皇隋靈感志》。《隋書・劭傳》作《開皇隋靈感志》。三十卷。

孫馮翼《四庫全書輯永樂大典本書目自敘》 嘉慶六年，太歲重光作噩。馮翼居青溪寓館，恭讀《欽定四庫全書提要》中引《永樂大典》書至萬有餘卷，天禄琳瑯之美富，於斯爲盛。竊自宋以來，著録存於今者若《崇文總目》已無序釋；《郡齋讀書志》、《直齋書録解題》雖能著録本書大旨，然亦少所發明。惟《永樂大典》藏之藝林，世所罕覩。馮翼敬依《欽定四庫全書提要》所引書目輯成一卷，爲家塾之珍祕，以副文教覃敷敦崇實學之至意云爾。

侯康《補三國藝文志》卷一 何晏《周易私記》二十卷、《周易講説》十三卷。注：見《册府元龜》。今孔氏《正義・益卦》引一條云：「風雷者，取其最長可久之義也。」李氏《集解・師卦》引一條云：「師者，軍旅之名，故《周禮》云二千五百人爲師也。」《管輅傳》注引《輅别傳》曰：「何尚書神明精微，自言不解《易》九事。」《南齊書・張緒傳》緒常云：「何平叔所不解《易》中七事，諸卦中所有時義，是其一也。」《梁書・儒林傳》伏曼容云：「何晏疑《易》中九事，以吾觀之，晏了不學也，故知平叔有所短。」王應麟曰：「晏以老莊談《易》，係小子觀朵頤，所不解者豈止七事哉。」

又　孫炎《周易例》。字叔然，樂安人，魏秘書監。徵不就。注：《宋史・張洎傳》引《易例》曰：「初九爲元士，九二爲大夫，九三爲諸侯。」《古經解鉤沈》以爲出此書。

又　《尚書釋問》四卷。王粲問，田瓊、韓益正。注：《困學紀聞》二卷。「《顔氏家訓》云《王粲集》中難鄭玄《尚書》事，今僅見于唐元行沖《釋疑》。」原注：「王粲曰：『世稱伊、雒以東，淮、漢以北，康成一人而已。咸言先儒多闕，鄭氏道備。』粲竊嘆怪，因求所學，得《尚書注》，退思其意，意皆盡矣，所疑猶未諭焉，凡有二篇。」案王粲《尚書問》，蓋本載粲集中，不别爲書，後田瓊、韓益答其義，因成《釋問》四卷。《隋志》但稱王粲撰，似未合，此從《唐志》。田瓊者，康成弟子，見《鄭志》。韓益，魏大長秋，見《隋志》春秋類。

又　譙周《喪服圖》。《御覽》卷五百四十引一條云：「男子幼娶必冠，女子幼嫁必笄，禮之則從成人不爲殤。」又《通典》八十一引譙周《縗服圖》，蓋即一書。喪服者其大名，縗服則喪服中之一也。《通典・凶禮門》中屢引譙周。又九十四卷引譙周《集圖》，必皆出此書矣。

又　射慈《禮記音義隱》一卷。《釋文敍録》有射慈《禮記音》，無「義隱」二字。《隋志》有謝氏《禮記音義隱》一卷，注又有射慈《音》一卷，則似當分爲二書。然射慈本一作謝慈，見《吴志孫舊傳》。而謝氏《音義隱》《困學紀聞》引作射氏，則無以見謝氏之非射慈也。《隋志》注中之文恐是重出。《通志・藝文略》及《經義考》皆直以《音義隱》爲慈書，今從之。是書非獨釋經，兼釋注，《曲禮疏》引之云「酳飯畢，蕩口也」，又云「獵車之形，今之鉤車是也，衣車如鼈而長也，漢桓帝之時，禁臣下乘之」，又云「嫌見奪，故云恐辱親也」，又云「嗇夫主諸侯所齎幣帛皮圭之禮，奉之以白于天子也」，又云「且，假借此字也」，皆是解釋鄭注。又《禮疏》及《釋文》常引《隱義》，王伯厚疑即射氏書，王謨輯《音義隱》，并鈔入之，今核其文義，亦頗相近，然果爲一書與否，則無以證之矣。

又　糜信《春秋穀梁傳注》十二卷。字南山，東海人，魏樂平太守。案：《穀梁疏》于范注之略者，每引糜注補之，其文當較范爲詳，故晉泰元立穀梁博士用糜注，至齊猶然。見《南齊書・陸澄傳》。今考其書之異于范氏者，桓五年「舉從者之辭」一條，「鄭在冀州」一條，僖二年「不雨者勤雨也」一條，文二年「作僖公主」一條。經傳文之異于范氏者，桓二年「以是爲討之鼎也」，「討」或作「糾」。四年「秋曰蒐」，「蒐」作「搜」；九年「曹伯使其世子射姑來朝」，「射」作「亦」；六十一年「公會宋公于夫鍾」，「鍾」作「童」，音鍾；十四年「甸粟而納之三宫」，「宫」作「官」。

又卷二　王肅《孝經解》一卷。唐玄宗曰：「韋昭、王肅先儒之領袖。」劉子玄曰：「王肅《孝經傳》首有司馬宣王之奏，並奉詔令，諸儒注述《孝經》，以肅説爲長。」康案：肅《解》之見于《釋文》者：「仲尼居」注「閒居也」；「先王有至德要道」注「孝爲德之至，孝爲道之要」。又見。疏見于邢《疏》者：《天子》章注「天子居四海之上，爲教訓之主，爲教易行，故寄易行者宣之」；「孝無終始而患不及者」注引《蒼頡篇》謂患爲禍。「先之以博愛而民莫遺其親」注，「君愛其親，則人化之，無有遺其親者」。「不敢遺小國之臣，而況于公侯伯子男乎」，注「小國之臣，至卑者耳。主尚接之以禮，況于五等諸侯，是廣敬也」；《廣至德》章注，「舉孝悌以爲教，則天下之爲人子弟者，無不敬其父兄也；舉臣道以爲教，則天下之爲人臣者，無不敬其君也」；「諸侯有争臣五人」，注「三卿、内史、外史」。「大夫有争臣三人」，注「家相、室老、邑宰」；《感應章》注，「王者父事天，母事地」。「將順其美，匡救其惡」注，「將，行也，君有美善則順而行之。」匡，正也。救，止也。」

又　韋昭《魯論解》。《爾雅翼》卷八引韋昭《魯論解》曰「莠草似稷無實」。《鄭志》十一卷魏侍中鄭小同撰。劉知幾曰：鄭玄卒後，其弟子追論師所著述及應對時人謂之《鄭志》。《唐書・儒學傳》：元行沖《釋疑》曰「鉤黨獄起，康成于竄伏之中，理紛拏之典，雖存探究，咨謀靡所，具《鄭志》者百有餘科。」《經義考》：《鄭志》載于《正義》及《通典》者，大抵張逸、趙商、冷剛、田瓊、炅模問而康成答之。又有焦喬、王權、鮑遺、陳鏗、崇精弟子互相問答之辭。錢東垣曰：《鄭志》當是鄭君晚年定論，何以知之，本傳言趙商等自遠方來就學，在何進辟召之後，時年六十，兹則商所問者十居其四，是在六十歲以後也。又諸弟子所問引《易注》者二，是在《易注》已成之後也。引《書贊》者一，《書注》者四，是在《書贊》、《書注》已成之後也。引《詩箋》者十二，是在《詩箋》已成之後也。引《周禮注》者十七，《禮記注》者七，《儀禮注》者一，是在三禮注已成之後也。引《論語注》者一，《禘祫志》者一，《駮五經異義》者三，是在《論語注》、《禘祫志》、《駮異義》已成之後也。答劉炎問《關雎》則云《論語注》人閒行已久，答靈模問「匪革其猶」則辨《詩箋》與《禮注》不同之故，可知晚年定論，猶足模楷百世矣。

又　張揖《古今字詁》三卷。一作《古文字訓》。《御覽》卷六百五引王隱《晉書》曰：「魏太和六年，博士河閒張揖上《古今字詁》，其巾部曰：『紙，今帋也，其字從巾。』古以縑白依書，長短隨事，截絹數重沓，即名幡。紙字從糸，此形聲也。後和

帝元興中，中常侍蔡倫以故布擣剉作紙，故字從巾。是其聲雖同，糸、巾爲殊，不得言古之紙爲今紙。」《魏書・江式傳》：《字詁》，方之許慎篇，古今體用，或得或失。《顔氏家訓・勉學篇》：「吾初讀《莊子》『螝二首』，《韓非子》曰：『蟲有螝者，一身兩口，争食相齕，遂相殺也，』茫然不識此字何音。後見《古今字詁》，此亦古之虺字，積年凝滯，豁然霧解。」《匡謬正俗》卷六「俗于礪山出刀子刃，謂之略刃，有舊義否？答曰：『案《爾雅》云：剡，畧，利也。張揖《古今字詁》云「古作畧，一本作畧，未知孰是。」』」又引云「闢，古開字。闢，古闢字。」卷二。「頫府，今俯俛也」。卷六。餘見《釋文》、兩《漢書》注、《史記索隱》、《文選》注、《一切經音義》者甚多。任大椿《小學鉤沈》備載之，獨《汗簡》屢引張揖《集古文》，當即由《唐志》《古文字訓》之名而省，任氏未采。

又卷三　鄭氏《漢書注》。洪頤煊《讀書叢録》云：《漢書集注》有鄭氏曰，晉灼《音義敘》云不知其名，而臣瓚以爲鄭德，汴本《史記索隱》以爲鄭玄。頤煊案：《高帝紀》「沛公還軍亢父」，鄭氏曰「屬任城郡」，《郡國志》「任城國，不名爲郡」。《王子侯表》「揤裴戴侯道」，鄭氏曰「揤裴音即非，在肥鄉縣南五里」。肥鄉黄初二年置，皆在鄭康成後。汴本《索隱》以鄭氏作鄭玄，誤。康案：鄭氏既在鄭康成後，又在晉灼前，晉灼西晉人。并用黄初改置郡縣名，則爲魏人無疑矣。至康成之無《漢書》注，本無可疑。洪亮吉據《史記集解》引鄭玄注數處，謂《漢書音義》所稱鄭氏蓋康成居多，此晉灼臣瓚所未及言者，後人能肊斷之乎？《十七史商榷》云：「常熟毛氏《索隱跋》謂宋刻鄭德誤作鄭玄，則裴駰《集解》亦宋人妄改。」其説近是。

又　王沈《魏書》四十八卷。字處道，太原晉陽人。官侍中時作。《晉書・王沈傳》：「正元中遷散騎常侍、侍中，典著作。與荀顗、阮籍共撰《魏書》，多爲時諱，未若陳壽之實録也。」康案：王沈名列《晉史》，而《魏書》則撰于魏朝，故今著録三國時。《御覽》二百三十三引王隱《晉書》曰：王沈著《魏書》，多爲時諱，而善敘事。《史通・正史篇》：「黄初太和，始命尚書衛顗、繆襲，草創紀傳，累載不成。又命侍中韋誕、應璩，祕書監王沈，大將軍從事中郎阮籍，司徒右長史孫該，司隸校尉傅玄等，復共撰定。其後王沈獨就其業，勒成《魏書》四十四卷，其書多爲時諱，殊非實録。」又《載文篇》：「歷選衆作，求其穢累，王沈魚豢，是其甚焉。」又《直書篇》：「王沈《魏書》，假回邪以竊位。」又《曲筆》篇：「王沈《魏録》，濫述貶甄之詔。」《宋書・五行志序》：「王沈《魏書》志篇闕，凡厥災異，但編帝紀而已。」《齊書・禮志序》：「魏氏末大亂，舊章殄滅，侍中王粲，尚書衛顗，集創朝儀，而魚豢、王沈、陳壽、孫盛、並未詳也。」康案：據宋、齊二《志》之文，則《魏書》無志，而《水經・潁水注》引《魏書・郡國志》曰：「宣王軍次邱頭，王凌面縛水次，故號武邱，」又似有志者。何也？豈獨缺五行及禮志耶？又案：《劉劭傳》注引《文章敘録》稱孫該著《魏書》，據《史通》則孫該即與王沈同撰書者，故今不別著録。

又　譙周《古史考》二十五卷。《晉書・司馬彪傳》：「初，譙周以司馬遷《史記》書周秦以上，或採俗語百家之言，不專據正經，周於是作《古史考》二十五篇，皆憑舊典，以糾遷謬誤。彪復以周爲未盡善也，條《古史考》凡百二十二事爲不當，多據《汲冢紀年》之義。」《史通・模擬篇》：「譙周撰《古史考》，其書李斯之棄市也，云『秦殺其大夫李斯』，以此而擬《春秋》，所謂貌同而心異也。」章宗源輯本《古史考序》曰：《史通・外篇》稱《古史考》與《史記》並行於代，雖與《史記》並論，證以史考之名，檢其逸篇，體例實異正史，《唐志》列於雜史者是也。《文選・王元長〈曲水詩序〉》注引公孫述竊位，蜀人任永託目盲一事，蔚宗書亦載之，是又兼及後漢事，不獨糾遷書矣。

又　嵇康《聖賢高士傳贊》八卷。《史通・採撰篇》：「嵇康《高士傳》，好聚七國寓言。」《浮詞篇》：「《左傳》稱絳父論甲子，隱言於趙孟；班《書》述楚老哭龔生，莫識其名氏。至嵇康、皇甫謐撰《高士記》，各爲二叟立傳，全采左、班之録，而其傳論云：『二叟隱德容身，不求名利，避遠亂害，安於賤役。』夫探揣古意，而廣足新言。雖語多本傳，事無異説。」《品藻篇》：「嵇康《高士傳》，其所載者廣矣，而顔回、蘧瑗獨不見書。至如董仲舒、揚子雲，與此何殊，而並可甄録。夫回、瑗可棄，揚、董獲升，可謂識二五而不知十者也。」《雜説下》：「嵇康《高士傳》取《莊子》、《楚辭》二漁父事，合成一篇。夫以園吏之寓言，騷人之假説，而定爲實録，斯已謬矣。況此二漁父者，較年則前後別時，論地則南北殊壤，而輒併之爲一，豈非惑哉。」又云：「莊周著書以寓言爲主，嵇康述《高士傳》多引其虚辭。至若神有混沌，□諸首録，苟以此爲實，則其流甚多。」康案：此書《唐志》無贊字，《隋志》有。攷康兄喜作康傳及《晉書》本傳皆稱爲傳贊，《水經・汝水篇注》「黄帝嘗遇牧童於襄城之野，故嵇叔夜讚曰：『奇矣難測，襄城小童，倦遊六合，來憩兹邦。』」《世説・品藻篇注》引嵇康《高士傳・井丹贊》曰「井丹高潔，不慕榮貴。抗節五王，不交非類。顯譏輦車，左右失氣。披褐長揖，義陵羣萃。」馬相如贊曰「長卿慢世，越禮自放。犢鼻居市，不恥其狀。託疾避官，蔑此卿相。乃賦大人，超然莫尚。」《初學記・人事部上》引嵇康《原憲讚》曰「原憲味道，財寡義豐。栖遲蓽門，安賤固窮。絃歌自樂，體逸

心沖。進應子貢，邈有清風。」《御覽》卷五十六引嵇康《聖賢高士傳讚》曰「許由養神，宅於箕阿。德真體全，擇日登遐。」是康書實有讚，《水經注》：《初學記》雖不明言《高士傳》，然以文體例之，必出《高士傳贊》無疑也。皆四字協韻，唐志删之，非矣。嵇喜稱此書自混沌至管寧凡百一十九人，今載《御覽·逸民部》九、十兩卷者，至多凡三十五人，合之《御覽》他處及諸書所引者，又數十人，原書雖佚，尚可得其大概也。

又　《水經》三卷。《四庫全書總目》曰：「《水經》作者，《唐書》題曰桑欽，然班固常引欽説，與此經文異。道元注亦引欽所作《地理志》，不曰《水經》。觀其涪水條中稱廣漢已爲廣魏，則決非漢時。鍾水條中稱晉寧仍曰魏寧，則未及晉代。推尋文句，大抵三國時人。今得道元原序，知並無桑欽之文。據以削去。」《通典·州郡四》《水經》「不知何代之書」，云「濟水過壽張，則前漢壽良縣，光武更名。又東北過臨濟，則狄縣，安帝更名。荷水過湖陸，則湖陵縣，章帝更名。汾水過永安，則彘縣，順帝更名。故知順帝以後纂序也。」施廷樞曰：「《水經》全用後漢地名，上曲陽稱中山，河關屬隴西，知《水經》爲東京之作。」康案：杜氏、施氏意在辨《水經》非桑欽作，故退而系之後漢，不如《四庫總目》系之三國爲尤當。蓋壽張、臨濟、湖陸、永安諸名，及上曲陽之屬中山、河關之屬隴西至魏時猶然，杜氏、施氏所引證固與《四庫總目》之説無礙。至王伯厚所稱武侯壘，歐陽圭齋所稱永安宫諸條，則是傳文殽入之故，非經文也。

又卷四　曹丕《典論》五卷。《抱朴子·論仙篇》：「魏文帝躬覽洽聞，自呼於物無所不經，謂天下無切玉之刀，火浣之布，及著《典論》，嘗據言此事。其閒未期，二物畢至。帝乃歎息，遽毁斯論。」康案：《魏志·齊王芳紀》注亦載此事，但云「無火浣布」，不及切玉刀也。毁論在齊王芳時，不在文帝時，與此亦異。又案：《文選》有《典論·論文》，《魏志·文帝紀》注引《典論自序》，《魏志·方技傳》注、《後漢書·方術傳》注俱引《典論》，論郤儉等事。《意林》引《典論·太子篇序》，據此則是書各有篇名。又據《後漢書·獻帝紀》注、《袁紹傳》注及《魏志》袁紹劉表兩傳注，知其書兼有記事體。據卞蘭《贊述太子表》，見《藝文類聚》卷十六。知其書成于爲太子時。

又　《皇覽》六百八十卷。魏文帝命王象繆卜等撰。《魏略》云：「桓範以有文學，與王象等典集《皇覽》。」《曹爽傳》注。又云：「王象字羲伯，受詔撰《皇覽》，使象領祕書監。象從延康元年始撰集，數歲成，藏于祕府，合四十餘部，部有數十篇，通合八百餘萬字。《楊俊傳》注。《御覽》六百一引《三國典略》曰：「祖珽等上言，昔魏文帝命韋誕諸人撰著《皇覽》，包括羣言，區分義别。」《史記索隱》卷一云：「《皇覽》記先代冢墓之處，宜皇王之省覽，故曰《皇覽》。」康案：《御覽·禮儀部》三十九引《皇覽·冢墓記》二十餘條，《水經注》引《皇覽》十三條，言冢墓者十之九，冢墓蓋即四十餘部中之一。《御覽》卷五百九十又引《皇覽·記陰謀》，疑亦書中篇名也。《論語·三省章釋文》稱《皇覽》引魯讀六事，則兼及經義。此《魏文帝紀》所謂撰集經傳，隨類相從者，蓋後世緯書之濫觴，故無所不包矣。

伍崇曜《補三國藝文志跋》　右《補三國藝文志》四卷，國朝番禺侯康君謨撰。案：是書義例與《補後漢書藝文志》同。三國人文不減於東漢，是亦宜亟補者也。裴松之注《三國志》已極詳贍，杭大宗補之，孝廉復補其闕，録爲一卷，學海堂二集刻之，洵史才也。《鄭氏孝經注補》，《後漢志》已定爲鄭康成撰，而是書又屬之小同，似作騎墻之見，然案語已云姑備一説矣。又如《困學紀聞》稱「謝承父嬰爲尚書侍郎，每讀高祖及光武之後將相名臣策文，通訓條在南宫，祕于省閣，惟臺郎升複道取急，因得開覽。漢尚書作詔文，尚書郎乃今中書舍人」一條，則謝承撰《後漢書》所本也。又稱「學如牛毛，成如麟角，出蔣子《萬機論集證》。」《萬機論》宋末猶存二卷，今佚。又案《北史·文苑傳序》「及明皇御厤，文雅大盛，學者如牛毛，成者如麟角」，《抱樸子·極言篇》「爲者如牛毛，獲者如麟角」，皆本《萬機論》一條，均未採入。又陳承祚原以魏爲正統，故首魏，次蜀，次吴，則傳志宜亦同。乃是書易類則李譔書先於王朗，猶人臣也，春秋類則李譔先於高貴鄉公，刑法類則諸葛亮先於魏主，雜傳類則諸葛亮、陳術先於文帝、明帝，儒家類則諸葛亮、李譔、譙周先於文帝，兵家類則諸葛亮先於武帝，或孝廉微旨歟？至《曹瞞傳》載《列女傳》、《先賢傳》後，則書出敵人之口，於曹操奸惡備載無遺，益無所用其推崇者矣。

鄭珍《鄭學録》卷三　《起穀梁廢疾》。隋、唐志「三卷」，皆注鄭玄釋，張靖箴。【略】不知何代人輯録《發墨守》四條、《箴膏肓》二十餘條、《起廢疾》四十餘條。國朝内府有其本，武英殿聚珍版印行。乾隆間王大令復爲注明所采原書，更加增補，刊行於世。嘉慶間有劉孝廉逢禄爲公羊學，注《發墨守》、《箴膏肓》、《評谷梁廢疾》，申何三書，左袒《公羊》。未見有勝，殊多事也。

又　《孝經注》。隋、唐志「一卷」，五代間亡。宋《三朝志》：「周顯德中新羅獻别序《孝經》，即鄭注者。」見《直齋書録》。《崇文總目》：「咸平中日本僧奝然以《孝經》來獻，與太學所立陸德明《釋文》相應。」陳振孫云：「未詳孰是。」熊克、袁樞得之，刻於京口學官，以後又亡。國朝乾隆間，日本人岡田以所刻《孝經》鄭注由海舶

傳入中國，言是其國《羣書治要》所載。鮑廷博因刻之叢書中，以校前籍。所引即明見《釋文》、邢疏者亦多遺漏，知岡田見其國太宰純前以僞《古文孔氏傳》附至，頗爲中國所稱，因以薄殖作僞，欲炫異希名耳。嘉慶初，臧貢生鏞輯一本，視各家采輯特詳。按康成此經注歷魏晉宋人無異辭，南齊陸澄忽發難端，謂用辭不與注書相類，玄自序注衆書亦無。書與王儉，請不藏秘府。唐陸德明又以《鄭志》及《中經簿》無，特隨俗用以作音，而猶曰『未詳是非』也。及開元七年，詔令諸儒詳定鄭、孔所長，劉知幾乃立十二驗以決鄭不注《孝經》。詔雖依舊行用，而劉議頗多信者，此注遂不爲康成書矣。然書題所云鄭氏，究無主名，梁載言《十道志》始謂是康成胤孫所作，王伯厚乃以小同實之，國朝通儒多以爲信。余謂此皆壓於知幾之十二驗，而未究其强争武辨之實不然也。十二驗略：一、鄭君自敘遭黨錮注《禮》，事解注《尚書》、《詩》、《論語》，來元城注《周易》，無注《孝經》文。二、《鄭志》言師所注，惟有《詩》《禮》《書》《易》。三、《鄭志》目録經注之外，寸紙片言悉載，無容匿此不言。四、《鄭記》亦不言及。五、趙商作鄭先生碑銘不載，《晉中經簿》《周易》九書皆云鄭氏注，名玄，《孝經》則稱鄭氏解，無『名玄』二字。六、宋均是傳業弟子，注《春秋緯》云「康成《春秋》」，《孝經》則有評論。七、宋均著《孝經緯》云：「《六藝論》序《孝經》云：『玄又爲之注』，而均無聞。」八、均注《春秋緯》云：「玄爲《春秋》、《孝經》略説。九、謝承等史傳皆不載。十、王肅《孝經傳》首有司馬宣王奏，都不言鄭。十一、王肅《聖證》及鄭小失，此若出鄭，被擊應多，而肅無言。十二、魏晉中辨論無一引者。按《六藝論》序《孝經》云「玄又爲之注」，則康成注此經，自言已明。其序云：「避難南城山，栖遲巖石之下，述夫子之志而注《孝經》。」説者言南城在徐州，則注書之時與地自言亦明。王肅《聖證論》駁康成，以社爲五土之神，舉鄭《月令》注云「社，後土也」，《孝經》注云「社，後土也」，謂句龍爲後土，鄭既云「社，後土」，則句龍也，是鄭自相違反。其文載《禮記·郊特牲》正義。自序猶曰虚誣，《聖證》必無假借，則注之爲康成審矣。其於門人，史家如知幾云云者，考康成客徐州在初平三年，時已六十六歲，後四年爲建安六年，自徐州歸，歸後四年即卒。其孫小同僅四五歲。此注既晚年客中之作，門人當未及傳授。洎歸後，其稿久淹匧衍，亦著書滿家者之常，必俟小同長大檢得遺稿，始出而傳之。此所以趙商碑銘不及具載，宋均注緯亦曰「無聞」，諸門人追述師言匪惟《鄭志》、《鄭記》都不言及，即撰著目録且無此書，皆以其時注稿未出，并未傳習故也。後來稿出，目録行世已久，小同自不得增入。謝承、薛瑩、司馬彪、袁山松諸人撰康成傳，自止據目録載之，即《中經簿》亦緣目録無此，故止從其書題而不加「名玄」二字，非有他也。至於康成自敘止及《詩》《書》《易》《禮》《論語》，於所注僅十之二三，即目録謝書章懷《後漢》注謝承書載玄所注與此略同。于《隋志》著録者亦止三分之二，寧得謂此外皆不出康成哉？司馬宣王之奏，言各有主，豈宜必及鄭注？朝臣辨論時事，鄭之五經注已不勝引，何以必援《孝經》？知幾諸驗要是止拈出《聖證》所引，紛紛按據，總成虚設，徒鼓二陸之餘波，洩好辨之客氣而已。蓋知幾本長史學，抨彈前史，人無完膚，窮經之功，固宜鹵莽。時《聖證論》完存，想亦目常瀏覽，原未細讀。其於此注，先有二陸之論蟠踞胸中，遂以言語鄙陋、義理乖疏視之，決不疑王肅已引其詞，即矛刺盾。故一則曰魏晉之朝無有此説，再則曰魏晉朝賢未有一引，如醉囈狂叫，不顧人嗤哂若此！惜當時皆懾其名學，謂必不誤，都無抵其巇而破之者。若遇孔冲遠、賈公彦諸君，知幾其殆矣乎！今而後《孝經》鄭氏解之爲康成，庶明白矣。若夫彦淵、元朗謂與注五經不同，明皇又謂踳駁尤甚，欲廢其業，勢必抑詆，要於此注無與輕重也。

又 《駁許氏五經異義》。隋、唐《志》「十卷」，至宋亡，不知何時人輯爲一卷。國朝乾隆間有王復、武億、莊保琛、孔廣林、錢大昭諸本，皆因原輯增補，以意分合，唯孔本仍作十卷。嘉慶間陳編修壽祺取諸本參訂，以類相從，分爲三卷，作疏證以明之。雖非康成原書，典禮名物，大端賅舉。

又 《尚書緯注》。《七録》「六卷」，隋、唐《志》「三卷」。按《後漢·樊英傳》注：「書緯，《璇璣鈐》、《考靈耀》、《刑德放》、《帝命驗》、《運期授》也。」唐後皆亡。經疏諸書，唯引《考靈耀》最夥。朱檢討彝尊曰：「《考靈耀》之文，大都推步之説，其言無悖於理。隋燔緯書，若此與《括地象》，雖置不燔可也。」《禮書》、《爾雅》疏引鄭注言天體特詳。

又 《禮緯注》。《七録》「三卷」，《隋志》「亡」。按《後漢·樊英傳》注：「禮緯，《含文嘉》、《稽命征》、《斗威儀》也。」《隋志》已云「梁有今亡」，《唐志》直不著録，而朱氏《經義考》《禮·含文嘉》一種曰「今存」者，宋兩朝《藝文志》云：「今緯書存者獨《易含文嘉》，乃後人著爲占候兵家之説，與諸家所引《禮緯》乖異不合。」朱氏亦云：「先後見二本，文各不同：一本畫雲氣星輝之象而附以占辭；一本分天鏡、地鏡、人鏡爲三門，門各一卷，凡六十篇。諸書所引之文兩本皆無，知非原書。」然則所見者即是《宋志》之《含文嘉》，與《禮緯》名同而實别，不特非原書也。以冒鄭氏之緯而云存，朱氏殊誤。

又 《尚書中侯注》。《隋志》「五卷」，并云「梁有八卷，今殘缺」。《唐志》無，則

五卷亦亡矣。《書緯》云：「孔子求書，得三千二百十四篇，定可以爲世法者百二十篇，以百二篇爲《尚書》，十八篇爲《中候》。」今見疏傳引者有《擿雒戒》《周官疏》、《握河紀》、《契握》、《敕省圖》、《運衡篇》、《準纖哲》、《洛予命》、《稷起》、《我應篇》《禮記正義》、《儀明篇》《南齊書・符瑞志》、《考河命》、《題期》、《立象》《太平御覽》十三篇，其五篇無聞。《尚書》正義云：「鄭注《中候》，依《運斗樞》以伏神農爲三皇，帝鴻、金天、高陽、高辛、唐虞爲五帝。」羲、女媧，是其與經注異者。按劉昭注《續漢志》云：「康成自注《中候》，才及注《禮》。」時鄭氏著書，先後必有明文，今以昭言推之，康成注諸緯候在注羣經之先。蓋其時俗尚内學，非精圖緯不名通儒，康成又志在囊括百家，故早歲不免疲神於此，亦猶程、朱生佛老盛時，其浸淫於二氏者有年耳。且《易》《書》《詩》《禮》緯於今據其稍近完具及稱引成條段者，如《乾鑿度》發乾坤之精藴，《考靈耀》備天算之根柢，《稽覽圖》通卦驗於七分晷應，實京、孟所淵源；《含文嘉》於《禮》文多補二戴所不載，即使不入緯書，猶當尊爲先秦古説，羽翼六經。康成注之，當是爲此數種，既注其書，即其他醇駁互見者亦宜并通其義。此注釋家勢所必然，非所以病康成也。觀其注經必遲之又久，乃始下筆，年過五十，首注三《禮》，《詩》、《書》、《論語》，《禮》畢後甫爲，直至夢告之年，乃注《周易》，則其視經、緯輕重，於此判矣，豈真以緯候爲出自孔子哉？

又 《鄭志》。本傳八篇，《隋志》「十一卷」，《唐志》「九卷」，後亡。國朝秘府有一本，分上中下三卷，不知何人輯録，武英殿聚珍版印行。乾隆間王復、武億爲注明原書出處，更加訂正，又輯補遺一卷。按本傳云：「門人相與撰玄答諸弟子問五經，依《論語》作《鄭志》八篇。」劉知幾云：「鄭君卒後，其弟子追論師注所述，及應對時人，謂之《鄭志》」。則此書明是鄭門弟子所記，而《隋志》獨云「魏侍中鄭小同撰」者，考康成卒時小同僅四五歲，安能記述祖時師弟問答？必是康成之殁未久，諸弟子即各出所記，分五經類而萃之，爲志八卷，後來小同更有所得，增編爲十一卷，自題己名，如朱子據二程弟子尹焞、張繹等記編爲遺書之比，故《隋志》歸之小同撰耳。又按此書體例，當是依經類撰，於每卷題曰某問志，如涉《詩》則曰「《詩》問」，涉《書》則曰「《書》問」。首皆標「某問曰」、「答某問曰」、「某問某曰」、「某答某曰」，所謂依《論語》也。其人不詳者編於後，題「雜問志」。《詩・六月》、《嵩高》、《我將》、《周禮・醢人》、《司服》、《巾車》、《禮記・祭法》正義所引，俱不著與何人問答，可以推見全書體例。又《嵩高》疏云：「雜問之志，首尾無次，此條或有或無不可信。」《南齊書・禮志》：「永明二年蔡仲熊議郊與明堂宜異日」，云《鄭志》云：「正月上辛，祀后稷於南郊，還於明堂。以文王配。」蓋爲志者失，非玄意也。玄之言曰：「未審周明堂以何月。於《月令》則以季秋。」依此可知弟子所述時有失康成本旨者，亦如程、朱語録矣。

又 《周易注》。《七録》「十二卷」。《釋文敘録》「十卷，録一卷」。隋、唐志「九卷」，新唐志「十卷」。宋《崇文總目》「一卷」，唯文言、説卦、序卦、雜卦四篇，餘皆佚。中興四篇復亡。《玉海》云：「鄭氏所注第九，總文言、説卦、序卦、雜卦四篇。學者不能知其次。乃謂之《鄭氏文言》。」按《宋史・藝文志》有鄭玄《周易文言注義》一卷，即伯厚云不知者所謂《鄭氏文言》也。王應麟始采輯諸書所引，録爲一卷。明胡震亨附梓於李鼎祚《集解》後，其已見《集解》者不録，姚士麟更補二十五條。至國朝，惠徵君棟復加補正，於當條下注明元書出處。凡增多王輯九十二條，厘爲三卷。又作《十二月爻辰圖》、《爻辰所值二十八宿圖》以發明之。丁教授杰復即胡、惠兩本刊去誤以鄭注《乾鑿度》之文及注《後漢書》之鄭氏説羼入者，補遺正訛，依孔氏正義稱先儒篇次，以彖、象附上下經如輔嗣本乾卦之例爲六卷，上係第七，下係第八，文言第九，説卦第十，序卦第十一，雜卦第十二，以還《七録》之舊，於諸家最爲詳整。張編修惠言復加訂補，又撰《周易鄭氏義》，大暢粤旨，由是鄭易復明。時又有臧貢生鏞堂本，依輔嗣九卷之次，繫辭而下合爲三卷。雖與隋、唐志、《釋文》合，要出自俗間，并鄭就王，蓋非康成原次也。

又 《尚書注》。《七録》、《釋文敘録》、隋、唐《志》「九卷」。按《漢書・藝文志》，《尚書古文經》四十六卷，爲五十七篇。康成雖受古文於張恭祖，其所注者實止二十九篇，《釋文》云「馬、鄭所注并伏生所誦」，《堯典正義》云「鄭注《尚書》篇數與三家同」是也。唯從劉向《別録》分出《盤庚》《泰誓》各二，《康王之誥》一，凡二十四篇，并書序一篇，較小夏侯經二十九篇多五篇，歐陽經三十一篇多三篇耳。按古文經五十八卷見《別録》，康成敘贊云：後又亡其一篇，故班志云五十七，然則孔壁《古文尚書》《盤庚》《泰誓》本各三篇，《顧命》、《康王之誥》本二篇，於今文凡三十四篇合之安國得多二十四篇，乃爲五十八，非康成始分也。《堯典正義》云：「鄭氏於伏生二十九篇之内分出《盤庚》三篇、《康王之誥》又《泰誓》三篇，爲三十四，更增益僞書二十四，爲五十八。」説大謬。其孔安國得多今文之十六篇，皆未嘗爲之注，唯於《書》序注述其第目。《堯典正義》云：「鄭注《書》序《舜典》一、《汨作》二、《九共》九第十一、《大禹謨》十二、《益稷》十三、本是「棄稷」，作「益稷」誤。《五子之歌》十四、《胤征》十五、《湯誥》十六、《咸有一德》十七、《典寶》十八、《伊訓》十九、《肆命》二十、《原命》二十一、《武成》二十二、《旅獒》二十三、

《冏命》二十四。本是「畢命」，作「冏命」誤。以此二十四篇爲十六卷，《九共》九篇共卷」是也。正義云：「張霸之徒於鄭注之外僞造二十四篇以足鄭注三十四篇爲五十八篇。」此説大謬。自晉元帝時梅頤奏上僞孔傳，以後遂孔、鄭并行。及唐陸元朗撰《釋文》，孔沖遠撰正義，皆以僞孔爲主，鄭注由是寖亡。宋末王應麟采輯爲一卷。至國朝，閻徵君若璩撰《尚書古文疏證》、惠徵君棟撰《古文尚書考》，以辨定孔傳之僞。逮乾隆間，王光禄鳴盛因王輯注本又加增補，作《尚書後案》；江徵君聲作《尚書集注音疏》；孫觀察星衍集《古文尚書》注，又作《古今文尚書注疏》；段大令玉裁作《古文尚書撰異》：皆以闡鄭氏學，康成《尚書》注義復明。

又《三禮圖》。《隋志》九卷，「鄭玄及侍中阮諶等撰」。《宋史·聶崇義傳》載：吏部尚書張昭等奏曰：「四部書目内有《三禮圖》十二卷，是隋開皇中敕禮官修撰。其圖第一第二題曰梁氏，第十後題曰鄭氏。今書府有《三禮圖》，亦題梁氏、鄭氏。」竇儼序聶氏《三禮圖》，稱崇義博采舊圖，凡得六本，其一本是鄭圖。自聶圖出，其書皆逸。國朝《四庫總目》云：「驗勘《鄭志》，玄實未嘗爲圖。考書中宫室車服等圖多與鄭注違背，殆習鄭學者作圖，歸之鄭氏。」珍謂康成著書，元不盡見《鄭志》目録，唐劉知幾據以駁《孝經》注，已非確證，因而謂鄭氏不作禮圖，恐尤未然。鄭圖後經阮諶、夏侯、伏朗、梁正、張鎰、隋開皇迭有修改，聶氏又參校六本，定爲今傳之《三禮圖》。本非盡出鄭手，自然多失鄭意，亦不得以此易唐前舊説也。特今聶圖中唯鷄彝及舟是遵據鄭圖，有明文可見，其他皆無從甄别矣。

胡元玉《雅學考》

臣舍人《爾雅注》。不知其姓，里居、事迹均未詳。《釋文敍録》云：犍爲文學注三卷。一云犍爲郡文學卒史臣舍人，漢武帝時待詔，闕中卷。《隋志》云：梁有漢劉歆、犍爲文學、中黄門李巡《爾雅》各三卷，亡。《册府元龜》云：犍爲郡文學卒史臣舍人注《爾雅》二卷。案：此蓋據《釋文》闕中卷而云，然殊誤。翁覃溪《經義攷補正》云：丁杰按：《文選·羽獵賦》注引《爾雅》犍爲舍人注，又引郭舍人注。則舍人姓郭，但《左傳正義》中舍人、文學並見，則又似二人也。附識以俟攷。盧紹弓《釋文攷證》云：李善《文選·羽獵賦》注引作郭舍人，攷《漢書·東方朔傳》，武帝初有幸倡郭舍人，常侍左右，注《爾雅》者疑非此人。謝蘊山《小學攷》云：《詩正義》舍人及犍爲文學並引異説，蓋二説本出一人。《正義》中稱舍人，陸璣《詩疏》稱犍爲文學。下一條乃《正義》覆述《詩疏》原文，故仍其稱耳。《春秋正義》、《爾雅疏》皆然，非有兩人也。《詩·大田》釋文引郭云：「皆蝗類也」句，景純注中所無，其即犍爲文學之説。《文選注》前引郭舍人注，後引犍爲舍人注，亦偶異其稱耳。錢竹汀《與晦之論爾雅書》云：攷陸氏《釋文》稱犍爲郡文學卒史臣舍人，漢武帝時待詔，而《廣韻》亦有舍姓，是舍人乃其人姓名，非官稱也。孫怡谷《讀書脞録續編》云：錢竹汀云《廣韻》有舍姓，蓋其人姓舍，名人。按姓舍罕見，且名人，疑未必然也。李善《文選·羽獵賦注》引郭舍人《爾雅注》，是其人姓郭爾。《漢書·東方朔傳》有幸倡郭舍人，正值漢武帝時，豈即其人耶？蓋本犍爲郡文學，卒史而入爲舍人也，名則不可攷矣。周松靄《十三經音略》云：《文選·羽獵賦注》引《爾雅》犍爲舍人注，又引《釋詁》郭舍人注，與景純不同，疑舍人即文學，而與景純同姓。據陸氏《釋文》則即《東方朔傳》郭舍人無疑，然《左傳正義》文學、舍人並引，而説異，蓋文學兼稱舍人，而顧野王亦稱舍人也。邵二雲《爾雅正義》云：諸書多引作犍爲舍人，或作舍人。《文選注》閒稱爲郭舍人，疑即一人也。臧在東《爾雅漢注》云：《文選注》舍人上衍郭字。洪筠軒《讀書叢録》云：《文選注》引作郭舍人。按：《西京雜記》郭威字文偉，茂陵人。好讀書，謂《爾雅》周公所制，而有張仲孝友。張仲宣王時人，非周公之制明矣。疑即此人。馬竹吾《玉函山房輯佚書》云：《文選·羽獵賦》注引《爾雅》郭舍人注，張澍《蜀典》謂即與東方朔同時。待詔爲隱語，被榜呼譽之郭舍人。又博攷漢時官階，云當是初爲郡文學，後補太守卒史，以能詼諧、善投壺入爲待詔舍人也。引者或稱文學，或稱舍人，要是一人之言。《釋文》以爲闕中卷，故自《釋宫》至《釋水》不及引舍人注。而《齊民要術》、《水經注》、《太平御覽》等書所引猶足據摭成卷，以補陸氏之闕。舍人在漢武時，釋經之最古者，本多異字，尤可與後改者參校，而得《爾雅》之初義焉。黄右原《爾雅古義》云：在景純前之郭舍人注，謂即漢武帝時聯柏梁體詩者固非，亦與《西京雜記》爲武帝投壺賜金之郭舍人有别。又云《釋文》自《釋訓》以下，《釋草》以上無一語引及此者，蓋彼時惟存上下二卷，而闕其中卷矣，惟《齊民要術》尚引《釋器注》。《水經注》亦引《釋水注》，賈酈成書尚在陸前，故猶及見中卷也。宋于庭《過庭録》云：孫君志祖據《文選注》斷爲郭舍人是矣，然舍人由文學卒史入爲待詔，非入爲舍人也。舍人太子官屬，非近侍官名。又《東方朔傳》云朔高自稱譽，上偉之，令待詔公車，蓋朔與舍人同待詔公車，同得省見，傳記之若爲倡優者，蓋失實也。則朔傳之郭舍人正注《爾雅》者。舍人當是其名。《釋文》稱文學卒史臣舍人，猶注《漢書》者稱臣瓚，若是官名，則當云舍人臣某矣。蓋其成書奏上之時尚未顯幸，故僅題文學卒史耳。《朔傳》稱郭舍人爲諧語注。師古曰：「諧者，和韻之言也。」可以爲舍人明小學，通諧聲之切證。原注：魏孫炎爲反切之學，共源或出于舍人。《後漢·文苑傳》：王

逸元初中舉上計吏，爲校書郎。順帝時爲侍中。今傳《楚辭章句》題校書郎臣王逸上。《漢書·五行志》待詔寵等注，師古曰：以經術待詔，其人名寵，不記姓也。《漢書·枚乘傳》：皋自陳枚乘之子召入見待詔。又言皋爲賦好嫚戲，以故得媟黷，貴幸比東方朔、郭舍人等。郝蘭皋《爾雅義疏》云：宋翔鳳言郭舍人即與東方朔爲射覆者，其説是也。案：《漢書·藝文志》儒家有臣彭四篇，道家有臣君子二篇；原注：蜀人。雜家有博士臣賢對一篇，臣説三篇；原注：武帝時作賦，師古曰説者其人名。小説家有待詔臣饒心術二十五篇；原注：武帝時，師古曰劉向《别録》云饒齊人也，不知其姓。待詔臣安成未央術一篇，臣壽周紀七篇；原注：項國圉人，宣帝時。詩賦有郎中臣嬰齊賦十篇，臣説賦九篇，臣吾賦十八篇，臣昌市賦六篇，臣義賦二篇，皆成書奏上時原題也，與此題犍爲郡文學卒史臣舍人正同。宋于庭以臣瓚爲比，確極。以官命名古多有之，如漢武時有丁夫人，見《史記·孝武本紀》集解引韋昭曰：丁，姓；夫人，名。亦是以内官命名也。漢時内官有夫人、美人、良人、七子、八子諸號。漢人稱臣例不自記其姓，故往往名存而姓不可攷。《隋志》本于《七録》，《釋文》作于陳隋之際，均不題爲郭舍人，則其姓久已無攷可知。惟不知其姓，故改題其官，而以犍爲文學著于録也。《文選注》成于唐代，且僅一稱郭舍人，單文晚出，難以案據，昭然察矣。而丁、謝、孫、周、邵、洪、馬、黄、宋、郝諸君皆據以爲定，殊不及盧臧之識卓論精。錢以舍人爲姓名，亦不合漢人稱臣之例。《楚辭章句》題臣王逸上，乃傳寫者所加，非叔師原題，不可援以爲例，故舍不得爲姓。若怡谷所譏，則未中錢失也。宋牽合《東方朔傳》，以郭舍人爲人姓名更誤。彼之舍人自是官名，觀舍人恚曰：朔擅詆欺天子，從官可見。蓋本幸倡，後爲舍人，故常侍武帝左右，不必泥于舍人非近侍官名也。如其人姓郭名舍人，則身止幸倡焉，敢自號爲天子從官耶？至《釋文》引郭云皆蝗類也，自是郭《音義》中語，否則今本郭注有脱漏，謝指爲舍人注，未免疏淺。今從《漢志》著録臣彭等之例，改題臣舍人以復原題，而不從《七録》僅題其官焉。

又 鄭玄《爾雅注》。玄字康成，事迹具《後漢書》本傳。孫怡谷《讀書脞録》云：《周禮·大宗伯》疏引緯書《文耀鉤》「天皇大帝」之號，又引《爾雅》「北極謂之北辰」，其下引鄭康成注云「天皇北辰耀魄寶」，此《文耀鉤注》，非《爾雅注》也。近余氏蕭客《古經解鉤沈》列之康成《爾雅注》，誤矣。邵二雲《爾雅正義》云：其爲《敘録》所未引及者，有鄭康成注，見《周禮疏》。然康成傳不言其注《爾雅》，其即《鄭志》引《爾雅》而釋之，後人遂以爲康成《爾雅注》與？又云：今考陸氏《經典敘録》所載犍爲文學、劉歆、樊光、李巡之外，益以鄭康成爲六家，其餘未之詳也。阮芸臺《周禮校勘記》云：此鄭注《文耀鉤》也，上引《文耀鉤》可證，因文承《爾雅》之下，而或云鄭有《爾雅注》，誤讀此疏矣。案：《周禮正義》辨五帝、大帝之號，首引《春秋緯·運斗期》，次引《文耀鉤》，次引《元命包》，次又引《元命包》，次又引《文耀鉤》，次引《爾雅》，次引鄭注，次引《尚書·君奭》云「時則有若伊尹格于皇天」，次引鄭注云「皇天、北、極大帝」，次引《掌次》，次引《月令·季夏》云「以供皇天、上帝」，鄭分之皇天、北辰、耀魄寶、上帝、太微五帝。此引《月令》鄭注也。今《禮記》鄭注具存，與此疏《月令》下所引正合。《尚書》鄭注雖亡，然隋唐《志》等書久已著録，則此疏《尚書》下所引確是《尚書注》矣。《爾雅》鄭注前籍雖未言，然此疏三引鄭注，皆先列經文，次列注文，極爲明瞭，如必以爲《文耀鉤注》，何以不于引《文耀鉤》下先列此注，而列于《爾雅》下耶？且斥爲非《爾雅注》者，不過因上引《文耀鉤》，下有是「天皇、大帝之號也」之文，遂以此注爲釋緯文「天皇大帝」之義耳，不知此句並非緯文，乃賈疏總釋《周禮》鄭注之語。合觀前後文義自見，爲此説者乃真誤讀此疏，余仲林實未誤也。但《文耀鉤》既無天皇之語，《爾雅》亦僅有北辰之文，此注北辰二字似當在天皇之上方合，豈涉下文《月令注》而誤倒耶？又案：釋慧琳《一切經音義》卷三十引《爾雅》鄭注云「懋，謂自勉也」，卷八十三引《爾雅》鄭注云「郵，道路過也」，又引「駿，馬之美稱也」。釋慧苑《華嚴經音義》卷二引鄭注《爾雅》云「芬，香氣調也」。攷《爾雅》「懋懋慔慔，勉也」，郭景純云：「皆自勉強。」「郵，過也」郭景純云：「道路所經過」，均與慧琳所引鄭注大致相同。且郵字古作尤，郭注望文生訓，《日知録》已辨其非。而鄭君箋《詩·四月注》、《洪範五行傳》皆用《雅》訓云「尤，過也」，足見慧琳所引本非鄭注，乃郭字之訛。惟「駿，馬之美稱也」不見景純《雅》注中。然又與《穆天子傳》「天子八駿」郭注適合，其爲誤標《爾雅》又無可疑。至于芬字本《爾雅》所無，其有譌誤更爲明顯。《華嚴經音義》卷四又引此注，作郭注《爾雅》，亦誤。據《方言》十三「芬，和也」，郭注正作「芬，香氣調和也」，《華嚴經音義》卷三引此注，但稱郭璞，極是。則駿、芬二注皆是一誤，郭璞曰爲郭注《爾雅》再誤爲鄭注《爾雅》明矣。又《史記·五帝紀》、《蓺五種集解》云：《詩》云「蓺之荏菽」，索隱云此注所引見《詩·大雅·生民》之篇。《爾雅》「荏菽，戎菽也」，郭璞曰「今之胡豆」，鄭氏曰「豆之大者是也」。按：此之鄭氏自指《詩箋》，非《雅》注也。觀所引《雅》文郭注皆有增損，足見此爲增損《詩箋》「戎菽，大豆也」之文矣。雖文承《爾雅》郭注之下，而義自明顯。此等處不爲剖别，反足貽惑後賢，故詳著之，明鄭君之有《雅》注，得《周

禮》一疏已足，不必借重釋慧琳、司馬貞諸人所引，轉滋無識者以口實耳。

又 孫炎《爾雅注》。炎字叔然，《顔氏家訓》作叔言。《三國志》附見《王肅傳》云：時樂安孫叔然，受學鄭玄之門，人稱東州大儒。徵爲祕書監，不就。肅集《聖證論》以譏玄短，叔然駁而釋之，及作《周易》、《春秋例》、《毛詩》、《禮記》、《春秋三傳》、《國語》、《爾雅》諸注，又著書十餘篇。《釋文敘録》云：孫炎注三卷。《隋志》云：《爾雅》七卷，孫炎注。《通志》同。《舊唐志》云：《爾雅》六卷，孫炎注。《新唐志》同。《册府元龜》云：孫炎注《爾雅》二卷。《緯略》云：《爾雅》注今所傳者郭璞、孫炎耳，所謂樊光《爾雅注》、李巡《爾雅注》、沈璇《爾雅集注》已不可復見。郭璞有《爾雅圖》，江灌有《爾雅圖讚》，皆奇書。黄右原《爾雅古義》云：《緯略》躋晉郭璞于魏孫炎之上，于義不順，當指五代俗孫炎。且高氏既云樊光、李巡、沈璇注已不可復見，漢李樊在魏孫炎前，固宜不復見，梁沈璇在魏孫炎後，豈有在後之沈集注已亡，而獨在前之魏孫炎爲今所傳之理？故知《緯略》云「今所傳者」乃晉郭璞五代之俗孫炎耳。案：宋尤延之《遂初堂書目》尚著録孫炎《爾雅注》，但未載卷數。可見叔然之書南宋時實未全佚，不得以《宋志》未著録而謂其時已無傳本也。右原所云「殊不可信」，如以叔然在士規前決之，則景純獨非在士規前者耶？俗孫炎之書自名義疏，宋人所知不至以注稱之也。

又 《爾雅序篇》。陸堯春《爾雅序篇説》云：《爾雅》之有序篇，猶《周易》之序卦，《尚書》之百篇序，《詩》之大小序也。按：《詩・周南・關雎詁、訓傳》，《正義》引其文云：釋詁，釋言，通古今之字，古與今異言也。釋訓，言形貌也。此《序篇》之僅存者。《爾雅疏》襲用孔《疏》，但于「釋詁」下引上三句，足見邢氏之陋。《漢志》《爾雅》三卷二十篇，今所傳止十九篇。《漢志》或即合《序篇》而言耳。孫怡谷《讀書脞録續編》云：《漢志》《爾雅》二十篇，今惟十九篇，仁和翟晴江云：古《爾雅》當更有《釋禮篇》與《釋樂篇》相隨，《祭名》與《講武》、《旌旂》三章乃《釋禮》之殘闕失次者。按《廣雅篇》第一依《爾雅》，《廣雅》無《釋禮篇》，則晴江之説非也。蓋《釋詁》分上下二篇，故《漢志》稱二十篇爾。近人以《毛詩・周南・關雎故訓傳》第一，《正義》引《爾雅序篇》欲以《序篇》充二十篇之數，然《爾雅》果有《敍篇》，景純豈應删而不注？且唐作《正義》時尚存此篇，則張揖魏人，其著《廣雅》亦必沿用之矣。原注：《爾雅序篇》不知何人所作，應攷。案：《爾雅序篇》即鄭君《三禮目録》《論語篇目》、《弟子》、趙臺卿《孟子篇敘》之類，皆注家解釋篇名之作。蓋唐前注《爾雅》諸家所爲，其人則不可攷矣。

又 曹憲《爾雅音義》。楊州江都人，事迹具舊新《唐書》本傳。舊《唐志》云：《爾雅音義》二卷，曹憲撰。新《志》同。臧在東《與段若膺論校爾雅書》云：《釋獸》「䶂，白虎」下尊校引徐鍇曰「曹憲作《爾雅音》」云音覓。按：徐楚金《繫傳》惟《説文》本書爲可信，餘所引經史傳注之文多由臆記，誤舉不可根究。曹憲祇作《廣雅音》，《隋書・經籍志》載《廣雅音》四卷，祕書學士曹憲撰是也。《唐書・藝文志》誤作曹憲《爾雅音義》二卷，疏舛已極。不料與楚金暗合，朱錫鬯《經義攷》誤采《唐志》。鏞堂撰《爾雅攷》，嘗訂正之。今《廣雅・釋獸》無䶂家，曹憲亦無覓音，不知楚金何由致誤，而可引以爲據乎？案《玉海》云：憲注《廣雅》，藏祕書。改廣爲博，書目十卷。因張揖《廣雅》附作音解，更爲十篇，是《廣雅》自憲始更名《博雅》，始分爲十卷也。今《唐志》于曹憲《爾雅音義》外，著録《廣雅》四卷，張揖撰，《博雅》十卷，曹憲撰。則所謂《博雅》十卷，即曹憲《廣雅音》明矣。無音字者，脱去耳。《隋志》作四卷，乃未定之本爾。時尚未改稚讓之舊也。《唐志》既出《博雅音》十卷，又出《爾雅音義》二卷，書名卷數判然不同，安可詆爲疏舛耶？至《隋志》不録曹憲《爾雅音》，則由憲入唐後始成書故耳。猶陸德明作《經典釋文》三十卷，而《隋志》但録其《周易》並《注》《音》七卷也。隋、唐《志》《廣雅音》卷數不符，亦猶《經典釋文》中《易音》僅一卷，而《隋志》作七卷也。蓋附經注之下，故有七卷，猶《廣雅音》十卷。《音》即附正文下也。「䶂」字《廣雅》所無，惟《爾雅》有之。《釋文》引《字林》云：下甘反，又亡狄反。下甘即是酣音，亡狄即是覓音。憲取覓音而不取酣音，與《説文》讀若鼏之音合，故楚金特引之。若定《唐志》爲《廣雅音》之誤，則此音直是楚金憑空結撰矣，豈其然哉？在東所作《爾雅攷》，雖未得見，然據此書所云已不可信。今仍從《唐志》録之。

又 孫炎《爾雅義疏》。時代爵里事迹均未詳。

又 高璉《爾雅義疏》同上。《爾雅疏序》云：其爲義疏者，則俗閒有孫炎、高璉，皆淺近俗儒，不經師匠。《宋志》云：孫炎《爾雅疏》十卷，高璉《爾雅疏》十卷。翁覃溪《經義攷補正》云：丁杰按孫炎有二，據邢昺《爾雅疏序》云爲注者有犍爲文學劉歆、樊光、李巡、孫炎，此則魏之孫炎，在郭璞前者也。又云爲義疏者俗閒有孫炎、高璉，此則唐宋閒别一孫炎，在郭璞後者也。隋唐《志》于孫炎《爾雅》俱稱注，且卷數或六或七，皆不盈十。《宋志》則稱孫炎《疏》十卷，書名卷數並異隋唐，其爲後之孫炎無疑，此混而一之，似誤。案：《經義攷》于孫炎《爾雅》注下云《宋志》十卷，故云。洪筠軒《讀書叢録》云：此作疏之孫炎與作注之魏孫炎叔然别是一人，陸佃

《埤雅》屢引孫炎《爾雅正義》，即俗閒所行義疏本。周耕崖跋吴槎客所輯孫炎《正義》云：魏孫炎晉世以與武帝名同改稱其字，《魏志・王肅傳》樂安孫叔然是也。其所注《爾雅》郭璞于《釋蟲》兩引其説而辨之，亦曰孫叔然。至酈道元注《水經・溼水》，引《爾雅》「鸒，斯卑居也」，孫炎曰「卑居，楚烏也」。魏徵注《類禮》本之孫炎，時無所避，故直名之俗閒孫炎，如在唐會昌後，則炎亦廟諱，不應相犯。若謂武宗以前，則貞觀、顯慶、開成皆尚文之世，其書何以不見采録，而《唐志》無名，然則五代時人無疑矣。郭氏「螳蜋」注云：孫叔然以方言説此義，亦不了《埤雅》「螳蜋」一條，顯與相違，尤可見其非魏孫炎也。案：據《宋志》列二家于斐瑜注前，則二家似皆唐人。一代史志勢不能盡登一代之書，周説恐非定論。歲在辛巳，元玉以近人所輯《雅注》不盡精詳，擬重爲校輯，先作《雅學攷》敘次諸家書爲五種，後以人事粤夆，校輯中輟，迄今五稔，未遑卒業也。頃于遵義黎氏所刊《玉燭寶典》中見有劉歆斲字反語，頗詫爲奇祕。既而審知其僞，乃復取此及紀述淆譌者別爲袪惑，記之左方。

又　劉歆《爾雅音》。案黎刊《玉燭寶典》卷五引《爾雅》「鴷斲木」劉歆注云：斲音中木反，啄樹蠹而食之。攷劉歆注《雅》未聞作音，此注亦不見他書，不可信也。且杜氏真本久已散佚，《太平御覽・時序部》共引六事，核之黎本，悉故爲增損字句。如《御覽》三十一引「五月五日採艾，懸于户上，以禳毒氣」。按《荆楚歲時記》云：宗則字文度，常以五月五日未雞鳴時採艾，見似人處攬而取之，用灸有驗，是日競渡採雜藥。《夏小正》曰：「此月蓄藥以蠲除毒氣也」一條，《荆楚歲時記》以下正所以證明採艾之典也，競渡又一典也，採雜藥又一典也，引《夏小正》又所以證採雜藥之典也。按《夏小正》云：「五月蓄蘭爲沐浴也。」《神農本草》：「蘭草屬上品，殺蠱毒、辟不祥。」文意明顯，而黎本乃刪改爲「荆楚四民並蹋百草採艾，以爲懸門户之上，以振毒氣」，殊爲謬妄。《御覽》三十三又引「臘者祭先祖，蜡者祭百神，同日異祭也」，黎本改爲「蓋同一日臘祭，宗廟八蜡，羣祀便不直截了當矣」，即此二事僞迹顯然。其爲日本略識字人剌取各類書《時序部》所引古籍排纂臆造以欺黎氏，可知決非少山之舊，故所引《爾雅》古注往往爲羣籍所未引，而核其文義無不淺陋紕謬，不僅子駿之音不可信也，學者尠識將爲所惑，姑記數條以明其妄。如引李巡云：鴳一名鳸鳸隻也。正月萬物萌牙，陬隅欲出，曰陬陬出之也。三月陰氣在上，陽氣未壯，萬物微弱，故曰病病微弱也。五月萬物方盛壯，故曰辜辜大也。孫炎曰：辜，物長之貌。六月陰氣將盛，萬物將衰，故曰且時也。十一月萬物虚無，須陽任養，故曰事任也。孫炎曰：物幽閉蟄伏，如有罪事。十二月萬物始牙，陽氣尚微，故曰塗塗微也。孫炎曰：物始牙，生生通也。捏造訓故，妄改經文，可笑已極。三月息夬，五陽用事，而曰陰氣在上，陽氣未壯；八月萬物成熟，始以壯名月，而于六月即曰萬物將衰，不通之論，將誰欺乎？不得以《釋文》有「病李陂病反之音」遂信爲有據也。又如引「榮螈蜥蜴」下云：犍爲舍人注螈字下加一黿字，釋云榮螈名黿，一名蜥蜴。蜥蜴又名蝘蜓，蝘蜓又名守宫也。劉歆注「榮螈」下注云：龍漦化爲玄螈，並引《詩》「胡爲虺蜴」，謬妄不通，更爲易見。黿與榮螈截然二物，西京大師焉得有此奇謬之注哉！其爲贋本無可疑矣。

雜録

弘曆《御製詩四集》卷一一《命校永樂大典因成八韻示意有序》　翰林院署庋有《永樂大典》一書，蓋自皇史宬移貯者。初不知其名也，比以搜訪遺籍，安徽學政朱筠以校録是書爲請，廷議久行。奏既上，敕取首函以進見。其採掇蒐羅極爲浩博，且中多世不經見之書。雖原册亡什之一，固不足爲全體累也。第彼別部區函意在貪多務得，細大不捐，而編韻分字，踳襍不倫。則由當時領書局者惟一姚廣孝，因而濫引緇流，逞其猥瑣之識。雅俗並陳，舉釋典、道經悉爲闌入，其奚當於古柱下史藏書之義乎？因命内廷大學士等爲總裁，掄選翰林官三十人分司校勘，先爲發凡起例，俾識所從事蕪者芟之、龎者釐之、散者裒之、完善者存之、已流傳者弗再登、言二氏者在所擯、取精擇醇，依經史子集爲部次，俟其成，付之剞劂，當以《四庫全書》名之。夫四庫之目始於荀勗，而盛於唐時。自來志藝文者大都以是爲準，較原書斤斤於韻字之末者，純駁何啻霄壤，於以廣金匱石室之儲，用嘉惠來學，詎非萬世書林之津逮。而表章闕佚之餘，爲之正其名，而訂其失。又詎非是編之大幸乎？系以詩而序之，識始事也。

大典猶看永樂傳，搜羅頗見費心堅。兼收釋道欠精覈，久閲滄桑惜弗全。未免取裁失踳駁，要資稽古得尋沿。貪多遂致六書混，每一字下泛及篆、隸、行、草各體，如同一東字形而一指爲米芾之東，一指爲趙孟頫之東，類此者不可勝舉，更無謂矣。割裂都緣正韻牽。其分字一依《洪武正韻》，次序既多凌舛，且《易》先《蒙卦》、《詩》先《大東》、《周禮》先《冬官》，皆因韻散附，尤乖經體。彼有別謀漫深論，或云永樂以篡奪而得位，恐世人議議

之，因集海内能文者編輯是書，故所用幾千餘人，欲藉以疲其力而箝其口。姚廣孝乃其佐命，遂令專董其事，亦由宋太宗身有慙德，因集文人爲《太平御覽》、《太平廣記》、《文苑英華》三大書以弭草野之私議。然千秋公論自在，又豈智術之所能掩覆乎？我惟愛古命重編。詞林排次俾分任，綸閣鉛黄更總研。何不可徵惟杞宋，寧容少誤致天淵。崇文藉以備四庫，擿什因而示萬年。

又卷一四《題帝王經世圖譜有序》 帝王經世之道，具在六經。法戒所垂，取則不遠。顧篇籍殽陳，披覽非一時可竟。唐仲友迺撮舉諸經要旨，列爲圖譜，旁採傳注，附以總説，分門别類，條理秩然，讀之而其辭易通，玩之而其義易見，允爲政治圭臬。若夫擇之精，語之詳，提要鉤深，用力不紛，而見功甚鉅。宜周必大題辭，比諸水之流東，而車之指南也。夫左圖右史，藉資觀省之益。茲乃彙而爲一，包括靡遺。《永樂大典》中搜羅甚富，如此書之有資君道，蓋不屈指數也。洵稱萬世帝王經世宏編，宜侑諸座右，鑑以朝夕，庸詎賞其廣蒐博記。

又卷一九《題酈道元水經注六韻有序》 酈道元《水經注》，自明至今，惟朱謀埠校本行世。其文與杜佑《通典》、樂史《太平寰宇記》所引經注往往不合，又多意爲改竄，殊失本來面目，近因裒集《永樂大典》散見之書，其中《水經注》雖多割裂，而按目稽核，全文具存，尚可彙輯。與今本相校，既有異同，且載道元自序一篇，亦世所未見，盖猶據宋人善本録入。茲經館臣排綴成編，凡篇目混淆、經注相錯者，悉加釐訂。其脱簡有自數字至八九十字者，亦並爲補正。以數百年叢殘缺佚之書，一旦復還舊觀，若隱有呵護者然，亦藝林佳話也。因題六韻紀之。檢書斷簡萃全珍，自序猶存善長真。却以殘山將剩水，竟如合浦與延津。笑他割裂審無術，《永樂大典》所載之書類多散入各韻，分晰破碎，殊無體例，是書亦具一也。際此完成若有神。南北少訛因未到，酈道元仕於北魏，雖曾出使關中，而足跡未曾一至塞外，故《水經注》中所載邊地諸水形勢未能盡合，即如濡水之源流分合及所經郡縣，多有訛舛。至江淮以南地屬齊、梁，道元亦未親履其地，詳爲考訂，祇據傳聞所及，襲謬沿疑，無怪其説之多盩也。古今略異究堪循。悉心編纂誠宜獎，觸目研摩信可親。設以春秋素臣例，足稱中尉繼功人。

又卷二二《題武英殿聚珍牘十韻有序》 校輯《永樂大典》内之散簡零編，並蒐訪天下遺籍，不下萬餘種，彙爲《四庫全書》，擇人所罕覯，有裨世道人心及足資考鏡者，剞劂流傳，嘉惠來學。第種類多，則付雕非易，董武英殿事金簡以活字法爲請，既不濫費棗梨，又不久淹歲月，用力省而成功速，至簡且捷。考昔沈括《筆談》，記宋慶歷中有畢昇爲活版，以膠泥燒成；而陸深《金臺紀聞》，則云毘陵人初用鉛字，視版印尤巧便。斯皆活版之權輿。顧埏泥體麤，鎔鉛質輭，俱不及鋟木之工緻。茲刻單字計二十五萬餘，雖數百十種之書，悉可取給。而校讐之精，令更有勝於古所云者。第活字版之名不雅馴，因以聚珍名之，而系以詩。稽古搜四庫，於今突五車。開鐫思壽世，積版或充閭。張帖唐院集，周文梁代餘。同爲製活字，用以印全書。精越鶡冠體，昨歲江南所進之書，有《鶡冠子》，即活字版，第字體不工，且多訛謬耳。富過鄴架儲。機圓省雕氏，功倍謝鈔胥。聯腋事堪例，埏泥法似疏。毁銅昔悔彼，康熙年間編纂《古今圖書集成》，刻銅字爲活版，排印蕆工，貯之武英殿，歷年既久，銅字或被竊缺少，司事者懼干咎，適值乾隆初年京師錢貴，遂請毁銅字供鑄，從之，所得有限而所耗甚多，已爲非計，且使銅字尚存，則今之印書不更事半功倍乎？深爲惜之。刊木此慙予。既復羨梨棗，還教慎魯魚。成編示來學，嘉惠志符初。

又卷二九《題敬齋古今黈》 《永樂大典》聚書雖多，而依韻雜排，割裂凌亂。以有用之書，散置無用，誠可惜已。茲命詞臣重加校録，裒輯於零斷之餘，率多善本，《古今黈》其一也。此書目見於《元史》者凡四十卷。今所收雖僅五之一，而四庫臚編，具有條理，仍不失爲完書。且辨晰疑義，折衷釐正，尤極精審，洵散篇中之最佳者。至李治以黈名書，惟取義於不外聽，予則以黈纊塞聰，有合於君臨之道，因題什而序之。韻分書割太無端，不學從來致浩歎。裒散排全資翰苑，連珠集腋得神完。覃研喜見仁卿冶字著，典核應同觀國王看。方朔刜言蘊古衍，雖黈纊塞耳，而聽於無聲，張蘊古大寶箴語。繹文永惕作君難。

又《題九章算術有序》 是書雖爲晉劉徽注，而其名則始見於《唐書》。盖自李淳風注釋，義遂大顯。北宋時人罕習者，漸以湮晦。南宋慶元中，鮑澣得其本，寫入秘閣，世亦莫得而見。明初，編列《永樂大典》。然依韻分排，閲者鮮能究其端委，則雖存猶亡也。茲以校勘《四庫全書》，詞臣於斷簡零篇中裒輯得九篇，盡符鮑澣之舊。顧鮑本無圖，令諸臣按注意補爲之，雖未能必其盡合，皆可因注推演而知，則亦未嘗或紊，視澣所傳，殆有過之無不及矣。算法自皇祖表章以來，可謂大備，是書至今始出，或亦顯晦有時，固有莫知其然而然者乎？夫九章昉於周官，六藝教於洙泗，余雖未習其事，要不得謂非學者所當肄業及之者也。繫詩題識如左。算術由來非所學，不知難强以爲知。大成廣集欽皇祖，皇祖講明算法，《欽定數理精蘊》《儀象考成》等書實足爲萬世算學標準。六藝曾論愧仲尼。

又《效仇遠十二辰體咏金川事解悶有序》 近於《永樂大典》散篇中裒輯得仇

遠《金淵集》，有所謂十二辰體者，頗創見可喜，惜一詩凡三易韻，且鼠牛等字參差用於句中，不若鮑明遠數詩之精審。余昔嘗效昭體論君道，茲效仇遠此體詠金川事，所用十二支字並列句首，從鮑法也。日來大功將成，盼捷益切，寢食爲之不安，拈翰成此，聊以自遣。而灌鼠屠豬藉以取譬於施力之易易，庶幾吉語是徵耳。鼠寇猖金川，於唐吐番種。牛相却悉坦，自昔惡蠢動。虎年即背盟，促浸於乾隆戊辰年平定後，至戊寅年，其酋郎卡即與革布什咱構釁，意圖吞併，時督臣開泰、提臣岳鍾璜檄令撤兵，弗聽，隨調綽斯甲布土兵斷其糧路。又令章谷儹拉各兵突出會攻始退兵，至丹多焚燒寨落而遁。構釁鄰封宂。郎卡屢與九土司搆怨，以番人互相仇殺，蠻觸交争無足爲異，且未敢犯干內地，無庸聲罪致討，止令九土司自行令力攻禦。九土司者，綽斯甲布、革布什咱、巴旺、儹拉、丹壩與促浸最近鄂克什、從噶克、梭磨、卓克采稍遠。兔穴營三窟，蟻鬭相衝挏。龍驤未足勞，方伯命戒董。蛇蝎爲其心，遷延竟惛懵。馬年增築碉，壬年歲，郎卡自知爲衆番所惡，佔據各山梁，修築堅碉十餘座，欲圖出外滋擾。尋侵奪綽斯甲布之俄坡，又攻殺丹壩番衆，又與三雜谷革布什咱接仗，又滋擾巴旺。吞併心益涌。羊子效父觸，郎卡既死，其子索諾木益兇悖頑梗，戕害革布什咱土司，擄其土婦，佔據其地，慫恿儹拉土舍僧格桑攻圍鄂克什，經督臣阿爾泰、提臣董天弼同往飭諭，僧格桑稱願退地釋兵。辛卯夏，儹拉違背前約，復攻鄂克什，兩逆酋遂相聯合，狼狽爲奸，且侵明正土司寨落，並添築碉卡，負嵎抗拒，其罪實難再逭，不得不加以兵力矣。羸角曾弗恐。猴譎不可赦，王師發精勇。雞肋非所圖，羣番籌安鞏。狗苟與蠅營，壓卵山臨聳。阿桂駐兵空薩爾，距勒烏圍不遠，現擬同明亮訂期分路夾攻，尅日掃穴擒渠，佇見膚功迅奏。豬韡羌兒俘，成功不旋踵。

又卷四一《題元憲景文集并各書其卷首有序》 宋庠、宋祁兄弟同負盛名，且同舉進士，時以大小宋並稱。乃其官位，一至宰輔，一爲尚書，事業所就既殊，性情亦奢儉各異。故其詩文沈博新警，因各隨其性之所近，而爲世所傳誦則同。及戒其子不令刊類文集行世，亦同。迨其後雖經合刊，繼而仍歸散佚，又同。茲復裒輯成集，並以聚珍極印而流傳之，又無弗同。其同不同之故，庠與祁固無能知之，余亦烏從而知之。然其散也，由於自欲韜晦，而其聚也，幸有《永樂大典》之僅存，佚之於七百餘年以前，宋天聖至今七百五十餘年。而完之於三百餘年以後，明永樂至今三百七十餘年。則又復歸於同。余因合題一詩，並冠於兩集簡首，更使之不同而同，則向之所謂同不同者，皆可勿深論，是之謂大同。二宋合刊魯紀王，宋嘉定間郡守王允初倡議，欲合刊二宋集，以屬郡文學陳之强，未就而去，其後太守陳芾捐資刊成之，見之强序。惜哉分集失傳詳。學如有本終難晦，行不負言久益彰。伯也孤風表雅操，仲兮彊識富文章。雖稱儉過及奢過，弗愧元方與季方。收拾碎珍得全册，吟題七字冠前行。休嗤《大典》紛割裂，愛禮幸茲存餼羊。

又卷四五《題易傳燈》 是書舊署徐總幹撰而不著名。其子序，謂其父嘗師事呂祖謙、唐仲友，所學似尚有稟承，顧取釋氏傳燈語，爲經解標題，謬盭甚矣。其言君子小人、吉凶陰陽之義，頗有闡發，而所論河圖象數，牽附九宫，則又乖于正道。蓋其書純駁参半，乃指斥後學差誤，得無責人則明而責已則昏歟？以其裒輯于散帙之中，亦云希覯。録備四庫，庶幾瑕瑜不掩。系詩簡端，譏之正所以惜之也。徐氏隱名故以何，標題想亦自知過。本來畫卦由古聖，胡乃傳燈擬梵陀。學述東萊道未見，習沿永叔語傷訛。明云後學多差誤，書中有後學差誤條目。可識其人差已多。

又《御製文集·道命録識語》 昨命詞臣校勘《永樂大典》，得李心傳《道命録》一册，集當時論伊川、程子之事，以道屬之，而以命惜之。所見不衷於理，曾題詩帙首，並序而正其失。茲內廷翰林覆校天禄琳瑯舊藏有元板《道命録》十卷，重以《永樂大典》本校之，則前六卷相同者過半，其刊本有而寫本無者計二十八條，第七卷以下則寫本皆不録，疑其爲未全之書。及細檢之，又有寫本所録而刊本無者凡八條，似《大典》别有所據。考李心傳原序專以伊川爲言，而刊本則兼及朱子，並附濂洛關閩事。復考程榮秀《序》云「李秀巖《道命録》五卷，梓在江州，燬於兵。榮秀嘗得而讀之，疑爲初稿，欲删定而未成，茲因原本略加釐次十卷如左」，云云。今《大典》寫本止載伊川事，與心傳《序》合，或寫本乃鈔江州初梓之本，而龜山書院所鐫十卷兼及朱子諸人，乃榮秀增定之本耳。因識原詩後，以俟考。其元板書前篇已有甲子題語，茲不複録。

又《御製文集二集》卷三三《書洪咨夔春秋説論隱公作僞事》 春秋以三傳爲近古，後世注疏家愈遠愈奇而愈不得其正。即如不書隱公即位，左氏謂攝蓋引而未發，似矣；公羊以爲桓貴，則已失之；惟穀梁一則謂成公志，再則謂成人美，終則謂輕千乘之國蹈道則未，持論平正而不苛。然三傳即能得聖人筆削之精義耶？吾不敢信。而後世操同室之戈，炫獨出之見，求勝人而反昧已，比比是也。如洪咨夔《春秋説》之論隱公直以作僞曰拙吹求實已甚焉。其言蓋出於盧仝《春秋摘微》之緒論。盧仝《摘微》曰：隱越次而立，久不歸位，外示攝而中實奪之，故不書即位，明《春秋》之由作也。是書久佚，惟宋杜諤《春秋會議》採其説。今於《永樂大典》散篇內裒輯得之。夫仝去三傳幾千百年，而咨夔又去仝幾四百餘年，拾人唾餘而以爲自出已見，此何能欺千載之公論乎？謂之爲責賢者備，猶屬左袒耳。

翁方綱《經義考補正》卷四　薛氏漢《韓詩章句》。王應麟曰：「薛漢世習《韓詩》，父子以《章句》著名，《馮衍傳》注引薛夫子《韓詩章句》，即漢也。」聘珍案：薛方回，字夫子，廣德曾孫，乃薛漢之父，見《唐書・宰相世系表》。《後漢書》云：「薛漢，字公子，世習《韓詩》，父子以《章句》著名。」據此，則《韓詩章句》非薛漢一人之書。《馮衍傳》注言薛夫子，而王厚齋云即漢也，豈《章句》出其父子遞著，而其子成之歟？然諸書所引，亦曰薛君亦曰薛夫子，竹垞此條即使專據厚齋語系於薛漢，亦當詳其父耳。

又卷七　杜氏預《春秋釋例》。劉蕡《序》曰：「聖人文乎魯史，志乎周道，筆削隱顯，有權有義，一正乎周制而已。權焉，故有諱國惡、避世禍、矯事以變文也；義焉，故有例典禮、貶僭亂、尊王以行法也。彰明五始，上稟班朔，布象之本，則公旦禮經、列國羣史，悉得書之矣。詳略一字，下救衰俗、强臣之漸，則仲尼志藴，異代鮮克究其極焉。有晉大儒杜預，皓首《春秋》，深明權義，乃謂學者未可與權，必先講義；義之通明槩有宗本，舉一則推萬可知，討源則衆流畢會，是以禮經言凡者，謂其統之有宗也。志在可例者，謂其會之有元也。厥初寄辭史法，假蹟霸政，其事著於桓、文，其道窮于魯、衛。且諸侯專而宗周徽，三家盛而公室削，道不克振，事得以書，由是立經舉元，後世非以例義求之，則莫能一而貫也。范甯有言：《左氏》失誣，《公羊》失俗，《穀梁》失短。斯皆謂偏執空文而昧乎變例者也。夫然《釋例》之作，宗本于舊章，非元凱獨斷而然也；實包括三傳，同歸於聖經之奧與？且曰八公書即位而四公發傳，雖以『不書』、『不稱』爲文，其義則一也。昭、定、哀薨皆不書公，言權在三家也。襄公在楚，每月以不朝告於廟，特于正月釋之者，人理所自新也。諸侯雖有九伐之法，必禀命于天子，可以執，不可輒殺也。考之數條，足以見天曆、人謀相與用舍，一權一義始終詳焉。始于平王東遷，謂魯秉周禮，尚可興之乎？終于哀公西狩，謂叔孫專政，魯其不可爲矣。嗚呼！夾谷之後，使仲田毁三桓城，收其甲兵，不克；孔子之衛，至十一年，自衛反魯，聖經修成；後二年，泰山其頽，三桓勝魯，聖人斯文于是乎掃地矣。漢興，帝制立賢良文學之士，率以《春秋》治天下；晉主中國，元凱以《春秋》爲安危，故述茲凡例，意欲安中國而御四夷，釋權義以正禮經，後儒有以知可例者文也，可釋者志也。善言《春秋》者，不以文害志，故志定而後斷物；得其斷，則例可得焉。例可忘焉？故序。」劉蕡序，按：是書久佚，惟《永樂大典》中尚存三十篇，并存唐劉蕡原《序》，今補録於此。

俞正燮《癸巳類稿》卷一二《宋會要輯本跋》　嘉慶甲子秋日，輯十神太一事。讀《宋史・理宗紀》，寶祐二年九月辛酉，詔詣西太一宫，爲國祈祥，起居郎牟子才再疏諫止。檢《牟子才傳》，帝將幸西太一宫款謁，實欲遊西湖爾，子才力諫止。又《劉黻傳》云：建西太一宫，佞者言太一所臨分野則爲福。近歲自吴移蜀，西北坤維五六十州，安全者不能十數，降敗者相繼，福何在！是西太一宫在西湖，建於理宗時。《禮志》止紹興十一年，臨安城東太一壇壝，及孝光兩朝增殿屋，求西太一宫不可得。又《苗訓傳》，子守信言：至道二年以前，太一經歷宫分，水神太一臨井鬼，屬秦雍分，及梁益之地，民罹其災。來歲水神太一入燕分。意疑之，以志傳不詳，思得《宋會要》。按宋仁宗時，《武經總要》已引《會要》之文。陳振孫《書録解題》云「慶曆四年成八十五卷」是也。程俱《麟臺故事修纂》云：「慶曆四年，章得象上新修《國朝會要》百五十卷。」晁公武《讀書志》同名爲《三朝國朝會要》，至熙寧十年，則爲《六朝國朝會要》三百卷。林駉《決科古今至論前集》卷四云：「《會要》自建隆至慶曆，百五十卷；由慶曆至熙寧，三百卷。」李心傳《朝野雜記》云：「紹興時書籍殘闕，小校唐開得王珪所編《五朝會要》，則合建隆至治平，其後又分慶曆至熙寧爲一部。」《決科至論》云「元豐至政和，爲續修《會要》」，不知卷數。洪邁《容齋隨筆》云：《國朝會要》，元豐時三百卷，宣和時進百十卷，餘四百卷，局中節次覷賞，故未及上，王黼奏罷之。《程史》重和元年十二月丁未，推修《國朝會要》帝系、后妃、吉禮三類賞。《書録解題》有《續會要》三百卷，則起元豐至靖康，南渡後追輯者，疑即《決科至論》所云政和之續修《會要》也。此北宋之《會要》也。《決科至論》云：建炎至紹興，爲《中興會要》。《書録解題》云：「《中興會要》二百卷，自建炎元年止紹興三十二年。」《宋史・李心傳傳》云：《十三朝會要》「端平三年成書」。《書録解題》云：「《國朝會要》總類五百八十八卷，李心傳所編，合刻於蜀中，其板今在國子監。」《玉海・藝文》云：嘉定《國朝會要》五百八十八卷。蓋即此書。《宋會要》，《書録解題》五種，《決科至論》四種，《通志》二種，《通考》六種。章如愚《羣書考索》云：《宋會要》有王洙、王珪、蔡攸、江士猷及淳熙時本，所列各不同。又《南宋會要》，《理宗紀》有淳祐十一年二月鄭清之上《會要》，寶祐二年八月謝方叔上《會要》；《度宗紀》有咸淳四年八月奉安寧宗理宗《會要》。《禮志》告禮云：淳祐五年，進光寧兩朝《會要》；咸淳四年，安奉寧宗理宗兩朝《會要》。三書參差錯見，諸家皆不及之。《癸辛雜識》言：乙亥歲，見秘閣藏有先朝《會要》。是德祐元年見咸淳以前書。《宋史・藝文志》所收書至雜，獨不及《會要》，疑其書元時亡矣。然

《玉海》及《小學紺珠》皆載《宋會要》目二十一類。陳均《皇朝編年備要》其引書目有《皇朝會要》、《續會要》，而其書平敘，不辨何條爲《會要》文。孔平仲《珩璜新論》云：按《會要》，本朝廣漢之後也。蓋帝號中文。《玉海》、《輿地紀勝》、《宋史·禮志》等，引《會要》至多。羅願《新安志》、董史《皇宋書録》、胡三省《通鑑注》、李心傳《舊聞證誤》，藩鎮進奏官引《皇朝會要》，翰林學士引《三朝會要》，宗子獨銜不著姓指揮引《中興會要》，岳珂《桯史》引《會要》，《愧郯録》引《會要》、《續會要》、《中興會要》。又有典故，國朝典故，且引《會要》注。宋人《夢粱録》引《會要》祠祀數事；洪遵《翰苑遺事》有《國朝會要》十一事，《續會要》六事。慶元《漢書本校録》引《國朝會要》淳化、咸平、景德、景祐、祥定字數。刊本《太平御覽》前列《會要》，程大昌《攷古編》御藥院謂《會要》不詳所自。姚寬《西溪叢語》載《高昌行記》，亦引《會要》。皆有目類可歸。汪君文臺又詒余以宋王彌大所著《清溪弄兵録》，引《續會要》二百五十三卷中千三百餘字，尤喜録存之。讀《元史·禮志》，其議多引《宋會要》，始知其書元時猶存，明時《文淵閣書目》宙字號第二櫥，有《宋會要》一部，二百三册缺。弘治時《新安續志》引《宋會要》云：「出金之州十。」顧祖禹《讀史方輿紀要》引《宋會要》、梁克家《中興會要》。則其書明時猶存，今官書著録存目皆無《宋會要》，而官書《盛京通志》引《宋會要》十餘條，《崇文總目提要》引《續宋會要》。乾隆時武英殿刊《宋史》三百九卷兩王延德考證云：《宋會要》謂大名人使高昌者爲於延德。是今官有其書，何以不著録，或轉從他書引證。如於延德之《宋會要》必出於《西溪叢語》雍熙中云云。又疑今無其書，乃鋭意輯之。偶檢《鎮江府志》，其開新河，引《宋會要》天聖七年五月詔。徐乾學《讀禮通考書目》有《宋會要》，及《五禮通考》中《宋會要》至多。全祖望《九經字樣跋》亦引《宋會要》。或冀今有全書。日本人《護法資治論》云宋太祖、太宗、仁宗皆信佛，見《國朝會要》。則北宋中一部，今日本有之。而余所輯者已五卷矣。疑信之間，或作或輟，良可歎也。會要始於唐，唐段公路《北户録》已引之。《藝文志》有二本，今不傳。今所傳《唐會要》，五代重輯本也。《漢會要》亦後人重輯者。金亦嘗作《會要》。《金史·張行簡傳》云：「今有《國朝集禮》，至食貨、官職、兵刑、沿革，未有成書，乞定《會典》，以示無窮。」惜書未成，其云「乞定《會典》」，乃校刊者誤改。漢、唐、五代、宋《會要》，金人習聞之，元有《典章》，明人合《會要》、《典章》二書始名之爲《會典》，金人必不先造會典之名。陋者不知《會要》之目，以意塗改古文，闕支學倖矣。

缺佚分部

綜述

馬端臨《文獻通考》卷一七七《經籍考四》 容齋洪氏《隨筆》曰：孔安國《古文尚書》，自漢以來，不列於學官，故左氏《傳》所引者，杜預輒注爲《逸書》。劉向《説苑·臣術》篇一章云：「《泰誓》曰：『附下而罔上者死，附上而罔下者刑。與聞國政而無益於民者退，在上位而不能進賢者逐。』此所以勸善而黜惡也。」漢武帝元朔元年，詔責中外不興廉舉孝。有司奏議曰：「夫附下罔上者死」云云，其語與《説苑》所載正同。而諸家注釋，至於顔師古，皆不能援以爲證。今之《泰誓》，初未嘗有此語也。漢宣帝時，河内女子得《泰誓》一篇獻之，然年月不與序相應，又不與《左傳》、《國語》、《孟子》衆書所引《泰誓》同，馬、鄭、王肅諸儒皆疑之，今不復可考。

朱彝尊《經義考》卷二三四 余氏允文《尊孟辨》。《通考》「七篇。存。」闕。陳振孫曰：「建安余允文隱之撰。以司馬公有《疑孟》、及李覯泰伯《常語》、鄭厚叔《折衷》，皆有非《孟》之言，故辨之爲五卷。後二卷則王充《論衡》、《刺孟》，及東坡《論語説》中與《孟子》異者亦辨焉。」按：余氏《尊孟辨》五卷，今惟辨温公《疑孟》十一條、史剡一條、李泰伯《常語》十七條、鄭叔友《藝圃折衷》十條，附載《晦菴全集》中。

又卷二四〇 傅氏咸《七經詩》，闕。《晉書》：「咸，字長虞，咸寧初，襲父休奕爵，拜太子洗馬，累遷御史中丞，卒贈司隸校尉，謚曰貞。」孔穎達曰：「傅咸爲《七經詩》，王羲之寫。」王應麟曰：「《藝文類聚》、《初學記》載傅咸《周易》、《毛詩》、《周官》、《左傳》、《孝經》、《論語詩》皆四言，而闕其一。」

又卷二四四 魏氏了翁《九經要義》。二百六十三卷。分見諸經，外有《類目》六卷。闕。虞集《序》曰：「聖賢之學，實由秦、漢以來諸儒誦而傳之得至於今，其師弟子所授受以顓門相尚，雖卒莫得其要，然而古人之遺訓，前哲之緒言，或者存乎其間，蓋有不可廢者。自濂、洛之説行，朱氏祖述而發明之，於是學者知趨乎道德

性命之本廓如也。」

又《詞綜發凡》　世人言詞，必稱北宋。然詞至南宋，始極其工，至宋季而始極其變，姜堯章氏最爲杰出，惜乎《白石樂府》五卷，今僅存二十餘闋也。《東澤綺語》，傳亦寥寥。至施乘之、孫季蕃，盛以詞鳴，沈伯時《樂府指迷》亦爲矜譽，今求其集，不可復睹。周公謹、陳君衡、王聖與，集雖抄傳，公謹賦西湖十景，當日屬和者甚衆，而今集無之；《花草粹編》載有君衡二詞，陸輔之《詞旨》載有聖與《霜天曉角》等調中語，均今集所無。

姚鼐《惜抱軒書録》卷四《陳子昂文集》　陳子昂字伯玉，仕武后時，終右拾遺。其文集十卷。韓愈詩云：「國朝盛文章，子昂始高蹈。」柳宗元謂：「張燕公工著述，張曲江善比興，兼備者子昂而已。」其後馬貴與謂，子昂惟詩語高妙耳，韓、柳並稱其他文，何哉。蓋以其小變齊梁之陋，韓、柳論本朝人文，或稍假借之，亦其宜也。子昂上書武后，請興明堂、太學，宋祁嗤之，謂：「薦圭璧於房闥。」《文苑英華》別有《大崇福觀記》，記所云「太祖孝明皇帝」者，武士彠也。集無此篇，今增入之。當時文士之諂於武氏而不之恥者，風俗使然，蓋無足怪也。

翁方綱《經義考補正》卷一　李氏鼎祚《周易集解》，《新唐書》作《集注周易》。《新唐志》十七卷。《中興書目通攷》十卷。晁公武曰：唐録偁鼎祚書十七卷，今所有止十卷。蓋亦失其七，惜哉。案：《通考》引公武此語「今所有止十卷」下作「而始末皆全，無所亡失。豈後人併之耶」。案：李鼎祚《集注周易》，《新唐志》十七卷，《宋志》作十卷。而《宋志》五行類又有李鼎祚《易髓》三卷，《目》一卷，《瓶子記》三卷，合之乃十七卷也。蓋《唐志》總其生平所著卷目言之，而《宋志》分析書名言之。晁公武、馬端臨、李巽嵒之徒，或以爲集注內亡失七卷，或以爲後人所併，皆未之深考耳。又按：朱睦㮮《序》內「自商翟之後」，「翟」當作「瞿」。又云：「汾陽諸儒」當作「汾河諸儒」。又按：此條下有「潘恭定公序曰」一條，其偁潘謚者，潘恩，字子仁，上海人，明嘉靖癸未進士，南京工部尚書，謚恭定。竹垞祖母，徐之祖父也。竹垞此書終以家學自敍，儼若用馬班史例自成一家之言，故於所親不敢偁名如此。然義取尊經考當紀實，司徒掾班彪，尚偁於《漢書》贊語，則於潘獨偁其謚，徒以留待後人考索耳。方綱按：説經之書，裒輯前修，有資考述者，若李氏《易集解》、衛氏《禮記集説》、杜氏《春秋會義》，後人皆宜爲作敍録，如胡氏一桂、董氏真卿之例，俾學者得以詳之。予門人新城魯肇光積年殫思，撰《李氏易解敍録》一卷。援據極博，惜其早逝，手稾無從收拾矣，爲識於此，使其姓名附此以傳也。

又卷一二　《宋國子監石經》，七十五卷，佚。方綱按：宋嘉祐石經內《尚書》、《周官》石尚有存者，其篆與正書皆精善，愚嘗得其拓本，不可全謂佚也。又按：明河南按察使陳鳳梧嘗立石紀其本末，見全祖望《鮚埼亭集》。

又　《宋太學御書石經》，闕。方綱按：宋紹興石經石刻今存，不可全謂闕也。曾宏父條内高宗即位下當補云「改元建炎至紹興十三年癸亥通」凡十三字，末當補云「九月甲子鐫石以頒四方」。方綱按：紹興石經刻於十三年九月，故通計其前十九年言之，若不引曾氏全文，竟似高宗即位止十九年者矣。又按：九月甲子是九月初十日。

張金吾《愛日精廬藏書志》卷一八《麟臺故事三卷》　此本凡三卷，闕四、五兩卷，卷一曰官聯，曰選任，卷二曰書籍，御製御書附，曰校讐，卷三曰修纂，曰國史，凡六篇，與武英殿聚珍本命篇敍次多有異同。又篇名見《永樂大典》凡九，而此本所載書籍、校讐、國史不與焉，合之恰十有二篇，足以資參考。前有紹興元年尚書省劄一通。

陸心源《儀顧堂集》卷一七《晏元獻遺文跋》　尚有《宋文鑑》所載《中園賦》一首，《假中示判官張守丞王校勘》一首，《雪中》一首，《侍讀學士請宫中視學狀》一首，《答樞密范給事》一首，《連珠》一首，《播芳大全》所載《代皇太子辭陞儲表》二首，杜大珪《名臣碑傳琬琰録》所載《馬忠肅亮墓誌》一首，《騎省集》所載《後序》一首，《老學菴筆記》所載《盂蘭盆》一首，《硯箋》所載《張殿院惠古瓦硯》二首，《瀛奎律髓》載《賦得秋雨》一首，《春陰》一首，《汝州志》所載《巢父井》一首，《江西詩話》所載《東湖涵虚閣》一首，亦皆未收。合之《復齋漫録》、《歲時雜詠》、《西清詩話》、《侯鯖録》各書所引，及汲古刊《珠玉詞》，重爲編次，當可增此本三倍也。

又卷一八《宋景文集跋》　今聚珍本惟六十二卷，《補遺》則不可得也，愚采查各書，於六十二卷之外尚可得六百餘篇，其見於《佚存叢書》所刊《景文宋公集》殘本、《成都文類》、《歲時雜詠》、《播芳大全》、《宋諸臣奏議》、《全蜀藝文志》，總計凡詩二百六十首，文二百八十一首，合之原輯六十二卷，已得原集三分之二。

又《浮溪集跋》　《浮溪集》六十卷，《龍溪集》六十卷，久佚不傳。乾隆中，館臣始從《永樂大典》輯出，釐爲三十六卷。余檢《播芳大全》卷一《上賀天申表》、《代賀立皇太子表》云云，凡一百五十六首，皆今本所未收，内惟《明堂禮畢奏告表本》二篇。《明堂禮畢露香表本》、《謝普賢菩薩表本》、《禳謝火星道場表本》爲《大典》所有，欽承聖訓删削，餘則皆《大典》所無。又《庚溪詩話》有《桃源行》，《宋詩紀事》

有《避地西亭野步》五古，《遊宦紀聞》有《春日詩》，《聲畫集》有《題大年小景》七古，《賓退録》有《賦琴高魚》七古，《京口三山志》有《宿焦山方丈》五古，《咸淳臨安志》卷九十七有《餘杭道中》七律、《知杭州葉夢得復舊職制》、《車駕幸臨安起居表》、《代發運趙修撰賀克復杭州表》，皆宜補入。

胡鳳丹《退補齋文存》卷三《龍川文集序》　《龍川文集》三十卷，其後裔故明時吾邑柏石陳氏及國朝道光間義烏陳東屏司馬，皆嘗校刊行於世。此外，湘蜀間亦間有鋟本，然不多覯也。余家藏書數萬卷，憶自髫齡就外傅，心獨嗜陳氏文，時時誦習，竊嚮慕之。自咸豐辛酉，粤賊徧踞江浙諸郡縣。曩時，藏書焚如棄如，所至板本亦燬失。《龍川集》遂無存者。其後嘗游於皖，復自皖之鄂，往來求《龍川集》不可得，又寓書湘蜀間求之，訖無有。同治丁卯，余司鄂中書局，延監利王子壽比部總校讐事。一日，比部出一編授余。余觀之，則《龍川集》也。大喜不自勝，以近歲窮力蒐訪不可見者，而一旦乃得之乎。是本蓋亦明崇禎中錢塘鄒氏所刻。今秋，比部回里，又檢寄一編，則國朝義烏陳司馬校刊，較鄒氏本多補遺五則，今余從《詞綜》中搜出，朱竹垞先生采選《水龍吟》、《洞仙歌》、《虞美人》詞三首，附入補遺《梅花》五律之後。世所稱《龍川集》詞一卷，未窺全豹。兹合鄒、陳二編，互相讐校，其間時有訛誤，謹就所知者，另纂《辨訛》、《考異》二卷，刊正之。其所不知，蓋闕如也。既乃付之梓人，以廣其傳。凡五閱月蕆事。爰爲誌其顛末如此，若其文之崇論宏議、體用賅備，固已如日月並行，江河不廢。前人具道之，無俟予之贅言也。

王先謙《虛受堂書札·又與筱珊》　尊藏《書録解題》鈔本與《大典》本互勘，字句頗多殊異增省之處。雜藝類《唐朝名畫録》一卷，元別爲一條，《大典》本據《通考》録入，合之於《畫斷》，賴此本猶見元書面目，音樂類亦有數條爲《大典》本所無。

雜録

陳昌圖《南屏山房集》卷一九　《穀譜》十一卷，元王禎撰。按：是譜，穀之屬十有四，蓏之屬十有一，蔬之屬十有九，果之屬十有八，竹木九，雜類八，附以備荒論一篇。臣又按：《文淵閣書目》曰：王禎《農書》一部，十册。錢曾《讀書敏求記》曰：農桑通訣六、穀譜四、農桑圖譜十二，總名曰《農書》。今《大典》分爲八卷，割裂綴合，已非其舊，與浙省所進刊本卷數不符。然刊本《穀譜》缺末一卷，今外間《農務集》即從是書摘抄者也。

又　《熬波圖》，元陳椿撰。按：椿，天台人，元統時爲下砂場鹽司。據原序，是圖凡四十有七，各團竈座晒灰打滷之方纖悉畢具。今《永樂大典》僅四十二圖，蓋缺其五矣。

陶方琦《漢孳室文鈔》卷四《倭刻唐人卷本玉篇零部跋》　日本近出古書甚多，祕美卷子本尤多。隋唐舊册，世所尠睹，余前得《琳音》百卷，已爲寶藏，兹又獲見新刻唐人卷本《玉篇》零部，系部第四百二十五至索部第四百三十一，凡七部四百二十二字爲一册，又言部第九十一至幸部第一百十七爲一册，又第十八卷之後半，分放部第二百七十一至方部二百八十四爲一册，又水部淦字至銑字爲一册，共四卷。後有得系部前半部爲一卷。余尋繹舊文，知定爲野王原本。其書與通行《玉篇》字少文多，且從此可知孫强以後增益型迹，希世之寶，未可多得。其中所采古書皆題篇目，佚希古籍賴此益宏。

輯佚方法部

確定佚書分部

綜述

胡應麟《少室山房筆叢》 景盧謂「諸書今皆不傳於世」，此殊失考。諸書非至宋始不傳，自隋世已湮没。考《隋經籍志》，洪所列三十餘家，存者【略】蓋不過十之三，自餘皆梁世所有，隋一不存。修史者附見其目，列注自明。鄭漁仲一概抄入，不復辨其有亡，大誤後學。若馬氏《意林》所録，自是從仲容《子鈔》纂出，諸子本書雖亡，其引用於《子鈔》者，唐世故在。洪雅名博洽，然於諸史藝文志不甚究心，故有此誤，政與論《太平御覽》書目同科。

朱彝尊《經義考》卷二九四《著録》 梁阮孝緒《七録序略》曰：「孝緒少愛墳籍，長而弗倦，遺文隱記，頗好搜集。自宋、齊以來，王公搢紳之館，苟能蓄聚墳籍，必思致其名簿，凡在所遇，若見若聞，校之官目，多所遺漏，遂總集衆家，更爲新録。其方内經史至於術伎，合爲五録，謂之内篇，方外佛道各爲一録，謂之外篇，凡爲録有七，故名《七録》。昔劉向校書，子歆撮其指要，著爲《七略》，有《六藝略》，今以六藝之稱不足標榜，經目改爲經典，故序《經典録》爲内篇第一：《易》部五百九十卷，《尚書部》一百九十卷，《詩》部三百九十八卷，《禮》部一千五百七十卷，《樂》部二十五卷，《春秋》部一千一百五十三卷，《論語》部四百一十六卷，《考經》部一百四十四卷，小學部三百一十三卷，内見於《隋志注》者，《爾雅》一十七卷，石經四十二卷。統計四千七百一十卷，又《術伎録》緯讖部一百五十四卷。」按：阮氏《七録》其書久亡，僅附見於《隋經籍志注》，闕焉不詳。唐終南山釋道宣撰《廣弘明集》特載其序目，所謂禮失而求之野也，今節録之。

又 《崇文總目》：《易》一十八部，一百七十一卷；《書》七部，八十一卷；《詩》八部，一百一十五卷；《禮》三十三部，一千九十七卷；《樂》四十八部，一百八十一卷；《春秋》三十三部，三百九十六卷；《孝經》五部，九卷；《論語》一十三部，二百一十卷；小學二十八部，三百卷。按：《崇文總目》當時撰定諸儒，皆有論説。凡一書大義，必舉其綱，法至善也；其後若《郡齋讀書志》、《書録解題》等編，咸取法於此，故雖書有亡失，而後之學者覽其目録，猶可想見全書之本末焉。乃夾漈鄭氏持論，謂《崇文目録》每書之下必著説，據標類自見，何用更爲之説，又何用一一强爲之説，使人意怠於是。紹興中改定此書，僅存六十六卷之目，悉去論説，書之散佚者，學者遂無由知撰述之本旨矣。幸而尚存其概者，則鄱陽馬氏之功也。

又卷二九八《通説四》 胡應麟曰：「讖緯之説，蓋起於河、洛《圖》、《書》，當西漢末，符命盛行，俗儒增益，舛訛日繁。其學自隋文二主禁絶，世不復傳，稍可見者，惟類書一二援引，及諸家書目具名而已。《易》則《稽覽圖》、《乾鑿度》、《坤靈圖》、《通卦驗》、《是類謀》、《辨終備》、《乾坤鑿度》、《乾元序制》；《書》則《中候》、《璇璣鈐》、《考靈曜》、《帝命驗》、《運期授》；《詩》則《含神霧》、《推度災》、《氾歷樞》；《禮》則《含文嘉》、《稽命徵》、《斗威儀》、《禮記默房》；《樂》則《動聲儀》、《稽曜嘉》、《叶圖徵》；《春秋》則《元命包》、《演孔圖》、《文曜鈎》、《運斗樞》、《感精符》、《合誠圖》、《考異郵》、《保乾圖》、《漢含孳》、《佐助期》、《握誠圖》、《潛潭巴》、《説題辭》；《論語》則《摘輔象》、《撰考讖》；《孝經》則《孝經雜緯》、《孝經内事》、《句命決》、《援神契》、《元命包》、《左右握》、《左右契》、《雌雄圖》、《分野圖》、《弟子圖》、《口授圖》、《應瑞圖》。《太平御覽》又有《帝驗期》、《禮稽命曜》、《春秋命歷序》、《孝經威嬉拒》等，然隋世所存僅十之三。馬氏《通考》正《易》緯數種，晁、陳俱斥爲僞書，今惟《乾坤鑿度》行世，蓋《易》緯又幾盡矣。」又曰：「《太平御覽》又有《易卦統通圖》、《尚書鈎命決》、《禮記稽命曜》、《春秋命歷序》，又《河圖括地象》、《河圖稽命曜》、《河圖挺佐輔》、《河圖帝通紀》、《河圖録運法》、《河圖真鈎》、《河圖著命》、《河圖矩起》、《河圖天靈》、《河圖秘徵》、《河圖玉版》、《洛書録運法》、《洛書稽命曜》等，尋其命名，亦易緯之數，第《御覽》所引用亦甚希，而諸史《藝文志》、馬、鄭《經籍略》并其名亦無之，蓋自唐已亡，高士廉等編《文思博要》，或掇拾於宋、齊諸類書中，《御覽》又得之《博要》諸書，決非宋初所有也。」又曰：「《乾坤鑿度》所載緯書，太古文目有《元皇介》，次《萬形經》，次《乾文緯》，次《乾鑿度》、《坤鑿度》，次《考靈經》，次《制靈圖》，次《河圖八文》，次《希夷名》，次《含文嘉》，次《稽命圖》，次《墳文》，次《八文》，次《元命包》，共一十四

緯，今見於類書者，惟《含文嘉》、《元命包》、乾坤二《鑿度》而已。《垂皇策》、《乾文緯》、乾坤二《鑿度》説《易》者也，《含文嘉》則《禮》，而《元命包》、《春秋》、《孝經》皆有之，不知何者在先，而《衛元嵩》、《易元包》則又因是命名者也。今《乾坤鑿度》全書存，其理欲深而甚淺，其文欲怪而甚庸，其他雜見類書者往往不相遠也。」又曰：「《坤鑿度》又有《地靈母經》、《含靈孕》、《易靈緯經》，又《洛書》有《靈準聽》、又《地形經》、又《制靈經》，甚矣！其名之衆也，蓋此又宋世僞撰《乾坤鑿度》者，依仿《御覽》所存諸目，創立新題，故尤可笑。」又曰：「世率以讖緯並論，二書雖相表裏而實不同。緯之名所以配經，故自六經、《語》、《孝》而外，無復別出，《河圖》、《洛書》等緯皆《易》也。讖之依附六經者，但《論語》有讖八卷，餘不概見，以爲僅此一種，偶閲《隋經籍志》注附見十餘家，乃知凡讖皆託古聖賢以名其書，與緯體制迥別，蓋其説尤誕妄，故隋禁之後永絶，類書亦無從援引，而唐、宋諸藏書家絶口不談，以世所少知，附其目於此：《孔老讖》十二卷、《老子河洛讖》一卷、《尹公讖》四卷、《劉向讖》一卷、《雜讖書》二十九卷、《堯戒舜禹》一卷、《孔子王明鏡》一卷、《郭文金雄記》一卷、《王子年歌》一卷、《嵩山道士歌》一卷。又有以緯候並稱者，今惟《尚書中候》見目中，他不可攷云。」朱載堉曰：「俗謂緯書出于哀、平之世，王莽好讖，乃有妄人撰作諸緯，兹説不然。蓋緯書之文未必盡出妄人之手，其閒繆妄雖亦不無，要在學者擇焉而已，一切皆以爲妄而棄之則過矣。太史公、大、小戴皆在哀、平之前，已有《通卦驗》之書，而此『差之毫釐，繆以千里』之文，豈待王莽而後有哉？大抵緯書起自前漢，去古未遠，彼時學者多見古書，凡爲著述必有所本，不可以其不經而忽之也。」徐常吉曰：「緯書八十一篇，然《乾鑿度》外又有《乾坤鑿度》，魏伯陽《參同契》亦《易》緯也，而説者以其入道家，遂不列於緯書之目；《尚書中候》、《論語讖》亦不與八十一篇之數，則漢之緯書何啻八十一篇已也。」

程晉芳《勉行堂詩文集》卷五《讀易舉要跋》　俞氏琰《讀易舉要》四卷，見《文淵閣書目》及焦氏《經籍志》、朱睦㮮《授經圖》。今其書不傳而《永樂大典》有之，亦非完本，采掇得四卷。其學主象數，於反對之義深致意焉。又駁張行成以「元亨利貞」起數於四，及田疇積乾、坤以下六卦至於師，而六軍之數全。史浚謂革居四十九，應大衍之數，故云「天地革而四時成」；節居六十，而甲子一周，故云「天地節而四時成」，皆以偶合之見，窺聖人作《易》之意，殊非本旨是也。而琰亦不能糾纏於象數，豈責人則明耶？以其元人之書，在今爲難得，故著録焉。善學者擇取可耳。

畢沅《説文解字舊音・自敘》　唐以前傳注家多稱《説文解字音》，《隋書・經籍志》有《説文音隱》，疑即是也。因摭録之，以資考證。【略】是編所輯雖寡，要爲探本之誼，後之人不知尊重者，陋也。

彭元瑞《知聖道齋讀書跋》卷二《熊明來家集》　天慵之學極精細，大似劉仲原父。其論武成月日、春秋周正、周禮籩豆實、律同合聲，辨且密矣。論《易》、《詩》叶音，近代顧寧人《易音》、《詩本音》所從出也。至必欲改定《洪范》、《雜卦傳》、《玉藻》，未免南宋人習氣。若欲用女冠比丘尼求雨，易笙魁漆木爲匏，以召人之清廉，則迂矣。是集乃經學之書，非其它詩文集可比。通誌堂刻入《經解》中，并第七卷雜説，統名曰《經説》，字句亦不能無訛。本傳云《家集》三十卷，考焦氏《經籍志》正同，今不可得而見矣。此七卷自即從《經解》録出，標以家集，而没其三十卷之數，抄買之作僞也。

翁方綱《經義考補正》卷一　京氏房《易傳》。晁公武曰：「《漢・藝文志》：『《易》京氏凡三種，八十九篇。』《隋・經籍志》有《京氏章句》十卷；又有《占候》十種，七十三卷。《唐・藝文志》有《京氏章句》十卷，而《易占候》存者五種，二十三卷。今其《章句》亡矣，乃略見於僧一行及李鼎祚之書。今傳者曰：『京氏《積算易傳》三卷，《雜占條例法》一卷。或共題《易傳》四卷。』而名皆與古不同。今所謂《京氏易傳》，或題曰《京氏積算易傳》者，疑《隋》、《唐志》之《錯卦》是也，《錯卦》在隋七卷、唐八卷。所謂《雜占條例法》者，疑《隋志》之《逆刺占災異》十二卷是也。至唐，《逆刺》三卷而亡其八卷。元祐八年高麗進書，有《京氏周易占》十卷，疑隋《周易占》十二卷是也。」

又　崔氏憬《周易探元》。竹垞按：崔憬時代莫考，李鼎祚《集解》引用最多。偁爲《新義》，中援孔《疏》，其爲唐人無疑矣。惠棟曰：李資州所謂《崔氏探元》者，謂崔憬探索元理而爲此言，非書名也。崔氏所著書乃《周易新義》耳。嘗以語竹垞之孫介翁，勸其改正，未之從也。

又卷七　蘇氏寬《左傳義疏》，佚。案：蘇氏此書，竹垞未載，當據孔潁達《正義序》補入。

又　夾氏失名《春秋傳》。案：《藝文志》云：「《夾氏傳》十一卷，有録無書。」又云：「夾氏未有書。」所云「未有」者，蓋班氏作《志》之時，其書已亡，非真謂其未嘗著書也。若未嘗著書，何以有十一卷之目著于録乎？

沈叔埏《頤綵堂文集》卷九《書鄖溪集後》　宋安陸鄭獬《鄖溪集》五十卷，見史志及晁氏、焦氏《志》中。獬字毅夫，皇祐五十年進士第一，通判陳州，入直集賢院，知制誥。英宗即位，數上疏言新政，出知荆南，還判三班院。神宗初，召拜翰林學士，權知開封府。按問不肯用新法，爲王安石所惡，出知杭州，徙青州甚言青苗之害，引疾提舉鴻慶宫，卒。史稱其文章豪偉峭整，議論剴切，精練民事。始獬以進士較試於廷，舍人劉原父得獬卷，欲冠多士，考官或難之，原父争之曰：「此文似皇甫湜，朝廷用文取士，得一湜豈不善也？」獬嘗與原父書，亦言：「韓退之時用文章雄立一世者，獨李翺、皇甫湜、張籍耳。然翺之文尚質而少工，湜之文務實而不肆，張籍歌行乃勝於詩，至於它文不少見，計亦在歌詩下，使之質而工，奇而肆，則退之作也。」獬既以原父爲知己，故其詩文趨向不越此數語。其集曾一刊於淳熙十三年，郡守秦焴爲之序。今《大典》内抄輯各體，匯爲三十卷。雖不必如湜之一字三縑，過自矜負，要亦熙寧間一文雄也。又案：序稱於論綏州見其計深慮遠，於論毁譽見其居寵思危，辨楊繪、救祖無擇，則特立不詭隨。今其文不盡傳。

又《書灌園集後》　宋南城吕南公次儒，史稱其於書無所不讀，於文不肯綴緝陳言。熙寧初，以新經取士，士方崇尚馬融、王肅、許慎之業，剽掠臨摹，南公度不能逐時好，一試禮闈不偶，退築室灌園，不復以進取爲意。元豐中，陳和叔繹以翰林學士出知建昌軍，賓禮南公，爲諸儒倡，每謂人曰：「吾不以左官爲不可意，而榮於獲灌園先生。」其爲名流傾倒若此。元祐初，立十科薦士，中書舍人曾子開薦其「讀書爲文，不事俗學，安貧守道，志希古人，堪充師表」。科議欲命以官，未及而卒。子鬱編遺集三十卷，紹興中建昌守宜興蔣某始鏤板以傳，符行中序以爲「精深浩渺，自成一家」。又曰：「南城豪杰之士，如李覯、王无咎及南公，其才皆有大過人者，集中如《補韓退之傳》，盛見賞於曾子固，謂吾鄉姑山之秀，世不乏人。」《通考》引陳氏《解題》曰：「南公欲修《三國志》，名其齋曰衮斧，其書未成。」史志是集焦氏《志》卷帙與《解題》同。今《大典》内抄出詩六卷，文十四卷。南公《與汪秘校論文書》自言：「於列、莊、六經、百家、十八代史，因文見道，沉酣而演繹之。私心自許，謂文學之事，雖使聖人復生，不得廢吾所是。惟當勒成一家，俟之百世」。又曰：「若揚、馬以前，與夫韓、柳之作，此某所謂文者。若乃場屋詭僞，劫剽穿鑿，猥冗之文，則某之所耻者。幾若黄河、泰山，峻厚高筒，渾灝奔注，與天地齊同而日月不能老之者，此某之所以經心。」《容齋五筆》載南公文云：「士必不得已於言，則文不可以不工，蓋意有餘而文不足，則如吃人之辯訟，心未始不虚，理未始不直，然而或屈者，無助於辭而已矣。觀書契以來，特立之士未有不善於文者。士無志於立言則已，必有志焉，則文何可以卑淺而爲之。」余讀某集，要爲毅然盡心思與古人并，而不礙其言之涉於夸也。考麻姑山有十賢堂，南宋以祀郡人，陳彭年、李覯、曾鞏、曾布、曾肇、王无咎、鄧潤甫、朱京、朱彦、志公與焉，余謂陳永年，曾子宣、鄧温伯并小人之尤者，不如黜去，稱七賢可也。

又卷一〇《書畏齋積齋二集後》　元鄞人程端禮敬叔《畏齋集》十卷，見黄文獻所作墓誌及焦氏《經籍志》。慶元自楊、袁、舒、沈四大弟子尊尚金溪之學，而朱子之學不行。敬叔獨從史果齋游，以傳考亭明體達用之指，一時生徒甚衆。所著進學規程即今《讀書分年日程》，國子監以頒示郡邑校官爲學者式。歷建平建德教諭及稼軒、江東兩書院山主，有集慶路江東書院講義一卷，集外單行。又爲鉛山州台州教授，所至以扶植名教、興起人材爲己任。嘗與諸生曰：「學問之道，具在聖經賢傳，吾嘗述之矣。真知實踐，則存乎其人。」疾革，目已瞑而頭微偏，門人樂良進曰：「先生頭容稍偏矣。」復張目端坐而終，可謂得正而斃者矣。晉卿墓銘有曰：「真儒有作，乃發其蔀。先生之傳，遂有端緒。」又愈：「志局於位，厥施未豐。惟其教思，垂於無究。」皆實録也。所爲文明清純粹，多載道之語，儼有德之言。詩亦温厚和平，雅而不腐，得朱子家數。余從《大典》内抄出，僅六卷。果齋名蒙卿，咸淳進士，以江陰教授改平江，國亡不仕，自號静清處士。早受業巴川陽恪暨大陽先生存齋枋、小楊先生字溪岊，陽氏師涪陵暖亞夫淵，亞夫師朱子，蓋淵源有自云。端禮弟端學，字時叔，并列《元史》儒學，其《積齋集》亦從《大典》抄得五卷。時叔至治辛酉進士，授仙居縣丞，尋改國子監助教，動有師法，學者以其剛嚴方正比諸小程夫子，以别於敬叔焉。考滿升國史院編修，每論撰爲學士虞伯生所推服，遷太常博士，命未下而卒，以子仲能徐貴，贈尚書。時叔長於《春秋》，在國學時，慨《春秋》在六籍中未有一定之論，乃取前代百三十家，折衷異同，著《春秋本義》、《三傳辨疑》、《春秋或問》。經筵官請板行其書，以授來學。今惟《本義》三十卷、《或問》十卷存《通誌堂經解》中。詩文特其緒餘，顧亦藴蓄宏深，自在流露，都非苟作，綽有家風，頡頏喆昴，奚慚競爽。考伯生於文宗泰定，初官司業時，叔以助教扈蹕開平，與之共事，上都胄監，而集中絶少倡酬，殆不以是事許之耶？

又《書瓢泉吟稿後》 元長興朱晞顔，字景淵，少隱廛市，有詩名，尋以習國字被選仕爲浙東長林丞，司煮鹽賦，即稿中所稱「平陽州蒙古掾」是也。平陽乃永嘉屬縣，元升爲州。後歷江西瑞州郡鹽税。其宦迹可知者止此。所至眺覽山水，詩格益遒，而仍不廢曹務。牟𪚥之巘序其少作，已云「老蒼隽健，非近學所能窺，俗情所能汩」。又云「擬古則不失作者之意，詠史則能得當時之情」。鄭宗魯僖稱其詩「蹇騰迅邁，連軒清警，人所彳亍，我獨紆餘。文規繩古制，不事浮靡。曲生、菊隱二傳，尤奇贍幽蔚」。其他唱酬贈答，如鮮於伯、揭曼碩諸人，并卓然名隽。惜其集不甚流傳，惟崑山叶氏《目》載稿四册，秣陵焦氏《志》載集四卷。今《大典》内抄出，析爲五卷。其擬古十九首及曲生二傳猶存。晞顔父名文進，字野夫。吴草廬表其墓，稱晞顔能詩能文，有猷有守，勉爲良吏聞人，則其人其言曾爲有道所許矣。

又《書鷺湖集後》 明鉛山龔斅《鵝湖集》，斅，史附安然宋訥傳中。洪武三年，以明經分教廣信學，有《六經圖》，兵燹後闕《詩經》，斅輯朱子説補之。十三年，以尚書范敏、御史叶孟芳薦其學行，與莆田吴源性傳同以本郡教授被召入京。時初罷中書省，置四輔官，各兼太子賓客班尚書，上每刑官議獄，送四輔及臺諫官復核，有疑讞，許封駁，斅與王本本以儒士行誼著聞召，坐事誅，不詳裏籍、杜佑安邑人爲春輔官，杜斅壺關人、趙民望藁城人、吴源興化儒學教授爲夏輔官，并令兼攝秋、冬。尋與源同以老疾乞歸。明年夏，又同召入國子學。十五年五月十七日，太祖幸學，斅以博士執經見宋訥太學碑，吾鄉王原禮嘉會以檢討升右司業，時斅爲左司業，常熟宋訥爲祭酒，三人者年俱高，嚴立楷範，諸生肅然，多所造就見《兩浙名賢録》。洎遷祭酒，坐放諸生假不奏聞，免。斅著有《經野類抄》二十八卷及此集，見《明史·藝文志》、焦氏《經籍志》并六卷。今《大典》内采出詩三卷、文二卷。王元美云：「明興，立赤幟，青邱、青田二家而已。當是時孟載景文子高實爲之羽翼，而談者尚以元習短之。斅詩風調諧美，文亦老成，惜其集罕行於世，故自來薈萃前明作者無能舉其氏名，然使弇州諸人得而品第之，要是先正典刑，具有開國氣象者也。邑乘載其論經野，分宿於省，分府於府，分數於縣，大率兩浙、江南屬女宿，故其下應以桑麻、蠶績；江西、湖廣屬牛宿，故民勤耕藝地，饒五谷。語多凑合。夫分野之説，賈疏謂古受封之日歲星所在之辰。其説甚善，足補鄭注所不及。」王子足曰：「十二野，所以分天之綱者也，其要在乎躔度而已。」山陰姜武孫承烈有《分野辨》，其言以爲辨之而終不辨，莫若以不辨辨之，斅豈未之前聞，乃欲以鍥舟膠柱之見求之耶？

余集《秋室學古録》卷二《毛詩講義》 《毛詩講義》十二卷，宋林岊撰。岊字仲山，福建古田人。紹熙元年特奏名，嘉定間嘗守全州。《宋史》不爲立傳，而《閩志》稱其在郡九年頗多惠政，重建清湘書院，復建率性堂，日偕諸生講明道學，勉敦實行，鶴山魏了翁與岊友善，爲作《書院記》紀之，郡人祀之柳宗元廟，其治績殊可紀，蓋亦學道君子也。兹編乃其講義，簡括箋疏，依文訓釋，大指取裁毛、鄭而折衷其異同，雖範圍不出古人，而融會貫通，絶無枝言曲説之病。觀其體例，當是在郡時講授所及，門弟子因録而成帙耳。説《詩》至宋時，若劉敞、歐陽修、王安石、蘇轍，以迄程、朱，務黜序説，駁毛、鄭，各以意逆志，求合於風人之旨。雖其所得或有什伯於前人，而或至放言高論，屈經以從己説，武斷以亂是非，若鄭樵、王柏之徒，亦不免一時之流弊。岊在光、寧閒，諸儒之説正盛，而獨沾沾焉闡古義以詔後來，亦可謂篤信漢學者矣。案《宋史·藝文志》、馬端臨《文獻通考》及《文淵閣書目》皆載有此書五卷，自明初以來久無傳本，故朱彝尊《經義考》以爲已佚。今從《永樂大典》各韻所載次第彙輯，用存其概而闕其所原逸者。因篇帙稍繁，謹釐爲十二卷，不復如其原目云。

又《詩纘緒》 元劉玉汝撰。玉汝《元史》無傳，其行履亦不見於他書，惟以周霆震《石初集》考之，知其爲廬陵人，字成之，嘗舉鄉貢進士，而所作《石初集序》末題「洪武癸丑」，則明初尚存也。此書諸家書目從未著録，獨《永樂大典》各韻内頗載有其文。其大旨專以發明朱子《集傳》，故名曰「纘緒」，蓋以纘紫陽之緒爲言。體例與輔廣《童子問》相近，而發揮更爲精暢。凡《集傳》中一二字之斟酌，必求其命意所在，或存此説而去彼説，或宗主此説而兼用彼説，無不尋繹其所以然而闡明之。至其論比興之例，如曰有取義之興，有無取義之興，有一句興數章，有數句興一句，有賦又比、比又賦之類。明用韻之法，如曰隔章爲韻，疊句爲韻，重韻爲韻，隔句爲韻之類。論《風》、《雅》之别，如曰有腔調不同，有詞氣不同之類。於文公比興、叶韻之説，皆反覆體究，詮釋明當，足補前人所未備，洵可爲朱氏功臣。《詩傳》自紫陽始發理趣，後宗其説者漸多，輔氏以外，如胡一桂之《附録纂疏》、梁益之《旁通》、汪克寬之《音義會通》、劉瑾之《通釋》，悉能發朱子之藴，胡廣等據以纂輯《大全》，遂爲世所習用。玉汝此書尤推闡無遺，與諸儒足相伯仲，乃前人罕有稱之者，則其亡佚久矣。今就《永樂大典》所載，依經排纂，正其訛脱，定爲書十八卷，以爲羽翼朱《傳》者備一家之説焉。

邵晉涵《南江文鈔》卷一二《洪範口義》 《洪範口義》二卷，宋胡瑗翼之撰。《文獻通考》作《洪範解》，朱彝尊《經義考》列「未見」一門，《永樂大典》中尚存完本。晁公武謂：「係門人所録，無緒次首尾。」今按其書先後貫澈，條理整齊，當爲瑗自撰之書。《宋史》稱瑗善於訓迪，設經義、治事二齋，公授弟子。此書蓋經義齋講習所傳也。自唐及宋初皆墨守《注疏》，人無異議，洎劉敞、歐陽修諸儒經説，始各標己見，不受前人之範圍。瑗於諸儒中最爲醇謹，然如釋「天錫洪範」爲「錫自帝堯」，不取神龜負文之瑞；五行次第定爲箕子所陳，而不辨《洛書》本文之多寡；「五福六極」之應通於四海，不當指一身而言，皆駁正《注疏》，自抒心得。又詳舉《周官》之法推演八政，以經注經，語更精確。要其大旨，歸於建中出治，定皇極爲九疇之本，不欲以陰陽災異諸説流爲禨祥，南宋諸儒之學實導源於此。然瑗本以躬行爲人師，持論偶有異同，皆從容審定，無後來翻新立異之弊。瑗之德行可傳，其書益可寶貴。《宋藝文志》本一卷，今校定字句，釐爲二卷。

又《洪範統一》 一卷，宋趙善湘撰。善湘字清臣，濮安懿王五世孫。仕至資政殿大學士，封天水郡公，贈少師。《宋史》有傳。此書成於開禧時，《宋史》謂之《洪範統論》，《經義考》又作「統紀」，今按善湘自序，定爲「統一」。善湘謂，漢儒《鴻範五行傳》祇以五事庶徵爲五行之驗，而五紀八政諸疇散而不傳其統，徵引事應，語多傅會，因采歐陽修《唐志》、蘇洵《洪範圖論》遺意，定皇極爲九疇之統，每疇之中，如「五行」則水、火、木、金皆統於土，「五視」則貌、言、視、聽皆統於思，得其疇而九疇可以一貫矣。先是，朱子與陸氏九淵論「皇極」之義，往復辨難，各持一説。此書以「大中」釋「皇極」，本諸《注疏》，與陸氏合，復謂九疇皆運於君心，發爲至治，又合於朱子「建極」之旨，蓋能通懷彼我，兼兩家之長者也。《經義考》列「未見」一門，今從《永樂大典》中按經文前後編次如左。

又《敷文鄭氏書説》 宋鄭朴撰。《宋史・藝文志》及焦竑《經籍志》俱作一卷，朱彝尊《經義考》不著於目，蓋其書自明初已爲難得之本，故久而失傳，彝尊實未見也。今《永樂大典》中散見諸韻者尚得二十七條，前有胡巖起序，稱其「不章解句釋而抽關啓籥，能發其精微之蘊」。今《永樂大典》所載每條皆有標題，蓋即原書之體例也。朴長於持論，如釋「作服汝服〔明〕」，則發明「服以象德」之義；釋「俶擾天紀」，則推言天人相應之幾；《大禹謨》言「謙受益，滿招損」，《仲虺之誥》言「好問則裕，自用則小」，皆能反復推詳以自伸其説。至謂伊尹事太甲，必俟冕服奉歸，而始釋其「弗狎」、「弗順」之慚；《虞書》言「三就」、「三居」，當以輕重、遠近爲差等，而極論孔傳分計道里之非，尤爲卓然有見。其論《太誓》「十有三年」，當從《書序》作「十一年」，以《洪範》、《史記》爲證，又能參稽博考而得其實也。惟《五子之歌》上推傳子、傳賢之更變，立論未免迂遠。其釋《周書》者僅得五條，疑《永樂大典》原本或有缺佚。今就其尚存者，依經文前後編次如左。

又《兩朝綱目備要》 十六卷，不著撰人名氏。所紀自宋光宗紹熙迄寧宗嘉定十七年事蹟。王圻《續文獻通考》、焦竑《經籍志》俱不著於録。元吴師道《禮部集》有《答陳衆仲問〈吹劍録〉》云：「《續宋編年》於吴曦誅數月後，載李好義遇毒死。」又有《題牟成父所作鄧平仲小傳及濟邸事略後》云：「吴曦之誅，實楊巨源結李好義之功，爲安丙輩媢忌掩没。近有續陳均《宋編年》者，頗載巨源事，雖能書安丙殺其參議官楊巨源，而復以擅殺孫忠鋭之罪歸之。大抵當時歸功於丙，故其事不白云。」今以師道所引與此書對勘，語頗相合，疑此書在元時嘗稱爲「續宋編年」，然師道亦未嘗明言撰自何人也。陳均《編年備要》本《通鑑長編》而删節之，此書本《兩朝實録》，參以李心傳議論，其諳習掌故，當有所授受。第體例亦不盡符，中如稱趙鼎爲趙丞相，安丙爲安觀文，錢象祖爲錢參政，李壁爲李參政，史彌遠爲史丞相，多仍當時案牘之文，未盡刊正。紀金、元啓釁之事，追敘金源創業譜牒、秩官，具載顛末，似單行之書，非增續舊史之體。至元人得國緣始，多得自敵國傳聞，固不免有失其實者。嘉定十四年六月乙亥大書云「與莒補秉議郎」，其目云「即理宗皇帝」，又載朱子贈官兼及寶慶三年、紹定三年、淳祐元年追封諸典，是此書作於理宗以後，當是咸淳間人所撰。其時國勢阽危，典籍散佚，遂致作者姓名失傳，而其書猶得傳於後，亦云幸矣。《宋史》詞支蔓而事疏漏，於南渡以後尤甚，此書敘次簡明，議論亦多平允。如蜀中之減重額、湖北之行會子、范祖禹之補謚、何致之罷制科，胥足補正史所未備。其紀年互異者，《宋史・韓侂胄傳》載薛叔似宣諭京湖，程松、吴曦同赴四川，鄧友龍宣諭兩淮，徐邦憲罷知處州，俱作「開禧四年」，然開禧實無四年，此書載於二年丙寅，當得其實。其姓氏之互異者，如《宋史・趙彦逾傳》有中郎將范任，此書作「范仲壬」；《趙汝愚傳》有宣贊舍人傅昌朝，此書作「昌期」；步帥閻仲夜，此書作「王仲先」；本紀副都統翟朝宗得寶璽，此書作「興宗」，俱有資於參考。惟於史彌遠廢立濟王事略而不書，疑爲當日史官拘於忌諱，此書仍其舊文，未及詳覈。至彌遠之營家廟，求起復，固未嘗不大書於簡矣。《永樂大典》所載失原書卷次，今按年分編，釐爲十六卷。

又《性情集》 六卷，元周巽撰。巽字巽泉，廬陵人。元末隨湖廣平章鞏卜班

征叛猺，以功授永明簿，明初不仕。巽詩詞清拔，不沿元人纖靡之習。首列擬古、樂府二卷，能陶鑄古意而不襲其辭，頗與劉文成相近。有明一代之詩，好摹擬漢魏而壓薄兩宋，其風氣已仿乎此矣。詩中多與蘇天爵、虞集諸人互相唱酬，其師友講貫之功有可考見者。惟前後咏梅詩太多，排比牽合，不免於潦倒粗率之病。要取其精至者而論之，固亦元末之作家也。集久失傳，今從《永樂大典》按韻採輯，猶可見其崖略云。

又《臨安集》　六卷，明錢宰撰。宰字子予，一字伯均，會稽人。元進士，明初徵修禮樂書，授國子教授，乞歸，復召以較書翰林，加博士致仕，《明史》有傳。宰學有本原，在元末已稱老師宿儒，韓宜可、唐之淳皆其弟子，入明以經術見重於太祖，嘗命撰帝王廟樂章，又定正蔡氏《尚書傳》，沈潛經訓，同時宋濂諸人並心折焉。詩文其餘技也，然其詩吐辭清拔，寓意高遠，與楊維楨同郡而不效其奇崛之體，黄佐稱爲「刻意古調，心追漢魏」，朱彝尊《明詩綜》亦許其「波瀾老成，諸體悉合，固明初一作手矣」。古文詞亦與詩相稱，操縱有法度，不蹈元末冗長之習，可謂卓然能樹立者。惜遺集久失傳，今從《永樂大典》中採掇編排，參以諸選本所録，尚得六卷。宰本越人，集以「臨安」名者，蓋爲吴越武肅王十四世孫，從其舊系也。

陳昌圖《南屏山房集》卷一九　《禹貢山川地理圖》二卷。宋程大昌撰。按：本傳大昌字泰之，休寧人。孝宗朝直學士院，權吏部尚書。《藝文志》作《禹貢論圖》五卷，馬端臨《經籍考》圖凡三十有一，朱彝尊《經義考》云未見。《通誌堂經解》僅存圖目，亦止三十。今據《永樂大典》所存二十八圖定爲二卷，録存《四庫》。

又卷二一《續後漢書職官録》　右《録》二卷，不著撰人姓氏。考據三代秦漢之初，甄綜魏吴沿革，以訖於晉。首爵級，次奉禄，次車服，次印綬，次選舉，次宰相，次三公，次將軍，次九卿，次京師兵官，次中宫官屬，次封建，次京輔官，次州郡官，次郡守，次縣令長，次外夷官，凡十八條。按范氏取七家著作，删潤成書。今考謝承、謝沈、袁山松三家，皆曰《後漢書》；薛瑩所撰曰《後漢紀》。華嶠則改志爲十典。七家之書並失傳，僅存其目於《隋經籍志》中，其有録與否，無所考證。馬《考》載：蕭常撰《續後漢書》四十卷，但有帝紀、年表、列傳、載記，而無録。其書亦散佚不傳。唯王圻《續考》云：郝經撰《續後漢書》九十卷，自敘云中統元年節使宋時，作表、記、傳、録、諸序、議贊，以裴注之異同，《通鑑》之去取，《綱目》之義例，參校刊定，歸於詳實。據此則爲郝氏書無疑。第據原序，則《録》有八卷，職官其一也。蓋已非全書矣。

又《漢官舊儀》　《永樂大典》載《漢官舊儀》一卷，不著撰人姓氏。考梁劉昭注《後漢百官志》，引用《漢官儀》，則曰應劭《漢官儀》；引用《漢舊儀》，則不著其名。唯衛宏本傳云：宏作《漢舊儀》四篇，以載西京雜事。《隋志》、《唐志》並作四卷，《宋志》作三卷，唯馬端臨《通考》作《漢官舊儀》。陳振孫《書録解題》指爲衛宏之書。今此卷雖以漢官標題，而其篇目自皇帝起居、皇后親蠶，以及璽綬之等，爵級之差，靡不條件舉，與衛傳所云西京雜事相合，則其爲衛氏本書無疑。官字，或後人以其多載官制，故加之耳。原本牽連直書，罔分節目，脱誤訛舛，不可甲乙。今據班范文史，綜核參訂，以讞其疑。其原有注者，略仿劉昭注《百官志》之例，通爲大書，稱本注以别之。又前後《漢書》各紀志注中，别有徵引《舊儀》數條，並屬郊天祫祭耕籍飲酎諸大典，卷内多未採入，輒復搜擇甄録，别爲一篇，附諸卷尾，以完《宋志》篇目之舊云。

又《廬山記》　右宋屯田員外郎嘉禾陳舜俞令舉撰。有自序總序，山水篇第一，山北篇第二，山南篇第三，凡三篇。蓋當熙寧中，不奉青苗法，謫監南康軍酒税，因取劉涣舊記，並《九江圖經》、前人雜録，考核銘志，凡唐以前碑記，備詳其歲月爵里。又别作俯視圖，紀尋山先後之次。凡五卷，圖今不存。劉涣凝之、李常公擇皆爲之序。直齋陳氏謂：南康守廣陵馬玕，又有《續記》四卷。今亦未見。

又《潘氏遺芳集》　右集一卷，載金華潘祖仁《七進辭》，後載其子徽猷閣待制潘良貴《磨鏡帖》、《三戒文》。按《默成先生文集》，朱文公作序，沙隨程可久所書，王柏、金履祥並有題跋並贊。相傳《七進辭》，李龍眠曾繪圖。今潘氏文集不傳，此卷所録，僅辭一篇，並《磨鏡帖》、《三戒文》及諸賢序贊耳。

又《韓魏公别録》　右宋簽書樞密院事大名王岩叟彦霖撰。晁公武謂所記歲月多與國史牴牾，則失之誣也。又李忠定有《别録補遺》一篇。

又《梔林集》　右《梔林集》十卷，宋沈繼祖撰。繼祖與胡紘等比附韓侂胄。據《胡紘傳》云：侂胄以趙汝愚之門及朱熹之徒多知名士，乃設僞學之目，使紘草疏排擊之；會改官太常，以稿授繼祖，繼祖論熹皆紘筆也云云。則其人固不足齒。陳振孫亦謂其詩無足觀。豈非以詭隨貽誚者，其所著述俱不足愛惜與？馬氏《經籍考》作十卷。今仍之，以完其舊云。

又《篔窗集》　右《篔窗集》十卷，宋陳耆卿撰。耆卿字壽老，臨海人，嘉定七年進士，官青田主簿，改慶元府學教授。其行事不見於《宋史》。所著有《赤城志》四十卷行於世。考《宋藝文志》及馬氏《通考》，是集俱不著於録。據荊溪吴子良跋

云，海陵謝令范錧曾録三十卷，後此者爲續集。則其著述固自有完本也。葉水心云：「馳驟羣言，特立新意，險不流怪，巧不入浮。」信然。閲時既久，刊本已佚。予分纂散篇，掇拾補綴，僅得十卷，而以葉適序冠卷端，繫吳跋於後。

又《老圃集》　右《老圃詩》二卷，宋洪芻撰。芻字駒父，紹聖進士，崇寧中入黨籍，靖康中爲諫議大夫。劉後村《詩話》云，三洪與徐師川皆豫章之甥，駒父詩尤工。初與兄龜父游梅仙觀，龜父有詩卒章云：「願爲龍鱗攖，勿學蟬骨蜕。」固嘗以亮節期之。汴京失守，坐事流沙門島，殊有愧於伯氏矣。所著有《香譜》一卷，《楚漢逸書》八十二篇，今失傳。其詩散見《永樂大典》中，今分纂抄撮，厘爲上下二卷，恭校上。

又《忠愍集》　右《忠愍集》，《宋藝文志》作十卷，馬氏《通考》作十二卷，後二卷係附録其死節事。公本名若冰，以靖康出使，改今名。陳直齋謂，集雖不多，而詩有風度，文有氣概，足以知其所存矣。南宋時曾有録本，今已不傳。兹搜拾永樂散篇，編羼爲四卷，以《宋史》本傳及建炎時誥詞冠諸卷首，而仍列附録一卷，載希齋跋語及姚孝寧、薛選祭文各一篇。又其孤淳所云，秭歸費守樞爲先公作文集序，能不没其實云云。今費序無考，以淳所識附諸篇末焉。

又《江南餘載》　右書二卷，宋《藝文志》列諸霸史類，不著作者姓氏。馬氏《經籍考》、元戚光《南唐書音釋》並訛作館載。據《直齋書録解題》載本書序，略云：徐鉉始奉詔爲《江南録》，其後作者六家皆不足稱史，而龍衮所撰八十四傳爲尤盛。熙寧八年得鄭君所述事迹，有六家所遺，或小異者，删落是正，凡得一百九十五段云云。六家者，徐鉉、王舉、路振、陳彭年、楊億、龍衮也。鄭君者，不知何人。考南唐有馬令胡恢陸游諸書，又有王顔《烈祖開基志》十卷，高遠《烈祖實録》十三卷，又《吴録》十二卷，陳彭年《江南别録》四卷，龍衮《野史》二十卷，鄭文寶《南唐近事》二卷，又有《江表志》三卷，紀載頗稱繁夥。各書或傳或不傳，世亦無有搜輯之者。是編泛記雜事，與《江表志》相出入，疑即文寶之書。今就散篇搜掇，分二卷，以完《宋志》篇目之舊。

又《清夜録》　右録一卷，宋錢唐沈括存中撰。括，嘉祐進士，昭文館校勘，遷龍圖閣待制。元豐時坐事閑廢徙秀州，尋卜居京口之夢溪，自號夢溪丈人。是篇《宋志》及馬《考》並作一卷。今尋拾散篇，才二十九條，詭譎荒怪，小説之流也。又《宋志》有《續録》一卷，王銍性之撰。銍，汝陰人，嘗撰《七朝國史》，紹興初詔視秩史官，給札奏御，所著有《雪溪集略》八卷。今《續録》見於《大典》者僅三條，因並鈔之附卷尾。

張羲年《啖蔗全集》卷四《宋朝事實提要》　謹案：《宋朝事實》，宋李攸撰。《文獻通考》作李伋。《宋史・藝文志》亦作李攸，《通考》傳寫誤也。攸字好德。陳振孫《書録解題》稱其官爲承議郎，而不詳其里貫。原序稱「政和初編輯《西山圖經》、《九域志》等書，瀘帥孫羲叟招之書上轉一官，張浚入朝，約與俱，以家事辭」。考西山屬成都府，瀘州屬潼川路，則攸當爲蜀人。其曰張浚入朝，蓋紹興四年浚自川陝宣撫使召還時也。其書據原序蓋上起建隆下迄宣和，凡六十卷。其三十卷先聞於時，後以餘三十卷上之，因語觸秦檜，寢其書不報。故晁、陳二家書目俱作三十卷，與序相合。而趙希弁《讀書附志》、《宋史・藝文志》乃俱作三十五卷。今書中有高、孝兩朝登極赦詔及紹興間南郊赦詔，而紀元亦迄于紹興。殆又有所附益，兼及南宋之初歟？攸熟於掌故，經靖康兵燹之後，圖籍散佚，獨汲汲搜輯舊聞，使一代典章，粲然具備，其用力頗爲勤摯。所載歷朝登極、南郊大赦詔令，太宗親制《趙普碑銘》、《西京崇福官記》、《景靈西宫記》、《大晨樂記》，往往爲《宋文鑒》、《名臣碑傳琬琰集》、《播芳大全》諸書所闕漏。他如宗室换官之制，不見於《宋史・職官志》。郊祀勘箭之儀，不詳於《禮志》。太廟、崇寧廟圖，紫宸殿、集英殿上壽，賜宴再坐、立班、起居諸圖，宫架鼓吹十二，按圖尤爲記宋代掌故者所未備。至其事蹟之異同，年月之先後，記載之詳略，尤多可與《東都事略》、《續通鑒長編》及《宋史》互相參訂。又如石晉賂契丹十六州，分代北、山前、山後，足訂薛、歐《五代史》稱山後十六州之誤。周世宗兵下三關，并載淤口關，亦足補薛、歐二史只載瓦橋、益津二關之闕。當時如江少虞《事實類苑》、《錦綉萬花谷》多引用之，《宋史》亦多采用其文。第原本久佚，惟散見於《永樂大典》各韵下者尚存梗概，而割裂瑣碎，莫由考見其體例。惟趙希弁《讀書附志》稱「祖宗世次，登極紀元詔書，聖學、御制、郊廟，道釋、玉牒、公主、官職、爵邑、勛臣配享、宰執拜罷、科目儀注、兵刑律歷、籍田財用、削平僭僞、升降州縣、經略幽燕之類，具載本末」云云。蓋即當日之門目。今據以分類編次，厘爲二十卷。雖未悉復原書之舊，而綱舉目從，咸歸條貫，亦得其十之七八矣。攸别有《通今集》二十卷，《宋史・藝文志》入故事類，今佚不傳。又嘗上書秦檜，戒以居寵思危，尤爲侃侃不阿。則其人亦足重，不獨以博洽見長云。

又《孫燭湖集提要》　謹案：《燭湖集》二十卷，宋孫應時撰。應時字季和，自號燭湖居士，余姚人。父介，字不朋，號雪齋、野叟，晚年嘗自爲墓誌，四明樓鑰爲之銘。先是，應時乞銘於朱子，書凡十數上，朱子許之銘，而迄不果，嘗稱志士仁人

有不及展拜龐公之恨，其略見於《朱子文集》答季和諸書。應時登淳熙乙未進士。初尉黄岩，遷海陵丞，再遷遂安令，改秩知常熟縣，既滿郡將以私憾捃摭倉粟流欠三千斛，士民感德，至相率擔負詣郡代償，竟坐貶秩，移判郡武軍，未上，卒。應時少負俊才，弱冠從學陸九淵，悟心性之旨。後更師事朱子，鋭志力行。紹熙初，嘗應蜀帥邱崈之辟，會興元將吴挺疾，亟遣應時往視之。廉得軍情，未幾，挺死。應時白崈，遣别將權其軍，且奏聞於朝，以張詔代，一方晏然。後挺子曦以賂復將其軍，果啓逆謀。時應既殁，三省上言追敘勞績，官其一子祖開。《宋史》邱崈傳敘興元易將事專美崈而不及應時參畫之始謀也。張淏《會稽續志》、楊簡所作《壙志》俱詳述之。所至有惠政，在遂安立周子、二程子祠，并設南軒、東萊祠於側，以二人嘗官於斯土也。常熟爲子游故里，應時爲創立祠堂，乞記於朱子。生平篤於師友。陸九淵及朱子殁，爲文哭之哀。吕祖儉以上書劾韓侂胄，安置韶州，改吉州，應時貽書甚切直。同時講學者如楊簡、沈焕、舒璘皆從游九淵之門，守其師説不變。惟應時漸摩於朱子者蓋久，故學日益進。朱子謂其兼集其善，不倚於一偏。其文淡逌泓演，外潔中腴。朱子云記序諸篇意皆正當，而詞意清婉，詩自入蜀後駸駸有大家之風，非南宋江湖諸人可比。手編稿爲五十卷。涑水司馬述先以十卷付梓，後附以《問思録》五十條，《通鑑摘義》三十條，爲《經史説》一卷，雪齋父子倡和詩及雪齋行狀、墓銘，楊簡所撰《壙記》，《會稽續志》小傳，子祖開《補官省札》等篇。餘未刻者尚多。其始末詳見述原序及侄祖祐跋中。是集久失流傳。厲鶚《宋詩紀事》搜羅頗廣，僅於《吴禮部詩話》、王應麟《困學紀聞》、黄宗羲《姚江逸詩》内採入數詩。兹從《永樂大典》采輯成編。惟《經史説》已佚，只存《疑孟説》一篇，《宋史·藝文志》集本十卷，今以其卷帙繁重，分作二十卷。兄應求、應符，俱孝友能文。應求字伯起，登鄉薦。應符字伯潛，著有《歷代帝王纂要》二卷，見陳振孫《書録解題》，又有《初學須知》五卷行於世。仍附編其父介及其兄應求、應符詩，并録應時父子志、傳、行狀，子祖開《補官省札》諸篇於末。

又《庸庵集提要》　謹案：《庸庵集》，元宋禧撰。禧，初名元禧，後改名禧，字無逸，庸庵其號也，餘姚人。少穎悟好學，父欲使從市井胥吏之役，輒哭辭，母資遣之遊學，盡通經史百家之旨。至正庚寅中浙江鄉試，補繁昌教諭，尋棄歸。明洪武初纂修《元史》，禧被征入史局。所撰《外國傳》，自高麗以下悉出其手。書成，不受職，乞還山。復與桂彦良同徵，主考福建。故《明史》附見《文苑·趙塤傳》中。禧本元末遺民，投老巖壑，其以修史被徵，乃迫於朝命，非其本心。集中《題桐江釣隱圖》有云：「黄冠漫憶賀知章，老病憐予簡書趣。」又《寄宋景濂》云：「當時十八士，去留各有緣。」而戴良贈以詩，亦有「麥秀歌殘已白頭，逢人猶自説東周」之句，故於明初官爵一無所受，其志操皭然，可以概見。至禧學問本出於楊維楨。維楨才力横軼，所作詩歌專爲槎牙兀奡之格，一時學者翕然從之，號爲「鐵體」。而禧詩乃清和婉轉，獨以自然爲宗，頗出入香山、劍南之間。文亦詳贍明達，而不詭於理，可謂善變所學，視當時之隨流播波以至墮入險怪者，其得失相去遠矣。黄虞稷《千頃堂書目》載《庸庵文集》三十卷，又《庸庵集》十卷。自明以來從未刊行，故流播絶尠。今浙江所採進者即《千頃堂書目》所云十卷之本，乃其詩集僅存，而文集則久已散佚。惟《永樂大典》各韻内詩文并載，尚具梗概。以浙本相校，其詩僅多七言絶句四首，又詞一首，其他轉不若浙本之詳備，疑當日所收本屬從略。至雜文題下各載年月，檢勘皆元至正間所作，而入明乃無一篇，當亦不免有所遺脱。然世無傳本，惟藉此以獲見一斑，尤不可不亟爲甄録矣。謹據浙本參互考證，又從《西湖志》補詩二首，《餘姚志》補文二首，仍編詩集爲十卷，文集則别釐爲四卷，統題作《庸庵集》，以備元之一家焉。

孫星衍《問字堂集》卷三《校定神農本草經序》　《神農本草經》三卷，所傳白字書見《大觀本草》。按嘉祐《補注序》云：「所謂《神農本經》者，以朱字。名醫因《神農》舊條而有增補者，以墨字間於朱字。」開寶重定序云：「舊經三卷。世所流傳《名醫别録》，互爲編纂。至梁貞白先生陶景乃以《别録》參其本經，朱墨雜書，時謂明白。」據此，則宋所傳黑白字書實陶弘景手書之本。自梁以前，神農、黄帝、岐伯、雷公、扁鵲各有成書，魏吴普見之，故其説藥性，所主或異，後人纂爲一書。然猶有旁注或朱墨字之别，本經之文以是不亂。舊説《本草》之名，僅見《漢書·平帝紀》及《樓護傳》。予按《藝文志》有《神農黄帝食藥》七卷，今本譌爲「食禁」，賈公彦《周禮》「醫師」疏引其文正作「食藥」，宋人不考，遂疑《本草》非《七略》中書也。《太平御覽》引皇甫謐《帝王世紀》云：「炎帝神農氏嘗味草木，宣藥療疾，救夭傷人命，百姓日用而不知，著《本草》四卷。」又云：「岐伯，黄帝臣也。帝使伯嘗味草木，典主醫病，《經方》、《本草》、《素問》之書咸出焉。」則《食藥》所以兼稱神農、黄帝者以此。賈公彦引《中經簿》又有《子儀本草經》一卷，疑亦此也。梁《七録》有《神農本草》三卷，其卷數不同者，古今分合之異。神農之世，書契未作，説者以此疑經。如皇甫所云，則知四卷成於黄帝。陶弘景云：「軒轅已前，文字未傳，藥性所主，當以識識相因。至於桐雷乃著在於編簡，此書當與《素問》同類。」其言良是。且《藝文

志》農、兵、五行、雜占、經方、神僊諸家俱有神農書，大抵述作有本，其傳非妄。是以《博物志》云：「太古書今見存有《神農經》。」《春秋傳》注賈逵以《三墳》爲三皇之書，神農預其一。《史記》言秦始皇不去醫藥卜筮之書，則此經幸與《周易》並存。顔之推《家訓》乃云：「《本草》神農所述，而有豫章、朱崖、趙國、常山、奉高、真定、臨淄、馮翊等郡縣名，出諸藥物，皆由後人所羼，非本文。」陶弘景亦云：「所出郡縣，乃後漢時制，疑仲景、元化等所記。」按薛綜注《張衡賦》引《本草經》「太一禹餘糧，一名石腦，生山谷」，是古本無郡縣名。《太平御覽》引經，上云生山谷或川澤，下云生某山某郡，明「生山谷」本經文也，其下郡縣，名醫所益。今大觀本俱作黑字，或合其文云某山川谷，某郡川澤，恐傳寫之誤，古本不若此。仲景、元化後，有吴普、李當之皆修此經，當之書世少行用。《魏志・華陀傳》言「普從陀學」，隋《經籍志》稱《吴普本草》，梁有六卷。嘉祐《本草》云：「普修《神農本草》，成四百四十一種，唐《經籍志》尚存六卷，今廣内不復存，惟諸書多見引據，其説藥性寒温五味，最爲詳悉。」是普書宋時已佚。今其文惟見掌禹錫所引《藝文類聚》、《初學記》、《事類賦》諸書。《太平御覽》引據尤多，足補大觀所缺。重是《别録》前書，因採其文，附於本經，亦略備矣。其普所稱有神農説者即是本經，大觀或誤作黑字，亦據增其藥物，或數浮於三百六十五種，由後人以意分合，難以定之。其藥名有禹餘糧、王不留行、徐長卿、鬼督郵之屬，不類太古時文。按字書以「禹」爲蟲，不必夏禹，其餘名號，或係後人所增，或聲音傳述，改古舊稱之致。又經有云「宜酒漬」者，或以酒非神農時物。然《本草衍義》已據《素問》首言以妄爲常，以酒爲醬，謂酒自黄帝始，又按《文選》注引《博物志》亦云「杜康作酒」，王著與杜康絶交書曰「康字仲寧」，或云黄帝時人，則俱不得疑經矣。

又卷四《倉頡篇集本序》

《倉頡》七章者，秦李斯所作；一篇者，趙高、胡毋敬所益；五十五章者，漢閭里師所并；八十九章者，揚雄所續；一百二十章者，班固所續。《訓故》一篇爲二卷者，杜林所撰。《三倉》三卷者，晉張軌所合。《三倉訓故》三卷者，魏張揖、晉郭璞所撰。趙高《爰歷》、胡毋敬《博學》在《倉頡》中，揚雄《訓纂》、賈魴《滂喜》在《三倉》中。杜林《故》亡于隋，《倉頡》、《三倉》及《故》亡于宋，然自漢及唐，迄于北宋，傳注字部，類書内典，頗有引者。星衍始刺其文，撰爲三卷，訓纂解故，即用《説文》部居，使讀者易于尋覽。《倉頡》始作，其例與《急就》同。名之《倉頡》者，亦如《急就》，以首句題篇，《凡將》、《飛龍》等皆是。詞或三字五字，以至七字，備取六蓺羣書之文，以便幼學循誦，故《七略》目之小學。揚雄、班固、杜林已下始有訓故，今許君《説文解字》所稱揚雄、杜林、班固説，即《倉頡篇》也。許君云：「鼂，揚雄説：『匽鼂，蟲名。』」《廣韻》引《倉頡篇》「蟲名」，知即《訓纂》。許君云：「耏，或从寸，諸法度字从寸。」應劭以爲杜林説。釋玄應《禪經音義》亦云：「耐字本从彡，杜林改从寸。」知《説文》稱「或从」即《倉頡訓纂》也，今皆取之。《訓纂》與《訓故》俱亡，然玄應猶稱《訓纂》云「鱓，蛇魚也」。若張守節《史記正義》引《訓纂》「户、扈、鄠，三字一也」，王應麟誤以爲《倉頡》，考之《通典》，乃姚察《漢書訓纂》耳。杜林書亡，見于《隋志》，故唐人引《倉頡》、《三倉》多雜反語，實出郭璞爲多，或亦名張揖。然應劭、晉灼及《張衡賦》舊注所稱《倉頡》，皆在揖、璞之前，實是揚、杜之書，無可疑者。今依諸書所引，存揖、璞名，餘或古説，蓋未可别。且以璞注此書親見漢人《訓纂》，諒非無據矣。《倉頡》本篆書，班固云文字多取《史籀篇》，而篆體復異，所謂秦篆。又云《倉頡》多古字，許君亦云所謂小篆，則此篇之字自當具在《説文》，而今「倮」、「慠」、「叵」、「俟」之屬，並非正字，當由漢、魏隸書盛行，亦或傳寫此篇，故多譌謬，改便驚俗。今附見諸部，旁標正文，都由考據得之，非臆見也。《漢律》「學僮試諷籀書爲吏」，又以八體課最爲尚書史。唐國子監五分其經以爲業，暇則命習隸書、《國語》、《説文》、《字林》、《三倉》、《爾雅》，故其時學人能通古文訓故，用字廣至萬餘，皆有依據。如揚雄、司馬相如、陸機等所著詞賦，猶取「爪」、音掌。「𠬜」、音攀。「㝵」、音貶。「[illegible]」、音蚩。諸文。六代翻譯禪經，苊、衣、笎、箹、鳥、鴸之屬，亦多借《倉雅》難字，豈非家有傳書教學多方者歟？自是厥後，羣書日亡，小學不課，儒者識字日少，九經所存，不能通記，行用之字，數千而已。官府吏民，文簿滋繁，字或不給，于是造爲俗書，不按經典，如今以「套」代「韜」、「卡」代「夆」、「拶」代「笮」、「挖」代「穵」及「𨋢」，皆見《説文》。流俗相傳，愈失其本。以此而言，宋人説字，至以如心爲「恕」，立心如一日爲「恒」，「教」者教孝故從孝。甚于馬頭人人持十之類矣。國家廣求遺書，藏在祕閣，其有佚者，儒臣多依《永樂大典》撰集成編。《説文》既盛行于時，惟《倉頡》不可得。《倉頡》者，許君所據，特成于衆手，又隨章句成義，多非六書本訓。故有異于《説文》者，若「陶」用「匋」訓，「部」用「亭」訓。「强」本蟲也，而以爲「健」。「殿」本擊也，而云大堂。有謬于《説文》者，若「爨」从同，象持甑，而以爲持缶；「繭」从黹省，而以爲芇聲。有長于《説文》者，若「膹」、「臇」俱臛也，而以「膹」爲多汁，「臇」爲少汁。繒，帛也，而以爲雜帛。纊，絮也，而以爲細絮。觀其會通，要是古書不可不覽。頃禮部儀制司任君大椿集《字林》八卷，雕板行世，星衍以戊辰之歲讀書江寧瓦官寺閣，游覽内典，見玄

應《一切經》并慧苑《華嚴經音義》引《倉頡》爲多，隨加采摭，兼采儒書，閲五年矣，粗具條理，刊而行之，庶亦小學之助。玄應、慧苑之書，世多不傳，宋人好博，如朱文公、王伯厚亦未之見。中引古書尤多，足與陸德明《經典釋文》並垂于世。星衍又嘗揄揚其美，屬友刊行焉。

張惠言《茗柯文二編》卷上《周易虞氏義序》 虞翻《周易注》，《釋文》云十卷，《隋書·經籍志》云九卷。翻字仲翔，會稽餘姚人。少好學，有豪氣，又善矛。太守王朗命爲功曹。朗爲孫策所敗，翻追隨營護，到東部侯官。朗遣翻還，策復以爲功曹，待以交友之禮。多所匡諫，策嘗納之。策攻黄祖，翻從説華歆，下豫章。還至吴，策曰：「孤有征討事，未得還府，卿復以功曹爲吾蕭何，守會稽。」其見委重如此。出爲富春長。漢徵爲侍御史，不赴。曹操爲司空，辟之，翻曰：「盗跖欲以餘財污良家耶！」策薨，孫權以爲騎都尉，數犯顔諫争，權不能説。又性疏直，數有酒失，權因醉手劍欲擊之，大司農劉基固争，得免。其後權與張昭論神仙事，翻指昭曰：「彼皆死人而語神仙，世豈有仙人也？」權遂怒，左右多毁翻，乃徙翻交州。十餘年，卒于交州。翻博學洽聞，雖處罪放，而講學不倦，門徒常數百人。爲《周易》、《論語》、《國語》、《老子》、《參同契》注解，《周易日月變例》、《周易集林》、《律曆》、《太玄》、《明楊》、《釋宋》，其書皆亡，目録在《三國志》傳及隋唐書志。自漢成帝時，劉向校書，考《易》説，以爲諸《易》家説皆祖田何、楊叔、丁將軍，大義略同，唯京氏爲異。而孟喜傳《易》家陰陽，其説《易》本于氣，而後以人事明之。八卦六十四象，四正七十二候，變通消息，諸儒皆祖述之，莫能具。當漢之季年，扶風馬融作《易傳》，授鄭康成。康成作《易注》，而荆州牧劉表、會稽太守王朗、潁川荀爽、南陽宋忠，皆以《易》名家，各有所述。唯翻傳孟氏學。既作《易注》，奏上之獻帝，曰：「臣聞《六經》之始，莫大陰陽。是以伏羲仰天縣象，而建八卦，觀變動六爻爲六十四，以通神明，以類萬物。臣高祖父故零陵太守光，少治孟氏《易》；曾祖父故平輿令成，纘述其業；至臣祖父鳳，最有舊書；世傳其業，至臣五世。前人通講，多玩章句；雖有祕説，於經疏闊。臣生遇世亂，長于軍旅，習經于枹鼓之間，講論于戎馬之上。蒙先師之説，依經立注，所覽諸家解，不離流俗，義有不當實，輒悉改定，以就其正。」又奏曰：「經之大者，莫過于《易》。自漢初以來，海内英才，其讀《易》者，解之率少。至孝靈之際，潁川荀諝，號爲知《易》，臣得其注，有愈俗儒。至所説『西南得朋，東北喪朋』，顛倒反逆，了不可知。孔子歎《易》曰：『知變化之道者，其知神之所爲乎？』以美大衍四象之作，而上爲章首，尤可怪笑。又南郡太守馬融，名有俊才，其所解釋，復不及諝。孔子曰：『可與共學，未可與適道。』豈不其然！若乃北海鄭玄，南陽宋忠，雖各立注，忠小差玄，而皆未得其門，難以示世。」荀諝者，荀爽也。是時少府孔融善其書，與翻書曰：「自商瞿以來，舛錯多矣；去聖彌遠，衆説騁辭。曩聞延陵之理樂，今觀吾子之治《易》，知東南之美者，非徒會稽之竹箭也。又觀象雲物，察應寒温，原其禍福，與神合契，可謂探索旁通者已。」翻之言《易》，以陰陽消息六爻，發揮旁通，升降上下，歸于乾元用九，而天下治。依物取類，貫穿比附；始若瑣碎，及其沈深解剥，離根散葉，鬯茂條理，遂于大道，後儒罕能通之。自魏王弼以虚空之言解《易》，唐立于學官，而漢世諸儒之説微。獨資州李鼎祚作《周易集解》，頗采古《易》家言，而翻注爲多。其後古書盡亡，而宋道士陳摶，以意造爲《龍圖》，其徒劉牧以爲《易》之《河圖》、《洛書》也。河南邵雍，又爲《先天》、《後天》之圖，宋之説《易》者，翕然宗之，以至于今，牢不可破，而《易》陰陽之大義，蓋盡晦矣。我大清之有天下百年，元和徵士惠棟，始考古義孟、京、荀、鄭、虞氏，作《易漢學》，又自爲解釋曰《周易述》。然掇拾于亡廢之後，左右採獲，十無二三。其所自述，大抵祖禰虞氏，而未能盡通，則旁徵他説以合之。蓋從唐、五代、宋、元、明，朽壞散亂，千有餘年，區區修補收拾，欲一旦而其道復明，斯固難也。翻之學既世又具見馬、鄭、荀、宋氏書，考其是否，故其義爲精。又古書亡，而漢魏師説略可見者十餘家，然唯荀、鄭、虞氏三家，略有梗概可指説，而虞又較備。然則求七十子之微言，田何、楊叔、丁將軍之所傳者，舍虞氏之注，何所自焉？故求其條貫，明其統例，釋其疑滯，信其亡闕，爲《虞氏義》九卷；又表其大恉，爲《消息》二卷；庶欲探賾索隱，以存一家之學。其所未寤，俟有道正焉耳。

又《虞氏易禮序》 韓宣子見《易象》與魯《春秋》曰：「周禮盡在魯矣。」《記》曰：「夫禮，必本于太一，轉而爲陰陽，變而爲四時，其降曰命。」故知《易》者，禮象也。《易》家言禮者唯鄭氏，惜其殘闕不盡存。又其取象用爻辰；爻辰者，遠而少變，未足以究天地消息。至其原文本質，使周家一代之制，損益具備，後有王者，監儀在時，不可得而廢也。虞氏于禮，蓋已略矣，然以其所及，揆諸鄭氏，源流本末，蓋有同焉。何者？其異者，所用之象也，而所以爲象者不殊。故以虞氏之注，推禮以補鄭氏之闕，其有不當，則闕如，一以《消息》爲本。

又《虞氏易事序》 孟氏説《易》，本于氣，而以人事明之。然虞氏之論象備矣，皆氣也。人事雖具説，然略不貫穿。匪獨虞爾，鄭、荀多説人事者，爻象亦往往錯雜。後學不得其通，乃始苦其支窒而不能騁，于是悉舉而廢之，而相辯以浮辭，

日以益衆。夫理者無迹，而象者有依；舍象而言理，雖姬、孔靡所據以辯言正辭，而況多岐之説哉！設使漢之師儒比事合象，推爻附卦，明示後之學者有所依逐，至于今，曲學之響，千喙一沸，或不至此。雖然，夫《易》廣矣，大矣，象無所不具，而事著于一端，則吾未見漢儒之言之略也。述《易》事云爾。

又《周易鄭荀義序》 漢儒説《易》，大指可見者三家：鄭氏、荀氏、虞氏。鄭、荀，費氏《易》也；虞，孟氏《易》也。鄭氏言禮，荀氏言升降，虞氏言消息。昔者伏羲作十言之教曰：乾、坤、震、巽、坎、離、艮、兑、消、息。鄭氏贊《易》實述之。至其説經，則以卦爻無變動謂之《彖辭》。夫七、八者《彖》，九、六者變；經稱用九用六，而辭皆七、八，名與實不相應，非伏羲氏之旨也。爻象之區既隘，則乃求之于天，乾坤六爻，上繫二十八宿，依氣而應，謂之「爻辰」。若此，則三百八十四爻，其象十二而止，殆猶滯焉，此又未得消息之用也。然其列貴賤之位，辯大小之序，正不易之倫；經論創制，吉凶損益，與《詩》、《書》、《禮》、《樂》相表裏，則諸儒未有及之者也。荀氏之説消息，以乾升坤降，萬物始乎泰終乎否。夫陰陽之在天地，出入上下，故理有易有簡，位有進有退，道有經有權，歸于正而已。而荀氏言陽常升而不降，陰常降而不升，則《姤》、《遯》、《否》之義，大于《既濟》也。然其推《乾坤》之本，合于一元；雲行雨施，陰陽和均，而天地成位，則章章乎可謂得《易》之大義者也。虞氏考日月之行以正乾元，原七九之氣以定六位，運始終之紀以敘六十四卦，要變化之居以明吉凶悔吝。六爻發揮旁通，乾元用九，則天下治，以則四德，蓋與荀同原，而閎大遠矣。王弼之説，多本鄭氏，而棄其精微；後之學者習聞之，則以爲費氏之義，如此而已。其盈虚消長之次，周流變動之用，不詳于《繫辭》、《彖》、《象》者，概以爲不經。若觀鄭、荀所傳，卦、氣、十二辰、八方之風、六位世應、爻互卦變，莫不彰著。劉向有言：「《易》家皆祖田何、楊叔、丁將軍，大義略同。」豈不信哉！治《易》者，如傳《春秋》，一條之義，各以其例；時若可比，究則迥殊。李鼎祚、朱震合諸家而爲説，是知日之圓，而不知其不可以爲規也。余既述虞氏之注爲《消息》以發其義，故爲鄭、荀各通其要，以俟治古文者正焉。

又《易義別録序》 敍曰：孔子曰：「天下同歸而殊塗，一致而百慮。」水之爲川也，源有大小，流有長短，而皆可以至于海；則斷港絶潢，莫得而僢焉者，其途通也。吴、秦人之生也同聲，及其長而不相通；然累譯而皆得相喻者，其意同也。聖人之道，著之于經，傳之其人，師弟子相與守之。然夫子没而微言絶。二百餘年之間，以至漢興，《詩》分爲四，《春秋》分爲五。此皆七十子所親受，世世傳業，口授而筆記，猶尚如此；源遠末分，非秦火之禍也。況乎去聖久遠，經簡廢絶；承學之士，各自爲宗，差若毫釐，謬以千里，可勝道耶！然揆其本原，罔不依經附傳，承師論法，雖汎濫殊等，其歸不同者尟矣。故規矩之所出，非一木之材也，皆成器焉。器不足以盡規矩，則有之矣；求之于規矩之外而得之者，未之有也。《易》之傳自商瞿子，以至田生，惟一家。焦氏後出。及費氏爲古文，而漢之《易》有三。自是之後，田氏之《易》，楊、施、孟、梁邱、高氏而五，唯孟氏久行。焦氏之《易》，爲京氏。費氏興而孟、京微焉。夫以傳述之統，田生、丁將軍之授受，則孟氏爲《易》宗無疑，而其行不及費氏者，以傳受者少，而費氏之經與古文同，馬融、鄭康成爲之傳注故也。王弼《注》行而古師説廢，孔穎達《正義》行而古《易》書亡。其見于《釋文》敘録者，自晉以前三十有二家，李鼎祚《集解》所引二十有三焉，皆微文碎義，多不貫串，蓋《易》學埽地盡矣，可不惜哉！夫不盡見其辭而欲論其是非，猶以偏言決獄也；不盡通各家而欲處其優劣，猶援白而嘲黑也。余于《易》取虞氏，既已推明其義，以鄭、荀二家注文略備，故條而次之。自餘諸家，雖條理不具，然先士之所述，大義要旨，往往而有不可得而略也，乃輯《釋文》、《集解》及他書所見，各爲別録；義有可通，附著于篇；因以得其源流同異，若夫是非優劣，亦可考焉。凡孟氏四家：孟氏、姚信、翟元、蜀才。京氏三家：京氏、陸績、干寶。費氏七家：馬融、宋衷、劉表、王肅、董遇、王廙、劉瓛，子夏傳非漢師説，別爲一家。

孟氏：孟喜《正義》作僖，字長卿，東海蘭陵人，從田王孫受《易》，舉孝廉爲郎，曲臺長，病免，爲丞相掾。《漢書・藝文志》：《易章句》孟氏二篇。《隋志》云八卷，殘缺。《梁》十卷。《釋文》敘録云十卷，無上經。又引《七録》云：下經無《旅》、《節》，無上《繫》。今集爲一卷。漢興，言《易》者自田何。田何之傳王同、周王孫、丁寬、服生，各著《易傳》。楊何受王同，蔡公受周王孫，亦各爲傳。田王孫受丁寬，授施讎、孟喜、梁邱賀。施、孟、梁邱各爲章句。施氏之後，有彭宣、戴崇作《易傳》，景鸞作《易説》。孟氏之後，有洼丹作《易通論》，袁京作《難記》。梁邱之後，有五鹿充宗作《略説》。田何所傳，著書盡是矣。永嘉之亂，諸家盡亡，而孟氏闕佚之書幸存。當漢之季年，馬融、鄭衆、康成、荀爽好費氏學，由是費氏大興，而田氏説微。獨會稽虞翻作注傳孟氏。史稱孟喜好自稱譽，得《易》家候陰陽災異書，自言師田生，且死時枕喜膝，獨傳喜。梁邱賀以爲妄言。喜竟以改師説，不得爲博士。今觀虞氏所説陰陽消息之序，神明參兩之數，九六變化之用，精變神妙，將非田生之傳，果有得其祕奥者哉？然遺文所存，皆零文碎字，其大義絶不得見，藉非虞氏，則商

瞿所受夫子之微言，其遂歇滅矣。夫學者求田何之傳，則唯孟氏此文；求孟氏之義，則唯虞氏《注》説，其大較也。然虞氏雖傳孟學，亦斟酌其意，不必盡同。蓋古人之學，傳業世精，非苟爲稱述而已。故據其同異，或發其旨，庶治古文者有考焉。孟氏卦候消息，惠徵士爲《易漢學》，既發明之，故不具著。儒者皆言鄭康成始以《彖》、《象》附經，《漢志》：《易經》十二篇，施、孟、梁邱三家，則章句宜以十二篇爲次。今推其文，經亡者率無《彖》、《象》，蓋後人寫者，依鄭氏附著之邪？抑其本固然也？

姚氏：《釋文敘録》云：姚信，字德祐，吴興人，吴太常卿。注《易》十卷。又引《七録》云十二卷，字元直。《隋書・志》亦十卷。《吴興志》有《姚德祐文集》，輯《易注》爲一卷。明人爲之，甚疏略，今補而正之。余治《易》始虞氏，以其説見于《集解》者，視他家爲多，猶可參校而得其義。又商瞿之傳，至漢末而絶，唯虞爲孟氏學，七十子之大義，儻有存者，故樂得而攷之。既已玩其遺文，略得其義例，則益知《易》道消息，雖馬、鄭大儒，未能見之者，以費氏徒出經文，非有古師説，夫子之微言，有所閟而不發故也。則又竊怪孟氏之傳在吴，虞氏五世，傳業不絶，而漢、魏之間，未有爲其學者。及仲翔之《注》既上，爲世所推，亦未聞有聞風而起者，又以知時俗所尚，在彼不在此；卒使虚空之儒得逞其説，經學歇絶，良可悲也。其後觀蜀才注卦變之法，與虞氏同，而未得其本；翟子元者，時有所合，而未詳在；然皆孟氏之支系也。最晚乃讀姚氏《注》，其言《乾坤》致用、卦變旁通、九六上下，則與虞氏之注若應規矩，元直豈仲翔之徒歟？抑孟氏之傳在吴，元直亦得有舊聞歟？惜其所傳者止此，無以證之。自商瞿受《易》，三百年而至田何，田何之傳四百年而僅得虞翻，虞翻之後三百年而亡，其略可見者，姚信而已耳，翟子元、蜀才而已耳。故吾于三家之書，雖闕文殘字不可比義，猶寶貴愛惜，紬繹而不敢忽者也。

翟氏：陸德明云：荀爽《九家集解》有翟子元。子元不詳何人，爲《易義》。《釋文》雖時引翟文，而敘録不列子元《易義》，則知德明未見其書，特就《九家集解》引之。李鼎祚《集解》有翟元。翟元蓋即子元，李書諱「玄」爲「元」，鄭玄字亦如此。其所集亦自《九家》可知。二書之外，未見有引子元《易》者。德明稱《九家集解序》有荀爽、京房、馬融、鄭玄、宋衷、虞翻、陸績、姚信、翟子元，若以當九家者。然李鼎祚既引《九家》，又別自引翟元，則九家非此九人。元朗亦云，其注又有張氏、朱氏，則不以九人爲九家，亦可知也。或又謂九家者，淮南之九師，荀爽爲之集解。今以李氏所引《九家》之文，往往指釋荀注，則九家解荀，非荀解九家又明。要之，九家所以述荀，而旁引他家以證成之。觀子元諸文，皆與荀義相近，則其采自《九家》又益信。然子元之《易》，蓋孟氏，非費氏。何以言之？荀氏有卦變，無爻變；今子元於《泰》則云「五虚无君，二上包五」；於《姤》則云「九五遇中，處正」；此皆虞氏之義，與荀氏殊，故知子元爲孟氏《易》也。依《九家序》所次，子元之生，必在虞後，其與元直、蜀才未知後先。若其書，固已升孟氏之堂，而未入其室，可以差肩于姚，俯接于范矣。漢、魏《易》家如此者不多得，而亡之最早。可知輔嗣《注》行，馬、鄭、荀義，猶不甚相遠，世儒尚或傳之；最深怪而屏棄之者，孟氏諸家之説也。

蜀才氏：蜀才者，《七録》云不詳何人，《七志》云是王弼後人，謝炅、夏侯該云是譙周，顔之推、陸德明以爲范長生也。長生，涪陵丹興人，一名延久，又名重久，又名支，字元壽，隱居青城山。李雄即成都王位，長生乘素輿詣雄，即日拜爲丞相，尊之曰范賢，故又名賢。《釋文》敘録、隋、唐《志》皆云蜀才《易注》十卷。蜀才之《易》，大約用鄭、虞之義爲多，卦變全取虞氏，其不同者，《剥》爲《師》，《夬》爲《同人》，此蔡景君「《剥》，上九爲謙」之義，推其意，蓋以《剥》爲《師》，《師》爲《比》，爲《乾》之消息，《夬》爲《同人》，《同人》爲《大有》，爲《坤》之消息。于虞氏旁通之義，則未概聞。然《剥》、《夬》下降，《師》、《同人》上升，窮上反下，其序猶有合者，非李挺之之復《姤》五變而生《剥》者所可口實也。

京氏：漢《易》家兩京房。太中大夫京房者，淄川楊何弟子，梁邱賀所從受《易》者也，無書。元帝時京房子君明，東郡頓邱人，本姓李，吹律自定爲京氏，受《易》梁人焦延壽，今所爲京氏《易》者也。《釋文》敘録《京房章句》十二卷。又引《七録》云十卷，録一卷目。《隋書・志》云十卷。《京氏占候書》：《隋志》十種，凡七十三卷。《唐志》五種，二十三卷。其見于史傳有遺文者曰《易傳》，曰《積算》，曰《飛候》，曰《易占》，曰《易妖》，曰《易數》，曰《風雨占候》。其存者《積算易傳》三卷，《雜占條例》一卷。延壽自言嘗從孟喜問《易》，房以延壽《易》即孟氏學，孟氏之徒翟牧、白生不肯，曰：「非也。」及劉向典校書，考《易》説，以爲諸《易》家皆祖田何，大誼略同，唯京氏爲異。儻焦延壽獨得隱士之説，託之孟氏，不與相同；然《七略》猶著之曰「《孟氏京房》十一篇，《災異孟氏京房》六十六篇」，自君明長于災異，《易》家世應飛伏六位六甲五星四氣六親九族福德刑殺，皆出京氏。然嘗推求漢、唐以來引京氏言災異者，皆舉其《易傳》，而未嘗及《章句》。至陸德明、李鼎祚，往往引京氏之文，率與《易傳》大異，蓋出于《章句》。將非京氏自以《易》説災異，而未始以災異説《易》，後世之言京氏者，失其本耶？余嘗善陸績治《易》京氏，而其言純

粹，與干寶絶不相類。如其言，雖謂之出孟氏可也。使京氏《章句》而在，其不當在陸下，章章明矣。六日七分、卦候消息、風雨寒温，此孟氏所傳，以一行所議京氏法，四時卦用事，上減九卿卦之七十三分，則亦其不與孟氏相應之大者。惜乎《章句》之文百不存一，京氏之大義亡矣。惠定宇《易漢學》，發明京氏《積算》爲詳，余以爲非京氏之所以爲《易》，故不録《占候書》，而輯《章句》爲一卷，其義例則不可得而説云。

陸氏：陸績，字公紀，吴郡吴人，爲孫權奏曹掾，出爲鬱林太守，加偏將軍。《釋文》敍録陸績《周易述》十三卷，又引《七志》云録一卷。《隋·經籍志》云《注》十五卷，又與虞翻同撰《日月變例》六卷，亡。明姚士粦採《釋文集解》，合以京氏《易傳》之《注》，爲《陸氏易解》一卷，今四庫本是也。《易傳注》世有其書，又不宜入《易注》，其所採，闕謬甚多，今正而補之，因論其義例，爲一卷。公紀注京氏《易傳》，則其《易》京氏也。余嘗以爲京氏既爲《易章句》，又爲《易傳飛候》之書，以謂《易》含萬象，不可執一隅。然則《積算》之法，殆不用之《章句》。以《易傳飛候》求《易》者，爲京氏者之末失也。今觀公紀所述，凡納甲六親、九族四氣、刑德生剋，未嘗一言及之；至言六爻發揮旁通卦爻之變，有與孟氏相出入者。京氏自言其《易》即孟氏學，公紀儻得之耶？京氏《章句》既亡，存于唐人所引者，僅文字之末，不足以見義。由公紀之説，京氏之大指，庶幾見之。公紀以少年與仲翔爲友，觀其書，亦幾欲與荀、虞頡頏矣。

干氏：明姚士粦輯《干常侍易解》三卷，但取李氏《集解》之文，而又時有疏謬，丁教授杰補正之，頗詳具。今依而録之，因論其例爲二卷。干寶字令升，新蔡人，晉元帝時爲著作郎，領國史，出爲山陰令，始安太守，王導以爲司徒右長史，遷散騎常侍。其注《易》十卷，見《釋文》敍録。《隋志》又有《爻義》一卷。又云：梁有《周易宗塗》四卷，亡。《册府元龜》又云有：《周易元品》二卷。史稱寶好陰陽術數，留心京房、夏侯勝之傳，故其注《易》盡用京氏占候之法以爲象，而援文、武、周公遭遇之期運，一一比附之，《易》道猥雜，自此始矣。蓋嘗論之，《易》者，象也。《象》也者，象也。《易》以陰陽往來九六升降上下而象著焉，陰陽以天地日月進退舍次而象生焉，故曰「消息」。鄭氏之言爻辰用事，荀氏之言乾升坤降，虞氏之言發揮旁通，莫不參互卦爻，而依《説卦》以爲象，其用雖殊，其取于消息一也。令升則不然。其所以爲象者，非卦也，爻也；其所取于爻者，非爻也，干支也。由干支而有五行、四氣、六親、九族、福德、刑殺，此皆無與于卦者也。故乾之爲甲也，震之爲庚也，離之爲己也，此見于經者也。干支爲卦象也，以甲壬名乾，以乙癸名坤，見辰戌名艮，見己亥名兑，則卦爲干支象也。以甲子爲水而乾象淵，以庚辰窮水而震象姦邪，顛倒乖舛，説卦之義盡謬矣。京氏之義，其本在卦氣消息，其用在爻變，考之其《傳》及《章句》遺文可知。令升曾不之察，而獨取其所以占候者以爲象，然則令升之爲京氏《易》者，非京氏也。昔韓宣子見《易象》與魯《春秋》，曰：「周禮盡在魯矣。」故《易》者，文王考河洛，應圖書，革制改物，垂萬世憲章，周公監之以制作者也。鄭氏知之故推象應事，《周官》典則，一一形著于《象》。故曰：制而用之謂之法，舉而措之天下之民謂之事業。若乃應期受命，革而用師，商、周之所以興廢，固亦見焉。今令升之注僅存者三十卦，而又不完，然其言文、武革紂，周公攝成王者，十有八焉；至于禮樂政典亂治之要，蓋未嘗及；則是以《易》爲周家紀事之書，文、武所以自旌其伐也。且文王作卦辭，而《蒙》託成王遭周公，《未濟》託禄父不終，微子爲客，則是《易》爲讖數之言，妖災之紀也。故京氏以《易》陰陽推後世災變，令升以《易》辭推周家應期，故曰令升之爲京氏者非京氏也。魏晉之代，《易》學中微，令升知虚空之壞道，而未得其門，欲以蕞瑣附會之説勝之，遂使後之學者指漢師爲術數而不敢道，則《易》之墜，令升實與有責焉耳。雖然，其論法象始于天地，疾虚誕之邪説，豈非卓然不回，憂後世之遠者乎？

馬氏：費氏古文《易》，徒以《彖》、《象》、《繫辭》、《文言》解説上下經，無章句。《七録》有《費氏章句》四卷，蓋僞託不足信。傳之者，前漢王璜，後漢陳元、鄭衆，皆無著書。有書自馬融始。《七録》云：馬融《傳》九卷。《隋經籍志》：梁有漢南郡太守馬融《注》一卷，亡。一，疑九字之誤。而《釋文》敍録及《唐藝文志》皆有馬融《傳》十卷。孔穎達、陸德明、李鼎祚引馬融説，似俱親見其書，不知《隋志》何以云亡也。馬融爲《易傳》，授鄭康成，康成爲《易注》，于是費氏遂興。然陸德明以爲永嘉之亂，鄭《注》行世，而費氏之《易》，人無傳者，豈以僞託之《章句》爲費氏耶？荀爽亦注費氏《易》者，其義又特異。或者費氏本無訓説，諸儒斟酌各家以通之，馬、鄭，荀各自名家，非費氏本學也。鄭《易》之于馬，猶《詩》之于毛。然注《詩》稱「箋」而《易》則否，則本之于馬者，蓋少矣。今馬《傳》既亡，所見者僅訓詁碎義，就其一隅而反之，大抵以《乾》、《坤》十二爻論消息，以人道政治議卦爻，此鄭所本于馬也。馬于象疏，鄭合之以爻辰；馬于人事雜，鄭約之以《周禮》；此鄭所以精于馬也。故録馬氏之《傳》，著鄭氏所以同異，爲費氏學者，可以考焉。

宋氏劉氏：《三國志注》：劉表爲荊州牧，開立學官，博求儒士，使綦毋闓、宋

忠等撰《五經章句》，謂之《後定》。《釋文》敍録及《隋經籍志》皆有劉表《易章句》五卷。《釋文》又引《中經簿録》云注《易》十卷。《七録》云九卷，録一卷，疑即所謂《後定》者也。而宋忠復自有著書。《釋文》敍録云：宋衷《易注》九卷，字仲子，南陽章陵人，後漢荆州五等從事。又引《七録》、《七志》云十卷。《隋志》則云梁有荆州五業從事宋忠注《周易》十卷，亡。「忠」與「衷」，「五業」與「五等」，形聲之殊。蓋《釋文》成于隋，其時宋《注》猶在，陸元朗得見之。《隋志》據唐時見存，則知此書亡于唐初矣。然李鼎祚《史徵》皆詳引之，則似未嘗亡者，疑不能明也。虞仲翔《表》云：「北海鄭玄，南陽宋忠，雖各立注，忠小差玄，而皆未得其門。」今以殘文推之，仲子言乾升坤降卦氣動静，大抵出入荀氏，虞君以爲差勝康成者，或以此。景升《章句》，尤闕略難考；案其義，于鄭爲近。大要兩家皆費氏《易》也。然費氏《易》無變動，而仲子注《革》五云「九者變爻」，則其異于鄭、荀者，不可得而聞云。

王子雍氏：王肅，字子雍，東海郡人，魏司徒蘭陵成侯王朗之子，文帝時爲散騎黄門侍郎，稍遷。廢帝嘉平中，爲中領軍加散騎常侍，卒贈衛將軍，謚景侯。《釋文》敍録王肅《易注》十卷。又云作《易音》，而無卷數。《隋經籍志》有《易注》而無《易音》，或《音》與《注》合爲十卷也。肅著書務排鄭氏，其託于賈、馬，以抑鄭而已，故于《易》義，馬、鄭不同者則從馬，馬與鄭同則并背馬；故鄭言《周禮》，則肅申馬，「禴爲殷春祭」是也。鄭言卦氣本于馬，則肅附《説卦》而棄馬；西南陰方、東北陽方用馬《注》，而改其《春秋》之文是也。馬、鄭取象，必用《説卦》，是以有互有爻辰；則肅並棄《説卦》，《剥》之以坤象牀，以艮象人是也。然其訓詁大義，則出于馬、鄭者十七。蓋《易注》本其父朗所爲，肅更撰定。疑其出于馬、鄭者，朗之學也；其掊擊馬、鄭者，肅之學也。自馬、鄭注行而費氏《易》興，諸家皆廢，荀、宋雖費氏，而宗之者不及馬、鄭，以馬、鄭主于人事，而不及《易》家變動之説也。王朗父子，竊取馬、鄭，而棄其言《禮》，言卦氣爻辰之精切者；王弼祖述王肅，而並去其比附爻象者，于是虚空不根，而道士之圖書作矣。嗚呼！魏晉以莊、老亂天下，而《易》先受其禍，聖道不亂，邪説不興，時數會之，于肅奚咎哉！

董氏：董遇，字季宣，弘農華陰人。建安初，舉孝廉，稍遷黄門侍郎。魏黄初中，出爲郡守。明帝時，入爲侍中、大司農，卒。《釋文敍録》董遇《章句》十二卷。又引《七志》、《七録》，並云十卷。《隋書・經籍志》則云：梁有魏大司農董遇《章句》十卷，亡。攷《集解》不引董遇，則遇書亡于唐初蓋可知。遇著書在王肅前，故無與肅合者；其于鄭、荀則多同，義雖不可考，要之爲費氏《易》也。

王世將氏、劉子珪氏：王廙，字世將，琅邪臨沂人，晉愍帝時封武陵縣侯，元帝時爲左衛將軍，謚曰康侯。《釋文》敍録《易》王廙《注》十二卷。又引《七志》、《七録》云十卷。《隋志》唯有三卷，殘闕。劉瓛，字子珪，沛國相人，宋大明四年，舉秀才，除奉朝請，不就。博通《五經》，聚徒教授，常有數十人。嘗爲主簿，行參軍，公事免，遂不復仕。齊太祖踐祚，欲用爲中書郎，不受。後以母老闕養，拜彭城郡丞，又除會稽郡丞。數除官，皆不拜。卒，謚曰貞簡先生。《釋文》敍録引《七録》云，劉瓛作《繫辭義疏》。《隋志》有劉瓛《繫辭義疏》二卷，又《周易乾坤義》一卷。又云，梁有《周易四德例》一卷，亡。《文選注》所引或云《易注》即其《義疏》之文，非别有注也。而《册府元龜》有劉瓛《義》九卷。董真卿《周易會通》引劉瓛《同人》之注，皆不足信。東晉以後，言《易》者大率以王弼爲本，而附之以元言，其用鄭、宋諸家，小有去取而已，非能通其説，如王廙者是也。齊代鄭義甚行，史稱子珪承馬、鄭之後，一時學徒以爲師範，其于《易》或宜宗鄭黜王殘闕之餘，無聞焉耳。

子夏傳：《釋文》敍録《子夏易傳》三卷。《七略》云：漢興，韓嬰傳。《中經簿録》云丁寬所作。張璠云或馯臂子弓所作，薛虞記。虞不詳何許人。《隋書・經籍志》：《周易傳》二卷，魏文侯師卜子夏傳，殘闕。梁六卷。案《漢書・藝文志》，《易》有韓氏二篇，丁氏八篇，而無馯臂子弓，則張璠之言不足信。丁寬受《易》田何，上及馯臂子弓，受之商瞿，非自子夏，則荀勖言丁寬亦非。劉向父子博學近古，以爲韓嬰，當必有據。《儒林傳》稱韓生亦以《易》授人，推《易》意而爲之傳，不聞其所受，意者出于子夏，與商瞿之傳異耶？今所傳子夏《傳》十一卷，《崇文總目》云十卷，以《釋文》、《集解》諸書所引校之，都不相合。晁以道云，是唐張弧所作，惠徵士棟以爲唐時子夏殘書尚存，無容僞爲，爲之必宋人也。然予謂即唐時二卷者，亦非真韓氏書，其文淺近卑弱，不類漢人，殆永嘉以後，羣書既亡，好事者聚斂衆説而爲之也。朱子發云：「孟喜、京房之學，大要皆自子夏傳而出。」此不察之言也。孟京之《易》，傳之商瞿，豈得出于子夏哉？子發又以「七日來復」傳，證京房六爻之義；以「井谷射鮒」傳，證《井》爲五月之卦；固有合者。要之，爲傳者取于孟、京，非孟、京取于此傳，觀其爻意可知也。然晁以道云：「二卷之書不傳，而漢上《易傳》所引，皆非十一卷之僞書。」則似朱子發見之者，其復出于晁後耶？而又何時亡之，又不可曉也。

又《易緯略義序》 「緯」者，其原出于七十子之徒，相與傳夫子之微言，因以識陰陽五行之序，災異之本也。蓋夫子五十學《易》，而知天命。子贛曰：「夫子之

言性與天道，不可得而聞。」是以其言者，六藝之文，著之；其難言者，游、夏之徒或口受其傳指，益增附推闡以相傳授，秦、漢之間，師儒第而録之，其亦有技術之士，以其所能，推説于篇，參錯間出，故其書雜而不能醇。劉歆之于《緯》，精矣。當其時，河、洛之文大備，而《七略》不著録，將以符命之學出于其中，在所禁祕耶？鄭康成氏，漢之大儒，博通古文，甄録而爲之注，則《緯》之出于聖門，而説經者之不可廢也，審矣。至隋而「六經」之緯焚滅，唯《易》獨存。《後漢書注》載其目，曰：《稽覽圖》、《乾鑿度》、《坤靈圖》、《通卦驗》、《是類謀》、《辨終備》。宋而更有《乾元序制記》、《乾坤鑿度》。宋之諸儒，排而擯之；訖于元明，無傳于世，存者獨明《永樂大典》所編，而緯無完書矣。竊嘗以爲《乾坤鑿度》，僞書也，不足論；《乾元序制記》，宋人鈔撮者爲之；《坤靈圖》、《是類謀》、《辨終備》，亡佚既多，不可指説；其近完存者，《稽覽圖》、《乾鑿度》、《通卦驗》。《稽覽圖》論六日七分之候；《通卦驗》言八卦晷氣之應，此孟、京氏陰陽之學；《乾鑿度》論乾坤消息，始于一，變而七，進而九，一陰一陽，相並而合于十五，統于一元，正于六位，通天意，理人倫，明王度，蓋《易》之大義條理畢貫，自諸儒莫能外之。其爲夫子之緒論，田、楊以來先師所傳習，較然無疑。至其命圖書，考符應，算世軌，則其傳湮絶，文闕不具，不可得而通，亦非達士之所欲説也。故就三書而求其醇者：《通卦驗》十三、《稽覽圖》十五、《乾鑿度》十八。《易》學蕪絶，漢人之書皆已亡闕，其僅而存于今，足以考古師説，如此三書者，治《易》者蓋可忽乎哉？故條而次之，以類相説，通其可知者，闕其不可知者，存其略云爾。

又《丁小疋鄭氏易注後定序》 自王弼《注》興而《易》晦，自孔穎達《正義》作而《易》亡。宋之季年，學者争説性命，莫不以王孔爲本，雜以華山道士之言，而王伯厚氏獨盡心鄭《注》，蒐輯闕佚，彙爲一書，可謂偉矣。自是之後，蓋五百餘年，而得惠定宇氏，始考鄭氏爻辰，增補伯厚《集注》所未備，然後天下知有鄭《易》。又數十年，丁君小疋從而定之，正其違錯，補其闕漏，次其篇章，然後鄭氏之《易》大略具焉。方今士以不習鄭學爲恥，其考鄭書者，無慮數十家，而以丁君此書爲最善。蓋其始爲以至于今二十餘年，不苟成書，有爲其學者，必咨焉，從而爲之校者以十數，唯以傳信爲務，而不以臆斷；其爲之也勤，其出之也慎，則其獨善宜也。且夫學者所以貴古書者，豈唯其文哉？將有取其義也。王伯厚氏之序此書，取朱震之言，曰「多論互體」，曰「以象數爲宗」。夫《易》之有互，不始鄭氏，自田何、楊叔以來，論互體，不足爲鄭學也。《易》者，象也。《易》而無象，是失其所以爲《易》。數者，所以筮也。聖人倚數以作《易》，而卦爻之辭，數無與焉。漢師之學，謂之言象可，謂之言數不可。象、數並稱者，末學之陋也。吾以知伯厚之于鄭《易》，概乎未有聞也。鄭定宇氏説爻辰是矣。雖然，爻辰者，鄭氏之所以求象，而非鄭氏言《易》之要也。鄭氏之學，盡于爻辰而已乎？《記》曰：「夫禮，本于太一，分而爲天地，轉而爲陰陽，變而爲四時，其降曰命。」韓宣子見《易象》曰：「周禮在魯矣。」是故《易》者，禮象也。是説也，諸儒莫能言，唯鄭氏言之。故鄭氏之《易》，其要在禮。若乃本天以求其端，原卦畫以求其變，推象附書，以求文王、周公制作之意，文質損益，大小該備，故鄭氏之《易》，人事也，非天象也。此鄭氏之所以爲大，而定宇氏未之知也。夫以王、惠二家之學如此，則其所輯，往往有牴牾而不知者，非其學不博，識不精，其所涉淺也。丁君于此書，余見其稿本，一字之異，必比附羣書以考其合，往往列數十事，是故于義審；于義審，則其分別有序也，無惑爾已。余往嘗疑鄭君箋《詩》，以婚期盡仲夏以前，于經無所徵驗。及就《歸妹》之注考之，六五爻辰在卯，二月中，辭曰「帝乙歸妹，以祉元吉」；九四爻辰在午，五月中，辭曰「歸妹愆期」；然後知《箋》義，蓋出于此。又嘗疑雷震百里以象諸侯，周官制則不合。及讀晉康侯之注，諸侯有三捷之功，錫以乘馬而廣之，然後知《易》有三代之制。其他如此者甚衆。惜乎唐之儒師未有見及此者，遂使《禮》家微言泯没而不傳也。然就此書而求之，比類儔物，以合鄭氏《禮注》，則于《易》之大義，未嘗不有考焉，是則小疋之功，不可廢也夫。

顧廣圻《顧千里集》卷一二《蔡氏月令序》 左中郎將撰集漢事，多湮没於李、郭之亂，太學七經四十六石，至洪丞相蓬萊閣重鐫，迺百不逮一，《月令章句》十二卷，《集》十二卷，梁有二十卷，《録》一卷，皆在《隋書・經籍志》，今《集》既非舊，而《章句》自唐、宋以來即罕著録，吁可悕已！同邑蔡立青雲，陳留之裔也，於是乎有《蔡氏月令》之作，經疏史注，搜輯徵引，遺文佚句，補綴發揮，《論》及《問荅》，成篇具在，大義冠端，袪疑連後，散者獲整，廢而復起。又復博考羣書，反覆申究，旁及枝條，詳哉言之，豈徒述祖恭承緒論，實亦著書可名一家者也。手稾授弟子程賡堂嶺梅。而立青下世，賡堂不死其師，屬江鐵君沅寫定，將用刊行，問序於予。予向者不揆檮昧，禮文經記，粗綜諸説，竊以爲北海鄭君，時代正接，《月令》兩注，抑何徑庭。蓋中郎之學以今文家爲主，鄭君之學以古文家爲主，理自有此異同，言非故相出入，求其宏通，並行不悖，觀北海之典單行，念高陽之著若墜，於立青此書，固樂觀其成之。且以爲中郎於今文家之學，可謂集其大成，作爲文章，闡通徑義，而

天聖中歐静所序十卷本集，讀者往往不識家法，以致誤改，漸將失傳，輒欲校定，遺諸方來，丹鉛歷歲，未逮汗青，每興弔於東都，期勒成於舊業，立青往矣，與正奚從？綴筆之下，感慨係之焉！

孫馮翼《問經堂叢書・皇覽序》 阮孝緒《七録》所載本六百八十卷，至隋而僅存一百二十卷，唐時之本，則何承天所合併，亦著於《七録》而闕一卷。《隋志》云：《皇覽》一百二十卷，梁六百八十卷，梁又有《皇覽》一百二十三卷，亡。《唐志》：何承天《並和皇覽》一百二十二卷。又徐爰《合皇覽》五十卷，《唐志》稱八十四卷。何以徐本閲唐而獨增多，且其本即見《唐志》，則與何本《隋志》並云亡者，誤也。《隋志》云：徐爰《合皇覽》五十卷，又《皇覽目》四卷，《皇覽鈔》二十卷，蕭琛鈔，亡。惟《皇覽目》及蕭琛所鈔，或亡于隋時，故《唐志》只載何、徐二本。繆氏舊書，唐人已未及見，後更無論矣。

《四庫全書總目提要・周易乾鑿度》 案《周易乾鑿度》，鄭康成注，與《乾坤鑿度》本二書，晁公武並指爲「倉頡修古籀文」，誤並爲一，《永樂大典》遂合加標目。今考《宋志》有鄭康成注《易乾鑿度》三卷，而不及《乾坤鑿度》，則知宋時固自單行也。説者稱其書出于先秦，自《後漢書》、南北朝諸史及唐人撰《五經正義》，李鼎祚作《周易集解》，征引最多，皆于易旨有所發明，較他緯獨爲醇正。至于「太乙、九宫，四正、四維，皆本于十五」之説，乃宋儒戴九履一之圖所由出，朱子取之列于《本義》圖説，故程大昌謂：「漢魏以降，言《易》學者皆宗而用之，非後世所托爲」，誠稽古者所不可廢矣。原本文字斷闕，多有訛舛。謹依經史所引各文，及旁采明錢叔寶舊本，互相校正，增損若干字。其定爲上、下二卷，則從鄭樵《通志》之目也。

又《易緯辨終備》 案「辨終備」一作「辨中備」。《後漢書・樊英傳》注：易緯凡六，爲《稽覽圖》、《乾鑿度》、《坤靈圖》、《通卦驗》、《是類謀》，而終以此篇。馬氏《經籍考》皆稱爲鄭康成注，而《辨終備》著録一卷。今《永樂大典》所載，僅寥寥數十言，已非完本。且其文頗近《是類謀》，而《史記正義》所引《辨中備》孔子與子貢言世應之説，與此反不類。或其書先佚，而後人雜取他緯以成之者，亦未可定也。然别無可證，姑仍舊題云。

又《易緯坤靈圖》 案《坤靈圖》，孫瑴謂配《乾鑿度》名篇，馬氏《經籍考》著録一卷，今僅存論《乾》、《无妄》、《大畜》卦辭，及史注所引「日月連璧」數語，則其闕佚者蓋已夥矣。考《後漢書》注：《易緯坤靈圖》第三，在《辨終備》、《是類謀》之上，而王應麟《玉海》謂三館所藏有鄭注《易緯》七卷：《稽覽圖》一，《辨終備》四，《是類謀》五，《乾元序制記》六，《坤靈圖》七，二卷、三卷無標目。《永樂大典》篇次亦然。今略依原第編著，蓋從宋時館閣本也。

又《易緯是類謀》 案《是類謀》一作《筮類謀》，馬氏《經籍考》：「一卷，鄭康成注。」其書通以韻語綴輯成文，古質錯綜，别爲一體。《藝文類聚》、《太平御覽》諸書引其文頗多，與此本參校并合，蓋視諸《緯》略稱完備。其間多言機祥推驗，並及于姓輔名號，與《乾鑿度》所引《易曆》者義相發明。而《隋書・律歷志》載周太史上士馬顯所上表，亦有玉羊、金鷄之語，則此書固隋以前言術數者所必及也。

又《乾坤鑿度》 案《乾坤鑿度》，隋、唐《志》、《崇文總目》皆未著録，至宋元祐間始出。《紹興續書目》有倉頡注《鑿度》二卷，後以鄭氏所注《乾鑿度》有别本單行，故亦稱此本爲《巛鑿度》，程龍謂「隋焚讖緯，無復全書，今行于世惟乾、坤二《鑿度》」者是也。其書分上、下二篇。上篇論四門、四正、取象、取物，以至卦爻蓍策之數。下篇謂「坤有十性」，而推及于《蕩配陵配》，又雜引《萬形經》、《地形經》、《制靈經》、《蓍成經》、《含靈孕》諸緯文，詞多聱牙不易曉。故晁公武疑爲宋人依托，胡應麟亦以爲《元包》、《洞極》之流，而胡一桂則謂漢去古未遠，尚有祖述，有裨《易》教。評騭紛然，真僞莫辨。伏讀《御製題乾坤鑿度》詩，定作者爲後于莊子，而舉《應帝王篇》所云「倏忽混沌，分配乾坤太始」，以推求「鑿」字所以命名之義，援據審核，折衷至當。臣等因考《列子》、《白虎通》、《博雅》諸書，皆以太易、太初、太始、太素爲氣、形、質之始，與《鑿度》所言相合。獨莊子于外篇《天地》略及泰初，有無之語，而其他名目概未之見，則「倏忽混沌」，實即南華氏之變文，作「鑿度」者複本其義而緣飾之耳。仰蒙聖明剖示，精確不刊，洵永爲是書定論矣。案七經緯皆佚于唐，存者獨《易》，逮宋末而盡失其傳。今《永樂大典》所載《易緯》具存多，宋以後諸儒所未見，而此書實爲其一。謹校定訛闕，厘勘審正，冠諸《易緯》之首，而恭疏其大旨于簡端。

又《易緯通卦驗》 案《易緯通卦驗》，馬端臨《經籍考》及《宋史・藝文志》俱載其名。黄震《日抄》謂其書大率爲卦氣發。朱彝尊《經義考》則以爲久佚。今載于《説郛》者，皆從類書中湊合而成，不逮什之二三，蓋是書之失傳久矣。《經籍考》《藝文志》舊分二卷，此本卷帙不分。核其文義，似于「人主動而得天地之道，則萬物之藴盡矣」以上爲上卷。曰：「凡《易》八卦之氣，驗應各如其法度」以下爲下卷。上明稽應之理，下言卦氣之征驗也。至其中訛脱頗多，注與正文往往相混。其字

句與諸經注疏、《續漢書》劉昭補注、歐陽詢《藝文類聚》、徐堅《初學記》、宋白《太平御覽》、孫珏《古微書》等書所征引，亦互有異同。第此書久已失傳，當世並無善本可校，類書所載亦輾轉訛舛，不盡可據。謹于各條下擬列案語，其文與注相混者，悉爲厘正，脱漏異同者，則詳加參校，與本文兩存之。蓋通其所可知，闕其所不可知，亦闕疑、仍舊之義也。

又《易緯乾元序制記》　案《乾元序制記》，《後漢書》注《七緯》名並無其目。馬氏《經籍考》始見一卷，陳振孫疑爲後世術士附益之書。今考此篇首簡「文王比隆興始霸」云云，孔穎達《詩疏》引之，作《是類謀》。《疏》又引《坤靈圖》「法地之瑞」云云，今《坤靈圖》亦無其文，而與此篇文義相合。又《隋書·王劭傳》引《坤靈圖》「泰姓商名宫」之文，亦在此篇。至其所言風雨寒温，消息之術，乃與《稽覽圖》相近，疑本古緯所無，而後人于各緯中分析以成此書者。晁公武謂其本出於李淑，當亦唐、宋間人所妄題耳。

又《易緯稽覽圖》　案《後漢書·樊英傳》注舉「七緯」之名，以《稽覽圖》冠易緯之首。《隋志》鄭康成注《易緯》八卷，《唐志》宋均注《易緯》九卷，皆不詳其篇目。《宋志》有鄭康成注《稽覽圖》一卷，《通志》七卷。而馬氏《經籍考》載《易緯》七種，亦首列鄭注《稽覽圖》二卷。獨陳振孫《書録解題》别出《稽覽圖》三卷，稱「與上《易緯》相出入，而詳略不同」，似後人掇拾緯文依托爲之者，非即康成原注之本。自宋以後，其書亦久佚弗傳。今《永樂大典》載有《稽覽圖》一卷，謹以《後漢書·郎顗、楊賜傳》、《隋書·王劭傳》所見緯文及注參校，無不符合，其爲鄭注原書無疑。惟陸德明《釋文》引「無以教之曰蒙」，《太平御覽》引「五緯各在其方」之文，此本皆闕如，則意者書亡僅存，已不免于脱佚矣。其書首言「卦氣起《中孚》」，而以《坎》、《離》、《震》、《兑》爲四正卦，六十卦卦主六日七分。又以自《復》至《坤》十二卦爲消息，余雜卦主公卿侯大夫，候風雨寒温，以爲徵應，蓋即孟喜、京房之學所自出。漢世大儒言《易》者，悉本于此，最爲近古。至所稱「軌筭之數」，以及「世應」、「游歸」，乃兼通于日家推步之法。考唐一行推大衍之策，以算術本于《易》，故其《本議》言代軌德運，及《六卦議》言「一月之策九、六、七、八」，《發斂術》言「中節候卦」，皆與《稽覽圖》相同。獨所云天元甲寅以來至周宣帝宣政元年，則似甄鸞所推甲寅元歴之術，而又有云「太初癸巳」，則古無以此爲元者。其他雜引宋永初、元嘉，魏始光，唐上元、先天、貞元、元和年號，紛錯不倫，蓋皆六朝迄唐術士先後所附益，非《稽覽圖》本文。今審核詞義，退文附書以爲區别，並援經注史文，是正訛舛，依馬氏舊録，析爲上下二卷，庶言《易》學者或有所考見焉。

王謨《漢唐地理書鈔·吴地記》　按：《隋志》有顧夷《吴郡記》二卷，又一卷。《唐志》有張勃《吴地志》一卷。《御覽·書目》又載有董覽《吴地記》、陸道瞻《吴郡記》，今皆已分别采録，此陸廣微《記》。攄陳氏《書録》云：廣微即郡人，多記古吴國事。唐禾有秀州，天禧中始割嘉興縣置，故此《記》合二郡爲一。今按：本《記》言自周敬王六年起，至唐乾符三年，凡一千八百九十五年。諸所記載，校諸家《吴地記》，自爲詳備。宋元世有傳本，故馬氏《文獻通考》著録，陶氏《説郛》得采入全書。今故悉從《説郛》原本鈔録，其中句字亦有脱誤無可攷證。又如王氏《困學紀聞》引陸《記》「鰲魚」之説，則是《説郛》所收尚非足本，王氏必猶及見原書也，故仍附録。

又《秦地記》　按：《史記》：蕭何入咸陽，收丞相、御史圖書藏之，漢王所以具知天下户口、阨塞多少，强弱處，民所疾苦者，以得此圖書也。獨計當日秦分天下三十六郡，漢因秦制，稍復開置，故府圖書宜無不在。而班固撰《地理志》獨於瑯琊郡長廣縣下引《秦地圖》曰「劇清地，幽州藪」，於代郡班氏縣下引「《秦地圖》書班氏」。其他郡縣概未有聞，豈遂皆無可考歟！而《玉海》引《禹貢》疏言「豯養之澤，叅諸秦地之圖」，則是《秦地圖》因有豯養澤也。《水經注》引「孫暢之《迹畫》有《督亢地圖》，言燕太子丹使荆軻齎入秦，秦王殺軻，圖亦絶滅」，是亦《秦地圖書》故事，而其實則久亡矣。今故仍從《漢書》鈔出二條，以爲《秦地理書》之一驗。

又《河圖括地象》　按：《隋志》本無洛書卷目，諸書稱引間有篇名，若《甄曜度》、《靈淮聽》、《摘亡辟》之類，今亦不復分析，惟取關涉地理者畧存數條於此。

又《古〈岳瀆經〉》　按：《路史後紀》云：禹治水，主名山川，命益疏爲《岳瀆》、《山海》二經。其於《餘論》「無支祈」條則云：李公佐於永和九年，從元公錫泛洞庭，登包山，入靈洞，得古《岳瀆經》第八卷，奇字蠹毁，不能解，其後周焦君云云。則是此經至唐始出，猶有卷目可考，何以遂不復傳於世。而其出於洞庭包山，又若與《靈寶書》同一故事。至所云無支祈或即釋氏以爲泗州僧伽所降水母，而託爲之説，亦未可知。此皆誕謾未足據信。以其事與文皆奇古，不忍没，故特采之以次於《山海經》後，而并全録唐人《戎幕閒談》，以明古《岳瀆經》説原出於此。若《太平御覽》引《淮地》、《淮陽》二記，又悉據《岳瀆經》爲説，有詳畧爾。

又《山書》　按：《山書》之名于古無攷，獨見《家語·執轡篇》子夏述商，聞《山書》以告。朱子云：而其文乃全出《大戴禮·本命篇》初不及引《山書》，昔人謂

《家語》本王肅依託爲之，此篇問答疑即係肅所增益。則此《山書》亦未知古初果有是書與否？要其所論可作地理全書綱領，若《淮南子・墜形訓》自凡地形以下，皆與《家語》、《大戴禮》文相出入。至言山氣多男，澤氣多女，障氣多喑，風氣多聾，林氣多癃，木氣多傴、岸下氣多腫，石氣多力，險阻氣多癭，暑氣多夭，寒氣多壽，谷氣多痺，丘氣多狂，衍氣多仁，陵氣多貪；輕土多利，重土多遲。清水音小，濁水音大，湍水人輕，遲水人重，中土多聖人，皆象其氣，此又不知采自何書，可以互相發明。惟以通篇全文太繁，故置不録，且以《山書》名古，不忍湮没，故特表而出之。

又《荆山經龍首記》 按：《路史・鍾鼎論》云：隱訣之説，黄帝火九鼎于荆山。説者謂黄帝之鼎有九。《大清中經》又有九鼎丹法，則黄帝之鼎乃丹釜之名爾。故《荆山經龍首記》云：載考《史記・封禪書》：黄帝采首山銅，鑄鼎于荆山下。鼎既成，有龍垂胡髯下迎黄帝，百姓仰望黄帝上天，後世因名其處爲鼎湖。此《經記》殆即説是事，而公孫卿又言：申公與安期生通受黄帝言，無書，獨有此鼎書。曰：漢興復當黄帝之時。漢之聖者在高祖之孫且曾孫也。則是鼎書亦出黄帝。要之此鼎書與經記皆後世依託爲之，以爲《道藏》秘而不傳，故《隋志》道經三百七十七部，《唐志》神仙三十五家五十部，並無此書。《御覽》書卷開列釋道二家經籍至二百八十家種，亦不見有《荆山經龍首記》。如羅氏云云，蓋即傳自隱訣之説也。《隋志》固言陶宏景撰《登真隱訣》，以證古有神仙之事。又言神丹可成，服之則能長生，與天地永畢。則此經記、鼎書正言神丹事，惜其書無考爾。若《登真隱訣》宜《道藏》有之，而未得見也。今故以黄帝遺迹荆山、鼎湖特標此經記，名目與明堂圖相比次焉。

又《黄帝明堂圖》 案：《史記・封禪書》：初，天子封太山，太山東北趾古時有明堂處，處險不敞。上欲治明堂，奉高旁未曉其制度，濟南人公玉帶上黄帝時《明堂圖》，《索隱》云：公玉姓，帶名。案：《風俗通》齊湣王臣有公玉冉，其後也。于是上令奉高作《明堂汶上如帶圖》。及五年修封，天子從昆侖道入，始拜明堂如郊禮。據言因封太山作明堂似昆侖，則此圖亦自有關地理，與括地、開山諸圖相近，且又依託黄帝爲之，故特采出列於首卷。

又《禹受地記》 按：王伯厚《困學紀聞》以《三禮義宗》引《禹受地記》，王逸注《離騷》引《禹大傳》，疑即大史公所謂《禹本紀》。今考《史記・大宛傳贊》引《禹本紀》言「河出崑崙」。自後郭璞注《山海經》酈道元注《水經》，于「河出崑崙」並引本紀，初不及《禹受地記》。按：《水經注》云：葱嶺之水東爲河源，《禹記》所云崑崙者焉。此《禹記》正謂《禹受地記》即如《紀聞》言出《三禮義宗》，而《義宗》書既不傳，其説亦無可考。惟杜氏《通典》注言先儒皆引《禹受地統書》云「東南地方五千里名曰神州」，先儒意即指崔靈恩《三禮義宗》。《受地統書》即《禹受地記》也。而朱氏《經義考》又以《地統書》爲《河圖括地象》，亦未知得其實。兹故即以《地統書》合《禹受地記》，而以《禹本紀》、《禹大傳》及《山海經》「禹自言五臧山」數文並箸一篇。

又《周公城名録》 按《尚書釋文》於《禹貢》九州下引《周公職録》云：黄帝受命，風後受圖，割地布九州，不言三十二圖。《困學紀聞》則引《禹貢釋文》《周公職録》云：隋、唐《志》無此書，《太平御覽》引《太乙式占周公城名録》有此三句。夾漈《通志・藝文署》《周公城名録》一卷。城、職字相似，恐傳寫之誤。原注又引《世説》注云：「推周公城録，冶城宜是金陵本里」。《抱朴子・登涉内篇》亦引《周公城名録》。按：《抱朴子・登涉符籙》云：「按《周公城名録》，天下分野，災之所及，可避不可禳，居宅亦然，山岳皆爾也。」此書自晉以後世嘗著録，蓋必因周公營建洛邑作城土中，而後人依託爲之者也。今故仍從《御覽》采出此條，以備周地理書一則。

又《奏土論》 按：《水經注》云：楚盛周衰，控霸南土，欲争强中國，多築列城于比方，以逼華夏，故號此城爲萬城，或作方城。因引唐勒《奏土論》云云，下即云：按《春秋》，屈完之在邵陵，對齊侯曰：楚國方城以爲城。杜預曰：方城，山名也，在葉南。未詳孰是。今考《奏土論》不見經傳，而唐勒之名，則即《史記屈原傳》所謂「屈原既没，其後楚有宋玉、唐勒、景差之屬」是也。此與虞卿《趙地記》皆戰國時人書，有關地理者，而皆于《水經注》得之，故雖片語並爲鈔録。

又《周譜》 按《史記・三代世表》云：「余讀牒記，黄帝以來皆有年數。稽其歷譜牒終始五德之傳，古人咸不同，乖異。」劉知幾《史通》亦云：譜之建名，起於周代。表之所作，因表寫形。故桓君山有云：太史公《三代世表》，旁行斜上，並効周譜。譜之爲道，蓋以紀世代年數，非爲地理作也。然於經傳絶無可考見，獨《漢書・溝洫志》載大司空掾王横言：禹之行河水，本隨西山下東北去。《周譜》定王五年河徙，則今所行非禹之所穿也。故《水經注》云：「今川流所導，非禹瀆也。周定王五年，河徙故瀆。故班固曰：商竭，周移也。」後世河患蓋自此始，正賴《周譜》得以考見古今河道變遷本始，不得以其片語而軼之也。故特表而出之，俾言河道者得有考焉。

又《四方令》 按：此地理書雖以漢唐爲目，實則上溯唐虞三代，惟殷商一代地理未見經傳。若《爾雅》九州，注家雖以爲殷制，然無考證。惟《逸周書・王會

解》伊尹朝獻《商書》，湯問伊尹，伊尹受命，爲四方令云云。内如崑崙、九夷見《尚書》，雕題、漆齒見《禮記》，百濮、鄧越見《左傳》，闐耳、貫胸見《山海經》，空同見《爾雅》，大夏、煩樓、匈奴、月氏見《國策》《史記》。四方外國皆與虞夏周秦前後地理相接，故特采録以補殷代地制之闕。至《竹書紀年》注謂：殷王武丁大仁，輿地東不過江黄，南不過蠻荆，西不過氐羌，北不過朔方，而頌聲作。蓋特以其時中國大勢度之，實不足以盡《禹貢》九州之境也。時亦無江、黄二國。按此注亦衹據《漢書》賈捐之諫罷珠崖疏爲説，未足信。

又《尚書地説》 按：此《地説》不知何人所撰，鄭玄注《尚書》再引其説，是此書必作於鄭氏以前。至酈氏注《水經》及唐初人爲《史記正義》、《索隱》猶及見之，而《隋志》不載，豈遂已散佚乎！惟是諸書往往引作《地記》，記、説二字最易淆混。又其所説皆《尚書・禹貢》、地理、水道，故可據以解經箋史，必非梁任昉所鈔輯之《地記》也。今惟當以《地説》主名，或作《地記》，亦各從所見采録，凡共鈔出《地説》十一條，《地記》十一條。

又《漢魏遺書鈔・連山》 案：《唐志》有《連山》十卷，司馬膺注。《經義考》云：度即劉炫僞本。而復引《水經注》、《乙巳占》二條，内「姮娥竊藥奔月」已見《歸藏》。愚故引張衡《靈憲》入注。此引李淳風占又以爲出《連山》，未詳孰是。

又《歌録》 按：隋、唐《志》、《御覽》俱無此書目，不知作者姓名。諸類書亦未見稱引，今僅從《文選注》鈔出十四條。

又《周易章句序録》 《隋志》：漢曲臺長孟喜《周易章句》八卷，殘缺。《漢・藝文志》曰：孟喜，字長卿，東海蘭陵人也。父號孟卿，善爲《禮》、《春秋》，授后蒼疏廣。世所稱《后氏禮》、《疏氏春秋》，皆出孟卿。以《禮經》多，《春秋》煩雜，乃使喜從田王孫受《易》。喜好自稱譽，得《易》家陰陽災變書，詐言師田生且死時枕喜厀，獨傳喜，諸儒以此耀之。同門梁丘賀疏通證明之曰：「田生絶於施讐手中，時喜歸東海，安得此事。」又蜀人趙賓好小數書，後爲《易》，飾《易》文，以爲「箕子明夷，陰陽氣亡箕子；箕子者，萬物方荄滋也。」賓持論巧慧，《易》家不能難，皆曰：「非古法也。」云受孟喜，喜爲名之。後賓死，莫能持其説。喜因不肯仞，以此不見信。喜舉孝廉，爲郎，曲臺署長，病免，爲丞相掾。博士缺，衆人薦喜。上聞喜改師法，遂不用喜。喜授同郡白光少子沛，翟牧子兄，皆爲博士。繇是有翟、孟、白之學。京房受《易》梁人焦延壽。延壽云從孟喜問《易》，會喜死，房以延壽《易》即孟氏學，翟牧、白生不肯，曰非也。《隋・經籍志》曰：孟氏、京氏有書無師。《經典序録》曰：孟《易》章句無上經，又下經無「旅至節無上繫」。」釋一行曰：十二月卦出于孟氏章句，其説《易》本於氣，而後以人事明之。謨案：朱氏《經義考》云：許氏《説文解字序》言《易》稱孟氏，則所引皆孟氏《易》也，而其字多與今文異。今並鈔出二十五條，又《釋文》十一條，《周易集解》二條，《詩正義》一條，《禮記疏》二條。

又《元包序録》 《唐志》：衛元嵩《元包》十卷，蘇源明傳，李江注。《隋志》無。《崇文總目》曰：元嵩唐人撰，武功蘇源明傳，趙郡李江注。《包》以《坤》爲首，因八純之官以生變，極於六十四，自繫其辭，言外卦體不列爻位，以謂《易》首《乾》尚文，《包》首《坤》尚質。夏《連山》、商《歸藏》、周《易》、唐《包》，其實一也，雖欲馳騁而放言趨理，近止《易》家之鄙云。《文獻通考》晁氏曰《元包》以《坤》爲首，因八卦世變爲六十四卦之次，又著《運蓍》、《説源》二篇，統言卦體不列爻位，自云《周易》《元包》一也。陳氏曰：其書以八卦爲八篇，首而「一世」，至「歸魂」，各附其下。先《坤》，次《乾》、《兑》、《艮》、《離》、《坎》、《巽》、《震》。《坤》曰大陰，《乾》曰大陽，餘六子有孟、仲、少之目。每卦之下，各爲數語，意僻怪，文險澁，不可深曉也。謨案：《經義攷》引釋道宣云：衛元嵩本河東人，遠祖從宦，遂家於蜀。梁末爲僧，佯狂浪蕩，周氏平蜀，因爾入關。天和二年嘗尚書。楊揖序則云益州成都人，獻策，後周賜爵，持節蜀郡公，武帝尊禮，不敢臣之，有傳見《比史》。其出處本末確有可據如此，安得以爲唐人？而《隋志》竟不載此書，《唐志》則以列於元載李吉甫書後。豈以其人名迹稍晦，書亦未大行於世，修史諸臣故從而畧之耶！今世亦少傳本，全書僅見陶氏《説郛》，西吴潘氏節入《逸書》，《經義攷》列存書目，前後有李江、楊楫序，張洸跋，文多不録。今仍從《説郛》本鈔録，惟潘氏《逸書》於大陰、大陽各卦爻下皆有註釋，意即李江註也，今特采補。

又《尚書大傳序録》 《隋志》：伏生撰《尚書大傳》三卷，鄭康成注。《漢志》四十一篇。《漢書・儒林傳》曰：伏生，濟南人也。故爲秦博士。孝文時，求能治《尚書》者，天下亡有。聞伏生治之，欲召。時伏生年九十餘，老不能行，於是詔太常使掌故鼂錯往受之。秦時禁書，伏生壁藏之，其後大兵，起流亡。漢定，伏生求其書，亡數十篇，獨得二十九篇。即以教于齊魯之間，齊學者由此頗能言《尚書》。《玉海》：《中興書目》曰：伏生爲秦博士，至孝文時，年且百歲，張生、歐陽生從其學而授之。音聲猶有訛誤，先後猶有差舛，重以篆隸之，殊不能無失。生終後，數子各論所聞，以己意彌縫其闕，別作章句。又特撰大義，因經屬指，名之曰傳。劉向挍書得而上之，凡四十一篇。至康成始詮次爲八十三篇。《文獻通考》：陳氏曰：大

傳凡八十有三篇。當是其徒歐陽、張生之徒雜記所聞，然亦未必當時本書也。印板刓闕，合更求完善本。謨案：據陳氏云「印板刓闕，合更求完善本」，明此書宋時尚有板本也。而朱氏《經義攷》直以爲佚，則并此刓闕板本俱未得見。近德州盧氏《雅雨堂叢書》內有《尚書大傳》四卷，仁和盧學士文弨爲撰《考異》一卷，《補遺》二卷，于後其序有云「雖非隋唐以來之完書，然闕佚殆亦尠矣。」以謨考之，則自隋唐後人所編輯之書，蒐采畧盡。至於漢魏諸書中所引《大傳》殊多遺漏，今惟就盧本更加考正，凡句字有異同詳畧，悉分註本文下，其全闕者悉自爲補遺于末。凡鈔出註疏八條，《白虎通》二條，《風俗通》二條，《群輔録》一條，《山海經注》二條，《水經注》一條，《史記注》二條，《後漢書傳》一條，《文選注》二條，《通典》一條，《書鈔》五條，《御覽》二條，《廣韻》一條，《路史注》一條，《困學紀聞》一條。

又《尚書注序録》　《隋志》：馬融《尚書》注十一卷。《漢書・儒林傳》曰：扶風杜林傳古文《尚書》。林同郡賈逵爲之作訓，馬融作傳，鄭玄注解，由是古文《尚書》遂顯於世。《經典敘録》曰：漢宣帝本始中，河內女子得《泰誓》一篇獻之，與伏生所誦合三十篇。漢世行之，然《泰誓》年月不與序相應，又不與《左傳》、《國語》、《孟子》衆書所引《泰誓》同，馬、鄭、王肅諸儒皆疑之。案：今馬、鄭所注並伏生所誦，非古文也。孔氏之本，絶至晉永嘉喪亂，衆家之書並滅亡，而古文孔傳始興。近唯崇古文，馬、鄭、王注遂廢。謨案：古又《尚書》傳注興廢大略具見《經典敘録》，近西莊王氏專攻孔傳，別采馬、鄭、王三家注爲《尚書後案》，而獨以僞《泰誓》厠其間，亦見其惑也。惟以《正義》引馬融書序於《泰誓》論難獨有見解，故專輯馬注，鄭、王二家姑置不録。凡共鈔出《釋文》二百九條，《正義》十四條，《史記集解》一百十條。

又《洪範五行傳序録》　《漢志》：劉向《五行傳記》十一卷。隋唐《志》卷數同。《前漢書》本傳曰：向字子政，本名更生。爲散騎、宗正、給事中。成帝即位，以故九卿召拜中郎，使領護三輔都水，遷光禄大夫。上方精於《詩》、《書》，觀古文，詔向領校中五經秘書。向見《尚書・洪範》箕子爲武王陳五行、陰陽、休咎之應，乃集合上古以來，歷春秋六國至秦漢符瑞災異之記，推迹行事，連傳禍福，著其占驗，比類相從，各有條目，凡十一篇，號曰《洪範五行傳論》奏之。《宋書・五行志》曰：伏生創紀《大傳》，五行之體始詳。劉向廣演洪範，休咎之文益傳。歐陽文忠曰：箕子陳洪範，條其事爲九類，別其説爲九章，考其説不相附屬。向爲《五行傳》，乃取五事、皇極、庶徵附於五行以爲八事，皆屬五行與則。至於八政、五紀、一德、稽疑、福極之類，又不能附至俾洪範之書，失其倫理，所謂旁引曲取而遷就其説也，然自漢以來未有非之者。呂東萊曰：劉向灾異、五行，學博而未純，其原出於伏生《大傳》。葉水心曰：劉向爲王氏考灾異，著《五行傳》，歸於切劘當世。而漢儒之言陰陽者，其學亦各有所主，然《洪範》之説由此隳裂，使經世之成法降爲灾異、陰陽之書矣。又《洪範》初不爲灾異而作，庶徵所指明有效驗，而學者乃以五行、五事聯附爲一。春秋以來，凡有變兆，離析、剥解門類而户分之，以是爲格王正事則委巷小夫巫瞽之事。夫豈不然，而謂篤學好古，自名如仲舒、向、歆者，亦當爾與。謨按：班固《前漢書・五行志》原本伏生《尚書大傳》，兼采董仲舒、劉向、向子歆及眭孟、夏侯勝、京房、谷永、李尋諸家之説，而劉知幾《史通》乃云班史《五行志》出劉向《洪範》，趙樞生亦云劉向《洪範・五行傳》其書不可見，班書《五行志》乃其遺法。今特從本志鈔出向説百四十一條，益以《類聚》、《初學記》、《書鈔》、《御覽》凡若干條，分爲上下二卷。

又《韓詩翼要序録》　《隋志》：《韓詩翼要》十卷。漢侯包傳。《唐志》卷同，不言何人撰。《困學紀聞》曰：董氏舉侯包言衛武公作抑詩，使人日誦於其側。朱子謂不知此出於何處。愚按：侯包之説見於《詩正義》。《隋・經籍志》：《韓詩翼要》十卷，侯包撰。然則包學韓詩者也。謨案：《漢志》韓詩有《韓故》三十六卷，《韓説》四十一卷，無此書目。包當屬後漢人，出處亦無考。今本《隋志》誤作侯芭，揚雄弟子載酒問奇字者也。若《詩正義》本作侯包。今並鈔出《詩正義》三條，《隋書・樂志》一條。

又《論語義疏録》　《隋志》：梁國子助教皇侃撰《論語義疏》十卷。《文獻通考》：晁氏曰：古今《論語》之註多矣，何晏集七家，復采《古論語》註，爲《集解》行於世。侃今又引衛瓘、繆播、欒肇、郭象、蔡謨、袁宏、江惇、蔡奚、李充、孫綽、周懷、范甯、王珉凡十三家之説成此書，其序稱江熙所集。世謂其引事雖時詭異，而援證精博，爲後學所宗云。謨按：朱氏《經義考》於此書亦云未見，而近時乃有刻本。乾隆辛亥，予署南昌學事，有同學喻君出示此書，前未有序，亦不載刻書人姓名，不知其所自得也。予考陸氏《論語釋文》引皇本章句，間有不同，因取此書校勘。其章句增減，與魯《古論》本固多不同，而字體亦近今，如「説」之爲「悦」，「知」之爲「智」，「道」之爲「導」，「孫」之爲「遜」。此則皇本流俗之失，亭林所謂久變於魏晉以下之傳録也。因爲鈔出其句字不同者，凡一百八十三條。

又《爾雅圖贊序録》　《隋志》：《爾雅圖》十卷，郭璞撰。梁有《爾雅圖讚》二

卷，亡。《晉書》本傳曰：璞注釋《爾雅》，別爲《音義》、《圖譜》。《文心雕龍》曰：景純注《雅》，動植必讚。邢昺疏曰：《序》云「別爲《音圖》，用袪未寤者」，謂注解之外，別爲《音》一卷、《圖讚》二卷。字形難識者，則審音以知之；物狀難辯者，則披圖以別之。用此《音》、《圖》以袪除未曉寤者，故云用袪未寤也。《通志・藝文畧》曰：《爾雅圖》蓋本郭注而爲圖，今雖亡，有郭璞注則其圖可圖也。

又《孟子章指序録》 《隋志》：趙岐《孟子注》十四卷。《後漢書》本傳曰：趙岐字邠卿，京兆長陵人。初名嘉，生於御史臺，因字臺卿，後避難，故自改名字，示不忘本土也。少明經，有才藝。永興二年，辟司空掾，舉理劇，爲皮氏長。中常侍唐衡兄玹爲京兆虎牙都尉，岐素爲貶議，玹深毒恨。延熹元年，玹爲京兆尹，岐懼禍，逃避之。玹果收岐家屬以重法，盡殺之。岐遂逃難四方，江、淮、海、岱，靡所不歷。自匿姓名，賢餅北海市中。後諸唐死滅，因赦乃出，拜并州刺史。遭黨錮十餘歲。中平元年，徵拜議郎，舉燉煌太守，後遷太僕，終太常，年九十餘卒。岐多所述作，著《孟子章句》、《三輔決録》，傳於時。題辭曰：孟子題辭者，所以題號《孟子》之書本末、指義、文辭之表也。此書孟子之所作，故總謂之《孟子》，其篇目則各自有名。孟子鄒人也，魯公族孟孫之後。故孟子仕於齊，喪母而歸葬於魯。三桓子孫既以衰微分適他國。孟子生有淑質。夙喪其父，幼被慈母三遷之教，長師孔子之孫子思治儒術之道，通五經，尤長於《詩》、《書》。周衰之末，戰國縱橫，用兵争强以相侵奪。先生大道陵遲墮廢，異端並起，悼堯、舜、湯、文、周、孔之業，將遂湮微。於是則慕仲尼，周流憂世，遂以儒道游於諸侯，思濟斯民。進不得佐興唐虞雍熙之和，退不能信三代之餘風，於是退而論集所與高第弟子公孫丑、萬章之徒難疑答問。又自撰其法度之言，著書七篇，二百六十一章，三萬四千六百八十五字。包羅天地，揆叙萬類，仁義、道德、性命、禍福，粲然靡所不載。又有外書四篇，《性善》、《辨文》、《説孝經》爲正其文，不能弘深不與内篇相似，似非孟子本真，後世依倣而託之者也。孟子既没，大道遂絀，逮至亡秦，焚滅經術，坑戮儒生，孟子徒黨盡矣。其盡號爲諸子，故篇籍得不泯絶。漢興，除秦虐禁，孝文皇帝欲廣遊學之路，《論語》、《孝經》、《孟子》、《爾雅》皆置博士，迄今諸經通義得引《孟子》以明事，謂之博文，五百餘載傳之者亦已衆多。余生西京，世尋不祚，少蒙義方，訓涉典文，知命之際嬰戚於天，遘屯離蹇，詭姓遁身，經營八紘之内，十有餘年。嘗息肩施擔於濟岱之間，聊欲繫志於翰墨，以《孟子》閎遠微妙緼奥難見，宜在條理之科，於是乃述已所聞，證以經傳，爲之章句，具載本文，章別其旨，分爲上下，凡十四卷。謨案：隋唐《志》俱祇載趙岐《孟子注》，別無《章旨》。書目以《章旨》即具《注》中，如題辭所云「章別其旨」，謂於每章之末總論其大旨」也。自漢以後，人書未見稱引，惟李善注《文選》凡引五、六條，疑當時或尚有別本也。乾隆甲子，友人南城王君實齋從山東學使募中以此書鈔本見寄，且題其卷端云「緣邵武士人僞作孟子疏本，盡爲删去，自疏本既行之後，諸儒皆莫之見焉。高麗國有所謂古本、足利本者，尚是趙氏原書，享保辛亥西條掌書記、山井鼎東都講官物觀纂輯《七經》、《孟子攷》文悉取以載入。今中土士夫徃徃有其書，聘珍遊學山東，得見曲阜孔葒谷繼涵所藏鈔本，特爲輯出，尚有訛字脱字之處，俟還山再取諸書訂正」云云。謨時正搜纂《漢魏遺書》，因即據此鈔本刊入《經翼》，釐爲上下二卷。

又《五經通義序録》 《唐志》：劉向《五經通義》九卷。王應麟序曰：劉向辨章舊聞則有《五經通義》，通義者，漢五經課試之學也。維漢以文立治，以經選士，鴻生傳業，支蕃葉滋，闡繹道真，探索聖藴。決科射策則有通義之目，以《孟子》明事則有博文之名。趙岐題辭，惼述大槩，謹稽合史傳而爲之説，曰：聖人作經載道，學者因經明道。學博而不詳説，無以發羣獻之耿旨；説詳而不反約，無以折衆言之殽亂。故必泝正學之源，而後能通乎聖人之海粤。自木鐸聲寢，經與道榛，責孟子闢邪距詖，羽翼孔道七篇，垂訓法嚴義精。知性知天，《易》之奥也；以意逆志，《詩》之網也；言稱堯舜，《書》之要也；井田、爵禄之制，可以知《禮》；王霸義利之辨，可以知《春秋》。儒者稱之曰通五經。噫！若孟氏斯謂之通矣爈哉！漢之尊經乎？儒五十三家，莫非賢傳也，而孟子首置博士；九流百八十九家，莫非諸子也。而《通義》得述孟子斯文之統紀，以一多士之趨向，以純非徒綴訓故，誦佔畢而已。若稽前載，建元五年春，五經始立博士。元朔五禩，通一藝者試之。孝元好儒，通一經者復之博士。十四昉於建武，選受四經。俶於建初科有甲乙，試有家法。或試經於太常，或試誦説於博士。永元十四年，司空徐防建言，開五十難解釋多者爲上第，演文明者爲高説，所謂博文明事，雖軼不傳。然建武中太子、諸王欲爲通義而聘鄭衆。建初四年會諸儒白虎觀，命史臣著《通義》，曹褒傳慶氏《禮》，亦篹《通義》十二篇。觀其名，可求其畧矣。還觀有漢之盛，鉅儒碩師開門授徒，著録至萬六千人。經數家，家數説，章句多者百餘萬言，歷禩綿邈，湮没居多。嘗即《詩》、《禮》訓注考之，《小弁》述親親之言，《王制》述貢助徹之法，爵德齒釋於大宰，經界釋於小司徒，圭田、市廛、關譏釋於載師，廛人司關助，有公田、國中什一及函矢之説，又詳列於《考工記》。珠貫絲組，上下洽通。蓋傳得其宗，無越鄒孟，求觀

聖道，必自茲始。否則續以華藻，汨以緯候，荄茲詭辨，稽古曼辭，燕説郢書，吾道蕪矣。焉得而通諸。雖然經學至於通而止漢儒之説，何其紛紛也。《五經通義》，劉向輯之；《五經通論》，沛獻著之。程曾通難，洼丹易通，專已黨同，轍殊牖異，君子已不能無憾，況課試之學，以明經爲利禄之塗，則《通義》乃諸儒之筌蹄也。其不傳於今，有以夫。吁！師異道，人異論。漢儒之説，猶得以考同異、折是非也。暨唐貞觀十二年，會萃章句爲《正義》百七十卷，由是舉天下宗一説，而無深造自得之功。若明經又變爲帖誦，而口義、墨義興焉。君子又惜《通義》之不傳於今也。謨案《隋志》：《五經通義》八卷，不言何人所撰。諸書俱引作劉向，《唐志》因之。《經義考》云《唐志》尚存。觀王伯厚擬序，宋季已無傳矣，爲就羣書所引者次於後，餘見《正義》者不具録。實則《正義》中並未嘗引《通義》也。今共鈔出《後漢書注》三條，《北史》一條，《隋志》一條，《文選注》二條，《類聚》十條，《初學記》六條，《書鈔》八條，《通典》七條，《白帖》二條，《御覽》十三條，《事類賦注》一條，《玉海》二條，《説郛》一條。

又《石經序録》 《隋志》：一字石經《周易》一卷，《尚書》六卷，《唐志》五卷。《魯詩》六卷，《儀禮》九卷，《唐志》四卷。《春秋》一卷，《公羊傳》九卷，《論語》一卷。洪氏《隸釋隸續》曰：石經《尚書》殘碑《盤庚篇》百七十二字，《高宗肜日篇》十五字，《牧誓篇》二十四字，《洪範》篇百八字，《多士篇》四十四字，《無逸篇》百三字，《君奭篇》十一字，《多方篇》五字，《立政篇》五十六字，《顧命篇》十七字，合五百四十七字。熹平四年，議郎蔡邕所書者。漢儒傳伏生《尚書》有歐陽大小夏侯之學。孔安國《尚書》，漢人雖有爲之訓傳者，然不立於學官。永嘉之亂，三家之書並亡，故孔氏傳獨行。以其書校之石本，多十字，少二十一字，不同者五十五字，借用者八字，鴻艾劮逸猶之類是也。通用者十一字，於戲母女之類是也。孔氏敘商三宗，以年多少爲先後，此碑獨闕祖甲，計其字蓋在中宗之上，以傳序爲次也，但云高宗饗國百年異爾。范史云：蔡邕以俗儒穿鑿經籍，疑誤後學，與堂谿典、馬日磾等奏求正定六經文字。時博士試甲乙科，争第高下，至有行賂改蘭臺漆書經字者。靈帝乃從諸儒之請，刊石立之太學，天下咸取則焉。碑高一丈，廣四尺。陸機《洛陽記》云：碑凡四十六，《書》、《易》、《公羊》二十八碑，其十二毁；《論語》三碑，其二毁；《禮記》十五碑，皆毁。北齊徙之鄴都，至河陽岸頽，半没於水。隋復載入長安，有《易》一卷，《書》六卷，《魯詩》六卷，《儀禮》九卷，《春秋》一卷，《公羊》九卷，《論語》一卷，未及補治而亂作，營繕者至用爲柱礎。唐初，魏鄭公收聚之，十不存一。則石經之散亡久矣。本朝一統時，遺經斷石藏於好事家，猶崑山片玉不多見。子既集《隸釋》，因以所有鑱之會稽蓬萊閣。又《魯詩》殘碑百七十三字，魏、唐《國風》數篇之文也，與《毛詩》異者如「猗」作「兮」、「貫」作「宦」、「樞」作「蓲」，數字。又有一段二十餘字零落不成文。惟有「叔于田」一章及「女曰雞」八字可讀。其閒有齊、韓字，蓋叙二家異同之説，猶《公羊》碑所云，顔氏《論語》碑所云盍毛、包、周之比也。漢代，詩分爲四，在東京時，毛氏詩不立學官。《隋志》有石經《魯詩》六卷，此碑既論齊、韓於後，則知《隋志》爲然也。又《儀禮》殘碑四十五字，皆《大射儀》之文也。石磨滅字畫，比他經不明白。《靈帝紀》云：詔諸儒正五經文字，刻石立於太學。《蔡邕傳》則云奏求正定六經。紀傳既已不同，陸機《洛陽記》所載但有《書》、《易》、《公羊》、《禮記》、《論語》。惟《隋志》云後漢刻七經於石碑，皆蔡邕所書，其目有一字石經《儀禮》九卷，乃漢史陸記之疎畧也。又《公羊》殘碑三百七十五字，自隱公四年至威公元年及哀公十四年之文也，所書者皆是公羊氏傳辭，而無《春秋》正經。又有顔氏説石文斷續不可考繹，蓋嚴顔異同之辨也。以今板本校之，惟《易》四字省四字爾。《漢注》引陸機《洛陽記》云《禮記》碑上有馬日磾、蔡邕名，今此本有堂谿典、馬日磾、趙⿰阝咸、下一人闕。劉弘、張文、蘇陵、傅楨八人姓名。《論語》碑亦有左立、孫表二人姓名。陸氏所記未之詳也。又《論語》殘碑九百七十有一字，前四篇後四篇之文也。每篇必計其章，終篇又總其字。又載盍、毛、包、周有無不同之説，以今所行板本校之，亦不甚異其文，有增損者，其字亦有假借及用古者，有字異而訓不遠，若置其杖賈之哉者。漢人作文，不避國諱，威宗諱志，順宗諱保，石經皆臨文不易。樊毅碑「命守斯邦」，劉熊碑「來臻我邦」之類，未嘗爲高帝諱也。此碑「邦君爲兩君之好」、「何必去父母之邦」、《尚書》「安定厥邦」，皆作國，疑漢儒所傳如此，非獨遠避此諱也。謨按：朱氏《經義考》於《隸釋》、《隸續》所載石經删去其殘字而引其跋尾。翁覃溪侍郎云：殘字既不載，則跋尾亦無從考證矣。悉爲補入，今並從《補正經義考》鈔録。

又《孝經義述序録》 《隋志》：劉炫撰《古文孝經述義》五卷《唐志》同。《隋書》本傳曰：炫字光伯，河間景城人也。少以聰敏見稱，與信都劉焯並稱二劉。煬帝時爲太學博士，著《孝經述義》，行於世。《正義》曰：《古文孝經》孔傳本出孔氏壁中，語甚詳正，無俟商榷。而曠代亡逸，不被流行。隋開皇十四年，書學生王逸於京市陳人處買得一本，送與著作王邵，以示河間劉炫，仍令校定。而此書更無兼本，難可依憑。炫輒以所見率意刊改，因著《古文孝經稽疑》一篇。下有劉子元、司馬

貞議今古文《孝經》長短興廢，文多不録。謨按：《隋志》：炫於《尚書》、《毛詩》、《春秋》、《論語》皆有述義，雖畧散見諸經正義，而無成説可采，惟邢昺《孝經疏》中引炫義獨有本末，今並鈔出凡十一條。

又《孔子弟子目録序録》　《隋志》：鄭玄撰《論語孔子弟子目録》一卷。太史公曰：學者多稱七十子之徒，譽者或過其實，毀者或損其真。鈞之未覩厥容貌，則論言弟子籍，出孔氏古文近是。余以弟子名姓文字悉取《論語》弟子問并次爲篇，疑者闕焉。藾子《古史》曰：孔子弟子高弟七十七人，余以《太史公書》及《孔子家語》考之皆同，秦冉、顔何不載於《家語》，而琴牢、陳亢不録於《史記》，二書皆不可偏廢。而琴張、陳亢又見於《論語》，并録之，凡七十九人云。《闕里志》曰：按弟子名數，《史記》載孔子言曰「受業身通六藝者七十有七人」，皆異能之士也。唐司馬貞《索隱》曰：《孔子家語》亦有七十七人。宋馬端臨曰：孔子弟子，《史記》、《家語》所載皆七十七人，魏王肅本自顔回至顔祖，止列弟子七十六人，缺一人，不合前數。及觀《史記・弟子傳》，有顔何字冉。《索隱》證之曰：《家語》字稱則知顔何已載於《家語》，而肅本缺之耳。又比齊顔之推稱仲尼門徒升堂者七十有二，顔氏居八。唐顔真卿自敘家譜，稱孔門達者七十有二，顔氏居八，八人之中顔何與焉。《索隱》去古未遠，之推、真卿俱顔氏裔孫，必各有據，今當以顔何足七十七人之數云。又曰：《史記》所載數同《家語》，内無琴牢、陳亢、縣亶三人，而别有公伯寮、秦冉、鄡單三人當其數。文翁《石室圖》七十二人，比《家語》少公西輿、縣亶、原亢、公肩、公夏首、句井疆、邽巽、顔何八人，而别有蘧瑗、秦冉、林放三人。子由《古史》又録七十九人。藾子云孔子弟子高弟七十七人，予以《太史公書》及《孔子家語》攷之皆同，秦冉、顔何不載於《家語》，而琴牢、陳亢不録於《史記》，二書既不可偏廢，而琴牢、陳亢又見於《論語》，故并録之，凡七十九人。又因《索隱》云文翁《圖》有蘧伯玉、林放、申棖、申堂四人，今《石室圖》七十二人亦無所謂棖與堂也。謨按：朱竹垞《孔子弟子考》云：自孔子徒人法既亡，見《漢書・藝文志》。而文翁石室象在顯晦之間，世儒據以考定弟子之籍，惟《史記》之傳，《家語》之解而已。而不言及鄭氏《目録》，蓋是書之亡亦已久矣，故其名次無得而考，獨賴裴駰《史記集解》於列傳下時引《目録》證諸弟子籍里，如魯人、衞人可考見者三十有八人。竊意裴氏當日必猶見《目録》原書與《史記》大畧相同，故采其異者注本傳下，其同者不復注也。今故仍依《史記・弟子列傳》名次、采録，而以《家語》别出三人附載於後，凡七十九人。

又《魏文侯序録》　《漢志》儒家：《魏文侯》六篇。《史記・魏世家》曰：文侯受子夏經藝。《仲尼弟子列傳》曰：孔子既没，子夏居西河教授，爲魏文侯師。謨案：《漢志》《孝經》十一家，無魏文侯傳。而儒家有《魏文侯》六篇，又無其目，意《孝經傳》亦其一篇也。書已久亡，絶無可考，要以聖門遺書，戰國賢君所撰，零圭碎璧，俱當寶貴流傳不朽。故仍鈔出《齊民要術》一條，蔡邕《明堂論》一條，《白帖》一條。

錢大昕《潛研堂文集》卷二四《易稽覽圖序》　《易緯》有六家，今行于世者，唯《乾鑿度》上下二卷，此外絶無傳本。乾隆癸巳春，天子詔儒臣校《永樂大典》，擇世所未見之書凡若干種，將刊布以嘉惠學者，《易稽覽圖》，其一也。謹案此書首言甲子卦氣起《中孚》，卦氣之法，以《坎》、《離》、《震》、《兑》四正卦主春夏秋冬，爻主一氣，餘六十卦，卦主六曰八十分曰之七，始《中孚》，終《頤》，而周一歲之日，大指即《説卦傳》「帝出乎震」一章之文而推演之。其以風雨寒温驗政治得失，亦與《洪範》五行相爲表裏。漢人引此書者，或稱《中孚經》，或稱《中孚傳》，或稱《易内傳》，或稱《易傳》。蓋七十子之微言間有存者，而術士怪迂之説，亦頗雜其中。要其精者足以傳經義，其駁者亦足以博異聞，窮經嗜古之士，宜有取焉。第中多脱簡訛字，難以盡通，安得博物如鄭康成、何邵公者出而正之。

又《左氏傳古注輯存序》　漢儒傳《春秋》者，《公》、《穀》爲今文，《左氏》爲古文，班孟堅謂《左氏傳》多古字古言，而今所行杜元凱本，文多淺俗，轉不如《公》、《穀》二家。元凱名其書曰《集解》，蓋取何平叔《論語》之例，顧平叔于孔、包、馬、鄭諸解，各標其姓名，而元凱于前賢義訓隱而不言，則又近于伯尊之數善矣。《左氏》解誼，莫精于服子慎，魏、齊、周、隋之世，與鄭康成所注諸經并行，當時至有「寧道周、孔誤，不言鄭、服非」之諺。自唐初《正義》專用杜説，而服學遂亡，世遂不復知《左氏》之爲古文者，此嚴子豹人《古注輯存》所爲作也。夫窮經者必通訓詁，訓詁明而後知義理之趣。後儒不知訓詁，欲以鄉壁虚造之説求義理所在，夫是以支離而失其宗。漢之經師，其訓詁皆有家法，以其去聖人未遠。魏、晉而降，儒生好異求新，注解日多，而經益晦。輔嗣之《易》，元凱之《春秋》，皆疏于訓詁，而後世盛行之。古學之不講久矣，豹人有憂之，乃刺取《經典釋文》、群經《正義》，參以它書，采獲若干條，所師不奪一家，要皆漢儒舊義，譬之鑿石得金，探水出珠，雖霾掩千百年，其爲希世之寶，有目者所當共賞也。抑予更有説焉，世儒尊杜氏者，謂其精于地理，今考鄭伯克段于鄢，當爲陳留之傿，而杜以潁川之鄢陵當之；盟于亳城北，

古本作「京城」，即叔段所封，而杜訛爲「亳」；防門、廣里皆齊地名，而杜以爲「塹廣一里」；楚靈王城陳、蔡、葉、不羹，故子革稱四國，杜本脱「葉」字，乃分不羹爲二以當之。竊意賈誼、應劭、京相璠、司馬彪之詮釋，皆出先民舊訓，試推而廣之，其足箴杜氏之膏肓者正自不少。予嘗有志裒輯而未逮也，博聞嗜古如豹人，幸留意焉。

又卷二五《寶刻類編序》 《寶刻類編》，不著撰人姓名，馬氏《經籍考》亦未著録，獨《永樂大典》有之。考其編次，始周、秦，訖唐、五代，其爲宋人所撰無疑。宋寶慶初，避理宗嫌名，改江南西路之筠州爲瑞州，此編載碑刻所在有云瑞州者，又知其爲宋末人也。同時有臨安陳思者，撰《寶刻叢編》二十卷，頗爲藝林所珍。陳氏以郡縣爲綱，此以書家姓名分類，體例雖不同，要皆考金石文字者所宜津逮也。其分類凡八，曰《帝王》，曰《太子諸王》，曰《國主》，曰《名臣》，曰《釋氏》，曰《道士》，曰《婦人》，曰《名姓殘闕》。每類之中，復以時代爲次，而于唐、五代碑碣，搜采最富，可以補歐陽永叔、趙德父之遺漏。唯《名臣》十三之三，一卷全闕，讀者或以爲憾，然世間更無它本矣。

陳鱣《簡莊文鈔》卷二《論語古訓叙》 《論語古訓》存漢經師之遺義也。《論語》有古《論》，有齊《論》，有魯《論》。古《論》爲孔安國注而世不傳。張禹受魯《論》兼講齊説，號「張矦論」。包氏、周氏章句出焉，馬融亦爲之訓説。鄭康成又就魯《論》篇章，參攷齊古爲之注。何晏等集孔、包周、馬、鄭，益以陳，羣、王肅、王生烈之説，并下己意，爲《集解》。梁陳之時，鄭氏何氏立于國學，而鄭氏甚微。周齊鄭學獨立。至隋何、鄭並行，鄭氏特盛，故唐人諸書多引之。迨宋時遂亡，近有《集鄭注古文論語》二卷，託名王應麟。鄭注非古文，且其所收亦未盡也。今以《集解》爲本，攷諸載籍所引遺説，旁搜坿益，爲《古訓》十卷。言古者，以别于今也。不曰《集解》補者，守缺抱殘，不得言補也。凡經文，從邢昺《正義》本，而以漢唐石經、皇侃《義疏》、高麗《集解本》、《經典釋文》及日本山井鼎《七經》、《孟子攷異》、《物觀補遺》校注于下，或見于他書亦間爲援證也。至邢本《集解》舛罕良多，甚將語助字删削，致文義不屬。今則從皇本高麗本也。孔注古論據何晏敘世，既不傳集解，所采説多不類，且與《説文解字》所偁《論語》古文不合，反不如包氏《章句》之古，疑爲後人假託。特與《尚書傳》又異，今姑從《集解》存之也。《集解》采七家之説，有兩周氏一漢人不悉其名，一魏人複姓周生名烈，今皇本高麗本並作周生烈，曰則無漢之周氏。邢本並作周曰，則無魏之周生。積疑于中，無從是正也。鄭康成漢世大儒，故《集解》之外，蒐輯鄭説獨多，且以愚意疏通證明之，所以補疏家之未備也。馬融，鄭之師也。王肅，難鄭者也。存馬王之説，亦可以發明鄭注也。少習此經，長無成就，謹以肄業所及。博采通人之辭，勉具簡編，就正有道。凡引諸説，或偁官，從鄭注《周禮》書鄭司農鄭大夫例也。或偁字，從鄭注書杜子春例也。

又《六蓺論叙》 鄭氏《六蓺論》一卷，隋、唐《志》載其目。五季以來，鄭學自毛詩、三禮外，盡已散佚。宋王伯厚集《周易注》，後人踵而行之，鄭氏之書漸次收合。惟《六蓺論》未見輯本，因廣爲蒐討録成一編。按徐彦《公羊傳疏》曰「鄭君先作《六蓺論》訖，然後注《書》。」予謂「不然」。觀其《詩論》云「注詩宗毛爲主」，又《春秋孝經論》並云「元又爲之注」，則作于注《書》之後可知也。孔穎達偁《六蓺論》有方叔機注。叔機未詳何時人，其注僅見《禮記正義》所引一條。今亦附録，因念古書之留于今者日少，區區采摭之苦心，殆所謂存什一于千百耳。

法式善《存素堂文集》卷三《江湖後集跋》 《永樂大典》所載《江湖集》、《江湖前集》、《江湖後集》、《江湖續集》、《中興江湖集》，其名不一，皆起所刻者。是集二十四卷，《四庫全書》定本，蓋删其重復，合爲一編，統名《江湖後集》。

又《復趙味辛書》 《斜川集補遺·續編》，承校訂付梓，甚慰鄙懷。【略】弟前函有未述及者，考《宋史》本傳、宋元人銘志紀傳，蘇過字叔黨，自號斜川居士，無一字屬之邁也。前年在文館校《永樂大典》一萬卷零，朱書大字標題幾千處，皆曰蘇邁《斜川集》，不曰蘇過，其曰蘇過者，僅二處耳。倘是誤字，豈當日繕録之員如此訛舛，纂輯之臣如此草率，上進宸覽，毫無鑒察，曆數百年而未聞清議。真不可解矣。質諸同人，殊莫能辨。求足下博稽載籍，精核而詳説之，感切不盡。

焦循《雕菰集》卷一六《禮記鄭氏注》 三禮之名，自漢有之。或以《儀禮》爲經，《禮記》爲傳，或斥《周官》而疑《儀禮》，以爲非聖人作。以余論之，《周官》、《儀禮》一代之書也。《禮記》萬世之書也。先明乎《禮記》，而後可學《周官》、《儀禮記》之言。曰「禮以時爲大」，此一言也，以蔽千萬世制禮之法可矣。《周官》、《儀禮》固作於聖人，乃亦惟周之時用之設令，周公生宇文周必不爲蘇綽、盧辯之建官設令。周公生趙宋必不爲王安石之理財。何也？時爲大也。且夫所謂時者，豈一代爲一時哉？開國之君，審其時之所宜而損之益之，以成一代之典章度數，而所以維持此典章度數者，猶必時時變化之以捄民之偏而息民之詐。夫上古之世，民苦於不知，其害在愚，中古以來，民不患不知，而其害轉在智。伏羲神農之時，道在哲民之愚，故通其神明使知夫婦父子君臣之倫，開其謀慮使知樹蓺貿易之事。生羲農之後者，知識既啟，詐僞百出，其黠者往往窺長上之好惡以行其姦，假軍國之禁令以濟

其賊。惟聰明睿智有以鼓舞而消息之，故黄帝、堯、舜氏作通其變，使民不倦，神而化之，使民宜之，通其變而又神而化，所爲民可使由之不可使知之，殺之而不怨，利之而不庸，民日遷善，而不知所以爲之者，治之極也！禮之經也，明明德矣。又必新民，知止而歸，其要於絜矩，因天命之性以爲教矣。又必不動而敬，不言而信，而歸其要於無聲無臭，篤恭而天下平。於大有爲而見其恭已，無爲於必得其名而見其民，無能名吾於禮運禮器。《中庸》、《大學》等篇得其微焉。余鄉讀《禮記》，嘗爲《索隱》一書，西鄉徐心仲將草稿持去，已而徐物故，莫知所在。十數年來，專力於易，未之計也。甲戌夏，尋得零星若干條，次爲五卷，今復删爲三卷，皆少作，茀攷究訓詁名物，於大道未之能及。衰病氣羸，亦不復能闡其精微而增益之。述其大略於卷首，有力能舉其全者，或由余言推焉可也。

嚴可均《全上古三代秦漢三國六朝文・炎帝〈十言之教〉》 謹案《漢書・藝文志》農家有《神農》二十篇，本注云：「六國時，諸子疾時怠于農業，道耕農事，托之神農。」師古引劉向《別録》云：「疑李悝及商君所説。」兵陰陽家又有《神農兵法》一篇，五行家有《神農大幽五行》二十七卷，雜占家有《神農教田相土耕種》十四卷，經方家有《神農黄帝食禁》七卷，《周禮・醫師疏》引《食禁》作《食藥》，神仙家有《神農雜子技道》二十三卷。獨《本草》不見，見《平帝紀》及《樓護傳》，蓋《食禁》《食藥》即《本草》矣。倉頡造字在黄帝時，前此未有文字。神農之言，皆後人追録。晁錯所引，顯是六國時語。即《六韜》及《管子》、《文子》所載，亦不過謂神農之法，相傳如是。豈謂神農手撰之文哉？今除《本草》見存外，皆入録。

又《黄帝〈兵法〉》 案《隋志》：《黄帝兵法雜要訣》一卷，此省詞。《隋志》《黄帝兵法》共八種。又案《李法》、《律法》、《兵律》在其中。今輯《兵法》，次《李法》後。

又《夏禹〈開王〉》 孔晁曰：「《開望》，古書名也。」《北堂書鈔》一百二引「天有四殃」已下爲《周書・夏箴》。今據編于《夏箴》後。

又《伊尹〈説湯〉》 案《漢書・藝文志》道家有《伊尹》五十一篇，小説家有《伊尹説》二十七篇。本注：「其語淺薄，似依托也。」此疑即小説家之一篇。《孟子》：「伊尹以割烹要湯。」謂此篇也。

又《陰符》 案：《陰符》謂《陰符之謀》。《戰國策》：「蘇秦得《太公陰符》之謀。」《史記》作《周書陰符》，蓋即《漢書・藝文志》之《太公謀》八十一篇矣。云《周書》者，周時史官紀述，猶《六韜》稱《周史》，諸引《周書陰符》或但稱《周書》，驗知非《逸周書》。録附太公之末，與《六韜》、《陰謀》、《金匱》互出入，不嫌復見也。

又《歸藏》 謹案：杜子春注《周禮》云：「《歸藏》，黄帝也。」《御覽》六百九引《帝王世紀》云：「殷人因黄帝曰《歸藏》。」《禮運》：「我得坤乾焉。」鄭云：「其書存者有《歸藏》。」《疏》引熊安生云：「殷《易》以坤爲首，故先坤後乾。」《隋書・經籍志》、《舊唐書・經籍志》、《新唐書・藝文志》：「《歸藏》十三卷。」《隋志》又云：「《歸藏》，漢初已亡。晉中經有之，唯載卜筮，不似聖人之旨。以本卦尚存，故取貫于《周易》之首，以備殷《易》之缺。」案《御覽》六百八引桓譚《新論》云：「《歸藏》四千三百言。」是西漢末已有此書，《漢書・藝文志》本《七略》偶失載耳。《文獻通考》引《崇文總目》云：「今但存《初經》、《齊母》、《本蓍》三篇。」《玉海》引《中興書目》同。《文淵閣書目》不著録，蓋三篇又亡于元、明之際。今蒐輯群書所載，得八百四十六字，視桓譚所見本略存十二焉。

又《汲冢瑣語》 謹案：《晉書・束皙傳》：「初太康二年，汲郡人不准盗發魏襄王墓，或言安釐王冢，得竹書數十車，其《瑣語》十一篇，諸國卜夢妖怪相書也。」《隋書・經籍志》：《古文瑣語》四卷，汲冢書。舊新《唐志》同宋以後不著録。今輯群書引見，省並復重，得二十五事，匯爲一篇，至《穆天子傳》、《竹書紀年》，俱汲冢古文，見存不録。

又《卜辭》 謹案：《周禮》太卜掌三《易》之法，一曰《連山》，二曰《歸藏》，三曰《周易》。其經卦皆八，其別皆六十有四。秦焚書，唯《易》以卜筮存。《易》蓋統「三易」言之。漢專用《周易》，而夏殷《易》若存若亡，通儒不盡見之，後竟佚失，可惜也。余編《上古三代文》，既輯《歸藏》一篇如上，而《左氏》所載，或用《周易》，《傳》必明明標出，其不標出者，實兼三易。然亦有筮者臨時推測，別撰韻語爲《象》辭，復以韻語下斷者，今輯一篇，題曰《筮辭》，附《歸藏》後焉。

又《卜頌》 謹案：《周禮》太卜掌三兆之法，一曰玉兆，二曰瓦兆，三曰原兆。其經兆之體皆百有二十，其頌皆千有二百，蓋三兆之頌合三千六百。群書所載卜之「遇兆曰」、「其繇曰」、「占曰」者，皆卜頌也。卜以五行爲兆。《左傳》哀九年，趙鞅卜救鄭，遇水適火，注：「水火之兆」，《疏》引服虔云：「兆南行適火。」卜法，横者爲土，立者爲木，邪向經者爲金，背經者爲火，因光而細曲者爲水。自漢以來，筮專行而卜微。今輯《卜頌》一篇，附三《易》之後焉。

又《古文周書》 謹案：《古文周書》亦汲冢所得，今僅《文選注》引有二條，或以《逸周書》當之，非也。

臧庸《拜經堂文集》卷二《子夏易傳序》 《釋文序録》《子夏易傳》，卜商，字子

夏，孔子弟子。《七略》云：漢興，韓嬰傳。《中經簿録》云丁寬所作。張璠云或馯臂子弓所作。《薛虞記》虞不詳何人。《唐會要》開元七年，劉子玄議曰：「《漢書·藝文志》易有十二家，而無子夏傳。至梁阮氏《七録》始有《子夏易》六卷。或云韓嬰作，或云丁寬作，然據《漢書·藝文志》《韓易》有十二篇，《丁易》有八篇，求其符會，則事殊乖刺。」司馬貞議曰：「王儉《七志》引劉向《七略》云《易》傳子夏韓氏嬰也。」今題不稱韓氏，而載《薛虞記》。今祕閣有《子夏傳》、《薛虞記》。庸以子夏之爲韓嬰，當以《七略》、《七志》、《七録》爲據，漢晉六朝人所言不謬也。嬰爲幼孩，夏爲長大，名與字相反而相成。《韓易》十二篇者，上下經並十翼也。今本《漢書》脱十字，當據劉議補之。《薛虞記》者虞，蓋子夏弟子，或後儒箋解之。韓嬰《易傳》之有《薛虞記》，猶韓嬰《詩傳》之有薛君《章句》耳。陸氏《釋文》引薛虞説，孔氏《正義》引《薛虞記》並舉，與張璠、司馬貞所言合。庸留意此學幾二十年，甲子順天鄉試，策問首及，庸大言子夏非卜商，乃漢韓嬰，而考官深擯之。乙丑冬季，承德孫鳳卿觀察以輯本見示，庸方悼哲弟云亡，又嘉同志之有人也，廢業三月，復理舊事，舉向所知者質之，漫記卷端云。

王棻《倉頡篇校證跋》 《倉頡篇》三卷，孫淵如先生原纂。梁芷鄰中丞《校證》，又爲《補遺》一卷嗣君敬叔觀察寫刊，而命棻預參挍之役，挍畢，因書其後曰：昔秦丞相李斯作《倉頡》七章，中車府令趙高作《爰歷》六章，太史令胡毋敬作《博學》七章，是爲《三倉》。漢時閭里書師竝爲《倉頡篇》，有《倉頡傳》，黄門侍郎揚雄作《蒼頡訓纂》，司空杜林作《蒼頡訓》，故此秦之《三倉》也。漢武帝時司馬相如作《凡將篇》，元帝時黄門令史游作《急就篇》，成帝時將作大匠李長作《元尚篇》，平帝時揚雄作《訓纂篇》，後漢章帝時班固作《在昔篇》、《太甲篇》，和帝時郎中賈魴作《滂喜篇》，自是以《倉頡》三篇爲上卷，揚雄《訓纂》爲十卷，賈魴《滂喜》爲下卷，稱爲三倉。魏張揖有《三倉訓詁》，晉郭璞有《三倉解詁》，此漢之《三倉》也。而蔡邕之《勸學篇》、崔瑗之《飛龍篇》及張揖之《埤倉》，梁樊恭之《廣倉》亦《三倉》之支與流裔歟。自許叔重采《史籀》、《倉雅》著《説文解字》十五篇，而《三倉》浸微，故杜林《訓詁》、樊恭《廣倉》至隋已亡，其餘則皆亡於唐之季世。雖《唐志》尚載杜、樊之書，至《宋志》則蕩然無復存者矣。我朝小學超軼元明，然苐知攻許氏之《説文》而不復求先秦之《倉頡》，豈不以其書久亡，零璣碎玉散落羣籍，搜輯匪易而有不暇爲也邪？往嘗讀茝鄰中丞所著之書，大都古人所未及，爲時賢所不能爲，而實爲後世所不可少之書。如《制藝》、《楹聯》諸叢話，其尤著者也。至於《倉頡》一書，乃古人所已爲，時賢所能爲，而先生又因淵如觀察所輯之舊爲之挍證、補遺，似近於隋人作計者，乃其考據詳明裨補闕，則與《制義》、《楹聯》諸書俱可懸之日月而不刊者也。然則著書傳後，抗志古人，固視乎學力之淺深、見道之廣狹，而不必以古所已爲者爲不必爲，世所能爲者爲不足爲也。棻不才，竊嘗有志於傳世之學，讀此書又悦然自失矣。

張澍《素養堂文集》卷三《司馬法序》 按：《孫子註》云：司馬法者，周大司馬之法也。周武既平殷亂，封太公於齊，故其法傳於齊。《周禮疏》云：齊景公時大夫穰苴作司馬法，至齊威王大夫等追論古法，又作司馬法坿於穰苴。太史公曰：自古王者而有司馬法，穰苴能申明之。又云司馬法所從來尚矣，太公、孫、吴王子能紹而明之。《穰苴傳》云：齊威王使大夫追論古者司馬兵法，而坿穰苴於其中，因號曰司馬穰苴兵法。是古者即有司馬法，非穰苴始作，亦威王時坿穰苴兵法於司馬法中，非坿司馬法於穰苴兵法中也，《周禮疏》誤矣。晉張華以司馬法爲周公作，當得其實。考《周官》縣師將有軍旅田役會同之戒，則受法於司馬，以作其衆庶，小司馬掌事如大司馬之法，司兵授兵從司馬之法以頒之，此司馬法即周之政典也。《漢藝文志》謂之軍禮司馬法者。考大宗伯掌軍禮之别有五。《孔叢子》有問軍禮之篇，而《周禮》注引《軍禮》云：無干軍、無自後射，當即此書所載也。竊嘆三代治兵、田賦、軍車，廣浩纖悉，數十年而後事具，數十百年而後得志於天下。夷吾九合一匡，猶本一師五旅、一旅五卒之規。葛相四正四奇亦原五人爲伍，五伍爲隊之式。馬遷稱其閎廓深遠，雖三代征伐未能竟其義，如其文，豈不諒哉。《漢志》原書百五十篇，今存五篇，佗書所引亦有不見五篇中者，皆逸文也。又《李靖問對》：世所傳兵家流分權謀、形勢、陰陽、技巧四種，皆出於司馬法，蓋係任宏所論，非司馬法本文。《史記》注引宋均《春秋少陰》云云，是春蒐秋獮一段注文，疑注是宋均作也。然《隨書·經籍志》：賈詡注《司馬法》三卷，今已佚。《太平御覽》所引注文不著名氏，《史記》注又引《司馬法》「夏用玄鉞」，宋均注「玄鉞，用鐵不磨礪」，是《司馬法》爲宋均注無疑。均爲鄭康成弟子也。吾鄉階州邢雨民太守曾輯是書，栞之浙中，字多錯譌，仍有闕漏。孫氏星衍所栞遺脱尤多，余爲補而正之，以授學侶，乃序其緣起如此。

又《輯世本序》 《周禮》：「瞽矇掌諷誦詩，世奠繫。」鄭注云：「奠或爲帝。」杜子春云：「帝讀爲定，其字爲奠。書亦或爲奠、世奠繫，謂《帝繫》」。諸侯卿大夫《世本》之屬。又《小史》「定世繫，辨昭穆」。注謂《帝繫》、《世本》之屬。天子曰《帝

繫》，諸矦曰《世本》。杜子春謂：「小史主次序先王之世、昭穆之繫，述其德行也。」《楚語》莊王使士亹傅太子葴，申叔時曰：「教之世，而爲之昭明德而廢幽昏焉，以休懼其動。」注：「世，先王之世繫也。爲之陳有德者世顯，而暗亂者世廢也。」《後鄭》云「世之而定其繫」，謂書《於世》，本以世與繫爲一事解之。賈公彦云：「王謂之《帝繫》，諸矦卿大夫謂之《世本》。」又分言之。其實散則通稱矣。漢太史公司馬遷脩《史記》，因《周謚》明世家，多采《世本》。然《春秋正義》云：「今之《世本》與司馬遷言不同。」劉向云：「《世本》，古史官明於古事者所記録黄帝以來，至春秋時王矦、諸國、世卿、大夫系謚名號，與左氏合也。」《唐史・柳冲傳》載柳芳言亦然。顔之推據皇甫謐《帝王世紀》説爲左丘明所纂。楊泉《物理論》：「楚漢之際，有好事者作《世本》，上録黄帝，下逮秦漢。」劉知幾《史通》云：「楚漢之際，有好事者録自古帝王、公矦、卿大夫之世，終乎秦末，號曰《世本》。」又云《世本》辯姓，著自周室。劉恕《通鑑外紀》以爲《世本》經秦歷漢，儒者改易。孔穎達《尚書正義》以《世本》經暴秦爲儒者所亂。是此諸本已。晉杜預采《世本》以爲《春秋世族謚》，然亦旁引傳記，不盡依《世本》也。要之係秦漢以前書，中壘、孟堅以爲出古史官者近之。班彪以爲十一篇。劉向叙録中秘書以十五篇爲二卷。《索隱》亦以爲十五篇。《隨經籍志》因之，云：《世本王矦大夫謚》二卷劉向纂。纂云者，纂集之，非作也。觀更生嘗自言爲古史官，所記可知矣。《隋志》又有《世本》四卷，宋衷纂。衷蓋注而廣之也。《王矦大夫謚》云：「趙孝成王丹生悼王偃，偃生今王遷。」是作者值趙王遷時。且司馬遷已采用，豈劉、宋二人所作乎？《隋志》云漢初得《世本》，而漢又有《帝王年謚》，是已然其書自宋時已不傳。鄭樵纂《氏族畧》、王伯厚纂《姓氏急就章》所引寥寥，皆采獲他處，不見本書故耳。余繙閱緗帙，有引用者輒著録之，乃集得《作篇》、《氏姓篇》、《帝繫篇》、《王矦大夫謚篇》共五篇，聯以管穴裨益。宋注其有聽熒，亦從闕如，庶幾存此一綫，異日博雅之士因其緜蕝增補缺畧，亦古籍之幸也。若顔之推謂此書有燕王喜、漢高祖，殆非本文。蓋亦如神農《本草》有豫章朱崖、趙國常山等郡縣，《歸藏》黄帝書而坤啓筮有堯降二女以妃舜之語，化益《山海經》有長沙、零陵、桂陽諸地名，周公作尒疋有張仲孝友，孔子作《春秋》而曰孔丘卒，李斯作《蒼頡篇》有「漢兼天下，海内并厠，豨黥韓覆，討畔滅殘」，皆爲後人所羼云。

又《張太常集序》 兩漢重經術，各守師法，要皆能見諸施行。通《禹貢》者墕流，精《鴻範》者禳菑，非猶夫後世之撮囊也。景帝時，丁將軍寬距吴楚有功，蓋嘗從田何受《易》，作《易説》三萬言矣。桓靈之世，涿郡盧植師事馬融，學好孶精，作《尚書章句》、《三礼解詁》，故其守九江則蠻寇賓服，官北中郎將屢破黄巾，皇甫嵩資其規謀，抑何才兼文武也。然明以賢良爲將率，卒使奠鞬伯德服，乃威化屠各，鮮卑失其酋豪，以視子襄、子幹勳伐頡頏，非由學該羣籍，兼持志節，用能還鑅大功，閉門守静乎？獨其記難章句不傳於後，弗知朱仲威之源淵以爲嘆息。隨唐《志》載《太常卿集》二卷，本傳言所著銘、頌、書、教、誡述、志、對策、章表二十四篇。余采輯羣書，都爲一卷，其子伯英文舒書銘亦附於末。

又《段太尉集序》 新豐矦以虓闞之氣摧驍桀之虜，慰國殤之魂，申廣堂之威，在炎漢世實無其儀，獨恨黨坿陰臣芟除正類，骫骳爵禄罔能句廉勳伐，雖茂終殃其身，蒙無取焉。今采其疏奏，俾畺易之吏，得籌邊之方，激敵愾之心，守死綏之義，亦所以龜鏡將來，不没其實之意耳。隋、唐《志》無太尉集，兹就范《書》、《東觀記》書得四篇。

又《皇甫司農卿集序》 嗚虖！桓靈之亂極矣！邪蠱姦鋒充牣朝寧，而魁儒碩士牢户填尸。即微蠻夸猾夏潢池弄兵，而宫棲麋鹿厥兆章矣。皇甫氏爲國禦侮，屢殪彊敵，薦紳歸仰，旣免宦孽，可不謂智壽乎！况乃文成石畫，可見施行，忠謇之風溢於楮墨，不得眎爲浮藻飽彼蟫蝨也。阮孝緒《七録》云：《司農卿皇甫規集》五卷。隨唐二《志》卷數亦同。本傳言所箸賦、銘、碑、贊、禱文、弔、章、表、教令、書檄、牋記凡二十七篇。今輯得十一篇，而趙壹報書、蔡邕薦章亾綴諸末。

又《漢皇德傳序》 《漢書・文苑傳》：矦瑾，敦煌人。按：漢記纂中興以後行事爲《皇德傳》三十篇。《宋書》：且渠茂虔獻《皇德傳》二十五卷。《隨志》正史類《皇德紀》三十卷。《唐志》同。傳作紀，疑誤。按：瑾字子瑜，漢末博士，傳内學，預知涼州城西泉水當竭，有雙闕起其上，有霸者出。後其言皆驗，見王隱《晉書》與《前涼録》。而《初學記》引「嫫母上玉堂」詩一句，《太平御覽》引「筝賦」二十九句，隋、唐《志》有《矦瑾集》二卷，今不傳。《皇德傳》起光武，至沖帝，亦復堙沫。今録存五則。若《太平御覽》卷八百二十九引《漢皇德頌》曰「矦瑾字子瑜，敦煌人。少孤貧，依宗人居。性篤學，恒傭作爲資，莫還輒爇柴讀書」，此書即子瑜所作，不當載已事，當是《皇德傳》前之述序也。

又《萬物權輿序》 案《後魏書・劉芳傳》：芳從子懋，纂諸器物造作之始十五卷，名曰《物祖》。《北史》同。《唐志》云：吴王諮議弘文館學士劉存與長史、房德懋、劉孝孫等集經史諸書以類分門，凡二十六，爲《事始》三卷以教始學諸生。《唐志》又有謝昊《物始》十卷。《玉海》云：後蜀馮鑑采羣書，廣孝孫所箸，《續事

始》五卷。宣和中朱繪以《事始》疏畧，篹《事原》三十卷。又云：《書目》《事物紀原》十卷，元豐中開封高承以劉存、馮鑑《事始》刪謬除複，增益名類，皆援摭經史以推原初始，凡二百七十事。今《物祖》、《事始》、《事原》均不傳，惟《事物紀原》存焉。余作《萬物權輿》，旁捜經傳，亦采取劉、馮諸書。後於廣陵市見《事物紀原》，以價昂未購也。茲之所輯，盈數百事，閒亦據臆糾譌，聯存篋衍，以告童蒙，不足貢大方也。

又卷四《編輯諸葛忠武侯文集序》 案《蜀志》本傳：諸葛氏集目録二十四篇，凡十萬四千一百一十二字。《晉書·陳壽傳》：壽篹《蜀相諸葛亮集》奏之，即《蜀志》二十四篇也。非獨裒其文，竝其言與事而亦載之。《隨志》，《諸葛集》二十五卷，《唐志》二十四卷，《中興書目》亮集十四集，後二卷，録傳及碑記其前十二篇，章句頗多，字數乃少。明王士祺集《武矦全書》二十卷，楊時偉以王書蕪累，更篹《諸葛忠武全書》十卷，亦無財擇。本朝朱璘輯《諸葛武矦集》二十卷，遂寧張鵬翮之《忠武志》全襲之，庸俗詩文盈汙篇牘，矦之箸作反多遺漏。張氏又增《白浮鳩》一詩，乃吳人苦孫皓之暴而吟者，亦混簡編，其疏可知。澍捜采散逸，較諸本增益倍蓰，編文集四卷，附録二卷，別篹《諸葛故事》五卷，都爲十一卷。

又《陰常侍詩集序》 吾涼陰氏父子若孫皆擅文采，兼通經義，不徒以官閥稱也。觀荀濟《贈陰梁州大詩》曰：詩酒悦風雲，琴歌愛桃李。又鄧鏗有《和陰梁州閨怨》之作，則幼文之能詩可知矣。其子鏗以清麗之格與何遜齊名，而孝穆子山竝深慹服梁陳之際，蓋一作者。鏗子灝，官虎門博士，箸《瓊林》二十卷。灝子宏道，官臨涣令，雜采子夏、孟喜等十六家之説爲《易新傳疏》十卷、《春秋左氏傳序》一卷。今《瓊林》、《易傳疏》、《春秋傳序》湮沫無傳，而子堅詩句猶得於塵邈之餘，留其光氣，雖散逸過半，精華不存，而尋其梗概可於灰裏撥之，宜爲少陵野老吟誦不置與。余從《文苑英華》及諸類書裒舂得三十五首，較馮北海《詩紀》多一篇，復參校其字之同異，序而栞之，以餉同好者。

又《李尚書詩集序》 昔開元時，王昌齡、高適、王之渙輩風塵未偶，貰酒小飲旗亭，雨雪梨園會讌，以歌詩之多寡定名，稱之甲乙，揶揄歡噱，自鳴得意，何似《君虞》之篇，被諸管絃，供奉至尊，施諸圖繢哉！獨其宦塗蹇偃，送士登庸怨望陵躒，爲時排迮，又未嘗不嘆其狹中也。然跡漢以來，仲宣賦從軍秖貢，頌諛靈運，《送秀才》徒述懷思，惟《君虞》以爽颯之氣，寫征戍之情，覽關塞之勝，極辛苦之狀。當朔風驅雁，荒月拜狐，抗聲讀之，恍見士卒踏仌而皸瘃，介馬停秣而悲鳴，詎非才之所獨至耶！其佗章句亦清麗絶倫，宜與長吉齊名，無所媿讓。而《征人早行詩》最推傑作，今已失傳，知其散逸不少。余捜耆爲一卷，授之梓人，而道其梗概如此。

又《二酉堂叢書·十三州志序》 按：《水經注》引樂資《九州記》、應劭《十三州記》，又引黃義仲《十三州記》，《南史》梁吳均著《十二州記》十六卷，《藝文類聚》有黃恭《十四州記》，今其書皆佚。後魏敦煌闞玄陰纂《十三州志》，據《隋志》十卷，《唐志》則十四卷，《十六國春秋》十卷。《史通·雜述篇》云：郡書如常璩之詳審，劉昞之該博，能傳不朽，見稱來裔。又云：地理書者，若朱贛所采，浹于九州；闞駰所書，殫于四國。斯則言皆雅正，事無偏黨。顔師古《漢·地理志》注多引之，其言曰：中古以來，説地理者多矣，或解釋經典，或纂述方志，競爲新異，妄有穿鑿，安處附會，頗失其真，今並不録。獨有取于闞氏。可知其書之精審。所惜散逸不傳，他書征引者亦復寥寥。余捜集傳注，都爲一卷。斷珪碎璧，彌覺可珍云。

又《涼州記序》 考《隋志》僞涼右仆射張咨纂《涼記》八卷，記張軌事。《唐志》作十卷。《世説·注》引張資《涼州記》。又僞涼大將軍從軍事郎劉景纂《涼書》十卷，亦記張軌事。《史通》外篇云：前涼張駿十五年，命其西曹邊瀏集内外事以付秀才索綏，作《涼國春秋》五十卷。張重華護軍將軍劉慶在東苑專修國史二十餘年，著《涼記》十二卷。又云：建康太守索暉、從事中郎劉昞各著《涼書》。昞即景，唐諱昞改景。《後魏書·高謙之傳》：謙之以父舅氏沮渠蒙遜曾據涼土，國書闕漏，謙之乃修《涼書》十卷。《宋書·大且渠傳》：元嘉十四年，茂虔表上獻《涼書》十卷。《史通》又云：宗欽《涼記》，記沮渠氏。《隋志》有《拓跋涼録》十卷，無纂人名，《唐志》下編年類。《史通》外篇云：失名記秃發氏。若段龜龍《涼州記》，乃記呂光事也。《藝文類聚》、《初學記》、《太平御覽》諸書引，或作《西涼記》，或作《涼州記》。《隋志》八卷，《唐志》云十卷。余輯得二十餘事，内有張咨《涼記》二則，赫連氏《涼書》三則，蒙遜《涼書》二則，亦附于末。

又《沙州記序》 按《魏書》：阿豺立自號沙州刺史。部内有黃沙，周回數百里，不生草木，因號沙州。宋新亭侯段國所纂《沙州記》，即《隋志》之《吐谷渾記》也，原二卷，今亡佚甚多，特就所見鈔之。又録《太平寰宇記》吐谷渾始末，以補其闕。

又《涼州遺異物志序》 澍按王伯厚《玉海》云：《隋志》後漢議郎楊孚纂《異物志》一卷，一云《交州異物志》，《水經注》引作《南裔異物志》。吳丹陽太守萬震《南州異物志》一卷，朱應《扶南異物志》一卷，《唐志》沈瑩《臨海水土異物志》、陳祈

暢《異物志》各一卷。房千里《南方異物志》、孟琯《岭南異物志》各一卷。又《文選》注引譙周《異物志》，即《史記正義》所引《巴蜀異物志》也。《文選》注又引薛瑩《荆揚巴南異物志》。《一切經音義》引薛珝《異物志》，《隋志》作薛翊。《晉書續》咸著《異物志》十卷。《太平御覽》、《藝文類聚》引曹叔雅《異物志》，《太平寰宇記》引作叔雅《廬陵異物志》。蘇頌《本草》引徐衷《南州異物志》，《史記正義》引宋膺《異物志》。是異物有志，在昔繁矣。而《凉州異物志》著于隋、唐《志》，隋一卷，唐二卷，《博物志》、《水經注》均引作《凉土異物志》，惜不傳作者姓字。觀其寫致敷詞，頗諧聲律，采藻精華，方諸萬氏，又未嘗不嘆其散佚也。宋膺《異物志》隱匿鮮章，史注所引，多説西方，且「月氏羊尾」文與《凉州異物志》全同，《太平廣記》引《凉州異物志》「羊子生土中」文，亦與宋膺《異物志》同，疑《凉州異物志》即宋膺所纂。漢晉之時，敦煌宋氏，俊才如林，文采多麗，亶其然乎。以無佐證，未能質言耳。問有音注，仍舊存之，偶得事比，亦注于末，聊廣異聞云爾。

宋翔鳳《樸學齋文録》卷二《論語鄭注後序》 翔鳳既次所集《鄭注論語》爲二卷，其經文有注則繫之，無則缺，異文可互證則坿焉。敘其後曰：嘗念五代以來，經師道微，訓詁時絶，拘學則陋。徒見尺咫僞學，則私又恐見破，以故里巷鄉壁耳聾，俗師之瞽説，佔畢章句，口昧先儒之遺義，一二好古實事求是之士俛仰篇籍，感慨繫焉。余覽宋深甯安之集《易注》，遂有事於斯編，解聖人之微言，尋康成之墜緒。張侯有可正之讀，則校以齊古，傳注有不易之訓，則采自包、周。若「哀而不傷」、「揖讓升下」時與箋詩復多同異，知兩通之並存，亦楙文而互見也。然考其裒次，離全書則已遠存十一於千百，凡精言眇義，往往可尋。其涂蓋廣，至於故實，覼加旁證，殆有數端。如老彭二人之殊，泰伯三讓之事，雅言有正音之訓，朱張有侏張之讀，過位本曲禮之文，及門爲仕進之路，命席可數難，終其物爲之考校，蓋已卓絶矣。又若束脩即童子摯，私朝非季氏家，緼之爲絮于之訓，往字沿譌於亥豕，説讖取於賣驢，當其未明，家各聚訟，爲之疏通，因而易曉。蓋嘗泛觀書林，從事鄭注頗有其人，然其捃拓羣籍，多取疑似，如大夫死葬之禮，誤自《家語》。孔子圖事之文，當爲《逸論》。或者貪多引爲鄭注，則又加以區別，爲之裁省。集解一書，訂自平叔，前代國學刊行自久，今有好奇之人，宗海外之異文，署成均之所劂，日本《義疏》增益語助，去此取彼，率改正經。兹正其例，皆從監本，文或稍勝注於旁行，凡此數條，推求亦審。時爲衆證之辭，畧坿引申之説，至於穿鑿前典，傳會私臆，學即未到，斯蔽尠矣。夫自今言學，去古日遠，缺非一經之注，存無數卷之書，遺文可挍，故訓是式，章句詎微，乃云破碎，凡厥有心，網羅放失，當同此懷。

又《孟子劉注序》 《隋書·經籍志》：《孟子》十四卷趙岐注，《孟子》七卷鄭玄注，又《孟子》七卷劉熙注。按趙氏於《孟子》有注，有章指，文繁故篇分上下，爲十四卷。鄭劉注並不傳，唐人注書時引劉説，搜而録之，以證趙君。史言趙岐逃難四方，藏迹複壁，既無諮問，復尟遊覽，故其著書往往疏陋，就所存劉君南河牛山諸注考其地形，並勝於趙。歲在星紀，見臧君庸於京師，共論孟子事，實確然。定先梁後齊之説，按之劉注亦同，斯旨讀劉君所纂《釋名》，其於訓詁、天文、輿地之學靡不綜涉，則《孟子》之注當亦博學精思而成之。如其亡佚，尤可惜已。劉君字成國，見《世説新語》、《蜀志·許慈傳》云：「慈師事劉熙，善鄭氏學。」蓋劉君之學正出於鄭，而以授慈，則此注之作，或者原本於鄭氏，故其家法爲最正云。又《許慈傳》云：「建安中，與許靖俱自交州入蜀。」《吴志·程秉傳》「避亂交州，與劉熙考論大義」。又《薛綜傳》「避地交州，從劉熙學」，《册府元龜》六百五卷云「劉熙，安南太守」。按唐調露中始改交阯郡爲安南都護府。蓋劉君在漢時官交阯郡太守，故慈在交州得師事之。後之淺人以唐地名妄改其官，不可不考定也。

又《帝王世紀集存序》 《隋書·經籍志》：《帝王世紀》十卷，皇甫謐撰，起三皇，盡漢魏，自唐以後亡矣。今由曹書略加摟采，粗分卷帙，校定其文，燦然可誦，敍曰：太史公稱《尚書》載堯以來，而百家言黄帝，其文不雅馴，意以唐虞以前恍忽窅冥，言之尟實。然孔子贊易嘗言庖犧神農，更推黄帝以上。而《周官》内史掌三皇五帝之書，雖或取中古爲可信，何嘗棄鴻荒而不談哉？皇甫士安，出自西晉，代邇秦漢，九流未泯，土□牛首下乾當塗，蓋亦本宣聖之成典，復内史之遺則，遠追口契，附會恒滋，撰於載筆，足資多識。考此書之出，唐宋以來，多有崇尚，覈其所載，亦受指摘。是非一端，余致意再三，辨其枉曲。東晉《尚書》僞跡大顯，世紀之内，輒引其文，謂作僞之由，發於皇甫。今考《世紀》夏商二代引《五子之歌》、《仲虺之誥》，按校文誼上下不屬，又「時日曷喪」之義上同於伏生，「罪在朕躬」之禱事符於吕墨，較於梅書違異絶甚。《北史·劉炫傳》言炫僞造《連山易》，而《世紀》亦引《連山》之文，凡此諸科，大抵羼入。夫方士惑主，且藏牛腹之書，私家賂行，尚定蘭臺之字，而況寫諸家策習於口耳者乎？太沖練都蔚然可傳元晏同時，猶假名爲序，而況異世之人，邈若河漢，作僞之術，不嫌徑庭者乎？試以此書校乎《史記》，子長氏取才六經，綜覈傳記，其目約而洽。士安氏旁推毖緯，鉤探九流，其義博而正，怪異之録，不經之談，兩家之書，俱無斯累，削兹青檢，録彼散亡，亦其宜矣。其紀都邑，

明帝王之興廢，在德匪險，紀墾田民數，明盛衰之故，關乎聚散，田治則民聚，年凶而不饑，田荒則民散，國危而難立，謀治國者當攷求於兹。至於漢之帝後各有名字，馬班所無，竊疑魏晉之間，別有相沿之説。況士安之時，稍近於古，即得異於傳聞，無以明其穿鑿，後儒有譏，未敢遽同也。

王朝渠《十三經拾遺》卷二《夏商二易遺文》 三易之名紀於《周禮》，世所傳者，惟《周易》一書。夏商二易，漢晉以還，或顯或晦，儒先之論亦將信將疑。自元迄今，攷諸藏書家，固并其雁鼎俱亡矣。廣披傳註，搜所留遺，集爲一卷，附於《周易遺文》後，或亦好古嗜奇之君子所共樂玩乎。

又卷八《周禮遺官》 《周禮》六篇，僅存其五，非散逸之，蓋周公未成之書也。漢儒《考工》之補，固爲續鳧。俞氏散見之論，尤傷裂錦。即欲網羅周之職官雜出羣書未隸五官者，訂爲一篇，備司空之屬，亦終不免多所齟齬耳。予之兹編於冬官所掌，惟考之本書，略存其槩。而五官中之脱漏者，凡有可據，胥著列焉。

又《禮記遺篇》 小戴删大戴之記，存四十六篇，馬季長益以《月令》、《明堂位》、《樂記》爲四十有九，列於五經。其篇具在，所遺脱者，特其字句耳。然古之議禮傳記未爲二戴所録而雜見他書者實多有之，故核其體例，備著爲《禮記遺篇》。【略】按傳注所引《三朝記》多見《大戴禮小辨》等篇，而羅長源所稱獻玉琯事，則直謂《大戴禮三朝記》，是《三朝記》固詳《大戴禮》中，未嘗亡也。近高安朱文端公所傳淳熙中潁川韓氏本，總四十篇，而三朝之《記》未著，故特標其目爲《禮記遺篇》。若賈氏《齊民要術》所稱「《禮外篇》周時德澤」云云，則具存《大戴明堂》篇，且目爲禮外，非篇名也，故不著。

又卷一六《樂遺篇》 自廣博易良之教見稱孔子，《樂》固六經之一也。姬衰嬴熾，散亡略盡。故有漢之初，制氏備官，僅記其鏗鏘鼓舞；竇公入獻，祇傳爲司樂一章耳。迄武帝時，河間獻王採《周官》諸書以作《樂記》，若王禹所獻之二十四卷，劉向所得之二十三篇，殆其遺書歟？凡音一記厪存於小戴，而其軼散見羣籍，俱稱《樂記》及《禮樂記》，故朱氏取三條爲《樂遺句》。余亦采纈篇名猶在字句幸傳者，附綴十三經之末。王仲任曰陽成子長作《樂經》。

錢儀吉《衎名齋記事續稾》卷六《周官新義識後》 昔王荆文公以《周宫》泉府一言禍宋。迨南渡後，既已罷從祀。斥《新經》，盡棄其所學，然當時諸儒釋《周禮》者，猶多稱述，知其言固有不可廢者已。顧傳本人間幾絶，近世藏書家亦鮮著録。往儀徵相國撫浙時，許諸生就杭州文瀾閣寫書，余録得經説十數種，此其一也。是爲《永樂大典》本，因參攷諸家傳義，有引王氏説，而此本不及者，知胡廣等所見，不獨《地官》、《夏官》之有闕文也。爰爲補録，凡得百三十餘條，悉注於下，稍爲增多矣。《字説》久佚不傳，獨見於此注中。其於六書之義，違戾已甚。輒依許氏書正之，庶幾學者不爲所誤爾。《考工記注》二卷，爲鄭宗顔輯前人言之致確，而舊本猶署安石名，豈以中用《字説》尤多，固爲王氏一家之學邪？校讀一周，因識其後。

丁晏《佚禮扶微·劉敞〈士相見禮〉》 晏案：朱子稱劉原父效古人爲文，其集中有數篇論全似《禮記》，又謂其爲文多法古，絶相似，其文自經書中來，比之蘇公有高古之趣，故作《儀禮經傳通解》，《取士相見義》、《公食大夫義》二篇補入《鄉禮一》之下，《邦國禮四》之下。迨元吴文正公《補儀禮傳》十篇亦載原父此二篇。明何氏喬新跋此書稱讀原父文集又得《投壺》一篇，釋禮經投壺之義，録附草廬逸經之後。今《公是集》不可得投壺義，未知存亡，尚竢購訪續入，以補記文之闕云。

又《三朝記》 晏案：《漢·蓺文志》論語家有《孔子三朝》七篇，師古曰今《大戴禮》有其一篇，蓋孔子對哀公語也。三朝見公，故曰三朝。又《經義考》引劉向曰：「孔子三見哀公，作三朝記七篇，今在《大戴禮》。」據此則《大戴》具有《三朝》七篇，小顔但以一篇當之，非也。王伯厚謂《千乘》、《四代》、《虞戴德》、《誥志》、《小辨》、《用兵》、《少間》凡七篇。《用禮·肆師》賈疏：《異義》。案：《三朝記》「蚩尤，庶人之强者。」《漢書·高帝紀》臣瓚注引《孔子三朝記》云：「蚩尤，庶人之貪者。」即《用兵》篇文。《武帝紀》臣瓚注引《孔子三朝記》曰「北發渠搜，南撫交趾」，即《少間》篇文。《御覽》百八十三引《禮·三朝記》曰「天子之宫四通」，即《虞戴德》文。《白虎通》引《虞戴德》文亦曰《三朝記》。深寧之説是也。至李善所引，今《大戴三朝》七篇皆無之，殆記之脱文歟？

又《樂記》 晏案：録佚禮而及樂何也？曰樂統於禮，故《周官》戴記皆言樂也。《漢志》《樂記》有二家：一王禹記二十四卷，河間與毛生等采輯，常山王禹成帝時獻入秘府，其後遂亡；一《樂記》二十三篇，劉向《別録》所載，今《禮記》有其十一篇，見於鄭《三禮目録》，孔氏潁達、張氏守節謂公孫尼子次撰是也。至蔡氏所引，疑即今《樂記》脱文；班氏、應氏所引，疑皆《樂器記》之文。《樂記》孔疏稱《別録》《樂記》二十三篇，《樂器》第十三，《樂器》之有記，猶《禮器》之有記也。其言古樂度數，必可徵信，以視鄭君《禮》注僅據叔孫通漢禮器制度，不猶瘉乎？

又《樂六語》 晏案：《漢禮樂志》稱河間獻王采禮樂古事，稍稍增輯，至五百餘篇。《蓺文志》稱王禹獻河間《樂記》二十四卷。《後漢·張純傳》又稱河間《古辟

雍記》。考本傳武帝時獻王來朝，獻雅樂，對三雍宮，應劭注謂辟雍、明堂、靈臺。儒家有河間獻王《對上下三雍宮》三篇，疑即《辟雍記》之屬也。然今皆不傳，其僅傳者獨此《樂元語》數言而已。《毛詩鼓鐘傳》云：「東夷之樂曰昧，南夷之樂曰任，西夷之樂曰株離，北夷之樂曰禁。」與《樂元語》相類。毛公曾爲河間博士，故其詁訓亦畧同也。

又《文王世子》　文王十五而生武王。《禮記・昏義正義異義》引《禮・文王世子》。

晏案：《樂記正義》引《大戴禮》云文王十五而生武王發，與許君引《禮》合，然今《文王世子》無此文，或謂是古之説《禮記》者，即夢帝九齡之訓解，未必《記》之佚文也。然疑不能明，姑録之以俟考。

又《禮運記》　晏案：《公羊疏》云今《禮記・玉藻》無此文，唯《禮説稽命徵》及《含文嘉》皆云「天子旗九刃，十二旒，曳地；諸侯七刃，九旒，齊軫；卿大夫五刃，七旒，齊較；士三刃，五旒，齊首」，而言《玉藻》，誤也。余謂邵公淹通古禮，其言必有所據，疏家遽斥其誤，恐未然也。

又《大傳》　晏案：《禮記》有《大傳》一篇，不詳喪制，孟堅所引疑非《禮記》之脱文也。考《喪服子夏傳》云：「居倚廬，寢苫枕塊，哭晝夜無時。歠粥，朝一溢米，夕一溢米。寢不脱絰帶。既虞，翦屏柱楣，寢有席，食疏食，水飲。朝一哭，夕一哭。而已既練，舍外寢，始食菜果，飯素食，哭無時。」與《禮・大傳》畧同，然則班氏所稱蓋《禮・服傳》之屬也。

又《聘禮志》　晏案：《聘禮志》即《聘禮記》，古志、記通也。《周禮》「小史掌邦國之志」，鄭司農曰：「志謂記也。」《尚書大傳》鄭注引《禮志》「致齋三日」，又引《禮志》曰「天子不合圍，諸侯不掩羣」，又引《禮志》曰「天子諸侯無事，則歲三田。一爲乾豆，二爲賓客，三曰充君之庖」，又引《禮志》曰「小學在公宫之左，大學在郊」，又引《禮志》曰「周公居攝，踐阼而治，亢世子法於伯禽」，又引《禮志》曰「君子生則敬養，死則敬饗」，皆今《禮記》文也。《儀禮・聘禮記》云：「多貨則傷於德，幣美則没禮」，與孫卿所引義同，信其爲古記文也。

又《大學志》　晏案：蔡中郎論曰：「取其堂則曰明堂，取其四門之學則曰太學。」又引《易傳・太初篇》：「太子旦入東學，晝入南學，暮入西學，在中央曰太學，天子之所自學也。」魏文侯《孝經傳》曰：「太學者，中學明堂之位也」，志即記也，故蔡論引之亦稱《禮記》也。

又《本命篇》　晏案：《大戴禮》有《本命》、《易本命》二篇，《通典》卷五十九又引《逸禮・本命篇》云：「大古男五十而娶，女三十而嫁；中古男三十而室，女二十而嫁。」即《大戴・本命》文，故不更録，録其闕者，志佚也。又《家語》有《本命解》乃王肅私定，襲取《大戴記》文稍加點竄，有「男子三十而有室，女十五許嫁」語，此據逸《禮》增入，不足深信。而後序且云：「戴聖近世小儒，以《曲禮》不足，乃取《孔子家語》等書以裨益之，總名曰《禮記》」，反似《禮記》之文勦取《家語》，而作蛀生於木，而還食其木，殆王肅之謂乎？

又《瑞命篇》　晏案：《儀禮・覲禮》賈疏引鄭《目録》云：「春見曰朝，夏見曰宗，秋見曰覲，冬見曰遇」，「朝宗禮備，覲遇禮省」，「是以享獻不見焉」，三時禮亡，唯此存耳。又《曲禮》諸侯未及朝，相見曰遇，鄭注：遇禮亡。今觀《公羊》所載，猶可想見遇禮之省。杜元凱注《左》謂「遇者，草次之期，二國各簡其禮，若道路相逢遇是也。」

又《三正記》　晏案：今文《甘誓》「怠棄三正」，《釋文》引馬融云：「建子、建丑、建寅，三正也。」是夏以前已有三正矣。伏生《書大傳》云：「夏以孟春月爲正，殷以季冬月爲正，周以仲冬月爲正。夏以平旦爲朔，殷以雞鳴爲朔，周以夜半爲朔，故必以三微之月爲歲之三正也。」《公羊傳・隱元年》何休注云：「夏以斗建寅之月爲正，平旦爲朔，法物見，色尚黑；殷以斗建丑之月爲正，雞鳴爲朔，法物牙，色尚白；周以斗建子之月爲正，夜半爲朔，法物萌，色尚赤。」並與《三正記》合。四瀆之解應劭謂《書大傳》亦有此文，皆據逸《禮》爲説也。

又《王霸記》　晏案：賈疏謂《王霸記》者，記王及霸事。夫霸者，王之衰也，記曷爲以霸稱，也曰：孫卿不云乎？仲尼之門人五尺之豎子言羞稱乎五伯，而其所著《荀子》有《王霸》一篇，非以王與霸雜也。使知粹而王，駁而霸，明主之所以謹擇，而仁人之所以務白也。《記》稱王霸，猶是意也。鄭注大司馬引此《記》，史繩祖《學齋佔畢》乃以爲大司寇注，誤矣。

又《别名記》　晏案：《别名記》一稱《辨名》。《周禮・小宰》「聽稱責以傳别」注：故書作傅辨。鄭大夫讀爲符别，杜子春讀爲傳别。《史記・樂書》「其治辨者其禮具」，徐廣曰：辨一作別。《廣韻》「辨，別也。」辨與別聲近義同，古字通用。實一書也。《月令疏》稱蔡氏者，詳觀疏中稱蔡氏皆指蔡邕，《月令章句》疑此亦謂蔡邕引《記》爲證，故稱蔡氏作《辨名記》也。

又《佚經》　晏曰：《漢・藝文志》《禮古經》五十六卷，今所傳者僅《儀禮》十七篇。鄭注稱古文者即淹中孔壁之所得，稱今文者即高堂生、后蒼、大小戴、慶普、

别録之所傳也。十七篇之外，餘三十九篇，漢世謂之《逸禮》，故班《志》謂《禮古經》出於魯淹中，及孔氏多三十九篇。劉歆《移書》云：魯恭王得古文於壞壁之中，逸《禮》有三十九，孔安國獻之。賈公彦《士冠禮疏》云：「魯恭王壞孔子宅，得古《儀禮》五十六篇，其字皆以篆書，是爲古文。古文十七篇與高堂生所傳者同，而字多不同，其餘三十九篇絶無師説，秘在於館。」《玉海》卷四十二引桓譚《新論》古佚《禮記》五十六卷，併逸《禮》與《儀禮》言之，正合《禮古經》之篇數也，惟《投壺》孔疏云漢興，始於魯淹中得古禮五十七篇，其十七篇與今《儀禮》正同，其餘四十篇藏在秘府，謂之《逸禮》。又引《六藝論》云孔子壁中得古文《禮》五十七篇，較《漢志》又多一篇。嘗疑其篇數不合，及考王充《論衡・正説篇》云：「孝宣皇帝之時，河内女子發老屋，得《逸禮》一篇奏之，宣帝下示博士，然後《禮》益一篇」，始知逸《禮》三十九篇，宣帝世又得一篇，故鄭君言有四十篇也。《漢書・平帝紀》元始五年徵天下通逸經古記，《儒林傳》平帝時立《逸禮》，然亡新之亂，不久旋廢。迨東漢，其傳遂微，康成、伯喈諸大儒猶閒見之。隋唐之代，寖以亡失。嗚呼！漢初古學漸興，好之者有獻王，得之者有安國，然今所傳者僅有《儀禮》、《周官》及《毛詩》、《左氏傳》耳。若孔壁之《論語》、《孝經》已歸烏有，鄭注逸書二十四篇，唐孔氏妄斥爲張霸僞書，卒使真者亡而贋者出，以古文之卓然正傳而不免摧折於流俗，日銷月鑠，以至於亡，獨逸禮也歟哉！

又《佚記》 晏曰：《漢志》稱《記》百三十一篇，即大戴之八十五篇，小戴之四十六篇，適得百三十一之數，是古《記》本無佚文，而何以捃其佚也？曰：「禮家有《明堂陰陽》三十三篇，自注古明堂之遺事；《王史氏》二十一篇，自注七十子後學者，小顔引劉向《别録》曰六國時人也，班孟堅謂《明堂陰陽》、《王史氏記》所見，多天子、諸侯、卿大夫之制，雖不能備，猶瘉后倉等推《士禮》而致於天子之説。」然則明堂等五十四篇，視高堂生等所傳士禮，其品節尤爲精詳。今小戴僅存《月令》、《明堂位》二篇，即《明堂陰陽》之文，雜記注引《王度記》。《别録》謂齊宣王時人，所説疑即《王史氏記》，與子政言六國時人合。而五十四篇之原文不能具見，其幸而散見他書者，闕文斷簡，若魯靈光之巋然獨存，綴學之士不亟録而存之，恐寖傳寖微，久之而其佚瘉甚矣。且大載之八十五篇，而《夏小正》、《本命》、《三朝記》有佚文；小戴之四十六篇，而《檀弓》、《王制》、《雜記》等篇有佚文，是《志》所謂百三十一篇者，亦有脱簡焉，在古《記》之無佚文乎？太史公謂書闕有間，其軼乃時時見於他説，非好學深思，心知其意，固難爲淺見寡聞者道也。用是網羅放失，輯爲佚《記》，以視徐生之禮頌、叔孫之綿蕞，吾知其必有異也。

顧觀光《七緯拾遺・輯河洛緯叙録》 《隋書・經籍志》云：《河圖》九篇，《洛書》六篇，云自黄帝至周文王所受本文。又三十篇，云九聖之所增演。又《七經緯》三十六篇，並云孔氏所作，合爲八十一篇。據此一條，則《河洛緯》在《七經緯》之前，故《春秋説題辭》云：「河龍圖發，洛龜書感，河圖有九篇，洛書有六篇。」而《易乾鑿度》引《洛書摘六辟》一條，又引《洛書靈准聽》一條，皆六篇中文也。趙氏輯《七緯》而不及河洛，蓋攷之未詳矣。丙申春，以《開元占經》校趙氏書，見有引河洛緯者，輒另紙録之，繼以唐宋類書所引，刊誤補遺，差爲詳備。《古微書・河洛緯》五卷中有數條，未知所出，《觀象玩占》《提要》以爲僞書，所見諸本彼此互異，未可據爲出典，故姑置之，寧嚴毋濫，冀以存古籍之真焉。去古久遠，《隋志》所稱九篇、六篇、三十篇之目，皆不可知。今以諸書所引有篇名者，條而次之，得河圖緯二十一種，洛書緯六種，其無篇名者别爲逸文，而孔子河洛讖附於末，凡三十種，叙次如左。

瞿鏞《鐵琴銅劍樓藏書目録》卷一《周易本義通釋十二卷》 題新安後學雲峯胡炳文，通掌祠九世孫珙輯校，傳首則題輯録，延祐丙辰自序。考别本有潘旦序云云，而此本不載潘序亦不題玠名，似非一本。惟謂經是原書，傳爲輯本，則與此本分題輯校、輯録者正合。通志堂本，義門何氏謂是汲古元本，果爾則視輯本必更完備；乃核之此本，絶無增多，且亦載胡珙所輯《雲峯文集》《易義》一卷，其非元本可知，當即出於輯本耳！又此本前有雲峯自著例言四則而通志堂失去，且字句亦頗有異，尤足以資參訂焉。

又卷二《禹貢集解二卷》 東陽喬行簡序。首列《山川總會》及《九河》、《三江》、《九江》四圖，序首行題曰「杏溪傅氏禹貢集解圖」，後又題曰「尚書諸家説斷」，次行曰「《禹貢》第一」，故《永樂大典》本曰「禹貢説斷」，而《通志堂經解》本曰「禹貢集解」，名遂兩歧也。引諸家説皆曰某氏，惟吕成公則稱東萊先生，疑同叔居義烏時學於成公者也。此本爲王止仲所藏，後歸都元敬、劉公㦸，入傳是樓，今所傳《經解》本即據之以刻者。所闕四十餘簡及《五服辨》、《九州辨》皆一一脗合，惟「尚書諸家説斷」六字亦改作「杏溪傅氏禹貢集解」爲失其真耳！若四圖之編入程氏《禹貢論》中，乃裝書者之失，非刻本有誤也，觀成容若序自明。

鄭珍《鄭學録》卷三《春秋左氏傳注》 《世説新語》：「鄭玄欲注《春秋傳》，尚未成，時行與服子慎遇宿客舍。先未相識，服在外車上與人説己注傳意。玄聽之

良久，每與己同。玄就車與語曰：『吾久欲注，尚未了。向聽君言多與吾同，今當盡以所注與君。』遂與服比注。」按《六藝論》序《春秋》云：「玄又爲之注。」見劉知幾議。是康成實注《左傳》，自言明甚。其所以世無鄭注者，盡用所注之文與服子慎而與服比注耳，劉義慶之言爲得其實。而劉知幾挾必欲廢鄭注《孝經》之見，見世無鄭注《左傳》，遂謂康成自言非事實，以證鄭序《孝經》之云爲注者同是泛辭。憑臆武斷，謬妄之極！然則服注即是鄭注。今服虔解義三十卷自唐後已亡，宋王伯厚輯服、賈等義，略採遺文。國朝乾隆間，洪編修亮吉輯《左傳服義》，爲詳證之，成若干卷，猶足考見崖略。

黄奭《黄氏逸書考・通緯・禮含文嘉》 校：《白虎通》原文作《春秋含文嘉》。《周官・冢人》疏引作《春秌緯》。《御覽》五百五十八引「天子」上有「春秋之義」四字。今按：《春秋緯》無《含文嘉》，當是《禮緯》。《春秌緯》俱有其文，今兩存之。

又《爾雅謝嶠音序》 《陳書》：謝岐，會稽山陰人也，卒贈通直散騎常侍。岐弟嶠，篤學，爲世通儒。《南史》作：弟嶠，篤學，爲通儒。陸德明《釋文》：陳國子祭酒謝嶠撰音。王伯厚《序羅鄂州爾雅翼後》：景純之後，顧、謝、沈、施，謝氏之音，見于著録者如是而已，然皆無卷數。史附見其兄傳，惟以五六字了之，其不暇縷。《陳書》目史例綦嚴，固無足怪。《爾雅翼序》既以顧、謝、沈、施並稱，宜乎所采必多。今羅氏全書具在，落落晨星。王伯厚以顧、謝、沈、施在景純之後，而現行郭注即如「收蚍衃」一條，引謝氏云：小草多華少葉，葉又翹起。當日景純自序云爲之義訓，注者十餘，會萃舊説，錯綜樊孫博關羣言。謝氏固非舊説，然亦羣言，不稱其名，惟舉謝氏，何所見爲嶠，何所見爲非嶠。據邢疏云：《五經正義》援引有某氏、謝氏、顧氏，或云沈旋、施乾、謝濇、顧野王者，非也。此四家在郭氏之後，故知非也。誠哉是言，郭爲晉之太守，謝爲陳之祭酒，中隔宋、齊、梁三朝，郭所引謝氏或更有一謝在郭前，而非陳之通儒謝嶠也。此邢疏密處，惟濇字忽作水旁，此又邢疏疏處。無論字典水部不收此字，即有此水旁之濇，而謝嶠自是山旁。《爾雅・釋山》：山鋭而高嶠。《類篇》引作謝嶠，《集韻》亦作謝嶠。嶠或作嶠，然其兄名岐，非山頭字，仍從山旁爲是。《釋文》有時專稱謝，并不稱氏，知其爲謝即知其爲嶠矣。《詩正義》、《太平御覽》、《韻會》閒有一二條，隨手附入。鼠目寸光，不能遍及，下示將來尚慚疏畧，邢疏云，然吾亦恥之。

又《爾雅施乾音序》 陸德明《釋文》：陳博士施乾、國子祭酒謝嶠、舍人顧野王竝撰《音》。既是名家，今亦采之，附于先儒之末。邢《疏》：今郭氏言十餘者，典籍散亡，未知誰氏，或云沈旋、施乾、謝嶠、顧野王者，非也。此四家在郭氏之後，王伯厚撰羅端良《爾雅翼後序》，諸儒箋釋，歆、炎、樊、李、文學犍爲、景純之後，顧、謝、沈、施、陸《音》。邢《疏》諸書所述施氏音，如是。在施氏前撰音者有江氏灌八卷，見《隋志》；在施氏後撰音者有曹氏憲二卷，見《唐志》；釋智騫二卷見《玉海》，毋昭裔三卷見《通考》。智騫、毋昭裔之音雖亦在唐，然非陸德明唐初人所能敘録。若江氏、曹氏固皆德明應見之書，而《釋文》竟未之及，蓋《釋文》于他經既引衆家之讀，並及其異義，于《爾雅》惟存音切，衆家之説不與焉，非畧也。夫《易》有田何《易》、施孟、梁邱《易》、京費《易》、高氏《易》、楊氏《易》，《書》有今文、古文、歐陽、大小夏侯；《詩》有魯、齊、韓三家，《禮》有高堂生、大小戴、慶氏學，《春秋》有鄒氏、夾氏、公羊，有嚴顔之學，《孝經》有今古文，《論語》有齊《論語》、張侯《論》，漢儒家法具在，惟《爾雅》後出，絶無師承。然雖《敘録》不過十家，其散見于《釋文》中者，則有董仲舒、服虔、韋昭、殷仲堪、阮孝緒、劉昌宗、吕伯雍諸詮之衆家音義，其説未必不如施乾，而施儼然在《敘録》内，此施之幸也。《敘録》内如顧、謝之《音》未必遠勝於施，而《陳書》則顧、謝有傳，施亦陳博士，無傳，見《册府元龜》六百六。此施之不幸也。然則當時如施之撰《爾雅音》者，不知凡幾，今且不能舉其姓氏，此施又不幸之幸也。彼《釋文序》校之《蒼雅》及《爾雅》等音，其條例《爾雅》之作本釋五經，既解者不同，故亦畧存其異。又《爾雅》本釋墳典字，讀須逐五經，豈必飛禽即須安鳥，水族便應著魚，蟲屬要作虫旁，草類皆從兩屮。其次第衆家皆以《爾雅》居經典之後，諸子之前，今微爲異。據此知陸氏之撰《爾雅釋文》以無師法，難于他經。今《釋文》所引施乾《音》視邢叔明所引多至十數倍，《疏》之劣於《釋文》，此亦一端矣。施乾《音》尚有見《類篇》、《集韻》者，少而彌珍，不得不思淇筆麗藻之客，將來亦有涉乎此。

又《爾雅沈旋集注序》 《梁書・沈約傳》：「子旋，及約時已歷中書侍郎，永嘉太守，徙從事中郎，司徒右長史。免約喪，爲太子僕，復以母憂去官，而蔬食辟穀。服除，猶絶粳粱。爲給事黄門侍郎，中撫軍長史。出爲招遠將軍、南康内史，在部以清治稱。卒官，謚曰恭侯，子實嗣。」不言有所著述。《南史》：「旋字士規，集注《邇言》，行于世。」所著書止此一部，又不言有集注《爾雅》。謝蕴山中丞《小學考》誤以《南史》爲《梁書》，並誤以《邇言》爲《爾雅》。《經義考》作《邇言》，不誤。自必謂雅言兩字傳訛，當由爾與邇筆畫相近，似邇言無可集之注，殊不思其父隱侯著

《邇言》十卷，《梁書》、《南史》兩傳皆載之，子注父書，情理之常然。雖《南史》不言注《雅》，而陸德明《釋文敘録》則云右《爾雅》梁有沈旋約之子。集衆家之注，惟不言卷數。《隋志》乃作十卷，既云集注，所集衆家無非二郭與夫劉、李、樊、孫，何以今爲邢《疏》、《釋文》、《詩釋文》、《類篇》所引者，其説往往與二郭、劉、李、樊、孫不類，當是所集衆家有出六家外者。使其間參以己意，用其父《四聲譜》，所謂天子聖哲即平上去入四聲，以之求《爾雅》形聲假借之原，而略于草木鳥獸之迹，不誠小學之大觀歟？士規能讀父書，計必出此。惜乎鱗爪徒存，無從得珠。紀文達公雖有沈氏《四聲》之輯，然不過存什一于千百，以意爲之耳。奭不揆檮昧，尚思集文學、樊、李、孫、顧、謝、施衆家之注，爲士規推廣注列，而以紀輯沈氏《四聲》消息之，於是專家之學不墜，以視高璉《義疏》、俗孫炎《正義》、邢《疏》譏其淺近者得此，則邢《疏》亦有淺近之譏，徒以企望塵躅，有志未逮。若夫旋琁璇三字皆似宣切，《漢書·律曆志》佐助旋璣，《後漢·安帝紀》據《琁璣玉衡》，竝與璇通。高似孫《緯略》作沈璇《爾雅集注》，高氏有《爾雅注》，今所傳者郭璞、孫炎耳。所謂樊光《爾雅注》、李巡《爾雅注》、沈璇《爾雅集注》已不可復見。郭璞有《爾雅圖》，江瓘有《爾雅圖讚》，皆奇書。以非宏旨所關，亦不復置辨云。

又《爾雅郭璞圖贊序》　郭景純注《爾雅》三卷，即邢氏所疏以立學官者。郭序自云別爲《音》、《圖》，用祛未寤。邢疏云謂注解之外，別爲《音》一卷，《圖贊》二卷，字形難識者則審音以知之，物狀難辩者則披圖以別之，用此《音》、《圖》以祛除未曉寤者。《晉書》本傳云注釋《爾雅》，別爲《音義》、《圖譜》，不言贊，亦無卷數。《隋志》：《爾雅圖》十卷，梁有《爾雅圖贊》二卷，亡。此據《七録》卷數。《七録》雖亡，然《隋志》稱梁有，知爲《七録》所載。陸德明《釋文》作《音》一卷，《圖贊》二卷，與疏合。《唐志》《音》與《圖贊》皆作一卷。《文心雕龍》曰：「景純注《雅》，動植必讚。」《通志·藝文略》曰：「《爾雅圖》蓋本郭注而爲圖，今雖亡，有郭璞注，則其圖可圖也。」國朝王氏謨、嚴氏可均各有返魂本，大都據《正義》、《釋文》、《初學記》、《類聚》、《御覽》所引，雖由補苴而成，猶賢乎已。曾賓谷先生任兩淮都轉時，得影宋鈔《爾雅圖》刻之，甚行於世，謂非郭圖亦必晉江灌圖讚，此則沿《經義考》之誤矣。蓋有兩江灌，一即江逌從弟。《晉書》本傳云：字道羣，陳留圉人，吴郡太守。無所謂《爾雅圖贊》，惟《唐志》有江灌《爾雅音》六卷，《隋志》作八卷。《圖贊》一卷，與張彦遠《名畫記》、《爾雅圖》二卷、《音》六卷、《贊》二卷不合，且《記》云灌字德源，陳尚書令，至武德中爲隋州司馬。武德是唐高祖年號，徐《初學記》、歐陽《類聚》皆武德人，所收明言郭《贊》，尤無江《贊》羼入。然則爲圖贊之江灌，乃唐司馬，非晉太守明矣。《經義考》既列《晉書》，亦引《名畫記》，似非不知有兩江灌者，何以躋於梁沈旋集注上，或者過由鈔胥而非竹翁之本意，特竹翁可諉爲不知，而後於竹翁者不可諉。況《圖贊》自《圖贊》，《音》自《音》，固不得以唐江灌之《圖贊》爲晉江灌，尤不得以晉郭璞之《圖贊》爲唐江灌也。郭《贊》存《音》亦存音義已有專書。無圖而有圖，又何必以無名氏之音强屬之毋昭裔哉！夫毋昭裔《音畧》三卷雖見於《通考》及《玉海》、晁、陳兩《志》，然爲《爾雅》音者於郭景純、江德源兩家外，尚有孫炎、施乾、謝嶠、顧野王、曹憲、釋智騫、陸元朗，或爲音，或爲音義，不一而足。賓谷先生所圖雖元人舊軸，無如重摹付諸時手，其所據依以意爲之註，不盡然贊於何有。奭不揆檮昧，爲讀郭《贊》者擁篲清道，以企將來君子有涉乎此，不然，曾氏斯圖即不爲謝中丞《小學考》所收，何不可左圖右注，使贊不虚設，則郭氏一家之言竟成完璧之爲快也。

又《爾雅孫炎音注後序》　魏之孫炎尚有數證，鄭夾漈《通志》無名氏《爾雅音訓》二卷。《崇文總目》曰以孫炎、郭璞二家音訓爲尚狹，頗增益之。孫、郭雖相提並論，而語次孫在郭前，此魏之孫炎也。高似孫《緯畧》：《爾雅》注今所傳者郭璞、孫炎耳。躋晉郭璞于魏孫炎之上，於義不順當，指五代俗孫炎。且高氏既云樊光、李巡、沈璇注，已不可復見漢李樊在魏孫炎前，固宜不復見梁沈璇在魏孫炎後，豈有在後之沈集注已亡而獨在前之魏孫炎爲今所傳之理，故知《緯畧》云今所傳者，乃晉郭璞、五代俗孫炎耳。惟孫炎《春秋例》見《隋志》。《隋志》不能下見五代，此則魏之孫炎也。《釋文敘録》亦有孫炎《禮記》二十九卷，字叔然，樂安人，魏祕書監徵不就。此又明明一魏之孫炎也。況《釋文》條例竝云古人音書止爲譬況之説謂某讀如某，某音近某。孫炎始爲反語。《顔氏家訓》孫叔然獨知反語相傳。《玉篇》末附沙門神珙《反紐圖》，爲言等韻者所祖。戴東原《聲韻考》謂反語始孫炎，不始神珙甚是。至謂唐以前無字母，神珙字母乃剽竊儒書，而託詞出于西域，則又不然。《隋志》：「婆羅門書以十四音貫一切字，漢明帝時與佛經同入中國。」蓋遠在孫炎前，然則字母不始于孫炎，而反語實始孫炎。今《切韻》緩讀爲二字，急讀則一音，蓋本《左傳》。丁甯爲鉦，句讀爲穀。《國語》勃鞮爲披，《國策》勃蘇爲胥。《爾雅》固明訓詁，兼重形聲。孫炎附見《三國志·王肅傳》：「樂安孫叔然，與晉武帝同名，故稱其字。授學鄭玄之門人，稱東州大儒。徵祕書監，不就。肅集《聖證論》以譏短玄，叔然駁而釋之，及作《周易》、《春秋例》、《毛詩》、《禮記》、《春秋三傳》、《國語》、《爾雅》諸注，又著書十餘篇。」然則叔然爲康成再傳弟子，康成無《爾雅注》，《周禮·大宗伯疏》所

引東原氏以爲非康成説，得叔然此注，而後康成所好羣書，不得于禮堂寫定傳與其人之歎，其亦少慰也夫！

喬松年《緯捃》卷一三《古微書訂誤·考經内事圖》 愚按：以《春秋内事》例之不應有圖字，《御覽》所引即無圖字，孫氏誤也。

又《河圖絳象》 愚按：絳象之名未見于古籍，孫氏列此蓋本於楊升菴《丹鉛録》。所引凡三條：一河導崑崙山一條，二黄河山崑崙一條，三邠之隘上爲扶桑一條。《丹鉛録》雖有絳象字，只有一處。《格致鏡原》在《丹鉛録》之後，所引河導崑崙山一曲至九曲，正引《録》語而目爲象緯，則「絳象」二字當是「象絳」二字倒而又誤耳。孫氏未深察，而列爲篇名，誤也。至「太湖中洞庭山」一條，則孫氏附益者。

俞樾《鄭氏佚書序》 兩漢經師之學，至鄭君而集大成，每發一義，無不貫穿羣經，不知者以爲鄭君所臆造，而不知其按之羣經，如以肉貫串也。典午之代，崇尚清談，鄭學幾廢，幸唐人《正義》，《禮》用鄭注，《詩》亦主鄭箋，高密之緒，賴以不墜。元明以來，空談心性，鄭學又微。本朝經術昌明，大儒輩出，士抱不其之書，户習司農之説，然其遺文佚義，散失已久，蒐輯爲難。鄞縣袁陶軒先生乃用王伯厚輯鄭氏《周易注》之例，網羅放失，乃得《鄭氏佚書》二十三種。其手自寫定者四種，曰《易注》、曰《尚書注》、曰《尚書中候注》、曰《詩譜》，其曾孫烺已刻而行之矣。其未寫定者尚有一十九種，曰《尚書大傳注》、曰《尚書五行傳注》、曰《尚書略説注》、曰《三禮目録》、曰《喪服變除》、曰《魯禮禘祫義》、曰《答臨碩難禮》、曰《箴膏肓》、曰《釋廢疾》、曰《發墨守》、曰《春秋傳服氏注》、曰《孝經注》、《曰論語注》、曰《孔子弟子目録》、曰《駁五經異義》、曰《六藝論》、曰《鄭志》、曰《鄭記》、曰《鄭君紀年》，其書皆密行總字，戢孴攢羅，理而董之，良非易易。先生既没，其族曾孫堯年竭數年之力，一一爲之寫定，然卷帙頗繁，刻以行世，力有未殆。會善化瞿子玖先生視學吾浙，以經義教多士，聞有是書，命書局爲之刊刻，而袁氏又將其已刻四種之版，歸之局中。烏呼！先生旁搜遠紹之功，其後人繼志述事之美，與子玖先生表章前哲，嘉惠後學之盛心，豈獨爲袁氏功臣哉，有裨於經學大矣！按《後漢書》鄭君本傳，尚有《天文七政論》及《乾象歷注》，《唐書·藝文志》又有《論語釋義》，其書既佚，又未見前人徵引，無可掇拾，然則《鄭氏遺書》已略具於斯。鄭君當日集兩漢經師之大成，而先生此編，又可謂集鄭學之大成矣。惟《唐志》有《鄭集》二卷，今無傳本。乾隆間，盧氏見曾刻附《周易鄭注》後，然所載《相風賦》，實傳鶡觚之作，以名同誤收也。嘉慶間嚴氏輯《全後漢文》，有鄭君文八篇，而《六藝論》亦入其中，是其所著書，不當入集也。如合盧、嚴兩家所録，釐定鄭集，刻附其後，雖不能復二卷之舊，或亦可得一卷，治鄭學者，當更無遺憾矣。

陳壽祺《左海文集》卷六《尚書大傳箋序》 《尚書大傳》四十一篇，見《漢書·藝文志》。鄭康成序謂出自伏生，至康成詮次爲八十三篇。《隋書·經籍志》、《唐書·藝文志》、《崇文總目》、《郡齋讀書志》並著録三卷。《唐志》别出《暢訓》一卷，疑即略説之譌舊，《唐志》直云「《尚書暢訓》三卷，伏勝注，繆甚。」自葉夢得晁公武皆言今本首尾不倫，《直齋書録解題》言「印板刓闕，宋世已無完本」，迄明遂亡。近人編輯，有仁和孫晴川本、德州盧雅雨本、曲阜孔叢伯本。孫盧本多殽舛，孔氏善矣。而分篇强復漢志之舊，非也。其他譌漏猶不免焉。今覆加稽覈，楬所據依，稍參愚管，而爲之箋三卷，首爲《序録》一卷，其所芟除别爲《訂誤》一卷，末載《漢書·五行志》，綴以它書所引劉氏《五行傳論》三卷，總爲八卷。序曰：「伏生以明經爲秦博士，漢孝文時年且百歲，計其生在周末，得見詩、書古文，且博識先秦舊書雅記，多漢諸儒所未聞。遭時燔書，明哲退隱，嬴祚既顛，守道不出。初抱百篇，藏之山中，漢興亡失，求得二十九篇，而《九共》、《帝告》、《嘉禾》、《揜誥》、《臩命》諸闕篇猶能言其作意，述其佚句。文帝命掌故鼂錯從受《尚書》，而伏生亦自以二十九篇授張生、歐陽生教於齊魯之閒。迄武、宣世，有歐陽、大小夏侯氏立學官，是爲今《尚書》。孔安國晚得壁中古文，多逸書十六篇，顧絶無師説，終漢之世，獨傳二十九篇而已。何則二十九篇今文具存？文字異者不過數百，其餘與古文大恉略均，足相推校。逸十六篇既無今文可考，遂莫能盡通其義。凡古文《易》、《書》、《詩》、《禮》、《論語》、《孝經》所以傳，悉由今文爲之先驅，今文所無輒廢。古《春秋左氏傳》賴張蒼先修其業，故傳。《禮古經》五十六卷，《傳士禮》十七篇與後戴同，而三十九篇逸《禮》竟廢。書亦猶是也。向微伏生，則唐虞三代典、謨、誥、命之經煙銷灰滅，萬古長夜，夫天爲斯文篤生名德期頤之壽，以昌大道，豈偶然哉！《尚書》今學精或不逮古文，然亦各守師法，賈逵以爲俗儒，康成以爲嫉此，蔽冒不悛，迺謂當時博士未師破碎章句之過，而伏生大傳條撰大義，因經屬恉，其文辭爾雅深厚，最近大小戴記七十子之徒所説，非漢諸儒傳訓之所能及也。康成百世儒宗，獨注大傳，其釋三禮每援引之，及注《古文尚書》《洪範》五事、《康誥》孟侯文王伐崇戡耆之歲、周公克殷踐奄之年，咸據大傳以明事，豈非閎識博通信舊聞者哉！且夫伏生之學尤善於《禮》，其言巡狩、朝覲、郊尸、迎日、廟祭、族燕、門塾、學校、養老、擇射、貢士、考績、郊遂采地、房堂路寢之制，后夫人入御太子迎問諸侯之法，三正之統，五

服之色，七始之素，八伯之樂，皆唐虞三代遺文，往往六經所不備，諸子百家所不詳。漢始定天下，庶事草刱，獨一叔孫通略定制度，雜以秦儀。若迺正朔、服色、郊望、宗廟之事，數世猶未章焉！假令當高帝時，伏生年未篤老，尊其高節，安車禮徵，與張蒼等考舊章，立經制議禮樂，則魯兩生息面詇違古之誚，絳灌諸臣泯年少紛更之讒，規橅粗定。然後繼以賈誼、董仲舒、河閒獻王、王吉、劉向之倫，先後討論，法象明備，成康之治，何必不復見面京？今其書散逸，十無四五，猶可寶重。宋朱子與勉齋黄氏簒《儀禮經傳通解》，攗摭大傳獨詳，蓋有裨禮學不虛也。《五行傳》者，自夏侯始昌，至劉氏父子傳之，皆善推旣福著天人之應。漢儒治經，莫不明象數陰陽，以窮極性命，故易有孟京卦氣之候、詩有翼奉五際之要、春秋有公羊灾異之條、書有夏侯、劉氏、許商、李尋洪範之論。班固本大傳，攟仲舒，別向歆，以傳《春秋》，告往知來，王事之表，不可廢也。是以録《漢書·五行志》附於後，以備一家之學云。

又《蘇魏公文集序》 宋韓南澗言：本朝蘇氏凡三望族，梓州、眉山、同安，獨同安之蘇最盛。丞相魏公承左屯衛將軍仲昌，翰林學士紳之緒其後，文獻典型，累傳不絕。雖徙丹陽，而不忘桑梓，公以博學洽聞，重於天下，五十餘年，卒用儒宗，爲時碩輔，壽宗社之脈，築太平之基。崇甯初，繪像景靈宫，其在館下九年，奉祖母及母，養姑、姊、妹與外族數十人，備竭孝弟。妻子衣食常不給，而處之晏如。掌四選五年，力除稽滯，吏不得逞奸。其執政務持大體，量能授任，薦舉無私，杜僥倖之源。自熙寧後，國家之號令，朝廷之典册，政事之得失，民生之利病，高視深思，陳義一本於忠恕，歷事五朝，以名節始終。汪浮溪所謂「舉天下榮辱是非，莫能移其所守，古之大臣以道事君者也」。故其發爲文章，清麗雄贍，卓然足與功德相副，豈徒以詩筆名家而已哉！生平耆學，經史九流百家之説，至於圖緯、陰陽、五行、律吕、星官、算法、山經本草，無所不通，熟於臺閣故事，本末無遺，日月不差，雖士大夫，家世閥閱，名諱婚姻，無不强記。然論者以爲在公特餘事也。嘗撰《漢唐故事》、《魯衛信録》、《渾天儀象》、《本草圖經》，今其書或傳或不傳，《文集》七十二卷，公子刑部侍郎攜所編，汪藻序之。今存本與《宋史·藝文志》、《直齋書録解題》符合，幸無闕佚，惟失《外集》一卷耳。案集中古律詩十四卷册文奏議六卷、内制八卷、外制八卷、表十一卷、啓三卷、碑銘四卷、墓表八卷、行狀一卷、記一卷、序三卷、書一卷、劄子一卷、祭文二卷、雜箸一卷。吾鄉尠有見者，往望坡尚書撫浙，壽祺請於文瀾閣録出是集，藏尚書家。公之裔孫鼇石兵備在京師，嘗郵書從壽棋，咨訪及守姑蘇，今人就武林重鈔二帙，校録於吴門，而以副本屬爲序。壽祺後公九百載，忝同鄉國，景仰流風，敬維公之勳業，行學彪炳霄壤，無俟黯淺鯫生贅一詞。然陸渭南爲詹朝奉墓表以父子共爲一碑，而舉公所爲，石元懿公熙載及子文定公中立神道碑銘爲比，謂後世尚有考焉。然則公之文槼範百世可知矣。讀公集者，孰不肅然願師法也。顧非兵備之賢篤念舊德，曷由廣其流布於千秋之耳目？觀乎此則世之爲人，賢子孫者其有不聞風而興起者與？

又卷七《王郎中集跋》 余嘗考余鄉唐人遺集，《唐志》有《鄭誠集》、《歐陽衮集》二卷，《陳黯集》三卷，《陳陶文録》黄璞霧居子《陳詡集》、鄭良士《白巖詩集》、《王虬集》各十卷，《黄滔集》十五卷，《泉山秀句集》三十卷；《宋志》有《黄滔編畧》十卷，《徐寅別集》五卷，《林藻集》一卷；《直齋書録解題》有《林藻》、《林蕴集》各一卷，李俊甫《莆陽比事》有《陳嶠文集》二十卷；《徐興公藏書目》有《陳去疾集》、陳通方、林滋各一卷，《劉後邨文集》云徐正字有《温陵集》十卷、《雅道機要》一卷，《律賦》及《探龍集》各五卷，《詩》八卷；《閩書》云薛令之有《明月先生集》，鄭良士有《中壘集》、《沈崧有集》二十卷，王肱有無題古詩百三十首，今其書或亡或佚，存者百不二三。古人有言「文章，經國之大業，不朽之盛事」，乃易世以後，汗青渝敝，雲煙銷滅，霝零若斯，吁可慨也！洪惟我國家揆文稽古，網羅闕遺，故歐陽行周、王輔文、徐正字、黄御史諸集賴以著録《四庫》，儲之天禄、石渠、延閣、廣内。其他散失，往往復存於欽定《全唐詩》、《歷朝賦彙》二書。今上繩武紹聞，特命詞臣續編《皇清文穎》，因就館纂次全唐之文，以亮章鴻藻，囊括漏逸。海内之士聞風興起，俾已墜之緒再紉，將熄之燎重灼，所以張先喆、燿令名，酌前修之筆海，贊文明之治樞。雖謭陋如壽祺，猶幸獲挂名於鄉賢文字之末也。

陸心源《皕宋樓藏書志》卷八《春秋辨疑十卷》 《四庫》所收，乃從《永樂大典》輯出，此則其原本也。《大典》篇目相同，惟《王》、《天子》、《天王辨末》「又可知矣」下，脱注文數百字，正文數百字，《書滅辨》下篇「然後辨故」下，脱三百餘字，餘則無大異也。兩本皆只四十五篇，《江西志》、《萬姓統譜》作四十九篇者誤也。朱竹垞《經義考》僅録胡澹菴序，謂其已佚，則是書之罕見可知矣。《大典》本胡序脱二十餘字，以《澹菴文集》較之，則此本又有不同。《澹菴集》有《蕭先生墓誌》，亦館臣所未見也。

又《儀顧堂題跋》卷八《原本數學九章》 《宋史·藝文志》不列其名，明《文淵閣書目》始著於録，以《永樂大典》本參校，分卷不同，編次亦異，此則猶原本耳。題

曰魯郡，著舊望也。案：九韶，秦、鳳間人，年十八，爲義兵首，後寓湖州，累官知瓊州，與吴履齋契合，爲賈似道所陷，謫梅州而卒，周密《癸辛雜識》敍其事甚詳，毁之者亦甚至，焦里堂力辨其誣。愚謂九韶既爲履齋所重，爲似道所惡，必非無恥之徒，能於舉世不談算法之時講求絶學，不可謂非豪傑之士。父季槱，寶慶中官潼川守，九韶隨侍，見四川石魚題字。其人乃貴公子，非土豪武夫，其爲義兵首也，當以故家世族爲衆所推，自序所云「際時狄患，歷歲遥塞，不自意全於矢石間」者當在嘉熙二年，蒙古破興元府時，至淳祐七年，卻近十年，故曰荏苒十禩也。焦里堂謂爲義兵首不知何年？殆未細考耳。密以詞曲賞鑒遊賈似道之門，乃姜特立、廖瑩中、史達祖一流人物，其所著書，謗正人，而於侂胄、似道多恕詞，是非顛倒可知。觀九韶所作《十系》，洞達事機，言之成理，其於經世之學實有所得，惜宋季競尚空談，不能用其長耳。《大典》本題作《數學九章》，《文淵閣目》同，此作《數書九章》，豈明以後人所改歟？

黎庶昌《拙尊園叢稿》卷四《跋趙曉峯輯犍爲文學爾雅注》 《爾雅》犍爲文學注，就余所見知輯者，有余蕭客本，有臧庸本，有王謨本，有馬國翰本，有揚州女士葉心蘭本，並曉峯而六。六家中，惟馬氏玉函山房本盛行於時。其題銜直曰「漢郭舍人譔。」張孝達之洞《書目答問》從之，是不可以無辨焉。序云：「《文選・羽獵賦》注引《爾雅》郭舍人注，張澍《蜀典》謂即與東方朔同時待詔，爲隱語被榜，呼暑之郭舍人也。」此其題銜所據。不知《朔傳》曰：「倖倡郭舍人。」陸氏《釋文》曰：「犍爲文學卒史臣舍人，漢武帝時待詔。」其爲兩人甚明。所載官階、名字詳而有徵，缺者獨一姓耳。馬氏知其不可通，從而爲之詞曰：「博攷漢時官階，當是初爲郡文學，後補太守卒史，以能詼諧、善投壺，入爲待詔舍人上銜，甫以舍人爲名。」此又以舍人爲官，前矛後盾，進退兩無所據。《史記》褚先生《佞倖傳》祇言郭舍人發言陳辭，令人主和説，不謂如東方朔之好古傳書、愛經術也。漢世同名甚多，如安國、延年、勝之之類，未易枚舉。要之舍人，或姓郭，或不姓郭，俱未可知，當從缺如之義。今直斷以爲即倖倡之郭舍人，則大誤矣。《廣韻》以舍爲姓，亦是望文生義。或又以爲即茂陵郭威，亦非。何者！依漢代上書例推之，應題作犍爲文學卒史臣威，不當云舍人也。況《西京雜記》於牂柯盛覽作《合組歌》、《列錦賦》一文一詩，皆詳記不遺，豈有犍爲舍人注經三卷，反不一及之，理茂陵遠在三輔，與郡國自除之例更不合，是又不待辨而自明矣。余向疑四川嘉定爲漢犍爲地，城外有爾雅臺，或即舍人注經之所。及攷《苕谿漁隱叢話》謂嘉州烏牛山在水中，昔郭景純注爾雅於此，有臺在焉。《四川通志》亦云郭璞巖在烏尤山，上有爾雅臺。相傳郭璞入蜀，注爾雅於此。又王十朋詩云：「隱迹江山郭景純，學兼儒伎術通神。蟲魚草木歸箋注，何害其爲磊落人。」據此數説，是宋以前亦未有以爾雅臺屬之舍人者。然則《遵義府志》定舍人爲郡産，並非借才異地，奉爲樂祖，其又奚疑。

又卷六《無冤録序》 大辟之獄，自檢驗始。《禮・月令》：「孟秋之月，命理瞻傷察創，視折審斷。」據蔡邕之説，皮曰傷，肉曰創，骨曰折，骨内皆絶曰斷。瞻焉、察焉、視焉、審焉，即後世檢驗之法也。而其法不傳，秦漢已下亦未聞有檢驗之書。宋嘉定中，湖南、廣西刊印《正背人檢驗格目》，江西提刑徐似道言之於朝。四年，詔頒行於諸提刑司，名曰《檢驗正背人形圖》，此爲今屍格之所自始。宋時有《内恕録》等書，言檢驗之事，皆不傳。至淳祐中，宋慈會粹諸書爲《洗冤集録》此又《洗冤録》之名所自始也。其後又有《平冤録》及《無冤録》，法家謂之檢驗三録。顧《洗冤録》官司奉爲鴻寶，而《平冤》、《無冤》二録傳本獨希者，蓋二録多采宋録之説，世人視爲重儓而忽略之。詎知二録遞相祖述，後之所説多可以補正前人之説，相輔而行，不可廢也。顧千里既爲孫淵如摹刻元槧《洗冤録》，後又得《平冤》、《無冤》二録舊鈔本，以語吴山尊學士。吴爲之付刻，與《洗冤録》合爲一編。《思適齋集》有重刻三録後序，其年爲嘉慶庚午，距今百年矣。傳本甚尠，許珊林蓋有其書，故所作《洗冤録詳義》頗采二録之説。余嘗得《官常政要》二函，係前明崇禎己巳刻本，所集書凡十八種，内有《洗冤集録》及《無冤録》。《無冤録》僅一卷，無撰人名氏。考《四庫全書存目》所録《無冤録》二卷，係浙江巡撫采進本，不著撰人名氏，亦無序跋。提要但據《永樂大典》所載及其自序，定爲元王與撰，時在武宗至大元年戊申。又據卷中自稱昔任鹽官，知其嘗爲海鹽縣令。他亦無考。至《平冤録》，四庫未收，殆當時未得其書，此可見二録者，並爲罕覯之本矣。今年夏蘄州王君佑自日本歸，出《無冤録》相示，云録自東京上野圖書館者，其書分二卷，上卷爲官吏章程，下卷爲屍傷辨别，與提要之言合。有自序及明羊角山叟序，又有朝鮮人崔致雲等注釋及序。此書蓋由中土流入朝鮮，日本人又自朝鮮傳鈔而歸，故其原書亦鈔本也。其自序題東甌王與，知其爲東甌人。提要稱不知何許人，豈大典所收之自序無此題名歟？明焦竑《國史經籍志》有《平冤録》二卷，題東甌王氏，恐即此書，誤無爲平耳。《平冤録》據王與之序，乃趙逸齊所撰，以宋慈稱宋惠父例之當，亦是其人之號，其名則亦無可考。顧千里重刻三録序第云：「無名氏《平冤録》，東甌王氏《無冤録》」，似其所得鈔本無王與自序，故所言亦不能詳也。取崇禎本相校，乃知

崇禎本有上卷而無下卷，殆以下卷采自《洗冤録》者爲多，因與《洗冤集録》合刊，嫌其重複，故刪之歟？然下卷所采亦有《平冤録》之文，并多駁正二録之語，極爲精審，刪之是無異于買櫝還珠矣。明人刻書之病，往往如此，不獨此書也。此本轉展傳鈔，不免亥豕帝虎之誤。與崇禎本及《洗冤録》相校，互有得失，足資考訂。朝鮮人注語隨文詮解，無所發明，於元代之官制、政體未能詳加攷證，并多誤會之處，未足寶貴。今重加校定上卷，以崇禎本爲主，而以朝鮮本校正之；下卷以朝鮮本爲主，而以元槧《洗冤集録》校正之，付梓以廣其傳。朝鮮人注語刪之不録。或曰：檢驗諸書，前人不及後來之密。余曰：術愈研而愈精，理愈推而愈出。古疏今密，凡事皆然。然近時檢驗諸書，其援引此録以資考訂者，不止一端。又烏可數典而忘其祖哉！

沈家本《三國志注所引書目》卷一《今文尚書》 《管寧傳》「優賢揚曆」注：《今文尚書》曰：優賢揚曆，謂揚其所曆也。案：《漢志》：《尚書古文經》四十六卷，《經》二十九卷，《傳》四十一篇，《歐陽章句》三十一卷，《大小夏侯章句》各二十九篇，《大小夏侯解故》二十九篇。其《序論》云：秦燔書禁學，濟南伏生獨壁藏之。漢興亡失，求得二十九篇，以教齊魯之閒。訖孝宣世，有歐陽、大小夏侯氏立於學官。《古文尚書》者，出孔子壁中。武帝末，魯恭王壞孔子宅，欲以廣其宫。而得《古文尚書》及《禮記》、《論語》、《孝經》，凡數十篇，皆古字也。恭王往入其宅，聞鼓琴瑟鐘磬之音，於是懼，乃止不壞。孔安國者，孔子後也，悉得其書，以考二十九篇，得多十六篇。安國獻之。遭巫蠱事，未列于學官。今案：自《古文尚書》出，遂目伏生所誦爲今文，於是《尚書》有今文、古文之學。左思《魏都賦》「優賢著於揚曆」，張載注：《尚書·盤庚》曰：優賢揚曆，曆試也。段玉裁《古文尚書撰異》云：左時未經永嘉之亂，夏侯、歐陽等書無恙也。漢魏人於夏侯、歐陽曰《尚書》，於孔壁則分別之云《古文尚書》，范氏《後漢書》體例尚如此，裴氏正與相反，蓋《古文尚書》盛行，遂易其稱焉。爾但言《今文尚書》，而不言何篇，略之也。裴氏時，歐陽、夏侯書已亡，度裴所引即《魏都賦注》，故兼引賦語以足之。今案：裴氏引《尚書》但稱《盤庚》、《鴻範》、《君奭》、《文侯之命》，而不冠以《尚書》之名，省文耳。其稱《今文尚書》者，必當時有此標目，故裴得引之。其時今文是否已亡，無可考見，段氏謂裴氏今文已亡者，特以永嘉之亂爲書之一劫，故推測言之。

又《馬融注尚書》 《吴主傳》。案：《隋書·經籍志》《尚書》十一卷，馬融注，《釋文》同。《唐書·藝文志》書類，馬融傳十卷，《舊唐書志》作一卷者，誤也。《宋史·藝文志》不録，蓋已亡。近人孫星衍有《馬鄭尚書注》輯本十卷。

又《尚書鄭玄注》 《武紀》。案：《隋志》鄭玄注《古文尚書》九卷，《釋文》及新、舊《唐志》竝同。《宋志》不録，蓋已亡。近人輯本有焦循《禹貢鄭注釋》二卷，孫星衍輯本見上。裴氏所引《盤庚》、《鴻範》、《君奭》、《文侯之命》，皆不標《尚書》之名，省文也。

又《左傳服虔注》 《武紀》。案：《隋志》《春秋左傳解誼》三十一卷，漢九江太守服虔注，二《唐志》、《釋文》竝作三十卷。《宋志》不録，蓋已亡。《後漢·儒林傳》：「服虔字子慎，作《春秋左氏傳解》，又以《左傳》駁何休之所駁六十條。中平末，拜九江太守，免。」《隋志》所録《解誼》之外，有《春秋左氏膏肓釋痾》十卷，《春秋成長説》九卷，《春秋塞難》三卷。梁有服虔、杜預《音》三卷，《春秋漢議駁》二卷，服虔撰，亡。二《唐志》《釋痾》、《成長説》、《塞難》三書卷同而別有《音隱》一卷，《駁何氏春秋議駁》十一卷。《舊志》此書作《何氏春秋漢記》，殆誤。則《隋志》以爲亡而後出者。然《釋文》録服虔《音》一卷，不知《隋志》何以云亡也。《隋志》云晉時《左氏》服虔、杜預俱立國學，而唯傳服義。至隋杜氏盛行，服義浸微，今殆無師説。是唐初服氏不行，侵尋到宋，其書遂亡。近人有馬宗槤、李貽德《左傳賈服注》輯本。《韓暨傳》注引《春秋傳》曰「命我先人典司宗祏」，注曰：「宗廟所以藏主石室者，乃莊十四年《左傳》文。」杜預注「宗祏，宗廟，中藏主石室」，與所引注文所異者僅一二字。裴氏不標何傳，亦不言何人之注，皆省文。前卷引服虔注，則此注當亦服注。杜説亦本于服也。

又《司馬彪續漢書》 《魏武紀》。案：《隋志》《續漢書》八十三卷，晉祕書監司馬彪撰。《唐志》稱《後漢書》，卷同。《新志》多録一卷。《隋志》《後漢書》一百二十五卷。范曄本，梁剡令劉昭注。似唐以前彪《志》已附于范《書》。《宋志》惟存劉昭補注《後漢志》三十卷，則彪之全書已亡其八，《志》幸附于范《書》，故尚存。舊説謂乾興中孫奭取彪《志》三十卷與范《書》合爲一編，至今承之，與《隋志》尚不符也。《晉書·司馬彪傳》：字紹統，高陽王睦之長子也。泰始中爲祕書郎，轉丞，作《九州春秋》。以爲「漢氏中興訖于建安，忠臣義士亦以昭著，而時無良史，記述繁雜，譙周雖已刪除，然猶未盡，安順以下，亡缺者多，彪乃討論衆書，綴其所聞，起于世祖，終于孝獻，編年二百，録世十二，通綜上下，旁貫庶事，爲紀、志、傳，凡八十篇，號曰《續漢書》。」惟本傳言爲祕書丞而《隋志》稱祕書監，與傳不符。彪又拜散騎侍郎，亦非終于祕書也。又《武紀》及《司馬朗傳注》引司馬彪《序傳》，隋、唐《志》不著

録。章宗源曰：「當是《續漢書》分篇。」今案：此注所引爲司馬懿之父司馬防事，《司馬朗傳》所引及司馬朗事，朗者，防之長子，懿之兄也。懿之弟進，進之子譙王遜，遜之弟高陽王睦，彪爲睦之長子，薄行，爲睦所責，故不得爲嗣。彪撰《續漢書》，仿班氏《漢書敘傳》之例，爲《序傳》。然則《序傳》者，《續漢書》之《序傳》，非分篇也。《劄記》別出《序傳》一目，亦誤。

又《王沈魏書》　《魏武紀》。案：《隋志》正史類，《魏書》四十八卷，晉司空王沈撰，《舊唐志》四十四卷，《新志》四十七卷，《宋志》無，已亡。《晉書》本傳：字處道。正元中典著作，與荀顗、阮籍共撰《魏書》「多爲時諱，未若陳壽之實録也。」其書有紀、志、傳，見《史通》。《水經・大遼水注》引《國志》，洪飴孫疑其書郡國分爲二志。章宗源曰：《史通・曲筆篇》曰：「王沈《魏録》，濫述貶甄之銘。」《書事篇》曰：「若王沈、孫盛之伍，論王業則黨悖逆而誣忠義，敘國家則抑正順而褒篡奪，述風俗則矜夷狄而陋華夏。」又《外篇》曰：「魏史，黄初、太和中始命衛顗、繆襲草創紀傳，又命韋誕、應璩、王沈、阮籍、孫該、傅玄等復共撰定。其後王沈獨就其業，勒成四十卷。」《宋書・五行志》曰：「王沈《魏書》志篇闕，凡厥災異，但編帝紀而已。」《律志》曰：「自楊偉改創景初，而《魏書》闕志。」愚按：《水經・渠水、遼水、淮水注》竝引《魏書・國志》。《潁水注》：「宣王軍次丘頭，王淩面縛水次，故號武丘。」一事復題《魏書・郡國志》，疑沈《書》固有志篇，特闕五行、律曆也。裴松之《魏武紀注》所引多述操令，若庚申、庚戌、丙戌、丁亥令，皆以日紀。又有《褒賞令》載橋玄文，裴不言《魏書》，以類推之，當亦是耳。《鄧哀王傳注》譏其言貌姿美一類之言，而分以爲二。《諸葛傳注》：「臣松之以爲亮在渭濱，魏人躡迹，而云嘔血，蓋因亮亡而自誇大也。」夫以孔明之略，豈爲仲達嘔血乎？

又《韋曜吴書》　《魏武紀》。案：《隋志》正史類《吴書》二十五卷，韋昭撰，本五十五卷，梁有，今殘缺。《唐志》韋昭《吴書》五十五卷，殆後出全本，至宋而又亡矣。《吴志》裴氏云：「曜本名昭，史爲晉諱改之。」然則隋、唐《志》作昭者，從其本名也。本傳字弘嗣，諸葛恪表曜爲太史令，撰《吴書》，華覈、薛瑩等皆與參同。孫皓即位，爲侍中，常領左國史。皓欲爲父和作紀，曜執以和不登帝位，宜名爲傳，漸見責怒，收曜付獄。華覈連上疏救曜，曰：「今《吴書》當垂千載，乞赦其一等之罪，使成書業。」又《薛瑩傳》：「右國史華覈上疏曰：『大皇帝末年，命太史令丁孚、郎中項峻始撰《吴書》。孚、峻俱非史才，其所撰作不足紀録。至少帝時，更差韋曜、周昭、薛瑩、梁廣及臣五人訪求往事，所共撰立，備有本末，昭、廣先亡，曜負恩蹈罪，瑩出爲將，復以過徙，其書遂委滯迄今，未撰奏。臣愚淺才劣，適可爲瑩等記注而已，同寮之中，薛爲冠首。實欲使卒垂成之功，編於前史之末。』皓遂召瑩還，爲左國史。」據二傳所言，則韋在時書尚未成，華、薛續成之也。《史通・正史篇》：「當歸命時，覈表請召曜、瑩續成前史，其後曜獨終其事，定爲五十五卷。」今案《曜傳》：曜於鳳皇二年付獄，華覈救之不得，遂被誅。薛因何定事下獄被徙，何定之誅在鳳皇元年，薛之徙當亦在此時。華蓋因救韋不得，乃請召還薛，迨後書成，曜亡已久。《史通》云曜終其書，殊非事實。惟書非成于韋之手，而仍屬之于韋者，大約此書體例皆韋手定，不爲孫和作紀，乃其一端。韋在時，稿本已具，特未裁定奏上耳。故書之成也，華、薛皆不敢居以爲功。華、薛二傳亦不言作《吴書》也。章宗源曰：《史通・内篇》曰：「弘嗣《吴史》，不紀孫和。」《吴志》言孫和爲傳，自是正史之體。又曰昭書名吴，自是吴爲主。然裴注所引稱魏爲帝，堅、策、權、皓稱名，《文選注》、《後漢書注》皆然。陸遜破曹休，上脱翠帽賜之。《通典・禮門》注稱權爲上。《類聚・服飾部》又言上脱金帶賜遜，《御覽・服章部》同。又《布帛部》上賜遜丹繒。《人事部》馮熙使魏不屈，上嘉之，賜鹽米。諸葛恪伐蜀，謝上賜蜀馬。皆稱吴主爲上，竊疑稱名之法非昭原本。《通鑑考異》辨張松先見劉備事爲昭之誤，而《先生傳》注載鄭泉使蜀，謂昭烈自名，未合天下之議，備甚慙恧，意在揚吴抑蜀，則備之稱名自其史例。《唐志》卷數及《玉海》引《中興書目》竝與《史通》合，但《舊唐志》誤入編年類。

又《王隱晉書》　《王脩傳》。案：《隋志》八十六卷，本九十三卷，今殘缺。《唐志》八十九卷，較多三卷，其續出者歟？《史通・外篇》：「隱爲《晉書》八十九卷。咸康六年，始詣闕奏上」，其卷數又與《唐志》合。《晉書》本傳：字處叔，陳郡陳人。父銓，曆易令，少好學，有著述之志，每私録晉事及功臣行狀，未就而卒。隱受父遺業，西都舊事有所諸究。太興初，及郭璞俱爲著作郎，令撰《晉史》。時著作郎虞預私撰《晉書》，而生長東南，不知中朝事，數訪于隱，并借隱所著書竊寫之，所聞漸廣。是後更疾隱，形于言色。預既豪族，交結權貴，共爲朋黨，以斥隱，意以謗免，書遂不就，乃依庾亮于武昌。亮供其紙筆，書乃得成，詣闕上之。隱雖好著述，而文詞鄙拙，蕪舛不倫，其書次第可觀者，皆其父所撰，文體混漫義不可解者，隱之作也。攷《玉海》四十六。載貞觀詔敘《晉書》十八家，謂處叔不與于中興。然則隱書皆西晉書，其書有《瑞異志》、《才士傳》、《寒儁傳》、《鬼神傳》，竝見《史通》。《史記索隱》曰：「外戚紀后妃也，后族亦代有封爵故也。」《漢書》編之列傳之中，王隱

則謂之紀，而在列傳之首也。是皇后之稱紀，不始于范蔚宗矣。《史通・論贊篇》，「王隱曰議」，《書志篇》「王隱後來，加以《瑞異》」，《稱謂篇》「時采新名，列成篇題。若王《晉》之《才士》、《寒儁》，沈《宋》之《二凶》、《索虜》，即其書也。」《浮詞篇》「隱稱諸葛亮挑戰，冀獲曹咎之利。其事相符，言之讜矣。」《曲筆篇》「其有舞詞弄札，飾非文過，若王隱、虞預毀辱相凌」。《書事篇》「王隱、何法盛之徒，專訪州閭細事，委巷瑣言，聚而編之目，爲《鬼神》傳録」。《人物篇》「當兩晉殊宅，若何楨、許詢、文雅高于揚、豫」。王隱廣列諸傳，而遺此不編。網漏吞舟。是劉氏于隱書毀多譽少。章宗源曰：《世説・方正篇注》引王隱、孫盛不與故君相聞議，其體不似史中論贊。《文選・謝修〈卞忠貞墓啓注〉》引徵士翟湯數語，則不稱議而稱述。《書鈔・設官部》引有《石瑞記》，當即《史通》所謂《瑞異》。其時，張掖元石圖指爲晉受魏禪之祥，故因以題名篇。沈約《州郡志》、酈氏《水經注》引隱書《地道記》，是知易志爲記。王隱所撰非何氏所題。《史通・題目篇》曰：何氏《中興》，易志爲記。《御覽・人事部》劉叔龍一事題名《寒儁傳》，《文學部》王褒讀詩一事題名《處士傳》，處士與十士異。《史通》以《二凶》對言，取數相配，非處士之訛，《類聚・靈異部》王矩見一人自稱天上京兆社靈之。《太平廣記》載蘇韶、夏侯愷見鬼事，自是《鬼神傳》中之詞。其他逸篇徵引衆家晉史，以隱爲最多。

又《孫盛魏氏春秋》 《魏武紀》。案：《隋志》古史類，《魏氏春秋》二十卷，孫盛撰。《唐志》卷同，氏作武，誤，《晉書》本傳亦作魏氏也。盛字安國，楚孫。以功封吴昌縣侯，出補長沙太守。其書宋世亦亡。章宗源曰：《史通・題目篇》曰：「孫盛有《魏氏春秋》、孔衍有《漢魏尚書》，陳壽、王劭曰志，何之元、劉璠曰典。此又好奇厭俗，習舊捐新，雖得稽古之宜，未達從時之義。」《摸擬篇》曰：「孫盛《魏》、《晉》二《陽秋》，每書年首，必云「某年春帝正月。」夫年既編帝紀，而月又編帝名。以此擬《春秋》，所謂貌同心異也。《魏志・武紀》注引「劉備，人傑也，將生憂寡人。」「臣松之以爲孫盛著書多用《左氏》以易舊文，後之學者將何取信。且魏武方以天下勵志，而用夫差分死之言，尤非其類。」又《臧洪傳注》：「臣松之案：酸棗之盟，止有劉岱等五人而已。」《魏氏春秋》横内劉表等數人皆非事實，《陳泰傳注》臣松之案：「孫盛言諸所改易非别有異聞，自以意製多不如舊，凡紀言之體當使若出其口，辭勝而違實，固君子所不取，況復不勝而徒長虛妄哉？」愚按：《袁紹傳注》引紹《檄州郡文》與《文選》、《後漢書》所載詞句互有不同。

又《晉陽秋》 《公孫度傳》。案：《隋志》《晉陽秋》三十二卷，訖哀帝，孫盛撰。陽秋即春秋，晉避諱改也。檀道鸞《續晉陽秋》二十卷，即續盛書。《文心雕龍》云「安國立例，乃鄧氏之規」，謂鄧粲始立條例，而孫氏用之也。《舊唐志》有《晉陽秋》二十卷，檀道鸞注，《晉陽春秋》二十二卷，鄧粲撰，而無盛書。《晉書》粲傳稱著《元明紀》而不及《陽秋》，是《舊志》誤以孫爲鄧，而檀書又奪續字。且晉人以陽代春，不應連言陽春。《新志》有孫盛《晉陽秋》二十二卷，卷數雖與《隋志》不同，而尚存其目，乃别列鄧粲書，檀書亦無續字，恐是仍《舊志》之譌也。其書《宋志》三十卷，是其時尚存，不知亡於何時。《晉書》本傳稱「著《晉陽秋》，詞直而理正，咸稱良史。既而桓温見，怒謂盛子曰：『枋頭誠爲失，何至如尊君所説！若此書遂行，自是關君門户事。』其子請删改之。盛大怒，諸子遂私改之。盛寫兩定本寄於慕容儁，太元中孝武帝博求異聞始於遼東得之，以相考校，多有不同，書遂兩存。」傳所謂詞直理正，殆指此也。惟枋頭之敗在廢帝太和四年，而盛書訖于哀帝，錢氏《考異》謂是役在慕容暐時，儁已先死久矣。考儁死在穆帝時，錢説是也。且是時燕之兵禍未已，次年即爲秦所滅，盛何能以書寄之哉？恐此説未可信。《晉書》好採雜説，而不細核其事實，此類是也。《史通・直書篇》曰「孫盛不平，竊撰遼東之本」，是亦信此説不足從。其《採撰篇》曰「安國之述《陽秋》，梁、益舊事，訪諸故老。夫以芻蕘鄙説，列爲竹帛正言，而欲與《五經》方駕，《三志》競爽，斯亦難矣」，於盛頗有微詞。章宗源曰：《蜀志・譙周傳注》引桓温平蜀《薦譙秀表》與《文選》同。《吴志・孫皓傳注》：王濬收其圖籍、户口、米穀二百八十萬斛，舟船五千餘艘。今《晉書》闕載米穀、舟船。《世説・方正篇注》：諸葛亮遺高祖巾幗，欲以激怒，冀獲曹咎之利。《史通・浮詞篇》止稱王隱讜言，而不及孫盛，自是所考未精。《水經・河水注》：杜預造河橋於富平津。《元和郡縣志》亦引之。《通典・禮門》傅玄議正朔服色，依前代庾純奏父老不歸養二事，竝取《晉陽秋》論。《御覽・皇王部》「懷帝天姿清邵，少有聲名」，乃懷帝論。「明帝初在東宫，敬禮賢士」，乃明帝論。今《晉書》惟取懷帝論。又《元石圖》有牛繼馬後，恭妃通小吏牛金而生元帝，孫盛先有此言，《史通》獨譏沈約誤也。今案：晉之滅吴，重在圖籍、户口、米穀、舟船，其細也，《晉書》不取，似未爲失，章氏譏之未是。

又《漢末英雄記》 《魏武紀》。案：《隋志》雜史類，《漢末英雄記》八卷，殘缺，梁有十卷。二《唐志》卷同。《新志》末作書，當爲傳寫之訛。其書今佚，有明王世貞《雜鈔》本一卷，《漢魏叢書》作《英雄記鈔》，大半采自裴注，而疏舛不免。裴氏但稱《英雄記》，省文。

又《魏末傳》 《魏明紀》。案：《隋志》《魏末傳》一卷。梁又有《魏末傳》竝《魏氏大事》六卷，亡。撰人姓名亦不具。《唐志》無。章宗源曰：《明紀》注引明帝從文帝獵，詔使射鹿子事，《類聚·獸部》、《御覽·皇王部》、《皇親部》、《資産部》、《世説·言語篇注》俱引之，大同小異。《曹爽傳注》：何晏婦金鄉公主即晏同母妹，臣松之按：《魏末傳》此搢紳所不忍言，雖楚王之妻嫂不是過也。設令此言出於舊史，猶將莫之或信，況底下之書乎？案：諸王公傳沛王出自杜夫人所生。晏母姓尹，公主若與沛王同生，焉得與晏同母。《初學記·帝戚部》、《類聚·儲宫部》、《御覽·皇親部》皆引金鄉公主事。《諸葛誕傳注》：誕殺樂琳。表曰：聖朝明臣，臣即魏臣，不明臣，臣即吴臣諸語，臣松之以爲《魏末傳》所言率皆鄙陋。

又《三輔決録注》 《魏武紀》。案：《隋志》雜傳類《三輔決録》七卷，漢太僕趙岐撰，摯虞注。《舊唐志》同。《新志》作十卷。《後漢書·趙岐傳》「著《三輔決録》，傳於時」，注引《決録序》曰：「三輔者，本雍州之地，世世徙公卿吏二千石及高貲者以陪諸陵。五方之俗雜會，非一國之風，繫於《詩·秦》、《豳》也。其爲士好高尚義，貴於名行。其俗失則趨勢進權，唯利是視。余以不才，生于西土，耳聞故老之言，目見衣冠之疇，心識其賢愚。嘗以元冬，夢黄髮之士，姓元名明，字子真，與余寤言，言必有中，善否之閒，無所依違，命操筆者書之。近從建武以來，暨於斯，其人既亡，行乃可書，玉石朱紫，由此定矣。故謂之《決録》矣。」《晉書·摯虞傳》「注解《三輔決録》」。其書久佚，今有張澍二酉堂本，茆氏輯《古書十種》本，竝二卷。章宗源曰：《史通·書志篇》曰：「譜牒之作，盛於中古。漢有趙岐《三輔決録》，晉有摯虞《族姓記》。江左有兩王《百家譜》，中原有《方司殿格》，蓋氏族之事，盡在是矣。」《補注篇》曰：「若摯虞之《三輔決録》，陳壽之《季漢輔臣》，周處之《陽羨風土》，常璩之《華陽士女》，文言美詞，列於章句，委曲敘事，存於細書。」愚按：岐撰《決録》，據其自序竝昔人徵引逸篇，其書不類譜牒。至摯虞之注與陳壽等三書，亦不相侔。《史通》所考未精也。《文選·王文憲集序》注引《決録》曰：「長安劉氏，惟有孟公，談者取則。」《後漢書·蘇竟傳》注引摯虞注曰：「惟有孟公，論可觀者。」班叔皮《與郭季通書》言「劉孟公藏器於身，用心篤固，實瑚璉之器，宗廟之寶也。」《曹世叔妻傳注》引《決録》曰「齊相子穀，頗隨時俗」，摯虞注曰「曹成壽之子也。司徒掾察孝廉，爲長母，爲太后師，徵拜中散大夫。」子穀即成之子也。此岐《録》與虞《注》，大抵簡者爲《録》，詳者爲《注》。又岐《録》多取韻語，如《顔氏家訓·勸學篇》所引「堂堂乎張，京兆田郎」及《書證篇》「前隊大夫范仲公，鹽豉蒜果共一筩。」《後漢書·隗囂傳》注「平陵之王，惠孟鏘鏘；激昂囂述，困於東平。」《書鈔·藝文部》「五經紛綸井大春」，《御覽·人事部》「道德彬彬馮仲文」，此即《史通》所謂文言美句也。但諸書徵引《録》與《注》不盡分晰，惟《初學記·獸部》引「王門子孫，凡民之伍。《注》曰：「門今在河南四十里。馬氏弟兄五人，共居此，作客舍，主養豬賣豚。民爲語曰：『范中三公，鉅下二卿。王門嚄嚄，但聞豚聲。』」此於虞《注》別作細書，最爲分明。《御覽·資産部》、《人事部》竝引之，而但作大字，又不增注曰二字，即易混讀，但《初學記》以民爲語曰五句竝入細書，亦恐有誤。至如《文選·蕭揚州薦士表》注引竇攸知鼮鼠事與《竇氏家傳》同。《太平廣記·神部》引何比干天賜策事與《何氏家傳》同。今案：裴氏所引皆敘事之文，蓋是虞《注》，故所引多稱注。東漢時風氣好以韻語品藻人物，范書中所載極多。趙之《決録》或多取品藻之詞，故簡，虞《注》則詳敘其事跡，故繁。此又《録》與《注》之區別也。

又《皇甫謐高士傳》 《管寧傳》。案：《隋志》《高士傳》六卷，皇甫謐撰，舊《唐志》七卷，新《志》十卷，《宋志》亦十卷，今本蓋非其舊。其自序稱采自堯至魏九十餘人。《玉海》五十八所引亦同。《讀書志》稱九十六人，與自序亦無不合，而《書録解題》自披衣至管寧八十七人。南宋李石《續博物志》又稱七十二人，是宋時傳本已多不同。今本九十六人，與《晁志》所言符。《御覽》五百六卷至五百九卷采此書七十一人，其七十人與今本同，惟東郭先生一人爲今本所無。《四庫總目》據此謂與李石所言之數僅佚其一，乃《御覽》久無善本，傳刻偶脱。然《御覽》三百九十九引此傳老子，四百九十九引此傳孔嵩，今本有老子無孔嵩，而增此二人，則與李石所言又不合。又《後漢書·周燮傳》注引閔貢，《王霸》、《嚴光》二傳注引霸、光，是唐本有此三人，而不在《御覽》所引之内。則據《御覽》及李石之説，謂確是七十二人者未必然也。《御覽》九百八十四引《高士傳》韓康，而不著何人之傳。壤父《御覽》七百五十五引作《逸士傳》，荀靖《世説注五》引稱《逸士傳》，又似此傳。本無二人者。原本既亡，不可究詰矣。又子州支父、石户之農、小臣稷、商容、榮啟期、長沮、桀溺荷蓧丈人、漢陰丈人《御覽》引作稽傳向長，《文選注》引作稽傳，則今本爲後人采輯而成，不知分別稽與皇甫，致多參錯耳。裴氏所引有胡昭、焦先二人，見《管寧傳注》。

又《漢末名士録》 《袁紹傳》。案：隋、唐《志》不著録。此傳注引胡母班、度尚、張邈等八人，世謂之八廚。《劉表傳》注引表與陳翔、范滂、孔昱、苑康、檀敷、張儉、岑晊爲八友。《荀攸傳》注引何顒事，竝漢末人也。

又《晉武帝中經簿》 王肅、秦宓二《傳》。案：《隋志》《晉中經》十四卷，荀勖撰。《新唐志》荀勖《晉中經簿》十四卷，《舊志》卷同，「中經」作「中書」，字之誤也。《隋志序》曰：「董卓之亂，獻帝西遷，圖書縑帛，軍卜皆取爲帷囊。所收而西，猶七十餘載。兩京大亂，掃地皆盡。魏氏代漢，采掇遺亡，藏在祕書中外三閣。魏祕書郎鄭默，始製《中經》，祕書監荀勖，又因《中經》更著《新簿》，分爲四部，總括羣書。一曰甲部，紀六藝及小學等書；二曰乙部，有古諸子家、近世子家、兵書、兵家、術數；三曰丙部，有史記、舊事、皇覽簿、雜事；四曰丁部，有詩賦、圖讚、汲冢書。大凡四部合二萬九千九百四十五卷。但録題及言，盛以縹囊，書用緗素。至于作者之意，無所論辨。」《晉書·荀勖傳》：「勖領祕書監，與張華依劉向《別録》整理記籍。又得汲郡冢中古文竹書，勖撰次之，以爲《中經》，列在祕書。」案：依事當稱《中經簿》，《唐志》有簿字是也。《隋志》無簿字，疑是奪文。裴氏兩引之，皆稱晉武帝《中經簿》，其所見固有簿字。

又《桓譚新論》 《郤正傳》。案：《隋志》《桓子新論》十七卷，後漢六安丞桓譚撰，二《唐志》同。《後漢書》本傳：「初，譚著書言當世行事二十九篇，號曰《新論》，上書獻之，世祖善焉。《琴道》篇未成，肅宗使班固續成之。」注：《新論》一曰《本造》，二《王霸》，三《求輔》、四《言體》、五《見徵》、六《譴非》、七《啓寤》、八《祛蔽》、九《正經》、十《識通》、十一《離事》、十二《道賦》、十三《辨惑》、十四《論述》、十五《閩友》、十六《琴道》。《本造》、《閔友》、《琴道》各一篇，餘竝有上下。《東觀漢記》曰：「光武讀之，敕言卷大，令皆別爲上下，凡二十九篇。《琴道》未畢，但有發首一章。」其書已佚，今有問經堂輯本一卷。

又《風俗通》 《董卓傳》。案：《隋志》《風俗通義》三十一卷，録一卷，應劭撰。梁三十卷，二《唐志》三十卷，《宋志》十卷，則亡佚者已多。今本亦十卷，《四庫》本多附録一卷，乃姓名篇逸文，采自《永樂大典》者。近時盧文弨《羣書拾補》有《風俗通逸文》一卷，張澍《補風俗通姓氏篇》一卷。《後漢書》本傳撰《風俗通》以辨物類名號，識時俗嫌疑。《總目》云：「自序謂之《風俗通義》，言通于流俗之過謬，而事該之於義理也。本傳稱《風俗通》，不知何以刪去義字。或流俗省文，如《白虎通義》之稱《白虎通》，史家因之歟？」今案：裴氏亦但稱《風俗通》，知其名相沿已久矣。

又《蔣濟萬機論》 《龐統傳》。案：《隋志》《蔣子萬機論》八卷，蔣濟撰，《舊唐志》同，《新志》十卷，《宋志》同。《玉海》六十二引《中興書目》：《蔣子萬機論》十卷，凡五十五篇，雜論立政用人兵家之説，及考論前吳故事，雜問。《文選注》引稱《蔣子萬機論》，與《隋志》同。裴氏但稱蔣濟，不稱蔣子。

又《寄簃文存》卷七《刑統賦疏跋》 《刑統賦疏》一卷，元沈仲緯撰，江陰繆氏藏鈔本，後有黃蕘夫跋語。其書原本爲黃氏舊藏，今歸常熟瞿氏，此本從黃本迻寫者也。注《刑統賦》者，今世所傳凡三本，一郄氏韻釋，王氏增注本，一孟奎粗解本，一爲此本，前有俞淖、楊維楨二序，作于後至元五年及至正元年，則沈爲順帝時人也。其書於原賦逐句爲之疏解，并引《唐律疏議》以證明之。疏之後爲直解，語較簡質。直解之後，爲通例，則引元代斷例及案牘以相印證，視韻釋、增注、粗解三家爲詳明矣。俞序云：傅霖設爲問答之詞。楊序云：傅霖氏《賦刑統》設問荅，是傅氏原注，元世尚多。傳本此疏於第二韻「著而有定者」句下、第五韻「致傷親畜産」句下竝引有傅霖注語，爲今本賦解所無，當確爲傅氏自注之文。知今本賦解，非出于傅也。惟每韻不録原注，豈以當日風行于世，故不載耶？今此疏傳而原注不傳，殊爲憾事。元至治中，程仁壽有直解，此書之直解，是否採用程書，抑爲沈所別撰，程書尚載於《永樂大典》中，四庫開館時，未經輯出，無從考究矣。至原本鈔寫舛誤，第二韻「著而有定者」句下疏語尤顛倒錯亂，幾不可讀。今詳加訂正，並以《唐律疏議》校其誤之顯然者，其文可疑而難臆改者仍之，別爲校語于後。第三韻「矜其稍遠」三句疏及直解、通例並佚，以下「故屏服」十句，並原賦全文皆佚，更無他本可以校補，良可惜也。

陶方琦《漢孳室文鈔》卷一《鄭易小學序》 方琦讀《易》有年，顓耆鄭説。己巳之歲，爲《鄭易補遺》二卷，嗣得丁張補正，最凡相似。又爲《鄭易疏證》，既知非衆載積學，不能覃思卒業，幾幾中畫，同學皆縱臾其成。辛未之秋，復發篋讀之，分別部居，求解鄭義，最茲十類，殊涂同歸，一以貫之，廼得會通。其十類曰《鄭氏爻辰説》、《鄭氏互體説》、《鄭易京氏學》、《鄭易馬氏學》、《鄭易譜家通誼》、《鄭易王氏同義述》、《鄭易禮説》、《鄭易緯義》、《鄭易小學》、《鄭易源流攷》。總其大凡，折衷一是。攷《易》自商瞿一貫，綿亏田何，遂有施、孟、梁、邱之學，後又有京氏學、費氏學。劉中壘以中古文《易經》校諸家，皆脱厺「旡咎」、「悔亡」，惟費氏經與古文同。是時傳費氏學者亦日衆，鄭氏初从弟五元受京氏易，後从馬融受費氏易，注《易》之時已爲晚歲。故言理言象，説爲猷純。荀虞諸家所難比並，自王弼以虛玄詮易，師説堙沫，陳隋以前，迭爲興廢。唐初勑定學宮，猷存王注，鄭義乃亡。汴宋猶存《文言》、《説卦》、《序卦》、《雜卦》四篇，至南渡而亦佚。使其全書俱在，至蘊粹備，足當

覃討。迄今以零替耆拾之餘，猶窺絶詣，允爲易家大宗。國朝經儒蔚迟，惠氏有《易漢學》亦畧言鄭氏爻辰之説。其後武進張先生既訂正《鄭氏易注》，又爲《周易鄭氏義》二卷，其言三才、六位、得應、值宿之説，同條共屬，褋而不越，更謂鄭氏通於禮，爲《禮象》一卷，則剙古人所未發，振灼高岀之學，自足千秋。其後趙氏坦爲《鄭易引義》，引伸張氏之學，其書不傳，無可推測，要之爲鄭易全書疏證則未有也。方琦問途已晏，惜道未竱，壯不如人，汎眴三十，先成《鄭易小學》二卷，鄭氏訓詁之學畧爲引證，求其至當之歸，非爲專室之詣。後又成《鄭易馬氏學》一卷、《鄭易京氏學》一卷、《鄭易諸家通誼》二卷、《鄭易王氏同義述》一卷。它日假之寬閒，岀勿從事，漸成十類，附諸全書。鄭氏易贊所云「不易、變易」之旨，不外言理言象之兩軌。蓋爻辰互體皆變易也，象也。禮制、訓詁皆不易也，理也。闡彰鄭學，其在是虖！

又《揚雄倉頡訓纂即在方言中説》

《方言》一書，漢揚雄作。今人以《漢書》本傳不及《方言》，《漢蓺文志》不載其書，遂有疑其非雄作。東漢一百九十年中無有謂揚雄作《方言》者，漢末應劭《風俗通義序》始言揚雄成《方言》凡九千文。魏晉以後，諸儒轉相援引，隋唐諸志皆載《方言》十三卷，與今本同。而揚雄與劉歆書竝稱《方言》十五卷，郭璞序亦言三五之篇，卷數又不合，遂有謂歆欲借觀未得，故《七録》不載，《漢志》亦不箸録。以余攷之諸説，皆非也。《漢蓺文志》小學家載《訓纂》一篇揚雄作，言元始中，徵天下通小學者以百數，令記字於庭中，揚雄取其有用者以作《訓纂篇》，順續《倉頡》。許慎《説文序》云：「孝平皇帝時，徵禮等百餘人，令説文字未央庭中，以禮爲小學，元士黃門侍郎揚雄采以作《訓纂篇》。」順續《倉頡》者，謂仿倉頡之體而續之也。《倉頡》每章十五句，每句四字爲斷。《説文注》引「幼子承詔」，郭景純《爾雅注》引「孝妣延年」是也。則《訓纂滂憙》當同其例。梁庾元威云「《倉頡》五十五章爲上卷，揚雄作《訓纂記滂憙》爲中卷，賈魴更續記彦均爲下卷。」「記」當作「訖」。《蓺文志》又云揚雄《倉頡訓纂》一篇者，則與《訓纂》異，《訓纂》四字爲句，《倉頡訓纂》乃訪釋倉頡之文。今孫氏輯《倉頡篇》，皆某某某也，如爾疋例，乃揚雄《倉頡訓纂》之文，即其詁訓《倉頡》之解，與杜林《倉頡故》、班固《倉頡訓詁》一例，與自作《訓纂》體義迥别也。即今《方言》中每條上某某某也之文。至《方言》中如凡楚謂之某，齊宋謂之某，秦晉謂之某者，蓋揚雄又以方俗之言訓釋《倉頡》。《蓺文志》言徵天下通小學者，各令記字，則明言采小學於天下百數諸儒中，即以《方言》證《倉頡》之確據也。故應劭云：「周、秦常以歲八月遣輶軒之使，求異代方言，還奏籍之，藏於祕室。及嬴氏之亡，遺脱漏棄，無見之者。蜀人嚴君平有千餘言，林閭翁孺才有梗概之法，揚雄好之。天下孝廉，衛卒交會，周章質問，以次注續，二十七年，爾乃治正。凡九千字。」琦案，今本《方言》實一萬二千九百餘字，此多三千餘文，大氐應劭因其非方俗之語，故别而出之，即今每條上某某某也之文。後人因舊本載此，仍併而合之，致多此數，亦不知其爲《倉頡訓纂》也。今攷《方言》每條上文約二千八百餘文，與所多三千餘文數亦相合，畧有嬴衍，不無後人緟益也。惜揚雄《倉頡訓纂》原書已亡，而近人所輯《倉頡篇》眔無幾，又雜以班、杜、張、郭之説，殊難核准耳。故知今時所傳《方言》皆附入《倉頡訓纂》中，昔人統名之曰《倉頡訓纂》，今則别名曰《方言》。後漢諸儒好異之心過於先哲，採其《倉頡訓纂》中方俗之訓，殊其稱謂，目之《方言》，故應劭説之，郭璞序之，皆已專名之爲《方言》，無有謂其爲《倉頡訓纂》者。而《倉頡訓纂》之文湛没於今《方言》中，遂使隋唐諸志皆載《方言》，而不載《倉頡訓纂》。後人因《倉頡訓纂》已亡，而《方言》又不載於《七録》、《漢志》爲疑離之，兩失其真。古籍之所以日失也！今本十二、十三兩卷皆無方俗之訓，此必昔時揚雄成《倉頡訓纂》時未得方語相訓釋，後儒因其與方言之例，相盭摘出之，以傳於後。故十一卷既以釋蟲終，而此二卷或釋訓詁，或釋器物歙食，羼亂縣贅，褋出不類，不知此皆《倉頡訓纂》之舊文無方語相訓釋故也。又今《方言》「一敦豐」條下有云「舊書雅記，故俗語不失其方，後人不知，遂爲之作釋也。」此四語厠之齊楚，謂某某之後，甚爲不類，不知此即《方言》釋《倉頡訓纂》之明證。何以明之？「舊書雅記」即指《倉頡》舊文也，「舊書」二字，丁云「不辭，疑舊書之『舊』乃『蒼』字之譌，蒼書即倉頡書也。」故「俗語不失其方」者，謂訓纂中曾采天下通小學之言及方俗之説也。後人不知，遂爲之作釋者謂「恐後人不知，而爲之釋」，即今齊宋謂某某諸條是也。賴此數言，堪爲左論。即許君《説文》解訓參用，《方言》不著爲雄説，有所謂雄説者又不合於《方言》，蓋許氏之書半出《倉頡》，不著所引爲《倉頡》，故引《訓纂》中《方言》釋徵之語，亦不著爲雄説，是其例也。如雄於《倉頡訓纂》外别有《方言》，本傳中胡不明書？以是知《方言》之書，昔統名曰《倉頡訓纂》，今别名之曰《方言》，無二書也。有《方言》在而《訓纂》之舊詁不亡，即倉頡之古文未佚，好古之君子必有擇而是之。《方言》中先列詁解，後附方俗之語。今《倉頡篇》逸文亦有相同者，如「齮，側齒也。齊人謂齧咋爲齮。」《衆經音義》引《倉頡》。「瞷，目病也。吳江淮之閒曰瞷」，陸氏《釋文》引《倉頡》今《方言》「二吳揚江淮之間謂之瞷」正同。「析，柱上方木，山東江南皆曰析，自陝以西曰楮，亦名榕，亦名栟，亦名欂櫨」，《文選》注引《倉頡》。「柹」下云「今江南謂斫削木爲柹，關中謂之札」，《衆經音義》引《倉頡》。「穄，大黍也，似黍而不黏。關西謂之糜」，《衆經音

義》引《倉頡》。「糳，精米也。今江南謂肺米爲糳」，《衆經音義》引《倉頡》。「瓢，瓠勺也。江南曰瓢巇，蜀人言巇蠡」，《衆經音義》引《倉頡》。「㾓」下引「楚人呼竈曰㾓」，《玉篇》引《倉頡》。「瘼」下引「今江東呼病曰瘵，齊東曰瘼。」《衆經音義》引《三倉》，《方言》云齊東「游岱之間曰瘼」正同。「什，十也，聚也，襍也。吴楚之間謂資生襍具爲什物也」，《華嚴音義》引《三倉》。「欬，息聲也。齊郡謂敕曰欬」，《衆經音義》引《倉頡》。「灒，汙灑也。江南曰灒，山東言湔」，《衆經音義》引《倉頡》。「垸以桼和之，今中國人言垸，江南言䯼」，《衆經音義》引《倉頡》。「九江人名鐵曰鍇」，《史記索隱》引《三倉》。「嗺，咀也。凡物無子遺曰嗺類，齊人語也」，《大藏音義》引《倉頡》。「㾃，病也。東齊謂聲散曰㾃」，《大藏音義》引《倉頡》。《方言》云「東齊謂聲散曰㾃」正同。「蝮，蛇也。江以北名虺」，《大藏音義》。由是觀之，所輯《倉頡篇》中，凡有方俗之語，揚雄《倉頡訓纂》舊文也，故體例並同。

又卷二《淮南許詁八篇徵序》 方琦於癸亥之歲，侍宦閩中，從蘇觀察得其家刻《蘇魏公集》。見其集中有《校淮南子題敘》一篇，有云「『故曰因以題篇者』十三篇爲高注本，無『故曰因以題篇者』八篇爲許注本。」始知今道藏本每篇目下皆有「故曰因以題篇」等字，惟《繆稱》至《要畧》八篇獨無，蓋即許注本也。今莊本即本道藏，故于《繆稱》篇題序乃云題序不全，并無題篇等字，不知此正許高二注之分也。十三篇中音讀最詳，與高注《吕覽》正合。八篇中音讀甚尟，注義又簡，其爲許詁無疑。魏公又云高氏敘典農中郎將弁揖借八卷，會揖身喪，遂亡。後復補足，今所闕八篇，得非後補者。失其定著，外所闕卷，但載淮南本書云云。後又從友人譚仲修得過録宋本，于《繆稱訓》題敘上作「《淮南鴻烈間詁》卷十」等字，至末篇《要畧訓》又題「間詁」二字。由是觀之，高氏既闕八篇，後人遂益以許注，而別以有題篇無題篇字并題間詁，以志甄別，相傳已久，不得其解，遂有謂許注盡亡者。有謂許但有記上而並無注者，更有謂十三篇中高注即許注者，望文生義，謬論踵起。攷隋、唐《志》許高二注並列，《宋志》高注但云十三卷，與魏公十三篇之説符合。《郡齋讀書志》《淮南》二十一卷，慎標其首皆曰間詁，次曰鴻烈，自名注曰記上，今存十六篇。《季氏書目》云第七第十九亡。《崇文目》則云存者十八篇。蘇魏公亦云許注十八篇。蓋季氏亡二篇，崇文亡三篇，家本又少其一。俟求善本正是之。《玉海》又云蘇頌去其重複，共得高注十三篇許注十八篇，皆親見許詁舊本者也。余十年以來又刺取史傳志注唐人類書及釋藏等書，共得五卷，凡昔人所引許詁在十三篇中者，注文多異，在八篇中者，則盡同。益喜故人之言信而有徵，又得《許詁存疑》四卷。思於暇日仍寫淮南原文二十一篇，以完歸間詁舊本，凡許詁皆附其下，唐人所引《淮南》正文與今本異者，多爲許本，亦㕘載之，庶幾許高分列不相羼雜，亦以守《隋志》舊編之緒也。今歲逭暑滬西門家退莽方伯家，樓外緑陰如海，朝爽時至，復校篇籍，爲許注八篇徵，凡八卷。理而董之，是在異日。

又《淮南許注異同詁補遺序》 方琦輯許君《淮南注》，廿載構綴，乃就斯編，今兹讀禮，匽伏苫疢，朝餔之暇，尋繹廢簡。屢从姚子海槎窺涉古籍，斅斠奥文，奇書碩記，互相披析。因又從蕭吉《五行大義》補九則，杜氏《通典》補一則，唐釋慧琳《大藏音義》補九十餘則。《大藏音義》者傳於雒東獅谷，阮文達《衆經音義提要》云西明寺慧琳，《大藏音義》一百卷，今已不傳。乾嘉經師均未逮見，余以閤居獲睹異册，旁引祕文，非世諗習，瓌寶盈前，攟摭不盡，爰事次簡，緝補前書，識大識小，信而有徵。且與昔恉若合符節。在八篇者盡同，在十三篇者多異。觸事廣之，演其未及，昭兹來許，令得用謂間詁之誼。庶無遺焉。

又卷三《許注淮南存疑敘》 余自讀蘇魏公《校正淮南敘》，而知八篇十三篇之分，又博采史傳志注、字書、音義、唐人選注、類書凡引及《淮南》舊注有與今本不同者存爲許注，又本書中有云一曰某某及或作某某者，皆許高二注。羼亂之久，後人別白於此，雖不盡出許本，而許義爲多。更以高氏《吕覽注》及本書中注文，前後互異者判擘一是，歸之洨長，名曰《存疑》，存其真也。今人爲淮南之學者少，爲許氏淮南之學者尤少。許君東漢大儒，《説文解字》、《五經異義》，經學小學不廢萬古。覃討有年，尚未成書，今春乞假還里，頤奉高堂之暇，孳孳先籍之餘，敞門豢病，獲有休閒，寫定是書，以成夙志。附諸《淮南許注異同詁》，後尊許學者亦所不舍，嘗肉而嗜一脟，未始非知味者也。

又《鄭易馬氏學叙》 劉向以中古文《易》較三家，惟費氏經與古文合。《隋書・經籍志》云梁有漢單父長費直注《周易》四卷，亡。與《漢書・儒林傳》所稱無《章句》，徒以《彖》、《象》、《繫辭》十篇文言解説上下經者不合，大抵爲費學者附益之。東漢之世，其學獨盛，陳元、鄭衆皆傳費學，馬融、鄭康成諸儒皆爲之注，故今《易》乃費氏經也。《馬氏易傳》，《七録》云九卷。《隋經籍志》梁有漢南郡太守馬融注一卷，亡。一乃十字之訛。《釋文叙録》及《唐藝文志》皆有馬融傳十卷，其書久佚，見於《釋文》《正義》《集解》三書者猶可畧見。馬氏之易授於鄭君，「吾道其東」自循師訓，馬鄭皆爲費氏之學，立説必合，惜兩書並亡，尟可演闡。荀悦《漢紀》云馬融著《易解》頗生異説，故鄭君注《易》多遵費氏古文，而解義每依馬氏，當仁不讓，折

衷於是。故鄭《易》爲大成，而馬氏乃其先蘀也。《繫辭》：「大衍之數五十，其用四十有九」，馬君解曰「易有太極，謂北辰也。太極生兩儀，兩儀生日月，日月生四時，四時生五行，五行生十二月，十二月生二十四氣。北辰居位不動，其餘四十九轉運爲用也。」其注「无妄」，「天命不右」謂「天不右行」，「明夷，夷于左般」謂「天左旋」，皆與鄭氏爻辰之義相合，稽述淵源，必有授受。遂爲《鄭易馬氏學》一卷。

張佩綸《澗于集》文集卷上《穀梁癈疾補箋序》　《穀梁癈疾》，漢何休撰，鄭康成釋。《後漢書·儒林傳》：「休善厤算，與其師羊弼追述李育意以難二傳，作《公羊墨守》、《左氏膏肓》、《穀梁廢疾》。」《鄭君傳》：「時任城何休好公羊學，遂著《公羊墨守》、《左氏膏肓》、《穀梁癈疾》，鄭君乃《發墨守》、《鍼膏肓》、《起癈疾》，休見而歎曰：『康成入吾室，操吾矛，以伐我乎？』」《隋書》、《舊唐書·經籍志》均作《穀梁癈疾》三卷，與《墨守》、《膏肓》並著録。《崇文書目》僅存《膏肓》九卷。陳振孫《膏肓解題》謂三書今多不存，惟范甯《穀梁集解》載休之説，而鄭君釋之，當是所謂《起癈疾》者。是直齋已不見此書。今《四庫總目》三書各爲一卷，乃山西巡撫朱珪采進本。《起廢疾》凡四十條，即據《集解》及《穀梁》、《禮記》兩疏所引，外書有盧文弨、莊述祖、劉逢禄、孫馮翼、黄奭、吴省欽諸本編次，小有異同詳略，大要皆本史館原輯，蓋漢義叢殘，廑有存者矣。佩綸涉獵不醕，夙未受《春秋》師法，而性好左氏，亦未嘗持《穀梁義》。謫居多暇。閒究遺經。既因臧先生琳之言輯劉子政《穀梁説》以補武子所略，而子政嘗受《公羊》，據《六藝論》。兼説《左氏》。據《漢書·五行志》。班氏但言其詔受《穀梁》，蓋失之疏。《後漢書·儒林傳》：「治《穀梁》者無聞。」《隋志》有段肅注《穀梁傳》十四卷，《經典序録》作十二卷，是。惠氏棟以爲即班固集之段肅，《後漢書》作殷肅，章懷注固集：殷作段。今其書已亡。其時諸臣疏議所稱《春秋》，皆《左氏》、《公羊》及《緯書》。引《穀梁》者，惟第五倫、尚書郎樊準及宦者吕强耳。賈侍中兼通《穀梁》五家之説，閒引《穀梁》以解《左氏》，而《穀梁》無專書。《左氏膏肓》服子眘尚有《釋痾》，而《癈疾》則未之及，豈非東京之世，《穀梁》師説已微，其存什一於千百者，惟略見於許君《五經異義》及此書而已。劭公之旨雖云本之李育，然育不引圖讖以難《左氏》，劭公據讖駮傳，實與育違。其孰爲羊弼之説，今亦無從分析。鄭釋則義據通深，約分三例。申本傳之義，擘肌分理，比事亭疑，此正例也。何氏好《公羊》，鄭君亦明《公羊》，就《公羊》以起《穀梁》，不執門户同異之見，此別例也。何氏篤信𢡺緯，鄭君亦篤信𢡺緯，據《緝書》以難何氏，批卻導窾，無待煩言，此又別例也。劭公稱其「入吾室，操吾矛，以伐我」，實以《公羊》及讖緯乃何氏獨得之祕，而康成已有升堂嚌胾，持矛陷盾之奇，是以莫逆於心，相視而笑矣。夫《穀梁》之學，自瑕邱江公吶口絀於董生，其後魯榮廣高才捷敏，與公羊大師眭孟等論數困之，亦會宣帝欲興《穀梁》。元康石渠之論，蕭望之等十一人以經誼對，多從《穀梁》，是爲《穀梁》之初起。《賈逵傳》：「光武皇帝奮獨見之明，興立《左氏》、《穀梁》。會二家先師不曉圖讖，故令中道而廢。」建武初，陳元疏謂《穀梁》與《公羊》並存，殆旋與《左氏》廢罷。《白虎通論》雖閒取《穀梁》，而劭公復作書廢之，得鄭君之釋，然後義例大明，是爲《穀梁》之再起。觀劭公歷舉病應，幾如越人之洞見五藏癥結，而疾不可爲。及鄭君論精微、理是非，説之以要言妙道，可無藥石、鍼刺、灸療。而《穀梁》固涊然汗出，霍然病已解。釋先聖之積結，洮汰學者之累惑，厥功偉矣。其時黨禁未解，二君年德相若，遭遇相同，錮處蟄居，猶修經業，故鄭君之釋，視《駮許叔重異義》、《答臨孝存周禮難》，詞氣獨爲遜下。其或《穀梁》清婉之家法，且以見通儒學養，雖憂患而無所激，隨辨難而無所蹈競也。劭公解詁，晚年手定，則亦自毀其廢疾之説，時引《穀梁》以注《公羊》，亦可知專門墨守十七年之覃思，久而愈虚，固非黨同妒真者所可借口矣。然范解雖宗鄭學，時有未詳，唐人義疏稱引尤略。國朝經學昌明，三傳古義均得鉅儒輯比。《穀梁》最衰，宜共存立，而毛氏《春秋傳》時攻胡氏，波及《穀梁》，劉氏逢禄乃至詆訶鄭君，目爲佞者。王懷祖父子至爲通博，顧於《釋廢疾》亦有微詞，心竊非之。迺取各本詳加校勘，依十二公篇次，條分件繫，以傳爲綱，而附何、鄭之説，刺取各家《穀梁》義疏，與鄭氏同者，理而董之，與《穀梁》異者，辭而闢之。彌月告成，仍分三卷，以復隋唐《志》之舊，名曰《穀梁起癈疾補箋》。《孝經正義》引《鄭志目録》，記作《釋廢疾》，《史通》引獨遺此書，乃誤挩。與孔、楊疏同。今曰「起癈疾」，從《後漢書》本傳也。隋唐《志》有張靖《箋癈疾》三卷。靖《晉書》無傳，嘗爲堂邑太守，撰《謚法攷》二卷，《穀梁傳集解》十一卷，《隋志》、《册府元龜》作十卷，兹從《舊唐》。《晉書·禮志》稱其泰始、咸甯閒爲博士，議喪服。其人蓋長於禮。《地志》元康七年，始立堂邑郡，距其爲博士已二十餘年，則亦典午耆儒。今惟楊疏引《箋癈疾》一條，與張晏《漢書音釋説》同，詳莊十八年「日有食之」條下。餘與《集解》並佚。今曰「補箋」，存張靖舊名也。鄭君《六藝論》云：「注詩宗毛爲主，若隱略則更表明，如有不同即下己意，使可識別。」《説文箋》，表識書也。今之箋鄭，亦本鄭箋毛詩之意，故引舊説者十之七八，下己意者十之二三，顧膚近末學，烏足以補鄭君之十全而還？恐爲《穀梁》之病，譬之醫家，類集古方，

冀以通其指歸，究其微賾云爾。

陳運溶《麓山精舍叢書·荆州記序》 《荆州記》三卷，《隋書·經籍志》云：宋臨川王侍郎盛弘之撰。考弘之《宋書》無傳，其事蹟莫詳。唐杜佑《通典·州郡部》云：「凡言地理者，在辨區域，徵因革，知要害，察風土；如誕而不經，徧記雜説，何暇編舉？」注曰：「謂辛氏《三秦記》、常璩《華陽國志》、羅含《湘中記》、盛弘之《荆州記》之類，皆自述鄉國靈怪，人賢物盛，參以他書，則多紕繆，既非通論，不暇取之矣。」案：《通典·州郡部·夷陵縣》下，即引盛《記》黄牛山一事，但删去書名。所謂不暇取者，直欺人語耳。然弘之所著，見引甚多。今從類書中裒集成編，其著書體例，無可考見，因每條皆著明古郡縣，遂以《晉書·地理志》爲准，以《荆州記》事實，依晉郡縣次序，鈎稽排比，竟成完書。所引用者，如梁劉昭《後漢書·郡國志注》、劉孝標《世説新語注》、唐司馬貞《史記索隱》、張守節《史記正義》、顔師古《前漢書注》、章懷太子李賢《後漢書注》、李善《文選注》、虞世南《北堂書鈔》、歐陽詢《藝文類聚》、徐堅《初學記》、宋李昉《太平御覽》等書，皆信而有徵者也。盛氏《荆州記》，至唐末已佚，故新、舊《唐志》俱未著録，而《太平御覽》引此書獨詳，殆沿修文御覽之舊也。《事類賦》，宋吴淑撰。淑曾預修《太平御覽》，其中所引，亦盡出《御覽》，非真見原書者；且删去姓氏，亦不及《御覽》精核。樂史《太平寰宇記》可云博雅，中引盛《記》，復不免訛誤。如南鄉峡峡西八十里巴鄉村善釀酒一條，謂作盛《記》，而《御覽》引爲《郡國記》，是《寰宇記》亦未見盛氏原書，於此可見。自此以下，諸家書注，恒多稗販，凡引盛《記》，概歸附録。兹所徵引，得百七十餘事，並採集各書爲之証，分爲三卷，以符原目。因以《水經注》互校，其事實相類者，約八十餘事，雖詳略不同，實則録其書而隱其名。蓋善長著書，博采衆家，隨所甄録，點竄成文，亦不能盡著姓氏也。援古今之圖經，證水道之徑過，薈萃宏富，蔚爲奇觀。明朱謀㙔頗知此意，爲之箋注，而語焉不詳。近世爲水經之學者，又皆校正字句，無所發明。而趙一清尤覺妄誕，其引全祖望之説，謂道元注中，有注本雙行夾寫，於是字分大小，强爲勾乙，舊文具在，臆造甚明，斯誠鹵莽滅裂矣。今以《荆州記》證之，可知酈注精博，集六朝地志之大成。後有爲酈注作疏者，則是編之作，其亦彼書之蘿萌也歟？

又《〈荆州記〉輯本跋》 《荆州記》三卷，宋盛弘之撰，善化宗人運溶藝畦輯刊。案：六朝時，《荆州記》凡四：一范汪，見《藝文類聚·居處部》。一劉澄之，見《初學記·地部》。一庾仲雍，見《文選·游仙詩》李注。一則弘之。《隋書·經籍志》録弘之《記》三卷，范、劉、庾三《記》不著録。三《記》佚文亦絶少，而弘之《記》散見唐、宋箋注，及諸類書甚夥。零金斷璧，皆資考証。此輯網羅放失，裒爲三卷，復厥舊觀，其用功可謂勤矣。弘之，《宋書》不立傳，編《記》年月，莫可得詳。考《宋書·州郡志·郢州》，叙稱孝建元年分荆州之武陵、天門立，又湘州臨慶、始建、廣興，下稱臨賀、始安、始興三郡，吴立，屬廣州。惟始興云晉武平吴，以屬廣州。案：臨賀、始安郡，雖吴立，其屬廣州，究始晉武，《州郡志》文偶不具耳。説詳穀所撰《晉書地理志注》。晉成帝度荆州，宋文帝元嘉二十九年度廣州、雍州。《叙》又稱：「元嘉二十六年，割荆州之襄陽、南陽、新野、順陽、隨五郡爲雍州。」今《記》中具載武陵、天門、臨賀、始安、始興、襄陽、南陽、新野、隨諸郡，見《御覽·藥部四》、《地部十七》、《鱗介部十四》、《樂部二十》、《州郡部十四》、《居處部八》、《藥部九》。惟武陵見《藝文類聚·山部上》，南陽見《文選·南都賦》李注。可知弘之記荆州時，諸郡尚未分隸雍、湘、廣三州；而其《記》之成於元嘉二十六年已前，殆無疑義。又《記》中有長沙、湘東、零陵、桂陽四郡，見《御覽·服用部八》、《人事部廿九》、《百卉部三》、《地部廿四》。《宋志》俱隸湘州。其《湘州叙》云：「晉懷帝分荆州之長沙、衡陽、湘東、邵陵、零陵、營陽、建昌，江州之桂陽八郡立。成帝省。安帝義熙八年復立。十二年又省。宋永初三年又立。元嘉八年省。十七年又立。」當湘州既省未立之時，桂陽必不復隸江，而與長沙、湘東、零陵各郡，還並於荆。案：桂陽，《晉志》隸荆州，《宋志》隸湘州。云晉惠帝元康元年度江州，據湘州叙稱：晉懷以江州桂陽一郡及荆州七郡立湘州。又《晉書·成帝紀》稱：咸和四年，以湘州并荆州，不言割桂陽還江州，明桂陽由江隸湘之後，終復屬荆，實始於晉成并湘入荆時矣。又《晉書·安帝紀》：義熙八年，分荆州十郡置湘州。與《宋志》湘州領郡數合，亦不言桂陽割自江州。據《湘州叙》稱義熙十二年省，而《宋書·武帝紀》稱永初三年，又分荆州十郡爲湘州。《文帝紀》稱元嘉八年罷湘州，還并荆州，然則桂陽當晉安、宋武朝或自湘隸荆，或自荆隸湘，至文帝，卒以隸荆。而《記》中所記桂陽一郡，確是以元嘉八年已後之荆州爲斷也。據《御覽·禮儀部三十》引《記》，有元嘉六年冠軍縣發張詹墓事。《木部十》又引《記》：元嘉十二年巴陵縣娑羅樹生花，明弘之之《記》，必撰於元嘉八年省湘之後、十七年復湘之前，故《記》中存湘州之名，《北堂書鈔·儀飾部四》。而仍入長沙郡於荆州也。《隋志》題弘之撰《記》時官爲臨川侍郎。《初學記·居處部》引《記》：「城西百餘步有棲霞樓，宋臨川康王置。」考《宋書·臨川王道規傳》，義慶襲臨川王，謚康。案《傳》：義慶元嘉二十一年薨，弘之所記郡縣，與元嘉十六年已前合，其時不應便稱義慶之謚。《御覽·地部三十四》

引王韶之《始興記》：「城西百餘步有棲霞樓，臨川王營置。」文法與弘之《記》悉同。其下條又連引盛弘之《荆州記》數事，明《御覽》所引棲霞樓事，本盛《記》原文而誤歧爲王韶之《始興記》耳。《記》所稱「城西」，即荆州所治江陵縣之城。《一統志》：晉、宋江陵，爲今湖北荆州府江陵縣治，始興在今廣東南雄府始興縣西北，相距二千餘里，明棲霞樓既在江陵城西百餘步，不得復在始興城西百餘步矣，是可證《始興記》必《荆州記》之誤。彼《記》止稱義慶爲臨川王，明「宋」、「康」二字，係《初學記》所增。然即此，益信弘之確是義慶之侍郎。元嘉九年爲荆州刺史。十六年改江州。而《文帝紀》載元嘉八年十二月，罷湘州還並荆州。九年六月，以慶義爲刺史。十六年正月，復分荆州置湘州。四月，以義慶爲江州刺史。是義慶鎮荆，後於省湘一年，其鎮江，止後於復湘兩月。然則弘之以臨川國侍郎，從其王莅荆，因述荆故，其《記》必始於元嘉九年六月，而迄於十六年正月矣。《御覽·地部三十四》引《記》：「宋文帝在藩，枝江縣生一洲。」文帝，元嘉之君，弘之不應得預稱其謚。《水經》「江水過枝江縣」注稱弘之云：「今上在西，忽有一洲自生。」蓋《記》舊文。本曰「今上」，《御覽》改爲「宋文帝」三字，遂令後人疑《記》成於孝建初耳。《宋志·郢州·江夏·蒲圻》下云：「元嘉十六年，度巴陵。」《文帝紀》稱分長沙立巴陵，是十六年二月事。而《藝文類聚·人部》引《記》：「長沙有蒲圻縣。」《寰宇記·江南西道十》盛弘之《荆州記》云：「長沙郡有蒲圻縣，宋元嘉七年屬巴陵郡。」案：次語蓋樂史之詞，又誤「十六年」爲「七年」，不足據。足證《記》果迄於元嘉十六年，亦確以正月爲斷。此輯次第，郡、縣一本《晉書·地理志》，殆見《宋志》以大明八年爲正，因舍而從《晉》。今參考晉、宋兩《志》，其郡縣隸屬相同者，固與弘之所記無異。巫、秭歸屬建平，作唐、江安屬南平，零陽、澧陽屬天門，江陵、當陽、華容、枝江屬南郡，夷陵、夷道、佷山屬宜都，而並隸荆州，晉、宋同。其有縣屬郡同，而郡隸州異，與郡改新名而縣仍舊屬。如《宋志》之義陽隸司州，光徽四年。武陵隸郢州，屬縣有舞陽、酉陽，晉、宋同。襄陽、南陽、順陽隸雍州。襄陽有襄陽，南陽有宛、酈、冠軍，順陽有丹水，晉、宋同。以及始安改始建，始興改廣興，臨賀改臨慶，亦與長沙、衡陽、湘東、零陵、邵陵、桂陽諸郡并隸湘州。始建有始安、平樂、熙平，廣興有始興、含洭、陽山，臨慶有臨賀、謝沐、馮乘、興安，屬縣與晉同，郡名則宋明帝改。長沙有羅、臨湘，衡陽有湘西衡山，湘東有陰山，零陵有泉陵、零陵，邵陵有都梁，桂陽有郴、耒陽，晉、宋同。雖較《晉志》爲殊，而改革實在元嘉十六年以後，説俱見前。此正《晉志》合乎弘之時之郡縣者。又《記》中建平之信陵，襄陽之宜城，南陽之西鄂、魯陽，順陽之析、武當、築陽，皆《宋志》所無，而《永初郡國志》有之。見《宋志》建平、襄陽、南陽、順陽四太守下。又《宋志》：雍州、始平有武當，扶風有築陽。案：《記》中新城郡房陵縣，《晉志》隸荆，《宋志》隸梁。據《晉志·梁州後叙》稱：惠帝以新城屬梁，不知弘之時何以復屬荆也。又豫章、南康兩郡，《晉志》隸揚，《宋志》隸江，而此隸之荆，未詳改隸之時。且《記》中稱長沙湘鄉縣，與晉、宋《志》湘鄉屬衡陽俱不合，俟考。益見此輯依據《晉志》爲有識。惟巴東、魚復郡、縣，《晉志》隸梁，宜都之宜昌，《晉志》無系，從宋。若隨、新野兩縣，晉武、惠二帝已升爲郡。《宋志》司州隨陽子相下云：漢隨縣。《晉太康地志》屬義陽，後屬隨國。又「隨陽太守」下云：晉武立義陽，太康年又分義陽爲隨國。明帝改爲隨陽。又，新野屬雍州，新野太守。而「新野太守」下云：晉惠帝分南陽立。《藝文類聚·水部下》引《記》「隨郡」，《居處部四》又引《記》「新野郡」，皆其明證。晉惠又割棘陽，屬新野，《宋志》新野太守下，稱晉惠分南陽立，《永初郡國》何《志》有棘陽。又河南太守棘陽下云：漢縣，故屬南陽。《晉太康地志》云：屬義陽，後屬新野，即晉惠割棘陽屬新野之確證。割云杜屬竟陵。《宋志·郢州》竟陵太守云杜下云：漢陽縣，屬江夏。又「竟陵太守」下云：晉惠分江夏立，可證。《寰宇記·山南東道三》引弘之《荆州記》云：晉元康九年，分江夏置竟陵郡。江左又分營道爲營陽，《宋志》：營道屬營陽，云舊屬零陵。「營陽太守」下云：江左分零陵立。并鄀縣爲臨烝。《宋志》無鄀，而「湘東太守」下稱晉太元二十年省鄀。《水經·湘水注》云：臨承即故鄀縣也。案：「臨承」即「臨烝」，據日本本《寰宇記·江南西道十三》稱臨烝本吴分鄀縣立，明東晉省鄀，必轉并臨烝。至宋初，又廢鄾城於鄧縣，《宋志》無鄾。《晉志》鄾與鄧城兩縣併屬襄陽。據《水經·淯水注》：鄾城，鄧之南鄙，司馬彪以爲鄧之鄾聚。《御覽·居處部二十》引《記》：樊城西北有鄾城。鄾城西北行十餘里，鄧侯吴離之國，今爲鄧縣。鄧則稱縣，樊鄾則併稱爲城，明弘之時晉鄾縣已併於鄧矣。復湖陽於南陽，湖陽，漢舊縣，晉、宋《志》無。案：《藝文類聚·天部下》引《記》胡陽縣樊重母畏雷事，《北堂書鈔·天部四》引作：「南陽樊重母畏雷。」據《郡國志》，湖陽屬南陽。《注》亦引《記》樊重母事，明弘之時湖陽已復爲縣。屬臨沮於南郡，《宋志》：「臨沮屬南郡」，云晉太康、永寧《地志》屬襄陽，後度。而「南郡太守」下云：宋初領縣九，後州陵、監利度屬巴陵、旌陽。元嘉十八年省，併枝江。今案：《志》載南郡所領臨沮等縣凡六，合以州陵、監利、旌陽，恰是九郡，知宋初九郡中確有臨沮。而《宋志》隨陽之「水陽」，即《記》中之隨郡「永陽」。《宋志》水陽，《齊書·州郡志》作「永陽」。據《御覽·藥部九》引《記》「隨郡永陽縣」，明「水」系「永」訛。其「建平太守」下，又稱南陵縣，《太康地志》無，《永初郡國》有，與《記》中建平郡南陵縣之文畢合。見《藝文類聚·山部下》乃此輯仍繫鄀於湘東，繫營道於零陵，繫云杜於江夏，繫鄾、臨沮於襄陽，繫隨、新野、棘陽、永陽於義陽，並指南陵爲信陵之訛，改胡陽從朝陽之誤。《御覽·天部十三》引《記》朝陽縣樊重母事，「朝陽」即《類聚》所引「湖陽」之訛。「胡陽」即「湖陽」，非《晉志》「義陽」之「朝陽」也。據《宋志》「順陽太守」下云：《永初郡國》何《志》有朝陽，是弘之時順陽，自有朝陽縣與胡陽不相涉。則殆未及審正歟。余與蕓畦不相識，而神交久之。適湘潭叶

吏部持此本見示，因抒所見，以志希企，亦庶幾管窺蠡測，有補於萬一云。

强汝絢《求益齋文集》卷六《太醫局程文跋》 宋《太醫局程文》九卷，皆裒録當時考試之文，爲醫士程式，久無傳本。乾隆中校《永樂大典》，始采掇成帙，非完書也。醫雖小道，然實惠保小民之切務，王政之一端。《周官》醫師屬于冢宰，疾醫、瘍醫，皆治萬民之疾病，稽考甚嚴。宋獨能紹古意，設專科，考試發問必据醫經，對者非博習古書，通知大義，則莫能措辭。故其時醫學大盛，良工輩出。傳至金元之間，張、劉、李、朱繼起，遂名其學，彼亦有所受之也。夫上之所重，下必趨焉，未有行之而無效者。醫特其小者耳。宋制既廢，醫學日荒，士讀書不成，往往遷而爲醫。叩以周漢醫經，茫然或不識其名，即得之，或不辨句讀，假途餬口，以人命爲嘗試。率一縣百醫，天下當得醫三十萬。一醫歲殺一人，則天下無罪横死者，歲常三十萬。況庸醫必不止歲殺一人，甚有歲殺數十人者，誠非細事。余自覩天札日繁，死于醫者十常八九，深惜宋制之不行，故書于此後。有欲惠保小民者，當念之矣。杭州丁松生大令始刊是編，以一本貽余。惜頗有譌闕，行篋無他書可證，姑以本書相參考，又推測文義，略爲補正。疑則闕之，有脱去數語及數十語，或脱半篇者，無從考補，姑記于上方。

胡鳳丹《退補齋文存》卷一《詩疑序》 王魯齋先生之學，淵源朱子，而説《詩》獨與朱子異。朱子所攻駮者，小序耳，於本經未嘗輕置一議也。先生黜陟風雅，竄易篇次，非惟排詆漢儒，且幾幾乎欲奪宣聖删定之權，而伸其私説。其自信之堅，抑何過哉？雖然，讀書固貴於善信，尤貴於善疑。使妄挾所疑，而蔑視古人之説，以爲概不足信者，其失也誣。然絶不知疑，而抱殘守闕，甘受古人之愚者，其失也又陋。是書設論新奇，雖不盡歸允當，而本其心所獨得，發爲議論，自成一家，俾世之讀其書者，足以開拓心胸，增廣識見，引而伸之，觸類而長之，未始非卓犖、觀書之一助也。先生，余同郡人，屬有《金華叢書》之刻，爰從《通志堂經解》中鈔出，手校付梓，以廣厥傳。

又卷二《西漢年紀序》 《西漢年紀》者，行甫先生著也。先生名益之，官宋大理寺司直。其生平著述有《漢官總録職原》若干卷，於兩漢掌故最爲精熟，惜其書散佚無存。是編三十卷，載入《永樂大典》中，坊間無單行本。自乾隆朝武英殿有聚珍版，始印行之，而世亦罕見其書。友人徐小雲京卿自都中購得，郵寄來鄂。余爲校勘，而重録之。因讀而有感曰：史莫古於《春秋》爲萬世不刊之典，自太史公作《史記》、班氏作《西漢書》，人各爲傳，一變《春秋》之例，非復編年本旨矣。其後荀氏欲復編年之體，與班馬異，而司馬公作《通鑑》復從而正之，然其删繁就簡，遺漏滋多。獨先生於年月之訛誤也，則取楚漢《春秋》而考訂之，於紀載之異同也，則採《説苑》、《新書》而詳辨之，於地名之歧出也，則考《地理》、《輿志》而折衷之。本本源源，各有根據，而一代升降之際，人事得失之林，靡不參諸鑑論。得是非予奪之公，絶無一毫私心於其間，豈非夫子作《春秋》之志者哉。是書出而補荀氏、温公所未逮，後之作史者，可以法矣。

又《洪武聖政記序》 自古開創之君，其規模未有不卓卓可觀者。而條目率多簡畧，非得守文之主，累代修舉，卒未能燦然明列。而明祖始事之初，獨禮求儒者，精意講求，治法大備。我聖祖、高宗累稱述之。《世祖聖訓》并謂三代以後，惟漢高、明祖可以稱聖。淵乎鑠哉，所謂惟聖知聖也。嘗讀《洪武聖政記》而知夫崛興之際，綱舉目張，萬幾就理，遂以開有明一代之丕基。時宋景濂職司國史爲之標題分記，録治世之宏綱、紀經國之大要，而不同於鋪陳粉飾，蓋當時奏御之書也。梅純《損齋備忘録》謂僅見其序文，而書獨亡。《欽定四庫書目》載純或偶未之見，遽以爲佚。今勘驗文義，實非贋託，則是書不可以不傳，尤願讀是書者，想一代開創之綱紀，且以見一時名臣之留心國政也。是編從《金聲玉振集》中鈔成付梓。茲因録就，聊綴數言於簡端云。

又《青巖叢録序》 説部書至宋始盛，元明尤夥，大率其病有二：逞新奇、眩淹博其病也誣。甚或雜以委巷猥褻之談，污及簡牘，其病也尤誕。君子均弗取焉，儒者窮年矻矻，綴輯舊聞，務在識大體，而擇言必雅。使一書出，而後之覽者無所用，其訾議斯足貴耳。王忠文《青巖叢録》一編，首論六經之授受，次辨百家之源流，卮詞稗説，概屏弗録。大體既立，而擇言又極雅馴，足以藥誣、誕之兩病。雖躋之古作者之林，奚多讓焉。余初從《學海彙編》中得《緯書》，至醫家之書凡五篇，與《四庫書目》紀載相符。嗣復由《乾坤正氣集》録其辨論羣經七篇，冠諸緯書之首，合而刻之，萃爲完璧，用以泯抱殘守缺之憾。廣徵文考獻之傳，是後學之責也。讀者盍瓣香奉之。

又《華川卮辭序》 吾郡王忠文公與宋文憲齊名，同受明太祖徵辟，有浙東二儒之目。且謂忠文曰：「學問之博，卿不如濂；才思之雄，濂不如卿。」其知遇如此。厥後，奉使雲南，從容就義，大節凛然，可謂上不負天子，下不負所學者矣。余雅慕忠文之爲人，兵後籍亡求其遺書，往往不復獲。茲從《函海》中鈔録成編，亟以授梓。蓋其至正中避亂鳳林、香溪間著也。其書涉筆雜記，雖取卮言日出之義，而

於天人性命之旨、家國治忽之原，以及持身涉世之故，靡不鉤玄、提要，統括無遺，非静觀自得研理極深者，其能言之有物、持之有故若是耶？徒以卮辭目之無當矣。書向載忠文本集中，無華川字。逮曹氏溶《學海類編》，始摘出别行。其加以華川字者，則溶所署云。

王仁俊《玉函山房輯佚書續編・金樓子著書攷、梁元帝藏書攷》 《隋書・經籍志》史部有梁天監六年《四部書目録》四卷，殷鈞撰。又梁東宫《四部目録》四卷，劉遵撰。梁文德殿《四部目録》四卷，劉孝標撰。今三書皆佚，輯梁元帝著書藏書，亦可攷見厓畧焉。

又《孝經注叙》 《孝經注》一卷，後漢馬融撰。《釋文》馬融作《古文孝經傳》，世不傳。侯君謨曰：《隋書》已列馬注於亡書内，胡身之無緣得見，據書《釋文》，則此乃肆類於上帝注。或注《孝經》，亦與之同，而胡身之從他書轉引耶？

紀事

郎瑛《七修類稿》卷二八《辯證類》 今《書》經多錯簡脱文，謂非古文也。宋《三朝志》載：「雍熙中，日本僧奝然入貢云：『國中有古五經。』」歐陽公《日本刀歌》云：「徐生行時書未焚，逸書百篇今尚存。令嚴不許傳中國，舉世無人識古文。」歐言未必無據。又《一統志》：「永樂中沅州御史劉有年上《儀禮逸經》十八篇。」是《儀禮》亦未亡也。不知當時廟堂無一人表章傳之，今日無一人奏以取之，豈古人求逸書之意耶？予問人，曰不知。豈所載皆非耶？

胡應麟《少室山房筆叢》卷三六 六朝宋虞之有《妒記》一卷，至唐不傳，而宋王棋補之，今所補者又不存矣。余生平二親極念，而不幸際敬通之厄，居常扼腕弗堪，每欲叢録古今史傳中事跡，以補二書之亡而未暇。

朱彝尊《經義考》卷二九三《鏤板》 按：《喪禮》自許敬宗等删去《國恤》，先儒論議之，存於今者，僅杜氏《通典》所載，餘皆散佚無稽，國子監舊存一千三百餘版，未知何代何人之書，惜乎今亦亡矣。

惠棟《松崖文鈔》卷一《易漢説自序》 六經定于孔子，燬于秦，傳于漢。漢學之亡久矣！獨《詩》、《禮》、《公羊》猶存毛、鄭、何三家，《春秋》爲杜氏所亂，《尚書》爲僞孔氏所亂，《易經》爲王氏所亂。杜氏雖有更定，大校同于賈、服，僞孔氏則雜采馬、王之説，漢學雖亡而未盡亡也。惟王輔嗣以假象説易，根本黄老，而漢經師之義蕩然無復有存者矣。故宋人趙紫芝有詩云：「輔嗣易行無漢學，元暉詩變有唐風。」蓋實録也。棟曾王父樸庵先生嘗閔漢學之不存也，取李氏《易解》所載者參衆説而爲之傳。天崇之際遭亂散佚，以其説口授王父，王父授之先君子。先君子于是成《易説》六卷，又嘗欲别撰漢經師説易之源流而未暇也。棟趨庭之際，習聞餘論，左右采獲，成書七卷。自孟長卿以下，五家之易異流同源，其説略備。嗚呼！先君子即世三年矣，以棟之不才，何敢輒議著述？然以四世之學，上承先漢，存什一于千百，庶後之思漢學者猶知取證，且使吾子孫無忘舊業云。

又《古文尚書考自序》 孔安國古文五十八篇，漢世未嘗亡也，三十四篇與伏生同，二十四篇增多之數，篇名具在劉歆造《三統厤》。班固作《律厤志》、鄭康成注《尚書序》皆得引之，特以當日未立於學官，故賈逵、馬融等雖傳孔學，不傳逸篇，融作《書序》亦云逸十六篇絶無師説。十六篇内《九共》九篇，故二十四。蓋漢重家學，習《尚書》者皆以二十九篇爲備。伏生二十八篇，《太誓》後得，故二十九。劉歆《移書太常》曰：「抑此三學，吕《尚書》爲備。」臣瓚曰：「當時學者謂《尚書》唯有二十八篇，不知本有百篇也。三學謂《逸禮》、《尚書》、《左傳》。」于時雖有孔壁之文，亦止謂之《逸書》，無傳之者。服虔《左傳解誼》以毛詩《都人士》首章爲逸詩，以未立于學官故也。然其書已入中祕，是以劉向校史文，得録其篇，箸于《别録》。至東京時惟亡《武成》一篇，而《藝文志》所載五十七篇而已。劉向《别録》五十八篇。其所逸十六篇，當時學者咸能案其篇目，舉其遺文，雖無章句訓故之學，翕然皆知爲孔氏之《逸書》也。或曰古文出于晉世。若兩漢先嘗備具，何以書傳所引《大甲》、《説命》諸篇，漢儒羣目爲逸書歟？曰今世所謂古文者乃梅賾之書，非壁中之文也。賾采摭傳記，作爲古文，以紿後世。後世儒者靡然信從，於是東晉之古文出而西漢之古文亡矣。孔氏之書不特文與梅氏絶異，而其篇次亦殊。愚既備箸其目，復爲條其説于左方，以與識古君子共證焉。

全祖望《鮚埼亭集外編》卷四三《新舊五代史本末寄趙谷林》 梁、唐、晉、漢、周之書，薛居正所纂者，當時謂之《新編五代史》，見於《宋太祖本紀》。歐陽兖公書出，則謂薛本爲《五代史》，而歐公爲《新五代史》，見於洪景盧、馬端臨所稱。近讀《永樂大典》，則凡其引用《五代史》者，皆歐公本，而引薛本者，曰《新修五代史》，蓋沿最初之名也。薛本在國初，梨洲先生尚有之，仁和吴志伊檢討著《十國春秋》，曾借之而未得。南雷一水一火之後，遺籍不存百一，予從其後人求之，不可得矣。近有捃摭《册府元龜》、《資治通鑑》中語成一編，託言南雷故物，是麻沙坊市書

賈之習氣也。因吾友趙五谷林來問，書其本末以貽之。

全祖望《結埼亭集》卷二三《大愚呂公祠堂碑文》　忠公之集雖不傳，然猶散見於《永樂大典》中，予欲抄其與諸先生論學之文而未得。

又卷三《蕺山相韓舊塾記》　少師立尹和靖祠，以里中先正四人配之，祇及莊節而已。即莊節之集，予但從《永樂大典》中見之，而世上無有。予續南雷《宋儒學案》，旁搜不遺餘力，蓋有六百年來儒林所不及知，而予表而出之者，韓氏亦其一也。諸生雖不得見其遺書，然而蒼然者喬木，森然者帶草，豈可以莫之知乎？追而泝之，亦即少師以莊節配尹氏之意也。

又卷三一《古文篆韻題詞》　《夏英公集》，予曾於《永樂大典》中見之，至其《古文篆韻》但見於晁子止《讀書志》，而後此著録家皆無有，意以爲亡矣。范氏天一閣有之，乃借抄焉。

又《永嘉張氏古禮序》　《古禮》十七卷、《釋文》一卷、《釋誤》三卷，永嘉張忠甫先生淳所校定也。朱子謂：「《儀禮》人所罕讀，故善本難得，而鄭《注》賈《疏》之外，先儒舊説。多不復見。陸氏《釋文》亦甚疎略，莫若忠甫之書爲精密，然其中亦不能無舛者，如謂高堂生所得乃《士禮》，而今此説兼有天子、諸侯、卿大夫之禮，則疑其非高堂生所傳，特篇數偶同耳。」不知所謂「士禮」者，特舉首篇以名之，其曰推而致之天子，蓋專指冠、昏、喪、祭而言，非朝聘、燕享亦屬之，所可推也。其於冠禮元端亦錯，然校之他本，終爲獨勝。其謂漢初未有《儀禮》之名，蓋後學者見十七篇中有儀有禮，遂合而名之，則先儒最取其説，目録一卷，詳載大小戴、劉向篇第異同，以古監本、巾箱本、杭細本、嚴本校定之。乾道中太守章貢曾逮仲躬刊而行之。《宋中興藝文志》謂《儀禮》既廢，學者幾不復知有此書。忠甫始識其誤，則是經在宋當以忠甫爲功臣之首，所謂親揖讓進退於其間而如見之者，不在后蒼、大小戴、慶普之下，顧世無昌黎，誰其愛而讀之，宜其書之日以難遇也。永嘉自九先生而後，伊川之學統在焉，其人才極盛。《宋史》不爲忠甫立傳，故其本末缺然，獨見於陳止齋所作墓志，乃知其與薛士龍、鄭景望齊名，固乾、淳間一大儒也。五試禮部不中，授特奏名官，棄去養母，或薦之朝，禄以監嶽，忠甫以爲徒費縣官俸，歷三任，不食禄，亦不書考。居母喪，無不與《士喪禮》合。間爲族姻治喪，亦斷斷持古制。時爲文章銘人墓，有諷有勸，皆不虛書。負其學，自刻苦，忍窮以死。爲人嚴重深博，善忍事鎮物，絶有材智，抑不使出。其爲止齋所述如此。攻媿亦嘗述其言曰：「今之仕者，皆非出于古之道。」或問之，曰：「始至，則朝拜；遇國忌，忌則引緇黄而薦在天之靈：古有之乎？是以雖貧不願禄也。」嗚呼！忠甫斯言，可謂得禮之精，而能以之自持，豈徒考度數之末文者哉？是書抄之《永樂大典》中，乃更爲之序。

盧文弨《抱經堂文集》卷二《王厚齋輯鄭氏注尚書序丁酉》　鄭康成注《尚書》九卷，《舊唐書》猶著録，然自隋以來，其學寖微，故祕府一失其本，而世遂無有傳之者。鄭氏之於《書》，自不及《三禮》之精。《書》前有孔安國之傳，後有蔡九峯之注，故人視鄭氏之亡，益不足惜。雖然，一人之見豈能盡得事理之精詳，而無遺憾衆家之言，猶必兼採擇焉。況鄭氏漢之大儒，今所傳，自《詩》、《禮》之外，若《易》、《孝經》、《論語》及此書之注，皆寂蔑無聞，使後生不見古義，豈非一恨事哉！宋厚齋王氏辛勤掇拾於墜失之餘，於《易》輯爲三卷，於《論語》輯爲二卷，於《尚書》更輯成十一卷，尤班班可考。其釋五禮之異，於《舜典》則曰「公侯伯子男朝聘之禮」，於《皋陶謨》則曰「天子諸侯卿大夫士庶民」，蓋周監二代，儀文始備，於是乎有吉凶軍賓嘉之五禮。其源雖皆昉於唐虞，而當其時未必能詳也。在巡守則言五等諸侯朝聘之禮爲切，而論其大常，則自當以上下各有等衰者言之。其釋金三品爲銅三色。古者唯銅之用最廣，而以之作貢，必不責以難得之貨。孔《傳》言金銀銅。金銀非民閒所常用也。他如作服十二章、州十二師，鄭注皆勝孔氏。他或不皆然，則在讀者自擇之耳。昔虞仲翔條鄭解《尚書》違失事目以奏吴主云：「《顧命》康王執瑁，古『月』似『同』，從誤作『同』，訓爲酒杯。洮頮爲濯，以爲澣衣成事。又古大篆『丣』字，讀當爲『桺』，古桺丣同字，而以爲昧。『分北三苗』，『北』古『別』字，又訓北，言北猶別也。於此數事，誤莫大焉，宜命學官定此三事。」今考王氏於虞所舉者，皆不載入。余讀《書正義》，見所引鄭注，此書亦間有漏略者，此則余爲補之，而他書力未能偏及也。《鄭氏易》近世已梓行矣。此書與《論語注》，江寧嚴侍讀用晦長明得自秦中故家，欲與王氏所輯《左傳賈》服義竝爲雕版以傳，與吾夫子信好之旨知皆必有當也。鄭氏又注《尚書大傳》，朱錫鬯作《經義考》時謂其已佚，而今尚有四卷之書，見在德水盧氏，所鐫本雖亦未全，然必非後人所能僞撰也。然則天下之大，安知鄭氏所注諸書若《尚書》，若《論語》，若《孝經》，世閒無尚有留遺者在乎？余不禁慨然有餘望焉。

又卷八《郭氏傳家易説跋辛丑》　此宋郭雍子和之所著也。其爲説皆平易正大，有益於治。謂以氣運而言，盛必有衰，治必有亂。然在君子則自有保泰持豐之道，故云吉凶之道貞勝者也。正則勝而常吉，不正則勝而常凶。此蓋與君相能造

命之説相合。其釋《損》彖云：「損天下以奉一人，則善日消而惡日長，迂儒方究多儀備物之享，不知損過復禮之義，則天下不勝其僞矣。」又釋《豐》六五云：「豐之世，盛大无以加，又求豐之，是無厭也。聖人貴夫持盈守成而不以豐大爲務，故《書》有滿招損之戒，而《易》著豐蔀豐沛之失。」皆篤論也。以六十四卦爲文王所重，謂以書言之，神農之時未有《益》與《噬嗑》也；以道言之，神農之時蓋有《益》與《噬嗑》也。又謂《歸妹》所歸者妹也，非從姊而嫁，孔子言天地之大義，娣媵豈能具此義哉！其善於持論多若是。此書從《永樂大典》中鈔出，分爲十一卷，釐然爲完書。但《繫辭傳》、《説卦傳》郭氏亦本分章段，故有前章此章之語，且有與朱子微異者，而今本缺之漏也。

又《融堂書解跋辛丑》 此宋淳安布衣錢時子是撰。嘉熙中，以喬行簡薦，得官下嚴州，取其所著書以進，此其一也。向來疑《書序》者，以《書》本不待序而明，而此書獨推闡入微，信非夫子不能作。至於經文，一切無所更改，而節次不差，脈絡通貫。其説《武成》、《康誥》，足以洗憑臆紛更之謬。謂《武成》自「王若曰」而下，辭無閒隔，皆武王之言，序所謂識其政事是也。《康誥》之首正是區處商民，其頑民已定議遷矣，乃始以其餘民封康叔，故在《康誥》之首。至其説《洪範》也，謂建極功夫全在敬用五事，若次五之建用皇極專爲斂福錫民而設，庶徵凡六。自「五者來備」以下，明雨暘燠寒風之證。自「曰王省惟歲」以下，明時之證。語皆一正一反，昭然甚明。此等議論，皆能自抒己見，批郤導窾，後學得此，蓄疑可頓釋矣。唯《顧命》「伯相命士須材」，疑其不爲喪用；又疑側階將近内寢，民執兵之大夫所可立？或當立於堂。此則猶未審耳。喪事所須，不可經營於無事之日，故舊君之終，即當預爲新君之地。《記》曰：「國君即位而爲椑。」天子寧獨不然？古者宫府一體，不爲私嫌，況奉宣顧命之日，内人無事，往來北堂，立於側階，故爲不可。是書二十卷，從《永樂大典》鈔出，缺者僅三篇，《梓材》在其中，惜乎不知其解又云何也。

又卷九《書録解題跋丙申》 直齋陳氏《書録解題》二十二卷，四庫館新從《永樂大典》中鈔出以行。其持論甚正。如《顔氏家訓》以其崇尚釋氏之故，不列於儒家。又以前志取樂府教坊琵琶羯鼓等書皆充樂類，與聖經竝列爲非當，入於子録雜藝之前。又言白玉蟾輩何可使及吾門。其人殆稜稜嶽嶽，識見大有過人者，不獨甄綜之富、考訂之勤也。陳氏名振孫，字伯玉，湖之安吉縣人，嘗倅莆田，宰南城，守嘉興、台州，端平中，爲浙東提舉，治會稽。是書中一一可考見。馬貴與既取其書以入《通考》，而不用其言，《顔氏家訓》仍列儒家，《樂府雜録》、《羯鼓録》仍列經部，而《目録》一門又不將陳氏此書載入，其能免於紕漏之議乎！乾隆己卯，余讀《禮》家居，友人見示此書，僅自《楚辭别集》以下，而其他咸缺焉，乃秀水朱氏曝書亭鈔本也。今距曩時十八年而始見全書，殊爲晚年之幸。陳氏未嘗入館閣，僅據其所見以爲是書，故卷數或多或少，不必盡合於國史。又鼂氏《讀書志》有袁本、衢本之異，《通考》所載乃衢本，而海寧陳氏所梓者乃袁本。又《通考》有元至大閒本，本朝有武英殿本，兩者皆勝他本。今校者似但據俗閒本也。余客居鍾山，幸以課讀餘閒，少爲補綴，幾自忘精力之不逮前矣。

又《蠻書跋戊戌》 《蠻書》十卷，唐安南經略使蔡襲從事樊綽所録以上進者也。凡管内山川道里以及詔賧等種族事蹟、風俗物産，一一可考。其書久失傳，四庫館新從《永樂大典》中鈔出以行世，乃得見焉。嘗謂夷蠻爲患，未有不由中國失撫馭之所致也。綽以一從事，而明目張膽敢歷舉前政之失以上聞，可不謂忠於爲國者哉！其言曰：「自大中八年，安南都護擅罷林西原防冬戍卒，以致洞主李由獨爲蠻所誘，乘釁而起。」又言李象古、李涿相繼誅剥，令生靈受害。又言數年之閒，當州鎮釐革南詔入朝人數，郵傳殘薄，以致入寇，本使蔡襲全家并元從悉殞賊所，綽亦中箭，攜印浮水渡江，其長男韜及家屬皆陷蠻陬。綽之進此書也，實望廟堂鑒前轍而籌長算焉，實亦後世之所當奉爲蓍蔡者也。此書多脱誤，雖略爲是正，而無别本可對，意終歉焉。然如閤羅鳳之世次，則可以正《新唐書》之誤云。

又卷一二《書毘陵集後壬寅》 《毘陵集》五十卷，宋紹興中參政常州張守子固撰。今其全集不傳，此十六卷乃從《永樂大典》中鈔出者。其所論奏，皆切於事情。吾讀其《詹抃墓誌》，見回河復禹故道之病民，而深幸今日倡此議者之不果行也。誌云：「政和某年，回河復故道，調京東西、河北之民，三路騷動，役至再三而功未就，數百縣病之。於時憸人欺君幸寵，争立新奇之功以取勝，至斷千載不可力制之大河，使由山徑之蹊，以人勝天，逆理咈衆，羣小靡靡附和。毘陵詹成老知定陶，獨憂其病民，謝事而去。」嗚呼，賢矣哉！昨歲冬河決曹州，大臣御史中有獻議導河北流者，天子灼見其非，詢之河臣，亦以爲斷不可行，議遂格。儻使斯議得行，則其爲民害也有以異於政和之日乎？夫前事之不忘，後事之師也。吾故録其言，以爲後來論事者之鑒。集中詩，風格蒼老，源於少陵。使事亦復精切，其絶句有云：「元非食肉封侯相，合抱遺經老玉川。」此則若爲余贈者然。

王鳴盛《十七史商榷》卷五二 《履齋遺稿》四卷，宋吴潛撰。原集久佚，此本爲明屠喬孫遷之刻，賀燦然爲序者，亦爲一百卷，乃喬孫與友人姚士粦輩，取《晉

書・載記》、《北史》、《册府元龜》等書僞爲之，非原本。

胡元玉《雅學考序》 《爾雅》之學顯于隆漢，孝文時置《爾雅》博士，孝武初置博士必取通《爾雅》者爲之。元始中徵天下通《爾雅》者詣公車，令記説廷中。自是以來，朝野化之，咸能研究，雅學之盛，莫與比隆。雖授受源流闃焉無考，而擥所造述抑亦可心識其迹也。迨于東晉，注者十餘，降及隋唐，猶有作者。宋談性理，實學漸荒，雅學諸書用是散佚。迄于今日，惟餘郭注。近儒講求實學，裒輯前代遺書，《爾雅》舊注固已蒐羅略備，然而《釋文序録》記樊光之名，或强易其稱爲某氏。《周禮正義》載康成之注，或竟指所注爲緯文。如斯之類，踳駮殊甚。又如江灌、曹憲所譔音、圖，或訛爲道羣之書，或斥爲《廣雅》之誤，儻不亟爲釐正，致失先哲之苦心，斯亦後起者之罪也。爰攷宋前雅學諸書，譔稽衆言，申以愚管，敍次爲五種，宋後不録著，雅學所由衰歇爾。

戴震《古經解鈎沉序》 士貴學古，治《經》者，徒以介其名使通顯歟？抑志乎聞道，求不謬於心歟？人之有道義之心也，亦彰亦微。其彰也是爲心之精爽；其微也，則以未能至於神明。《六經》者，道義之宗，而神明之府也。古聖哲往矣，其心志與天地之心協而爲斯民道義之心，是之謂道。士生千載後，求道於典章制度，而遺文垂絶，今古縣隔。時之相去，殆無異地之相遠，僅僅賴夫經師故訓乃通，無異譯言以爲之傳導也者。又况古人之小學亡，而後有故訓，故訓之法亡，流而爲鑿空。數百年已降，説經之弊，善鑿空而已矣。雖然，經自漢經師所授受，已差違失次，其所訓釋，復各持異解。余嘗欲搜考異文，以爲訂經之助，又廣攬漢儒《箋注》之存者，以爲綜考故訓之助。顧力不暇及，以語族弟時甫，方事於此。書未稿就，而吾友朱君文游以其友余仲林之《古經解鈎沉》若干卷，千里馳寄。前有天台齊宗伯、太倉王光禄二序，既爲之導其意，嘉其存古之功。文游復語余曰：「二公於子，廿數年之知，二公之所稱許，是以余子又欲得子之一言也。」吾以仲林之爲是書，好古而有師法，然吾因之重有感也。韓退之氏之言：「志乎古必遺乎今。」彼所謂古，特文詞不類於近今者耳。進而語人以漢經師之業，其沈蕴積久，豈古文詞比哉？後之論漢儒者，輒曰故訓之學云爾，未與於理精而義明。則試詰以求理義於古經之外乎？若猶存古經中也，則鑿空者得乎？嗚呼！經之至者道也，所以明道者其詞也，所以成詞者未有能外小學文字者也。由文字以通乎語言，由語言以通乎古聖賢之心志，譬之適堂壇之必循其階，而不可以躐等。是故鑿空之弊有二：其一緣詞生訓也，其一守訛傳謬也。緣詞生訓者，所釋之義非其本義。守訛傳謬者，所據之經并非其本經。今仲林得稽古之學於其鄉惠君定宇。惠君與余相善，蓋嘗深嫉乎鑿空以爲經也。二三好古之儒，知此學之不僅在故訓，則以志乎聞道也，或庶幾焉。

錢大昕《潛研堂文集》卷二四《中興學士院題名序》 《宋中興百官題名》，今存于《永樂大典》者曰《學士院》、曰《諫院》、曰《登聞檢院》、曰《登聞鼓院》、曰《進奏院》、曰《官告院》、曰《文思院》、曰《糧料院》、曰《樞密官屬》，皆始建炎終嘉定，不知何人所編次。考陳伯王《書録解題》稱「監察御史臨川何異同叔撰《中興百官題名》五十卷，首卷爲《宰輔拜罷録》，餘以次列之，刻浙漕司。其後以時增附。渡江之初，庶務草創，諸司間有不可考者，多缺之」，乃知此書出于何同叔。今所存者，特千百之十一爾。大昕承乏學士十有餘年，頗有意訪求前世掌故，因手録《學士院題名》，藏之行篋。

又卷三一《跋倪雲林詩集》 元鎮詩久散佚，今所傳者，荆溪蹇曦朝陽編集。蹇序自言得之王梅西舊藏，然亦出于後人摭拾，多有贋作。元鎮卒于洪武甲寅十一月，年七十有四，見于周南老所撰墓志。然則至正乙未，元鎮已五十有五矣，而集中乃有「乙未歲，余年適五十，感昔人知非之言，漫賦長句」，此豈可信耶？董文敏家藏元鎮絹本《山水》，後題「庚戌歲，予年六十五」，蓋作僞者因此詩而傅會成之。

又卷四八《西沚先生墓誌銘》 嘗言：「漢人經説，必守家法，亦云師法。自唐貞觀撰諸經義疏而家法亡，宋元豐以新經義取士而漢學殆絶。今好古之儒皆知崇注疏矣，然注疏惟《詩》、《三禮》及《公羊傳》猶是漢人家法，它經注則出於魏晉人，未爲淳備。」故所撰《尚書後案》專宗鄭康成，鄭注亡逸者，采馬、王補之。《孔傳》雖僞，其訓詁猶有傳授，非盡向壁虚造，間亦取焉。經營二十餘年，自謂存古之功，與惠氏《周易述》相埒。

彭元瑞《知聖道齋讀書跋》卷一《慶元黨禁》 《慶元黨禁》，《宋史・藝文志》、馬氏《經籍考》俱不著録，四庫全書館從《永樂大典》輯成。書中載專僞學之禁者京鏜、何澹、劉德秀、胡紘四人，而京、何、劉皆籍江西，仲遠又同縣，所居在進賢門外十里，曰京家山，後人諱之曰丁家山。吾鄉得入政事堂者，仲遠後，至明始有劉文端一燝，名在東林。鄉人至今譽劉而詆京，烏虖，名爵之重輕有在哉。

又卷二《僞斜川集》 弇州謂以《劉過集》贋作《蘇過集》，自元末已然。此即《龍洲集》前十卷，但少《獨醒賦》一篇，真元槧也。近四庫全書館從《永樂大典》散

篇録出《斜川集》詩文，門人趙味辛刻之以貽余。余篋中亦有舊抄《龍洲集》，存此舊刻爲校本，良佳。

沈叔埏《頤綵堂文集》卷九《書浮沚集後》 宋永嘉周行已恭叔《浮沚集》八卷。行己，元祐六年進士，爲太學博士，以親老歸教，教授其鄉，發明《中庸》之旨，再入爲館職，出宰樂清，永嘉學問所從出也。陳振孫自言祖妣爲行己女，故知其本末。所居謝池坊有浮沚書院。集十六卷，後集三卷。張約齋《仕學規範》引據書内有《永嘉文集》，即是書。《兩浙名賢録》：祖豫，父泳，皆中第。行己風儀秀整，語音如鐘，讀書十行俱下，入太學作齋揖文。同舍遵行之，豐司業稷驕從哄敦化堂下，行己移書規切之，稷媿謝。時新學行，獨之伊洛，從程伊川，二劉、許、趙皆敬下之。作《顔子不貳過論》，有曰：「過不必大，毫末萌於心，而天地爲之應。悟不必次，斯須著於心，而天下歸其仁。」伊川可之。行己早達京師，貴人争欲妻之。行己曰：「吾姨母貧，其女瞽，吾母雖不言，意已有屬養志，可也。」辭昏，歸娶之。伊川語人曰：「某年未三十，亦做不得此事。」宣和初，除秘書省正字，鄂守王靚請爲幕賓，及卒，靚以朝命津其喪，歸葬安固。有文集三十卷，唐宋文茗繪像祠於學宫。《嘉靖浙江通志》：「行己與周縣蔣元中等八人，皆見道超卓，爲四方學者矜式，稱元豐太學九先生。其族孫去非爲張南軒高弟。」案：史志《周博士文集》十卷，注不知名，又載《周行己集》十九卷，《宋史》復舛往往若此。然云十九卷，則與陳合。焦氏《志》亦同。今《大典》内纂出八卷。集中《上韓守書》云：「五十一年，秩未離乎九品；仕二十七載，官僅書乎四考。」《宰相書》云：「少慕存心養性之説，於周孔佛老無所不求，而未嘗有意於進取。」《祭酒書》云：「十五學屬文，十七補太學諸生，學科舉文，又二年，讀書益見古人文章，學爲古文，又二年，讀書益見道理，於是學古人之修德立行。」惜其論不存，即陳氏所訾林越序亦佚。余讀吴叔永《鶴林集》有云：「建安朱氏之學接於周公，行己、許公、景衡實本伊川。」而韓仲止《澗泉日記》則云：「恭叔文字温淡，但時有莊老，與程氏之説相背，詩亦好。」

又《書洪龜父集後》 宋南昌洪朋《清非集》，陳氏《解題》作「清虚」。朋乃石州司法參軍師民子，母爲山谷女弟，與弟芻駒父、炎玉父、羽鴻父俱有才名，號「四洪」。《豫章續志》稱其早失怙恃，受業祖母文城君李氏，天資嗜學，尤長于詩。舅氏山谷嘗曰：「龜父筆力扛鼎，他日不患無文章垂世。須要盡心於克己，不見人物臧否，全用其輝光，以照本心，力學以暇，更精讀千卷書，乃能畢兹事。」蓋所以期待之者如此。兩貢禮部不第，年僅三十八。同郡黄君著哀其詩百篇，山谷在宜州以書來吊，且曰：「黄君所編，篇篇可傳也。」吕本中作《江西詩社派圖》，以朋居陳師道、潘大臨、謝逸之次。《紫微詩話》盛推其《寫韵軒詩》。其集久無刊本，馬氏《考》、焦氏《志》僅載其名。今《大典》内抄出，析爲二卷，并取《江湖集》及《宋詩紀事》諸本補闕訂訛，稍還其舊。嘗考《王直方詩話》：「龜父詩云：『琅玕嚴佛界。』山谷改云『琅玕鳴佛屋。』又有『一朝厭蝸角，萬里騎鵬背』一聯，最爲妙絶，山谷亦嘗嘆賞。」《劉後村詩話》：「龜父警句往往前人所未道，其《與駒父游梅仙觀》詩云：『願爲龍鱗嬰，勿學蟬骨蜕。』是以直節期乃弟矣。」今惟琅玕句見《宋文鑒》。

又《書蒙隱集後》 宋青田陳棣字鄂父，浙東撫使汝錫字師予子。汝錫以詩句見賞於山谷，即所傳「閑愁莫浪遣，留爲痛飲資」是也。紹聖四年進士，邑之登弟自汝錫始。崇寧間提舉福建學事，有《鶴溪集》十二集刊行。棣以父任終通判潭州所，撰《蒙隱集》，曾刊于宜春，流傳絶少。今《大典》内抄出古今體詩各一卷。宋自熙寧後，括人如叶濤、鮑慎由輩皆知從半山、東坡學爲文章，而括之詩派亦駸駸遒上，各自成家。要得蘇、黄門徑，棣起家任。子作掾膠西，詩亦綽有父風，琅琅可誦，采括之秀正，如申椒菌桂，在所不遺也。

又《書湖山集後》 宋龍圖閣直學士，謚康肅，仙居吴芾《湖山集》。芾字明可，紹興二年進士，史稱芾與秦檜有舊，檜專政，坐不附檜，論罷薦，授御史，力詆和議，累遷刑、吏、禮三部侍郎，前後倅處婺越，及知臨安、太平、隆興，六郡并治，因其俗。嘗曰：「視官物當如己物，視公事當如私事，與其得罪於百姓，寧得罪於上官。」立朝不偶，晚退閑者十有四年，自號湖山居士。爲文豪健俊整，有表奏五卷，詩文三十卷。周益公序稱歷吏、户、禮、刑少常伯給事中，又嘗典治内史，五爲帥守，享林下之樂者十有六年。次子洪，守嘉興，裒公遺文號《湖山集》二十五卷、長短句三卷、别集一卷、奏議八卷，與本傳小异。又稱乾道庚寅，芾帥豫章，胡忠簡銓以泉守，必大以閫憲，俱入奏事，進從燕集，各爲二詞以送。今其詞不盡傳。又稱紹興甲子芾以秘書省正字輪對，奏江浙平米價一事，必大得之日曆，《敕局編類紹興寬恤詔令》載之，而不知其出於芾，洵足補本傳闕遺之大者。又案趙希弁《讀書附志》：《湖山集》四十三卷、《和陶詩》三卷、附録三卷。與史志同。史别有《當涂小集》八卷、《湖山遺老傳》一卷。焦氏《志》作《湖山集》四十卷，與序不合。序當得其實。今《大典》内抄出，冠以《和陶詩》二卷，文二首綴於後，共十卷。益公所謂意遠而詞達，身簪紱而心丘壑者，數語盡之。又案：樓攻媿集載《朝請大夫吴津并姚碩人墓志銘》：「津字仲登，曾祖允昭，祖師錫。」考芾居邑之石井，津稱興化使君，

有詩文十五卷，則康肅長子也。

又《書香山集後》　宋義烏喻良能，字叔奇，與兄良倚、弟良材、良弼并名於時。元黄文獻《先世墓銘後記》「喻葆光娶於黄，子男五人，其四人俱以文章知名」是也。良能與良倚同登紹興丁丑王十朋榜進士，良材、良弼并國學進士，陳龍川稱烏傷四君子，則良能、良弼及何恪茂恭、陳炳德先也。良能由廣德尉累遷國子監主簿。進《忠義傳》二十卷，起戰國王蠋，終五代孫晟，通百九十人，乞頒武學，授之將帥，孝宗嘉其質實平正，御書其名於屏間。丁内艱，服除，以國子博士召，兼工部郎中，除太常丞，兼舊職，請外知處州，奉祠歸，以朝請大夫義烏縣開國男食邑三百户。致仕，營家圃曰磐湖，日以觴泳自娱，終焉。鄉人慕之，表其地曰郎官里。所著尚有《諸經講義》五卷、《家帚編》十五卷。良倚字伯壽，著有《唐論》四卷、《策斷》二卷、《文選補》一卷及詩文十卷。良弼字季直，有《杉堂集》十卷、《樂府》五卷。龍川嘗稱：「叔奇爲文精深簡雅，讀之愈久而意若新；季直文蔚茂馳騁，蓋將包羅衆體而一字不苟，讀之亹亹無厭也。叔奇尤工於詩，洪景盧、楊誠齋皆與爲文字友。」考《金華先民傳》及縣志，《香山集》三十四卷，焦氏《志》作十七卷。今《大典》内采出賦辭古今體詩，析爲十六卷。

又《書鶴林集後》　宋潼川吴泳《鶴林集》四十卷。泳字叔永，嘉定元年進士，理宗朝仕至起居舍人，兼直學士院，權刑部尚書，終寶章閣學士知泉州。泳少與弟昌裔字季永克自植立，不逐時好，南來得濂洛關閩之書，研繹不倦。昌裔故嘗師事胡五峰、黄勉齋，泳又遍求文公之書，獲交其徒葉知道、張元德、錢子山、陳器之，皆與往來質問。集中有辨論心性、推闡《易》、《書》數篇，非沉潛理窟而窺其堂奥者未易到也。蓋當真魏兩賢繼用，黨禁大開，正學復明於世，故其所詣如此。惟是仕丁穆陵，國勢日蹙之時，三京未復，北騎分侵，邊圉靡寧，武功不競，一切疆場阨塞，泳兄弟籌畫瞭如，且以御史王處一，精於邊防，資其條具，慷慨敷陳，悉中窾綮，又值鄉郡殘破，親屬流亡，其於蜀道得失，言之尤爲痛心。今次其可考者，用補史文之闕，如紹定二年上西陲八議，四年乞遣葵范救蜀，五年疏四失三憂及保蜀三策，六年論武仙窺安康乞嚴作堤備。端平二年言元兵先通川路，後會江南，不可不固上流，又言西邊連年調度，財殫力薄，乞速賜科降，早趣援兵。三年夏四月，下詔罪己，詔辭即泳所草。是年乞預儲蜀帥，又以趙彦吶老疾，言李埴、楊恢并蜀人可代。又論壤蜀四證及救蜀五策，自謂無一歲不言蜀事，無一日不憂蜀亡，惜其言不盡用，文亦不盡傳，昌裔亦有苦言十篇慮蜀甚悉，均不得與冉璡建徙城固蜀之策炳於一時。然豈途安禮蜀砭三十篇所可同其切時之論哉？其他章疏制誥表奏，往往如陸敬輿明辨駿發，周益公所謂「健論滔滔，懸河東注，緒言纚纚，聚繭繅絲」者足以當之。泳詩詞并工。輯自《大典》僅四卷，不具論，論其大者。案：泳與别之杰同舉戊辰進士，爲嘉定元年，傳并作二年，非。又案：史於泳傳作潼川人，於昌裔傳作中江人，若不知其爲同懷者。然考宣城吴許公《履齋遺集》與泳兄弟贈送甚多，其送叔永《水調歌頭》上闋云：「才惜季方去，又更别元方。驚心天上雙鳳，接翅下高岡。萬里瞿唐，煙浪一片，昭亭云月，渺渺正相望。夜雨連風壑，此意獨凄凉。」又壽叔永文昌季永侍郎《八聲甘州》上闋云：「記高岡，兩鳳攬朝暉，翩翩萬里，來向槐廳深處，松廳緊裹，却立徘徊，一舸風帆，烟浪擬竪錦江桅，聊爲元暉老，共拂塵埃。」又集中《端平改元陽月，同弟昌裔自南山過龍井山僧話辯才近事，且以某兄弟爲坡潁，因賦詩》云：「一百年前老辯才，復褰絺帶下山來。松杉溜雨驚龍起，篁竹生風唤鶴回。戒行净通林水觀，語言香落寶花臺。更看坡潁留詩處，月墮山空眼豁開。」余愛其集，以配元祐蘇氏，不難輝映後先也。又案：《宋史》於兄弟具合傳，此例不下數十人，獨吴淵、吴潛、李性傳、道傳、心傳與泳、昌裔則否，而貫之、微之同列儒林，又各分卷，尤不可解。

又《書榘菴集後》　元贈翰林直學士封京兆郡侯，謚文貞奉元同恕《榘庵集》。本傳：恕字寬甫，仁宗朝三召不起，陝西行臺侍御史，趙世延奏領魯齋書院教事。延祐六年以左贊善召獻書太子，歷陳古誼，英宗立，以疾歸，其學由程朱上溯孔孟，務貫浹事理，以利於行，教人曲爲開導，使得趨向之正，與蕭貞敏齊名，時稱蕭同。又案：賈仁《行狀》謂恕詩喜陸放翁，文慕周益公。富珠哩翀作恕神道碑云：「世祖淵潛，魯齋許文正被教來秦，士風翕然，先生之徒相繼而出，形於文，藹然仁義之言；見於事，卓然仁義之行也。」集二十卷，見《宋史》及焦氏《志》。今《大典》内抄出文十三卷，詩五卷。考至元三十一年國史修世祖帝紀，采事四方，陝西行省平章政事咸寧，王野仙辟恕爲掾，編纂實録，故恕文於比事爲長。集中志狀諸作，有可與金元正史參互者。詩則流易而不免於腐，特以人傳耳。

翁方綱《經義考補正》卷六　崔氏靈恩《三禮義宗》。方綱三十年前見吴門惠松厓棟所手録《見聞書名》一册，内有崔靈恩《三禮義宗》，云「今臨川李御史友棠家有寫本」。及方綱奉使江西，於臨川李氏訪借抄録，則云已失去矣，附識於此。

鄒炳泰《午風堂叢談》卷一　右建中靖國吏部侍郎鄒忠公浩，字志完。《同安帖》真蹟一卷，予攝維揚郡，有公之孫自毗陵來，訟於府，携公綸告手澤求值於有

司，因是得。據案拭目，字勁以端，蹟清以厲，意公之心與筆法吻合。是年十月，有靳君雩者，携他帖數十，售於京口，皆予篋中已具，獨得公一紙，以備其缺。【略】此帖雖未睹真蹟，見《永樂大典》，敬録之，以示子孫。

又 宋吴興陳振孫《直齋書録解題》列經史子集，中分五十三類，視晁公武《讀書志》議論較爲精核。馬氏《經籍考》多援之而作。其書久佚，《永樂大典》載之，余校纂成編，列入《四庫》。曾以聚珍版印行，購者珍如星鳳。

又 葉夢得《石林燕語》皆關當時掌故，於官制科目言之尤詳。陳振孫謂其書成於宣和五年，其論館伴契丹一條及論宰相一條，俱係建炎時事，振孫蓋據自序首四字言之耳。汪應辰嘗作《石林燕語辨》，而成都宇文紹奕亦作《考異》以糾之，見《永樂大典》，如馬周御史裏行一條，引宋人《唐書》，以駁唐人《六典》，頗類劉炫之規杜預，吴縝之糾歐陽修。然詳確者實足訂《石林》之誤。余爲史官時，以紹奕《考異》附夢得各條之下，列入《四庫》，於史學大有裨益。

又卷二 翰林院所儲《永樂大典》二萬二千八百七卷，一萬一千九十五册，目録六十卷。彙集古書，分韻散編，體例未善，卷册亦歲久缺失。乾隆癸巳二月，上命大學士劉統勛等將《永樂大典》内散篇纂集成書，總纂則紀編修昀、陸刑部錫熊，纂修三十人。余時爲庶常，亦膺是選。日於原心亭校纂。

又 《永樂大典》内載唐時《聲鑑圖》一，失名，王勃爲之序。

又 《永樂大典》載《易緯》八種：《乾坤鑿度》二卷、《周易乾鑿度》二卷、《易緯稽覽圖》二卷、《易緯辨終備》一卷、《易緯通卦驗》二卷、《易緯乾元序製記》一卷、《易緯是類謀》一卷、《易緯坤靈圖》一卷。《坤靈圖》殘缺不完，僅存論乾、大畜、無妄卦詞及史注所引日月聯璧數語而已。《易緯通卦驗》余所纂也，曾以聚珍版印行，今是本絶難得矣。

又卷三 明初所收圖籍多係古本，故内編集諸書與今本迥别。子書人間尤少善本，脱漏訛舛歷久滋甚，後人未見古本，復以意强爲注解，遂至艱澀難通。及觀大典本，乃知古書無不文從字順。余與同年莊編修亭叔校正《莊子》、《鑒鐵論》二書，方見真面目。書局事冗，未暇取諸子一一參校，至今耿然。

又 劉辰翁會孟於《選》、《詩》，及李、杜、蘇、黄諸家、《世説新語》等皆有批點。楊升庵詆須溪不知詩，目爲開剪截羅手段，繼則云士林服其賞鑑之精，而不知其結義之高，與伯夷、陶潛何異。蓋宋亡後須溪竟不出仕，元人張孟浩贈須溪詩「首陽餓夫甘一死」云云，其高節固可概見。須溪所評古書意取標新，致傷纖刻固有之，至其博識特見，毅然自立。即升庵於其評《史記》諸書，亦不能不以好古之士歸之。子將孫著《養吾集》與《須溪集》，並抄入《四庫》，皆余所纂也。

又 唐蘇鶚《演義》於典制名物具有考證，與崔豹《古今注》、馬縞《中華古今注》多相出入。此書可證豹書之僞，縞書之剿襲。陳振孫謂其考究書傳，訂正名物，可與李匡《刊誤》、李濟翁《資暇集》、邱光庭《兼明書》並驅。余從《永樂大典》中録得十卷藏之。鶚字德祥，武功人，光啓中進士。

又 《永樂大典》内抄録《京口耆舊傳》九卷，不著撰人姓氏，所載京口人物，始於宋初，迄於端平、嘉熙間。體例全仿正史，不類小説、雜記。其事蹟於正史時有異同，足資考證。

又卷五 宋鄧御夫隱居不仕，作《農曆》一百卷，較《齊民要術》爲詳。濟守王子韶上之於朝，其書不傳。元世祖時，司農司撰《農桑輯要》七卷，頒之於民。有至元十年王磐序，見《永樂大典》中。其書分典訓、耕墾、播種、栽桑、養蠶、瓜菜、果實、竹木、藥草、孳蓄等目，末附以歲用雜事。博採經史及諸子雜家，蓋以試驗之法，考核詳贍，而一一切於實用。今所傳王氏《農書》，殆不足云。

又卷七 漁洋山人謂潘邠老「滿城風雨近重陽」詩句至今藝苑流傳，爲重陽口實。謝無逸、謝幼槃同時有詩，因録幼槃二絶。無逸詩久佚，阮亭固未之見也。余從《永樂大典》纂輯謝無逸《溪堂集》二卷，始見此詩。

又 茗飲盛於唐，南唐始立茶館，北苑所由名也，至宋而建茶遂名天下。蹙源沙溪以外，北苑獨稱官焙爲漕司，歲貢所自出。宋熊蕃有《北苑貢茶録》一卷，所述皆建安茶園採焙入貢法式。淳熙中其子校書郎克始鋟諸木，凡爲圖三十有八，附以採茶詩十章，福建轉運使主管帳司趙汝礪復作《别録》，以補其未備。所言水數贏縮、火候淹亟、綱次先後、品味多寡尤極綜晰。次録久佚，從《永樂大典》内纂輯成書，余録有副本。

又 《楊東里集》載《唐才子傳》，西域辛文房著，十卷，總二百九十七人，皆有詩名當時。其見於《唐書》者百人。《池北偶談》惜其書之無傳。《永樂大典》載此書尚存二百七十八人，輯成八卷，視計有功《唐詩紀事》以詩繫人較見詳備，傳後論斷亦往往切中利病。余録得一本，藏之。

吴壽暘《拜經樓藏書題跋記》卷一《尚書全解多方》 元林之奇拙齋《尚書全解》，元闕第三十四卷，歸安丁小疋學博從京師書肆借鈔，末有附録十三條。學博跋云：「乾隆丁酉，予在京師，從琉璃廠五柳居書肆借鈔此卷，乃《永樂大典》本也。

快哉！歸安丁錦鴻升衢甫識。」「餘姚鄭君察峰鉉、海寧陳君竹厰以綱先後爲予校正譌謬，又一快也。冬至後四日重記。」「戊戌春，寶應劉君端臨台拱借鈔，再校一過。朋儕先後傳寫者可數十本矣。」「其年八月，始見官本，遂手自校訂，有新鈔誤者，有舊鈔誤者，亦有林氏自誤者。悉皆改正，不暇公別標識也。編修鄒公玉藻、纂修大總裁劉文正公尚在列，蓋癸巳秋從《永樂大典》中出者。」「己亥七月六日覆校一過，興化顧君文子九苞改正一字。錦鴻改名杰記。」乾隆辛丑，先君子從知不足齋假録，並手書諸校語於上。

孫星衍《問字堂集》卷四《答錢少詹師書論上元本星度》 星衍近校刊馬、鄭注《尚書》附以逸文，自爲敘表，庶真古文卅四篇復見于世，尚當爲作正義，異時或立于學官，得遂負山之志，早晚即當奉寄。又輯《神農本草經》，附以《吴普本草》，師曾見之，亦當續刊。

阮元《揅經室續二集》卷二《集傳録存》 臧庸，字拜經，初名鏞堂。沈默《拜經日記》許宗彥序。樸厚，學術精審，著《拜經日記》十二卷，《拜經日記》王念孫序。《拜經堂文集》四卷。又嘗輯《月令雜説》一卷，《孝經考異》一卷，《樂記二十三篇注》一卷。又輯《子夏易傳》一卷，《詩考異》四卷，《韓詩遺説》三卷、《訂譌》一卷，《盧植禮記解詁》一卷，《爾雅古注》三卷，《説文舊音考》三卷，蔡邕《明堂月令章句》二卷，王肅《禮記注》一卷，《聖證論》一卷，《帝王世紀》一卷，《尸子》一卷，賈唐《國語注》一卷，蕭該《漢書音義》二卷，《校鄭康成易注》二卷，見《遺書》。皆有補於經。王念孫序。其輯《子夏易傳》，辨此傳爲漢韓嬰所作，非卜子夏。見《遺書》。庸弟禮堂，以孝聞，大學士朱珪稱之，早卒，朱珪《知足齋文集》。著《説文引經考》二卷。

又卷五《孫頤谷侍御史傳》 侍御所著書有《家語疏證》六卷。謂王肅作僞難鄭，誣聖背經，既作《聖證論》以攻康成，又僞撰《家語》，飾其説以欺世。因博集羣書，凡肅所剿竊者皆疏通證明之，如鞫盜之獲真藏也。其有功于鄭氏，似孫叔然。《文選考異》四卷。據潘稼堂、何義門諸校本，參稽衆説，仿朱子《韓文考異》之例，以正俗本之誤。《文選注補正》四卷，仿吴師道校《國策》之例，輯前賢評論及朋輩商榷之説，以補《李注》所未及。又輯《風俗通》逸文一卷。又補正姚之駰輯謝承《後漢書》五卷。《讀書脞録》七卷，考論經子雜家，折中精詳，實事求是，不爲鑿空武斷之論，慤然如其爲人。

又卷六《臧拜經別傳》 其臧鏞堂生平考輯古義甚勤，故輯古之書甚多。《子夏易傳》一卷，以《子夏傳》爲漢韓嬰所撰，非卜子夏，惟采《釋文》、《正義》、《集解》、《古易音訓》、《大衍議》五家，不取宋以後説。《詩考異》四卷，大旨如王伯厚，但逐條必自考輯，絶不依循王本。《韓詩遺説》二卷、《訂譌》一卷，顧千里廣圻以爲輯《韓詩》者衆矣，此爲最精。《盧植禮記解詁》一卷、《爾雅古注》三卷、《説文舊音考》三卷、蔡邕《月令章句》二卷、王肅《禮記注》一卷、《聖證論》一卷、《帝王世紀》一卷、《尸子》一卷、賈唐《國語注》二卷、《校鄭康成易注》二卷、蕭該《漢書音義》二卷，皆詳過于人。

又《毛詩稽古篇序》 漢平帝世，《毛詩》始立於學，高密鄭君爲《故訓》作《箋》，先儒無異説。魏王肅注《詩》，始難鄭《箋》，而《詩序》、《詩傳》未有妄肆譏評者。至宋，歐陽文忠公作《詩本義》，乃盡棄毛、鄭，而鄭漁仲之徒，遂逞其意見，廢《序》譚經，周孚駁之不遺餘力，其書不行於世。【略】元時又以《集傳》取士，承用至今，不但廢《序》，而《傳》、《箋》亦廢矣。國初，吴江見桃陳氏，與其友朱長孺同治《毛詩》，慨古義云亡，卮言雜出，著《稽古篇》三十卷。篇義宗小序，釋經宗毛、鄭，故訓本之《爾雅》，字體正以《説文》，志在復古，力排蕪義。

又《孝經鄭氏解輯本題辭》 往者鮑君以文持日本《孝經鄭注》請序，余按其文辭，不類漢魏人語，且與群籍所引有異，未有以應。近見臧子東序輯録本，喜其精核，欲以新出本合刊，仍屬余序。

臧庸《拜經堂文集》卷二《刻通俗文序》 顔黄門謂《通俗文》世題河南服虔子慎造。《魏書》江式表次此於《方言》、《埤蒼》間，是北人悉以此爲漢服子慎所著。然梁阮氏《七録》本言李虔造，徵之《初學記》，阮録爲信。《唐志》稱李虔續《通俗文》，殆蹈北人之見，惑於爲有兩書，遂誤以李氏爲續篇歟。鏞堂核之，斷此非漢人之書，有三證焉。凡漢魏古籍悉登《晉志》，今《中經簿》及《七志》並無其目，此一證也；自孫叔然以前未解反切，而《通俗文》反音頗近時俗，此二證也；叙引蘇林張揖皆魏人，論世在子慎之後，此三證也。既至阮氏始爲著録，則此書當出自晉宋間人，豈因北方學者咸尊服氏，遂以名同而易姓乎。梁劉昭注《續漢志》始見徵引，傳至唐季而亡，此係六朝以前小學家爲《釋名》、《廣雅》之流，先儒注經史多所援據，不第《通俗》而已。且古今土俗不同，名物互異，由古目之爲俗者，由今目之爲古矣。爰采《一切經音義》諸書，略次其先後，以存一家絶學，署曰服虔，仍其舊也。稿始己酉仲夏，迄今十有一年，時有補正，卒無定本。己未秋，同甘泉林君仲雲客南海，林君見斯編，喜之，欲取以付梓，因爲校正若干條，足以補鏞堂所未逮，此書自是有定本矣。遂叙夙昔所聞及今之論定者於篇末以詒之。附記：曹憲。李善

等引《通俗文》皆首標服虔，余意《通俗文》必始于服，而後人如李虔等又坿益之也。鄙輯《通俗文》本于標明服虔者皆别列之，如《廣疋注》及文選《長笛》、《洛神》等賦注皆可覆校，庶漢人訓故不爲後儒所淆亂耳。又余校《淮南王書》，標出十數條，的係許尗重注而混入高注者，幸有《太平御覽》諸書係北宋初年輯本，可以依據也。

又《刻華嚴經音義録序》 鏞堂寓吴門時，故友王西林爲畢秋帆宫保掌守經典，從之索借唐以前遺書，西林以《華嚴經音義》四卷寫本見示，蓋宫保撫陝右時所得釋藏本也。讀之如獲一海外奇珍，旬日間盡纂録之。鈕君匪石與余同好，每纂一卷成，匪石隨取披讀並勘正其誤謬，援引據證，羅列上下方。時即欲刊布而未能，後宫保撫山左，招鏞堂課孫。學使阮芸臺少司農一見首問此書，以手録本呈閲。司農曰：「善！當即以此本付梓。」并出北藏板二卷，屬爲校讐，始知西藏本爲後人竄改，遠不及北藏板之真。竊幸素願可酬，而宫保頗好佛老家言，謂當以完書開雕，並許爲刻先高祖《經義雜記》。既而仍督兩湖，死於軍，事皆不果。今來粤東，爲司農校刊《經籍纂詁》，始自決意爲之。稽元應，貞觀間人，而慧苑無考，此書引李善《文選注》，歐陽詢《藝文類聚》則在元應之後，蓋生唐之中葉者也。其論字體往往與今異趣，一則慧苑所據唐籍與時本不同，二則秦漢隸書既行，晉宋六朝咸多俗體，均未可以今本《説文》繩尺之，兹悉以北藏爲正，惟顯係傳寫之譌者甫敢改正，餘並闕疑，以俟能者通之。噫！自慧苑譔述以來，千有餘年矣！沈霾釋藏，世無知者，幸本朝文運天開，有好學深思之人旁搜二典，徵引此書，此書始見知於世，倘及今不爲之傳布，一旦亡逸，深可憫矣！鏞堂衣食不遑恤而孜孜於此，不敢視爲不急之務也，有與我同志者，亦無隱焉！

馬國翰《玉函山房輯佚書・周易向氏義》 《周易向氏義》一卷，晉向秀撰，秀字子期，河内懷人，官至黄門侍郎、散騎常侍，事蹟詳《晉書》本傳及袁宏《竹林名士傳》。秀嘗注《莊子》，復注《易》。按《秀别傳》云秀與嵇康、吕安爲友，趣舍不同，嵇康傲世不羈，安放逸邁俗，而秀雅好讀書，二子頗以此嗤之。後秀將注《莊子》，先以告康、安，康、安咸曰：「此書詎復須注，徒棄人作樂事耳。」及成，以示二子，康曰：「爾故復勝不？」安乃驚曰：「莊周不死矣。」後注《周易》，大義可觀，而與漢世諸儒有彼此，未若隱莊之絶倫也。今所注《莊子》，郭象竊爲己有。世傳郭象《莊子注》是秀之本書，而《易》則罕傳，隋唐《志》皆不著録。張璠用二十二家《易》爲《集解》，依秀爲本亦入傳者絶少，唯《正義》、《釋文》及李氏《集解》引秀及張氏，兹採輯爲一卷。凡諸引張作某字者，蓋即向本，故亦復向義中，而張氏之論説則仍歸張氏《集解》，雖寥寥無多，而二書之崖略猶可覩焉。

又《周易翟氏義》 《周易翟氏義》一卷。翟元撰，元未知何代人，里居、官爵並無考。唐李鼎祚《集解》引其説，皆稱翟元。陸德明《釋文序録》引荀爽《九家集注》謂：「其序有荀爽、京房、馬融、鄭元、宋衷、虞翻、陸績、姚信、翟子元。」又云：「子元不詳何人，爲《易義》。」此言子元與李氏異。按：古人多有名與字同者，如韓伯字康伯之類，或元字子元歟？九家次第，翟在姚信之後，則元蓋亦魏晉間人也。其書卷數自隋唐已不能詳，今唯就《釋文》、《集解》二書所引，輯録三十一節爲一卷。至九家佚文，不及區别，參而觀之，可知其學宗荀氏，而與京、馬、鄭、虞諸人競爽矣。

又《周易子夏傳》 《周易子夏傳》二卷，周卜商撰。商字子夏，衛人，孔子弟子，爲魏文侯師，事蹟詳《史記・仲尼弟子傳》，其《易傳》《漢志》不著録。王儉《七志》引劉向《七略》云：《易傳》，子夏韓氏嬰也。荀勗《中經簿》云：《子夏傳》四卷，或云丁寬所作。張璠云或「馯臂子弓所作」。薛虞記阮孝緒《七録》云六卷。《隋書・經籍志》云二卷，殘闕。《唐書・藝文志》同陸德明《釋文序録》云三卷。《國史志》、《中興書目》並云十卷。《唐會要》云：「開元七年三月十七日詔：《子夏易傳》，近無習者，令儒官詳定。劉知幾、司馬貞議皆以爲不可。」「五月五日詔：《子夏傳逸篇》，令帖易者停」，自時厥後如晁説之、程迥、陳振孫、章如愚、何喬新、馬貴與等，並以此書爲僞。孫坦《周易折蘊》以爲杜鄴，趙汝楳《周易輯聞》、徐幾《易輯》皆以爲鄧彭祖，二人皆字子夏，懸空臆度，迄非定論，獨洪邁信之。案：子夏之傳，漢代所師承也。劉向以爲韓嬰作，荀勗以爲丁寬作，張璠以爲馯臂作，薛虞記必其所説，與子夏同漢晉人。及見丁韓諸傳，故有是論，非後人懸揣之比，蓋此書自馯臂傳之至丁寬，韓嬰得而脩之，載入己書中，如毛萇説《詩》首列子夏小序之類，故班《志》易十三家有丁氏八篇，韓氏二篇，而不云子夏，猶之《毛詩》但言毛傳而不别著小序之目也。薛虞不知何人，晉張璠稱其有記，度必漢魏間儒，自其記述以後，《子夏傳》乃單行，故晉有四卷，梁有六卷，隋、唐有二卷也。唐初最重此書，僧一行《易纂孔氏正義》，陸氏《釋文》亟引之，明皇欲頒行學校，爲議者格廢不果，書遂淪没。李鼎祚《集古易》三十餘家僅存數節，此外蓋無聞矣。後人不見原書，張弧輩遂用王弼本别撰十卷，或有增至十一卷者，惠徵君棟謂以《釋文》乃李氏《集解》校之，無一字相合，諸儒所指僞《子夏傳》乃此十卷後出之本，非二卷殘闕之本也。《紹興闕書目》又有《周易子夏》十八章，五行家言，託名子夏，今其書亦不見，若此之類，信屬贋作，夫豈可概以相論哉。武威張太史澍輯此篇，刻入《張氏叢書》，今

据校録分爲二卷，仍隋、唐《志》之舊目也。

任兆麟《有竹居集》卷一〇《余仲林墓誌銘》　定宇先生没，世之欲傳惠氏學者，多從之游。嘗慨漢、唐諸儒舊經注多散佚，爰采輯各家，分條纂録，編《古經解鈎沉》三十卷。

姚瑩《東溟文集》卷二《謝王二史輯遺序》　謝承《後漢書》若干卷，王隱《晉書》若干卷，吾友張軟林聰咸之所纂輯也。嘉慶十六年，軟林會試不弟，留京師專意著書，慨然有網羅放失之志。既撰《左傳杜注辨正》若干卷成，以爲史書之善，如子長、孟堅尚矣，自蔚宗、承祚而下，不無譏焉。【略】思欲并二代佚史，表而出之，承於成書，所在搜羅，不遺餘力。日書細字，几壁皆遍，而謝、王二家書居然可觀。乃先比次其巨者，他條紀繁碎，未及纂列，遂病且死都中，無人知其業者。

錢泰吉《隋書經籍志考證序》　嘉慶戊寅，吾兄衎石自京師歸，篋中攜此書，謂鈔自何夢華元錫，藏書家未有也。余乃囑表兄懷豫堂鈔録副本，以期迫，金岱峯囑其友相助謄寫，逾月而畢。惜僅有史部，三十年來訪求全書，無知之者。道光丁未冬日，朱述之明府假鈔一本，乃從述翁假孫氏《五松園文集》録《章君傳》於册首，此書名與王氏《漢書藝文志》同，而編次則異，然纂輯古書，實昉於王氏也。

錢泰吉《甘泉鄉人稿》卷一一《跋英光堂帖》　《寶真齋法書贊》，傳本久佚，故《佩文齋書畫譜》未曾採及，《四庫》始從《大典》纂輯。我兄衎石，有《題寶真齋法書贊詩》，自注謂「倦翁藏襄陽真跡至多，書簡帖六十有四，詩賦雜帖二十有六，臨晉武帝、謝安以下帖十有三，治餉京口，訪海岳庵故址，築園奉米顛其中，撰記勒石」。

沈濤《十經齋文集·書元和姓纂後》　《元和姓纂》，見《唐書·藝文志》，今已失傳，孫淵如從《永樂大典》中採輯成書，後用鄭樵《通志·氏族略》、王應麟《姓氏急就篇》、謝枋得《祕笈新書》所引校補之，然猶有未備者，偶閲趙明誠《金石録》及羅泌《路史》，並注，中引《元和姓纂》，與今本異同者甚多，孫氏皆未之采，如《金石録跋尾》、《漢梁相費汎碑》，林寶《元和姓纂》云云，凡此皆足訂今本之闕誤，余故詳著其説於簡末。

黄彭年《倉頡篇補輯序》　昭代乾嘉間，小學鼎盛，搜輯佚書，遂立顓門。陽湖孫氏首録《倉頡篇訓纂解詁》三卷，興化任氏成《字林考逸》八卷，海内風行，古文日顯。顧《倉頡篇》有初刻小篆本，傳播未廣，最後定本則入《岱南閣叢書》中，《字林》亦居《燕禧堂五種》之一。雖文田徵君與勉夫舍人同撰《補正》刊於學海堂，而憑臆芟竄，未饜讀者之心。是篇林迄無單行善本，承學之士往往憾焉。予年家子會稽陶子珍編修孯習故訓，强記博聞，孫、任所遺，夙曾賡補。歲當癸甲，予陳臬鄂渚，兼典通志局。子珍偕錢塘諸璞齋大令應聘在局，分修圖經。二人者，既同鄉舉，復壹志篤學。暇輒以合刻二書，請予謀諸宛平瞿賡甫觀察韙之，畀稿寫官，以排比校勘之役任璞齋。寫不及半，秋仲，子珍起復，供職京朝。將逾歲，遽以咯血殁於邸寓。鄂局又絀於資，弗果付剞劂氏。丙戌夏，予移官關中，後璞齋亦需次吳下，已置高閣矣。明年秋，璞齋奉檄提調書局事宜，馳函賡甫索稿，郵致之。予適備藩來吳，再諾璞齋之請。刻既畢，問序於予。予嘉璞齋之不負死友，易地三千里，閲時五六稔，卒能竟未竟之志，使篇林善本獲傳於世。充此心也，天下無弗可集之舉，謂非讀者一大快歟。予爲敘次顛末，又轉惜子珍之不及見成書也，嗟夫！

陸心源《儀顧堂續跋》卷二《春秋會義跋》　恭讀高宗純皇帝御製書洪咨夔《春秋説》論隱公作僞事注，有云：盧全《摘微》久佚，惟宋杜諤《春秋會義》採其説，今於《永樂大典》散篇内衷輯得之。則是書曾經御覽矣。今《簡目》既無其書，《提要》亦不附存其目，其爲遺漏而非不録可知。

又卷三《春秋十二公年譜跋》　《春秋魯十二公年譜》，一百四十八葉，不著撰人姓氏，格心有「鰭崎亭」三字。蓋全謝山先生從《永樂大典》抄出，以貽馬曰璐者。前有謝山跋。

劉毓崧《通義堂文集》卷七《輿地紀勝序代阮文達公作》　影鈔既畢，紹周復延儀徵劉孟瞻文淇及其子伯山毓崧纂輯紀盛《校勘記》，而自補鈔本闕文。戊申孟夏，《舊唐書校勘記》刻工已竣，《逸文》亦垂欲開雕，將次第及於《紀勝》。而紹周遽亡，其子秋舲銓及其從子仲陶鎔爲刻《逸文》，仍乞余爲序。余勖其並刻《紀勝》，以成紹周未竟之志，秋舲與仲陶咸悼念遺書，引爲己責。今歲先以《紀勝》付諸剞劂，延江都沈戟門棨、淩東笙鏞分任校字之事，其《校勘記》與補闕亦陸續刊行，復乞余爲序。余考地理類總志之書，傳於今者以《元和郡縣志》爲最古，其次則《太平寰宇記》，而兩書皆有闕文，前此孫氏星衍刻《元和志》於山左，其闕文六卷則嚴氏觀補之。萬氏廷蘭刻《寰宇記》於江西，其闕文八卷則陳氏蘭森補之。《紀勝》有功於地理，足以接武兩書，紹周所補者，皆據羣書所引原文裒輯成編，而不雜以他説，其意特爲矜慎。又得秋舲、仲陶爲之刊布全書，廣爲傳播，可謂後先濟美，盛舉出於一門矣。余以壯歲所得之書，越五十餘年竟得見其鋟板，海内讀書之士疇昔欲見而不可得者，今乃一旦盛行，洵衰年之快事也。故樂爲之序，使好刻古書者知所勸焉。

周中孚《鄭堂讀書記》卷五九《算經十書》　曲阜孔氏微波榭刊本，國朝孔繼

涵編。繼涵，字體生，曲阜人，乾隆辛卯進士，官户部主事。按：唐以明算科取士，限以年，《九章》、《海島》共三歲，《周髀》、《五經算》共一歲，《孫子》、《五曹》共一歲，《張邱建》、《夏侯陽》各一歲，《綴術》，祖沖之撰，四歲，《緝古》三歲，《記遺》、《三等數》皆兼習之。【略】是唐人爲經者八，《綴術》、《緝古》不謂之經，《算經十書》之名所由起也。五季離其科既廢，迨宋而《綴術》、《記遺》、《三等數》皆亡佚。嘉定戊申鮑澣之復録得《記遺》於《道藏》中，則是十書中經亡其一而《三等數》不數焉。體生得毛氏汲古閣所藏宋元豐監本七種，又假戴東原震所輯《永樂大典》中《海島算》、《五經算》，而十書備其九。舊附一，今附三，而併梓之。【略】《周髀算經》二卷，漢趙爽注，周甄鸞重述，唐李淳風釋，《音義》一卷，宋李籍撰。《九章算術》九卷，魏劉徽注，唐李淳風釋，國朝戴震補圖，《音義》一卷，宋李籍撰，附《策算》一卷，戴震撰。《海島算經》一卷，魏劉徽撰，唐李淳風注。《孫子算經》三卷，《五曹算經》五卷，《夏侯陽算經》三卷，《張邱建算經》三卷，唐李淳風注；劉孝孫撰。《細草綴術》，齊祖沖之撰，唐李淳風注。原闕《緝古算經》一卷，唐王孝通撰并注。《數術記遺》一卷，漢徐嶽撰，周甄鸞注，附《句股割圜記》三卷。

沈家本《三國志注所引書目序》　裴松之《三國志注》纂于宋元嘉中，古書目之可考者，此爲最古矣。張氏《書目答問》言其目載在趙翼《廿二史劄記》中，乃檢《劄記》所列僅五十餘種，遺漏實多，而舛錯亦不少。如所列有孫思光《獻帝春秋》，考《吴志·陸瑁傳》有廣陵袁迪，裴注云迪孫曄，字思光，作《獻帝春秋》。裴氏他卷又稱袁曄無所謂孫思光者，此必因爲迪之孫而字思光，以致舛錯。且《劄記》已列袁暐《獻帝春秋》，其意殆分爲二書，然孫思光則無是人也。又列夏侯湛《魏書》，偏檢裴注，無此書名。考《晉書·陳壽傳》云撰魏、蜀、吴三國志。夏侯湛時著《魏書》，見壽所作，便壞已書而罷。是湛書實未成，趙氏何以虚張此目也。又列顧禮《通語》，考《吴志·顧邵傳》有雲陽殷禮，官零陵太守。裴注：禮子基，作《通語》。所引《通語》即紀其父禮之事。《隋志》《通語》作殷興撰，《舊唐志》作文禮撰。殷興《續新志》作文禮撰。殷興續雖皆與裴注所言乖異，而别無顧禮其人，此殆以殷禮附見《顧邵傳》而致誤歟？此竝誤之尤者也。他如《獻帝傳》當即《獻帝紀》，《魏世籍》當即《魏世譜》。孫盛《雜語》、孫盛《雜記》當即孫盛《異同雜語》，亦稱《異同評》。荀綽《冀州紀》爲綽所撰《九州記》之一，裴氏又引有荀綽《兖州記》，亦其一也，此應列總名者。《漢書·地理志》、《續漢書·郡國志》已列總名，不當複出。又列《吴志》一目，《吴志》即承祚書，不當别出。此又其誤之顯然者也。今重加編輯，依《隋書·經籍志》之例，分爲四部。計經部廿二家，史部一百四十二家，子部廿三家，集部廿三家，凡二百十家。視趙氏所輯，增四之三，較爲詳備矣。其書稽諸隋、唐《志》，著録者多，而亡佚者少，可見南北分争之際，書籍之毁失猶未大甚。趙宋以後，則日漸銷亡，十不存一，是可歎也。裴氏引書之例承祚，闕者補之，紕繆者矯正之，論辯之乖異而不能判者抄内之以備異聞，其用事之顯著者則不注，裴之自言如此。四庫總目則云：「一曰引諸家之論以辨是非，一曰參諸家之説以核譌異，一曰傳所有之事詳其委曲，一曰傳所無之事補其闕佚，一曰傳所有之事詳其生平，一曰傳所無之事附以同類。」此六端者，亦足與自言互相發明也。今觀其徵引繁富之中，時寓矜慎之意，竝非蔓引濫登，且所引事跡首尾完具，不似他書之割裂翦裁，六朝舊籍賴此以存。循斯目以求之，正不勝望古遥集之思焉。

又《寄簃文存》卷七《粗解統賦跋》　《粗解刑統賦》一卷，元孟奎撰。又《别本刑統賦解》，不知撰人姓名，合併于孟解之後，實則二書也。此本爲璜川吴氏藏鈔本，董綬金得之，遂寫一通，持以相贈。後又見江陰繆氏鈔本，係從常熟瞿氏本出。瞿本係舊鈔，不言何家所藏也。二書原併爲一卷，前半卷爲孟奎《粗解》，僅少末二條。後半卷自第三韻起，至末皆完。惟少前二韻，其解視孟解爲詳，當自爲一書，但不知出于何人。繆本析而二之，頗爲允當。《解刑統賦》者，賦解非傳作，不知爲何人所著？外此則有郄氏、王氏、孟氏、沈氏四家，今又得此别本自爲一家言，爰從繆本，釐爲二卷，仍附于孟解之後，而題曰《别本刑統賦解》，闕其撰人姓名，繆跋以爲元人是也。元人甚重此賦，故爲之注解者，非止一家。《永樂大典》所載諸家，惜未輯出，今亦亡矣。

陶方琦《漢孳室文鈔補遺·淮南許注異同詁續補鈔》　鄂中刻《補遺》一卷，後又獲見日本近出古書數種，如唐人卷本《玉篇零部》三册，又續出「糸部」一册及隋杜臺卿《玉燭寶典》十一卷、希麟《續一切經音義》十卷。重得淮南許詁如此，始知異書迭顯，嚮學靡止。再有續聞，必勤斠録。前閲畢氏《關中金石記》云唐人有史崇道藏《一切經音義》，引據古書亦稱博雅。尚書殁後，迄未刊行。世無其書，知者并尠。儻假以編帙前緣，繙帑餘暇，續掺閒詁，力歸完書，竝世學者，當有同志。

李慈銘《越縵堂讀書記·唐兩京城坊考》　閲徐星伯松《唐兩京城坊考》，共五卷。兩京冠以外郭城、三苑、宫城、皇城、大明宫、興慶宫六圖；東都冠以外郭城、苑宫城、皇城、上陽宫四圖。自序謂以己巳之歲，奉詔纂輯唐文，于《永樂大典》中得宋次道《河南圖》，乃據宋氏《長安志》爲本，采集金石傳記，合以程大昌、李好

問之《長安圖》，以爲吟咏唐賢篇什之助。其書成于嘉慶庚午，分門别里，條舉宫殿苑亭公私廨宅，援據史事，自爲之注，考證精密，古色盎然。平定張誦風穆更爲校補，亦稱詳審。借誤字甚多。

又《舊五代史》 閲《舊五代史》，朱梁之惡極矣，而篡代以後，凶暴頗戢，愛禮文士，容納諫臣，亦有一二可記。如任李琪兄弟及容崔沂之類。又其時蒙面喪心如張文蔚等皆終身富貴，唐之世族如李、盧、崔、鄭、蕭、劉、杜、薛之流，科第仕宦，往往如故。友貞尤好儒士。見李愚、竇夢徵等傳。當日士夫沿唐季浮薄之習，止知詩賦，不識倫常，社稷爲輕，科名爲重，但保門第，遑恤國家。故雖劇盗之朝，儼然奉爲正朔所在，中原禮樂，自詡承平。其視李晉王父子憑阻河東，崎嶇百戰，經營西北，參雜華夷，外倚契丹，内恃部族，雖名爲興復唐室，而時人不知忠義，反以蕃人外之。迨莊宗滅梁，諸人久據華要，相率歸順。莊宗既以爲中朝舊族，練習掌故，欲資其用，於是黨護氣類，陰右朱氏。既有張全義力阻發朱温之冢；并其用事之臣，自敬翔、李振、趙巖、張漢傑等數人外，一切録用，而發唐陵之温韜，改昭宗謚之蘇楷，皆居位如故。至明宗時，始議改哀帝之謚，欲尊爲景宗，而廷臣復謂少帝行事不合稱宗，遂止改謚昭宣，蓋皆陰主梁以外唐也。宋初修史者薛居正李昉李穆之徒，皆歷事二朝，受唐六臣之衣鉢，耳目相習，不辨邪正，公然以梁爲正統，於《太祖紀》務求詳贍，推崇備至，今本梁《太祖紀》《永樂大典》已闕，據《册府元龜》所引薛史，並掇《五代會要》、《太平御覽》諸書爲之，附注仍得七卷。《末帝紀論》繫以美辭，而於《唐武皇紀論》多致不滿，令人讀之張目。昔人謂唐修《晉書》出許敬宗等人奴之手，宜其蕪雜，薛文惠等亦奴才也。至於作《五代會要》者爲王溥，撰《册府元龜》者爲王欽若，皆不足道之人，宜其奉碭山如唐虞，視巢蔡如湯武矣。終當日人心之不僞梁者，實藉文士之力。吾嘗謂北齊高氏之得并魏、周，其書亦列爲一代之史，由於文林館中李德林諸人，朱梁亦然。

又《竹書紀年》 《竹書紀年》出於晉世，自唐孔穎達斥爲不經，今所存者，又爲明人竄亂，已非原本，然三代佚事，多有類此存者，足以補經傳之闕。如帝啟十年，放王季子武觀于西河，武觀以西河畔，足證《左傳》夏有觀扈、《國語》啟有五觀之文。自韋昭、酈道元以五觀爲即《五子之歌》所云太康弟者，國朝閻氏若璩、惠氏棟力主其説。而以今所傳《五子之歌》，其文與事不合，乃出自《古文尚書》，爲晉人僞撰。孫氏星衍亦以五子即五觀乃一人，而又謂之者，往也。歌戈過古字通，乃夏侯國名，其後爲浞澆所據。《五子之歌》，乃啟命五觀往封于歌之文，猶微子之命蔡仲之命類也。王氏鳴盛又以爲《竹書》及《逸周書》，皆言啟命彭伯壽征武觀，武觀來歸，蓋其後又道太康以荒淫，遂致失國。則《五子之歌》，必是史臣記五子淫樂致亡之事。而皆云五武字同。五子之爲武觀，確然無疑。愚按諸説雖皆有本，然未免逞新立異；必云《古文尚書》爲僞託，亦未敢盡信。蓋五觀是一人，乃啟之奸子；五子又别是五人，則皆太康母弟也。五觀亦稱五子，見《逸周書・嘗夢篇》，蓋觀是國號，武是名，以音近而爲五，故亦曰五子。若作歌之五子。乃是五人，皆賢者也。孫氏歷引歌戈過三字之通者，然即其説亦當云「五子之命」，不當云「五子之歌」也。王氏尤是想當然語，書百篇無專記荒唐者，故皆未敢信。盤庚元年，自奄遷於殷，足以證《書・盤庚》篇「不常厥邑于今五邦」之文。湯遷亳，仲丁遷囂，河亶甲遷相，祖乙遷耿及奄，爲五邦。馬融注數商邱而不及奄者，乃未見《竹書》之文。《書序》明言祖乙圮於耿，則更遷於奄無疑。鄭康成謂祖乙去相去耿，而國爲水所毁，修德以禦之，不復徙，亦是未見《竹書》而爲此想當然語。祖乙初遷已圮矣，至盤庚更歷七主一百二十五年而始遷都，豈祖乙以下世能修德乎？若追數商邱，則湯自商邱遷亳時，尚爲諸侯。盤庚所云五邦，自皆指王畿而言，不當復及侯國事，否則自契至於成湯凡八遷，何不併數之而云十二邦耶？至孔《傳》以爲並殷言之，則更無此文義矣。況殷即係亳故都之地。亦不得云五邦也。幽王十一年，申侯、魯侯、許男、鄭子立宜臼于申，虢公翰立王子余臣于攜，周二王並立。平王二十一年，晉文侯殺王子余臣于攜，足證《左傳》攜王奸命諸侯替之之文。此皆三代興廢之大，其事具有本原，不可僞造，安得以不經斥之。若其事之荒唐，爲後人口實者，如舜囚堯，伊尹自立，太甲殺伊尹等，最爲害理。沈約謂後人竄入，非汲冢本文。國朝徐氏文靖、雷氏學淇曾辨之矣。周以前之史，《尚書》、《春秋》外惟此僅存，良可寶貴，今日偶記及，因論之如此。雷氏字瞻叔，號竹卿，順天通州人，嘉慶甲戌進士。貴州知縣。著有《古經考》、《天象考異》、《世本注》、《夏小正疏》、《韻辨》、《亦囂囂齋經義考》諸書。余有其所注《竹書紀年》，甚博辨。雷兄弟十人，七登甲乙科。父鐏，以乙科放知縣，著有《古經服緯考》，亦行世。

又《東觀漢記》 閲《東觀漢記》二十四卷，掃葉山房翻刻武英殿聚珍本也。《東觀記》自明帝詔班固等譔始，至靈帝時蔡邕、盧植等訖功，而獻帝時楊彪復修補之，蓋屢經名儒之手，至三續而始成，其難至是。晉時以《史記》、《漢書》與此爲三史，至唐而漸佚，南宋而亡，學者憾焉。乾隆間，館閣諸公，搜殘拾墜，釐爲二十四卷，稍存梗略，其功誠鉅，顧考其中，范《書》所無者不過二十餘人，亦鮮有事跡可紀。惟益州太守王阜事稍可録，而著其政績之異，並無實事，但侈陳瑞應，殊涉浮怪，蓋係其子孫家狀，或吏民碑頌之詞，全非國史之體，故蔚宗削之，但附見于《南蠻・西南夷列傳》云：肅宗元和中，蜀郡太守王追爲太守，政化尤異，有神馬四匹出滇池海中，甘露降，白烏見，始興起學校，漸遷其俗，云云。益歎范《書》去取誠爲

不苟，而蔚宗詢千古良史，遠非伯喈所能及也。其以王阜作王追者，案阜乃俗字，說文作自，大陸也；又𠂤，小自也。自俗作堆，《儀禮・士冠禮》作追，注「追猶堆也」。《文選・七發》「踚岸出追」，李善注「追亦堆字，今爲追，古文假借之也。」是蓋王名本作𠂤，傳寫者譌爲自，世遂以阜俗字寫之，范《書》則用古假借字作追耳。《四庫書目提要》，言章帝之詔增修羣祀，杜林之議郊祀，東平王蒼之議廟舞，皆一朝典禮之大，范《書》俱不詳載其文。他如張順預起義之謀，王常贊昆陽之策，楊正之嚴正，趙勤之潔清，概從闕如，殊爲疎略。案范書《章帝紀》，元和二年，已載詔曰：「今山川鬼神，應典禮者，尚未成秩，其議增修羣祀，以祈豐年。」云云。杜林東平王之議，范《書》亦載其事與文，首尾略具。蓋作史者但見其大端，已足以示後世，固不必一一詳述之也。若張順王常之事，《東觀記》但於《光武本紀》中帶叙一語，此則范《書》偶漏之者。然此等本不甚有關係，固亦易於忽過。惟楊正趙勤二人行事可述，似不宜闕，而二人皆止於功曹，亦尚非史册所必不可少者。且正祇一事，去之尤無大害，要皆不足爲蔚宗病，亦讀蔚宗書者所不可不知也。子故採其事，爲補録於范《書》中，而紀其略於此，俾後之讀者有考焉。閲《東觀漢記》四庫本，其末載不知時代者二十八人。案馮模即馮魴，楊喬見范《書孟嘗傳》。桓帝時人。

又《九國志》 閲路振《九國志》。九國以吴、南唐、吴越、前蜀、後蜀、東漢、南漢、閩、楚爲次，久已散佚，後人於他書掇拾成之，故吴事獨盈三卷，而南唐僅有周本一傳。太原劉氏，他書皆稱北漢，此獨稱東漢。又稱劉繼元爲英武帝，此出太原故臣之追謚，而歐薛史皆不載，路氏亦不著所以。朱竹垞《跋太原天龍寺千佛寺碑》云碑稱承鈞爲睿宗皇帝，繼元爲英武皇帝，皆史所未及。

又《儀禮釋宫》 閲《儀禮・釋宫》，此李氏如圭所著，朱子録之，蓋欲取以入《儀禮經傳通解》，而後人遂誤以爲朱子作，編入《文集》。乾隆中開四庫館，據《永樂大典》所載李氏《儀禮集釋》諸書及《中興書目》，知爲李作，奉敕更正，又命武英殿以活字版行之。而《欽定三禮義疏》成於乾隆初年，故《儀禮》卷首列是書，尚稱爲朱子所作。今浙局翻刻《義疏》，仍原本之舊，未及改也。

又《尚書集注音疏》 閲江氏《尚書集注音疏》。自注自疏，古所罕見，江氏蓋用其師惠定宇氏《周易述》家法。惠氏以荀、鄭、虞等《易》注既亡，掇拾奇零，非有一家之學可據，故不得不爲變例。江氏亦以馬、鄭之注，由於輯集，故用其師法。鉅儒著述，皆有本原，不得以井管拘墟，輕相訾議也。

又《尚書大傳》 閲陳恭甫所輯《尚書大傳》，廣東新刻《古經解彙函》本也。原分五卷，番禺陳蘭浦澧并爲三卷，較閩中舊刻爲精，然尚有誤字。其前冠以《序録》一卷，自《史記・儒林傳》至國朝嘉慶十年禮部題準山東巡撫全保咨送伏生六十五代孫鄒平人伏敬祖承襲五經博士一疏，而附以元文宗至順二年禮部尚書張起巖所譔《濟南鄒平縣伏生鄉重修伏生祠記》。蓋建立伏氏博士之議，剏於嘉慶元年孫淵如氏署山東按察使時所請，而鄒平縣有伏生鄉，伏氏子孫僅三人，其二皆年老務農，遂以敬祖應襲。其地有伏生墓及祠，所據者亦止起巖此碑也。後附《大傳辨譌》一篇，辨盧氏《雅雨堂本》及曲阜孔叢伯廣林本之誤。恭甫氏考證精洽，條系出處，較之盧本，實爲遠勝。蓋盧刻雖稱宋本，得之吴中藏書家，要出於掇拾，不足信也。吾邑樊氏廷筠亦有輯本，余舊有之，今已失，不能復記。陳氏此編，可謂空前絶後矣。閲《尚書大傳辨譌》，其辨盧氏文弨、孔氏廣森之誤，極爲精細。然陳氏皆據他書所引，不言《大傳》以證其誤妄，安知盧氏不別有所據乎？大約近儒之學，遞考遞密，而前輩所見之書，亦往往有未見者。

吴汝綸《答陳朴園論尚書手劄》 大著《今文尚書考》，扶千秋之微學，羅百氏之舊聞，世業無媿乎向、歆，專家近掩乎孫、段。自梅賾古文專行於世，即馬、鄭遺説亦就散亡，若歐陽、夏侯之學，則更廢墜失傳，莫可考引。是以我朝朴學諸公得漢人片言，寶若彝鼎，而三家之學，絶無有尋其墜緒者，閣下獨旁搜遠紹，輯成《歐陽夏侯遺説考》，洵爲前哲所未逮。至如《泰誓》一篇，武帝末始出自二劉父子，馬、鄭諸儒均以爲後得之書，其非伏生所傳無疑。《史記・周本紀》所載誓辭數十言，蓋如《殷紀》之載《湯誥》，皆史公網羅放失而存之者。其時民間所獻之《大誓》猶未出也。王伯申乃曲證其傳自伏生，殊不足據。「白魚、赤烏」出於《大傳》，《本紀》以爲九年觀兵時事，其下十一年云：「武王乃作《大誓》」，則九年未作《大誓》甚明。而後出之《大誓》有「赤烏」等説，明與《史記》不合，此自後人割取《大傳》、《史記》而誤合之者。又其時《左傳》、《國語》、《孟子》諸書未出，亦未能刺取以彌其闕。江艮庭强釋馬融之疑，實非衷論。章句即偶有脱遺，何至諸書所引無一見存者耶？閣下既信《大誓》非伏生所傳，而猶取江氏之説，似尚未安。又謂《書序》真孔子作，而以足廿九篇之數，亦仍有可疑者。唐孔氏謂伏生廿九卷而序在外，蓋以伏生所得廿九篇及安國以古文考廿九篇皆主本經爲言，不應兼及序説，而《儒林傳》稱張霸分析廿九篇又采《左氏傳》、《書序》云云，尤爲序不在廿九篇之確證。竊謂《書》惟古文有序，今文則伏生於經尚亡數十篇，無緣更存序文。古人經、傳別行，古文既

入中秘，其序自傳人間，故張霸得以採取，非今文自有序爲張霸所采也。《詩》三家序彼此不同，今文《書》若有序，安得與古文略無異義？况伏生篇弟《盤庚》合爲一篇，《康王之誥》合于《顧命》，又自與序牴牾耶？《世家》稱孔子序《書》，《漢志》亦稱孔子簒《書》凡百篇而爲之序，所謂序者，殆如《易》之《序卦》。《法言》云：「昔之説《書》者序以百」，温公訓「序」爲篇之次第，是也。若謂孔子作《書序》，則有以決其不然。伏生《書》，《堯典》本爲一篇，而《舜典序》謂「堯使嗣位，歷試諸艱」，此則同于姚方興之分題矣。《孟子》太甲放桐前後凡六年，而《伊訓序》謂放桐三年，則同於梅賾之古文矣。今知梅姚之僞妄而顧信序爲孔子作，豈非知二五而不知十耶？愚意《大誓》即屬後得，今文又本無序，則古經止廿八篇。《漢志》稱廿九卷者，班據《别録》作《志》時，後出《大誓》已合於經也。《史記》云伏生得廿九篇者，又後人據班書改之者也。孔臧言廿八篇象廿八宿，臣瓚《漢書》注亦言當時學者謂《尚書》唯有廿八篇，是知《史記》本亦言廿八篇矣。若如閣下所云伏生與兩夏侯同爲廿九篇，伏生則數《小序》不數《大誓》，夏侯則數《誓》不數《小序》，篇數雖同，篇名各異，恐非其實也。覽尊著服其精博，愧無以相益，聊獻所疑如此，若有未然，不憚互質。

孫詒讓《籀廎遺著輯存・曾子輯注序》　《漢書・藝文志》：《曾子》十八篇。其篇目離合，與今《曾子》書同異無可考。隋、唐《志》有《曾子》二卷，王應麟曰：「今《曾子》十篇，皆見於《大戴禮》，蓋後人摭出爲二卷。」朱子亦謂世傳《曾子》之書，獨以《大戴禮》之十篇充之。是知昔人已取《大戴記》十篇别爲《曾子》書。隋、唐《書》列之於《志》，宋世猶見行本。高似孫《子略》及應麟《漢志考證》引《曾子》首篇題作《修身》，今《大戴記》題作《立事》。意當日行本，其中必有遺文奥義，參差損益，可以資考訂、廣異聞者，惜乎其不傳也！吾邑彭麗崧先生，平日服膺曾子之言，既爲《孝經注解補正》，又廣採傳記中曾子軼聞粹語，匯爲一編，世庶幾得見曾子之全書矣，而先以近所爲《曾子》十篇輯注命余爲序。

又《輯周禮馬融鄭玄叙》　賈公彦序《周禮廢興》引馬融《傳》即季長《周禮傳叙》，又引鄭君《叙》，則《三禮目録》中之《周禮叙》也。今玄書並佚，賈氏節引，文句斷續，首尾不具，又以疏釋之語錯厠其間，讀者猝不易得其端緒，近馬《叙》有馬國翰輯《周禮傳》本，鄭《叙》有盧文弨《鍾山札記》、臧庸輯《三禮目録》本。惟臧本較精審，馬、盧兩家則咸有舛互，今審校文義，重爲䚡理兩君《叙》與賈釋各分别書之，並列馬盧同異，以資省覽。

又《籀廎讀書録》　《干常侍易注疏證》一卷，清方成珪撰，清光緒間玉海樓鈔本。干令昇《易注》，南宋以來久佚；微文碎義略見於陸氏《釋文》、李氏《集解》，近代集本，有屠曾、張惠言、孫堂、馬國翰四家。惟張本間有箋釋，然甚疏略，于干《易》義例未能詳述也。此書爲吾鄉方雪齋教授所著，校釋精備，遠出諸集本之上；又以《易》義本孟、京，以孟、京例校干詁，大較符合，别爲《集證》一卷以廣其義。干書雖亡，得此足見其概矣。

王仁俊《玉函山房輯佚書續編・世本》　譜篇。俊按：桓譚曰：太史公《三代世表》旁行斜上，並效《周譜》。《隋志》載《世本》、《王侯大夫譜》二卷，是《世本》有《譜篇》也，述《譜篇》。魯襄公二十二年冬十月庚子，孔子生。《祖庭廣記》一。俊按：孔子七十世孫廣牧《先聖生卒年月日考》曰：《祖庭廣記》，先五十世祖諱元措所譔也。宋元豐八年，先聖四十六世孫諱宗翰撰《家譜》。宣和六年，先聖四十七世孫諱傳撰《祖庭雜記》。資政君俊按：指諱元措者。因舊文纂爲《祖庭廣記》，時當宋理宗寶慶三年。《廣記檢閱書目》，《世本》未著録，知首卷所引《世本》爲《家譜》、《雜記》原文。二書成於元豐、宣和之世，其所据《世本》乃北宋相傳舊帙，南渡佚之，可惜也。故《崇文總目》亦不著録，秦嘉謨謂五季時已亡，蓋考之未審耳。《御覽》成於太平興國八年，引用書目《世本》尚著録，亦其證也。

又《南北郊冕服議》　後漢劉蒼撰。按：《後漢書・光武十王傳》，東平憲王蒼，少好經書，雅有智思，以天下化平，宜修禮樂，乃與公卿共議，定南北郊冠冕車服制度，及光武廟登歌、八佾舞數，語在《禮樂輿服志》，章懷注其志，今亡。俊今觀從《東觀漢紀》剌得議一條，以存東平禮學，且可据以補《禮樂輿服志》也。

又《五家要説章句》　《五家要説章句》，後漢明帝撰。《後漢書・桓榮子郁傳》，郁傳父業，以《尚書》教授門徒。帝自製《五家要説章句》，令郁校定於宣明殿。注引華嶠書曰：帝自製《五行章句》，此言五家即謂五行之家也。引《東觀記》曰：其冬，上親於辟雍自講所製《五行章句》已，復令郁説一篇。按：明帝從桓榮受《尚書》，其章句所述當與「鴻範五行」之學無異，今章句已佚，昔馬氏輯《孟子鄭注》據《周禮鄭注》中引《孟子》而有説義者，以存鄭義。今依其例輯《明帝詔語》，涉及《尚書》以見梗概云爾。

又《春秋三家經本訓詁》　《春秋三家經本訓詁》一卷，後漢賈逵撰。《隋志》列其書作十二卷，今据《公羊疏》及《左傳疏》所引賈氏辨明三家異同，當即此書語惟据所云云，知賈据《左氏經》爲綱，而列二家於下者，今先補列《春秋經》焉。《公羊》定十年，叔孫州仇、仲孫何忌帥師圍費，疏云：《左氏》、《穀梁》此「費」字皆爲郈，賈氏不云《公羊》曰費者，蓋文不備，或所見異也。齊侯、衛侯、鄭游遨會於鞏，

疏云：《左氏》、《穀梁》作「安甫」，賈氏不云《公羊》曰「奮」者，亦是文不備。十五年，齊侯、衛侯次於籧篨，疏云：《左氏》作「籧挐」字，賈氏無説，文不備也。據此數條，侯君謨謂此書體例，於《左氏》經文之異公、穀者，必釋之曰公、穀作某，故偶有未言，徐彦即以爲不備也。侯説是也。今依輯爲一卷，以存景伯春秋學。

又《周易姚氏注》　《周易姚氏注》一卷，吴姚信撰《吴志》無信傳。阮孝緒《七録》云字元直，吴興人，吴太常卿。陸德明《釋文序録》云字德祐，《吴志·陸績傳》注有表請賜績女鬱生以義姑之號。又《陸遜傳》：「姚信以親附太子，枉見流徙。」又《孫和傳》：「寶鼎二年十二月，遣守丞相孟仁、太常姚信等備官僚中軍步騎二千人，以靈輿法駕東迎神於明陵。」又《晉書·范平傳》：「平研覽墳索，遍該百氏，姚信、賀部之徒皆從受業焉。」又《南史·姚察傳》：讓選部書曰：「臣九世祖信，名高往代。」又《七録》有《姚信集》二卷，又有《士緯新書》十卷，姚信撰。又《姚氏新書》二卷，此其事蹟可考者。其説《易》與荀虞相似，故《九家集解》有之，梁《七録》云十二卷，《隋書·經籍志》、《唐藝文志》皆十卷，陸德明《釋文序録》亦云十卷。其書今佚，《釋文》、《正義》及《李氏集解》引四十餘節，輯爲一卷。其《士緯》佚編及他文辭別輯録之，依《隋志》一入名家，一入集部云。

搜集佚文分部

綜述

胡應麟《少室山房筆叢》卷三　漢《七略》所録【略】《莊子·逸篇》十有九，《淮南鴻烈》多襲其語，唐世司馬彪注猶存，《後漢書》、《文選》、《世説注》、《藝文類聚》、《太平御覽》間見之。斷圭碎璧，足爲匣櫝之珍，博識君子，或有取焉。

朱彝尊《曝書亭集》卷五八《尚書古文辨》　東漢之初，扶風杜林得漆書于西州，以授徐巡、衛宏，于是賈逵作訓，馬融作傳，鄭康成注解，餘若尹敏、孫期、丁鴻、劉祐、張楷、孔喬、周磐，類從漆書之學，初不本于安國。而孔穎達《正義》，謬稱孔所傳者，賈逵、馬融等皆是。又言鄭意師祖孔學，而賤夏侯、歐陽等。由穎達不察見古文字，即以爲安國所傳，亦觕疎甚矣。漆書古文，雖不詳其篇數，而馬、鄭所注實依是書。陸氏《釋文》采馬氏注甚多，然惟今文暨小序有注，亦無一語及增多篇文，是賈、馬、鄭諸家未覩孔氏古文者也。《後漢書·孔僖傳》：「自安國以下，世傳《古文尚書》。」《連叢子》亦載孔大夫與僖子季彦問荅。大夫曰：「今朝廷以下，四海以内，皆爲章句内學，而君獨治古義，盍固已乎？」季彦荅曰：「先聖遺訓，壁出古文，臨淮傳義，可謂妙矣，而不在科策之例。世人固莫識其奇，賴吾家世世獨修之。」若是，則壁中之《書》，僖家具存矣。獨怪肅宗幸魯，遇孔氏子孫，備具恩禮。僖家既有臨淮傳義，其時上無挾書之律，下無偶語之禁，何不于講論之頃，一進之至尊，上之東觀，乃祕不以示人乎？竊意僖家古義，亦無異博士所傳之篇目，是僖亦未覩孔氏增多之古文也。趙岐注《孟子》，高誘注《吕覽》，杜預注《左傳》，遇孔氏增多篇内文，皆曰逸書，惟許慎《説文序》，謂《易》稱孟氏，《書》孔氏，《詩》毛氏。夫以賈、馬、鄭諸儒均未之見，許氏何由獨得之？其撰《五經異義》，于《舜典》「禋于六宗」，一云六宗者，上不謂天，下不謂地，旁不謂四方，居中恍惚，助陰陽變化。此歐陽生、大小夏侯氏説也。一云《古尚書説》，六宗者謂天宗三，地宗三。天宗，日、月、北辰也。地宗，岱山、河、海也。日月爲陰陽宗，北辰爲星宗，岱山爲山宗，河海爲水宗。所謂《古尚書説》者，賈逵之説，本之漆書者也。使許氏稱孔氏《書》，則四時、寒暑、日月星、水旱之氣，亦必舉之矣，乃僅述歐陽、夏侯、賈氏之説，則慎實未見孔氏古文者也。譙周《五經然否論》，援古文書説，以證成王冠期。攷今《孔傳》無之，則周亦未見孔氏古文者也。《正義》謂「王肅注《書》，始似竊見《孔傳》」，故注亂其紀綱爲夏太康時」。然攷陸氏《釋文》所引王注不一，並無及于增多篇内隻字，則肅亦未見孔氏古文者也。《正義》又云：「《古文尚書》，鄭沖所授。」沖在高貴鄉公時，業拜司空。高貴鄉公講《尚書》，沖執經親授，與鄭小同俱被賜。使得孔氏增多之書，何難上進。其後官至太傅，禄比郡公，几杖安車，備極榮遇，其與孔邕、曹羲、荀顗、何晏，共集《論語》訓注，奏之于朝，何獨孔書止以授蘇愉，祕而不進？又《論語解》，雖列何晏之名，沖實主之。若孔書既得，則或謂孔子章引書，即應證以《君陳》之句，不當復用包咸之訓，謂「孝乎惟孝，美大孝之辭矣」。竊疑沖亦未見孔氏古文者也。《正義》又引《晉書》：皇甫謐從「姑子外弟梁柳得《古文尚書》，故作《帝王世紀》，往往載《孔傳》五十八篇之書。」夫士安既得五十八篇之書，篤信之，宜于《世紀》均用其説，乃《孔傳》謂「堯年十六即位，七十載求禪，試舜三載，自正月上日至堯崩，二十八載，堯死，壽一百一十七歲」。而《世紀》則云「堯年百一十八歲」。

《孔傳》謂舜三十始見試用，歷試二年，攝位二十八年，即位五十年，升道南方巡守，死于蒼梧之野而葬焉，壽百一十二歲。而《世紀》則云：「舜年八十一即真，八十三而薦禹，九十五而使禹攝政，攝五年，有苗氏叛，南征，崩于鳴條，年百歲。」《孔傳》釋文命，謂「外布文德教命」，而《世紀》則云：「足文履已，故名文命，字高密。」《孔傳》釋伯禹，謂「禹代鯀爲崇伯」，而《世紀》則云：「堯封爲夏伯，故謂之伯禹。」《孔傳》釋吕刑云「吕侯爲天子司寇」，而《世紀》則云「吕侯爲相」。所述多不相符，竊疑謐亦未見孔氏古文者也。然則增多十六篇，自漢迄西晉，蔑有見者。一旦東晉之初，古文五十九篇俱出，而并得孔氏受詔所作之傳，學者有不踴躍稱快者乎？於焉諸儒或説大義，或成義疏，或釋音義，越唐及汴宋，莫敢輕加擬議。南渡以後，新安朱子始疑之。伸其説者，吴棫、趙汝談、陳振孫諸家，猶未甚也。迨元之吴澄，明之趙汸、梅鷟、鄭瑗、歸有光、羅郭仁，則攻之不遺餘力矣。蓋自徐邈注《尚書逸篇》三卷，晉人因而綴輯，若拾遺秉滯穗以作飯，集雉頭狐腋以爲裘，于大義無乖，而遺言足取，似可以無攻也。論其大略，《傳》文之可疑者：安國嘗注《論語》矣，《堯曰》篇「予小子履」十句注云：是伐桀告天之文。《墨子》引《湯誓》若此，而《傳》以釋《湯誥》，在「克夏之後，雖有周親」二句注云：親而不賢則誅之，管蔡是也。仁人，謂箕子、微子，來則用之。而《傳》則云：「紂至親雖多，不如周家之多仁人。」《傳》、注出自一人之手而異其辭，何與？《史記・殷本紀》：殷之太師、少師持其祭器奔周。《周本紀》：紂殺比干，囚箕子，太師疵、少師强抱其樂器奔周。《宋世家》：微子數諫紂，紂弗聽。及去，未能自決，乃問于太師、少師。太師、少師勸微子去，遂行。則今文《微子篇》所云父師、少師，自有其人。史遷受書于安國，其説必本于安國也，乃今《孔傳》云：父師、太師、三公，箕子也。少師、孤卿，比干也。夫三仁皆殷王子父師，若係箕子，殷人尚質，其語兄之子必呼其名，惟出于疵之口，故稱微子曰王子也。班氏《古今人表》，亦書太師疵、少師强姓名，流傳有自，而僞託《孔傳》者不知也。至于《賄肅慎之命》注云：東海駒驪、夫餘、馯貊之屬，武王克商，皆通道焉。攷《周書・王會篇》，北有稷慎，東則濊良而已，此時未必即有駒驪、扶餘之名，且駒驪主朱蒙，以漢元帝建昭二年始建國號，載《東國史略》，安國承詔作書傳時，恐駒驪、扶餘尚未通于上國，况武王克商之日乎？

又卷六〇《説緯》 自晉以降，其學寖微。然釋慧皎作《高僧傳》，稱法護博覽六經，游心七籍。沈約作《宋書》，于《天文》、《五行》、《符瑞》亦備引緯候之説。蕭子顯《南齊書志》亦然。而周續之兼通五經五緯，號爲十經。直至隋焚禁之後，流傳漸罕，乃孔氏穎達、賈氏公彦、徐氏彦猶援以釋經，杜氏公瞻、歐陽氏詢、虞氏世南、徐氏堅編輯類書，間亦引證。今則樊英傳注所載，隋唐《經籍志》所録，《太平御覽》所采，學士大夫能舉其名者寡矣。

袁鈞《瞻衮堂文集》卷首《鄞縣西袁氏家乘》 治經力尊古訓，篤實謹嚴，以謂兩漢以後，隋唐以前，專門授受，遞禀師承，非游談無根者比，於是援據舊籍，採漢唐諸儒之説，條分而縷析之，爲《孝經古解》九卷、《論語古解》二十卷。又以鄭君康成爲一代大儒，綜貫繩合，出兩漢經師之上，自王肅僞作古書，駁難鄭義，高密遺文，幾幾歇絶，於是掇拾殘剩，鉤稽同異，凡單詞隻義，散見於古書者，甄采殆盡，爲《鄭氏佚書》二十三種，總七十九卷。近代學者疾陋儒擺落漢唐，師心自用，遂至厭薄朱子，務考求於一名一物以争勝。先生則謂朱子鎔鑄羣言，獨標精義，未可以空疏薄之。於是參考衆説，務取持平，爲《詩經朱傳翼》二十卷、《朱傳補義》一卷、《讀詩偶記》十二卷。至鄉邦文獻，搜討尤富，自宏篇鉅製以及零章斷簡，片長薄技，一一掇拾而表章之，不令蠹没。如師保爲之董督，如後死者受死者之付託，終其身不忍背負，爲《四明文徵》若干卷、《獻徵》若干卷、《詩彙》一百卷、《書畫記》十六卷、《近體》、《樂府》十四卷。嗚呼！可謂勤矣！【略】所著書，又有《西袁氏家乘》二十四卷、《袁氏傳徵録》若干卷、《瞻衮詩文集》三十卷，皆寫定，可傳於世。

盧文弨《抱經堂文集》卷二《尚書大傳考異補遺序戊寅》 《尚書大傳》三卷，《宋志》猶載之，近代學士大夫多不聞有是書。吾鄉孫晴川氏之騄嘗於羣書中鈔撮薈萃，釐爲三卷，以求合於前志之數，其用力可謂勤矣。文弨嘗得其書而讀之。如《洪範五行傳》不及《文獻通考》所載之詳，而其閒又有以向、歆之文闌入之者，與伏生書大不類。至若「戕者」「甫刑」，仍作「戡黎」「吕刑」，而又無《羿命》。思欲因其規模，少加增損，然載籍浩繁，非一目所能盡，偶有綴緝，未必有益於本書也。吾宗德水雅雨先生，尊經嗜古，訪求此書，得之吴中藏書家，刊而行之。文弨得之，以校孫氏之書，其詳備實勝之。至篇目有互異，編簡有先後，則皆出於掇拾之餘，而非隋唐以來之完書。然求其所闕佚者，殆亦僅矣。其閒傳寫異同，蓋所不免，因爲作考異若干條。且念孫氏苦心蒐討，不爲無功，凡有可以裨益是書者，亦慎取而集録之以繫於後，使有所附以傳焉。孫書《召誥傳》有「大社唯松，東社唯柏，南社唯梓，西社唯栗，北社唯槐」之文，蓋本諸《白虎通》。然《北史・劉芳傳》引以爲《尚書》逸篇，未必即是《大傳》，故余作補遺亦不載。然書中如「王曰若圭璧」及「丕天之大律」，亦逸篇也，則此亦不可遺也，故復取以綴於此云。

又《鄭氏注論語序丁酉》 康成注《論語》十卷，自周、齊至隋，盛行於人閒，《唐書》猶著録，至趙宋始不以入志，則書之亡也，其在五代之際乎？金陵嚴侍讀用晦自秦中歸，從三原王端毅後人處鈔得王深寧所輯《古文尚書鄭氏注》、《古文左傳》賈、服各家義，而此書亦其所編綴者也。鄭氏注在今日，誠如椎輪耳。使其書尚在，舉業家亦必不好，而志古之士要不忍使其墜遺。深寧叟勤勤搜採於亡佚之餘，釐爲兩卷，此書之不終泯，王氏之力也。其訓「不時不食」，謂一日之中三時食，不時謂非朝、夕、日中也。於「人而無恒不可以作巫醫」，則謂巫醫不能治無恒之人。以「子貢方人」謂謗人。皆與朱子義異，然亦未嘗不可以備一説也。王氏又嘗輯《鄭氏易》及《詩攷》，世多有其書；而此三書即吾鄉藏書家亦未備，故《浙江通志》中亦未以之入録。侍讀一見而傳其本以歸，可謂知所寶矣。余次第録之，適此書先竣，遂序其緣起如此。

又《王伯厚輯古文春秋左傳序丁酉》 文、武、周公之典章制度，於《左氏傳》尚有可考者。其言多古文，其訓釋亦當用古義。自晉杜元凱作《集解》，雖曰取前人之説而會通之，然其閒輒以其私臆妄易故訓者多矣。其最悖謬者，謂天子三年之喪，卒哭遂除衰麻，更制諒闇之服以終喪，以衛文公大布之衣、大帛之冠爲證，遂以其議定當代之制。此其誣經蔑禮，不可爲訓明甚。而唐時作《正義》，顧乃棄賈、服之舊注，獨以杜氏爲甲，其不可通處，必曲爲之説，而以賈、服爲非。今賈、服本書既已不可復見，就《正義》所引謂杜所不取者，往往遠出杜解之上。宋厚齋王氏乃於諸書中搜輯補綴，賈、服外，若鄭康成、馬季長、王子雍之説咸録焉。匪徒掇拾闕遺，蓋將以正杜氏之失也。因十二公分十二卷。江寧嚴用晦從秦中舊家録此以歸，余見而愛之。向見吳中惠定宇氏《左傳補注》一書，亦以古義糾杜之違，服其精確，録而置之篋中有年矣。今乃知王氏此書，定宇祖父以來即相傳有鈔本，而外人罕得見。余雖往來吳中，實不知惠氏之有此書也。頃閲近人余仲林所爲鉤沈，而後知之。惟王氏開之於前，故惠氏祖孫得益精之於後。如「丘賦卒兩」之説，皆不從杜。「遂扶以下」，依服虔作「遂跣以下」，以爲燕飲解襪之明證，一字之異，其有關於典制如此。余讀昭元年傳云：「秦后子享晉侯，十里舍車，自雍及絳，歸取酬幣，終事八反。」服氏謂十里置車一乘，千里百乘，以次相授，車率皆日行一百六十里。杜氏則謂每十里以八乘車，各以次載幣相授而還，不徑至，故言八反，千里用車八百乘。《正義》從杜難服，謂千里之路往還八反，車率日行一百六十里計，則一萬八千里，雖追風逐日之足，猶將不逮，遂謂杜義爲長。案：《正義》此駁，何其輕脱不思之甚也！十里一乘，一反行二十里，八反行百六十里，故服以是爲率，安得忽生一萬八千里之説輕相嘲笑乎？且其法，至元董摶霄實祖之以運糧矣。十步一人，負米四斗，三十六人行一里，人日五百反，爲二十八里。輕行者半，重行者半。百里用三千六百人，致米二百石。是即服氏之説可實見諸行事者。《正義》必抑之，使不得與杜氏竝，多見其無識也。此書雖非全文，然學者當愈知寶愛，如惠氏遂能以是成其家學矣。必若此，庶無負厚齋扶微繼絶、迪後人擇善而從之指意也乎！是書本無序，余不自揆，既稍加整比，遂僭爲題其端云。

又卷八《王厚齋詩考跋庚午》 漢賈景伯受詔撰《齊》、《魯》、《韓詩》與《毛詩》異同，今其書不傳。厚齋王氏乃從三家既亡之後，區區於羣書所引零章斷句，掇拾而成之，其用心可謂勤矣。夫三家之學，誠不如毛公之精，然竝行於當時，立博士，諸儒傳授，各有源流，非鑿空妄説比。而今皆失墜，莫覩其全，幸此書所輯，得以考十一於千百。三家中唯《韓詩》差詳，《齊》、《魯》則皆寥寥無幾矣，惜哉！明人有僞作《魯申公詩説》及《端木詩傳》者，故爲文蝕簡脱，以示可信，時亦有覺其僞者。得此書以相參驗，其僞乃益明，則此書誠學者所當寶貴也。余又觀近時人往往見古人所引《詩》、《書》與今不類者，輒以意更之。使得見此書，亦當瞿然知其不可妄作。故余急校而録之，并增其所未備者若干條，又所注書名復釐而析之，視舊本稍詳正矣。然余又欲學者善觀之，無徒取一二字句之異，曲爲之説，反攻毛氏。蓋古人引用偶有異同，如同一《左傳》所載，而「匪交匪敖」與「彼交匪敖」皆兩有之，王氏但載其與今異者耳，豈可便據此謂必當作「匪交」乎？又《毛詩》今所傳亦有譌，如「朔月辛卯」，今皆譌爲「朔日辛卯」矣；「家伯維宰」，今皆譌爲「家伯冢宰」矣。此非三家之文，乃轉寫致誤，而舉世習讀，鮮有知其譌者。余恐後世反得議此書之漏，是以并附著焉。

翁方綱《經義考補正》卷一〇 聘珍案：《經義考》「逸經」一類最爲疏漏，而《禮經》尤甚焉。《漢志》：《禮古經》五十六篇，高堂生所傳十七篇之外多三十九篇，雖無師説，然其篇名頗見于他書，如《學禮》見《賈誼傳》及《大戴禮》，《天子巡狩禮》見《内宰注》，《朝貢禮》見《聘禮注》，《朝事儀》見《覲禮注》，《蒸嘗禮》見《射人疏》，《古大明堂禮》見《蔡邕論》，《聘禮記》見《荀子》，此皆古禮之篇名，而竹垞未之及者也。又案：《説文》所引天子用全純玉也，上公用駹四玉一石，侯用瓚，伯用埒，玉石半相埒也，佩刀；士珕琫而珧珌，天子玉琫而珧珌，諸侯璗琫而璆珌之類，皆當日《禮經》遺文也。

錢大昕《潛研堂文集》卷二五《關中金石記序》 宋元豐中，北平田概嘗撰《京兆金石録》六卷，其書雖不傳，然陳氏《寶刻叢編》屢引之。揆其體例，僅志撰書姓名年月，初無考證之益，且所録不過京兆一路，豈若斯記自關内、河西、山南、隴右悉著于録，而且徵引之博，辨析之精，沿波而討源，推十以合一，雖曰嘗鼎一臠，而經史之實學寓焉。

王謨《漢魏遺書鈔・四民月令》 謨案：隋、唐二《志》并以此書入子部農家類，《通志・藝文略》入史部時令類，《文獻通考》并不著録，則以其書亡也。《經義考》亦以爲缺，入「擬經」門。近吴人任兆麟因朱氏説捃摭成書，然亦尚有遺漏。今并鈔出《齊民要術》四十四條，《御覽》十一條，又《類聚》六條，《初學記》四條，《文選論》一條，《事類賦注》一條。

又《歸藏》 謨案：《歸藏》本末，諸説言之詳矣，故不復云。今共鈔出《周禮疏》二條，《爾雅疏》一條，《山海經注》十條，《穆天子傳注》一條，《莊子釋文》一條，《楚辭補注》一條，《文選注》三條，《類聚》四條，《初學記》二條，《書鈔》一條，《御覽》十條，《路史注》二條，《經義考》五條。

又《春秋後國語序録》 《唐志》：孔衍《春秋時國語》十卷，又《春秋後國語》十卷。《經典敘録》曰：孔衍字舒元，魯人，東晉廣陵相。《史通》曰：孔衍以《戰國策》所書，未爲盡善，乃引太史公所記，參其異同，删彼二家，聚爲一録，號爲《春秋後語》。除二周及宋、衛、中山，其所留者，七國而已。始自秦孝公，終於楚漢之際。比於《春秋》，亦盡二百三十餘年行事。始衍撰《春秋時國語》，繼又撰《春秋後語》，勒成二書，各爲十卷。今行於世者，唯《後語》存焉。

又 案其書序云：「雖《左傳》莫能加。」世人皆尤其不量力，不度德。尋衍之此義，自比於丘明者，當謂《國語》非《春秋》傳也。姚宏題《戰國策》曰：正文遺逸，如《春秋後語》引「武靈王遊大陵」、「夢處女鼓瑟」之類，畧可見者如此，今本所無也。秦古書見於世者無幾，予居窮鄉，無書可檢閲，訪《春秋後語》數年方得之，不爲無補。謨案：姚氏校注《戰國策》時，在宋紹興四年，已難得見《春秋後語》。至元至順四年，吴師道辨正鮑注，則云孔衍所著《後語》今尤不可得，尚賴此得見其一二。蓋是書之亡久矣。《御覽》本宋初猶見全本，故引據獨多，且有注。而注者爲唐盧藏用，則見《唐志》及吴氏《辨正》所説也。今故據《御覽》，參以《文選注》、《初學記》、《書鈔》、《白帖》、《事類賦》諸書，共鈔出《秦語》十五條，《齊語》十八條，《楚語》七條，《趙語》十九條，《魏語》八條，《韓語》二條，《燕語》六條。

又《國語注序録》 《隋志》：賈逵《春秋外傳國語》二十卷。《唐志》無。韋昭《國語解敘》曰：「左丘明采録前世穆王以來，下訖魯悼智伯之誅，邦國成敗、嘉言善語、陰陽、律吕、天時、人事、逆順之數，以爲《國語》。其文不主於經，故號曰外傳。漢章帝時，鄭大司農爲之訓註，侍中賈君敷而衍之。建安、黄武之間，故侍御史會稽虞君尚書僕射丹陽唐君又因賈爲主而損益之，然猶有異同。昭切不自料，因賈君之精實，採唐虞之信善，復爲之解。」《解》内稱賈、唐二君，或稱三君則兼虞翻也。謨案：宋庠《國語補註序録》云今惟韋氏所解傳於世，諸家章句遂無存者。然當唐世賈書實自别行，故李善註《文選》，每並引賈逵、韋昭《國語注》，而韋解多即賈註，猶斑斑可考。且如《類聚》、《書鈔》於《耕籍門》所引《國語》數條具載賈註，則賈書固不以韋廢也。今故仍從韋《解》内鈔出八十一條，又《文選註》九十條，《史記集解》十二條，《後漢書註》三條，《經典釋文》三條，《類聚》一條，《書鈔》七條，《初學記》二條。內附唐註三十餘條。

又《漢唐地理書鈔・宣城記》 按：隋、唐《志》俱不載此《記》，而宗懷《荆楚歲時記》已采用之，則紀義當爲晉、宋間人，此記當在陸任二家地理書内。今並鈔出《類聚》一條，《御覽》二條，《寰宇記》二條，又附録《宣城圖經》十一條。

又《武陵記》 按：隋、唐《志》俱不載此書，《御覽》、《廣記書目》並列黄閔《武陵記》，故《路史》於「論盤瓠之妄」亦以爲是黄閔《武陵記》所志也。據《一統志》言，黄閔武陵人，博學有詞藝，撰《沅川記》，唐章懷太子注《郡國志》取之爲證。今考章懷注《後漢書》《馬援》、《南蠻》二傳所引，皆黄閔《武陵記》，非《沅川記》。若《郡國志》注並未引二記，惟《廣記・鬼葬山》實引黄閔《沅川記》，不知即《武陵記》與否？今並鈔出《後漢書注》三條，《史記正義》一條，《戰國策注》一條，《通鑑注》一條，《初學記》一條，《書鈔》一條，《御覽》十三條，《廣記》一條。至黄閔，諸書間有引作黄閏者，《説郛》乃題鮑堅，未知所據。而黄閔又别著有《神壤記》，記營陽山水，見《隋志》，不知此記何以見遺。再考《一統志》載有伍安貧，武陵人，博雅嗜學，梁屢降元纁之禮，皆以疾辭，嘗撰《武陵圖志》，按，此則安貧，亦爲前五代時人。《御覽》諸書未見稱引，《統志》所引亦祇一降，併録於此。

又《周地記》 按：《隋志》《周地圖記》一百九卷，《唐志》《周地圖》百三十卷，俱不著撰人姓名。惟羅苹《路史注》引作宇文護造，則周宗室上公也。然亦别無考証，故不入叙録。今並鈔出《初學記》四條，《御覽》十三條，《寰宇記》六十七條，又《史記正義》引《周地志》一條。

又《袁松山〈郡國志〉》 按：隋、唐《志》及《御覽書目》俱不著録袁山松《郡國志》，而《水經注》引之，則從山松所撰《後漢書》采録也。攷《隋志》、《後漢書》凡十數家，皆不立《地理志》，惟司馬彪及山松二家書有《郡國志》，故《水經注》得采其説，仍分注某氏《郡國志》。其泛舉《郡國志》，不言某氏者，則以二家書同，故通言之也。自閿鄉水以下條從此例。兹凡鈔出劉昭《後漢書注》四條，《水經注》四十條。山松出處若自江水下所引袁山松説，應入《宜都山川記》，非《郡國志》也，故不録。山松事迹亦具見《宜都山川記序録》。

又《樂資〈九州要記〉》 按：隋、唐《志》俱不著録此書，不知撰人姓名。唐人類書亦未見稱引，意必六朝後人所作。而裴駰《史記集解》已引《九州記》，酈道元《水經注》引樂資《九州志》，不知即此書與否？如果屬樂資撰，則是晉著作郎，嘗爲《春秋後傳》三十一卷，《山陽公載記》十卷，俱見《隋志》，不應獨亡此書，且何以不見采於諸類書。今既無考，姑撮合爲一書，仍分注各條下，凡共鈔出《史記集解》一條，《水經注》一條，《御覽》十九條，《寰宇記》四十七條，又附録《九州要畧》一條，《十州志》一條。

又《甘石星經》 按：《甘石星經》已載入《何氏叢書》，此篇乃專論分野，較《史記・天官書》、《漢書・地理志》尤詳，爲叢書本所未載。始詳見劉昭《後漢書・天文志注補》。要之星野之説，實爲古今地理家言大祖，故備録之，以冠卷首。若《史記正義》卷首所引列國分野，即本《前漢書志》，亦當爲全書綱領，故仍鈔出凡十三條。

又《永昌郡傳》 按：《文選・東都賦》「遂綏哀牢，開永昌」注引《東觀漢記》「以蓋州徼外哀牢王率衆慕化，地曠遠，置永昌郡」事，具《後漢書・西南夷傳》、《華陽國志》，文多不録。兹特從《御覽》、《事類賦注》鈔出《永昌郡傳》十一條，并録《哀牢傳》一條。按《論衡》云「楊終字子山，爲郡上計吏，見三府掾史爲哀牢傳不能成，歸郡作上，孝明奇之，召在蘭臺」。則《哀牢傳》乃楊終所作也，較諸傳記最古，而隋、唐《志》俱不著録。唐人類書亦不見稱引，若《永昌郡傳》不知何時人撰，《初學記》引作《永昌記》，衹一條，而又有脱誤，姑仍附録。

又《辛氏〈三秦記〉》 按：隋、唐《志》俱不著録此書，然自《三輔黄圖》及劉昭《後漢書志注》、酈道元《水經注》、賈思勰《齊民要術》、宗懔《荆楚歲時記》，凡六朝人著書，已相承采用，且所記山川、都邑、宫室皆秦漢時地理故事，并不及魏晉，此書必漢人所著。辛氏在漢本隴西大姓，特失其名爲可惜耳。而隋、唐《志》并不存此書目，故無可叙録。今並鈔出《三輔黄圖》二條，《後漢書志注》九條，《水經注》四條，《齊民要術》一條，《荆楚歲時記》一條，《史記正義》五條，《史記索隱》三條，《文選注》三條，《類聚》三條，《初學記》四條，《書鈔》三條，《御覽》二十一條，《太平廣記》一條，《寰宇記》十二條，《路史》注一條，《綱目集覽》一條。

又《括地圖》 案：《括地圖》于古無考，據裴秀《九州制地圖論》云周秦地圖秘書殆絶，僅有漢氏及《括地》諸雜圖，粗具形似，不爲精審。則此圖在晉以前有之，但與本圖體例不合，隋、唐《志》亦不載，未知即此圖與否。今共鈔出《史記注》一條，《水經注》一條，《文選注》一條，《類聚》七條，《初學記》一條，《書鈔》三條，《御覽》十七條，《事類賦注》三條，《寰宇記》二條，外樂彦《括地譜》一條。

又《揚雄〈十三州箴〉》 按：《前漢書・揚雄傳》：雄擬古著作，以爲箴莫大於《虞箴》，作《州箴》。今從歐陽率更《藝文類聚》采出十二州，凡十二條，而以《漢官解詁》十二州文附焉。再考《前漢書・地理志序》：「堯遭洪水，天下分絶，爲十二州。禹治水土，更别九州。殷因於夏亡所變改。周監二代而損益之，改禹徐、梁合之雍、青，分冀州地爲幽、并。秦并四海，分天下爲郡縣，漢因秦制，至武帝開地斥境，南置交趾，北置朔方之州，並徐、梁、幽、并。夏周之制，改雍曰涼，改梁曰益，凡十三部置刺史。」則是古今地理在虞夏爲十二州，在漢爲十三部，乃揚雄爲箴，有交州而無營州，固不純用夏制。胡廣注解《漢官》有朔方、交州而遺豫州，又不純用漢制。意以豫州時爲司隸，故不列十三州。而王隆《漢官》本書已亡，今亦衹從《御覽》采出數語，其全文固無考也。並録於此，以俟識者審定。

汪中《策略謏聞・逸詩》 司馬遷曰：「古者詩三千餘篇，夫子取其可施於禮義者三百篇。」孔穎達曰：「書傳所引之詩，見在者多，亡逸者少，則夫子所録，不容十去其九。」故知删詩之説，與《春秋》始隱終獲麟，皆漢儒倡之。然三百十一篇，自笙詩六篇而外，見於他書者，《國語》有《飫詩》，《尚書大傳》及《周禮注》有《辟雍》，《射儀》有《狸首》，《左傳》有《祈招》，《汲冢周書》有《無射》、《嶠》、《轡之柔矣》，《漢書・儒林傳》有《驪駒》，《管子》及《列女傳》有《白水》，《淮南子》有《鼓缶》，《孟子》有《徵招》、《角招》。以上十一篇，皆篇名與其章句俱存者也。《左傳》所引凡八：一「翹翹車乘」，二「我無所監」，三「俟河之清」，四「雖有絲麻」，五「周道挺挺」，六「禮義不愆」，七「淑慎爾止」，八「我之懷矣」。《論語》引詩凡二：一「巧笑倩兮」，二「唐棣之花」。《禮記》所引二：一「昔我有先正」，二「相彼盍旦」。《大戴禮》所引二：一「東有開明」，二「魚在在藻」。外此，《戰國策》引詩五，《荀子》引詩六，《吕氏

春秋》引詩四,《墨子》、《漢書》引詩各二,《晏子》、《莊子》、《列子》、《淮南子》、《史記》、《後漢書》、《説苑》、《中論》、《晉書》皆有引詩。以上斷章四十五,皆有其詞而莫知爲何篇者也。《周禮》有《九德之歌》、《九夏》、《采齊》、《豳雅》、《豳頌》。《禮記》有《武》、《宿夜》。《儀禮》有《新宫》。《左傳》有《河水》、《茅鴟》。《國語》有《樊遏》、《渠》、《鳩飛》。《尚書大傳》有《晢陽》等八篇。以上十八篇,皆有篇名而無詩者也。凡其不列於三百篇,而今猶可考者,大概盡於此。至《齊》、《魯》、《韓》三家,漢時并立學宫。《齊詩》亡於魏,《魯詩》亡於晉,《韓詩》但存《外傳》十篇。今三家可考者,《卷耳》、《芣苢》、《騶虞》、《柏舟》、《燕燕》、《蝃蝀》、《黍離》、《猗嗟》、《伐檀》、《蟋蟀》、《匪風》、《鴟鴞》、《湛露》、《抑》、《天作》,見《文選注》;《關雎》、《振露》,見《後漢書注》;《商頌》,見《史記》;《匪風》,見《漢書・王吉傳》;《鼓鐘》、《生民》,見《毛詩疏》。凡此,皆《韓詩》説也。「佩玉晏鳴,《關雎》嘆之」,見《漢書》;「先君之思,以勗寡人」,見《文選注》。此《魯詩》説也。以《黍離》爲衛宣公之子壽作,見《容齋隨筆》;以正風爲《魯詩》,見晁公武《讀書記》,此《齊詩》之説也。漢賈逵撰《齊》、《魯》、《韓》與《毛詩》異同,梁崔靈恩采三家本爲集注,今并不傳。朱子作《詩經集傳》,以《文選注》多《韓詩》章句,欲集爲一編。浚儀王伯厚本朱子之意,更采《説文》、《爾雅》諸書,爲《詩考》。明初修《大全》,因附著之。其所蒐羅者博矣。

王朝璩《十三經拾遺・書遺篇》 伏生口授,固多遺忘。孔氏壁藏,亦復摩滅。此《書》之遺篇遺句所以繫也。顧周之《逸書》七十一篇,其完全者,世多傳本,兹所弗録。諸凡採掇,雖不無岑雁之淆,寧過而存要,亦信好遺指耳。【略】按:秀谷朱氏不信《古文尚書》,故《逸經》中取《史記》所引,標《湯誥》、《太誓》爲軼篇,并及趙氏《孟子注》中《舜典》之叙,今俱不取。

李曾白《爾雅舊注考證序》 今特博徵群籍,據《説文繫傳》、《詩》、《春秋正義》、《齊民要術》、《帝範・審官篇》、《後漢書注》、《文選注》、《白孔六帖》,釋玄應《一切經音義》、《開元占經》、《北堂書鈔》、《元和郡縣志》、《初學記》、《藝文類聚》、蜀本《圖經》、《龍龕手鏡》、戴侗《六書故》及近儒邵晉涵《爾雅正義》、郝懿行《爾雅義疏》等書,殫心鈎考,抉出《爾雅》舊注,得六十二科,皆於郭注不同而爲馬本漏輯,埆爲漢儒舊注,謹疏通而證明之。

孫星衍《問字堂集》卷六《甘氏歲星經序》 鄭康成注《周官》引甘氏《歲星經》,其書不傳,《開元占經》載有數百言,疑即是也。大氐爲《淮南》、《史記》之所本,而《天文志》用其文往往謁舛。夫太歲與歲星相應,分左右行,古人或以歲星紀歲,宜甘公别于五星外獨爲《歲星經》也。今録其文如左:歲星處一國,是司歲十二名。攝提格之歲,攝提在寅,歲星在丑。以正月與建斗、牽牛、婺女晨出於東方,爲日十二月,夕入於西方。其名曰監德。其狀蒼蒼,若有光。其國有德,乃熟黍稷,其國無德,甲兵惻惻。其失次,將有天應,見於輿鬼。其歲早,水;而晚,旱。單閼之歲,攝提在卯,歲星在子。以二月與婺女、虚、危晨出夕入。其狀甚大,有光,若有小赤星附于其側,是謂同盟兩國。或昌或亡,死者不在其鄉。其失次,見于張。其名曰降入。周王受其殃,國斯反覆,甲兵惻惻。其歲大水。執徐之歲,攝提在辰,歲星在亥。與營室、東壁晨出夕入。其名爲搏穀。其國有德,必數其狀。其失次,見于軫。其名曰青章。其國不利治兵,將有大喪。其歲早,旱;而晚,水。大荒落之歲,攝提在巳,歲星在戌。與奎、婁胃晨出夕入伏。其名曰路嶂。其狀熊熊,赤色有光。其國有兵,其君增地。其失次,見于亢。其名曰清明。其下出敗死,主是歲不可西北征,利東南無軍,有亂民,將有兵作于其旁,執殺其主。敦牂之歲,攝提在午,歲星在酉。與畢、昴晨出夕入。其名曰啟明。其狀熊熊,若有光。天下偃兵,唯利立王,不利治兵。其失次,見于房。其名曰不祥。孽及殷王,禍及四鄉。其歲早,旱,晚,水。協洽之歲,攝提在未,歲星在申。與觜觿、参、伐晨出夕入。其名曰張列。其狀昭昭,若有光。其色若赤,無有他祥。惟利行兵,征于四方,仇人不敢治民。其失次,見于箕。其名曰不疑。小民有子,持頭相期。涒灘之歲,攝提在申,歲星在未。與東井、輿鬼晨出夕入。其名曰大音。其狀昭昭,白色有光。有國其亡,亦不在其鄉。其失次,見于牽牛。其名曰小章,不利治兵,其國有誅,必害其王。歲小水雨。作愕之歲,攝提在酉,歲星在午。與柳、七星、張晨出夕入。其名爲長王。其狀作作有芒。有國其昌,書有四方,享獻之祥。其失次,見于虚。其名曰大章。有旱而昌,或爲之殃,必在其鄉。其歲有火,有女喪民疾。閹茂之歲,攝提在戌,歲星在巳。與翼、軫晨出夕入。其名爲天睢。其狀白色大明。其色若青,國有大疾。其失次,見于東壁。其國士卿相讁,民人各直刺,無有仇讁,鬼神書壁。其名曰天侈。其歲有小水,有女喪。大淵獻之歲,攝提在亥,歲星在辰。與軫、角、亢晨出夕入。其名爲大星。其狀色玄青。天下不寧,有婦爲政。星若躍而陰出,是謂「正本」。利起軍旅,其師必武。有德將四國,海内盡服。其失次,見于婁。其名屏營。天下盡驚。困敦之歲,攝提在子,歲星在卯。與氐、房晨出夕入。其名爲天泉。其狀玄色甚明。江池其昌,不利起兵。其失次,見于昂。

其名曰赤章。其國有喪，不在其王。有水而昌。赤奮若之歲，攝提在丑，歲星在寅。與心、尾、箕晨出夕入。其名爲天昊。其狀黯然黑色，甚明。侯王有慶。其失次，見于參。其名洋。有國其虛。其歲早，水。歲星凡十二歲而周，皆三百七十日，而夕入于西方，三十日復晨出于東方，視其進退左右，以占其妖祥。

又《尚書今古文注疏・凡例》 《尚書》佚文，見於先秦經傳諸子及漢人所引，有篇名可考者，各附《書序》，并存原注。其僅稱「書曰」、「書云」者，或不必盡是《尚書》，或是《逸周書》及《周書六弢》，不便採入。惟《孟子》所引，似是《舜典》，趙注不爲注明，亦不敢據增。

嚴可均《鐵橋漫稿》卷五《孝經鄭氏注序》 嘉慶初，我鄉鄭氏復於海舶得日本所刊魏徵《群書治要》，其中有《孝經》十七章，則鄭氏注也。兼得彼國所刊鄭氏注專行本，與《治要》同。《治要》於《經注》有删節，又無《喪親章》，非全本，【略】余觀陸德明《經典釋文》，《孝經》用鄭氏注本，明皇御注亦用鄭氏注甚多，元行冲等《正義》逐條舉出，云此依鄭注。又遍觀孔穎達《詩》、《禮記》《正義》，賈公彦《儀禮》、《周禮》、《疏》，失名《公羊疏》，裴駰《史記集解》，劉昭《續漢志注補》，沈約《宋書》，蕭子顯《齊書》，劉肅《大唐新語》，王溥《唐會要》，甄鸞《五經算術》，虞世南原本《北堂書鈔》，李善《文選注》，徐堅《初學記》，釋慧苑《華嚴音義》，《白孔六帖》，李昉《太平御覽》，樂史《太平寰宇記》，王應麟《玉海》，都引《孝經》鄭氏注。匯而録之，以補《治要》之闕，注明出處，以備復查，考核異同，酌加按語，不敢臆定，尚闕數十百字無從據補。蓋至是而《孝經》鄭氏注亡而復存，九百年來，晦極終顯，非劉炫《古文》所可同日而道矣。

嚴蔚《春秋内傳古注輯存・例言》 諸書所引漢注，即於注下注明書名，庶便檢核。或有一注而數見者，其文句之間，有多有少，蔚未敢定彼從此，衹就最詳者著録之而已，餘止載書目。

顧廣圻《顧千里集》卷七《與孫淵如觀察論九卷古文苑書》 淵如先生閣下：承諭以《古文苑》多從類書中採出，洵精確不易之論也。曾考此書，世傳爲唐人所録，未見其然，何以言之？石鼓之一，是皇祐四年向傳師求得者，施武子言，「每行自四字而上，傳師磨去，刻當時得之之由」云云，而此書所録，亦但有下四字耳，然則必在向傳師磨去後，非唐人一也。王厚之言，「《詛楚文》有三，皆出於近世，初得《告巫咸文》於鳳翔」云云，《集古録》云：「右秦《祠巫咸神文》，流俗謂之《詛楚文》」，而此書所録告巫咸者，正謂之《詛楚文》矣，然則必在得《告巫咸文》後，非唐人二也。《集古録・漢樊常侍碑跋》云：「右漢《樊常侍碑》云：『君諱安，字子佑，南陽湖陽人也』，此碑蓋初不見録於世」云云，洪文惠言之子仲，以歐公云佑者爲誤，而此書所録亦云「君諱安字子佑」，然則必在《集古録》後，非唐人三也。由是推之，此書乃宋人所録，其時隋以前集罕存，凡不全各篇採諸唐人類書，固其宜矣，至於九卷本脱誤不少，卻非章樵廿一卷本所能補正。廣圻於校刊時，曾取宋板章本細閲，知樵實未得此書要領，就中最是者，莫過於據唐人類書各條而已，然其遺漏，則如《琴賦》，《藝文類聚》四十四引首多「爾乃言求茂木」至「琴瑟是宜」十二句，及「楚妃遺歎雞鳴高桑」二句，《司徒箴》，《藝文類聚》四十七引多「恪恭爾職以勤王機」二句之類，皆未補。又如《函谷關賦》，「壺口、石陘，貫越代、朔」，《初學記七》引陘字代字不誤，《柳賦》「豈駕遲而不屢」，《初學記》廿引遲字不誤，《僮約》「裁盂鑿斗」，斗字韻，《藝文類聚》卅五引不誤，《責髯奴辭》「則論説虞、唐」，唐字韻，《初學記》十九引不誤之類，皆未正。他如蔡邕《述行賦》載《中郎集》，全篇並序千有餘言，經龕所録，出自《藝文類聚》，衹存數語，樵不能甄取，而退此賦於其廿一卷内，抑何疏也。至其中謬盭，則如《初學記》中王粲《浮淮賦》，經龕所録也，《藝文類聚》八別引「於是迅風興，濤波動，長瀨潭浬，滂沛汹溶」，樵乃割裂此十四字散置《初學記》文句之間。《士不遇賦》「將遠遊而終」，終下所脱是古字，「終古」，《離騷》文也，樵乃補以慕字而曲爲之解。《魏衛此字今補。敬侯碑陰文》「形垣而背阜」，垣者坦之譌，樵不悟而亦曲爲之解。《大理箴》「九州允理」，經龕本無誤，《初學記》十二正同，樵誤州爲刑，乃引《左傳》解之，不思周有亂政而作九刑，豈皋陶翊唐作士時事。且樵既以己意增竄多篇，大非經龕之舊，然《羽獵賦》原載二首，一張衡、一王粲，俱採自類書，樵編王粲賦於其第七卷，將張衡一賦全行脱去，藉非九卷本復出，幾莫知其原有矣。凡如此者，皆已一一條記，又益以羣書出入，如《石鼓文》之於諸家音釋，揚雄《答劉歆書》之於《方言》，賦、詩、頌、銘之引於《選注》，狀、記、碑之載於《隸釋》，足資證明者，纍纍在樵注外，特是絶不可通之處，仍復不少，故未敢輒謂成書而附卷後。竊意宋人録時，便屬如此脱誤，今更後彼數百年，古書日少，恐竟不能校之使通體文從字順，若枚乘《梁王兔園》、揚雄《蜀都》、王延壽《王孫》、班固《車騎將軍竇北征》等篇，其尤弗能無闕疑者也。未審大雅以鄙見爲何如？謹陳梗概，用俟教正，其昨撰拙序所已論及之各條，茲不重述，幸並垂察。

臧庸《拜經堂文集》卷二《録爾雅漢注序》 余聞之先師鄭公曰：「《爾雅》者，孔子門人所作，以釋六藝之言。」揚子雲亦云：「孔子門徒游夏之儔所記。」作雅之

人，斯爲定論矣。《隋志》録漢中散大夫樊光注三卷、魏秘書監孫炎注七卷，又言梁有漢劉歆、犍爲文學、中黄門李巡《爾雅》各三卷亡。而《釋文序録》具有，是陸氏猶及見之。《春秋正義》引樊光注，《禮記正義》作某氏，《詩正義》則某氏樊光兩引之，殆因沈旋疑非光注，或題爲某氏耳，要皆漢儒之義，精通舊詁，深研雅訓，遠非東晉郭景純輩所能及。唐初孔沖遠撰《五經正義》，引諸家證之。陸德明《釋文》則用郭本，古義益微。及唐季而諸家之書盡亡矣！後有孫奭、高璉、邢昺三家著《爾雅正義》，專主郭説；無足爲怪。鏞堂少習此經，兼考舊義，見郭氏精美之語，多本先儒支離之談，皆由臆説更或擅改經文，輕棄注義，如「委委佗佗」諸儒本作「禕」，與《説文》合，而郭從毛詩作「委」。「摻」謂之「涔」，《爾雅》舊文並《毛詩傳》皆作「槮」，而郭從《小爾雅》改本旁。「不榮而實者謂之秀」，衆家無「不」字，而郭本有之，《音義》引不榮之物爲證。又自歲陽至月名及九州九河之類，郭多不言其義，而不知古聖人創物定名，各有取意，非無故漫爲是稱者。爰采《釋文》、《正義》及唐以前諸書所引舊注，録爲三卷，以存漢學，俾讀是經者有考焉。昔梁沈旋嘗集衆家之注爲十卷，見《釋文》及隋唐志，惜唐以後亦亡。夫治經必先通詁訓，故《爾雅》者，六藝之權輿也。治《爾雅》者必根本漢學，而從參考之郭氏，則此書又《爾雅》之權輿也，學者其知所後先歟！

李兆洛《養一齋文集》卷二《道鄉集補遺序》　按《朱史》本傳稱公《奏議》一卷，《文集》四十卷。今奏議即在四十卷之内寥寥無幾。《楊龜山先生集》有《遺公子德久書》云：《奏議》間有彈擊權要，今子孫恐有當路者，遂爲世仇，不可不慮，鏤板可節去，未須傳也。當時或因此言，遂輟而不刊耶？李燾《續通鑑長編》載公奏議多篇，每註云「據奏稿」，似當時别有刊本行世也。不知何時缺佚向盡。今依《長編》補録，别爲卷。又，徽宗初，政公尚有《公議不可不恤、獨斷不可不謹》一疏，《請繼述五朝善政》一疏，見《宋史》。《向族子弟乞加訓飭》一疏，《太學生不當以言事殿舉》一疏，《請飭太史無諱天象》一疏，見《名臣奏議》。而今《長編》之存者止於哲宗元符三年正月。薛方山先生《宋元通鑑》既疏略不載，近時畢沅《續通鑑》亦然，於《宋史》及《名臣奏議》似全未檢會者，他書更無可取證矣。所載雖非全文，亦録以附之。又，徽宗初有《請察爲學之本》一疏，又《乞如神考故事詔侍從言事》一疏，又《乞至誠終始納諫》一疏，《名臣奏議》俱僅載其目，附識之以俟考。

錢泰吉《曝書雜記》卷下　宋淳熙《中興禮書》，嘉泰續纂《中興禮書》，詳《玉海·禮制門》。其書失傳久矣。大興徐星伯太守松官翰林時，從《永樂大典》採輯成帙。我家味根大令聚仁在京師曾見之，後官四川，購於成都書肆中。蓋星伯以付龍觀察元任，俾以其家活字本印行。觀察旋卒，不果成。此書束置書肆，遂爲味根所得。携以歸，友人多從傳録者，蔣寅昉光焴亦録一部。壬子之歲，沈曉滄借觀，因詳記缺卷之目於其卷首，録之以質藏書家，不知尚可輯補否。《中興禮書》正編三百卷，目録中一百四十八卷脱寫應補一卷至一百七十二卷爲《吉禮》，缺卷三、卷五、卷十七、卷二十一、卷八十七、卷八十九、卷九十六至九十八、卷一百二十二至一百二十四、卷一百三十至一百四十、卷一百四十三至四十八、卷一百五十一、卷一百五十三至五十七、卷一百六十一、卷一百六十二、卷一百六十六至六十八、卷一百七十一、卷一百七十二。一百七十三卷至二百二十二卷爲《嘉禮》，缺卷一百九十二至九十五、卷二百七、卷二百八、卷二百十一至十四、卷二百十七至二十。二百二十二卷至二百十九卷爲《賓禮》，缺卷二百二十四至二十六、卷二百十一至十四、卷二百十七至二十。二百三十卷至二百三十五卷爲《軍禮》，缺卷二百三十五。二百三十六至三百卷爲《凶禮》，卷數無缺。《續編》八十卷，一卷至十三卷爲《吉禮》缺卷四、卷十、卷十一之半、卷十二。十四卷至三十卷爲《嘉禮》，缺卷二十三至二十九。三十一卷至三十四卷爲《賓禮》，全缺。三十五卷至八十卷爲《凶禮》。卷數無缺。曉滄謂中有松案云云，間注於條下。又有杰案云云，不知何人。書中修改挖補，歲久脱落，零星散亂，鈔胥不能一一校正。前後倒置，在所不免。尚須覓精鈔之本讎校也。《中興禮書》、《續中興禮書》。

曾釗《面城樓集鈔》卷二《編輯異物志跋》　謹按：議郎著《異物志》一卷，其後沿襲其名，往往有之。如譙周《異物志》引於《蜀都賦》注，薛瑩《異物志》引於《吴都賦》注，孫暢《異物志》引於《初學記》，曹叔《異物志》引於《爾雅翼》。其他著録隋、唐史志者，亦不下數家。顧羣書引用，必著撰人之名，惟引議郎書，如《齊民要術》引稻，《事類賦》注引橘之類，直偁《異物志》而已。然則羣書所引《異物志》，疑皆爲議郎書。蓋《異物志》創自議郎，惟議郎得以專其名，斯亦引述者之義例歟。余既掇拾議郎遺書，并編此爲一帙，以無明文，别坿前帙後，從疑事無質之義，用示矜慎云爾。

又《尸子跋》　右《尸子》一册，吾友任心齋所輯《三代兩漢遺書》之一也。《尸子》元二十篇，《隋志》存十一篇。此本從《羣書治要》録出，得十五篇，亡者五篇耳。然《爾雅》注引《尸子》「松柏之鼠，不知堂密之有美樅」，邢疏以爲《綽子》篇文，今本無之，則《羣書治要》所録之十五篇，非全文也。《治要》近出東洋，蓋唐魏徵輯云。

丁晏《佚禮扶微·樂記叙録》　晏案：《漢志》稱劉向校書得《樂記》二十三

篇，其存者十一篇，其十二篇亡，兹悉依《别録》及鄭君原目具次於右，而爲之説，曰：唐孔氏《正義》云：《别録》《樂記》十一篇，合爲一篇，謂有樂本，有樂論，有樂施，有樂言，有樂禮，有樂情，有樂化，有樂象，有賔牟賈，有師乙，有魏文侯，此即十一篇之舊次也。十一篇之記，《荀子・樂論》篇畧載其文，至褚少孫補《史記》，盡取以入《樂書》，而篇次升降頗多錯雜，獨東漢北海鄭君信好古學，依《别録》以作注。故《史記正義》曰：以前劉向《别録》篇次與鄭《目録》同，而《樂記》篇次又不依鄭《目》。《禮記正義》亦引鄭《目録》云第三是樂施，第四是樂言，第五是樂禮，與《别録》正同，則知鄭君作注一仍子政之舊，而今《正義》本互異者，則自唐孔氏亂之也。考孔氏作疏，据南皇北熊二家，《正義》引熊氏云：十篇，鄭可具詳。依《别録》十一篇，所有賔牟賈，有師乙，有魏文侯，據熊所言次第，與鄭君合，是熊安生未改鄭本也。《樂記正義》自言依用皇本，是鄭之舊，第梁皇侃臆改之，故孔疏謂樂施章本爲第三，前既推禮章爲第二，此爲第四，此顛倒竄易之明徵也。嗟呼！二十三篇之記，其幸而存者僅十一篇，而升降錯雜，首亂於漢之褚生，至唐初孔仲達據皇本以撰正義，則以樂本一、樂論二、樂禮三、樂施四、樂言五、樂象六、樂情七、魏文侯八、賔牟賈九、樂化十、師乙十一，而《樂記》於是乎再亂，元吳幼清作《纂言》，又以樂本一、樂言二、樂象三、樂施四、樂情五、樂論六、樂禮七、樂化八、賔牟賈九、魏文侯十、師乙十一，而《樂記》於是乎三亂。《記》經三亂之後，而猶幸其篇第未亡，可以考《别録》之原次，還康成之舊觀，烏可不亟起而釐正之乎？若末學之守株，必以口耳之誦習者爲舊本，而反訾倡言復古者爲僭改經文，是則余所不欲與深辯者爾！

又《賈誼〈容經〉》 晏案：賈生《新書》有《容經》一篇。夫稱之曰經，當即古禮經之文矣。《漢書・儒林傳》魯徐生善爲頌，徐生以頌爲禮官大夫，蘇林謂能盤闢爲禮容，天下郡國有容史，皆詣魯學之。又唐生、褚生應博士弟子選，詣博士，摳衣登堂，頌禮甚嚴。顔監謂頌讀曰容，考鄭君《周頌譜》亦云頌之言容。古頌與容通，頌禮即容禮也。《後漢書》：「劉昆少習容禮，王莽時教授弟子。每春秋饗射，常備列典儀，以素木瓠葉爲俎豆，桑弧蒿矢以射菟首。每有行禮，縣宰輒率吏屬而觀之。」蓋漢世古制猶存，容禮未盡亡失，故守禮之儒猶有揖讓之遺風焉。夫容非徒虚文也，禮儀之美不特以淑一身，將以化喬野，靖囂争，甄陶風俗，而臻於太和。劉康公曰：「民受天地之中以生，所謂命也。是以有動作禮義威儀之則，以定命也。」故外觀其容可以驗政治之盛衰，識壽命之修短，容之所繫豈不綦重矣哉。陋儒不達此義，反能容儀爲末節，又烏知夫威儀經曲古人且著之禮經乎？

又《王制》 晏案：《禮記》有《王制》，《釋文》引盧植云漢文帝令博士諸生作此篇。考《史記・封禪書》云：文帝召公孫臣，拜爲博士，與諸生草改歷服色；又曰：使博士諸生刺六經作王制。盧説本此，然小司馬《索隱》引劉向《七録》云：擬當作《别録》文帝所造書，有《本制》、《兵制》、《服制》篇，則非今《禮記》之《王制》，子幹之説非也。賈誼《新書・無蓄篇》引《王制》曰：「國無九年之蓄謂之不足，無六年之蓄謂之急，無三年之蓄國非其國也。」即今《禮記・王制》文。考《封禪書》，作《王制》之明年遂改十七年爲元年，則博士之作當文帝之十六年也。《賈誼傳》稱「梁王勝墜馬死，誼自傷爲傅無狀，後歲餘亦死」，後四歲齊文王薨。《諸侯王表》梁懷王薨當漢文之十一年，齊文王薨當漢文之十五年，則賈生之卒定在孝文十二年，至十六年始作《王制》，《新書》在博士未作之前已先引《王制》如此，則今《禮記》中《王制》必非漢文所作明矣。《毛詩・車攻傳》：「天子發抗大綏，諸侯發抗小綏，一曰乾豆，二曰賔客，三曰充君之庖。」《評宮傳》：天子辟雍，諸侯泮宮。毛公當西漢之初，故訓傳已引《王制》文。又《公羊》宣三年何休注引禮「父母之喪三年不從政，齊衰，大功之喪三月不從政」，亦出《王制》。而邵公稱之曰《禮》，疑《王制》本《禮》之舊文也。《漢書・韋元成傳》引《禮記・王制》天子七廟，其文曰：「天子三昭三穆，與太祖之廟而七；諸侯二昭二穆，與太祖之廟而五。」《賈捐之傳》引《王制》「順非而澤」。《王制疏》引許慎《異義》、《禮》戴説《王制》「五十不從力政，六十不與服戎。」蔡邕《明堂論》引《王制》曰：「天子出征，執有罪，反舍奠於學，以訊馘告。」劉向《説苑・臣術篇》引《王制》。《别録》有《王制》，屬制度。竊謂《王制》本后蒼所授，故漢儒徵用其文，非如叔孫之草具比也。《禮記正義》稱鄭答臨碩云「孟子當赧王之際，《王制》之作，復在其後。」又「古者周尺下」鄭注：「按禮制，周猶以十寸爲尺，蓋六國時多變亂法度，或言周尺八寸」，則《記》當作於六國時，依鄭義爲允。盧君謂漢文時，誤矣。《白虎通》多引《禮・王制》，兹引《喪制》一條，今《禮記》無之，殆《記》之脱文歟！抑漢《王制》、《服制》文歟！

又《祭典》 晏案：《祭法》曰：「非此族也，不在祀典。」余謂祀典一語反結前文題上事也。猶《樂記》言子貢問樂，《文王世子》言文王之爲世子也，故漢儒引《祭法》文皆稱《祀典》。《漢書・郊祀志》引《禮記》祀典：功施於民則祀之，天文日月星辰所昭仰也，地理山川海澤所生殖也。《韋元成傳》引《禮記》祀典曰：「夫聖人之制祀也，功施於民則祀之，以勞定國則祀之，能救大災則祀之。」《風俗通義》卷八云「及天之三辰，所昭仰也；地之五行，所生殖也；九州名山川澤，所出財用也，故

記叙神物曰祀典也」，又稱《祭典》。《家語·廟制篇》引《祭典》云：「昔有虞氏祖顓頊而宗堯，夏后氏亦祖顓頊而宗禹，殷人祖契而宗湯，周人祖文王而宗武王。」即今《祭法》文也。至子木所引《祭典》不必定《祭法》脱簡，要亦古祀典之遺文也。

又《王度記》 晏案：《雜記正義》稱《别録》《王度記》云，似齊宣王時淳于髡等所説也。蓋棘下之士採集古禮爲之，疑王史氏記之屬，皆六國時人作也。其言天子駕六與《易》孟喜説同，言「得環乃還，得玦乃去」與《荀子·大畧篇》「絶人以玦，反絶以環」同，言「天子純玉，公侯四玉一石」與《説文·玉部》引逸禮「天子用全純玉，上公用駹四玉一石」同。又謂「諸侯封不過百里，象雷震百里」，《後漢書·光武紀》：博士丁恭議曰：「古帝王封諸侯不過百里，故利以建侯，取法於雷」，疑議亦据佚禮文也。

又《親屬記》 晏案：《爾雅·釋親》：「男子先生爲兄，後生爲弟。男子謂女子先生爲姊，後生爲妹。」與《親屬記》同。後之考禮家或取《釋親》一篇以補《親屬記》之闕，殆近之矣。

又《天子巡守禮》 晏案：《文選注》、《御覽》所引《逸禮》當即古巡守禮文，故并次於後。《白虎通·巡狩篇》曰：「王者所以巡狩者何，巡者循也，狩牧也。爲天下循行，守牧民也。」又曰：「五歲再閏，天道大備，故五歲一巡狩」，與《逸禮》説同。孟堅其亦依据古禮而爲之歟？

又《軍禮》 晏案：《周禮》大宗伯之職，以軍禮同邦國，有大師、大均、大田、大役、大封之禮。軍禮者，固與吉、凶、賓、嘉同爲邦國之五禮也。《漢·藝文志》禮家有《軍禮司馬法》百五十五篇。《毛詩故訓傳》六月傳：夏后氏曰「鉤車殷曰寅車，周曰元戎」，孔疏謂據《司馬法》，鄭君《周禮》注多引《司馬法》文。賈疏云齊景公時大夫田穰苴作《司馬法》，至六國時，齊威王大夫等追論古法，又作《司馬法》附於穰苴。今僅存《司馬法》一卷，即齊穰苴所撰，而《漢志》所謂百五十五篇者已缺亡，不能盡得，更何論周之軍禮乎？《玉海》卷三十九引《三禮義宗》云：《儀禮》吉禮三，凶禮四，賓禮三，嘉禮七，軍禮亡失。慨自戰國之世，縱横捭闔權詐雜出而古之軍禮遂廢。《記》曰：以之軍旅有禮，故武功成也。若無禮，軍旅武功失其制，軍禮之亡，豈細故哉！《孔叢子》有《問軍禮》一篇，考禮家多取之，兹以其書僞託，擯而不録，録軍禮而僅載片語，無取夸多，志眘也，即重禮也。

又《禘于太廟禮》 晏案：《禘於太廟禮》亦古經之逸篇，《儀禮疏》謂出大戴禮文，檢今大戴記無之，賈氏誤也。張純、應劭所引皆古禮之遺文，故併録之。

又《中霤禮》 晏案：古之言中霤者，《通典》卷五十一稱禹融門户竈行中霤，即勾芒等五官之神。袁准《正論》以爲「中霤，土神也」，韋昭曰：「古者穴居，故名室曰中霤。」《續漢志九》劉昭注引盧植云：「中霤，其神后土，即勾龍也。既祀於社，又祀中霤。」《公羊疏》卷二十七引庾蔚云：「複穴皆開其上取明，故雨霤之，是以因名中室爲中霤也。」《月令》「其祀中霤」，鄭注：「中霤，猶中室也。土主中央，而神在室。古者複穴，是以名室爲霤云。」《郊特牲》「家主中霤」，鄭注：「中霤亦土神也。」《祭法》「中霤」，鄭注云：「中霤主堂室居處。」然則中霤也者，取室中之名，即祭勾龍之土神也。《白虎通·五祀篇》謂祀中霤以豚，或曰中霤用牛，余謂中央土祀，中霤食稷與牛，牛爲土畜，用牛近之矣。祀以牛者，亦社用太牢之義也。其禮久亡，僅見於康成、邵公注，遺文墜簡，亦可識古禮之梗概云。

又《奔喪禮》 晏案：幼清吴氏纂逸經八篇，取之小戴者二：曰《奔喪》也，《投壺》也；取之大戴者三：曰《諸侯遷廟》也，《諸侯釁廟》也，《公冠》也，兹悉仍其舊，入《夏小正》一篇，升附佚經而爲之説曰：《禮記》孔疏引鄭《目録》云：「名曰《奔喪》者，以其居他國，聞喪奔赴之禮。此於《别録》屬喪服之禮矣。實逸《曲禮》之正篇也。漢與後得古文，而禮家又貪其説，因合於《禮記》耳。奔喪禮屬凶禮矣。」鄭又曰：「《投壺》者，以其記主人與客燕飲，講論才藝之禮，此於《别録》屬吉禮，亦實《曲禮》之正篇。」考今《禮記》二篇之首，特云奔喪之禮，投壺之禮，明爲逸禮之正經矣。大戴《遷廟》、《釁廟》二篇，考禮家多用以補經，《曾子問》，古者師行必以遷廟主行云云，雜記成廟則釁之其禮云云，疑即《遷廟》、《釁廟》之記也。「公冠」《困學紀聞》引作公符。案：《冠義》孔疏引明作「公冠」，厚齋誤也。《續漢書·禮儀志》梁劉昭注引《冠禮》曰：「成王冠，周公使祝雍曰：『辭達而勿多也。』祝雍曰：『近於民，遠於年，遠於佞，近於義，嗇於財，任賢使能。』」即今大戴《公冠》文，是先儒固直稱爲《冠禮》矣。其升入《夏小正》者，《禮運》孔子曰「吾得夏時焉」，鄭注：其書存者有《小正》。《記月令》注引《小正》者九，《詩·七月》箋引《小正》者一。蔡邕《明堂月令論》引戴《禮·夏小正傳》，太史公曰：「孔子正夏時，學者多傳《夏小正》云。」唐《大衍議》推爲羲和遺跡，竊取行夏之時之意，用敢録入佚經。夫秦呂不韋之《月令》猶且載在《禮記》，况夏后授時之大典，其當升附於經明矣。至二戴禮文，皆世所通行，不具録。

又《樂經》 晏案：《樂經》之亡久矣，《漢志》列樂六家，有《樂記》而無《樂經》。沈休文云秦代滅樂，《樂經》殘亡。劉彦和云秦燔《樂經》，然則祖龍一炬蕩然無存，

《樂經》之亡久矣。考《漢・王莽傳》元始三年立《樂經》，然應劭言周室陵遲，禮崩樂壞，重遭暴秦，遂以闕亡。疑元始所立，不過制氏之鏗鏘，河間之采輯而已。《漢志》言六國時魏文侯最爲好古，孝文時得其樂人竇公，獻其書，乃《周官・大宗伯》之《大司樂》章。近安溪李文貞、秀水朱竹垞俱謂《大司樂章》即古《樂經》文，然考劉向《別録》《樂記・竇公第二十三》疑即所得周官文，故以題其篇目，是子政已録入《記》中，烏在其爲古之經乎！證以班書，言武帝時，河間獻王采《周官》及諸子言樂事者以作《樂記》，《周官》明指《大司樂》，是獻王亦以此爲《樂記》矣。王充《論衡》又言陽成子長作《樂經》，思極窅冥之深，非庶幾之才不能成也。所謂卓爾蹈孔子之跡，鴻茂參二聖之才者。又言陽成子長樂經卓絶驚耳，不述而作，材疑聖人，而漢朝不譏仲任，盛稱如此，疑必有可觀，惜今佚不可考。茲録鮑鄴、賈公彦所引數語，微文碎義，亦餼羊之徒存也。

徐時棟《烟嶼樓文集》卷六《答友人問夏后氏藝文書》 某頓首言：前月僕與吾子會於全氏，縱論及夏諺。客有言夏代文字自《夏書》外，獨存此諺者。僕笑而不答。是時，主賓方雜遝，而吾子遽命僕陳説之。乃者又書來，請畢其詞，情意懇懇，推奬甚過。何吾子好學之深，而下問之勤也。夫一代之制作，雖其放失殘缺之已久，亦豈俄頃閒所能悉數者。抑僕實弇陋寡學，其去客殆不遠，徒以吾子之誠，不敢不竭言之，故即平昔所聞見者，考其存亡與其真僞，傾筐倒篋，以爲吾子告。僕聞之，言必有端。今何端乎？則請以《漢・藝文志》爲例，而數夏之典籍焉。《連山》，夏《易》也。《周官》曰：「其經卦八，其別六十有四。」太卜簭人掌之，與《歸藏》、《周易》爲三易，其書早亡，故漢不著録。《唐志》十卷，司馬膺注者，則隋人劉炫僞書也。然先儒謂，揚雄《太玄經》實依《連山》以準《周易》。桓譚曰：「《連山》八萬言。」又曰：「《連山》藏於蘭臺。」阮籍曰：「庖犧布演卦變，後世因之。禹湯之經皆在，而上古之文不存。」皇甫謐曰：「其卦以純艮爲首，艮爲山，山上、山下，是名連山。」其作《帝王世紀》，與酈道元注《水經》，竝引其書。夫《漢志》本劉略。劉向既不得見，而揚、桓以下反得見之，何也？《金樓子》由《歸藏》推《連山》，斷爲夏書，則其書在梁又佚，其著書篇所稱《連山》三秩三十卷者，元帝自著書也，於夏易無與。故孔穎達曰：「二易竝亡，若陸佃、邵博所見，即隋人僞本耳，久之亦失。」而黄佐《六藝流別》載繇辭綦詳，僞「三墳」稱「山墳」，爲《連山》，是無知妄作，又劉炫之重儓矣。夏書存於今者，獨《禹貢》、《甘誓》，而吾謂《堯典》、《皐謨》亦夏書也。《堯典》已紀舜崩，非夏史紀之，而誰紀耶？故左氏引「賦納以言，明試以功，車服以庸」，稱夏書，而墨子亦云《尚書》、《夏書》，其次商周之書。至《五子之歌》與《嗣征》，僞書也。《嗣征》佚語，康成注《禹貢》嘗引之，而吾鄉先生王伯厚氏以爲出張霸百兩篇中，其灼然可信者。《左傳》十一引《夏書》，莊八、僖二十五、文七、成十六、襄五、又十四、又二十一、又二十六、昭十四、又十七、哀十八。《國語》三引《夏書》，《周語》二引，《春語》一引。墨子《七患篇》引《夏書》，《吕覽・諭大篇》引《夏書》，雖奇零叢殘，信足寶貴。而梅氏剽竊竄亂，無有孑遺。國初，朱氏彝尊作《逸經考》，不復采引。僕嘗與馮太史書，所爲深議其過者也。司馬遷《史記》引《夏書》於《河渠書》中，王肅作《家語》，引《夏書》於《顔子篇》中，是其真僞未易遽定。至《墨子》，《兼愛篇》、《明鬼篇》竝引《禹誓》，《非命篇》引《禹之總德》，《非樂篇》引《啟之武觀》，則不但遺句而已，竝可補《夏書》篇目之亡者也。夏后氏始制禮，故禮器曰三代之禮，一也，夏造殷因。夫子曰：「殷因於夏禮。」又曰：「夏禮，吾能言之。」然而其時已有杞不足徵之歎。蓋夏禮之亡久矣，而惟夫子能言之。其平日所講論，七十子之徒相與究明而傳習之，以筆之書。凡散見於大小戴記、與周秦諸子書中，所稱夏后氏云云者，皆是也。僕嘗欲集而綴之，爲《夏禮略》，亦足以存什一於千百也。且損益從時，而其名篇蓋大略不異。如《周禮》有冠禮、饗禮，而《郊特牲》曰：「諸侯之有冠禮，夏之末造也。」《王制》曰：「養老，夏后氏以饗禮」，則當時名篇亦概可知也。至夫樂章，雖周樂之存亦寡矣，何況夏樂？而其名尚時見他説，大夏禹樂也。《尚書大傳》又稱禹作《大唐之歌》，又曰招爲賓客，而雍爲主人，始奏肆夏，納以孝成。舜爲賓客，而禹爲主人，又有《大化》、《大訓》、《六府》、《九原》之樂。康成曰：四章皆歌禹之功。《淮南子》稱夏后氏樂曰：「夏籥九成，六佾、六列、六英。」《吕氏春秋》曰：「禹命皋陶作之。」又，其後王所作者，《山海經》曰：「夏后開上嬪於天，得《九辯》與《九歌》。」《楚辭》注曰：「《九辯》、《九歌》，啟所作樂也。」夫《九歌》爲啟所作，本之屈原，無可疑者。《左傳》引《夏書》，勸之以《九歌》，而釋之曰「九功之德，皆可歌也，謂之九歌」。故王逸曰：「啟能修明禹業，備禮樂也。」晉人不察，以傳所引《夏書》竄入《大禹謨》中，是《九歌》爲禹樂矣，可乎？《九招》，舜樂也，啟又嘗修之。《竹書紀年》曰：「夏后開舞《九紹》，洎乎季世。」《列女傳》稱桀作爛熳之樂，而夏社屋矣。此夏樂之大略也。周之時，夏法猶存。《左氏傳》曰：「夏有亂政，而作禹刑。」《荀子・君道篇》曰：「禹之法猶存，而夏不世王。」其傳於今者，《周書大聚解》引《禹禁》，《周語》引《夏令》，又引夏后氏時儆，《左傳》引《夏訓》，《尸子》引《禹喪法》。《吕氏先識覽》稱，夏之衰，太史抱其圖法以奔殷，皆其類也。《左氏》引《夏

書》有之，昬墨賊殺臯陶之刑也，是《禹刑》爲臯陶所作。臯陶刑法受諸舜，其詳在《虞書》，則夏法亡，而於虞書猶足仿佛之。《左氏》又引曰：「遒人以木鐸徇於路，官師相規工執藝事以諫。」又引曰：「與其殺不辜，甯失不經。」此則大禹作刑立法之仁心精意，可以括一代刑法之全，而垂百王之典則者也。較之下車泣罪之説，其言尤足徵信。僕又聞之，墨子之教，本諸有夏。然則其《辭過篇》所引，爲宫室與爲衣服之法，《節用篇》引嫁娶與節用、與飲食、與節葬之法，《節葬篇》引葬埋之法，其皆出自夏法者乎？法家之外，有雜家。《漢志》著録者曰：《大命》三十七篇。命，古文禹也。班孟堅曰：「傳言禹所作，其文似後世語。」僕按：莊周、劉向、賈誼諸書，多載古帝王語，所引禹言，豈即出自《大命》者邪？雜家又著《孔甲盤盂》二十六篇，或曰黄帝史也，或曰夏后孔甲也。今不存，無能考核。然僕聞夏人尚忠，其文亦簡。施於丞彝鼎者，不過一二字，故款識家多載商周器銘辭，而夏文絶少。今其銘盤盂者，乃得二十六篇之多邪？鬻子載禹所作《簨簴銘》，其言類《春秋》六國時人，而《尚書璇璣鈐》乃云：「禹元圭之上有刻辭」，又曰「延喜玉受德天錫佩」，更怪誕無足究詰者。夫龍符玉牒，荒唐之言也。《岣嶁碑》文世盛傳之，果可信乎？而《九江記》乃稱禹刻石，彭蠡湖《十洲記》稱禹刻石鍾山，辭亦不載，載亦不足貴。凡此比類，難一二記。姑因數盤盂，而爲吾子終言之。乃其歌詩莫古於《五子之歌》，而書亡矣。晉人僞爲之，殊不類。其錯見他籍，而未敢決其真僞者。《古今樂録》載禹治水，作歌曰《襄陵操》。《吳越春秋》載塗山之歌，《吕覽》稱塗山女歌，僅載一語曰「候人兮猗古琴」。疏載帝相源水之歌，其辭即《荀子·法行篇》所稱爲詩詞者。《吕覽·音初篇》稱孔甲作破斧之歌而亡，其詞《新序》、《詩外傳》竝載。桀時羣臣之歌，《尚書大傳》載。夏人飲酒而醉，而相持，而和之歌，又載伊尹更歌。《太平御覽》引《符子》載龍逢行就炮烙之歌。夫《夏諺》亦歌詩類也。註《孟子》者，未之詳察以今也。不然之今屬，晏子時遂僅以前六語爲夏諺詞，而以後十語爲晏子之説。僕大不以爲然也。向在全氏，已備告吾子，今略之。由歌詩類推，則有箴辭，有祝辭。《墨子》稱夏箴之辭，《逸周書》文傳解兩引之。《吕覽》、《新序》俱載夏人祝網與湯更祝之辭，是皆文字之大夏后氏者也。夏文之傳希矣，故核諸《漢志》門類，多弗備。而惟數術之略曰天文，曰麻譜，曰五行，曰蓍龜，曰雜占，曰形法。則雖叢殘滅絶，而或存或亡，其名猶有足以充數者。夫子曰：「吾之杞而得夏時焉。」康成曰：「得夏四時之書也。」其書存者，有《小正》。司馬遷曰：「孔子正夏時，學者多傳《夏小正》。」今《小正》在《大戴禮》中，姒氏一代遺書完好，而無敢疑議者，此其碩果也。而王褘序《趙詵仲集解》，獨蚩蚩然疑之，謂孔子取夏時，何以不與禹貢同列於百篇。詵仲曰：鄭以《小正》爲夏書，按：以《小正》爲夏書，不始自康成，趙亦失考。本無左驗。所記昬旦、中星與星之見伏，率與《月令》、《月紀》、《時訓》不合。唐一行推以麻術，知其實在夏時，其爲夏書無疑。褘又難之，謂安知非精麻數者，逆考而遡推之，求其故以僞爲是書乎？嗟乎，信如褘言，則堯、舜、禹、湯、周、孔果有其人乎？安知非工語言者，造爲神聖以欺我乎？忠文疏於考證，殆不足辨。善乎劉蕺山之言曰：「《夏小正》，丹書蔚然彝鼎，實三禮之冠冕。」先輩又言：世儒明知《月令》爲吕不韋作，乃尊以爲經。夏時，孔子所取，反舍而不習。然而雖未立之學官，而既已入於禮家，尊爲六藝矣。若夫《宣夜》，夏天文也。《瑞麻》，夏麻譜也。《洪範》，夏五行也。《玉兆》，夏蓍龜也。《致夢》，夏雜占也。《山海經》，夏形法也。請終數之，《史記》曰：「傳天數者，有夏昆吾。」《漢書》亦曰：夏有昆吾，賀道養。《渾天記》曰：昔記天體者有三，二曰宣夜，夏殷之法也。蔡邕、虞喜皆謂宣夜之法絶滅，葛洪亦云宣夜之書亡，而其《抱朴子》中載宣夜説百三十言，乃漢郎中郄萌記先師所相傳者，蓋有夏星官之書可考見者，如斯而已。《左傳》引《夏書》曰：「辰不集於房，瞽奏鼓，嗇夫馳，庶人走。」是又其言星變之見於經者。《漢志》載六家麻，有《夏殷周魯麻》十四卷，是夏麻在漢無恙也。《律麻志》曰：「堯育重黎之後，以授舜，舜亦以命禹。」蔡邕曰：「麻法，黄帝、顓頊、夏、殷、周、魯，凡六家，各自有元。」《續漢志》曰：「黄帝造麻，元起辛卯；顓頊乙卯，虞戊午，夏丙寅，殷甲寅，周丁巳，魯庚子。」又云：「永元十年，太史霍融上言，官漏刻率九日增減一等，不與天相應，不如夏麻。」然漢以來，諸儒多疑其書。劉向《五紀論》曰：「黄帝麻有四法，顓帝、夏、周竝有二術，詭異紛然，孰識其正。」《宋志》：「祖冲之曰，夏麻七曜西行，特違衆法，劉向以爲後人所造。」《書正義》曰：「古時真麻遭戰國及秦而亡，漢存六麻，皆秦漢之際，假託爲之。信如所云，其存也不如其亡也。而僕則謂，夏之時固有麻也，其名書曰「日月星辰瑞麻」。《荀子·天論》曰：「治亂天耶？曰日月星辰瑞麻，是禹、桀之所同也。禹以治，桀以亂，治亂非天也。」夫古之王者多矣，仁君、暴主亦衆矣，不數異朝之君，而專稱禹、桀，僕故曰日月星辰瑞麻者，是有夏之書也，此真夏麻也。《洪範》，五行之祖也。《箕子》曰：天乃錫禹洪範、九疇，不謂之有夏之書，不得也。雖亡而在《周書》者，大略具矣。讖緯之家，異説蠭起，乃有河精授禹河圖，甍入淵之説。其名號多至數十，如挺佐、輔帝、覽嬉之類，皆是也。其書既焚，其軼時見，祕怪淺陋，無足觀者，乃欲悉數其名，以當夏之五行未可也。而其著

龜則曰玉兆。《左氏傳》引《夏書》曰：「官占唯能蔽，志昆命於元龜。」《周官・太卜》曰：「掌三兆之灋，一曰玉兆。」玉兆，夏兆也。杜子春謂帝顓頊之兆，康成雖從之，而答趙商，不以爲然也。其經兆之體百二十，其頌千有二百，康成曰：「頌者，繇也。」《墨子・耕柱篇》載夏后開鑄鼎，使翁難乙卜於白若之龜。繇曰云云。乙又言兆之繇曰云云。僕謂前所稱「鼎成三足而方」者，兆辭也，即經兆之體也。後所稱「逢逢白雲者」，兆之繇也，即頌也。其他張衡《靈憲》所引「翩翩歸妹」，僞《歸藏》所引「不利出征」，皆玉兆之偶見者。書在漢猶存，《漢志》著録《夏龜》二十六卷者是也，其占夢書亡矣。而《周官》存其録。《春官》曰：「太卜掌三夢之灋，一曰致夢。」康成曰：「言夢之所至。」夏后氏作焉者，是也。夫宛委石簣之山，青玉白銀之簡，未可盡信。而所云中經天下經者，不可誣也。世儒皆稱禹治水，伯益著《山海經》，自東方朔、董仲舒、劉向、王充諸儒，靡不尊信。乃或以爲僞託，太史公《大宛傳》引《禹本紀》，亦其比類而書不傳。太史公曰：「言九州山川，《尚書》近之。至《山海經》、《禹本紀》所言怪物，余不敢信也。」蓋意亦僞之。然僕觀其書，博奧宏麗，固不類《禹貢》，而與《小正》相近。顔之推曰：「《山海經》，禹、益所記，而有長沙、零陵諸暨，後人所羼非本文也。」其説近是。尤袤遽指爲先秦人作，僕未敢以爲然也。且史遷之不信者，何哉？爲其語怪也。然而重常之鳥，貳負之臣，兩面之客，長臂之衣，世不有怪物則已，苟有怪物，精驗潛效，必於是乎知之。《論衡》謂非禹、益行遠，山海不造。僕謂非聖人知足以知物，雖行遠亦不能作也。舊校三十二篇，劉歆定十八篇。《漢志》十三篇，《隋志》二十三卷，今本十八卷，蓋劉氏校定本。至如《括地》、《象地》、《統書》之屬，竝稱禹作，語出緯書，無可信者矣。凡僕之知者如此。夫一代之制作，縱極明備，苟至乎鼎革、喪亂之秋，未有不散亡殆盡者，固不必推秦政爲戎首也。夏之初王，風樸政簡，其文字殆不多作。況古者簡册繁重，未易遷舉。又自秦燔以後，遭兵燹者，更不知凡幾，此其傳之幾希也固宜。然而閲世至於三千餘年之久，遺書遞立之學官，《山經》、《小正》巍然完好，其單章隻句，分布載籍者，若淄澠之沙，計兒不能數。禮樂、刑政、時令、制度之大，卜筮、占驗、歌謡、鄙諺之細，雖未或賅備，尚足以考見一王崖略。僕妄以爲未必非大禹明德之所呵護者。而客乃欲以夏諺盡之，此僕之所以笑而不答也。雖然，《尸佼》不云乎，井中視星者，所見不過數星。夫僕亦坐井而觀天者，則竊慮夫僕之笑客，而更有笑僕於後者也。惟吾子擴其不備，而教益之，幸甚。某頓首。《三百篇》有商頌而無夏詩，諸子、百家引逸詩者，亦絶不之及，蓋其亡久矣。或曰：公劉在夏世，《篤公劉》，夏詩也。故明人何元子作《詩經世本古義》，以時代爲後先，取《公劉》冠首。然舊註謂是周公作，則未可定爲夏詩也。元子説夏詩在少康之世，凡八篇，《公劉》以外，曰《七月》，曰《甫田》，曰《大田》，曰《豐年》，曰《良耜》，曰《載芟》，曰《行葦》。又大中閒，毛詩博士沈朗進新添毛詩四篇，以《虞人之箴》爲禹詩，此皆自著一家之言，姑聽之可也。余又按：《逸周書》世俘解，乙卯籥人奏崇禹、生開三終。或謂崇禹者，夏詩歌禹德也。生開者，夏詩歌啟功也。然其詩已亡，未可想像得之。若但以禹開二字爲據，則《商頌》「禹敷下土」，方《周雅》「維禹甸之」、「維禹之績」，皆將指爲夏詩乎？此又毛詩博士之故智矣。

陸心源《儀顧堂題跋》卷三《原本麟臺故事》 此本有而《大典》本無者四十條，此本無而《大典》本有者沿革、省舍、儲藏、職掌、恩榮、禄廩六門。又修纂門兩條，選任門四條，官聯七條，又周必大《玉堂雜記》引故事大宴一條，《中興館閣録》引三館祕書一條，《大典》本及此本皆軼。

又卷五《舊聞證誤》 卷一縣吏受郡事而下之縣者條，出程大昌《演繁露》卷十二。泰之，大昌字也。錢若水爲樞密使條，出王鞏《聞見近録》。張忠定爲御史中丞條，出王闢之《澠水燕譚録》。祖宗時雖有磨勘法條，係證王明清《揮麈後録》之誤，其前當補《揮麈後録》一條。真宗既與契丹和親一條，出温公《涑水紀聞》。劉子儀在南陽條，出洪遵《翰苑遺事》。卷二陳恭公當國條，以《證誤》「趙所紀差誤」語推之，當出趙子崧《朝野遺事》，《容齋四筆》同。進退宰相其帖例草儀條，出《東軒筆録》卷十八。治平四年十一月知諫院楊繪條，出李燾《長編》。熙寧六年北人遣蕭禧來議地界及地界事久不決二條，出《韓莊敏遺事》，見《大典》本《長編》二百二十二。元豐初蔡確排王珪罷相條，出邵伯温《聞見前録》卷十三。詔議漢王典禮條，出《東都事略・王珪傳》。近歲前執政官到闕止繫御仙花帶條，出《石林燕語》。韓魏公父諫議大夫國華條，出馬永卿《嬾真子》卷五。卷三案紹聖間鄭公肅條，係證《揮麈餘話》之誤，當補録《揮麈餘話》一條。章惇初貶謫元祐臣寮用白帖子行事條，以「邵子文指此而云」句推之，當出邵子文《辨誣》。李孝廣崇寧間爲成都漕條，出《揮麈後録》十一。李端叔爲密院編修官條，出《揮麈後録》卷六。宣和元年九月乙卯范致虚以母憂罷條，出《東都事略》十一。國朝宗子自附葬山陵之外條，出程大昌《演繁露》。熙寧法宗子出仕者條，以「建炎元年某知鎮江府」語推之，當出趙子崧《朝野遺事》。方務德守荆南條，出《揮麈三録》卷三。案孟富文以辛寅九月自户部尚書條，係證《揮麈三録》卷十一之誤，其前應補《揮麈三録》一條。卷

四李端叔作范忠宣遺表條，出《揮麈後録》卷六。紹興戊午夏熙野外濼水有龍條，出洪皓《松漠紀聞》。吴才老舒州人條，出《揮麈三録》。魯國大長主避兵南來卜居台州條，出《揮麈前録》卷三。白樂天聞白行簡及禁中鐘鼓院二條，出《演繁露》卷十五，學士院具員文臣條，以「蔣所記誤」語推之，當出蔣魏公《遺史》，台州筆吏楊滁條，出《揮麈前録》卷三。以上各條，《大典》本皆缺書名，今爲考證如右。

又卷六《元餘慶堂續資治通鑑跋》 《提要》以《宋志》及本傳無此書之名，定爲麻沙坊託名，洵爲篤論，惟《長編》從《大典》録出，缺徽、欽兩朝，又佚熙寧、紹聖七年之事，此本雖出依託，多取裁於《長編》，徽、欽兩朝紀録頗多，尚可考見於百一也。

又卷一一《劉忠肅集》 李燾《續資治通鑑長編》載摯《自序》及《日記》數十條，今本皆失收，《直齋書録解題》、《宋史·藝文志》、馬端臨《文獻通考》皆稱《忠肅集》四十卷，蓋其散佚者多矣。

又《曾曲阜集》 《諸臣奏議》卷三，上哲宗《論君道在立己知人》；卷六，上哲宗《乞觀貞觀政要》、《陸贄奏議》；卷七，上哲宗《乞選端良博古之士以參諷議》；卷十七，上徽宗《論君子之道直而難合小人之言遜而易入》；又上徽宗《論惟材是用無係一偏》；卷十九，上徽宗《乞罷編類元祐臣僚章疏》；又上徽宗《乞法英宗旌賞直言》；卷廿四，上哲宗《論侯稱少欠酒課以抵當子利充數》；杜大圭《名臣碑傳琬琰集·彭待制汝礪墓誌銘》，《王學士存墓誌》，《曾太師公亮行狀》；《五百家播芳大全》卷四，《賀太皇太后受册表》，此本皆未收。他如李燾《長編》所載文昭奏議，可補者亦尚不少，不僅《玉海》所載《進元豐九域志表》而已。

又《儀顧堂集》卷一七《春卿遺稿跋》 其名當亦鑚所題，以堂曾官禮部侍郎故也。編次無法，挂漏甚多，《宋史》本傳所稱《論郭皇后不當廢疏》、《論禁中火起疏》、《言不必別置發運使疏》、《奏復鑑湖馬湖疏》，均未見。又《會稽掇英總集》有卷一《閔山》五古并序，卷二《寄題望湖樓》七古，卷三《棹歌》七古，卷八《飛來山》五古，《天章寺題字》，《成都文類》卷七有《清陰堂種橘》一首，《嘉泰會稽志》有守會稽日《修永和故事作》七律，《西湖高僧事略》有《贈惟政禪師》七絶，皆失收。其書以《吴都文粹》爲藍本，此外所採寥寥數首而已，往往割裂《文粹》案語，附於題下，似序非序，尤爲非體。《虎邱山》一首，《文粹》本作《吴王墓》，《謝李兵部》二首，《文粹》本作《靈芝坊》，改易篇題，多近肊撰，明自萬曆以後，風氣使然矣。

又《儀顧堂續跋·重輯舊五代史原稿跋》 乾隆中，館臣從《大典》輯出，主其事者餘姚邵二雲學士晉涵，此即學士家底本，其與官本不同者每條皆注出處，其出《大典》及《册府元龜》者皆注明某卷，出於《通鑑考異》及《通鑑注》者皆注明某紀。卷一《太祖紀》第一下有小注云：「案薛《史》本紀，《永樂大典》所載俱全，獨《梁太祖紀》原帙，已散見於各韻者僅得六十八條，參以《通鑑注》所徵引者，又得二十一條，本末不具，未能綴輯成篇。《册府元龜》閏位部所録朱梁事蹟，皆本之薛《史》原書，首尾頗詳，按條採綴，尚可彙萃。謹依前人取魏澹《書》、《高氏小史》補《北魏書》闕篇之例，采《册府元龜》梁太祖事，編年按日，次第編排以補其闕，庶幾略存薛《史》之舊，仍於條下注原書卷第，以備參考焉。」案此條今載官本凡例中，而删節過半，此外案語，亦比官本爲多，雖半已採入考證，而此較詳。

丁紹儀《聽秋聲館詞話》卷七 自四庫館開，宋、金、元詞散見《永樂大典》中者，次第集出。天下遺書，亦漸流佈，故多竹垞太史所未見。乃補遺一書，成於道光間，亦多未録。如曹勛《松隱集·聲聲令》云：「梅風吹粉，柳影摇金。漸看春意入芳林。波明草嫩，據徵鞍、晚烟沈。向野館、愁緒怎禁。過了燒燈醉別院，阻同尋。瑣窗還是冷瑶琴。燈花謝也，擁春寒，掩閑衾。念翠屏、應倚夜深。」《解蹀躞》云：「雨過池臺秋静，桂影凉清晝。槁梧喧砌，疏黄滿堤柳。風外殘葉枯荷，憑闌一晌，猶喜冷香盈袖。少歡偶。人道消愁須酒。酒又怕醒後。這般光景，愁懷煞難受。誰念千種秋情，乍凉雖好，還恨夜長時候。」《松梢月》云：「院静無聲。正天邊皓月，初上重城。群木摇落，松路徑暖風輕。喜浥蟾華當松頂，照謝閣、細影縱横。杖策徐步，空明里，但襟袖皆清。恍如臨異境，漾鳳池岸闊，波净魚驚。氣入層漢，疑有素鶴飛鳴。夜色徘徊，遲宮漏，漸坐久、露濕金莖。未忍歸去，聞何處，更吹笙。」此調中多拗句，詞律失收。王質《雪山集·虞美人》云：「翠陰融盡毵毵雪。慘淡花明滅。嫩沙拂拂漲痕添。想見故溪緑到草堂前。夕陽紅透櫻桃粒。掩映深沉碧。成都事事似江南。只是香衾兩處耐春寒。《種荷、無月不登樓》云：「池塘生春草，夢中共、水仙相識。細撥冰綃，低沈玉骨，攪動一池寒碧。吹盡楊花，糝毯消白。却有青錢，點點凝積。漸翠蓋、亭亭如立。漢女江妃入奩室。待看靚女徐出。夜月明前，夕陽欹後，清妙世間標格。中貯瓊瑶汁。才擘破、露飛霜泣。何益。未轉眼，度秋風，成陳迹。」此調諒係自度，詞譜、詞律均未收。《中秋飲南樓、呈范宣撫水調歌頭》云：「細數十年夢，十處過中秋。今年清夢還在，黄鶴舊樓頭。老子興殊不淺，此會天教重見，今古一南樓。星漢淡無色，玉鏡倚空浮。帶秦烟，縈楚霧，熨江流。關河離合南北，依舊照人愁。想見姮娥冷笑，笑我歸來霜

鬢，空敞黑貂裘。把酒問清影，肯去伴滄州。」吕勝己《渭川集・長相思》云：「展蟹蛾，抹流波，并插玲瓏碧玉梭，松分兩髻螺。曉霜和，凍輕呵，拍罷陽春白雪歌，偎人春意多。」《謁金門》云：「嗟久客，又見他鄉寒食，流水斷橋春寂寂。孤村烟火息。白去紅飛無迹，行樹總成新碧，醉里傷春愁似識，東風欺酒力。」《木蘭花慢》云：「殘紅吹盡了，換新緑、染疏林。正杜宇催歸，行人貪路，天氣輕陰。江亭舊游宴處，但遥山、萬叠晚云深。獨憶佳人斂黛，爲予别泪盈襟。而今，旅况苦難禁。逢勝懶登臨。念景好難忘，情多易感，取次關心。平明，又西去也，望關山、古道馬駸駸。回首當年一夢，笑將濁酒重斟。」王寂《拙軒集・點絳唇》云：「疏雨池塘，一番雨過香成陣。海榴紅褪，燕語低聲問。冰簟紗幮，玉骨凉生潤。沉烟噴。日長人困。枕印斜紅暈。」《采桑子》云：「西風吹散揚州夢，冷落行云。心事休論。蘸甲從他酒百分。冷烟衰草長亭路，銷盡離魂。愁封芳尊。剛道啼痕是酒痕。」《減字木蘭花》云：「羽書催去。落絮飛花縈不住。湖上流鶯。欲别頻啼三兩聲。虚廊月轉，一曲未終腸已斷。百斛明珠。買得尊前一醉無。」《紅袖扶》云：「風拂冰檐，鎮犀動，翠簾珠箔。秘壺暖、宫黄破萼。玻璃瓮頭，漉雪擘新橙，秀色浮杯杓。雙蛾小，驪珠一串，梁塵驚落。俗事何時了，便可束置之高閣。笑半載功名，何物把人拘縛。青春等閑背我，趁良時、莫惜追行樂。玉山倒，從教喚起，紅袖扶著。」此調諒係自度，詞譜、詞律均未收。勛字公顯，陽翟人，宣和中官閤門宣贊舍人。質字景文，其先鄆州人，後徙興國，乾道中，官樞密院編修。勝己字季克，邵武人，淳熙中知沅州，罷歸。寂字元老，玉田人，金天德中進士，歷官中都路轉運使，謚文肅。

姚振宗《隋書經籍志考證》卷三〇《子部七》　案本志史部儀注類有《汝南君諱議》二卷，裴松之注《吴志・張昭傳》云：「其事見《風俗通》。」馬總《意林》引《風俗通》亦載是事，詳見本條，蓋即三十一卷中之佚出者，亦即原目之諱篇，以是知張昭所議一篇，今見于傳注者，亦是書佚文也。

丁丙《善本書室藏書志》卷二六《元獻遺文一卷》　采《玉海》、《事文類聚》、《播芳大全》、《宋文鑑》、《茅山志》、《歲時雜詠》、《侯鯖録》、《西清詩話》、《老學菴筆記》、《瀛奎律髓》、《汝州志》、《青箱雜記》、《海棠譜》、《鐵網珊瑚》、《會稽掇英集》及諸文集序，凡增文二十二篇，詩一百三十餘首，及單辭斷文又十餘件，文則倍於原輯，詩則視原輯幾二十餘倍，可謂美且富矣。

又卷二八《長興集四十一卷今存十九卷》　存中與交通爲叔姪行，今三沈本先《西溪》而後《長興》，以卑冠尊，義不可解。或以文通之孫元用曾守處州，此必元用所刊，自尊其祖，又或因《宋史》附括、遼於遺傳，叙次殆依史傳，二説雖近是，因考《長興集》首尾皆缺，若先《長興》則開卷即是十三卷起，殊無眉目，此其所以後之歟？兹從他書中搜存中騷賦詩歌得若干篇，補其首卷，又摭序説諸篇爲兩卷，冀漸成完書，并沈氏先世制敕墓誌更附於末，不無小補云。

又卷二九《鄱陽集四卷》　康熙間，吴允嘉輯《忠宣公遺文》，有在此集外者，如《追薦徽宗皇帝功德疏》、《知饒州謝表》、《奉使留金金臣悟室求詩口占漫答》七律，《藥石》一絶，題作《出使懷母》，《江梅引》多《訪寒梅》、《憐落梅》詞二闋，及引《山堂肆考》、《台州府志》、《饒州府志》雜記數條，零璣碎璧，皆足助翼此書也。案菉竹堂所藏至正二十四年鈔本有孫道明明叔、吴寛、沈與文、沈廷芳諸題記，亦四卷，今尚在東郡楊紹和家，安得借鈔而一證之。

繆荃孫《藝風堂文續集》卷七《輯本丹邱生集跋》　柯九思，《元史》無傳，其事跡見《元詩選小傳》，而丹邱生集亦無紀若干卷、若干篇者，《元史》本無藝文，《千頃堂書目》止云一卷，是最少之本。錢竹汀先生《補志》因之。今見元人十二家小集中，分體編次，止詩四十三首，詞四首，顧氏《元詩選》刻入三集，云：搜諸書畫題跋手跡，所得無多。顧玉山《草堂雅集》推丹邱爲壓卷，而雅集流傳之本類缺首册，殊爲憾事。最後鈔首册於汲古毛氏，敬仲之詩在焉，合之手跡，得詩二百六十二首。光緒庚子，柯遜菴中丞在揚州都轉任，囑荃孫搜輯編次，先鈔錢塘丁氏《元人十二家集》，又鈔《元詩選》爲二卷，以寄王寅友人曹君直中翰元忠到甯，雅意搜輯，再得友賦題跋二卷，詩二卷，補事迹一篇。荃孫復加覆核，新得《草堂雅集》舊鈔本，敬仲在後集之二，並不在首册，與顧選對勘，每首各注所出，又溢出十三首。疑顧所見，又一本也。元十二家集亦有五首，爲顧所未見，共得文四十六篇，詩三百四十一篇，勒成五卷，以覆中丞，自謂於兹集不爲無功矣。

又《楊太后宫詞册跋》　《甯宗楊后宫詞》五十首，寫在狀紙反面，紙墨甚舊，係汪水雲、錢功甫、毛子晉、黄蕘圃舊藏。水雲、功甫有印記，子晉有兩跋，蕘圃亦有跋。子晉曾刻入《五家宫詞》，取刻本相校，如銀燭瑶觥。《競上元》一首，娟娟西月，毛刻作□□午月，正當軒午月勝於西月，毛何以不見娟娟二字？管絃聲韻一齊喧，一作宛轉餘音出紫垣，毛與一作同。又《内園昨夜報花開》一首，「箇箇争先獻壽杯」，一作「人人争獻萬年杯」，毛又與一作同，想以其聲調不諧耶？毛跋潛夫，不知何許人。按首第二行云：潛夫輯是宫詞之傳，由於潛夫跋云：癸酉仲春，不著

何年。玫周草窗有泗水潛夫之號，大約草窗所輯。癸酉是度宗咸淳九年，時代恰合。子晉跋云：玫今本止三十首，餘二十首從未之見。但迎燕子尾纖纖、落葉濛濛立夏天，紫禁仙輿詰旦來。向刻唐人又：蘭徑香銷玉輦跡，缺月流光入綺疏，輦路青苔雨後深。向刻元人今姑仍原本，未便刪去。是搜輯與補綴，皆潛夫爲之也。大抵宮闈筆墨不甚流傳於外，好事者輯録之，輾轉傳鈔，多寡不同，故有五十首、三十首之異。又以爲有他人之作羼入者，自所傳王建、花蕊夫人等宮詞均然，不獨此册。或疑字跡與草窗不類，蓋同時另録之，非潛夫親筆。然紙墨決不在宋元以後，況少室山人所珍，胡應麟別號。子晉、蕘圃並跋之。因取汲古本玫其同異，補其譌錯而互證之，亦藝林之櫝寶也。

又《丹陽集跋》 《丹陽集》二十四卷，宋葛勝仲撰。勝仲，字魯卿，江陰人。紹聖四年進士，官至華文閣待制，知湖州，謚文康。事蹟具《宋史·文苑傳》。其文集八十卷，外集二十卷，久佚。館臣從《永樂大典》輯出，編詩文爲二十四卷。《絳雲樓書目》有《丹陽集》三十卷，雖與史傳不合，然自是舊本，未知尚在天壤間否？江陰葛氏世籍廣陵，唐天祐中避孫楊連兵之禍，渡江南徙。宋代門祚鼎盛，五世登科，第三世掌詞命，《宋史》有傳三人，附見十人，最爲江陰望族。魯卿再守湖州，有全城功，遂卜居吴興汎金溪。上集中有汎金溪宅上梁文，其子立方《韻語陽秋序》云：歸休吴興汎金溪上。是舊家江陰徙居吴興，可見者如此。葛氏以葛洪著望，稱丹陽魯卿，自署丹陽，迺宋人之舊習。集亦署曰「丹陽集」，是晉時之丹陽郡，非宋時之丹陽縣也。自陳振孫《書録解題》誤以爲丹陽人，而《宋史》因之，遂以魯卿爲舊居丹陽，徙居吴興，似與江陰無涉者。因歷考《丹陽歸愚》兩集、《韻語陽秋》，均無徙居丹陽之文。《京口耆舊傳》、嘉定、至順兩《鎮江志》亦不載。葛氏父子，《鎮江志》如陳升之《蘇頌》、曾布之《寓居》者，均載之，豈有獨遺葛氏父子之理？《韻語陽秋》云：余曾祖通議楊寘榜登科，未四十致政，享年八十七。居江陰軍青陽之上湖，自號草堂逸老。又云：先人文康公罷官南陽，適當兵擾，復還舊業，奉伯父工部居焉。別建二老堂於宅南，眷望由里諸山皆在目。考由里山，離江陰城九里，距青陽亦在指顧。孫鴻慶爲作序文，有曰：覿與公同州里。亦可爲魯卿居江陰之證。若爲丹陽人，則屬鎮江府，不得謂同州里。《丹陽集》二十一有《里中無居寓丹陽縣》詩，五六聯云：「退食井腴如就國」，原注：某見封丹陽郡，遥尋祖系，似還鄉。原注，葛稺川，丹陽人。觀此，更可見非丹陽人矣。至近代之志，又据《宋史》鈔入，不足據也。此集藏書家罕見，昔年廠肆曾出孔莊谷鈔本，爲汪郎亭前輩購去。今從文瀾閣録副，取以刊行，訛錯滿紙，校讐不易。《丹陽詞》一卷，《四庫》別收，汲古毛氏刻入六十種詞，今取集中《詩餘》一卷互校，有汲古無而本集有者三首，汲古有而本集無者十八首，字句亦有短長。乃重爲校定，而以汲古所有之詞附刊於末。《鴻慶集》中有序文一首，閣本未録。今仍冠於集首，以符其舊。七言古詩有《次韻鄭維心游西佘山》詩，係七言律兩首，爲改附七言律詩之後。

又《意林跋》 《意林》今止五卷，高似孫《子略》中載有全目，較今本多。蔣濟《萬機論》以下三十七家，洪邁《容齋續筆》卷二臚列《意林》内不傳之書三十二家，今本無者十七家。乾隆中，海寧周氏廣業輯《意林》逸文六條，又據《續筆》所稱各家輯之，爲《意林附編》。迨文選樓得宋本，多第六卷，嘉興李氏遇孫鈔之，海寧蔣氏刊入《斠補隅録》，海内始得見《意林》完本。今《意林》卷二，二家原有目無文；卷六，四十一家有目無文，十三家《子略》原目所列洪氏所稱，照曠閣據《説郛》所補。周氏所采大都在是，惟以《子略》目核之新序，今在第三卷。宋本複出《譙子五教》，《子略》在法論下，注並引《禮記》語，今奪《周髀》，次《相鶴經》之下。《夢書》次《汜勝之書》下。《相貝經》作《貝書》，次《夢書》下。《九章算術》次《萬畢術》下，《博物志》次《算術》下，《筆墨法》居末，均不同《子略》原目，以時代爲序，略分家數，似是《意林》原文，惟奪《道德經》、《荀子》、杜夷《幽求子》、干寶《干子》、華譚《新論》、孫綽《孫子》六家，係傳寫之訛。然《續筆》有《干子》而無《幽求子》、《新論》、《孫子》，核之《崇文總目》，均屬不傳之書，豈容齋所見本，即佚此三種與？牟子見《子略》目次正部下，亦見《續筆》。《本草經》小注云：華陀弟子吴普六卷。見《子略》，目次《神農本草經》下，今奪。《相鶴經》，黄長睿《東觀餘論》云：原書久佚，惟馬總《意林》及李善《文選注》鈔出。《相貝經》，楊升庵亦云：原書已佚，此特《意林》所引。今二家有目無文，施元之注蘇東坡次韻，孔毅父《久旱詩》引《意林》袁準正書一條，《天中記·陂類》引《意林》一條，今本亦無之。大約宋時已無全帙，然諸書閒有輯本，頗有得數十百條，獨遺此一二條者，亦可見宋本之足貴已。

又卷八《曹元寵詞跋》 曹君直同年見眎宋《曹元寵詞》一卷，共三十五首，蓋從各書輯出者。按：組字彦章，後字元寵，潁昌人，宣和三年進士，召試中書，換武階，兼閤門宣贊舍人，仍給事殿中，官止副使。有《箕潁集》、《揮麈後録》。曹與李質睿思殿應制作《艮嶽百詠》，均存十八首。《漁隱叢話後集》，曹元寵本善作詞，特以《紅窗迥戲詞》盛行於世，遂掩其名。如《望月婆羅門》詞，亦豈不佳云云。曹勛即元寵之子，《夷堅志》：勛使金，好事者戲作小詞。曰：單于若問君家世，説與教

知，便是紅窗迴底兒。可見此曲之擅名矣。今《婆羅門引》尚見於《陽春白雪》，而《紅窗迴》一詞未得，殊爲可惜。

李慈銘《越縵堂讀書記·隋書》 校《隋書·音樂志》及牛宏、鄭譯、何妥傳。據《音樂志》下卷，牛里仁等議樂，引《東觀書》馬防傳，大予丞案今本誤作太子丞。鮑鄴等上作樂事，凡一百八十二言。一字爲一言。今《東觀記》輯本，止防上言聖人作樂云云五十四言，而《後漢書·馬防傳》，惟是冬始施行十二月迎氣樂防所上也一語。又引《順帝紀》云，陽嘉二年冬十月庚午至作樂器如舊典，共四十九言，而今本《東觀記》乃無一字，知掇拾遺落，蓋亦多矣。《馬防傳》云云，《續漢書·律曆志注》引作薛瑩書，其文較《隋志》尤詳而微異，知里仁等所引實出《東觀記》也。薛瑩晉散騎常侍，撰《後漢記》一百卷，見隋、唐《志》。

又《舊唐書》 閱《舊唐書逸文》，其所輯以《御覽》爲主，而附注諸書異同於下。然《御覽》誤字最多，凡與《唐會要》、《册府元龜》互異者，皆以兩書爲長，自宜取其詳當者爲主，而附注它本異同，不必執定一書也。至其字之筆劃異同，如並作竝，騏驎作麒麟，帕作帊之類，亦不必一一悉出。

又《補三國志藝文志》 閱侯君謨《補三國志藝文志》。凡四卷，體例一與《補後漢書藝文志》同。皆攷證謹嚴，引據晐洽，當時佚文墜簡，多藉以存其梗槩，洵爲不可少之書，非僅諸家補志比。所惜其書皆未成，兩志子部皆缺歷算、五行、醫方、雜藝四門，集部皆無有也。

又《玉函山房輯佚書》 最録《玉函山房輯佚書》書目。其經編凡《易》類六十四種，《尚書》類十五種，《詩》類三十二種，《春秋》類四十九種，内《國語》連舊音共六種，而舊音別著於他目。《周禮》類十四種，《儀禮》類二十八種，《禮記》類十九種，《通禮》類二十二種，原目祇十七種，今取鄭康成《魯禮禘祫志》，范宣《禮論難》、王儉《禮義答問》、梁正《三禮圖》、張氏《三禮圖》、共五種散雜于子書中者合計之。《爾雅》類十三種，《樂》類十五種，《孝經》類十六種，《論語》類四十一種，《孟子》類九種，五經總類十二種，讖緯類□□種，小學類五十五種其散雜子編者，如荀爽之《禮傳》，李謐之《明堂制度論》，宜入禮類。顏延之之《逆降義》，宜入儀禮類；又《詁幼》宜入小學類。蓋由刻者所淆亂，馬氏當不至此。尋拾奇零，綜理微密，雖多以朱竹垞《經義考》、馬宛斯《繹史》、余仲林《古經解鉤沉》及張介侯澍《二酉堂叢書》等爲藍本，而博稽廣搜，較之王氏謨《漢魏遺書》，詳略遠判。然其中亦有未可據信及不宜收而收者。如《齊詩傳》輯至二卷，以《漢書敘傳》有班伯傳《齊詩》一語，遂謂班書所稱皆齊《詩》而盡入之，不知孟堅實習《魯詩》也。《論語周氏章句》一卷，何氏所輯七家，周氏與周生氏已無可分別。邢《疏》本作周氏曰，皇《疏》本皆作周生氏曰，乃因《經典釋文敘録》有鄭康成就魯《論》張包周之篇章考之齊古一語，遂謂鄭所注即周氏之本，取《釋文》所載鄭本異同之字皆入之，不知與《敘録》所言包氏何以別也。此皆未可信者也。《禮》類有《孔子三朝記》一卷，案此七篇之文，全載《大戴禮》中，本非佚書，何煩輯録？《孝經》類有《長孫氏》説一卷，據《隋經籍志》長孫有閨門一章之語，遂取今所傳僞古文《孝經》單録其第二十二章「閨門之内具禮矣乎」二十三字，以備一種。案《漢志》唯云古文多一章，長孫本傳今文十八章，其書早亡，《隋志》並不著録，何以知其獨多《閨門》一章？其言本不足信。況此乃經文，未未長孫所説，何須録之。《孟子》類有《程曾章句》一卷，所輯録僅一條，乃《太平御覽》引所注《孟子外書》犖門齊南門一語。案《後漢書·儒林·程曾傳》雖有著《孟子章句》之文，而其書絶不見著録，則未知所注者爲《漢志》十一篇之本，抑同趙岐七篇之本。要之《外書》四篇早亡，今所傳熙時子注本，乃明季姚士粦等所僞託。《御覽》所引，其爲本文與否，亦無從辨。馬氏既不收《外書》，何須尚存此注，入之經類？此皆不宜收者也。其《齊論語》一卷，據王厚齋語以問王爲問玉，遂取《聘義》、《子貢問》君子貴玉而賤瑉一節，及《説文》、《初學記》、《御覽》所引逸《論語》言玉事盡入之。然如孔子曰美哉璠璵遠而望之奐若也近而視之瑟若也一則理勝二則孚勝一節，及如玉之瑩一句，皆不引《説文》而引《初學記》，亦爲失檢。又顏延之之《逆降義》，隋時已亡，今所輯唯《通典》引問答甥姪之稱一條，尋其書名，蓋緣《儀禮》喪服大功章鄭注女子成人者有出道旁降親義而推言之，賈疏有逆降之稱，自本六朝禮服，諸儒相承舊説，而馬氏乃謂逆降義者，蓋明禮制升降之義，則疏甚矣。章氏不應有此失，疑馬氏得其稿本，其書有已成者，有僅録其目而未輯録者，每書之序，當亦有所增改。觀其子編農家類有《野老書》一卷，其序云《漢志》農家有《野老》十七篇，注六國時在齊楚間，隋唐志皆不著録。考《吕氏春秋》載《上農》、《任地》、《辯士》、《審時》四篇，家宛斯先生《繹史》云，蓋古農家野老之言而吕子述之，兹據補録。夫驄御不過泛言，安得即以漢《志》之野老實之，此亦武斷之甚；而稱驄御爲家先生，則此書此序不出章氏明甚。且其中有録無書者十餘種，有書無序者亦十數種，蓋章氏僅著其目，或書存而失其序，馬氏遂亦不能補耳。閱玉函山房所輯小學諸書，較任氏《小學鉤沈》爲詳，而有録無書者，《八體六技》一卷，蔡邕《女戒》一卷，索靖《月儀》一卷，李概《音譜》一卷，顏之推《訓俗文字》一卷，《開元文字音義》一卷，《義雲章》一卷，李商隱《李氏

字略》一卷，共八種。【略】閲玉函山房所輯諸子書，其中譌字甚多，又僅存一二條者至十餘種，皆可不必，其輯《孔穿讕言》一卷，據《孔叢子》録出，以當《漢志》儒家《讕言》十篇，既與班氏自注不知作者相違，而又忘《孔叢》之爲僞書，乃反駁顔《注》爲誤，亦嗜奇之過矣。【略】寫《玉函山房輯佚書》書跗訖。其小學類依目録尚缺《義雲章》及《李氏字略》，緯書類無易緯，子部惟儒家、農家有目，而儒家有目無書者十餘種。其餘奇零數十種，有經類、子類，皆無目録，輯訂糅雜，略無倫次，當更爲整比之。【略】閲玉函山房輯本小學諸書，其《開元文字書義義雲章》李商隱《李氏字略》三種，有録無書，擬補輯之。【略】閲玉函山房所輯《易學》諸書，其於子夏《易傳》，據劉歆以爲子夏韓嬰同作，荀勖以爲丁寛作，阮孝緒並列韓嬰丁寛，遂並輯爲三種，分題《子夏易傳》、《丁氏易傳》、《韓氏易傳》而一字不易，古今有此體例乎？蓋近儒臧氏庸謂子夏當是韓嬰之字，崔氏應榴謂《漢書·儒林傳》鄧彭祖字子夏，傳梁丘《易》，有鄧氏之學，則子夏《易傳》，當是鄧作。宋人趙汝楳《周易輯聞》已有此説。其説皆有據。馬氏既未能深考，而貪多務博，緟複支離，其所輯往往犯此病也。

又《琱玉集》 閲《琱玉集》。此書名見《宋史·藝文志》及《通志·藝文略》，究不定其爲誰作；此刻出自日本人舊鈔卷子本。云：原十五卷，今僅存十二、十四兩卷。每卷末有記云：天平十九年歲在丁亥寫。天平十九年當唐玄宗之天寶六載也。其書分類系事，各題篇名，十二卷分聰慧、壯力、鑒識、感應四篇，十四卷分美人、醜人、肥人、瘦人、嗜酒、别味、祥瑞、怪異八篇。其書掇拾奇零，絶無條理，重性貤繆，不勝指摘，蓋是六朝末季底下之書。然其中如引《孝子傳》李善兩乳存孤事云：李善本是李文今《後漢書》獨行傳作元。家奴。又云：歷鄰乞乳，得濟朝夕，時既經久，鄰里厭之，不肯與乳，兒遂損瘦，命在須臾。李善感結，悲不自勝，號泣呼天，求哀請救，天感其志，兩乳汁流。與《後漢書》所叙不同。又云：郡縣奏聞，遂達天聽，上感其義，賜善姓李，表之朝野，遷堂邑令。以《後漢書》及《東觀漢記》覈之，則善初拜太子舍人，後出爲平陽丞，遷堂邑令，終日南太守，始終官爵，歷然可考。又其從主姓李，出於帝賜，尤足以裨史闕。其書凡引《類林》者七，引《春秋後語》及《同賢記》者各三，引王隱《晉書》王智深《宋書》及《語林》、《古傳》、《論語疏》者各一。《語林》引曹操楊脩讀《曹娥碑》事。王智深《宋書》引陶淵明好慕山水，恒處幽林，以酒暢釋，有人就者，輒脱葛巾沽酒，畜一素琴，乃一醉一撫一拍嘯詠而已。《論語疏》引顔子問一以知十，謂問君子教道之法，子曰：道者，道也。顔回即解之。父以慈道子，子以孝道父，夫以和道妻，妻以柔道夫，兄以友道弟，弟以恭道兄，君以明道臣，臣以忠道君，友以信道己，己以仁道友，此所謂十也。其説甚異，不知出何人《論語疏》？《皇疏》亦無此文也。又引《晉抄》者十餘條，引《後漢抄》者二，皆不足據。如引師曠辨故車脚炊飯爲勞薪事，謂出《史記》；引田真兄弟三人分産，庭前紫荆三株花棄枯萎事，謂出《前漢書》；則其它可知矣。兹將所引《古傳同賢記》王隱《晉書》三則寫出之，以備考。《聰慧篇》引《古傳》云：路婦，不知何處人也。孔子游行見之，頭戴象牙櫛，謂諸弟子曰：誰能得之？顔淵曰：回能得之。即往，至婦人前，跪而曰：吾有徘徊之山，百草生其上，有枝而無葉；萬獸集其裏，有飲而無食；故從夫人借羅網而捕之。婦人即取櫛與之。回曰：夫人不問由委，乃取櫛與回，何也？婦人答曰：徘徊之山者，是君頭也；百草生其上、有枝而無葉者，是君髮也；萬獸集其裏者，是君蝨也；借網捕之者，是吾櫛也；以故取櫛與君，何怪之有？顔淵嘿然而退。孔子聞之曰：婦人之智尚爾，況於學士者乎。案此不知出何書。馬氏驌《繹史》、《孔子類記》、孫氏星衍《孔子集語》皆未之采，其辭指與《韓詩外傳》所載之子貢挑阿谷之女事，同一杼軸，而較衡波傳采桑娘事爲雅馴。《感應篇》引《同賢記》云：杞良秦始皇時北築長城，避苦逃走，因入孟起後園樹上。起女仲姿浴於池中，仰見杞良而唤之，問曰：君是何人？因何在此？對曰：吾姓杞名良，是燕人也。但以從役而築長城，不堪辛苦，遂逃於此。仲姿曰：請爲君妻。良曰：娘子生於長者，案此長者謂富貴家也，乃漢魏間古義。處在深宮，案深宮通指上下，亦漢以前古義。容貌豔麗，焉爲役人之匹？仲姿曰：女人之體，不得再見丈夫，君勿辭也。遂以狀陳父，而父許之。夫婦禮畢，良往作所。主典怒其逃走，乃打煞之，并築城内。起不知良死，遣僕欲往代之，聞良已死，并築城中。仲姿既知，悲哽而往，向城中啼哭。其城當面，一時崩倒，死人白骨交横，莫知孰是。仲姿乃刺指血以滴白骨，云若是杞良骨者，血可流入。即瀝血，果至良骸，血徑流入，便將歸葬之也。《肥人篇》引王隱《晉書》云：孟業，晉時幽州刺史也，爲人大肥。下官還京。晉武帝意欲稱之，乃作大稱掛於殿壁。業入見之，曰：陛下作稱，欲何爲也？帝曰：朕聞人重千斤者吉，朕欲自稱有幾斤。業曰：陛下正欲稱臣耳，無煩聖躬。於是稱業，果行千斤。

孫葆田《春秋會義序》 至明永樂中，修《春秋集傳大全》，採用杜氏説至七十餘條，所謂蜀杜氏是也。其全書不知亡於何時，國朝朱錫鬯氏《經義考》以爲久佚。乾隆中詔修《四庫全書》，館臣始從《永樂大典》輯出。書已成而《總目》失收。聞當

時吾鄉孔葒谷户部曾録有副本，今流傳至江南爲某氏所藏。此本乃鄒孝廉道沂家存故籍，予聞諸蔣性甫太史，因亟從借鈔。會歸安陸存齋至濟南，于予齋中見此書，詫爲未有，并屬傳鈔一部。原本首行標四庫全書，疑即館中擬進本。然書内不著纂輯人姓名，後見今人所輯《春秋規過》、《春秋摘微》序言，乃知是書成於楊君昌霖手。楊氏蓋治《春秋》之學者，其於此書採輯頗勤，然猶未能旁搜博引。蓋自《永樂大典》外，所得僅一二十條，而又皆爲節文，亦不出乎今書所載。【略】予既喜得是書本末，思廣其傳，乃捐貲付梓，以公諸同人。【略】予深愧弇陋，輒就目前所見，略爲編訂，并附校刊略例。

簡朝亮《尚書集注述疏・逸文》　序《尚書》者，舉《尚書》百篇，今亡者過半矣，況《書》不惟百篇已乎！若《禹誓》、《湯説》、《揜誥》諸篇，皆序者無之也，其逸文，今猶有存者。雖然，不可不察也。孟子曰「遊於聖人之門者難爲言」，采逸文而察之，其爲言之難，不亦微哉！今之於《尚書》也，其似逸文而皆非者，則有五焉：有古志之書而非孔子雅言者，有逸文而僞者，有異文而譌者，有檃栝其經而引之者，有經説而以經目之者。此五者，皆非逸文也。《漢志》曰「《周書》七十一篇」，蓋不以逸名之，非《尚書》之逸也。然《説文》、《爾雅》郭注皆名之曰「逸周書」，其將疑於僞乎。文二年《左傳》曰「《周志》有之，勇則害上，不登於明堂」，今其文在《周書》中也，而《左傳》謂之《周志》，不謂之《周書》，不與其凡引《周書》者同，蓋慎之矣。《漢志》曰「《周史六弢》六篇」，蓋莊子所謂《金版六弢》者與？若此者，則古志之書而非孔子雅言者也。苟不察焉，其采之而純者希矣。王莽之篡，先贊辭曰「假皇帝」，僞者乃爲《嘉禾》曰「假王莅政」；《漢志》曰「唐讓天下于虞，使子朱處于丹淵爲諸侯」，僞者乃爲《書言》曰「堯子丹朱不肖，舜使居丹淵爲諸侯」。若此者，則逸文而僞者也。苟不察焉，其書之亡者以爲猶有逸文，於其僞而信之，將小人之巧，而君子售其欺，非天下之憂乎！《無逸》有「厥乎惟我周」之文，《白虎通》則言曰「厥兆天子爵」，此今文也；《酒誥》言「王曰：封，我聞惟曰，在昔殷先哲王」，《大傳》則言「王曰：封，惟曰，若圭璧」；《盤庚》言曰「古我先后，既勞乃祖乃父，汝共作我畜民」，《大傳》則言曰「若德明哉，湯任父言卑應言」，皆今文也，伏生壁中本之殘也。若此者，則異文而譌者也。苟不察焉，其書之存者，執其逸文而疑其有闕也，信道不篤，孰階之厲乎？僖三十三年《左傳》引《康誥》曰「父不慈，子不祇，兄不友，弟不恭，不相及也」，昭二十年《左傳》引《康誥》曰「父子兄弟，罪不相及」，皆約於今《康誥》之文，而其義皆同。若此者，則檃栝其經而引之者也。苟不察焉，則未觀其通矣。《説文》引《詩》曰「不醉而怒謂之奰」，蓋以《詩傳》亦統於《詩》也。若此者，則經説而以其經目之者也。苟不察焉，是比於孔子《易傳》，今尊之爲經也。夫比於孔子，可乎？故此五者，皆非逸文也。

王仁俊《經籍佚文・司馬法佚文》　俊按：黄先生元同曰：《軍禮司馬法》，唐初已亡佚，宋人所引咸出《司馬兵法》。此語不見今五篇中，蓋亦兵法之佚文，故入此。

又《華陽國志佚文》　炎精下頽，朱明不揚。太尉謇諤，任國救荒。濯日暘谷，將升扶桑。惡直醜正，漢道遂喪。元脩敦重，威惠實亮。子雅温恭，見察文方。二珪琬琰，三辰懸望。琰始爲青州刺史，有貴要屬託，琰於廳前置大器盛水，發置，悉投置水中，無有所報。俊按：顧氏云：此上二十五字原脱，依《藝文》五十、《書鈔》七十二、《御覽》二百五十八參校補正。

葉德輝《淮南鴻烈間詁序》　余從《説文解字》、唐本《玉篇》、《水經注》、《齊民要術》、《玉燭寶典》、《史記集解》、《索隱》、前後《漢書注》、《群書治要》、《意林》、《文選注》、《北堂書鈔》、《初學記》、《藝文類聚》、《開元占經》、玄應《一切經音義》、慧琳《一切經音義》、希麟《一切經音義》、《華嚴經音義》、《莊子釋文》、《列子釋文》、《詩正義》、李瀚《蒙求注》、《白孔六帖》、《爾雅疏》、《太平御覽》、《太平廣記》、《事類賦》、《政和重修經史證類本草》、《歲時廣記》、史炤《通鑑釋文》、《事物紀原》等書，輯得文注全者三百五十餘事，有文無注者三十餘事，皆明題許注，確然可據者也。

紀　事

《南史・陸琰傳》　琰寡欲，鮮矜競，游心經籍，晏如也。所製文筆，多不存本，後主求其遺文，撰成二卷。

《新唐書・盧綸傳》　綸與吉中孚、韓翃、錢起、司空曙、苗發、崔峒、耿湋、夏侯審、李端皆能詩齊名，號「大曆十才子」。憲宗詔中書舍人張仲素訪集遺文。文宗尤愛其詩，問宰相：「綸文章幾何？亦有子否？」李德裕對：「綸四子：簡能、簡辭、弘止、簡求，皆擢進士第，在臺閣。」帝遣中人悉索家笥，得詩五百篇以聞。

《舊五代史・莊宗紀》　天祐十八年春正月，魏州開元寺僧傳真獲傳國寶，獻

於行臺。驗其文，即「受命於天子孫寶之」八字也，羣僚稱賀。案：自「開元寺」至此三十三字，原本闕佚，今從《册府元龜》增入。

晁公武《郡齋讀書志後志》卷一　皇朝譚愈好雄文，患其散在諸篇籍離而不屬，因綴輯之，得四十餘篇。

陳振孫《直齋書録解題》卷一六　大抵皆録《漢書》及《古文苑》所載【略】。蓋古本已不存在，好事者於史傳、類書中抄録，以備一家之作，充藏書之類而已。

又　其間亦有采取《御覽》、《書鈔》、《類聚》諸書中所有者，意皆後人附益，然則亦非當時全書矣。其間或引摯虞《流別集》，此書國初已亡，猶是唐人舊傳也。

又　此卷從繆筱珊編修處轉鈔，蓋徐星伯録出之本也，今翰林院所藏，已佚此兩卷矣。

李東陽《馬石田文集序》　馬文貞公出西裔，居光州，所著有《石田集》若干卷，公没之後，淮東廉訪使蘓伯修請於朝，刻梓以傳。元季散佚，不行於世久矣。今山西按察使熊君騰，霄光人也，嘗爲監察御史出按甘肅，有鄉先生以録本屬之，謂已闕漏，無所質。聞公有裔孫在肅，請往訪之，君徧歷諸郡，久乃得馬鐵牛者，遣人詢之，果于壁上得公所撰母夫人墓銘石刻一紙，他無所得也。既爲按察久，政事之暇，手自編校，重刻以傳。而伯修。及陳編修衆仲之舊序皆在焉。其稱公甚備，考諸《元史》，又稱其文章精贍，尤致力於詩，圓密清麗，無不可傳者，信一代之傑作也。若其議典禮，興政事，摧姦剟惡，屢黜而不悔，蓋亦有風節焉。識者因其文以求之，可見矣。

彭大翼《山堂肆考・凡例》　是書成於萬曆乙未冬，一鶴彭太嶽以著述聞，蓋二十年於兹矣。厥後浸淫散佚，越在己未，學迺尋繹舊聞踵事，增定遂成完帙。一時博物君子争傳覽焉。亦是書中興之會也。

胡應麟《經籍會通》卷三　張文潛《柯山集》一百卷，余所得僅十三卷，蓋抄合類書以刻。

又《少室山房筆叢》卷三三　三子皆六朝名勝，胡以疏漏若斯？余嘗欲爲之會萃箋解，并裒其語之逸于本書而存于他籍者，及《瑣語》諸篇，本書全逸而他籍僅存者，合爲一編，以貽同好。

又卷三六　《列異傳》三卷，《通志》稱魏文撰，而《通考》及《宋志》、《書目》皆無之，蓋自宋已亡矣。惟裴松之所引一事，附見《蔣濟傳》注中。魏文與濟同時，當是濟自語魏文者，今録此。

又　《甲乙剩言》。姚叔祥見余家《藏書目》中有干寶《搜神記》，大駭曰：「果有是書耶？」余應之曰：「此不過從《法苑》、《御覽》、《初學》、《書鈔》諸書中録出耳。」

張燮《七十二家集・賈長沙集引》　賈生爲灌、絳所嫉，然賈生未嘗不利于灌、絳也。禮大臣之説早行，則絳侯何至憂獄吏之貴乎，王封太强未幾，而所在噂喈，又何奇中也！獨新進少年絳顥太著，使人謂繭栗犢便，任重致遠，反作意羈之耳。賈集久無單行，《新書》割裂封事，畫隴分阡，他如《封建》、《鑄錢》諸疏簿有增益，别摽名目，自屬子部，今俱不采。采其騷、賦及疏、牘散見傳志或他書者，爲《長沙集》。孔門用賦，故知升堂，撫時英鋭，亦具露一斑矣。

又《重纂東方大中集引》　東方譎諫，人主喜其易狎，彼亦遂狎人主。然諫起上林，排突董偃，即汲長孺之直，豈遠過哉！淺視者混列之，以爲滑稽；高語者傳會之，以爲仙人，彼蓋托俳諧以傲世焉，而匪藉歲星乃顯也！若夫吐辭英偉，稱是天逸。今其存者，大都盡播傳誦。余於《拾遺記》得其寶甕一銘，政如覔碎金於沙際耳。《借車孫弘書》史載其目，今所餘斷簡，獨「隻語密密」，惜不得全篇讀之。知當狎平津爲海鷗鳥也。

劉若愚《酌中志》卷一八　至孝廟弘治朝以《大典》金匱秘方，外人所未見者，乃親灑宸翰，識以御寶，賜太醫院使臣王、聖濟殿内臣寵，蓋欲推之以福海内也。

李紱《穆堂初稿》卷四三《答方閣學問三禮書目》　右所開三禮書目，在注疏經解之外者，共一百一十六種，皆浙江藏書家所有，然購求頗難。有懼當事不行鈔寫而以勢力强取，遂秘而不肯出者，亦有因卷帙浩繁難於鈔寫，恐時遲費重，遂以無可購覓咨覆者。往復行移，徒淹時日，無益於纂修。【略】如荆公《周禮義》，徐健庵先生懸千金購之而不可得，現在尚存什之二三者，惟《永樂大典》一書。此書現存翰林院，盡可采用。禮局初開，誊録生監與供事書吏一無所事，若令纂修等官於《永樂大典》中檢出關係三禮之書，逐一鈔寫，各以類從，重加編次，兩月即可鈔完，一月即可編定。不過三月，而宋元以前三禮逸書復見於天下，其功之大，當與編纂三禮等。【略】《永樂大典》二萬八千八百餘卷，余所閲者尚未及千，然宋元三禮義疏，如唐成伯瑜《禮記外傳》、宋王荆公《周禮義》、易祓《周禮總義》、王昭禹《周禮詳解》、毛應龍《周禮集傳》、項安世《周禮家説》、鄭宗顔《周禮新講義》，今世所逸之書咸在，而鄭鍔、歐陽謙之等諸名家之説附見者尤多，擇其精義，集爲成書，豈不勝於購求世俗講章之一無可採者哉。

全祖望《鮚埼亭集外編》卷一七《藂書樓記》 揚州，自古以來所稱聲色歌吹之區，其人不肯親書卷，而近日尤甚。吾友馬氏嶰谷、半查兄弟，横厲其間。其居之南有小瓏瓏山館，園亭明瑟，而巋然高出者，藂書樓也，迸疊十萬餘卷。予南北往還，道出此間，苟有宿留，未嘗不借其書。而嶰谷相見，寒暄之外，必問近來得未見之書幾何？其有聞而未得者幾何？隨予所答，輒記其目，或借鈔或轉購，窮年兀兀，不以爲疲。其得異書，則必出以示予，席上滿斟碧山朱氏銀槎，侑以佳果，得予論定一語，即浮白相向。方予官於京師，從館中得見《永樂大典》萬册，驚喜貽書告之。半查即來，問寫人當得多少，其值若干，從臾予甚鋭。予甫爲鈔宋人《周禮》諸種，而遽罷官，歸途過之，則屬予鈔天一閣所藏遺籍，蓋其嗜書之篤如此。

又《雙韭山房藏書記》 難定，先贈公授徒山中，稍稍以束脩之入購書，其力未能購者，或手鈔之。先君偕仲父之少也，先贈公即以鈔書作字課。已而，予能舉楮墨，先君亦課以鈔書，嘗謂予曰：「凡鈔書者，必不能以書名，吾家自侍郎公以來，無不能書，而今以鈔書荒速廢業矣。」予至今檢點手澤，未嘗不歎遺言之在耳也。但吾鄉諸世家，遭喪亂後，書籤無不散亡，祇范氏天一閣幸得無恙。而吾家以三世研田之力，得復擁五萬卷之儲胥，其亦幸矣。雙韭山房者，亦先侍郎之别業，在大雷諸峰中，今已摧毁，而先贈公取以顏其齋者也。自予出遊，頗復鈔之諸藏書家，漸有增益，而於館中見《永樂大典》萬册，驚喜，欲於其中鈔所未見之書。吾友馬嶰谷、趙谷林皆許以貲爲助，所鈔僅數種，而予左降出館矣。昔鄭漁仲修《通志》，欲於館中借書，卒不果，良會之難，洵可惜也。即以十年來所接，其爲夢寐所需，而終以高價之莫副，付之雲烟之過眼者，不知其幾何也。爰輯目前所有之部居，而爲之記。

又卷二三《高氏春秋義宗序》 先是，高憲敏公息齋曾有《春秋集注》，而端叔繼之。故吾鄉稱爲「《春秋》二高」，不以名位甲乙也。然端叔之書之博，過於息齋。自予治《春秋》以來，求端叔之書不可得，今年鈔《永樂大典》得之，爲之驚喜，雖頗有殘缺，要爲經苑中所當珍惜也。

又卷二四《公是先生文鈔序》 予嘗謂文章不本於《六經》，雖其人才力足以凌厲一時，而總無醇古之味，其言亦必雜於機變權術，至其虚憍恫喝之氣，末流或一折而入於時文。有宋諸家，廬陵、南豐、臨川，所謂深於經者也，而皆心折於公是先生。蓋先生於書無所不窺，尤篤志經術，多自得於心，所著《七經小傳》、《春秋五書》，經苑中莫與抗，故其文雄深雅健，摹《春秋》《公》、《穀》兩家，《大小戴記》，皆能神肖，當時先生亦自負獨步，虎視一時，雖歐公尚以不讀書爲所誚，而歐公不敢怨之。世或言先生卒以此忤歐公，今稽之墓志，始知其不然也。然聞先生垂殁，戒其弟公非先生，毋得遽出吾文，百年後當自有知之者，故其家藏遺集，不肯輕以示人。其後東萊、水心始極口稱之，列之歐、王之間，先生之言，似乎驗矣。乃自元以來，文章之道日衰，先生之文復束高閣，而并其集俱不完。然則不特以經術爲文之難，即取經術之文，而知好之者亦難也。先生《春秋》其傳於今者三種，與《七經小傳》皆盛行。總集七十五卷，明文淵閣已無足本，相傳常熟錢氏嘗有公是、公非、仲馮三集，而燬於火，若吾鄉天一閣范氏、江都葛氏、崑山徐氏，皆不過有原集之什一，後得臨川侍郎李丈穆堂本，則視諸家倍之。時方從《永樂大典》求前輩遺文，得所未見者頗多，因與侍郎合鈔，訂爲二十四卷，而命之曰文鈔，從其實也。先生尚有《弟子記》五卷，乃學者答問之言，皆有關於經學，今亦不存。其偶見於諸書所引者，今爲編入附録。將以次緝公非之作，并及仲馮，雖未免泰山豪芒之嘆，然猶愈於并此而失之也。

又《唐説齋文鈔序》 唐台州説齋以經術史學負重名於乾、淳間，自爲朱子所糾，互相奏論，其力卒不勝朱子，而遂爲世所訾。方乾、淳之學初起，説齋典禮經制，本與東萊、止齋齊名，其後浙東儒者絶口不及。蓋其以公事得罪憲府，而要人爲之左袒者，遂以僞學詆朱子，并其師友淵源而毁之，固宜諸公之割席。而要人之所以爲説齋者，適以累之，可以爲天下後世之任愛憎者戒也。詳考台州之案，其爲朱子所糾未必盡枉，説齋之不能檢束子弟固無以自解於君子，然彈文事狀多端，而以牧守刻荀、楊、王、韓四書未爲傷廉，其中或尚有可原者。況是時之官，非一跌不可復振者也，説齋既被放，杜門著書以老，則其人非求富貴者，不可以一偏遽廢之，是吾長於善善之心也。予少時未見説齋之文，但從深寧《困學紀聞》得其所引之言，皆有關於經世之學。深寧私淑於朱子者也，而津津如此，則已見昔人之有同心。説齋著書，自《六經解》而下，共三百六十卷，文集又四十卷，今皆求之不可得。近於《永樂大典》中，得其文若干首，詩若干首，鈔而編之，以備南宋一家之言，因爲論其人之本末。或言説齋自矜其博，嘗詆朱子不識一字，故朱子刻之。或又言説齋不肯與同甫相下，同甫搆之於朱子，此皆小人之言，最爲可惡。要之，説齋之被糾，所當存而不論，而其言有可采者，即令朱子復起，或亦以予言爲然也。

又《鄮峰真隱漫録題詞》 史忠定王《鄮峰真隱漫録》五十卷，天一閣范氏藏本也，是在諸儲藏家俱未之有，至予始鈔而傳之。吾鄉宋人之集，由忠定以前亦皆

無傳，當以是集爲首座矣。忠定深於經學，所著《尚書》、《周禮》、《論語》諸種，予皆從《永樂大典》中鈔之，而惜其不完也，獨是集無恙，至其《直翁外集》則不可得矣。忠定最受横浦先生之知，故其淵源不謬。其爲相，自屬賢者，特以阻規恢之議，遂與張魏公參辰。然忠定蓄力而動，不欲浪舉，不特非湯思退、沈該之徒，亦與趙雄之妬南軒者不同，而梅溪刻之，其言有稍過者。不然忠定首請褒録中興將相之爲秦氏所陷者，而乃自蹈之乎？至其有昌明理學之功，實爲南宋培國脈，而惜乎舊史不能闡也。忠定再相，謂此行本非素志，但以朱元晦未見用，故勉强一出耳。既出而力薦之，并東萊、象山、止齋、慈湖一輩盡入啟事，乾、淳諸老其連茹而起者，皆忠定力也。其於文人，則薦放翁；其家居，則遣其諸子從慈湖、絜齋講學。又延定川之弟季文於家，又課諸子，故其諸子率多有學行可觀者，其不馴者止同叔子申耳。吾考嗣是而後宰輔之能下士者，留公正、趙公汝愚、周公必大、王公藺皆稱知人，而忠定實開其首，忠定之功大矣。彼夫王淮之徒，以私昵阻正人，刱爲學禁，貽慶元以後之禍，等量而觀，豈不相去懸絶歟？今讀忠定之集，其資善堂諸文字所以啟沃孝宗於潛藩者也；其兩府文字則即吹噓諸老不遺餘力者也；其歸田以後文字，所以優游林下，舉行鄉飲酒禮、建置義田者也。中興宰輔，如忠定者，蓋亦完人也已。其詩文舂容大雅，有承平之餘風，所謂廟堂鐘吕之音也。鄮峰真隱者，忠定家居時所署，因築觀於月湖之南，最稱佳勝，即竹洲也，明中葉後始廢，先宫詹以爲別業，去吾家不百步耳。然則是集，又吾湖上之文獻也。

又《二袁先生文鈔引》 淳熙四先生之遺文，惟慈湖之集尚完，廣平則近世始得其殘編，而絜齋先生父子與定川，皆不可得。予於《永樂大典》中見《二袁集》，大喜，隨見即鈔，意謂可得還其足本，而未及徧覽。左降出都，因念玉皇香案，遥隔蓬萊，未知他日尚得輟業焉否也，乃即所鈔而先編次之，附以吾鄉志乘所載，共得九卷：絜齋居其五，蒙齋居其四，不猶愈於定川之無有耶？二公之文頗相肖，較之慈湖則平正，而視廣平又暢達焉。其在南宋亦名家也。清容居士在元文中爲眉目，接剡源之文統，予觀其集，源流頗自二公而出。清容之祖衛公，絜齋之徒也。衛公得師而不能傳其學，至爲史氏之私人，而清容亦僅傳其文，惜夫。

又《永樂寧波府志題詞》 成祖詔天下府州縣皆修志書，時方修《永樂大典》，天下之志皆入焉。諸書皆以爲十七年所修，考《大典》成於永樂六年，則志之修亦在六年以前也。書專爲《大典》而作，既貢書局，未嘗付梓，故今天下之傳《永樂志》者最少。吾鄉志書其爲吾家所藏者，自宋以下無一不備，所少者《永樂志》耳，及鈔《大典》始得之。是志也，里人紀徵士宗德、李處士孝謙爲之。其書體例絶佳。生平不喜袁清容《志》，謂其黨仕元之匪人，没前宋之遺事，得此書以補之，真大快事也。成化中楊實所修，未見此書，故過於略。今而後，枌社之志畢具矣。

又卷二七《題涂氏易疑擬題》 涂溍生，字自昭，江西宜黄縣人，而東里稱爲臨川鄉貢進士。蓋宜黄之涂乃著姓，而臨川則溍生所移居也。溍生《易疑擬題》一册，見《菉竹堂書目》，而逸其名。所著《易主意》一册，見《東里集》，所著《易義矜式》見《江西通志》。其「擬題」者，皆其問目，貫穿古人之説，而質難之，極爲博雅，非如近日科舉之所謂「擬題」也。其《易主意》當即所以答「擬題」之疑，「矜式」則應舉程式文字也。予初見《永樂大典》中引其「擬題」，以爲即此二字必無足觀，已而閲之，知其爲經學宿儒也，亟鈔之，而附其「矜式」文字於後，惜尚未見其所謂「主意」者。

又卷二六《宋詩紀事序》 予於《永樂大典》中，見宋人集爲世無者尚百數十家，樊榭聞之大喜，亟貽書令予鈔録，以補其所不足。予既諾之，而左降出都矣，事或有待，姑先以此行世也。

又《儀禮戴記附注跋》 黄孟清僉事爲吾鄉明初碩儒，其《儀禮》一書析爲四卷，以《禮記》比類附之。其不類者，載諸卷首或卷末，各有意義。又以《軍禮》獨闕，取《周官·大田禮》補之，及《禮記》載田事者，别爲一卷。惟天一閣范氏有之。方京師開《三禮》書局，同館諸公，皆苦《儀禮》傳注寥寥。予謂侍郎桐城方公、詹事臨川李公曰：「《永樂大典》中有永嘉張氏《正誤》、廬陵李氏《集釋》。」二公喜，亟鈔之，雖其中有殘缺，然要可貴也。是年予罷官歸，始鈔是書於范氏，於是《儀禮》之書，自楊氏、敖氏外，添得宋人二種，明初人一種，插架稍生色矣。國朝諸儒，《儀禮》有張氏爾岐、萬氏斯大、應氏嗣寅、馬氏公驌四家，皆佳。

又《題程復心四書章圖》 宋儒自嘉定而後，多流爲迂腐，其所著書有絶可笑者，程復心《四書章圖》亦其一也。每章爲一圖，而爲之别白其岐趨，如儒則有君子、小人之分，學則有古爲己、今爲人之分，達則有上、下之分。但每章如此，不亦愚耶？是亦何勞爲之圖乎？《永樂大典》載此書。

又卷三一《題史秦州友林集》 予搜求前輩文獻，於《永樂大典》中鈔得文惠《周禮》、《論語》二種，彌大《朴語》二篇，於天一閣范氏得文惠《漫録》，其餘則偶或遇其奇零篇幅，而未能盡也。當時以三宰相、兩執政重圭累衮之勢，而各肆力於撰述，亦正有不可及者。序稱文惠爲魏王，按《宋史》文惠封魏公，贈越王，恐序誤也。

又卷三四《心史題詞》　亡友長興王敬所嘗爲予言，《心史》必是僞作，予是其言，而無徵也。已讀閻百詩集，其中引萬季野語，以爲海鹽姚叔祥所依託，則敬所已下世，嘆其不得聞此佳證也。嘗以語錢唐厲樊榭，則謂叔祥豈能爲此詩文。予謂閻、萬二丈，皆不妄語者，必有所據。所南別有《錦錢集》，明崇禎中尚存，黎洲先生曾見之。予今求之不得，但從《永樂大典》得見其奇零者。向使是書而在，以之對勘《心史》，當有敗闕。但不知叔祥何故造爲是書，雖非真本，要屬明室將亡之兆也已。吴兒喜欺人，至今謬稱晉井舊物，以索高價，凡有數本，予見其二。

又卷四七《答臨川先生雜問》　問：《永樂大典》所引諸家有謝湜，列於胡文定公之前。謝氏顛末，有可考否？謝湜於宋儒林中無所見，尹和靖《語録》云：「蜀人謝湜以所著《春秋》請正程子，程子答以更二十年，方可講此。」則當與劉絢同時，胡氏行輩稍後之矣。今觀其書，亦無甚精藴，以之備《春秋》一種可耳。湜嘗赴京，先至洛，見程子，問以何往，答曰：「將試學官。」程子曰：「求爲人師，而試之乎？」湜遂不行。事見遺書，則當以布衣終也。【略】問：《永樂大典》所引《李潏水集》，愚意即李信仲，而聞足下以爲不然，乞示之。潏水，是關中之李復，在元祐、紹聖時，極稱博學，關中之有文名者也，字履中。信仲與之同名，時之相去則甚遠。執事欲置之江西文乘，誤矣。潏水議論，容齋采之，晦翁辨之。其集見於《書録解題》。信仲僅見於水心集耳。

又《鮚埼亭詩集》卷六《酒耘先生令譜，元人竇革所作，予從〈永樂大典〉鈔之，所載唐人令，今無能行之者》　事始原觴政，於今盡失傳。如何宰天下，强欲祖《周官》？

嵇璜《欽定續文獻通考》卷一四二《蔡淵〈周易經傳訓解〉二卷、〈易象意言〉一卷》　朱彝尊《經義考》「蔡淵《周易經傳訓解》四卷」註曰存三卷。此本惟存上下經二卷，題曰「周易卦爻經傳訓解」，與彝尊所記不符。據董真卿《周易會通》，稱此書以大象置卦詞下，以彖傳置大象後，以小象置各爻辭後，皆低一字，以別卦爻，與此本體例相合，知非贋託。蓋彝尊所見已佚其一卷，此本又佚其一卷。傳寫者諱其殘缺，因於書名增入卦爻二字。作僞之技，不足憑也。今仍以本名著録，存其真焉。又據真卿稱：「淵《周易經傳訓解》外，又有《卦爻十翼象數餘論》、《襍論》、《易象意言襍論》。《卦爻十翼象數餘論》、《襍論》、《易大義》並成於開禧乙丑。攷諸書率已散佚，故朱彝尊《經義考》僅列其書名，而不能舉其卷數。惟《易象意言》載《永樂大典》中，尚首尾完具，猶當時秘府舊本，今並録入《四庫全書》。

又卷一四三《吴澄〈易纂言〉十卷、〈易纂言外翼〉八卷》　澄所著《易纂言》義例散見各卦中，不相統貫，卷首所陳卦畫亦粗具梗概，未及詳言，因復作《纂言外翼》以詳明之。《纂言》有通志堂刻本久行于世。《外翼》則傳本漸罕，近已散佚無存。朱彝尊《經義考》云：「見崑山葉氏《書目》載有四册，而亦未覩其書。」今惟《永樂大典》尚分載各韻之下。考澄所作小序，原書蓋共十二篇：一曰卦統，二曰卦對，三曰卦變，四曰卦主，五曰變卦，六曰互卦，七曰象例，八曰占例，九曰辭例，十曰變例，十一曰易原，十二曰易流。今缺「卦變」、「變卦」、「互卦」三篇。「易流」缺半篇。「易原」疑亦不完。餘尚首尾整齊，無所遺失焉。

又卷一八九《蔣堂〈春卿遺稿〉一卷》　堂有《吴門集》二十卷，今秖一卷，乃明天啓中，其裔孫鐄掇拾散佚成之。題曰「春卿」，蓋仍致仕之官云。

又《李光〈莊簡集〉十八卷》　光集載於《紹興正論》者四十卷，宋《藝文志》作前、後集三十卷；焦竑《經籍志》作二十六卷，錯互不合；錢溥《秘閣書目》、葉盛《菉竹堂書目》俱載有《莊簡集》八册，是明初尚存，其後散佚，今據《四庫全書》著録。

又卷一九〇《黄仲元〈四如集〉五卷》　宋濂有《仲元集序》稱其門人詹清子，類次六經四書講義，爲六卷；其子梓又分「記」、「序」、「墓銘」、「字訓」爲五卷；其曾孫至又裒其遺文爲十卷，請濂序之。是仲元原集，實合講義襍文，共二十一卷。今講義單行，而詩文卷數不合，蓋散佚之餘，重爲掇輯者也。

又《文天祥〈文山集〉二十一卷》　天祥生平有《文山隨筆》數十大册，常以自隨。遭難後盡失之。元元貞、大德間，其鄉人搜訪遺集編爲《前集》三十二卷、《後集》七卷刊之，世稱「道體堂刻本」，明初其本散佚，尹鳳岐重加編次，爲詩文十七卷。江西副使陳价，廬陵處士張祥先後爲之刊行，附《指南録》一卷，《後録》二卷，則天祥於德祐丙子奉使入元營，間道浮海誓師閩粵，羈留燕邸患難中手自編定者。

又《王應麟〈四明文獻集〉五卷》　應麟所著《深寧集》一百卷，《宋史·藝文志》及焦竑《經籍志》俱不載，蓋散佚已久。今本乃明鄞縣鄭真採輯陳朝輔增益之。捃拾殘賸，非其全本。

又《謝枋得〈疊山集〉五卷》　枋得所著詩文原本六十四卷，歲久散佚。明嘉靖中林光祖以黄溥所輯《疊山集》刊行，僅分上、下二卷。今本爲譚瑄重訂，釐爲五卷。

又卷一九一《曹端〈月川集〉一卷》　明初理學，以端與薛瑄最醇。瑄詩文集

讀書録等皆傳於世。而端之遺書散佚幾盡，其集亦不復存。此本爲張伯行裒輯，殊失編次體例，而吉光片羽，掇拾于散失之餘，亦足幸也。

又《彭韶〈惠安集〉十卷〈附録〉一卷》 韶所著詩文，初名《從吾滯稿》，散佚，後嘉靖中重刻，改題此名。又別本《惠安公文集》七卷，乃陳時周重編，多所刊削，其《附録》一卷，則陳獻章等贈言及府志傳論也。

又《馬愉〈澹軒集〉七卷》 愉詩文没後均皆散佚，今本乃成化間邢居正等裒集遺篇，編次無序，又別本《澹軒集》八卷，則其鄉人遲翔鳳補輯刻之，故題曰「續刻」。

又卷一九二《陸深〈儼山集〉一百卷〈續集〉十卷》 《四庫全書存目》有《行遠集》、《行遠外集》，並無卷數。蓋深集散佚之後。其曾孫起龍所編，皆收舊刻散佚，非續獲於正續二集之外。

又卷一九五《方夔〈富山遺稿〉十卷》 夔嘗著《漢論》十卷，《富山懶稿》三十卷，歲久散佚，其裔孫世德復裒輯其詩，爲是編。

姚鼐《惜抱軒書録》卷四《顔魯公集》 唐太子太師魯國公顔真卿，《唐書·藝文志》載其集云《吴興集》十卷，又《廬陵集》十卷、《臨川集》十卷。然此書北宋時已佚，劉敞作真卿集序，第云「吴興沈侯採掇遺編，輯爲十五卷」而已。嘉祐中又有宋敏求編本，亦十五卷，江氏《筆録》云「敏求編本詩至一百十八首」，其博如此。南宋嘉定時，永嘉守留元剛得敏求本，失其三卷，乃以所見真卿文別爲補遺，並爲撰年譜。然元剛雖爲補遺，缺漏猶甚，而宋、沈所編全書皆亡，後人乃分留元剛之十二卷爲十五卷以當之，即今所傳本也。今以世所有真卿石刻傳文，旁加搜採，較留本僅多得十餘篇，蓋金石毀泐，去唐益遠，求復宋敏求所編之舊不可得矣。按真卿忠義氣節，唐一代偉人，其文字固可寶貴。史稱「真卿博學工辭章」，今觀其遺文，雖散佚僅存，史言猶信。又按唐高祖之祖虎佐周，始封於唐，追尊爲太祖景皇帝，其上懿祖，又其上獻祖。唐自德宗以前，議太祖祫禘之位久不定，建中二年真卿爲禮儀使，上《廟享議》曰：「太祖景皇帝居百代不遷之尊，而祫禘之時暫居昭穆，屈己以奉祖宗可也。」當時用其言，祫禘時以獻祖居東向，而懿祖、太祖爲昭穆矣。及貞元時，議者乃謂非是，下羣臣議，改太祖爲東向，而獻、懿別祀焉。其時韓愈爲四門博士，上議云：「祫禘之時，獻祖居東向，景皇帝宜從昭穆之列，祖以孫尊，孫以祖屈，求之神道，豈遠人情。」後朱子推愈此議禮學精深，得孝子慈孫報本反始、不忘所自生之本意。按愈之説與真卿正同，是則真卿非僅忠義大節見於一時者之可尊，而其爲文亦非第博學工於辭説者之爲貴。蓋議禮精審，上當先王之心，而下足爲後世大儒之所敬歎則又如此。然愈之議竟不見用於貞元之末，而真卿之説乃得行於建中之初。蓋真卿是時名稱位望爲朝廷所信，固重於愈之在貞元閒。及乎真卿去國，而當世遂不肯終守其説，移易是非，迄於終唐之世，爲可惜也。今集第一卷已載《廟享議》，留元剛又取《唐文粹》所删削者載於補遺，題曰「禘祫議」，固已重複，篇末乃有「時議者舉然」云云，此乃《新唐書·陳京傳》叙事之辭，非真卿本文益明。又顔元孫作《干禄字書》并序，真卿書之刻石，元剛乃亦以爲真卿文，人之補遺，皆非是。故删去此二篇，而增今所搜輯者，皆別記所出。留本舛誤尤多，復爲隨文辨正。計原集十五卷、補遺一卷、年譜一卷、行狀碑文一卷、新、舊《唐書》傳一卷，合十九卷。首有劉敞序，末有留元剛後序。元剛字茂潛，丞相留正之子，終起居舍人。

程晉芳《勉行堂詩文集》卷五《周官新義跋》 熙寧經義局三書，成於荆公父子之手。《周官》則安石所手裁。《鐵圍山叢談》稱其筆跡如斜風細雨，蓋安石手稿也。近世如范文正、歐陽公墨迹尚有傳者，而安石稿無存焉。豈以其人可議，不復收拾耶？《周官》舊二十二卷，此吾友周書滄從《永樂大典》録出者，得十六卷，而地官、夏官缺焉。末附《考工記》二卷，蓋鄭宗顔輯安石《字説》爲之。其於《周官》好以《字説》牽合，乃王氏説經通病，而發明大義，自有不可泯滅者。余與書滄、孔葒谷各抄一本，嗣是永清令周莨谷屬抄一本，而陳上舍竹廠又抄焉。行於世者有四本，亦難得之數也。

又《開元占經跋》 自天體渾象迄龍魚蟲蛇占，所引諸書皆唐以後無傳本者，其所引諸書《星經》較之《津逮秘書》所刊，蓋多大半。《巫咸經》，各史天文志及《文獻通考》間一引之，不及是書十之三四。【略】而此書來歷最古，宜爲罕見之珍也。

錢大昕《潛研堂文集》卷二八《跋翰苑群書》 洪文安公《翰苑群書》，于唐、宋學士題名搜訪幾備，所闕者，唐僖、昭以後三十餘年、宋熙寧以後六十年。若淳熙以後，則留以待後人之續入者也。予曾于《永樂大典》中鈔得《中興學士院題名》，則自淳熙至嘉定卅餘年間，詞臣拜罷姓名悉具，當取以補此書所未及。唯熙寧至靖康、寶慶至德祐紀載闕如，考諸正史、稗官及名人文集，尚可得什之六七。假我數年，當補綴成之，以備玉堂故事。

江聲《尚書集注音疏後述》 吾師惠松崖先生《周易述》，融會漢人之作以爲注，而復爲之疏，其體例固有自來矣。聲不揆檮昧，綜合經傳之訓詁，採摭諸子百

家之説，與乎漢儒之解，以注《尚書》。言必當理，不敢衒奇；誼必有徵，不敢欺世，務求愜心云爾。顧自唐、宋以來，漢學微甚，不旁證而引申之，鮮不以爲孟浪之言，奚以信今而垂後！則疏其弗可已也矣。

翁方綱《經義考補正》卷四 楊氏簡《詩解》。竹垞云：「慈湖《詩解》不傳，亡其卷目。」方綱按：《慈湖詩傳》二十卷，焦竑《經籍志》及黄虞稷《千頃堂書目》皆有之。今從《永樂大典》抄出，仍編爲二十卷。

盧文弨《抱經堂文集》卷三《春秋内傳古注輯序丁未》 《春秋》三傳，《左氏》最後出。劉歆欲立學官，諸儒多不肯置對。蓋因陋就簡，自古已然。唐時貢舉之法，習小經、中經兼一大經。於是人皆習《禮記》而不習《左氏傳》，以《左氏》文繁故也。至於先儒訓釋，亦代廢代興。漢東京以來，陳元、鄭衆、賈逵、馬融、延篤、彭汪、許淑、潁容之徒皆傳《左氏》，而鄭及賈、服爲最著。季長則謂賈精而不博，鄭博而不精，合之則無以加矣。魏則賈、服盛行，晉時唯傳服義，而杜預之注亦立國學。至隋，杜氏盛行，而服義遂微。蓋《左氏》謂之《古文春秋》，其中多古字古言，漢人尚能通之。及乎年祀緜邈，耳目益所不習，於賈、服所釋，格乎不相入，而唯喜杜説之平易近人，相與尚之。唐時作《正義》，遂專取杜氏一家，此外多所訾謷，以致精誼美言，棄之不復甚惜，後人無由得見全書，此可爲浩歎者也。東吴嚴子豹人蔚，其治經也，深懲專己守殘之陋，而於《左氏》用功尤深。始灼見杜氏之弊，有違禮傷教者，有肆臆妄説者。慨然思漢人之舊，於是凡唐人《正義》及《史》、《漢》、《三國》舊注與夫唐宋人類書所引，綜而緝之。賈、服兩家而外，若王肅之《注》，孫毓之《異同略》，京相璠之《土地名》，雖已竝佚，偶有一二言之見於他説者，亦不忍棄也。蓋當古學廢墜之後，而幸有不盡澌滅者，與其過而棄之也，毋寧過而取之，以扶絶學，以廣異誼，俟後之人擇善而從斯可矣，何庸先以一己之見律天下後世哉！斯則嚴子兼收竝録之微恉也。今天下好古之士多於前時，嚴子此一編出，吾知善學者必能因此以定所宗，而復推類以盡其餘，安知夫賈、服之不復生於今日也？是則嚴子之爲功大矣。其或以爲斷爛而不之貴，是所謂嘉肴弗食者也，又烏足與之論學問之事哉！

又卷六《輯盧子榦禮記解詁序庚戌》 余壯歲見朱子之言曰：「後漢諸儒，説《禮》甚有功。」而於吾家子榦，且獨舉其名，意竊慕之。考《後漢書》本傳，載其作《禮記解詁》，而隋、唐《志》皆云《禮記注》，當由後人改易本名。其卷則二十，諸書略同。後人無傳者。余思就所見纂輯，而服官少暇，繼又奔馳道塗，終於不果，歲月空擲，念之未嘗不内熱也。武進臧生在東，研求遺經，志甚鋭，力甚勤，慨然補余之闕，日度不盈六十，而所輯已裒然成卷，録以遺余，余得之喜甚。凡諸經之義疏，史籍之所載，無不捃拾，即衆家相傳文字音讀之異同，一字一句，罔有遺棄。而所可見者乃不及十之一，豈不甚可惜哉！當日子榦與鄭康成同事馬融。今鄭氏《三禮注》、《毛詩箋》得唐孔、賈諸儒爲之條疏，而書大顯；餘若《周易》、《尚書》及《尚書大傳》，雖已散失，而後人爲之掇拾，其卷軸猶不甚約。乃於子榦，後世至不能舉其書之名。莫爲之後，雖美不傳。猶幸今有在東其人，以英敏之資，乘精鋭之力，不爲則已，爲則必成。余爲盧氏後人，乃悠悠忽忽以迄於今，而得安享其成，幸之甚，愧亦甚焉。

又《爾雅漢注序己酉》 不識古訓，則不能通六藝之文而求其意。欲識古訓，當於年代相近者求之。《爾雅》一書，舊説謂始於周公、孔子，而子夏暨叔孫通輩續成。今臧生在東，從揚子雲、鄭康成之言，斷以爲孔子門人所作。其爲注者，漢有犍爲文學樊光、李巡，魏有孫炎，爲反切之學所自始，是皆説《爾雅》者所必宗也。今唯晉郭璞注盛行，而他皆失傳。郭於古文古義，不能盡通，往往以己意更定，考古之士病焉。幸李、孫諸人説，時散見於唐人諸書中。其爲郭氏所棄而不取者説，顧往往勝郭。在東篤好古義，徧加搜輯，𡨥成三卷，庶乎遺言之不盡隊也。夫時之近遠，猶夫州土之各異。以吴人解越人之言，縱不盡通，猶得其六七，燕、秦之士必不逮焉。故吾亦不謂李、孫諸人之解之盡得也，然其是者，必賢於後人所見。在東勤勤掇拾，能引伸其所長而不曲護其所短，由詁訓以通經學，斯不難循塗而至矣。吾因以知宋人若陸佃、鄭樵之更不足尚也。與其陸、鄭之是從，又無寧郭。

又卷七《題三立書院所藏通志堂經解卷首癸卯》 三立書院中舊藏有《通志堂經解》六十函，而獨闕其首帙，余蓄意欲補之。乾隆辛丑，庶吉士介休劉君錫五，余小門生也，舊嘗監院事，其請假歸也來謁余。余屬其還朝之日，就京師士大夫家借本鈔足，并與下一帙，令如式裝潢之，乃歲餘而書不至。余同年友洗馬大興翁覃溪，知余將離山西，惟此爲懸懸，因即代劉君成之以寄余。微翁君之力，將并其次帙而亦亡之，不轉重余之過歟？但書首有諸名人所作序并其目録，尚皆闕如，今不及補矣。後有同志更爲鈔足，庶幾大快也。中間林拙齋《尚書全解》本闕卷第三十四未梓，曩友人從《永樂大典》中鈔得以示余，亦未得補入，此皆有待於後之人。噫！此書之能全讀者罕矣，唯桐城方望溪先生曾徧爲點勘，其專治一二經從而嚅嚌者尚多有。今余雖不及見若人乎，然不可不留以相待也。

又《題鍼膏肓起廢疾發墨守庚子》 考《隋書・經籍志》，《春秋左氏膏肓》十卷，《穀梁廢疾》三卷，《公羊墨守》十四卷，皆何邵公撰。鄭康成爲《鍼膏肓》、《起廢疾》、《發墨守》，何見之，慙，乃曰：「康成入吾室，操吾戈，以伐我乎？」《公羊》卷帙最多，而亡最早。《膏肓》後亡，《崇文總目》尚有九卷。今三書皆不傳。毘陵莊進士葆琛述祖於各經疏所引，廣爲搜輯，《鍼膏肓》得廿八條，《起廢疾》得卅八條，《發墨守》得五條。邵公當日專欲伸《公羊》。然《公羊》理本短，囿於鄉曲之見，而朝廷典故不能周知，所以一經輸攻，而壁壘已摧，後人亦不能復爲樹立，以與兩家相抗拒，此其亡之所以獨先也。歸安丁孝廉小雅鈔得莊書。并得朱石君學士前任晉藩時所進本，互相校讐。晉本不及莊本採輯之多，而《鍼膏肓》中有一條尚爲莊本所闕。余於是專而鈔之。其中小小異同，從其長者，不復加以識别。兩君任其勞，余獲其逸。設不遠涉，烏從見此乎？以此置歸裝中，大可壯我行色。

又卷一九《答汪容甫書》 文弨白容甫足下：今世可與道古者極鮮，足下年方壯盛，而專精古義，此已能不囿於流俗矣。惜相隔百里而遥，不能朝夕見，以策我之頹惰，意常缺然。承示《儀禮》逸注一條，并以所録《孟子章指》全本見寄，使得補足以成完書，誠大快也。

周永年《致桂未谷函》 述庵先生不及另札。宋元人醫書，《大典》甚多，不知何者爲外間所無。求陳先生速開一單，從莊谷處寄來。此刻王史亭先生現辦此門故也。要先開其最難得者。

孔繼涵《春秋會義跋》 杜諤《春秋會義》，楊檢庵庶常昌霖自《永樂大典》輯出者，内惟僖公襄公，《大典》有缺，餘具完善，中爲誊録抄脱三十餘條未補。餘借抄録副。

又《雜體文稿》卷二《算經十書序》 今得毛氏汲古閣所藏宋元豐京監本七種，又假戴東原先生所香輯《永樂大典》中《海島算》、《五經算》，而十書備其九。

孫原湘《書斜川集贋本後》 方乾隆癸巳甲午間朝廷詔開四庫館，時山左周編修永年從《永樂大典》中録出。

章學誠《章氏遺書・周書昌别傳》 宋元遺書，歲久湮没，畸篇剩簡，多見於明成祖時所輯《永樂大典》。時議轉從《永樂大典》采綴，以還舊觀。而館臣多次擇其易爲功者，遂謂搜取無遺逸矣。書昌固執以争，謂其中多可録。同列無如之何，則盡舉而委之書昌。書昌無間風雨寒暑，目盡九千巨册，計卷一萬八千有餘，丹鉛標識，摘抉編摩。於是，永新劉氏兄弟《公是》、《公非》諸集以下，又得十有餘家，皆前人所未見者，咸著於録。好古之士以爲書昌有功斯文，而書昌自是不復任載筆矣。

吴省蘭《聽彝堂偶存稿》卷一二《恭慶皇上七旬萬壽千字文》 壁富匪矜，牒明《永樂大典》，舊存翰林院，其書以韻排類，且雜收釋典道藏，俱近冗雜。乾隆癸巳，上允儒臣之請，開館校勘，命皇六子總領之，復敕各省搜訪遺書，進到者録副備輯，各撮其書大意爲提要。至二氏之書，概擯不録，名曰《四庫全書》。其尤精者爲《四庫全書薈要》。書貯於新構之文淵、文津、文源三閣。臣任助教時，即忝校勘，極爲榮幸。

洪亮吉《書朱學士遺書事》 朱學士，名筠，大興人，以乾隆辛卯視學安徽。【略】先生請於朝，乞刊《三字石經》，并求校明《永樂大典》。由是特開四庫全書館，搜採遺佚，校正缺訛，凡宋元以來所亡之書，於《永樂大典》編韻中輯出者，亦不下數十百種，實皆自先生發之也。

英和《恩福堂筆記》 余未第時，因倉有海運名，即注意於運務。迨入翰林後，每於清秘辦公之餘，輒閲《永樂大典》，凡有元一代海運事宜，手自摘録，匯抄成册，藏之於家。

邵晉涵《姚江詩存序》 余考南宋詩人，若汐社、月泉、吟社，見於人間，僅數篇爾。余從《永樂大典》裒其散見者，而後高耻堂、連百正諸君子方成專集。乃知古人文章，忠孝精神，固有歷久不可湮滅者。要由其名氏紀乎記載，而後後之人始知措意而訪求其書。非然者，即鄉尚且不復曉姓氏，無論著述矣。

彭元瑞《知聖道齋讀書跋》卷一《自校儀禮注疏》 臨《禮記正訛》竣，繼臨《儀禮》，又依濟陽張蒿庵本句讀之。武英殿刻《十三經》後附《考證》，多採《通解》、《儀禮圖》、《集説》，殊精核。《四庫全書》從《永樂大典》輯出宋張淳《儀禮識誤》、李如圭《儀禮集釋》，更當時未見書矣。并以墨筆採著於録，間有愚臆，亦附末簡。凡再旬有七日始一過，視《禮記》遲速大不侔，信乎《儀禮》之難讀也。

沈叔埏《頤綵堂文集》卷九《書斜川集後》 曩余輯斜川事迹爲《小坡外紀》一書，味辛同年刊此集時，曾假余書。今附録二卷大半是也。洎讀《味水軒日記》載有《題郭熙平遠》六言三絶句：木落沙明秋浦，雲收烟澹瀟湘。曾學扁舟范蠡，五湖深處鳴榔。望斷水雲千里，横空一抹晴嵐。不見邯鄲歸路，夢中畧到江南。諸子只應見畫，此中我獨知津。寫到水窮天杪，定非塵土間人。又東坡《食蠔帖》極言蠔之美，令叔黨勿宣傳北方君子，恐求謫海南以分其味。而文、祝諸跋，直以其

詩字俱有家法，足以亂真，且有「吴性中從項氏探此驪珠，宜遂摹傳海内」之言，所當鈔補集中者也。又宋景濂有《跋叔黨書山谷〈慈氏閣詩〉後》一篇，皆須附入。益以知書難偏觀，紋梓正無須亟亟耳。

張鑒《冬青館甲乙稿》乙集卷四《楓溪程君袝葬墓記》 楓溪擁岩程君卒十載，季子文榮來謁文。案《略》：君諱廷獻，字書城，擁岩其號也。弱不好弄，輯古佚書《帝王世紀》、《三輔決録》凡十餘種。舊居瓶麓，藏書甚富。得舊鈔《北堂書鈔》，與明世所行海虞陳氏校補者大異，復感發，輯《蒼頡》、《字林》尤備。視孫、任兩家，不啻有積薪之嘆焉。

曾國藩《曾文正文集》卷三《鄧湘皋先生墓表》 其於湖南文獻搜討尤勤，如飢渴之於食飲，如有大譴隨其後，驅迫而爲之者。以爲洞庭以南、服嶺以北，旁薄清絶，屈原、賈誼傷心之地也，通人志士仍世相望，而文字放佚，湮鬱不宣，君子懼焉。於是搜訪濱資郡縣名流佳什，輯《資江耆舊集》六十四卷。東其漓源，西接黔中，北匯於江，全省之方輿略備，巨制零章甄採略盡，爲《沅湘耆舊集》二百卷。遍求周聖楷《楚寶》一書，匡謬拾遺，爲《楚寶增輯考異》四十五卷。繪鄉村經緯圖，以昭地事，詳述永明播越之臣，以旌忠烈，爲《寶慶府志》百五十七卷、《武岡州志》三十四卷。衡陽王夫之，明季遺老，國史儒林傳列於册首，而邦人罕能舉其姓名，乃旁求遺書，得五十餘種，爲校刻者百八十卷。瀏陽《歐陽文公元全集》久佚，流俗本編次失倫，爲復審補輯若干卷。大儒周子權守邵州，録其微言，副以傳譜之屬，爲《周子遺書》若干卷。所至釐定祀典，褒崇節烈，爲《召伯祠從祀諸人録》一卷、《朱子五忠祠傳略考證》一卷、《五忠祠續録》一卷、《明季湖南殉節諸人傳略》二卷。嗚呼！可謂勤矣。

錢林《文獻徵存録》卷五《全祖望傳》 全祖望，字紹衣，又字謝山。鄞人。有兄祖謙甚慧，六歲殤，母哭之慟，忽張目曰：「止，吾當再來。」後十年生祖望，亦慧，小名曰補。年十四補諸生，謁學宫，至名宦祠，見謝太僕、張軍門主，曰：「此反覆賣主之亂賊，奈何污宫牆也！」取捶碎之。嘗以古文謁查慎行，慎行曰：「劉原父之儔也。」交河王蘭生督學政，舉以充貢，乃入京師。京師通《三禮》者，侍郎方苞，號爲博洽。祖望論《喪禮或問》，辭澤而辯，苞甚異之。俄舉於鄉，臨川李紱讀其行卷，曰：「深寧、東發後，乃有斯人！」時試詞科者未集，紱以問祖望。祖望爲疏四十餘人，紱皆薦之，歎曰：「使廟堂復前代通榜例，君亦奚慚退之哉？」時朝中八座能汲引俊雄者，方、李爲之眉目，祖望得二人談譽，聲聞甚美。祖望詳於史及江南文獻，明成祖靖難，魏忠賢璫禍，東林儒學，唐、桂二王事，尤核；又深於《水經》，趙氏《水經》肇於祖望也。乾隆元年舉博學鴻詞，以試禮部成進士，改庶吉士，不得與試。祖望精究經義，聞翰林院書庫有《永樂大典》二萬二千七百七十七卷，求盡讀之，日以二十卷爲限，時人比之江夏黄童。散館補外，苞欲薦入三禮館，辭歸，頻遭父母憂。服闋，有司督赴吏部注官。祖望以爲今雖遵例除喪，而心喪未盡，貽令書中述其指曰：「祖望於乾隆三年十二月遭先君大故，四年十二月接丁先太孺人憂，持服至乾隆七年三月，不計閏已滿喪期。然而二喪各應二十七月之期則未足也。祖望私心未安。又念禮制有所限，故行心喪至八年八月，以足五十四月。足下過之，以爲律之所無。夫惟律之所無，故以心喪通其窮，不然何以謂之心喪也。明時有疊遭丁憂之例如此者，請於提學蔡文成公。文成不以爲然，以爲『三年之喪本於心之至痛，後喪之至也，豈能抑其至痛之心，吏待前喪之畢而後以次相及，此必不能之事也。則至痛歷三年不得不除，不必踰定制而過於厚也。』文成之言是矣。但祖望以爲是在人子自返其心，苟其心之痛已盡，則除之可也。如其未盡，雖引而申之以至五十四月亦可也。《宋史》天禧四年御史臺言：『文武官并丁憂者相承服五十四月，别無條例，乞下太常禮官議。』太常議引《喪服小記》小喪除服，以及鄭康成、賀循、杜預説謂無通服五十四月者，宜隨其先後而除。是即文成之説也。乃寶元中，王恪以父母相繼不禄，乞持五十四月服，仁宗特許之。則事固有可變通，不盡泥也。喪禮大事，變禮至多，宜以參考。今執事驟聞而駭之，懼爲大部所詰，不知不足懼也。大部果詰其罪，亦詰祖望而罪之耳，於他人無與也。且祖望守律，於服則已除之，而心喪則未除，較宋明人所行，似已並全而無窒。儻必以爲有犯定律，則揭不孝之罪，請秩宗諸公博議之。不孝已行之矣，無所諉咎也。」令得書乃止，祖望亦自是家居不出矣。十三年，遊武林，鄂太守曰：「先生不仕之意何其決？」不答。遂渡江主蕺山講席，一年辭去。十六年，高宗南巡，少師梁詩正將薦之，因柬少師詩云：「故人爲我關情處，莫學瓊山强定山。」少師嘆息而已。再掌粤東端溪書院，以病還，終於家，年五十一。祖望嘗修南雷黄氏《宋儒學案》，七校《水經注》，三箋《困學紀聞》，撰《漢書地理志稽疑》及《丙辰公車徵士小録》，又將著《詞科摭言》，條理粗就，未能卒業。其徒董秉純録其文爲三十五卷，名《鮚埼亭集》。其答弟子董秉純、張炳、蔣學鏞、盧鎬條問經史事目，又爲《經史答問》十卷。詩有《句餘唱和》、《七峯草堂唱和》、《五甲蚪骨鈔詩》、《韓江唱和》、《偷兒棄餘》、《吴山消夏》、《漫興》、《西笑》、《望歲》、《采蕺》、《雙韭山房夏課》、《帖經》、《度嶺》諸集。

祖望留意鄉邦文獻，因李嗣鄴《甬上耆舊集》，續而廣焉，人爲之傳，凡百六十卷，即題曰《鈔詩集》，視李加覈，其辨大夫種非鄞産，漢會稽三都尉分部録，所説尤精審。又有《滄田録》。少時借書於天一閣，又於天賜園謝氏鈔楊誠齋《易傳》，於雲在樓陳氏鈔草廬《春秋纂言》；皆通志堂未刻本也。入翰林，讀《永樂大典》，取欲見之書而不得見者，分其例爲五：一經，二史，三志乘，四氏族，五藝文，下籤雇人寫之，未卒業而官罷。然所鈔高氏《春秋義宗》、荆公《周禮新義》、曹放齋《詩説》、劉公是《文鈔》、唐説齋《文集》、史真隱《尚書周禮論語解》、《二袁先生文鈔》正獻、文肅。《永樂寧波府志》，皆世所絶無者矣。遭憂後，又至天一閣，搜括金石舊搨，編爲《天一閣碑目》，又鈔黄南山《儀禮戴記附注》二卷。之浮石周氏訪三和尚及立之、石公諸集，又得林評事《朋鶴草堂集》、《正氣録》，爲之狂喜。祖望生而有異，人傳爲錢忠介後身。初無子，三十九得子昭德；方舉，忠介子濬恭年七十矣，賀之。祖望曰：「何知之神也。」曰：「夜來吾家影堂中不知何人揚言曰：『謝山得子，可喜可喜，故來訊耳。』」祖望有詩曰：「釋子語輪迴，聞之輒加嗔。有客妄附會，謂我具夙根。琅江老督相，於我乃前身。一笑妄應之，燕説漫云云。昨聞正氣堂，豫告將雛辰。在我終弗信，傳之頗驚人。聊以充談助，用語湯餅賓。」然祖望嘗編次錢忠介前後諸集，又紀其畫像，以忠介公麗牲之石，其文不備，又搜討忠介遺跡取其事跡可見者，合之家傳，采摭於野史，成《神道第二碑銘》。又嘗作檢討、樞曹、推官三公墓文，又序侍御《東村集》，於錢氏獨惓惓焉。於明之故臣臣於魯王者，多著録於碑版。其守遺氏名節，以處士老或流於緇黄，頗亦誌其窆石，書其墓柱、墳版，紀其軼事。以選貢入京，浙江方修通志，謂翁洲六大忠臣當立傳，乃作武進吴尚書、上海朱尚書、鍾祥李尚書三狀，張相國、劉安洋、董給事三志移之，説者謂是其前身誠爲忠介公矣。杭世駿曰：「全紹衣撰詞科擬進帖子，援據精核，爲應召諸公所不及。」袁枚曰：「謝山入詞林，散館外用不樂，賦詩呈李穆堂侍郎云：『生平坐笑陶彭澤，豈有牽絲百里才？秫未成醪身已去，先幾何待督郵來！』」袁鈞曰：「謝山負氣忤俗，喜雌黄人物，著書十餘種，皆卓然可傳。」

胡培翬《左傳杜注辨證跋》 夫左氏自當陽《集解》出，而賈、服諸家之注遂佚。先王父樸齋先生撰《左氏翼服》，凡古義之異於杜者，一一引申其説，宋以前諸書引古注，有與今杜注無殊者，亦俱録出。蓋《集解》多承用舊説，其自出新意，則往往紕謬難通。

姚瑩《東溟文集》卷三《與張阮林論家學書》 《左傳》補注之作，發端於元人趙汸，蓋以杜爲主，有不足以陳傅良之説通之，非糾杜也。國朝顧寧人作《杜解補正》三卷，朱鶴林作《讀左日鈔》十二卷、《補録》二卷，始有意證其闕誤，而曰「補」曰「鈔」，不居攻辨之名。近世惠定宇以古義名家，特搜輯服、賈之説，爲《左傳補注》。

阮元《論語古訓序》 海寧陳君鱣，撰《論語古訓》十卷，於《集解》所載之外，搜而輯之，且據石經、皇侃《義疏》、山井鼎、物觀諸本，訂其訛缺而附注於下。

李兆洛《嘉慶鳳臺縣志》卷七《方震孺〈閩中筆記〉五卷》 或舊有刊本而散佚者，亦有未經刊刻者，力爲搜録，始輯成一書，雖尚有散失，然大畧備矣。

又《藝文志》 志藝文，以搜求載籍輯録金石也。鳳臺載籍，淮南内篇，其最先矣。自漢而後，作者蓋寡。吕氏諸記述，頗見著録，亦散佚無存者，金石則《八公山碑》見《水經注》久湮没矣。以余所輯，則有《唐佛頂尊勝陀羅尼經石幢》、《薛佐堯墓誌銘》、《千佛寺殘碑》、《宋天聖二年施錢人名碑》、《府判廳碑》、《硤石築城記》、《元順濟龍王廟碑》可稱者也。

顧嗣立《元詩選》二集卷二三《青邨先生金涓》 所著有《湖西青邨》二集共四十卷，兵燹之餘，散佚莫存。嘉靖間，六世孫魁搜得遺稾，付其子江爲之梓。

于敏中《欽定天禄琳琅書目》卷一〇《南豐先生元豐類藁》 宋曾鞏著，五十卷，附《行狀碑銘》一卷，前宋王震序。按《文獻通考》，祇載《南豐類藁》五十卷，而王偁《東都事畧》則稱有《外集》十卷。《宋史》本傳與韓維所作《神道碑》及今《西江志》所載又稱有《續藁》四十卷。然近時流傳，惟《類藁》爲完書，而《續藁》、《外集》久經散佚，又按陳氏《書録解題》，稱《類藁》爲王震所序，而《年譜》則朱子所輯。今震序尚存卷首，而失列年譜，則非宋時原槧可知。

孫星衍《問字堂集》卷三《墨子後序》 時則有仁和盧學士抱經、大興翁洗馬覃谿及星衍三人者，不謀同時，共爲其學，皆折衷於先生。或此事當顯，幸其成帙，以惠來學。因以《荀子》、《孔叢》、《説苑》諸書及唐、宋人所引《墨子》佚文，屬先生附於書後。至《開元占經》多引《墨子》占驗災異之詞，疑不在此書，故不具録。

段玉裁《簡莊文鈔叙》 仲魚所爲《孝經集鄭注》、《論語古訓》、《六藝論拾遺》、《鄭君年譜》及《對策》諸篇，余既一一雒頌，嘆其精核。

法式善《陶廬雜録》卷三 十年前，余正月遊廠，於廟市書攤買宋明《實録》一大捆，雖不全之書，究屬秘本，未及檢閲，爲友人攜去，至今悔之。又得宋元人各集，皆《永樂大典》中散篇採入《四庫》書者，宋集三十二種，元集二十三種，統計八百二十三卷：北宋人《文莊集》三十六卷，夏竦撰。《金氏文集》二卷，金君卿撰。

《都官集》十四卷，陳舜俞撰。《鄖溪集》三十卷，鄭獬撰。《王魏公集》八卷，王安禮撰。《雲溪居士集》三十卷，華鎮撰。《日涉園集》十卷，李彭撰。南宋人《初寮集》八卷，王安中撰。《横塘集》二十卷，許景衡撰。《莊簡集》十八卷，李光撰。《忠穆集》八卷，吕頤浩撰。《紫微集》三十六卷，張嵲撰。《相山集》三十卷，王之道撰。《大隱集》十卷，李正民撰。《澹齋集》十八卷，李流謙撰。《北海集》十六卷，附録三卷，綦崇禮撰。《浮山集》十卷，仲并撰。《方舟集》二十四卷，李石撰。《香山集》十六卷，喻良能撰。《宫教集》十六卷，崔敦禮撰。《尊白堂集》六卷，虞儔撰。《東塘集》二十卷，袁説友撰。《涉齋集》十八卷，許綸撰。《緣督集》二十卷，曾丰撰。《山房集》九卷，周南撰。《鶴林集》四十卷，吴泳撰。《東澗集》十四卷，許應龍撰。《澗泉集》二十卷，韓淲撰。《矅軒集》十六卷，王邁撰。《敝帚稿略》八卷，包恢撰。《梅埜集》十二卷，徐元杰撰。《碧梧玩芳集》二十四卷，馬廷鸞撰。元人《牆東類稿》二十卷，陸文圭撰。《青山集》八卷，趙文撰。《紫山大全集》二十六卷，胡祇遹撰。《青崖集》五卷，魏初撰。《養吾齋集》三十二卷，劉將孫撰。《雙溪醉隱集》八卷，耶律鑄撰。《東庵集》四卷，滕安上撰。《畏齋集》六卷，程端禮撰。《陳秋巖詩集》二卷，陳宜甫撰。《蘭軒集》十六卷，王旭撰。《西巖集》二十卷，張之翰撰。《勤齋集》八卷，蕭𣂏撰。《榘庵集》十五卷，同恕撰。《伊濱集》二十四卷，王沂撰。《積齋集》五卷，程端學撰。《瓢泉吟稿》五卷，朱晞顔撰。《子淵詩集》六卷，張仲深撰。《吾吾類稿》三卷，吴皐撰。《性情集》六卷，周巽撰。《樗隱集》六卷，胡行簡撰。《庸庵集》六卷，宋禧撰。外附《廬山集》五卷，元董嗣杲撰。《英溪集》一卷，不著撰者姓氏。書寫不工，似未及校對之本。余維物少見珍，什襲藏之。有人許易二千金，靳弗予也。余纂《唐文》，於《永樂大典》暨各州縣志内採録，皆世所未見之篇。而纂《四庫》書時，唐賢各集，實未補入，如王勃、楊炯、盧照鄰、駱賓王、陳子昂、張説、張九齡、李邕、李白、杜甫、王維、高適、元結、顔真卿、吴筠、劉長卿、獨孤及、蕭穎士、韋應物、李華、顧況、陸贄、權德輿、韓愈、柳宗元、劉禹錫、錢起、吕温、張籍、皇甫湜、李翱、歐陽詹、李觀、沈亞之、李紳、李德裕、元稹、白居易、杜牧、李商隱、劉蜕、李頻、李羣玉、孫樵、王棨、皮日休、陸龜蒙、司空圖、韓偓、吴融、徐寅、黄滔、羅隱、韋莊、杜光庭，凡五十五家，《全書》皆已著録，而原集漏略，今一一補載。其李百藥、長孫無忌、魏徵、蘇頲、孫逖、常衮、梁肅、令狐楚、符載九家，《全書》未著録，見於内府《全唐文》原本，今采各書補載，亦復不少，余别録爲書。乃知元明以來，古籍銷燬於兵火播遷者，大可慨嘆也。《永樂大典》，宋人著録爲備。余採蘇叔黨詩文，而補趙味辛所刻《斜川集》之遺漏。惟《永樂大典》中《斜川集》繫以蘇邁，按：邁字伯達，坡公長子，過字叔黨，坡公季子。世稱《斜川集》爲過作，而不曰邁，史傳亦然，豈有誤歟？南宋大家尤、楊、范、陸，惟尤延之集，世無行本。尤西堂所輯《梁溪遺稿》，詩四十三首，文二十五篇，亦採自詩文選本及志乘諸書。《永樂大典》各韻，時時遇之，余録成帙，付孫編修平叔。平叔意欲刻行，延之蓋其鄉前輩也。辛稼軒詩文集，世無行本。汲古閣刻其詞四卷，今收《四庫》書中。余採自《永樂大典》詩文，各體俱備，篇幅寥寥耳。奏議文散見於各韻，世傳《美芹十論》，即在其中。詞多汲古閣所遺。零金碎玉，深足寶貴。萬載辛啓泰鐫版於江西，題曰「稼軒集鈔存」，共九卷，予爲之序。【略】《江湖後集》二十四卷。《四庫全書》館除《兩宋名賢小集》一百五十七卷、《江湖小集》九十五卷著録外，復採自《永樂大典》，勒成此編。顧修既刻《南宋羣賢小集》於杭州，并此梓行。其已刊入《羣賢集》者不録。既鈔《江湖小集》九十五卷，舊本題宋陳起編，凡六十二家。《江湖後集》二十四卷，宋陳起編，原本久佚，今從《永樂大典》録出。按：《大典》有前集、有後集、有續集、有《中興江湖集》，較世傳《江湖小集》多四十七家。詩餘二家，又有人已見《小集》中而詩未載者十七家。《兩宋名賢小集》一百五十七卷，舊本題宋陳思編，元陳世隆補。復借鈔《四庫》底本宋人楊億《武夷新集》詩五卷，陶弼《邕州小集》一卷，釋重顯《祖英集》二卷，鄭俠《西塘集》詩一卷，趙鼎忠《正德文集》詩一卷，葉夢得《建康集》詩一卷，黄彦平《三餘集》詩一卷，潘良貴《默成集》詩一卷，吴可《藏海居士集》二卷，羅從彦《豫章文集》詩一卷，阮閲《郴江百咏》一卷，吕本中《東萊詩集》二十卷，歐陽澈《歐陽修撰集》詩三卷，高登《東溪集》二卷，胡銓《澹庵集》六卷，文在内。胡宏《五峯集》詩一卷，胡寅《斐然集》詩四卷，汪應辰《文定集》詩一卷，陳長方《唯室集》詩一卷，林之奇《拙軒集》詩一卷，周紫芝《太倉稊米集》詩三十九卷，鄭樵《夾漈遺稿》詩一卷，趙公豫《燕堂詩稿》一卷，周麟之《海陵集》詩一卷，羅願《鄂州小集》詩一卷，尤袤《梁溪遺稿》一卷，喻良能《香山集》十六卷，劉錀《雲莊集》詩二卷，洪邁《野處類稿》二卷，洪适《盤洲集》詩三卷，劉應時《頤庵居士集》二卷，張鎡《南湖集》詩九卷，楊冠卿《客亭類稿》詩二卷，史堯弼《蓮峯集》詩二卷，廖行之《省齋集》詩八卷，周南《山房後稿》詩一卷，高翥《菊澗集》一卷，高鵬飛《林湖遺稿》一卷，高似孫《疎寮小稿》一卷，度正《性善堂稿》詩四卷，劉過《龍洲集》詩十五卷，洪咨夔《平齋集》詩一卷，汪晫《康範詩集》一卷，鄭清之《安晚堂詩集》七卷，詹初《寒松閣集》一卷，李曾伯《可齋雜稿》詩

六卷，方大琮《鐵庵集》詩一卷，游九言《默齋遺稿》詩一卷，趙孟堅《彝齋文編》詩二卷，張侃《拙軒集》詩四卷，吴錫疇《蘭皐集》三卷，張堯同《嘉禾百咏》一卷，趙必瑑《覆瓿集》詩二卷，舒岳祥《閬風集》十卷，衛宗武《秋聲集》四卷，董嗣杲《廬山集》五卷，《英溪集》一卷，《真山民集》一卷，方鳳《存雅堂遺稿》詩一卷，于石《紫巖詩選》三卷，以上五十九家，二百二十七卷，存素堂墨格紙鈔。《元風雅》二十四卷，前集十二卷，元傅習輯，孫存吾爲之編次。後集十二卷，則存吾所編輯也。前集劉因以下一百十四家，後集鄧文原以下一百六十家。《乾坤清氣集》十四卷，明偶桓編。所録上該金宋之末，下逮明初。朱彝尊極稱之。復借《四庫》底本鈔元人艾性夫《剩語》二卷，張觀光《屏巖小稿》一卷，王奕《玉斗山人集》三卷，楊弘道《小亨集》六卷，程端禮《畏齋集》六卷，文三卷附。陳宜甫《秋巖詩集》二卷，尹廷高《玉井樵唱》三卷，釋大訢《蒲室集》詩一卷，侯克中《艮齋詩集》十四卷，劉鶚《惟實集》四卷，宋无《翠寒集》一卷，洪焱祖《杏亭摘稿》一卷，唐元《筠軒集》詩八卷，李存《俟庵集》詩一卷，朱晞顔《鯨背吟集》一卷，周伯琦《近光集》三卷，《扈從詩》一卷，納新《金臺集》二卷，張仲深《子淵詩集》六卷，陳鑑《午溪集》十卷，李繼本《一山集》詩二卷，沈夢麟《花谿集》三卷，趙汸《東山存稿》詩一卷，以上二十二家，八十二卷，皆用存素堂墨格紙鈔。借鈔官書，不得過多時日，攜歸又恐污損。是年因謄寫七閣書甫畢，書手閒居京師者甚多，取值特廉，余以提調院事，小史亦有工書之人，揀《永樂大典》中世所罕見而卷帙較略者，分日鈔繕。受業生徒十餘人亦欣然相助，閱三月而功蕆，鉅集則不暇及矣。粗校一過，底本即歸大庫。其中缺略訛舛極多，卷數與原書亦有不符處，則小史之所爲。何日得同志排纂勘閲，補缺删複，勒爲成書，亦學士大夫所樂觀厥成者也。

汪廷珍《小學鉤沉跋》 《小學鉤沉》十九卷，先子任子田先生所纂輯也。前十二卷，高郵王懷祖先生手校付梓，後七卷未及校。廷珍無似，不能詳稽古訓以成定本，恐其久而散失，以致湮没，非所畢後死者之責也，謹以原本繕寫，屬懷祖先生令子伯申侍郎刊其訛誤，授之剞劂，以質世之君子。

嚴可均《鐵橋漫稿》卷三《答徐星伯同年書》 嘉慶中，足下在《全唐文》館，從《永樂大典》寫出《宋會要》，此天壤間絶無僅有者。及今閒暇，依《玉海》所載《宋會要》體例，理而董之，存宋四百年典章，肆力期年，粗可竣事。【略】二十年前校輯經佚、注佚、子書等數十種，就中鄭注《孝經》最完善。

又卷五《京氏易叙》 《京氏易》八卷，無錫王氏保訓輯本也。《漢魏叢書》有《京氏易傳》三卷，王氏於三卷外，采録遺文，得四萬許言，尋以病卒於都下。其同年友嚴可均理而董之，正其訛，補其闕，仍分八卷，繕寫而爲之敘。

又卷七《全紹衣傳》 性好聚書，弱冠時登范氏天一閣、謝氏天賜閣、陳氏雲在樓，遇希有之本輒借鈔；入都，鈔書不輟，坐是困乏，以行篋書二萬卷質於黄監倉，然猶就《永樂大典》取所欲見而不可得者，分例爲五：一經，二史，三志乘，四氏族，五文集，簽鈔之。及放歸，重登天一閣，借鈔不輟。家益貧，饔飧或不給，冬衣袷衣，唯韓江馬氏稍賙濟之。

又卷八《書〈北堂書鈔〉原本後》 類書大種自修文殿《御覽》新佚後，以《書鈔》爲最古，其得本最難。【略】淵如嘗語余云：「物聚必散，得古書畫不過加收藏名印耳」，此達觀之言也。【略】是時漢魏晉佚書輯本，及章鳳枝佚書輯本，彙聚淵如所者不下七八百種，假余兩年之力，庶可藏事，而限于齎斧，未獲竣功。今余老且病，諸輯本皆不在手，難復爲力，雖得竹庵藏本，徒庋高閣飽蠹魚耳，沈思往事，爲之太息。

臧庸《拜經堂文集》卷三《與江叔澐處士書》 鏞堂亦好漢人傳注，搜輯遺亡，計得十種。

又《漢書音義後序》 蕭博士《漢書音義》十二卷，見隋唐志，小司馬章懷太子咸徵引之。其書蓋亡於唐末。北宋初宋景文所據即不全之册，故於《揚雄傳》、《叙傳》引用頗夥，而他卷僅見。然宋景文本世不可得，不全者亦未由見之。鏞堂讀官板《漢書》用宋本，載《音義》，稱舊注如服虔、應劭、劉德、鄭氏、李奇、鄧展、蘇林、張晏、如淳、孟康、韋昭、晉灼、臣瓚、郭璞等多集注所無者，引經部如劉昌宗《周禮音》，又《尚書音》、《儀禮音》、《禮記音》；引小學如《三蒼》、《埤蒼》、《字詁》、《聲類韻集》、《字林》、《通俗文》、《諸詮賦音》；引羣籍如劉向《别録》、《風俗通》、《氏姓》、《謚法》、《春秋説》、《五行書》、司馬彪注《莊子》、宋衷注《太元》、何承天《纂要》，皆後世已亡者，誠罕購之琦珍也。惜闕逸不完，存者多與宋氏及三劉之説相混，有稱蕭該曰，而實爲他説者；有稱宋祁曰，而實爲音義者；又或羼入顔注中。兹精加别白，都由研審得之，不濫不漏，差堪自信，録爲三卷，以存蕭氏梗概。其正文從汲古閣毛本，與蕭書互有異同則各仍其舊，不敢據此改彼，致兩失其真。並録《後漢書注》補其闕遺，綴隋書本傳等溯其原委。巫山知縣段若膺見之欣賞，助爲勘正謬誤。鏞堂以此書世無傳本，而漢魏微言往往存什一於千百，必不可以殘闕廢，思亟付剞劂傳之同好焉。

金武祥《粟香隨筆・粟香二筆》卷二 子方名文圭，有《牆東類稿》，散佚已

久，賴《四庫全書》采掇《永樂大典》而存之。道光時，李申耆太史於浙之文瀾閣録取原本，屬陸君清臣刊行之，太史爲之序。計六卷五百九十二首，亂後僅於《江上詩鈔》存一百二十首。

又卷六 南珍先生天資英敏，讀書過目成誦，詩文名重一時。【略】所存僅《蓼心拾餘》一卷，《且且吟》二卷。【略】今《蓼心拾餘》及《且且吟》亦經亂散佚，僅於他處得鈔本詩數十首，又文一篇。

周夢棠《九國志題識》 其書向無刊本，惟散見《永樂大典》中，邵二雲太史摘録散篇，欲爲編輯，因闕軼過半不果成。乙未冬，二雲南旋，留稿于孔葒谷農部處。今年夏，葒谷出底本屬予編次。雖卷帙殘缺，而所存諸傳，俱首尾完善，可補五代正史之遺，因爲分國類叙，得列傳一百三十六首，厘爲十二卷。

鮑廷博《刻南湖集緣起》 恭遇聖天子右文稽古，命儒臣檢集《永樂大典》中遺籍，匯入《四庫全書》。於是歷代名家詩之散見於各韻者，俱得裒録成帙，而約齋之詩始出。【略】向者張助教潛亭入都，曾以搜求未備爲托，閲歲書來，以館中新得《南湖集》見報。未幾助教忽歸道山，繼而邵太史二雲聞之，赴官之後，亟求館中校定副本，傳抄一編，適沈侍御蘆士南歸，寄以相示。

朱文藻《書南湖集後》 己亥仲冬藻客京師，從邵太史二雲得見四庫全書館裒集《永樂大典》中所載張鎡詩詞，編定爲《南湖集》十卷。傳抄副本，携歸虎坊寓齋，粗校一過，而未能詳考也。鮑君以文增輯遺文逸事，爲附録外録，合刻竣工，復受而讀之。

徐松《登科記考凡例》 圖經、家乘，例載科目，而近世府廳州縣志襲謬承訛，動遭指摘。【略】顔師古《漢書注》云：「私譜之文，出於閭巷，家自爲説，事非經典，苟引先賢，妄相假托。」今同斯例，概就刊落。惟見於《永樂大典》所引者，皆宋元舊笈，事有可徵，盡行采録。

又《唐兩京城坊考序》 余嗜讀《舊唐書》及唐人小説，每於言宫苑曲折，里巷岐錯，取《長安志》證之，往往得其舛誤，而東都蓋闕如也。己巳之歲，奉詔纂輯唐文，於《永樂大典》中得《河南志圖》，證以《玉海》所引，《禁扁》所載，灼是次道舊帙，其源亦出於韋述《兩京記》而加詳焉。亟爲摹鈔，愛同球璧。校書之暇，采集金石傳記，合以程大昌、李好問之《長安圖》，作《唐兩京城坊考》，以爲吟咏唐賢篇什之助。

阮元《元河南志序》 余於嘉慶十五、六年間在京師文穎館總閲《全唐文》，時《永樂大典》多移在館。有館中供事鈔得東漢東城圖一紙、西晉洛陽京城圖一紙、後魏洛陽宫城圖一紙、全墉城圖一紙。余閲而喜之，亦不能究其從何處鈔出，遂令照鈔數紙。知此圖非後人所能造，必唐以前人舊書中之遺迹也。有此圖，則讀漢、晉、魏書者，皆瞭然於南北前後城宫殿觀，不必推測矣。恐日久圖失，刻之於版，以貽讀書人，尋繹而自得之。

姚瑩《東溟文集》卷二《謝王二史輯遺序》 謝承《後漢書》若干卷，王隱《晉書》若干卷，吾友張阮林聰咸之所纂輯也。嘉慶十六年，阮林會試不第，留京師專意著書，慨然有網羅放佚之志，既譔《左傳杜註辨正》若干卷成，以爲史書之善，如子長、孟堅尚矣，自蔚宗、承祚而下，不無譏焉。范書雖取材舊史，猶出一人之手，乖迕尚鮮。《晉書》則唐文皇命諸臣分採十八家《晉史》編録而成，踳駁殊甚。唐代官書行，十八家之業遂廢，其中容有勝新書者，今世所傳唐以前遺書猶時時見之，後漢諸家記載未必遂愈蔚宗。然如荀悦《漢紀》及《東觀漢記》世已刊行，而李賢、裴松之注《後漢書》、《三國志》亦多存别説，思欲併二代佚史，表而出之，勇於成書，所在搜羅，不遺餘力。日書細字，几壁皆遍，而謝王二家書居然可觀。乃先比次其鉅者，他條紀繁碎，未及纂列，遂病且死都中，無人知其業者。吾族兄幼楮始終病事，見其用力之勤，憐而收之，歸於其家。阮林之妻吾族姊也，藏襲以待其孤。道光五年，吾由閩之京師道里中，其家出示所藏，見此二書，粗成卷帙，乃爲之叙。嗚呼！阮林之爲此也，是所謂事勞功半者耶！夫古人之矻矻於著述也，非徒爲身後名而已，以爲道有所在，吾書所繫大焉。至於史者，著一代興亡之跡，爲法戒於天下萬世。苟非其人，書不妄作，故有敝畢生之精神而書卒不成，成而不及傳，傳而不能久者，亦視其書爲顯晦未可遽以幸不幸藉口也。且夫著述之難史爲最，豈不以求實事之難耶。一事甚微，已有傳信傳疑之異，况代歷百年人逾數十一一始終論次之，曰：吾於此蓋無失焉，不敢必也。及乎此一言焉，彼亦一言焉，言者既多，吾上下櫛比之，取其切於事而近於理者，亦曰庶幾可折衷矣。此創者難爲功，而因者易爲述也。前者果善後，復何爲後人爲之猶未盡，則仍以俟諸後？今必薄後，尊先不亦迂乎！顧前人創之之功未可殁，後人雖善不能不考諸前，乃盡棄置則過矣。並前後而兩存之，不惟前人之善者見，即後人之善者亦逾見，此阮林之所矻矻也。吾獨悲夫謝王二君及十八家者，以當代近代之人求當代近代之事已不能盡，卒敝一世之精神，書幸成而傳復不能久，阮林後千數百年欲傳已亡之書於千數百年以上，嗚呼！阮林雖欲不敝精神而死，其可得耶，而書又卒不成也。此書幸而或傳，

後之覽者亦略其文而哀其志哉。

馬國翰《玉函山房輯佚書・春秋徐氏音》 《春秋徐氏音》一卷，晉徐邈撰。邈有《易》、《書》、《詩》、《禮》、《音》，已各著録。其《春秋音》，《隋志》三卷，《唐志》一卷，今佚。從陸德明《釋文》參《集韻》輯爲一帙。《釋文》所引宣、成、襄、昭四公較多，隱、莊、僖、文、定五公間引一二，桓、閔、哀三公全缺，然則唐時所存較隋已非完本。得此殘編，聊當《唐志》一卷之目焉。

又《春秋左氏函傳義》 《春秋左氏函傳義》一卷，晉干寶撰。寶有《易注》、《周禮注》、《後養議》，已各著録。《隋志》載《春秋左氏函傳義》十五卷，《舊唐書志》作《春秋義函傳》，《新唐書志》作《春秋函傳》，並十六卷，今佚。孔氏《正義》引一節，杜氏《通典》引一節，輯以存典午遺墨。《晉書・禮志》謂寶留思京房、夏侯勝等傳，其説「伐鼓于社」，以爲厭勝，蓋二子之緒論也。

又《薄叔元問穀梁義》 《薄叔元問穀梁義》一卷，晉范甯撰。范作《集解》，叔元有所駁問，范隨問逐條答之，仿鄭氏釋廢疾之體例也。《隋志》二卷，梁四卷，《唐志》不著録，佚已久。楊士勛《疏》引十二節，全載問答者四節，内有一節明載薄氏駁隱括范答。其八節皆載范答薄氏語，大指論辨義例。叔元未詳何人，與范同時，治穀梁之學者也。

又《春秋穀梁傳鄭氏説》 《春秋穀梁傳鄭氏説》一卷，晉鄭嗣撰。嗣不詳何人，其《説》隋、唐《志》皆不載。范氏《集解》引之，凡二十節。以范序攷之，當是甯父汪門生故吏，當時亦有撰著，而名不及江、徐，故《志》佚之也。輯爲一家説，至范氏兄弟邵、凱、雍、泰之等家學同源，不復別著云。

又《春秋傳駁》 《春秋傳駁》一卷，後魏賈思同撰，姚文安、秦道静述。案《北史》：賈思伯字仕休，齊郡益都人，弟思同，字仕明，爲侍講，授静帝《杜氏春秋》，加散騎常侍，兼七兵尚書，尋拜侍中，卒贈尚書右僕射，司徒思同之侍講也。國子博士遼西衛冀隆精服氏學，上書難杜氏《春秋》六十三事，思同復駁冀隆乖錯者一十餘條，互見是非，積成十卷，詔下國學，集諸儒考之，事未竟而思同卒。後魏郡姚文安、樂陵秦道静復述思同意。冀隆亦尋物故，浮陽劉休和又持冀隆説，竟未能裁正。此書隋、唐《志》並不載，蓋隋因梁之《七録》詳南而略北，唐時原書不存，故皆缺也。孔穎達《正義》引「衛難秦釋」五條，又引「衛難蘇氏釋」二條，又引「衛難」下釋不著姓名者二條，考《正義》以劉炫爲本，炫北人，引稱及之，故得勵存焉。輯録爲卷，據史題「賈思同撰」，原其始也，題「姚文安、秦道静述」，明一家之學也。

又《春秋規過》 《春秋規過》二卷，隋劉炫撰。炫既作《春秋左氏傳述義》，又摘《杜義》中之失以正之，自居乎杜氏之諍友，故書名「規過」。《北史》炫本傳及《隋志》並無此書之目，《唐志》有三卷。攷《北史》《述議》，《隋志》作《述義》，並四十卷，《唐志》《述議》三十七卷，《規過》三卷，知《北史》、《隋志》皆以《規過》附於四十卷内，唐始分著之也，今佚。孔氏《正義》序謂規杜氏之失凡一百五十餘條，而《正義》所引乃有一百七十餘條，或有一條内連及數事，《正義》分載各經傳注下者，然其佚説固散見《正義》中矣。輯爲二卷，夫劉好非毁索垢求瘢，固不免煩碎錯亂之處，亦有顯爲杜失而孔疏必委曲護之。左杜右劉，前人固有定論已。

又《春秋攻昧》 《春秋攻昧》一卷，隋劉炫撰。炫著《春秋規過》以攻杜氏杜注外衆説有不合者，作此以駁難之。「攻昧」取《尚書》「仲虺」文也。《北史》本傳載十卷，《隋志》不著録，《唐志》十二卷，今佚。孔氏《正義》引炫難賈逵、何休、服虔及或説，反覆掊擊，《攻昧》之佚文也，輯録九節。史稱炫「强記默識，莫與爲儔」，又謂「多自矜伐，好輕侮當世」，書適肖其人矣。

又《春秋井田記》 《春秋井田記》一卷，撰人缺，漢、隋、唐《志》均無此書之目。《後漢書・循吏傳》注引一節，史繩祖載其略於《學齋佔畢》。明萬曆十年重修《後漢書》本注無之，據舊本及余氏《古經解鉤沉》校録，並附《左氏傳》楚蔿《掩治賦》。賈逵注一節自九度至二牧，以九夫爲井差等之，與鄭康成《周禮注》説「井牧」合，亦春秋井田古説之勵存者，取與此記相發明也。

又《春秋闡微纂類義統》 《春秋闡微纂類義統》一卷，唐趙匡撰。匡字伯循，河東人，歷洋州刺史，見《唐書》本傳。陸淳云：天水人，爲殿中侍御史，淮南節度判官。本傳謂「陸質與啖助子異，裒録助所爲《春秋集注》、《總例》請匡損益，質纂會之」，故陸淳《集傳春秋纂例》又稱其書爲《春秋集傳損益》也。《唐藝文志》不載，章拱之謂《闡微義統》十二卷，第三、四卷亡逸。朱氏《經義考》據題十卷，闕，今此闕本亦少傳。陸淳師事匡，所撰《纂例》及《微旨》、《辨疑》，每引其説。程端學《春秋本義》，鄭玉《春秋經傳闕疑》，孫覺《春秋經解》亦引之，合輯爲卷。晁公武曰：「大抵啖、趙以前，學者皆專門名家，苟有不通，寧言經誤，其失也固陋；啖、趙以後，學者喜援經擊傳，其或未明，則憑私臆決，其失也穿鑿。」楊慎曰：「杜預作《春秋釋例》，趙匡作《春秋纂例》，蓋以《春秋》難明，故以例求之，至於不通則又云『變例』，變例不通又疑經有闕文誤字，嗚呼聖人之作，豈先有例而後作春秋乎！」二論皆切中其弊，然訓解時多精語。説《吉禘》一節，朱子取之以注《論語》，則柳州謂匡

知聖人之旨，非無所見而云然也。

又《孝經傳》　《孝經傳》一卷，周魏文侯撰。《史記・魏世家》云：「桓子之孫曰文侯都。」司馬貞《索隱》曰：「《系本》桓子生文侯斯。」兩書系代不同而同稱文侯，然則文侯名都，又名斯也。《竹書紀年》：周考王元年，魏文侯立。事蹟具《魏世家》。文侯著《孝經傳》，漢、隋、唐《志》均不載，惟《漢志》有雜傳四篇，《文侯傳》當在其內，今佚。《後漢書・祭祀志》劉昭補注引之，又《通典》、《舊唐書》顔師古議亦引《孝經傳》，皆説《明堂》是一節文，又《齊民要術》引魏文侯語，亦見《淮南子》、朱氏《經義考》、余氏《古經解鉤沈》，並取屬庶人章分天之道句下，兹並據輯。文侯受業於子夏，其得聖門之説必真，而其書亦最古。虞淳熙《孝經邇言》謂：「《孝經》自魏文侯而下，至唐宋傳之者，百家九十九部二百二卷。」虞以《文侯傳》爲《孝經》之首，蓋視顔芝長孫氏江翁后蒼猶爲後起，斷珪殘璧少而彌珍已。

又《春秋公羊穀梁二傳評》　《春秋公羊穀梁二傳評》一卷，晉江熙撰。熙，字太和，官至兗州別駕，見《册府元龜》。《隋志》此書三卷，不著名氏。《唐志》題「江熙」。《玉海》云：《公穀二傳評》，今佚。范甯《注》引十九節，據輯。按：范序云「先君北蕃迴軫，頓駕于吴，乃帥門生故吏，我兄弟子姪，研講六籍，次及三傳」，又云「釋《穀梁》者近十家，皆膚淺末學，不經師匠」。楊士勛疏「門生」同「門後生」，「故吏」謂「昔日君臣」，江、徐之屬是也。又解十家有江熙，熙評二傳，非專釋《穀梁》。且范解亟取其説，而無所斥駁。所謂與二三學士及諸子弟各記所識，并言其意，當不在十家之内也。

又《春秋土地名》　《春秋土地名》一卷，晉京相璠撰。璠，字爵里無攷。酈道元《水經注》云：「京相璠與裴司空彦季修《晉輿地圖》，作《春秋地名》。」《隋志》《春秋土地名》三卷，晉裴秀客京相璠等撰。云「京相璠等」，則非出璠一人之手，以之爲主，故題璠名。《唐志》直題京相璠，卷同，今佚。《水經注》引百餘則，《初學記》亦引之，裒録爲帙。如釋「垂郱在高都中人在望都酈」，一以爲疎遠未足爲證，一以爲未詳，似亦不免舛失，然如「前城柏舉」「焦瑕窮養」杜氏所闕，此能確切指言之，則博洽足稱也。

又《左氏奇説》　《左氏奇説》一卷，後漢彭汪撰。汪，字仲博，汝南人，見陸德明《釋文》及孔穎達《正義》。《釋文序録》云：「汝南彭汪，字仲博，記先師奇説，及舊注《春秋序》。」《正義》云：「中興以後，陳元、鄭衆、賈逵、馬融、延篤、彭仲博、許惠卿、服虔、潁容之徒皆傳《左氏春秋》。」隋、唐《志》無彭汪著書之目，《正義》引彭仲博二節，亦不標其書名。朱氏《經義考》載彭氏汪《左氏奇説》，佚，據録一家存漢師之遺詁焉。

又《春秋文謚例》　《春秋文謚例》一卷，漢何休撰。休有《冠禮約制》，已著録。此書翼《公羊解詁》而作。《隋志》一卷，《唐志》不載，佚已久。徐彦《疏》引其略，兹據録補。晁説之謂何休「特負於《公羊》之學，五始、三科、九旨、七等、六輔、二類、七缺之設，何其紛紛邪」。案：休《公羊傳序》云「胡毋生《條例》，多得其正」，然則何氏之《例》亦自有所受之也。

又《歸藏》　《歸藏》一卷，殘闕。《周禮・春官》太卜掌三《易》之灋，一曰《連山》，二曰《歸藏》，三曰《周易》。鄭玄注：「歸藏者，萬物莫不歸而藏於中。」杜子春曰：「連山宓犧，歸藏黄帝。」賈公彦《疏》引鄭《志》答趙商云：「非無明文，改之無據，且從子春，近師皆以爲夏殷也。」《禮記・禮運》孔子曰：「吾欲觀殷道，是故之宋，而不足徵也，吾得《坤乾》焉。」鄭注云：「殷陰陽之書，存者有《歸藏》。」是亦以《歸藏》爲殷《易》矣。《漢書・藝文志》不著録，晉《中經簿》始有之，阮孝緒《七録》云：「《歸藏》雜卜筮之書雜事。」《隋書・經籍志》有十三卷，晉太尉參軍薛貞注，《唐書・藝文志》卷同。宋《中興書目》載有《初經》、《齊母》、《本蓍》三篇，諸家論説多以後出疑其僞作。鄭樵《通志畧》云「言占筮事，其辭質，其義古，後學以其不文，則疑而棄之，獨不知後之人能爲此文乎？」楊慎亦云：「《連山》藏於蘭臺，《歸藏》藏於太卜」，見桓譚《新論》，則後漢時《連山》、《歸藏》猶存，未可以《藝文志》不列其目而疑之。今玩其遺爻如「瞿有」：「瞿有觚，宵粱爲酒，尊于兩壺，兩羭飲之。三日然後穌。」「士有澤」：「我取其魚。良人得其玉，君子得其粟」，「有鳧鴛鴦，有雁鷫鷞」之類，皆用韻語，奇古可誦，與《左氏傳》所載諸繇辭相類。焦氏《易林》源出於此。雖「畢日奔月」頗涉荒怪，然「龍戰于野」、「載鬼一車」大易以之取象，亦無所嫌也。但殷易而載武王枚占、穆王筮卦，蓋周太卜掌其法者，推記占驗之事，附入篇中，其文非漢以後人所能作也。今並宋時三篇亦佚，朱太史《經義考》搜輯甚詳，据以爲本，間有遺漏爲補綴之，並附諸家論説爲一卷，以此與世傳《三墳書》所謂《氣墳》、《歸藏》者互較參觀，其真贋可以立辨矣。

又《連山》　《連山》一卷，殘闕。案：《周禮・春官》「太卜掌三易之灋，一曰《連山》」，鄭玄注：「名曰連山，似山出内氣變也。」賈公彦疏：「此連山易，其卦以純艮爲首，艮爲山，山下山，是名連山，雲氣出内於山，故名易爲連山。」又曰：「夏以十三月爲正。人統人，無爲卦首之理，艮漸正月，故以艮爲首也。」桓譚《新

論》曰「連山八萬言」，蓋後漢時此書尚存。君山及見之，而傳者甚少，故《漢藝文志》、《隋經籍志》皆不著録。《唐書・藝文志》有《連山》十卷。司馬膺注。考《北史・劉炫傳》：「時牛宏奏購求天下遺逸之書，炫遂僞造書百餘卷，題爲《連山易》、《魯史記》等，録上送官求賞而去。後人有訟之，經赦免死，坐除名。」自炫有僞造之《連山》，而司馬膺注本至唐始出，後儒獻疑有繇也。然皇甫謐《帝王世紀》、酈道元《水經注》、李淳風《乙巳占》皆引《連山》，謐晉人，道元北魏人，皆在劉炫前；淳風所引「姮娥奔月」、「枚筮有黄」，與張衡《靈憲》同，決爲古之佚文。其它以韻爲爻，與《易林》頗似，縱非古經，要與《三墳》所載「山墳」爲「蓮山」出於毛漸手序者，迥不侔矣。梁元帝亦有《連山》三十卷，段成式謂「每卦引《歸藏》、《斗圖》、《立成》、《委化》、《集林》及焦贛《易林》」，今亦亡佚，或者後人稱述不能區別歟。兹輯諸書所引並衆家論説爲一卷，而朱元昇、薛貞二家説，或見本書，或合先制，取以附正經之下，觸長引伸，在好學深思者之善會焉爾。

又《論語江氏集解》 《論語江氏集解》一卷，晉江熙撰。熙於《晉書》無傳，《册府元龜》云：「熙，字太和，爲兖州别駕」，此其可考者，里居則不能詳矣。皇侃《義疏》序列《論語》十三家，衛瓘、繆播、欒肇、郭象、蔡謨、袁宏、江淳、蔡系、李充、孫綽、周懷、范甯、王珉，云：「右十三家，爲晉江熙字大和所集，取衆説以成書，故以《集解》名也。」《隋書・經籍志》稱《集解論語》。《唐書・藝文志》云《江熙集解》，並云十卷。陸德明《釋文序録》云十二卷，或並目數之，與晁公武《郡齋讀書志》引侃序稱熙所集，世謂其引事雖時詭異，而援證精博，爲後學所宗。止据皇《疏》爲論，其得見全書與否未可知，而今則佚，不可求矣。邢昺《疏》引二節，皇《疏》所引頗多，其明標江熙者，尚得九十餘節。侃言若江《集》中諸人有可採者，亦附而申之，則衛、繆、欒、郭等説，侃皆從江《集》採之，既已輯録，别自爲書，故不複載。此編雖殘缺不完，然合衛、繆諸家以參觀之，有晉一代之説《論》者，得失同異備於兹矣。

又《論語琳公説》 《論語琳公説》，宋釋慧琳撰。慧琳秦郡人，宋世沙門，以才學爲太祖所賞愛，見《宋書・顔延之傳》。嘗注《孝經》、《老子》，又作《辨正論》。其人蓋釋而儒者也。其《論語説》，隋、唐《志》、陸德明《經典序録》並不載之。邢昺《正義》、皇侃《義疏》引有四節，如辨宰予晝寢，假晝寢以發夫子之教，解「互鄉難與言童子」云此八字通爲一句，言此鄉童子難與言耳，非是一鄉皆難與言也。説甚新巧有思致。夫六朝風尚，文人學士莫不佞佛，而皈依梵教者，乃欲托儒業以顯名，亦可謂鄉黨自好者已。雖非醇旨，可以恕論。唐僧皎然論詩曰忍俊，吾於此卷亦云。

又《爾雅謝氏音》 《爾雅謝氏音》一卷，陳謝嶠撰。嶠，字佚，會稽山陰人，附見《陳書・謝岐傳》：云「弟嶠篤學，爲世通儒。」陸德明《經典釋文叙録》云「陳國子祭酒，其音《爾雅》」。隋、唐《志》皆不載，亦見《釋文叙録》，卷數未詳，今佚。從《釋文》、《邢疏》、《集韻》、《類篇》、《御覽》諸書輯録。其本有異字，如「弛」作「施」，與顧本同；「苞輿」作「蒖」，與舍人本同；「蟇」作「基」，「蝥音孚逢反」，作「蝨」，並與施本同，知其博採，不主一家。而「邕，支載也」，謂「邕字又作擁，擁者護之」，「鳲鳩鴶鵴謂布穀」類，《邢疏》引之，以補正《郭注》，則其書在陳代亦卓然足自名家矣。攷郭璞於《釋草》「莪蚍衃」引謝氏「小草多華少葉，葉又翹起」，此謝氏景純以前人，非嶠也。攷《七録》有《毛詩釋義》十卷，謝沈撰。郭所引者，或《陳風》「視爾如莪」注乎？又嶠名與兄岐皆從山，《集韻》引或作橋，亦筆誤也。

又《爾雅顧氏音》 《爾雅顧氏音》一卷，陳顧野王撰。野王，字希馮，吴郡吴人，官至黄門侍郎，光禄卿，贈祕書監，事跡具《陳書》本傳。其音《爾雅》，隋、唐《志》均不載。陸德明《釋文叙録》與施乾、謝嶠並稱，又云「陳舍人顧野王」，既是名家，今亦采之，附於先儒之末。攷德明與顧同郡，又嘗仕陳左常侍，與顧同時，親見其書，以未著録於史，故分别申説，蓋亦景企之至矣。今其《音》佚，即從《釋文》參《邢疏》所引，輯爲一帙。顧嘗著《玉篇》三十一卷，於許氏《説文》外自樹一幟。《玉篇》幸存，而此《音》散失，得沾賸馥，史所稱偏觀經史，精記嘿識者，猶穆然想見其人焉。

又《孟子張氏音義》 《孟子張氏音義》一卷，唐張鎰撰。鎰，字季權，一字公度，蘇州人，朔方節度使齊邱之子，官至中書侍郎平章事、鳳翔隴右節度使，贈太子太傅，新舊《唐書》皆有列傳。《舊唐書》傳詳所著書，有《孟子音義》三卷，而《經籍志》失載。《新唐書・藝文志》有之，云三卷，與《舊書》傳同。朱太史彝尊《經義考》云：「《唐志》七卷者，誤也。」《宋史・藝文志》亦云三卷，題作張謚。「謚」亦「鎰」字之譌。今佚。惟見孫奭《音義》。孫序譏其徒分章句，漏畧頗多。今就所采者録之，以存古説，至於補綴缺遺，則固有孫書在也。

又《孟子丁氏手音》 《孟子丁氏手音》一卷，唐丁公著撰。公著，字平子，蘇州吴人，官至太常，贈尚書右僕射，事蹟具《唐書》本傳。《傳》言著《太子諸王訓》十篇，不言音釋《孟子》，舊、新《唐書志》均未載之。《宋史・藝文志》有丁公著《孟子

手音》一卷，蓋《唐志》遺之也。今佚。惟孫奭《音義》載其説，据以輯録。宋熙時子《孟子外書》注亦引一則，編次卷後。孫序謂：「丁氏稍識指歸，譌謬時有。」今觀所引，頗詳攷證，足與趙注相發明。則經芟削之餘，所存者固皆醇義也。

又《論語鄭氏注》　《論語鄭氏注》十卷，後漢鄭玄撰。玄有《易》、《書》、《三禮》注，《毛詩》箋，並皆著録。其注《論語》，何晏《集解》云：「就魯《語》篇章，考之齊、古爲之注。」《隋書・經籍志》、《唐書・藝文志》並云十卷。《隋志》又云：梁有古文《論語》十卷，鄭玄注。《唐志》又有《注論語釋義》十卷，今並佚。近有集鄭注《古文論語》二卷，託名宋王應麟者，所收有未盡。海寧陳氏鱣《論語古訓》捜採詳備，兹據録之，仍其十卷之舊。攷梁、陳之代，鄭與何同立國學，而鄭氏甚微。周、齊鄭學獨立。至隋，何、鄭並行，而鄭氏特盛，故唐人諸書多引之。宋人不尚鄭學，遂至湮亡。得此殘缺，猶足存漢代大師之矩，《篇目弟子》並附著焉。

又《周易京氏章句》　《周易京氏章句》一卷，漢京房撰。房本姓李，吹律自定爲京氏，字君明，東郡頓邱人，受《易》梁人焦延壽，官至魏郡太守，見《漢書・儒林傳》。案：漢宣帝時，以《易》授梁邱賀者，亦京房，淄川楊何弟子，官至大中大夫，爲齊郡太守。顔師古謂：「别一人，賀傳子臨，專行京法，不聞有所撰作。」元帝立京《易》。延壽弟子也。荀悦《漢紀》云：「京房受於梁人焦延壽，獨得隱士之説，託之孟氏。」劉校《易説》云：不與孟氏同。葉夢得云：其言龐雜，專主卜筮。兩人莫知爲誰，審爲授延壽學者。《漢書・藝文志》有《孟氏京房》十一篇，《灾異孟氏京房》六十六篇，《京氏段嘉》十一篇，不言《章句》。阮孝緒《七録》有《京房章句》十卷，《録》一卷。隋、唐《志》並云十卷。陸德明《釋文序録》云十二卷，今佚不傳。《正義》、《釋文》及李鼎祚《集解》間引之，晁氏、吕氏亦多引京説，採輯一卷，可與三家費氏互考同異，而辯其是與非也。《隋志》五行家又有《京易占候》十種，《唐志》存其五，今尚有《京氏易傳》三卷，又别有《積算雜古條例》一卷，或共題《易傳》四卷，别爲補輯，以類從焉。

又《禮記徐氏音》　《禮記徐氏音》三卷，晉徐邈撰。邈有《周易》、《尚書》、《毛詩音》，已各著録。其《禮記音》，《隋志》注云「三卷」，又云「亡」。《唐志》復以三卷著目，今佚。《釋文》引之較諸家爲多，據以輯録，仍釐三卷。凡《集韻》所收，徐讀，取附其下，説具《毛詩音》云。

又《喪服變除圖》　《喪服變除圖》一卷，吴射慈撰。《三國・吴志》無慈傳，《孫休傳》云：「從中書郎射慈、郎中盛沖受業。」《孫奮傳》云：「傅相謝慈等諫奮。」裴松之注：「慈字孝宗，彭城人，見《禮論》，撰《喪服圖》及《變除》行於世。」案：射即謝姓之改，見《廣韻・四十禡》「射」字注。裴氏謂撰《喪服圖》及《變除》，蓋二書也，《七録》合之。《隋書・經籍志》注：梁有《喪服變除圖》五卷，吴齊王傅射慈撰，亡。《唐書・藝文志》有《喪服天子諸侯圖》一卷，已非梁時之舊本，今則佚矣，從杜佑《通典》採得二十七節，内一條與《太平御覽》引異，參校訂正，又從《南史》、《禮記正義》各採一節，合而録之。與徐整答問爲多，整當是慈之門人，其書體例亦鄭《志》之類也。

又《禮記盧氏注》　《禮記盧氏注》一卷，後漢盧植撰。植，字子幹，涿人，官至北中郎將，事具《後漢書》本傳。鄭玄與植同事馬融，後玄又從植學。孔穎達《禮記正義》謂「鄭亦附盧、馬之本而爲之注」，則植爲鄭學之宗矣。《本傳》載刊正碑文之奏，未經允行，會南夷反叛，出爲廬江太守，事遂中止。然石經《禮記》雖未刊定，而植所自爲《禮注》，推本師説，訂改紕繆，當必獨成善本，故鄭氏用之也。隋、唐《志》並載植注《禮記》二十卷，《東漢會要》作《禮記解詁》。唐人表章鄭學，而未及盧氏，其書遂亡。今就羣書所引輯録一卷。其説與鄭氏不無異同，存其佚論，要足互相發明也。

又《月令章句》　《月令章句》一卷，後漢蔡邕撰。邕，字伯喈，陳留人，官至左中郎將，事蹟具《後漢書》本傳。此編《隋書・經籍志》著録十二卷，《唐書・藝文志》無之，别有戴顒《月令章句》十二卷。按：《隋志》有《禮記中庸傳》二卷，題宋散騎常侍戴顒撰，無顒《月令章句》之目，意《唐書》誤題「蔡邕」爲「戴顒」也。今佚，蒐採遺説爲卷。案：邕《月令問答》云：「旁貫五注，參互羣書。」觀其於天文律曆加詳優洽，不在康成下，雖間有同異，未可執彼以繩此也。常璩《華陽國志》載景鸞亦著《月令章句》，隋、唐《志》均不著録，諸書所引未有及景氏者，惜無從採掇，以較蔡書何如耳。

又《魯詩故》　《魯詩故》三卷，漢申培撰。培，魯人，官至大中大夫，《漢書・儒林》有傳。培，魯人，故所傳《詩》稱《魯詩》。本傳云：「少與楚元王俱事齊人浮邱伯受《詩》。」又云：「申公獨以《詩經》爲訓，故以教亡傳，疑者則闕弗傳。」《藝文志》云：《詩經》魯、齊、韓三家二十八卷，《魯故》二十五卷，《魯説》二十八卷，故訓通名或稱傳者，殆如《毛詩》之詁訓傳乎？其書亡於西晉，故隋、唐《志》皆不著録。宋王應麟嘗輯三家佚説爲《詩考》，《魯詩》僅十四條。考《儒林》本傳申公弟子爲博士十餘人，孔安國至臨淮太守，周霸膠西内史，夏寬城陽内史，碭魯賜東海太守，蘭

陵繆生長沙内史，徐偃膠西中尉，鄒人闕門慶忌膠東内史。又曰：「韋賢治《詩》，又治《禮》，至丞相，傳子玄成，以淮南中尉論石渠，後亦至丞相，由是《魯詩》有韋氏學。」又《王式傳》云：「山陽張長安幼君先事式，後東平唐長賓、沛褚少孫亦來事式，由是《魯詩》有張、唐、褚氏之學。」今諸人可徵者，孔安國有《書傳》、《論語訓説》、《古文孝經傳》。韋元成《漢書》本傳載其奏議；褚少孫有《補史記》，凡所引《詩》，皆《魯詩》也。又司馬遷從孔安國問《古文尚書》，於申公爲再傳弟子。《史記》引《詩》，亦爲《魯詩》無疑。《困學紀聞》云：「《魯詩》出於浮邱伯，以授楚元王交，劉向乃交之孫，其説蓋本《魯詩》。」朱氏彝尊、范氏家相皆從之。案：《漢藝文志》謂：三家，魯爲近之。班志藝文本《七略》，則劉氏世傳《魯詩》，又一確証矣。朱氏《經義考》謂：「蔡邕石經悉本《魯詩》，今《獨斷》所載《周頌》三十一章，其序與《毛詩》雖繁簡有不同，而其義則一」云云。案：石經《魯詩》殘碑載洪適《隸續》，王氏《詩考》取入《魯詩》，他書亦尚有引石經者。由此推之，邕所撰述，其引用不與毛同，皆《魯詩》也。臧庸《拜經日記》云：「《爾雅》是《魯詩》之學」，又謂「唐人義疏引某氏《爾雅注》即樊光也，其詩並與毛、韓不同，蓋本《魯詩》」，又謂「王叔師《楚辭章句》所引《詩》，或與韓不同，與《爾雅》、《列女傳》有合，蓋《魯詩》也」。並據輯補，釐爲三卷，諸所引述經文異同畢載。其訓説有兩見者，亦並採之，意在互明，無嫌複舉，縱不必盡出原書，而根據不違乎本訓。視明豐坊《魯詩世學》及《申培詩説》之僞本，固大有間矣。

又《齊詩傳》 《齊詩傳》二卷，漢后蒼撰。蒼，字近君，東海郯人，官至少府，《漢書·儒林》有傳。《齊詩》出於轅固，固，齊人，故號「齊詩」。《儒林》固傳云：「以治《詩》，孝景時爲博士」，又云：「諸齊以《詩》顯貴，皆固之弟子也，昌邑太傅夏后始昌最明。」《蒼傳》云：事夏侯始昌，始昌通五經，蒼亦通《詩》、《禮》，授翼奉、蕭望之、匡衡，衡授琅邪師丹、伏理斿君、潁川滿昌君都。由是《齊詩》有翼、匡、師、伏之學。滿昌授九江張邯、琅邪皮容，皆至大官，徒衆尤盛。《漢藝文志》「《詩經》二十八卷，魯、齊、韓三家，齊《后氏故》二十卷，齊《孫氏故》二十七卷，齊《后氏傳》三十九卷，齊《孫氏傳》二十八卷，齊《雜記》二十八卷」。孫氏不知何人，應劭注曰：「后蒼作《齊詩》」，陸德明《釋文序録》云：「轅固作《詩傳》」，徐天麟《西漢會要》亦以《齊詩傳》爲轅固作。然《漢志》題后蒼，不著固名者，則《齊詩》之有傳説自蒼始，孫氏《故》、《傳》亦宗后氏也。《隋書·經籍志》云：「《齊詩》，魏代已亡。」《文獻通考》云：「董逌《藏書目》有《齊詩》六卷，疑後人依託爲之」，今其書亦不傳。王應麟《詩考》輯十六節，並及翼奉、蕭望之、匡衡及伏理子湛之説。《漢書·地理志》引「子之營兮，自土漆沮」，師古以爲《齊詩》者，皆收入。考班固作《漢書》敘傳述其家學云：「伯少受《詩》於師丹」，固父彪爲伯弟穉之子，固其從孫也。班氏世傳齊學，故《地理志》引用《齊詩》。由此推之，凡《漢書》中除紀、傳所載詔策疏奏之類各録本文外，表志贊敘出於班氏父子手筆，所引皆《齊詩》無疑也。《後漢書·班固傳》云：「天子會諸儒講論五經，作《白虎通德論》，令固撰集其事。」今《白虎通》引詩有《魯訓》、有《韓内傳》，其引詩不言何家者，以齊爲本，故不復顯其姓名也。並據輯補，釐爲二卷；題后蒼者，以翼、匡、師、伏之學皆出后氏也；引者多稱傳，因總題《齊詩傳》也。

又《周禮杜氏注》 《周禮杜氏注》二卷，漢杜子春撰。子春，河南緱氏人，其字佚。《禮疏》引《後漢·馬融傳》云：「杜子春，永平之初年且九十，能通其讀，頗識其説，鄭衆、賈逵往受業焉。」今范史無此文，當係謝承、華嶠、袁山松等書中語也。賈公彦云：「劉歆門徒河南緱氏杜子春，永平初年且九十，家於南山，通《周官説》。」陸德明云：「鄭興父子等多師事之。」其《注》隋、唐《志》皆不載，佚已久。從鄭康成《注》所引，輯爲二卷。《周禮》，漢孝武時出於屋壁，孝成時劉向子歆校理秘書始得列序，著於《録》、《略》，子春受業於歆，因以教授。觀其於故書之字，正音通讀，實此書之首功矣。康成注述其説，而多所去取於其間。鄭衆從子春受業，而於《夏官》「射人以矢行告」注，以爲杜子春説不與《禮》經合，疑非是也。古人不阿其所好有如此者。

又《周禮劉氏音》 《周禮劉氏音》一卷，劉昌宗撰。昌宗，不詳何人，顔之推《家訓》稱之，當是齊梁間儒者。《隋志》載《禮音》三卷，《唐志》不著録，而陸德明《釋文》引述獨多，知唐有其書，《志》偶失載也，今佚。從《釋文》、《集韻》輯爲一卷。戚衮於《春官·巾車》論之云：注，故書朱總爲䌷，檢《字林》、《蒼雅》及《説文》皆無此字，衆家亦不見有音者，唯昌宗音廢，以形聲會意求之，實所未了，當是廢而不用乎？然則劉書固博採兼收，而不諧時用者亦不少也。

又《周禮鄭大夫解詁》 《周禮鄭大夫解詁》一卷，後漢鄭興撰。興，字少贛，河南開封人，官至建議大夫，拜凉州刺史，事蹟具《後漢書》本傳。傳言興「好古學，尤明《左氏》《周官》，長於曆數」。鄭康成《周禮序》云：「大中大夫鄭少贛，及子大司農仲師，議郎衛次仲，侍中賈景伯，南郡太守馬季長皆作《周禮解詁》。」隋、唐《志》不著録，卷未詳，今佚已久，從康成注輯録，凡十五節。晁公武曰：「鄭興、鄭

衆傳授《周禮》，康成引之以參釋異同」云。大夫，興也；司農者，衆也。二鄭解詁無所別，即因題焉。少贛遺説存者無多，讀其子司農之遺注，固可見家學淵源也。

又《大戴喪服變除》 《大戴喪服變除》一卷，漢戴德撰。德別見《大戴禮記》。「喪服」以「變除」名者，推詳儀節，引伸乎「喪服經傳」之義也。《隋書・經籍志》不載，《唐書・藝文志》始以一卷著録，今佚。《禮記》鄭注及《正義》引數條，杜佑《通典》稱引頗多，摭輯猶可成帙。夫大戴傳《禮》在小戴之前，自小戴學盛而大戴浸微，其記雖存，鮮有肄習，至《喪服變除》一書《隋志》且不著目。向微《唐志》標題，孔、杜諸君述其辭，幾何不使古之遺言泯絶無聞哉！

又《鄭氏喪服變除》 《鄭氏喪服變除》一卷，後漢鄭玄撰。玄有《儀禮注》十七卷，今行《注疏》是也。《隋書・經籍志》復有《喪服經傳》一卷，《喪服譜》一卷。《唐書・藝文志》無《喪服譜》而有《喪服變除》一卷。其《喪服經傳注》即《注儀禮喪服篇》也。晉、宋諸儒好治喪禮，於是鄭注《喪服》別有單行之本，故隋、唐《志》亦別著於録。《隋志》之《譜》疑即《唐志》之《變除》，蓋因大戴之書而申明之，或其書中衍爲圖譜，故《隋志》取以標目歟？今佚，唯杜佑《通典》引之，作鄭玄變除，茲据采録。又《禮記》檀弓、雜記閒傳注中亟引《變除禮》文而説其義，孔穎達《正義》亦每於《變除》引鄭以爲依用，此亦佚説可以參攷者也。並輯録之，以貽世之嗜鄭學者。

又《新定禮》 《新定禮》一卷，後漢劉表撰。表有《周易章句》，已著録。《後漢書》表本傳云：「遂起立學校，博求儒術，綦母闓、宋忠等撰立《五經章句》，謂之後定。」《隋書・經籍志》有漢荆州刺史劉表《新定禮》一卷。新定即後定，題小異耳。《唐志》不著，佚已久。杜佑《通典》引六節，或僅題劉表，或稱《後定喪服》。案：《隋志》列此於《喪服儀》下，《喪服要略》上中敘，梁有，亡。書亦皆喪服，知此書渾以禮名，其實專明喪服也。據輯録之，仍《隋志》舊題焉。

又《孝經義疏》 《孝經義疏》一卷，梁武皇帝撰。帝有《周易講疏》、《樂社大義》、《鐘律緯》，已各著録。《梁書・武帝紀》「大同四年三月，侍中領國子博士蕭子顯上表置制旨《孝經》助教一人，生十人，專通高祖所釋《孝經義》」。隋、唐《志》並載《義疏》十八卷，今佚。邢昺《正義》引三節，又從《武帝集》得説「明堂」一節，合輯爲帙。其訓仲尼云：「邱爲聚尼爲和」，説太迂曲，宜爲邢氏所不取。其説「天子士」二章之義，辨化辨情，固自入理也。

又《孝經嚴氏注》 《孝經嚴氏注》一卷，梁嚴植之，字孝源，秭歸人，官至中撫記室參軍、兼博士，事蹟具《南史・儒林傳》。《隋志》有梁五經博士嚴植之《孝經注》一卷，亡。《唐志》不著録，佚已久。邢昺《正義》引三節，又引先儒之説二條，則嚴亦在内，合輯録之。史稱植之習鄭氏《禮》，則注《孝經》亦必以康成爲宗。史稱館在潮溝，生徒常百數，講説有區段、次第，析理分明。每登講，五館生畢至，聽者千餘人，則於經實有所會。惜訓教散失，其詳不可得聞矣。

又《御注孝經疏》 《御注孝經疏》一卷，唐元行沖撰。行沖有《釋疑論》，已著録禮記類。《唐書》玄宗自注《孝經》，詔行沖爲疏，立於學官，《唐志》二卷，《宋志》三卷，今佚。邢昺《正義》引「制旨」四節。朱氏《經義考》於唐明皇《孝經注》下云「《唐志》作《孝經制旨》」，是「制旨」即明皇御注，而《正義》引《制旨》，其一節即注文而少一字，其三節説義敷暢與注不同。考《明皇孝經》云：一章之中凡有數句，一句之内意有兼明，具載則文繁，畧之又義闕，今存於疏，用廣發揮。據此，則制旨之文乃行沖疏，而《正義》用之，行沖奉詔作疏，故述注意亦稱「制旨」。輯録爲卷。《宋會要》載邢昺等作《孝經正義》，謂取元行沖疏約而修之，則元疏固渾於《正義》之中，其文筆猶可循省也。

又《孝經訓注》 《孝經訓注》一卷，隋魏真已撰。邢昺《孝經序疏》以「真已鉅鹿人，作《孝經訓注》」。《唐志》有魏克已注《孝經》一卷，列在賈公彦下，蓋本一人，或書名書字異耳，其注今佚。唐明皇帝御注用其義，凡十二節，《正義》皆標明魏注。茲據輯録。外有《庶人章》注：「分別五土，視其高下。」閩本、監本、毛本《正義》並云「依鄭注」，宋本作魏注。考《唐會要》，司馬貞議取此二語爲鄭注，與《孔安國傳》所謂「脱衣就功」云云，較其優劣，則爲鄭注明矣。故雖出宋本，不敢從之。王應麟云：明皇《序》謂「韋昭、王肅，先儒之領袖，虞翻、劉劭，抑又次焉，劉炫，明安國之本，陸澄譏康成之注」，又謂「特舉六家之異同」。六家者，韋昭、王肅、虞翻、劉劭及孔、鄭也。王應麟云：「今攷《經典序録》有孔、鄭、王、劉、韋五家，而無虞翻，以此獻疑。」然細撿《注疏》，亦無依虞注、依劉注之文，而依用魏注，復出六家之外，此又未知何故。意魏氏《訓注》，或本仲翔、孔才以立説歟。

又《袁子正論》 《袁子正論》二卷，晉袁準撰。準有《喪服經傳注》，已著録經部。《隋志》儒家，《袁子正論》十九卷。《唐志》二十卷，或併目數之歟，今佚。杜佑《通典》引十餘節，多詳禮服。《詩禮正義》、《三國志注》、《藝文類聚》、《北堂書鈔》、《初學記》、《太平御覽》亦引稱之，或言袁准，或言袁子，以文辭義例推循，知爲《正論》語，並據輯録，分爲二卷。其説「五行宜祀井」、「明堂非宗廟」均有確據。至論才性有善有惡，則世碩揚雄之緒論也。

又《孫氏成敗志》 《孫氏成敗志》一卷，晉孫毓撰。毓有《毛詩異同評》、《春秋左氏傳》、《賈服異同畧》，均著録經部。此書以「成敗」立名，蓋欲昭法戒以訓世也。《隋志》注云：梁有三卷，亡。《志》復以三卷著目。馬總《意林》於《成敗志》三卷注云「孫毓，字仲」。攷陸德明《經典釋文》「毓字休朗，北海平昌人，晉豫州刺史」。《隋志》題「晉長沙太守」，或題「汝南太守」，稱爵不同，要是休朗原書就所遷之官題稱，故《釋文》、《隋志》承之；至言字仲，文義不具，必屬脱誤耳。書已佚，《意林》僅載二節，又杜佑《通典》引《孫毓奏議》十餘條，兹取其論「冠服」二條附録，以與成人之義有關也。

又《神農書》 《神農書》一卷，相傳炎帝神農氏撰。案：《漢書・藝文志》農家《神農》二十篇，兵陰陽家《神農兵法》一篇，五行家《神農大幽五行》二十六卷，雜占家《神農教田相土耕種》十四卷，經方家《神農黄帝食禁》七卷，神仙家《神農雜子技道》二十三卷。其農家二十篇，注「六國時諸子疾時怠於農業，道耕農事，託之神農」，師古曰：「劉向《別録》云：疑李悝及商君所説。」由此類推，凡《志》所載篇目，大抵皆依附爲之。今其書並佚，考唐《開元占經》載有《八穀生長》一篇，差爲完具，又亟引《神農占》數節，《管子》、《淮南子》、《漢食貨志》等書，或引《神農》之數，或引《神農》之法，或引《神農》之教。又《藝文類聚》引《神農求雨書》，得有篇目可稱者凡六，其他佚文散句，時見傳注，所引併據輯録。不可區分，統入農家。至他書所引食禁，別採集與《本草》相次，不録於兹云。

又《養魚經》 《養魚經》一卷，周陶朱公撰。案：陶朱公即范蠡，《史記・貨殖列傳》：「范蠡既雪會稽之耻，乃喟然而歎曰：『計然之策七，越用其五而得意，既已施於國，吾欲用之家。』乃乘扁舟浮於江湖，變名易姓，適齊爲鴟夷子皮，之陶爲朱公。」書作於居陶之時，故題「陶朱公」。《括地志》言陶即陶山，在齊州平陽縣界，陶與齊近，故齊君聘而問之；書言威王者，齊威王也。梁《七録》作陶朱公《養魚法》。《唐書・藝文志》作范蠡《養魚經》。今佚，唯《齊民要術》及引之，陶宗儀《説郛》弓第一百七有此書，蓋亦從《要術》録出，經首增多「朱公居陶」句，威王上有「齊」字，當是以意加之。而《要術》所引又作《魚池法》，失載於經，兹據訂正。思勰謂：「如朱公收利，未可頓求，然依法爲池養魚，必大豐足，終天靡窮，斯以無貲之利也。」余甚韙乎其言。

又《化清經》 《化清經》一卷，晉蔡洪撰。洪於《晉書》無傳。劉孝標《世説新語》注引《洪集録》云：「洪，字叔開，吴郡人，有才辯，初仕吴朝，太康中本州從事，舉秀才。」王隱《晉書》云：「洪仕至松滋令，其書稱經，蓋擬《易》而作，曰『化清』，亦楊泉《太玄》類也。」《隋志》注云：梁有十卷，亡《唐志》復著録十卷。今佚，唯馬總《意林》載其三節，《初學記》、《廣韻》、《太平御覽》等書亦間引之，或稱《化清論》，或稱《清論》，意者經後立論，如《易》之有傳，其實一書也。兹并輯録，附攷事蹟合爲一卷。舊列其書於儒家，而細玩遺文，頗涉玄旨，蓋自輔嗣《易》興野文、祖尚習俗使然，於叔開何異哉！

又《陸子》 《陸子》一卷，晉陸雲撰。雲字士龍，吴人，官至清河太守，事蹟具《晉書》本傳。《傳》稱所著文章三百四十九篇，又撰《新書》十篇，並行於世。隋、唐《志》道家皆載《陸子》十卷，即《新書》也，今佚。《初學記》、《太平御覽》引二節，又裴松之《魏志注》引陸氏《異林》一節，記鍾繇事云：「叔父清河太守説如此。」清河，陸雲也。陸氏蓋雲之猶子，考《陸機傳》，二子蔚、夏，或其所作稱清河説，定爲《新書》中語。又《本傳》紀雲作《新書》，下引「路行遇王弼事」云：「雲本無元學，自此談老殊進。」此作書之繇，且文筆與《異林》所引同，亦《陸子》佚文也，並採録之。陸佃《埤雅》引《陸子》「乾鵲噪而行人至，蜘蛛集而百事喜」，則《西京雜記》所載陸賈語，不敢羼入云。

又《杜氏幽求新書》 《杜氏幽求新書》一卷，晉杜夷撰。夷，字引齊，廬江灊人，官至國子祭酒，《晉書》有傳。何法盛稱其「秉操真素，故以幽求子自號」。其書《隋志》道家有《杜氏幽求新書》二十卷，《唐志》作《杜氏幽求子》三十卷。原書久佚，《北堂書鈔》、《文選注》、《太平御覽》引之，又《三國魏志・杜畿傳》裴松之注引《杜氏新書》七條，皆紀畿及子理與恕言行，當是夷稱述其先德之美，引者不稱「幽求」，省文也。又《御覽》引《杜子新語》一則，「新語」蓋「新書」之誤，並據輯録。其説道清淡，以無爲爲家，宗尚老氏，書入道家以此。又謂「齊宣見屠牽羊，哀其無罪，以豕代之」，蓋用《孟子》「齊宣王以羊易牛」事而誤。究心道術，故與儒書不能無舛駁也。

又《論語周生氏義説》 《論語周生氏義説》一卷，魏周生烈撰。案：《魏志》，周生烈敦煌人，魏初徵士。裴松之注：姓周生名烈。陸德明《經典釋文・序録》：字文逢，本姓唐，魏博士、侍中，其説本之《七録》。邢昺《論語序疏》作「字文逸」。攷馬總《意林》引「周生列子」四條，其《自序》略云：「六蔽鄙夫，敦煌周生烈，字文逸」，則邢《疏》是而陸作文逢誤也。其《義説》，隋、唐《志》皆不及著録，惟何晏《集解》採之，凡十有四節。皇侃《疏》明標周生烈，而邢《疏》並作「周日」，或以《集解》

有漢之周氏，用是爲疑。案：劉昞《敦煌實録》：魏侍中周生烈，本姓唐，外養周氏，因爲姓。然則周生之有氏，實自烈始，複稱周生，單言周氏，無不可者，故邢昺修《疏》時從省。作「周曰」也。其説冉子退朝爲魯君之朝，與鄭元解季氏私朝不合，説鄉原爲所至之鄉，輒原其人情而爲己意以待之，更迂曲，戾於《孟子》然其他解悉純正。《朱子集注》用之，惜無從得其全書以甄覈是非，爲可憾爾。

又《論語譙氏注》　《論語譙氏注》，晉譙周撰。周，字允南，巴西西充國人，仕蜀，官至光禄大夫，勸後主降魏，封陽城亭侯，入晉爲騎都尉，遷散騎常侍，不拜。事蹟詳《蜀志》本傳。《七録》有譙周《論語注》十卷。《隋書・經籍志》云「亡」。《唐書・藝文志》不著録，而陸德明《釋文・序録》有之，亦云十卷。今佚，唯《釋文》引一節，《續漢書》劉昭注引一節。夫周説主降鼬，孫綽譏其苟存，孫盛誚其亡禮希利，其人原無足取，而耽古篤學，著述自命，陳壽評以詞理淵通，爲世碩儒，其言亦未可廢也。輯録一家，所著《五經然否論》、《古史考》、《譙子法訓》别爲哀訂，以類著焉。

又《齊論語》　《齊論語》一卷。案《漢志》「《論語》十二家，齊二十二篇，多《問王》、《知道》」，又云：「傳《齊論》者，昌邑中尉王吉、少府宋畸、御史大夫貢禹、尚書令五鹿充宗、膠東庸生，唯王陽名家。」隋、唐《志》不著録，佚已久。攷《漢書・王吉傳》用《論語》二事，《貢禹傳》引一事，此齊學之底本。又陸德明《經典釋文・叙録》云：《齊論語》，齊人所傳。董仲舒，廣川人，地屬齊。《漢書》本傳對策及所著《春秋繁露》多引《論語》，與《魯》、《古》不同，而與王吉所引有合，確爲《齊論語》。又《釋文》云：按鄭校周之本，以《齊》、《古》讀正，凡百十事。陸氏載鄭從亡者十餘條，他引鄭本不言所從，鄭以《齊》、《古》注《魯》，其與《古》不同者爲《魯》，而與《魯》不同者皆《齊》，同於《古》也。又《説文》、《初學記》等書引《逸論語》，詳「言玉」事。王應麟謂：「問王疑即問玉。」朱氏《經義考》定爲《問玉篇》。又《白虎通》、《禮記正義》、《玉篇》、《路史》等引《論語》，或今《論》所無，及字句異者，亦爲《齊論》之佚，並據輯補，與魯、古二《論》比次參觀同異，庶漢師門户見梗概焉。

又《論語孔氏訓解》　《論語孔氏訓解》十卷，漢孔安國撰。案：《孔子家語・後序》：「安國字子國，孔子十二世孫，年四十爲諫議大夫，遷侍中，博士，天漢後魯恭王壞夫子故宅，得壁中詩書，悉以歸子國，子國乃考論古今文字，撰衆師之義爲《古文論語訓解》十一篇。」何晏《集解》云：「《古論》唯博士孔安國爲之訓解，而世不傳。」《隋書・經籍志》、《唐書・藝文志》皆不著録，僅見《集解》所引，輯其散佚，並以皇侃疏本、高麗本與邢昺疏本文字異者，參定以復其舊。《史記》、《説文》引稱皆古文，亦據採入，仍其篇目爲十一卷。後漢馬融亦爲古文訓説，别輯比次。合二書而觀之，庶幾《古論》之學亡而不亡也。

又《孟子程氏章句》　《孟子程氏章句》一卷，漢程曾撰。曾，字秀升，豫章南昌人，建初三年舉孝廉，遷海西令，事具《後漢書・儒林傳》，《傳》言作《孟子章句》，不詳卷數。《隋書・經籍志》未及著録，佚在隋前。諸書亦絶少徵引，惟宋熙時子所注《孟子外書》第三篇引有一則，夫《外書》爲趙岐所不取，以爲後世依放而托，然劉貢父傳之，馬廷鸞敘之，雖非《孟子》本真而要爲治《孟子》者所宜參攷也。兹據録存，附載本傳，俾論世者知其人焉。

又《孟子高氏章句》　《孟子高氏章句》一卷，漢高誘撰。《後漢書》無誘傳，據誘注《淮南子・自序》知爲涿郡人，從盧植學，建安十年辟司空掾，除東郡濮陽令，十七年遷監河東，可攷者止此。誘作《吕氏春秋序》，自言正《孟子章句》。其書久佚，故歷代書志不著録。宋熙時子注《孟子外書》引高氏誘二則，此外亦無引之者。焦循作《孟子正義》，頗篤古訓，以誘所注諸書多及《孟子》，尚可攷見，迺詳取《吕氏春秋》、《淮南子》、《戰國策》三注，凡涉《孟子》者彙集之，附於序説。語辭多少，往往與今本不同，如以「北宫黝爲齊人」，「陳賈爲姚賈」，匡章、陳仲子爲孟子弟子之類，説多岐指。誘受業於盧植，與鄭康成先後同師，古義討論，要必有所依據。兹就所集次第編録，並熙時子所引，合訂成卷，以存漢學。至於二書訓注，焦皆採入《正義》，多與趙氏相發明，然未顯言《孟子》，不敢附合。有焦書在，固可披覽焉，而會其通也。

又《琴歷》　《琴歷》一卷，撰人闕。《隋志》有《琴曆頭簿》一卷，《唐志》作《琴琴集曆頭拍簿》一卷，均不著撰人姓名，即此是也，其書今佚。《初學記》、《太平御覽》引之，互有同異，參校訂輯，即以所引《琴歷》題之。凡琴曲三十有八，如《中暉清暢志》、《清蟹行清》等六目，他書所未見，足資該聞焉。

又《樂社大義》　《樂社大義》一卷，梁武皇帝撰。帝有《周易講疏》，已著録。此書名「樂社」者，案：《周禮・夏官・大司馬》先凱樂于社，帝以武功得天下，功成作樂。觀其樂舞，先武後文。樂社之義，或取諸此也。隋、唐《志》並十卷，今佚。考《梁書・樂志》云：「帝素善音律，遂自制四器，名之爲通，以定雅樂。」備載所定郊禋、宗廟、三朝之樂、二舞、十二雅，各著沿革及取名之義。又《隋書・音樂志》沈約奏言「帝所作四通十二笛」，尺寸詳悉，皆引述本書之文也，據以補録。其《善

哉》、《大樂》、《大歡》等十篇，雖名正樂，皆述佛法，兹無取焉。

又《三字石經尚書》 《三字石經尚書》一卷，殘闕，魏正始中刊立，世傳爲邯鄲淳書。考《晉書·衛恒傳》謂「正始中立三體石經，轉失淳法」，其非淳書明矣。《趙至傳》云：「年十四，詣洛陽，游太學，遇嵇康於學寫石經，徘徊視之，不能去。」嵇紹亦曰：「至入太學，覩先君在學寫石經古文。」然則正始石經，實康等所書也。戴延之《西征記》：「國子堂前有刻碑，南北行，三十五版，表裏書《春秋經》、《尚書》二部，大篆、隸、科斗三種字，碑長八尺，今有十八版存，餘皆崩。」《隋書·經籍志》兩題《三字石經尚書》，一云「九卷」，注「梁有十三卷」，一云「五卷」。蓋梁時收輯舊刻得十三卷，載於《七録》，至隋尚存。兩本其九卷者，視梁佚其四，其五卷者，視梁佚其八。《唐志》有《三字石經尚書古篆》三卷，視隋又多缺亡矣。大魏刻石經，用古文、篆、隸三體，故云「三字」，乃《唐志》既題「三字」於上，復題「古篆」於下，豈後人用魏石經翻寫於三體中，只存古篆歟，抑修志者偶不思，而以意題之也？今絶不傳。宋洪適《隸續》第四卷載《魏三體石經左傳遺字》，古文三百七、篆文二百十七、隸書二百九十五，有一字三體不具者，謂從洛陽蘇望家得之，題「左氏遺字」，仍蘇刻也。武進臧琳嘗以《左傳》校之，見内有《尚書》「大誥」、「吕刑」、「文侯之命」三篇，錯出《左傳》中，乃别出其字，依舊本以《尚書》全句註明之，載入《經義雜記》，而石經《尚書》之遺文，幸得於泯没之餘，復顯於世。録爲一帙，依《隋志》題「三字石經尚書」，並附臧氏説於後，以著其好學深思，爲此書之功臣也。

又《韻集》 《韻集》一卷，晉吕静撰。静，任城人，吕忱之弟，官至安復令，見《北史·江式傳》及《隋書·藝文志》。江式《上古今文表》云：「晉世義陽王典祠令任城吕忱表上《字林》六卷。」又云：「忱弟静，别放故左校令李登《聲類》之法，作《韻集》五卷，使宫商龣徵羽各爲一篇，而文字與兄便是魯衛，音讀楚夏，時有不同。」《隋志》六卷，與江表言五卷者異，或併序目數之與。《唐志》五卷，與江表合。今佚，輯得七十餘條，録爲一帙。案：四聲分韻始於沈約，吕在沈前，其韻以宫商龣徵羽，已萌四聲之漸，然其詳莫究，惟《顔氏家訓·音辭篇》有云：「成仍宏登合成兩韻，爲奇益石分作四章。」韻首可見者僅此，今即以此六韻冠首，餘悉隱依今韻編次於下，便省覽也。」《隋志》於吕静《韻集》上復出《韻集》十卷，不著姓名，下别有《韻集》八卷，段宏撰，皆無可考，附存其目焉而已。

又《禮論答問》 《禮論答問》一卷，宋徐廣撰。廣字野民，或作野人，避唐太宗諱也。東莞姑幕人，侍中邈之弟，官至中散大夫，《晉書》、《南史》並有《傳》。《晉書》云廣《答禮問》行於世。《南史》云《答禮問》百餘條。《隋志》《禮論答問》八卷，《禮論答問》十三卷，並題徐廣撰，又《禮答問》二卷，徐廣撰，殘缺，梁十一卷。《唐志》云《禮論問答》九卷。傳本不同，標題或異，實一書也，今佚。杜佑《通典》引八節，輯録爲卷，廣别撰《車服儀制》，則在當日博通典禮，史稱家世好學，至廣尤精，非虚美也。

又《禮記皇氏義疏》 《禮記皇氏義疏》四卷，梁皇侃撰。侃，吴郡人。官至國子助教，《梁書》、《南史》皆有傳。侃爲皇象九世孫。孔氏《正義序》稱皇甫侃，亦如庾蔚之作庾蔚，熊安生作熊安，沈重作沈重宣之類，南北諸儒傳聞各異，因以致誤也。《本傳》云「撰《禮記講疏》五十卷，奏上，詔付秘閣」，又云「撰《論語義》、《禮記義》，見重於世」。《隋志》載《義疏》九十九卷，《講疏》四十八卷。《唐志》《講疏》一百卷，《義疏》五十卷，今並佚。《正義》多引之，據孔氏《序》則《義疏》之佚文也，孔氏於章句詳正之中，病其微涉繁廣；又謂通鄭，時乖鄭義；然以熊比皇，皇氏爲勝，故《正義》據以爲本，今就所引輯録四卷。皇氏師事賀瑒，盡通其業，并存佚説，可以互考云。

又《石渠禮論》 《石渠禮論》一卷，漢戴聖撰。聖字次君，梁人，官至九江太守。與沛聞人通漢子方、梁戴德延君、沛慶普孝公同受禮於后蒼。德號大戴，聖號小戴，以博士論石渠，事具《漢書·儒林傳》。案：《宣帝紀》：「甘露三年，詔諸儒講五經同異，太子太傅蕭望之等平奏其議，上親稱制臨決焉。」《儒林·施讐傳》：「甘露中，與五經諸儒雜論同異於石渠閣。」師古曰：「《三輔故事》云石渠閣在未央殿北，以藏秘書也。」《漢藝文志》：「《禮》十三家，有《議奏》三十八篇，注石渠。」《隋書·經籍志》載《石渠禮論》四卷，戴聖撰者，即《漢志》之《議奏》也。論石渠者，《易》有施讐、梁邱賀，《書》有歐陽地餘、林尊、周堪、假倉，《詩》有韋元成、張生、薛廣德，《禮》有戴聖、聞人通漢，《春秋公羊》有嚴彭祖、申輓、伊推、宋顯，《穀梁》有尹更始、劉向、周慶、丁姓。《隋志》題戴聖撰者，蓋《論》出諸儒，而近君一人所手定也。《唐志》不著録，時已散佚。詩、禮《正義》及《後漢書補志》注引之，多係節文。杜佑《通典》引十九節，差具本末，排次於前，其他逸句附後。《隋志》此書下注云：「梁有《羣儒疑義》十二卷，戴聖撰，亡。」唐以前書傳無引述者，固無從採輯之也。

又《公羊嚴氏春秋》 《公羊嚴氏春秋》一卷，漢嚴彭祖撰。彭祖字公子，東海下邳人，與顔安樂俱事眭孟，傳《公羊春秋》之學，官至太子太傅，事蹟見《漢書·儒林傳》。《隋志》《春秋公羊傳》十二卷，嚴彭祖撰。《唐志》五卷，嚴彭祖述，又《春秋

圖》七卷，今並佚。孔穎達《春秋正義》、徐彦《公羊疏》各引一節，杜佑《通典》兼引馮君《嚴氏春秋章句》，合輯並附録本傳爲卷，諸引者稱《嚴氏春秋》，據標題焉。案嚴、顔並以《公羊》教授，顔有冷、任、筦、冥之學，而嚴氏流派史未述。詳見於傳者，山陽丁恭子然，北海周澤穉都，汝陽鍾興次文、北海甄宇長文、陳留樓望次子、豫章陳曾秀升、南陽樊儵長魚、蜀郡張霸，伯饒張楷公超、潁川李修、九江夏勤，又侍郎申輓、伊推、宋顯、許廣皆同嚴氏，大議殿中者，大抵皆爲嚴氏學者，又下邳嚴訢少通治《嚴氏春秋》，馮君《章句》見洪适《隸釋》云。

又《春秋穀梁傳章句》　《春秋穀梁傳章句》，漢尹更始撰。更始字君翁，汝南人。由議郎官至諫大夫、長樂户將，事具《漢書・儒林傳》，傳稱更始從蔡千秋受《穀梁》，又受《左氏傳》，取其變理合者以爲《章句》，傳子咸及翟方進、琅邪房鳳。《隋志》梁有《春秋穀梁傳》十五卷，漢諫議大夫尹更始撰，亡。《新唐書志》題同《隋志》云「尹更始注」。《舊唐志》題《穀梁章句》十五卷，今佚。楊士勛《疏》引一節，《禮記正義》、《周禮疏》、《文選注》各引一節，又《注疏》引《穀梁説》五節、舊説五節，《大戴禮注》引《春秋穀梁説》一節。案：漢儒傳《穀梁》學者，惟尹及劉向有書。劉書隋、唐《志》不載。范《注》於劉佚説，皆明標「劉向」。「隕石于宋」五注引劉説，《疏》引舊説云，與劉向合，明非劉氏説矣。且尹在漢爲《穀梁》博士，名在周慶、丁姓之上，又獨有著書，則凡引《穀梁》説及舊説者，皆《尹氏章句》無疑也。並據合輯，漢《穀梁》學自榮廣、皓星公開之，尹得其宗，鳴於當代，存此殘佚，少而彌珍已。

又《春秋穀梁傳説》　《春秋穀梁傳説》一卷，漢劉向撰。向有《洪範五行傳記》，已著録。《漢儒林傳》云：劉向以故諫大夫通達待詔，受《穀梁》，不言撰作。隋、唐《志》皆不著録，惟《晉書・五行志》引劉向《春秋説》，范《注》、楊《疏》亦並引劉向，則劉氏實有書矣。蒐輯一十六節，其説多明災異，與所記《洪範五行》相表裏云。

又《春秋左氏傳章句》　《春秋左氏傳章句》一卷，漢劉歆撰。歆有《洪範五行傳》，已著録。《漢書》本傳云：「及歆校秘書，見古文《春秋左氏傳》，歆大好之，時丞相史尹咸以能治《左氏》，與歆共校經傳，歆略從咸及丞相翟方進受質問大義。初《左氏傳》多古文古言，學者傳訓故而已。及歆治《左氏》，引傳文以解經，轉相發明，由是章句義理備焉。」杜預《集解序》云：「劉子駿創通大義，然則《左氏》之有章句，自歆始也。」隋唐《志》皆不著録，佚已久。從《正義》、《釋文》輯二十節，其説多與賈逵、潁容、許淑並引，則三家皆祖述劉氏者也。

又《范子計然》　《范子計然》三卷，周范蠡撰。蠡爲越大夫，事蹟詳《史記・越王勾踐世家》及《貨殖列傳》。裴駰《集解》引《太史公素王妙論》曰：蠡，南陽人。《列仙傳》曰：蠡，徐人。張守節《正義》引《會稽典録》云：范蠡，字少伯，楚宛三户人。又引《越絶》云：在越爲范蠡，在齊爲鴟夷子皮，在陶曰朱公。又曰：居楚爲范伯。書名《計然》者，據本書，計然葵邱濮上人，姓辛氏，字文子。徐廣《史記音義》云：范蠡之師也，名研。司馬貞《史記索隱》：計然，《吴越春秋》謂之計倪。又謂：倪與研是一人。漢、隋《志》皆不著録。《唐書・藝文志》有《范子計然》十五卷，注「范蠡問，計然答」。馬總《意林》云《范子》十二卷。案：鄭樵《通志・氏族略》云：越有范蠡著書曰《計然》。又「宰氏」注引《范蠡傳》：范蠡師事計然，姓宰氏，字文子。意者「辛」爲「宰」字之誤。《漢志》農家「《宰氏》十七篇」，或即《計然》歟？賈思勰《齊民要術》嘗引之，是北魏時其書尚行，《隋志》偶未及載耳，今久散佚。《越絶書》載《計硯内經》，是本書之一篇。《吴越春秋》、《史記》、《藝文類聚》、《初學記》、《太平御覽》等書亦多引之，輯爲三卷。書於物之出皆用郡縣，後人羼入者有之，至其熟悉物情而善觀時變，其真自不可掩也。

又《氾勝之書》　《氾勝之書》二卷，漢氾勝之撰。《漢書》注：成帝時爲議郎。劉向《別録》：使教田三輔，有好田者師之。《晉書・食貨志》：昔漢遣輕車使者氾勝之督三輔種麥，而關中遂穰。《文選注》引王隱《晉書》云：氾勝之敦睦九族。《廣韻》二十九凡氾字注，又姓，出燉煌、濟北二望。皇甫謐云：本姓凡氏，遭秦亂避地於氾水，因改焉。漢有氾勝之撰書，言種植之事。子輯爲燉煌太守，子孫因家焉。鄭樵《通志・氏族略》：漢有氾勝之，爲黄門侍郎。此其事蹟可攷者。其書舊列農家，《漢志》十八篇，隋、唐《志》並二卷，今無傳本，散見賈思勰《齊民要術》。按：賈書篇輯録猶得十四篇。又從《黍穄篇》別出種稗，從《種穀篇》別出區田法，爲篇十六。又從《文選注》、《藝文類聚》、《太平御覽》所引綴爲雜篇上下，十八篇之書猶完。依《隋志》分爲二卷。書言樹藝之法，親切詳明。鄭康成注《禮》亟引之，賈公彦謂「漢時農書有數家，氾勝爲上」，洵不虚也。

又《裴子語林》　《裴子語林》二卷，晉裴啓撰。按：劉峻《世説新語》注引《裴氏家傳》曰：「裴榮，字榮期，河東人，父稺，豐城令，榮期少有風姿才氣，好論古今人物，撰《語林》數卷，號曰裴子。」檀道鸞謂：裴松之以爲啓作《語林》，榮儻别名啓乎？《隋志》小説家《燕丹子》一卷，下注：《語林》十卷，東晉處士裴啓撰，云「梁有」，又云「亡」。兹從諸書所引輯録，其有數引不同，並據删補，釐爲二卷。《續晉

陽秋》謂其載謝太傅事不實，似未必盡能傳信，然文筆清雋。劉義慶作《世説新語》取之甚多，則亦小説之佳品也。

又《請雨止雨書》 《請雨止雨書》一卷，撰人缺。《漢志》雜占家有《請雨止雨》二十六卷。隋、唐《志》不著録，佚已久。考董仲舒《春秋繁露》七十五有《求雨篇》，七十六有《止雨篇》。説四時求雨，爲龍以舞，各按方色，酒脯陳祝，皆依時數。蓋古有其法，董氏取以明《春秋》雩祭之義。他皆散失，而略指猶賴以存。其《止雨篇》「祝一人皆齋」下，宋本有闕文數行。考王充《論衡・順鼓篇》曰：「俗圖畫女媧之象爲婦人之形，又其號曰女。仲舒之意，殆謂古婦人帝王者也，男陽而女陰，陰氣爲害，故祭女媧求福祐也」云云，則原書當有禱祠女媧一節，附載其説以備參稽。又《藝文類聚》引《神農求雨書》，張華《博物志》載有祝辭，皆二十六卷之佚文，並據採録，集爲一卷，仍依《班志》八雜占類。夫禜禱之術，雖近小道，而用以弭災禦患，於政治大有補益，苟師其意而引而伸之，庶上凝天福於無窮乎。

又《齊諧記》 《齊諧記》一卷，朱東陽無疑撰。無疑不詳何人，據《隋志》知爲宋散騎侍郎，何氏《姓苑》云「東陽氏出於東陽郡」，可考者僅此。書名取《莊子》齊諧志怪之語，所記皆神異事。《隋志》入雜傳記，《唐志》入小説，並七卷，今佚。採輯成帙。考梁吴均有《續齊諧記》一卷，以東陽先有此書，故《吴記》言續。《吴記》世尚傳之，探源火敦，亦覽古者之快事云。

又《水飾》 《水飾》一卷，隋杜寶撰。《隋志》地理類有《水飾圖》二十卷，又小説家有《水飾》一卷，並不著撰人姓名。考《太平廣記》引《大業拾遺水飾圖經》條，載煬帝别敕學士杜寶修《水飾圖經》十五卷新成，以三月上巳日，令羣臣於曲水以觀水飾，因並記水飾七十二勢之目及妓航酒船水中安機等事，云皆出自黄衮之思，然則水飾創自《黄衮圖經》，修於杜寶，彰彰可據。今二書並佚，即就採摭以存一家説，並補題隋杜寶撰。夫黄衮媚悦取容，作此奇技淫巧，實奉敕成書，劇秦美新之儔乎？抑開河迷樓之類也。

又《泰階六符經》 《泰階六符經》一卷，黄帝撰，漢東方朔傳。案：《漢志》天文家有《泰階六符》一卷，李奇曰：「三台謂之泰階，兩兩成體，三台故六，觀色以知吉凶，故曰符。」《志》不題經字，亦不著何人作。應劭注《漢書・東方朔傳》始云黄帝《泰階六符經》而並引其文，故據補題焉。書首言三階之所主次，言三階平則吉，否則凶，末言天子政失，則上階爲之奄奄疏闊，此下當備論諸侯公卿夫士庶人，與前文相應。而劭以朔陳此經，專爲孝武有興甲兵、脩宫榭、廣苑囿之事而發，故略其他。此經久佚，别不見徵述，惟就應氏注録之，而大指猶可推識云。

又《聲類》 《聲類》一卷，魏李登撰。登字裏未詳，官左校令，見《北史・江式傳》。其書發明聲韻，配合宫商，吕静《韻集》本之。隋、唐《志》並十卷，今佚。輯録二百餘條，隱依今韻排次。案：音韻之學萌芽漢代，鄭康成注六經始有譬況假借以證音字，至魏孫炎爲鄭學之徒注《爾雅》，用反切，音益加詳，而未有專書。登與炎同時，作爲此編，其韻書之權輿乎。

又《廣蒼》 《廣蒼》一卷，樊恭撰。恭不詳何人，《廣蒼》名義與張揖《埤蒼》同。《隋志》於《埤蒼》三卷下云「梁有《廣蒼》二卷，樊恭撰，亡」。《唐志》著録一卷。今佚，輯得一十八節。悇憛、敂敓之類，皆非習見，則當日搜羅，於九千字外，亦大費苦心矣。

又《辨釋名》 《辨釋名》一卷，吴韋昭撰。昭有《毛詩雜荅問》，已著録。此編以漢劉熙《釋名》解有不合者，辨而正之。隋、唐《志》皆一卷。今佚。輯録二十五節，其二十三節皆論辨官制，先列《釋名》原文，後加辨曰以别之，其無者，引文脱也。今《釋名》内無《釋官篇》，當是後人緣昭辨而删之。而熙説亦借此以存其缺佚，内有師稱先生及謚法二條，無與官制，或以事類附著與？

又《草書狀》 《草書狀》一卷，晉索靖撰。靖，字幼安，敦煌人，官至散騎常侍，遊擊將軍，贈太常，事蹟具《晉書》本傳。衛恒《四體書勢》取崔瑗《草書勢》，此亦擬崔而作也。傳稱靖與尚書令衛瓘俱以善草書知名，又紀其著作《五行三統正驗論》、《索子晉詩》等，而惟録《草書狀》全篇。隋、唐《志》著《四體書勢》於小學類，而不録《索狀》，因表出之，使相比次。靖元康中敗西戎後，又應三王義舉，討孫秀有功，太安末領雍秦凉義兵大破河間王軍，被傷而卒，勇略義節著名典午，此與《月儀》之書猶餘事也。

又《分毫字樣》 《分毫字樣》一卷，撰人缺。案：《唐志》有歐陽融《經典分毫正字》一卷。《崇文總目》曰：唐太學博士歐陽融譔，辨正經典文字，使不得相亂，篇帙今闕，全篇止《春秋》中帙，餘篇悉亡。據此，則歐陽著書體例，當依五經次第編纂，今佚不可見。惟《玉篇》末載有《分毫字樣》，與僧神珙《四聲五音九弄反紐圖》相次，是孫强所增加者。書名分毫而字樣不依經次，意從原書掇取要略爾。據録一家，題仍《玉篇》所引，闕疑也。

又《庭誥》 《庭誥》一卷，《詁幼》坿，宋顔延之撰。延之有《禮降逆》、《論語説》，皆著録。《隋志》小學類，梁有《詁幼》二卷，顔延之撰，《廣詁幼》一卷，宋給事

中荀楷撰，亡。《舊唐書志》復有《詁幼文》二卷，而皆無《庭誥》之目。《藝文類聚》、《初學記》、《太平御覽》均引顔延之《庭誥》，言心性學品及《詩》、《易》、《春秋》之要，與顔之推《家訓》相似，亦其誥誡子弟之書也。輯以補《詁幼》之缺。又從陸德明《釋文》、《後漢書注》、《廣韻》輯得《詁幼》佚文四條坿後，内一條，顔延之、荀楷並引。《廣詁幼》之佚説，可見者僅此，不能成卷，亦坿著之。

又《纂文》 《纂文》一卷，宋何承天撰。承天有《禮論》，已著録。此書括綜《蒼》、《雅》，纂取異訓，張揖《廣雅》類也。《隋志》「梁有《纂文》三卷，亡」。《唐志》載有何承天《纂文》三卷。今佚。搜輯散句，以類排比，琳琅滿紙，古香盎然。宜昔沈約與劉杳舉論張仲師及長頸王事，而歎其奇博也。

又《四體書勢》 《四體書勢》一卷，晉衛恒撰。恒，字巨山，河東安邑人，太保瓘子，官至太子庶子、黄門郎，贈長水校尉，《晉書》有傳，傳中無多敘述，惟稱恒善草隸書，作《四體書勢》，並載其詞。案：隋、唐《志》小學類並著一卷之目，今少行本。據本傳，參校裴松之《三國志注》、《藝文類聚》、《初學記》、《太平御覽》等書所引，凡字句異者，細注其下。恒於四體自作古隸二勢，篆述蔡邕，草述崔瑗，合而諷誦，如出一手，擬古篇得其神似，則當日筆法可知也。

又《發蒙記》 《發蒙記》一卷，晉束晳撰。晳字廣微，平陽陽平人，官至著作郎，《晉書》有傳。《隋志》小學有《發蒙記》一卷，晉著作郎束晳撰。《地理志》又有《發蒙記》一卷，束晳撰，載物産之異。兩書同名，而分著之與？抑一書而兩載，失於釐定歟？疑不能明。書佚已久。陶宗儀《説郛》輯録凡十五條，内一條爲《啓蒙記》，九條未詳所據，姑依録之。復蒐輯十一條，補録於後，與顧愷之《啓蒙記》同收入小學，從其類也。

又《甯子》 《甯子》一卷，周甯越撰。《史記·秦始皇本紀》云「於是六國之士有寧越、徐尚、蘇秦、杜赫之屬爲之謀」。司馬貞《索隱》曰：寧越趙人。賈誼作「甯越」。《呂氏春秋》謂「甯越中牟之鄙人也，苦耕稼之勞，學十五歲，而周威公師之」。《淮南子·道應訓》云「甯越欲干齊桓公，困窮無以自達，於是爲商旅，將任車以商於齊」云云。以甯戚事誤屬甯越。潘基慶《古逸書》於甯戚飯牛歌下據云「按：甯戚一作越，字武，人休不休，學十五歲，爲齊威公師」。又以甯越事誤屬甯戚，且以周威公爲齊威公，尤大誤也。《漢志》儒家有《甯越》一篇，隋、唐《志》皆不著録，佚已久。攷《呂氏春秋》、《説苑》引其説，輯録二節，並附事蹟合爲一卷。以苗賁皇爲楚平王之士，並以城濮、鄢陵二戰屬之，舛踳殊甚，辭氣亦純染遊説風習，名列于儒，蓋不没其日夜勤學之功力云。

又《公孫尼子》 《公孫尼子》一卷，周公孫尼撰。《漢志》儒家《公孫尼子》二十八篇，注：七十子之弟子。《隋志》一卷，注：尼似孔子弟子。《唐志》亦一卷。馬總《意林》引六節，標目云《公孫文子》一卷。以《太平御覽》所引與《意林》同者參校，知文爲尼字之誤也。《隋書·音樂志》引沈約奏答，謂《樂記》取《公孫尼子》，《禮記正義》引劉瓛云「《緇衣》，公孫尼子作」。除二篇今存《戴記》外，餘皆佚矣。茲從《意林》、《御覽》及《春秋繁露》、《北堂書鈔》、《初學記》諸書輯録。王充《論衡》謂其説情性與世碩相出入，皆言性有善有惡，似與孟子性善之旨不合，然其論十氣之害，歸本於反中，董廣川取與孟子養氣互相發明，則其異同可攷也。中有兩引尼書，即《樂記》語者，可證沈説之有據。朱子嘗舉《樂記》「天高地下」六句，以爲漢儒醇如仲舒，如何説得到這裏去，想必古來流傳，得此個文字如此。此雖不以沈説爲信，而觀於廣川誦述，則當日之心實見折服，以斯斷尼書焉可矣。

又《漆雕子》 《漆雕子》一卷，周漆雕氏撰。《漢志》儒家《漆雕子》十三篇，注：孔子弟子漆雕啓後。陶潛《聖賢羣輔録》云「漆雕氏傳禮爲道，爲恭儉莊敬之儒」，蓋孔子以禮傳開，開之後世習其學，因述開言以成此書。猶公羊之以《春秋》紹代也。其書隋、唐《志》均不著目，佚已久。攷《韓非子》引漆雕之議，王充《論衡》稱其言性，又《家語》載孔子問漆雕憑一節，《説苑》亦載之，作漆雕馬人。意者憑名，馬人其字，以孔子歎美其言，而稱爲漆雕氏之子，或即著書之人與。並據輯録。其説不色撓，不目逃，行曲則違于臧獲，行直則怒於諸侯，與《孟子》述北宫黝之養勇，曾子謂子襄自反而縮語意吻合，意《孟子》述其語。至言人性有善有惡，與宓子、世碩、公孫尼同旨，雖有異乎孟子性善之説，各尊所聞，初不害其爲儒宗也。

又《三五歷記》 《三五歷記》一卷，吴徐整撰。整有《毛詩譜注》，已著録經編。《歷》稱三五，蓋紀三皇五帝事也，亦名《長歷》。《隋志》「梁有《三五歷説圖》一卷，亡」，不著撰人姓氏，當即是書也。今佚已久。陶宗儀《説郛》卷六十輯《長歷》一種，凡七節，尚有疎漏。茲復蒐採補訂合，得十四節，録爲一卷。書記盤古在天地開闢時，日長一丈，如此一萬八千歲，邃古之事，誰傳道之。又言伏羲在神農黄帝之間，與前儒説不同，存其佚説備參攷焉。

又《仲長子昌言》 《仲長子昌言》二卷，後漢仲長統撰。統字仲理，山陽高平人，官尚書郎，事蹟具《後漢書》本傳。傳言尚書令荀彧聞統名，奇之，舉爲尚書郎。後參曹操軍事，每論説古今及時俗行事，恒發憤歎息，因著論名曰《昌言》，凡三十

四篇十餘萬言。章懷太子注「昌，讜也，《尚書》曰『汝亦昌言』」。《隋志》雜家十二卷，録一卷。《唐志》儒家十卷，其書散佚，惟本傳載其《理亂》、《損益》、《法誡》三篇。明胡繼新《西京遺編》刊之爲一卷。今更蒐補殘遺，分爲上下二卷。其言時事切中利弊，繆熙伯以董、賈、劉、揚擬之，洵非溢美，合依《唐志》入儒家焉。

又《魏子》 《魏子》一卷，漢魏朗撰。朗字少英，會稽人，官至尚書，嘗與陳蕃、李膺交遊，矜尚氣節，海内列名八俊，事蹟具《後漢書・黨錮傳》及虞預《會稽典録》。其書向列儒家。隋、唐《志》並三卷。馬總《意林》云十卷。原書佚，唯《意林》載十二節，其薄冰當白日與蓼蟲二條，文義不完，據《藝文類聚》、《太平御覽》所引補訂。又從《御覽》、《文選注》輯得五節，合録，並附考爲一卷。語多精粹，如己是而彼非，不當與非争；彼是而己非，不當與是争。又云君子表不隱裏，明暗同度。非功深直養，孰能與於斯。

又《去伐論》 《去伐論》一卷，晉袁宏撰。宏有《後漢紀》，已著録史編。《隋志》儒家《王子正論》十卷，下云「梁有《去伐論》集三卷，王粲撰，亡」。《唐志》復載王粲《去伐論集》三卷，今佚。攷《藝文類聚》引《去伐論》一篇，題晉袁宏，書名同而撰人異。按：隋、唐《志》均無宏撰《去伐論》之目，以題稱《去伐論》集釋之，當是王粲著論。後賢多有擬議，一併附入，猶王子雍作《聖證論》而有馬昭、孔晁、張融等説。《隋志》止題王肅撰，亦其例也。然無明據，姑依所引題宏名，取以補仲宣之遺書焉。

又《五殘雜變星書》 《五殘雜變星書》一卷，撰人缺。案：《漢書・藝文志》天文家有《五殘雜變星》二十一卷，師古曰：「五殘，星名也，見《天文志》。」考《志》載國皇、昭明、五殘、六賊、司詭、咸漢、四填、地維臧光、燭星、歸邪、天鼓、天狗、格澤、蚩尤之旗、旬始、枉矢、長庚、景星，凡十有八星，蓋五星之精，散爲妖祥，下應人事，此其變占也。冠以「五殘」者，或以填星之精屬土，統攝諸方與？其書隋、唐《志》不載，亡佚已久。猶賴《漢志》存其略，茲據補焉。孟康注説諸星色狀極詳，當是依原書釋之，竝取附各條之下，訂爲一卷。《晉書・天文志》亦載諸妖星名，視《漢志》爲多，乃引述劉表《荊州星占》及京房《風角集星章》，别爲輯録，於此可以互攷云。

又《安天論》 《安天論》一卷，晉虞喜撰。有《志林》、《廣林》等，已著録儒家。《隋志》天文家云「梁有六卷，亡」。《唐志》復以一卷著目，今佚，輯録爲卷。論主宣夜，而以姚氏《昕天論》及其族祖聳穹天論爲非是。夫宣夜師承已絶，喜以意揣測以立論，葛洪譏之曰：「苟辰宿不麗於天，天爲無用，便可言無，何必復云有之而不動乎？」辨駁中理，虞氏應不能置喙，然其論可備宣夜一家，故著之。

又《穹天論》 《穹天論》一卷，晉虞聳撰。《吴志・虞翻傳》：「聳，越騎校尉，累遷廷尉，湘東河間太守。」裴松之注《會稽典録》曰：「聳字世龍，翻第六子也，入晉除河門相。」其書隋、唐《志》皆不著録，佚已久。據《晉書・天文志》、《御覽》所引輯録。論謂天形穹窿如雞子，幕其際，周接四海之表，浮於元氣之上。大指亦主蓋天，爲説與姚信《昕天》相出入云。

又《瑞應圖》 《瑞應圖》一卷，孫柔之撰。按：崔豹《古今注》：孫亮作《流離屏風鏤作瑞應圖》凡一百二十種，此圖之緣起也。柔之不詳何人，或孫亮之族歟？《隋志》五行家有《瑞應圖》三卷，《瑞圖贊》二卷，注云「梁有孫柔之《瑞應圖記》、孫氏《瑞應圖贊》各三卷，亡」。《唐志》雜家復出孫柔之《瑞應圖記》三卷，今佚，從諸書所引輯録凡一百二十一條，較舊多其一種。意神鼎、寶鼎，引者殊題，當同一瑞器也。諸引皆不言「記」，故止題《瑞應圖》，而圖實散亡不可見矣。《開元占經》引有注語，未知誰作。覩其亟言宋事，又述及沈約《宋書》，則知梁陳間儒之所爲矣。

又《白澤圖》 《白澤圖》一卷，案：孫氏《瑞應圖》「黄帝巡于東海，白澤出，能言語，達知萬物之精，以戒於民，爲除災害」。《抱朴子》論黄帝云「窮神姦則記白澤之辭」，蓋古有是説也。《南史・梁簡文帝紀》有《新增白澤圖》五卷。隋、唐《志》並有《白澤圖》一卷，不著撰人姓名，今佚，從諸書所引輯得四十餘節，合録爲帙，圖則佚矣。書於諸物之精能詳其名狀，似涉玄怪，然夏禹鑄九鼎使民知神姦，不逢不若。如無所本，豈能鑿空言之。則聖人實能知鬼神之情狀也。

又《地鏡》 《地鏡》一卷，撰人缺。《隋志》五行類《乾坤鏡》二卷，下云「梁有天鏡、地鏡、日月鏡、四規鏡《經》各一卷，《地鏡圖》六卷，亡」。《地鏡》與《地鏡圖》各爲書。《初學記》、《太平御覽》每引《地鏡圖》而不及《地鏡》，今從《開元占經》輯録，尚能成卷。其書言地石山水草木鳥獸之變異，占其吉凶，大指與《天鏡》同。以類編次，至日月鏡、四規鏡《經》，泯絶不可見矣。

又《周官禮異同評》 《周官禮異同評》一卷，晉陳邵撰。邵字節良，東海襄賁人，官至燕王師給事中，《晉書》儒林有傳，傳稱撰《周禮評》甚有條貫。《隋志》：《周官禮異同評》十二卷，晉司空長史陳劭撰。《唐志》云傅玄《周官論評》十二卷，陳邵駮。蓋一書也，今佚。惟陸德明《經典釋文序録》載序一首，附録本傳爲卷。攷董逌跋賈公彦《疏》云「公彦此疏據陳邵《異同評》及沈重義爲之」。按：疏於康

成引杜子春、二鄭之説，必明其從違之義，當是採取評語。由此參觀，猶可得陳書之大凡也。

又《逆降義》 《逆降義》一卷，宋顔延之撰。延之字延年，琅邪人，官至特進光禄大夫，事蹟具《宋書》本傳。書名「逆降義」者，蓋明禮制升降之義。《七録》三卷，《隋志》云「亡」，《唐志》不著録。今佚，無稱述者，唯杜佑《通典》引顔延之《問答》一節，辨姪甥之名義，亦關禮服，當是此書佚文，據録以補其缺云。

又《七經義綱》 《七經義綱》一卷，後周樊深撰。深字文深，河東猗氏人，周文賜姓萬紐于氏，官至縣伯中大夫，加開府儀同三司，《北史》儒林有傳。傳稱撰《七經異同》三卷。《隋志》載有《五經大義》十卷，《七經義綱》二十九卷，《七經論》三卷，《質疑》五卷，《七經論》即《七經異同》。《唐志》惟載《義綱》、《質疑》二書，而作《七經義綱略論》三十卷。本傳云「子義綱」，與書名正同，或書成而子適生，因以其書命之；抑以子名命書，寓以經遺子之意也。今其書佚，輯録三節，附本傳爲卷。賸馥無多，具徵通贍，乃據鞍讀書之勤劬，世鮮稱述，故并詳其人以表章之。

又《五經通論》 《五經通論》一卷，晉束皙撰。皙有《汲冢書鈔》，已著録。《晉書》本傳稱其作有《五經通論》，隋、唐《志》皆不載。《册府元龜》依本傳列其目，卷數未詳，書佚已久。杜佑《通典》引四節，又引其與步熊問答五節，皆發明禮服之義。又《春秋正義》引束皙二節，合録爲卷。説《詩》「桃夭」及《周禮》中春會男女，據《春秋》以爲通年聽婚。説秋封諸侯，不偏主《月令》祭統，皆兩斥鄭、王之失。據《左傳》五父佗一人，以馬遷分兩人爲誤，皆具隻眼，不隨人而苟爲同也。

又《孝經雌雄圖》 《孝經雌雄圖》一卷，撰人缺。《隋志》讖緯類《孝經内事》一卷，下注《孝經雌雄圖》三卷，《孝經異本雌雄圖》二卷，云「梁有」，並以爲「亡」。龐元英《文昌雜録》：「周顯德六年，高麗遣使獻《別敘孝經》一卷，越王《孝經新義》八卷，皇靈《孝經》一卷，《孝經雌圖》三卷。」又云：「《雌圖》者，止説日之環暈、星之彗孛，亦非奇書。」案：古人每以雌雄代陰陽字，圖究陰陽，故以爲號。高麗本只稱雌圖，疑缺半，而卷數與《隋志》合，當是傳者據上卷題稱也。今佚，從《開元占經》所引輯録。《占經》每稱《雌雄圖三光占》，蓋圖中篇名也。據録於篇首，圖中記載如龐《録》所言云。

又《孝經章句》 《孝經章句》一卷，撰人缺。案：隋、唐《志》均無《孝經章句》之目，其書大指言五星及列宿占驗事，亦緯讖之屬也。攷《隋志》注云「梁有《孝經内事星宿講堂七十二弟子圖》一卷」，又「《口授圖》一卷，亡」。意此二書之佚文歟？

又《論語讖》 《論語讖》八卷，撰人缺，魏博士宋均注。按：梁《七録》有《論語讖》八卷，《隋志》注云「亡」，而《唐志》有宋均注《論語緯》十卷，卷多於前，復題「讖」曰「緯」，蓋非舊本矣。宋元以來不著録，明華容孫瑴搜輯佚文，載入《古微書》，僅有比考、撰考、摘輔象、摘襄聖、陰嬉讖五篇，其中復有舛錯遺漏。茲詳加補訂，各著所出，又從《文選注》採得素王受命讖、糾滑讖、崇爵讖三篇，雖佚文散句寥寥無多，而八卷之目於斯可攷。又諸書引《論語讖》不著篇目者，孫氏所入仍依用之，必注明其下，其他不能知其何篇者附録末卷後。案：《蒼頡篇》云「讖書，河洛也」，此書言「堯率舜等遊首山，觀河渚，見五老人，相謂河圖將來，告帝期，五老化爲流星，上入昴」云云。又言「孔子欲居九夷，從鳳嬉」，頗近荒怪。然如燧人四佐，伏羲六佐，陶潛取之。黄帝九牧，《周禮》、《禮記》序並取之。古之通儒於此書未嘗廢置，其醇其駁，分別觀之可已。

又《史籀篇》 《史籀篇》一卷，周宣王太史籀撰。籀姓佚，史蓋官號。張懷瓘《書斷》云「大篆者，周宣王大史史籀所作也」，或云「柱下史」。既以史爲姓，又引或説以史爲官，存疑之詞也。《漢書・藝文志》小學十家，首載《史籀》十五篇，云《史籀篇》者，周時史官教學童也，與孔氏壁中古文異體。隋、唐《志》皆不著録，佚已久。許慎《説文》每引之，以與古篆相參。又《玉篇》所引籀文，皆本許書，間有《説文》所遺者凡十三字，共輯得二百三十二字，録爲一卷。攷石鼓文亦史籀作，世有傳本，不復具録，以此互相參証，庶幾存周官保氏教六書之遺意焉。

又《雜字指》 《雜字指》一卷，後漢郭顯卿撰。顯卿里居不詳，據《隋志》知仕爲太子中庶子，據《唐志》題郭訓，知本名訓，而以字行也。《隋志》云《雜字指》，《唐志》作《字旨篇》，均以一卷著目，今佚。郭忠恕《汗簡》引二十九條，《廣韻》引一條，作郭調《字指》，調爲訓字之訛。並據輯録，題依《隋志》。郭生東漢，未知在許叔重先後，要其研究六書，亦蒼頡之功臣也。

又《至言》 《至言》一卷，漢賈山撰。山，潁川人，祖父祛，故魏王時博士弟子，山受祛學，嘗給事潁陰侯爲騎，文帝時數上書言事，具詳《漢書》本傳。《漢藝文志》儒家賈山八篇，今只傳《至言》一篇。若諫文帝除鑄錢、訟淮南王無大罪、言柴唐子爲不善三疏，當在八篇中而世不傳，本傳全載此篇之文。據録爲卷，即以《至言》標目。書言治亂之道，借秦爲喻。真西山稱其爲忠臣防微之論，而以陳善閉邪許之。王伯厚謂山之才亞于賈誼，其學粹于鼂錯，乃班書以涉獵書記不能爲醇儒

斷之，豈其然乎。

又《易纂》　《易纂》一卷，唐僧一行撰。姓張氏，先名遂，魏州昌樂人，襄州都督郯國公公謹之孫，精曆象陰陽五行之學，道士尹崇見所撰《大衍玄圖》及《義決》一卷，以後生顏子稱之，尋爲僧，隱於嵩山，開元中勑書强起之。撰《大衍論》三卷，卒賜謚大慧禪師，事蹟具《舊唐書》本傳。《中興書目》有一行《易傳》十二卷，原缺四卷。《紹興闕書目》有《唐易論》一卷，《經義考》疑即一行書。王應麟《困學紀聞》引作一行《易纂》。朱漢上云「孟喜、京房之學，其書槩見於一行所集，大約皆自子夏傳而出」。今佚，裒輯爲帙，古學一綫繫此殘編已。

又《易象妙於見形論》　《易象妙於見形論》，晉孫盛撰。盛，字安國，太原中都人，桓温留爲參軍，從入關平洛，以功封吴昌縣侯，出補長州太守，累遷秘書監加給事中，事蹟見《晉書》本傳。盛嘗著《魏氏春秋》、《晉陽秋》，當時稱其直筆，蓋研覃於史學者。本傳又言「殷浩擅名一時，與抗論者惟盛而已」。盛著《易象妙於見形論》，浩等竟無以難之。《劉惔傳》亦云：「孫盛作《易象妙於見形論》，簡文帝使殷浩難之，不能屈。惔與抗答，辭甚簡至，盛理遂屈。」觀其命書之意，已涉清談流弊，詞鋒之相角，何足異乎。隋、唐《志》均不著録。而《隋志》集部有「晉秘書監《孫盛集》五卷，殘闕」，或其所著論在集中與？今其畧見《世説新語注》，孔氏《正義序》亦引其説「重卦」語。兹並採録，附《正義》駁語於後。王應麟《玉海》列《晉易象論》有孫盛，未可以《隋志》不載，聽其淪没而不爲之屬意也。

又《集注毛詩》　《集注毛詩》一卷，梁崔靈恩撰。靈恩，清河人，官至桂州刺史，事蹟具《梁書》本傳。於《毛詩》題《集注》，蓋集合前儒之説《毛詩》者，甄覈存之也。隋、唐《志》並二十四卷，成伯瑜《毛詩直説》同《册府元龜》云二十二卷者，誤也，今佚，裒輯爲卷。其引《鄭箋》，多與今本不同，而往往勝於今本，則知由俗儒訛傳，猶賴此以存其舊。又其書雖以毛爲主，間取三家，蓋其時《韓詩》尚在，齊魯之義則從古籍之引述得之，尤足資學者之攷訂云。

又《毛詩箋音義證》　《毛詩箋音義證》一卷，後魏劉芳撰。芳，字伯文，彭城人，官至太常卿侍中，《後魏書》有《傳》。《隋書・藝文志》載其撰《毛詩箋音義證》十卷，《唐志》不著録，佚已久。攷《文選注》引一節，標題《義證》。《太平御覽》引六節，或題劉芳《詩義疏》，或題劉芳《詩義筌意》。劉氏書本名《音義證》，别有《義疏》、《義筌》之稱，如陸德明《經典釋文》亦題《音義》之類，故引者隨意舉之耳。兹並輯録，其説轡非馬勒，筆意與《顏氏家訓》相伯仲云。

又《周易元義》　《周易元義》一卷，唐李淳風撰。淳風，岐州雍人，官至太史令，事蹟具《舊唐書》本傳。此書唐、宋史《志》皆不載，鄭樵《通志・藝文略》著録三卷，今佚。《火珠林》引其《八卦六位圖》，佚文見者僅此。據輯録之，圖列八卦，每爻畫下配以干支五行，乾主甲子壬午，坤主乙未癸丑，俱有説義。史稱淳風博涉羣書，尤明天文曆算陰陽之學，此用積算明《易》，其京房之遺法乎。

錢泰吉《曝書雜記》卷下　《禹貢山川地理圖》，小重山館藏有宋版宋印者，紙墨相發，古香撲人眉宇，真秘笈也。內圖三十種，細審之，并無所缺。序内云三十一圖，必是誤筆。文瀾閣本，其圖從《永樂大典》補入，《徐氏經解》所刻只總圖二葉耳。徐氏本有歸震川跋，知震川亦未見全圖也。

何紹基《光緒重修安徽通志》卷二二七《人物志・文苑六》　「元榜」所著詩文有《兩閒革堂集》十六卷，兵閒散佚。子善政蒐輯得二卷。

丁紹儀《聽秋聲館詞話》卷一八　大興朱竹君學士，乾隆庚寅主試閩中，夢武夷君見召，約以十年後往。逮辛丑視學任滿入都，未久以微疾逝。【略】學士性通脱，見客或不衣冠，而宏獎風流，如恐不及。任安徽學政時，奏言《永樂大典》中多逸書，宜采録。遂開四庫館，征天下遺書，古人未傳之本，藉以流佈。

何秋濤《一鐙精舍部藁》卷三《古微書跋》　讖緯皆起于西漢之末，緯與讖雖若不同，然其言實相出入，光武帝甚尊信之，儒者靡然從風，號爲内學。方其盛時，桓譚、鄭興、張衡之屬，雖欲出力排之而不得也。幸矣其亡也，孫氏乃表于殘闕之餘，片語隻字，緝録無遺，其用力則勤矣，豈非好古之過耶？

李慈銘《越縵堂讀書記・劄記》　自來志經籍者，《漢書・藝文志》後，向推《隋經籍志》。近時吾鄉章逢之，逢之名宗源，山陰人，以兄宗瀛官翰林，乃寄籍大興，中乾隆五十一年順天舉人，生平輯録唐宋以來亡佚古書，蓋無不備，皆爲之叙録。揚州陳穆堂皆爲作疏證，而姚江邵二雲氏撰《隋書提要》，譏其叙次無法，述經學源流多所乖舛。

又《唐語林》　夜閱宋王讜《唐語林》，亦守山閣本，凡八卷，即武英殿聚珍本。其前四卷爲明齊之鸞原刻，後四卷則從《永樂大典》各韻下輯入者，故别之曰補遺，而不繫門目。王氏本仿《世説》三十五門，又益以嗜好至計策十七門爲五十二門，采集小説五十家。《大典》中尚載其所采書名原序目及門類總目，今諸書多或亡佚，賴此存其梗概。且所載多嘉言韻事，爲攷唐事者所不可少之書。錢氏繫以《校勘記》一卷，多取諸書之閒存者，以相參考，時足正今本沿刻之誤。

又《二酉堂叢書》　閱張介侯所輯叢書。其《世本》五卷，《三輔決録》二卷，

《風俗通・姓氏篇》、《十三州志》俱有可觀，《司馬法逸文》、《子夏易傳》亦足備一家，《三秦記》、《三輔舊事》、《凉州異物志》、陰鏗李益詩集，亦尚能成書；餘如皇甫規、張奐、段熲諸集，周生《烈子》、侯瑾《漢皇德傳》、《凉州記》、《沙州記》、《西河舊事》、《西河記》諸書，皆寥寥不足見梗概。闞駰《十三州志》見《水經注》、《漢書注》、《續漢志注》，引之頗多，張氏所輯得五十餘番，恐尚有遺落，當再搜采《通典》、《元和郡縣志》、《御覽》、《玉海》等書以補足之。其首列目録，誤稱劉昞《十三州志》，蓋涉下目劉昞《敦煌實録》而誤；惟其序亦牽引《史通・雜述篇》劉昞該博之語，或緣《魏書》列傳闞駰、劉昞相連，故致雜糅。昞本傳及隋唐諸志並無昞著《十三州記》之文。

又《海國圖志》 閲《海國圖志》六十卷，本道光丁未魏氏古微堂揚州所刻。卷一《籌海》四篇，卷二《圖》二十三，後附元《經世大典・地里圖》，得之《永樂大典》者，亦頗荒略不詳，魏氏稍增改之，卷二十八《攻船水雷圖説》，據道光癸卯廣東候選潘仕成所進，曾命於大沽演之；咸豐庚申之役，未聞有用此者，蓋已不知此事也。

陸心源《儀顧堂集》卷四《與繆筱山太史書》 嘉道間湖人學問，當推許周生、嚴九能、張秋水、楊秋室、許新田、沈落帆諸公。嚴鐵橋僅有校釋之能，未得旁通曲證，蓋二流也。即如所輯《全上古三代六朝文》，以《百三家集》、梅氏《文紀》爲藍本，增益無多，而以洪筠軒《經典釋林》及從《群書治要》中輯出各種附益之，餘無所得。

陶方琦《漢孳室文鈔》卷四《蕭廣濟孝子傳輯本叙》 昔宣聖作《孝經》以後，緯書有《孝經援神契》、《威嬉拒》、《鉤命決》、《雌雄圖》諸篇，其説未純，爲世所忽。《吴越春秋》載陳音對越王問彈生于古之孝子。是三代以前亦有孝子之目。漢劉向爲《孝子圖》，不傳于世。《法苑珠林》四十九引劉向《孝子傳》凡四本。《隋志》載蕭廣濟《孝子傳》十五卷，新舊《唐志》同，以外有徐廣《孝子傳》三卷，王韶之《初學記》引作王歆。《李子傳讚》三卷，鄭緝之《孝子傳》十卷、師覺授《孝子傳》八卷、宋躬《藝文類聚》引作宗躬。《孝子傳》二十卷、又《孝子傳畧》二卷，《唐志》有虞磐佑《孝子傳》一卷。新《唐志》有梁武帝《孝子傳》三十卷、申秀《孝友傳》八卷、又有亡名《襍孝子傳》二卷。《藝文類聚》有周景式《孝子傳》、又有《孝子傳》無撰名者，其書皆不傳。見于類書志注，往往得其軼説。攷蕭廣濟，晉人，爲輔國將軍，著《孝子傳》十五卷。余三冬闇居，晵其逸文，共得數十，又從隋《玉燭寶典》得一則，唐釋湛然《輔行記》得二則，《白帖》得一則，尤爲尟見，惟《輔行記》引三州人一則，末有云梁朝破三人離，廣濟晉人，何知有梁，疑梁或作梁漢或作漢，字相似而誤也。《御覽》引何子平一則，有云宋大明末，大明乃宋武帝紀元，晉至大明末相問幾十年，疑原書亦有後人增入矣。昔王文攷《魯靈光殿賦》有云：「隨色象類，曲得其情，下及三后，婬妃亂主，忠臣孝子，列士貞女」，張載注云「孝子若申生、伯奇之類」又《御覽》四十三引戴延之《西征記》云「昔魯恭冢前皆圖孝子忠臣形象，漢武梁祠堂畫象載孝子，自聖門弟子曾閔以下及柏榆董永邢渠諸人，灼著于世。」惟邢渠哺父考古家皆謂其事失傳，不知即出于蕭廣濟《孝子傳》中。使其書不録。至孝姓名幾將湮沫，既幸夫古籍之足徵，而又喜夫古孝之可以宣闡也。集爲一卷，庸示凱式。

又《侯果、何妥、崔憬三家易輯本叙》 侯氏《易説》敓失已久，莫詳其世次。李鼎祚《集解》及史徵《口訣義》恒引之，蓋五代時人也。《經義攷》列於荀朗、何妥之後。王應麟曰「朋盍簪，簪，疾也」，《子夏易説》至侯果始有冠簪之訓」。晁景迂云「古者冠禮未有簪名」，意謂簪訓爲非。然《韓非子》「周人志王簪」，《鹽鐵論》「神禹治水，簪墮不綴」，簪雖秦漢之俗文，而相承已古，侯氏簪篸固括之訓，亦以設喻耳！烏乎詎之？何妥字棲鳳，撰《周易講疏》，《隋志》作十三卷，《北史》作三卷，書已散軼矣，見諸《集解》、《口訣義》諸書，猶足尋繹遺緒。《漢上易説》言何妥《文言注》，其論卦氣，與鄭説同。是其説尚足闡驗高密古義也。昔觀孔氏《正義》引何氏説不得其人，然後漢注易何氏四人，晉何晏著《周易私紀》二十卷，宋何諲之著《周易疑通》五卷、何胤著《周易注》十卷、又有何襄城爲《六象論》，已後于棲鳳。後讀惠氏《本義辨證》引正義「臨卦，至于八月有凶」，何氏云「從建子陽生至建未爲八月」定爲何棲鳳之説，古人先得我心，并志于此。崔憬易，不載於《藝文志》諸書，故其書之卷次，人之世次，無可覃攷。惟李鼎祚恒引之，要亦不背乎師説者。宋咸云前輩如虞翻、崔憬之用互體，京房、郎顗之用五行，皆遠聖人之道。是其人參于漢魏名儒之間，即其恪守漢魏之易可知也。第其人其書眇不可數，《中興書目》攷李氏所採諸家，崔憬繫於劉瓛、何妥之後，沈驎士、崔覲之前。至朱睦㮮所説亦同。余以謂諸家特未深攷崔憬大衍之説兩引孔氏正義，是其人生於五代之季，而猶及見沖遠正義者也。至《集解》所引前惟荀爽虞翻，後惟何妥、崔憬説爲最多，故録之爲兩卷。

又《致劉叔俛孝廉書》 奉誦大箸，淵懿名通，漢學師承，德門家法，傾企之私，有殊恒等。乾嘉而後，經學皆萃於江右，嘉定、高郵、儀徵、寶應、陽湖、武進鉅儒迭出，一代經術，倚爲盛衰，留衍至今，餘芬未沫。弟僻處孤陬，聞道已晏，西河、

南江，先達寡繼，早年剽竊詞藻，汨没人事。辛壬之劫，存籍蕩焉。往歲所述《鄭易》、《魯詩》二種，迄今無存。見世人無爲鄭易作疏者，發篋爲之，區分十類，折衷一是。博思高密之義，力闡臯聞之説，治之十年，僅得數類。至於魯詩，演贊未盡，採遺拾墜，比勘宜精，藝文以爲近是，即中壘《七畧》之言，中郎書於熹平，有石經一字之本，今文統括，先河依溯。閣下劬年碩學，夙所推崇，倘有以導余先路，用祛未寤，有徵必信，曷任盼企。方琦頓首。

又《跋孫步升輯京氏易章句後》　京氏長於飛伏世應之學，故其書不純，所傳《易傳》三卷，疑即錯卦逆剌占災異之書也。《漢藝文志》京易凡三種八十九篇，《隋經籍志》有《京氏章句》十卷，略見於僧一行、李鼎祚諸書。然散佚已久，單詞子義存者希寥。陸氏《釋文》所載「盍簪剥簠瑞頤大經」諸訓皆與易文互異，師承繇延，各收顓室，言易家所不廢也。朱氏《經義考》亦採《釋文》言京易者數十則，玆步升先生輯爲一卷。纖屑不遺，扶微匡墜，有裨易學，所採《釋文》外晁氏説居多。琦謂《釋文》所採皆係《京氏章句》舊本，蓋《隋志》獨載此書，故元朗猶及見之。惟京易以八宫爲序，蓋以八純卦變六十四卦者也。今《釋文》於每卦下引某宫某卦，如屯下曰「坎宫二世卦」、蒙下曰「離宫四世卦」、需下曰「坤宫游魂卦」之類，必是《京易章句》舊本，陸氏特引其説耳。似當補入於每卦下，以存《京易章句》之舊，兼以快好古者之嗜爾。

又《鄭雅序》　漢儒説經精且宏者莫過於鄭氏，鄭氏爲季漢大儒，其説悉有所本，且訓詁亦惟鄭最醕。而鄭氏不自成一書，如許氏《説文》類亦欠事也。余服膺鄭學有年，凡於鄭氏《詩箋》、《三禮》以及《易注》、《易緯》、《書注》、《書傳》等册，其説粹美者，悉爲撢取。鄭氏注書雖衆，亡者亦甚。其存於今者，節而載之，目爲《鄭雅》而已。

葉德輝《輯郭氏玄中記序》　小説家言，大率唐以前與宋以後劃若兩途。唐以前之書崇尚博聞，所載乖異之事之物，今日多有可徵。宋以後之書，皆無稽之言，或侈談鬼神，染於釋氏因果之見，即偶徵物异類，皆鑿空以臆揣度，不復求其出處。故後世尚小説者，不得已而推取唐人。然唐人述劍俠，叙情感，雜録宫闈瑣事，名人逸聞，文章則爾雅可觀，但以資於談助，無裨多識也。曩讀唐宋人類書，見所載《郭氏玄中記》，喜其恢其瑰麗，仿佛《山海》、《十洲》諸書，因隨手鈔撮，以備遺忘。

盧弼《四庫湖北先正遺書劄記》　《湖北通志》云：「書中自書大父諱問，字昌言，初與种世衡有舊，及憂居，世衡遺以汝州田十頃，辭不受」，考張問，襄陽人，《宋史》本傳及《康熙志》並載其辭田不受事，歸安陸心源《藏書志》亦云「張知甫，襄陽人」云云，是書原本，心源從穴硯齋舊鈔傳録，刊入叢書，首闕一葉，所存凡一百一十二條，視今館閣輯本多六十二條，其云「大父諱問」一條，亦輯本所無也。

確定體例分部

綜述

張燮《七十二家集·凡例》　一、先代鴻編，歲久彫耗，一家之言，傳播者寡，近所刻漢魏文集，各具一臠。然挂漏特甚，即耳目數習慣者尚多見遺，因爲採取而補之。又念代興作者，豈惟數公，不宜録此棄彼，乃推廣他氏。自宋玉而下，訖隋薛道衡，大地精華，先輩典刑盡于此矣！【略】一、完製無多，碎金仍瑣，每翻《藝文》、《御覽》諸書，割截太過，不無遺恨。然苟非割截之遺，則并此零星亦歸烏有矣。吉光片羽，足占五德，死馬之骨，臺上亟收。或同此題目，而他書所載一二語，□彼書所無，則尋其脉絡所通，爲之增入。上下不接，則題一又字，另附于後。若稗乘山經，間偶披剔而得全文，則又何啻蒼淵虬子乎！家乏班嗣之賜，手疎麟士之抄，歷載所收，靳靳若爾，凡厥同志行當佐我不逮也。一、古詩文散見諸處，苦無善本，即諸史所載已覺魯魚間出，况其他乎？傳訛者殆不勝指矣！余每參合數本而裁定之，或形聲可尋則以己意更决之，其無可參訂者不得不仍其舊以俟後來，持視世本亦已正得數分矣。邢子才有言「誤書思之，更是一適，若思不能得，便不煩讀書」。余以自勗，且以自愧。

朱彝尊《詞綜發凡》　古詞選本，若《家宴集》、《謫仙集》、《蘭畹集》、《復雅歌辭》、《類分樂章》、《群公詩餘後編》、《五十大曲》、《萬曲類編》及草窗周氏《選》，皆軼不傳。

盧文弨《抱經堂文集》卷九《新訂書録解題跋戊戌》　此書外間無全本久矣。四庫館新從《永樂大典》中鈔出，分爲二十二卷。余既識其後矣，丁酉，王正復得此

書子集數門，元本於知不足齋主人所，乃更取而細訂之。知此書唯別集分三卷，詩集分兩卷，而其餘每類各自爲卷，雖篇幅最少者，亦不相爲聯屬，余得據之定爲五十六卷。元第詩集之後，然後次以總集，又章奏，又歌詞，而以文史終焉。其他次第竝與館本無不同者。其雜藝一類，校館本獨爲完善，余遂稍加訂正而更鈔之。余自己卯先見集部元本，越十九年而更見子部中數門，則安知將來不更有并得經史諸類者乎！取以證吾所鈔者，庶有以明吾之不妄爲紛更也已。

又卷一三《書鄭司農集後辛丑》 《鄭康成集》二卷，《録》一卷，《隋志》已云亡。今刻附《尚書大傳》後者，《相風賦》一篇，《伏后議》一篇，《春夏封諸侯議》一篇，《戒子益恩書》一篇，《易贊》一篇，《詩譜敘》一篇，《尚書大傳敘》一篇，《魯禮禘祫義》一篇，凡八篇，皆從諸書中裒輯者也。《相風賦》，《北堂書鈔》、《藝文類聚》皆引以爲傅玄作，《禘祫義》即《禘祫志》，本不在集中，然則僅六篇而已。案康成《周禮序》見於賈公彦《序周禮廢興》中，雖非完篇，然亦當附見。序云：「世祖以來，通人達士大中大夫鄭少贛名興及子大司農仲師名衆、故議郎衛次仲、侍中賈君景伯、南郡太守馬季長，皆作《周禮解詁》。某竊觀二三君子之文章，顧省竹帛之浮辭，其所變易，灼然如晦之見明；其所彌縫，奄然如合符復析，斯可謂雅達廣攬者也。然猶有參錯，同事相違，則就其原文字之聲類，考訓詁，捃祕逸。謂二鄭者，同宗之大儒，明理於典籍，觕識皇祖大經《周官》之義家諱古字，發疑正讀，亦信多善，徒寡且約，用不顯傳於世。今讚而辨之，庶成此家世所訓也。」賈《序》後又掇拾數語云：「其名《周禮》，爲《尚書》、《周官》者，周天子之官也。」又云：「斯道也，文武所以綱紀周國，君臨天下，周公定之，致隆平龍鳳之瑞。」又云：「某以爲括囊大典，網羅衆家。」此三條其文皆不相聯綴，當亦序中語也。又有《論語序》，王伯厚嘗採輯附鄭氏《論語注》末，亦當并取之，以繫乎此云。孫詒穀謂《論語》鄭注非伯厚所輯，疑出於惠定宇而託名王耳。

錢大昕《潛研堂文集》卷二八《跋續資治通鑑長編》 李仁甫《續資治通鑑長編》，世所傳者，僅建隆至治平一百八卷。頃年四庫館臣于《永樂大典》中鈔得神、哲兩朝《長編》，自熙寧三年四月至元祐八年六月，自紹聖四年四月至元符三年正月，僅廿六年事，而卷帙轉加于舊，蓋年代彌近，則見聞彌廣故也。然搜羅既博，遂有一事而重出者，如大中祥符八年六月，詔「自今選人有罪犯者，銓司未得定入官資叙，并具考第及所犯取旨」云云，又見于九年六月。此類殊不少矣。其辨昭憲太后遺命傳位太宗，無遞傳光美事，又言光美非杜太后所生，則恐其有所諱避，不如《宋史》之直筆也。《文獻通考》、《宋藝文志》俱云百六十八卷，蓋以一年爲一卷也。而乾道四年四月進表稱先次寫到建隆元年至治平四年閏三月，五朝事迹，共一百八年，計一百八卷，寫成一百七十五册。卷少而册多，則有一卷而分數册者矣。自治平至靖康，六十年當爲六十卷，而淳熙元年進表稱二百八十卷，殆指一册爲一卷耳。吴門畢氏經訓堂、袁氏貞節堂皆有鈔本，予得假讀焉。

又《跋大金集禮》 《大金集禮》四十卷，周漪塘、黄蕘圃兩家抄本皆云卷十二至十七元有闕文，又卷廿六、卷卅三元闕。今檢弟十、弟十一兩卷係《夏至祭方丘之儀》，篇中有云「如圓丘儀」，則此兩卷之前已闕《圓丘儀》矣。其目録次序恐未足信。此書雖無序文，不知纂輯年月，要必成于大定之世，故于「雍」字稱御名而不及明昌以後事。獨補闕文一葉有明昌、承安、泰和及世宗廟號，蓋後人取它書攙入，非《集禮》元文也。

彭元瑞《知聖道齋讀書跋》卷一《舊聞證誤》 宋人雜記傳説最多，而《宋史》極繁冗。以此書證之，則年月事詞牴牾者夥矣。陽善之言，不嫌從長，已非信史。若惡直醜正，如王孝先之求復，張尚賢之干謁，宋子京之反覆，趙元直之很侈，烏可以不辨。此書從《永樂大典》輯出，原書先舉舊聞，後申證誤。惜抄胥不知體例，間有脱處，今逐條校注，信爲言宋事者萬不可少之書。朱竹垞嘗有志重修《宋史》，曾舉宋人著述足資史事者數十家，亦列李心傳名，蓋指《朝野雜記》，若《繫年要録》及此書，則竹垞所未見也。

沈叔埏《頤綵堂文集》卷九《書東堂集後》 滂爲人無足取。東坡嘗與書云：「今時爲文者至多，可喜者亦衆，然未如足下閒暇自得清美，可口者實少也。」及在嶺南，又與尺牘云：「得書累幅，又獲新詩一篇，居夷久矣，不意復聞韶濩之餘音。」又云：「秋興之作，追配騷人矣。不肖何足以窺其粗，遇不遇自有定數，然非厄窮無聊何以發此奇思，以自表於世耶？」其推服如此。所云秋興之作，殆即集中擬賦一篇也。高郵陳造題其集云：「韻語精深婉雅，視秦、黄、晁、張蓋不多媿。」又云板藏嘉禾郡庫，蓋佚已久矣。余既抄自《大典》，爲補《鄉應山禱雨》五古一首，附以坡詩《銅山寺》七絶一首，并附後人詩記以資參考。又補入《驀山溪詞序》一篇、《月波樓記》、《寒穴銘》各一首，并毛刊《六十家詞》而別爲附録一卷，共十三卷，仍符陳氏《解題》之數云。

陳鱣《簡莊文鈔》卷二《集孝經鄭注叙》 自玄宗取諸説已爲己注，而後之學鄭氏者日少。五季之衰，中原久佚。宋熙雍初，日本僧奝然以是書來獻，議藏秘

府，尋復失傳。近吾友鮑君以文，屬江君翼滄從估舶至彼國購訪其書，亦不可得矣。幸陸氏《釋文》尚存其略，群籍中間有引之。因仿王伯厚《鄭氏周易》例，集成一編。

王朝榘《十三經拾遺·周易遺篇》　嬴秦以降，《周易》號稱全書。故《文言》雖止及《乾》、《坤》，宣聖十翼，世弗謂其篇未備也。而《彖》、《象》名言散在羣籍，軼於今書者，往往有之。則四聖所成，其弗爲《連山》、《歸藏》之續也。亦倖矣！謹裒厥遺，具録於左。【略】凡所據書，俱於本條下圈外註明，兩條以上則註於最後一條，加右字以統之。其有篇章次第可考者，先着一圈註明。儒先論説，則另着一圈註於下。但增附隨時，前後多有未經考定者，網羅羣書，釐訂無憾，願更需諸異日。

又《論語遺篇》　《逸論語》二篇出《齊論》中，或以爲後儒依倣而作，非聖經之本，故張禹删之，疑莫能明也。至其字句之遺者，亦間見於各書，殆即何氏所謂「《齊論》二十篇中章句頗多者」歟！抑簡編之俄空記誦之偶譌歟！敬録所獲共欣賞云。《問王》。宋王伯厚疑即《問玉》，朱竹垞亦以爲然。按今書二十篇所標之目，不必該篇中所述之旨，故仍稱《問王》，而論玉之句，則亦以附見焉。【略】《知道》。右《漢書·藝文志》按漢時又有《古論語》二十一篇，出孔氏壁中。何平叔謂其分《堯曰》下章《子張問》爲一篇，有兩《子張》，則篇目雖增，實今書所具，故弗録。或曰《古論》增多一篇曰《從政》，其文則子張所問也。

孫星衍《問字堂集》卷二《三輔黄圖新校正序》　予以爲唐人所引《三輔故事》諸書亡矣，略見於此，不宜刊落，必用先生之本。漢人著書，存者絶少，削繁補遺，猶爲善本，則亦相輔而行焉。頃涉覽諸書，求其徵引，理而董之，略依《隋志》所稱篇次，復爲一卷。以宋敏求作《長安志》曾見舊書，宫觀先後，多依更定。

又卷三《校定神農本草經序》　是書集成，庶以輔翼完經，啟蒙方伎，鈔胥之任，匪有發明，略以所知，加之考證。本經云「上藥本上經，中藥本中經，下藥本下經」，是古以玉石草木等上、中、下品分卷，而《序録》别爲一卷。陶序朱書云「《本草經》卷上注云序藥性之源本，論病名之形診；卷中云玉石草木三品；卷下云蟲獸果菜米合三品」。此名醫所改，今依古爲次」。又《帝王世紀》及陶序稱四卷者，掌禹錫云「按舊本亦作四卷」，韓保昇又云「《神農本草》上、中、下并《序録》，合四卷」，若此則三、四之異，以有《序録》。則《抱樸子》、《養生要略》、《太平御覽》所引《神農經》，或云問於太乙子，或引太乙子云云，皆經所無，或亦在《序録》中，後人節去之耳。

曾釗《面城樓集鈔》卷二《編輯交州記跋》　按：劉欣期《交州記》，隋、唐《志》皆不著録。《太平御覽》徵引不少，而圖書綱目所列書一千七百餘種，獨無此記之名，殆亡於宋以前歟？劉欣期，不見史傳，不知何時人。然以記稱太和、封溪縣二條考之，太和爲晉海西公年號，封溪，《晉志》屬武平郡，《宋志》無，則劉欣期當爲晉時人。《記》又稱九真郡、軍安縣。考《宋志》引《何志》云：晉武帝之《太康地志》無，是軍安立於太康平吴之後。又《記》偁李遜征朱厓，考《通鑑》，太元五年冬十月，九真太守李遜據交州反，則欣期當爲太原以後人矣。《記》所載皆博核，足資志乘考據。惜其久佚，爰剌取羣書所引，以類相從，分爲二卷。其不偁劉欣期名者爲一卷，劉澄之、姚文咸二則附焉。姚，不知何時人。劉澄之，有《江州記》、《揚州記》、《宜都山川記》，宋初《古今山川記》，殆劉宋人也。

王梓材《世本集覽》卷首《世本集覽原起》　梓材自七歲就傅，讀小學諸書，略識古人名，而未知其姓氏之由。十歲始從先君子夢僧公于張鄮溪司馬家，授讀《尚書》及《毛詩序》，知有唐虞三代，以及周之有東西，亦知有十五國之分，而猶未知帝王之終始，與列國之存滅。十二歲時見架上《春秋傳》，知其爲紀事之書，而古人之名多雜載其中。時竊而觀之，先君子即以《左傳》授讀焉。及十四歲，受學于家塾。先君子爲及門諸子講論司馬遷《史記》，梓材亦與聞焉。因知帝王列國之源流，且見《史記》「索隱」、「集解」多引《系本》，時與《史記》相出入，意欲見《系本》之全，未始知《系本》之即《世本》，亦未知《世本》之已無全書也。次歲，從先君子于董小韭明府家，得顧復初《春秋大事表》，見其表姓氏者有之，表世系者有之，以爲獲所未見，心益喜，爰合而録之。又次歲，從先君子于古香眉閣華氏館，見同學案上鄭氏《通志》中有《氏族略》，條分縷析，多有裨于所録。而韋注《國語》，鮑注《國策》，亦于是年見之。及冬季散館，因合《尚書》、《毛詩》、《春秋傳》、《國語》、《國策》、《史記》，分列古人之姓氏，各詳其系。而《世本》之見于傳注者，亦條載其中。先君子見而心許之。然年已十六，先君子督以舉業。世譜之學，雖草創有緒，而未遑專及。有所得焉，則竊載之，不敢與先君子得見焉。而舉業之不工，亦職是之故。十八歲、二十一歲就試，並備卷不售。先君子益以舉業督課之，而梓材亦自以不能掇芹爲媿。自是以後，始出訓蒙。先君子于舉業外，兼課以試經之藝，而亦未有得焉。至二十七歲始入郡學。二十九歲，先君子見背。梓材讀禮之暇，因輯舊録。比年，館張司馬家，教司馬諸孫。見其家有羅氏《路史》及馬氏《繹史》、李氏《尚史》，時與司馬長君芝雲明經上下議論。明經固先君子所深契者，嘗勉以世譜之

學，必不可置。《繹史》、《尚史》諸書，專爲梓材購之。又姑夫秦孝廉芙人先生示以陳氏《竹書紀年集證》，采録甚多。及其秉鐸湯溪，復示以崔氏《考信録》。是書考證多確，亦節而録之。因名舊録爲《世本集覽》。分卷四十有八，以《世本》爲名者，蓋世譜之學，以《世本》爲宗。而《世本》之全，卒不可見。且《世本》多爲《史記》所本，亦未見其盡當，因其名而不欲復其舊觀。古人之書，固無事强輯爲也。孟子曰：「誦其詩，讀其書，不知其人，可乎？是以論其世也。」《世本集覽》之輯，亦以存論世之旨也。前明何元子《詩經世本古義》，亦嘗因《世本》之名矣。既而見坊閒有秦氏《世本輯補》一書，而錫山吴仲倫文學以爲實洪氏頤孫所輯，其必有據。要是書專爲《世本》而輯，與梓材所輯，體例迥殊，抑集覽之編。既因《世本》之名，亦不能不采録焉。梓材自先君子逝世，歷試經解，取録者四，因得食餼于庠，而年已四十，無聞滋媿。今茲歲試，學使者道州何仙槎先生詢以平日所著，梓材不自揣固陋，而以《世本集覽》對。且問何時始著，及成功與否，則告以始輯之年，而以云成功則未也。退而述其原起如是，使他年成功有日，更質大人先生商榷而鑒定之，庶足以副知己之望，而惜乎先君子之不得見其成也。

黄以周等《續資治通鑑長編拾補・凡例》 《長編》原注及《紀事本末》原注所録事實，每與前後正文互見，今悉據注以補所佚之正文。即注中衹存一二語者，亦必輯入。其僅云某年月日，可考則附注其日干支下，以與原文相應。他有考證，必詳注之。

茆泮林《十種古遺書・世本》 案《周禮》：瞽蒙《世奠系》注引杜子春云：「系謂《帝系》，諸侯卿大夫《世本》之屬是也。」玄謂世之而定其系，謂書於《世本》也，疏謂後鄭以世與系爲一事解之。對文言之，王謂之《帝系》，諸侯卿大夫謂之《世本》；散則通。故云書於《世本》，《世本》即帝王系也，故今輯爲《帝王世本》、《諸侯世本》、《卿大夫世本》。

何秋濤《一鐙精舍甲部稿》卷三《禹貢鄭氏略例》 敘曰：《鄭氏尚書注》，今無傳本。國初胡東樵氏作《禹貢錐指》，謂鄭注閒見義疏及他籍三江一條，足爲祕寶。自是，説經家始知重之。乾隆以來，王西莊氏、江昆庭氏、孫淵如氏爲《尚書》今古文之學，咸以鄭注爲主，雖互有得失，而於《禹貢》，則未能專明其誼。余既治《禹貢》學，因偏觀而詳攷之，知鄭之言地理，得者有三。諸家述鄭而失者，亦有三。博綜圖籍，詳稽沿革，援東京之簡策，訂邃古之遺聞，可以上綴班志，旁證桑經，鄭之長一也。沱潛證以《爾雅》，降水不在安平，雖精密如孟堅，猶必攷正其失，不爲苟同，鄭之長二也。攷東原、覈九江，讀和爲桓，質是爲氏，其所不知不事傅會，證實志疑，可爲後法，鄭之長三也。他如政令、禮制、訓詁、名物與諸經箋注，可以互證，又不待言。諸家掇拾成書，務尊師説，然王則偏執己見，歷詆羣儒；質諸鄭義，轉多乖繆。江則鮮所發明，孫則簡略已甚，其於地理咸無裨焉。因惜鄭學未明，經恉有舛，輒不自揣，爲作《略例》一卷，求其曾歸，析其疑滯，庶以旁推曲通，拾遺補佚，存此一家之言，草剏其説，質諸有道，加以是正，所深望焉。凡注文采自王氏後案，段氏撰異，江氏入注音疏，孫氏注疏者，其出處諸家皆具列，今不復贅。有自他書補正者，言其書引諸家之説，各識其耑。

陳喬樅《詩緯集證・自敘》 明孫瑴搜輯佚緯爲《古微書》，謂《推度灾》諸編皆讖類，而不知《隋志》所録又有詩雜讖，固區別而爲二也。近世陸明睿增訂殷元正《集緯》，於三篇外列含文侯之目，而復不知《路史》注所引即爲《含神霧》之訛也。予同年生趙子在翰重纂《七緯》，仍《隋志》著録之舊，而《詩緯》佚文仍多遺漏，且以孔氏《詩正義》語羼入《泛歷樞》中，亦失之疏。喬樅不揆梼昧，網羅散佚，視各家本增十之三，揭所據依，加以考訂，成《詩緯集證》三卷，其舊書所引，未詳篇目者別成一卷，都爲四卷。

陳壽祺《五經異義疏證・自序》 《五經異義》，漢許慎撰，鄭玄駁。隋、唐《經籍志》著録十卷，宋時已佚。近人編輯，僅百有餘篇，聚珍版外，有秀水王復本，陽湖莊葆琛本，嘉定錢大昭本，曲阜孔廣森本，大抵捃拾叢殘，以意分合。孔本條理差優，而强立區類，欲還十卷之舊，非所敢從也。嘉慶戊辰夏，余養痾京邸，取而參訂之，每舉所徵録尤詳者，若文多差異，仍兩載之。其篇題可見者二十五事，第五田税，第六天號，第八罍制三事，篇第尚存。其它以類相從，略具梗概。復刺取諸經義疏，諸史志傳，《説文》、《通典》，及近儒著述與許鄭相發者，以資稽核。間附蒙案，疏通證明，釐爲上、中、下卷。

李慈銘《越縵堂讀書記・元和郡縣補志》 閲《元和郡縣補志》，凡補關内道一州，商州。河北道十州，景、幽、涿、瀛、莫、平、嬀、檀、薊、營。山南道一府江陵。十七州，峽、歸、夔、禮、朗、忠、萬、金、集、壁、巴、蓬、通、開、閬、果、渠。淮南道七州，楊、楚、滁、和、舒、壽、廬。劍南道二州，霸、乾。嶺南道三十七州，春、新、雷、羅、高、恩、潘、辯、瀧、勤、崖、瓊、振、儋、萬、安、藤、巖、宜、瀼、籠、田、環、古、容、牢、白、順、繡、鬱、林、黨、竇、禺、廉、義、湯、芝、武、莪。前有盧抱經序及子進自作例七則。其書不稱志補，而稱補志，已爲不解；所采書目不列於前，據其例言據兩《唐書》、《唐會要》、《通鑑》、《通典》、《通

考》、《通志》、《玉海》、《寰宇記》、《九域志》及《史記》、《索隱》、《正義》、《漢書》、《後漢書注》、《文選注》、《北堂書鈔》、《藝文類聚》、《初學記》、《白氏六帖》、《北户録》諸書。今考此外所引者，《太平御覽》、胡氏《通鑑注》、王氏《通鑑地理通釋》三書尤多，而引《括地志》、《十道志》、《元和郡國志》諸佚文者，往往不記其所出。其諸引書，自《御覽》外皆不記卷數，而每州縣下叙其沿革，俱首加一按字，不注其所引之書，自言援引既多，不能逐句備載，尤爲非體。其紕繆者，如幽州良鄉縣下云：「聖曆元年，因不從安史之叛，改名固節，神龍元年復名良鄉。」聖曆乃武后年號，神龍中宗年號，聖曆元年，安得有安史之叛？此蓋拒突厥之譌。通州下云：「梁置萬州，後魏乾明二年改爲通州。」西魏之得通州在廢帝後，安得有乾明之號？揚州江陽縣下云：「邑有康令祠，咸通中大旱，令以身禱赴水死，天即大雨。」咸通乃懿宗年號，豈元和所及見？廬州巢縣下張魏公曰云云，此乃《通鑑地理通釋》引張浚之語。子進因上稱《郡縣志》巢湖在巢縣云云，遂概以爲李氏原文。劍南道下小注云：《唐書·地理志》，是道内有保州。保州廣德二年没於吐蕃，元和之際，不入版圖，是以未補。不知舊有後失之州，地志未有不載者。此書較之陳蘭森所補《寰宇記》，自爲差勝，惜爾時如洪北江錢十蘭諸公，稍後如徐星伯張石舟諸君，皆湛精地理，又具文筆，未及將李樂二書及《九域志》所闕之四京第一卷，《輿地廣記》所闕之首二卷，一一補完，以成全璧耳。廬氏《元和郡縣補志序》，見《抱經文集》，《湖海文傳》中亦載之。今《補志》所刊序下，有廬氏自記歲月云「乾隆四十年青龍在乙未極且月」。極且月者謂六月，是月建癸未也。以月陽配月名，自《史記》月在畢聚之文始，好古者多用之。王伯厚《通鑑地理通釋序》，亦題曰上章執徐歲橘壯之月，謂八月月建乙酉也。嚴刻極且誤作極旦，其書中誤字，亦不可勝指。

又《蒼頡篇》 以馬氏所輯《蒼頡篇》與任氏《小學鈎沈》本、孫氏岱南閣本參校。馬氏采取最密，而孫氏最有條理。其中篇以下，依《説文》部目爲次，便于檢尋，則孫、馬兩家所同也。惟諸書所引《蒼頡篇》，既合趙高之《爰歷》，胡母敬之《博學》，又合揚雄之《訓纂》，賈魴之《滂喜》，故或稱「三蒼」，亦稱「五蒼」；而杜林之訓故，張揖之訓詁，郭璞之解詁，亦皆不能分晰。任氏于《倉頡篇》下附《倉頡訓詁》、《倉頡解詁》各數條，固嫌疣贅；馬氏既言不能分別，故於《倉頡篇》開卷并題《爰歷》、《博學》、《訓纂》、《滂喜》諸篇名，又竝列張揖訓詁郭璞解詁於下方，而復別輯揚雄之《訓纂篇》，杜林之《倉頡訓詁》及《三蒼》各爲一卷，出入紛拏，轉亂耳目，不如孫氏之萶合爲一也。

又《三家詩拾遺》 校閲范衡洲先生《三家詩拾遺》。《四庫提要》本及吾越嘉慶庚午刻本，俱以《文字考異》及《古逸詩》各一卷冠於首，卷三至卷十方依次以《毛詩》三百篇爲綱，而輯綴魯齊韓三家之説。《提要》以古逸詩與三家無涉，譏其開卷名實相乖。然衡洲自序，明言以此二卷附後，其凡例亦先言魯齊韓三家之次第得失，而後言文字異同及古逸之詩，則《四庫》所收本及家刻本皆鈔胥之誤。凡例第三條有云：「列之於首，以廣見聞。」首乃後字之誤。《嶺南遺書》所刻嘉應葉鈞重訂本，其序言嘉慶六年得范氏書鈔本於保定蓮花池之奎畫樓，亦以《文字考異》及《古逸詩》居首，因據其自序爲移附於後，蓋鈔本同出一本也。《提要》既不及細審序例，葉鈞不過略一遂易，而遽自稱重訂，其序幾欲據爲己有，伍氏遂收入《嶺南遺書》，亦可笑矣。至范氏此書搜尋功深，具有心得，《提要》亦稱其詳贍有體，較王氏所録爲備，雖時有引據稍疏，於三家亦間有出入，而功在創通大義，使後人得以推求先秦漢初經師微恉，非僅以掇拾繁碎爲浩博也。近儒嘉興馮氏登府及閩陳氏壽祺父子推衍遞精，要皆原本范氏，沿襲爲多；而陳氏跋馮氏《三家詩異文疏證》，詆范氏爲自鄶以下，抑何言之過與？

姚振宗《七略別録佚文叙》 《別録》中叙奏全文，今僅存《戰國策》、《晏子》、《孫卿子》、《管子》、《列子》、《韓非子》、《鄧析子》及劉秀《上山海經表》，凡八篇；而《晏子》、《孫卿子》、《列子》三書，叙奏之前，具載篇目，《藝文志》所謂「條其篇目，撮其旨意」，其原書體制蓋如此，尤爲不可多得之鴻寶。《七録叙目》云：「別集衆録，謂之別録，即今之《別録》是也。」其語極爲明顯。然則今存八篇之文皆《別録》所當有，而嚴、馬二本皆不載，後取諸書所引殘文斷簡以實之，捨完善而具剥蝕，由未得文貞處士之一證爾。

繆荃孫《藝風堂文集》卷七《北部集跋》 吾鄉如心許先生得詩名於元明閒，曰《北郭集》，《四庫》著録，而書亦罕見。昔年從杭州丁脩甫孝廉鈔得，表兄金湝生同轉録副以去，并從《秀野草堂》、《元詩選》録出廿二首，別爲補遺一卷。於縣志采《蘇伯衡序》，又采孫作序刻入《粟香室叢書》，海内始有傳本。己亥新正至滬，得同里趙敬夫先生曦明手鈔本，跋云：「《北郭集》原本四百四十五首，國變無傳。迺於張允敬《江陰文獻録》得二百五十六首，又於《許氏家譜》得一百五十首，去其重複，分體編録，得五古廿九首，七古廿八首，五律七十二首，七律一百廿四首，五言長律三首，七言長律四首，五絶六首，六絶四首，七絶二十三首，共二百九十三首，分爲六卷，而卷中古近體，仍是雜編。」是敬夫雖定目録，尚未照目另寫，此書乃稿本也。

與《四庫》本相校，序次盡同，而多五十首。是《四庫》照此輯本收入，《元詩選》亦不出乎此，均未見原書也。卷首有張端、金文徵、林右三序，均作於洪武朝。

又《孫尚書大全集跋》　宋南蘭陵《孫尚書大全集》七十卷，不知何人所輯。卷一至卷四書，卷五至十一啟，卷十二至二十詩，卷二十一、二十二表，卷二十三、二十四狀，卷二十五至二十七外制，卷二十八劄子，卷二十九至三十二記，卷三十三、三十四序，卷三十五、三十六賀啟，卷三十七至五十帖，卷五十一行狀，卷五十二銘贊，卷五十三文語頌傳，卷五十四題跋，卷五十五墓表，卷五十六至六十七墓銘，卷六十八挽詞，卷六十九青詞，卷七十祭文、疏文。較《鴻慶居士集》本多出書四首，啟三十九首，詩八十五首，表二十一首，狀三首，外制二首，記二首，序三首，賀啟三首，帖七百六十二首，跋語二首，頌一首，題跋二十四首，墓志三首，挽詞四首，青詞一首，疏九首，共九百六十八首。第所收既博，牴牾亦所不免。如卷三《與耿伯順書》與卷四十一《與耿侍郎帖》同。卷五十五《碩人孫氏墓表》與卷六十五《碩人孫氏墓志銘》同，一有銘，一無銘。卷四十四《與婺守李德升尚書帖》與卷四十八《與楊元光宮教帖》同，只後幅多四語耳。卷二十三《申雪》第二狀有録無文，《上丞相第二劄子》後幅錯入《求時宰解郡乞祠劄子》，卷二十四《回平江府蔣待制狀》應編入十卷。卷四十三《與廣西少漕趙隱帖》其一未完，周益公序《鴻慶集》言中雜以翟忠惠文，更無從辨别矣。明《文淵閣書目》始著於録，《四庫》止收《鴻慶居士集》四十二卷，然内簡尺牘編注，《提要》云：「觀所撰自三十七卷至五十卷，皆書帖，即據大全集卷第，若《鴻慶集》只四十二卷也。」又云第七卷《與常守徐計議第五帖》注引觀集《常州資聖禪院興造記》，在集本三十一卷，亦指大全集本。《鴻慶集》此記在二十二卷，則館臣之誤也。

又《汪應辰石林燕語辨跋》　宋葉夢得撰《石林燕語》十卷，所紀朝典、國故、官制、科目，當時已重其書。閒有記憶失真處，同時有汪應辰作辨，宇文紹奕作攷異以糾之，而各自爲書。《燕語》，世傳商氏《稗海》本，脱譌踳駮，不堪卒讀。仁和胡君珽鈔得文瀾閣。附攷異本，又得何學士焯沈廣文欽韓合校正德楊氏本，再參以《四庫》，攷證舊聞證誤，凡前賢論説之足資攷核者，悉爲甄録，以活字板印行，可謂《燕語》最善之本。惟《攷異》經館臣録附原書，而甚惜汪辨僅存其目二百二條於《大典》悟字韻中，辨則寥寥數條，無從掇拾。《書録解題》亦稱未見。《儒學警悟》閒引數條，《大典》亦未全采。是汪辨於宋末，傳本即希，而《儒學警悟》於明初，亦非易覯也。荃孫初得胡氏集辨本，又得明楊氏本，頗思爲之刊行。旋聞廠賈自山西歸，有明鈔《儒學警悟》全部，急往詢之，已爲宗室伯希祭酒所得。幸伯希假我録副，緜紙藍格，古香盎然，方知《儒學警悟》爲太學俞鼎孫同上舍元經編。汪應辰《石林燕語辨》十卷，程大昌《演繁露》六卷，馬永真《嬾真子》六卷，陳善《捫蝨新話》二十卷，四種，共四十二卷，署曰「初編」。每卷題《儒學警悟》第一、第二。《宋人叢刻》與《百川學海》同時爲彙刻，書目所不載，亦可謂驚人祕笈矣。然《演繁露》三書尚有他刻，而汪辨則已成孤本，鈔白頗有訛脱，爰取楊、胡二本校定正文，補脱字。有兩通者，不妨存異。商本、楊本各不同，此書字句往往與楊本同。辨語共二百條，照原書分卷。葉據《大典》，作二百二條，衍下「二」字。攷異得五十六條，而與辨同者四十六條。縱所據略同，而字句仍不少異，何耶？至《説郛》引二條，《舊聞證誤》五條，《容齋五筆》一條，葉君廷琯引一條，而無書名，各條均見此書，似亦無所佚脱。葉、胡二君校《燕語》時，深惜此書久佚，孰知全書十卷，尚在天壤閒耶？

又《藝風堂文續集》卷七《張説之文集跋》　《張説之文集》二十五卷，明鈔本。集首有永樂七年伍德記云：「兵燹之後散佚，僅存録而藏之。」是此編爲明初輯本。明嘉靖丁酉，椒郡伍氏龍池草堂刊行，有項篤壽序。攷唐、宋《藝文志》：《張説集》三十卷，《外集》二卷，久已不傳。劉燕庭曾藏宋刊三十卷本，半葉十一行，行二十字，與李太白、駱賓王等集同行款，攷爲蜀本，自朱竹君椒花吟舫散出，爲燕庭所收，今又不知歸於何所。張月霄臧影宋鈔本十卷，單是詩集。如首卷《喜雨》二首，一題「御製」，一題「應制」。明本删去御製、應制等字。卷五《醉中作》有題無詩。卷六《廣州送蕭都督入朝過岳州宴餞》後缺一葉。雖非佳刻，然亦希見。聚珍本作《張燕公集》，館臣又於明刻本外，采及《文粹》、《文苑英華》諸書，得頌一首、箴一首、表十八首、疏二首、狀六首、策三首、批答一首、序十一首、啟一首、書二首、露布一首、碑四首、墓志九首、行狀一首，凡六十一首，皆依類補入，仍釐爲二十五卷。采輯較富，而卷非原次。又删去當時批答及同作，亦未盡善。校：明刻本卷一賦與雜詩，二至十皆雜詩，十一、十二頌，十三贊銘記，十四碑，十五表，十六至廿一皆碑銘，廿二墓志銘，廿三雜著，廿四表，廿五碑銘表。首卷在碑銘之中，次卷在雜著之後，末卷又爲碑銘，編次不倫。館臣重定爲卷一賦與雜詩，二至五皆雜詩，卷六、卷七頌，卷八贊銘箴記，卷九、卷十、表十一疏狀、對策、批答，十二序，十三啟書、露布，十四至廿一皆碑銘，廿二至廿四墓志、行狀，廿五祭文，實較舊本爲有條理。仁和朱子涵觀察出眎所藏彭文勤公本，鈔極舊，惜止廿卷。再據吴仲懌侍郎明鈔本互補，以成全璧。今前廿卷用彭本，後五卷用吴本，聊存舊式，而退諸書拾補者，另

編五卷，似可復卅卷之舊，質諸方聞之士，以爲何如？【略】再攷，顧千里《思適齋集》云：「先得燕公文十五卷，又得椒花吟舫鈔本增益五卷。」顧氏單校唐文，除去詩五卷，後又補足五卷，疑世間自有此廿卷傳本，非缺佚也。

又《藕香拾零・蘇潁濱年表跋》　今不特原書失傳，即《大典》本亦不見。昔年在館，從《大典》蘇字韻録出，又失去老泉一卷。

沈家本《枕碧樓偶存稿》卷五《元秘史潤文序》　《元祕史》敘太祖、太宗兩朝事實及元世系最詳，明代藏書家有著録者，而未顯也。今世傳者有數本，一爲《永樂大典》本，分十五卷。方乾隆時，修《四庫》書，書之出于《大典》者，著録甚夥，而此書獨遺，豈因文未雅馴，故屏而不取歟？抑輯録在《四庫》書成後歟？迨錢竹汀詹事表章之，謂論次太祖、太宗事迹，必於此書折其衷，而其書始顯於世。靈石楊氏連筠簃叢書所收，即大典本也。一爲桐鄉金主事德輿所藏殘元槧本，分卷與大典本不同，顧千里曾見之，不知尚在其家否？一爲阮文達《續提要》所稱舊鈔影寫本，文選樓灾後，是否同歸劫火，抑流落人間？一爲陽城張敦仁影寫元槧足本，作十卷，又續一卷，當與金本同也。此外又有蒙文本，或言李仲約侍郎曾得之。然侍郎注，此書未及也。其書敘述都實録，而文理蹇拙，詞語俚鄙，未經詞人潤色，故讀史者多未留意。仲約侍郎爲此書作注，以大典本爲主，而以張本校之，爬羅剔抉，疏通證明，可稱精審，然於正文尚未遑潤色之也。同里王仁山孝廉喜讀此書，而病其不辭也，因取而潤色之。於是向之蹇拙者、俚鄙者，咸文從字順，焕然改觀。其人名、地名，譯文歧出，列爲二表。甄其同里，備載李注，而其所未及者，則加按語以證明之。編成，顔之曰「潤文」，潤，澤也。孔子曰：「言之無文，行而不遠。」故春秋時之爲辭命者，修飾之後，尤貴潤色。陸士衡云：「漱六藝之芳潤。」張道濟云：「高明徇美，學以潤之。」是文之大有賴於潤也。此書得潤文而益便於讀，洵爲研究史編者尋繹之助矣。抑肌見尚有所貢者，洪文卿侍郎《元史譯文證補》，其所據有河剌比文之拉施，特書英文之多桑，書俄文之具勒渾哀，忒鑾諸人書，與此書互有同異。即互有得失，取以參稽，則當日之情事益審。秀水高寶銓《元祕史李注補正》，大多爲李注所未備。取以考訂，則羣書之引證益詳，此探討之有待也。至於體例，凡正文之已改者，似宜將原文注於其下，以存本來面目。眉間按語，似宜移入各注之後。先李氏按，次自按，較爲合法，此編纂之有待也。質之方家，以爲然否？

紀　事

姚鼐《惜抱軒書録》卷四《張説之集》　唐張説字道濟，一字説之，爲玄宗左丞相中書令，封燕國公。《唐藝文志》、《文獻通考》並云《獻公集》三十卷，今止二十五卷。採於他書，復得其文六十餘篇。又原集編次，其類紊亂，今重定之而增其漏脱，仍爲三十卷。

程晉芳《勉行堂詩文集》卷五《元和姓纂跋》　《唐會要》謂王涯撰上，蓋以涯曾爲序，而不知其爲林寶撰也。寶，濟南人，名見《藝文志》及各家著録。鄭氏《通志》則以爲李林寶，蓋當時李吉甫以書命寶，二名連書，傳寫脱去吉甫字耳。其所據多舊書，姓譜中宜爲最古。惜書成才得二百日，而矜尚門第，倉卒間就各家譜諜編此成編，訛雜難信處正不少也。是書至宋時已頗佚脱，故陳振孫謂絶無善本。《大典》分載於《千家姓》之下，顛倒錯亂，非復原書體制。今以《廣韻》四聲編之，又取宋鄧名世《辨證》所引各條補焉，仍得十卷。原序稱皇族之外，各以四聲類編集，則李姓居首無疑。此亦不能如舊矣。

錢大昕《竹汀先生日記鈔》卷一　李仁甫《續通鑒長編》第一函，即《永樂大典》内鈔出之本也。起建隆至元符三年正月，其中尚缺治平四年四月至熙寧三年三月，又自元祐八年七月至紹聖四年三月。若徽欽兩朝，則《永樂大典》亦無之也。其分卷五百二十，則館臣以意分析，非李氏之舊矣。

又　讀路振《九國志》，此書久不傳。邵二云于《永樂大典》中鈔得，傳百三十六篇。周有香夢棠排次，爲卷十二，其書稱荆南曰北楚。王伯厚云《九國志》凡四十九卷，其孫綸增入荆南高氏，治平元年六月上之，實十國也。陳振孫則云末二卷張唐英補撰，合五十一卷。《九國志》余所得乃文瀾閣傳鈔本也。道光二十三年，金山錢熙祚刻於《守山閣叢書》中，附拾遺，頗精好。更有龍變堂萬育活字本，舛錯惡劣，殊不足取。

孫詒讓《籀廎遺著輯存・方言序》　余曩讀東原戴氏《考證》本，以爲精善，後又見抱經盧氏重校本，録戴之切要者，合之丁小疋各家説，兼附己見，用力甚勤。循而求之，丁説既不多見，所謂各家者亦不著其名，惟序稱改正百廿有餘條，驗之本書案語，約略相足，可據定爲盧説，其餘總歸之校本而已。恭逢聖代右文，乾隆

間取《永樂大典》所收《方言》，詳加厘正，然後是書精英焕發，實儒生稽古逢辰之幸。竊謂盧、戴所述，已具椎輪。援據發明，猶資討論。頗思會萃舊聞，爲之疏證，困於人事，卒罕執筆之暇。爰先取二本詳校合刊之，既爲古籍廣其流傳，亦俾儒先表章之功無有失隊。後之君子，倘有涉於此者乎？余竊自附於擁篲清道之末耳矣。

考辨佚文分部

綜　述

朱彝尊《經義考》卷二三九《五經通義》　劉向、曹褒俱撰《五經通義》，群書所引大都皆向之説，惟《太平御覽》一條，竊有可疑，文云：「歌者象德，舞者象功，君子尚德下功，故歌在堂，舞在庭。何言歌在堂也？《燕禮》曰『升歌鹿鳴』，以是知之。何言舞在庭也？《援神契》曰『合忻之樂舞於堂，西夷之樂陳於户』，以是明之。」度劉向時《援神契》未行於世，至褒撰禮，多雜以《五經》讖記之文，然則此蓋褒十二篇中語也。

姚際恒《古文尚書通論輯本・胤征》　僞作古文者，改夏四月爲季秋月朔，意謂夏與周制異，若然，則太史引證不合，平子亦當折之矣，何爲噤不一語？「瞽奏鼓」三句，《逸書》原謂急於救日食，非怠惰不救，填入殊不相合。

錢大昕《潛研堂文集》卷三三《與晦之論爾雅書》　欲窮《六經》之旨，必自《爾雅》始。注《爾雅》者，有舍人、李巡、樊光、孫炎、沈旋諸人，今惟存郭景純一家。景純有音有圖贊，則今亦亡之。《尚書正義》引景純《注》云「恒山一名常山，避漢文帝諱」，又云：「霍山，今在廬江灊縣，潛水出焉，别名天柱山。漢武帝以衡山遼曠，移其神于此，今其土俗人皆呼之爲南嶽；南嶽本自以兩山爲名，非從近來也。而學者多以霍山不得爲南嶽，又言從漢武帝始乃名之。即如此言，爲武帝在《爾雅》前乎？斯不然矣。」今本注文不若是之詳，然則景純《注》亦經後人所删，非完書矣。《釋鳥》「桑扈竊脂」，文凡再見，考《春秋正義》云：「諸儒説竊脂皆謂盗脂膏，即如所言，竊玄、竊黄者，豈復盗竊玄黄乎！」若「冬扈竊黄」之下，果有「桑扈竊脂」句，則景純注明云「諸扈皆因毛色音聲以爲名」，「竊脂」之爲淺白義已顯然，毋庸爲此辨矣。《春秋正義》又云：「《釋鳥》自『春扈鳻鶞』至『宵扈嘖嘖』凡七扈，其文相次。」今本多「桑扈」句，則當云「八扈」矣，故知此句乃唐以後人竄入無疑，而邢氏不能辨也，此不精之失也。宋初古書之存者多矣，邢所徵引不過《九經義疏》、《經典釋文》，而尚不免于遺漏，它書固未能津逮，此又不博之失也。予昔在京師，有志撰述，掇李、孫之墜遺，糾郭、邢之違失，至于康成之説經，叔重之解字，參互取訂，啓悟良多，嘗欲勒爲一編，以附述者之後。繼有刊定《元史》之舉，力未能兼，迺輟弗爲。

臧庸《拜經堂文集》卷二《刻吕氏古易音訓序》　《文獻通考》：吕伯恭《古易音訓》共十四卷。《宋史・藝文志》：《古易音訓》二卷。蓋《古易》十二卷，合《音訓》二卷爲十四，朱子、孫子明取《音訓》附刊《本義》後。今原本不可得，惟散見元董季真《周易會通》中，而分并失次。讀《易》之暇，依吕氏篇第，手自輯録，分《上下經》一卷，《十翼》一卷，而刊行之。吕氏本陸德明《釋文》、晁以道《古周易》著此書，《易釋文》有明監板，及通志堂、雅雨堂、抱經堂諸本，惟此所載與葉《石經》影宋本合。晁氏生當北宋，猶見《鄭易》四篇及唐沙門一行、陰閎道、陸希聲等説。今嵩山之書久亡，亦賴此以存其梗概。《屯》「屯如亶如」與葉鈔本及《漢書》注、《集韻》合，知今本作「邅」之爲肊改也。《蒙》「苞蒙泰，蒙包荒」，與葉鈔本及唐《石經》、《六經正誤》合，知今本作「包」，或「苞」「包」倒置之爲竄改也。「泰苞荒」，晁氏曰：「鄭讀爲康大也。」案《爾雅》、某氏本詩《召旻》箋皆云「荒，虚也」，《易》「晉康侯」，鄭云「康，尊也，廣也，廣大義」。同《爾雅・釋器》「康瓠」謂之「甈」。李巡曰：「康謂大，瓠，瓢也。」知「康」有大義，「荒」即訓虚，不必讀康。而今本作讀爲康，云虚也者，誤也。《復》「頻復」，鄭作「卑」。案《説文》「顰，蹙字，从頻卑聲」，然則古經「顰」字借聲作「卑」，而今本作「顰」之爲妄加也。《離》「出涕沱莪」，與《集韻》所載古字合。《明夷》「用承馬」，音拯救之今作「若」，則與陸氏自云「古文若，皆如此」不相應矣。《明夷》作「拯」，與《艮》乖異，且陸「拯」。《艮》「不承其隨」，音拯救之「拯」，正同今《明夷》作「拯」，與《艮》乖異，且陸氏之音爲贅矣。《睽》下引《説文》云「目不相聽也」，與葉鈔本及今《説文》、《集韻》合，盧學士云「聽者，順從之意」，今作「視」，乃妄人所改，或又據《玉篇》改作「耳不相聽」，而未料及《説文》無「聧」字，則益失其真矣。《豐》「豐其沛」，子夏作「芾」，傳云「小也」。鄭干作「芾」，云「祭祀之蔽膝」，與葉鈔本及錢求赤影宋本《易疏》合，今

作鄭干作「韋」以區別乎？《子夏傳》不知「沛、旆、芾」同一市聲，作「韋」爲失其義矣。《既濟》「繻有衣袽」，《説文》作「絮」，與本書合。案《説文》：「絮，敝緜也，从糸如聲。絮，絜緼也，一曰敝絮，从糸奴聲。」《易》「需有衣絮」今作「絮」，則爲「敝緜」字，而非「敝絮」字矣。《象・下傳》「其文蔚也」，《廣雅》云：「蔚，數也」，與葉鈔本合。案《廣雅・釋詁》「蔚縟劬驟，數也」，《一切經音義》卷七云「《廣雅》：蔚，數也，文彩繁數也」。今本作「敷」也，是不得其辭而妄改，與《廣雅》不合矣！《繫辭下》「成天下之亹亹」者，鄭云「亹亹，没没也」，與葉鈔本合。案《爾雅・釋詁》「亹亹，䖌没勉也」，郭注「䖌没，猶黽勉」，鄭注本此，而今本改作「汲汲」者，爲失其義矣。茲故疏其足以訂正《釋文》者於簡端，嘗欲合刊呂氏《古易音訓》、宋氏《國語補音》、孫氏《孟子音義》、殷氏《列子釋文》、蕭氏《漢書音義》、何氏《晉書音義》、釋元應《一切經音義》、慧苑《華嚴經音義》爲《續經典釋文》，力有未暇，今姑託端於是焉。

又《刻蔡氏月令章句叙》 余讀《後漢書・蔡邕傳》而歎中郎生不逢時，有匡濟之略不見用，有纂述之才不能成，且脅於權奸，死於牢獄。後世不諒其志，復加以黨惡之名，未嘗不爲之太息痛恨悲感交集也！中郎母病，不解帶者三年，不寢寐者七旬。母卒廬冢，馴兔擾室，木生連理，非至孝之感乎！密詔稽問，直對無隱，首揭妖祥災變之原，歷指貪濁佞邪之輩，明知言出禍隨，而冒死不避，非致身之忠乎！去聖又久遠，經籍多譌俗儒穿鑿，疑誤後進，奏求正定六經，而手自書碑，命工鐫刻，俾後生晚學咸知取正，則有功聖經也！史才之難，莫難於志。師資胡廣，得其舊事，起自布衣，歷於患難，積累思惟，以成《十意》，又作《靈帝紀》及《補傳》四十二篇，則有功漢史也！詎以姦仇譏譖，始議大不敬棄市，後與家屬髡鉗徙朔方。明年宥還，又以閹黨銜怨而亡命江海，遯跡吴會，困阨至矣！董卓一旦入朝，辟書先下，分明枉結，信宿三遷，匡導既申，狂僭屢革。六語本史論。卓雖權奸，而上有獻帝，猶漢相也。可不謂知己之遇乎！且史言董卓聞邕名高，辟之。稱疾不就。卓大怒，詈曰：「我力能族人！」又切敕州郡舉邕詣府，是其迫脅之以不得不進也。既如彼，又言卓多自很用，邕恨其言少從。謂從弟谷曰：「董公性剛而遂非，終難濟也。吾欲遯逃山東以待之，何如？」谷曰：「君狀異恒人，每行，觀者盈集，以此自匿，不亦難乎？」邕乃止，是其既進而不能退也。又如此驟聞卓誅，動色而歎，意氣之感，孰能忘情？設無此一歎，其事君必不能忠，其事親必不能孝。乃遽執此指爲同逆，不亦冤乎！且同時盧鄭大賢，咸與中郎交好。史云邕死，搢紳諸儒，莫不流涕。北海鄭元聞而歎曰：「漢世之事，誰與正之？」然則先師得壹意研經而不治史者，以有中郎在也。」又《盧植傳》曰：「卓將誅植，植素善邕，邕前徙朔方，植獨上書請之，邕時見親於卓，故往請植事卓乃止，然則卓之不殺子幹，中郎請救之力也。」語云：「不知人，視其友」，而范氏史贊與馬融並論，《贊》云：「藉梁懷董，名澆身毁。」擬人不倫矣！《顏氏家訓・文章篇》亦云：「馬季長佞損獲誚，蔡伯喈同惡受誅。」史言邕收付廷尉，乞黥首刖足，續成漢史。太尉馬日磾馳謂王允：「伯喈曠世逸才，多識漢事，當成後史，爲一代大典。」是中郎垂死惓惓漢記，寧嬰金鐵斷支體以成之。馬太尉深知力救弗得，不能如司馬子長之下蠶室而成《史記》也，爲千古恨事矣！中郎著《月令章句》，本傳失載。《集》言光和元年，徙朔方，擢顛蹶隕墜，無以示後，遂於憂怖之中，成《月令説》，苟使學者以爲可覽，則雖死而不朽。然則《章句》之作在患難中，蓋深慮旦夕不測，草木同腐，將託是以表見，庶幾身毁名立也！鏞堂敬其人，悲其志，惜其書之不成，其所成者，後世復散亡，因采輯羣書所引，并録集中《月令問答》、《明堂月令論》二首爲二卷，以存中郎梗概焉。鏞堂年二十始知治經，即翔端《月令》據《吕氏春秋》以校《小戴記》。塾師鄭清如、鄉先生莊保琛見而獎異之，遂欣然有志於學，後録成此本，十餘年於今矣！暇日重勘一過，擬付剞劂氏，學者讀其書，不可不知其人，竊爲論及之。

又《録華嚴經音義序》 《大方廣佛華嚴經音義》四卷，唐京兆静法寺沙門慧苑撰。近同里孫淵如編修輯《蒼頡篇》，興化任幼植主事輯《字林》，徵引《一切經》、《華嚴經音義》，而二書始見知於世。《唐志》載元應《衆經音義》二十五卷，而慧苑書未著録。余見而嗜之，手自纂録，凡屬梵言悉從省節，有涉儒義並列簡編，仍存其卷第篇目，俾後人可考也。或謂慧苑學識不及元應之精，其書亦遠遜。時余方寫定韓詩，試以此書所引《韓詩傳》論之，以明其可貴焉。有云「墠」猶「墠坦」，因知作「東門之壇」者爲《毛詩》，作「東門之墠」者爲《韓詩》，今詩作「墠」，因定本而誤，定本作「墠」，因韓詩而改，而《釋文》、《正義》、《開成石經》固皆作「壇」也。又云「遭，遇也」此即「遭我乎猺之間兮」，傳毛氏無之。又云「烔謂燒草，傳火焰盛也」按毛詩「蘊隆蟲蟲」，《釋文》謂韓詩「蟲」作「烔」，正合此，皆《釋文》、《正義》、《後漢書注》、《文選注》諸書所未引者。「叔在藪」，《釋文》引《韓詩》「禽獸居之曰藪」爲節引，此引「澤中可禽獸居之曰藪」爲原文。嘉定錢萃楣少詹輯《風俗通逸文》，而此引云「天子治居之城曰都，舊都曰邑」。又春秋之末，鄭有賢人著書一篇，號「鄭長者」，謂「年長德艾、事長於人，以之爲長者故也」，皆錢本所無，至錢本有之，而文或節略，轉不如此引爲完善者尚多。餘若引劉子珪《周易義疏》、王子雍《尚書傳》、劉

屯《儀禮注》、蔡伯喈《月令章句》、服子慎《左氏解誼》、賈景伯《國語解詁》、鄭氏《孝經注》、劉成國《孟子注》，皆今日已亡之經部也。若張揖《埤蒼》、李登《聲類》、楊承慶《字統》、葛洪《字苑》、服虔《通俗文》、李彤《字指》、阮孝緒《文字集略》、《漢書音義》皆今日已亡之小學家也。每稱《珠叢韻圃》，按《唐書・藝文志》載諸葛穎《桂苑珠叢》一百卷，《桂苑珠叢略要》三十卷。《儒林傳上》煬帝令曹憲與諸儒譔《桂苑珠叢》規正文字，而《韻圃》無考，餘引漢魏古籍尚夥，亦可以見此書之足貴矣！此定當與《一切經音義》並傳，又何可爲之較短絜長哉！惜此本出鈔胥手，未及學士勘對，故脱誤甚衆。余正其可知者，而闕其不可知者，未審何日得藏本細校，并付梓以公海内也。

又《録唐釋湛然輔行記序》 庸來京師，主王庶子引之，以《字林考逸》屬校，删馬部「馴性行調順」五字，庶子曰：「此唐釋湛然書也。君昔録慧苑書矣！盍踵爲之，以益藝林。」手持釋藏，至大半蟲蠹鼠耗，泥委沙積，參他本始可讀。君山普門子叙題「永泰首元興唐八葉之四載」，考《唐書》代宗廣德二年甲辰，明年正月改元永泰爲乙巳，又明年大厤元年爲丙午，則永泰首元乃八葉之三載，稱四者誤也。江陰君山因春申君名普門子，隣邑沙門故序其書，所引羣籍，六藝外經部如《尚書大傳》、《洪範五行傳》、《大戴禮記》、《春秋後語》、賈逵《國語注》、鄭氏《孝經注》、李巡《爾雅注》；小學如《蒼頡》、《説文》、《方言》、《廣雅》、《埤蒼》、《釋名》、《字林》、《字統》、《通俗文》、《玉篇》、《字書》；史部如《史記》、《漢書》、諸史列傳、《帝王世紀》、《孝傳》、蕭廣濟《孝子傳》、郭璞注《山海經》；子部如《老》、《莊》、《列》、《管》、《孟》、《淮南》、《尸子》、《牟子》、《劉子》、《白虎通》、《風俗通》、《説苑》、《顔氏家訓》、《博物誌》、《異物誌》、《大公》、《六韜》、《神農經》、《本草》、《七曜圖》、《大壬式》及諸所言陰陽、五行、天文、星宿、醫脉、骨節；集部如《御覽》、《要覽》、《文選》、《楚辭》，靡不博綜而詳證之，蓋有後世儒生不能舉其篇名者矣。其足互訂者，如引《孝經注》釋「食廩曰禄」可補《釋文》禄字之闕，今本作「稟爲者廩，曰之異爲下，于僞反」，乃淺人所加，影宋鈔空缺是也。引《爾雅》「東北隅謂之宦」，麻杲云「養，養萬物也」。按《釋文》稱李云「東北者，陽氣始起，育養萬物，故曰宦，宦養也」可證，當作李巡云：「宦，養也，養萬物也。」引《春秋後語》「今日不雨，明日不雨，必見蚌脯；今日不出，明日不出，必見死鷸」。兩脯爲韻，出鷸爲韻，可證。燕策即有死蚌爲失韻，二即有皆必見之誤也。引《説文》「月名恒娥，亦名常娥，月初月末，常如娥眉」，今《説文》無可訂，俗作「姮娥」，爲「恒常」之訛。毛詩「蛾眉」爲「娥眉」之訛也。孫觀察星衍輯《蒼頡篇》、惠徵君棟、章孝廉宗源輯《尸子》、錢少詹大昕輯《風俗通》及庸輯《嬴雅注》等皆未見此書，故所徵逸文闕而未載，惟任侍御大椿《字林》采此書，然勘「性性行調順」語近時俗，非晉人解字之文，且本作「調馴」，任改爲「順」，湛然三引《字書》，辭多淺薄，此引《字林》蓋《字書》之譌。湛然又曰「曳，牽也，亦作拽」，《字林》云「卧，引也」，按《説文》手部曰「捈，卧，引也；抴，捈也」；「拽」即「抴」之變，「卧引」之訓，正本《説文》，此確爲《字林》。任反失采，又言「經史子集曰集，謂古今賢良所抄，如《御覽》之流，此目北齊修文殿書，爲趙宋太平間纂修之所本，或據《太平御覽》，謂宋初古籍尚存，又疑此語爲宋人竄入」，皆誤也。叙言宗虚無者，名教之道廢；遺文字者，述作之義廢。可見彼教尚然，奚況吾道？故唐以前名釋多閎博之流，湛公爲庸同邑之先覺，余嘉其志，掇録二卷，浹旬而成，去取之例視諸華嚴，稱《輔行記》者，依原叙也。一時好事傳鈔，有承德孫觀察馮翼、仁和陳孝廉善、桐城孫茂才起藩、及門鑲藍旗覺羅生桂菖并書之，以徵同志云。去夏録成，王庶子屬余撰序，倉猝未應，惜今以母憂去官，不及就質之。

盧文弨《抱經堂文集》卷二《增校王伯厚詩攷序》 曩余於此書增其所未備，并以元本補遺各歸本篇，録成清本，爲之跋其後矣。自爾以來，時復繙閲，見王氏於《釋文》所載之異同，多不引入。夫古來傳書，不皆畫一，即《釋文》本，亦與《正義》本多不相同。宋人刻經注疏，附以《釋文》，至其差齵處，便改《釋文》以就注疏之本，使非通志堂所梓宋本《經典釋文》三十卷具在，後之人又安從識别乎？繼又得日本國人山井氏鼎所爲《七經考文》觀之，其所傳古本，往往與《釋文》所云一作某或作某及《正義》中所云定本作某者符同。而王氏於異字異義獨不取諸《釋文》，説者謂王氏意主别三家之異同，於《毛詩》之異文可從略。余向者亦未之採，今補採之以廣異聞。有陸氏所據之本，有陸氏所云異同之本，具别白焉。若其明指以爲非者，則不録也。至今書之譌異者，不但陸氏時未有，即王氏亦當未之知也。余曩已舉「朔月辛卯」之譌「月」爲「日」，「家伯維宰」之譌「維」爲「冢」兩條矣。今更悉數之：如「何彼襛矣」，「襛」譌爲「穠」；「終然允臧」，「然」譌爲「焉」；「不能辰夜」，「辰」譌爲「晨」；「碩大且篤」，「碩」譌爲「實」；「不可畏也」，「不」譌爲「亦」；「胡然厲矣」，「然」譌爲「爲」；「天降滔德」，「滔」譌爲「慆」；「降予卿士」，「予」譌爲「于」。又若「羊牛下括」，誤倒爲「牛羊」；「家室君王」，誤倒爲「室家」；《小旻》與《抑》之「如彼流泉」，皆誤倒爲「泉流」。而《竹竿》之「遠父母兄弟」，不與「淇水在右」相協，據《石經》當作「遠兄弟父母」。至《四月》之「奚其適歸」，乃朱子從《家語》

訓奚爲何，若《毛氏》則作「爰」字，其訓爲於，與《左氏》所引正相合。凡若此類，世人習其讀而昧所從來者比比矣。古書所引在未誤以前，其又可執以爲異文乎？本朝嚴思菴虞惇著《讀詩質疑》，會稽范蘅洲家相著《三家詩拾遺》，於此書亦各有增損，然於王氏採用之誤，則皆未能盡正，而一經移易，轉又滋譌。近又得歸安丁小雅校本，凡王氏之沿譌互異者，一一釐革。余見而善之，亟爲傳録，亦採用嚴、范二家之長，各著其姓以别之，至所引各書，本無當篇之名，則以余所知者增成之。又若日本國之本，其異同頗多於《釋文》所云，雖未必全是，然要爲中土舊傳之本居多，非僻遠之人所能僞撰也。亦取以入焉，而是書乃可謂完然大備矣。噫！諸君子之勤勤掇拾者，非欲申三家以抑毛而奪朱也。義可斷章，辭無達詁，是在善讀者意逆而微會之耳。苟其不然，即「陳古以諷」一語亦爲禍階，致令末世子孫不欲人頌颺其先世之美，而以爲《魚藻》之義，則詩之爲教幾可廢矣，豈古説詩者所能逆料也哉！是書本不分卷，今以所增益者多，因分之爲四卷云。

又卷一三《胡方平文恭集書後》 此集失傳已久，故自來以其遺詩數章附唐人之後，云不知其時代爵里。今從《永樂大典》中鈔出者，詩、奏疏、内外制及雜文共定著四十卷。乃宋仁宗朝顯官也。詩豐縟而不失氣骨，置唐中盛閒，誠無所多讓。閒有近晚唐者，如「桐井曉寒千乳斂，茗園春嫩一旗開」，「拂窗經葉欺閑卧，倚檻黄花笑獨醒」，亦佳句也。五言長律，丰容美滿，亦多合作。但集中用字喜新，而不免僻澀之病。如云「去騶呼已遠，自笑守應廬」，本應休璉《百一詩》「問我何功德，三入承明廬」也。「海簪重拾笑彈冠」，本《北山移文》「昔聞投簪逸海岸」也。「葛華與參宿，此見恐無緣」，余以爲葛華乃莒花也，此傳寫之誤。其他若「用杵天葆髮」之類甚多。亦有不免割裂湊泊者，如以昆明刼灰爲「昆灰」，武都泥爲「武泥」，黄堂爲「雌堂」，《老子》「如登春臺」爲「老臺」，畔牢愁截去愁字以叶韻。且於小學亦殊疎，押青韻云「寧待據梧瞑」，不知此瞑與眠同。又云「更籌深策破先零」，不知此零當讀憐，皆非青韻内字也。又云「鱣庭舊迹空」，案三鱣之鱣與鱓同，《顔氏家訓》曾辯之。又云「月閒芳桂正窅窊」，「桂色窅窊秀」，顔師古注《漢書》：「窅音一校反。」此必所見本誤脱校字偏旁，而以爲「一交反」也。又云「郊外春車駕屏星」，「監州駕屏星」，屏星見《續漢輿服志》注。劉昭雖無音，然《廣韻十二庚》有箳字，注：「箳篂，車轓。」且即以屏風類推之，其必不讀爲「丙」明矣。唐人於小學，極不敢忽，以故篇章流傳，可指摘者極少。宋人則不然，雖腹笥富有，墨瀋横飛，而細類微瑕，究不得爲全美。辭章之士，往往輕視小學，其所以不及前人者，正坐此，烏可忽哉！集中《咏荷花詩》有云：「妖篜周室出，禍水漢宫來。」無所寓意而漫以此相方，其唐突西子，毋乃太甚。

又《劉公是集跋》 劉原父《公是集》元本分五種，《古詩集》二十卷，《律詩集》十五卷，《内集》二十卷，《外集》十五卷，《小集》五卷，總七十五卷。諸議論、辯説、傳記、書序、古賦、四言文詞、箴、贊、碑刻誌、行狀皆歸之《内集》，諸制誥、章表、奏疏、駁議、齋文、覆謚皆歸之《外集》，諸律賦、書啓皆歸之《小集》。其弟貢父爲之序，藏書家鮮有其本。今從《永樂大典》中鈔出者，區分而聯綴之，合成五十四卷。不能依元本之次第，以賦爲首，而古與律不分。又元本《内集》之與人書，古文也；《小集》之書啓，俳體也，今亦混而爲一矣。曩觀唐人詩集中，附見他人倡和之作，舊本皆一例平寫，無高下之别。或他人倡而已和，則置他人之作於前；或他人和己，則置他人之作於後。近代則不然，凡附見者皆置後，且低一字以别之。《公是集》尚有古法。而鈔集者不察，或誤以他人之作爲原父作，七言近體中，有其弟貢父先寄詩而原父和之，遂誤以在前者屬原父，而和詩反低一格從附見之例。余與歷城周太史書昌言之，當改正也。原父詩有瀟灑出塵之致。其議論多有啟發人意處，謂人之儉，儉於人而裕於己；晏子之儉，儉於己而裕於人。有《説犬馬》一篇，其大略云：「由漢以來，苟進言於天子，無不以犬馬自予者。嗚呼！使夫知治守道之臣，進以義，退以禮，而犬馬之説不已貶乎？使夫亂國偷容之臣，進以利，退以刑，而犬馬之説不已僭乎？今夫犬之爲人用也，不過受一器之食，然而外則有獲獸之效，内則有禦寇之猛，斯可謂適其材矣。馬之爲人用也，不過盡一鈞之芻，然而外則有兵戰之捷，内則有馳獵之奉，斯亦可謂適其材矣。故功著而利不益，身勤而事不害，此雖廉能之士，盡瘁不貳，何有能過焉。若夫亂世偷容之臣，功薄而罪尤，身利而事害，如此何以自比於犬馬耶？」余謂其言足以警有位者，故特著之。

又《潔齋集書後》 《書録解題》載《潔齋集》二十六卷，《後集》十三卷，南宋禮部侍郎袁燮和叔撰。馬氏《經籍考》唯《後集》作十二卷爲異，當由誤脱其畫耳。今聚珍版本二十四卷，不分前後集，乃從《永樂大典》中鈔出者，題曰「絜齋集」。古潔字雖作「絜」，然在今則不得不分。和叔齋名本作潔清之潔，故其贈陸伯微絶句有云：「斗大書齋以潔名，冰壺表裏要清明。如今塵土填胸臆，幸挽滄浪爲濯纓。」若作古字，恐不知者，疑其或取「絜矩」爲義，則失之矣。其詩不甚經意，而文則條鬯明粹，能達其意之所欲言。其子甫作後序，謂其行文不喜用難字。夫好用難字，此剽竊塗澤者之所爲耳，文之古，不在此。吾讀所撰《何夫人宣氏墓誌》，而歎女子有

高識，其言有足爲今之士風警者，爲録於此。誌云：「科舉之士有得雋場屋又兼人以獲厚貲者，頗自矜衒。夫人曰：『士子當砥礪廉隅，今嗜利無恥而不知其非，又自以爲能，他日苟得一官，豈不重爲民害乎！』吾以夫人此言爲舉子作箴砭，不知尚能發汗否耶？第六卷《策問・功臣篇》中云：「雲臺二十八將，以鄧禹元功爲首，自是。而下亦宜以功之大小爲序，弇之平齊，恂之守河内，彭之克延岑，異之破赤眉，皆其時卓然可稱者，而序之於王梁、杜茂、傅俊、堅鐔之下，彼數子者，功何有焉，是何先後之失當耶？」案：此但據俗本《後漢書》耳，乃後人改寫致誤，非本來之失也。此載《馬武傳》後，本作上下兩列，先序上列竟，而後及於下列之首，此古法也。如張守節《史記正義》所載《周書謚法解》，亦是如此。後人改兩列爲一列，而以一上一下排寫其次序，遂致舛互。獨不觀論中所言乎？云「其外又有王常、李通、竇融、卓茂，合三十二人。」今此四人者，亦皆雜厠於二十八將之中，非其誤之灼然易見者乎？以和叔之學而尚失於不考，何況後人。

王謨《漢魏遺書鈔・尚書大傳注》 汝則有逸罰。《爾雅注疏》云今文。案：「佚罰」二字見《盤庚》。董本注於「鮮誓」下。案《費誓》是汝則有常刑，汝則有大刑，無「逸罰」字。

又 《周書》成王時州靡國獻之。《山海經・海内南經》注。《爾雅・狒狒》疏引無「書」字。案《周書》謂《逸周書・王會解》，或謂書是衍字，誤。

又《三禮目録》 《大戴》第十七，《小戴》第九，劉向《别録》第十一。案：以前十篇《目録》於《别録》俱不云劉向，不應至此特出姓氏，此二字誤衍。蓋《儀禮》中軼，刊監本者以《通解》爲本，重校刊之，而《喪服》至《特牲》《通解》於《目録》皆不載錦尾第次，監本依《士冠》疏補，輒誤加耳。

又《尚書古文序》 高宗祭成湯，有飛雉升鼎耳而雊。鼎，三公象也。此五字又見《文選》潘安仁《西征賦》注、潘正叔《贈河陽詩》注、陳孔彰《爲袁紹檄豫州》注、王元長《三月三日曲水詩序》注、任彦昇《王文憲集序》注、王仲寶《褚淵碑文》注。

又《河圖稽命徵》 慶都與赤龍合，生帝堯於伊祁。《説郛五》清河郡本伊祁。祁作祈，下有注云：伊祈亦作丹陵，此當是朱均校。

又《纂要》 案：《纂要》有二，一顔延之《纂要》，一梁元帝《纂要》。任氏《小學鉤沉》止引《纂要》而不引梁元帝《纂要》，意謂是顔延之《纂要》，殊不知所引《北堂書鈔》一百五十四「素秋、素商」至「窮稔、窮紀」即是《初學記》三、《御覽》二十七所引梁元帝《纂要》。且其文義亦是一格，想顔延之書不傳，至唐宋時正存梁元帝書，故諸書多引之。按：《初學記》二十引顔延年《纂要》云「古者二十畝爲井，因井爲市，故云也。又市巷謂之闠，市門謂之闤，巷謂之閎。」徐氏引二家書皆分别標題，其只言《纂要》者，或二家互見，故渾言之。潘安仁《懷舊賦》注引顔延年曰「車跡曰軌，車輪謂之軔」。又《寡婦賦》注引顔延年曰「春夏秋冬曰四時，時名一節，故言四時」，又引《纂要》「在上曰帳，在旁曰帷，單帳曰幬」。張茂先《勵志詩》注引顔延年曰「一寒一暑，一往一復曰代，去者爲謝」。嵇叔夜《琴賦》注引《纂要》云「一時三月謂之三春，九十日謂之九春」。曹子建《雜詩》注引《纂要》云「九十日故九春」。《文選》注於梁元帝書未嘗引及，其只言《纂要》者，或亦二書互見。按：「四合象宫曰幄」句賈《疏》云見顔延之《纂要》。又《天官・甸師》「帥其徒以薪蒸，役外，内饗之事」，鄭注「大木曰薪，小曰蒸」，賈《疏》云此《纂要》文。例以《幕人》疏，似亦屬顔延之書。又《四時纂要》云「立春貯水，謂之神水，釀酒不壞」見《御覽》二十。又《御覽》二十二引《四時纂要》：「四月也，是謂乏月，冬穀既盡，宿麥未登，宜賑乏絶，救飢窮，九族不能自活者救之。無固蘊蓄而忍人之貧，貧貨殖之宜，忘種福之利，君子弗取也。」又《古今韻會》十「灰」引《四時纂要》云「閩人以立夏後逢庚入梅，芒種後逢壬出梅」。據《爾雅翼》卷八知《四時纂要》是韓鄂撰。案：諸書所云《四時纂要》疑亦《四民月令》之類，以其亦名《纂要》，故附録之。

又《易乾鑿度》 孔子曰：《既濟》「九三，高宗伐鬼方，三年剋之。」高宗者，武丁也，湯之後有德之君也。九月之時，陽失正位，盛德既衰，而九三得正，下陰能終其道，濟成萬物，猶殷道中衰，王道陵遲。至于高宗，内理其國，以得民心，扶救衰微，伐征遠方，三年而惡消滅，成王道。按：「王道」上原本脱「成」字，今據錢本補入。

又《易稽覽圖》 太陰用事如少陽，卦之效也。一辰，其陰效也。盡日。按：正文「少陽」原本作「少陰」，「一辰」原本「一陰」，今俱據文改正。

又 左爲右，前爲後。東方爲左，西方爲右，南方爲前，北方爲後。一百二十日降爲卒雨，其有陽一百二十日而風，謂上九用事後一百二十日降爲卒風。按：注中「一百二十日」以下云云俱應在後文「上有陰百二十日爲雨」句下，彼注中「上六用事」五字當在此注「一百二十日降爲卒雨」九字之上，自「其有陽」至「而風」十字復當爲正文，「謂上九」至「卒風」十五字復當爲注文，疑傳寫者以後字文相同而錯誤在此，又混正文入注，遂不可辨耳。

又《易通卦驗》 晷長九尺一寸六分，黃陽雲出亢南，黃北黑雨水于坎，直九五九五，辰在申。謹按張惠言曰：乾五爻辰在申。得坤氣爲南、黃，猶坎也，故北黑。按：「晷長九尺一寸六分」三句原本誤入注中，今改正。

張澍《二酉堂叢書·西河記》 張駿立謙光殿成，後池水中有五龍晝日見，移時乃滅，水通變緑色，駿因作鑄銅龍以厭之。後卒不勝此殿。澍按：吴淑《事類賦注》引末句云：「駿尋卒。」又一本引「池」下無「水」字，「晝」下無「日」字，「因」作「即」，「勝」作「升」。

又 西河無蠶桑，婦女著碧纈裙，加細布裳。著纈襦襖，以外國五色錦爲褌褶。澍按：一本引「布裳」下有「且爲戎狄姓」五字。

又《西河舊事》 福禄城因謝艾所築，城下有金泉，味如酒，故曰酒泉。澍按：《十三州志》云：「福禄城，謝艾所築，下有金泉，味如酒。有人飲此泉水，見有金色從山中照水，往取得金。」應劭《漢官儀》曰：「酒泉城下有金泉，泉味如酒，故曰酒泉。」是金泉即酒泉也。

又 白山冬夏有雪，故曰白山，匈奴謂之天山，過之皆下馬拜焉。澍按：天山一名折羅漫山，見《元和志》。而《括地志》作「初羅漫山」，或作「時羅漫山」，皆字形相近而誤。

又 天山最高，冬夏長雪，故曰白山。山中有好木鐵，匈奴謂之天山，過下皆下馬拜。在蒲類海東一百里。澍按：《太平寰宇記》引「鐵」下無「白」字。又一本引末句作「在蒲類海百里之内」。又《太平御覽》、《太平寰宇記》引末句有云「即漢貳師擊右賢王之處」。或引脱「類海」二字。蒲類海，胡人呼爲婆悉海也。

又《沙州記》 從東洮至西洮百二十里。澍按：《後漢書·馬防傳》注：「東洮即索西縣故城，在今岷州政和縣東，亦名臨洮東城，亦謂之赤水城。」又按：《後漢書》注引「百」上有「一」字。

又 洮水與墊江水俱出强臺山。山南即墊江源，山東則洮水源也。澍按：《太平御覽》「即」作「爲」，「則」作「即」。又按酈善長説，墊江即《山海經》之白水。《山海經》：「白水出蜀」，郭景純《注》：「從臨洮之西傾山東南流入漢，而至墊江。」故段國以爲墊江水也。洮水同出一山，故知强臺即西傾之異名。

又 鳥鼠同穴，山鳥如家雀，色小白，鼠小黄而無尾。凡同穴，地皆沃肥，壤盡軟熟如人耕。多生黄花紫草。澍按：沈約《宋書》：「沙州甘谷嶺北有雀鼠同穴，或在山嶺，或在平地。雀色白，鼠色黄。地生黄花紫草，便有雀鼠同穴也。」《寰宇記》引「色小白」作「而小白」，「盡」作「蓋」。

又《十三州記》 羊鶻山，多岩石少樹木，甚似魯國南鄒山。傍山北行三十里，遠眺顧瞻百里，但見峻嶺巉岩，無尺木寸草。澍按：「寸草」，《寰宇記》引作「把草」。「羊鶻山」，《寰宇記》引作「羊膊山」。

又 廣平城東北百一十里有潘縣。澍按《路史》引云：「潘在廣平城東北十里。」脱「百」字。《魏土地記》曰：下洛城西南四十里有潘城，城西北三里有歷山，山上有虞舜廟。又城有潘泉。

又《涼州記》 吕纂咸寧二年，胡安璩等發張駿墓，得真珠簾箔、雲母屏風、琉璃榼、白玉樽受三升、赤玉簫，紫玉笛、珊瑚鞭、瑪瑙鐘、黄金勒。澍按：《後涼録》「胡安璩」作「胡璩」，一作「胡安枚」。纂誅璩黨五十餘家，遣使吊祭駿，繕修其墓。《太平御覽》又引云：「盗發張駿陵，得鞭，飾以珊瑚。」又引云「有人發張駿墓，得真珠簾箔、雲母屏風」。又引云：「胡安璩等發張駿墓，得瑪瑙鐘、白玉樽受三升，琉璃榼。」

又 吕纂常與左右因醉騁馳游獵，或馬奔於坑塹之間，侍御史王回、中書侍郎王儒控馬諫曰：「千金之子坐不垂堂，萬乘之主清道而行，奈何去輿輦之安，冒奔馳之危？銜橛之變動，有不測之禍，愚臣竊所未安，敢以死争，願陛下宜憶袁盎攬轡之言，不令臣等受譏千載！」纂不納。澍按：《初學記》引云：「纂漸馳游獵，或馬奔溝塹之間，殿中侍御史王回控馬諫曰：『陛下宜憶袁盎攬轡之言。』所引不全，據《十六國春秋》補之。「宜憶」，《後涼録》作「遠思」。

又《涼州異物志》 有一大人，生於北邊，偃卧於野，其高如山，頓脚成谷，横身塞川。近之有灾，銅雹擊旃。原注：「在丁零北千五百里。長萬餘里，頓脚之間，乃成大谷。唯可遥看，不可到下，到下則雷電流銅鐵之丸爲雹，以擊殺人。」澍按：《初學記》引「有」下無「一」字，「灾」作「尖」。又引注云：「旃，之也」，末句作「以擊人」，無「殺」字。

又 姜賴之墟，今稱龍城。恒谿無道，以感天庭。上帝震怒，溢海蕩傾。剛鹵千里，蒺藜之形。其下有鹽，累棋而生。原注：「姜賴，胡國名也。恒谿，其王字也，矜貪無厭。上帝化爲沙門，游於國，觀其政，遂往谿乞之，以鹽於帝。帝乃震怒，使蒲昌溢以蕩覆也。其地化爲鹵而堅剛，狀似蒺藜。撥發其底，鹽方大如棋，以次相累而生。坐以鹽乞天帝，故使此地化生鹽也。」澍按《類聚》引云：「姜賴之墟，今稱龍城。生赤黑鹽，以其生於胡國，名曰戎鹽。張掖有池，産紅鹽。」又按：「恒谿」一作「垣谿」，注文「矜貪」一作「貪婪」，「遂往」一作「遂從」。《水經注》云：「龍城，故姜賴之虚，胡之大國也。蒲昌海溢，蕩覆其國，城基尚存而至大，晨發西門，莫達東門。澮其崖岸，餘溜風吹，稍成龍形，西面向海，因名龍城。地廣千里，皆爲鹽而堅剛也。行人所逕，畜産皆布氈卧之。掘發其下，有大鹽，方如巨枕，以次相累，類霧起雲浮。寡見星日，少禽多鬼怪。西接鄯善，東連三沙，爲海之北隘矣。故蒲昌亦有鹽澤之稱也。」

又《西河舊事》 祁連山在張掖、酒泉二郡界之上，東西二百餘里，南北百餘里，有松、柏、五木，美水草。冬温夏凉，宜牧畜養。匈奴失二山，乃歌云：「亡我祁連山，使我六畜不蕃息。失我焉支山，使我婦女無顔色。」祁連一名天山，亦曰白山。澍按：《史記正義》引云匈奴失祁連、焉支二山歌，末有「其慜惜乃如此」六字。《太平御

覽》引云：「祁連山與焉支山宜畜養。匈奴失此二山，乃歌曰：『失我焉支山，使我婦女無顔色。失我祁連山，使我六畜不蕃息』。」字句與《索隱》少異。又崔豹《古今注》云：「燕支，葉似薊，華似昌蒲，出西方。土人以染，名曰燕支。中國人謂紅藍，以染粉爲婦人面色，謂之燕支粉也。」習鑿齒《與燕王書》曰：「此下有紅藍，足下先知之否？他方人采取其花染緋黄，接其上英者作燕支，婦人用爲面色可愛。班固曰，匈奴名妻作閼支，言可愛如燕支。」又按，《索隱》以《西河舊事》謂白山即天山、祁連爲非是。

又《十三州記》 大夏縣西有故金紐城，去縣四十里，本都尉治。澍按：《前涼録》張駿十八年，分武始、晉興、廣武置大夏郡及縣，取縣大夏水爲名。《水經注》：灕水西北流，注於洮水，洮水右合二水，左會大夏川水，水出西山，二源合舍而亂流，經金紐城南。《寰宇記》：「有金劍故城，一號金柳城。」疑金柳即金紐也。

又 允吾縣西四十里，有小晉興城。湟水又東與閤門河合，即浩亹河也。浩讀閤，故亦曰閤門水。澍按：一引「晉興城」下有「爲今之古鄯地」六字。《漢地理志》：「浩亹水出西塞外，至東允吾入湟水。」師古曰：「亹者，水流峽山，岸若深門也。浩音誥。疾言之，浩爲閤耳。」

孫星衍《問字堂集》卷三《孫子畧解序》 《通典》引《孫子》，「故曰，深草蓊穢者，所以遯逃也；深谷阻險者，所以止禦車騎也；隘塞山林者，所以少擊衆也；沛澤杳冥者，所以匿其形也」。今本亦闕。《通典》、《太平御覽》又引《行軍篇》「軍旁有阻險蔣潢，井生葭葦，山林翳薈」。注云：「蔣者，草木之叢生也。」今無「蔣」字及注，是皆俗本之脱誤。

陳鱣《簡莊文鈔》卷二《埤倉拾存自叙》 魏張揖譔《埤倉》二卷。按揖字稚讓，清河人，太和中爲博士，多聞古埶，特善倉雅。後魏江式偁其與陳留邯鄲淳齊名，所著别有《廣雅》三卷、《古今字詁》三卷、《難字》、《誤字》各一卷，又《三倉解詁》三卷、《解司馬相如傳》一卷。而陳壽《三國志》不爲列傳，良可惜也。揖之書，隋、唐《志》並載其目，今惟《廣雅》獨存，餘皆亡逸。然自晉梁汔北宋，傳注字部類書釋典俱有引《埤倉》者，知即亡于南宋時矣。鱣少時嘗從所見羣書中集爲一卷，弟隨各書采録未及詳校。乾隆五十四年客京師，始補治之，用《説文》部分編次，使讀者易于尋求。三倉之字，具在《説文》，此所謂埤，蓋雜取漢魏閒俗字方之許書，或得或失，如「苾爲大香、諄爲告曉之孰，瞟爲明察，髁爲尻骨」之類，皆與説文合。又如「譫，多言也」，「揀，擇也」，按《説文》「詹，多言也。从言从八产」。「柬，分别簡之也。从束从八。八，分别也」。此詹旁加言，柬旁加手，實爲贅矣。至其説有可以互證經典者，如「箱，序也。字或作廂」，按《説文》有箱無廂，《急就篇》云「軗轝轓庫，廏東箱觀」，《禮》云「俟于東廂」，《漢書·周昌傳》云「吕后側耳于東箱」，得此序也。一訓然後知今本《爾雅》之作「東西廂」爲後人誤改或體字也。又云「拱，大戈也」，按《爾雅》云「樴謂之杙，大者謂之栱」，説文無栱字，今互證之，可以定彼「栱」之爲「拱」，更可定此「戈」之爲「弋」也。又云「瓔琨，石似玉也」，按《説文》云「琨，石之似玉者」，無「瓔」字，《山海經》云「羭次之山，其陽多嬰垣之玉」，郭璞注「垣，或作短，或作根，或作埋」，傳寫謬錯，未可得詳。畢尚書新校正云「或作根者，當爲琨」。今互證之，可以定彼「根」之爲「琨」，更可以定此「瓔」之爲「嬰」也。《埤倉》與《廣雅》相表裏，故其説有與之同者。《廣雅》云「經梳謂之构」，此云「构，凡織先經以构，梳絲使不亂出」。《廣雅》云「鼓䵽謂之柧」，曹憲《音義》「䵽或從壺」，此云「䵽，鼓柧也」。亦有與之異者，《廣雅》「耾，聾也」，此作「耾，聲貌」。《廣雅》云「摽，擊也」，此作「抛，擊也」，按《説文》無「抛」，止作「摽」耳。至「耾、构、䵽、柧」等字，悉是俗體，今于《説文》所無之字，旁摽正文，皆由攷據而非臆見，疑則缺之，注以俗字。夫載籍極博，聞見難窮，補遺正誤，是所待於俊哲之倫矣。鱣著《説文解字正義》，思盡讀倉雅字書，每于古訓遺文、單詞片語，零行依附，獲則取之，以資左證，自病孤陋，多致疏違。比來京師，幸得親炙于當世賢豪，有若邵二雲編修之于《爾雅》、王懷祖侍御之于《廣雅》、孫淵如編修之于《倉頡篇》、任子田禮部之于《字林》，具有成書，小學之興，于今爲盛。鱣于是編而外更采集《聲類》、《通俗文》等書，因編校《埤倉》既竣，而述其大略如此，以質之數君子焉。

又《聲類拾存自叙》 魏左校令李登譔《聲類》十卷，《隋書·經籍志》載其目，唐以後失傳。鱣從羣書所引采集得二百餘條，因元本以五聲命字，次弟不可攷見，姑依陸法言書部分録爲一卷，且爲之敘曰：小學本輔羣經，古之字書，惟賴《説文解字》僅存，然攷論古聲，終多疑惑。《聲類》者，其訓詁既有以補《説文》之遺，其音讀又足以補唐韻之謬。則今日于亡逸之餘，爲之綱羅拾瀋，其可緩乎哉？《説文》解「芋」字云「大葉實根駭人，故謂之芋」，《聲類》云「芋，大葉著根之菜，見之驚人，故曰芋。大者，謂之蹲鴟，甚可蒸食也」。義本《説文》，而訓較詳。《説文》云「蔕，瓜當也」，《聲類》易之曰「果鼻」，其義益精，而《玉篇》則以爲「草木綴實」，説近迂矣。《説文》以嘘爲吹以吹爲嘘，《聲類》云「出氣緩曰嘘，出氣急曰吹」，不有此訓，何所分别哉！《説文》云「吃言，蹇難也」，《一切經陀羅尼經音義》引《通俗文》云「言不通利謂之謇吃」，《聲類》云「吃，重言也」，其于期期艾艾之狀，又何肖合也。《説

文》云「簾，堂簾也」，學者未得其解，《聲類》云「簾，户蔽也」。然後知《釋名》所謂「簾，廉也，自障蔽爲廉耻」，其説于是不孤矣。「坊」字不見《説文》，古蓋作「埪」，或用「方」，然以「坊」名屋，今所在有之。論者止知《字林》有「坊，别屋」之訓，而不知《聲類》已先之矣。《説文》之解「軒」字也，但云「曲輈藩車」，《聲類》云「軒，安車也」。按古者婦人不立乘，其餘皆立。大夫七十而致仕，適四方乘安車，安車不立。得此安車一解，乃知《左傳》所云「歸夫人魚軒及服冕乘軒」爲不立乘，信而有徵矣。此訓詁之可據者也。漢儒説經皆云「讀若某」，自孫炎變讀若之例，而反音興，李與孫同時，故《聲類》多用反音，觀其音「謍」爲「呼宏切」，此字《説文》「从熒省聲」，《玉篇》「余瓊切」，今南人讀熒火爲寅，即《玉篇》之「余瓊切」，北人讀若兄，即《聲類》之「呼宏切」。《唐韻》但知依附《玉篇》音「余傾切」，此其所蔽也。《聲類》「唶，子夜切」，《玉篇》同，「唶」即《説文》「諎」重文，「讀若笮」，《唐韻》「壯革切」，按「笮」本从乍得聲，則固宜讀「子夜切」矣。「貰」《説文》「从貝世聲」，《玉篇》「時夜切」，《唐韻》「神夜切」，于聲不諧，顔師古《漢書注》云「貰，李登、吕忱並音式制反」，而今之讀者謂與射同，乃引地名「射陽」，其字作貰，以爲證驗。此説非也。假令地名爲射，自是假音，豈得即定其字以爲正音乎？自師古審辨後，柰何朱翺音説文尚沿《玉篇》《唐韻》之謬，讀爲「時卸反」哉！此音讀之可據者也。是書以五聲命字，封演《聞見記》云「凡一萬一千五百二十字，較《説文》增多二千一百六十七字」。故《説文》本一「㖃」字，而此别出「吼吽呴」三字，皆訓爲「嘷」。《説文》本一「挻」字，而此别出「埏」字，蓋佛書盛行，僞體雜見，或後人轉寫失真。如《一切經般若燈論音義》引《聲類》云「籛，籆也」，《僧祇律音義》又引云「筧，籛也」，按《説文》「篙，筡也」，筡，析竹筤也。知作「筧」者，即「篙」，今莊氏炘刻本盡改爲「籆」，是其證矣。今于其異乎《説文》者詳加攷據，摽以正文，至所集雖不及元書五十分之一，然吉光片羽，要可珍重，因與《埤倉》並録之，以存漢魏音訓絶學。

嚴可均《全上古三代秦漢三國六朝文・炎帝〈神農之法〉》 丈夫丁壯不耕，天下有受其饑者；婦人當年不織，天下有受其寒者。《文子・上義》、《淮南子・齊俗訓》「不耕不織」上皆有「而」字。又《吕氏春秋・愛類》引《神農之教》曰：「士有當年而不耕者，則天下或受其饑矣；女有當年而不織者，則天下或受其寒矣。」

又《黄帝〈巾几銘〉》 毋翕弱，毋俷德，毋違同，毋敖禮，毋謀非德，毋犯非義。《路史・疏仡紀》「黄帝作巾几之銘」。案《後漢書・朱穆傳》注：「黄帝作巾機之法。」即此。《漢志》道家有《黄帝銘》六篇。

又《帝顓頊〈丹書〉》 敬勝怠者强，怠勝敬者忘。義勝欲者從，欲勝義者凶。凡事不强則枉，不敬則不正。枉者滅廢，敬者萬世。《大戴禮》：「武王踐祚，召師尚父而問焉，曰：『昔帝顓頊之道存乎？』師尚父曰：『在《丹書》。』」書之言云云。案「昔帝」各本作黄帝，今從官聚珍本《學記疏》云。檢《大戴禮》，惟云帝顓頊之道，無「黄」字。

又《商湯〈湯征〉》 湯曰：「予有言，人視水見形，視民知治不。」伊尹曰：「明哉！言能聽，道乃進。君國子民，爲善者皆在王官。勉哉勉哉。」湯曰：「汝不能敬命，予大罰殛之。無有攸赦。」《史記・殷本紀》。案《孟子・滕文公》篇引「葛伯仇餉」。《梁惠王篇》引「湯一征自葛始」，又引「徯我後，後來其蘇」。《滕文公》篇引「湯始征自葛載」，又引「徯我後，後來其無罰」，皆《湯征》文。以《孔書》入《仲虺之誥》，故不録。

又《黄帝〈桑林禱〉》 惟予小子履，敢用玄牡，告於上天后曰：「今天大旱，即當朕身。履未知，得罪於上下。有善不敢蔽，有罪不敢赦，簡在帝心。萬方有罪，即當朕躬。朕躬有罪，無及萬方。」《墨子・兼愛》下引湯説。又《吕氏春秋・順民》：「天大旱，五年不收，湯乃以身禱於桑林曰：『余一人有罪，無及萬夫。萬夫有罪，在余一人。無以一人之不敏，使上帝鬼神傷民之命。』」多末二語。其爲禱旱之詞，可以互證。而《周語・湯誓》曰：「余一人有罪，無以萬夫。萬夫有罪，在余一人。」韋昭注：「《湯誓》、《商書》伐桀之誓也。」今《湯誓》無此言，則散亡矣。又《論語・堯曰》篇孔安國注：「此伐桀告天之文。」《墨子》引《湯誓》其詞若此，則與《墨子》顯異，所未詳也。

又《孔悝〈鼎銘〉》 六月丁亥，公假於太廟。公曰：「叔舅，乃祖莊叔，左右成公。」成公乃命莊叔隨難於漢陽，即宫於宗周，奔走無射。啓右獻公，獻公乃命成叔纘乃祖服。乃考文叔，興舊耆欲，作率慶士，躬恤衛國，其勤公家，夙夜不懈，民咸曰休哉。公曰：「叔舅，予女銘。若纘乃考服。」悝拜稽首曰：「對揚以辟之勤大命，施於烝彝鼎。」《禮記・祭統》：「此衛孔悝之鼎銘也。」注：「莊公蒯聵德孔悝立己，故因至廟禘祭賜銘，以褒顯其先世也。」案銘文「悝拜稽首曰對揚以辟之勤大命」，必恐誤釋。以鐘鼎詞例校之，當是「悝拜稽首，敢對揚乃辟之勤大命」。鄭承舊誤，未及是正耳。

又《介子推從者〈懸書宫門〉》 有龍矯矯，頃失其所。五蛇從之，周遍天下。龍饑無食，一蛇割股。龍反其淵，安其壤土。四蛇入穴，皆有處所。一蛇無穴，號於中野。《説苑・復恩》：「文公即位，賞不及推，至死不復見。推從者憐之，乃懸書宫門。」案《吕氏春秋》、《新序》、《琴操》并作歌，其詞互異。《説苑・復恩》又載此爲舟之僑陳辭，蓋同一事而三説不同。故於《新序》存一説，於《説苑》并列兩説，不能定斷其孰是也。

又《六韜》 崇侯虎曰：「今周伯昌懷仁而善謀，冠雖弊，禮加之於首；履雖新，法踐之於地，可及其未成而圖之。」商王拘西伯昌於羑里，太公與散宜生以金千

鎰，求天下珍怪物而獻之，以免君之罪。於是散宜生受命而行，得犬戎氏文馬，毫毛朱鬣，目如黃金，名鷄斯之乘。九江之浦得大貝百馮，宛懷條涂之山得黃熊，玉女三人，因費仲而獻之於商王紂。紂大喜，遂免西伯，殺牛而賜之。文王既出羑里，召周公旦築爲靈台。紂患刑輕，乃更爲銅柱，以膏涂之，加於然炭之上，使有罪者緣焉，滑跌墮火中，紂與妲己笑以爲樂，名曰炮烙之刑。《意林》一，《漢書·儒林·轅固傳》，《藝文類聚》八十四，又九十三，又九十五，《文選·南都賦》注，《石闕銘》注，《御覽》四百六十七，五百三十四，六百八十四，六百九十七，八百七，九百八，九百四十一，《事類·馬賦》注，凡十五條，合録之。案《意林》此條在「争權」後「九差」前，知是《武韜》。又案《淮南子·道應訓》：「文王砥德修政，三年而天下二垂歸之。紂聞而患之曰：『余夙興夜寐，與之競行，則苦心勞形；縱而置之，恐伐余一人。』崇侯虎曰：『周伯昌行仁義而善謀，太子發勇敢而不疑，中子旦恭儉而知時，若與之從，則不堪其殃。縱而赦之，身必危亡。冠雖弊，必加於頭。及未成，請圖之。』屈商乃拘文王於羑里。於是散宜生乃以千金求天下之珍怪，得騶虞、鷄斯之乘，玄玉百工，大貝百朋，玄豹、黄羆、青豻、白虎，文皮千合，以獻於紂，因費仲而通。紂見而悦之，乃免其身，殺牛而賜之。文王歸，乃爲玉門，築靈台，相女童，擊鐘鼓，以待紂之失也。紂聞之曰：『周伯昌改道易行，吾無憂矣。』乃爲炮烙，剖比干，剔孕婦，殺諫者，文王乃遂其謀。」蓋本《六韜》爲説。又《尚書大傳》亦載此事。又案《群書治要》：《論將》、《選將》二篇在《武韜》，今本在《龍韜》，與舊不同。

又《蘇秦〈從約〉》 秦攻楚，齊、魏各出鋭師以佐之，韓絶食道，趙涉河、漳，燕守常山之北。秦攻韓、魏，則楚絶其後，齊出鋭師以佐之，趙涉河、漳，燕守雲中。秦攻齊，則楚絶其後，韓守城皋，魏塞午道，趙涉河、漳、博關，燕出鋭師以佐之。秦攻燕，則趙守常山，楚軍武關，齊涉渤海，韓魏出鋭師以佐之。秦攻趙，則韓軍宜陽，楚軍武關，魏軍河外，齊涉渤海，燕出鋭師以佐之。諸侯有先背約者，五國共伐之。《戰國策》十九，《史記·蘇秦傳》。案此説趙王之詞，而《蘇秦傳》下文言既約六國從親歸趙，趙肅侯封爲武安君，乃投從約書於秦，蓋即此文也。故録之。

又《宋玉集序》 宋玉事楚懷王，友人言之王，王以爲小臣。玉讓友人，友曰：「薑桂因地而生，不因地而辛。女因媒而嫁，不因媒而親也。」《北堂書鈔》原本三十三引《宋玉集序》，陳禹謨本改引《新序》。案《韓詩外傳》：宋玉因其友見楚相，楚相待之無以異。讓其友，其友曰：「夫薑桂」云云。《新序》：宋玉因其友以見於襄王，襄王待之無以異。宋玉讓其友，其友曰：「夫薑桂」云云。懷王、楚相、襄王互異，而薑桂等語屬友人語，無異也。梅鼎祚《文紀》題作《報友人書》甚誤，不知下文有宋玉辨語。

又《李冰〈白沙郵三石人刻要〉》 水竭不見足，盛不没肩。《華陽國志》：李冰爲蜀守，於玉女房下白沙郵作三石人，立三水中，刻江神要云云。《北堂書鈔》一百六十引同。《水經·江水注》一作「水竭不至足，盛不没要」。今本《華陽國志》或作「立三水中，與江神要」。

又《晉夷則〈鏡銘〉》 惟晉新公二年七月七日午時，於首陽山前白龍潭，鑄成此鏡。千年萬世。《博異記》：「天寶中，金陵陳仲躬住洛陽清化里，宅有井，善溺人。一日，水頓竭，見一女子，自稱敬元穎，飾鉛粉，衣緋緑，令其淘井，得古銅鏡。夜復見元穎云：『某本師曠所鑄十二鏡之第七者。』其背有二十八字，皆科斗書於鼻，題曰夷則之鏡。」按唐人小説，自不足據，其銘與周時辭例不合，且於鼻題曰「夷則之鏡」，語尤可疑。唐鏡始爲大鼻，前此未有也。今姑録之。

又《秦始皇〈議刻金石〉》 維秦王兼有天下，立名爲皇帝，乃撫東土，至於琅邪。列侯武城侯王離，列侯通武侯王賁，倫侯建成侯趙亥，倫侯昌武侯成，倫侯武信侯馮毋擇，丞相隗林。當作「隗狀」。顔之推云：隋得秤權，有丞相隗狀、王綰二人列名。王劭亦云然。案《鐘鼎款識》平陽斤及今所見秦權皆云狀、綰，無作林字者也。

又 大夫楊樛從，與議於海上，曰：「古之帝者，地不過千里，諸侯各守其封域，或朝或否，相侵暴亂，殘伐不止，猶刻金石，以自爲紀。古之五帝三王，知教不同，法度不明，假威鬼神，以欺遠方，實不稱名，故不久長。其身未殁，諸侯倍叛，法令不行。今皇帝并一海内，以爲郡縣，天下和平。昭明宗廟，體道行德，尊號大成。群臣相與誦皇帝功德，刻於金石，以爲表經。」《史記·秦始皇本紀》。案：《史記》以此議連屬《琅邪刻石頌》之下，今頌碑見存，五夫二楊樛後，便刻二世詔書，驗知此議當有别石，不得與頌同碑，故分録之。

又《秦始皇〈泰山刻石〉》 皇帝臨立，作制明法，臣下修飭。廿有六年，初并天下，罔不賓服。親巡遠黎，登兹泰山，周覽東極。從臣思迹，本原事業，祇誦功德。治道運行，諸産得宜，皆有法式。大義著明，陲於後嗣，順承勿革。皇帝躬聽，既平天下，不懈於治。夙興夜寐，建設長利，專隆教誨。訓經宣達，遠近畢理，咸承聖志。貴賤分明，男女體順，慎遵職事。昭隔内外，靡不清净，施於昆嗣。化及無窮，遵奉遺詔，永承重戒。劉跂《泰山篆譜》《絳帖》本，又李處巽重摹本，又《史記·秦始皇本紀》「臨立」作「臨位」，「躬聽」作「躬聖」，「親巡遠黎」作「親巡遠方黎民」，「體順」作「禮順」，「昆嗣」作「後嗣」。

又《竟陵王子良〈答王僧虔書〉》 辱告，并五紙，舉體精雋靈奥，執玩反覆，不能釋手，雖太傅之婉媚玩好，領軍之静遯答緒，方之蔑如也。昔杜度殺字甚安，而筆體微瘦，崔瑗筆勢甚快，而結字小疏，君處二者之間，亦猶仲尼方於季孟也。夫工欲善其事，必先利其器，伯喈非流紈體素，不妄下筆，若子邑之紙，妍妙輝光，仲將之墨，一點如漆，伯英之筆，窮神盡意，妙物遠矣，邈不可追。遂令思挫於弱毫，

數屈於陋墨，言之使人於邑。若三珍尚存，四寶斯覿，何但尺素信劄，動見模式，將一字徑丈，方寸千言也。張彥遠《法書要録》載此，誤與王僧虔《論書》混爲一篇，張懷瓘《書斷》引「子邑之紙」至「邈不可追」八句作竟陵王與僧虔書，今據編入《竟陵王集》中。

又《徐陵〈爲周弘正讓太常表〉》 臣聞玉舄雕楹，不取材於蟠木，丹珠綉黼，豈襲冕於薜蘿？何則？適用各有其宜，朝野不可一指，叔孫之野外定禮，倍資典實，刁協之躬爲唱引，豈易其儀，儻九賓闕相，封禪失儀，責以司存，云誰之咎？況南史執簡，轉見違才，君舉必書，尤難妄冒。《初學記》十二，又見《藝文類聚》四十九，《御覽》二百二十八，皆有誤字。案《文苑英華》六百七十七有徐陵「爲王太尉僧辯答貞陽侯書二首」，又「爲陳司空答貞陽侯書一首」，是時徐陵在貞陽侯軍中，何得爲王、陳作答書乎？其誤無疑。張溥取《英華》之書二首及《梁書·王僧辯傳》之啓二首編入《沈炯集》，而割棄「爲陳司空答書一首」，尤無據也。今以《英華》之書三首編入梁闕名文，以《梁書》之啓二首編入王僧辯文。

又《霍太山三神〈竹中朱書〉》 趙毋恤，余霍泰山山陽侯天使也。三月丙戌，余將使女反滅知氏。女亦立我百邑，余將賜女林胡之地。至於後世，且有伉王，亦黑龍面而鳥噣，鬢麋髭髯，大膺大胸，修下而馮，左衽界乘，奄有河宗，至於休溷諸貉，南伐晉别，北滅黑姑。《史記·趙世家》：「知伯攻趙，趙襄子奔保晉陽，原過從。後至於王澤，見三人，自帶以上可見，自帶以下不可見，與原過竹二節，莫通，曰：『爲我以是遺趙毋恤。』原過既至，以告襄子。襄子齋三日，親自剖竹，有朱書云云。襄子再拜受三神之令。」又見《風俗通》，「山陽侯天使」作「陽侯大吏」，無「山」字。「反滅」作「及滅」，「百邑」作「三百邑」，「亦黑」作「赤黑」，「而馮」作「而馮下」，「河宗」作「河室」。

黄奭《黄氏逸書考·通緯·易乾坤鑿度鄭氏注》 參鳥文離。五色文章。按：此句原本誤作「服牛馬隨」，今從范本。范本「離」字作「雜」，亦誤，今併改正。

又 法定主屯。建王立侯。分上下屬。按：「聖人索卦畫象」，條有分上下屬之目，此四字當如上例，别爲題。舊本、范本與上下文連寫，並誤。今據改正。

又 聖人畫卦，制度則象，取物配形，合天地之宜。索三女三男六十四象以上下分之，陽三。三十卦象陽用。按：此句原本誤作「三十四屬陽用」，今從范本。

又《易是類謀鄭氏注》 曾之候在巽，衆變，立地陷。斗機絶繩，玉衡撥，攝提亡。謹按：《御覽》八百七十四「繩」作「綱」，下引鄭玄注曰「斗機絶綱，斗者，天中之精，天失其平，故斗機絶綱，玉衡機也。攝提者，斗前之星，爲斗施政教，布之八野。今斗失其政，故攝提亦爲之亡不見。」又見《古微書》。

又 太山失金雞，西岳亡玉羊。謹按：《御覽》三十九引鄭玄注云：「金雞，泰山之精；玉羊，華山之精。」又九百二引鄭玄注：「金雞玉羊，二嶽之精。」又清河郡木注云：「失金雞者箕星，亡玉羊者狼星也。」又《緯畧三》引「西岳亡玉羊」鄭玄注曰「玉羊，華山之精」。

又 當藏者出，當出者消，佹易期。謹按：《古微書》佹易期作危處易則。下有注云：「當藏者出，解晝視無日，虹拈戀煌也。當出者消，解夜視無月也，是爲危處易期。」按：所引竝注俱見《御覽》八百七十四。

又 下元氣，候不見上，無帝，無星，天帝之星無光明，昧昧不别，履踐冰，陰氣無，傳行當冰寒也。按：「星」字原本作「帝」，今據注文改。又類書引此作「下無常」。

又 五星合狼張，晝視無日光，虹蜺煌煌。太山失金雞，西岳亡玉羊。太山失金雞者，箕星亡也。箕者，風也。風動雞鳴，今箕候亡，故雞亦亡也。西岳亡玉羊者，豬星在木，未爲羊，雞失羊亡，臣縱恣，萬人愁，不祥。《御覽》卷五。案：首五句蓋撮舉之辭，「太山失金雞者」以下俱是注，又見《古微書》，「西岳亡玉羊者」下作「狼星亡，狼狂于，未爲羊也」，此與《御覽》所引並有脱誤。案：「狼」下脱「狐」字。

又 聖人興起，不知其姓，當吹律聽聲以别其姓。律者，六律也。《御覽》十六。《路史·后紀五》末五字作「黄帝吹律定姓」，《古微書》同。

又《易坤靈圖鄭氏注》 故堯天之精陽，萬物莫不從者。故乾居西北，乾用事，萬物蟄伏。致乎萬物蟄伏，故能致乎萬人之化。謹按：《御覽》八十引「故堯」至「從者」，下引注云「言堯在天，陽精所生」，「在」疑「乃」字之誤。《古微書》引無「故」字，「從者」下即接「帝必有洪水之災」云云。

又 至德之萌，五星若連珠，日月如合璧。謹按：《文選·劉孝標廣絶交論注》引「合」作「聯」。《初學記》卷一，《藝文類聚二》、《御覽》卷三引「如合璧」作「若連璧」。又卷七引「連珠」作「貫珠」。《古微書》「連」作「貫」，「合」作「聯」。清河郡本「連」作「貫」。

又 按：《繹史》引《坤靈圖》云伏羲立九部而民易理。又云：「蠶，陽者，大火，惡水，故食不飲。桑者，土之液，木生火，故蠶以三月葉，類會精合相食。」《隋書》引《坤靈圖》云：「河龍以正月辰見，白龍與五黑龍鬬，白龍陵，故泰人有命。」鄭康成云「陵」當爲「除」，今皆無其文，蓋此本非完書，且有錯入《乾元序制記》篇内者。謹按：《御覽》七十八引「虙犧時立九部民易理」，又《古微書》引「伏羲立九部而民易理，蓋九州之始也」。又「蠶，陽者，火」一條引見《説郛五》。又見清河郡本，後有注云：三月木火交，故蠶以時食也。考《路史·太昊紀》「立九部而民易理」下注云：《易卦·坤靈圖》「蓋九州之始也」下六字是羅氏注語，《古微書》誤作正文。

又《易乾元序制記鄭氏注》 伐崇，作靈臺，受赤雀丹書，稱王制命，示王意。

入戊午蔀二十九年，時有赤雀銜丹書而授之。按：《詩・文王》篇孔潁達《正義》引此文，作《是類謀》。又引注稱鄭康成，今故據以爲康成所注。又上文「興始霸」原本作「興起霸」，今亦據《正義》文改。

又 常不清明，非受命所亡，言此君臣自相殺之候。按：「非受命所亡也」應作正文，「常不清明」以下應作注。原本以正文混作注，以注混作正文，今俱訂正。

又 東北爲雨，西南爲正，東南爲温，西北爲寒。謂始用事也。按：此注原本混入正文，今訂正。

又《易辨終備鄭氏注》 按録視天比象由。按：録，按河圖之録，又視按王光之異，比其象以觀其光由起也。

又 神靈悉存八，八通時。在，察也。神靈三光異及符瑞也。既按三光之異及符瑞，以知起者所由，以六十四卦通其謂以向。按：正文無「在」字，而注言「在，察也」，亦疑有脱文。

又 自伏羲已來，漢永和元年，凡四十萬九千三百八十九歲。按：此爲後人所加，非《易》緯本文。

又 至哉！易三聖，謀專密，惡必孰思。三聖：伏羲、文王、孔子。按：《史記》張守節《正義》引《易中備》云：孔子正月爲商瞿筮，曰：瞿當有五丈夫子。子貢曰：何以知之。子曰：卦遇大畜，艮之二世，九二甲寅木爲世，九五景子水爲應，陽爻五，應有五子云云。檢今書無其文，蓋非全本也。

又《禮斗威儀》 宫主君，商主臣，角主父，徵主子，羽主夫，少宫主婦，少商主政，是法北斗而爲七政。七政之立，是禮迹所興也。《禮・曲禮上正義》。又《昏義正義》約其文云：「七政則君臣、父子、夫婦及政等。」《路史・遂人紀》注引作「五音二少主君臣、父子、夫婦政，少宫主文，少商主⿱耂止，法北斗而爲七政，七政之立，禮迹所時也。又《發揮琹論》引「少宫主政，少商主事」。《文選・七命》注引「少宫主政」。按：「商」作「宫」。《路史注》、《選注》與此文異，《選注》當是字訛。《路史注》所引本七政，詳慮記主《斗威儀》説，以琹加文⿱耂止二弦混入爲緯語，其《琹論》所引疑亦字訛，以《禮正義》爲正。又「七政之立」十字當爲《正義》文，以《路史》亦有此文，存以俟正。《古微書》於七政下即接「審候五色」，無「七政之立」十字。清河郡本「宫主君」上有「是故」二字。

又《春秋佐助期》 太尉主甲卒神，名辦會，曰庫兵動，鼓目鳴，得諸侯象也。《類聚・武部》。《御覽・兵部》七十，「得諸侯象」作「得衆」。《古微書》「名辦會」以上另爲一條，無「曰」字。其「庫兵動」以下聯接下條，爲兵大起，下「得諸侯象也」作「諸侯得衆也」。清河郡本「辦會」作「變會」，下空四字，「日庫兵」七字同，末作「諸侯得衆也」。

又《春秋潛潭巴》 宋均注：里社之君鳴，則教令行，教令明，唯聖人能之也。响，鳴之怒者。《類聚》引止此，無「教令明」三字。聖人怒則天辟亡矣。湯起放桀，蓋此祥也。明與鳴古字通。《文選注》同上。《白帖》引「鳴則敷令，响則鳴之怒也。」《御覽・禮儀部》引「鳴則教令行，若湯放桀也。响，鳴之怒者也。」《古微書》無「君」字，「明」作「行」。清河郡本作「社里之君也，鳴則聲令行也。唯聖人能之。响响，怒也。」《古微書》與清河郡本俱無「明與鳴」六字。

又《春秋命歷序》 辰放六頭四乳，六字誤，當作大。在位二百五十年；離光次之，號曰皇談。鋭頭曰角，駕六鳳皇出地衡，在位五百六十歲。《初學記》九。《路史・前紀四・皇覃氏》。一曰：「離光氏兑頭日角，犄六鳳皇出地衡」，下注云《春秋命歷序》。又一條引《命歷序》云：「次民没，離光次之，號曰皇談，治二百五十歲。」《古微書》首作「帝辰放在位二百五十年，末在位五百六十歲，作治二百五十歲。」蓋從《路史注》。

又《孝經緯》 某作《孝經》，文成道立，齊以白之天，則玄雲踴北，紫宫開北門，角亢星北落，司命天使書題號《孝經篇》，云：「神星裔孔某知元，命使陽衢乘紫麟，下告地主要道之君。後年麟至，口吐圖文，北落郎服書魯端門，隱形不見。子夏往觀，寫之得十七字，餘字滅消，其餘文飛爲赤烏，翔摩青雲。」《御覽》六百十。《路史・餘論五》首作「某見《孝經》，文成而天道立」，下有「乃」字，「天」下無「則」字，「玄雲」作「玄霜」，「踴北」下有「極」字，「角」作「召」，「號」下有「曰」字，「篇」下有「目」字，「雲神星裔」作「玄神辰裔」，「餘字滅消」作「餘文二十消滅」，無下「其餘文」二字，「烏」作「鳥」。《古微書》同《路史》，「玄霜」作「玄雲」。

又《孝經援神契》 計校九州之别，土壤山陵之大，川澤所注，萊沛所生，鳥獸所聚，九百一十萬八千二十四頃，磽确不墾者其餘，提封千五百萬二十頃。《御覽・地部一》、《州郡部三》。《類聚・地部》、《玉海・地理門》引無「校」字，「沛化菹聚」下有「凡」字，無「其餘提封」字。「二十頃」作「三千頃」。《古微書》九百上有「凡」字，「二十四頃」作「四十二頃」，「不墾者」下作「千五百萬三千頃」。清河郡本「計」下無「校」字，「壤」上無「土」字，「注」上有「在」字，「沛」作「洹」，餘仝《古微書》。

又《范子計然》 計然者，葵邱濮上人，姓辛名文子，其先晉國公子也。爲人有内無外，形狀似不及人，少而明，學陰陽，見微而知著，其行浩浩，其志汎汎，不肯自顯。諸侯陰取所利者七國，天下莫知，故稱曰「計然」。時遨遊海澤，號曰「漁父」。范蠡請見越王，計然曰：「越王爲人鳥喙，不可同利也。」馬總《意林》卷一。案：今《意林》本卷數字句與《容齋題跋》所引亦微有不同，惟《跋語》云馬總只載其敘及他三事，此當是叙，予故依其文録於卷首。

又《龍魚河圖》 玄雞白頭，食之病人。雞有六指，亦殺人。雞有四距，亦殺

人。雞有五色，亦殺人。《初學記》三十清河郡本同。《御覽》九百十八無「雞有四距」七字。《古微書》「病人」作「殺人」，下作「雞有四距亦殺人，六指亦殺人」，下同清河郡本。「雞有五色」作「雞首五也」。又見《齊民要術六》。

又《河圖始開圖》 孔甲見逢氏抱小女妹喜，帝孔甲悦之，以爲太子履癸妃。《説郛》五清河郡本無首三字，「帝孔甲」下有「見」字。《御覽》一百三十五引此條作《洛書録運法》「妹」作「末」。

又《河圖挺佐輔》 百世之後，地高天下，不風不雨，不寒不暑，民復食土，皆知其母，不知其父，如此千歲之後，而天可倚杵，洶洶隆隆，曾莫知其始終。《御覽》二，又三十六引末句作「莫知始終」。又三十七引「天高地下」，下有「山陵消去」四字，引至「不知其父」。《事類賦·天》同《御覽》二。《古微書》「百世」上有「如此」二字，「不風不雨」上有「山陵消去」四字。《初學記》卷一引「百世之後，地高天下，如此千歲之後，而天可倚杵，洶洶莫知終始。」

又《河圖稽耀鉤》 辰星散爲枉矢，流枉矢所射，可誅。《説郛五》，《御覽》七引「辰爲枉矢，流射所誅」，有脱誤。又八百七十五引同《説郛》，「流」下無「枉矢」二字。《古微書》無「流」字，清河郡本「流」下有「所」字。

又《河圖括地象》 孟虧人首鳥身，其先爲虞氏，馴百獸。夏后之末世，民始食卵，孟虧去之，鳳皇隨與。止於此山，多竹，長千仞，鳳皇食竹實，孟虧食木實，去九疑萬八千里。《御覽》九百十五。《事類賦》十八引「鳳皇隨焉」下作「止於丹山，去九疑萬八千里，此山多竹」云云。《路史·后紀七》「夏后氏衰，孟虧去之，而鳳皇隨焉」，下注云見《括地圖》。

又《字書》 案任本引《婦人遇辜經》「桊，牛拘也」。檢莊刻本有目無書。又引《出曜論三》「屯，亦村也」，《大智度論十八》「渟，水滯也」，檢莊刻本無此二條，今俱仍之。

又《纂要》 季冬亦曰暮冬、杪冬、除月、暮節、暮歲、窮稔、窮紀。《初學記三》引梁元帝《纂要》。《御覽》二十七引至「暮歲」，「除月」作「餘月」。《書鈔》一百五十四陳禹漢補引「孟冬亦曰上冬」。

又《河圖》 黄帝遊於洛，見鯉魚，長三丈，青身無鱗，赤文成字。《初學記》六，又見三十。《白帖·洛》、《御覽》九百三十六引「三丈」作「尺」。

又《河圖括地象》 神州即禹之九州也。上云九州八柱，即大九州也，非《禹貢》赤縣小九州也。《古微書》清河郡本無「神州」二字，「八柱」下有「者」字，「禹貢」下無「赤縣」二字。按：自上云下當是注。《初學記》五引《河圖》。

又《河圖真鉤》 王者封泰山，禪梁父，易姓奉度，繼興崇功者七十有二君。《書鈔》九十一。《御覽》五百三十六、《路史·禪通紀》、《藝文》三十九作「繼典崇功也」，無「者」下六字。《初學記》十三同《藝文》，「功」訛作「初」。

又《河圖闓苞授》 帝感苗裔出應期。《文選·孫子荆〈爲石苞與孫皓書〉》。「帝」胡刻本作「弟」，誤。

又《龍魚河圖》 黄龍負圖，鱗甲成字，從河中出，付黄帝，命侍臣圖寫，以示天下。《御覽》七十九，「圖寫」舊誤作「自寫」。《藝文》九十八引首有「天授建帝號」五字，無「鱗甲成字」四字。《説郛五》清河郡本首有「天授元始建帝號」七字。又「黄帝」二字重。又《路史·餘論六》引「天授帝號，黄龍負圖，鱗甲光耀從河出，黄帝命侍臣寫以示天下。」《藝文》引首有「天授元始建帝號」七字。

又《易乾坤鑿度》 孔子曰：「易者，易也。變易也，不易也。管三成爲道德苞籥。」謹案：張惠言《易緯畧義》引鄭注「管猶兼也，一言而兼此三事，以成其道德之苞籥。齊魯之間，名門户及藏器之管爲籥」下注云「此依《初學記》所引，與四庫書異」。案：此注見《初學記·文部·經典第一》，又見《御覽》六百九引，又清河郡本引鄭注同。

又《河圖稽命徵》 怪目，勇敢，重瞳，大耳，力政之邦。清河郡本下注云：「耳」亦作「口」，「政」或作「楚」。此當是宋均校。《説郛》五：「耳作「口」，「政」作「楚」。按：「力楚」不可曉。

又《尚書刑德放》 日月東行。《白虎通·日月》。校：《白虎通》云：「日月五星在天爲陰，故右行。右行者，猶臣對君也。云日月東行其實與五星右行也。」《古微書》引入《考靈曜》竝譌連「日行遲，月行疾」二十九字。

又《尚書中侯》 沈璧於河，黑龜出赤文題。《初學記·地部中》、《鱗介部》、《類聚·祥瑞部》、《御覽·休徵部二》、《鱗介部三》、《後漢·方術傳序注》、《白帖·洛附祥瑞》、《路史·疏·仡紀·陶唐氏》、《古微書》、《事類賦》二十八引：「堯沉璧於洛，玄龜負書出，於背中赤文朱字，上壇場，沉璧於河洛，龜出赤文題。」

又《干寶〈易注〉》 精義入神以致用也能精義理之微，以得未然之事，是以涉于神道而逆禍福也。《集解》。案：《志林》本此條，共四十八字與汲古閣《集解》本同，似有錯誤。今從《雅雨堂》本。

又《虞翻〈易注〉》 八卦相錯六子皆以乾坤相易而成艮兑，以終相易坎離，以中相易震巽，以初相易終。則有始往來不窮，不窮所謂通也。《漢上叢説》。案：孫氏淵如所輯《周易集解》錯誤頗多，如師六五，象曰長子帥師以中行也，引《李氏集解》：虞翻曰長子謂九二也。五處中應二二受任，帥師當上升五，故曰長子帥師以中行也。檢雅雨堂《李氏易傳》，是荀爽不是虞翻。「涣象風行水上，涣先王以享

于帝立廟」引《李氏集解》虞翻曰：謂受命之王收集散民，上享天帝，下立宗廟也。離上至四承五爲亭，帝陽下至二爲立廟也。離日上爲宗廟，而謂天帝宗廟之神所配食者，王者所奉，故繼於上至於宗廟。其實在地，地者陰中之陽，有似廟中之神。檢雅雨堂李傳此條亦荀非虞。又「既濟，六四，繻有衣袽終日戒，象曰終日戒，有所疑也」引《李氏集解》虞翻曰：繻者，布帛端末之識也。袽者，殘弊帛可拂拂器物也。繻有爲衣袽之道也。四處明暗之際，貴賤旡恒，猶或爲衣，或爲袽也。履多懼之地，上承帝主，故終日戒慎，有所疑懼也。檢此條雅雨堂《李氏易傳》，是盧氏不是虞翻，恐後之輯虞氏《易》者誤以爲遺漏，故附録而辨之。查孫氏《集解》體例，凡云解者皆李氏《易傳》，凡云注者皆王弼注。其「泰，初九，拔茅茹以其彙征吉」引李氏《集解》虞翻曰：茅之爲物，拔其根而相牽引也。茹，相牽引之貌也。三陽同志，俱志在外，首爲類，首已舉則從若茅茹也。上順而應，不爲違距，進皆得志，故以其類征吉也。據雅雨堂李氏《易傳》是王弼注。毛本、胡本皆刻虞氏。今檢《周易》注疏，確是王弼注，則是雅雨堂不誤而毛本、胡本誤矣。又可怪者，孫氏下列注一條，即是王弼注，乃不加辨而以此條爲虞注，將貽誤後人，必以爲王與虞同，而不知實非虞注也。統觀虞氏《易》注體例自見。

又《荀爽〈易言〉》 視履考詳。詳審也。晁氏案：古祥字亦作詳。《尚書·君奭》云：「其終出于不祥。」石經殘碑作「其道出于不詳」。《吕刑》告爾祥刑。《後漢書·劉愷傳》、鄭康成《周禮注》祥、刑字皆作詳。昭十一年《春秋經》「盟于祲祥」，服虔引祥亦作詳。《學易編》引「詳，審也，象旨」。荀爽作詳。

又《荀爽〈易傳〉》 三鼎形同，以足爲異。董逌《廣川書跋》引《九家易》曰：「鼎，象也。」注一條以《九家》爲荀爽。仲林。余氏《經解鉤沈》撮引此二句亦作荀説。案：「三鼎形同」句係《九家》元文，「以足爲異」句係余氏約其義而爲之，今已引見兩書，姑並存之。

又《董遇〈易章句〉》 前人以莧陸、當陸爲二草。陸之爲葉差堅于莧，莧根小，當根大。趙氏《輯聞》。案《本草集解》：「莧凡六種『赤莧、白莧、人莧、紫莧、五色莧、馬莧也。人、白二莧可入藥，但大者爲白莧，小者爲人莧耳。」《爾雅·釋草》「蓫薚馬尾」。《廣雅》「馬尾商陸」。郭璞云：「今江東爲當陸。」《説文》「薚作募，云枝枝相值，葉葉相當」。或云多當陸路而生，故曰當陸。前一條又見《義海撮要》五。

又《京房〈易章句〉》 鬼神害盈而富謙。《釋文》。案《説文》云：「富，備也。」《禮祭統》云：「福者備也。」《釋名》云：「福，富也。」《郊特牲》云：「富也者，福也。」富福同義。古福字作畐，又與富形相近。慎令《劉脩碑》亦云鬼神富謙。

又《劉瓛〈乾坤義〉》 升其高陵。三居下體之上故謂之陵，有憑上之志故謂之升。《會通》。案：《義海撮要》亦引此注，前後共多八句。但《義海》引劉氏説甚多，此亦不標劉瓛，故依《會通》。

又《莊氏易義》 第一起「八卦成列」至「非日義」，第二起「古者包犧」至「蓋取諸夬」，第三起「易者象也」至「德之盛」，第四起「困于石」至「勿恒凶」，第五起「乾坤其易之門」至「得失之報」，第六起「易之興」至「巽以行權」，第七起「易之爲書」至「思過半矣」，第八起「二與四」至「謂易之道」，第九起「大乾天下」至「其辭屈」。《正義》云：「周氏、莊氏竝爲九章，今從九章爲説也。」案：《正義》「知至至」之引莊氏云：「極即至也，三在下卦之上，是至極。」此解王弼注。處一禮之極是至義。又《恒卦》引莊氏云：「三事者无咎一也，利二也，貞三也。」此申王弼以濟三事義。又「大壯喪羊」于《易》引莊氏云：「經止一言喪羊而注爲兩處分用，初云必喪其羊，失其所居，是自然應失，後云能喪壯，于易不於險難，故得无咎，自能喪其羊。」二理自爲矛盾，此是駁王弼義，附録於此。

又《九家易集注》 九二：「枯楊生梯。」荀九家亦以巽爲楊。陳士元《易象鉤解》。案孫氏淵如《周易集解》：涣象風行水上。涣，先王以享于帝。《五廟》引李氏《集解九家易》曰：否乾爲先王享祭也，震爲帝爲祭，艮爲廟，四之二殺坤大牲，故以享帝立廟謂成。《既濟》有噬嗑，食象故也。檢雅雨堂李氏《易傳》，此條是虞翻注，不是《九家易》。

又《張氏易注》 以三中含兩有一，以包兩之義明天有包地之德，陽有包陰之道，故天舉其多，地言其少也。《正義》。案：《正義序》八論，第一論易之三名，引周簡子云：《易》者易音亦。也，不易也，變易也。易者易代之名，凡有无相代，彼此相易，皆是易義。不易者常體之名，有常有體、无常无體是不易之義。變易者相變改之名，兩有相變，此爲變易。張氏竝用此義云：易者换代之名，待奪之義。又案：《釋文》「坤直方大」上張璠本有「易曰」二字。《賁》「舍車而徒」，車張本作輿；《坎》「寘于叢棘」，寘張作置；《恒》「振恒」，振張作震；《大壯》「羝羊觸藩羸其角」，「羝」張云「羖羊」也，羸張作纍；《家人》「婦子嘻嘻」，張作嬉；《蹇》「往蹇來譽宜待也」，「宜待也」張本作「宜時也」；《姤》「以杞包瓜」，杞張云苟，《杞繫辭》「範圍天地之化而不過」，範圍張作犯違，張云猶裁成也。案：《釋文》於坤卦注明張璠，則已下所引單舉張，其爲張璠可知。朱氏《經義考》曰：「按張氏《易》見《九家易注》，不詳其名。陸氏《釋文》載有張倫本直方大上有『易曰』二字。舍車而徒，車作輿；寘于叢棘，寘作置；振恒作震恒；羸其角，羸作纍；婦子嘻嘻作嬉嬉；往

蹇來譽宜待也，待作時；範圍天地作犯違云，猶裁成也，未審即其人否？考之《序録》又未列其姓氏，不敢臆斷也。」案：「直方大」上有「易曰」二字，是張璠。殿板及雅雨堂、盧抱經兩本皆作張璠，不知朱氏何據而以爲張倫也。誤矣！又以《釋文》所引「車」作「輿」。數條未審即其人否，則直以爲《易》注有張倫矣。又云考之《序録》未列其姓氏，不知《序録》明載張璠《集解》十二卷。朱以爲張倫，故《序録》不載，是亦考之未審也。若《正義》所引張氏，則不知其名。案：《釋文敘録》注有張輝《易義》、張軌《易義》。又《經義考》載有張該《易疏》、張浩《易占》、張譏《易義》，則《正義》所引必居一於此矣。

又《褚氏易注》 謂小人之行小有過差，君子爲過厚之行以矯之也。如晏子、孤裘之比也。案《正義》「知至至」之引褚氏云：「一體之極是至者，是下卦已極，將至上卦之下，至謂至上卦也。」此申王弼義。又蠱卦引褚氏云：「蠱者惑也。物既惑亂，終致損壞，當須有事也。有爲治理也。故《序卦》云：蠱者事也，謂物蠱必有事，非謂訓蠱爲事。」此申王弼義。又《恒卦》引褚氏云：「三事謂无咎利貞，利有攸往。」此申王弼義，故附録于後。

又《謝承〈後漢書·戴憑〉》 戴憑字次仲，徵拜郎中。公卿大會，羣臣就席，憑獨立。世祖問之，對曰：「博士説經皆不如臣，坐居臣上，是以不得就席。」正旦朝賀，帝令羣臣説經義，有不通，輒奪其席以益通者，憑重五十席。京師諺曰：「解經不窮戴侍中。」《御覽》六百十五。又《書鈔》一百三十三引「字次仲」下無「徵拜郎中」四字，而有「汝南郡舉明經，徵博士」九字，下即接「正旦朝賀」，「説經」下有「史」字，又有「更相詰難」四字，「憑重五十席」作「憑遂重坐五十餘席」。又《初學記》二十一引「戴憑字次仲。正旦朝賀，帝令羣臣説經義，有不通，輒奪其席以益通者，憑重五十席。」又二十五引「字次仲」下有「汝南郡舉明經」六字，「徵拜郎中」作「徵博士，拜郎中」，下即接「正旦朝賀」，「説經」下有「史」字，引至「憑重五十席」。又《藝文》五十七引「戴憑字次仲，拜郎中」，下即接「正旦朝賀」，「諺」作「議」。

又《李敬》 李敬遷趙國相，其奴僕嘗於舍内鼠穴中得珠璧及璫珥。敬即出問主簿，主簿白言前相後夫人諸侯女也，昔亡珠璣不知處所，疑子婦竊之，去婦殺婢。敬即遣吏送珠付前相，慙，乃還去婦。《書鈔》一百五十八。又《藝文》八十四引「汝南李敬爲趙相，奴於鼠穴中得繫珠璫珥相連，以問主簿，對曰前相夫人昔亡三珠，疑子婦竊之，因去婦。敬乃送珠付前相，相慙，追去婦還。又《御覽》八百二引同《藝文》，「李敬」下有「少時」二字，「爲」作「遷」，「璫珥」上有「及」字，下「昔亡三珠」作「昔亡珠」，下有「不知所在」四字，「追去婦還」作「乃還去婦」。又《事類賦·珠》引同《御覽》，「璫珥」下無「相連」二字。

又《賈琮》 先時，交阯屯兵反，有司舉琮爲刺史，即移書告示，使其安資業。百姓歌之曰：「賈父來晚，使我先反，今見清平，吏不敢飯。」乃以琮爲冀州刺史。舊典驂駕，乘亦帷裳，迎於州界。及琮之部，升車，言刺史當遠視廣聽，糾察美惡，何有反垂帷裳以自掩塞乎！乃命御者褰之，百城聞風自然悚震。《藝文》五十。又《書鈔》七十二陳補引「賈琮爲冀州刺史」事在前，「自然悚震」後乃云。案先時屯兵云云至吏不敢飯，「舊典」下有「傳車」二字，「乘」作「垂」，「亦」作「赤」，「言」下有「曰」字。姚本作「賈琮字孟堅，爲交州刺史。時州人屯兵反，即移書后示」云云，次序與《藝文》同，「舊典」下與「書鈔」陳引同。

又《徐淑》 淑字伯進，廣陵海西人也。寬裕博雅，好學樂道。隨父慎在京師，贊《孟氏易》、《春秋公羊》、《禮記》、《周官》，善誦太公《六韜》，交接英雄，常有壯志。舉茂才，除渤海脩令，遷琅邪都尉。《後漢書·左雄傳》注。又《徐璆傳》注引至「常有壯志」，無「廣陵海西人也」六字，無「雅好」二字，無「樂道」至「京師」八字，「贊」作「習」，「公羊」下有「傳」字。

又《聞人統》 聞人統字文公。昔爲郡督郵，家貧無馬，行則負擔，臥則無被，連麢皮以自覆，不受人一餐之饋。《書鈔》七十七。又《御覽》二百五十三引「聞人襲爲郡督郵，行則負擔」，以下同，「一餐之饋」作「一食之費」。案：「統」作「襲」。

又《羊續》 羊續字叔祖，爲南陽太守，以清率下，唯臥一副布絹，敗糊紙補之。《初學記》二十一。又《御覽》七百七引「叔祖」作「興祖」，「絹」作「絢」。又《事類賦·紙》引「羊續爲南陽，以清率下」，下同。《御覽》姚本「叔祖」作「興祖」，下有「太山人」三字，「以清率下」下有「半月一炊」四字，「絹」作「絢」。

又《華嶠〈後漢書·東觀〉》 學者稱東觀爲「老氏藏書室，道家蓬萊山」。《書鈔》一百一。又《御覽》二百三十三引。又《文選·王元長〈三月三日曲水詩敘〉》注引無「書」字、「山」字。姚本「蓬萊山」下有「謹案《史記》：老子，周守藏室之中也。《索隱》曰：藏室史，乃周藏書室之史也。又《張湯傳》：老子爲柱下史，即藏室之柱下，因以爲官名」四十八字。又注云：案東觀二語見范書《竇章傳》，華《書》疑即同之。謹案以下係注，或非華《書》本文，俟攷。案：小司馬《索隱》遠在華嶠後，華氏《後漢書》何得引及《索隱》云云，此亦不俟攷而知其非者。姚氏以爲是注，亦非。案，從前未聞有爲華氏《後漢書》作注者，不知謹案以下乃《書鈔》陳禹謨補案之語。又案：陳刊《書鈔·凡例》有云謹案者係原注，稱案者係補注、附注。今檢《書鈔》一百一，此條引華《書》後空一字，但云「案《史記》」云云，其非原注可知，今添一謹字以爲是注，失之。

又《袁山松〈後漢書·范丹〉》 范丹字史雲，外黄人。爲縣吏，年十八棄衣物道邊，家以爲死，遂西入關學。爲萊蕪長，去官，於市賣卜，妻紡績以自給。辟公府，步行，無被囊自隨。常使兒捃麥，得五斛，鄉人遺之一斛，屬兒曰：「莫令尊君

知」，兒歸不敢不道，丹即令並送六斛，言麥已雜，遂不取。丹弟子愷見丹藩不完，載柴將藩之。時丹適行還，怒勑子，拔柴載還之。閭里歌之曰：「甑中生塵，范史雲釜中生魚。」范萊蕪自以性急，每爲吏常佩韋。《御覽》四百二十五。又二百六十七引「范丹爲萊蕪長，去官常便賣卜以自給。步行，無車被囊自隨」。又七百七引「范丹爲萊蕪長，去官，無被，空囊自隨也」。又八百三十八引「范丹字史雲，外黄人。使兒捃麥，得五斛，鄉人尹臺遺之一斛，囑兒莫道。丹後知，即令并送六斛，言麥已雜，遂誓不受」。《後漢書・范冉傳》注引「冉去官，使兒捃拾麥」，以下同。案：范冉即范丹。又《御覽》五百十二引「范丹爲萊蕪長，去官，於市賣卜，妻紡織以自給。丹弟子愷見丹藩不完，載柴將藩之。時丹適行還，怒勑子，拔柴載以還之。」惠氏《後漢書補注》十九引「棄衣物道旁，家以爲死，遂西入關學」，又引「丹弟子愷」至「拔柴載還之」。案「步行無」下脱「車」字。

又《張璠〈後漢書・左雄〉》 左雄爲尚書令，限年四十，先舊作九誤。試經，然後舉孝廉，故雄爲令，在位者各肅清。時稱曰：「左伯豪爲尚書，天下皆慎選舉。」《書鈔》五十九。《藝文》四十八引至「舉孝廉」。《初學記》十二「先」字亦誤作「九」，「各肅清」作「各自肅」，引至此止。《御覽》二百十引「左雄爲尚書令」，即接「在位者各肅清」至末，「尚書」下有「令」字，末有「伯豪雄字也」五字。

又《虞預〈晉書・盧欽〉》 盧欽字子若，少好學，爲尚書僕射，領吏部。欽清實，選舉稱爲廉平。《初學記》十一。《御覽》二百十四。《文選・任彦升王文憲集序》注引無「字子若」三字。

又《何法盛〈晉中興書・孝宗穆帝〉》 穆帝升平二年，詔曰：「攸飛督王饒忽上吾鴆以辟惡，此凶物，豈宜妄進。」於是鞭饒二百，使殿中孫雲監臨於四衢道焚之。《初學記》二十四。《御覽》九百二十七引作「烈宗詔曰」，大誤。案：烈宗是孝武帝，據《晉書》本紀在穆帝升平二年三月，故從《初學記》。《御覽》引「鴆」下有「鳥一口云」四字，「殿中」下有「待御史」三字，末作「孫雲臨焚於四達之衢」。又六百四十九引「烈宗」作「皇帝」，「曰」作「使」，誤「饒」作「鐃」，亦誤。「臨」作「監」。《説郛》五十九引「二年」下有「二月」二字，「鴆」下有「鳥一口云」四字，「辟」作「避」，「使殿中」下有「御史」二字，「孫雲」下作「焚其鳥於四達之衢」。

又《王隱〈晉書・地道記・陽平郡〉》 樂平東南有夷儀道，通襄國，夷儀山，在城北故塞。《寰宇記・河北道・邢州龍岡縣》。畢本此條後題：「魏郡載《御覽・居處部》。」一引王隱《晉書》云「高堂隆刻」。「鄴宫屋材」云「後若干年，當有天子居此宫。惠帝止鄴宫，屋上剥更屋，始見刻字，計年在今時。」下注云「右鄴」。案：此條《御覽》兩引，一見九十七，一見一百七十三，又見《藝文》六十二，俱引王隱《晉書》，非《地道記》，已録入王隱《晉書》矣，兹不録。

又《遼西郡》 遼西人見遼水有浮棺，欲破之。語曰：「我孤竹君子也，汝破我何焉。」因爲立祠焉。祠在山上，城在山側。《水經・濡水注》。畢本無「見遼水」三字，「君」下無「子」字，顯係脱誤。王本無「子」字，無末八字。畢注：「右郡」，下注云：案《郡國志》孤竹城屬令支，《晉書・地理志》無此縣，故附郡。宋李石《續博物志》卷八引「遼水」下有「見」字，「因立祠」下有「或曰：『漢靈帝時廉翻因夢得之』」十二字，而無「祠在山上」八字，此八字疑是酈注。畢本、王本俱未引《續博物志》。案：此事出張華《博物志》。又案：《水經注》「城在山側，下有肥如縣，南十二里水之會也」，證以《國名紀》引「孤竹城在肥如南十二里」，則此十一字當亦是《地道記》語。畢本此條後題「平州昌黎郡」，引「昌黎有青城山」，下注劉昭注補五。又注云：「右昌黎。」檢《郡國志五》劉注無此語。又《郡國志》無昌黎郡縣名目。《晉志》昌黎郡下注云：「漢屬遼東屬國都尉。」檢《郡志》遼東屬國昌遼，故天遼屬遼西。劉昭注引何法盛《晉書》有青城山。畢氏所録蓋誤，以何法盛爲王隱矣。

又《干寶〈晉紀・太祖文帝〉》 高貴鄉公之殺，司馬文王召朝臣謀，其故太常陳泰不至，使其舅荀顗召之，告以可不。泰曰：「世之論者以泰方於舅，今舅不如泰也。」子弟内外咸共逼之，垂涕而入。文王待之曲室，謂曰：「玄伯卿何以處我？」對曰：「可誅賈充以謝天下。」文王曰：「爲吾更思其次。」泰曰：「唯有進於此，不知其次。」文王乃止。《世説新語・方正篇》注。《三國・魏志・陳泰傳》注引「告以可否」上有「顗至」二字，「誅賈充」上無「可」字，「唯有」上有「泰言」二字，「乃止」作「不更言」。《文選・袁彦伯〈三國名臣序讚〉》注引之，「殺」作「之弑」，「其故太常陳泰」下即接「垂涕而入」，無「而」字，「誅賈充」上無「可」字，「唯有」上有「泰言」二字，「乃止」作「乃久不言」，下有「爲侍中，轉左僕射，薨」八字。《御覽》四百二十八引之，「殺」作「薨」，下作「太祖會朝臣而謀其故」，作「其日荀顗召之」，下即接「垂涕而入」，「誅賈充」上無「可」字，「更思其次」上作「不可爲」，「泰曰」下作「但見其進」，末句作「太祖乃不復問」。

又《薛瑩〈後漢書・王霸〉》 光武至薊上，王郎使兵至。上發薊，晨夜馳騖，至下曲陽滹沱河，導吏還言河流澌，無船不可渡。遣王霸往視，實然。霸念恐驚衆，即還曰冰牢可渡。比至，冰可乘，帝遂得至滹沱河。《初學記》十。《御覽》六十八引「使兵」作「使者」，「曲陽」上無「上」字，「冰牢」作「冰堅」，末作「帝遂得渡」。

又《臧榮緒〈晉書・白獸樽〉》 元會設白獸樽於殿上。樽蓋上施白獸，若有能獻直言者則發此樽。按：禮白獸樽乃杜舉之遺式。爲白獸，蓋後代所爲，示不忌憚也。《書鈔》一百五十五。《御覽》二十九引此，「樽」下有「飲酒」二字。《事類賦・春》引無「若有」二字，無「者」字，下作「則發樽飲酒，乃杜舉之遺式也。白獸示不忌憚」。

又《盧綝〈晉四王遺事・孝惠帝〉》 惠帝蒙塵洛陽，黃門以瓦盂盛茶上至尊。

《御覽》七百六十，又八百六十七引同。《書鈔》一百四十四陳補引「至尊」下有「飲以爲嘉」四字，又二十一引「慘茶煮飯」，不知所屬，附記於此。

又《習鑿齒〈漢晉春秋・後主〉》 司馬文王與禪宴，爲之作故蜀技，旁人皆爲感愴，而禪喜笑自若。王謂賈充曰：「人之無情乃可至於是乎？雖使諸葛亮在，不能輔之久全，而況姜維耶！」充曰：「不如是，殿下何由併之。」他日，王問禪曰：「頗思蜀否？」禪曰：「此間樂，不思蜀。」郤正聞之，求見禪，曰：「若王後問，宜泣而荅曰：『先人墳墓遠在隴蜀，乃心心悲，無日不思』，因閉其目」。會王復問，對如前。王曰：「何似郤正語耶！」禪驚視曰：「誠如尊命。」左右皆笑。

《蜀志・後主傳》注。《御覽》五百六十八引「晉文王與劉禪宴，爲之作蜀妓樂」至「何由併之」，下有「哉」字，微節數字。又四百九十九引「司馬文王問劉禪曰：『頗思蜀不？』禪曰：『此間樂，不思蜀也。』郤正聞之求見禪，曰：『若王後問，宜泣而後答。』會王復問，禪曰：『先人墳墓遠在隴蜀，乃心西望，無日不思。』因閉其眼。王曰：『何以似郤正語耶！』禪驚視曰：『如尊命。』左右皆大笑。」

又《鄧粲〈晉紀・郭舒〉》 宋歡常以酒狂，王澄因叱左右拉歡，郭舒厲色曰：「使君醉！」左右莫動，澄大怒曰：「別駕枉耶！枉我醉！」因遣炙舒眉頭。後事王敦，諫敦，敦呵曰：「人以卿癡炙眉，舊疾復發也！」舒曰：「汲黯、朱雲豈癡乎？」澄時爲荊州，遂縱酒嬉戲。

《白帖・眉》。案：《御覽》三百六十五引「宋歡」作「宗厥」。又三百六十三引作「宗厥」，「厥」字誤。

又《劉謙之〈晉紀・桓玄〉》 玄欲復虎賁中郎將，疑應直與不，訪之僚佐，咸莫能定。參軍劉簡之對曰：「昔潘岳《秋興賦序》云：『余兼虎賁中郎將，將寓直於散騎之省』，以此言之，是應直也。玄懽然從之。

《世説・言語篇》注。《文選・潘安仁秋興賦》注引「復」上無「欲」字，無「疑應直與否」五字，「敘云」下無「余兼」二字，無「以此言之」二句，「從之」上無「懽然」二字。《御覽》二百四十一引同《世説》注，「簡之」作「蘭之」，「兼」上無「余」字，「是應直也」作「是直官也」，無末五字。

又《王韶之〈晉安帝紀・王淡〉》 吴興王淡父爲鄰人竇度所殺，淡年十歲，陰有復讐之志。至年十八，密索利鍤刃，佯若耕耘，經一橋下，伺度船行，還伏於草中，淡於橋上以鍤斫之，而歸罪有司。太守孔巖義其孝勇，上請宥之。

《御覽》七百六十四引《晉書・安帝紀》。又一條引「劉伶常乘鹿車，携一壺酒，使人荷鍤而隨之，謂曰死便埋我。」案：劉伶是西晉時人，不得載於《安帝紀》，蓋韶之另有《晉紀》中語。又案：《御覽》四百八十二引《漢晉春秋》王談事與此同，疑此條「淡」字誤。

又《曹嘉之〈晉紀・劉疇〉》 劉疇字王喬，彭城人。父訥，司隸校尉。疇善談名理，曾避亂塢壁，有胡數百欲害之，疇無懼色，援笳而吹之，爲出塞入塞之聲，以動其遊客之思，於是羣胡皆泣而去之。位至司徒左長史。

《世説・賞譽篇》注。《書鈔》一百十二引「劉疇曾避難塢壁」，下同。「有胡」作「賈胡」，無「入塞」二字，「皆泣」作「垂泣」，「而去」下作「遂得免之」，無末七字。《藝文》四十四引同《書鈔》，末引「皆倚泣而去」，無「遂得免之」四字。《御覽》五百八十一引同《書鈔》，「避難」作「避亂」，「數百」作「百數」，末作「皆泣而去」。

又《孫盛〈晉陽秋・晉成帝〉》 咸康八年，穀城縣民留珪夜見門內有光，取得玉鼎一，圍四寸。廬江太守以獻。

《藝文》九十九。《御覽》七百五十六引「穀城人劉珪夜見門有光，取得玉」。《白帖・鼎》引「咸康四年，穀城縣門外有光，取得九鼎一枚」。案：「九」字誤。

又《檀道鸞〈續晉陽秋・謝敷〉》 謝敷字慶緒，會稽人。崇信釋氏，初入太平山中十餘年，以長齋供養爲業，招引同事，化納不倦，以母老還南山若耶中。內史郄超薦之，徵博士，不就。初月犯少微星，一名處士星，占云以處士當之。時戴逵居剡，既美才藝而交遊貴盛，先敷著名，時人憂之。俄而敷死，會稽人士以嘲吴人云：「吴中高士，便是求死不得。」

《世説・棲逸篇》注。《初學記》一引「會稽謝敷字慶緒，隱若耶山。忽月犯少微星，少微一名處士星。時戴逵名著於敷，時人憂之，俄而敷死，故會稽人士嘲吴人曰『吴中高士求死不得』」。《藝文》三十六引「謝敷隱居會稽山，初月犯少微星」已下同《初學記》，「名者」作「名重」，「嘲」下無「吴人」二字。《御覽》五百四引同《藝文》，「不得」下有「死」字。《書鈔》一百五十引「會稽謝敷隱若耶，生初有星犯少微」。案「生初」二字誤，當作「死時」。

又《劉道薈〈晉起居注・解職〉》 武帝原作孝武。太始元年，詔大臣疾病假滿三月解職。

《初學記》二十。《御覽》六百三十四引作「孝武太元元年」。案：太始則爲武帝，太元則爲孝武，檢《晉書》太始元年、太元元年俱無此事。《白帖・休假》引「武帝詔大臣疾假滿三月不差解職」，據此則當在武帝時。

又《李軌〈晉咸寧起居注・程據〉》 大司馬程據上雉頭裘一領，詔曰：據此裘非常衣服消費功用，其於殿前燒之。勑外內有造異服依禮治罪。

《藝文》六十七。《書鈔》一百二十九引至「燒之」，「其於」作「宜於」。《初學記》二十六引同《書鈔》。《御覽》六百九十九引同《藝文》，「依禮治罪」作「詔罪之」。又九百十七引「太醫司馬程據上雉頭裘一領，詔於殿前燒之。」又九十引同九百十七，無「一領」二字，「咸寧」譌作「咸康」。

又《傅暢〈晉諸公贊・陳準〉》 陳準爲中書令，張華爲監，準與華俱處機密而準推崇之。每直日有詔書，無大小輒先示華，了不措意，華得詔書不以示準。省中

號準爲中書五郎，其從容如此。《御覽》二百二十。《藝文》四十引至「不以示準」，「陳準」作「疎淮」，誤。此陳準與下條陳准疑是一人，姑分爲二，俟考。

又《荀綽〈晉百官表注・特進〉》 特進官品第二。《漢志》皇后之父率爲此官。傅咸奏曰：公品第一，執珪坐侍臣之上；特進品第二，執皮帛坐侍臣之下。今啟特進宜執璧繼公。《御覽》二百四十三引《晉書・百官志》。《藝文》四十七引至「率爲此官」。案：《晉書・職官志》無此條，當是荀綽注無疑。

又《王隱〈晉書・杜預〉》 預智謀淵博，明於理亂。常稱德者非所以企及，立功、立言所庶幾也。大觀羣典，謂公羊、穀梁詭辯之言，又非先儒説，左氏未究邱明意，而横以二傳亂之，乃錯綜微言，著《春秋左氏經傳集解》，又參考衆家謂之《釋例》，又作《盟會圖》、《春秋長曆》，備成一家之學，至老乃成。尚書郎摯虞甚重之，曰：「左邱明本爲《春秋》作傳，而《左傳》遂自孤行，《釋例》本爲傳設，而所發明何但《左傳》，故亦孤行。」預有大功名於晉室，位至征南大將軍、開府封當陽侯，食邑八千户。子錫字世嘏，尚書左丞。《魏志・杜畿傳》注。《春秋左傳》原目《隱公第一》杜氏下孔《疏》引「預知謀深博」至「至老乃成」，下有「預有大功名」云云。《御覽》六百十引自「杜預大觀羣典」至「故亦孤行也」，「詭辯」作「詭正」，「尚書郎」作「秘書監」，「賞之」作「甚重之」，「所發明」上有「多」字。《書鈔》九十五引「杜預云：『公羊、穀梁詭辯之言，又非先儒所説也。』」

沈叔埏《頤堂文集》卷八《書直齋書録解題後》 《直齋解題》與《郡齋讀書志》並爲鄱陽馬氏《經籍考》所採取，全本散佚，今從《大典》内纂出二十二卷。嘗考《齊東野語》、《吴興備志》及王、張、栗、程舊《志》，陳振孫字伯玉，安吉人，性勤敏，博通古今，藏書最多。宋理宗嘉熙四年，爲溧水教授，累遷浙西提舉，改知嘉興府。一意卹民，舉行藥萬户，停廢醋庫，邦人德之。管攝興化纂，折獄平允，時皆服其得法外意焉。淳祐九年，以侍郎致仕家居，修《吴興人物志》，討摭舊事頗詳。其仕於莆也，傳録夾漈鄭氏、方氏、林氏、吴氏舊書至五萬一千一百八十餘卷，仿晁氏《志》各爲解題，讐勘精詳。諸書所述如此。其守禾治行，郡志遺之。乾隆乙未，余客京師，寓裘文達公賜第，銅梁王榕軒檢討贈余是書，蓋聚珍板也。《録》中附有隨齋批注，一時纂修諸公未詳其人。余按卷三鄭樵《石鼓文考》批注有先文簡字，宋龍圖閣學士吏部尚書新安程泰之大昌諡文簡，曾孫棨字儀甫，號隨齋，元時人。周益公作《文簡墓志》云：公自宦遊去鄉里，樂吴興溪山之勝，而卜居焉。晚得安吉梅溪鄉邸閣山，規營塋域，卒葬其地。子四人：準、新、本、阜。孫三人：端復、端節、端履。文簡自歙遷湖，子孫貫安吉，與直齋同時同里。而批注所云：樵以秦斤、秦權有函毀兩字，遂以石鼓爲秦物。先文簡論而非之，其説具載《演繁露》。則隨齋之爲棨，確然無疑矣。又《録》中《論語意原》不知作者。余考之，乃青田宋侍郎東谷鄭汝諧所撰。吾鄉婁彦發參政諡忠簡，《宋史》本傳及樓攻媿所撰《神道碑》並闕焉，亦見批注。此則其後人亦莫之知也。

翁方綱《經義考補正》卷三 伏氏勝《尚書大傳》。鄭康成《序》一條，未應補云「至元始詮次爲八十三篇」。按：下條引陳振孫謂「八十三篇當是其徒歐陽、張生之徒雜記所聞」是也。而所引晁氏，謂是「康成詮次爲八十三篇」者，未知何據？【略】又按：《崇文總目》：「《尚書大傳》，漢濟南伏勝撰。伏生本秦博士，以章句授諸儒，故博引異言，援經而申證」云。此條竹垞未引，應補。又陳振孫條下云：「印板刓闕，合更求完善本。」此二語亦應補入，以見宋時尚有板本也。【略】又按：竹垞蓋未見後人所鈔輯之本，故直云「佚」也。近日德州盧氏刊《尚書大傳》四卷，仁和盧學士文弨爲撰《攷異》一卷、《補遺》二卷於後。文弨《序》曰：「雖非隋、唐以來之完書，然闕佚殆亦尠矣。」又見吴門惠氏亦有增入者，方綱嘗與歸安丁進士杰合諸本鈔撮。聞浙人董君豐垣所輯最爲詳備。嘉定曹學士仁虎有其寫本，屢向其借鈔而未得見也。

又卷六 《漢月令記》。此條下，竹垞引蔡邕《明堂論》，即《月令記》之文也。王深甯《漢志攷》云：「今佚篇之名可見者，《月令記》見蔡邕論。」竹垞蓋即据此也。然深甯《攷》弟云逸篇之名，初未確指爲漢時人書，似未可因蔡邕是漢時人，輒於此書之上，加漢字以定之。且鄭、孔二條，皆是説今《禮記》中之《月令》，亦不應贅述於此。此條似應著明据王應麟語，而以蔡邕云云系其下足矣。聘珍案：《月令記》，厚齋明言河間獻王所得，仲尼弟子及後學者所記，不得妄加「漢」字。

又卷八 洪氏咨夔《春秋説》三卷。案：此書今從《永樂大典》内抄輯，分爲三十卷，僖公内有闕文；吴任臣謂三卷者，恐是脱「十」字耳，此書非三卷所能該也。吴任臣條内「泰嘉二年」，當作「嘉定」。

又卷一〇 《五經要義》，《唐志》題劉向撰。《隋志》「五卷」。竹垞案内「謂之埔」下脱「鐘一堵」三字。《初學記》引《要義》文云「天子藉田千畝」云云，按《藝文類聚》卷三十九引此條至「下致孝敬也」，作「五經通義」，不作「要義」，與此異。「所以示美承好」，「承」當作「呈」。「未有布綿」，「綿」當作「帛」。

又《跋嶧山碑》 《永樂大典》摹本，即淳化四年鄭文寶本，而跋内「廣」下缺一字，與今陝拓本正同。然都元敬《金薤琳瑯》「廣」下是「求」字，則豈元敬所見，是未泐以前本，而《大典》所摹在後耶？然《大典》本視今本筆畫不同者，凡十餘字，就其

中一二伸縮小異者，尚不過摹刻之失，至如「辭」字右邊「辛」字下一横畫，并不上屈，而今陝本乃與上一畫同作上屈，此則足正陝本矣。未知《大典》所據是何本也？「辭」從「辛」，「辛」從「辛」，從一辛，從二從干，干從反入，從一則似，「辛」字之中畫，亦不應上屈，然「童」、「妾」、「丵」、「業」諸字，皆已變「一」爲「凵」，則「辛」字中畫之上屈不足異，而其下畫，則不應再屈矣。「群臣從者」，「者」字無右筆，《大典》與陝本同，而鄒縣本、江寧本皆不然，據其後「者」字、「著」字，皆有右筆，何獨此字無之？此則陝本摹失，而《大典》本仍之者耳。篆至此碑，不可謂小而猶有摹失者，若「强」、「號」、「獻」、「流」諸字，中間牽連竟不成字，而世人流傳不以爲怪，所謂有功字學者安在哉？

阮元《十三經注疏·尚書》卷一　馬融《書序》曰：「《泰誓》後得，案其文似若淺露。」【略】《春秋》引《泰誓》曰：「民之所欲，天必從之。」《國語》引《泰誓》曰：「朕夢協朕卜，襲於休祥，戎商必克。」《孟子》引《泰誓》曰：「我武惟揚，侵于之疆；取彼凶殘，我伐用張，於湯有光。」《孫卿》引《泰誓》曰：「獨夫受。」《禮記》引《泰誓》曰：「予克受，非予武，惟朕文考無罪。受克予，非朕文考有罪，惟予小子無良。」今文《泰誓》皆無此語。吾見書傳多矣，所引《泰誓》而不在《泰誓》者甚多，弗復悉記，略舉五事以明之，亦可知矣。

孫星衍《問字堂集》卷二《三輔黄圖新校正序》　《三輔黄圖》一卷，始見於《隋經籍志》，不著撰人名氏。如淳、晉灼注《漢書》多引其文，劉昭注《郡國志》引《黄圖》云「下邽縣并鄭，桓帝西巡復之」，則爲漢末人所著。後漢咸陽并入長安，故其書記咸陽故事亦多繫之長安，書亦名《西京黄圖》。舊有敘，不傳。據臣瓚引《西京黄圖》敘云「民摩錢取屑也」。舊書有圖，以文爲標識，故其詞甚簡。今書中所稱「舊圖」云云者，標識之辭，下有文複出者，圖説是也。若後云「圖曰：『上林苑有昆明池，周匝四十里。』」前又云「昆明池在長安西，周四十里」。上云「冰池在長安西」，下云「舊圖云：『西有彪池之屬。』」《隋志》言其記三輔宫觀、陵廟、明堂、辟雍、郊畤等事，是其體例尚可尋求。後人既益以注解，多引《史記》、《漢書》及《三輔故事》、《三秦記》、《宫闕疏》、《廟記》等書，傳寫者又亂入本文。今《長安志》引「太上皇廟在長安城中，香室街酒池之北」，本書云「在長安故城中，香室街南」，《關輔記》曰「在酒池北」，則是宋敏求即用其注，程大昌以爲唐人增續成之是也。樂史、宋敏求所引又勝於南宋時本，《玉海》所引則有岐州扶風縣及湖城縣之名，不能别擇。其引序云：「孔子作《春秋》，築一臺，新一門，必書於經。今裒秦、漢以來宫殿、門闕、樓觀、池苑在關輔者著於篇，東都不與焉。」又云「始於《三輔治所》，終於《雜録》一帙，凡一十九條」，是其篇目已非《隋志》之舊。然王氏所引據，詞旨簡質，又與今本不同。今本於《三輔治所》前增《三輔沿革》，其辭至劣；又分十九條爲三十六條，是又非宋本之舊矣。王氏指證此書思子宫在湖，萬歲在汾陰，皆隸甘泉，與史不合。今覽其文，殆有甚者，「鐘官」字誤爲「鐘宫」，乃附於宫類；「涿沐館」譌爲「涿沐觀」，乃列於觀屬；温室殿在未央，而載在長樂宫，云按《漢宫闕疏》「在長樂宫」，又《漢宫閣記》「在未央宫」，旁皇無據。或本書與《拾遺記》、《西京雜記》同文，則以彼繁詞，增其篇幅；或傳注稱引本書，兼及他書，後加按語，皆牽連鈔摭；或非三輔宫觀，妄附本書，蕪累甚矣。王應麟弟應鳳有《訂正三輔黄圖》，今復不傳。此惟據明人刻本，譌謬滋甚。秋帆中丞既刺取書傳，加之校勘，詞旨完備，釐然可觀。予以爲唐人所引《三輔故事》諸書亡矣，略見於此，不宜刊落，必用先生之本。漢人著書，存者絶少，削繁補遺，猶爲善本，則亦相輔而行焉。頃涉覽諸書，求其徵引，理而董之，略依《隋志》所稱篇次，復爲一卷。以宋敏求作《長安志》曾見舊書，宫觀先後，多依更定。予以乾隆困敦之歲，聿始西征，游寓五載。中丞館予上舍，此邦當路，歡若平生。延訪名山，流連遺阯。西觀芒竹，東歷陽華，北繞甘泉，南瞻子午。千門萬户，指掌能圖，四塞八川，畫沙可述。又撰諸方志，旁求故實，頗悉源流，良亦此書之益。桑下之戀，斐然成編，所謂賢於博奕。後世覽之，幸勿稱爲著作。

喬松年《緯攟》卷三《尚書緯下·中侯運衡》　帝堯刻璧，率群臣東沈于雒。《御覽》八十。注曰：元，善也。愚按：《曲禮》疏引此文作《中侯運行》，《路史》謂「堯刻璧爲書沈洛，今《運衡篇》是也」。《書》曰：天子臣放勛德薄，施行不元。

又《中侯契握》　元鳥翔水，遺卵，娀簡易，拾吞生契，封商。後萌水易。《路史·後紀九》。注曰：易疑浴，娀簡在水中浴而吞卵生契，後人當天應嘉，乃以水易爲湯。愚按：《路史》所引之注與《御覽》不同，但謂《中侯》，未指爲《契握》，當兩存之。易疑浴者，謂易字疑當作浴字也。然簡狄或作簡遏，易是遏之假借，非浴之誤。以水易爲湯尤陋。此條恐非古法。

又卷四《詩緯·詩含神霧》　詩者，持也。以手維持，則承負之義，謂以手承下而抱負之。《詩》疏、《禮·内則》。《詩》「負之」疏。愚按：《内則》疏「以手維持，則承負之義」是疏語，非緯文。

又　建四始五際而八節通。《困學紀聞》。卯酉之際爲革政，午亥之際爲革政。

《御覽》六百九。神在天門，出入候聽。《天中記》。《唐類函》。愚按：《後漢書・郎顗傳》引「卯酉之際爲革政」四句而指爲《汎歷樞》，且無「建四始五際而八節通」一句。

又卷五《春秋緯上・春秋元命包》 周五等爵法五精：公之言公，公正無私；侯之言候，候逆順，兼伺候王命；伯之言白，明白于德；子者，孳恩宣德；男者，任功立業。皆上奉王者政、教禮法，統理一國，修身絜行。《禮・王制》疏。《公羊》疏。注曰：五精是其總法，五精分之則法五剛日。《王制》疏。「庸者，通也。官小德微，附于大國以名通，若畢星之有附耳然。」故謂之附庸。《公羊》疏。元者，端也，氣泉。《公羊》疏。宋注曰：元爲氣之始。初，水之有泉，泉流之原無形，以起在天成象有形，以分在地成形，窺之不見，聽之不聞。王不上奉天文以立號，則道術無原，故先陳春，後言王。天不深正其元，則不能成其化，故先起元然後陳春矣。《公羊》疏。斗指東方曰春，指南方曰夏，指西方曰秋，指北方曰冬。《公羊》疏。王者孰謂？謂文王也，疑三代不專謂文王。《公羊》疏。宋注曰：雖大略據三代，其要主於文王。愚按：《公羊》「春，王正月」《疏》引此六條皆指爲《春秋》說，而於「謂文王也」《疏》下解之曰：「是以《元命包》上文總而疑之」，則此六條者可定爲《元命包》之文。且《王制》《疏》引「周爵五等」一條正作《元命包》也。

又 王者不空作樂。樂者，和盈於內，勤發於外，應其發時，制禮作樂以成之，是故作樂者必反天下之始樂於已爲本。舜之時，民樂其紹堯業，故韶者，紹也。禹之時，民大樂其駢三聖相繼，故夏者，大也。湯之時，民大樂其救於患苦，故濩者，救也。文王之時，民樂其興師征伐，故武者，伐也。四者，天下所同樂一也。其所同樂之端，不可一也。《周禮・大司樂》疏。《御覽》五百六十六，八十二，八十三。《初學記》皆節引。注曰：舜服繼堯之業。駢讀曰頻，頻，猶比也。各樂其君所爲，故不可合四家以爲一也。《御覽》。和盈於內，鄉人邦國咸歌之；發於外，則四方之風也。《論語》疏。愚按：文王之時當作武王之時。《藝文類聚》亦引禹湯兩樂之文，而曰「夏者，大也，故樂名大夏；濩者，救也，故樂名大濩」。

又《春秋文曜鉤》 蒼帝春受制，其名靈威仰；赤帝夏受制，其名赤熛怒；白帝秋受制，其名白招矩；黑帝冬受制，其名汁光紀；黃帝受制王四季，其名含樞紐。《穀梁・僖三十一年》疏。愚按：《周禮・太宗伯》疏「掌次」，疏引此文作「春起青受制，夏起赤受制，秋起白受制，冬起黑受制，季夏六月火受制」，字句小異。

又卷六《春秋緯下・春秋保乾圖》 陽起於一，天帝爲北辰。氣成於三，以立五神，三五展轉，機以動運，故三百歲斗歷改憲也。《後漢書・郎顗傳》注。《律歷志》引求一句。宋均注曰：三陽而陽備，備則改憲，憲法也。王元長《策秀才文》注。愚按：古「升、斗」二字易溷，顗傳中「升」字誤，註中「斗」字是也。宋劉貢父攽亦云。

又《春秋命歷序》 人皇九頭，提羽蓋，乘雲車，出暘谷，分九州。《靈光殿賦》注。《藝文類聚》引作「人皇九頭，駕六羽，乘雲車，使風雨」。《洛神賦》注。《初學記》皆引。《御覽》七十八引作「駕六羽，出谷口，分長九州」。《唐類函》引作「人皇氏九頭，駕六羽，乘雲谷口」。《說郛》引作《尚書璇璣鈐》，誤。

又《泛引春秋緯》 黃帝受圖立五始，元者氣之始，春者四時之始，王者受命之始，正月者政教之始，公即位者一國之始。《穀梁疏》謂《公羊》取《春秋緯》如此。以元之深，正天之端，以天之端，正王者之政。《公羊》謂文王也。疏引《春秋緯》。愚按：此文在《公羊疏》中，與「元者，端也」一條相近，惟疏中「周五等爵」一條，「庸者，通也」一條，「元者，端也」一條，「王不上奉天文」一條，「斗指東方曰春」一條，「王者孰謂？謂文王也」一條，共六條。而於「謂文王也」疏下解之曰：是以《元命包》上文總而疑，則以上六條可斷爲《元命包》，此條在六條之外，故未入彼卷。

又卷七《禮緯・禮含文嘉》 大夫達稜，謂斲爲四稜，以達兩端。士首本，士斲去木之首本，令細與尾頭相應。《禮器》疏。愚按：「大夫達稜，士首本」當是正文，謂「斲爲四稜，以達兩端。士斲去木之首本，令細與尾頭相應」當是注，誤合爲一，此謂宮室之飾。

又卷八《樂緯・樂動聲儀》 宮唱而商和，是謂善太平之樂。角從宮，是謂哀衰國之樂。羽從宮，往而不返，是謂悲亡國之樂也。音相生者和。《樂記》疏，《丹鉛録》。注曰：君臣相和。象人自怨訴，悲傷於財竭。彈羽角應彈宮徵，應是其和樂。愚按：《丹鉛録》引此文，其末尚有「應即爲和不相生，應即爲亂也」二句，此是孔穎達疏語，升菴誤以爲緯文。

又卷九《孝經緯・孝經援神契》 斗指子爲冬至，至有三義：一首陰極之至，二者陽氣始至，三者日行南至，故謂爲至。《御覽》二十八引《孝經》說。愚按：自穀雨後以下原引雖未指爲《援神契》，而其文與《初學記》所引立春至穀雨標爲《援神契》者句法相合，遂連綴於此，統爲一條。

又《孝經鉤命決》 祭天於南郊，就暘位。《周禮・大司樂》鄭注。祭地於北郊，就陰位。《周禮・地官・牧人》疏。愚按：《大司樂》鄭注祇引爲《孝經》說，《牧人》所引則指爲《鉤命決》，兩文相儷，故上句亦列入此卷。

又卷一一《河圖緯・河圖括地象》 天不足西北，地不足東南。西北爲天門，

東南爲地户。天門無上，地户無下。《周禮·大司徒》疏。《困學紀聞》。愚按：《丹鉛録》二十七引「天門無上」兩句，而以「天不足西北」兩句爲注。

又《河圖始開圖》 黄帝名軒，北斗黄帝之精母。地祇之女附寶，之郊野，大電绕斗垣星耀，感附寶，生軒，胷文曰：「黄帝子。」《説郛》。《御覽》引作《握矩起》。愚按：《説郛》尚有「伏羲氏以木德王」，已見《春秋内事》。「伏羲禪于伯牛」一條，「黄帝修德」一條，已見《挺佐輔》，此不再收。

又《河圖稽耀鉤》 十月立冬爲節者，冬，終也。立冬之時，萬物成終爲節名。小雪爲中者，氣候轉寒，雨變成雪，故以爲中也。《説郛》。愚按：《説郛》尚引「百世之後地高天下」一條，已入《挺佐輔》，「王者封太山，禪梁父」一條已入《真紀鉤》。又「狗三月而生」一條乃《春秋文耀鉤》之文，《説郛》誤采。

又《河圖玉版》 從崑崙以北九萬里得龍伯國，人長三十丈，生萬八千歲而死。從崑崙以東得大秦國，人長十丈。從此以東十萬里得佻國，人長三丈五尺。從此以東千里得中泰國，人長一丈。《御覽》三百七十七、八百十八引「人長十丈」下有「皆衣帛」三字。《天中記》引以有此三字，三丈五尺作三十丈五尺，千里作十萬里。《唐類函》引作《河圖龍》文。

又《河圖令占篇》 地淪月散必有立王。《御覽四》。日薄也。《宋書·五行志》引《河圖占》。愚按：「令占」與「合古」字相似，疑即是《合古篇》傳寫別誤耳。

又《河圖天靈》 趙王政以白璧沈河，有黑頭公從河出，謂政曰：「祖龍來，天寶開，中有尺二玉櫝。」《御覽》八百六。《説郛》引作《尚書考靈曜》，趙王作秦王。《初學記》引作《河圖考靈曜》。《唐類函》、《天中記》皆作《河圖考靈曜》。

又卷十三《古微書訂誤·尚書考靈曜》 天如彈丸，圍圓三百六十五度四分度之一。愚按：此是《月令疏》孔潁達語，非《考靈曜》本文，孫氏引作正文，誤也。

又《尚書中侯》 禹理洪水，觀于河，見白面長人魚身出曰「吾河精也」，授禹河圖而還于淵。愚按：此是《水經注》括取《中侯》本文之語，孫氏既列本文，又引此條作《中侯》，誤也。

又《中侯摘洛貳》 藩侯陪位，羣臣皆就列，如舜、周公差應。至于日昃榮光、汨河青雲浮至，青龍仰玄甲臨壇上，濟止圖滯，周公視三公，視其文，言周世之事五百之戒與秦漢事。愚按：此是《路史》之文，明言引《瑞應圖》。孫氏摭作《摘洛貳》，疏舛甚矣。

又《春秋元命包》 文王造之而未遂，武王遂之而未成，周公旦總少主而成之，故曰成王。愚按：此語見《吕氏春秋·下賢篇》，未言是緯。《唐類函》引作《元命包》，無據，孫氏之誤亦同。

又《春秋合誠圖》 伏羲龍身，牛首，渠肩，達掖，山準，日角，歲目，珠衡，駿毫，翁馬，龍唇，龜齒。赤帝豐下兑上，龍顔，日角，八采，三眸，鳥庭，荷勝，琦表射出，握嘉履翌，竅息洞通。愚按：此兩條皆是《路史》語，非引緯。因其下皆別有引《合誠圖》他文，孫氏遂并此亦摭作《合誠圖》，大誤。此赤帝謂堯非神農。

又《春秋運斗樞》 石氏云：名天關。愚按：此是孫氏引石氏《星經》自作注，而用細字書於本句之下，便與所引古注相溷。

又《春秋考異郵》 獻金鈴大戟五十張。愚按：此是晉陶侃表中語，《御覽》三百三十三節録其文。孫氏乃誤認爲《考異郵》疏，謬最可嗤者。

又《春秋握誠圖》 江充之害，其萌反舌鳥入殿。愚按：《御覽》引此文作《保乾圖》，已入彼卷。孫氏列入《握誠圖》，無據。

又《春秋漢含孳》 有人握卯金刀一條。愚按：此條只是爲漢高祖説符命耳，與孔子無涉。孫氏乃曰疑于夫子之不王，固已誤矣。又謂老子鄙夫子之目營四海，望望焉去之。于是聖人之氣不在中夏，而在遥夷，故夫子亦欲游九夷從鳳嬉，爲説更謬。又謂夫子聞太子晉之死，歎曰明王不作，天下莫能宗。子謂夫子冀子晉無死，將法堯傳舜，尤爲乖戾。

又《春秋保乾圖》 女媧氏命娥陵氏制都梁管，以一天下之音。命聖氏爲班管，以合日月星辰。命曰允樂令隨作笙簧。愚按：此文見《帝系譜》，又見《路史》，皆未言是緯，惟《丹鉛録》引作緯，而未言何緯。《路史》「令隨作笙簧」一句與「娥陵氏制都梁管」一條不連，《丹鉛録》連之於「令隨作笙簧」句，上增一「又」字。孫氏鈔《丹鉛録》之文亦增此「又」字，然臆斷爲《保乾圖》，斯妄矣。

又《春秋内事》 夏后氏金行，初作葦茭，言氣交也。殷人水德，以螺首，慎其閉塞，使如螺也。周人木德，以桃爲梗，言氣相更也。今人元日以葦插户螺，則今之門鐶也。桃梗今之桃符也。愚按：自「夏后氏」至「言氣相更也」見《後漢書·禮儀志》，「今人元日」以下數句乃《通典·禮志》、《通志·禮畧》引《禮儀志》之文而加以案語，皆未言是緯。《丹鉛録》又引《通典》、《通志》全文，亦未言是緯。孫氏乃摭作《春秋内事》，大妄。

又《春秋説題辭》 孔子曰：德合元者稱皇，皇象元逍遥術無文字，德明謚合天者稱帝，河洛受瑞可放。仁義合者稱王，符瑞應天下歸往。愚按：此文見《公羊

傳》何休注，「孔子曰」三字在「皇象元」之上，「皇象元」至「明謚」十二字《正義》解作春秋説文，未指爲《説題辭》，其「德合元者稱皇」一句及「合天者稱帝」以下各句皆何休之語，孫氏將「孔子曰」三字移於「德合元者稱皇」之上，并指爲緯文，大誤。

又《春秋命曆序》 人皇氏没，狛神次之，出於長淮，駕六飛羊，政三百歲，五葉千五百歲。愚按：此見《路史》所引，孫氏於「黄頭大腹」一條已列之矣。又於本卷重出，可删。

又《易河圖數》 龜取生數一三五七九，筮取成數二四六八十。愚按：此文見《丹鉛録》二十二，是楊升菴之語，謂河圖之意如此，非引《河圖》之文。孫氏乃造一《易河圖數》之名，而摭此條以實之，妄甚。

又《易九厄讖》 子貢與子夏觀社，社樹有鳥。子路搏鳥，社人章子路，子貢説之乃止。愚按：此文見張華《博物志》，未言是緯。孫氏摭作比考，妄也。

又《河圖握矩起》 瑶光之星如虹貫月，正白感女樞于幽房之宫，生黑帝顓頊，首戴干戈有德文。愚按：《御覽》、《史記正義》皆引此文，皆作《河圖》，未指爲《握矩記》，孫氏列入此卷，無據。

又《河圖考靈曜》 高皇攝政，總萬庭，四海歸，詠理威，明文德道化，承天精元祚，興隆協聖靈。愚按：《御覽》、《説郛》引此文作《龍魚河圖》，已入彼卷。又按：孫氏立《河圖考靈耀》之目，所收只此兩條，而皆非也，是孫妄立此篇名耳。孫氏固已收此條於《龍魚河圖》，矣而重出於此，殊不可解。

又《河圖會昌符》 鎮星光明，八方歸德。愚按：《蜀都賦》注引此文作《河圖龍文》，孫氏亦以「《河圖龍文》曰」五字冠於此文之上，而置之《會冒符》篇中，大不可解。

又《雒書摘六辟》 《易歴》曰：陽紀天心，别序聖人題録興亡，州土名號，姓輔爰符，亡殷者紂，黑期火戊，倉精受命，女正昌効紀，承餘以著當。愚按：此文見《乾鑿度》，明言《易歴》，孫氏摭作《摘六辟》，因上文有引《摘六辟》之語而誤連之也，疏舛甚矣。

又《論語比考》 子路感雷精而生，尚剛好勇，親涉衛難，結纓而死。孔子聞而覆醢，每聞雷鳴乃中心惻怛，故後人忌焉，以爲常也。愚按：此文見王充《論衡》，未言是緯，孫氏摭作《比考》，又妄也，且將「雷精」寫作「蛇精」，更謬。

又 黄帝師力牧，帝顓頊師録圖，帝嚳師赤松子，帝堯師務成子，帝舜師尹壽，禹師國先生，湯師伊尹，文王師吕望，武王師尚父，周公師虢叔，孔子師老聃。愚按：此文見《白虎通》引傳曰，未指爲緯，因上文「五帝立師三王制」之一條是《比考》，孫氏誤認爲連文，遂并此文列作《比考》，誤矣。

又《論語譔考》 伏羲以前雖有官名，未必具立官位，至黄帝名位乃具。愚按：此文見《周禮序》，是賈公彦之語，因在所引《譔考》「黄帝受地形，象天文以制官」之下，孫氏遂連上文認此文亦是《譔考》，誤也。

又《論語摘輔象》 又左邱明爲素臣。愚按：此語見杜元凱《春秋序》，非緯也。孫氏以其類於仲尼爲素王，强增一「又」字，摭入《摘輔象》，大妄。

又《論語摘衰聖》 叔孫氏之車子曰鉏商，樵于野而獲麟焉，衆莫之識，以爲不祥，棄之五父之衢。冉有告曰：「麇而肉角，豈天之妖乎？」夫子曰：「今何在？吾將觀焉。」遂往謂。高柴曰：「若求之言，其必麟乎？」到，視之曰：「今宗周將滅，無主，孰爲來哉！兹出而死，吾道窮矣。」乃作歌曰：「唐虞之世麟鳳游，今非其時來何由，麟兮麟兮我心憂。」愚按：此文見《孔叢子》、《公羊》疏亦引之，非緯也。孫氏摭作《論語緯》，又大妄也。

又《禮稽命徵》 舜以十一月爲正統，尚赤。堯以十二月爲正，尚白。高辛氏以十二月爲正，尚黑。高陽氏以十一月爲正，尚赤。少昊以十二月爲正，尚白。黄帝以十二月爲正，尚黑。神農以十一月爲正，尚赤。女媧以十二月爲正，尚白。伏羲以上未有聞焉。愚按：《路史・后紀九》注内有此文，未言是緯。《通典》引崔靈恩之言相同，亦未言是緯。孫氏摭作《稽命徵》，妄也。末句《路史》作女媧，《通典》作太昊。

又《樂動聲儀》 冬至陽氣應，則樂均清，景長極，黄鐘通，土灰輕而衡仰。夏至陰氣應，則樂均濁，景短極，蕤賓通，土灰重而衡低。愚按：《後漢書・律歴志》有此文，《通考》一百三十亦有之，皆未言是緯。孫氏摭作《動聲儀》，妄也。

又《皇翔》 召公賢者也，明不能與聖人分職，常戰慄恐懼，故舍于樹下而聽斷焉。勞身苦體，然後乃與聖人齊，是《周南》無美而《召南》有之。愚按：此文《御覽》引作《動聲儀》，已入彼卷。

又 東夷之樂持矛舞，助時生也。南夷之樂持羽舞，助時養也。西夷之樂持戟舞，助時殺也。北夷之樂持干舞，助時藏也。愚按：此文在《孝經鉤命決》，孫氏既收入彼卷，又重出於此，誤也。

又《樂叶圖徵》 陽樂黄鐘也，陰樂蕤賓也。愚按：此文見《丹鉛録》二十三，先引《叶圖徵》「宫爲君」一段，其終有「陰樂成天文，陽樂成地理」之語。《叶圖徵》

之語畢矣，以《後漢書・禮儀志》所引證之可見也。升菴於其末綴此兩句，蓋以已意釋陽樂、陰樂，如作注然。孫氏不察，鈔《丹鉛録》入緯，遂併此兩語鈔作正文，大誤。

又《詩汎歷樞》　摘洛謡曰：剡者配姬以放賢，山崩水潰納小人，家伯罔主異哉震。愚按：此文見《中候摘洛貳》，孫氏已收入彼卷，何故重出於此，且明有「摘洛」之字而未察也，可謂疏舛。

趙在翰《七緯》卷一《易鑿度》　知生化柢晤茲天心。與天同生，知化之本。柢晤，曉也。天垂萬化之心，令羣物不息柢本也。按：息字原本作惠，從明范欽本改正。柢字原本作托，范本作氏，並誤，今據文改正。

又卷九《尚書璿機鈐》　帝嚳以上朴畧難傳，唐虞已來焕炳可汯。《書叙正義》。《文選・魯靈光殿賦注》朴略下多有象二字。又下二句侫帝堯焕炳隆興可觀。在翰桉：《繹史・有虞紀》引此條有「曰載、曰車、曰軒、曰冠、曰冕，侫此車服，以賜有功」，凡十八字，今據《選注》云車曰軒，冠曰冕，庸，用也。侫此車服，以賜有功。章有悳。乃李善注文非緯文也，疑《繹史》誤連，識以俟正。

又《尚書緯》　曰若稽古帝堯，稽同也，古天也。《詩・元鳥正義》。在翰桉：鄭《古文尚書注》「稽同古天也」，言堯能順天而行，與之同功，説據緯書。馬氏僞孔以爲「順稽古道」，與此不合。夫子曰「唯天爲大，唯堯則之」，是緯説之所本，正義附會僞孔曲説，失之矣。魏帝之對庾竣，謂舍其大，偁其細是也。

又卷二四《春秋元命苞》　緣天地之所雜樂，爲之文典。文王之時，民樂其興師征伐而詩人偁其武功。《續漢書・祭祀志》注、《東觀漢紀・樂志》。在翰桉：此節首十一字不可解，當有訛字。據《繁露》「王者不虚侫樂」上云「緣天下之所新樂，而爲之文曲，且以和政且，以興德，天下未偏合和，王者不虚侫樂」。此「文典」字當爲「曲」之訛，「襍」字當爲「新」之訛。

又卷二六《春秋運斗樞》　《春秋》設七等之文，以貶絶録行，應斗屈伸。《公羊・莊十疏》。在翰桉：《公羊傳》「州不若國，國不若氏，氏不若人，人不若名，名不若字，字不若子」。《解詁》謂周本有奪爵偁國氏人名字之科，孔聖加州文，備七等以進退之。徐疏謂「必備七等之汯者，正以北斗七星主賞罰，示汯。《春秋》者，賞罰之書，故則之」。引此緯之文。及《説題辭》北斗七星有政，《春秋》亦以七等宣化爲證。在翰謂此緯名《運斗樞》義，蓋以此也。

又卷二七《春秋合誠圖》　至道不遠，三五而反。《後漢書・郎顗傳》注。宋均注：「三，三正也；五，五行也。三正五行，王者改代之際會也，能於此際自新如初，則通無窮也。」在翰桉：緯文殘闕，據《風俗通》皇霸云：「三統者，天地人之始，道之大綱也。五行者，品物之宗也。道以三興，德以五成，故三皇、五帝、三王、五霸，至道不遠，三五復反，譬若循連鐶，順鼎耳，窮則反本，終則復始也。」是此上下有闕文可知。

瞿鏞《鐵琴銅劍樓藏書目録》卷一《周易象義十二卷》　凡分上、下經爲二卷，又每卷各分子卷，三傳十篇爲十卷。自序謂依《本義》體，然以《文言》升《繫辭》之上，則又從南康馮氏本也。見上經首總釋，即朱氏《經義考》誤以爲自序者。前有自序二篇，《易統論》三篇，《凡例》十四條，後亦有自序一篇。宋本存下經第二之三，豐至未濟。自《彖傳》以下十卷皆全，餘則假文瀾閣傳録本鈔補，惟豫、隨、无妄三卦經注閣本亦闕。案閣本録自《永樂大典》，似出元刻，與此本微異。如否上九《象傳》注下，閣本增多「吴氏曰：否、泰之機常相持也」云云，又「愚謂否不終否」云云二條。革九五《象傳》注，二本互異，宋本作九五其文炳，以虎文彪炳言之也，閣本作二五正應文明以説也，九五剛君，其非一本可知。又閣本所闕豫、隨、无妄、大壯、睽、蹇、中孚、既濟、未濟《彖傳》注；豫、隨、无妄、大壯、睽、蹇、中孚《象傳》注及《繫辭上》傳「象也者言乎其失得也」至「各指其所之」注，此本皆全，用附於後，俾覽者得以拾補焉。

又卷二《禹貢山川地理圖二卷》　此本專録其圖，不録前、後《論》，蓋文瀾閣傳鈔本輯自《永樂大典》者也。嘗以校通志堂本，多可正其譌脱，如《大陸篇》云「固嘗以深之大陸爲正」，「深」作「河内」，考《通典》「深州陸澤縣」，《禹貢》「大陸澤在此」，《元和郡縣志》「深州陸澤縣南三里即大陸之澤」，則作「深」是也。今定《沇、滎、濟圖》，「沇」誤爲「流」，叙説云「沇、滎、濟絶河南、北以爲逕道」，「沇」字亦脱。《尋陽舊江圖》叙説云「若九江在蘄春以至湖口不過二三百里」，湖口下有小注四字云「三江會處」，誤以「三江」二字入正文而脱「會處」二字。《小勃律弱水辨》云「《唐史》誤以合言，故并與大勃律無的地也」，脱「無的」二字。《雍、梁、荊三州貢道圖》叙説云「然則不浮漢而浮濳者」，脱「而浮」二字。《隋汴首末篇》云「隋汴受河在板城渚口，而板渚之在《水經》古來自有分水故道」，脱「而板渚」三字，又誤「之在」爲「之東」。其餘字句小異茲不悉著，要皆此本爲勝，蓋《大典》所載，猶出淳熙舊刻也。

又卷一一《明抄職官分紀跋》　所采《五代史・職官志》，爲薛《史》舊文，邵二

雲輯薛《史》時，僅校内職一條，其餘尚未詳校。其采宋代事迹，頗有出《宋史》外者，亦考《宋史》者所當考也。余又藏有舊鈔本，校此本脱譌極多。

顧觀光《神農本草經序》 李瀕湖所謂屢經變易，舊制莫考者是也。李氏《綱目》，世稱爲集大成，以今攷之本經，而誤注別録者四種。草薢，葱，薤，杏仁。從本經拆出，而誤注他書者二種。土蜂，桃蠹蟲。原無經文，而誤注本經者一種。緑青。明注本經，而經文混入別録者三種。莫耳實，鼠婦，石龍子。經文混入別録，而誤注別録者六種。王不留行，龍眼，膚青，姑活，石下長卿，燕屎。別録混入經文，而誤注本經者四種。升麻，由跋，赭魁，鷹屎白。夫以瀕湖之博洽而舛誤至此。

劉恭冕《廣經室文鈔·春秋左氏傳賈服注輯述跋》 此書冕前既序之，今歲久香閣學取稾本屬重校，且爲審定。既畢，乃復於閣學曰：漢儒注《左氏》者，自賈誼始，《後漢·儒林傳》：「賈誼爲《春秋左氏傳訓詁》，授趙人貫公。」其後劉歆、鄭衆、賈逵、馬融、延篤、彭汪、許淑、潁容、謝該、服虔、孔嘉各爲之訓釋，而諸家中以賈、服爲最備，故學者多竝稱之。《隋書·儒林傳》：「傳《左氏》者甚衆」，「其後賈逵、服虔竝爲訓解。」陸德明《經典序録》亦祇列賈、服二家注。顧自杜氏《集解》、孔氏《疏》出，而二家遂亡。近時金谿王氏謨。始有輯本，次白先生輯此注稍後王氏，而搜采較多，抉擇尤慎，如《左傳序疏》引賈云「孔子覽史記，就是非之説，立素王之法」，此賈氏《春秋序》文；隱十一年「夫許，太岳之胤也」，疏引賈云「四岳，官名」，「太岳也」，「主四岳之祭」，此賈氏《周語注》文，而王氏以爲《左傳》注義，非也。《詩·南山》疏引服云：「蓋魯桓公之喪從齊來，以文姜爲二年始來」，二句語氣不接，中間當有脱誤，而王氏仍依《疏》文連引之。《禮記·祭法》疏引服云：「曾祖之廟曰祧者，以魯襄公於時冠于衛成公之廟，成公是衛今君之曾祖，曰祧也。」服氏此注祇「曾祖之廟曰祧」六字，餘皆疏引申之語，以《傳疏》及《士冠禮》疏證之自見，《傳疏》云：「服虔以成公是衛之曾祖，即云祧，謂曾祖之廟也。」《士冠禮》疏云：「服虔注以祧爲曾祖者，以其公還及衛，冠于衛成公之廟，成公，衛曾祖，故以祧爲曾祖廟。」而王氏概列爲服注。宋本哀七年《傳》疏引服云「衆君子，衆國君」，妄耳。「妄耳」，是孔《疏》文，毛本誤作「妾耳」，而王氏亦列爲服注，非也。至其述義，援據傳註，疏通證明，能不失經注之意，而考正誤文誤義，如隱八年注「先者見獲」誤倒於「必不往相救」之前；僖二十六年注「夔，楚熊渠之孫」，「孫」當作「子」；宣四年注「兵車旁幔輪」，「輪」當作「轂」；成十六年注「袴而屬于跗」，「袴」上當有「若」字；襄二十七年注「楚君」，「楚」疑作「燕」，「君」字下屬；昭十三年注「鄭伯爵在男畿」，爲賈本義，「男」當作「南」，南面之君，爲賈或義，「男」當作「南」，句上當依《國語》注補「或云」二字，皆誤文之顯然者也。桓五年「擔動而鼓」，從杜氏以擔爲旗，不取飛石之説；昭八年「自幕至于瞽瞍」，從鄭氏「幕」爲舜先，不取舜後虞思之説；十六年「其祭在廟，已有著位」，從杜氏爲助君祭，不取孔張先祖配食之説；十九年「楚子之在蔡也」，從杜氏以楚子爲大夫，時往聘蔡，不取楚子爲蔡公時之説，皆誤義之顯然者也。蓋《春秋·左氏經傳》自國朝以來，爲此學者若顧氏炎武之《杜解補正》，沈氏彤之《小疏》，惠氏棟、馬氏宗璉之《補注》，洪氏亮吉之《詁》，雖昌言古注，而遺略實多，又無所發明，均未有能及此書者也。

劉毓崧《通義堂文集》卷五《舊唐書逸文序》 甘泉岑紹周提舉建功重刻《舊唐書》，延其友分纂校勘記，書成之後，並授諸梓。余於癸卯秋曾爲作序，以汲古閣毛氏比之。蓋深喜古籍之復行也，繼而紹周復就諸書所引《舊唐書》與今本不相比附者，薈萃參考，爲《舊唐書逸文》十二卷。戊申夏，甫經寫定，而紹周遽亡。其子秋舲淦及其從子仲陶鎔爲付剞劂，復乞序於余。余取其書閲之，所載事迹有關繫者甚多，就其最鉅者言之，有十善焉。李元瓘請明經習業兼讀《周禮》、《儀禮》、《公羊》、《穀梁》，《玄宗紀逸文》云「國子司業李元瓘上言，學人教業必事資經。今明經所習，咸以《禮記》文少，人皆競讀，《周禮》經邦之軌則，《儀禮》莊敬之楷模，《公羊》、《穀梁》歷代崇習，即望四海均習，九經該備」。文宗斥施士丐之《春秋》涉於穿鑿。《施士丐傳逸文》云「文宗每對宰臣，未嘗不深言經學。李石因奏施士丐之《春秋》可讀，上曰『朕嘗覽之，穿鑿之學，貴爲異同耳』」。此有關於經學者，其善一也。許敬宗修《太宗實録》，高宗嫌其所記多非。《高宗紀逸文》云「高宗以許敬宗所撰多非實，乃謂劉仁軌曰『朕昨觀國史，所書多不周悉，卿等必須窮微索隱，原始要終，咸使詳備，此既乖于實，何以垂之後昆』」？玄宗命史官止記災異，不書祥瑞。《玄宗紀逸文》云「上謂宰臣曰『往者史官維記災異，將令王者懼而循德，故《春秋》不書祥瑞，唯記有年』」。此有關於史法者，其善二也。太宗鑒於有隋，作序以賜太子。《太宗紀逸文》云「太宗思隋氏失道，皇運開基，因而序之以明誡慎，申筆書石，命工刻之，以賜皇太子」。憲宗讀《金鏡》、《帝範》、《訓誡》，思貞觀、開元之風。《憲宗紀逸文》云「憲宗以天下無事，留意政典，每覽前代興亡得失之事，皆三復其言。又讀貞觀、開元《實録》，見太宗撰《金鏡》書及《帝範》上下篇，玄宗撰《開元訓誡》，思繼前躅」。此有關於君德者，其善三也。張文瓘論宰臣任職在有益於公道。《高宗紀逸文》云「高宗朝諸宰臣於政事堂供饌珍美，議減其料，東臺侍郎張文瓘曰『吾輩若不任其職，當自陳乞以避賢路，不可減削公膳，以邀求名譽也。國家之所費不在此，苟有益於公道，斯亦不爲多也』」。裴垍對爲理之問，以正

心爲先。《裴垍傳逸文》云「憲宗問爲理之要何先？裴垍對曰『先正其心』。上深然之」。此有關於相業者，其善四也。太宗閲《明堂》、《孔穴》之書，即著令罪人不得鞭背。《刑法志逸文》云「太宗以暇日遍閲羣書，因讀《明堂》、《孔穴》云『人五臟之系咸附背脊，鍼灸失所皆有損害』，乃廢書而歎曰『夫箠，五刑之最輕者也，生死人之至重者也。豈容犯最輕之刑，而或鞭笞至死』。即頒制決罪人不得鞭背」。趙冬曦諫法律之輕重因乎愛憎。《中宗紀逸文》云「趙冬曦上書曰『近有隋之姦臣，將弄其法，立一言而廢其數百條，輕重必因乎愛憎，受法者不知其然，舉事者不知其犯』」。此有關於國典者，其善五也。王師旦謂浮薄者雖有詞華不成令器。《太宗紀逸文》云「考功員外郎王師旦知舉，時冀州進士張昌齡、王公直並有俊才。及奏等第，太宗怪無昌齡等名，因召師旦問之。曰『此輩誠有詞華，然其體性輕薄，文章浮豔，必不成令器。臣若擢之，恐後生相放，有變陛下風雅』」。劉境請以文藝爲末德行爲先。《禮儀志逸文》云「劉境上疏曰『夫人之愛名如水之務下，上有所好下必有甚焉，陛下若以德行爲先文藝爲末，鄙舒俊才没而不齒，陳寔長者拔而用之，則多士雷奔，四方風動，豈有不變者歟』」？此有關於世教者，其善六也。馮履謙自守以清廉，却部人之餉鏡。《馮履謙傳逸文》云「馮履謙補河北尉，有部人張懷道任江陽尉與謙疇舊餉鏡一面，謙集寮吏遍視之，曰『吾効官以俸禄自守，豈私受遺哉』！昌言曰『清水見底，明鏡照心，余之効官必至於此』，復書於使者，乃歸之」。張鎮周官於本邑，親戚故人肅然。《張鎮周傳逸文》云「張鎮周拜舒州都督，舒州即其本邑，乃多市酒肴，盡召故人親戚，與之酣宴十日，既而垂泣謂親賓曰『比者張鎮周與故人爲歡，今日以後舒州都督治百姓耳』。州境因兹肅然」。此有關於政績者，其善七也。王行敏拒劉黑闥之兵，不屈而見殺。《王行敏傳逸文》云「王行敏鎮潞州，劉黑闥來攻，拒戰擊賊，破之。既而甛於野，不設備，因爲黑闥所擒。竟不拜，黑闥怒，斬之。臨死西向而言曰『行敏，大唐忠臣也，願陛下知之』」。劉秋子張空拳以攻賊，決勝於兵盡矢窮。《劉秋子傳逸文》云「至德中，宜春郡太守劉秋子率士卒攻賊，兵盡矢窮，秋子張空拳大呼於軍前，死戰而勝，詔嘉其忠勇」。此有關於節義者，其善八也。三師復置，據太宗之詔詞。《太宗紀逸文》云「太宗降手詔曰『朕觀前代明王聖主，曷嘗無師傅哉？況朕鍾百王之末，智不周物，其無師傅，何以匡朕之不逮，宜依古道，置三師位也』」。貢士列方物之前，從劉承慶所議。《禮儀志逸文》云「左拾遺劉承慶上疏曰『天下諸州所貢物至元日皆陳在御前，唯貢人獨於朝堂拜列，恐所謂貴財而賤義，重物而輕人，伏請貢士至元日列在方物之前，以備充庭之禮』。制曰『可』」。此有關於掌故者，其善九也。《祭漢太尉楊震文》，爲輯太宗文者所未載。《太宗紀逸文》云「貞觀十一年，太宗幸洛陽，遣使祭漢太尉楊震墓，太宗自爲文曰」云云。《賀五色鸚鵡表》，可以補燕公集之遺。《玄宗紀逸文》云「玄宗有五色鸚鵡，能言，岐王文學熊延京因獻《鸚鵡篇》以贊其事。上以鳥及延京詩示百寮，尚書左丞相張説上表賀曰」云云。此有關於藝文者，其善十也。約舉十端，足徵梗概，其書之有裨實用，洵可與正史相輔而行，以視彼蒐聚瑣言無關大義者，奚啻霄壤之隔哉！若夫編次之精，密辨證之周詳，觀其書者必能知之。去取之謹嚴，校訂之慎重，觀其自序者必能識之。此則不待余縷析言之矣。余家舊藏鈔本《輿地紀勝》，紹周借録副本，欲爲重刊，並欲仿《元和郡縣志》之《補遺》，爲補鈔本闕卷。惜乎！所補者未及脱稿，而欲刻者未及開雕也。所望秋舲、仲陶輩能爲成其未竟之志，庶不致有遺憾也夫！

又《舊唐書逸文自序》 自南宋以後《新唐書》盛行，而《舊唐書》流傳漸少，至明嘉靖時藏書之家已罕有足本。文徵明序云「先是書久不行世，無善本，沈君得舊刻數册，較全書才十之六七」。聞人詮序云「吴令朱子遂得列傳於光禄張氏，長洲賀子隨得紀志於守溪公」。聞人氏所刻，乃彙集諸家之書，補綴而成，楊循吉序云「且命廣搜殘逸，足其卷數」。文徵明序云「於是偏訪藏書之家，殘章斷簡，悉取以從事」。其中不無殘缺之處。錢氏《考異》言薛播等傳有論無讚，王氏《商榷》言柳公度傳其文不完，趙氏《劄記》言張巡傳行墨脱落，皆辨論精詳，能正今本之失。而逸文散在羣籍，尚未有彙集之者。道光癸卯，建功重刻《舊唐書》，延同志諸君博考各書，成《校勘記》六十六卷，既爲序而梓行之矣。復思諸書所引《舊唐書》頗有累牘連篇，與今本不相附麗，無須悉載於《校勘記》者。竊不自量爲之薈萃成書，一一整比編排，而加以考訂，共得十有二卷，即名之曰《舊唐書逸文》。所援據之書以《御覽》爲主，而《寰宇記》、《事類賦注》、《通鑑考異》次之，蓋諸書皆明引《唐書》，足以傳信也。《會要》、《册府》所述唐時之事，必《御覽》等書所已引者，乃取以校訂其文，其未引者則不復裒輯，誠以《會要》、《册府》雖根柢亦出於《唐書》，而究未嘗明引，恐蹈無徵不信之譏也。《會要》原闕數卷，後人採他書補之，內有引及《舊唐書》而爲今本所無者，仍輯入《逸文》。凡年月之先後，則本諸《通典》、《通鑑》、《新唐書》以推其次第。詩文之詳畧則證諸《英華》、《唐文粹》，以證其異同，務期確有憑依，不欲參以臆斷。其中有互見於志傳而實爲紀之逸文者，《肅宗紀逸文》乾元二年女媧墳事互見《五行志》，《睿宗紀逸文》景雲元年李朝隱事互見《李朝隱傳》。有互見於紀傳而實爲志之逸文者，《禮儀志逸文》五經試墨義互見《憲宗紀事》，《音樂志逸文》率更寺閲女樂事互見《文苑賈曾傳》。有互見於紀志而實爲傳之逸文者，《田悦傳逸文》攻張伾事互見《德宗紀》，《韋昭度傳逸文》廢尚書令事互見《職官志》。並爲之條分縷析，詳著其採入逸文之由，庶乎區別較明，不以紛岐致惑矣。若夫其詞有與《通典》相同，《職官志逸文》雜端御史云云與《通典》二十四同，《食貨志逸文》

開元二十五年令諸屯云云與《通典》卷二同，其雙行夾注之處，亦屬相符。有與《會要》相同，《官品志後制舉科逸文》數十條與《會要》七十六制舉科各條字句皆同，行欵亦合。疑是《通典》、《會要》之文，而《御覽》誤引。然既標《唐書》之目，無以證其必非《唐書》，與其過而廢之，不如過而存之，疑以傳疑，姑留之以備考云爾。《官品志》與《職官志》顯然不同，《御覽》所引各條疑是韋述所撰《唐書》，今列於諸志之中，别自爲卷以俟考。至於或似逸文而已載於紀，《御覽》八百八十七引《唐書》戴少平死十六日復生事，今考此事見《德宗紀》下貞元十七年。或似逸文而已載於志，《御覽》九百六十一引《唐書》嵩山槲樹杪置金雞事，今考此書見《禮儀志》三。或似逸文而已載於傳，《御覽》三十二引《唐書》七月望日盂蘭盆事，又八百十三引《唐書》五臺山金閣寺事，今考此二事皆見《王縉傳》。或因姓誤疑爲逸文而已附載其先人傳内，《御覽》二百十八引《唐書》曰「沈扶字雲翔，太和初爲屯田郎中」云云，今考《文苑下唐次傳》云「次子扶持，扶字雲翔，太和初入朝爲屯田郎中」云云，則沈扶必唐扶之誤。又二百六十九引《唐書》曰「包佶授藍田尉，時有詔」云云，今考《裴耀卿傳》云「子綜，綜子佶，授藍田尉，時有詔」云云，則包佶必裴佶之誤。《舊書》無《包佶傳》，《新書》敘此事，在《裴佶傳》不在《包佶傳》。《册府》八百四敘此事亦作裴佶。或因名誤疑爲逸文而已附載於他人傳中，《御覽》九百七十六引《唐書》曰「王昇爲刑部尚書，性貪悋」云云，今考《元載傳》云「王昂者，檢校刑部尚書，性貪悋」云云，則王昇必王昂之誤。《册府》八百四十二敘此事亦作王昂。倘列於此編，則是指本文爲逸文，必以濫收貽誚。今則概行删削，不使混淆於其間也。他如或引唐史，《御覽》八百六十七《茗類》、九百三十二《鼉類》、九百四十五《蚊類》、九百四十七《蝎類》、九百七十五《藕類》，《寰宇記》一百八十二《罽賓國》、一百九十八《鐵勒國》，皆引《唐史》。蓋即吴兢諸人所著，或引《唐書新語》，《御覽》五百六十引《唐書新語》開元云云，今考《大唐新語》卷十三所載，與此條正同。其書字乃係衍文，皆無涉於唐書，即不必更加牽引，以免枝蔓之弊焉。是故知其必有逸文，而已見他書者，則據以纂入。《李吉甫傳》云「父栖筠，國史有傳」，《李德裕傳》云「祖栖筠，父吉甫，祖父自有傳」，而今本無《栖筠傳》。據《通鑑》二百二十四《注述考異》所引栖筠事，則原有《栖筠傳》矣。《鄭覃傳》云「故相珣瑜之子」，而今本無《珣瑜傳》據《御覽》二百五十二及八百四十八所引珣瑜事，則原有《珣瑜傳》矣。疑其當有逸文，而未見他書所引者，則聽其闕如。《楊炎傳》云「父播，名在《逸人傳》」，《武元衡傳》云「祖平一事在《逸人傳》」，今本無播及平一事，亦無《逸人傳》名目，疑韋述之唐書有《逸人傳》，即《隱逸傳》耳。蓋深戒鑿空之談，自勉爲實事求是而已，惟念載籍極博，而聞見未周，縱竭力搜羅，仍虞掛漏。况《舊唐書》本文二百卷，事蹟浩繁，雖繙閲至再至三，而逸文中重復疎舛之失，終覺不敢自保。所望深於史學之君子爲之匡謬補遺，俾舊史復爲完書，則建功區區重刻之苦心，亦可以少慰也已。

張金吾《愛日精廬藏書志》卷七《切韻指掌圖》 序後載有《檢例》，與宋本同，而又增多數條，即邵氏所斥爲斷非温公作者，吾邑張氏傳刻《永樂大典》本，乃并題爲明邵光祖撰，則由未見宋、元本也。宋本凡遇舌頭、齒頭之二、三等，舌上、正齒之一、四等，脣輕半齒之一、二、四等，皆不作圈，此本亦然，而《大典》本悉作圈，是不知此數等，非直無字並無其聲也。此本竄改既多，脱譌尤甚，然亦有可資補正宋本、《大典》本者。如一圖定母平聲一等，宋本、《大典》本皆作淘，考《廣韻》豪韻不收淘，則此本作陶是也。二圖精母去聲一等，宋本、《大典》本皆作粽，考《廣韻》粽爲俗字，則此作糭是也。十四圖精母入聲一等，宋本、《大典》本皆作圈，此本作嘷，嘷蓋嘷之譌，考《廣韻》鐸韻，嘷，祖郭切，《五音集韻》同，《四聲等子》、《切韻指南》、宕攝合口呼圖内皆有之。又穿、狀、審三母去聲二等，宋本、《大典》本皆作圈，此本作糭、漴、淙，亦與《廣韻》、《五音集韻》、《等子》、《指南》諸書合，其類此者正不少也。

又 論曰：周書《月令解》之亂于《吕紀》也久矣。六國時人毛亨作詩《七月傳》，與《月令》多合，漢時魯公上疏，以《月令》爲周世所造，稱其所據皆夏時。厥後魏相、許慎皆引《明堂》、《月令》，賈逵、馬融、蔡邕諸人皆信其出自周公。劉向《别録》、《明堂陰陽》中有《月令》，是爲《明堂》單行，本即漢人所稱之《周月令》也。諸書引此本，多與《吕紀》不同，今《禮記》中《月令》，乃與《禮紀》合成，言馬融所增，非也。據《儒林傳》本云《禮記》四十九篇，而《禮記鄭目録》云：《月令》本《吕氏春秋・十二月紀》之首章，以禮家好事抄合之，其中官名時事，多不合周法。康成身爲馬融弟子，果其師所加，無容不知。而鄭注所引今《月令》者，多《吕紀》未改之舊文。《蔡邕集》於《明堂》《月令》有《章句》，有《問答》，有《論》。其《章句》之首云《月令》與記書雜録並行，記家記之又略，實爲《明堂》《月令》與記不同之確證。其自云幼讀記，因立在學官，述所自耳。雖《章句》中間取《禮記》本，然非蔡氏只見《禮記》之《月令》鑿空而作《章句》也。盧文弨據蔡邕《月令》周公作一言，刊《禮記・月令》，兼取《唐月令》，是謂以吕不韋、李林甫書補周書。孫星衍據魯恭奏作〈月令〉非秦人書論》，而俞正燮駁蔡邕未見古《月令》，辨《月令》非周書，是又自操同室之戈，而爲陽翟大賈解嘲也。且俞氏以周《月令》用夏正爲疑，不知書書《月令》，次周《月解》，周《月解》明言周人敬授民時，巡守祭享，猶用夏時，則《月令》自當用夏時，而不必與周正合。《國語・耕耤禮》曰：「日月底於天廟。」毛詩《綢繆》傳曰：「參星正月中在户。」可證《月令》日躔中星之用夏正，正出周人書，不以中星異於《堯

典》爲疑也。《困學紀聞》引伏生《書大傳》曰：「周公兼施三王之道，以施于春秋冬夏。」此固周公作《月令》之由來，而周公制賦十二月之政，其後必錯舉四時之宜，以終篇，如改火五陳之屬是也。若呂氏之所改，則各屬一月，非古也。《呂氏紀》以季夏之月天子居太廟太室，將置五帝之主于何斯所，以十二堂隨月開門依《攷工》、周《明堂》丈尺，則其門不足容一人出入，夫豈周制哉？在呂氏分周《月令》爲十二紀，不免雜入秦時語，而既本之周《月令》則其中固自有周書在。不分析言之，不足以存真，轉令呂氏所豢諸儒，得售其僞於數千載後也。

汪宗沂《逸禮大誼論》 弢廬子曰《漢書・藝文志》謂《齊論語》較魯多二篇，曰《問玉》、《知道》。自張侯作論，刪除複重，諸儒爲之語曰「欲爲《論》，讀張文」。而齊《論》所多之二篇遂佚，以其無師説也。夫張禹以尊顯於世，故得行所學，至因章句而廢及經文，固學者之所深歎。然以今考之，《齊論》亦未始盡逸也。蓋匡衡之爲《齊論》本出於其師后倉，倉齊人，習《齊論》，故《齊論》之佚於《禮記》者爲多。二戴編《禮》沿其師説，間稱引所及《齊論》，而后倉推士禮而致於天子之説，作《曲台記》數萬言，于秦漢間人書若毛亨《詩傳》、伏生《書大傳》多所掇取，小戴尊其師説，取冠、昏、鄉、射、燕、聘義附於《禮記》之後，即所謂《曲台記》是也。其聘義之《子貢問玉》、鄉飲酒義之《觀鄉知王道》，皆述孔子語。宋王應麟謂古「王」字篆文近「玉」，《問王》當即《問玉》。朱彝尊《經義考》從之。今僞《家語》篇名亦有《問玉》、《知道》，可知《初學記》、《説文》、《文選注》所引《逸論語・説玉》當在《問玉》篇中，以此例推，則凡在大小戴七義中，述孔子言行除君子無所爭一節之外，必皆《齊論》二篇中之逸文也。又應劭《風俗通》引《論語》「淫祀無福」，司馬遷引「刑不上大夫令」，皆在《曲禮》中，蓋記中之《曲禮》本集衆編亂簡而成。又漢人如賈誼、劉歆、史遷、劉向、梅福、朱浮、班固、應劭所引《論語》，逸文或稱傳，或稱語，或稱孔子，皆述《齊論》，從其所見。而匡氏、王氏本《齊論》專家，又魏晉間人與《魯論》比附並引者，皆當爲《齊論》逸文。攷證既詳，遂録爲一書，以附于所輯逸文後，以俟好學深思之君子論定大義焉。

陳壽祺《左海文集》卷四《與臧拜經辨臯陶謨增句疏證書》 拜經執事：承示《臯陶謨增句疏證》謂「撻以記之」以下至「敢不敬應」七十四字《史記》不載，馬、鄭注不見，斷爲《尚書》本無，出魏晉人僞撰，條舉件繫，自信不誣。異哉執事之果於疑經也！壽祺攷之七十四字，可證者十有一，而執事之説所不解者十有五，請畢其言而執事裁焉。《史記・五帝本紀》、《夏本紀》采《虞夏書》略具，《夏本紀》「敬四輔臣」之下曰：「諸衆讒嬖臣，君德誠施皆清矣。」「諸衆讒嬖臣」者，即「庶頑讒説」之訓也。「君德誠施」者，即「隱括侯以明之，訖時而颺之」之辭。「皆清矣」者，即「隱括格則承之庸之，否則威之」之辭也。下經「禹曰帝光天之下」訖「車服以庸」亦「君德誠施」之意，「誰敢不讓，敢不敬應」亦「皆清矣」之意。史文簡而賅，若此雖不載七十四字，而義已無不舉，昭然明白，惡得誣《史記》以轉誣《尚書》之無此文邪？《尚書》設無此文，則《史記》贅「君德誠施」二語於經，何所附麗邪？今執事以「侯」訓「君」，以「明之」訓「皆清」，斯不辭矣，不解一也；且《史記》采《尚書》固多撮叙節引之體，如《舜本紀》述諸臣之讓不及殳斨伯與，《夏本紀》述臯陶言天工，人其代之，其下即云天討有罪，五刑五用哉！不及「天叙有典」訖「五服五章」之詞。其下又即云「吾言底可行乎」，不及「政事懋哉懋哉」訖「敬哉有土」之詞。若以《史記》所不載輒指爲僞簡，則此等亦將非《尚書》本文所有乎？不解二也；《尚書》馬鄭注不可見，賴以存梗槩者陸氏《經典釋文》、孔氏《尚書正義》耳，《釋文》於《續舜典》姚方興二本曰：「若稽古」訖「乃命以位」二十八字，大書細注，皆別言之。一云十二字，孔氏傳本無，一云凡二十八字，異「聊出之於王注無施也」，於至于「北岳如西禮」云。方興本同馬本作「如初於稾飫」，序云「衆家經文並盡，此惟王注本下更有汨作《九共》，故逸。」於《金縢》序「武王有疾」云馬本作「有疾不豫」，於《酒誥》「王若曰」，云馬本作「成王若曰」，於《顧命》「王崩」，云馬本作「成王崩」，於《康王之誥》序「康王既尸天子」，云馬本此句上更有「成王崩」三字，於《文侯之命》，序云馬本無「平」字，然則元朗於馬鄭王本一字有無，未嘗不録，安有七十四字之闕而反畧之哉！以此知馬鄭本《臯陶謨》同孔傳本審矣！而執事徒以馬鄭七十四字注不見羣籍，遽疑古文，不解三也；《尚書正義》宗孔抑鄭者也，其於《舜典》亦曰梅頤上孔氏傳，猶闕《舜典》，自「乃命以位」已上二十八字，世所不傳，多用王范之注補之。《堯典》「我其試哉」，《正義》曰馬鄭王本説此經皆無「帝曰」，當時庸生之徒漏之也。若馬鄭本漏《臯陶謨》七十四字，孔冲遠何容無一言及之，如所譏馬鄭不見古文不見孔傳者，冲遠既無一言，則馬鄭本並有此七十四字審矣！惡得歸獄僞孔比《大禹謨》而竟删之？不解四也；《説文・手部》「撻，《鄉飲酒》『罰不敬，撻其背』，从手達聲」，此釋其義明其用也。《重文》云「遽，古文撻，《周書》曰『遽以記之』」。此引經以證古文之異也。《䖵部》「蠢，動也」。《重文》云「𢧢，古文蠢，从𢦏，《周書》曰『我有𢧢于西』」。《二部》「恒，常也」，《重文》云「𠥓，古文恒，从月，詩曰『如月之恒』」。《斤部》「斷，截也」，《重文》云「𠢎，古文斷，从皀。皀，古文叀字，《周書》曰『𠢎𠢎兮無它

技』」。此皆先釋義後引經猶前例也。「遽」下引《虞書》爲《周書》，特傳寫之誤。《説文》引《尚書》，傳寫誤者夥矣！「琨」下引《虞書》「揚州貢瑶琨」、「夏」誤「靈」；「剿」下引《周書》「天用剿絶其命」，「夏」誤「用」；「埶」下引《周書》「大命不埶」，「商」誤「周」；「退」下引《周書》「我興受其退」，「商」誤「周」；「眊」下引《虞書》「耄字，从此，此吕刑耄荒之字」，「周」誤「虞」；「思」下引《詩》『相時思民』，此般庚之孛」《商書》誤《詩》。奚獨「遽」字引書一譌而必力排之也！執事以爲《説文》所偁者《周禮》，案《周禮・閭胥》曰「掌其比觵，撻罰之事」，《小胥》曰「巡舞列而撻其怠慢者」，曷嘗有「遽以記之」之文？《説文》所偁顯出《皋謨》，今不易「周」爲「虞」，轉欲改「書」爲「禮」，不解五也；「侯以明之，撻以記之」即扑作教刑及典樂教胄子之事，周人鄉飲、鄉射皆有撻扑之罰，蓋因於古習鄉習射，一勸一懲，尚賢絀惡，其道宣著。今止取其一，有勸無懲，詈促而不完，義偏而不備，不解六也；《文選》張平子《東京賦》曰：「於是孟春元日，羣后旁戾，百僚師師，于斯胥洎，藩國奉聘，要荒來質，具惟帝臣，獻琛執贄。」此文多用《尚書》，而「百僚師師，具惟帝臣」則皆《皋陶謨》詞也。薛綜舊注「具之言俱也」，其下「善曰」「萬邦黎獻，具惟帝臣」。「善曰」當爲「《尚書》曰」，此亦薛注援經爲證也。《文選》本有脱譌，遂誤爲李善注，不思「善曰」之下引書詞而不稱書，《文選注》寧有是例邪？此不待智者而決矣！綜卒於吴赤烏六年，僞孔書傳未出，所見尚書有此八字，其非僞撰灼然可知。且孔傳《尚書》作「共惟帝臣」，若李善引書不應違孔本作「具惟」，而執事以爲作僞者用《東京賦》，故薛注不言出《尚書》，不解七也；《左氏傳》僖二十七年引《夏書》曰「賦納以言，明試以功，車服以庸」，執事即以《堯典》之文當之。案經傳無稱《堯典》爲《夏書》者，漢魏諸儒從《堯典》至《允征》凡二十篇，總名曰《虞夏書》，然《堯典》不可專稱《夏書》，猶《禹貢》不可專偁《虞書》。《尚書大傳》有《唐傳》《虞傳》，《説文》屢引《唐書》、《虞書》，言部稱《虞書》曰「咎，繇謨」，又偁《虞書》曰「明試以功」，是今文古文家亦未有稱《堯典》爲《夏書》者。左氏文十八年傳曰「《虞書》數舜之功曰『慎徽五典，五典克從』」是《堯典》稱《虞書》之明驗，蓋《堯典》事未涉夏，故不得稱《夏書》，而《皋陶謨》關虞夏之閒，故得稱《夏書》矣。杜預注左氏《夏書》曰「《尚書》《虞夏》書也」。杜正親見「賦納以言」十二字在《虞夏書》《皋陶謨》中，故知傳偁《夏書》謂此，而執事舍此左證，以爲杜目《堯典》言之，不解八也；執事所持者以「賦納」爲古文，敷奏爲今文，故謂「賦納以言」即《堯典》以「敷奏以言」也，案《堯典》作「傅奏」，亦作「敷奏」，《皋陶謨》作「賦納」，亦作「傅納」，音義皆通。梅頤本《皋繇謨》作「敷納」，「明試」作「明庶」，其小乖異也。然典謨文雖近似二事，判然不可相亂，何以明之？《史記・五帝紀》曰「羣后四朝，徧告以言，明試以功，車服以庸」，史以訓詁代經文，「徧告」者，「敷奏」之訓也，「賦納」不可訓「徧告」也，杜預注《左氏傳》曰「賦，取也，取納以言觀其志也」，然則「傅奏」者，自下言之，「賦納」者，自上言之也。《公羊傳》桓元年何休《解詁》引《尚書》曰「羣后四朝，敷奏以言，明試以功，車服以庸」。《漢書・宣帝紀》地節二年詔曰「臣下各奉職，奏事以敷奏，其言明試其功」。《王莽傳》莽下書曰「羣后四朝，敷奏以言，明試以功」。此皆取《堯典》詞也。《漢書・成帝紀》鴻嘉二年詔曰「古之選賢，傅納以言，明試以功」。《敘傳》述中宗紀曰「時舉傅納」。王符《潛夫論・考績篇》曰「《書》曰『賦納以言，明試以功，車服以庸，誰能不讓，誰能不敬應』」，此皆取《皋陶謨》詞也。王莽、何休引「敷奏」上連「羣后四朝」，故知「敷奏」者《堯典》之文也。王符引「賦納」與《左氏傳》同，而下合「誰能不讓，誰能不敬應」，故知「賦納」者《皋陶謨》之文也。二者分別若此，安在其爲今文古文之異哉？《古文尚書》兩漢未立學官，傳習亦尠，元始五年暫立輒罷，故當時朝廷詔令、臣工章疏所稱《尚書》，莫非歐陽、夏侯。班固自爲文辭，亦往往用今文。王符《潛夫論》言《易》稱先師京君，言《詩》皆齊魯韓異説，言《書》如《述赦篇》引《吕刑》「寇賊消義」，引《康誥》「人有小罪，匪省乃有大罪，匪終乃惟省哉」之類，亦必本歐陽、夏侯，其偁「賦納」，豈必從古今？執事徑廢《皋謨》，併歸《堯典》，以二文之判，强區古今，果何據乎？又云「僞孔既取『敷納以言』十二字羼入《皋謨》，因存納於謨，從奏於典，存試於典，改庶於謨」。夫僞孔綴緝二十五篇，首尾頗具，以古文逸十六篇不傳，故得售其欺，《大誓》以馬鄭言後得諸書傳，所引不在篇中尚多，故亦得僞撰三篇以易之。至於二十八篇，馬鄭之本具在，安能悍然竄亂其閒，以欺天下？故但以《堯典》析爲《舜典》，以《皋陶謨》析爲《益稷》，以《顧命》自「王出在應門」之内析爲《康王之誥》而已，其它不能變易也。而況進甲退乙，避東就西，彼此紛紜，何不憚煩，恐僞孔愚不至是矣！不解九也；執事又謂「《漢書・叙傳》『時舉』二字乃班固語，作僞者横截前史，剽襲舊文」。案《叙傳》曰「時舉傅納，聽斷惟精，柔遠能邇，燀燿威靈」，皆用《虞夏書》詞也。「時舉」、「傅納」，聯綴經文爲句，猶述武紀之「疇咨熙載」，文家常法耳。何預僞手？不解十也；執事又謂「《鴻嘉之詔》作『傅納』」，蓋劉歆等《尚古》爲之」，攷歆河平中以黄門郎受詔，與父向領校秘書，位猶未顯，其時成帝未聞崇尚古文，使歆視草也。《成帝本紀》引《書》七事，如「黎民於蕃時、雍罔克耆壽，咎在朕躬」，乃今文之異，豈皆歆所爲乎？王莽引書亦作「敷

奏」，莽好古而愚者也，歆佐莽以潤色文章者也，何以不改「敷奏」爲「傅納」，豈歆之尚古能行之，成帝不能行之正新乎？不解十一也；《後漢書·胡廣傳》尚書史敞等薦廣曰「明試以功，典謨所美」，李賢注「《舜典》、《咎繇謨》皆有此言，故云典謨所美也」。案此則「明試以功」之文兩見典謨，漢人所言，信而有徵。李賢注以《堯典》爲《舜典》雖依孔傳，而以《益稷》爲《咎繇謨》，則依馬鄭本，亦足證馬鄭古文有此語矣。何得以馬鄭注不見而疑經乎？不解十二也；《春秋繁露·度制篇》引書曰「轝服有庸，誰敢弗讓，敢不敬應」。《潛夫論》引書曰「賦納以言，明試以功，車服以庸，誰能不讓，誰能不敬應」，而說之曰「此堯舜所以養黎民而致時雍也」。董王所稱符合，則經有此文信矣！乃以爲「誰敢不讓」二語必《尚書》舊說，而釋經者連引之？不解十三也；執事又載管君說謂「《尚書》之文『誰皆爲疇』，今書乃曰『誰敢』非《尚書》之文也」。案《虞書》「績工載庸」皆訓「功」，「朕予」皆訓「我」，「欽寅祇」皆訓「敬」，「若惠愻」皆訓「順」，前後雜出非一端也，它若「克之與能，俾之與使，采之與事，諧之與和」，亦同訓而互用，「疇誰」歧見，安足爲疑？信如所言，則《五子之歌》曰「子誰疇」，依《說命》曰「疇敢不祇，承王之休命」，字仍作「疇」，作僞者曷爲明於彼，而闇於此，留其巇以招後人之掊擊，又愚不至是也。不解十四也；執事又謂「《虞書》言『欽尠言敬』」，案《虞書》言敬者屢矣。曰「敬授民時」、曰「敬敷五教」、曰「亂而敬」、曰「日嚴祇敬六德」、曰「敬哉有土，奈何獨戳，敬應哉」，必謂唐虞之文異於三代，則姚姒之史官不若今之操觚之精矣！不解十五也；執事是說濫觴陽湖孫大夫，輔以江寧管氏、文登畢氏。管與畢，壽祺未嘗相知，孫大夫博洽宏通，素所景仰，然其所輯《古文尚書注》，易「嵎夷」爲「嵎鐵」，易「昧谷」爲「柳谷」，易「不嗣」爲「不怡」，易「卹哉」爲「謐哉」，易「阻飢」爲「祖飢」，易「在治忽」爲「采政忽」，易「心腹賢腸」爲「憂賢揚」，皆誤仞今文爲古文，而「浮于淮泗，達于河」轉不改爲「菏」，「雨霽驛蒙克」轉不改爲「雨濟圛蟊克」，以後得《大誓》，失中下二篇，不知孔氏《正義》明云「上篇觀兵時事，中下二篇伐紂時事」，是據馬鄭本言之，何得更有中下二篇？以左氏傳引《盤庚》「惡之易」也，引《康誥》「父子兄弟，不相及也」爲佚句，不知此古人約舉經義之體。以高堂隆引《書》「曰若稽古，帝舜曰重華，建皇授政改朔」爲佚書，不知此《尚書中候》之文；以《說文》引《周書》曰「宮中之冗食」爲佚書，不知此《周禮·校人》之文；以《說文》稱「怨匹曰逑」爲《虞書》，不知此《說文》之又一解；以《墨子》、《韓非子》《呂氏春秋》《淮南子》、《史記》、《漢書》《後漢書》所引《周書》，盡入《尚書》佚文，不知此《周書》七十一篇之佚文，此類不可勝舉。尤可異者，《公羊疏》指何休引《書》「羣后四朝，敷奏以言」云云，曰「此《逸書》也」，《逸書》乃《虞書》之譌，無可致疑，顧謂《疏》偁「賦納以言」爲《逸書》，則二十九篇，亦有爲僞孔所亂者，既信譌字以自愚，復改注文以誣古，得非賢者之過邪？然則其謂《說文》引《周書》「遽以記之」疑僞孔竄入《臯陶謨》者，未可從也。執事知《公羊疏》《逸書》爲《虞書》之譌而不辯《說文》、《周書》爲《虞書》之譌，方且隨聲附和，詫爲卓識，其然豈其然乎？古文逸十六篇久絶，馬鄭注本迄宋亦正，而二十八篇之經，幸魏晉閒未被竄改，猶得廑存，不過文字小有異同。乃忽據不根之論，肊加絀減，甚者詆娸文義，輕下雌黄，使虞夏霝霧之簡遭今而益殘。梅姚割裂之辜，得我而分謗，名爲崇信古文，實毀棄之。欲發僞孔之覆，然不足以服其心，適以授之柄，而助其瀾，竊爲執事不取也。方今經術昌明，海内敦尚古學，然所慮尊經之過，翻以亡經，耆古之愚，變而背古，强執一二文字，差互踳駮之端，横改數千載以來諸儒傳受之舊，蹈宋元學者移剟經傳芟削詩書之妄，而啓天下以非聖破道之萌，恐閻百詩、惠定宇諸先達不肯出此者也。執事殆未之深思，與壽祺蒙昧固滯，尠通繆進芻蕘，罔顧忌諱，惟執事幸察之！

王朝榘《十三經拾遺·周易遺文》 按：唐郭京官蘇州司户參軍，著《周易舉正》三卷，《序》稱家藏王輔嗣、韓康伯手札《周易》本及石經校正一百五十處二百七十三字，或有以經註義理可推而知者。洪容齋、楊鼎卿諸家多取之，朱子作《周易本義》亦閒有采入者，故即諸家所稱，備著録焉。若「遯者，退也」句，今《序卦》「故受之以遯」下有之，秀水朱氏據《易舉正》録爲《易》遺句，疑别有所見，附注於此，俟他日考定。又《舉正》所稱有已據他書録入者，弗更贅。【略】按：隋唐閒舊本增多各字，有取於《釋文》而刪於《正義》者，亦有著於《正義》而訾於《釋文》者，故今本所遺，務竝存之。

又《書遺句》 父子兄弟，罪不相及。《康誥》昭公二十年苑何忌引之云云，若僖公三十三年，臼季引《康誥》曰「父不慈子不祇，兄不友弟不共，不相及也」，疑即衍此二語，成文不然，各國篇籍異耳。他如「取亂侮亡，推亡固存，邦乃其昌」見今書《仲虺之誥》傳中。襄公十四年及三十年再引之，俱衍成四句，而各有小異，皆此類也。崔鴻《十六國春秋·慕容垂傳》引書云云，疑亦本此，但文既小異，又未指實篇目，故别著于後。【略】按朱氏《逸經·書遺句》有與《古文尚書》篇名既同語意稍異者，余俱弗録。

又《詩遺句》 按《外史》原係後人擬作，要所引用，恒自有本，故録之。又《玉

海》引《國策》「服難以勇，治亂以智，事之計也；立傳以行，教少以學，義之經也」。爲《逸詩》，考六語見《趙策》武靈使周紹爲傳篇稱諺云，註謂諺元作《詩故》，伯厚採之，但其體似與詩不侔，特附存以俟更覈。

又《孝經遺章》 《孝經》傳自顔芝，比孔壁古文出，雖有增衍異同，論者固謂惟長孫多《閨門》一章，其餘經文大較相似也。然字句之遺脱於今可考者，亦正不乏云。子曰：「閨門之内具禮矣乎！嚴父嚴兄，妻子臣妾，猶百姓徒役也。」司馬温公曰：「唐明皇時，議者排毁古文，以《閨門》一章爲鄙俗不可行。《易》曰『正家而天下定』，《詩》云『刑于寡妻，至于兄弟，以御于家邦』與此章所言何以異哉？」范淳夫曰：「閨門之内具治天下之禮也。嚴父則尊君也，嚴兄則敬長也，妻子猶百姓，臣妾猶徒役。國以民爲本，家以妻子爲本，非民無以爲國，非妻子無以爲家。待妻子以禮，遇臣妾以道，則猶百姓不可不重，徒役不可不知其勞也。」董季亨曰：「閨門之内，挾恩恃愛，易以流於親愛昵比之私義。有以制私，尊卑内外，整整然具有條理，實治家之要道也。」熊勿軒曰：「開元勅議，意非不美。而司馬貞淺學陋識，并以《閨門》一章去之，卒啓明皇無禮無度之禍。」蔡宏甫曰：「一家之中，已具一國之規模。所謂移理家以治國，信然爾！有此一章，方是全經，何今文竟少此二十四字？」

又《孟子遺篇》 韓昌黎有言，求觀聖人之道者，必自《孟子》始。故其論道統，則稱孔子傳之孟軻。然孔聖遺言，自《論語》外不可枚舉，而又有《家語》、《孔叢》之裒集。《孟子外書》四篇，趙邠卿疑非本真，屏而弗傳，則誠過矣。故兹編標《外書》之目，而諸書所引逸事微言，皆備録焉。至近所傳熙時子註《孟子外書》四篇，縣係好事者僞造，自不足存。

又《爾雅遺文》 《爾雅》一書，九流之津涉，六藝之鈐鍵也。然雖倡於周公，和於卜氏，以傳註之濫觴，側篇目於經典。隋唐而還，傳習者甚寡，矧其散著之遺文，又誰掇拾焉？兹有所獲，特繕録之，俾無終隕墜。【略】按：沈休文《宋書・樂志》所稱《爾雅》係就傳注更爲增衍。朱竹垞謂比今文詳略不同，録爲《爾雅遺句》。余不敢從，至「懸鐘磬者曰筍簴，横曰筍，縱曰簴」三語，則沈志并未指爲《爾雅》也。

王鳴盛《蛾術編》卷二《採集群書引用古學》 近日余蕭客輯漢人經注之亡者爲《鈎沉》，有本係後人語妄攙入者，有本是漢注反割棄者。書不可亂讀，必有識方可以學；無識者觀書雖多，仍不足以言學。

陶方琦《漢孳室文鈔・許叔重注史記説》 攷《史記》之注不下數十家，傳於今者惟裴駰《集解》及《索隱》、《正義》三書。《集解》中雜引諸家之説，最爲博奧。而隋唐諸志所載徐廣《史記音義》十三卷、鄒誕生《史記音》三卷，其書久佚，亦無可攷，間有存者，更多敓畧。余舊讀《漢書注》，見晉灼、臣瓚、師古諸人屢引許氏之説，其中亦有出於《説文》及《淮南注》者，然如《五行志》「嫪毒」下，師古引許君曰「嫪毒，士之無行」。《高帝本紀》「無賴」下晉灼引許君曰「賴，利也。亡利久于家也」。《劉敬叔孫通列傳》「搴旗」下《索隱》引許君曰「搴，取也」。（《淮南・兵畧》作攓巨旗。《説文》作攓，此當爲《史記》注，故作搴。）《五帝本紀》「潟汭」正義引許君曰「水厓曰汭」。（《説文》「汭，水相入也」。《淮南》亦無「汭」字。）《宣帝本紀》「欲其無侵漁百姓難矣」下晉灼引許君曰「捕魚之字也」。《萬石君傳》「訢訢」下臣瓚引許君曰「訢訢，古欣字也。如是者不可毛舉，一似單注本書者。王西莊《十七史商榷》云「許慎嘗注《漢書》，今不傳，引見顔注中尚多」。不知顔注固引許説，而史記《集解》、《索隱》、《正義》三書皆引之，且顔氏《敘例》謂據服虔、應劭等五家潤色之，不言有許君注。是許氏並無注《漢書》之文，即或有注，何臣瓚、晉灼諸人每列許説，必出援引，以是推之，許君之有《史記注》乃其實也。攷《隋志》不著許君《史記注》，則其書早亡。許君本傳所載簡畧，《淮南間詁》尚致漏佚，何況馬史之注，即今《集解》中引許君説不一，炏當爲《史記注》亦與《淮南注》多同，如《龜筴列傳》「教以象廊」，《集解》引許君曰「象牙廊」。《韓長孺列傳》「强弩之極，矢不能穿魯縞」，《集解》引許君曰「魯之縞至薄」。《范睢列傳》「成荆孟賁」，《集解》引許君曰「成荆，古勇士。孟賁，衛人」。《禮書》「兵殆于垂涉」，《集解》引許君曰「垂，涉地名」。《屈賈列傳》「莫邪爲頓兮」，《集解》引許君曰「莫邪，大戟也」。《司馬相如傳》「射鵔鸃」，《索隱》引許君曰「鷩，鳥也」，又「右以湯谷爲界」，《正義》引許君曰「熟如湯」。恐亦多爲注《史記》之説，而余之援爲定證者，則莫如《文選・潘岳賦》注引《史記》蘇秦説韓王曰「谿子巨黍者，皆射六百步之外」，即引許君曰「南方谿子，蠻夷柘弩，皆善射也」，又後《漢書・地理志》劉昭注引《史記》紂「盈鉅橋之粟」，即引許君曰「鉅鹿之大橋」，是其證也。惜其書早亡，無可耆拾。今《説文》中有字出《史記》者，則其説當與注《史記》同。研核舊書，採成一編，恐亦爲守許氏之學者所不能廢。

陳壽祺《尚書大傳定本・尚書大傳辨訛》 《尚書大傳》，南宋時已多佚脱。今坊間盛行盧氏雅雨堂本，譌漏不可勝舉，如「納之大麓之野，烈風雷雨不迷，致之以昭華之玉」，乃《尚書》逸篇文，見《水經・濁漳水注》，而誤入《唐傳》。「厥兆天子爵」，乃《尚書》逸篇文，見《白虎通・爵篇》，而誤入《毋逸傳》。《太平御覽・兵部》

三十五引《白虎通》曰：「戰者何謂也？《尚書大傳》曰：『戰者，憚驚之也。』又曰：諸侯之義，非天子之命，不得動衆起伐殺不義者，所以强幹弱枝，尊天子，卑諸侯也。」「又曰」以下，仍是《白虎通》文，見今本《誅伐篇》，而誤入《鮮誓傳》。《困學紀聞》云：「《費誓》，《説文》作『粊』，《史記》作『肹』，《大傳》作『鮮』。『度作刑以詰四方』，《周禮注》云『度作詳刑』。」案：此「大傳作鮮」四字斷句，「度作刑」以下又一事，而誤連「鮮度作刑以詰四方」爲句，入《甫刑傳》。「學禮帝入東學」至「化輯于下矣」一段，乃《大戴禮・保傅篇》文，注亦盧辯《注》，而誤連「宣王問於春子」條入《略説》。補遺所採亦多誤，《毛詩・生民》《正義》偁「上傳云」、「下傳云」，皆謂毛《傳》；又引《五帝傳》云「堯見天因邰生后稷因之」，案：此乃「即有邰家室」句毛《傳》文，《疏》「五帝」二字有譌，而誤仞爲《大傳》。《文選》應休璉《與從弟君苗君胄書》，注引《尚書大傳》曰：「扶寸而合，不崇朝而雨天下。鄭玄曰：『四指爲扶。』」下云「扶音膚」，此三字，乃李善語，而誤并爲鄭《注》。《毛詩・文王》《正義》：「《書傳》之美太公，言其翼佐文武，身有殊勛，世祚太公，以表東海。」案：《正義》所偁「書傳」，似泛舉傳記，非謂伏生《大傳》。盧學士文弨《續補遺》載「神農始治農功」一條二十二字，出楊泉《物理論》；「容成作厤」一條，出《世本》，竝見《藝文類聚》卷五《歲時部》下及《御覽》卷十六。「日者陽德之母」一條十八字，「月暈陰之宗」一條十五字，竝出皇甫謐《年曆》，見《藝文類聚》卷一《天部》、《御覽・天四》。「湛濁爲地」至「故地者濁陰也」一條三句，首句出《神農書》，下二句出《黄帝素問》，竝見《類聚》卷六《地部》。「分引河色黄赤」一條二十五字，出《物理論》，見《類聚》卷八《水部上》及《御覽》六十一。「往古之時」至「女媧殺黑龍以祭冀州」一條二十一字，出《淮南子》；下引鄭《注》云「冀州取地以爲名也」云云三十六字，乃《釋名》文，竝見《類聚》卷六《州部》。「連引堯南撫交阯」一條，見《水經》三十七《淹水》注，惟首五字是《大傳》文，其下「于《禹貢》荆州之南」云云十五字，乃酈道元語。「洧盤之水出崦嵫山」一條，出《禹大傳》，此別一古書，見《楚詞章句》。「五年一朝」一條，見《公羊傳》桓元年注，惟首四字，《疏》云「《虞傳》文」，其下「王者亦貴得天下之歡心」云云三十五字，乃何休語。「文王受命四年伐昆夷」一條，見《詩・大雅譜》正義，惟首九字是《大傳》文，下云「《采薇》爲伐昆夷而作」，乃孔穎達語。「成王之幼在繈褓」一條，見《詩・斯干》正義，下云「繈褓縛兒被也」五字，亦穎達語。「綴之以食而弗殊，有族食族燕之禮也」一條，見《毛詩・角弓》正義，上句引《禮記大傳》，下句則穎達語。「武王伐紂都洛邑未成陰寒大雪」一條九十八字，出《金匱》，見《類聚》卷二《雪部》。「凡羣妃御見之法」一條，自首至「望後反之」七十八字，乃《周禮・九嬪》注文；自「凡進御君所」至「既御著于右手」四十八字，乃《詩・邶風・静女》毛《傳》文；自「孔子曰日者天之明」至「使婦從夫放月紀」二十九字，亦《周禮・九嬪》注文，《正義》以爲出《孝經援神契》。「黄帝紀嫫母」一條二十二字，乃《列女傳》文，引見《類聚》十五《后妃部》。「夏刑二百」一條十八字，乃《周禮・司刑》注文，而盧氏一切羼入《大傳》，孔廣林本據《初學記・帝王部》增「夢眉與髮等」五字，而《初學記》無此文，乃見《北堂書鈔》引《帝王世紀》；又引「周文王至磻溪」云云，亦據《初學記・漁部》，然此乃《尚書中候》文，《初學記》誤爲《大傳》。又如「舜讓于德不怡」、「惟刑之謐哉」、「予欲聞五聲六律八音，采政忽」、「禺鐵」、「滎播既都」、「被明都」、「予辛壬，娶塗山。癸甲，生啓」、「有火自上復于下，至於王屋流爲烏，其色赤，其聲魄」、「上刑挾輕，下刑挾重」、「天齊乎人，假我一日」，以上雖系《今文尚書》，然不宜與《傳》相亂。其采「女則有逸罰」句本《爾雅注》，恐是引《般庚》或《粊誓》之文而小有誤，今竟依邢氏斷爲今文；采「《粊誓》曰：敹乃擭，敜乃阱」，引見《周禮注》，下句亦引見《説文・攴部》，真古文也，今竟依賈《疏》斷爲今文，皆不足據。其篇次之亂者，如「古者處師」一條，《雜記》正義引作《浩誥傳》；「五嶽視三公」一條，《王制》正義引作《夏傳》，此本竝入《咎繇謨》。「天子三公」一條，據《考工記・序工》正義引「鄭《夏傳》」云云；又「古者天子三公」一條，通解《王制》之戊引注云「此夏時之官」，是兩文竝在《夏傳》中，而此本一入《堯典傳》，一入《太誓傳》。「周以至動」一條，《檀弓》正義、《公羊傳》隱元年疏竝云《略説》文，而此本入《干誓傳》。「古之帝王必有大學小學」一條，《王制》正義引作《周傳》；「天子諸侯必有公桑蠶室」一條，《毛詩・瞻卬》正義引作《夏傳》；「祭之爲言察也」一條，《御覽》五百二十四引作《周傳》，此本皆誤入《略説》。又《説命傳》似當爲《毋逸傳》，《毋佚》「其在高宗，乃或諒陰，三年不言」。《武成傳》似當爲《牧誓傳》，今文《牧誓》，載《史記》。《微子之命》似當爲《微子》，《麥秀之歌》當在行遯時作。《歸禾》似當爲《嘉禾》。《大傳》之序有《嘉禾》。至所載鄭氏《大傳注》，如「下刑墨幪」，注「幪音蒙」三字，乃《文選・求賢良詔》注及《七命》注之文。「八伯」，注「八伯者，據畿外八州，畿内不置伯。鄉遂之吏主之」十九字，乃《鄭志》答張逸問之文。「舞株離」，注「《詩》云：彼黍離離」六字，乃《周禮・鞮鞻氏》正義文。「鯨魚魚刀」，注「鯨」字夾注「渠成切」三字，乃《玉海・王會解》注後王伯厚語。「高宗梁闇」，注「闇讀如鶴，鶴謂廬也」八字，乃《禮記》鄭注文。「決關梁、踰城郭而略盜者，其刑髕」一條，注「此二千五百罪

之目略也」至「閉于宮中」三十九字，乃《周禮·司刑》注文。「師乃鼓鼖譟」，注「音符」二字，乃《周禮·大司馬》釋文語。盧學士《考異》「在旋機玉衡」條，載別本有「鄭注云：轉運者爲機，持正者爲衡」，案：此乃鄭《尚書注》文，見《文選》李蕭遠《運命論》注。「白魚入于舟中」條，載別本有「鄭注云：燔魚以祭，變禮也」，亦鄭《尚書注》文，見《後漢書·杜篤傳》注。「四年營侯衛」條，載別本有「鄭注云：建侯衛是封衛侯」云云五十四字，乃《毛詩·豳風譜》正義文。「遂踐奄」條，載《詩·正義》引此云「《多方傳》，鄭有注云：奄國在淮南之旁」云云三十字，案：《破斧》正義引《書傳》「三年伐奄」下引《多方》云云、注云云，乃孔穎達引《尚書》及鄭君《尚書注》之文，凡此皆舛繆之甚，不可不亟正者也。

陳運溶《麓山精舍叢書·盛弘之〈荊州記〉》 昔廩君浮夷水，射鹽神於陽石之上。按：今施州清江縣水，一名夷水，一名鹽水，源出清江縣西都亭山。《後漢書·南蠻傳》章懷太子注、《太平御覽》卷七百八十五。按：盛氏宋人，其時無清江縣，縣名始於隋，尚屬荊州。至唐始有江南道施州清江縣之稱，所云「按：今施州」以下數語，殆章懷太子注中之注也。《御覽》豈遂因此而致誤耶。「一名夷水」四字惟《御覽》有。

又 馬牧城東三里，有蜂城。古老相傳云：飢年民結侶拾蜂，止憩其故因爲。又云：城隨門勢，上大下尖，其形似蜂，故有蜂號。二稱莫知所附，故併載焉。《太平御覽》卷一百九十二。案：《御覽》引入《城類》，誤「蚌」爲「蜂」；而《藝文》引入《蚌類》，作「蚌城」，特爲專條，又書出在前，當以「蚌城」爲是。

又《劉澄之〈荊州記〉》 楚靈王之世，衡山崩，而祝融之墓壞，中有《營丘九頭圖》矣。《文選》張平子《思玄賦》注。案：此條未著録作者、書名。李善曰：此賦或云舊注，或云衡注，並謂行來已久，非善注可知。蓋善仍舊注，故無書名。而賢注《後漢書》引作盛《記》，豈此是舊注，爲盛所引，而賢又據盛《記》以引之耶？抑亦稱引他書，誤作盛《記》也。然善與賢同時，不應所見各異，其所引字句，多不相同，何也？因附録於此。

又 房陵縣有朱仲者，家有縹李，代所希有。潘安仁《閒居賦》。案：此據元張伯顔本，與汲古閣之本同。惟胡刻影宋本云：房陵縣有好棗，甚美，仙人朱仲來竊。所引不同。《文選考異》云：袁本、茶陵本無此十七字，有「周文、朱仲未詳」六字。案：二本是也。此等皆尤增改之誤。溶考今茶陵本並此六字亦無，是又何也？

李慈銘《越縵堂讀書記·尸子》 閱平津館《尸子集本》。尸子名佼，與衛鞅爲友，其書之得失源流，孫氏序之極詳。此本共二卷，上卷自《勸學》至《君治》分十六篇，下卷散綴諸書所引文句。孫氏言初因章孝廉宗源輯成之帙，補訂爲二卷。後數年，莊進士述祖以惠氏棟輯本見詒，許民部當作兵部。宗彦又寄録《羣書治要》中所載《勸學》等十三篇，因屬洪明經頤煊重編云云，則其審慎可知。吾鄉汪蘇潭吏部亦有校本，刻入蕭山陳氏《湖海樓叢書》中，惜未得取以對勘也。今略摘其要辭僻義，以資采摭。身者壐也，舍而不治，則知行腐蠹。顔涿聚盜也，顓孫師駔也。昆吾之金，銖父之鐵。孔子曰：「自娛于檃括之中，直己而不直人。」范獻子遊于河，大夫皆存。君顧問曰：「孰知欒氏之子？」大夫莫答。舟人清涓舍檝而答曰：「君若不修晉國之政，內不得大夫而外失百姓，則舟中之人皆欒氏之子也。」君曰：「善哉言。」明日朝，令賜舟人清涓田萬畝。猶相馬而借伯樂也，相玉而借猗頓也。燭于玉燭，飲于醴泉，暢于永風。春爲青陽，夏爲朱明，秋爲白藏，冬爲玄英，四時和，正光照，此之謂玉燭。甘雨時降，萬物以嘉，高者不少，下者不多，此之謂醴泉。春爲發生，夏爲長嬴，秋爲方盛，冬爲安静，四氣和，爲通正，此之謂永風。孫氏曰，此較《爾雅》「四時和」下多「正光照」三字，「萬物以嘉」下多「高者不少下者不多」八字，于義爲長。蓋玉燭言四時日光，永風言四時祥風，醴泉言甘雨也。匹夫愛其宅不愛其鄰，諸侯愛其國不愛其敵。舜曰：「南風之薰兮，可以解吾民之慍兮」；舜不歌禽獸而歌民。湯曰：「朕身有罪，無及萬方，萬方有罪，朕身受之」；湯不私其身而私萬方。文王曰：「苟有仁人，何必周親。」文王不私其親，而私萬國。案此解周親爲別義。松柏之鼠不知堂密之有美樅。君者盂也，民者水也；盂方則水方，盂圓則水圓。勾踐好勇而民輕死，靈王好細腰而民多饑。墨子貴兼，孔子貴公，皇子貴衷，田子貴均，列子貴虛，料子貴別，囿其學之相非也數世矣，而已皆弇于私也。天帝后皇辟公弘廓宏溥介純夏幠冢晊昄皆大也，十有餘名而實一也。孫氏曰，此引《爾雅》。可證叔孫通梁文增補之誥。慈案，孫氏語未明晰，尸子在戰國初，此文明引雅詁，正可證《爾雅》之爲周公作，何反云可證叔孫通增補耶？宋所謂雉兔鮒魚者也。八極之内，有君長之，東西二萬八千里，南北二萬六千里，故曰天左舒而起牽牛，地右闢而起畢昂。神農理天下，欲雨則雨，五日爲行雨，旬日爲穀雨，五日爲時雨。瑶臺九纍而堯白屋，黻衣九種而堯大布。舜漁雷澤也，旱則爲耕者鑿瀆，儉則爲獵者表虎。孫氏曰，儉當作險，古字通用。禹手不爪，脛不毛，生偏枯之疾，步不相過，人曰禹步。武王已戰之後，三革不纍，五刃不砥。黄帝曰合宮，有虞氏曰總章，殷人曰陽館，周人曰明堂。欲觀黄帝之行于合宮，觀堯舜之行于總章。日在井中，不能燭遠；目在足下，不可以視近。澤行乘舟，山行乘樏，泥行乘蕝。傳巖在北海之洲。天神曰靈，地神曰祇，人神曰鬼。春爲忠，夏爲樂，秋爲禮，冬爲信。行塗以楯，行險以撮，行沙以軌。虎豹之駒，未成文而有食牛之氣；鴻鵠之鷇，羽翼未全而有四海之心。楚狂接輿，耕

于方城。地中有犬，名曰地狼；有人名曰無傷。五尺大犬爲猶；大牛爲犉，七尺；大羊爲羬，五尺；大豕爲豟，五尺。舜葬南巴之中，衣衾三領，款木之棺，葛以緘之。夫貧窮，大行之獶也；疏賤，義之雕虎也，而吾日遇之。凡水，其方折者有玉，其圓折者有珠，清水有黄金，龍淵有玉英。玉淵之中，驪龍蟠焉，頷下有珠。君子漸于饑寒而志不僻，銙于五兵而辭不懾，臨大事不忘昔席之言。程，中國謂之豹，越人謂之貘。上下四方曰宇，往古來今曰宙。鹿馳走無顧，六馬不能望其塵，所以及者顧也。卑牆來盜。樹葱韮者，擇之則蕃；仁義亦不可不擇也。見驥一毛，不知其狀；見畫一色，不知其美。堯瘦舜黑。卵生曰琢，胎生曰乳。使星司夜，使月司時。文軒六駃，題無四寸之鍵，則車不行。馬有騏驎徑駿。孫氏曰，此可證孔融文集言郊天麟皮鼓之非，麐鳳之麐。周公旦踐東宮履，乘石，假爲天子七年。未有不因學而鑑道，不假學而光身者也。商容觀舞，墨子吹笙。孝子事親，一夕五起。高室多陽，大室多陰，故皆不居。鮑叔爲桓公祝曰：使臣無忘在莒時，管子無忘在魯時，甯戚無忘車下時。戰如鬥雞，勝者先鳴。雁銜蘆而捍網，牛結陣以卻虎。皋陶擇羝之裘以御之。神農氏夫負妻戴，以治天下。堯曰：朕之比神農，猶旦之與昏也。湯復于湯丘，文王幽于羑里，武王羈于王門，紂殺于鄗宫。養由基射蜻蜓，拂左翼。龍門，魚之難也；太行，牛之難也。春華秋英，其名曰桂。赤縣神洲者，實爲崑崙之墟，玉紅之草生焉。海水三歲一周，流波相薄，故地動。造車者，奚仲也；造曆數者，羲和子也；造冶者，蚩尤也；倕爲規矩準繩；昆吾作陶。黄帝斬蚩尤于中冀。夷逸者，夷詭諸之裔。或勸其仕，曰：吾譬則牛，甯服軛以耕于野，不思被繡入廟而爲犧。仲尼志意不立，子路侍，儀服不修。公西華侍，禮不習。子游侍，辭不辨。宰我侍，亡忽古今。顔回侍，節小物。冉伯牛侍，曰吾以夫六子自勵也。按《尸子》所言，大抵明王道，尚仁義，甚尊孔子，稱及其門人。尸子生戰國初，獨能私淑洙泗，服膺聖教，蓋孔子之徒也。其書二十篇，已多散亡，今覽其存者，惟論孔子貴公，囿學弇私；及言周公反政，孔子非之，曰周公其不聖乎，以天下讓，不爲兆人。所論稍盭于道。然聖人以下，著書立教，不能無失，此廑廑小疵耳。且謂孔子貴公，其眎荀子之罪子思孟子，蓋皆出一時之激言，而非于聖賢之道，固有所菲薄不屑者。特所發無制，不能語語折衷于至當，故不得爲大儒，而退擠于諸子百家列耳。惜哉！

又《金樓子》 閲梁元帝《金樓子》。此書于《永樂大典》中掇拾而成，不免奇零斷續，其脱誤處亦甚多。元帝爲人險薄忮忍，所長不過豔詩小賦，故此書大半勦襄子史中語，閒及文藝，而《立言篇》有云「周公没五百年有孔子，孔子没五百年有太史公，五百年運，余何敢讓焉」，幾于病狂之言。又其《興王篇》，歷叙其父武帝之爲齊明所委任；《后妃篇》歷叙其母宣修容云本姓石，揚州會稽上虞人，武帝賜姓阮，梁書作餘姚人。之爲齊少帝舊鬱林王。始安王所寵幸；可謂不識羞恥。惟其時古書多存，偶一引用，亦足以證佐見聞。如云居家治理可移於官何也，治國須如治家，所以自家刑國。此可證《孝經》舊本居家理下無故字，理治與治理，傳寫偶異耳。元行沖疏言故字明皇所加，信而有徵。云菁茅薪草也，《書》尊其貴；王睢野鳥也，《詩》重其辭；羊雁賤畜也，《禮》見其質；蘽棘鄙木也，《易》以定刑；此足見古贄字祇作質。又如《世説》載楊氏子答孔坦夫子家禽語，此作楊子州答孔永。《晉書》載習鑿齒釋道安四海彌天之語，此作習語云：「四海習鑿齒，故故來看爾。」道安應曰：「彌天釋道安，無暇得相看。」蓋皆以韻語取勝，截去下兩句，則無謂矣。《顔氏家訓》載江南一權貴誤讀《蜀都賦注》蹲鴟芋也爲羊字，此作王翼于宋孝武坐呼羊肉爲蹲鴟，翼即向謝超宗求觀鳳毛者。《後漢書·張奂傳》載其子猛殺刺史邯鄲商，此云漢張猛皇甫商少而相善，爲狎既過，乃至相殺。按《三國志·龐淯傳》注引魚豢《典略》亦作邯鄲商，則此書誤也。《四庫提要》謂《南史·徐妃傳》言元帝箸《金樓子》以道其穢行，今此書無之。按今本既非完書，而其述宣修容事有云，及饋人失禮，接之彌篤，每語繹曰：「妒婦不憚破家，況復甚於此者也。」所云饋人，猶今言室人，此即斥徐妃事。又《志怪篇》云：「余丙申歲婚，初昏之日，風景韶和，末乃覺異，妻至門而疾風大起，折本發屋，無何而飛雪亂下，帷幔皆白，翻灑屋内，莫不縞素。至七日之時，天景恬和；無何雲翳，俄而洪濤奔流，井溷俱溢，昏曉不分。」按此不過一雪一雨，何足爲怪，而備載之，蓋著其兆之不祥，知全書所指斥者，必尚多矣。其《雜記篇》云：「余作《金樓子》未竟，從荆州還都，時有言是鍛真金爲樓子者來詣余。三爵之後，往往乞借金樓子玩弄之。」亦可爲談噱之助。至其《立言篇》云：「潘岳賦云，太夫人御板輿，乘輕軒，柳垂陰，車結軌，或宴于林，或宴于沚，兄弟斑白，兒章稚齒，稱福壽以獻觴，或一懼而一喜。嗟夫，天下之至樂，唯斯而已矣！天下之至樂，唯斯而已矣！忽忽窮生，百年之内，曷由復如此矣！」此則令永感之人，誦之流涕。

又《劄記》 買得近人通州雷介庵淇所著書四種，爲：《服緯釋注》、《介庵經説》及所輯《世本》與《竹書紀年》。《服緯》者，其父崇仁縣知縣鏄所撰，備言古今服章服制之沿革變遷，皆一準以經訓，而介庵箋注之。《經説》則雖以古義爲本，而不

甚信鄭許之學；于近時諸名儒説，亦無引用者，然精博時有可取。《世本》乃采掇羣書所引，略存梗概而已。《竹書紀年》後附以天象地理世系各圖，予家有其書，紙槧俱佳。此本已爲翻刻，頗有誤字。《紀年》終不足深信，以流傳既久，古事之載於往籍者，往往藉以考證。雷氏抉摘遺文佚義，多所補正，較徐氏文靖之《統箋》爲密，惜所撰《義證》四十卷，尚未見於世耳。

又《蔡氏月令》 閲蔡氏雲所輯《蔡氏月令》。雲字立青，吴縣人，錢竹汀弟子，嘉慶甲子優貢生。其書共二卷：上卷爲《明堂月令論》，從《續漢志》劉昭注中録出者；次爲《月令章句》，乃剌取《獨斷》及鄭氏《月令注》、劉氏《續志》注、陸氏《釋文》、孔氏《正義》、《初學記》、《藝文類聚》、《北堂書鈔》、《通典》、《白帖》、《太平御覽》諸書所引中郎遺文斷句，附以疏證。下卷爲《月令問答》，從《中郎集》及《説郛》本録出者。次附以《月令集證》，乃采取古今及近儒之言《月令》者，以證《月令》非秦制。條理秩然，可以推見中郎一家之學。其《章句》中辨正經文數字，如孟春之月鴻鴈來，據《吕氏春秋》、《淮南子》作候雁北。此因鄭注止言今《月令》鴻皆爲候而不言來北字之異，則《戴記》經文本亦作北也。王厚齋《困學紀聞》已言之。還反賞公卿諸侯大夫于朝，據陸氏釋文《唐石經》及《吕氏春秋》作還乃，以《正義》引夏秋冬皆作還乃，則知經文本亦作還乃也，夏秋冬同。《御定石經考文提要》已言之。措之于參保介之御間，據注疏及《東京賦》作參保介御之間，段氏玉裁已言之。仲夏之月仲冬之月處必掩身，據注疏及《吕氏春秋》皆作處必掩爲句，嚴氏可均、盧氏文弨已言之，掩當從吕氏春秋作弇。孟秋之月坏垣牆，據《正義》、《釋文》及《白帖》秋門、牆壁門。皆作坏牆垣，阮氏元《校戡記》已言之。此皆蔡氏述前人説已有定論者也。仲春之月玄鳥至至之日，據《初學記》引《月令章句》作玄鳥至之日；《毛詩・生民》傳玄鳥至之日云云，《疏》云皆《月令》文；《説文》乙部引《明堂月令》以及《續漢志注》、《北堂書鈔》、《藝文類聚》、《左傳正義》、《周禮疏》、《通典》、《白帖》、《太平御覽》引《月令》，皆作玄鳥至之日。因考孔《疏》此段標經起止云自玄鳥至之日至高禖之前；又仲秋玄鳥歸《疏》云玄鳥至不爲仲春之候，則經文本作玄鳥至之日，不重至字作兩句甚明也。仲夏之月以定晏陰之所成，據《疏》引《章句》晏謂本作爲字，誤，蔡氏改正。以安定陰陽之所成，因謂中郎訓晏爲安定，則經無定字可知；釋義兼陰陽，則經有陽字可知。擬經文本作以晏陰陽之所成，與仲冬一例。陰陽方争，一竢其定，一安其成，義皆蒙上，此二字可稱精心卓識矣。

又《鄭氏昏禮》 漢鄭仲師撰鄭氏《昏禮》，有百官六禮辭及讚言，其書久佚，今從《藝文類聚》、杜氏《通典》所引參互録之。云禮物以玄纁，羊鴈清酒白酒粳米薄葦卷柏嘉禾長命縷膠漆五色絲合歡鈴九子墨金錢禄得香草鳳皇舍利獸鴛鴦受福獸魚鹿烏九子婦陽燧丹青女貞。其讚曰：物之所象者，玄象天，纁象地。羊者祥也，羣而不黨，跪乳有義。雁候陰陽，待時乃舉，冬南夏北，各得其所。清酒降福，白酒歡之由。秔米馥芬，婚禮之珍。稷米粢盛，稷爲天官此句據《太平御覽》卷八百四十所引，然文義不類，疑是誤引。蒲衆多性柔，葦柔之久。卷柏卷曲附生，嘉禾須禄，長命之縷，女工所製，縫衣延壽，缺二字。爲例。膠能合異類。漆内外光好。五色絲章采屈伸不窮。合歡鈴音聲和諧。九子之墨，藏于松煙，本性長生，子孫圖邊。此四句據《北堂書鈔》卷一百四所引，《通典》引作九子墨長生子孫，古人引書多節取其字，而以意聯合隱括之。此云子孫圖邊者，當是圓鬲之誤，鬲同縣。金錢爲質，所歷長久，金取和明，錢用不止。此四句據《太平御覽》卷八百三十六所引，《通典》引作金錢和明不止。禄得香草爲吉祥。鳳皇雌雄伉合。舍利爲獸，獸而能謙，禮義乃食，口無譏僭。此四句據《太平御覽》卷九百十三所引，《通典》引作舍利獸廉而謹。案舍利即今之猞猁，亦狐類。鴛鴦鳥，雌雄相類，飛止相匹，鳴則相和。受福獸，體恭心慈。魚處淵無射。鹿者禄也。烏知反哺，孝於父母。九子婦有四德。陽燧成明安身。丹爲五色之榮，青爲色首，自東方始。女貞之樹，柯葉冬生，寒涼守節，險不能傾。案自鳳皇以下，蓋皆繡繪之象。讚言《藝文類聚》作謁文贊。古人六禮，如《儀禮》所載賓主荅問之辭，皆别爲書署，偕以通謁，謂之謁文。其禮物壻家致于女家者，每事皆爲韻語，以題記之，謂之讚言。其語多取吉祥，古雅可誦，惜所引不全耳。所輯諸書，皆據玉函山房本。

又《三家詩遺説考》 閲陳樸齋《齊詩遺説考》，共四卷。三家齊最無徵，樸齋本其父左海所輯之緒，增而益之，推衍其説，凡所增者，加一補字以爲别。其自叙謂轅生以治《詩》爲博士，諸齊以《詩》貴顯者，皆固之弟子，而夏侯始昌最明。始昌通五經，后蒼事始昌，亦通《詩》、《禮》爲博士。戴德、戴聖、慶普皆后氏弟子，《詩》、《禮》師傳既同，則《儀禮》及二戴《禮記》中凡所稱《詩》皆當爲《齊詩》。鄭君本治《小戴禮》，注《禮》在箋《詩》之前，未得《毛傳》，知《禮》注所述多本《齊詩》之義。《齊詩》有翼、匡、師、伏之學，班固之從祖伯少受《詩》於師丹、叔皮父子，世傳家學，《漢書・地理志》引子之營兮及自杜沮漆，並據《齊詩》之文。又云陳俗巫鬼，晉俗儉陋，其語亦與匡衡説合，是《漢書》皆用《齊詩》也。荀悦叔父爽師事陳寔，寔子紀傳《齊詩》，見《經典釋文》。《後漢書》言荀爽嘗著《詩傳》，爽之詩學，太邱所授，其

爲齊學明矣。轅固生作《詩内外傳》，荀悦特著於《漢紀》，尤足證荀氏家學皆治《齊詩》，是《漢紀》、《申鑒》所引皆《齊詩》也。公羊氏本齊學，治《公羊春秋》者，其於《詩》皆稱齊，猶之穀梁氏爲魯學，其治《穀梁春秋》者於《詩》亦稱魯也。董仲舒通五經，治《公羊春秋》，與齊人胡母生同業，則習齊可知，是《春秋繁露》所引皆《齊詩》也。《易》有孟京卦氣之候，《詩》有翼奉五際之要，《尚書》有夏侯《洪範》之説，《春秋》有公羊災異之條，皆明於象數，以著天人之應，淵源所自，同一師承。孟喜從田王孫受《易》，喜即東海孟卿子，焦延壽所從問《易》，是亦齊學也，故《焦氏易林》皆主《齊詩》説，非僅甲戌巳庚達性任情之語，與翼氏《齊詩》言五性六情合；亥午相錯，則亂緒業之辭，與《詩氾厤樞》言午亥之際爲革命合。桓寬《鹽鐵論》以《周南》之兔罝爲刺義，與魯、韓、毛迥異，以《邶風》之鳴雁爲秬文與魯、韓、毛並殊，是所引亦皆《齊詩》也。其搜采可謂備矣。覈而論之，惟《詩》緯如《推度災氾厤樞》、《含神霧》等，蓋多《齊詩》説。公羊本齊人，《春秋繁露》中或有《齊詩》説，餘皆推測流派，近於景響之談。至鄭君本傳明云習《韓詩》，亦間用《魯詩》，《坊記》注以燕燕爲衛定姜之詩，與劉子政《列女傳》同，中壘世習《魯詩》，則注所用《魯詩》説也。至班孟堅本傳惟云九歲誦詩書，及長，所學無常師，不爲章句。則其於《詩》無所謂家法。《漢書・地理志》引《齊詩》曰「子之營兮」，顔注《毛詩》作還，《齊詩》作營。又右扶風杜陽下引《詩》曰「自杜」，顔注「自土沮漆」，《齊詩》作「自杜」，王伯厚輯三家《詩》，據以載之《齊詩》。《左海文集荅許子錦論經義書》謂師古時《齊詩》久亡，不知何從得其説，其注此志以周道郁夷爲《韓詩》，而不知《韓詩》實作威夷，則其踳駁未可盡信。班固之習《齊詩》，它無左驗，其説甚覈，樸齋强以《漢書》證《齊詩》，亦顯背其父説矣。

又《古文尚書馬鄭注》　《古文尚書馬鄭注》。孫氏此書，雖據王伯厚本增輯，而全載經文，別標體例，實自爲一書，其中頗指江艮庭、王禮堂兩家之失，然孫氏喜據他本以改今文，亦往往有未當者。如《皋陶謨》篇「在治忽」此及下條，今僞古文皆在《益稷篇》。改作「采政曶」。案鄭註本忽作曶，見《史記集解》，固可信；而「在治」作「采政」，則《史記索隱》明言是今文，非出古文也。「無若丹朱傲」句上加「帝曰」二字，「予娶涂山」上作「禹曰」二字，此固據《史記》，然司馬氏雖云從孔安國問故，其書則多采伏生今文，此帝曰禹曰，未必全出古文也。《般庚》中「自怒曷瘳」，改作「自怨曷瘳」，此據《隸釋》作載《漢石經》，然蔡中郎所書乃今文，非古文也。《般庚》下「今予其敷心腹腎腸」，改作「今予其敷優賢揚歷」，此據《三國志注》，然裴氏稱爲今文，固未確，而必指定古文，則《尚書正義》引鄭注本作「憂賢陽」，謂即「優賢揚歷」之誤，亦未有明證也。

錢儀吉《衎石齋記事續稾》卷六《詩總聞識後》　昔黄東發説《詩》，朱、吕二家外，惟取雪山王氏，知其書在宋時傳習者衆。而明以來未見專刻，今素園先生重梓聚珍板本以廣其傳。余任校讐之役，閒有是正識於下方。亦有知其有誤，而無可覈定者。如《曹風・鳲鳩》「其弁伊騏」注云：「《説文》騏作璂。」攷今《説文》，未嘗引此句。惟綥字下引《詩》「縞衣綥巾」，俗本《説文》，綥從畀，聲誤，今從段氏説。乃《鄭風》「出其東門」之文，而《周官・弁師》「王之皮弁，會五采王」。璂，鄭君璂讀綦，引《詩》「其弁伊綦」。陸氏《釋文》，璂本亦作琪，蓋綥是正字，綥弁、綥衣皆當作此體。綦乃或體，騏、璂、琪皆假借字也。然則雪山此文，或援《周官》之琪，而傳本誤爲《説文》邪？抑當時所見許書，別有引《鳲鳩》句，而今本佚之邪？《小雅・四月》「亂離瘼矣，奚其適歸」，注疏本作「爰其適歸」。朱子《集傳》，元時刊本亦作爰，注云《家語》作奚，未知何時妄改本文直作奚字。雪山登第稍後於朱子，著書亦稍後，故如《魯頌・閟宫》、《商頌》。「苞有三蘖」，皆引朱子之説，此或同於朱子作奚。然注中何以不言？竊疑是本録自《永樂大典》，或當時專宗朱子之學，胡廣等輒依集傳徑改經文如此邪？皆不可攷矣。校書之難，前人謂非劉向、揚雄弗克任也。末學膚受所可自勉者，惟不輕改本文耳。是書又更無他本可校，故此類悉仍其舊。既竣事，略識其意，以質大雅。

胡培翬《研六室文鈔》卷七《儀禮集釋書後》　《儀禮・聘禮》「執圭，行聘」節經云：「公側襲受玉于中堂與東楹之間。」鄭注云：「中堂，南北之中也。入堂深，尊賓事也。東楹之間，亦以君行一，臣行二。」賈疏云：「於當楣北面拜訖，乃更前北侵半架，於南北之中，乃受玉，故云南北之中。」又云：「兩楹之間，爲賓主處中，今乃於東楹之間，更侵東半間，故云君行一，臣行二也。」培翬讀注疏至此，竊疑之。凡言之間者，必有兩物對待，而後可云之間。今注疏以中堂爲南北之中，而解東楹之間爲更侵東半間，則經當云東楹之東，不當云東楹之間矣。且單言東楹，經文「之間」二字，亦無著。及讀宋李氏如圭《儀禮集釋》，而後此疑豁然以解。《集釋》曰：「受玉於中堂、東楹二者之間也。中堂，堂東西之中也，是爲兩楹間。凡敵者受玉於兩楹間，聘賓與主君，非敵，故進東近。主君受玉於中堂，與東楹之間也。下賓覿受幣，當東楹覿私事，賓又宜近東而當東楹，則此受玉在東楹之西明矣。賈氏据鄭以中堂爲南北之中，意以東楹間爲東楹之東。若然，則賓覿受幣，不得反當

東楹也。」此解實勝舊説。《集釋》一書，全録鄭注，而博采經傳爲釋，以相證明。其異於前人者，多有根據，不爲臆斷。蓋注疏以後，釋《儀禮》全經者，此爲第一書矣。惜元明兩代習此經者少，遂至亡佚。国朝乾隆中，從《永樂大典》録出其十五篇，尚完全無恙，唯闕《鄉射》、《大射》二篇。録是書者，以宋本經注補之，武英殿聚殄版印以行世。任校讐者，爲戴庶常震。所附案語，亦多精覈，深可寶貴。此帙，余以制錢十千購於都城琉璃廠坊市，聞當時聚珍版印此書不過百餘部，散在天壤，有日減，無日增，蓋得之之難也。儻有好古者，重梓以廣其傳，是則此經之幸也。夫是，則藝林之幸也夫。

曾釗《面城樓集鈔》卷二《字林後跋》 臧玉林曰：治經不可不讀《説文》、《尒疋》，然今傳《説文》徐氏本，犬从干，旭从九，皆以爲非聲。駃騠以爲贏子，鼃以爲大鼈，洹水出齊魯，濁水出厲嫣山，涐从我聲，毀八鑿九，類非許氏之舊矣。《尒疋·釋水》無「異出同流瀵」之文。汝爲濆，與《説文》所引乖異。《釋樂》，郭注籈以木。《釋蟲》，蟰失羊反。《釋獸》，鼶鼠未詳。亦多疏畧，非得《字林》，何由剖學者之疑哉？余夏間刊諸板，僅印刷數十部。秋九月，燬於火，於是方有內艱，讀禮少暇，檢核此書，復補正若干條，將再梓焉。

又《泊宅編跋》 《泊宅編》三卷，宋方勺撰。勺自號泊宅少翁，故以名書。《宋史·藝文志》偁十卷，此本僅三卷。《説郛》采數十條，此本又僅存一二，蓋删落多矣。然無別本，賴此載入《稗海》中，較《説郛》尚偁爲完備。則商氏之功，亦未可没也。此書載元祐訖政和閒事頗詳，足與史傳相表裏。又，龍圖閣偁假龍、大龍、小龍，蓋當時縉紳沿習之詞，得此書疏通證明，其有功於考證亦大。惟蔡卞二子，史有明文，而勺乃謂卞只一子。《漢·地理志》，東海郡祝其縣南，《禹貢》羽山。按今江南贛榆縣有祝其城，而勺乃謂登州渡海，即至島。島有五所，即《禹貢》之羽山。漢三體石經見《漢書》，而《隸釋》所載，今所傳僅分書而已。蓋漢三體各爲碑也。若魏三體石經，《隸續》載之，凡一字以古文、篆、隸三體，書亦有不備者，而要非隸書一體，乃勺載其弟匋《石經跋尾》，謂今此所傳一體隸書，必魏世所立，而不加辨正，皆未免疎誤。又於宗澤譏其好殺，陸佃、趙抃偁其祖墳，亦似非是非之公，而未能無所溺惑也。

又卷四《與任文田先生書》 昨從書肆得拜光儀，不以其愚無識，輒示所輯《字林》一書，奉歸夜誦，忻然達旦，蓋微特爲古人幸也。僕比年讎校《説文繫傳》，凡六書之書，自《玉篇》已下多所搜畜，而尤欲購《字林》一證其是非，然久之不可得。而《經典釋文》、《文選注》諸書所引，則又散見雜出，如入琳瑯天府，百藏千厨，玉瑲竝陳，卒難覓收。及讀先生昆仲著書，乃知千古奇珍，已有人收而內諸匱中，待識者挹領，而不自吝秘也。《易》曰：「不耕穫，不菑畬。」僕之忻幸，宜何如？其遑立異同哉。然竊惟古籍散佚，非一二人之責，况僕幸承指導，奚敢諱其憤悱而不言，請畧陳之，伏惟諒察。支部攱，僕謂當从《玉篇》，收入立部。按，攱訓掎也，《詩》「伐木掎矣」，《箋》云「掎，猶倚，倚立不端也。」故攱从立，支聲。而誤收入支部，則自《正字通》始。□部圕，下注云：此字《説文》無。僕謂無圕字者，毛氏刊《説文》本則然耳。汪刊小徐《繫傳》，猶存此字。《集韻》於圕下亦引《説文》云云，則許氏書本有可知也。口部「呀」「大空兒」，僕按：《文選·西都賦》注如此，大箸作「大空也」。則據《後漢書·班固傳》注。然攷司馬《上林賦》注「谽呀，澗谷形容也」。司馬彪云「大兒」。則《漢書注》作「也」字，不如《文選注》作「兒」字之確。手部挩，注「大杖」。僕按：明本《五音韻譜》，毛本《説文》注本、《繫傳》皆作「木杖」，大箸引作「大」字，似據《後漢書·禰衡傳》注。然傳云：「三尺梲杖。」三尺奚大之有，則彼注所引，恐或字誤耳，自當从許氏本書改正也。至於《文選注》，諸書引《字林》而大箸漏畧者，亦數十條。如《西都賦》注引《字林》云：「蕞，聚兒。」《南都賦》注引《字林》云：「亘，竟也。」《穀梁傳》釋文引《字林》云：「蝝，尹絹反。」《史記索隱》引《字林》云：「挩，他活反。」諸如此類，似當分部補入。第恐僕年少名卑，受性又最愚陋，於學多所未通，前輩論議，罕所聞受。凡茲愚管，亦猶河濱之人，奉土以塞孟津，多見其不知量而已耳。雖然，先生昆仲方以表章古籍是任，苟凡有裨古籍者，雖芻蕘、小子猶將下訪之。譬諸修千百年史書，一人總其成，其朋佐者數百十人，不以爲多。廣採稗官、小説，不以爲濫。何者？不如是，不足成一代信史，而使後人不得疵議也。與其批摘於殺青之後，孰若嚴覈於議梓之前。故僕愚不揣，輒縷塵觀覽。倘矜其意而原其妄，不惜時賜示，及使得改竄其非，以無獲罪古人，則幸甚矣。不宣。

陶方琦《汉孳室文鈔》卷三《鄭易京氏學叙》 漢易家有兩京房，一爲楊何弟子，其書不傳。一即君明，吹律自定爲京氏者，今世猶傳其《易傳》、《積算》諸書，并傳其災異、飛候之説。其《章句》十卷，見於陸氏《音義》、李鼎祚《集解》及晁吕《易音訓》者，已屬希廖。如「朋盍簪」「簪」作「撍」、「剥牀以膚」「膚」作「簠」、「大耋之嗟」「耋」作「絰」、「劓刖」作「劓劊」、「大人虎變」「變」作「辨」、「列其夤」「夤」作「朋」、「歸妹以須」「須」作「嫥」、「爲瘠馬」「瘠」作「柴」、「爲畀足」「畀」作「朱」，大氏古説留

遺，必有師授。京氏自謂受於梁人焦延壽。劉向校書考易説，亦謂諸《易》家説皆祖田何，楊叔、丁將軍，大誼畧同，惟京氏爲異黨。焦延壽獨得隱士之説，託之孟氏。然孟京所傳諸書，時有相同。《漢書・藝文志》有《孟氏京房》十一篇、《災異孟氏京房》六十六篇。京曾爲孟氏《易注》，當不甚遠也。鄭君師事京兆第五元始通京氏《易》，故注《詩》、《禮》時引伸《易》義，多與《易注》不同。蓋箋《詩》注《禮》在於中年，而元城注《易》獨在暮歲。先通京《易》，故《詩》《禮》注中所引《易》義於京爲近。惜鄭君之注零替殆盡，與京氏章句並致堙翳，無可推撢。今録其二十餘科以見鄭《易》用京實有碻據，且陸績曾爲京氏之學，其與鄭《易》同義者亦並採之，以著于篇。今文淵原可以演贊，鄭雖後从馬融受費氏古文之學，然昔人著説擇善而從，往哲師承動有家法，即鄭君爻辰之義，亦本京氏。京氏精于樂律，且曾著《周易分野》一書，爻律祖搆，豈有殊歟？遂爲《鄭易京氏學》一卷。

又《魯詩故訓纂敘》 敘曰：《魯詩》立學官最早，而《毛詩》爲晚出。《毛詩》爲古文之學，三家詩多今文之學也。兩漢經儒，許、鄭最著，然皆先通今文而後治古文。自毛義盛傳，今文寖尟，逮及東晉，魯武齊亡。《隋書・經籍志》云「魯詩亡于東晉」，劉瓛《詩義序》亦云「魯詩不過江東」，是江東以後，已失其傳。然見于劉向《列女傳》、班固《白虎通》，蔡邕所書《魯詩》一字石經者，古誼粹説，高出毛公，何論韓齊三家之傳。自王伯厚《詩攷》後，如范氏《三家詩拾遺》、馮氏《三家詩異文疏證》、陳氏《三家詩遺説》、馬氏《三家詩分輯》，纍有戢孴，端厓粗具，獨魯詩散佚殆盡，尟可推演。晉唐以後，述引尤希，未有能專爲其學者。陳氏左海、臧氏拜經畧存其説，未能該備。方琦因推兩漢授受之耑原，及乾嘉以後經師之遺説，攄書明恉理而董之。本傳云「申公，魯人也。少與楚元王俱事浮邱伯受《詩》」。獨以《詩經》爲訓故以教，無傳，疑者則闕勿傳」。《文選注》、《後漢書、注》皆引《魯詩傳》，則《魯詩》固有傳者。《漢丞榮碑》榮治《魯詩》韋君章句。《魯詩》又有章句者。《釋文敘録》言其弟子爲博士者十餘人，申公以詩授瑕邱江公，盡能傳之。徒衆甚盛，洎乎東漢之世，賈馬之儒好治古文，《魯詩》寖晦。然後漢如李業、包咸、魏應、劉伉、陳重、雷義、陳宣、李炳、魯峻、丞榮之徒後書漢碣，厤厤可稽，故爲《魯詩授受源流攷》及《傳詩表》一卷。《熹平石經・魯詩》爲蔡邕書，《隋志》載一字石經，《魯詩》即此本也。石經淪替以後，見於淇氏《隸釋》者，僅《魏風》數篇及《叔于田》一章「女曰雞」八字，殘缺之甚，益堪珍重。其中「坎坎」作「欿欿」、「貫女」作「宦女」、「山樞」作「山蓲」、「何」作「胡」、「上」作「尚」，確爲今文之學，故與毛本不同。臧氏拜經言釋元因《一切經音義》所載石經「宴」字，定爲漢石經。則陸氏《釋文》與元應經等書凡云石經者，可宲定其義而類記之，故爲《石經魯詩攷》一卷。《吕氏讀詩记》載董氏引石經異文，雖非《開成石經》，然不可據。《魯詩》之義存者實少，然如「中冓」作「中甯」見於《漢書》晉灼注引《魯詩》、「梁騶」見於《文選》舊注引《魯詩》、「朱綃」及「阮徂」其見於鄭君注引《魯詩》、「陽如之何」見於郭璞《爾雅注》引《魯詩》，以及許君《五經異義》班氏《白虎通》所引魯説、魯訓確爲《魯詩》原文，故爲《魯詩佚文攷》一卷。楚元王與申公同事浮邱伯，其後劉氏世傳《魯詩》。劉向爲元王孫，故其所著《列女傳》引《詩》皆與毛異，是《魯詩》之義也。其外加《説苑》、《新序》、《别録》、《五經通義》、上二書乃玉函山房輯存本。《鴻範五行傳》左海輯本。等書所引詩字詩義皆可采録，爲《劉氏魯詩學》兩卷。鄭君先從張恭祖受《韓詩》，又從盧植問《魯詩》。臧氏拜經謂鄭專治《魯詩》，無爲《韓詩》。陳氏左海謂鄭用今文之學，兼通魯韓。陳説是也。鄭志炅模問《坊記注》，以是爲定姜之詩。答云爲記注，時執就盧君先師亦然，後得《毛公傳》爲《詩注》，更從毛本。《禮坊記》陸氏《釋文》云此爲《魯詩》，《毛詩》作莊姜，以是知鄭君爲《魯詩》學。盧君亦通《魯詩》者，所云先師蓋即馬融，《後漢書・馬融傳》融曾注《列女傳》。《列女傳》乃劉氏引《魯詩》義，疑馬氏亦先通《魯詩》。正不僅枓木圃艸爲用今文義也。鄭君云云必有所據，故其箋詩中多引《魯詩》，其一證也。并疑鄭君注禮引詩文亦多魯詩，故爲《鄭氏魯詩學》二卷。高誘《淮南敘》云從同郡盧君受其句讀，是誘爲盧植弟子，故其注《吕覽》、《淮南》解説《詩》義及引《詩》文多異毛本，與韓亦有異，而盡與《魯詩》合。蓋誘亦從盧君受魯詩者。因采《吕覽》、《淮南》注中引詩文，爲《高氏魯詩學》二卷。蔡邕書《熹平石經》用《魯詩》，其他著述宋本《蔡集》其十卷。如《獨斷》、《琴操》孫氏輯本。《月令章句》蔡雲集本。及手書碑文，凡引用《詩》字與毛異者，定爲《魯詩》，爲《蔡氏魯詩學》一卷。司馬遷嘗向孔安國問《古文尚書》，史公爲安國弟子，乃申公之再傳弟子也。全氏祖望言之。凡《史記》中所引詩文詩義當本《魯詩》，爲《史公詩學攷》一卷。附《孔安國引詩説》，近時孔氏《尚書注》、《論語注》、《孝經注》皆僞本不足憑。又附《褚少孫史記緒引詩文》，少孫受《魯詩》之學者也。班氏《漢書》本於《史記》，《藝文》本於《七畧》，馬遷劉向皆爲《魯詩》學者，《藝文志》敘云「以魯爲最近之」，不可謂非特識也。《石渠奏議》皆引用經文，當時盛習《魯詩》，故《白虎通義》多與《説苑》、《列女傳》脗合，中引《魯詩訓》及《詩傳》足證，皆爲《魯詩》無疑。陳氏恭甫駁《漢書》顏注所指「齊詩」乃齊風之詩，非《齊詩》之學，則馬氏以《漢書》引《詩》爲《齊詩》，亦誤見也。故更爲《班氏詩學攷》二卷。許君《説文叙》曰「《詩》用毛氏」，然其引

《詩》多與毛異，其兼采三家無疑。意者許君必先通今文之學，《詩》於今文魯韓爲近，《齊詩》漢季已亡。然鼎部「鼒」字下獨表出之曰「《魯詩》説：鼒，小鼎也。」又《五經異義》引《魯詩》説凡四見，疑許君先通《魯詩》，兼治韓義，其書中引《詩》與毛異文者亦多，有《魯詩》之義，爲《説文詩攷》二卷。附《五經異義》至《淮南》八篇注無一引《詩》語，故不采。《爾雅》是《魯詩》之學，臧氏言之。然竊謂《爾雅》體例與《説文》同，《説文》主《毛詩》，而兼采魯韓之文。《爾雅》主《魯詩》，而兼采韓毛之義。自可類而別之，故爲《爾雅魯詩繹》二卷。臧氏又謂《爾雅》某氏注即樊光注，其引《詩》皆與毛韓不合，而多與《列女傳》諸書合者，蓋《魯詩》也，方琦又謂《爾雅》漢人注中引《詩》皆有《魯詩》，可以別白。《廣雅》爲魏張揖著，其引字義有出《詩傳》者，多爲《魯詩》之學，如「釋詁，菁作寗，夜也」。與晉灼《漢書》注引《魯詩》作「中寗中夜」義同，「釋訓坎坎作欿欿聲也」，與石經《魯詩》作「欿欿同粼粼，作轔轔，聲也」，與《楚詞》王注引「作轔轔」同，「釋邱，柲邱」與蔡邕書碑作「柲邱」同，如此之類，不可殫述。蓋揖爲魏人，其時《魯詩》未亡，揖當習《魯詩》，所采引亦多，爲《魯詩》義，故又爲《廣雅魯詩繹》二卷。《拜經日记》云王叔師《楚詞章句》所引《詩》或與毛韓不同，而與《爾雅》及《列女傳》有合者，蓋魯義也。基詁訓亦往往有異於毛鄭，而較毛鄭爲優，故爲《楚词王注魯詩學》一卷。漢碑中如魯峻碑、逄榮碑皆言治《魯詩》學，蔡朗碑亦云治《魯詩》。且逄氏世爲《魯詩》，如逄班碑中之「哮虎岐嶷」，皆與《魯詩》同。逄梁祠堂畫象所載周公次序在武王下，在管蔡前，與《列女傳》、《白虎通》同，皆爲《魯詩》之遺義。衡方碑「蓼莪」作「蓼儀」與魯峻碑作「蓼義」合，「褘隋」即《毛詩》「委蛇」。臧拜經定爲《魯詩》，由是而推測之，可以采取者亦復不少，并爲《漢碑詩攷》一卷。申公與毛公同出於荀卿之門，相去當不遠，傳受魯讀各有師承，今文古文之學出於口授，不無區別。又疑近時《毛詩》亦非定本，歷檢唐人類書、字書、史傳志注所引《毛詩》，時與今本有異，安知今本不有三家《詩》糅襍其中？而荀子引《詩》多與魯合，或者申公獨得荀卿《詩》學之正歟？遂爲《魯毛同誼述》一卷。《齊詩》早亡，無可畧撢，韓與魯《詩》皆今文之學，《韓詩》多本於魯，故文義相同。班氏言「《魯詩》爲訓故，齊韓皆爲之傳」，安知齊韓之《詩》非即本之《魯詩》而爲之傳説歟？故今所存《韓詩》遺説與魯多合，是其證也。又爲《魯韓同誼述》一卷。西漢人多習《魯詩》，陳氏奂謂董子賈子皆習《魯詩》，馮氏勺園謂揚子雲爲《魯詩》學，他如桓寬《鹽鐵論》、王符《潛夫論》、趙岐《孟子注》、應劭《風俗通》所引《詩》多與毛異，此皆今文之學也。并知羣經諸子凡兩漢傳述者，亦多本之《魯詩》，以外撿采羣書，自唐而止，凡有與毛本異者，皆援引之，以證同原，爲《羣書集證》八卷。又推乾嘉經師傳述《魯詩》遺義，編爲《魯詩通論》二卷。方琦閒居，訓涉輒罄淺聞，爲刺取佚義，衍贊其説，庶領神悟，詩以言志，心嚮往之，備載逸誼，以著於篇，推衍支流，擇撢羣蓺。世有明達，匡益不逮，亦所跂想也。

又卷四《韓詩遺説補叙》　《漢蓺文志》「漢興，魯申公爲《詩訓故》，而齊轅固、燕韓生皆爲之傳」。蓋三家皆今文之學，《齊韓》多同于魯，韓尤與魯相近也。嘗謂兩漢之世，競習今文，三家竝列，學官共循師説，許、鄭大儒皆先受今文之學。鄭從張恭祖受《韓詩》，見于本傳。許君《説文解字》間存《韓詩》之説，此其證也。《毛詩》晚出，汔今猶存。今文流別，世昧其義，臧氏《韓詩遺説》一書，視勺園玉函所輯至爲覈實。陳氏樸園《韓詩遺説攷》即本是書，畧爲演贊。方琦好爲《詩》今文之學，舊述《魯詩歷》有年，所斠録盈匧，汲汲不遑，自昔通儒皆屬洽古今文之學，親見完書，擇善而從，迄及于今。《魯詩》已亡，《韓詩》亦佚，賴乾嘉經師搒羅舂拾，漢經範囿，斯世猶知。拜經先生所輯《韓詩》非經左譣，不以刺取，前從復堂，傳録是書。趙氏所刻亦此本也。方琦近歲得見唐釋慧琳《大藏音義》，希麟《續音義》及日本新刻《玉篇零部》、隋杜臺卿《玉燭寶典》，次第補輯《韓詩》一百五十餘條，其義多臧氏未采，至引書尚有互相表著者。如《大藏音義》二十八引《韓詩》「繽繽往來皃」無可比附，追閣唐本《玉篇》其文屬于「緝緝繽繽，謀欲譖言」之下。《大藏音義》七十六引《韓詩》「瀞，清也」。無可比附，追閱唐本《玉篇》，其文屬于「會朝瀞明」之下。又如《釋文》引《韓詩》「勿予禍適，適，數也」，唐本《玉篇》引「从言作謫」，《釋文》引《韓詩》「歌以訊止，訊，諫也」，唐本《玉篇》引「从卒作誶」。《大藏音義》二十引《韓詩》「迺，大也」。唐本《玉篇》引作「乃，大也」。《大藏音義》三十一引《韓詩》「譌言，妖言也」。唐本《玉篇》引作「訛，言，誼言至如」。《大藏音義》九十五引《韓詩》「陶，變也」。知元應經引「上帝甚陶，陶，變也」，爲《韓詩》義。《大藏音義》六十三引《韓詩》「娠，振動于内也」，知元應經引「大任有娠，娠，動也」爲《韓詩》義。《大藏音義》九十引《韓詩》「捊，聚也」，知《説文》引「原隰捊矣」爲《韓詩》義。《大藏音義》六十二引《韓詩》「幬，單帳也」，知《爾雅》郭注引「抱衾與幬」爲《韓詩》義。又《大藏音義》三十九引《韓詩》「四肢以應四時」乃《外傳》語，三十引《韓詩》「楲株有深坑」乃《韓非子》語。十四引《韓詩》「樞機制動之主」乃《周易》韓康伯注文，皆當翔實屏繆，完歸本書，如此之類不可臚舉。倘獲暇日，麄爲發明，章闡今文，𥊍資撢討，闕諸畜德，共志師承。夫讀書至老不能偏，古人不及見今人，每念此言，輒用皇然。

又《淮南説文補詁敘》 許君絶學，逴爾儒宗，究洞聖恉，覃思稽譔，接述師説，最爲近古。《五經異義》零落殆盡，《説文解字》始一終亥，共理相母，滋乳浸多，《淮南鴻烈間詁》已亡，捊舂遺注，演贊靡盡，釐定八篇。二注迺判，完歸本書，足快嗜古。竊疑許君記上解誼本同，證之《説文》必多相合，何以明之？特舉其凡，如《原道訓》「陗法刻刑」，《文選注》引許注「陗，峻也」，而《説文》亦曰「陗，峻也」。《俶真訓》「鏤之以剞剧」，《文選注》引許注「剞，剧曲刀也」，而《説文》正作「剞，剧曲刀也」。《天文訓》「東方，木也」，《開元占經》引許注「木，冒地而生也」，而《説文》木下亦云「冒地而生也」。《脩務訓》「苗山之鋌」，《文選注》引許注「鋌，銅鐵樸也」，而《説文》正作「鋌，銅鐵璞也」。《俶真訓》「猶條風之時，灑也」，《文選注》引許注「灑，汎也」，而《説文》亦曰「灑，汎也」。《天文訓》「不可以夷邱上屋」，《開元占經》引許注「夷，平也」，而《説文》亦曰「夷，平也」。《説林訓》「非以一墣塞江也」，《御覽》引許注「墣，塊也」，而《説文》亦曰「墣，塊也」。《泰族訓》「非劵之所能責也」，《羣書治要》引許注「劵，契也」，而《説文》亦曰「劵，契也」，知許注《淮南》其説與《説文》多同有如此。又如《説文》水部「滒，多汁也」，即《原道訓》「甚淖而滒」之説，木部「柃，青皮」，即《俶真訓》「柃木已青翳」之説，木部「榑，桑神木，日所出也」，即《墬形訓》「榑桑在東方」之説，竹部「篅，判竹圜以盛穀也」，即《精神訓守》「其笓篅」之説，水部「澒，丹砂所化水銀也」，即《墬形訓》「砄五百歲化爲澒」之説，豸部「貏，貐似貙虎爪食人，迅走」，即《本經訓》「下殺貏貐」之説，人部「仳，倠醜面也」，即《修務訓》「蓃母仳倠」之説，厂部「厱，諸治玉石」，即《説山訓》「玉待礛諸而成器」之説。此必許君自採注《淮南》之説，雖不明言，灼然可知也。又有《淮南》之文與《説文》異，而知《説文》所載即許注《淮南》之説者。如《俶真訓》「華藻鏄鮮」，即《説文》「鏄鱗」，金部「鏄，鱗也，鐘上横木，上金華也」。《天文訓》「秋分蔈定」，「蔈」即《説文》「秒」，禾部「秒，禾芒也」。《墬形訓》「日浩澤浩」，即《説文》「臭」，大部「臭，大白澤也」。《覽冥訓》「皆狂生而無其本者也」，「狂」即《説文》「㞷」，㞢部「㞷，草木妄生也」。今許本《淮南》已亡，可由《説文》以補者有如此。又有《淮南》許注有此字而爲《説文》所無者，如《原道訓》「婦人不孀」，《詩正義》引許注《淮南》云「楚人謂寡婦曰孀」，而《説文》無「孀」字，「彷徨山峽之旁」，《文選注》引許注《淮南》云「岬，山旁」，而《説文》無「岬」字。《俶真訓》「莫鑒于流瀿」，《文選注》引許注《淮南》云「楚人謂水暴溢曰瀿」，而《説文》無「瀿」字「越舼蜀艇」，《御覽》引許注「舼，小船」，而《説文》無「舼」字。《天文訓》「月死而螺蚌瘷」，《御覽》引許注《淮南》曰「瘷，減蹴也」，而《説文》無「瘷」字。《覽冥訓》「澤受瀷而無源者也」，《文選注》引許注《淮南》「瀷，湊漏之流也」，而《説文》無「瀷」字。《人間訓》「捷載粟米而至」，《一切經音義》引許注《淮南》「捷，擔也」，而《説文》無「捷」字。《修務訓》「不待策錣而行」，《御覽》引許注《淮南》「錣，策端有鐵也」，而《説文》無「錣」字。以《説文》補《淮南》之注，亦可以《淮南》之注補《説文》也。又有《淮南》作此字而依《説文》當作彼字者，如《俶真訓》「必無餘栓」，依《説文》作「櫱」，「櫱，伐木餘也」。《天文訓》「陽燧見日，則然而爲火」，依《説文》作「鐩」，「鐩，陽鐩也」。《墬形訓》「龍淵有玉英」，依《説文》作「瑛」，「瑛，玉光也」。《時則訓》「令國人儺」，依《説文》作「𩴍」，「𩴍，見鬼驚詞也」，「涼風始至」，依《説文》作「䬆」，「䬆，北風也」。《覽冥訓》「偏枯之藥」，依《説文》作「㾫」，「㾫，半枯也」。如此之類，不可毛舉。或當時許注之本竟有作此者矣。又有若《説文》「黝，忘而息也」，今《淮南・原道》「默然自得」，《廣韻》引《淮南》正作「黝然自得」，則「黝」忘之訓與《淮南》注當同。説文「沆，莽大澤也」，今淮南《墬形》曰「亢澤」，《御覽》引《淮南》正作「曰沆澤」，則「莽沆」之訓與《淮南》注當同。至若《説文》中草部引《淮南子》説芸草可以死復生，即《時則訓》「芸草生之注」。虫部引《淮南子》「蝄，蜽狀，如三歲小兒，赤黑色，赤目長耳美髮」，即《氾論訓》「水生蝄蜽」之注。「非特鱶下」引《淮南王傳》「荆人，鬼越人」。「鱶鱏」下引《淮南王傳》「伯牙鼓琴，鱏鱼出聽」，與今《淮南》正同也。又有《説文》即本《淮南》之義者，如《天文訓》「四丈而爲匹」，《説文》云「匹，四丈也」，説正同。又「欲知南北廣袤之數」者，《説文》云「南北曰袤，東西曰廣」，説正同。《墬形訓》「故禾春生秋死，麥秋生夏死」，《説文》云「禾木王而生，金王而死，麥金王而死，火王而死」，説正同。又「無角者膏而兑前，有角者脂而兑後」，《説文》云「無角者膏，戴角者脂」，説正同。又有許注八篇中之説與《説文》同者，如《繆稱訓》「猿狖之捷來措」，許注「措，刺也」而《説文》正作「簎，刺也」。「齊俗訓弱緆羅紈」，許注「弱，緆細布也」，而《説文》正作「緆細布也」。《道應訓》「是直聖人之糟粕耳」，許注「糟，酒滓也」，而《説文》正作「糟粕，酒滓也」。《詮言訓》「菰飯犓馬」，許注「菰，雕胡」，而《説文》正作「苽，雕苽也」。《兵略訓》「修鎩短鏦」，許注「鏦，小矛也」，而《説文》正作「鏦，短矛也」。《人間訓》「以突隙之煙焚」，許注「突，竈突也」，而《説文》正作「突，竈突也」。《泰族訓》「夫蛟龍伏寢於淵」，許注「蛟，龍屬也」，而《説文》正作「蛟，龍屬也」。《要略訓》「一朝用三千鍾贛」許注「贛，賜也」，而《説文》正作「贛，賜也」。知八篇爲真許注而與《説文》同也。有如此更有高注十三篇中，其詁訓有與《説文》同者，亦疑半爲許注。如《道原訓》「干越生葛

絺」，高注「絺，細葛」，與《説文》絲部「絺，細葛」之説同。《俶原訓》「澤及蚑蟯」高注「蚑，蟲行也」，與《説文》虫部「蚑，蟲行也」之説同。《天文訓》「音比南吕」，高注「南，任也」，與《説文》「南方枝任」之説同。《墬形訓》「洋水出其西北陬」，高注「洋水，經隴西氐道，東至武都爲漢」，與《説文》水部「漾，出隴西狟道，東至武都爲漢」之説同。《時則訓》「食麥與羊」，高注「麥，金也」，與《説文》「麥，金」之説同。《覽冥訓》「虎豹襲穴而不敢咆」，高注「咆，嗥也」，與《説文》口部「咆嗥」之説同。《精神訓》「夫有夏后氏之璜者」，高注「璜，半璧也」，與《説文》玉部「半璧曰璜」之説同。《本經訓》「直道夷險」，高注「夷，平也」，與《説文》「夷，平」之説同。《主術訓》「黼黻文章」，高注「白與黑爲黼，青與黑爲黻」，與《説文》「黼，白與黑相次文，黻，黑與青相次文」之説同。《氾論訓》「負扆而朝諸侯」，高注「扆，户牖之間」，與《説文》「户牖之間謂之扆」之説同，《説山訓》「冠錙銖之冠」，高注「六銖曰錙，八銖曰錘」，與《説文》「錙，六銖也。錘八銖也」之説同。《説林訓》「心所欲鐘毀爲鐸」，高注「鐸，木鈴也」，與《説文》「鐸，木鈴也」之説同。《修務訓》「曳齊紈」，高注「紈，素也」，與《説文》「紈素」之説同。此十三篇與《説文》訓同者不能悉數，要不無羼入之處，非若《原道訓》高注「八尺曰仞」與《覽冥訓》高注「七尺曰仞」先後説違，以《説文》「伸臂一尋八尺」推之，知「八尺者」乃許注而非高注矣。《墬形訓》高注「在木曰果，在地曰蓏」，與《時則訓》高注「有核曰果，無核曰蓏」先後説殊，以《説文》「在樹曰果，在地曰蓏」推之，知「在木在地」乃許注而非高注。故《淮南間詁》書難遺佚，兹據舊輯許注，佐以八篇，復爲援採説文，備其訓義，使汝南之書與濮陽並峙，不至肴亂雜厠，千載沈晦，亦云幸矣。今夏逭暑，邗上參攷是書，蒐其詁説，都爲八卷，引伸觸類，靡不综萃，冀有達者，理而正之。

郝懿行《曬書堂集》卷三《韓詩外傳考證叙》 《韓詩外傳》十卷，蓋殘闕不全之書也。案漢志《内傳》四篇、《外傳》六篇，迨《隋志》止存外傳，仍題爲十篇。蓋後人掇拾或分析其簡，以求合《漢志》十篇之數，非本書也。書中多儒先緒論，旁及諸子遺説。又如孔子爲司寇之命，古天子即位之策，皆有典法，非經師不能道。又如卵繭喻性，即是董子《繁露》之旨。董韓同時，孝武中嘗會論上前，董不能難，而是語與《繁露》合，是則董之精者，韓亦不能易也。仲舒治《春秋》，談災變。而是書言雩而雨猶不雩而雨，無用之變，不急之災，棄而不治，其論甚正。故《漢志》云其人精悍，處事分明，是則韓之精者，董亦不能易也。書經屢寫脱誤頗多，偶獲舊本，因加校讐，往往是正。此閒地僻無書，懿行又束書不觀，不能抽繹考訂，是一恨也。其書雖殘，遺説猶時時見於他書。如第一卷「家貧親老不擇禄而仕」，引詩「父母孔邇」，据《漢書》引注《韓詩》叙汝墳辭「家也」，是其證也。《文選注》引《韓詩・漢廣》「悦人也」，而是書第一卷「處子佩瑱而浣」亦其證也。他如第一卷《行露》之説與劉向《列女傳》同，《甘棠》之説與《漢書》王吉傳同。第三卷「嗟嗟保介」以證楚莊王之不祭河也。第七卷「征夫捷捷，每懷靡及」，蓋傷自上而御下也。第九卷「宜爾子孫，繩繩兮」，言賢母使子賢也。凡此之類，皆《韓詩》家舊説，斸存是書，内傳久亡，無可考證，是二恨也。又案《漢志》韓有《易傳》二篇，亦經久亡。而是書第三卷，第八卷稱「易有一道，大足以守天下，中足以守其國家，近足以守其身，謙之謂也」，第六卷稱「《易》曰『困于石，據于蒺藜，入于其宫，不見其妻，凶』。言困而不見，據賢人也。《易》中孚九二云『我有好爵吾與爾靡之』。」《釋文》引《韓詩》云「靡，共也」，案「詩」當爲「易」字之誤也。《漢書・蓋寬饒傳》引《韓氏易傳》言「五帝官在下，三王家天下」，此亦韓《易》斸存而未亡者也。烏虖！古書存者百無一二，斷篇殘簡，讀者愈益珍重。兹書雖殘，宜以珍《繁露》者珍之。浄几明窗，焚香静對，守此二珍，因忘余之二恨矣。

王先謙《詩三家義集疏序例》 宋王厚甫所撰《詩攷》，其於齊《詩》僅據《漢書・地理志》及匡衡，蕭望之傳與《後漢書・伏湛傳》中語録入數事，寥寥寡證，間摭晁説之、董彦遠説，往往持論不根，難以徵信。近世余蕭客、范家相、盧文弨、王謨、馮登府諸君皆續有采輯，然擇焉不精，語焉不詳。

湯球《九家舊晉書輯本》卷首《臧榮緒晉書輯説》 臧榮緒括西東晉爲一書，成紀、録、志、傳百一十卷，可謂集晉書之大成矣。故後人引其書，雖標名者固多，而未標名者亦不少。前輯臧書數卷，又另輯無名氏《舊晉書》數卷，蓋其慎也，今均亡矣。然究而審之，如言諸帝之事，不稱某帝而稱某祖，某宗；列傳諸人，祇稱某郡人，不稱某郡某縣人之類。其體例多同，則不標名者之爲臧書可知。故今合而輯之，而注其明標未標，以便後人檢閲。但唐以前書所引，無論與唐修書同不同，自可一一録出；而唐以後書所引，未標名者，率多爲唐修之書。然亦有販唐以前之類書而來者。故必其與唐修之書，或字句不同，或敍次不同。及有煩瑣特詳者，自係未經唐修之原本。故亦爲之録出，以俟考。或曰：「未標名者，不閒有王隱書乎？」然考臧書多本於王，則謂此爲臧書，亦無不可。今且合而輯之，以俟後人裁定云。

又《臧榮緒〈晉書〉卷一〈肅宗明帝〉》 太寧元當作二。年，王敦謀逆，帝與王

導、温嶠等決計征之。敦屯兵於湖陰，帝欲察其營壘，乃乘駿馬微行至湖陰，既而馳去。敦方晝寢，夢日環其營，驚起曰：「必是鮮卑黄須奴來也，何以不縛之！」使騎切遽而追之。帝之馳去，馬有遺糞，輒以冷水沃之。時逆旅有賣飯媪，帝以七寶鞭與之。俄而追者至，訊媪。媪云：「去已遠矣。」因以鞭示之。傳示遲留，又見馬糞冷，信已遠矣而止。帝遂得免。《御覽》三百九十九，又四百四十九。雖未標名，而與新稍異。《書鈔》亦引此段，而與唐修者同，恐爲陳氏所改，故定從《御覽》。

又《安帝》　安帝復位，改元曰「義熙」，以琅琊王德爲大司馬。謝靈運初爲琅琊王大司馬、作軍參軍。《文選·初去郡》注。原引作安帝即位，改元曰元興。按德文係義熙元年爲大司馬，故知其誤而改之。

又《卷五〈裴秀〉》　制地新無地字。圖之體有六焉：一曰分率，所以辨廣輪之度也；二曰准望，所以正彼此之體也；三曰道里，所以定所由之數也；四曰高下，五曰方邪，六曰迂直，此三者，各因地而制宜，所以校夷險之數數新作異。也。有圖象而無分率，則無以審遠近之差；有分率而無准望，雖得之於一隅，必失之於他方；有准望而無道里，則施於山海絶隔之地，不能以相通；有道里而無高下、方邪、迂直之校，則徑路之數，必與遠近之實相違，失准望之正矣。故以此六者參而考之，然後新無後字。遠近之實，定於分率；彼此之實，定於道里；度數之實，定於高下、方邪、迂直之算。故雖有峻山鉅海之隔，絶域殊方之回，登降詭曲之因，皆可得舉而定者。准望之法既正，則曲直遠近無所隱其形也。《御覽》三十六。按雖引《晉書》，而與唐修《晉書》詳略不同，似係唐人以臧書而修改之，其略亦不盡爲引者所節也。故姑校録，而旁補之，以俟考。

又《卷六〈齊獻王攸〉》　文帝崩，齊王攸率禮過哀。上以攸至孝毁甚，二年五月，文明皇太后親臨省攸。攸毁瘠塵黑，貌不可識。太后留攸慰撫旬日，還中，詔勉攸曰：「若萬一加以他疾，將復如何？宜遠慮深思，不可專守一意，以陷於不孝。若復不從往言，當遣監守飲食。」《御覽》一百五十一。按雖引《晉書》，而與唐修書異。《書鈔》引此段與唐修同者，自係陳氏所易，故不從《書鈔》而從《御覽》。

又《卷九〈劉伶〉》　伶常乘車，攜一壺酒，使人荷鍤而隨之，謂曰：「死便埋我。」《文選·五君詠》注引臧書，《書鈔·鹿車》引《晉書》，知《書鈔》所引多係臧書。

又《卷十〈成都王穎〉》　穎形狀美而神明少，乃不知書。以上亦見《御覽》百五十一。因以校改。然器性敦厚，委事盧志，故得成其美焉。《書鈔·諸王》引《晉書》。按《書鈔》大字，原標形狀美與《御覽》引同而小字，仍同唐修書作形美而神，皆知爲陳氏所亂。

又《卷十二〈劉喬〉》　祖遜爲豫州刺史，克己務施，不蓄資産。子弟耕耘，負擔樵薪。《書鈔·廉潔》。又《書鈔·太守》引作遜爲豫州太守，呼子弟負薪。引《晉書》。

又《卷十三〈王導〉》　司徒蔡謨聞之，戲導曰：「朝廷欲加公九錫。」導弗之覺，但謙退而已。謨曰：「不聞余物，惟有短轅犢車，長柄麈尾。」導大慚。按《書鈔·犢車》、《提綱》有「短轅犢牛」四字。注：《晉書·王導》「見麈尾」，則上所引，必並有此段，而爲後人所删。故姑依唐修書録出，以俟考。

又《卷十四〈郄鑒〉》　高平郄鑒進位太尉，雖在公位，中心愈約，勞謙自處，日興誦玩典墳。咸寧中寢疾，上疏遜位。《初學記》十一引《晉書》作郄鑒字道徽，進禄太尉，疾篤，舉蔡謨自代。皆與新異。

又　前者顧公臨朝，深賴高算。元凱既登，巢許獲逸。至於今日，所謂道之云亡，邦國殄悴，群望顒顒，實在君侯。苟義之所在，豈得讓勞居逸！想達者亦一以貫之也。庶廩徽猷，以弘遠規。今上尚書，屈德爲軍司，謹遣盛軍沈禎銜命奉授，望必屈臨，以副傾遲。《文選·齊故陸昭王碑文》注引臧榮緒《晉書》賀循箋曰：「日夜憂懷，慷慨發憤。」此係删節之誤，因依唐修書旁補以俟考。

又《王隱〈晉書〉卷二〈地道記·漢中郡〉》　李武太元十五年，梁州刺史周表立。《宋書·州郡志》三稱《晉地記》。案《王隱傳》，隱撰《晉書》當成於成帝時，下距孝武太元十五年已遠，此《晉地記》當是别一書，姑附録於此。

又《襄陽郡》　永康元年，襄陽郡上言得鳴石鐘，聞七八里。《御覽》五十一《地部》十六。案此引王隱《晉書》，當是《瑞異記》，非《地道記》也。今兩録之以備考。

又《卷四〈瑞異記〉》　瑞異記。《史通·書志》云：「王隱後來加以《瑞異》。」斯則自我作故，出乎胸臆，而諸書所引，則又有作《石瑞記》，或作《名瑞記》者，其瑞異分記云不能定也。故除别録引作《石瑞記》，及實見爲《石瑞記》外，故依《晉書·五行志》前後録出，以俟考。

又《卷五〈后妃·武元楊皇后〉》　元后疾甚，見上素敬胡夫人，恐立之，又慮太子不安。臨終，枕帝膝曰：「從妹男胤有德色，不足復娶異姓。」帝許之。崩於光明殿。《御覽》百三十八稱《晉書》。案叙事與《晉書》不合，與王隱似同，因雜採所引王隱書以成篇，蓋係引時脱王隱二字也。

又《卷六〈李胤〉》　咸寧二年，李胤爲尚書令。雖歷職内外，而在公退食家室。至貧儉，兒病無以市藥，上賜錢十萬。《類聚》四十。《御覽》四百三十一。又《御覽》九百八十四，引作李涓，原注一作李鳳，皆字形之誤。

又《何法盛〈晉中興書〉卷七〈琅琊王録〉》　珣爲大司马掾，轉府主簿。時大司馬温經略中夏，軍國無寧，戎府多事。珣居要任有稱績，三軍文武及數萬人，悉

識其面。《書鈔》。《御覽》三百六十五。案參軍疑即下三軍之誤字。

俞樾《劄迻》卷一《易乾鑿度鄭康成注》 「度時制宜，作罔罟，以畋以漁，以贍人用。」案：《易》《正義》引「作」下有「爲」字。「人用」作「民用」，此沿唐本避諱字。

又 「故三王之郊，一用夏正，所以順四時，法天地之道也。」案：范、盧本竝作「法天地之通道」，杜臺卿《玉燭寶典》引同。此本誤挩。《寶典》又引鄭《注》云：「三微而一著，自冬至正月中爲天據後《注》，疑當作「自冬至至正月中爲泰」。郊之地。」疑當作「郊天也」。今本此《注》全挩，而書末後人附注中約引之，當參校補正。然杜氏所引，亦有挩誤。

又 「天子者，繼天理物，改一統，各得其宜。」案：《太平御覽》七十六引作「改一統政」，《玉燭寶典》引作「改正統一」，疑當從杜引爲正。

又 「孔子曰：《洛書摘六辟》曰『建紀者，歲也。』」案：「六」當作「亡」。《初學記》二十九引《洛書摘亡辟》，即此書也。《易緯通卦驗》云：「孔子表《洛書摘亡辟》曰『亡秦者，胡也』云云。」又《六法》有「七九摘亡」之文。《是類謀》亦云：「乙録摘亡，去惡降災。」《注》云：「摘其辟君爲惡者之名。」《初學記》六又引《河圖》云：「洛水者，地理陰精之官，帝王明聖，龜書出文，天以與命，地以授瑞，按天合際，居中護羣，王道和洽，吐圖佐神，逆名亂教，摘亡弔在，故聖人觀《河》、《洛》也。」此即《洛書摘亡辟》之義。「摘」與「讁」通。「摘亡辟」，言讁亡國之君也。

又《易乾辨終備鄭康成注》 「沈藏相桐，水害湽滂滂。」《注》云：「沈藏，當藏以物。相當爲桐射發立也。」案：此《注》與正文不相應，疑鄭意緯文「相桐」爲「相射」之譌，《注》當云：「桐當爲射發立也。」今本「當爲」下有「桐」字，乃校者不解而妄增。

又《易乾是類謀某氏注》 「布命九六，機衡維持，經持錯序，七九通符。」案：「維持」後《注》作「准時」，此疑誤。或下句「經持」當作「維持」，此涉彼而互誤耳。

又 「興之物瑞騠騆。」《注》云：「騠騆，獨踟蹶。言將興之人，皆有瑞應，無苟然者也。」案：「騠騆」即「蹢躅」之叚字。《説文・足部》云：「蹢，逗足也。躅，蹢躅也。」《易・姤》初六云：「羸豕孚蹢躅。」《注》「獨踟蹶」當作「猶踟躕」，「蹢躅」、「踟躕」一聲之轉。此緯《注》譌文甚多，其易知者不具校。

又 「與同射放，赤黄配樞，乾坤合斗，七以分治。」《注》云：「堯赤而舜黄，堯受天精，舜應地德，在中安配樞星也。十，天地之終始也。堯、舜祖乾水，而行合北斗，天地數而以治。十，或爲七也。」案：據《注》，則正文「斗七」「七」當作「十」。《注》「中安」當作「中央」。「乾水」，「水」當作「巛」，即古「坤」字。

又 「聖人受道真圖者也。」《注》云：「德爲得字之誤也。」官本校云：「正文原無『德』字，《注》有訛。」案：「真圖」疑當作「德圖」，《注》末云「聖人受命得道圖也」可證。

又 「菀羣開，虎龍愮出。」《注》云：「菀龍虎，東方之禽，而皆爲災愮。」案：「羣開」，「開」當爲「閧」，「愮」當爲「怪」，竝形近而誤。《注》同。

陸心源《儀顧堂續跋》卷三《蘭雪堂本春秋繁露跋》 以《漢魏叢書》本校一過，卷十三，多「四時之副第五十五」一篇云云，皆與《大典》本合。卷十六，《求雨第七十四》「他皆如前」下，「秋暴巫」上，與《神農求雨第十》，「九日戊己不雨，命爲黄龍，又爲大龍，壯者舞之，季立之，又曰：東方小僮舞之，南方壯者，西方沾，未詳。北方下疑少一字，人舞」，四十餘字相連屬。篇末「女子欲和而樂」下，接「神農書又曰：開神山神淵，積薪夜擊鼓譟而燔之，爲其旱也」二十三字，是宋本已如此矣。《續漢志》注所引，無「神農求雨」以下四十餘字，當有删節，盧抱經刊本，遂據以削之，並改「神農書又曰」二十三字爲小注，未免喧賓奪主矣。此外字句之間頗有勝於《大典》本者，如《求雨七十四》「其神后稷，祭之以母肫五」，各本皆脱「母肫」二字，《大典》本亦同，此本不脱，與劉昭《續漢志注》、杜氏《通典》同，其一端也。蓋《大典》本雖與此本同出宋本，《大典》本輾轉鈔録，脱譌在所不免，此則以宋本摹印，奪譌自少。《大典》本有樓鑰、胡榘二跋，此本無之，考《黄氏日鈔》樓攻媿校本，嘉定中胡榘刻於江東漕台，其後岳珂又刻於嘉禾郡齋，或《大典》本出江東漕台，此本以嘉禾爲祖歟！

又卷九《足本稽神録》 《稽神録》本十卷，此本六卷，乃從《太平廣记》輯出，用《廣記》逐一校過，改正不下千餘字，《廣記》有而爲此本所遺者計三十條，刻本又較此本少四條，其郭厚、張易、廣陵木工三條，皆見《廣記》，林靚一條，其前半乃《集異記》朱覲條之前半，後半則《稽神録》張謹之後半也，今一一改正。周延翰一條，《廣記》二百七十九引作《廣異記》；建業婦人一條，《廣記》三百八十六引作《搜神記》；洪州樵人一條，《廣記》三百七十四引不注出處；董昌一條，《廣記》二百九十引作《會稽录》；熊迺一條，《廣記》四百十七引無「貯在庭中」以下三十四字，當是輯書者竄入耳。《郡齋讀書志》作六卷一百五十條，恐亦非全本也。

又卷一〇《毛滂東堂集》 《檇李詩繫》有《響應山禱雨寄東坡》五古一首，《武康舊志》有《銅山寺》七絶一首，《至元嘉禾志》有《月波樓記》一首，《寒穴泉銘》一

首，皆失收，應補。誤收晁補之《佛鑑禪師語録序》，見《雞肋集》六十九卷，應删。

又卷一三《新刻藍山集》 閩中郭伯蒼主政新刻《永樂大典》本，誤收藍澗詩五十四首，五古之《靈鳳篇》、《舟中望长洲》、《田家》、《暮宿田家》、《正月十四日西山感興》、《擬貧士二首》、《在野》、《暮秋懷鄭居貞》、《西山暮歸》、《秋山懷友》、《暮歸山中宿田家》、《望武夷山》、《少年行》、《宿楠山田家》、《懷蔣先生》、《風雨不已簡我同志》；七古之《雲峯秋霽圖》、《高彦敬畫楚江春曉圖》、《水南山房詩》、《題劉商觀弈圖》、《贈魏士達》、《題清江碧嶂集》；五律之《題武季遠竹木圖》、《挽趙子將》三首、《過雲洞嶺柳隘嶺》、《上賓州》、《九日作》、《蒼梧夜坐》、《藍澗雜詩》五首、《題觀音巖》、《送別歐陽雪舟》、《秋夕懷武夷舊業》、《九日病中寄雲松》、《山中漫題》六首；七律之《寄張郭二山人》、《西山修竹》、《挽張執中》、《煉師柳城夢草堂》、《玉蟾丹室拜虚白塔》、《九日西山讌集》；七絶之《首山行》、《雨中》皆藍澗詩也。《大同路石佛谷過吴嶺》五律一首，則原本所無，考静之生平踪迹，亦未嘗之大同，或他人詩而《大典》誤收者。

又《新刻藍澗集》 郭主政新刻《永樂大典》本，誤收藍山詩三十五首，七古之《次韻張邑判留別》一首；五律之《重東雲松聞詔》，乃《藍山集》五首之一；《次袁縣丞述懷》、《送孟寬希年入京》、《宿瑞巖寺》、《題徐節婦卷》；七律之《送歐陽士鄂入京》、《鄭居貞別駕歸閑未久又以明經赴召因敬題春江別意圖》、《次張雲松山行》、《挽江惟志學佛坐解》、《滁州贈詹富之》、《題廖監河行軸》、《招王慎之東林宴集》、《小軒得白石》、《挽雪舟煉師》二首、《山中書懷》、《題劉椿正桂圖》、《夜雨》、《秋山訪隱圖》、《秋宿南山別墅》、《有感》、《寄贈毛包二山人》；七絶之《風雨》、《山中時景》四首、《題温日觀葡萄》二首、《題鄮御史竹木圖》、《題古木蒼崖圖》；六言《題魏宰扇面》。他如《詠白石》五古「雨漲陰崖瀑」下，脱「瑶臺下羣仙，鶴駕紛在月，天空水容净」十五字，《春日山居》、《送京學危提舉奉旨代祀文公祠加封齋國公》、《中秋有懷陸滕宅》、《秋雨中探韻》七律三首、《湘陰舜妃廟》五排一首，亦原本所無也。

繆荃孫《藝風堂文集》卷七《摛文堂集跋》 《摛文堂集》十五卷，宋慕容彦逢撰。彦逢，字叔遇，宜興人。元祐三年進士，復中詞科。崇寧元年，除祕書省校書郎，歷官刑部尚書，卒謚文友。《宋史》無傳，仕履僅見集後附録墓志。《宋藝文志》有此書，而晁、陳書目不載，想已久佚。校：此集宋時亦罕見，故《宋文鑑》不收，未必鄙其人而擯之。今館臣從《大典》搜輯，編成十五卷，幾及全書之半，亦足以傳。叔遇惟《制誥類》中有「降授奉議郎趙禼可差知徐州制」。校《宋史》，元豐五年，知淮陽軍奉議郎趙禼知徐州，前於叔遇當制約二十年，又有「楊愿除中書舍人誥」。《宋史》紹興十二年九月，始遣楊愿賀金使正旦，距叔遇之卒亦二十年，大約以他人文羼入，此編纂之誤也。内「端明殿學士、朝散大夫曾孝寬可差知鄆州」、「降授奉議郎趙禼可差知徐州」兩制，合爲一題。又「故左藏庫使趙從義可贈皇城使」、「惠州刺史充本州團練使制」，贈是身没之榮，充是任官之命，合爲一題，語氣不貫。觀制語首云：「設館以待四方之臣，置使董事。」頗似四方館使制，又不相合，其爲誤合無疑。又，《回謝貢士樂偲樂傳啟》後脱一題。《宗室故懷州防禦使河内侯墓志銘》中間有脱文，此傳録之誤也。叔遇謚文友，謚議曰：德美才修曰文，能善兄弟曰友。其孫綸鏤版時，目以《文友公摛文堂集》，其爲文友無疑。廣本《提要》誤作「文定」，而《宜興新志》因之，當据此以訂其誤。至文辭雅麗，讀者當自得之。

又《藕香零拾・舊聞證誤補遺跋》 館臣集諸《大典》，有正文脱心傳案語者九條，有案語而無正文者二條，至書名闕者甚多，館臣因取原書在者及可考見者附注一二，已不能全。今從錢塘丁氏影寫宋本，止存首二卷，第一卷二十七事，今本闕十四事，第二卷二十七事，今本闕十五事，天聖中一條，案語未完，鹽鐵一條，只有案語，係中闕一葉，因輯《大典》所遺者爲一卷以附於後。而乾德一條本案語，今誤以爲正文，崇政殿一條，「仁宗用孫宣公之請，以賈文元等四人爲崇政殿説書，崇政殿説書自此始」，今脱下「崇政殿説書」五字。東封西祀一條，「王文正、李文定俱秉政」，上脱「北虜講和」四字。皆當從宋本，惟正文書名，宋本亦有注有不注矣。《大典》本館臣補引書名，皆作某人某書，宋本無出字，或書字，或書官，不盡書名，今仍之。

沈家本《寄簃文存》卷七《刑統賦解跋》 宋傅霖《刑統賦解》二卷，鈔本。原書爲大興徐氏遂寫之漢陽葉氏本，董綬金推丞得之，遂寫一通，持以相贈。此書之源流，《四庫總目提要》及諸跋已言之詳矣，惟此注之爲霖所自作，抑出自他人，則尚難確定。晁公武《郡齋讀書志》《刑統賦》二卷，皇朝傅霖撰，或人爲之注。《玉海》六十六引淳熙《中興館閣書目》之説同。是在宋孝宗時，已不能定此注之出于何人。《提要》謂霖自爲注，而以晁説爲非，不知所據何書。《提要》又謂王亮增注，於霖所自注竟削去之，是《四庫》採進之本，兩淮鹽政。但有韻釋、增注，而無原注，與此本不同。如此，注果爲霖自作，他人安得妄删之？疑元時傳本，有有注者，有無注者，王亮增注爲有韻釋而無原注之本，非削去之也。然則此注果爲霖所自注

與否正難確定，不獨亡金及前賢等語爲可疑矣。《永樂大典》所載爲此賦之注者，尚有金李祐之、元程仁壽、練進、尹忠、張汝楫五家。設能編輯成卷，當有可與此本相印證者。惜當日之宗旨，鄙棄之以爲不足道，徒存其名於《提要》之中，而不可復攷也。或曰：程仁壽之書名直解，而此注逐句皆稱「解曰」，安知非師程書乎？第此乃臆惻之見，他無證據，姑存其説而已。至傅霖爲宋何代人，已不能詳。《中興書目》作于淳熙中，必在淳熙以前，疑是北宋人，此約略可考者。《宋史・藝文志》南監本作《刑統賦解》一卷，殿本作《刑統賦》四卷。并注云：「不知作者。」則并傅霖之名亦逸之。《中興書目》、《讀書志》并作二卷，似一卷、四卷數目皆誤。《中興書目》作《刑統賦解》，見《玉海》。似無「解」字者，脱文也。在金元時，頗重其書，故注家甚多。然如第三韻會赦、會降，有輕於會慮，解謂慮者，特旨放一人罪，師係聖慮所重，不同赦降之法。考之唐制，凡慮囚流徒降杖笞放而不及死罪，事與降相等，而輕於赦，宋制同。乃賦謂赦降輕於慮，其所降、所放者，不止一人，乃注謂放一人罪，殊非其實。若漢郡守有録囚之職，和帝録囚徒舉寃獄，鄧后親幸洛陽寺録寃獄，乃親行郡守之事，其所釋免者，固一人之罪，然非赦宥也。慮者，颜師古《漢書注》曰：「省録之，知其情狀有寃滯與否也。」《唐六典》注：「慮，謂檢閲之。」《集韻》訓爲寬省。是慮乃省録之義，録、慮古相通借，非思慮之慮也。乃云聖慮所重，近於望文生義，殊誤。又第六韻部曲娶優於雜户，解謂部曲者，民奴放爲良，不知何所本。部曲之名，起自軍中，余别有《部曲攷》，在《歷代刑法攷》中。此解似亦未當。奴放爲良，即是良人，豈得仍以下賤視之？

丁丙《善本書室藏書志》卷三二《自堂存稿四卷》　此爲四庫館底本，前鈐翰林院印，中有《冬至攝獻於郊》五律詩，上有簽云：「案陳杰官止郡守，不應有冬郊攝獻之事，詳詩意，蓋投贈攝亞獻者，原本詩題，當有脱誤。」觀此，可見館臣校勘之精審。

王仁俊《玉函山房輯佚書續編・淮南子萬畢術》　《淮南子萬畢術》一卷，漢劉安撰。《漢書》本傳《淮南内書》二十一篇，《外書》甚衆，又有《中篇》八卷，言神仙黄白之術。《隋書》五行家，梁有《淮南萬畢經》、《淮南變化術》各一卷，《淮南中經》四卷，至隋而亡。《唐志》《萬畢術》一卷。据班書，似《萬畢》在中篇内，据《隋志》，又似與中篇不涉，中篇即中經也。《類聚》靈異部引《列仙傳》，漢淮南王劉安言神仙黄白之事，名爲《鸿寶萬畢》三卷，論變化之道。据《列仙傳》，是《萬畢》止論變化，並不涉神仙黄白事，斷不在中篇明矣。竊謂《萬畢》實爲外篇，其成書當在内篇之前，如磁石上飛，雲母出水。見《墜形訓》。山出梟陽，木生畢方。見《氾論訓》。貍頭愈鼠，鷄頭已瘻，䖟散積血，斷木愈齲，膏之殺鼈，爛父生蠅，漆見蠏而不乾，梧桐斷齒，馬氂截玉。見《説山訓》。其文與《萬畢》如出一手。又如老槐生火，方諸見月，則津而爲水。今術中有之，互見於《氾論》、《天文訓》，蓋作内篇時取引此書耳。術佚已久，轉籍内篇得窺厓略云。其名「萬畢」者，方密之《通雅》曰：「言萬瀎畢於此。」俊則謂畢變音近，猶言萬變術耳。似不煩曾字以解矣。此書舊引往往連注，不明著何人。据「方諸」一條，似屬許注，「慈石」一條，似屬高注，要之二家皆有注文，與内篇一例也。輯《萬畢》者，有茆泮林、孫馮翼，近山陽丁晏，但本文注文不加分析，多沿舊引之誤。丁本又僅据《御覽》所引，至《類聚》則末一條耳。今博采《初學記》、《類聚》、《御覽》、《要術》、《意林》、《北户録》、《歲時廣記》、《龍筋鳳髓判注》諸書，略加釐正，坿以證据，輯爲一卷。又間涉他書與術文相似者，别爲坿録焉。或曰劉安好神仙家言，謀反自剄，詭秘小術，子何輯爲？曰：昔劉向獻淮南枕中洪寳苑秘方，令尚方鑄作，事不驗，下吏坐論，是此術也。中壘且爲所惑，矧下此者乎。俊輯此術，亦孫校《墨子》、秦校《鬼谷》意耳。豈好奇哉。

又《婚礼謁文》　雁候陰陽，待時乃舉《五行大義》。俊按：《五行大義》五引鄭玄《婚禮謁文》云云，此與《類聚》九十一引同，惟《通典》引「鴈則隋陽，待時乃舉」，此爲小異。馬氏輯彼，据杜佑作鄭衆，然蕭吉在隋，見聞當較杜爲碻。今輯爲康成書。

又《十三經漢注四十種輯佚書・春秋釋痾駁》　《釋痾》曰：「漢家郡守行大夫禮，鼎俎籩豆，工歌縣。」《續漢禮儀志注》。駁曰：「遺越人以冠，終不以爲惠。」《初學記》二十六。俊按：《初學記》引《春秋釋痾》「何休敏曰」云云，敏必駁字之譌。服治《左氏》，何治《公羊》，故駁其所著。《釋痾》猶鄭君之駁異義，惜徐氏所引未全，語氣未明。其《釋痾》元文，馬氏已輯，不得不列之以見端緒也。

紀　事

盧文弨《抱經堂文集》卷二《丁小疋校本鄭注周易序》　鄭康成注《周易》九卷，《唐書・藝文志》作十卷，至宋《崇文總目》則僅有一卷而已。鼂、陳兩家皆不著録。南宋説《易》家所引用，已非全文。至於末年，四明王厚齋迺復爲之裒輯，以成

此書。明胡孝轅附梓於李氏《集解》之後，故凡已見《集解》者不録。姚叔祥更增補二十五則。皇朝東吴惠定宇棟復加審正，蒐其闕遺，理其次第，益加詳焉。蓋説經之道，貴於擇善而從，不可以專家自囿。況《易》含萬象，隨所取資，莫不具足。鄭《易》多論互體。《繫辭傳》曰：「雜物算德，辨是與非，則非其中爻不備。」又曰：「物相雜故曰文。」此即互體之説所自出。王弼學孤行，遂置不講，而此書亦遂失傳。王氏蒐羣籍而緝綜之功蓋不細，其不能無誤，則以創始者難爲功也。近者歸安丁小疋孝廉復因胡氏、惠氏兩本，重加攷定，舉向來以鄭注《易乾鑿度》之文羼入者，爲栞去之。以《漢書注》所云鄭氏，乃即注《漢書》者，非指康成。又於字之傳譌者，如《小畜》之「輿説輻」當作「輹」，《夬》之「壯于頄」當作「頯」，一一正之。又王氏次序本多顛錯，胡氏、惠氏雖迭加更定，而仍有未盡，今皆案《鄭易》本文爲之整比，復摭補其未備者若干則。扶微振墜，使北海之學大顯於世，此厚齋諸君子之所重有望於後賢者；而丁君實克纘之，非相違也，而相成也，豈與夫矜所獨得以呰謷前人之所短者之可比哉！余於厚齋所輯，若《詩攷》，若鄭注《古文尚書》及《論語》，若《左氏》賈、服等義，皆嘗訂正。惟《詩攷》稍加詳。此書雖加瞻涉，然精力不及丁君遠甚。今覩此本，老眼爲之豁然增明。歸時攜以諗吾黨之有力者，合梓之爲王氏經學五書，知必有應者乎！至於字音，鄭氏時未有反語，及直音某字爲某者，後人因其義而知其讀，或去其比況之難曉者，而易以翻切之法，以便學者。雖非元文，要爲根本於鄭，不可廢也。夫此書收拾於亡佚之餘，復經二三君子之博稽精覈，而後得以完然無憾。百世下讀是書者，其寶之哉！

又卷三《校本韓詩外傳序》 齊魯韓三家《詩》雖皆失傳，而唐人經義及類書所援引，唯韓獨多。其《内傳》亦僅見一二，若《外傳》固未亡也。《漢志》本六篇，《隋志》則析而爲十，非有所坿益也。其得流傳至今者，豈非以文辭瞻逸爲人所愛玩故哉！顧傳本雖多，而譌脱亦往往相似。吾友武進趙舍人億孫懷玉既取數本校之，又取其與諸書相出入者參互考證，擇其是者從之，其義得兩通，則仍而不革，慮其損真也。又諸書所引，亦尚有出於此書之外者，復爲之博綜以繫於後。蓋自有雕本以來，至今日而譌者正、脱者補，閲者咸稱快爲。余亟慫恿付梓，公諸同好，因綴數言於簡端。夫詩有意中之情，亦有言外之旨。讀詩者有因詩人之情而忽觸夫己之情；亦有己之情本不同乎詩人之情，而遠者忽近焉，離者忽合焉。詩無定形，讀詩者亦無定解。試觀公卿所贈荅，經傳所援引，各有取義，而不必盡符乎本旨，則三百篇猶夫三千也。《外傳》所稱，亦曷有異哉！善讀者融會而貫通之，將孔子所謂告往知來，孟子所謂以意逆志，舉可於斯參觀焉爾。中間或亦有里俗之言不盡歸典則者，鑒別之明，當自求之，要其格言古訓之璧然有當者正多也。然則此書蓋可以廢乎哉！

又卷一二《春秋長歷書後》 此杜元凱所撰《春秋長歷》也，學者不得見久矣，曲阜孔君葓谷始梓而傳之，殆亦從《永樂大典》中出也。余考唐一行《合朔議》，頗詆諆此書。其言曰：「春秋列國之歷不可以一術齊，而《長歷》日子不在其月，則改易閏餘，欲以求合。故閏月相距，近則十餘月，遠或七十餘月，此杜預所甚繆也。」今讀杜氏之書，始知一行殊未得其意而妄有所譏。蓋春秋時史官置閏，多有違失，預固云「未必得天，蓋是春秋當時之歷也」。是則此書非自抒所見，盡改前歷之繆，第據經傳所載日辰，與夫當時議論以相發明云爾。一行乃以爲杜氏之繆，此正如杜之自序所云「無異度己之跡而欲削人之足」者也。且《長歷》閏月相距遠者，亦不過四十餘月，未有如一行所云七十餘月之多也。襄二十六年閏十二月，二十七年十一月又頓置兩閏，一行以爲近則十餘月，論亦疎略。夫比年而閏，甚且比月而閏，即非疇人子弟，亦皆知其不可，曾謂杜氏而懵然乎？蓋凡所次比，悉據當時實事，非以爲是而從之，此不可歸過於杜也。大抵一行於歷學推算極精，而論古往往不得其解。其《日度議》謂漢太初元起丁丑，不值甲寅，猶以日月五緯復得上元本星度，故命曰閼逢攝提格之歲。嘉定錢莘楣言一行不曉秦漢閒多以歲陰紀歲，故爲是强作解事之語。歲陰與太歲皆百四十四歲而超一辰，觀太初詔書明云年逢攝提格矣，安得云實非甲寅乎？蓋其疎舛固不獨論此書爲然也。

戴震《書〈水經注〉後》 夏六月，閲胡朏明《禹貢錐指》所引《水經注》，疑之，因檢酈氏書，展轉推求，始知朏明所由致謬之故。是書至唐宋閒，遂殘闕淆紊，《經》多誤入《注》内，而《注》誤爲《經》，校者往往以意增改。如河水《注》：「北河又東逕莎車國南」，「北河又東南逕温宿國」，北河皆當作枝河，蒙上左合枝水之文，今本作北河者，殆後人所改。又如濟水《經》文：「東至北礫溪南。」《注》文：「又東南礫石溪水注之，水出滎陽城西南李澤，東北注於濟，世謂之礫石澗。」即《經》所謂礫溪矣。《經》云：「濟不出其南，非也。」今《注》重列爲《經》。胡朏明引其文，乃曰：「上有北礫溪，故此爲南礫溪，石字衍。」不知《注》明言礫石溪東北注濟，則濟實過其北；且辨正《經》文，不當云「至礫溪南」。其無二礫溪固顯然，南、北二字殆後人誤增。書中類此者，不勝悉數。據《崇文總目》：「酈氏書四十卷，亡其五。」今仍作四十卷者，蓋後人所分，以傳合其卷數。《元和志》、《寰宇記》等書，引《水經注》滹沱河、涇水、洛水，今皆無之，或在所亡之五卷内歟？《水經》有郭璞《注》三卷，唐時

猶存。杜氏《通典》引《水經》四事，證其爲順帝以後纂敍。《郡國志》：桂陽郡「漢寧，永和元年置，吴改曰陽安，晉太康元年改曰晉寧縣，在桂陽郡東百二十里」。三國時，吴與蜀分荆州，南郡、零陵、武陵已西爲蜀，江夏、桂陽、長沙已東爲吴，南陽、襄陽、南鄉三郡爲魏。《吴志》：孫皓甘露元年十一月，以桂陽南部爲始興郡，十二月晉受魏禪，未聞魏取陽安事。而《水經》：「鍾水北過魏寧縣之東。」蓋作《水經》者魏人，故於廣漢、漢寧，悉改曰魏，其書實出一手。《舊唐志》云「郭璞撰」，《新唐志》以爲桑欽，晁公武云「欽爲此書，而後人附益」，王伯厚云「酈氏附益」，皆非也。今就酈氏所《注》考定《經》文，别爲一卷，兼取《注》中前後倒紊不可讀者，爲之訂正，以附於後。是役也，爲治酈氏書者棼如亂絲，而還其《注》之脈絡，俾得條貫，非治《水經》而爲之也。

顧廣圻《顧千里集》卷一八《元朝秘史十卷續集二卷景元鈔本》 《元朝秘史》，載《永樂大典》中，錢竹汀少詹家所有，即從之出，凡首尾十五卷，後少詹聞桐鄉金主事德輿有殘元槧本，分卷不同，屬彼記出，據以著録於《元史・藝文志》者是也。殘本，主事嘗攜至吴門，余首見之，率率未得寫就，近不知歸何處？頗用爲憾。去年授徒廬州府晉江張太守許，見所收景元槧舊鈔本，通體完善，今年至揚州，遂慫恿古餘先生借來覆景此部，仍見命校勘，乃知異於錢少詹本者，不特分《元朝秘史》十卷、《續集》二卷一事也，即如首卷標題下分注二行，右「忙豁侖紐察」五字，左「脱察安」三字，必是所署撰書人名銜，而少詹本無之，當依此補正，其餘字句行段，亦往往較勝，可稱佳本矣。校勘畢，記其顛末如此，若夫所以訂明修《元史》之疏略，少詹《題跋》洎《考異》中，見其大概，引而伸之，唯善讀之君子，兹不及詳論云。

馬國翰《玉函山房輯佚書・尚書小夏侯章句》 《尚書小夏侯章句》一卷，漢夏侯建撰，建字長卿。勝從父子，師事勝及歐陽高，官至太子少傅，事蹟見《漢書・夏侯勝傳》及《儒林傳》。勝傳謂建從五經諸儒問與《尚書》相出入者，牽引以次《章句》，具文飾説，勝非之曰：「建所謂《章句》，小儒破碎大道。」建亦非勝爲學疏略，難以應敵，建卒自顓門名經。此夏侯一家授受而各分門户也。《漢藝文志》經二十九卷，大小夏侯二家，大小夏侯《章句》各二十九卷，大小夏侯《解故》二十九篇，今與大夏侯《書》並佚，輯録一帙，引者率與歐陽同稱。其稱夏侯者，又不顯標大小，惟據所引分繫三家書内。攷《儒林傳》，張山拊字長賓，平陵人，事小夏侯建，授同縣李尋、鄭寬中少君，山陽張無故子儒，信都秦恭延君，陳留假倉子驕，由是小夏侯有鄭、張、秦、假、李氏之學。今諸家惟李尋有《傳》，所述經義皆小夏侯之佚説，並取編緝，雖非原文，而確有師授，其與大夏侯殊旨者見一班已。

又《毛詩奏事》 《毛詩奏事》一卷，魏王肅撰。肅有《毛詩義駁》，專攻鄭氏。此則取鄭氏之違失，條奏於朝，故題奏事也。《隋志》以一卷著録。《唐志》不載，佚已久矣。今從《正義》採得四節，皆稱其奏云，内一節訛「奏云」爲「秦亡」，訂正輯入。夫康成大儒，先通魯韓二家，後箋《毛詩》，其與毛不盡同者，意在兩存其是，肅必欲盡廢鄭説，駁之不已，復陳諸奏，何見疾之深乎。

又《毛詩駁》 《毛詩駁》一卷，魏王基撰。基字伯輿，東萊曲城人，官至征南將軍，都督荆州軍事，封關内侯，贈司空。《魏志》有傳。基以策敵立功，掌統方任而善爲撰述，《傳》稱散騎常侍王肅著《諸經傳解》及論定朝議，改易鄭玄舊説，而基據持玄義，常與抗衡。《隋書・經籍志》載有《毛詩駁》一卷，魏司空王基撰，殘缺，梁五卷，又有《毛詩答問駁譜》，合八卷，以爲亡。《唐書・藝文志》復列五卷之目，則唐初尚有完帙，今佚。從《正義》、《釋文》輯録十五節，其説依鄭駁王，具有根柢，斯編先列兩家，次及駁語，既資循覽，亦本書體例應如是也。

又《周易王氏義》 《周易王氏義》，王嗣宗撰。偏考史志，無嗣宗《易注》之目。陸德明《釋文》引其《音義》三節，與徐邈、梁武並稱，又實以著作知名之士。考張璠《集解》序二十二家有王宏，字正宗，弼之兄，晉大司農贈太常，爲《易義》。嗣宗或正宗之别字，弼字輔嗣，或緣此取義乎。然無顯徵，故仍題王嗣宗，附著王凱沖注後，俟淹雅君子搉定焉。

又《周易盧氏注》 《周易盧氏注》一卷，盧氏未詳何人。《隋書・經籍志》、《唐書・藝文志》均有《盧氏注周易》十卷，不載其名，十卷之注今頗佚亡，唯《正義》及李鼎祚《集解》引之，凡二十節，亦僅稱盧氏而已。考《後魏書・盧景裕傳》，景裕字仲孺，小字白頭，范陽涿人也，專經爲學。又云先是景裕注《周易》、注《尚書》、《孝經》、《論語》、《禮記》、《老子》，其《毛詩》、《左氏傳》未訖，齊文襄王入相，於第開講，招延時儁，令景裕解所注《易》。景裕義理精微，吐發閑雅。時有問難或相詆呵，大聲厲色，言至不遜，而景裕神采儼然，風誦如一，從容往復，無隙可尋，由是士君子嗟美之。普泰初，復除國子博士，興和中補齊王開府屬，卒於晉陽。景裕雖不聚徒教授，所注《易》大行於世。由此觀之。則盧氏注《易》審爲景裕矣。乃隋、唐《志》佚其名者，蓋由蕭梁之代南北分疆，故《七録》所記，詳南而略北。《隋志》本《七録》，《唐志》因之，故多缺亡耳。兹既考定爲景裕，而不敢直標其名，仍題盧氏，闕疑也。其説《易》爻用升降，與蜀才略相似，大抵宗荀氏之學者。輯録一卷，延此

經香尚友之儒，或可资以論世焉。

又《周易莊氏義》 《周易莊氏義》一卷，莊氏不知何人，隋、唐《志》並不載，唯《正義》引之。其論《乾彖》「大哉乾元」，孔氏稱其理密，所論《損卦》謂得正旨。劉瓛分《繫亂下》爲十二章，莊氏與周氏並定爲九章，《正義》從之。而以説「豫利建侯」爲非是，説《大壯》「喪羊于易」爲不識注意。又其説每與褚仲都同，惟説王注「恒而亨以濟三事」，褚謂「无咎，利貞，利有攸往」，莊謂「无咎一也，利二也，貞三也」，意見小異，大抵其人在褚後爲疏義者，唐時其書尚存，《志》偶佚之。今據《正義》採輯備一家云。

又《周易探元》 《周易探元》三卷，唐崔憬撰，憬不詳何人。《隋書・經籍志》、《唐書・藝文志》俱不載，書亦不傳。惟李鼎祚《集解》引之，「大衍之數五十，其用四十有九」節，憬説述及孔《疏》，知爲唐人，在孔穎達後。又鼎祚云：案「《崔氏探元》病諸先達，及乎自料，未免小疵。」知探元爲其書名，兹據題焉。《集解》於憬論有所駁斥，而採取獨多，蓋其人不墨守輔嗣之注，而於荀、虞、馬、鄭之學有所窺見，故求遺象者，援據爲言，第不知《唐志》何以佚之也。

又《毛詩沈氏義疏》 《毛詩沈氏義疏》二卷，後周沈重撰。重字子厚，吴興人，官至露門傅士，《北史》有傳。本傳載其著《毛詩音》二卷，《隋書・經籍志》不載而别有《毛詩義疏》二十八卷，題蕭巋散騎常侍沈重撰，似二卷之《音》亦併入《義疏》二十八卷之内。《唐志》《義疏》不著録，而有鄭元等諸家《音》十五卷，似沈《音》亦在中。故陸氏《釋文》及引之，今佚。採《音》、《釋》合訂二卷，依《隋志》題《義疏》，至《藝文類聚》諸書有引《毛詩義疏》而不著名者，朱氏《經義考》併以爲沈《疏》。攷《隋志》於舒瑗、沈重《義疏》外，題《毛詩義疏》者凡五部，皆不著名。諸家引述，當在五部，故未敢採入之也。

又《周易沈氏要略》 《周易沈氏要略》一卷，南齋沈驎士撰。驎士字雲禎，吴興武康人，徵朝奉請、太學博士、著作郎、太子舍人，並不就，事蹟見《南齊書》本傳。其《易説》卷數不詳，史稱其著《周易兩繫》、《莊子内篇訓注》、《易經》、《禮記》、《春秋》、《尚書》、《論語》、《孝經》、《喪服》、《老子》、《要略》數十卷。据此當有二注，蓋《周易兩繫》爲一書，《易經要略》爲一書。隋、唐《志》皆不著録，散佚已久，唯李鼎祚《集解》引其説「潛龍」一節，義精亂粹。《欽定周易折中》採取其説，亟爲表章，並附本傳爲一卷。其《論語要略》，皇侃《義疏》尚存佚説數則，别爲序次入《論語》家焉。

又《周易繫辭荀氏注》 《周易繫辭荀氏注》，宋荀柔之撰。《南史》、《宋書》皆無柔之傳，其字亦佚。陸德明《釋文序録》載注《繫辭》者十人，有荀柔之，云「穎川穎陰人，宋奉朝請」。《册府元龜》云：「荀柔之注《周易繫辭》，並爲《易音考》。」《釋文》列爲《易音》者三人，王肅、李軌、徐邈，不言柔之，未知所据。《隋書・經籍志》、《唐書・藝文志》並有《繫辭注》二卷，今佚。唯《釋文》引其三節，如「議之而後動」作「儀之」，與鄭康成、姚信同，較王弼本作「議之」者，理實深長有味，得兹一臠，今人想天厨之充美矣。

又《春秋大傳》 《春秋大傳》一卷，撰人缺。漢、隋、唐《志》均不著目。其書亦佚，唯《史記・三王世家》褚少孫補傳引一節，余知《古渚宫舊事》引一節。褚在宣元之世，已引其説，則此書爲漢初經師所撰。《漢藝文志》《春秋》二十二家，《左氏》、《公羊》、《穀梁》三傳外，有《鄒氏傳》十一卷，《夾氏傳》十一卷，《虞氏微傳》二篇，《公羊外傳》五十篇，《穀梁外傳》二十篇，五家皆以傳稱，大傳當在其内爾。

又《春秋决事》 《春秋决事》一卷，漢董仲舒撰。仲舒，廣川人，官至膠西相，事蹟具《漢書》本傳。董氏傳《春秋公羊》學，既撰《繁露》，悉究天人之奥，復爲此書，引經斷獄，當代取式焉。《漢志》《公羊董仲舒治獄》十六篇，《隋志》《春秋決事》十卷，董仲舒撰，皆入「春秋家」。《唐志》《董仲舒春秋決獄》十卷，《董氏正》移入法家。案：應劭説亦稱《决獄》，《崇文總目》作《春秋决事比》十卷，今佚。從《禮記正義》、《通典》、《白帖》、《藝文類聚》、《御覽》等書輯得八節，仍依漢、隋《志》入春秋類。其論衡情準理，頗持其平，「妻甲見夫乙毆母，而殺乙」，比於武王誅紂，雖康成議其過，大誼要自可通也。

又《樂書》 《樂書》一卷，後魏信都芳撰。都芳字玉琳，河間人。《北史・藝術》有傳，稱其少明算術，兼有巧思，又謂隱於并州。樂平之東山太守慕容保聞而召之，保弟紹宗薦之於齊神武，爲館客，授中外府田曹參軍。又謂著《樂書》、《遁甲經》、《四術周髀宗》。《隋志》載其《樂書》七卷，唐《志》云删注《樂書》九卷，今佚。從《太平御覽》輯得十節，説古樂器形制甚詳。中於「筑」下云唐代編入《雅樂》也；「笛」下云《雅樂》部内咸用之也。都芳，魏齊間人，不應預及唐事，蓋爲後人羼入語。《御覽》未及裁正，今並删定，以存其朔云。

又《樂部》 《樂部》一卷，撰人闕。《隋志》以一卷著録，《唐志》不載，佚已久。惟《太平御覽》引之，記龜兹、天竺、康國、疎勒、安國、高麗等樂甚詳，書中或言唐制。案《隋志》載此書於何妥《樂要》之下，當是隋季人所作，其人及見唐初制作，故

能言之。惜書隱其名，故無能悉考也。

又《鍾律緯》 《鍾律緯》一卷，梁武皇帝撰。帝既作《樂社大義》，此則專言鍾律也。《隋書・律歷志》云：「梁初，因晉、宋及齊無所改制，其後武帝作《鍾律緯》，論前代得失。」又云：「大業二年，乃詔改用梁表律，調鍾磬八音之器，比之前代，最爲合古。其制度、文議并毛爽舊律，並在江都淪喪。」故《隋・經籍志》云「梁有《鍾律緯》六卷，梁武帝撰，亡」。而《唐志》不復著録也。唯《隋・律歷志》引四節較驗古尺律最爲明悉。約四器名通之義，梁時表律猶存崖畧焉。

又《琴清英》 《琴清英》一卷，漢揚雄撰。雄字子雲，蜀郡成都人，官至黄門侍郎，事蹟具《漢書》本傳。《漢志》載雄所序三十八篇，有《樂》四篇，此其一也。「清英」猶言「菁華」。梁昭明太子《文選》序云「畧其蕪穢，集其清英」，亦此義。酈道元《水經注》引揚雄《琴清英》，蓋雄諸樂篇散失，後魏時存者唯此。隋、唐《志》均不著録，則亦佚矣。輯録得六節，其説《雉朝飛》爲「衛女守貞死，化爲雉，傅母悲之作此操」，與《琴操・古今樂録》所云「牧犢子七十無妻，見雉飛感而作曲」者不同，傳聞異辭，未知孰是也。

又《樂經》 《樂經》一卷。案：沈約《宋書》云秦代滅樂，《樂經》殘亡，《漢書・王莽傳》「元始三年，立《樂經》」；王充《論衡》云：「陽成子長作《樂》，極窅冥之深。」子長名衡，蜀郡人；桓譚《新論》云「爲講學祭酒」；《風俗通》云「漢有諫議大夫陽城公衡」，即陽城衡也。莽時所立，即衡所著之《樂經》。《隋志》有《樂經》四卷，不著姓名；《唐志》有李玄楚《樂經》三十卷，今並佚。考《漢書・藝文志》云：「漢興，制氏以雅樂聲律，世在樂官。頗能紀其鏗鏘鼓舞，而不能言其義。六國之君，魏文侯最爲好古。孝文時，得其樂人竇公，獻其書，乃《周官・大宗伯》之《大司樂》章也。」明朱載堉著《樂經新説》，自述云按漢時竇公獻古《樂經》，其文與《周官・大司樂》同，則《樂經》未嘗亡也。朱氏《經義考》亦云《樂》之有經，大約存其綱領，然則《大司樂》一章，即《樂經》可知矣；又《周官・考工記》磬氏《疏》引《樂》與《三禮圖》引《樂經》同；又《尚書大傳》引《樂》一節，《補漢志注》引《樂經》一節，王應麟《玉海》述之，並據輯補。李厚菴相國有《古樂經傳》五卷，取《周禮・大司樂》以下二十官爲經，與《漢志》不合，不敢採入。至劉向《別録樂記》二十三篇中有《竇公》篇，疑亦是《大司樂》章附著《樂記》，不復具録云。

又《禮義答問》 《禮義答問》一卷，南齊王儉撰。儉有《喪服古今集記》，已著録。《隋志》載《禮答問》三卷，王儉撰；《禮義答問》八卷，王儉撰。《唐志》作《禮儀答問》十卷，又《禮雜答問》十卷，今並佚。攷《南齊書・禮志》云：「永明二年，太子步兵校尉伏曼容表定禮樂。於是詔尚書令王儉制定新禮。」又曰：「若郊廟庠序之儀、冠婚喪紀之節，事有變革，宜録時事者，備今志。其輿輅旗常，與往代同異者，更立別篇。」然則《齊志》所採儉説多據《新禮》，而史志別無儉《新禮》之目，是知關喪服者，皆《集記》佚篇；其雜禮，則《答問》佚篇也。當時有司奏下通關入座答問之義取此，既據輯《喪服古今集記》，更綴此編以補缺遺。隋牛宏奏言「江南王儉，偏隅一臣，私撰儀注，多違古法」，意甚菲薄其書；而又奏言撰《儀禮》百卷，悉用東齊《儀注》以爲准，亦微採王儉《禮》，則亦以會通典禮，因時制義者，固不可没滅也。

又《魯禮禘祫志》 《魯禮禘祫志》一卷，後漢鄭玄撰。玄有《周禮音》，已著録。鄭《駁五經異義》云：「三年一祫，五年一禘，百王通義，以《禮讖》所云，故作《禘祫志》。」隋、唐《志》均不著録，佚已久。孔氏詩禮《正義》及杜氏《通典》皆引，參校同異，訂爲一卷。《志》引經傳會其通，據《明堂位》，魯用王禮，臚舉《春秋》言禘祫者以實之。王肅好異，每多攻擊馬昭，復申明鄭義。张融評二家得失，亦多從鄭，具詳《聖證論》。後儒不復考研鄭學，如《詩・商頌・長發》「大禘」箋云：「大禘，郊祭天也。」《禮記》曰：「王者禘其祖之所自出，以其祖配之」是也。唐趙匡作《春秋闡微纂類義統》，實宗其説，宋儒第知説出趙氏，無推本於康成者，此《志》之散亡何足異乎？

又《三禮圖》 《三禮圖》一卷，後漢鄭玄、阮諶撰。鄭有《魯禮禘祫志》等書，已各著録。《魏志・杜畿傳》裴松之《注》引《阮氏譜》：「武父諶，字士信，徵辟無所就，造《三禮圖》傳於世。」《隋志》《三禮圖》九卷，鄭玄及後漢侍中阮諶等撰。蓋鄭注《三禮》，遂爲之《圖》，阮復因鄭《圖》而修之，故世只稱阮諶《三禮圖》，而《隋志》推本而題之也，今佚。攷聶崇義《三禮圖》引鄭氏《圖》、阮氏《圖》，又引舊《圖》，皆一書之文，復從他書搜採輯爲一卷，即就聶《圖》次第編之。聶於舊《圖》，往往有所駁議，而要其去古未遠，見聞非後人可及，惜其《圖》盡亡，觀者就文考之，猶如覩三代法物云。

又《雜祭法》 《雜祭法》一卷，晉盧諶撰。諶字子諒，范陽人，官至司空從事中郎，《晉書》無傳，附見《劉琨傳》中。《文選注》引徐廣《晉紀》云「顯宗徵爲散騎常侍」，並詳載其字里。所著《雜祭法》六卷，《隋書・經籍志》禮類注載其目云「梁有」，又云亡。《唐書・藝文志》史部儀注類六十一家，復以六卷著録，蓋唐時蒐羅得之也，今佚。惟《藝文類聚》、《北堂書鈔》、《初學記》、《御覽》等書引之，輯録入禮類，以仍《隋志》之舊。其記祭品以類詮次，可與《周官》籩人、醢人諸職參觀古今之

變，亦攷典禮者所宜會通也。

又《祭典》 《祭典》一卷，晉范汪撰。汪，字玄平，順陽人。官至安北將軍、徐兖二州刺史，《晉書》有傳。所著《祭典》三卷，《隋書・經籍志》經部禮類注載之云「梁有」，又云亡。《唐書・藝文志》復著録，移入史部儀注類，今佚。從《北堂書鈔》、《初學記》、《通典》、《御覽》諸書輯爲一卷，仍依《隋志》入禮類，與盧諶《雜祭法》比次，引或作范汪《祠制》，蓋書之篇目也。論小宗可廢，大宗不可廢，内有與其子甯辨難一節，引經決斷，析理極精，家學淵源媲美乎炎漢向歆父子矣。

又《後養議》 《後養議》一卷，晉干寶撰。寶有《周禮注》，已著録。此書芒論列爲人後者，養親喪祭之禮。曰議者，集諸儒之議以成書也。《隋志》《七廟議》一卷，又《後養議》五卷，並以爲亡。《唐志》不復著録，已佚。《晉書・禮志》載其論王昌父毖與前妻隔绝，更娶昌母，《喪服》歷叙謝衡等十餘人之議，而終以干寶論爲斷，五卷中佚篇之一也。據録爲卷，論取張惲、劉卞先後之節，及齊王攸、衛恒服絶之制而折衷之，以爲及其子孫交相爲服，二母祫祭，等其禮饋，序其先後，配其左右，得變禮之中矣。

又《禮雜問》 《禮雜問》一卷，晉范甯撰。甯有《古文尚書舜典注》，已著録。禮以雜問名編，記其與當代名流問答禮制之語也。《隋志》十卷，《唐志》云《禮問》九卷，又《禮論答問》九卷，今佚。從《通典》輯録九節，別有《答徐邈書》三篇，《答謝安書》、《與戴逵書》各一篇，亦論禮服，而既標爲書，宜入本集，故不採録也。論皆稟經協理，不愧儒宗，唯其答鄭襲閏月忌日，謂當以後歲閏月，又謂五年再有忌日，不如襲難以日辰爲允，引者删其前後答辭不具，豈無見哉。

又《春秋穀梁傳注義》 《春秋穀梁傳注義》一卷，晉徐邈撰。邈有《春秋音》，已著録。《隋志》有《春秋穀梁傳》十二卷，《春秋穀梁傳義》十卷，並題徐邈撰，又別有徐邈《答春秋穀梁義》三卷。《唐志》作徐邈《注》十二卷，又《傳義》十卷，《音》一卷，今並佚。《注疏》引九十一節，《北堂書鈔》引二節，《初學記》引一節，並據輯録。《注》《義》二書不能區分，總以《注義》題之。本傳稱所注《穀梁傳》見重於時，范爲《集解》，引述獨多，則以其書辭理典據實有可觀，亦以爲豫章時採求風教，邈與甯書極論諸曹，心折有素，序所謂二三學士者，徐當其選，乃楊疏於范氏，門生故吏指謂江、徐，又以所譏近十家膚淺末學，列徐仙民名於七，失於深考矣。

又《春秋左氏傳義注》 《春秋左氏傳義注》一卷，晉孫毓撰。毓有《毛詩異同評》，已著録。其作《春秋左氏傳義注》，《隋志》十八卷，《唐志》三十卷；又有《春秋左氏傳賈服異同略》，隋、唐《志》並五卷，今皆佚。輯録八節，如「周之宗盟」據「宗伯盟詛」之辭，以服氏「同宗」解爲不然，「王室之不壞」，服本作「懷」，孫依賈作「壞」，亦不取服氏。似《義注》及《賈服異同略》二書，大旨申賈而駁服。蓋服虔注受於鄭康成，而王肅説多主賈逵，孫朋於王，猶評詩之見也。

又《春秋穀梁傳糜氏注》 《春秋穀梁傳糜氏注》一卷，魏糜信撰。信字南山，東海人，官樂平太守，見《經典釋文・序録》。《隋志》云「魏樂平太守糜信」。楊士勛疏引或作「麋信」，《禮記正義》引其説反舌事，又作「縻信」，當依《釋文》、《隋志》作「糜信」。《册府元龜》「糜信」外復出「康信」，《太平御覽》引《穀梁注》作「康信」，並誤也。其注《春秋穀梁傳》，隋、唐《志》並十二卷，《隋志》又有《春秋説要》十卷，《唐志》作《左氏傳説要》，卷數同。《册府元龜》云《春秋要》一卷。《隋志》又有糜信《理何氏漢議》二卷，魏人撰。《唐志》作《春秋漢議》十卷，糜信注，鄭氏駮。《釋文》有《穀梁音》，今並佚。從楊《疏》、《釋文》及《御覽》輯録爲卷。如「訃」作「糾」，「蒐」作「搜」，「射」作「亦」，「鍾」作「童」，「宫」作「官」，本多異字，「五麾五兵五鼓」説同徐邈，皆必有所承受，惜不可考已。

又《春秋左氏傳解誼》 《春秋左氏傳解誼》四卷，後漢服虔撰。虔字子慎，初名重，又名祇，後改爲虔，河南滎陽人，官至九江太守，《後漢書・儒林》有傳，傳稱「作《春秋左氏傳解》，行之至今」。又以《左傳》駮何休之所議漢事十六條，張瑩《漢南紀》云：「尤明《春秋左氏傳》，爲作訓解。」劉義慶《世説新語》云：「鄭玄欲注《春秋傳》，尚未成時，行與服子慎遇，宿過舍。先未相識，服在外車上與人説己注傳意，玄聽之良久，多與己同，立就車與語曰：『吾久欲注，尚未了，聽君向言，多與吾同，今當盡以所注與君』，遂爲服氏注。」然則服氏《解》中有康成手稿，服、鄭固一家之學也。《隋書・經籍志》云：「賈逵、服虔至魏始行於世，晉杜預又爲《經傳集解》。服虔、杜預注俱立國學，而後學惟傳服義，至隋杜氏盛行，服義寖微，今殆無師説。」《隋志》載三十一卷，《唐志》、《釋文》並三十卷，今佚。從王應麟所輯《古文春秋左傳》所引服説更補缺漏，釐爲四卷。又考服有《春秋左氏膏肓釋痾》，《隋志》十卷，《唐志》五卷；《春秋漢議駮》，《隋志》「梁有二卷」，《唐志》十一卷；《春秋成長説》，《隋志》九卷，《唐志》七卷；《春秋塞難》，《隋志》三卷；《春秋音隱》，《唐志》一卷，今並散亡。唯於《後漢續志注》得《釋痾》一條，於《正義》得《成長説》一條，附著《解誼》後。孔《疏》每駮服申杜，疏家體式宜然。《北史》謂「江左《左傳》則杜元凱，河洛《左傳》則服子慎，要其會歸，殊方同致」。此爲持平之論已。

又《春秋釋例》 《春秋釋例》一卷，後漢潁容撰。容字子嚴，陳國長平人，善《左氏春秋》，師事太尉楊賜，郡舉孝廉，州辟公車，徵皆不就，劉表以爲太守，不肯起，《後漢書・儒林》有傳，傳稱「著《春秋左氏條例》五萬餘言」。《隋志》云《春秋釋例》十卷，《唐志》亦作《潁容釋例》七卷，今佚。輯録二十七節，杜氏《集解序》云末有潁子嚴者，雖淺近亦復名家。其全書體例不能詳考，杜氏亦著《釋例》，書名與潁氏同，或因其例而增修之與。

又《周易統略》 《周易統略》，晉鄒湛撰，湛字潤甫，南陽新野人，仕魏歷通事郎、太學博士，太康中爲散騎常侍、國子祭酒轉少府，事蹟具《晉書》列傳。张璠集二十二家《易解》，有鄒湛《易統略》，不言卷數。《隋書・經籍志》「《周易統略》五卷，晉少府卿鄒湛撰。」新、舊《唐書志》並作《統略論》三卷，今佚。陸德明《釋文》引有二節，謂釋「箕子」爲「荄滋」，以譏荀爽。考「荄滋」之説始於趙賓。賓爲孟喜之徒，劉向稱今《易》指此。荀治費氏古文學，而仍雜今《易》，且所取爲前儒交辭，謂持論巧慧非古法者，故以譏之。然則鄒氏蓋宗王弼，而顓門費學者也。張璠《集解》又引張軌《義》，附著於後。

又《周易卦序論》 《周易卦序論》，晉楊乂撰，《晉書》無乂傳。陸德明《釋文序録》張璠《集解序》稱二十二家有楊乂，字元舒，汝南人，晉司徒左長史，爲《易卦序論》。《隋書・經籍志》、《唐書・藝文志》並云一卷，今佚。王應麟《玉海》云《御覽》引楊乂《易卦序論》云云，考徐堅《初學記》卷五引與《御覽》卷三十八所引同，蓋《御覽》本之《初學》也。又今《御覽》本訛作義，以《玉海》訂之，知俗刻誤爾。

又《周易張氏義》 《周易張氏義》，晉張軌撰，軌字士彦，安定烏氏人，漢常山王耳十七世孫，涼州刺史，僭謚武穆，事蹟見《晉書》本傳及崔鴻《十六國春秋》。張璠《集解》二十二家，有張軌《易義》。隋、唐《志》均不著録，其亡已久。唯陸德明《釋文》引其説「齊斧」一語，今注疏用王弼本作「資斧」，《子夏傳》及衆家並作齊斧。除《釋文》引張晏、應劭、虞喜外，考蔡邕《太尉橋公碑》云亦用「齊斧」。又《黄鉞銘》云：「齊斧罔設。」並與張義合。沿襲既久，見齊斧而駭爲新解者，不知涼公當日實述舊聞也。

又《論語梁氏注釋》 《論語梁氏注釋》，晉梁覬撰。覬，《晉書》無傳。陸德明《經典序録》云：「天水人，東晉國子博士。」考阮孝緒《七録》載覬注《論語》十卷。《隋經籍志》「梁有十卷」，《唐藝文志》亦云「梁覬注十卷」。今其書絶少徵引，皇侃《義疏》於「子禽問於子貢」章引其二説而已，原標梁冀。案：冀與覬音相同，義亦相近，故通用之，非漢之跋扈將軍也，恐混觀者之目，故仍依隋、唐《志》改從覬。録存其説，以備一家焉。

又《爾雅施氏音》 《爾雅施氏音》一卷，陳施乾撰。乾字里無考，爲陳博士。所撰《爾雅音》，隋、唐《志》皆不著目，唯見陸德明《經典叙録》，卷亦未詳，今佚。從《釋文》參《集韻》、《類篇》所引，輯爲一帙。《音》多非今所用，如釋訓「慱，慱，憂也」，慱音逋莫反，是字從專從心，作慱矣」。案：《爾雅》釋《詩》爲多，慱慱，釋《檜風》「勞心慱慱」，與上「冠」、「欒」叶韻。施音逋莫，大失經義。《釋草》「莬奚顆涷」，涷音都弄反，云讀者以爲冬。案：《本草》作欵冬，郭注同，司馬相如《凡將篇》作欵東，則涷與冬、東字異音同。《釋天》「暴雨謂之涷」，衆家亦並音東，施音都弄，似又誤涷爲湅。凡此之屬，未可爲訓也。

又《論語孔子弟子目録》 《論語孔子弟子目録》一卷，後漢鄭玄撰。此書見《隋書・經籍志》，陸德明《釋文》同，但云鄭某注與《隋志》少異。《唐書・藝文志》作《論語篇目弟子》一卷，與原書義例不合，當是後人臆改。其書久佚，海寧陳氏鱣從《史記》弟子傳《集解》輯出，坿刊《古訓》後，凡弟子四十人。顔淵、曾參、子路、子貢、子游、公冶長、南容子賤、澹臺滅明諸見《論語》之賢，書中自宜詳紀，而裴駰引不之及，意其與史傳不殊也。兹依陳録，稽古者合《史記》、《家語》參證，七十子之名數灼然可考，固無煩於補綴也。

又《論語馬氏訓説》 《論語馬氏訓説》二卷，後漢馬融撰。融有《易》、《書》、《詩》、《三禮》、《左傳》注，已各著録。何晏《集解序》云：「《古論》唯博士孔安國爲之訓解，而世不傳，至順帝時，南郡太守馬融亦爲之訓説。」邢昺《疏》云：「馬融亦爲古文《論語》訓説。」皇侃《疏》謂爲《魯論》訓説，非也。隋、唐《志》皆不載，佚已久。今就《集解》所採，參證他所引述，裒輯上下二卷。其説「爲力不同科」云：「爲力，力役之事，亦有上中下設三科焉。」阮芸臺相國取之，云：「此與射對言，若解作釋禮文，則射不主皮，出于鄉射禮記，乃孔子之徒所述，何得孔子爲之釋歟！」即一端以例其餘，知漢詁深得經旨，實勝後人。何晏採取，不及孔氏之半，要足相輔而行云。

又《周易分野》 《周易分野》一卷，漢費直撰。直有《費氏易》，已著録。案：羅泌《路史》云費直《易》十二篇，以《易》卦配地域。今其書佚。唯《晉書・天文志》引其十二次所起度數，稱費直《周易分野》；唐《開元占經》亦引之，稱名同，兹據輯録。考《隋志》有《易林》二卷、《易内神筮》二卷。梁有《周易筮占林》五卷，俱費直撰，悉佚不傳。此未知當屬何書。姑以《晉志》所引題《分野》，至其配卦之例，莫可稽考。《唐書・歷志》載一行論兩戒，間及《易》卦，或其遺法乎？

《孟子章指》 《孟子章指》二卷，漢趙岐撰。岐字邠卿，京兆長陵人，仕至太僕卿，《漢書》有傳。岐著《孟子章句》十四卷，宋孫奭作《正義》宗之，今《孟子注疏》是也。題辭謂《章句》，具載本文，章別其旨，分爲上下，凡十四卷。唐陸善經《注》合爲七卷，並删去《章指》。孫氏不别標識，混入疏中，零落大半。毛斧季扆曾見章邱李氏所藏北宋蜀大字《章句》本，趙氏篇叙從此校出，而斧季手校《注疏》不言《章指》出自蜀本，惠氏棟亦僅從盱郡重刊廖氏本校録，非世綵堂元本也。吴郡余肅客作《古經解鉤沉》，從兩家所校補入，大有功於趙氏。兹據録之，依題辭分爲上下卷，並以篇叙附焉。阮芸臺相國南昌重雕《注疏》本，各卷後附校勘記，《孟子章指》亦補入，可稱《注疏》完帙。此以單行補遺，取便觀覽云爾。

李慈銘《越縵堂讀書記·春秋左氏傳賈服注輯述》 終日疲困，閲李杏村《春秋左氏傳賈服注輯述》，其于名物訓詁，皆推究古義，務極精嚴。若發明經傳之旨，求其文從字順，則賈服舊解，奇零不全，他書所存，往往上下冢屬，遽難別白。或有本非賈服，而刺取誤及者。以證經義，多不可通，故轉不如杜氏也。【略】閲《左傳賈服解注》，其中論丘甲一條八百乘一條，俱引《司馬法》，以申服賈之説，極爲明哲。因取凌曉樓《四書典故覈》、黄薇香《論語後案》、焦理堂《孟子正義》及江慎修《周禮疑義舉要》、沈果堂《周官禄田考》、胡雒君《儀禮釋官》諸書證之，惟金檠齋《禮箋》之説，足相發明。蓋以人計者爲共賦之法，《周禮》小司徒所謂凡起徒役無過家一人。《司馬法》所謂九夫爲井云云，即小司徒之大事致民，金氏所謂正卒是也。以家計者爲出軍之法，小司徒所謂惟田與追胥竭作，《司馬法》所謂夫三爲屋云云，即小司徒之大故致餘子，金氏所謂羡卒是也。

又《孝經鄭注》 閲《孝經鄭注》及洪筠軒所輯《補證》，臧在東所輯《鄭氏解》，日本國鄭注本。錢同人序雖舉其《孝治章》以昔訓古，見《公羊傳疏》，《聘問》「天子無恙」諸語，見《太平御覽》，《聖治章》「上帝者，天之别名也」，見《南齊書·禮志》暨《困學紀聞》，凡三條合于鄭義，謂非僞譔。然其它文辭多不類鄭君，故阮文達深疑之。臧氏所輯，密于洪氏，而體例謹嚴，則洪爲優。臧氏于開卷仲尼居《釋文》引鄭作凥下，即曰凥當作居。以隷書寫篆文，自稱正體者，發端于南宋毛居正、岳珂等，而近時學者爲尤甚。案此經以凥字爲不可依，《顔氏家訓》已言之。盧弓父補注《家訓》，即深躉其説。臧爲盧之弟子，其《拜經日記》中亦備言以古改今之非，同時嚴氏可均亦持是論。故嚴則深識汲古閣毛氏刻書之非體，臧則痛詆惠松崖臆改《周易集解》之妄。然兩君所主者，唐石經耳，開成立石，多用張氏《五經文字》之説；張氏所主，則漢熹平石經。熹平既非全出蔡中郎之手，而爾時行用隷書，半參俗體，即《五經文字》所載，偏旁乖謬，不勝僂指。蓋許叔重所謂馬頭人爲長，人持十爲斗，陸德明所謂席下箸帶，惡上安西者，漢隷往往有之。如必守經典相承之俗字，而以改者爲謬，則《説文》等書可不作矣。苟于形聲不失，體從省借，相沿已久，誠不順變改，以駭流俗。又或描摹象形，非篆非隷，涉于怪瑣，如郭忠恕、戴侗諸人，亦爲好古之過。若如臧氏《日記》所舉宋槧《禮記》，個不作箇，脩不作修，鍾不作鐘，宜不作宐，昔不作昝，亓不作示，遟不作遲，蓋不作葢，并不作竝，嘗不作甞，爽不作爽，屬不作屬，退不作逷，直不作直，賓不作賓，旨不作旨，會不作會，博不作博，袁不作袁，陰不作陰，黽不作黽，贊不作贊，暴不作暴，棄不作棄，畝不作畝，教不作敎，沿不作沿，聰不作聰，肉不作肉，損不作損，以爲古意可法，是則古之所行，雖俗當遵；今之所改，雖正亦失，勢必字形悉淆，書恉盡昧。閭史之凢改，賢于沮倉；市魁之趨便，勝于周孔，不亦謬哉！且毛岳二家，未精小學，其所訂正，大率因時。觀《六經正誤》、《九經三傳沿革例》所言，非有據依之本，輒不敢改，何嘗有以隷寫篆之事？《孝經》鄭本字自作凥，必以爲非，亦可謂少見多怪矣。善夫近人俞理初之言曰：「字之當正者，正以經典之多俗字也。若尋常底下之書，亦任之而已。今人乃以經典承用者爲不可改，是大惑也。」此可以息俗儒之喙。

又《太平廣記》 《太平廣記》卷三百十六鬼部，引陳國張漢直一事；卷三百十七鬼部，引鄭奇一事；皆本《風俗通·怪神篇》。近時盧抱經氏《風俗通拾補》於張漢直條，僅據元槧校，於鄭奇條僅據《御覽》校，皆未及引《廣記》。其文頗有互異可訂補者。

又《萍洲可談》 閲宋人朱無惑彧《萍洲可談》三卷。無惑烏程人，萍洲其所居名也。書凡三卷，所言宋制，多史所未及。如云祖宗故事，宰相呼相公，節度使帶開府儀同三司，元豐官制前帶同中書門下平章事，亦呼相公，謂之使相三公。真相之任呼公相，蔡京以太師爲公相，其子攸自淮康軍節度使除開府儀同三司，遂父呼公相，子呼相公。時傳京父子入侍西宴，上云「相公公相子」，京對云「人主主人翁」，際遇之盛如此。此以知相公外尚有公相之稱也。云朝時集禁門外，宰執以下皆用白紙糊燭燈一枚，長柄，揭之馬前，書官位于其上，欲識馬所在也。四鼓，諸門啓關，朝士至者以燭籠相圍繞聚首，謂之火城。案此所紀火城，與唐制異。唐時每日早朝，宰相至以燭環繞，謂之火城。宰執最後至，至則火城滅燭。大臣自從官至親王駙馬，皆有位次，在皇城外仗舍，謂之待漏院，不與庶官同處火城。云宰相禮絶，庶官

都堂自京官以上則坐，選人立白事。見於私第，雖選人亦坐，蓋客禮也。惟兩制以上，點茶湯入脚床子，寒月有火鑪，暑月有扇，謂之事事有；庶官只點茶，謂之事事無。世俗客至則啜茶，去則啜湯，湯取藥材甘香者屑之，或温或涼，未有不用甘草者。云故事有官人應舉，謂之鎖廳，例不作廷魁。政和八年戊戌，帝子嘉王楷赴廷試，榜發第一人；登仕郎王昂第二人。上宣諭嘉王楷有司考在第一，不欲以魁天下，以第二人爲榜首，鎖廳人作廷魁自王昂始，親王及第亦始于此。云本朝五等之爵，自公侯伯子男皆帶本郡縣開國，至封國公者，則稱某國公。初封小國，次移大國，以爲恩數；亦有久不徙封者。文彦博初封潞國公，三十年不徙封。王安石初封舒國公，後徙荆國，既死，追封舒王，凡二國。蔡京初封嘉國，徙衛國楚國魯國，凡四國，復加陳魯二國公，辭不拜。何執中初封榮國公，五年不徙封，薨于位，追封清源郡王，此僅事也。云故事節度使初除小鎮，次中鎮，後大鎮。紹聖間吕吉甫建節，初除保寧軍婺州，移武昌軍鄂州，移鎮南軍洪州，其序如此。崇寧間，蔡元長自司空左揆建節，初除安遠軍安州亦小鎮。政和以來，帝子繁衍，宗室近戚大臣中貴邊將加恩者衆，諸路節鎮，除祖宗潛藩外，止六十餘處，幾無虚位。薛昂罷執政，初除彰信軍節度使，相州中鎮也。蔡攸自宣和殿大學士，初除淮康軍節度使，蔡州大鎮也。豈是時小鎮，適無闕員乎？刺史防禦團練使正任則本州繫銜，與知州叙官，每州止一員，不除則闕任。他官兼領防禦刺史者，謂之遥郡，本州不繫銜，往往取美名。如康榮雄吉諸州，一州或有數員；大率邊將多帶雄州，戚里多帶榮州，醫官多帶康州。云典制寄禄官三品紫衣金魚五品緋衣銀魚，職事官雖高，非特賜不得預。雖特賜而寄禄未至本品，則帶賜魚在銜内。寄禄官已至本品，則不入銜。外任官或借衣色者，不佩魚，銜内稱借色。有賜色者，仍稱賜色。轉運使副提點刑獄知州軍並借紫，本衣緑者，止借緋；轉運判官通判州軍並借緋。近制借色仍佩魚。吕公著曾任知州，借紫後除轉運判官，敕上不帶借紫，公著仍衣紫。云狨座文臣兩制武臣節度使以上許用。每歲九月乘，至三月徹，無定日，視宰相乘則皆乘，徹亦如之。狨似大猴，生川中，其脊毛最長，色如黄金，取而縫之，數十片成一座，價直錢百千。背用紫綺，緣以簇四金雕法錦，其制度無殊别。所載皆較它書爲詳。其云姚祐元符初爲杭州學教授，堂試諸生，《易》題出乾爲金坤亦爲金何也。先是福建書籍刊版舛錯，坤爲釜遺二點，故姚誤讀作金。此可爲近日癖好宋槧者下一味出汗藥。此本爲四庫本，多從《永樂大典》采入，較《百川學海》、《説郛》等多至數倍，後有錢氏《校勘記》一卷。

譚獻《夏堂日记》 蘭雪堂活字本《董子》，【略】與《永樂大典》多合，每十三卷《四時》之《副人》、《副天》數篇闕脱，則他本致誤之由胎於此本，《大典》本故不闕。【略】藉趙撝叔所藏厲編修校《董子》本。編修在《四庫全書》處用《永樂大典》校王道焜本，其自記云凡異同二千七百餘字。【略】然予在閩中校蘭雪堂活字本，其精處竟勝《大典》，乃知讀書貴博覽也。【略】趙本先成而晚出行世。東原氏所未見。梁曜北、段懋堂門户之爭，可以存而不論。【略】造車合轍，或有是理。【略】《朱箋刊誤》最係是非，何以《大典》所録與諸家先後校讎十同七八？則不能使人無疑。經注雜糅固是定論，但如今本經文未免太簡，恐不成書。當以質之來哲。

王仁俊《玉函山房輯佚書續編·春秋公羊嚴氏義》 隱二年，傳放於此乎。隱五年，傳云登戾之。桓十一年傳，遷鄭焉而鄙留。俊按：此三條與石經同，與何氏異。惠氏棟《九經古義》云鄭注三引。此云之所據者，嚴氏本也。《公羊》有嚴、顔二家。蔡石經所定者，《嚴氏春秋》也。坿録俞氏正燮《癸巳存稿》曰：《論語》：「冠者五六人，童子六七人。」漢光和六年，有成陽令康扶頌云「四棄童冠，摳衣受業」，又云「五六六七，化導若神」，是本《論語》爲文也。頌碑《成陽》，閻葵班氏宣高撰。宣高修《嚴氏春秋》，今《嚴氏春秋》不傳，此當嚴氏自述業由七十二子，五六三十、六七四十二，而宣高傳之。在晉陶潛《讀史述》九章，「七十二弟子，恂恂舞雩，莫曰非賢」，亦以三十人、四十二人共游舞雩。北齊有石動侒幸之談，見皇侃《義疏》，今推之，是《嚴氏春秋義》也。《隸釋》有《員與宗荅洪丞相書》云：「堯祠請雨，五六六七，化道若神。」五六者三十，六七者四十二，謂七十二子，若漢人言四七之將。

又《公羊眭生説》 諸侯踰年即位，乃奔天子喪。《春秋》之義，未踰年，君死，不成以人君禮。言王者未加其禮，故諸侯亦不供其禮於王者，相報也。《通典》八十《凶禮二》，又《禮二》引《異義》中大鴻臚眭生説。《穀梁》隱十一年《疏》節引。坿許君駁文。謹按：禮不得以私廢公，卑廢尊。如禮得奔喪，今以私喪廢奔天子之喪，非也。又人臣之義，不得校計天子未加禮於我，亦執之不加禮也。眭生之説，非也。福州陳氏壽祺曰：漢《公羊春秋》大師眭孟，本傳及《儒林傳》皆云爲符節令，此云大鴻臚，未詳。考《異義》《公羊》説「諸侯奔大喪，越紼而行」，而此引眭生説「諸侯踰年即位，乃奔大喪」，與《公羊》異，則非眭孟也。後漢有洼丹《傳》，孟易建武十一年爲大鴻臚，豈眭乃洼之誤歟？俊按：洼丹治《易》，不應及《春秋》事。此則可信爲眭孟《公羊》遺説矣。爲大鴻臚者，或孟之後人亦未可知。

輯佚名著部

《詩考》分部

綜　述

宋綿初《韓詩内傳徵序》　漢三家《詩》佚久矣。然齊、魯雖亡，韓《詩》猶雜見於他書。朱子語門人《文選》注多韓《詩》説，嘗欲寫出。王伯厚因其意輯《詩攷》，於韓《詩》蓋詳，用以扶微學、廣異義，歎古人之用心勤也。然其中殊多脱漏，引書則篇卷不明，經文與傳注相汨。又勵存字句既不測其終始，亦莫知其是非，無徵不信，學者懵焉。至鄭氏雖從張恭祖受韓《詩》，但其學該博，不名一家，如箋《詩》宗毛，有不同則下己意，注《禮》時未得《毛傳》，大率皆韓、魯家言。若確然，定爲韓《詩》之説，恐未必然也。綿初擬更掇拾，備西漢一家之言。披覽有得，輒筆之於書，王氏所遺者補之，略者詳之，疑似者去之，羣書相發明者諸家有攷正者旁搜博采，引證以窮其歸趣。久而成帙，顛末略存，於是唐宋不傳之書宛然可見，亦一適也。

周邵莲《詩攷異字箋餘目録》　伯厚《詩攷》三家外更及異字、異義、逸詩，旁摭墜緒，意良勤矣。間就伯厚未登者録之，前人論箸及管見一二附焉。歲月既久，浸以成表，自媿眇見不足，少備覽觀，惟異字一門較他爲詳，則義淺而事尤易焉耳。

翁方綱《詩考異字箋餘序》　奉新周生撰《異字箋餘》因王伯厚《詩攷》而作也，其所攷諸條固有增於伯厚矣。然吾謂其研經之用意有出於伯厚所未及者，伯厚之自序曰「述三家緒言及《説文》、《尒疋》諸書，以扶微學、廣異義，讀《集傳》者或有攷於斯」，是其書爲朱子《集傳》作矣。逮其後董斯張、范家相又相繼廣摭之，近今攷訂家若陳啓源、惠棟之屬則援据益博，而其間致啓嗜異之漸者亦不可不防也。逴者吾友盧學士文弨以校讐爲職志，撰《釋文攷證》以綜覈之，以方綱淺學，竊嘗平心而論，《説文》、《尒疋》之訓詁，《釋文》之音義，釐然具在，惟賴學人善取耳。然後來專守宋儒章句者則往往以《説文》、《尒疋》爲迂遠不足稽也，而其專爲《説文》、《尒疋》之學者又轉多喜創獲，好爲立異，如惠氏《易述》毅然改經字以就其所据一家之説，以新奇爲復古，此則欲窮經而反害於經，究其致此之由，亦未嘗非專守宋儒者有以激成之吁，可鑒也哉。周生此編虚懷審慎，不執一説，不偏一家，其間實難以斷定者，則以俟善學者加詳焉。昔生初來吾齋，問字於南昌，時方綱擬以所校《釋文》諸卷屬西江諸學侣，若萬載辛生紹業、浮梁鄧生傳安、南城王生聘珍、新城魯生肇光、嗣光輩博采諸書以勘訂之，既而閑吾友盧君校證《释文》，鋟板於杭，其事遂未竟。今又逾十年許，而得周生之編能不惑於所趨而有資於研索，故吾謂其用意有非伯厚所能及者，而逴時區區訂證之願得藉生之勤篤爲我補之，不禁慨然而三歎也。

陳壽祺《三家詩遺説考自序》　漢傳《詩》者四家，魯、齊、韓並立學官。元始之世始置毛《詩》博士，不久旋廢。後漢賈逵嘗受詔撰《齊魯韓詩與毛氏異同集攷》，三家《詩》自景伯始，惜其書不傳。宋王伯厚《詩攷》所緝三家遺説止取文字別異，缺漏甚多。壽祺案：兩漢毛《詩》未列於學，凡馬、班、范三史所載及漢百家箸述所引，皆魯、齊韓《詩》，異者見異，同者見同，緒論所存悉宜補綴，不宜取此而棄彼也。今稍增緝以備瀏覽，猶有未能具載者，他日當別在一篇，使學者有所攷焉。

黄位清《詩異文録自序》　《隋書・經籍志》稱齊《詩》始於轅固，盛於匡衡，而先亡於魏。翼奉、蕭望之傳其説，不過存什一於千百，故載籍所傳亦罕。景鸞圖緯之説自隋又焚禁緯書，後學者鮮尋其緒。魯《詩》始於申培，盛於韋賢，而亡於西晉。若孔安國之《書傳》，司馬遷之《史記》，班固之《漢書》、《白虎通》，劉向之《説苑》、《新序》、《列女傳》，蔡邕之《石經》、《獨斷》，包咸、何晏之《論語》尚可概見。惟韓《詩》見於他書者較多，蓋其始於韓嬰，盛於王吉，至唐時猶存。《文選》注多《韓詩章句》，朱子所以嘗語門人欲寫出而未果也。《漢藝文志》載《韓詩内傳》四卷、《韓故》三十六卷、《韓説》四十一卷，歲久散佚。《内傳》所謂「逶迤郁夷及賓筵悔過雨無極刺王」等語畧見《儒林傳》，《韓故》二十二卷《新唐書》尚著録，《外傳》六卷晁公武謂其文辭清婉，有先秦風。《太平御覽》多引《韓詩》，故三家中惟韓所存較夥。南渡後儒者不復論及，知亡於政和、建炎間也。陸德明《音義》多採《韓詩》，論者惜其挂一而漏百。王應麟《詩考》掇拾三家殘牘，爲功甚鉅，惟止有條目而無通釋，殆未成之書。近世會稽范氏之《三家拾遺》、仁和趙氏之《詩細》、儀徵阮氏之《校勘記》、嘉興馮氏之《三家異文疏證》皆多所發明，其餘諸書間有異文可備參考者，亦

宜擇録。兹姑依經編序所見書之異文，共有通釋者綴於末，竊欲即朱子寫出未果之意。

丁晏《鄭氏詩譜考正敘》 昔孟子言誦詩讀書曰：論其世，《書》分四代，世系易明，《詩》則詠歌所寄，興象深微，非如《書》之實事可據也。漢儒言《詩》之世者《韓詩譜》，見於《隋志》，久佚不傳。它書閒引齊、魯、韓之説，以《關雎》爲康王時詩，以《鼓鐘》爲昭王時詩，以《商頌》爲宋襄公時詩，以《燕燕》爲衛獻公時詩，多違盭不合經典，獨毛公之故後出，其學最古，大儒鄭君信而好之，就傳爲箋，又據太史《年表》及《春秋》纂爲《詩譜》，自是言《詩》之世者略知所歸。鄭世次悉依毛序，惟《十月之交》以下四篇改爲刺厲王。案《漢書·谷永傳》「閻妻驕煽，日以不臧」，顔監注稱《魯詩·十月之交》篇『閻妻扇方處』，言厲王無道，内寵熾盛」，則知箋義本於申公，非康成之肊説也。《隋經籍志》《鄭譜》二卷，太叔求及劉炫注，徐整《毛詩譜》三卷。《釋文序録》《鄭譜》二卷，徐整暢、太叔裘隱。古求裘通用，大東箋裘當作求可證。《國史志》謂求字訛，非也。《玉海》藝文類引宋均《詩譜序》云「我先師北海鄭司農」，此序不傳，或謂今《詩譜序》爲宋均作，因《玉海》連引致譌，其實序乃鄭君自作也。《釋文》引徐整云「子夏授高行子，高行子授薛倉子，薛倉子授帛妙子，帛妙子授河閒人大毛公，大毛公爲《詩故訓傳》於家以授趙人小毛公，小毛公爲河閒獻王博士，博士以不在漢朝，故不列於學」，即徐整暢文。《續漢書·郡國志》注引《毛詩譜》注「曲沃在縣東北數里，與晉相去六七百里」，疑即劉光伯注文。胡三省《通鑑注》引孔穎達《毛詩譜》云「周原者，岐山陽地，屬社陽。地形險阻，而原田肥美」。杜陽，漢縣，屬扶風。有杜陽山，山北有杜陽谷。《唐志》不載。孔氏《詩譜》今《周南》、《召南》疏謂岐山屬美陽，作杜陽者誤。不知冲遠此譜何以復云爾也。自唐《正義》以鄭《譜》冠於各篇之首，而其旁行之譜寖以失傳。《正義》引譜云「魯人大毛公爲《訓詁傳》於其家，河閒獻王得而獻之，以小毛公爲博士」。《釋文》引沈重云案鄭《詩譜》云「大序是子夏作，小序是子夏、毛公合作」。又引《譜》云「《蜉蝣》至《下泉》四篇，其公时作」。劉昭《續漢志補注》引鄭《譜》「外方之山即嵩也」，今鄭《譜》皆無此文。《維天之命》傳引孟仲子説，《正義》曰「《譜》云『孟仲子，子思弟子』」。子思論《詩》，於穆不已；仲子論《詩》，於穆不似」。天作傳以此訂大王、文王之道。《正義》曰：譜云「參訂時驗」是訂爲比並之言也，此皆疏釋故訓。蓋旁行譜中，閒引毛公傳，故有申、毛之文。陸元朗引《衛譜》云「衛在汲郡朝歌縣」。《文選·魏都賦》劉淵林注引《詩譜》云「魏地，畢昴之分野」，下又引「虞舜所都之地」，與今《譜》正同，而脱此首句，是不獨旁行之譜不可復見，即《正義》所載譜文亦未免有佚脱也。宋歐陽文忠公奉使絳州，得殘缺鄭《譜》，因加考訂，補譜十有五，補文字二百七，增損塗乙改正者八百八十三，爲《詩譜補亡》。然其所得之《譜》自周公致太平已上皆闕，乃不如《正義》所載之完。其後序稱國譜旁行，尤易爲訛舛，悉皆顛倒錯亂，不可復序，則知絳州之序燿滅特甚。其增損塗乙，或出於歐公之改削，而不盡爲康成之舊觀，故前所列鄭《譜》佚文，《補亡》本亦無之也。竊嘗取其譜而尋繹之，檜、鄭同爲一譜，與風别爲二，不合王風次在豳後，與變風次第不合，頗疑其連失鄭旨。及考《正義》謂既譜鄶事，然後譜鄭，始悟鄶在鄭上。今檜譜末云「其國北鄰於虢」，文勢不完，下接鄭譜「初，宣王封母弟友爲桓公」及滅虢鄶之事，首尾聯貫，本爲一篇。唐孔氏引譜各冠風首，誤割爲二，而原文遂不可復。然後知檜、鄭同譜，誠鄭氏之舊也。《正義》又曰「王詩次在鄭上，譜退豳下者，欲近雅頌，與王世相次故也」，則知王風次在豳後，亦鄭氏之舊也。惜乎補亡不明著某處原文某處今改。微孔《疏》言，幾何不疑歐公之私竄也。然其閒竊有可疑者，孔穎達謂《魏譜》分《葛屨》以下五篇爲一君，《伐檀》以下二篇爲一君，而歐公統敘爲一。孔氏又謂《豳風·七月》在先，《鴟鴞》次之，次《伐柯》、《九罭》、《破斧》、《東山》，終以《狼跋》，鄭所不説，未可明言。既謂鄭所不説則《譜》不依此次甚明。今歐《譜》悉同孔次，與毛序異。近世《通志堂》刊本尤爲譌脱，補亡明云《定之方中》繫於惠王之時，而《譜》中不列《定之方中》。又《魏譜》脱《陟岵》，《秦譜》脱《車鄰》、《黄鳥》，《雅譜》脱《鹿鳴》、《魚麗》、《皇矣》，且序謂補譜十五，今數之僅得十二，而三頌之譜闕如，此歐公之書所以不能無疑議也。蒙竊慨鄭學之廢墜，猶幸各譜《正義》備言，鄭氏左方世次尚可據依，用敢排比鉤稽，緝爲斯譜，録《正義》所載譜文弁諸首，雖次第略依歐本，而辨論加詳，不欲因陋就簡，必取證於箋疏，以還鄭君之舊。又摭太史《年表》，自其和以來，上溯厲王元年，下訖定王八年陳靈之亂而詩亡，别爲總譜，以附於後，俾令後之學者循覽易明，於以驗時運之推移，考政治之得失，亦論世之一助也。

陳喬樅《魯詩遺説考自敘》 《漢書·蓺文志》云：「《詩》三百五篇，遭秦而全者，以其諷誦不獨在竹帛故也。」《詩經》二十八卷，魯、齊、韓三家。《魯故》二十五卷。《魯説》二十八卷。《楚元王傳》云：「元王少時嘗與魯穆生、白生、申公俱受《詩》於浮邱伯。文帝時，聞申公爲《詩》最精，以爲博士，申公始爲《詩傳》，號魯詩。」然則《志》載《魯故》、《魯説》蓋即申公所爲之《詩傳》矣。《史記·儒林傳》言「漢高祖過魯，申公以

弟子從師入謁於魯南宫」，又言「申公以《詩》教授弟子，自遠方至受業者千餘人」。是三家之學魯最先出，其傳亦最廣。有張、唐、褚氏之學，又有韋氏學、許氏學，皆家世傳業，守其師法。終漢之世，三家並立學官，而魯學爲極盛焉。魏晉改代，屢經兵燹，學官失業，《齊詩》既亡，而《魯詩》不過江東，其學遂以寖微。然而馬、班、范三史所載，漢百家箸述所稱，亦未嘗無緒論之存，足以資攷證佚文，而采摭異義，失在學者因陋就簡，不能修學好古，實事求是耳。宋王厚甫《詩攷》據鄭君《儀禮·士昏禮注》引《魯詩》説，何休《公羊傳注》引《魯詩傳》及《漢書·文三王傳》、《杜欽谷永傳注》、《續漢書·輿服志注》、《後漢書·班固傳注》所引《魯訓》、《魯傳》採爲《魯詩》，疎漏尚多。其餘石經《魯詩》殘碑惟取與毛氏異者，餘皆棄而不録。顧《魯詩》今不傳，只此殘碑所有，其文雖與毛氏同，亦當備載之，俾得據以考證，不宜取此而棄彼也。

又《詩緯集證自敍》　《詩緯》，《隋經籍志》載魏博士宋均注，十八卷。《七録》云十卷，其目曰《推度災》，曰《氾厤樞》，曰《含神霧》，皆察躔象以紀星辰之度，推始際以著厤數之運，徵休咎以合神明之契。其間天運循環終始之理，人事興衰得失之原，王道治亂安危之故，靡不包羅囊括，兼綜而條貫之。告往知來，聖門言《詩》之微旨，有綫未絶端賴乎是。漢儒如翼奉、郎顗之説《詩》多出於緯，蓋齊學所本也。鄭君箋《詩》，於《十月之交》篇主緯説，《六藝論》亦據而用之。魏晉改代，齊學就湮。隋火之餘，《詩緯》漸佚，間有存者，或與雜識比例齊觀，學者棄置勿道，書遂盡亡。夫齊學湮而《詩緯》存，則《齊詩》雖亡而猶未盡泯也。《詩緯》亡而《齊詩》遂爲絶學矣。昔者，先大夫嘗輯《三家詩佚義》以《詩緯》多齊説，其於詩文無所附者亦補綴之，以次於齊，所以廣異義、扶微學也。比喬樅撰述《齊魯韓遺説攷》，竊惟三家齊《詩》先亡，最爲寡證，因著《齊詩翼氏學》二卷，發明齊《詩》之學。宗旨有三：一曰四始明五行之運也，二曰五際稽三期之變也，三曰六情著十二律之本也。夫順陰陽以承天道，原性情以正人倫，經明其義，緯陳其數，經窮其理，緯究其象，緯之於經相得益彰，謂非詩學之錧鎋，而學者之所宜鉤攷歟。明孫瑴蒐輯逸緯爲《古微書》，謂《推度災》諸篇皆讖類，而不知《隋志》所録又有詩雜讖，固區别而爲二也。近世陸明睿增訂殷元正《集緯》，於三篇外列《含文候》之目，而復不知《路史》注所引即爲《含神霧》之譌也。衆同年生趙子在翰重蒐《七緯》，仍《隋志》著録之舊，而《詩緯》佚文仍多遺漏，且以孔氏《詩正義》語羼入《氾厤樞》中，亦失之疎。喬樅不揆檮昧，網羅散佚，視各家輯本增十之三，揭所攈依，加以考訂，成《詩緯集證》三卷，其舊書所引未詳篇目者别成一卷，都爲四卷，附於《齊詩》，亦敬承先大夫遺訓，以尋齊學之墜緒云爾。

李智儔《阮氏三家詩補遺跋》　右吾鄉阮文達《三家詩補遺》三卷。手書真蹟在吾友葉君焕彬處，談次出示，攜歸寓所讀之，略得其義例所在。所謂補遺者，蓋補王氏《詩攷》之遺而作也。或補録其異文，或鉤攷其遺説，間有與《詩攷》重見者，又有从異字、異義分出列入三家者。葉君手自寫定，一一註明，雖較陳氏《遺説攷》詳略不同，而其大綱已盡具於此書。

葉德輝《阮氏三家詩補遺敍》　三家《詩》亡後，宋王氏《詩攷》始據羣書所徵引者裒輯之，其不知屬某家者列爲異字、異義。近人范家相復有《拾遺》三卷，繼之者則丁晏《三家詩補注》、馮登府《三家詩異文疏證》、陳喬樅《三家詩遺説攷》。范、丁分别家數，略依王氏原書。馮則概言三家，亦自矜慎。惟陳鉤稽子史，各述師承，最爲治經家所推重。阮氏撰此書時，僅引范氏《拾遺》，其餘諸家晚出未見，故去取頗有異同。偶取陳書校之，如陳書《敍録》、《齊詩》據《儒林傳》班伯少受《詩》於師丹，師丹受《詩》匡衡，以班固入《齊詩》，而此則列入《魯詩》。按：《詩烈祖正義》引《五經異義》云「《詩》魯説丞相匡衡以爲殷中宗」，則匡衡亦未嘗不兼通《魯詩》，且固撰《漢書·藝文志》有「與不得已，魯最爲近之」之語，則固又明明推重《魯詩》者，知阮説不爲無本矣。《藝文志》敍次《詩》家曰魯、齊、韓，《韓詩》後亡，故宋以前羣書所引者皆有明文，又有《外傳》爲之左驗。齊、魯亡獨早，言三家者僅據其傳授推之，不知兩漢經師惟列傳、儒林者，其學皆有家法，自餘諸人早晚皆有出入，如班氏學出齊師，而《白虎通》又雜采三家之説。《漢志》又云「魯最近之」，則其學無專師略可攷見。阮氏列固於《魯詩》，顯有《志》文可據，亦勝於憑空肊度者。陳書又據《鹽鐵論》以「兔罝」爲刺義，與魯、韓、毛異；以「鳴雁」爲「鳴鴇」，文與魯、韓、毛異；以「出車」爲周宣王詩，與班固《匈奴傳》合，遂以《次公》爲齊《詩》家。按《鹽鐵論·取下篇》云「是以有履畝之稅，碩鼠之詩作也」。以履畝、碩鼠爲一事，與《潛夫論》「履畝稅而碩鼠作」之説合。陳氏既以《節信》爲《魯詩》，又出《次公》爲《齊詩》析而二之，未見有合，阮氏《桓王》並入《魯詩》是也。大抵三家之中，《魯詩》最古，羣書引三家義，只《韓詩》直引其文，其餘二家僅憑推測，不可爲據。余嘗謂輯三家《詩》，凡不知爲某家者皆當括於《魯詩》，以《魯詩》爲初祖故也。今阮氏正是此意，庶無騎墻之病。至於鄭氏《禮注》凡説《詩》義多與《詩》箋不同。《鄭志·荅炅模》以「爲《記》注時，就盧君先師亦然。後乃得毛公《傳》」。《記》是鄭氏初學三家《詩》，本有明證，但其孰爲魯，孰爲齊，則不可辨。陳書均並入《齊詩》，未免肊斷。阮氏僅略採數事入齊，較有抉擇，固非不備

也。樸園繼父成書，本阮氏再傳弟子，所撰《遺説攷》皆阮氏爲之先河，特阮書未經刊行，故讀者昧其沉瀣耳。余從京師廠肆得阮氏手稿三卷，朱墨鉤乙，或間附紙簽，大題下無結銜，有「阮元伯元父印」六字朱文記，以平日所見題跋證之，蓋六十以後之作。李君洛才見而愛之，且重其爲鄉先達也。適刊《崇惠堂叢書》，取爲弁冕，因屬余主校勘排比，謄録旬日，凡三復，故得論次其得失如此。

傳記

王洙《史質》卷三九《王應麟》 王應麟字伯厚，慶元人，淳祐進士。開慶元年，帝御集英殿策士，召應麟覆考。帝欲易第七卷寘其首。應麟讀之，乃頓首曰：「是卷古誼若龜鏡，忠肝如鐵石，臣敢以得士賀。」遂以第七卷爲首選。及唱名，乃文天祥也。遷國子録。所著有《深寧集》一百卷，《玉堂類稿》二十三卷，《掖垣類稿》二十二卷，《詩教》五卷，《地理考》五卷，《漢藝文志攷證》十卷，《通鑑地理攷》一百卷，《通鑑地理通釋》十六卷，《通鑑答問》四卷，《困學紀聞》二十卷，《蒙訓》七十卷，《集解踐阼篇》、《補注急就篇》六卷，《補注王會篇》、《小學紺珠》十卷，《王海》二百卷，《詞學指南》四卷，《詞學題苑》四十卷，《筆海》四十卷，《姓氏急就篇》六卷，《漢制攷》四卷，《六經天文編》六卷，《諷詠》四卷。

《古微書》分部

綜述

范景文《古微書序》 嗜古而不得其精，此説鉛書肆所興誚也。其精焉者，借古人之已事已言，即以自行其學力。竊怪《吕覽》、《鴻烈》、《韓詩》、《説苑》全襲往語，交仍沓蹈，而亦復謂之著書，何哉？彼其志亦各有不可於一世，而微文寓焉矣。大都《春秋》而下無立言者，是以非古則無徵，非聖則不尊，著書之林，其別有四焉：有祖古人而附其翼者，傳註家是也，《太玄經》，傳而變者也；有臚古事而競其豔者，類誌家是也，《玉海》、《學海》、《通志略》，類而枝者也；有窺古之奥而獵其僻者，《夷堅》家是也，《真源》、《真誥》，夷而閎者也；有羅古之疑而覈其戾者，辨博家是也，《論衡》、《史通》，辨而淵者也。國朝多聞亦復數家，然丹鉛之所證，宛委起而非之，天中之所侈，歸雲出而狹之。以至筆叢、筆乘遞互剥擊，後之人欲掩乎前之人，以明其高；後之書實踵乎前之書，以成其博。當其屬詞比事，采拾奇隱，挾爲家珍，各有一矜秘自喜之志氣，而不欲令人測其所從來，此通習也。藉有人于斯盡繙其所拾之家珍，而宜流海内，則向者皆失其奇隱矣。故有謂秘書不宜刻者，犯造物之忌。非造物忌焉，乃從昔學人之所忌也。苟忌於昔而不忌於今，其有功後學，不更偉哉。余嘗與友人言上古書絶矣。周秦之際，兩漢鴻儒，豈無遺文？琬琰彝鼎，適見適伏者，每於經疏、史志、諸類説部頗見有散逸書目，或存其三數句，或值其一二簡，而未有全牘覩其通行。余用是疑此即向者學人所矜慎，而不出者矣。及遇楚生孫子雙，乃能爲予暢而言之曰：此其書，故在生得而緝之，成《古微書》，約有四部，周季爲删，秦先爲焚，兩漢爲綫，上古爲闕。生平自制義以外，屏去外慕，肆力經史，皆嘗爲之櫛字以成句，續句以成章，衍章以成卷，聯卷以成集矣。余聞之穆然，思愀然。嘆曰：嗟呼！孫子，天下之窮覽志士矣哉！其述删也，近乎傳；其述焚也，近乎類；其述綫也，近乎辨；其述闕也，近乎夷。雖未嘗裒然立言乎，固已千古自命矣。蓋孫子抱其學，有不可於一世之意，世亦少有能知用者也。漢儒有言，扛鴻鼎，揭華旗，壯夫之力耳。儒生之力，疏通知遠，乃能百萬人，何則？學之爲力重也。今夫浮綺之詞，炫然譁衆，世豈乏人？顧亦萎然而易盡。夫其味淡聲希，不噪於時，而真能與昔賢博達抗其敵者，則寥寥無幾士焉。故稱乎學之力也，意中所驚憚，所榮慕之古人，以爲殊尤絶類者，今日所視眇眇韋素耳。當吾世失奇士，吾何忍焉。子雙爲楚名家子，祖父四世積有詩賦，客秋遇金陵，曾見其文章，卓爾不羣，因延致樞署中，日夕恣討，坐臥一室，未嘗出門户，相對逾冬春馮馮如也。然其一啓頰，一舉指，無非書者。自書以外，輒不多及，其可以今人相視哉。且夫天地之大，奇珍上瑞，散流錯現，亦何日不有。世眼如豆，目所未見，輒咋舌縮筆，相顧而謂之亡。是謂之烏有，詎不陋與，今而後知古之書，未嘗不在，古之人亦未嘗不可見也。觀是書者，其小之而無之，則布帛菽粟，非聖不誦，自託爲醇儒；其大之而有之，則牛鬼蛇神，無書不讀，不失爲通儒。醇與通，任其所自取焉。此則予不佞爲行是書之意也。

孫瑴《古微書自序》 昔聞之仲尼愛義，子長愛奇，予小子亦竊有愛焉，曰愛

其古。世之人得一醆一斝流傳三古間，則必什襲之，而寶之，而矜之，曰我得古矣。古人之奥帙逸文，豈直一醆一斝耶！夫以聲響俱邈，誦覽所略，舉世之不必經見者，而我得見之，其可愛孰甚矣。又況乎蓺天香奏雲璈，羅上古之天球赤刀，而環列丈室中，又豈直一醆一斝之細耶！荀子曰：「夫學貧而富鄉也，寠然貧之夫也，俄而治天下之大器舉在此，非窮古力哉。」是以古人之學恒富，今人之學恒貧。古人之學恒富，然而非富于書也；今人之學恒貧，然而非貧于書也。漢雖秦餘哉，書皆道古，故其學最富。至唐若宋，而人人著籍矣。人人著籍，則人人競傳，人人競傳，古安得復。存今日者著録之繁，篇帙之廣，詎不什百倍于漢。然而試探其業力與其所就，今之不若宋，猶宋之不若唐者，何哉？寖侈于近日之書，而寖滅于古，何怪乎書愈富，學愈貧也！余不佞，家世藏書，稍有異本，輒从羲頡以降，斷乎陳、隋，取其凡蒂于古、綫于古、駢枝于古、響象依悠于古者，聚而成書。伯之以删，曰以旌讖緯之伏遯。仲之以焚，曰以攬灝噩之什一。叔之以綫，曰以索箋疏之象罔。季之以闕，曰以甄元古之紀歷。爲卷不多，證學差遠，庶古人之奥帙逸文，將湮不湮，而亦使海内窮古之儒，不至貧于學之無從遡者，其賴是乎？或曰古則傳矣。古而既傳，安用是書也！使古而不傳者，子又安得其所傳，而傳于世。曰是不然。子所愛傳而未嘗傳，傳于古人之篇表，不盡傳于今人之誦覽者也。集古者梯崖扣冢，形命可遺，彼性也。好之而力之，富又足以聚之，然自予視之，猶以林回之樹子當千璧焉。何也？謂非其神也。文也者，古人之神而傳焉，故可寶也。苟古之所傳，帖則腕矣，畫則日矣之二物。夫寧非神。雖然，義弗主焉。文以神秘，神以義尊。夫文而無其義，亦不足以規億載矣。余貧夫也，擴余目于穹壤間，曾不數里。署諸古博氏之林，無秒分焉。謂耳目之褊也，而多未逮，則信有矣。若夫予以爲寶愛，而人將瓦礫視之，曰是直斷缺無用之文，嵬瑣不經之學，抑何敢强焉。

又《古微書・敘删微》 緯有七，儷經而行，顧其文皆删餘也。相傳孔子既述六經，知後世不能稽同其意，别立緯及讖八十一首，以遺來世。故東漢謂之古學，魏晉以降，倚爲符圖，圖令人諱，諱令人憚，至隋而燬，遂禁不傳。噫！傷哉！使孔門知百世之學而今無聞也，病之者以爲多談怪迂，義致無取。夫經之尊，譬帝王也；圖緯雖纖陋，譬之猶騶賁、奄奚而日環侍帝也。今欲親識帝之面，而曰必屏而騶賁、卻而奄奚，則帝難見矣。欲見孔子，而不欲見其親授受者之謦欬、之光容，孔子可見乎？然則惟孔宜删，非孔烏得删，且非孔而欲識孔，又烏得删也。自昔爲之説者，有郄有袁；爲之注者，有鄭有宋。一以數起于中興之前，終張之徒皆借仲尼，雜以己説；一以爲盛于建武之代，俗儒趨時，篇卷第目轉加增廣。惟劉彦和以爲事幽詞富，有助文章。故羲皞之源，鍾律之要，瑞孽之符，神鬼之狀，讀之者皆有取焉。嘗讀歷代史經籍藝文，空標其目，而書竟隱泯矣。閒有存者，亦復如裂錦碎璧，聲味不聯。予苦心於兹且十年，顧簡不一遘，遘不連行，於是考其班部，榷其宗旨，覈其訛闕，聚其落離。蓋句彙而章，章彙而篇，篇彙而帙焉。雖非其本卷、本文之後先，要亦可以大義徵，以文律準也。

又《古微書略例》 一曰删微。地南北爲經，東西爲緯，今也經存而緯亡，是有南北，無東西也。聖人之言，理數具舉。既師其理，安遺其數。可付之删之後之文，無足取也哉，兹所遇圖緯諸家，雖細録也，雖僞收也，雖斷章者亦取焉。首删微。一曰焚微。書以焚亡，亦以焚重。非焚之重，焚而有不焚，故焚重也。漢桓黨黨愈烈；齊武滅僧僧愈繁。時勢固然。然則上古至文，星星爍爍，雖經秦之炎，而寒烟落炧中，猶可拾取焉。是亦鳳之一毛，而虬之一甲也。次焚微。一曰綫微。象緯者，天之轉注也。海岳者，地之轉注也。畿輔之内，數百里所談、所習，莫非君舉、莫非朝事，蓋其近也。春秋而降，末光未絶焰，殆無盛于漢儒。倍漢而欲談經，吾烏識其所本矣。所得漢晉閒疏箋，輒復登之以爲經翼。次綫微。一曰闕微。書删矣、焚矣。孔子而前遂無帝系，帝系而上遂無七十二代之皇哉。《春秋》夏五或不月，月或不事，闕之也。闕之而又書之者，以待備也。聖人闕之以待備，吾輩安得不備之以待闕。三代以降，而有能力遡混茫者，雖齒之邃古之篇，亦何讓焉。次闕微。一是集皆遠古漆書竹簡之遺，非唐宋縹緗所盛傳者。即歷史經籍、藝文諸志及内府、天下書目，亦僅存其名而亡其書，雖藏書家疑未必有也。兹所録著，每一書各指一事，其牘長者孤行爲卷，短狹者萍合之，烏集之，彙以成卷，正不足文字觀耳。一是集多得之《十三經注疏》及廿一史書志及《太平御覽》、《玉海》、《通典》、《通考》、《通志略》諸大部所援引，中或載數段、或數行、或數句。前所見者，俟後續之；後所得者，徵前冠之中。有異同者，詰前後絡之，皆真琭珞，非贋琬琰，蒐羅輯綴，彙月窮年，故其首尾都無倫次，正不必苛其端緒，摘其挂漏也。一邇年坊肆翻刻古書，汗牛充棟，如《古今逸史》、《漢魏叢書》、《古書十九種》、《秘册彙函》，每一部中各百十家，皆是流行篇卷，故於此集絶不雷同。至如《百川學海》、《百家名書》、《古今説海》、《歷代小史》、《稗海小説》等，又皆唐宋以後，耳目近事，亦此中所不贅也。一是集文多聱軋，理或窾實。故每卷之首，輒有小引爲之論次；其卷中篇目，間有難曉者，竊以數語疏釋之；至本文有古注者，録其原注，無原注者，復拾異説，與之旁通，使讀之者開卷而豁然，則又貰

居子苦心之餘事也。

《四庫全書總目提要・古微書》 明孫瑴編。瑴字子雙，華容人。考劉向《七略》不著緯書，然民間私相傳習，則自秦以來有之。非惟盧生所上，見《史記・秦本紀》，即呂不韋十二月紀稱某令失則某災至，伏生《洪范五行傳》稱某事失則某徵見，皆讖緯之説也。《漢書・儒林傳》稱「孟喜得易家候陰陽災變書」，尤其明證。荀爽謂起自哀、平，據其盛行之日言之耳。《隋志》著録八十一篇。燔燒之後，湮滅者多。至今僅有傳本者，朱彝尊《經義考》稱《易乾鑿度》、《乾坤鑿度》、《禮含文嘉》猶存；顧炎武《日知録》又稱見《孝經援神契》。然《含文嘉》乃宋張師禹所撰，非其舊文；《援神契》則自宋以來不著於録，殆炎武一時筆誤，實無此收，則傳於世者，僅《乾鑿度》、《乾坤鑿度》二書耳。皇上光崇文治，四庫宏開，二酉秘藏，罔弗津逮，又於《永樂大典》之中搜得《易緯・稽覽圖》、《通卦驗》、《坤靈圖》、《是類謀》、《辨終備》、《乾元序制記》六書，爲數百年通儒所未見。其餘則仍不可稽，蓋遺編殘圖，十不存其一矣。瑴嘗雜採舊文，分爲四部，總謂之《微書》。一曰焚微，輯秦以前逸書。一曰綫微，輯漢晉間箋疏。一曰闕微，徵皇古七十二代之文。一曰刪微，即此書。今三書皆不傳，惟此編在，遂獨被「微書」之名，實其中之一種也。所採凡《尚書》十一種，《春秋》十六種，《易》八種，《禮》三種，《樂》三種，《詩》三種，《論語》四種，《孝經》九種，《河圖》十種，《洛書》五種。以今所得完本校之，瑴不過粗存梗概。又唐瞿曇悉達《開元占經》，去隋未遠，所引諸緯，如《河圖聖洽符》、《孝經雌雄圖》之類，多者百餘條，少者數十條。瑴亦未睹其書，故多所遺漏。又摘伏勝《尚書大傳》中《洪范五行傳》一篇，指爲神禹所作，尤屬杜撰。然其采摭編綴，使學者生於千百年後，猶見東京以上之遺文，以資考證，其功亦不可没。《經義考》「毖緯」一門所引據，出瑴書者十之八九，則用力亦可謂勤矣。緯與經，名雖相輔，實各自爲書。卦氣之説，孟喜始據以詁《易》，何休、鄭玄援引尤多，宋歐陽修《乞校正五經札子》，欲於注疏中全削其文，而説不果用，魏了翁作《九經正義》始盡削除。此實説經家謹嚴之旨，與孫復説《春秋》而廢傳，鄭樵説《詩》而廢序，深文巧詆，務排漢學者不同。然義理則當尊正軌，考證則不廢旁稽，如鄭玄注《禮》，五天帝具有姓名，此與道家符籙何異?宋儒辟之是也。至於蔡沈《書集傳》所稱「周天三百六十五度四分度之一」，實《洛書甄耀度》、《尚書考靈耀》之文，「黑道二去黄道北，赤道二去黄道南，白道二去黄道西，青道二去黄道東」，實《河圖帝覽嬉》之文。朱子注《楚詞》，「崑倉者，地之中也，地下有八柱，互相牽制，名山大川，孔穴相通」，實《河圖括地象》之文。「三足烏，陽精也」，實《春秋元命包》之文。以至「七日來復」，自王弼以來承用，「六日七分」之説，朱子作《易本義》亦弗能易，實《易稽覽圖》之文。《洛書》四十五點，邵子以來，傳爲秘鑰，其法出於太乙九宫，實《易乾鑿度》之文。是宋儒亦未能盡廢之。然則瑴輯此編，於經義亦不無所裨，未可盡斥爲好異，故今仍附著《五經總義》之末焉。

錢熙祚《古微書跋》 儒者類稱緯候起於哀平之際，然《列子》「有形生於無形」云云，凡百六十餘字，與《乾鑿度》同文。《呂氏春秋・觀表篇》亦有「緑圖蝠薄」之語，則緯書之來蓋久。其後展轉附益，真贋錯雜。隋人惡其誕妄，遂欲一掃而空之。由是寖傳寖微，幾於滅絶。孫氏此書，存什一於千百，可謂信而好古矣。近侯官趙氏因此書之舊，復輯七緯，所得較孫氏爲多。然剏始者難爲功，繼起者易爲力，且趙書有緯無讖，有七經緯，無河洛緯，尤不若孫氏之詳備。趙本雖每條註明出某書某卷，而舍前舉後，移甲就乙者不可更數，且有《古微書》不誤而趙本反誤者，有《古微書》有而趙本反無者。又孫所據《北堂書鈔》尚係原本，而趙氏則據陳禹謨刪節之本。《修文殿御覽》等書明時尚未佚去，而趙氏已不得見。故二書互有短長，不得執彼以廢此也。緯書文辭古奥，兼《古微書》傳寫脱誤，益詰屈不可通。今重爲博考，附注本條之下，其所不知，蓋闕如也。蒐輯間頗有出孫、趙二本外者，他日得整齊排比，別爲一書，或亦稽古者一助云爾。

李慈銘《越縵堂讀書記・經部・群經總義類》 閲《古微書》，乃明孫轂所輯諸經緯，而附以證佐。其人自號賁居子，識見弁陋，采取亦隘，故諸書輒見他説者，往往不備。

《十六國春秋輯補》分部

綜述

湯球《十六國春秋纂録校本敍》 《隋書・經籍志》云：崔鴻《十六國春秋》一百卷。又云：《纂録》一十卷。知隋時其書原有二本，百卷久已放佚，而《纂録》本則歷代流傳，尚概見於何鏜《漢魏叢書》中，幸何如也。惟其名不彰，故宋《崇文總目》以爲《十六國春秋略》，《通鑑考異》以爲《十六國春秋鈔》。其所引概與

此書同。《四庫簡明目録》稱或即《崇文》、《考異》之書，而以爲別本《十六國春秋》，未免失檢《隋書·經籍志》矣。其書編纂簡潔，故能行之久遠，但傳鈔屢經，不無刪節及脱誤難讀之處。又幸北齊《修文殿御覽》曾全載於偏霸部中，其編次前後概與此書同。可以兩相讎校。爰取二本之詳者以爲底本，其小異同則惟求其是，而注一作某，其有詳略則注某節去，或云依某加，以便檢閲，雖不能云復原本之舊觀，亦可以覩古書之梗概。或曰與百卷不合，蓋此書原纂其録，所以國各爲録，豈必與百卷本同哉。參互考訂，即纂録本，實信無疑，因定其一十卷之目以列於後。

吴翊寅《十六國春秋纂録校勘記跋》 崔鴻《十六國春秋纂録》，《隋志》「十卷」，宋《崇文總目》以爲《十六國春秋略》，《通鑑考異》以爲《十六國春秋鈔》，即《隋志》所題之《纂録》也。古黟湯先生伯玕據何鏜《漢魏叢書》所刊及北齊《修文殿御覽》互相校讐，録爲定本，小有異同則加考訂，以求其是而復其舊，補正脱誤，使成完書，糾謬拾遺，厥功甚偉。今《修文殿御覽》已佚，嚴先生可均云「邢氏澍爲余言，漢中張姓藏有是書，邢非謾言者，余將老矣，不無想望」。見《鐵橋漫稿》卷八。是嘉道閒尚有傳本，而嚴未見也。湯先生與汪氏文臺、俞氏正燮游，時當承平，歙士大夫家多藏書，或得借校，故叙目中深以爲幸。自經兵火，此本豈復在天壤耶！宋《太平御覽》即據《修文殿御覽》增訂而成，然鮑刻《御覽》與此本多有異同，即王謨《漢魏叢書》亦非何鏜本之舊。茲檢二書，詳加校勘，別記簡末，藉以考證得失，使讀者知定本足貴，並可正鮑刻王刻之誤云。

閔爾昌《碑傳集補》卷五《黟三先生傳》 湯球字伯玕，黟痒生，操行廉介，以孝聞。少耽經史，從俞正燮、汪文臺游，傳其考據之學，通歷算星緯，恥以藝名。嘗輯鄭康成逸書九種、劉熙《孟子注》、劉珍等《東觀漢記》、皇甫謐《帝王世紀》、譙周《古史攷》、《傅子》、《伏侯古今注》。球讀史用力於《晉書》尤深，廣蒐載籍，補晉史之闕，成書二十三種，曰王隱、虞預、朱鳳、何法盛、謝靈運、臧榮緒、蕭子雲、蕭子顯、沈約九家《晉書》，皆正史也；曰陸機、干寶、曹嘉之、鄧粲、劉謙之、王韶之、徐廣、裴松之、郭季産九家《晉記》；曰習鑿齒《晉春秋》、孫盛《晉陽秋》、檀道鸞《續晉陽秋》、杜延業《晉春秋》、蕭方等《三十國春秋》，皆編年也。又輯常璩、和苞、田融、王度、陸翽、范亨、張詮、王景暉、高閭、裴景仁、姚和都、張諮、劉昞、喻歸、車頻、段龜龍等所譔偏霸各史，而崔鴻《十六國春秋》百卷爲巨觀，又補譔《年表》一卷，校定《纂録》十卷，其所刪訂足正屠喬孫之失，尤稱精核。又旁輯《兩晉詔鈔》、《晉起居注鈔》、庾詵《晉朝雜事》、張敞《東宮舊事》、車灌《修陵故事》、盧綝《八王故事》、《四王起事》、應詹《陶公故事》、《桓玄譌事》、傅暢《晉諸公敍讚》、《晉公卿禮秩故事》、荀綽《晉後略記》、《晉百官表注》、《晉百官寮屬名》、杜預《律本》、賈充《晉令》、張裴《漢晉律序注》、摯虞《決疑要注》，皆典午一代掌故所資。其區宇則輯《太康地記》、《鄴中記》、《林邑記》三種。其言行則輯《晉諸公別傳》、袁宏《名士傳》、郭頒《世語》、裴啓《語林》、《山公啓事》五種。又著録晉別集三百家，晉文集五百家，裒輯閎富，卓越一代。同治六年舉孝廉方正，光緒七年卒，年七十八。

傳記

王秉恩《湯球傳》 湯君諱球，字伯玕，黟縣人。少劬學，從同縣俞先生正燮、汪先生文臺游，博通諸經，篤守家法，隱居教授。章句訓故以鄭氏爲主，諸生舉經義相質，必引據師説，徐下己意，決其異同，無穿鑿，無傅會，宣、歙閒學者宗之。黟山縣僻小，而士皆潛心經術，實君爲之倡也。其事親以孝聞，父永懿老病且篤，君謝絶人事，壹意侍疾，衣不解帶者逾數月，父竟獲痊，以耄壽終。居喪哀毁盡禮，杖而後起。性耿介，授徒奉親，束脩外不受一無名錢。鄉里敬其清操，亦無敢干以私者。咸豐初，皖中爲賊蹂躪，郡縣承檄練鄉兵，當事者浼君直練局，君自謂非禦侮材，且鄉兵訓練無素，不足辦賊，死非所懼，懼爲賊污耳，遂避地去。後賊果大至，始服君先識高蹈云。君頎身長髯，多聞强識，早歲覃精鋭思，治疇人學，中西算法靡不洞曉，尤善天官家言，《開元占經》悉能成誦，星緯推步研究其奥，而不屑以蓺事名。亂定後，聚書數千卷，杜門著述，補輯鄭氏逸書九種，《孝經》、《論語》注蒐採尤備，並補輯劉熙《孟子注》、劉珍等《東觀漢紀》、皇甫謐《帝王世紀》、譙周《古史攷》、《傅子》、《佚侯古今注》等書，皆前人輯本所未逮。又以《晉書》爲唐所修，房玄齡傳稱其時史官多文詠之士，好采碎事，競爲綺豔。劉知幾亦言自貞觀中更加纂録，凡所修撰多聚異聞，言晉史者皆棄其舊本。遒廣蒐載籍，以補其闕，而糾其譌，譔録成帙，凡二十三種：曰王隱、虞預、朱鳳、何法盛、謝靈運、臧榮緒、蕭子雲、萧子顯、沈約九家《晉書》，皆正史類也；曰陸機、干寶、曹嘉之、鄧粲、劉謙之、王韶之、徐廣、裴松之、郭季産九家《晉紀》；曰習鑿齒《漢晉春秋》、孫盛《晉春秋》、檀道鸞《續晉陽秋》、杜延業《晉春秋》、蕭方《三十國春秋》，皆編年類也。又輯常璩、和苞、田融、王度、陸翽、范亨、張詮、王景暉、高閭、裴景仁、姚和都、張諮、劉昞、喻歸、車頻、段龜龍等所譔偏霸各史，而崔鴻《十六國春

秋》百卷爲鉅觀，又補撰《年表》一卷，校定《纂録》十卷。共所删訂足正屠木之失，蓋君平生精力唯此書最深邃矣。又旁輯《兩晉詔鈔》、《晉起居注鈔》、庾詵《晉朝雜事》、張敞《東宫舊事》、車灌《修陵故事》、盧綝《八王故事》、《四王起事》、應詹《陶公故事》、《桓元僞事》、傅暢《晉諸公敘讚》、《晉公卿禮秩故事》、荀綽《晉後略記》、《晉百官表注》、《晉百官名寮屬名》、杜預《律本》、賈充《晉令》、張斐《漢晉律序注》、摯虞《決疑要注》，皆典午一代掌故所資。其區宇則輯《太康地記》、《鄴中記》、《林邑記》凡三種。其言行則輯《晉諸公别傳》、袁宏《名士傳》、郭頒《世語》、裴啓《語林》、《山公啓事》凡五種。又著録晉别集三百家、晉文集三百家，皆手自校寫，艸稿具存，至被兵時所燬卷帙，不在此數。其纂述可謂勤且閎矣。同治六年，詔舉孝廉方正，同縣程先生鴻詔以君行誼白大吏應其選，而君抗志沖雅，不就一官，以著作終其身。嗚虖！非所稱博文君子者歟！光緒辛卯，廣雅書局刻君所輯《十六國春秋》，秉恩提點局事，獲預校讐，因據程君所述事略及譔録書目次爲傳，庶以備延閣之采焉。論曰：史官之替久矣，馬班而後，世重范《書》，體大思精，歎爲絶作，觀其自敘，亦博采衆家而成。承祚《國志》稱良史才，裴世期補而注之，遂以不朽。晉代記載炳乎藝林，陸機、干寶、何法盛、習鑿齒，諸賢大雅宏達，皆有鑒裁，卓然成一家言。唐修《晉書》始用衆手。貞觀中，房玄齡奏令許敬宗、來濟、陸元仕、劉子翼、令狐德棻、李義府、薛元超、上官儀等八人分功撰録。典著作者多文藻之士，又雜取《世説新語》，以放誕相高。然則子玄所譏，其事蕪穢，其辭猥雜，異乎記功書過，彰善癉惡者，非過論矣。自太宗著論總題御譔，新製既出舊史遂佚，今君於散亡之餘捃拾叢殘，又兼採霸朝各史，攷覽異同，倘就所録刊入史注，必能參覈詳洽，首尾該備，以方世期又何愧焉。厥緒未竟，墓艸已宿，遺書盈篋，恩就湮没，惜哉。

《玉函山房輯佚書》分部

綜　述

劉錦藻《皇朝續文獻通考》卷二七一　臣謹案：奭以孝廉官比部，嘗執經江藩之門。江氏受業於余蕭客，余氏之學出於惠棟。奭學有師承，搜輯是編二百八十餘種，並高密遺書十一種。奭既没，粤寇至，版庋樊瀠鎮僧舍者二十餘年。其子攜歸，僅存二百十餘種。其《經解》、《逸書考》全襲《玉函山房輯佚書》，不啻馬國翰之攘章宗源也。惟《子史鉤沈》中史部則自出機杼，不致寄人籬下，有足取也。

《小學鉤沉》分部

綜　述

汪廷珍《小學鉤沉識語》　右《小學鉤沈》十九卷，先子任子田先生所纂輯也。前十二卷高郵王懷祖先生手校付梓，後七卷未及校。廷珍無似，不能詳稽古訓以成定本，恐其久而散失，以致湮没，非所以畢後死者之責也。謹以原本繕寫屬懷祖先生令子伯申侍郎刊其訛誤，授之剞劂，以質惟之君子。是書前有儀徵施太常朝幹所撰墓志及廷珍所述序言，紀先生出處行實畧具，今並失去，然大要已爲史館諸君采入國史儒林傳中，故不復補。會稽章進士學誠别傳一篇，道先生爲學著書之恉甚詳，今附刻於後。先生所撰述别有《深衣釋例》、《釋繒》、《字林考逸》諸書皆已行世。《弁服釋例》，蕭山教授王宗炎所校，儀徵阮制府元刻於浙江。又撰《釋色》若干卷，未成。《異越備史注》二十卷，草本重沓訛舛，校勘不易，今藏於家云。

羅振玉《小學鉤沈續編序》　儒者之道備乎六經，明經之要存乎文字，舍窮經而言明道，舍識字而言窮經，此必無之理也。《周禮》保氏教國子先以六書，漢制諷籀書九千字乃得爲吏。古者舞勺之僮、刀筆之吏皆能嫻習雅詁，精通六書，不必其在儒者也。逮乎李唐，斯風漸替，然猶以《説文》、《字林》考判，故《唐書·藝文志》載小學諸書，《倉》、《雅》以下裒然尚存。五季之亂，遺書日就淪失。有宋之世，儒者談心性，學士競辭華，六書不絶如綫。賴開國之初，天生二徐以扶微學，然《説文》僅存而《倉》、《雅》諸書絶矣。國朝任子田先生始放王伯厚輯鄭氏《易》、《三家詩》之例，剌取往籍所引古字書，排比成帙，爲《小學鉤沈》，其裒殘守缺之功不讓二

徐之於許祭酒，顧其撮拾不能無遺漏，嘗恨無淹雅之士爲之補輯。光緒壬辰夏，山陽顧竹侯文學以所箸書見示，啟帙讀之，即《小學鉤沈續編》，曩之殷然屬望者一旦酬之意外，爲之驚喜欲狂。顧君幼奉太史持白先生庭訓，夙究心許鄭之學，兹之所輯未足覘其學之全，然其有功於前哲，沾溉於來學者，已不淺矣，玉居恒嘗謂士生今日，文教昌熾，以云箸作良不易易，率爾操觚，鮮不詒雷同之誚，何如校讎古籍之效捷而用宏乎？竊持此論頗有年歲，深恐其隘而無當也。今觀顧君此書，喜與鄙見不謀而符，兹爲序其書，並箸厥議敬質顧君以爲何如。

顧震福《小學鉤沉續編自序》 文藝末也，小學於六藝尤末也，然小學明而經義明，經義明而古今人心同然之理乃因之以明，故儒者治經必通小學。小學之類有三，曰形，曰聲，曰義，晐此三者惟許祭酒《説文解字》。顧形有别體，聲有轉音，義有後起之義，又非墨守許書所能晐，然則漢魏以來諸字書又烏可以不讀乎？惜五代之時羣書散軼，至我朝昌明經術，諸老宿慨古義之不存，乃羣焉裒輯，如興化任氏《小學鉤沈》，海寧陳氏《小學拾存》，歴城馬氏玉函山房小學類輯佚書，皆有功於古籍。而三書以任氏爲最精博，但任書成於晚歲，采撮不能無遺。比來日本所出諸逸書多引古籍逸文，任氏亦未之見。震福幼奉家君庭訓，即命瀏覽諸字書，因不揆檮昧，就諸書所引，而任氏所未及者仿其體例爲補輯之，閲年餘而粗具，命之曰《小學鉤沉續編》。家君見之曰：是瑣瑣者，黏粒之拾，何足爲前賢續貂。弟諸字説義正而確，訓古而精，以之隸經，未始無秋毫之益，既掇輯成帙，不必任其散失也。爰以付諸剞劂氏，小學元士或有先我爲之者，其晐備當倍懼是書，他日獲見，得以匡謬補缺，幸甚盼甚。

又《凡例》 一是編所輯有足補任氏已引之未備者，如任氏從《後漢書》注引《倉頡篇》「鉆持也」，今從慧琳《音義》引《倉頡篇》「鉆，持，鐵夾也」。任氏從《御覽》引《通俗文》「石鍋轢轂曰輾」，今從《農政全書》引《通俗文》「碓石曰碣，轢轂曰輾」是也。一是編所輯有足正任氏已引之誤者，如任氏從园應《音義》引《通俗文》「物案曰瞏」，自注「案當作柔」，今從慧琳《音義》引《通俗文》正作「物柔曰瞏」。任氏從园應《音義》引《埤倉》「礶作搞」，王校「搞當作塙」，今從《原本玉篇》引《埤倉》正作「確爲塙」。任氏從《文選注》引《倉頡篇》「輷輷，衆車聲也」，王校「輷是輷之訛」，今從《原本玉篇》引《倉頡篇》作「輷輷，聲也」。任氏從《儀禮釋文》引約《聲類》以爲約字，王校以爲約字，約當作絢，今從《原本玉篇》引《聲類》作約，亦絢字也。此皆與舊校合。至原未校正者，如任氏從园應《音義》引《埤倉》「庵，痷也」；又從《文選注》引《聲類》「譸亦噂字也」，今從《原本玉篇》引《埤倉》「庵，廁也」，《聲類》「譸亦噂字也」，可正痷、噂爲誤字，類是者甚多。一是編所載有與任輯字同義異者，或爲本義，或爲借義；有與任輯字異義同者，或爲正字，或爲俗字，並録之以資參考。一任輯《切韻》僅十數則，今則博采諸家，惟大小徐《説文》暨《汗簡》所載諸《切韻》或有聲無義，或有形無義，均未録。張戩《考聲切韻》采輯甚夥，以集隘未能備登，擬另編專集付梓。一任氏從园應《一切經音義》，所輯諸字説必註明某經音義。今從慧琳《一切經音義》，輯者則但注某卷，以慧琳《音義》倍灑於园應，注某經音義轉不便於尋檢也。一慧琳《一切經音義》引諸字説有一書一義而前後十數見者，今但於其詞有異者載之，無異則不復注，他書引與慧琳引同者，仍注焉。

傳記

錢儀吉《碑傳集》卷五六《任君大椿别傳》 興化任君幼植與余同學文辭於大興朱先生筠君，與余同乾隆三年戊午生，而學於朱氏則先於余。余自乾隆丁亥旅困不能自成，依朱先生居，咤嚓無聊甚然，由是得見當世名流及一時聞人之所習業。客有自江南來者投遠書一鉅囊，稱任君所寄，朱先生爲之色然，發緘得幼植書，論學甚詳，而以所撰《儀禮經傳考訂》若干卷請先生爲之是正，余始有意於君。己丑君登進士第，以二甲第一人授禮部主事，分曹學習得儀制司，禮部職事清简，進士分部多不願居，然禮部四司儀制祠祭號爲繁劇，他司往往求兼攝之，乃爲見才。君顧謁朱先生，欲爲丐尚書移司简曹，且曰：「曹閒多暇，卜居近先生家，每日中可畫諾歸邸，即假先生藏書竭半日一夜之力誦且習焉。四分日力之三，則十年守官猶得七年强半讀書，所獲豈不雋歟。」先生乃曰：「古人仕學不偏廢，且知命者固不求熱，亦豈有意求清冷耶！」君唯唯以退。余於是時始得見君，然余將家京師，皇皇謀食，不得時過君也。已而余遊江南，見顧君九苞於太平官舍。顧君本末詳《庚辛亡友列傳》，其母任則君之祖姑也。言君孝友，家無升斗儲，然事親能盡色養，非其道義，雖銖黍不取於人。乙未余復至京師，君已徵爲四庫書館纂修，因得寬假曹務。校理之暇，借窺中秘儲藏，四方奏上遺書，人間所希覯者，從而證定向所業編得以益信。余訪君，屬疾，延見卧所，則君方輯吕忱《字林》，逸文散見，蒐獵

橫博，楮墨紛挐，狼籍枕席閒。君呻吟謂余病不可堪，賴此消長日耳。君學淹通於禮，尤長名物。初欲薈萃全經，久之知其浩博難罄，因思即類以求，一類既貫，乃更求他類，務使遍而後已。所著《深衣釋例》、《釋繒》諸篇，皆博綜羣書，衷以己意。皮傅之學不過視爲《爾雅》廣疏，不知君乃經禮之別記爾。學者能推君意，擴其所未盡者，不騖遠而遽議全經，不矜名而好爲獨斷，博徵其材，約守其例，各盡所長，以窮類之散，然後徐俟其人，以會經之全，庶幾哉經學其有昌乎。君之文長於辭賦，少年爲文選學，詩文時得其似，不能精也。然讀書輒能知作者意，不以己之所守槩人。余撰《通義》、《言公》之篇中有「喪心故國，斯傳塞外之書」之語，自注云「李陵《答蘇武書》，自劉知幾以還，皆謂六朝僞作。其寔僞者何所取乎？當是南北分疆，有南人羈北，事類李陵，不忍明言，託擬此書以見志耳」。君見之首肯數四，且曰：「今人皆重考訂，必斥君言無稽，不知君意固不以此拘也。」余著《通義》爲世所詆，强半類此。君乃平素不苟於名物者，而所言如是，以是知君可與微言者也。乙巳之冬，余自保定暫至京師，館同年生潘編修庭筠家。時潘居興化寺街，與君居衡宇相望，談晏流連，互爲主客，自謂得窮途樂也。余留旬日出都，先一夕君挈壺酒就潘君書室，酌且言別，至街析四嚴，霜月凜冽，砭人肌理，從僕多欠仄思臥，四顧無聲，三人猶露立中逵談款，久不忍釋，此境於今歷歷，不謂君已溘然逝也。余戊申秋爲《庚辛亡友列傳》，自恨於顧君嘗諾爲其先人作傳，顧君既逝，不可復詢端末。其冬遇李君晉埗於亳之學舍，粗識顧父崖略，因爲顧傳，書後並寄永清知縣周君震榮。明年，周君以余文付刻，寄余印本，且曰：「近何南谿、任幼植相繼下世，曾幾何時亡友傳成，又當續其二矣。」哀哉！何君余別有傳，君又李君之同縣且戚屬也！李君有子某甚才而文，請余爲君撰傳，諾之久，未報。庚戌季冬晏歲，風雪羇旅懷人，因追述與君始末之交如是。行自念江湖落拓，倏又三年，長安故人落落如晨星之漸少，索居已久，學植文章將求砥礪之無從，而荒落且歸於無似也，亦重可慨夫。君諱大椿，一字子田，官某道監察御史，卒年五十有二。無子，議以弟某有子當爲之後。君貧無一宿舂，身後喪將不舉，斥賣故書，直尚千金，乃得治裝歸櫬，可哀也。君所著書若干種，具如別録。

《二酉堂叢書》分部

傳記

《清史列傳》卷七三　張澍，字介侯，甘肅武威人。嘉慶四年進士，改翰林院庶吉士，時年甫十九。博聞麗藻，一時驚爲異人。散館授知縣，選貴州玉屏。官數年，引疾歸。復出謁選，會李家樓河隄潰決，兩江總督百齡奏辟赴工。以勞，敍選四川屏山，攝興文。旋丁父艱歸。再起，令江西之永新，署臨江通判。以上漕銀緩，去官。開復，補瀘谿。再以憂去，遂不出。澍之改官也，朝論惜之。及爲吏，政事修明，所至令行禁止。然性亢直，時時責善於長官。在黔時，滇撫初彭齡過縣，從者索金，抶之百。其任屏山，以署任貪黷事上揭，大府駴然，議調署他缺，勒署者休致以息事。澍曰：「癉惡舉賢，上官職也。某不改與聞，且不願因案調繁。」卒解任聽勘，久之事乃白。四川總督爲澍座主，甫入蜀，即具疏舉劾，屬吏震悚。澍上書言其徇情市恩，如所舉某守賕某令，但佞佛耳。其狂直如此。蜀歲饑，澍多方賑糶，法周弊絶，民乃大飽。後主講蘭州，大旱，猶與那彦成書言賑事，戒遲緩，戒拘方，戒遣使云。澍讀書務博覽，經史皆有纂著。同時講漢學者，武進臧鏞、高郵王引之、樓霞郝懿行所著書，皆校正其譌誤。自著《詩小序翼》、《說文引經考證》，亦蒐采極博。其論文不分偶散，振筆直書，輒十數紙。又性愛遠游，齊、魯、豫、晉、吴、越、楚、粤，嘗再三至。黔、蜀、江右爲筮仕之邦，凡所涉歷，山川助其興。自定詩集二十六卷、文集三十六卷，深雄雅健，時罕儷者。晚歲家秦，鋭心文獻，纂《五涼舊聞》四十卷。輯《關隴》作者著述，凡數十種。籍非鄉邦，而其書闕佚者，亦摭捃爲《二酉堂叢書》。又著《三古人苑》、《續黔書》、《秦音》、《蜀典》，而《姓氏五書》，尤爲絶學云。

《水經注》分部

綜述

魏源《古微堂集・書趙校水經注後》 近世趙一清《水經注》，爲戴氏所勦，而其徒金壇段氏反覆力辯爲趙之勦戴，謂趙氏成書在前，刊書在其身後，凡分經、分注之例，趙氏未嘗一言，至戴氏始發明之。及聚珍版官爲刊行，而後人校刊趙書，或采取戴説，故二書經文無異，是不以爲戴之勦趙，而反以爲趙之勦戴，且怪梁曜北昆仲刊趙書時，何不明著其參取戴校之故，謂以攘美成疑案，其説呶呶千餘言，詿誤後學，請詳闢其妄。考趙氏書未刊以前，先收入《四庫全書》，今《四庫書》分貯在揚州文匯閣、金山文宗閣者，與刊本無二，是戴氏在四庫館時先覩預竊之明證。其後聚珍官版刊行又在其後，若謂趙氏後人刊本采取於戴，則當與《四庫》著録之本判然不符而後可，豈《四庫書》亦爲趙氏後人所追改乎？若謂趙氏序例中未言經文不重舉某水注必重舉某水之例，則不知趙本第二卷河水篇下首言之矣。「江水又東逕永安」下爲注之混經，則附録中歐陽玄《水經序》又言之矣。皆戴氏所本，何謂趙氏不言。且一清與全氏祖望同時治《水經》，全氏《水經》未刊，予見其鈔本凡例一卷，於經注分晰尤詳，凡戴氏所舉三例，皆在其中，故趙書不復重述凡例，戴氏不當侈爲創獲也。《四庫提要》「水經」一門，即係戴氏所纂，於趙書首闢其注中有疏之説，謂同於豐坊之僞本，及戴氏所校《水經》，則又於第一卷《河水篇》「《爾雅》河出崑崙墟」下，引《物理論》十六字爲注中之小注，故雜在所引《爾雅》之間，《山海經》下引《括地圖》十三字，亦同此例，其餘不一而足。是則注中小注之説，戴氏既竊之而又斥之，盜憎主人，不顧矛盾一至是乎？戴氏臆改經注字句，輒稱《永樂大典》本，而《大典》現貯翰林院，源曾從友人親往翻校，即係明朱謀㙔等所見之本，不過多一酈序，其餘删改字句皆係僞託《大典》，而《大典》實無其事，殆以祕閣官書海内無從窺見歟？

沈垚《落帆樓文集・漳北滱南諸水考》 酈《注》有缺佚，江自下雉以東及涇、洛、滹沱諸篇，今皆散失不存，金蔡正甫撰《補正水經》三卷，歐陽原功序稱其詳趙、岱間水，書今不傳。垚以漳北、滱南諸水，《水經注》既放軼，《水道提綱》於滹沱外，他水又槩從略，因取酈《注》逸文之散見於《寰宇記》者，參以他書分别考之。

《舊五代史》分部

綜述

彭元瑞《舊五代史鈔本題跋》 《永樂大典》散篇緝成之書，以此爲最，以其注明《大典》卷數及採補書名、卷數，具知存闕章句，不没其實也。《四庫全書》本如此，後武英殿鐫本遂盡删之。曾屢争之總裁，不見聽，於是薛氏真面目不可尋究矣。幸鈔存此本，不可廢也。

紀昀《請照殿版各史例刊刻舊五代史奏章》 謹奏：伏查《永樂大典》散片内所有薛居正等《五代史》一書，宋開寶中奉詔撰述，在歐陽修《五代史》之前，文筆雖不及歐之嚴謹，而敘事頗爲詳核，其是非亦不詭于正，司馬光《通鑑》多採用之。當時稱爲《舊五代史》，與歐陽修之本並行，自金章宗泰和間，始專以歐史之列學官，而薛史遂漸就湮没。兹者恭逢聖主，稽古右文，網羅遺佚，獲于零縑斷簡之中，蒐輯完備，實爲此書之萬幸。至此紀載該備，足資參考，于讀史者尤有裨益，自宜與劉昫《舊唐書》並傳，擬仍昔時之稱，標爲《舊五代史》，俾附二十三史之列，以垂久遠。謹將全書五十八本、校勘、發凡，一併裝訂，恭呈御覽，伏候訓示。前經臣王際華面奏，此書列之史册，洵足嘉惠藝林，請照殿版各史例刊刻，頒行海内，荷蒙聖恩俞鑒，恭候欽定發下，即交武英殿遵照辦理。再查諸史前俱有原進表文，此書原表久佚，謹另擬奏摺一通，隨書呈進，俟奉旨允准，即敬謹恭録，並奏摺同刊卷首，以符體式。再現在繕本，因係採葺成書，于每段下附注原書卷目，以便稽考。但各史俱無此例，刊刻時擬將各注悉行删去，俾與諸史畫一。其有必應核訂者，酌加案語，照各史例附考證于本卷之後，合併聲明。謹奉奏。

《編定舊五代史凡例》 一、《薛史》原書體例不可得見。今考其諸臣列傳，多

云事見某書，或云某書有傳，知其於梁、唐、晉、漢、周斷代爲書，如陳壽《三國志》之體，故晁公武《讀書志》直稱爲詔修梁、唐、晉、漢、周書。今仍按代分編，以還其舊。

一、《薛史》本紀沿《舊唐書》帝紀之體，除授沿革，鉅纖畢書。惟分卷限制爲《永樂大典》所割裂，已不可考。詳核原文，有一年再紀元者，如上有同光元年春正月，下復書同光元年秋七月，知當於七月以後別爲一卷。蓋其體亦仿《舊唐書》，《通鑑》尚沿其例也。今釐定編次爲本紀六十一卷，與《玉海》所載卷數符合。

一、《薛史》本紀俱全，惟《梁太祖紀》原帙已闕，其散見各韻者，僅得六十八條。今據《册府元龜》諸書徵引《薛史》者，按條採掇，尚可薈萃。謹仿前人取《魏澹書》、《高氏小史》補《北魏書》之例，按其年月，條繫件附，釐爲七卷。

一、五代諸臣，類多歷事數朝，首尾牽連，難於分析。歐陽修《新史》以始終從一者入梁、唐、晉、漢、周臣傳，其兼涉數代者，則創立雜傳歸之，褒貶謹嚴，於史法最合。《薛史》僅分代立傳，而以專事一朝及更事數姓者參差錯列，賢否混淆，殊乖史體，此即其不及《歐史》之一端。因篇有論贊，總敘諸人，難以割裂更易，姑仍其舊，以備參考。得失所在，讀史者自能辨之。

一、《后妃列傳》，《永樂大典》中惟《周后妃傳》全帙具存，餘多殘闕。今采《五代會要》、《通鑑》、《契丹國志》、《北夢瑣言》諸書以補其闕，用雙行分註，不使與本文相混也。

一、《宗室列傳》，《永樂大典》所載頗多脱闕。今並據《册府元龜》、《通鑑注》諸書采補，其諸臣列傳中偶有闕文，亦仿此例。

一、諸臣列傳，其有史臣原論者，俱依論中次第排比；若原論已佚，則考其人之事蹟，以類分編。

一、《薛史》標目，如李茂貞等稱《世襲傳》，見於《永樂大典》原文；其楊行密等稱《僭僞傳》，則見於《通鑑考異》。今悉依仿編類，以還其舊。

一、《薛史》諸志，《永樂大典》内偶有殘闕。今俱采《太平御覽》所引《薛史》增補，仍節録《五代會要》諸書分註於下，用備參考。

一、凡紀傳中所載遼代人名、官名，今悉從《遼史索倫語解》改正。

一、《永樂大典》所載《薛史》原文，多有字句脱落、音義舛訛者。今據前代徵引《薛史》之書，如《通鑑考異》、《通鑑注》、《太平御覽》、《太平廣記》、《册府元龜》、《玉海》、《筆談》、《容齋五筆》、《青緗雜記》、《職官分紀》、《錦繡萬花谷》、《藝文類聚》、《記纂淵海》之類，皆爲參互校訂，庶臻詳備。

一、史家所紀事蹟，流傳互異，彼此各有舛互。今據新、舊《唐書》、《東都事略》、《宋史》、《遼史》、《續通鑑長編》、《五代春秋》、《九國志》、《十國春秋》及宋人説部、文集與五代碑碣尚存者，詳爲考核，各加案語，以資辨證。

一、陶岳《五代史補》、王禹偁《五代史闕文》，本以補《薛史》之闕，雖事多瑣碎，要爲有裨史學，故《通鑑》、《歐陽史》亦多所取。今並仿裴松之《三國志注》體例，附見于後。

一、《薛史》與《歐史》時有不合，如《唐閔帝紀》，《薛史》作明宗第三子，而《歐史》作第五子，考《五代會要》、《通鑑》並同《薛史》。又，《歐史》《唐家人傳》云：太祖有弟四人，曰克讓、克修、克恭、克寧，皆不知其父母名號。據《薛史》《宗室傳》，則克讓爲仲弟，克寧爲季弟，克修爲從父弟，父曰德成，克恭爲諸弟，非皆不知其父母名號。又，《晉家人傳》止書出帝立皇后馮氏，考《薛史》紀傳，馮氏未立之先，追册張氏爲皇后，而《歐史》不載。又，張萬進賜名守進，故《薛史》本紀先書萬進，後書守進，《歐史》删去賜名一事，故前後遂如兩人。其餘年月之先後，官爵之遷授，每多互異。今悉爲辨證，詳加案語，以示折衷。

一、《歐史》改修，原據《薛史》爲本，其間有改易《薛史》之文而涉筆偶誤者。如章如愚《山堂考索》論《歐史》載梁遺人至京師，紀以爲朱友謙，傳以爲朱友諒；楊涉相梁，三仕三已，而歲月所具，紀載實異，至末年爲相，但書其罷，而了不知其所入歲月；唐明宗在位七年餘，而論贊以爲十年之類是也。有尚沿《薛史》之舊而未及刊改者。如吴縝《五代史纂誤》譏《歐史・杜曉傳》幅巾自廢不當云十餘年；《羅紹威傳》牙軍相繼不當云二百年之類是也。今並各加辨訂於本文之下，庶二史異同得失之故，讀者皆得以考見焉。

永瑢《進舊五代史表》 多羅質郡王臣永瑢等謹奏，爲《舊五代史》編次成書恭呈御覽事。臣等伏案薛居正等所修《五代史》，原由官撰，成自宋初，以一百五十卷之書，括八姓十三主之事，具有本末，可爲鑒觀。雖值一時風會之衰，體格尚沿於冗弱；而垂千古廢興之迹，異同足備夫參稽。故以楊大年之淹通，司馬光之精確，無不資其賅貫，據以編摩，求諸列朝正史之間，實亦劉昫《舊書》之比。乃徵唐事者並傳天福之本，而考五代者惟行歐陽之書，致此逸文，寖成墜簡。閲沉淪之已久，信顯晦之有時。欽惟我皇上紹繹前聞，網羅羣典，發秘書而讎校，廣四庫之儲藏。欣覩遺篇，因裒散帙，首尾略備，篇目可尋。經呵護以偶存，知表章之有待，非當聖世，曷闡成編。臣等謹率同總纂官右春坊右庶子臣陸錫熊、翰林院侍讀臣紀

昫，纂修官編修臣邵晉涵等，按代分排，隨文勘訂，彙諸家以蒐其放失，臚衆説以補其闕殘，復爲完書，可以繕寫。竊惟五季雖屬閏朝，文獻足徵，治忽宜監。有《薛史》以綜事蹟之備，有《歐史》以昭筆削之嚴，相輔而行，偏廢不可。幸遭逢乎盛際，得焕發其幽光，所裨實多，先睹爲快。臣等已將《永樂大典》所録《舊五代史》，依目編輯，勒一百五十卷，謹分裝五十八册，各加考證，粘籤進呈。敬請刊諸秘殿，頒在學官。搜散佚於七百餘年，廣體裁於二十三史。著名山之録，允宜傳播於人間；儲乙夜之觀，冀稟折衷於睿鑒。惟慚疏陋，伏候指揮，謹奏。

俞正燮《癸巳存稿》卷八 《舊五代史》輯自《永樂大典》，而以《册府元龜》補之，底本俱注明，嘗以《大典》史文校《册府元龜》，多不同，知《册府元龜》非全用薛《史》，元注應存也。《梁紀》太半出閏位部，《王建傳》全出僭僞部，此其尤多者，至《五代會要》，則全采《薛史》。薛史《外國列傳》二「昆明部落，其俗椎髻跣足，酋長披虎皮，下者衣氈，于闐其俗好事妖神」，底本注云：「八千五百二十」；「占城本地，鳥之大者有孔雀」，注云：「八千四百三十九」；「牂牁蠻，其國法劫盗者三位還贓，殺人者出牛馬三十頭乃得贖死」，注云：「五千一百五十。」籤云：「昆明、占城、牂牁僅存數語，今仍其舊。」細檢其文，乃是四國有于闐也。于闐在《會要》二十九卷，云「其俗好事妖神」，牂牁、昆明、占城之文在《會要》三十一卷，占城多「獸之奇者有犀牛」七字耳。今薛《史》刊本，目録已補于闐，然不應次於昆明、占城之中，宜依《會要》次序。

錢熙祚《刊續世説跋》 《續世説》於南北朝取李延壽，於唐取劉昫，於五代取薛居正，今薛《史》從《永樂大典》重輯，有數條可轉據此書補之，惜邵學士分纂時未見也。

傳記

錢大昕《潛研堂文集》卷四三《日講起居注官翰林院侍講學士邵君墓志銘》 嘉慶紀元之春，餘姚邵君二雲自左庶子擢翰林院侍講學士，兼文淵閣直閣事。君以懿文碩學，知名海内，及被召入四庫館，總裁倚爲左右手，朝廷大著作，咸預討論，每經進書籍，九重未嘗不稱善。迴翔清署，二十有餘年，至是始轉四品，乃以編書積勞成疾。疾且愈矣，醫者誤投藥，遂不起，實六月十五日，春秋五十有四。計至吴下，予爲位哭之慟。因憶乙酉秋，予奉命典試浙右，蘄取奇士不爲俗學者，君名在第四，五策博洽冠場，僉謂非老宿不辦。及來謁，纔逾弱冠，叩其學，淵乎不竭。予拊掌曰：「不負此行矣。」越六年，禮部會試第一，賜進士出身。乾隆三十八年，有詔編次四庫書，思得如劉向、揚雄者用之，宰相首以君名入告。召赴闕，除翰林院庶吉士，充纂修官。逾年，授編修。久之，御試翰詹諸臣，君名列二等，遷右中允，四轉而至今職。嘗預修國史、《萬壽盛典》、《八旗通志》，校勘《石經春秋三傳》。由文淵閣校理進直閣事，充日講起居注官，總裁咸安宫官學，提調國史。典鄉試者一，教習庶吉士者再，階由儒林郎至中議大夫。君少多病，左目微眚，清羸如不勝衣，而獨善讀書，數行俱下，寒暑舟車，未嘗頃刻輟業。于四部七録，無不研究，而非法之書，弗陳于側。嘗謂《爾雅》者，六藝之津梁，而邢叔明《疏》淺陋不稱，乃別爲《正義》，以郭景純爲宗，而兼采舍人、樊、劉、李、孫諸家。郭有未詳者，摭它書補之，凡三四易稿而始定。今承學之士，多舍邢而從邵矣。自歐陽公《五代史》出，而薛氏《舊史》廢，獨《永樂大典》采此書，君在館會粹編次，其闕者采《册府元龜》諸書補之，由是薛《史》復傳人間。予嘗論《宋史》紀傳，南渡不如東都之有法，寧宗以後，又不如前三朝之粗備，微特事迹不完，即褒貶亦失實。君聞而善之，乃撰《南都事略》以續王偁之書，詞簡事增，過正史遠甚。畢尚書沅《續宋元通鑑》，常就君商榷，輒歎曰：「今之道原、貢甫也。」君生長浙東，習聞蕺山、南雷諸先生緒論，于明季朋黨、奄寺亂政，及唐、魯二王起兵本末，口講手畫，往往出于正史之外，自君謝世，而南江文獻無可徵矣。君所著又有《孟子述義》、《穀梁正義》、《韓詩内傳考》、《皇朝大臣謚迹録》、《輶軒日記》，皆實事求是，有益于學者。君至性過人，事親喪葬盡禮，篤于故舊，久要不忘。性狷介，不踏權要之門，以教授生徒自給，退食之暇，執經者環侍左右，君隨問曲論，人人皆得其意，君亦以師道自任，莫敢以非義干者。詩文操筆立就，淵博奥衍，自成門户，有《南江詩文稿》。君諱晉涵，字與桐，二雲其號。大父向榮，康熙壬辰進士，父佳鈗，增廣生，皆以君貴贈中憲大夫。元配□恭人。子秉恒、秉華卜葬君于某鄉某原，先期來請銘。於戲！自四庫館開，而士大夫始重經史之學，言經學則推戴吉士震，言史學則推君。君于國史，當在《儒林》、《文苑》之列，朝野無閒言。而知之最先者，予也。予比歲衰病，嘗預戒兒輩，必求二雲銘我，孰意天實祝予，轉以才盡之筆，納君穿中也，此所以泫然而失聲也。銘曰：浩浩南江，導源岷山。厥生名儒，特立絶群。陽明以功，梨洲以文。雖與參之，其在二雲。名冠南宫，書校東觀。爲真學

士，爲良史官。槐鼎何慕，竹帛常尊。著書滿家，自信千年。古三不朽，言其一焉。溝澮易涸，視此原泉。

阮元《揅經室二集》卷七《南江邵氏遺書序》 餘姚翰林學士邵二雲先生，以醇和廉介之性，爲沈博邃精之學，經學、史學竝冠一時，久爲海内共推，無俟元之縷述矣。歲丙午，元初入京師，時前輩講學者，有高郵王懷祖，興化任子田，暨先生而三，元咸隨事請問，捧手有所授焉。先生本得甬上姚江史學之正傳，博聞强記，於宋、明以來史事最深，學者唯知先生之經，未知先生之史也。於經則覃精訓詁，病邢昺《爾雅疏》之陋，爲《爾雅正義》若干卷，發明叔然、景純之義，遠勝邢書，可以立于學官。在四庫館與戴東原諸先生編輯載籍，史學諸書多由先生訂其略，其提要亦多出先生之手。先生又曾語元云：「《孟子疏》僞而陋，今亦再爲之。《宋史》列傳多訛，欲刪傳若干，增傳若干。」顧皆未見其書。今先生久卒，於官所著書惟《爾雅注疏》先已栞行，今令子秉華等復栞《南江札記》四卷，《南江文鈔》若干卷，次第皆成。尚有《南江詩鈔》十卷、《韓詩内傳考》一卷、《舊五代史考異》、《宋元事鑑攷異》、《大臣謚跡録》、《方輿金石編目》若干卷未刊，將次第刊之，以貽學者。元既心折於先生之學行，又喜獲交於令子秉華，能輯先生之書，俾元受而讀之，得聞先生未罄之緒論也。謹記數言，以諗同學者。

俞正燮《癸巳類稿》卷一二《書舊五代史僭僞列傳三後》 史稱昶母李氏，本莊宗嬪御，以賜知祥。唐天祐十六年，歲在己卯十一月十四日，生昶於太原。《宋史》世家亦云：「己卯十一月昶生。」《薛史》從《永樂大典》輯出，其誤者加案訂正。此案云：「花蕊夫人《宫詞》法雲寺裏中元節，又是官家降誕辰。」昶當七月十五日生。其説恐不然也。宋廖瑩中《江行雜志》言王平子所記《花蕊宫詞》二十八首，《成都文類》王平甫校書，得夫人親筆三十二首，俱無此二語。疑此屬王建時矣。王建，《薛史》已軼，今所輯者，自《册府元龜》，無建生日，惟《洛中記異録》云：「蜀王建屬兔，有兔子上金牀之讖。」陸友仁《研北雜志》云：「余生平見黄筌畫雪兔凡三四本，蓋僞蜀孟昶卯生，每誕辰，筌即書進。」是建及昶皆屬兔，筌以雪兔進昶，則史言昶以十一月生無疑。

《漢唐地理書鈔》分部

傳記

《清史列傳》卷六八 王謨，字仁圃，江西金谿人。乾隆四十三年進士，授知縣，乞就教職，選建昌府教授。以實學訓士，生徒景附。後以告歸，年七十六，卒。謨天才俊逸，精力過人。弱冠，賦江右風土，下筆千言。自少疾俗學，好博覽。晚歲獨抱遺經，泊然榮利之外。嘗輯漢魏羣儒著述之已佚者，分經、史、子、集四部，片議單詞，無不甄録，爲《漢魏遺書鈔》五百餘種，用力至深。其《經翼》一門，一百八種經，已刊行，世共寶之。讀書有心得，輒爲劄記，仿《困學紀聞》例，類别區分，爲《汝麋玉屑》二十卷。嘉興錢儀吉稱其研覈同異，文萬旨千，無一語沿襲前人，無一義不求至是，洵足開牖後學。生平論撰甚富，諸經皆有詮釋，著《韓詩拾遺》十六卷、《逸詩詮》三卷、《夏小正傳箋》四卷、《孟子古事案》四卷、《補孟子釋文》七卷，又有《三易通占》、《尚書雜説》、《左傳異辭》、《論語管窺》、《爾雅後釋》。嘗以《江西通志》詳今而略古，著《江右考古録》一卷，以六朝、五代人物廢闕，江右人文見於史者多疏略，因網羅舊聞，著《豫章十代文獻略》五十二卷。他著有《補史記世家古今人表》、《問漢唐地理書》、《家語廣注》、《酒中正》、《讀書引》凡數十卷。又《汝麋詩鈔》八卷、《文鈔》十二卷。

《七緯》分部

綜述

顧觀光《七緯拾遺叙録》 侯官趙氏之輯《七緯》也，謂緯与經同時並出，而後

人以圖讖亂之，真者反隱，僞者日新，故所輯篇名一以《後漢書・樊宏傳》注爲準，其餘概置不録，以爲皆讖類也。讖緯之别，前人早已言之，余嘗反覆推求，而知緯類至繁，蓋有出于《後漢書》注之外者。《尚書緯》云：「孔子删書，以百二篇爲《尚書》，十八篇爲《中候》。」康成嘗注《中候》，而漢人多以緯候並稱，其非讖類明矣。《春秋命歷序》所稱僖公五年壬子冬至昭公二十年庚寅冬至並与《左傳》不符。《大衍歷議》云傳所據者周歷也，緯所據者殷歷也，則《命歷序》明是緯書。今以其不見於《後漢書》注而概目爲讖，不亦過乎？且《隋志》言七經緯三十六篇，而依《後漢書》注數之，止得三十五篇。《隋志》言七經緯之外，又有《詩推度災》、《氾歷樞》、《含神霧》、《孝經句命決》、《援神契》，而《後漢書》注所列則此五篇其在焉？是《書》注之三十五篇与《隋志》之三十六篇名目各殊，不可强合，安得偏據《書》注而謂三十五篇以外更無緯書也。讖緯之學大率起於秦，而盛於漢，百僞一真，轉相炫惑。讖語固多難信，緯書豈盡可憑！惟其時去古未遠，遺文軼事有足爲考證之資者，必謂讖僞緯真，低昂太甚，平心而論，未見其然。劉子駿不云乎，「与其過而廢也，毋甯過而存之。」今爲搜集遺文，條分縷析，於以補《七緯》之逸簡，備内學之大全，好古之士或有取乎此焉。《古微書》亦讖緯兼收，然其舛誤複漏不可殫举，今悉置之不再駁辨以滋詞費云。【略】《易緯》八種，並以《永樂大典》得存，然《乾坤鑿度》、《乾元序制記》二書不見唐人稱引，贋鼎顯然，其實存者六種而已。《稽覽圖》下卷亦僞書，《通卦驗》佚去下卷，而分上卷後半以充之，尤爲失攷。今以唐宋類書所引一二勘驗，此六書並有逸文，則此六卷並非完帙也。各隨所見，彙而録之，《運期》以下皆讖類也，亦附録焉。

陳喬樅《詩緯集證・自叙》　《詩緯》，《隋經籍志》載魏博士宋均注，十八卷。《七録》云十卷，其目曰《推度災》、曰《氾厤樞》、曰《含神霧》，皆察躔象以紀星辰之度，推始際以著厤數之運，徵休咎以合神明之契，其間天運循環終始之理，人事興衰得失之原，王道治亂安危之故，靡不包羅囊括兼綜而條貫之，告往知來，聖門言詩之微旨有綫未絶，端賴乎是。漢儒如翼奉郎顗之説《詩》，多出於緯，蓋齊學所本也。鄭君箋《詩》，於《十月之交》篇主緯説，《六藝論》亦據而用之，魏晉改代，齊學就湮。隋火之餘，詩緯漸佚，閒有存者，或與雜讖比例齊觀，學者弃置勿道，書遂盡亡。夫齊學湮而詩緯存，則《齊詩》雖亡而猶未盡泯也，詩緯亡而《齊詩》遂爲絶學矣。曩者，先大夫嘗輯《三家詩佚義》，以詩緯多齊説，其於詩文無所附者，亦補綴之以次於齊，所以廣異義、扶微學也。比喬樅撰述《齊魯韓遺説攷》，竊惟三家齊詩先亡，最爲寡證，因著《齊詩翼氏學》二卷，發明《齊詩》之學，宗旨有三：一曰四始，明五行之運也；二曰五際，稽三期之變也；三曰六情，著十二律之本也。夫順陰陽以承天道，原性情以正人倫，經明其義，緯陳其數，經窮其理，緯究其象，緯之於經，相得益彰，謂非詩學之錧鎋，而學者之所宜鉤攷歟？明孫瑴蒐輯逸緯爲《古微書》，謂《推度災》諸篇皆讖類，而不知《隋志》所録又有詩雜讖，固區别而爲二也。近世陸明睿增訂殷元正《集緯》，於三篇外列《含文候》之目，而復不知《路史》注所引即爲《含神霧》之譌也。余同年生趙子在翰重篹《七緯》，仍《隋志》著録之舊，而詩緯佚文仍多遺漏，且以孔氏《詩正義》語羼入《氾厤樞》中，亦失之疎。喬樅不揆檮昧，網羅散佚，視各家輯本增十之三，揭所據依，加以考訂，成《詩緯集證》三卷。其舊書所引未詳篇目者别成一卷，都爲四卷，附於齊詩，亦敬承先大夫遺訓，以尋齊學之墜緒云爾。

赵在翰《七緯總叙》　七緯配七經而出也，帝王神聖之興，沈浮交錯之運，三古洪纖之度，五氣休咎之徵，經闡其理，緯繹其象，經陳其常，緯究其變，所以抉擿天人，紘維王政，輨轄詁訓，榮鏡物情者，譬之四七列次，七政以齊，三五餘分，四時以定。昔孔繇先命魯儒闡揚，蓋在是矣。世敻文隱，祕藏晚出，漢世諸儒竝籍據其文以通經藝。北海鄭君訓注炳箸，宋氏兄弟繼踵纘修。而言占候者，或窺其恉以司天；談術數者，遂竄其説以惑世。真雖存矣，僞亦憑焉。建武以來，與讖并儷，隋滅其書，咎有由致然。而緯自緯，讖自讖，詭號亂流，邃義懸越。許楙云：「緯者，有經必有緯。」徐廣云：「讖之爲言纖，其義纖微。」楊侃謂緯書爲祕經，圖讖爲内學，河洛爲靈篇，别白緯讖諸論爲精，而世乃與方士録圖、閉房、私记比例齊觀，弃寘勿道，不亦過乎？所舉逸册斷簡，歷刼猶存，賈、孔、歐、虞徵引具在，明孫瑴始蒐輯爲《古微書》，撥煨燼之寒灰，綴什一之餘緒，洵漢學之後勁，萼容之先達也。但孫氏所摭，尚有遺文，且昆陀不明，襍入諸讖，厥功雖難，不無可議。聖朝文治景鑠，經術昌明，羅列易緯，補脊完書，漢學之興，於斯爲盛。在翰少蒙義方，略窺經訓，竊以世代緜邈，立言湮楸，義在稽古，是須廣求，謹刊易緯布廣前文，復取《古微書》，補其闕漏，正其踳駁，本《隋書・藝文志》著録以纂集，依《書》、《詩》、《禮》、《樂》、《春秋》、《孝經》以立次，纂成二十有九卷，坿於《易緯》之後，總題曰《七緯》，從其朔也。圖籍焚喪，塵消煙滅，碎璧斷金，每用寶貴。近代通儒，蒐輯遺書，鉤治墜緒，倘有同志，庶無猜焉。但區分源奥，搜求楸失，鄉嬛雖啓，佚説猶多，硋砆襍陳，辨證匪易，况復居僻梏，海罕接鴻儒，地少藏書，莫購真本，鈔撮則管蔽一斑，校

雠則字昧三寫，狹見寡陋，匪同博遠，甄録甫竟，慨然長懷，夫唯大雅董而正之。

《易緯叙録》。《易緯》欽遵武英殿本也，《後漢・樊宏傳》注凡六篇，曰《稽覽圖》、曰《乾鑿度》、曰《坤靈圖》、曰《通卦驗》、曰《辨終備》。隋、唐、宋《志》互有詳畧。《紹興續書目》有《蒼頡注》、《乾坤鑿度》二卷，晁氏《讀書志》、陳氏《書録解題》、馬氏《經籍攷》又有《乾元叙制記》一卷。終明之代，《乾坤鑿庀》、《乾鑿庀》書存，餘皆桝佚。蕚容孫瑴綴集遺文，《乾鑿度》、《辨終備》、《乾元叙制記》三篇皆不録，別以《九厄讖易襍緯》坿焉。乾隆三十八年，購求遺書，采輯《永樂大典》中，得《易緯》全書。御題冠篇，刊行海内，嘉惠儒林，草莽微臣，幸逢郅治，獲覩全書，謹重刊《易緯》八卷於所纂緯書之端云。

《尚書緯叙録》。昔北海鄭君受《古文尚書》於張恭祖，注釋萬言，學者宗之。東晉《僞孔傳》出，而鄭學微，厭故喜新，昔人有慨乎其言之矣。考北海釋經，根據緯言，如夫子加尚稽同古天禹錸放勛，類取諸緯，今書雖佚，其存者足見鄭學之精也。《隋經籍志》、《唐蓺文志》有鄭君《注》三卷。《七録》云六卷篇目闕如。惟《後漢・樊宏傳》注備述五篇之名，首《璇機鈐》。璇機者，帝王御運治厤觀天之器也。厤之理，非數無以顯；厤之數，非象無以明。於事爲首，故弟爲先。璇機立九野之道，四遊之極得而攷焉。《攷靈曜》次之。王者觀象治民，悳爲政本，荊以弼教，斗蕚取象，庶獄哀矜，《荊悳攽》。又次之《帝命驗》、《運期授》，則明五行相代之期，易姓而興之理，故以終焉。《經義考》又有《鈎命淺》、《洛皐級》二篇。《鈎命淺》爲孝經緯之譌，《洛皐級》爲讖學之流，未足以相參也。

《詩緯叙録》。《詩緯》，《隋志》題魏博士宋均注，十八卷。《七録》云十卷，其目具存，與《後漢・樊宏傳》注同。《隋志》又有詩襍讖，孫瑴謂《含神霧》、《推度災》、《汎厤樞》皆讖類，非也。其次弟首明五行之運，天人之應，曰《推度災》；厤數之運，際始之道，曰《汎厤樞》；圖籙之神，禎祥之降，曰《含神霧》。漢儒翼奉、郎顗之説多出於此，蓋《齊詩》所本也。單辭隻句，莫見全書，裒合殘編，亦鳳一毛、虬一甲矣。

《禮緯叙録》。孔子曰：「安上治民，莫善於禮。」禮之興也，其源遠矣。周文郁郁，經曲昭明，洛邑頹綱，諸侯去籍，素王籍記，弟子紹聞，述經作緯，以授將來。經燬秦焰，緯秘民間。炎漢炳興，茅蕝定儀。曲臺大戴，不見全經，至北海鄭君宣明祕緯，闡緯經言，數陳義舉，晉説折衷焉。《隋志》、《崇文總目》有鄭君注《禮緯》三卷，《禮記默房》宋均注三卷。《七録》鄭注《禮緯》三卷。王充《論術》、蔡邕《明堂論》又有《瑞命記》之名，《瑞命記》疑《逸禮》篇名。《經義考》列於岀緯，恐未然也。正緯三卷，次弟首明文質之殊，爲《含文嘉》，由文質以徵命，次《稽命徵》，命所由徵，天昭其象，物貢其靈，主威儀也，《斗威儀》終焉。採摭舊聞，搜羅逸簡，釐而次之，爲禮學者，其以是爲椎輪夫。

《樂緯叙録》。《周禮・大司樂》一篇，《禮記・樂記》十二篇，或曰古樂經之遺也。《大司樂》非全文，《樂記》譔自炎劉義舉，而器數闕焉。古樂經之亡，二千餘年於兹矣。其佚緯時見於經史疏志。《隋志》載其篇目，一曰《動聲儀》，言詠歌舞蹈，揄揚雍容，德盛物感也；次《稽耀嘉》，言器良制備，功成事舉，兆耀永嘉也；三《叶圖徵》，所謂桉器作圖，有圖作徵者。朱均注三卷，今佚。又《七録》有《五鳥圖》一篇，蓋緯圖也，亦無間焉。

《春秋緯叙録》。《春秋緯》者，輩弟子私記夫子成《春秋》之微言也。周綱草萎，秦關虎視，滅權授天，元聖制命。夫子知以藏往，神以知來，獲麟之後，端門演圖，廣求百二十國寶書，修爲《春秋》，合八卦以演文，統三才而明象，褒善貶惡，新魯故周，垂法萬世，肇爲漢制，賾祠奥義，書不盡言，兩楹道喪，弟子默記前聞，推衍遺訓，編緯一十三篇。聖人範圍天地，曲成萬物，徵於是矣。大矣哉！其叙首《演孔圖》，紀炎精之降，應圖而生聖人；生而制命，《元命苞》次之；制命書成九月，萬八千字，燭地動天，《文耀鈎》次之；文以道運，得度有常，稽之於天，青滅相宜，次《含燦列》；其樞在斗，《运斗樞》次之；斗降精，聖人起，《感精符》次之；天人之合，以誠通其象，《合誠圖》次之；天垂象，示吉凶，《攷異郵》又次焉；承天時行，膺運受籙，《保乾圖》次之；兩漢繼興，天所授也，《漢含孳》、《佐助期》次之；誠者天道，王者所握，《握誠圖》又次之；其機難測，其理難明，幽則潛也，曲如巴也，《潛潭巴》又次之；終以《説題辭》，總爾輕言，闡揚緯理也。餘緯八十三篇者，据諸書箸録，有《包命》、《命厤敘》、《勾命決》、《含文嘉》、《括地象》、《少陽篇》、《撰命篇》、《春秋災異》、《春秋録圖》、《春秋祕事》、《春秋文義》、《春秋内事》、《春秋玉版讖》。攷《包命》爲《元命包》之譌，《勾命決》爲《孝經緯》之譌，《括地象》爲河圖之譌，《含文嘉》則《白虎通論》引《禮緯》、《春秋緯》篇目不明之譌也。餘皆讖類，例不録。

《孝經緯叙録》。聖人志在《春秋》，行在《孝經》。《孝經》之作也，北辰降瑞，滅帛裂書，明者爲經，微者爲緯，經成四卷，緯就二篇。孝通神明，上假天命，禎祥之應，義皡之源，炳哉！麟哉！綜貫之巳。漢翟酺有《援神》、《勾命》《解詁》十二篇，

《益部耆舊傳》謂其弟子杜真所著書，久佚。張彦遠《名畫記》又有《孝經讖圖》十二卷。《七録》《元命包》一卷，《古秘援神》一卷，《古秘圖》一卷，《左右握》一卷，《左右契圖中契》一卷，《分野圖》一卷，《内事圖》二卷，《内事星宿講堂七十二弟子圖》一卷，《口授圖》一卷，《雌雄圖》二卷，《異本雌雄圖》二卷。《雌雄圖》《五代會要》載其書。周顯德六年八月，高麗遣使所進，止説月之環暈，星之彗字，災異之應，龐元英云非奇書也。宋永亨云本京房《易傳》，日星占相之書也。《隋志》又有《孝經内事》一卷，朱彝尊謂係借經説災祥之事。《舊唐志》有《應瑞圖》一卷，《内記星圖》一卷，《元辰》二卷。《齊民要術》又引《孝經河圖》之目，《册府元龜》又有《孝經皇義》一卷。宋均爲河内太守，時譔三國《魏志》。《宋符瑞志》又引《孝經中萴讖》，繆泳又述《孝經錯緯》，佹名煩衆，皆讖屬也。正緯惟《隋志》載宋均注《援神契》七卷，《鉤命決》六卷者是。嗚呼！我夫子窮季韋布，獲麟掩袂吾道終窮，删述之富，煨於咸陽，後世方術之士，或託名以肆意，或誣聖以自奇，真者反隱，僞者日新，緯爲讖隱，悲矣！其亡者不可考已，其幸存者或疑而不之信，楙佚無紀，將就湮滅，滋余懼也。迺屏棄舉業，鈔撮羣書，二載於兹，畧具舊文。伯兄是正，友人楊大椒洲、李五秋潭互相參校，贊成付梓，爰有成書。

七經成而緯出焉，盛而微，微而著，爲經之毖，爲讖之妄。吾不之知之，而吾友趙鹿園秀才肆力經訓，旁及羣書，獨以纂録微緯爲事，嘐嘐然曰吾宗漢，吾宗鄭學，非我者不顧也，詘我者不屈也，有成書矣。屬楊椒洲與余校正之，余安可以無言。余少習舉業，未學庸受，經不能明，奚足言緯。又藏書不充，無能佐鹿園蒐討之資。去秋曾購《開元占經》等書，又郵寄未至，鹿園每與余言，以爲憾然，則吾又何言。今鹿園以其伯兄穀士太叟之命，以所纂緯付刊。穀士非徒奬勵之也。然而鹿園之纂緯成矣，鹿園且嘐嘐然曰吾宗漢，吾宗鄭學。【略】趙鹿園纂《七緯》，屬楊應階編校之，語之曰：緯之興於漢也以讖，火於隋也亦以讖。讖緯之分，知之者尠，而緯亡，緯亡而漢學微。在翰謂漢學宗北海，北海宗緯。七緯存，則漢人家法具在也。皖有問於應階者，曰昔人欲删經疏引緯文，唯恐其不亡也，今反纂録以存之，且經學宗漢，含緯豈無以爲學？鹿園以該洽之才，役役于此不已，傎乎！

《古經解鉤沉》分部

傳記

錢儀吉《碑集傳》卷一三三《余君蕭客墓誌銘》 吴中以經術教授世其家者咸稱惠氏，惠氏之學大都考據古注疏之説而疏通證明之，與六籍之載相切。傳至定宇先生則尤多著篹，卓卓成一家言，爲海内談經者所宗。其著籍爲弟子能傳其業者則推吾友余君。君諱蕭客，字仲林，一字古農，吴縣人。幼有異稟，尤攻苦自勵，家甚寒貧，而書卷不啻千計。皆奔走數十里，或扁舟，或柴車，聞一異書必假鈔寫，或得觀乃已，故其家率多善本。定宇先生没，世之欲傳惠氏學者多從之游。中歲得目疾，畏風日，搆一室，無窗户，上穴一方以通天光，設巨案，周其室書册鱗比，誦習之，寒暑弗閒也。嘗慨漢唐諸儒舊經注多散佚，爰采輯各家，分條纂録，編《古經解鉤沈》三十卷。書成告祀先聖暨文昌之神，同學多爲詩以紀其事。會有詔采訪遺書，有司以其書進，宣付四庫館。又著《文選音義》四卷，《選華樓詩拾》若干卷，《集注蘇黄滄海》、《續題襟集》俱未就。君爲文典傳古茂，非空談，故不苟作也。弟子江藩編次爲集，得二十餘篇藏焉。君没於乾隆四十二年某月日，年四十有九。無子，其戚友即於是年某月日葬之支硎山麓，友人任兆麟爲之志，并繫以銘。

《續資治通鑑長編》分部

綜　述

錢謙益《絳雲樓書目・編年類》 李燾《續通鑑長編》一百六十八卷。字仁甫，謚文簡。朱竹垞先生跋《長編》云，眉州李文簡公《續資治通鑑長編》，共九百八

十卷，《舉要》六十八卷。隆興元年，知榮州，先以建隆迄開寶事一十七卷進。乾道四年，官禮部郎，乃以整齊建隆元年至治平四年閏三月五朝事迹，共一百八卷進。淳熙元年，知瀘州，又以治平後至靖康凡二百八十卷進。淳熙九年，知遂寧府，重別寫呈，並《舉要》、《目録》，計一千六十三卷進。今僅存者，太祖至英宗朝，一百七十五卷而已。哲宗朝二百二十卷，徽宗、钦宗兩朝三百二十三卷，乾道中，上降秘書省依《通鑒》紙樣繕寫一部，未經鏤板，遂失傳。

花溪主人《續資治通鑒長編跋》 李文簡公《長編》，先正稱爲正史，數百年無異詞。但此書篇帙既繁，善本艱得，後生學識弇淺，一經删削，尤不足觀。先君司寇家藏宋槧本，細字精好，校其卷目，亦自建隆迄治平而已。若夫治平以後，學士大夫之所討論，如熙寧更新，元祐圖舊，黨議曲折，邊事始末，建炎、紹興之間復辟主和諸大政，得仁甫直筆加以詳贍，豈非千載不刊之論乎！惜予未之見也。季滄葦侍御聞建德孔氏有全書，購之弗得，予家所藏，即此書也。三十年來，圖籍散亡略盡，余攜寓遷徙，志業荒落，展卷爲之悵然。

沈以恭《續資治通鑒長編識》 長編之體，編年之體也。昔左氏依經作傳，以日繫月，以月繫年，而年經月緯，其間事緒昭布森列，燦如日星。迨龍門作史，而班、范因之，三國、六朝、五代、唐、宋皆因之，變編年爲紀傳，其於一人一家一國之事，最精且備。至於前後之事迹，則必詳核，乃可得而見。及温公奉詔作《通鑑》，先爲長編以叙次歷代事迹，始復左氏之舊。而李文簡公更有《長編》之纂，且搜採之富，去取之嚴，獨本心裁，絶無旁趨歧出之見，士林莫不寶愛。奈歷時既久，宋鐫已不可得，此係影宋本之最佳者，尚其什襲珍藏，作叙事之長城可矣。

徐釚《續資治通鑒長編跋》 李氏《長編》，起自太祖建隆元年，至英宗治平四年止，凡一百八卷。按此書虞山錢牧齋宗伯懸價千金購之不得。今崑山司寇公以七百金從泰興季氏得之，康熙二十五年獻之於朝，其疏稿云：燾仿司馬光作《通鑒長編》，用力四十年，事核詞約，宋儒葉適以爲《春秋》以後惟有此書。書久散佚，海内鮮有存本。元、明時作《續通鑒》及《綱目》者，購訪不得，皆未見此書，允稱史家秘本，云云。今幾二十年，其副本亦爲人竊去，問之傳是樓，無有也。余從朱竹垞氏借鈔，竹垞本係杭州吴檢討志伊館於司寇邸第所手自繕録者。

松風老人《書續資治通鑒長編後》 康熙乙丑十一月二十日過花溪，時胡蜚鳴先生年已七十有三矣，玉峰昆季延之修補司寇公所續《宋元資治通鑒》於雙峰閣下。余至其齋，見《皇宋紀事本末》一書，真宋槧也，係寶祐元年直徽猷閣、慶陵太守謝君所刊，歐陽守道爲序，起宋太祖、太宗，至高宗、孝宗、光宗、寧宗、理宗景定年止，然自高宗渡江後已失之矣。余與蜚鳴絜節嘆惋不置。然此書究不知何人所編。據蜚鳴云，前半與李燾《長編》纖毫不爽，或亦是燾所輯也。其目録爲一百五十卷云。

蔣重光《續資治通鑒長編跋》 右《續資治通鑒長編撮要》四十八册，南宋眉州李文簡公燾所纂也。其書載建隆元年至治平四年五朝事迹，共一百八年，年爲一卷，以字之繁略又均分之，總爲一百七十五卷。予在童子塾時，家大人恐役志耳目，筆墨所需外，一無長物。然性好購書，遇善本必得而後快，雖典衣告債不惜也。丙午冬於書賈陳天士所見是書二十册，字畫遒勁，紙墨如新，可稱宋本上乘。急歸而謀諸婦，以臂釧質三十金易之，藏棄篋中。甲寅年間，又於虎丘萃古齋購得二十册，爲玉峰徐司寇健庵藏本，裝潢紙色，與前無二，價亦埒焉。合之尚少八十九卷，散欠二十四葉。歷今數載，遍覓未獲。於是取舊藏鈔本，囑雙山楊兄精校録補，始成完書。毛氏百衲《史記》，牧翁碎金《漢書》，不得敖我矣。夫予矻矻孜孜，匏繫窮年，於世之富貴功名一無所取，惟是蠹簡殘篇，冀一合璧，究不可得，是區區者而不餘畀，天之遇我，何其厄也！然以司寇之置通顯都富厚，又博雅嗜古，洵所云好而有力者，所藏反不逮是，且不能長爲傳是樓物，零落散失，一如《昭陵禊帖》復出人間，而予鰥生也。前後所得，較之原刻已爲過半，又得善書如雙山者爲予鈔補，燈火青熒，時一披誦，竊自幸矣。然造物忌盈，子孫之能讀父書者亦罕，安知將來不爲李氏之平泉山莊，或遇靈威丈人也。掩卷之下，不勝噓吁，用志篇末，俾後之得是書者知寶重焉。又考此書，文簡實踵司馬温公《通鑒》爲之，不敢名《續通鑒》，但謂之《續資治通鑒長編》，亦仿温公作《通鑒》時先有長編一書也。隆興元年、乾道四年、淳熙元年、淳熙九年四次共進，太祖朝起、徽宗朝止，一百六十八卷，分散之爲九百八十卷，又目録五卷，修換事迹總目十卷，《舉要》六十八卷，通計一千六十三卷。李心傳《朝野雜記》、趙師弁《讀書附志》、陳振孫《書録解題》、《孝宗會要》、馬貴與《文獻通考》、王應麟《玉海》、《中興館閣書目》、《宋史・藝文志》、《宋史》本傳所載卷數約略相同。今世所見者，止此乾道四年所進一百七十五卷。《曝書亭集》云，當時只降秘書省依《通鑒》紙樣繕寫一部，未經鏤板，遂失傳。竹坨考訂最精，此言必有所本。趙師弁自言所藏蜀本視書坊所刻者爲詳。予曾見太倉王氏一本，亦係宋刻，頭行無「撮要」二字，中間頗有減損，紙板字迹，亦遠不及此本，今亦在吾吴顧步岩家。師弁所言蜀本，其即此本歟！並志於此，以俟博洽。

楊濬《續資治通鑒長編跋》 宋李文簡《長編》一書，始自太祖，訖於英宗，備列五朝之事，極其詳細，稽古者咸寶愛之。此本爲吾鄉徐健庵司寇所藏，向多殘缺。不幾十年，故家凋落，書亦散失。同學蔣君辛齋以善價得之，復購他本，囑予鈔寫，凡五閱月而成。乃命張子同源裝訂成帙，藏於雙松書屋，時癸亥秋七月也。

《四庫全書總目提要·續資治通鑒長編》 《續資治通鑒長編》，五百二十卷，宋李燾撰。燾有《説文解字五音韻譜》，已著録。燾博極群書，尤究心掌故，以當時學士大夫各信所傳，不考諸實録、正史，家自爲説，因踵司馬光《通鑒》之例，備採一祖八宗事迹，薈粹討論，作爲此書。以光修《通鑒》時先成長編，燾謙不敢言《續通鑒》，故但謂之《續長編》。《文獻通考》載其進書狀四篇：一在隆興元年知榮州時，先以建隆迄開寶事一十七卷上進。一在乾道四年爲禮部郎時，以整齊建隆元年至治平四年閏三月五朝事迹，共一百八卷上進。一在淳熙元年知瀘州時，以治平後至靖康，凡二百八十卷上進。一在淳熙元年知遂寧府時，重別寫呈，並《舉要》、《目録》，計一千六十三卷，六百八十七册上進。故周密《癸辛雜識》稱韓彦古盜寫其書至盈二厨。然《文獻通考》所載《續資治通鑒長編》一百六十八卷，《舉要》六十八卷，與進狀多寡迥殊。考陳振孫《書録解題》稱「其卷雖如此，而册數至逾三百，蓋逐卷又分子卷或至十餘」云云。則所稱一千六十三卷者，乃統子卷而計之，故其數較多矣。又據燾進狀，其書實止於欽宗，而王明清《玉照新志》稱紹興元年胡彦修疏在《續長編》一百五十九卷注後，則似乎兼及高宗。或以事相連屬，著其歸宿，附於注末，如《左傳》後經終事之例歟。《癸辛雜識》又稱燾爲《長編》，以木厨十枚，每厨抽替匣二十枚，每替以甲子志之，凡本年之事，有所聞必歸此匣，分日月先後次之，井然有條云云。則其用力之專且久。可概見矣。其書卷帙最多，當時艱於傳寫，書坊所刻本及蜀中舊本已有詳略之不同。又神、哲、徽、欽四朝之書，乾道中只降秘書省依《通鑒》紙樣繕寫一部，未經鏤版，流播日稀，自元以來，世鮮傳本。本朝康熙初，崑山徐乾學始獲其本於泰興季氏，凡一百七十五卷，嘗具疏進之於朝，副帙流傳，無不珍爲秘乘。然所載僅至英宗治平而止，神宗以後，仍屬闕如。檢《永樂大典》宋字韻中備録斯編，以與徐氏本相較，其前五朝雖大概相合，而分注考異往往加詳，至熙寧迄元符三十餘年事迹，徐氏所闕，而朱彝尊以爲失傳者，今皆燦然具存，首尾完善，實從來海内所未有。惟徽、欽二紀原本不載，又佚去熙寧、紹聖間七年之事，頗爲可惜。然自哲宗以上，年經月緯，遂已詳備無遺，以數百年來名儒碩學所欲見而不得者，一旦頓還舊物，視現行諸本增多幾四五倍，斯亦藝林之巨觀矣。昔明成化中，詔商輅等續修《通鑒綱目》時，《永樂大典》庋藏内府，外庭無自而窺，竟不知燾之舊文全載卷内，乃百方別購，迄不能得，論者以爲遺憾。今恭逢我皇上稽古右文，編摹四庫，乃得重見於世，豈非顯晦有時，待聖世而發其光哉。燾原目無存，其所分千餘卷之次第已不可考，謹參互校正，量其文之繁簡，别加釐析，定著爲五百二十卷。燾作此書，經四十載乃成，自實録、正史、官府文書，以逮家録野記，無不遞相稽審，質驗異同。雖采摭浩博，或不免虛實並存，疑信互見，未必一一皆衷於至當。不但太宗斧聲燭影之事於《湘山野録》考據未明，遂爲千古之疑竇，即如景祐二年三月賜鎮東軍節推毛洵家帛米一事，核以余靖所撰墓銘，殊不相符。爲曾敏行《獨醒雜誌》所糾者，亦往往有之。然燾進狀自稱，寧失之繁，毋失之略。蓋廣搜博録以待後之作者，其淹貫詳贍，固讀史者考證之林也。

黄廷鑒《續資治通鑒長編跋》 李文簡公《續通鑒長編》一書，今世所傳僅存建隆至治平一百七十五卷，蓋即乾道四年所進之本也。其淳熙元年續進神、哲以下四朝之書，自元、明以來久無傳本。今七閣所儲《永樂大典》本雖缺徽、欽二紀，而熙寧迄元符兩朝三十餘年事迹犁然具在，絢爲北宋紀載之淵藪矣，其中分注考異詳引他書，而於神、哲之代尤多，如《宋會要》、《政要》、歷朝《實録》、《時政記》、王禹偁《建隆遺事》、蔡襄《直筆》、王拱辰《别録》、司馬温公《日記》、王荆公《日記》、劉摯《日記》、吕大防《政目》、吕公著《掌記》、曾布《目録》、林希《野史》、王岩叟《朝論》、歐靖《聖宋掇遺》、邵氏《辨誣》諸書，及諸家傳志碑銘，皆無一存者。即幸有傳書，如《東齋紀事》、《涑水紀聞》、《東軒筆録》、《湘山野録》、《玉壺清話》、《邵氏聞見録》、《筆談》、《揮麈録》之類，往往傳寫訛脱，亦足據以是正。則此編非特足以考定宋、遼二史之闕訛，而有宋一代雜史、小説家不存之書，亦可賴以傳其十一，誠温公《通鑒》後不可不讀之書也。第考異中載有《宋史全文》、《十朝綱要》諸條，其書皆出於《長編》之後，而《十朝綱要》即文簡之子李𡌴所撰，尤不應引入，此或後人有所附益，未可知也。幸逢右文之化，此書殘闕復完，惟是天府諸藏，占畢之士得見者鮮。兼卷帙繁重，即繕鈔亦自不易，及門張子月霄購得閣中傳鈔本，不敢自秘，願公之世，爰以活字版排印全書，亦藝林一快事也。以余稍涉獵史事，畀以校讎之役，自己卯夏迄庚辰秋，凡十有五月而畢，所惜印本易盡，後難爲繼，儻世有好古之君子，壽之梨棗，流傳俾益久遠，厥功更巨，願以是舉爲嚆矢云爾。

孫星衍《廉石居藏書記》卷上 《續通鑒長編》一百八卷。右鈔帙《續通鑒長

編》一百八卷，宋李燾撰，分子目共一百七十五卷。自太祖建隆元年正月，迄英宗治平四年閏三月。考《玉海》，即乾道四年燾爲禮部郎官時上進之本也，當時繕寫在秘省，未經鏤板，故傳播甚少。國朝徐尚書乾學，始得於泰興季氏，具疏呈進。江左士夫猶有鈔藏。此蓋宋人完帙，目次悉具。燾又有淳熙九年續進本，自建隆至靖康，通計一千六十三卷，即《文獻通考》所載一百六十八卷、《舉要》六十八卷，《書録解題》稱逐卷又分子卷或至十餘，云云。則一千六十三卷，或即一百六十八卷之書，今存《永樂大典》宋字中，但無原目卷第可考。《四庫全書》重編爲五百二十卷，蓋非宋本之舊，宜與此本並藏之。

張金吾《續資治通鑑長編跋》 嘉慶己卯，從錫山得活字十萬有奇，適錢塘何君夢莘以《續資治通鑑長編》五百二十卷歸余，慫恿排印，以廣其傳。始事於己卯四月，蕆役於庚辰七月，闕文訛字，非顯有依據者，不敢臆改，志慎也。書成，謹識其緣起如此。

瞿鏞《鐵琴銅劍樓書目》卷九 《續資治通鑑長編》一百八卷，影鈔宋本，宋李燾撰。案文簡此書累次編成，隆興元年，先編十七卷奏上。乾道四年成一百八卷，自太祖建隆元年始，至英宗治平四年止。迨淳熙元年編成九百八十卷，又爲《舉要》六十八卷，《總目》五卷，遂爲完書。此則乾道奏進之本，前有表文一篇，宋時有刻本，依之傳録。每半葉十三行，行廿三字。海寧吴氏藏本字有校字，槎客筆也。卷首有「竹垞藏本免床經眼」朱記。

周星詒《〈續資治通鑑長編〉跋》 丙寅春中，以二十金購之福州，寫官精緻，行款古雅，中有朱墨校改處，頗不苟且，當出乾嘉間藏書舊家也。庚午四月，在汀州，偶閑檢龔蘅圃先生舊鈔趙氏《太平治迹統類》，讀之恨其舛誤顛倒，幾不能句。因發此及歐陽氏《紀事本末》二書，略爲訂改，因並及兩書之訛，略加是正，流覽所及，未能盡改也。此書常熟張氏有擺字之本印行《大典》輯録本，較爲完備，購覓未得，當復尋之。

柯逢時《續資治通鑑長編跋》 此即《文獻通考》所載五朝事迹共一百八卷之本，而《四庫提要》言崑山徐氏獲泰興季氏本，凡一百七十五卷，至英宗治平而止，卷數與此不同，當别是一本。今閣本采輯《永樂大典》爲五百二十卷，當是文簡淳熙九年寫呈本，浙江書局今刊行矣。又考《傳是樓書目》，《續資治通鑑長編》一百八卷，五十本，宋板。則《提要》所稱一百七十五卷或有誤。

莫友芝《郘亭知見傳本書目・史部》 《續資治通覽長編》五百二十卷，宋李燾撰。昭文張氏活字擺印。《天禄後目》有宋刊本一百八卷，燾二次所進，太祖至英宗五朝事迹也。本藏季滄葦氏，徐乾學取得，疏進之。蘇城汪氏有宋本。

譚鍾麟《續資治通鑑長編序》 宋司馬温公欲作《資治通鑑》，先使劉攽等爲長編。其後李文簡爲《續長編》，實繼温公《通鑑》而作，曰《續長編》，不曰《續通鑑》，謙也。然文簡此書，上據國典，下採私記，參考異同，折衷一是，使北宋一代事實粲然明備，實爲《通鑑》後不可不讀之書。後之讀史者，病《宋史》之蕪雜，憾《遼史》之疏漏，然則欲考北宋遺事，舍此書曷以哉。其書久無全本，乾隆間從《永樂大典》輯補之，成五百二十卷，《四庫》著録焉。然閣本既不易覯，世所傳者，惟張氏愛日精廬本，蓋即以閣本爲據，而用活字排印者。曩官京師時，曾一見之，魚魯之訛，觸處皆是，欲覓善本校讎，迄不可得。竊嘆温公《通鑑》自南宋已盛行，至今學者推爲史家絶作，言編年之史，必首舉此書。而李氏《續長編》則若存若亡，雖博雅之士，有不獲見者，何顯晦之懸殊若此？竊有志重刊此書，而力未逮也，及出守杭州，西湖文瀾閣所庋亦殘闕。至己卯歲，由陝西移抚浙中，乃從丁君松生假得愛日精廬本，而以閣中殘本校之，付書局刊刻，妙選局中高才生，使預校讎之役，時則若楊編修文瑩、戴編修兆春、沈吉士善澄、濮吉士子潼、潘中書鴻、嚴主事辰、姚主事烺、夏主事敦復、譚主事日襄、黄教諭以周、王訓導詒壽、陳訓導謨、徐訓導惟錕、周訓導善溥、馮舉人一梅、王拔貢崇鼎、張副貢大昌、倪廩生鍾祥，皆兩浙知名之士也，於此書孜孜討論，有一字之疑，必考之《宋史》，又參考於宋代記載之書，及諸家文集，以求其是，俞太史樾復綜核之，積一年之力，敧劂始成。李氏此書，從此大顯於世，必與温公《通鑑》同爲史家所推重，而余數十年心願，亦庶幾告慰矣。書成，因弁言於簡端，俾讀李氏書者知其緣起云。

李慈銘《越縵堂日記》 閲《續資治通鑑長編》，近年浙中翻刻愛日精廬活字本也，此書遂有刻本，是天壤間快樂，惜局中校勘諸人無通史學者，故誤字甚多。【略】元城劉安世元祐三年八月疏程頤作程順熙，順是熙之誤，熙亦頤之壞字。蓋一字而誤分偏旁爲兩字也。又楊國寶，寶誤作賢，孫楧作孫璞。然其下文又云程順熙先以罪去，殊不可解。

《九家舊晉書輯本》分部

綜述

湯球《九家舊晉書輯本・臧榮緒晉書輯説》 臧榮緒括西東晉爲一書，成紀、録、志、傳百一十卷，可謂集晉書之大成矣。故後人引其書雖標名者固多，而未標名者亦不少。前輯臧書數卷，又另輯無名氏舊晉書數卷，蓋其慎也。今均亡矣。然究而審之，如言諸帝之事，不稱某帝而稱某祖、某宗；列傳諸人，只稱某郡人，不稱某郡某縣人之類，其體例多同，則不標名者之爲臧書可知。故今合而輯之，而注其明標未標，以便後人檢閲。但唐以前書所引，無論與唐修書同不同，自可一一録出。而唐以後書所引，未標名者，率多爲唐修之書。然亦有販唐以前之類書而來者。故必其與唐修之書，或字句不同，或叙次不同，及其煩瑣特詳者，自係未經唐修之原本，故亦爲之録出以俟考。或曰：未標名者，不問有王隱書乎？然考臧書多本於王，則謂此爲臧書，亦無不可。今且合而輯之，以俟後人裁定云。

《全上古三代秦漢三國六朝文》分部

綜述

楊守敬《晦明軒稿・全上古三代秦漢三國六朝文》 嚴氏此書，自言用力二十餘年。其《鐵橋漫稿》中《答陳碩士書》及《答徐星伯書》言之甚詳。鐵橋没後，其稿爲同縣蔣壑所得，爲編目録，亦未刻。至光緒己卯，其子錫仁始刻之。蔣氏刻此目亦頗矜慎。唯嚴氏所爲小傳，皆不注所出。其見正史者，蔣氏爲注之；其隱秘者，大抵即見於所引文原書中。蔣氏憚於翻檢，亦未免留此遺恨。而嚴氏原書，展轉歸巴陵方柳橋功惠。又至甲午，黄岡王氏始出資刻於廣州，蓋距嚴氏書成已七十年。顧邇來頗有傳此書本爲孫淵如所纂者，謂其言出自吴山尊。余謂是大不然。嚴式纂此書，當時所與交遊者皆知其事。其《致徐星伯書》欲得《梁永陽王前墓志》及《隋高麗碑》，今此書已有《梁墓志》文，當是星伯録寄。此《志》爲海内孤本，今在吴縣潘氏。孫氏《訪碑録》所未載，尤此書爲嚴氏作、非孫氏作之切證。嚴氏自言其所撰書借刻他人，良由生本寒素，槖筆依人，不能不有所假借。如《説文校議》、《孔子集語》、《抱朴子》等書，本皆嚴氏獨撰，因刻本署孫姚繼氏等名，遂亦自稱同撰。又如《京氏易》原于王復本，《南越志》原于章宗源本，亦自言不諱。其肯攘他人，大部如此書，非唯情所不有，亦力所不能。觀《漫稿》中《與孫氏書》即淵如也。其婞直不隨人俯仰，已可概見。山尊或亦其平日所侮者，故駕言以誣之與？山尊與孫氏校《韓非子》、《晏子春秋》，皆顧千里書也。至其書之精密，遠出章宗源《隋書經籍志》上。余嘗因馮氏《詩紀》不注所出，爲考其根源，注其異同，補其遺漏，名曰《古詩存》，成書二百卷，以配嚴氏書，如驂之靳。亦以篇什浩繁，力不能刊，附記於此，以告來者。

傳記

《清史列傳》卷六九 嚴可均，字景文，浙江烏程人。嘉慶五年舉人，官建德縣教諭，引疾歸。可均博文强識，精考據之學。與姚文田同治《説文》，偏索異同，爲《説文長編》，亦謂之《類考》，有天文算數地理類、草木鳥獸蟲魚類聲類、《説文》引羣書類、羣書引《説文》類，積四十五册。又輯鐘鼎拓本，爲《説文翼》十五篇。將校定《説文》，撰爲《疏異》，孫星衍促其成，乃撮舉大略，就毛氏汲古閣初印本，別爲《校義》三十卷，專正徐鉉之失。又與丁溶同治唐石經，著《校文》十卷。《自序》云：「余弱冠治經，稍見宋槧本，既又念若漢、若魏、若唐、若孟蜀、若宋嘉祐、紹興，各立石經，今僅嘉祐四石、紹興八十七石，皆殘本，而唐太和石壁二百二十八石，巋然獨存，此天地間經本之最完最舊者。夫唐代四部之富，埒於梁隋，而鄭覃、唐元度輩皆通儒，頗見古本，苟能刊正積非，歸於真是，即方駕熹平不難，而僅止於是。今也古本皆亡，欲復舊觀，已難爲力，可慨也。然而後唐雕版，實依石經句讀鈔寫，歷宋、元、明轉刻轉誤，而石本幸存，縱不足與復古，以匡今謬有餘也。獨怪數百年

來學士大夫，尠或過問者，問有一二好古之士，亦與冢碣寺碑同類而並道之。康熙初顧炎武始略校焉，觀其所作《九經誤字》、《金石文字記》，剌取寥寥，是非寡當；又誤信王堯惠之補字以誣石經，顧氏且然，況其他乎？嗚呼，石經者，古本之終，今本之祖，治經不及見古本，而並荒石經，匪直荒之，又交口誣之，豈經之幸哉？余不自揆，欲爲今版本正其誤，爲唐石經釋其非，爲顧氏等祛其惑，隨讀隨校，凡石經之磨改者、旁增者，與今本互異者，皆録出，輒據注疏釋文，旁稽史傳及漢唐人所徵引者，爲之左證，而石臺《孝經》附其後焉。」嘉慶十三年，詔開《全唐文》館，可均以越在草茅，無能爲役，慨然曰：「唐之文盛矣哉！唐以前要當有總集。」乃輯《全上古三代秦漢三國六朝文》，使與《全唐文》相接，多至三千餘家，人各繫以小傳，足以考證史文，皆從蒐羅殘賸得之，覆檢羣書，一字一句，稍有異同，無不校訂，一手寫定，不假衆力。唐以前文咸萃於此焉。又校輯諸經逸注，及佚子書等數十種，合經、史、子、集爲《四録堂類集》千二百餘卷。又著有《鐵橋漫稿》十三卷。其《說文類考》稿佚，惟聲類二卷存。道光二十三年卒，年八十二。

閔爾昌《碑傳集補》卷二七《嚴可均傳》 嚴可均字景文，號鐵橋，宛平籍。嘉慶庚申舉人，改歸原籍。博聞彊識，精考據之學。弱冠即出游，足迹半天下。歷受歸安姚文田、陽湖孫星衍校書之聘。道光二年任建德教諭。義烏有高才生某爲忌者所誣，見棄於其父，事聞之官，大吏欲解之而難於措詞，可均撰《甲癸議》一篇上之大吏。大略謂甲在外二十八年擁高貲歸而妻先死，其子乙年二十六既舉秀才，丙與乙素有隙，丁睨甲資，黨丙而擠乙，稱乙姦生子，甲恥之，逐乙，乃歷引前代孕數年始産者不一其人，以乙爲在妊二年無足異，宜與昭雪。大吏善之，據以定讞甲乙復爲父子如初。在任數年，大修學宫，並葺嚴子陵祠堂，引疾歸。著書不輟，藏書至二萬卷。早年著《唐石經校文》、《說文聲類》，又與姚文田共撰《說文校議》，並刊本行世。又校輯諸經逸注及佚子書等數十種。四十年中所撰輯等身者，再合經史子集爲《四録堂類集》千二百餘卷，最後輯《全上古三代秦漢三國六朝文》，使與《全唐文》相接，多至三千餘家，人各繫以小傳，足以考證史文，皆從蒐羅殘賸得之。覆檢羣書，一字一句稍有異同，無不校訂。一手寫定，不假衆力，其精力絶人如此。自負學識，睥睨羣流，有某進士來見，叩以《漢書》中事，未盡了了，則曰：「君僅知時文耳，吾失言矣。」顧雖玩世傲物，而遇後進好學之士輒多方獎掖，有問必答，畧無少忤，蓋嚴於嫉俗而實篤於愛才也。遺書未刊者身後多散佚。

《十三經漢注四十種輯佚書》分部

綜　述

王仁俊《十三經漢注四十種輯佚書・自序》 仁俊少孤露，賦性檮昧，學問窳呰。成童已後，漸知崇經學，私淑南閣祭酒北海司農，恪守家法，不敵少韋。年二十三，始喜輯述之學。頻年來於唐以前經籍逸注引見它書者，隨時劄記，私意欲為《隨書經籍志考證》而未果也。按諸經漢儒舊注，有曾見輯本者，有即見本經注者，有旁見某經注者，有散見羣書者，其大端不外乎王謨之《漢魏漢晉遺書鈔》、余蕭客之《古經解鉤沈》、馬國翰之《玉函山房》以及孫星衍之《周易集解》、孫堂之《二十一家易注》、阮元之《詩書古訓》、陳鱣之《論語古訓》、臧庸、葉蕙心諸家之《爾雅古注》，亦既詳矣備矣。至輯述古義，更為之疏證者，則有張惠言之《易虞莪》、惠棟之《易漢學》、陳喬樅之《今文尚書》、《歐陽小大夏侯說》、《三家詩遺說》之類，亦云眾矣。仁俊不揣固陋，於諸家所輯外，更得《漢注》四十種。語其大端，約有四例：每書必注所出，用王應麟《易鄭注》、《三家詩》例也。据他經注之引此經、涉此經者，即以爲此經，義用馬國翰《孟子鄭氏注》、劉逢禄《論語述何》之例也。或同一訓而所引出者不同，則仍列之，此一例也。或書出偽換，如《子夏易傳》、《申培詩傳》之類，或不知其人為何始人，如《論語麻達注》、《爾雅麻杲注》之類，今概不録，此又一例也。今所輯者，不敢謂漢注止於此，亦不敢每謂每書止於此，唯師聖人舉爾所知意爾，他日當補其遺闕、訂其疏譌焉。

《緯捃》分部

綜述

劉秉璋《緯捃序》 昔吾家成國釋緯曰：圍言其反覆圍繞以成經，而子政述九流不及讖緯，故張平子以爲起於哀平。然《漢志》圖書秘記已入天文家，《隋書・經籍志》且有劉向讖，則其來古矣。六緯之目始於李尋，晉周續之，復取五經合以五緯，稱爲十經。《隋志》言孔子既叙六經以明天人之道，知後世不能稽同其意，故别立緯及讖。緯以輔經，讖則禨之荒誕。後世遂為厲禁，學既無傳，書佚略盡。彦和著論斥為四偽，殊有甚辭。聖朝文治光崇，毖典奇籍咸登著録。恭讀純廟御製《題乾坤鑿度詩》曰：「靈圖測陰陽，乃盛述讖緯，有純亦有疵，稽古堪資耳。」大哉王言！洵萬古之定論矣。近時集緯專家則華亭殷氏元正、侯官趙氏在翰皆有成書。其掇拾古帙，别為輯本者，兹武進張氏惠言、曲阜孔氏廣林、歴城馬氏國翰、黟俞氏正燮、侯官陳氏喬樅，旁搜遠紹，粲然備具，非復前代孫、陶諸家所及。今更讀前河帥喬公遺著有《緯攟》十四卷，乃病孫氏書踳駁而重輯之者，訂譌補闕，可爲雙甫諍友，使千載下得披墜簡而校秘文，庶斯文之幸事。尤願窮經好古之士，綜括諸家，辨其得失，審其違合，去四偽而反覆圍繞，以輔經術，以張微學，相與有成焉。河帥介弟瀛槎觀察刻是書成，屬余為之叙，因書以歸之。

李文敏《緯捃序》 《隋書・經籍志》云：「孔子既叙六經以明天人之道，後世不能稽同其意，故别正緯及讖。」楊侃謂緯書為秘經，圖讖為内學，緯讖之分判若涇渭，後復儒不察，渾而一之，遂因讖以病緯。賈公彦《周官疏》造為漢時禁緯之説而緯亡，緯亡而古學絶。秀水朱氏彝尊引《後漢書》及漢人碑碣稱緯學者十有六家，姚浚尤明圖緯祕奥，姜肱兼明星緯，郭泰探綜圖緯，李休又精羣緯，袁良親執經緯，楊震明河雒緯，度祝睦七典並立，該洞七典，唐扶綜緯河雒，劉熊斆五經之緯圖，楊著窮七道之奥，口全甄極毖緯，蔡湛少眈七典，武梁兼通河雒，張表該覽羣緯，丁魴兼究祕緯，李翊通經綜緯。則漢時未當禁緯有明徵矣。夫緯配經而出，經闡其理，緯繹其象，經陳其常，緯究其變。古者緯學存，而三古洪讖之度，五氣休咎之徵，皆能見微知著，占驗省愆，反覆圍繞以輔經術，其功非鮮淺也。前河帥喬勤恪公箸《緯攟》十四卷，介弟瀛槎觀察手以示予，屬為弁言。予末學膚受，未能抉摘天人之奥，因歎晉豫連年亢旱，至厪聖主宵旰之憂，時暘恒暘，未有窺其微者。觀察如循烏程張氏鑑采録《開元占經》、《五行大義》補《七緯》之例，依次補纂，則於水旱凶荒之災皆能先幾燭照，思患豫防，經術吏治兩有裨益，又豈第微言邃義賴以不墜為可寳也，是為序。

任道鎔《緯捃序》 徐溝喬勤恪公以名進士敭歴中外，累擢至安徽巡撫。同治中再出為東河總督，先後服官半在江南。軍興之初，駐節淮上，轉饟給將士最久，以學入政，以仁養民，以信贍軍，以則定國，氓庶被德，至今感慕稱頌不衰。公總河時，道鎔方奉命分巡開歸陳許，從公講求政務及治河方略者三年。于時寰海鏡，清河靈，效職護掃既定，攻束不煩。公以退食之暇，日手一編，鉤沈抉隱，成《緯攟》一書。公歿後，介弟瀛槎方伯編次遺稿，為付手民。會道鎔陳臯豫章，校刻甫畢，始受而讀之。書凡十四卷，前十二卷則佚文墜簡罔不甄綜，末二卷一曰訂誤，一曰存攷，以正明孫氏雙甫《古微書》之失。蓋公之為此書因孫氏書作也。緯學之立，實始周世，其後由緯有候，有圖，遂以有讖。宋大明以後禁止圖讖，逮梁迄隋，重申其制，而緯遂絶。然緯自緯，讖自讖，讖者緯之流，極言治者不當以讖病緯，讀書者不可以讖比緯也。雙甫之書溷讖緯而為一，故踳駁特甚。其中多取李季乾象《通鑑舉例》，又不箸其名，愈滋後賢疑議。近代集緯無過侯官趙鹿園、歴城馬竹吾二家。趙書確守《隋志》，録緯而不及讖。馬氏《玉函山房輯佚書》蒐采極博，於諸緯書外，閒及《尚書中候》《孝經》、《左契》、《中契》、《右契》、《内事圖》、《雌雄圖》、《論語讖》。讀公自讖，謂未見馬氏書而不及趙書，豈以有緯無讖故遺之與？公此書排纂體例頗與殷氏立卿《集緯》相類，立卿名元正，華亭老布衣，其書凡十二卷，舊惟寫本，兵燹後不可復得。自此書出，海内求殷氏書者可從公書窺其藩，讀孫氏書者可據公書糾其繆。趙書流布至廣，世多見之。馬書則濟南皇華書局已為補刻，千載微學畢萃一時，不可為非盛事也。抑又聞之，古大儒名公卿多通圖緯，漢之姜肱、郭泰、袁良、楊震皆洞明祕典，箸於前記。故五福六沴，對災異者輒援經説。後儒既能虚理高論，天人之學久絶其傳，非公抗心希古，安復事此。昔黎襄勤公嘗有《河上易注》成于官總河之歲，公為此書，遥若應和。古稱大禹治水法出于短，而短出于數，數出于易，易之道存于經，散箸于緯。然則此書也不惟見公汲古之勤，且以徵公行政大要之所在也。

宋延春《緯捃序》 古緯之作，儷經以行，猶江海之有支流，日星之有餘曜也。秦庭燼熄，漆簡之迹可尋，魯宮壁壞，絲竹之響未絶。兩漢研覈，奇文屢見；六朝羼戢，疑義肇興。然篬牙應運，久傳玉演之圖；赤伏徵符，早兆金刀之讖。綜稽前訓，豈盡讕言。郄萌所集，分部目以五十篇，宋均之書，合災異爲三十卷，曹密之注釋，甄鸞之推步，載在著録，詎乏依據，散繫墳典，足供探索。惟明珠已失，見魚目而易混；寶劍惟匿，燭牛耳而始驚。鶴儕中丞太初秉質真靈挺姿，有鉤河摘洛之才，建運衡歷樞之烈。委蛇稍暇，讐蠹不疲，引證羣言，參攷異旨，糾孫、高之謬，補綴尤多。祛終、張之誣，剗削必審，成《緯攟》十四卷。惜未竟緒，遽愴騎箕。令弟瀛槎觀察重校巾箱，授諸剞劂。謭陋不鄙，敦屬弁首，裴晉公平淮之業，我武維揚晏元獻藏楹之書，斯文未喪，延春學漸神契，智昧類謀，敢著糞於佛頭，幸附名於驥尾。吉光片羽，搜採誠有功於素王；剩馥殘膏，沾丐好永貽夫來哲。

傳 記

閔爾昌《碑傳集補》卷二七《太子少保東河總督喬公墓誌銘并序》 濬頤曩在京師，因李子皆太守得交於公。時公官工部，政最簡，春秋佳日，輒就子皆與予爲文字飲，坦夷和易，脱畧形骸。並識濬泉、溥泉兩丈。而亡弟子健來應京兆試，亦獲交於公。及公典郡，擢監司，洊躋開府，三十年中望尊位顯，獨於春明故舊，念念弗忘，遠道馳書，歲時不絶，手自作牋，情詞肫懇。子健殉丹陽之難，荷公疏聞於朝，俾邀賜卹，尤感大德。迨濬頤量移兩淮，適公養疴海陵，拏舟過訪，驩然道故，自是通問更密。公再出山，相去太遠，尺一往還仍如疇曩。乃光緒初元，遽聞惡耗，中懷悲悼，不能自已。公之扶危定傾，布澤行惠，大江南北，萬口同聲稱道勿衰。公與濬頤同庚，表揚勳烈，傳示來兹，固後死者之責也。謹詮次公一生事蹟，爲文以埋諸幽。公姓喬氏，諱松年，字健侯，號鶴儕，山西徐溝人。曾祖玠，妣氏趙。祖人傑，湖北按察使，有捕盜、救荒、治河諸大政書傳於世。乾隆五十八年，英國入貢，道天津，廉訪公時爲觀察，宣布朝廷威德，饋遺悉却之，英人敬公，馴服盡禮而去。嘉慶中，英人猶有慕名求見者，而廉訪公則已歸道山矣。祖妣朱氏。父邦憲，刑科給事中。妣氏馬。本生父邦哲，爲給諫公之弟，直隷遵化州知州，政績載入志乘。本生妣氏蘇，繼妣氏李。三代及本生皆以公貴，贈榮禄大夫、振威將軍，妣皆一品夫人。公以嘉慶二十年六月十九日生，幼穎悟，資秉過人。道光甲午乙未，聯捷成進士，年甫十九。以主事籤分工部，補鉛子庫主事，陞都水司員外，歷充提調監督，咸稱厥職。咸豐元年，典試湖南，得人爲盛，遷屯田司郎中。截取知府，揀發江蘇。先權常州，未幾調署蘇州。時粤寇張甚，吴中防堵之潮勇潛通上海賊酋劉麗川，圖不軌，公偵知之，白上官，誅其爲首者，而人心以定。會上海七營兵潰，沿途刼掠，金閶戒嚴，城晝閉。公減騶從，由水關出，撫循其衆，安堵如故。尋補松江府知府，兼攝蘇松太道，佐巡撫吉爾杭阿公治軍，出奇制勝，克復上海。改署常鎮通海道，旋即真除，丁父憂，吉公方駐軍九華山，規復鎮江，奏請奪情檄辦營務。公之初至常州也，倡捐廉俸，召募義勇，按户抽丁，設保衛總局，嚴詰姦宄，屢有所獲，如守蘇時。迨九華爲賊所陷，吉公以身殉，潰兵之患甚於上海，金壇、丹陽悉爲蹂躪。常之西北鄉已有賊蹤，十室九空，其勢岌岌。公則亟白當道，撥餉十萬，赴新豐鎮，招逃亡歸伍，散給口糧，堅請總督怡良公移師丹陽以固門户。又於村墟到處巡邏，果有土匪受賊指者，立擒爲首之姜方槐等十八人寘之法，餘勿問。是年復大旱，則請免米船抽釐與商販護票，諄勸富者輸將，凡賑濟六次，全活甚衆。鎮江既復，公仍兼理營務處，請設官銀局，行鈔票法，民皆稱便。書院課士躬自檢閲，優者奬之。金陵久爲賊踞，士之北上應京兆試者，公佽以資斧。午酉兩科登賢書者不少，實公之賜。嗣兼權兩淮鹽運使，行假道法，淮鹽由東壩運銷輸課。尋丁降服憂。大府倚公，再請奪情，由是朝廷知公才，擢公運使。當是時，兩淮引地不通，商販四散，司庫如洗。公移駐泰州，設法招徠商販，每年得課數十萬以濟餉糈。擢江甯布政使，筦江北糧臺，轉輸不匱。威愛兼施，消薛成良之患於未萌，揚之人汔今猶能道之。先是，庚申江南軍營大潰，南臺閧然，長江水師枵腹而譁，幾欲北犯。公與各將領約，片帆勿渡，暫由北臺協濟，並令沿江民團聯絡聲勢，以助水師，江北因之無恐。公在蘇、常七年，襄贊戎機，先事預防，用能轉危爲安，不失寸土，迨移節廣陵，總師干者，左右無人，遂至一敗而不可收拾矣。常州既陷，居民避難，紛紛渡江，土人方指爲賊，利其輜重，戕其性命。公聞而哀之，於泰靖各港口設巡船，防竄賊，渡難民。并於泰州設收養難民局，病者施藥，殤者施棺，行者予貲，居者予食。事平之日，資送回籍，故常之人僉曰公「父我，母我也」。同治二年，陞安徽巡撫。苗逆初平，捻匪尚横，任柱、張總愚等竄突楚、豫，倚蒙亳爲老巢，每直各路兜圍輒圖回拒。公由臨淮進扼壽州，外攖巨寇，内靖土匪。三年冬，粤寇藍大順合任、張捻衆十餘萬，回窺霍山。公檄諸軍隨僧忠王大兵蹙之於英霍之交，斬大

順，降其渠魁，解散黨羽幾十萬，江南之賊不復與北捻通，而捻鋒亦始大挫。乃逆黨姚紹采、徐廣山輩陽爲投誠，陰謀乘便，公不動身色，捕而殲旃。又以雉河集爲捻之老巢，議於其地建渦陽縣，並建龍山營於宿之龍山集下。蔡爲苗逆老巢，議移鳳臺縣治於其地。又以皖北幅幀遼濶，廬、鳳、潁道治不及，議分設安廬道於省垣。奏入，皆報可。六安霍邱之王稀、毛猴、王庭用爲著名巨憝，楚軍屢剿未獲，我師傷亡實多。公又盡擒斬之，於是商賈漸集，釐税日充，軍餉以裕。公既除道梗，復慮田荒，乃買耕牛，市穀種，分給鄉農，俾資生聚。其流民來歸者資遣之，與駐泰州日無異。四年，淮水漲溢，壽州城不没者三板，百姓露處高阜，嗸嗸待斃。公廣備糗糧，汎舟以賑，十餘萬衆得慶再生。軍書旁午，文教不興，修復書院，以逆産充公，爲久遠計，又與治常州日無異。皖省税則本輕，顧以規費日增，上下所需咸取給於此，故浮收之數有數倍於正額者，且有私收折價至十數倍者。公重加釐定奏明，通省暫征折色，除部定解部定價外，酌留羨餘以濟公用，而上下衙門一切陋規盡數删除，民受其福，公亦不至重累，十餘年官民相安，從無一征漕滋事之案。蓋瘡痍未復，公之所以培養之者深也。五年，調撫陝西，出壽州，士民送者相望於道。時任柱、賴汶洸兩股已被創，自豫而東，獨總愚擁悍黨乘間西趨，賊氛横亘於華、渭、河、陝之間。公輕車由蒲渡河，取道同朝，知陝軍素疲，定策入境後即率師渡渭，營渭南以守爲戰。師未至賊已越渭南長驅而入。公甫抵同州，亟由間道入省，嚴備以待。無何，陝軍潰於灞橋，賊直薄省垣，隴回爲捻所邀亦踵至，城中無一可恃之兵，人情洶洶。公激厲疲卒，登陴固守，招集散亡，以圖復振。奏調劉松山、郭寶昌兩軍入秦，連敗賊於咸陽、岐山、富平、朝邑，捻不得休息，與回再合。一年之中，捻未能挾回以窺河東，緊公之力。又以西同鳳所轄地勢平衍，力申堅壁清野之議，令大小鄉均築堡以守。厥後湘陰相國統師廓清隴右，公實有預爲之謀者。體本羸弱，頻年籌兵、籌餉，心力交瘁。七年春移疾，得請僑居泰州，閉門箸述。繼配劉夫人工書畫，雅有唱隨之樂。八年，劉夫人下世，公孑然一身，惟思報國。九年，北上，復拜倉場總督之命。十年，遷東河總督。公統籌全局，周歷履勘，議築隄、束水，順黄北趨入海，爲一勞永逸計，惜不果行。盛暑嚴寒，宣防河次，因復積勞成疾。十三年十二月，聞穆宗毅皇帝升遐，呼號欲絶。光緒初元正月，奉頒遺詔，勉率僚屬哭臨，成禮釋服之期。嗚咽不勝，禮畢，昏眩不起，掖之入内，遂卧牀絶粒，以二月十四日薨，享年六十有一。嗚呼！公殆歸作先皇侍從之臣耶！遺疏上聞，九重震悼，贈太子少保銜。公無嗣，繼本生胞弟廷槐子聯寶爲後。廷槐官江西鹽法道。聯寶甫九齡，應得二品廕生，恩賞主事。公天性儉約，不喜西人諸器。公餘手不釋卷，其已刊者爲《摩蘿亭札記》，未梓者《緯臠》數十卷暨詩古文辭藏於家。接見僚屬，雖炎暑必衣冠危坐，不揮箑。何東洲太史贈句云「裘帶温文羊叔子，衣冠樸野衛文公」，蓋紀實也。在軍治軍書一目數十行，夜分始寢，暇與賓僚討論往事，講求利弊，孳孳不倦。其御將佐則解衣推食如家人父子，而處變決疑，當機立斷，雷霆迅發，莫可端倪。待親故贈遺不少吝而不可干以私。恢宏好結納而不周旋當路，清風亮節卓然可傳於世。公薨之後，皖紳請於臨淮、壽州各建專祠，大府入告從之。昨又聞常州紳士請入祀名宦祠，公之遺愛在民，信而有徵，非子一人之私言也。某年某月某日葬某，銘曰：我初交公兮公則了不異人，公之出而典郡兮乃遭際夫邅迍。既福三吴兮又福吾皖，建牙樹纛兮經綸大展。公爲名臣兮公爲通儒，公不驕人兮，中抑抑而外愉愉。公所造就兮皆美材，狀公生平兮簡而該。何以報公兮，曰報公以文字，濡秃管兮揮老淚。迢迢佳城阻南北兮，我思執紼嗟未得兮，如公有幾人。三朝宣力兮千秋不朽，俾貞珉之是勒兮。

《中華大典》辦公室

主　　任：于永湛
副 主 任：伍　傑
　　　　　姜學中
工作人員：
編　　審：趙含坤
　　　　　崔望雲
秘　　書：宋　陽
封面裝幀設計：章耀達

《中華大典·文獻目録典》出版工作委員會

主　任：何林夏
委　員：（按姓氏音序排列）
黄珊虎　姜華文　雷回興（項目主持）　劉隆進
魯朝陽　羅凱之　馬豔超　丘立軍　沈　明
湯文輝　唐曉娥　王曉静　肖愛景　徐良妍
楊春陽　曾　玲　張　佳　周　静

圖書在版編目（CIP）數據

中華大典．文獻目録典．文獻學分典．文獻總論、辨僞、輯佚總部 /《中華大典》工作委員會，《中華大典》編纂委員會編纂．—桂林：廣西師範大學出版社，2015.4
ISBN 978-7-5495-5983-1

Ⅰ．①中… Ⅱ．①中…②中… Ⅲ．①百科全書－中國 ②文獻學－中國 Ⅳ．①Z227②G256

中國版本圖書館 CIP 數據核字（2014）第 259367 號

中華大典·文獻目録典·文獻學分典·文獻總論、辨僞、輯佚總部

編纂：《中華大典》工作委員會

《中華大典》編纂委員會

出版：廣西師範大學出版社

（廣西桂林市中華路 22 號　郵政編碼　541001）

發行：廣西師範大學出版社

（廣西桂林市中華路 22 號　郵政編碼　541001）

排版：南京展望文化發展有限公司

印刷：桂林廣大印務有限責任公司

（桂林市臨桂新區西城大道中段廣西師範大學出版社集團有限公司創意産業園　郵政編碼　541100）

開本：787×1 092 毫米　1/16

印張：56　　字數：2 000 000

2015 年 4 月第 1 版　2015 年 4 月第 1 次印刷

書號：ISBN 978-7-5495-5983-1

定價：500.00 圓